Strafprozessordnung
Studienkommentar

Strafprozessordnung

– Studienkommentar –

von

Dr. Wolfgang Joecks
o. Professor an der Universität Greifswald

Verlag C. H. Beck München 2006

Verlag C. H. Beck im Internet:
beck.de

ISBN 3 406 53879 7

© 2006 Verlag C. H. Beck oHG
Wilhelmstraße 9, 80801 München
Druck: Nomos Verlagsgesellschaft
In den Lissen 12, 76547 Sinzheim

Satz: Druckerei C. H. Beck Nördlingen

Gedruckt auf säurefreiem, alterungsbeständigem Papier
(hergestellt aus chlorfrei gebleichtem Zellstoff)

Vorwort

Der Studienkommentar *zum Strafgesetzbuch* wurde für Examenskandidaten konzipiert, die sich auf die Erste Juristische Staatsprüfung vorbereiten. Dass er auch von Studierenden in niedrigeren Semestern benutzt wird, ändert daran eigentlich nichts. Der hier vorliegende *Studienkommentar zum Strafprozessrecht* will sich nicht auf die Vorbereitung für die Erste Juristische Staatsprüfung beschränkt wissen – dafür ist er auch viel zu umfänglich. Wer mit einem „schmalen Wissen" in das Erste Examen gehen will, findet verdaulichere Lektüre. Gedacht ist der Studienkommentar zum einen für diejenigen, die in der Ersten juristischen Staatsprüfung das Schwerpunktfach Strafrecht und Strafprozessrecht anstreben, zum anderen aber auch für Referendare und junge Juristen, die sich nach langer Abstinenz wieder einmal mit dem Strafprozess beschäftigen wollen. Ihnen allen sei empfohlen, sich zunächst einmal den Vorspann „Zur Arbeit mit diesem Buch" anzuschauen und die dort vorhandenen Hinweise zu beachten.

Da dieses Buch auf Vorlesungen zum Strafverfahrensrecht beruht und diese wiederum von einem Skript begleitet wurden, das auch ehemalige Mitarbeiter mit betreuten, gibt es eine Vielzahl von Personen, denen ich in diesem Zusammenhang zu danken habe. Vordringlich sind es natürlich diejenigen, die bei diesem Projekt konkret beteiligt waren. Insofern gilt mein Dank meinen Mitarbeitern Bettina Röwer und Manuel Ladiges sowie Herrn cand. jur. Frank Richter. Für die Schreibarbeiten danke ich Elke Migge vom Schreib-Studio Migge und meiner Sekretärin, Brigitte Braun. Von den „Ehemaligen" seien hier besonders hervorgehoben Prof. Dr. Frank Hardtke, Dr. Annett Kuhli und Dr. Ralf Matzky.

Für kritische Anmerkungen bin ich dankbar. Auch hier können sie wiederum über die e-mail-Adresse stuko@uni-greifswald.de Fehler mitteilen oder Anregungen geben.

Greifswald, im März 2006

Wolfgang Joecks

Zur Arbeit mit diesem Buch

Das Strafprozessrecht kommt in der juristischen Ausbildung relativ kurz. In der Ersten Juristischen Staatsprüfung ist es Gegenstand der mündlichen Prüfung und oftmals auch von so genannten „strafprozessualen Zusatzfragen" in den Strafrechtsklausuren. Die meisten Bundesländer beschränken dabei den Pflichtstoff, den Studierende im Examen vorhalten müssen. Während es im Studienkommentar zum Strafgesetzbuch noch möglich war, dies jeweils zu kennzeichnen, ist hiervon für den Kommentar zum Strafprozessrecht abgesehen worden, weil die in den Prüfungsordnungen angegebenen „Grundzüge" in Verbindung mit dem relativ fundierten Wissen, das man für die Schwerpunktbereiche parat haben muss, kaum noch herausgearbeitet werden kann. Mit der Zweiten Juristischen Staatsprüfung ist ohnehin ein umfänglicheres Wissen zum Strafprozessrecht nötig. Erst recht gilt dies, wenn man etwa als junger Anwalt Pflichtverteidigungen übernimmt und auf einmal eine umfangreiche Hauptverhandlung vor dem Landgericht bestreiten muss.

Zum Aufbau der Kommentierungen
Die Kommentierungen geben in ihrer Länge und Intensität das wieder, was auch von besonderer Bedeutung ist oder eher ein „Nebenwissen" darstellt. Anders als im Studienkommentar zum Strafgesetzbuch habe ich mich bemüht, praktisch den gesamten Bereich des Strafprozessrechts abzubilden. In einigen Bereichen habe ich davon abgesehen, die Gesetzestexte mit abzudrucken, weil diese zum Teil so umfänglich sind, dass es den Rahmen des Buches sprengen würde. Es handelt sich zum Beispiel um die Datenschutzvorschriften, die bislang keine besondere Relevanz für die Klausurpraxis oder auch nur die von Anwälten zu haben. Besonders umfänglich sind die Bereiche geraten, die a) für das Staatsexamen, sei es für das Erste oder Zweite, besondere Bedeutung haben oder b) besonders praxisrelevant sind.

Wie man lernt
Diese besonders bedeutsamen Bereiche sollte man zentral angehen. Wer nicht „fit" im Strafprozessrecht ist, sollte zunächst einmal die Einleitung lesen, in der auf 50 Seiten sozusagen das Basiswissen noch einmal vermittelt wird und zugleich der Rest der Kommentierung erschlossen werden soll. Innerhalb der Kommentierung sind die Erläuterungen zu §§ 244 bis 255 sowie zur Berufung und insbesondere zur Revision von herausragender Bedeutung. Wer die darauf entfallenen knapp 150 Seiten verstanden hat, ist schon mal einen deutlichen Schritt weiter gekommen.

Im Hinblick auf die Anforderungen in der Ersten Juristischen Staatsprüfung findet sich nachstehend eine Liste, in der die wichtigsten Probleme dokumentiert sind, die immer wieder Gegenstand prozessualer Zusatzfragen sind. In der mündlichen Prüfung kommen insbesondere Fragen zum Gerichtsaufbau und zur gerichtlichen Zuständigkeit (vgl. die Erläuterungen zu § 1) dazu.

Die wichtigsten StPO-Probleme in der Ersten Juristischen Staatsprüfung sind:

Thematik	behandelt in
Absprachen im Strafprozess	Einl. Rdn. 184
Aushorchen in der Untersuchungshaft	Einl. Rdn. 206, 224
Aussage unter Bruch der Verschwiegenheitspflicht	§ 53 Rdn. 23
Befangenheit (§§ 26, 26a): Verwerfung als unzulässig	§ 26a Rdn. 5

Befangenheit des Staatsanwalts	Vor § 22 Rdn. 3
Begriff des Beschuldigten	Einl. Rdn. 79
Beschwer durch Urteilsgründe	Vor § 296 Rdn. 13
Bindung des Staatsanwalts an Präjudizien	§ 152 Rdn. 16
Blutentnahme durch Nicht-Mediziner	Einl. Rdn. 204
Durchsuchung von Wohnungen	Einl. Rdn. 109
Einsatz von Brechmitteln	§ 81a Rdn. 12
Erzwingung von Reihen-Gentests	§ 81h Rdn. 1
Fernwirkung von Beweisverwertungsverboten	Einl. Rdn. 227
Folgen des Einsatzes eines polizeilichen Lockspitzels	Einl. Rdn. 60
Gefahr im Verzuge	§ 98 Rdn. 6
Gegenüberstellung zum Zwecke der Identifizierung	§ 58 Rdn. 6
Haftbefehl, insbesondere nach § 112 Absatz 3	§ 112 Rdn. 28
Heilbarkeit eines fehlenden oder grob fehlerhaften Eröffnungsbeschlusses	§ 207 Rdn. 11
Körperliche Untersuchung aussageuntauglicher Personen	§ 81c Rdn. 1
Mitwirkungspflicht des Verdächtigen bei körperlichen Untersuchungen	§ 81a Rdn. 6
Qualifizierte Belehrung und Rechtsmittelverzicht	Einl. Rdn. 186
Rechtskraft eines Einstellungsbeschlusses nach § 153 Abs. 2	§ 153 Rdn. 21
Rechtskreistheorie	Einl. Rdn. 146, 193; § 337 Rdn. 38
Rechtsmittelverzicht und Willensmängel	Einl. Rdn. 76
Rechtsschutz gegen erledigte prozessuale Zwangsmaßnahmen	Einl. Rdn. 107
Rechtsweg bei doppelfunktionellen Maßnahmen der Polizei	Einl. Rdn. 51; § 81b Rdn. 12
Reichweite des Strafklageverbrauchs	§ 264 Rdn. 3
Vereinbarung eines Rechtsmittelverzichts	Einl. Rdn. 185
Verfolgungspflicht bei außerdienstlicher Kenntniserlangung	§ 160 Rdn. 4
Vernehmung von Verhörspersonen	§ 252 Rdn. 11
Vernehmung/Spontanäußerung/informatorische Befragung/Telefonfalle	Einl. Rdn. 199; § 136 Rdn. 3
Verschlechterungsverbot im Beschwerdeverfahren	§ 116 Rdn. 15
Verschlechterungsverbot im Strafbefehlsverfahren	§ 411 Rdn. 11
Verstoß gegen die Belehrungspflicht nach § 136 Abs. 1 Satz 2	§ 136 Rdn. 16
Verstoß gegen die Belehrungspflicht nach § 55 Abs. 2	§ 55 Rdn. 7
Verwertbarkeit polizeilicher Vernehmungsprotokolle im Rahmen des § 253 Abs. 1	§ 253 Rdn. 5
Verwertbarkeit von unzulässig erlangten Beweismitteln Privater	Einl. Rdn. 221
Verwertungsverbote: Zugriff auf Tagebuchaufzeichnungen	Einl. Rdn. 216
Weisungsbefugnisse der StA gegenüber der Polizei	§ 161 Rdn. 11
Wirksamkeit eines Urteils, das auf einer Identitätsverwechslung des Angeklagten beruht	Einl. Rdn. 240

In der mündlichen Prüfung geht es dann, wie bereits erwähnt, oftmals um die Frage, welches Gericht für welche Entscheidungen zuständig ist. Die Zuständigkeit der

Gerichtsbarkeit, insbesondere die sachliche, ist in § 1 erläutert. Dort finden sich auch Hinweise zur Besetzung von Strafkammern.

Die typischen Fragen der Revision in Strafsachen werden gelöst, wenn man einerseits die Kautelen des Revisionsrechtes kennt (insbesondere §§ 337, 338, 344) und sich andererseits klarmacht, in welchen Fällen Verfahrensverstöße folgenlos sind und in welchen sie zu einer Aufhebung des Urteils führen. Eine Übersicht zu den Verwertungsverboten finden Sie in der Einleitung (Rdn. 188 ff). Im Hinblick auf § 338 Nr. 8 (unzulässige Beschränkung der Verteidigung) kommt es insbesondere auf Regularien zum Beweisantragsrecht (§§ 244, 245) an. In der Einleitung finden Sie zudem eine Übersicht, in der die Möglichkeiten einer Ablehnung von Beweisanträgen dargestellt werden (Rdn. 181 ff).

Strafprozessrecht in der Referendarstation

In welcher Form man in der Referendarzeit mit Strafprozessrecht konfrontiert wird, hängt zunächst einmal davon ab, ob man einem Richter oder einem Staatsanwalt zugewiesen wird. Inwiefern man in der Anwaltstation mit der Materie zu tun hat, liegt nicht zuletzt an dem betreuenden Rechtsanwalt. Angesichts dieser Vielfältigkeit denkbarer Einsatzfelder und um den Umfang des Buches nicht noch weiter wachsen zu lassen, wurde davon abgesehen, umfängliche Muster für Anklageschriften, Strafbefehle, Urteile, Revisionsbegründungen usw. beizufügen. Zum Teil habe ich auch in der Kommentierung auf diese Bücher verwiesen, mit denen viele Absolventen gute Erfahrungen gemacht haben. Aus der Fülle des Angebots Vorschläge zu unterbreiten oder gar die „Qualität" zu bewerten, wäre Anmaßung. Im Zweifel erfahren Sie von den Kollegen im Referendariat, was bei diesen besonders beliebt ist – schon weil der Ausbilder bestimmte Präferenzen hat. Beachten Sie auch, dass es in den Ausbildungszeitschriften JA, Jura und JuS immer wieder Aktenauszüge gibt, die sich mit Strafprozessrecht befassen und die Muster sein mögen, wenn man selber entsprechende Konstellationen zu bearbeiten hat.

Strafprozessrecht in der Strafverteidigung

Sie finden in der Literatur zahlreiche praxisorientierte Bücher, überwiegend von gestandenen, wissenschaftlich orientierten Praktikern geschrieben. Zu erwähnen sind namentlich solche in der Reihe „Praxis der Strafverteidigung" (C. F. Müller, Heidelberg) und in der JuS- und der NJW-Schriftenreihe (C. H. Beck, München)

Inhaltsverzeichnis

Abkürzungs- und Literaturverzeichnis XIII

Einleitung 1

Erstes Buch. Allgemeine Vorschriften (§§ 1–149)

Erster Abschnitt. Sachliche Zuständigkeit der Gerichte (§§ 1–6 a) 51
Zweiter Abschnitt. Gerichtsstand (§§ 7–21) 61
Dritter Abschnitt. Ausschließung und Ablehnung der Gerichtspersonen (§§ 22–31) 69
Vierter Abschnitt. Gerichtliche Entscheidungen und Kommunikation zwischen den Beteiligten (§§ 33–41 a) 83
Fünfter Abschnitt. Fristen und Wiedereinsetzung in den vorigen Stand (§§ 42–47) 96
Sechster Abschnitt. Zeugen (§§ 48–71) 105
Siebenter Abschnitt. Sachverständige und Augenschein (§§ 72–93) 137
Achter Abschnitt. Beschlagnahme, Überwachung des Fernmeldeverkehrs, Rasterfahndung, Einsatz technischer Mittel, Einsatz Verdeckter Ermittler und Durchsuchung (§§ 94–111 p) 167
Neunter Abschnitt. Verhaftung und vorläufige Festnahme (§§ 112–130) 245
9 a. Abschnitt. Weitere Maßnahmen zur Sicherstellung der Strafverfolgung und Strafvollstreckung (§§ 131–132) 287
9 b. Abschnitt. Vorläufiges Berufsverbot (§ 132 a) 292
Zehnter Abschnitt. Vernehmung des Beschuldigten (§§ 133–136 a) 293
Elfter Abschnitt. Verteidigung (§§ 137–149) 304

Zweites Buch. Verfahren im ersten Rechtszug (§§ 151–295)

Erster Abschnitt. Öffentliche Klage (§§ 151–157) 344
Zweiter Abschnitt. Vorbereitung der öffentlichen Klage (§§ 158–177) 371
Dritter Abschnitt. (weggefallen) 412
Vierter Abschnitt. Entscheidung über die Eröffnung des Hauptverfahrens (§§ 199–211) 412
Fünfter Abschnitt. Vorbereitung der Hauptverhandlung (§§ 213–225 a) 429
Sechster Abschnitt. Hauptverhandlung (§§ 226–275) 445
Siebenter Abschnitt. Entscheidung über die im Urteil vorbehaltende oder die nachträgliche Anordnung der Sicherungsverwahrung (§ 275 a) 574
Achter Abschnitt. Verfahren gegen Abwesende (§§ 276–295) 575

Drittes Buch. Rechtsmittel (§§ 296–358)

Erster Abschnitt. Allgemeine Vorschriften (§§ 296–303) 582
Zweiter Abschnitt. Beschwerde (§§ 304–311 a) 592
Dritter Abschnitt. Berufung (§§ 312–332) 602
Vierter Abschnitt. Revision (§§ 333–358) 631

Viertes Buch. Wiederaufnahme eines durch rechtskräftiges Urteil abgeschlossenen Verfahrens (§§ 359–373 a) 689

Fünftes Buch. Beteiligung des Verletzten am Verfahren (§§ 374–406 h)

Erster Abschnitt. Privatklage (§§ 374–394) 701
Zweiter Abschnitt. Nebenklage (§§ 395–402) 715
Dritter Abschnitt. Entschädigung des Verletzten (§§ 403–406 c) 725
Vierter Abschnitt. Sonstige Befugnisse des Verletzten (§§ 406 d–406 h) 733

Inhaltsverzeichnis

Sechstes Buch. Besondere Arten des Verfahrens (§§ 407–444)

Erster Abschnitt. Verfahren bei Strafbefehlen (§§ 407–412) 740
Zweiter Abschnitt. Sicherungsverfahren (§§ 413–416) 756
2 a. Abschnitt. Beschleunigtes Verfahren (§§ 417–420) 757
Dritter Abschnitt. Verfahren bei Einziehungen und Vermögensbeschlagnahmen (§§ 430–443) 763
Vierter Abschnitt. Verfahren bei Festsetzung von Geldbuße gegen juristische Personen und Personenvereinigungen (§ 444) 764

Siebentes Buch. Strafvollstreckung und Kosten des Verfahrens (§§ 449–473)

Erster Abschnitt. Strafvollstreckung (§§ 449–463 d) 766
Zweiter Abschnitt. Kosten des Verfahrens (§§ 464–473) 793

Achtes Buch. Erteilung von Auskünften und Akteneinsicht, sonstige Verwendung von Informationen für verfahrensübergreifende Zwecke, Dateiregelungen, länderübergreifendes staatsanwaltschaftliches Verfahrensregister (§§ 474–495)

Erster Abschnitt. Erteilung von Auskünften und Akteneinsicht, sonstige Verwendung von Informationen für verfahrensübergreifende Zwecke (§§ 474–482) 807
Zweiter Abschnitt. Dateiregelungen (§§ 483–491) 808
Dritter Abschnitt. Länderübergreifendes staatsanwaltschaftliches Verfahrensregister (§§ 492–495) 809

Sachregister 811

Abkürzungs- und Literaturverzeichnis

a. A.	anderer Ansicht
a. E.	am Ende
a. F.	alter Fassung
a. M.	anderer Meinung
aaO.	am angegebenen Ort
Abs.	Absatz
abw.	abweichend
AG	Aktiengesellschaft; Amtsgericht
ähnl.	ähnlich
allg. M.	allgemeine Meinung
ÄndG	Änderungsgesetz
Anh.	Anhang
Anm.	Anmerkung
AnwBl	Zeitschrift „Anwaltsblatt"
AO	Abgabenordnung
ArbG	Arbeitgeber
ArbN	Arbeitnehmer
arg.	dies folgt aus
Art.	Artikel
aufgeh.	aufgehoben
Aufl.	Auflage
ausf.	ausführlich
BaWü	Baden-Württemberg
Bay	Bayern, bayrisch
BayObLG	Bayerisches Oberstes Landesgericht
BayObLGSt	Entscheidungen des Bayerischen Oberstes Landesgerichts in Strafsachen
Bd.	Band
Begr.	amtliche Begründung
Beil.	Beilage
Bek.	Bekanntmachung
Benfer	Rechtseingriffe von Polizei und Staatsanwaltschaft, 2. Aufl. 2001
ber.	berichtigt
Berl.	Berlin
Beschl.	Beschluss
betr.	betreffend
Beulke	Beulke, Strafprozessrecht, 8. Aufl. 2005
BGB	Bürgerliches Gesetzbuch
BGBl. I, II	Bundesgesetzblatt Teil I, II
BGH	Bundesgerichtshof
BGHGrS	Bundesgerichtshof, Großer Senat in Strafsachen
BGHSt	Entscheidungen des Bundesgerichtshofs in Strafsachen
BGHZ	Entscheidungen des Bundesgerichtshofs in Zivilsachen
Birkenstock	Verfahrensrügen im Strafprozess, 2004
BMJ	Bundesminister(ium) der Justiz
Brem.	Bremen
Brunner/Dölling	Jugendgerichtsgesetz, 10. Aufl. 1996
BT	Bundestag
BT-Drucks.	Bundestags-Drucksache
BtMG	Betäubungsmittelgesetz
BVerfG	Bundesverfassungsgericht

Abkürzungsverzeichnis

BVerfGE	Entscheidungen des Bundesverfassungsgerichts
BVerwG	Bundesverwaltungsgericht
BVerwGE	Entscheidungen des Bundesverwaltungsgerichts
d. h.	das heißt
DDR	Deutsche Demokratische Republik
Dencker	Verwertungsverbote im Strafprozess, 1977
Diemer/Schoreit/Sonnen	Kommentar zum Jugendgerichtsgesetz, 4. Aufl. 2002
Diss.	Dissertation
DnotZ	Deutsche Notar-Zeitschrift
DÖV	Zeitschrift „Die Öffentliche Verwaltung"
DRiZ	Deutsche Richterzeitung
DVBl	Deutsches Verwaltungsblatt
EBAO	Einforderungs- und Beitreibungsanordnung
EG	Einführungsgesetz; Europäische Gemeinschaft
EGStGB	Einführungsgesetz zum Strafgesetzbuch
einh. M.	einhellige Meinung
einschl.	einschließlich
Eisenberg	Jugendgerichtsgesetz, Kommentar, 10. Aufl. 2004
Erker	Das Beanstandungsrecht gemäß § 238 Abs. 2 StPO, 1988
EuGH	Gerichtshof der Europäischen Gemeinschaften
EuGHE	Sammlung der Entscheidungen des Europäischen Gerichtshofs
EWG	Europäische Wirtschaftsgemeinschaft
Fahl	Rechtsmissbrauch im Strafprozess, 2004
Festg.	Festgabe
FGJ	Franzen/Gast/Joecks, Steuerstrafrecht, Kommentar, 6. Aufl. 2005
FS	Festschrift
Fußn.	Fußnote
G, Ges.	Gesetz(e)
GA	Zeitschrift „Goltdammers Archiv für Strafrecht"
GA-Festschr.	Festschrift 140 Jahre Goltdammers Archiv für Strafrecht, 1993
Gallas-Festschr.	Festschrift für Wilhelm Gallas zum 70. Geburtstag, 1973
GBl.	Gesetzblatt
geänd.	geändert
GS.	Gedächtnisschrift
GG	Grundgesetz
ggf.	gegebenenfalls
Göhler	Ordnungswidrigkeitengesetz, Kommentar, 14. Aufl. 2005
GS	Preußische Gesetzes-Sammlung; Zeitschrift „Der Gerichtssaal"
GVBl.	Gesetz- und Verordnungsblatt
GVG	Gerichtsverfassungsgesetz
h. L.	herrschende Lehre
h. M.	herrschende Meinung
Halbs.	Halbsatz
Haller/Conzen	Das Strafverfahren: eine systematische Darstellung mit Originalakte und Fallbeispielen 3. Aufl. 2003
Hecker	Hecker, Europäisches Strafrecht, 2005
Heghmanns	Das Arbeitsgebiet des Staatsanwalts, 3. Aufl. 2003
Hellmann	Strafprozessrecht, 3. Aufl. 2005
Hess.	Hessen
HH	Hamburg
HK-Bearbeiter	Heidelberger Kommentar zur Strafprozeßordnung, 3. Aufl. 2001
Hrsg.	Herausgeber

Abkürzungsverzeichnis

i. d. F.	in der Fassung
i. d. R.	in der Regel
i. S.	im Sinne
i. V. m.	in Verbindung mit
insbes.	insbesondere
InsO	Insolvenzordnung
JA	Zeitschrift „Juristische Arbeitsblätter"
Jäger	Beweisverwertung und Beweisverwertungsverbote im Strafprozess, 2003
JBO	Justizbeitreibungsordnung
Jg.	Jahrgang
Joachimski/Haumer	Strafverfahrensrecht: Kurzlehrbuch zur Vorbereitung auf die zweite juristische Staatsprüfung 4. Aufl. 2000
Joecks	Strafgesetzbuch – Studienkommentar, 6. Auflage 2005
JR	Zeitschrift „Juristische Rundschau"
JuMoG	Justizmodernisierungsgesetz
Jura	Zeitschrift „Juristische Ausbildung"
JuS	Zeitschrift „Juristische Schulung"
Justiz	Die Justiz, Amtsblatt des Justizministeriums Baden-Württemberg
JW	Juristische Wochenschrift
JZ	Juristenzeitung
Kap.	Kapitel
Kfz	Kraftfahrzeug
KG	Kammergericht; Kommanditgesellschaft
KK-Bearbeiter	Karlsruher Kommentar zur StPO und zum GVG, 5. Aufl. 2003
KMR	Strafprozessordnung und Gerichtsverfassungsgesetz, Stand 2005
Krey	Strafverfahrensrecht, Band I 1988, Band II 1990
krit.	kritisch
Kühne	Strafprozessrecht, 6. Aufl. 2003
Kurzrock	Kurzrock, Die Zulässigkeit politischer Einflussnahme auf Strafverfahren, 2003
Lackner/Kühl	Lackner/Kühl, Strafgesetzbuch mit Erläuterungen, 25. Aufl. 2004
Lesch	Strafprozessrecht, 2. Aufl. 2002
LG	Landgericht
li. Sp.	linke Spalte
LM	Entscheidungen des Bundesgerichtshofs im Nachschlagewerk des BGH von Lindenmaier/Möhring
Losebl.	Loseblattausgabe
LR-Bearbeiter	Löwe-Rosenberg, Kommentar zur StPO und zum GVG, 25. Auflage 1997 ff
LT-Drucks.	Landtags-Drucksache
Malek/Wohlers	Zwangsmaßnahmen und Grundrechtseingriffe im Ermittlungsverfahren, 2. Aufl. 2001
m. w. N.	mit weiteren Nachweisen
m. W. v.	mit Wirkung vom
MDR	Monatsschrift für Deutsches Recht
Meyer-Goßner	Meyer-Goßner, Strafprozessordnung, Kurzkommentar, 48. Aufl. 2005
Mio	Million(en)
MiStra	Anordnung über Mitteilungen in Strafsachen
MRK	Konvention zum Schutze der Menschenrechte und Grundfreiheiten

Abkürzungsverzeichnis

MüKo-Bearbeiter	Strafgesetzbuch, Münchener Kommentar, hrsg. von Joecks und Miebach
MV	Mecklenburg-Vorpommern
n. F.	neue Fassung
Nds.	Niedersachsen
NdsRpfl	Zeitschrift „Niedersächsische Rechtspflege"
NJW	Neue Juristische Wochenschrift
NStE	Neue Entscheidungssammlung zum Strafrecht
NStZ	Neue Zeitschrift für Strafrecht
NVwZ	Neue Zeitschrift für Verwaltungsrecht (ab 1982)
NW	Nordrhein-Westfalen
o. V.	ohne Verfasserangabe
OLG	Oberlandesgericht
OLGSt	Entscheidungen der Oberlandesgerichte in Strafsachen
OLG	Oberlandesgericht
OpferRRG	Opferrechtsreformgesetz vom 24. 6. 2004 (BGBl I 1354)
OVG	Oberverwaltungsgericht
Park	Handbuch Durchsuchung und Beschlagnahme, 2002
Peters	Strafprozeß: ein Lehrbuch, 4. Aufl. 1985
Pfeiffer	Strafprozeßordnung, Kommentar, 5. Auflage 2005
Preuß.	Preußisch
RA	Rechtsanwalt
Ranft	Strafprozessrecht, 3. Aufl. 2005
Rdn.	Randnummer
re. Sp.	rechte Spalte
RegE	Regierungsentwurf
Rengier	Die Zeugnisverweigerungsrechte im geltenden und künftigen Strafverfahrensrecht, 1979
RG	Reichsgericht
RGBl. I, II	Reichsgesetzblatt Teil I, Teil II
RGGrS	Reichsgericht, Großer Senat
RGSt	Entscheidungen des Reichsgerichts in Strafsachen
RhPf.	Rheinland-Pfalz
Rössner	30 Probleme aus dem Strafprozessrecht, 2003
Rogall	Der Beschuldigte als Beweismittel gegen sich selbst, 1977
Roxin	Strafverfahrensrecht, 25. Auflage 1998
Rpfl	Rechtspfleger
RPflG	Rechtspflegergesetz
Rspr.	Rechtsprechung
RT-Drucks.	Drucksache des Deutschen Reichstags
Rüping	Das Strafverfahren, 3. Aufl. 1997
RVG	Rechtsanwaltsvergütungsgesetz
S.	Seite; Satz
S/S-Bearbeiter	Schönke/Schröder, Strafgesetzbuch, Kommentar, 26. Aufl. 2001
SaAnh.	Sachsen-Anhalt
Saarl.	Saarland
SchlHA	Zeitschrift „Schleswig-Holsteinische Anzeigen"
Schmehl/Vollmer	Die Assessorklausur im Strafprozess, 8. Aufl. 2005
Schroeder	Strafprozeßrecht 3. Aufl. 2001
SH	Schleswig-Holstein
SK-Bearbeiter	Systematischer Kommentar zur Strafprozessordnung und zum Gerichtsverfassungsgesetz, Loseblatt, Stand: Januar 2006

Abkürzungsverzeichnis

Solbach/Klein	Anklageschrift, Begleitverfügung, Dezernat und Plädoyer, 11. Aufl. 1998
Sowada	Der gesetzliche Richter im Strafverfahren, 2002
StA	Staatsanwalt(schaft)
StGB	Strafgesetzbuch
StPO	Strafprozessordnung
str.	streitig
StrRÄndG	Strafrechtsänderungsgesetz
StrRG	Strafrechtsreformgesetz
StrS	Strafsenat
stRspr	ständige Rechtsprechung
StV	Zeitschrift „Der Strafverteidiger"
StVollstrO	Strafvollstreckungsordnung
StVollzG	Strafvollzugsgesetz
SubvG	Subventionsgesetz
Tröndle/Fischer	Strafgesetzbuch mit Nebengesetzen und Verordnungen, 53. Aufl. 2006
u. a.	und andere; unter anderem
u. U.	unter Umständen
Urt.	Urteil
VA	Verwaltungsakt
VerhDJT	Verhandlungen des Deutschen Juristentages
vgl.	vergleiche
vH	vom Hundert
VO	Verordnung
Volk	Strafprozessrecht, 4. Aufl. 2005
Vorbem.	Vorbemerkung
VRS	Verkehrsrecht-Sammlung
VStGB	Völkerstrafgesetzbuch
WiKG	Gesetz zur Bekämpfung der Wirtschaftskriminalität
wistra	Zeitschrift für Wirtschafts- und Steuerstrafrecht
WM	Wertpapier-Mitteilungen, Teil IV B, Rechtsprechung
Wolters/Gubitz	Strafrecht im Assessorexamen 3. Aufl. 2005
z. B.	zum Beispiel
z. Zt.	zurzeit
ZIP	Zeitschrift für Wirtschaftsrecht; bis 1982 „Zeitschrift für Wirtschaft und Insolvenzpraxis"
zit.	zitiert
ZRP	Zeitschrift für Rechtspolitik
ZSchwR	Zeitschrift für Schweizerisches Recht
ZStW	Zeitschrift für die gesamte Strafrechtswissenschaft
zust.	zustimmend
zutr.	zutreffend
zw.	zweifelnd

Abkürzungsverzeichnis

Solbach/Klein	Anklageschrift, Regierungsverfügung, Dezernent und Plädoyer, 11. Aufl. 1998
sowie	
SOS	Der gesetzliche Richter im Strafverfahren, 2002
StA	Staatsanwaltschaft
StGB	Strafgesetzbuch
StPO	Strafprozessordnung
str.	strittig
str.ig	
StrÄndG	Strafrechtsänderungsgesetz
StrRG	Strafrechtsreformgesetz
strafrecht.	strafrecht.
stRspr	ständige Rechtsprechung
StV	Zeitschrift „Der Strafverteidiger"
StVollzG	Strafvollzugsanordnung
StVollzO	Strafvollzugsgesetz
SubG	Subventionsgesetz
Tröndle-Fischer	StGB-Kommentar mit Nebengesetzen und Verordnungen, 53. Aufl. 2006
u. a.	und andere/unter anderem
u.U.	unter Umständen
Urt.	Urteil
VA	Verwaltungsakte
verhDJT	Verhandlungen des Deutschen Juristentages
vgl.	vergleiche
vH	von Hundert
VO	Verordnung
Volk	Strafprozessrecht, 4. Aufl. 2005
Vorbem	Vorbemerkung
VRS	Verkehrsrechts-Sammlung
VStGB	Völkerstrafgesetzbuch
WiRG	Gesetz zur Bekämpfung der Wirtschaftskriminalität
wistra	Zeitschrift für Wirtschafts- und Steuerstrafrecht
WM	Wertpapier-Mitteilungen, Teil IV B, Rechtsprechung
Wolters/Gubitz	Strafrecht im Assessorexamen, 4. Aufl. 2003
z. B.	zum Beispiel
z. Zt.	zurzeit
ZfP	Zeitschrift für Wirtschaftsrecht bis 1982, Zeitschrift für Wirtschafts- und Insolvenzpraxis
zit.	zitiert
ZRP	Zeitschrift für Rechtspolitik
ZSchwR	Zeitschrift für Schweizerisches Recht
ZStW	Zeitschrift für die gesamte Strafrechtswissenschaft
zust.	zustimmend
zutr.	zutreffend
zw	zweifelnd

Einleitung

Übersicht (Rdn.)

A. Einführung
  I. Rechtsgrundlagen **1**
  II. Aufgabe des Strafprozesses **4**
  III. Verfahrensgang **7**
  IV. Verfassungsrechtliche Aspekte **12**
B. Strafgerichtsverfassungsrecht
  I. Grundsatz des gesetzlichen Richters **14**
  II. Arten der Zuständigkeit **17**
    1. Örtliche Zuständigkeit **18**
    2. Sachliche Zuständigkeit **19**
    3. Funktionelle Zuständigkeit **27**
    4. Zuständigkeitsstreit **28**
  III. Zuständigkeit in Rechtsmittelsachen **29**
C. Ablehnung des Richters **35**
D. Staatsanwaltschaft und Polizei
  I. Staatsanwaltschaft **39**
    1. Organisation der Staatsanwaltschaft **39**
    2. Aufgaben der Staatsanwaltschaft **43**
    3. Befangenheit des Staatsanwalts **44**
  II. Polizei **45**
E. Verfahren im Allgemeinen
  I. Allgemeine Verfahrensprinzipien **52**
  II. Prozessvoraussetzungen **67**
    1. Einzelheiten **68**
    2. Folgen von Verfahrenshindernissen **69**
  III. Prozesshandlungen **71**
    1. Wirksamkeitsvoraussetzungen **72**
    2. Inhalt der Prozesshandlung **73**
    3. Form **75**
    4. Willensmängel **76**
F. Der Beschuldigte **78**
  I. Begriff des Beschuldigten **79**
  II. Vernehmung des Beschuldigten **81**
  III. Verbot des Zwangs zur Selbstbelastung **83**
  IV. Rechte und Pflichten **85**
G. Der Verteidiger **86**
  I. Die Stellung des Verteidigers **87**
  II. Rechte des Verteidigers **88**
H. Das Ermittlungsverfahren **94**
  I. Allgemeine Eingriffsbefugnisse **97**
  II. Bestimmte Straftaten **100**
  III. Rechtsschutz **105**
J. Abschluss des Ermittlungsverfahrens
  I. Erhebung der öffentlichen Klage **114**
  II. Einstellung mangels Tatverdachts **116**
  III. Andere Möglichkeiten der Verfahrenserledigung **117**
K. Das Zwischenverfahren **119**
L. Hauptverfahren erster Instanz **126**
  I. Gang der Hauptverhandlung **128**
  II. Beweisaufnahme und Strengbeweis **138**
    1. Zeugenbeweis/Vernehmungen **141**
    2. Sachverständige **148**
    3. Urkunden **150**
    4. Augenschein **154**
  III. Inbegriff der Hauptverhandlung **156**
    1. Beweisaufnahme **157**
    2. Beweisanträge **176**
    3. Der „Deal" **184**
M. Verwertungsverbote **188**
  I. Beweisverwertungsverbote **190**
    1. Gesetzliche Verbote **190**
    2. Nicht normierte Beweisverwertungsverbote **191**
  II. Die wichtigsten Fallgruppen der Verwertungsverbote **197**
    1. Verwertungsverbote nach StPO **197**
    2. Verwertungsverbote aus dem Grundgesetz **212**
    3. „Ermittlungen" durch Private **221**
  III. Fernwirkung von Beweisverboten **227**
N. Urteil, Sitzungsprotokoll, Rechtskraft **230**
  I. Urteil **231**
  II. Tatbegriff **241**
  III. Sitzungsprotokoll **246**
O. Rechtsmittel und Rechtsbehelfe **248**
  I. Überblick **249**
  II. Berufung **261**
  III. Revision **266**
  IV. Beschwerde **273**
  V. Wiedereinsetzung in den vorigen Stand **281**
P. Besondere Verfahrensarten
  I. Antrag auf Erlass eines Strafbefehls **284**
  II. Beschleunigtes Verfahren **294**
  III. Sonstiges
    1. Wiederaufnahme **297**
    2. Privatklage/Nebenklage **298**
Q. Selbstständiges Verfahren, Vollstreckung, Kosten **302**

Einleitung

A. Einführung; Überblick über den Verfahrensgang

I. Rechtsgrundlagen

1   Das Strafgesetzbuch bestimmt, unter welchen tatsächlichen Voraussetzungen menschliches Verhalten mit Strafen oder Maßregeln der Besserung und Sicherung zu belegen ist. Dies ist das materielle Strafrecht, auf das in der universitären Ausbildung ein erhebliches Gewicht gelegt wird. Demgegenüber geht es im Strafverfahrensrecht um die Frage, durch welche staatlichen Organe (und ggf. durch welche privaten Personen), auf welche Weise, unter welchen Voraussetzungen, wann und wo mit Strafe bedrohte Handlungen verfolgt und geahndet werden müssen oder können.

2   **Strafverfahrensrecht** meint damit die Summe der Gesetze, die Regelungen in diesem Kontext treffen. Dabei sind die strafprozessualen Vorschriften weitgehend von denen des materiellen Rechts getrennt; zwingend ist dies, wie die Geschichte zeigt, nicht.

3   Geregelt ist das Strafprozessrecht insbesondere in der **StPO** und im **GVG**, für Jugendliche überdies im **JGG** (vgl. Beulke Rdn. 1). Aber auch Vorschriften der **ZPO** gelten für das Strafverfahren. Regelungen finden sich ebenfalls im StGB, im GG sowie in der Europäischen Menschenrechtskonvention (EMRK). Für die Staatsanwaltschaften gibt es daneben die RiStBV (Richtlinien für das Straf- und Bußgeldverfahren), abgedruckt bei Meyer-Goßner, Anh. 12.

II. Aufgabe des Strafprozesses

4   Aufgabe des Strafprozesses ist es, in einem geordneten Verfahren einen staatlichen Strafanspruch festzustellen und durchzusetzen. Es geht um eine richtige und gerechte Entscheidung, um die Ermittlung der Wahrheit.

Dabei sind **Wahrheit** und Gerechtigkeit Leitprinzipien unseres Verfahrensrechts (Beulke Rdn. 3). Wahrheit ist in diesem Zusammenhang aber nicht materielle Wahrheit; es geht um die prozessuale Wahrheit, also nur um eine solche Wahrheit, die prozessordnungsgemäß zustande kam.

5   Dieses Prinzip des prozessordnungsgemäßen Zustandekommens des Urteils steht gleichberechtigt neben dem Prinzip der effizienten Strafverfolgung. Es gibt **keine Wahrheitsfindung um jeden Preis**. Insbesondere kann aus Verstößen der Strafverfolgungsbehörden ein Verwertungsverbot folgen, das ggf. mangels anderer Beweismittel zum Freispruch führt (Rdn. 188 ff).

6   Daneben soll das Strafverfahren zu einer Entscheidung führen, die **Rechtsfrieden** schafft. Daher erwächst eine Entscheidung in materielle Rechtskraft, die nur nach den engen Regeln der Wiederaufnahme (§§ 359 ff) durchbrochen werden kann.

III. Verfahrensgang

7   Das Strafverfahren ist in **Erkenntnisverfahren und Vollstreckungsverfahren** zu trennen. Das Erkenntnisverfahren unterscheidet Vorverfahren, Zwischenverfahren und Hauptverfahren.

8   Das **Vorverfahren** (§§ 151 ff) beginnt mit den Ermittlungen von Amts wegen oder aufgrund einer Strafanzeige (vgl. § 158). In diesem Zusammenhang wird untersucht, ob gegen den Beschuldigten ein hinreichender Tatverdacht besteht (§§ 160 bis 170). Abgesehen von anderweitigen Möglichkeiten der Verfahrenserledigung (§§ 153 ff, 407) steht am Ende dieses Ermittlungsverfahrens entweder dessen Einstellung (§ 170 Abs. 2) oder die Erhebung der Anklage (§ 170 Abs. 1).

9   Mit der Einreichung der Anklageschrift beginnt das **Zwischenverfahren** (§§ 197 ff), der Beschuldigte heißt jetzt Angeschuldigter (§ 157). Das Gericht prüft,

Einleitung

ob die Staatsanwaltschaft zu Recht einen hinreichenden Tatverdacht angenommen hat oder nicht. Im ersten Fall wird die Anklage zugelassen und das Hauptverfahren eröffnet, im zweiten Fall abgelehnt, wobei die StA das Recht zur Beschwerde gegen die Entscheidung hat (Rdn. 122).

Mit der **Eröffnung des Hauptverfahrens** (§§ 213 ff) wird der Angeschuldigte 10 zum Angeklagten. Es kommt zur Hauptverhandlung, die mit einem Urteil endet, gegen das dem Angeklagten und der Staatsanwaltschaft ein Rechtsmittel zur Verfügung steht. In Abhängigkeit von dem entscheidenden Gericht geht es um Berufung und Revision oder nur um Revision.

Nach Rechtskraft der Entscheidung ist das Erkenntnisverfahren beendet. Dann beginnt das Vollstreckungsverfahren gemäß §§ 449 ff, etwa nach Ladung zum Strafantritt der Strafvollzug. Hierfür existieren weitere Regelungen, etwa die StrafvollstreckungsO und das StVollzG.

Insbesondere mit dem Erkenntnisverfahren hat sich unser Strafprozessrecht für ein 11 bestimmtes Modell, nämlich das staatsanwaltschaftliche Ermittlungsverfahren entschieden.

IV. Verfassungsrechtliche Aspekte

Der Staat monopolisiert die Strafgewalt (staatliches Gewaltmonopol). Daraus resul- 12 tiert seine Pflicht, für den Schutz des Bürgers zu sorgen und Rechtsbrecher zu verfolgen. Dabei steht das ganze Verfahren in einem Spannungsfeld zwischen Effizienz der Strafverfolgung und Wahrung rechtsstaatlicher Grundsätze. So ist der Rechtsstaat im Ermittlungsverfahren teilweise verkümmert, im Hauptverfahren erlangt er dann aber wieder größere Bedeutung.

Immerhin kann festgehalten werden, dass Praxis und rechtliche Rahmenbedingun- 13 gen für Strafverfahren ein Spiegel des Zustandes der Gesellschaft sind und insbesondere die Berücksichtigung der Rechte des Beschuldigten und die Ausgestaltung des Ermittlungsverfahrens Schlüsse auf das Vorverständnis von Gesellschaft zulassen. Stichworte zum Thema Strafverfahren und Verfassung:

Gewaltenteilung	Unabhängigkeit der Gerichte
	Bindung an Recht und Gesetz
Grundrechte	Der Angeklagte ist Subjekt, nicht Objekt des Verfahrens
Gesetzesvorbehalt	
Demokratieprinzip	Öffentlichkeit
Sozialstaatsprinzip	Resozialisierung, Pflichtverteidigung, Opferschutz
Verhältnismäßigkeitsprinzip	

B. Strafgerichtsverfassungsrecht

I. Grundsatz des gesetzlichen Richters

Nach **Art. 101 Abs. 1 S. 2 GG** darf niemand seinem gesetzlichen Richter entzo- 14 gen werden. Theoretisch muss daher von Verfassungs wegen bereits frühzeitig feststehen, welcher Richter mit der Aburteilung einer bestimmten Tat befasst sein wird. Die Regelung gewährt einen grundrechtsähnlichen Anspruch (BVerfGE 40, 356, 360 f). Damit ist aber kein konkreter Anspruch gemeint, sondern die Notwendigkeit abstrakter Regelungen, die nach bestimmten Spielregeln den zur Entscheidung berufenen Richter im Voraus bestimmen.

Das deutsche Gerichtsverfassungsrecht regelt dies an verschiedenen Stellen. So fin- 15 den sich Anknüpfungspunkte in der Strafprozessordnung, im Gerichtsverfassungsge-

Einleitung

setz, aber auch in den Geschäftsverteilungsplänen der einzelnen Gerichte. Dabei bestehen Beurteilungsspielräume, namentlich der Staatsanwaltschaft. Als Leitprinzip gilt: Der bloße Verfahrensirrtum (**error in procedendo**) verletzt Art. 101 Abs. 1 Satz 2 GG noch nicht, die Grenze ist erst bei objektiv willkürlichen Maßnahmen erreicht.

16 Hinter diesem Rückgriff auf „**objektive Willkür**" steht zunächst die pragmatische Erkenntnis, dass Fehler nun einmal geschehen. Zudem geht es um absolute Revisionsgründe: Wenn die Entziehung des „gesetzlichen Richters" zwingend zur Aufhebung eines Urteils führen muss, muss man eben den Begriff der Entziehung einschränkend auslegen. „Objektiv willkürlich", d. h. den gesetzlichen Richter entziehend, ist dann (erst) eine Maßnahme, die auf unsachlichen, sich von gesetzlichen Vorgaben völlig entfernenden Erwägungen beruht und unter keinem Gesichtspunkt mehr vertretbar erscheint (BVerfGE 30, 165; 42, 237; BVerfG NJW 1984, 2147; Beulke Rdn. 35; krit. Sowada S. 216 ff; siehe auch BGH NJW 2002, 1589 und § 9 Rdn. 2; § 338 Rdn. 7).

II. Arten der Zuständigkeit

17 In Ausfüllung des Art. 101 Abs. 1 S. 2 GG enthalten GVG und StPO eine Vielzahl von Regelungen, die die örtliche, sachliche und funktionelle Zuständigkeit von Gerichten festlegen.

1. Örtliche Zuständigkeit

18 Die örtliche Zuständigkeit („Gerichtstand") ist in den §§ 7 ff geregelt. Theoretisch ist eine Vielzahl von Gerichten für denselben Fall zuständig.

2. Sachliche Zuständigkeit

19 Die sachliche Zuständigkeit (vgl. § 1) betrifft die Frage, welches Gericht für eine Strafsache in erster Instanz zuständig ist. Soweit in diesem Gericht mehrere Spruchkörper existieren, bestimmt der Geschäftsverteilungsplan, welches im Einzelfall zuständig ist. Grundsätzlich ist die sachliche Zuständigkeit nicht in der StPO, sondern im GVG geregelt (vgl. § 1 Rdn. 2 ff).

20 **Das Amtsgericht** ist sachlich zuständig für Strafsachen, die nicht vor ein höheres Gericht gehören (§ 24 Abs. 1 Nr. 1 GVG), bei denen eine Freiheitsstrafe von nicht mehr als 4 Jahren zu erwarten ist (§ 24 Abs. 1 Nr. 2 GVG) und der Staatsanwalt wegen der besonderen Bedeutung des Falls nicht Anklage beim Landgericht erheben will (§ 24 Abs. 1 Nr. 3 GVG).

21 Spruchkörper des Amtsgerichts sind **Strafrichter und Schöffengericht** (§ 1 Rdn. 1 ff). Der Strafrichter entscheidet als Einzelrichter über Vergehen, die der Staatsanwalt bei ihm anklagt, weil nach dessen Auffassung keine höhere Strafe als 2 Jahre Freiheitsstrafe zu erwarten ist bzw. ein Delikt im Wege der Privatklage verfolgt werden soll, § 25 GVG. In allen anderen Fällen entscheidet das Schöffengericht (1 Berufsrichter, 2 Schöffen – ggf. erweitertes Schöffengericht gem. § 29 Abs. 2 GVG). In beiden Fällen beträgt die Strafgewalt **4 Jahre Freiheitsstrafe** (vgl. § 24 Abs. 2 GVG, der weitere Einschränkungen enthält), also auch dann, wenn sich die ursprüngliche Straferwartung als falsch herausstellt und die Sache anscheinend fälschlicherweise beim Einzelrichter angeklagt wurde, kann der Einzelrichter Freiheitsstrafe von bis zu 4 Jahren verhängen (!).

22 **Das Landgericht** ist zuständig, soweit die Sache einer besonderen Strafkammer zugewiesen, eine Strafe von mehr als 4 Jahren Freiheitsstrafe zu erwarten ist, oder der Staatsanwalt wegen der besonderen Bedeutung des Falles die Sache beim Landgericht anklagt (§ 1 Rdn. 4 ff; § 74 Abs. 1 GVG).

23 Dabei kommt es in **bestimmten Konstellationen** auf die Straferwartung der Staatsanwaltschaft nicht an:

Einleitung

- Das Schwurgericht (Besetzung immer 3 Berufsrichter, 2 Schöffen) ist zuständig für die in § 74 Abs. 2 GVG aufgelisteten Straftaten, ohne Rücksicht darauf, welche Strafe im Einzelfall zu erwarten ist. Auch die Körperverletzung mit Todesfolge in einem minder schweren Fall wird nicht vor dem Schöffengericht angeklagt, sondern kommt vor das Schwurgericht.
- Die Staatsschutzkammer (§ 74a GVG; große Strafkammer) ist zuständig für Staatsschutzstrafsachen. Hier ist eine Kammer bei dem LG zu bilden, in dessen Bezirk auch das OLG sitzt.
- Die Jugendkammer (§ 74b GVG) ist in Jugendschutzsachen (§ 26 GVG) zuständig.
- Die Wirtschaftsstrafkammer (in 1. Instanz als große Strafkammer, bei Berufungsverfahren als kleine Strafkammer) ist zuständig für Wirtschaftsstrafsachen (§ 74c GVG), eine Zuständigkeitskonzentration ist möglich (Abs. 3).

§ 74e GVG regelt für den Fall, dass mehrere Strafkammern zuständig sind, dass das Schwurgericht **Vorrang** vor der Wirtschaftsstrafkammer und diese Vorrang vor der Staatsschutzstrafkammer hat (§ 1 Rdn. 21).

Möglich ist, die große Strafkammer (mit Ausnahme der Schwurgerichtskammer) 24 mit **weniger** als 3 Berufsrichtern zu besetzen (§ 76 Abs. 2 GVG).

> **Bitte beachten:** Laienrichter wirken bei Entscheidungen außerhalb der Hauptverhandlung nicht mit (§ 76 Abs. 1 S. 2 GVG).

Das **Oberlandesgericht** ist in bestimmten Fällen des Staatsschutzes zuständig und 25 entscheidet dann mit 5 (bzw. 3) Berufsrichtern in erster Instanz (§ 1 Rdn. 30; § 122 Abs. 2 GVG). Die Zuständigkeit ist gegeben, wenn der Generalbundesanwalt den Fall in seinem Zuständigkeitsbereich hat bzw. an sich zieht und eine Anklage zum OLG für geboten erachtet (§ 120 Abs. 2 GVG).

Dieses Spektrum der sachlichen, aber auch der örtlichen Zuständigkeit zeigt schon, 26 dass es in vielen Fällen erhebliche (Beurteilungs-)Spielräume für die Staatsanwaltschaft gibt, die diese nutzen kann, um die Strafsache vor ein bestimmtes örtlich bzw. sachlich zuständiges Gericht zu bringen. Namentlich der „weiche" Begriff der „besonderen Bedeutung" des Falles gibt dem Staatsanwalt **viele Spielräume.** Eine besondere Bedeutung soll einem Fall dann zukommen, wenn er sich aus tatsächlichen oder rechtlichen Gründen aus der Masse der durchschnittlichen Strafsachen nach oben abhebt. Bedeutsam sind etwa das Ausmaß der Rechtsverletzung oder das Interesse der Medien und der Öffentlichkeit. Ein wichtiger Aspekt kann auch sein, ob eine rasche Klärung einer Rechtsfrage durch den BGH ermöglicht werden soll (vgl. BGHSt 43, 53, 58; Beulke Rdn. 42). Siehe auch Rdn. 33.

3. Funktionelle Zuständigkeit

Das Gesetz selbst erwähnt diesen Begriff nicht. Gemeint ist ein Oberbegriff für alle 27 **Zuständigkeitsprobleme,** die nicht durch die Regeln über die sachliche und örtliche Zuständigkeit gelöst werden. Hier geht es etwa um die Zuständigkeit des Rechtsmittelgerichts und die Aufgabenverteilung innerhalb der Spruchkörper. Teilweise wird hier auch die Zuständigkeitsverteilung zwischen Spruchkörper mit gleicher Strafgewalt (Rdn. 25) eingeordnet (vgl. Beulke Rdn. 38).

4. Zuständigkeitsstreit

In Streitfällen entscheidet das gemeinsame Obere Gericht (§ 13 Abs. 2, §§ 13a ff). 28

III. Zuständigkeit in Rechtsmittelsachen

Gegen erstinstanzliche Urteile des Amtsgerichts ist die Berufung zum **Landgericht** 29 gegeben. Allein zuständig ist die sog. „Kleine Strafkammer", die mit einem Berufsrichter und zwei Schöffen besetzt ist. Ein zweiter Berufsrichter kann hinzugezogen

Einleitung

werden; er muss hinzugezogen werden, wenn es um eine Berufung gegen Urteile des erweiterten Schöffengerichts geht (§ 76 Abs. 3 Satz 1 GVG). Dabei unterliegt die Berufung z. T. der Annahme durch die Berufungskammer (Rdn. 262). In Jugendsachen entscheidet über Berufungen gegen Urteile des Jugendschöffengerichts die Große Jugendkammer.

30   Das **Oberlandesgericht** ist zuständig für Revisionen gegen zweitinstanzliche Urteile des Landgerichts. Des Weiteren besteht die Möglichkeit, gegen ein Urteil des Amtsgerichts unmittelbar mit der sog. Sprungrevision vorzugehen (§ 335 Abs. 1). Für Urteile der Großen Strafkammer ist das Oberlandesgericht nur dann zuständig, wenn die Revision allein die Verletzung von Landesrecht rügt (§ 121 Abs. 1 Nr. 1 c GVG). Entschieden wird in der Besetzung mit drei Berufsrichtern.

31   Der **Bundesgerichtshof** in Karlsruhe ist Revisionsinstanz für erstinstanzliche Urteile des LG und OLG. Es gibt beim BGH fünf Strafsenate, der fünfte Senat sitzt in Leipzig (zur Zuständigkeit § 135 Abs. 1 GVG). Der BGH entscheidet über Revisionen in der Besetzung mit fünf Berufsrichtern.

32   **Beschwerdeinstanz** für Entscheidungen des Amtsgerichts ist das Landgericht (§ 73 Abs. 1 GVG), für landgerichtliche Entscheidungen das OLG (§ 120 Abs. 3, 4, § 121 Abs. 1 Nr. 2 GVG), für Entscheidungen des OLG – so sie nicht der Anfechtung entzogen sind (§ 305 Abs. 2) der BGH (§ 125 Abs. 2); siehe auch Rdn. 278.

33   Da insgesamt **21 Oberlandesgerichte** existieren (je 1 pro Bundesland, je drei in Bayern und Nordrhein-Westfalen, zwei in Baden-Württemberg) und der BGH sich ebenfalls aus mehreren Senaten zusammensetzt, besteht die Gefahr, dass es zu divergierenden Entscheidungen kommt. Um die Einheitlichkeit der Rechtsprechung zu sichern, sieht das GVG an mehreren Stellen vor, dass bei abweichenden Entscheidungen eine Klärung erfolgen muss. So muss ein OLG (§ 121 Abs. 2 GVG) eine Sache dem BGH vorlegen, wenn es von einer nach dem dort genannten Stichtag ergangenen Entscheidung eines anderen OLG oder einer Entscheidung des BGH abweichen will. Diese Außendivergenz erfasst nur Fälle, in denen die betreffende Rechtsansicht auch entscheidungserheblich ist. Will das OLG nur in der Begründung, nicht aber im Ergebnis von einer Entscheidung eines anderen OLG oder des BGH abweichen, besteht kein Vorlegungsgrund (BGH NStZ 2000, 222). Überdies muss es sich um eine tragende Rechtsäußerung handeln, nicht nur um ein obiter dictum.

34   Beim BGH ist Vergleichbares vorgesehen, wenn ein Senat von der Rechtsauffassung eines anderen Senates **abweichen will** (§ 132 Abs. 2 GVG). In diesen Fällen wird zunächst das so genannte Anfrageverfahren durchgeführt (vgl. § 271 Rdn. 9). Stimmen die anderen Senate der vom entscheidenden Senat vorgesehenen Rechtsauffassung nicht zu und beharren sie zum Beispiel auf ihrer bislang vertretenen Auffassung (vgl. § 132 Abs. 3 GVG), entscheidet der Große Senat für Strafsachen mit 11 Berufsrichtern. Kommt es zu Divergenzen zwischen einem zivilen Senat und einem Strafsenat und hält es wiederum der zunächst entscheidende Senat nicht für richtig, der neuen Auffassung zuzustimmen, entscheiden die Vereinigten Großen Senate (§ 132 Abs. 1 S. 1 GVG). Die Befassung des Großen Senats ist aber auch möglich, wenn dies nach Auffassung eines Senats zur Fortbildung des Rechts oder zur Sicherung einer einheitlichen Rechtsprechung erforderlich ist (Abs. 4). Bei Divergenzen zwischen einem Senat des BGH und dem eines anderen obersten Gerichtshofes des Bundes gilt das Gesetz vom 19. 6. 1968 (BGBl. I, 661). Dann entscheidet der Gemeinsame Senat der obersten Gerichtshöfe des Bundes (vgl. Art. 95 Abs. 3 GG).

C. Ausschließung und Ablehnung des Richters

35   Der Richter ist **persönlich und sachlich unabhängig** (§ 1 GVG, Art. 97 GG). Eine Parteilichkeit des Richters gefährdet eine gerechte Urteilsfindung. Deshalb sieht

Einleitung

die StPO vor, dass ein Richter in bestimmten Fällen von der Urteilsfindung auszuschließen ist oder aber von den Verfahrensbeteiligten wegen Besorgnis der Befangenheit abgelehnt werden kann.

Nach den §§ 22, 23 ist der Richter in den dort genannten Fällen von einer Entscheidung **ausgeschlossen**. Dies betrifft die Fälle, in denen der Richter selbst verletzt worden ist, enge familiäre Beziehungen zum Beschuldigten oder zum Verletzten aufweist, mit der Sache bereits befasst war (Hauptfall: Mitwirkung in der Vorinstanz) oder er als Zeuge oder Sachverständiger vernommen worden ist. 36

Gem. § 24 Abs. 2 kann ein Richter auch wegen **Besorgnis der Befangenheit** abgelehnt werden, wenn ein Grund vorliegt, der geeignet ist, Misstrauen gegen die Unparteilichkeit eines Richters zu rechtfertigen (Abs. 2). Die Ablehnung ist auch in den Fällen des gesetzlichen Ausschlusses möglich, wenn etwa der Richter sich nicht selbst für befangen erklärt. Denkbar ist dies namentlich dann, wenn die Verletzteneigenschaft unklar ist. 37

Beispiel: Der Täter betrügt eine Personengesellschaft, an der der Richter beteiligt ist.

Die Regelungen gelten für Schöffen/Geschworene, Urkundsbeamte und Protokollführer entsprechend (§ 31). Zum Sachverständigen siehe § 74 Rdn. 4 ff. 38

D. Staatsanwaltschaft und Polizei

I. Staatsanwaltschaft

1. Organisation der Staatsanwaltschaft

Staatsanwaltschaften finden sich theoretisch bei allen Gerichten, praktisch beim BGH, beim OLG und den Landgerichten. Beim BGH in Karlsruhe sitzt der **Generalbundesanwalt**, der mit den Bundesanwälten die Revisionsverfahren betreibt und ggf. auch Ermittlungen anstellen kann, soweit bestimmte Delikte im Raum stehen oder dies wegen einer Beeinträchtigung der Belange der Bundesrepublik erforderlich scheint (vg. § 74a Abs. 2 GVG). Der Generalbundesanwalt hat ein internes Weisungsrecht gegenüber seinen Bundesanwälten (§ 147 Nr. 3 GVG analog). Er selbst unterliegt dem externen Weisungsrecht des Bundesjustizministeriums. 39

Bei den Oberlandesgerichten sitzen **Generalstaatsanwaltschaften,** die mit ihren Staatsanwälten einerseits die Rechtsmittelverfahren betreiben, andererseits die Dienstaufsicht gegenüber den anderen Staatsanwaltschaften ausüben. Der Generalstaatsanwalt unterliegt einem externen Weisungsrecht des Justizministeriums des Landes. Bei den Landgerichten gibt es wiederum **Staatsanwaltschaften,** deren Behördenleiter Leitender Oberstaatsanwalt ist. Er hat wiederum Weisungsrechte gegenüber seinen Staatsanwälten und gegenüber den Amtsanwälten (Rechtspfleger mit Sonderausbildung), die theoretisch bei den Amtsgerichten sitzen sollten, tatsächlich aber räumlich mit den Staatsanwälten zusammen untergebracht sind, sich in ihrer Tätigkeit aber darauf beschränken, einfachere Anklagen vor dem Amtsgericht zu vertreten. 40

Die Menge an Organisation macht deutlich, dass das **Prinzip des gesetzlichen Richters** (Art. 101 Abs. 1 Satz 2 GVG) durchaus „weiche" Flanken aufweist. In vielen Fällen hat der Staatsanwalt einen Beurteilungsspielraum, welches theoretisch örtlich und sachlich zuständige Gericht er tatsächlich in Anspruch nimmt, wo er also seine Anklage erhebt (vgl. etwa § 24 Abs. 1 Nr. 3, § 74 Abs. 1 S. 2 GVG). Dabei unterliegt er zugleich Weisungsrechten seines Behördenleiters, er kann angewiesen oder ersetzt werden (Substitutionsrecht) oder der Vorgesetzte kann die Sache an sich ziehen (Devolutionsrecht, § 145 Abs. 1 GVG). 41

Berücksichtigt man, dass der Staatsanwalt zum Teil die Wahl zwischen mehreren örtlich zuständigen Gerichten hat und im Rahmen eines Beurteilungsspielraumes auch 42

Einleitung

die Entscheidung zwischen der Anklage zum Strafrichter, zum Schöffengericht oder zum Landgericht treffen kann, zeigt sich, dass die Politik ggf. **Einfluss auf den gesetzlichen Richter** nehmen kann, der eigentlich von Verfassungs wegen feststehen muss. Andererseits handelt es sich bei der Staatsanwaltschaft um eine Institution der Exekutive, so dass von Verfassungs wegen das Justizministerium gegenüber dem Parlament die Verantwortung trägt. Eine Lösung mag darin bestehen, zwar generelle Vorgaben von Seiten der Ministerienverwaltung zu akzeptieren, Einzelweisungen jedoch für unzulässig zu erachten, soweit sie die Bestimmung des gesetzlichen Richters betreffen (Kurzrock S. 63 ff).

2. Aufgaben der Staatsanwaltschaft

43   Die Staatsanwaltschaft hat bei Vorliegen eines Anfangsverdachts den Sachverhalt zu erforschen (vgl. § 152 Abs. 2, § 170 Abs. 1). Sie ist **„Herrin des Ermittlungsverfahrens"**, bestimmt mit ihrer Anklage den Gegenstand der Urteilsfindung (siehe Rdn. 241), vertritt die Anklage im Zwischen- und Hauptverfahren (vgl. § 243 Abs. 3, § 226) und ist Strafvollstreckungsbehörde (§ 451).

3. Befangenheit des Staatsanwalts

44   Inwiefern auch ein Staatsanwalt wegen Befangenheit abgelehnt werden kann, ist zweifelhaft. Obwohl der Staatsanwalt auch zugunsten des Beschuldigten ermitteln soll, ist er natürlich auf eine **gewisse Einseitigkeit** ausgerichtet. Die Grenze des noch Akzeptablen ist überschritten, wenn sich der Verdacht aufdrängt, der Staatsanwalt agiere ausschließlich zu Lasten oder zu Gunsten des Beschuldigten und sei zu einer objektiven Würdigung des Ergebnisses der Ermittlungen nicht bereit (Vor § 22 Rdn. 3).

II. Polizei

45   Die dem Innenministerium unterstellte Polizei ist zugleich eine Ansammlung von **Ermittlungspersonen** (früher: Hilfsbeamten) der Staatsanwaltschaft, die im Rahmen der Ermittlungen von dieser eingesetzt werden können (§ 161). Soweit Beamte Ermittlungspersonen der StA sind (vgl. § 152 GVG), ist die StA weisungsbefugt (sie beauftragt die Polizei). Beamte des höheren Dienstes sind keine Ermittlungspersonen der Staatsanwaltschaft, sollen aber ebenfalls dem Ersuchen der Staatsanwaltschaft entsprechen (§ 161 Satz 2). Insoweit besteht kein Über-/Unterordnungsverhältnis.

46   Die Polizei hat im Rahmen ihrer Tätigkeit für das Innenministerium eine **präventive Funktion;** ihre Aufgaben und Befugnisse richten sich nach den Polizei- und Sicherheitsgesetzen der Länder. Für die repressive Tätigkeit der Polizei, also im Hinblick auf die Aufklärung bereits begangener Straftaten, sind die Vorschriften des Strafprozessrechts (StPO, GVG usw.) einschlägig. Das Weisungsrecht der Staatsanwaltschaft bezieht sich nur auf diese repressive Tätigkeit.

47   In Einzelfällen kann es zu **Differenzen** kommen, wenn etwa der Innenminister Polizeibeamte anweist, bestimmte Aufträge der Staatsanwaltschaft nicht zu bearbeiten. Auch umgekehrte Fälle sind denkbar, insbesondere, wenn es um Maßnahmen im Grenzbereich zwischen präventivpolizeilicher Tätigkeit und repressiver Tätigkeit geht (vgl. Gusy StV 1993, 269 ff).

Beispiel: Es kommt in einer Bank zu einer Geiselnahme. Die Polizeiführung möchte das Gebäude stürmen, um die Geiseln zu befreien. Der Staatsanwalt ist dagegen.

„Vorrang" hat in diesem Zusammenhang der **Aspekt der Prävention,** also die Rettung der Geiseln (Meyer-Goßner § 161 Rdn. 13; vgl. zu dieser Problematik auch die Anlage A der RiStBV über die Anwendung unmittelbaren Zwangs durch Polizeibeamte auf Anordnung des Staatsanwalts). Konflikte werden notfalls im Landeskabinett gelöst.

Einleitung

Auch die Beamten des Polizeidienstes sind dem **Legalitätsprinzip** verpflichtet (vgl. 48 § 163 Abs. 1). Diese Vorschrift enthält freilich nur eine Aufgabenübertragung und stellt nicht selbst eine Eingriffsnorm dar. Ab wann nun die Polizei für ihre Maßnahmen einer ausdrücklichen Ermächtigungsnorm bedarf, war lange zweifelhaft. Nach der so genannten „Schwellentheorie" (vgl. Beulke Rdn. 104) sollten solche Maßnahmen keiner besonderen Ermächtigung bedürfen, die unterhalb einer gewissen Belastung für den Bürger lagen. Dies wurde insoweit abgelehnt, als es sich schon um Grundrechtseingriffe handelt; hier bedarf es immer einer Ermächtigungsgrundlage (vgl. Beulke Rdn. 104).

Diskutiert wurden diese Fragen insbesondere in Fällen der Observation oder beim 49 Einsatz technischer Mittel. Hier hat die Strafprozessordnung durch eine **Vielzahl ergänzender Regelungen** mittlerweile Abhilfe geschaffen. Mit dem StVÄG 1999 hat der Gesetzgeber in § 161 Abs. 1 Satz 2 und § 163 Abs. 1 Satz 2 Ermittlungsgeneralklauseln geschaffen. Dabei ist man sich einig, dass diese spezielle Ermächtigungsgrundlagen nicht überflüssig machen, da jede „tiefer" in Grundrechte eingreifende Maßnahme einer Spezialermächtigung bedarf. Die Ermittlungsgeneralklausel ist also nur geeignet, unterhalb dieser Schwelle liegende Ermittlungshandlungen zu legitimieren, etwa die Einholung von Erkundigungen im Umfeld einer gesuchten Person oder bei der kurzfristigen Überwachung des Beschuldigten. Eine längere Observation ist hingegen davon nicht gedeckt (vgl. § 100f Abs. 1 Nr. 1, 2).

Polizeibeamte dürfen solche **Maßnahmen** ergreifen und durchführen, die ihnen 50 nach der StPO zugewiesen sind. Regelmäßig erfolgen Eingriffe auf Anordnung des Richters. In Teilbereichen können auch die Ermittlungspersonen der Staatsanwaltschaft (und der Staatsanwalt) bei Gefahr im Verzuge Anordnungen treffen. Siehe hierzu die Übersicht zu Rdn. 96.

Der **Rechtsschutz** gegen polizeiliche Maßnahmen richtet sich danach, ob sie auf der 51 Grundlage des Polizei- und Ordnungsrechts (dann §§ 40ff VwGO) oder der StPO ergehen (dann §§ 23 ff EGGVG; § 98 Abs. 2 S. 2, §§ 304 ff; vgl. Rössner S. 54 ff).

E. Verfahren im Allgemeinen

I. Allgemeine Verfahrensprinzipien

Alle Maßnahmen der staatlichen Strafverfolgungsorgane unterliegen dem Grundsatz 52 der **Verhältnismäßigkeit** (KK-Nack Vor § 94 Rdn. 6). Jede Maßnahme muss unter Würdigung aller persönlichen und tatsächlichen Umstände des Einzelfalles zur Erreichung des angestrebten Zwecks geeignet und erforderlich sein; der mit ihr verbundene Eingriff darf nicht außer Verhältnis zur Bedeutung der Sache und zur Stärke des bestehenden Tatverdachts stehen. Dieser Grundsatz ist von der StA insbesondere bei Durchsuchungen und Beschlagnahmen zu beachten. Überdies ist der deutsche Strafprozess von weiteren Verfahrensprinzipien durchzogen. Schlagworte sind:

- Grundsatz des rechtlichen Gehörs
- Konzentrationsmaxime
- Wirtschaftlichkeit des Strafverfahrens
- Prozessuale Fürsorgepflicht
- Offizialprinzip
- Instruktionsprinzip und Unschuldsvermutung
- Legalitätsprinzip – Opportunitätsprinzip
- Akkusationsprinzip

1. Der Anspruch **auf rechtliches Gehör** ergibt sich aus **Art. 103 Abs. 1 GG** und 53 ist ein Grundrecht. Er begründet ein Recht auf kommunikative Beteiligung am Verfahren (Kühne Rdn. 122). Über den Wortlaut hinaus gilt die Bestimmung nicht nur vor Gericht, sondern im gesamten Verfahren, also auch für die Ermittlungstätigkeit der

Einleitung

Polizei und der Staatsanwaltschaft. Rechtliches Gehör geht auf die Pflicht zur **Wahrung der Menschenwürde** zurück (BVerfGE 7, 275) und soll verhindern, dass der Betroffene zum bloßen Objekt des Verfahrens gemacht wird (vgl. z. B. §§ 33, 136, 163 a, 240, 257, 258, 265).

54 Der Grundsatz verlangt, dass einer gerichtlichen Entscheidung nur solche Tatsachen und Beweisergebnisse zugrunde gelegt werden, zu denen die Beteiligten **Stellung nehmen konnten**. Überraschungsentscheidungen müssen vermieden werden, daraus ergibt sich jedoch keine Pflicht zur Durchführung eines Rechtsgesprächs.

55 2. **Die Konzentrationsmaxime** – Beschleunigungsgrundsatz – ergibt sich nicht unmittelbar aus der StPO, sondern mittelbar aus Art. 6 Abs. 1 EMRK. Ausprägungen finden sich etwa in § 163 Abs. 2, §§ 115, 128, 121. Die Konzentration kommt auch darin zum Ausdruck, dass eine Hauptverhandlung zügig durchgeführt werden muss. Möglichkeiten der Unterbrechung regeln die §§ 228, 229. Das Beschleunigungsgebot ist ein Teil des Verhältnismäßigkeitsgrundsatzes; das Rechtsstaatsprinzip des Grundgesetzes fordert die angemessene Beschleunigung des Strafverfahrens (BVerfG wistra 1984, 60). Durch geeignete Maßnahmen ist sicherzustellen, dass das Strafverfahren nicht verzögert wird.

56 **Verstöße gegen das Beschleunigungsgebot** sind Strafzumessungsfaktor und können in extremen Einzelfällen auch zu einer Einstellung des Verfahrens führen (BVerfGE NStZ 1984, 128; BGH wistra 2002, 300; Beulke Rdn. 26). Dabei ist der BGH z. T. deutlich zurückhaltender als das Bundesverfassungsgericht (vgl. BVerfG NJW 2003, 2897; 2004, 2398).

57 3. **Die Wirtschaftlichkeit des Strafverfahrens** wird in der StPO nicht ausdrücklich angesprochen. Theoretisch könnte sich auch aus dem Legalitätsprinzip ergeben, dass Wahrheit unabhängig von der Bedeutung des Falls, ohne Aufwand und Kosten zu scheuen, ermittelt werden muss. Tatsächlich berücksichtigt die Praxis in diesem Zusammenhang die Bedeutung des Falles durchaus.

58 4. **Die prozessuale Fürsorgepflicht** wird teilweise mit dem in Art. 6 Abs. 1 EMRK enthaltenen Grundsatz des fairen Verfahrens in Verbindung gebracht, andere halten dies für identisch, teils wird die Fürsorgepflicht als umfassender Sammelbegriff für alle Normen und Prinzipien verwandt, die die Gewährung eines rechtsstaatlichen, justizförmigen Verfahrens schlechthin gewährleisten. Das Prinzip soll als Motor für die Rechtsentwicklung im Strafprozess wirken (vgl. Kühne 133 mwN).

59 **Der Grundsatz des fairen Verfahrens** (fair-trial-Prinzip) wird aus dem Rechtsstaatsprinzip bzw. Art. 6 MRK abgeleitet (KK-Pfeiffer Einl. Rdn. 128). Zum Teil wird auch das Sozialstaatsprinzip bemüht bzw. auf eine Gesamtschau der Art. 1, 2, 19 Abs. 4, 20, 28, 103 GG, Art. 6 Abs. 1 Satz 1 EMRK verwiesen (Geppert Jura 1992, 597; Beulke Rdn. 28). Umstritten ist allerdings die Reichweite und Ausgestaltung dieses Grundsatzes. Pfeiffer (KK-Einleitung Rdn. 128) verweist zu Recht darauf, dass es sich zuerst um eine Auslegungsrichtschnur handelt und dass man bei der Konkretisierung darüber hinausgehende Gebote und Verbote mit Behutsamkeit vorgehen muss, weil es grundsätzlich Sache des Gesetzgebers ist, unter den möglichen Regelungen zu wählen (vgl. auch BGH NStZ 1984, 274; BGHSt 40, 211, 217 f). Nach der Rechtsprechung begründet ein Verstoß gegen diesen Grundsatz jedenfalls in der Regel kein Prozesshindernis (BGHSt 42, 191, 193).

60 **In der Rechtsprechung** wurde der Grundsatz in einer Reihe von Fällen bemüht, etwa bei Verwendung eines Lockspitzels, dem Einsatz des Verfassungsschutzes, der in das Strafverfahren hineinwirkte, und im Hinblick auf die Bestellung eines Pflichtverteidigers bereits im Ermittlungsverfahren (vgl. BGHSt 45, 321, 335; BGHSt 46, 93, 100 und Beulke Rdn. 28).

61 5. **Das Offizialprinzip** besagt, dass allein der Staat Straftaten von Amts wegen verfolgt (Anklagemonopol des Staates). Die Rolle des Verletzten ist dennoch in einigen Fällen bedeutsam, so etwa dann, wenn die Straftat absolutes Strafantragsdelikt ist,

Einleitung

wie etwa beim Haus- und Familiendiebstahl (§ 247 StGB; siehe aber auch § 127 Abs. 3). Auch die Privatklagedelikte bilden eine echte Ausnahme vom Offizialprinzip (§§ 374 ff; überwiegend identisch mit den Antragsdelikten).

6. **Das Instruktionsprinzip** (Untersuchungs-, Ermittlungs- und Inquisitionsgrundsatz sowie Prinzip der materiellen Wahrheit) besagt, dass das Strafverfahren auf Wahrheitserforschung von Amts wegen angelegt ist. Damit wird die Pflicht aus dem Offizialprinzip weitergeführt. Anders als im Zivilprozess steht der Prozessstoff nicht zur Disposition der Parteien. 62

7. **Das Legalitätsprinzip** (vgl. § 152 Abs. 2) verpflichtet die Staatsanwaltschaft, vorbehaltlich anderer gesetzlicher Regelungen, wegen aller verfolgbaren Straftaten einzuschreiten, sofern tatsächliche Anhaltspunkte vorliegen. Das Prinzip bindet Richter wie Staatsanwälte gleichermaßen. Gegensatz ist das Opportunitätsprinzip (Rdn. 115), damit verbunden ist nicht etwa die Freiheit von einer Verfolgungspflicht, sondern deren Einschränkung. Das **Opportunitätsprinzip** gibt es insbesondere bei Privatklagedelikten (§ 374 Abs. 1), im objektiven Strafverfahren (§§ 430 ff), bei Strafsachen gegen Jugendliche (§ 45 JGG) und in den Fällen, in denen eine Einstellung des Strafverfahrens ausdrücklich vorgesehen ist (§§ 153 ff). 63

Aus dem Legalitätsprinzip ergeben sich zwei Fragen, die wegen §§ 258 a, 13 StGB auch materiellrechtliche Bedeutung haben. Die erste betrifft die **Bindung der Staatsanwaltschaft an Präjudizien** von Gerichten. 64

Zum Teil wird die Auffassung vertreten, der Staatsanwalt sei an höchstrichterliche Rechtsprechung nicht gebunden (Roxin § 10 Rdn. 12). Demgegenüber geht die Rechtsprechung (BGHSt 15, 155 ff) und ein großer Teil des Schrifttums (Beulke Rdn. 90 mwN) davon aus, eine solche Bindungswirkung bestünde jedenfalls in Fällen gefestigter/ständiger Rechtsprechung.

Für die zweite Auffassung spricht viel, denn nach § 170 Abs. 1 muss eine Anklage erhoben werden, wenn die hinreichende Wahrscheinlichkeit der Verurteilung besteht. Dies hängt aber vom Erwartungshorizont des Gerichtes bzw. des Revisionsgerichtes ab, nicht von dem des Staatsanwalts.

Die zweite Frage betrifft die **Anklagepflicht bei außerdienstlicher Kenntniserlangung**. Dies betrifft nicht nur den Staatsanwalt, sondern auch seine Ermittlungspersonen. Generell muss der Staatsanwalt/der Polizeibeamte solche Taten verfolgen, die ihm in amtlicher Eigenschaft bekannt geworden sind. Erfährt er privat von bereits begangenen Straftaten, wird teilweise eine Verfolgungspflicht gänzlich verneint (vgl. zum Streitstand Joecks § 258 StGB Rdn. 15). 65

8. **Das Akkusationsprinzip** meint, dass die Eröffnung einer gerichtlichen Untersuchung die Erhebung einer (An-)Klage voraussetzt, § 151. Nicht der Richter (Inquisitionsprozess), sondern der Staatsanwalt bestimmt den Gegenstand der Urteilsfindung (die Tat; siehe 264 Rdn. 2). 66

II. Prozessvoraussetzungen

Prozess-/Verfahrensvoraussetzungen sind in jedem Stadium des Verfahrens **von Amts wegen** zu prüfen. Hierfür gilt das Freibeweisverfahren (Rdn. 92). Soweit für die Feststellung des Prozesshindernisses der anderweitigen Rechtshängigkeit die Klärung von Tatsachen erforderlich ist, die auch die angeklagte Straftat betreffen, ist diese dem Strengbeweisverfahren (Rdn. 94) der Hauptverhandlung vorbehalten (BGH NJW 2001, 1734). Auch der Grundsatz „in dubio pro reo" findet nach heute h.M. Anwendung (vgl. § 261 Rdn. 24 ff). 67

Beispiel: Es lässt sich nicht genau klären, ob eine Straftat bereits verjährt ist.

Keine Prozessvoraussetzungen sind objektive Bedingungen der Strafbarkeit, die dem materiellen Recht angehören, und Prozesshandlungsvoraussetzungen (Rdn. 71 ff).

Einleitung

1. Einzelheiten

68 Die wichtigsten Prozessvoraussetzungen sind

- Eingreifen der deutschen Gerichtsbarkeit (§§ 18 bis 20 GVG)
- Vorliegen einer Strafsache (§ 13 GVG)
- Sachliche und örtliche Zuständigkeit des Gerichts
- Strafmündigkeit
- Verhandlungsfähigkeit (die Fähigkeit des Beschuldigten, in oder außerhalb der Hauptverhandlung seine Interessen vernünftig wahrzunehmen, die Verteidigung in verständlicher und verständiger Weise zu führen und Prozesserklärungen abzugeben und entgegenzunehmen [BGHSt 41, 16, 18])
- Fehlende Immunität (vgl. Art. 46 Abs. 2, 4 GG)
- Keine anderweitige Rechtshängigkeit (Rechtshängigkeit tritt ein mit Erlass des Eröffnungsbeschlusses)
- Keine entgegenstehende Rechtskraft (ne bis in idem)
- Keine Strafverfolgungsverjährung
- Vorliegen eines etwaigen Strafantrags, einer Ermächtigung oder eines Strafverlangens (§§ 77 ff StGB)
- Vorliegen eines wirksamen Eröffnungsbeschlusses
- Vorliegen einer wirksamen Anklage
- Kein Tod des Angeklagten

2. Folgen von Verfahrenshindernissen

69 Verfahrenshindernisse haben unterschiedliche Konsequenzen. Endgültige Prozesshindernisse führen im Ermittlungsverfahren zur Einstellung nach § 170 Abs. 2. Bei vorübergehenden Hindernissen ist nach § 205 analog einzustellen. Entsprechend wird bei endgültigen Hindernissen vom Gericht die Eröffnung des Hauptverfahrens abgelehnt, ansonsten nach § 205 direkt oder analog eingestellt. Im Hauptverfahren ist bei vorübergehenden Hindernissen das Verfahren auszusetzen bzw. zu unterbrechen (§ 228), es kann aber auch nach § 205 analog vorläufig eingestellt werden.

70 Liegt ein endgültiges Prozesshindernis vor, ist zu differenzieren:

- Vor bzw. außerhalb der Hauptverhandlung wird das Verfahren durch Beschluss eingestellt (§ 206a).
- Während der Hauptverhandlung ist das Verfahren in der Regel durch ein Prozessurteil (§ 260 Abs. 3) einzustellen. Steht bereits fest, dass der Angeklagte freizusprechen ist, muss ein Freispruch erfolgen (vgl. Beulke Rdn. 292).

Heillos umstritten ist die Frage, inwiefern eine **Provokation der Tat** durch polizeiliche Maßnahmen zu einem Verfahrenshindernis führt. Dabei ist die strafrechtliche Behandlung des „Agent provocateur" im Rahmen der Teilnahme (§§ 26, 27 StGB) noch relativ klar. Fraglich ist aber, ob der Staat seinen Strafanspruch nicht dadurch verwirkt, dass er mittelbar selbst den Täter zu der Straftat veranlasst hat (vgl. Beulke Rdn. 288). Der BGH (BGHSt 32, 345) sieht in einer polizeilichen Tatprovokation regelmäßig nur einen Strafmilderungsgrund, siedelt das Problem also auf der Strafzumessungsebene an.

III. Prozesshandlungen

71 Prozesshandlungen sind alle **prozessual relevanten Betätigungen,** gleich welcher Art (vgl. BGHSt 26, 384, 386; Beulke Rdn. 296). Auch wenn Details umstritten sind, besteht insoweit im Wesentlichen Übereinstimmung. Soweit Prozesshandlungen auch Auswirkungen auf das materielle Recht haben, wurde hierfür der Begriff „doppelrelevante" Prozesshandlungen geprägt.

Beispiel: Die rechtmäßige Untersuchungshaft ist zugleich Rechtfertigungsgrund für Freiheitsberaubung und Nötigung.

Einleitung

1. Wirksamkeitsvoraussetzungen

Derjenige, der eine Prozesshandlung vornimmt, muss **verhandlungsfähig** sein (Prozesshandlungsvoraussetzung und Prozessvoraussetzung). Vergleichbares gibt es freilich bei Staatsanwälten und Richtern nicht, um keine Unsicherheit in die Prozesshandlungen zu tragen. Dort ist die Grenze der „offensichtliche Widerspruch zu rechtsstaatlichen Grundprinzipien" (Schlüchter Rdn. 137 f). 72

2. Inhalt der Prozesshandlung

- Das Verhalten muss einen erkennbaren Erklärungswert besitzen. 73
- Die Prozesshandlungen sind grundsätzlich bedingungsfeindlich. Dies schließt nicht aus, dass Beweisanträge bedingt gestellt werden (§ 244 Rdn. 24).
Prozesshandlungen sind zu einem großen Teil unwiderruflich. 74

  Beispiel: Urteile und urteilsähnliche Entscheidungen.

Gerichtliche Beschlüsse sind zumeist widerruflich (vgl. § 306 Abs. 2). Dies gilt nicht für den Eröffnungsbeschluss und für solche Beschlüsse, die mit der sofortigen Beschwerde angefochten werden können (vgl. § 311 Abs. 3). Einfache andere Prozesserklärungen sind im Zweifel widerruflich. Sonstige prozesstragende und prozessbeendende Erklärungen sind im Zweifel unwiderruflich, etwa der Rechtsmittelverzicht (BGHSt 45, 51, 53) und die Rücknahme des Rechtsmittels (BGHSt 10, 245, 247). Allerdings muss der Rechtsmittelverzicht frei von Willensmängeln sein (Rdn. 76).

3. Form

Welche Form eine Prozesshandlung aufweisen muss, bestimmt sich nach den betreffenden **gesetzlichen Regelungen.** Sie kann zwar grundsätzlich ausdrücklich oder auch konkludent bzw. mündlich vorgenommen werden, in einigen Fällen sieht das Gesetz aber Schriftform vor. Der Schriftform genügt im Regelfall auch ein Telefax, ein Tele-Brief, ein Fernschreiben oder ein Telegramm. Eine telefonische Erklärung genügt den Anforderungen auch dann nicht, wenn auf der Empfängerseite schriftliche Aufzeichnungen angefertigt werden (BGHSt 30, 64, 66). Inwiefern eine Email ausreichen kann, ist zweifelhaft. 75

4. Willensmängel

Über die Bedeutung von Willensmängeln herrscht Streit. Bei **Täuschung und Drohung** wird in der Literatur überwiegend eine Unwirksamkeit der dadurch verursachten Prozesshandlung bejaht. Argumentiert wird mit § 136 a (vgl. Roxin 22/6; abl. Beulke Rdn. 301). Die Rechtsprechung lehnt dies jedoch überwiegend ab (vgl. BGH StV 1994, 64). Allerdings soll ein Rechtsmittelverzicht unwirksam sein, wenn er aufgrund einer Absprache abgegeben wird (BGH NJW 1999, 2449). 76

Ein Irrtum hat keinen Einfluss auf die Wirksamkeit. Die §§ 119 ff BGB sind nicht anwendbar (vgl. RGSt 57, 83; BGH StV 1988, 372: Keine Anfechtung der Rechtsmittelrücknahme wegen Irrtums). Freilich kann sich aus der prozessualen Fürsorgepflicht die Unwirksamkeit von Prozesshandlungen ergeben, wenn etwa das Gericht eine offenbar auf **Willensmängeln** beruhende Prozesshandlung nicht verhindert (vgl. Beulke Rdn. 301). Dies betrifft insbesondere die Unwirksamkeit eines Rechtsmittelverzichts (Rdn. 184; siehe auch § 302 Rdn. 13). 77

F. Der Beschuldigte

Der Beschuldigte ist nicht Objekt des Verfahrens, sondern **Verfahrenssubjekt,** das mit erheblichen Rechten ausgestattet ist. Der Begriff des Beschuldigten ist – glaubt man dem § 157 – dem Ermittlungsverfahren vorbehalten, denn mit Einreichung der 78

Einleitung

Anklageschrift wird der Betroffene zum Angeschuldigten, mit deren Zulassung zum Angeklagten. Die StPO verwendet den Begriff des Beschuldigten aber an vielen Stellen auch für Betroffene im Hauptverfahren usw. (§ 157 Rdn. 2).

I. Begriff des Beschuldigten

79 Zentrale Frage ist insofern, wie der **Begriff des Beschuldigten** definiert werden soll. Denkbar ist, den Begriff formell zu interpretieren. Beschuldigter ist derjenige, in Bezug auf den die Verfolgungsorgane deutlich gemacht haben, dass sie ein Strafverfahren gegen ihn betreiben wollen (Inkulpationsakt). Dies ist jedenfalls dann gegeben, wenn ein förmliches Strafverfahren eingeleitet worden ist oder der Betreffende ausdrücklich als Beschuldigter vernommen wurde (Beulke Rdn. 111). Möglich wäre auch, allein auf einen objektiven, materiellen Beschuldigtenbegriff abzustellen, also zu fragen, ob gegen diese Person objektiv ein Tatverdacht besteht. Die hM lehnt dies ab, da es auch tatverdächtige Zeugen gibt (vgl. §§ 55, 60 Nr. 2) und vertritt einen formell-materiellen Ansatz. Entscheidend ist dann ein Inkulpationsakt bei bestehendem Anfangsverdacht. Dabei soll der Strafverfolgungsbehörde wiederum ein Beurteilungsspielraum zustehen (§ 152 Rdn. 6).

Im Übrigen muss beim **Verdachtsgrad** differenziert werden:
- Vermutungen: Ermittlungsverfahren ist noch unzulässig.
- Anfangsverdacht: Die Möglichkeit der Tatbegehung (Tatsachen oder Indizien liegen vor) ist gegeben. Hier besteht eine Pflicht zur Einleitung eines Ermittlungsverfahrens, § 152 Abs. 2, mit Beurteilungsspielraum der Strafverfolgungsbehörde.
- Hinreichender Tatverdacht: Die Wahrscheinlichkeit, dass der Beschuldigte eine strafbare Handlung begangen hat und verurteilt werden wird, löst die Pflicht zur Anklageerhebung gem. § 170 Abs. 1 aus (Einstellungen gem. §§ 153 ff sind möglich).
- Dringender Tatverdacht: Die hohe Wahrscheinlichkeit, dass der Beschuldigte eine strafbare Handlung begangen hat, er macht bestimmte Zwangsmaßnahmen zulässig, z.B. die Anordnung der Untersuchungshaft (§ 112 Abs. 1 Satz 1).

II. Vernehmung des Beschuldigten

80 **Vernehmung** in diesem Sinne ist nur eine Befragung durch eine Amtsperson mit dem Ziel der Gewinnung einer Aussage (vgl. BGHSt 42, 139, 146; formeller Vernehmungsbegriff; siehe auch Rdn. 57). Spontanäußerungen – der Zeuge gesteht ungefragt die Tat ein – sind ebenso wenig „Vernehmung" wie Äußerungen bei einer informatorischen Befragung. Es gibt insoweit keine Belehrungspflicht (Beulke Rdn. 118). Zur Verwertung s. Rdn. 197 ff.

81 Der Beschuldigte kann **nicht Zeuge** sein. Zum Mitbeschuldigten vgl. Rdn. 141. Die Vorschriften der §§ 133 bis 136a gelten über § 163a auch für Polizei und Staatsanwaltschaft.

Muster einer Vernehmung

- Dem Beschuldigten ist zu eröffnen, welche Tat ihm zur Last gelegt wird und welche Strafvorschriften in Betracht kommen (letzteres nicht bei polizeilicher Vernehmung, § 163a Abs. 4; § 136 Abs. 1 Satz 1).
- Belehrung über Aussageverweigerungsrecht (§ 136 Abs. 1 Satz 2).
- Hinweis auf die Möglichkeit, einen Verteidiger hinzuziehen (§ 136 Abs. 1 S. 2).
- Vernehmung zur Person.
- Vernehmung zur Sache (§ 136 Abs. 2).
- Ggf. Belehrung, dass einzelne Beweiserhebungen beantragt werden können (§ 136 Abs. 1 Satz 3).

Einleitung

Wird der Beschuldigte über sein Schweigerecht getäuscht, liegt ein Verstoß gegen 82
§ 136a vor, der zu einer Unverwertbarkeit der Aussage führt. Zu den Verwertungsverboten siehe Rdn.197ff, zu den Rechten des Beschuldigten in der Hauptverhandlung siehe Rdn. 176ff.

III. Verbot des Zwangs zur Selbstbelastung

Im Strafprozessrecht ist seit geraumer Zeit unstreitig, dass ein staatlicher Zwang zur 83
Selbstbelastung schlechthin **unzulässig** ist; die in §§ 136, 136a getroffene Regelung ist nur Ausdruck des Grundsatzes „nemo tenetur se ipsum accusare (prodere)", der Verfassungsrang hat (BVerfGE 56, 37, 49 [so genannter Gemeinschuldnerbeschluss]). Die Problematik wird besonders deutlich, wenn der Beschuldigte aus anderen Rechtsgründen (scheinbar) zur aktiven Mitwirkung verpflichtet ist, etwa im Insolvenzrecht (vgl. § 97 InsO).

Im deutschen Recht ist man sich einig, 84
- dass der Beschuldigte in dem gegen ihn gerichteten Verfahren nicht Zeuge für oder gegen sich selbst sein kann,
- dass ihn keine Wahrheitspflicht trifft; eine Grenze für Lügen ziehen die §§ 145d, 164, 185ff StGB.

Dass jedenfalls eine **mittelbare Selbstbelastung** möglich ist, zeigt schon § 142 StGB. Auch wer betrunken einen Unfall verursacht, ist wartepflichtig, wenngleich das Erscheinen der Polizei zu einem Strafverfahren wegen einer Tat nach § 316 bzw. § 315c StGB führen wird. Materiellrechtlich erlaubt der Grundsatz nicht die Begehung neuen Unrechts (BGH wistra 2002, 149).

IV. Rechte und Pflichten

Die Pflichten erschöpfen sich in der Duldung von Zwangsmaßnahmen, der Gegen- 85
überstellung (§ 58), und in der Pflicht zum Erscheinen (vgl. §§ 230, 133 Abs. 1, § 163a Abs. 3 S. 1). Vielfach kann das Erscheinen erzwungen werden (vgl. nur § 230 Abs. 2, § 231). Der Beschuldigte hat ein Recht auf Verteidigung (bis zu drei Verteidiger), auf rechtliches Gehör, auf Anwesenheit (§ 230 Abs. 1 StPO; Beulke Rdn. 122), ein Beweisantrags- und Fragerecht usw. Siehe dazu Rdn. 174ff. Bis zur Rechtskraft gilt die Unschuldsvermutung.

G. Der Verteidiger

Jeder Beschuldigte hat das Recht, sich des Beistandes eines Verteidigers zu bedienen 86
(§ 137 Abs. 1 Satz 1). Aufgaben des Verteidigers sind u.a.
- Beratung über die materielle und formelle Rechtslage
- Stellungnahmen für den Beschuldigten (z.B. Schutzschriften)
- Wahrnehmung prozessualer Rechte, die neben dem Beschuldigten auch dem Verteidiger zustehen (Beweisantragsrecht)
- Vertretung des Beschuldigten
- Wahrnehmung spezifischer Verteidigerrechte – der Beschuldigte selbst darf keine Akteneinsicht nehmen
- Aufklärung des Geschehens
- Übernahme einer „Mittlerrolle" zwischen dem Beschuldigten und dem Gericht bzw. der Staatsanwaltschaft (vgl. Beulke Rdn. 149).

I. Die Stellung des Verteidigers

Der Verteidiger kann **Wahl- oder Pflichtverteidiger** sein, §§ 137ff. Zur not- 87
wendigen Verteidigung siehe § 140. Eine Vielzahl von Fragen ergibt sich aus dem

Einleitung

Verständnis der Rolle des Strafverteidigers. Ist er Organ der Rechtspflege oder Parteienvertreter?; siehe hierzu Rdn. 3 ff vor § 137. Sehr instruktiv ist auch insoweit die „magna charta", die R. Hamm (NJW 1993, 289, 293 f) aufgestellt hat.

II. Rechte des Verteidigers

88 Der Verteidiger hat ein **Recht** auf Kontakt zu seinem Mandanten (vgl. § 148 Abs. 1).

Er hat ein Anwesenheitsrecht bei jeder richterlichen Vernehmung des Beschuldigten. Auch bei Zeugenvernehmungen hat der Verteidiger ein Recht auf Anwesenheit, wenn sie vom Richter durchgeführt wird (§ 168 c Abs. 2). Inwiefern § 168 c Abs. 2 analog anzuwenden ist, wenn es um die Vernehmung eines Mitbeschuldigten geht, ist umstritten (vgl. Beulke Rdn. 156 einerseits, BGHSt 42, 391, 393 andererseits). Für polizeiliche Vernehmungen gibt es kein Anwesenheitsrecht; dort wird dem Beschuldigten regelmäßig empfohlen, keine Aussage zu machen.

89 Das Akteneinsichtsrecht ist bis zum Abschluss des Ermittlungsverfahrens beschränkt (vgl. § 147 Abs. 2), danach kann die Akteneinsicht nicht mehr verwehrt werden. Problematisch ist dies insbesondere im Hinblick auf Haftentscheidungen. Diese erfolgen durchweg zunächst während des Ermittlungsverfahrens, also in einer Phase, in der der Staatsanwalt dem Verteidiger eine (vollständige) Akteneinsicht verwehren kann.

Beispiel: T wird verhaftet. Dem Verteidiger, der eine Beschwerde einlegen will, liegt lediglich der Haftbefehl vor. Akteneinsicht wird ihm verwehrt.

Der Europäische Gerichtshof für Menschenrechte (EGMR) hat die Verweigerung der Akteneinsicht beanstandet, wenn sich der Beschuldigte in **Untersuchungshaft** befindet (StV 1993, 283). Das Bundesverfassungsgericht selbst hat angenommen, dass Akteneinsicht gewährt werden muss, wenn im Rahmen einer gerichtlichen Haftentscheidung ohne diese eine effiziente Verteidigung nicht gewährleistet wäre (BVerfG NStZ 1994, 551).

90 **Die Ablehnung der Akteneinsicht** durch den Staatsanwalt war über viele Jahre nicht anfechtbar. Auch § 23 EGGVG fand hier keine Anwendung. Lehnte der Richter die Akteneinsicht ab, so konnte dagegen Beschwerde eingelegt werden. Eine Erleichterung hat insofern das StVÄG 1999 gebracht. Nach § 147 Abs. 5 kann nunmehr die Versagung der Akteneinsicht angefochten werden, wenn
- bereits der Abschluss der Ermittlungen in den Akten vermerkt ist oder
- der Beschuldigte sich in Unfreiheit befindet oder
- es sich um besondere Aktenteile im Sinne des § 147 Abs. 3 handelt. Hier geht es um die Niederschriften über die Vernehmung des Beschuldigten und über solche richterlichen Untersuchungshandlungen, bei denen dem Verteidiger die Anwesenheit gestattet worden ist oder hätte gestattet werden müssen. Überdies müssen auch Gutachten von Sachverständigen dem Verteidiger in jeder Lage des Verfahrens zur Verfügung gestellt werden.

91 In bestimmten Fällen ist die **Mitwirkung eines Verteidigers notwendig** (vgl. etwa § 140). In solchen Fällen ist dem Beschuldigten ggf. ein Pflichtverteidiger zu bestellen (vgl. §§ 141 bis 143). Nach §§ 138 a ff kann ein Verteidiger ausgeschlossen werden, wenn er seine Beistandsfunktion missbraucht. Der Ausschluss hat durch das OLG zu erfolgen, in Ausnahmefällen durch den BGH.

92 Ein Verteidiger darf lediglich jeweils einen Beschuldigten vertreten (**Verbot der gemeinschaftlichen Verteidigung;** § 146).

93 Schwierige Fragen entstehen, wenn es um die Frage geht, inwiefern ein Verhalten des Strafverteidigers den **Tatbestand der Strafvereitelung** erfüllt. Heute geht man überwiegend davon aus, dass der Einsatz prozessual zulässiger Mittel nicht als Strafvereitelung gewertet werden darf (vgl. Beulke Rdn. 174; Joecks § 258 StGB Rdn. 14).

Einleitung

Unzulässige Strafverteidigung kann jedoch Tathandlung i. S. d. § 258 StGB sein. Insofern wird der Streit um die Rolle des Verteidigers (Organtheorie usw.; Rdn. 3 ff vor § 137) relevant. Verboten ist etwa das Lügen für den Angeklagten und der Rat zur Lüge, die Verleitung eines Zeugen zu unwahren Aussagen (BGHSt 31, 10, 12 f; siehe aber auch BGHSt 46, 53, 54), die Benennung eines zum Meineid entschlossenen Zeugen (BGHSt 29, 99, 107). Dagegen sind Darlegungen der Rechtslage, etwa die Empfehlung zu schweigen oder der Antrag auf Freispruch, obwohl der Verteidiger den Angeklagten für schuldig hält, zulässig (siehe auch Rdn. 7 ff vor § 137).

H. Das Ermittlungsverfahren

Ziel des Ermittlungsverfahrens ist es, Erkenntnisse über **Schuld und Unschuld** des Beschuldigten zu gewinnen. Insbesondere geht es um die Beschaffung von Beweismitteln. Diese Beschaffung erfolgt vor dem Hintergrund der Durchführung einer Hauptverhandlung mit ihren Regeln über die Beweisaufnahme. 94
- Strengbeweis: Das förmliche Beweisverfahren (§§ 239 ff) betrifft die Schuld- und Rechtsfolgenfrage. Es gilt erst in der Hauptverhandlung (siehe Rdn. 156 ff).
- Freibeweis: Dieser gilt auch für die Schuld- und Rechtsfolgenfrage bis zur Eröffnung des Hauptverfahrens (Staatsanwalt ruft Alibizeugen an) und vor allem hinsichtlich prozessualer Vorfragen. Die §§ 239 ff finden keine Anwendung. Auch in der Hauptverhandlung ist der Freibeweis bedeutsam, wenn z. B. die Frage zu klären ist, ob eine Straftat bereits verjährt ist.

Die **Ermittlungsmöglichkeiten und Zwangsmittel** im Ermittlungsverfahren unterscheiden sich. Zum Teil geht es um Maßnahmen, die noch keinen Eingriffscharakter haben, zumeist liegen aber Grundrechtseingriffe vor. Die Anordnungsbefugnis liegt im Regelfall beim Richter. Dabei differenziert die Strafprozessordnung. 95
- Es gibt Konstellationen, in denen regelmäßig auf richterliche Anordnung eingegriffen werden kann, wenn ein bloßer Anfangsverdacht vorliegt. Bei „Gefahr im Verzuge" können auch der Staatsanwalt und seine Ermittlungspersonen die Maßnahme anordnen, z. B. eine Durchsuchung (§ 102).
- In einigen Fällen wird ein qualifizierter Verdacht vorausgesetzt, etwa der dringende Tatverdacht beim Haftbefehl (§ 112).
- Bestimmte Maßnahmen dürfen nur zur Aufklärung bestimmter Straftaten (Katalogtaten) eingesetzt werden (z. B. die Überwachung der Telekommunikation nach § 100 a).
- Bei bestimmten, schwerwiegenden Grundrechtseingriffen wird das überall relevante Verhältnismäßigkeitsprinzip dahingehend präzisiert, dass Maßnahmen nur möglich sind, wenn andere Ermittlungsmöglichkeiten praktisch nicht bestehen. Überdies werden besondere Bestimmungen für die Verwertbarkeit der Erkenntnisse getroffen. Bei „Gefahr im Verzuge" kann (allenfalls) der Staatsanwalt entscheiden. Beispiel ist wiederum die Telefonüberwachung.

Bei der Prüfung, ob eine Maßnahme rechtmäßig war und die gewonnenen Erkenntnisse im Strafverfahren verwendet werden dürfen, ergibt sich dann folgende **Checkliste:** 96
– Ist die Maßnahme in der StPO geregelt?
– Setzt sie einen besonderen Verdachtsgrad voraus?
– Setzt sie den Verdacht bestimmter Straftaten voraus?
– Muss die Aufklärung sonst erschwert oder unmöglich sein?
– Wer ordnet die Maßnahme an?
– Gab es Gefahr im Verzug?
– Wie regelt die Norm die Verwertbarkeit von Zufallserkenntnissen?

Einleitung

I. Allgemeine Eingriffsbefugnisse

97 Folgende Maßnahmen im Ermittlungsverfahren setzten lediglich einen **Anfangsverdacht** (Rdn. 79; siehe aber Rdn. 100f) voraus und können bei Gefahr im Verzuge auch durch die StA und ihre Ermittlungspersonen angeordnet werden:

Abnahme von Fingerabdrücken	§ 81b, § 163b Abs. 1 Satz 3
Anfertigung von Lichtbildern	§ 81b, § 163b Abs. 1 Satz 3
Beschlagnahme	§§ 94, 111b
Durchsuchung	§§ 102ff
Einsatz von GPS	§ 100f Abs. 2
Entnahme einer Blutprobe	§ 81a Abs. 2
Erkennungsdienstliche Maßnahmen	§ 81b, § 163b Abs. 1 Satz 3
Identitätsfeststellung	§ 163b
Körperliche Untersuchung des Beschuldigten	§ 81a Abs. 2
Körperliche Untersuchung von Dritten	§ 81c Abs. 5
Molekulargenetische Untersuchungen	§ 81f Abs. 1
Observation unter Einsatz technischer Mittel	§ 100f Abs. 2
Schleppnetzfahndung	§ 163d Abs. 2
Sicherstellung von Beweismitteln	§ 94
Sicherstellung von Verfallsgegenständen	§ 111b
Videoüberwachung	§ 100f Abs. 1

98 Folgende Maßnahmen im Ermittlungsverfahren setzten lediglich einen Anfangsverdacht (Rdn. 79) voraus und können immer durch die StA und ihre **Ermittlungspersonen** angeordnet werden:

Vorläufige Festnahme des Verdächtigen	§ 127
Vorläufige Festnahme des Störers	§ 163b Abs. 1 S. 2

99 In einigen Fällen ist die **StA anordnungsbefugt,** bei Gefahr im Verzuge auch ihre Ermittlungspersonen:

Einsatz verdeckter Ermittler allgemein	§ 110b Abs. 1
Längerfristige Observation	§ 163f Abs. 3

II. Maßnahmen bei bestimmten Straftaten

100 Bestimmte Maßnahmen unterliegen einer **qualifizierten Erforderlichkeit:** Die Ermittlungen müssen sonst aussichtslos oder zumindest wesentlich erschwert sein. Überdies sind sie nur zulässig, wenn es um die Aufklärung bestimmter Straftaten geht. Folgende Maßnahmen erfordern eine „Straftat von erheblicher Bedeutung":

Auskunftserteilung über Telekommunikationsverbindungen	§ 100h
DNA-Identitätsfeststellung	§ 81g Abs. 3
Einsatz verdeckter Ermittler allgemein	§ 110b Abs. 1
Einsatz verdeckter Ermittler gegen bestimmte Personen	§ 110b Abs. 2
Einsatz von GPS	§ 100f Abs. 2
Längerfristige Observation	§ 163f Abs. 3
Observation unter Einsatz technischer Mittel	§ 100f Abs. 2
Rasterfahndung	§ 98b Abs. 1
Videoüberwachung	§ 100f Abs. 1

101 Folgende Maßnahmen erfordern den Verdacht einer in der Norm aufgeführten Straftat (**„Katalogtat"**) oder einer bestimmten Art von Straftat:

Abhörmaßnahmen außerhalb von Wohnungen	§ 100f Abs. 2
Massengentest	§ 81h
Maßnahmen bei Mobilfunkendgeräten (IMSI-Catcher)	§ 100i
Überwachung der Telekommunikation	§ 100b Abs. 1

Einleitung

Einrichtung von Kontrollstellen	§ 111 Abs. 2
Schleppnetzfahndung	§ 163 d Abs. 2

Heimliche Ermittlungsmaßnahmen setzten durchweg eine richterliche Anordnung **102** voraus (vgl. § 100b Abs. 1). Bei **Gefahr im Verzug** kann die Anordnung vielfach auch von der StA getroffen werden. Dabei muss diese ihre Anordnung binnen drei Tagen von einem Richter bestätigen lassen.

Auskunftserteilung über Telekommunikationsverbindungen	§ 100h
Ausschreibung zur polizeilichen Beobachtung	§ 163e Abs. 4
Beschlagnahme eines sonstigen Druckwerks	§ 111n
Einsatz verdeckter Ermittler gegen bestimmte Personen	§ 110b Abs. 2
Postbeschlagnahme	§ 100
Rasterfahndung	§ 98b Abs. 1

Die **akustische Wohnraumüberwachung** ist immer von einer Strafkammer an- **103** zuordnen, bei Gefahr im Verzuge durch den Vorsitzenden (§ 100d Rdn. 2). Die Unterbringung zur Beobachtung (§ 81), DNA-Massentest (§ 81h Abs. 2) und die körperliche Untersuchung von Minderjährigen (§ 81c Abs. 5 i.V.m. Abs. 3 S. 3) können nur durch einen Richter angeordnet werden. Ihm bleiben auch die freiheitsentziehenden Maßnahmen wie z.B. ein Haft- oder Unterbringungsbefehl (§§ 114, 126a) und die vorläufige Entziehung der Fahrerlaubnis (§ 111a) vorbehalten. Gleiches gilt für die Beschlagnahme eines periodischen Druckwerks (§ 111n).

Die Maßnahmen dürfen sich in erster Hinsicht nur gegen den Beschuldigten rich- **104** ten. Allerdings können auch **Dritte betroffen** sein. So kann sich die Überwachung nach § 100a Satz 2 gegen Personen richten, von denen aufgrund bestimmter Tatsachen anzunehmen ist, dass sie Nachrichten, die an den Beschuldigten gerichtet oder von ihm ausgegangen sind, entgegennehmen oder weitergeben (Nachrichtenmittler; § 100a Rdn. 16). Ähnliche Formulierungen finden sich z.B. in § 100c Abs. 3 S. 2.

III. Rechtsschutz im Ermittlungsverfahren

Der Rechtsschutz im Ermittlungsverfahren ist relativ verkümmert. **105**

Rechtsverletzungen im Ermittlungsverfahren können nach dem Gesetz auf drei bzw. vier verschiedene Arten gerügt werden:
- mit der Anrufung des Richters nach § 98 Abs. 2 S. 2
- mit der Beschwerde (§§ 304ff)
- mit dem Antrag auf gerichtliche Entscheidung nach § 23 EGGVG,
- mit dem Rechtsbehelf (Berufung oder Revision) gegen ein verurteilendes Erkenntnis des Gerichtes.

Für den zeitnahen Rechtsschutz im Ermittlungsverfahren kommen letztlich nur die **106** ersten drei Alternativen in Betracht. **Prozessuale Hürden** machen einen Rechtsschutz in dieser Phase jedoch ausgesprochen schwierig. Die Beschwerde nach § 304 ist gegen richterliche Maßnahmen nämlich nur zulässig, „soweit das Gesetz sie nicht ausdrücklich einer Anfechtung entzieht" (vgl. § 304 Rdn. 8).

In jedem Fall setzt das Rechtsmittel der Beschwerde voraus, dass der Betroffene **107** zum Zeitpunkt der Beschwerde tatsächlich noch beschwert ist. Die Beschwer kann fehlen, wenn die vom Beschwerdeführer gerügten Mängel aus tatsächlichen oder rechtlichen Gründen nicht mehr ungeschehen gemacht werden können (vgl. BGH wistra 1995, 348). Wegen des **Prinzips der prozessualen Überholung** ist der Rechtsschutz bei Durchsuchungen wenig effizient.

Beispiel: Wegen Gefahr im Verzuge ordnen Polizeibeamte die Durchsuchung der Geschäftsräume des S an. Unterlagen werden nicht beschlagnahmt.

Einleitung

108 Wird eine Durchsuchung und Beschlagnahme **wegen Gefahr im Verzuge** von Polizeibeamten oder dem Staatsanwalt angeordnet, ist hiergegen der Antrag auf gerichtliche Entscheidung nach § 98 Abs. 2 S. 2 statthaft. Aber auch diese Anrufung des Richters unterliegt den Grundsätzen der prozessualen Überholung. Der Antrag ist nur zulässig, sofern der Betroffene durch die Maßnahme noch beschwert ist.
Dies bedeutete über lange Zeit:
- Maßnahmen der Beschlagnahme beschweren den Betroffenen, solange die Beschlagnahme andauert. Gegen diese ist daher der Antrag zulässig, soweit Gegenstände beschlagnahmt und noch nicht wieder zurückgegeben worden sind.
- Eine Durchsuchung kann beanstandet werden, solange sie noch andauert. Die Durchsuchung dauert noch an, soweit Unterlagen noch durchgesehen werden müssen. Dies wird namentlich dann der Fall sein, wenn im Rahmen der Durchsuchung umfängliche Unterlagen mitgenommen wurden, deren Beweiserheblichkeit im Einzelfall noch „an Amtsstelle" von den Beamten durch Durchsicht der Papiere (§ 110) festgestellt werden muss. In diesen Fällen ist mithin der Antrag nach § 98 Abs. 2 S. 2 zulässig.
- Gegen eine abgeschlossene Durchsuchung war der Antrag nach § 98 Abs. 2 Satz 2 im Grundsatz nicht zulässig.

109 **Das BVerfG** (BVerfGE 96, 27) hat diesen Zustand im Jahre 1997 zu Recht beseitigt. Nach Auffassung des Bundesverfassungsgerichts gewährleistet Art. 19 Abs. 4 GG die Effektivität des Rechtsschutzes im Sinne eines Anspruchs auf eine wirksame gerichtliche Kontrolle, wenn das Prozessrecht eine weitere Instanz eröffnet. Dieses Erfordernis eines effektiven Rechtsschutzes gebe dem Betroffenen das Recht, *„in Fällen tief greifender, tatsächlich jedoch nicht mehr fortwirkender Grundrechtseingriffe"* auch dann die Berechtigung des Eingriffs gerichtlich klären zu lassen, wenn die Belastung durch den angegriffenen Hoheitsakt sich nach dem typischen Verfahrensablauf auf eine Zeitspanne beschränke, in der der Betroffene die gerichtliche Entscheidung in der von der Prozessordnung gegebenen Instanz kaum erlangen kann. Das BVerfG weicht damit explizit von den Grundsätzen ab, die es früher einmal (BVerfGE 49, 329) entwickelt hatte. Den Gründen des Beschlusses ist zu entnehmen, dass „tief greifende Grundrechtseingriffe" insbesondere in solchen Fällen in Betracht kommen, die das Grundgesetz vorbeugend dem Richter vorbehalten hat. Schon wegen des Gewichts von Eingriffen in das Grundrecht des Art. 13 GG sei ein solches Interesse bei Wohnungsdurchsuchungen regelmäßig zu bejahen. Mittlerweile ist diese Rechtsprechung auch auf andere Zwangsmaßnahmen, wie z. B. den Haftbefehl, ausgedehnt worden.

110 Gegen **richterliche Durchsuchungs- und Beschlagnahmebeschlüsse** ist die Beschwerde (§ 304) nach den gleichen Grundsätzen zulässig. Dem gemäß ist die Beschwerde zulässig gegen eine Beschlagnahme und gegen eine Durchsuchung, die (wegen der Durchsicht der Papiere) noch andauert. Bei „erledigten" Durchsuchungen kommt es auf den" tief greifenden Grundrechtseingriff" an (Rdn. 109).

111 Im Übrigen ist ein Antrag nach § 23 EGGVG dann zulässig, wenn es um Justizverwaltungsakte geht. Nach der Rechtsprechung der Oberlandesgerichte sind hiervon Maßnahmen der Rechtspflegetätigkeit abzugrenzen (vgl. Fezer Jura 1982, 23). Die Voraussetzungen im Einzelnen sind jedoch überaus umstritten. Hält man die (analoge) Anwendung des § 98 Abs. 2 Satz 2 etwa bei staatsanwaltschaftlichen Durchsuchungsanordnungen für geboten, ist ein Beschreiten des Rechtsweges nach § 23 EGGVG subsidiär.

112 Richtet sich das Rechtsmittel gegen **Art und Weise der Durchführung** von Beschlagnahme und Durchsuchung, war nach bisherigem Verständnis (auch nach Erledigung) der Rechtsweg zum OLG (§§ 23 ff EGGVG) eröffnet.

Beispiel: Während der Durchsuchung wird es dem Beschuldigten untersagt, seinen Verteidiger anzurufen.

Einleitung

113 Mittlerweile hat sich aber die Auffassung durchgesetzt, es sei sachgerechter, auch in diesen Fällen § 98 Abs. 2 S. 2 sinngemäß anzuwenden (BGH wistra 1999, 109; Schroth StV 1999, 119), wenn die beanstandete Art und Weise nicht auf einer ausdrücklichen richterlichen Anordnung beruhte. Siehe zur Beschwerde im Übrigen Rdn. 273 ff.

J. Abschluss des Ermittlungsverfahrens

I. Genügender Anlass zur Erhebung der öffentlichen Klage

114 Ein genügender Anlass zur Erhebung der öffentlichen Klage besteht, wenn der Beschuldigte der betreffenden Straftat **hinreichend verdächtig** ist (KK-Schmid § 170 Rdn. 3). Es handelt sich um eine Prognose: Nach dem gesamten Akteninhalt muss bei vorläufiger Tatbewertung (BGH 23, 304, 306) die Verurteilung des Beschuldigten wahrscheinlich sein. Nimmt der Staatsanwalt hinreichenden Tatverdacht an, so erhebt er Anklage oder beantragt einen Strafbefehl. Zum Inhalt der Anklageschrift vgl. § 200.

II. Einstellung mangels Tatverdachts

115 Fehlt die Wahrscheinlichkeit einer Verurteilung, ist das Verfahren gem. § 170 Abs. 2 S. 1 einzustellen. Der Beschuldigte ist, wenn er verantwortlich vernommen worden ist oder einen Bescheid erbeten hat, zu unterrichten (§ 170 Abs. 2 S. 2). Kein genügender Anlass besteht auch, wenn **Verfahrenshindernisse** der Verurteilung entgegenstehen (Verjährung) oder eine Einstellung nach §§ 153, 153a geboten ist.

116 Stellt der Staatsanwalt nach den §§ 153, 153a ein, kann sich ein Anzeigeerstatter dagegen nicht wehren. Anders ist es in den Fällen der Einstellung nach § 170 Abs. 2. Hier steht das **Klageerzwingungsverfahren** (§§ 172 ff) zur Verfügung. Dabei geht es zum einen um die (gerichtliche) Kontrolle des Legalitätsprinzips, zum anderen darum, dem Interesse des Verletzten gerecht zu werden, dass die Straftat, deren Opfer er geworden ist, auch tatsächlich verfolgt wird (vgl. Beulke Rdn. 344).

III. Andere Möglichkeiten der Verfahrenserledigung

117 Im Regelfall wird die Tätigkeit der StA durch das Legalitätsprinzip bestimmt: sie ist zur Verfolgung von Straftaten verpflichtet (§ 152 S. 2). Verschiedene gesetzliche Regelungen geben ihr aber das Recht, **aus Gründen der Zweckmäßigkeit** die Strafverfolgung nach ihrem Ermessen zu unterlassen (Opportunitätsprinzip). So ist bei geringfügigen Straftaten eine Einstellung des Ermittlungsverfahrens mit Zustimmung des Gerichts möglich (§ 153 Abs. 1); bei Straftaten mit geringen Folgen ist die Zustimmung des Gerichts entbehrlich (§ 153 Abs. 1 S. 2). Nach § 153 Abs. 2 kann das Verfahren noch nach Anklageerhebung mit Zustimmung des Angeklagten und der StA durch das Gericht eingestellt werden. Daneben greift die Regelung des § 153a. Danach kann bei geringer Schuld des Täters, aber öffentlichem Interesse an der Strafverfolgung eine Einstellung unter Auflagen, insbesondere bei Zahlung einer Geldbuße, erfolgen. Die zu zahlenden Beträge sind oftmals Gegenstand von Verhandlungen zwischen Verteidigung, StA und Gericht (Schmidt-Hieber NJW 1982, 1017).

118 **Im Interesse einer Verfahrensbeschleunigung** hat die Staatsanwaltschaft des Weiteren die Möglichkeit, von der Verfolgung einer Tat im strafprozessualen Sinne abzusehen, wenn es sich um unwesentliche Nebenstraftaten handelt (vgl. § 154). Ebenso ist es möglich, einzelne abtrennbare Teile einer Tat oder einzelne von mehreren Gesetzesverletzungen (Fälle der Tateinheit) in der Strafverfolgung auszuscheiden (§ 154a). Dies ist in beiden Fällen nach Einreichung der Anklageschrift auch noch durch das Gericht mit Zustimmung der Staatsanwaltschaft bzw. auf deren Antrag

Einleitung

möglich (vgl. § 154 Abs. 2, § 154a Abs. 2). Allerdings ist es möglich, die ausgeschiedenen Teile wieder einzubeziehen, wenn dies sinnvoll erscheint (§ 154a Abs. 3). Im Hinblick auf Fälle der Tatmehrheit bzw. mehrerer Taten im strafprozessualen Sinn ist ebenfalls eine Wiederaufnahme des Verfahrens – wenn nicht schon Verjährung eingetreten ist – möglich (§ 154 Abs. 3).

K. Das Zwischenverfahren

119 Die Einreichung einer Anklageschrift durch die Staatsanwaltschaft führt nicht automatisch zu einer Hauptverhandlung. Vielmehr wird zunächst von dem für die Hauptverhandlung zuständigen Gericht geprüft, ob tatsächlich hinreichende Verdachtsgründe für die Durchführung der Hauptverhandlung vorliegen (§§ 199 bis 211). Das **Zwischenverfahren** beginnt mit der Einreichung der Anklageschrift beim zuständigen Gericht (§ 170 Abs. 1). Der Beschuldigte wird zum Angeschuldigten (§ 157).

120 Nach Eingang der Anklageschrift teilt der Vorsitzende dem Angeschuldigten diese mit (§ 201 Abs. 1, 1. Hs.) und fordert ihn zu einer **Stellungnahme** auf (2. Hs.). Ggf. muss dem Angeschuldigten jetzt ein Pflichtverteidiger bestellt werden (vgl. §§ 140, 141). Sodann entscheidet das Gericht in nichtöffentlicher Sitzung, ob das Hauptverfahren zu eröffnen oder das Verfahren einzustellen ist. Da es sich um eine Entscheidung außerhalb der Hauptverhandlung handelt, wirken die Schöffen daran nicht mit (§ 30 Abs. 2, § 76 Abs. 1 Satz 2 GVG).

121 Ist der Angeschuldigte nach den Ergebnissen des bisherigen Verfahrens „hinreichend verdächtig" (§ 203), beschließt das Gericht die **Eröffnung des Hauptverfahrens.** Es ergeht ein Eröffnungsbeschluss (§ 207 Abs. 1), zugleich wird ggf. über Anordnung und Fortdauer der Untersuchungshaft usw. entschieden (§ 207 Abs. 4).

122 Lehnt das Gericht die Eröffnung des Hauptverfahrens ab, ergeht ein entsprechender **Beschluss** (§ 204 Abs. 1 i. V. m. § 203). Gegen die Ablehnung kann die Staatsanwaltschaft sofortige Beschwerde einlegen (§ 210 Abs. 2, 1. Alt.), über die dann das Landgericht (bei Entscheidungen des Amtsgerichts) oder das Oberlandesgericht (bei Entscheidungen des Landgerichts in erster Instanz) befindet.

123 Ist die Eröffnung **unanfechtbar abgelehnt** worden, so kann die Klage gem. § 211 nur aufgrund neuer Tatsachen oder neuer Beweismittel wieder aufgenommen werden. In diesen Grenzen tritt ein Strafklageverbrauch ein (§ 211).

Beispiel: Die Strafkammer lehnt die Eröffnung eines Strafverfahrens ab, weil nach ihrer Rechtsauffassung eine Straftat nicht vorliegt. Die Entscheidung wird unanfechtbar. Wenig später entscheidet der BGH die Rechtsfrage im Sinne der Staatsanwaltschaft. Ein erneutes Aufgreifen des Verfahrens ist nicht zulässig.

124 Eine **vorläufige Einstellung** des Strafverfahrens kommt in Betracht, wenn einer Durchführung der Hauptverhandlung zeitweise Hindernisse entgegenstehen (vgl. § 205). Analog § 205 wird eingestellt, wenn vorübergehend Prozesshindernisse bestehen.

125 Auch im Zwischenverfahren ist eine **Einstellung aus Opportunitätsgründen** (mit Zustimmung der Staatsanwaltschaft und des Angeschuldigten) möglich.

L. Hauptverfahren erster Instanz

126 Mit dem Ergehen des Eröffnungsbeschlusses ist das Zwischenverfahren beendet und das Hauptverfahren beginnt. Der Angeschuldigte wird zum **Angeklagten** (§ 157).

127 **Der Vorsitzende** bestimmt einen Termin zur mündlichen Hauptverhandlung (§ 213) und ordnet die erforderlichen Ladungen an (§ 214 Abs. 1 Satz 1; zur Ladungs-

Einleitung

frist vgl. § 217 Abs. 1). Spätestens mit der Ladung des Angeklagten zur Hauptverhandlung ist ihm der Eröffnungsbeschluss zuzustellen (§ 215 Satz 1). Bei einer Hauptverhandlung vor dem Landgericht oder Oberlandesgericht wird spätestens zu Beginn der Hauptverhandlung die Besetzung des Gerichts schriftlich mitgeteilt (§ 222a). Hintergrund ist, dass der Besetzungseinwand vor Beginn der Vernehmung des ersten Angeklagten zur Sache zu erheben ist, sonst wird die Besetzungsrüge im Revisionsverfahren präkludiert (vgl. § 338 Nr. 1).

I. Gang der Hauptverhandlung

Einzelheiten des Ablaufs der Hauptverhandlung regeln die §§ 243, 244 Abs. 1: 128
- Aufruf der Sache (§ 243 Abs. 1 Satz 1).
- Feststellung der Anwesenheit des Angeklagten, des Verteidigers sowie der Beweismittel (Präsenzfeststellung; vgl. § 243 Abs. 1 S. 2).
- Belehrung von Zeugen und Sachverständigen, wenn diese bereits anwesend sind (§§ 57, 72). Die Zeugen verlassen den Sitzungssaal (§ 243 Abs. 2 Satz 1).
- Vernehmung des Angeklagten zu seinen persönlichen Verhältnissen (§ 243 Abs. 2 Satz 2).
- Verlesen des Anklagesatzes durch den Staatsanwalt (§ 243 Abs. 3 S. 1).
- Belehrung des Angeklagten über seine Aussagefreiheit (§ 243 Abs. 4 S. 1).
- (Ggf.) Vernehmung des Angeklagten zur Sache (§ 243 Abs. 4 S. 2).
- Durchführung der Beweisaufnahme (§§ 244 bis 257).
- Schlussplädoyers des Staatsanwalts und des Verteidigers bzw. Angeklagten (§ 258 Abs. 1).
- Letztes Wort des Angeklagten (§ 258 Abs. 2, 2. Hs., Abs. 3).
- Beratung der Entscheidung, Abstimmung (§ 43 DRiG).
- Verkündung des Urteils, § 260 Abs. 1, durch die Verlesung der Urteilsformel und Eröffnung der Urteilsgründe (§ 268 Abs. 2). Vgl. auch § 268 Abs. 3.

Die **Leitung der Hauptverhandlung** obliegt dem Vorsitzenden (§ 238 Abs. 1), 129
der bei der Verhandlung vor dem Strafrichter zugleich der einzige Entscheidungsträger ist. In einigen Fällen muss das „gesamte Gericht" entscheiden, etwa bei der Ablehnung eines Beweisantrags (§ 244 Abs. 6).

Im Hinblick auf die Revision ist zu beachten, dass die Rüge der unzulässigen Be- 130
schränkung der Rechte der Verteidigung (§ 338 Nr. 8) voraussetzt, dass diese durch einen Beschluss **des Gerichts** erfolgt ist. Wird also eine Entscheidung des Vorsitzenden beanstandet, muss auf einer förmlichen Entscheidung bestanden werden (vgl. § 238 Abs. 2). Dies gilt selbst für Verhandlungen vor dem Strafrichter (vgl. OLG Düsseldorf StV 1996, 252; Beulke Rdn. 373). Die Forderung nach einer förmlichen Entscheidung durch Beschluss muss regelmäßig unverzüglich erfolgen, da nach ständiger Rechtsprechung bei verzichtbaren Rechten eine spätere Rüge unzulässig ist (vgl. Beulke Rdn. 375).

Die Hauptverhandlung ist **öffentlich** (§ 169 GVG), eine Verletzung dieses Grund- 131
satzes stellt einen absoluten Revisionsgrund nach § 338 Nr. 6 dar, wobei streitig ist, ob ein Verschulden des Gerichts nötig ist (vgl. § 338 Rdn. 37). Die Hauptverhandlung gegen Jugendliche ist nie öffentlich (§ 48 Abs. 1 JGG), bei Heranwachsenden kann die Öffentlichkeit ausgeschlossen werden (§ 109 Abs. 1 Satz 4 JGG).

Einzelnen Personen kann nach Maßgabe des **§ 175 Abs. 1 GVG** der Zutritt ver- 132
sagt werden. Die Raumkapazität setzt Grenzen (BGHSt 27, 13, 14). Störer können aus dem Sitzungssaal entfernt werden (§ 177 GVG).

Nach §§ 171a, 171b, 172 GVG kann die Öffentlichkeit unter bestimmten Voraus- 133
setzungen **ausgeschlossen** werden. Die Verkündung des Urteils erfolgt aber in jedem Fall öffentlich (§ 173 Abs. 1 GVG), für die Urteilsgründe kann jedoch wieder die Öffentlichkeit ausgeschlossen werden (§ 173 Abs. 2 GVG).

Einleitung

134 Trotz der Öffentlichkeit der Hauptverhandlung sind **Ton- und Filmaufnahmen unzulässig** (§ 169 Satz 2 GVG), es sei denn sie erfolgen zu justizinternen Zwecken durch das Gericht (Beulke Rdn. 379). Aufnahmen vor der Hauptverhandlung oder in Verhandlungspausen werden vom Vorsitzenden im Rahmen seiner sitzungspolizeilichen Gewalt (§ 176 GVG) jedoch regelmäßig gestattet. Dabei ist Art. 5 Abs. 1 Satz 2 GG ohnehin zu berücksichtigen (BVerfGE 91, 125). Fotografien unterfallen nicht dem § 169 Satz 2 GVG, freilich werden Fotografien während der Hauptverhandlung regelmäßig verboten (Beulke Rdn. 379).

135 Die Verfahrensbeteiligten können **Tonbandaufnahmen** machen, wenn dies der Gerichtsvorsitzende im Rahmen seiner Sachleitungsbefugnis (§ 238) gestattet. Notizen und Aufzeichnungen bzw. Zeichnungen dürfen angefertigt werden, wenn nicht sitzungspolizeiliche Gründe dagegen sprechen.

136 Die Hauptverhandlung soll **zügig** durchgeführt werden. Dennoch sind Unterbrechung und Aussetzung der Hauptverhandlung möglich (vgl. §§ 228, 229).

137 Während der Hauptverhandlung müssen **alle Richter** (einschließlich Schöffen) ständig anwesend sein. Die Richter sollen ihre Entscheidung „aus dem Inbegriff der Hauptverhandlung" schöpfen. Wird bei Großverfahren ein Ergänzungsrichter oder Ergänzungsschöffe hinzugezogen, der ggf. als „Ersatzmann" für ausscheidende Richter einspringen soll, muss auch er während der gesamten Hauptverhandlung anwesend gewesen sein (vgl. § 192 Abs. 2 und 3 GVG und BGH wistra 2001, 425). Staatsanwalt und Urkundsbeamter müssen ebenfalls anwesend sein, freilich können sie als Person ausgetauscht werden. Der Verteidiger muss anwesend sein, wenn es sich um einen Fall der notwendigen Verteidigung handelt. Der Angeklagte unterliegt einer Anwesenheitspflicht, kann aber in Teilbereichen entbunden oder auch von der Hauptverhandlung ausgeschlossen werden (vgl. §§ 231 ff).

II. Beweisaufnahme und Strengbeweis

138 **Fragen zur Beweisaufnahme** finden sich in strafrechtlichen Klausuren insbesondere insoweit, als etwa gefragt wird, wie bestimmte Erkenntnisse vor Gericht verwertet werden können.

139 Die Beweisaufnahme dient der **Ermittlung der Tatsachen,** die für die Entscheidung des Gerichts von Bedeutung sind (§ 244 Abs. 2). Auch wenn schon alles „in den Akten" ist, muss doch der gesamte Beweisstoff im Rahmen der Beweisaufnahme in die Hauptverhandlung eingeführt werden, da das Gericht seine Überzeugung aus dem Inbegriff der Verhandlung (§ 261) in freier Beweiswürdigung bildet. Das insofern geltende Strengbeweisverfahren ist gekennzeichnet durch
- die gerichtliche Aufklärungspflicht
- den Grundsatz der Mündlichkeit
- den Grundsatz der Unmittelbarkeit
- den Grundsatz der freien richterlichen Beweiswürdigung
- die Beschränkung der zugelassenen Beweismittel.

140 Im Rahmen des **Strengbeweises** kommen daher nach der Strafprozessordnung nur vier Arten von Beweismittel in Betracht:
- Zeugenbeweis
- Sachverständigenbeweis
- Urkundenbeweis
- Augenscheinsbeweis

Die ZPO kennt als fünftes Beweismittel im Strengbeweis die **Parteivernehmung.**

1. Zeugenbeweis/Vernehmungen

141 **Zeuge ist** jede Person, die in einem gegen andere gerichteten Strafverfahren ihre Wahrnehmungen über Tatsachen durch Aussage kundtun soll (RGSt 52, 289). An

Einleitung

eine Altersgrenze ist dies nicht gebunden. Soll die Person nicht aussagen, sondern lediglich betrachtet werden, ist sie bloßes Objekt des Augenscheins. Berichtet der Zeuge über Wahrnehmungen Dritter, spricht man von einem Zeugen vom Hörensagen.

Staatsanwalt und Verteidiger können Zeuge sein; ggf. muss ein anderer Staatsanwalt das Plädoyer übernehmen, wenn der Staatsanwalt als Zeuge zu Fragen ausgesagt hat, die er sonst würdigen müsste. Ein Richter wird ausgeschlossen, wenn er im selben Verfahren als Zeuge ausgesagt hat (§ 22 Nr. 5). Zur Vermeidung von Missbräuchen kann ein solcher Beweisantrag schon dann abgelehnt werden, wenn der Richter erklärt, dass er nichts zur Sache sagen kann. Dienstliche Wahrnehmungen im laufenden Verfahren schließen den Richter ebenfalls nicht aus (BGHSt 39, 239). 142

Ein **Mitbeschuldigter kann nicht Zeuge sein.** Zweifel bestehen aber insoweit, als umstritten ist, ob dieser Begriff formell oder materiell bestimmt werden muss. Der BGH geht formell vor, fragt also, ob es um dasselbe Verfahren geht (vgl. Rdn. 79). Privatkläger können anders als der Nebenkläger nicht Zeuge sein; der Sachverständige kann ggf. als Zeuge vernommen werden. 143

Richter und Beamte bedürfen einer Aussagegenehmigung. Fehlt diese, bleibt die Aussage aber verwertbar (Rdn. 203). Die Genehmigung richtet sich nach Beamtenrecht (§ 62 Absatz 1 BBG, § 39 Abs. 3 Satz 1 BRRG). Das Gericht muss im Rahmen seiner Aufklärungspflicht nachfassen. Der Beschuldigte muss ggf. das Verwaltungsgericht bemühen. 144

Der Zeuge unterliegt einer **Wahrheitspflicht** und muss seine Aussage ggf. beeiden. Die Pflicht zur Aussage unterliegt den Grenzen der §§ 52 ff. Angehörige sind zur Verweigerung des Zeugnisses berechtigt (§ 52). Nach § 53 sind Rechtsanwälte, Steuerberater und andere Berufsgeheimnisträger zur Aussage über ihnen anvertraute Umstände nur verpflichtet, wenn der Anvertrauende sie von der Verpflichtung zur Verschwiegenheit entbunden hat (vgl. § 203 StGB). Für diese Gruppe ist eine Belehrung nicht vorgesehen. Eine Verletzung der Verschwiegenheitspflicht ist nach Auffassung des BGH ohne Bedeutung (BGHSt 9, 59; dagegen Beulke Rdn. 194). 145

Nicht beantworten muss der Zeuge Fragen, die ihn selbst belasten könnten (§ 55; Stichwort: Totalverweigerung). Wird die Pflicht zur Belehrung verletzt, ist die Aussage im Verfahren gegen Dritte dennoch verwertbar (**Rechtskreistheorie;** BGHSt 11, 213, 218 und unten Rdn. 193). 146

Ein gefährdeter Zeuge hat ein Recht auf einen Rechtsanwalt als **Beistand** (§ 68b). Eine Bild-Ton-Aufzeichnung ist in Grenzen zulässig (§ 58a). Verweigert ein Zeuge zu Unrecht die Aussage, kommen Maßnahmen nach § 70 in Betracht. 147

2. Sachverständige

Der Sachverständige (§§ 72 ff) soll **fehlende Sachkunde** des Gerichts kompensieren. Er besitzt im Hinblick auf zu beweisende Einzeltatsachen eine dem Gericht fehlende, besondere Sachkunde. Durch seinen formalen Auftrag unterscheidet sich der Sachverständige vom sachverständigen Zeugen, für den gem. § 85 die Vorschriften über den Zeugenbeweis anwendbar sind. Im Unterschied zum (sachverständigen) Zeugen ist der Sachverständige auswechselbar. 148

Die dem Sachverständigen vorliegenden Tatsachen werden als **Anknüpfungstatsachen** bezeichnet, das von ihm Ermittelte sind Befundtatsachen. **Zusatztatsachen,** die nicht Bestandteil des sachverständigen Gutachtens sind, und dem Sachverständigen gelegentlich seiner Tätigkeit bekannt werden, können nur im Wege des Zeugenbeweises in das Verfahren eingeführt werden können. 149

3. Urkunden

Eine Urkunde **im strafprozessualen Sinn** ist ein Schriftstück mit einem verlesbaren Gedankeninhalt. Dementsprechend fallen nicht alle Beweiszeichen, die Urkunde 150

Einleitung

i. S. d. § 267 StGB sind, unter diesen Begriff. Andererseits ist Prozessualurkunde auch ein Schriftstück, das seinen Aussteller nicht erkennen lässt.

151 Der Urkundenbeweis besteht in der Erfassung des gedanklichen Inhalts eines Schriftstücks durch **Verlesen** (§ 249). Geht es lediglich um das äußere Erscheinungsbild, so handelt es sich um ein Augenscheinsobjekt, etwa im Falle der Schriftvergleichung (RGSt 65, 294).

152 **Zulässig** ist der Urkundenbeweis immer dann, wenn ihn das Gesetz nicht ausdrücklich untersagt (BGHSt 39, 305). Der Fall ist dies etwa im Hinblick auf die Möglichkeit der Verlesung von Protokollen früherer Vernehmungen (§§ 251 ff).

153 Eingeführt in die Hauptverhandlung wird die Urkunde in der Regel durch Verlesung (§ 249 Abs. 1 Satz 1), allerdings gewinnt das sog. „**Selbstleseverfahren**" zunehmend an Bedeutung (§ 249 Rdn. 12 ff).

4. Augenschein

154 Beweis durch Augenschein ist die **sinnliche Wahrnehmung** von Personen oder Sachen durch Sehen, Hören, Befühlen, Schmecken oder Riechen. Hierzu gehört etwa die Ortsbesichtigung, das Anschauen eines Films und das Anhören einer Tonbandaufnahme (BGHSt 14, 339; BGHSt 18, 51, 53).

155 Für den Augenscheinsbeweis gilt der Grundsatz der Unmittelbarkeit (Rdn. 164) nicht, d. h. es können auch sog. Augenscheinsgehilfen eingesetzt werden. Dies kommt insbesondere in Betracht, wenn der Augenschein an schwer zugänglichen Stellen einzunehmen ist (vgl. § 86 Rdn. 4). Ggf. kann die Augenscheinseinnahme durch den beauftragten oder ersuchten Richter erfolgen, die Verfahrensbeteiligten haben jedoch entsprechende Anwesenheitsrechte (§§ 168 d, 225, 247). Für die Ablehnung von Beweisanträgen gilt § 244 Abs. 5.

III. Der Inbegriff der Hauptverhandlung

156 Das Gericht schöpft seine Überzeugung aus dem Inbegriff der Hauptverhandlung, wobei das Prinzip der Mündlichkeit besondere Bedeutung hat. **Sachnähere Beweismittel** haben Vorrang vor den sachfernen. Dies impliziert, dass etwa Kenntnisse einer Person durch Vernehmung der Person in die Hauptverhandlung eingeführt werden und nicht (ohne weiteres) durch schriftliche Erklärungen oder Protokolle über frühere Bekundungen ersetzt werden können. Dennoch kann sich das Problem stellen, dass eine Zeugenvernehmung unmöglich ist oder nur unter schwierigen Bedingungen stattfinden könnte. So kann eine Vernehmung des Zeugen daran scheitern, dass er
- verstorben ist,
- nicht vernehmungsfähig ist,
- sich nunmehr weigert, zur Sache auszusagen,
- „verschwunden" ist oder gar von seiner Behörde (Stichwort: V-Mann) „versteckt" wird.

Die Konstellationen werden von der Strafprozessordnung in sehr differenzierter Weise behandelt. Dabei ist jeweils zu unterscheiden, ob statt der Vernehmung des Zeugen eine Verlesung schriftlicher Erklärungen oder früherer Protokolle erfolgt oder aber die Person gehört wird, der gegenüber sich der Zeuge früher offenbart hat (Rdn. 173).

1. Beweisaufnahme

157 Kennzeichnend für die Beweisaufnahme ist die Geltung folgender **Prinzipien:**
- gerichtliche Aufklärungspflicht
- Mündlichkeit
- Unmittelbarkeit
- Freie Beweiswürdigung

158 Dabei gelten die Prinzipien der Mündlichkeit und Unmittelbarkeit nur für solche Fragen, die dem **Strengbeweisverfahren** unterliegen, also für die Schuld- und

Einleitung

Rechtsfolgenfrage. Soweit es um das Verfahren geht (Verjährung, Vorliegen eines Strafantrags) gilt das Freibeweisverfahren.

Offenkundige Tatsachen müssen nicht bewiesen werden. Offenkundig sind Tatsachen, die entweder jeder kennt (Heiligabend ist am 24. Dezember) oder gerichtskundig sind (sämtliche Richter kennen diese Tatsache aus anderen Verfahren oder aus ihrem Lebensbereich, etwa: das Rathaus befindet sich am Marktplatz). 159

Nach § 244 Abs. 2 muss das Gericht die Erforschung der Wahrheit von Amts wegen auf alle Tatsachen und Beweismittel erstrecken, die für die Entscheidung relevant sind **(Untersuchungsgrundsatz/Ermittlungsgrundsatz)**. Die Aufklärungspflicht muss erfüllt sein, bevor die freie Beweiswürdigung einsetzt, eine Wahlfeststellung in Frage steht oder der Grundsatz „im Zweifel für den Angeklagten" anwendbar ist (vgl. Beulke Rdn. 406). 160

a) Grenzen der Mündlichkeit

Durch den Grundsatz der Mündlichkeit wird bewirkt, dass sämtliche **Urkunden verlesen** werden müssen (§ 249 Abs. 1). Andererseits gibt es seit 1987 das so genannte Selbstleseverfahren, wonach es in Teilbereichen genügt, wenn die Verfahrensbeteiligten die Möglichkeit hatten, die entsprechenden Urkunden zur Kenntnis zu nehmen (vgl. § 249 Abs. 2). 161

> **Beispiel:** In größeren Wirtschaftsstrafverfahren werden Ablichtungen von Urkunden gefertigt und dem Verfahrensbeteiligten zum „Selbstlesen" überlassen. Das Selbstleseverfahren bezieht dann auch die Schöffen ein, die im Übrigen keine Aktenkenntnisse haben dürfen.

Das Prinzip der Mündlichkeit bedeutet de jure, dass ein **tauber Richter** nicht Strafrichter sein kann (Meyer-Goßner § 338 Rdn. 13). Beim schlafenden Richter will die Rechtsprechung differenzieren, ob er nur kurz die Augen geschlossen hatte oder fest eingeschlafen war und ob es um wesentliche Vorgänge ging, wenn es um die Anwendung des § 338 Nr. 1 geht. Die Literatur empfiehlt in solchen Fällen überwiegend die Anwendung des § 337, wonach ein Verfahrensverstoß nur dann zur Aufhebung führt, wenn das Urteil auf ihm beruht (vgl. Beulke Rdn. 408). 162

Da das Prinzip der Mündlichkeit gilt, müssen sich auch **die Schöffen** ihre Überzeugung allein aufgrund der Hauptverhandlung bilden und dürfen keine Einsicht in die Gerichtsakten nehmen. Eine Ausnahme macht der BGH (BGHSt 43, 36, 39) für umfangreiche Abschriften mitgeschnittener Telefonate in fremder Sprache nach Telefonüberwachung. Überdies ist es bei umfangreichen Verfahren nicht unüblich, dass der Vorsitzende mit Zustimmung der anderen Verfahrensbeteiligten den Schöffen eine Ablichtung des Anklagesatzes überlässt, damit diese die Hauptverhandlung besser verfolgen können (die Überlassung der vollständigen Anklageschrift wäre ein gravierender Verfahrensverstoß). 163

b) Grenzen der Unmittelbarkeit

Der Grundsatz der Unmittelbarkeit der Beweisaufnahme (vgl. §§ 226, 250 ff) bewirkt, dass die Beweisaufnahme regelmäßig **vor dem erkennenden Gericht** selbst erfolgen muss und ein Beweismittel nicht durch einen ferneren Beweis ersetzt werden darf. Dies betrifft insbesondere die Ersetzung einer persönlichen Vernehmung durch die Verlesung einer früheren Aussage oder eines Briefes. Nach § 250 Satz 2 hat der Personalbeweis Vorrang vor dem Urkundenbeweis. 164

Von dem **Grundsatz der persönlichen Vernehmung** kann in Teilbereichen eine Ausnahme gemacht werden. Dies betrifft einmal die Fälle der kommissarischen Vernehmung. Ansonsten enthält § 251 eine abschließende Aufzählung, unter welchen Voraussetzungen statt auf die persönliche Vernehmung auf ein Protokoll einer früheren Vernehmung zurückgegriffen werden kann. Die Fragestellung ist besonders wichtig, weil sie relativ häufig in Klausuren eine Rolle spielt. 165

Einleitung

166 Für das **Verständnis des § 251** ist wichtig, dass das Gesetz in Abs. 1 richterliche und in Abs. 2 nichtrichterliche Vernehmungen zum Gegenstand hat. In jedem Fall ist vorausgesetzt, dass bei der früheren Vernehmung der Betreffende ordnungsgemäß über sein Zeugnis- oder Aussageverweigerungsrecht belehrt worden ist (BGHSt 10, 186, 190). § 251 gilt auch für eine frühere Vernehmung eines Mitbeschuldigten, für die frühere Vernehmung des Angeklagten enthält § 254 eine abschließende Sonderregelung (OLG Köln StV 1983, 97).

167 Das **Protokoll über eine richterliche Vernehmung** von Zeugen, Sachverständigen oder Mitbeschuldigten darf in der Regel verlesen werden. Hier gilt § 251 Abs. 1 Nr. 1 bis 3. Kritisch ist etwa die Unzumutbarkeit des Erscheinens wegen großer Entfernung, die nicht zuletzt davon abhängt, welche Bedeutung die Aussage hat (§ 251 Rdn. 13).

168 Ein **Protokoll über eine nichtrichterliche Vernehmung** darf verlesen werden, wenn der Zeuge, Sachverständige oder Mitbeschuldigte verstorben ist. Ansonsten ist sie denkbar, wenn der Betreffende aus einem anderen Grunde in absehbarer Zeit gerichtlich nicht vernommen werden kann (§ 251 Abs. 2 Satz 2). Gemeint sind nur tatsächliche, nicht aber rechtliche Hindernisse. Eine Verlesung eines polizeilichen Protokolls ist also nicht möglich, wenn der Zeuge nunmehr von seinem Aussageverweigerungsrecht nach § 55 Abs. 1 Gebrauch macht (BGH NStZ 1996, 96).

169 **Ist der Mitbeschuldigte verstorben,** so darf auch eine etwa fehlerhafte richterliche Niederschrift als Niederschrift über eine nichtrichterliche Vernehmung behandelt und zum Zwecke des Urkundenbeweises verlesen werden (BGH NStZ-RR 2002, 67).

170 Im Übrigen ist bei sämtlichen Vernehmungsprotokollen ohne weiteres eine Verlesung zulässig, wenn Staatsanwalt, Verteidiger und Angeklagter **zustimmen** (§ 251 Abs. 1 Nr. 4, Abs. 2 Satz 1). Bei nichtrichterlichen Vernehmungen ist freilich vorausgesetzt, dass der Angeklagte einen Verteidiger hat. Nach der Rechtsprechung kann die Zustimmung zur Verlesung auch stillschweigend erklärt werden, wenn etwa der Verteidiger explizit zustimmt und der Angeklagte nicht widerspricht.

171 Eine Verlesung ist weiterhin zulässig, um bei einem Zeugen oder Sachverständigen das **Gedächtnis zu unterstützen** oder Widersprüche zu beheben (§ 253), dies ist ein so genannter Vorhalt.

172 Soweit Erklärungen des Angeklagten in einem richterlichen Protokoll enthalten sind, können sie zum Zweck der **Beweisaufnahme über ein Geständnis** verlesen werden (§ 254 Abs. 1). Zur Beseitigung von Widersprüchen vgl. § 254 Abs. 2. Andere Protokolle können nur zum Mittel eines Vorhaltes gemacht werden, können also selbst nicht als Beweismittel Eingang in das Urteil finden.

173 § 254 verbietet nicht, die **Verhörsperson als Zeugen** zu vernehmen.
- Verweigert der Angeklagte in der Hauptverhandlung Angaben, dann können frühere Angaben vor einem Richter schon durch Verlesung des richterlichen Protokolls in die Hauptverhandlung eingeführt werden.
- Hat der Angeklagte die Angaben vor der Staatsanwaltschaft oder der Polizei gemacht, ist zwar eine Verlesung des Protokolls als Beweismittel nicht möglich, es kann aber der Staatsanwalt oder der Polizeibeamte als Zeuge vernommen und damit die frühere Angabe des Angeklagten in die Hauptverhandlung als Beweismittel eingeführt werden. Da die Beamten im Zweifel nicht mehr wissen, was seinerzeit geschehen ist, wird man ihnen das Protokoll bzw. ihre entsprechende Aktennotiz „vorhalten", so dass mittelbar doch der Inhalt des Protokolls in die Hauptverhandlung eingeführt wird.

174 Schließlich ist die Verlesung **behördlicher Zeugnisse** und Gutachten sowie ärztlicher Atteste möglich (§ 256). Diese Möglichkeit ist im Jahre 2005 erweitert worden (§ 256 Rdn. 11 ff).

175 Ob eine **Verlesung früherer Aussagen** möglich ist, wenn ein Zeuge sich in der Hauptverhandlung auf ein Zeugnisverweigerungsrecht beruft, regelt § 252. Danach ist

Einleitung

eine Verlesung unzulässig. Nach h. M. betrifft dies aber nur Zeugnisverweigerungsrechte nach den §§ 52 bis 53a, nicht das Aussageverweigerungsrecht nach § 55. Nach dem Wortlaut der Vorschrift geht es um ein Verlesungsverbot. Es entspricht aber im Wesentlichen einhelliger Auffassung, dass auch ein Verbot der Verwertung der früheren Aussage insgesamt anzunehmen ist, so dass auch eine Vernehmung der Verhörsperson bzw. Dritter unzulässig ist (vgl. auch Geppert Jura 1988, 305 ff, 363 ff). Eine Ausnahme macht man für Aussagen vor einem Richter; dieser soll als Zeuge vernommen werden dürfen (§ 252 Rdn. 11).

2. Beweisanträge in der Hauptverhandlung

Auch wenn das Gericht von Amts wegen den Sachverhalt aufzuklären und seine Bemühungen auf alle Aspekte zu erstrecken hat, die einschlägig scheinen, wird die Hauptverhandlung nicht zuletzt vom **Beweisantragsrecht** des Angeklagten bzw. seines Verteidigers bestimmt. Solchen Beweisanträgen nachzugehen, ist das Gericht schon durch die Amtsaufklärungspflicht verpflichtet (§ 244 Abs. 2), überdies regelt die StPO in § 244 Abs. 3 bis 6, §§ 245, 246, unter welchen Voraussetzungen Beweisanträge abgelehnt werden dürfen. Die rechtswidrige Ablehnung eines Beweisantrags kann eine unzulässige Beschränkung der Verteidigung i. S. d. § 338 Nr. 8 darstellen, also zu einem absoluten Revisionsgrund führen. 176

Eine **Legaldefinition** des Begriffs „Beweisantrag" enthält die StPO nicht. Begrifflich sind Beweisantrag, Beweisermittlungsantrag und Beweisanregung voneinander zu trennen. 177

Eine **Beweisanregung** ist lediglich ein „Wunsch" von Verfahrensbeteiligten, bestimmte Sachverhaltselemente aufzuklären. Der Beweisermittlungsantrag enthält demgegenüber konkrete Forderungen an das Gericht, ohne aber die strengen Voraussetzungen des Beweisantrages zu erfüllen. Beweisanregungen und Beweisermittlungsanträge unterliegen nicht den strengen Vorschriften über Beweisanträge; Verstöße in diesem Zusammenhang können nur als Verletzung der Aufklärungspflicht (§ 244 Abs. 2) gerügt werden. 178

Ein Beweisantrag zeichnet sich demgegenüber dadurch aus, dass ein Prozessbeteiligter auf eine bestimmte Tatsachenbehauptung hin ein bestimmtes Beweismittel in die Hauptverhandlung eingeführt wissen möchte.

Nötig ist eine Tatsachenbehauptung, nicht eine bloße Wertung. 179

> **Beispiel:** Der Zeuge Z wird bekunden, dass der Belastungszeuge X lügt, ist eine reine Wertung. Die Aussage, der Zeuge Z werde bekunden, dass der Angeklagte zum Tatzeitpunkt mit ihm an einem anderen Ort war, ist eine Tatsachenbehauptung (Alibizeuge). Der Antrag muss die betreffende, unter Beweis gestellte Tatsache als feststehend darstellen (vgl. Beulke Rdn. 436).

Der Beweisantrag muss ein **bestimmtes Beweismittel** angeben, das in den Strengbeweis gehört (Augenschein, Urkunden, Sachverständige, Zeugen). Muss das konkrete Beweismittel erst noch ermittelt werden, liegt ein Beweisermittlungsantrag vor. Weiterhin muss das Beweismittel neu sein. Wird lediglich der Zeuge nochmals benannt, gilt das Gleiche (BGH StV 1991, 2). 180

Wegen der Bedeutung für die Rechte der Verfahrensbeteiligten unterliegt die **Ablehnung von Beweisanträgen** bestimmten Grenzen. Hintergrund der Ablehnungsgründe ist zum Teil die Verzögerung, so dass das Gesetz zwischen präsenten (§ 245) und nicht präsenten Beweismitteln differenziert (§ 244 Abs. 3 bis 5). Präsente Beweismittel sind nur unter engen Voraussetzungen abzulehnen, wobei § 244 Abs. 3 auch für die Fälle des § 245 gilt.

Ablehnungsgründe sind: 181
Unzulässigkeit der
Beweiserhebung
(§ 244 Abs. 3 Satz 1)   Hier muss die Beweiserhebung abgelehnt werden.

Einleitung

Offenkundigkeit	Die Beweiserhebung kann abgelehnt werden (§ 244 Abs. 3 Satz 2).
Bedeutungslosigkeit	Sie liegt vor, wenn zwischen der behaupteten Tatsache und dem abzuurteilenden Vorgang kein Zusammenhang erkennbar ist oder diese Tatsache trotz eines solchen Zusammenhangs die Entscheidung in keiner Weise beeinflussen kann (BGH NStZ 1997, 503).
Erwiesene Tatsache	Hier darf abgelehnt werden, wenn die unter Beweis gestellte Tatsache feststeht, nicht etwa, wenn man von Gerichtsseite meint, das Gegenteil sei bereits erwiesen (Verstoß gegen das Verbot der Beweisantizipation).
Beweismittel ist völlig ungeeignet	Nach sicherer Lebenserfahrung lässt sich aus einem solchen Beweismittel das im Beweisantrag in Aussicht gestellte Ergebnis nicht erzielen (BGH NStZ 1995, 97). Die Benennung eines Zeugen, der sich auf ein Zeugnisverweigerungsrecht etwa nach § 52 Abs. 1 oder aber auf ein Auskunftsverweigerungsrecht nach § 55 berufen kann, ist regelmäßig erst dann völlig ungeeignet, wenn er von dem entsprechenden Recht in der Hauptverhandlung Gebrauch gemacht hat. Eine Ausnahme wird man für den Fall machen können, dass der Betreffende schon mehrfach in vergleichbaren Situationen von diesem Recht Gebrauch machte.
Unerreichbarkeit des Beweismittels	Sie ist gegeben, wenn in absehbarer Zeit das betreffende Beweismittel nicht herangezogen werden kann. Dabei kommt es auch auf die Bedeutung des Beweismittels für den Fall an. So kann die Vernehmung eines V-Mannes nicht ohne weiteres abgelehnt werden, bevor geklärt ist, inwiefern die Behörde nicht seinen Namen freigibt.
Verschleppungsabsicht	soll die entsprechenden Bemühungen von Verteidigern notfalls hinfällig machen. Die Voraussetzungen sind sehr eng: Von der entsprechenden Beweiserhebung darf nichts Sachdienliches zu erwarten sein, die begehrte Beweiserhebung würde den Verfahrensabschluss wesentlich hinauszögern, und der Antragsteller muss sich dieser Umstände bewusst sein und mit seinem Verlangen ausschließlich eine Verfahrensverzögerung bezwecken.
Wahrunterstellung	Ein Beweisantrag kann abgelehnt werden, wenn die erhebliche Tatsache als wahr unterstellt werden kann.

182   Im Hinblick auf die Ablehnung eines Antrags auf Einholung eines **Sachverständigengutachtens** und den **Augenschein** wird der Katalog der Ablehnungsgründe erweitert:

Sachkunde des Gerichts	Gemäß § 244 Abs. 4 Satz 1 kann die erstmalige Anhörung eines Sachverständigen abgelehnt werden, wenn das Gericht selbst die erforderliche Sachkunde aufweist.
Anhörung eines weiteren Sachverständigen	Sie kann abgelehnt werden, wenn bereits durch das frühere Gutachten das Gegenteil der behaupteten Tatsache erwiesen ist. Dies gilt nicht bei bestimmten Mängeln des Erstgutachters oder des Gutachtens (vgl. § 244 Abs. 4 Satz 2, 2. Hs).

Einleitung

Augenschein Der Antrag auf Einnahme eines Augenscheins steht im pflichtgemäßen Ermessen des Gerichts (§ 244 Abs. 5 Satz 1). Gleiches gilt für die Ladung eines Zeugen, die im Ausland erfolgen müsste (§ 244 Abs. 5 Satz 2). In diesen Fällen ist also eine Beweisantizipation zulässig.

Die Ablehnung eines Beweisantrages bedarf eines Gerichtsbeschlusses (§ 244 Abs. 6). **183**

3. Der „Deal"

Der „Handel mit Gerechtigkeit" ist in der höchstrichterlichen Rechtsprechung und auch in der Literatur erst in der jüngeren Vergangenheit als Problem bewusst geworden. Insbesondere bei **Großverfahren** kommt es häufig zu einer Verständigung zwischen Gericht, StA, Angeklagtem und Verteidiger, dass bestimmte Dinge eingeräumt und auf Beweisanträge verzichtet wird, wenn eine bestimmte Strafe ausgesprochen oder nicht überschritten wird. Der BGH signalisierte zunächst eine deutliche Zurückhaltung gegenüber dieser Praxis (vgl. etwa wistra 1990, 358; wistra 1996, 68). **184**

Der 4. Strafsenat des BGH hatte mit **Urteil vom 28. August 1997** (BGHSt 43, 195) anerkannt, dass Verständigungen im Strafprozess nicht grundsätzlich unzulässig sind. Die Entscheidung betraf eine Absprache in der Hauptverhandlung; dafür gelten nunmehr folgende Regeln: **185**

- Eine Verständigung muss unter Mitwirkung aller Verfahrensbeteiligten (Gericht, Staatsanwaltschaft, Verteidiger, Angeklagter) **in öffentlicher Hauptverhandlung** stattfinden. Dies schließt Vorgespräche außerhalb der Hauptverhandlung nicht aus. Das Ergebnis der Gespräche ist im Protokoll festzuhalten.
- Das Gericht darf vor der Urteilsberatung keine bestimmte Strafe zusagen. Es kann aber für den Fall der Ablegung eines Geständnisses eine Strafobergrenze angeben, die es nicht überschreiten werde. Hieran ist das Gericht gebunden, wenn nicht in der Hauptverhandlung dem Gericht bislang unbekannte, den Angeklagten belastende Umstände zu Tage treten.
- Bei der Zusage der Strafobergrenze sind allgemeine Strafzumessungsgesichtspunkte zu beachten. Ein Geständnis darf auch dann strafmildernd berücksichtigt werden, wenn es im Rahmen einer Absprache erfolgt.
- Die Vereinbarung eines Rechtsmittelverzichts mit dem Angeklagten vor Urteilsverkündung ist unzulässig.

Beispiel: In der Hauptverhandlung unterhalten sich Richter, Staatsanwalt, Angeklagter und Verteidiger über die Folgen eines Geständnisses. Der Staatsanwalt signalisiert, dass er eine Freiheitsstrafe von nicht mehr als 18 Monaten mit Bewährung beantragen würde. Die Richter erklären, dass man nicht über den Strafantrag des Staatsanwalts hinausgehen werde.
Wenn jetzt das Gericht dennoch eine Freiheitsstrafe ohne Bewährung verhängt oder aber eine Freiheitsstrafe von zwei Jahren zur Bewährung, kann sich der Angeklagte auf diese Absprache berufen. Ihm bleibt die Möglichkeit der Revision, mit der er dann die Verletzung der prozessualen Fürsorgepflicht bzw. des „Fair-Trial-Prinzips" rügen könnte. Gibt es neue belastende Erkenntnisse, ist der Angeklagte darauf hinzuweisen. Dann hat der Angeklagte Gelegenheit, ggf. ergänzende Beweisanträge zu stellen, die seiner Entlastung dienen können.

In der Folgezeit entzündete sich die Diskussion vor allem an einem **Rechtsmittelverzicht** unmittelbar im Anschluss an die Urteilsverkündung. Der Große Senat (BGH NJW 2005, 1440 = BGHSt 50, 40) hat mittlerweile klargestellt, dass das Gericht im Rahmen einer Urteilsabsprache an der Erörterung eines Rechtsmittelverzichts nicht mitwirken und auf einen solchen Verzicht auch nicht hinwirken darf. Im Rahmen der Rechtsmittelbelehrung (§ 35a S. 1) sei der Rechtsmittelberechtigte auch darüber zu belehren, dass er ungeachtet der Absprache in seiner Entscheidung frei ist, Rechtsmittel einzulegen. Dies gelte auch, wenn die Absprache einen Rechtsmittelverzicht nicht zum Gegenstand hatte. Fehle es an einer solchen **„qualifizierten Belehrung"**, sei **186**

Einleitung

der nach einer Urteilsabsprache erklärte Verzicht auf die Einlegung eines Rechtsmittels unwirksam (vgl. auch Mosbacher JuS 2006, 39, 43; Saliger JuS 2006, 8).

Dass dieser Rechtsmittelverzicht unwirksam ist, bedeutet aber zunächst nur, dass es dem Angeklagten freisteht, **innerhalb der Wochenfrist** noch Revision gegen das Urteil des Landgerichts einzulegen. In mehreren Fällen haben die Verurteilten versucht, im Hinblick auf die Entscheidung des Großen Senats vom 3. März 2005 Wiedereinsetzung zu erlangen Monate nach Eintritt der Rechtskraft Wiedereinsetzung in den vorigen Stand zu erlangen. Der BGH hat dies jeweils abgelehnt (BGH wistra 2005, 310; 344; 468). Dem ist grundsätzlich zuzustimmen. Andererseits ist fraglich, ob hier nicht in Fall vorliegt, in dem erst mit der Entscheidung des Großen Senats überhaupt dem Betroffenen bewusst werden konnte, dass ein Rechtsmittelverzicht weiterhin möglich ist. Immerhin hat das BVerfG in Fällen, in denen die Versäumung einer Frist auf einem Fehler beruht, der der Justiz zuzurechnen ist, Großzügigkeit gezeigt. In einem solchen Fall verlange der Grundsatz fairer Verfahrensführung eine ausdrückliche Belehrung des Betroffenen über die Möglichkeit der Wiedereinsetzung (BVerfG NJW 2005, 3629).

187 In den meisten Fällen wird ohnehin eine „diskrete" Erledigung ohne Hauptverhandlung **im Strafbefehlsverfahren** ins Auge gefasst. Hier gibt es keine öffentliche Hauptverhandlung, in der die Frage diskutiert werden könnte. Da kaum anzunehmen ist, dass der BGH Absprachen im Strafbefehlsverfahren oder im Hinblick auf eine Einstellung des Verfahrens nach § 153 untersagen wollte, kann es in dieser Phase des Verfahrens nur darauf ankommen, dass die Gespräche mit allen Verfahrensbeteiligten „am runden Tisch" geführt werden. Wie dann die Bindungswirkung wirkt und wo die Grenzen verlaufen, bedarf noch der Diskussion. Immerhin wird man annehmen müssen, dass bei Nichteinhaltung der Absprache – so sie denn wirksam ist – im Berufungsrechtszug die Strafobergrenze zu beachten ist. Weiterhin wird man davon ausgehen müssen, dass eine Verständigung nach Abschluss der Ermittlungen die Fortführung des Ermittlungsverfahrens – also die Suche nach belastenden Umständen, die die Wirksamkeit der Absprache hinfällig machen – in der Regel unzulässig macht, soweit das Geständnis den Stand der Ermittlungen wiedergibt, also nicht etwa belastende Umstände ergibt. Da man nie soviel wie der Mandant weiß, ist dies ein weiteres Argument für schriftliche Einlassungen.

M. Verwertungsverbote

188 Im Strafprozess erfolgt die Aufklärung des angeklagten Sachverhalts **von Amts wegen** (§ 244 Abs. 2), alle Beweismittel müssen ausgeschöpft werden (§ 261). Andererseits gibt es keine Wahrheitsfindung um jeden Preis (BGHSt 14, 358, 365), der zum Gegenstand der Erforschung Gemachte hat seinerseits Rechte (etwa Art. 2 Abs. 1, Art. 20 Abs. 3 GG). In diesem Spannungsfeld zwischen dem allgemeinen Interesse an Aufklärung und individuellem Interesse an Schutz entzündet sich eine Vielzahl von Fragen, die einen möglichen Schwerpunkt in strafrechtlichen Klausuren bilden.

189 Zu unterscheiden sind die Beweiserhebungsverbote von den Beweisverwertungsverboten. Bei den Beweiserhebungsverboten unterscheidet man

Beweisthemaverbote	Die Aufklärung bestimmter Sachverhalte ist unzulässig, vgl. etwa § 54 Abs. 1 i. V. m. §§ 61 ff BBG, 39 BRRG.
Beweismittelverbote	Bestimmte Beweismittel dürfen nicht eingesetzt werden. Hierin gehören die zahlreichen Zeugnis- und Untersuchungsverweigerungsrechte (§§ 52 ff, § 81 c Abs. 3).
Beweismethodenverbote	Hierhin gehört etwa der Einsatz verbotener Vernehmungsmethoden (§ 136a Abs. 1, 2).

Einleitung

Bei den Beweisverwertungsverboten wird ein bestimmtes Ergebnis des Beweises von einer Verwertung ausgeschlossen.

Beispiel: Eine durch unzulässige Methoden erlangte Aussage (§ 136 a) unterliegt einem Beweisverwertungsverbot.

I. Beweisverwertungsverbote

1. Gesetzliche Verbote

In der StPO sind relativ wenige Beweisverwertungsverbote **explizit geregelt**. Hierzu gehört etwa § 100b Abs. 5 über die Verwertbarkeit von Zufallsfunden bei Telefonüberwachung (siehe auch § 81c Abs. 3 Satz 5, § 98b Abs. 3 Satz 3, § 100d Abs. 5). Das wichtigste gesetzliche Beweisverwertungsverbot ergibt sich aus § 136a Abs. 3 Satz 2 beim Einsatz verbotener Vernehmungsmethoden. Ein weiteres Beweisverwertungsverbot findet sich mittlerweile in Art. 13 Abs. 5 Satz 2 GG. 190

2. Nicht normierte Beweisverwertungsverbote

Schwieriger und bedeutsamer sind solche Beweisverwertungsverbote, die (teilweise) in Rechtsprechung und Literatur anerkannt sind und gesetzlich nicht ausdrücklich normiert wurden. Sie knüpfen regelmäßig an den **Verstoß gegen Beweiserhebungsverbote** (Beweisthemen- oder Beweismittelverbote) an. Freilich bewirkt nicht jeder Verstoß ein Beweisverwertungsverbot (Rose/Witt JA 1997, 762, 763): Es gibt insbesondere keine allgemeine Regel, wann die Verletzung eines Beweiserhebungsverbotes zu einem Beweisverwertungsverbot führt (vgl. Beulke Rdn. 457). Nötig ist jeweils eine Prüfung im Einzelfall, inwieweit der gewonnene Beweis für die Urteilsfindung verwertbar ist. 191

Der Kreis der **Kriterien**, die für eine solche Entscheidung maßgeblich sind, ist umstritten. Als Faktoren werden angeboten: 192

- der Schutzzweck der verletzten Norm (vgl. etwa Rudolphi MDR 1970, 93, 97 ff),
- die Abwägung zwischen dem staatlichen Interesse an der Strafverfolgung gegen das Individualinteresse des Bürgers auf Wahrung seiner Rechte (vgl. etwa BGHSt 42, 372, 377; unten Rdn. 212 ff),
- die sog. Rechtskreistheorie (Rdn. 193),
- „hypothetische Ermittlungsverläufe"/"Prinzip der Wiederholbarkeit".

Bei der **Rechtskreistheorie des BGH** geht es letztlich um eine Modifikation des Ansatzes, der auf den Schutzzweck der verletzten Verfahrensnorm abstellt. Am Beispiel der Belehrungspflicht nach § 55 Abs. 2 hat der BGH herausgearbeitet, dass die Revisibilität der Verletzung von Beweiserhebungsverboten (und damit die Verwertbarkeit des Beweises) davon abhängt, ob die „Verletzung den Rechtskreis des Beschwerdeführers wesentlich berührt oder ob sie für ihn nur von untergeordneter oder keiner Bedeutung ist" (BGHSt 11, 213, 215; BGHSt 38, 214, 220). 193

In der Literatur wird davon ausgegangen, dass dieser Ansatz jedoch für eine allgemeine Lehre nicht geeignet ist, da er nur einen Teilaspekt der Problematik abdeckt (vgl. Fezer JuS 1978, 325, 327 ff). 194

Beulke will auf den **Schutzzweck der betreffenden Norm** abstellen, soweit bereits eine Abwägung vom Gesetzgeber durchgeführt wurde (Rdn. 458). Fehle es an einer Bewertung durch den Gesetzgeber, müsse auf die Abwägungslehre zurückgegriffen werden (a.a.O. und ZStW 103 (1991), 657, 663 f). Die **Abwägungslehre** betrifft insbesondere die Verwertung von Tagebuchaufzeichnungen u. ä. (Rdn. 212 ff). 195

Rose/Witt (JA 1997, 762, 764) erwähnen als vierten Punkt „**hypothetische Ermittlungsverläufe**". Ob dies ein eigenständiger Ansatz ist, mag bezweifelt werden. Es geht letztlich um das „Prinzip der Wiederholbarkeit", das etwa in der gesetzlichen Wertung für Zufallserkenntnisse bei der Telefonüberwachung zum Ausdruck kommt (§ 100b Abs. 5; Rdn. 208 ff). 196

Einleitung

II. Die wichtigsten Fallgruppen der Verwertungsverbote

1. Verwertungsverbote im Bereich der Zeugnis- und Auskunftsverweigerung

a) Der Beschuldigte wird bei einer polizeilichen Vernehmung nicht belehrt

197 Die bloß unterlassene Belehrung war in ihrer Wirkung **lange Zeit umstritten.** So sollte nach früher h. M. kein Verwertungsverbot bestehen (BGHSt 22, 170; Meyer-Goßner § 136 Rdn. 21) Auch ein Verstoß gegen die Hinweispflicht nach § 55 Abs. 2 sollte die Aussage nicht unverwertbar machen (BGHSt 17, 245). Der BGH (BGHSt 38, 214; dazu Fezer JR 1992, 385; Roxin JZ 1992, 923) hat eine Wende in der Behandlung dieser Frage eingeleitet. Nach dieser Entscheidung löst der Verstoß gegen die Pflicht zur Belehrung des Beschuldigten über seine Aussagefreiheit grundsätzlich ein Verwertungsverbot hinsichtlich der daraufhin gemachten Angaben aus.

198 Der BGH macht dabei allerdings **zwei Ausnahmen.** Zum einen soll ein Verwertungsverbot dann nicht eingreifen, wenn der Beschuldigte bei Beginn der Vernehmung auch ohne Belehrung sein Schweigerecht gekannt und trotz dieses Wissens freiwillig ausgesagt hat (BGHSt 38, 214; BGH wistra 2002, 110). Zum anderen soll die Verwertung einer in Unkenntnis des Schweigerechts gemachten Aussage dann zulässig sein, wenn der (verteidigte) Beschuldigte später ausdrücklich oder durch stillschweigend-schlüssiges Verhalten einer Verwertung nicht widersprochen hat (BGHSt 38, 214, 225). Diese Obliegenheit zum Widerspruch fußt offenbar auf einem bestimmten Verständnis der Rolle des Verteidigers (vgl. Rdn. 87 ff).

199 Dabei gilt dies ohnehin nur bei einer förmlichen Vernehmung (vgl. Rdn. 80). Bei einer **informatorischen Befragung** liegt eine solche nicht vor, daher gibt es auch keine Belehrungspflicht, die verletzt werden könnte (BGHSt 38, 214, 228; krit. Beulke Rdn. 118; § 136 Rdn. 3).

b) Der Angeklagte wird in der Hauptverhandlung nicht belehrt

200 Die Aussage ist **nicht verwertbar,** es sei denn, der Angeklagte hätte seine Aussagefreiheit gekannt (vgl. Rdn. 197).

c) Dem Angeklagten wird das Recht auf Beiziehung eines Verteidigers verwehrt

201 Es greift ein **Verwertungsverbot** (BGHSt 38, 372, 374). Der Angeklagte muss jedoch der Verwertung in der Hauptverhandlung rechtzeitig widersprechen (vgl. auch Rose/Witt JA 1998, 401).

d) Ein Angehöriger wird nicht nach § 52 Abs. 3 (§ 52 Abs. 2) belehrt

202 Die Aussage ist **nicht verwertbar,** es sei denn, der Zeuge hätte seine Rechte gekannt und auch nach einer Belehrung ausgesagt. Umstritten ist dabei, ob bei einem verstorbenen Zeugen die Niederschrift über eine frühere Vernehmung nach § 251 Abs. 1 Nr. 1, Abs. 2 Satz 2 verlesen werden darf, wenn die Belehrung nach § 251 Abs. 3 Satz 1 fehlt. Für eine Verwertung sprechen sich etwa der BGH (BGHSt 22, 35) und Geppert (Jura 1988, 305) aus. Beulke (Rdn. 461) und andere (etwa Peters JR 1969, 428) nehmen ein Verwertungsverbot an.

e) Ein Zeuge wird nicht gem. § 55 belehrt

203 Kein Verwertungsverbot in dem Verfahren gegen den Beschuldigten/Angeklagten, da diese Schutzvorschrift seinen **Rechtskreis** nicht berührt. Dieser ist aber tangiert, wenn etwa die Aussage zum Anlass für eine Verfolgung des Zeugen gemacht wird, dann besteht ein Verwertungsverbot (Beulke Rdn. 464).

f) Aussage eines Beamten ohne Genehmigung
Kein Verwertungsverbot, da der Rechtskreis des Angeklagten nicht tangiert ist.

g) Berufsgeheimnisträger sagt ohne Genehmigung des Mandanten aus
Kein Verwertungsverbot (!); § 53 Rdn. 25.

Einleitung

h) Nachträgliche Zeugnisverweigerung eines Zeugen
In Grenzen ist die **Vernehmung des Richters** als Verhörsperson zulässig; vgl. hierzu Rdn. 175 f.

i) Unzulässige Blutprobe
Wird eine Blutabnahme nicht durch einen Hilfsbeamten der Staatsanwaltschaft angeordnet oder das Blut durch einen Nichtarzt entnommen, soll **kein Verwertungsverbot** eingreifen (BGHSt 24, 125, 128; Beulke Rdn. 477). Eine Ausnahme wird gemacht, wenn die betreffende Person bewusst gegen § 81 a verstößt. Eine solche Vorgehensweise verletze den aus dem Rechtsstaatsprinzip (Art. 20 Abs. 3 GG) abzuleitenden Grundsatz des fair trial (Rdn. 59 f). Insoweit greife ein Verwertungsverbot (BGHSt 24, 125, 131). 204

j) Verstoß gegen ein Beschlagnahmeverbot
Ein Beweisverwertungsverbot liegt vor (BGHSt 18, 227, 229).

k) Misshandlung eines Beschuldigten
Es besteht ein **absolutes Verwertungsverbot** für die Aussage. Wie weit dies dann reicht, wenn der unzulässige Zwang nicht durch staatliche Organe, sondern durch Private herbeigeführt wurde, ist zweifelhaft. Überwiegend nimmt man erst dann ein Verwertungsverbot an, wenn es sich um Verstöße gegen die Menschenwürde (Folter usw.) handelt oder der Privatmann von Strafverfolgungsorganen bewusst eingesetzt wird (vgl. BGHSt 34, 362, 363; Joerden JuS 1993, 927, 928; unten Rdn. 221). 205

l) Aushorchen in der Untersuchungshaft
Wird ein anderer Häftling mit dem Beschuldigten auf Veranlassung der Polizei in eine Zelle gesperrt, um diesen auszuhorchen, sind die entsprechenden Bekundungen **unverwertbar** (BGHSt 34, 362). Die Bekundungen des Beschuldigten können also nicht durch die Vernehmung des „Zeugen" eingeführt werden (siehe auch Rdn. 223). 206

m) Hörfalle
Welche Konsequenzen der bewusste Einsatz Privater außerhalb der Untersuchungshaft hat, ist umstritten. Dies sind die Fälle der so genannten **„Hörfalle"**, bei der etwa in einem direkten Gespräch oder einem Telefonat Beamte mithören und eine Privatperson den Verdächtigen befragt, um die Straftat aufzuklären (unten Rdn. 226). 207

n) Zufallserkenntnisse bei heimlichen Ermittlungsmaßnahmen
Wie bei der Durchsuchung können auch bei anderen (heimlichen) Ermittlungsmaßnahmen Zufallerkenntnisse i. S. d. § 108 gewonnen werden. Für die Verwertbarkeit solcher „Zufallsfunde" gilt das **Prinzip der „Wiederholbarkeit"**. Zu prüfen ist jeweils, ob die Maßnahme, innerhalb derer „zufällig" etwas erkannt wurde, auch hinsichtlich des Erkannten hätte angeordnet werden dürfen. 208
aa) sachlich

> **Beispiel:** Die Telefonüberwachung ist angeordnet worden wegen Mordes. Im Rahmen eines abgehörten Telefonats ergeben sich zwar keine Anhaltspunkte für die „Anlasstat", wohl aber für die Begehung einer Geldwäsche durch den Beschuldigten.

In einem solchen Fall hätte die **Überwachung** auch wegen der neuen Straftat angeordnet werden dürfen, und es gibt daher keinen Grund, die gewonnenen Beweismittel nicht zu benutzen (§ 100b Abs. 5; Beulke Rdn. 254). In gleicher Weise verfährt das Gesetz z. B. auch in § 100 f Abs. 5. 209

Beziehen sich die Erkenntnisse nicht auf eine **Katalogtat,** sind sie nach der Rechtsprechung dennoch verwertbar, wenn die tatsächlich begangene Tat „in engem Zusammenhang" mit der Tat steht, wegen der die Maßnahme angeordnet wurde. In einem Strafverfahren darf im Hinblick auf den Vorwurf des Diebstahls ein Telefonat dann verwertet werden, wenn seinerzeit ein Verdacht der Tat nach § 129 StGB bestand und das Abhören des Telefonverkehrs die einzige Möglichkeit war, diesen Vorwurf der Mitgliedschaft an einer kriminellen Vereinigung aufzuklären. Ebenfalls ver- 210

Einleitung

wertbar ist ein Geständnis, das nach Vorhalt des Telefonats abgelegt wird, denn dieses beruht auf einer ordnungsgemäßen Beschuldigtenvernehmung. In allen anderen Fällen dürfen die Erkenntnisse (nur, aber immerhin) Ermittlungsansatz sein (vgl. § 100a Rdn. 25).

bb) persönlich

211 Ergeben sich aus der Maßnahme Hinweise auf Tatbeteiligte, so ist das Telefonat im Verfahren gegen diese im Grundsatz verwertbar. Hier ist ebenfalls zu fragen, ob die **Wiederholung einer Maßnahme** zulässig wäre. Ergibt sich aus der Maßnahme der Hinweis auf irgendeine Katalogtat eines beliebigen Dritten, so ist dieses Telefonat in dem Strafverfahren gegen den Dritten verwertbar.

2. Verwertungsverbote aus dem Grundgesetz

212 Insbesondere im Ermittlungsverfahren wird zum Teil massiv in **Grundrechte** Betroffener eingegriffen. So geht es etwa bei der Durchsuchung von Wohnräumen um die Unverletzlichkeit der Wohnung nach Art. 13 GG, oft wird das Recht auf Eigentum (Art. 14 GG) tangiert. Überdies wird in vielen Fällen in die Intimsphäre Betroffener eingegriffen, die als Teilbereich des allgemeinen Persönlichkeitsrechts durch Art. 2 Abs. 1 i. V. m. Art. 1 Abs. 1 GG geschützt ist. Dabei geht es nicht nur um Beschuldigte, sondern auch um Zeugen, die insoweit beeinträchtigt werden können.

213 Soweit es dabei um die **Verwertbarkeit** von mündlichen oder schriftlichen Äußerungen des Beschuldigten (oder eines Zeugen) im Vorfeld des Strafverfahrens geht, kommt es darauf an, auf welcher Stufe entsprechende Äußerungen getan wurden bzw. die Eingriffe der Strafverfolgungsbehörden erfolgten (BVerfGE 34, 238, 245 ff):

- Erste Stufe   Sozialbereich: Geschäftsgespräche
- Zweite Stufe   Schlichte Privatsphäre: private Gespräche im Allgemeinen
- Dritte Stufe   Intimsphäre: jedenfalls Vorfälle im häuslichen Schlafzimmer

Der Zugriff auf **Erkenntnisse der ersten Stufe** unterliegt grundsätzlich keinen besonderen Schranken. Hier müssen entsprechende Eingriffsermächtigungen vorliegen und das Verhältnismäßigkeitsprinzip gewahrt sein.

Bei **Eingriffen in die schlichte Privatsphäre** (zweite Stufe) ist jeweils eine Abwägung zwischen dem Strafverfolgungsinteresse und dem Individualinteresse nötig, deren Ergebnis insbesondere davon abhängt, wie schwerwiegend die Straftat ist, die hier aufgeklärt werden soll.

Eingriffe auf der dritten Stufe betreffen einen unantastbaren Kernbereich privater Lebensgestaltung, der im Prinzip dem Eingriff der öffentlichen Gewalt entzogen ist. Eine Güterabwägung mit dem staatlichen Strafverfolgungsinteresse soll hier (angeblich) nicht stattfinden.

214 In der Praxis des Strafprozessrechts werden diese Kriterien freilich nicht sauber durchgehalten, angeblich, weil die Umsetzung dieser **Sphären- oder Dreistufentheorie** Schwierigkeiten bereitet (vgl. Hofmann JuS 1992, 587, 591; Beulke Rdn. 471). Streitig ist insbesondere, ob Verwertungsverbote auch dann greifen, wenn bloße Verfahrensregelungen verletzt worden sind. Einzelheiten bleiben umstritten. Auf der sicheren Seite bewegt man sich, wenn man das Prinzip der Wiederholbarkeit bemüht, also prüft, ob (theoretisch) eine Wiederholung dieses Eingriffs unter Wahrung verfahrensrechtlicher Vorgaben möglich ist. Dann spricht ein erster Anschein für die Verwertbarkeit.

215 Bei der insbesondere **auf der zweiten Stufe** gebotenen Abwägung zwischen Allgemein- und Individualinteresse sind einzubeziehen

- die Schwere des Tatvorwurfs sowie die Bedeutung des Beweismittels (Unverzichtbar? Ersetzbar?),
- der Rang des betroffenen Grundrechts und die Schwere des konkreten Eingriffs.

216 Der zentrale Fall in diesem Kontext ist der Bereich der Verwertung von **Tagebuchaufzeichnungen.** Für Tagebücher besteht die Vermutung, dass sie zur dritten Sphäre (Intimsphäre) gehören.

Einleitung

Dabei ist freilich danach zu differenzieren, welche Inhalte das Tagebuch hat. Wenn der Verfasser des Tagebuches in diesem Tagestemperaturen und Niederschlagsmengen notiert, handelt es sich sicherlich nicht um den Intimbereich. Im Übrigen sollen seine Inhalte der zweiten Sphäre (schlichte Privatsphäre) zuzuordnen sein, die Verwertung also von einer **Abwägung** abhängen (vgl. Beulke Rdn. 471). Wenn der Frauenmörder Tötungsgelüste in seinem Tagebuch vermerkt, stellt sich aber die Frage, ob hier wirklich die zweite Stufe tangiert ist, oder nicht die dritte Sphäre, die ermittlungsfest ist, berührt wird. Die Zuordnung von Tagebuchaufzeichnungen zur zweiten Stufe ist offenbar ergebnisorientiert. 217

> Vgl. etwa Beulke Rdn. 473: „Zählte man die Aufzeichnungen über die Tötungsgelüste zum unantastbaren Kernbereich privater Lebensgestaltung, so ergäbe sich daraus ihre Unverwertbarkeit ... Sinnvoller erscheint hingegen die Zuordnung der Aufzeichnungen zur schlichten Privatsphäre, so dass auch hier eine Abwägung vorgenommen werden kann, die angesichts des schweren Tatvorwurfs zugunsten einer Verwertbarkeit ausfallen muss ...".

In diesem Kontext ist zu bedenken, dass sich die Lösung auf **Tagebuchaufzeichnungen von Beschuldigten** bezieht. Eine andere Problematik ergibt sich, wenn es um Aufzeichnungen von Zeugen geht. Soweit dieser Zeuge Angehöriger des Beschuldigten ist, unterliegen auch die tagebuchähnlichen Aufzeichnungen bzw. das Tagebuch den Grenzen des Zeugnisverweigerungsrechts (§ 52), so dass eine Verwertung regelmäßig nicht in Betracht kommt. Handelt es sich um einen Dritten, dem kein Zeugnisverweigerungsrecht zusteht, entspricht die Problematik der des Beschuldigten mit der Maßgabe, dass zu berücksichtigen ist, dass der Dritte selbst nicht dem Vorwurf der Strafbarkeit unterliegt. 218

Einen Sonderfall hatte der BGH im Jahre 1998 zu entscheiden (wistra 1998, 314). Die geschiedene Ehefrau hatte ihren Ehemann angezeigt, weil dieser das gemeinsame Kind missbraucht haben sollte. Vor Durchführung einer richterlichen Vernehmung bzw. der Hauptverhandlung verstarb die Zeugin. Sie hatte bereits im Rahmen der Anzeigeerstattung darauf verwiesen, dass sie in ihrem Tagebuch die entsprechenden Vorfälle festgehalten hätte. Das Tagebuch wurde im Strafverfahren gegen den Angeklagten verlesen, verwertet und führte letztlich zu seiner Verurteilung. Der BGH bestätigte die Entscheidung. Fraglich sei schon, ob der Angeklagte sich überhaupt auf den intimen Charakter des Tagebuchs berufen könne (Rechtskreistheorie). Jedenfalls sei im konkreten Fall die Verwertung möglich, da sich die zur Verweigerung des Zeugnisses berechtigte Zeugin niemals auf ihr Recht berufen habe und im Gegenteil das Verfahren erst von ihr initiiert worden sei. 219

In Anlehnung an die Tagebuch-Rechtslage hat der BGH einen Fall entschieden, in dem der Täter belastende **Selbstgespräche im Krankenzimmer** eines Vollzugskrankenhaus geführt hatte, die im Rahmen einer akustischen Wohnraumüberwachung aufgenommen wurden. Dies berühre so sehr den Kernbereich privater Lebensgestaltung, dass die entsprechenden Äußerungen nicht verwertbar seien (BGH NJW 2005, 3295; dazu Ellbogen NStZ 2006, 179). 220

3. „Ermittlungen" durch Private

Erfolgen Maßnahmen/**Eingriffe in die Privatsphäre** durch Private, sollen nach h. M. die Kriterien für staatliches Handeln nicht herangezogen werden. Selbst wenn Beweismittel durch Diebstahl oder durch Täuschung (§ 136a) erlangt wurden, sollen sie nach überwiegender Auffassung verwertbar sein (Beulke Rdn. 478). 221

Ausnahmen werden gemacht für

- das Erlangen von Beweismitteln durch Privatpersonen unter Verstoß gegen die Menschenwürde (z. B. Folter; vgl. auch BGHSt 44, 129, 137)
- bei Eingriffen in die Intimsphäre durch Tonaufnahmen oder Auswertung eines Tagebuches.

Einleitung

222 Hier richtet sich die Verwertbarkeit nach der **Sphärentheorie**. Argument: Mit der Verlesung des Tagebuches oder dem Abspielen des Tonbands wird letztlich der Verstoß des Privaten gegen die Privatsphäre des Opfers durch staatliche Organe „wiederholt". Nicht erfasst ist in diesem Zusammenhang etwa der Mitschnitt eines Erpresseranrufes, weil das Opfer insoweit im Rahmen des § 201 Abs. 1 StGB nicht unbefugt handelt.

223 Ein Verwertungsverbot greift ebenfalls, wenn die Privatperson **gezielt** von Strafverfolgungsbehörden auf den Betroffenen angesetzt wurde und unter Verletzung verfahrensrechtlicher Garantien Erkenntnisse erlangt (vgl. BGHSt 34, 362; Rdn. 229).

224 Ob dies auch gilt, wenn der Zeuge **auf eigene Faust** tätig wird und sich der Polizei als Spitzel andient, weil er sich Vorteile verspricht, ist zweifelhaft. Interessant ist insofern eine Entscheidung des BGH aus dem Jahr 1988 (BGHSt 44, 129). Eine Beschuldigte in der Untersuchungshaft kam in Kontakt mit einer Gefangenen, die sich übersinnlicher Fähigkeiten berühmte. Sie wäre in der Lage, durch ihren Zauber (sie las aus Kaffeesatz und Zigarettenasche) durch die Formel „Mund zu" zu bewirken, dass ihre „Kunden" freigesprochen oder zumindest milder bestraft würden. Voraussetzung sei freilich, dass ihre Kundin sich rückhaltlos offenbare und schriftlich niederlege, wie das Ganze denn nun wirklich gewesen wäre. Solchermaßen überzeugt legte die Beschuldigte gegenüber der Zeugin nach Verabreichung von Haschisch ein Geständnis ab, das über die Vernehmung der Strafgefangenen in die Hauptverhandlung eingeführt wurde. Der BGH hob die Verurteilung auf, weil die Strafkammer nicht geprüft hatte, ob hier nicht ein Fall vorlag, der analog § 136a zu einem Verwertungsverbot führt.

225 Beim Einsatz von V-Männern, verdeckten Ermittlern usw. kommt es für die Verwertbarkeit regelmäßig darauf an, ob eine Vernehmung vorliegt oder zumindest eine vernehmungsähnliche Situation gegeben ist. Immer dann, wenn jemand einem Zeugen nicht als „Amtsperson" gegenübertritt, handelt es sich um freiwillige Äußerungen, die in der Regel einem Verwertungsverbot nicht unterliegen. Eine Grenze ist dort zu ziehen, wo der Staat anstelle der direkten Vernehmung bewusst einen Umweg über den „privaten" Vernehmenden wählt. Ein gezielter Ausforschungsauftrag unter Umgehung von Belehrungspflichten (nach § 136 oder § 52 Abs. 3) wird dem Staat wie eigenes Verhalten zugerechnet.

226 Nach den gleichen Regeln ist die **Hörfalle** zu beurteilen.

Beispiel: T wird des Bankraubs verdächtigt. Der Kriminalbeamte K veranlasst den Bekannten D des T, diesen anzurufen und wegen des Bankraubs zu befragen. K hört das Gespräch mit. Eine Telefonüberwachung liegt hier nicht vor. Probleme ergeben sich daraus, dass der T hier aber nicht gem. § 163a Abs. 4 Satz 2, § 136 belehrt worden ist. Da keine formale Vernehmung vorlag, scheidet die unmittelbare Anwendung der Vorschriften aus.

Der BGH (BGHSt 39, 335; BGHSt 40, 211; BGHSt 42, 139) lässt die Verwertung zu, wenn es um eine bedeutende Straftat geht und die Sachverhaltserforschung unter Einsatz anderer Ermittlungsmethoden erheblich weniger Erfolg versprechend oder wesentlich erschwert gewesen wäre (vgl. Rose/Witt JA 1998, 405). Richtigerweise ist hier aber § 136 analog anzuwenden, da der Einsatz des Privaten mit konkretem Ausforschungsauftrag erfolgte (Beulke Rdn. 481).

III. Fernwirkung von Beweisverboten (Früchte des verbotenen Baumes)

227 Soweit ein Verwertungsverbot eingreift, sagt dies noch nichts über die Frage, inwiefern ein Verstoß gegen Beweisverbote Konsequenzen auch für solche Erkenntnisse hat, die erst in der Folge erlangt wurden.

Beispiel: Im Rahmen der Telefonüberwachung gegen T ergibt sich der Verdacht gegen D, er habe einen Pass gefälscht. Im Rahmen der Durchsuchung wird in der Wohnung des D ein gefälschter Pass gefunden, der überdies die Fingerabdrücke des D trägt. – Die Durchsuchung hätte schon nicht durchgeführt werden dürfen, da sich der Anfangsverdacht aus einer Telefonüberwachung ergab und Urkundendelikte nicht zu den Taten gehören, für die Zufallsfunde verwertbar sind. Andererseits liegen jetzt Beweismittel vor.

Beispiel: Wie vor. Die Polizei nimmt aber zunächst den Anfangsverdacht nur zum Anlass, sich im Umfeld des D so viel Anhaltspunkte zu beschaffen, dass der Durchsuchungsbeschluss auf die so gewonnenen Erkenntnisse gestützt werden kann.

Die **Fernwirkung eines Verwertungsverbots** ist mindestens ebenso zweifelhaft wie das Vorhandensein eines Verwertungsverbots selbst (vgl. Grünwald JZ 1966, 500; Gössel NJW 1981, 2221). Einig ist man sich nur, dass das Verbot, ein durch Zwang oder Misshandlung erreichtes Geständnis zu verwerten, nicht immer dazu führen muss, dass sonstige, aufgrund dieses Geständnisses aufgefundene Beweismittel für das Strafverfahren nicht benutzt werden dürfen (KK-Boujong § 136a Rdn. 42). 228

Die h. M. will jegliche Fernwirkung des Beweisverwertungsverbotes auf die selbständigen Beweismittel, die mit Hilfe der als Beweismittel ausscheidenden Aussage aufgefunden werden, ausschließen (vgl. BGHSt 34, 362, 364; Meyer-Goßner § 136a Rdn. 31). Hauptargument ist, dass damit praktisch das gesamte Strafverfahren lahm gelegt würde und nie gesagt werden kann, ob diese Erkenntnisse nicht auch auf andere Art und Weise hätten gewonnen werden können (vgl. die Beispiele oben). Im Ausnahmefall will man eine Fernwirkung unter Berufung auf den Grundsatz der Rechtsstaatlichkeit und rechtsethische Prinzipien jedoch zulassen (BGHSt 29, 244). 229

Von einigen wird eine Fernwirkung jedenfalls dann anerkannt, wenn zum Nachteil des Beschuldigten in grober Weise gegen Recht und Gesetz verstoßen wurde, etwa wichtige Verfassungsgrundsätze missachtet wurden, oder wenn die Aufklärung und Verfolgung von leichten Straftaten in Frage steht (z.B. Maiwald JuS 1978, 379ff; s. auch KK-Boujong § 136a Rdn. 42).

Die Literatur will in solchen Fällen in Anlehnung an das US-amerikanische Recht und der „**fruit of the poisonous tree doctrine**" auch solche Beweismittel für unverwertbar halten, die nur mittelbar aufgrund eines Verfahrensverstoßes erlangt wurden. Sonst würden Sinn und Zweck der Beweisverwertungsverbote unterlaufen (vgl. etwa Roxin 24/47).

Schließlich will eine **vermittelnde Lösung** im jeweiligen Einzelfall zwischen dem Gewicht des ursprünglichen Verfahrensverstoßes und der Schwere der erfolgten Tat abwägen (vgl. KK-Pelchen vor § 48 Rdn. 45ff; Rogall JZ 1997, 944, 948; Beulke Rdn. 482).

N. Urteil, Sitzungsprotokoll und Rechtskraft

Gegenstand des Urteils ist die Tat, wie sie sich nach dem Ergebnis der Verhandlung darstellt (§ 264 Abs. 1) und in der Anklage bezeichnet war (§ 207). 230

I. Das Urteil

Das Gericht ist **an Beweisregeln nicht gebunden,** sondern entscheidet gem. § 261 nach seiner freien, aus dem Inbegriff der Verhandlung gewonnenen Überzeugung (Grundsatz der freien Beweiswürdigung). Dabei muss das Beweismaterial erschöpfend gewürdigt sein. Zu Beweisregeln siehe aber § 274, § 190 StGB, § 51 Abs. 1 BZRG. 231

Der Grundsatz „in dubio pro reo" („im Zweifel für den Angeklagten") ist in der StPO nicht ausdrücklich geregelt, ergibt sich aber aus § 261 i.V.m. mit dem Schuldgrundsatz (KK-Pfeiffer Einleitung Rdn. 19). Das Gericht darf erst dann verurteilen, wenn die Schuld des Angeklagten bewiesen ist. Dies ist der Fall, wenn das Ge- 232

Einleitung

richt davon überzeugt ist, dass er alle Merkmale des gesetzlichen Tatbestandes rechtswidrig und schuldhaft verwirklicht hat. Dabei kommt es nicht unbedingt darauf an, ob das Gericht hätte Zweifel haben können oder müssen, entscheidend ist vielmehr, ob das Prozessgericht solche Zweifel auch hatte (Beulke Rdn. 25). Der Grundsatz ist verletzt, wenn sich aus den Urteilgründen selbst ergibt, dass das Gericht seine Zweifel nicht überwunden hat (vgl. § 261 Rdn. 24ff).

233 Zweifel des Prozessgerichts auf der Ebene des Tatbestandes müssen nicht in jedem Fall zu einem Freispruch führen. Denkbar ist auch eine so genannte **„Wahlfeststellung"**, d.h. eine Verurteilung auf mehrdeutiger Tatsachengrundlage oder wahldeutiger Feststellungen. Vorausgesetzt ist, dass das Gericht trotz Ausschöpfung aller Beweismittel nicht die Überzeugung von einem Geschehensablauf gewinnen kann, wohl aber die Überzeugung, dass zwei (oder mehrere) Geschehensabläufe möglich sind und einer von ihnen mit Sicherheit vorliegt (BGHSt 12, 386, 389; KK-Engelhardt § 261 Rdn. 67).

> **Beispiel:** Bei dem Angeklagten war gestohlene Ware gefunden worden. Das Gericht kann sich nicht davon überzeugen, dass er selbst gestohlen hat oder die Sachen gehehlt hat. Jedenfalls ist es davon überzeugt, dass er entweder der Dieb oder der Hehler des Gutes ist.

Zum Teil existiert für solche Fälle ein **Auffangtatbestand** (vgl. § 323a StGB). Ansonsten ist eine Verurteilung auf wahldeutiger Grundlage dann möglich, wenn die betreffenden Tatbestände den Bereich der angeklagten Tat i.S.v. § 264 nicht verlassen und rechtsethisch und psychologisch gleichwertig sind; dies ist eine Frage der jeweiligen Tatbestände.

234 In einer weiteren Konstellation ist das Gericht davon überzeugt, dass der Täter sich in einer bestimmten Art und Weise strafbar gemacht hat, weiß aber nicht, **wann** genau dies der Fall war.

> **Beispiel:** In der Hauptverhandlung am 2. April bekundet der Zeuge Z die Tatsache A, zwei Monate später, im Juni, die dem absolut entgegenstehende Tatsache B. Beeidet wurde er für die Aussage im April. In diesen Fällen kann das Gericht davon ausgehen, dass zumindest in einem Fall eine Falschaussage gegeben ist. „In dubio pro reo" wird man davon ausgehen, dass es dabei um die unbeeidete Aussage ging, also nicht wegen Meineides, sondern wegen Falschaussage verurteilen.

235 **Vorschriften zur Beratung** finden sich in § 263 Abs. 1, in §§ 192ff GVG und in §§ 43, 45 DRiG. Grundsätzlich entscheidet das Gericht mit der absoluten Mehrheit der Stimmen (§ 196 Abs. 1 GVG). Die Entscheidung über die Schuldfrage und die Rechtsfolgen der Tat bedarf einer Mehrheit von zwei Dritteln der Stimmen.

236 Das Urteil wird am Schluss der Verhandlung durch den Vorsitzenden **„im Namen des Volkes"** verkündet (§ 268). Die Urteilsformel wird verlesen, die in der Regel noch nicht schriftlich vorliegenden Urteilsgründe werden ihrem wesentlichen Inhalt nach erläutert. Der Angeklagte ist sodann gem. § 35a über die zulässigen Rechtsmittel zu belehren.

Aufbau des Urteils:
- Rubrum
- Tenor
- Urteilsgründe
- Unterschrift

237 Wird das Urteil rechtskräftig, erlangt es eine gewisse Endgültigkeit in seiner Entscheidung. Zu unterscheiden sind **formelle und materielle Rechtskraft.**
- Formelle Rechtskraft tritt ein, wenn das Urteil im selben Verfahren nicht mehr anfechtbar ist (also der Rechtsweg erschöpft oder nicht genutzt worden ist).
- Das Urteil kann vollstreckt werden (§ 449) und es tritt die materielle Rechtskraft ein.

Einleitung

- Die materielle Rechtskraft bezieht sich auf den Inhalt der Entscheidung. Dieselbe Tat im strafprozessualen Sinn (§ 264) kann nicht noch einmal Gegenstand eines Strafverfahrens und eines Urteils werden (ne bis in idem, Art. 103 Abs. 3 GG). Diese Rechtskraft erfasst nur den Tenor, nicht jedoch die Urteilsgründe. Vertreten wird heute die so genannte prozessrechtliche Rechtskrafttheorie; die Wirkung des Urteils ergibt sich aus dieser prozessrechtlichen Verbindlichkeit.

Wird ein Urteil in zulässiger Weise nur teilweise angefochten oder legt nur einer von mehreren Mitangeklagten ein Rechtsmittel ein, kommt es zu einer **Teilrechtskraft.** 238

Die **Beseitigung der Rechtskraft** ist nur durch Wiederaufnahme des Verfahrens (§§ 359 ff), Wiedereinsetzung in den vorigen Stand (§§ 44 ff) sowie bei einer Erstreckung der Aufhebung im Revisionsverfahren (§ 357) möglich. Hinzu kommt die Durchbrechung der Rechtskraft bei einer Aufhebung durch das Bundesverfassungsgericht im Fall einer erfolgreichen Verfassungsbeschwerde (§ 95 Abs. 2 BVerfGG). 239

Schon keine Rechtskraft erlangen **nichtige Urteile,** wobei solche selbst bei schweren Verfahrensverstößen in der Regel nicht gegeben sind (vgl. Beulke Rn. 507). Ausnahmen werden in Extremfällen zugelassen, etwa wenn das Urteil auf eine gesetzlich nicht vorgesehene Sanktion erkennt (Prügelstrafe, Galeere) oder wenn es gegen einen Strafunmündigen ergeht. Umstritten ist dabei, ob auch ein Urteil nichtig ist, das gegen eine Person ergeht, die anstelle des eigentlichen Angeklagten in der Hauptverhandlung erschienen war Ist wegen einer Personenverwechslung das Urteil nicht gegen den nach dem Eröffnungsbeschluss Angeklagten, sondern eine andere Person ergangen, ist es auf Revision des gemeinten Angeklagten aufzuheben (LR-Rieß Einleitung Abschnitt J Rdn. 133; Meyer-Goßner § 230 Rdn. 27). Ist es bereits rechtskräftig, ist es nach § 359 Nr. 5 zu beseitigen, jedenfalls aber nach § 458 nicht zu vollstrecken. Gegen den „tatsächlich" Verurteilten wirkt das Urteil nicht (Meyer-Goßner § 230 Rdn. 27; a.M. KK-Tolksdorf § 230 Rdn. 7; LR-Gollwitzer § 230 Rdn. 11. Offenbar meinen diese, das Urteil sei gegen beide unwirksam.). Das Urteil bleibt aber wirksam, wenn der richtige Angeklagte unter falschem Namen verurteilt wird (KG NStZ-RR 2004, 240). 240

II. Der Tatbegriff

Der Tatbegriff ist aus der Konkurrenzlehre (§§ 52, 53 StGB) geläufig, wird aber im Strafprozessrecht anders definiert. Dort beschreibt der **Begriff der Tat** im prozessualen Sinn den Gegenstand des Prozesses. Bedeutsam ist der Begriff aus folgenden Gründen: 241

- Nach dem Akkusationsprinzip ermittelt das Gericht im Rahmen der Hauptverhandlung nur die angeklagte Tat (§§ 151, 155 Abs. 1). Der Tatbegriff begrenzt also den Verhandlungsstoff.
- Nur die im Eröffnungsbeschluss bezeichnete Tat ist Gegenstand der Urteilsfindung durch das Gericht (§ 264 Abs. 1). Ergeben sich in der Hauptverhandlung neue, in der Anklageschrift und im Eröffnungsbeschluss nicht bedachte Aspekte, ist zu unterscheiden, ob es sich nur um neue rechtliche Momente der angeklagten Tat oder um eine andere Tat handelt. Liegt eine andere Tat im Sinne des Strafprozessrechts vor, ist zu deren Einbeziehung in den Stoff der Hauptverhandlung eine Nachtragsanklage erforderlich (§ 266). Ändert sich lediglich die rechtliche oder tatsächliche Betrachtungsweise im Hinblick auf die nämliche Tat, genügt ein rechtlicher Hinweis nach § 265 Abs. 1 und 2. Dieser rechtliche Hinweis muss im Protokoll vermerkt werden; schweigt das Protokoll, ist er de lege nicht erfolgt (Beweiskraft des Protokolls).

Der Tatbegriff beschreibt des Weiteren die Rechtskraft und den Strafklageverbrauch. Ob der Grundsatz ne bis in idem (Art. 103 Abs. 3 GG) durch eine erneute 242

Einleitung

Strafverfolgung verletzt wird, hängt davon ab, ob in einem neuen Verfahren „dieselbe Tat" im Sinne des Strafprozessrechts verfolgt wird.

243 Der Tatbegriff selbst wird herkömmlich in einer sehr **schwammigen Weise** definiert. Danach ist Tat im prozessualen Sinne das gesamte Verhalten des Angeklagten, soweit es mit dem durch die Strafverfolgungsorgane (in Anklage, Eröffnungsbeschluss oder Urteil) bezeichneten geschichtlichen Vorkommnis nach der Auffassung des täglichen Lebens einen einheitlichen Vorgang bildet. Kriterien hierfür sind
- Tatort,
- Tatzeit,
- Tatobjekt,
- Angriffsrichtung.

244 Wann denn nun eine Tat in diesem Sinne vorliegt, ist angesichts der unpräzisen Definition regelmäßig nicht einfach zu bestimmen. Folgende **Regeln** helfen weiter:
- Eine Tat im materiell-rechtlichen Sinne (Idealkonkurrenz, § 52 StGB) ist regelmäßig auch eine Tat im prozessualen Sinne (vgl. BGH wistra 1997, 228).
- Fälle der Realkonkurrenz (§ 53 StGB) stellen regelmäßig auch mehrere Taten i. S. d. § 264 dar.
- Trotz Realkonkurrenz kann eine Tat vorliegen, wenn zwischen den einzelnen Verhaltensweisen eine innere Verknüpfung „dergestalt [besteht], dass ihre getrennte Aburteilung in verschiedenen erstinstanzlichen Verfahren als unnatürliche Aufspaltung eines einheitlichen Lebensvorgangs empfunden würde" (BGHSt 41, 385, 388).

Beispiel: T rammt betrunken mit seinem Fahrzeug den am Straßenrand parkenden PKW des O. Obwohl er den Schaden bemerkt, fährt er weiter. – Hier steht die Verkehrsunfallflucht (§ 142 StGB) in Tatmehrheit zur Straßenverkehrsgefährdung (§ 315c). Dennoch liegt eine Tat im prozessualen Sinne vor (BGHSt 21, 203).

245 Ein weiteres Problem des Tatbegriffs ist, inwiefern ein Strafklageverbrauch auch dann eintritt, wenn im Rahmen des gerichtlichen Verfahrens der Unwertgehalt der Tat **völlig verkannt** wird. Zum alten StGB (bis 1975) war das Schulbeispiel die Verurteilung wegen „Schießen an bewohnten Orten" (§ 367 Abs. 1 Nr. 8 StGB a. F.), obwohl der Täter tatsächlich an demselben Ort einen Mord begangen hatte. Die Übertretung nach § 367 wurde mit Gefängnis bis zu sechs Wochen bestraft. Heute entzünden sich die Probleme bei Personen, die wegen unerlaubten Waffenbesitzes verurteilt werden und bei denen sich später herausstellt, dass sie mit der nämlichen Waffe ein Tötungsdelikt begangen haben. Für diese Fälle wendet man die Regel „Idealkonkurrenz = eine Tat i. S. d. § 264" nicht an (§ 264 Rdn. 5f).

III. Das Sitzungsprotokoll

246 Das Sitzungsprotokoll ist nach § 271 Abs. 1 Satz 1 in der Hauptverhandlung aufzunehmen und von dem Vorsitzenden und dem Urkundsbeamten der Geschäftsstelle zu unterzeichnen. Der notwendige **Inhalt** ist in den §§ 272, 273 geregelt.

247 Die Beachtung der für eine Hauptverhandlung **vorgeschriebenen Förmlichkeiten** kann nur durch das Protokoll bewiesen werden (§ 274 Satz 1). Gegen den dahingehenden Inhalt des Protokolls ist nur der Nachweis der Fälschung zulässig (§ 274 Satz 2). Bezogen auf die Beweisaufnahme enthält ein amtsgerichtliches Protokoll durchaus Angaben zum Inhalt der Aussage des Zeugen, landgerichtliche Protokolle hingegen nicht. In beiden Fällen erschöpft sich die Beweiskraft des Protokolls darin, dass etwa die „vorgeschriebene Förmlichkeit" der gesetzlich vorgeschriebenen Belehrung oder Vereidigung von Zeugen oder Sachverständigen nachgewiesen wird. Wegen der Beweiskraft des Protokolls kann in der Revision nur dann die Nichtvereidigung eines Zeugen gerügt werden, wenn das Protokoll entsprechende Feststellungen enthält. Umgekehrt kann die unzulässige Vereidigung eines Zeugen nur Gegenstand

Einleitung

	des Revisionsverfahrens sein, wenn sich aus dem Protokoll die Vereidigung dieses Zeugen ergibt.
Positive Beweiskraft des Protokolls	Ist eine wesentliche Förmlichkeit im Protokoll enthalten, gilt sie als geschehen, selbst wenn sie nicht stattgefunden hat.
Negative Beweiskraft des Protokolls	Schweigt das Protokoll zu wesentlichen Förmlichkeiten, so gelten sie als nicht beachtet, auch wenn sie tatsächlich gewahrt wurden.

O. Rechtsmittel und Rechtsbehelfe

Rechtsbehelfe werden üblicherweise unterteilt in ordentliche und außerordentliche. Daneben gibt es noch formlose Rechtsbehelfe, z. B. die Dienstaufsichtsbeschwerde. 248

I. Überblick

Die StPO kennt als **ordentliche Rechtsbehelfe** 249
- die Berufung (§§ 312 bis 332)
- die Revision (§§ 333 bis 358)
- die Beschwerde (§§ 304 bis 311a).

Diese Rechtsbehelfe werden auch als Rechtsmittel bezeichnet (§§ 296 ff). Ordentlicher Rechtsbehelf ist auch der Einspruch gegen den Strafbefehl (§ 410).

Daneben kennt das Strafprozessrecht als **außerordentliche Rechtsbehelfe** 250
- die Wiedereinsetzung in den vorigen Stand (§§ 44 bis 47)
- die Wiederaufnahme des Verfahrens (§§ 359 bis 373a)
- sowie die Verfassungsbeschwerde gem. Art. 93 Abs. 1 Nr. 4a GG, §§ 90 ff BVerfGG.

Daneben gibt es noch die Beschwerde nach Art. 25 ff MRK.

Den Rechtsmitteln ist – im Gegensatz zu den übrigen Rechtsbehelfen – der **Devolutiveffekt** gemeinsam. Berufung, Revision und Einspruch gegen den Strafbefehl haben überdies als Gemeinsamkeit einen Suspensiveffekt. Die Beschwerde kennt einen solchen nicht, freilich kann deren aufschiebende Wirkung durch den Richter angeordnet werden (§ 306 Abs. 2). 251

Die **drei Rechtsmittel** der StPO unterscheiden sich in ihrem Gegenstand erheblich: 252
- Die Beschwerde richtet sich gegen gerichtliche Beschlüsse und Verfügungen.
- Die Berufung richtet sich gegen erstinstanzliche Urteile des Amtsgerichts und führt zu einer zweiten Tatsacheninstanz.
- Die Revision richtet sich gegen Urteile des Landgerichts (erster oder zweiter Instanz) und führt lediglich zu einer rechtlichen Überprüfung der Entscheidung, wiederholt also nicht etwa die Beweisaufnahme. Überdies ist die (Sprung-)Revision gegen erstinstanzliche Urteile statthaft.

Zumindest aus dem öffentlichen Recht sollte geläufig sein, dass Rechtsmittel bestimmten Zulässigkeitsvoraussetzungen unterliegen. Insoweit weisen die Rechtsmittel weitere **Gemeinsamkeiten** auf. Hierzu gehört etwa die Statthaftigkeit. 253

Gemeinsamkeit der Rechtsmittel ist weiterhin, dass der Betreffende ein berechtigtes Interesse an einer gerichtlichen Entscheidung hat. Dieses **Rechtsschutzinteresse** setzt voraus, dass der Betreffende durch eine gerichtliche Entscheidung beschwert ist. Dabei hängt die Beschwer u. a. davon ab, wer Rechtsmittelführer ist. 254

Der Beschuldigte/Angeschuldigte/Angeklagte ist beschwert, wenn eine ihn betreffende nachteilige Entscheidung ergeht. 255

Einleitung

Beispiel: Er wird verhaftet, verurteilt, seine Berufung zurückgewiesen.

Die **Staatsanwaltschaft** ist immer beschwert, wenn sie geltend macht, die Entscheidung sei unrichtig.

Beispiel: Der Angeklagte wird freigesprochen, der Angeklagte wird verurteilt. Die Staatsanwaltschaft kann selbst dann Berufung oder Revision einlegen, wenn der Sitzungsvertreter in der Hauptverhandlung die erfolgte Verurteilung beantragt hatte.

Privat- und Nebenkläger können Rechtsmittel nur zuungunsten des Angeklagten einlegen und sind in diesem Zusammenhang auch beschränkt.

256 Erfolgt die Beschwer durch ein Urteil, muss sich diese bereits aus dem **Urteilstenor,** nicht erst aus den Gründen ergeben.

Beispiel: Das Gericht stützt den Freispruch des Angeklagten nicht auf den von ihm erwünschten Rechtfertigungsgrund der Notwehr, sondern auf entschuldigenden Notstand oder Schuldunfähigkeit (§ 20 StGB). Der Angeklagte ist nicht beschwert, da er freigesprochen wurde.

257 Rechtsmittel müssen **binnen einer Woche** eingelegt werden. Die Einlegung erfolgt jeweils beim iudex a quo, nicht beim iudex ad quem.

Beispiel: Die Revision wird nicht beim BGH, sondern beim Landgericht zu Protokoll der Geschäftsstelle oder schriftlich eingelegt (§ 341).

258 Eine Revision muss **begründet** werden (§ 344), die Berufung kann begründet werden (§ 317). Eine Begründungspflicht für die Beschwerde ist nicht geregelt.

259 Kennzeichnend für Rechtsmittel ist weiterhin das **Verbot der reformatio in peius,** soweit es um eine Anfechtung durch den Angeklagten, zu seinen Gunsten durch die Staatsanwaltschaft oder durch den gesetzlichen Vertreter des Angeklagten geht (§ 331 Abs. 1; § 358 Abs. 2). Dieses Verböserungsverbot gilt nicht für den ordentlichen Rechtsbehelf des Einspruchs gegen einen Strafbefehl (siehe unten Rdn. 291 ff) und im Beschwerdeverfahren (siehe aber § 116 Rdn. 15).

260 Eine **Teilanfechtung** – etwa im Zusammenhang mit der Strafhöhe – ist möglich und führt zu einer Teilrechtskraft des Schuldspruches. Die Rücknahme eines Rechtsmittels ist ebenso möglich wie ein Verzicht auf dessen Einlegung, der oftmals im Rahmen der Hauptverhandlung unmittelbar nach Belehrung über die Möglichkeiten des Rechtsmittels erklärt wird.

II. Berufung

261 Eine Berufung gem. § 312 ist gegen Urteile des Strafrichters und des Schöffengerichts zulässig. Sie führt zu einer Überprüfung der angefochtenen Entscheidung in rechtlicher und tatsächlicher Hinsicht, bringt also eine **zweite Tatsacheninstanz,** in der auch neue Tatsachen und Beweismittel eingeführt werden können (§ 323 Abs. 3). Soweit der Angeklagte die Berufung beschränkt, findet im Rahmen der Beschränkung freilich eine Beweiserhebung nicht mehr statt (§ 318 Rdn. 12 ff).

Beispiel: Beschränkung der Berufung auf das Strafmaß. Es werden nur noch die für die Strafzumessung relevanten Tatsachen geprüft und in die Hauptverhandlung eingeführt.

262 Die Berufung bedarf seit 1993 in zwei Konstellationen der **Annahme** durch das Berufungsgericht:
- § 313 Abs. 1 Satz 1: Verurteilung zu einer Geldstrafe von nicht mehr als 15 Tagessätzen/Verwarnung mit entsprechendem Strafvorbehalt – Geldbuße.
- § 313 Abs. 1 Satz 2: Freispruch oder Verfahrenseinstellung, wenn die Staatsanwaltschaft eine Geldstrafe von nicht mehr als 30 Tagessätzen beantragt hatte. Umstritten ist, ob die Beschränkung auch gilt, wenn die Staatsanwaltschaft Freispruch beantragt hatte (§ 313 Rdn. 3).

Einleitung

Funktionell zuständig ist die **Kleine Strafkammer** beim Landgericht, die in der Hauptverhandlung mit dem Vorsitzenden und zwei Schöffen besetzt ist (§ 74 Abs. 3, § 76 Abs. 1 Satz 1 GVG). Bei einer Berufung gegen ein Urteil des erweiterten Schöffengerichts (§ 29 Abs. 2 GVG) muss ein zweiter Berufsrichter hinzugezogen werden (§ 76 Abs. 3 Satz 1 GVG). 263

Legt der Rechtsmittelführer ein **Rechtsmittel ohne Benennung** ein, lässt er also offen, ob die Anfechtung des amtsgerichtlichen Urteils als Berufung oder Revision behandelt werden soll, kann er die Bezeichnung später nachholen. Tut er dies bis zum Ablauf der Revisionsbegründungsfrist (ein Monat ab Zustellung des schriftlichen Urteils; § 345) nicht, so wird das Rechtsmittel als Berufung behandelt. Innerhalb der Revisionsbegründungsfrist kann ein Rechtsmittelführer, der zunächst Berufung eingelegt hat, auch zur Revision übergehen. Legen Angeklagter und Staatsanwalt unterschiedliche Rechtsmittel ein (der Angeklagte geht in die Sprungrevision, der Staatsanwalt legt Berufung ein), wird das Rechtsmittel als Berufung behandelt. 264

Bei einem **Ausbleiben des Angeklagten** zu Beginn der Hauptverhandlung kann das Gericht die Berufung ohne Verhandlung zur Sache verwerfen (vgl. § 329 Abs. 1). 265

III. Revision

Die Revision (§§ 333 ff) führt anders als die Berufung nicht zu einer Wiederholung der Beweisaufnahme oder zur Überprüfung der Richtigkeit von Tatsachenfeststellungen des Gerichtes erster Instanz. Theoretisch hat die Revision allein die Funktion, eine **Einheitlichkeit der Rechtsanwendung** sicherzustellen und zugleich zu überprüfen, ob die gerichtliche Entscheidung nach den „üblichen Spielregeln", also insbesondere unter Berücksichtigung verfahrensrechtlicher Vorgaben erfolgt ist. Zur Zuständigkeit bei Revisionen (OLG oder BGH) siehe oben Rdn. 29 ff. 266

Wie die Berufung wird die Revision beim iudex a quo eingelegt. Auch hier gilt die **Wochenfrist** (§ 341). Anders als bei der Berufung muss der Beschwerdeführer binnen einer Frist von einem Monat nach Ablauf der Rechtsmittelfrist die Revision begründen. Wird das schriftliche Urteil erst nach Ablauf der Frist zugestellt, beginnt die Frist mit Zustellung des angefochtenen Urteils. Innerhalb dieser Frist muss der Beschwerdeführer auch klarstellen, „inwieweit er das Urteil anfechte und dessen Aufhebung beantrage (Revisionsanträge), um die Anträge zu begründen." (§ 344 Abs. 1). Soweit der Beschwerdeführer eine Verletzung von Verfahrensrecht rügt, muss er binnen dieser Frist die entsprechenden Einzelheiten offen legen. Soweit es um die allgemeine Sachrüge geht, ist eine „Nachbesserung" in der Begründung auch danach – praktisch bis zur Entscheidung des Revisionsgerichts – noch möglich. 267

In welchem Umfang die Revision **begründet** werden muss, hängt entscheidend davon ab, ob „das Urteil wegen Verletzung einer Rechtsnorm über das Verfahren oder wegen Verletzung einer anderen Rechtsnorm angefochten wird." Bei einer Verfahrensrüge „müssen die den Mangel enthaltenden Tatsachen angegeben werden." (§ 344 Abs. 2). 268

Der Richter, dessen Urteil angefochten ist, prüft die Wahrung von Form und Frist. Ansonsten verwirft er die Revision durch Beschluss **als unzulässig** (§ 346 Abs. 1). Weitere Einzelheiten ergeben sich aus §§ 347, 349, 350 ff. 269

Das Revisionsgericht kann die Revision durch Beschluss als **offensichtlich unbegründet** verwerfen, wenn die Staatsanwaltschaft dies beantragt und der entsprechende Senat einstimmig entscheidet (§ 349 Abs. 2). Eine Verwerfung durch Beschluss ist ebenfalls möglich, wenn nach Auffassung des Revisionsgerichts die Verfahrensvorschriften für die Revision nicht eingehalten wurden (§ 349 Abs. 1). Ist der Senat einstimmig der Auffassung, die Revision sei zugunsten des Angeklagten begründet, entscheidet er durch Beschluss (§ 349 Abs. 2). Ansonsten erfolgt eine Entscheidung durch Urteil nach Hauptverhandlung (§ 349 Abs. 5). 270

Einleitung

271 In der Revisionsentscheidung kann ggf. die Wirkung der Revision sich auch auf **Mitangeklagte** erstrecken, die nicht ihrerseits Revision eingelegt haben (§ 357). Dies betrifft nur Fälle, in denen die Gesetzesverletzung sich auf ein Strafgesetz bezieht.

272 Das Untergericht ist an die rechtliche Beurteilung des BGH **gebunden**. Wenn lediglich der Angeklagte oder zu seinen Gunsten die Staatsanwaltschaft bzw. der gesetzliche Vertreter Revision eingelegt haben, darf das angefochtene Urteil in dem zweiten Rechtsgang nach Art und Höhe der Rechtsfolgen nicht zum Nachteil des Angeklagten geändert werden (Rdn. 259).

IV. Beschwerde

273 Statthaft ist die Beschwerde gegen alle Beschlüsse, die von Gerichten im ersten Rechtszug oder im Berufungsverfahren erlassen wurden sowie gegen Verfügungen des Vorsitzenden, des Richters im Vorverfahren und eines beauftragten oder ersuchten Richters, soweit das Gesetz diese Beschlüsse oder Verfügungen nicht ausdrücklich einer Anfechtung entzieht (§ 304 Abs. 1; Beulke Rdn. 577).

274 Zu unterscheiden sind
- einfache Beschwerde (§ 304); nicht fristgebunden
- sofortige Beschwerde (§ 311); fristgebunden
- weitere Beschwerde (§ 310); fristgebunden

275 Die Beschwerde hat einen **Devolutiveffekt**. Anders als bei Berufung und Revision gibt es jedoch **keinen Suspensiveffekt** und kein Verbot der reformatio in peius. Der fehlende Suspensiveffekt der Beschwerde kann durch eine Aussetzung der Vollziehung (§ 307 Abs. 2) kompensiert werden. Beschwerdeberechtigt ist jeder, der „betroffen" ist (§ 304 Abs. 2), also etwa auch ein Zeuge, gegen den ein Ordnungsgeld verhängt wird.

276 Die Beschwerde ist nur statthaft, soweit das Gesetz die entsprechenden Maßnahmen nicht ausdrücklich einer **Anfechtung entzieht** (§ 304 Abs. 1). Entzogen werden der Beschwerde alle Entscheidungen der erkennenden Gerichte, die der Urteilsfällung vorausgehen (§ 305 Satz 1). Hintergrund ist, dass insoweit Verstöße mit dem Rechtsmittel der Berufung oder der Revision gerügt werden können.

> **Beispiel:** Der Beschluss, mit dem ein Beweisantrag zurückgewiesen wird.

277 Alle Maßnahmen, die im Ermittlungsverfahren in Rechte des Betroffenen eingreifen, bleiben aber beschwerdefähig.

> **Beispiel:** Durchsuchung, Beschlagnahme, Verhaftung.

Der die Beschwerde ausschließende **Zusammenhang mit der Urteilsfällung** wird etwa verneint bei der Bestellung eines Pflichtverteidigers, der Verlegung eines Termins oder der Versagung der Akteneinsicht. Insoweit ist Beschwerde möglich (vgl. Beulke Rdn. 578).

278 **Zuständig** für die Bescheidung der Beschwerde ist bei Anfechtung von Beschlüssen des Amtsgerichts das LG (§ 73 Abs. 1 GVG; Große Strafkammer, § 76 Abs. 1 GVG), das OLG (§§ 120 Abs. 3, 4, § 121 Abs. 1 Nr. 2 GVG) oder der BGH (§ 135 Abs. 2 GVG).

Auch die Beschwerde wird beim **iudex a quo** eingelegt. Hält das Gericht, dessen Entscheidung angefochten wird, die einfache Beschwerde für begründet, hilft sie ihr ab. Sonst legt sie die Beschwerde unverzüglich, spätestens aber innerhalb von drei Tagen, dem Beschwerdegericht vor. Das Beschwerdegericht entscheidet, wenn die Beschwerde zulässig und begründet ist, in der Sache selbst (§ 309 Abs. 2).

279 **Die sofortige Beschwerde** unterscheidet sich nur im Hinblick auf die Befristung (eine Woche, § 311 Abs. 2). Eine Abhilfe ist nur in engeren Grenzen möglich (§ 311 Abs. 3). Die sofortige Beschwerde ist nur gegeben, wenn sie im Gesetz ausdrücklich angeordnet ist (vgl. etwa § 28 Abs. 2 Satz 1). Eine weitere Beschwerde gegen Ent-

Einleitung

scheidungen des Beschwerdegerichts ist nur in besonderen Ausnahmefällen zulässig. Es gibt sie nur in Fällen der Verhaftung oder der einstweiligen Unterbringung, wendet sich also gegen Beschwerdeentscheidungen des LG oder des OLG.

Zur Beschwer bei **prozessualer Überholung** vgl. Rdn. 107 ff. 280

V. Wiedereinsetzung in den vorigen Stand

Bei der Wiedereinsetzung in den vorigen Stand geht es um solche Fälle, in denen **Ausschlussfristen** versäumt worden sind. Dies betrifft etwa die Versäumung der Strafantragsfrist nach § 77b Abs. 1 Satz 1 StGB oder der Revisions- bzw. Revisionsbegründungsfrist (vgl. § 341). Selbst gegen die Versäumung der Wiedereinsetzungsfrist (§ 45 Abs. 1 Satz 1) kann Wiedereinsetzung beantragt werden. 281

Nach § 44 Satz 1 ist Wiedereinsetzung in den vorigen Stand zu gewähren, wenn jemand **ohne Verschulden** verhindert war, eine Frist einzuhalten und dies beantragt. 282

- Der Antrag ist zulässig, wenn die versäumte Handlung binnen einer Woche nach Wegfall des Hinderungsgrundes nachgeholt wird (§ 45 Abs. 2 Satz 2 iVm Abs. 1).

  Beispiel: Wegen mehrwöchiger Abwesenheit von der Wohnung hat der Angeklagte von der Zustellung des Strafbefehls keine Kenntnis. Binnen einer Woche nach Rückkehr legt er Einspruch ein.

- Der Antrag auf Wiedereinsetzung ist ebenfalls innerhalb der Wochenfrist anzubringen.
- Der Hinderungsgrund ist ausreichend glaubhaft zu machen.

Der Antrag ist begründet, wenn der Antragsteller ohne Verschulden an der Einhaltung der Frist verhindert war. Dabei ist ein Verschulden des Verteidigers bzw. seiner Mitarbeiter dem Beschuldigten grundsätzlich nicht zuzurechnen (KG NJW 1997, 1864). Eine Ausnahme wird gemacht, wenn dem Beschuldigten bekannt war, dass der Verteidiger nicht zuverlässig ist (BGH NStZ 1997, 560; vgl. § 44 Rdn. 24). 283

Beispiel: Der Verteidiger versäumt die Frist zur Revisionsbegründung. Eine Zurechnung seines Verschuldens entfällt. Eine andere Frage ist, ob der Angeklagte sich selbst in diesem Zusammenhang hätte kümmern müssen, was regelmäßig nicht der Fall ist.

P. Besondere Verfahrensarten

I. Antrag auf Erlass eines Strafbefehls

Eine Erledigung im Strafbefehlsverfahren setzt voraus, dass Gegenstand des Verfahrens ein **Vergehen iS des § 12 Abs. 1 StGB** ist (§ 407 Abs. 1). Zudem muss nach Ansicht der StA für die Ahndung dieser Tat eine (oder mehrere) der in § 407 Abs. 2 vorgesehenen Rechtsfolgen in Betracht kommen, die im Strafbefehlsantrag aufgeführt werden müssen (§ 408 Abs. 1 S. 1). Da bei Uneinbringlichkeit der Geldstrafe an deren Stelle eine Ersatzfreiheitsstrafe tritt, bei der ein Tagessatz einem Tag Freiheitsstrafe entspricht (§ 43 StGB), hat die StA mittelbar die Möglichkeit, Strafen von bis zu einem Jahr, in Fällen von Tatmehrheit bis zu zwei Jahren, zu erwirken. 284

Gegen Jugendliche darf ein Strafbefehl nicht beantragt oder erlassen werden (§ 79 Abs. 1 JGG). Gegen einen Heranwachsenden ist ein Strafbefehl ausnahmsweise zulässig, wenn er in seiner Entwicklung einem Erwachsenen gleichsteht (§ 105 iVm § 109 Abs. 2 1 JGG). Regelmäßig ist das Strafbefehlsverfahren hier aber unangemessen. Gegen einen sprachunkundigen Ausländer ist ein Strafbefehl zwar zulässig, diesem ist er jedoch mit einer Übersetzung in einer ihm verständlichen Sprache bekannt zu geben (RiStBV Nr. 181). 285

Der Antrag (§ 409 Abs. 1) hat den bzw. die Beschuldigten, die ihm/ihnen zu Last gelegte Tat, Zeit und Ort ihrer Begehung, die gesetzlichen Merkmale der Straftat 286

Einleitung

und die anzuwendenden Strafvorschriften zu bezeichnen (§ 200 Abs. 1, S. 2), ferner die Beweismittel und gegebenenfalls den Verteidiger anzugeben (§ 200 Abs. 1, S. 2). In der Praxis werden Vordrucke benutzt, die alle in § 409 Abs. 1 geforderten Angaben enthalten (vgl. § 409 Rdn. 2 ff). Der Strafbefehlsantrag wird regelmäßig in der Form gestellt, dass der Staatsanwalt einen Strafbefehlsentwurf einreicht und dann beantragt, einen Strafbefehl diesen Inhalts zu erlassen. Dem Entwurf ist die zur Zustellung des Strafbefehls und für etwa vorgeschriebene Mitteilungen nötige Zahl von Durchschlägen beizufügen (RiStBV 176).

287   **Sachlich zuständig** ist das Amtsgericht (§ 407 Abs. 1). Der zuständige Richter prüft den Antrag. Hat er keine Bedenken, wird der Strafbefehl antragsgemäß erlassen und dem Angeschuldigten zugestellt (§ 409 iVm § 36 Abs. 1). Eine vorherige Anhörung ist nicht geboten (§ 407 Abs. 3), aber durchaus möglich. Soll Freiheitsstrafe verhängt werden, ist dem Angeschuldigten ein Verteidiger zu bestellen (§ 408b). Legt der Angeschuldigte keinen Einspruch (Rdn. 290) ein, wird der Strafbefehl rechtskräftig (§ 410). Ist Einspruch eingelegt, wird Termin zur Hauptverhandlung anberaumt (§ 411).

288   Will der Richter den Strafbefehl **nicht antragsgemäß erlassen,** so wird er seine abweichende Beurteilung, etwa hinsichtlich des Strafmaßes, der StA mitteilen (vgl. § 408 Abs. 2). Die StA kann dann unter Umständen den Antrag zurücknehmen. Der Richter kann aber auch, weil ihm die Sache zur Behandlung im Strafbefehlsverfahren ungeeignet erscheint, sofort Termin zur Hauptverhandlung anberaumen. Lehnt das AG den Erlass des Strafbefehls ab, steht der StA hiergegen die sofortige Beschwerde entsprechend § 210 Abs. 2 zu.

289   **Rechtsbehelf** gegen den Strafbefehl ist der Einspruch, der schriftlich oder zu Protokoll der Geschäftsstelle innerhalb von zwei Wochen ab Zustellung einzulegen ist (§ 409 Abs. 1 Nr. 7, § 410 Abs. 1). Die Beschränkung des Einspruchs auf bestimmte Beschwerdepunkte ist bis zur Verkündung des Urteils im ersten Rechtszug in gleichem Maße möglich wie die Beschränkung einer Berufung oder Revision. Diese Beschränkung kann noch in der Hauptverhandlung erklärt werden (§ 410 Rdn. 7).

290   **Der Einspruch** kann bis zur Verkündung des Urteils im ersten Rechtszug zurückgenommen werden (§ 411 Abs. 3). Nach § 303 ist hierzu die Zustimmung der StA nötig, sobald die Hauptverhandlung begonnen hat. Auch die StA kann nach Beginn der Verhandlung den Strafbefehlsantrag nur noch mit Zustimmung des Angeklagten zurücknehmen; bei Anträgen gem. § 408a ist die Rücknahme gänzlich ausgeschlossen (§ 411 Abs. 3 S. 2). Bei unentschuldigtem Ausbleiben des Angeklagten in der Verhandlung über seinen Einspruch kann der Einspruch verworfen und der Strafbefehl damit rechtskräftig werden (§ 412).

291   **Das Verbot der reformatio in peius** gilt für das Strafbefehlsverfahren nicht (§ 411 Abs. 4). Der Richter soll auch nicht gezwungen sein, auf die Absicht hinzuweisen, die Strafe gegenüber dem Strafbefehl zu schärfen (§ 411 Rdn. 13 ff).

292   Ist nach Verhandlung über den Einspruch ein **Urteil** ergangen, steht dieses anderen erstinstanzlichen Urteilen des AG gleich. Als Rechtsmittel stehen mithin grundsätzlich Berufung (§ 312) und (Sprung-)Revision (§ 335) zur Verfügung.

293   Nach § 410 erlangt ein Strafbefehl, gegen den nicht rechtzeitig Einspruch eingelegt worden ist, die Wirkung eines rechtskräftigen Urteils. Die **Rechtskraftwirkung** des Strafbefehls sollte nach lange h. M. jedoch beschränkt sein, weil die Entscheidung in einem Verfahren ohne Hauptverhandlung zustande gekommen ist. Nachdem das Bundesverfassungsgericht (BVerfGE 65, 377) bereits entschieden hatte, dass eine Verschärfung einer Strafe nicht möglich ist, wenn der die Strafschärfung ermöglichende Umstand erst nach Rechtskraft des Strafbefehls eingetreten ist, ist mit dem Inkrafttreten des StVÄG 1987 durch die Neufassung des § 410 Abs. 3 eine völlige Gleichstellung des rechtskräftigen Strafbefehls mit einem rechtskräftigen Urteil normiert worden. Allerdings ist eine erweiterte Wiederaufnahme möglich (§ 373a).

Einleitung

II. Beschleunigtes Verfahren

Das beschleunigte Verfahren (§§ 417 ff) **setzt voraus** 294
- erstinstanzliche Zuständigkeit des Amtsgerichts
- schriftlicher oder mündlicher Antrag des Staatsanwalts auf Aburteilung im beschleunigten Verfahren (Schnellantrag)
- Eignung zur sofortigen Verhandlung (einfacher Sachverhalt, klare Beweislage)
- Verfahren gegen einen Erwachsenen oder Heranwachsenden (nicht: Jugendliche).

Bei einem Antrag im beschleunigten Verfahren **entfällt das Zwischenverfahren** 295 einschließlich des Eröffnungsbeschlusses. Die schriftliche Anklage ist entbehrlich, andererseits darf nach § 419 Abs. 1 Satz 2 nur Geld und Freiheitsstrafe bis zu einem Jahr verhängt werden. Maßregeln der Besserung und Sicherung mit Ausnahme der Entziehung der Fahrerlaubnis sind unzulässig (vgl. § 419 Abs. 1).

In der Hauptverhandlung sind die Möglichkeiten der Verlesung erweitert, der Unmittelbarkeitsgrundsatz wird also eingeschränkt (§ 420 Abs. 1 und 2). Daneben tritt die Vorschrift über die **Hauptverhandlungshaft** (§ 127b Abs. 1). 296

Beispiel: T wird bei einer Kontrolle zum wiederholten Mal wegen Schwarzfahrens erwischt. Der Vorgang geht an die Staatsanwaltschaft, die im beschleunigten Verfahren einen entsprechenden Antrag stellt. T ist über 21 Jahre und geständig. Die Sache ist zur Behandlung im beschleunigten Verfahren geeignet und wird „in einem kurzen Prozess" abgearbeitet.

III. Sonstiges

1. Wiederaufnahme

Das 4. Buch regelt die **Wiederaufnahme des Verfahrens** (§§ 359 bis 373a). Eine 297 Wiederaufnahme ist zugunsten (§ 359) wie zuungunsten (§ 362) des Angeklagten zulässig. Dabei kann die Wiederaufnahme zum Nachteil des Angeklagten nur unter engeren Voraussetzungen erfolgen (vgl. die Gründe in § 362 Nr. 1 bis 4).

Da es sich hier um formell rechtskräftige Entscheidungen handelt, die revidiert werden sollen, sind die **Voraussetzungen sehr eng.** So sind etwa „neue Tatsachen oder Beweismittel" bei der Wiederaufnahme zugunsten des Verurteilten in § 359 Nr. 5 nicht eben leicht erfolgreich darzulegen.

Das Wiederaufnahmeverfahren erfolgt in **drei Stufen.**
- Im so genannten Aditionsverfahren wird die Zulässigkeit des gestellten Antrags geprüft (§ 366).
- Nach Ergehen des Zulassungsbeschlusses wird im Probationsverfahren die Begründetheit geprüft.
- Ist auch diese Hürde bewältigt, kommt es zu einer neuen Hauptverhandlung, wobei auch insoweit das Verbot der reformatio in peius gilt (§ 373 Abs. 2).

Für das Strafbefehlsverfahren enthält § 373a eine Sonderregelung. Sollten neue Tatsachen oder Beweismittel gegeben sein, die zu einer Verurteilung wegen eines Verbrechens führen, kann die Rechtskraft ebenfalls durchbrochen werden.

2. Privatklage/Nebenklage

Das **Privatklageverfahren** (§§ 374 ff) kompensiert den Umstand, dass die Staats- 298 anwaltschaft bei bestimmten Straftaten mangels öffentlichen Interesses die Strafverfolgung ablehnen kann. Diese Vorschrift korrespondiert mit einer Reihe von Antragsdelikten (vgl. § 374 Abs. 1). Erfasst ist nicht der Fall, dass ein Privatklagedelikt mit einem Offizialdelikt idealiter konkurriert. Dann ist die Privatklage ausgeschlossen.

Das Nebenklageverfahren (§§ 395 ff) will die Rolle des Opfers im Strafverfahren 299 stärken und gibt diesem (oder seinem Vertreter oder Rechtsnachfolger; § 395 Abs. 2) die Möglichkeit, sich der öffentlichen Klage als Nebenkläger anzuschließen. Die Posi-

Einleitung

tion umfasst auch die Möglichkeit der Einlegung von Rechtsmitteln (§ 401), die Rechtsmittelbefugnis ist aber beschränkt (§ 400).

300 Das **Adhäsionsverfahren** soll dem Geschädigten die Möglichkeit geben, im Strafprozess vermögensrechtliche Ansprüche durchzusetzen (vgl. § 403 Abs. 1). Die Strafgerichte mögen diese Verfahren nicht gerne und machen oftmals von der Möglichkeit des § 405 Satz 2 Gebrauch, den Antrag als zur Erledigung im Strafverfahren nicht geeignet zu qualifizieren.

301 Der vierte Abschnitt des 5. Buches regelt **sonstige Befugnisse des Verletzten.** Bedeutsam ist insbesondere das Akteneinsichtsrecht (§ 406 e) und die Möglichkeit, sich im Strafverfahren eines Rechtsanwalts als Beistand zu bedienen.

Q. Selbstständiges Verfahren, Vollstreckung

302 Die §§ 430 ff regeln das so genannte **selbstständige Verfahren** bei Einziehung und beim Verfall. Geschaffen wird die Möglichkeit, ggf. auch diese Maßnahmen in einem Nachverfahren anzuordnen. § 444 regelt das Verfahren bei der Festsetzung einer Geldbuße gegen juristische Personen und Personenvereinigungen. Die §§ 449 ff regeln neben der Strafvollstreckungsordnung die **Vollstreckung** von Strafurteilen, die zumeist der StA obliegt.

303 Die **Kostenvorschriften** (§§ 464 ff) sind für die Praxis der Strafgerichte, aber auch der Strafverteidigung von großer Bedeutung.

304 Das 8. Buch enthält eine Vielzahl sehr detaillierter Regelungen über die **Erteilung von Auskünften** und Akteneinsicht, insbesondere im Zusammenhang mit der elektronischen Datenverarbeitung. Um dem Volkszählungsurteil des Bundesverfassungsgerichts (BVerfGE 65, 1) gerecht zu werden, wird in sehr differenzierter Weise geregelt, wer unter welchen Voraussetzungen auf welche Daten zugreifen kann. Wichtig ist insbesondere, dass die personenbezogenen Informationen aus den Strafverfahren von den Polizeibehörden nach Maßgabe der Polizeigesetze verwendet werden dürfen (§ 481). In einem zweiten Abschnitt des 8. Buchs werden die Dateiregelungen aufgeführt. Dort geht es auch insbesondere um die Berichtigung, Löschung und Sperrung gespeicherter Daten (§ 489).

305 Schließlich findet sich im dritten Abschnitt eine Regelung über das länderübergreifende **staatsanwaltschaftliche Verfahrensregister.** Damit werden bundesweit anhängige Verfahren bekannt, so dass zum Beispiel ein Staatsanwalt, der eine Einstellung eines Verfahrens aus Opportunitätsgründen (§§ 153, 153a) erwägt, ohne Schwierigkeiten herausfinden kann, ob noch weitere Strafverfahren in anderen LG-Bezirken anhängig sind, die gegen eine solche Einstellung sprechen. Ggf. kann er auch auf eine Übernahme bzw. Verbindung von Verfahren hinwirken.

Erstes Buch. Allgemeine Vorschriften

Erster Abschnitt. Sachliche Zuständigkeit der Gerichte

Vorbemerkungen vor § 1

Die StPO regelt in den §§ 1 bis 6 die sachliche und in den §§ 7 bis 21 die örtliche **1 Zuständigkeit der Gerichte im ersten Rechtszug.** Dabei ergibt sich für die sachliche Zuständigkeit aus § 1, dass insofern auf das GVG zurückzugreifen ist. So regeln die §§ 74 bis 74c GVG besondere Zuständigkeiten im Bereich der LGe. Wer ansonsten von mehreren Spruchkörpern eines Gerichts entscheidet, ist eine Frage der Geschäftsverteilung, die teilweise durch das Gesetz, teilweise durch das Präsidium im Geschäftsverteilungsplan geregelt wird (Meyer-Goßner vor § 1 Rdn. 1).

Das GVG räumt z. B. den **besonderen Strafkammern** einen Vorrang gegenüber **2** den allgemeinen Strafkammern ein (§ 74 e GVG). Das Schwurgericht steht an erster Stelle, die Wirtschaftsstrafkammer an zweiter und die Staatsschutzstrafkammer an dritter Stelle. Um einen Zuständigkeitsstreit zu vermeiden und diese Rangfolge im Eröffnungsverfahren zu sichern, haben die besonderen Strafkammern die **Kompetenz-Kompetenz** (Meyer-Goßner vor § 1 Rdn. 6).

Die **geschäftsplanmäßige Zuständigkeit** beruht auf der Verteilung der Geschäfte **3** auf die einzelnen Spruchkörper durch das Präsidium nach § 21 e Abs. 1 S. 1 GVG. Sie ist eine weitere Zuständigkeit, die neben die sachliche und örtliche tritt.

Unter dem Begriff der **funktionellen Zuständigkeit** werden alle Zuständigkeits- **4** regelungen zusammengefasst, die nicht zur sachlichen oder örtlichen Zuständigkeit, zur Zuständigkeit besonderer Strafkammern oder zu der geschäftsplanmäßigen Zuständigkeit gehören. Hierzu gehört die Übertragung von Aufgaben auf den Vorsitzenden eines Kollegialgerichts (vgl. z. B. § 142 Abs. 1, § 147 Abs. 5) und auf den Rechtspfleger (vgl. §§ 21, 22, 24, 31 RPflG), ferner die Zuständigkeit der Strafvollstreckungskammern (§§ 78a, 78b GVG).

Die **Zuständigkeit der Rechtsmittelgerichte** gehört nach h. M. zur funktionel- **5** len, nicht zur sachlichen Zuständigkeit (BGHSt 19, 177, 179; BGHSt 22, 250, 251; BGHSt 25, 51, 53; Meyer-Goßner vor § 1 Rdn. 9).

Das Verhältnis zwischen **Jugendgerichten** und Erwachsenengerichten wird vom **6** Gesetz in mancher Hinsicht wie eine Frage der sachlichen Zuständigkeit behandelt (Rieß NStZ 1981, 304, 305), insbesondere besteht die Prüfungspflicht nach § 6 (BGHSt 30, 260). Für das Revisionsgericht gilt dies nicht; es prüft die Zuständigkeitsfrage nur auf entsprechende Rüge (§ 338 Rdn. 21 f). Die Jugendgerichte haben die **Kompetenz-Kompetenz,** d. h. die Befugnis, über die Zuständigkeit selbst zu entscheiden, um Zuständigkeitskonflikte mit den Erwachsenengerichten zu vermeiden (siehe hierzu § 209 a Nr. 2 i. V. m. § 209 Abs. 1). Aus § 47 a S. 1 JGG ergibt sich ein Vorrang des an sich unzuständigen Jugendgerichts (Meyer-Goßner vor § 1 Rdn. 13).

Ein **Kompetenzkonflikt** (Zuständigkeitsstreit) unter mehreren Gerichten kann **7** entstehen, wenn sich jedes dieser Gerichte in derselben Sache für zuständig (positiver Konflikt) oder für unzuständig (negativer Konflikt) hält.

Bei einem örtlichen Kompetenzkonflikt gilt § 12; notfalls wird das zuständige Ge- **8** richt durch das gemeinschaftliche obere Gericht bestimmt (§§ 14, 19).

Beispiel: Streiten sich zwei Amtsgerichte desselben LG-Bezirks, ist es das LG. Streiten sich zwei Amtsgerichte aus verschiedenen OLG-Bezirken, ist es der BGH.

Beim sachlichen Kompetenzkonflikt hat die höhere Zuständigkeit den Vorrang (BGHSt 19, 177, 181; vgl. §§ 209, 225a, 269, 270). Liegt ein Fall **mehrfacher**

§ 1

1. Buch. Allgemeine Vorschriften

Rechtshängigkeit vor – dieselbe Tat ist bei mehreren Gerichten anhängig –, muss das Gericht sein Verfahren einstellen, das die Untersuchung später eröffnet hat, auch wenn es ein Gericht höherer Ordnung ist (BGHSt 22, 232). § 12 ist mit gewissen Einschränkungen entsprechend anzuwenden. Beim negativen Kompetenzkonflikt gelten die §§ 14, 19 entsprechend (Meyer-Goßner vor § 1 Rdn. 15).

9 Ein **innergerichtlicher Streit** um die Auslegung des Geschäftsverteilungsplans wird durch das Präsidium entschieden (BGHSt 26, 191, 200).

10 Die Vorschriften über die Zuständigkeit der Gerichte bekommen vor dem Hintergrund des Art. 101 Abs. 1 S. 2 GG – **Grundsatz des gesetzlichen Richters** – besondere Bedeutung. Die Zuständigkeitsregelungen in StPO und GVG entsprechen nur teilweise dem, was man an Sicherheit im Hinblick auf die Bestimmbarkeit des Richters erwartet. Immerhin ergibt sich aus der Verfassung für den Gesetzgeber das Gebot, die richterliche Zuständigkeit so eindeutig wie möglich zu regeln, damit sich der für die Entscheidung im Einzelfall zuständige Richter im Voraus und möglichst eindeutig aus allgemeinen Zuständigkeitsregelungen ergibt (HK-Lemke § 1 Rdn. 2). Nicht zuletzt die Wahlmöglichkeiten, die der StA bei Anklageerhebung zur Verfügung stehen, sind insofern bedenklich.

11 **Beispiel:** Wenn es um drei Beschuldigte im selben Verfahren geht, die an verschiedenen Orten wohnen und mehrere Taten an verschiedenen Orten begangen haben, hat der Staatsanwalt praktisch die „freie" Auswahl zwischen verschiedenen Gerichtsorten. Je nach seiner Einschätzung des Falls kann er zum Strafrichter, Schöffenrichter oder zum LG anklagen. In seiner Hand liegt damit – in bedenklichem Maße – die Bestimmung des gesetzlichen Richters (vgl. Kurzrock S. 216 ff).

§ 1 [Sachliche Zuständigkeit]

Die sachliche Zuständigkeit der Gerichte wird durch das Gesetz über die Gerichtsverfassung bestimmt.

1 Nach § 24 GVG richtet sich die **Zuständigkeit der Amtsgerichte.** Sie sind für alle Strafsachen zuständig, ihre Zuständigkeit entfällt nur in den Ausnahmefällen des Abs. 1 Nr. 1 bis 3 und bei nicht ausreichender Strafgewalt (Abs. 2).

§ 24 GVG
(1) In Strafsachen sind die Amtsgerichte zuständig, wenn nicht
1. die Zuständigkeit des Landgerichts nach § 74 Abs. 2 oder § 74a oder des Oberlandesgerichts nach § 120 begründet ist,
2. im Einzelfall eine höhere Strafe als vier Jahre Freiheitsstrafe oder die Unterbringung des Beschuldigten in einem psychiatrischen Krankenhaus, allein oder neben einer Strafe, oder in der Sicherungsverwahrung (§§ 66 bis 66b des Strafgesetzbuches) zu erwarten ist oder
3. die Staatsanwaltschaft wegen der besonderen Schutzbedürftigkeit von Verletzten der Straftat, die als Zeugen in Betracht kommen, des besonderen Umfangs oder der besonderen Bedeutung des Falles Anklage beim Landgericht erhebt.
(2) Das Amtsgericht darf nicht auf eine höhere Strafe als vier Jahre Freiheitsstrafe und nicht auf die Unterbringung in einem psychiatrischen Krankenhaus, allein oder neben einer Strafe, oder in der Sicherungsverwahrung erkennen.

2 Bestimmte Strafsachen sind allerdings der Zuständigkeit des Amtsgerichts immer entzogen. Dies sind die Schwurgerichtssachen (§ 74 Abs. 2 GVG) und die Staatsschutzsachen (§ 74a GVG für das LG, § 120 GVG für das OLG). Stellt sich erst nach Anklageerhebung heraus, dass es sich um eine solche Sache handelt, sind die §§ 209 Abs. 2, 225a, 270 StPO anzuwenden. Die Spezialzuständigkeit der Wirtschaftsstrafkammer sperrt die Zuständigkeit des Amtsgerichts nur in den Fällen der Nr. 3 und des Abs. 2 (Meyer-Goßner § 24 GVG Rdn. 3).

3 Ob die Rechtsfolgeerwartung die **Strafgewalt des Amtsgerichts** übersteigen wird (Nr. 2), entscheiden StA bzw. Gericht im Rahmen einer überschlägigen Prognose-

1. Abschnitt. Sachliche Zuständigkeit der Gerichte § 1

entscheidung ähnlich der Entscheidung über einen hinreichenden Tatverdacht (Meyer-Goßner § 24 GVG Rdn. 4).

Bei den besonderen Umständen des Falles (Nr. 3) geht es um eine so genannte **bewegliche Zuständigkeitsregelung** (Meyer-Goßner § 24 Rdn. 5). Dies ist mit dem Grundgesetz nur bei verfassungskonformer Auslegung vereinbar (BVerfGE 9, 223); einige halten die Regelung für verfassungswidrig (Sowada S. 585). Immerhin wird mit einer Anklage beim LG dem Angeklagten die zweite Tatsacheninstanz genommen. 4

Die **Schutzbedürftigkeit des Verletzten** einer Straftat ist Kriterium, weil man durch die Anklage beim LG dem Verletzten eine zweite Tatsacheninstanz ersparen will (vgl. BGHSt 47, 16; Meyer-Goßner § 24 GVG Rdn. 6). Die Schutzbedürftigkeit ist zu bejahen, wenn durch eine weitere Vernehmung psychische Auswirkungen auf den Opfer-Zeugen zu befürchten sind. 5

Der **besondere Umfang des Verfahrens** ist gegeben, wenn die Sache wegen einer Vielzahl von Angeklagten und/oder Vielzahl von Zeugen besonders umfangreich ist, besondere Schwierigkeiten bei der Beweiswürdigung erkennbar sind oder auch eine lange Verfahrensdauer voraussehbar ist (OLG Karlsruhe StV 2003, 13; KG NStZ-RR 2005, 26). Dabei ist allerdings zu bedenken, dass im Regelfall die Strafkammer nicht mehr Berufsrichter aufweist als das erweiterte Schöffengericht (zwei Berufsrichter, zwei Laienrichter). 6

Die **besondere Bedeutung einer Sache** ist der kritischste Teil der beweglichen Zuständigkeitsregelung der Nr. 3. Es soll sich hier um eine Sache handeln, die sich aus der Mitte der durchschnittlichen Strafsachen nach oben heraushebt (OLG Düsseldorf StV 1997, 13). Dies kann sich insbesondere aus dem Ausmaß der Rechtsverletzung und den Auswirkungen der Straftat ergeben (OLG Düsseldorf NStZ 1990, 292, 293). Zweifelhaft ist, ob die hervorragende Stellung des Beschuldigten oder des Verletzten im öffentlichen Leben die besondere Bedeutung begründen kann (so OLG Koblenz wistra 1995, 282; Schroeder MDR 1965, 177). Gleiches gilt für das große Interesse der Medien und der Öffentlichkeit an der Sache (BGHSt 44, 34, 37; einschränkend OLG Saarbrücken wistra 2002, 118). Besondere Bedeutung sollen Strafsachen gegen hohe Beamte und gegen Rechtsanwälte haben (BGH NJW 1960, 542, 544; OLG Stuttgart MDR 1975, 1042). 7

Schwierige Rechtsfragen begründen die besondere Bedeutung regelmäßig nicht (Meyer-Goßner § 24 GVG Rdn. 8). Zweifelhaft ist, ob ein besonderes Bedürfnis für die rasche Klärung einer grundsätzlichen, für eine Vielzahl gleich gelagerter Fälle bedeutsamen Rechtsfrage durch den BGH die besondere Bedeutung begründen kann (so BGHSt 43, 53; JR 1999, 164; Meyer-Goßner § 24 GVG Rdn. 8). 8

Die Entscheidung der StA wird mittlerweile in vollem Umfang **gerichtlich überprüft** (BVerfGE 9, 223; OLG Hamburg NStZ 1995, 252; anders noch OLG Schleswig NStZ 1985, 74: nur eingeschränkte Prüfungskompetenz). Hält das AG die besonderen Umstände nach Nr. 3 für gegeben, legt es die Sache nach § 209 Abs. 2 dem LG vor. Hält das LG, bei dem Anklage erhoben worden ist, das AG für zuständig, eröffnet es die Sache nach § 209 Abs. 1. 9

Nach Eröffnung des Hauptverfahrens wird die besondere Bedeutung der Sache nicht mehr geprüft. Die Revision kann auf einen Fehler nur gestützt werden, wenn Willkür (Einl. Rdn. 16) und demgemäß ein Verstoß gegen Art. 101 Abs. 1 S. 2 GG vorliegt (vgl. BGH GA 1980, 220; Meyer-Goßner § 24 GVG Rdn. 10). 10

Die **Rechtsfolgenkompetenz des Amtsgerichts** ist durch das Rechtspflegeentlastungsgesetz von 3 auf 4 Jahre erhöht worden. Zugleich wurde die Strafgewalt des Strafrichters von 1 auf 2 Jahre erhöht (§ 25 Nr. 2). Die Begrenzung der Strafgewalt gilt auch für den Fall der Bildung einer Gesamtstrafe. Wenn man im Urteil zwei getrennte, nicht mehr als 4 Jahre Freiheitsstrafe betragende Gesamtstrafen verhängt, soll darin aber auch kein Verstoß gegen Abs. 2 liegen, wenn die Summe der Strafen 4 Jahre übersteigt (BGHSt 34, 159). Auch das Berufungsgericht (Kleine Strafkammer) 11

53

darf keine über den Abs. 2 hinausgehende Rechtsfolge verhängen. Die Überschreitung der Rechtsfolgenkompetenz ist vom Revisionsgericht von Amts wegen zu berücksichtigen (Fehlen der sachlichen Zuständigkeit). Hat das Schöffengericht willkürlich seine Zuständigkeit bejaht, weil eine Freiheitsstrafe von mehr als 2 Jahren offenkundig ausgeschlossen und somit der Strafrichter (§ 25 Nr. 2 GVG) zuständig war, begründet dies die Revision (Meyer-Goßner § 24 GVG Rdn. 12).

12 Innerhalb des Amtsgerichts ist der **Strafrichter** zuständig, wenn es um Privatklagedelikte geht oder bei Vergehen eine höhere Strafe als Freiheitsstrafe von 2 Jahren nicht zu erwarten ist. Die frühere Voraussetzung, es müsse um eine Sache von minderer Bedeutung gehen, ist entfallen.

13 Der **Staatsanwalt** entscheidet mit seiner Anklage, von welcher Straferwartung er ausgeht. Hält der Amtsrichter für möglich, dass eine höhere Strafe zu erwarten ist, legt er die Sache nach § 209 Abs. 2 dem Vorsitzenden des Schöffengerichts vor. Umgekehrt eröffnet der Vorsitzende des Schöffengerichts vor dem Strafrichter, wenn er eine höhere Freiheitsstrafe als eine solche von 2 Jahren nicht erwartet.

14 Die **Rechtsfolgenkompetenz des Strafrichters** ist aber nicht auf 2 Jahre begrenzt, sondern reicht ebenso weit wie die des Schöffengerichts nach § 24 Abs. 2 (BGHSt 42, 205, 213; OLG Düsseldorf StV 2000, 631). Insofern kommt eine Verweisung durch den Strafrichter an das Schöffengericht nicht in Betracht (BGH StraFo 2004, 103).

15 Eine **Anklage Erwachsener vor dem Jugendgericht** ist zulässig, wenn in dem Verfahren Kinder oder Jugendliche als Zeugen benötigt werden oder aus sonstigen Gründen eine Verhandlung vor dem Jugendgericht zweckmäßig erscheint (§ 26 Abs. 2 GVG). Jugendschutzsachen (§ 26 Abs. 1 S. 1 GVG) sind Straftaten, durch die ein Kind oder ein Jugendlicher (§ 1 Abs. 2 JGG) unmittelbar oder mittelbar verletzt oder unmittelbar gefährdet wird. Straftaten gegen Heranwachsende scheiden aus.

16 Die sachliche **Zuständigkeit des LG** in Strafsachen richtet sich nach den §§ 74 ff GVG. Die mit 2 oder 3 Berufsrichtern und 2 Schöffen besetzte Strafkammer entscheidet erstinstanzlich in solchen Fällen, die nicht in die Zuständigkeit des AG oder des OLG gehören (§ 74 Abs. 1 S. 1 GVG). Ohne Rücksicht auf die Kautelen des § 24 GVG sind die Spezialstrafkammern des LG zuständig, wenn eine der dort beschriebenen Taten angeklagt wird.

17 Das **Schwurgericht** ist für die in § 74 Abs. 2 GVG aufgeführten Straftaten zuständig. Die Vorschrift wird durch § 74 d ergänzt, der die Bildung gemeinsamer Schwurgerichte vorsieht. Die Zuständigkeit der **Staatsschutzkammer** wird in § 74a Abs. 1 beschrieben. Deren Zuständigkeit endet, wenn der Generalbundesanwalt wegen der besonderen Bedeutung des Falls vor Eröffnung des Hauptverfahrens die Verfolgung übernimmt (vgl. § 74a Abs. 2).

18 Die Zuständigkeit der **Jugendschutzkammer** (§ 41 JGG) tritt neben die der allgemeinen Strafkammern (§ 74b GVG). Bei Berufungen gegen Urteile des Jugendrichters entscheidet die Kleine Jugendkammer, gegen Urteile des Jugendschöffengerichts die Große Jugendkammer (§ 33b Abs. 1, § 41 Abs. 2 JGG).

19 Die Zuständigkeit der **Wirtschaftsstrafkammer** ist für die in § 74c Abs. 1 GVG aufgeführten Straftaten gegeben. Die in Nr. 6 aufgeführten Delikte (z. B. Betrug und Untreue) begründen die Zuständigkeit der Wirtschaftsstrafkammer nur, „soweit zur Beurteilung des Falles besondere Kenntnisse des Wirtschaftslebens erforderlich sind". Die besonderen Kenntnisse beziehen sich über die allgemeinen Erfahrungen hinaus auf Verfahrensweisen, die nur besonderen Wirtschaftskreisen eigen oder geläufig sind, insbesondere auf die komplizierten, schwer zu durchschauenden Mechanismen des Wirtschaftslebens (Meyer-Goßner § 74c GVG Rdn. 5). Sind solche Spezialkenntnisse nicht erforderlich, verbleibt es bei der Zuständigkeit der allgemeinen Strafkammer nach § 74 Abs. 1 (OLG Düsseldorf wistra 1993, 277: Scheckreiterei; OLG Köln wistra 1991, 79: Abrechnungsbetrug von Kassenärzten).

1. Abschnitt. Sachliche Zuständigkeit der Gerichte § 1

Als **Berufungsgericht** ist nicht die Große, sondern die Kleine Wirtschaftsstrafkammer zuständig, selbst wenn das Urteil in einer Wirtschaftsstrafsache im ersten Rechtszug vom Schöffengericht erlassen worden ist. Für die Prüfung der Berufungszuständigkeit kommt es darauf an, ob der Eröffnungsbeschluss den Gegenstand des Verfahrens als Katalogtat nach § 74c GVG würdigt (Meyer-Goßner § 74c Rdn. 6). 20

§ 74e regelt ein **Vorrangprinzip** unter den verschiedenen Strafkammern. Im Rangverhältnis zur Jugendkammer (§ 41 JGG) gilt § 74e nicht (BGHSt 42, 39), sondern der Grundsatz, dass die Jugendgerichte den Vorrang vor den Erwachsenengerichten haben (Meyer-Goßner § 74e GVG Rdn. 2). 21

Im Hinblick auf die Einführung der vorbehaltenen oder nachträglichen **Sicherungsverwahrung** regelt § 74f GVG die Zuständigkeit für diese Fälle. 22

Die **Besetzung der Spruchkörper** ergibt sich aus § 76 GVG. Grundsätzlich sind die Strafkammern mit 3 Richtern einschließlich des Vorsitzenden und 2 Schöffen (Große Strafkammer) besetzt. Bei Berufung gegen amtsgerichtliche Urteile entscheidet die Kleine Strafkammer (1 Berufsrichter, 2 Schöffen). Die Schöffen wirken außerhalb der Hauptverhandlung nicht mit (§ 76 Abs. 1 S. 2 GVG). Auch das Urteil unterschreibt allein der Berufsrichter. 23

Nach § 76 Abs. 2 GVG kann von der Kammer beschlossen werden, die Hauptverhandlung mit **lediglich 2 Richtern** einschließlich des Vorsitzenden und 2 Schöffen durchzuführen. Sinn ist die Entlastung der Justiz. Bei 3 Berufsrichtern sind lediglich der Berichterstatter und der Vorsitzende wirklich im Fall, der dritte Berufsrichter („stummer Beisitzer") kann im Zweifel seine Zeit mit der Bearbeitung eigener Fälle besser verbringen. Die Entscheidung steht aber nicht in der Beliebigkeit der Kammer, sondern setzt voraus, dass der Umfang oder die Schwierigkeit der Sache die Mitwirkung eines dritten Richters nicht notwendig erscheinen lassen. Für das Schwurgericht gilt § 76 Abs. 2 GVG ohnehin nicht. 24

Die Entscheidung über die **Mitwirkung eines dritten Richters** wird bei der Eröffnung des Hauptverfahrens getroffen (vgl. Meyer-Goßner § 76 GVG Rdn. 3). Bedeutsam für den Umfang der Sache sind die Zahl der Angeklagten, Verteidiger und erforderlichen Dolmetscher, die Zahl der den Angeklagten vorgeworfenen Straftaten, der Zeugen und anderer Beweismittel, sowie die Notwendigkeit von Sachverständigengutachten. Auch der Umfang der Akten sowie die zu erwartende Dauer der Hauptverhandlung oder ihre überdurchschnittliche Schwierigkeit kann die Hinzuziehung eines dritten Richters erforderlich machen (BGH JR 2004, 170; Meyer-Goßner § 76 GVG Rdn. 3). Insbesondere in Staatsschutz- und in Wirtschaftsstrafsachen werden solche besonderen Schwierigkeiten oftmals bestehen. Der Gesetzgeber ist, nachdem er die Interimslösung zu einer Dauerlösung gemacht hat, davon ausgegangen, dass die Besetzung mit 2 Richtern die Regel, die Besetzung mit 3 Richtern die Ausnahme sein soll (vgl. BGHSt 44, 328; BGHSt 44, 361). In Zweifelsfällen verdient die 3er-Besetzung jedoch den Vorzug (BGH JR 2004, 170; Meyer-Goßner § 76 GVG Rdn. 3). 25

Die Entscheidung über die Zahl der mitwirkenden Richter erfolgt durch die drei Berufsrichter der Strafkammer. Eine Anhörung der Verfahrensbeteiligten erfolgt nicht (BGHSt 44, 328, 336). Die Entscheidung kann lediglich auf zulässige Beanstandung nach § 222b geändert werden (BGH NJW 2003, 3644), sonst nicht (BGHSt 44, 328, 333). Wird nachträglich erkannt, dass die Entscheidung fehlerhaft ist, ist die Hauptverhandlung auszusetzen. Diese Entscheidung ist unanfechtbar (OLG Bremen StV 1993, 350). Wird versehentlich nicht über die Besetzung entschieden, verbleibt es bei der 3er-Besetzung (LG Bremen StraFo 2004, 102). 26

Gelangt die Sache **nach einer Revisionsentscheidung** an die Strafkammer, kann die nunmehr zuständige Strafkammer autonom über ihre Besetzung beschließen (§ 76 Abs. 2 S. 2). Die Entscheidung über die Besetzung der Großen Strafkammer in der Hauptverhandlung (§ 76 Abs. 2 GVG) kann aber nicht deshalb geändert werden, weil 27

§ 2   1. Buch. Allgemeine Vorschriften

wegen einer Änderung des Geschäftsverteilungsplans eine andere Strafkammer für den Fall zuständig geworden ist (BGH wistra 2006, 32).

28   Eine ähnliche Regelung für **Jugendsachen** findet sich in § 33 b JGG. Bei Berufungen gegen Urteile des Erweiterten Schöffengerichts ist auch auf der Ebene der Kleinen Strafkammer ein zweiter Richter hinzuzuziehen. Auch in diesen Fällen entscheidet der Vorsitzende außerhalb der Hauptverhandlung allein.

29   Die **Revision** ist begründet, wenn ein Schwurgericht nur mit 2 Berufsrichtern entschieden hat. Bei anderen Strafkammern kann die Besetzung mit 3 Richtern nie, die Besetzung mit 2 Berufsrichtern nur beanstandet werden, wenn die Strafkammer den ihr insoweit zustehenden weiten Beurteilungsspielraum in unvertretbarer Weise überschritten und damit objektiv willkürlich gehandelt hat (BGHSt 44, 328; BGH StV 2004, 250). Geht es um Hunderte von angeklagten Straftaten und nicht geständige Angeklagte, liegt eine objektiv willkürliche Entscheidung vor (vgl. BGH NJW 2003, 3644; Meyer-Goßner § 76 Rdn. 8).

30   Eine **erstinstanzliche Zuständigkeit des OLG,** das ansonsten Revisions- bzw. Beschwerdeinstanz sind, ergibt sich aus den §§ 120, 120a GVG. § 120 Abs. 1 GVG knüpft an die dort aufgelisteten Straftaten an. Die in Abs. 2 aufgeführten Straftaten begründen jedoch nicht automatisch zur Zuständigkeit des OLG. In vor die Staatsschutzstrafkammer gehörenden Straftaten (§ 74a Abs. 1 GVG) ist das OLG zuständig, wenn der Generalbundesanwalt wegen der besonderen Bedeutung des Falls die Verfolgung nach § 74a Abs. 2 GVG übernimmt (Abs. 2 Nr. 1). Gleiches gilt in den Fällen der Nr. 2 und 3. Es handelt sich um eine bewegliche Zuständigkeitsregelung, bei der die Entscheidung des Generalbundesanwalts gerichtlich überprüft wird (BGHSt 46, 238, 254; Meyer-Goßner § 120 GVG Rdn. 3). § 120a GVG ordnet das Fortbestehen der Zuständigkeit für das OLG an, wenn es um die vorbehaltene oder nachträgliche Anordnung der Sicherungsverwahrung geht.

§ 2 [Verbindung und Trennung zusammenhängender Sachen]

(1) ¹**Zusammenhängende Strafsachen, die einzeln zur Zuständigkeit von Gerichten verschiedener Ordnung gehören würden, können verbunden bei dem Gericht anhängig gemacht werden, dem die höhere Zuständigkeit beiwohnt.** ²**Zusammenhängende Strafsachen, von denen einzelne zur Zuständigkeit besonderer Strafkammern nach § 74 Abs. 2 sowie den §§ 74 a und 74 c des Gerichtsverfassungsgesetzes gehören würden, können verbunden bei der Strafkammer anhängig gemacht werden, der nach § 74 e des Gerichtsverfassungsgesetzes der Vorrang zukommt.**

(2) **Aus Gründen der Zweckmäßigkeit kann durch Beschluß dieses Gerichts die Trennung der verbundenen Strafsachen angeordnet werden.**

1   Die Vorschrift regelt die Verbindung und Trennung von Strafsachen. Hintergrund ist, das durch die Verbindung mehrerer Strafsachen **doppelte Arbeit erspart** werden kann und insbesondere verhindert werden soll, dass derselbe Sachverhalt von mehreren Gerichten unterschiedlich beurteilt wird (BGHSt 18, 238, 239). Sie dient daher der Funktionsfähigkeit der Strafrechtspflege (BVerfGE 45, 354, 359). Eine Verbindung zusammenhängender Strafsachen steht im pflichtgemäßen Ermessen des Gerichts (Pfeiffer § 2 Rdn. 1). Die Verbindung setzt einen Zusammenhang voraus (§ 3 Rdn. 2 f.).

2   Ist **dasselbe Gericht** für mehrere im Sinne des § 3 zusammenhängende Strafsachen zuständig, kann die StA die Sache in einer gemeinsamen Anklage bei diesem Gericht anhängig machen (Meyer-Goßner § 2 Rdn. 3). Ob die Verbindung bereits im Ermittlungsverfahren erfolgte oder erst anlässlich der Anklageerhebung, ist gleichgültig. Eine Verpflichtung zur Verbindung besteht nicht.

1. Abschnitt. Sachliche Zuständigkeit der Gerichte § 3

Sind **verschiedene Gerichte** für die einzelnen Strafsachen zuständig, handelt es 3
sich aber um Gerichte gleicher Ordnung, kann die StA mehrere miteinander verbundene Sachen bei einem von ihnen anklagen. Den Rest regelt § 13 Abs. 1 im Hinblick auf die örtliche Zuständigkeit.

Sind **Gerichte verschiedener Ordnung** im ersten Rechtszug zuständig, ergibt 4
sich die Lösung aus Absatz 1.

Beispiel: Versuchter Totschlag fällt in die Zuständigkeit des Schwurgerichts (§ 74 Abs. 2 GVG), ein Einbruchsdiebstahl in die des Strafrichters (§ 25 GVG).

In solchen Fällen kann die StA die verbundenen Sachen bei dem höheren Gericht anhängig machen. Allerdings darf die StA eine zur Zuständigkeit des Amtsgerichts gehörende Sache nicht nur deshalb beim LG anklagen, weil dort bereits ein Berufungsverfahren anhängig ist (BGHSt 38, 172; BGH NStZ 1992, 397). Sind mehrere Strafkammern mit besonderer Zuständigkeit zuständig, können alle Sachen bei derjenigen Strafkammer angeklagt werden, die im Rahmen des § 74e GVG den Vorrang hat (Abs. 1 S. 2; § 1 Rdn. 20). Einen Anspruch hierauf hat der Angeklagte nicht. Insbesondere kann eine getrennte Anklageerhebung sinnvoll sein, wenn in Haftsachen ein unterschiedlicher Ermittlungsstand besteht oder dies zur Vermeidung von Großverfahren geboten erscheint.

Die **Verfolgung einer Ordnungswidrigkeit** kann mit einem Strafverfahren ver- 5
bunden werden (§§ 42, 64 OWiG). Ob Strafsachen gegen Jugendliche und Erwachsene miteinander verbunden anhängig gemacht werden können, ergibt sich aus § 103 Abs. 1, § 112 S. 1 JGG.

Die **Verfahrenstrennung** regelt Abs. 2. Gemeint ist die Auflösung der Sachver- 6
bindung mit der Folge, dass die abgetrennte Sache an das für sie zuständige ggf. niedere Gericht zurückfällt (SK-Rudolphi § 2 Rdn. 17). Diese Trennung ist aus Gründen der Zweckmäßigkeit ebenso zulässig wie das Unterlassen der Verbindung und steht im Ermessen des Gerichts (BGHSt 18, 238). Die Trennung erfolgt bei Erlass des Eröffnungsbeschlusses. Die von der StA verbundene und vom Gericht ausgegrenzte Sache wird dann bei dem zuständigen Gericht niederer Ordnung eröffnet (§ 209 Abs. 1; Meyer-Goßner § 2 Rdn. 11). Ist das Hauptverfahren bereits eröffnet, ist ein besonderer Beschluss des ranghöheren Gerichts erforderlich, der erst nach Anhörung des Angeklagten ergehen darf (BGH NStZ 1982, 188). Wird ein Verfahren nach § 205 eingestellt, enthält dies keine Trennung im Sinne des § 2 Abs. 2 (Meyer-Goßner § 2 Rdn. 11).

Der Trennungsbeschluss nach Abs. 2 kann von der StA und den von der Trennung 7
betroffenen Angeklagten mit der Beschwerde nach § 304 Abs. 1 angefochten werden (OLG Frankfurt StV 1991, 504). Das Beschwerdegericht prüft den Beschluss in vollem Umfang. Ein Beschluss, mit dem der Antrag auf Trennung abgelehnt wird, ist nach § 305 S. 1 unanfechtbar (Meyer-Goßner § 2 Rdn. 13).

Die Revision kann nur auf Ermessensmissbrauch und auf andere Verfahrensfehler 8
gestützt werden (vgl. § 244 Abs. 2, § 261), nicht auf „normale" Ermessensfehler (vgl. BGHSt 18, 238).

§ 3 [Begriff des Zusammenhanges]

Ein Zusammenhang ist vorhanden, wenn eine Person mehrerer Straftaten beschuldigt wird oder wenn bei einer Tat mehrere Personen als Täter, Teilnehmer oder der Begünstigung, Strafvereitelung oder Hehlerei beschuldigt werden.

Die Vorschrift definiert für die §§ 2, 4 und 13 den Begriff des „Zusammenhangs". 1
Er kann persönlicher und/oder sachlicher Art sein.

§ 4   1. Buch. Allgemeine Vorschriften

2   Ein **persönlicher Zusammenhang** liegt vor, wenn demselben Beschuldigten mehrere verfahrensrechtlich selbstständige Straftaten im Sinne des § 264 vorgeworfen werden; bloße Tatmehrheit im Sinne des § 53 StGB genügt nicht (Meyer-Goßner § 3 Rdn. 2). Bilden solche Taten ohnehin eine „Prozesseinheit", ist ihre gemeinsame Aburteilung zwingend vorgeschrieben (BGH MDR 1976, 64). Klagt die StA solch eine einheitliche Tat dennoch bei verschiedenen Gerichten an, zieht das höhere Gericht das andere Verfahren an sich. Dies ist kein Fall der §§ 3, 4, sondern ein Fall der Beseitigung des Prozesshindernisses der doppelten Rechtshängigkeit (BGHSt 19, 177; Meyer-Goßner § 3 Rdn. 2).

3   Ein **sachlicher Zusammenhang** ist gegeben, wenn bei einer Tat im Sinne des § 264 mehrere Personen als Täter, Anstifter oder Gehilfen beteiligt sind oder der Begünstigung, der Strafvereitelung oder der Hehlerei beschuldigt werden. Dabei entspricht der in § 3 verwendete Tatbegriff dem des § 264 Abs. 1 (BGH NStZ 1993, 248, 249; HK-Lemke § 3 Rdn. 4).

4   Der **kombinierte** persönliche und sachliche Zusammenhang ist im Gesetz nicht erwähnt, berechtigt aber ebenfalls zur Verbindung (Pfeiffer § 3 Rdn. 2).

§ 4 [Verbindung rechtshängiger Sachen]

(1) **Eine Verbindung zusammenhängender oder eine Trennung verbundener Strafsachen kann auch nach Eröffnung des Hauptverfahrens auf Antrag der Staatsanwaltschaft oder des Angeklagten oder von Amts wegen durch gerichtlichen Beschluß angeordnet werden.**

(2) ¹**Zuständig für den Beschluß ist das Gericht höherer Ordnung, wenn die übrigen Gerichte zu seinem Bezirk gehören.** ²**Fehlt ein solches Gericht, so entscheidet das gemeinschaftliche obere Gericht.**

1   Die Vorschrift erweitert die Möglichkeit der Verbindung oder Trennung auf das gerichtliche Verfahren, also auf die Zeit nach Erlass eines Eröffnungsbeschlusses.

2   Vorausgesetzt ist, dass für mehrere Strafsachen **Gerichte verschiedener Rangordnung** sachlich zuständig sind (BGHSt 4, 153). Das Verfahren bei verschiedenen Gerichten gleicher Ordnung regelt § 13 Abs. 2 (OLG Düsseldorf MDR 1985, 1048). Ausgeschlossen ist die Anwendung des § 4 auf Sachen, in denen bereits ein Urteil ergangen ist (BGHSt 25, 53; Pfeiffer § 4 Rdn. 2). Ist erst *eine* Strafsache anhängig, kann die StA wegen einer inzwischen anklagereif gewordenen anderen Sache, die zur Zuständigkeit eines Gerichts niederer Ordnung gehören würde, die Anklage bei dem höheren Gericht erheben und die Verbindung beantragen (BGH NStZ 1996, 447).

3   Sind bei verschiedenen Spruchkörpern **im selben Rechtszug** mehrere Sachen anhängig, und handelt es sich um gleichartige Spruchkörper (z.B. zwei Schöffengerichte), einigen sie sich dahin, dass der eine die Sache an den anderen abgibt und dieser sie übernimmt (BGH NJW 1995, 1688). Kommt eine Einigung nicht zu Stande, muss entsprechend § 21e Abs. 1 S. 1 GVG das Präsidium entscheiden. Bei ungleichartigen Spruchkörpern kommt es darauf an, welchem von ihnen nach § 74e GVG der höhere Rang zukommt. So kann die Wirtschaftsstrafkammer das Verfahren der allgemeinen Strafkammer an sich ziehen (Meyer-Goßner § 4 Rdn. 8b). Sind Verfahren bei verschiedenen Spruchkörpern in verschiedenen Rechtszügen anhängig, können diese nicht verbunden werden. Nicht möglich ist es also, ein erstinstanzliches Verfahren bei der Großen Strafkammer mit einem bei einer Kleinen Strafkammer anhängigen Berufungsverfahren zu verbinden (Meyer-Goßner § 4 Rdn. 8d).

4   Nach der **Rechtsprechung** ist aber eine Verbindung solange zulässig, wie noch keine horizontale Teilrechtskraft eingetreten ist (BGHSt 36, 348, 350; BGHSt 37, 15, 17; BGH NStZ 1998, 628).

1. Abschnitt. Sachliche Zuständigkeit der Gerichte §§ 5, 6

Die Verbindung steht im **Ermessen des Gerichts** (BGHSt 18, 238). Das Recht 5
des Beschuldigten auf ein rechtsstaatliches, faires Verfahren ist zu beachten (vgl.
BVerfG StV 2002, 578). Vor dem Verbindungsbeschluss ist rechtliches Gehör zu gewähren (BGH NJW 1989, 2403, 2407).

Die Trennung verbundener Sachen ist während der Rechtshängigkeit selbst **noch** 6
im Revisionsrechtszug zulässig, insbesondere dann, wenn nur eine der verbundenen Sachen entscheidungsreif ist (vgl. BGH MDR 1975, 23). Mit der Trennung ist jedes Verfahren prozessual wieder selbstständig. Ein mit einem erstinstanzlichen Verfahren verbundenes Berufungsverfahren bleibt auch nach der Trennung ein Verfahren erster Instanz, da es durch die mit der Verbindung erfolgte Verschmelzung seine Eigenschaft als Berufungsverfahren verloren hat (BGHSt 38, 300; a. M. Meyer-Goßner § 4 Rdn. 11, der ohnehin diese Möglichkeit der Verbindung ablehnt).

Zuständig für den Verbindungsbeschluss ist grundsätzlich das ranghöhere Gericht. 7
Zuständig ist das gemeinschaftlich obere Gericht, wenn die verschiedenen Gerichte nicht alle zum Bezirk des ranghöheren gehören. Dies ist für mehrere Amtsgerichte das LG, für mehrere LG das OLG, sonst der BGH. Den Trennungsbeschluss, der keiner besonderen Begründung bedarf (vgl. BGH NStZ 2000, 211), erlässt das Gericht, bei dem die verbundenen Sachen anhängig sind, ansonsten das gemeinschaftlich obere Gericht, wenn es die Verbindung angeordnet hatte. Rechtliches Gehör ist zu gewähren (BGH NJW 1989, 2403, 2407).

Der Verbindungsbeschluss des erkennenden Gerichts ist **unanfechtbar** (§ 305 S. 1). 8
Zur Anfechtbarkeit des Trennungsbeschlusses vgl. § 2 Rdn. 7, zur Revision § 2 Rdn. 8.

§ 5 [Maßgebendes Verfahren]

Für die Dauer der Verbindung ist der Straffall, der zur Zuständigkeit des Gerichts höherer Ordnung gehört, für das Verfahren maßgebend.

Die Verbindung führt zu einer **verfahrensrechtlichen Verschmelzung** (BGHSt 1
36, 348). Das weitere Verfahren richtet sich daher nach den Vorschriften, die für das höhere Gericht maßgebend sind. Dies gilt z. B. für die notwendige Verteidigung (§ 140).

Selbstständig bleiben die verbundenen Sachen, soweit es um **Prozesshindernisse** 2
geht, die für eine Strafsache bestehen. So bedarf es nach der Verbindung in den Fällen des beschleunigten Verfahrens nicht noch eines Eröffnungsbeschlusses (Meyer-Goßner § 5 Rdn. 2).

§ 6 [Prüfung von Amts wegen]

Das Gericht hat seine sachliche Zuständigkeit in jeder Lage des Verfahrens von Amts wegen zu prüfen.

Die sachliche Zuständigkeit als **Prozessvoraussetzung** ist in jeder Lage des Verfahrens von Amts wegen zu prüfen. Wenn sie fehlt, darf keine Sachentscheidung ergehen. Soweit das Gesetz diese Möglichkeit vorsieht, hat das unzuständige Gericht das Verfahren vor das zuständige Gericht zu bringen. Ansonsten muss das Verfahren nach § 206 a oder § 260 Abs. 3 eingestellt werden (Meyer-Goßner § 6 Rdn. 1). Im Hauptverfahren ist § 269 zu beachten.

Das **sachlich unzuständige Gericht,** bei dem die Anklage erhoben ist, eröffnet 2
das Hauptverfahren vor dem zuständigen niederen Gericht (§ 209 Abs. 1) oder legt die Sache dem zuständigen höheren Gericht vor (§ 209 Abs. 2). Die **Prüfung von Amts wegen** erfolgt auch noch im Revisionsrechtszug (BGHSt 18, 79, 83).

§ 6a 1. Buch. Allgemeine Vorschriften

§ 6a [Zuständigkeit besonderer Strafkammern]

¹**Die Zuständigkeit besonderer Strafkammern nach den Vorschriften des Gerichtsverfassungsgesetzes (§ 74 Abs. 2, §§ 74a, 74c des Gerichtsverfassungsgesetzes) prüft das Gericht bis zur Eröffnung des Hauptverfahrens von Amts wegen.** ²**Danach darf es seine Unzuständigkeit nur auf Einwand des Angeklagten beachten.** ³**Der Angeklagte kann den Einwand nur bis zum Beginn seiner Vernehmung zur Sache in der Hauptverhandlung geltend machen.**

1   Die Vorschrift stellt klar, dass die Zuständigkeit einer besonderen Strafkammer vom Gericht nur **bis zur Eröffnung des Hauptverfahrens** von Amts wegen zu prüfen ist (S. 1). Danach darf die Unzuständigkeit nur noch auf den Einwand des Angeklagten beachtet werden. Eine Begründung ist insofern nicht nötig. Es genügt die Aussage, die Sache gehöre vor das Schwurgericht oder eine Staatsschutzstrafkammer. Die Zuständigkeit der Wirtschaftsstrafkammer soll nach h. M. nur in den Fällen des § 74c Abs. 1 Nr. 1 bis 5 GVG relevant sein. Ob zur Beurteilung des Falles besondere Kenntnisse des Wirtschaftslebens erforderlich sind (§ 74c Abs. 1 Nr. 6 GVG), ist nach h. M. auf den Einwand nicht zu prüfen (KK-Pfeiffer § 6a Rdn. 5, 13; Rieß NJW 1978, 2265, 2268). Die Befugnis zum Einwand haben neben dem Beschuldigten im Sicherungsverfahren und Nebenbeteiligten auch der Erziehungsberechtigte und der gesetzliche Vertreter. Der Verteidiger kann den Einwand für den Angeklagten erheben, aber nicht aus eigenem Recht (Meyer-Goßner § 6a Rdn. 5).

2   Der Einwand kann schon im Eröffnungsverfahren geltend gemacht werden. Ob er dann in der Hauptverhandlung erneut erhoben werden muss, soweit er nicht zuvor bereits beschieden wurde (so RGSt 70, 239, 240; Meyer-Goßner § 6a Rdn. 6; anders KK-Pfeiffer § 6a Rdn. 8), ist zweifelhaft.

3   Hat die Vernehmung des Angeklagten **zur Sache** begonnen, kann der Einwand nicht mehr erhoben werden. Maßgeblich ist der Zeitpunkt, in dem der Angeklagte nach der Belehrung gemäß § 243 Abs. 4 S. 1 erklärt hat, ob er sich äußern oder nicht zur Sache aussagen wolle (BGH NStZ 1984, 128). Der Einwand muss vor jeder weiteren Erklärung erhoben werden (KK-Pfeiffer § 6a Rdn. 8). Bei einer Hauptverhandlung gegen mehrere Angeklagte kann jeder selbstständig den Einwand bis zu Beginn seiner Vernehmung zur Sache geltend machen (Meyer-Goßner § 6a Rdn. 8).

4   Findet die Hauptverhandlung **in Abwesenheit** des Angeklagten statt, tritt der Ausschluss des Einwands zu dem Zeitpunkt ein, in dem eine Verfahrenshandlung vorgenommen wird, die dem Beginn der Sachvernehmung des Angeklagten entspricht (SK-Rudolphi § 6a Rdn. 9; vgl. § 231a Abs. 1 S. 2, § 232 Abs. 3, § 233 Abs. 2 S. 1, § 415 Abs. 2 S. 1). Ist der Einwand schon bei der vorherigen Vernehmung erhoben worden, ist er rechtzeitig angebracht, ohne dass es auf den Zeitpunkt der Verlesung ankommt (RGSt 40, 354; Meyer-Goßner § 6a Rdn. 9).

5   Für den Ausschluss des Einwands ist immer die **erste Hauptverhandlung** in der Sache maßgebend. Nach Aufhebung und Zurückverweisung im Revisionsverfahren kann der Einwand also nicht mehr erhoben werden. Eine Ausnahme gibt es nur bei Wiedereinsetzung in den vorigen Stand nach § 235 (KK-Pfeiffer § 6a Rdn. 10).

6   Der Einwand kann **vor Beginn der Hauptverhandlung** schriftlich oder zu Protokoll der Geschäftsstelle erhoben werden. In der Hauptverhandlung wird er mündlich geltend gemacht und in der Sitzungsniederschrift beurkundet (§ 273 Abs. 1).

7   Stellt das Gericht seine Unzuständigkeit bei **Eröffnung des Hauptverfahrens** fest, gelten die §§ 209, 209a Nr. 1. Vor Beginn der Hauptverhandlung ist nach § 225a Abs. 4 zu verfahren. Wird der Einwand in der Hauptverhandlung erhoben, verweist das Gericht die Sache nach § 270 Abs. 1 S. 1 an das zuständige Gericht. Die Entscheidung ergeht nach Anhörung der Verfahrensbeteiligten (§ 33 Abs. 1, 2).

2. Abschnitt. Gerichtsstand **Vor § 7**

Im **Berufungsverfahren** ist § 6a entsprechend anzuwenden, wenn im ersten **8**
Rechtszug ein Schöffengericht über eine Wirtschaftsstraftat im Sinne des § 74c Abs. 1
GVG entschieden hat. Das zuständige Berufungsgericht ist dann eine Kleine Strafkammer als Wirtschaftsstrafkammer (Meyer-Goßner § 6a Rdn. 14). Zu sonstigen Fällen vgl. § 328.

Wird der Einwand abgelehnt, ist die Entscheidung unanfechtbar (§ 201 Abs. 2 S. 2, **9**
§ 210 Abs. 1, § 305 S. 1). Die **Revision** soll nicht möglich sein, wenn der Einwand im Eröffnungsverfahren verworfen wird (§ 336 S. 2). Wird er nach Eröffnung des Hauptverfahrens ohne Erfolg geltend gemacht, kann ggf. die Rüge nach § 338 Nr. 4 erhoben werden. Die StA soll sich nicht zu Gunsten des Angeklagten hierauf berufen dürfen (Meyer-Goßner § 6a Rdn. 16; anders KK-Pfeiffer § 6a Rdn. 13). Aus der Revisionsbegründung muss hervorgehen, dass der Einwand rechtzeitig erhoben worden ist (BGH GA 1980, 255).

Zweiter Abschnitt. Gerichtsstand

Vor § 7

Gerichtsstand meint die **örtliche Zuständigkeit im ersten Rechtszug** für die **1**
Untersuchung und Entscheidung einer Strafsache. Der zweite Abschnitt regelt dies in den §§ 7ff. Hauptgerichtsstände begründen der **Tatort** (§ 7 Abs. 1, § 10), der **Wohnsitz** (§ 8 Abs. 1, § 11) und der **Ergreifungsort** (§ 9). Subsidiär sind die Gerichtsstände des gewöhnlichen Aufenthalts und des letzten inländischen Wohnsitzes (§ 8 Abs. 2) sowie – bei im Bereich des Meeres begangenen Straftaten – der Gerichtsstand Hamburg (§ 10a). Fehlt ein Gerichtsstand, wird dieser vom **BGH** bestimmt (§ 13a). Ist das zuständige Gericht „verhindert", gilt § 15, in Eilfällen § 21. Besondere Gerichtsstände gibt es für die Presse (§ 7 Abs. 2) und Fälle des Zusammenhangs (§ 13).

Von der örtlichen Zuständigkeit des Gerichts hängt nach § 143 Abs. 1 GVG auch **2**
die örtliche **Zuständigkeit der StA** ab. Die örtliche Zuständigkeit für einzelne richterliche Untersuchungshandlungen wird jeweils im Gesetz bestimmt (vgl. z.B. § 98 Abs. 2 S. 3; § 162 Abs. 1 S. 1; § 157 GVG). Die Zuständigkeit des Rechtsmittelgerichtes richtet sich nach dem Gericht, dessen Entscheidung angefochten wird (Meyer-Goßner vor § 7 Rdn. 1).

Sonderfälle der örtlichen Zuständigkeit regeln § 388 Abs. 1, § 441 Abs. 1 S. 2 und **3**
§ 444 Abs. 3 S. 2 (zu weiteren Sonderfällen vgl. § 42 Abs. 1 JGG und Meyer-Goßner vor § 7 Rdn. 5).

Die Landesjustizverwaltung kann nach Maßgabe der §§ 58, 157 Abs. 2 GVG eine **4**
Zuständigkeitskonzentration vorsehen. So gibt es bei Steuerstraftaten eine Konzentration der Zuständigkeit des Amtsgerichts am Sitz des LGs (vgl. § 391 Abs. 1, 2 AO; zu anderen Fällen Meyer-Goßner vor § 7 Rdn. 6).

Die örtliche Zuständigkeit ist eine Prozessvoraussetzung, die sich mit dem Haupt- **5**
verfahren wegen § 16 erledigt.

Sind mehrere Gerichte örtlich zuständig, hat die StA (auch der Privatkläger) ein **6**
Wahlrecht, bei welchem der Gerichte sie die Anklage erheben will (BGHSt 26, 374). Letztlich bestimmt sie dadurch das zuständige Gericht. Gegen Art. 101 Abs. 1 S. 2 GG soll dies nicht verstoßen (vgl. auch Sowada S. 648; kritisch Herzog StV 1993, 612; Heghmanns StV 2000, 277). Allerdings darf die Wahl nicht willkürlich erfolgen (OLG Hamm wistra 1999, 35). Nach h.M. kann die Wahl der StA nur im Rahmen des § 16, nicht nach § 23 EGGVG überprüft werden (OLG Hamm NStZ-RR 1999, 16; Lange NStZ 1995, 111; a.M. Strubel/Sprenger NJW 1972, 1734, 1738; Sowada S. 646 will § 12 Abs. 2 entsprechend anwenden).

§ 7 [Gerichtsstand des Tatortes]

(1) Der Gerichtsstand ist bei dem Gericht begründet, in dessen Bezirk die Straftat begangen ist.

(2) ¹Wird die Straftat durch den Inhalt einer im Geltungsbereich dieses Bundesgesetzes erschienenen Druckschrift verwirklicht, so ist als das nach Absatz 1 zuständige Gericht nur das Gericht anzusehen, in dessen Bezirk die Druckschrift erschienen ist. ²Jedoch ist in den Fällen der Beleidigung, sofern die Verfolgung im Wege der Privatklage stattfindet, auch das Gericht, in dessen Bezirk die Druckschrift verbreitet worden ist, zuständig, wenn in diesem Bezirk die beleidigte Person ihren Wohnsitz oder gewöhnlichen Aufenthalt hat.

1 Der Gerichtsstand des Tatortes (Abs. 1) ist einer der 3 Hauptgerichtsstände (vor § 7 Rdn. 1). Der Tatort ergibt sich für Täter und Teilnehmer aus § 9 StGB.

2 Abs. 2 S. 1 enthält einen besonderen Gerichtsstand für **Presseinhaltsdelikte** (für die im Übrigen zum Teil besondere Verjährungsregelungen in den Landespressegesetzen existieren). Für eine Privatklage wegen Beleidigung nach den §§ 185ff StGB ist nach Abs. 2 S. 2 außer dem AG am Erscheinungsort auch das AG am Verbreitungsort zuständig, wenn die beleidigte Person in dessen Bezirk zum Zeitpunkt der Klageerhebung ihren Wohnsitz oder gewöhnlichen Aufenthalt hat. Verbreitungsort ist der Ort, an dem die Druckschrift einem größeren Personenkreis zugänglich gemacht wird (Meyer-Goßner § 7 Rdn. 11). Hat der Beleidigte Privatklage an seinem Wohnort erhoben, wird das Verfahren dort auch fortgesetzt, wenn die StA nach § 377 Abs. 2 die Verfolgung übernimmt (BGHSt 11, 56).

§ 8 [Gerichtsstand des Wohnsitzes oder Aufenthaltsortes]

(1) Der Gerichtsstand ist auch bei dem Gericht begründet, in dessen Bezirk der Angeschuldigte zur Zeit der Erhebung der Klage seinen Wohnsitz hat.

(2) Hat der Angeschuldigte keinen Wohnsitz im Geltungsbereich dieses Bundesgesetzes, so wird der Gerichtsstand auch durch den gewöhnlichen Aufenthaltsort und, wenn ein solcher nicht bekannt ist, durch den letzten Wohnsitz bestimmt.

1 Der Gerichtsstand des Wohnsitzes richtet sich nach den §§ 7 bis 11 BGB. Entscheidend ist, ob der Beschuldigte sich an einem Ort **niedergelassen** hat (LG Frankfurt/Main StV 1988, 381), auf das Bewusstsein der Wohnsitzbegründung kommt es nicht an (BVerfGE 8, 81, 86). Bei mehrfachem Wohnsitz besteht auch ein mehrfacher Gerichtsstand nach § 8.

2 Maßgebend ist stets der Wohnsitz zum Zeitpunkt der **Erhebung der Klage**. Änderungen sind unbeachtlich, selbst wenn sie noch vor Erlass des Eröffnungsbeschlusses eintreten (SK-Rudolphi § 8 Rdn. 8).

3 Einen **Nebengerichtsstand** des gewöhnlichen Aufenthalts regelt Abs. 2 für den Fall, dass ein Wohnsitz im Inland nicht besteht. Gewöhnlicher Aufenthalt ist der Ort, an dem sich jemand freiwillig ständig oder für längere Zeit aufhält, ohne dort seinen Wohnsitz zu begründen. Die zwangsweise Unterbringung in einem Krankenhaus oder einer Justizvollzugsanstalt begründet den gewöhnlichen Aufenthalt auch dann nicht, wenn sie für längere Dauer bestehen wird (KK-Pfeiffer § 8 Rdn. 2). Ein mehrfacher gewöhnlicher Aufenthalt ist begrifflich ausgeschlossen (Meyer-Goßner § 8 Rdn. 3).

4 Der Gerichtsstand des letzten Wohnsitzes (Abs. 2 a. E.) wird relevant, wenn Abs. 1 nicht einschlägig ist und der gewöhnliche Aufenthalt nicht bekannt ist oder im Ausland liegt (Meyer-Goßner § 8 Rdn. 4).

§ 9 [Gerichtsstand des Ergreifungsortes]

Der Gerichtsstand ist auch bei dem Gericht begründet, in dessen Bezirk der Beschuldigte ergriffen worden ist.

Der Hauptgerichtsstand des Ergreifungsorts steht nach überwiegender Auffassung gleichwertig neben den anderen Hauptgerichtsständen nach §§ 7 und 8 (Meyer-Goßner § 9 Rdn. 1). Teilweise wird angenommen, er sei nachrangig (OLG Hamm NStZ-RR 1999, 16; Heghmanns StV 2000, 279). Praktische Relevanz erlangt § 9 insbesondere bei Auslandstaten und solchen Taten, deren Begehungsort nicht eindeutig feststeht. Maßgebend ist stets der Ergreifungs-, nicht der spätere Verwahrungsort (Meyer-Goßner § 9 Rdn. 1). 1

Der Streit um die Gleichwertigkeit entzündete sich an einem Fall, in dem die StA versuchte, die gerichtliche Zuständigkeit durch eine „Ergreifung" zu verlagern. 2

> **Beispiel:** In dem Verfahren waren sämtliche Angeklagte am Tatort wohnhaft. Dieser lag knapp 100 Kilometer von dem Ort entfernt, in dem die StA ihren Sitz hatte. Sie lud einen der Beschuldigten zu einer Vernehmung an den Ort der StA und nahm ihn dort fest, um über § 9 das LG am Orte der StA zum zuständigen zu machen und weniger Fahrtzeiten zur Hauptverhandlung zu haben. Das OLG Hamm (wistra 1999, 35) hat hier zu Recht wenig Begeisterung gezeigt.

Ergreifung ist jede befugte und gerechtfertigte Festnahme durch Beamte oder Privatpersonen zum Zweck der Strafverfolgung (vgl. § 127). Kommt es in der Folge der Ergreifung nicht zum Erlass eines Haftbefehls, schadet dies nicht (BGHSt 44, 347). Damit hat die StA praktisch die Möglichkeit, nahezu beliebig einen Gerichtsstand in der Bundesrepublik Deutschland zu begründen (Meyer-Goßner § 9 Rdn. 2). 3

Ergriffen wird auch, wer sich den Strafverfolgungsbehörden stellt (SK-Rudolphi § 9 Rdn. 2). Eine **Identitätsfeststellung** nach §§ 163b, 163c genügt nur, wenn sie alsbald zur Einleitung des Ermittlungsverfahrens führt und er noch während seiner Festhaltung Beschuldigter wird (Meyer-Goßner § 9 Rdn. 3). 4

Spätere Änderungen der Haftumstände heben den einmal begründeten Gerichtsstand nach § 9 nicht auf (Meyer-Goßner § 9 Rdn. 6). Flüchtet der Beschuldigte und wird er später erneut ergriffen, wird abermals ein Gerichtsstand nach § 9 begründet, der den früheren aber unberührt lässt (LR-Wendisch § 9 Rdn. 7). 5

§ 10 [Gerichtsstand bei Straftaten auf Schiffen oder Luftfahrzeugen]

(1) Ist die Straftat auf einem Schiff, das berechtigt ist, die Bundesflagge zu führen, außerhalb des Geltungsbereichs dieses Gesetzes begangen, so ist das Gericht zuständig, in dessen Bezirk der Heimathafen oder der Hafen im Geltungsbereich dieses Gesetzes liegt, den das Schiff nach der Tat zuerst erreicht.

(2) Absatz 1 gilt entsprechend für Luftfahrzeuge, die berechtigt sind, das Staatszugehörigkeitszeichen der Bundesrepublik Deutschland zu führen.

Nach § 4 StGB gilt für Straftaten auf deutschen Schiffen und Luftfahrzeugen das deutsche Strafrecht, unabhängig vom Recht des Tatorts. § 10 regelt insofern den örtlichen Gerichtsstand, insbesondere für Taten außerhalb der 12-Meilen-Zone (Meyer-Goßner § 10 Rdn. 1). Liegt der Tatort ausschließlich im Geltungsbereich der StPO, so gilt nur § 7. Heimathafen ist der Ort, von dem aus mit dem Schiff die See- oder Binnenschifffahrt betrieben wird, nicht der Ort, an dem das Schiffsregister geführt wird (Meyer-Goßner § 10 Rdn. 3). 1

Heimathafen bei einem **Luftfahrzeug** (Abs. 2) ist der Ort, wo es zum Zwecke seines Betriebes dauernd stationiert ist (LR-Wendisch § 10 Rdn. 10). 2

§ 10a [Gerichtsstand bei Straftaten gegen die Umwelt]

Ist für eine Straftat, die außerhalb des Geltungsbereichs dieses Gesetzes im Bereich des Meeres begangen wird, ein Gerichtsstand nicht begründet, so ist Hamburg Gerichtsstand; zuständiges Amtsgericht ist das Amtsgericht Hamburg.

1 Für Straftaten auf hoher See bestimmt § 10a einen **subsidiären Gerichtsstand**. Die Beschränkung auf Umweltstraftaten (§§ 324ff StGB) ist durch Gesetz vom 2. 8. 1993 (BGBl. I 1407) gestrichen worden, dennoch sind solche Delikte der Hauptanwendungsfall des § 10a. Erfasst sind aber z. B. auch Betäubungsmitteldelikte.

2 Bereich des Meeres außerhalb der Bundesrepublik sind die hohe See sowie fremde Küstengewässer. Der Bereich der der Bundesrepublik vorgelagerten Küstengewässer gehört bis zu zwölf Seemeilen zum Gebiet der BRD. Der Gerichtsstand Hamburg gilt nur, wenn die §§ 8 bis 10 keinen anderen Gerichtsstand begründen.

§ 11 [Gerichtsstand für deutsche Beamte im Ausland]

(1) ¹Deutsche, die das Recht der Exterritorialität genießen, sowie die im Ausland angestellten Beamten des Bundes oder eines deutschen Landes behalten hinsichtlich des Gerichtsstandes den Wohnsitz, den sie im Inland hatten. ²Wenn sie einen solchen Wohnsitz nicht hatten, so gilt der Sitz der Bundesregierung als ihr Wohnsitz.

(2) **Auf Wahlkonsuln sind diese Vorschriften nicht anzuwenden.**

1 Die Vorschrift ergänzt § 8 Abs. 2. Maßgeblich ist der strafrechtliche Beamtenbegriff des § 11 StGB. Für die im Ausland wohnenden Familienangehörigen des Beamten verbleibt es bei der Regelung des § 8 Abs. 2 (Pfeiffer § 11 Rdn. 1).

§ 12 [Zusammentreffen mehrerer Gerichtsstände]

(1) **Unter mehreren nach den Vorschriften der §§ 7 bis 11 zuständigen Gerichten gebührt dem der Vorzug, das die Untersuchung zuerst eröffnet hat.**

(2) **Jedoch kann die Untersuchung und Entscheidung einem anderen der zuständigen Gerichte durch das gemeinschaftliche obere Gericht übertragen werden.**

1 § 12 regelt die **Konkurrenz zwischen mehreren örtlich zuständigen Gerichten**. Probleme kann es nur geben, solange die StA kein Wahlrecht hat oder nur eines der örtlich zuständigen Gerichte mit der Sache befasst ist. Sind mehrere örtlich zuständige Gerichte mit der Sache befasst worden, gibt Abs. 1 dem Gericht den Vorrang, das die Untersuchung zuerst eröffnet hat (BGH NStZ-RR 2000, 332). Wo die Anklage zuerst erhoben worden ist, spielt keine Rolle (Meyer-Goßner § 12 Rdn. 1).

2 Eine **Einschränkung** des Grundsatzes des Abs. 1 wird dahingehend für erforderlich gehalten, dass der Vorrang stets dem Verfahren gebührt, in dem die Sache dem Richter zu umfassender erschöpfender Aburteilung unterbreitet worden ist (BGHSt 5, 381, 384; Meyer-Goßner § 12 Rdn. 2). Sind mehrere in Tateinheit stehende Taten bei Gerichten verschiedener Ordnung angeklagt, hat das höhere Gericht den Vorrang, wenn das untere nicht für alle Taten sachlich zuständig ist (BGHSt 36, 175, 181; BGH NStZ 1995, 351).

3 **Eröffnung der Untersuchung** ist im Regelfall der Erlass des Eröffnungsbeschlusses (§ 203). Im beschleunigten Verfahren (§§ 412ff) soll es auf den Beginn der Vernehmung des Angeklagten zur Sache ankommen (Meyer-Goßner § 12 Rdn. 3).

Das unzuständige Gericht muss sein **Verfahren einstellen**. Hat es unter Nichtbeachtung der anderweitigen Rechtshängigkeit rechtskräftig entschieden, ist das eigentlich vorrangige Verfahren einzustellen (BGHSt 38, 37, 42). Dies soll auch bei Teilrechtskraft gelten (Meyer-Goßner § 12 Rdn. 4). 4

Abs. 2 erlaubt dem gemeinschaftlichen oberen Gericht eines von mehreren zuständigen Gerichten als das zur Untersuchung und Entscheidung berufene zu bestimmen. Dies steht nicht im Belieben des Obergerichts, sondern muss auf **gewichtige Gründe** gestützt sein. In Betracht kommt etwa die Reiseunfähigkeit von Prozessbeteiligten oder die Rücksicht darauf, dass eine Vielzahl von Zeugen an dem Ort des anderen Gerichts wohnt oder der Angeklagte dort inhaftiert ist (vgl. BGH wistra 1998, 307; BGH NStZ-RR 2002, 65). 5

Voraussetzung ist, dass eines der Gerichte die **Untersuchung bereits eröffnet** hat (BGHSt 10, 391; BGHSt 16, 391). Hintergrund ist, dass bis zu diesem Zeitpunkt die StA noch die Wahl hat, vor welches von mehreren zuständigen Gerichten sie die Sache bringen will. In dieser Phase dürfen die Gerichte die Zuständigkeit nicht selbst bestimmen (BGHSt 26, 374). Abs. 2 gilt nicht im Rechtsmittelverfahren, sondern nur bis zum Erlass des Urteils erster Instanz (BGHSt 33, 111). 6

Der Eröffnung des Hauptverfahrens entspricht im **Strafbefehlsverfahren** der Beginn der auf rechtzeitigen Einspruch hin anberaumten Hauptverhandlung (BGH NStZ 2004, 449). Im beschleunigten Verfahren ist eine Übertragung nicht zulässig (vgl. § 419 Abs. 1 S. 1; BGHSt 15, 314). 7

Die Übertragung bewirkt, dass die Sache bei dem anderen ebenfalls zuständigen Gericht rechtshängig wird und die Rechtshängigkeit bei dem an sich nach Abs. 1 zuständigen Gericht endet. Die Wirkung tritt anders als bei einer Verweisung erst mit dem Zugang des Beschlusses bei dem neuen Gericht ein (Meyer-Goßner § 12 Rdn. 8). Eine Beschwerde gegen die Übertragungsentscheidung ist unzulässig (BGH StraFo 2003, 272). 8

§ 13 [Gerichtsstand des Zusammenhanges]

(1) Für zusammenhängende Strafsachen, die einzeln nach den Vorschriften der §§ 7 bis 11 zur Zuständigkeit verschiedener Gerichte gehören würden, ist ein Gerichtsstand bei jedem Gericht begründet, das für eine der Strafsachen zuständig ist.

(2) [1]Sind mehrere zusammenhängende Strafsachen bei verschiedenen Gerichten anhängig gemacht worden, so können sie sämtlich oder zum Teil durch eine den Anträgen der Staatsanwaltschaft entsprechende Vereinbarung dieser Gerichte bei einem unter ihnen verbunden werden. [2]Kommt eine solche Vereinbarung nicht zustande, so entscheidet, wenn die Staatsanwaltschaft oder ein Angeschuldigter hierauf anträgt, das gemeinschaftliche obere Gericht darüber, ob und bei welchem Gericht die Verbindung einzutreten hat.

(3) In gleicher Weise kann die Verbindung wieder aufgehoben werden.

Der Gerichtsstand für **zusammenhängende Strafsachen** steht den Gerichtsständen nach den §§ 7 bis 11, 13a gleich (BGHSt 16, 391, 393). 1

Vorausgesetzt ist, dass **verschiedene Gerichte gleicher Ordnung** örtlich zuständig sind. Ein inländischer Gerichtsstand muss somit für jede Sache bereits bestehen (BGH NJW 1992, 1635; Meyer-Goßner § 13 Rdn. 2). Die StA hat dann die Wahl, ob sie die Sachen einzeln bei dem jeweils nach diesen Vorschriften zuständigen Gericht oder verbunden bei einem von ihnen anklagt. Auch kann sie eine weitere noch nicht anderweitig rechtshängig gewordene Sache durch Nachtragsanklage bei einem bereits befassten Gericht nachschieben (BGHSt 20, 219, 221). 2

§§ 13a, 14 1. Buch. Allgemeine Vorschriften

3   Anhängige Strafsachen können gemäß Abs. 2 schon nach Erhebung der Anklage verbunden werden, wenn der Staatsanwalt ihre Verbindung unterlassen hat (BGHSt 21, 247, 248). Voraussetzung ist ein (noch bestehender) Sachzusammenhang (BGHSt 16, 391, 393) und die Anhängigkeit bei Gerichten gleicher Ordnung (BGH NStZ 1986, 564). Die sachliche Zuständigkeit darf dadurch nicht verändert werden, sonst ist die Verbindung unwirksam (BGH NStZ-RR 2001, 123). Es darf auch noch kein Urteil ergangen sein (streitig; Meyer-Goßner § 13 Rdn. 4). Die Vereinbarung besteht in einem förmlichen Abgabebeschluss (BGH NStZ 1982, 294), dem ein förmlicher Übernahmebeschluss folgt. Mit dessen Erlass wird die Sache bei dem übernehmenden Gericht anhängig (Meyer-Goßner § 13 Rdn. 5).

4   Die **Entscheidung des gemeinschaftlichen oberen Gerichts** (Abs. 2 S. 2) kann die nicht zu Stande gekommene gerichtliche Vereinbarung, nicht aber die Übereinstimmung der zuständigen Staatsanwaltschaften ersetzen (BGHSt 21, 247). Befasst wird das gemeinschaftliche obere Gericht nur auf übereinstimmenden Antrag der Staatsanwaltschaften oder auf Antrag des Angeklagten. Die beteiligten Gerichte können es – anders als bei § 14 – nicht anrufen (BGH NStZ-RR 2003, 97).

5   Solange kein Urteil ergangen ist, kann die **Aufhebung** der Verbindung aus Zweckmäßigkeitsgründen in der gleichen Form wie die Verbindung erfolgen. Das Verfahren entspricht dem bei der Verbindung (Abgabebeschluss, Übernahmebeschluss; Meyer-Goßner § 13 Rdn. 7).

6   Die Entscheidung der StA, zusammenhängende Sachen nach Abs. 1 bei einem der Gerichte anzuklagen, ist **nicht anfechtbar.** Im Fall des Abs. 2 S. 1, Abs. 3 ist Beschwerde nach § 304 Abs. 1 gegen die Beschlüsse des abgebenden und übernehmenden Gerichts zulässig, solange es nicht erkennendes Gericht geworden ist (§ 305 S. 1). Die Entscheidung des gemeinschaftlichen oberen Gerichts ist auch in diesem Zusammenhang unanfechtbar (Meyer-Goßner § 13 Rdn. 8).

§ 13 a [Zuständigkeitsbestimmung durch den BGH]

Fehlt es im Geltungsbereich dieses Bundesgesetzes an einem zuständigen Gericht oder ist dieses nicht ermittelt, so bestimmt der Bundesgerichtshof das zuständige Gericht.

1   Eine Gerichtsstandsbestimmung durch den BGH ist nur zulässig, wenn die Zuständigkeit noch nicht einmal aus dem Sinn und Zweck eines Gesetzes hergeleitet werden kann (BGHSt 20, 157, 158; Meyer-Goßner § 13a Rdn. 1).

2   Die Bestimmung kann bereits **im Ermittlungsverfahren** erfolgen. Damit wird zugleich die zuständige StA festgelegt (BGHSt 32, 160). Dabei wird wie auch sonst bei den Vorschriften über den Gerichtsstand eine bestimmte, nach Sachverhaltsmerkmalen (Ort, Zeit, Ausführung und Täter) konkretisierte und individualisierte Tat als Bezugsgegenstand des Verfahrens vorausgesetzt (BGH NStZ 1999, 577; Pfeiffer § 13a Rdn. 2).

3   Wird später ein auf den §§ 7 bis 10 beruhender Gerichtsstand ermittelt, fällt der Gerichtsstand nach § 13a nicht weg (Meyer-Goßner § 13a Rdn. 6).

§ 14 [Bestimmung bei Zuständigkeitsstreit]

Besteht zwischen mehreren Gerichten Streit über die Zuständigkeit, so bestimmt das gemeinschaftliche obere Gericht das Gericht, das sich der Untersuchung und Entscheidung zu unterziehen hat.

1   Die Vorschrift regelt den **örtlichen** positiven wie negativen Kompetenzkonflikt (BGHSt 31, 362).

2   Die Entscheidung durch das gemeinschaftliche obere Gericht kann durch Anrufung jedes der beteiligten Gerichte, der StA oder des Angeklagten erfolgen. Bei Anrufung

2. Abschnitt. Gerichtsstand §§ 15, 16

durch ein Gericht muss die Entscheidung durch den gesamten Spruchkörper erfolgen (OLG Düsseldorf NStZ 2000, 609; Meyer-Goßner § 14 Rdn. 3). Hält das obere Gericht beide für unzuständig, muss es den Antrag zurückweisen (BGH NStZ 2001, 110). Hinweise auf das nach Meinung des Obergerichts zuständige Gericht sind erlaubt (vgl. Meyer-Goßner § 14 Rdn. 3).

§ 15 [Verhinderung des zuständigen Gerichts]

Ist das an sich zuständige Gericht in einem einzelnen Falle an der Ausübung des Richteramtes rechtlich oder tatsächlich verhindert oder ist von der Verhandlung vor diesem Gericht eine Gefährdung der öffentlichen Sicherheit zu besorgen, so hat das zunächst obere Gericht die Untersuchung und Entscheidung dem gleichstehenden Gericht eines anderen Bezirks zu übertragen.

§ 15 regelt den **Gerichtsstand kraft Übertragung** und will den Schutz vor einem 1
Stillstand der Rechtspflege bieten. Die Bestimmung gilt auch in der Revisionsinstanz und dann, wenn bei der Übertragung über die Landesgrenzen hinausgegangen werden muss (BGHSt 22, 255; Pfeiffer § 15 Rdn. 1).

Rechtlich verhindert ist das Gericht, wenn die bei ihm tätigen Richter ein- 2
schließlich ihrer Vertreter aus rechtlichen Gründen in dem Verfahren nicht tätig werden können, z.B. wegen Befangenheit (§§ 22, 24, 28 Abs. 1). **Tatsächlich verhindert** ist das Gericht, wenn sämtliche Richter erkrankt sind oder wenn in Folge von Aufruhr oder kriegsähnlichen Ereignissen Gerichtsstillstand eingetreten ist (vgl. Meyer-Goßner § 15 Rdn. 4).

Eine **Gefährdung der öffentlichen Sicherheit** liegt insbesondere vor, wenn mit 3
erheblichen Unruhen gerechnet werden muss, denen mit polizeilichen Mitteln nicht begegnet werden kann. Ob dies der Fall ist, wird unter Berücksichtigung der verfügbaren und geeigneten Schutzmittel beurteilt (RGSt 10, 381, 383). Die Übertragung kommt nur in Betracht, wenn der Grund der Gefährdung gerade in der Durchführung der Verhandlung vor diesem zuständigen Gericht liegt und nicht auf andere Weise beseitigt werden kann (BGHSt 47, 275). Eine Gefährdung der Richter oder Verfahrensbeteiligten kann genügen (Meyer-Goßner § 15 Rdn. 5).

Mit der Übertragung wird das **beauftragte Gericht,** das den Übertragungsbe- 4
schluss nicht zu überprüfen hat, örtlich zuständig. Eine Beschwerde gegen den Übertragungsbeschluss ist unzulässig (OLG Celle NJW 1957, 73).

§ 16 [Einwand der Unzuständigkeit]

¹Das Gericht prüft seine örtliche Zuständigkeit bis zur Eröffnung des Hauptverfahrens von Amts wegen. ²Danach darf es seine Unzuständigkeit nur auf Einwand des Angeklagten aussprechen. ³Der Angeklagte kann den Einwand nur bis zum Beginn seiner Vernehmung zur Sache in der Hauptverhandlung geltend machen.

Die Vorschrift **beschränkt zeitlich** die Prüfung der örtlichen Zuständigkeit. 1
Grundsätzlich ist sie von Amts wegen zu prüfen (S. 1). Für den Einwand des Angeklagten (S. 2) gelten die bei § 6a angeführten Grundsätze. Nach Eröffnung des Hauptverfahrens wird das Verfahren auf Grund des berechtigten Einwandes nach § 206a und in der Hauptverhandlung nach § 260 Abs. 3 eingestellt.

Gegen den **Beschluss,** durch den sich das Gericht im Eröffnungsverfahren für ört- 2
lich unzuständig erklärt, steht der StA nach überwiegender Auffassung die einfache Beschwerde nach § 304 zu (LR-Wendisch § 16 Rdn. 17; Meyer-Goßner § 16 Rdn. 7; a.M. Pfeiffer § 16 Rdn. 3). Spätere Entscheidungen nach §§ 260a, 260 Abs. 3

unterliegen den üblichen Rechtsbehelfen (sofortige Beschwerde bzw. Berufung/Revision).

§§ 17, 18 (weggefallen)

§ 19 [Bestimmung bei negativem Zuständigkeitsstreit]

Haben mehrere Gerichte, von denen eines das zuständige ist, durch Entscheidungen, die nicht mehr anfechtbar sind, ihre Unzuständigkeit ausgesprochen, so bezeichnet das gemeinschaftliche obere Gericht das zuständige Gericht.

1 Bei einem **negativen Zuständigkeitsstreit** ist zunächst § 14 maßgebend. § 19 greift dann ein, wenn alle beteiligten Gerichte durch nicht mehr anfechtbare Entscheidungen ihre örtliche Unzuständigkeit ausgesprochen haben.
2 Das gemeinschaftliche obere Gericht muss die Bestimmung des örtlich zuständigen Gerichts **ablehnen,** wenn keines der Gerichte zuständig ist (BGHSt 27, 330). Bei einem negativen sachlichen Kompetenzstreit sind die §§ 14, 19 entsprechend anwendbar (BGHSt 45, 26).

§ 20 [Handlungen eines unzuständigen Gerichts]

Die einzelnen Untersuchungshandlungen eines unzuständigen Gerichts sind nicht schon dieser Unzuständigkeit wegen ungültig.

1 Einzelne Untersuchungshandlungen (§ 162 Rdn. 3 ff) sind auch wirksam, wenn ein **örtlich unzuständiges Gericht** sie in Verkennung seiner Zuständigkeit vornimmt (Meyer-Goßner § 20 Rdn. 1). Dies gilt bei Unzuständigkeit nach dem Geschäftsverteilungsplan entsprechend, nicht hingegen bei sachlicher Unzuständigkeit (OLG Köln StV 2004, 417). Unwirksam sollen aber Untersuchungshandlungen eines Richters sein, dessen Unzuständigkeit so offensichtlich ist, dass ihre Nichtbeachtung das Gesetz in grober Weise verletzt (SK-Rudolphi § 20 Rdn. 1).
2 Die Wirksamkeit der Untersuchungshandlungen umfasst nicht nur das Vorverfahren, sondern auch **Beweiserhebungen** nach den §§ 223 bis 225. Sie müssen nicht wiederholt werden, Protokolle sind nach §§ 251, 253, 254 verlesbar (Meyer-Goßner § 20 Rdn. 3).

§ 21 [Befugnisse bei Gefahr im Verzug]

Ein unzuständiges Gericht hat sich den innerhalb seines Bezirks vorzunehmenden Untersuchungshandlungen zu unterziehen, bei denen Gefahr im Verzug ist.

1 Bei Gefahr im Verzuge darf ein unzuständiges Gericht tätig werden. Dies betrifft aber nur die örtliche Zuständigkeit, in die sachliche Zuständigkeit darf nicht eingegriffen werden (Meyer-Goßner § 21 Rdn. 1). § 21 gilt zwar für alle Gerichte, betrifft aber in der Praxis die Amtsgerichtsbarkeit. Relevant wird die Vorschrift im Hinblick auf § 165 nur, wenn die Untersuchung schon bei einem anderen Gericht anhängig ist (KK-Pfeiffer § 21 Rdn. 1).
2 **Gefahr im Verzuge** liegt vor, wenn der Untersuchungserfolg bei Abgabe an das zuständige Gericht gefährdet wäre, weil die Untersuchungshandlung nicht, nur unter wesentlicher Erschwerung oder zu spät vorgenommen werden könnte (LR-Wendisch § 21 Rdn. 3; siehe auch § 98 Rdn. 6 ff).

Dritter Abschnitt.
Ausschließung und Ablehnung der Gerichtspersonen

Vor § 22

Der Richter ist persönlich und sachlich **unabhängig** (§ 1 GVG, Art. 97 GG). Im dritten Abschnitt geht es um Fälle, in denen das Recht auf den gesetzlichen Richter (Art. 101 Abs. 1 S. 2 GG) nicht gewahrt ist, weil der Betroffene vor einem Richter steht, der die gebotene **Unvoreingenommenheit** vermissen lässt (vgl. BVerfGE 30, 149, 153). Diesem Zweck dienen die Vorschriften über die Ausschließung und Ablehnung von Gerichtspersonen (BVerfGE 46, 34, 37). Die Ausschließung tritt kraft Gesetzes ein (§ 22 Rdn. 1), das Ausscheiden wegen Befangenheit nur auf Grund einer Entscheidung des Gerichts, die ein Ablehnungsgesuch (§ 24) oder eine Selbstanzeige (§ 30) voraussetzt. 1

Gerichtspersonen im Sinne des dritten Abschnitts sind die Berufsrichter sowie Schöffen, Urkundsbeamte und sonstige Protokollführer (§ 31). Die Ablehnung eines Sachverständigen richtet sich nach § 74, die eines Dolmetschers nach § 191 GVG. 2

Auf **Staatsanwälte** finden die §§ 22 ff nach h. M. keine Anwendung (Meyer-Goßner vor § 22 Rdn. 3). Dies bedeutet freilich nicht, dass ein Staatsanwalt in einem Verfahren mitwirken könnte, in dem er selbst Verletzter oder mit dem Beschuldigten verwandt oder verschwägert ist. Dadurch könnte das Gebot eines rechtsstaatlichen Verfahrens verletzt werden. Nach überwiegender Auffassung haben die Prozessbeteiligten zwar kein Recht auf Ablehnung eines ausgeschlossenen oder befangenen Staatsanwalts (OLG Hamm NJW 1969, 808; KK-Pfeiffer § 22 Rdn. 16, § 24 Rdn. 13). Wohl aber wird das Gericht mit den anderen Prozessbeteiligten auf die Ablösung des Staatsanwalts hinwirken. Im Einzelnen ist vieles umstritten, Vorschläge gehen dahin, die §§ 22 ff entsprechend anzuwenden (Nachw. bei Meyer-Goßner vor § 22 Rdn. 5). Immerhin kann mit der Revision die unzulässige Mitwirkung eines „ausgeschlossenen" Staatsanwaltes in der Hauptverhandlung gerügt werden (OLG Stuttgart NJW 1974, 1394; LR-Wendisch vor § 22 Rdn. 11 ff). Allerdings gilt hier § 337; das Urteil muss auf dem Mangel beruhen (Meyer-Goßner vor § 22 Rdn. 7). 3

§ 22 [Ausschließung eines Richters]

Ein Richter ist von der Ausübung des Richteramtes kraft Gesetzes ausgeschlossen,
1. wenn er selbst durch die Straftat verletzt ist;
2. wenn er Ehegatte, Lebenspartner, Vormund oder Betreuer des Beschuldigten oder des Verletzten ist oder gewesen ist;
3. wenn er mit dem Beschuldigten oder mit dem Verletzten in gerader Linie verwandt oder verschwägert, in der Seitenlinie bis zum dritten Grad verwandt oder bis zum zweiten Grad verschwägert ist oder war;
4. wenn er in der Sache als Beamter der Staatsanwaltschaft, als Polizeibeamter, als Anwalt des Verletzten oder als Verteidiger tätig gewesen ist;
5. wenn er in der Sache als Zeuge oder Sachverständiger vernommen ist.

§ 22 regelt neben § 23 die **kraft Gesetzes** eintretende Ausschließung eines Richters. Ob der Richter sich befangen fühlt, die Prozessbeteiligten mit seiner Mitwirkung einverstanden sind oder der Grund dem Richter oder einem Prozessbeteiligten bekannt ist, ist irrelevant (Meyer-Goßner § 22 Rdn. 1). 1

Der Ausschluss ist **von Amts wegen** zu beachten. In Zweifelsfällen wird eine Entscheidung herbeigeführt, die ggf. auf ein Ablehnungsgesuch nach § 24 hin erfolgt. 2

3   Die **Ausschließungsgründe** sind in den §§ 22, 23 (und § 148a Abs. 2 S. 1) abschließend aufgeführt (vgl. BVerfGE 46, 34, 38; OLG Düsseldorf NStZ 1987, 571) und eng auszulegen (BGHSt 44, 4, 7). Dass der Richter auch nicht an einer Sache mitwirken darf, in der er selbst Beschuldigter ist, liegt auf der Hand (vgl. OLG Stuttgart MDR 1971, 67; Meyer-Goßner § 22 Rdn. 3).

4   **Verletzter** (Nr. 1) ist wie bei § 172 nur der durch eine Straftat unmittelbar in seinen Rechten Betroffene (BGHSt 1, 298; BayObLG NStZ 1993, 347). Die Tat muss Gegenstand des Verfahrens und nicht erst während der Hauptverhandlung begangen sein (BGHSt 14, 219). Sind mehrere Sachen miteinander nach §§ 2ff verbunden, erstreckt sich der Ausschluss auf das ganze Verfahren, auch wenn der Richter nur in einer der Sachen Verletzter ist (BGHSt 14, 219; Meyer-Goßner § 22 Rdn. 6). Der Ausschluss besteht fort, wenn die Sachen getrennt werden (BGHSt 14, 219). In Fällen der Kollektivbeleidigung ist nur der Richter verletzt, der persönlich getroffen werden sollte bzw. der einen Strafantrag stellt und damit die Beleidigung auf sich bezieht (BVerfG NJW 1992, 2471; Pfeiffer § 22 Rdn. 2). Bei Vermögensdelikten gilt Nr. 1 nur, wenn der Richter einen unmittelbaren Nachteil erlitten hat (RGSt 69, 127; BGHSt 1, 298). So ist durch einen Betrug nur verletzt, wer geschädigt ist, nicht schon der Getäuschte (BGH MDR 1971, 363).

5   **Familiäre Beziehungen** führen nach Nr. 2, 3 zum Ausschluss des Richters. Die Verwandtschaft und Schwägerschaft richtet sich nach §§ 1589, 1590 BGB. Zur Ehe vgl. § 52 Rdn. 5. Das Verlöbnis führt nicht zu einem Ausschluss, sondern nur zu einem Ablehnungsgrund nach § 24 (§ 24 Rdn. 7).

6   Eine **frühere Tätigkeit in der Sache** (Nr. 4) führt ebenfalls zum Ausschluss. Staatsanwälte sind auch die mit der Wahrnehmung amtsanwaltschaftlicher Aufgaben beauftragten Referendare (Meyer-Goßner § 22 Rdn. 13). Polizeibeamte sind nur ausgeschlossen, wenn sie durch ihr Amt zur Verfolgung von Straftaten (§ 163) oder kraft Auftrags der StA berufen sind. Die Erstellung wissenschaftlicher oder kriminaltechnischer Gutachten reicht daher nicht aus (BGH MDR 1958, 785). Verteidiger sind alle Wahl- und Pflichtverteidiger, also ggf. auch Referendare oder Hochschullehrer.

7   **Der Begriff „Sache"** ist weit auszulegen (BGHSt 9, 193), um schon den Anschein eines Verdachts der Parteilichkeit zu vermeiden (BGHSt 31, 358, 359). Tatmehrheit oder das Vorliegen mehrerer selbstständiger Taten im Sinne des § 264 stehen der Sachgleichheit nicht entgegen (Meyer-Goßner § 22 Rdn. 17; a.M. LR-Wendisch § 22 Rdn. 28). Unerheblich ist, ob die vorangegangene Strafverfolgungstätigkeit für das Verfahren wesentlich oder unbedeutend war (BGH StV 1982, 51). Zur „Sache" gehören alle Verfahrensabschnitte von der Vorermittlung bis zum Wiederaufnahmeverfahren (BGHSt 28, 264).

8   Die **Vernehmung als Zeuge** (oder Sachverständiger) führt ebenfalls zum Ausschluss kraft Gesetzes (Nr. 5). Vernehmung ist die Anhörung durch ein Strafverfolgungsorgan in irgendeinem Verfahrensabschnitt (Meyer-Goßner § 22 Rdn. 20; siehe auch BGH NStZ 2006, 113). Die bloße Möglichkeit, dass es zur Vernehmung kommt, reicht nicht aus. Durch die Benennung als Zeuge in einem Beweisantrag wird der Richter daher nicht ohne weiteres ausgeschlossen, auch nicht durch die Ladung als Zeuge (BGHSt 14, 219, 220). Er darf, wenn er sein Nichtwissen dienstlich versichert hat, sogar an der Bescheidung des Beweisantrags mitwirken (BGHSt 39, 239; Meyer-Goßner § 22 Rdn. 20).

> **Beispiel:** Um einen Richter aus dem Verfahren „herauszuschießen" wird er vom Angeklagten als Zeuge für verfahrensrelevante Sachverhalte benannt. Erklärt der Richter dienstlich, dass er zu den entsprechenden Fragen überhaupt nichts wisse, ist er nicht als Zeuge vernommen und wird auch nicht als Zeuge zu vernehmen sein. Er darf an der Ablehnung des Beweisantrags mitwirken.

9   Ein Verstoß gegen § 22 führt nicht zur Unwirksamkeit der Entscheidung, sondern begründet die Revision, insbesondere nach § 338 Nr. 2.

3. Abschnitt. Ausschließung und Ablehnung der Gerichtspersonen §§ 23, 24

§ 23 [Ausschließung bei Mitwirkung in früheren Verfahren]

(1) Ein Richter, der bei einer durch ein Rechtsmittel angefochtenen Entscheidung mitgewirkt hat, ist von der Mitwirkung bei der Entscheidung in einem höheren Rechtszuge kraft Gesetzes ausgeschlossen.

(2) [1]Ein Richter, der bei einer durch einen Antrag auf Wiederaufnahme des Verfahrens angefochtenen Entscheidung mitgewirkt hat, ist von der Mitwirkung bei Entscheidungen im Wiederaufnahmeverfahren kraft Gesetzes ausgeschlossen. [2]Ist die angefochtene Entscheidung in einem höheren Rechtszug ergangen, so ist auch der Richter ausgeschlossen, der an der ihr zugrunde liegenden Entscheidung in einem unteren Rechtszug mitgewirkt hat. [3]Die Sätze 1 und 2 gelten entsprechend für die Mitwirkung bei Entscheidungen zur Vorbereitung eines Wiederaufnahmeverfahrens.

Die Vorschrift bestimmt, dass die **Mitwirkung an Vorentscheidungen** grundsätzlich keine Befangenheit des Richters begründet. So schadet es nicht, dass der erkennende Richter in derselben Sache als Ermittlungsrichter nach §§ 162, 169 tätig war (BGHSt 9, 233, 235) oder an Haftentscheidungen mitgewirkt hat (Meyer-Goßner § 23 Rdn. 2). Auch macht es nichts aus, dass der Rechtsmittelrichter mittlerweile in die Tatsacheninstanz zurückgekehrt ist. 1

Beispiel: Zur Erprobung beim OLG wirkt der Richter am LG X an der Revisionsentscheidung mit. Nunmehr sitzt er als Vorsitzender Richter der Berufungskammer wiederum im selben Verfahren zu Gericht (Meyer-Goßner § 23 Rdn. 3). Selbst der Richter, der beim OLG im Beschwerderechtszug beim Erlass des Eröffnungsbeschlusses mitgewirkt hat, kann (neuer) Tatrichter sein.

Ausgeschlossen ist, wer bei einer angefochtenen Entscheidung mitgewirkt hat. 2

Beispiel: Richter am LG X wird an das OLG abgeordnet. Über die Revision gegen ein von ihm erlassenes Berufungsurteil darf er nicht mitentscheiden (Abs. 1).

Eine mittelbare Beteiligung genügt. Wer als Richter beim Amtsgericht das Urteil gefällt hat, ist von der Entscheidung über die Revision gegen das Berufungsurteil ebenfalls ausgeschlossen (Meyer-Goßner § 23 Rdn. 5). Eine Mitwirkung im Wiederaufnahmeverfahren ist für solche Richter ausgeschlossen, die im Vorläuferverfahren mitgewirkt haben (Abs. 2). Dies gilt auch, wenn z.B. der Richter am Amtsgericht den Angeklagten freigesprochen hatte und es erst im Revisionsrechtszug zu einer Verurteilung kam (Abs. 2 S. 2). Auch die Mitwirkung bei Entscheidungen zur Vorbereitung des Wiederaufnahmeverfahrens ist unzulässig (Abs. 2 S. 3). Der Revisionsrichter des OLG ist insbesondere von der Entscheidung nach § 372 ausgeschlossen, wenn er als Revisionsrichter auch nur an der Verwerfung der Revision nach § 349 Abs. 2 beteiligt war (Meyer-Goßner § 23 Rdn. 7). 3

Kein Ausschließungsgrund soll bestehen, wenn die Revision als unzulässig verworfen wurde oder das Urteil aufgehoben worden ist (Meyer-Goßner § 23 Rdn. 7). Kommt es nach durchgeführter Wiederaufnahme zu einer erneuten Revision, soll der Richter, der an einer früheren Revisionsentscheidung mitgewirkt hat, jedoch nicht kraft Gesetzes ausgeschlossen sein (Meyer-Goßner § 23 Rdn. 7). – Zur Revision vgl. § 338 Nr. 2. 4

§ 24 [Ablehnung eines Richters]

(1) Ein Richter kann sowohl in den Fällen, in denen er von der Ausübung des Richteramtes kraft Gesetzes ausgeschlossen ist, als auch wegen Besorgnis der Befangenheit abgelehnt werden.

(2) Wegen Besorgnis der Befangenheit findet die Ablehnung statt, wenn ein Grund vorliegt, der geeignet ist, Mißtrauen gegen die Unparteilichkeit eines Richters zu rechtfertigen.

§ 24   1. Buch. Allgemeine Vorschriften

(3) ¹Das **Ablehnungsrecht steht der Staatsanwaltschaft, dem Privatkläger und dem Beschuldigten zu.** ²Den zur Ablehnung Berechtigten sind auf Verlangen die zur Mitwirkung bei der Entscheidung berufenen Gerichtspersonen namhaft zu machen.

1 § 24 regelt die **Ablehnung von Richtern** und wird durch § 31 auf Schöffen und Urkundsbeamte erweitert.

2 Eine **Ablehnung** ist zunächst in den Fällen möglich, in denen der Richter kraft Gesetzes von der Ausübung seines Amtes ausgeschlossen ist (§§ 22, 23). Daneben ist eine Ablehnung wegen Besorgnis der Befangenheit möglich (Abs. 1 am Ende, Abs. 2).

3 Abgelehnt werden können nur einzelne Richter oder einzelne Mitglieder eines Gerichts, nicht das Kollegialgericht als Ganzes.

> **Beispiel:** Die „Ablehnung der Strafkammer" ist unzulässig. Die Ablehnung jedes einzelnen Richters der Strafkammer ist zulässig. Dabei darf man auch jeweils die identische Begründung verwenden (BGHSt 23, 200; Meyer-Goßner § 24 Rdn. 3).

4 Die Ablehnung wegen Besorgnis der Befangenheit (Abs. 2) setzt einen **Ablehnungsgrund** voraus. Befangenheit ist die innere Haltung eines Richters, die eine erforderliche Neutralität, Distanz und Unparteilichkeit gegenüber den Verfahrensbeteiligten störend beeinflussen kann (BGHSt 1, 34). Entscheidend ist der Standpunkt des Ablehnenden, ob der Richter tatsächlich parteiisch oder befangen ist, spielt keine Rolle (BVerfGE 20, 9, 14; BGHSt 24, 336, 338; Meyer-Goßner § 24 Rdn. 6). Auch ob der Richter sich für befangen hält, ist gleichgültig (BVerfGE 32, 288, 290).

5 Maßstab sind der **Standpunkt eines vernünftigen Angeklagten** (BGHSt 21, 334, 341) und die Vorstellungen, die sich ein geistig gesunder, bei voller Vernunft befindlicher Prozessbeteiligter bei der ihm zumutbaren ruhigen Prüfung der Sachlage machen kann (BGH NJW 1968, 2297, 2298). Der Ablehnende muss Gründe für sein Begehren vorbringen, die einem unbeteiligten Dritten einleuchten (BGH JR 1957, 68). Eine ursprünglich begründete Besorgnis der Befangenheit kann durch die ablehnende bekannt gemachte dienstliche Äußerung des Richters nach § 26 Abs. 3 ausgeräumt werden (BGHSt 4, 264, 270).

6 Die persönlichen Verhältnisse des Richters berechtigen nur dann zur Ablehnung, wenn zwischen ihnen und der Strafsache ein besonderer Zusammenhang besteht. Insofern sind Geschlecht, Herkunft, Familienstand und Religion des Richters in der Regel kein Ablehnungsgrund. Bei Verdacht dezidierter Ausländerfeindlichkeit kann aber die Ablehnung durch einen Angeklagten ausländischer Herkunft begründet sein (OLG Karlsruhe NJW 1995, 2503).

7 **Dienstliche Beziehungen des Richters** zu dem Beschuldigten oder einem seiner Angehörigen begründen die Besorgnis der Befangenheit nur, wenn es sich um ein besonders enges, auf die persönlichen Beziehungen ausstrahlendes Verhältnis handelt (BGHSt 43, 16). Gleiches gilt für dienstliche Kontakte des Richters zu einem angeklagten Rechtsanwalt (OLG Frankfurt NStZ 1981, 233). **Persönliche Beziehungen** des Richters zu Verfahrensbeteiligten, dem Verletzten oder Zeugen können die Ablehnung rechtfertigen, wenn sie hinreichend eng sind (LR-Wendisch § 24 Rdn. 20: Verlöbnis; Teplitzky JuS 1969, 320: Mitgliedschaft in derselben studentischen Verbindung). Auch Feindschaft mit dem Beschuldigten kann zur Ablehnung führen (Meyer-Goßner § 24 Rdn. 11). Spannungen zwischen Richter und Verteidiger begründen die Ablehnung nur, wenn sie schwerwiegend sind (OLG Hamm NJW 1951, 731: wechselseitige Strafanzeigen). Äußerungen, die ein Richter in einer wissenschaftlichen Fachpublikation gemacht hat, können die Befangenheit im Ausnahmefall ebenfalls begründen (BVerfG NJW 1996, 3333; BSG NJW 1993, 2261).

3. Abschnitt. Ausschließung und Ablehnung der Gerichtspersonen   § 24

Erstattet der Angeklagte gegen den Richter eine **Strafanzeige** oder legt er gegen ihn Dienstaufsichtsbeschwerde ein, begründet dies keinen Ablehnungsgrund, sonst hätte der Angeklagte es in der Hand, sich nach Belieben jeden Richters zu entledigen (BGH NJW 1952, 1425; Meyer-Goßner § 24 Rdn. 7). Dies soll auch gelten, wenn der Angeklagte den Richter so massiv beleidigt, dass dieser deswegen Strafanzeige erstattet (OLG München NJW 1971, 384; siehe aber auch BGH NStZ 1992, 290). 8

Die Mitwirkung des Richters in einem früheren **Zivil- oder Strafverfahren** begründet in der Regel keinen Ablehnungsgrund (Meyer-Goßner § 24 Rdn. 12f; a.M. SK-Rudolphi § 23 Rdn. 1). Dies gilt auch bei Mitwirkung an der Verurteilung eines Mittäters wegen derselben Straftat (BGH MDR 1955, 271; BGH NStZ 1986, 206). Wurde in einem früheren Verfahren ein Zeuge als unglaubwürdig bezeichnet, ist der Richter ausgeschlossen, wenn der Zeuge nunmehr vor ihm wegen Falschaussage vor Gericht steht (OLG Celle NJW 1990, 1308). 9

Die **Mitwirkung an Zwischenentscheidungen** in dem anhängigen Verfahren und die in solchen Entscheidungen geäußerten Rechtsauffassungen rechtfertigen die Ablehnung in der Regel nicht (BGHSt 15, 40, 46f). Dies soll auch gelten, wenn eine Zwischenentscheidung auf einem Verfahrensfehler oder auf einer unrichtigen oder sogar unhaltbaren Rechtsansicht beruht (vgl. BGH NStZ 1995, 218; Meyer-Goßner § 24 Rdn. 14). Sollte sie völlig abwegig sein (BGH NJW 1984, 1907) oder den Anschein der Willkür erwecken (BayObLG wistra 2002, 196), soll dies anders sein. 10

Das **Verhalten des Richters** vor und während der Hauptverhandlung ist vielfach Anknüpfungspunkt für Ablehnungsanträge und kann die Ablehnung begründen, wenn es besorgen lässt, dass der Richter nicht objektiv an die Sache herangeht und z.B. deutlich wird, dass er von der Schuld des Angeklagten bereits endgültig überzeugt ist (BGHSt 48, 4). Wer den Angeklagten gegenüber Dritten als Gewohnheitsverbrecher bezeichnet oder die Einlassung des Angeklagten als „schwachsinnig" einordnet, begründet die Besorgnis der Befangenheit (Meyer-Goßner § 24 Rdn. 16). 11

Eine unangemessene, rechtsfehlerhafte oder sonst **unsachliche Verhandlungsführung** kann die Besorgnis der Befangenheit begründen. Äußert der Richter in grob unsachlicher Weise seinen Unmut über die von dem Verteidiger gestellten Beweisanträge oder ergibt sich aus seinen Äußerungen, dass er eine schnelle Sacherledigung einer sachgerechten Aufklärung vorzieht (BGH NStZ 2003, 666), begründet dies die Besorgnis der Befangenheit. 12

Beispiele: „Sie lügen nach Aktenlage unverschämt." „Seien Sie froh, dass es hier bei uns keine Todesstrafe gibt" (siehe auch BGH wistra 2005, 109, 110).

Dass der Vorsitzende dem Angeklagten in nachdrücklicher Form **Vorhalte** macht, genügt noch nicht. Auch nach Sachlage noch verständliche Unmutsäußerungen („dummes Geschwätz;" „der Steuerzahler bedankt sich für solche Anträge") oder überflüssige Bemerkungen („Ihnen wird das Lachen noch vergehen") sollen nicht ausreichen (Meyer-Goßner § 24 Rdn. 18). 13

Beginnt der Richter während des Plädoyers des Verteidigers mit der Absetzung des Urteils, berechtigt dies zur Ablehnung (Meyer-Goßner § 24 Rdn. 19). 14

Die **Ablehnungsberechtigung** ergibt sich aus Abs. 3. Der Vorsitzende muss ggf. die beteiligten Richter namhaft machen (Abs. 3 S. 2). Auskünfte über die Person des Richters zur Ermittlung von Ablehnungsgründen können nicht verlangt werden (OLG Koblenz NStZ 1983, 470, 471). 15

Zur Revision vgl. §§ 28, 338 Nr. 3. Die Verweigerung der Namhaftmachung kann mit der **Beschwerde** nach § 304 Abs. 1 angefochten werden. Der Beschwerdeführer muss darlegen, dass er durch die verspätete Namhaftmachung gehindert worden ist, einen bestimmten erfolgreichen Ablehnungsantrag zu stellen (BayObLG NStZ 1990, 200). 16

§ 25 [Letzter Ablehnungszeitpunkt]

(1) ¹Die Ablehnung eines erkennenden Richters wegen Besorgnis der Befangenheit ist bis zum Beginn der Vernehmung des ersten Angeklagten über seine persönlichen Verhältnisse, in der Hauptverhandlung über die Berufung oder die Revision bis zum Beginn des Vortrags des Berichterstatters, zulässig. ²Alle Ablehnungsgründe sind gleichzeitig vorzubringen.

(2) ¹Nach diesem Zeitpunkt darf ein Richter nur abgelehnt werden, wenn

1. die Umstände, auf welche die Ablehnung gestützt wird, erst später eingetreten oder dem zur Ablehnung Berechtigten erst später bekanntgeworden sind und
2. die Ablehnung unverzüglich geltend gemacht wird.

²Nach dem letzten Wort des Angeklagten ist die Ablehnung nicht mehr zulässig.

1   Die Vorschrift bestimmt die **zeitliche Grenze** für die Ablehnung wegen Befangenheit in der Hauptverhandlung. Die Ablehnung eines nach §§ 22, 23 ausgeschlossenen Richters ist ohne zeitliche Beschränkung möglich.

2   Prinzip ist, dass Ablehnungsgründe **zeitnah** vorgebracht werden müssen. So sollen alle Aspekte, die im Vorfeld der Hauptverhandlung entstanden sind, spätestens bis zum Beginn der Vernehmung des ersten Angeklagten über seine persönlichen Verhältnisse vorgebracht werden (Abs. 1 S. 1). Im Rechtsmittelverfahren gilt nämliches bis zum Beginn des Vortrags des Berichterstatters. Im Verfahren nach § 233 Abs. 1 muss die Ablehnung bis zum Beginn der Verlesung des die Personalien des Angeklagten enthaltenden Vernehmungsprotokolls nach § 233 Abs. 3 S. 2 erklärt werden (Meyer-Goßner § 25 Rdn. 4). Dabei müssen alle zu der Zeit die Ablehnung begründenden Umstände gleichzeitig vorgebracht werden. Verwirkte Gründe kann der Ablehnungsberechtigte allerdings noch zur Unterstützung einer auf einem nicht verwirkten Grund gestützten Ablehnung heranziehen (BGH wistra 2004, 351).

3   Nach diesem Zeitpunkt kann die Ablehnung nur erklärt werden, wenn es sich um Umstände handelt, die später **neu eingetreten** oder bekannt geworden sind (Nr. 1). Maßgeblich ist die Kenntnis des Angeklagten, nicht die seines Verteidigers, beim Nebenkläger aber (auch) die Kenntnis des Vertreters (BGHSt 37, 264).

4   Die Ablehnungsgründe müssen ohne schuldhaftes Zögern **„unverzüglich"** geltend gemacht werden (Nr. 2). Dabei wird ein strenger Maßstab angelegt. Dem Angeklagten ist aber stets eine Überlegungsfrist einzuräumen und die Möglichkeit zu gewähren, sich mit seinem Verteidiger zu beraten (BGH NStZ 1992, 290). Welcher Zeitraum hierfür erforderlich ist, hängt von den Umständen des Einzelfalles ab. Entsteht ein Ablehnungsgrund während einer Beweiserhebung, muss er vor deren Beendigung nicht geltend gemacht werden. Bei kurzen Unterbrechungen der Sitzung kann deren Fortsetzung abgewartet werden (LR-Wendisch § 25 Rdn. 19). Erfolgt eine längere Unterbrechung, muss ggf. das Ablehnungsgesuch zwischen 2 Verhandlungstagen außerhalb der Hauptverhandlung angebracht werden (BGHSt 21, 334; Meyer-Goßner § 25 Rdn. 8).

5   Nicht mehr zulässig ist die Ablehnung nach dem letzten Wort des Angeklagten nach § 258 Abs. 2 (Meyer-Goßner § 25 Rdn. 9).

6   Bei **Entscheidungen außerhalb einer Hauptverhandlung** ist die Ablehnung ohne zeitliche Beschränkung zulässig, solange die Entscheidung noch nicht erlassen ist (BGH NStZ-RR 2001, 130). Wer einen Antrag nach § 33a gestellt hat, kann die Ablehnung auch für diese Entscheidung erklären (KG JR 1984, 39), nicht hingegen im Verfahren über Gegenvorstellungen (Meyer-Goßner § 25 Rdn. 10).

3. Abschnitt. Ausschließung und Ablehnung der Gerichtspersonen § 26

§ 26 [Ablehnungsverfahren]

(1) ¹Das Ablehnungsgesuch ist bei dem Gericht, dem der Richter angehört, anzubringen; es kann vor der Geschäftsstelle zu Protokoll erklärt werden. ²§ 257a findet keine Anwendung.

(2) ¹Der Ablehnungsgrund und in den Fällen des § 25 Abs. 2 die Voraussetzungen des rechtzeitigen Vorbringens sind glaubhaft zu machen. ²Der Eid ist als Mittel der Glaubhaftmachung ausgeschlossen. ³Zur Glaubhaftmachung kann auf das Zeugnis des abgelehnten Richters Bezug genommen werden.

(3) Der abgelehnte Richter hat sich über den Ablehnungsgrund dienstlich zu äußern.

Die Vorschrift regelt das **Verfahren über die Ablehnung.** Das Gesuch ist bei dem Gericht anzubringen, dem der abzulehnende Richter angehört. Eine Form für das Gesuch ist nicht vorgeschrieben. § 257a ist insofern explizit ausgeschlossen. Eine Wiederholung der Ablehnung aus demselben Grund ist unzulässig (vgl. § 26a), sofern nicht in der Frist des § 25 neue Tatsachen geltend gemacht werden. 1

Im Gesuch muss der **abgelehnte Richter** durch Angabe seines Namens oder in anderer Weise eindeutig bezeichnet werden. Zudem müssen die Ablehnungsgründe, d.h. die das Gesuch stützenden Tatsachen angegeben werden. Dies muss in dem Gesuch selbst geschehen, eine Bezugnahme auf die Akten reicht nicht aus. Bei einem Gesuch nach Vernehmung des Angeklagten zur Person (§ 25 Abs. 2) müssen auch die Tatsachen angeführt werden, aus denen sich die Rechtzeitigkeit der Antragstellung ergeben soll (Meyer-Goßner § 26 Rdn. 4). 2

Der **Umfang der Glaubhaftmachung** richtet sich nach Abs. 2. Von der Glaubhaftmachung kann abgesehen werden, wenn sich der Ablehnungsgrund aus den Akten ergibt oder gerichtsbekannt ist (BGH MDR 1972, 17) oder wenn im Falle des § 25 Abs. 2 die Rechtzeitigkeit des Gesuchs offensichtlich ist (BGH MDR 1965, 1004). 3

Die **Glaubhaftmachung** erfordert, dass die behaupteten Tatsachen soweit bewiesen werden müssen, dass das Gericht sie für wahrscheinlich hält (BGHSt 21, 334, 350) und ohne verzögernde weitere Ermittlungen entscheiden kann (Meyer-Goßner § 26 Rdn. 7). Eine förmliche Beweisaufnahme findet insofern nicht statt, auch muss das Gericht nicht auf eine weitere Glaubhaftmachung hinwirken (BGHSt 21, 334, 348). Lassen sich Zweifel an der Richtigkeit der behaupteten Tatsachen nicht beseitigen, gilt der Grundsatz in dubio pro reo nicht, d.h. die Zweifel wirken sich zu Lasten des Antragstellers aus (BGHSt 21, 334, 352). 4

Mittel der Glaubhaftmachung (Abs. 2 S. 2, 3) sind grundsätzlich schriftliche Erklärungen, insbesondere eidesstattliche Versicherungen von Zeugen und anwaltliche Versicherungen. Der Ablehnende selbst kann die Richtigkeit seiner tatsächlichen Angaben nicht beschwören (S. 2). Dies gilt nicht nur für den Beschuldigten, sondern für jeden Antragsteller (SK-Rudolphi § 26 Rdn. 12). Gibt er sie dennoch ab, ist sie als einfache Erklärung zu werten, die grundsätzlich zur Glaubhaftmachung nicht genügt (Meyer-Goßner § 26 Rdn. 9). Die Benennung von Zeugen genügt zur Glaubhaftmachung nur, wenn der Ablehnende eine schriftliche Äußerung der potentiellen Auskunftsperson nicht erlangen kann (Meyer-Goßner § 26 Rdn. 11). Dieser Umstand muss glaubhaft gemacht werden. Die Berufung auf das Zeugnis des abgelehnten Richters (Abs. 3) ist zulässig. Sie muss ausdrücklich erklärt werden. 5

Die **dienstliche Äußerung** des Richters (Abs. 3) hat schriftlich zu erfolgen und entfällt im Verfahren nach § 26a. Zur Gewährung rechtlichen Gehörs ist sie dem Antragsteller und den übrigen Beteiligten mitzuteilen; dem Antragsteller ist nach § 33 Abs. 2 und 3 Gelegenheit zur Stellungnahme zu geben (BVerfGE 24, 62; BGHSt 21, 87). Auf einem Verstoß kann das Urteil beruhen (OLG Hamm StV 1996, 11). Dies gilt nicht, wenn der Antragsteller Gelegenheit hatte, das Ablehnungsgesuch nach 6

Kenntnisnahme von der dienstlichen Äußerung zu wiederholen (BGHSt 21, 85; Meyer-Goßner § 26 Rdn. 14).

§ 26a [Unzulässige Ablehnung]

(1) **Das Gericht verwirft die Ablehnung eines Richters als unzulässig, wenn**
1. **die Ablehnung verspätet ist,**
2. **ein Grund zur Ablehnung oder ein Mittel zur Glaubhaftmachung nicht angegeben wird oder**
3. **durch die Ablehnung offensichtlich das Verfahren nur verschleppt oder nur verfahrensfremde Zwecke verfolgt werden sollen.**

(2) ¹Das Gericht entscheidet über die Verwerfung nach Absatz 1, ohne daß der abgelehnte Richter ausscheidet. ²Im Falle des Absatzes 1 Nr. 3 bedarf es eines einstimmigen Beschlusses und der Angabe der Umstände, welche den Verwerfungsgrund ergeben. ³Wird ein beauftragter oder ein ersuchter Richter, ein Richter im vorbereitenden Verfahren oder ein Strafrichter abgelehnt, so entscheidet er selbst darüber, ob die Ablehnung als unzulässig zu verwerfen ist.

1 § 26a soll das **Verfahren bei unzulässigen Ablehnungsgesuchen** beschleunigen. Während bei der Entscheidung über ein zulässiges Gesuch der angeblich befangene Richter ausscheidet und sein Vertreter an der Entscheidung mitwirkt bzw. diese vornimmt, kann das Gericht in seiner Ursprungsbesetzung über die Ablehnung unzulässiger Gesuche entscheiden. Die Vorschrift dient also der Verfahrensvereinfachung. Die Gründe, die dieses vereinfachte Verfahren ermöglichen, ergeben sich aus Abs. 1, sind aber nicht abschließend, da unzulässig auch die Ablehnung eines Richters ist, der mit der Sache noch nicht oder nicht mehr befasst ist oder in den Fällen der Ablehnung eines Gerichts als Ganzes (§ 24 Rdn. 6). In solchen Fällen gilt Abs. 2 S. 1 entsprechend.

2 Der **Unzulässigkeitsgrund** des Abs. 1 Nr. 1 ergibt sich aus § 26 Abs. 2 S. 1. Ist die Rechtzeitigkeit nicht glaubhaft gemacht, darf das Gericht davon ausgehen, dass der Ablehnungsgrund schon im Zeitpunkt des § 25 Abs. 1 bekannt war (Meyer-Goßner § 26a Rdn. 3). Wird ein Grund zur Ablehnung oder ein Mittel zur Glaubhaftmachung nicht angegeben, ist das Gesuch ebenfalls unzulässig (Nr. 2). Dem Fehlen einer Begründung steht der Fall gleich, dass die Begründung aus zwingenden rechtlichen Gründen zur Rechtfertigung des Ablehnungsgesuchs völlig ungeeignet ist (BGH NStZ-RR 2002, 66; BVerfG NJW 1995, 2912; Pfeiffer § 26a Rdn. 2).

3 Ein **Missbrauch des Ablehnungsrechts** (Nr. 3) setzt voraus, dass der Antragsteller nicht auch noch das Ausscheiden des Richters bezweckt (Meyer-Goßner § 26a Rdn. 5). Ausschließliches Ziel muss die Verzögerung der Hauptverhandlung sein. Dass dies der Fall ist, muss offensichtlich, also ohne weitere Nachforschungen feststellbar sein. In der Praxis kommen solche Fälle nicht vor (vgl. Meyer-Goßner § 26a Rdn. 6).

4 Die **Entscheidung** (Abs. 2) trifft das Gericht in der Hauptverhandlung unter Mitwirkung der Schöffen, ohne dass der abgelehnte Richter ausscheidet, in den Fällen des S. 3 der Richter allein. Der Verwerfungsbeschluss ist zu begründen.

5 Mit der **Revision** kann gerügt werden, dass das Gesuch zu Unrecht als unzulässig verworfen worden ist. Die Rechtsprechung des BGH ging bislang davon aus, dass das Urteil aber nicht aufgehoben werden muss, wenn zwar gegen § 26a verstoßen wurde, das Ablehnungsgesuch aber evident nicht begründet ist (BGHSt 23, 265, 266). Das Bundesverfassungsgericht ist dem zwischenzeitlich entgegengetreten (BVerfG NJW 2005, 3410). Jedenfalls dann, wenn die Auslegung des § 26a oder dessen Handhabung im Einzelfall **willkürlich oder offensichtlich unhaltbar** ist oder wenn die richterliche Entscheidung Bedeutung und Tragweite der Verfassungsgarantie des gesetzlichen Richters grundlegend verkennt, seien die Grenzen zum Verfassungsverstoß über-

3. Abschnitt. Ausschließung und Ablehnung der Gerichtspersonen   § 27

schritten. Hintergrund ist, dass manche Gerichte bei unbegründeten Gesuchen auf den § 26a auswichen, weil das Verfahren nach § 27 zu zeitlichen Verzögerungen führt und der BGH bei solchen Fehlern das Urteil in der Regel „hielt".

In Reaktion auf die Entscheidung des Bundesverfassungsgerichts hat der BGH nur begrenzt einen Wandel vollzogen. Der 3. Strafsenat (wistra 2005, 464) hielt in einem relativ vergleichbaren Fall die Entscheidung des BVerfG vom 2. 6. 2005 (wistra 2005, 415) nicht für übertragbar. Die Formulierungen im Beschluss des BVerfG ließen offen, ob auch bei einer nicht willkürlichen – aber rechtsfehlerhaften – Anwendung des § 26a StPO der absolute Revisionsgrund des § 338 Nr. 3 zwingend eingreife. Der 5. Strafsenat (wistra 2005, 466) hat wiederum den § 338 Nr. 3 für anwendbar erachtet, „wenn die unter Mitwirkung des abgelehnten Richters beschlossene Verwerfung gemäß § 26a StPO als unzulässig auf einer willkürlichen oder die Anforderungen des Art. 101 Abs. 1 S. 2 GG grundlegend verkennenden Rechtsanwendung" beruhe. Auf die sachliche Berechtigung der Ablehnungsgründe komme es dann nicht an. Insofern wendet sich der 5. Senat ausdrücklich von BGHSt 23, 265 ab. 6

§ 27 [Entscheidung über die Ablehnung]

(1) **Wird die Ablehnung nicht als unzulässig verworfen, so entscheidet über das Ablehnungsgesuch das Gericht, dem der Abgelehnte angehört, ohne dessen Mitwirkung.**

(2) **Wird ein richterliches Mitglied der erkennenden Strafkammer abgelehnt, so entscheidet die Strafkammer in der für Entscheidungen außerhalb der Hauptverhandlung vorgeschriebenen Besetzung.**

(3) [1]**Wird ein Richter beim Amtsgericht abgelehnt, so entscheidet ein anderer Richter dieses Gerichts.** [2]**Einer Entscheidung bedarf es nicht, wenn der Abgelehnte das Ablehnungsgesuch für begründet hält.**

(4) **Wird das zur Entscheidung berufene Gericht durch Ausscheiden des abgelehnten Mitglieds beschlußunfähig, so entscheidet das zunächst obere Gericht.**

Die Vorschrift regelt die **Zuständigkeit** für die Entscheidung über das Ablehnungsgesuch. Dies setzt voraus, dass das Gesuch nicht schon als unzulässig verworfen worden ist (Abs. 1). 1

Bei einem **zulässigen Ablehnungsgesuch** entscheidet das Gericht, dem der Abgelehnte angehört, ohne dessen Mitwirkung. Dies ist anders als bei den Fällen des § 26a, in denen auch der Abgelehnte mitwirken darf. Zuständig ist der im Zeitpunkt der Entscheidung berufene Richter (BGHSt 44, 26). Der abgelehnte Richter darf bei der Entscheidung nicht mitwirken. Insofern ist eine Entscheidung in der Hauptverhandlung rechtlich nicht möglich. Die Hauptverhandlung muss – wenn auch nicht sofort (§ 29 Abs. 2 S. 1) – unterbrochen werden (BGHSt 15, 384). Eine sofortige Verhandlung über das Ablehnungsgesuch im Sitzungssaal ist daher kein Teil der Hauptverhandlung (BGH NStZ 1996, 398, 399; Meyer-Goßner § 27 Rdn. 2). 2

Da das Ablehnungsverfahren nicht Teil der Hauptverhandlung ist, entscheidet die Strafkammer **ohne Schöffen** (Abs. 2), das OLG mit 3 Richtern (§ 122 Abs. 1 GVG) und der BGH mit 5 Richtern (§ 139 Abs. 1 GVG). Der abgelehnte Richter wird durch einen anderen Richter des Spruchkörpers oder durch den nach dem Geschäftsplan für den Einzelfall bestimmten Vertreter ersetzt. 3

Werden mehrere oder **sämtliche Richter** eines Spruchkörpers gleichzeitig und aus dem gleichen Grund abgelehnt, so wird hierüber durch einen einheitlichen Beschluss entschieden (BGHSt 44, 26). Gehen Ablehnungsgesuche nacheinander ein oder werden sie unterschiedlich begründet, erfolgt eine sukzessive Entscheidung in der Reihenfolge der Gesuche (BGH NStZ 1996, 144). 4

§ 28 1. Buch. Allgemeine Vorschriften

Beispiel: Alle 3 Berufsrichter der Großen Strafkammer werden kurz nacheinander aus unterschiedlichen Gründen abgelehnt. Die 3 Vertreter der betroffenen Richter entscheiden unter dem Vorsitz des Dienstältesten zunächst über das erste Ablehnungsgesuch. Ist es unbegründet, scheidet der Vertreter des nicht befangenen Richters aus und dieser tritt hinzu. In dieser Besetzung wird über das zweite Ablehnungsgesuch entschieden. Ist auch dieses nicht begründet, tritt der abgelehnte Richter wieder in den Spruchkörper ein und entscheidet über das dritte Ablehnungsgesuch. Wird auch einer der Vertreter abgelehnt, muss über dessen Ablehnung vorab entschieden werden (BGHSt 21, 334).

5   Beim **Amtsgericht** entscheidet stets ein anderer Richter des Amtsgerichts (Abs. 3 S. 1), auch wenn ein von einem höheren Gericht ersuchter Richter abgelehnt wird. Hat das Amtsgericht nur einen einzigen Richter, entscheidet der nach § 22b Abs. 1 GVG bestellte Vertreter. Eine Entscheidung ist entbehrlich, wenn der abgelehnte Richter das Gesuch für begründet hält (Abs. 3 S. 2). Für den Ermittlungsrichter des Amtsgerichts gilt Abs. 3. Ist ein Ermittlungsrichter des OLG oder des BGH abgelehnt, entscheidet der im Geschäftsverteilungsplan zu bestimmende andere Ermittlungsrichter, nicht etwa der Senat (KK-Pfeiffer § 27 Rdn. 4).

6   Das „**zunächst obere Gericht**" ist für das AG das LG, das OLG für das LG usw. Sie sind zuständig, wenn durch das Ausscheiden Beschlussunfähigkeit eintritt. Dies ist erst der Fall, wenn bei dem ganzen Gericht nicht nur vorübergehend kein Vertreter mehr vorhanden ist oder bestellt werden kann (RGSt 40, 436).

7   Die **Entscheidung** über das Ablehnungsgesuch ergeht durch Beschluss außerhalb der Hauptverhandlung nach Anhörung der Prozessbeteiligten. Eine mündliche Verhandlung findet nicht statt (RGSt 49, 9, 11). Andererseits können im Freibeweis Zeugen vernommen und andere Beweise erhoben werden (RGSt 61, 67, 70). Ist das Gesuch unzulässig, kann es auch jetzt noch als unzulässig verworfen werden (§ 26a Abs. 1; BGHSt 21, 334, 337). Ist es zulässig, wird es als unbegründet zurückgewiesen (§ 28 Abs. 2 S. 1) oder für begründet erklärt (§ 28 Abs. 1).

8   Der **Beschluss** muss dem abgelehnten Richter und den Prozessbeteiligten bekannt gemacht werden. Ggf. wird er bei Fortsetzung der unterbrochenen Hauptverhandlung verkündet (auch durch den erfolglos abgelehnten Richter; BGHSt 15, 384). Der stattgebende Beschluss wird schriftlich mitgeteilt, in den Fällen des § 28 Abs. 2 S. 1 – dort ist sofortige Beschwerde möglich – durch förmliche Zustellung, ansonsten formlos.

§ 28 [Rechtsmittel]

(1) **Der Beschluß, durch den die Ablehnung für begründet erklärt wird, ist nicht anfechtbar.**

(2) ¹**Gegen den Beschluß, durch den die Ablehnung als unzulässig verworfen oder als unbegründet zurückgewiesen wird, ist sofortige Beschwerde zulässig.** ²**Betrifft die Entscheidung einen erkennenden Richter, so kann sie nur zusammen mit dem Urteil angefochten werden.**

1   Wird dem Ablehnungsgesuch **stattgegeben**, ist die Entscheidung nicht anfechtbar (Abs. 1). Zum Teil wird die Auffassung vertreten, dies schließe gemäß § 336 S. 2 auch aus, eine entsprechende Revisionsrüge zu erheben (KMR-Bockemühl § 28 Rdn. 1; Meyer-Goßner § 28 Rdn. 1). Der BGH hat hingegen eine Rüge nach § 338 Nr. 1 in einem Fall für begründet erachtet, in dem ein Ablehnungsantrag zu Unrecht *nicht* nach § 26a Abs. 1 Nr. 1 verworfen worden war (BGH NStZ 1982, 291, 292). Dabei ist zu bedenken, dass § 336 S. 2 *eine* Regelung ist, Art. 101 GG die *andere*. Im Zweifel dürfte eine Entziehung des gesetzlichen Richters vorliegen, wenn einem Ablehnungsgesuch zu Unrecht stattgegeben worden war. Deutlich wird dies insbesondere dann, wenn z. B. ein Befangenheitsantrag dazu führt, dass ein dem Angeklagten wohlgesonnener Richter abgelöst wird.

Wird das Ablehnungsgesuch gegen einen erkennenden Richter **zurückgewiesen,** 2
kann dies nur im Rahmen der Berufung oder Revision gerügt werden (Abs. 2 S. 2;
Meyer-Goßner § 28 Rdn. 4). Erkennender Richter ist jeder Richter, der zur Mitwirkung in der Hauptverhandlung berufen ist, ein Ergänzungsrichter (§ 192 Abs. 2 GVG)
auch dann, wenn der Ergänzungsfall noch nicht eingetreten ist (OLG Celle NJW
1973, 1054; Meyer-Goßner § 28 Rdn. 6; z.T. anders KK-Pfeiffer § 28 Rdn. 3; SK-
Rudolphi § 28 Rdn. 9: wenn Eintritt feststeht). Die Eigenschaft beginnt mit dem Erlass des Eröffnungsbeschlusses, beim Berufungs- und Revisionsgericht mit der Vorlegung der Akten nach §§ 321, 347 Abs. 2 (OLG Karlsruhe NStZ-RR 1998, 144). Der
Verweis auf das Rechtsmittelverfahren nimmt dem Rechtsmittel die Eigenschaft der
sofortigen Beschwerde; das Gesetz ändert aus Zweckmäßigkeitsgründen den Rechtsmittelzug (BGHSt 27, 96). Abs. 2 S. 2 bleibt im Hinblick auf eine Berufung gegen das
Urteil letztlich nutzlos, da das Berufungsgericht nicht an das AG zurückverweisen
kann. Insofern ist die Revision (im Rahmen einer Verfahrensrüge) der zentrale Anwendungsbereich des § 28 Abs. 2 S. 2.

War der abgelehnte Richter **kein erkennender Richter,** kann der ablehnende 3
Beschluss nach Abs. 2 S. 1 mit der sofortigen Beschwerde nach § 311 angefochten
werden, sofern nicht § 304 Abs. 4 (Beschränkungen bei OLG und BGH) einschlägig
ist. Das Beschwerdegericht prüft den Ablehnungsbeschluss umfassend und entscheidet
auch dann in der Sache selbst, wenn das Gesuch zu Unrecht als unzulässig verworfen
worden war (Meyer-Goßner § 28 Rdn. 4).

Im Rahmen der **Revisionsrüge** sollte es bislang nicht genügen, wenn lediglich 4
dargelegt wurde, dass das Ablehnungsgesuch nicht als unzulässig hätte verworfen werden dürfen. Es müssten auch die Tatsachen vorgebracht werden, aus denen sich ergeben soll, dass das Gesuch tatsächlich gerechtfertigt war (BGH MDR 1979, 637). Nach
der Entscheidung des BVerfG zu § 26a (§ 26a Rdn. 5) dürften diese hohen Anforderungen nicht mehr gelten. Entscheidend ist, dass die Voraussetzungen der fehlenden
Unzulässigkeit in der Revisionsrüge dargelegt sind. Auf die Begründetheit des Ablehnungsgesuches kann es dann nicht mehr ankommen.

§ 29 [Unaufschiebbare Amtshandlungen]

(1) **Ein abgelehnter Richter hat vor Erledigung des Ablehnungsgesuchs nur
solche Handlungen vorzunehmen, die keinen Aufschub gestatten.**

(2) ¹**Wird ein Richter während der Hauptverhandlung abgelehnt und würde
die Entscheidung über die Ablehnung (§§ 26a, 27) eine Unterbrechung der
Hauptverhandlung erfordern, so kann diese so lange fortgesetzt werden, bis eine
Entscheidung über die Ablehnung ohne Verzögerung der Hauptverhandlung
möglich ist; über die Ablehnung ist spätestens bis zum Beginn des übernächsten
Verhandlungstages und stets vor Beginn der Schlußvorträge zu entscheiden.**
²**Wird die Ablehnung für begründet erklärt und muß die Hauptverhandlung
nicht deshalb ausgesetzt werden, so ist ihr nach der Anbringung des Ablehnungsgesuchs liegender Teil zu wiederholen; dies gilt nicht für solche Handlungen, die keinen Aufschub gestatten.** ³**Nach Anbringung des Ablehnungsgesuchs
dürfen Entscheidungen, die auch außerhalb der Hauptverhandlung ergehen
können, unter Mitwirkung des Abgelehnten nur getroffen werden, wenn sie
keinen Aufschub gestatten.**

Die Vorschrift will verhindern, dass ein Ablehnungsgesuch zur **Verzögerung des** 1
Verfahrens führt. Der abgelehnte Richter soll zumindest Handlungen vornehmen
dürfen, „die keinen Aufschub gestatten" (Abs. 1). Auch kann eine laufende Hauptverhandlung in bestimmten Grenzen zunächst fortgeführt werden (Abs. 2 S. 1).

§ 29 1. Buch. Allgemeine Vorschriften

2   Ein Richter ist von der Mitwirkung **erst ausgeschlossen,** wenn ein Ablehnungsgesuch nach § 24 nicht nur gestellt ist, sondern auch für begründet erklärt wurde. Ab Eingang des Ablehnungsgesuchs (OLG Frankfurt NJW 1998, 1238) hat er sich grundsätzlich aller Amtshandlungen zu enthalten, die nicht unaufschiebbar sind. Dies gilt auch dann, wenn das Gesuch unzulässig ist (Meyer-Goßner § 29 Rdn. 1). Unaufschiebbar sind bestimmte zukünftige Handlungen, die den Angeklagten betreffen, die Absetzung und Unterzeichnung früherer verkündeter Urteile und die Mitwirkung an Protokollberichtigungen unterliegt keinen Beschränkungen (OLG Hamm MDR 1964, 344).

3   **Unaufschiebbar** sind Handlungen, die wegen ihrer Dringlichkeit nicht warten können, bis der Ersatzrichter eintreten kann (BGHSt 48, 264). Dies betrifft etwa die Erhebung von Beweisen, deren Verlust droht, die Vernehmung von Beweispersonen, die erst nach geraumer Zeit wieder geladen werden könnten oder unaufschiebbare Haftentscheidungen (Meyer-Goßner § 29 Rdn. 4). Aufschiebbar ist z. B. die Vernehmung sonst auch verfügbarer Zeugen (BGH NStZ 2002, 429, 430), die Verwerfung einer Revision oder die Entscheidung über die Eröffnung des Hauptverfahrens (OLG Frankfurt StV 2001, 496). Anders mag es sein, wenn die Eröffnung wichtig ist für die Unterbrechung der Verjährung (vgl. Meyer-Goßner § 29 Rdn. 4).

4   Die unaufschiebbar gewesene Handlung **bleibt wirksam,** auch wenn die Ablehnung später für begründet erklärt wird. Anders ist es nur, wenn ein Ausschließungsgrund nach §§ 22, 23 festgestellt ist (LR-Wendisch Rdn. 8, 20). Dass die Handlung aufschiebbar gewesen wäre, begründet ebenfalls für sich allein nicht ihre Unwirksamkeit (BGHSt 48, 264).

5   Bei **Ablehnung in der laufenden Hauptverhandlung** wird diese unter Mitwirkung des abgelehnten Richters (zunächst) fortgesetzt. Dies soll Verfahrensverzögerungen durch Missbrauch des Ablehnungsrechtes vorbeugen. Abs. 2 gilt nicht, wenn das Gesuch schon vor Beginn der Hauptverhandlung gestellt war, wohl aber dann, wenn es während einer Unterbrechung außerhalb der Hauptverhandlung angebracht wird (Meyer-Goßner § 29 Rdn. 9; Rieß NJW 1978, 2265, 2268).

6   Wenn innerhalb einer ohnehin vorgesehenen **Unterbrechung** entschieden werden kann, darf nicht weiter verhandelt werden (Rieß a. a. O.). Die Entscheidung muss ergehen, sobald sie ohne Verzögerung der Hauptverhandlung möglich ist. Die von Abs. 2 S. 1 Halbsatz 2 gezogenen zeitlichen Grenzen dürfen nicht ausgenutzt werden, wenn eine frühere Entscheidung möglich ist (KK-Pfeiffer § 13 Rdn. 8). Vor jeder weiteren Sacherörterung, spätestens am übernächsten Verhandlungstag, muss über das Ablehnungsgesuch entschieden werden.

7   Wird das Ablehnungsgesuch für begründet erklärt, ist eine Wiederholung der Hauptverhandlung (Abs. 2 S. 2 Halbsatz 1) erforderlich, soweit in ihr Handlungen vorgenommen wurden, an denen der abgelehnte Richter mitwirkte.

Beispiel: Nach dem Ablehnungsgesuch werden noch 2 Zeugen vernommen. Dann wird dem Gesuch stattgegeben. Ist kein Ergänzungsrichter (§ 192 GVG) vorhanden, ist die Hauptverhandlung „geplatzt" und muss völlig neu durchgeführt werden. An der neuen Hauptverhandlung nimmt dann statt des abgelehnten Richters sein Vertreter teil. War in dem Verfahren ein Ergänzungsrichter anwesend, müssen die Teile der Hauptverhandlung wiederholt werden, an denen nach Anbringung des Ablehnungsgesuches der befangene Richter noch mitgewirkt hat. Eine Ausnahme gilt nur für solche Teile, die im Sinne des Abs. 1 unaufschiebbar waren (Abs. 2 S. 2 Hs. 2). Die ursprünglichen Beweisergebnisse des zu wiederholenden Teils der Hauptverhandlung dürfen für die Urteilsfindung nicht unmittelbar verwertet werden.

8   Zweifelhaft ist, ob es zulässig ist, Beweis darüber zu erheben, welche Aussagen Angeklagte und Zeugen während dieses Verhandlungsteils gemacht haben (dafür Meyer-Goßner § 29 Rdn. 14, dagegen SK-Rudolphi § 29 Rdn. 18).

9   Eine **Weiterführung der Hauptverhandlung** unter Mitwirkung des abgelehnten Richters ist nicht zulässig für aufschiebbare Entscheidungen, die auch außerhalb der

3. Abschnitt. Ausschließung und Ablehnung der Gerichtspersonen § 30

Hauptverhandlung getroffen werden können (Abs. 2 S. 3). Dies betrifft etwa Haftentscheidungen oder Durchsuchungsbeschlüsse (LR-Wendisch § 29 Rdn. 40).

Mit der **Revision** kann gerügt werden, dass es sich nicht um unaufschiebbare Maßnahmen gehandelt habe (vgl. BGH NStZ 2002, 429, der dem Tatrichter einen Spielraum einräumt). Ein bloßer formaler Verstoß gegen Abs. 1 soll bei fehlender Befangenheit des Richters die Revision nicht zu begründen vermögen (BGHSt 48, 264). Vor dem Hintergrund der neueren Rechtsprechung des BVerfG zu § 26a (§ 26a Rdn. 5) ist zweifelhaft, ob diese Rechtsprechung Bestand haben wird. **10**

Bei Anwendung des Abs. 2 S. 1 kann auch die **Überschreitung** der dort bestimmten zeitlichen Grenzen beanstandet werden (BGH NStZ 1996, 398). **11**

§ 30 [Selbstablehnung; Ablehnung von Amts wegen]

Das für die Erledigung eines Ablehnungsgesuchs zuständige Gericht hat auch dann zu entscheiden, wenn ein solches Gesuch nicht angebracht ist, ein Richter aber von einem Verhältnis Anzeige macht, das seine Ablehnung rechtfertigen könnte, oder wenn aus anderer Veranlassung Zweifel darüber entstehen, ob ein Richter kraft Gesetzes ausgeschlossen ist.

Das Gesetz kennt zwar keine Selbstablehnung, wohl aber eine **Selbstanzeige.** Dies ist die Mitteilung von Tatsachen, die Ausschließungsgründe nach §§ 22, 23 oder Befangenheitsgründe nach § 24 enthalten (können). Die Erklärung des Richters, dass er sich befangen fühle, ist rechtlich bedeutungslos. Hierüber entscheidet allein das nach § 27 zuständige Gericht und zwar vom Standpunkt des Beschuldigten, nicht des Richters aus (BGH DRiZ 1959, 153). Für den Ergänzungsrichter (§ 192 Abs. 2 GVG) gilt § 30 schon, bevor er in das Verfahren eintritt (Meyer-Goßner § 30 Rdn. 1). Für Schöffen und Protokollführer findet die Vorschrift nach § 31 Abs. 1 entsprechende Anwendung. **1**

Die **zeitliche Schranke** des § 25 spielt bei der Selbstanzeige keine Rolle, der Richter darf sie aber nicht hinauszögern. Sie zu erstatten ist eine Dienstpflicht, die er nach pflichtgemäßem Ermessen auszuüben hat (Meyer-Goßner § 30 Rdn. 2). **2**

Bis zur gerichtlichen Entscheidung über die Selbstanzeige darf der Richter nur nach Maßgabe des § 29 Abs. 1 mitwirken; § 29 Abs. 2 gilt nicht (KK-Pfeiffer § 30 Rdn. 6; Meyer-Goßner § 30 Rdn. 4). **3**

Die Entscheidung des Gerichts erfolgt durch **Beschluss.** Während man sie früher als innere Angelegenheit des Gerichts ansah, ist heute anerkannt, dass Art. 103 Abs. 1 GG es gebietet, die Selbstanzeige den Verfahrensbeteiligten mitzuteilen und diesen Gelegenheit zur Stellungnahme zu geben (vgl. BVerfG 89, 28). Zuständig für die Entscheidung ist das in § 27 bezeichnete Gericht; § 27 Abs. 4 ist anwendbar (OLG Frankfurt NStZ 1981, 233, 234). **4**

Der Richter hat **kein Beschwerderecht,** wenn auf seine Selbstanzeige festgestellt wird, dass ein Ausschließungsgrund nicht vorliegt oder keine Befangenheit zu besorgen ist (Meyer-Goßner § 30 Rdn. 8). Auch die anderen Verfahrensbeteiligten haben kein Beschwerderecht. Allerdings können sie die Vorgänge zum Anlass nehmen, ihrerseits einen Befangenheitsantrag zu stellen und diesen nach Maßgabe des § 28 (begrenzt) anfechten. **5**

Die **Revision** kann auf das Unterlassen der Selbstanzeige nicht gestützt werden, auch der Beschluss nach § 30 soll grundsätzlich revisionsrichterlich nicht geprüft werden können. Eine Ausnahme soll gemacht werden, wenn ein Verstoß gegen Art. 101 Abs. 1 S. 2 GG und **Willkür** (Einl. Rdn. 16) gerügt wird. Wird der Richter aber schon vor Entscheidung über die Selbstanzeige durch einen Vertreter ersetzt, ist der zwingende Aufhebungsgrund des § 338 Nr. 1 gegeben (BGHSt 25, 122). Die Nichtbeachtung eines Ausschließungsgrundes kann nach § 338 Nr. 1 gerügt werden (Meyer-Goßner § 30 Rdn. 9). **6**

§ 31 [Schöffen und Urkundsbeamte]

(1) Die Vorschriften dieses Abschnitts gelten für Schöffen sowie für Urkundsbeamte der Geschäftsstelle und andere als Protokollführer zugezogene Personen entsprechend.

(2) ¹Die Entscheidung trifft der Vorsitzende. ²Bei der großen Strafkammer und beim Schwurgericht entscheiden die richterlichen Mitglieder. ³Ist der Protokollführer einem Richter beigegeben, so entscheidet dieser über die Ablehnung oder Ausschließung.

1   Die Vorschrift ordnet die Anwendbarkeit der Regelungen über den Ausschluss und die Ablehnung von Richtern auf **Schöffen und Urkundsbeamte** der Geschäftsstelle sowie andere als Protokollführer zugezogene Personen an. Die Vorschriften gelten durchweg, allerdings wird der nicht passende § 27 Abs. 1 durch § 31 Abs. 2 ersetzt. § 27 Abs. 2 bis 4 ist bei Schöffen nicht einschlägig. Inwiefern die Anwendung des § 29 Abs. 1 (unaufschiebbare Handlungen) in Betracht kommt, ist umstritten (dafür KMR-Paulus § 31 Rdn. 1; dagegen Meyer-Goßner § 31 Rdn. 1).

2   Die **Befangenheitsgründe** gehen bei diesen Personen nicht weiter als bei den Berufsrichtern. Die Kenntnis von Presseveröffentlichungen, die das Ergebnis des Verfahrens vorwegnehmen (BGHSt 22, 289) oder die gelegentliche Lektüre der Anklageschrift während der Hauptverhandlung genügen nicht. Die Befangenheit mag es begründen, wenn der Schöffe während oder außerhalb der Hauptverhandlung unsachliche Bemerkungen macht (BGH NStZ 1991, 144) oder ständig einschläft (LG Bremen StV 2002, 357).

3   Für **Protokollführer** gelten die §§ 22 ff zwar entsprechend (ausgenommen § 23). Dass eine Ablehnung wegen Befangenheit begründet sein könnte, ist aber praktisch kaum vorstellbar (Meyer-Goßner § 31 Rdn. 3). Zweifelhaft ist, ob die Hauptverhandlung wiederholt werden muss, wenn ein Protokollführer wegen Befangenheit ausscheidet. Ein Teil der Literatur nimmt dies an (KK-Pfeiffer § 31 Rdn. 3; SK-Rudolphi § 31 Rdn. 9), andere lehnen dies ab (Meyer-Goßner § 31 Rdn. 3). Das Protokoll soll voll wirksam sein und eine entsprechende Beweiskraft entfalten. Anders soll es wiederum dann sein, wenn ein Urkundsbeamter nach § 22 von Gesetzes wegen ausgeschlossen ist (RGSt 68, 272).

4   Für **selbstständige Amtshandlungen** des Urkundsbeamten, z.B. die Aufnahme von Rechtsmittelerklärungen, gelten die §§ 22 ff nicht (Meyer-Goßner § 31 Rdn. 4).

5   Für die **richterliche Entscheidung** gilt Abs. 2 an Stelle des § 27. Wird das Gesuch als unzulässig verworfen, gilt § 26a Abs. 2 S. 1, 2. Beim Schöffengericht und der Kleinen Strafkammer entscheidet der Vorsitzende allein (Abs. 2 S. 1), ansonsten die Berufsrichter (Abs. 2 S. 2). Für die Anfechtung der Entscheidung gilt bei Schöffen § 28 entsprechend. Die Entscheidung über die Ablehnung des Urkundsbeamten in der Hauptverhandlung soll unanfechtbar sein (LG Stuttgart NJW 1964, 677; Meyer-Goßner § 31 Rdn. 6; a.M. LR-Wendisch § 31 Rdn. 14; SK-Rudolphi § 31 Rdn. 11). Meyer-Goßner begründet dies mit der Erwägung, eine Urteilsanfechtung komme praktisch nicht in Betracht, so dass jedenfalls § 28 Abs. 2 S. 2 nicht anwendbar sei. Im Hinblick auf die Revision findet für die Schöffen § 338 Nr. 2, 3 Anwendung. Auf der Mitwirkung eines ausgeschlossenen oder befangenen Protokollführers soll das Urteil nicht beruhen können (Meyer-Goßner § 31 Rdn. 7). Anderseits kann ggf. die Beweiskraft des Protokolls entfallen (oben Rdn. 3).

§ 32 (weggefallen)

Vierter Abschnitt.
Gerichtliche Entscheidungen und Kommunikation zwischen den Beteiligten

Vor § 33

Der Vierte Abschnitt regelt die gerichtlichen Entscheidungen und ihre Bekanntmachung. Zu unterscheiden ist zwischen **Sachentscheidungen** über den Prozessgegenstand und bloßen **Prozessentscheidungen,** die aus verfahrensrechtlichen Gründen eine Sachentscheidung ablehnen oder die Sicherung und den Ablauf des Verfahrens betreffen. In beiden Fällen fordert das Gesetz die Gewährung rechtlichen Gehörs (§§ 33, 33 a) und regelt, in welchen Fällen Entscheidungen mit Gründen versehen werden müssen (§ 34). Wann und auf welche Weise sie bekannt zu machen sind, ergibt sich aus den §§ 35 ff. Keine Bestimmung enthält der Abschnitt über die Wirksamkeit richterlicher Prozesshandlungen und ihre Widerruflichkeit (Einl. Rdn. 71 ff). 1

In der Hauptverhandlung ergehen Entscheidungen durch Verkündung des Urteils (§ 268 Abs. 2 S. 1) oder Beschluss (§ 35 Abs. 1 S. 1). **Außerhalb der Hauptverhandlung** ergehen die Entscheidungen, wenn die betroffenen Personen anwesend sind, durch Verkündung (§ 35 Abs. 1 S. 1), sonst schriftlich. Die Unterzeichnung von Beschlüssen ist vom Gesetz regelmäßig nicht vorgeschrieben (BGH NStZ 1985, 492). Insbesondere ist anders als bei Urteilen (§ 275 Abs. 2) nicht die Unterschrift aller mitwirkenden Richter erforderlich. So lässt § 14 Abs. 2 der Geschäftsordnung für den BGH für Beschlüsse dieses Gerichts die Unterschrift des Vorsitzenden und des Berichterstatters genügen, wenn Beschlüsse außerhalb der mündlichen Verhandlung ergehen. 2

Trägt der Beschluss einer Strafkammer nicht die **Unterschriften aller Berufsrichter,** muss jedenfalls erkennbar sein, dass die gerichtliche Entscheidung in der gesetzlich vorgeschriebenen Besetzung mit 3 Richtern getroffen worden ist (BGH NStZ-RR 1997, 205). Hat der Drittrichter gar nicht mitgewirkt, handelt es sich um eine Nichtentscheidung (Beschlussentwurf), die aber anfechtbar ist, wenn sie den Prozessbeteiligten zugestellt wurde (Meyer-Goßner vor § 33 Rdn. 6). Durch den aktenmäßigen Erlass wird die Entscheidung existent und damit auch anfechtbar, sie kann aber noch abgeändert werden, solange sie nicht mit Außenwirkung erlassen wurde. Dies geschieht mit dem Tag, an dem die Geschäftsstelle sie einer Behörde oder Person außerhalb des Gerichts hinaus gibt (KG NZV 1992, 123; OLG Köln NJW 1993, 608), und zwar selbst dann, wenn die Geschäftsstelle ohne richterliche Anweisung handelt (BayObLG NJW 1981, 2589; Roxin § 23 A II; Meyer-Goßner vor § 33 Rdn. 9; a. M. LR-Wendisch § 33 Rdn. 12). 3

Der **Antragsteller einer Eingabe** hat ein Recht auf richterliche Entscheidung, wenn er nicht auf einen Bescheid verzichtet. Sieht das Gesetz keine förmliche Entscheidung vor, kann der Antragsteller formlos beschieden werden. 4

Eine sachliche **Entscheidung unterbleibt,** wenn die Eingabe/der Antrag nicht den Anforderungen entspricht, die an jede bei einer Behörde einzureichende Schrift zu stellen sind, etwa einen beleidigenden Inhalt hat. Dies gilt auch für querulatorische Anzeigen. 5

Enthält die Antrags- oder Rechtsmittelschrift **grobe Verunglimpfungen** z. B. des angerufenen Gerichts, wird dem Antragsteller formlos oder wenn in der Sache durch Beschluss zu entscheiden wäre durch Beschluss mitgeteilt, dass das Gericht eine Entscheidung ablehnt. 6

Beispiel: In der Revisionsbegründungsschrift wird das OLG als Rechtsbeugungszentrum bezeichnet (OLG Hamm NJW 1976, 978; vgl. auch BVerfG NStZ 2001, 616). Allerdings ist fraglich, ob so

§ 33   1. Buch. Allgemeine Vorschriften

auch dann zu verfahren ist, wenn der Antragsteller dadurch sein Rechtsmittel verliert (vgl. OLG Düsseldorf MDR 1993, 462). Ggf. muss man die Sache entscheiden, kann aber natürlich zugleich eine Strafanzeige nach den §§ 185 ff StGB erstatten.

7   Wird eine Eingabe, die bereits ordnungsgemäß beschieden wurde, **wiederholt,** hat der Betreffende grundsätzlich keinen Anspruch auf erneuten Bescheid.

8   Die **äußere Form der Entscheidung** ist gesetzlich nur teilweise geregelt, z. B. für das Urteil, welches im Namen des Volkes ergeht (§ 268 Abs. 1), aus Urteilsformel und -gründen besteht (§ 260 Abs. 4, § 268 Abs. 2) und schriftlich (rechtzeitig) zu den Akten gebracht werden muss (§ 275). Auch Beschlüsse bestehen aus Entscheidungssatz und Begründung, soweit eine solche erforderlich ist (vgl. § 34). Schriftliche Entscheidungen enthalten zudem das Gericht, das Datum der Entscheidung und die Personalien des Beschuldigten, also auch eine Art Rubrum. Die Namen der beschließenden Richter ergeben sich aus der Unterzeichnung, können aber auch in die Eingangsformel des Beschlusses einbezogen werden.

§ 33 [Anhörung der Beteiligten]

(1) Eine Entscheidung des Gerichts, die im Laufe einer Hauptverhandlung ergeht, wird nach Anhörung der Beteiligten erlassen.

(2) Eine Entscheidung des Gerichts, die außerhalb einer Hauptverhandlung ergeht, wird nach schriftlicher oder mündlicher Erklärung der Staatsanwaltschaft erlassen.

(3) Bei einer in Absatz 2 bezeichneten Entscheidung ist ein anderer Beteiligter zu hören, bevor zu seinem Nachteil Tatsachen oder Beweisergebnisse, zu denen er noch nicht gehört worden ist, verwertet werden.

(4) ¹Bei Anordnung der Untersuchungshaft, der Beschlagnahme oder anderer Maßnahmen ist Absatz 3 nicht anzuwenden, wenn die vorherige Anhörung den Zweck der Anordnung gefährden würde. ²Vorschriften, welche die Anhörung der Beteiligten besonders regeln, werden durch Absatz 3 nicht berührt.

1   Die Vorschrift regelt im Verein mit § 33a das Grundrecht auf rechtliches Gehör (Art. 103 Abs. 1 GG) vor Gericht. Es umfasst das Recht, über den Gegenstand, der einer Entscheidung zu Grunde gelegt werden soll, unterrichtet zu werden und die Gelegenheit zu erhalten, dazu Stellung zu nehmen (vgl. HK-Lemke § 33 Rdn. 1). Ein Anspruch auf ein Rechtsgespräch wird jedoch nicht gewährleistet (BGH NJW 1989, 2407; Pfeiffer § 33 Rdn. 1).

2   **Entscheidungen des Gerichts** sind Aussprüche im Vor- oder Hauptverfahren, die in irgendeiner Hinsicht in die verfahrensrechtliche oder sachlich rechtliche Rechtstellung eines Prozessbeteiligten oder in die Rechte Dritter eingreifen (Meyer-Goßner § 33 Rdn. 2). Eine weite Auslegung des Begriffs ist geboten; erfasst sind z. B. Urteile, Beschlüsse und Verfügungen des erkennenden und des beschließenden Richters. Nicht erfasst sind prozessleitende Verfügungen, Mitteilungen, Belehrungen oder die Vorlage an eine Spezialstrafkammer (HK-Lemke § 33 Rdn. 2).

3   **Beteiligte** sind alle Verfahrensbeteiligten, d. h. alle Personen, die nach dem Gesetz eine Prozessrolle ausüben, also durch eigene Willenserklärungen im prozessualen Sinn gestaltend als Prozesssubjekt mitwirken müssen oder dürfen (Meyer-Goßner Einl. Rdn. 71). Hauptbeteiligte sind neben dem Beschuldigten und seinem Verteidiger oder Beistand die StA, der Nebenkläger und der Privatkläger. Nebenbeteiligte sind Personen, die im allgemeinen Interesse oder zur Abwehr eigener Rechtsnachteile am Verfahren teilnehmen oder sich beteiligen dürfen. Dazu gehört zum Beispiel der Verletzte (vgl. § 406 d), zum Teil auch die Verwaltungsbehörde oder eine juristische Person oder Personenvereinigung. Im Jugendstrafverfahren sind auch die Vertreter der Ju-

gendgerichtshilfe, der Erziehungsberechtigte und der gesetzliche Vertreter beteiligt (Meyer-Goßner Einl. Rdn. 74). Nicht verfahrensbeteiligt sind Zeugen oder Sachverständige sowie sonstige „Dritte", solange sie nicht von einer Entscheidung unmittelbar betroffen werden (vgl. BGHSt 19, 7, 15). So wird ein Zeuge, gegen den ein Ordnungsgeld verhängt werden soll bzw. verhängt wird, durchaus zum Beteiligten mit eigenen Rechten (Meyer-Goßner § 33 Rdn. 4).

Vor Entscheidungen in der Hauptverhandlung (Abs. 1) erhalten die Beteiligten **Gelegenheit zur Äußerung.** Eine ausdrückliche Aufforderung ist grundsätzlich nicht erforderlich (BGHSt 17, 340), allerdings kann dies die Fürsorgepflicht gebieten (Pfeiffer § 33 Rdn. 1). Die Form der Anhörung steht im Ermessen des Gerichts (vgl. aber z.B. § 308 Abs. 1). Ist der Angeklagte mit seinem Verteidiger erschienen, so genügt dessen Anhörung (BGH MDR 1974, 367; Meyer-Goßner § 33 Rdn. 7). 4

Ob die Anhörung **wesentliche Förmlichkeit** im Sinne des § 273 Abs. 1 ist und daher im Protokoll beurkundet werden muss, ist zweifelhaft. Der BGH (BGH NStZ 1993, 500) lässt dies offen, die Literatur (KK-Maul § 33 Rdn. 7; KMR-Paulus § 33 Rdn. 27; Meyer-Goßner § 33 Rdn. 8) nimmt dies an. 5

Entscheidungen außerhalb der Hauptverhandlung (Abs. 2, 3) setzen zwingend die **Anhörung der StA** voraus. Die Anhörung erfolgt regelmäßig schriftlich (HK-Lemke § 33 Rdn. 11), eine mündliche Anhörung kann die StA nur in den gesetzlich dafür vorgesehenen Fällen verlangen (vgl. § 118a Abs. 3 S. 1; § 124 Abs. 2 S. 3). Die StA ist wegen ihrer Mitwirkungspflicht grundsätzlich zu einer Stellungnahme gehalten (Meyer-Goßner § 33 Rdn. 10). Einschränkungen enthalten § 125 Abs. 1, § 128 Abs. 2 S. 2 und, wenn ein Staatsanwalt nicht alsbald erreichbar ist, § 163 Abs. 2 S. 2 und § 163c (Meyer-Goßner § 33 Rdn. 10). Im Fall der Briefbeanstandung nach § 148a wird die StA nicht gehört (Meyer-Goßner § 33 Rdn. 10). 6

Andere Beteiligte (Abs. 3) sind vor der Entscheidung nur zu hören, wenn diese zu ihrem Nachteil ergehen soll (HK-Lemke § 33 Rdn. 13). Die Anhörung erfolgt schriftlich, ggf. auch durch die Gewährung von Akteneinsicht (Meyer-Goßner § 33 Rdn. 11). Wird dem Verteidiger Gelegenheit zur Äußerung gegeben, so reicht dies in der Regel aus, weil durch ihn auch der Beschuldigte gehört wird (BGH MDR 1974, 367; Meyer-Goßner § 33 Rdn. 12). Gleiches gilt für den Prozessbevollmächtigten eines Nebenbeteiligten sowie für den Rechtsanwalt als Beistand des Privat- oder Nebenklägers (Meyer-Goßner § 33 Rdn. 12). Umgekehrt kann die Anhörung des Beteiligten die des Verteidigers oder Bevollmächtigten grundsätzlich **nicht** ersetzen (BGHSt 25, 252, 254). 7

Die Anhörung erstreckt sich auf **Tatsachen oder Beweisergebnisse,** zu denen der Beteiligte noch nicht gehört worden ist, die das Gericht für entscheidungserheblich hält und zu seinem Nachteil verwenden will (HK-Lemke § 33 Rdn. 14). Beweisergebnisse sind z.B. Zeugenaussagen, Sachverständigengutachten und Ergebnisse des Augenscheins (Meyer-Goßner § 33 Rdn. 13). 8

Weitere besondere Regelungen über die Anhörung der Beteiligten bleiben unberührt. Dies gilt etwa für die Anhörungspflichten nach § 81 Abs. 1 S. 1, § 122 Abs. 2 S. 1, § 175 S. 1, § 201 Abs. 1, § 225a Abs. 2 S. 1, § 453 Abs. 1 S. 2, § 454 Abs. 1 S. 2, 3 und § 462 Abs. 2. 9

Bei überraschenden Maßnahmen (Abs. 4 S. 1) ist die Anhörung nach Abs. 3 (zunächst) ausgeschlossen. Dies betrifft Fälle, in denen die Anhörung den Zweck der Maßnahme gefährden würde. Neben Untersuchungshaft und Beschlagnahme betrifft dies etwa Eingriffe nach § 81a, die Postbeschlagnahme nach § 99a, die Telefonüberwachung nach § 100a, Durchsuchungen (§§ 102 bis 104), die Anordnung der Sicherheitsleistung (§ 132) und die Vorführung nach § 134 (HK-Lemke § 33 Rdn. 15; Meyer-Goßner § 33 Rdn. 15). 10

Die Regelung ist **entsprechend anwendbar,** wenn eine an sich vorgesehene vorherige Anhörung aus tatsächlichen Gründen nicht möglich ist, etwa der Aufenthalt des 11

§ 33a

von der Entscheidung Betroffenen nicht ermittelt werden kann. In diesen Fällen wird über § 33a nachträglich Gehör gewährt (vgl. BGH NJW 1975, 2211).

12 Eine **Gefährdung des Zwecks der Anordnung** liegt vor, wenn auf Grund von Tatsachen im Einzelfall oder nach der Lebenserfahrung die Gefahr besteht, dass der Beteiligte bei vorheriger Anhörung den Zugriff vereiteln werde. Bei der Durchsuchung kommt z. B. in Betracht, dass Gegenstände versteckt werden, die beschlagnahmt werden sollen. Sind die Gründe nicht – wie meist – offensichtlich, sind sie in dem Beschluss darzulegen (Meyer-Goßner § 33 Rdn. 16). Dies gilt auch im Beschwerderechtszug (§ 308 Abs. 1 S. 2; vgl. OLG Hamm NStZ-RR 2001, 254).

13 Ist die Entscheidung anfechtbar, erfolgt eine **nachträgliche Anhörung im Rechtsmittelzug** (BVerfG NJW 2004, 2443). Kann sie nicht angefochten werden, ist nach § 33a nachträgliches Gehör zu gewähren (OLG Frankfurt NStZ-RR 2002, 306; Meyer-Goßner § 33a Rdn. 18). Über das Recht auf nachträgliche Anhörung ist der Betroffene in der nicht anfechtbaren Entscheidung zu belehren (BVerfGE 9, 89, 107; BVerfGE 18, 399, 404). Ob die Anhörung von Amts wegen durchgeführt werden muss, ist umstritten (dagegen Meyer-Goßner § 33a Rdn. 18; dafür KK-Maul § 33 Rdn. 14; LR-Wendisch § 33 Rdn. 42).

14 Die **Revision** kann auf dem Verstoß gegen die Anhörungspflicht in der Regel nicht beruhen. Eine Ausnahme ist denkbar, wenn der Angeklagte ihn sofort beanstandet hat. Ansonsten wird angenommen, dass er die Entscheidung stillschweigend gebilligt hat und seine Anhörung daher zu keinem anderen Ergebnis geführt hätte (Meyer-Goßner § 33 Rdn. 19).

§ 33a [Nachträgliche Anhörung]

[1]**Hat das Gericht in einem Beschluss den Anspruch eines Beteiligten auf rechtliches Gehör in entscheidungserheblicher Weise verletzt und steht ihm gegen den Beschluss keine Beschwerde und kein anderer Rechtsbehelf zu, versetzt es, sofern der Beteiligte dadurch noch beschwert ist, von Amts wegen oder auf Antrag insoweit das Verfahren durch Beschluss in die Lage zurück, die vor dem Erlass der Entscheidung bestand.** [2]**§ 47 gilt entsprechend.**

1 Die Vorschrift betrifft die **Verletzung des Anspruchs** auf rechtliches Gehör im Beschlussverfahren und ermöglicht die Nachholung der Anhörung. Damit wird letztlich vermieden, dass sich bei unanfechtbaren Entscheidungen der Beteiligte über die Verfassungsbeschwerde unmittelbar an das Bundesverfassungsgericht wendet.

2 Die Vorschrift wird **durch § 311a ergänzt** und gilt für Beschlüsse auch im Berufungs-, Revisions- und Rechtsbeschwerdeverfahren, jedoch nicht nach Abschluss des Verfahrens durch rechtskräftiges Urteil (BGH NStZ 1992, 27; HK-Lemke § 33a Rdn. 2). Auch die Änderung rechtskräftiger Entscheidungen in anderen Verfahren ist nicht erlaubt (OLG Karlsruhe Justiz 1985, 319). Der Antrag nach § 33a gehört zum Rechtsweg im Sinne des § 90 Abs. 2 BVerfGG (BVerfG NStZ 1994, 498).

3 Die jetzt geltende Fassung hat die Vorschrift durch das **Anhörungsrügengesetz** behalten, das in Reaktion auf die Entscheidung des Plenums des Bundesverfassungsgerichts vom 30. 4. 2003 (BVerfGE 107, 395) erlassen wurde.

4 Das Nachtragsverfahren setzt voraus, dass das Recht auf rechtliches Gehör **in entscheidungserheblicher Weise** verletzt worden ist. Gleichgültig ist, ob es sich um ein Versehen handelt oder das Gericht nach § 33 Abs. 4 S. 1 verfahren hat. Entscheidungserheblich ist die unterbliebene Anhörung nur dann, wenn und soweit diese sich auf das Ergebnis des Beschlusses ausgewirkt hat. Hätte der Beteiligte auch bei Anhörung sich nicht anders als geschehen verteidigen können oder scheint es sonst ausgeschlossen, dass das Gericht anders entschieden hätte, ist der Verstoß nicht entscheidungserheblich (BT-Drucks. 15/3706 S. 17).

4. Abschn. Gerichtl. Entscheidungen u. Kommunikation zw. den Beteiligten § 33a

Unanfechtbarkeit des Beschlusses meint, dass das Gesetz die Anfechtung ausdrücklich ausschließt (KG NJW 1966, 991; vgl. § 310, § 28 Abs. 2, § 305 S. 1). § 33a findet keine Anwendung, wenn der Betroffene das zulässige Rechtsmittel versäumt oder zurückgenommen hat (OLG Stuttgart NJW 1974, 284; Meyer-Goßner § 33a Rdn. 4). Entsprechend anwendbar ist die Bestimmung, wenn ggü. dem Verurteilten ohne vorherige Anhörung die Strafaussetzung widerrufen und der Beschluss öffentlich zugestellt worden ist, weil sein Aufenthalt nicht zu ermitteln war (BGHSt 26, 127). Andere Rechtsbehelfe im Sinne des § 33a sind insbesondere Anträge auf Wiedereinsetzung in den vorigen Stand (§§ 44, 319 Abs. 2, § 346 Abs. 2). 5

Der Beteiligte muss **noch beschwert sein.** Nicht ausreichend ist, dass sich der Beteiligte durch die Beschlussgründe belastet fühlt (Meyer-Goßner § 33a Rdn. 6). Bei erledigten Maßnahmen kommt es darauf an, ob ein Interesse an der Feststellung der Rechtswidrigkeit besteht (vgl. vor § 296 Rdn. 24; OLG Celle NJW 1973, 863). 6

Auf Antrag des Betroffenen findet das Nachtragsverfahren ebenso statt wie in Eilfällen **von Amts wegen.** Ein etwaiger Antrag darf nicht beliebig lange hinausgezögert werden (OLG Koblenz wistra 1987, 357), ist aber ansonsten an keine Frist gebunden. Eine Form schreibt das Gesetz für den Antrag nicht vor (BayObLG NJW 1973, 1140). In dem Antrag müssen die Voraussetzungen des § 33a dargetan werden. Ist dies nicht der Fall oder liegen die Voraussetzungen des § 33a nicht vor, wird er als unzulässig verworfen (Meyer-Goßner § 33a Rdn. 7). 7

Das Nachtragsverfahren wird **von Amts wegen** eingeleitet, wenn das Gericht unabhängig von einem Antrag des Betroffenen von dem Rechtsverstoß erfährt (BayObLG NJW 1987, 314). Äußert sich der Betroffene in der ihm zweckmäßigerweise gesetzten Frist nicht, wird das Nachholungsverfahren formlos abgeschlossen (KK-Maul § 33a Rdn. 10). 8

Nach Eingang der **Stellungnahme des Betroffenen** muss das Gericht prüfen, ob die frühere Entscheidung abzuändern ist (BVerfG NJW 1990, 3191). Voraussetzung ist, dass sie auf einer Verletzung des rechtlichen Gehörs beruhen kann (Meyer-Goßner § 33a Rdn. 9). Eine Schlechterstellung des Betroffenen ist dabei nicht zulässig (BayObLG NJW 1973, 1140). Die Abänderung erfolgt wie bei der Wiedereinsetzung in den vorigen Stand in der Form, dass das Verfahren durch Beschluss in die Lage zurückversetzt wird, in der es sich vor Erlass der beschwerenden Entscheidung befand (Meyer-Goßner § 33a Rdn. 9). 9

Der Beschluss **hemmt nicht** die Vollstreckung der Entscheidung, jedoch kann das Gericht einen Aufschub der Vollstreckung anordnen (§ 33a S. 2 i.V.m. § 47). Ist eine Änderung nicht erforderlich, muss dennoch ein neuer Beschluss erlassen werden (Meyer-Goßner § 33a Rdn. 9). 10

Wird die nachträgliche Gewährung des rechtlichen Gehörs oder die Zurückversetzung in die frühere Lage aus formellen Gründen abgelehnt, ist **Beschwerde** nach § 304 zulässig (OLG Hamburg NJW 1972, 219; Meyer-Goßner § 33a Rdn. 10). Ist in der Sache entschieden worden, ist die Entscheidung nicht anfechtbar, da ansonsten mittelbar eine (gesetzlich ausgeschlossene) weitere Beschwerde geschaffen würde (KG NJW 1966, 991; OLG Frankfurt NStZ-RR 2003, 79). Eine Beschwerde ist möglich, wenn eine rechtskräftige Entscheidung ohne Vorliegen der Voraussetzungen des § 33a abgeändert wurde (OLG Karlsruhe Justiz 1985, 319) oder das Gericht seinen ursprünglichen Beschluss aufhebt (Meyer-Goßner § 33a Rdn. 10; SK-Weßlau § 33a Rdn. 26; a.M. OLG Düsseldorf JR 1993, 125 mit abl. Anm. Wendisch). 11

Das Recht auf **Wiedereinsetzung** nach § 44 wird durch § 33a nicht berührt (Meyer-Goßner § 33a Rdn. 10). 12

§ 34 [Begründung]

Die durch ein Rechtsmittel anfechtbaren Entscheidungen sowie die, durch welche ein Antrag abgelehnt wird, sind mit Gründen zu versehen.

1   Die Vorschrift regelt die **Begründung gerichtlicher Entscheidungen**. Der Begründungszwang hat dabei unterschiedliche Zwecke je nachdem, ob es um eine anfechtbare oder eine nicht anfechtbare Entscheidung geht.

2   **Anfechtbare Entscheidungen** sind zu begründen, um den Anfechtungsberechtigten in die Lage zu versetzen, eine rationale Entscheidung über ein weiteres prozessuales Vorgehen zu treffen. Ferner soll dem Rechtsmittelgericht die Prüfung der Entscheidung ermöglicht werden (OLG Düsseldorf StV 1991, 521; Meyer-Goßner § 34 Rdn. 1).

3   Anfechtbare Entscheidungen können nur **Sachentscheidungen** sein, gleichgültig, ob sie sich auf verfahrensrechtliche oder sachlich-rechtliche Fragen beziehen (Meyer-Goßner § 34 Rdn. 2). Eine unmittelbare Anfechtbarkeit etwa durch die Beschwerde ist nicht vorausgesetzt; es genügt, dass sie auf die Revision hin geprüft werden können (KK-Maul § 34 Rdn. 2). Verfügungen, die nur den Gang des Verfahrens bestimmen, unterfallen dem § 34 nicht (KK-Maul § 34 Rdn. 3).

4   Entscheidungen, durch die ein Antrag abgelehnt wird, sind nur solche, die einen **Antrag** voraussetzen. Ist die Entscheidung von Amts wegen zu treffen, muss sie auch dann nicht begründet werden, wenn ein Beteiligter einen dahingehenden Antrag gestellt hat (BGHSt 15, 253; Meyer-Goßner § 34 Rdn. 3; LR-Wendisch § 34 Rdn. 4; a. M. KK-Maul § 34 Rdn. 4; SK-Weßlau § 34 Rdn. 7).

5   **Der Inhalt** der – ggf. mündlichen – Begründung muss die rechtlichen und tatsächlichen Erwägungen erkennen lassen, auf denen die Entscheidung beruht (Meyer-Goßner § 34 Rdn. 4). Formelhafte Wendungen oder gar die bloße Wiedergabe des Gesetzeswortlautes genügen nicht (OLG Köln StV 1988, 335; Meyer-Goßner § 34 Rdn. 4). Der Umfang der Begründung hängt nicht nur von der Bedeutung des Vortrags der Beteiligten, sondern auch von der Schwere eines zur Überprüfung gestellten Grundrechtseingriffs ab (BVerfG NJW 2004, 1519).

6   **Bei Ermessensentscheidungen** muss erkennbar sein, dass das Ermessen rechtliche Grundlage der Entscheidung war (BGHSt 1, 175, 177; OLG Hamburg MDR 1970, 255; Meyer-Goßner § 34 Rdn. 5).

7   **Besondere Bestimmungen** enthalten § 267 (Urteil), § 26a Abs. 2 S. 2 (Richterablehnung), § 114 Abs. 2, 3 (Haftbefehl), §§ 204, 207 (Eröffnungsbeschluss), § 225a Abs. 3 (Vorlagebeschluss) und § 270 Abs. 2 (Verweisungsbeschluss).

8   **Das Fehlen der Begründung** führt bei Urteilen zwingend auf die Revision hin zur Urteilsaufhebung (§ 338 Nr. 7). Bei Beschlüssen entscheidet das Beschwerdegericht in der Regel in der Sache selbst (vgl. § 309 Rdn. 8).

§ 34a [Rechtskraft durch Beschluß]

Führt nach rechtzeitiger Einlegung eines Rechtsmittels ein Beschluß unmittelbar die Rechtskraft der angefochtenen Entscheidung herbei, so gilt die Rechtskraft als mit Ablauf des Tages der Beschlußfassung eingetreten.

1   Der **Eintritt der Rechtskraft** ist für verschiedene Bereiche von Bedeutung. So entscheidet er über den Beginn der Vollstreckbarkeit eines Strafurteils (§ 449), den Beginn der Bewährungszeit (§ 56a Abs. 2 S. 1 StGB) und über die Eintragungsfähigkeit einer Verurteilung in das Bundeszentralregister (§ 4 BZRG; siehe noch Meyer-Goßner § 34a Rdn. 1). Zum Teil hängen auch sachlichrechtliche Folgen vom Eintritt der Rechtskraft ab, so etwa in den Fällen des § 45 StGB, bei der Entziehung der Fahr-

4. Abschn. Gerichtl. Entscheidungen u. Kommunikation zw. den Beteiligten **§ 35**

erlaubnis (§ 69 Abs. 3 S. 1, § 69a Abs. 5 S. 1 StGB) und beim Berufsverbot (§ 70 Abs. 4 S. 1 StGB).

Die Rechtskraft tritt mit **Ablauf des Tages** der Beschlussfassung ein. Dies ist der Tag, den der unterschriebene Beschluss als Datum trägt (vgl. Pfeiffer § 34a Rdn. 1). Bei einer Entscheidung im Umlaufverfahren ist die Entscheidung erst getroffen, wenn der letzte mitwirkende Richter unterschrieben und das Datum eingesetzt hat (Pfeiffer § 34a Rdn. 1). 2

§ 34a ist nicht anwendbar, wenn der Beschluss lediglich **deklaratorische Bedeutung** hat. Der Fall ist dies z.B. dann, wenn das Revisionsgericht nach § 349 Abs. 1 die Revision verwirft, weil sie verspätet eingelegt worden ist. Gleiches gilt für den Beschluss nach § 322 Abs. 2, § 346 Abs. 2, mit dem der Beschluss über die Verwerfung eines rechtzeitig eingelegten Rechtsmittels bestätigt wird (Meyer-Goßner § 34a Rdn. 5; siehe auch § 346 Rdn. 3). Wird eine rechtzeitige Berufung nach § 322 Abs. 1 oder eine rechtzeitig eingelegte Revision nach § 346 Abs. 1 verworfen, führt dies nicht unmittelbar die Rechtskraft des Urteils herbei (§ 322 Rdn. 3; § 346 Rdn. 4). 3

Bei verspäteter Rechtsmitteleinlegung tritt die Rechtskraft mit dem Verstreichenlassen der Frist ein. Entsprechende Beschlüsse haben nur eine klarstellende Bedeutung. § 34a ist nicht anwendbar. Gleiches gilt für Beschlüsse, mit denen die sofortige Beschwerde nach § 319 Abs. 2 verworfen wird (Meyer-Goßner § 34a Rdn. 6). 4

§ 35 [Bekanntmachung]

(1) ¹**Entscheidungen, die in Anwesenheit der davon betroffenen Person ergehen, werden ihr durch Verkündung bekanntgemacht.** ²**Auf Verlangen ist ihr eine Abschrift zu erteilen.**

(2) ¹**Andere Entscheidungen werden durch Zustellung bekanntgemacht.** ²**Wird durch die Bekanntmachung der Entscheidung keine Frist in Lauf gesetzt, so genügt formlose Mitteilung.**

(3) **Dem nicht auf freiem Fuß Befindlichen ist das zugestellte Schriftstück auf Verlangen vorzulesen.**

Entscheidungen **sind alle gerichtlichen** Entscheidungen einschließlich prozessleitende Verfügungen, die für den weiteren Verfahrensverlauf von Bedeutung sind, z.B. die Ablehnung eines Beweisantrages oder eines Vertagungsantrags (vgl. Meyer-Goßner § 35 Rdn. 1). Eine Beschwer des Betroffenen ist nicht vorausgesetzt. § 35 gilt auch, wenn er durch die Entscheidung begünstigt wird. Die StA ist außerhalb des Privatklageverfahrens stets betroffen (Meyer-Goßner § 35 Rdn. 2). 1

In **Anwesenheit** der betroffenen Person ergehen insbesondere Urteile und andere Entscheidungen innerhalb der Hauptverhandlung oder einer anderen Verhandlung, z.B. einer kommissarischen Vernehmung nach § 223. Für die Urteilsverkündung gilt § 268 Abs. 2 (vgl. auch § 54 Abs. 2 JGG). Ergehen Beschlüsse in Anwesenheit der davon Betroffenen, wird der wesentliche Inhalt mitgeteilt, ggf. auch die Gründe (Meyer-Goßner § 35 Rdn. 5). Die Verkündung ist Sache des Richters, bei Kollegialgerichten des Vorsitzenden, der sie ausnahmsweise einem anderen Richter übertragen kann (LR-Wendisch § 35 Rdn. 6). Sie ist in der Sitzungsniederschrift zu beurkunden (§ 273 Abs. 1). 2

Der **Anspruch auf Erteilung einer Abschrift** (Abs. 1 S. 2) bezieht sich nur auf Entscheidungen, nicht auf andere Aktenbestandteile (BGH MDR 1973, 371). Über die Erteilung entscheidet der Vorsitzende des Gerichts, das die Entscheidung erlassen hat, unverzüglich (Meyer-Goßner § 35 Rdn. 6). Ist die Entscheidung in der Hauptverhandlung verkündet worden, kann die Abschrift erst nach Fertigstellung des Protokolls verlangt werden (RGSt 44, 53), wenn der Betroffene nicht ein besonderes Inte- 3

§ 35a 1. Buch. Allgemeine Vorschriften

resse an einer früheren Erteilung hat (KK-Maul § 35 Rdn. 9; weitergehend SK-Weßlau § 35 Rdn. 13: alle bedeutsameren Beschlüsse). Findet eine Hauptverhandlung über mehrere Tage statt, ist in der Regel nach Ende des einzelnen Hauptverhandlungstages die Abschrift zu erteilen. Kein Anspruch soll bestehen, wenn er ohne jeden Zusammenhang mit irgendeinem auch nur entfernt in Betracht kommenden strafverfahrensrechtlichen Zweck geltend gemacht wird (KMR-Paulus § 35 Rdn. 20; a. M. KK-Maul § 35 Rdn. 8). Das öffentliche Geheimhaltungsinteresse kann zur Beschränkung führen (RiStBV Nr. 213).

4   In **Abwesenheit der Betroffenen** erlassene Entscheidungen sind zuzustellen (Abs. 2). Mit der förmlichen Zustellung einer Ausfertigung oder beglaubigten Abschrift (vgl. § 37 Rdn. 2) ist in der gesetzlichen Form (§§ 37 bis 41) dem Adressaten Gelegenheit zu verschaffen, von einem Schriftstück Kenntnis zu nehmen. Ob eine Frist in Lauf gesetzt wird, ist nicht entscheidend. Wichtig ist, dass dem Abwesenden das rechtliche Gehör gewährt werden soll (BGHSt 27, 85; Meyer-Goßner § 35 Rdn. 10). Zuzustellen ist auch die Ladung, wenn die Ladungsfrist (§§ 217, 218, 323) gewahrt werden muss (KK-Maul § 35 Rdn. 17).

5   Sind Urteile nicht anfechtbar, genügt eine **formlose Mitteilung** (Abs. 2 S. 2). Sie erfolgt schriftlich in der Regel durch Übersendung einer Ausfertigung oder Abschrift der Entscheidung durch einfachen Brief. Dies gilt auch dann, wenn damit die Frist für eine Verfassungsbeschwerde oder für den Antrag nach Art. 26 MRK in Lauf gesetzt wird, da es sich nicht um eine strafprozessuale Frist handelt (Meyer-Goßner § 35 Rdn. 12). Umgekehrt wird ein Beschluss nicht rechtskräftig, wenn er dem Anfechtungsberechtigten nicht förmlich zugestellt wird (BGHSt 26, 140). Die Verkündung der Entscheidung in der Hauptverhandlung kann ihre formlose Mitteilung ersetzen (BGHSt 15, 384).

6   **Wird der Betroffene behördlich verwahrt** (Abs. 3), richtet sich die Zustellung nach den allgemeinen Vorschriften. Die Ersatzzustellung ist beschränkt (§ 37 Rdn. 6). Die Vorlesung nach Abs. 3 ersetzt die Zustellung nicht (Meyer-Goßner § 35 Rdn. 13).

7   Weitere Pflichten zur Mitteilung ergangener Entscheidungen ergeben sich z. B. aus § 125 c BRRG sowie aus § 27 Abs. 3, 4 BtMG (vgl. Meyer-Goßner § 35 Rdn. 14).

§ 35 a [Rechtsmittelbelehrung]

¹**Bei der Bekanntmachung einer Entscheidung, die durch ein befristetes Rechtsmittel angefochten werden kann, ist der Betroffene über die Möglichkeiten der Anfechtung und die dafür vorgeschriebenen Fristen und Formen zu belehren.** ²**Ist gegen ein Urteil Berufung zulässig, so ist der Angeklagte auch über die Rechtsfolgen des § 40 Abs. 3 und der §§ 329, 330 zu belehren.**

1   Die Vorschrift schreibt zwingend die **Rechtsmittelbelehrung** in solchen Fällen vor, in denen eine Entscheidung durch ein befristetes Rechtsmittel angefochten werden kann. Die Rechtsmittelbelehrung erfolgt bei der Bekanntmachung, d. h. bei der Verkündung (§ 35 Abs. 1 S. 1) oder Zustellung (§ 35 Abs. 2 S. 1) der Entscheidung.
Befristete Rechtsmittel sind die sofortige Beschwerde (§ 311), die Berufung (§§ 312 ff) und die Revision (§§ 333 ff). Der Wiedereinsetzungsantrag nach § 44 ist kein Rechtsmittel im Sinne des § 35 a. Die Vorschrift gilt aber entsprechend für die Wiedereinsetzung gegen Abwesenheitsurteile (§ 235 S. 2, § 329 Abs. 3, § 412) und für Anträge auf Entscheidung des Rechtsmittelgerichts (§ 319 Abs. 2 S. 3, § 346 Abs. 2 S. 3).

2   Der Betroffene ist über das gegen die Entscheidung statthafte befristete Rechtsmittel auch dann **zu belehren,** wenn er rechtskundig oder durch einen Anwalt verteidigt oder vertreten ist (KK-Maul § 35 a Rdn. 6). Die Belehrung der StA und der am Verfahren beteiligten Staatsorgane ist überflüssig. Belehrt werden müssen aber anfech-

tungsberechtigte Verwaltungsbehörden (BayObLG NJW 1967, 122). Ein Verzicht auf die Belehrung ist zulässig (BGH NStZ 1984, 329), er kann darin liegen, dass ein Verteidiger diese Belehrung übernimmt (OLG Hamm MDR 1978, 337).

Die Belehrung muss klar, unmissverständlich und vollständig sein und ist Sache 3 des Gerichts. In der Praxis erfolgt eine mündliche Belehrung i. V. m. der Aushändigung eines Merkblatts (vgl. auch BVerfG NJW 1996, 1811). Bei Zustellung einer Entscheidung wird schriftlich belehrt, und zwar entweder in der Entscheidung selbst oder durch Beifügung eines Merkblatts (RiStBV Nr. 142 III S. 1).

Die **mündliche Belehrung** wird nach § 273 Abs. 1 im Sitzungsprotokoll beur- 4 kundet. Die Beifügung eines Merkblatts wird in der Zustellungsurkunde vermerkt; der Vermerk erbringt Beweis dafür, ob die Belehrung erfolgt ist oder nicht (OLG Düsseldorf NStZ 1986, 233).

Die Belehrung erstreckt sich auf die **Möglichkeit der Anfechtung,** die Art des 5 Rechtsmittels und die dafür vorgesehenen Fristen und Formen. Das Gericht oder die Gerichte, bei denen das Rechtsmittel einzulegen ist, muss angegeben sein.

Bei einem der deutschen Sprache nicht mächtigen Betroffenen wird in der Regel 6 ein **Dolmetscher** eingeschaltet. In der Rechtsmittelbelehrung ist darauf hinzuweisen, dass die schriftliche Rechtsmitteleinlegung in deutscher Sprache erfolgen muss (Meyer-Goßner § 35a Rdn. 12).

Wird die Belehrung unterlassen, ist § 44 S. 2 anwendbar (Wiedereinsetzung in 7 den vorigen Stand). Die unvollständige Belehrung steht der unterlassenen gleich, wenn die Unvollständigkeit einen wesentlichen Punkt betrifft (§ 44 Rdn. 20; Meyer-Goßner § 35a Rdn. 14). Gleiches gilt für falsche Belehrungen.

Bei einem **Urteil des Amtsgerichts** ist im Hinblick auf die Berufung der Ange- 8 klagte über weitere Rechtsfolgen zu belehren. So kann er nach § 40 Abs. 3 öffentlich geladen werden, wenn er dem Gericht nach Einlegung der Berufung keine Kenntnis vom Wechsel seiner Anschrift gibt. Ebenfalls hingewiesen wird er darauf, dass seine Berufung nach § 329 Abs. 1 verworfen wird, wenn er nicht zu Beginn der Hauptverhandlung erscheint. Bei der Ladung zur Berufungsverhandlung wird nach § 323 Abs. 1 S. 2 nochmals auf die Folgen des Ausbleibens hingewiesen.

Bei fehlerhafter Belehrung gilt § 44 S. 2 (OLG Hamburg NStZ-RR 2000, 238; 9 Meyer-Goßner § 35a Rdn. 16; a. M. offenbar SK-Weßlau § 40 Rdn. 15).

§ 36 [Zustellung und Vollstreckung]

(1) ¹**Die Zustellung von Entscheidungen ordnet der Vorsitzende an.** ²**Die Geschäftsstelle sorgt dafür, daß die Zustellung bewirkt wird.**

(2) ¹**Entscheidungen, die der Vollstreckung bedürfen, sind der Staatsanwaltschaft zu übergeben, die das Erforderliche veranlaßt.** ²**Dies gilt nicht für Entscheidungen, welche die Ordnung in den Sitzungen betreffen.**

Die Vorschrift regelt das **Verfahren bei Zustellung und Vollstreckung.** Der 1 Vorsitzende ordnet sowohl förmliche Zustellungen als auch formlose Mitteilungen an. Die Anordnung muss schriftlich und für jeden Einzelfall getroffen werden. Sie muss die Zustellungsempfänger bezeichnen und bestimmen, ob eine förmliche Zustellung oder eine formlose Mitteilung erfolgen soll (Meyer-Goßner § 36 Rdn. 4).

Die **Ausführung der Anordnung** erfolgt durch die Geschäftsstelle des Gerichts. 2 Hat der Vorsitzende über die Art der förmlichen Zustellung keine Anordnung getroffen, bestimmt sie diese und übergibt die Sendung dem Zustellungsbeamten oder (mit einer vorbereiteten Zustellungsurkunde) einem beliehenen Postunternehmen (Meyer-Goßner § 36 Rdn. 6). Derzeit ist dies allein die Deutsche Post AG (Meyer-Goßner § 36 Rdn. 6). Abs. 1 S. 2 schließt nicht aus, dass der Richter die Zustellung selbst be-

§ 37

wirkt, indem er z.B. die Entscheidung dem Empfänger an Amts Stelle aushändigt und dies in den Akten vermerkt (vgl. § 173 ZPO).

3   Fehlt es an einer erforderlichen bzw. hinreichenden **Anordnung des Vorsitzenden,** ist die Zustellung der Entscheidung, auch nach § 41, unwirksam (BGH NStZ 1986, 230; Meyer-Goßner § 36 Rdn. 7). Wird entgegen der Anordnung des Vorsitzenden nicht mit Postzustellungsurkunde, sondern nach § 174 ZPO zugestellt oder nicht dem Vertreter, sondern dem Betroffenen, ist sie unwirksam (Nachweise bei Meyer-Goßner § 36 Rdn. 8). Wirksam bleibt sie, wenn sie nur dem Verteidiger, nicht aber auch dem Betroffenen zugestellt worden ist (Meyer-Goßner § 36 Rdn. 8).

4   Abs. 2 S. 1 enthält eine Sonderregelung für **vollstreckungsbedürftige Entscheidungen.** Sie werden der StA übergeben, die das Erforderliche veranlasst (Meyer-Goßner § 36 Rdn. 10). Hintergrund ist, dass Zustellung und Vollstreckung in einer Hand liegen sollen, damit die Vollstreckung nicht durch die vorherige Bekanntmachung der Entscheidung gefährdet wird (OLG Düsseldorf NStZ 1988, 150). Die Bestimmung ist daher nur auf solche Entscheidungen anwendbar, die erforderlichenfalls zwangsweise durchgesetzt werden müssen (z.B. Haftbefehle und Durchsuchungsbeschlüsse). Zweifelhaft ist, ob sie auch dann gilt, wenn zur Durchsetzung der Entscheidung mehr zu veranlassen ist als die Zustellung (so OLG Celle JR 1978, 337; OLG Frankfurt GA 1980, 474; dagegen Meyer-Goßner § 36 Rdn. 10).

5   Der Vollstreckung bedürfen insbesondere **Ordnungsmittelbeschlüsse** (§ 51 Abs. 1 S. 2, 3, § 70 Abs. 1 S. 2, § 77 Abs. 1 S. 1), verschiedene Anordnungen (vgl. § 81a Abs. 2, § 98 Abs. 1, § 100 Abs. 1, § 100b Abs. 1 S. 1, § 105 Abs. 1), Haftbefehle (§§ 112ff, § 230 Abs. 2, §§ 236, 329 Abs. 4) und Widerrufsbeschlüsse nach § 116 Abs. 4. Beschlüsse, durch die Zwangsmaßnahmen (etwa Haftbefehle) aufgehoben werden, bedürfen nicht der Vollstreckung (Meyer-Goßner § 36 Rdn. 12).

6   Entscheidungen über die **Ordnung in den Sitzungen** nach §§ 169ff GVG werden unmittelbar durch das Gericht vollstreckt (Abs. 2 S. 2; vgl. § 179 GVG). Die Aufgabe ist nach § 31 Abs. 3 RPflG dem Rechtspfleger übertragen.

7   Gegen Zustellungs- und Vollstreckungsmaßnahmen der StA ist der Antrag auf gerichtliche Entscheidung nach § 23 EGGVG zulässig (Meyer-Goßner § 36 Rdn. 15).

§ 37 [Verfahren bei Zustellungen]

(1) **Für das Verfahren bei Zustellungen gelten die Vorschriften der Zivilprozeßordnung entsprechend.**

(2) **Wird die für einen Beteiligten bestimmte Zustellung an mehrere Empfangsberechtigte bewirkt, so richtet sich die Berechnung einer Frist nach der zuletzt bewirkten Zustellung.**

1   Für das **Zustellungsverfahren** verweist Abs. 1 auf die Vorschriften der Zivilprozessordnung, die hier entsprechende Anwendung finden. Zugestellt wird von Urteilen und ihnen gleichstehenden Beschlüssen (vgl. §§ 346, 349) eine Ausfertigung, d.h. eine Abschrift mit dem Ausfertigungsvermerk der Geschäftsstelle, die vom Urkundsbeamten unterschrieben und mit dem Dienstsiegel versehen wird (vgl. § 275 Abs. 4). Die Zustellung einer von Urkundsbeamten – auch der StA – beglaubigten Abschrift des Urteils reicht aus (BGHSt 26, 140, 141). Eine einfache Abschrift genügt nicht (Meyer-Goßner § 37 Rdn. 1). Gleiches gilt für Beschlüsse. Eine beglaubigte Fotokopie steht einer beglaubigten Abschrift gleich.

2   Ausfertigung bzw. beglaubigte Abschrift müssen das zuzustellende Schriftstück **vollständig und wortgetreu** wiedergeben. (Wesentliche) Fehler machen die Zustellung unwirksam (BGH MDR 1967, 834; OLG Düsseldorf NStZ 2002, 448). Sind wesentliche Teile einer Beschlussausfertigung unleserlich (BayObLG MDR 1982, 500) oder werden die richterlichen Unterschriften nicht wiedergegeben (KG JR 1982, 251), ist

4. Abschn. Gerichtl. Entscheidungen u. Kommunikation zw. den Beteiligten § 38

die Zustellung unwirksam. Kleine Unrichtigkeiten sollen nicht schaden, wenn der Empfänger dem zugestellten Schriftstück den Inhalt der Urschrift entnehmen kann (BGH NJW 1978, 60; BGH StraFo 2004, 238).

Adressat der Zustellung ist derjenige, für den die Ausfertigung bestimmt ist. Dies kann auch ein Minderjähriger sein (Schweckendieck NStZ 1990, 170f.). Zugestellt werden kann auch an einen Zustellungsbevollmächtigten bzw. an den Pflichtverteidiger oder den Wahlverteidiger, dessen Vollmacht bei den Akten ist (vgl. § 145a Abs. 1). Kann an mehrere Verteidiger zugestellt werden, genügt die Zustellung an einen von ihnen (BGHSt 34, 371). Die Zustellung an den Beschuldigten genügt stets, auch wenn Zustellungsvollmacht vorliegt (Meyer-Goßner § 37 Rdn. 3). 3

Vorschriften der ZPO im Sinne des Abs. 1 sind im Wesentlichen die §§ 166, 168, 169, 173, 174, 176 bis 178, 181 bis 183, 189, 191, 194 ZPO. Im Hinblick auf die §§ 185 bis 188 ZPO ist § 40 die Sondervorschrift. Lediglich für öffentliche Zustellungen bzw. bei Personen, die nach § 124 Abs. 2, 3 Sicherheit geleistet haben, finden die Vorschriften der ZPO Anwendung (Meyer-Goßner § 37 Rdn. 5). 4

Die Zustellung erfolgt durch **Übergabe** des entsprechenden Schriftstücks an dem Ort, wo die Person, der zugestellt werden soll, angetroffen wird (§ 177 ZPO). Eine Ersatzzustellung ist in den Grenzen der §§ 178 ff ZPO zulässig (vgl. Meyer-Goßner § 37 Rdn. 7ff). 5

Zustellungsmängel machen die Zustellung nur bei offensichtlichen schweren Fehlern unwirksam (Meyer-Goßner § 37 Rdn. 26). Unwirksam ist die Zustellung insbesondere dann, wenn eine Ersatzzustellung nicht zulässig oder von der die Zustellung anordnenden Behörde ausdrücklich ausgeschlossen worden war, wenn das Zustellungsdatum auf dem Urteil falsch angegeben ist (vgl. aber BGH NJW 1991, 709) oder wenn die Zustellungsurkunde in wesentlichen Teilen unrichtig oder unvollständig ist (OLG Celle NdsRpfl 1985, 173). 6

Die Zustellungsurkunde genießt die **Beweiskraft des § 418 Abs. 1 ZPO** (OLG Düsseldorf NJW 2000, 2831; Meyer-Goßner § 37 Rdn. 27). Eine Heilung von Mängeln tritt nach Abs. 1 i.V.m. § 189 ZPO ein, wenn der Adressat das Schriftstück trotz des Mangels tatsächlich erhalten hat. Dies soll auch dann gelten, wenn hiervon der Lauf einer gesetzlichen Rechtsmittelfrist abhängt (OLG Frankfurt, NStZ-RR 2004, 336). 7

Doppelzustellungen regelt Abs. 2. Wird demselben Empfangsberechtigten mehrfach zugestellt, ist die erste Zustellung entscheidend (BGH NJW 1978, 60), soweit ihr nicht ein die Unwirksamkeit herbeiführender Mangel anhaftet (Meyer-Goßner § 37 Rdn. 29). Von mehreren wirksamen Zustellungen – z.B. an mehrere Verteidiger desselben Beschuldigten – ist nach Abs. 2 die spätere maßgebend; dies führt zu einer **faktischen Fristverlängerung** (Meyer-Goßner § 37 Rdn. 29). Dies gilt selbst dann, wenn die erste Zustellung bereits erfolgt war, als die zweite angeordnet worden ist (BGHSt 22, 221). War allerdings zu diesem Zeitpunkt die durch die erste Zustellung eröffnete Frist bereits abgelaufen, wird sie durch die Zustellung an einen weiteren Empfangsberechtigten nicht wieder eröffnet (BGHSt 34, 371; SK-Weßlau § 37 Rdn. 45; a.M. LR-Wendisch § 37 Rdn. 74). Dies gilt auch für den Fall, dass die Zustellung noch vor Ablauf der Frist angeordnet worden war (BGHSt 22, 221). 8

§ 38 [Unmittelbare Ladung]

Die bei dem Strafverfahren beteiligten Personen, denen die Befugnis beigelegt ist, Zeugen und Sachverständige unmittelbar zu laden, haben mit der Zustellung der Ladung den Gerichtsvollzieher zu beauftragen.

Die **Befugnis** zur unmittelbaren Ladung hat insbesondere der Angeklagte (§ 220 Abs. 1, § 323 Abs. 1 S. 1, § 386 Abs. 2; siehe auch § 414 Abs. 1 und Meyer-Goßner § 38 Rdn. 1). 1

§§ 39, 40   1. Buch. Allgemeine Vorschriften

2   Der **Gerichtsvollzieher** wird unmittelbar mit der Zustellung der vom Auftraggeber unterschriebenen Ladung beauftragt. Zuständig ist für die Zustellung durch Ersuchen an die Post jeder Gerichtsvollzieher (§ 160 GVG), für die unmittelbare Zustellung ohne Mitwirkung der Post nur der am Bestimmungsort (Meyer-Goßner § 38 Rdn. 3). Eine Verpflichtung zum Erscheinen ergibt sich aus der unmittelbaren Ladung nur unter den Voraussetzungen des § 220 Abs. 2. Sind diese nicht erfüllt, darf die Ladung den sonst gebotenen Hinweis auf die gesetzlichen Folgen des Ausbleibens (§§ 51, 77) nicht enthalten (Meyer-Goßner § 38 Rdn. 4).

§ 39. (weggefallen)

§ 40 [Öffentliche Zustellung]

(1) ¹Kann eine Zustellung an einen Beschuldigten, dem eine Ladung zur Hauptverhandlung noch nicht zugestellt war, nicht in der vorgeschriebenen Weise im Inland bewirkt werden und erscheint die Befolgung der für Zustellungen im Ausland bestehenden Vorschriften unausführbar oder voraussichtlich erfolglos, so ist die öffentliche Zustellung zulässig. ²Die Zustellung gilt als erfolgt, wenn seit dem Aushang der Benachrichtigung zwei Wochen vergangen sind.

(2) ¹War die Ladung zur Hauptverhandlung dem Angeklagten schon vorher zugestellt, dann ist die öffentliche Zustellung an ihn zulässig, wenn sie nicht in der vorgeschriebenen Weise im Inland bewirkt werden kann.

(3) Die öffentliche Zustellung ist im Verfahren über eine vom Angeklagten eingelegte Berufung bereits zulässig, wenn eine Zustellung nicht unter einer Anschrift möglich ist, unter der letztmals zugestellt wurde oder die der Angeklagte zuletzt angegeben hat.

1   Die Vorschrift regelt in **Abweichung von der ZPO** die öffentliche Zustellung gerichtlicher Entscheidungen (ausgenommen Strafbefehle) und sonstiger Anordnungen, Verfügungen und Ladungen (Meyer-Goßner § 40 Rdn. 1). Zweifelhaft ist, ob Aufforderungen zur Erklärung nach § 201 Abs. 1 öffentlich zugestellt werden können, wenn die Verjährung droht, ein Haftbefehl besteht und kein Grund für einen Ausschluss der Öffentlichkeit gegeben ist (so Mosenheuer wistra 2002, 409; Meyer-Goßner § 40 Rdn. 1; dagegen KK-Maul § 40 Rdn. 3; M. J. Schmit MDR 1978, 96).

2   Trotz der Worte Beschuldigter und Angeklagter ist die öffentliche Zustellung nicht auf das Verfahren bis zur Rechtskraft beschränkt. So kann auch der die **Strafaussetzung zur Bewährung** widerrufende Beschluss öffentlich zugestellt werden (OLG Hamburg NStZ 1988, 292).

3   Voraussetzung der öffentlichen Zustellung ist die **Unmöglichkeit**, die Zustellung in der vorgeschriebenen Weise an den Beschuldigten, seinen Verteidiger (§ 145a Abs. 1) oder einen Zustellungsbevollmächtigten zu bewirken. Hauptanwendungsfall ist, dass der Aufenthalt des Beschuldigten bzw. Angeklagten unbekannt ist (Meyer-Goßner § 40 Rdn. 3). Befindet sich der Beschuldigte im Ausland, darf nur dann öffentlich zugestellt werden, wenn die gewöhnliche Zustellung unausführbar oder voraussichtlich erfolglos ist (Meyer-Goßner § 40 Rdn. 3). Diese Voraussetzung entfällt, wenn dem Beschuldigten die Ladung zur Hauptverhandlung schon vorher zugestellt war (Abs. 2), da dann von ihm verlangt wird, dass er den Zugang weiterer Zustellungen ermöglicht (OLG Hamburg JR 1982, 122).

4   Soll öffentlich zugestellt werden, weil der **Aufenthalt des Beschuldigten** nicht bekannt ist, muss das Gericht vorher mit allen ihm zur Verfügung stehenden zumutbaren Mitteln versuchen, den Aufenthaltsort zu ermitteln (BayObLG NStZ 1984, 29).

4. Abschn. Gerichtl. Entscheidungen u. Kommunikation zw. den Beteiligten § 41

Dabei ist ein strenger Maßstab anzulegen (BayObLG NStZ 1991, 598). Dass ein Schriftstück mit dem Vermerk „Empfänger unbekannt verzogen" zurückkommt, genügt nicht (OLG Celle StV 1985, 495).

Erleichtert ist die öffentliche Zustellung, wenn es um ein **Berufungsverfahren** 5 geht (Abs. 3). Insofern wird dem Angeklagten eine Mitwirkungspflicht auferlegt; daher gilt Abs. 3 auch, wenn der Angeklagte ins Ausland abgeschoben worden ist (OLG Stuttgart NStZ-RR 2004, 219). Hat der Angeklagte Revision eingelegt, die als Berufung behandelt wird, ist Abs. 3 nicht anwendbar (BayObLG NStZ 1991, 598).

Die öffentliche Zustellung ist nur zulässig, wenn der Angeklagte entsprechend nach 6 § 35a **belehrt** worden ist. Die Anordnung der öffentlichen Zustellung, die bei Vorliegen der Voraussetzungen des § 40 zwingend ist, erfordert einen Gerichtsbeschluss, sonst ist die Zustellung unwirksam (Pfeiffer § 40 Rdn. 3).

Bewirkt wird die öffentliche Zustellung nach § 37 Abs. 1 i.V.m. § 186 Abs. 2 7 ZPO durch Aushang einer Benachrichtigung über die Zustellung an der Gerichtstafel. Der Aushang muss den Namen des Zustellungsadressaten, die Bezeichnung des Prozessgegenstandes und die Stelle, in der das Schriftstück eingesehen werden kann, enthalten. Der Inhalt der gerichtlichen Entscheidung wird nach einer Änderung des § 40 im Jahre 2004 nicht mehr ausgehängt, um zu vermeiden, dass Unbeteiligte mehr als nötig über die Zustellung erfahren (BT-Drucks. 15/3482 S. 20; Meyer-Goßner § 40 Rdn. 7). Daneben besteht die Möglichkeit, statt des Aushangs an der Gerichtstafel die Benachrichtigung von der Zustellung im Bundesanzeiger oder in anderen Blättern zu veröffentlichen (§ 37 Abs. 1 i.V.m. § 187 ZPO). Anheftung und Abnahme hat der Urkundsbeamte der Geschäftsstelle unter Angabe des Zeitpunkts zu beurkunden (§ 186 Abs. 3 ZPO). Im Übrigen geht § 40 den §§ 185, 188 ZPO als speziellere Regelung vor (Meyer-Goßner § 40 Rdn. 7).

Gegen die Anordnung nach § 40 ist Beschwerde nach § 304 Abs. 1 zulässig; § 305 8 S. 1 gilt (KG JR 1995, 38). Nach Durchführung der öffentlichen Zustellung ist das Beschwerdeverfahren unzulässig und eine Aufhebung des Beschlusses ausgeschlossen (LG Aachen NStZ 1992, 143).

§ 41 [Zustellungen an die Staatsanwaltschaft]

¹Zustellungen an die Staatsanwaltschaft erfolgen durch Vorlegung der Urschrift des zuzustellenden Schriftstücks. ²Wenn mit der Zustellung der Lauf einer Frist beginnt, so ist der Tag der Vorlegung von der Staatsanwaltschaft auf der Urschrift zu vermerken.

Die Vorschrift bezweckt eine **Vereinfachung** der Zustellung an die StA. Die 1 formlose Übersendung oder Vorlage einer beglaubigten Abschrift genügt nicht (RGSt 61, 351).

Für die **Anordnung** der Zustellung gilt § 36 Abs. 1 S. 1, für das Bewirken § 36 2 Abs. 1 S. 2. Die Mitsendung der Akten ist nicht vorgeschrieben. Ein Hinweis auf § 41 ist entbehrlich, es muss aber klar werden, dass die Vorlegung zum Zweck der Zustellung geschieht (Pfeiffer § 41 Rdn. 1).

Bewirkt ist die Zustellung ohne Rücksicht auf die Kenntnis des Behördenleiters 3 oder Sachbearbeiters mit dem Eingang des Schriftstücks bei der StA (RGSt 72, 317). Fristen berechnen sich grundsätzlich nach dem Eingangsstempel (OLG Braunschweig NStZ 1988, 514). Der nach § 41 S. 2 zu erstellende Vermerk ist nur ein auf andere Weise ersetzbares Beweismittel. Das Unterlassen des Vermerks oder eine fehlerhafte Angabe des Eingangstags haben auf den Fristablauf keinen Einfluss (RGSt 57, 55; Meyer-Goßner § 41 Rdn. 3).

Eine **erfolgte Zustellung** kann nicht durch eine Vereinbarung zwischen Gericht 4 und Staatsanwaltschaft wieder rückgängig gemacht werden (RGSt 57, 55, 56).

§§ 41a–43   1. Buch. Allgemeine Vorschriften

§ 41a [Einreichung, Eingang und Bearbeitung eines elektronischen Dokuments; Ermächtigung]

(1) ¹An das Gericht oder die Staatsanwaltschaft gerichtete Erklärungen, Anträge oder deren Begründung, die nach diesem Gesetz ausdrücklich schriftlich abzufassen oder zu unterzeichnen sind, können als elektronisches Dokument eingereicht werden, wenn dieses mit einer qualifizierten elektronischen Signatur nach dem Signaturgesetz versehen und für die Bearbeitung durch das Gericht oder die Staatsanwaltschaft geeignet ist. ²In der Rechtsverordnung nach Absatz 2 kann neben der qualifizierten elektronischen Signatur auch ein anderes sicheres Verfahren zugelassen werden, das die Authentizität und die Integrität des übermittelten elektronischen Dokuments sicherstellt. ³Ein elektronisches Dokument ist eingegangen, sobald die für den Empfang bestimmte Einrichtung des Gerichts oder der Staatsanwaltschaft es aufgezeichnet hat. ⁴Ist ein übermitteltes elektronisches Dokument zur Bearbeitung nicht geeignet, ist dies dem Absender unter Angabe der geltenden technischen Rahmenbedingungen unverzüglich mitzuteilen. ⁵Von dem elektronischen Dokument ist unverzüglich ein Aktenausdruck zu fertigen.

(2) ¹Die Bundesregierung und die Landesregierungen bestimmen für ihren Bereich durch Rechtsverordnung den Zeitpunkt, von dem an elektronische Dokumente bei den Gerichten und Staatsanwaltschaften eingereicht werden können, sowie die für die Bearbeitung der Dokumente geeignete Form. ²Die Landesregierungen können die Ermächtigung durch Rechtsverordnung auf die Landesjustizverwaltungen übertragen. ³Die Zulassung der elektronischen Form kann auf einzelne Gerichte oder Staatsanwaltschaften oder Verfahren beschränkt werden.

1 Die Vorschrift wurde durch Gesetz vom 22. 3. 2005 (BGBl. 2005 I, 837) m. W. v. 1. 4. 2005 in die StPO eingefügt. Die nötigen RVOen (Abs. 2) gibt es noch nicht. In Hessen ist die Befugnis zum Erlass der Rechtsverordnung auf das Justizministerium übertragen worden, Gleiches gilt für Rheinland-Pfalz. Vgl. auch Viefhues NJW 2005, 1009.

Fünfter Abschnitt.
Fristen und Wiedereinsetzung in den vorigen Stand

§ 42 [Tagesfristen]

Bei der Berechnung einer Frist, die nach Tagen bestimmt ist, wird der Tag nicht mitgerechnet, auf den der Zeitpunkt oder das Ereignis fällt, nach dem der Anfang der Frist sich richten soll.

1 Die Vorschrift gilt nicht nur für Tagesfristen, sondern für Fristen aller Art (gesetzliche, richterliche, amtliche Fristen für den Richter, Handlungsfristen).
2 Die 24-Stunden-Frist des § 418 Abs. 2 S. 3 ist keine Tagesfrist. Daher zählt der Zustellungstag bei ihrer Berechnung mit (Meyer-Goßner § 42 Rdn. 2).

§ 43 [Wochen- und Monatsfristen]

(1) Eine Frist, die nach Wochen oder Monaten bestimmt ist, endet mit Ablauf des Tages der letzten Woche oder des letzten Monats, der durch seine Benennung oder Zahl dem Tag entspricht, an dem die Frist begonnen hat; fehlt dieser Tag in dem letzten Monat, so endet die Frist mit dem Ablauf des letzten Tages dieses Monats.

5. Abschnitt. Fristen und Wiedereinsetzung in den vorigen Stand § 44

(2) **Fällt das Ende einer Frist auf einen Sonntag, einen allgemeinen Feiertag oder einen Sonnabend, so endet die Frist mit Ablauf des nächsten Werktages.**

Auch bei Wochen- und Monatsfristen zählt der **Anfangstag** ebenso wenig mit wie bei den Tagesfristen (§ 42). So endet die am 31. Juli beginnende Monatsfrist am 31. August. Die am 31. Januar beginnende Monatsfrist endet am 28. Februar (Abs. 1, 2. Halbsatz), in einem Schaltjahr am 29. Februar. Ist für den Anfang einer Frist der Beginn des Tages maßgebend, so, wenn sich die Revisionsbegründungsfrist an die Einlegungsfrist des § 341 anschließt, wird ebenfalls der Anfangstag bei der Fristberechnung (entgegen § 188 Abs. 2 BGB) nicht mitgezählt (BGHSt 36, 241; Meyer-Goßner § 43 Rdn. 1). Für das Ende der Frist ist nicht die Dienstzeit der Gerichte entscheidend; sie endet jeweils um 24:00 Uhr des letzten Tages (BVerfGE 42, 128). 1

Abs. 2 enthält einen allgemeinen Rechtsgedanken und gilt nicht nur für die Fristen im Sinne des Abs. 1, sondern auch für Tagesfristen (§ 42). Eine Ausnahme ist zu machen, wenn z. B. der Richter eine Frist ausdrücklich auf einen Sonntag legt. 2

Allgemeine Feiertage sind die staatlich anerkannten (Art. 41 GG i.V.m. Art. 139 der Weimarer Reichsverfassung). Nach Bundesrecht ist der 3. Oktober gesetzlicher Feiertag (Art. 2 Abs. 2 EV), die übrigen sind landesrechtlich bestimmt. Entscheidend ist die Feiertagsregelung am Ort des Gerichts, nicht etwa die am Wohnsitz des Beschuldigten oder am Sitz der Kanzlei des Verteidigers. 3

§ 44 [Wiedereinsetzung in den vorigen Stand]

¹**War jemand ohne Verschulden verhindert, eine Frist einzuhalten, so ist ihm auf Antrag Wiedereinsetzung in den vorigen Stand zu gewähren.** ²**Die Versäumung einer Rechtsmittelfrist ist als unverschuldet anzusehen, wenn die Belehrung nach den §§ 35 a, 319 Abs. 2 Satz 3 oder nach § 346 Abs. 2 Satz 3 unterblieben ist.**

I. Überblick

Der Antrag auf Wiedereinsetzung in den vorigen Stand ist kein Rechtsmittel, sondern ein **förmlicher Rechtsbehelf anderer Art** (BGHSt 25, 89, 91). Ihm fehlt der Devolutiveffekt (vor § 296 Rdn. 2), er führt nicht zur Nachprüfung einer Entscheidung (RGSt 22, 31) und wird durch die Rechtskraft der Entscheidung nicht gehindert. Ausgeschlossen ist die Wiedereinsetzung, wo das Wiederaufnahmeverfahren nach den §§ 359 ff eingreift, so beim Abschluss des Verfahrens durch eine Sachentscheidung des Revisionsgerichts nach § 349 Abs. 2 oder 5 (Meyer-Goßner § 44 Rdn. 1). 1

Die Wiedereinsetzung setzt eine **Fristversäumnis** voraus und greift nicht schon bei einer faktischen Verkürzung der Frist in Folge verspäteter Kenntnis von der Zustellung. Der Antrag ist unzulässig, wenn keine Frist versäumt ist (BGHSt 17, 94, 96). Wird der Antragsteller irrtümlich so behandelt, als hätte er die Frist versäumt, wird ihm Wiedereinsetzung gewährt (BGH NStZ 1988, 210; KG wistra 2002, 37; Meyer-Goßner § 44 Rdn. 2). 2

II. Fristversäumnis

Frist im Sinne des § 44 ist jede gesetzliche oder richterliche Frist, die keine absolute Ausschlussfrist ist. 3

Gesetzliche Fristen ergeben sich unmittelbar aus dem Gesetz (vgl. § 45 Abs. 1 S. 1, § 172 Abs. 2 S. 1, § 311 Abs. 2 S. 1, § 341 Abs. 1; Meyer-Goßner vor § 42 Rdn. 5). Diese Fristen dürfen nicht verlängert werden. Bei solchen Fristen ist Wiedereinsetzung in den vorigen Stand möglich, sofern es sich nicht um Ausschlussfristen handelt, nach deren Ablauf die Prozesshandlung schlechthin unzulässig ist, wie etwa nach § 6a S. 3, § 222b S. 1, § 388 Abs. 1, § 391 Abs. 1 S. 2. 4

97

§ 44
1. Buch. Allgemeine Vorschriften

5   **Richterliche Fristen** sind solche, die auf Grund besonderer gesetzlicher Ermächtigung (vgl. etwa § 201 Abs. 1) oder im Rahmen der Prozessleitung durch richterliche Verfügung festgesetzt werden. Die §§ 42, 43 gelten hier nur, wenn der Richter bei der Fristsetzung nichts anderes bestimmt (Meyer-Goßner vor § 42 Rdn. 7). Ist die Folge der Säumnis nicht zwingend vorgeschrieben (vgl. § 379a Abs. 3 S. 1), kann sie auf Antrag oder von Amts wegen verlängert oder nach Ablauf mit kürzerer, gleicher oder längerer Dauer neu gewährt werden (Meyer-Goßner vor § 42 Rdn. 7). Insofern bedarf es des § 44 nicht.

6   Bei der Versäumung einer so genannten **absoluten Ausschlussfrist** kann die entsprechende Prozesshandlung nicht nachgeholt werden. Eine Wiedereinsetzung in den vorigen Stand kommt nicht in Betracht (Beulke Rdn. 304).

   Beispiel: Versäumung der Strafantragsfrist nach § 77b Abs. 1 S. 1 StGB; Versäumung des Einwandes der funktionellen Unzuständigkeit nach § 6a S. 3 StPO oder des Einwandes der örtlichen Unzuständigkeit nach § 16 S. 3.

7   Praktisch geht es um Rechtsmittelfristen, nämlich die einwöchigen Fristen für die Einlegung der Berufung (§ 314), der Revision (§ 341 Abs. 1) und der sofortigen Beschwerde (§ 311 Abs. 2). Eine Rolle spielen weiterhin die zweiwöchigen Fristen für die Einlegung des Einspruchs im Strafbefehlsverfahren (§ 410 Abs. 1) und im Verfahren nach dem Ordnungswidrigkeitengesetz (vgl. § 67 Abs. 1, §§ 52, 72 Abs. 2 OWiG). Eine materiell-rechtliche Ausschlussfrist wie etwa die Beschwerdefrist für das Klageerzwingungsverfahren (§ 172 Abs. 1) wird nicht von der Wiedereinsetzung nach § 44 erfasst (Saenger JuS 1991, 842).

8   **Die Erklärungsfrist wird gewahrt** durch Erklärung zu Protokoll der Geschäftsstelle, wenn sie rechtzeitig bei dem Urkundsbeamten des zuständigen Gerichts abgegeben und von ihm niedergeschrieben wurde. Ist das Gericht unzuständig, ist die Frist dennoch gewahrt, wenn das Protokoll von dem Erklärenden unterzeichnet ist und rechtzeitig an das zuständige Gericht gelangt (Meyer-Goßner vor § 42 Rdn. 12).

9   **Bei schriftlichen Erklärungen** ist entscheidend, dass das Schriftstück innerhalb der Frist ordnungsgemäß in die Verfügungsgewalt des zuständigen Gerichts gelangt, wenn auch in eine falsche Abteilung (vgl. BGH wistra 1999, 346). Einschreibsendungen sind dem Gericht schon zugegangen, wenn die Benachrichtigung über den bei dem Postunternehmen hinterlegten Brief übergeben wird (RGSt 44, 350). Bei Sendungen, die in ein Postfach eingelegt werden, soll der Eingang erst mit der Abholung gegeben sein (KK-Maul § 43 Rdn. 17; Meyer-Goßner vor § 42 Rdn. 13; a.M. AK-Lemke Rdn. 26 zu §§ 42, 43; W. Schmid FS Dünnebier S. 114ff: schon mit dem Einsortieren). Der Einwurf in einen gewöhnlichen Hausbriefkasten wahrt ebenfalls die Frist, auch wenn mit einer Leerung am selben Tag nicht gerechnet werden kann (BVerfGE 42, 128). Der Einwerfende hat aber die Beweislast für den rechtzeitigen Einwurf der Erklärungsschrift (vgl. OLG Frankfurt NJW 1974, 1959).

10 Bei einem **Nachtbriefkasten** erlaubt ein Kontrollmechanismus den Nachweis, dass ein Brief vor Mitternacht eingegangen ist (BayObLG NJW 1969, 201).

11 Der **Eingangsstempel des Gerichts** ist eine öffentliche Urkunde im Sinne des § 418 Abs. 1 ZPO. Die Beweiskraft kann durch den Nachweis der Unrichtigkeit des ausgewiesenen Zeitpunkts entkräftet werden (Meyer-Goßner vor § 42 Rdn. 15).

12 Wird das Schriftstück bei einem unzuständigen Gericht eingereicht, kommt es für die Fristwahrung darauf an, dass es dem zuständigen Gericht noch innerhalb der Frist zugeht (OLG Düsseldorf NStZ-RR 2002, 216). Übermittelt das unzuständige Gericht den Inhalt telefonisch, genügt dies, wenn darüber im zuständigen Gericht ein Protokoll aufgenommen wird (OLG Düsseldorf NStZ 1984, 184).

13 **Erklärungen durch Telefax** sind dem Gericht zugegangen, wenn das Schriftstück am Empfangsgerät ausgedruckt wird (KK-Maul § 43 Rdn. 19). Ist dies nicht möglich, weil z.B. das Papier fehlt und kein Platz im Speicher des Faxgerätes vorhanden ist,

gewährt man – da dies vom Sendenden regelmäßig nicht zu besorgen ist – Wiedereinsetzung in den vorigen Stand.

Wird die **Erklärung durch Fernschreiber** übermittelt, ist sie dem Gericht zugegangen, wenn der Text in der Anlage des Empfängers vollständig niedergeschrieben ist. Dies soll in beiden Fällen auch dann gelten, wenn der angegebene Zeitpunkt nach Dienstschluss liegt und die Fernschreibanlage nicht besetzt ist (vgl. BGHZ 101, 276). Die Beweislast für die Rechtzeitigkeit trifft den Erklärenden (Meyer-Goßner vor § 42 Rdn. 19). 14

Die **Versäumung der vorgeschriebenen Form** steht der Versäumung der Frist gleich (BGHSt 26, 335), etwa wenn eine schriftliche Revisionsbegründung eingereicht wird, die vom Angeklagten und nicht vom Verteidiger unterzeichnet und daher nach § 345 Abs. 2 unwirksam ist (Saenger JuS 1991, 843). Denkbar ist auch, dass der Verteidiger versehentlich nicht unterschrieben hat oder aber die Unterzeichnung unzulässigerweise von einem Sozius des Pflichtverteidigers erfolgte (BGH NStZ 2003, 615; Meyer-Goßner § 44 Rdn. 6). 15

Eine **Wiedereinsetzung zur Nachholung von Verfahrensrügen** bei bereits formgerecht begründeter Revision soll nicht zulässig sein (so BGHSt 1, 44; BGHSt 14, 330, 333; BGHSt 26, 335, 338; BGH NStZ 1988, 17; Meyer-Goßner § 44 Rdn. 7; a.M. AK-Lemke § 44 Rdn. 11; LR-Wendisch § 44 Rdn. 15ff; SK-Weßlau § 44 Rdn. 13). Ausnahmen sind zugelassen worden, wenn der Beschwerdeführer unverschuldet durch äußere Umstände oder durch Maßnahmen des Gerichts an einer rechtzeitigen Revisionsbegründung gehindert war (BGH wistra 1993, 347), so bei einer Verweigerung der Akteneinsicht während der Frist des § 345 Abs. 1 (BGH NStZ 1984, 418; BGH StV 2005, 9; Meyer-Goßner § 44 Rdn. 7a) oder bei Erkrankung des Verteidigers (BGH NStZ 1985, 204). Eine etwa nachgeschobene Rüge muss selbst der Form des § 344 Abs. 2 S. 2 entsprechen und auch dem § 345 genügen. Wird vorgebracht, eine verweigerte Akteneinsicht habe die formgerechte Formulierung der Rüge verhindert, muss dies so genau mitgeteilt werden, wie dies ohne Akteneinsicht möglich ist (BGH wistra 1995, 347). 16

Wiedereinsetzung bei Terminversäumung sehen die §§ 235, 329 Abs. 3, § 391 Abs. 4, § 401 Abs. 3 S. 2 sowie § 412 i.V.m. § 329 Abs. 3 vor (Meyer-Goßner § 44 Rdn. 8). 17

III. Wiedereinsetzung

Die Wiedereinsetzung wird **auf Antrag** gewährt (S. 1). Eine Wiedereinsetzung **von Amts wegen** erfolgt nur, wenn die versäumte Handlung nachgeholt worden ist (§ 45 Abs. 2 S. 3). Antragsberechtigt ist jeder Verfahrensbeteiligte, z.B. auch Dritte in den Fällen der §§ 51, 70, der eine Frist versäumt hat. Die StA kann den Antrag nicht zu Gunsten anderer Beteiligter stellen; § 296 soll nicht gelten (Meyer-Goßner § 44 Rdn. 9). 18

Materielle Voraussetzung der Wiedereinsetzung ist, dass der Antragsteller **ohne Verschulden** an der Einhaltung der Frist gehindert war. Zu trennen ist dabei zwischen dem eigenen Verschulden des Antragstellers und der Zurechnung des Verschuldens sonstiger Dritter. 19

Bei **Versäumung einer Rechtsmittelfrist** wird fehlendes Verschulden unwiderlegbar vermutet, wenn die nach §§ 35a, 319 Abs. 2 S. 3 und § 346 Abs. 2 S. 3 bei der Bekanntgabe einer Entscheidung erforderliche Belehrung über das Rechtsmittel und dessen Frist und Form unterblieben ist (§ 44 S. 2) oder in einem wesentlichen Punkt unvollständig war (§ 35a Rdn. 7). Unverschuldet ist weiterhin eine Fristversäumung, die auf ein Naturereignis (Schneekatastrophe) oder einen anderen unabwendbaren Zufall zurückzuführen ist. Dies gilt etwa für unvorhergesehene Erkrankungen oder eine signifikante Überschreitung der gewöhnlichen Postlaufzeit (vgl. BayObLG NJW 20

1978, 1488, 1489). Selbst wenn der Betreffende weiß, dass gegen ihn Ermittlungen geführt werden, muss er für Fälle vorübergehender Abwesenheit (Urlaub) keine besonderen Vorkehrungen treffen (vgl. BVerfGE 41, 332, 335 ff; Saenger JuS 1991, 843). Anders ist dies, wenn z.B. bereits ein Urteil erster Instanz ergangen ist und mit Zustellungen im Hinblick auf das Berufungsverfahren gerechnet werden muss (OLG Hamm NJW 1970, 1429). **Unzureichende Frankierung** führt ebenso zu einem Verschulden wie die Adressierung an ein falsches Gericht (Saenger JuS 1991, 843).

21 Maßgeblich für das Verschulden sind jeweils die **konkreten Verhältnisse im Einzelfall** (Fünfsinn NStZ 1985, 486). Dabei sind an die Vorkehrungen des Angeklagten gegen eine mögliche Fristversäumnis keine überspannten Anforderungen zu stellen (BVerfGE 41, 332, 335; BVerfGE 52, 203, 207 ff; BVerfGE 69, 381, 385). Dies gilt namentlich dann, wenn es sich um den ersten Zugang zum Gericht und damit die Möglichkeit handelt, erstmals rechtliches Gehör in der Sache zu erlangen (BVerfG NJW 1991, 351; Meyer-Goßner § 44 Rdn. 11).

Beispiele: Wer das Telefax erst 6 Minuten vor Fristablauf absendet, so dass es wegen Belegung des Empfangsgeräts verspätet eingeht, handelt schuldhaft (BVerfG NJW 2000, 574). Wer eine Frist vergisst, handelt in der Regel ebenso schuldhaft wie der, der seinen Beistand zu spät oder nicht eindeutig mit der Rechtsmitteleinlegung beauftragt. Die Notwendigkeit einer öffentlichen Zustellung schließt die Wiedereinsetzung nicht allgemein aus (OLG Frankfurt NStZ-RR 2004, 210; Meyer-Goßner § 44 Rdn. 14).

22 Das **Verschulden seines Verteidigers** oder dessen Personals hat der Angeklagte grundsätzlich nicht zu vertreten, sofern er die Versäumung nicht mitverschuldet hat (BGHSt 14, 330, 332; Saenger JuS 1991, 842). Eigenes Verschulden liegt bei einer verspäteten Beauftragung oder einer sorgfaltswidrigen Auswahl eines Anwalts vor. Hat sich ein Anwalt bereits bei der Behandlung von Fristsachen erkennbar als unzuverlässig erwiesen, gibt es keine Wiedereinsetzung in den vorigen Stand (BGHSt 25, 89, 93). Grundsätzlich darf ein Angeklagter aber darauf vertrauen, dass ein Rechtsanwalt seine Angelegenheiten ordnungsgemäß und fristgerecht erledigt (OLG Hamburg NJW 1968, 854; Saenger JuS 1991, 843). Weniger großzügig ist die Rechtsprechung, wenn es sich nur um eine Kostenentscheidung handelt (Rdn. 24).

23 **Ist eine Amtsstelle beteiligt,** kann ein Beteiligter darauf vertrauen, dass diese ihre Tätigkeit zuverlässig ausübt. Stellt er rechtzeitig einen Antrag bei dem Tatgericht, ihm einen Pflichtverteidiger für die Revisionsbegründung beizuordnen, und wird er so spät beschieden, dass ihm weder die Möglichkeit bleibt, sich eines Wahlverteidigers zu bedienen noch die Revisionsbegründung zu Protokoll der Geschäftsstelle zu erklären, handelt er ohne Verschulden (OLG Hamm MDR 1976, 1038). Gleiches gilt, wenn ein Rechtsmittelschreiben von der Strafanstalt verspätet weitergeleitet wird (OLG Düsseldorf NStZ 1990, 149, 150), es sei denn, der Gefangene hat das Schreiben erst am letzten Tag der Frist der JVA zur Weiterleitung übergeben (BGH NStZ 1992, 555; Meyer-Goßner § 44 Rdn. 17). Die StA muss sich das Verschulden eines Wachtmeisters zurechnen lassen, wenn dieser die Akten verlegt und dadurch die Revisionsbegründungsfrist versäumt wird (BayObLG JR 1985, 254).

24 Auf der gleichen Linie liegt eine Entscheidung des BVerfG vom 27. 9. 2005 (wistra 2006, 15): Liege der Wiedereinsetzungsgrund in einem den Gerichten zuzurechnenden Fehler, fordere der Grundsatz fairer Verfahrensführung eine ausdrückliche Belehrung des Betroffenen über die Möglichkeit der Wiedereinsetzung. Es ging um die durch Fehler der aufnehmenden Justizbediensteten bedingte Unzulässigkeit einer Rechtsbeschwerde. In derartigen Fällen bestehe die Möglichkeit der Wiedereinsetzung in den vorigen Stand. „Bei rechtzeitiger Nachholung der nicht rechtzeitig wirksam eingelegten Rechtsbeschwerde ist die Wiedereinsetzung von Amts wegen zu gewähren ... Es ist Sache der Fachgerichte, zu entscheiden, ob wegen der unterbliebenen Belehrung der Beschwerdeführer bereits die Frist zur Wiedereinsetzung in die versäumte Frist zur Einle-

5. Abschnitt. Fristen und Wiedereinsetzung in den vorigen Stand § 45

gung einer zulässigen Rechtsbeschwerde nicht zu laufen begonnen hat oder ob davon auszugehen ist, dass diese Frist in dem Zeitpunkt zu laufen begann, in dem die Beschwerdeführer Kenntnis von der Unzulässigkeit ihrer Rechtsbeschwerden und den Gründen dieser Unzulässigkeit erhielten. Im letzteren Fall wäre auch die Wiedereinsetzungsfrist inzwischen abgelaufen. Da die Beschwerdeführer jedoch über die Möglichkeit, Wiedereinsetzung in den vorigen Stand zu erlangen, erst durch den vorliegenden Beschluss in der notwendigen Weise informiert werden, beginnt jedenfalls die Frist zur Wiedereinsetzung in die Wiedereinsetzungsfrist erst mit der Zustellung dieses Beschlusses zu laufen" (unter Hinweis auf BVerfG NStZ-RR 2005, 238).

IV. Zurechnung von Verschulden

Der allgemeine Verfahrensgrundsatz des § 85 Abs. 2 ZPO gilt. Verfahrensbeteiligte, die sich nicht gegen einen Schuldvorwurf verteidigen, müssen sich das **Verschulden ihres Vertreters zurechnen lassen** (BGHSt 30, 309; BGH NStZ-RR 2003, 80; Meyer-Goßner § 44 Rdn. 19; a. M. LR-Wendisch § 44 Rdn. 61; SK-Weßlau § 44 Rdn. 37). Dies gilt etwa für den **Privatkläger, den Nebenkläger und den Antragsteller im Klageerzwingungsverfahren.** Dem Angeklagten wird das Verschulden des Verteidigers zugerechnet im Beschwerdeverfahren nach § 124 Abs. 2 S. 2 und nach § 464 Abs. 3 (Meyer-Goßner § 44 Rdn. 19), im Kostenfestsetzungsverfahren nach § 464 b, im Verfahren nach §§ 23 ff EGGVG und in Strafvollzugssachen (§§ 109 ff StVollzG; OLG Frankfurt NStZ 1982, 351). Auch der Einziehungsbeteiligte muss sich das Verschulden des Verfahrensbevollmächtigten zurechnen lassen (OLG Düsseldorf NStZ-RR 2001, 335). Bei der StA will Wendisch (LR § 44 Rdn. 62) kein Verschulden untergeordneter Dienstkräfte zurechnen.

Beauftragt der Angeklagte einen **sonstigen Dritten** mit der Übermittlung der Rechtsmittelschrift, stellt die Rechtsprechung hohe Anforderungen an die erforderliche Sorgfalt. So muss der Betreffende so rechtzeitig vor Fristablauf mit dem Dritten Rücksprache nehmen, dass er notfalls noch selbst tätig werden kann (LG Mainz NJW 1975, 2113, 2114). Teilweise wird aber auch ein Verschulden grundsätzlich verneint, wenn sich ein Angeklagter bei der Vornahme einer Prozesshandlung seines **Ehegatten oder naher Angehöriger** bedient (vgl. Saenger JuS 1991, 844).

Das Verfahren wird nicht „**in den vorigen Stand**" versetzt, sondern in den Zustand, der bestanden hätte, wenn die Frist nicht versäumt worden wäre (OLG Köln NJW 1987, 80; Meyer-Goßner § 44 Rdn. 24). Ergangene (rechtskräftige) Entscheidungen fallen automatisch weg, eine förmliche Aufhebung ist nicht erforderlich (RGSt 61, 180; Meyer-Goßner § 44 Rdn. 24). In der Praxis wird der Wegfall aber in dem Wiedereinsetzungsbeschluss festgestellt (vgl. Geppert GA 1972, 176), zumindest in den Gründen (Wendisch JR 1981, 132). Wird mit dem Wiedereinsetzungsantrag die Einlegung eines Rechtsmittels nachgeholt (§ 45 Abs. 2 S. 1), wird mit der Wiedereinsetzung zugleich die Rechtzeitigkeit der Anfechtung festgestellt (Meyer-Goßner § 44 Rdn. 24). Vorteile, die der Betroffene ohne die Versäumung nicht gehabt hat, soll er auch durch die Wiedereinsetzung nicht erlangen (OLG Hamm NJW 1972, 2097). So kann die Wiedereinsetzung gegen die Versäumung der Revisionsbegründungsfrist nur dazu führen, dass eine Sachrüge erhoben wird, aber nicht die Möglichkeit eröffnet sein, Verfahrensrügen nachzuschieben (BGH NStZ 1993, 245). Dabei ist aber entscheidend, ob man nicht doch eine Wiedereinsetzung in den vorigen Stand zur Nachholung von Verfahrensrügen für zulässig hält (oben Rdn. 16).

§ 45 [Antrag auf Wiedereinsetzung]

(1) ¹**Der Antrag auf Wiedereinsetzung in den vorigen Stand ist binnen einer Woche nach Wegfall des Hindernisses bei dem Gericht zu stellen, bei dem die**

§ 45

Frist wahrzunehmen gewesen wäre. ²Zur Wahrung der Frist genügt es, wenn der Antrag rechtzeitig bei dem Gericht gestellt wird, das über den Antrag entscheidet.

(2) ¹Die Tatsachen zur Begründung des Antrags sind bei der Antragstellung oder im Verfahren über den Antrag glaubhaft zu machen. ²Innerhalb der Antragsfrist ist die versäumte Handlung nachzuholen. ³Ist dies geschehen, so kann Wiedereinsetzung auch ohne Antrag gewährt werden.

1   Die Vorschrift regelt das **Verfahren** bei der Wiedereinsetzung in den vorigen Stand. Der Antrag ist bei dem Gericht zu stellen, bei dem fristgemäß hätte vorgelegt werden müssen (Abs. 1 S. 1), wobei Schriftform genügt. Wird mit dem Antrag zugleich die versäumte Prozesshandlung nachgeholt (Abs. 2 S. 2), muss eine für sie vorgeschriebene besondere Form eingehalten werden (z. B. Revisionsbegründung).

2   Die **Wochenfrist** (Abs. 1 S. 1) berechnet sich nach § 43. Sie beginnt mit der Beseitigung des Hindernisses, z. B. der Unkenntnis, auf der die Fristversäumung beruht (OLG Karlsruhe MDR 1993, 564). Wird durch Niederlegung bei der Post zugestellt, beginnt die Frist erst mit der tatsächlichen Kenntnisnahme von der Postsendung (LG Köln MDR 1997, 283). Abgesehen von Vertretungsfällen ist die Kenntnis des Betroffenen entscheidend (Meyer-Goßner § 45 Rdn. 3). Wiedereinsetzung nach § 44 ist auch gegen die Versäumung der Frist des Abs. 1 S. 1 möglich (OLG Düsseldorf NJW 1982, 60). Bei Zweifeln an der Fristeinhaltung soll zu Lasten des Antragstellers zu entscheiden sein (OLG Celle NdsRPfl 1982, 140; KMR-Paulus § 45 Rdn. 4; Meyer-Goßner § 45 Rdn. 3; SK-Weßlau § 45 Rdn. 5; a. M. OLG Hamburg NJW 1974, 68; KK-Maul § 45 Rdn. 3; LR-Wendisch § 45 Rdn. 5).

3   **Zuständiges Gericht** ist in erster Hinsicht das Gericht, bei dem die Frist wahrzunehmen gewesen wäre. Es genügt aber auch die Antragstellung bei dem Gericht, das nach § 46 Abs. 1 über den Antrag entscheidet (S. 2). Bei inhaftierten Beschuldigten ist § 299 zu beachten.

4   **Der Antrag ist zu begründen** (Abs. 2). Er muss Angaben über die versäumte Frist, den Hinderungsgrund und den Zeitpunkt des Wegfalls des Hindernisses enthalten (Meyer-Goßner § 45 Rdn. 5). Diese Angaben sind Zulässigkeitsvoraussetzungen für den Antrag und müssen noch innerhalb der Wochenfrist des Abs. 1 S. 1 gemacht werden (BGH NStZ-RR 1996, 338). Später können sie nur noch ergänzt und verdeutlicht werden (KG JR 1975, 380). Der Sachverhalt ist so vorzutragen, dass ein der Wiedereinsetzung entgegenstehendes Verschulden ausgeschlossen scheint (KG NZV 2002, 47, 51). Wer sich auf eine unvorhersehbare Verzögerung der Postzustellung beruft, muss die Umstände der Einlieferung der Sendung nach Zeit und Ort so genau darlegen, dass das Gericht die Frage des Verschuldens hinreichend zuverlässig beurteilen kann (OLG Frankfurt NStZ-RR 2002, 12). Wer behauptet, eine Benachrichtigung der Post nicht erhalten zu haben, muss die Einzelheiten darlegen und glaubhaft machen, die auf Grund der konkreten Umstände ein Abhandenkommen des Zettels als möglich erscheinen lassen (BVerfG NStZ-RR 1998, 73). Tatsachen, die allgemeinkundig oder aktenkundig sind, müssen nicht vorgetragen werden (BVerfG NJW 1995, 2544).

5   Der Antragsteller muss den Tatsachenvortrag **glaubhaft machen** (Abs. 2 S. 1). Dies bezieht sich auf alle Tatsachen, die für die Entscheidung über die Zulässigkeit und Begründetheit des Antrags von Bedeutung sind (Meyer-Goßner § 45 Rdn. 6).

6   Die Glaubhaftmachung muss **bei der Antragstellung** oder im Verfahren über den Antrag erfolgen. Ist sie zunächst angekündigt, stellt das Gericht die Entscheidung eine angemessene Zeit zurück. Eine Nachholung ist auch im Beschwerderechtszug noch möglich (BVerfGE 41, 332; BVerfGE 43, 95, 98; Meyer-Goßner § 45 Rdn. 7). Eine Ergänzung der Glaubhaftmachung ist stets zulässig (OLG Stuttgart Justiz 1972, 121).

Mittel der Glaubhaftmachung kann alles sein, was geeignet ist, die Wahrscheinlichkeit des Vorbringens darzutun (vgl. § 26 Rdn. 5). So kann die Benennung eines Beamten der JVA ebenso genügen wie die Benennung eines anderen Amtsträgers als Zeugen für das amtliche Verschulden. Eidesstattliche Versicherungen des Beschuldigten sind unzulässig und haben nur den Wert einer eigenen schlichten Erklärung (BayObLG NStZ 1990, 340). 7

Die eigene **Erklärung des Antragstellers** ist nie Glaubhaftmachung. Es kann aber auf die Glaubhaftmachung verzichtet werden, wenn sie dem Antragsteller, ohne dass dieser einen Beweisverlust verschuldet hat, nicht möglich ist (BVerfG NJW 1995, 2545; KG NJW 1974, 657). Nahe liegt es bei einem amtlichen Verschulden, wenn z. B. der Briefumschlag mit dem Poststempel, der die rechtzeitige Absendung hätte beweisen können, vernichtet worden ist (BVerfG NJW 1997, 1770). Die Unmöglichkeit der Glaubhaftmachung muss der Antragsteller dartun, wenn sie nicht offensichtlich ist (Meyer-Goßner § 45 Rdn. 9). 8

Zum **erforderlichen Beweisgrad** vgl. § 26 Rdn. 4. Es genügt, dass dem Gericht in einem nach Lage der Sache vernünftigerweise zur Entscheidung hinreichenden Maß die Wahrscheinlichkeit der Richtigkeit des Sachvortrags dargetan wird (BGHSt 21, 334, 350; OLG Düsseldorf wistra 1990, 364). Insbesondere bei einer Wiedereinsetzung zur Erlangung des „ersten Zugangs" zum Gericht dürfen die Anforderungen an den Beweisgrad nicht überspannt werden (BVerfGE 40, 88, 91). 9

Im Übrigen kann die Glaubhaftmachung z. B. durch die Beibringung von Urkunden und eidesstattlichen Versicherungen von Zeugen erfolgen (Saenger JuS 1991, 842, 844). 10

Die versäumte Handlung ist innerhalb der einwöchigen Antragsfrist **nachzuholen** (Abs. 2 S. 2). Wird allein die versäumte Handlung nachgeholt, kann die Wiedereinsetzung auch ohne Antrag gewährt werden (Abs. 2 S. 3), wenn das Fehlen des Verschuldens offensichtlich ist oder durch die Akten glaubhaft gemacht wird (LR-Wendisch § 45 Rdn. 29; Meyer-Goßner § 45 Rdn. 12). Eine solche Wiedereinsetzung ohne Antrag bzw. bei verspätetem Antrag kommt nur bei Fristversäumung in Betracht, nicht bei Versäumung der Hauptverhandlung in den Fällen der §§ 235, 329, 412 (strittig; KK-Tolksdorf § 235 Rdn. 6; Meyer-Goßner § 45 Rdn. 12; a. M. OLG Düsseldorf NJW 1980, 1704; KK-Maul § 45 Rdn. 12). Bei der Nachholung der versäumten Handlung ist im Hinblick auf eine Revisionsbegründung den Formerfordernissen des § 344 Abs. 1, Abs. 2 S. 1, § 345 Abs. 2 zu genügen. Ob sie auch § 344 Abs. 2 S. 2 entspricht, wird im Revisions- und nicht im Wiedereinsetzungsverfahren geprüft (BGHSt 42, 365). Wurde Wiedereinsetzung gewährt, weil der Verteidiger nach § 146a zurückgewiesen worden ist, wird die Wochenfrist des Abs. 1 S. 1 durch die Monatsfrist des § 345 Abs. 1 ersetzt (BGHSt 26, 335, 339). 11

Für die Nachholung der Einlegung eines **unzulässigen Rechtsmittels** wird keine Wiedereinsetzung gewährt (Meyer-Goßner § 45 Rdn. 12). 12

§ 46 [Entscheidung und Rechtsmittel]

(1) Über den Antrag entscheidet das Gericht, das bei rechtzeitiger Handlung zur Entscheidung in der Sache selbst berufen gewesen wäre.

(2) Die dem Antrag stattgebende Entscheidung unterliegt keiner Anfechtung.

(3) Gegen die den Antrag verwerfende Entscheidung ist sofortige Beschwerde zulässig.

Zuständig ist bei Versäumung der Anspruchsfrist gegen einen Strafbefehl das Amtsgericht (BGHSt 22, 57), bei Versäumung einer Rechtsmittelfrist das Rechtsmittelgericht (Abs. 1). Über einen Antrag auf Wiedereinsetzung in die Revisionsbegrün- 1

§ 47   1. Buch. Allgemeine Vorschriften

dungsfrist entscheidet das Revisionsgericht auch dann, wenn die Wiedereinsetzung nur zwecks Übergangs von der Revision zur Berufung begehrt wird (OLG Schleswig MDR 1981, 251).

2   Zweifelhaft ist, wie bei einem vom Amtsgericht **übergangenen Wiedereinsetzungsantrag** gegen die Versäumung der Einspruchsfrist im Strafbefehlsverfahren zu befinden ist. Nach überwiegender Auffassung darf das Rechtsmittelgericht nicht selbst entscheiden, auch dann nicht, wenn der Wiedereinsetzungsantrag erst im Revisionsverfahren gestellt ist (LR-Wendisch § 46 Rdn. 8; Meyer-Goßner § 46 Rdn. 2; SK-Weßlau § 46 Rdn. 2). Das Rechtsmittelgericht muss die nach dem Strafbefehl erlassenen Entscheidungen aufheben und den Einspruch als unzulässig verwerfen (BGHSt 22, 52). Eine Zurückverweisung der Sache an das AG soll nicht in Betracht kommen (Meyer-Goßner § 46 Rdn. 2).

3   Die Entscheidung ergeht durch **Beschluss**. Die StA und andere Verfahrensbeteiligte sind nach § 33 Abs. 2, 3 zu hören, z.B. der Angeklagte vor einer Entscheidung über einen Wiedereinsetzungsantrag des Privatklägers (Meyer-Goßner § 46 Rdn. 3).

4   Eine **stillschweigende Gewährung** von Wiedereinsetzung ist möglich, wenn etwa das AG auf einen verspäteten, mit einem Antrag auf Wiedereinsetzung verbundenen Einspruch Termin zur Hauptverhandlung bestimmt, nachdem es die StA angehört hat (OLG Stuttgart NJW 1976, 1905; Pfeiffer § 46 Rdn. 1).

5   Die **Entscheidung** lautet auf Verwerfung als unzulässig, wenn ein formeller Mangel besteht, als unbegründet, wenn die Voraussetzungen des § 44 nicht vorliegen oder auf Gewährung der Wiedereinsetzung (Pfeiffer § 46 Rdn. 1). Ein Widerruf der stattgebenden Entscheidung ist ausgeschlossen (BVerfGE 14, 8, 10). Dagegen kann eine Verwerfungsentscheidung aufgehoben werden, wenn ihre tatsächliche Grundlage sich als falsch herausstellt (Meyer-Goßner § 46 Rdn. 6).

6   Wird Wiedereinsetzung gewährt, ist der entsprechende Beschluss **unanfechtbar**, selbst wenn er von einem unzuständigen Gericht erlassen worden ist (Meyer-Goßner § 46 Rdn. 8).

7   Gegen die Verwerfungsentscheidung ist, soweit nicht § 304 Abs. 4 entgegensteht, die **sofortige Beschwerde** zulässig (Abs. 3). Das Rechtsmittel steht auch der StA, auch zu Gunsten des Angeklagten, zu (Kleinknecht NJW 1961, 87).

§ 47 [Keine Vollstreckungshemmung]

(1) Durch den Antrag auf Wiedereinsetzung in den vorigen Stand wird die Vollstreckung einer gerichtlichen Entscheidung nicht gehemmt.

(2) Das Gericht kann jedoch einen Aufschub der Vollstreckung anordnen.

1   Die Vorschrift stellt klar, dass der Antrag nach §§ 44, 45 **keinen Devolutiveffekt** hat. Die Vollstreckungshemmung tritt erst ein, wenn eine Wiedereinsetzung bewilligt worden ist.

2   Das Gericht kann einen **Aufschub der Vollstreckung** anordnen (Abs. 2). Dieser soll sich nicht auf die Wirksamkeit des rechtskräftig verhängten Fahrverbots nach § 44 StGB auswirken (OLG Köln NJW 1987, 80). Ist die Strafvollstreckung schon eingeleitet, kann ihre Unterbrechung angeordnet werden (Meyer-Goßner § 47 Rdn. 2). Der Aufschub ist aber nur dann zulässig, wenn ein Wiedereinsetzungsantrag frist- und formgerecht gestellt ist und Aussicht auf Erfolg hat (KK-Maul § 47 Rdn. 3).

3   Die Entscheidung ist nach § 304 Abs. 1 mit der einfachen Beschwerde anfechtbar.

Sechster Abschnitt. Zeugen

Vor § 48

Der 6. Abschnitt enthält Regelungen über Zeugen und den Zeugenbeweis. Der 1
Zeuge ist ein **persönliches Beweismittel,** das als Beweisperson in einem nicht gegen
ihn selbst gerichteten Strafverfahren Auskunft über die Wahrnehmung von Tatsachen
gibt (RGSt 52, 289; Meyer-Goßner vor § 48 Rdn. 1). Da das Ergebnis der Wahrnehmungen und ihre Wiedergabe mit anderen Worten regelmäßig durchaus persönlicher Art sind, kann ein Zeuge in der Regel nicht durch einen anderen Zeugen und
zumeist auch nicht durch ein anderes Beweismittel beliebig ersetzt werden (RGSt 47,
104).

Gegenstand des Zeugenbeweises sind Tatsachen. Ausgeschlossen sind damit 2
Rechtsfragen, Erfahrungssätze, allgemeine Eindrücke, Schlussfolgerungen oder Mutmaßungen (Meyer-Goßner vor § 48 Rdn. 2). Sollen Wahrnehmungen am Körper des
Zeugen erfolgen, ist er nicht Zeuge, sondern Augenscheinsobjekt (Beulke Rdn. 181).
Auch das, was der Zeuge von einer anderen Person gehört hat, ist eine Tatsache
(„Zeugen vom Hörensagen"). Aussagen über den Lebenswandel einer Person sind
ebenfalls Gegenstand von Wahrnehmungen (so genannte Leumundszeugen). Rechtsmeinungen und Werturteile sind keine Tatsachen. Jedoch können Schlüsse, die sich
jedem Menschen als selbstverständlich aufdrängen, Gegenstand des Zeugenbeweises
sein, etwa, „ob eine Person sinnlos betrunken gewesen, ob ein Fuhrmann schnell gefahren ist" (RGSt 37, 371; Beulke Rdn. 181).

Der Zeuge muss **zur Vernehmung erscheinen,** wahrheitsgemäß aussagen und 3
seine Aussage auf Verlangen beeiden. Dies betrifft allerdings nur die gerichtliche Zeugenvernehmung. Bei einer Vernehmung durch die StA gibt es keine Beeidigung der
Aussage; hier hat es mit einer Bestrafung nach §§ 145d, 164, 258 StGB ggf. sein Bewenden. Nebenpflicht der Zeugeneigenschaft ist es, Gegenüberstellungen zu dulden
(§ 58 Abs. 2), an Augenscheinseinnahmen teilzunehmen (BGH GA 1965, 108) und
ggf. auch Wahrnehmungen zur Prüfung der Glaubwürdigkeit zu machen und zu bekunden (vgl. § 68 Rdn. 1). Ggf. muss der Zeuge auch eine körperliche Untersuchung
dulden (§ 81c).

Hat der Zeuge die **Befugnis,** die Aussage ganz oder teilweise zu verweigern, ent- 4
fällt die Zeugenpflicht. Zeugnisverweigerungsrechte ergeben sich aus den §§ 52 ff.

Der Zeuge ist nicht nur Objekt der Beweisaufnahme, sondern auch **Verfahrens-** 5
subjekt. Nicht nur sein Recht auf Leben und körperliche Unversehrtheit, sondern
auch sein Persönlichkeitsrecht und sein Recht auf informationelle Selbstbestimmung
müssen staatlich geschützt werden (Beulke Rdn. 196a). Daneben besteht eine aus
§§ 223, 251 abgeleitete Fürsorgepflicht des Gerichts gegenüber Zeugen. So hat der
Zeuge Anspruch auf angemessene Behandlung und auf Ehrenschutz (Meyer-Goßner
vor § 48 Rdn. 10). Besonders schutzbedürftig sind gefährdete Zeugen wie z.B.
V-Leute, Opferzeugen sowie kindliche Zeugen im Strafverfahren wegen Gewaltverbrechen und Straftaten gegen die sexuelle Selbstbestimmung auch dann, wenn sie
als Opfer ausscheiden (Beulke Rdn. 196a). In diesem Kontext ist es Zeugen gestattet,
den Wohnort zu verschweigen oder die Identität geheim zu halten (vgl. § 68). Unter
den Voraussetzungen des § 247 kann der Angeklagte, unter den Voraussetzungen der
§§ 171b, 172 GVG die Öffentlichkeit ausgeschlossen werden. Nach § 241a Abs. 1 ist
für die Vernehmung kindlicher und jugendlicher Zeugen allein der Vorsitzende zuständig.

Mit dem **Zeugenschutzgesetz** vom 30. 4. 1998 wurde überdies die Möglichkeit 6
geschaffen, die Videotechnik als Beweismittel und als Vernehmungsmöglichkeit einzusetzen (vgl. §§ 58a, 168e, 247a, 255; Beulke ZStW 113 [2001] 709). Ferner kann

nach § 68b S. 1 dem Zeugen für die Dauer der Vernehmung ein Rechtsanwalt auf Staatskosten beigeordnet werden.

7 Die Möglichkeit der **Zuziehung eines Rechtsbeistands** beruht auf der Rechtsprechung des Bundesverfassungsgerichts, die dies wiederum aus dem Gebot der fairen Verfahrensgestaltung abgeleitet hat. Dies betrifft den gefährdeten Zeugen, der in bestimmten Grenzen ein Auskunftsverweigerungsrecht nach § 55 hat (vgl. BVerfGE 38, 105; Meyer-Goßner vor § 48 Rdn. 11).

8 Eine allgemeine **Zeugnisunfähigkeit** gibt es nicht (RGSt 52, 138). Zeuge kann also auch sein, wer körperliche oder geistige Gebrechen hat; der Rest ist eine Frage der Beweiswürdigung. Auch Kinder können Zeugen sein, bei Kindern unter 4½ Jahren wird es aber regelmäßig an der Aussagetüchtigkeit fehlen (Arntzen DRiZ 1976, 20).

9 **Organe der Rechtspflege** können grundsätzlich Zeugen sein. Dies betrifft Richter, Urkundsbeamte, Staatsanwälte und Verteidiger gleichermaßen. Wird ein Richter als Zeuge vernommen, ist er nach § 22 Nr. 5 von der weiteren Mitwirkung ausgeschlossen (BGH StV 1991, 99). Die bloße Benennung des Richters führt aber noch nicht zum Ausschluss, wenn er erklärt, zu der Beweisfrage nichts zu wissen (vgl. § 22 Rdn. 8). Für vernommene Urkundsbeamte, die an der Verhandlung als Protokollführer mitwirken, gilt das Gleiche wie bei Richtern (§ 22 Nr. 5, § 31 Abs. 1).

10 **Staatsanwälte** können als Zeugen vernommen werden, auch wenn sie an der Sitzung teilnehmen. Nach einer Vernehmung kann der StA weiter auftreten, wenn er nur über Vorgänge ausgesagt hat, die sich erst aus seiner dienstlichen Befassung mit der Sache ergeben haben. Entscheidend ist, dass durch die Zuziehung eines weiteren Staatsanwalts dafür Sorge getragen wird, dass er seine Aussage nicht selbst im Schlussvortrag würdigen muss (BGHSt 21, 85, 90; BGH NJW 1996, 2239, 2241; Meyer-Goßner vor § 48 Rdn. 17; kritisch SK-Rogall vor § 48 Rdn. 46ff). Bezieht sich die Aussage nur auf die Tat eines Mitangeklagten, ist der Staatsanwalt nicht gehindert, hinsichtlich der übrigen Angeklagten die Anklage weiter zu vertreten (BGHSt 21, 85, 89). Würdigt allerdings der Staatsanwalt seine eigene Aussage im Schlussvortrag, führt dies auf entsprechende Rüge zur Aufhebung des Urteils, wenn es darauf beruht (BGHSt 14, 265).

11 Der **Verteidiger** kann Zeuge sein (vgl. § 53 Abs. 1 Nr. 2) und nach seiner Aussage wieder als Verteidiger auftreten (LR-Dahs vor § 48 Rdn. 46; Meyer-Goßner vor § 48 Rdn. 18). Ist die Verteidigung nach § 140 notwendig, muss dem Angeklagten während der Vernehmung des Verteidigers grundsätzlich ein anderer Verteidiger beigeordnet werden (BGH StV 1996, 469). Da die Ausschließung des Verteidigers in § 138a abschließend geregelt ist, darf die weitere Mitwirkung nicht dadurch verhindert werden, dass der Verteidiger nach § 58 Abs. 1 vor seiner Vernehmung aus dem Saal gewiesen oder als Zeuge nicht nach § 248 entlassen wird (Meyer-Goßner vor § 48 Rdn. 18).

12 **Andere** an der Straftat **beteiligte Personen** können als Zeugen vernommen werden. Zweifelhaft ist aber, in welcher Form dies geschehen kann. Einigkeit besteht noch, dass ein Mitbeschuldigter nicht Zeuge sein kann, solange die Verfahren nach §§ 2ff, 237 verbunden sind und dass der Beschuldigte als Zeuge in eigener Sache nicht vernommen werden darf (BGHSt 10, 8, 10; Meyer-Goßner vor § 48 Rdn. 20f).

13 Umstritten ist, ob die Vernehmung eines Mitbeschuldigten als Zeugen dann möglich ist, wenn die Verfahren voneinander getrennt werden.
(1) Die Rechtsprechung und ein Teil des Schrifttums bejahen die Möglichkeit der Vernehmung eines Mitbeschuldigten. Dem liegt ein **formeller Beschuldigtenbegriff** zu Grunde. Mit einer Trennung der Verfahren soll das sonst gegebene Hindernis für die Zeugenrolle entfallen (BGH StV 1984, 361; SK-Rogall vor § 133 Rdn. 55; Geppert Jura 1991, 85). Liegt hingegen nur eine vorübergehende Abtrennung vor, will die Rechtsprechung innerhalb dieser Auffassung differenzieren. Soll der frühere

Mitangeklagte nur zu Umständen gehört werden, die mit der ihm selbst vorgeworfenen Tat keinen Zusammenhang haben, ist die Vernehmung zulässig (BGHSt 38, 96, 98). Geht es hingegen um eine gemeinschaftlich begangene Tat, darf der Mitbeschuldigte trotz der Abtrennung nicht vernommen werden, da er sonst als Zeuge in seinem eigenen Verfahren fungieren würde (BGH StV 1984, 186).

(2) Ein Teil der Literatur geht von einer materiellen Betrachtungsweise aus („**materieller Beschuldigtenbegriff**") und behandelt jeden Verdächtigen einer Tat im prozessualen Sinne ohne Rücksicht auf seine formale Stellung im Verfahren als Beschuldigten (vgl. Roxin § 26 Rdn. 5f; Beulke Rdn. 185).

(3) Teilweise wird eine so genannte **formell-materielle Auffassung** vertreten (vgl. Beulke Rdn. 185; Lenckner FS Peters S. 333, 336; Lesch JA 1995, 157). Diese verlangt einen Inkulpationsakt (Ingangsetzung des Ermittlungsverfahrens, formelles Element) und ab diesem Zeitpunkt wird von einer materiellen Verfahrensrolle ausgegangen. Damit kann der Mitbeschuldigte nicht als Zeuge vernommen werden. Dies ist dann anders, wenn das Verfahren gegen ihn beendet ist, etwa durch ein rechtskräftiges Urteil oder eine endgültige Einstellung (siehe auch Mitsch FS Lenckner S. 721).

Privatkläger können nicht Zeugen sein, Antragsteller im Adhäsionsverfahren hingegen ebenso wie Nebenkläger (Beulke Rdn. 186). Auch der Sachverständige kann Zeuge sein (§ 74 Abs. 1 S. 2 StPO; siehe § 74 Rdn. 12). 14

Die §§ 48ff sind bei **Vernehmungen durch die StA** entsprechend anwendbar, soweit nichts anderes bestimmt ist (§ 161a Abs. 1 S. 2). Bei Vernehmungen etwa durch die Polizei gelten die Bestimmungen zum Teil nach ausdrücklicher Regelung (§ 163a Abs. 5), im Übrigen, soweit sie die Rechte des Zeugen betreffen oder Rücksicht auf ihn vorschreiben (§§ 52 bis 55, 68a, 69). Die Geltung der §§ 48ff im Bußgeldverfahren richtet sich nach § 46 Abs. 1 OWiG. 15

§ 48 [Ladung der Zeugen]

Die Ladung der Zeugen geschieht unter Hinweis auf verfahrensrechtliche Bestimmungen, die dem Interesse des Zeugen dienen, auf vorhandene Möglichkeiten der Zeugenbetreuung und auf die gesetzlichen Folgen des Ausbleibens.

Die Ladung ist eine an den Zeugen gerichtete **Aufforderung,** an einem bestimmten Ort zu einer bestimmten Zeit als Zeuge zu erscheinen (Pfeiffer § 48 Rdn. 2). Der Name des Beschuldigten wird auch bei richterlicher Vernehmung nicht angegeben, wenn der Zweck der Untersuchung das verbietet. Der Gegenstand der Beschuldigung wird nur angegeben, wenn dies zur Vorbereitung der Aussage geboten erscheint (Meyer-Goßner § 48 Rdn. 2). 1

Für die **Zeugenladung** ist eine besondere Form nur in § 38 vorgeschrieben. Im Übrigen kann die Ladung auch mündlich oder telefonisch erfolgen. Da eine Ladungsfrist nicht besteht, kann der Zeuge zum sofortigen Erscheinen vor Gericht aufgefordert werden (§ 51 Rdn. 1). 2

Mit der Ladung wird der Zeuge auf die **gesetzlichen Folgen des Ausbleibens** nach § 51 hingewiesen. Dies gilt auch bei wiederholter Ladung und bei mündlicher Ladung zu einer unterbrochenen oder ausgesetzten Hauptverhandlung (Meyer-Goßner § 48 Rdn. 3). 3

Nach der Änderung des § 48 durch das Opferrechtsreformgesetz ist der Zeuge auch auf seine **Rechte** hinzuweisen (kritisch zur praktischen Durchführbarkeit Meyer-Goßner § 48 Rdn. 3a). 4

Die Ladung wird von dem Richter oder Staatsanwalt **angeordnet,** der die Vernehmung durchführen will. Gerichtliche Ladungen zur Hauptverhandlung für die Geschäftsstelle des Gerichts aus, sonst gilt § 36 Abs. 1 S. 2 entsprechend. Zu Sonderfällen vgl. Meyer-Goßner § 48 Rdn. 5ff. 5

§ 49 [Vernehmung des Bundespräsidenten]

¹Der Bundespräsident ist in seiner Wohnung zu vernehmen. ²Zur Hauptverhandlung wird er nicht geladen. ³Das Protokoll über seine gerichtliche Vernehmung ist in der Hauptverhandlung zu verlesen.

1 Der Bundespräsident kann auf sein Vorrecht **verzichten**. Ansonsten darf er nur in seiner Wohnung vernommen werden. Wohnung in diesem Sinne ist auch der Dienstsitz oder der vorübergehende Wohnsitz am Urlaubsort. Wie sich aus S. 3 ergibt, kann nur eine richterliche Vernehmung in Betracht kommen, ggf. auch durch das ganze Gericht (Meyer-Goßner § 49 Rdn. 1; siehe aber SK-Rogall § 49 Rdn. 7f). Die Prozessbeteiligten haben bei Vernehmungen außerhalb des Gerichts kein Anwesenheitsrecht. Für den Vertreter des Bundespräsidenten (Art. 57 GG) soll das Vorrecht nicht gelten (KK-Senge § 49 Rdn. 1).

2 Zu einer Hauptverhandlung wird der (noch amtierende) Bundespräsident nicht geladen. Abweichend von § 250 S. 2 wird die **Vernehmungsniederschrift verlesen**. § 251 Abs. 4 S. 1 und 2 gelten nicht, S. 3 und 4 sind entsprechend anwendbar (Meyer-Goßner § 49 Rdn. 2).

§ 50 [Vernehmung von Abgeordneten und Ministern]

(1) **Die Mitglieder des Bundestages, des Bundesrates, eines Landtages oder einer zweiten Kammer sind während ihres Aufenthaltes am Sitz der Versammlung dort zu vernehmen.**

(2) **Die Mitglieder der Bundesregierung oder einer Landesregierung sind an ihrem Amtssitz oder, wenn sie sich außerhalb ihres Amtssitzes aufhalten, an ihrem Aufenthaltsort zu vernehmen.**

(3) **Zu einer Abweichung von den vorstehenden Vorschriften bedarf es für die Mitglieder eines in Absatz 1 genannten Organs der Genehmigung dieses Organs,
für die Mitglieder der Bundesregierung der Genehmigung der Bundesregierung,
für die Mitglieder einer Landesregierung der Genehmigung der Landesregierung.**

(4) ¹**Die Mitglieder der in Absatz 1 genannten Organe der Gesetzgebung und die Mitglieder der Bundesregierung oder einer Landesregierung werden, wenn sie außerhalb der Hauptverhandlung vernommen worden sind, zu dieser nicht geladen.** ²**Das Protokoll über ihre richterliche Vernehmung ist in der Hauptverhandlung zu verlesen.**

1 Die Vorschrift enthält eine **Sonderregelung** für die Vernehmung von Parlaments- und Regierungsmitgliedern und gilt in allen Verfahrensabschnitten (RGSt 26, 255). Sie enthält eine örtliche Beschränkung der Zeugenpflicht, um die Parlaments- und Regierungsarbeit vor Störungen durch Reisen an auswärtige Vernehmungsorte zu schützen. Ein Verzicht hierauf ist ausgeschlossen (KK-Senge § 50 Rdn. 1; Meyer-Goßner § 50 Rdn. 1).

2 Die Vernehmung, die nur durch den Richter durchgeführt werden kann (vgl. Abs. 4 S. 2), erfolgt in den Räumen des Gerichts **am Parlamentssitz bzw. am Amtssitz**. Für die Anwesenheitsrechte der Beteiligten gelten anders als beim Bundespräsidenten keine Besonderheiten.

3 Die Vernehmung erfolgt in der **Hauptverhandlung,** wenn Gerichtsort und Amtssitz oder Aufenthalt identisch sind, sonst durch einen beauftragten oder ersuchten Richter. Die Sondergenehmigung nach Abs. 3 kann von Amts wegen oder auf Antrag

6. Abschnitt. Zeugen § 51

des Gerichts oder eines Prozessbeteiligten, aber auch auf Anregung des Abgeordneten oder Regierungsmitglieds, erteilt werden.

§ 51 [Folgen des Ausbleibens]

(1) ¹Einem ordnungsgemäß geladenen Zeugen, der nicht erscheint, werden die durch das Ausbleiben verursachten Kosten auferlegt. ²Zugleich wird gegen ihn ein Ordnungsgeld und für den Fall, daß dieses nicht beigetrieben werden kann, Ordnungshaft festgesetzt. ³Auch ist die zwangsweise Vorführung des Zeugen zulässig; § 135 gilt entsprechend. ⁴Im Falle wiederholten Ausbleibens kann das Ordnungsmittel noch einmal festgesetzt werden.

(2) ¹Die Auferlegung der Kosten und die Festsetzung eines Ordnungsmittels unterbleiben, wenn das Ausbleiben des Zeugen rechtzeitig genügend entschuldigt wird. ²Erfolgt die Entschuldigung nach Satz 1 nicht rechtzeitig, so unterbleibt die Auferlegung der Kosten und die Festsetzung eines Ordnungsmittels nur dann, wenn glaubhaft gemacht wird, daß den Zeugen an der Verspätung der Entschuldigung kein Verschulden trifft. ³Wird der Zeuge nachträglich genügend entschuldigt, so werden die getroffenen Anordnungen unter den Voraussetzungen des Satzes 2 aufgehoben.

(3) Die Befugnis zu diesen Maßregeln steht auch dem Richter im Vorverfahren sowie dem beauftragten und ersuchten Richter zu.

Der Zeuge muss die **Zeugenpflicht verletzt haben**. Eine Zeugenpflicht ergibt 1
sich aus §§ 49, 50, 220 Abs. 2. Ein Zeugnisverweigerungsrecht wirkt sich nicht auf die Pflicht zum Erscheinen aus (LR-Dahs § 51 Rdn. 5). „Nicht erschienen" ist auch ein Zeuge, der sich in einem schuldhaft herbeigeführten Zustand der Vernehmungsunfähigkeit befindet (z.B. Trunkenheit; BGHSt 23, 334). Der Zeuge muss ordnungsgemäß geladen sein – Fristen sind nicht zu beachten – und ohne rechtzeitige genügende Entschuldigung ausbleiben. Ergänzt wird die Vorschrift durch § 70.

Mit der Ladung muss ein Hinweis auf die gesetzlichen **Folgen des Ausbleibens** 2
erfolgen. Bei einer Ladung zur Hauptverhandlung gilt § 214.

Verspätetes Erscheinen vor Erlass eines Beschlusses nach § 51 wird nicht geahn- 3
det (Meyer-Goßner § 51 Rdn. 3). Ein vorzeitiges Weggehen vor der endgültigen Entlassung (§ 248) steht dem Nichterscheinen nach h.M. gleich (LR-Dahs § 51 Rdn. 7). Andere wollen hier einen Ungehorsam nach § 70 annehmen (Lampe MDR 1974, 540). Der Vorsitzende kann den Zeugen ebenso festhalten lassen wie den Angeklagten, wenn dadurch die sonst notwendige Vorführung erspart wird (Meyer-Goßner § 51 Rdn. 4).

Der Zeuge darf **nicht hinreichend entschuldigt** sein (Abs. 2 S. 1). Wer den Zeu- 4
gen entschuldigt, ist gleichgültig. Rechtzeitig ist die Entschuldigung nur, wenn sie so frühzeitig eingeht, dass eine Verlegung des Termins und eine Abbestellung anderer zur Verhandlung geladener Personen noch im gewöhnlichen Geschäftsbetrieb möglich ist (KK-Senge § 51 Rdn. 10). Eine verspätete Entschuldigung löst Ungehorsamsfolgen nicht aus, wenn rechtzeitig glaubhaft gemacht wird, dass den Zeugen an der Verspätung kein Verschulden trifft (Meyer-Goßner § 51 Rdn. 9).

Eine **genügende Entschuldigung** setzt voraus, dass das Gericht keinen Anlass 5
(mehr) sieht, an dem Grund der Entschuldigung zu zweifeln. So mag es genügen, wenn das Vorbringen durch die Lebenserfahrung oder dem Gericht sonst bekannte Tatsachen gestützt wird. Bei Zweifeln über eine behauptete Erkrankung kann die Vorlage eines amtsärztlichen Attests verlangt werden (Meyer-Goßner § 51 Rdn. 10).

Hat der Zeuge unverschuldet keine Kenntnis von der Ladung, ist er „genügend 6
entschuldigt" (Meyer-Goßner § 51 Rdn. 11). **Unvorhersehbare Verhinderungen** (plötzliche Erkrankung, Verkehrsunfall, Naturkatastrophen) entschuldigen. Verzöge-

§ 51

rungen, mit denen man rechnen muss (Parkplatzsuche), entschuldigen nicht. Gleiches gilt für die Furcht vor Nachteilen durch die Aussage (OLG Jena NStZ 2004, 280) oder die Angst vor dem Angeklagten, das Verschlafen des Termins oder die Berufung auf private oder berufliche Pflichten (BVerfG NJW 2002, 955). Im Wesentlichen gelten die nämlichen Grundsätze wie bei dem Nichterscheinen zu einer Berufungshauptverhandlung (vgl. § 329 Rdn. 15 ff).

7 **Folgen des Ungehorsams** sind die Auferlegung der Kosten, die Festsetzung von Ordnungsmitteln und die Anordnung der Vorführung.

8 Die **Auferlegung der Kosten** (Abs. 1 S. 1) ist zwingend vorgeschrieben. Der Angeklagte hat hierauf einen Rechtsanspruch (Meyer-Goßner § 51 Rdn. 14). Der Zeuge hat aber nur die nach dem Ausbleiben und durch das Ausbleiben verursachten Kosten zu erstatten. **Ordnungsmittel** dürfen nur gegen schuldfähige Zeugen festgesetzt werden, nicht gegen Kinder und andere schuldunfähige Personen (OLG Hamm MDR 1980, 322). Ordnungsmittel gegen Jugendliche hängen von dessen Reifegrad ab (§ 3 JGG; Meyer-Goßner § 51 Rdn. 15).

9 Die **Verhängung eines Ordnungsgeldes** tritt zwingend neben die Auferlegung der Kosten. Nur beim Ausbleiben vor dem beauftragten oder ersuchten Richter und im Vorverfahren steht die Anordnung im Ermessen des Gerichts (Abs. 3). Die Bemessung des Ordnungsgeldes regelt Art. 6 Abs. 1 EGStGB (5 bis 1000 Euro).

10 Entsprechend § 153, § 47 Abs. 2 OWiG kann von einer Festsetzung des Ordnungsgeldes abgesehen werden, wenn das **Verschulden gering** und eine Ahndung nicht erforderlich ist (Meyer-Goßner § 51 Rdn. 17). Einer Zustimmung der StA bedarf es dazu nicht (OLG Düsseldorf MDR 1990, 174). Ordnungshaft (Abs. 1 S. 2) darf nur für den Fall angeordnet werden, dass das Ordnungsgeld uneinbringlich ist. Den Haftrahmen bestimmt Art. 6 Abs. 2 EGStGB (1 Tag bis 6 Wochen). Vgl. auch Art. 8 EGStGB.

11 **Bei wiederholtem Ausbleiben** (Abs. 1 S. 4) darf das Ordnungsmittel noch einmal festgesetzt werden, wobei für die Höchstgrenzen vorangegangene Festsetzungen nicht berücksichtigt werden. Eine wiederholte Festsetzung ist aber nicht zwingend, in weiteren Wiederholungsfällen ist sie unzulässig (Meyer-Goßner § 51 Rdn. 19). Um einen Wiederholungsfall handelt es sich nur, wenn derselbe Vernehmungsfall vorliegt. § 70 Abs. 4 gilt nicht (LR-Dahs § 51 Rdn. 18).

12 Der **Erlass eines Vorführungsbefehls** (Abs. 1 S. 3) steht im Ermessen des Gerichts. Er kann sich auch auf schuldunfähige Zeugen beziehen. Bei Kindern wird er regelmäßig unverhältnismäßig sein, dann ist eine kommissarische Vernehmung durchzuführen. § 135 gilt entsprechend.

13 **Zuständig für die Anordnung** ist nicht der Vorsitzende, sondern das Gericht, vor dem der Zeuge aussagen soll (KG NStZ-RR 2000, 145), im Vorverfahren (Abs. 3) der Ermittlungsrichter. Die StA ist zuständig, wenn der Zeuge vor ihr aussagen soll; eine Einschränkung ergibt sich aus § 161a Abs. 2 S. 2.

14 Rechtliches Gehör wird dem Zeugen ggf. erst **nachträglich** gewährt. Die Vorführung wird ohne vorherige Anhörung angeordnet und durchgeführt. Die nachträgliche Entschuldigung richtet sich nach Abs. 2 S. 3.

15 Eine **Aufhebung im Nachhinein** (Abs. 2 S. 3) erfolgt nicht schon dann, wenn der Zeuge nachträglich seine Pflichten erfüllt oder auf ihn verzichtet wird. Der Beschluss muss nur aufgehoben werden, wenn der Zeuge später – auch in einer Beschwerdeschrift – sein Ausbleiben genügend entschuldigt und ferner glaubhaft macht, dass ihn an dem verspäteten Vorbringen der Entschuldigungsgründe kein Verschulden trifft (Meyer-Goßner § 51 Rdn. 25). Statt der Aufhebung kann auch eine Herabsetzung des Ordnungsgeldes in Betracht kommen, wenn das nachträgliche Vorbringen dazu Anlass gibt (LR-Dahs § 51 Rdn. 25).

16 Die **Beschwerde nach § 304** steht der StA und dem betroffenen Zeugen zu. Der Beschuldigte ist beschwert, wenn die Kosten nicht auf den Zeugen überbürdet werden

6. Abschnitt. Zeugen　　　　　　　　　　　　　　　　　　　　　§ 52

(Meyer-Goßner § 51 Rdn. 28). Enthält die Beschwerde des Zeugen nachträgliches Vorbringen zur Entschuldigung, hat der Richter, der den Ordnungsgeldbeschluss erlassen hat, die Beschwerde zunächst nach Abs. 2 S. 3 zu behandeln, erst gegen diesen Beschluss ist Beschwerde zulässig (OLG Düsseldorf MDR 1983, 690). Ist die Beschwerde zulässig, kann sie auch noch nach Vollstreckung des Ordnungsmittels (KG NStZ-RR 2000, 145) und nach Rechtskraft des Urteils eingelegt werden (Meyer-Goßner § 51 Rdn. 28).

Gegen **Verfügungen der StA** ist der Antrag auf gerichtliche Entscheidung nach § 161 a Abs. 3 zulässig. 　17

Rechtsverstöße im Ordnungsmittelverfahren können die **Revision** nicht begründen. Mit der Revision kann aber gerügt werden, dass das Gericht seine Aufklärungspflicht (§ 244 Abs. 2) verletzt hat, weil es das Erscheinen des Zeugen nicht erzwungen hat (Meyer-Goßner § 51 Rdn. 30). Zu Ordnungsmitteln gegen **Abgeordnete** vgl. Meyer-Goßner § 51 Rdn. 31. 　18

§ 52 [Zeugnisverweigerungsrecht aus persönlichen Gründen]

(1) Zur Verweigerung des Zeugnisses sind berechtigt
1. der Verlobte des Beschuldigten oder die Person, mit der der Beschuldigte ein Versprechen eingegangen ist, eine Lebenspartnerschaft zu begründen;
2. der Ehegatte des Beschuldigten, auch wenn die Ehe nicht mehr besteht;
2 a. der Lebenspartner des Beschuldigten, auch wenn die Lebenspartnerschaft nicht mehr besteht;
3. wer mit dem Beschuldigten in gerader Linie verwandt oder verschwägert, in der Seitenlinie bis zum dritten Grad verwandt oder bis zum zweiten Grad verschwägert ist oder war.

(2) ¹Haben Minderjährige wegen mangelnder Verstandesreife oder haben Minderjährige oder Betreute wegen einer psychischen Krankheit oder einer geistigen oder seelischen Behinderung von der Bedeutung des Zeugnisverweigerungsrechts keine genügende Vorstellung, so dürfen sie nur vernommen werden, wenn sie zur Aussage bereit sind und auch ihr gesetzlicher Vertreter der Vernehmung zustimmt. ²Ist der gesetzliche Vertreter selbst Beschuldigter, so kann er über die Ausübung des Zeugnisverweigerungsrechts nicht entscheiden; das gleiche gilt für den nicht beschuldigten Elternteil, wenn die gesetzliche Vertretung beiden Eltern zusteht.

(3) ¹Die zur Verweigerung des Zeugnisses berechtigten Personen, in den Fällen des Absatzes 2 auch deren zur Entscheidung über die Ausübung des Zeugnisverweigerungsrechts befugte Vertreter, sind vor jeder Vernehmung über ihr Recht zu belehren. ²Sie können den Verzicht auf dieses Recht auch während der Vernehmung widerrufen.

Die Vorschrift will Rücksicht auf die **Zwangslage des Zeugen** nehmen, der einerseits zur Wahrheit verpflichtet ist, andererseits aber befürchten muss, dadurch einem Angehörigen zu schaden (BGHSt 11, 213, 217; BGHSt 27, 231; Meyer-Goßner § 52 Rdn. 1). 　1

Das Zeugnisverweigerungsrecht lässt die Pflicht, vor Gericht nach Ladung **zu erscheinen,** unberührt (§ 51 Rdn. 1). 　2

I. Zeugnisverweigerungsberechtigte

Verlobte (Nr. 1) sind Personen, die sich ein gegenseitiges und von beiden ernst gemeintes Eheversprechen gegeben haben (BGH NJW 1972, 1334), gleichgestellt ist das Versprechen der Begründung einer Lebenspartnerschaft. Fehlt dieser ernsthafte 　3

111

§ 52

Wille bei einem Partner, liegt kein Verlöbnis vor, auch wenn der andere davon nichts weiß (BGH NStZ 1986, 84).

Beispiel: Das Verlöbnis des Heiratsschwindlers (BGHSt 3, 215).

4 Zweifelhaft ist dabei, ob ein Verlöbnis im Sinne des § 52 angenommen werden kann, wenn einer der Partner „**noch**" **verheiratet** ist. Die Rechtsprechung lehnt dies überwiegend ab (BGH NStZ 1983, 564; BayObLG JR 1984, 125; ebenso Meyer-Goßner § 52 Rdn. 4). In der Literatur wird teilweise auf die psychische Konfliktsituation des Zeugen abgestellt, bei der die zivilrechtliche Unwirksamkeit eines Verlöbnisses keine Rolle spielt (Beulke Rdn. 191; Hillenkamp JuS 1997, 821, 830). Es soll ausreichen, dass das Verlöbnis (erst) zum Zeitpunkt der Aussage besteht (BGH NJW 1980, 67, 78). Wegen der vielfältigen Missbrauchsmöglichkeiten wird teilweise erwogen, dieses Zeugnisverweigerungsrecht zu streichen.

5 **Ehegatten** sind auch dann zur Zeugnisverweigerung berechtigt, wenn die Ehe nicht mehr besteht. Gleiches gilt für Lebenspartner (Nr. 2a). Verwandtschaft begründet bis zum 3. Grad ein Zeugnisverweigerungsrecht, Schwägerschaft bis zum 2. Grad.

6 Inwiefern eine **eheähnliche Gemeinschaft** zur Zeugnisverweigerung berechtigt, ist zweifelhaft und umstritten. Überwiegend wird dies abgelehnt (SK-Rogall § 52 Rdn. 20; Pellchen FS Pfeiffer S. 293 ff; Meyer-Goßner § 52 Rdn. 5). Andere wollen ein Zeugnisverweigerungsrecht für „verlöbnisähnliche lebenspartnerschaftliche Bindungen" annehmen (Nachweise bei Meyer-Goßner § 52 Rdn. 5). Dabei ist es in der Tat merkwürdig, dass jemand, der in einer eheähnlichen Gemeinschaft über Jahre zusammenlebt, kein Zeugnisverweigerungsrecht haben soll, es sei denn, er behauptet, man habe die Intention, (irgendwann) einmal zu heiraten, weil dann schon die Zeugnisverweigerung nach Nr. 1 möglich ist.

7 Richtet sich das Verfahren gegen **mehrere Beschuldigte,** kann der Angehörige das Zeugnis in vollem Umfang verweigern, wenn die Aussage auch seinen Angehörigen betrifft (BGHSt 34, 138; BGHSt 34, 215, 216; Meyer-Goßner § 52 Rdn. 11). Dies gilt auch dann, wenn das Verfahren abgetrennt wurde. Ausreichend ist, dass es zumindest vorübergehend verbunden war (BGHSt 38, 96, 98; Beulke Rdn. 192).

8 Ist das Verfahren gegen den Angehörigen **eingestellt worden,** hängt das Schicksal des Zeugnisverweigerungsrechts von der Art der Einstellung ab. Erfolgte diese nach § 170 Abs. 2, würde bei einer belastenden Aussage des Angehörigen die Gefahr begründet, dass der Angehörige erneut verfolgt wird. Daher besteht das Zeugnisverweigerungsrecht fort (BGH StV 1998, 245; Beulke Rdn. 192). Ist die Einstellung nach § 153a erfolgt und endgültig, kann eine belastende Aussage des Angehörigen nur dann zum Nachteil des Beschuldigten wirken, wenn die Verfolgung eines Verbrechens im Raum steht. Wurde das Verfahren rechtskräftig durch Urteil abgeschlossen, wird überwiegend angenommen, der Sinn des Zeugnisverweigerungsrechts sei entfallen (BGHSt 38, 96, 101; BGH NJW 1993, 2326). Ebenso soll zu entscheiden sein, wenn der mitbeschuldigte Angehörige verstorben ist (BGH NStZ 1992, 291). Wer wie hier auf die Konfliktsituation des Zeugen abstellt, wird dem folgen. Wer hingegen meint, es ginge primär um den Familienfrieden (Beulke Rdn. 192), wird dies ablehnen (siehe auch SK-Rogall vor § 133 Rdn. 189).

9 Die Zeugnisverweigerungsberechtigten sind vor jeder Vernehmung über ihr Recht **zu belehren** (Abs. 3). Diese Belehrung darf nicht einem Sachverständigen übertragen werden (BGH NJW 1996, 206). Unterbleibt die Belehrung, ist die Aussage unverwertbar.

10 Das Zeugnisverweigerungsrecht ist ein **höchstpersönliches.** Auch Minderjährige üben ihr Recht selbstständig aus, soweit sie nicht verstandesunreif sind (Abs. 2). Ob der Zeuge von seinem Zeugnisverweigerungsrecht Gebrauch machen will, kann im Freibeweisverfahren geklärt werden (BGH NStZ 2001, 48).

6. Abschnitt. Zeugen § 52

Beispiel: Ein Beweisantrag zielt auf die Vernehmung eines Angehörigen des Angeklagten ab. Durch ein Telefonat klärt der Richter vor, ob der Angehörige zur Zeugenaussage bereit ist oder das Zeugnis verweigern wird.

Die Weigerung muss **ausdrücklich** erklärt werden. Die Zeugnisverweigerung kann 11 sich auf die gesamte Aussage, nur einen Teil oder auch auf einzelne Fragen beziehen, z. B. einen einzelnen Prozessbeteiligten betreffend. Die Erklärung ist noch während der Vernehmung möglich (vgl. Abs. 3 S. 2).

Die Weigerung muss der Zeuge **nicht begründen** (BGH NJW 1980, 794). Nach 12 den Beweggründen darf nicht gefragt werden (BGH NStZ 1989, 440). Geschieht dies dennoch, dürfen die Erklärungen des Zeugen nicht berücksichtigt werden (BGHSt 6, 279; siehe auch Rdn. 8).

Zeugen ohne die **ausreichende Verstandesreife** oder -kraft unterfallen dem 13 Abs. 2. Die notwendige Verstandesreife hat der Zeuge, wenn er erkennen kann, dass der Beschuldigte etwas Unrechtes getan hat/haben kann, dass ihm hierfür Strafe droht und dass die Zeugenaussage möglicherweise zu dieser Bestrafung beitragen kann (BGHSt 14, 159, 162). Für die Annahme der notwendigen Verstandesreife gibt es keine feste Altersgrenze. Bei 7jährigen soll sie in der Regel fehlen (BGHSt 14, 159, 162), bei 14jährigen gegeben sein (BGHSt 20, 234), auch wenn sie schwachsinnig sind (BGH NJW 1967, 360; siehe auch Meyer-Goßner § 52 Rdn. 18). Im Zweifel ist mangelnde Verstandesreife anzunehmen (BGH NJW 1979, 1722).

Eine **Entscheidung des gesetzlichen Vertreters** ist nur dann erforderlich, wenn 14 der Zeuge die Bedeutung des Weigerungsrechts nicht erkennen kann. Bei Zeugen über 18 Jahren wird dies nur in Betracht kommen, wenn sie wegen einer psychischen Krankheit oder geistigen oder seelischen Behinderung unter Betreuung stehen (§ 1896 BGB). Bei Erwachsenen muss ggf. ein Betreuer bestellt werden (Rieß NJW 1975, 83 Fn. 41). Bei mehreren gesetzlichen Vertretern (Eltern) muss jeder von ihnen einwilligen (BGH MDR 1972, 923). Aber auch nach Einwilligung des gesetzlichen Vertreters entscheidet der Zeuge selbst, ob er aussagt oder nicht. Eine Pflicht zur Aussage wird dadurch nicht begründet (BGH NJW 1991, 2432).

Ist der gesetzliche Vertreter selbst der **Beschuldigte,** so darf er über die Ausübung 15 des Zeugnisverweigerungsrechts nicht entscheiden (Abs. 2 S. 2). Beim Ausschluss des gesetzlichen Vertreters muss ein Ergänzungspfleger nach § 1909 Abs. 1 S. 1 BGB bestellt werden (Meyer-Goßner § 52 Rdn. 20).

Ein **Widerruf** der Bereitschaft auszusagen ist ebenso möglich wie ein Verzicht auf 16 das Weigerungsrecht (Abs. 3 S. 2), auch noch während der Vernehmung, aber nicht nach ihrer Beendigung (BGH NStZ 1985, 13). Was der Zeuge vor dem Widerruf ausgesagt hat, kann nach überwiegender Auffassung verwertet werden (BGH NJW 2004, 1466; Meyer-Goßner § 52 Rdn. 22; SK-Rogall § 52 Rdn. 64).

II. Konsequenzen

Die Zeugnisverweigerung macht die Vernehmung des Zeugen **unzulässig** im Sin- 17 ne des § 244 Abs. 3 S. 1, § 245 Abs. 2 S. 2; das Verwertungsverbot des § 252 entsteht (Meyer-Goßner § 52 Rdn. 23). Allerdings muss er für eine Gegenüberstellung (§ 58 Abs. 2) zur Verfügung stehen. Die Verwertung des äußeren Verhaltens in der Hauptverhandlung (Zuzwinkern zum Angeklagten) ist dagegen unzulässig (Meyer-Goßner § 52 Rdn. 23). Zur Berücksichtigung der Zeugnisverweigerung bei der Beweiswürdigung vgl. § 261 Rdn. 18 und BGH NStZ 2000, 546.

Die Belehrung ist **Aufgabe des Richters,** bei Kollegialgerichten des Vorsitzenden 18 (BGH StV 1984, 405). Zu belehren ist der Zeuge, in den Fällen des Abs. 2 zudem der gesetzliche Vertreter. Die Belehrung ist vor jeder Vernehmung erforderlich, also auch, wenn bereits eine frühere Vernehmung erfolgt ist (BGH NJW 1986, 2121), und selbst dann, wenn der Zeuge dort auf sein Weigerungsrecht verzichtet hatte (SK-Rogall

§ 53 1. Buch. Allgemeine Vorschriften

§ 52 Rdn. 69). Die Belehrung und die abgegebene Erklärung müssen im Protokoll beurkundet werden (LR-Dahs § 52 Rdn. 52).

19 Das Unterlassen der Belehrung kann **geheilt** werden, wenn es vor Urteilserlass bemerkt wird. Dann muss eine Erklärung des Zeugen beigebracht werden, dass er auch nach Belehrung von seinem Zeugnisverweigerungsrecht keinen Gebrauch gemacht hätte (BGH NJW 1996, 206). Eine Wiederholung der Zeugenaussage ist nicht erforderlich (Meyer-Goßner § 52 Rdn. 31). Ist eine Heilung des Mangels nicht möglich – der Zeuge ist verstorben –, muss im Urteil ausdrücklich festgestellt werden, dass die gesetzeswidrig erlangte Aussage nicht verwertet worden ist (BGHSt 13, 394, 399).

20 Die unterlassene Belehrung führt zu einem **Verlesungs- und Verwertungsverbot** im selben Umfang wie bei § 252 (BGHSt 23, 221, 223; BGH NStZ-RR 1996, 106; Meyer-Goßner § 52 Rdn. 32). Dass der Zeuge immerhin nach § 55 Abs. 2 belehrt worden war, ändert hieran nichts (BGH NStZ 1988, 210). Eine Ausnahme wird gemacht, wenn feststeht, dass der Zeuge seine Rechte kannte und auch nach Belehrung ausgesagt hätte (BGHSt 40, 336, 339; abl. Eisenberg StV 1995, 625). Eine **Fernwirkung,** d. h. ein Beweisverbot für die auf Grund der unter Verstoß gegen Abs. 3 S. 1 erlangten Aussage gewonnenen Beweise und Tatsachen, soll nicht bestehen (OLG Köln NZV 2001, 137; LR-Dahs § 52 Rdn. 54; Meyer-Goßner § 52 Rdn. 32; a.M. SK-Rogall § 52 Rdn. 88).

21 Das Unterlassen der Belehrung begründet die **Revision,** wenn der Zeuge ausgesagt hat und das Urteil darauf beruht (BGHSt 6, 279; BGHSt 9, 37, 39). Die Rüge steht auch Mitangeklagten zu, zu deren Lasten die Aussage verwertet worden ist (BGHSt 33, 148, 154). Dabei kommt es nicht darauf an, ob das Gericht das Angehörigenverhältnis überhaupt kannte (BGH StV 1988, 89). Ob dies auch bei einem Verlöbnis gilt, ist zweifelhaft (vgl. BGHSt 48, 294). Das Beruhen auf dem Verfahrensfehler soll ausgeschlossen sein, wenn der Zeuge oder gesetzliche Vertreter seine Rechte kannte (BGH NStZ 1990, 549) oder sicher ist, dass er auch nach Belehrung ausgesagt hätte (BGH NStZ 1989, 484). Nach Urteilsverkündung abgegebene Erklärungen bleiben unberücksichtigt (BGH StV 2002, 3).

22 Führt eine **unrichtige Belehrung** zur Zeugnisverweigerung eines präsenten Zeugen, ist § 245 verletzt (BGH StV 1993, 235). Ist der Zeuge nicht präsent, ist § 244 Abs. 2 verletzt. In diesen Fällen muss eine Verfahrensrüge entsprechend § 344 Abs. 2 S. 2 ausgeführt werden. Sagt der Zeuge trotz der falschen Belehrung aus, ist der Mangel unschädlich (BGH MDR 1979, 806). Im Übrigen ist die Feststellung der Tatsachen, die Verlobung und Verwandtschaft usw. begründen, Sache des Tatrichters. Mit der Revision können nur Rechtsfehler gerügt werden (§ 337 Rdn. 18).

§ 53 [Zeugnisverweigerungsrecht aus beruflichen Gründen]

(1) ¹**Zur Verweigerung des Zeugnisses sind ferner berechtigt**
1. **Geistliche** über das, was ihnen in ihrer Eigenschaft als Seelsorger anvertraut worden oder bekanntgeworden ist;
2. **Verteidiger** des Beschuldigten über das, was ihnen in dieser Eigenschaft anvertraut worden oder bekanntgeworden ist;
3. **Rechtsanwälte, Patentanwälte, Notare, Wirtschaftsprüfer, vereidigte Buchprüfer, Steuerberater und Steuerbevollmächtigte, Ärzte, Zahnärzte, Psychologische Psychotherapeuten, Kinder- und Jugendlichenpsychotherapeuten, Apotheker und Hebammen** über das, was ihnen in dieser Eigenschaft anvertraut worden oder bekanntgeworden ist; Rechtsanwälten stehen dabei sonstige Mitglieder einer Rechtsanwaltskammer gleich;
3a. **Mitglieder oder Beauftragte einer anerkannten Beratungsstelle** nach den §§ 3 und 8 des Schwangerschaftskonfliktgesetzes über das, was ihnen in dieser Eigenschaft anvertraut worden oder bekanntgeworden ist;

3 b. Berater für Fragen der Betäubungsmittelabhängigkeit in einer Beratungsstelle, die eine Behörde oder eine Körperschaft, Anstalt oder Stiftung des öffentlichen Rechts anerkannt oder bei sich eingerichtet hat, über das, was ihnen in dieser Eigenschaft anvertraut worden oder bekanntgeworden ist;
4. Mitglieder des Bundestages, eines Landtages oder einer zweiten Kammer über Personen, die ihnen in ihrer Eigenschaft als Mitglieder dieser Organe oder denen sie in dieser Eigenschaft Tatsachen anvertraut haben sowie über diese Tatsachen selbst;
5. Personen, die bei der Vorbereitung, Herstellung oder Verbreitung von Druckwerken, Rundfunksendungen, Filmberichten oder der Unterrichtung oder Meinungsbildung dienenden Informations- und Kommunikationsdiensten berufsmäßig mitwirken oder mitgewirkt haben.
²Die in Satz 1 Nr. 5 genannten Personen dürfen das Zeugnis verweigern über die Person des Verfassers oder Einsender von Beiträgen und Unterlagen oder des sonstigen Informanten sowie über die ihnen im Hinblick auf ihre Tätigkeit gemachten Mitteilungen, über deren Inhalt sowie über den Inhalt selbst erarbeiteter Materialien und den Gegenstand berufsbezogener Wahrnehmungen. ³Dies gilt nur, soweit es sich um Beiträge, Unterlagen, Mitteilungen und Materialien für den redaktionellen Teil oder redaktionell aufbereitete Informations- und Kommunikationsdienste handelt.

(2) ¹Die in Absatz 1 Satz 1 Nr. 2 bis 3b Genannten dürfen das Zeugnis nicht verweigern, wenn sie von der Verpflichtung zur Verschwiegenheit entbunden sind. ²Die Berechtigung zur Zeugnisverweigerung der in Absatz 1 Satz 1 Nr. 5 Genannten über den Inhalt selbst erarbeiteter Materialien und den Gegenstand entsprechender Wahrnehmungen entfällt, wenn die Aussage zur Aufklärung eines Verbrechens beitragen soll oder wenn Gegenstand der Untersuchung
1. eine Straftat des Friedensverrats und der Gefährdung des demokratischen Rechtsstaats oder des Landesverrats und der Gefährdung der äußeren Sicherheit (§§ 80a, 85, 87, 88, 95, auch in Verbindung mit § 97b, §§ 97a, 98 bis 100a des Strafgesetzbuches),
2. eine Straftat gegen die sexuelle Selbstbestimmung nach den §§ 174 bis 176, 179 des Strafgesetzbuches oder
3. eine Geldwäsche, eine Verschleierung unrechtmäßig erlangter Vermögenswerte nach § 261 Abs. 1 bis 4 des Strafgesetzbuches
ist und die Erforschung des Sachverhalts oder die Ermittlung des Aufenthaltsortes des Beschuldigten auf andere Weise aussichtslos oder wesentlich erschwert wäre. ³Der Zeuge kann jedoch auch in diesen Fällen die Aussage verweigern, soweit sie zur Offenbarung der Person des Verfassers oder Einsenders von Beiträgen und Unterlagen oder des sonstigen Informanten oder der ihm im Hinblick auf seine Tätigkeit nach Absatz 1 Satz 1 Nr. 5 gemachten Mitteilungen oder deren Inhalts führen würde.

I. Überblick

Die Vorschrift will ein **Vertrauensverhältnis** zwischen bestimmten Berufsangehörigen und denen, die ihre Hilfe und Sachkunde in Anspruch nehmen, schützen (OLG Oldenburg NJW 1982, 2615; Meyer-Goßner § 53 Rdn. 1; Pfeiffer § 53 Rdn. 1). Zum Teil wird auch angenommen, es gehe um die Vermeidung einer Konfliktsituation für den Zeugen (vgl. BVerfGE 38, 312, 322; BGHSt 9, 59, 61). In bestimmten Grenzen ist eine Entbindung von der Pflicht zur Verschwiegenheit nach Abs. 2 möglich. Teilweise wird das Zeugnisverweigerungsrecht in gravierenden Fällen zurückgenommen (Abs. 2 S. 2).

§ 53

2 Die Regelung in § 53 Abs. 1 ist grundsätzlich **abschließend**. Nur ausnahmsweise kann mit Rücksicht auf Art. 1 Abs. 1, Art. 2 Abs. 1 eine Begrenzung des Zeugniszwangs aus dem Grundgesetz entnommen werden (BVerfG NStZ 1988, 418). So haben Bankangestellte mit Rücksicht auf das so genannte „Bankgeheimnis" kein Zeugnisverweigerungsrecht, ebenso wenig Betriebsräte (BVerfG NJW 1979, 1286), psychologische Beratungsstellen (LG Freiburg NStZ-RR 1999, 366), Schiedsmänner (BVerwG NJW 1964, 1088), Sozialarbeiter und Tierärzte (BVerfGE 38, 312; weitere Beispiele bei Meyer-Goßner § 53 Rdn. 3). Ein guter Überblick über die Zeugnisverweigerungsrechte findet sich bei Kudlich/Roy JA 2003, 565 und Fürmann JuS 2004, 303.

3 Die Verschwiegenheitspflicht nach **§ 203 StGB** überschneidet sich teilweise mit dem Zeugnisverweigerungsrecht nach § 53. Dieses reicht aber sachlich weiter, als nicht nur „Geheimnisse" betroffen sind, andererseits umfasst § 203 StGB weitere Personengruppen. Wer zwar einerseits zur Verschwiegenheit verpflichtet ist, aber andererseits kein Zeugnisverweigerungsrecht hat, muss aussagen. Die Offenbarung ist dann nicht „unbefugt" (Pfeiffer § 53 Rdn. 2). Wer ein Weigerungsrecht hat, macht sich nur dann nicht nach § 203 StGB strafbar, wenn ein Rechtfertigungsgrund den Bruch der Schweigepflicht erlaubt. In Betracht kommt hier insbesondere § 34 StGB (vgl. Meyer-Goßner § 53 Rdn. 5). Eine entsprechende Abwägung nimmt der Zeuge vor, nicht das Gericht (BGH MDR 1957, 527).

4 Eine **Belehrungspflicht** über das Zeugnisverweigerungsrecht ist nicht vorgesehen. Es soll allein Sache des Berufsträgers sein, ob er sich zur Sachaussage entschließt (Beulke Rdn. 194). Fraglich ist aber, ob seine Aussage verwertbar ist, wenn sie sich als Straftat nach § 203 StGB darstellt. Die Rechtsprechung sieht hier keine Probleme (BGHSt 9, 59), die Literatur geht teilweise von einem Verwertungsverbot aus (Beulke Rdn. 194 und ausführlich Rdn. 462).

5 Der **Umfang** des Zeugnisverweigerungsrechts beschränkt sich auf die bei der Berufsausübung anvertrauten oder bekannt gewordenen Tatsachen (Meyer-Goßner § 53 Rdn. 7). **Anvertraute Tatsachen** sind die unter Verlangen oder stillschweigender Erwartung der Geheimhaltung (RGSt 66, 273, 274) schriftlich oder mündlich mitgeteilten Tatsachen sowie solche, die dadurch preisgegeben werden, dass dem Berufsausübenden Gelegenheit zu Beobachtungen und Untersuchungen gegeben wird (BGHSt 38, 369, 370; Meyer-Goßner § 53 Rdn. 8). **Bekannt gewordene Tatsachen** sind diejenigen, die der Berufsausübende von dem Beschuldigten oder von Dritten erfahren hat, ohne dass sie ihm anvertraut wurden (Meyer-Goßner § 53 Rdn. 9). Der Begriff ist weit auszulegen (BGH MDR 1978, 281). So kann bei einem Arzt die Person des Patienten, und bei einem Anwalt die Person des Mandanten bereits unter das Zeugnisverweigerungsrecht fallen (vgl. Pfeiffer § 53 Rdn. 3).

6 Das Zeugnisverweigerungsrecht ist **zeitlich unbegrenzt** und endet weder mit der Erledigung des Auftrags noch mit dem Tode desjenigen, dessen Vertrauen geschützt wird (OLG Düsseldorf NJW 1959, 821). Es erlischt auch nicht, wenn der Zeuge seinen Beruf aufgibt; § 54 Abs. 4 gilt entsprechend (Meyer-Goßner § 53 Rdn. 10).

II. Zeugnisverweigerungsberechtigte

7 1. **Geistliche** (Nr. 1) sind nur solche der christlichen Kirchen und der sonstigen staatlich anerkannten öffentlich-rechtlichen Religionsgemeinschaften (LR-Dahs § 53 Rdn. 22). Das Zeugnisverweigerungsrecht erstreckt sich auf Tatsachen, die der Person in ihrer Eigenschaft als Seelsorger anvertraut oder bekannt geworden sind (Meyer-Goßner § 53 Rdn. 12). Beichtet der Täter, unterliegt dies dem Zeugnisverweigerungsrecht. Schaltet er den Geistlichen nur als Verbindungsmann zur Übergabe von Lösegeld ein, gilt es nicht (vgl. auch BGHSt 37, 138 und Rdn. 10).

8 2. **Verteidiger** (Nr. 2) sind alle gewählten und bestellten Verteidiger, die keine Rechtsanwälte sind, weil dann schon Nr. 3 gilt (Meyer-Goßner § 53 Rdn. 13;

zum Teil anders Beulke FS Lüderssen S. 696). Erfasst sind also insbesondere die Fälle des § 138 Abs. 2 (Verteidigung durch Rechtslehrer an einer deutschen Hochschule).

3. **Rechtsanwälte** (Nr. 3) sind die nach § 12 BRAO zugelassenen Anwälte. Bei Syndikusanwälten (vgl. § 48 BRAO) soll es darauf ankommen, ob sie mit typisch anwaltlichen Aufgaben befasst sind (Hassemer wistra 1986, 1; Meyer-Goßner § 53 Rdn. 15; zum Wirtschaftsprüfer vgl. LG Bonn NJW 2002, 2261). Kenntnisse, die Rechtsanwälte und Steuerberater in ihrer Eigenschaft als Aufsichtsratsmitglieder einer AG gemacht haben, unterliegen nicht dem Zeugnisverweigerungsrecht (OLG Celle NdsRPfl 1983, 124). Andererseits fällt die Frage, ob jemand als Steuerberater mit der Abgabe von Steuererklärungen beauftragt war, unter das Zeugnisverweigerungsrecht (OLG Schleswig SchlHA 1982, 111). Wird ein Rechtsanwalt von einem Erpresser beauftragt, bei Verhandlungen um Lösegeld mitzuwirken, hat er insofern kein Zeugnisverweigerungsrecht (Haas NJW 1972, 1081), anders, wenn er das Erpressungsopfer vertritt (BGH NJW 1986, 1183, 1185). 9

Arzt ist, wer im Inland als Arzt approbiert ist oder als EG-Staatsangehöriger zur vorübergehenden Ausübung des Arztberufes berechtigt ist (§ 2 Abs. 2 bis 4 BÄO). Andere ausländische Ärzte sind nicht zeugnisverweigerungsberechtigt. Das Zeugnisverweigerungsrecht erstreckt sich in diesen Fällen auch auf den Namen der Patienten und die Tatsache seiner Behandlung (BGHSt 33, 148, 151; siehe Michalowski ZStW 109 [1997], 519). Selbst die Beobachtung eines Diebstahls im Wartezimmer soll erfasst sein (LG Itzehoe SchlHA 1987, 188). Das Zeugnisverweigerungsrecht besteht auch, wenn der Patient auf Grund gesetzlicher Duldungspflicht zwangsweise untersucht oder behandelt wurde. Die gesetzliche Duldungspflicht ersetzt nur die erforderliche Zustimmung des Patienten (BGHZ 40, 288), so dass auch Truppenärzte und Amtsärzte sowie Ärzte im Strafvollzug zur Verweigerung des Zeugnisses berechtigt sind (Meyer-Goßner § 53 Rdn. 19). 10

Wird ein Arzt zum **Sachverständigen** bestellt und muss der Untersuchte die Untersuchung und den Eingriff kraft Gesetzes dulden, entfällt das Zeugnisverweigerungsrecht. Dies gilt auch hinsichtlich der Zusatztatsachen und der Befundtatsachen (BGH StV 2002, 633). Wissen aus früheren Behandlungen oder Tatsachen, die ihm ohne Zusammenhang mit dem Gutachten freiwillig mitgeteilt worden sind, muss er nicht offenbaren (BGHSt 38, 369; Meyer-Goßner § 53 Rdn. 20). 11

Bei **Schwangerschaftsberatern** (Nr. 3a) erstreckt sich das Zeugnisverweigerungsrecht auf alle für die Beratung bedeutsamen Lebensumstände (KK-Senge § 53 Rdn. 21). Betreuer einer „Babyklappe" fallen nicht unter die Vorschrift (LG Köln NJW 2002, 909; Neuheuser JR 2002, 171; Meyer-Goßner § 53 Rdn. 21). 12

Das Zeugnisverweigerungsrecht für **Mitarbeiter von Suchtberatungsstellen** (Nr. 3b) betrifft nur die Beratung hinsichtlich der im BtMG erfassten Suchtformen und Suchtgefahren. Die Vorschrift gilt nicht für ehrenamtlich tätige Berater in so genannten Selbsthilfegruppen (BVerfG NJW 1996, 1586, 1587). 13

4. Für **Abgeordnete des Bundestages** gilt bereits Art. 47 S. 1 GG. Nr. 4 vereinheitlicht letztlich die entsprechenden Bestimmungen der Länderverfassungen. Für Mitglieder des Europäischen Parlaments gilt die Bestimmung entsprechend (§ 6 EuAbgG). Das Weigerungsrecht dauert nach Beendigung des Mandats fort (Meyer-Goßner § 53 Rdn. 24a). 14

5. Das **Zeugnisverweigerungsrecht der Presse** (Nr. 5) dient dem Schutz des Vertrauensverhältnisses zwischen Presse und privaten Informanten und gehört zu der durch Art. 5 Abs. 1 S. 2 GG verbürgten Pressefreiheit (BVerfG NStZ 1982, 253). Insofern dient das Recht der im öffentlichen Interesse liegenden Tätigkeit von Presse und Rundfunk. Es besteht selbst dann, wenn der Informant die Aussage wünscht (OLG Bremen JZ 1977, 444). Einen Anspruch auf Gebrauch des Zeugnisverweigerungsrechts hat der Informant jedoch nicht (BVerfG NStZ 1982, 253). 15

§ 53

16 Der **Personenkreis** wird durch Nr. 5 beschrieben. Im Gegensatz zur früheren Regelung genügt die Mitwirkung bei allen Arten von Druckwerken. Es muss sich nicht mehr um periodische handeln, auch das wissenschaftliche Publikationswesen zählt hierzu (Greitemann NStZ 2002, 572; Meyer-Goßner § 53 Rdn. 28 f).

17 Das Zeugnisverweigerungsrecht bezieht sich auf **Personen** (Verfasser, Einsender, Informanten) **und Mitteilungen** (Beiträge, Unterlagen, Materialien für den redaktionellen Teil). Es kann entfallen, wenn der Informant bezweckt, durch die Presseveröffentlichung auf sich aufmerksam zu machen (Bekennerbriefe – BVerfG NStZ 1982, 253). Fragen nach dem Namen des Informanten, aber auch nach sonstigen Tatsachen, die die Aufdeckung der Identität ermöglichen, müssen nicht beantwortet werden (Meyer-Goßner § 53 Rdn. 34). Hat das Presseorgan die Identität des Informanten selbst aufgedeckt, besteht wegen der weiteren Einzelheiten, die seine Ermittlung ermöglichen (z.B. der Aufenthaltsort), kein Zeugnisverweigerungsrecht (BGH NJW 1999, 2051).

Das inhaltlich sehr weitgehende und nahezu unumschränkte Zeugnisverweigerungsrecht erfährt andererseits durch § 53 Abs. 2 S. 2 im staatlichen Strafverfolgungsinteresse bei bestimmten Straftaten eine **Einschränkung.** So wurde das Zeugnisverweigerungsrecht zwar auf selbst erarbeitetes Material erstreckt (vgl. Meyer-Goßner § 53 Rdn. 39), andererseits für Verbrechen und die in Abs. 2 S. 2 Nr. 1 bis 3 aufgeführten Straftaten eingeschränkt. Dabei ist insbesondere die Nr. 3 (Geldwäsche) ein Einfallstor für den Zugriff auf Unterlagen der Journalisten.

18 Die **Einschränkung des Zeugnisverweigerungsrechtes** ist subsidiär und setzt voraus, dass die Erforschung auf andere Weise aussichtslos oder wesentlich erschwert wäre. Ob diese Einschränkung nur für die in Nr. 1 bis 3 aufgeführten gilt, ist zweifelhaft. Zum Teil wird angenommen, dass diese Einschränkung nicht für die Aufklärung von Verbrechen gilt (vgl. Meyer-Goßner § 53 Rdn. 39).

19 Auch in den Fällen der Einschränkung des Zeugnisverweigerungsrechts kann der Zeuge die Aussage **verweigern,** soweit sie zur Offenbarung der Person des Verfassers usw. führen würde.

20 Geschützt wird nur der **redaktionelle Teil** des Druckwerks, der Rundfunksendung oder des Filmberichts. Dazu gehören aber auch die einer Zeitung zugesandten Leserbriefe (KG NJW 1984, 1133). Auf Anzeigen oder Werbefernsehen erstreckt sich das Zeugnisverweigerungsrecht dagegen nicht (Meyer-Goßner § 53 Rdn. 40). Eine weitere Ausnahme soll zu machen sein, wenn der Anzeige eine gleiche oder ähnliche Funktion wie Beiträgen des redaktionellen Teils zukommt (BVerfGE 64, 108).

II. Entbindung von der Verschwiegenheitspflicht

21 Die **Entbindung von der Verschwiegenheitspflicht** (Abs. 2) führt nur in den Fällen des Abs. 1 Nr. 2 bis 3b zur Aussagepflicht. Zur Entbindung berechtigt ist der, zu dessen Gunsten die Schweigepflicht gesetzlich begründet ist (OLG Hamburg NJW 1962, 689, 691). Sind mehrere Personen geschützt, so müssen alle die Erklärung abgeben (OLG Celle wistra 1986, 83). Zweifelhaft ist dabei die Entbindung von der Schweigepflicht bei juristischen Personen. Nach heute überwiegender Auffassung müssen z.B. bei einer GmbH die Personen entbinden, die als Geschäftsführer seinerzeit die entsprechenden Tatsachen anvertraut haben, die Entbindung durch den Insolvenzverwalter genügt nicht, und zwar selbst dann nicht, wenn Straftaten zum Nachteil der Gesellschaft von den Geschäftsführern begangen worden sein sollen (LG Saarbrücken wistra 1995, 239; LG Hamburg wistra 2005, 394; Dahs FS Kleinknecht S. 63; Schmitt wistra 1993, 14; Meyer-Goßner § 53 Rdn. 46; dagegen OLG Oldenburg NJW 2004, 2176; LG Hamburg NStZ-RR 2002, 12).

22 Die Erklärung kann durch **schlüssiges Verhalten** erfolgen. Wird die Vertrauensperson als Zeuge benannt, ist dies als Entbindung anzusehen (KK-Senge § 53

6. Abschnitt. Zeugen　　　　　　　　　　　　　　　　　　§§ 53a, 54

Rdn. 50). Eine mutmaßliche Einwilligung reicht nicht aus (Meyer-Goßner § 53 Rdn. 47). Die Entbindung ist beschränkbar und widerrufbar (vgl. § 52 Abs. 3 S. 2). Der Widerruf muss ausdrücklich erklärt werden (BGHSt 42, 73, 75). Hatte der Zeuge zunächst ausgesagt und dann wegen des Widerrufs der Entbindung die weitere Aussage verweigert, ist die Aussage insofern verwertbar (Meyer-Goßner § 53 Rdn. 49). Die Niederschrift kann in der Hauptverhandlung verlesen werden; § 252 soll nicht gelten (BGHSt 18, 146; SK-Rogall § 53 Rdn. 209).

III. Revision

Mit der **Revision** kann gerügt werden, dass der Zeuge unrichtig belehrt wurde und 23 zu Unrecht darauf hingewiesen wurde, dass eine Entbindung nach Abs. 2 erfolgt ist (BGHSt 42, 73). Die Rüge kann jeder Angeklagte erheben, zu dessen Nachteil die Aussage verwertet worden ist, auch wenn er selbst nicht zu den Personen gehört, die durch das Zeugnisverweigerungsrecht unmittelbar geschützt sind (BGHSt 33, 148). Verweigert ein Zeuge auf Grund unrichtiger Belehrung die Aussage, ist § 245 verletzt, wenn er präsent ist, sonst § 244 Abs. 2 (siehe auch § 52 Rdn. 22; BGH NStZ 1994, 94).

Nicht gerügt werden kann, dass der Zeuge sich zu Unrecht für die Zeugnisver- 24 weigerung oder den Verzicht darauf entschieden hat (BGHSt 9, 59). Auch das Unterlassen der Belehrung ist nicht revisibel (Meyer-Goßner § 53 Rdn. 50).

§ 53 a [Zeugnisverweigerungsrecht der Berufshelfer]

(1) ¹Den in § 53 Abs. 1 Satz 1 Nr. 1 bis 4 Genannten stehen ihre Gehilfen und die Personen gleich, die zur Vorbereitung auf den Beruf an der berufsmäßigen Tätigkeit teilnehmen. ²Über die Ausübung des Rechtes dieser Hilfspersonen, das Zeugnis zu verweigern, entscheiden die in § 53 Abs. 1 Satz 1 Nr. 1 bis 4 Genannten, es sei denn, daß diese Entscheidung in absehbarer Zeit nicht herbeigeführt werden kann.

(2) **Die Entbindung von der Verpflichtung zur Verschwiegenheit (§ 53 Abs. 2 Satz 1) gilt auch für die Hilfspersonen.**

§ 53a will eine **Umgehung des Zeugnisverweigerungsrechts** verhindern. Da- 1 her wird entsprechend § 203 Abs. 3 StGB das Zeugnisverweigerungsrecht auf Hilfspersonen ausgedehnt. Für die Beschlagnahme wird § 53a durch § 97 Abs. 4 ergänzt.

Hilfspersonen sind nicht nur solche, die eine berufsmäßige Tätigkeit ausüben, 2 sondern auch die gelegentlich mithelfenden Familienmitglieder des Arztes oder Rechtsanwalts (vgl. Krekeler/Schonard wistra 1998, 138).

Das Schweigerecht der Hilfspersonen ist vom Zeugnisverweigerungsrecht des Be- 3 rufsträgers **abgeleitet.** Er entscheidet über die Aussagepflicht seiner Hilfsperson mit bindender Wirkung (Meyer-Goßner § 53a Rdn. 7). Eine Aussage der Hilfsperson entgegen der ihr erteilten Weisung ist nach überwiegender Auffassung verwertbar (KK-Senge § 53a Rdn. 8; LR-Dahs § 53a Rdn. 8; Meyer-Goßner § 53a Rdn. 7; a.M. SK-Rogall § 53a Rdn. 43). Wird der Hauptberufsträger von der Schweigepflicht entbunden, erstreckt sich dies auch auf die Hilfspersonen (Abs. 2).

Ob der Hilfsperson im Verfahren gegen den Hauptberufsträger ein Zeugnisverwei- 4 gerungsrecht zusteht, ist zweifelhaft. § 53a gilt jedenfalls dann, wenn ein Dritter, dem gegenüber die Schweigepflicht besteht, Mitbeschuldigter ist und sich die Aussage auch auf ihn beziehen soll (Meyer-Goßner § 53a Rdn. 9).

§ 54 [Aussagegenehmigung für Richter und Beamte]

(1) **Für die Vernehmung von Richtern, Beamten und anderen Personen des öffentlichen Dienstes als Zeugen über Umstände, auf die sich ihre Pflicht zur**

§ 54   1. Buch. Allgemeine Vorschriften

Amtsverschwiegenheit bezieht, und für die Genehmigung zur Aussage gelten die besonderen beamtenrechtlichen Vorschriften.

(2) Für die Mitglieder des Bundestages, eines Landtages, der Bundes- oder einer Landesregierung sowie für die Angestellten einer Fraktion des Bundestages und eines Landtages gelten die für sie maßgebenden besonderen Vorschriften.

(3) Der Bundespräsident kann das Zeugnis verweigern, wenn die Ablegung des Zeugnisses dem Wohl des Bundes oder eines deutschen Landes Nachteile bereiten würde.

(4) Diese Vorschriften gelten auch, wenn die vorgenannten Personen nicht mehr im öffentlichen Dienst oder Angestellte einer Fraktion sind oder ihre Mandate beendet sind, soweit es sich um Tatsachen handelt, die sich während ihrer Dienst-, Beschäftigungs- oder Mandatszeit ereignet haben oder ihnen während ihrer Dienst-, Beschäftigungs- oder Mandatszeit zur Kenntnis gelangt sind.

1   § 54 schafft ein **Beweiserhebungsverbot** (Pfeiffer § 54 Rdn. 1). Wird eine Aussagegenehmigung erteilt, gilt die allgemeine Zeugenpflicht wieder. Eine Belehrung ist nicht nötig (RGSt 13, 154). Beim Verstoß bleibt die Aussage verwertbar (Meyer-Goßner § 54 Rdn. 2).

2   Gesetzlich geregelt sind die Amtsverschwiegenheit und der Genehmigungsvorbehalt in **verschiedenen Gesetzen** (vgl. §§ 61, 62 BBG, § 39 BRRG, § 45 Abs. 1 S. 2, § 46, § 71 Abs. 1 DRiG). Für Soldaten gilt § 14 SoldG (Texte bei Meyer-Goßner § 54 Rdn. 5 ff, dort auch zu EG-Bediensteten).

3   Die **Einholung der Aussagegenehmigung** ist Sache des Gerichts, ggf. der StA oder der Polizei, die den Zeugen vernehmen will (RiStBV Nr. 66). Bevor nicht versucht worden ist, bei der zuständigen Stelle (BGH NStZ 2001, 656) die Aussagenehmigung zu erlangen, darf von der Vernehmung des Zeugen wegen fehlender Genehmigung nicht abgesehen werden (BGHSt 29, 390, 392). Die Aussagegenehmigung können auch die Prozessbeteiligten beantragen, die sich auf den Zeugen berufen (Meyer-Goßner § 54 Rdn. 17). Der Antrag muss die Vorgänge, über die der Zeuge vernommen werden soll, kurz, aber erschöpfend angeben.

4   **Zuständig** für die Erteilung der Genehmigung ist der gegenwärtige Dienstvorgesetzte des Zeugen, bei Pensionären der letzte Dienstvorgesetzte (Meyer-Goßner § 53 Rdn. 19).

5   Die **Versagung der Genehmigung** ist nur unter den Voraussetzungen der entsprechenden Vorschriften zulässig (vgl. § 62 Abs. 1 BBG, § 39 Abs. 3 S. 1 BRRG). Die Behörde muss sich am Gebot einer rechtsstaatlichen Verfahrensgestaltung orientieren. Sie darf nicht allein die von ihr wahrzunehmenden Aufgaben berücksichtigen, sondern muss auch die Bedeutung der gerichtlichen Wahrheitsfindung für die Sicherung der Gerechtigkeit und das Gewicht des Freiheitsanspruchs des Beschuldigten einbeziehen (BGHSt 32, 115, 124; Meyer-Goßner § 54 Rdn. 20).

6   Die Behörde muss über die Gründe ihrer Weigerung so viel **Angaben machen,** dass das Gericht in die Lage versetzt wird, ggf. auf die Beseitigung von Hindernissen hinzuwirken und auf die Bereitstellung des bestmöglichen Beweises zu dringen (BGHSt 29, 109, 112).

7   Ein **Widerruf der Genehmigung** ist zulässig. Eine Beschränkung auf einzelne Tatkomplexe oder Fragen ist denkbar, z.B. die Geheimhaltung der Identität eines Zeugen (Meyer-Goßner § 54 Rdn. 22).

8   **Ist die Genehmigung erteilt,** muss das Gericht den Zeugen auch dann vernehmen, wenn es Bedenken gegen die Offenbarung seines Wissens hat. Ist sie versagt oder nur in beschränktem Umfange erteilt, ist die Vernehmung ganz oder in diesem Umfang verboten (BGHSt 17, 382, 384). Hält das Gericht die Versagungsgründe für gesetzeswidrig, muss es Gegenvorstellungen erheben (BGH NStZ 1981, 70; OLG Hamburg NStZ 1994, 98, 99; Meyer-Goßner § 54 Rdn. 24).

6. Abschnitt. Zeugen § 55

Wird die Genehmigung versagt, sind Anträge auf Vernehmung des Zeugen 9
nach § 244 Abs. 3 S. 1, § 245 Abs. 2 S. 2 wegen Unzulässigkeit der Beweiserhebung
abzulehnen (BGHSt 30, 34, 37; a.M. KK-Senge § 54 Rdn. 20; LR-Dahs § 54
Rdn. 22, die Unerreichbarkeit annehmen). Bei der Beweiswürdigung darf die Versagung der Aussagegenehmigung berücksichtigt werden (Meyer-Goßner § 54 Rdn. 26;
siehe § 96 Rdn. 7).

Verfahrensbeteiligte, die ein rechtliches Interesse an der Aussage haben, können den 10
Verwaltungsrechtsweg beschreiten. § 23 EGGVG gilt auch dann nicht, wenn die
Aussagegenehmigung für einen Justizbeamten versagt worden ist (OLG Hamm NJW
1968, 1440). Es handelt sich um eine Klage aus dem Beamtenverhältnis (BVerwGE
66, 39; OVG Berlin StV 1984, 280; Meyer-Goßner § 54 Rdn. 28; SK-Rogall § 54
Rdn. 70). Einen Anspruch auf Aussetzung des Verfahrens bis zur Entscheidung über
Gegenvorstellungen oder die Klage haben die Prozessbeteiligten nicht (LR-Dahs § 54
Rdn. 28; Meyer-Goßner § 54 Rdn. 29). Allerdings kann die Aufklärungspflicht die
Aussetzung gebieten (KK-Senge § 54 Rdn. 21).

Verstöße gegen § 54 sind nur **begrenzt revisibel.** Der Angeklagte kann sich nicht 11
darauf berufen, weil sein Rechtskreis nicht verletzt ist (BGH NJW 1952, 151), die StA
nicht, weil die Vernehmung ohne Aussagegenehmigung der Aufklärung nicht schadet,
die Versagung der Genehmigung aber bindend ist (Meyer-Goßner § 54 Rdn. 32; SK-
Rogall § 54 Rdn. 80). Zulässig bleibt nur die Aufklärungsrüge, die darauf gestützt
werden kann, dass sich das Gericht nicht hinreichend bemüht hat, eine Aussagegenehmigung zu erhalten (KK-Senge § 54 Rdn. 26).

§ 55 [Auskunftsverweigerungsrecht]

(1) Jeder Zeuge kann die Auskunft auf solche Fragen verweigern, deren Beantwortung ihm selbst oder einem der in § 52 Abs. 1 bezeichneten Angehörigen die Gefahr zuziehen würde, wegen einer Straftat oder einer Ordnungswidrigkeit verfolgt zu werden.

(2) Der Zeuge ist über sein Recht zur Verweigerung der Auskunft zu belehren.

Die Vorschrift dient dem **Schutz des Zeugen,** nicht anderer Beteiligter, vor einer 1
Selbstbelastung (BGHSt 11, 213). Sie will nicht falsche Aussagen des Zeugen verhindern, sondern ergänzt die Aussagefreiheit des Beschuldigten und das Aussageverweigerungsrecht des Zeugen dahin, dass der Zeuge bei einer Aussage weder sich selbst
noch einen Angehörigen, der nicht Beschuldigter ist, belasten muss (BVerfGE 38, 105,
113; BGHSt 11, 213, 216). Ist der Angehörige Beschuldigter, gilt § 52 (LR-Dahs
§§ 55 Rdn. 3; Meyer-Goßner § 55 Rdn. 1). Teilweise wird ein Wahlrecht zwischen
den §§ 52 und 55 angenommen (KK-Senge § 55 Rdn. 11; SK-Rogall § 55 Rdn. 18).
Dass es um den Schutz des Zeugen und nicht den des Angeklagten geht, hat Konsequenzen für die Revisibilität von Verstößen (Einl. Rdn. 193).

Das **Auskunftsverweigerungsrecht** besteht nicht nur bei einer Befragung nach 2
§ 69 Abs. 2, sondern allgemein und unabhängig davon, ob der Zeuge zuvor – z.B. im
Ermittlungsverfahren – bereits belastende Angaben gemacht hat, es ist aber kein Zeugnisverweigerungsrecht (BGHSt 10, 104; BGHSt 27, 139, 143; Meyer-Goßner § 55
Rdn. 2; a.M. Rengier S. 53). Ist aber der gesamte Inhalt der Aussage belastend, wie es
oft bei Tatbeteiligten der Fall ist, wird das Auskunftsverweigerungsrecht praktisch zum
Recht, die Aussage in vollem Umfang zu verweigern (BGHSt 17, 245, 247; BGH StV
2002, 604; Thomas NStZ 1982, 489, 493; Meyer-Goßner § 55 Rdn. 2).

Ob sich das Auskunftsverweigerungsrecht auch auf **juristische Personen** erstreckt, 3
ist umstritten (dafür Schuler JR 2003, 265; dagegen Arzt JZ 2003, 456).

§ 56   1. Buch. Allgemeine Vorschriften

4   Bei wahrer Aussage muss sich ein auf konkrete Tatsachen gestützter, allerdings sehr
    niedrig anzusetzender Anfangsverdacht im Sinne des § 152 Abs. 2 ergeben (vgl.
    BVerfG NJW 2002, 1411; Beulke Rdn. 195; SK-Rogall § 55 Rdn. 34). Bloße Ver-
    mutungen reichen nicht aus (BGH NJW 1994, 2839).
5   Das Auskunftsverweigerungsrecht besteht nicht (mehr), wenn die Gefahr der Ver-
    folgung **ohne Zweifel entfällt,** also offensichtlich Rechtfertigungs- oder Entschuldi-
    gungsgründe vorliegen oder der Zeuge wegen Rechtskraft nicht erneut verfolgt wer-
    den darf (BGH NStZ 2002, 607; Meyer-Goßner § 55 Rdn. 8; Beulke Rdn. 195).

    Beispiel: In einem Verfahren wegen Diebstahls tritt ein früherer Mitbeschuldigter als Zeuge auf.
    Das Verfahren gegen ihn ist nach § 153 a endgültig eingestellt. Er muss aussagen.

6   Der Zeuge muss sich auf sein Auskunftsverweigerungsrecht **ausdrücklich berufen**
    und darf belastende Tatsachen nicht einfach verschweigen (BGHSt 21, 171; Pfeiffer
    § 55 Rdn. 2). Besteht die Möglichkeit der Wiederaufnahme nach den §§ 211, 362,
    steht der Anwendung des § 55 weder die rechtskräftige Ablehnung der Eröffnung des
    Hauptverfahrens noch die rechtskräftige Freisprechung entgegen (BGH StV 1984,
    408). Vergleichbares gilt für eine Einstellung nach den §§ 153 ff oder § 45 JGG. Es
    kommt darauf an, ob auf Grund der Auskünfte des Zeugen eine Fortführung des Ver-
    fahrens zu erwarten wäre (vgl. BGHSt 10, 104; Meyer-Goßner § 55 Rdn. 9).
    Die Entscheidung über die Verfolgungsgefahr ist Rechtsfrage und wird vom Ge-
    richt, nicht vom Zeugen oder Angeklagten getroffen (OLG Hamburg NJW 1984,
    1635). Das Verlangen nach Glaubhaftmachung (§ 56) steht im Ermessen des Gerichts
    (BGH MDR 1971, 188).
7   Greift § 55 ein, ist eine (weitere) Befragung zu dem konkreten Punkt **unzulässig**
    (BGHSt 47, 220, 223). Fragen können nach § 241 Abs. 1, Beweisanträge nach § 244
    Abs. 3 S. 1, § 245 Abs. 2 S. 2 als unzulässig abgelehnt werden (Meyer-Goßner § 55
    Rdn. 12; SK-Rogall § 55 Rdn. 56). Teilweise hält man in diesen Fällen das Beweis-
    mittel für ungeeignet (BGH NStZ 1986, 181). Die bisherigen Angaben des Zeugen
    bleiben verwertbar (BGHSt 47, 220, 221). Das Unterlassen der Belehrung nach Abs. 2
    begründet kein Verwertungsverbot in dem konkreten Strafverfahren, die entsprechen-
    de Aussage kann aber im Verfahren gegen den Zeugen unverwertbar sein. Nach h. M.
    führt das Unterlassen der Belehrung in einem späteren Verfahren gegen den Zeugen
    zu einem Verwertungsverbot (OLG Celle NStZ 2002, 386; Meyer-Goßner § 55
    Rdn. 17; SK-Rogall § 55 Rdn. 79). Allerdings muss der Verwertung in der Haupt-
    verhandlung widersprochen werden (BayObLG NZV 2001, 525; Meyer-Goßner § 55
    Rdn. 17; siehe noch § 136 Rdn. 16 ff).

§ 56 [Glaubhaftmachung des Verweigerungsgrundes]

¹**Die Tatsache, auf die der Zeuge die Verweigerung des Zeugnisses in den
Fällen der §§ 52, 53 und 55 stützt, ist auf Verlangen glaubhaft zu machen.** ²**Es
genügt die eidliche Versicherung des Zeugen.**

1   Das **Verlangen nach Glaubhaftmachung** steht im Ermessen des Gerichts und
    betrifft die Zeugnis- und Auskunftsverweigerung nach den §§ 52, 53 und 55. Hat das
    Gericht Zweifel am Vorliegen der Voraussetzungen, ist regelmäßig eine eidliche Ver-
    sicherung zu verlangen (BGH StV 1984, 450; Meyer-Goßner § 56 Rdn. 1).
2   **Gegenstand der Glaubhaftmachung** sind die zur Zeugnisverweigerung berech-
    tigenden Tatsachen, die nicht offenkundig sind (BGHSt 28, 240, 258). In den Fällen
    des § 52 kommt insbesondere im Hinblick auf die die Verlobung begründenden Tat-
    sachen eine Glaubhaftmachung in Betracht. In den Fällen der Auskunftsverweigerung
    nach § 55 dürfen Angaben über die Tat, derentwegen Verfolgungsgefahr bestehen soll,
    nicht verlangt werden, weil dies ohne Selbstbelastung des Zeugen kaum möglich ist
    (BGH StV 1987, 328).

6. Abschnitt. Zeugen §§ 57, 58

Die Revision setzt eine **Anrufung des Gerichts** nach § 238 Abs. 2 voraus (SK- 3
Rogall § 56 Rdn. 18). Hat das Gericht die Zeugnisverweigerung oder Glaubhaftmachung anerkannt, kann dies nur gerügt werden, wenn die Entscheidung erkennbar auf Rechtsirrtum beruht (BGH NJW 1972, 1334; Meyer-Goßner § 56 Rdn. 4).

§ 57 [Zeugenbelehrung]

¹Vor der Vernehmung werden die Zeugen zur Wahrheit ermahnt, auf die Möglichkeit der Vereidigung hingewiesen und über die strafrechtlichen Folgen einer unrichtigen oder unvollständigen Aussage belehrt. ²Im Falle der Vereidigung sind sie über die Bedeutung des Eides sowie über die Möglichkeit der Wahl zwischen dem Eid mit religiöser oder ohne religiöse Beteuerung zu belehren.

Die Belehrung erfolgt **mündlich.** Die gemeinsame Belehrung aller erschienenen 1
Zeugen ist zulässig (RGSt 54, 297). Der Richter darf während der Vernehmung den in § 57 vorgeschriebenen Hinweis wiederholen und ihn mit eindringlichen Vorhaltungen verbinden, um einer Falschaussage entgegenzuwirken (BGHSt 3, 199).

Die Belehrung wird üblicherweise ins **Protokoll** aufgenommen. Es handelt sich 2
aber nicht um eine wesentliche Förmlichkeit (Meyer-Goßner § 57 Rdn. 5).

Da § 57 nur eine im Interesse des Zeugen erlassene Ordnungsvorschrift ist, kann auf 3
deren Verletzung die **Revision** nicht gestützt werden (Meyer-Goßner § 57 Rdn. 7).

§ 58 [Vernehmung; Gegenüberstellung]

(1) ¹Die Zeugen sind einzeln und in Abwesenheit der später zu hörenden Zeugen zu vernehmen. ²§ 406g Abs. 1 Satz 1 bleibt unberührt.

(2) Eine Gegenüberstellung mit anderen Zeugen oder mit dem Beschuldigten im Vorverfahren ist zulässig, wenn es für das weitere Verfahren geboten erscheint.

Die **Einzelvernehmung** von Zeugen ist die Regel (Abs. 1). Sie soll die Unbefan- 1
genheit des Zeugen erhalten (BGHSt 3, 388) und gilt in allen Verfahrensabschnitten auch für Vernehmungen durch die StA (§ 161a Abs. 1 S. 2) und die Polizei (§ 163a Abs. 5).

Die Vorschrift gilt für **alle Zeugen,** auch für den sachverständigen Zeugen (LR- 2
Dahs § 58 Rdn. 4), den Staatsanwalt (BGH NJW 1987, 3088, 3090) und den Wahlverteidiger als Zeugen (Meyer-Goßner § 58 Rdn. 3). Konsequenz ist, dass diese Personen ggf. (in Fällen notwendiger Verteidigung der Verteidiger) während der Dauer der Vernehmung ersetzt werden müssen.

Die **Reihenfolge der Vernehmung** steht im richterlichen Ermessen (BGHSt 2, 3
110). Nach der Vernehmung steht ein Zeuge bis zu seiner Entlassung zur Verfügung des Gerichts (§ 248). Das Gericht kann seine Anwesenheit auch nach der Entlassung dulden. Eine Entfernung des Zeugen kommt insbesondere in Betracht, wenn eine ergänzende Vernehmung oder eine Gegenüberstellung beabsichtigt ist oder wenn zu besorgen ist, dass ein anderer Zeuge in seiner Gegenwart nicht die Wahrheit sagen werde (KK-Senge § 58 Rdn. 5; Meyer-Goßner § 58 Rdn. 6).

Gegenüberstellungen (Abs. 2) sind bereits im Vorverfahren zulässig, wenn dies 4
zur Sachaufklärung geboten erscheint (Meyer-Goßner § 58 Rdn. 8). In der Hauptverhandlung erfolgt eine Gegenüberstellung im Rahmen des § 244 Abs. 2.

Bei einer **Vernehmungsgegenüberstellung** sollen Widersprüche zwischen einer 5
Zeugenaussage und den Angaben des Beschuldigten oder eines anderen Zeugen durch Rede und Gegenrede, Fragen und Vorhalte geklärt werden (KG NJW 1979, 1668).

§ 58a   1. Buch. Allgemeine Vorschriften

Hier handelt es sich um eine besondere Art der Vernehmung (Meyer-Goßner § 58 Rdn. 10).

6   Bei der **Identifizierungsgegenüberstellung** wird eine zu identifizierende Person in Augenschein genommen und nur der andere Teil als Zeuge vernommen (KG NJW 1979, 1668). Die Gegenüberstellung ist Teil dieser Vernehmung (KG JR 1979, 347; Meyer-Goßner § 58 Rdn. 9). Der Zeuge ist daher zur Mitwirkung verpflichtet, wenn er kein Aussageverweigerungsrecht hat (KK-Senge § 58 Rdn. 8). Der Gegenübergestellte muss sich von ihm in Augenschein nehmen lassen, auch wenn er als Beschuldigter die Einlassung (BGHSt 34, 39, 49) oder als Zeuge die Aussage verweigert (Meyer-Goßner § 58 Rdn. 9; zum Teil umstritten: KK-Senge § 58 Rdn. 8). Eine Mindermeinung hält dabei die Gegenüberstellung für eine Maßnahme nach § 81b, die wohl herrschende Meinung für eine körperliche Untersuchung nach § 81a, wieder andere stützen sie auf § 58 Abs. 2 (Nachweise bei Meyer-Goßner § 58 Rdn. 9).

7   Die **Form der Gegenüberstellung** zum Zweck der Identifizierung und ihren Zeitpunkt bestimmt der Richter, z.B. die Kleidung. Die Beobachtung durch einen venezianischen Spiegel ist zulässig (Meyer-Goßner § 58 Rdn. 11). Oftmals findet die Identifizierungsgegenüberstellung als Wahlgegenüberstellung in der Weise statt, dass mehrere Personen gegenübergestellt werden (vgl. OLG Karlsruhe NStZ 1983, 377). Videoaufnahmen sind dabei zulässig (BVerfG NStZ 1983, 84). Möglich ist neben der Einzelgegenüberstellung, die einen geringeren Beweiswert hat, die sequentielle oder sukzessive Gegenüberstellung, bei der der Zeuge jeweils nur eine Person sieht, ihm aber nacheinander mehrere Personen gezeigt werden (BGH NStZ-RR 2001, 133); der Beweiswert einer solchen Art der Gegenüberstellung soll erheblich höher liegen (vgl. Odenthal NStZ 2001, 580).

8   Dieselben Grundsätze gelten für eine Identifizierung durch einen **Stimmvergleich** (Odenthal NStZ 1995, 579).

9   Da Abs. 1 eine **Ordnungsvorschrift** enthält, wird deren Verletzung die Revision nicht begründen können (BGH NJW 1962, 260). Gerügt werden kann nur ein Verstoß gegen § 244 Abs. 2 (BGH NJW 1987, 3088, 3090). Auch die Verletzung des Abs. 2 begründet die Revision nur, wenn darin eine Verletzung der Aufklärungspflicht liegt. Ein sachlich-rechtlicher Mangel (unzureichende Beweiswürdigung) liegt vor, wenn sich aus dem Urteil nicht ergibt, dass sich das Gericht des eingeschränkten Beweiswerts einer Einzelgegenüberstellung usw. bewusst war (BGHSt 40, 66; BGH NStZ 1982, 342; Meyer-Goßner § 58 Rdn. 15).

§ 58a [Bild-Ton-Träger]

(1) **Die Vernehmung eines Zeugen kann auf Bild-Ton-Träger aufgezeichnet werden**

1. **bei Personen unter sechzehn Jahren, die durch die Straftat verletzt worden sind, oder**
2. **wenn zu besorgen ist, daß der Zeuge in der Hauptverhandlung nicht vernommen werden kann und die Aufzeichnung zur Erforschung der Wahrheit erforderlich ist.**

(2) ¹Die Verwendung der Bild-Ton-Aufzeichnung ist nur für Zwecke der Strafverfolgung und nur insoweit zulässig, als dies zur Erforschung der Wahrheit erforderlich ist. ²§ 100b Abs. 6 gilt entsprechend. ³Die §§ 147, 406e sind entsprechend anzuwenden, mit der Maßgabe, dass den zur Akteneinsicht Berechtigten Kopien der Aufzeichnung überlassen werden können. ⁴Die Kopien dürfen weder vervielfältigt noch weitergegeben werden. ⁵Sie sind an die Staatsanwaltschaft herauszugeben, sobald kein berechtigtes Interesse an der weiteren Verwendung besteht. ⁶Die Überlassung der Aufzeichnung oder die Herausgabe von Kopien an andere als die vorbezeichneten Stellen bedarf der Einwilligung des Zeugen.

6. Abschnitt. Zeugen § 58a

(3) ¹Widerspricht der Zeuge der Überlassung einer Kopie der Aufzeichnung seiner Vernehmung nach Absatz 2 Satz 3, so tritt an deren Stelle die Überlassung einer Übertragung der Aufzeichnung in ein schriftliches Protokoll an die zur Akteneinsicht Berechtigten nach Maßgabe der §§ 147, 406 e. ²Wer die Übertragung hergestellt hat, versieht die eigene Unterschrift mit dem Zusatz, dass die Richtigkeit der Übertragung bestätigt wird. ³Das Recht zur Besichtigung der Aufzeichnung nach Maßgabe der §§ 147, 406 e bleibt unberührt. ⁴Der Zeuge ist auf sein Widerspruchsrecht nach Satz 1 hinzuweisen.

Die **Aufzeichnung einer Vernehmung** auf Bild-Ton-Träger soll besonders 1 schutzbedürftigen Zeugen die häufig belastenden Mehrfachvernehmungen, auch in der Hauptverhandlung, ersparen (Meyer-Goßner § 58 a Rdn. 1). Die Bestimmung findet gemäß § 168 e S. 4 bei getrennter Vernehmung durch den Ermittlungsrichter entsprechende Anwendung und gilt für richterliche und staatsanwaltschaftliche Vernehmungen (Meyer-Goßner § 58 a Rdn. 2). Bei polizeilichen Zeugenvernehmungen im Ermittlungsverfahren soll sie trotz fehlender Verweisung in § 163 a Abs. 5 zulässig sein (Beulke ZStW 113 [2001], 710; abl. KK-Senge § 58 a Rdn. 3). In der Praxis ist eine richterliche Vernehmung zu empfehlen, da dies die Verwertung in einer späteren Hauptverhandlung erleichtert (vgl. § 251 Rdn. 11 ff).

Nach Abs. 1 kann **jede Vernehmung** eines Zeugen aufgezeichnet werden. Gren- 2 zen in der Praxis setzt der damit verbundene Aufwand (Meyer-Goßner § 58 a Rdn. 4).

Die Vernehmung soll aufgezeichnet werden bei einem **Opfer unter 16 Jahren** 3 (Nr. 1). Dabei wird die Anwendung in Alltagsfällen regelmäßig nicht angezeigt werden, so etwa bei einem jugendlichen Radfahrer, der Opfer eines Straßenverkehrsdelikts wurde (Rieß NJ 1998, 3241 Fn. 24), wohl aber bei einem Kind als Opfer schwerwiegender Sexualstraftaten (BGH NStZ-RR 2004, 336; Meyer-Goßner § 58 a Rdn. 6). Zur Vorführung der Aufnahme in der Hauptverhandlung vgl. § 255 a Abs. 2 S. 1.

Bei der Aufzeichnung nach Nr. 2 geht es um einen Fall der **Beweissicherung,** wie 4 er auch § 160 Abs. 2 zu Grunde liegt: Neben lebensgefährlich erkrankten, gebrechlichen, gefährdeten oder ausländischen Zeugen ist an Fälle zu denken, in denen Erziehungsberechtigte kindlichen oder jugendlichen Zeugen aus berechtigter Sorge um deren Wohl die Teilnahme an der Hauptverhandlung voraussichtlich nicht gestatten werden (vgl. BGH NJW 1996, 206; Meyer-Goßner § 58 a Rdn. 7). Ob die Bestimmung auch dann eingreift, wenn dem Zeugen in der Hauptverhandlung ein Auskunftsverweigerungsrecht zustehen kann, ist umstritten (dafür LR-Rieß Nachtrag Rdn. 20; Meyer-Goßner § 58 a Rdn. 7; a. M. SK-Rogall § 58 a Rdn. 15). Allgemein können die gleichen Bedenken, die im Einzelfall einer Videosimultanübertragung entgegenstehen (vgl. §§ 168 e, 247 a) auch gegen die Aufzeichnung der Aussage sprechen (Meyer-Goßner § 58 a Rdn. 7).

Die **Duldung** der Bild-Ton-Aufzeichnung ist Bestandteil der Zeugenpflicht (SK- 5 Rogall § 58 a Rdn. 8). Die **Anordnungskompetenz** liegt beim Vernehmenden. Der Ermittlungsrichter hat nur die Zulässigkeit der beantragten Videoaufzeichnung zu prüfen (Meyer-Goßner § 58 a Rdn. 9).

Abs. 2 S. 1 beschränkt die **Verwendung** der nach Abs. 1 hergestellten Aufzeich- 6 nung im Hinblick auf die schutzwürdigen Interessen des Zeugen. Die Verwendung ist zur Wahrheitserforschung erforderlich, wenn das Abspielen der Aufzeichnung ertragreicher ist als die Verlesung der Niederschrift und es im konkreten Fall auf den höheren Beweiswert ankommt. Im Übrigen stellt § 255 a für die Vorführung der Aufzeichnung in der Hauptverhandlung weitere Voraussetzungen auf (vgl. Meyer-Goßner § 58 a Rdn. 10). Eine Verwendung des Videobands in anderen Verfahren (etwa vor dem Familiengericht oder Jugendamt) ist (nur) mit Zustimmung des Zeugen zulässig. Die Verweisung auf § 100 b Abs. 6 enthält eine Regelung über die Vernichtung der Bild-Ton-Aufzeichnung.

§ 59 1. Buch. Allgemeine Vorschriften

7   Das **Akteneinsichtsrecht** des Verteidigers (§ 147) oder des Bevollmächtigten des Verletzten (§ 406 e) erstreckt sich auf die Bild-Ton-Aufzeichnung als Bestandteil der Sachakten (Neuhaus StV 2004, 623). Diesen Personen dürfen Kopien der Aufzeichnung auch ohne Einwilligung des Zeugen überlassen werden (Abs. 2 S. 2, 3). Bei einem Widerspruch des Zeugen (Belehrung nach Abs. 3 S. 4) beschränkt sich das Einsichtsrecht darauf, die Aufzeichnung bei der StA (Abs. 3 S. 3) zu besichtigen oder auf ein nach Abs. 3 S. 1, 2 zu errichtendes Protokoll zurückzugreifen. Der Verteidiger darf seinem Mandanten keine Kopie überlassen (Abs. 2 S. 4).

8   **Rechtsmittel** gegen Anordnungen des Ermittlungsrichters ist die einfache Beschwerde. Mit der Revision kann beanstandet werden, dass eine vorhandene Bild-Ton-Aufzeichnung zu Unrecht nicht verwertet worden ist (§ 244 Abs. 2).

§ 59 [Vereidigung]

(1) ¹**Zeugen werden nur vereidigt, wenn es das Gericht wegen der ausschlaggebenden Bedeutung der Aussage oder zur Herbeiführung einer wahren Aussage nach seinem Ermessen für notwendig hält.** ²**Der Grund dafür, dass der Zeuge vereidigt wird, braucht im Protokoll nicht angegeben zu werden, es sei denn, der Zeuge wird außerhalb der Hauptverhandlung vernommen.**

(2) ¹**Die Vereidigung der Zeugen erfolgt einzeln und nach ihrer Vernehmung.** ²**Soweit nichts anderes bestimmt ist, findet sie in der Hauptverhandlung statt.**

1   Mit dem 1. Justizmodernisierungsgesetz wurde die **Regelvereidigung zur Ausnahme** gemacht. Damit passt sich die Rechtslage der Praxis an, die unter Anwendung des § 61 Nr. 5 a. F. regelmäßig auf eine Vereidigung verzichtete.

2   **Ausschlaggebende Bedeutung** hat die Aussage, wenn sie für eine entscheidungserhebliche Tatsache das alleinige Beweismittel oder bei der Beweiswürdigung das „Zünglein an der Waage" ist (vgl. BGHSt 16, 99, 103; Meyer-Goßner § 59 Rdn. 3). Zur Herbeiführung einer wahren Aussage ist die Vereidigung nicht schon zulässig, wenn der Zeuge offensichtlich lügt, sondern nur dann, wenn bestimmte Tatsachen die Annahme begründen, dass er unter Eideszwang erhebliche Tatsachen wahrheitsgemäß bekunden werde (BGHSt 16, 99, 103; Meyer-Goßner § 59 Rdn. 4).

3   Die Zeugen sind **einzeln und nach der Vernehmung** zu vereidigen. Dies entspricht der Rechtslage in dem bisherigen § 59 S. 1 und 2. Der Eid umfasst alle Angaben des Zeugen, auch die zur Person und zu den allgemeinen Fragen nach § 68 Abs. 1, 4 (RGSt 60, 407). Eine Teilvereidigung kann zulässig und geboten sein, wenn mehrere Taten im Sinne des § 264 Gegenstand des Verfahrens sind (Meyer-Goßner § 59 Rdn. 7).

4   Die **Entscheidung über die Vereidigung** ergeht von Amts wegen in der Hauptverhandlung (vgl. aber §§ 62, 63) nach Abschluss der Vernehmung, spätestens jedoch bis zum Schluss der Beweisaufnahme (BGHSt 1, 346, 348). Wird der Zeuge in einem späteren Abschnitt der Hauptverhandlung noch einmal vernommen, bedarf es einer neuen Entscheidung über die Vereidigung (BGHSt 48, 221). Die Entscheidung erfolgt entweder vorab durch den Vorsitzenden des Gerichts oder sogleich durch das Kollegialgericht. Bei einer Vorabentscheidung ist nach h. M. nach § 238 Abs. 2 die Anrufung des Gerichts zulässig (Meyer-Goßner § 59 Rdn. 10). Einer Begründung bedarf die Vereidigung gemäß Abs. 1 S. 2 nicht. Ebenso darf ein Antrag auf Vereidigung ohne Begründung abgelehnt werden (Meyer-Goßner § 59 Rdn. 11; a. M. Sommer StraFo 2004, 296).

5   Die Tatsache der Vereidigung oder Nichtvereidigung muss als **wesentliche Förmlichkeit** im Sinne von § 168 a Abs. 1, § 273 Abs. 1 im Protokoll beurkundet werden. Eine ausdrückliche Entscheidung, einen Zeugen nicht zu vereidigen, ist nach der Änderung des gesetzlichen Regel-/Ausnahme-Verhältnisses in § 59 Abs. 1 Satz 1 StPO

6. Abschnitt. Zeugen § 60

aber nur dann zu treffen und in das Hauptverhandlungsprotokoll aufzunehmen, wenn ein Verfahrensbeteiligter einen Antrag auf Vereidigung gestellt hat (BGH NJW 2006, 388).

Mit der **Revision** kann gerügt werden, dass die Vereidigung unter Verstoß gegen § 60 erfolgt ist. Im Übrigen ist die Entscheidung nicht revisibel, weil sie im Ermessen des Gerichts liegt (Knauer/Wolf NJW 2004, 2933). Wird eine uneidliche entlastende Aussage im Urteil irrtümlich als eidliche gewertet, so wird das Urteil hierauf in der Regel nicht zum Nachteil des Angeklagten beruhen (OLG Hamm NJW 1972, 1531; a.M. BayObLG StV 1988, 145). Bei anderen Aussagen kann das Beruhen nicht schon deshalb ausgeschlossen werden, weil das Gericht und der Zeuge irrtümlich davon ausgegangen sind, die Vereidigung sei erfolgt (BGH StV 1999, 137). 6

§ 60 [Verbot der Vereidigung]

Von der Vereidigung ist abzusehen

1. **bei Personen, die zur Zeit der Vernehmung das sechzehnte Lebensjahr noch nicht vollendet haben oder die wegen mangelnder Verstandesreife oder wegen einer psychischen Krankheit oder einer geistigen oder seelischen Behinderung vom Wesen und der Bedeutung des Eides keine genügende Vorstellung haben;**
2. **bei Personen, die der Tat, welche den Gegenstand der Untersuchung bildet, oder der Beteiligung an ihr oder der Begünstigung, Strafvereitelung oder Hehlerei verdächtig oder deswegen bereits verurteilt sind.**

Die Vorschrift enthält **zwingende Vereidigungsverbote.** Da die Regelvereidigung durch das 1. JuMoG abgeschafft worden ist (vgl. § 59), wird sie nur noch in seltenen Fällen relevant sein. 1

Ein Vereidigungsverbot besteht nach § 187 Abs. 2 BGB bis zu Beginn des Tages, an dem der Zeuge 16 Jahre alt wird **(Eidesunmündigkeit).** Maßgebend ist der Zeitpunkt der Aussage, die Vereidigung ist aber nachzuholen, wenn der Zeuge noch vor Schluss der Beweisaufnahme eidesmündig wird (Meyer-Goßner § 60 Rdn. 2). 2

Eidesunfähigkeit kann durch eine psychische Krankheit oder eine geistige oder seelische Behinderung begründet sein. Unwissenheit oder Gedächtnisschwäche reichen nicht aus (LR-Dahs § 60 Rdn. 8). 3

Das Vereidigungsverbot bei **Tat- oder Teilnahmeverdacht** (Nr. 2) beruht auf der Erfahrung, dass der Eid zur Erhöhung des Beweiswertes nicht geeignet ist, wenn ein Tatverdächtiger seine Aussage nicht unbefangen machen kann (vgl. Meyer-Goßner § 60 Rdn. 8). Für den Begriff der Tat ist der prozessuale Tatbegriff (§ 264) maßgeblich. Eine Vortat gehört zur Tat, wenn sie in untrennbarem denknotwendigen Zusammenhang mit ihr steht (BGHSt 4, 255, 256). Der Begriff Beteiligung ist im weitesten Sinne zu verstehen. Tatbeteiligt ist nicht nur der Teilnehmer im Sinne der §§ 26, 27 StGB, sondern jeder, der bei dem zur Aburteilung stehenden Vorgang in strafbarer Weise und in derselben Richtung wie der Beschuldigte mitgewirkt hat (BGHSt 4, 255; BGH StV 1982, 342; BGH NStZ 1983, 516). Tatbeteiligter ist also auch der Begünstiger und dessen Mittäter und Gehilfen oder der Verkäufer von Betäubungsmitteln im Verfahren gegen den Erwerber (BayObLG MDR 1983, 778; siehe auch OLG Düsseldorf StraFo 2001, 413). 4

Der Zeuge muss **in strafbarer Weise** mitgewirkt haben (BGHSt 9, 71, 73). Die unvorsätzliche objektive Förderung der Tat genügt nicht, auch nicht die straflose Teilnahme als Lockspitzel (Meyer-Goßner § 60 Rdn. 13). Bei Fahrlässigkeitstaten kann Teilnahme im Sinne der Nr. 2 vorliegen, wenn der Zeuge fahrlässig zur Herbeiführung desselben rechtswidrigen Erfolges beigetragen hat (BGHSt 10, 65). 5

127

§§ 61, 62

6 Die Straftat muss **außerhalb der Hauptverhandlung** begangen worden sein. Ein Verdacht, dass der Zeuge erst bei der gegenwärtigen Vernehmung falsch ausgesagt hat, um den Beschuldigten zu begünstigen oder ihn der Bestrafung zu entziehen, hindert die Vereidigung nicht (BGHSt 1, 360; BGH NJW 1982, 947; Meyer-Goßner § 60 Rdn. 20). Der Verdacht muss noch zur Zeit des Urteilserlasses vorliegen (BGH NStZ 1981, 110). Die Belehrung nach § 55 Abs. 2 beweist daher nicht, dass das Gericht gegen Nr. 2 verstoßen hat (BGHSt 42, 86, 87).

7 Bereits wegen Tatbeteiligung **verurteilte Zeugen** dürfen nicht vereidigt werden, auch wenn das Urteil noch nicht rechtskräftig ist (KK-Senge § 60 Rdn. 32; LR-Dahs § 60 Rdn. 50).

8 Stellt sich bei der Urteilsberatung heraus, dass ein vereidigter Zeuge tat- oder teilnahmeverdächtig ist, muss die Aussage bei der Beweiswürdigung **als uneidliche gewertet** werden (BGHSt 4, 130). Dies muss dem Prozessbeteiligten unter Wiedereintritt in die Verhandlung bekannt gegeben werden (BGH NStZ 1986, 230, 231). Die Unterrichtung muss im Protokoll vermerkt werden (BGHSt 4, 130).

9 Die **fehlerhafte Nichtvereidigung** kann nur gerügt werden, wenn darüber das Gericht entschieden hat (Meyer-Goßner § 61 Rdn. 31).

10 Begründet ist die **Revision,** wenn das Gericht den Zeugen in Unkenntnis seines wahren Alters vereidigt hat (LR-Dahs § 60 Rdn. 59). Im Fall der Nr. 2 kann gerügt werden, dass das Gericht vereidigt hat, obwohl das Urteil Anhaltspunkte für einen Tat- oder Teilnahmeverdacht des Zeugen enthält (BGHSt 42, 86, 87; OLG Köln StV 2004, 308; Meyer-Goßner § 60 Rdn. 34). War die Vereidigung unzulässig und hat das Gericht die Aussage nicht nur als uneidliche gewertet, muss das Urteil in der Regel aufgehoben werden (BGHSt 4, 255, 257), aber nicht ausnahmslos (BGH NStZ-RR 2002, 77), so, wenn das Gericht schon der beeideten Aussage nicht geglaubt hat (BGH StV 1986, 89).

§ 61 [Belehrung über Verweigerungsrecht]

Die in § 52 Abs. 1 bezeichneten Angehörigen des Beschuldigten haben das Recht, die Beeidigung des Zeugnisses zu verweigern; darüber sind sie zu belehren.

1 Die Vorschrift **ergänzt § 52** und gibt den dort bezeichneten Angehörigen des Beschuldigten das Recht, trotz erstatteter Aussage eine Beeidigung des Zeugnisses zu verweigern. Die Verweigerung (und ein Verzicht darauf) werden im Protokoll beurkundet. Schlüsse aus der Weigerung dürfen bei der Beweiswürdigung nicht gezogen werden (§ 261 Rdn. 18).

2 Die **Pflicht zur Belehrung** ergänzt § 52 Abs. 3 S. 1. Sie muss auch erteilt werden, wenn sich der Zeuge zur Eidesleistung bereiterklärt hat, aber immer nur, wenn der Richter den Zeugen auch tatsächlich vereidigen will. Wegen der Änderung des § 59 durch das 1. JuMoG werden diese Fälle sicherlich nicht mehr zahlreich sein. Die Belehrung ist in der Vernehmungs- oder Sitzungsniederschrift zu beurkunden.

3 Die **Revision** kann ein Unterlassen der Belehrung rügen, wenn das Urteil auf der Aussage beruht (BGHSt 4, 217). Am Beruhen fehlt es, wenn das Urteil die Aussage nicht oder nicht zu Lasten des Beschwerdeführers oder nur als uneidliche verwertet hat (OLG Düsseldorf NStZ 1984, 182; Meyer-Goßner § 61 Rdn. 3).

§ 62 [Vereidigung im vorbereitenden Verfahren]

Im vorbereitenden Verfahren ist die Vereidigung zulässig, wenn

1. Gefahr im Verzug ist oder

6. Abschnitt. Zeugen §§ 63, 64

2. der Zeuge voraussichtlich am Erscheinen in der Hauptverhandlung verhindert sein wird
und die Voraussetzungen des § 59 Abs. 1 vorliegen.

Die Vorschrift **ergänzt § 59 Abs. 1** im Hinblick auf das Ermittlungsverfahren. Bei Vernehmungen durch den Ermittlungsrichter nach § 173 Abs. 3, § 202 S. 1 und bei Beweissicherungen nach § 205 S. 2 ist die Vereidigung nur dann zulässig, wenn neben den Voraussetzungen des § 59 Abs. 1 Gefahr im Verzug vorliegt oder der Zeuge voraussichtlich am Erscheinen in der Hauptverhandlung verhindert sein wird. 1

Neben der ausschlaggebenden Bedeutung nach § 59 Abs. 1 S. 1 muss **Gefahr im Verzuge** (Nr. 1) vorliegen. Ohne die Vereidigung muss der Verlust des Beweismittels oder das Scheitern der weiteren Aufklärung zu besorgen sein. Der Fall ist dies bei betagten oder schwer erkrankten Zeugen (Meyer-Goßner § 62 Rdn. 4). 2

Eine **Verhinderung des Zeugen** (Nr. 2) kommt etwa wegen einer längeren Auslandsreise oder einer Rückkehr in die ausländische Heimat in Betracht. Die Unzumutbarkeit des Erscheinens in der Hauptverhandlung wegen der großen Entfernung zum Gerichtsort reicht nicht aus (Meyer-Goßner § 62 Rdn. 5). 3

Im **Protokoll** ist nach § 168a Abs. 1 festzuhalten, ob der Zeuge vereidigt worden ist. In der Hauptverhandlung kann die Niederschrift über die Zeugenaussage im Fall der Nr. 1 nach § 251 Abs. 2 Nr. 1, im Fall der Nr. 2 nach § 251 Abs. 2 Nr. 2 als eidliche verlesen werden. Erscheint der Zeuge, so ist erneut über die Frage der Vereidigung nach §§ 59, 60 zu befinden. 4

Die **Revision** kann einen Verstoß gegen § 62 nicht mit Erfolg rügen, ggf. aber die Verletzung der §§ 60, 61 (Meyer-Goßner § 62 Rdn. 8). 5

§ 63 [Vereidigung durch beauftragten oder ersuchten Richter]

Wird ein Zeuge durch einen beauftragten oder ersuchten Richter vernommen, muss die Vereidigung, soweit sie zulässig ist, erfolgen, wenn es in dem Auftrag oder in dem Ersuchen des Gerichts verlangt wird.

Bezieht sich das Ersuchen auf kommissarische Vernehmung auf eine **eidliche Vernehmung,** muss der beauftragte oder ersuchte Richter dem entsprechen, sofern nicht §§ 60, 61 entgegenstehen. 1

Ist in dem Vernehmungsersuchen nichts bestimmt, entscheidet **der vernehmende Richter** nach Maßgabe des § 59 Abs. 1 S. 1 über die Vereidigung. Das erkennende Gericht ist daran nicht gebunden, es kann nachträglich um die Vereidigung ersuchen. Hält das später erkennende Gericht die Vereidigung für unzulässig, muss es die eidliche Aussage als uneidliche werten (Meyer-Goßner § 63 Rdn. 3). 2

§ 64 [Eidesformel]

(1) Der Eid mit religiöser Beteuerung wird in der Weise geleistet, dass der Richter an den Zeugen die Worte richtet:
„Sie schwören bei Gott dem Allmächtigen und Allwissenden, dass Sie nach bestem Wissen die reine Wahrheit gesagt und nichts verschwiegen haben"
und der Zeuge hierauf die Worte spricht:
„Ich schwöre es, so wahr mir Gott helfe."

(2) Der Eid ohne religiöse Beteuerung wird in der Weise geleistet, dass der Richter an den Zeugen die Worte richtet:
„Sie schwören, dass Sie nach bestem Wissen die reine Wahrheit gesagt und nichts verschwiegen haben"
und der Zeuge hierauf die Worte spricht:
„Ich schwöre es."

§§ 65, 66

(3) Gibt ein Zeuge an, dass er als Mitglied einer Religions- oder Bekenntnisgemeinschaft eine Beteuerungsformel dieser Gemeinschaft verwenden wolle, so kann er diese dem Eid anfügen.

(4) Der Schwörende soll bei der Eidesleistung die rechte Hand erheben.

1 Die Vorschrift wird durch §§ 65, 66 ergänzt und regelt **Form und Inhalt** der Vereidigung. Der Zeuge hat die Wahl, ob er den Eid mit oder ohne religiöse Beteuerung leisten will (HK-Lemke § 66c Rdn. 1).

2 Das **Erheben der rechten Hand** (Abs. 4) ist kein wesentlicher Bestandteil der Eidesleistung und kann daher nicht erzwungen werden. Andere symbolische Handlungen, z.B. das Niederknien oder Handauflegen auf den Koran, sind dem Zeugen nicht verwehrt (Meyer-Goßner § 64 Rdn. 4).

3 Ein **Versehen** bei der Formulierung der Eidesnorm oder -formel macht den Eid nicht unwirksam und kann die Revision nicht begründen (BGHSt 3, 309, 312).

§ 65 [Eidesgleiche Bekräftigung]

(1) ¹Gibt ein Zeuge an, dass er aus Glaubens- oder Gewissensgründen keinen Eid leisten wolle, so hat er die Wahrheit der Aussage zu bekräftigen. ²Die Bekräftigung steht dem Eid gleich; hierauf ist der Zeuge hinzuweisen.

(2) Die Wahrheit der Aussage wird in der Weise bekräftigt, dass der Richter an den Zeugen die Worte richtet:

„Sie bekräftigen im Bewusstsein ihrer Verantwortung vor Gericht, dass Sie nach bestem Wissen die reine Wahrheit gesagt und nichts verschwiegen haben"

und der Zeuge hierauf spricht:

„Ja".

(3) § 64 Abs. 3 gilt entsprechend.

1 Mit der Vorschrift wird die Möglichkeit geschaffen, den Eid durch die **Bekräftigung der Wahrheit** der Aussage zu ersetzen. Die Bestimmung trägt dem Grundrecht des Art. 4 Abs. 1 GG Rechnung (BVerfGE 33, 23).

2 Der Zeuge ist darauf hinzuweisen, dass die Bekräftigung dem Eid gleichsteht (vgl. § 155 Nr. 1 StGB). Die **Gleichstellung** bewirkt die Anwendbarkeit der den Zeugen betreffenden Vorschriften der §§ 67 und 77 (KK-Senge § 66d Rn. 5).

§ 66 [Eidesleistung hör- und sprachbehinderter Personen]

(1) ¹Eine hör- oder sprachbehinderte Person leistet den Eid nach ihrer Wahl mittels Nachsprechens der Eidesformel, mittels Abschreibens und Unterschreibens der Eidesformel oder mit Hilfe einer die Verständigung ermöglichenden Person, die vom Gericht hinzuzuziehen ist. ²Das Gericht hat die geeigneten technischen Hilfsmittel bereitzustellen. ³Die hör- oder sprachbehinderte Person ist auf ihr Wahlrecht hinzuweisen.

(2) Das Gericht kann eine schriftliche Eidesleistung verlangen oder die Hinzuziehung einer die Verständigung ermöglichenden Person anordnen, wenn die hör- oder sprachbehinderte Person von ihrem Wahlrecht nach Absatz 1 keinen Gebrauch gemacht hat oder eine Eidesleistung in der nach Absatz 1 gewählten Form nicht oder nur mit unverhältnismäßigem Aufwand möglich ist.

(3) Die §§ 64 und 65 gelten entsprechend.

1 Die Vorschrift regelt die Eidesleistung durch hör- oder sprachbehinderte Personen (früher: „Eidesleistung Stummer"; § 66e).

6. Abschnitt. Zeugen **§§ 67, 68**

Sinngemäß gilt die Bestimmung auch für hör- und sprachbehinderte Personen (Taubstumme). Vgl. auch §§ 186, 191a GVG. Ob ein Zeuge hör- oder sprachbehindert ist, muss der Richter ggf. im Freibeweis prüfen (Meyer-Goßner § 66 Rdn. 1). 2

Die behinderte Person hat ein **dreifaches Wahlrecht** (Nachsprechen, Abschreiben und Unterschreiben oder Ablegung des Eides mit Hilfe eines vom Gericht zugezogenen Dritten). Auf dieses ist hinzuweisen (Abs. 1 S. 3). Macht der Zeuge von seinem Wahlrecht keinen Gebrauch, entscheidet das Gericht, wie die Eidesleistung zu erfolgen hat. Gleiches gilt, wenn die vom Zeugen gewählte Form einen unverhältnismäßigen Aufwand machen würde, z.B. die Hinzuziehung eines Dolmetschers für Gebärdensprache (vgl. Meyer-Goßner § 66 Rdn. 3). Dabei ist zu bedenken, dass in vielen Fällen die Vernehmung dieser Personen ohnehin schon der Hinzuziehung eines Dolmetschers bedarf (vgl. HK-Lemke § 66e Rdn. 2). 3

§ 67 [Berufung auf den früheren Eid]

Wird der Zeuge, nachdem er eidlich vernommen worden ist, in demselben Vorverfahren oder in demselben Hauptverfahren nochmals vernommen, so kann der Richter statt der nochmaligen Vereidigung den Zeugen die Richtigkeit seiner Aussage unter Berufung auf den früher geleisteten Eid versichern lassen.

Eine **nochmalige Vernehmung** liegt vor, wenn die frühere mit der Eidesleistung oder Bekräftigung abgeschlossen war. Dass der Zeuge noch am selben Tag und vor seiner Entlassung erneut vernommen wird, ändert nichts am Vorliegen einer nochmaligen Vernehmung (BGHSt 4, 140, 142). 1

§ 67 gilt nur **im selben Verfahren.** Dieses muss sich gegen denselben Beschuldigten richten. Im selben Vorverfahren findet die erneute Vernehmung statt, wenn der Zeuge vor Erhebung der Anklage oder Beantragung eines Strafbefehls erneut vernommen wird (Meyer-Goßner § 67 Rdn. 4). Erfolgt eine Vernehmung im Zwischenverfahren, ist eine Berufung auf den zuvor geleisteten Eid ausgeschlossen (Meyer-Goßner § 67 Rdn. 4). Dasselbe Hauptverfahren meint das Verfahren vom Erlass des Eröffnungsbeschlusses bis zur Rechtskraft des Urteils. Es kann daher mehrere Hauptverhandlungen umfassen (BGH GA 1979, 272). 2

Die erneute Vereidigung steht im **richterlichen Ermessen.** Eine Versicherung oder Berufung auf den früheren Eid darf wie der Eid selbst erst nach der Vernehmung entgegengenommen werden (BGH MDR 1972, 198). 3

Die Berufung auf den früheren Eid muss im **Protokoll** beurkundet werden. „Der Zeuge versichert die Richtigkeit seiner Aussage unter Berufung auf den früher geleisteten Eid". 4

§ 68 [Vernehmung zur Person]

(1) ¹Die Vernehmung beginnt damit, daß der Zeuge über Vornamen und Zunamen, Alter, Stand oder Gewerbe und Wohnort befragt wird. ²Zeugen, die Wahrnehmungen in amtlicher Eigenschaft gemacht haben, können statt des Wohnortes den Dienstort angeben.

(2) ¹Besteht Anlaß zu der Besorgnis, daß durch die Angabe des Wohnortes der Zeuge oder eine andere Person gefährdet wird, so kann dem Zeugen gestattet werden, statt des Wohnortes seinen Geschäfts- oder Dienstort oder eine andere ladungsfähige Anschrift anzugeben. ²Unter der in Satz 1 genannten Voraussetzung kann der Vorsitzende in der Hauptverhandlung dem Zeugen gestatten, seinen Wohnort nicht anzugeben.

§ 68 1. Buch. Allgemeine Vorschriften

(3) ¹Besteht Anlaß zu der Besorgnis, daß durch die Offenbarung der Identität oder des Wohn- oder Aufenthaltsortes des Zeugen Leben, Leib oder Freiheit des Zeugen oder einer anderen Person gefährdet wird, so kann ihm gestattet werden, Angaben zur Person nicht oder nur über eine frühere Identität zu machen. ²Er hat jedoch in der Hauptverhandlung auf Befragen anzugeben, in welcher Eigenschaft ihm die Tatsachen, die er bekundet, bekanntgeworden sind. ³Die Unterlagen, die die Feststellung der Identität des Zeugen gewährleisten, werden bei der Staatsanwaltschaft verwahrt. ⁴Zu den Akten sind sie erst zu nehmen, wenn die Gefährdung entfällt.

(4) Erforderlichenfalls sind dem Zeugen Fragen über solche Umstände, die seine Glaubwürdigkeit in der vorliegenden Sache betreffen, insbesondere über seine Beziehungen zu dem Beschuldigten oder dem Verletzten, vorzulegen.

1   Die Vorschrift regelt die zu Beginn einer Zeugenvernehmung durchzuführende **Anhörung zur Person.** Sie dient vor allem dem Zweck, Personenverwechslungen zu vermeiden (RGSt 40, 157) und soll eine verlässliche Grundlage für die Beurteilung der Glaubwürdigkeit schaffen. Insbesondere sollen die Beteiligten die Möglichkeit haben, Erkundigungen einzuholen (BGHSt 32, 115, 128; BGHSt 33, 83, 87; Meyer-Goßner § 68 Rdn. 1).

2   Die **Personalien** muss der Zeuge auch dann angeben, wenn er von seinem Zeugnisverweigerungsrecht Gebrauch macht (vgl. § 111 Abs. 1 OWiG und Meyer-Goßner § 68 Rdn. 3).

3   Die zu machenden **Angaben zur Person** ergeben sich aus § 68 Abs. 1. „Stand und Gewerbe" meint den Beruf. Die Frage nach früheren Erwerbstätigkeiten überschreitet den Rahmen der Personalienfeststellung (BGH MDR 1966, 383). Wohnort meint die genaue postalische Anschrift (Argument aus Abs. 2; Meyer-Goßner § 68 Rdn. 8).

4   Könnte die Angabe des Wohnorts den Zeugen oder einen anderen **gefährden,** kann in und außerhalb der Hauptverhandlung statt des Wohnortes der Geschäfts- oder Dienstort oder eine andere ladungsfähige Anschrift angegeben werden. Wird eine im Vorverfahren gemachte Aussage verlesen, ist unter den Voraussetzungen des Abs. 2 S. 2 von der Wiedergabe des Wohnorts abzusehen (Hilger NStZ 1992, 457, 459 Fn. 35).

5   Die **Entscheidung** über die Anwendung der Vorschrift trifft der Vorsitzende nach pflichtgemäßem Ermessen (BGH NJW 1989, 1230) von Amts wegen oder auf Antrag eines Prozessbeteiligten oder des Zeugen. Nach § 238 Abs. 2 kann die Entscheidung des Gerichts herbeigeführt werden (KK-Senge § 68 Rdn. 9). Eine Gefährdung des Zeugen liegt bei bloßen Belästigungen (Telefonanrufen, fingierte Warenbestellungen) noch nicht vor (LR-Dahs § 68 Rdn. 10).

6   Eine **Geheimhaltung der Personalien** (Abs. 3) ist zulässig, wenn der Zeuge sonst an Leben, Leib oder Freiheit gefährdet werden könnte. Reicht auch dies nicht aus, kommt unter diesen Voraussetzungen als weitestgehender Schutz sogar die Verheimlichung der Identität des Zeugen in Betracht. Der Begriff Identität umfasst die gegenwärtige und die frühere Identität; für verdeckte Ermittler gilt § 110b Abs. 3.

7   Die Befragung nach Abs. 3 S. 2 hat im Wesentlichen für **verdeckte Ermittler** Bedeutung, die danach diese Eigenschaft offenbaren müssen, falls die von ihnen getroffenen Feststellungen mit ihrem Einsatz als VE zusammenhängen. Die Unterlagen, die die Identität des Zeugen betreffen, sind bei der StA zu verwahren; erst nach Entfallen der Gefährdung werden sie zu den Akten genommen und werden Gegenstand des Akteneinsichtsrechts nach § 147 (Abs. 3 S. 3 und 4).

8   Grundsätzlich soll der Zeuge körperlich anwesend und sichtbar sein. Die Rechtsprechung hatte bisher eine optisch oder akustisch „abgeschirmte" Vernehmung des Zeugen ausgeschlossen (BGHSt 32, 115, 124). Diese Rechtsprechung ist nun wegen der Möglichkeit **audiovisueller Vernehmung** nach § 247a überholt (vgl. BGH

6. Abschnitt. Zeugen § 68a

NJW 2003, 74; BGH NStZ 2005, 43; Meyer-Goßner § 68 Rdn. 18). Audiovisuelle Verfremdungen des Zeugen sind daher sowohl bei unmittelbar-persönlicher als auch bei einer Videovernehmung grundsätzlich zulässig (Meyer-Goßner § 68 Rdn. 18). Generalfragen (Abs. 4) werden nur gestellt, wenn ihre Beantwortung nach dem Ermessen des Gerichts erforderlich ist. Schutzmaßnahmen nach Abs. 1 bis 3 dürfen dadurch aber nicht unterlaufen werden (Hilger NStZ 1992, 457, 459). Die Pflicht zur Beantwortung von Generalfragen betrifft solche, die seine Glaubwürdigkeit in der vorliegenden Sache oder ganz allgemein betreffen und auch sein Vorleben, seine geistig-seelische Entwicklung, seine körperlichen Eigenschaften und seine Vorstrafen einbeziehen. § 68a ist zu beachten (Meyer-Goßner § 68 Rdn. 20). Fragen nach der Beziehung zum Beschuldigten oder dem Verletzten sollen eine Entscheidung nach §§ 52, 55 sowie die über die Vereidigung nach § 61 ermöglichen.

Die Vernehmung des Zeugen zur Person muss im **Protokoll** beurkundet werden. 9 Die Generalfragen gehören zwar zur Sachvernehmung, werden aber in der Praxis der Landgerichte meist ebenfalls in das Protokoll aufgenommen (Meyer-Goßner § 68 Rdn. 22).

§ 68 ist eine **nichtrevisible Ordnungsvorschrift** (BGHSt 23, 244). Nur mit der 10 Aufklärungsrüge (§ 244 Abs. 2) können Fehler geltend gemacht werden. Gerügt werden kann, dass die Voraussetzungen des Abs. 3 S. 1 nicht vorgelegen haben (Eisenberg NJW 1993, 1033, 1036) oder dass das Fragerecht nach Abs. 3 S. 2, Abs. 4 unzulässig eingeschränkt worden ist (Meyer-Goßner § 68 Rdn. 23).

§ 68a [Fragen nach entehrenden Tatsachen und Vorstrafen]

(1) **Fragen nach Tatsachen, die dem Zeugen oder einer Person, die im Sinne des § 52 Abs. 1 sein Angehöriger ist, zur Unehre gereichen können oder deren persönlichen Lebensbereich betreffen, sollen nur gestellt werden, wenn es unerläßlich ist.**

(2) **Der Zeuge soll nach Vorstrafen nur gefragt werden, wenn ihre Feststellung notwendig ist, um über das Vorliegen der Voraussetzungen des § 60 Nr. 2 zu entscheiden oder um seine Glaubwürdigkeit zu beurteilen.**

Die Vorschrift stellt klar, dass der Zeuge mehr als ein Objekt der Beweisaufnahme 1 ist. Er hat Anspruch auf **angemessene Behandlung** und Ehrenschutz (BVerfGE 38, 105, 114 ff).

Unerlässlich ist die Befragung, wenn sonst die Wahrheit nicht aufgeklärt werden 2 kann (BGHSt 21, 334, 360; BGH NStZ 1982, 170). Auf die Bedeutung der Strafsache soll es dabei nicht ankommen (LR-Dahs § 68a Rdn. 4; Meyer-Goßner § 68a Rdn. 5).

Fragen nach Vorstrafen (Abs. 2), aber auch nach noch nicht rechtskräftigen Ver- 3 urteilungen, dürfen nur gestellt werden, wenn es um die Feststellung der Glaubwürdigkeit geht oder die Vereidigungsvoraussetzungen nach § 60 Nr. 2 geprüft werden müssen (BGH NStZ 2001, 418). Das Gericht kann auch einen Strafregisterauszug einholen, Vorstrafakten beiziehen und das Urteil verlesen (BGHSt 1, 337). §§ 53, 64 Abs. 1 BZRG (getilgte oder tilgungsreife Verurteilungen) sind zu beachten.

Die **Entscheidung** über die Unerlässlichkeit der Frage trifft der Vorsitzende, ggf. 4 nach § 238 Abs. 2 das Gericht. Wird die Frage zugelassen, muss der Zeuge sie in den Grenzen des § 55 Abs. 1 beantworten (Meyer-Goßner § 68a Rdn. 8). Fragen, die nach Abs. 1 oder 2 nicht gestellt werden sollen, können nach § 241 Abs. 2 zurückgewiesen werden (BGHSt 21, 334, 360).

§ 68a ist eine **nichtrevisible Ordnungsvorschrift.** Wurden Fragen unter Beru- 5 fung auf § 68a zu Unrecht abgelehnt, kann § 249 verletzt sein (Meyer-Goßner § 68a Rdn. 9).

§ 68b [Beiordnung eines Rechtsanwalts]

¹Zeugen, die noch keinen anwaltlichen Beistand haben, kann für die Dauer der Vernehmung mit Zustimmung der Staatsanwaltschaft ein Rechtsanwalt beigeordnet werden, wenn ersichtlich ist, daß sie ihre Befugnisse bei der Vernehmung nicht selbst wahrnehmen können und ihren schutzwürdigen Interessen auf andere Weise nicht Rechnung getragen werden kann. ²Hat die Vernehmung
1. ein Verbrechen,
2. ein Vergehen nach den §§ 174 bis 174c, 176, 179 Abs. 1 bis 4, §§ 180, 182, 225 Abs. 1 oder 2, § 232 Abs. 1 oder 2, § 233 Abs. 1 oder 2 oder nach § 233a des Strafgesetzbuches oder
3. ein sonstiges Vergehen von erheblicher Bedeutung, das gewerbs- oder gewohnheitsmäßig oder von einem Bandenmitglied oder in anderer Weise organisiert begangen worden ist,

zum Gegenstand, so ist die Beiordnung auf Antrag des Zeugen oder der Staatsanwaltschaft anzuordnen, soweit die Voraussetzungen des Satzes 1 vorliegen. ³Für die Beiordnung gelten § 141 Abs. 4 und § 142 Abs. 1 entsprechend. ⁴Die Entscheidung ist unanfechtbar.

1 Die Vorschrift erfasst die Fälle, in denen das **Rechtsstaatsprinzip** gebietet zu prüfen, ob dem schutzbedürftigen Zeugen ein Rechtsbeistand auf Kosten(risiko) des Staates beizuordnen ist. Unberührt bleibt das Recht des Zeugen, sich bei seiner Vernehmung auf eigene Kosten der Hilfe eines anwaltlichen Beistandes zu bedienen (vgl. BVerfGE 38, 105).

2 Anwendbar ist die Vorschrift **bei richterlichen Vernehmungen** in und außerhalb einer Hauptverhandlung, ebenso bei staatsanwaltschaftlichen (§ 161a Abs. 1 S. 2). Für polizeiliche Vernehmungen fehlt es fehlt es an einer Verweisung in § 163a Abs. 5 (Rieß NJW 1998, 3240, 3242 Fn. 48).

3 Die **Unfähigkeit**, die Befugnisse selbst wahrzunehmen, wird regelmäßig bei kindlichen und jugendlichen Opferzeugen oder dann nahe liegen, wenn sich der Zeuge einer schwierigen Situation gegenübersieht (Meyer-Goßner § 68b Rdn. 3).

4 **Subsidiär** ist die Bestellung, wenn der Zeuge bereits einen anwaltlichen Beistand hat, etwa im Rahmen der Nebenklage oder nach § 406f Abs. 1 oder § 406g. Weiterhin ist zu prüfen, ob den schutzwürdigen Interessen des Zeugen auf andere Weise Rechnung getragen werden kann, etwa durch Hinweise oder Belehrungen durch den Vernehmenden (Meyer-Goßner § 68b Rdn. 4). Bei den in S. 2 genannten Straftaten besteht eine Verpflichtung zur Beiordnung.

5 **Zuständig** für die Beiordnung ist nach S. 3 i.V.m. § 141 Abs. 4 stets – auch bei staatsanwaltschaftlicher Vernehmung – der Vorsitzende des Gerichts, das für das Hauptverfahren zuständig oder bei dem das Verfahren anhängig ist. § 33 Abs. 1, 2 ist zu beachten (Meyer-Goßner § 68b Rdn. 7).

6 Die Entscheidung des Vorsitzenden ist **unanfechtbar** (S. 4). Dies soll auch für die Ablehnung der Beiordnung gelten (OLG Celle NStZ-RR 2000, 336; OLG Hamm NStZ 2000, 220; Meyer-Goßner § 68b Rdn. 8). Bei Willkür will ein Teil der Literatur hingegen die Beschwerde zulassen (vgl. KK-Senge § 68b Rdn. 11; SK-Rogall § 68b Rdn. 33).

§ 69 [Vernehmung zur Sache]

(1) ¹Der Zeuge ist zu veranlassen, das, was ihm von dem Gegenstand seiner Vernehmung bekannt ist, im Zusammenhang anzugeben. ²Vor seiner Vernehmung ist dem Zeugen der Gegenstand der Untersuchung und die Person des Beschuldigten, sofern ein solcher vorhanden ist, zu bezeichnen.

6. Abschnitt. Zeugen § 70

(2) **Zur Aufklärung und zur Vervollständigung der Aussage sowie zur Erforschung des Grundes, auf dem das Wissen des Zeugen beruht, sind nötigenfalls weitere Fragen zu stellen.**

(3) **Die Vorschrift des § 136 a gilt für die Vernehmung des Zeugen entsprechend.**

Die Vorschrift gilt für **alle richterlichen Vernehmungen** von Zeugen in und außerhalb der Hauptverhandlung, auch durch den beauftragten und ersuchten Richter (Meyer-Goßner § 69 Rdn. 1). § 161 a Abs. 1 S. 2 ordnet die entsprechende Anwendung bei Vernehmungen durch die StA an. 1

Die Vernehmung beginnt mit der **Unterrichtung** über den Untersuchungsgegenstand. Sie kann entfallen, wenn der Zeuge Bescheid weiß (LR-Dahs § 69 Rdn. 3). 2

Der Zeuge ist **mündlich** zu vernehmen. Die bloße Entgegennahme oder Verlesung schriftlicher Erklärungen ist ebenso unzulässig wie die mündliche Bezugnahme auf eigene oder von anderen hergestellte schriftliche Äußerungen (RGSt 65, 273). Die Einholung schriftlicher Erklärungen des Zeugen ist damit aber nicht ausgeschlossen (Meyer-Goßner § 69 Rdn. 4). 3

Der Zeuge ist zu veranlassen, einen **umfassenden Bericht** abzugeben, auch bei wiederholter Vernehmung (RGSt 62, 147). Er hat einen Anspruch darauf, seine Aussage im Zusammenhang und unbeeinflusst von Fragen und Vorhalten zu machen (BVerfGE 38, 105, 117). Zwischenfragen von Verfahrensbeteiligten wird der Vorsitzende ggf. zurückweisen. In Punktesachen kann der Zeuge abschnittsweise vernommen werden (BGH MDR 1966, 25). Der Bericht soll deutlich machen, was der Zeuge noch aus lebendiger Erinnerung weiß und was er erst nach Hilfe durch das Gericht bekunden kann (BGHSt 3, 281, 284). 4

Das **Verhör** (Abs. 2) soll den Bericht vervollständigen und überprüfen. Vorhalte sind möglich (Meyer-Goßner § 69 Rdn. 7). 5

Die Verwendung von Lichtbildern, Skizzen und Zeichnungen als **Vernehmungshilfen** ist zulässig (BGHSt 18, 51, 53). Tonbänder dürfen abgespielt werden (BGHSt 14, 339). Der Zeuge ist berechtigt und ggf. auch verpflichtet, sich bei der Vernehmung schriftlicher Unterlagen zu bedienen, um seine Erinnerung aufzufrischen (Meyer-Goßner § 69 Rdn. 8). Zeugen, die Wahrnehmungen in amtlicher Eigenschaft gemacht haben (insbesondere Polizeibeamte), haben darüber hinaus eine Vorbereitungspflicht. Ggf. müssen sie die bei der Behörde zugänglichen Akten einsehen, um sich die Einzelheiten ins Gedächtnis zurückzurufen (BGHSt 1, 5, 8). Unproblematisch ist das nicht, weil auch bei berufsmäßigen Zeugen die Grenze zwischen Erinnern und Wiedererkennen nicht verwischt werden sollte. 6

Unzulässige Vernehmungsmethoden sind auch bei Zeugen verboten (Abs. 3). Vgl. § 136 a Rdn. 6. 7

Der Umfang der **Protokollierung** hängt davon ab, ob die Vernehmung vor dem Amts- oder LG erster Instanz stattfindet. 8

Im Rahmen der **Revision** ist Abs. 1 S. 1 zwingendes, unverzichtbares Recht, seine Verletzung kann die Revision begründen (BGH StV 1981, 269). Bei einem Verstoß in der Hauptverhandlung ist sie aber nur begründet, wenn zugleich gegen § 244 Abs. 2 verstoßen wurde (umstritten; BGH MDR 1951, 658; LR-Dahs § 69 Rdn. 16; Meyer-Goßner § 69 Rdn. 13). S. 2 enthält eine nicht revisible Ordnungsvorschrift (KK-Senge § 69 Rdn. 9; LR-Dahs § 69 Rdn. 17; Meyer-Goßner § 69 Rdn. 14). 9

§ 70 [Grundlose Zeugnis- oder Eidesverweigerung]

(1) [1]**Wird das Zeugnis oder die Eidesleistung ohne gesetzlichen Grund verweigert, so werden dem Zeugen die durch die Weigerung verursachten Kosten**

§ 70

auferlegt. ²Zugleich wird gegen ihn ein Ordnungsgeld und für den Fall, daß dieses nicht beigetrieben werden kann, Ordnungshaft festgesetzt.

(2) Auch kann zur Erzwingung des Zeugnisses die Haft angeordnet werden, jedoch nicht über die Zeit der Beendigung des Verfahrens in dem Rechtszug, auch nicht über die Zeit von sechs Monaten hinaus.

(3) Die Befugnis zu diesen Maßregeln steht auch dem Richter im Vorverfahren sowie dem beauftragten und ersuchten Richter zu.

(4) Sind die Maßregeln erschöpft, so können sie in demselben oder in einem anderen Verfahren, das dieselbe Tat zum Gegenstand hat, nicht wiederholt werden.

1 Die Vorschrift regelt das Vorgehen bei „unwilligen" Zeugen. Sie gilt für alle richterlichen Vernehmungen, auch im Vorverfahren; bei Vernehmungen der StA ist sie nur teilweise anwendbar (§ 161a Abs. 2). Die Bestimmung ergänzt § 51.

2 Die **Voraussetzungen** entsprechen im Wesentlichen denen des § 51. Hier ist der Zeuge zwar erschienen, verweigert aber ohne gesetzlichen Grund Zeugnis oder Eidesleistung.

3 Der Zeuge muss **schuldfähig** sein. Gegen Kinder dürfen Ordnungsmittel und Beugehaft nicht angeordnet werden. § 70 dient nicht der Erzwingung wahrheitsgemäßer Aussagen, sondern der Erfüllung der Zeugnis- und Eidespflicht als solcher (Meyer-Goßner § 70 Rdn. 5). Die Aussage ist daher auch verweigert, wenn der Zeuge nur einzelne Fragen nicht beantwortet oder eine fehlende Erinnerung vortäuscht (BGHSt 9, 362, 364; Meyer-Goßner § 70 Rdn. 5). Ohne gesetzlichen Grund verweigert der Zeuge die Aussage, wenn ihm kein Weigerungsrecht nach den §§ 52ff zusteht. Morddrohungen und andere Gefahren für Leib und Leben der Zeugen oder anderer Personen können ein Weigerungsrecht nach § 34 StGB begründen (LR-Dahs § 70 Rdn. 5; siehe auch BGH NStZ 1984, 31).

4 Der Zeuge verweigert die Eidesleistung **ohne gesetzlichen Grund,** wenn die Vereidigung weder verboten ist noch ein Weigerungsrecht besteht.

5 Wie bei § 51 ist die Auferlegung der Kosten für jeden einzelnen Fall **zwingend** vorgeschrieben. Das Wiederholungsverbot des Abs. 4 bezieht sich nicht auf die Kosten (KK-Senge § 70 Rdn. 12).

6 **Zulässige Maßnahmen** gegen den Zeugen sind Ordnungsgeld, Ordnungshaft und Beugehaft. Wie bei § 51 (dort Rdn. 9) muss der Richter ein Ordnungsgeld festsetzen, wenn die Voraussetzungen des Abs. 1 vorliegen (LG Mainz NJW 1988, 1744). Ordnungshaft (Abs. 1 S. 2) von 1 bis 42 Tagen (Art. 6 Abs. 2 S. 1 EGStGB) darf nur für den Fall verhängt werden, dass das Ordnungsgeld nicht beigetrieben werden kann. Es muss aber sofort festgesetzt werden, auch wenn zugleich Beugehaft nach Abs. 2 angeordnet wird (LR-Dahs § 70 Rdn. 16).

7 **Beugehaft** (Abs. 2) darf nicht nur bei unberechtigter Verweigerung des Zeugnisses, sondern auch bei Eidesverweigerung angeordnet werden, aber immer nur gleichzeitig mit oder nach der Festsetzung von Ordnungsgeld (BVerfG NJW 1988, 897, 900; Meyer-Goßner § 70 Rdn. 12). Die Anordnung der Beugehaft steht im Ermessen des Gerichts, das die Aufklärungspflicht nach § 244 Abs. 2 einerseits, den Verhältnismäßigkeitsgrundsatz andererseits zu beachten hat (Meyer-Goßner § 70 Rdn. 13).

8 Eine **Wiederholung der Maßregeln** ist unzulässig, wenn sie erschöpft sind (Abs. 4). Vor ihrer Anordnung hat das Gericht den Zeugen auf die Folgen der Weigerung hinzuweisen (BGHSt 28, 258).

9 Die **Vollstreckung** der Ordnungsmittel obliegt nach § 36 Abs. 2 S. 1 der StA (Pfeiffer § 70 Rdn. 3). Beschwerde nach § 304 Abs. 1, 2 können die StA und der betroffene Zeuge einlegen, der Angeklagte nur, wenn dem Zeugen die Kosten nicht auferlegt worden sind (vgl. § 51 Rdn. 16). Eine weitere Beschwerde soll auch bei

7. Abschnitt. Sachverständige und Augenschein § 71, Vor § 72

Beugehaft unzulässig sein (Meyer-Goßner § 70 Rdn. 20; a.M. OLG Frankfurt NStZ-RR 2000, 26 bei Anordnung von Erzwingungshaft).

Allein mit der **Aufklärungsrüge** kann im Rahmen der Revision geltend gemacht 10 werden, dass das Gericht nicht die Möglichkeiten des § 70 ausgeschöpft hat (BGH GA 1968, 305).

Gegen **Abgeordnete** können Ordnungshaft und Beugehaft festgesetzt, aber ohne 11 Genehmigung des Parlaments nicht vollstreckt werden. Gegen exterritoriale Zeugen ist § 70 nicht anwendbar (vgl. § 18 GVG; Pfeiffer § 70 Rdn. 3).

§ 71 [Zeugenentschädigung]

Der Zeuge wird nach dem Justizvergütungs- und -entschädigungsgesetz entschädigt.

Für die Entschädigung von Zeugen, die vom Gericht oder der StA geladen wurden, 1 verweist § 71 auf das **JVEG**. Bei polizeilicher Vernehmung richtet sich die Entschädigung regelmäßig auf Grund landesrechtlicher Bestimmungen ebenfalls nach dem JVEG. Für die Vernehmung durch die Finanzbehörde gilt § 405 AO.

Mittellosen Zeugen wird auf Antrag ein Vorschuss nach § 3 JVEG gewährt. Zu 2 Einzelheiten Meyer-Goßner § 71 Rdn. 3.

Siebenter Abschnitt. Sachverständige und Augenschein

Vor § 72

Der Sachverständige ist neben dem Zeugen das zweite **persönliche Beweismittel** 1 der StPO. Zum Sachverständigen gehört begrifflich, dass er auf einem bestimmten Wissensgebiet eine dem Richter in der Regel fehlende Sachkunde hat, die nicht unbedingt wissenschaftlich sein muss; auch Kaufleute und Handwerker, die auf ihrem Fachgebiet sachkundig sind, können Sachverständige sein (LR-Krause vor § 72 Rdn. 2; Meyer-Goßner vor § 72 Rdn. 1).

Sachverständige können **nur natürliche Personen** sein. Gutachten von Behörden 2 können eingeholt werden, für private Organisationen gilt dies nicht entsprechend. Daher können technische Überwachungsvereine oder andere Vereine und Gesellschaften des Privatrechts als solche nicht Sachverständige sein, sondern nur die für sie tätigen Personen (vgl. Meyer-Goßner vor § 72 Rdn. 2).

Die **Aufgaben des Sachverständigen** sind unterschiedlicher Art. Teilweise beste- 3 hen sie in bloßen Verrichtungen, z.B. in der Vornahme körperlicher Eingriffe am oder im Körper des Beschuldigten oder Zeugen (Entnahme von Blutproben nach § 81a Abs. 1 S. 2, § 81c Abs. 2). Sie können sich aber auch auf die Übermittlung von Fachwissen im Sinne von Erfahrungssätzen beschränken oder sich auf die Beurteilung von Tatsachen erstrecken (HK-Lemke vor § 72 Rdn. 3).

Gegenstand seiner Vernehmung sind Tatsachenbekundungen, wenn er nur da- 4 zu bestellt war, auf Grund seiner besonderen Sachkunde bestimmte Wahrnehmungen zu machen (KK-Senge vor § 72 Rdn. 2; Meyer-Goßner vor § 72 Rdn. 5).

Beispiel: Feststellung der Alkoholkonzentration einer Blutprobe; Untersuchung von Leichenteilen auf Giftspuren.

Eine **Vermittlung von Erfahrungswissen** ohne Schlussfolgerungen auf einen 5 bestimmten Sachverhalt ist z.B. der Bericht über Forschungsergebnisse und technisches Wissen oder die Erläuterung von Handelsbräuchen unter Buchführungsgrundsätzen. Hierher gehört auch die Erstattung von Gutachten über ausländisches Recht (KK-Senge vor § 72 Rdn. 1; Meyer-Goßner vor § 72 Rdn. 6).

6 Wichtigster Fall der Sachverständigentätigkeit ist die **Erstattung von Gutachten**. Der Sachverständige hat dann die Aufgabe, sein Erfahrungswissen bei der Begutachtung eines bestimmten Sachverhalts anzuwenden. Dieser Sachverhalt wird ihm entweder vom Gericht mitgeteilt, nach § 80 ermittelt oder vom Sachverständigen selbst auf Grund seiner besonderen Sachkunde festgestellt (LR-Krause vor § 72 Rdn. 10; Meyer-Goßner § 72 Rdn. 7). Tatsachen, die er seinem Gutachten zu Grunde legt, sind die **Anknüpfungstatsachen**. Tatsachen, die er auf Grund seiner Sachkunde erst feststellt, sind die **Befundtatsachen** (vgl. § 74 Rdn. 12). Werden Tatsachen festgestellt, ohne dass dazu besondere Sachkunde erforderlich ist, handelt es sich um Zusatztatsachen (§ 74 Rdn. 12).

7 Der Sachverständige wird zum Teil als **Richtergehilfe** bezeichnet (BGHSt 9, 293). Dies ist ebenso richtig wie nichts sagend (Meyer-Goßner vor § 72 Rdn. 8). Der Sachverständige ist nicht mehr oder weniger Gehilfe des Gerichts als der Zeuge, da er ebenfalls dem Richter bei der Wahrheitsfindung helfen soll.

§ 72 [Anwendung der Vorschriften für Zeugen]

Auf Sachverständige ist der sechste Abschnitt über Zeugen entsprechend anzuwenden, soweit nicht in den nachfolgenden Paragraphen abweichende Vorschriften getroffen sind.

1 Der Verweis bezieht sich nur auf die **§§ 48 ff**, also nicht auf andere Vorschriften, die für Zeugen gelten (z.B. § 243 Abs. 2, § 247a (LR-Krause § 72 Rdn. 1; a.M. für § 247 S. 3 KK-Senge § 72 Rdn. 1). Abweichende Regelungen treffen §§ 77, 80, 84. Entsprechend gelten insofern nur die §§ 48 bis 50, 51 Abs. 2, 3, §§ 52 bis 53a, § 55 bis 57, § 58 Abs. 2, §§ 59 bis 65, 67, 68, 68a, 69, 70 Abs. 3 und 4.

§ 73 [Auswahl]

(1) ¹Die Auswahl der zuzuziehenden Sachverständigen und die Bestimmung ihrer Anzahl erfolgt durch den Richter. ²Er soll mit diesen eine Absprache treffen, innerhalb welcher Frist die Gutachten erstattet werden können.

(2) Sind für gewisse Arten von Gutachten Sachverständige öffentlich bestellt, so sollen andere Personen nur dann gewählt werden, wenn besondere Umstände es fordern.

1 Die Bestellung von Sachverständigen erfolgt **im Ermittlungsverfahren** durch die StA oder durch die Polizei. § 73 Abs. 1 S. 1 bezieht sich nur auf das gerichtliche Verfahren (LR-Krause § 73 Rdn. 2; Meyer-Goßner § 73 Rdn. 1). Das erkennende Gericht kann später einen anderen Sachverständigen bestellen, ist dazu aber nicht verpflichtet (BGHSt 44, 26, 32).

2 Der Sachverständige darf ohne weiteres **Hilfskräfte** heranziehen (Laboranten, Techniker). Er kann sich auch eines anderen Sachverständigen als Hilfskraft bedienen und dessen Befunde nach eigener Prüfung in sein Gutachten übernehmen (BGHSt 22, 268, 273).

3 Die **Auswahl** bezieht sich auf das Fachgebiet und die persönliche Eignung des Sachverständigen (vgl. Detter NStZ 1998, 57). Das Fachgebiet muss der Richter selbst bestimmen (BGHSt 34, 355, 357), es richtet sich nach der Beweisfrage (Pfeiffer § 73 Rdn. 1). Zur Auswahl vgl. noch Meyer-Goßner § 73 Rdn. 6 ff. Die Person des Sachverständigen muss Gewähr dafür bieten, dass er geeignet ist, zur Verfügung steht und kein Ablehnungsgrund nach § 74 vorliegt (Meyer-Goßner § 73 Rdn. 9). Die Bestimmung der Zahl der benötigten Sachverständigen steht im Ermessen des Gerichts (OLG Düsseldorf wistra 1994, 78). Die in Abs. 1 S. 2 vorgesehene Fristabsprache ist eine

7. Abschnitt. Sachverständige und Augenschein § 74

Soll-Vorschrift, deren Nichtbeachtung keine Rechtsfolgen hat. Über § 161 Abs. 1 S. 2 gilt die Notwendigkeit der Fristabsprache auch für den Staatsanwalt.

Gibt es für ein Gebiet **öffentlich bestellte Sachverständige** (Abs. 2) – Einzelpersonen oder Behörden –, sollen andere Personen nur bei besonderen Umständen bestellt werden. Ein besonderer Umstand ist z.B. die Verhinderung des öffentlich bestellten Sachverständigen und die Notwendigkeit, einen Sachverständigen mit noch größerer Sachkunde heranzuziehen. 4

Die **Beschwerde** gegen die Auswahl des Sachverständigen durch die StA ist unzulässig (OLG Schleswig StV 2000, 543), ebenso die Auswahl durch das Gericht. Interessen des Beschuldigten werden durch das Ablehnungsrecht nach § 74 gewahrt. 5

In der **Revision** kann die Ungeeignetheit des Sachverständigen nur gerügt werden, wenn das Urteil insofern zu Zweifeln Anlass gibt. Möglich ist dann die Aufklärungsrüge (§ 244 Abs. 2). Ergibt sich die fehlende Sachkunde des Sachverständigen aus dem Urteil selbst, kann die Sachrüge begründet sein (BGH NStZ 1994, 228). Denkbar ist dies nur, wenn die Feststellungen gegen Denkgesetze oder Erfahrungssätze verstoßen (Meyer-Goßner § 73 Rdn. 19). 6

§ 74 [Ablehnung]

(1) ¹Ein Sachverständiger kann aus denselben Gründen, die zur Ablehnung eines Richters berechtigen, abgelehnt werden. ²Ein Ablehnungsgrund kann jedoch nicht daraus entnommen werden, daß der Sachverständige als Zeuge vernommen worden ist.

(2) ¹Das Ablehnungsrecht steht der Staatsanwaltschaft, dem Privatkläger und dem Beschuldigten zu. ²Die ernannten Sachverständigen sind den zur Ablehnung Berechtigten namhaft zu machen, wenn nicht besondere Umstände entgegenstehen.

(3) Der Ablehnungsgrund ist glaubhaft zu machen; der Eid ist als Mittel der Glaubhaftmachung ausgeschlossen.

§ 74 verweist für die Ablehnung des Sachverständigen auf die **§§ 22 ff**. Ablehnungsgrund ist nur die Befangenheit. Ein Mangel an Sachkunde führt nur zur Anhörung eines weiteren Sachverständigen (Meyer-Goßner § 74 Rdn. 1). Die Ablehnungsgründe erfordern einen Antrag (BGHSt 18, 214). 1

War ein **Polizeibeamter** im Verfahren gegen den Beschuldigten tätig, besteht ein zwingender Ablehnungsgrund (BGHSt 18, 216). Der Umstand, dass er organisatorisch zu Polizei oder StA gehört, führt nicht zur Ablehnung, wenn er eigenverantwortlich und frei das Gutachten erstatten kann (BGHSt 28, 384; betrifft insbesondere Wirtschaftsreferenten der StA). 2

Eine **Anzeige des Sachverständigen** entsprechend § 30 ist gesetzlich nicht vorgesehen, wird aber in der Regel nach § 76 Abs. 1 S. 2 zur Entbindung führen (Meyer-Goßner § 74 Rdn. 1). 3

Die Ausschließungsgründe des § 22 sind hier **nur Ablehnungsgründe;** eine gesetzliche Ausschließung des Sachverständigen ergibt sich nur in den Fällen des § 87 Abs. 2 S. 3. Die Ablehnungsgründe sind aber in diesem Fall zwingend, insbesondere für den Fall, dass der Sachverständige der Verletzte ist oder in nahem Verhältnis zu Beschuldigtem oder Verletztem steht (vgl. § 22 Nr. 1 bis 3). Der Ausschließungsgrund des § 22 Nr. 5 wird durch Abs. 1 S. 2 ersetzt, gilt aber auch dann nicht, wenn der Sachverständige in der Sache schon früher tätig war, etwa im Vorverfahren oder im ersten Rechtszug (RGSt 33, 198). 4

Sonstige Ablehnungsgründe entsprechen den Gründen der Besorgnis der Befangenheit eines Richters. Der Antragsteller muss vernünftige Gründe vorbringen, die jedem unbeteiligten Dritten einleuchten (BGH NStZ 1991, 28), mehrere Gründe müs- 5

§ 74 1. Buch. Allgemeine Vorschriften

sen in ihrer Gesamtheit gewürdigt werden (BGHSt 8, 235). Die Besorgnis der Befangenheit ist begründet, wenn der Sachverständige schon ein Privatgutachten für den Verletzten (BGHSt 20, 245) oder für eine am Verfahrensausgang interessierte Versicherungsgesellschaft erstattet hat (BGH NStZ 2002, 215), wenn er das Tatopfer als Therapeut behandelt (BGH StV 1996, 130) oder wenn er durch mündliche oder schriftliche Äußerung den Eindruck der Voreingenommenheit hervorgerufen hat (BGHSt 41, 206, 211). Gleiches gilt, wenn er bewusst verschweigt, dass er für die Justizbehörden tätig wird, um Angaben zu erlangen (BGH NStZ 1997, 349) oder unprofessionell und einseitig vorgegangen ist (BGH NJW 1991, 2357).

6 **Nicht ausreichend ist,** dass der Sachverständige Beamter des durch die Tat geschädigten Staates ist (Meyer-Goßner § 74 Rdn. 7), dass er in einem schriftlichen Gutachten die Beweisaufnahme zum Nachteil des Beschuldigten gewürdigt hat (BGH MDR 1974, 367) oder auf das Schrifttum zur Schuldfrage hingewiesen hatte (Meyer-Goßner § 74 Rdn. 7). Ebenfalls genügt es nicht, dass er sich wissenschaftlich geäußert hat (BGHSt 41, 206, 211) oder gar Ergebnisse seiner Untersuchungen vorab in einer Fachzeitschrift veröffentlicht (Meyer-Goßner § 74 Rdn. 7).

7 **Aus seinem eigenen Verhalten** kann der Beschuldigte regelmäßig keinen Ablehnungsgrund herleiten. Selbst wenn der Sachverständige gegen ihn Strafantrag stellt, nachdem er vom Beschuldigten beleidigt wurde, soll die Besorgnis der Befangenheit nicht bestehen, weil es der Beschuldigte andernfalls in der Hand hätte, den Sachverständigen auszuschalten (OLG München NJW 1971, 384).

8 **Ablehnungsberechtigt** sind außer den in Abs. 2 S. 1 genannten Personen der Nebenkläger, die Verfalls- und Einziehungsbeteiligten, gesetzlichen Vertreter und Erziehungsberechtigte, Privatkläger und Antragsteller im Adhäsionsverfahren (Pfeiffer § 74 Rdn. 3). Der Verteidiger ist nur im Namen des Beschuldigten ablehnungsberechtigt (OLG Hamm NJW 1951, 731).

9 Die **Namhaftmachung** (Abs. 2 S. 2) muss unmittelbar nach Ernennung des Sachverständigen erfolgen. Besondere Umstände können sich aus einer Gefahr im Verzug (drohender Beweismittelverlust) und dem Beschleunigungsgebot (Dringlichkeit der Vernehmung) ergeben. Polizei und StA sind zur Namhaftmachung nicht verpflichtet (LR-Krause § 74 Rdn. 19; Meyer-Goßner § 74 Rdn. 10).

10 Das **Ablehnungsgesuch** muss in der Hauptverhandlung gestellt oder wiederholt werden; es ist an keine Form gebunden (Pfeiffer § 74 Rdn. 4). Die von StA oder Polizei im Ermittlungsverfahren herangezogenen Sachverständigen können erst abgelehnt werden, wenn die Sache gerichtlich anhängig geworden ist (OLG Düsseldorf MDR 1984, 71). Die Ablehnung ist auch nach Erstattung des Gutachtens bis zum Beginn der Urteilsverkündung zulässig (vgl. § 83 Abs. 2; Pfeiffer § 74 Rdn. 4). Inhaltlich muss der Antrag die Tatsachen, auf die die Ablehnung gestützt wird, angeben und glaubhaft machen (Abs. 3). Zur Glaubhaftmachung kann sich der Antragsteller entsprechend § 26 Abs. 3 S. 3 auf das uneidliche Zeugnis des Abgelehnten berufen (LR-Krause § 74 Rdn. 25; Meyer-Goßner § 74 Rdn. 13). Die sichere Überzeugung von der Richtigkeit der vorgetragenen Gründe muss der Richter nicht haben (§ 45 Rdn. 9).

11 Die **Entscheidung** trifft das mit der Sache befasste Gericht nach Anhörung der Prozessbeteiligten (§ 33), nach Eröffnung des Hauptverfahrens das erkennende Gericht, in der Hauptverhandlung unter Mitwirkung der Schöffen. Die Entscheidung ergeht durch Beschluss, eine vorherige Anhörung des Sachverständigen ist nicht vorgeschrieben (RGSt 25, 362; Meyer-Goßner § 74 Rdn. 17). Der Beschluss erwächst nicht in Rechtskraft. Das Gericht kann ihn jederzeit von Amts wegen oder auf Gegenvorstellung aufheben oder ändern (LR-Krause § 74 Rdn. 33).

12 Ist der Sachverständige **mit Erfolg abgelehnt worden,** darf er nicht weiter vernommen und ein schon erstattetes Gutachten nicht verwertet werden. Der Sachverständige darf sein Gutachten auch nicht als sachverständiger Zeuge erstatten (BGHSt 20, 222, 224). Zweifelhaft ist, inwiefern er als Zeuge gehört werden kann. Sicher ist,

7. Abschnitt. Sachverständige und Augenschein   § 75

dass dies möglich ist im Hinblick auf Tatsachen, die Gegenstand seiner Wahrnehmung gewesen sind (Zufallsbeobachtungen und Zusatztatsachen) (Geppert DAR 1980, 321). Überwiegend hält man aber für zulässig, ihn als sachverständigen Zeugen (§ 85) auch über die bei der Vorbereitung seines Gutachtens ermittelten Befundtatsachen zu vernehmen (BGH NStZ 2002, 44; Fezer JR 1990, 397; Meyer-Goßner § 74 Rdn. 19). Andere hingegen wollen die Einvernahme auf unwiederholbare Wahrnehmungen beschränken (vgl. LR-Krause § 74 Rdn. 36; Geppert DAR 1980, 321; Hanack JR 1966, 425).

Entscheidungen des Gerichts sind mit der **einfachen Beschwerde** (§ 304 Abs. 1) 13 anfechtbar (OLG Hamburg NJW 1967, 2274). Die Verweisung in Abs. 1 S. 2 bezieht sich nur auf die Ablehnungsgründe, nicht auf das Verfahren. § 28 gilt daher nicht (Pfeiffer § 74 Rdn. 6). Anfechtbar ist auch eine Entscheidung, die die Ablehnung für begründet erklärt (OLG Celle NJW 1966, 415). Die weitere Beschwerde ist nach § 310 Abs. 2 ausgeschlossen, Beschlüsse des BGH und des OLG sind unanfechtbar (§ 304 Abs. 4). Beschwerdeberechtigt sind alle Antragsberechtigten, nicht aber der abgelehnte Sachverständige (OLG Frankfurt NJW 1965, 314). Das Beschwerdegericht entscheidet nicht nur über Rechtsfragen, es kann sein eigenes Ermessen an die Stelle des Ermessens des ersten Richters setzen (KK-Senge § 74 Rdn. 20; Meyer-Goßner § 74 Rdn. 20).

Ablehnende und stattgebende Entscheidungen des **erkennenden Gerichts** sind 14 nach § 305 S. 1 unanfechtbar (OLG Celle NJW 1966, 415; OLG Hamburg NJW 1967, 2274; LR-Krause § 74 Rdn. 39; Meyer-Goßner § 74 Rdn. 20).

Auf die Ablehnung eines Befangenheitsantrags vor der Hauptverhandlung kann die 15 **Revision** nicht gestützt werden, wenn der Antrag nicht in der Hauptverhandlung wiederholt worden ist (BGH NStZ-RR 2002, 110). Im Übrigen kann die Revision darauf gestützt werden, dass der Antrag nicht beschieden (OLG Hamm NJW 1966, 1880), dass er zu Unrecht zurückgewiesen worden ist oder dass dem Antrag zu Unrecht stattgegeben wurde (Meyer-Goßner § 74 Rdn. 21). Wurde aber ein anderer Sachverständiger gehört, wird das Urteil in der Regel darauf nicht beruhen (Meyer-Goßner § 74 Rdn. 21).

Mit der Revision müssen der Ablehnungsantrag und der ihn zurückweisende Ge- 16 richtsbeschluss **mitgeteilt werden.** Neue Tatsachen oder Beweismittel können nicht nachgeschoben werden. Der Revisionsrichter darf die Entscheidung des Tatrichters nicht durch eigene Ermittlungen ergänzen (BGH NStZ 1999, 632, 633; BGH NStZ-RR 2002, 66). Geprüft wird nur, ob der Tatrichter sich über Rechtsfragen geirrt hat (Meyer-Goßner § 74 Rdn. 21). Insofern wird die Besorgnis der Befangenheit als Rechtsfrage behandelt (BGHSt 20, 245; Meyer-Goßner § 74 Rdn. 21).

Auf einem Verstoß gegen Abs. 2 S. 2 wird das Urteil in der Regel **nicht beruhen** 17 (OLG Köln JMBlNW 1962, 202).

§ 75 [Pflicht zur Erstattung des Gutachtens]

(1) **Der zum Sachverständigen Ernannte hat der Ernennung Folge zu leisten, wenn er zur Erstattung von Gutachten der erforderten Art öffentlich bestellt ist oder wenn er die Wissenschaft, die Kunst oder das Gewerbe, deren Kenntnis Voraussetzung der Begutachtung ist, öffentlich zum Erwerb ausübt oder wenn er zu ihrer Ausübung öffentlich bestellt oder ermächtigt ist.**

(2) **Zur Erstattung des Gutachtens ist auch der verpflichtet, welcher sich hierzu vor Gericht bereiterklärt hat.**

Für die in Abs. 1 genannten Personen besteht eine **Pflicht zur Erstattung des** 1 **Gutachtens,** soweit ihnen nicht ein Weigerungsrecht nach § 76 zusteht (Pfeiffer § 75 Rdn. 1). Die Pflicht gilt auch gegenüber der StA im Vorverfahren (§ 161a Abs. 2),

§§ 76, 77
1. Buch. Allgemeine Vorschriften

nicht aber gegenüber der Polizei. Sie besteht auch, wenn der Sachverständige von einem Prozessbeteiligten (§ 214 Abs. 3, § 220 Abs. 1) unmittelbar geladen worden ist (Pfeiffer § 75 Rdn. 1).

2   Die **öffentliche Stellung** bezieht sich jeweils auf die Erstattung bestimmter Gutachten. Das Merkmal der öffentlichen Ausübung gilt z.B. für den Arzt, Apotheker oder Handwerker.

3   Die **Bereiterklärung** (Abs. 2) kann nur eine bestimmte Tatsache betreffen und stillschweigend durch Beginn der Gutachtertätigkeit erfolgen.

4   Auf Verlangen des Gerichts muss der Sachverständige sein Gutachten **schriftlich vorbereiten**. Er muss es persönlich erstatten und kann keine Ersatzpersonen stellen (OLG Köln VRS 58, 73; Meyer-Goßner § 75 Rdn. 3).

§ 76 [Gutachtenverweigerungsrecht]

(1) ¹Dieselben Gründe, die einen Zeugen berechtigen, das Zeugnis zu verweigern, berechtigen einen Sachverständigen zur Verweigerung des Gutachtens. ²Auch aus anderen Gründen kann ein Sachverständiger von der Verpflichtung zur Erstattung des Gutachtens entbunden werden.

(2) ¹Für die Vernehmung von Richtern, Beamten und anderen Personen des öffentlichen Dienstes als Sachverständige gelten die besonderen beamtenrechtlichen Vorschriften. ²Für die Mitglieder der Bundes- oder einer Landesregierung gelten die für sie maßgebenden besonderen Vorschriften.

1   Der nach § 75 zur Begutachtung verpflichtete Sachverständige kann die Erstattung nach den §§ 52, 53, 53a verweigern. § 54 wird durch § 76 Abs. 2 **ersetzt**. Das Auskunftsverweigerungsrecht nach § 55 ist gemäß § 72 entsprechend anwendbar (Pfeiffer § 76 Rdn. 1). Gleiches gilt für die Belehrungspflichten und die Pflicht zur Glaubhaftmachung (§ 52 Abs. 3 S. 1, § 55 Abs. 2, § 56).

2   Ein ärztlicher Sachverständiger hat wegen der **Befundtatsachen** kein Schweigerecht, unabhängig davon, ob der Angeklagte oder Zeuge die Untersuchungen freiwillig geschehen lässt oder nicht (BGHZ 40, 294; Pfeiffer § 76 Rdn. 1).

3   Der Sachverständige kann **Beschwerde** gegen die Ablehnung seines Entbindungsantrags einlegen, anderen Prozessbeteiligten steht die Beschwerde gegen seine Entbindung zu. In der Hauptverhandlung kann nur der Sachverständige nach § 305 S. 2 die Entscheidungen des erkennenden Gerichts anfechten.

4   Mit der **Revision** kann die irrtümliche Anerkennung oder Aberkennung eines Verweigerungsrechts nur im Rahmen der Aufklärungsrüge (§ 244 Abs. 2) angegriffen werden. Gleiches gilt, wenn er rechtsfehlerhaft entbunden oder nicht entbunden wird und das Urteil darauf beruht.

§ 77 [Folgen des Ausbleibens oder der Weigerung]

(1) ¹Im Falle des Nichterscheinens oder der Weigerung eines zur Erstattung des Gutachtens verpflichteten Sachverständigen wird diesem auferlegt, die dadurch verursachten Kosten zu ersetzen. ²Zugleich wird gegen ihn ein Ordnungsgeld festgesetzt. ³Im Falle wiederholten Ungehorsams kann neben der Auferlegung der Kosten das Ordnungsgeld noch einmal festgesetzt werden.

(2) ¹Weigert sich ein zur Erstattung des Gutachtens verpflichteter Sachverständiger, nach § 73 Abs. 1 Satz 2 eine angemessene Frist abzusprechen, oder versäumt er die abgesprochene Frist, so kann gegen ihn ein Ordnungsgeld festgesetzt werden. ²Der Festsetzung des Ordnungsgeldes muß eine Androhung unter Setzung einer Nachfrist vorausgehen. ³Im Falle wiederholter Fristversäumnis kann das Ordnungsgeld noch einmal festgesetzt werden.

7. Abschnitt. Sachverständige und Augenschein §§ 78, 79

Die **Befugnisse** nach § 77 stehen auch der StA zu (§ 161a Abs. 2), nicht aber der 1
Polizei. Die Voraussetzungen und Rechtsfolgen entsprechen im Wesentlichen denen
des § 51 (siehe dort) für den Zeugen.

Die **Gutachtenverweigerung** (Abs. 1 S. 1, 2. Alt.) umfasst auch die Verweigerung 2
des schriftlichen Gutachtens trotz Mahnung nach angemessener Frist, wenn es eine
Fristabrede nicht gab. Die Weigerung kann entschuldigt sein, wenn unüberwindliche
Hinderungsgründe bestehen (Meyer-Goßner § 77 Rdn. 4). Das Beharren auf einer
unangemessen langen Frist steht der völligen Verweigerung der Fristabsprache gleich
(Abs. 2 S. 1; KK-Senge § 77 Rdn. 4). Die Versäumung der abgesprochenen Frist
(Abs. 2 S. 1 2. Alt.) führt zu Ungehorsamsfolgen nur bei schuldhafter Säumnis. Krankheit, unvorhersehbare Arbeitsüberlastung oder berufliche Abordnung sind Entschuldigungsgründe, nicht aber eine Arbeitsüberlastung, die dem Gericht nicht alsbald mitgeteilt wurde (OLG Celle NJW 1972, 1524). Zu den **Ungehorsamsfolgen** vgl. § 51
Rdn. 7 ff.

§ 78 [Richterliche Leitung]

Der Richter hat, soweit ihm dies erforderlich erscheint, die Tätigkeit der Sachverständigen zu leiten.

Die **Leitungspflicht des Richters** bezieht sich auf die Vorbereitung des Gutach- 1
tens. Für die Hauptverhandlung ergibt sie sich aus § 238 Abs. 1.

Die Leitung erfordert eine klare und eindeutige **Auftragsbeschreibung** (LR- 2
Krause § 78 Rdn. 4) und die eindeutige Formulierung der von dem Sachverständigen
zu beantwortenden Beweisfragen (Tröndle JZ 1969, 376).

Anknüpfungstatsachen, von denen der Sachverständige in seinem Gutachten aus- 3
gehen soll, sind ihm möglichst schon bei Auftragserteilung mitzuteilen, sofern er sie
nicht selbst als Befundtatsachen ermitteln soll (vgl. BGH StV 1995, 113; Meyer-Goßner § 78 Rdn. 4). Ggf. muss ihm das gesamte Aktenmaterial zugänglich gemacht
werden (vgl. § 80 Rdn. 2).

Die **fachliche Durchführung** der Untersuchung ist hingegen allein Sache des 4
Sachverständigen. Er hat im Hinblick auf die Methodenwahl und hinsichtlich der Informationsbeschaffung weitgehend freie Hand (Meyer-Goßner § 78 Rdn. 6).

Ein Verstoß gegen § 78 kann die **Revision** nicht selbst begründen. Revisionsgrund 5
kann nur die in Folge der Nichtbeachtung der Vorschrift entstandene Verletzung der
§§ 136a, 252, 261 oder der §§ 20, 21 StGB sein (KK-Senge § 78 Rdn. 5).

§ 79 [Sachverständigeneid]

(1) Der Sachverständige kann nach dem Ermessen des Gerichts vereidigt werden.

(2) Der Eid ist nach Erstattung des Gutachtens zu leisten; er geht dahin, daß der Sachverständige das Gutachten unparteiisch und nach bestem Wissen und Gewissen erstattet habe.

(3) Ist der Sachverständige für die Erstattung von Gutachten der betreffenden Art im allgemeinen vereidigt, so genügt die Berufung auf den geleisteten Eid.

Die **Vereidigung** des Sachverständigen steht im Ermessen des Gerichts (Abs. 1). Sie 1
ist ein absoluter Ausnahmefall (BGHSt 21, 227; Meyer-Goßner § 79 Rdn. 1). Da die
Nichtvereidigung die Regel ist, bedarf es keiner ausdrücklichen Entscheidung (Meyer-Goßner § 79 Rdn. 2). Ein dahingehendes Antragsrecht haben die Verfahrensbeteiligten nicht (mehr).

143

§§ 80, 80a

1. Buch. Allgemeine Vorschriften

2 Der Eid ist als **Nacheid** zu leisten. Mehrere Sachverständige müssen einzeln vereidigt werden. Die Vereidigung („Der Sachverständige leistet den Sachverständigeneid") ist im Protokoll zu beurkunden (§ 273 Abs. 1).

3 Die **allgemeine Vereidigung** ist im Bundes- und Landesrecht geregelt. Die Berufung hierauf ersetzt den Eid. Der Sachverständige kann ihn daher ggf. verweigern (Pfeiffer § 79 Rdn. 2). Er muss sich selbst auf diesen Eid berufen. Die Feststellung einer nichtgerichtskundigen allgemeinen Vereidigung erfolgt im Freibeweis. Bleiben Zweifel, ist er zu vereidigen. Der Eid erstreckt sich nur auf das Gutachten, nicht auf die Personal- und Generalfragen nach § 68 (Meyer-Goßner § 79 Rdn. 9). Erfasst sind die Befundtatsachen, nicht jedoch Zusatztatsachen. Dies gilt auch für Zufallsbeobachtungen, die in keinem unmittelbaren Zusammenhang mit dem Gutachten stehen (Pfeiffer § 79 Rdn. 3). Solche Tatsachen sind in der Regel durch Vernehmung des Sachverständigen als Zeugen in die Hauptverhandlung einzuführen (BGH NStZ 1993, 245).

4 Das **Unterbleiben des Berufens** eines allgemein vereidigten und gewissenhaften Dolmetschers auf seinen Eid gemäß § 189 Abs. 2 GVG ist jedenfalls dann unbeachtlich, wenn Verteidiger und Angeklagten die Übersetzung jederzeit überprüfen konnten (BGH wistra 2005, 437).

§ 80 [Vorbereitung des Gutachtens]

(1) **Dem Sachverständigen kann auf sein Verlangen zur Vorbereitung des Gutachtens durch Vernehmung von Zeugen oder des Beschuldigten weitere Aufklärung verschafft werden.**

(2) **Zu demselben Zweck kann ihm gestattet werden, die Akten einzusehen, der Vernehmung von Zeugen oder des Beschuldigten beizuwohnen und an sie unmittelbar Fragen zu stellen.**

1 Die Vorschrift regelt den Fall, dass der Sachverständige die mitgeteilten Anknüpfungstatsachen **nicht für ausreichend hält,** ein Gutachten zu erstatten. Er wendet sich dann wegen einer Vervollständigung der Unterlagen an den Auftraggeber (Gericht, StA, Polizei). Zur Vernehmung von Zeugen und Beschuldigten ist er nicht befugt (BGH JR 1962, 111). Eine informatorische Befragung ist aber denkbar (BGHSt 9, 296).

2 **Akteneinsicht** kann dem Sachverständigen schon zur Vorbereitung des Gutachtens gewährt werden (Abs. 2). In der Hauptverhandlung muss der Sachverständige nicht ständig anwesend sein (Meyer-Goßner § 80 Rdn. 5). Soweit es keine Anweisungen des Gerichts gibt, entscheidet er selbstständig darüber, ob das Gutachten seine ständige Anwesenheit erfordert. Die Anwesenheit bei der Beweisaufnahme kann aber nach § 244 Abs. 2 geboten sein (BGHSt 19, 367).

3 Die **Revision** kann allein mit der Aufklärungsrüge vorbringen, dass das Gericht durch den nichtunterrichteten Sachverständigen seine Aufklärungspflicht verletzt hat oder der Sachverständige deshalb von unrichtigen Tatsachen ausgegangen ist (Pfeiffer § 80 Rdn. 3).

§ 80 a [Zuziehung im Vorverfahren]

Ist damit zu rechnen, daß die Unterbringung des Beschuldigten in einem psychiatrischen Krankenhaus, einer Entziehungsanstalt oder in der Sicherungsverwahrung angeordnet werden wird, so soll schon im Vorverfahren einem Sachverständigen Gelegenheit zur Vorbereitung des in der Hauptverhandlung zu erstattenden Gutachtens gegeben werden.

7. Abschnitt. Sachverständige und Augenschein　　　　　　　　　　　§ 81

Die Soll-Vorschrift gilt für das **Vorverfahren** (StA, Polizei) gegen einen schuld- 1
und verhandlungsunfähigen Beschuldigten. Für das Hauptverfahren gilt § 246a, im Sicherungsverfahren § 414 Abs. 3.
Der Sachverständige muss in der Regel ein **Psychiater** sein. Verweigert der Be- 2
schuldigte die Untersuchung, ist er zu laden, ggf. nach § 133 Abs. 2 vorzuführen und unter Beteiligung des Sachverständigen zu vernehmen (Pfeiffer § 80a Rdn. 1). Die körperliche Untersuchung kann nach § 81a erzwungen werden.
Die Hinzuziehung des Sachverständigen ist **nicht anfechtbar,** wohl aber die Un- 3
terbringung zur Beobachtung (vgl. §§ 81, 81a; Meyer-Goßner § 80a Rdn. 4).

§ 81 [Unterbringung zur Beobachtung des Beschuldigten]

(1) **Zur Vorbereitung eines Gutachtens über den psychischen Zustand des Beschuldigten kann das Gericht nach Anhörung eines Sachverständigen und des Verteidigers anordnen, daß der Beschuldigte in ein öffentliches psychiatrisches Krankenhaus gebracht und dort beobachtet wird.**

(2) ¹**Das Gericht trifft die Anordnung nach Absatz 1 nur, wenn der Beschuldigte der Tat dringend verdächtig ist.** ²**Das Gericht darf diese Anordnung nicht treffen, wenn sie zu der Bedeutung der Sache und der zu erwartenden Strafe oder Maßregel der Besserung und Sicherung außer Verhältnis steht.**

(3) **Im vorbereitenden Verfahren entscheidet das Gericht, das für die Eröffnung des Hauptverfahrens zuständig wäre.**

(4) ¹**Gegen den Beschluß ist sofortige Beschwerde zulässig.** ²**Sie hat aufschiebende Wirkung.**

(5) **Die Unterbringung in einem psychiatrischen Krankenhaus nach Absatz 1 darf die Dauer von insgesamt sechs Wochen nicht überschreiten.**

Die **Beobachtungsunterbringung** kann im Strafverfahren und im Sicherungsver- 1
fahren (§ 413f) angeordnet werden und dient der Vorbereitung eines Gutachtens über den psychischen Zustand des Beschuldigten. Rechtskraft des Strafausspruchs und Vollzug einer Freiheitsstrafe hindern die Unterbringung nicht, solange noch nicht über die Maßregel nach § 63 StGB entschieden ist; die Unterbringung muss dann auf die Strafzeit angerechnet werden (OLG Celle NJW 1961, 981; Meyer-Goßner § 81 Rdn. 1). Ein Unterbringungsbefehl nach § 126a macht die Anordnung nach § 81 überflüssig (Pfeiffer § 81 Rdn. 1).
Die Unterbringung dient der **Klärung der Schuldfähigkeit,** der Gemeingefähr- 2
lichkeit oder der Verhandlungsfähigkeit sowie des Entwicklungsstandes eines Jugendlichen oder Heranwachsenden. Zur Prüfung der Glaubwürdigkeit oder zur Rekonstruktion einer vorübergehenden Bewusstseinsstörung in Folge Alkohol- oder Medikamentengenusses ist sie nicht zulässig (vgl. BGH MDR 1966, 383; KK-Pellchen § 81 Rdn. 2).
Die **Anordnung** ergeht durch Beschluss von Amts wegen nach pflichtgemäßem 3
Ermessen. Der dringende Tatverdacht (Abs. 2) ist über § 112 Abs. 1 S. 1 zu beurteilen (Meyer-Goßner § 81 Rdn. 6. Wie bei der Untersuchungshaft ist das Gebot der Verhältnismäßigkeit des Mittels zu beachten. In Bagatellstrafsachen ist die Unterbringung unzulässig (vgl. OLG Bamberg MDR 1984, 602: Beleidigungen querulatorischer Art).
Die Unterbringung muss **unerlässlich** sein (BVerfG 1995, 617; BVerfG StV 2001, 4
657). Nötig ist, dass der psychische Zustand des Beschuldigten anders nicht beurteilt werden kann. Reichen frühere Untersuchungen aus, ist sie unzulässig (OLG Stuttgart StV 2004, 582).
Vor der Anordnung muss ein **Sachverständiger angehört** werden (Abs. 1). Die- 5
ser muss sich einen persönlichen Eindruck von dem Beschuldigten verschaffen, bevor

§ 81a   1. Buch. Allgemeine Vorschriften

er sich zur Notwendigkeit der Unterbringung äußert (OLG Stuttgart StV 2004, 582). Nötig ist eine Äußerung zur Notwendigkeit und zur voraussichtlich erforderlichen Dauer der Beobachtung (Meyer-Goßner § 81 Rdn. 12). Der Verteidiger (Abs. 1), dessen Mitwirkung nach § 140 Abs. 1 Nr. 6 notwendig ist, muss angehört werden. Auf sein Einverständnis kommt es nicht an (Meyer-Goßner § 81 Rdn. 14). Die StA ist nach § 33 Abs. 2 zu hören.

6   Die Dauer der Unterbringung darf insgesamt **6 Wochen** nicht überschreiten (Abs. 5), selbst nicht mit Einverständnis des Beschuldigten (KK-Senge § 81 Rdn. 7). Auch bei einer Wiederholung der Unterbringung darf die 6-Wochen-Frist nicht überschritten werden (LR-Krause § 81 Rdn. 28). Die Auswahl des Krankenhauses trifft das Gericht in dem Anordnungsbeschluss (OLG Frankfurt NJW 1967, 689).

7   Der Beschuldigte darf nur **festgehalten und beobachtet** werden. Körperliche Untersuchungen und ähnliches sind ohne sein Einverständnis nur bei besonderer Anordnung nach § 81a zulässig (vgl. BGHSt 8, 144; BGH NJW 1968, 2297). Dies gilt wohl auch für EKG- und Blutdruckmessung (Meyer-Goßner § 81 Rdn. 20).

8   Den **Unterbringungsbeschluss** erlässt das Gericht, das für die Eröffnung des Hauptverfahrens zuständig ist (Abs. 3). Kommt eine Zuständigkeitswahl in Betracht, ist das Gericht zuständig, bei dem die StA die Anklage erheben will (Meyer-Goßner § 81 Rdn. 23). Der Beschluss ist zu begründen (§ 34; OLG Frankfurt StV 1986, 51). Die Vollstreckung des Beschlusses obliegt der StA (§ 36 Abs. 2 S. 1).

9   Die **sofortige Beschwerde** (Abs. 4 S. 1 als Sonderregelung) ist auch gegen den Unterbringungsbeschluss des erkennenden Gerichts zulässig. Dies gilt auch für den Fall, dass der Beschluss vom OLG im ersten Rechtszug erlassen wurde (Pfeiffer § 81 Rdn. 4). Ob die Auswahl des Sachverständigen oder der Anstalt beschwerdefähig ist, ist umstritten (vgl. LR-Krause § 81 Rdn. 40; Meyer-Goßner § 81 Rdn. 28). Das Rechtsmittel hat entgegen § 307 Abs. 1 aufschiebende Wirkung (Abs. 4 S. 2). Die weitere Beschwerde ist ausgeschlossen (OLG Hamm MDR 1984, 602).

10 Das Beschwerdegericht prüft die **Zweckmäßigkeit der Anordnung,** darf aber bei der Frage, ob Zweifel an der Schuldfähigkeit des Beschuldigten bestehen, nicht sein Ermessen an die Stelle des tatrichterlichen Ermessens setzen (Meyer-Goßner § 81 Rdn. 29).

11 Eine **Zurückverweisung** an den ersten Richter ist bei erheblichen Verfahrensmängeln zulässig und geboten (LG Zweibrücken NJW 1997, 70; Meyer-Goßner § 81 Rdn. 30). Ob dies auch beim Fehlen der nach § 34 erforderlichen Begründung erfolgen darf, ist umstritten (vgl. SK-Rogall § 81 Rdn. 55).

12 Der die Unterbringung anordnende Beschluss ist sowohl für den Beschuldigten als auch für den Staatsanwalt **anfechtbar** (§ 304 Abs. 1; Meyer-Goßner § 81 Rdn. 31). Ob dies auch für einen ablehnenden Beschluss gilt, ist umstritten (dafür Meyer-Goßner § 81 Rdn. 31; dagegen Pfeiffer § 81 Rdn. 4).

13 Die Ablehnung der Unterbringung kann in der **Revision** nur mit der Aufklärungsrüge beanstandet werden. Die Rüge der Rechtswidrigkeit der Unterbringung ist nach § 336 S. 2 ausgeschlossen, da nach Abs. 4 S. 1 die sofortige Beschwerde zulässig ist (vgl. Meyer-Goßner § 81 Rdn. 32).

§ 81a [Körperliche Untersuchung; Blutprobe]

(1) ¹**Eine körperliche Untersuchung des Beschuldigten darf zur Feststellung von Tatsachen angeordnet werden, die für das Verfahren von Bedeutung sind.** ²**Zu diesem Zweck sind Entnahmen von Blutproben und andere körperliche Eingriffe, die von einem Arzt nach den Regeln der ärztlichen Kunst zu Untersuchungszwecken vorgenommen werden, ohne Einwilligung des Beschuldigten zulässig, wenn kein Nachteil für seine Gesundheit zu befürchten ist.**

7. Abschnitt. Sachverständige und Augenschein § 81a

(2) **Die Anordnung steht dem Richter, bei Gefährdung des Untersuchungserfolges durch Verzögerung auch der Staatsanwaltschaft und ihren Ermittlungspersonen (§ 152 des Gerichtsverfassungsgesetzes) zu.**

(3) **Dem Beschuldigten entnommene Blutproben oder sonstige Körperzellen dürfen nur für Zwecke des der Entnahme zugrundeliegenden oder eines anderen anhängigen Strafverfahrens verwendet werden; sie sind unverzüglich zu vernichten, sobald sie hierfür nicht mehr erforderlich sind.**

Die Vorschrift gestattet die **zwangsweise körperliche Untersuchung** des Beschuldigten: Sein Körper wird zum Augenscheinsobjekt gemacht (Meyer-Goßner § 81a Rdn. 1). In der Literatur wird daher, aber auch wegen mangelnder Bestimmtheit, die Vorschrift für verfassungswidrig gehalten; das Bundesverfassungsgericht folgte dem bislang nicht (BVerfGE 47, 239, 248), fordert aber eine verfassungskonforme Auslegung insofern, als der Verhältnismäßigkeitsgrundsatz besonders beachtet werden muss (vgl. BVerfGE 27, 211). 1

Beschuldigter ist auch der Angeschuldigte und Angeklagte sowie der Verurteilte im Rahmen von Weisungen nach § 56c StGB und zur Vorbereitung der Prognoseentscheidung nach § 57 Abs. 1, § 67d Abs. 2 S. 1 StGB (BVerfG NStZ 1993, 482). 2

Die Anordnung nach § 81a ist entbehrlich, wenn der Beschuldigte einwilligt. Wie auch sonst ist erforderlich, dass der Betreffende die Sachlage und sein Weigerungsrecht kennt, und ausdrücklich und eindeutig und aus freiem Entschluss zustimmt (Meyer-Goßner § 81a Rdn. 4). 3

Zweck der Untersuchung darf nur die Feststellung verfahrenserheblicher Tatsachen sein, für deren Vorliegen bereits bestimmte Anhaltspunkte bestehen (Meyer-Goßner § 81a Rdn. 6). 4

Beispiel: Beschaffenheit des Körpers und seiner Bestandteile, z.B. des Blutes oder das Magensaftes, Vorhandensein von Fremdkörpern (BGHSt 5, 332, 336), aber auch sein psychischer Zustand (Meyer-Goßner § 81a Rdn. 6).

Verfahrenserheblich ist auch die **Verhandlungsfähigkeit** des Beschuldigten (BVerfGE 27, 211, 219) und seine Reisefähigkeit (LR-Krause § 81a Rdn. 17). 5

Einfache körperliche Untersuchungen (Abs. 1 S. 1) dienen dazu, die vom Willen des Beschuldigten unabhängige Beschaffenheit seines Körpers oder seinen psychischen Zustand durch sinnliche Wahrnehmungen ohne körperliche Eingriffe festzustellen. Die Durchsuchung nach § 102 beschränkt sich auf eine Suche am bekleideten Körper, die Untersuchung hingegen macht den unbekleideten Körper zum „Augenscheinsobjekt" (Pfeiffer § 81a Rdn. 3). Die bei einer Untersuchung üblichen Befragungen und Testungen sowie Blutdruckmessungen und EKGs ohne körperliche Belastung (OLG Schleswig NStZ 1982, 81) sind zulässig. Zu einer aktiven Beteiligung kann der Beschuldigte aber nicht gezwungen werden (BGHSt 34, 46). So ist die Einnahme eines Kontrastmittels für eine Röntgenuntersuchung oder die Mitwirkung am Belastungs-EKG freiwillig. 6

Die **Blutprobenentnahme** (Abs. 1 S. 2) als „einfacher körperlicher Eingriff" (Pfeiffer § 81a Rdn. 4) dient insbesondere der Feststellung des Blutalkoholgehalts zur Tatzeit und damit der Überprüfung auch der Schuldfähigkeit. Sie soll auch zum Zwecke einer Analyse nicht codierender DNA-Teile zulässig sein (BGHSt 37, 158). Ein körperlicher Eingriff liegt insbesondere auch vor, wenn natürliche Körperbestandteile wie Liquor, Samen, Harn, Speichel (LG Offenburg StV 2003, 153) entnommen oder dem Körper Stoffe zugeführt werden oder wenn in das haut- und muskelumschlossene Innere des Körpers eingegriffen wird (Meyer-Goßner § 81a Rdn. 15). Die Untersuchung der natürlichen Körperöffnungen (Mund, After, Scheide) soll kein Eingriff, sondern eine einfache Untersuchung sein (KK-Senge § 81a Rdn. 6; Meyer-Goßner § 81a Rdn. 15; a.M. zu Recht SK-Rogall § 81a Rdn. 25). 7

147

§ 81a   1. Buch. Allgemeine Vorschriften

8   Der Eingriff muss nach **den Regeln der ärztlichen Kunst** vorgenommen werden. Neuartige Untersuchungsmethoden dürfen an dem Beschuldigten ohne sein Einverständnis nicht erprobt werden (BGHSt 8, 148). Gesundheitliche Nachteile müssen mit an Sicherheit grenzender Wahrscheinlichkeit ausgeschlossen sein (Meyer-Goßner § 81a Rdn. 17). Insofern kommt es nicht nur auf die Art des Eingriffs, sondern auch auf den Gesundheitszustand des Beschuldigten an (LR-Krause § 81a Rdn. 31). Ein Nachteil im Sinne des Abs. 1 S. 2 liegt aber nur bei Eintritt einer erheblich über die Untersuchungsdauer hinausgehenden Beeinträchtigung des körperlichen Wohlbefindens vor (Meyer-Goßner § 81a Rdn. 17).

9   Besonderen Stellenwert hat der **Verhältnismäßigkeitsgrundsatz.** Zu prüfen ist insbesondere, ob die Stärke des Tatverdachts die Maßnahme rechtfertigt (BVerfGE 17, 108, 117). Je schwerer die Maßnahme wiegt, desto größere Anforderungen sind an den Tatverdacht zu stellen (Meyer-Goßner § 81a Rdn. 18). Die Maßnahme muss unerlässlich sein und zudem in angemessenem Verhältnis zur Schwere der Tat stehen (BVerfG NJW 2004, 3697).

10   Die körperlichen Eingriffe müssen durch einen **approbierten Mediziner** vorgenommen werden. Andere Personen wie Pfleger oder Krankenschwestern dürfen einen Eingriff nur mit Einverständnis des Beschuldigten oder unter Anleitung, Aufsicht und Verantwortung eines Arztes vornehmen (Meyer-Goßner § 81a Rdn. 19). Zur Verwertbarkeit vgl. Einl. Rdn. 204.

11   **Zulässige Maßnahmen** sind die Computer-Tomographie, EEG, EKG, die Magenaushebung, Röntgenaufnahmen und Szintigraphie. Unzulässigkeit wegen ihrer Gefährlichkeit sind Angiographie, die Harnentnahme mittels Katheters sowie eine Phallographie (vgl. Meyer-Goßner § 81a Rdn. 20f).

12   Die Entnahme von Gehirn- und Rückenmarkflüssigkeit ist allenfalls zur Aufklärung schwerster Straftaten zulässig (BVerfGE 16, 194). Die Exkorporation, d.h. die zwangsweise **Verabreichung von Brech- oder Abführmitteln,** ist nur unter strenger Beachtung des Verhältnismäßigkeitsgrundsatzes zulässig (KG JR 2001, 162; Meyer-Goßner § 81a Rdn. 22). Diese Maßnahme kommt namentlich bei Drogenkurieren in Frage.

13   Eine **Veränderung der Bart- oder Haartracht** soll kein Eingriff nach § 81a sein (LR-Krause § 81a Rdn. 47; Meyer-Goßner § 81a Rdn. 23).

14   Die **vorübergehende Unterbringung** zum Zwecke der Untersuchung ist auf Grund besonderer richterlicher Anordnung zulässig (Meyer-Goßner § 81a Rdn. 24; offengelassen von BVerfG NJW 2004, 3697). Sie soll aber nicht länger als 4 bis 5 Tage andauern dürfen (LR-Krause § 81a Rdn. 24).

15   **Zuständig** für die – ausdrückliche – Anordnung ist der Richter, bei Gefahr im Verzug auch die StA und ihre Ermittlungspersonen (Abs. 2). Im Vorverfahren ist es der Ermittlungsrichter (§§ 162, 169), nach Anklageerhebung das mit der Sache befasste Gericht. In der Hauptverhandlung entscheidet dieses unter Mitwirkung der Schöffen (Meyer-Goßner § 81a Rdn. 25).

16   Die **Anordnung** muss inhaltlich den Eingriff und die durch ihn festzustellenden Tatsachen bezeichnen, bei schweren Eingriffen auch die Notwendigkeit und Unerlässlichkeit (§ 81a Rdn. 27). Die Vollziehung der richterlichen Anordnung ist Sache der StA (§ 36 Abs. 2 S. 1; OLG Hamm NJW 1974, 713). Ggf. darf der Beschuldigte vorgeführt werden (Meyer-Goßner § 81a Rdn. 28).

17   Gegen richterliche Anordnungen ist **Beschwerde** nach § 304 Abs. 1 zulässig, bei Entscheidungen des erkennenden Gerichts nur, wenn der Inhalt der Anordnung einem der in § 305 S. 2 bezeichneten Zwangseingriffe gleichkommt (OLG Koblenz NStZ 1994, 355). Bei Anordnungen der StA und Polizei soll der Antrag nach § 23 EGGVG einschlägig sein. Eine analoge Anwendung des § 98 Abs. 2 S. 2 wird offenbar nicht erwogen (vgl. Meyer-Goßner § 81a Rdn. 31).

18   **Verstöße** gegen § 81a machen die Untersuchungsergebnisse grundsätzlich nicht unverwertbar (Pfeiffer § 81a Rdn. 9). Dies gilt etwa für die fehlerhafte Annahme von

7. Abschnitt. Sachverständige und Augenschein § 81b

Gefahr im Verzug (OLG Karlsruhe Justiz 2004, 493, 494) oder die Nichtbeachtung des Verhältnismäßigkeitsgrundsatzes (LR-Krause § 81a Rdn. 32). Entnimmt statt eines Arztes ein Medizinstudent eine Blutprobe, soll dies die Verwertbarkeit nicht berühren (Einl. Rdn. 204).

Unverwertbar ist ein körperlicher Eingriff ohne Anordnung und ohne Einwilligung oder wenn unerlaubter Zwang angewendet wird (Meyer-Goßner § 81a Rdn. 33). Die Sicherstellung und Benutzung einer zu anderen Zwecken entnommenen Blutprobe (Operationsvorbereitung) ist zulässig, wenn diese auf Grund einer Anordnung nach § 81a hätte entnommen werden dürfen (OLG Celle NJW 1989, 385; Meyer-Goßner § 81a Rdn. 33). Insofern gilt das „Prinzip der Wiederholbarkeit". Die **Revision** kann darauf gestützt werden, dass das Untersuchungsergebnis unverwertbar war. 19

Abs. 3 verbietet, die entnommenen Proben **für andere Zwecke** als für ein anhängiges Strafverfahren zu verwenden. Die Pflicht zur Vernichtung ähnelt der in § 100b Abs. 6 und bezieht sich auf das gesamte entnommene Material (Meyer-Goßner § 81a Rdn. 38). Auch für wissenschaftliche Forschungszwecke darf es nicht weiter verwendet werden, wenn nicht der Beschuldigte zustimmt. Für das Verfahren nicht mehr erforderlich sind die Proben, wenn das Verfahren rechtskräftig abgeschlossen ist und auch nicht eine Wiederaufnahme im Raum steht (vgl. Meyer-Goßner § 81a Rdn. 39). 20

§ 81b [Lichtbilder und Fingerabdrücke]

Soweit es für die Zwecke der Durchführung des Strafverfahrens oder für die Zwecke des Erkennungsdienstes notwendig ist, dürfen Lichtbilder und Fingerabdrücke des Beschuldigten auch gegen seinen Willen aufgenommen und Messungen und ähnliche Maßnahmen an ihm vorgenommen werden.

Die Vorschrift ist **Rechtsgrundlage** für strafrechtliche Ermittlungshandlungen, aber auch für präventivpolizeiliche Maßnahmen. Anwendbar ist sie nur bei Beschuldigten, bei bloß Verdächtigen gilt § 163b Abs. 1. Bei Zeugen oder anderen Personen können gegen ihren Willen Lichtbilder und Fingerabdrücke nicht hergestellt werden. 1

Soweit § 81b Maßnahmen für erkennungsdienstliche Zwecke gestattet, handelt es sich um eine in die StPO als Fremdkörper aufgenommene materiell-polizeirechtliche Regelung (Meyer-Goßner § 81b Rdn. 3).

Beschuldigte im Sinne der 1. Alt. (Maßnahmen im Strafverfahren) sind auch Schuldunfähige (§ 20 StGB) im Sicherungsverfahren (§ 414 Abs. 1), nicht aber Kinder (vgl. § 19 StGB), gegen sie sind Maßnahmen nach § 163b Abs. 2 zulässig. 2

Aus **präventivpolizeilichen Gründen** (2. Alt.) sind erkennungsdienstliche Maßnahmen auch bei Verfahrenseinstellungen und bei rechtskräftiger Verurteilung zulässig (KK-Senge § 81b Rdn. 2). Hier besagt der Begriff Beschuldigter nur, dass die Anordnung nicht an beliebige Tatsachen anknüpfen oder zu einem beliebigen Zeitpunkt ergehen darf (Meyer-Goßner § 81b Rdn. 7). Ob auch bei einem rechtskräftigen Freispruch die Maßnahmen denkbar sind, ist umstritten. Einige sind dafür (KK-Senge § 81b Rdn. 2; Meyer-Goßner § 81b Rdn. 7; Fugmann NJW 1981, 2227), andere haben Bedenken (BVerwGE 2, 202 = NJW 1956, 235; BVerwGE 66, 192; LR-Krause § 81b Rdn. 9; SK-Rogall § 81b Rdn. 29). 3

Polizeiliche **Ermächtigungsgrundlagen** der Bundesländer, die erkennungsdienstliche Maßnahmen über § 81b hinaus zulassen, sind wegen Art. 72 Abs. 2 GG nur gültig, soweit sie nicht Beschuldigte betreffen (Pfeiffer § 81b Rdn. 1). 4

Zulässige Maßnahmen sind außer den in § 81 genannten ausdrücklich nur solche, die, ohne dass es einer körperlichen Untersuchung im Sinne des § 81a Abs. 1 bedarf, der Feststellung der körperlichen Beschaffenheit dienen (BGHSt 34, 39, 44f; Kramer 5

§ 81b

JR 1994, 225). So können besondere Körpermerkmale wie Tätowierungen durch Beschreibung, Fotografie und Maßangabe festgehalten werden. Die Anfertigung eines Videofilms, der außer dem Beschuldigten mehrere andere Personen zeigt, ist „ähnliche" Maßnahme (Görling Kriminalistik 1985, 58). Auch von einer Gegenüberstellung selbst dürfen Video-Aufnahmen angefertigt werden (BVerfG NStZ 1983, 84). Nach § 81b können Vergleichsaufnahmen des Beschuldigten mit der Raumüberwachungskamera am Tatort notfalls auch gegen seinen Willen angefertigt werden (BGH NStZ 1993, 47; Pfeiffer § 81 Rdn. 2). Die heimliche Aufnahme nichtöffentlicher Gespräche des Beschuldigten zwecks Stimmanalyse ist dagegen nicht mehr als ähnliche Maßnahme nach § 81b zu beurteilen (BGHSt 34, 44); in diesen Fällen ist die Verwertung nur unter den Voraussetzungen der §§ 100c, 100f zulässig (Meyer-Goßner § 81b Rdn. 8).

6   Zur **Vorbereitung der Identifizierung** kann die Veränderung des äußeren Erscheinungsbildes des Beschuldigten angeordnet und zwangsweise durchgeführt werden (BGH NStZ 1993, 47), z.B. das Aufsetzen einer Perücke oder das Entfernen von Schminke sowie das Verändern der Haar- und Barttracht (Meyer-Goßner § 81b Rdn. 10; SK-Rogall § 81b Rdn. 33). Das Bundesverfassungsgericht (BVerfGE 47, 239 = NJW 1978, 1149) hält insoweit § 81a für einschlägig.

7   Die Maßnahmen müssen **notwendig** sein. Der Grundsatz der Verhältnismäßigkeit gilt uneingeschränkt. Notwendigkeiten und Grenzen ergeben sich aus der Aufklärungspflicht nach § 244 Abs. 2 für das Strafverfahren. Zu präventivpolizeilichen Zwecken können erkennungsdienstliche Maßnahmen nicht nur bei gewerbs- oder gewohnheitsmäßigen Tätern in Betracht kommen, sondern auch bei anderen Beschuldigten, bei denen wegen der Art und Schwere ihrer Straftaten ein besonderes kriminalistisches Interesse besteht (Meyer-Goßner § 81b Rdn. 12; Pfeiffer § 81b Rdn. 3). In Bagatellsachen ist § 81b nicht anwendbar; im Bußgeldverfahren wegen Ordnungswidrigkeiten sind erkennungsdienstliche Maßnahmen nur ausnahmsweise zulässig (Göhler § 46 OWiG Rdn. 9). Ansonsten ist maßgebend, ob Anhaltspunkte dafür vorliegen, dass der Beschuldigte in ähnlicher oder anderer Weise erneut straffällig werden könnte und ob die erkennungsdienstlichen Unterlagen zur Förderung der dann zu führenden Ermittlungen geeignet erscheinen (BVerwGE 66, 192).

8   Die **Anordnung** erfolgt im Ermittlungsverfahren durch die Staatsanwaltschaft oder Beamte des Polizeidienstes, die nicht Ermittlungspersonen der StA sein müssen (Meyer-Goßner § 81b Rdn. 13; SK-Rogall § 81b Rdn. 64), nach Anklageerhebung durch das mit der Sache befasste Gericht. Für Maßnahmen zu erkennungsdienstlichen Zwecken ist ausschließlich die (Kriminal-)Polizei zuständig (OLG Düsseldorf NJW 1959, 1790; Meyer-Goßner § 81b Rdn. 13). Die Durchführung der Maßnahmen obliegt in jeden Fall der Polizei (Geerds Jura 1986, 9).

9   Die Maßnahmen dürfen – auch für erkennungsdienstliche Zwecke – ohne vorherige Androhung unter **Anwendung unmittelbaren Zwangs** durchgeführt werden (Meyer-Goßner § 81b Rdn. 15; Pfeiffer § 81b Rdn. 4; siehe auch BGHSt 34, 45). Der Beschuldigte darf zwangsweise zur Polizeibehörde gebracht und dort bis zur Erledigung der Maßnahmen festgehalten werden (OLG Stuttgart StV 1988, 424). Dabei soll weder eine Freiheitsentziehung im Sinne des Art. 104 Abs. 2 S. 1 GG noch eine vorläufige Festnahme im Sinne des § 127 Abs. 2 vorliegen (Meyer-Goßner § 81b Rdn. 15).

10 Die zum Zwecke der Durchführung des Strafverfahrens gewonnenen Unterlagen werden **Bestandteil der Akten** und dürfen in diesem Rahmen aufbewahrt werden (vgl. Pfeiffer § 81b Rdn. 5). Die Aufbewahrung für erkennungsdienstliche Zwecke richtet sich nach Polizeirecht und erfolgt unter Beachtung des Verhältnismäßigkeitsgrundsatzes (BVerwGE 66, 202). Unzulässig ist die Aufbewahrung, wenn der Tatverdacht völlig ausgeräumt ist. Dabei kommt es darauf an, ob Anhaltspunkte dafür vorliegen, dass der Beschuldigte (auch) künftig strafrechtlich in Erscheinung treten wird. Im

7. Abschnitt. Sachverständige und Augenschein § 81c

Übrigen hat der Beschuldigte keinen Anspruch auf Herausgabe, sondern auf Vernichtung (Pfeiffer § 81 b Rdn. 5).

Im **Strafverfahren** getroffene Anordnungen des Gerichts sind nach § 304 Abs. 1 **11**
mit der Beschwerde anfechtbar. Gegen Maßnahmen der StA und der Polizei kann nach h. M. entsprechend § 98 Abs. 2 das Gericht angerufen werden (OLG Koblenz StV 2002, 127; Meyer-Goßner § 81 b Rdn. 21).

Für Anordnungen von Maßnahmen für erkennungsdienstliche Zwecke und die **12**
Aufbewahrung zu diesen Zwecken ist der **Verwaltungsrechtsweg** gegeben (BGHSt 28, 209). Schon gegen die Aufforderung, sich zum Zwecke der erkennungsdienstlichen Behandlung bei der Polizei einzufinden, ist die Anfechtungsklage nach § 42 Abs. 1, 1. Alt. VwGO zulässig (BVerwGE 66, 192). Bei Ablehnung des Antrags auf Vernichtung der Unterlagen ist die Verpflichtungsklage einschlägig (§ 42 Abs. 1, 2. Alt. VwGO; LR-Krause § 81 b Rdn. 36). Die Vorschrift bewirkt mittelbar die Ausdehnung der Maßnahmen nach §§ 81 a, 81 b auf „andere Personen" als Beschuldigte. Im Zivilprozessrecht entspricht der Bestimmung § 372 a ZPO. Die Regelung ist abschließend (Meyer-Goßner § 81 c Rdn. 6). Die freiwillige und ernstlich gemeinte Einwilligung des Betroffenen in eine Untersuchung hebt in den Grenzen des § 228 StGB die Einschränkungen des § 81 c auf (Pfeiffer § 81 c Rdn. 1). Der Betroffene muss darüber belehrt werden, welche Maßnahme vorgenommen werden soll und dass sie ohne seine Einwilligung nicht zulässig ist (so Meyer-Goßner § 81 c Rdn. 4; zum Teil anders BGHSt 13, 394, 398; KK-Senge § 81 c Rdn. 11). Wer nach § 52 Abs. 1 zur Zeugnisverweigerung berechtigt ist, muss auch nach Abs. 3 S. 2 Halbsatz 2 i. V. m. § 252 Abs. 3 S. 1 belehrt werden (BGHSt 20, 234).

§ 81 c [Untersuchung anderer Personen]

(1) **Andere Personen als Beschuldigte dürfen, wenn sie als Zeugen in Betracht kommen, ohne ihre Einwilligung nur untersucht werden, soweit zur Erforschung der Wahrheit festgestellt werden muß, ob sich an ihrem Körper eine bestimmte Spur oder Folge einer Straftat befindet.**

(2) ¹**Bei anderen Personen als Beschuldigten sind Untersuchungen zur Feststellung der Abstammung und die Entnahme von Blutproben ohne Einwilligung des zu Untersuchenden zulässig, wenn kein Nachteil für seine Gesundheit zu befürchten und die Maßnahme zur Erforschung der Wahrheit unerläßlich ist.** ²**Die Untersuchungen und die Entnahme von Blutproben dürfen stets nur von einem Arzt vorgenommen werden.**

(3) ¹**Untersuchungen oder Entnahmen von Blutproben können aus den gleichen Gründen wie das Zeugnis verweigert werden.** ²**Haben Minderjährige wegen mangelnder Verstandesreife oder haben Minderjährige oder Betreute wegen einer psychischen Krankheit oder einer geistigen oder seelischen Behinderung von der Bedeutung ihres Weigerungsrechts keine genügende Vorstellung, so entscheidet der gesetzliche Vertreter; § 52 Abs. 2 Satz 2 und Abs. 3 gilt entsprechend.** ³**Ist der gesetzliche Vertreter von der Entscheidung ausgeschlossen (§ 52 Abs. 2 Satz 2) oder aus sonstigen Gründen an einer rechtzeitigen Entscheidung gehindert und erscheint die sofortige Untersuchung oder Entnahme von Blutproben zur Beweissicherung erforderlich, so sind diese Maßnahmen nur auf besondere Anordnung des Richters zulässig.** ⁴**Der die Maßnahmen anordnende Beschluß ist unanfechtbar.** ⁵**Die nach Satz 3 erhobenen Beweise dürfen im weiteren Verfahren nur mit Einwilligung des hierzu befugten gesetzlichen Vertreters verwertet werden.**

(4) **Maßnahmen nach den Absätzen 1 und 2 sind unzulässig, wenn sie dem Betroffenen bei Würdigung aller Umstände nicht zugemutet werden können.**

§ 81c   1. Buch. Allgemeine Vorschriften

(5) ¹Die Anordnung steht dem Richter, bei Gefährdung des Untersuchungserfolges durch Verzögerung, von den Fällen des Absatzes 3 Satz 3 abgesehen, auch der Staatsanwaltschaft und ihren Ermittlungspersonen (§ 152 des Gerichtsverfassungsgesetzes) zu. ²§ 81a Abs. 3 gilt entsprechend.

(6) ¹Bei Weigerung des Betroffenen gilt die Vorschrift des § 70 entsprechend. ²Unmittelbarer Zwang darf nur auf besondere Anordnung des Richters angewandt werden. ³Die Anordnung setzt voraus, daß der Betroffene trotz Festsetzung eines Ordnungsgeldes bei der Weigerung beharrt oder daß Gefahr im Verzuge ist.

1   Die **Duldungspflicht** trifft nur Personen, die als Zeugen in Betracht kommen (Zeugengrundsatz). Entgegen dem Wortlaut sollen aber auch Tatopfer untersucht werden dürfen, die wie Säuglinge, Kleinkinder und schwerst Geistesgestörte unfähig sind, überhaupt etwas auszusagen (Meyer-Goßner § 81c Rdn. 10).

2   **Zweck der Untersuchung** muss die Feststellung von Spuren oder Tatfolgen am Körper sein (Spurengrundsatz). Spuren sind unmittelbar durch die Tat verursachte Veränderungen am Körper, die Rückschlüsse auf die Tatausführung oder den Täter ermöglichen (Blutspuren, Spermienreste, Hautreste unter den Fingernägeln; Meyer-Goßner § 81c Rdn. 12).

3   **Tatfolgen** sind die durch die Tat eingetretenen Veränderungen am Körper des Opfers, die solche Hinweise nicht zulassen (Hautabschürfungen, Krankheitszustand). Weder Spuren noch Tatfolgen müssen dauerhaft sein, noch zum gesetzlichen Tatbestand der Straftat gehören. Es genügt, dass sie für die Strafzumessung von Bedeutung sein können (LR-Krause § 81c Rdn. 15; Meyer-Goßner § 81c Rdn. 13).

4   Die Untersuchung darf nicht **ins Blaue hinein** erfolgen. Schon vorher müssen bestimmte Vorstellungen und Anhaltspunkte über die Spuren und Tatfolgen bestehen (LR-Krause § 81c Rdn. 16). Reihenuntersuchungen nach Spurenträgern sind unzulässig (KK-Senge § 81c Rdn. 1; Meyer-Goßner § 81c Rdn. 14).

5   **Körperliche Eingriffe** sind verboten. Dies soll aber Untersuchungen der natürlichen Körperöffnungen, deren Inneres ohne ärztliche Hilfe sichtbar gemacht werden kann, nicht ausschließen (LR-Krause § 81c Rdn. 19; Meyer-Goßner § 81c Rdn. 16; zurecht abl. SK-Rogall § 81c Rdn. 19); Scheidenabstriche und das gewaltsame Öffnen des Mundes zur Besichtigung der Zähne sollen zulässig sein (Krause/Nehring Seite 2), nicht dagegen das Auspumpen des Magens oder Untersuchungen unter Narkose sowie Röntgenaufnahmen (allgemeine Meinung). Die Pflicht zur Duldung der Untersuchung umfasst die Pflicht, sich zu ihr einzufinden, sich zu entkleiden und die jeweils erforderliche Körperhaltung einzunehmen. Eine weitergehende Pflicht zur aktiven Mitwirkung besteht nicht (KK-Senge § 81c Rdn. 6).

6   Die Untersuchung muss **zumutbar** sein (Abs. 4). Damit wird lediglich klargestellt, dass die Maßnahmen dem Verhältnismäßigkeitsgrundsatz entsprechen müssen. Zur Schamgrenze vgl. § 81d. Die Entnahme von Blutproben und Untersuchungen der Abstammung (Abs. 2) dürfen nur von einem Arzt vorgenommen werden. Andere Untersuchungen der Abstammung betreffen Lichtbildaufnahmen, Messungen und Fingerabdrücke. Hier gilt nicht der Zeugen- und Spurengrundsatz, sondern der Aufklärungsgrundsatz (Meyer-Goßner § 81c Rdn. 18). Voraussetzung ist, dass kein Nachteil für die Gesundheit zu befürchten ist. Angesichts des Standes der Medizin wird dies regelmäßig anzunehmen sein (Meyer-Goßner § 81c Rdn. 19). Auch hier sind Zumutbarkeit und der Verhältnismäßigkeitsgrundsatz zu beachten.

7   Ein **Untersuchungsverweigerungsrecht** hat, wer ein Zeugnisverweigerungsrecht nach § 52 besitzt. Für die anderen Fälle der Zeugnisverweigerung gilt § 81c Abs. 3 nicht. Der Betroffene ist über sein Weigerungsrecht nach Abs. 3 S. 1 bzw. S. 2 zu belehren, auch wenn bereits eine Belehrung nach § 52 erfolgt ist (BGHSt 13, 399; BGH NStZ 1996, 275). Ein Unterlassen der Belehrung ist irrelevant, wenn der Betroffene nach deren Nachholung einer Verwertung zustimmt (BGHSt 12, 242). Widerruft der

7. Abschnitt. Sachverständige und Augenschein   § 81c

Betroffene den Verzicht auf das Weigerungsrecht noch vor Abschluss der Untersuchung, ist deren Fortsetzung unzulässig. Inwiefern die bis dahin erlangten Ergebnisse verwertbar sind, wenn der Betroffene von einem Richter belehrt worden war, ist umstritten. Die Rechtsprechung (BGHSt 12, 235, 242) und ein Teil der Literatur nimmt dies an (Meyer-Goßner § 81 c Rdn. 25), andere (Schmidt JR 1959, 369) lehnen dies ab.

Das Vorgehen bei Betroffenen **ohne ausreichende Verstandesreife** regelt Abs. 3 **8**
S. 2 bis 5. Die Regelung entspricht im Wesentlichen der des § 52 Abs. 2. Dabei reicht die Duldungspflicht des Betroffenen weiter als seine Aussagepflicht. Da Maßnahmen nach § 81 c auch an Personen vorgenommen werden können, die nicht aussagefähig sind, entscheidet im Fall des § 81 c der gesetzliche Vertreter endgültig über die Weigerung oder den Verzicht auf sie. Auf die Bereitschaft des Betroffenen kommt es nicht an (BGHSt 40, 336; Meyer-Goßner § 81 c Rdn. 26).

Ein **Beweissicherungsverfahren** regelt Abs. 3 S. 3, 4. In diesen Fällen kann **nur** **9**
der Richter die entsprechenden Maßnahmen anordnen, die StA ist auch nicht bei Gefahr im Verzug dazu befugt (Meyer-Goßner § 81 c Rdn. 27). Die Zuständigkeit für die Anordnung (Abs. 5 S. 1) entspricht der in § 81 a Abs. 2 (vgl. § 81 a Rdn. 15). Die Vollstreckung ist wie auch sonst Sache der StA (§ 36 Abs. 2 S. 1). Der Verweis in Abs. 5 S. 2 auf § 81 a Abs. 3 bedeutet, dass ein Verwertungsverbot hinsichtlich des entnommenen Materials für andere Zwecke als für ein anhängiges Strafverfahren besteht (vgl. Meyer-Goßner § 81 c Rdn. 29a). Die Vernichtungsregelung des § 81 a gilt entsprechend (vgl. § 81 a Rdn. 20).

Die Anwendung von Zwang (Abs. 6) richtet sich zunächst nach § 70. Ordnungs- **10**
geld und -haft darf aber nur der **Richter** festsetzen (Achenbach NJW 1977, 1271; Meyer-Goßner § 81 c Rdn. 30). Beugehaft nach § 70 Abs. 2 darf auch gegen den Betroffenen nicht verhängt werden, sondern wird durch unmittelbaren Zwang nach Abs. 6 S. 2 ersetzt (Achenbach aaO.). Dieser Zwang darf bei Gefahr im Verzug ohne weiteres und sonst erst angewendet werden, wenn der Betroffene trotz Festsetzung der Ordnungsmittel auf seiner Weigerung beharrt (Abs. 6 S. 3).

Die **Beschwerde** nach § 304 Abs. 2 ist gegen richterliche Anordnungen, auch des **11**
erkennenden Gerichts (§ 305 S. 2), zulässig. Wegen der Anfechtung „erledigter" Maßnahmen vgl. vor § 296 Rdn. 24. Der Gerichtsbeschluss nach Abs. 3 S. 3 ist unanfechtbar (Abs. 3 S. 4), nur gegen die Ablehnung der beweissichernden Anordnung hat die StA die einfache Beschwerde nach § 304 Abs. 1.

Zweifelhaft ist, wie bei **Maßnahmen der Polizei und der StA** zu verfahren ist. **12**
Zum Teil wird hier § 23 EGGVG nicht für anwendbar gehalten, weil der Betroffene, der den Maßnahmen nicht folgen will, ohne weiteres den allein für Zwangsmaßnahmen zuständigen Richter anrufen kann (Meyer-Goßner § 81 c Rdn. 31). Andere (LR-Krause § 81 c Rdn. 63) erwägen eine analoge Anwendung des § 98 Abs. 2.

Mit der **Revision** kann der Angeklagte sich nicht auf das Fehlen der Voraussetzun- **13**
gen des Abs. 1 und 2 berufen, da diese ausschließlich dem Schutz des Betroffenen dienen (Rechtskreistheorie; Meyer-Goßner § 81 c Rdn. 32). Beim Fehlen der Belehrung nach Abs. 3 S. 2 Halbsatz 2 i.V.m. § 52 Abs. 3 S. 1 gelten die Grundsätze zu § 52 (dort Rdn. 21) entsprechend. Bei unterlassener Belehrung fehlt es an der Kausalität regelmäßig dann, wenn die Person gewusst hat, dass sie zur Duldung der Untersuchung nicht verpflichtet ist oder wenn sie nachträglich auf ihr Weigerungsrecht verzichtet oder auch sonst erkennen lässt, dass sie die Untersuchung auch nach Belehrung über ihre Rechte geduldet hätte (BGHSt 20, 234; Pfeiffer § 81 c Rdn. 9). Gleiches gilt bei fehlender Belehrung des gesetzlichen Vertreters (BGHSt 40, 336). Ein Mitangeklagter kann die unterlassene Belehrung des Angehörigen eines anderen Angeklagten rügen (BGH MDR 1973, 902).

Mit der Aufklärungsrüge kann vorgebracht werden, dass der Betroffene auf Grund **14**
irrtümlicher Belehrung über ein angebliches Untersuchungsverweigerungsrecht die Untersuchung verweigert hat (vgl. Pfeiffer § 81 c Rdn. 9).

§ 81d [Untersuchende Person]

(1) ¹Kann die körperliche Untersuchung das Schamgefühl verletzen, so wird sie von einer Person gleichen Geschlechts oder von einer Ärztin oder einem Arzt vorgenommen. ²Bei berechtigtem Interesse soll dem Wunsch, die Untersuchung einer Person oder einem Arzt bestimmten Geschlechts zu übertragen, entsprochen werden. ³Auf Verlangen der betroffenen Person soll eine Person des Vertrauens zugelassen werden. ⁴Die betroffene Person ist auf die Regelungen der Sätze 2 und 3 hinzuweisen.

(2) Diese Vorschrift gilt auch dann, wenn die betroffene Person in die Untersuchung einwilligt.

1 Der bisher auf die Untersuchung von Frauen beschränkte § 81d ist durch das OpferRRG auf die Untersuchung von Personen **beiderlei Geschlechts** ausgedehnt worden und hat zugleich eine geschlechtsneutrale Fassung erhalten.

2 Abs. 1 S. 1 stellt für körperliche Untersuchungen aller Art den Grundsatz auf, dass Untersuchungen, die das **Schamgefühl** verletzen könnten, durch eine nichtärztliche Untersuchungsperson gleichen Geschlechts oder eine ärztliche Untersuchungsperson beiderlei Geschlechts durchgeführt werden muss. S. 2 gibt dem Betroffenen bei berechtigtem Interesse das Wahlrecht hinsichtlich des Geschlechts der Untersuchungsperson. So mag der Betroffene ein Interesse daran haben, nicht durch eine Person gleichen Geschlechts untersucht zu werden (BT-Drucks. 15/1946 S. 10).

3 Die **Revision** kann auf einen Verstoß gegen § 81d nicht gestützt werden, da der Rechtskreis des Angeklagten nicht berührt ist (vgl. Pfeiffer § 81d Rdn. 3).

Vor §§ 81e bis 81g

Der **Einsatz der DNA-Analyse** für Zwecke aktueller Strafverfolgung wurde bis 1997 auf § 81a Abs. 1 gestützt. Wegen der den Kern der Persönlichkeit berührenden Eingriffe war jedoch eine spezielle gesetzliche Ermächtigungsgrundlage erforderlich (Senge NJW 1997, 2409). 1997 trat diese Regelung über den „genetischen Fingerabdruck" in Kraft (BGBl. 1997 I 534). Mit dem DNA-IFG vom 7. 9. 1998 (BGBl. I 2646) wurde ein neuer § 81g in die StPO eingefügt. Erweitert wurden die Regelungen dann durch Gesetze vom 2. 6. 1999 und 2. 8. 2000. Mit dem Gesetz zur Novellierung der forensischen DNA-Analyse vom 12. 8. 2005 (BGBl 2005 I, 2360) wurden §§ 81f bis 81h mWv. 1. 11. 2005 massiv geändert.

§ 81e [Molekulargenetische Untersuchungen]

(1) ¹An dem durch Maßnahmen nach § 81a Abs. 1 erlangten Material dürfen auch molekulargenetische Untersuchungen durchgeführt werden, soweit sie zur Feststellung der Abstammung oder der Tatsache, ob aufgefundenes Spurenmaterial von dem Beschuldigten oder dem Verletzten stammt, erforderlich sind; hierbei darf auch das Geschlecht der Person bestimmt werden. ²Untersuchungen nach Satz 1 sind auch zulässig für entsprechende Feststellungen an dem durch Maßnahmen nach § 81c erlangten Material. ³Feststellungen über andere als die in Satz 1 bezeichneten Tatsachen dürfen nicht erfolgen; hierauf gerichtete Untersuchungen sind unzulässig.

(2) ¹Nach Absatz 1 zulässige Untersuchungen dürfen auch an aufgefundenem, sichergestelltem oder beschlagnahmten Spurenmaterial durchgeführt werden. ²Absatz 1 Satz 3 und § 81a Abs. 3 erster Halbsatz gelten entsprechend.

7. Abschnitt. Sachverständige und Augenschein **§ 81f**

Die Vorschrift regelt die **Eingriffsvoraussetzungen** und Grenzen für die Zulässigkeit molekulargenetischer Untersuchungen beim Beschuldigten und dem Verletzten im Strafverfahren. 1

Die **DNA-Analyse** ist als zuverlässige naturwissenschaftliche Methode zur Identifizierung oder zum Ausschluss von Spurenverursachern im Strafrecht seit Jahren anerkannt. Zwar muss sich der Richter bewusst sein, dass die DNA-Analyse lediglich eine statistische Aussage enthält, die eine Würdigung aller Beweisumstände nicht überflüssig macht (BGH NStZ 1994, 554). Einem Antrag des Angeklagten, mit Hilfe einer Gen-Analyse zu beweisen, dass er nicht der Täter sein kann, wird aber regelmäßig stattzugeben sein (BGH NJW 1990, 2328) und die Aufklärungspflicht wird beim Vorhandensein von Spurenmaterial die Gen-Analyse gebieten (BGH NStZ 1991, 399; Pfeiffer § 81e Rdn. 1). Die Einsatzschwelle für die DNA-Analyse ist bewusst niedrig gehalten (BT-Drucks. 13/667 S. 6f). Ausreichend ist der einfache „Anfangsverdacht" (Senge NJW 1997, 2409, 2411). Die Untersuchungsmethode ist nicht subsidiär und auch dann zulässig, wenn andere Erkenntnisquellen noch nicht ausgeschöpft sind (Meyer-Goßner § 81e Rdn. 7). 2

Für die **Anordnung** der molekulargenetischen Untersuchung der vom Beschuldigten zur Verfügung gestellten Speichelprobe zum Zwecke des Spurenvergleichs ist der Ermittlungsrichter desjenigen Amtsgerichts zuständig, in dessen Bezirk die Körperzellentnahme stattgefunden hat (OLG Düsseldorf NJW 2002, 1814; siehe auch BGHSt 45, 376). 3

Die Untersuchungen sind nur zur **Feststellung bestimmter Tatsachen** in einem anhängigen Ermittlungsverfahren zulässig (vgl. LG Mainz NStZ 2001, 499). Unzulässig ist es, herauszufinden, ob es Spuren eines Europäers, Afrikaners oder Asiaten sind (Meyer-Goßner § 81e Rdn. 4). Die weitergehende Untersuchung auf äußere Körpermerkmale des Spurenlegers (vgl. SK-Rogall § 81e Rdn. 9) ist unzulässig. Jeder Verstoß gegen Abs. 1 S. 3 führt zu einem Beweisverwertungsverbot (Meyer-Goßner § 81e Rdn. 4; a.M. Senge NJW 1997, 2411). 4

Stammt das **Material vom Beschuldigten,** dürfen die Untersuchungen nur zur Feststellung der Abstammung oder der Tatsache, ob aufgefundenes Spurenmaterial von ihm oder vom Verletzten stammt, durchgeführt werden (Abs. 1 S. 1). Dabei wird auf die Unterscheidung zwischen codierenden und nicht-codierenden Merkmalen verzichtet (Meyer-Goßner § 81e Rdn. 5). 5

Stammt das **Material von einem Dritten,** erlaubt § 81e im Wesentlichen die gleichen Untersuchungen. Hier geht es regelmäßig um die Frage, von wem beim Beschuldigten, beim Tatopfer oder am Tatort vorgefundenes Spurenmaterial stammt (vgl. LG Mannheim NStZ-RR 2004, 301). Zu so genannten Reihenuntersuchungen („**Massenscreenings**") siehe jetzt § 81h. 6

Abs. 2 stellt klar, dass auch an aufgefundenem, sichergestelltem oder beschlagnahmtem Spurenmaterial nur die zulässigen Untersuchungen durchgeführt werden können. Auch dieses Material darf nur für Zwecke eines anhängigen Strafverfahrens verwendet werden (Abs. 2 S. 2 i.V.m. § 81a Abs. 3 1. Hs.). Die Vernichtungsregelung des § 81a Abs. 3 gilt aber nur für entnommenes Spurenmaterial, nicht für die oben angesprochenen aufgefundenen Materialien (Meyer-Goßner § 81e Rdn. 10). 7

§ 81f [Anordnung und Durchführung]

(1) [1]**Untersuchungen nach § 81e Abs. 1 dürfen ohne schriftliche Einwilligung der betroffenen Person nur durch das Gericht, bei Gefahr im Verzug auch durch die Staatsanwaltschaft und ihre Ermittlungspersonen (§ 152 des Gerichtsverfassungsgesetzes) angeordnet werden.** [2]**Die einwilligende Person ist darüber zu belehren, für welchen Zweck die zu erhebenden Daten verwendet werden.**

§ 81f
1. Buch. Allgemeine Vorschriften

(2) ¹Mit der Untersuchung nach § 81e sind in der schriftlichen Anordnung Sachverständige zu beauftragen, die öffentlich bestellt oder nach dem Verpflichtungsgesetz verpflichtet oder Amtsträger sind, die der ermittlungsführenden Behörde nicht angehören oder einer Organisationseinheit dieser Behörde angehören, die von der ermittlungsführenden Dienststelle organisatorisch und sachlich getrennt ist. ²Diese haben durch technische und organisatorische Maßnahmen zu gewährleisten, daß unzulässige molekulargenetische Untersuchungen und unbefugte Kenntnisnahme Dritter ausgeschlossen sind. ³Dem Sachverständigen ist das Untersuchungsmaterial ohne Mitteilung des Namens, der Anschrift und des Geburtstages und -monats des Betroffenen zu übergeben. ⁴Ist der Sachverständige eine nichtöffentliche Stelle, gilt § 38 des Bundesdatenschutzgesetzes mit der Maßgabe, daß die Aufsichtsbehörde die Ausführung der Vorschriften über den Datenschutz auch überwacht, wenn ihr keine hinreichenden Anhaltspunkte für eine Verletzung dieser Vorschriften vorliegen und der Sachverständige die personenbezogenen Daten nicht in Dateien automatisiert verarbeitet.

1   Die Vorschrift ordnet zunächst an, dass Untersuchungen eine **richterliche Anordnung** voraussetzen (Abs. 1). In der Regel wird der Richter diese erteilen (Meyer-Goßner § 81f Rdn. 1). Der Richtervorbehalt will den Bedenken Rechnung tragen, die allgemein mit molekulargenetischen Untersuchungen verbunden sind. Die Entnahme des Materials kann allerdings nach § 81a Abs. 2 bzw. nach § 81c Abs. 5 S. 1 unter den dort genannten Voraussetzungen auch von der StA und ihren Ermittlungspersonen angeordnet werden (Meyer-Goßner § 81f Rdn. 2). Örtlich zuständig ist das Gericht am Entnahmeort, nicht das am Sitz der Untersuchungseinrichtung. Dies gilt sowohl bei Anordnung der Entnahme von Körperzellen als auch bei bereits vorhandenem oder beschlagnahmtem Spurenmaterial (BGH NStZ 2004, 689). Für die Untersuchung von Spurenmaterial nach § 81e Abs. 2 ist der Richtervorbehalt mWv. 1. 11. 2005 entfallen (vgl. BT-Drucks. 15/5674 S. 10). Zugleich ist vorgesehen worden, dass auch in Fällen des Abs. 1 die schriftliche Einwilligung genügt (vgl. § 81g Rdn. 16; Senge NJW 2005, 3028, 3029).

2   Die **richterliche Anordnung** muss schriftlich ergehen und den Sachverständigen (nicht nur das Institut) bezeichnen (KK-Senge § 81f Rdn. 3; Meyer-Goßner § 81f Rdn. 3). Wer als Sachverständiger in Betracht kommt, ergibt sich aus Abs. 2 S. 1. Abs. 1 S. 2 regelt abweichend vom Üblichen (§ 73 Rdn. 1), dass im Ermittlungsverfahren der Staatsanwalt den Sachverständigen nicht beauftragen darf.

3   Die **Durchführung** wird in Abs. 2 geregelt und will sicherstellen, dass der Datenschutz gewährleistet wird. So werden erhöhte Anforderungen an den Gutachter gestellt (Abs. 2 S. 1). In Betracht kommen in der Praxis das Bundeskriminalamt, Landeskriminalämter und gerichtsmedizinische Institute der Universitäten (Pfeiffer § 81f Rdn. 2). Aus datenschutzrechtlichen Gründen ist dem Sachverständigen das zu untersuchende Material ohne Mitteilung der persönlichen Daten zu übergeben (Abs. 2 S. 3; KK-Senge § 81f Rdn. 4; Pfeiffer § 81f Rdn. 2).

4   Die **datenschutzrechtliche Kontrolle** ist gegenüber § 38 BDSG erweitert (Abs. 2 S. 4), da auch anlassunabhängige Kontrollen erlaubt werden und zum anderen die Datenschutzbehörden auch tätig werden dürfen, wenn der Sachverständige die Daten nicht in Dateien, sondern nur in Akten verarbeitet (Meyer-Goßner § 81f Rdn. 7).

5   Der Betroffene hat gegen die Anordnung das **Recht auf Beschwerde** nach § 304 Abs. 1, andere nach § 304 Abs. 2. Dies gilt auch bei Anordnungen durch das erkennende Gericht (§ 305; Meyer-Goßner § 81f Rdn. 8).

6   Mit einer **Aufklärungsrüge** kann gerügt werden, dass keine DNA-Analyse vorgenommen wurde. Es muss dargelegt werden, dass das erforderliche Zellmaterial zur Verfügung stand (Pfeiffer § 81f Rdn. 3). Dabei muss nicht ausgeführt werden, welche

7. Abschnitt. Sachverständige und Augenschein   § 81g

Untersuchungsverfahren der Sachverständige hätte anwenden müssen, da hierüber der Sachverständige ohnehin in eigener Verantwortung zu entscheiden hat (BGH NStZ-RR 2002, 145). Die Ergebnisse einer ohne richterliche Anordnung vorgenommenen Untersuchung von Spurenmaterial des Beschuldigten sind unverwertbar (Meyer-Goßner § 81 f Rdn. 9).

§ 81 g [DNA-Analyse]

(1) ¹Ist der Beschuldigte einer Straftat von erheblicher Bedeutung oder einer Straftat gegen die sexuelle Selbstbestimmung verdächtig, dürfen ihm zur Identitätsfeststellung in künftigen Strafverfahren Körperzellen entnommen und zur Feststellung des DNA-Identifizierungsmusters sowie des Geschlechts molekulargenetisch untersucht werden, wenn wegen der Art oder Ausführung der Tat, der Persönlichkeit des Beschuldigten oder sonstiger Erkenntnisse Grund zu der Annahme besteht, dass gegen ihn künftig Strafverfahren wegen einer Straftat von erheblicher Bedeutung zu führen sind. Die wiederholte Begehung sonstiger Straftaten kann im Unrechtsgehalt einer Straftat von erheblicher Bedeutung gleichstehen.

(2) ¹Die entnommenen Körperzellen dürfen nur für die in Absatz 1 genannte molekulargenetische Untersuchung verwendet werden; sie sind unverzüglich zu vernichten, sobald sie hierfür nicht mehr erforderlich sind. ²Bei der Untersuchung dürfen andere Feststellungen als diejenigen, die zur Ermittlung des DNA-Identifizierungsmusters sowie des Geschlechts erforderlich sind, nicht getroffen werden; hierauf gerichtete Untersuchungen sind unzulässig.

(3) ¹Die Entnahme der Körperzellen darf ohne schriftliche Einwilligung des Beschuldigten nur durch das Gericht, bei Gefahr im Verzug auch durch die Staatsanwaltschaft und ihre Ermittlungspersonen (§ 152 des Gerichtsverfassungsgesetzes) angeordnet werden. ²Die molekulargenetische Untersuchung der Körperzellen darf ohne schriftliche Einwilligung des Beschuldigten nur durch das Gericht angeordnet werden. ³Die einwilligende Person ist darüber zu belehren, für welchen Zweck die zu erhebenden Daten verwendet werden. ⁴§ 81 f Abs. 2 gilt entsprechend. ⁵In der schriftlichen Begründung des Gerichts sind einzelfallbezogen darzulegen
1. die für die Beurteilung der Erheblichkeit der Straftat bestimmenden Tatsachen,
2. die Erkenntnisse, auf Grund derer Grund zu der Annahme besteht, dass gegen den Beschuldigten künftig Strafverfahren zu führen sein werden, sowie
3. die Abwägung der jeweils maßgeblichen Umstände.

(4) Die Absätze 1 bis 3 gelten entsprechend, wenn die betroffene Person wegen der Tat rechtskräftig verurteilt oder nur wegen
1. erwiesener oder nicht auszuschließender Schuldunfähigkeit,
2. auf Geisteskrankheit beruhender Verhandlungsunfähigkeit oder
3. fehlender oder nicht auszuschließender fehlender Verantwortlichkeit (§ 3 des Jugendgerichtsgesetzes)

nicht verurteilt worden ist und die entsprechende Eintragung im Bundeszentralregister oder Erziehungsregister noch nicht getilgt ist.

(5) ¹Die erhobenen Daten dürfen beim Bundeskriminalamt gespeichert und nach Maßgabe des Bundeskriminalamtgesetzes verwendet werden. ²Das Gleiche gilt
1. unter den in Absatz 1 genannten Voraussetzungen für die nach § 81 e Abs. 1 erhobenen Daten eines Beschuldigten sowie
2. für die nach § 81 e Abs. 2 erhobenen Daten.

§ 81g

³Die Daten dürfen nur für Zwecke eines Strafverfahrens, der Gefahrenabwehr und der internationalen Rechtshilfe hierfür übermittelt werden. ⁴Im Fall des Satzes 2 Nr. 1 ist der Beschuldigte unverzüglich von der Speicherung zu benachrichtigen und darauf hinzuweisen, dass er die gerichtliche Entscheidung beantragen kann.

1   Die Vorschrift schafft die gesetzliche Grundlage für eine **DNA-Analyse-Datei,** die beim BKA eingerichtet worden ist (Pfeiffer § 81g Rdn. 1). Zum Inhalt des DNA-IFG vgl. Meyer-Goßner § 81g Rdn. 1. Diese Datei wird mit dem 1. 1. 2011 nicht mehr genutzt werden, dafür gelten die Vorschriften der StPO.

2   Während §§ 81e, 81f molekulargenetische Untersuchungen in einem anhängigen Strafverfahren gestatten, erlaubt § 81g sie zur Identitätsfeststellung in künftigen Strafverfahren (vgl. Krause FS Rieß S. 266). Insofern handelt es sich um **erkennungsdienstliche Zwecke,** so dass die Vorschrift ebenso wie teilweise § 81b einen Fremdkörper in der StPO darstellt. Das Bundesverfassungsgericht (BVerfGE 103, 21) akzeptiert dies und sieht hierin „genuines Strafprozessrecht", weil es nicht um Zwecke der Gefahrenabwehr, sondern um künftige Strafverfolgung geht.

3   Die Entnahme und die Untersuchung von **Körperzellen** wird in der Regel durch einen Arzt nach den Regeln der ärztlichen Kunst vorgenommen werden müssen (Meyer-Goßner § 81g Rdn. 3; SK-Rogall § 81g Rdn. 13). Dies erfolgt in Form einer Speichelprobe. Ist der Beschuldigte zur Mitwirkung nicht bereit, muss eine Blutprobe entnommen werden (OLG Köln StraFo 2001, 104; Meyer-Goßner § 81g Rdn. 3).

4   Die Anordnung der Entnahme ist **nur zur Identitätsfeststellung** zulässig. Gleiches gilt für die molekulargenetische Untersuchung. Diese muss sich auf die Ermittlung des DNA-Identifizierungsmusters beschränken (Abs. 3 S. 2). Andere Untersuchungen sind unzulässig, so dass etwa die Erstellung eines „Persönlichkeitsprofils" verboten ist. Die Verwendungsregelung entspricht der in § 81e Abs. 1 S. 3.

5   Die Maßnahmen sind **nur beim Beschuldigten** gestattet, auch bei Schuldunfähigen und Jugendlichen, nicht aber bei Kindern (Pfeiffer § 81g Rdn. 2).

6   Die molekulargenetische Untersuchung ist nur bei **zwei Gruppen von Straftaten** zulässig. In der bisherigen Fassung des § 81g hatte das Gesetz eine „Straftat von erheblicher Bedeutung" vorausgesetzt und als Beispiele Verbrechen, gefährliche Körperverletzungen oder Diebstähle im besonders schweren Fall angeführt (§ 81g Abs. 1 Nr. 1 a.F.). Diese beispielhafte Erwähnung von Straftatbeständen ist mit Wirkung vom 1. 11. 2005 entfallen. Der Gesetzgeber geht für den Begriff der Straftat von erheblicher Bedeutung davon aus, dass es um eine Straftat geht, die mindestens dem Bereich der mittleren Kriminalität zugehört, den Rechtsfrieden empfindlich stört und geeignet ist, das Gefühl der Rechtssicherheit der Bevölkerung erheblich zu beeinträchtigen (BT-Drucks. 15/5674 S. 11). In der Drucksache wird insofern auf BVerfGE 103, 21, 34 verwiesen. Straftaten gegen die sexuelle Selbstbestimmung genügen immer (vgl. § 81g Abs. 1 Nr. 2 a.F.; Meyer-Goßner § 81g Rdn. 7b).

7   Nach dem neu eingefügten S. 2 genügt es aber auch, wenn für sich genommen **nicht erhebliche Straftaten** wiederholt begangen werden. Auch kumulierte, nicht notwendig gleichartige Straftaten sollen ein Maß an Kriminalität erlangen können, das im Sinne der zitierten Rechtsprechung des BVerfG den Rechtsfrieden empfindlich stört und geeignet ist, das Gefühl der Rechtssicherheit in der Bevölkerung erheblich zu beeinträchtigen. Dies sei einzelfallspezifisch unter Abwägung der maßgeblichen Umstände (auch nach Art oder Ausführung der Tat, Persönlichkeit des Beschuldigten oder sonstigen Erkenntnissen) festzustellen (BT-Drucks. 15/5674 S. 11).

8   Es muss die Gefahr bestehen, dass der Beschuldigte neue, einschlägige Straftaten begehen wird (**„Wiederholungsgefahr").** Dies ist nach den Erkenntnissen bei der vorliegenden Straftat zu beurteilen (OLG Köln NStZ-RR 2002, 306). Zweifelhaft ist dabei, ob die Maßnahmen auch dann zuzulassen sind, wenn es um einen Nachweis

einer bereits begangenen, aber noch nicht aufgeklärten Tat geht. Ein Teil der Literatur nimmt dies an (vgl. Meyer-Goßner § 81g Rdn. 8; SK-Rogall § 81g Rdn. 29ff). Diese Auffassung verweist darauf, dass Abs. 1 von „künftigen Strafverfahren" und nicht von „künftigen Straftaten" spricht. Andere lehnen dies ab (KMR-Bosch § 81g Rdn. 8).

Abs. 1 verweist wegen der **Prognose** auf Art und Ausführung der Tat (Tatschwere, 9 kriminelle Energie, Nachtatverhalten), die Persönlichkeit des Beschuldigten (Vorstrafen, soziales Umfeld) und auf sonstige Erkenntnisse (kriminalistisch und kriminologisch anerkannte Erfahrungssätze; siehe dazu Meyer-Goßner § 81g Rdn. 8; SK-Rogall § 81g Rdn. 37ff). Diese „Negativprognose" ähnelt der Regelung in § 8 Abs. 6 Nr. 1 BKAG und darf nicht mit der „positiven Sozialprognose" für die Strafaussetzung zur Bewährung (§ 56 StGB) verwechselt werden (Meyer-Goßner § 81g Rdn. 8).

Liegen bereits **DNA-Identifizierungsmuster** nach § 81e vor, schließt dies die 10 Anordnung nach § 81g aus, da die so gewonnenen Ergebnisse auch zur Feststellung der Identität verwendet werden können (KK-Senge § 81g Rdn. 6; Meyer-Goßner § 81g Rdn. 9).

Die gewonnenen DNA-Identifizierungsmuster werden **beim BKA gespeichert.** 11 Die entnommenen Körperzellen sind nach der zweckgebundenen (Abs. 2 S. 2) Untersuchung unverzüglich zu vernichten (Abs. 2 S. 1). Die gewonnenen DNA-Identitätsmuster können beliebig lang aufbewahrt werden (Meyer-Goßner § 81g Rdn. 13; Pfeiffer § 81g Rdn. 5).

Unter denselben Voraussetzungen können **bei bereits rechtskräftig Verurteilten** 12 nach § 2 Abs. 1 DNA-IFG Maßnahmen nach § 81g durchgeführt werden (vgl. LG Stuttgart NStZ 2001, 336; Meyer-Goßner § 81g Rdn. 10). Auch lange zurückliegende Straftaten, für die noch keine Tilgungsreife im Bundeszentralregister eingetreten ist, können Anlass sein (vgl. LG Aachen StV 2004, 9; Wollweber NJW 2001, 2305). Allerdings muss dann die Wahrscheinlichkeit der Begehung künftiger Straftaten besonders sorgfältig geprüft werden (BVerfG NJW 2001, 2320).

Während sich die **Anordnung** bisher nach § 81a Abs. 2 richtete; regelt sie nun- 13 mehr Abs. 3. Wie bisher kann sie ggf. also auch durch die StA und ihre Ermittlungspersonen erfolgen, wobei es einer Bestätigung durch den Richter nicht bedarf (Meyer-Goßner § 81g Rdn. 15; Pfeiffer § 81g Rdn. 6).

Die **Untersuchung** des entnommenen Materials muss gemäß Abs. 3 i.V.m. § 81f 14 Abs. 1 auf Antrag der StA vom Richter angeordnet werden. Eine vorherige Anhörung des Beschuldigten soll erforderlich sein (so Pfeiffer § 81g Rdn. 6; Volk NStZ 1999, 165, 170; a.M. Meyer-Goßner § 81g Rdn. 15). Sachlich zuständig ist der Ermittlungsrichter, bei Jugendlichen der Jugendrichter (Meyer-Goßner § 81g Rdn. 15). Örtlich zuständig ist das AG, in dessen Bezirk die Entnahme stattfinden soll (vgl. BGHSt 45, 376; OLG Düsseldorf NJW 2002, 1814). Nach Anklageerhebung ist wie üblich das erkennende Gericht zuständig (OLG Celle NStZ-RR 2000, 174).

Die Einzelheiten der **Beschlussbegründung** ergeben sich aus Abs. 3 S. 2. Der 15 Beschluss umfasst die zwangsweise Durchsetzung (OLG Jena NStZ 2000, 635). Ob ein Verteidiger zu bestellen ist, ist eine Frage des Einzelfalls (BVerfGE 103, 21; LG Karlsruhe StV 2001, 390).

Ist der Beschuldigte einverstanden, bedurfte es schon bisher nach Auffassung 16 eines Teils der Literatur (Meyer-Goßner § 81g Rdn. 17; anders LG Hannover NStZ-RR 2001, 20; LG Wuppertal NJW 2000, 2687). keiner gerichtlichen Entscheidung. Nunmehr genügt nach der ausdrücklichen gesetzlichen Anordnung auch die Einwilligung des Betroffenen. Deren Wirksamkeit setzt aber eine qualifizierte Belehrung nach § 4a BDSG voraus (Senge NJW 2005, 3028, 3031). Insbesondere muss dem Betroffenen klar sein, was mit seinen Körperzellen geschieht.

Ob eine **Beschwerde** nach § 304 zulässig ist, ist umstritten. Pfeiffer (§ 81g Rdn. 7) 17 lehnt dies ab. Für die nachträgliche Überprüfung der Vollstreckung einer gemäß § 2

§ 81h 1. Buch. Allgemeine Vorschriften

DNA-IFG i. V. m. § 81 g richterlich angeordneten Entnahme von Körperzellen ist die Vorschrift des § 98 Abs. 2 S. 2 jedenfalls entsprechend anwendbar (OLG Karlsruhe NJW 2002, 3117; BGHSt 45, 183; BT-Drucks. 15/5674 S. 13).

18 Verstöße sind nur **begrenzt revisibel**. Im anhängigen Strafverfahren kann der Angeklagte Maßnahmen nach § 81 g nicht rügen, weil das Urteil auf ihnen nicht beruhen kann (KK-Senge § 81 g Rdn. 17). In einem späteren Strafverfahren wird kaum geltend zu machen sein, dass seinerzeit zum Zeitpunkt der Entscheidung nach § 81 g der Verdacht einer Straftat von erheblicher Bedeutung nicht vorgelegen habe. Grenze dürfte Willkür sein (Pfeiffer § 81 g Rdn. 8). Schwerwiegende Mängel (fehlende richterliche Anordnung) machen das Gutachten unverwertbar. Die Revision soll erhoben werden können, wenn das DNA-Identifizierungsmuster zum Nachteil des Angeklagten verwertet worden ist, obwohl Gegenstand des Verfahrens keine Straftat von erheblicher Bedeutung war (KK-Senge § 81 g Rdn. 17; Pfeiffer § 81 g Rdn. 8). Zur Aufklärungsrüge vgl. § 81 f Rdn. 6.

§ 81 h [Entnahme und Untersuchung von Körperzellen; Gerichtliche Anordnung; Belehrung]

(1) ¹Begründen bestimmte Tatsachen den Verdacht, dass ein Verbrechen gegen das Leben, die körperliche Unversehrtheit, die persönliche Freiheit oder die sexuelle Selbstbestimmung begangen worden ist, dürfen Personen, die bestimmte, auf den Täter vermutlich zutreffende Prüfungsmerkmale erfüllen, mit ihrer schriftlichen Einwilligung

1. Körperzellen entnommen,
2. diese zur Feststellung des DNA-Identifizierungsmusters und des Geschlechts molekulargenetisch untersucht und
3. die festgestellten DNA-Identifizierungsmuster mit den DNA-Identifizierungsmustern von Spurenmaterial automatisiert abgeglichen werden,

soweit dies zur Feststellung erforderlich ist, ob das Spurenmaterial von diesen Personen stammt, und die Maßnahme insbesondere im Hinblick auf die Anzahl der von ihr betroffenen Personen nicht außer Verhältnis zur Schwere der Tat steht.

(2) ¹Eine Maßnahme nach Absatz 1 bedarf der gerichtlichen Anordnung. ²Diese ergeht schriftlich. ³Sie muss die betroffenen Personen anhand bestimmter Prüfungsmerkmale bezeichnen und ist zu begründen. ⁴Einer vorherigen Anhörung der betroffenen Personen bedarf es nicht. ⁵Die Entscheidung, mit der die Maßnahme angeordnet wird, ist nicht anfechtbar.

(3) ¹Für die Durchführung der Maßnahme gelten § 81f Abs. 2 und § 81g Abs. 2 entsprechend. Soweit die Aufzeichnungen über die durch die Maßnahme festgestellten DNA-Identifizierungsmuster zur Aufklärung des Verbrechens nicht mehr erforderlich sind, sind sie unverzüglich zu löschen. ²Die Löschung ist zu dokumentieren.

(4) ¹Die betroffenen Personen sind schriftlich darüber zu belehren, dass die Maßnahme nur mit ihrer Einwilligung durchgeführt werden darf. ²Hierbei sind sie auch darauf hinzuweisen, dass

1. die entnommenen Körperzellen ausschließlich für die Untersuchung nach Absatz 1 verwendet und unverzüglich vernichtet werden, sobald sie hierfür nicht mehr erforderlich sind, und
2. die festgestellten DNA-Identifizierungsmuster nicht zur Identitätsfeststellung in künftigen Strafverfahren beim Bundeskriminalamt gespeichert werden.

7. Abschnitt. Sachverständige und Augenschein §§ 82, 83

Bislang war im Schrifttum umstritten, ob die Rechtslage **Reihen-Gentests** (so ge- 1
nanntes Massenscreening) erlaubt (vgl. KK-Senge § 81e Rdn. 3a; SK-Rogall § 81h
Rdn. 2). § 81h StPO schafft mit Wirkung vom 1. 11. 2005 eine Ermächtigungsgrundlage im Hinblick auf die Verfolgung der in Abs. 1 genannten Straftaten.

Die Regelung verzichtet auf eine besondere Eingriffsschwelle und auf eine Sub- 2
sidiaritätsklausel (vgl. Senge NJW 2005, 3028, 3032). Klargestellt ist, dass die entsprechenden Daten nicht für andere Verfahren benutzt und insbesondere nicht in die Datei beim BKA aufgenommen werden dürfen (Abs. 4 Nr. 2).

Verweigert eine der zum Test gebetenen Personen die Einwilligung (Abs. 4), kann 3
daraus noch kein **Anfangsverdacht** im Sinne des § 152 Absatz 2 StPO hergeleitet
werden (vgl. BT-Drucks. 15/5674 S. 13f; BVerfG NJW 1996, 1587, 1588; Senge
NJW 2005, 3028, 3032). Allerdings soll in Verbindung mit anderen verdachtsbegrün-
denden Umständen die Verweigerung der freiwilligen Abgabe einer Speichelprobe einen Verdacht verstärkenden Umstand darstellen, der eine Anordnung nach §§ 81e,
81f erlauben kann (BGHSt 49, 56; Senge NJW 2005, 3028, 3032).

§ 82 [Gutachten im Vorverfahren]

*Im Vorverfahren hängt es von der Anordnung des Richters ab, ob die Sach-
verständigen ihr Gutachten schriftlich oder mündlich zu erstatten haben.*

Im Regelfall wird es bei einem **Gutachten im Vorverfahren** immer um ein 1
schriftliches gehen, da es einfacher zu den Akten genommen werden kann (Meyer-
Goßner § 82 Rdn. 1). Lässt man ein mündliches Gutachten genügen, muss darüber
ein **Protokoll** aufgenommen werden (§§ 168, 168a, 168b).

Nach Anklageerhebung kann das Gericht zur Vorbereitung der Entscheidung nach 2
§ 202 vor der Hauptverhandlung die schriftliche Gutachtenerstattung anordnen
(Meyer-Goßner § 82 Rdn. 3). In der Hauptverhandlung muss das Gutachten mündlich erstattet werden. Ausnahmen gelten nur im Freibeweis (vgl. Einl. Rdn. 94) und
nach § 251 Abs. 1, 2, § 256.

§ 83 [Neues Gutachten]

*(1) Der Richter kann eine neue Begutachtung durch dieselben oder durch an-
dere Sachverständige anordnen, wenn er das Gutachten für ungenügend erachtet.*

*(2) Der Richter kann die Begutachtung durch einen anderen Sachverständigen
anordnen, wenn ein Sachverständiger nach Erstattung des Gutachtens mit Erfolg abgelehnt ist.*

*(3) In wichtigeren Fällen kann das Gutachten einer Fachbehörde eingeholt
werden.*

Ungenügend ist ein Gutachten, wenn es dem Richter nicht die erforderliche 1
Sachkunde vermittelt (Pfeiffer § 83 Rdn. 1). Im Übrigen ist ein neues Gutachten nur
erforderlich, wenn die Voraussetzungen des § 244 Abs. 4 S. 2 Halbsatz 2 vorliegen
(vgl. Duttge NStZ 2003, 375, 376).

Ein **erfolgreich abgelehnter Sachverständiger** (Abs. 2) muss in der Regel durch 2
einen anderen ersetzt werden, da sein Gutachten nicht verwertbar ist. Ein neues Gutachten ist entbehrlich, wenn das Gericht nunmehr bemerkt, dass es eigene Sachkunde
hat oder die Beweisfrage nicht erheblich ist (Meyer-Goßner § 83 Rdn. 3).

Fachbehörden (Abs. 3) sind z.B. universitäre Einrichtungen, Industrie- und Han- 3
delskammern sowie Handwerkskammern. Ihre Gutachten können verlesen werden
(§ 256).

§ 84 [Sachverständigenvergütung]

Der Sachverständige erhält eine Vergütung nach dem Justizvergütungs- und -entschädigungsgesetz.

1 **Anspruchsberechtigt** ist, wer in der Funktion als Sachverständiger vernommen worden ist (Pfeiffer § 84 Rdn. 1). Die Höhe der Entschädigung regelt das JVEG.

§ 85 [Sachverständige Zeugen]

Soweit zum Beweis vergangener Tatsachen oder Zustände, zu deren Wahrnehmung eine besondere Sachkunde erforderlich war, sachkundige Personen zu vernehmen sind, gelten die Vorschriften über den Zeugenbeweis.

1 Sachverständiger ist nur, wer über Wahrnehmungen aussagt, die er **im Auftrag** des Gerichts, der StA oder Polizei auf Grund seiner Sachkunde gemacht hat (Pfeiffer § 85 Rdn. 1). Ein Zeuge gibt seine Wahrnehmungen wieder. Der sachverständige Zeuge ist insofern ein Zeuge, der Wahrnehmungen auf Grund seiner besonderen Sachkunde gemacht hat. Er ist in seiner prozessualen Stellung ausschließlich Zeuge, da er über Tatsachen Auskunft gibt, die er „zufällig" – ohne Auftrag – gemacht hat (Pfeiffer § 85 Rdn. 1).

2 Wurde ein Sachverständiger wegen Besorgnis der Befangenheit abgelehnt, kann er immer noch als Zeuge (sachverständiger Zeuge) über die von ihm im Rahmen des Auftrags ermittelten Tatsachen vernommen werden (BGHSt 20, 224; § 74 Rdn. 12).

3 Das Gericht verletzt die Aufklärungspflicht, wenn das Gutachten aus anderem Anlass bzw. in anderem Zusammenhang erstellt worden ist und daher möglicherweise zu Missverständnissen führen kann (BGH NStZ 1993, 397).

§ 86 [Richterlicher Augenschein]

Findet die Einnahme eines richterlichen Augenscheins statt, so ist im Protokoll der vorgefundene Sachbestand festzustellen und darüber Auskunft zu geben, welche Spuren oder Merkmale, deren Vorhandensein nach der besonderen Beschaffenheit des Falles vermutet werden konnte, gefehlt haben.

1 Augenschein ist ein **sachliches Beweismittel** und meint jede sinnliche Wahrnehmung durch Sehen, Hören, Riechen, Schmecken oder Fühlen (BGHSt 18, 51, 53; Meyer-Goßner § 86 Rdn. 1). Da aber jede richterliche Beweiserhebung mit solchen Wahrnehmungen verbunden ist, wird der Begriff des Augenscheinsbeweises eingeschränkt: Er umfasst alle Beweisaufnahmen, die nicht als Zeugen-, Sachverständigen- oder Urkundenbeweis gesetzlich besonders geregelt sind (LR-Krause § 86 Rdn. 1; Meyer-Goßner § 86 Rdn. 1).

2 Die Vorschrift regelt nur den **richterlichen Augenschein.** Er kann der Feststellung unmittelbar beweiserheblicher Tatsachen, aber auch von Beweisanzeichen dienen (Meyer-Goßner § 86 Rdn. 2). Das Gericht verschafft sich mittels sinnlicher Wahrnehmungen einen Eindruck von der Existenz oder Beschaffenheit eines Menschen, eines Körpers oder einer Sache, es stellt die Lage von Örtlichkeiten oder Gegenständen fest oder beobachtet eine Verhaltensweise oder einen wiederholbaren Vorgang (Meyer-Goßner § 86 Rdn. 2). Augenscheinseinnahmen außerhalb des Gerichtssaals kann das Gericht durch einen beauftragten oder ersuchten Richter vornehmen lassen (vgl. § 225).

3 Anders als für den Zeugenbeweis (§ 250) ist für den Augenscheinsbeweis die **Unmittelbarkeit der Beweisaufnahme nicht vorgeschrieben.** So kann statt einer Tatortbesichtigung ein Lichtbild oder eine Skizze in Augenschein genommen werden.

7. Abschnitt. Sachverständige und Augenschein § 86

Das Abhören von Tonbandaufnahmen kann durch Verlesung der daraus hergestellten Niederschriften ersetzt werden (BGHSt 27, 135).

Die Augenscheinseinnahme kann auch nichtrichterlichen Personen als **Augen-** 4
scheinsgehilfen übertragen werden (BGHSt 27, 135, 136; Meyer-Goßner § 86 Rdn. 4).

Beispiel: Ein Taucher nimmt das Wrack des Schiffs in Augenschein und fotografiert es.

Werden Sachverständige (§§ 81 a, 81 c) mit einer Augenscheinsaufnahme beauftragt, 5
handelt es sich um Sachverständigenbeweis. Dagegen ist der Augenschein unter Hinzuziehung eines Sachverständigen (vgl. § 87 Abs. 1) richterlicher Augenschein. Zum Teil wird er auch ungenau als **zusammengesetzter oder gemischter Augenschein** bezeichnet (vgl. Meyer-Goßner § 86 Rdn. 5).

Augenscheinsgegenstände sind **sachliche Beweismittel**. In Betracht kommt alles 6
sinnlich Wahrnehmbare, das der Richter zur Überzeugungsbildung für geeignet hält (BGH NJW 1960, 2156; LR-Krause § 86 Rdn. 9). Hiervon zu trennen sind Vernehmungshilfen. Dies sind Gegenstände, die bei der Sachvernehmung des Angeklagten und bei der Beweisaufnahme zur Erläuterung von Fragen und zur Veranschaulichung der Aussagen benutzt werden. Was sich aus ihnen ergibt, wird zum Inhalt der Einlassung des Angeklagten oder der Begründungen der Beweispersonen. Vernehmungshilfen werden nicht in die Sitzungsniederschrift aufgenommen (Meyer-Goßner § 86 Rdn. 8).

Augenscheinsgegenstände können Abbildungen, Lichtbilder, Filme und Video- 7
aufnahmen sein, die z. B. ihren eigenen strafbaren Inhalt beweisen oder mittelbar oder unmittelbar Beweis über andere Straftaten erbringen.

Beispiel: Aufnahmen automatischer Kameras in Banken, Videos bei der Verkehrsüberwachung.

Tonbandaufnahmen beweisen als Augenscheinsgegenstände neben ihrer äußeren 8
Beschaffenheit den Inhalt der auf ihnen festgehaltenen Gedankenäußerungen (BGHSt 27, 135, 136; Meyer-Goßner § 86 Rdn. 11). Tatort- und Unfallskizzen können ebenfalls Augenscheinsobjekte sein.

Urkunden sind Augenscheinsgegenstände, wenn es nicht auf den Inhalt ankommt, 9
sondern auf ihre Beschaffenheit oder wenn sie nicht verlesbar sind, wie z. B. Fahrtschreiberdiagramme oder Papierstreifen von Registrierkassen (Pfeiffer § 86 Rdn. 4). Ob Experimente Gegenstand des Augenscheinsbeweises sind, hängt davon ab, ob sie nicht schon Bestandteil eines Sachverständigengutachtens oder einer Zeugenaussage sind. In Betracht kommt die Rekonstruktion des Tatverlaufs oder ein Fahrversuch, Bremsversuch oder Schießversuch (Meyer-Goßner § 86 Rdn. 15).

Erfolgt die Augenscheinseinnahme **außerhalb der Hauptverhandlung** (vgl. 10
§§ 162, 165, 202 S. 1, § 225), enthält § 86 Bestimmungen über das nach § 249 Abs. 1 S. 2 verlesbare Protokoll, für das Richter und Protokollführer gemeinsam die Verantwortung übernehmen müssen, falls nicht der Richter von der Zuziehung eines Protokollführers abgesehen hat (SK-Rogall § 86 Rdn. 6). Zu den Anwesenheitsrechten siehe §§ 168d, 224.

Die Augenscheinseinnahme **in der Hauptverhandlung** findet im Sitzungssaal oder 11
an dem Ort statt, wo sich der Augenscheinsgegenstand befindet. Sie ist Teil der Hauptverhandlung. An ihr müssen das gesamte Gericht und alle Prozessbeteiligten teilnehmen (BGH StV 1989, 187). Protokolliert wird vor dem LG nur die Tatsache des Augenscheins, nicht das Ergebnis; § 86 gilt nicht.

Nichtrichterliche Besichtigungen sind keine Augenscheinseinnahmen im enge- 12
ren Sinne. Ein Staatsanwalt, der die Besichtigung vorgenommen hat, muss daher als Zeuge vernommen werden. Die Verlesung eines von ihm hergestellten Vermerks über die Besichtigung ist unzulässig (Meyer-Goßner § 86 Rdn. 18).

§ 87 [Leichenschau, Leichenöffnung]

(1) ¹Die Leichenschau wird von der Staatsanwaltschaft, auf Antrag der Staatsanwaltschaft auch vom Richter, unter Zuziehung eines Arztes vorgenommen. ²Ein Arzt wird nicht zugezogen, wenn dies zur Aufklärung des Sachverhalts offensichtlich entbehrlich ist.

(2) ¹Die Leichenöffnung wird von zwei Ärzten vorgenommen. ²Einer der Ärzte muß Gerichtsarzt oder Leiter eines öffentlichen gerichtsmedizinischen oder pathologischen Instituts oder ein von diesem beauftragter Arzt des Instituts mit gerichtsmedizinischen Fachkenntnissen sein. ³Dem Arzt, welcher den Verstorbenen in der dem Tod unmittelbar vorausgegangenen Krankheit behandelt hat, ist die Leichenöffnung nicht zu übertragen. ⁴Er kann jedoch aufgefordert werden, der Leichenöffnung beizuwohnen, um aus der Krankheitsgeschichte Aufschlüsse zu geben. ⁵Die Staatsanwaltschaft kann an der Leichenöffnung teilnehmen. ⁶Auf ihren Antrag findet die Leichenöffnung im Beisein des Richters statt.

(3) Zur Besichtigung oder Öffnung einer schon beerdigten Leiche ist ihre Ausgrabung statthaft.

(4) ¹Die Leichenöffnung und die Ausgrabung einer beerdigten Leiche werden vom Richter angeordnet; die Staatsanwaltschaft ist zu der Anordnung befugt, wenn der Untersuchungserfolg durch Verzögerung gefährdet würde. ²Wird die Ausgrabung angeordnet, so ist zugleich die Benachrichtigung eines Angehörigen des Toten anzuordnen, wenn der Angehörige ohne besondere Schwierigkeiten ermittelt werden kann und der Untersuchungszweck durch die Benachrichtigung nicht gefährdet wird.

1 Die Befugnis zur **Leichenschau und Leichenöffnung** ergibt sich aus den §§ 159, 160 Abs. 1. § 87 regelt Einzelheiten. Eine Leichenschau ist in der Regel dann notwendig, wenn eine strafbare Handlung nicht von vornherein ausgeschlossen werden kann (Meyer-Goßner § 87 Rdn. 1). Der Verhältnismäßigkeitsgrundsatz ist zu beachten (KK-Senge § 87 Rdn. 2).

2 **Leichenschau** (Abs. 1) ist die Einnahme eines Augenscheins durch Besichtigung einer Leiche ohne deren Öffnung. **Leichenöffnung** (Abs. 2) ist die Identifizierung des Toten (vgl. § 88) nach Maßgabe der §§ 89 bis 91 durch geführte Untersuchung des Inneren der Leiche zur Klärung von Todeszeit und Todesursache. Weil die ärztlichen Feststellungen schon durch geringe Verzögerungen an Zuverlässigkeit verlieren können, ist dies mit größter Beschleunigung durchzuführen (BVerfG NJW 1994, 783). Dies gilt insbesondere im Falle von Elektrizität und bei Wasserleichen (Eisenberg Beweisrecht Rdn. 1946).

3 Regelmäßig wird die Leichenschau **durch die StA angeordnet**. Bei Vorliegen besonderer Gründe (z.B. der Notwendigkeit der Gewinnung einer nach § 249 Abs. 1 S. 2 verlesbaren Niederschrift) kann die StA bei dem nach § 162 zuständigen Richter beantragen, dass dieser die Leichenschau vornimmt. Der Richter muss dem Antrag entsprechen, wenn die Leichenschau rechtlich zulässig ist (LG Waldshut NJW 1972, 1147, 1148). Ohne Antrag darf der Richter eine Leichenschau nur vornehmen, wenn ihm nach § 159 Abs. 1 ein unaufgeklärter Todesfall gemeldet wird und zugleich die Voraussetzungen des § 165 vorliegen (Meyer-Goßner § 87 Rdn. 5). Der hinzugezogene Arzt nimmt stets als Sachverständiger teil (LR-Krause § 87 Rdn. 11). Über die staatsanwaltschaftliche Leichenschau wird ein Aktenvermerk gefertigt (vgl. § 168b Abs. 1). Bei der richterlichen Leichenschau gelten die §§ 168, 168a, für den Inhalt des Protokolls gilt § 86. Auch der untersuchende Arzt muss dieses nach § 168a Abs. 3 S. 3 unterschreiben. Das Protokoll kann in der Hauptverhandlung verlesen werden (§ 249 Abs. 1 S. 2).

7. Abschnitt. Sachverständige und Augenschein § 88

Eine Leichenöffnung ist erforderlich, wenn fremdes Verschulden am Tod in 4
Betracht kommt und die Todesursache oder Todeszeit festgestellt werden muss
(BVerfG NJW 1994, 783), also nicht in jedem Fall des § 159. Steht die Todesursache
einwandfrei fest, ist die Leichenöffnung entbehrlich (Koch NJW 1965, 528). Die Angehörigen sind möglichst zuvor zu hören. Wird die Leiche nicht freiwillig zur Verfügung gestellt, muss sie nach § 94 beschlagnahmt werden (Meyer-Goßner § 87
Rdn. 9).

Eine **richterliche Anordnung** ist grundsätzlich erforderlich (Abs. 4 S. 1), zuständig 5
ist der Richter, in dessen Bezirk sich die Leiche befindet (Meyer-Goßner § 87
Rdn. 10; SK-Rogall § 87 Rdn. 40; a. M. KMR-Neubeck § 87 Rdn. 9: Richter des
Sektionsortes). Wird der Untersuchungserfolg durch eine etwaige Verzögerung gefährdet, genügt die Anordnung der StA, nicht aber ihrer Ermittlungspersonen.

> **Beispiel:** Wegen des Zustands der Leiche ist eine sofortige Untersuchung erforderlich.

Die Leichenöffnung muss durch **zwei Ärzte** durchgeführt werden, die auch un- 6
unterbrochen anwesend sein müssen. Einer von ihnen muss Gerichtsarzt sein oder
Leiter oder beauftragter Arzt eines der in Abs. 2 S. 2 bezeichneten Institute. Abteilungen für Pathologie der öffentlichen Krankenanstalten gehören nicht hierzu. Ist ein
Arzt nach Abs. 2 S. 2 nicht rechtzeitig erreichbar, kann ein anderer mitwirken.

Ein Arzt ist von der Mitwirkung ausgeschlossen (Abs. 2 S. 3), wenn er den Toten 7
zuvor behandelt hat. Dabei muss die Ursächlichkeit der Krankheit für den Tod
nicht feststehen (LR-Krause § 87 Rdn. 25). Wird der behandelnde Arzt dazu aufgefordert, bei der Leichenöffnung beizuwohnen, ist er sachverständiger Zeuge (§ 85).
Allerdings ist nicht ausgeschlossen, ihn in der Hauptverhandlung auch als Sachverständigen zu vernehmen (Meyer-Goßner § 87 Rdn. 12).

Die StA hat ein Recht zur **Teilnahme an der Sektion** (Abs. 2 S. 5). Insbesondere 8
bei Mordverdacht wird sie dies tun. Die Mitwirkung des Richters, die einen Antrag
der StA voraussetzt (Abs. 2 S. 6), wird nur in Sachen von besonderer Bedeutung in
Betracht kommen, nicht nur zur Gewinnung eines nach § 249 Abs. 1 S. 2 verlesbaren
Protokolls.

§ 168 d gilt auch bei Mitwirkung eines Richters **nicht.** Daher sind Beschuldigter 9
und Verteidiger zur Anwesenheit nicht berechtigt. Ob ein von ihnen benannter Sachverständiger anwesend ist, steht im Ermessen der StA oder des Richters.

Die von dem Sachverständigen festgestellten Befunde werden niedergeschrieben. 10
Dafür gelten §§ 86, 168, 168 a. Die **Niederschrift** ist teils Augenscheins-, teils Vernehmungsprotokoll (Meyer-Goßner § 87 Rdn. 16) und muss auch von den Ärzten
unterschrieben werden (§ 168 a Abs. 3 S. 3). Zur Verlesung in der Hauptverhandlung
vgl. § 249 Rdn. 9.

Zuständig für die **Anordnung der Exhumierung** einer Leiche (Abs. 3, 4) ist der 11
nach § 162 zuständige oder der mit der Sache befasste Richter. Der Staatsanwalt ist
nur bei Gefahr der Verzögerung des Untersuchungserfolges zur Anordnung befugt
(Abs. 4 S. 1). Bei der Ausgrabung soll einer der Obduzenten, bei Verdacht der Vergiftung auch ein chemischer Sachverständiger anwesend sein. Sind die Angehörigen
ohne weiteres zu ermitteln, werden sie von der Exhumierung benachrichtigt (Abs. 4
S. 2).

§ 88 [Identifizierung]

(1) ¹**Vor der Leichenöffnung soll die Identität des Verstorbenen festgestellt
werden.** ²Zu diesem Zweck können insbesondere Personen, die den Verstorbenen gekannt haben, befragt und Maßnahmen erkennungsdienstlicher Art durchgeführt werden. ³Zur Feststellung der Identität und des Geschlechts sind die

§§ 89–91   1. Buch. Allgemeine Vorschriften

Entnahme von Körperzellen und deren molekulargenetische Untersuchung zulässig; für die molekulargenetische Untersuchung gilt § 81 f Abs. 2 entsprechend.

(2) Ist ein Beschuldigter vorhanden, so soll ihm die Leiche zur Anerkennung vorgezeigt werden.

1   **Vor der Obduktion** soll der Tote identifiziert werden (Abs. 1 S. 1). Zulässig sind neben der Befragung von Personen, die den Toten gekannt haben, erkennungsdienstliche Maßnahmen an der Leiche, Röntgenaufnahmen zum Vergleich der zu Lebzeiten gemachten Aufnahmen, Gebissabdrücke und ähnliches. Abs. 1 S. 3 stellt klar, dass auch eine molekulargenetische Untersuchung zulässig ist (Meyer-Goßner § 88 Rdn. 1).

2   Auf das **Vorzeigen der Leiche** (Abs. 2) kann verzichtet werden, wenn die Identität des Toten feststeht (BGH NStZ 1981, 94). Ausgeschlossen sein muss, dass das Vorzeigen der Leiche die Willensentschließung und -betätigung des Beschuldigten beeinflussen kann (vgl. § 136 a Rdn. 14).

3   Die **Revision** kann auf einen Verstoß gegen Abs. 2 nicht gestützt werden.

§ 89 [Umfang der Leichenöffnung]

Die Leichenöffnung muß sich, soweit der Zustand der Leiche dies gestattet, stets auf die Öffnung der Kopf-, Brust- und Bauchhöhle erstrecken.

1   Die **Öffnung der drei Körperhöhlen** ist stets erforderlich, auch wenn die Ärzte schon nach Öffnung der einen Höhle die Todesursache gefunden zu haben glauben (Meyer-Goßner § 89 Rdn. 1).

2   Die **Revision** kann auf einen Verstoß gegen § 89 nicht gestützt werden.

§ 90 [Neugeborenes Kind]

Bei Öffnung der Leiche eines neugeborenen Kindes ist die Untersuchung insbesondere auch darauf zu richten, ob es nach oder während der Geburt gelebt hat und ob es reif oder wenigstens fähig gewesen ist, das Leben außerhalb des Mutterleibes fortzusetzen.

1   Die Vorschrift will einerseits vorsätzliche Tötungen aufklären helfen, andererseits ist sie aber auch für die Aufklärung von Kunstfehlern bei der geburtshilflichen Tätigkeit von Bedeutung. Insofern ist nicht nur darauf zu achten, ob das Kind nach oder während der Geburt **gelebt hat,** sondern auch darauf, ob Anzeichen für eine Straftat nach § 218 StGB bestehen (Meyer-Goßner § 90 Rdn. 1).

§ 91 [Verdacht einer Vergiftung]

(1) Liegt der Verdacht einer Vergiftung vor, so ist die Untersuchung der in der Leiche oder sonst gefundenen verdächtigen Stoffe durch einen Chemiker oder durch eine für solche Untersuchungen bestehende Fachbehörde vorzunehmen.

(2) Es kann angeordnet werden, daß diese Untersuchung unter Mitwirkung oder Leitung eines Arztes stattzufinden hat.

1   Die Vorschrift gilt für alle **Fälle der Vergiftung**, also z. B. auch für Straftaten nach §§ 319, 324, 326 StGB (SK-Rogall § 91 Rdn. 2). Die chemische Untersuchung nach § 91 dient der Ergänzung der Leichenöffnung nach § 87 Abs. 2.

2   **Der hinzugezogene Arzt** (Abs. 2) muss nicht der Obduzent oder ein Gerichtsarzt sein. Ob er später Zeuge oder Sachverständiger ist, hängt von der Art seiner Mitwirkung ab (Meyer-Goßner § 91 Rdn. 3).

§ 92 [Gutachten bei Geld- oder Wertzeichenfälschung]

(1) ¹Liegt der Verdacht einer Geld- oder Wertzeichenfälschung vor, so sind das Geld oder die Wertzeichen erforderlichenfalls der Behörde vorzulegen, von der echtes Geld oder echte Wertzeichen dieser Art in Umlauf gesetzt werden. ²Das Gutachten dieser Behörde ist über die Unechtheit oder Verfälschung sowie darüber einzuholen, in welcher Art die Fälschung mutmaßlich begangen worden ist.

(2) Handelt es sich um Geld oder Wertzeichen eines fremden Währungsgebietes, so kann an Stelle des Gutachtens der Behörde des fremden Währungsgebietes das einer deutschen erfordert werden.

Die Vorschrift betrifft **Straftaten nach den §§ 146 ff StGB** und umfasst auch die Wertpapierfälschung nach § 151 StGB (Meyer-Goßner § 92 Rdn. 1; umstritten). 1

Kann die Fälschung und die Art ihrer Begehung schon durch Augenschein festgestellt werden, entfällt die Vorlegungspflicht nach Abs. 1 (KK-Senge § 92 Rdn. 1). Zu fremden Währungsgebieten (Abs. 2) vgl. § 152 StGB. 2

§ 93 [Schriftgutachten]

Zur Ermittlung der Echtheit oder Unechtheit eines Schriftstücks sowie zur Ermittlung seines Urhebers kann eine Schriftvergleichung unter Zuziehung von Sachverständigen vorgenommen werden.

Die Vorschrift ermöglicht die Hinzuziehung von Sachverständigen, wenn es um eine **Schriftvergleichung** zur Ermittlung der Echtheit oder Unechtheit eines Schriftstückes bzw. einer Urheberschaft geht. 1

Weder der Beschuldigte noch Zeugen sind verpflichtet, **Vergleichsschriften** anzufertigen (vgl. BGHSt 34, 39, 46; Meyer-Goßner § 93 Rdn. 2). Allerdings können ggf. nach § 94 Schriftstücke beschlagnahmt werden. Durch Täuschung erlangte Schriftproben sind unverwertbar (KK-Senge § 93 Rdn. 3). 2

Der **Beweiswert des Gutachtens** hängt von der Qualität des Sachverständigen ab. Ist er erfahren und kommt er zu dem eindeutigen Schluss, dass der Angeklagte mit Sicherheit der Urheber ist, kann dies vollen Beweis erbringen (BGH NJW 1982, 2882). 3

Achter Abschnitt. Beschlagnahme, Überwachung des Fernmeldeverkehrs, Rasterfahndung, Einsatz technischer Mittel, Einsatz Verdeckter Ermittler und Durchsuchung

Vor § 94

Der 8. Abschnitt regelt **Zwangsmaßnahmen** zur Erlangung und Sicherung von Beweisen, zur Sicherstellung von Verfalls- und Einziehungsgegenständen und zur Ergreifung des Beschuldigten. Einige Vorwegnahmen der Urteilsfolgen sind ebenfalls im 8. Abschnitt erfasst (vgl. § 111 a). Bei diesen Zwangsmaßnahmen handelt es sich regelmäßig um **Eingriffe in Grundrechte**. Betroffen ist allemal die allgemeine Handlungsfreiheit (Art. 2 Abs. 1 GG), in vielen Fällen aber auch die Unverletzlichkeit der Wohnung (Art. 13 Abs. 1 GG) und das Post- und Fernmeldegeheimnis (Art. 10 Abs. 1 GG). Immer wichtiger wird auch das vom Bundesverfassungsgericht (BVerfGE 65, 1) erarbeitete Recht auf informationelle Selbstbestimmung. Alle Maßnahmen stehen unter dem Verhältnismäßigkeitsprinzip (Meyer-Goßner vor § 94 Rdn. 1). 1

Weitere Zwangsmaßnahmen, die nicht im 8. Abschnitt geregelt sind, finden sich etwa in §§ 81, 81 a, 81 b, 81 c, 112, 126 a, 127, 131, 132, 132 a, 134, 163 b, 163 d, 163 e und 164. Siehe hierzu die tabellarischen Übersichten in der Einl. Rdn. 97 ff. 2

§ 94   1. Buch. Allgemeine Vorschriften

3   Der 8. Abschnitt ist durch viele Paragraphen gekennzeichnet, die eine Buchstabenerweiterung haben (vgl. § 100i). Hintergrund ist die **fortschreitende Technisierung auch des Ermittlungsverfahrens**. So waren naturgemäß Regelungen über den Einsatz technischer Mittel oder die Telefonüberwachung zur Zeit des Inkrafttretens der StPO irrelevant. Auch IMSI-Catcher (§ 100i) waren vor 130 Jahren kein Thema. Allerdings ist auch zu verzeichnen, dass einige Regelungen, die am Anfang noch relativ überschaubar waren – so etwa § 100a StPO bei seinem Inkrafttreten Ende der 1960er Jahre – stetig gewachsen sind und mittlerweile an Unübersichtlichkeit kaum noch zu überbieten sind.

4   In zahlreichen Fällen stellt sich die Frage nach der **Verwertbarkeit** der gewonnenen Erkenntnisse. Unverwertbar sind Beweismittel, die durch unzulässige Maßnahmen staatlicher Organe erst geschaffen wurden (Pfeiffer vor § 94 Rdn. 1). Dabei ist aber auch festzustellen, dass die Rechtsprechung in vielen Fällen der Effizienz den Vorrang gibt (vgl. etwa § 100a Rdn. 19ff).

5   Die zentrale Maßnahme der **Beschlagnahme** betrifft die amtliche Verwahrung oder sonstige Sicherstellung eines Gegenstandes auf Grund ausdrücklicher Anordnung (Meyer-Goßner vor § 94 Rdn. 3). Die Durchsuchung dient der Auffindung von Gegenständen, die der Beschlagnahme unterliegen (Meyer-Goßner vor § 94 Rdn. 4).

6   Die **Überwachung der Telekommunikation** (§§ 100a, 100b, 100gff) erweitert für bestimmte schwere Straftaten die Ermittlungsmöglichkeiten. Für andere Zwecke gestatten ähnliches § 1 G 10 und §§ 39ff AWG (vgl. auch BVerfGE 109, 279 = NJW 2004, 2213).

7   Durch das **Gesetz zur Bekämpfung der organisierten Kriminalität** wurden 1992 neue Zwangsmaßnahmen in die StPO eingefügt. Dies betrifft die Rasterfahndung (§ 98a), den Datenabgleich (§ 98c), den Einsatz technischer Mittel nach § 100c, den Einsatz eines verdeckten Ermittlers (§§ 110a ff) und die polizeiliche Beobachtung (§ 163e; ausführliche Übersicht bei Bernsmann StV 1998, 224ff).

8   Die **vorläufige Entziehung der Fahrerlaubnis** hat eigentlich nichts mit Ermittlungsmaßnahmen zu tun, sondern ist eine Vorwegnahme der Urteilsfolgen zur Sicherung der Allgemeinheit ebenso wie die Maßnahmen nach §§ 112a, 126a und 132a (Meyer-Goßner vor § 94 Rdn. 7).

9   Bestimmungen über die **Vernichtung** gewonnener Unterlagen und das Löschen von Daten finden sich in verschiedenen Regelungen. Siehe vorläufig nur § 98b Abs. 3 und § 163d Abs. 4 S. 2 (vgl. Meyer-Goßner vor § 94 Rdn. 8).

§ 94 [Gegenstand der Beschlagnahme]

(1) **Gegenstände, die als Beweismittel für die Untersuchung von Bedeutung sein können, sind in Verwahrung zu nehmen oder in anderer Weise sicherzustellen.**

(2) **Befinden sich die Gegenstände in dem Gewahrsam einer Person und werden sie nicht freiwillig herausgegeben, so bedarf es der Beschlagnahme.**

(3) **Die Absätze 1 und 2 gelten auch für Führerscheine, die der Einziehung unterliegen.**

1   Die Vorschrift gestattet die **Sicherstellung** von Gegenständen zu Beweiszwecken und des Führerscheins zur Vorbereitung einer Einziehung. Die Sicherstellung zu anderen Zwecken (Sicherung des Verfalls oder der Einziehung) regeln im Übrigen die §§ 111b ff. Während die Sicherstellung dort nur in der Form der Beschlagnahme möglich ist (vgl. § 111b Rdn. 9), erfordert § 94 eine Beschlagnahme nur, wenn der Gegenstand nicht freiwillig herausgegeben wird (Abs. 2). In wessen Gewahrsam sich der Gegenstand befindet, ist gleichgültig (BGH NStZ 1981, 94).

8. Abschnitt. Beschlagnahme, Überwachung des Fernmeldeverkehrs § 94

Beweismittel (Abs. 1) sind alle beweglichen und unbeweglichen Sachen, die un- 2
mittelbar oder mittelbar für die Tat oder die Umstände ihrer Begehung Beweis erbringen (Pfeiffer § 94 Rdn. 1). Es genügt, wenn das Beweisstück für die Strafzumessung oder einen sonstigen Rechtsfolgenausspruch Einfluss haben kann (Pfeiffer § 94 Rdn. 1). Ausreichend ist eine potentielle Beweisbedeutung (vgl. BGH NStZ 1981, 94; BVerfG NJW 1995, 2839). Der Anfangsverdacht soll ausreichen (KK-Nack § 94 Rdn. 8; Pfeiffer § 94 Rdn. 1).

Der Beweisgegenstand muss für die Untersuchung **von Bedeutung sein.** Hierzu 3
gehört jede Tätigkeit im Strafverfahren, die der Aufklärung des Tatbestandes oder sonst der Vorbereitung des gerichtlichen Verfahrens dient. Der Verhältnismäßigkeitsgrundsatz ist zu beachten. Er kann es gebieten, bei der Beschlagnahme von Urkunden zu prüfen, ob der Zweck auch durch Anfertigung von Fotokopien erreicht werden kann; umgekehrt kann es geboten sein, dem Betroffenen Fotokopien zu belassen (Pfeiffer § 94 Rdn. 2). Die Sicherstellung ist formlos möglich und erfolgt, wenn der Gewahrsamsinhaber nicht bekannt ist oder wenn er die Sache (ausdrücklich oder stillschweigend) freiwillig zur Verfügung stellt.

Die Beschlagnahme ist nötig, wenn der Gegenstand nicht freiwillig herausgege- 4
ben wird (Abs. 2). Gleiches gilt, wenn die Herausgabe nach § 95 Abs. 2 erzwungen werden müsste. Die freiwillige Herausgabe steht der Beschlagnahme jedoch nicht entgegen (BGH NJW 1956, 1805, 1806).

Die Sicherstellung oder Beschlagnahme wird bewirkt durch **Inverwahrungsnah-** 5
me oder auf andere Weise (Abs. 1). Die amtliche Verwahrung ist die Überführung der Sache in den Besitz der Behörde oder der beauftragten Stelle oder Person.

Die **Sicherstellung in anderer Weise** ist nur bei förmlicher Beschlagnahme mög- 6
lich. Sie ist notwendig, wenn Gegenstände nicht in Verwahrung genommen werden können, wie etwa ein Raum oder gar ein Haus.

Beispiel: Grundstücke und Räume werden abgesperrt, versiegelt und mit einem Betretungsverbot versehen.

Die StPO erlaubt die Sicherstellung und **Beschlagnahme von Datenträgern** und 7
hierauf gespeicherten Daten als Beweisgegenstände im Strafverfahren (BVerfG wistra 2005, 295; BVerfG v. 2. 3. 2006 – 2 BvR 2099/04). Da sich in vielen Fällen auf Datenträgern auch Informationen über Dritte befinden, muss vor dem Hintergrund des Grundrechts auf informationelle Selbstbestimmung im Rahmen des Vertretbaren vermieden werden, auch auf diese Daten zuzugreifen. Das BVerfG stellt auch klar, dass zumindest bei schwerwiegenden, bewussten oder willkürlichen Verfahrensverstößen ein Beweisverwertungsverbot geboten sein kann (BVerfG wistra 2005, 295; siehe auch Matzky, Zugriff auf EDV im Strafprozeß, 1999; Kemper NStZ 2005, 538).

Die in amtliche Verwahrung genommenen Sachen stehen unter dem Schutz des 8
§ 133 StGB.

Der **Verhältnismäßigkeitsgrundsatz** gebietet, dass die Beschlagnahme in ange- 9
messenem Verhältnis zur Schwere der Tat und zur Stärke des Tatverdachts stehen und für die Ermittlungen notwendig sein muss (BVerfGE 20, 162, 186). Insofern kommt es auch auf die Anforderungen an den Anfangsverdacht an.

Grenzen der Beschlagnahme (**„Beschlagnahmeverbote")** ergeben sich unter an- 10
derem aus § 97. Aber auch aus Art. 1 Abs. 1, 2 Abs. 1 GG können sich Beschlagnahmeverbote zum Schutz der Persönlichkeitssphäre ergeben (vgl. BVerfGE 34, 238; BGHSt 43, 300).

Beispiel: Tagebuchartige Aufzeichnungen (BVerfGE 80, 367), Abschiedsbriefe eines Angeklagten.

Führerscheine unterliegen als normale Beweismittel (Tatspuren) der Sicherstellung 11
und Beschlagnahme nach Abs. 1 und 2. Abs. 3 erstreckt die Vorschrift (systemwidrig) auf Führerscheine, die der Einziehung unterliegen; siehe hierzu § 111a.

§ 95   1. Buch. Allgemeine Vorschriften

12   Sichergestellte Gegenstände sind **herauszugeben,** wenn der Grund der Sicherstellung entfällt (Pfeiffer § 94 Rdn. 6). Bei förmlicher Beschlagnahme sind diese an den letzten Gewahrsamsinhaber zurückzugeben. Zu Einzelheiten siehe Hoffmann/Knierim NStZ 2000, 461.

13   Wird von Seiten der öffentlichen Hand die Pflicht aus dem öffentlich-rechtlichen **Verwahrungsverhältnis** verletzt, kann der Berechtigte Schadenersatzansprüche geltend machen (vgl. LG Hamburg NStZ 2004, 512). Werden Schäden durch Fremdeinwirkung (Vandalismus) herbeigeführt, soll eine Entschädigung nicht verlangt werden können (BGHZ 100, 335). Zuständig ist die Zivilgerichtsbarkeit (vgl. § 40 Abs. 2 S. 1 VwGO), der Rechtsweg nach § 23 EGGVG ist ausgeschlossen (Meyer-Goßner § 94 Rdn. 23).

14   Bei tatbeteiligten **Abgeordneten**, die Immunität genießen, ist die Beschlagnahme ohne Einschränkung zulässig. Bei tatverdächtigen Abgeordneten muss die Einleitung des Ermittlungsverfahrens allerdings vorher genehmigt sein (vgl. Meyer-Goßner § 94 Rdn. 24).

15   Werden beschlagnahmte Gegenstände nicht mehr für das Strafverfahren benötigt, sind sie **zurückzugeben.** Die Rückgabe hat an dem Ort zu erfolgen, an dem diese aufzubewahren waren. Der BGH (3. Zivilsenat; NJW 2005, 988; dazu Kemper NJW 2005, 3679) hält die zuständigen Justizbehörden nicht für verpflichtet, die Sache dem Berechtigten an dessen Wohnsitz zu bringen. Dieser hatte mittlerweile seinen Wohn- und Kanzleisitz nach Ibiza verlegt. Wichtig ist noch, dass es sich um eine rechtmäßige Beschlagnahme gehandelt hat.

§ 95 [Herausgabepflicht]

(1) **Wer einen Gegenstand der vorbezeichneten Art in seinem Gewahrsam hat, ist verpflichtet, ihn auf Erfordern vorzulegen und auszuliefern.**

(2) ¹**Im Falle der Weigerung können gegen ihn die in § 70 bestimmten Ordnungs- und Zwangsmittel festgesetzt werden.** ²**Das gilt nicht bei Personen, die zur Verweigerung des Zeugnisses berechtigt sind.**

1   Die Vorschrift betrifft **Beweisgegenstände** nach § 94 Abs. 1, 2 sowie den Führerschein (§ 94 Abs. 3). Sie gilt in allen Verfahrensarten und -abschnitten, in denen eine Beschlagnahme nach § 94 angeordnet werden kann.

2   Die Pflicht zur Vorlage und Auslieferung hat **jeder Gewahrsamsinhaber.** Auf die Eigentumsverhältnisse kommt es nicht an. Den Beschuldigten trifft wegen des Verbots des Zwangs zur Selbstbelastung die Pflicht nicht. Personen, die zur Verweigerung des Zeugnisses berechtigt sind, können zur Herausgabe aufgefordert werden, eine zwangsweise Durchsetzung nach Abs. 2 S. 1 ist aber unzulässig (Abs. 2 S. 2). Die Beschlagnahmeverbote des § 97 gelten auch hier.

3   Die **Zeugnisverweigerungsrechte** richten sich nach den §§ 52ff. Ein Bankgeheimnis gibt es im Strafverfahren nicht (Pfeiffer § 95 Rdn. 1). Da die Banken aber im Verhältnis zu ihren Kunden ungern etwas „freiwillig" herausgeben, wird in der Praxis ein Beschlagnahmebeschluss erlassen und dem Adressaten – der Bank – gestattet, die hier entsprechenden Maßnahmen abzuwenden, in denen die zu beschlagnahmenden Gegenstände bereitgestellt bzw. herausgegeben werden (Durchsuchungs- und Beschlagnahmebeschluss mit Abwendungsbefugnis).

4   Die **Zuständigkeit für das Herausgabeverlangen** ist teilweise umstritten. Sicher ist, dass es vom Richter gestellt werden kann. Im Hinblick auf die Staatsanwaltschaft und ihre Ermittlungspersonen gehen einige davon aus, dass von deren Seite ein Herausgabeverlangen nur bei Gefahr im Verzuge gestellt werden kann (Pfeiffer § 95 Rdn. 1; LG Düsseldorf wistra 1993, 199). Andere meinen, eine Gefahr im Verzuge sei gerade nicht vorauszusetzen (Meyer-Goßner § 95 Rdn. 2; LG Koblenz wistra 2002,

359; LG Lübeck NWJ 2000, 3148; Bittmann wistra 1990, 327; Klinger wistra 1991, 17). § 95 enthält selbst keine Restriktionen. Bedenkt man, dass jedenfalls die Durchsetzung des Verlangens durch eine Ordnungsmaßnahme nach § 70 vom Richter angeordnet werden muss, bestehen gegen die Kompetenz der StA zur Stellung des Herausgabeverlangens keine Bedenken.

Ordnungs- und Zwangsmittel (Abs. 2 i.V.m. § 70) kann nur ein Richter festsetzen (Pfeiffer § 95 Rdn. 2). Ein festgesetztes Ordnungsgeld als Folge der Weigerung ist endgültig, die Beugehaft wird mit der Herausgabe der Sache oder mit dem Wegfall der Beweiserheblichkeit des Gegenstandes unzulässig (KK-Nack § 95 Rdn. 4; Pfeiffer § 95 Rdn. 2). Das Verbot der Bestrafung vom Zeugnisverweigerungsberechtigten (Abs. 2 S. 2) gilt bei § 52 für Schriftstücke unbeschränkt, im Fall des § 53 nur, wenn der Gegenstand dem Gewahrsamsinhaber auch in seiner Eigenschaft als Geheimnisträger übergeben worden ist. Eine Entbindung von der Verschwiegenheitspflicht führt zur Anwendbarkeit des Abs. 2 S. 1. Bei Personen, die nach § 55 ein Auskunftsverweigerungsrecht haben, gilt Abs. 2 S. 2 entsprechend (Meyer-Goßner § 95 Rdn. 10; Pfeiffer § 95 Rdn. 2). 5

Werden Beweismittel fehlerhaft erlangt, führt dies zu einem **Verwertungsverbot** nur, wenn sie bei Anwendung eines legalen und ordnungsgemäß durchgeführten Zwangsmittels (z.B. Durchsuchung und Beschlagnahme) nicht hätten gefunden und erlangt werden können (BGH NStZ 1989, 375). 6

Das Herausgabeverlangen der StA und ihrer Ermittlungspersonen ist **unanfechtbar**, jedoch ist der Antrag auf gerichtliche Entscheidung entsprechend § 98 Abs. 2 S. 2, § 161a Abs. 3 gegeben (Meyer-Goßner § 95 Rdn. 12). Die **Beschwerde** ist gegen richterliche Anordnungen zulässig (Pfeiffer § 95 Rdn. 2). 7

§ 96 [Amtliche Schriftstücke]

¹**Die Vorlegung oder Auslieferung von Akten oder anderen in amtlicher Verwahrung befindlichen Schriftstücken durch Behörden und öffentliche Beamte darf nicht gefordert werden, wenn deren oberste Dienstbehörde erklärt, daß das Bekanntwerden des Inhalts dieser Akten oder Schriftstücke dem Wohl des Bundes oder eines deutschen Landes Nachteile bereiten würde.** ²**Satz 1 gilt entsprechend für Akten und sonstige Schriftstücke, die sich im Gewahrsam eines Mitglieds des Bundestages oder eines Landtages beziehungsweise eines Angestellten einer Fraktion des Bundestages oder eines Landtages befinden, wenn die für die Erteilung einer Aussagegenehmigung zuständige Stelle eine solche Erklärung abgegeben hat.**

Die Vorschrift beschränkt die **Amtshilfepflicht** (Art. 35 Abs. 1 GG) der Behörden gegenüber den Strafverfolgungsorganen und soll jedoch mehr sein als eine Ergänzung des § 54 und im Zusammenhang mit §§ 94, 95 stehen (Meyer-Goßner § 96 Rdn. 1). Die Regelung ist nicht unproblematisch, weil sie der Verwaltung einen Einfluss auf den Gang der Strafverfolgung einräumen kann. Allerdings schließt § 96 nicht generell die Möglichkeit einer Beschlagnahme von Behördenakten aus (BGHSt 38, 241; Rdn. 13). 1

Das Interesse des Staates an der Geheimhaltung bestimmter Akten und Unterlagen kann auf verschiedene Weise gewahrt werden. In einigen Verfahrensordnungen gibt es ein **„in camera"-Verfahren"**, das heißt, dass eine Überlassung der geheimhaltungsbedürftigen Akten nur an das zur Geheimhaltung verpflichtete Gericht erfolgt, ohne dass der Betroffene Akteneinsicht erhält (vgl. BVerfGE 101, 106). Für den Strafprozess kommt dies nicht in Betracht (BGH NJW 2000, 1661). 2

Die Vorschrift betrifft in amtlicher Verwahrung befindliche Schriftstücke und ist **weit auszulegen** (Meyer-Goßner § 96 Rdn. 3). Umfasst sind auch private Unterla- 3

§ 96   1. Buch. Allgemeine Vorschriften

gen, die wegen ihres Inhalts in amtliche Verwahrung genommen worden sind, nicht aber bei Behörden hinterlegte Privaturkunden wie Testamente (Meyer-Goßner § 96 Rdn. 3; SK-Rudolphi § 96 Rdn. 12). Die Vorschrift erfasst auch Ermittlungsakten der StA in einer anderen Sache (OLG Frankfurt NJW 1982, 1408, 1409). Für Gegenstände anderer Art gilt § 96 entsprechend (KK-Nack § 96 Rdn. 6).

4   Die **Sperrerklärung** darf nur mit der Gefahr von Nachteilen für das Wohl des Bundes oder eines deutschen Landes begründet werden (vgl. VGH Kassel StV 1986, 52). Zu den von § 96 erfassten Belangen kann auch das Steuergeheimnis nach § 30 AO gehören (BVerfG NJW 1984, 2271, 2275). Entgegenstehende öffentliche Interessen anderer Art oder die Gefährdung einzelner Bürger genügen nicht (Meyer-Goßner § 96 Rdn. 7).

5   **Zuständig** für die Sperrerklärung ist nur die (oberste) Dienstbehörde, in der Regel also der zuständige Fachminister, für Gemeinden der Innenminister, für Parlamente der Präsident (BGHSt 20, 189; Meyer-Goßner § 96 Rdn. 8).

6   Die Erklärung muss so **begründet** sein, dass dem Gericht die Gründe der Sperre verständlich werden und es in die Lage versetzt wird, auf die Bereitstellung des Beweismittels zu drängen (BGHSt 29, 109, 112; BGH NStZ 2000, 265, 266). Fehlt eine Begründung oder ist diese offensichtlich fehlerhaft, ist das Gericht zu Gegenvorstellungen verpflichtet (BGHSt 32, 115, 125 ff; BGHSt 36, 159, 161). So mag die Weigerung auf einer nach Überzeugung des Gerichts unrichtigen tatsächlichen Grundlage oder auf falscher Rechtsanwendung beruhen (BGH NStZ 1989, 282; Meyer-Goßner § 96 Rdn. 9).

7   Ist die hinreichend begründete Erklärung für das Gericht **bindend,** schließt dies jede weitere Erörterung aus (BGHSt 29, 109, 112). Der Beweisgegenstand steht dann für die Sachaufklärung nicht zur Verfügung. Das Beweismittel ist **unerreichbar** (vgl. § 244 Abs. 3 S. 2). Im Rahmen der Beweiswürdigung muss das Gericht die Beschneidung der Verteidigungsrechte des Angeklagten ggf. berücksichtigen (vgl. BGH NJW 2004, 1259; Meyer-Goßner § 96 Rdn. 10).

8   Auf **Auskunftsverlangen** ist die Vorschrift entsprechend anwendbar, soweit nicht § 110b Abs. 3 eingreift (Meyer-Goßner § 96 Rdn. 12). Diese Sondervorschrift existiert für den Einsatz verdeckter Ermittler, bei anderen Hinweisgebern oder „Vertrauenspersonen" ist § 96 entsprechend anwendbar, wenn es um Auskunft über Namen und Anschrift behördlich geheim gehaltener Zeugen geht (BGHSt 32, 123). Da verdeckte Ermittler (auch) gesperrt werden können, wenn die Offenbarung die Möglichkeit ihrer weiteren Verwendung gefährdet, ist klar, dass die auf § 96 gestützte Verweigerung der Auskunft nicht mehr über die Verweigerung der Aussagegenehmigung nach § 54 getroffen werden kann (BGHSt 42, 175; Pfeiffer § 96 Rdn. 3).

9   Für **Sperrerklärungen der Polizei** ist der Innenminister zuständig (BGHSt 41, 36). Da alle Behörden verpflichtet sind, dem Gericht möglichst gute Beweismittel zur Verfügung zu stellen (vgl. BVerfGE 57, 250, 283), muss die Sperrerklärung auf Ausnahmefälle beschränkt bleiben (BGHSt 35, 82; Meyer-Goßner § 96 Rdn. 12). Erhebt das Gericht gegen die Versagung einer Aussagegenehmigung Einwendungen, ist die Entscheidung der obersten Dienstbehörde auch dann herbeizuführen, wenn das Landesrecht die Ausübung der Entscheidungsbefugnis generell delegiert hat (BGHSt 42, 175). Zu bedenken ist dabei, dass die Gefährdung des Zeugen in der StPO nach der Neufassung des § 68 Abs. 3 S. 1 nunmehr als Geheimhaltungsgrund anerkannt ist (Pfeiffer § 96 Rdn. 3).

10 Inwiefern § 96 sich auch auf die Weigerungsgründe des **§ 39 Abs. 3 S. 1 BRRG** und des § 62 Abs. 1 BBG bezieht, ist zweifelhaft. Überwiegend will man § 96 hier ebenfalls anwenden (Nachw. bei Meyer-Goßner § 96 Rdn. 13). Einige wenige halten die zitierten Vorschriften gesondert für anwendbar. Wegen § 110b Abs. 3 S. 3 ist eine Interpretation, die an die weitere Einsetzbarkeit des Zeugen anknüpft, jedoch nicht mehr haltbar.

8. Abschnitt. Beschlagnahme, Überwachung des Fernmeldeverkehrs § 97

Entscheidungen nach § 96 können nicht vom Gericht oder der StA, wohl aber von anderen Prozessbeteiligten **angefochten** werden. Ist oberste Dienstbehörde der Justizminister, richtet sich die Anfechtung nach § 23 EGGVG. In allen anderen Fällen ist das **Verwaltungsgericht** zuständig (vgl. BGHSt 44, 107; BVerwGE 69, 192). 11

Die Revision kann nicht darauf gestützt werden, dass ein gesperrtes Beweismittel verwertet worden ist; dies gilt namentlich für den Angeklagten (**Rechtskreistheorie**; Meyer-Goßner § 96 Rdn. 15). Hat das Gericht versäumt, auf die Vorlegung von Behördenakten oder die Auskunft über Zeugen hinzuwirken, kann dies die Aufklärungsrüge (§ 244 Abs. 2) begründen. 12

Ist von der entsprechenden Behörde noch nicht einmal die Entscheidung der obersten Dienstbehörde herbeigeführt worden, steht in der Regel einer **Beschlagnahme** der Unterlagen nichts im Wege (vgl. § 103 Rdn. 3). 13

Lehnt das Gericht auf Grund einer unwirksamen Sperrerklärung die Beiziehung eines Beweismittels als unerreichbar ab, kann die **Verletzung des § 244 Abs. 3** gerügt werden (BGHSt 35, 85). 14

§ 97 [Beschlagnahmefreie Gegenstände]

(1) Der Beschlagnahme unterliegen nicht
1. schriftliche Mitteilungen zwischen dem Beschuldigten und den Personen, die nach § 52 oder § 53 Abs. 1 Satz 1 Nr. 1 bis 3 b das Zeugnis verweigern dürfen;
2. Aufzeichnungen, welche die in § 53 Abs. 1 Satz 1 Nr. 1 bis 3 b Genannten über die ihnen vom Beschuldigten anvertrauten Mitteilungen oder über andere Umstände gemacht haben, auf die sich das Zeugnisverweigerungsrecht erstreckt;
3. andere Gegenstände einschließlich der ärztlichen Untersuchungsbefunde, auf die sich das Zeugnisverweigerungsrecht der in § 53 Abs. 1 Satz 1 Nr. 1 bis 3 b Genannten erstreckt.

(2) ¹Diese Beschränkungen gelten nur, wenn die Gegenstände im Gewahrsam der zur Verweigerung des Zeugnisses Berechtigten sind, es sei denn, es handelt sich um eine Gesundheitskarte im Sinne des § 291 a des Fünften Buches Sozialgesetzbuch. ²Der Beschlagnahme unterliegen auch nicht Gegenstände, auf die sich das Zeugnisverweigerungsrecht der Ärzte, Zahnärzte, Psychologischen Psychotherapeuten, Kinder- und Jugendlichenpsychotherapeuten, Apotheker und Hebammen erstreckt, wenn sie im Gewahrsam einer Krankenanstalt oder eines Dienstleisters, der für die Genannten personenbezogene Daten erhebt, verarbeitet oder nutzt, sind, sowie Gegenstände, auf die sich das Zeugnisverweigerungsrecht der in § 53 Abs. 1 Satz 1 Nr. 3 a und 3 b genannten Personen erstreckt, wenn sie im Gewahrsam der in dieser Vorschrift bezeichneten Beratungsstelle sind. ³Die Beschränkungen der Beschlagnahme gelten nicht, wenn die zur Verweigerung des Zeugnisses Berechtigten einer Teilnahme oder einer Begünstigung, Strafvereitelung oder Hehlerei verdächtig sind oder wenn es sich um Gegenstände handelt, die durch eine Straftat hervorgebracht oder zur Begehung einer Straftat gebraucht oder bestimmt sind oder die aus einer Straftat herrühren.

(3) Soweit das Zeugnisverweigerungsrecht der Mitglieder des Bundestages, eines Landtages oder einer zweiten Kammer reicht (§ 53 Abs. 1 Satz 1 Nr. 4), ist die Beschlagnahme von Schriftstücken unzulässig.

(4) Die Absätze 1 bis 3 sind entsprechend anzuwenden, soweit die in § 53 a Genannten das Zeugnis verweigern dürfen.

§ 97   1. Buch. Allgemeine Vorschriften

(5) ¹Soweit das Zeugnisverweigerungsrecht der in § 53 Abs. 1 Satz 1 Nr. 5 genannten Personen reicht, ist die Beschlagnahme von Schriftstücken, Ton-, Bild- und Datenträgern, Abbildungen und anderen Darstellungen, die sich im Gewahrsam dieser Personen oder der Redaktion, des Verlages, der Druckerei oder der Rundfunkanstalt befinden, unzulässig. ²Absatz 2 Satz 3 gilt entsprechend; die Beschlagnahme ist jedoch auch in diesen Fällen nur zulässig, wenn sie unter Berücksichtigung der Grundrechte aus Artikel 5 Abs. 1 Satz 2 des Grundgesetzes nicht außer Verhältnis zur Bedeutung der Sache steht und die Erforschung des Sachverhaltes oder die Ermittlung des Aufenthaltsortes des Täters auf andere Weise aussichtslos oder wesentlich erschwert wäre.

1   Die Vorschrift will eine **Umgehung des Zeugnisverweigerungsrechts** verhindern (BGHSt 38, 146; BVerfGE 32, 373) und ergänzt mittelbar § 53. Dieser Gesetzeszweck ist schon bei der Beschlagnahmeanordnung zu berücksichtigen und macht die Anordnung und Durchführung der Durchsuchung unzulässig, wenn die gesuchten Sachen unter § 97 fallen: Eine Durchsuchung nach Gegenständen, die nicht beschlagnahmefähig sind, ist rechtswidrig.

2   Weitere Beschlagnahmeverbote können sich **unmittelbar aus dem GG** ergeben. Für die Annahme eines Verbotes bedarf es aber im Einzelfall besonderer Gründe (BVerfG NStZ-RR 2004, 83).

3   Das Beschlagnahmeverbot bezieht sich nur **auf Beweismittel,** das heißt die zwangsweise Überführung der Sache in amtliche Verwahrung oder ihre Sicherstellung in anderer Weise. Hingegen können Verfalls- und Einziehungsgegenstände nach §§ 111b ff auch bei Zeugnisverweigerungsberechtigten beschlagnahmt werden (Meyer-Goßner § 97 Rdn. 3). Dies soll selbst dann gelten, wenn sie zugleich Beweismittel sind (LG Frankfurt am Main NJW 1959, 543). Bei freiwilliger Herausgabe der Sache durch die Zeugnisverweigerungsberechtigten stellt dies einen Verzicht auf das Beschlagnahme- und Verwertungsverbot dar (BGHSt 18, 227, 230; Meyer-Goßner § 97 Rdn. 5). Dies soll selbst dann gelten, wenn der Gewahrsamsinhaber mit der Einwilligung gegen § 203 verstößt (so LR-Schäfer § 97 Rdn. 55; Meyer-Goßner § 97 Rdn. 5; a.M. SK-Rudolphi § 97 Rdn. 29).

4   **Ist der Zeugnisverweigerungsberechtigte selbst Beschuldigter,** ist § 97 nicht anwendbar (Krekeler NStZ 1987, 199, 201; Weyand wistra 1990, 5; Meyer-Goßner § 97 Rdn. 4). Dies folgt daraus, dass die Beschlagnahme bei ihm bei einem Verdacht der Teilnahme ohnehin zulässig ist. Dies gilt für einen Rechtsanwalt (LG Berlin NStZ 1993, 146), Verteidiger (Krekeler NJW 1977, 1418) und Ärzte gleichermaßen (Meyer-Goßner § 97 Rdn. 4, 4a).

5   Ein Herausgabeverlangen (§ 95) muss mit einer **Belehrung** darüber verbunden werden, dass diese Sache nicht zwangsweise, sondern nur mit der Einwilligung des Berechtigten in amtliche Verwahrung genommen werden darf (Meyer-Goßner § 97 Rdn. 6). Einer Belehrung bedarf es nicht, wenn die Sache ohne Aufforderung spontan und freiwillig zur Verfügung gestellt wird. Ansonsten macht der Verstoß gegen die Belehrungspflicht das Beweismittel unverwertbar; der Mangel kann aber auf Grund einer nach nachträglicher Belehrung abgegebenen Einverständniserklärung des Berechtigten geheilt werden (Meyer-Goßner § 97 Rdn. 6).

I. Beschlagnahmefreie Gegenstände

6   **Der Gegenstand muss sich im Gewahrsam des Zeugnisverweigerungsberechtigten befinden** (Abs. 2 S. 1). Die Beschränkung in S. 1 am Ende beruht auf der Erweiterung der Krankenversichertenkarte zu einer elektronischen Gesundheitskarte (Meyer-Goßner § 97 Rdn. 11). Gewahrsam bedeutet das tatsächliche Herrschaftsverhältnis, die Verfügungsmacht über das Beweismittel (LR-Schäfer § 97 Rdn. 29). Es

8. Abschnitt. Beschlagnahme, Überwachung des Fernmeldeverkehrs § 97

besteht auch an Sachen in Schließfächern, selbst wenn diese nur gemeinsam mit dem Vermieter (Bank) geöffnet werden können. Werden Sachen bei Dritten aufbewahrt, kommt es darauf an, ob diese ebenfalls zum Schweigen verpflichtet sind (Buchprüfungsgesellschaft, Ärztekammer; Meyer-Goßner § 97 Rdn. 11). Zur Verteidigerpost siehe Rdn. 15. Hat der Zeugnisverweigerungsberechtigte nur Mitgewahrsam, schließt dies die Anwendbarkeit des § 97 nicht aus. Anders ist dies jedoch, wenn der Beschuldigte Mitgewahrsamsinhaber ist (BGHSt 19, 374).

Inwiefern **Kontounterlagen über ein Rechtsanwalts-Anderkonto** beschlagnahmt werden dürfen, ist umstritten (dafür BVerfG wistra 1990, 97; LG Chemnitz wistra 2001, 399; LG Würzburg wistra 1990, 118; dagegen AG Münster StV 1998, 181; Meyer-Goßner § 97 Rdn. 12). 7

Endet der Gewahrsam, wird § 97 unanwendbar. Ob die Beendigung des Gewahrsams mit freiwilliger Aufgabe oder durch Tod eintritt, ist gleichgültig. Im Fall des § 53 verbleibt es aber bei der Beschlagnahmefreiheit, wenn z. B. ein Rechtsanwalt seine Praxis aufgibt und die geschützten Unterlagen insgesamt auf seinen Nachfolger übergehen (BVerfGE 32, 373, 381 ff). Inwiefern der Schutz des § 97 bei unfreiwilliger Besitzaufgabe endet, ist umstritten. 8

Beispiel: Die Unterlagen wurden gestohlen und werden beim Dieb aufgefunden.

Teilweise wird dann die Anwendbarkeit des § 97 verneint (vgl. Meyer-Goßner § 97 Rdn. 13).

Abs. 2 S. 2 enthält eine Sonderregelung für **Angehörige der Heilberufe.** Der Begriff Krankenanstalt ist weit auszulegen, er umfasst auch unter ärztlicher Leitung stehende Bereiche der JVA, aber nicht ärztliche Verrechnungsstellen. Eine entsprechende Regelung enthält Abs. 2 S. 2 für Beratungsstellen nach § 219 Abs. 2 StGB. Bei Presse- und Rundfunkmitarbeitern lässt Abs. 5 S. 1 den Gewahrsam der Redaktion usw. genügen (Meyer-Goßner § 97 Rdn. 16). 9

Schriftliche Mitteilungen (Abs. 1 Nr. 1) sind alle Gedankenäußerungen, die eine Person einer anderen zukommen lässt, damit sie davon Kenntnis nimmt (Pfeiffer § 97 Rdn. 2). Erfasst sind z. B. Briefe, Telegramme, Mitteilungen durch Zeichnungen und Skizzen, aber auch Mitteilungen auf Ton- oder Bildträgern (BGH NJW 2001, 3793). Bei dem in § 52 genannten Personenkreis sind Inhalt und Zweck der Mitteilungen gleichgültig, bei dem in § 53 genannten Personenkreis kommt es darauf an, dass die Mitteilung einen Inhalt hat, der nach § 53 zur Verweigerung des Zeugnisses berechtigt. Bei Schriftstücken, die wie ein Testament für die Kenntnisnahme Dritter bestimmt sind, ist Abs. 1 Nr. 1 nicht anwendbar (LG Stuttgart wistra 1988, 245; Pfeiffer § 97 Rdn. 2). 10

Der Begriff Aufzeichnungen (Abs. 1 Nr. 2) ist weit zu verstehen. Darunter fallen z. B. Notizen des Zeugnisverweigerungsberechtigten auf Papier oder in anderer Weise, die keine Mitteilungen an Dritte enthalten, z. B. Krankenblätter, Handakten, Entwürfe von Verträgen und ähnliches (Pfeiffer § 97 Rdn. 3). Wer sie aufgezeichnet hat, ist unerheblich, die Wahrnehmungen müssen aber solche des Zeugnisverweigerungsberechtigten sein (OLG Köln NStZ 1991, 452; Meyer-Goßner § 97 Rdn. 29). Allerdings soll die Beiziehung von Krankenunterlagen in Fällen schwerer Kriminalität denkbar sein (BGHSt 43, 303; Pfeiffer § 97 Rdn. 3). Aufzeichnungen, die keine schriftlichen Mitteilungen enthalten, können uneingeschränkt beschlagnahmt werden (Meyer-Goßner § 97 Rdn. 34). 11

Andere Gegenstände (Abs. 1 Nr. 3) sind etwa Fremdkörper, die der Arzt aus dem Körper des Beschuldigten entfernt hat (OLG Nürnberg NJW 1958, 272, 273), Röntgenaufnahmen, Kardiogramme, Blutbilder oder Alkoholbefunde (Meyer-Goßner § 97 Rdn. 30). Auch Buchhaltungs- und Geschäftsunterlagen gehören hierhin (Meyer-Goßner § 97 Rdn. 30). Siehe zum Praxisnachfolger noch BVerfGE 32, 373 und Pfeiffer § 97 Rdn. 6. Verteidigungsunterlagen dürfen auch in der Hand des Beschul- 12

§ 97   1. Buch. Allgemeine Vorschriften

digten nicht beschlagnahmt werden (BGHSt 44, 46), solange nicht der Verteidiger einer Teilnahme verdächtig ist.

13   **Zu dem von § 97 erfassten Personenkreis** gehören zunächst Angehörige im Sinne des § 52 StPO. Aufzeichnungen, die keine schriftlichen Mitteilungen enthalten, können uneingeschränkt beschlagnahmt werden (Meyer-Goßner § 97 Rdn. 34).

14   Zu den **Berufsgeheimnisträgern** vgl. zunächst die Erläuterungen zu § 53. Mitteilungen zwischen Verteidiger und Beschuldigten sind nur insoweit beschlagnahmefrei, als sie die Verteidigung betreffen und ihr Inhalt von dem Zeugnisverweigerungsrecht erfasst wird, ferner Aufzeichnungen über Mitteilungen des Beschuldigten an den Verteidiger für Zwecke der Verteidigung und über andere Tatsachen, die dem Verteidiger in dieser Eigenschaft anvertraut oder bekannt geworden sind (Meyer-Goßner § 97 Rdn. 36). Das Beschlagnahmeverbot gilt auch, soweit der Verteidiger zur Vorbereitung eines Wiederaufnahmeverfahrens als Zeugenbeistand für den Verurteilten tätig ist (BGH NStZ 2001, 604).

15   Für die Frage des Gewahrsams wird **Abs. 2 S. 1** durch den später in Kraft getretenen **§ 148** ergänzt (Meyer-Goßner § 97 Rdn. 37). Insofern sind schriftliche Mitteilungen auch dann von der Beschlagnahme ausgenommen, wenn sie der inhaftierte oder auf freiem Fuß befindliche Beschuldigte noch nicht abgesandt hat oder sie sich noch auf dem Postweg befinden (Meyer-Goßner § 97 Rdn. 37). Unterlagen, die der Beschuldigte zu seiner Verteidigung angefertigt hat, sind ebenfalls beschlagnahmefrei (BGHSt 44, 46; BVerfG NJW 2002, 1410). Unterliegen die Daten nur teilweise dem Beschlagnahmezugriff, muss ggf. eine Verwendungsbeschränkung vorgenommen werden (vgl. BVerfGE 105, 365).

16   **Bei Notaren** ist zu bedenken, dass notarielle Urkunden beschlagnahmt werden können, da sie nicht geheimhaltungsbedürftig sind (Meyer-Goßner § 97 Rdn. 40). Geschäftsunterlagen und Buchungsbelege dürfen bei einem **Steuerberater** oder Wirtschaftsprüfer beschlagnahmt werden, wenn dieser lediglich die Buchführung erledigen soll oder die Unterlagen aufbewahrt. Benötigt er hingegen die Unterlagen zur Feststellung des Jahresabschlusses, sind ihm die Gegenstände im Rahmen eines besonderen Vertrauensverhältnisses übergeben worden und (zunächst) beschlagnahmefrei (vgl. LG Hamburg wistra 2005, 394; Meyer-Goßner § 97 Rdn. 40).

17   **Bei Angehörigen der Heilberufe** sind schriftliche Mitteilungen, Aufzeichnungen und Gegenstände beschlagnahmefrei. Ein anlässlich der Aufnahme in die JVA erstellter ärztlicher Untersuchungsbericht ist jedoch beschlagnahmefähig (LG Stuttgart MDR 1994, 715).

18   **Bei Hilfspersonen** sind nur solche Gegenstände der Beschlagnahme entzogen, die sich in deren Gewahrsam befinden und wegen der Beziehung zu einer in § 53 Abs. 1 S. 1 Nr. 1 bis 4 bezeichneten Person nicht beschlagnahmt werden dürfen (Meyer-Goßner § 97 Rdn. 44). Wird der Hauptberufsträger von der Schweigepflicht entbunden, ist die Beschlagnahme auch bei der Hilfsperson zulässig (§ 53a Abs. 2 S. 1). Besteht ein Teilnahmeverdacht nur gegen die Hilfsperson, entfällt in deren Person die Beschlagnahmefreiheit. Eine Ausnahme besteht für Hilfspersonen der Abgeordneten (KK-Nack § 97 Rdn. 30; Meyer-Goßner § 97 Rdn. 44).

19   **Bei Mitarbeitern von Presse und Rundfunk** sind Schriftstücke, Tonträger und ähnliches beschlagnahmefrei, soweit sie Aufschluss über Verfasser, Einsender oder sonstige Informanten und die von ihnen gemachten Mitteilungen oder Materialien beziehen geben und soweit sich das Zeugnisverweigerungsrecht erstreckt (vgl. § 53 Rdn. 15ff). Im Gegensatz zur früher h. M. Meinung erstreckt sich das Beschlagnahmeverbot also auch auf selbstrecherchiertes Material. Bei Teilnahmeverdacht entfällt auch hier die Beschlagnahmefreiheit (BVerfG NStZ 2001, 43; BGH NJW 1996, 532). Dabei soll genügen, dass nur ein einziger Mitarbeiter teilnahmeverdächtig ist (LR-Schäfer § 97 Rdn. 137; Meyer-Goßner § 97 Rdn. 45). Allerdings ist hier Art. 5 Abs. 1 S. 2 zu beachten und dem Verhältnismäßigkeitsgrundsatz besonderer

8. Abschnitt. Beschlagnahme, Überwachung des Fernmeldeverkehrs § 97

Stellenwert eingeräumt (vgl. Kunert NStZ 2002, 169, 173; Meyer-Goßner § 97 Rdn. 45).

II. Grenzen der Beschlagnahmefreiheit

Der **Verdacht der Teilnahme,** der Begünstigung, Strafvereitelung oder Hehlerei 20 lassen das **Beschlagnahmeverbot entfallen** (Abs. 2 S. 3). Eine Ausnahme macht Abs. 5 S. 2, 2. Halbsatz.

Der Begriff **Tatbeteiligung** ist im weitesten Sinn zu verstehen; maßgebend ist der 21 Tatbegriff des § 264 (BGHSt 18, 227, 229). Eine rechtswidrige Tat im Sinne des § 11 Abs. 2 Nr. 5 StGB genügt, die Teilnahme muss also nicht strafbar sein. Eine Strafvereitelung reicht daher auch dann aus, wenn sie wegen § 258 Abs. 6 StGB nicht bestraft werden kann (BGHSt 25, 168; Meyer-Goßner § 97 Rdn. 19).

Der **Verdacht** muss weder ein dringender im Sinne des § 112 Abs. 1 S. 1 noch ein 22 hinreichender im Sinne des § 203 sein (§ 97 Rdn. 20). Er muss aber auf **bestimmten Tatsachen** beruhen; bloße Vermutungen genügen nicht (LG Kiel SchlHA 1955, 368; Beulke FS Lüderssen S. 709). Soweit an ein strafbares Verhalten des Berufsgeheimnisträgers gesteigerte Voraussetzungen zu stellen sind, muss sich der Verdacht auch darauf beziehen.

Beispiel: Ein Strafverteidiger, der sich von seinem Mandanten mit Drogengeldern bezahlen lässt, erfüllt den Tatbestand des § 261 Abs. 2 Nr. 1 StGB nur, wenn er um die deliktische Herkunft des Geldes weiß (BVerfG NJW 2004, 1306). – Ein Steuerberater begeht eine Beihilfe zur Steuerhinterziehung nur, wenn er um das strafbare Verhalten des Mandanten weiß oder aber – bei bloß bedingtem Vorsatz – sich die Förderung des erkennbar tatgeneigten Täters angelegen sein lässt (vgl. Joecks § 27 StGB Rdn. 15 ff.).

Der Teilnahmeverdacht muss bereits **bei der Anordnung der Beschlagnahme** 23 bestehen (LG Koblenz StV 1985, 8; Meyer-Goßner § 97 Rdn. 20).

Tatwerkzeuge und durch die Tat hervorgebrachte oder erlangte Gegenstände 24 können unbeschränkt beschlagnahmt werden (Abs. 2 S. 3). Tatwerkzeuge sind auch die zur Tatvorbereitung benutzten Gegenstände (Meyer-Goßner § 97 Rdn. 22; a. M. SK-Rudolphi § 97 Rdn. 35). Durch die Tat hervorgebracht sein oder aus ihr herrühren können auch Gegenstände ohne Vermögenswert, wie z. B. ein „Bekennerbrief" und Sachen, bei deren Erwerb nur bestimmte Umstände gegen das Gesetz verstoßen haben (Meyer-Goßner § 97 Rdn. 23).

Wird der Berufsgeheimnisträger **von der Schweigepflicht entbunden,** ist er zur 25 Herausgabe nach § 95 verpflichtet; dies lässt das Beschlagnahmeverbot bei dem Gewahrsamsinhaber ebenso wie bei den Berufshelfern entfallen (BGHSt 38, 144, 145). Wird die Entbindungserklärung widerrufen, entsteht ein neues Beschlagnahmeverbot, das aber nicht zurückwirkt (Meyer-Goßner § 97 Rdn. 25).

III. Konsequenzen

Ein Verstoß gegen das Beschlagnahmeverbot führt zu einem **Verwertungsverbot** 26 (BGHSt 18, 227, BGH NStZ 1998, 309). Es umfasst nicht nur die Nutzung des Gegenstandes im Wege des Urkunds- und Augenscheinsbeweises, sondern darüber hinaus auch jede andere Form der Verwertung etwa durch eine Vernehmung des auswertenden Polizeibeamten über den Inhalt des unzulässig beschlagnahmten Beweismittels (LR-Schäfer § 97 Rdn. 103; Meyer-Goßner § 97 Rdn. 11; SK-Rudolphi § 97 Rdn. 64). Ist der Beweisgegenstand zulässig beschlagnahmt worden, darf er dennoch nicht in einem Verfahren wegen einer anderen Tat verwertet werden, bei deren Untersuchung er aus Gründen des § 97 nicht hätte beschlagnahmt werden dürfen (BGHSt 18, 227). Entscheidend ist der Tatbegriff des § 264 StPO. Ob mehrere Taten zur gemeinsamen Verhandlung verbunden wurden, ist gleichgültig (Meyer-Goßner § 97 Rdn. 11).

§ 98   1. Buch. Allgemeine Vorschriften

27   Sind die Voraussetzungen der Beschlagnahme später nicht mehr gegeben, weil
z. B. der Teilnahmeverdacht nach Abs. 2 S. 3 entfallen ist, **bleibt** ein zulässig beschlagnahmtes Beweismittel **verwertbar** (BGH NStZ 1983, 85). Diese Rechtsprechung provoziert gerade dazu, mit einer relativ „dünnen" Begründung in Beschlag
zu nehmen, weil man damit den Zugriff auf die Unterlagen selbst dann hat, wenn
sich – nicht unerwartet – der Teilnahmeverdacht als haltlos erweist. Allerdings ist zu
beachten, dass ein Beschlagnahmeverbot dann nicht entfällt, wenn der Teilnahmeverdacht erst durch die unzulässige Beschlagnahme hervorgerufen wurde, weil andernfalls ein rechtswidriger Eingriff durch den erhofften Erfolg belohnt würde (LG
Koblenz StV 1985, 9; KK-Nack § 97 Rdn. 35; Pfeiffer § 97 Rdn. 11). Einschränkungen gelten ohnehin beim Verteidiger (BGHSt 33, 347). Im Hinblick auf § 148
wird hier von der Rechtsprechung zu Recht das Vorliegen „gewichtiger Anhaltspunkte" für eine Tatbeteiligung vorausgesetzt (BGH NJW 1973, 2035; BGH NStZ
2001, 604).

28   Die **Revision** kann darauf gestützt werden, dass ein Beweisgegenstand bei der Beweiswürdigung verwertet wurde, obwohl er einem Verwertungsverbot nach § 97 unterliegt (BGHSt 18, 227; BGHSt 25, 168). Die Revisionsbegründung muss dann dartun, dass die Voraussetzungen des Abs. 2 S. 3 nicht vorlagen (BGHSt 37, 245; BGHSt
38, 144, 146; Meyer-Goßner § 97 Rdn. 50). Dies setzt allerdings voraus, dass eine solche Teilnahme ernsthaft in Betracht zu ziehen war (vgl. Pfeiffer § 97 Rdn. 12). Wird
die Verwertung beschlagnahmter ärztlicher Karteikarten gerügt, muss dargelegt werden, dass die betroffenen Patienten/Patientinnen den Angeklagten nicht von seiner
Schweigepflicht entbunden bzw. einer Verwertung nicht zugestimmt haben (BGHSt
38, 146; Pfeiffer § 98 Rdn. 12).

§ 98 [Anordnung der Beschlagnahme]

(1) ¹**Beschlagnahmen dürfen nur durch den Richter, bei Gefahr im Verzug
auch durch die Staatsanwaltschaft und ihre Ermittlungspersonen (§ 152 des Gerichtsverfassungsgesetzes) angeordnet werden.** ²**Die Beschlagnahme nach § 97
Abs. 5 Satz 2 in den Räumen einer Redaktion, eines Verlages, einer Druckerei
oder einer Rundfunkanstalt darf nur durch den Richter angeordnet werden.**

(2) ¹**Der Beamte, der einen Gegenstand ohne richterliche Anordnung beschlagnahmt hat, soll binnen drei Tagen die richterliche Bestätigung beantragen, wenn bei der Beschlagnahme weder der davon Betroffene noch ein erwachsener Angehöriger anwesend war oder wenn der Betroffene und im Falle
seiner Abwesenheit ein erwachsener Angehöriger des Betroffenen gegen die
Beschlagnahme ausdrücklichen Widerspruch erhoben hat.** ²**Der Betroffene kann
jederzeit die richterliche Entscheidung beantragen.** ³**Solange die öffentliche Klage noch nicht erhoben ist, entscheidet das Amtsgericht, in dessen Bezirk die
Beschlagnahme stattgefunden hat.** ⁴**Hat bereits eine Beschlagnahme, Postbeschlagnahme oder Durchsuchung in einem anderen Bezirk stattgefunden, so
entscheidet das Amtsgericht, in dessen Bezirk die Staatsanwaltschaft ihren Sitz
hat, die das Ermittlungsverfahren führt.** ⁵**Der Betroffene kann den Antrag auch
in diesem Fall bei dem Amtsgericht einreichen, in dessen Bezirk die Beschlagnahme stattgefunden hat.** ⁶**Ist dieses Amtsgericht nach Satz 4 unzuständig, so
leitet der Richter den Antrag dem zuständigen Amtsgericht zu.** ⁷**Der Betroffene
ist über seine Rechte zu belehren.**

(3) **Ist nach erhobener öffentlicher Klage die Beschlagnahme durch die Staatsanwaltschaft oder eine ihrer Ermittlungspersonen erfolgt, so ist binnen drei Tagen dem Richter von der Beschlagnahme Anzeige zu machen; die beschlagnahmten Gegenstände sind ihm zur Verfügung zu stellen.**

8. Abschnitt. Beschlagnahme, Überwachung des Fernmeldeverkehrs § 98

(4) ¹Wird eine Beschlagnahme in einem Dienstgebäude oder einer nicht allgemein zugänglichen Einrichtung oder Anlage der Bundeswehr erforderlich, so wird die vorgesetzte Dienststelle der Bundeswehr um ihre Durchführung ersucht. ²Die ersuchende Stelle ist zur Mitwirkung berechtigt. ³Des Ersuchens bedarf es nicht, wenn die Beschlagnahme in Räumen vorzunehmen ist, die ausschließlich von anderen Personen als Soldaten bewohnt werden.

Die Vorschrift betrifft die **Beschlagnahme** zu Beweiszwecken und die förmliche 1
Sicherstellung von Führerscheinen nach § 94 Abs. 3. Dabei wird zum einen die Zuständigkeit beschrieben (Abs. 1), zum anderen das Verfahren, das ohne Beteiligung des Richters angegangen wurde.

Abs. 4 enthält eine **Sonderregelung für die Bundeswehr.** Dienstgebäude sind 2
z. B. Kasernen und Werkstätten. Allgemein zugänglich sind Kasernenhöfe, Übungsplätze, Schießstände und Lazarette. Vorgesetzte Dienststelle ist diejenige, der die dienstliche Gewalt über das Gebäude, die Einrichtung oder Anlage zusteht; regelmäßig ist dies der Kommandeur (Pfeiffer § 98 Rdn. 6).

Die Anordnung der Beschlagnahme ist **erforderlich,** wenn der Gegenstand weder 3
herrenlos ist noch freiwillig herausgegeben wird (§ 94 Rdn. 4).

Zuständig ist in erster Hinsicht das Gericht, und zwar im Vorverfahren der Er- 4
mittlungsrichter, in dessen Bezirk die Beschlagnahme stattfinden soll, im Fall des § 162 Abs. 1 S. 2 grundsätzlich der Richter, in dessen Bezirk die antragstellende StA ihren Sitz hat (Meyer-Goßner § 98 Rdn. 4).

Abgesehen von den Fällen des § 165 (Richter als „Notstaatsanwalt") darf der Richter 5
die Beschlagnahme **nur auf Antrag der StA** anordnen und über den Antrag nicht hinausgehen (vgl. LG Kaiserslautern NStZ 1981, 438; Meyer-Goßner § 98 Rdn. 4). Nach Anklageerhebung entscheidet auf Antrag oder von Amts wegen das mit der Sache befasste Gericht (BGH NStZ 2000, 609), nicht allein der Vorsitzende (Meyer-Goßner § 98 Rdn. 4). Der StA und seine Ermittlungspersonen sind zur Anordnung bei Gefahr im Verzuge befugt. Ausgenommen sind Räume einer Redaktion (Abs. 1 S. 2).

Gefahr im Verzuge liegt vor, wenn der Erfolg der Beschlagnahme durch die Ver- 6
zögerung, die die Erwirkung der richterlichen Entscheidung mit sich bringen würde, gefährdet wäre (vgl. BVerfGE 51, 111; BVerfG NStZ 2001, 382). Die Entscheidung hierüber trifft der Beamte nach pflichtgemäßem Ermessen (Pfeiffer § 98 Rdn. 2). Dabei ist zu beachten, dass sich die Kontrolldichte geändert hat. Ging man bislang davon aus, dass eine Beschlagnahme nur unwirksam ist, wenn eine willkürliche Annahme von Gefahr im Verzug vorlag (BGH NStZ 1985, 262), ist nach der jüngeren Rechtsprechung des Bundesverfassungsgerichts die Gefahr im Verzug ein unbestimmter Rechtsbegriff; dem Beamten steht insofern kein Beurteilungsspielraum zu (Meyer-Goßner § 98 Rdn. 7).

Die Gefahr im Verzug muss **mit Tatsachen begründet** werden, die auf den Ein- 7
zelfall bezogen sind. Fallunabhängige Vermutungen reichen nicht aus (vgl. BVerfGE 103, 142; Meyer-Goßner § 98 Rdn. 7). Insofern ist zweifelhaft, ob die bisherige Annahme, ein tatsächlicher oder rechtlicher Irrtum über das Vorliegen dieser Gefahr mache das Ergebnis der Anordnung nur bei Willkür unverwertbar, noch haltbar ist (so die ältere Rechtsprechung: OLG Koblenz NStZ 2002, 660; LG Osnabrück StV 1991, 152; LG Saarbrücken wistra 2004, 34; Meyer-Goßner § 98 Rdn. 7).

Die richterliche Anordnung ergeht in der Regel **ohne vorherige Anhörung** des 8
Betroffenen (§ 33 Abs. 4 S. 1) in der Form eines schriftlich abzufassenden und zu begründenden Beschlusses, der zu den Akten zu bringen ist. In der Praxis werden vielfach von der antragstellenden Behörde „Beschlussentwürfe" mitgeliefert, die der Richter allenfalls zu korrigieren und primär zu unterschreiben hat.

Anordnungen der StA und der Ermittlungspersonen können mündlich, telefo- 9
nisch, telegrafisch oder fernschriftlich getroffen werden, müssen dann aber aktenkun-

§ 98

dig gemacht werden (OLG Karlsruhe Justiz 1981, 482). Ist zwar noch genug Zeit, um einen Richter mit der Angelegenheit zu befassen, aber Gefahr im Verzug insofern zu besorgen, als die schriftliche Abfassung des Durchsuchungsbeschlusses nicht mehr möglich ist, genügt auch eine mündliche Anordnung. Zwar ist dann die mit dem Durchsuchungsbeschluss verbundene Informationsfunktion nicht mehr gegeben, immerhin hat aber der Richter als bislang Unbeteiligter seine Kontrollfunktion wahrnehmen können (BVerfGE 103, 142, 154).

10   Der Beschluss muss die Feststellung enthalten, dass die zu beschlagnahmende Sache **als Beweismittel** benötigt wird und den Beweisgegenstand mit solcher Genauigkeit bezeichnen, dass ein Zweifel über den Umfang der Maßnahme nicht aufkommen kann (Meyer-Goßner § 98 Rdn. 9). Die Bekanntgabe der Anordnung an den Betroffenen ist zwar erforderlich (§ 33 Abs. 2); sie darf aber bis unmittelbar vor Beginn der Beschlagnahme zurückgestellt werden und entsprechend § 101 Abs. 1 auch noch länger, wenn sonst der Untersuchungszweck gefährdet würde (KK-Nack § 98 Rdn. 22). Haben StA oder Ermittlungspersonen die Beschlagnahme angeordnet, ist der Betroffene zu belehren (Abs. 2 S. 7), dass er eine gerichtliche Entscheidung beantragen kann (Abs. 2 S. 2). Die Belehrung obliegt der beschlagnahmenden Behörde und sollte in das Beschlagnahmeverzeichnis nach § 109 aufgenommen werden.

11   StA oder Ermittlungspersonen sind verpflichtet, bei einer Anordnung der Beschlagnahme wegen Gefahr im Verzuge **binnen dreier Tage** die richterliche Bestätigung zu beantragen. Vorausgesetzt ist zudem, dass weder der Betroffene noch ein erwachsener Angehöriger anwesend waren bzw. Widerspruch erhoben haben und der Betroffene nicht bereits die richterliche Entscheidung nach Abs. 2 S. 2 beantragt hat (Meyer-Goßner § 98 Rdn. 13).

12   Die Frist von drei Tagen **beginnt** mit dem Ende der Durchführung der Beschlagnahme. Sie gilt nur für den Bestätigungsantrag, nicht für die richterliche Entscheidung. Die Wirksamkeit der Beschlagnahme hängt von der Einhaltung der Soll-Vorschrift des Absatzes 2 S. 1 nicht ab (LR-Schäfer § 98 Rdn. 46; Meyer-Goßner § 98 Rdn. 14).

13   **Betroffener** im Sinne des Abs. 2 S. 1 ist jeder, in dessen Gewahrsam durch die Beschlagnahme eingegriffen wird oder dessen Eigentums- oder Besitzrechte dadurch berührt werden (LR-Schäfer § 98 Rdn. 47). Der Begriff „Angehöriger" ist weit auszulegen und nicht auf den Personenkreis des § 52 Abs. 1 beschränkt (Meyer-Goßner § 98 Rdn. 15). Erwachsen ist nicht nur der Volljährige, aber nie jemand, der jünger als 14 Jahre ist. In diesem Rahmen soll es auf die körperliche Entwicklung und auf das äußere Erscheinungsbild ankommen (Meyer-Goßner § 98 Rdn. 15).

14   Betrifft der Zugriff **mehrere** noch nicht verbundene **Ermittlungsverfahren,** so tritt die Zuständigkeitskonstellation bei dem Amtsgericht am Sitz derjenigen StA ein, deren Verfahren die größere Bedeutung hat (BGH NJW 1976, 153). Beim Zuständigkeitsstreit gilt § 14.

15   **Das Gericht prüft,** ob die Beschlagnahme zur Zeit der Prüfung gerechtfertigt ist (siehe auch BGH StV 1988, 90 für den Fall der entsprechenden Anwendung auf Durchsuchungsanordnungen). Geprüft wird auch, ob Gefahr im Verzug vorlag und ob somit die Kompetenz der StA oder ihrer Ermittlungspersonen für die Beschlagnahmeanordnung gegeben war (BVerfG NJW 2002, 1333 zur Durchsuchungsanordnung). Zur Überprüfung einer erledigten Beschlagnahme vgl. Einl. Rdn. 107 ff.

16   Ein **Antrag auf gerichtliche Entscheidung** (Abs. 2 S. 2) ist gegen Beschlagnahmeanordnungen der StA und ihrer Ermittlungspersonen zulässig. Eine etwaige Beschwerde ist in einen solchen Antrag umzudeuten (LG Lüneburg JZ 1984, 343). Hat das Gericht bereits die Anordnung nach Abs. 2 S. 1 bestätigt, ist der Antrag in ein Gesuch um Aufhebung des Bestätigungsbeschlusses umzudeuten.

17   **Antragsberechtigt** sind der Gewahrsamsinhaber, der Eigentümer und der Besitzer der beschlagnahmten Sache, auch, wenn sie freiwillig herausgegeben wurde (Meyer-Goßner § 98 Rdn. 20). Für die Zuständigkeit gilt das Gleiche wie bei der Bestätigung

8. Abschnitt. Beschlagnahme, Überwachung des Fernmeldeverkehrs § 98

nach Abs. 2 S. 1; die Zuständigkeitskonzentration nach Abs. 2 S. 4 gilt. Der Betroffene kann den Antrag stets bei dem Amtsgericht stellen, in dessen Bezirk die Beschlagnahme stattgefunden hat (Abs. 2 S. 5). Dieses Gericht leitet ihn ggf. dem zuständigen Amtsgericht zu (Abs. 2 S. 6). Der Umfang der richterlichen Prüfung entspricht der im Fall des Absatzes 2 S. 1. In der Entscheidung sind die beschlagnahmten Gegenstände im Einzelnen genau zu bezeichnen (OLG Düsseldorf wistra 1997, 77).

Abs. 2 S. 2 gilt entsprechend für die gerichtliche Überprüfung von Maßnahmen 18 anderer Art (vgl. Laser NStZ 2001, 120). Amelung (StV 2001, 133) will die Bestimmung auch für die Durchsetzung eines Löschungsbegehrens bei rechtswidrig gespeicherten Daten anwenden. Nach der Rechtsprechung ist sie überdies bereits bei durch Verzug erledigten Eingriffsmaßnahmen der StA und ihrer Ermittlungspersonen anwendbar (BGHSt 28, 57; BGHSt 28, 160; BGHSt 37, 79, 82). Dies gilt nunmehr auch für die Feststellung der Rechtswidrigkeit der Art und Weise der Durchführung einer erledigten nichtrichterlichen oder richterlichen Maßnahme (BGHSt 44, 265; BGHSt 45, 183). Die frühere Auffassung, hier sei § 23 EGGVG anwendbar, hat sich erledigt. Die prozessuale Überholung steht einer richterlichen Überprüfung nicht mehr entgegen, falls ein tief greifender Grundrechtseingriff im Raum steht (vgl. Einl. Rdn. 109).

Für die **Durchführung** der richterlichen Anordnung gilt § 36 Abs. 2 S. 1. Das Ge- 19 richt kann – z.B. in der Hauptverhandlung – seine Anordnung aber auch selbst vollstrecken. Gebunden an die richterliche Anordnung ist die StA nur nach Anklageerhebung (Meyer-Goßner § 98 Rdn. 24). Die Beschlagnahme darf durch unmittelbaren Zwang durchgesetzt werden. Hierzu gehört das Eindringen in Wohnungen und andere Räume sowie die Anwendung von Gewalt gegen Personen, die sich widersetzen, als auch gegen Sachen (Aufbrechen von Türen; Meyer-Goßner § 98 Rdn. 24).

Die Beschlagnahme **erlischt** mit dem rechtskräftigen Abschluss des Verfahrens. Eine 20 förmliche Aufhebung der Anordnung ist überflüssig (Schäfer wistra 1984, 136; Meyer-Goßner § 98 Rdn. 29).

Wird die Sache schon vor Verfahrensbeendigung nicht mehr zu Beweiszwecken ge- 21 braucht und kommt eine Beschlagnahme nach §§ 111b ff nicht in Betracht, ist eine Aufhebung der Anordnung erforderlich. Zuständig ist die StA, wenn sie selbst oder eine Ermittlungsperson die Sache beschlagnahmt hat, auch wenn diese richterlich bestätigt wurden, nicht aber bei richterlicher Beschlagnahme (KK-Nack § 98 Rdn. 34; Meyer-Goßner § 98 Rdn. 30; SK-Rudolphi § 38 Rdn. 39). Ermittlungspersonen dürfen die Beschlagnahme nur beenden, wenn sie von ihnen selbst angeordnet und die Sache noch nicht nach § 163 Abs. 2 S. 1 der StA vorgelegt wurde (BGHSt 5, 156, 158).

Eine richterliche Beschlagnahmeanordnung darf nicht mehr vollzogen werden, 22 wenn seit der Anordnung mehr als sechs Monate verstrichen sind und eine erneute richterliche Bestätigung nicht erfolgt ist (BVerfG wistra 1997, 223; LG Köln StraFo 2004, 239).

Eine **Beschwerde** nach § 304 ist zulässig gegen richterliche Beschlagnahmeanord- 23 nungen, die Bestätigung nach Abs. 2 S. 1 und die Ablehnung eines Antrages nach Abs. 2 S. 2. Dies gilt auch für Fälle der entsprechenden Anwendung der Vorschrift (Meyer-Goßner § 98 Rdn. 31). Wegen § 305 S. 2 sind auch Entscheidungen des erkennenden Gerichts anfechtbar. Beschwerdeberechtigt ist die StA, wenn ihr Antrag auf Erlass der Anordnung abgelehnt worden ist, ansonsten derjenige, der beschwert ist. Dies ist auch der Inhaber einer Urkunde, die nicht beschlagnahmt, sondern abgelichtet zu den Akten genommen worden ist (OLG München NJW 1978, 601). Gegen die Aufhebung der Anordnung kann die StA Beschwerde einlegen (Meyer-Goßner § 98 Rdn. 31).

Die **Revision** kann auf Verstöße gegen § 98 nicht gestützt werden. Anknüpfungs- 24 punkt kann aber sein, dass ein Beweismittel z.B. wegen Verletzung des Verhältnismäßigkeitsgebotes nicht hätte verwertet werden dürfen (vgl. BVerfGE 44, 383; Pfeiffer § 98 Rdn. 10).

§ 98a [Maschineller Abgleich und Übermittlung personenbezogener Daten]

(1) ¹Liegen zureichende tatsächliche Anhaltspunkte dafür vor, daß eine Straftat von erheblicher Bedeutung

1. auf dem Gebiet des unerlaubten Betäubungsmittel- oder Waffenverkehrs, der Geld- oder Wertzeichenfälschung,
2. auf dem Gebiet des Staatsschutzes (§§ 74 a, 120 des Gerichtsverfassungsgesetzes),
3. auf dem Gebiet der gemeingefährlichen Straftaten,
4. gegen Leib oder Leben, die sexuelle Selbstbestimmung oder die persönliche Freiheit,
5. gewerbs- oder gewohnheitsmäßig oder
6. von einem Bandenmitglied oder in anderer Weise organisiert

begangen worden ist, so dürfen, unbeschadet §§ 94, 110, 161, personenbezogene Daten von Personen, die bestimmte, auf den Täter vermutlich zutreffende Prüfungsmerkmale erfüllen, mit anderen Daten maschinell abgeglichen werden, um Nichtverdächtige auszuschließen oder Personen festzustellen, die weitere für die Ermittlungen bedeutsame Prüfungsmerkmale erfüllen. ²Die Maßnahme darf nur angeordnet werden, wenn die Erforschung des Sachverhalts oder die Ermittlung des Aufenthaltsortes des Täters auf andere Weise erheblich weniger erfolgversprechend oder wesentlich erschwert wäre.

(2) Zu dem in Absatz 1 bezeichneten Zweck hat die speichernde Stelle die für den Abgleich erforderlichen Daten aus den Datenbeständen auszusondern und den Strafverfolgungsbehörden zu übermitteln.

(3) ¹Soweit die zu übermittelnden Daten von anderen Daten nur mit unverhältnismäßigem Aufwand getrennt werden können, sind auf Anordnung auch die anderen Daten zu übermitteln. ²Ihre Nutzung ist nicht zulässig.

(4) Auf Anforderung der Staatsanwaltschaft hat die speichernde Stelle die Stelle, die den Abgleich durchführt, zu unterstützen.

(5) § 95 Abs. 2 gilt entsprechend.

1 Die Vorschrift ist ein Teil der Bestimmungen über die **Rasterfahndung** (§§ 98a bis 98c). Sie ergänzen die allgemeinen Vorschriften der §§ 161, 163 Abs. 1, die bislang (angeblich) gesetzliche Grundlage für solche Maßnahmen waren. Rasterfahndung ist ein automatisierter (maschineller) Vergleich (Abgleich) personenbezogener Daten, die für andere Zwecke als der Strafverfolgung erhoben und in Dateien anderer Stellen als denen der Strafverfolgungsbehörden gespeichert sind. Sie werden mit Hilfe fallspezifischer kriminalistischer tätertypischer Prüfkriterien (Raster) abgeglichen (Hilger NStZ 1992, 457, 460; Pfeiffer § 98a Rdn. 1).

2 Da ein solcher Abgleich in das **Recht auf informationelle Selbstbestimmung** eingreift, gestattet die Bestimmung einen Grundrechtseingriff. Zu unterscheiden ist die so genannte negative Rasterfahndung (Ausschluss Nichtverdächtiger) von der positiven Rasterfahndung (Feststellung von Verdächtigen oder weiterer für die Ermittlungen bedeutsamer Prüfungsmerkmale). Zum technischen Ablauf vgl. KK-Nack § 98a Rdn. 2, 15 ff; Rogall GS Schlüchter S. 615.

3 **Die Maßnahme ist subsidiär** (Abs. 1 S. 2). Damit soll der Ausnahmecharakter der Rasterfahndung betont werden (Meyer-Goßner § 98a Rdn. 3). Die Klausel ist allerdings weiter gefasst als in § 100a S. 1 am Ende. Während dort „Aussichtslosigkeit" anderer Maßnahmen erforderlich ist, genügt hier, dass solche „weniger Erfolg" versprechen. Natürlich ist auch der Verhältnismäßigkeitsgrundsatz zu beachten (Meyer-

8. Abschnitt. Beschlagnahme, Überwachung des Fernmeldeverkehrs § 98 b

Goßner § 98a Rdn. 3), der aber im Übrigen schon in der Subsidiaritätsklausel einen hohen Stellenwert hat.

Anknüpfungspunkt sind bestimmte gravierende Straftaten. Während der Gesetzgeber bei der Überwachung der Telekommunikation einen präzisen Katalog von Strafvorschriften aufgeführt hat, begnügt er sich bei § 98a damit, eine „Straftat von erheblicher Bedeutung" vorauszusetzen, die auf bestimmten Gebieten (Abs. 1 Nr. 1 bis 6) begangen worden sein muss. Der Anwendungsbereich ist damit deutlich weiter als der der Telefonüberwachung. Insbesondere ist zu bedenken, dass eine Straftat von erheblicher Bedeutung schon vorliegen kann, wenn die Straftat gewerbs- oder gewohnheitsmäßig begangen worden ist (Einl. Rdn. 100). 4

Der Rahmen der durch Abs. 1 Nr. 1 bis 6 gezogen wird, **ist relativ weit.** Genügen soll ein Anfangsverdacht, auch der eines Tatversuchs. Nr. 1 erfasst hauptsächlich Straftatbestände, die sich auch bei § 100a wieder finden. Die gemeingefährlichen Straftaten (Abs. 1 Nr. 3) erfassen theoretisch die Brandstiftungsdelikte bis hin zur unterlassenen Hilfeleistung (§§ 306 bis 323c). In diesen Fällen muss ebenso wie bei gewerbs- oder gewohnheitsmäßiger Tatbegehung (Nr. 5) besonders geprüft werden, ob wirklich eine Straftat von erheblicher Bedeutung (vgl. § 81g Rdn. 6) vorliegt. Eine fahrlässige Trunkenheitsfahrt (§ 316 Abs. 2 StGB) kann die Rasterfahndung nicht rechtfertigen (Pfeiffer § 98a Rdn. 2). 5

Die Vorschrift erfasst nur einen **automatisierten Datenabgleich.** Eine Fahndungsmaßnahme mit Handabgleich ist ein einfacher Ermittlungsvorgang nach § 161, 163 (LR-Schäfer § 98a Rdn. 5; Meyer-Goßner § 98a Rdn. 8). Ziel des Abgleichs ist es, aus einer Vielzahl von Personen diejenigen herauszufinden, auf die bestimmte, charakteristische Merkmale zutreffen. 6

Die private oder öffentliche Stelle, die die benötigten Daten gespeichert hat, ist verpflichtet, sie aus den Datenbeständen **herauszufiltern** und den Strafverfolgungsbehörden zu übermitteln (Meyer-Goßner § 98a Rdn. 9). Weitere Daten dürfen nur dann übermittelt werden, wenn die Trennung einen unverhältnismäßigen Aufwand erfordern würde. Dies muss aber nach § 98b Abs. 1 gesondert angeordnet werden (Abs. 3). Nicht getrennte „andere" Daten dürfen nicht genutzt werden (Abs. 3 S. 2). Weigert sich die speichernde Stelle, an der Rasterfahndung mitzuwirken, gilt über § 95 Abs. 2 die Möglichkeit der Festsetzung von Ordnungs- und Zwangsmitteln nach § 70. Auch in diesen Fällen sind die Zeugnisverweigerungsrechte zu beachten (vgl. § 95 Rdn. 3). 7

Erkenntnisse, die unter völliger **Umgehung des § 98a** erlangt worden sind, sind unverwertbar. Gleiches gilt, wenn der Datenabgleich vorgenommen wurde, obwohl von vornherein keine Anhaltspunkte für das Vorliegen einer Katalogtat von erheblicher Bedeutung gegeben waren (Meyer-Goßner § 98a Rdn. 11). 8

Die **Revision** kann darauf gestützt werden, dass die Beweiswürdigung auf unverwertbaren Erkenntnissen beruht. Ob bei Anordnung des Datenabgleichs zureichende tatsächliche Anhaltspunkte für eine Katalogtat vorlagen, wird – nach Auffassung von Meyer-Goßner (§ 98a Rdn. 12) – vom Revisionsgericht nicht nachgeprüft (unter Verweis auf Rdn. 24 zu § 100a). Bei einer Missachtung der Subsidiaritätsklausel soll ein Verwertungsverbot eingreifen (Pfeiffer § 98a Rdn. 6). 9

§ 98 b [Zuständigkeit; Rückgabe und Löschung von Daten]

(1) [1] **Der Abgleich und die Übermittlung der Daten dürfen nur durch den Richter, bei Gefahr im Verzug auch durch die Staatsanwaltschaft angeordnet werden.** [2] **Hat die Staatsanwaltschaft die Anordnung getroffen, so beantragt sie unverzüglich die richterliche Bestätigung.** [3] **Die Anordnung tritt außer Kraft, wenn sie nicht binnen drei Tagen von dem Richter bestätigt wird.** [4] **Die Anordnung ergeht schriftlich.** [5] **Sie muß den zur Übermittlung Verpflichteten bezeich-**

§ 98b 1. Buch. Allgemeine Vorschriften

nen und ist auf die Daten und Prüfungsmerkmale zu beschränken, die für den Einzelfall benötigt werden. ⁶Die Übermittlung von Daten, deren Verwendung besondere bundesgesetzliche oder entsprechende landesgesetzliche Verwendungsregelungen entgegenstehen, darf nicht angeordnet werden. ⁷Die §§ 96, 97, 98 Abs. 1 Satz 2 gelten entsprechend.

(2) Ordnungs- und Zwangsmittel (§ 95 Abs. 2) dürfen nur durch den Richter, bei Gefahr im Verzug auch durch die Staatsanwaltschaft angeordnet werden; die Festsetzung von Haft bleibt dem Richter vorbehalten.

(3) ¹Sind die Daten auf Datenträgern übermittelt worden, so sind diese nach Beendigung des Abgleichs unverzüglich zurückzugeben. ²Personenbezogene Daten, die auf andere Datenträger übertragen wurden, sind unverzüglich zu löschen, sobald sie für das Strafverfahren nicht mehr benötigt werden. ³Die durch den Abgleich erlangten personenbezogenen Daten dürfen in anderen Strafverfahren zu Beweiszwecken nur verwendet werden, soweit sich bei Gelegenheit der Auswertung Erkenntnisse ergeben, die zur Aufklärung einer in § 98a Abs. 1 bezeichneten Straftat benötigt werden.

(4) ¹§ 163d Abs. 5 gilt entsprechend. ²Nach Beendigung einer Maßnahme gemäß § 98a ist die Stelle zu unterrichten, die für die Kontrolle der Einhaltung der Vorschriften über den Datenschutz bei öffentlichen Stellen zuständig ist.

1 Zuständig für die Anordnung der Rasterfahndung ist grundsätzlich der **Ermittlungsrichter** (§§ 162, 169), der auf Antrag der StA tätig wird. Bei Gefahr im Verzug darf die StA die Anordnung treffen, muss diese aber binnen dreier Tage richterlich bestätigen lassen (Abs. 1 S. 2). Anders als bei § 98 genügt also nicht der Antrag auf richterliche Bestätigung (§ 98 Abs. 2 S. 1), **die Bestätigung selbst** muss innerhalb der Drei-Tage-Frist erfolgen.

2 Die Anordnung – auch die der StA – muss **schriftlich** ergehen. Der Anordnende muss erkennbar sein und die zur Übermittlung verpflichtete Stelle und die abzugleichenden Daten/Dateien müssen bezeichnet werden. Ferner sind die Tat und der Anordnungszweck anzugeben. In den Fällen des § 98a Abs. 3 (ungetrennte Daten) ist die Anordnung entsprechend zu ergänzen.

3 Die Anordnung ist **unzulässig,** wenn gesetzliche Regelungen entgegenstehen (Abs. 1 S. 6, 7). Hierzu gehören etwa das Steuergeheimnis nach § 30 Abs. 1 AO, Vorschriften des Sozialrechts (§ 35 SGB I, §§ 67ff SGB X), das Postgeheimnis (§ 39 PostG) und das Fernmeldegeheimnis (§ 88 TKG). Nach 96 gesperrte oder nach § 97 beschlagnahmefreie Daten dürfen in den Datenabgleich ebenfalls nicht einbezogen werden (§ 98b Abs. 1 S. 7). Zur Anordnung von Ordnungs- und Zwangsmitteln siehe Abs. 2.

4 Nach Durchführung des Datenabgleichs sind die Daten an die speichernde Stelle **unverzüglich zurückzugeben** (Abs. 3). Soweit Daten auf andere Datenträger übertragen wurden, sind sie unverzüglich zu löschen, sobald sie nicht mehr benötigt werden. Die entsprechende Entscheidung trifft im Ermittlungsverfahren die StA, danach das mit der Sache befasste Gericht (LR-Schäfer § 98b Rdn. 23).

5 Eine **Benachrichtigung der Personen,** gegen die nach Auswertung der Daten weitere Ermittlungen geführt worden sind, ist nur dann entbehrlich, wenn dadurch eine Gefährdung des Untersuchungszwecks oder der öffentlichen Sicherheit zu besorgen ist (Abs. 4 i.V.m. § 163d Abs. 5; siehe § 163d Rdn. 8). Zugleich sind die zuständigen Datenschutzbehörden über den durchgeführten Datenabgleich zu unterrichten (Abs. 4 S. 2). Das Prinzip der Wiederholbarkeit wird mit Abs. 3 S. 3 bemüht: Zufallsfunde, die die Verfolgung einer anderen Tat im Sinne des § 264 betreffen, dürfen nur – aber immerhin – verwendet werden, wenn sie eine Katalogtat nach § 98a Abs. 1 betreffen. Zu fragen ist also, ob auch insoweit die Anordnung einer Rasterfahndung

8. Abschnitt. Beschlagnahme, Überwachung des Fernmeldeverkehrs §§ 98c, 99

zulässig gewesen wäre. Die Verwertung zulässig erlangter Daten für präventivpolizeiliche Zwecke richtet sich nach § 477 Abs. 2 S. 2, 4, § 481 (KK-Nack § 98b Rdn. 12).

Lehnt der Richter **wegen Zweckerreichung** den Antrag der StA auf richterliche 6
Bestätigung ab oder wird diese schon nicht beantragt, soll dies einer Verwertung der gewonnenen Erkenntnisse zunächst nicht entgegenstehen (Hilger NStZ 1992, 457, 460 Fn. 66). Siehe aber § 98a Rdn. 8.

Die **Beschwerde** ist gegen die richterliche Anordnung zulässig, solange sie noch 7
nicht durchgeführt worden ist (Pfeiffer § 98b Rdn. 4). Danach gelten die üblichen Grundsätze für die Anfechtung bereits erledigter grundrechtlich relevanter Maßnahmen (vgl. Einl. Rdn. 107ff). Die **Revision** kann auf Verstöße gegen § 98b grundsätzlich nicht gestützt werden (Pfeiffer § 98b Rdn. 4).

§ 98c [Datenabgleich zur Aufklärung einer Straftat]

¹Zur Aufklärung einer Straftat oder zur Ermittlung des Aufenthaltsortes einer Person, nach der für Zwecke eines Strafverfahrens gefahndet wird, dürfen personenbezogene Daten aus einem Strafverfahren mit anderen zur Strafverfolgung oder Strafvollstreckung oder zur Gefahrenabwehr gespeicherten Daten maschinell abgeglichen werden. ²Entgegenstehende besondere bundesgesetzliche oder entsprechende landesgesetzliche Verwendungsregelungen bleiben unberührt.

Die Vorschrift regelt keine Rasterfahndung, sondern stellt klar, dass der maschinelle 1
Abgleich von Daten zulässig ist, die die Strafverfolgungsbehörden durch in der StPO geregelte Ermittlungsmaßnahmen gewonnen haben (so genannter **justizinterner Datenabgleich**; Pfeiffer § 98c Rdn. 1). Die Maßnahme soll verfassungsrechtlich unbedenklich sein (KMR-Wankel § 98c Rdn. 4; Meyer-Goßner § 98c Rdn. 1). Bedenkt man, dass der Datenabgleich auch Daten aus Melderegistern erfasst, die den Strafverfolgungsbehörden auf Anforderung von den Meldebehörden gemäß § 18 MRRG übermittelt wurden, ist jedenfalls problematisch, dass es an verfahrensrechtlichen Schutzvorkehrungen fehlt (vgl. Siebrecht StV 1996, 566).

Der Abgleich darf zur **Aufklärung einer beliebigen Straftat** und zur Ermittlung 2
des Aufenthaltsorts einer Person erfolgen. Personen können Beschuldigte, aber auch Zeugen und Sachverständige sein. Es gilt weder die Subsidiaritätsklausel des § 98a Abs. 1 S. 2, noch ist vorausgesetzt, dass es um eine erhebliche Straftat (vgl. § 98a) geht.

Grenzen ziehen allein **bundes- oder landesgesetzliche Vorschriften**, die einer 3
Verwendung von Daten entgegenstehen. Strafprozessuale Schutzvorschriften wie die über die Zeugnisverweigerungsrechte oder Beschlagnahmeverbote können die Verwertung hindern (Meyer-Goßner § 98c Rdn. 3).

§ 99 [Postbeschlagnahme]

¹Zulässig ist die Beschlagnahme der an den Beschuldigten gerichteten Postsendungen und Telegramme, die sich im Gewahrsam von Personen oder Unternehmen befinden, die geschäftsmäßig Post- oder Telekommunikationsdienste erbringen oder daran mitwirken. ²Ebenso ist eine Beschlagnahme von Postsendungen und Telegrammen zulässig, bei denen aus vorliegenden Tatsachen zu schließen ist, daß sie von dem Beschuldigten herrühren oder für ihn bestimmt sind und daß ihr Inhalt für die Untersuchung Bedeutung hat.

Die Vorschrift gestattet einen **Eingriff in das Post- und Briefgeheimnis** (Art. 10 1
GG) und regelt einen Unterfall der Beschlagnahme nach § 94. Es geht um Beweis-

§ 99   1. Buch. Allgemeine Vorschriften

mittel, nicht um Verfalls- und Einziehungsgegenstände im Sinne des § 111 b. Die Beschlagnahme eines Gegenstandes ist aber nicht deshalb unzulässig, weil er auch dem Verfall oder der Einziehung unterliegt (KK-Nack § 99 Rdn. 1).

2   Die freiwillige Herausgabe durch ein Postunternehmen wäre strafbar gemäß **§ 206 Abs. 2 StGB** und als Verstoß gegen § 39 Postgesetz zu qualifizieren (Meyer-Goßner § 99 Rdn. 2). Ausnahmen bestehen in Fällen einer Anzeigepflicht nach § 138 Abs. 1 StGB unter den Voraussetzungen des rechtfertigenden Notstands nach § 34 StGB (Meyer-Goßner § 99 Rdn. 2; a. M. SK-Rudolphi § 99 Rdn. 8). Betroffene können jedoch in die Herausgabe einwilligen. Dies kann durch jeden der Beteiligten unabhängig von dem anderen geschehen (Meyer-Goßner § 99 Rdn. 3).

3   **Postbeschlagnahme** ist die Weisung an ein Postunternehmen, die bereits vorliegenden und/oder die künftig zu erwartenden Postsendungen und Telegramme oder einzelne von ihnen auszusondern und auszuliefern (LR-Schäfer § 99 Rdn. 17). Sowohl der Begriff Post als auch der Begriff Sendung ist weit zu verstehen (Pakete, Streifbandzeitungen; Pfeiffer § 99 Rdn. 2).

4   Die **Person des Beschuldigten** muss feststehen, sein Name kann aber noch unbekannt sein (KK-Nack § 99 Rdn. 2). Die Einleitung des Verfahrens kann mit der Anordnung der Postbeschlagnahme verbunden sein (SK-Rudolphi § 99 Rdn. 10).

5   Betroffen sein können nur Sendungen im **Gewahrsam der Postbeförderer** oder Anbieter von Telekommunikation oder deren Mitwirkenden als Verrichtungs- oder Erfüllungsgehilfen. Die Anordnung wirkt noch nicht, solange noch der Absender, und nicht mehr, sobald der Empfänger Gewahrsam hat (Meyer-Goßner § 99 Rdn. 9). Für die Beschlagnahme von noch nicht aufgegebenen Sendungen im Schalterraum der Post gelten die §§ 94, 98 (Meyer-Goßner § 99 Rdn. 9).

6   **Beschlagnahmefähig** sind zunächst an den Beschuldigten gerichtete Sendungen (Halbsatz 1). Erfasst sein sollen auch solche Sendungen, die unter einem Decknamen aufgegeben wurden (Meyer-Goßner § 99 Rdn. 10).

7   **Vom Beschuldigten herrührende Sendungen** können ebenfalls der Postbeschlagnahme unterliegen, wenn ihr Inhalt für die Untersuchung von Bedeutung ist. Für diesen Fall ist aber vorauszusetzen, dass das Herrühren oder das Bestimmtsein aus „vorliegenden Tatsachen zu schließen ist". Bloße Vermutungen genügen daher nicht (Meyer-Goßner § 99 Rdn. 11).

8   Der **Verhältnismäßigkeitsgrundsatz** gebietet, die Postbeschlagnahme nur anzuordnen, wenn ein nicht nur in geringem Maß konkretisierter Verdacht für eine nicht nur geringfügige Tat besteht (Meyer-Goßner § 99 Rdn. 12; SK-Rudolphi § 99 Rdn. 4). Ein qualifizierter Tatverdacht wird aber nicht vorausgesetzt.

9   Die **Verteidigerpost** ist wegen § 148 von der Beschlagnahme ausgenommen, wenn nicht gegen den Verteidiger ein Verdacht der Tatbeteiligung besteht (KK-Nack § 99 Rdn. 11).

10   Schon aus Gründen der Verhältnismäßigkeit ist es möglich, statt einer Beschlagnahme **Auskunft über Postsendungen** zu verlangen (LR-Schäfer § 99 Rdn. 29; Meyer-Goßner § 99 Rdn. 14). Die Auskunft erstreckt sich dann aber in der Regel nur auf die äußeren Merkmale der Sendung (Absender, Empfänger, Sendungsart) und die Daten des Postverkehrs (Meyer-Goßner § 99 Rdn. 14). Auskünfte über Verkehrsdaten bereits abgewickelter Telekommunikation sind jetzt in § 100 g geregelt.

11   Wurde das Beweismittel erlangt, ohne dass die Voraussetzungen für eine Postbeschlagnahme vorlagen, besteht ein **Verwertungsverbot** (vgl. BGHSt 23, 331; OLG Karlsruhe NJW 1973, 209). Wie auch sonst sollen Fehler nicht ausreichen und die Willkürgrenze entscheidend sein (KK-Nack § 99 Rdn. 12; Pfeiffer § 99 Rdn. 5). Die **Revision** kann darauf gestützt werden, dass das Urteil auf Erkenntnissen beruht, die einem Verwertungsverbot unterlagen (Meyer-Goßner § 99 Rdn. 15; SK-Rudolphi § 99 Rdn. 22).

8. Abschnitt. Beschlagnahme, Überwachung des Fernmeldeverkehrs § 100

§ 100 [Zuständigkeit]

(1) Zu der Beschlagnahme (§ 99) ist nur der Richter, bei Gefahr im Verzug auch die Staatsanwaltschaft befugt.

(2) Die von der Staatsanwaltschaft verfügte Beschlagnahme tritt, auch wenn sie eine Auslieferung noch nicht zur Folge gehabt hat, außer Kraft, wenn sie nicht binnen drei Tagen von dem Richter bestätigt wird.

(3) ¹Die Öffnung der ausgelieferten Gegenstände steht dem Richter zu. ²Er kann diese Befugnis der Staatsanwaltschaft übertragen, soweit dies erforderlich ist, um den Untersuchungserfolg nicht durch Verzögerung zu gefährden. ³Die Übertragung ist nicht anfechtbar; sie kann jederzeit widerrufen werden. ⁴Solange eine Anordnung nach Satz 2 nicht ergangen ist, legt die Staatsanwaltschaft die ihr ausgelieferten Gegenstände sofort, und zwar verschlossene Postsendungen ungeöffnet, dem Richter vor.

(4) ¹Über eine von der Staatsanwaltschaft verfügte Beschlagnahme entscheidet der nach § 98 zuständige Richter. ²Über die Öffnung eines ausgelieferten Gegenstandes entscheidet der Richter, der die Beschlagnahme angeordnet oder bestätigt hat.

Die Bestimmung regelt die **Zuständigkeit für die Anordnung** der Postbeschlagnahme. Sie wird grundsätzlich vom Richter angeordnet, bei Gefahr im Verzuge auch durch die StA. Eine Anordnung durch Ermittlungspersonen ist unzulässig (vgl. SK-Rudolphi § 100 Rdn. 3). 1

Eine **bestimmte Form** ist nicht vorgeschrieben. Richterliche Anordnungen ergehen aber üblicherweise durch Beschluss. Mündliche/fernmündliche Anordnungen der StA müssen schriftlich bestätigt werden. Eine vorherige Anhörung des Betroffenen kommt wegen § 33 Abs. 4 S. 1 nicht in Betracht. 2

Die **Anordnung** muss inhaltlich erkennen lassen, von wem sie stammt und dass sie in einem Ermittlungs- oder Strafverfahren gegen einen bestimmten Beschuldigten erlassen worden ist (Meyer-Goßner § 100 Rdn. 4). Beschränkungen sind in zeitlicher Hinsicht möglich und in der Regel geboten. Zulässig ist auch eine sachliche Beschränkung, z. B. auf geschlossene Briefe oder Pakete und Päckchen (vgl. RistBV Nr. 77 Abs. 2 S. 1). 3

Bei Anordnungen der StA muss eine **gerichtliche Bestätigung** innerhalb von drei Tagen nach dem Tag des Eingangs der Beschlagnahmeverfügung bei der Post erfolgen (Abs. 2). Die Berechnung der Frist richtet sich nach § 42; ob § 43 Abs. 2 gilt, ist umstritten (vgl. LR-Schäfer § 100 Rdn. 20; Meyer-Goßner § 100 Rdn. 7). Die StA hat Grund zur Eile: Trifft die richterliche Bestätigung nicht bis zum Fristablauf bei dem Postunternehmen ein, so erlischt die Beschlagnahmeanordnung ohne weiteres; ausgelieferte Sendungen bleiben jedoch beschlagnahmt (Meyer-Goßner § 100 Rdn. 7). Bestätigt das Gericht die Anordnung erst nach Ablauf der Frist, ist dies eine neue richterliche Beschlagnahmeanordnung (LR-Schäfer § 100 Rdn. 19). 4

Die StA führt die Beschlagnahme durch und leitet die Beschlagnahmeanordnung dem Postunternehmen zu. Eine Durchsuchung der Räume der Post oder eine eigenständige Aussonderung der Sendungen ist unzulässig (KMR-Müller § 100 Rdn. 5).

Die **Öffnung der Sendungen** (Abs. 3) unterliegt dem Richtervorbehalt, der durch die Übertragungsbefugnis nach Abs. 3 S. 2 (Öffnung durch die StA) eingeschränkt wird. Solange eine Übertragung der Befugnis auf die StA nicht erfolgt ist, legt diese die Postsendungen (ungeöffnet) dem Richter vor (Abs. 3 S. 4). 5

Für **Auskunftsersuchen** gilt § 100 entsprechend. Von der Gewährung rechtlichen Gehörs kann abgesehen werden, allerdings soll § 101 gelten (Meyer-Goßner § 100 Rdn. 11). Für Auskunftsersuchen der StA ist eine richterliche Bestätigung erforderlich 6

§ 100a 1. Buch. Allgemeine Vorschriften

(Kurth NStZ 1983, 541, 542). Das Postunternehmen erteilt die Auskunft schriftlich oder durch die Zeugenaussage eines Bediensteten (Kurth NStZ 1983, 541; Meyer-Goßner § 100 Rdn. 11).

7 **Anordnungen der StA** sind unanfechtbar, weil sie nur bis zu ihrer richterlichen Feststellung wirksam bleiben (Abs. 2). Die nachträgliche Feststellung der Rechtswidrigkeit ist entsprechend § 98 Abs. 2 S. 2 möglich (Pfeiffer § 100 Rdn. 4). Gegen richterliche Anordnungen und Bestätigungen ist die Beschwerde nach § 304 zulässig. Dieses Recht haben neben den Prozessbeteiligten auch die Absender oder Empfänger der Sendungen. Die **Revision** kann auf Verstöße gegen § 100 nicht gestützt werden (KK-Nack § 100 Rdn. 12).

§ 100a [Voraussetzungen der Überwachung des Fernmeldeverkehrs]

¹Die Überwachung und Aufzeichnung der Telekommunikation darf angeordnet werden, wenn bestimmte Tatsachen den Verdacht begründen, daß jemand als Täter oder Teilnehmer

1. a) Straftaten des Friedensverrats, des Hochverrats und der Gefährdung des demokratischen Rechtsstaates oder des Landesverrats und der Gefährdung der äußeren Sicherheit (§§ 80 bis 82, 84 bis 86, 87 bis 89, 94 bis 100a des Strafgesetzbuches, § 20 Abs. 1 Nr. 1 bis 4 des Vereinsgesetzes),
   b) Straftaten gegen die Landesverteidigung (§§ 109d bis 109h des Strafgesetzbuches),
   c) Straftaten gegen die öffentliche Ordnung (§§ 129 bis 130 des Strafgesetzbuches, § 95 Abs. 1 Nr. 8 des Aufenthaltsgesetzes),
   d) ohne Soldat zu sein, Anstiftung oder Beihilfe zur Fahnenflucht oder Anstiftung zum Ungehorsam (§§ 16, 19 in Verbindung mit § 1 Abs. 3 des Wehrstrafgesetzes),
   e) Straftaten gegen die Sicherheit der in der Bundesrepublik Deutschland stationierten Truppen der nichtdeutschen Vertragsstaaten des Nordatlantikvertrages oder der im Land Berlin anwesenden Truppen einer der Drei Mächte (§§ 89, 94 bis 97, 98 bis 100, 109d bis 109g des Strafgesetzbuches, §§ 16, 19 des Wehrstrafgesetzes in Verbindung mit Artikel 7 des Vierten Strafrechtsänderungsgesetzes),
2. eine Geld- oder Wertpapierfälschung (§§ 146, 151, 152 des Strafgesetzbuches), einen schweren sexuellen Missbrauch von Kindern nach § 176a Abs. 1 bis 3 oder 5 des Strafgesetzbuches oder einen sexuellen Missbrauch von Kindern mit Todesfolge nach § 176b des Strafgesetzbuches,
   eine Verbreitung pornografischer Schriften nach § 184b Abs. 3 des Strafgesetzbuches,
   einen Mord, einen Totschlag (§§ 211, 212 des Strafgesetzbuches) oder einen Völkermord (§ 6 des Völkerstrafgesetzbuches),
   eine Straftat gegen die persönliche Freiheit (§ 232 Abs. 3, 4 oder Abs. 5, § 233 Abs. 3, jeweils soweit es sich um Verbrechen handelt, §§ 234, 234a, 239a, 239b des Strafgesetzbuches),
   einen Bandendiebstahl (§ 244 Abs. 1 Nr. 2 des Strafgesetzbuches) oder einen schweren Bandendiebstahl (§ 244a des Strafgesetzbuches),
   einen Raub oder eine räuberische Erpressung (§§ 249 bis 251, 255 des Strafgesetzbuches),
   eine Erpressung (§ 253 des Strafgesetzbuches),
   eine gewerbsmäßige Hehlerei, eine Bandenhehlerei (§ 260 des Strafgesetzbuches) oder eine gewerbsmäßige Bandenhehlerei (§ 260a des Strafgesetzbuches),

8. Abschnitt. Beschlagnahme, Überwachung des Fernmeldeverkehrs § 100a

eine Geldwäsche, eine Verschleierung unrechtmäßig erlangter Vermögenswerte nach § 261 Abs. 1, 2 oder 4 des Strafgesetzbuches,
eine gemeingefährliche Straftat in den Fällen der §§ 306 bis 306c oder 307 Abs. 1 bis 3, des § 308 Abs. 1 bis 3, des § 309 Abs. 1 bis 4, des § 310 Abs. 1, der §§ 313, 314 oder 315 Abs. 3, des § 315b Abs. 3 oder der §§ 316a oder 316c des Strafgesetzbuches,
3. eine Straftat nach §§ 51, 52 Abs. 1 Nr. 1, 2 Buchstabe c und d, Abs. 5, 6 des Waffengesetzes, § 34 Abs. 1 bis 6 des Außenwirtschaftsgesetzes oder nach § 19 Abs. 1 bis 3, § 20 Abs. 1 oder 2, jeweils auch in Verbindung mit § 21, oder § 22a Abs. 1 bis 3 des Gesetzes über die Kontrolle von Kriegswaffen,
4. eine Straftat nach einer in § 29 Abs. 3 Satz 2 Nr. 1 des Betäubungsmittelgesetzes in Bezug genommenen Vorschrift unter den dort genannten Voraussetzungen oder eine Straftat nach §§ 29a, 30 Abs. 1 Nr. 1, 2, 4, § 30a oder § 30b des Betäubungsmittelgesetzes oder
5. eine Straftat nach § 96 Abs. 2 oder § 97 des Aufenthaltsgesetzes oder nach § 84 Abs. 3 oder § 84a des Asylverfahrensgesetzes,
begangen oder in Fällen, in denen der Versuch strafbar ist, zu begehen versucht oder durch eine Straftat vorbereitet hat, und wenn die Erforschung des Sachverhalts oder die Ermittlung des Aufenthaltsortes des Beschuldigten auf andere Weise aussichtslos oder wesentlich erschwert wäre. ²Die Anordnung darf sich nur gegen den Beschuldigten oder gegen Personen richten, von denen auf Grund bestimmter Tatsachen anzunehmen ist, daß sie für den Beschuldigten bestimmte oder von ihm herrührende Mitteilungen entgegennehmen oder weitergeben oder daß der Beschuldigte ihren Anschluß benutzt.

I. Überblick

Die Vorschrift regelt die Voraussetzungen einer **Überwachung des Fernmelde-** 1
verkehrs; sie wird durch die Zuständigkeitsregelung des § 100b ergänzt, der zudem die Voraussetzungen einer Verwertung in anderen Strafverfahren regelt (§ 100b Abs. 5). Der durch § 100a erlaubte Eingriff in das Grundrecht des Post- und Fernmeldegeheimnisses (Art. 10 GG) und das allgemeine Persönlichkeitsrecht (Art. 2 GG) wurde Ende der 60er Jahre des letzten Jahrhunderts in die StPO eingestellt. Die Zahl der Straftatbestände, derentwegen eine Überwachung der Telekommunikation möglich ist, ist dabei ständig gewachsen: Offenbar ist mit den technischen Möglichkeiten auch das Bedürfnis nach Überwachungsmaßnahmen gestiegen.

Die Überwachung im Bereich der **Geheimdienste** richtet sich nach § 1 G 10. 2
Daneben gibt es in den Polizeigesetzen der Länder präventiv-polizeiliche Telekommunikationsüberwachungen. Oftmals wird aber auch die Überwachung nach § 100a letztlich für solche Zwecke eingesetzt (vgl. Kinzig StV 2004, 560).

Telekommunikation im verfassungsrechtlichen Sinne endet am **Endgerät des** 3
Fernsprechteilnehmers (BGHSt 42, 139, 154). Es fehlt also an einem rechtswidrigen Eingriff, wenn auch nur einer der Teilnehmer an dem Telefonat damit einverstanden ist, dass ein Dritter mithört (BGHSt 39, 335; BGHSt 42, 139). Zu Raumgesprächen – der Teilnehmer legt versehentlich nicht richtig auf, der andere kann mithören – siehe BGHSt 31, 296.

Das **Fernmeldegeheimnis** schützt die Vertraulichkeit aller mit Mitteln des Fern- 4
meldeverkehrs weitergegebenen Mitteilungen. Dazu zählen der Telegramm-, der Telefon- und der Fernschreibverkehr, aber auch die Übertragung von Daten über Standleitungen zwischen Computern (Teletex, Telefax, Bildschirmtext; Jarass/Pieroth Art. 10 GG Rdn. 5; Pfeiffer § 100a Rdn. 1).

Telekommunikation ist der technische Vorgang des Aussendens, Übermittelns 5
und Empfangens von Nachrichten jeglicher Art in der Form von Zeichen, Sprache,

189

§ 100a 1. Buch. Allgemeine Vorschriften

Bildern oder Tönen mittels technischer Einrichtungen oder Systeme, die als Nachrichten identifizierbare elektromagnetische oder optische Signale senden, übertragen, vermitteln, empfangen, steuern oder kontrollieren können (Meyer-Goßner § 100a Rdn. 2 unter Hinweis auf § 3 Nr. 22, 23 TKG).

6 **Bei Mailboxen ist zu differenzieren:** Das Absenden der Nachricht bis zum Ankommen im Speicher des Mailbox-Betreibers und das Abrufen der Nachricht durch den Empfänger unterliegen jedenfalls § 100a. Für die zweite Phase – Ruhen der Nachricht auf dem Speicher – wollen einige § 94 für anwendbar halten (LG Ravensburg NStZ 2003, 325; KK-Nack § 100a Rdn. 8) oder § 99 anwenden (Böckenförde S. 441). Überwiegend werden aber alle drei Phasen dem § 100a unterstellt (LG Hanau NJW 1999, 3647; LR-Schäfer § 100a Rdn. 58; Meyer-Goßner § 100a Rdn. 2; Jäger StV 2002, 244). Nach der Rechtsprechung unterfällt dem § 100a auch die **Positionsmeldung nichttelefonierender Mobiltelefone** (BGH NJW 2001, 1587; dagegen Bernsmann NStZ 2002, 103; Demko NStZ 2004, 57, 62).

7 Im Flusse ist die Frage, inwiefern ein repressiver Zugriff auf **zugangsgeschützte Bereiche im Internet** erlaubt ist. Überwiegend geht man davon aus, dass die StPO derzeit noch keine dafür ausreichende Rechtsgrundlage enthält (Meyer-Goßner § 100a Rdn. 2a).

8 Die Regelung ist **abschließend** (Pfeiffer § 100a Rdn. 2). Hinzu tritt die neu geschaffene Möglichkeit der Kontrollen nach § 100g, 100h.

9 § 100a erlaubt die Überwachung und Aufzeichnung. Für die Einrichtung von Fangschaltungen und **Zählervergleichseinrichtungen** (vgl. BGHSt 35, 32) ist durch § 10b FAG eine gesetzliche Eingriffsgrundlage geschaffen worden (vgl. BVerfGE 85, 386). Die bislang in § 12 FAG enthaltene Regelung ist nun durch §§ 100g, 100h ersetzt worden. Bei Kidnapping soll eine Telefonüberwachung bis zur Schaffung der erforderlichen gesetzlichen Regelungen nach § 32 StGB erlaubt sein (Meyer-Goßner § 100a Rdn. 3; Nelles FS Stree/Wessels S. 719).

II. Eingriffsvoraussetzungen

10 Mit der **Auswahl der Katalogtaten** legt der Gesetzgeber fest, in welchen Fällen die Anordnung der Überwachung mit dem Verhältnismäßigkeitsgrundsatz vereinbar erscheint (Meyer-Goßner § 100a Rdn. 4). In Verbindung mit dem Subsidiaritätsgrundsatz und dem allgemeinen Verhältnismäßigkeitsgrundsatz sollen entsprechende Beschränkungen erreicht werden. Auch sonst ist die Rechtsprechung zumindest des Bundesgerichtshofs zum Teil restriktiv. So kann eine Überwachung nicht auf den Verdacht der Geldwäsche gestützt werden, wenn eine Verurteilung nach § 261 StGB wegen der Vorrangklausel des § 261 Abs. 9 S. 2 StGB (Strafbarkeit wegen Beteiligung an der Vortat) nicht zu erwarten ist und die der Geldwäsche zu Grunde liegende Tat ihrerseits keine Katalogtat im Sinne des § 100a ist (BGHSt 48, 240; vgl. auch Arloth NStZ 2003, 609; Roßmüller/Scheinfeld wistra 2004, 52).

11 Die **Teilnahme** an der Katalogtat (§§ 26, 27 StGB) steht der Täterschaft gleich. Strafvereitelung oder Begünstigung genügen nicht (Meyer-Goßner § 100a Rdn. 5). Der strafbare Versuch der Tat genügt, die Vorbereitung und die Teilnahme daran nur, wenn sie ihrerseits als selbstständige Straftaten oder nach § 30 StGB (BGHSt 32, 10, 16) strafbar sind.

12 Der Tatverdacht muss kein dringender im Sinne des Haftrechts und kein hinreichender (§ 203) sein (Meyer-Goßner § 100a Rdn. 6). Er darf aber **nicht nur unerheblich** sein (BGHSt 41, 30, 33; Joecks JA 1983, 59; Meyer-Goßner § 100a Rdn. 6). Allerdings muss der Verdacht bereits ein gewisses Maß an Konkretisierung erreicht haben (Kinzig StV 2004, 563). Es müssen bestimmte Tatsachen vorliegen, die unmittelbar oder als Beweisanzeichen den Verdacht einer Katalog- oder Vorbereitungstat begründen. Dabei soll dem Anordnenden ein Beurteilungsspielraum zugestanden werden

8. Abschnitt. Beschlagnahme, Überwachung des Fernmeldeverkehrs § 100a

(BGHSt 41, 30, 33; Meyer-Goßner § 100a Rdn. 6; a.M. Bernsmann NStZ 1995, 512; Störmer StV 1995, 653).

Die Überwachung ist subsidiär. Sie ist nur zulässig, wenn sie unentbehrlich ist, 13 weil andernfalls die Erforschung des Sachverhalts oder die Ermittlung des Aufenthaltsorts des Beschuldigten aussichtslos oder wesentlich erschwert sein würde. Aussichtslos ist sie, wenn andere Aufklärungsmittel nicht vorhanden sind. Stehen aber solche Mittel zur Verfügung, müssen ihre Erfolgsaussichten mit denen der Überwachung verglichen werden. Wenn diese entscheidend höher zu veranschlagen sind, ist die Überwachung zulässig (Meyer-Goßner § 100a Rdn. 7; SK-Rudolphi § 100a Rdn. 13).

Eine **wesentliche Erschwerung** liegt insbesondere vor, wenn die Benutzung an- 14 derer Mittel einen erheblich größeren Zeitaufwand erfordern und dann zu einer wesentlichen Verfahrensverzögerung führen würde (KK-Nack § 100a Rdn. 23; Meyer-Goßner § 100a Rdn. 7). Der größere Arbeitsaufwand rechtfertigt die Maßnahme nur, wenn er so umfangreich wäre, dass dadurch die Strafverfolgungsinteressen deutlich überwiegen. Kosten dürfen keine Rolle spielen (KK-Nack § 100a Rdn. 23; LR-Schäfer § 100a Rdn. 43). Soweit das andere Mittel eine gleichartige Subsidiaritätsklausel aufweist (vgl. §§ 100c, 110a), hat der Anordnende die Wahl (Meyer-Goßner § 100a Rdn. 7a; kritisch Bernsmann/Jansen StV 1998, 222).

Die Anordnung darf sich nur gegen bestimmte Personen richten. In Be- 15 tracht kommt zunächst der Beschuldigte, also der Tatverdächtige, gegen den bereits ein Ermittlungsverfahren eingeleitet ist oder gegen den es mit der Anordnung nach § 100a eingeleitet werden soll. Seine Identität muss noch nicht feststehen (Meyer-Goßner § 100a Rdn. 9; vgl. aber auch Hoeren wistra 2005, 2).

Eine **Anordnung gegen Nichtverdächtige** ist zulässig, wenn ihr Anschluss vom 16 Beschuldigten benutzt wird oder sie so genannte Nachrichtenmittler sind. **Nachrichtenmittler** sind Personen, von denen auf Grund bestimmter Tatsachen anzunehmen ist, dass sie Nachrichten, die an den Beschuldigten gerichtet oder von ihm unmittelbar oder mittelbar ausgegangen sind, entgegennehmen oder weiterleiten (BGH NJW 1994, 2904, 2907). Dass sie gutgläubig sind, steht einer Anordnung nicht entgegen (Joecks JA 1983, 59; Kaiser NJW 1969, 18, 19). Sie müssen weder Art und Inhalt der Mitteilung noch ihren Bezug zur Tat kennen. Gleiches gilt für Personen, die guten Glaubens den Beschuldigten oder den Nachrichtenmittler ihren Anschluss benutzen lassen. Insofern soll selbst die Überwachung von Telefonzellen zulässig sein (Meyer-Goßner § 100a Rdn. 12). Ob auch die Überwachung des Anschlusses eines vermeintlichen Opfers einer Schutzgelderpressung ohne dessen Einwilligung zulässig ist, ist umstritten (dagegen Meyer-Goßner § 100a Rdn. 12; dafür Mahnkopf/Döring NStZ 1995, 112).

Der Eingriff in den Fernmeldeverkehr tatunverdächtiger Personen setzt hinreichend 17 begründete Erfolgsaussichten voraus und muss so gering wie möglich gehalten werden. Eine **Dauerüberwachung** kommt in der Regel nicht in Betracht (Joecks JA 1983, 60; Meyer-Goßner § 100a Rdn. 10).

III. Grenzen der Verwertbarkeit; Revision

Der **Telefonanschluss des Verteidigers** darf im Hinblick auf § 148 nicht abge- 18 hört werden (BGHSt 33, 347; Meyer-Goßner § 100a Rdn. 13). Wird der Anschluss des Beschuldigten überwacht, darf die Überwachung nicht fortgesetzt werden, wenn feststeht, dass der Gesprächspartner der Verteidiger ist (LR-Schäfer § 100a Rdn. 75). Für Rechtsanwälte, die nicht Verteidiger sind, gilt dies nicht (vgl. Beulke Jura 1986, 643; Meyer-Goßner § 100a Rdn. 13). Ist der Verteidiger selbst einer Katalogtat verdächtig, darf der Anschluss überwacht werden (BVerfGE 30, 1, 32ff). Gespräche, die mit der Katalogtat nichts zu tun haben, unterliegen dann aber einem Verwertungsverbot (Rieß JR 1987, 77).

§ 100a 1. Buch. Allgemeine Vorschriften

19 **Gegen den Beschuldigten und alle Tatbeteiligten können die Überwachungsergebnisse verwertet werden.** Dies geschieht durch Vernehmung der Überwachungsbeamten als Zeugen oder das Abspielen der Ton- und Schriftträger (Augenscheinseinnahme). Möglich ist auch, eine Niederschrift von dem Inhalt der Tonträger zu fertigen und diese zu verlesen (BGHSt 27, 135; BGH NStZ 1985, 466). Zweifelhaft ist, ob zu den Tatbeteiligten auch Täter der Begünstigung, Strafvereitelung und Hehlerei gehören (so Meyer-Goßner § 100a Rdn. 15; siehe Wolter GS A. Kaufmann S. 767).

20 Ändert sich die der Anordnung zu Grunde gelegte **rechtliche Beurteilung,** war aber die Anordnung wegen einer bestimmten Katalogtat rechtmäßig, so soll es der Verwertung der Erkenntnisse nicht entgegenstehen, dass nach den weiteren Ermittlungen nur noch der Verdacht einer Nichtkatalogtat besteht; es soll immer genügen, dass im Zeitpunkt der Anordnung ein objektiver Bezug auf eine Katalogtat bestanden hat (BGHSt 28, 122; BGHR Verwertungsverbot 4; Meyer-Goßner § 100a Rdn. 16). Dies ist freilich nicht unumstritten. Ein Teil der Literatur lehnt dies ab (SK-Rudolphi § 100a Rdn. 25; Kretschmer StV 1999, 225; Prittwitz StV 1984, 302; Welp Jura 1981, 479).

21 In den vorstehend bezeichneten Fällen sollen Ermittlungsergebnisse dann auch für eine mit der Katalogtat **in Tateinheit stehende Tat** verwendet werden dürfen (Welp Jura 1981, 477; Meyer-Goßner § 100a Rdn. 17). Für den Fall der §§ 129, 129a StGB soll dies auch für Taten gelten, die die Mitglieder bei der Verfolgung der Ziele der Vereinigung abgesprochen oder begangen haben, selbst wenn keine Anklage wegen der Vereinigung, sondern nur wegen dieser Taten erhoben worden ist (BGHSt 28, 122; Meyer-Goßner § 100a Rdn. 17; a.M. Prittwitz StV 1984, 302). Auch wenn die StA die Verfolgung wegen der Katalogtat nach § 154a ausscheidet, soll dies die Verwertung nicht hindern (OLG Hamm JMBlNW 1978, 32).

22 Diese **Großzügigkeit bei der Verwertung der Erkenntnisse** ist geradezu eine Einladung, z.B. einen Verdacht der Bildung einer kriminellen Vereinigung zu „schöpfen", um dann immerhin Erkenntnisse über die im Rahmen der „Vereinigung" begangenen Taten zu gewinnen. Allerdings hat das Problem sich dadurch entschärft, dass der Gesetzgeber mittlerweile zahlreiche Fälle der bandenmäßigen Begehung als Katalogtat eingeordnet hat.

23 Für **Zufallserkenntnisse** gilt das „Prinzip der Wiederholbarkeit" (Einl. Rdn. 208). **Ist die zufällig erkannte Straftat eine Katalogtat,** dürfen Zufallserkenntnisse uneingeschränkt verwertet werden. Dabei kommt es nicht darauf an, ob es um die Strafverfolgung gegen den Beschuldigten geht, dessentwegen die Anordnung erfolgte, oder um die Strafverfolgung von Dritten (Meyer-Goßner § 100a Rdn. 19f; BGHSt 28, 122, 129; BGHSt 32, 10, 15; BGH NJW 1979, 1370; BGH wistra 1991, 146; vgl. auch BGHSt 26, 298, 302). Allerdings ist zweifelhaft, ob dies nur für Gespräche gilt, an denen der Beschuldigte unmittelbar oder mittelbar selbst teilgenommen hat (so Kretschmer StV 1999, 227).

> **Beispiel:** Es wird das Telefon des gutgläubigen Nachbarn überwacht, weil der Beschuldigte sonst nicht des Mordes überführt werden kann. Der Nachbar spricht in einem Telefonat mit seinem Bruder von einer durch ihn begangenen Brandstiftung (§ 100a Nr. 2). Diese Erkenntnisse sind in einem Strafverfahren gegen ihn uneingeschränkt verwertbar, wenn man nicht verlangt, dass der Beschuldigte auch an diesem Telefonat teilgenommen hat.

24 Beziehen sich die Zufallserkenntnisse nicht auf eine Katalogtat, und geht es um die **Straftat eines Dritten,** dürfen die abgehörten Gespräche keine unmittelbare Verwertung als Beweismittel finden (BGHSt 26, 298), also auch nicht im Wege eines Vorhalts (OLG Karlsruhe NJW 2004, 2687). Zulässig sein soll eine mittelbare Verwertung in der Weise, dass die Zufallserkenntnisse zur Grundlage weiterer Ermittlungen gegen den Dritten gemacht werden (BVerfG wistra 2006, 15; Meyer-Goßner

8. Abschnitt. Beschlagnahme, Überwachung des Fernmeldeverkehrs § 100a

§ 100a Rdn. 20; a.M. Knauth NJW 1978, 741, 742). Dies soll auch für Zufallsfunde aus einer im Ausland angeordneten Telefonüberwachung gelten (Zietsch Kriminalistik 1996, 129).

Beziehen sich die Zufallserkenntnisse auf eine **Nicht-Katalogtat des Beschul-** 25 **digten,** kommt es – wie oben (Rdn. 21) bereits dargelegt – darauf an, welche Beziehung die nunmehr erwiesene Tat zur Anordnungstat hat. Handelt es sich um eine beliebige Tat, die in keinem Zusammenhang mit der Katalogtat steht, kann ebenfalls nur eine mittelbare Verwertung wie bei Erkenntnissen über Dritte erfolgen (Rdn. 24). Handelt es sich aber um Erkenntnisse über Taten, die im Zusammenhang mit einer Katalogtat stehen, kann dies auch unmittelbar verwertet werden (BGH NStZ 1998, 426; Meyer-Goßner § 100a Rdn. 19). Handelt es sich um Anschlussdelikte zu einer Katalogtat (Begünstigung, Hehlerei, Strafvereitelung), dürfen die Erkenntnisse nicht unmittelbar zum Beweis (BGHSt 27, 355; BGHSt 28, 122, 127; OLG Düsseldorf NStZ 2001, 657) und auch nicht zu Vorhalten (BGHSt 27, 355) benutzt werden. Zulässig soll es sein, dass auf Grund der erlangten Erkenntnisse Ermittlungen geführt und dabei andere Beweismittel gewonnen werden (BGHSt 27, 355; KK-Senge vor § 48 Rdn. 44; a.M. SK-Rudolphi § 100a Rdn. 32).

Ob **Fehler bei der Anordnung** zu einem Verwertungsverbot führen, ist zweifel- 26 haft. Überwiegend geht man davon aus, dass ein Verstoß gegen die Zuständigkeitsbestimmung des § 100b oder sonstige Formvorschriften folgenlos ist (vgl. KK-Nack § 100a Rdn. 38; Meyer-Goßner § 100a Rdn. 21). Unverwertbar sind aber Erkenntnisse, die ohne richterliche oder staatsanwaltschaftliche Anordnung (Jäger StV 2002, 244) unter völliger Umgehung des § 100a erlangt worden sind (BGHSt 31, 304: Aufzeichnung von Telefongesprächen zwischen V-Mann, der Polizei und Beschuldigtem) oder wenn die Anordnung unter bewusster Überschreitung der gesetzlichen Befugnisse getroffen worden ist (BGHSt 28, 122, 124; BGHSt 31, 304, 309; BGH NJW 1979, 1370, 1371). Der Fall ist dies zum Beispiel, wenn von vornherein der Verdacht einer Katalogtat nicht bestand (BGHSt 32, 68, 70; OLG Hamburg StV 2002, 590). Allerdings kann das Vorliegen einer im Überwachungsbeschluss nicht genannten anderen Katalogtat genügen (BGHSt 48, 240).

Zu Verwertungsverboten kann es auch kommen, wenn der **Subsidiaritätsgrund-** 27 **satz missachtet** oder der Fernmeldeverkehr mit dem Verteidiger überwacht worden ist (BGHSt 33, 347, 352). Allerdings hält der BGH eine Verwertung im Verfahren gegen einen Dritten für zulässig (BGH StV 1990, 435). Dass Gespräche mit Zeugnisverweigerungsberechtigten (außer Verteidigern) geführt wurden, steht einer Verwertung nicht entgegen (BGH NStZ 1999, 416; anders im Fall des § 100c Abs. 6). Ob diese Rechtsprechung in Anbetracht der Entscheidung des Bundesverfassungsgerichts zur akustischen Wohnraumüberwachung (BVerfGE 109, 279) noch uneingeschränkt aufrechtzuerhalten ist, scheint fraglich (Meyer-Goßner § 100a Rdn. 21).

Ein Verwertungsverbot besteht auch für Bekundungen des Beschuldigten **auf Vor-** 28 **halt** von unzulässig gewonnenen Erkenntnissen aus einer Telefonüberwachung. Hat der Beschuldigte unter dem Eindruck eines unzulässigen Vorhalts ausgesagt, so dürfen auch spätere Aussagen nicht verwertet werden, die noch von dem Vorhalt beeinflusst sind (BGHSt 27, 355, 358). Ob dies der Fall ist, hat der Tatrichter zu prüfen (BGHSt 35, 32; Meyer-Goßner § 100a Rdn. 22).

Eine **Fernwirkung** (Einl. Rdn. 227 ff) hat der Verstoß gegen § 100a nach Auffas- 29 sung der Rechtsprechung nicht (BGHSt 32, 68, 70; ebenso Meyer-Goßner § 100a Rdn. 23). Die Entscheidung BGHSt 29, 244, die die Telefonüberwachung nach § 1 G 10 betraf, soll hier nicht einschlägig sein (Meyer-Goßner § 100a Rdn. 23).

Im Rahmen der **Revision** kann mit einer Verfahrensrüge nach § 344 Abs. 2 S. 2 30 (BGH StV 1994, 169) gerügt werden, dass die Beweiswürdigung auf unverwertbaren Erkenntnissen beruht. Vom Revisionsgericht werden aber der Tatverdacht und die Frage der Wahrung des Subsidiaritätsgrundsatzes nur daraufhin überprüft, ob die An-

§ 100b   1. Buch. Allgemeine Vorschriften

ordnung der Telefonüberwachung vertretbar war, der Anordnende seinen Beurteilungsspielraum also nicht überschritten hat (BGHSt 41, 30). Die Literatur sieht dies überwiegend kritisch (vgl. Küpper JR 1996, 213; Bernsmann NStZ 1995, 512; LR-Schäfer § 100a Rdn. 100; Neuhaus FS Rieß S. 396; Paeffgen FS Roxin S. 1302; vgl. aber auch BGH StV 1998, 247).

31   Wird der Beschluss nach § 100b **unzureichend begründet**, führt dies zur Unverwertbarkeit der Überwachungsergebnisse jedenfalls dann, wenn der erkennende Richter die in einem solchen Fall erforderliche Beiziehung der Akten zur gebotenen Überprüfung der Überwachungsmaßnahme unterlassen hat (BGHSt 47, 362). Weiterhin fordert die Rechtsprechung, dass der Verwertung in der Hauptverhandlung widersprochen worden ist (BGH StV 2001, 545; dagegen Wollweber wistra 2001, 182). In der Rüge müssen die Überwachungsbeschlüsse und die dagegen erhobenen Widersprüche mit den diesen zurückweisenden Beschlüssen wiedergegeben werden, ebenso die Antragsschrift der StA (vgl. BGHSt 47, 362, 365; BGHSt 48, 240).

§ 100b [Zuständigkeit für Anordnung der Überwachung des Fernmeldeverkehrs]

(1) ¹Die Überwachung und Aufzeichnung der Telekommunikation (§ 100a) darf nur durch den Richter angeordnet werden. ²Bei Gefahr im Verzug kann die Anordnung auch von der Staatsanwaltschaft getroffen werden. ³Die Anordnung der Staatsanwaltschaft tritt außer Kraft, wenn sie nicht binnen drei Tagen von dem Richter bestätigt wird.

(2) ¹Die Anordnung ergeht schriftlich. ²Sie muß Namen und Anschrift des Betroffenen gegen den sie sich richtet, und die Rufnummer oder eine andere Kennung seines Telekommunikationsanschlusses enthalten. ³In ihr sind Art, Umfang und Dauer der Maßnahmen zu bestimmen. ⁴Die Anordnung ist auf höchstens drei Monate zu befristen. ⁵Eine Verlängerung um jeweils nicht mehr als drei weitere Monate ist zulässig, soweit die in § 100a bezeichneten Voraussetzungen fortbestehen.

(3) ¹Auf Grund der Anordnung hat jeder, der geschäftsmäßig Telekommunikationsdienste erbringt oder daran mitwirkt, dem Richter, der Staatsanwaltschaft und ihren im Polizeidienst tätigen Ermittlungspersonen (§ 152 des Gerichtsverfassungsgesetzes) die Überwachung und Aufzeichnung der Telekommunikation zu ermöglichen. ²Ob und in welchem Umfang hierfür Vorkehrungen zu treffen sind, ergibt sich aus § 110 des Telekommunikationsgesetzes und der auf seiner Grundlage erlassenen Rechtsverordnung zur technischen und organisatorischen Umsetzung von Überwachungsmaßnahmen. ³§ 95 Abs. 2 gilt entsprechend.

(4) ¹Liegen die Voraussetzungen des § 100a nicht mehr vor, so sind die sich aus der Anordnung ergebenden Maßnahmen unverzüglich zu beenden. ²Die Beendigung ist dem Richter und dem nach Absatz 3 Verpflichteten mitzuteilen.

(5) Die durch die Maßnahmen erlangten personenbezogenen Informationen dürfen in anderen Strafverfahren zu Beweiszwecken nur verwendet werden, soweit sich bei Gelegenheit der Auswertung Erkenntnisse ergeben, die zur Aufklärung einer der in § 100a bezeichneten Straftaten benötigt werden.

(6) ¹Sind die durch die Maßnahmen erlangten Unterlagen zur Strafverfolgung nicht mehr erforderlich, so sind sie unverzüglich unter Aufsicht der Staatsanwaltschaft zu vernichten. ²Über die Vernichtung ist eine Niederschrift anzufertigen.

8. Abschnitt. Beschlagnahme, Überwachung des Fernmeldeverkehrs § 100b

Die Vorschrift regelt die **Anordnung und Ausführung** einer Überwachung und 1
Aufzeichnung der Telekommunikation nach § 100a. Wie bei der Postbeschlagnahme ist in erster Hinsicht der Richter (Ermittlungsverfahren: Ermittlungsrichter, §§ 162, 169) zuständig. Nur bei Gefahr im Verzug kann die Anordnung durch die StA erfolgen, die allerdings außer Kraft tritt, wenn sie nicht binnen dreier Tage richterlich bestätigt wird (§ 100b Abs. 1). Die Frist beginnt mit der Anordnung, nicht erst mit deren Eingang beim Anbieter der Telekommunikationsdienste (Schnarr NStZ 1988, 481, 483); es gilt aber § 43 Abs. 2 (Meyer-Goßner § 100b Rdn. 1). Auch bei Außerkraftsetzen nach Abs. 1 S. 3 sollen die zwischenzeitlich rechtmäßig erlangten Erkenntnisse verwertbar bleiben (Schnarr NStZ 1991, 209, 214; Meyer-Goßner § 100b Rdn. 1).

Die Anordnung muss **schriftlich** ergehen. Dies gilt auch für Eilanordnungen der 2
StA. Sie muss erkennen lassen, wer sie erlassen hat. Beschuldigter und die sonst Betroffenen werden aus verständlichen Gründen vor Erlass der Anordnung nicht gehört (§ 33 Abs. 4 S. 1).

Der **Inhalt der Anordnung** ergibt sich zunächst aus Abs. 2 S. 2 und 3. Daneben 3
muss sie die dem Beschuldigten zur Last gelegte Straftat (Arloth NStZ 2003, 609, 610), den Grund der Überwachung (Sachverhaltserforschung oder Aufenthaltsermittlung) unter Angabe der Verdachts- und Beweislage (BGHSt 47, 362) und ihre Unentbehrlichkeit darlegen (Kinzig StV 2004, 562; Meyer-Goßner § 100b Rdn. 3). Die Dauer der Überwachung ist anzugeben, auch wenn die Höchstdauer nach Abs. 2 S. 4 festgesetzt wird (LR-Schäfer § 100b Rdn. 9).

Inwiefern **weitere Angaben** – entsprechend § 114 Abs. 2 Nr. 4 – erforderlich 4
sind, ist umstritten (dagegen BGHSt 33, 217, 223; Meyer-Goßner § 100b Rdn. 3; dafür Krause FS Hanack S. 241). Erfolgt eine Fernsprechüberwachung, ist die Rufnummer bzw. die Kennung des Anschlusses anzugeben. Zugleich ist zu regeln, ob und in welchem Umfang die Gespräche aufzuzeichnen, welche von mehreren Anschlüssen zu überwachen sind und ob das durchgehend oder nur zu bestimmten Tageszeiten geschehen soll (Meyer-Goßner § 100b Rdn. 3).

Kann ein Mobilfunkteilnehmer **in Fällen des roamings** auf Netze mehrerer 5
Betreiber Zugriff nehmen, bedarf es nur einer Überwachungsanordnung, wobei die Ermittlungsbehörden nach deren Eingang umgehend über roaming-Vereinbarungen unterrichtet werden müssen (BGH – Ermittlungsrichter – NStZ 2003, 272).

Die Maßnahme dauert so lange, bis die Ermittlungen ohne sie (erfolgreich) 6
fortgeführt werden können oder der Aufenthalt des Beschuldigten ermittelt ist oder aber die Erfolgsaussichten entfallen sind. Die Höchstdauer beträgt drei Monate und kann vom Gericht mehrmals um jeweils drei Monate verlängert werden. Der Lauf der Frist beginnt mit dem Erlass der Anordnung, nicht erst mit dem Vollzug der Maßnahme (BGHSt 44, 243; Meyer-Goßner § 100b Rdn. 4).

Zuständig für die Durchführung ist die StA (Abs. 3 und § 36 Abs. 2). Der 7
Dienstleister muss nach § 110 TKG und der Telekommunikations-Überwachungs-Verordnung die technischen Einrichtungen zur Umsetzung von Überwachungsmaßnahmen auf eigene Kosten gestalten und vorhalten und die notwendigen Schaltungen vornehmen (Meyer-Goßner § 100b Rdn. 5). Ausnahmen sind möglich. Die rechtlichen Voraussetzungen des § 100a hat der Betreiber nicht zu prüfen. Das Abhören und Mitlesen, also das Kenntnisnehmen vom Inhalt der Mitteilungen, ist nur dem Richter, der StA und ihren Ermittlungspersonen, auch deren Vorgesetzten (Joecks JA 1983, 60), gestattet (Meyer-Goßner § 100b Rdn. 5).

Bestehen die Voraussetzungen des § 100a nicht mehr, ist die Maßnahme **unver-** 8
züglich zu beenden (Meyer-Goßner § 100b Rdn. 6). Die endgültige Entscheidung über die Beendigung trifft in der Regel die StA. Von der Beendigung werden Gericht und der nach Abs. 3 Verpflichtete unterrichtet (Abs. 4 S. 2). Eine Wiederholung der Maßnahme ist zulässig, wenn die Voraussetzungen des § 100a erneut gegeben sind

§ 100c   1. Buch. Allgemeine Vorschriften

(Meyer-Goßner § 100b Rdn. 6). Zu Zufallsfunden vgl. die Erläuterungen zu § 100a und Abs. 5.

9 Wird das Material für die Strafverfolgung nicht mehr benötigt, ist es unverzüglich **zu vernichten** (Abs. 6; Meyer-Goßner § 100b Rdn. 8). Bei Tonbändern genügt die Löschung, ggf. sind auch Niederschriften über die Tonbandaufzeichnungen zu vernichten (OLG Koblenz StV 1994, 284). Die Entscheidung über die Vernichtung trifft im Ermittlungsverfahren die StA, danach das mit der Sache befasste Gericht. Die Durchführung obliegt der Polizei unter Aufsicht der StA. Die Vernichtung ist zu dokumentieren (Abs. 5 S. 2).

10 Kosten des Telekommunikationsdiensteanbieters werden nach § 23 Abs. 1 S. 1 Nr. 3 JVEG von der Justiz erstattet und dem verurteilten Angeklagten auferlegt (Meyer-Goßner § 100b Rdn. 9).

11 Die **Beschwerde** gegen die Anordnung der Telekommunikationsüberwachung ist zulässig, findet aber regelmäßig deshalb nicht statt, weil zumindest der Betroffene hiervon nichts weiß. Insofern kann ggf. später die Feststellung der Rechtswidrigkeit beantragt werden (vgl. Einl. Rdn. 107 ff). Inwiefern der Diensteanbieter beschwerdeberechtigt ist, ist zweifelhaft (vgl. LG Bremen StV 1999, 307). Entscheidungen des OLG und des Ermittlungsrichters des BGH bzw. der OLGe sind nach § 304 Abs. 4, 5 unanfechtbar (BGH – Ermittlungsrichter – NStZ 2003, 272). Gegen alle Entscheidungen der StA nach § 100b Abs. 1 S. 2 ist entsprechend § 98 Abs. 2 S. 2 die Anrufung des Gerichts zulässig. Zur **Revision** bei Verstößen gegen § 100b vgl. § 100a Rdn. 30.

§ 100c [Abhörmaßnahmen in Wohnungen]

(1) **Ohne Wissen der Betroffenen darf das in einer Wohnung nichtöffentlich gesprochene Wort mit technischen Mitteln abgehört und aufgezeichnet werden, wenn**

1. bestimmte Tatsachen den Verdacht begründen, dass jemand eine in Absatz 2 bezeichnete besonders schwere Straftat begangen oder in Fällen, in denen der Versuch strafbar ist, zu begehen versucht hat,
2. die Tat auch im Einzelfall besonders schwer wiegt,
3. auf Grund tatsächlicher Anhaltspunkte anzunehmen ist, dass durch die Überwachung Äußerungen des Beschuldigten erfasst werden, die für die Erforschung des Sachverhalts oder die Ermittlung des Aufenthaltsortes eines Mitbeschuldigten von Bedeutung sind, und
4. die Erforschung des Sachverhalts oder die Ermittlung des Aufenthaltsortes eines Mitbeschuldigten auf andere Weise unverhältnismäßig erschwert oder aussichtslos wäre.

(2) Besonders schwere Straftaten im Sinne des Absatzes 1 Nr. 1 sind:

1. aus dem Strafgesetzbuch:
   a) Straftaten des Friedensverrats, des Hochverrats und der Gefährdung des demokratischen Rechtsstaates oder des Landesverrats und der Gefährdung der äußeren Sicherheit nach den §§ 80, 81, 82, nach den §§ 94, 95 Abs. 3 und § 96 Abs. 1, jeweils auch in Verbindung mit § 97b, sowie nach den §§ 97a, 98 Abs. 1 Satz 2, § 99 Abs. 2 und den §§ 100, 100a Abs. 4,
   b) Bildung krimineller Vereinigungen nach § 129 Abs. 1 in Verbindung mit Abs. 4 Halbsatz 2 und Bildung terroristischer Vereinigungen nach § 129a Abs. 1, 2, 4, 5 Satz 1 Alternative 1, jeweils auch in Verbindung mit § 129b Abs. 1,
   c) Geldfälschung und Wertpapierfälschung in den Fällen der §§ 146, 151, jeweils auch in Verbindung mit § 152, gewerbs- oder bandenmäßige Fälschung von Zahlungskarten, Schecks und Wechseln nach § 152a Abs. 3

8. Abschnitt. Beschlagnahme, Überwachung des Fernmeldeverkehrs   § 100c

und Fälschung von Zahlungskarten mit Garantiefunktion und Vordrucken für Euroschecks nach § 152b Abs. 1 bis 4,
d) Straftaten gegen die sexuelle Selbstbestimmung in den Fällen des § 176a Abs. 2 Nr. 2 oder Abs. 3, § 177 Abs. 2 Nr. 2 oder § 179 Abs. 5 Nr. 2,
e) Verbreitung, Erwerb und Besitz kinderpornografischer Schriften in den Fällen des § 184b Abs. 3,
f) Mord und Totschlag nach den §§ 211, 212,
g) Straftaten gegen die persönliche Freiheit in den Fällen der §§ 234, 234a Abs. 1, 2, §§ 239a, 239b und Menschenhandel zum Zweck der sexuellen Ausbeutung und zum Zweck der Ausbeutung der Arbeitskraft nach § 232 Abs. 3, Abs. 4 oder Abs. 5, § 233 Abs. 3, jeweils soweit es sich um Verbrechen handelt,
h) Bandendiebstahl nach § 244 Abs. 1 Nr. 2 und schwerer Bandendiebstahl nach § 244a,
i) schwerer Raub und Raub mit Todesfolge nach § 250 Abs. 1 oder Abs. 2, § 251,
j) räuberische Erpressung nach § 255 und besonders schwerer Fall einer Erpressung nach § 253 unter den in § 253 Abs. 4 Satz 2 genannten Voraussetzungen,
k) gewerbsmäßige Hehlerei, Bandenhehlerei und gewerbsmäßige Bandenhehlerei nach den §§ 260, 260a,
l) besonders schwerer Fall der Geldwäsche, Verschleierung unrechtmäßig erlangter Vermögenswerte nach § 261 unter den in § 261 Abs. 4 Satz 2 genannten Voraussetzungen,
m) besonders schwerer Fall der Bestechlichkeit und Bestechung nach § 335 Abs. 1 unter den in § 335 Abs. 2 Nr. 1 bis 3 genannten Voraussetzungen,
2. aus dem Asylverfahrensgesetz:
a) Verleitung zur missbräuchlichen Asylantragstellung nach § 84 Abs. 3,
b) gewerbs- und bandenmäßige Verleitung zur missbräuchlichen Asylantragstellung nach § 84a Abs. 1,
3. aus dem Aufenthaltsgesetz:
a) Einschleusen von Ausländern nach § 96 Abs. 2,
b) Einschleusen mit Todesfolge oder gewerbs- und bandenmäßiges Einschleusen nach § 97,
4. aus dem Betäubungsmittelgesetz:
a) besonders schwerer Fall einer Straftat nach § 29 Abs. 1 Satz 1 Nr. 1, 5, 6, 10, 11 oder 13, Abs. 3 unter der in § 29 Abs. 3 Satz 2 Nr. 1 genannten Voraussetzung,
b) eine Straftat nach den §§ 29a, 30 Abs. 1 Nr. 1, 2, 4, § 30a,
5. aus dem Gesetz über die Kontrolle von Kriegswaffen:
a) eine Straftat nach § 19 Abs. 2 oder § 20 Abs. 1, jeweils auch in Verbindung mit § 21,
b) besonders schwerer Fall einer Straftat nach § 22a Abs. 1 in Verbindung mit Abs. 2,
6. aus dem Völkerstrafgesetzbuch:
a) Völkermord nach § 6,
b) Verbrechen gegen die Menschlichkeit nach § 7,
c) Kriegsverbrechen nach den §§ 8 bis 12,
7. aus dem Waffengesetz:
a) besonders schwerer Fall einer Straftat nach § 51 Abs. 1 in Verbindung mit Abs. 2,
b) besonders schwerer Fall einer Straftat nach § 52 Abs. 1 Nr. 1 in Verbindung mit Abs. 5.

§ 100c 1. Buch. Allgemeine Vorschriften

(3) ¹Die Maßnahme darf sich nur gegen den Beschuldigten richten und nur in Wohnungen des Beschuldigten durchgeführt werden. ²In Wohnungen anderer Personen ist die Maßnahme nur zulässig, wenn auf Grund bestimmter Tatsachen anzunehmen ist, dass
1. der in der Anordnung nach § 100d Abs. 2 bezeichnete Beschuldigte sich dort aufhält und
2. die Maßnahme in Wohnungen des Beschuldigten allein nicht zur Erforschung des Sachverhalts oder zur Ermittlung des Aufenthaltsortes eines Mitbeschuldigten führen wird.
³Die Maßnahme darf auch durchgeführt werden, wenn andere Personen unvermeidbar betroffen werden.

(4) ¹Die Maßnahme darf nur angeordnet werden, soweit auf Grund tatsächlicher Anhaltspunkte, insbesondere zu der Art der zu überwachenden Räumlichkeiten und dem Verhältnis der zu überwachenden Personen zueinander, anzunehmen ist, dass durch die Überwachung Äußerungen, die dem Kernbereich privater Lebensgestaltung zuzurechnen sind, nicht erfasst werden. ²Gespräche in Betriebs- oder Geschäftsräumen sind in der Regel nicht dem Kernbereich privater Lebensgestaltung zuzurechnen. ³Das Gleiche gilt für Gespräche über begangene Straftaten und Äußerungen, mittels derer Straftaten begangen werden.

(5) ¹Das Abhören und Aufzeichnen ist unverzüglich zu unterbrechen, soweit sich während der Überwachung Anhaltspunkte dafür ergeben, dass Äußerungen, die dem Kernbereich privater Lebensgestaltung zuzurechnen sind, erfasst werden. ²Aufzeichnungen über solche Äußerungen sind unverzüglich zu löschen. ³Erkenntnisse über solche Äußerungen dürfen nicht verwertet werden. ⁴Die Tatsache der Erfassung der Daten und ihrer Löschung ist zu dokumentieren. ⁵Ist eine Maßnahme nach Satz 1 unterbrochen worden, so darf sie unter den in Absatz 4 genannten Voraussetzungen fortgeführt werden. ⁶Im Zweifel ist über die Unterbrechung oder Fortführung der Maßnahme unverzüglich eine Entscheidung des Gerichts herbeizuführen; § 100d Abs. 4 gilt entsprechend.

(6) ¹In den Fällen des § 53 ist eine Maßnahme nach Absatz 1 unzulässig; ergibt sich während oder nach Durchführung der Maßnahme, dass ein Fall des § 53 vorliegt, gilt Absatz 5 Satz 2 bis 4 entsprechend. ²In den Fällen der §§ 52 und 53a dürfen aus einer Maßnahme nach Absatz 1 gewonnene Erkenntnisse nur verwertet werden, wenn dies unter Berücksichtigung der Bedeutung des zugrunde liegenden Vertrauensverhältnisses nicht außer Verhältnis zum Interesse an der Erforschung des Sachverhalts oder der Ermittlung des Aufenthaltsortes eines Beschuldigten steht. ³Sind die zur Verweigerung des Zeugnisses Berechtigten einer Beteiligung oder einer Begünstigung, Strafvereitelung oder Hehlerei verdächtig, so sind die Sätze 1 und 2 nicht anzuwenden.

(7) ¹Soweit ein Verwertungsverbot nach Absatz 5 in Betracht kommt, hat die Staatsanwaltschaft unverzüglich eine Entscheidung des anordnenden Gerichts über die Verwertbarkeit der erlangten Erkenntnisse herbeizuführen. ²Soweit das Gericht eine Verwertbarkeit verneint, ist dies für das weitere Verfahren bindend.

1   Die Vorschrift zum „Großen Lauschangriff" wurde durch das OrgKG vom 15. 7. 1992 in die StPO eingeführt worden und folgt dem Vorbild der §§ 100a, 100b. Durch das Gesetz zur Verbesserung der Bekämpfung der organisierten Kriminalität ist § 100c dann um Regelungen zur akustischen Wohnraumüberwachung („Großer Lauschangriff") erweitert worden. Die entsprechende Erweiterung in § 100c Abs. 1 Nr. 3 StPO hat das **Bundesverfassungsgericht** in einer Entscheidung vom 3. 3. 2004 (BVerfGE 109, 279) teilweise für verfassungswidrig erklärt und dem Gesetzgeber auf-

8. Abschnitt. Beschlagnahme, Überwachung des Fernmeldeverkehrs § 100c

gegeben, bis zum 30. 6. 2005 eine verfassungsgemäße Neuregelung zu treffen. Dies ist durch Gesetz vom 24. Juni 2005 (BGBl. I 1841) mit Wirkung vom 1. 7. 2005 geschehen. Gleichzeitig wurden bisherige Inhalte des § 100c auf weitere Vorschriften „verteilt" (vgl. z. B. § 100f).

In der aktuellen Fassung regelt die Vorschrift **Abhörmaßnahmen in Wohnungen.** Den Vorgaben des BVerfG entsprechend ist nun eine Regelung über das Abschalten des Mitschnitts bei Äußerungen im Kernbereich privater Lebensgestaltung geschaffen worden (Abs. 5). 2

Die Eingriffsvoraussetzungen ergeben sich aus Abs. 1 bis 4. Nötig ist zunächst eine **konkretisierte Verdachtslage** (Abs. 1 Nr. 1; „bestimmte Tatsachen"). Dies muss sich auch darauf beziehen, dass die Tat im Einzelfall besonders schwer wiegt (Nr. 2). Wie bei der Telefonüberwachung ist zudem nötig, dass die Ermittlungen „auf andere Weise unverhältnismäßig erschwert oder aussichtslos wären" (Nr. 4). Schließlich muss auf Grund tatsächlicher Anhaltspunkte anzunehmen sein, dass die Abhörmaßnahmen zu relevanten Erkenntnissen führen können. Nr. 4 enthält also die übliche „Subsidiaritätsklausel". Ähnlich den Anforderungen an Durchsuchungsmaßnahmen bei unbeteiligten Dritten ist ein schlichter Anfangsverdacht nicht ausreichend, sondern Voraussetzung, dass „bestimmte Tatsachen" oder „tatsächliche Anhaltspunkte" im Raum stehen. 3

Abs. 2 enthält eine Liste der **besonders schweren Straftaten** im Sinne des Abs. 1 Nr. 1. Die umfängliche Zusammenstellung von Straftaten steht zugleich unter dem Vorbehalt des Abs. 1 Nr. 2: Die Tat muss also auch im Einzelfall besonders schwer wiegen. Ein Bandendiebstahl, der darin besteht, dass eine Gruppe junger Männer jede Woche das Bier für Trinkgelage stiehlt, wird also nicht ausreichen. 4

Die Maßnahmen dürfen grundsätzlich nur in Wohnungen des Beschuldigten durchgeführt werden (Abs. 3 S. 1). Die **Wohnung unbeteiligter Dritter** kann überwacht werden, wenn ein konkretisierter Verdacht besteht, dass der Beschuldigte sich dort aufhält und Maßnahmen in dessen Wohnung nicht ausreichen (Abs. 3 S. 2 Nr. 1 und 2). Zugleich wird klargestellt, dass eine unvermeidbare Betroffenheit Dritter die Maßnahme nicht hindert (Abs. 3 S. 3; siehe auch HK-Lemke § 100c Rdn. 24). Die alte Regelung enthielt eine ähnliche Formulierung. Allerdings war in dem Zusammenhang noch nicht einmal eine Benachrichtigungspflicht vorgesehen (kritisch HK-Lemke § 100c Rdn. 24). 5

Bei der Maßnahme muss verhindert werden, dass Äußerungen, die dem **Kernbereich privater Lebensgestaltung** zuzurechnen sind, erfasst werden (Abs. 4 S. 1). Dabei geht der Gesetzgeber davon aus, dass Gespräche in Betriebs- oder Geschäftsräumen oder über begangene Straftaten und Äußerungen, mittels derer Straftaten begangen werden, nicht dem Kernbereich zuzurechnen sind (Abs. 4 S. 2, 3). 6

Den Vorgaben des Bundesverfassungsgerichts entsprechend ist das Abhören und Aufzeichnen **unverzüglich zu unterbrechen,** wenn Äußerungen dem Kernbereich privater Lebensgestaltung zuzurechnen sein könnten (Abs. 5 S. 1; siehe auch Einl. Rdn. 220 und BGH NJW 2005, 3295). Aufzeichnungen über solche Äußerungen müssen sofort gelöscht (Abs. 5 S. 2) und dürfen nicht verwertet werden (Abs. 5 S. 3). Unter den Voraussetzungen des Abs. 4 darf dann die Maßnahme weiter fortgeführt werden. Bei Zweifeln ist nach Maßgabe des § 100d Abs. 4 unverzüglich eine Entscheidung des Gerichts herbeizuführen (Abs. 5 S. 6). 7

Die Problematik der Abhörmaßnahmen i. V. m. zeugnisverweigerungsberechtigten Personen ist in Abs. 6 geregelt. Bei **Berufsgeheimnisträgern** ist eine entsprechende Überwachungsmaßnahme unzulässig (Abs. 6 S. 1). Bei Personen im Sinne der §§ 52, 53a kommt eine Verwertung nur in Betracht, wenn vor dem Hintergrund der zu Grunde liegenden Vertrauensverhältnisse die Verwertung verhältnismäßig ist. Diese Beschränkung gilt nicht, wenn die zeugnisverweigerungsberechtigten Personen der Beteiligung, Begünstigung, Strafvereitelung oder Hehlerei verdächtig sind (Abs. 6 S. 3). Dabei wird wiederum das Problem relevant, inwiefern bei einer Angehörigen- 8

§ 100d 1. Buch. Allgemeine Vorschriften

Strafvereitelung, die nicht strafbar ist, überhaupt von einem Verdacht gesprochen werden kann.

9 Die StA hat unverzüglich das anordnende **Gericht zu informieren** und eine Entscheidung über die Verwertbarkeit erlangter Erkenntnisse herbeizuführen, soweit ein Verwertungsverbot nach Abs. 5 (auch nach Abs. 6 S. 1 i. V. m. Abs. 5) in Betracht kommt. Nimmt das Gericht eine Verwertbarkeit an, ist damit keine Bindung für das künftige Verfahren gegeben. Verneint aber das Gericht die Verwertbarkeit, „ist dies für das weitere Verfahren bindend" (Abs. 7 S. 2).

10 Die Maßnahmen werden **ohne Wissen des Betroffenen** angeordnet. Damit ist der unauffällige, heimliche Charakter der Beobachtungen angesprochen. Dass der Betroffene die Maßnahme bemerkt, macht die Anordnung noch nicht überflüssig (vgl. Hilger NStZ 1992, 457, 461 Fn. 87; Meyer-Goßner § 100c Rdn. 15).

11 **Unverwertbar** sind Erkenntnisse, die unter völliger Umgehung des § 100c erlangt worden sind. Es gelten insofern die zu § 100a erarbeiteten Kriterien. Zufallserkenntnisse für andere Straftaten regelt § 100d Abs. 6 Nr. 1. Inwiefern personenbezogene Informationen, die durch eine entsprechende polizeirechtliche Maßnahme erlangt wurden, im Strafverfahren ohne Einwilligung der überwachten Person benutzt werden können, ergibt sich aus § 100d Abs. 6. Auch hier findet sich wieder das **Prinzip der Wiederholbarkeit:** Es kann nur um die Aufklärung von Straftaten gehen, wegen denen die Maßnahme nach § 100c hätte angeordnet werden können.

12 Die **Revision** kann wie bei § 100a darauf gestützt werden, dass die Beweiswürdigung auf unverwertbaren Erkenntnissen beruht (Meyer-Goßner § 100c Rdn. 21).

§ 100d [Zuständigkeit]

(1) ¹**Maßnahmen nach § 100c dürfen nur auf Antrag der Staatsanwaltschaft durch die in § 74a Abs. 4 des Gerichtsverfassungsgesetzes genannte Kammer des Landgerichts angeordnet werden, in dessen Bezirk die Staatsanwaltschaft ihren Sitz hat.** ²**Bei Gefahr im Verzug kann diese Anordnung auch durch den Vorsitzenden getroffen werden.** ³**Dessen Anordnung tritt außer Kraft, wenn sie nicht binnen drei Tagen von der Strafkammer bestätigt wird.** ⁴**Die Anordnung ist auf höchstens einen Monat zu befristen.** ⁵**Eine Verlängerung um jeweils nicht mehr als einen Monat ist zulässig, soweit die Voraussetzungen unter Berücksichtigung der gewonnenen Ermittlungsergebnisse fortbestehen.** ⁶**Ist die Dauer der Anordnung auf insgesamt sechs Monate verlängert worden, so entscheidet über weitere Verlängerungen das Oberlandesgericht.**

(2) ¹Die Anordnung ergeht schriftlich. ²In der Anordnung sind anzugeben:
1. soweit bekannt der Name und die Anschrift des Beschuldigten, gegen den sich die Maßnahme richtet,
2. der Tatvorwurf, auf Grund dessen die Maßnahme angeordnet wird,
3. die zu überwachende Wohnung oder die zu überwachenden Wohnräume,
4. Art, Umfang und Dauer der Maßnahme,
5. die Art der durch die Maßnahme zu erhebenden Informationen und ihre Bedeutung für das Verfahren.

(3) ¹In der Begründung der Anordnung oder Verlängerung sind deren Voraussetzungen und die wesentlichen Abwägungsgesichtspunkte darzulegen. ²Insbesondere sind einzelfallbezogen anzugeben:
1. die bestimmten Tatsachen, die den Verdacht begründen,
2. die wesentlichen Erwägungen zur Erforderlichkeit und Verhältnismäßigkeit der Maßnahme,
3. die tatsächlichen Anhaltspunkte im Sinne des § 100c Abs. 4 Satz 1.

8. Abschnitt. Beschlagnahme, Überwachung des Fernmeldeverkehrs § 100d

(4) ¹Das anordnende Gericht ist über den Verlauf und die Ergebnisse der Maßnahme zu unterrichten. ²Liegen die Voraussetzungen der Anordnung nicht mehr vor, so hat das Gericht den Abbruch der Maßnahme anzuordnen, sofern der Abbruch nicht bereits durch die Staatsanwaltschaft veranlasst wurde. ³Die Anordnung des Abbruchs der Maßnahme kann auch durch den Vorsitzenden erfolgen.

(5) ¹Sind die durch die Maßnahmen erlangten Daten zur Strafverfolgung und für eine etwaige gerichtliche Überprüfung nach Absatz 10 nicht mehr erforderlich, so sind sie unverzüglich zu vernichten. ²Die Vernichtung ist zu dokumentieren. ³Soweit die Vernichtung lediglich für eine etwaige Überprüfung nach Absatz 10 zurückgestellt ist, sind die Daten zu sperren; sie dürfen nur zu diesem Zweck verwendet werden.

(6) Personenbezogene Informationen aus einer akustischen Wohnraumüberwachung dürfen für andere Zwecke nach folgenden Maßgaben verwendet werden:
1. Die durch eine Maßnahme nach § 100c erlangten verwertbaren personenbezogenen Informationen dürfen in anderen Strafverfahren ohne Einwilligung der insoweit überwachten Personen nur zur Aufklärung einer Straftat, auf Grund derer die Maßnahme nach § 100c angeordnet werden könnte, oder zur Ermittlung des Aufenthalts der einer solchen Straftat beschuldigten Person verwendet werden.
2. Die Verwendung der durch eine Maßnahme nach § 100c erlangten personenbezogenen Informationen, auch solcher nach § 100c Abs. 6 Satz 1 Halbsatz 2, zu Zwecken der Gefahrenabwehr ist nur zur Abwehr einer im Einzelfall bestehenden Lebensgefahr oder einer dringenden Gefahr für Leib oder Freiheit einer Person oder Gegenstände von bedeutendem Wert, die der Versorgung der Bevölkerung dienen, von kulturell herausragendem Wert oder in § 305 des Strafgesetzbuches genannt sind, zulässig. Die durch eine Maßnahme nach § 100c erlangten und verwertbaren personenbezogenen Informationen dürfen auch zur Abwehr einer im Einzelfall bestehenden dringenden Gefahr für sonstige bedeutende Vermögenswerte verwendet werden. Sind die Informationen zur Abwehr der Gefahr oder für eine vorgerichtliche oder gerichtliche Überprüfung der zur Gefahrenabwehr getroffenen Maßnahmen nicht mehr erforderlich, so sind Aufzeichnungen über diese Informationen von der für die Gefahrenabwehr zuständigen Stelle unverzüglich zu vernichten. Die Vernichtung ist zu dokumentieren. Soweit die Vernichtung lediglich für eine etwaige vorgerichtliche oder gerichtliche Überprüfung zurückgestellt ist, sind die Daten zu sperren; sie dürfen nur zu diesem Zweck verwendet werden.
3. Sind verwertbare personenbezogene Informationen durch eine entsprechende polizeirechtliche Maßnahme erlangt worden, dürfen diese Informationen in einem Strafverfahren ohne Einwilligung der insoweit überwachten Personen nur zur Aufklärung einer Straftat, auf Grund derer die Maßnahme nach § 100c angeordnet werden könnte, oder zur Ermittlung des Aufenthalts der einer solchen Straftat beschuldigten Person verwendet werden.

(7) ¹Die durch die Maßnahme erhobenen Daten sind als solche zu kennzeichnen. ²Nach einer Übermittlung ist die Kennzeichnung durch die Empfänger aufrechtzuerhalten.

(8) ¹Von den nach § 100c durchgeführten Maßnahmen sind die Betroffenen von der Staatsanwaltschaft zu benachrichtigen. ²Dabei ist auf die Möglichkeit nachträglichen Rechtsschutzes nach Absatz 10 und die dafür vorgesehene Frist hinzuweisen. ³Betroffene im Sinne von Satz 1 sind:

§ 100d   1. Buch. Allgemeine Vorschriften

1. **Beschuldigte, gegen die sich die Maßnahme richtet,**
2. **sonstige überwachte Personen,**
3. **Inhaber und Inhaberinnen, Bewohnerinnen und Bewohner der überwachten Wohnung.**

⁴Bei Betroffenen im Sinne von Satz 3 Nr. 2 und 3 unterbleibt die Benachrichtigung, wenn sie nur mit unverhältnismäßigen Ermittlungen möglich wäre oder ihr überwiegende schutzwürdige Belange anderer Betroffener entgegenstehen. ⁵Im Übrigen erfolgt die Benachrichtigung, sobald dies ohne Gefährdung des Untersuchungszwecks oder von Leben, Leib oder Freiheit einer Person oder von bedeutenden Vermögenswerten geschehen kann.

(9) ¹Erfolgt die Benachrichtigung nach Absatz 8 Satz 5 nicht binnen sechs Monaten nach Beendigung der Maßnahme, bedarf die weitere Zurückstellung der Benachrichtigung der richterlichen Zustimmung. ²Entsprechendes gilt nach Ablauf von jeweils sechs weiteren Monaten. ³Über die Zustimmung entscheidet das Gericht, das für die Anordnung der Maßnahme zuständig gewesen ist. ⁴Ist die Benachrichtigung um insgesamt 18 Monate zurückgestellt worden, entscheidet über die richterliche Zustimmung zu weiteren Zurückstellungen das Oberlandesgericht. ⁵§ 101 Abs. 4 gilt sinngemäß.

(10) ¹Auch nach Erledigung einer in § 100c genannten Maßnahme können Betroffene binnen zwei Wochen nach ihrer Benachrichtigung die Überprüfung der Rechtmäßigkeit der Anordnung sowie der Art und Weise des Vollzugs beantragen. ²Über den Antrag entscheidet das Gericht, das für die Anordnung der Maßnahme zuständig gewesen ist. ³Gegen die Entscheidung ist die sofortige Beschwerde statthaft. ⁴Ist die öffentliche Klage erhoben und der Angeklagte benachrichtigt worden, entscheidet über den Antrag das mit der Sache befasste Gericht in der das Verfahren abschließenden Entscheidung.

1   Die Vorschrift regelt **Anordnung und Ausführung** der akustischen Wohnraumüberwachung. Mit der Umsetzung der Entscheidung des BVerfG (§ 100c Rdn. 1) ist die Vorschrift auf 10 (!) Absätze gewachsen.

2   Abs. 1 regelt die **Zuständigkeit des Gerichts** und ersetzt § 100d Abs. 2 a.F. Parallelen zu § 100b Abs. 1, 2 drängen sich auf. Zuständig für die Anordnung ist eine Strafkammer des LG in der Besetzung mit drei Berufsrichtern. Nur bei Gefahr im Verzug kann die Anordnung auch durch den Vorsitzenden allein getroffen werden (Abs. 1 S. 2). Diese Anordnung muss binnen dreier Tage von der Strafkammer bestätigt werden (Abs. 1 S. 3).

3   **Der zeitliche Rahmen** ergibt sich aus § 100d Abs. 1 S. 4 bis 6. Während bislang die Regelungen über die zeitliche Ausdehnung von Telefonüberwachungen entsprechend galten (§ 100d Abs. 2 S. 4 alte Fassung), und damit jeweils Verlängerungen um drei Monate möglich waren, ist die Anordnung jetzt auf höchstens einen Monat zu befristen (Abs. 1 S. 4). Eine Verlängerung um jeweils nicht mehr als einen Monat ist zulässig (Abs. 1 S. 5). Wird insgesamt eine **Sechs-Monats-Grenze** erreicht, muss über weitere Verlängerungen das OLG entscheiden (§ 100d Abs. 1 S. 6).

4   Der **Inhalt der Anordnung** ergibt sich aus Abs. 2. Auch hier ist der Verweis auf § 100b Abs. 2 durch eine präzisere Beschreibung ersetzt worden. Insbesondere ist die Art der durch die Maßnahme zu erhebenden Informationen und ihre Bedeutung für das Verfahren schriftlich anzugeben (Abs. 2 Nr. 5).

5   Die **Begründung** muss die bestimmten Tatsachen angeben, die den Verdacht begründen, die wesentlichen Erwägungen zur Erforderlichkeit und Verhältnismäßigkeit der Maßnahme enthalten (Nr. 2) und zugleich die tatsächlichen Anhaltspunkte im Sinne des § 100c Abs. 4 S. 1 aufführen. Dies muss einzelfallbezogen geschehen (Abs. 3 S. 2).

Das anordnende Gericht wird über den Verlauf und die Ergebnisse **unterrichtet**. 6
Da die Maßnahme ohnehin auf einen Monat befristet ist, wird man die Möglichkeit,
den Abbruch anzuordnen (Abs. 4 S. 2) nur dadurch schaffen können, dass das Gericht
laufend unterrichtet wird. Der Staatsanwalt kann den Abbruch anordnen, ansonsten
kann die Anordnung durch den Vorsitzenden erfolgen (Abs. 4 S. 3).

Nicht mehr benötigte Daten sind unverzüglich **zu vernichten** (Abs. 5 S. 1), die 7
Vernichtung ist zu dokumentieren (Abs. 5 S. 2). Soweit eine Vernichtung der Daten
noch nicht in Betracht kommt, weil sie für eine etwaige Überprüfung nach Abs. 10
benötigt werden, sind sie zu sperren (Abs. 5 S. 3).

Zufallserkenntnisse aus einer akustischen Wohnraumüberwachung dürfen nach 8
Maßgabe des Absatzes 6 auch „für andere Zwecke" verwendet werden. Eine Verwertung kommt nur in Betracht, wenn es um die Aufklärung einer Straftat geht, derentwegen die Maßnahme nach § 100c hätte angeordnet werden können (Abs. 6
Nr. 1). Für Zwecke der Gefahrenabwehr (Abs. 6 Nr. 2) ist die Verwendung nur unter
den in Abs. 6 Nr. 2 S. 1 genannten Voraussetzungen zulässig. Erweitert wird dies um
die Abwehr einer im Einzelfall bestehenden dringenden Gefahr für sonstige bedeutende Vermögenswerte. Im Anschluss sind die Unterlagen zu vernichten (Abs. 6 Nr. 2 am
Ende).

Polizeirechtlich erlangte Erkenntnisse dürfen ebenfalls im Strafverfahren nur 9
für die Verfolgung/Aufklärung einer Straftat verwendet werden, wegen der eine
Maßnahme nach § 100c hätte angeordnet werden können oder zur Ermittlung des
Aufenthalts der einer solchen Straftat beschuldigten Person.

Die erhobenen Daten sind kennzeichnungspflichtig (Abs. 7). 10

Die Betroffenen der nach § 100c durchgeführten Maßnahmen sind von der StA 11
zu benachrichtigen. Auf die Möglichkeiten des nachträglichen Rechtsschutzes ist hinzuweisen (Abs. 8 S. 2).

Zu unterrichten sind der Beschuldigte, gegen den sich die Maßnahme richtet 12
(Nr. 1), sonstige überwachte Personen (Nr. 2) sowie drittbetroffene Inhaber einer
überwachten Wohnung (Nr. 3). Die Benachrichtigung erfolgt (erst), sobald dies ohne
Gefährdung des Untersuchungszwecks oder von Leben, Leib oder Freiheit einer Person oder von bedeutenden Vermögenswerten geschehen kann (Abs. 8 S. 5). Der Beschuldigte muss immer unterrichtet werden, die in Abs. 8 Nr. 2 und 3 genannten
Personen nur, wenn dies ohne unverhältnismäßige Ermittlungen möglich ist oder ihr
überwiegende schutzwürdige Belange anderer Betroffener nicht entgegenstehen
(Abs. 8 S. 4).

Die Benachrichtigung muss **binnen sechs Monaten** nach Beendigung der Maß- 13
nahme erfolgen; eine weitere Zurückstellung bedarf der richterlichen Zustimmung.
Zuständig ist das Gericht, dass die Maßnahme angeordnet hat (Abs. 9 S. 3). Nach
zweimaliger Verlängerung der Sechs-Monats-Frist entscheidet das OLG. Die Verwahrung der Unterlagen obliegt der StA (Abs. 9 S. 5 i. V. m. § 101 Abs. 4).

Der **Rechtsschutz** ergibt sich aus Abs. 10. Die Betroffenen können binnen zweier 14
Wochen nach der Benachrichtigung die Überprüfung der Rechtmäßigkeit der Anordnung sowie die Art und Weise des Vollzugs gerichtlich überprüfen lassen. Auf
diese Frist wird mit der Benachrichtigung hingewiesen (Abs. 8 S. 2). Zuständig ist das
anordnende Gericht, gegen die Entscheidung ist sofortige Beschwerde statthaft. Ist die
Anklage bereits erhoben, entscheidet über den Antrag das mit der Sache befasste Gericht erst in der das Verfahren abschließenden Entscheidung (Abs. 10 S. 3).

§ 100e [Berichtspflicht]

(1) [1]**Die Staatsanwaltschaften berichten ihrer obersten Justizbehörde kalenderjährlich über angeordnete Maßnahmen nach § 100c.** [2]**Die Länder fassen ihre Berichte zusammen und übermitteln die Zusammenstellung jeweils bis zum**

§ 100f

30. Juni des Jahres, das auf das der Erhebung zugrunde liegende Kalenderjahr folgt, der Bundesregierung, die dem Deutschen Bundestag jährlich über die im jeweils vorangegangenen Kalenderjahr beantragten Überwachungsmaßnahmen berichtet.

(2) In den Berichten nach Absatz 1 sind anzugeben:
1. die Anzahl der Verfahren, in denen Maßnahmen nach § 100 c Abs. 1 angeordnet worden sind;
2. die jeweils zugrunde liegende Anlassstraftat nach Maßgabe der Unterteilung in § 100 c Abs. 2;
3. ob das Verfahren einen Bezug zur Verfolgung organisierter Kriminalität aufweist;
4. die Anzahl der überwachten Objekte je Verfahren nach Privatwohnungen und sonstigen Wohnungen sowie nach Wohnungen des Beschuldigten und Wohnungen dritter Personen;
5. die Anzahl der überwachten Personen je Verfahren nach Beschuldigten und nichtbeschuldigten Personen;
6. die Dauer der einzelnen Überwachung nach Dauer der Anordnung, Dauer der Verlängerung und Abhördauer;
7. wie häufig eine Maßnahme nach § 100 c Abs. 5, § 100 d Abs. 4 unterbrochen oder abgebrochen worden ist;
8. ob eine Benachrichtigung der Betroffenen (§ 100 d Abs. 8) erfolgt ist oder aus welchen Gründen von einer Benachrichtigung abgesehen worden ist;
9. ob die Überwachung Ergebnisse erbracht hat, die für das Verfahren relevant sind oder voraussichtlich relevant sein werden;
10. ob die Überwachung Ergebnisse erbracht hat, die für andere Strafverfahren relevant sind oder voraussichtlich relevant sein werden;
11. wenn die Überwachung keine relevanten Ergebnisse erbracht hat: die Gründe hierfür, differenziert nach technischen Gründen und sonstigen Gründen;
12. die Kosten der Maßnahme, differenziert nach Kosten für Übersetzungsdienste und sonstigen Kosten.

1 Wie bisher regelt § 100 e eine **Berichtspflicht der StA** über Maßnahmen der akustischen Wohnraumüberwachung. Abs. 1 konkretisiert die Verpflichtung, die Bundesregierung bzw. den Bundestag über die Maßnahmen jährlich zu informieren.
2 Mit der **Neuregelung** mit Wirkung vom 1. 7. 2005 ist in Abs. 2 der bisher in Abs. 1 enthaltene Inhalt des Berichts näher konkretisiert worden (Abs. 2 Nr. 1 bis 12).

§ 100 f [Weitere Maßnahmen ohne Wissen des Betroffenen]

(1) Ohne Wissen der Betroffenen dürfen außerhalb von Wohnungen
1. Bildaufnahmen hergestellt werden,
2. sonstige besondere für Observationszwecke bestimmte technische Mittel zur Erforschung des Sachverhalts oder zur Ermittlung des Aufenthaltsortes eines Beschuldigten verwendet werden, wenn Gegenstand der Untersuchung eine Straftat von erheblicher Bedeutung ist, und

wenn die Erforschung des Sachverhalts oder die Ermittlung des Aufenthaltsortes eines Beschuldigten auf andere Weise weniger erfolgversprechend oder erschwert wäre.

(2) ¹Ohne Wissen der Betroffenen darf außerhalb von Wohnungen das nichtöffentlich gesprochene Wort mit technischen Mitteln abgehört und aufgezeichnet werden, wenn bestimmte Tatsachen den Verdacht begründen, dass jemand eine in § 100 a bezeichnete Straftat begangen hat, und die Erforschung des

8. Abschnitt. Beschlagnahme, Überwachung des Fernmeldeverkehrs § 100f

Sachverhalts oder die Ermittlung des Aufenthaltsortes eines Beschuldigten auf andere Weise aussichtslos oder wesentlich erschwert wäre. ²Die Maßnahme darf nur durch den Richter, bei Gefahr im Verzug auch durch die Staatsanwaltschaft und ihre Ermittlungspersonen (§ 152 des Gerichtsverfassungsgesetzes) angeordnet werden. ³§ 98b Abs. 1 Satz 2 und § 100b Abs. 1 Satz 3, Abs. 2, 4 und 6 gelten sinngemäß.

(3) ¹Die Maßnahmen dürfen sich nur gegen einen Beschuldigten richten. ²Gegen andere Personen sind Maßnahmen nach Absatz 1 Nr. 1 zulässig, wenn die Erforschung des Sachverhalts oder die Ermittlung des Aufenthaltsortes des Beschuldigten auf andere Weise erheblich weniger erfolgversprechend oder wesentlich erschwert wäre. ³Maßnahmen nach Absatz 1 Nr. 2 und Absatz 2 dürfen gegen andere Personen nur angeordnet werden, wenn auf Grund bestimmter Tatsachen anzunehmen ist, dass sie mit einem Beschuldigten in Verbindung stehen oder eine solche Verbindung hergestellt wird, dass die Maßnahme zur Erforschung des Sachverhalts oder zur Ermittlung des Aufenthaltsortes eines Beschuldigten führen wird und dies auf andere Weise aussichtslos oder wesentlich erschwert wäre.

(4) Die Maßnahmen dürfen auch durchgeführt werden, wenn andere Personen unvermeidbar betroffen werden.

(5) Personenbezogene Informationen, die unter Einsatz technischer Mittel nach Absatz 2 Satz 1 erhoben worden sind, dürfen in anderen Strafverfahren nur verwendet werden, soweit sich bei Gelegenheit der Auswertung Erkenntnisse ergeben, die zur Aufklärung einer in § 100a bezeichneten Straftat benötigt werden.

Die Vorschrift regelte bisher (§ 100c Abs. 1 Nr. 1, Abs. 2 a.F.) die Verwendung 1 gewonnener Erkenntnisse (personenbezogene Informationen). Mit Wirkung vom 1. 7. 2005 erfasst sie jetzt auch allgemein **weitere Maßnahmen ohne Wissen des Betroffenen** mit Ausnahme der Überwachung der Telekommunikation (§ 100a) und der akustischen Wohnraumüberwachung (§ 100c).

Die **Herstellung von Bildaufnahmen** ist außerhalb von Wohnungen ohne Wis- 2 sen der Betroffenen zulässig (Nr. 1). Aus Nr. 2 ergibt sich, dass es um die Herstellung der Lichtbilder zu Zwecken der Observation geht; die Fertigung von Lichtbildern am Tatort zur Beweissicherung und Auswertung (Spurensicherung) unterfällt der Vorschrift daher nicht (Hilger NStZ 1992, 457, 462; Meyer-Goßner § 100c Rdn. 1). Zulässig sind die Maßnahmen bei dem Verdacht jeder Straftat, da in der Öffentlichkeit niemand vor Beobachtungen durch andere geschützt ist (Meyer-Goßner § 100c Rdn. 1). Grenzen ergeben sich aus dem Prinzip der Verhältnismäßigkeit.

Sonstige technische Mittel (§ 100f Abs. 1 Nr. 2; bislang § 100c Abs. 1 Nr. 1b) 3 sind Mittel, die weder das Aufzeichnen des Bildes noch des Wortes einer Person betreffen. Hierzu gehört etwa der Einsatz von Nachtsichtgeräten und Peilsendern sowie der Einsatz des **Global Positioning Systems,** mit dem man Bewegungen und Standzeiten eines Fahrzeuges verfolgen kann (vgl. BGHSt 46, 266; Meyer-Goßner § 100c Rdn. 2). Diese Maßnahme darf nur durchgeführt werden, wenn es um eine Straftat von erheblicher Bedeutung geht. Dieser unbestimmte Rechtsbegriff ist nicht unproblematisch (Meyer-Goßner § 100c Rdn. 3). Der Gesetzgeber ging offenbar davon aus, den Bedürfnissen der Strafjustiz entgegenkommen zu müssen und verweist auf die entsprechenden Formulierungen in den Polizeigesetzen der Länder (BT-Drucks. 12/989 S. 39). Jedenfalls scheidet die Anwendung dieser Mittel bei Bagatelldelikten aus (Meyer-Goßner § 100c Rdn. 3).

In beiden Fällen ist vorausgesetzt, dass die Erforschung des Sachverhalts/die Er- 4 mittlung des Aufenthaltsortes auf andere Weise weniger erfolgversprechend oder erschwert wäre **(Subsidiaritätsklausel).**

§ 100g   1. Buch. Allgemeine Vorschriften

5   **Abhörmaßnahmen außerhalb** von Wohnungen regelt Abs. 2; die Vorschrift tritt an die Stelle des § 100c Abs. 1 Nr. 2 a.F. Es muss um Straftaten gehen, die auch die Anordnung der Telefonüberwachung erlauben. Die Subsidiaritätsklausel ist anwendbar (Abs. 2 S. 1 am Ende). Zuständig für die Anordnung ist der Richter, bei Gefahr im Verzug auch die StA und ihre Ermittlungspersonen (Abs. 2 S. 2). Abs. 2 S. 3 verweist auf Regelungen in den §§ 98b, 100b. Insofern muss die StA, wenn sie die Anordnung getroffen hat, unverzüglich die richterliche Bestätigung beantragen (§ 100f i.V.m. § 98b Abs. 1 S. 2). Wird sie nicht binnen dreier Tage vom Richter bestätigt, tritt sie außer Kraft (§ 100f Abs. 2 S. 4 i.V.m. § 100b Abs. 1 S. 3). Die inhaltlichen Anforderungen an die Anordnung, ihre Beendigung und die Aufbewahrung der Maßnahmen ergeben sich aus dem Verweis auf § 100b Abs. 2, 4 und 6 (Abs. 2 S. 3).

6   Die Maßnahmen richten sich primär gegen einen Beschuldigten (Abs. 3 S. 1). Die Anwendung der **Maßnahmen gegen Dritte** ergibt sich aus Abs. 3 S. 2 und 3. Abs. 4 stellt klar, dass eine unvermeidbare **Betroffenheit anderer Personen** die Durchführung der Maßnahmen nicht hindert. Abs. 5 bemüht wiederum das „**Prinzip der Wiederholbarkeit**": Zufallserkenntnisse bei der akustischen Überwachung außerhalb von Wohnräumen dürfen in anderen Strafverfahren nur zur Aufklärung einer in § 100a bezeichneten Straftat verwendet werden (vgl. auch § 100b Abs. 5).

§ 100g [Auskunft über Telekommunikationsverbindungen]

(1) ¹Begründen bestimmte Tatsachen den Verdacht, dass jemand als Täter oder Teilnehmer eine Straftat von erheblicher Bedeutung, insbesondere eine der in § 100a Satz 1 genannten Straftaten, oder mittels einer Endeinrichtung (§ 3 Nr. 3 des Telekommunikationsgesetzes) begangen, in Fällen, in denen der Versuch strafbar ist, zu begehen versucht oder durch eine Straftat vorbereitet hat, darf angeordnet werden, dass diejenigen, die geschäftsmäßig Telekommunikationsdienste erbringen oder daran mitwirken, unverzüglich Auskunft über die in Absatz 3 bezeichneten Telekommunikationsverbindungsdaten zu erteilen haben, soweit die Auskunft für die Untersuchung erforderlich ist. ²Dies gilt nur, soweit diese Verbindungsdaten den Beschuldigten oder die sonstigen in § 100a Satz 2 bezeichneten Personen betreffen. ³Die Auskunft darf auch über zukünftige Telekommunikationsverbindungen angeordnet werden.

(2) Die Erteilung einer Auskunft darüber, ob von einem Telekommunikationsanschluss Telekommunikationsverbindungen zu den in Absatz 1 Satz 2 genannten Personen hergestellt worden sind, darf nur angeordnet werden, wenn die Erforschung des Sachverhalts oder die Ermittlung des Aufenthaltsortes des Beschuldigten auf andere Weise aussichtslos oder wesentlich erschwert wäre.

(3) Telekommunikationsverbindungsdaten sind:
1. im Falle einer Verbindung Berechtigungskennungen, Kartennummern, Standortkennung sowie Rufnummer oder Kennung des anrufenden und angerufenen Anschlusses oder der Endeinrichtung,
2. Beginn und Ende der Verbindung nach Datum und Uhrzeit,
3. vom Kunden in Anspruch genommene Telekommunikationsdienstleistung,
4. Endpunkte festgeschalteter Verbindungen, ihr Beginn und ihr Ende nach Datum und Uhrzeit.

1   Regelungen über die Gewinnung von Informationen über Telekommunikationsverbindungen waren bis Ende 2001 in § 12 FAG enthalten. Mit der Einfügung der §§ 100g, 100h sollte dem Stellenwert des **Rechts auf informationelle Selbstbestimmung Rechnung** getragen werden. Die Regelung war zunächst bis zum Ablauf des 31. Dezember 2004 befristet, weil man bis dahin hinsichtlich der Berücksichtigung von Zeugnisverweigerungsrechten ein den Besonderheiten aller heimlichen Ermitt-

lungsmaßnahmen gerecht werdendes Gesamtkonzept erarbeiten und umsetzen wollte (BT-Drucks. 14/7008). Kurz vor Ablauf der Frist wurde durch Gesetz vom 9. 12. 2004 (BGBl. I, 3231) das „Verfallsdatum" auf den 1. 1. 2008 verschoben.

Geregelt wird zunächst, unter welchen **Voraussetzungen** Auskünfte über Telekommunikationsverbindungen eingefordert werden können (§ 100g Abs. 1, 2). Nötig ist ein konkretisierter Verdacht einer Straftat von erheblicher Bedeutung. Beispielhaft wird auf die in § 100a S. 1 genannten Straftaten verwiesen (vgl LG Rottweil StV 2005, 438). 2

Abs. 2 regelt die so genannte „**Zielwahlsuche**". Damit sollen unbekannte Anschlussnummern ermittelt werden, von denen Telekommunikationsverbindungen zu einem Anschluss des Beschuldigten oder des Nachrichtenmittlers hergestellt worden sind (= eingehender Telekommunikationsverkehr). Diese darf nach Abs. 2 nur angeordnet werden, wenn der Subsidiaritätsklausel Rechnung getragen ist. Hintergrund ist, dass in diesem Rahmen überwiegend Telekommunikationsverbindungen Unverdächtiger einbezogen und wie bei einer Rasterfahndung nach § 98a abgeglichen werden müssen (Meyer-Goßner § 100g Rdn. 11). 3

Der **Begriff der Telekommunikationsverbindungsdaten** wird in Abs. 3 definiert. Die Verbindungsdaten müssen den Beschuldigten oder die sonstigen in § 100a S. 2 bezeichneten Personen (Nachrichtenmittler, gutgläubige Dritte) betreffen. Die Auskunft kann sich auch auf zukünftige Telekommunikationsverbindungen beziehen (§ 100g Abs. 1 S. 3). Bei den „mittels einer Endeinrichtung" begangenen Straftaten geht es um Hacker; in diesem Fall sind Betreiber von dazu missbrauchten zwischengeschalteten Computernetzwerken Personen im Sinne des § 100a S. 2 (dort Rdn. 16). 4

§ 100h [Anordnung zur Auskunftserteilung von Telekommunikationsverbindungen]

(1) ¹Die Anordnung muss den Namen und die Anschrift des Betroffenen, gegen den sie sich richtet, sowie die Rufnummer oder eine andere Kennung seines Telekommunikationsanschlusses enthalten. ²Im Falle einer Straftat von erheblicher Bedeutung genügt eine räumlich und zeitlich hinreichend bestimmte Bezeichnung der Telekommunikation, über die Auskunft erteilt werden soll, wenn andernfalls die Erforschung des Sachverhalts aussichtslos oder wesentlich erschwert wäre. ³§ 100b Abs. 1, 2 Satz 1 und 3, Abs. 6 und § 95 Abs. 2 gelten entsprechend; im Falle der Anordnung der Auskunft über zukünftige Telekommunikationsverbindungen gilt auch § 100b Abs. 2 Satz 4 und 5, Abs. 4 entsprechend.

(2) ¹Soweit das Zeugnisverweigerungsrecht in den Fällen des § 53 Abs. 1 Satz 1 Nr. 1, 2 und 4 reicht, ist das Verlangen einer Auskunft über Telekommunikationsverbindungen, die von dem oder zu dem zur Verweigerung des Zeugnisses Berechtigten hergestellt wurden, unzulässig; eine dennoch erlangte Auskunft darf nicht verwertet werden. ²Dies gilt nicht, wenn die zur Verweigerung des Zeugnisses Berechtigten einer Teilnahme oder einer Begünstigung, Strafvereitelung oder Hehlerei verdächtig sind.

(3) Die durch die Auskunft erlangten personenbezogenen Informationen dürfen in anderen Strafverfahren zu Beweiszwecken nur verwendet werden, soweit sich bei Gelegenheit der Auswertung Erkenntnisse ergeben, die zur Aufklärung einer der in § 100g Abs. 1 Satz 1 bezeichneten Straftaten benötigt werden, oder wenn der Beschuldigte zustimmt.

Die **schriftlich zu erlassende Anordnung** muss im Regelfall den Namen und die Anschrift des Betroffenen sowie die Rufnummer oder eine andere Kennung seines Telekommunikationsanschlusses enthalten (Abs. 1 S. 1, S. 3). Inwiefern die Anordnung gegen einen namentlich nicht bekannten, aber individualisierbaren Betroffenen zulässig ist, ist umstritten (dafür Meyer-Goßner § 100h Rdn. 3; a.M. Wolff/Neu- 1

§ 100i 1. Buch. Allgemeine Vorschriften

mann NStZ 2003, 404). Die Anordnung muss Art, Umfang und Dauer der Maßnahmen bestimmen (Abs. 1 S. 3 i. V. m. § 100b Abs. 2 S. 3). Nötig ist eine richterliche Einzelfallprüfung, die sich auf Eingriffsvoraussetzungen und Angemessenheit des Eingriffs im konkreten Einzelfall beziehen muss (Gusy NStZ 2003, 399, 403).

2   Erfasst wird auch die so genannte **Funkzellenabfrage,** mit der die Auskunft über Daten solcher Mobilfunktelefonate angeordnet wird, die von einem unbekannten Täter während eines konkreten Zeitraums aus einer bestimmten Funkzelle geführt werden (Meyer-Goßner § 100h Rdn. 4).

3   Sind auf dem **Speicher eines Mobiltelefons** Verbindungsdaten gespeichert oder werden diese in Rechnungen des Telekommunikationsdienstleisters aufgeführt, darf eine Beschlagnahme dieser Datenträger, der Rechnungen und Geräte erfolgen. Diese Daten werden nicht durch Art. 10 Abs. 1 GG, sondern durch das Recht auf informationelle Selbstbestimmung (Art. 2 Abs. 1 in Verbindung mit Art. 1 Abs. 1 GG) und gegebenenfalls durch Art. 13 Abs. 1 GG geschützt (BVerfG vom 2. März 2006 – 2 BvR 2099/04 gegen BVerfG wistra 2005, 219).

4   **Grenzen und Verwertungsverbote** ergeben sich aus Abs. 1 S. 3, Abs. 2, 3. Dem Prinzip der Wiederholbarkeit wird in Abs. 3 Rechnung getragen. Zufallserkenntnisse dürfen nur verwertet werden, wenn diese zur Aufklärung einer der in § 100g Abs. 1 S. 1 bezeichneten Straftaten benötigt werden oder der Beschuldigte zustimmt.

5   Für **Zeugnisverweigerungsberechtigte** stellt Abs. 2 weitere Grenzen auf. Im Hinblick auf Geistliche, Verteidiger des Beschuldigten und Mitglieder des Bundestages ist das Verlangen einer Auskunft unzulässig, eine dennoch gegebene Auskunft darf nicht verwertet werden (Abs. 2 S. 1). Dies gilt nicht, wenn die Zeugnisverweigerungsberechtigten Beteiligte sind oder eine Begünstigung, Strafvereitelung oder Hehlerei im Raum steht (Abs. 2 S. 2).

6   Der **Verweis in Abs. 1 S. 3** regelt die Zuständigkeit für die Anordnung und Ausführung, Befristung und Inhalt wie bei der Anordnung und Ausführung der Überwachung der Telekommunikation. Der Verweis auf § 95 Abs. 2 bedeutet, dass die dort vorgesehenen Ordnungsmittel gegen den Telekommunikationsdiensteanbieter zulässig sind. Bei einer Auskunft über **zukünftige Verbindungen** ist die Drei-Monats-Frist des § 100b Abs. 2 S. 4 anwendbar und eine Verlängerung möglich. Der Verweis auf § 100b Abs. 4 bedeutet, dass die Maßnahmen zu beenden sind, wenn die Voraussetzungen nicht mehr vorliegen.

§ 100i [Maßnahmen bei Mobilfunkendgeräten]

(1) **Durch technische Mittel dürfen**
1. **zur Vorbereitung einer Maßnahme nach § 100a die Geräte- und Kartennummer sowie**
2. **zur vorläufigen Festnahme nach § 127 Abs. 2 oder Ergreifung des Täters auf Grund eines Haftbefehls oder Unterbringungsbefehls der Standort eines aktiv geschalteten Mobilfunkendgerätes ermittelt werden.**

(2) ¹Die Maßnahme nach Absatz 1 Nr. 1 ist nur zulässig, wenn die Voraussetzungen des § 100a vorliegen und die Durchführung der Überwachungsmaßnahme ohne die Ermittlung der Geräte- oder Kartennummer nicht möglich oder wesentlich erschwert wäre. ²Die Maßnahme nach Absatz 1 Nr. 2 ist nur im Falle einer Straftat von erheblicher Bedeutung und nur dann zulässig, wenn die Ermittlung des Aufenthaltsortes des Täters auf andere Weise weniger erfolgversprechend oder erschwert wäre; § 100f Abs. 3 Satz 2 gilt entsprechend. ³Die Maßnahme nach Absatz 1 Nr. 2 ist im Falle einer Straftat von erheblicher Bedeutung auch zulässig, wenn die Ermittlung des Aufenthaltsortes des Täters zur Eigensicherung der zur vorläufigen Festnahme oder Ergreifung eingesetzten Beamten des Polizeidienstes erforderlich ist.

8. Abschnitt. Beschlagnahme, Überwachung des Fernmeldeverkehrs § 100i

(3) ¹Personenbezogene Daten Dritter dürfen anlässlich solcher Maßnahmen nur erhoben werden, wenn dies aus technischen Gründen zur Erreichung des Zwecks nach Absatz 1 unvermeidbar ist. ²Über den Datenabgleich zur Ermittlung der gesuchten Geräte- und Kartennummer hinaus dürfen sie nicht verwendet werden und sind nach Beendigung der Maßnahme unverzüglich zu löschen.

(4) ¹§ 100b Abs. 1 gilt entsprechend; im Falle der Anordnung zur Vorbereitung einer Maßnahme nach § 100a gilt auch § 100b Abs. 2 Satz 1 entsprechend. ²Die Anordnung ist auf höchstens sechs Monate zu befristen. ³Eine Verlängerung um jeweils nicht mehr als sechs weitere Monate ist zulässig, soweit die in den Absätzen 1 und 2 bezeichneten Voraussetzungen fortbestehen. ⁴Auf Grund der Anordnung nach Absatz 1 Nr. 2 hat jeder, der geschäftsmäßig Telekommunikationsdienste erbringt oder daran mitwirkt, dem Richter, der Staatsanwaltschaft und ihren im Polizeidienst tätigen Ermittlungspersonen (§ 152 des Gerichtsverfassungsgesetzes) die für die Ermittlung des Standortes des Mobilfunkendgerätes erforderliche Geräte- und Kartennummer mitzuteilen.

Die durch Gesetz vom 6. 8. 2002 (BGBl. I 3018) eingeführte Vorschrift regelt den Einsatz des so genannten **IMSI-Catchers**. 1

Während sich im Telefon-Festnetz aus dem Standort die Rufnummer des verwendeten Anschlusses ableiten lässt, kann über den Aufenthaltsort eines Mobilfunkteilnehmers nicht mehr auf dessen Anschlusskennung geschlossen werden. § 100i schafft die Rechtsgrundlage für die Erhebung der gemäß § 100b Abs. 2 S. 2 erforderlichen „anderen Kennung" eines Mobilfunkendgerätes („Handy") zur Vorbereitung von Telekommunikationsüberwachungen nach § 100a oder zu Standortermittlungen zwecks Festnahme oder Ergreifung eines Täters. 2

Möglich ist zunächst die Ermittlung der **IMSI** (International Mobile Subscriber Identity = die auf der im Mobiltelefon eingelegten SIM-Karte gespeicherte Teilnehmeridentifikationsnummer). Die IMSI wird weltweit nur einmal vergeben und über sie können beim Netzbetreiber die zu einem Mobiltelefon gehörige Rufnummer und der Name des Teilnehmers erfragt werden (Abs. 1 Nr. 1). 3

Der IMSI-Catcher ermöglicht zugleich die **Lokalisierung eines aktiv geschalteten Mobiltelefons;** so kann der Verdächtige ergriffen werden (Abs. 1 Nr. 2; KK-Nack § 100i Rdn. 2). Dabei kann sogar der Standort eines Mobiltelefons innerhalb einer Funkzelle eingegrenzt werden (Pfeiffer § 100i Rdn. 1). 4

Abs. 2 enthält **weitere Voraussetzungen** für die Zulässigkeit der Maßnahme. So ist die Vorbereitung einer Maßnahme nach § 100a (Abs. 1 Nr. 1) nur zulässig, wenn die Voraussetzungen für eine Telefonüberwachung nach § 100a vorliegen (Abs. 2 S. 1). Zudem ist – wie üblich – die Maßnahme subsidiär. Einschränkungen für den Einsatz zur vorläufigen Festnahme (Abs. 1 Nr. 2) enthält Abs. 2 S. 2. 5

Mit Wirkung vom 1. 7. 2005 ist in § 100i Abs. 2 S. 2 der Verweis geändert worden. Sollte bisher § 100c Abs. 2 S. 2 entsprechend gelten, ist es nun § 100f Abs. 3 S. 2. Damit dürfen Maßnahmen gegen andere Personen nur angeordnet werden, wenn auf Grund bestimmter Tatsachen anzunehmen ist, dass sie mit einem Beschuldigten in Verbindung stehen oder eine solche Verbindung hergestellt wird und dass die Maßnahme zur Erforschung des Sachverhalts oder zur Ermittlung des Aufenthaltsorts eines Beschuldigten führen wird und dies auf andere Weise aussichtslos oder wesentlich erschwert wäre. 6

Nach Abs. 2 S. 3 ist die Eigensicherung der eingesetzten Polizeibeamten legitimes Ziel einer Maßnahme (vgl. KK-Nack § 100i Rdn. 8). 7

Abs. 3 stellt Grenzen für die Verwertung personenbezogener Daten Dritter auf. Zufallsfunde dürfen nicht verwendet werden, die Daten sind nach Beendigung der Maßnahme unverzüglich zu löschen (vgl. KK-Nack § 100i Rdn. 9). 8

§§ 101, 102 1. Buch. Allgemeine Vorschriften

9 Für die Anordnung der Maßnahme gilt § 100b Abs. 1 entsprechend (Abs. 4 S. 1) **Mitwirkungspflichten** des Telekommunikationsdienstes ergeben sich aus § 100b Abs. 3, soweit es um die Vorbereitung einer Maßnahme nach § 100a geht. Soweit die Maßnahme der Ermittlung des Standortes des Mobilfunkendgerätes zwecks Festnahme oder Ergreifung angeordnet wird, ergibt sich aus Abs. 4 S. 4 die Verpflichtung zur Mitteilung der Geräte- (IMEI) und Kartennummer (IMSI).

10 Zur Beschwerde vgl. § 100b Rdn. 11.

§ 101 [Benachrichtigung]

(1)[1] Von den getroffenen Maßnahmen (§§ 81e, 99, 100a, 100b, 100f Abs. 1 Nr. 2, Abs. 2, §§ 100g und 100h) sind die Beteiligten zu benachrichtigen, sobald dies ohne Gefährdung des Untersuchungszwecks, der öffentlichen Sicherheit, von Leib oder Leben einer Person sowie der Möglichkeit der weiteren Verwendung eines eingesetzten nicht offen ermittelnden Beamten geschehen kann.

(2) [1] Sendungen, deren Öffnung nicht angeordnet worden ist, sind dem Beteiligten sofort auszuhändigen. [2] Dasselbe gilt, soweit nach der Öffnung die Zurückbehaltung nicht erforderlich ist.

(3) Der Teil eines zurückbehaltenen Briefes, dessen Vorenthaltung nicht durch die Rücksicht auf die Untersuchung geboten erscheint, ist dem Empfangsberechtigten abschriftlich mitzuteilen.

(4) [1] Entscheidungen und sonstige Unterlagen über Maßnahmen nach § 100f Abs. 1 Nr. 2, Abs. 2 werden bei der Staatsanwaltschaft verwahrt. [2] Zu den Akten sind sie erst zu nehmen, wenn die Voraussetzungen des Absatzes 1 erfüllt sind.

1 Abs. 1 regelt die **Benachrichtigung der durch die Maßnahmen Betroffenen.** Für den Fall der akustischen Wohnraumüberwachung stellt § 100d Abs. 8 eine gesonderte Regelung auf. Damit sind auch die Bedenken des Bundesverfassungsgerichts gegen § 101 Abs. 1 offenbar ausgeräumt.

2 Die Benachrichtigung erfolgt erst, wenn dies **ohne Gefährdung des Untersuchungszwecks,** der öffentlichen Sicherheit, von Leib und Leben einer Person usw. geschehen kann (Pfeiffer § 101 Rdn. 2). Die Mitteilung von Briefteilen soll selbst dann erfolgen müssen, wenn dadurch die Beschlagnahme bekannt und ggf. der Untersuchungszweck gefährdet wird (Meyer-Goßner § 101 Rdn. 6; SK-Rudolphi/Wolter § 101 Rdn. 6; a. M. KK-Nack § 101 Rdn. 9). Maßgeblich ist nämlich nur, ob dieser Zweck durch die Bekanntgabe des Briefteils gefährdet wäre.

3 Bei Maßnahmen nach § 100f Abs. 1 Nr. 2, Abs. 2 (Einsatz sonstiger technischer Mittel, Aufzeichnung von Gesprächen) erfolgt die **Verwahrung bei der StA.** Zu den Akten sind sie erst zu nehmen, wenn der Untersuchungszweck hierdurch nicht mehr gefährdet wird (vgl. Meyer-Goßner § 101 Rdn. 7).

4 Zur **Zuständigkeit für die Benachrichtigung** vgl. Meyer-Goßner § 101 Rdn. 8. Wird während, aber außerhalb der Hauptverhandlung eine Telefonüberwachung durchgeführt, so verpflichtet der Grundsatz des fairen Verfahrens das Gericht, dem Angeklagten und seinem Verteidiger Gelegenheit zur Kenntnisnahme von deren Ergebnis zu geben (BGHSt 36, 305). Eine Offenbarung der geheim zu haltenden Tatsachen nur gegenüber dem Strafgericht („in-camera-Verfahren") verstößt gegen Art. 103 Abs. 1 GG und ist unzulässig (BVerfG NJW 2004, 999, 1017).

§ 102 [Durchsuchung beim Verdächtigen]

Bei dem, welcher als Täter oder Teilnehmer einer Straftat oder der Begünstigung, Strafvereitelung oder Hehlerei verdächtig ist, kann eine Durchsuchung

8. Abschnitt. Beschlagnahme, Überwachung des Fernmeldeverkehrs § 102

der **Wohnung und anderer Räume sowie seiner Person und der ihm gehörenden Sachen** sowohl zum Zweck seiner Ergreifung als auch dann vorgenommen werden, wenn zu vermuten ist, daß die Durchsuchung zur Auffindung von Beweismitteln führen werde.

Die Vorschrift gestattet im Zusammenhang mit der Durchsuchung beim Verdächtigen die **Einschränkung der Grundrechte aus Art. 2, 13 GG.** Die Vorschrift gilt von der Einleitung des Ermittlungsverfahrens bis zur Urteilsrechtskraft. Die Durchsuchung beim Verdächtigen ist dabei im weiteren Maße zulässig als beim Unverdächtigen (§ 103). 1

Voraussetzung jeder Durchsuchung ist ein Tatverdacht. Tatverdacht ist die Wahrscheinlichkeit, dass eine bestimmte Straftat bereits begangen und nicht nur straflos vorbereitet worden ist. Hierfür müssen zureichende tatsächliche Anhaltspunkte vorliegen (BVerfG NJW 1991, 690; BGH StV 1994, 353; BVerfG NJW 1995, 2839; Meyer-Goßner § 102 Rdn. 2). Die Durchsuchung nach § 102 muss nur ein Verdächtiger dulden. Er muss noch nicht Beschuldigter sein. 2

Der **Tatverdacht** gegen ihn soll noch nicht einmal soweit konkretisiert sein müssen, dass die Beschuldigteneigenschaft schon begründet werden kann (Meyer-Goßner § 102 Rdn. 3; a.M. LR-Schäfer § 102 Rdn. 12). Daher soll auch die Durchsuchung von und bei Personen zulässig sein, die zunächst nur informatorisch als Zeugen zu hören sind. Allerdings darf der Tatverdacht nicht ganz vage sein (Meyer-Goßner § 102 Rdn. 3). Bloße Vermutungen, die sich nicht auf tatsächliche Anhaltspunkte oder kriminalistische Erfahrung stützen können, sollen nicht ausreichen (AG Saalfeld NJW 2001, 3642; Meyer-Goßner § 102 Rdn. 3). 3

Diese Äußerungen scheinen aus einer **vorkonstitutionellen Zeit** zu stammen. Der schmale Grat noch nicht einmal des Anfangsverdachts soll selbst Eingriffe in das Grundrecht des Art. 13 GG legitimieren. Es ist ohnehin schon ein Problem, dass ein Verdachtsgrad, der erst die Ermittlungspflicht der StA (§ 152) auslöst, schon zu solchen Grundrechtseingriffen legitimiert. Erst recht ist es problematisch, wenn man für Eingriffe in das Grundrecht auf Unverletzlichkeit der Wohnung eine noch niedrigere Schwelle ansetzt. Immerhin hat das Bundesverfassungsgericht angemahnt, dass die Anordnung der Durchsuchung in einem angemessenen Verhältnis zur Stärke des Tatverdachts stehen müsse (BVerfGE 42, 220; BVerfGE 59, 95). 4

Durchsuchungsgegenstände sind zunächst **Wohnungen und Räume.** Dies sind Räumlichkeiten, die der Verdächtige tatsächlich innehat, gleichgültig, ob er sie befugt oder unbefugt nutzt, ob er Allein- oder Mitinhaber ist (BGH NStZ 1986, 84; Meyer-Goßner § 102 Rdn. 7). Ob ihm das Hausrecht zustehen muss, ist umstritten (dagegen Meyer-Goßner § 102 Rdn. 7; dafür Nelles StV 1991, 489). Zu den Räumlichkeiten gehören auch Arbeits-, Betriebs- und Geschäftsräume (BVerfG NJW 2003, 2669) und vorübergehend benutzte Räume wie Hotelzimmer (Meyer-Goßner § 102 Rdn. 7). Räume in einem Dienstgebäude kommen ebenso in Betracht wie befriedete Besitztümer (Hofräume, Hausgärten). 5

Von der Raumdurchsuchung soll die so genannte **Nachschau** zu unterscheiden sein. Bei dieser geht es darum, den Betroffenen, dessen Anwesenheit in der Wohnung bekannt ist, festzunehmen und zu diesem Zweck die Wohnung gegen seinen Willen zu betreten (Meyer-Goßner § 102 Rdn. 8; Pfeiffer § 102 Rdn. 2). 6

Die **Durchsuchung der Person** besteht im Suchen nach Sachen oder Spuren in oder unter der Kleidung oder auch auf der Körperoberfläche und in natürlichen Körperöffnungen des Betreffenden. Suche nach im Körperinneren befindlichen Gegenständen erlaubt § 81a. Zweifelhaft ist, ob die Mundhöhle dem § 81a unterfällt oder dem § 102, weil ein Hineinschauen ohne einen Eingriff und ohne medizinische Hilfsmittel möglich ist (OLG Celle NdsRpfl 1997, 162; Meyer-Goßner § 102 Rdn. 9). Siehe auch Pfeiffer § 102 Rdn. 2 unter Hinweis auf OLG Celle NJW 1997, 7

211

§ 102 1. Buch. Allgemeine Vorschriften

2463). Zur zwangsweisen **Gabe von Brechmitteln** bei Verdacht des Mitführens von Rauschgift im Magen siehe § 81a Rdn. 12; § 136a Rdn. 13.

8 **Sachen** sind Kleidungsstücke, die der Verdächtige bei sich führt, ohne sie zu tragen, und seine sonstige bewegliche Habe, gleichgültig, ob sie sich in seinem Umkreis (Gepäckstücke), im Kofferraum eines PKW oder im Besitz seines Begleiters befindet (Meyer-Goßner § 102 Rdn. 10). „Ihm gehören" umfasst nicht nur das Eigentum, sondern auch den Besitz, Gewahrsam und Mitgewahrsam (KMR-Müller § 102 Rdn. 15; Meyer-Goßner § 102 Rdn. 10).

9 **EDV-Anlagen** sind ebenfalls ihm gehörende Sachen. Die Inbetriebnahme solcher Anlagen soll zulässig sein, um unter Hinzuziehung sachkundiger Personen ggf. noch nicht aufgefundene Beweismittel zu erlangen (§ 94 Rdn. 7; Pfeiffer § 102 Rdn. 2).

10 Durchsuchungszweck ist das **Ergreifen des Verdächtigen.** Ergreifen ist jede Festnahme zur Durchführung einer gesetzlich zugelassenen Zwangsmaßnahme (vgl. §§ 112, 126a, 127, 134, 230 Abs. 2, §§ 236, 329 Abs. 4 S. 1), auch nach §§ 81, 81a und 81b. Unter den Begriff der Ergreifung fällt auch die Festnahme des Verurteilten (OLG Düsseldorf NJW 1981, 2133) oder die zur Einlieferung in eine Strafhaft (§ 457). Der Durchsuchungszweck des **Auffindens von Beweismitteln** (Ermittlungsdurchsuchung) umfasst das Auffinden von Spuren, die der Beschlagnahme nicht fähig sind (Pfeiffer § 102 Rdn. 3). Für das Auffinden von Verfalls- und Einziehungsgegenständen gilt wie bei § 111b Abs. 3 der § 102 entsprechend (vgl. Gramse NZV 2002, 349). Wird der Gegenstand gleichzeitig als Beweismittel gesucht, genügt es, dass die Voraussetzungen des § 94 erfüllt sind (Meyer-Goßner § 102 Rdn. 14).

11 Die **Anordnung der Durchsuchung** (vgl. § 105) muss Angaben über den Inhalt des Tatvorwurfs, die zu suchenden Beweismittel und die zu durchsuchenden Räume enthalten (BVerfG NJW 1992, 551). Die nur schlagwortartige Bezeichnung der mutmaßlichen Straftat und die Wiederholung des Wortlauts des § 102 genügen nicht (BVerfG NStZ 2000, 601). Der Richter hat auch bei Erlass des Durchsuchungsbefehls von vornherein für eine angemessene Begrenzung der Zwangsmaßnahmen Sorge zu tragen und durch eine geeignete Formulierung sicherzustellen, dass der Eingriff in die Grundrechte messbar und kontrollierbar bleibt (Pfeiffer § 102 Rdn. 4).

12 Der **Verhältnismäßigkeitsgrundsatz** hat bei Durchsuchungen eine besondere Bedeutung (vgl. nur BVerfGE 59, 95; Walther StV 1991, 16). Die Durchsuchung muss in einem angemessenen Verhältnis zur Schwere der Straftat und zur Stärke des Tatverdachts stehen (BVerfGE 42, 212, 220; BVerfGE 59, 95; LG Frankfurt/Main NStZ 1997, 564; LG Freiburg StV 2000, 14). Die Durchsuchung einer Rechtsanwaltskanzlei ist unverhältnismäßig, wenn sie durch Übergabe gesuchter Belege abgewendet werden könnte (LG Berlin NStZ 2004, 103, 104), die Durchsuchung von Presseunternehmen ebenfalls, wenn damit schwer in ihren Betrieb eingegriffen wird, um einen wenig wahrscheinlichen Tatbestand aufzuklären (BVerfGE 20, 162, 204; siehe auch LG Bremen NStZ-RR 2000, 174).

13 **Zufallsfunde,** das heißt überraschend aufgefundene Beweismittel, werden nach § 108 Abs. 1 sichergestellt. Werden Personen angetroffen, bei denen Identifizierungsmaßnahmen nach § 163b erforderlich sind, können sie zu diesem Zweck festgehalten werden (Meyer-Goßner § 102 Rdn. 17). Ggf. können auch Maßnahmen nach § 81c veranlasst werden.

14 Ein **Verwertungsverbot** soll nicht ausgelöst werden, wenn eine Durchsuchung zwar ohne einen sie anordnenden richterlichen Befehl stattgefunden hat, dem Erlass der Durchsuchungsanordnung aber tatsächlich rechtliche Hindernisse nicht entgegengestanden hätten und die sichergestellten Gegenstände als Beweismittel rechtlich zugänglich waren (BGH NStZ 1989, 375). Zur prozessualen Überholung siehe Einl. Rdn. 107ff. Zur gezielten Suche nach Zufallsfunden vgl. § 108 Rdn. 1.

15 Entsprechen richterliche Durchsuchungs- und Beschlagnahmeanordnungen nicht den verfassungsrechtlichen Mindestanforderungen an die Konkretisierung des Tatvor-

8. Abschnitt. Beschlagnahme, Überwachung des Fernmeldeverkehrs § 103

wurfs, können sie die Verjährung nicht unterbrechen (BGH NStZ 2004, 275; Pfeiffer § 102 Rdn. 6).

§ 103 [Durchsuchung bei anderen Personen]

(1) ¹Bei anderen Personen sind Durchsuchungen nur zur Ergreifung des Beschuldigten oder zur Verfolgung von Spuren einer Straftat oder zur Beschlagnahme bestimmter Gegenstände und nur dann zulässig, wenn Tatsachen vorliegen, aus denen zu schließen ist, daß die gesuchte Person, Spur oder Sache sich in den zu durchsuchenden Räumen befindet. ²Zum Zwecke der Ergreifung eines Beschuldigten, der dringend verdächtig ist, eine Straftat nach § 129a, auch in Verbindung mit § 129b Abs. 1, des Strafgesetzbuches oder eine der in dieser Vorschrift bezeichneten Straftaten begangen zu haben, ist eine Durchsuchung von Wohnungen und anderen Räumen auch zulässig, wenn diese sich in einem Gebäude befinden, von dem auf Grund von Tatsachen anzunehmen ist, daß sich der Beschuldigte in ihm aufhält.

(2) Die Beschränkungen des Absatzes 1 Satz 1 gelten nicht für Räume, in denen der Beschuldigte ergriffen worden ist oder die er während der Verfolgung betreten hat.

Die Vorschrift regelt die **Durchsuchung bei anderen Personen** als dem Verdächtigen. Der Begriff ist weit zu fassen und umfasst auch strafunmündige Kinder sowie juristische Personen. Bei diesen ist zweifelhaft, ob bei einem Verdacht gegen ihre Organe nach § 102 durchsucht werden kann (so KK-Nack § 103 Rdn. 1; Pfeiffer § 103 Rdn. 1; anders offenbar BGH wistra 1997, 107). 1

Die Duldungspflicht des Unverdächtigen ist geringer als die des Verdächtigen. Eine Durchsuchung nach § 103 soll aber nicht deshalb rechtswidrig sein, weil sie auch nach § 102 zulässig gewesen wäre (BGHSt 28, 57, 60; Meyer-Goßner § 103 Rdn. 1; a.M. Krekeler NStZ 1993, 263, 266). Regelmäßig wird der Grundsatz der Verhältnismäßigkeit erfordern, dass der Betroffene zunächst aufgefordert wird, den konkret gesuchten Beweisgegenstand freiwillig herauszugeben (LG Kaiserslautern NStZ 1981, 438, 439; Meyer-Goßner § 103 Rdn. 1; siehe auch LR-Schäfer § 103 Rdn. 8). 2

Die **Dienstgebäude und -räume von Behörden** dürfen durchsucht werden. Ziel darf dann nur die Ergreifung des Beschuldigten oder das Auffinden von Beweismitteln sein, die die Behörde nicht verwahrt. Über § 103 darf die Pflicht zur Herausgabe von Akten und Unterlagen nicht durchgesetzt werden, wenn eine Sperrerklärung der obersten Dienstbehörde vorliegt (vgl. § 96 Rdn. 13). 3

Der Durchsuchungszweck der **Ergreifung des Beschuldigten** setzt einen Tatverdacht voraus, der soweit konkretisiert ist, dass gegen den Verdächtigen Maßnahmen ergriffen worden sind, die ihn zum Beschuldigten machen (Nelles StV 1991, 488). Seine Identität muss in dem Moment noch nicht feststehen (Meyer-Goßner § 103 Rdn. 5). Die Annahme, der Beschuldigte/Verurteilte befinde sich in den Räumlichkeiten, setzt aber voraus, dass auf Grund konkreter Tatsachen auf seine Anwesenheit geschlossen werden kann, z.B. auf Grund von Zeugenbekundungen oder früheren Beobachtungen über die Lebensgewohnheiten des Beschuldigten (vgl. LG Saarbrücken NStZ-RR 2002, 267; Meyer-Goßner § 103 Rdn. 5). 4

Die Durchsuchung zum **Auffinden von Spuren und Beweismitteln** ist nicht schon dann möglich, wenn Vermutungen dahin gehen, sie könnten sich an einem bestimmten Ort befinden. Nötig ist, dass bestimmte erwiesene Tatsachen die Annahme rechtfertigen, dass die Durchsuchung zur Auffindung der gesuchten Spur oder des bestimmten Beweismittels führen werde (vgl. BGH NStZ 2000, 154; BGH NStZ 2002, 215). 5

§ 104　　　　　　　　　　　　　　　　　　　　1. Buch. Allgemeine Vorschriften

6　　Hat die Person, bei der nach § 103 durchsucht werden soll, ein **Zeugnisverweigerungsrecht,** steht dies der Anordnung und Durchführung der Maßnahme im Grundsatz nicht entgegen. Jedoch dürfen Durchsuchungen nicht zu dem Zweck durchgeführt werden, nach beschlagnahmefreien Gegenständen zu suchen.

7　　Abs. 1 S. 2 betrifft die Ergreifung eines Beschuldigten, der dringend einer Straftat nach § 129a StGB oder einer der in § 129a StGB bezeichneten Straftaten verdächtig ist. Gebäude ist eine räumlich abgegrenzte selbstständige bauliche Einheit, innerhalb derer der Beschuldigte sich bewegen kann (Pfeiffer § 103 Rdn. 3). Hier ist der Zweck der Durchsuchung auf die Ergreifung des Beschuldigten beschränkt. Überdies muss gegen den Beschuldigten ein dringender Tatverdacht im Sinne der §§ 112 ff bestehen.

8　　Abs. 2 **dispensiert** von den Beschränkungen des Abs. 1 S. 2 für Räumlichkeiten, in denen der Beschuldigte ergriffen worden ist oder die er während der Verfolgung betreten hatte. Hintergrund ist die Überlegung, dass ein Verfolgter in den von ihm betretenen Räumen Spuren zu hinterlassen oder sich der Beute oder sonstiger Beweisstücke zu entledigen pflegt (Pfeiffer § 103 Rdn. 4). Auch der entflohene Verurteilte soll Beschuldigter im Sinne des Absatzes 2 sein (Pfeiffer § 103 Rdn. 4). Ergreifung ist jede Gestellung durch Strafverfolgungsorgane und auch die Festnahme durch eine Privatperson nach § 127 Abs. 1 (LR-Schäfer § 103 Rdn. 21).

§ 104 [Nächtliche Haussuchung]

(1) **Zur Nachtzeit dürfen die Wohnung, die Geschäftsräume und das befriedete Besitztum nur bei Verfolgung auf frischer Tat oder bei Gefahr im Verzug oder dann durchsucht werden, wenn es sich um die Wiederergreifung eines entwichenen Gefangenen handelt.**

(2) **Diese Beschränkung gilt nicht für Räume, die zur Nachtzeit jedermann zugänglich oder die der Polizei als Herbergen oder Versammlungsorte bestrafter Personen, als Niederlagen von Sachen, die mittels Straftaten erlangt sind, oder als Schlupfwinkel des Glücksspiels, des unerlaubten Betäubungsmittel- und Waffenhandels oder der Prostitution bekannt sind.**

(3) **Die Nachtzeit umfaßt in dem Zeitraum vom ersten April bis dreißigsten September die Stunden von neun Uhr abends bis vier Uhr morgens und in dem Zeitraum vom ersten Oktober bis einunddreißigsten März die Stunden von neun Uhr abends bis sechs Uhr morgens.**

1　　Die Vorschrift **beschränkt die Durchsuchung** von Räumen im Sinne der §§ 102, 103. Schon im Durchsuchungsbeschluss sollte klargestellt werden, ob die Durchsuchung zur Nachtzeit durchgeführt werden darf. Im Übrigen hat der vollstreckende Polizeibeamte/Staatsanwalt die Entscheidung zu treffen (BGH MDR 1964, 71). Die Durchsuchung nach verbotenen Fernmeldeanlagen zur Nachtzeit ist in § 21 Abs. 1 FAG geregelt.

2　　Eine **nächtliche Hausdurchsuchung** ist zulässig zur Verfolgung auf frischer Tat. Nicht nötig soll sein, dass der Täter bei der Tat betroffen worden ist, die Verfolgung muss auch nicht unmittelbar der Tat nachfolgen oder auf Sicht oder Gehör stattfinden (LR-Schäfer § 104 Rdn. 5). Es soll genügen, wenn sie unmittelbar nach Tatentdeckung aufgenommen wird. Die Verfolgung kann auch das Ziel haben, die Tatbeute sicherzustellen oder andere Beweismittel zu erlangen (Meyer-Goßner § 104 Rdn. 3). Die Haussuchung bei Gefahr im Verzug setzt voraus, dass die Aufschiebung der Durchsuchung bis zu Beginn des Tages ihren Erfolg wahrscheinlich gefährden würde (Meyer-Goßner § 104 Rdn. 4). Der dritte Fall ist die Wiederergreifung eines Gefangenen. Gefangener ist der im Sinne des § 120 Abs. 1, Abs. 4 StGB, betrifft also jeden auf Grund behördlicher Anordnung in einer Anstalt Verwahrten. Die Durchsuchung

8. Abschnitt. Beschlagnahme, Überwachung des Fernmeldeverkehrs § 105

zur Nachtzeit soll auch zulässig sein, wenn nicht nach dem Gefangenen selbst, sondern nach Anhaltspunkten für seinen Verbleib gesucht wird (KMR-Müller § 104 Rdn. 6; Meyer-Goßner § 104 Rdn. 5).

Die Beschränkungen des Abs. 1 gelten nicht bei Räumen, die zur Nachtzeit **für jedermann zugänglich sind,** wie z. B. Herbergen, Gasthäuser, Bahnhofshallen, Wartesäle, Kinos oder Bars (Abs. 2). Dass der Zugang nur gegen Entgelt gewährt wird, schadet nicht (Meyer-Goßner § 104 Rdn. 7). 3

Schlupfwinkel des Glücksspiels usw. sind geheime Spielclubs, Bordelle, Gaststätten, in denen vorwiegend Rauschgiftabhängige verkehren usw. (Meyer-Goßner § 104 Rdn. 9). 4

Der Polizei sind z. B. Räumlichkeiten, die als Versammlungsort bestrafter Personen dienen, bekannt geworden, wenn sie schon einmal zu den bezeichneten Zwecken in Erscheinung getreten sind und keine Anhaltspunkte für eine Veränderung des Verwendungszwecks bestehen (LR-Schäfer § 104 Rdn. 14). 5

Eine Durchsuchung zur Nachtzeit (Abs. 3) darf stattfinden, wenn sie **vor neun Uhr abends begonnen** hat, auch wenn die Voraussetzungen des Absatzes 1 oder 2 nicht vorliegen (BVerfGE 44, 353, 369). Sie soll allerdings so frühzeitig beginnen, dass sie bis zur Nachtzeit beendet werden können (Meyer-Goßner § 104 Rdn. 10). 6

§ 105 [Anordnung; Ausführung]

(1) ¹Durchsuchungen dürfen nur durch den Richter, bei Gefahr im Verzug auch durch die Staatsanwaltschaft und ihre Ermittlungspersonen (§ 152 des Gerichtsverfassungsgesetzes) angeordnet werden. ²Durchsuchungen nach § 103 Abs. 1 Satz 2 ordnet der Richter an; die Staatsanwaltschaft ist hierzu befugt, wenn Gefahr im Verzug ist.

(2) ¹Wenn eine Durchsuchung der Wohnung, der Geschäftsräume oder des befriedeten Besitztums ohne Beisein des Richters oder des Staatsanwalts stattfindet, so sind, wenn möglich, ein Gemeindebeamter oder zwei Mitglieder der Gemeinde, in deren Bezirk die Durchsuchung erfolgt, zuzuziehen. ²Die als Gemeindemitglieder zugezogenen Personen dürfen nicht Polizeibeamte oder Ermittlungspersonen der Staatsanwaltschaft sein.

(3) ¹Wird eine Durchsuchung in einem Dienstgebäude oder einer nicht allgemein zugänglichen Einrichtung oder Anlage der Bundeswehr erforderlich, so wird die vorgesetzte Dienststelle der Bundeswehr um ihre Durchführung ersucht. ²Die ersuchende Stelle ist zur Mitwirkung berechtigt. ³Des Ersuchens bedarf es nicht, wenn die Durchsuchung von Räumen vorzunehmen ist, die ausschließlich von anderen Personen als Soldaten bewohnt werden.

Die Vorschrift regelt die **Anordnung und Ausführung** von Durchsuchungen. Eine Durchsuchungsanordnung ist nötig, wenn der Betroffene die Maßnahme nicht freiwillig gestattet. Liegen die Voraussetzungen der §§ 102ff schon nicht vor, muss über die Freiwilligkeit belehrt werden (Meyer-Goßner § 105 Rdn. 1). 1

Zuständig für die Anordnung ist der Richter (Abs. 1), der das Vorliegen eines Tatverdachts selbstständig zu prüfen hat (OLG Düsseldorf MDR 1991, 78). Die StA und ihre Ermittlungspersonen sind nur bei Gefahr im Verzug zur Anordnung befugt. Allerdings kann sich diese auch während der Vollstreckung der richterlichen Anordnung ergeben (Meyer-Goßner § 105 Rdn. 2). In der Praxis ist die richterliche Anordnung die Regel, so dass grundsätzlich versucht werden muss, eine richterliche Anordnung zu erhalten (BVerfGE 103, 142; Meyer-Goßner § 105 Rdn. 2). So muss zumindest der Versuch unternommen werden, einen Richter telefonisch zu erreichen. Die Gerichte müssen dafür einen Bereitschaftsdienst (§ 22c GVG) einrichten 2

§ 105   1. Buch. Allgemeine Vorschriften

(BVerfGE 103, 142). Ein **Bereitschaftsdienst** zur Nachtzeit ist nur einzurichten, wenn hierfür ein praktischer Bedarf besteht (BVerfG NJW 2004, 1442). Weigert sich der von StA oder Polizei erreichte Bereitschaftsrichter, angesichts fehlender Akten eine Entscheidung zu treffen, besteht Gefahr im Verzug (Hofmann NStZ 2003, 230, 232; Meyer-Goßner § 105 Rdn. 2).

3   Für die Anordnung der Durchsuchung von **Pressebetrieben** und Rundfunkanstalten nach Gegenständen, die nur nach § 97 Abs. 5 S. 2 beschlagnahmt werden dürfen, ist ausschließlich der Richter zuständig (BGH NJW 1999, 2051; Meyer-Goßner § 105 Rdn. 2).

4   Die Anordnung kann **mündlich, telefonisch oder telegrafisch** ergehen, auch stillschweigend, wenn sie der anordnende Beamte sogleich selbst ausführt (vgl. BGH NStZ 1986, 84, 85). Die richterliche Durchsuchungsanordnung sollte zwar stets schriftlich abgefasst werden (BVerfGE 103, 142), in Eilfällen ist aber auch eine mündliche Entscheidung möglich (Seifert DRiZ 2004, 141; Meyer-Goßner § 105 Rdn. 3). Hintergrund ist, dass zwar bei einer mündlichen Anordnung die Informationsfunktion der Durchsuchungsanordnung für den Betroffenen fehlt, aber immerhin die **Kontrollfunktion** der Entscheidung des Richters als seiner Person, die bislang an den Ermittlungen nicht beteiligt war, gewährleistet wird. Die Durchsuchung mehrerer Räume oder Gebäude kann in einem einzigen Beschluss angeordnet werden, auch wenn sie die Ergreifung mehrerer Verdächtiger bezweckt (Kurth NJW 1979, 1377, 1384; Meyer-Goßner § 105 Rdn. 3).

5   Wird wegen **Gefahr im Verzug** durch Ermittlungspersonen oder StA angeordnet, müssen die handelnden Beamten vor oder jedenfalls unmittelbar nach der Durchsuchung die für den Eingriff bedeutsamen Erkenntnisse und Annahmen in den Akten festhalten. Die Voraussetzung für eine richterliche Nachprüfung des Tatbestandsmerkmals „Gefahr im Verzug" muss dokumentiert werden (BVerfG StV 2004, 633).

6   Der Betreffende wird vor der Maßnahme **regelmäßig nicht angehört** (§ 33 Abs. 4). Der Anordnungsbeschluss ist dem Beschuldigten aber in der Regel mit vollständiger Begründung bekannt zu machen. Dabei ist allerdings nicht einzusehen, dass z.B. bei einer Durchsuchung der Wohnräume des Beschuldigten diesem nicht die Möglichkeit gegeben werden soll, rechtliches Gehör zur geplanten Maßnahme, immerhin einem Grundrechtseingriff, zu erhalten.

7   **Inhaltlich** muss die Anordnung die Straftat bezeichnen, deren Begehung Anlass zur Durchsuchung gibt (BVerfG NStZ 2002, 212; BVerfG StV 2002, 406; LG Koblenz wistra 2004, 438). Tatsächliche Angaben über den Inhalt des Tatvorwurfs sind bei Wohnungsdurchsuchungen erforderlich, sofern sie nach dem Ermittlungsergebnis ohne weiteres möglich sind und den Zwecken der Strafverfolgung nicht entgegenstehen (BVerfG StV 1999, 519; BVerfG StV 2002, 345). Es sind also aussagekräftige Tatsachenangaben erforderlich (BGH NStZ 2004, 275). Zweck und Ziel (Ergreifungsdurchsuchung, Ermittlungsdurchsuchung) müssen ebenso beschrieben werden wie das Ausmaß der Durchsuchung, insbesondere im Hinblick auf „andere Räume" im Sinne des § 102 (Meyer-Goßner § 105 Rdn. 5). In den Fällen des § 103 müssen die gesuchten Beweismittel so weit konkretisiert werden, dass keine Zweifel entstehen können (vgl. BVerfG NJW 2003, 2669; BGH NStZ 2002, 215). Einen erhöhten Verdachtsgrad, wie sie die akustische Wohnraumüberwachung voraussetzt (Art. 13 Abs. 3) verlangt die Wohnungsdurchsuchung (Art. 13 Abs. 2 GG) nicht (BVerfG NJW 2004, 3171). Den Grundsatz der **Verhältnismäßigkeit** muss der Richter zwar prüfen (BVerfG NJW 1997, 2165), aber nicht in der Anordnung darlegen (Meyer-Goßner § 105 Rdn. 5).

8   Ein **Mangel der Begründung** wird nicht dadurch geheilt, dass ein unzureichender Beschluss „problemlos nachgebessert" werden könnte (BVerfG NJW 2004, 3171; LG Berlin wistra 2004, 319). Allerdings kann ein neuer Durchsuchungsantrag gestellt werden (Heghmanns NStZ 2004, 102, 103; Meyer-Goßner § 105 Rdn. 5).

8. Abschnitt. Beschlagnahme, Überwachung des Fernmeldeverkehrs § 105

Inwiefern die Anordnung bestimmter strafprozessualer Zwangsmaßnahmen zugleich **stillschweigend** die Anordnung zur Durchsuchung enthält, ist zweifelhaft. Jedenfalls kann es nur um die Durchsuchung zur Ergreifung des Beschuldigten gehen. Dann mögen Haftbefehle (§§ 112, 453c), Unterbringungsbefehle (§ 126a) und Vorführungsbefehle (§§ 134, 230 Abs. 2, §§ 236, 329 Abs. 4 S. 1) auch eine solche Anordnung enthalten (vgl. KK-Nack § 105 Rdn. 6; LR-Schäfer § 105 Rdn. 10; Meyer-Goßner § 105 Rdn. 6). Dies kann dann aber nur für Räume des Beschuldigten oder Verurteilten gelten, nicht hingegen bei einer Suche in Räumen Dritter (OLG Celle StV 1982, 561; LR-Schäfer § 105 Rdn. 10; Meyer-Goßner § 105 Rdn. 6). 9

Die Anordnung einer Durchsuchung darf mit der Anordnung der Beschlagnahme **verbunden** werden, die zu beschlagnahmenden Gegenstände müssen dann aber genau bezeichnet sein (LG Lüneburg JZ 1984, 343). Eine generelle Beschlagnahmeanordnung hat allenfalls die Bedeutung einer Richtlinie für die Durchführung der Durchsuchung (BVerfG NStZ 2002, 212, 213). Die Durchführung der richterlichen Durchsuchungsanordnung obliegt der StA (§ 36 Abs. 2), die mit der Durchführung die Polizei beauftragen kann (Pfeiffer § 105 Rdn. 3). 10

Durchsuchungszeugen (Abs. 2) müssen erst zu Beginn der eigentlichen Durchsuchung, das heißt zu Beginn der Nachforschung nach Beweismitteln, zugezogen werden (BGH NJW 1963, 1461). Inhaber der nach § 103 durchsuchten Räume können nicht zugleich Zeugen sein (OLG Celle StV 1985, 137). Die Zuziehung ist eine wesentliche Förmlichkeit der Durchsuchung, Abs. 2 ist keine Ordnungsvorschrift (BayObLG JR 1981, 28; OGL Celle StV 1985, 137; OLG Hamm NStZ 1986, 326; OLG Karlsruhe NStZ 1991, 50; Meyer-Goßner § 105 Rdn. 10). 11

Die Zuziehung von Zeugen **muss möglich sein.** Unmöglich ist sie auch, wenn der eintretende Zeitverlust den Erfolg der Durchsuchung vereiteln könnte (BGH NStZ 1986, 84, 85; Meyer-Goßner § 105 Rdn. 11). Die Entscheidung darüber trifft der ausführende Beamte. Ob es dabei um pflichtgemäßes Ermessen geht (so OLG Karlsruhe NStZ 1991, 50) oder um einen unbestimmten Rechtsbegriff (SK-Rudolphi § 105 Rdn. 18), ist zweifelhaft. Wie oft im Strafrecht üblich, soll der gewissenhaft handelnde Beamte auch dann rechtmäßig vorgehen, wenn er sich in der Beurteilung der Verhältnisse irrt (OLG Celle StV 1985, 137). Nur der bewusste Verstoß gegen Abs. 2 soll dem Betroffenen ein Recht zum Widerstand geben (Meyer-Goßner § 105 Rdn. 11). Die Verwertbarkeit der Durchsuchungsergebnisse soll von der Einhaltung des Abs. 2 nicht abhängen (KG NJW 1972, 169, 170; Meyer-Goßner § 105 Rdn. 11). Dies ist mit der Einschätzung, die Zuziehung sei wesentliche Förmlichkeit der Durchsuchung (Meyer-Goßner § 105 Rdn. 10), kaum zu vereinbaren. 12

Der Betroffene kann auf die Beachtung des Abs. 2 verzichten (Meyer-Goßner § 105 Rdn. 12; a.M. KK-Nack § 105 Rdn. 14). 13

Die Anordnung berechtigt dazu, die Durchsuchung mit **Zwangsmaßnahmen** durchzusetzen, z.B. die Tür gewaltsam öffnen zu lassen, Türen oder Schränke aufzubrechen, Flüssigkeiten abzulassen usw. (Meyer-Goßner § 105 Rdn. 13). Bei der Durchsuchung einer Person darf körperlicher Zwang angewendet werden. Notfalls muss der Betroffene kurzfristig festgenommen und auf der Polizeiwache durchsucht werden (LR-Schäfer § 105 Rdn. 61; Meyer-Goßner § 105 Rdn. 13). Die fotografische Dokumentation des Zustands einer durchsuchten Wohnung ist in der Regel nur gestattet, wenn die Bilder als solche als Beweismittel in Betracht kommen (LG Hamburg StV 2004, 368). 14

Die Durchsuchungsanordnung ist mit Durchführung der Durchsuchung **verbraucht** (BVerfG StV 2004, 633, 634). Eine weitere Durchsuchung erfordert daher eine erneute Anordnung (Meyer-Goßner § 105 Rdn. 14). Die Anordnung einer Dauerdurchsuchung über einen Zeitraum z.B. von drei Monaten ist unzulässig (LG Hamburg wistra 2004, 36). Sind seit der Anordnung der Durchsuchung mehr als sechs Monate vergangen, ist der Durchsuchungsbeschluss **im Zweifel überholt** (BVerfG 15

§ 106

NJW 1997, 2165). Er muss dann zumindest nochmals richterlich überprüft werden (vgl. Pfeiffer § 105 Rdn. 1).

16 Gegen Durchsuchungsanordnungen der StA und ihrer Ermittlungspersonen ist **entsprechend § 98 Abs. 2 S. 2** der Antrag auf gerichtliche Entscheidung zulässig (BGH StV 1988, 90; Meyer-Goßner § 105 Rdn. 16). Dies gilt auch noch nach Abschluss der Durchsuchung zur Feststellung der Rechtswidrigkeit der Anordnung (vgl. Einl. Rdn. 107ff) bzw. bei Unzulässigkeit ihres Vollzugs (vgl. Meyer-Goßner § 105 Rdn. 16). Die Auslegung und Anwendung des Begriffs „Gefahr im Verzug" unterliegen nach neuerer Rechtsprechung einer unbeschränkten gerichtlichen Kontrolle (BVerfGE 103, 142; BVerfG NJW 2002, 1333). Verneint der Richter Gefahr im Verzug, hebt er die Durchsuchungsanordnung auf, was bei noch nicht vollständig vollzogener Durchsuchung zu deren Abbruch, bei vollzogener zur Feststellung der Rechtswidrigkeit der Durchsuchung führt (Meyer-Goßner § 105 Rdn. 16).

> **Beispiel:** Ist die Durchsicht der Papiere (§ 110) noch nicht abgeschlossen, dauert die Durchsuchung an. Hebt der Richter die Durchsuchungsanordnung auf, muss die Durchsuchung abgebrochen und die Papiere müssen zurückgegeben werden.

17 Wendet sich der Betroffene gegen die **Art und Weise** der abgeschlossenen Durchsuchung, ließ man früher den Rechtsweg zum OLG nach § 23 EGGVG zu. Mittlerweile wird von der Rechtsprechung der Antrag nach § 98 Abs. 2 S. 2 analog auch in solchen Fällen für zutreffend gehalten (BGHSt 44, 265; BGHSt 45, 183). Dies gilt für richterliche Durchsuchungen wie für solche wegen Gefahr im Verzuge. Offengelassen hat der BGH, ob dies auch dann gilt, wenn die gerügte Art und Weise des Vollzugs bereits im richterlichen Durchsuchungsbeschluss geregelt war (vgl. Meyer-Goßner § 105 Rdn. 17).

18 Gegen die gerichtliche Entscheidung ist **Beschwerde** zulässig (§ 305 Rdn. 6). Zu Verwertungsverboten vgl. § 94 Rdn. 10, § 98 Rdn. 24.

§ 106 [Zuziehung des Inhabers]

(1) ¹**Der Inhaber der zu durchsuchenden Räume oder Gegenstände darf der Durchsuchung beiwohnen.** ²**Ist er abwesend, so ist, wenn möglich, sein Vertreter oder ein erwachsener Angehöriger, Hausgenosse oder Nachbar zuzuziehen.**

(2) ¹**Dem Inhaber oder der in dessen Abwesenheit zugezogenen Person ist in den Fällen des § 103 Abs. 1 der Zweck der Durchsuchung vor deren Beginn bekanntzumachen.** ²**Diese Vorschrift gilt nicht für die Inhaber der in § 104 Abs. 2 bezeichneten Räume.**

1 Es handelt sich um eine **bloße Ordnungsvorschrift,** aus deren Verletzung keine Rechtsfolgen hergeleitet werden können (BGH NStZ 1983, 375; Meyer-Goßner § 106 Rdn. 1; a.M. LR-Schäfer § 106 Rdn. 15). Die Vorschrift ist auch bei Durchsuchungen zum Zweck der Beschlagnahme von Verfalls- und Einziehungsgegenständen anwendbar (§ 111b Abs. 4).

2 Ein **Anwesenheitsrecht** (Abs. 1 S. 1) haben die Inhaber der zu durchsuchenden Räume oder Gegenstände, auch wenn sie die Beschuldigten sind (Meyer-Goßner § 106 Rdn. 2). Der Durchsuchungsbeamte ist aber nicht verpflichtet, auf ihr Erscheinen zu warten oder sie herbeiholen zu lassen (LR-Schäfer § 106 Rdn. 3). Ein Verzicht auf die Anwesenheit ist möglich (Rengier NStZ 1981, 372, 374). Bei Störungen gilt § 164. Zu „Stubenarrest" und Telefonsperre vgl. Rengier NStZ 1981, 372, 375.

3 Vor der Durchsuchung nach § 103 Abs. 1 ist den in Abs. 2 S. 1 bezeichneten Personen deren **Zweck bekannt zu geben,** sofern die Durchsuchung nicht nach § 103 Abs. 2 oder § 104 Abs. 2 stattfindet. Wird dadurch der Untersuchungserfolg nicht gefährdet, soll der Durchsuchungszweck auch im Fall des § 102 dem Verdächtigen bekannt gegeben werden (Meyer-Goßner § 106 Rdn. 5).

§ 107 [Mitteilung, Verzeichnis]

¹Dem von der Durchsuchung Betroffenen ist nach deren Beendigung auf Verlangen eine schriftliche Mitteilung zu machen, die den Grund der Durchsuchung (§§ 102, 103) sowie im Falle des § 102 die Straftat bezeichnen muß. ²Auch ist ihm auf Verlangen ein Verzeichnis der in Verwahrung oder in Beschlag genommenen Gegenstände, falls aber nichts Verdächtiges gefunden wird, eine Bescheinigung hierüber zu geben.

Bei der Bestimmung soll es sich um eine **bloße Ordnungsvorschrift** handeln, deren Verletzung keine Rechtsfolgen zeitigt (OLG Stuttgart StV 1993, 235; Meyer-Goßner § 107 Rdn. 1; a. M. LR-Schäfer § 107 Rdn. 1). 1

Durchsuchungsbescheinigung ist ein Schriftstück, das dem Betroffenen, also dem Inhaber der Räume oder des Gewahrsams an den Sachen, auf Verlangen nach der Durchsuchung zu erteilen ist. Die abstrakte Angabe des Durchsuchungszwecks (Ergreifung; Auffinden von Beweisgegenständen) soll auch im Fall des § 103 genügen (KK-Nack § 107 Rdn. 3; Meyer-Goßner § 107 Rdn. 2; a. M. KMR-Müller § 107 Rdn. 6; SK-Rudolphi § 107 Rdn. 2). 2

Der Betroffene hat einen **Anspruch** auf ein Beschlagnahmeverzeichnis oder eine Negativbescheinigung (S. 2), auch von lediglich kopierten Unterlagen (LG Stade wistra 2002, 319). Dabei muss eine Beschreibung der einzelnen z. B. Schriftstücke nicht erfolgen; es genügt, dass sie so gekennzeichnet werden, dass sie identifizierbar sind (KK-Nack § 107 Rdn. 4; Meyer-Goßner § 107 Rdn. 3). 3

Beispiel: Nicht ausreichend ist die Angabe „vier Kartons mit Papier", 28 Leitz-Ordner. Nötig ist, dass zumindest grob zugeordnet werden kann, worum es in den Leitz-Ordnern oder auf dem Papier geht.

Zuständig für die Bescheinigung sind die Durchsuchungsbeamten und die Behörde, die die Durchsuchung angeordnet hat. Die schriftlichen Mitteilungen sind grundsätzlich vor Ort auszufertigen (OLG Stuttgart wistra 1993, 120). Wird ein Verlangen erst später gestellt, so entspricht ihm die Behörde, die das Verfahren in diesem Zeitpunkt bearbeitet (OLG Schleswig SchlHA 2003, 187). 4

In welcher Weise gegen die Weigerung, die Bescheinigung nach S. 1 und das Verzeichnis oder den Negativbescheid nach S. 2 zu erteilen, vorgegangen werden kann, ist zweifelhaft. Herkömmlich verweist man auf den Rechtsweg zum OLG nach § 23 Abs. 2 EGGVG (OLG Karlsruhe NStZ 1995, 48; LG Gießen wistra 2000, 76; Meyer-Goßner § 107 Rdn. 5). Andere wollen hier ebenfalls nach § 98 Abs. 2 S. 2 analog den zuständigen Richter befassen (KK-Nack § 107 Rdn. 5; LG Stade wistra 2002, 319; ähnlich SK-Rudolphi § 107 Rdn. 5). Für die zweite Lösung spricht insbesondere die jüngere Rechtsprechung des BGH und die größere Sachnähe des Ermittlungsrichters bzw. des befassten Gerichts der Hauptsache. 5

§ 108 [Beschlagnahme anderer Gegenstände]

(1) ¹Werden bei Gelegenheit einer Durchsuchung Gegenstände gefunden, die zwar in keiner Beziehung zu der Untersuchung stehen, aber auf die Verübung einer anderen Straftat hindeuten, so sind sie einstweilen in Beschlag zu nehmen. ²Der Staatsanwaltschaft ist hiervon Kenntnis zu geben. ³Satz 1 findet keine Anwendung, soweit eine Durchsuchung nach § 103 Abs. 1 Satz 2 stattfindet.

(2) Werden bei einem Arzt Gegenstände im Sinne von Absatz 1 Satz 1 gefunden, die den Schwangerschaftsabbruch einer Patientin betreffen, ist ihre Verwertung in einem Strafverfahren gegen die Patientin wegen einer Straftat nach § 218 des Strafgesetzbuches ausgeschlossen.

§ 109   1. Buch. Allgemeine Vorschriften

1   Die Vorschrift gestattet die **einstweilige Beschlagnahme von Zufallsfunden**. Sie erlaubt nicht, gezielt nach Gegenständen zu suchen, auf die sich die eigentliche Durchsuchung nicht bezieht (OLG Karlsruhe StV 1986, 10; Pfeiffer § 108 Rdn. 1). Noch weniger darf eine Durchsuchung als **bloßer Vorwand** dafür benutzt werden, systematisch nach Gegenständen zu suchen, auf die sich die Durchsuchungsanordnung nicht bezieht (LG Baden-Baden wistra 1990, 118; LG Berlin NStZ 2004, 571; Meyer-Goßner § 108 Rdn. 1). Geschieht dies dennoch, sind die so gefundenen Unterlagen unverwertbar, wenn der prozessuale Verstoß so schwerwiegend ist, dass nach Abwägung aller Umstände das Interesse des Staates an der Tataufklärung zurücktreten muss (KK-Nack § 108 Rdn. 1; Pfeiffer § 108 Rdn. 1).

2   Beschlagnahmt werden können Gegenstände (Abs. 1 S. 1), die auf die **Begehung einer anderen Tat** hindeuten. Ausreichend ist der ungewisse Verdacht der Tat und die nahe liegende Möglichkeit, dass die Gegenstände zu ihrem Beweis geeignet sind (Meyer-Goßner § 108 Rdn. 2). Die Vorschrift ist entsprechend anwendbar, wenn der Richter bei der Briefkontrolle eines Untersuchungsgefangenen Beweismittel für ein anderes Strafverfahren findet (Meyer-Goßner § 108 Rdn. 3).

3   Unterliegt der Gegenstand einem **Beschlagnahmeverbot** nach § 97, hindert dies auch seine einstweilige Beschlagnahme nach § 108 (Meyer-Goßner § 108 Rdn. 4).
    Bei einer Ergreifungsdurchsuchung von Gebäuden nach § 103 Abs. 1 S. 2 ist § 108 nicht anwendbar (Abs. 1 S. 3). Dies soll aber nicht ausschließen, bei der Durchsuchung vorgefundene Gegenstände nach § 94 in Beschlag zu nehmen, wenn sie als Beweismittel für irgendeine Straftat von Bedeutung sind (Vogel NJW 1978, 1226; Meyer-Goßner § 108 Rdn. 5).

4   **Zuständig** ist der Richter, StA oder Beamte, der die Durchsuchung vornimmt (Meyer-Goßner § 109 Rdn. 6). Eine Gefahr im Verzug wird in den Fällen des § 108 gesetzlich vermutet (BGHSt 19, 374, 376).

5   **Die StA** wird von der einstweiligen Beschlagnahme unterrichtet, der beschlagnahmte Gegenstand muss ihr zur Verfügung gestellt werden. Gibt sie ihn nicht frei, muss sie eine Beschlagnahme nach den §§ 94, 98 herbeiführen. Da nunmehr keine Gefahr im Verzug besteht, ordnet die Beschlagnahme der Richter der „neuen" Sache an (KK-Nack § 108 Rdn. 5; Meyer-Goßner § 109 Rdn. 7).

6   Eine **Anfechtung von Maßnahmen** nach § 108 Abs. 1 kann entsprechend § 98 Abs. 2 S. 2 erfolgen. Gegen die richterliche Entscheidung ist außer in den Fällen des § 304 Abs. 4 und 5 (BGHSt 28, 349) Beschwerde zulässig, sofern nicht ohnehin zwischenzeitlich die Beschlagnahme nach § 94 angeordnet worden ist, weil sie sich dann gegen den Beschlagnahmebeschluss richten muss (KK-Nack § 108 Rdn. 10).

7   Abs. 2 verbietet die Verwertung der **bei einem Arzt** beschlagnahmten Gegenstände im Hinblick auf ein Strafverfahren gegen eine Patientin nach § 218 StGB.

§ 109 [Kennzeichnung beschlagnahmter Gegenstände]

Die in Verwahrung oder in Beschlag genommenen Gegenstände sind genau zu verzeichnen und zur Verhütung von Verwechslungen durch amtliche Siegel oder in sonst geeigneter Weise kenntlich zu machen.

1   Die Bestimmung enthält eine **Ordnungsvorschrift** und eine generelle Regelung für alle Fälle der Sicherstellung und der vorläufigen Beschlagnahme (§§ 94 ff, 116 b ff, 108). Ein Verstoß kann nur bei Schadenersatzforderungen von Bedeutung sein (KK-Nack § 109 Rdn. 1).

2   Das Verzeichnis hat **keine** Beweiskraft für und gegen jedermann (Pfeiffer § 109 Rdn. 2).

8. Abschnitt. Beschlagnahme, Überwachung des Fernmeldeverkehrs § 110

§ 110 [Durchsicht von Papieren]

(1) **Die Durchsicht der Papiere des von der Durchsuchung Betroffenen steht der Staatsanwaltschaft und auf deren Anordnung ihren Ermittlungspersonen (§ 152 des Gerichtsverfassungsgesetzes) zu.**

(2) ¹**Im Übrigen sind Beamte zur Durchsicht der aufgefundenen Papiere nur dann befugt, wenn der Inhaber die Durchsicht genehmigt.** ²**Andernfalls haben sie die Papiere, deren Durchsicht sie für geboten erachten, in einem Umschlag, der in Gegenwart des Inhabers mit dem Amtssiegel zu verschließen ist, an die Staatsanwaltschaft abzuliefern.**

Die Vorschrift sah in ihrer Ursprungsfassung vor, dass die Durchsicht der Papiere 1
allein von einem Richter vorzunehmen ist. 1975 wurde die Befugnis auf den Staatsanwalt **ausgedehnt,** mittlerweile kann dieser die Durchsicht auf seine Ermittlungspersonen delegieren.

Der Begriff Papiere ist zum Schutz des Betroffenen weit auszulegen (Pfeiffer 2
§ 110 Rdn. 1). Dazu gehört alles, was wegen seines Gedankeninhalts Bedeutung hat und auf Papier geschrieben ist, insbesondere alles private und geschäftliche Schriftgut. Papiere im Sinne des § 110 sind auch Unterlagen, bei denen statt Papier ein anderes Material oder System verwendet worden ist, somit auch alle elektronischen Datenträger und **Datenspeicher** (BGH NStZ 2003, 670), sowie Notebooks (BVerfG NJW 2002, 1410). Selbst die Farbbänder einer Schreibmaschine oder eines Fax-Gerätes gelten als Papiere (LG Berlin StV 1987, 97).

Die Vorschrift ist nach h.M. auf solche Papiere **entsprechend anzuwenden,** die 3
bei anderer Gelegenheit in den Gewahrsam der Strafverfolgungsbehörden gelangt sind (Park wistra 2000, 454 mwN; Meyer-Goßner § 110 Rdn. 1).

Die Durchsicht dient der **Prüfung,** ob die als Beweisgegenstände in Betracht kom- 4
menden Papiere (richterlich) zu beschlagnahmen sind oder ihre Rückgabe nötig ist (OLG Jena NJW 2001, 1290). Unterlagen, die nach § 97 beschlagnahmefrei sind, sind sofort (ungelesen) herauszugeben, wenn die Voraussetzungen des § 97 offensichtlich vorliegen, sonst nach Durchsicht (RGSt 47, 195, 197). In Zweifelsfällen wird in der Praxis die Versiegelung der Unterlagen vereinbart und die Sache dem Richter vorgelegt.

Die Durchsicht der Papiere muss nicht innerhalb von sechs Monaten (vgl. BVerfG 5
NJW 2002, 1410), aber **in angemessener Zeit** beendet sein (LG Mühlhausen StraFo 2003, 237).

Zuständig für die Durchsicht ist in erster Hinsicht die StA. Für Steuerstrafsachen 6
gilt § 404 S. 2 AO; dort kann auch die Steuerfahndung als Ermittlungsperson der StA ohne weiteres die Papiere durchsehen. Mit dem ersten Justizmodernisierungsgesetz ist die Möglichkeit geschaffen worden, dass die StA die Durchsicht auf ihre Ermittlungspersonen delegiert. Die körperliche Anwesenheit eines Staatsanwalts ist bei der Durchsicht durch die Ermittlungspersonen nicht erforderlich, er behält aber die Sachleitungsbefugnis (§ 161 Abs. 1 S. 2). Der Richter ist zuständig, wenn er die Durchsuchung vornimmt oder leitet und bei nach Anklageerhebung angeordneter Durchsuchung (OLG Jena NJW 2001, 1290; Meyer-Goßner § 110 Rdn. 3).

Andere Beamte (Abs. 2 S. 1) dürfen die Papiere nur mit Genehmigung des Inha- 7
bers durchsehen. Die Genehmigung kann beschränkt werden, z.B. auf bestimmte Beamte oder bestimmte Papiere (KK-Nack § 110 Rdn. 5). Abs. 2 S. 2 erlaubt nur, von den vorgefundenen Unterlagen diejenigen nach äußeren Merkmalen auszusondern, bei denen eine inhaltliche Prüfung durch die StA geboten erscheint. Eine inhaltliche Grobsichtung ist unzulässig (OLG Celle StV 1985, 137, 139).

Beispiel: Die Polizeibeamten können die Papiere z.B. nach Aufbewahrungsplatz, Ordnerbeschriftung oder der Betreffangabe im Schreiben aussondern. Mehr ist nicht erlaubt. Praktisch führt dies dazu, dass viel mehr Papier mitgenommen wird, als eigentlich dem Verfahren dienlich ist.

§ 110a 1. Buch. Allgemeine Vorschriften

8 Die Papiere müssen so **verpackt werden,** dass die Umhüllung versiegelt werden kann (Abs. 2 S. 2). Die Versiegelung erfolgt in Gegenwart des anwesenden Gewahrsamsinhabers oder seines Vertreters (§ 106 Abs. 1 S. 2). Inwiefern nach der Änderung durch das erste Justizmodernisierungsgesetz der Inhaber der Papiere aufzufordern ist, bei der Entsiegelung anwesend zu sein, ist zweifelhaft (vgl. Knauer/Wolf NJW 2004, 2932, 2937; Meyer-Goßner § 110 Rdn. 5).

9 Da die Mitnahme zur Durchsicht noch keine Beschlagnahme ist, kann eine Anfechtung sich nur gegen die Durchsuchung richten, die damit noch andauert. Insofern ist entsprechend § 98 Abs. 2 S. 2 ein **Antrag auf gerichtliche Entscheidung** zulässig (BVerfG NStZ-RR 2002, 144).

§ 110a [Verdeckte Ermittler]

(1) ¹Verdeckte Ermittler dürfen zur Aufklärung von Straftaten eingesetzt werden, wenn zureichende tatsächliche Anhaltspunkte dafür vorliegen, daß eine Straftat von erheblicher Bedeutung

1. auf dem Gebiet des unerlaubten Betäubungsmittel- oder Waffenverkehrs, der Geld- oder Wertzeichenfälschung,
2. auf dem Gebiet des Staatsschutzes (§§ 74a, 120 des Gerichtsverfassungsgesetzes),
3. gewerbs- oder gewohnheitsmäßig oder
4. von einem Bandenmitglied oder in anderer Weise organisiert

begangen worden ist. ²Zur Aufklärung von Verbrechen dürfen Verdeckte Ermittler auch eingesetzt werden, soweit auf Grund bestimmter Tatsachen die Gefahr der Wiederholung besteht. ³Der Einsatz ist nur zulässig, soweit die Aufklärung auf andere Weise aussichtslos oder wesentlich erschwert wäre. ⁴Zur Aufklärung von Verbrechen dürfen Verdeckte Ermittler außerdem eingesetzt werden, wenn die besondere Bedeutung der Tat den Einsatz gebietet und andere Maßnahmen aussichtslos wären.

(2) ¹Verdeckte Ermittler sind Beamte des Polizeidienstes, die unter einer ihnen verliehenen, auf Dauer angelegten, veränderten Identität (Legende) ermitteln. ²Sie dürfen unter der Legende am Rechtsverkehr teilnehmen.

(3) Soweit es für den Aufbau oder die Aufrechterhaltung der Legende unerläßlich ist, dürfen entsprechende Urkunden hergestellt, verändert und gebraucht werden.

1 Die Vorschrift regelt den **Einsatz verdeckter Ermittler.** Verdeckte Ermittler (VE) im Sinne der §§ 110a ff sind nur Beamte des Polizeidienstes, die unter einer Legende ermitteln. Wesentlich ist, dass der Ermittlungsauftrag über einzelne wenige, konkret bestimmte Ermittlungshandlungen hinausgeht, dass eine unbestimmte Vielzahl von Personen über die wahre Identität des verdeckt operierenden Polizeibeamten getäuscht werden muss und dass wegen der Art und des Umfanges des Auftrags von vornherein abzusehen ist, dass die Identität des Beamten im künftigen Strafverfahren auf Dauer geheim gehalten werden muss (BGHSt 41, 64, 65). Bei Einzelaktionen ist der Beamte auch dann nicht als verdeckter Ermittler anzusehen, wenn er dienstlich an den Ermittlungen beteiligt war (BGH NStZ 1996, 450) oder eine Wohnung unter falscher Identität betreten hat (BGH NStZ 1997, 448).

2 Vom VE zu unterscheiden sind **Gewährspersonen und V-Männer** (Vertrauensperson), die, ohne einer Strafverfolgungsbehörde anzugehören, bereit sind, diese bei der Aufklärung von Straftaten im Einzelfall (Gewährsperson) oder auf längere Zeit vertraulich zu unterstützen. Informanten sind Personen, die im Einzelfall bereit sind, gegen Zusicherung der Vertraulichkeit Informationen zu geben (siehe auch Augenblickshelfer – BGHSt 42, 139). Werden solchen Informanten oder Augenblickshelfern

8. Abschnitt. Beschlagnahme, Überwachung des Fernmeldeverkehrs § 110b

Vertraulichkeitszusagen gemacht, bindet dies nur die StA und die Polizei. Für das gerichtliche Verfahren hat dies keine Bedeutung (BGH StV 2001, 214). Unzulässig ist der Einsatz so genannter **under-cover-agents,** also von Beamten, die langfristig ohne konkreten Ermittlungsauftrag in die kriminelle Szene eingeschleust werden und sich dort unter Umständen sogar strafbar machen (Meyer-Goßner § 110a Rdn. 4).

Legende im Sinne des Abs. 2 ist die auf Dauer, d. h. für einen unbestimmten Zeitraum angelegte, veränderte Identität eines Beamten des Polizeidienstes (Abs. 2 S. 1). Der wahre Name, Beruf, die richtige Anschrift und sonstige persönliche Umstände werden durch erfundene Angaben ersetzt (Schneider NStZ 2004, 359, 362). Unter der Legende nimmt der verdeckte Ermittler am Rechtsverkehr teil (Abs. 2 S. 2), unterschreibt Verträge, kann unter der Bezeichnung klagen und verklagt werden (LR-Schäfer § 110a Rdn. 22). 3

Abs. 3 erlaubt die Herstellung, Veränderung und das Gebrauchmachen der für den Aufbau der Legende erforderlichen Urkunden (so genannte „**Tarnpapiere**"). Möglich ist also das Ausstellen von Personalausweisen, Pässen oder Führerscheinen unter dem falschen Namen. 4

Der **Straftatenkatalog** (Abs. 1), der das Einsatzgebiet des verdeckten Ermittlers beschreibt, entspricht im Wesentlichen dem in § 98a Abs. 1 S. 1. § 98a Abs. 1 S. 1 Nr. 3 und 4 werden durch die Generalklausel des § 110a Abs. 1 S. 2 ersetzt. Es muss sich um eine Straftat von erheblicher Bedeutung handeln (Einl. Rdn. 100). Der Einsatz zur Aufklärung von Verbrechen ist auch zulässig, soweit auf Grund bestimmter Tatsachen eine Wiederholungsgefahr anzunehmen ist (Abs. 1 S. 2). Es gilt die übliche Subsidiaritätsklausel (Abs. 1 S. 3). Im Übrigen ist zum Teil auf die besondere Bedeutung der Tat abzustellen (Abs. 1 S. 4). 5

Im Hinblick auf **Verwertungsverbote** und wegen der Revision vgl. § 110b Rdn. 9ff und die Erläuterungen zu § 100a Rdn. 19ff. 6

§ 110b [Zustimmung der Staatsanwaltschaft; des Richters; Geheimhaltung der Identität]

(1) ¹Der Einsatz eines Verdeckten Ermittlers ist erst nach Zustimmung der Staatsanwaltschaft zulässig. ²Besteht Gefahr im Verzug und kann die Entscheidung der Staatsanwaltschaft nicht rechtzeitig eingeholt werden, so ist sie unverzüglich herbeizuführen; die Maßnahme ist zu beenden, wenn nicht die Staatsanwaltschaft binnen drei Tagen zustimmt. ³Die Zustimmung ist schriftlich zu erteilen und zu befristen. ⁴Eine Verlängerung ist zulässig, solange die Voraussetzungen für den Einsatz fortbestehen.

(2) ¹Einsätze,
1. die sich gegen einen bestimmten Beschuldigten richten oder
2. bei denen der Verdeckte Ermittler eine Wohnung betritt, die nicht allgemein zugänglich ist,

bedürfen der Zustimmung des Richters. ²Bei Gefahr im Verzug genügt die Zustimmung der Staatsanwaltschaft. ³Kann die Entscheidung der Staatsanwaltschaft nicht rechtzeitig eingeholt werden, so ist sie unverzüglich herbeizuführen. ⁴Die Maßnahme ist zu beenden, wenn nicht der Richter binnen drei Tagen zustimmt. ⁵Absatz 1 Satz 3 und 4 gilt entsprechend.

(3) ¹Die Identität des Verdeckten Ermittlers kann auch nach Beendigung des Einsatzes geheim gehalten werden. ²Der Staatsanwalt und der Richter, die für die Entscheidung über die Zustimmung zu dem Einsatz zuständig sind, können verlangen, daß die Identität ihnen gegenüber offenbart wird. ²Im übrigen ist in einem Strafverfahren die Geheimhaltung der Identität nach Maßgabe des § 96 zulässig, insbesondere dann, wenn Anlass zu der Besorgnis besteht, daß die Offenbarung Leben, Leib oder Freiheit des Verdeckten Ermittlers oder einer an-

§ 110b

deren Person oder die Möglichkeit der weiteren Verwendung des Verdeckten Ermittlers gefährden würde.

1 Der Einsatz eines verdeckten Ermittlers setzt die **Zustimmung der StA** voraus. Auch die Fälle, in denen der Richter einen Einsatz anordnen muss, sind nicht ohne Zustimmung des Staatsanwalts umzusetzen (Meyer-Goßner § 110b Rdn. 1).

2 **Besteht Gefahr im Verzug,** kann die Polizei unmittelbar mit der Maßnahme beginnen. Jedoch muss dann die StA binnen dreier Tage (Abs. 1 S. 1) schriftlich zustimmen und den Einsatzzeitraum befristen. Wer den konkreten Auftrag erhält, entscheidet die Polizeibehörde. Allerdings kann durch StA und Richter von der Polizei die Benennung der Person verlangt werden (Abs. 3 S. 2).

3 Richtet sich der Einsatz **gegen einen bestimmten Beschuldigten** (Abs. 2 Nr. 1) oder soll der verdeckte Ermittler eine Wohnung betreten, die nicht allgemein zugänglich ist (Abs. 2 Nr. 2), bedarf der Einsatz der Zustimmung des Richters, bei Gefahr im Verzug der Zustimmung der StA. Der Beschuldigte muss nicht namentlich bekannt, aber identifizierbar sein (Meyer-Goßner § 110b Rdn. 3).

4 Zum Begriff der Wohnung vgl. 100c Rdn. 6. „**Nicht allgemein zugänglich**" meint Teile einer Wohnung, die der Wohnungsinhaber nicht dem allgemeinen Publikumsverkehr zugänglich gemacht hat (Meyer-Goßner § 110b Rdn. 4). Die Bezeichnung einer konkreten Wohnung ist nicht erforderlich, es wird eine nur allgemeine Zustimmung erteilt (SK-Rudolphi § 110b Rdn. 6; Schneider NStZ 2004, 359, 365). Hintergrund ist, dass ein verdeckter Ermittler, der unter seiner Legende keine fremden Wohnungen betreten darf, kaum einen Einsatzwert hat (Meyer-Goßner § 110b Rdn. 4). Damit wird das, was nach Gesetzesfassung die Ausnahme ist, in Wahrheit zur Regel (Zaczyk StV 1993, 494).

5 Erlaubt ist nur das offene Betreten der fremden Wohnung; ein heimliches oder gewaltsames Eindringen ist auch dem mit richterlicher Zustimmung tätigen verdeckten Ermittler verboten (Krauß StV 1989, 324).

6 Aus der Anordnung des Einsatzes müssen sich die **Anordnungsgrundlage** (§ 110a Abs. 1 S. 1 oder S. 2 oder S. 4) und der **Umfang des Einsatzes** ergeben. Im Fall des Abs. 2 S. 1 Nr. 1 sind die Personalien des Beschuldigten – soweit bekannt – zu bezeichnen. Die Begründung der Anordnung muss deutlich machen, dass eine Abwägung auf der Grundlage sämtlicher im Einzelfall relevanter Erkenntnisse stattgefunden hat (BGHSt 42, 103). Die Unterlagen werden zunächst in den Handakten der StA verwahrt (§ 110d Abs. 2 S. 1).

7 Der Einsatz des verdeckten Ermittlers ist **nur theoretisch befristet.** Die Fristbestimmung (Abs. 1 S. 3, Abs. 2 S. 5) ist praktisch bedeutungslos, weil bei Fortbestehen der Voraussetzungen jederzeit eine Verlängerung der gesetzten Frist zulässig und eine Höchstfrist anders als z.B. bei § 100c nicht vorgesehen ist.

8 Die Identität des verdeckten Ermittlers kann auch noch **nach Beendigung des Einsatzes** geheim gehalten werden (Abs. 3 S. 1). Lediglich StA und Richter können verlangen, dass die Identität ihnen offenbart wird (Abs. 3 S. 2). In einem Strafverfahren ist die Geheimhaltung in den Grenzen des § 96 zulässig. Zuständig für die Sperrerklärung ist der Innenminister (BGHSt 41, 36). Bei Geheimhaltung sagt der verdeckte Ermittler als Zeuge unter seiner Legende aus, falls er nicht nach § 96 völlig gesperrt wird (Krey FS Kohlmann S. 643; Meyer-Goßner § 110b Rdn. 8). Wird die Identität nicht geheim gehalten, sichert den Schutz § 68.

9 **Verwertungsverbote** können sich ergeben, wenn ein verdeckter Ermittler ohne die vorherige oder nachträgliche nach Abs. 1, 2 erforderliche Zustimmung der StA oder des Richters eingesetzt worden ist. Überwiegend geht man davon aus, dass die entsprechenden Erkenntnisse in einem Strafverfahren nicht verwertbar sind, da ohne die erforderliche Zustimmung der Einsatz unzulässig ist (KK-Nack § 110b Rdn. 13; Meyer-Goßner § 110b Rdn. 11). Der BGH (BGHSt 44, 243, 249; BGH StV 1995,

8. Abschnitt. Beschlagnahme, Überwachung des Fernmeldeverkehrs § 110c

398) hat dies offengelassen. Im Hinblick auf das Prinzip der Wiederholbarkeit (Einl. 208) ist nicht auszuschließen, dass die Rechtsprechung davon ausgeht, dass es auf die materielle Unzulässigkeit ankommt, also nicht auf die richterliche Zustimmung. Damit würde freilich dem Richtervorbehalt jede Bedeutung genommen werden (so Meyer-Goßner § 110b Rdn. 11 gegen Jähnke in FS Odersky S. 427ff). Der BGH verlangt jedenfalls, dass der Verwertung der Aussage in der Hauptverhandlung widersprochen worden sein muss (BGH StV 1996, 529; BGH NStZ-RR 2001, 260; abl. Meyer-Goßner § 110b Rdn. 11).

Liegt eine entsprechende Zustimmung vor, soll ein Verwertungsverbot nur bestehen, wenn die Entscheidung über den Einsatz des verdeckten Ermittlers bei einer exante-Betrachtung **willkürlich oder unvertretbar** war (BGHSt 42, 103, 107; Meyer-Goßner § 110b Rdn. 11). Fehlte von vornherein der Verdacht einer Katalogtat, führt dies zur Unverwertbarkeit (AG Koblenz StV 1995, 518). Dass die Zustimmung nur mündlich statt schriftlich (Abs. 1 S. 3) erteilt wurde, soll der Verwertung nicht entgegenstehen (BGH StV 1995, 398). 10

Die bei einem unzulässigen Einsatz erlangten **anderen Beweismittel** (Tatspuren, Fingerabdrücke) sollen in der Regel verwertet werden dürfen (Meyer-Goßner § 110b Rdn. 11). 11

War die Maßnahme gegen einen Beschuldigten rechtmäßig, so sind die in unmittelbarem Zusammenhang damit gewonnenen Erkenntnisse **gegen weitere Beschuldigte** verwertbar, wenn auch bei ihnen die Voraussetzungen für eine richterliche Zustimmung vorlagen (BGH NStZ 1997, 294; Meyer-Goßner § 110b Rdn. 11; a.M. Schneider NStZ 2004, 359, 364). Hier wird offenbar auch wiederum das Prinzip der Wiederholbarkeit bemüht. 12

Während des Laufs der Maßnahme ist die richterliche Zustimmung nach Abs. 2 S. 1 hinsichtlich ihrer Rechtmäßigkeit und auch bezüglich der Art und Weise des Vollzugs **anfechtbar** (BGHSt 42, 103, 104). Hinsichtlich der Zustimmung der StA gilt § 98 Abs. 2 S. 2 entsprechend, ebenso nach Erledigung der Maßnahme (Meyer-Goßner § 110b Rdn. 12). 13

Die **Revision** ist begründet, wenn das Urteil auf Erkenntnissen beruht, die einem Verwertungsverbot unterlagen. Die Revisionsbegründung muss dann aber – soweit dies dem Revisionsführer nach Aktenlage möglich ist – das der richterlichen Anordnung vorausgegangene Verhalten von StA und Polizei darlegen (BGH NStZ 1997, 294). 14

§ 110c [Betreten einer Wohnung]

¹**Verdeckte Ermittler dürfen unter Verwendung ihrer Legende eine Wohnung mit dem Einverständnis des Berechtigten betreten.** ²**Das Einverständnis darf nicht durch ein über die Nutzung der Legende hinausgehendes Vortäuschen eines Zutrittsrechts herbeigeführt werden.** ³**Im übrigen richten sich die Befugnisse des Verdeckten Ermittlers nach diesem Gesetz und anderen Rechtsvorschriften.**

Die Vorschrift regelt die **Befugnisse des verdeckten Ermittlers.** Nach S. 1 darf er unter Verwendung seiner Legende eine Wohnung in Kenntnis des Wohnungsinhabers, also nicht heimlich betreten. Voraussetzung ist auch, dass sein Einsatz das Betreten erfordert. Wohnung sind alle von Art. 13 GG geschützten Räume, also nicht nur Privaträume, sondern auch beruflich genutzte Räumlichkeiten (Pfeiffer § 110c Rdn. 1). 1

Dem verdeckten Ermittler ist verboten, das Einverständnis des Berechtigten durch ein über das Verwenden der Legende hinausgehendes **täuschendes Verhalten** zu erlangen. Er darf sich daher nicht als Gasmann oder Mann vom Wasserwerk, der die Zähler ablesen will, ausgeben, um das Einverständnis zum Betreten der Wohnung zu erhalten (KK-Nack § 110c Rdn. 2; Meyer-Goßner § 110c Rdn. 1). 2

Die **sonstigen Befugnisse** (S. 2) sind die, die Beamte des Polizeidienstes auch sonst nach der StPO oder anderen Gesetzen, z.B. den Polizeigesetzen der Länder, ha- 3

§§ 110d, 110e
1. Buch. Allgemeine Vorschriften

ben. S. 3 will klarstellen, dass der verdeckte Ermittler auch im Rahmen seiner strafverfolgenden Tätigkeit Maßnahmen präventivpolizeilicher Art ergreifen darf (BT-Drucks. 12/2720 S. 47). § 136a ist anwendbar (Meyer-Goßner § 110c Rdn. 3; Lagodny StV 1996, 172), von den Belehrungspflichten nach § 136 Abs. 1, § 163a Abs. 4, 5 soll der verdeckte Ermittler hingegen selbstverständlich (!) befreit sein (KK-Nack § 110c Rdn. 16; Meyer-Goßner § 110c Rdn. 3; Lagodny StV 1996, 172; a.M. Hilger FS Hanack S. 213 ff mit weiteren Nachweisen). Dementsprechend soll für die durch Befragung ohne Belehrung erlangte Aussage eines Beschuldigten oder Zeugen kein Verwertungsverbot bestehen (BGHSt 40, 211, 218; BGHSt 42, 139; SK-Rudolphi § 110c Rdn. 13; dagegen Müssig GA 2004, 87). Der Einsatz besonderer technischer Mittel erfolgt auch bei verdeckten Ermittlern nur unter den Voraussetzungen und in den Grenzen der §§ 100c, 100d.

4 Die Begehung von Straftaten ist dem verdeckten Ermittler nicht erlaubt (Meyer-Goßner § 110c Rdn. 4). Dies gilt auch für so genannte **milieubedingte Straftaten** wie etwa Zuhälterei (KK-Nack § 110c Rdn. 6). Allerdings ergibt sich aus seiner Rolle, dass manche Straftatbestände schon tatbestandlich nicht erfüllt werden, wie etwa der Tatbestand der Urkundenfälschung durch Verwendung der Legende oder die Strafvereitelung im Amt. Teilweise wird für möglich gehalten, dass eine Tat nach §§ 32, 34 StGB gerechtfertigt oder nach § 35 StGB entschuldigt sein kann (Hilger NStZ 1992, 523, 525 Fn. 161; Soiné NStZ 2003, 225, 228 ff; Meyer-Goßner § 110c Rdn. 4). Eine Anwendung des § 34 StGB wird aber nur bei Eingriffen in Kollektivrechtsgüter in Betracht kommen (Joecks § 34 StGB Rdn. 33 ff).

§ 110d [Benachrichtigung des Berechtigten]

(1) **Personen, deren nicht allgemein zugängliche Wohnung der Verdeckte Ermittler betreten hat, sind vom Einsatz zu benachrichtigen, sobald dies ohne Gefährdung des Untersuchungszwecks, der öffentlichen Sicherheit, von Leib oder Leben einer Person sowie der Möglichkeit der weiteren Verwendung des Verdeckten Ermittlers geschehen kann.**

(2) ¹**Entscheidungen und sonstige Unterlagen über den Einsatz eines Verdeckten Ermittlers werden bei der Staatsanwaltschaft verwahrt.** ²**Zu den Akten sind sie erst zu nehmen, wenn die Voraussetzungen des Absatzes 1 erfüllt sind.**

1 Die **Benachrichtigung des Beschuldigten** oder anderer betroffener Personen wird entsprechend § 101 Abs. 1 geregelt. Der verdeckte Ermittler muss daher entsprechend genaue Aufzeichnungen führen.

2 Die **Aktenführung** obliegt – entsprechend § 101 Abs. 4 – der StA (Abs. 2). Unterlagen über den Einsatz sind nicht zu den Strafakten, sondern zu den Sammelakten der StA zu nehmen. Damit wird der Grundsatz der Aktenwahrheit und des Akteneinsichtsrechts beschränkt (KK-Nack § 110d Rdn. 5). Zu den Verfahrensakten sind die Entscheidungen und Unterlagen erst zu nehmen, wenn auch die Voraussetzungen des Abs. 1 erfüllt sind (Abs. 2 S. 2). Allerdings verbleibt es auch dann noch bei den Zeugenschutzmaßnahmen (vgl. § 68 Abs. 3 S. 3, 4; Pfeiffer § 110d Rdn. 2).

§ 110e [Verwendung erlangter Informationen]

Die durch den Einsatz des Verdeckten Ermittlers erlangten personenbezogenen Informationen dürfen in anderen Strafverfahren zu Beweiszwecken nur verwendet werden, soweit sich bei Gelegenheit der Auswertung Erkenntnisse ergeben, die zur Aufklärung einer in § 110a Abs. 1 bezeichneten Straftat benötigt werden; § 100d Abs. 6 bleibt unberührt.

1 Dem Prinzip der Wiederholbarkeit entsprechend ist eine Verwendung zufällig erlangter Informationen **in anderen Strafverfahren** zu Beweiszwecken nur möglich,

wenn es um die Aufklärung einer in § 110a Abs. 1 bezeichneten Straftat geht. Soweit durch den Einsatz technischer Mittel nach § 100c Erkenntnisse gewonnen wurden, verbleibt es bei der Regelung in § 100d Abs. 5. Dies ist deshalb wichtig, weil die Kataloge des § 100a, auf den § 100d Abs. 5 verweist, und des § 110a Abs. 1 sich nicht decken (Meyer-Goßner § 110e Rdn. 1).

War der verdeckte Ermittler **ausschließlich präventivpolizeilich** tätig, ohne dass 2 zugleich die Voraussetzungen für einen repressiven Einsatz bestanden, hängt die Verwertbarkeit davon ab, ob das Polizeigesetz – wie meistens – eine entsprechende Verwendungsregelung enthält (vgl. KK-Nack § 110e Rdn. 6).

§ 111 [Straßenkontrollen]

(1) ¹Begründen bestimmte Tatsachen den Verdacht, daß eine Straftat nach § 129a, auch in Verbindung mit § 129b Abs. 1, des Strafgesetzbuches, eine der in dieser Vorschrift bezeichneten Straftaten oder eine Straftat nach § 250 Abs. 1 Nr. 1 des Strafgesetzbuches begangen worden ist, so können auf öffentlichen Straßen und Plätzen und an anderen öffentlich zugänglichen Orten Kontrollstellen eingerichtet werden, wenn Tatsachen die Annahme rechtfertigen, daß diese Maßnahme zur Ergreifung des Täters oder zur Sicherstellung von Beweismitteln führen kann, die der Aufklärung der Straftat dienen können. ²An einer Kontrollstelle ist jedermann verpflichtet, seine Identität feststellen und sich sowie mitgeführte Sachen durchsuchen zu lassen.

(2) Die Anordnung, eine Kontrollstelle einzurichten, trifft der Richter; die Staatsanwaltschaft und ihre Ermittlungspersonen (§ 152 des Gerichtsverfassungsgesetzes) sind hierzu befugt, wenn Gefahr im Verzug ist.

(3) Für die Durchsuchung und die Feststellung der Identität nach Absatz 1 gelten § 106 Abs. 2 Satz 1, § 107 Satz 2 erster Halbsatz, die §§ 108, 109, 110 Abs. 1 und 2 sowie die §§ 163b und 163c entsprechend.

Die Bestimmung regelt die **Einrichtung von Kontrollstellen** zum Zweck der 1 Fahndung nach Straftätern und der Erlangung von Beweismitteln für begangene Straftaten. Die Vorschrift, die Strafprozessrecht, nicht Polizeirecht enthält, ist abschließend. Polizeiliche Kontrollen ähnlicher Art dürfen daher nicht errichtet werden (Meyer-Goßner § 111 Rdn. 1). Dies schließt bloße Sichtkontrollen und Kontrollstellen zum Zweck der Gefahrenabwehr und der vorbeugenden Verbrechensbekämpfung nicht aus. Gesetzlich zugelassene Kontrollen zu anderen Zwecken dürfen nicht zur Fahndung nach Straftätern benutzt werden (Meyer-Goßner § 111 Rdn. 1).

Beispiel: LKW-Kontrollen nach § 55 Abs. 1 Nr. 4 GüKG; Verkehrskontrollen nach § 36 Abs. 5 StVO.

Die Einrichtung der Kontrollstellen (Abs. 1 S. 1) ist nur bei bestimmten schweren 2 Straftaten erlaubt. Der Versuch genügt, nicht aber eine nach § 30 StGB strafbare Vorbereitungshandlung (Meyer-Goßner § 111 Rdn. 3). Dem schweren Raub – der Text ist der StGB-Rechtslage, die es seit dem 1. 4. 1998 gibt, immer noch nicht angepasst – steht die Begehung der räuberischen Erpressung unter Führung von Schusswaffen gleich (KK-Nack § 111 Rdn. 4; LR-Schäfer § 111 Rdn. 8; Meyer-Goßner § 111 Rdn. 3; a.M. SK-Rudolphi § 111 Rdn. 4). Die Einrichtung von Kontrollstellen dient daher der Fahndung nach Terroristen bzw. nach Raubüberfällen.

Der Verdacht muss sich auf **bestimmte Tatsachen** (vgl. § 100a Rdn. 12) bezie- 3 hen. Dringender Tatverdacht ist nicht erforderlich (LR-Schäfer § 111 Rdn. 10). Bloße Vermutungen genügen nicht (Meyer-Goßner § 111 Rdn. 4).

Tatsachen müssen die **Annahme rechtfertigen,** dass der mit der Errichtung der 4 Kontrollstelle bezweckte Erfolg (Ergreifung des Tatbeteiligten oder Sicherstellung von Beweismitteln) auch eintreten kann. Eine gewisse Wahrscheinlichkeit genügt, insbe-

§ 111 1. Buch. Allgemeine Vorschriften

sondere die aus kriminalistischer Erfahrung gewonnene Erkenntnis typischer Geschehensabläufe (Meyer-Goßner § 111 Rdn. 5). In der Regel wird eine Erfolgserwartung nur gegeben sein, wenn die Kontrollstelle in räumlicher Nähe des Tatorts eingerichtet wird oder schon Hinweise auf bestimmte Fluchtziele vorliegen (Kuhlmann DRiZ 1978, 239). Sind Gewaltverbrecher zur Festnahme ausgeschrieben und wird nach ihnen über längere Zeit gefahndet, ist ein zeitlicher Zusammenhang der Anordnung nach § 111 mit der Straftat nicht erforderlich (Meyer-Goßner § 111 Rdn. 7).

5 Kontrollstellen können **auf öffentlichen Straßen und Plätzen** und an anderen öffentlich zugänglichen Orten eingerichtet werden. Andere öffentlich zugängliche Orte sind diejenigen, zu denen grundsätzlich jedermann Zugang hat, auch wenn er nach Zweck oder Zeit beschränkt ist.

Beispiel: Bahnhöfe, Flugplätze, Sportplätze, nicht aber private Geschäftsräume wie Kaufhäuser und Gaststätten.

Bewegliche Orte (Eisenbahnzüge, Flugzeuge) fallen nicht unter den Begriff (KK-Nack § 111 Rdn. 7).

6 An der Kontrollstelle ist jedermann verpflichtet, seine **Identität feststellen zu lassen.** Mitgeführte Gegenstände dürfen durchsucht werden (§ 111 Abs. 1 S. 2). Man wird aber voraussetzen müssen, dass dem Betroffenen auch klargemacht wird, dass es sich hier um eine Kontrollstelle handelt. Möglich ist dies durch Lautsprecherdurchsagen, Plakate oder durch Einzelhinweise des Beamten.

7 Die **weiteren Einzelheiten** ergeben sich aus dem Verweis in § 111 Abs. 3 auf eine Reihe weiterer Bestimmungen der StPO. Danach hat die Polizei den Zweck der Kontrollstelle bekannt zu geben (§ 106 Abs. 2 S. 1). Bei Verwahrung oder Beschlagnahme eines Gegenstandes ist auf Verlangen nach § 107 S. 2 eine Bescheinigung zu erteilen. Die entsprechende Anwendung weiterer Vorschriften führt zur Beschlagnahme von Zufallsfunden (§§ 108 ff), zur Durchsicht von Papieren (§ 110) und über die Identitätsfeststellung (§§ 163 b, 163 c).

8 Die **Anordnung der Einrichtung** einer Kontrollstelle trifft der Richter (Abs. 2). Bei Gefahr im Verzug sind auch die StA und ihre Ermittlungspersonen hierzu befugt. Eine richterliche Bestätigung der bei Gefahr im Verzug getroffenen Maßnahme ist vom Gesetz nicht geregelt (KK-Nack § 111 Rdn. 17; Meyer-Goßner § 111 Rdn. 15; krit. SK-Rudolphi § 111 Rdn. 8 und Sangenstedt StV 1985, 126, die §§ 102, 100b Abs. 1 S. 3 entsprechend anwenden wollen).

9 Die Anordnung wird sich **inhaltlich** darauf beschränken, dass innerhalb eines bestimmten Bezirks, der genau zu bezeichnen ist, oder im bestimmten Umkreis einer Anlage Kontrollstellen einzurichten sind. Ggf. können die genaue Zahl und der genaue Ort von der Polizei bestimmt werden (LR-Schäfer § 111 Rdn. 20). Zum Teil wird dies etwas enger gesehen (SK-Rudolphi § 111 Rdn. 14; KK-Nack § 111 Rdn. 11). Die Anordnung ergeht durch schriftlich abzufassenden Beschluss, der in Eilfällen vorab mündlich oder fernmündlich zur Vollstreckung herausgegeben werden kann. Zur Aufhebung der Maßnahme vgl. Meyer-Goßner § 111 Rdn. 19.

10 Die StA hat ein **Recht zur Beschwerde** nach § 304 Abs. 1, wenn das Gericht ihrem Antrag auf Anordnung einer Kontrollstelle nicht stattgibt oder die Anordnung aufhebt. Gegen die Anordnung der Einrichtung der Kontrollstelle ist kein Rechtsmittel zulässig (BGH NJW 1989, 1170), erst gegen die in Vollzug der Anordnung ergangene Maßnahme (BGHSt 35, 363). Über einen solchen Rechtsbehelf entscheidet entsprechend § 98 Abs. 2 S. 2 der für die Anordnung zuständige Richter (Meyer-Goßner § 111 Rdn. 20; Pfeiffer § 111 Rdn. 5). Ein rechtlich geschütztes Interesse besteht so lange, wie die Ermächtigung zur Errichtung von Kontrollstellen Bestand hat oder wenn angefallene Daten nach § 163d gespeichert worden sind (BGH NStZ 1989, 189; BGH NJW 1989, 2636) oder wenn ein tief greifender Grundrechtseingriff im Raum steht (Einl. Rdn. 107 ff.; BGHSt 36, 242 ist insoweit überholt).

8. Abschnitt. Beschlagnahme, Überwachung des Fernmeldeverkehrs § 111a

§ 111a [Vorläufige Entziehung der Fahrerlaubnis]

(1) ¹Sind dringende Gründe für die Annahme vorhanden, daß die Fahrerlaubnis entzogen werden wird (§ 69 des Strafgesetzbuches), so kann der Richter dem Beschuldigten durch Beschluß die Fahrerlaubnis vorläufig entziehen. ²Von der vorläufigen Entziehung können bestimmte Arten von Kraftfahrzeugen ausgenommen werden, wenn besondere Umstände die Annahme rechtfertigen, daß der Zweck der Maßnahme dadurch nicht gefährdet wird.

(2) Die vorläufige Entziehung der Fahrerlaubnis ist aufzuheben, wenn ihr Grund weggefallen ist oder wenn das Gericht im Urteil die Fahrerlaubnis nicht entzieht.

(3) ¹Die vorläufige Entziehung der Fahrerlaubnis wirkt zugleich als Anordnung oder Bestätigung der Beschlagnahme des von einer deutschen Behörde ausgestellten Führerscheins. ²Dies gilt auch, wenn der Führerschein von einer Behörde eines Mitgliedstaates der Europäischen Union oder eines anderen Vertragsstaates des Abkommens über den Europäischen Wirtschaftsraum ausgestellt worden ist, sofern der Inhaber seinen ordentlichen Wohnsitz im Inland hat.

(4) Ist ein Führerschein beschlagnahmt, weil er nach § 69 Abs. 3 Satz 2 des Strafgesetzbuches eingezogen werden kann, und bedarf es einer richterlichen Entscheidung über die Beschlagnahme, so tritt an deren Stelle die Entscheidung über die vorläufige Entziehung der Fahrerlaubnis.

(5) ¹Ein Führerschein, der in Verwahrung genommen, sichergestellt oder beschlagnahmt ist, weil er nach § 69 Abs. 3 Satz 2 des Strafgesetzbuches eingezogen werden kann, ist dem Beschuldigten zurückzugeben, wenn der Richter die vorläufige Entziehung der Fahrerlaubnis wegen Fehlens der in Absatz 1 bezeichneten Voraussetzungen ablehnt, wenn er sie aufhebt oder wenn das Gericht im Urteil die Fahrerlaubnis nicht entzieht. ²Wird jedoch im Urteil ein Fahrverbot nach § 44 des Strafgesetzbuches verhängt, so kann die Rückgabe des Führerscheins aufgeschoben werden, wenn der Beschuldigte nicht widerspricht.

(6) ¹In anderen als in Absatz 3 Satz 2 genannten ausländischen Führerscheinen ist die vorläufige Entziehung der Fahrerlaubnis zu vermerken. ²Bis zur Eintragung dieses Vermerkes kann der Führerschein beschlagnahmt werden (§ 94 Abs. 3, § 98).

Die in der Praxis enorm wichtige Vorschrift regelt als vorbeugende Maßnahme die **vorläufige Entziehung der Fahrerlaubnis.** Sie will sicherstellen, dass die Gefahren durch ungeeignete Kraftfahrer schon vor Rechtskraft des Urteils verringert werden (vgl. OLG München NJW 1980, 1860). 1

Voraussetzung der Maßnahme (Abs. 1 S. 1) ist das Vorliegen von dringenden Gründen für die Annahme, dass die **Maßregel nach § 69 StGB** angeordnet wird. 2

Die Entziehung ist **Maßregel**, nicht Nebenstrafe und hat spezialpräventiven Charakter (LK § 69 Rdn. 1). Der Betroffene muss eine rechtswidrige, das heißt nicht notwendig schuldhafte Tat begangen haben, die noch nicht verjährt ist. 3

Die Tat muss **im Zusammenhang mit dem Führen eines Kraftfahrzeugs** erfolgt sein. Kraftfahrzeug ist nach § 1 Abs. 2 StVG das durch Maschinenkraft angetriebene, nicht an Gleise gebundene Landfahrzeug (BGHSt 39, 249). Lange Zeit war umstritten, inwiefern Straftaten „bei Gelegenheit" der Kfz-Nutzung ausreichen, um eine Entziehung der Fahrerlaubnis anzuordnen. Nach einer Entscheidung des Großen Senats für Strafsachen vom 27. 4. 2005 ergibt sich aus der Kfz-Nutzung nur dann die charakterliche Ungeeignetheit zum Führen von Kraftfahrzeugen, wenn ein spezifischer Zusammenhang zwischen Anlasstat und Verkehrssicherheit besteht (BGH NJW 2005, 1257; = BGHSt 50, 93; siehe auch BGH wistra 2005, 337). 4

§ 111a 1. Buch. Allgemeine Vorschriften

5   Durch die Tat muss sich der Täter **als ungeeignet zum Führen von Kraftfahrzeugen** erwiesen haben. In den Fällen des Absatzes 2 ist der Täter in der Regel als ungeeignet zum Führen von Kraftfahrzeugen anzusehen. Dies umfasst die praktisch wichtigsten Fälle der Straßenverkehrsgefährdung, der Trunkenheit im Verkehr und der Verkehrsunfallflucht.

6   Mit dem Entzug der Fahrerlaubnis wird zugleich eine Sperre für die Wiedererteilung gesetzt, die zwischen sechs Monaten und fünf Jahren betragen kann (§ 69a Abs. 1 S. 1 StGB). Eine vorläufige Entziehung wird angerechnet, die Restsperre darf jedoch drei Monate nicht unterschreiten (§ 69a Abs. 4).

7   Der Richter trifft die Anordnung **nach pflichtgemäßem Ermessen.** Sie ist zulässig bis zur Rechtskraft des Urteils (Meyer-Goßner § 111a Rdn. 3). Hat der Amtsrichter die Fahrerlaubnis nach § 69 StGB entzogen, aber keine Anordnung nach § 111a getroffen, kann das Berufungsgericht dies schon vor der Berufungsverhandlung nachholen (OLG Frankfurt NJW 1981, 1680; Meyer-Goßner § 111a Rdn. 3). War der Angeklagte im ersten Rechtszug freigesprochen worden, kann das Berufungsgericht die Anordnung nur und erst treffen, wenn es ihn verurteilt und die Fahrerlaubnis entzieht. Bei Einspruch gegen einen Strafbefehl, in dem die Fahrerlaubnisentziehung nach § 69 StGB ausdrücklich abgelehnt worden war, ist die Anordnung nur bei Vorliegen neuer Tatsachen oder Beweismittel möglich (LG Stuttgart Justiz 1985, 364).

8   Die Entziehung kann auf **bestimmte Arten von Kraftfahrzeugen** beschränkt werden (Abs. 1 S. 2). Anders als bei der nicht teilbaren endgültigen Entziehung nach § 69 Abs. 1 StGB, die freilich im Hinblick auf die Sperre sachlich beschränkt sein kann (§ 69a Abs. 2 StGB), kann die vorläufige Entziehung mit einer Ausnahme versehen werden. Zu denken ist etwa an einen Treckerfahrer, wobei insbesondere bei Trunkenheitsdelikten die Eignung sich regelmäßig auf sämtliche Kraftfahrzeuge beziehen wird (LK § 69a Rdn. 3).

9   **Die Anordnung ergeht durch richterlichen Beschluss,** der zu begründen ist. StA und Betroffener sind zu hören. Der Beschluss wird der StA nach § 36 Abs. 2 S. 1 zugeleitet und dem Beschuldigten bekannt gemacht. Zwar genügt nach § 35 Abs. 2 die formlose Mitteilung, wegen der Rechtsfolgen (§ 21 Abs. 1 Nr. 1 StVG; Strafbarkeit des Fahrens ohne Fahrerlaubnis) empfiehlt sich aber die förmliche Zustellung (LR-Schäfer § 111a Rdn. 61; Meyer-Goßner § 111a Rdn. 6).

10 **Zuständig** ist nach § 162 Abs. 1 S. 1 im Vorverfahren das AG, in dessen Bezirk der Führerschein auf Grund der Anordnung nach Abs. 1 beschlagnahmt werden soll, daneben aber auch jedes nach §§ 7ff zuständige AG (Meyer-Goßner § 111a Rdn. 7; SK-Rudolphi § 111a Rdn. 12). Nach Anklageerhebung ist das jeweils mit der Sache befasste Gericht zuständig (OLG Köln NZV 1991, 243), das Berufungsgericht mit Aktenvorlegung nach § 321 S. 2 (OLG Düsseldorf NZV 1992, 202).

11 Die Anordnung wirkt zugleich als **Beschlagnahme des inländischen Führerscheins** (Abs. 3). Sie bewirkt ferner ein durch § 21 Abs. 1 Nr. 1 StVG strafbewährtes Fahrverbot. Diese Wirkung tritt erst mit der Bekanntgabe an den Beschuldigten ein (Meyer-Goßner § 111a Rdn. 8). Die Fahrerlaubnis erlischt dadurch nicht.

12 **Die Maßnahme ist aufzuheben** (Abs. 2), wenn die Gründe für die Anordnung wegfallen, in der Berufungsinstanz schon vor Urteilserlass (OLG Hamburg NJW 1963, 1215). Der bloße Zeitablauf rechtfertigt die Aufhebung zwar nicht, bei groben Verstößen gegen das Beschleunigungsgebot und erheblichen Verzögerungen kann aber die Aufhebung der Maßnahme erforderlich sein (OLG Köln NZV 1991, 243; Meyer-Goßner § 111a Rdn. 10), zumal eine endgültige Entziehung wegen des Zeitablaufes ggf. unwahrscheinlich wird (KG NJW 1960, 2112). Während des Revisionsverfahrens soll die vorläufige Entziehung nicht deshalb aufzuheben sein, weil die Verfahrensdauer die Dauer der Sperre übersteigt (OLG Stuttgart NJW 1983, 241; Pfeiffer § 111a Rdn. 4).

Die **Nichtentziehung** der Fahrerlaubnis im Urteil zwingt zur **Aufhebung** der vor- 13
läufigen Entziehung, und zwar durch besonderen Beschluss. Bei Verfahrensbeendigung durch Beschluss (§§ 206 a, 206 b) wird die Aufhebung im selben Beschluss verfügt (Meyer-Goßner § 111 a Rdn. 13). Zuständig für die Aufhebung ist bis zur Erhebung der öffentlichen Klage das Gericht, das die Anordnung getroffen hat, danach das jeweils mit der Sache befasste Gericht (Meyer-Goßner § 111 a Rdn. 14).

StA und Polizei können die Fahrerlaubnis zwar nicht vorläufig entziehen (Abs. 1), 14
sie dürfen aber den Führerschein bei Gefahr im Verzuge (§ 98 Abs. 1) in Beschlag nehmen (§ 94 Abs. 3), wenn die Voraussetzungen des § 111 a Abs. 1 vorliegen (OLG Stuttgart NJW 1969, 760). Gefahr im Verzuge bedeutet im Zusammenhang mit Trunkenheitsfahrten die Besorgnis, der Betroffene werde ohne die Abnahme des Führerscheins weitere Trunkenheitsfahrten unternehmen oder sonst Verkehrsvorschriften in schwerwiegender Weise verletzen (BGHSt 22, 385). Eine förmliche Beschlagnahme ist entbehrlich, wenn der Führerschein freiwillig herausgegeben wird (§ 94 Abs. 1).

Abs. 3 S. 2 stellt Bürger **aus EU- und EWR-Staaten,** die ihren ordentlichen 15
Wohnsitz im Inland haben, Inhabern deutscher Fahrerlaubnisse gleich. Ihr Führerschein wird wie ein deutscher Führerschein in Verwahrung genommen. Ausländische Führerscheine, die nicht bereits Abs. 3 S. 2 unterfallen, können (Abs. 6) nach § 69 b Abs. 1 StGB mit der Wirkung entzogen werden, dass ein Fahrverbot im Gebiet der BRD begründet wird. Auch die vorläufige Entziehung ist zulässig (Abs. 6 S. 1). Zu diesem Zwecke wird der beschlagnahmefähige (Abs. 6 S. 2) Führerschein mit einem Vermerk versehen (§ 69 b Abs. 2 S. 2 StGB). Sodann wird der Führerschein unverzüglich zurückgegeben. Ist die Anbringung eines Vermerks auf dem Führerschein technisch nicht möglich, ist er notfalls auf einem gesonderten Blatt zu erstellen und dies mit dem Führerschein zu verbinden (Meyer-Goßner § 111 a Rdn. 18).

Die **Rückgabe des Führerscheins** regelt Abs. 5. S. 2 sieht eine Aufschiebung der 16
Rückgabe vor, wenn ein Fahrverbot nach § 44 StGB verhängt wird.

Die Entscheidung nach § 111 a ist mit der **Beschwerde** anfechtbar, auch wenn sie 17
vom erkennenden Gericht erlassen wurde (§§ 304, 305 S. 2). Bis zum Erlass des Berufungsurteils darf die Frage der Geeignetheit zum Führen eines Kraftfahrzeugs nur bei neu bekannt gewordenen Tatsachen anders als im erstinstanzlichen Urteil gewertet werden (Meyer-Goßner § 111 a Rdn. 19). Eine Aussetzung der Anordnung nach § 307 Abs. 2 soll nicht in Betracht kommen (Meyer-Goßner § 111 a Rdn. 19). Die Entziehung der Fahrerlaubnis durch ein mit der Revision angefochtenes Berufungsurteil bewirkt im Verfahren der vorläufigen Entziehung keine Einschränkung der Sachentscheidungskompetenz des Beschwerdegerichts (OLG Düsseldorf NStZ-RR 2000, 240).

§ 111 b [Sicherstellung]

(1) ¹**Gegenstände können durch Beschlagnahme nach § 111 c sichergestellt werden, wenn Gründe für die Annahme vorhanden sind, daß die Voraussetzungen für ihren Verfall oder ihre Einziehung vorliegen.** ²§ 94 Abs. 3 bleibt unberührt.

(2) **Sind Gründe für die Annahme vorhanden, daß die Voraussetzungen des Verfalls von Wertersatz oder der Einziehung von Wertersatz vorliegen, kann zu deren Sicherung nach § 111 d der dingliche Arrest angeordnet werden.**

(3) ¹**Liegen dringende Gründe nicht vor, so hebt der Richter die in Absatz 1 Satz 1 und Absatz 2 genannten Maßnahmen spätestens nach sechs Monaten auf.** ²**Reicht die in Satz 1 bezeichnete Frist wegen der besonderen Schwierigkeit oder des besonderen Umfangs der Ermittlungen oder wegen eines anderen wichtigen Grundes nicht aus, so kann der Richter auf Antrag der Staatsanwalt-**

§ 111b　　　　　　　　　　　　　　　　　1. Buch. Allgemeine Vorschriften

schaft die Maßnahmen um längstens drei Monate verlängern, wenn die genannten Gründe ihre Fortdauer rechtfertigen.

(4) **Die §§ 102 bis 110 gelten entsprechend.**

(5) **Die Absätze 1 bis 4 gelten entsprechend, soweit der Verfall nur deshalb nicht angeordnet werden kann, weil die Voraussetzungen des § 73 Abs. 1 Satz 2 des Strafgesetzbuches vorliegen.**

1　Während § 94 die Beschlagnahme von Beweismitteln regelt, stellt § 111b eine Rechtsgrundlage für **Beschlagnahmen zu anderen Zwecken**. Es geht um die Sicherung für Verfall, Einziehung und Gewinnabschöpfung. §§ 111b bis 111n stellen damit das prozessuale Gegenstück zu den §§ 73 bis 76a StGB dar.

2　Die **Voraussetzungen der Einziehung** ergeben sich aus den §§ 74ff StGB. So können Gegenstände, die durch eine vorsätzliche Straftat hervorgebracht wurden oder zu ihrer Begehung oder Vorbereitung gebraucht worden sind, eingezogen werden.

Beispiel: Das Einbruchswerkzeug des Diebes, das selbst gedruckte Falschgeld.

3　Dem **Verfall** (§§ 73 bis 73e StGB) unterliegen unrechtmäßig erlangte Vermögenszuwächse, die ein Beteiligter für die Tat oder aus ihr erlangt hat. Dabei spricht § 73 Abs. 1 StGB davon, dass der Betroffene aus der Tat „**etwas**" erlangt" hat. Damit ist das Brutto-Prinzip vom Gesetz angeordnet. Es bedeutet, dass die zur Erlangung des Vermögenszuwachses gemachten Aufwendungen abweichend vom früheren Recht nicht mehr abziehbar sind (MüKo-Joecks § 73 StGB Rdn. 4).

Beispiel: Bei dem Täter eines Betäubungsmitteldelikts wird Bargeld gefunden, das aus der Veräußerung von Drogen stammt. Dieses Geld unterliegt dem Verfall. Die Kosten, die der Dealer beim Erwerb der Drogen hatte, sind nicht in Abzug zu bringen.

4　Soweit die Anwendung des **Bruttoprinzips** zu unbilligen Härten führt, schafft § 73c StGB Erleichterungen. Um dem Grundsatz, dass Verbrechen sich nicht lohne, Rechnung zu tragen, sieht § 73d einen erweiterten Verfall vor. Dieser erfasst Konstellationen, in denen bei dem Täter vorgefundene Vermögenswerte zwar keiner konkreten Straftat zugeordnet werden können, das Gericht aber sicher ist, dass sie aus bestimmten Straftaten stammen.

Beispiel: Der von Sozialhilfe lebende Drogenhändler hat eine Eigentumswohnung bar gekauft. Das Gericht ist davon überzeugt, dass dies aus Gewinnen aus Drogengeschäften geschah. Insofern ist der erweiterte Verfall des entsprechenden Wertes möglich.

5　**Hat ein Verletzter Ansprüche** gegen den Tatbeteiligten, steht dies der Anordnung des Verfalls entgegen, unabhängig davon, wie wahrscheinlich die Geltendmachung der Ansprüche ist (§ 73 Abs. 1 S. 2 StGB; so genannte „Totengräber des Verfalls"; Änderungen sind geplant: BT-Drucks. 16/700)

Beispiel: Durch Zeitungsanzeigen hat der Täter mehrere tausend Kunden dazu bestimmt, seine unwirksamen Haarwuchsmittel zu kaufen (BGHSt 34, 199). Der Schaden liegt bei jeweils 15 Euro. Kein Kunde wird ihn deshalb verklagen. Dennoch ist die Anordnung des Verfalls nicht möglich.

6　Wo kein Verfall angeordnet werden darf, ist eigentlich auch nicht eine vorläufige Maßnahme zur Sicherung des Verfalls denkbar. Deshalb ordnet § 111b Abs. 5 an, dass die vorläufige Sicherung auch dann erfolgen darf, wenn dem Verfall nur § 73 Abs. 1 S. 2 StGB entgegensteht. Damit leistet der Staat eine so genannte „**Rückgewinnungshilfe**" zu Gunsten des Verletzten.

7　Die Anordnung der Maßnahme nach § 111b ist **Ermessensentscheidung,** insbesondere in den Fällen des Abs. 5 (vgl. Malitz NStZ 2002, 337, 339; Meyer-Goßner § 111b Rdn. 6). Im Beschlagnahmebeschluss kann offen bleiben, ob der Verfall nach § 73 StGB zu sichern ist oder ob es sich um eine Sicherstellung nach Abs. 5 handelt (Meyer-Goßner § 111b Rdn. 7). Zum Teil wird dies bezweifelt und angenommen, nur eine wahlweise Begründung sei zulässig (vgl. KK-Nack § 111b Rdn. 20; SK-Rudolphi § 111b Rdn. 11; Marel StV 2004, 415).

Liegen dringende Gründe dafür vor, dass die Voraussetzungen für Verfall oder Einziehung vorliegen, können – unter Beachtung des Verhältnismäßigkeitsgrundsatzes – die Beschlagnahme oder der Arrest **zeitlich unbeschränkt** aufrechterhalten werden (OLG Köln StV 2004, 121). Beim Fehlen dringender Gründe sind die Maßnahmen nach Abs. 3 in der Regel nach sechs, spätestens aber nach neun Monaten wieder aufzuheben (Meyer-Goßner § 111b Rdn. 8). Da Verfall und Einziehung auch im Verfahren nach den §§ 431ff, 440, 442 zulässig sind, muss sich der Verdacht noch nicht gegen einen bestimmten Beschuldigten richten (Achenbach NJW 1976, 1068; Meyer-Goßner § 111b Rdn. 8). 8

Die Sicherstellung von Verfalls- und Einziehungsgegenständen darf (anders als die von Beweisgegenständen) nur durch **förmliche Beschlagnahme** erfolgen (vgl. § 111c Rdn. 1). Die Bewirkung regelt § 111c, die Zuständigkeit für die Anordnung ergibt sich aus § 111e. Einzelheiten der Durchführung regelt § 111f. Die Beschlagnahme ist vom Beginn des Ermittlungsverfahrens bis zur Rechtskraft des Urteils zulässig (Meyer-Goßner § 111b Rdn. 11). Für Druckerzeugnisse kommt eine allgemeine Beschlagnahme in Betracht (§§ 111m, 111n). 9

Die Beschlagnahme nach § 111b setzt ein **Sicherstellungsbedürfnis** voraus (LG Kiel wistra 1998, 363). Ist es vorhanden, ist die Beschlagnahme aber in der Regel geboten (Meyer-Goßner § 111b Rdn. 13; SK-Rudolphi § 111b Rdn. 8; a.M. Achenbach NJW 1976, 1072). Im selbstständigen Verfahren nach §§ 440, 442 ist von der Sicherstellung abzusehen, wenn die Durchführung des Verfahrens zweifelhaft erscheint, weil dort der Legalitätsgrundsatz nicht gilt. 10

Der **Verhältnismäßigkeitsgrundsatz** ist im Rahmen des § 73c Abs. 1 S. 1 StGB zu beachten. Vergleichbares gilt im Rahmen des § 74b Abs. 1 StGB für Einziehungsgegenstände. Die Verderblichkeit oder Pflegebedürftigkeit eines Gegenstandes steht, wie sich aus § 111l ergibt, einer Sicherstellung nicht entgegen. 11

Zur Anordnung und zum Rechtsschutz vgl. die Erläuterungen zu den nachfolgenden Vorschriften. 12

§ 111c [Beschlagnahme zur Sicherstellung]

(1) **Die Beschlagnahme einer beweglichen Sache wird in den Fällen des § 111b dadurch bewirkt, daß die Sache in Gewahrsam genommen oder die Beschlagnahme durch Siegel oder in anderer Weise kenntlich gemacht wird.**

(2) ¹**Die Beschlagnahme eines Grundstückes oder eines Rechtes, das den Vorschriften über die Zwangsvollstreckung in das unbewegliche Vermögen unterliegt, wird dadurch bewirkt, daß ein Vermerk über die Beschlagnahme in das Grundbuch eingetragen wird.** ²**Die Vorschriften des Gesetzes über die Zwangsversteigerung und die Zwangsverwaltung über den Umfang der Beschlagnahme bei der Zwangsversteigerung gelten entsprechend.**

(3) ¹**Die Beschlagnahme einer Forderung oder eines anderen Vermögensrechtes, das nicht den Vorschriften über die Zwangsvollstreckung in das unbewegliche Vermögen unterliegt, wird durch Pfändung bewirkt.** ²**Die Vorschriften der Zivilprozeßordnung über die Zwangsvollstreckung in Forderungen und andere Vermögensrechte sind insoweit sinngemäß anzuwenden.** ³**Mit der Beschlagnahme ist die Aufforderung zur Abgabe der in § 840 Abs. 1 der Zivilprozeßordnung bezeichneten Erklärungen zu verbinden.**

(4) ¹**Die Beschlagnahme von Schiffen, Schiffsbauwerken und Luftfahrzeugen wird nach Absatz 1 bewirkt.** ²**Bei solchen Schiffen, Schiffsbauwerken und Luftfahrzeugen, die im Schiffsregister, Schiffsbauregister oder Register für Pfand-**

§ 111c

rechte an Luftfahrzeugen eingetragen sind, ist die Beschlagnahme im Register einzutragen. ³Nicht eingetragene, aber eintragungsfähige Schiffsbauwerke oder Luftfahrzeuge können zu diesem Zweck zur Eintragung angemeldet werden; die Vorschriften, die bei der Anmeldung durch eine Person, die auf Grund eines vollstreckbaren Titels eine Eintragung in das Register verlangen kann, anzuwenden sind, gelten hierbei entsprechend.

(5) Die Beschlagnahme eines Gegenstandes nach den Absätzen 1 bis 4 hat die Wirkung eines Veräußerungsverbotes im Sinne des § 136 des Bürgerlichen Gesetzbuches; das Verbot umfaßt auch andere Verfügungen als Veräußerungen.

(6) ¹Eine beschlagnahmte bewegliche Sache kann dem Betroffenen
1. gegen sofortige Erlegung des Wertes zurückgegeben oder
2. unter dem Vorbehalt jederzeitigen Widerrufs zur vorläufigen weiteren Benutzung bis zum Abschluß des Verfahrens überlassen

werden. ²Der nach Satz 1 Nr. 1 erlegte Betrag tritt an die Stelle der Sache. ³Die Maßnahme nach Satz 1 Nr. 2 kann davon abhängig gemacht werden, daß der Betroffene Sicherheit leistet oder bestimmte Auflagen erfüllt.

1 Die Vorschrift regelt **Einzelheiten der Sicherstellung** von Verfalls- und Einziehungsgegenständen durch Beschlagnahme. Zu unterscheiden sind die Beschlagnahme beweglicher (Abs. 1) und unbeweglicher (Abs. 2) Sachen und von Forderungen und anderen Vermögensrechten (Abs. 3). Bewegliche Sachen werden in den Gewahrsam der beschlagnahmenden Behörde (§ 111 Abs. 1) überführt. Neben einer Verbringung in die Asservatenkammer bei der Polizei ist auch die Aufbewahrung durch eine andere Behörde oder gegen Bezahlung einer Verwahrungsgebühr durch eine Privatperson oder -firma denkbar (Meyer-Goßner § 111 c Rdn. 4). Erscheint die Verwahrung bei der Behörde wegen der Art und Größe der Sache nicht möglich und aus anderen Gründen nicht angebracht, kann die Beschlagnahme durch Siegel oder in anderer Weise kenntlich gemacht werden.

Beispiel: Ein Warenlager wird beschlagnahmt; die Tür des Lagers wird versiegelt.

2 Die **Belassung von Geld,** Kostbarkeiten und Wertpapieren ist unzulässig (vgl. § 808 Abs. 2 S. 1 ZPO). Möglich ist, einen Teil der Sache, etwa einer komplizierten Maschine, in Gewahrsam zu nehmen, und die dadurch unbrauchbar gemachte Sache an Ort und Stelle zu belassen und dann mit einem Siegel als beschlagnahmt kenntlich zu machen (Meyer-Goßner § 111 c Rdn. 6).

3 Die **Beschlagnahme von Grundstücken** und grundstücksgleichen Rechten (Abs. 2) wird durch Eintragung eines Vermerks in das Grundbuch bewirkt (vgl. § 111 Abs. 2 S. 1). Grundstücksgleiche Rechte sind nach § 864 Abs. 1 ZPO unter anderem das Erbbaurecht und das Wohnungseigentum (vgl. auch Meyer-Goßner § 111 c Rdn. 7). Der Umfang der Beschlagnahme ergibt sich aus Abs. 2 S. 2 i.V.m. § 20 Abs. 2, § 21 ZVG (Spieker StraFo 2002, 45).

4 Bei Forderungen und anderen Vermögensrechten (Abs. 3) erfolgt die **Beschlagnahme durch Pfändung** (§§ 829 bis 834, §§ 846 ff, §§ 857 bis 859 ZPO). An die Stelle des Gerichtsvollziehers (§ 829 Abs. 2 S. 2 ZPO) tritt der StA (§ 111 f Abs. 1). Die Aufforderung zur Drittschuldnererklärung wird ebenfalls von der StA erlassen (Abs. 3 S. 3). § 853 ZPO gilt entsprechend, die Hinterlegung bedarf der Zustimmung des zuständigen Gerichts (OLG Düsseldorf NStZ 1992, 203).

5 Die **Beschlagnahme von Schiffen** usw. erfolgt nach den gleichen Regeln wie bei beweglichen Sachen (Abs. 4).

6 Die Beschlagnahme führt zu einem **Veräußerungsverbot** zu Gunsten des Staates nach § 136 BGB. Es entsteht mit dem Vollzug der Beschlagnahme, also mit der Inverwahrungsnahme oder Kenntlichmachung (Abs. 1), mit der Zustellung des Pfän-

8. Abschnitt. Beschlagnahme, Überwachung des Fernmeldeverkehrs **§ 111 d**

dungsbeschlusses (Abs. 2) oder der Registereintragung (Abs. 3). § 111 g Abs. 3 erweitert das Veräußerungsverbot zu Gunsten des Verletzten.

Bei einer Kollision von **Insolvenzbeschlagnahme** und strafprozessualer Beschlagnahme gehen die insolvenzrechtlichen Normen als Spezialgesetze den strafrechtlichen Regelungen vor, so dass beschlagnahmte Vermögenswerte zu Gunsten der Masse freizugeben sind (Meyer-Goßner § 111c Rdn. 12a; Malitz NStZ 2002, 337, 342). 7

Die **Rückgabe** der beschlagnahmten beweglichen Sachen richtet sich nach Abs. 6. Die Vorschrift gilt nicht für Gegenstände, die zugleich als Beweisgegenstände nach § 94 beschlagnahmt sind (Pfeiffer § 111c Rdn. 3). Die Überlassung zur vorläufigen Benutzung (Abs. 6 Nr. 2) ist nur denkbar, wenn der zu sichernde Beweiswert dadurch nicht gefährdet wird (Meyer-Goßner § 111c Rdn. 16). 8

§ 111 d [Arrest wegen Wertersatz, Geldstrafe oder Kosten]

(1) ¹**Wegen des Verfalls oder der Einziehung von Wertersatz, wegen einer Geldstrafe oder der voraussichtlich entstehenden Kosten des Strafverfahrens kann der dingliche Arrest angeordnet werden.** ²**Wegen einer Geldstrafe und der voraussichtlich entstehenden Kosten darf der Arrest erst angeordnet werden, wenn gegen den Beschuldigten ein auf Strafe lautendes Urteil ergangen ist.** ³**Zur Sicherung der Vollstreckungskosten sowie geringfügiger Beträge ergeht kein Arrest.**

(2) **Die §§ 917 und 920 Abs. 1 sowie die §§ 923, 928, 930 bis 932 und 934 Abs. 1 der Zivilprozeßordnung gelten sinngemäß.**

(3) **Ist der Arrest wegen einer Geldstrafe oder der voraussichtlich entstehenden Kosten angeordnet worden, so ist eine Vollziehungsmaßnahme auf Antrag des Beschuldigten aufzuheben, soweit der Beschuldigte den Pfandgegenstand zur Aufbringung der Kosten seiner Verteidigung, seines Unterhalts oder des Unterhalts seiner Familie benötigt.**

Die Vorschrift enthält eine abschließende Regelung der **Sicherung von Zahlungsansprüchen** der Staatskasse gegen den Beschuldigten. Wegen anderer Geldforderungen ist ein Arrestverfahren nicht zulässig, auch nicht nach §§ 916 ff ZPO (Meyer-Goßner § 111 d Rdn. 1). 1

Arrestforderungen können sich aus dem Anspruch auf Verfall oder Einziehung von Wertersatz nach §§ 73a, 74c StGB ergeben (Abs. 1 S. 1). 2

Der dingliche Arrest darf auch zur **Sicherung des Anspruchs des Verletzten** angeordnet werden, wenn also der Verfall wegen § 73 Abs. 1 S. 2 StGB nicht zu Gunsten des Staates angeordnet werden kann (LG Berlin NStZ 1991, 437; LG Kiel SchlHA 1999, 131; Meyer-Goßner § 111 d Rdn. 4). Ob beim Vorliegen der Voraussetzungen des § 73 Abs. 1 S. 2 StGB von einer Anordnung nach § 111 d abgesehen werden sollte, ist umstritten (dafür KK-Nack § 111 b Rdn. 18; Meyer-Goßner § 111 d Rdn. 4; a. M. Meurer NStZ 1991, 438, 439). Jedenfalls kommt kein Arrest in Betracht, um den Ausgleichsanspruch eines Mittäters gegen einen anderen Tatbeteiligten zu sichern (OLG Karlsruhe wistra 2004, 478). 3

Arrest ist ebenso zur **Sicherung einer Geldstrafe** zulässig (S. 2). Gleiches gilt für die Sicherung der Verfahrenskosten (S. 2). Insofern ist vorausgesetzt, dass bereits „ein auf Strafe lautendes Urteil ergangen ist". Gemeint ist ein strafrechtliches Erkenntnis im Sinne des § 465 Abs. 1 (Meyer-Goßner § 111 d Rdn. 6). Geringfügige Beträge dürfen nicht durch Arrest gesichert werden (Abs. 1 S. 3). Die Geringfügigkeitsgrenze soll bei 125 Euro liegen (Meyer-Goßner § 111 d Rdn. 7). 4

Für den **Arrestgrund** verweist Abs. 2 auf die entsprechende Anwendung des § 917 ZPO. Der Arrest setzt daher die Besorgnis voraus, dass ohne seine Anordnung die künftige Vollstreckung vereitelt oder wesentlich erschwert werden würde (vgl. LG 5

§ 111e 1. Buch. Allgemeine Vorschriften

Hamburg NStZ-RR 2004, 215). Schlechte Vermögensverhältnisse allein seien kein Arrestgrund (LG Kiel wistra 2001, 319), wohl aber der Umstand, dass die zu sichernde Geldforderung im Ausland vollstreckt werden müsste (§ 917 Abs. 2). Siehe auch Bittmann/Kühn wistra 2002, 248; OLG Köln NJW 2004, 2397.

6   Die **Arrestanordnung** (Abs. 2) erfolgt auf Antrag der StA, nach Erhebung der öffentlichen Klage auch von Amts wegen, durch den nach § 111e Abs. 1 S. 1 zuständigen Strafrichter. Der Grundsatz der Verhältnismäßigkeit ist zu beachten (BVerfG StV 2004, 409; OLG Köln NJW 2004, 2397). Die Zuständigkeit richtet sich nicht nach der ZPO, sondern nach der StPO (BGH wistra 2005, 35). Das Gericht entscheidet durch begründeten Beschluss. Zur Gefahr im Verzug vgl. § 98 Rdn. 6.

7   Die **Anordnung** muss nach § 920 Abs. 1 ZPO den Arrestgrund sowie den zu sichernden Anspruch, unter Angabe des Geldbetrages, nennen und nach § 923 ZPO den Geldbetrag festsetzen, durch dessen Hinterlegung die Vollziehung des Arrests gehemmt wird und der Schuldner zu dem Antrag auf Aufhebung des vollzogenen Arrestes berechtigt ist („Lösungssumme"). Bekannt gemacht wird die Arrestanordnung nach ihrer Vollziehung (LR-Schäfer § 111b Rdn. 12).

8   Die **Vollziehung des Arrests** erfolgt bei beweglichem Vermögen durch Pfändung (§ 930 Abs. 1 S. 1 ZPO). Gleiches gilt für Schiffe und Schiffsbauwerke (vgl. § 931 ZPO). Bei Grundstücken und grundstücksgleichen Rechten wird die Arrestvollziehung durch Eintragung einer Sicherungshypothek in das Grundbuch bewirkt (§ 932 Abs. 1 ZPO). Forderungen werden gepfändet (§ 930 Abs. 1 S. 3 ZPO).

9   **Der Arrest endet** mit dem rechtskräftigen Abschluss des Verfahrens (BGHSt 29, 13, 15). Er muss vorher aufgehoben werden, wenn die Voraussetzungen des § 111b Abs. 2 oder des § 111d Abs. 2 entfallen (OLG Düsseldorf NStZ-RR 2002, 173; LG Landshut wistra 2003, 199; Rönnau StV 2003, 583; Meyer-Goßner § 111d Rdn. 15).

10 Die **Aufhebung nach Abs. 3** setzt einen Antrag des Betroffenen voraus, in dem die Voraussetzungen für die Aufhebung darzulegen und glaubhaft zu machen sind (§ 294 ZPO; OLG Stuttgart Justiz 2002, 21). Zuständig ist das Gericht, das den Arrest angeordnet, zu bestätigen oder bestätigt hat (§ 111e), das Berufungsgericht nach Aktenvorlage nach § 321 S. 2 (OLG Stuttgart NStZ-RR 2003, 142).

§ 111e [Anordnung der Beschlagnahme oder des Arrestes]

(1) [1]**Zu der Anordnung der Beschlagnahme (§ 111c) und des Arrestes (§ 111d) ist nur der Richter, bei Gefahr im Verzuge auch die Staatsanwaltschaft befugt.** [2]**Zur Anordnung der Beschlagnahme einer beweglichen Sache (§ 111c Abs. 1) sind bei Gefahr im Verzuge auch die Ermittlungspersonen der Staatsanwaltschaft (§ 152 des Gerichtsverfassungsgesetzes) befugt.**

(2) [1]**Hat die Staatsanwaltschaft die Beschlagnahme oder den Arrest angeordnet, so beantragt sie innerhalb einer Woche die richterliche Bestätigung der Anordnung.** [2]**Dies gilt nicht, wenn die Beschlagnahme einer beweglichen Sache angeordnet ist.** [3]**Der Betroffene kann in allen Fällen jederzeit die richterliche Entscheidung beantragen.**

(3) **Die Anordnung der Beschlagnahme und des Arrestes ist dem durch die Tat Verletzten, soweit er bekannt ist oder im Verlauf des Verfahrens bekannt wird, unverzüglich mitzuteilen.**

(4) **Ist zu vermuten, daß weiteren Verletzten aus der Tat Ansprüche erwachsen sind, so soll die Beschlagnahme oder der Arrest durch einmaliges Einrücken in den Bundesanzeiger oder in anderer geeigneter Weise bekanntgemacht werden.**

1   Die Vorschrift regelt die **Zuständigkeit** für die Anordnung der Beschlagnahme nach § 111c und für die Anordnung des dinglichen Arrests nach § 111d. Grundsätz-

8. Abschnitt. Beschlagnahme, Überwachung des Fernmeldeverkehrs   § 111f

lich zuständig ist der Richter, bei Gefahr im Verzuge auch die StA (Abs. 1 S. 1). Bei beweglichen Sachen (§ 111c Abs. 1) sind bei Gefahr im Verzuge auch Ermittlungspersonen zur Anordnung der Beschlagnahme befugt (Abs. 1 S. 2).

Bei **Anordnung durch die StA** muss diese innerhalb einer Woche die richterliche 2
Bestätigung beantragen (Abs. 2 S. 1).

Eine **Belehrung über das Verfügungsverbot** nach § 111c Abs. 5 schreibt das 3
Gesetz zwar nicht vor, sie sollte aber erfolgen (Pfeiffer § 111c Rdn. 2).

Die **Mitteilung an den Verletzten** (Abs. 3) kann formlos ergehen. Sie muss un- 4
verzüglich erfolgen. Mitzuteilen ist bereits die Anordnung, nicht erst der Vollzug der Beschlagnahme und des Arrests (LR-Schäfer § 111f Rdn. 7).

Sind weitere noch unbekannte Verletzte denkbar (Abs. 4), ist ein entsprechender 5
Hinweis im Bundesanzeiger oder in der regionalen oder überregionalen Presse geboten (Meyer-Goßner § 111e Rdn. 14). Die Mitteilung soll ebenso wie die nach Abs. 3 dem Verletzten die Wahrnehmung seiner Rechte erleichtern und ihn über den Zugriff des Staates unterrichten (Meyer-Goßner § 111e Rdn. 14).

Die Mitteilungspflicht ist **Sollvorschrift,** deren Nichtbeachtung keinen Einfluss auf 6
die Wirksamkeit der Beschlagnahme hat. Von der Mitteilung kann abgesehen werden, wenn sie keinen Erfolg verspricht oder ihre Kosten in keinem angemessenen Verhältnis zum Wert der beschlagnahmten Sache stehen würden (Pfeiffer § 111e Rdn. 3).

Die Anordnung der Beschlagnahme beweglicher Sachen (Abs. 2 S. 2) bedarf auch 7
bei einer solchen **durch Ermittlungspersonen** der StA keines Antrags auf richterliche Bestätigung. Die StA kann aber auch in diesem Fall beantragen, die richterliche Bestätigung auszusprechen (BGH NStZ 1985, 262).

Die Anordnung ist von Amts wegen oder auf Antrag **aufzuheben,** sobald ihre 8
sachlichen Voraussetzungen wegfallen, insbesondere z.B. dringende Gründe nach § 111b Abs. 1 (Pfeiffer § 111e Rdn. 5). Mit Rechtskraft des Urteils erlischt die Beschlagnahme, da mit ihr das Eigentum oder Recht ohne weiteres auf den Staat übergeht (§ 73 Abs. 1, § 74e Abs. 1 StGB). Wird in dem Urteil weder Verfall noch Einziehung angeordnet, wird die Beschlagnahme ebenfalls gegenstandslos, eine ausdrückliche Aufhebung der Beschlagnahme ist nicht erforderlich (OLG Düsseldorf NStZ 1997, 301). Zu Gunsten des Geschädigten kann die Beschlagnahme noch für weitere drei Monate angeordnet werden (§ 111i).

Die **Beschwerde** gegen richterliche Beschlagnahme- oder Arrestanordnungen ist 9
auch bei Entscheidungen des Ermittlungsrichters des BGH und des OLG im ersten Rechtszug zulässig (§ 304 Abs. 4, 5), da der dort verwendete Begriff der „Beschlagnahme" auch den dinglichen Arrest erfasst (BGHSt 29, 13; BGH NStZ 1982, 188). Die weitere Beschwerde ist ausgeschlossen (Pfeiffer § 111e Rdn. 7).

§ 111f [Durchführung der Beschlagnahme, Vollzug des Arrestes]

(1) ¹**Die Durchführung der Beschlagnahme (§ 111c) obliegt der Staatsanwaltschaft, bei beweglichen Sachen (§ 111c Abs. 1) auch deren Ermittlungspersonen.** ²**§ 98 Abs. 4 gilt entsprechend.**

(2) ¹**Die erforderlichen Eintragungen in das Grundbuch sowie in die in § 111c Abs. 4 genannten Register werden auf Ersuchen der Staatsanwaltschaft oder des Gerichts bewirkt, welches die Beschlagnahme angeordnet hat.** ²**Entsprechendes gilt für die in § 111c Abs. 4 erwähnten Anmeldungen.**

(3) ¹**Soweit ein Arrest nach den Vorschriften über die Pfändung in bewegliche Sachen zu vollziehen ist, kann dies durch die in § 2 der Justizbeitreibungsordnung bezeichnete Behörde, die Staatsanwaltschaft oder durch deren Ermittlungspersonen (§ 152 des Gerichtsverfassungsgesetzes) bewirkt werden.** ²**Absatz 2 gilt entsprechend.** ³**Für die Anordnung der Pfändung eines eingetragenen Schif-**

§ 111g   1. Buch. Allgemeine Vorschriften

fes oder Schiffsbauwerkes sowie für die Pfändung einer Forderung ist der Richter, bei Gefahr im Verzuge auch die Staatsanwaltschaft zuständig.

1 Die Vorschrift regelt die Zuständigkeit für die **Vollstreckung der Beschlagnahme und des dinglichen Arrests**. Bei der StA ist die tatsächliche Durchführung dem Rechtspfleger übertragen (§ 31 Abs. 1 Nr. 2 RPflG). Dies gilt auch für die Pfändung von Forderungen. Die Beschlagnahme eines Grundstücks obliegt nach Abs. 2 S. 1 der StA.

2 Für die Vollziehung des Arrests ist in den meisten Fällen **die StA zuständig**. Ausnahme ist ein Arrest wegen der Verfahrenskosten, den die Gerichtskasse betreibt (vgl. Pfeiffer § 111f Rdn. 4). Betrifft der Arrest auch die Geldstrafe, ist für den Vollzug insgesamt die StA zuständig (§ 1 Abs. 4 JBeitrO).

3 Gegen **Maßnahmen des Rechtspflegers** ist die Erinnerung nach § 11 Abs. 1 RPflG an das Gericht zulässig. Über Einwendungen gegen Maßnahmen des Rechtspflegers der StA kann die StA angerufen werden (§ 31 Abs. 6 S. 1 RPflG). Gegen Maßnahmen und Entscheidungen der StA kann der für die Beschlagnahme zuständige Richter angerufen werden (Meyer-Goßner § 111f Rdn. 14). Maßnahmen und Entscheidungen des Gerichts sind mit der Beschwerde nach §§ 304, 305 S. 2 anfechtbar.

§ 111g [Zwangsvollstreckung, Arrestvollziehung des Verletzten]

(1) Die Beschlagnahme eines Gegenstandes nach § 111c wirkt nicht gegen eine Verfügung des Verletzten, die auf Grund eines aus der Straftat erwachsenen Anspruches im Wege der Zwangsvollstreckung oder der Arrestvollziehung erfolgt.

(2) ¹Die Zwangsvollstreckung oder Arrestvollziehung nach Absatz 1 bedarf der Zulassung durch den Richter, der für die Beschlagnahme (§ 111c) zuständig ist. ²Die Entscheidung ergeht durch Beschluß, der von der Staatsanwaltschaft, dem Beschuldigten und dem Verletzten mit sofortiger Beschwerde angefochten werden kann. ³Die Zulassung ist zu versagen, wenn der Verletzte nicht glaubhaft macht, daß der Anspruch aus der Straftat erwachsen ist. ⁴§ 294 der Zivilprozeßordnung ist anzuwenden.

(3) ¹Das Veräußerungsverbot nach § 111c Abs. 5 gilt vom Zeitpunkt der Beschlagnahme an auch zugunsten von Verletzten, die während der Dauer der Beschlagnahme in den beschlagnahmten Gegenstand die Zwangsvollstreckung betreiben oder den Arrest vollziehen. ²Die Eintragung des Veräußerungsverbotes im Grundbuch zugunsten des Staates gilt für die Anwendung des § 892 Abs. 1 Satz 2 des Bürgerlichen Gesetzbuches auch als Eintragung zugunsten solcher Verletzter, die während der Dauer der Beschlagnahme als Begünstigte aus dem Veräußerungsverbot in das Grundbuch eingetragen werden. ³Der Nachweis, daß der Anspruch aus der Straftat erwachsen ist, kann gegenüber dem Grundbuchamt durch Vorlage des Zulassungsbeschlusses geführt werden. ⁴Die Sätze 2 und 3 gelten sinngemäß für das Veräußerungsverbot bei den in § 111c Abs. 4 genannten Schiffen, Schiffsbauwerken und Luftfahrzeugen. ⁵Die Wirksamkeit des Veräußerungsverbotes zugunsten des Verletzten wird durch die Aufhebung der Beschlagnahme nicht berührt.

(4) Unterliegt der beschlagnahmte Gegenstand aus anderen als den in § 73 Abs. 1 Satz 2 des Strafgesetzbuches bezeichneten Gründen nicht dem Verfall oder ist die Zulassung zu Unrecht erfolgt, so ist der Verletzte Dritten zum Ersatz des Schadens verpflichtet, der ihnen dadurch entsteht, daß das Veräußerungsverbot nach Absatz 3 zu seinen Gunsten gilt.

(5) ¹Die Absätze 1 bis 4 gelten entsprechend, wenn der Verfall eines Gegenstandes angeordnet, die Anordnung aber noch nicht rechtskräftig ist. ²Sie gelten nicht, wenn der Gegenstand der Einziehung unterliegt.

Die Vorschrift beruht auf dem Grundgedanken des § 73 Abs. 1 S. 2 StGB, der den **Verletzten im Strafverfahren** die Befriedigung der ihm aus der Tat erwachsenen Ansprüche weitgehend ermöglichen will. Die vorläufigen Maßnahmen nach §§ 111b ff sollen die Durchsetzung dieser Ansprüche nicht gefährden (OLG Karlsruhe MDR 1984, 336). Insofern wird das Veräußerungsverbot nach § 111c Abs. 5 nicht nur eingeschränkt (Abs. 1), sondern unter bestimmten Voraussetzungen sogar zu Gunsten des Verletzten aufgegeben (Abs. 3). Eine Ausnahme besteht für Gegenstände, die der Einziehung unterliegen (Abs. 5 S. 2). Nach Wortlaut und Entstehungsgeschichte gilt § 111g nicht beim dinglichen Arrest nach § 111d (LG Berlin StV 2004, 123). Ein Bedürfnis für eine entsprechende Anwendung im Interesse der Tatgeschädigten ist allerdings nicht zu leugnen (Rönnau S. 440; Meyer-Goßner § 111g Rdn. 1). 1

Maßnahmen des Verletzten im Wege der Zwangsvollstreckung oder die Vollziehung eines Arrestes wegen eines aus einer Straftat erwachsenen Anspruchs steht die Beschlagnahme nach § 111b nicht entgegen (vgl. OLG Hamm wistra 2002, 398; Malitz NStZ 2002, 337, 340). Der Versicherer des Geschädigten ist nicht Verletzter (OLG Karlsruhe MDR 1984, 336; Meyer-Goßner § 111g Rdn. 2; a.M. OLG Schleswig NStZ 1994, 99). 2

Die Vollstreckungsmaßnahmen bedürfen der **Zulassung durch den Richter** (Abs. 2 S. 1). § 294 ZPO ist anwendbar (Abs. 2 S. 4). Die gerichtliche Entscheidung ergeht durch Beschluss ohne mündliche Verhandlung nach Anhörung der StA, des Beschuldigten und des Verletzten. Der Beschluss wird nach Abs. 2 S. 2 zugestellt und kann mit der sofortigen Beschwerde angefochten werden. Das Veräußerungsverbot zu Gunsten des Staates nach § 111c Abs. 5 wird durch Abs. 3 S. 1 zu Gunsten des Verletzten erweitert. Die für den Staat entstandene Schutzposition wird ihm gleichsam abgetreten (BGH ZIP 2000, 901). Verfügungen über den beschlagnahmten Gegenstand sind auch zu Gunsten des Verletzten unwirksam (OLG Hamm wistra 2002, 398, 399). 3

Wird die Beschlagnahme aufgehoben, bevor der Verletzte die Verwertung des Gegenstandes im Wege der Zwangsvollstreckung betrieben hat, berührt dies die zwischenzeitlich erworbene Rechtsstellung nicht (Abs. 3 S. 5). Einen notwendigen Ausgleich gegenüber den Interessen Dritter schafft die Entschädigungspflicht nach Abs. 4. 4

Bei Grundstücken wirkt das Verfügungsverbot nach § 111c Abs. 2 S. 1 zu Gunsten des Verletzten nach Maßgabe des Abs. 3 S. 1 auf den Zeitpunkt der Eintragung des Vermerks über die Beschlagnahme zurück. Gutgläubige Erwerber werden nach § 892 Abs. 1 S. 2 BGB für den Fall geschützt, dass Verfügungsbeschränkungen aus dem Grundbuch nicht ersichtlich sind. Insofern bestimmt Abs. 3 S. 2, dass die Eintragung des Veräußerungsverbotes für die Anwendung des § 892 Abs. 1 S. 2 BGB auch als Eintragung zu Gunsten solcher Verletzter gilt, die während der Dauer der Beschlagnahme als Begünstigte aus dem Veräußerungsverbot in das Grundbuch eingetragen werden (Meyer-Goßner § 111g Rdn. 8). 5

Die Regelung über die **Entschädigungspflicht** (Abs. 4) entspricht der des § 945 ZPO. 6

§ 111h [Vorrangige Befriedigung von Ansprüchen des Verletzten bei Arrest]

(1) ¹Betreibt der Verletzte wegen eines aus der Straftat erwachsenen Anspruches die Zwangsvollstreckung oder vollzieht er einen Arrest in ein Grundstück, in welches ein Arrest nach § 111d vollzogen ist, so kann er verlangen, daß die

§ 111i   1. Buch. Allgemeine Vorschriften

durch den Vollzug dieses Arrestes begründete Sicherungshypothek hinter seinem Recht im Rang zurücktritt. ²Der dem vortretenden Recht eingeräumte Rang geht nicht dadurch verloren, daß der Arrest aufgehoben wird. ³Die Zustimmung des Eigentümers zur Rangänderung ist nicht erforderlich. ⁴Im übrigen ist § 880 des Bürgerlichen Gesetzbuches sinngemäß anzuwenden.

(2) ¹Die Rangänderung bedarf der Zulassung durch den Richter, der für den Arrest (§ 111 d) zuständig ist. ²§ 111 g Abs. 2 Satz 2 bis 4 und Abs. 3 Satz 3 ist entsprechend anzuwenden.

(3) Ist die Zulassung zu Unrecht erfolgt, so ist der Verletzte Dritten zum Ersatz des Schadens verpflichtet, der ihnen durch die Rangänderung entsteht.

1   Die Vorschrift betrifft Fälle, in denen der Arrest nach § 111 d an einem Grundstück durch **Eintragung einer Sicherungshypothek** vollzogen worden ist. Dies gilt auch, wenn der Arrest die Einziehung von Wertersatz, eine Geldstrafe oder die Verfahrenskosten sichern soll (SK-Rudolphi § 111 h Rdn. 1). Gleiches soll für Rechte an Schiffen usw. gelten (Pfeiffer § 111 h Rdn. 1).
2   Die **Rangänderung** nach Abs. 1 bedarf der Zulassung durch den für den Arrest zuständigen Richter (Abs. 2). Die Schadenersatzpflicht nach Abs. 3 entspricht der Regelung in § 111 g Abs. 4.

§ 111 i [Aufrechterhaltung der Beschlagnahme]

Soweit im Urteil lediglich deshalb nicht auf Verfall oder Verfall des Wertersatzes erkannt wird, weil Ansprüche eines Verletzten im Sinne des § 73 Abs. 1 Satz 2 des Strafgesetzbuches entgegenstehen oder weil das Verfahren nach den §§ 430 und 442 auf die anderen Rechtsfolgen beschränkt wird, kann die Beschlagnahme nach § 111 c für die Dauer von höchstens drei Monaten aufrechterhalten werden, sofern die sofortige Aufhebung gegenüber dem Verletzten unbillig wäre.

1   Die Vorschrift sichert die **Ansprüche des Verletzten** in den Fällen des § 73 Abs. 1 S. 2 StGB, § 111 b Abs. 5. Wird in dem Urteil der Verfall nicht angeordnet, weil Ansprüche des Verletzten entgegenstehen (§ 73 Abs. 1 S. 2 StGB), ist die Herausgabe der erlangten Werte an den Verletzten nur mit Zustimmung des Verurteilten oder aber auf Grund eines entsprechenden zivilrechtlichen Titels möglich. § 111 i will den Verletzten die Zeit verschaffen, einen solchen Titel zu erlangen.
2   Unter Annahme eines gesetzgeberischen Versehens wird die Vorschrift von manchen Gerichten auf Beschlagnahmen nach § 111 d **entsprechend angewendet** (OLG Hamm StV 2003, 548; LG Berlin StV 2004, 123).
3   **Die Beschlagnahme darf aufrechterhalten werden,** wenn die Sache nachweislich aus der Tat erlangt worden und eine Verfallsanordnung nach § 73 Abs. 1 S. 2 unmöglich ist, wenn Ansprüche eines Verletzten entgegenstehen (vgl. auch Meyer-Goßner § 111 i Rdn. 2). Die sofortige Aufhebung gegenüber dem Verletzten ist dann unbillig, wenn er in der Vergangenheit das ihm Mögliche und Zumutbare getan hat, um sich wenigstens einen vorläufigen vollstreckbaren Titel zu verschaffen (OLG Frankfurt NStZ-RR 2003, 49).
4   Die Verlängerung darf **höchstens drei Monate** dauern (KG StV 2004, 529). Die Frist beginnt mit dem Erlass des Urteils. Nach fruchtlosem Ablauf der Frist sind aufrechterhaltene Pfändungen aufzuheben (LG Berlin wistra 2004, 280).
5   Die **Aufrechterhaltung** der Beschlagnahme wird regelmäßig auf Antrag des Verletzten (KK-Nack § 111 i Rdn. 6) und nach Anhörung von StA und Angeklagtem (§ 33 Abs. 1) durch besonderen Beschluss angeordnet. Zuständig ist der Richter, der auch für die Aufhebung einer richterlichen Beschlagnahmeanordnung zuständig wäre.

8. Abschnitt. Beschlagnahme, Überwachung des Fernmeldeverkehrs § 111k

Dies gilt auch, wenn die Beschlagnahme durch nichtrichterliche Verfügung angeordnet worden war (Meyer-Goßner § 111i Rdn. 4).

Wer zum Herausgabeverlangen berechtigt ist, kann **Beschwerde** nach § 304 gegen den Beschluss einlegen. Wird die Aufrechterhaltung der Beschlagnahme abgelehnt, haben StA und der Verletzte das Beschwerderecht (Meyer-Goßner § 111i Rdn. 6). 6

§ 111k [Herausgabe an den Verletzten]

Bewegliche Sachen, die nach § 94 beschlagnahmt oder sonst sichergestellt oder nach § 111c Abs. 1 beschlagnahmt worden sind, sollen dem Verletzten, dem sie durch die Straftat entzogen worden sind, herausgegeben werden, wenn er bekannt ist, Ansprüche Dritter nicht entgegenstehen und die Sachen für Zwecke des Strafverfahrens nicht mehr benötigt werden.

Eine Beschlagnahme von beweglichen Sachen ist aufzuheben, wenn deren gesetzliche Voraussetzungen nicht mehr bestehen (OLG Düsseldorf NJW 1990, 723). Die Aufhebung führt grundsätzlich dazu, dass die beschlagnahmten Gegenstände an den **letzten Gewahrsamsinhaber** herausgegeben werden (BGH NJW 2000, 3218). Hiervon macht § 111k eine Ausnahme für den Fall, dass es sich um die dem Verletzten durch die Straftat entzogene Sache handelt (Meyer-Goßner § 111k Rdn. 1). Ähnlich der einstweiligen Verfügung im Zivilrecht schafft die Entscheidung nach § 111k aber nur eine vorläufige Regelung. Wer die Sache für sich beansprucht, muss seine Rechte notfalls im Zivilrechtswege verfolgen (Pfeiffer § 111k Rdn. 1). 1

§ 111k ist eine **Sollvorschrift.** Soweit der Besitz der Sache nicht allgemein verboten ist (z.B. bei Betäubungsmitteln) ist die Vorschrift aber zu beachten (Meyer-Goßner § 111k Rdn. 2). 2

Erfasst werden beschlagnahmte oder sonst sichergestellte bewegliche Sachen, die sich noch in amtlichem Gewahrsam befinden. Nicht anwendbar ist die Vorschrift, wenn beschlagnahmtes Geld wegen Ungewissheit über die Person des Berechtigten bereits hinterlegt ist (OLG Stuttgart NStZ 1987, 243). 3

Die Behörde muss die **Verfügungsgewalt** von dem Beschuldigten oder einem anderen, auf den die Sache durch eine Straftat (Hehlerei) übergegangen ist, erhalten oder erzwungen haben. Hat ein Dritter sie herausgegeben und beanspruchen sie sowohl dieser als auch der Verletzte, ist das Vorgehen umstritten (vgl. OLG Stuttgart NStZ 1989, 39; Meyer-Goßner § 111k Rdn. 3 einerseits, OLG Frankfurt GA 1972, 212; SK-Rudolphi § 111k Rdn. 2 andererseits). 4

Zulässig ist die Herausgabe der Sache nur an den dem Gericht bekannten Verletzten oder seine Erben. **Verletzter** ist, wem der Besitz an der Sache durch die Straftat unmittelbar entzogen worden ist (Malitz NStZ 2003, 61, 63). Ist der Eigentümer nicht zugleich unmittelbarer Besitzer, ist er nicht Verletzter, auch nicht der Insolvenzverwalter (LG Mannheim NStZ-RR 1998, 113). Nach einem unbekannten Verletzten wird nicht gesucht, sondern **nach § 983 BGB** verfahren, wenn die Voraussetzungen des § 111k zweifelsfrei vorliegen (Meyer-Goßner § 111k Rdn. 5). 5

Die Sache muss dem Verletzten **durch die Straftat entzogen** worden sein, die Gegenstand des Strafverfahrens ist. Ob es zu einer Verurteilung wegen dieser Tat gekommen ist, ist gleichgültig (Meyer-Goßner § 111k Rdn. 6). § 111k ist auch anwendbar, wenn der Täter wegen Irrtums oder wegen Schuldunfähigkeit freigesprochen worden ist, wenn jedenfalls die Tat erwiesen ist (Meyer-Goßner § 111k Rdn. 6). Liegt schon ein Urteil vor, sind dessen Feststellungen maßgebend (OLG Nürnberg HESt 2, 84; LG Mainz MDR 1983, 954). Unmittelbar entzogen sind auch Gegenstände, deren Gewahrsam freiwillig aufgegeben wurde, wie etwa bei Unterschlagung und Betrug. Als entzogen gilt der Erlös aus einer Notveräußerung nach § 111l Abs. 1 S. 2, nicht aber Surrogate wie umgewechseltes Geld und andere Ersatzsachen, auch 6

241

§ 111l   1. Buch. Allgemeine Vorschriften

nicht das durch Verarbeiten gewonnene Erzeugnis oder das nach Vermischung mit dem gestohlenen Geld entstandene Miteigentum (LG Mainz MDR 1983, 954; Meyer-Goßner § 111k Rdn. 7; a. M. LR-Schäfer § 111k Rdn. 11).

7   **Ansprüche Dritter** hindern die Herausgabe an den Verletzten. In Betracht kommen dingliche Rechte und schuldrechtliche Ansprüche, die ein Recht zum Besitz begründen (Pfeiffer § 111k Rdn. 4; SK-Rudolphi § 111k Rdn. 6). Ist der Anspruch dem Gericht bekannt (Nachforschungen werden nicht angestellt) oder wird er ihm gegenüber ausdrücklich erhoben, so wird die Sache weder an den früheren Gewahrsamsinhaber noch an den Verletzten herausgegeben. Vielmehr wird eine Frist zur gerichtlichen Geltendmachung gesetzt, wobei wiederum umstritten ist, wem gegenüber sie zu setzen und wie zu verfahren ist, wenn die Frist ohne Erfolg verstreicht. Teilweise wird angenommen, dann sei die Sache an den Verletzten herauszugeben (Meyer-Goßner § 111k Rdn. 8), andere gehen von einer bestimmten Rangfolge der Empfänger aus (vgl. OLG Koblenz MDR 1984, 774; Gropp NStZ 1989, 337).

8   Die **Zuständigkeit** für die Entscheidung regelt § 111k nicht. Aus der Entstehungsgeschichte soll sich ergeben, dass das gerichtliche Verfahren für selbstverständlich gehalten wurde (LR-Schäfer § 111k Rdn. 19; Pfeiffer § 111k Rdn. 5). Teilweise wird angenommen, dass im Ermittlungsverfahren immer die StA zuständig sei (vgl. Jahn/Moericke DRiZ 2004, 324; differenzierend Malitz NStZ 2003, 61, 65). Nach RiStBV Nr. 75 Abs. 3 ist die Sache dem Verletzten durch die StA herauszugeben, sofern dessen Anspruch offensichtlich begründet ist. Teilweise wird diese Regelung für gesetzeswidrig gehalten (LR-Schäfer § 111k Rdn. 18).

9   Die Entscheidung ergeht **nach Aktenlage** durch Beschluss. Die Verfahrensbeteiligten sind vorher zu hören. Gegen die Entscheidung des Gerichts ist Beschwerde nach § 304 Abs. 1, 2 zulässig. Beschwerdeberechtigt sind die StA und jeder, der ein Recht oder einen Anspruch an der Sache behauptet (Meyer-Goßner § 111k Rdn. 11).

§ 111l [Notveräußerung]

(1) ¹**Gegenstände, die nach § 111c beschlagnahmt worden sind, sowie Gegenstände, die auf Grund eines Arrestes (§ 111d) gepfändet worden sind, dürfen vor der Rechtskraft des Urteils veräußert werden, wenn ihr Verderb oder eine wesentliche Minderung ihres Wertes droht oder ihre Aufbewahrung, Pflege oder Erhaltung mit unverhältnismäßig großen Kosten oder Schwierigkeiten verbunden ist.** ²**Der Erlös tritt an die Stelle der Gegenstände.**

(2) ¹**Im vorbereitenden Verfahren wird die Notveräußerung durch die Staatsanwaltschaft angeordnet.** ²**Ihren Ermittlungspersonen (§ 152 des Gerichtsverfassungsgesetzes) steht diese Befugnis zu, wenn der Gegenstand zu verderben droht, bevor die Entscheidung der Staatsanwaltschaft herbeigeführt werden kann.**

(3) ¹**Nach Erhebung der öffentlichen Klage trifft die Anordnung das mit der Hauptsache befaßte Gericht.** ²**Der Staatsanwaltschaft steht diese Befugnis zu, wenn der Gegenstand zu verderben droht, bevor die Entscheidung des Gerichts herbeigeführt werden kann; Absatz 2 Satz 2 gilt entsprechend.**

(4) ¹**Der Beschuldigte, der Eigentümer und andere, denen Rechte an der Sache zustehen, sollen vor der Anordnung gehört werden.** ²**Die Anordnung sowie Zeit und Ort der Veräußerung sind ihnen, soweit dies ausführbar erscheint, mitzuteilen.**

(5) ¹**Die Notveräußerung wird nach den Vorschriften der Zivilprozeßordnung über die Verwertung einer gepfändeten Sache durchgeführt.** ²**An die Stelle des Vollstreckungsgerichts (§ 764 der Zivilprozeßordnung) tritt in den Fällen der Absätze 2 und 3 Satz 2 die Staatsanwaltschaft, in den Fällen des Absatzes 3**

8. Abschnitt. Beschlagnahme, Überwachung des Fernmeldeverkehrs § 111l

Satz 1 das mit der Hauptsache befaßte Gericht. ³Die nach § 825 der Zivilprozeßordnung zulässige Verwertung kann von Amts wegen oder auf Antrag der in Absatz 4 genannten Personen, im Falle des Absatzes 3 Satz 1 auch auf Antrag der Staatsanwaltschaft, gleichzeitig mit der Notveräußerung oder nachträglich angeordnet werden.

(6) ¹Gegen Anordnungen der Staatsanwaltschaft oder ihrer Ermittlungspersonen im vorbereitenden Verfahren (Absätze 2 und 5) kann der Betroffene gerichtliche Entscheidung nach Maßgabe des § 161a Abs. 3 beantragen. ²Gegen Anordnungen der Staatsanwaltschaft oder ihrer Ermittlungspersonen nach Erhebung der öffentlichen Klage (Absatz 3 Satz 2, Absatz 5) kann der Betroffene die Entscheidung des mit der Hauptsache befaßten Gerichts (Absatz 3 Satz 1) beantragen. ³Das Gericht, in dringenden Fällen der Vorsitzende, kann die Aussetzung der Veräußerung anordnen.

Die Vorschrift betrifft Gegenstände, die nach §§ 111c, 111d beschlagnahmt bzw. 1
gepfändet worden sind. Beweismittel sind hiervon ebenso wenig betroffen wie Gegenstände, die wegen ihrer Beschaffenheit unbrauchbar gemacht, vernichtet oder sonst aus dem Verkehr gezogen werden müssen (Meyer-Goßner § 111l Rdn. 1).

Veräußerungsgründe enthält Abs. 1 S. 1. Im Ergebnis ist die Notveräußerung 2
gerechtfertigt, wenn ein wirtschaftlich denkender Eigentümer den Gegenstand veräußern würde (Meyer-Goßner § 111l Rdn. 2). Bei einer Notveräußerung tritt der Erlös an die Stelle des Gegenstandes (Abs. 1 S. 2). Liegen die Voraussetzungen von Einziehung oder Verfall vor, ist daher im Urteil auf Verfall oder Einziehung des Erlöses zu erkennen (BGHSt 8, 46, 53). Ansonsten erlangt der bisherige Eigentümer einen Anspruch auf Auszahlung und Übereignung des Geldes (RGSt 66, 85).

Das **Verfahren** ergibt sich aus Abs. 2 bis 4. Im Vorverfahren ist nur die StA zustän- 3
dig (Abs. 2 S. 1), Ermittlungspersonen dann, wenn der Verderb der Sache droht, bevor die StA entscheiden kann (Abs. 2 S. 2). Nach Erhebung der öffentlichen Klage ist das mit der Hauptsache befasste Gericht zuständig (Abs. 3 S. 1). Wiederum hat der Staatsanwalt eine Notkompetenz, wenn eine gerichtliche Entscheidung nicht rechtzeitig herbeigeführt werden kann (Abs. 3 S. 2). Kann selbst der Staatsanwalt nicht rechtzeitig erreicht werden, sind die Ermittlungspersonen zur Notveräußerung befugt (Abs. 3 S. 2 am Ende i. V. m. Abs. 2 S. 2).

Unabhängig davon, welche Stelle die Anordnung treffen will, sind **die Beteiligten** 4
anzuhören (Abs. 4 S. 1). In besonderen Eilfällen wird selbst diese Anhörung nicht durchführbar sein. Der Betroffene ist auch auf die Möglichkeit des § 111c Abs. 6 hinzuweisen. Die Nichtbeachtung der Sollvorschrift des Abs. 4 S. 1 hat aber auf die Wirksamkeit der Notveräußerung keinen Einfluss (KMR-Mayer § 111l Rdn. 8). Den Beteiligten sind Zeit und Ort der Veräußerung möglichst mitzuteilen (Abs. 4 S. 2). Eine Aussetzung der Notveräußerung ist nach Abs. 6 S. 3 möglich.

Die **Durchführung der Notveräußerung** richtet sich nach den §§ 814 bis 5
825 ZPO. An die Stelle des Vollstreckungsgerichts tritt nach Abs. 5 S. 2 in den Fällen des Abs. 2, Abs. 3 S. 2 die StA, im Übrigen das Gericht. In beiden Fällen ist die Durchführung auf den Rechtspfleger übertragen (§ 22 Nr. 2, § 31 Abs. 1 Nr. 2, 6 RPflG). Rechtsschutz (Abs. 6) erfolgt durch einen Antrag nach § 161a Abs. 3 S. 1 bei staatsanwaltschaftlichen Anordnungen. Über Einwendungen gegen Anordnungen des Rechtspflegers kann auf gerichtliche Erinnerung angetragen werden (§ 31 Abs. 6 S. 1 RPflG). Gleiches gilt für Anordnungen der Ermittlungspersonen nach Abs. 2 S. 1, wobei zuvor die StA angerufen werden muss. Hat das Gericht die Notveräußerung nach Abs. 3 S. 1 angeordnet, ist **Beschwerde** zulässig (Pfeiffer § 111l Rdn. 6; SK-Rudolphi § 111l Rdn. 15). Nach a. M. ist nur die Erinnerung nach § 11 Abs. 2 RPflG möglich (OLG Köln NJW 2004, 2994; Meyer-Goßner § 111l Rdn. 15).

§ 111m [Schrifttum und Herstellungsmittel]

(1) Die Beschlagnahme eines Druckwerks, einer sonstigen Schrift oder eines Gegenstandes im Sinne des § 74d des Strafgesetzbuches darf nach § 111b Abs. 1 nicht angeordnet werden, wenn ihre nachteiligen Folgen, insbesondere die Gefährdung des öffentlichen Interesses an unverzögerter Verbreitung offenbar außer Verhältnis zu der Bedeutung der Sache stehen.

(2) ¹Ausscheidbare Teile der Schrift, die nichts Strafbares enthalten, sind von der Beschlagnahme auszuschließen. ²Die Beschlagnahme kann in der Anordnung weiter beschränkt werden.

(3) In der Anordnung der Beschlagnahme sind die Stellen der Schrift, die zur Beschlagnahme Anlaß geben, zu bezeichnen.

(4) Die Beschlagnahme kann dadurch abgewendet werden, daß der Betroffene den Teil der Schrift, der zur Beschlagnahme Anlaß gibt, von der Vervielfältigung oder der Verbreitung ausschließt.

1 Die Bestimmung ergänzt § 111b Abs. 1, § 111c für **Druckwerke**, Schriften und sonstige Gegenstände im Sinne des § 74d StGB. § 74d StGB regelt die Einziehung von Schriften und ihre Unbrauchbarmachung. § 111m geht darüber aber teilweise hinaus. Vorausgesetzt ist, dass § 111b Abs. 1 erfüllt ist, dann gilt § 111m auch für solche Schriften, die nicht der Einziehung, sondern dem Verfall nach § 73 StGB unterliegen (Pfeiffer § 111m Rdn. 1). Ob dies überhaupt jemals praktisch wird, ist eine andere Frage (Meyer-Goßner § 111m Rdn. 1). Soweit Vorschriften der Landespressegesetze die Beschlagnahme von Druckschriften regeln, sind sie wg. Art. 74 Nr. 1 GG unwirksam (Meyer-Goßner § 111m Rdn. 2).

2 Grenzen für die Beschlagnahme zieht der **Verhältnismäßigkeitsgrundsatz** (Abs. 1). Dazu gehört auch, dass ausscheidbare Teile der Schrift, die selbst nichts Strafbares enthalten, von der Beschlagnahme auszunehmen sind (Abs. 2 S. 1). Die Beschlagnahmeanordnung muss in Ergänzung des § 111e die Stellen der Schrift, deren Inhalt Anlass zu der Beschlagnahme war, genau bezeichnen. Dabei genügt der allgemeine Hinweis auf das Vorhandensein solcher Stellen nicht, sie müssen inhaltlich wiedergegeben werden (Meyer-Goßner § 111m Rdn. 9). Zur Abwendung der Beschlagnahme siehe Abs. 4.

§ 111n [Anordnung der Beschlagnahme; zeitliche Begrenzung]

(1) ¹Die Beschlagnahme eines periodischen Druckwerks oder eines ihm gleichstehenden Gegenstandes im Sinne des § 74d des Strafgesetzbuches darf nur durch den Richter angeordnet werden. ²Die Beschlagnahme eines anderen Druckwerks oder eines sonstigen Gegenstandes im Sinne des § 74d des Strafgesetzbuches kann bei Gefahr im Verzug auch durch die Staatsanwaltschaft angeordnet werden. ³Die Anordnung der Staatsanwaltschaft tritt außer Kraft, wenn sie nicht binnen drei Tagen von dem Richter bestätigt wird.

(2) ¹Die Beschlagnahme ist aufzuheben, wenn nicht binnen zwei Monaten die öffentliche Klage erhoben oder die selbständige Einziehung beantragt ist. ²Reicht die in Satz 1 bezeichnete Frist wegen des besonderen Umfanges der Ermittlungen nicht aus, so kann das Gericht auf Antrag der Staatsanwaltschaft die Frist um weitere zwei Monate verlängern. ³Der Antrag kann einmal wiederholt werden.

(3) Solange weder die öffentliche Klage erhoben noch die selbständige Einziehung beantragt worden ist, ist die Beschlagnahme aufzuheben, wenn die Staatsanwaltschaft es beantragt.

9. Abschnitt. Verhaftung und vorläufige Festnahme   §§ 111o, 111p, Vor § 112

Die Vorschrift **ergänzt** § 111e für den Fall der Anordnung der Beschlagnahme von Schriften und anderen Gegenständen im Sinne des § 74d Abs. 1 S. 2 StGB. Sie gilt für Beschlagnahmen nach §§ 111b, 111m, nicht jedoch für Beschlagnahmen nach § 94 (KK-Nack § 111n Rdn. 1). 1

Die Beschlagnahme eines **periodischen Druckwerks** – Zeitungen, Zeitschriften und andere Druckwerke, die in ständiger, wenn auch unregelmäßiger Folge und im Abstand von nicht mehr als sechs Monaten erscheinen – und ihrer Herstellungsmittel dürfen nur auf Anordnung des Richters beschlagnahmt werden (Abs. 1 S. 1). Nur bei anderen Druckwerken kann bei Gefahr im Verzug auch die StA anordnen, muss dies aber binnen dreier Tage vom Richter bestätigen lassen (Abs. 1 S. 2, 3). 2

Zuständiges Gericht ist im Vorverfahren das AG nach § 162, danach das mit der Sache befasste Gericht (Pfeiffer § 111n Rdn. 1). 3

Die **Anordnung** erfasst alle beschlagnahmefähigen Einzelstücke derselben Auflage (Meyer-Goßner § 111n Rdn. 5). Vollstreckt wird die Anordnung stets von der StA (§ 36 Abs. 2 S. 1). Das Richtermonopol des Abs. 1 S. 1 gilt nur für die Beschlagnahmeanordnung (Groß AfP 1976, 18). 4

Nach Abs. 2 muss **binnen zweier Monate** die öffentliche Klage erhoben oder die selbstständige Einziehung beantragt worden sein, sonst ist die Beschlagnahme aufgehoben. Eine zweimalige Verlängerung der Frist um jeweils zwei Monate ist zulässig (Abs. 2 S. 3). Nach Verstreichenlassen der Frist ist die Anordnung aufzuheben. Eine erneute Beschlagnahme ist zwar zulässig, aber nur auf Grund von Tatsachen, die der früheren Anordnung nicht zu Grunde lagen (KK-Nack § 111n Rdn. 11). 5

Entsprechend der Regelung in § 120 Abs. 3 S. 1 für den Haftbefehl muss die Beschlagnahmeanordnung **aufgehoben** werden, wenn Anklage noch nicht erhoben worden ist und die StA dies beantragt (Abs. 3). 6

Die **Beschwerde** nach § 304 ist zulässig gegen die gerichtliche Beschlagnahmeanordnung, eine Verlängerung der Frist nach Abs. 2 und die Aufhebung der Beschlagnahmeanordnung. Gegen Entscheidungen der StA ist wegen der beschränkten Dauer ihrer Wirkung ohne eine richterliche Bestätigung (Abs. 1 S. 3) keine Beschwerde möglich (vgl. § 100 Rdn. 7). 7

§ 111o, § 111p

Nachdem das Bundesverfassungsgericht mit Urteil vom 20. 3. 2002 (NJW 2002, 1779) die Vorschrift über die Vermögensstrafe (§ 43a StGB) für verfassungswidrig erklärt hat, ist für die §§ 111o, 111p kein Anwendungsbereich mehr gegeben.

Neunter Abschnitt.
Verhaftung und vorläufige Festnahme

Vor § 112

Zweck der Untersuchungshaft ist die Durchsetzung des Anspruchs der staatlichen Gemeinschaft auf vollständige Aufklärung der Tat und (rasche) Bestrafung des Täters (BVerfGE 20, 49). Sie richtet sich nach den §§ 112ff, §§ 72, 72a JGG. Da der Betroffene noch als unschuldig gilt (vgl. Art. 6 Abs. 2 MRK), ist Untersuchungshaft zunächst einmal Freiheitsberaubung gegenüber einem Unschuldigen (vgl. Hassemer StV 1984, 40). Zulässig ist sie; auch Art. 5 Abs. 1 S. 2c MRK sieht Untersuchungshaft wegen Fluchtgefahr ausdrücklich vor (Meyer-Goßner vor § 112 Rdn. 1). 1

Dennoch muss Untersuchungshaft **Ausnahmefall** bleiben. Jeweils muss zwischen dem Freiheitsanspruch des noch als unschuldig geltenden Beschuldigten und dem 2

Erfordernis abgewogen werden, ihn im Interesse einer wirksamen Strafverfolgung vorläufig in Haft zu nehmen (BVerfGE 53, 152, 158; Meyer-Goßner vor § 112 Rdn. 2). Zumindest theoretisch darf U-Haft nur angeordnet und aufrechterhalten werden, wenn überwiegende Interessen des Gemeinwohls das zwingend gebieten. Immerhin wird von dem Beschuldigten ein Sonderopfer für die Allgemeinheit abgefordert (BGHZ 60, 302).

3   Die Untersuchungshaft darf nicht zu anderen Zwecken missbraucht werden (so genannte apokryphe Haftgründe).

> **Beispiel:** Es soll Praxis sein, relativ zartbesaitete Wirtschaftskriminelle in Untersuchungshaft zu nehmen, um ihr Aussageverhalten zu beeinflussen (vgl. auch Lemme wistra 2004, 288).

4   **Besondere Arten der Untersuchungshaft** sind die Hauptverhandlungshaft (§ 127b), die Sicherungshaft (§ 453c), die Vollstreckungshaft (§ 457 Abs. 2) und die Ungehorsamshaft (§ 230 Abs. 2, §§ 236, 329 Abs. 4 S. 1).

5   Bei schuldunfähigen Personen, deren Unterbringung nach §§ 63, 64 StGB zu erwarten ist, wird die Untersuchungshaft durch die **einstweilige Unterbringung** nach § 126a ersetzt. Die Sicherungshaft nach § 112a ist nicht Untersuchungshaft, sondern eher eine Vorbeugungsmaßnahme.

6   **Organisationshaft** ist der Zeitraum, der zwischen Beendigung der Untersuchungshaft durch Rechtskraft des Urteils und Aufnahme in den Maßregelvollzug liegt. Diese gesetzlich nicht vorgesehene Freiheitsentziehung ist zwar eine Regelwidrigkeit (BVerfG NStZ 1998, 77), sie darf aber so lange aufrechterhalten werden, wie die Vollstreckungsbehörde unter Berücksichtigung des Beschleunigungsgebots benötigt, um einen Platz in einer Maßregelvollzugsanstalt zu finden (OLG Celle StV 2003, 32). Ansonsten ist der Verurteilte zu entlassen (OLG Brandenburg NStZ 2000, 500; Meyer-Goßner vor § 112 Rdn. 7).

7   **Im Auslieferungsverfahren** kann ein Haftbefehl zur Sicherung der Auslieferung usw. erlassen werden (vgl. §§ 15, 45 IRG). Das Europäische Haftbefehlsgesetz zieht weitere Regelungen vor, die vom Bundesverfassungsgericht zwischenzeitlich als verfassungswidrig angesehen worden sind (BVerfG NJW 2005, 2289; siehe jetzt BT-Drucks. 16/544).

8   Untersuchungshaft wird durch einen **richterlichen Haftbefehl** angeordnet, wenn die Voraussetzungen der §§ 112 bis 113 vorliegen. Eine Untersuchungshaft, die länger als sechs Monate dauert, darf vor Urteilserlass nur auf besondere Anordnung des OLG oder BGH vollzogen werden (§§ 121, 122).

9   **Mehrere Haftbefehle in derselben Sache** dürfen nicht erlassen werden (BGHSt 38, 54). Werden in derselben Sache weitere Tatvorwürfe bekannt, ist der Haftbefehl zu erweitern oder durch einen neuen zu ersetzen (§ 114 Rdn. 7). Mehrere Haftbefehle in verschiedenen Sachen sind zulässig. Nur einer der beiden Haftbefehle kann vollzogen werden, wegen des nicht vollzogenen Haftbefehls wird Überhaft vermerkt. Dieser Haftbefehl wird erst vollzogen, wenn die Untersuchungshaft in der anderen Sache beendet wird. Dann sind die §§ 115, 115a anzuwenden. Überhaft ist auch möglich, weil der Beschuldigte sich noch in anderer Sache in Strafhaft befindet.

10   Die Untersuchungshaft kann unterbrochen werden, um die **Vollstreckung einer Freiheitsstrafe** oder einer freiheitsentziehenden Maßregel der Besserung und Sicherung zu ermöglichen (vgl. § 122 StVollzG). Innerhalb der Anstalt unterliegt der Gefangene dann auch denjenigen Beschränkungen der Freiheit, die der Zweck der Untersuchungshaft erfordert (§ 122 Abs. 1 S. 2 StVollzG). Möglich ist auch die Unterbrechung der Strafhaft zum Zweck der Vollziehung der in anderer Sache angeordneten Untersuchungshaft, dies wird aber nur ausnahmsweise in Betracht kommen (Meyer-Goßner vor § 112 Rdn. 15).

9. Abschnitt. Verhaftung und vorläufige Festnahme **§ 112**

§ 112 [Voraussetzungen der Untersuchungshaft; Haftgründe]

(1) ¹Die Untersuchungshaft darf gegen den Beschuldigten angeordnet werden, wenn er der Tat dringend verdächtig ist und ein Haftgrund besteht. ²Sie darf nicht angeordnet werden, wenn sie zu der Bedeutung der Sache und der zu erwartenden Strafe oder Maßregel der Besserung und Sicherung außer Verhältnis steht.

(2) Ein Haftgrund besteht, wenn auf Grund bestimmter Tatsachen
1. festgestellt wird, daß der Beschuldigte flüchtig ist oder sich verborgen hält,
2. bei Würdigung der Umstände des Einzelfalles die Gefahr besteht, daß der Beschuldigte sich dem Strafverfahren entziehen werde (Fluchtgefahr), oder
3. das Verhalten des Beschuldigten den dringenden Verdacht begründet, er werde
   a) Beweismittel vernichten, verändern, beiseite schaffen, unterdrücken oder fälschen oder
   b) auf Mitbeschuldigte, Zeugen oder Sachverständige in unlauterer Weise einwirken oder
   c) andere zu solchem Verhalten veranlassen,

und wenn deshalb die Gefahr droht, daß die Ermittlung der Wahrheit erschwert werde (Verdunkelungsgefahr).

(3) Gegen den Beschuldigten, der einer Straftat nach § 6 Abs. 1 Nr. 1 des Völkerstrafgesetzbuches oder § 129a Abs. 1 oder Abs. 2, auch in Verbindung mit § 129b Abs. 1, oder nach den §§ 211, 212, 226, 306b oder 306c des Strafgesetzbuches oder, soweit durch die Tat Leib oder Leben eines anderen gefährdet worden ist, nach § 308 Abs. 1 bis 3 des Strafgesetzbuches dringend verdächtig ist, darf die Untersuchungshaft auch angeordnet werden, wenn ein Haftgrund nach Absatz 2 nicht besteht.

Die Vorschrift regelt im Verein mit §§ 112a, 113 die **Voraussetzungen der Untersuchungshaft**. Nötig sind ein dringender Tatverdacht (Abs. 1 S. 1), das Vorliegen eines gesetzlich normierten Haftgrundes (Abs. 2; siehe aber auch Abs. 3) und die Wahrung des Verhältnismäßigkeitsgrundsatzes (Abs. 1 S. 2). Nötig ist weiterhin ein schriftlicher Haftbefehl des Richters (§ 114). Der Erlass des Haftbefehls steht in dessen pflichtgemäßen Ermessen (BVerfGE 19, 349). 1

Untersuchungshaft kann **bis zur Rechtskraft des Urteils** angeordnet werden (Meyer-Goßner § 112 Rdn. 2). Haftunfähigkeit des Beschuldigten schließt den Erlass eines Haftbefehls nicht aus, sondern hindert nur seinen Vollzug (OLG Düsseldorf JZ 1984, 248; OLG Frankfurt NJW 1968, 2302; Meyer-Goßner § 112 Rdn. 3). 2

Dringender Tatverdacht liegt vor, wenn nach dem bisherigen Ermittlungsergebnis in seiner Gesamtheit eine große Wahrscheinlichkeit dafür besteht, dass der Beschuldigte als Täter oder Teilnehmer eine Straftat begangen hat (BGH NJW 1992, 1975; BVerfG NJW 1996, 1049, 1050). Auf Grund des bisherigen Ermittlungsergebnisses muss die Wahrscheinlichkeit groß sein, dass der Verfolgte sich schuldig gemacht hat (BGH NStZ 1981, 94). Der Verdacht muss sich daher auf eine prozessual verfolgbare, rechtswidrige und schuldhaft begangene Tat beziehen, ggf. auf den strafbaren Versuch (KK-Boujong § 112 Rdn. 4; Pfeiffer § 112 Rdn. 2). Ist das Vorliegen von Rechtfertigungs-, Schuld- oder Strafausschließungsgründen wahrscheinlich, beseitigt dies den dringenden Tatverdacht. Gleiches gilt für nicht behebbare Verfahrenshindernisse (vgl. OLG München StV 1998, 270; vgl. § 130). 3

Bei Rechtsfragen darf sich der Richter nicht mit einem „dringenden Verdacht" begnügen. Diese muss er lösen, wenn es auf sie ankommt (Meyer-Goßner § 112 Rdn. 5). Andererseits ist für die Eröffnung des Hauptverfahrens nicht nötig, dass eine Verurteilung wahrscheinlich ist. Es genügt die Möglichkeit der Verurteilung (vgl. 4

§ 112

BGH NStZ 1981, 94; Deckers StV 2001, 116; Meyer-Goßner § 112 Rdn. 5). Der **Unterschied zum hinreichenden Tatverdacht** liegt darin, dass letzterer am Ende des Ermittlungsverfahrens steht und damit auf der Grundlage eines abgeschlossenen Ermittlungsergebnisses, während der dringende Verdacht immer auf Grund des gegenwärtigen Standes der Ermittlungen zu beurteilen ist und sich daher ändern kann. Erst im Zeitpunkt der Anklageerhebung muss der dringende Verdacht stärker sein als der hinreichende (OLG Frankfurt StV 1995, 593; KK-Boujong § 112 Rdn. 6).

5   Der Tatverdacht muss **aus bestimmten Tatsachen hergeleitet** werden. Bloße Vermutungen genügen nicht. Im Ermittlungsverfahren kommt es auf das sich aus den Akten ergebende Ermittlungsergebnis, nach einer Hauptverhandlung auf das Ergebnis der Beweisaufnahme an (OLG Frankfurt StV 2000, 374, 375).

Der **Verhältnismäßigkeitsgrundsatz** (Abs. 1 S. 2) muss gewahrt sein (siehe auch § 120 Abs. 1 S. 1). Dabei soll die Verhältnismäßigkeit keine Haftvoraussetzung sein, sondern die Unverhältnismäßigkeit ein Grund, der die Haft ausschließt (Meyer-Goßner § 112 Rdn. 8; a.M. SK-Paeffgen § 112 Rdn. 10). Dementsprechend hindert den Erlass eines Haftbefehls nur, dass die Unverhältnismäßigkeit feststeht; der Grundsatz in dubio pro reo soll hier nicht gelten (OLG Düsseldorf NStZ 1993, 554; KK-Boujong § 112 Rdn. 44; Meyer-Goßner § 112 Rdn. 8).

6   Da Untersuchungshaft das letzte Mittel ist, darf sie nicht angeordnet werden, wenn der Beschuldigte **freiwillige Beschränkungen** auf sich nimmt, die die Haftgründe ausräumen.

Beispiel: Der Beschuldigte liefert die Personalpapiere ab oder unterzieht sich freiwillig einer Anstaltsbehandlung; siehe auch § 71 Abs. 2 JGG.

7   Bei der Beurteilung der Verhältnismäßigkeit sind die **Schwere des Eingriffs** in die Lebenssphäre des Beschuldigten (einschließlich Gesundheitszustand) gegen die **Bedeutung der Strafsache** und die Rechtsfolgenerwartung abzuwägen. Erst wenn die Unverhältnismäßigkeit unter beiden Gesichtspunkten besteht, soll sie den Erlass des Haftbefehls hindern (Meyer-Goßner § 112 Rdn. 11). Inwiefern das öffentliche Interesse an der Verfolgung der Tat, insbesondere wenn sie zu einer bestimmten Gruppe von Straftaten gehört (Betäubungsmitteldelikte), unter dem Gesichtspunkt der Verteidigung der Rechtsordnung berücksichtigt werden kann, ist zweifelhaft (dafür Meyer-Goßner § 112 Rdn. 11; dagegen SK-Paeffgen § 112 Rdn. 16). Die Erregung der Öffentlichkeit („kochende Volksseele"; vgl. § 112 Abs. 3) kann die Bedeutung der Tat nicht nachträglich erhöhen (Baumann JZ 1962, 652).

8   Inwiefern eine **schwere und unheilbare Krankheit,** die mit Sicherheit vor Abschluss des Verfahrens zum Tode des Beschuldigten führen wird, die Untersuchungshaft hindert, ist zweifelhaft. Im Fall Honecker hatte der Berliner Verfassungsgerichtshof wegen der Menschenwürdegarantie eine Haftanordnung aufgehoben (BerlVerfGH NJW 1993, 515; siehe auch BerlVerfGH NJW 1994, 436). Die Meinung in der Literatur ist mehr als geteilt (Meyer-Goßner § 112 Rdn. 11a einerseits, SK-Paeffgen Anhang zu § 206a Rdn. 8ff andererseits; siehe auch von Münch JZ 2004, 184).

9   Der **Haftgrund der Flucht** (Abs. 2 Nr. 1) besteht, wenn der Beschuldigte flüchtig ist oder sich verborgen hält; beides kann zusammentreffen.

10 **Flüchtig ist,** wer vor Tatbeginn, während oder nach der Tat seine Wohnung aufgibt, ohne eine neue zu beziehen, oder sich in das Ausland mit der Folge absetzt, dass er für Ermittlungsbehörden und Gerichte unerreichbar und ihrem Zugriff auch wegen der zu erwartenden Strafvollstreckung entzogen ist (Meyer-Goßner § 112 Rdn. 13). Dem soll es gleichstehen, wenn der deutsche Beschuldigte aus dem Ausland nicht mehr zurückkehren will (Meyer-Goßner § 112 Rdn. 13; a.M. SK-Paeffgen § 112 Rdn. 22). Nicht flüchtig soll ein Ausländer sein, der sich in sein Heimatland zurückbegibt, ohne dass das mit seiner Straftat im Zusammenhang steht (OLG Brandenburg StV 1996, 381; OLG Naumburg wistra 1997, 80: siehe Rdn. 14).

9. Abschnitt. Verhaftung und vorläufige Festnahme § 112

Verborgen hält sich, wer unangemeldet, unter falschem Namen oder an einem 11 unbekannten Ort lebt, um sich dem Verfahren dauernd oder auf längere Zeit zu entziehen (Meyer-Goßner § 112 Rdn. 14). Wer nur ausländerpolizeiliche Maßnahmen verhindern will, ist nicht flüchtig (Meyer-Goßner § 112 Rdn. 14).

Grundsätzlich muss die Flucht **auf Grund bestimmter Tatsachen** feststehen. Da 12 jedoch dahingehende Feststellungen in der Regel erst dann sicher möglich sind, wenn der Beschuldigte ergriffen worden ist, soll es genügen, dass nach den Umständen des Einzelfalls eine Flucht oder ein Verbergen näher liegen als eine andere Erklärung für die Unerreichbarkeit des Beschuldigten (KK-Boujong § 112 Rdn. 13).

Wird der Beschuldigte auf Grund des nach Abs. 2 Nr. 1 erlassenen Haftbefehls **er-** 13 **griffen,** entfällt dieser Haftgrund. In der Regel wird die vorherige Flucht aber die Aufrechterhaltung des Haftbefehls wegen einer Fluchtgefahr nach Abs. 2 Nr. 2 rechtfertigen.

Fluchtgefahr (Abs. 2 Nr. 2) besteht, wenn bei Würdigung der Umstände des Falles 14 es wahrscheinlicher ist, dass sich der Beschuldigte dem Strafverfahren entziehen werde, als dass er sich ihm zur Verfügung stellte (OLG Köln StV 1997, 642; Meyer-Goßner § 112 Rdn. 17). Entscheidend ist die Sicht des anhängigen Verfahrens. Ob sich der Beschuldigte in anderer Sache in Strafhaft oder sonst in behördlicher Verwahrung befindet, ist gleichgültig (OLG Hamm NStZ 2004, 221). Ein Ausländer, der sich ohne Fluchtwillen in sein Heimatland zurückbegeben hat, soll fluchtverdächtig sein, wenn er erklärt, er werde sich dem Verfahren nicht stellen (OLG Karlsruhe StV 2005, 33; vgl. noch Böhm NStZ 2001, 633; siehe auch Rdn. 10).

Sichentziehen bedeutet ein Verhalten, das den Erfolg hat, dass der Fortgang des 15 Strafverfahrens dauernd oder wenigstens vorübergehend durch Aufhebung der Bereitschaft des Beschuldigten verhindert wird, für Ladungen und Vollstreckungsmaßnahmen zur Verfügung zu stehen (BGHSt 23, 380, 384). Ob der Beschuldigte diesen Erfolg beabsichtigt, erkannt oder auch nur in Kauf genommen hat, soll gleichgültig sein (BGHSt 23, 380, 384). Dass Vorladungen nicht befolgt werden, genügt nicht (Meyer-Goßner § 112 Rdn. 18). Suizidgefahr genügt nicht, wer sich aber bewusst in einen Zustand längerdauernder Verhandlungsunfähigkeit versetzt, entzieht sich dem Verfahren (OLG Oldenburg StV 1990, 165).

Beispiel: Durch Einnahme von Tabletten führt der Beschuldigte seine Verhandlungsunfähigkeit herbei.

Die **Beurteilung der Fluchtgefahr** erfordert die Berücksichtigung aller Umstände 16 des Falles. Fluchtgefahr begründen in der Regel ein auffälliger Wohnungs- oder Arbeitsplatzwechsel, die Verwendung falscher Namen oder Papiere, eine Flucht in einem früheren Verfahren oder die Zugehörigkeit zu einer Bande. Persönliche Eigenschaften des Beschuldigten, wie charakterliche Labilität, seine Neigung zu Glücksspielen oder Drogenmissbrauch, das Fehlen fester familiärer oder beruflicher Bindungen oder eines festen Aufenthalts, Beziehungen zum Ausland, insbesondere dort befindliches Vermögen und gute ausländische Sprachkenntnisse können ebenfalls die Fluchtgefahr begründen (vgl. LR-Hilger § 112 Rdn. 36; Meyer-Goßner § 112 Rdn. 20; Böhm NStZ 2001, 633, 635).

Gegen eine Fluchtgefahr sprechen in der Regel starke familiäre oder berufliche 17 Bindungen (OLG Hamm StV 2003, 509), hohes Alter, ein schlechter und daher fluchthindernder Gesundheitszustand des Beschuldigten, nicht jedoch immer auch ein fester Wohnsitz (Meyer-Goßner § 112 Rdn. 21).

Bei der Beurteilung der Fluchtgefahr ist **an bestimmte Tatsachen anzuknüpfen,** 18 bloße Mutmaßungen und Befürchtungen genügen nicht. Bei der Überzeugungsbildung genügt derselbe Wahrscheinlichkeitsgrad wie beim dringenden Tatverdacht (OLG Bremen NJW 1962, 649; LR-Hilger § 112 Rdn. 32; Meyer-Goßner § 112

§ 112 1. Buch. Allgemeine Vorschriften

Rdn. 22). Eine Regel ist dabei auch, dass ein Beschuldigter umso eher versucht, sich dem Strafverfahren zu entziehen, je höher die Strafe ist, die ihm droht (KG NJW 1965, 1390). Dabei kommt es naturgemäß nicht auf die Höhe der zu erwartenden Freiheitsstrafe an, sondern ob und in welchem Umfang sie tatsächlich vollzogen wird (vgl. OLG Hamm StV 2001, 115). Zu fragen ist also auch, ob der Beschuldigte mit einer Strafaussetzung zur Bewährung nach § 56 StGB rechnen kann (Meyer-Goßner § 112 Rdn. 23). Auf der anderen Seite ist auch die Wahrscheinlichkeit zu berücksichtigen, dass eine Strafaussetzung in einer anderen Sache widerrufen wird (KK-Boujong § 112 Rdn. 18). Unzulässig ist die Annahme, dass bei einer Straferwartung in bestimmter Höhe, etwa ein Jahr Freiheitsstrafe, Fluchtgefahr bestünde (LG Oldenburg StV 1983, 248; Meyer-Goßner § 112 Rdn. 23).

19 Insofern kann die Straferwartung allein die Fluchtgefahr nicht begründen, sondern nur Ausgangspunkt für die Erwägung sein, ob der in ihr liegende **Anreiz zur Flucht** unter Berücksichtigung aller sonstigen Umstände so erheblich ist, dass man annehmen mag, der Beschuldigte werde ihm wahrscheinlich nachgeben und flüchten (OLG Hamburg StV 2002, 490).

20 Steht eine **besonders hohe Straferwartung** im Raum, muss daher nur geprüft werden, ob Umstände vorhanden sind, die die daraus herzuleitende Fluchtgefahr ausräumen könnten. Nicht bedeuten soll dies, dass bei schweren Straftaten die Anforderungen für die Annahme der Fluchtgefahr herabgemindert wären (OLG Köln StV 1993, 371; Meyer-Goßner § 112 Rdn. 25). Zur „Fluchtprognose durch Strafprognose" Fröhlich NStZ 1999, 331.

21 **Der Haftgrund der Verdunkelungsgefahr** (Abs. 2 Nr. 3) besteht, wenn das Verhalten des Beschuldigten den dringenden Verdacht begründet, er könne durch bestimmte Handlungen auf sachliche oder persönliche Beweismittel einwirken und dadurch die Ermittlung der Wahrheit erschweren. Der Haftgrund kann sich dabei nur auf die Taten beziehen, die dem Haftbefehl zu Grunde liegen (OLG Karlsruhe StV 2001, 686; Meyer-Goßner § 112 Rdn. 26). Eine Möglichkeit, dass solche Handlungen vorgenommen werden, genügt nicht. Es muss **mit großer Wahrscheinlichkeit** zu erwarten sein, dass der Beschuldigte Verdunkelungshandlungen vornimmt, wenn er nicht in Haft genommen wird (Meyer-Goßner § 112 Rdn. 27).

22 Die Verdunkelungsgefahr muss sich **auf bestimmte Tatsachen gründen,** die sich aus dem Verhalten, den Beziehungen und den Lebensumständen des Beschuldigten ergeben. Die Aussage, die Ermittlungen seien noch nicht abgeschlossen, rechtfertigt daher die U-Haft nicht (LG Hannover NJW 1952, 591). Gleiches gilt für das Argument, wichtige Zeugen seien noch nicht aufgefunden oder vernommen worden (Meyer-Goßner § 112 Rdn. 28). Der Beschuldigte muss sich unstatthaft und prozessordnungswidrig verhalten haben. Weder die Verweigerung einer Einlassung noch der Widerruf eines Geständnisses begründen eine Verdunkelungsgefahr (vgl. OLG Hamm StV 1985, 114; KG JR 1956, 192). Wer einen Zeugen zutreffend darauf hinweist, dass diesem ein Zeugnisverweigerungsrecht als Angehöriger zusteht, kann damit nie eine Verdunkelungsgefahr begründen (unten Rdn. 26).

23 **Beweisanzeichen für die Verdunkelungsgefahr** sind z. B. die frühere Verurteilung des Beschuldigten wegen Vortäuschens einer Straftat oder Meineids oder wegen anderer Delikte, die ihrer Natur nach auf Irreführung angelegt sind (KK-Boujong § 112 Rdn. 29; Meyer-Goßner § 112 Rdn. 30). Man wird aber nicht der Auffassung sein können, dass jeder Betrüger auch dazu neige, die Sache zu verdunkeln. So mag man bei Angehörigen einer kriminellen oder terroristischen Vereinigung oder Bandenmitgliedern eher zu einer Verdunkelungsgefahr kommen als bei Einzeltätern. Zum Teil wird auch angenommen, dass bei Wirtschaftskriminellen, deren Taten nach Planung und Ausführung die Verdunkelung vor und nach der Begehung voraussetzen, eine Verdunkelungsgefahr nahe liegt (vgl. Böhm NStZ 2001, 633, 634; Krekeler wistra 1982, 8). Dies scheinen aber eher vorgeschobene Argumente zu sein. Oftmals

9. Abschnitt. Verhaftung und vorläufige Festnahme § 112a

geht es auch darum, durch die Verhaftung den Beschuldigten „weich zu kochen", um eine Kooperation oder gar ein Geständnis zu erlangen.

Die **Erschwerung der Wahrheitsermittlung** muss sich aus einer der in Abs. 2 Nr. 3 Buchstabe a bis c abschließend aufgeführten Handlungen ergeben können. Welche Verdunkelungshandlung zu erwarten ist, muss nicht eindeutig festgestellt werden (KK-Boujong § 112 Rdn. 32). 24

Beiseiteschaffen von Beweismitteln ist jede Handlung, durch die bewirkt wird, dass das Beweismittel den Strafverfolgungsbehörden nicht mehr jederzeit und unverändert zur Verfügung steht (Meyer-Goßner § 212 Rdn. 32). 25

Das Einwirken auf Beweispersonen ist nur von Bedeutung, wenn dies durch unlautere Mittel oder zu unlauteren Zwecken geschieht. Dies kann insbesondere durch Täuschung oder Bedrohung von Mitbeschuldigten oder Zeugen erfolgen (Meyer-Goßner § 112 Rdn. 33). Die Suche nach Entlastungszeugen ist ebenso legitim wie Besprechungen mit ihnen zur Feststellung ihres Wissens (OLG Köln NJW 1959, 544), solange sie nicht unter Druck gesetzt werden und ihnen keine falsche Erinnerung suggeriert wird (Dahs NJW 1965, 890). Die Bitte an einen Zeugen, von seinem Zeugnisverweigerungsrecht Gebrauch zu machen, ist nicht zu beanstanden, sofern es nicht unter Ausnutzung eines Autoritätsverhältnisses geschieht (OLG Karlsruhe StraFo 2000, 423). 26

Die **konkrete Gefahr der Verdunkelung** in dem anhängigen Verfahren muss hinzutreten. Die dahingehende Absicht allein genügt nicht. Der Abschluss der Ermittlungen bzw. die Erhebung der öffentlichen Klage räumen die Verdunkelungsgefahr nicht ohne weiteres aus (OLG Frankfurt StV 1994, 583; a. M. Krekeler wistra 1982, 10). Ist aber der Sachverhalt aufgeklärt und sind die Beweise so gesichert, dass der Beschuldigte die Wahrheitsermittlung nicht mehr behindern kann, kommt der Haftgrund nicht mehr in Betracht (Meyer-Goßner § 112 Rdn. 35). 27

Abs. 3 lässt bei bestimmten **Straftaten der schweren Kriminalität** die Anordnung der Untersuchungshaft auch dann zu, wenn kein Haftgrund nach Abs. 2 vorliegt. Dies soll auch für Fälle des Versuchs (BGHSt 28, 355), für alle Formen der Teilnahme und den Versuch der Teilnahme gelten (vgl. KK-Boujong § 112 Rdn. 39; Meyer-Goßner § 112 Rdn. 36). 28

Dieser Haftgrund der „kochenden Volksseele" enthält offensichtlich einen **Verstoß gegen den Verhältnismäßigkeitsgrundsatz**. Daher hat das Bundesverfassungsgericht die Vorschrift dahingehend verfassungskonform dahin ausgelegt, dass der Erlass eines Haftbefehls nur dann zulässig ist, wenn jedenfalls Umstände vorliegen, die die Gefahr begründen, dass ohne Festnahme des Beschuldigten die alsbaldige Aufklärung und Ahndung der Tat gefährdet sein könnte. Ausreichend kann schon die zwar nicht mit bestimmten Tatsachen belegbare, aber nach den Umständen des Falles doch nicht auszuschließende Flucht- oder Verdunkelungsgefahr usw. sein (BVerfGE 19, 342, 350; BVerfG NJW 1966, 772; Meyer-Goßner § 112 Rdn. 37). 29

Insofern muss der Richter zwar nicht bestimmte Tatsachen zu Grunde legen, die die Flucht- oder Verdunkelungsgefahr begründen. Erforderlich ist aber die Feststellung, dass eine verhältnismäßig geringe oder **entfernte Gefahr** dieser Art besteht (OLG Düsseldorf StraFo 2000, 67; OLG Köln NJW 1996, 1686; Meyer-Goßner § 112 Rdn. 38). 30

§ 112a [Weiterer Haftgrund]

(1) **Ein Haftgrund besteht auch, wenn der Beschuldigte dringend verdächtig ist,**
1. eine Straftat nach den §§ 174, 174a, 176 bis 179 des Strafgesetzbuches oder
2. wiederholt oder fortgesetzt eine die Rechtsordnung schwerwiegend beeinträchtigende Straftat nach § 125a, nach den §§ 224 bis 227, nach den §§ 243,

§ 112a

244, 249 bis 255, 260, nach § 263, nach den §§ 306 bis 306c oder § 316a des Strafgesetzbuches oder nach § 29 Abs. 1 Nr. 1, 4, 10 oder Abs. 3, § 29a Abs. 1, § 30 Abs. 1, § 30a Abs. 1 des Betäubungsmittelgesetzes begangen zu haben, und bestimmte Tatsachen die Gefahr begründen, daß er vor rechtskräftiger Aburteilung weitere erhebliche Straftaten gleicher Art begehen oder die Straftat fortsetzen werde, die Haft zur Abwendung der drohenden Gefahr erforderlich und in den Fällen der Nummer 2 eine Freiheitsstrafe von mehr als einem Jahr zu erwarten ist.

(2) Absatz 1 findet keine Anwendung, wenn die Voraussetzungen für den Erlaß eines Haftbefehls nach § 112 vorliegen und die Voraussetzungen für die Aussetzung des Vollzugs des Haftbefehls nach § 116 Abs. 1, 2 nicht gegeben sind.

1   Der Haftgrund der Wiederholungsgefahr schafft die Möglichkeit einer **Sicherungshaft** zum Schutz der Allgemeinheit vor weiteren erheblichen Straftaten besonders gefährlicher Täter (Meyer-Goßner § 112a Rdn. 1). Insofern ist die Vorschrift präventiv-polizeilicher Natur (Meyer-Goßner § 112a Rdn. 1).

2   Vorausgesetzt ist zunächst ein **dringender Tatverdacht** im Sinne des § 112 Abs. 1 S. 1. Dieser muss sich auf eine der in Abs. 1 S. 1 Nr. 1 und 2 abschließend bezeichneten Anlasstaten richten, die auch schuldhaft und in strafbarer Weise begangen sein müssen. Erfasst ist auch der Versuch, die Teilnahme und der Versuch der Beteiligung sowie eine Tatbegehung im Vollrausch (Meyer-Goßner § 112a Rdn. 3f).

3   **Wiederholungsgefahr** ist die Gefahr der Begehung weiterer erheblicher Straftaten gleicher Art oder die Fortsetzung der Straftat. Erheblich im Sinne der Vorschrift sind Taten, die mindestens dem Bereich der mittleren Kriminalität angehören (KK-Boujong § 112a Rdn. 17). Um gleichartige Taten handelt es sich, wenn das bisherige und das künftig zu befürchtende Verhalten des Täters im Erscheinungsbild übereinstimmen, wobei eine völlige Übereinstimmung nicht verlangt wird (Meyer-Goßner § 112a Rdn. 13).

4   Die Wiederholungsgefahr muss **durch bestimmte Tatsachen begründet werden**. Eine einschlägige Vorstrafe ist nicht erforderlich; liegen aber keine einschlägigen oder ähnlichen Straftaten im Vorfeld vor, muss besonders sorgfältig geprüft werden, ob bestimmte Tatsachen die Gefahr der Wiederholung weiterer erheblicher Straftaten gleicher Art begründen (Meyer-Goßner § 112a Rdn. 15).

5   Die Anlasstaten nach Nr. 1 müssen weder wiederholt noch fortgesetzt begangen worden sein. Schon die **einmalige Tat** deutet, jedenfalls bei erwachsenen Tätern, auf schwere Persönlichkeitsmängel hin, die weitere Taten ähnlicher Art befürchten lassen (Meyer-Goßner § 112a Rdn. 6).

6   Die Anlasstaten nach Nr. 2 sind solche, die erfahrungsgemäß besonders häufig von **Serientätern** begangen werden. Diese Anlasstaten nach Nr. 2 müssen wiederholt oder fortgesetzt begangen worden sein, das heißt mindestens zweimal durch rechtlich selbstständige Handlungen (Meyer-Goßner § 112a Rdn. 8).

7   Eine **schwerwiegende Beeinträchtigung der Rechtsordnung** ist dann eingetreten, wenn Art und Ausmaß des Schadens erheblich sind und die Taten nicht nur im Unrechtsgehalt und im Schweregrad überdurchschnittlich, sondern auch geeignet sind, in weiten Kreisen das Gefühl der Sicherung durch Recht zu beeinträchtigen (Meyer-Goßner § 112a Rdn. 9).

8   Die Sicherungshaft ist **subsidiär** (Abs. 2). Liegen die Voraussetzungen des § 112 vor, wird der Haftbefehl auch dann nach § 112 erlassen, wenn Wiederholungsgefahr besteht. Liegt aber ein Haftgrund nach § 112 nicht vor oder müsste der Vollzug des nach § 112 erlassenen Haftbefehls nach § 116 ausgesetzt werden, wird ggf. der Haftgrund der Wiederholungsgefahr geprüft. Abs. 2 schließt es auch aus, den auf § 112

gestützten Haftbefehl hilfsweise/zusätzlich auf den Haftgrund der Wiederholungsgefahr zu stützen (Seebode StV 1998, 386; Meyer-Goßner § 112a Rdn. 17).

§ 113 [Voraussetzungen bei leichteren Taten]

(1) Ist die Tat nur mit Freiheitsstrafe bis zu sechs Monaten oder mit Geldstrafe bis zu einhundertachtzig Tagessätzen bedroht, so darf die Untersuchungshaft wegen Verdunkelungsgefahr nicht angeordnet werden.

(2) In diesen Fällen darf die Untersuchungshaft wegen Fluchtgefahr nur angeordnet werden, wenn der Beschuldigte
1. sich dem Verfahren bereits einmal entzogen hatte oder Anstalten zur Flucht getroffen hat,
2. im Geltungsbereich dieses Gesetzes keinen festen Wohnsitz oder Aufenthalt hat oder
3. sich über seine Person nicht ausweisen kann.

Die Vorschrift schränkt für den **Bereich der kleineren Kriminalität** die Anordnung der Untersuchungshaft ein. Sie ist letztlich nur eine Konkretisierung des allgemeinen Verhältnismäßigkeitsgrundsatzes. 1

Der **Haftgrund der Verdunkelungsgefahr** ist nie anwendbar (Abs. 1). Untersuchungshaft wegen Fluchtgefahr darf nur unter den in Abs. 2 Nr. 1 bis 3 genannten Voraussetzungen angeordnet werden. Für die Frage nach dem festen Wohnsitz kommt es nicht auf die polizeiliche Anmeldung an, sondern darauf, ob jemand eine auf eine gewisse Dauer angelegte tatsächliche Niederlassung hat (KK-Boujong § 113 Rdn. 6). Die Ausweislosigkeit (Nr. 3) ist irrelevant, wenn der Beschuldigte von Person bekannt ist (Pfeiffer § 113 Rdn. 2).

Ist ausnahmsweise ein Haftbefehl nach § 113 ergangen, ist das Verfahren besonders **beschleunigt** zu behandeln. Daher wird die öffentliche Klage durch Strafbefehl oder in dem Verfahren nach §§ 417ff zu erheben sein (Meyer-Goßner § 113 Rdn. 8). 2

§ 114 [Haftbefehl]

(1) **Die Untersuchungshaft wird durch schriftlichen Haftbefehl des Richters angeordnet.**

(2) **In dem Haftbefehl sind anzuführen**
1. der Beschuldigte,
2. die Tat, deren er dringend verdächtig ist, Zeit und Ort ihrer Begehung, die gesetzlichen Merkmale der Straftat und die anzuwendenden Strafvorschriften,
3. der Haftgrund sowie
4. die Tatsachen, aus denen sich der dringende Tatverdacht und der Haftgrund ergibt, soweit nicht dadurch die Staatssicherheit gefährdet wird.

(3) Wenn die Anwendung des § 112 Abs. 1 Satz 2 naheliegt oder der Beschuldigte sich auf diese Vorschrift beruft, sind die Gründe dafür anzugeben, daß sie nicht angewandt wurde.

Der Erlass des Haftbefehls (Abs. 1) ist dem Richter vorbehalten (Art. 104 Abs. 2 1
S. 1, Abs. 3 S. 2 GG). Er muss schriftlich erlassen werden und zumindest das Original muss von dem erlassenden Richter unterzeichnet worden sein (KK-Boujong § 114 Rdn. 2; Pfeiffer § 114 Rdn. 2). In der Hauptverhandlung oder in einem anderen Gerichtstermin genügt es, wenn der Haftbefehl vollständig in das Protokoll aufgenommen wird. In der Praxis wird aber auch dann ein entsprechender Vordruck verwendet, der unterzeichnet dem Protokoll als Anlage beigefügt wird (vgl. OLG Celle StraFo 1998, 171).

§ 114

1. Buch. Allgemeine Vorschriften

2 **Der Inhalt des Haftbefehls** richtet sich nach Abs. 2. Der Beschuldigte (Nr. 1) ist so genau zu bezeichnen, dass eine Verwechslung ausgeschlossen erscheint. Eine Personenbeschreibung (§ 131 Abs. 3) ist nur geboten, wenn dies für die Identitätsfeststellung unerlässlich ist (Pfeiffer § 114 Rdn. 3). Der strafrechtliche Vorwurf (Nr. 2), der die U-Haft rechtfertigen soll, ist in ähnlicher Weise wie in der Anklageschrift (§ 200 Abs. 1 S. 1) zu bezeichnen. Nicht nötig ist, dass die U-Haft wegen sämtlicher Taten angeordnet wird, derentwegen die Ermittlungen geführt werden. Erforderlich ist nur, die Grundlage der U-Haft anzugeben (KK-Boujong § 114 Rdn. 8; Pfeiffer § 114 Rdn. 4).

3 **Der Haftgrund** (Abs. 2 Nr. 3, 4) ist im Haftbefehl aufzuführen. Eine Kurzbezeichnung („Fluchtgefahr") genügt. Liegen mehrere Haftgründe vor, muss der Haftbefehl nicht auf alle gestützt werden (Pfeiffer § 114 Rdn. 5). Treffen aber Flucht- und Verdunkelungsgefahr zusammen, sollten beide genannt werden, damit der Beschuldigte die Aussichten für die Aufhebung des Haftbefehls oder eine Aussetzung des Vollzugs entsprechend beurteilen kann (vgl. BGHSt 34, 36; Pfeiffer § 114 Rdn. 5).

4 Nach Abs. 2 Nr. 4 müssen die **Tatsachen angegeben** werden, aus denen sich der dringende Tatverdacht und der Haftgrund ergeben. Hiervon darf nur bei Gefährdung der Staatssicherheit eine Ausnahme gemacht werden (Pfeiffer § 114 Rdn. 6). Der Beschuldigte muss in die Lage versetzt werden, die Beweismittel anzugreifen oder sie zu entkräften und seine Verteidigung darauf einzurichten (Pfeiffer § 114 Rdn. 6). Nötig ist daher eine kurze Darstellung der Verdachtsgründe, die die Ermittlungen zu Tage gefördert haben. Handelt es sich um Indizien, sind auch sie mitzuteilen (Meyer-Goßner § 114 Rdn. 11). Wird der dringende Tatverdacht daraus abgeleitet, dass bestimmte Beweismittel in starkem Maße auf die Strafbarkeit des Beschuldigten hinweisen, sind diese Beweismittel zu bezeichnen (Meyer-Goßner § 114 Rdn. 11).

5 Entspricht der Haftbefehl **nicht den Anforderungen** des Abs. 2, wird er, wenn die Voraussetzungen an sich zu bejahen sind, vom Beschwerdegericht selbst neu gefasst (OLG Stuttgart Justiz 1985, 217), wenn zumindest der Antrag der StA hinreichend bestimmt war (KK-Boujong § 114 Rdn. 9).

6 Auf den Haftausschließungsgrund der **Unverhältnismäßigkeit** (Abs. 3) ist nur unter den in § 112 Abs. 1 S. 2 genannten Voraussetzungen einzugehen (Meyer-Goßner § 114 Rdn. 7).

7 Eine **Änderung des Haftbefehls** ist nötig, wenn im Laufe des Verfahrens der dringende Tatverdacht wegen einer der im Haftbefehl angeführten Taten oder einer von mehreren Haftgründen entfällt. Denkbar ist sie auch, wenn neue Taten oder weitere Tathandlungen bekannt werden oder ein zusätzlicher Haftgrund entsteht (KK-Boujong § 114 Rdn. 18).

> **Beispiel:** Der Haftbefehl stützt sich auf Fluchtgefahr. Es ergibt sich, dass der Beschuldigte aus der Untersuchungshaft heraus versucht, Zeugen zu beeinflussen (Verdunkelungsgefahr).

8 Ein entsprechender **Antrag der StA** ist nötig. Ob dann der alte Haftbefehl geändert wird oder aber aufgehoben und durch einen neuen ersetzt, ist gleichgültig, da auch der ändernde Beschluss wie ein neuer Haftbefehl zu behandeln ist (OLG Hamburg NStZ-RR 2003, 346; Meyer-Goßner § 114 Rdn. 18).

9 Der Haftbefehl wird im Ermittlungsverfahren grundsätzlich nur auf Antrag der StA erlassen (§§ 125, 128). Ist Klage erhoben, kann das Gericht den Haftbefehl auch **von Amts wegen** erlassen, muss aber die StA vorher hören (§ 125 Rdn. 3). Die Anhörung des Beschuldigten/Angeklagten – nach § 33 Abs. 4 grundsätzlich entbehrlich – ist nötig, wenn der Haftbefehl in der Hauptverhandlung erlassen wird. Die Bekanntgabe regelt § 114a Abs. 1.

10 Die **Vollstreckung des Haftbefehls** ist Sache der StA (§ 36 Abs. 2 S. 1), die sich dazu ihrer Ermittlungspersonen bedient. Inwiefern zugleich die Durchsuchung der

9. Abschnitt. Verhaftung und vorläufige Festnahme §§ 114a, 114b

Wohnung des Beschuldigten zwecks Ergreifung erlaubt ist, ist umstritten (dafür Meyer-Goßner § 114 Rdn. 20; dagegen SK-Paeffgen § 114 Rdn. 15).

Zu **Rechtsmitteln des Beschuldigten** vgl. § 117. Die StA kann Beschwerde und 11 weitere Beschwerde einlegen, wenn ihr Antrag auf Erlass oder Erweiterung des Haftbefehls abgelehnt worden ist. Dies gilt auch für Entscheidungen des erkennenden Gerichts (vgl. BGH StV 1991, 525).

Die **Immunität des Abgeordneten** steht seiner Verhaftung nicht entgegen, wenn 12 er bei Begehung der Tat oder im Laufe des folgenden Tages festgenommen wird (Art. 46 Abs. 2 GG). Sonst ist eine Genehmigung des Parlaments erforderlich (Meyer-Goßner § 114 Rdn. 23).

§ 114a [Bekanntgabe des Haftbefehls]

(1) ¹**Der Haftbefehl ist dem Beschuldigten bei der Verhaftung bekanntzugeben.** ²**Ist dies nicht möglich, so ist ihm vorläufig mitzuteilen, welcher Tat er verdächtig ist.** ³**Die Bekanntgabe des Haftbefehls ist in diesem Fall unverzüglich nachzuholen.**

(2) **Der Beschuldigte erhält eine Abschrift des Haftbefehls.**

Die Vorschrift regelt eine **Ausnahme** von dem Grundsatz, dass gerichtliche Ent- 1 scheidungen dem Betroffenen vor ihrer Vollstreckung bekannt gegeben werden (Meyer-Goßner § 114a Rdn. 1); sie wird durch § 35 ergänzt.

Der Haftbefehl wird dem Beschuldigten erst **bei der Verhaftung** bekannt gemacht 2 (S. 1). Ergeht der Haftbefehl in Anwesenheit des Beschuldigten z.B. in der Hauptverhandlung, fallen Erlass und Bekanntmachung zusammen. Die Bekanntmachung erfolgt dann durch Verkündung (§ 35 Abs. 1 S. 1).

Der Beschuldigte erhält eine **Abschrift** des Haftbefehls (Abs. 2) in beglaubigter 3 Form, ein Ausländer zugleich mit einer Übersetzung in eine ihm verständliche Sprache (Art. 5 Abs. 2 MRK). Ein Verzicht des Beschuldigten auf die Aushändigung ist wirksam (Meyer-Goßner § 114a Rdn. 5).

§ 114b [Benachrichtigung von Angehörigen]

(1) ¹**Von der Verhaftung und jeder weiteren Entscheidung über die Fortdauer der Haft wird ein Angehöriger des Verhafteten oder eine Person seines Vertrauens unverzüglich benachrichtigt.** ²**Für die Anordnung ist der Richter zuständig.**

(2) **Außerdem ist dem Verhafteten selbst Gelegenheit zu geben, einen Angehörigen oder eine Person seines Vertrauens von der Verhaftung zu benachrichtigen, sofern der Zweck der Untersuchung dadurch nicht gefährdet wird.**

§ 114b statuiert eine **unbedingte Benachrichtigungspflicht** (Abs. 1 S. 1), die 1 sich schon aus Art. 104 Abs. 4 GG ergibt. Sie soll sicherstellen, dass Staatsbürger nicht ohne Kenntnis unabhängiger Dritter aus der Öffentlichkeit verschwinden, dient also nicht in erster Hinsicht den Interessen des Beschuldigten (Meyer-Goßner § 114b Rdn. 1). Auch die gerichtliche Zurückweisung einer Haftbeschwerde als Entscheidung über die Fortdauer führt zu einer Benachrichtigungspflicht (BVerfGE 16, 123).

Der Verzicht des Verhafteten lässt nach h.M. die im öffentlichen Interesse sta- 2 tuierte Benachrichtigungspflicht nicht entfallen (KK-Boujong § 114b Rdn. 5; Pfeiffer § 114b Rdn. 2). Nur in notstandsartigen Fällen können Ausnahmen denkbar sein, wenn z.B. die Benachrichtigung zu einem übermäßigen Eingriff in die grundrechtlich geschützte Sphäre des Beschuldigten oder zu einer schwerwiegenden Gefahr für Dritte führen kann (Meyer-Goßner § 114b Rdn. 6 m.w.N.).

§ 115   1. Buch. Allgemeine Vorschriften

3   **Verantwortlich für die Benachrichtigung ist der Richter** (Abs. 1 S. 2), Adressat ein Angehöriger des Verhafteten oder eine Vertrauensperson (Pfeiffer § 114b Rdn. 3). Bei Jugendlichen ist wegen Art. 6 Abs. 2 GG der Erziehungsberechtigte zu benachrichtigen, bei einem Ausländer das Konsulat des Heimatlandes, wenn der Beschuldigte dies nach obligatorischer Belehrung wünscht (Art. 36 Abs. 1 b WÜK; Pfeiffer § 114b Rdn. 3). Die vom Verhafteten getroffene Wahl des Adressaten bindet den Richter, es sei denn, es liegt ein Fall offensichtlichen Missbrauchs vor, wenn z. B. ein Tatbeteiligter durch die Benachrichtigung gewarnt werden soll (KK-Boujong § 114b Rdn. 4). Benennt der Verhaftete nach Befragen weder einen Verwandten noch eine Vertrauensperson, so sollen nach h. M. Nachforschungen nicht angestellt werden (Meyer-Goßner § 114b Rdn. 4; Pfeiffer § 114b Rdn. 3; a. M. zu Recht SK-Paeffgen § 114b Rdn. 4).

4   Die Benachrichtigung kann durch einfachen Brief, aber auch mündlich oder telefonisch erfolgen. Sie muss **unverzüglich** vorgenommen werden (vgl. BVerfGE 38, 32).

5   Der Beschuldigte muss die Möglichkeit erhalten, selbst einen Angehörigen oder eine Vertrauensperson zu benachrichtigen (Abs. 2). Für diesen so genannten **Zwangsbrief** ist ihm Briefpapier und ggf. auch das Porto zur Verfügung zu stellen. Dieses Recht kann nur beschränkt werden, wenn der Zweck der Untersuchung gefährdet sein könnte (Schreiben an Mittäter), es darf ihm aber nicht völlig genommen werden (Pfeiffer § 114b Rdn. 5). Das Recht auf den Zwangsbrief ist einmalig und auf den Zeitpunkt der Verhaftung beschränkt (LR-Wendisch § 114b Rdn. 24).

6   **Gegen die Entscheidung** auch des erkennenden Gerichts können StA und Beschuldigter Beschwerde einlegen. Hat der Beschuldigte bereits selbst den Zwangsbrief nach Abs. 2 nach außen gegeben, soll ein Beschwerderecht noch bestehen (KK-Boujong § 114b Rdn. 11; a.M. Meyer-Goßner § 114b Rdn. 10). Ob die weitere Beschwerde möglich ist, ist umstritten (vgl. SK-Paeffgen § 114b Rdn. 10).

§ 115 [Vorführung vor den zuständigen Richter]

(1) **Wird der Beschuldigte auf Grund des Haftbefehls ergriffen, so ist er unverzüglich dem zuständigen Richter vorzuführen.**

(2) **Der Richter hat den Beschuldigten unverzüglich nach der Vorführung, spätestens am nächsten Tage, über den Gegenstand der Beschuldigung zu vernehmen.**

(3) ¹**Bei der Vernehmung ist der Beschuldigte auf die ihn belastenden Umstände und sein Recht hinzuweisen, sich zur Beschuldigung zu äußern oder nicht zur Sache auszusagen.** ²**Ihm ist Gelegenheit zu geben, die Verdachts- und Haftgründe zu entkräften und die Tatsachen geltend zu machen, die zu seinen Gunsten sprechen.**

(4) **Wird die Haft aufrechterhalten, so ist der Beschuldigte über das Recht der Beschwerde und die anderen Rechtsbehelfe (§ 117 Abs. 1, 2, § 118 Abs. 1, 2) zu belehren.**

1   Die Vorschrift trägt dem hohen Rang des von der Haftanordnung betroffenen **Grundrechts der persönlichen Freiheit** und den Anforderungen des Art. 104 Abs. 2 S. 1, Abs. 3 GG sowie Art. 5 Abs. 2 und 3 MRK Rechnung (Pfeiffer § 115 Rdn. 1). Die Vorführung ist zwingend, ein Verzicht des Beschuldigten unwirksam.

2   Die Vorschrift gilt **für alle richterlichen Haftbefehle** vor oder nach Anklageerhebung, auch für die Fälle etwa der Hauptverhandlungshaft (Meyer-Goßner § 115 Rdn. 1). Die Vorführung des vor Erlass des Haftbefehls festgenommenen Beschuldigten regeln §§ 128, 129.

9. Abschnitt. Verhaftung und vorläufige Festnahme § 115

Ergreifung ist die tatsächliche Festnahme des Beschuldigten zur Vollstreckung des 3
Haftbefehls. **Vorführung** ist das Unterstellen unter die unmittelbare Verfügungsgewalt des Richters, nicht unbedingt die persönliche Gegenüberstellung mit ihm (LR-Hilger § 115 Rdn. 5; Meyer-Goßner § 115 Rdn. 3). Schon die Einlieferung in das Gerichtsgefängnis ist Vorführung. Wird der Beschuldigte zunächst in die U-Haftanstalt eingeliefert, werden StA und Richter davon benachrichtigt (Meyer-Goßner § 115 Rdn. 3).

Die Vorführung hat **unverzüglich** zu erfolgen (Abs. 1). Die Vernehmung über den 4
Gegenstand der Beschuldigung muss ebenfalls unverzüglich erfolgen, kann aber (spätestens) am nächsten Tage durchgeführt werden (Abs. 2). Die Vorführung darf nicht zu Gunsten weiterer polizeilicher Ermittlungen zurückgestellt werden (vgl. BGH NStZ 1990, 195).

Eine **Vorführung am Tag nach der Ergreifung** ist nur zulässig, wenn eine frü- 5
here Vorführung nicht möglich ist (Meyer-Goßner § 115 Rdn. 5). Die Vorführung muss auch stattfinden, wenn es um einen Sonn- oder Feiertag geht; die Frist kann nicht verlängert werden, ein Verzicht auf sie ist nicht wirksam (Meyer-Goßner § 115 Rdn. 5).

Die **richterliche Vernehmung** nach Abs. 2, 3 ist nur dann obsolet, wenn und so- 6
lange der Beschuldigte vernehmungsunfähig ist. Kann der Beschuldigte wegen Krankheit nicht vorgeführt werden, muss ihn der Richter im Krankenhaus aufsuchen oder den Richter des nächsten Amtsgerichts (§ 115a) um die unverzügliche Vernehmung ersuchen (Pfeiffer § 115 Rdn. 3).

Der Ablauf der Vernehmung ergibt sich aus Abs. 3. Ist es die erste Vernehmung 7
in der Sache, gilt zusätzlich § 136 (LR-Hilger § 115 Rdn. 18; Meyer-Goßner § 115 Rdn. 8). Zieht der entsprechend belehrte Beschuldigte einen Verteidiger hinzu, ist die Vernehmung innerhalb der zeitlichen Grenze des Abs. 2 zurückzustellen, um dem Verteidiger die Anwesenheit zu ermöglichen (BbgVerfG NJW 2003, 2009). Der Beschuldigte ist auf die ihn belastenden Umstände hinzuweisen (Abs. 3 S. 1). Die Tatsachen, die den dringenden Tatverdacht und die Haftgründe belegen, müssen ihm mitgeteilt werden. Beim verteidigten Angeklagten ergibt sich zusätzlich nach der Rechtsprechung des EGMR ein Akteneinsichtsrecht des Verteidigers (vgl. § 147 Rdn. 23). Im Übrigen hat der Beschuldigte, da ihm dadurch rechtliches Gehör gewährt wird (BVerfG NStZ 1994, 551) die Gelegenheit, Verdachts- und Haftgründe zu entkräften und die ihn entlastenden Tatsachen vorzutragen (Abs. 3 S. 2).

Für die Form der Vernehmung gelten §§ 168, 168a. Bei Kollegialgerichten 8
wird üblicherweise die Vernehmung auf ein Mitglied des Spruchkörpers als beauftragten Richter übertragen. Das Anwesenheitsrecht der StA und des Verteidigers ergibt sich aus § 168c (BGH NStZ 1989, 282). Am Ende der Vernehmung steht die richterliche Entscheidung, ob der Haftbefehl aufrechterhalten, nach § 120 Abs. 1 aufzuheben oder außer Vollzug zu setzen ist (§ 116).

Werden die für die Vernehmung geltenden **Formvorschriften** (§§ 168, 168a) 9
nicht eingehalten, soll dies die Wirksamkeit der Haftentscheidung nicht berühren (Meyer-Goßner § 115 Rdn. 11). Fehlt es an einer ordnungsgemäßen Verkündung nach § 115, darf der Haftbefehl in einem Haftfortdauerbeschluss (§§ 121, 122) nicht berücksichtigt werden (BVerfG StV 2001, 691).

Bei einer Änderung, Erweiterung oder Auswechslung des Haftbefehls ist die rich- 10
terliche Vernehmung ebenfalls erforderlich (BVerfG StV 2001, 691). Ist **Überhaft** (bei mehreren Haftbefehlen wegen verschiedener Taten) vermerkt, ist § 115 erst anwendbar, wenn die Überhaft vollstreckt wird (LR-Hilger § 115 Rdn. 27; Meyer-Goßner § 115 Rdn. 12).

Die **Rechtsbehelfsbelehrung** ergibt sich aus Abs. 4. Der Hinweis auf die Mög- 11
lichkeit der weiteren Beschwerde ist in dieser Phase des Verfahrens entbehrlich.

§§ 115a, 116　　　　　　　　　　　　　　　　　　　　1. Buch. Allgemeine Vorschriften

§ 115a [Vorführung vor den Richter des nächsten Amtsgerichts]

(1) Kann der Beschuldigte nicht spätestens am Tage nach der Ergreifung vor den zuständigen Richter gestellt werden, so ist er unverzüglich, spätestens am Tage nach der Ergreifung, dem Richter des nächsten Amtsgerichts vorzuführen.

(2) ¹Der Richter hat den Beschuldigten unverzüglich nach der Vorführung, spätestens am nächsten Tage, zu vernehmen. ²Bei der Vernehmung wird, soweit möglich, § 115 Abs. 3 angewandt. ³Ergibt sich bei der Vernehmung, daß der Haftbefehl aufgehoben oder der Ergriffene nicht die in dem Haftbefehl bezeichnete Person ist, so ist der Ergriffene freizulassen. ⁴Erhebt dieser sonst gegen den Haftbefehl oder dessen Vollzug Einwendungen, die nicht offensichtlich unbegründet sind, oder hat der Richter Bedenken gegen die Aufrechterhaltung der Haft, so teilt er sie dem zuständigen Richter unverzüglich und auf dem nach den Umständen angezeigten schnellsten Wege mit.

(3) ¹Wird der Beschuldigte nicht freigelassen, so ist er auf sein Verlangen dem zuständigen Richter zur Vernehmung nach § 115 vorzuführen. ²Der Beschuldigte ist auf dieses Recht hinzuweisen und gemäß § 115 Abs. 4 zu belehren.

1　Die Vorschrift ist gegenüber § 115 nur hilfsweise anzuwenden (OLG Frankfurt NStZ 1988, 471) und will die **Vorführung vor das nächste AG** sichern, wenn die vor das zuständige AG nach § 115 (z. B. wegen großer Entfernung oder Erkrankung des Beschuldigten) nicht rechtzeitig möglich ist. Nur wenn die Vorführung innerhalb der Frist des § 115 Abs. 2 auch unter Ausnutzung der zur Verfügung stehenden technischen und personellen Möglichkeiten ausgeschlossen ist, erfolgt eine Vorführung nach § 115a (Meyer-Goßner § 115a Rdn. 1).

2　**Nächstes AG** ist regelmäßig dasjenige, in dessen Bezirk der Beschuldigte ergriffen worden ist, unter Umständen aber auch das verkehrsmäßig am schnellsten erreichbare (Meyer-Goßner § 115a Rdn. 2).

3　Die Vernehmung muss **unverzüglich nach der Vorführung** erfolgen (Abs. 2). § 115 Abs. 3 findet Anwendung (Abs. 2 S. 2). Die Entscheidungsbefugnis des Richters ist dabei beschränkt. Er kann den Vorgeführten nur freilassen, wenn der Ergriffene nicht die im Haftbefehl bezeichnete Person oder der Haftbefehl bereits aufgehoben ist (Abs. 2 S. 3). Irgendwelche Einwände gegen den Haftbefehl werden dem zuständigen Richter ebenso unverzüglich mitgeteilt wie Bedenken des Richters gegen die Aufrechterhaltung der Haft (Abs. 2 S. 4). Bei krankheitsbedingter Haftunfähigkeit kann der Richter vom Vollzug des Haftbefehls absehen (LG Frankfurt am Main StV 1985, 464; Meyer-Goßner § 115a Rdn. 5).

4　**Beschwerdeberechtigt** ist die für den Haftrichter nach § 115 zuständige StA; die Entscheidung trifft das diesem übergeordnete LG (KG JR 1976, 253). Nur wenn der „nächste" Richter im Sinne des § 115a selbstständig über den Haftbefehl verfügt hat, ist das ihm übergeordnete LG zuständig (KG aaO; Meyer-Goßner § 115a Rdn. 7).

5　Die **Vorführung vor das zuständige Gericht** (Abs. 3) auf Verlangen des Beschuldigten muss unverzüglich stattfinden; ggf. ist ein Einzeltransport anzuordnen (Schmitz NStZ 1998, 165, 171), eine systematische Verschubung über Tage oder gar Wochen ist unzulässig.

6　Neben dem Antrag nach Abs. 3 S. 1 ist die Haftbeschwerde wegen § 117 Abs. 2 S. 1 **unzulässig** (OLG Hamburg NStZ-RR 2002, 381).

§ 116 [Aussetzung des Vollzugs des Haftbefehls]

(1) ¹Der Richter setzt den Vollzug eines Haftbefehls, der lediglich wegen Fluchtgefahr gerechtfertigt ist, aus, wenn weniger einschneidende Maßnahmen die Erwartung hinreichend begründen, daß der Zweck der Untersuchungshaft auch durch sie erreicht werden kann. ²In Betracht kommen namentlich

9. Abschnitt. Verhaftung und vorläufige Festnahme § 116

1. die Anweisung, sich zu bestimmten Zeiten bei dem Richter, der Strafverfolgungsbehörde oder einer von ihnen bestimmten Dienststelle zu melden,
2. die Anweisung, den Wohn- oder Aufenthaltsort oder einen bestimmten Bereich nicht ohne Erlaubnis des Richters oder der Strafverfolgungsbehörde zu verlassen,
3. die Anweisung, die Wohnung nur unter Aufsicht einer bestimmten Person zu verlassen,
4. die Leistung einer angemessenen Sicherheit durch den Beschuldigten oder einen anderen.

(2) ¹Der Richter kann auch den Vollzug eines Haftbefehls, der wegen Verdunkelungsgefahr gerechtfertigt ist, aussetzen, wenn weniger einschneidende Maßnahmen die Erwartung hinreichend begründen, daß sie die Verdunkelungsgefahr erheblich vermindern werden. ²In Betracht kommt namentlich die Anweisung, mit Mitbeschuldigten, Zeugen oder Sachverständigen keine Verbindung aufzunehmen.

(3) Der Richter kann den Vollzug eines Haftbefehls, der nach § 112 a erlassen worden ist, aussetzen, wenn die Erwartung hinreichend begründet ist, daß der Beschuldigte bestimmte Anweisungen befolgen und daß dadurch der Zweck der Haft erreicht wird.

(4) Der Richter ordnet in den Fällen der Absätze 1 bis 3 den Vollzug des Haftbefehls an, wenn
1. der Beschuldigte den ihm auferlegten Pflichten oder Beschränkungen gröblich zuwiderhandelt,
2. der Beschuldigte Anstalten zur Flucht trifft, auf ordnungsgemäße Ladung ohne genügende Entschuldigung ausbleibt oder sich auf andere Weise zeigt, daß das in ihn gesetzte Vertrauen nicht gerechtfertigt war, oder
3. neu hervorgetretene Umstände die Verhaftung erforderlich machen.

Die Vorschrift ist eine besondere **Ausprägung des Grundsatzes der Verhält-** 1 **nismäßigkeit** (BVerfGE 19, 342), die für das Jugendstrafverfahren durch § 72 Abs. 1 JGG ersetzt wird. Kann der Zweck der U-Haft (oder der Haft nach § 230 Abs. 2, §§ 236, 329 Abs. 4 S. 1) durch **weniger einschneidende Maßnahmen** erreicht werden, muss der Vollzug des Haftbefehls ausgesetzt werden, auch schon mit seinem Erlass (Meyer-Goßner § 116 Rdn. 1). Die befristete Aussetzung des Vollzugs ist unzulässig, insbesondere darf § 116 nicht zur Umgehung des Verbots, Urlaub aus der U-Haft zu bewilligen, benutzt werden (OLG Schleswig SchlHA 1971, 69; vgl. aber LR-Hilger § 116 Rdn. 9; Meyer-Goßner § 116 Rdn. 2). Diskutiert wird insbesondere, ob dem Beschuldigten nicht die Teilnahme an einer Beerdigung oder ein stationärer Krankenhausaufenthalt ermöglicht werden kann.

Die Aussetzung des Vollzugs eines Haftbefehls wegen Fluchtgefahr (Abs. 1) 2 ist möglich, wenn die Erwartung, den Zweck der Haft auch durch andere Maßnahmen zu erreichen, hinreichend begründet ist. Die angeordneten Maßnahmen müssen ihrer Art nach als Ersatzmittel für die U-Haft geeignet und auf die Persönlichkeit des Beschuldigten sowie seine Verhältnisse abgestimmt sein (Meyer-Goßner § 116 Rdn. 5). Sie dürfen an den Beschuldigten keine unzumutbaren Anforderungen stellen (OLG Saarbrücken NJW 1978, 2460, 2462). In uneinschränkbare Grundrechte darf nicht eingegriffen werden. Die Anordnung eines vorläufigen Berufsverbots ist nur nach § 132 a zulässig und darf nicht durch eine Auflage ersetzt werden (vgl. OLG Hamm StraFo 2002, 178).

Die Meldepflicht (Nr. 1) umfasst nicht nur die Meldung bei der Polizei, sondern 3 auch bei anderen Dienststellen, z.B., wenn der Beschuldigte Soldat ist, bei dem Dienstvorgesetzten (Meyer-Goßner § 116 Rdn. 7). Der Richter bestimmt Meldezeit

§ 116   1. Buch. Allgemeine Vorschriften

und Behörde, die Verständigung der Behörde kann der Richter dem Staatsanwalt überlassen.

4   **Aufenthaltsbeschränkungen** (Nr. 2) sind sehr schwierig zu kontrollieren, daher kommt eine solche Beschränkung nur bei vertrauenswürdigen Beschuldigten in Betracht (LR-Hilger § 116 Rdn. 20). Die Weisung, die **Wohnung** nur unter Aufsicht zu verlassen (Nr. 3), kommt bei Jugendlichen in Betracht, deren Eltern/Erziehungsberechtigte vertrauenswürdig und zur Übernahme der Aufsicht bereit sind (Meyer-Goßner § 116 Rdn. 9). Zur Überwachung durch eine Fußfessel vgl. Neuhaus StV 1999, 345.

5   Die **Sicherheitsleistung** (Nr. 4), deren Einzelheiten in § 116a geregelt sind, dient nicht nur der Sicherung der Durchführung des Strafverfahrens, sondern auch des Antritts der Strafe. Sie kann auch ohne Einverständnis des Beschuldigten, quasi als Angebot, angeordnet werden (vgl. Meyer-Goßner § 116 Rdn. 10).

6   **Sonstige Maßnahmen** sind z.B. die Ablieferung des Personalausweises zu den Strafakten mit Ausstellung eines Ersatzausweises, die Sperre eines Sparbuchs oder Bankkontos, die Abgabe des Führerscheins oder die Anweisung an den Beschuldigten, eine bestimmte Wohnung zu nehmen oder sich einer Wohngruppe zur Drogentherapie anzuschließen (Meyer-Goßner § 116 Rdn. 11). In der Praxis ist insbesondere die Abgabe der Personalpapiere eine Standardmaßnahme. Im Hinblick auf § 1 Abs. 1 S. 2 PAuswG muss hierüber aber eine Bescheinigung erteilt werden (OLG Stuttgart Justiz 1971, 330).

7   Die **Verbindung mehrerer Weisungen** und Auflagen ist zulässig und oftmals zweckmäßig. Häufig ist die Verbindung einer Aufenthaltsbeschränkung mit der Anweisung, die Personalpapiere abzugeben.

8   **Bei Verdunkelungsgefahr (Abs. 2)** ist eine Aussetzung des Vollzugs möglich, wenn weniger einschneidende Maßnahmen die Erwartung begründen, dass diese Gefahr erheblich vermindert wird. Zwar handelt es sich um eine Kann-Vorschrift, jedoch erfordert der Verhältnismäßigkeitsgrundsatz die Aussetzung des Vollzugs, wenn er entbehrlich ist (Meyer-Goßner § 116 Rdn. 14).

9   Die Vorschrift umfasst **jegliche Verbindungsaufnahme** (Brief, Telefon, Telefax usw.), auch durch Mittelspersonen, und gilt auch für die Verbindung mit Personen, die noch nicht Mitbeschuldigte oder Zeugen sind, es aber voraussichtlich sein werden (Meyer-Goßner § 116 Rdn. 15). Unzulässig ist es, dem Beschuldigten die Verbindung mit einem in Hausgemeinschaft lebenden Angehörigen zu untersagen (Meyer-Goßner § 116 Rdn. 15). Die Stellung einer Kaution ist in der Regel nicht geeignet, die Verdunkelungsgefahr herabzumindern (KG JR 1990, 34), wenn sie nicht ohnehin durch das Gesetz ausgeschlossen ist (Paeffgen NStZ 1992, 481, 482).

10   **Bei Wiederholungsgefahr (Abs. 3)** ist im Zweifel nur in besonderen Ausnahmefällen Haftverschonung zu verantworten. Gesetzgeberische Beispiele fehlen hier. Ein Haftbefehl nach § 112 Abs. 3 kann ebenfalls unter Auflagen außer Vollzug gesetzt werden. Die Ersatzmaßnahme richtet sich dann danach, auf welchen Grund der Haftbefehl gestützt ist (Pfeiffer § 116 Rdn. 6).

11   Die Aussetzung des Vollzugs erfolgt von Amts wegen oder auf Antrag der StA oder des Beschuldigten durch **Beschluss des nach § 126 zuständigen Richters**. Dies kann schon mit dem Erlass des Haftbefehls geschehen (Meyer-Goßner § 116 Rdn. 20). Hat die StA nicht selbst den Antrag gestellt, ist sie nach § 33 Abs. 2 zu hören. In dem mit Gründen versehenen und den Beteiligten formlos bekannt zu gebenden Beschluss müssen die dem Beschuldigten auferlegten Pflichten und Beschränkungen so genau umschrieben sein, dass er weiß, wie er sich zu verhalten hat und dass Zuwiderhandlungen gegen sie, die zum Widerruf der Haftverschonung zwingen (Abs. 4), eindeutig festgestellt werden können (Meyer-Goßner § 116 Rdn. 20).

12   **Die Wiederinvollzugsetzung des Haftbefehls** ist nur zulässig, wenn einer der in Abs. 4 Nr. 1 bis 3 genannten Gründe vorliegt. Für ein gröbliches Zuwiderhandeln

9. Abschnitt. Verhaftung und vorläufige Festnahme   § 116a

(Nr. 1) genügen bloße Nachlässigkeiten und Versehen nicht (KK-Boujong § 116 Rdn. 28). Der Widerrufsgrund des Ausbleibens gilt nur, wenn der Beschuldigte auch zu einem Erscheinen verpflichtet ist, also nicht etwa bei der Versäumung eines Termins nach Ladung durch die Polizei (Meyer-Goßner § 116 Rdn. 26).

Die **Generalklausel** des nicht gerechtfertigten Vertrauens gilt dann, wenn sich nachträglich herausstellt, dass die Annahme, der Beschuldigte werde Pflichten erfüllen und sich an Beschränkungen halten, ein Irrtum war (Meyer-Goßner § 116 Rdn. 27). Bei unveränderter Sachlage kann die Aussetzung des Vollzugs nicht widerrufen werden (OLG Düsseldorf StV 1988, 207; Pfeiffer § 116 Rdn. 9). **13**

Die **Anordnung des Vollzugs** erfolgt auf Antrag der StA oder von Amts wegen durch einen mit Gründen versehenen Beschluss des nach § 126 zuständigen Richters. Dies gilt auch in den Fällen, in denen die Anordnung nach Abs. 1 bis 3 vom Beschwerdegericht oder im Verfahren nach § 122 durch das OLG getroffen worden ist. Wird ein Beschuldigter auf Grund der Anordnung festgenommen, ist er erneut dem Richter vorzuführen (§§ 115, 115a) und ein Angehöriger usw. zu benachrichtigen (§ 114b). Eine vorläufige Festnahme durch StA oder Polizei (§ 127 Abs. 2) ist zulässig, wenn der Beschuldigte Fluchtvorbereitungen trifft usw. **14**

Legt der Betroffene gegen den ausgesetzten Haftbefehl Beschwerde ein, um dessen Aufhebung zu erreichen, ist das Beschwerdegericht an sich nicht gehindert, den Haftbefehl wieder in Vollzug zu setzen, da es ein **Verböserungsverbot** im Beschwerdeverfahren grundsätzlich nicht gibt (§ 304 Rdn. 4). Das BVerfG hat aber vor dem Hintergrund des Art. 104 Abs. 1 GG darauf hingewiesen, dass bei dem an sich gewährten Zugang zu Gericht dieser nicht in unzumutbarer, aus Sachgründen nicht mehr zu rechtfertigender Weise erschwert werden darf. Müsse der Adressat eines Haftverschonungsbeschlusses damit rechnen, dass das Beschwerdegericht eine gewährte Vergünstigung aufhebt, könnte er von einer Überprüfung der Rechtmäßigkeit des zu Grunde liegenden Haftbefehls abgehalten werden. Daher dürfe schon vor dem Hintergrund des fairen Verfahrens (Einl. Rdn. 59) auch im Beschwerdeverfahren die Aufhebung des Haftverschonungsbeschlusses nur erfolgen, wenn die Voraussetzungen des Abs. 4 vorliegen (BVerfG wistra 2006, 57). **15**

§ 116a [Aussetzung gegen Sicherheitsleistung]

(1) Die Sicherheit ist durch Hinterlegung in barem Geld, in Wertpapieren, durch Pfandbestellung oder durch Bürgschaft geeigneter Personen zu leisten.

(2) Der Richter setzt Höhe und Art der Sicherheit nach freiem Ermessen fest.

(3) Der Beschuldigte, der die Aussetzung des Vollzugs des Haftbefehls gegen Sicherheitsleistung beantragt und nicht im Geltungsbereich dieses Gesetzes wohnt, ist verpflichtet, eine im Bezirk des zuständigen Gerichts wohnende Person zum Empfang von Zustellungen zu bevollmächtigen.

Die Vorschrift regelt (abschließend) die **Sicherheitsleistungen** nach § 116 Abs. 1 Nr. 4. Der Haftrichter bestimmt Art und Höhe der Sicherheit; sie kann nur auf einer der in Abs. 1 bezeichneten Arten geleistet werden (siehe aber BGHSt 42, 343, 353). Die Sicherheit ist so zu bemessen, dass sie nach Art und Höhe auf den Beschuldigten einen psychischen Zwang ausübt, sich dem Verfahren zu stellen (Meyer-Goßner § 116a Rdn. 1). **1**

Für die **Hinterlegung von Geld oder Wertpapieren** gilt in erster Hinsicht die HinterlegungsO. Bürgschaft ist nicht eine solche nach § 765 BGB, sondern die Leistung einer Sicherheit durch einen anderen als den Beschuldigten (OLG Karlsruhe StraFo 2000, 394). Hält das Gericht diese Form der Sicherheitsleistung (z.B. durch Bankbürgschaft) für ausreichend, muss das in dem Haftverschonungsbeschluss ausdrücklich angesprochen werden (OLG Düsseldorf NStZ 1990, 97). **2**

§ 117   1. Buch. Allgemeine Vorschriften

3   Wohnt der Beschuldigte nicht im Inland, muss er eine im Bezirk des zuständigen
Gerichts wohnende Person als **Zustellungsbevollmächtigten bestellen.** Die Vorschrift gilt auch, wenn er sich für längere Zeit nicht in der Bundesrepublik aufhält.
Der Beschuldigte ist in seiner Wahl frei, muss aber nachweisen, dass der Bevollmächtigte auch einverstanden ist (Meyer-Goßner § 116a Rdn. 5). Das Vollmachtsverhältnis
wirkt für die Dauer der Aussetzung des Haftbefehlsvollzugs und kann nicht widerrufen
werden. Der Austausch des Bevollmächtigten ist nur mit Zustimmung des Richters
möglich (Meyer-Goßner § 116a Rdn. 6).
4   **Der Bevollmächtigte** tritt für alle Zustellungen an die Stelle des Beschuldigten
(BGHSt 10, 63); § 145a Abs. 2, 3 gilt nicht (KK-Boujong § 116a Rdn. 7). Das Vollmachtsverhältnis endet, wenn die Sicherheit frei wird (§ 123 Abs. 2) oder verfällt
(§ 124), ggf. mit dem Abschluss des Strafverfahrens.

§ 117 [Haftprüfung]

(1) **Solange der Beschuldigte in Untersuchungshaft ist, kann er jederzeit die
gerichtliche Prüfung beantragen, ob der Haftbefehl aufzuheben oder dessen
Vollzug nach § 116 auszusetzen ist (Haftprüfung).**

(2) ¹**Neben dem Antrag auf Haftprüfung ist die Beschwerde unzulässig.** ²**Das
Recht der Beschwerde gegen die Entscheidung, die auf den Antrag ergeht, wird
dadurch nicht berührt.**

(3) **Der Richter kann einzelne Ermittlungen anordnen, die für die künftige
Entscheidung über die Aufrechterhaltung der Untersuchungshaft von Bedeutung
sind, und nach Durchführung dieser Ermittlungen eine neue Prüfung vornehmen.**

(4) ¹**Hat der Beschuldigte noch keinen Verteidiger, so wird ihm ein Verteidiger
für die Dauer der Untersuchungshaft bestellt, wenn deren Vollzug mindestens
drei Monate gedauert hat und die Staatsanwaltschaft oder der Beschuldigte oder
sein gesetzlicher Vertreter es beantragt.** ²**Über das Antragsrecht ist der Beschuldigte zu belehren.** ³**Die §§ 142, 143 und 145 gelten entsprechend.**

(5) **Hat die Untersuchungshaft drei Monate gedauert, ohne daß der Beschuldigte die Haftprüfung beantragt oder Haftbeschwerde eingelegt hat, so findet
die Haftprüfung von Amts wegen statt, es sei denn, daß der Beschuldigte einen
Verteidiger hat.**

1   Die Vorschrift regelt im Verein mit den §§ 118 bis 118b ein **formelles Haftprüfungsverfahren,** das in der Regel auf Antrag und ausnahmsweise (Abs. 5) von Amts
wegen stattfindet.
2   **Die Haftprüfung** auf Antrag des Beschuldigten (Abs. 1) verpflichtet den nach
§ 126 Abs. 1 zuständigen Richter zur Prüfung, ob ein Haftbefehl aufzuheben oder
auszusetzen ist. Überdies ist die Zulässigkeit der Untersuchungshaft in jedem Stadium
des Verfahrens von Amts wegen zu prüfen (Meyer-Goßner § 117 Rdn. 1).
3   Die Haftprüfung findet auf Antrag des Beschuldigten, der darüber nach § 115
Abs. 4 belehrt worden ist, **bei jeder Art von Untersuchungshaft** statt (auch nach
§ 230 Abs. 2, §§ 236, 329 Abs. 4 S. 1; KK-Boujong § 117 Rdn. 2). StA und Nebenkläger haben kein Antragsrecht.
4   **Den Antrag kann auch der Verteidiger stellen,** jedoch nicht gegen den ausdrücklichen Willen des Beschuldigten (§§ 118b, 297). Voraussetzung ist, dass der
Haftbefehl vollzogen wird, über dessen Aufrechterhaltung oder Außervollzugsetzung
entschieden werden soll. Der Antrag ist formlos möglich und an keine Frist gebunden.
5   **Die Entscheidung** ergeht nach mündlicher Verhandlung, wenn der Beschuldigte
es beantragt oder das Gericht es für geboten hält (§ 118 Abs. 1, 3, 4), sonst nach Ak-

9. Abschnitt. Verhaftung und vorläufige Festnahme   § 117

tenlage. Der Haftrichter kann einzelne Beweise erheben, wenn das ohne wesentlichen Zeitverlust möglich ist (KK-Boujong § 117 Rdn. 10). Die StA ist vor einer Entscheidung zu hören (§ 33 Abs. 2), der Beschuldigte unter der Voraussetzung des § 33 Abs. 3. Der Haftrichter kann den Haftbefehl aufrechterhalten, aufheben (§ 120) oder ihn aussetzen (§ 116). Eine inhaltliche Änderung ist möglich, wenn z.B. einzelne Taten auszuscheiden sind oder der Haftgrund sich ändert (KK-Boujong § 117 Rdn. 11).

Die Entscheidung ergeht durch **mit Gründen zu versehenden Beschluss,** der 6
dem Beschuldigten und der StA formlos bekannt zu geben ist. Die Beschwerde ist neben dem Antrag auf Haftprüfung unzulässig (Abs. 2 S. 1), der zulässige Haftprüfungsantrag hat den Vorrang. Allerdings ist der Beschluss, mit dem die Haftprüfung abgeschlossen wird, mit der Beschwerde anfechtbar (§§ 304, 310).

Die Haftbeschwerde nach § 304 Abs. 1 ist gegen jede die Haftfortdauer anord- 7
nende Entscheidung, auch wenn sie nicht vollzogen wird, zulässig. Dies gilt auch für Entscheidungen des Ermittlungsrichters des BGH (§ 304 Abs. 5). Eine weitere Beschwerde ist nach § 310 Abs. 1 zulässig. Wird nach Ausschöpfung aller zulässigen Rechtsmittel erneut Beschwerde eingelegt, ist sie in einen Haftprüfungsantrag nach § 117 Abs. 1 umzudeuten (OLG Karlsruhe Justiz 1976, 83).

Beschwerdeberechtigt sind der Beschuldigte und sein gesetzlicher Vertreter sowie 8
der Verteidiger, auch die StA zu seinen Gunsten (Meyer-Goßner § 117 Rdn. 9). Beschwerdeziel kann neben der Aufhebung des Haftbefehls oder der Aussetzung seines Vollzugs auch die Ausscheidung einzelner Tatvorwürfe oder einzelner Haftgründe sein (KK-Boujong § 115 Rdn. 19). Kein Beschwerderecht hat der Beschuldigte bei Unterbrechung der Untersuchungshaft zur Strafvollstreckung, wohl aber gegen die Ablehnung der Unterbrechung (OLG Hamburg NStZ 1992, 206; Meyer-Goßner § 117 Rdn. 10).

Die Entscheidung ergeht regelmäßig nach Aktenlage, nach § 118 Abs. 2 kann 9
aber auf Antrag des Beschuldigten oder von Amts wegen auch nach mündlicher Verhandlung entschieden werden. Ist der Haftbefehl fehlerhaft, entscheidet das Beschwerdegericht in der Sache selbst (§ 309 Abs. 2). Der Beschwerdebeschluss ist mit Gründen zu versehen (§ 34) und formlos bekannt zu machen (§ 35 Abs. 2 S. 2).

Nach Erhebung der öffentlichen Klage ist eine noch nicht erledigte Beschwer- 10
de gegen die Haftentscheidung des AG in einen Antrag auf Haftprüfung nach Abs. 1 durch das jetzt mit der Sache befasste Gericht umzudeuten (OLG Karlsruhe StV 1994, 664). Erst gegen diese Entscheidung ist Beschwerde zulässig (Meyer-Goßner § 117 Rdn. 12). Gleiches gilt nach Eingang der Akten bei dem Berufungsgericht (OLG Karlsruhe Justiz 1986,144). Unbeachtlich ist, ob das LG schon vorher eine Beschwerdeentscheidung getroffen hatte (OLG Düsseldorf StV 1993, 482). Wird nach Übergang der Zuständigkeit vom Berufungsgericht zu Unrecht eine Beschwerdeentscheidung erlassen, ist sie als Haftprüfungsentscheidung anzusehen und als solche anfechtbar (OLG Frankfurt NJW 1973, 478). Zur Vorbereitung künftiger Entscheidungen sind Ermittlungen zulässig (Abs. 3). Die Möglichkeit hat auch das Beschwerdegericht, da ein Verfahren der Sache nach ebenfalls eine Haftprüfung im Sinne von Abs. 1 ist (OLG Hamburg wistra 2002, 275).

Dem Beschuldigten ist ggf. ein Verteidiger zu bestellen, wenn der Vollzug der 11
Untersuchungshaft mindestens drei Monate gedauert hat und die StA, der Beschuldigte oder sein gesetzlicher Vertreter eine solche Bestellung beantragen (Meyer-Goßner § 117 Rdn. 18). In die Frist einbezogen wird jede vollzogene Untersuchungshaft, der Beschuldigte muss also nicht ununterbrochen drei Monate in Haft gewesen sein. Der Antrag kann auch schon kurze Zeit vor Ablauf der Drei-Monats-Frist gestellt werden, über das Antragsrecht ist der Beschuldigte zu belehren (Abs. 4 S. 2). Zuständig für die Bestellung ist der Haftrichter (§ 126), bei Kollegialgerichten der Vorsitzende (Abs. 4 S. 2 i.V.m. § 142 Abs. 1 S. 1). Für die mündliche Verhandlung gelten die in Abs. 4 S. 3 genannten Vorschriften entsprechend.

§§ 118, 118a 1. Buch. Allgemeine Vorschriften

12 **Von Amts wegen (Abs. 5) findet eine Haftprüfung nur statt,** wenn der Beschuldigte keinen Verteidiger hat und die Untersuchungshaft drei Monate gedauert hat, ohne dass jemand eine Haftprüfung beantragt oder eine Haftbeschwerde eingelegt hat, über die sachlich entschieden worden ist. Auch hier wird die Drei-Monats-Frist unter Berücksichtigung der gesamten in der Sache erlittenen Untersuchungshaft berechnet (Meyer-Goßner § 117 Rdn. 24).

§ 118 [Mündliche Verhandlung]

(1) Bei der Haftprüfung wird auf Antrag des Beschuldigten oder nach dem Ermessen des Gerichts von Amts wegen nach mündlicher Verhandlung entschieden.

(2) Ist gegen den Haftbefehl Beschwerde eingelegt, so kann auch im Beschwerdeverfahren auf Antrag des Beschuldigten oder von Amts wegen nach mündlicher Verhandlung entschieden werden.

(3) Ist die Untersuchungshaft nach mündlicher Verhandlung aufrechterhalten worden, so hat der Beschuldigte einen Anspruch auf eine weitere mündliche Verhandlung nur, wenn die Untersuchungshaft mindestens drei Monate und seit der letzten mündlichen Verhandlung mindestens zwei Monate gedauert hat.

(4) Ein Anspruch auf mündliche Verhandlung besteht nicht, solange die Hauptverhandlung andauert oder wenn ein Urteil ergangen ist, das auf eine Freiheitsstrafe oder eine freiheitsentziehende Maßregel der Besserung und Sicherung erkennt.

(5) Die mündliche Verhandlung ist unverzüglich durchzuführen; sie darf ohne Zustimmung des Beschuldigten nicht über zwei Wochen nach dem Eingang des Antrags anberaumt werden.

1 **Nach mündlicher Verhandlung** kann sowohl im Haftprüfungsverfahren (§ 117 Abs. 1, 5) als auch im Haftbeschwerdeverfahren auf Antrag oder von Amts wegen entschieden werden (Abs. 1, 2). Die StA kann eine mündliche Verhandlung nur anregen (Meyer-Goßner § 118 Rdn. 1). Eine weitere mündliche Verhandlung (Abs. 3) kann der Beschuldigte erst verlangen, wenn die Untersuchungshaft mindestens drei Monate gedauert hat und seit der letzten mündlichen Verhandlung mindestens zwei Monate vergangen sind (Abs. 3). Das Gericht kann aber von Amts wegen nach mündlicher Verhandlung entscheiden, wenn dies geboten erscheint (Schröder NStZ 1998, 68, 69). Für die Fristberechnung gelten die Grundsätze zu § 117 Abs. 4 S. 1, 5 (§ 117 Rdn. 11 f).

2 Im Haftprüfungsverfahren besteht **kein Anspruch** auf mündliche Verhandlung, solange die Hauptverhandlung andauert (Abs. 4). Ein Anspruch besteht ebenfalls nicht, wenn ein auf Freiheitsentziehung lautendes Urteil ergangen ist (2. Hs.).

3 Die mündliche Verhandlung ist **ohne vermeidbare Verzögerung** durchzuführen (Abs. 5). Die zweiwöchige Frist beginnt mit dem Eingang des Antrags beim zuständigen Gericht; § 299 soll anwendbar sein (LR-Hilger § 118 Rdn. 16; Meyer-Goßner § 118 Rdn. 4; a.M. KK-Boujong § 118 Rdn. 6). Für die Fristberechnung gilt § 43. Eine Fristüberschreitung soll nicht zur Freilassung des Beschuldigten führen (KK-Boujong § 118 Rdn. 6; Pfeiffer § 118 Rdn. 5).

§ 118 a [Durchführung der mündlichen Verhandlung]

(1) Von Ort und Zeit der mündlichen Verhandlung sind die Staatsanwaltschaft sowie der Beschuldigte und der Verteidiger zu benachrichtigen.

9. Abschnitt. Verhaftung und vorläufige Festnahme §§ 118b, 119

(2) ¹Der Beschuldigte ist zu der Verhandlung vorzuführen, es sei denn, daß er auf die Anwesenheit in der Verhandlung verzichtet hat oder daß der Vorführung weite Entfernung oder Krankheit des Beschuldigten oder andere nicht zu beseitigende Hindernisse entgegenstehen. ²Wird der Beschuldigte zur mündlichen Verhandlung nicht vorgeführt, so muß ein Verteidiger seine Rechte in der Verhandlung wahrnehmen. ³In diesem Falle ist ihm für die mündliche Verhandlung ein Verteidiger zu bestellen, wenn er noch keinen Verteidiger hat. ⁴Die §§ 142, 143 und 145 gelten entsprechend.

(3) ¹In der mündlichen Verhandlung sind die anwesenden Beteiligten zu hören. ²Art und Umfang der Beweisaufnahme bestimmt das Gericht. ³Über die Verhandlung ist eine Niederschrift aufzunehmen; die §§ 271 bis 273 gelten entsprechend.

(4) ¹Die Entscheidung ist am Schluß der mündlichen Verhandlung zu verkünden. ²Ist dies nicht möglich, so ist die Entscheidung spätestens binnen einer Woche zu erlassen.

Die Benachrichtigung (Abs. 1) erfolgt formlos, notfalls telefonisch. Sie wird vom Vorsitzenden angeordnet und von der Geschäftsstelle ausgeführt (Meyer-Goßner § 118a Rdn. 1). Ob auch der Nebenkläger benachrichtigt werden muss, ist umstritten (dagegen KK-Boujong § 118a Rdn. 1; dafür SK-Paeffgen § 118a Rdn. 2). 1

Der in Untersuchungshaft befindliche Beschuldigte ist regelmäßig **vorzuführen** (Abs. 2 S. 1). Der Verzicht des Beschuldigten ist unwiderruflich, ansonsten müssen nicht zu beseitigende Hindernisse vorliegen. Wird der Beschuldigte nicht vorgeführt, muss für ihn ein Verteidiger auftreten (Abs. 2 S. 2). Für die Bestellung verweist Abs. 2 S. 4 auf die §§ 142, 143, 145. 2

Zur mündlichen Verhandlung siehe Abs. 3. Die Anwesenheit der StA ist nicht erforderlich, die des Verteidigers nur, wenn der Beschuldigte nicht vorgeführt worden ist. 3

Beweise werden **im Freibeweis** nach Ermessen des Gerichts erhoben (BGHSt 28, 116, 118). Da das Gericht Art und Umfang der Beweisaufnahme bestimmt (Abs. 3 S. 2), sind Beweisanträge der Beteiligten nur Anregungen, die insbesondere nicht förmlich beschieden werden müssen (Meyer-Goßner § 118a Rdn. 4). Für das Protokoll über die mündliche Verhandlung verweist Abs. 3 S. 3 auf die §§ 271 bis 273.

Zur Beschwerde vgl. § 117 Rdn. 7 ff. Fand die mündliche Verhandlung entgegen Abs. 2 S. 2 ohne Verteidiger statt, entscheidet das Beschwerdegericht nicht in der Sache selbst, sondern verweist zurück (BayObLG NJW 1954, 204), oder entscheidet selbst nach § 118 Abs. 2 nach mündlicher Verhandlung (SK-Paeffgen § 118a Rdn. 8). 4

§ 118b [Antragsberechtigte]

Für den Antrag auf Haftprüfung (§ 117 Abs. 1) und den Antrag auf mündliche Verhandlung gelten die §§ 297 bis 300 und 302 Abs. 2 entsprechend.

Der Verweis auf die §§ 297 bis 300 und § 302 Abs. 2 bedeutet, dass neben dem Beschuldigten der **Verteidiger**, jedoch nicht gegen dessen Willen (§ 297) und der gesetzliche Vertreter (§ 298) antragsberechtigt sind. Der Erziehungsberechtigte kann nach § 67 Abs. 1 JGG den Antrag stellen. 1

Wegen § 302 Abs. 2 kann auch der Verteidiger den Antrag **zurücknehmen.** 2

§ 119 [Vollzug der Untersuchungshaft]

(1) ¹Der Verhaftete darf nicht mit anderen Gefangenen in demselben Raum untergebracht werden. ²Er ist auch sonst von Strafgefangenen, soweit möglich, getrennt zu halten.

§ 119 1. Buch. Allgemeine Vorschriften

(2) ¹Mit anderen Untersuchungsgefangenen darf er in demselben Raum untergebracht werden, wenn er es ausdrücklich schriftlich beantragt. ²Der Antrag kann jederzeit in gleicher Weise zurückgenommen werden. ³Der Verhaftete darf auch dann mit anderen Gefangenen in demselben Raum untergebracht werden, wenn sein körperlicher oder geistiger Zustand es erfordert.

(3) Dem Verhafteten dürfen nur solche Beschränkungen auferlegt werden, die der Zweck der Untersuchungshaft oder die Ordnung in der Vollzugsanstalt erfordert.

(4) Bequemlichkeiten und Beschäftigungen darf er sich auf seine Kosten verschaffen, soweit sie mit dem Zweck der Haft vereinbar sind und nicht die Ordnung in der Vollzugsanstalt stören.

(5) ¹Der Verhaftete darf gefesselt werden, wenn
1. die Gefahr besteht, daß er Gewalt gegen Personen oder Sachen anwendet, oder wenn er Widerstand leistet,
2. er zu fliehen versucht oder wenn bei Würdigung der Umstände des Einzelfalles, namentlich der Verhältnisse des Beschuldigten und der Umstände, die einer Flucht entgegenstehen, die Gefahr besteht, daß er sich aus dem Gewahrsam befreien wird,
3. die Gefahr des Selbstmordes oder der Selbstbeschädigung besteht

und wenn die Gefahr durch keine andere, weniger einschneidende Maßnahme abgewendet werden kann. ²Bei der Hauptverhandlung soll er ungefesselt sein.

(6) ¹Die nach diesen Vorschriften erforderlichen Maßnahmen ordnet der Richter an. ²In dringenden Fällen kann der Staatsanwalt, der Anstaltsleiter oder ein anderer Beamter, unter dessen Aufsicht der Verhaftete steht, vorläufige Maßnahmen treffen. Sie bedürfen der Genehmigung des Richters.

I. Überblick

1   Die Vorschrift regelt äußerst rudimentär den **Vollzug der Untersuchungshaft**. Anders als für den Strafvollzug existiert keine ausdrückliche gesetzliche Regelung. Für die Anwendung unmittelbaren Zwanges gelten die §§ 94 bis 101 StVollzG (§ 178 Abs. 1, 2 StVollzG). Letztlich greift dann als Verwaltungsvorschrift die Untersuchungshaftvollzugsordnung ein (UVollzO). Bedenkt man, dass das Strafvollzugsgesetz erlassen wurde, nachdem das Bundesverfassungsgericht eine hinreichende gesetzliche Grundlage für den Strafvollzug beanstandet hatte, ist es erstaunlich, dass auch nach mehr als 30 Jahren eine entsprechende Kodifikation fehlt.

2   Die Einzelhaft als Regel ist **Ausfluss der Unschuldvermutung** nach Art. 6 Abs. 2 MRK (Roxin § 30 D IV), ein Vorzug, den der Strafgefangene nicht hat. Der Raum in Abs. 1 S. 1 ist die Wohnzelle (Meyer-Goßner § 119 Rdn. 4). S. 2 bezieht sich auf die Wohnzelle und den Tagesablauf. Das Zugeständnis einer Einzelzelle ist nicht zuletzt dem Umstand geschuldet, dass der Untersuchungsgefangene in der Anstalt erheblich weniger persönliche/räumliche Freiheiten genießt als ein Strafgefangener. Die Trennung von Strafgefangenen wird für Jugendliche nach § 93 JGG ggf. durch die Unterbringung in einer besonderen Anstalt oder wenigstens in einer besonderen Abteilung der Haftanstalt ermöglicht.

3   **Die Unterbringung mit anderen in demselben Raum** kann der Verhaftete auf ausdrücklichen schriftlichen Antrag erreichen. Dem Antrag, der jederzeit zurückgenommen werden kann (S. 2), wird entsprochen, wenn keine Ablehnungsgründe erkennbar sind (KK-Boujong § 119 Rdn. 6). Ob eine Zusammenlegung mit Rücksicht auf den Zustand des Untersuchungsgefangenen nötig ist (S. 3), wird in der Regel nach Begutachtung durch den Arzt entschieden. In solchen Fällen kommt es auf den Willen des Beschuldigten nicht an.

II. Beschränkungen in der Untersuchungshaft

Abs. 3 regelt als Generalklausel Art und Maß der Freiheitsbeschränkung. 4
Einschränkungsgründe sind der „Zweck der Untersuchungshaft" oder die „Ordnung in der Vollzugsanstalt". Weitere als die durch § 119 Abs. 3 gedeckten Beschränkungen kann auch die UVollzO nicht aufstellen (KK-Boujong § 119 Rdn. 2; Pfeiffer § 119 Rdn. 1). Bei jugendlichen und heranwachsenden Untersuchungsgefangenen kommt als weiterer Zweck die erzieherische Einwirkung nach § 93 Abs. 2, § 110 Abs. 2 JGG hinzu (OLG Stuttgart NJW 1974, 759). Allgemeine Eingriffsbefugnisse, z. B. nach §§ 81 a, 81 b, aber auch nach § 100 c (BGH NJW 1998, 3284) bleiben unberührt (Meyer-Goßner § 119 Rdn. 11).

Der Zweck der U-Haft – die **Sicherung des Strafverfahrens** – rechtfertigt Be- 5
schränkungen, wobei es entscheidend auf die im Haftbefehl angewendeten Haftgründe ankommt. Allerdings soll eine Maßnahme zur Vermeidung von Verdunkelungsgefahr auch zulässig sein, wenn der Haftbefehl nur auf Fluchtgefahr gestützt ist (so OLG Hamm StV 1998, 35). Jedenfalls ist auch ein Haftbefehl zu berücksichtigen, für den nur Überhaft vermerkt ist.

Beispiel: Der Beschuldigte sitzt ein wegen Fluchtgefahr. Ein weiterer Haftbefehl ist wegen Verdunkelungsgefahr erlassen. Der Vollzug richtet sich auch an der Gefahr der Verdunkelung aus.

Der Begriff der **Ordnung in der Vollzugsanstalt** ist nicht auf eine formelle Re- 6
gelung beschränkt, sondern im materiellen Sinn zu verstehen. Er umfasst auch die Begriffe der Ruhe und der Sicherheit (Meyer-Goßner § 119 Rdn. 13). Besuche sind grundsätzlich möglich. Eine generelle Besuchssperre ist unzulässig (OLG Hamm StV 1997, 260), eine Ablehnung der Besuchserlaubnis für Familienangehörige nur unter besonders strengen Voraussetzungen möglich (OLG Hamm StV 1996, 325). Die Überwachungsmaßnahmen richten sich nach dem Risiko für den Zweck der U-Haft und die Ordnung in der JVA; jegliches Flucht- oder Verdunkelungsrisiko muss verhindert werden (Meyer-Goßner § 119 Rdn. 14). Fehlt jedes Risiko kann oder (OLG Hamm StV 1997, 259) muss der Haftrichter einen Besuch ohne Überwachung genehmigen (vgl. OLG Frankfurt StV 1983, 465; OLG Hamm MDR 1997, 283). Die Erlaubnis, Telefonate mit Personen außerhalb der JVA zu führen oder von solchen zu empfangen, wird in der Regel dem Zweck der U-Haft und auch der Ordnung in der JVA entgegenstehen (OLG Düsseldorf StV 1989, 254; LG Mainz wistra 1995, 77; Meyer-Goßner § 119 Rdn. 14). Telefongespräche können deshalb nur im Einzelfall bei besonders berechtigtem Interesse gestattet werden; die zeitlichen Abstände sind zweifelhaft und teilweise umstritten (vgl. Meyer-Goßner § 119 Rdn. 14). Wird das Gespräch gestattet, ist es vollständig mitzuhören.

Für Besuche von Ehegatten und Kindern müssen die zuständigen Behörden 7
die erforderlichen und zumutbaren Anstrengungen unternehmen; hier ist eine großzügigere Besuchsregelung geboten (BVerfG NJW 1993, 3059; BVerfG NStZ 1994, 604). Dies gilt selbst dann, wenn auch der Familienangehörige in U-Haft sitzt, aber der Haftgrund der Verdunkelungsgefahr bei beiden nicht besteht (OLG Bremen StV 1995, 645). Die Gewährung eines Intimkontaktes mit dem Ehegatten soll in der Regel nicht verlangt werden können (OLG Jena NStZ 1995, 256). Für Verteidigerbesuche gilt § 148.

Der Besucher und etwa von ihm mitgeführte Behältnisse dürfen nach Waffen und 8
anderen Gegenständen **durchsucht werden;** dies soll selbst bei einem Verteidiger möglich sein (BVerfGE 38, 26). Zulässig ist die Anordnung, dass der Besuch nur in einem durch Trennscheiben gesicherten Raum stattfinden darf (OLG Zweibrücken StraFo 2004, 380). Dies gilt namentlich bei früheren Versuchen des Besuchers, Gegenstände unerlaubt zu übergeben (Meyer-Goßner § 119 Rdn. 18).

§ 119   1. Buch. Allgemeine Vorschriften

9   **Eine Dauerbesuchserlaubnis ist möglich.** Sie hat zur Folge, dass der Inhaber nicht für jeden Einzelbesuch eine richterliche Genehmigung einholen muss. Die Erlaubnis wird aber in der Regel nur der nächsten Einzelperson des Untersuchungsgefangenen – im Allgemeinen dem Ehegatten – gewährt (vgl. Pfeiffer § 119 Rdn. 8).

10   **Der Brief- und Paketverkehr** ist mit den sich aus Abs. 3 ergebenden Beschränkungen erlaubt (Pfeiffer § 119 Rdn. 10). Allerdings wird ein- und ausgehende Post regelmäßig dem Richter zur Kontrolle vorgelegt (BGHSt 26, 307). Mit Einverständnis des Gefangenen kann auch die StA kontrollieren, das Anhalten ist aber dem Richter vorbehalten (Nr. 30, 35 UVollzO). Für Verteidigerpost enthält § 148 eine Sonderbestimmung. Schreiben können entsprechend § 31 StVollzG angehalten werden, z. B. bei groben Beleidigungen. Dabei sind bei Briefen an nahe Angehörige andere Maßstäbe als sonst anzulegen (OLG Düsseldorf NStZ 1998, 319). Für Pakete gilt mittelbar die Regelung in § 33 Abs. 1 StVollzG (Meyer-Goßner § 119 Rdn. 21).

11   Hat ein Brief **Beweisbedeutung** für das laufende Strafverfahren, beschlagnahmt ihn der Richter (§ 94). Kommt der Brief für ein anderes Verfahren als Beweismittel in Betracht, ist § 108 entsprechend anwendbar (OLG Celle NJW 1974, 805).

12   Ist ein **Ausländer** der deutschen Sprache mächtig, kann verlangt werden, dass der Brief auf Deutsch verfasst wird. Ansonsten muss er von einem Dolmetscher übersetzt werden. Ob es dann bei unverhältnismäßig hohen Übersetzungskosten zulässig ist, die Korrespondenz auf einen angemessenen Umfang zu beschränken (so OLG München NStZ 1984, 332), ist zweifelhaft.

13   Im Übrigen dürfen beanstandete Briefe **zur Habe des Gefangenen genommen** werden; angehaltene Schreiben von außen können an den Absender zurückgeschickt werden. Möglich ist aber auch, kurze beanstandete Passagen unkenntlich zu machen und den Brief weiterzuleiten (KK-Boujong, § 119 Rdn. 40). Zeitschriften und Bücher kann der Gefangene durch Vermittlung der Anstalt auf eigene Kosten oder auf Kosten Dritter beziehen. Der Bezug einer allgemein im Zeitungshandel erhältlichen Zeitung oder Zeitschrift kann im Regelfall nicht verwehrt werden (OLG Stuttgart Justiz 1970, 266).

14   **Rundfunk-Empfang** ist den Gefangenen auf Grund der Informationsfreiheit grundsätzlich ungehindert gestattet. Ggf. wird bei Gefahr unerlaubter Kontaktaufnahme mit der Außenwelt nur ein Gerät ohne UKW-Teil gestattet (SK-Paeffgen § 119 Rdn. 48). Gleiches gilt für den Fernsehempfang mittels eines eigenen Fernsehgeräts im Haftraum. Ggf. kann eine Nutzungspauschale für die Betriebskosten durch die JVA erhoben werden (OLG Frankfurt NStZ 2004, 513).

15   **Der Besitz einer Schreibmaschine** ist grundsätzlich erlaubt. Dies gilt ebenso für eine elektrische bzw. elektronische Schreibmaschine. Nicht erlaubt sein sollen die Benutzung von Kaffeemaschinen (OLG Düsseldorf NStZ 1986, 93), Computern (OLG Düsseldorf NStZ 1999, 271) oder Videorecordern (OLG Hamm NStZ 1995, 102). Warum freilich die Benutzung eines Computers oder Laptops die Ordnung gefährden soll, ist nicht ganz klar. Zum Teil wird der unerlaubte Diskettenaustausch für kritisch gehalten (vgl. Pfeiffer § 119 Rdn. 16). Dies kann man durch den Ausbau des Diskettenlaufwerks ausschließen (vgl. auch OLG Stuttgart NStZ-RR 2003, 347). Den Besitz auf solche Fälle zu beschränken, in denen dies für eine ordnungsgemäße Verteidigung erforderlich ist (OLG Hamm NStZ 1997, 566, 567), überzeugt nicht.

16   **Bei schuldhaften Verstößen gegen die Anstaltsordnung** sollen Disziplinarmaßnahmen zulässig sein. Der Anstaltsleiter klärt den Sachverhalt und gibt seine Ermittlungen an den Richter weiter, wenn er eine Hausstrafe für erforderlich hält (Meyer-Goßner § 119 Rdn. 30). Auch sonst trifft der Haftrichter die notwendigen Anordnungen und Entscheidungen zur Sicherung des Strafverfahrens (§ 126).

17   **Bequemlichkeiten und Beschäftigungen** (Abs. 4) darf sich der Gefangene auf seine Kosten verschaffen. Eine Arbeitspflicht besteht nicht, aber auch kein Anspruch auf Beschäftigung. Arbeitet der Untersuchungsgefangene, erhält er ein Arbeitsentgelt nach den für Strafgefangene geltenden Grundsätzen (§ 177 StVollzG). Er kann darüber frei verfügen, ein Taschengeld wird aber nicht gewährt (OLG Celle StV 1998, 495). Dies soll selbst für Portokosten gelten (OLG Hamm NStZ 2003, 389). Andererseits hat der Gefangene ggf. unter den Voraussetzungen des Bundessozialhilfegesetzes einen Anspruch gegen den Sozialhilfeträger (Pfeiffer § 119 Rdn. 18).

Ausführungen können zur Erledigung wichtiger und unaufschiebbarer persönlicher, geschäftlicher oder rechtlicher Angelegenheiten bewilligt werden (Meyer-Goßner § 119 Rdn. 40). Die Anwesenheit bei der Geburt eines Kindes soll nicht ausreichen (OLG Düsseldorf NJW 1990, 3160). 18

Eine Fesselung ist nach Maßgabe des Abs. 5 zulässig. Für Zwangsmaßnahmen auf dem Gebiet der Gesundheitsfürsorge gilt § 101 StVollzG (Meyer-Goßner § 119 Rdn. 42). Zu Einzelheiten vgl. Meyer-Goßner § 119 Rdn. 43 ff. Angeordnet wird auch in diesen Fällen durch den Richter (Abs. 6 S. 1), in dringenden Fällen durch den Staatsanwalt, den Anstaltsleiter oder andere Beamte. Die Maßnahmen bedürfen im Übrigen der Genehmigung des Richters (Abs. 6 S. 3). Die Ersatzzuständigkeit gilt nur für vorläufige Maßnahmen, also z. B. keinesfalls für Disziplinarmaßnahmen (Meyer-Goßner § 119 Rdn. 48). 19

II. Rechtsschutz

Beschwerdeberechtigt gegen richterliche Entscheidungen sind der Beschuldigte und der StA, nicht jedoch der Anstaltsleiter (Meyer-Goßner § 119 Rdn. 49). Der Gefangene kann auch nach Abschluss der U-Haft ein berechtigtes Interesse daran haben, dass die Rechtswidrigkeit der Maßnahme festgestellt wird (Pfeiffer § 119 Rdn. 23). 20

Bei einer Beschwerde **gegen Maßnahmen der JVA** entscheidet der Richter (KG GA 1977, 148). Im Übrigen kann der U-Gefangene Gegenvorstellungen erheben oder Dienstaufsichtsbeschwerde einlegen. Der Antrag auf gerichtliche Entscheidung nach § 23 Abs. 1 S. 2 EGGVG ist denkbar. Befindet sich der Beschuldigte, gegen den ein Haftbefehl besteht, im Strafvollzug, so entscheidet über einen Antrag auf gerichtliche Entscheidung gegen einen Verwaltungsakt die Strafvollstreckungskammer (Meyer-Goßner § 119 Rdn. 50). 21

Untersuchungshaft und Freiheitsstrafe können nicht gleichzeitig vollzogen werden. Im Rahmen des Strafvollzugs können aber Maßnahmen ergriffen werden, die der Zweck der U-Haft erfordert. Hierzu gehört etwa die Anordnung von Einzelhaft oder die Beschränkung des Schrift- und Besuchsverkehrs (Meyer-Goßner § 119 Rdn. 33). Bestimmte im StrVollzG vorgesehene Maßnahmen, wie z. B. Freigang, sind grundsätzlich nicht möglich. Die notwendigen Anordnungen und Entscheidungen zur Sicherung des Strafverfahrens trifft der Haftrichter (§ 126). 22

§ 120 [Aufhebung des Haftbefehls]

(1) ¹**Der Haftbefehl ist aufzuheben, sobald die Voraussetzungen der Untersuchungshaft nicht mehr vorliegen oder sich ergibt, daß die weitere Untersuchungshaft zu der Bedeutung der Sache und der zu erwartenden Strafe oder Maßregel der Besserung und Sicherung außer Verhältnis stehen würde.** ²**Er ist namentlich aufzuheben, wenn der Beschuldigte freigesprochen oder die Eröffnung des Hauptverfahrens abgelehnt oder das Verfahren nicht bloß vorläufig eingestellt wird.**

(2) **Durch die Einlegung eines Rechtsmittels darf die Freilassung des Beschuldigten nicht aufgehalten werden.**

(3) ¹**Der Haftbefehl ist auch aufzuheben, wenn die Staatsanwaltschaft es vor Erhebung der öffentlichen Klage beantragt.** ²**Gleichzeitig mit dem Antrag kann die Staatsanwaltschaft die Freilassung des Beschuldigten anordnen.**

§ 120 1. Buch. Allgemeine Vorschriften

1 Die Vorschrift beschreibt die Gründe, die zu einer **Aufhebung des Haftbefehls** führen. Hinzu treten § 121 Abs. 2, § 112a.

2 **Die Haftvoraussetzungen liegen nicht mehr vor** (Abs. 1 S. 1), wenn der dringende Tatverdacht und/oder ein Haftgrund (nunmehr) zu verneinen sind. Eine Verdunkelungsgefahr reduziert sich im Allgemeinen mit dem Fortgang der Ermittlungen und entfällt, wenn alle Beweise gesichert sind (Pfeiffer § 120 Rdn. 2).

3 Der Haftbefehl ist auch aufzuheben, wenn im Laufe des Verfahrens die Fortdauer der U-Haft **unverhältnismäßig** wird. Dies ist z. B. der Fall, wenn die vom Beschuldigten bereits erlittene U-Haft die Dauer der zu erwartenden Freiheitsstrafe erreicht oder übersteigt (OLG Bamberg NJW 1996, 1222). Dies gilt auch für einen bereits außer Vollzug gesetzten Haftbefehl (BVerfGE 53, 159). Eine Verletzung des Beschleunigungsgrundsatzes kann zur Unverhältnismäßigkeit führen (vgl. OLG Düsseldorf NStZ-RR 2001, 255). Bei Freispruch usw. (Abs. 1 S. 2) wird gesetzlich vermutet, dass die Haftvoraussetzungen weggefallen sind oder die Verhältnismäßigkeit nicht mehr gewahrt ist (Meyer-Goßner § 120 Rdn. 8). Dies gilt selbst bei einem offensichtlich fehlerhaften Freispruch (OLG Düsseldorf MDR 1974, 686). Die Verfahrenseinstellung nach § 170 Abs. 2 S. 1 führt zwar nicht zu einer endgültigen Einstellung des Verfahrens, ist aber als ein Fall des Abs. 3 (Antrag der StA) zu behandeln.

4 Mit der Aufhebung des Haftbefehls ordnet das Gericht zugleich die **Freilassung des Beschuldigten** an, wenn keine Überhaft vermerkt ist, und veranlasst die Entlassung. Wird der Haftbefehl in der Hauptverhandlung aufgehoben, darf der Angeklagte nicht noch zwangsweise in die JVA zurückgebracht werden (LG Berlin NStZ 2002, 497), wird dies aber im Zweifel freiwillig tun, um seine persönliche Habe abzuholen.

5 Ist gegen die den Beschuldigten entlastende Entscheidung **Berufung oder Beschwerde** eingelegt worden, darf schon vor Entscheidung über das Rechtsmittel ein neuer Haftbefehl ergehen, wenn neue Tatsachen oder Beweise vorliegen, die geeignet sind, die gesetzliche Vermutung des Abs. 1 S. 2 zu widerlegen (Meyer-Goßner § 120 Rdn. 10). Für die Anfechtung mit der Revision soll dies nicht gelten, da dann neue Tatsachen oder Beweise nicht mehr berücksichtigt werden können (Meyer-Goßner § 120 Rdn. 10; a. M. KK-Boujong § 120 Rdn. 20). Wird das Urteil vom Revisionsgericht aufgehoben und zurückverwiesen, soll die gesetzliche Vermutung des Abs. 1 S. 2 hinfällig sein (Meyer-Goßner § 120 Rdn. 11).

6 Abs. 2 schließt die Einlegung eines Rechtsmittels gegen den den Haftbefehl aufhebenden Beschluss zwar nicht aus, die Beschwerde hat aber **keine die Freilassung aufschiebende Wirkung**. Diese kann auch nicht durch eine Anordnung nach § 307 Abs. 2 herbeigeführt werden. Hat der Richter lediglich den Haftbefehl außer Vollzug gesetzt, kann nach § 307 Abs. 2 die aufschiebende Wirkung der Beschwerde angeordnet werden (KK-Boujong § 120 Rdn. 19).

7 **Beantragt der Staatsanwalt die Aufhebung** (Abs. 3), muss der Haftrichter bzw. das befasste Gericht den Haftbefehl ohne weiteres aufheben. Keine Bindung soll an den Antrag bestehen, ihn lediglich außer Vollzug zu setzen (OLG Düsseldorf StV 2001, 462; LR-Hilger § 120 Rdn. 40; Meyer-Goßner § 120 Rdn. 13; a. M. BGH – Ermittlungsrichter – NJW 2000, 967; Nehm FS Meyer-Goßner S. 291). Stellt der StA den Antrag mit Anklageerhebung, muss der Richter diesem nicht zugleich stattgeben, da die Bindungswirkung des Abs. 3 S. 1 nur im Ermittlungsverfahren besteht (Meyer-Goßner § 120 Rdn. 13; teilweise a. M. LR-Hilger § 120 Rdn. 42). Die Freilassung des Beschuldigten muss mit der Antragstellung angeordnet werden (Abs. 3 S. 2). Ein Ermessen steht dem StA nicht zu (LR-Hilger § 120 Rdn. 46).

8 **Mit einer rechtskräftigen Verurteilung** geht die U-Haft ohne weiteres in Strafhaft oder in den Vollzug der Sicherungsmaßregel über (BGHSt 38, 63; vor § 112 Rdn. 6). Auf die Einleitung der Vollstreckung soll es nicht ankommen (Meyer-Goßner § 120 Rdn. 15). Der Haftbefehl wird dann gegenstandslos, ebenso eine noch nicht beschiedene Haftbeschwerde. Ist in dem rechtskräftigen Urteil aber auf eine Be-

währungsstrafe oder eine Geldstrafe erkannt worden, muss der Haftbefehl aufgehoben werden (Meyer-Goßner § 120 Rdn. 15).

§ 121 [Untersuchungshaft über 6 Monate]

(1) Solange kein Urteil ergangen ist, das auf Freiheitsstrafe oder eine freiheitsentziehende Maßregel der Besserung und Sicherung erkennt, darf der Vollzug der Untersuchungshaft wegen derselben Tat über sechs Monate hinaus nur aufrechterhalten werden, wenn die besondere Schwierigkeit oder der besondere Umfang der Ermittlungen oder ein anderer wichtiger Grund das Urteil noch nicht zulassen und die Fortdauer der Haft rechtfertigen.

(2) In den Fällen des Absatzes 1 ist der Haftbefehl nach Ablauf der sechs Monate aufzuheben, wenn nicht der Vollzug des Haftbefehls nach § 116 ausgesetzt wird oder das Oberlandesgericht die Fortdauer der Untersuchungshaft anordnet.

(3) ¹Werden die Akten dem Oberlandesgericht vor Ablauf der in Absatz 2 bezeichneten Frist vorgelegt, so ruht der Fristenlauf bis zu dessen Entscheidung. ²Hat die Hauptverhandlung begonnen, bevor die Frist abgelaufen ist, so ruht der Fristenlauf auch bis zur Verkündung des Urteils. ³Wird die Hauptverhandlung ausgesetzt und werden die Akten unverzüglich nach der Aussetzung dem Oberlandesgericht vorgelegt, so ruht der Fristenlauf ebenfalls bis zu dessen Entscheidung.

(4) ¹In den Sachen, in denen eine Strafkammer nach § 74a des Gerichtsverfassungsgesetzes zuständig ist, entscheidet das nach § 120 des Gerichtsverfassungsgesetzes zuständige Oberlandesgericht. ²In den Sachen, in denen ein Oberlandesgericht nach § 120 des Gerichtsverfassungsgesetzes zuständig ist, tritt an dessen Stelle der Bundesgerichtshof.

Die Vorschrift trägt dem Umstand Rechnung, dass der in U-Haft befindliche Beschuldigte nach Art. 5 Abs. 3 S. 2 MRK und wegen des Verhältnismäßigkeitsgrundsatzes einen **Anspruch auf beschleunigte Aburteilung** bzw. Behandlung seines Verfahrens hat (Meyer-Goßner § 121 Rdn. 1). Die zeitliche Grenze gilt nicht für einen Haftbefehl nach § 230 Abs. 2, § 236 oder § 329 Abs. 4 S. 1 oder bei Überhaft. 1

Die Berechnung der Frist beginnt nicht schon mit der vorläufigen Festnahme, sondern erst mit Erlass des Haftbefehls (OLG Braunschweig NJW 1966, 116). War der Haftbefehl schon vorher erlassen worden, ist der Tag der Festnahme entscheidend. Der Tag, an dem die Untersuchungshaft beginnt, wird immer mitgerechnet. Unterbrechungen, z.B. nach § 116, zählen nicht mit. Ob die Unterbringung zur Beobachtung einzurechnen ist, ist zweifelhaft (vgl. Meyer-Goßner § 121 Rdn. 5; KG NStZ 1997, 148). Eine einstweilige Unterbringung nach § 126a ist im Regelfall anzurechnen (vgl. Meyer-Goßner § 121 Rdn. 6). Gleiches gilt für die Unterbringung in einem Erziehungsheim, wenn diese nach § 72 Abs. 4 S. 1 JGG angeordnet worden war (Meyer-Goßner § 121 Rdn. 6a; zum Teil umstritten). Eine im Ausland erlittene Auslieferungshaft soll nicht eingerechnet werden (OLG Hamm NJW 1966, 314; Meyer-Goßner § 121 Rdn. 7). 2

Die Untersuchungshaft darf **wegen derselben Tat** nicht über sechs Monate hinaus dauern. Der Begriff der Tat muss weit ausgelegt werden und stimmt mit dem des § 264 nicht überein (vgl. OLG Düsseldorf StV 2004, 496; Meyer-Goßner § 121 Rdn. 11). Zur Tat gehören alle Taten des Beschuldigten von dem Zeitpunkt an, in dem sie bekannt geworden sind und daher in den Haftbefehl hätten aufgenommen werden können (OLG Düsseldorf StV 2004, 496; so genannter „**erweiterter Tatbegriff**", Meyer-Goßner § 121 Rdn. 12). Wird also Untersuchungshaft vollzogen, so darf sie nicht auf Grund eines weiteren Haftbefehls, der bereits bei Erlass des ersten 3

§ 121 1. Buch. Allgemeine Vorschriften

Haftbefehls bekannt gewesene Tatvorwürfe zum Gegenstand hat, über sechs Monate hinweg fortdauern. Damit soll die **„Reservehaltung"** von Tatvorwürfen unterbunden werden (Meyer-Goßner § 121 Rdn. 12).

4 Werden erst im Laufe des Ermittlungsverfahrens **neue Taten bekannt,** so kann die Untersuchungshaft wegen des erweiterten Haftbefehls bis zur Grenze des Abs. 1 vollzogen werden. Die Sechs-Monats-Frist beginnt dann mit dem Zeitpunkt, in dem der Tatverdacht so dringend geworden ist, dass der zweite Haftbefehl hätte erlassen bzw. der erste Haftbefehl hätte ergänzt werden können (OLG Düsseldorf StV 2004, 496; Meyer-Goßner § 121 Rdn. 14).

5 **Die Sechs-Monats-Frist darf überschritten werden,** wenn die besondere Schwierigkeit oder der besondere Umfang der Ermittlungen oder ein anderer wichtiger Grund das Urteil noch nicht zulassen und die Fortdauer der Haft rechtfertigen (Abs. 1, 2. Halbsatz). Besondere Schwierigkeiten oder der Umfang genügen nur dann zur Aufrechterhaltung der Untersuchungshaft, wenn dadurch ihre Fortdauer gerechtfertigt ist und sie nicht im Hinblick auf Art. 2 Abs. 2 S. 2 GG unverhältnismäßig wird (BVerfG StV 1998, 557). Das Verfahren ist mit einem durchschnittlichen Ermittlungsverfahren zu vergleichen. So kann die Notwendigkeit, eine Vielzahl von Straftaten aufzuklären oder die Einvernahme zahlreicher Zeugen eine zeitliche Verzögerung erklären.

6 **Andere wichtige Gründe** müssen ihrem Gewicht nach den beiden besonders genannten Gründen gleichstehen. Diese Ausnahmevorschrift ist eng auszulegen (BVerfGE 20, 45, 50; Meyer-Goßner § 121 Rdn. 18). Insbesondere müssen die Strafverfolgungsbehörden und Gerichte alle zumutbaren Maßnahmen treffen, um die Ermittlungen so schnell wie möglich abzuschließen und ein Urteil herbeizuführen. Die Maßstäbe werden umso strenger, je länger die Untersuchungshaft dauert (BVerfG NStZ 2000, 153). Ein wichtiger Grund liegt dann vor, wenn das Verfahren durch Umstände verzögert wird, denen die Strafverfolgungsbehörden durch geeignete Maßnahmen nicht haben entgegenwirken können (Meyer-Goßner § 121 Rdn. 21).

Beispiel: Erkrankung des die Sache allein bearbeitenden Staatsanwalts (OLG Hamm NJW 1972, 550), die Verhinderung von Beweispersonen in Folge einer Erkrankung (BVerfGE 36, 264, 274).

7 Ob eine **Überlastung des Gerichts oder der StA** ein wichtiger Grund sein kann, ist zweifelhaft. Die kurzfristige, weder vorhersehbare noch vermeidbare Überlastung kann wichtiger Grund sein (Meyer-Goßner § 121 Rdn. 21). Beruht die Überlastung aber auf einer unzulänglichen Besetzung des Spruchkörpers, fehlenden Richterstellen oder ähnlichem, liegt kein wichtiger Grund vor. Das Gericht muss durch Ausschöpfung aller gerichtsorganisatorischen Mittel und Möglichkeiten, notfalls durch Veränderung der Geschäftsverteilung, entsprechende Engpässe beseitigen (Meyer-Goßner § 121 Rdn. 22 mit zahlreichen weiteren Nachweisen). So muss der Verzögerung des Verfahrens von vornherein ggf. durch Anlegung von Zweitakten begegnet werden (BVerfG StV 1999, 162). Verzögert die StA oder die Kriminalpolizei durch unzureichende Bearbeitung das Verfahren, ist dies ebenso wenig ein wichtiger Grund wie das Fehlen eines Zeugen, wenn die StA nicht dafür Sorge trägt, dass er zur Verfügung steht (KG NJW 1997, 878). Die Fortdauer der Untersuchungshaft ist aber trotz verzögerter Sachbehandlung gerechtfertigt, wenn in dem amtlichen Verschulden keine groben Fehler oder Säumnisse liegen (OLG Düsseldorf wistra 1997, 35) oder die Verzögerung durch spätere besonders beschleunigte Bearbeitung ausgeglichen worden ist (OLG Stuttgart Justiz 2001, 196).

8 Ist die Fristüberschreitung nicht entschuldigt, muss der Haftbefehl **aufgehoben** werden (Abs. 2), wenn nicht eine Aussetzung des Vollzugs nach § 116 verfügt wird. Eine Weiterführung der Untersuchungshaft über sechs Monate hinaus kann nur das OLG anordnen. Daher werden diesem die Akten vor Ablauf der Sechs-Monats-Frist vorgelegt. Der Fristlauf ruht dann bis zur Entscheidung des OLG (Abs. 3 S. 1).

9. Abschnitt. Verhaftung und vorläufige Festnahme § 122

Entscheidend für die Fristwahrung ist der **Eingang der Akten** beim OLG (KK- 9
Boujong § 121 Rdn. 28; a. M. OLG Frankfurt NJW 1965, 1730). Für Fälle laufender
Hauptverhandlungen gelten S. 2 und 3: Der Fristlauf ruht in solchen Fällen. – Abs. 4
betrifft die Zuständigkeit in Staatsschutzsachen.

§ 122 [Besondere Haftprüfung durch das OLG]

(1) **In den Fällen des § 121 legt das zuständige Gericht die Akten durch Vermittlung der Staatsanwaltschaft dem Oberlandesgericht zur Entscheidung vor, wenn es die Fortdauer der Untersuchungshaft für erforderlich hält oder die Staatsanwaltschaft es beantragt.**

(2) ¹**Vor der Entscheidung sind der Beschuldigte und der Verteidiger zu hören.** ²**Das Oberlandesgericht kann über die Fortdauer der Untersuchungshaft nach mündlicher Verhandlung entscheiden; geschieht dies, so gilt § 118a entsprechend.**

(3) ¹**Ordnet das Oberlandesgericht die Fortdauer der Untersuchungshaft an, so gilt § 114 Abs. 2 Nr. 4 entsprechend.** ²**Für die weitere Haftprüfung (§ 117 Abs. 1) ist das Oberlandesgericht zuständig, bis ein Urteil ergeht, das auf Freiheitsstrafe oder eine freiheitsentziehende Maßregel der Besserung und Sicherung erkennt.** ³**Es kann die Haftprüfung dem Gericht, das nach den allgemeinen Vorschriften dafür zuständig ist, für die Zeit von jeweils höchstens drei Monaten übertragen.** ⁴**In den Fällen des § 118 Abs. 1 entscheidet das Oberlandesgericht über einen Antrag auf mündliche Verhandlung nach seinem Ermessen.**

(4) ¹**Die Prüfung der Voraussetzungen nach § 121 Abs. 1 ist auch im weiteren Verfahren dem Oberlandesgericht vorbehalten.** ²**Die Prüfung muß jeweils spätestens nach drei Monaten wiederholt werden.**

(5) **Das Oberlandesgericht kann den Vollzug des Haftbefehls nach § 116 aussetzen.**

(6) **Sind in derselben Sache mehrere Beschuldigte in Untersuchungshaft, so kann das Oberlandesgericht über die Fortdauer der Untersuchungshaft auch solcher Beschuldigter entscheiden, für die es nach § 121 und den vorstehenden Vorschriften noch nicht zuständig wäre.**

(7) **Ist der Bundesgerichtshof zur Entscheidung zuständig, so tritt dieser an die Stelle des Oberlandesgerichts.**

Die Vorschrift regelt die **Haftprüfung durch das OLG.** Sie ist eine verfahrens- 1
rechtliche Ergänzung des § 121 (Pfeiffer § 122 Rdn. 1). Zum Zeitpunkt der Entscheidung des OLG musst der Haftbefehl noch vollzogen werden, so dass bei einer Flucht
des Beschuldigten, einer Unterbrechung zur Strafvollstreckung oder bei Aussetzung
des Vollzugs nach § 116 eine Entscheidung entfällt (Pfeiffer § 122 Rdn. 1).

Der Haftrichter legt die Akten dem OLG vor. Liegen dem OLG die Akten 2
ohnehin aus einem sonstigen Grund vor, kann es gleichzeitig über die Haftfortdauer
nach § 121 Abs. 1 entscheiden (vgl. OLG Düsseldorf StV 1991, 222). Zur Vorbereitung der Vorlage passt der Haftrichter den Haftbefehl dem aktuellen Verfahrensstand
an.

Auf Antrag der StA muss der Haftrichter die Akten auch dann vorlegen, wenn er 3
die Voraussetzungen des § 121 nicht für gegeben hält. Mit Vorliegen des Antrags verliert er die Befugnis, den Haftbefehl aufzuheben oder seinen Vollzug auszusetzen
(OLG Karlsruhe Justiz 1971, 331). Die Vorlage muss so rechtzeitig erfolgen, dass die
Akten noch vor Ablauf der Frist beim OLG eingehen (§ 121 Rdn. 9).

Das Verfahren des OLG richtet sich nach Abs. 2. Die Beteiligten erhalten recht- 4
liches Gehör (Abs. 2 S. 1). Entscheidet das OLG nicht nach Aktenlage, sondern nach

mündlicher Verhandlung, gilt § 118a entsprechend. Muss ermittelt werden, weshalb das Urteil noch nicht erlassen worden ist, werden Beweise durch das OLG wegen der Eilbedürftigkeit der Entscheidung selbst im Freibeweis erhoben. Hierzu können insbesondere die Einholung von Stellungnahmen der Justizverwaltung, der Richter oder des Staatsanwalts gehören (Meyer-Goßner § 122 Rdn. 11).

5   **Die Entscheidung des OLG** richtet sich nach Abs. 3 S. 1, Abs. 5. Abs. 3 regelt die normale Haftprüfung nach § 117 Abs. 1 und die Übertragung der antragsgebundenen Haftprüfung auf den zuständigen Richter (§ 126). Dieser kann den Haftbefehl aufheben (§ 120) oder außer Vollzug setzen (§ 116). Eine Aussetzung des Vollzugs ist nach § 116 möglich (Abs. 5).

6   **Die weitere Haftprüfung** nach § 121 Abs. 1 ist dem OLG vorbehalten (Abs. 4). Sie findet erst statt, wenn der Haftrichter die Akten wieder vorlegt (LR-Hilger § 122 Rdn. 56). Die Frist beginnt mit Erlass des Beschlusses bei der vorangegangenen Haftprüfung und ruht entsprechend § 121 Abs. 3 S. 2 während der Dauer der Hauptverhandlung (OLG Düsseldorf NStZ 1992, 402).

7   **Bei mehreren Beschuldigten** (Abs. 6) kann das OLG über die Haftfortdauer einheitlich entscheiden, auch wenn die Frist noch nicht bei allen erreicht und daher insoweit keine Vorlage nach Abs. 1 erfolgt ist. Dadurch soll verhindert werden, dass das Verfahren verzögert wird. Zugleich wird ermöglicht, im weiteren Verfahren einheitliche Haftprüfungsfristen zu erhalten. Ist bei einem Beschuldigten die Frist noch nicht erreicht, kann das OLG nur die Haftfortdauer anordnen. Die Anordnung der Aufhebung des Haftbefehls ist nach § 121 Abs. 1 unzulässig (LR-Hilger § 122 Rdn. 44; a.M. OLG Hamburg NJW 1968, 1535).

§ 122a [Höchstdauer der Haft nach § 112a]

In den Fällen des § 121 Abs. 1 darf der Vollzug der Haft nicht länger als ein Jahr aufrechterhalten werden, wenn sie auf den Haftgrund des § 112a gestützt ist.

1   Die Vorschrift stellt klar, dass eine **Untersuchungshaft wegen Wiederholungsgefahr** nicht länger als ein Jahr aufrechterhalten werden darf. In diesen Fällen muss eine Aufhebung des Haftbefehls erfolgen, die Aussetzung des Vollzugs genügt nicht. Maßnahmen nach § 71 JGG bleiben zulässig (Meyer-Goßner § 122a Rdn. 1). Allerdings kann der Haftbefehl auf einen anderen Haftgrund umgestellt werden.

2   Bei der **Berechnung der Höchstdauer** kommt es nur auf den Vollzug des auf Wiederholungsgefahr gestützten Haftbefehls an; war der Vollzug unterbrochen, werden alle Haftzeiten zusammengerechnet (Meyer-Goßner § 122a Rdn. 2). Erfolgt eine erneute Verhaftung wegen einer anderen Straftat, werden die Haftzeiten nicht addiert (LR-Hilger § 122a Rdn. 11). § 121 Abs. 3 ist anwendbar, es kommt also auf den Eingang der Akten beim OLG an.

§ 123 [Aufhebung von schonenden Maßnahmen]

(1) Eine Maßnahme, die der Aussetzung des Haftvollzugs dient (§ 116), ist aufzuheben, wenn

1. der Haftbefehl aufgehoben wird oder
2. die Untersuchungshaft oder die erkannte Freiheitsstrafe oder freiheitsentziehende Maßregel der Besserung und Sicherung vollzogen wird.

(2) Unter denselben Voraussetzungen wird eine noch nicht verfallene Sicherheit frei.

(3) **Wer für den Beschuldigten Sicherheit geleistet hat,** kann deren Freigabe dadurch erlangen, daß er entweder binnen einer vom Gericht zu bestimmenden

9. Abschnitt. Verhaftung und vorläufige Festnahme § 124

Frist die Gestellung des Beschuldigten bewirkt oder die Tatsachen, die den Verdacht einer vom Beschuldigten beabsichtigten Flucht begründen, so rechtzeitig mitteilt, daß der Beschuldigte verhaftet werden kann.

Die Vorschrift regelt die **Aufhebung von Ersatzmaßnahmen** in Fällen der Außervollzugsetzung eines Haftbefehls nach § 116. Wird der Haftbefehl aufgehoben (Nr. 1), können die Maßnahmen nicht bestehen bleiben. Mit der Einlieferung des Angeklagten in die zuständige Anstalt sind Maßnahmen der Haftverschonung usw. aufzuheben (Abs. 1 Nr. 2). Eine Sicherheit kann aber schon vor Beginn des Vollzugs freigegeben werden, wenn keine Besorgnis mehr besteht, dass sich der Verurteilte dem Strafantritt entziehen werde (OLG Bremen NJW 1963, 1024). 1

Eine geleistete Sicherheit wird bei Vorliegen der Voraussetzungen des Abs. 1 ohne weiteres frei; ein **feststellender Gerichtsbeschluss** ist erforderlich (OLG Frankfurt NJW 1983, 295). Erst durch diesen erlangt der Hinterleger einen Herausgabeanspruch gegen die Hinterlegungsstelle (vgl. auch LG Berlin NStZ 2002, 278). Der Anspruch kann aber in Vollziehung eines dinglichen Arrests nach § 111d gepfändet werden. 2

Wer nach § 116a Abs. 1 für den Beschuldigten eine Bürgschaft geleistet hat, kann die **Freigabe der Sicherheit** verlangen (Abs. 3). Gestellung meint physische Einwirkung auf den Beschuldigten. Wird die an StA oder Polizei gerichtete Fluchtanzeige so rechtzeitig erstattet, dass bei unverzüglichem Vorgehen der Behörden der Aussetzungsbeschluss aufgehoben und die Verhaftung vollzogen werden kann, wird die Sicherheit auch dann frei, wenn dem Beschuldigten dennoch die Flucht gelingt (OLG Düsseldorf NStZ 1985, 38; Meyer-Goßner § 123 Rdn. 8). Der Bürge kann die Freigabe der Sicherheit auch dann verlangen, wenn sie schon nach § 124 Abs. 1 verfallen war (Meyer-Goßner § 124 Rdn. 9). Auch in diesen Fällen ist ein feststellender Gerichtsbeschluss erforderlich, der auf Antrag des Bürgen ergeht. 3

Der StA steht die **Beschwerde** nach § 304 Abs. 1 zu, wenn das Gericht eine Maßnahme aufhebt oder die Freigabe der Sicherheit feststellt. Gegen eine ablehnende Entscheidung steht das Beschwerderecht auch dem Beschuldigten und ggf. dem Bürgen zu. Inwiefern die weitere Beschwerde zulässig ist, ist umstritten (vgl. LR-Hilger § 123 Rdn. 30; Meyer-Goßner § 123 Rdn. 11; SK-Paeffgen § 123 Rdn. 13). 4

§ 124 [Verfall der Sicherheit]

(1) Eine noch nicht frei gewordene Sicherheit verfällt der Staatskasse, wenn der Beschuldigte sich der Untersuchung oder dem Antritt der erkannten Freiheitsstrafe oder freiheitsentziehenden Maßregel der Besserung und Sicherung entzieht.

(2) ¹Vor der Entscheidung sind der Beschuldigte sowie derjenige, welcher für den Beschuldigten Sicherheit geleistet hat, zu einer Erklärung aufzufordern. ²Gegen die Entscheidung steht ihnen nur die sofortige Beschwerde zu. ³Vor der Entscheidung über die Beschwerde ist ihnen und der Staatsanwaltschaft Gelegenheit zur mündlichen Begründung ihrer Anträge sowie zur Erörterung über durchgeführte Ermittlungen zu geben.

(3) Die den Verfall aussprechende Entscheidung hat gegen denjenigen, welcher für den Beschuldigten Sicherheit geleistet hat, die Wirkungen eines von dem Zivilrichter erlassenen, für vorläufig vollstreckbar erklärten Endurteils und nach Ablauf der Beschwerdefrist die Wirkungen eines rechtskräftigen Zivilendurteils.

Die Vorschrift regelt den **Verfall der** nach §§ 116, 116a geleisteten bzw. wirksam bestellten **Sicherheit**, die noch nicht nach § 123 Abs. 2 frei geworden ist. Die Untersuchung beginnt mit der Einleitung des Ermittlungsverfahrens und dauert bis zur 1

275

§ 125   1. Buch. Allgemeine Vorschriften

Beendigung des Verfahrens durch Einstellung, Nichteröffnung des Hauptverfahrens oder Rechtskraft des Urteils. Dass der Beschuldigte sich später stellt oder verhaftet wird, ist ohne Bedeutung (Meyer-Goßner § 124 Rdn. 1).

2   **Ein Sichentziehen** besteht in einem Verhalten, das den Erfolg hat, dass möglicherweise notwendig werdende verfahrensrechtliche Maßnahmen gegen den Beschuldigten nicht mehr jederzeit ungehindert durchgeführt werden können (OLG Düsseldorf StV 1987, 110; OLG Frankfurt NStZ-RR 2001, 381). Eine Verzögerung genügt. Der Beschuldigte muss nicht absichtlich handeln, es genügt, wenn er diese Konsequenz bewusst in Kauf nimmt. Auf Schuldfähigkeit soll es nicht ankommen (BVerfG NStZ 1991, 142; zweifelnd Paeffgen NStZ 1991, 422, 425). Die bloße Vorbereitung einer Flucht führt nicht zum Verfall der Sicherheit, auch nicht der Verstoß gegen Auflagen nach § 116 (Meyer-Goßner § 124 Rdn. 4). Wer seine Wohnung ohne Hinterlassung einer Anschrift verlässt (OLG Hamm NJW 1996, 736), sich ins Ausland absetzt (OLG Braunschweig NJW 1964, 1485) oder sonst flüchtig ist oder sich verborgen hält, entzieht sich (Meyer-Goßner § 124 Rdn. 5). Bei Suizid verfällt die Sicherheit nicht (KK-Boujong § 124 Rdn. 4).

3   **Für das Verfahren** ist das Gericht nach § 126 zuständig (Abs. 2 S. 1), nach Rechtskraft der zuletzt mit der Sache befasste Tatrichter (Meyer-Goßner § 124 Rdn. 6). Vor der Entscheidung ist der Beschuldigte bzw. sicherheitsleistende Dritte zu hören (Abs. 2 S. 1). Das Gericht entscheidet ohne mündliche Verhandlung durch Beschluss, der zu begründen und nach § 35 Abs. 2 S. 1 zuzustellen ist. Eine Abänderung des unanfechtbar gewordenen Beschlusses ist unzulässig (OLG Stuttgart MDR 1982, 341).

4   **Die sofortige Beschwerde** (Abs. 2 S. 2, 3) steht dem Beschuldigten und dem sicherheitsleistenden Dritten zu, nicht einem Dritten, der lediglich hinter der von einer Bank zu leistenden Bürgschaft steht oder der, der im Namen des Beschuldigten einen Geldbetrag hinterlegt hat (Meyer-Goßner § 124 Rdn. 9). Bei Versäumung der Frist soll sich der Beschuldigte das Verschulden des Verteidigers anrechnen lassen müssen (vgl. § 44 Rdn. 24). Überwiegend hält man auch die StA für beschwerdeberechtigt, obwohl sie in Abs. 2 S. 2 nicht aufgeführt ist (OLG Stuttgart Justiz 1984, 213; KK-Boujong § 124 Rdn. 11). War die Anhörung nach Abs. 2 S. 1 versehentlich unterblieben, entscheidet das Beschwerdegericht nicht selbst, sondern verweist die Sache zurück (OLG Celle NStZ-RR 1999, 178; Meyer-Goßner § 124 Rdn. 9; a.M. OLG Frankfurt NStZ-RR 1997, 272).

5   **Die mündliche Verhandlung** regelt Abs. 2 S. 3. Dort werden gestellte Anträge erörtert und ggf. vom Gericht im Freibeweis gewonnene Erkenntnisse mitgeteilt. Die Verhandlung ist nicht öffentlich, ein Erscheinen der Beteiligten kann nicht erzwungen werden. Ist der Beschuldigte nicht auf freiem Fuß, kann er (Meyer-Goßner § 124 Rdn. 10) bzw. muss er (LR-Hilger § 124 Rdn. 45) zum Termin vorgeführt werden. Die weitere Beschwerde ist ausgeschlossen (KK-Boujong § 124 Rdn. 13).

6   Der Beschluss hat die **Wirkung eines Zivilurteils** (Abs. 3). Mit dem Verfall geht die Sicherheit auf das Land über, dessen Gericht zur Zeit des Verfalls die Sachherrschaft über das Verfahren hat. Eine Bürgschaft (§ 116a Abs. 1) wird fällig (KK-Boujong § 124 Rdn. 7).

§ 125 [Zuständigkeit für Erlaß des Haftbefehls]

(1) **Vor Erhebung der öffentlichen Klage erläßt der Richter bei dem Amtsgericht, in dessen Bezirk ein Gerichtsstand begründet ist oder der Beschuldigte sich aufhält, auf Antrag der Staatsanwaltschaft oder, wenn ein Staatsanwalt nicht erreichbar und Gefahr im Verzug ist, von Amts wegen den Haftbefehl.**

(2) [1]**Nach Erhebung der öffentlichen Klage erläßt den Haftbefehl das Gericht, das mit der Sache befaßt ist, und, wenn Revision eingelegt ist, das Gericht,**

9. Abschnitt. Verhaftung und vorläufige Festnahme **§ 126**

dessen Urteil angefochten ist. ²In dringenden Fällen kann auch der Vorsitzende den Haftbefehl erlassen.

Die Vorschrift regelt die **Zuständigkeit** für den Erlass des Haftbefehls und die Ablehnung eines darauf gerichteten Antrags. 1

Vor Erhebung der öffentlichen Klage (Abs. 1) ist der Richter bei jedem AG zuständig, in dessen Bezirk ein Gerichtsstand nach §§ 7ff begründet ist (Abs. 1). Grundsätzlich setzt der Haftbefehl in diesem Verfahrensabschnitt einen Antrag der StA voraus, nur bei Unerreichbarkeit der StA und Gefahr im Verzuge kann der Haftbefehl nach Abs. 1 von Amts wegen erlassen werden (vgl. auch § 128 Rdn. 7). Gefahr im Verzug besteht, wenn ohne sofortigen Erlass des Haftbefehls die Gefahr besteht, dass die Verhaftung des Beschuldigten nicht mehr möglich sein wird (Meyer-Goßner § 125 Rdn. 9). 2

Nach Erhebung der öffentlichen Klage (Abs. 2) ist das mit der Sache befasste Gericht zuständig (Abs. 2). In Fällen der Berufung entscheidet das Berufungsgericht nach Vorlegung der Akten nach § 321 S. 1, im Revisionsverfahren der letzte Tatrichter (Abs. 2 S. 1). In dringenden Fällen kann der Vorsitzende den Haftbefehl erlassen (Abs. 2 S. 2). Die Entscheidung bedarf keiner späteren Bestätigung durch das Kollegium. Der Verhaftete oder die StA können die Entscheidung des Spruchkörpers herbeiführen (Pfeiffer § 125 Rdn. 3). Die Ablehnung eines Haftbefehls kann nicht allein der Vorsitzende aussprechen, da diese niemals dringend ist. 3

§ 126 [Zuständigkeit für die weiteren Entscheidungen]

(1) ¹Vor Erhebung der öffentlichen Klage ist für die weiteren richterlichen Entscheidungen und Maßnahmen, die sich auf die Untersuchungshaft oder auf die Aussetzung des Haftvollzugs (§ 116) beziehen, der Richter zuständig, der den Haftbefehl erlassen hat. ²Hat das Beschwerdegericht den Haftbefehl erlassen, so ist der Richter zuständig, der die vorangegangene Entscheidung erlassen hat. ³Wird das vorbereitende Verfahren an einem anderen Ort geführt oder die Untersuchungshaft an einem anderen Ort vollzogen, so kann der Richter, sofern die Staatsanwaltschaft es beantragt, die Zuständigkeit dem Richter bei dem Amtsgericht dieses Ortes übertragen. ⁴Ist der Ort in mehrere Gerichtsbezirke geteilt, so bestimmt die Landesregierung durch Rechtsverordnung das zuständige Amtsgericht. ⁵Die Landesregierung kann diese Ermächtigung auf die Landesjustizverwaltung übertragen.

(2) ¹Nach Erhebung der öffentlichen Klage ist das Gericht zuständig, das mit der Sache befaßt ist. ²Nach Einlegung der Revision ist das Gericht zuständig, dessen Urteil angefochten ist. ³Einzelne Maßnahmen, insbesondere nach § 119, ordnet der Vorsitzende an. ⁴In dringenden Fällen kann er auch den Haftbefehl aufheben oder den Vollzug aussetzen (§ 116), wenn die Staatsanwaltschaft zustimmt; andernfalls ist unverzüglich die Entscheidung des Gerichts herbeizuführen.

(3) **Das Revisionsgericht kann den Haftbefehl aufheben, wenn es das angefochtene Urteil aufhebt und sich bei dieser Entscheidung ohne weiteres ergibt, daß die Voraussetzungen des § 120 Abs. 1 vorliegen.**

(4) **Die §§ 121 und 122 bleiben unberührt.**

Die Vorschrift regelt die **gerichtliche Zuständigkeit für weitere Entscheidungen** und Maßnahmen, die sich auf die Untersuchungshaft beziehen. Sie gilt auch für die Ungehorsamshaft nach § 230 Abs. 2, § 236. Angesprochen sind insbesondere die Entscheidungen nach §§ 116, 117, 118a, 118a, 123, 124 sowie Maßnahmen und Entscheidungen nach § 119 (Pfeiffer § 126 Rdn. 1). 1

§ 126a   1. Buch. Allgemeine Vorschriften

2   **Vor Erhebung der öffentlichen Klage** ist der Richter zuständig, der den Haftbefehl erlassen hat (Richter am Amtsgericht im Sinne des § 125 Abs. 1, Ermittlungsrichter des OLG und des BGH im Anwendungsbereich des § 169). Wurde der Haftbefehl erst vom Beschwerdegericht erlassen, bleibt der Richter zuständig, der die ablehnende Entscheidung erlassen hatte (Abs. 1 S. 2). Nach S. 3 ist die Übertragung der Zuständigkeit möglich (vgl. auch § 72 Abs. 6 JGG). Vorausgesetzt ist ein entsprechender Antrag der StA (Meyer-Goßner § 126 Rdn. 3). Mit der Übertragung wird die Zuständigkeit des neuen Haftrichters begründet und das ihm übergeordnete LG und OLG für Entscheidungen über Beschwerden und weitere Beschwerden zuständig (BGHSt 14, 180, 185). Dies gilt auch für die Bescheidung von vor Erlass des Beschlusses eingelegten Beschwerden (OLG Hamburg NJW 1966, 606).

3   **Nach Erhebung der öffentlichen Klage** (Abs. 2 bis 4) ist grundsätzlich das mit der Sache befasste Gericht zuständig (Abs. 2 S. 1). Nach Zurückverweisung durch das Revisionsgericht ist nur noch das Gericht zuständig, an das zurückverwiesen wurde (BGH NJW 1996, 2665), auch dann, wenn ihm die Akten noch nicht zugeleitet worden sind (Meyer-Goßner § 126 Rdn. 6). Noch unerledigte Beschwerden werden vom jetzt zuständigen Gericht entschieden, nicht etwa durch das Beschwerdegericht, im Fall des Abs. 2 S. 3 entscheidet der Vorsitzende.

4   Bei einer **Haftentscheidung in der Hauptverhandlung** wirken die Schöffen mit (OLG Köln NStZ 1998, 419), während der nicht nur kurzfristigen Unterbrechung der Hauptverhandlung jedoch nicht (OLG Hamm StV 1998, 388; abl. Sowada NStZ 2001, 169, 174). Nach Einlegung der Revision entscheidet grundsätzlich der letzte Tatrichter (Abs. 2 S. 2).

5   **Maßnahmen im Sinne des Abs. 2 S. 3** sind etwa die Benachrichtigung nach § 114b Abs. 1, die Festsetzung oder Anordnung einer Sicherheitsleistung nach § 116a oder die Genehmigung zur Unterbrechung der U-Haft zur Strafvollstreckung (Meyer-Goßner § 126 Rdn. 10; a.M. KK-Boujong § 126 Rdn. 12). Entscheidet versehentlich an Stelle des Vorsitzenden das Kollegialgericht, und wird Beschwerde eingelegt, entscheidet das Beschwerdegericht unter Aufhebung des angefochtenen Beschlusses nach § 309 Abs. 2 in der Sache selbst (Meyer-Goßner § 126 Rdn. 10).

6   Eine **Entscheidung des Vorsitzenden** ist nur mit der Beschwerde nach § 304 anfechtbar; die Anrufung des Kollegialgerichts ist nicht zulässig.

§ 126a [Einstweilige Unterbringung]

(1) **Sind dringende Gründe für die Annahme vorhanden, daß jemand eine rechtswidrige Tat im Zustand der Schuldunfähigkeit oder verminderten Schuldfähigkeit (§§ 20, 21 des Strafgesetzbuches) begangen hat und daß seine Unterbringung in einem psychiatrischen Krankenhaus oder einer Entziehungsanstalt angeordnet werden wird, so kann das Gericht durch Unterbringungsbefehl die einstweilige Unterbringung in einer dieser Anstalten anordnen, wenn die öffentliche Sicherheit es erfordert.**

(2) ¹**Für die einstweilige Unterbringung gelten die §§ 114 bis 115a, 117 bis 119, 125 und 126 entsprechend.** ²**Hat der Unterzubringende einen gesetzlichen Vertreter, so ist der Beschluß auch diesem bekanntzugeben.**

(3) ¹**Der Unterbringungsbefehl ist aufzuheben, wenn die Voraussetzungen der einstweiligen Unterbringung nicht mehr vorliegen oder wenn das Gericht im Urteil die Unterbringung in einem psychiatrischen Krankenhaus oder einer Entziehungsanstalt nicht anordnet.** ²**Durch die Einlegung eines Rechtsmittels darf die Freilassung nicht aufgehalten werden.** ³**§ 120 Abs. 3 gilt entsprechend.**

1   Die Vorschrift dient dem Schutz der Allgemeinheit vor „**gemeingefährlichen Geisteskranken**" (Pfeiffer § 126a Rdn. 1). Hier geht es nicht um die Verfahrenssi-

9. Abschnitt. Verhaftung und vorläufige Festnahme § 127

cherung, sondern um die Vorwegnahme der Unterbringung nach §§ 63, 64 StGB (OLG Frankfurt NStZ 1985, 284). Vergleichbare Maßnahmen lassen die §§ 111a, 112a, 132a zu. Die Maßnahme kann auch gegen Jugendliche und Heranwachsende angeordnet werden (OLG Düsseldorf MDR 1984, 603).

Eine **Untersuchungshaft** gegen vermindert Schuldfähige wird durch § 126a auch 2 dann nicht ausgeschlossen, wenn mit einer Unterbringung zu rechnen ist. Da Untersuchungshaft und einstweilige Unterbringung nicht gleichzeitig vollzogen werden können, darf wegen derselben Tat immer nur eine dieser Maßnahmen angeordnet werden (Meyer-Goßner § 126a Rdn. 2).

Die **Voraussetzungen** der Unterbringung ergeben sich aus Abs. 1. Dringende 3 Gründe (§ 111a Rdn. 2) müssen gegeben sein. Ob § 20 StGB oder nur § 21 StGB einschlägig ist, muss noch nicht feststehen.

Die **öffentliche Sicherheit** muss eine einstweilige Unterbringung erfordern. Dies 4 ist der Fall, wenn die Wahrscheinlichkeit dafür spricht, dass der Beschuldigte weitere schwere Taten begehen wird, so dass der Schutz der Allgemeinheit die einstweilige Unterbringung gebietet. Eine bereits vollzogene Unterbringung nach einem landesrechtlichen Unterbringungsgesetz soll der Anordnung nicht entgegenstehen. Der Grundsatz der Verhältnismäßigkeit ist zu beachten (Meyer-Goßner § 126a Rdn. 5).

Das nach § 125 zuständige Gericht ordnet die einstweilige Unterbringung an 5 (Abs. 2 S. 1). Kautelen des Untersuchungshaftbefehls gelten entsprechend. § 114 Abs. 3 soll keine Anwendung finden (Meyer-Goßner § 126a Rdn. 7; a.M. LR-Hilger § 126a Rdn. 12). Der Vollzug darf nicht in einer JVA, sondern nur in einer öffentlichen **Kranken- oder Entziehungsanstalt** erfolgen (Meyer-Goßner § 126a Rdn. 9). Durch die Verweisung auf § 119 können auch die Beschränkungen nach § 119 Abs. 3 Anwendung finden.

Für das weitere Verfahren gelten die in Abs. 2 S. 1 bezeichneten Vorschriften 6 entsprechend, insbesondere §§ 115, 115a. Eine Außervollzugsetzung entsprechend § 116, 116a soll ausgeschlossen sein (Meyer-Goßner § 126a Rdn. 10; a.M. OLG Celle NStZ 1987, 524; LG Hildesheim StV 2001, 521; SK-Paeffgen § 126a Rdn. 8). Es geht hier um die Frage, ob der Verhältnismäßigkeitsgrundsatz die Wortlautschranke überspielen kann (Meyer-Goßner § 126a Rdn. 10). Liegen die Voraussetzungen des Abs. 3 S. 1 vor, ist der Befehl zwingend aufzuheben.

Die Umwandlung des Unterbringungsbefehls in einen Haftbefehl ist zuläs- 7 sig, wenn sich herausstellt, dass nicht die Voraussetzungen des § 126a, sondern die der §§ 112, 112a vorliegen. Gleiches gilt im umgekehrten Fall (KG JR 1989, 476). Vor einer Entscheidung sind StA und Beschuldigter zu hören (Meyer-Goßner § 126a Rdn. 12).

Gegen den Unterbringungsbefehl und die Ablehnung seines Erlasses ist nach § 304 8 Abs. 1 **Beschwerde** und nach § 310 Abs. 1 weitere Beschwerde zulässig. Mit ihr kann auch geltend gemacht werden, dass statt eines Unterbringungsbefehls ein Haftbefehl hätte erlassen werden müssen (KMR-Wankel § 126a Rdn. 6). Auch die Umwandlung des Unterbringungsbefehls in einen Haftbefehl und umgekehrt ist anfechtbar.

§ 127 [Vorläufige Festnahme]

(1) ¹**Wird jemand auf frischer Tat betroffen oder verfolgt, so ist, wenn er der Flucht verdächtig ist oder seine Identität nicht sofort festgestellt werden kann, jedermann befugt, ihn auch ohne richterliche Anordnung vorläufig festzunehmen.** ²**Die Feststellung der Identität einer Person durch die Staatsanwaltschaft oder die Beamten des Polizeidienstes bestimmt sich nach § 163b Abs. 1.**

(2) **Die Staatsanwaltschaft und die Beamten des Polizeidienstes sind bei Gefahr im Verzug auch dann zur vorläufigen Festnahme befugt, wenn die Voraussetzungen eines Haftbefehls oder eines Unterbringungsbefehls vorliegen.**

§ 127　　　　　　　　　　　　　　　1. Buch. Allgemeine Vorschriften

(3) ¹**Ist eine Straftat nur auf Antrag verfolgbar, so ist die vorläufige Festnahme auch dann zulässig, wenn ein Antrag noch nicht gestellt ist.** ²**Dies gilt entsprechend, wenn eine Straftat nur mit Ermächtigung oder auf Strafverlangen verfolgbar ist.**

1　Die Vorschrift enthält **zwei unterschiedliche Festnahmeregelungen.** Wird jemand auf frischer Tat betroffen oder verfolgt, so kann jedermann, also auch eine Privatperson, ihn festnehmen. StA und Beamte des Polizeidienstes sind bei Gefahr im Verzug zur vorläufigen Festnahme befugt, wenn die Voraussetzungen eines Haftbefehls oder Unterbringungsbefehls vorliegen (Abs. 2). Abs. 3 regelt die vorläufige Festnahme bei Antragsdelikten für den Fall, dass ein Antrag noch nicht gestellt ist.

2　**Tat im Sinne des Abs. 1 S. 1** ist eine Straftat, also jedes Verbrechen oder Vergehen (BGHSt 45, 378). Ein strafbarer Versuch genügt (BGH NJW 1981, 745). Strafunmündige Kinder (§ 19 StGB) dürfen nicht nach § 127 festgenommen werden, auch nicht, um ihre Personalien und diejenigen ihrer Aufsichtspflichtigen zu ermöglichen (KK-Boujong § 127 Rdn. 8). Demgegenüber hält Pfeiffer angesichts der zunehmenden schweren Kinderkriminalität unter dem Gesichtspunkt der Verbrechensbekämpfung die vorläufige Festnahme von Strafunmündigen nach § 127 Abs. 1 zum Zwecke der Identitätsfeststellung für zulässig (Pfeiffer § 127 Rdn. 2).

3　**Die Straftat muss wirklich begangen worden sein.** Nicht erkennbare Rechtfertigungs- und Schuldausschließungsgründe sollen das Festnahmerecht unberührt lassen (Meyer-Goßner § 127 Rdn. 4). Ob dringender Tatverdacht oder ein anderer hoher Verdachtsgrad ausreichen, ist zweifelhaft (dafür Meyer-Goßner § 127 Rdn. 4; dagegen BGH NJW 1981, 745). Wer ein Festnahmerecht schon bei Verdacht zugesteht, nimmt dem unschuldig Festgenommenen das Notwehrrecht. Dem Festnehmenden hingegen steht jedenfalls der Erlaubnistatbestandsirrtum zur Seite, wenn er fälschlicherweise vom Vorliegen einer Straftat ausgeht.

4　**Auf frischer Tat betroffen** wird, wer bei Begehung einer rechtswidrigen Tat oder unmittelbar danach am Tatort oder in dessen unmittelbarer Nähe gestellt wird (Meyer-Goßner § 127 Rdn. 5). Eine Verfolgung auf frischer Tat liegt vor, wenn sich der Täter bereits vom Tatort entfernt hat und an Hand entsprechender Tatspuren seine Verfolgung zum Zweck der Ergreifung aufgenommen wird (OLG Hamburg GA 1964, 341). Der Verfolgende muss nicht Entdecker der Tat sein. Die Dauer der Verfolgung ist nicht begrenzt, sie kann bis zur Ergreifung des Täters fortgesetzt werden.

5　**Jedermann** ist zur Festnahme berechtigt. Die Festnahmeberechtigung endet, wenn Polizeibeamte eintreffen. Das Festnahmerecht nach Abs. 1 S. 1 haben auch Beamte der StA und der Polizei, auch außerhalb des Amtsbezirks. Festnahmen zum Zwecke der Identitätsfeststellung richten sich nach § 163b Abs. 1, § 163c (Meyer-Goßner § 127 Rdn. 7).

6　**Zweck der Festnahme** darf nur sein, den Täter der Strafverfolgung zuzuführen. Wem es um die Sicherung eigener Rechte geht, mag sich auf § 229 BGB berufen, wer den Täter nur wegen seines Fehlverhaltens zur Rede stellen will, handelt rechtswidrig (Meyer-Goßner § 127 Rdn. 8).

7　**Fluchtverdacht** liegt vor, wenn nach den erkennbaren Umständen des Falles unter Berücksichtigung allgemeiner Erfahrungen vernünftigerweise die Annahme gerechtfertigt ist, der Betroffene werde sich der Verantwortung durch die Flucht entziehen, wenn er nicht alsbald festgenommen wird (BGH NStZ 1992, 27; BayObLG NStZ-RR 2002, 336). Die engeren Voraussetzungen einer Fluchtgefahr nach § 112 Abs. 2 Nr. 2 müssen nicht vorliegen (LR-Hilger § 127 Rdn. 21; Meyer-Goßner § 127 Rdn. 10). Die Festnahme zur Feststellung der Identität ist zulässig, wenn der Betroffene nicht ohne Vernehmung oder Nachforschungen identifiziert werden kann, die Feststellung an Ort und Stelle aber nicht möglich ist.. Der Fall ist dies zum Beispiel, wenn er Angaben zur Person verweigert oder sich nicht ausweisen kann. Ist der Name

9. Abschnitt. Verhaftung und vorläufige Festnahme **§ 127**

des Betroffenen bekannt, macht dies die Festnahme in der Regel unzulässig (RGSt 67, 351, 353). Das Kennzeichen eines PKW ermöglicht regelmäßig keine hinreichende Feststellung der Identität seines Führers (Krüger NZV 2003, 220). Die Identitätsfeststellung durch Polizeibeamte richtet sich ausschließlich nach § 163b Abs. 1 (Meyer-Goßner § 127 Rdn. 11).

Die Festnahme ist Realakt ohne Anordnung und bedarf weder einer bestimmten Form noch einer näheren Begründung. Dem Betroffenen muss aber klargemacht werden, dass es sich um eine vorläufige Festnahme handelt und welche Tat dazu Anlass gibt (BayObLG NJW 1960, 1583; OLG Oldenburg NJW 1966, 1764). Das Festnahmerecht schließt das Recht ein, ihn vorübergehend in der Privatwohnung zu verwahren, um von dort die Polizei herbeizurufen (KG JR 1971, 30) und ihn zur nächsten Polizeiwache zu bringen (Meyer-Goßner § 127 Rdn. 12). Eine Durchsuchung wird durch die Ermächtigung nicht gedeckt. 8

Die Anwendung von Zwang muss nicht vorher angekündigt werden und ist auch Privatpersonen gestattet. Erlaubt ist z.B. das Verhindern des Wegfahrens durch Wegnahme des Zündschlüssels (OLG Saarbrücken NJW 1959, 1190). Die Anwendung körperlicher Gewalt ist grundsätzlich zulässig, etwa ein festes Zupacken, mag es auch Schmerzen verursachen (OLG Stuttgart NJW 1984, 1694; Meyer-Goßner § 127 Rdn. 14). Auch ein am Boden Fixieren kann gestattet sein (BGHSt 45, 378), ebenso das Anlegen von Fesseln. Freiheitsberaubung, Nötigung und Körperverletzung können daher nach Abs. 1 S. 1 gerechtfertigt sein. 9

Die Maßnahme muss jeweils **im angemessenen Verhältnis zum Festnahmezweck** stehen (Pfeiffer § 127 Rdn. 7). Der Schusswaffengebrauch ist allenfalls in der Form denkbar, dass Warnschüsse abgegeben werden. Der gezielte Schuss auf den fliehenden Täter zum Zweck der Festnahme ist unzulässig (BGH NJW 1981, 745), ebenso ein lebensgefährliches Würgen (BGHSt 45, 378). Dabei ist zu bedenken, dass das Festnahmerecht ggf. z.B. das feste Zupacken gestattet und der sich wehrende Betroffene dann einen Angriff im Sinne des § 32 StGB verübt, so dass ggf. weitere gravierendere Maßnahmen durch § 32 StGB gedeckt sein könnten (vgl. BGHSt 45, 378; Meyer-Goßner § 127 Rdn. 17). 10

Inwiefern das **Übermaßverbot** Anwendung findet, ist zweifelhaft. Überwiegend nimmt man dies an (vgl. OLG Celle MDR 1958, 443; BayObLG DÖV 1960, 130; LR-Hilger § 127 Rdn. 19; Meyer-Goßner § 127 Rdn. 16). Teilweise will man das Festnahmerecht nur bei offensichtlichem Missverhältnis beschränken (KK-Boujong § 127 Rdn. 19). Schließlich wird die Auffassung vertreten, der Verhältnismäßigkeitsgrundsatz gelte nicht (Arzt FS Kleinknecht S. 8). 11

Die Festnahme bei Gefahr im Verzug (Abs. 2) ist der StA und Beamten des Polizeidienstes gestattet. Ermittlungspersonen der StA müssen sie nicht sein. Nötig ist, dass die Voraussetzungen der §§ 112, 112a, 126a vorliegen. 12

Gefahr im Verzug besteht, wenn die Festnahme in Folge der Verzögerung gefährdet wäre, die durch das Erwirken eines richterlichen Haft- oder Unterbringungsbefehls eintreten würde (Meyer-Goßner § 127 Rdn. 19). Dies beurteilt der Beamte auf Grund pflichtgemäßer Prüfung der Umstände des Falles (RGSt 38, 375; Meyer-Goßner § 127 Rdn. 19; Pfeiffer § 127 Rdn. 9). Ob dieser weite Spielraum vor dem Hintergrund der Rechtsprechung des BVerfG zur Durchsuchung nach § 102 (§ 98 Rdn. 6 f.) weiterhin aufrechterhalten werden kann, bedarf noch der Diskussion. 13

Die Grenzen der Festnahmemittel werden für Polizeibeamte durch das Polizeirecht, insbesondere durch die Landesgesetze über die Anwendung unmittelbaren Zwangs bestimmt (BayObLG NStZ 1988, 518, 519; OLG Karlsruhe NJW 1974, 806, 807; Meyer-Goßner § 127 Rdn. 20). Zum Teil hält man mit Rücksicht auf § 6 EGStPO nur das UZwG des Bundes für anwendbar (vgl. Borchert JA 1982, 346; siehe auch SK-Paeffgen § 127 Rdn. 28 ff). Die Wohnung des Verdächtigen soll durchsucht werden dürfen, wenn konkrete Anhaltspunkte dafür bestehen, dass er dort aufzufinden 14

§ 127a　　　　　　　　　　　　　　　　　　　　1. Buch. Allgemeine Vorschriften

ist (Kaiser NJW 1980, 876). Dies dürfte sich allerdings nicht aus § 127, sondern aus § 102 ergeben.

15　**Bei Antragsdelikten** (Abs. 3) hindert das Fehlen des Strafantrages, einer Ermächtigung oder eines Strafverlangens die vorläufige Festnahme ebenso wenig wie den Erlass eines Haftbefehls (§ 130). Die Festnahme muss nur unterbleiben, wenn klar ist, dass das vorläufige Prozesshindernis nicht mehr beseitigt werden kann (Meyer-Goßner § 127 Rdn. 21).

Beispiel: Die Strafantragsfrist für einen Antrag nach § 247 StGB ist abgelaufen.

16　**Bei Privatklagedelikten** darf ein Haftbefehl erst erlassen werden, wenn die StA nach §§ 376, 377 die Verfolgung übernommen hat. Dennoch soll die vorläufige Festnahme nach Abs. 1 nicht nur zur Identifizierung, sondern auch wegen Fluchtverdachts zulässig sein (so Meyer-Goßner § 127 Rdn. 22; a.M. KK-Boujong § 127 Rdn. 47; SK-Paeffgen § 127 Rdn. 25). Der Beschuldigte ist aber nach § 128 freizulassen, wenn die StA nicht sofort erklärt, dass sie die Verfolgung übernimmt. Gleiches soll für die vorläufige Festnahme durch Polizeibeamte nach Abs. 2 gelten (Meyer-Goßner § 127 Rdn. 22 gegen KK-Boujong § 127 Rdn. 47).

17　**Für die Anfechtung gilt zunächst § 128.** Über die Rechtmäßigkeit einer beendeten vorläufigen Festnahme nach Abs. 2 entscheidet entsprechend § 98 Abs. 2 der mit der Sache befasste Richter (BGHSt 44, 171). § 23 EGGVG ist nicht anwendbar (Meyer-Goßner § 127 Rdn. 23). Dies gilt auch, wenn es um die Art und Weise des Vollzugs der Festnahme geht.

§ 127a [Absehen von der Festnahme]

(1) Hat der Beschuldigte im Geltungsbereich dieses Gesetzes keinen festen Wohnsitz oder Aufenthalt und liegen die Voraussetzungen eines Haftbefehls nur wegen Fluchtgefahr vor, so kann davon abgesehen werden, seine Festnahme anzuordnen oder aufrechtzuerhalten, wenn

1. nicht damit zu rechnen ist, daß wegen der Tat eine Freiheitsstrafe verhängt oder eine freiheitsentziehende Maßregel der Besserung und Sicherung angeordnet wird und
2. der Beschuldigte eine angemessene Sicherheit für die zu erwartende Geldstrafe und die Kosten des Verfahrens leistet.

(2) § 116a Abs. 1 und 3 gilt entsprechend.

1　Die Vorschrift regelt eine **Freilassung gegen Sicherheit** und ist Ausprägung des Verhältnismäßigkeitsgrundsatzes. Sie wird durch § 132 ergänzt.

2　Die Regelung gilt für Beschuldigte ohne festen Wohnsitz oder ohne festen Aufenthalt in der Bundesrepublik Deutschland. Nach seinem Sinn findet er aber nur auf **Ausländer** Anwendung, nicht auf nicht sesshafte Bürger der BRD (LR-Hilger § 127a Rdn. 3). Zu den Begrifflichkeiten vgl. § 8 Rdn. 3.

3　Es müssen die **Voraussetzungen für den Erlass eines Haftbefehls** wegen Fluchtgefahr (§ 112 Abs. 2 Nr. 2) gegeben sein. Besteht (auch) Verdunkelungsgefahr (§ 112 Abs. 2 Nr. 3), ist Abs. 1 unanwendbar (Meyer-Goßner § 127a Rdn. 4).

4　Es dürfen **keine Freiheitsstrafe** und keine freiheitsentziehenden Sicherungsmaßregeln zu erwarten sein (Abs. 1 Nr. 1). Dass ein Fahrverbot oder die Entziehung der Fahrerlaubnis zu erwarten sind, hindert die Freilassung nicht (LR-Hilger § 127a Rdn. 6).

5　Der Beschuldigte muss eine **angemessene Sicherheit** leisten (Abs. 1 Nr. 2). Wegen der Einzelheiten verweist Abs. 2 auf § 116a Abs. 1 und 3. Die Höhe ist so zu bemessen, dass sie die zu erwartende Geldstrafe und die Verfahrenskosten (§ 464a) deckt. Weitere Sanktionen sind nicht zu berücksichtigen (KK-Boujong § 127a Rdn. 5).

9. Abschnitt. Verhaftung und vorläufige Festnahme   § 127b

Durch den Verweis auf § 116a ist klargestellt, dass der Beschuldigte einen **Zustel-** 6
lungsbevollmächtigten bestellen muss. Dieser muss im Bezirk des zuständigen Gerichts wohnen, handlungsfähig und mit dem Auftrag einverstanden sein (Meyer-Goßner § 127a Rdn. 7). Dies kann ein Rechtsanwalt, aber auch ein Beamter der Strafverfolgungsbehörde sein, sogar der, der den Beschuldigten gestellt hat und die Anordnung trifft (Geppert GA 1979, 295; Meyer-Goßner § 127a Rdn. 7; KK-Boujong § 127a Rdn. 6 hält dies nicht für sachgerecht).

Die Zustellungsvollmacht muss **schriftlich** erteilt und zu den Akten genommen 7
werden. Das Einverständnis des Bevollmächtigten kann der Beamte notfalls telefonisch einholen und in den Akten vermerken. § 145a Abs. 1 gilt entsprechend (BayObLG JR 1990, 36).

Sind die Voraussetzungen des Abs. 1 erfüllt, wird die vorläufige Festnahme **nicht** 8
angeordnet oder nicht aufrechterhalten. Ein Strafbefehl oder die Ladung zur Hauptverhandlung wird dem Zustellungsbevollmächtigten zugestellt. Die Sicherheit wird als Vorschuss auf die in dem Strafbefehl oder Urteil festgesetzte Geldstrafe und die Verfahrenskosten behandelt. § 123 Abs. 2, 3 und § 124 sind nicht anwendbar.

Zuständig für die Entscheidung ist der Polizeibeamte, der auch eine vorläufige 9
Festnahme anordnen könnte. Wird der Festgenommene dem Richter nach § 128 vorgeführt, ist dieser zuständig (Meyer-Goßner § 127a Rdn. 1).

§ 127b [Hauptverhandlungshaft]

(1) **Die Staatsanwaltschaft und die Beamten des Polizeidienstes sind zur vorläufigen Festnahme eines auf frischer Tat Betroffenen oder Verfolgten auch dann befugt, wenn**

1. **eine unverzügliche Entscheidung im beschleunigten Verfahren wahrscheinlich ist und**
2. **auf Grund bestimmter Tatsachen zu befürchten ist, daß der Festgenommene der Hauptverhandlung fernbleiben wird.**

(2) ¹**Ein Haftbefehl (§ 128 Abs. 2 Satz 2) darf aus den Gründen des Absatzes 1 gegen den der Tat dringend Verdächtigen nur ergehen, wenn die Durchführung der Hauptverhandlung binnen einer Woche nach der Festnahme zu erwarten ist.** ²**Der Haftbefehl ist auf höchstens eine Woche ab dem Tage der Festnahme zu befristen.**

(3) **Über den Erlaß des Haftbefehls soll der für die Durchführung des beschleunigten Verfahrens zuständige Richter entscheiden.**

Die 1997 in die StPO eingefügte Vorschrift ergänzt die Regelung über das be- 1
schleunigte Verfahren (§§ 417ff) und schafft ein eigenständiges Festnahmerecht und einen neuen Haftgrund zur Sicherung der Hauptverhandlung, die **Hauptverhandlungshaft**. Dabei geht es insbesondere um Ausschreitungen bei Sportgroßereignissen (vor § 417 Rdn. 3).

§ 127b enthält in Abs. 1 eine § 127 **ergänzende Festnahmebefugnis** und in 2
Abs. 2 eine den § 112 ergänzende Haftnorm. § 127 Abs. 2 bleibt neben § 127b Abs. 1 anwendbar (Pfeiffer § 127b Rdn. 3).

Tat ist jede Straftat eines Erwachsenen oder Heranwachsenden. Bei Jugendlichen ist 3
das beschleunigte Verfahren unzulässig (vor § 417 Rdn. 3). Der Täter muss auf frischer Tat betroffen oder verfolgt sein (vgl. § 127 Rdn. 4). Anders als in § 127 sind nur StA und Beamte des Polizeidienstes zur Festnahme berechtigt. Allerdings kann gegen einen nach § 127 Abs. 1 oder Abs. 2 vorläufig Festgenommenen unter den Voraussetzungen des Abs. 1 Nr. 1, 2 ein Haftbefehl nach Abs. 2 erlassen werden.

Die in Abs. 1 Nr. 1 und 2 aufgeführten Festnahmegründe müssen **kumulativ** vor- 4
liegen. Daher muss eine unverzügliche Entscheidung im beschleunigten Verfahren

§ 128   1. Buch. Allgemeine Vorschriften

wahrscheinlich sein (Nr. 1). In Verbindung mit Abs. 2 muss also zu erwarten sein, dass die Hauptverhandlung binnen einer Woche stattfindet. Da StA und Polizei regelmäßig nicht abschätzen können, ob ein normalerweise zuständiger Richter am AG bereit und in der Lage ist, innerhalb einer Woche das Verfahren durchzuführen, wird das Festnahmerecht regelmäßig nur dann in Betracht kommen, wenn zur Durchführung dieses Verfahrens ein Richter bereitsteht.

> **Beispiel:** Ein „Schnellrichter", der im Zusammenhang mit Demonstrationen oder Sportveranstaltungen schon bereitsteht. Insofern wird das Verfahren regelmäßig nur in Großstädten praktikabel sein (vgl. auch Hellmann NJW 1997, 2145, 2149).

5 Zudem muss befürchtet werden, dass der Festgenommene der Hauptverhandlung **fernbleiben wird.** Die Möglichkeit des Ausbleibens muss daher ernsthaft in Betracht kommen (Hellmann NJW 1997, 2145, 2147; SK-Paeffgen § 127 b Rdn. 21 fordert eine hohe Wahrscheinlichkeit).

6 Für die **Vorführung vor den Richter** gilt § 128 mit der Besonderheit, dass der Festgenommene nicht dem sonst zuständigen Haftrichter zugeführt wird, sondern dem nach Abs. 3 zuständigen Richter. Für die Vernehmung ist über § 128 Abs. 1 S. 2 in diesen Fällen § 115 Abs. 3 anzuwenden (Meyer-Goßner § 127 b Rdn. 15).

7 Der Beschuldigte ist freizulassen, wenn selbst eine nur wenige Tage dauernde Haft **unverhältnismäßig** wäre (§ 112 Abs. 1 S. 2) oder die Durchführung der Hauptverhandlung nicht binnen einer Woche nach der Festnahme zu erwarten ist (Abs. 2 S. 1). Regelmäßig haben sich StA und Polizei aber bereits vorher mit dem Richter entsprechend verständigt (Meyer-Goßner § 127 b Rdn. 16). Ob die Hauptverhandlungshaft auch zulässig ist, wenn die Anwesenheit des Beschuldigten in der Hauptverhandlung durch eine Vorführung sichergestellt werden könnte, ist zweifelhaft (vgl. Hellmann NJW 1997, 2145, 2146, 2148).

8 Der Haftbefehl ist auf **höchstens eine Woche** ab dem Tag der Festnahme zu befristen (Abs. 2 S. 2). Ob der fristauslösende Tag einzurechnen ist, ist umstritten (vgl. § 43 Abs. 1; dafür SK-Paeffgen § 127 b Rdn. 18, dagegen Meyer-Goßner § 127 b Rdn. 18). § 43 Abs. 2 ist nicht anwendbar, so dass bei Festnahme an einem Sonntag die Frist auch am Sonntag abläuft. Steht der Termin für die Hauptverhandlung schon fest, ist der Haftbefehl bis dahin zu begrenzen. Mit dem Ablauf der Befristung oder dem vorherigen Ende der Hauptverhandlung wird der Haftbefehl gegenstandslos (Pfeiffer § 127 b Rdn. 7). Der Angeklagte ist freizulassen, wenn der Haftbefehl nicht auf einen anderen Haftgrund umgestellt werden kann (LR-Hilger § 127 b Rdn. 15). Bei einer Unterbrechung oder Aussetzung der Hauptverhandlung gilt ebenfalls die Höchstfrist des Abs. 2 S. 2 (Pfeiffer § 127 b Rdn. 7). Aufzuheben ist der Haftbefehl auch, wenn sich nach seinem Erlass herausstellt, dass die Hauptverhandlung nicht innerhalb der Frist durchgeführt werden kann (KK-Boujong § 127 b Rdn. 18).

9 Der Haftbefehl kann entsprechend § 116 **außer Vollzug gesetzt werden,** wenn das Erscheinen des Beschuldigten in der Hauptverhandlung sichergestellt ist (Pfeiffer § 127 b Rdn. 8).

10 Zur **Überprüfung** der vorläufigen Festnahme nach Abs. 1 vgl. § 127 Rdn. 17. Gegen den Haftbefehl sind die gleichen Rechtsbehelfe gegeben wie bei Anordnung der Untersuchungshaft nach §§ 112 ff (vgl. §§ 117 ff). Auch hier ist der Beschuldigte entsprechend zu belehren (§ 115 Abs. 4). Wird Haftbeschwerde eingelegt, muss wegen der Wochenfrist nach Abs. 2 S. 2 zwingend eine Doppelakte angelegt werden (Meyer-Goßner § 127 b Rdn. 22).

§ 128 [Vorführung vor den Richter]

(1) ¹**Der Festgenommene ist, sofern er nicht wieder in Freiheit gesetzt wird, unverzüglich, spätestens am Tage nach der Festnahme, dem Richter bei dem**

9. Abschnitt. Verhaftung und vorläufige Festnahme   § 128

Amtsgericht, in dessen Bezirk er festgenommen worden ist, vorzuführen. ²Der Richter vernimmt den Vorgeführten gemäß § 115 Abs. 3.

(2) ¹Hält der Richter die Festnahme nicht für gerechtfertigt oder ihre Gründe für beseitigt, so ordnet er die Freilassung an. ²Andernfalls erläßt er auf Antrag der Staatsanwaltschaft oder, wenn ein Staatsanwalt nicht erreichbar ist, von Amts wegen einen Haftbefehl oder einen Unterbringungsbefehl. ³§ 115 Abs. 4 gilt entsprechend.

Die Vorschrift regelt im Verein mit § 129 das **Verfahren nach der vorläufigen Festnahme**. § 129 knüpft an die Klageerhebung an, § 128 an den Zeitraum davor. 1

Der vorläufig Festgenommene **ist freizulassen,** wenn er nicht innerhalb der Frist des Abs. 1 S. 1 dem Richter vorgeführt werden kann oder wenn sich vorher ergibt, dass die Festnahmegründe nicht oder nicht mehr bestehen (Meyer-Goßner § 128 Rdn. 2). Bis zur Vorführung vor den Richter steht das Recht auf Anordnung der Freilassung nur der StA oder Polizei zu (KK-Boujong § 128 Rdn. 2). Der StA kann dann aber immer noch die Freilassung anordnen. 2

Die Vorführung (Abs. 1) ist erforderlich, wenn der Festgenommene weder freigelassen noch nach § 127a von der Festnahme verschont wird. Regelmäßig führt die Polizei den Festgenommenen vor, nachdem sie ihn vernommen hat (§ 163a Abs. 4). Wird der Festgenommene zunächst einer JVA zugeführt, sorgt deren Leiter für die Vorführung vor den Richter (Meyer-Goßner § 128 Rdn. 4). 3

Die Vorführung erfolgt vor das **AG des Festnahmeortes** (Abs. 1 S. 1). Damit wird aber die Vorführung vor das nach § 125 Abs. 1 zuständige Gericht nicht ausgeschlossen (OLG Celle JZ 1956, 125). Kann der Festgenommene wegen Krankheit nicht in der vorgeschriebenen Frist vorgeführt werden, sind dem Richter die Akten innerhalb der Frist vorzulegen, damit er den Festgenommenen möglichst am Verwahrungsort vernehmen und über den Erlass eines Haftbefehls entscheiden kann (Pfeiffer § 128 Rdn. 2). 4

Die Vorführung muss **unverzüglich** erfolgen, spätestens aber am Tag nach der Festnahme. Dies ist die äußerste Frist, die nicht zur Regel gemacht werden kann (Meyer-Goßner § 128 Rdn. 6). Nach überwiegender Auffassung ist die Ermittlungsbehörde – anders als bei § 115 – nicht gehindert, vor der (fristgerechten) Vorführung notwendige Ermittlungen vorzunehmen (BGH NStZ 1990, 195; Meyer-Goßner § 128 Rdn. 6; krit. Nelles StV 1992, 389). 5

Die richterliche Vernehmung (Abs. 1 S. 2) richtet sich nach § 115 Abs. 3. Sie soll entbehrlich sein, wenn schon der Bericht das Fehlen von Haftgründen ergibt oder ein Antrag der StA nach § 120 Abs. 3 S. 1 (Aufhebung des Haftbefehls) vorliegt. Die Vernehmung muss so rechtzeitig stattfinden, dass die Entscheidung spätestens am Tage nach der Festnahme erfolgen kann. StA und Verteidiger sind nach § 168c Abs. 1, 5 vom Termin zu benachrichtigen (Meyer-Goßner § 128 Rdn. 7). 6

Die Entscheidung des Gerichts regelt Abs. 2. Unter Beteiligung der StA (Kaiser NJW 1969, 1097) trifft der Richter seine Entscheidung. Er muss nach § 33 Abs. 2 die StA auch anhören, wenn er den Festgenommenen freilassen will (KK-Boujong § 128 Rdn. 11). Der Haftbefehl wird auf Antrag der StA erlassen (Abs. 2 S. 2). Die fehlende Antragstellung der StA schadet nicht, wenn ein Staatsanwalt nicht erreichbar ist. Dann ergeht der Haft- oder Unterbringungsbefehl von Amts wegen. Die Belehrung des Verhafteten richtet sich nach § 115 Abs. 4 (Abs. 2 S. 3). Der Richter überprüft nicht die Rechtmäßigkeit der vorläufigen Festnahme, sondern entscheidet nur über die Fortdauer der Freiheitsentziehung (Meyer-Goßner § 128 Rdn. 12). Er kann den Festgenommenen freilassen, nach § 127a von der Festnahme verschonen oder einen Haft- oder Unterbringungsbefehl erlassen. Mit dem Erlass des Haftbefehls kann er zugleich dessen Vollzug nach § 116 aussetzen. 7

§§ 129, 130   1. Buch. Allgemeine Vorschriften

8   Über den **Zeitpunkt der Entscheidung** sagt § 128 nichts. Im Fall des § 129 ist spätestens am Tag nach der Festnahme zu entscheiden. Zum Teil wird die Auffassung vertreten, dass für § 128 Entsprechendes gelte, da in beiden Fällen nur eine einheitliche Regelung denkbar sei (KK-Boujong § 128 Rdn. 7; LR-Hilger § 128 Rdn. 11; Rüping FS Hirsch S. 970). Ein Teil der Literatur lehnt dies ab (KMR-Wankel § 128 Rdn. 4; vgl. auch OLG Frankfurt NJW 2000, 2037; Schaefer NJW 2000, 1996).

§ 129 [Vorführung nach Klageerhebung]

Ist gegen den Festgenommenen bereits die öffentliche Klage erhoben, so ist er entweder sofort oder auf Verfügung des Richters, dem er zunächst vorgeführt worden ist, dem zuständigen Gericht vorzuführen; dieses hat spätestens am Tage nach der Festnahme über Freilassung, Verhaftung oder einstweilige Unterbringung des Festgenommenen zu entscheiden.

1   **Die Vorschrift ergänzt** § 128 für den Fall, dass Anklage erhoben worden ist. Wird der Festgenommene nicht freigelassen, ist er unmittelbar durch den Festnehmenden dem mit der Strafsache befassten Gericht vorzuführen, sofern das innerhalb der auch für § 129 geltenden Frist des § 128 Abs. 1 S. 1 möglich ist (KK-Boujong § 129 Rdn. 2). Andernfalls ist er dem AG des Festnahmebezirks (§ 128 Abs. 1 S. 1) oder dem nach § 125 Abs. 1 zuständigen AG vorzuführen. Die Wahl trifft der vorführende Beamte nach pflichtgemäßem Ermessen (Meyer-Goßner § 129 Rdn. 1).

2   Das Gericht hat **spätestens am Tag nach der Festnahme** über die Aufrechterhaltung der Freiheitsentziehung zu entscheiden (Hs. 2). Wird der Festgenommene rechtzeitig dem mit der Sache befassten Gericht vorgeführt, entscheidet dies innerhalb der Frist über die Freilassung, Verhaftung oder einstweilige Unterbringung, in dringenden Fällen der Vorsitzende allein (vgl. § 125 Abs. 2 S. 2). Die StA kann (anders als im Fall des § 128) den Festgenommenen nach der Vorführung nicht mehr auf freien Fuß setzen oder eine Aufhebung des Haftbefehls erzwingen.

3   Wird der Festgenommene zunächst **einem anderen Gericht vorgeführt,** ist dieses befugt, ihn freizulassen, wenn es die Voraussetzungen für den Erlass des Haft- oder Unterbringungsbefehls nicht für gegeben hält. Hält es die Voraussetzungen für gegeben, darf es gleichwohl keinen Haft- oder Unterbringungsbefehl erlassen, sondern kann nur den Schwebezustand der vorläufigen Festnahme aufrechterhalten und dessen förmlichen Übergang in die Untersuchungshaft dem mit der Sache befassten Gericht überlassen, auch wenn dieses Gericht nicht innerhalb der Frist des Hs. 2 entscheiden kann (LR-Hilger § 129 Rdn. 6; a.M. KK-Boujong § 129 Rdn. 4).

§ 130 [Haftbefehl bei Antragsstraftaten]

[1] *Wird wegen Verdachts einer Straftat, die nur auf Antrag verfolgbar ist, ein Haftbefehl erlassen, bevor der Antrag gestellt ist, so ist der Antragsberechtigte, von mehreren wenigstens einer, sofort von dem Erlaß des Haftbefehls in Kenntnis zu setzen und davon zu unterrichten, daß der Haftbefehl aufgehoben werden wird, wenn der Antrag nicht innerhalb einer vom Richter zu bestimmenden Frist, die eine Woche nicht überschreiten soll, gestellt wird.* [2] *Wird innerhalb der Frist Strafantrag nicht gestellt, so ist der Haftbefehl aufzuheben.* [3] *Dies gilt entsprechend, wenn eine Straftat nur mit Ermächtigung oder auf Strafverlangen verfolgbar ist.* [4] *§ 120 Abs. 3 ist anzuwenden.*

1   **Nicht behebbare Verfahrenshindernisse** schließen den dringenden Verdacht einer verfolgbaren Tat aus. § 130 regelt für die behebbaren Verfahrenshindernisse des erforderlichen Strafantrags, der Ermächtigung oder eines Strafverlangens (§§ 77, 77e StGB) die Voraussetzungen, unter denen trotz des Fehlens schon ein Haftbefehl erlas-

sen werden kann. Die Bestimmung ergänzt § 127 Abs. 3, der die vorläufige Festnahme vor Stellung des Strafantrages für zulässig erklärt (Pfeiffer § 130 Rdn. 1). Die Maßnahme beruht auf der Erwartung, dass das zunächst bestehende Verfahrenshindernis alsbald beseitigt wird. Steht von vornherein fest, dass kein Strafantrag gestellt werden kann oder ist unwahrscheinlich, dass er gestellt wird, ist ein Haftbefehl daher unzulässig (KK-Boujong § 130 Rdn. 2; Meyer-Goßner § 130 Rdn. 1).

Da nach Erlass des Haftbefehls trotz fehlenden Strafantrags **eine Art Schwebezustand** entsteht, muss nach S. 1 der Antragsberechtigte unmittelbar darüber unterrichtet werden, dass ein Haftbefehl ergangen ist und dass dieser aufgehoben wird, wenn der Strafantrag nicht innerhalb einer gleichzeitig bestimmten Frist gestellt wird (Pfeiffer § 130 Rdn. 2). Sind mehrere antragsberechtigt, muss zumindest einer in Kenntnis gesetzt werden. Die Fristbestimmung erfolgt in der Unterrichtungsverfügung. Die vom Gesetz vorgesehene Grenze einer Woche kann überschritten werden, wenn dies geboten erscheint, so, wenn eine Behörde über die Ermächtigung oder das Strafverlangen zu entscheiden hat (KK-Boujong § 130 Rdn. 10). Die Frist kann nach ihrem Ablauf verlängert werden.

Der Haftbefehl ist aufzuheben, wenn innerhalb der gesetzten Frist kein Strafantrag gestellt wird (S. 2). Ist der Strafantrag zwar verspätet (aber wirksam) gestellt, der Haftbefehl bei seinem Eingang aber noch nicht aufgehoben worden, bleibt der Haftbefehl bestehen. War er schon aufgehoben, ist ein neuer zu erlassen, wenn der dringende Tatverdacht und die Haftgründe noch bestehen. Die Aufhebungsgründe des § 120 bleiben bestehen. Insofern ist auch der Verweis in S. 4 auf § 120 Abs. 3 überflüssig (Meyer-Goßner § 130 Rdn. 5). Der Haftbefehl muss insbesondere aufgehoben werden, wenn alle Antragsberechtigten ihre Strafanträge zurücknehmen oder aber die Frist zur Stellung des Strafantrags abgelaufen ist.

Trifft das Antragsdelikt mit einem **Offizialdelikt** zusammen, sollte der Haftbefehl nicht auf das Antragsdelikt gestützt werden, solange der Strafantrag fehlt (KK-Boujong § 130 Rdn. 9).

Der praktische Anwendungsbereich des § 130 ist letztlich gering. Vor allem im Nebenstrafrecht finden sich Straftatbestände, die nur auf Antrag verfolgt werden. Bei diesen ist aber der Strafrahmen regelmäßig so niedrig, dass zumindest Fluchtgefahr kaum im Raum stehen dürfte. Bedeutsam könnte § 130 bei Fällen des § 247 StGB werden, wenn etwa ein Familienangehöriger zum Nachteil anderer Verwandter eine Untreue in Millionenhöhe begeht oder ähnliches.

9a. Abschnitt.
Weitere Maßnahmen zur Sicherstellung der Strafverfolgung und Strafvollstreckung

§ 131 [Ausschreibung zur Festnahme]

(1) Auf Grund eines Haftbefehls oder eines Unterbringungsbefehls können der Richter oder die Staatsanwaltschaft und, wenn Gefahr im Verzug ist, ihre Ermittlungspersonen (§ 152 des Gerichtsverfassungsgesetzes) die Ausschreibung zur Festnahme veranlassen.

(2) ¹Liegen die Voraussetzungen eines Haftbefehls oder Unterbringungsbefehls vor, dessen Erlass nicht ohne Gefährdung des Fahndungserfolges abgewartet werden kann, so können die Staatsanwaltschaft und ihre Ermittlungspersonen (§ 152 des Gerichtsverfassungsgesetzes) Maßnahmen nach Absatz 1 veranlassen, wenn dies zur vorläufigen Festnahme erforderlich ist. ²Die Entscheidung über den Erlass des Haft- oder Unterbringungsbefehls ist unverzüglich, spätestens binnen einer Woche herbeizuführen.

§ 131

1. Buch. Allgemeine Vorschriften

(3) ¹Bei einer Straftat von erheblicher Bedeutung können in den Fällen der Absätze 1 und 2 der Richter und die Staatsanwaltschaft auch Öffentlichkeitsfahndungen veranlassen, wenn andere Formen der Aufenthaltsermittlung erheblich weniger Erfolg versprechend oder wesentlich erschwert wären. ²Unter den gleichen Voraussetzungen steht diese Befugnis bei Gefahr im Verzug und wenn der Richter oder die Staatsanwaltschaft nicht rechtzeitig erreichbar ist auch den Ermittlungspersonen der Staatsanwaltschaft (§ 152 des Gerichtsverfassungsgesetzes) zu. ³In den Fällen des Satzes 2 ist die Entscheidung der Staatsanwaltschaft unverzüglich herbeizuführen. ⁴Die Anordnung tritt außer Kraft, wenn diese Bestätigung nicht binnen 24 Stunden erfolgt.

(4) ¹Der Beschuldigte ist möglichst genau zu bezeichnen und soweit erforderlich zu beschreiben; eine Abbildung darf beigefügt werden. ²Die Tat, derer er verdächtig ist, Ort und Zeit ihrer Begehung sowie Umstände, die für die Ergreifung von Bedeutung sein können, können angegeben werden.

(5) **Die §§ 115 und 115a gelten entsprechend.**

1 § 131 regelt im Verein mit weiteren Vorschriften Maßnahmen zur Sicherstellung der Strafverfolgung und Strafvollstreckung, hier konkret die **Ausschreibung zur Festnahme.** Hinzu tritt die Möglichkeit, nach § 131a eine Ausschreibung zur Aufenthaltsermittlung vorzunehmen und Abbildungen zu veröffentlichen (§ 131b).

2 Abs. 1 ermächtigt zur Ausschreibung zur Festnahme, wenn die **Verhaftung** (oder Verwahrung) des Beschuldigten richterlich angeordnet ist und dieser flüchtig ist oder sich verborgen hält. Während das Gesetz früher von einem „Steckbrief" sprach, trägt die neue Formulierung differenzierten Fahndungsmethoden Rechnung (Pfeiffer § 131 Rdn. 2). Die Anordnung der Ausschreibung treffen Richter oder StA, bei Gefahr im Verzug auch Ermittlungspersonen. Letzteres kommt namentlich dann in Betracht, wenn die Polizei von Fluchtvorbereitungen eines mit Haftbefehl gesuchten Beschuldigten erfährt und Sofortmaßnahmen ergriffen werden müssen.

3 Abs. 2 schafft die Möglichkeit der Ausschreibung zur Festnahme **im Vorfeld** des Erlasses eines Haftbefehls in besonders gelagerten Eilfällen. Relevant wird dies, wenn bei plötzlicher Flucht überregionale Fahndungsmaßnahmen ergriffen werden müssen, der Haftrichter jedoch nicht sofort oder nur schwer erreichbar ist (Pfeiffer § 131 Rdn. 3). Anordnungsbefugt sind der Staatsanwalt und die Ermittlungspersonen der StA. In diesen Fällen ist spätestens binnen einer Woche der Erlass des Haft- oder Unterbringungsbefehls herbeizuführen (Abs. 2 S. 2).

4 **Öffentlichkeitsfahndungen** können durch Richter oder StA veranlasst werden, wenn es um eine Straftat von erheblicher Bedeutung geht (vgl. § 81g Rdn. 6) und andere Formen der Aufenthaltsermittlung erheblich weniger Erfolg versprechen oder die Ermittlung wesentlich erschwert wäre. Bei Gefahr im Verzug und wenn ein Richter oder ein Staatsanwalt nicht rechtzeitig erreichbar sind, steht die Anordnungsbefugnis auch den Ermittlungspersonen der StA zu. In diesen Fällen ist die Entscheidung der StA unverzüglich herbeizuführen (Abs. 3 S. 3). Erfolgt sie nicht binnen 24 Stunden, tritt die Anordnung außer Kraft. Zur Öffentlichkeitsfahndung gehören die Einschaltung von Publikationsorganen wie Presse, Rundfunk und Fernsehen, Internet, Plakate, Lautsprecherdurchsagen (KK-Boujong § 131 Rdn. 15).

5 Den **Inhalt der Fahndungsausschreibung** regelt Abs. 4. Der Verweis in Abs. 5 bedeutet, dass so verfahren wird, als sei der Verfolgte auf Grund eines richterlichen Haft- oder Unterbringungsbefehls ergriffen worden, obwohl der Haft- oder Unterbringungsbefehl noch nicht beschafft worden ist. Das Verfahren nach §§ 128, 129 ist daher ausgeschlossen (Meyer-Goßner § 131 Rdn. 6).

Gegen Anordnungen der StA und ihrer Ermittlungspersonen ist ein **Antrag entsprechend § 98 Abs. 2 S. 2** zulässig. Gegen richterliche Anordnungen wendet sich der Betroffene mit der Beschwerde nach § 304 Abs. 1.

9a. Abschnitt. Weitere Maßnah. zur Sicherstellung der Strafverfolgung §§ 131a, 131b

§ 131a [Ausschreibung zur Aufenthaltsermittlung]

(1) **Die Ausschreibung zur Aufenthaltsermittlung eines Beschuldigten oder eines Zeugen darf angeordnet werden, wenn sein Aufenthalt nicht bekannt ist.**

(2) **Absatz 1 gilt auch für Ausschreibungen des Beschuldigten, soweit sie zur Sicherstellung eines Führerscheins, zur erkennungsdienstlichen Behandlung, zur Anfertigung einer DNA-Analyse oder zur Feststellung seiner Identität erforderlich sind.**

(3) **Auf Grund einer Ausschreibung zur Aufenthaltsermittlung eines Beschuldigten oder Zeugen darf bei einer Straftat von erheblicher Bedeutung auch eine Öffentlichkeitsfahndung angeordnet werden, wenn der Beschuldigte der Begehung der Straftat dringend verdächtig ist und die Aufenthaltsermittlung auf andere Weise erheblich weniger Erfolg versprechend oder wesentlich erschwert wäre.**

(4) ¹§ 131 Abs. 4 gilt entsprechend. ²Bei der Aufenthaltsermittlung eines Zeugen ist erkennbar zu machen, dass die gesuchte Person nicht Beschuldigter ist. ³Die Öffentlichkeitsfahndung nach einem Zeugen unterbleibt, wenn überwiegende schutzwürdige Interessen des Zeugen entgegenstehen. ⁴Abbildungen des Zeugen dürfen nur erfolgen, soweit die Aufenthaltsermittlung auf andere Weise aussichtslos oder wesentlich erschwert wäre.

(5) **Ausschreibungen nach den Absätzen 1 und 2 dürfen in allen Fahndungshilfsmitteln der Strafverfolgungsbehörden vorgenommen werden.**

Die Vorschrift regelt die Ausschreibung eines Beschuldigten oder eines Zeugen zur **Aufenthaltsermittlung**; im Hinblick auf den Beschuldigten kann es auch um weitere Maßnahmen gehen (Abs. 2). 1

Nach Abs. 1 darf zur Ermittlung des unbekannten Aufenthalts eines Beschuldigten oder Zeugen eine **Ausschreibung** erfolgen. Da das Verhältnismäßigkeitsprinzip zu beachten ist, ist im Einzelfall abzuwägen, ob das Ziel der Ermittlung des Aufenthalts durch eine den Betroffenen weniger belastende Maßnahme (Nachfragen bei Meldebehörden) erreicht werden kann (Hilger NStZ 2000, 561, 563). 2

Abs. 2 regelt Ausschreibungen zur Sicherstellung bzw. Durchführung der dort beschriebenen Maßnahmen. Nach **Abs. 3** ist – in Ergänzung von § 131 Abs. 3 – die Öffentlichkeitsfahndung zur Aufenthaltsermittlung eines Beschuldigten oder Zeugen zulässig. Die Maßnahme ist subsidiär und erfordert einen dringenden Tatverdacht einer Straftat von erheblicher Bedeutung. 3

Die **inhaltlichen Vorgaben** für die Ausschreibung richten sich über Abs. 4 nach § 131 Abs. 4. Dabei ist klarzustellen, dass es um die Aufenthaltsermittlung eines Zeugen und nicht eines Beschuldigten geht (Abs. 4 S. 2). Schutzwürdige Interessen des Zeugen stehen einer Öffentlichkeitsfahndung entgegen (Abs. 4 S. 3). Die Abbildung des Zeugen darf nur in Ausnahmefällen veröffentlicht werden (Abs. 4 S. 4). 4

Liegen die Voraussetzungen einer Öffentlichkeitsfahndung nicht vor, verweist Abs. 5 zum Schutz der von den Maßnahmen Betroffenen für Ausschreibungen auf **Fahndungshilfsmittel der Strafverfolgungsbehörden**. Hierzu gehören vor allem das Bundeszentralregister, das Ausländerzentralregister usw. (Pfeiffer § 131a Rdn. 6). Zur Anordnungszuständigkeit vgl. § 131c. 5

§ 131b [Veröffentlichung von Abbildungen]

(1) **Die Veröffentlichung von Abbildungen eines Beschuldigten, der einer Straftat von erheblicher Bedeutung verdächtig ist, ist auch zulässig, wenn die Aufklärung einer Straftat, insbesondere die Feststellung der Identität eines un-**

bekannten Täters auf andere Weise erheblich weniger Erfolg versprechend oder wesentlich erschwert wäre.

(2) ¹Die Veröffentlichung von Abbildungen eines Zeugen und Hinweise auf das der Veröffentlichung zugrunde liegende Strafverfahren sind auch zulässig, wenn die Aufklärung einer Straftat von erheblicher Bedeutung, insbesondere die Feststellung der Identität des Zeugen, auf andere Weise aussichtslos oder wesentlich erschwert wäre. ²Die Veröffentlichung muss erkennbar machen, dass die abgebildete Person nicht Beschuldigter ist.

(3) § 131 Abs. 4 Satz 1 erster Halbsatz und Satz 2 gilt entsprechend.

1 § 131 b regelt die Veröffentlichung von Abbildungen zur **Aufklärungsfahndung** bezüglich des Beschuldigten (Abs. 1) und zur Identitätsfahndung bezüglich Beschuldigtem und Zeugen (Abs. 1, 2). Wie bei § 131 kommt jede Art einer Ablichtung in Betracht (Hilger NStZ 2000, 561, 563), also etwa auch die Veröffentlichung eines Phantombildes des unbekannten Täters (SK-Paeffgen § 131 b Rdn. 3).

2 **Zulässig** ist die Maßnahme nur im Hinblick auf den Beschuldigten bei dem Verdacht der Begehung einer bestimmten Straftat von erheblicher Bedeutung (zu weitgehend LG Saarbrücken wistra 2004, 279); die Subsidiaritätsklausel findet Anwendung. Gleiches gilt für die Veröffentlichung von Abbildungen eines Zeugen, die Subsidiaritätsklausel ist dort aber **enger** gefasst.

3 Zur **Anordnungskompetenz** vgl. § 131 c. Inhaltlich gilt dasselbe wie in § 131 Abs. 4. Besonders wichtig ist, deutlich zu machen, ob die Person als der Verdächtige oder als Zeuge gesucht wird (Abs. 2 S. 2).

§ 131 c [Anordnung und Bestätigung von Fahndungsmaßnahmen]

(1) ¹Fahndungen nach § 131 a Abs. 3 und § 131 b dürfen nur durch den Richter, bei Gefahr im Verzug auch durch die Staatsanwaltschaft und ihre Ermittlungspersonen (§ 152 des Gerichtsverfassungsgesetzes) angeordnet werden. ²Fahndungen nach § 131 a Abs. 1 und 2 bedürfen der Anordnung durch die Staatsanwaltschaft; bei Gefahr im Verzug dürfen sie auch durch ihre Ermittlungspersonen (§ 152 des Gerichtsverfassungsgesetzes) angeordnet werden.

(2) ¹In Fällen andauernder Veröffentlichung in elektronischen Medien sowie bei wiederholter Veröffentlichung im Fernsehen oder in periodischen Druckwerken tritt die Anordnung der Staatsanwaltschaft und ihrer Ermittlungspersonen (§ 152 des Gerichtsverfassungsgesetzes) nach Absatz 1 Satz 1 außer Kraft, wenn sie nicht binnen einer Woche von dem Richter bestätigt wird. ²Im Übrigen treten Fahndungsanordnungen der Ermittlungspersonen der Staatsanwaltschaft (§ 152 des Gerichtsverfassungsgesetzes) außer Kraft, wenn sie nicht binnen einer Woche von der Staatsanwaltschaft bestätigt werden.

1 Die Vorschrift regelt im Einzelnen die **Anordnungskompetenzen** für die in den §§ 131 a, 131 b zu treffenden Maßnahmen.

2 Soweit Anordnungen wegen Gefahr im Verzuge durch die StA und ihre Ermittlungspersonen angeordnet wurden, muss die **richterliche Bestätigung** binnen einer Woche erlangt werden. Fahndungsanordnungen der Ermittlungspersonen der StA treten entsprechend außer Kraft, wenn sie nicht binnen einer Woche von der StA bestätigt werden (Abs. 2 S. 2).

§ 132 (1) ¹Hat der Beschuldigte, der einer Straftat dringend verdächtig ist, im Geltungsbereich dieses Gesetzes keinen festen Wohnsitz oder Aufenthalt, liegen aber die Voraussetzungen eines Haftbefehls nicht vor, so kann, um die Durchführung des Strafverfahrens sicherzustellen, angeordnet werden, daß der Beschuldigte

9a. Abschnitt. Weitere Maßnah. zur Sicherstellung der Strafverfolgung   § 132

1. eine angemessene Sicherheit für die zu erwartende Geldstrafe und die Kosten des Verfahrens leistet und
2. eine im Bezirk des zuständigen Gerichts wohnende Person zum Empfang von Zustellungen bevollmächtigt.
²§ 116a Abs. 1 gilt entsprechend.

(2) Die Anordnung dürfen nur der Richter, bei Gefahr im Verzuge auch die Staatsanwaltschaft und ihre Ermittlungspersonen (§ 152 des Gerichtsverfassungsgesetzes) treffen.

(3) ¹Befolgt der Beschuldigte die Anordnung nicht, so können Beförderungsmittel und andere Sachen, die der Beschuldigte mit sich führt und die ihm gehören, beschlagnahmt werden. ²Die §§ 94 und 98 gelten entsprechend.

Die Vorschrift will in **Ergänzung des** § 127a die Strafverfolgung und -vollstreckung solcher Personen sicherstellen, die in der Bundesrepublik keinen festen Wohnsitz oder Aufenthalt haben. In Betracht kommen insbesondere Verfahren gegen durchreisende ausländische Kraftfahrer, solange sie sich noch im Inland befinden (Meyer-Goßner § 132 Rdn. 1).   1

Die **Anordnung der Sicherheitsleistung (Abs. 1)** setzt dringenden Tatverdacht voraus. Der Beschuldigte darf keinen festen Wohnsitz oder Aufenthalt im Inland haben. Überdies muss wegen fehlenden Haftgrundes oder im Hinblick auf die Verhältnismäßigkeit der Erlass eines Haftbefehls unterbleiben. Die Geldstrafe muss als Hauptstrafe zu erwarten sein (vgl. Abs. 1 S. 1 Nr. 1). Ist Freiheitsstrafe zu erwarten, ist die Anwendung des § 132 ausgeschlossen. Dass neben der Geldstrafe z.B. eine Entziehung der Fahrerlaubnis in Betracht kommt, steht der Anordnung nicht entgegen (vgl. auch § 127a Rdn. 4).   2

In der Anordnung wird zunächst eine **angemessene Sicherheit** festgesetzt, mit der die zu erwartende Geldstrafe und die Verfahrenskosten abgedeckt werden (Abs. 1 S. 1 Nr. 1). Für die Art der Sicherheitsleistung gilt § 116a Abs. 1 entsprechend (Abs. 1 S. 2). Weiterhin muss der Beschuldigte einen **Zustellungsbevollmächtigten** bestellen (vgl. § 127a Rdn. 6).   3

Die Anordnung steht **im pflichtgemäßen Ermessen** der Strafverfolgungsbehörden, wird aber in der Regel zu treffen sein; eine Begründung für die Ermessensausübung ist nicht nötig (Geppert GA 1979, 299).   4

Liegt eine Einstellung des Verfahrens nach § 153 nahe, kann der Anordnung der **Verhältnismäßigkeitsgrundsatz** entgegenstehen. Kommt eine Einstellung nach § 153a in Betracht, sollte der Beschuldigte vorab befragt werden, ob er mit dieser Sachbehandlung und mit der Verrechnung der Sicherheit oder der beschlagnahmten Vermögenswerte auf die Auflage einverstanden ist (KK-Boujong § 132 Rdn. 5).   5

Die Anordnungsbefugnis (Abs. 2) ist die auch sonst, etwa bei der Beschlagnahme, übliche. Bei durchreisenden Ausländern wird regelmäßig Gefahr im Verzuge gegeben sein. Die Anordnung kann mündlich ergehen, sollte jedoch schriftlich festgehalten werden. Entsprechend § 98 Abs. 2 S. 2 ist dann der Antrag auf gerichtliche Entscheidung zulässig (Pfeiffer § 132 Rdn. 3).   6

Leistet der Beschuldigte die verlangte Sicherheit und bestellt er einen Zustellungsbevollmächtigten, kann er den Geltungsbereich der StPO verlassen, das Strafverfahren wird aber fortgesetzt (z.B. im Strafbefehlswege). Befolgt der Beschuldigte die getroffene Anordnung nicht oder nicht in vollem Umfang, können Beförderungsmittel und andere Sachen nach Abs. 3 S. 1 beschlagnahmt werden. Für die Anordnung der Beschlagnahme gelten nach Abs. 3 S. 2 die §§ 94, 98 entsprechend.   7

Die **Beendigung der Beschlagnahme** kann der Beschuldigte dadurch erreichen, dass er die geforderte Sicherheit nachträglich leistet oder den Zustellungsbevollmächtigten nachträglich bestellt oder bei Rechtskraft des Urteils Strafe und Kosten bezahlt (Meyer-Goßner § 132 Rdn. 17). Naturgemäß endet die Beschlagnahme auch mit   8

§ 132a   1. Buch. Allgemeine Vorschriften

Einstellung des Verfahrens oder Freispruch des Beschuldigten. Bei rechtskräftiger Verurteilung wird wegen der Geldstrafe und der Kosten in die beschlagnahmten Gegenstände vollstreckt; sie werden wie gepfändete Sachen verwertet.

9   Die Suche nach Beschlagnahmegegenständen soll durch die Beschlagnahmebefugnis nach Abs. 3 gedeckt sein (Geppert GA 1979, 297). Praktisch bedeutsam wird es insbesondere dann, wenn bei Lastkraftwagen oder Fahrern von Wohnmobilen auf die Ladung oder den Inhalt des Fahrzeugs zurückgegriffen werden soll oder der Beschuldigte behauptet, kein Geld bei sich zu führen (Meyer-Goßner § 132 Rdn. 19).

9b. Abschnitt.
Vorläufiges Berufsverbot

§ 132a [Vorläufiges Berufsverbot]

(1) ¹Sind dringende Gründe für die Annahme vorhanden, daß ein Berufsverbot angeordnet werden wird (§ 70 des Strafgesetzbuches), so kann der Richter dem Beschuldigten durch Beschluß die Ausübung des Berufs, Berufszweiges, Gewerbes oder Gewerbezweiges vorläufig verbieten. ²§ 70 Abs. 3 des Strafgesetzbuches gilt entsprechend.

(2) **Das vorläufige Berufsverbot ist aufzuheben, wenn sein Grund weggefallen ist oder wenn das Gericht im Urteil das Berufsverbot nicht anordnet.**

1   Die Vorschrift erlaubt es, im Vorgriff auf das Urteil ein **Berufsverbot** (§§ 70, 71 StGB) anzuordnen. Da es sich hier um einen Eingriff in die durch Art. 12 Abs. 1 GG gewährleistete Berufsfreiheit handelt und der Beschuldigte als unschuldig gilt, ist die Bestimmung mit Vorsicht anzuwenden. Wegen der massiven Konsequenzen für den Betroffenen muss das Verfahren mit einer ähnlichen Beschleunigung wie eine Haftsache durchgeführt werden (OLG Bremen StV 1997, 9).

2   Grundvoraussetzung sind **dringende Gründe** für die Annahme, dass im Urteil ein Berufsverbot nach § 70 StGB angeordnet wird. Nötig ist also ein dringender Tatverdacht für eine in § 70 Abs. 1 StGB vorausgesetzte rechtswidrige Tat und ein hoher Grad von Wahrscheinlichkeit, dass das Gericht die Voraussetzungen des § 70 Abs. 1 S. 1 StGB bejahen und es für erforderlich halten wird, ein Berufsverbot anzuordnen (Meyer-Goßner § 132a Rdn. 2).

3   Das Berufsverbot nach § 70 StGB setzt voraus, dass eine Tat unter **Missbrauch des Berufs oder Gewerbes** oder unter grober Verletzung der mit Beruf oder Gewerbe verbundenen Pflichten begangen worden ist. Missbrauch meint dabei die bewusste und planmäßige Ausnutzung der durch den Beruf eröffneten Möglichkeiten zur Begehung von Straftaten (LK § 70 StGB Rdn. 3). Die betrügerische Anmaßung eines bestimmten Berufs oder Gewerbes wird nicht erfasst (BGH NStZ 1998, 567).

Beispiel: Der Täter gibt sich unberechtigt als Rechtsanwalt oder Arzt aus. Diese Tätigkeit kann ihm nicht untersagt werden, weil er sie ohnehin nicht ausüben darf.

4   Die **Verletzung der Pflichten** muss Ausdruck der im Einzelfall ausgeübten Tätigkeit sein (BGHSt 22, 144), ein bloß äußerer Zusammenhang mit dem Beruf genügt nicht (BGH wistra 2003, 423). Die Verletzung steuerlicher Pflichten genügt regelmäßig nicht, ob die Pflicht, Arbeitnehmerbeiträge abzuführen, in Betracht kommt, ist umstritten (KG JR 1980, 247; LG München wistra 1987, 261). Weiterhin muss im Rahmen einer Prognose eine Gesamtwürdigung des Täters und der Tat ergeben, dass von dem Täter die Gefahr weiterer erheblicher rechtswidriger Taten besteht, wenn er seinen Beruf usw. weiterhin ausübt.

Abs. 1 S. 1 enthält eine **Kann-Bestimmung**. Regelmäßig ist aber die Anordnung 5
zu treffen, wenn die Voraussetzungen dafür vorliegen (KK-Boujong § 132 a Rdn. 4).
Der Verhältnismäßigkeitsgrundsatz ist strikt zu beachten (OLG Karlsruhe StV 2002,
147). Daher ist ggf. das vorläufige Berufsverbot auch auf bestimmte Tätigkeiten im
Rahmen des Berufs oder der Gewerbeausübung zu beschränken (Meyer-Goßner
§ 132 a Rdn. 5).

Für die Anordnung der Maßnahme ist **nur der Richter zuständig**. Dies ist im 6
Ermittlungsverfahren der Richter beim Amtsgericht, in Staatsschutzsachen der Ermittlungsrichter nach § 169. Örtlich zuständig ist jedes Amtsgericht, in dessen Bezirk
ein Gerichtsstand nach §§ 7 ff begründet ist, § 162 Abs. 1 S. 2 und 3 gilt nicht (Meyer-Goßner § 132 a Rdn. 6). Nach Anklageerhebung ist das Gericht zuständig, bei dem
die Sache anhängig ist.

Die Entscheidung erfolgt **durch Beschluss** auf Grund der Aktenlage. Ermittlungen 7
werden nicht angestellt. Rechtfertigt der Akteninhalt die Anordnung nicht, ist der
Antrag abzulehnen. Die vorherige Anhörung des Beschuldigten ist außer im Fall des
§ 33 Abs. 4 S. 1 erforderlich (OLG Frankfurt StV 2001, 496).

Die **Bekanntmachung** des Beschlusses erfolgt gegenüber der StA formlos, gegen- 8
über dem Beschuldigten wegen der daran hängenden Strafbarkeit nach § 145 c durch
förmliche Zustellung (KK-Boujong § 132 a Rdn. 8). Mit der Bekanntgabe an den
Beschuldigten tritt das vorläufige Berufsverbot in Kraft.

Der Beschluss muss inhaltlich den Beruf oder Berufszweig, das Gewerbe oder den 9
Gewerbezweig, dessen Ausübung dem Beschuldigten verboten wird, **genau bezeichnen** (Meyer-Goßner § 132 a Rdn. 9). Nicht genügend bestimmte (pauschale)
Anordnungen sind unwirksam. Wirksam ist aber das Verbot der Ausübung jedes Handelsgewerbes oder des Vertreterberufs (Meyer-Goßner § 132 a Rdn. 9).

Die **Aufhebung der Maßnahme** ist während des gesamten Verfahrens von Amts 10
wegen zu erwägen. Der bloße Zeitablauf ist kein Aufhebungsgrund, sofern nicht wegen der ungewöhnlich langen Dauer des Verfahrens nicht mehr hinreichend wahrscheinlich ist, dass das Gericht die Anordnung nach § 70 StGB noch für erforderlich
halten wird. Immerhin wird die Zeit des vorläufigen Berufsverbotes eingerechnet
(§ 70 Abs. 4 S. 1 StGB). Zuständig für die Aufhebung ist der Ermittlungsrichter des
AG, nach Anklageerhebung das mit der Sache befasste Gericht. Das Revisionsgericht
hebt die Anordnung selbst auf, wenn das in dem Urteil angeordnete Berufsverbot
endgültig beseitigt oder das Verfahren eingestellt wird (BGH NStZ-RR 2004, 54).
Eine Beschwerde nach § 304 Abs. 1 ist zulässig, hat aber keine aufschiebende Wirkung
(§ 307 Abs. 1). Weitere Beschwerde ist ausgeschlossen (§ 310 Abs. 2).

Bei Angehörigen bestimmter Berufe sind von Amts wegen Pflichten zur **Mittei-** 11
lung der Anordnung oder Aufhebung eines vorläufigen Berufsverbots zu beachten
(Meyer-Goßner § 132 a Rdn. 15).

Zehnter Abschnitt.
Vernehmung des Beschuldigten

§ 133 [Schriftliche Ladung]

(1) **Der Beschuldigte ist zur Vernehmung schriftlich zu laden.**

(2) **Die Ladung kann unter der Androhung geschehen, daß im Falle des Ausbleibens seine Vorführung erfolgen werde.**

Die Vorschrift regelt im Verein mit weiteren Bestimmungen im 10. Abschnitt die 1
Vernehmung des Beschuldigten. Sie gilt für alle richterlichen Vernehmungen des
Beschuldigten vor Eröffnung des Hauptverfahrens und insbesondere für Vernehmun-

§§ 134, 135   1. Buch. Allgemeine Vorschriften

gen durch den Ermittlungsrichter (Pfeiffer § 133 Rdn. 1). Über § 163a Abs. 3 S. 2 finden die §§ 133 bis 136a aber auch für die StA entsprechende Anwendung; bei der Beschuldigtenvernehmung durch die Polizei sind § 136 Abs. 1 S. 2 bis 4, Abs. 2, 3 und § 136a anzuwenden (§ 163a Abs. 3 S. 2). Die Polizei hat kein Recht, einen Beschuldigten zwangsweise zur Vernehmung vorzuführen, wenn nicht die Voraussetzungen der §§ 127, 163a, 163b vorliegen (BGH NJW 1962, 1021). Die Ladung zur Hauptverhandlung und zu Vernehmungen nach § 233 Abs. 2 S. 1 regelt § 216.

2   **Die Ladung** kann auch telegrafisch oder per Telefax erfolgen. Auch eine mündliche oder telefonische Ladung ist möglich, dann ist aber eine Vorführung ausgeschlossen (Pfeiffer § 133 Rdn. 2). Der Beschuldigte ist zum Erscheinen verpflichtet, wenn er schriftlich geladen wurde, nach Vernehmungsunterbrechung auch bei mündlicher Ladung, und zwar selbst dann, wenn er sich nicht zur Sache äußern will oder dies schon ausdrücklich angekündigt hatte (Meyer-Goßner § 133 Rdn. 5). Bei einer Ladung vor die Polizei gibt es diese Pflicht nicht.

3   Die **Androhung der Vorführung** (Abs. 2) steht im Ermessen des Gerichts. Zum Vorführungsbefehl vgl. § 134. Eine Beschwerde gegen die Ladung nach § 304 Abs. 1 ist zulässig, wenn sie eine Vorführungsandrohung enthält (KMR-Lesch § 133 Rdn. 10; LR-Hanack § 133 Rdn. 17; Meyer-Goßner § 133 Rdn. 9; a.M. KK-Boujong § 133 Rdn. 15; SK-Rogall § 133 Rdn. 16).

§ 134 [Vorführung]

(1) Die sofortige Vorführung des Beschuldigten kann verfügt werden, wenn Gründe vorliegen, die den Erlaß eines Haftbefehls rechtfertigen würden.

(2) In dem Vorführungsbefehl ist der Beschuldigte genau zu bezeichnen und die ihm zur Last gelegte Straftat sowie der Grund der Vorführung anzugeben.

1   Die Vorschrift regelt die **sofortige Vorführung** ohne vorherige Ladung. Für den Erlass ist der Richter zuständig (§§ 125, 126, 162, 169). Der Befehl ergeht ohne vorherige Anhörung. Der Inhalt ergibt sich aus Abs. 2. Das Gericht übergibt den Befehl zur Vollstreckung der StA, die ihrerseits die Polizei mit dem Vollzug betraut. Bei der Vollstreckung ist dem Beschuldigten der Vorführungsbefehl bekannt zu machen, dies ist Voraussetzung für die Vollstreckung (BGH NStZ 1981, 22).

2   Nach Bekanntmachung soll die Polizei berechtigt sein, die Wohnung des Beschuldigten zu betreten und zu durchsuchen und den Beschuldigten festzunehmen; auch Gewalt etwa durch Aufbrechen der Wohnungstür soll zulässig sein (BGH NStZ 1981, 22). Wird in einem Eilfall der Vorführungsbefehl telefonisch veranlasst, ist dem Beschuldigten entsprechend § 114a Abs. 1 S. 2 zu eröffnen, dass er auf richterliche Anordnung vorgeführt wird (OLG Stuttgart Justiz 1982, 339).

3   Die Wirksamkeit des Vorführungsbefehls endet mit dem Abschluss der Vernehmung (Meyer-Goßner § 134 Rdn. 6). **Beschwerde** ist zulässig. Da sie keine aufschiebende Wirkung hat (§ 307 Abs. 1), ist sie regelmäßig überholt, bevor sie dem Beschwerdegericht zugeht (Meyer-Goßner § 134 Rdn. 7; vgl vor § 296 Rdn. 24).

§ 135 [Sofortige Vernehmung]

¹**Der Beschuldigte ist unverzüglich dem Richter vorzuführen und von diesem zu vernehmen.** ²**Er darf auf Grund des Vorführungsbefehls nicht länger festgehalten werden als bis zum Ende des Tages, der dem Beginn der Vorführung folgt.**

1   Die Vorschrift gilt für **Vorführungen nach §§ 133, 134.** Entsprechende Anwendung findet sie in den Fällen des § 51 Abs. 1 S. 3, § 163a Abs. 3 S. 2, § 161a Abs. 2

10. Abschnitt. Vernehmung des Beschuldigten § 136

S. 1 (Meyer-Goßner § 135 Rdn. 1). Die Bestimmung tritt im Vorführungsverfahren an die Stelle der §§ 115, 115a.

Die Bestimmung berechtigt **nur zur Freiheitsbeschränkung** (Art. 104 Abs. 1 S. 1 GG), nicht zur Freiheitsentziehung (Art. 104 Abs. 2 bis 4 GG). Der Beschuldigte muss daher unverzüglich vernommen werden. Dies ist schon bei der Festlegung des Vorführungszeitpunkts zu berücksichtigen. Die Verhinderung eines zur Teilnahme berechtigten Verteidigers oder des Staatsanwalts kann eine Verzögerung rechtfertigen (Pfeiffer § 135 Rdn. 1). 2

Die Höchstfrist des S. 2 beginnt bereits, wenn der Beschuldigte ergriffen wird. Ist die Vernehmung bei Ablauf der Frist noch nicht abgeschlossen, muss der Beschuldigte freigelassen werden, eine Fortsetzung auf freiwilliger Basis ist aber möglich. 3

Macht der Beschuldigte nach Belehrung von seinem Schweigerecht Gebrauch, ist er sofort auf freien Fuß zu setzen. Über die Art des Festhaltens entscheidet der Richter; sie muss angemessen sein (Pfeiffer § 135 Rdn. 2). 4

§ 136 [Erste Vernehmung]

(1) ¹**Bei Beginn der ersten Vernehmung ist dem Beschuldigten zu eröffnen, welche Tat ihm zur Last gelegt wird und welche Strafvorschriften in Betracht kommen.** ²Er ist darauf hinzuweisen, daß es ihm nach dem Gesetz freistehe, sich zu der Beschuldigung zu äußern oder nicht zur Sache auszusagen und jederzeit, auch schon vor seiner Vernehmung, einen von ihm zu wählenden Verteidiger zu befragen. ³Er ist ferner darüber zu belehren, daß er zu seiner Entlastung einzelne Beweiserhebungen beantragen kann. ⁴In geeigneten Fällen soll der Beschuldigte auch darauf, dass er sich schriftlich äußern kann, sowie auf die Möglichkeit eines Täter-Opfer-Ausgleichs hingewiesen werden.

(2) **Die Vernehmung soll dem Beschuldigten Gelegenheit geben, die gegen ihn vorliegenden Verdachtsgründe zu beseitigen und die zu seinen Gunsten sprechenden Tatsachen geltend zu machen.**

(3) **Bei der ersten Vernehmung des Beschuldigten ist zugleich auf die Ermittlung seiner persönlichen Verhältnisse Bedacht zu nehmen.**

I. Anwendungsbereich

Die Bestimmung gilt für alle richterlichen Vernehmungen vor und außerhalb der Hauptverhandlung. Sie ist ein „Kernstück des von Art. 6 Abs. 1 EMRK garantierten fairen Verfahrens" (EGMR NJW 2002, 499). § 136 stellt klar, dass **niemand verpflichtet ist, gegen sich selbst auszusagen** (BGHSt 14, 364). 1

Bedeutung hat die Vorschrift auch für die **Vernehmung durch StA oder Polizei** (vgl. § 163a Abs. 3 S. 2, Abs. 4 S. 2). Für Sachverständige gilt die Vorschrift nicht, da diese keine Vernehmungsbefugnis haben (BGH NJW 1968, 2297; Meyer-Goßner § 136 Rdn. 2; a.M. LG Oldenburg StV 1994, 646; LR-Hanack § 136 Rdn. 3). Dabei ist aber denkbar, dass eine Belehrungspflicht besteht, wenn der Sachverständige Zusatztatsachen erhebt (vgl. Schmidt-Recla NJW 1998, 800). Für Gerichtshelfer (§ 160 Abs. 3) gilt die Vorschrift entsprechend. 2

Ausgangssituation ist die Vernehmung des Beschuldigten. Will der StA eine Person als Zeugen vernehmen wissen und meint der Richter, er sei als Beschuldigter zu behandeln, darf er die Zeugenvernehmung nicht fortführen und muss ihn ggf. sogleich als Beschuldigten vernehmen (Meyer-Goßner § 136 Rdn. 3). Hält er umgekehrt einen Beschuldigten für unverdächtig, darf er ihn auch dann nicht als Zeugen vernehmen, wenn er den Tatverdacht verneinen will (Nehm FS Meyer-Goßner S. 286). Von dieser förmlichen Vernehmung zu unterscheiden sind so genannte Spon- 3

§ 136　　　　　　　　　　　　　　　　　1. Buch. Allgemeine Vorschriften

tanäußerungen und die informatorische Befragung. Äußerungen, die gegenüber einem Strafverfolgungsorgan ohne Befragung, also unaufgefordert, gemacht werden, können uneingeschränkt verwertet werden (BGH StV 1990, 194; Beulke Rdn. 118).

> **Beispiel:** Polizeibeamte klingeln an der Wohnungstür des T, um sich nach der Adresse eines ausgezogenen Mieters zu erkundigen. Bevor sie auch nur ihre Frage an den T richten können, gesteht dieser ihnen, soeben seine Frau erschlagen zu haben.

Bei einer **informatorischen Befragung** ist umstritten, inwiefern die Regelungen über Vernehmungen Anwendung finden.

> **Beispiel:** Die Polizei gelangt an den Tatort. Um eine Leiche herum stehen mehrere Personen. Die Polizeibeamten fragen, was geschehen ist und wer etwas gesehen hat. T gesteht sogleich, den O erschlagen zu haben.

Nach ganz herrschender Meinung sind solche Äußerungen verwertbar (vgl. nur BGHSt 38, 214, 228; SK-Rogall Rdn. 47 vor § 133). Ein Teil der Rechtsprechung (vgl. LG Nürnberg StV 1994, 123; AG München StV 1990, 104) und der Literatur (Beulke Rdn. 118; Schaal, Beweisverwertungsverbot bei informatorischer Befragung im Strafverfahren, 2002; SK-Wohlers § 163a Rdn. 49) befürworten ein Verwertungsverbot (vgl. auch Mosbacher JuS 2006, 39, 40 f). Auf den Streit kommt es naturgemäß nur dann an, wenn andere Beweismittel nicht zur Verfügung stehen.

II. Gang der Vernehmung

4　**Die Vernehmung beginnt** mit der Feststellung zur Person, also der Identität des Beschuldigten. Die Feststellung der persönlichen Verhältnisse gehört bereits zur Sachvernehmung (Meyer-Goßner § 136 Rdn. 5). Der Beschuldigte ist nach § 111 OWiG zu Angaben über seine Person verpflichtet (BGHSt 25, 13, 17), sofern nicht die Angaben auch seine beruflichen Fähigkeiten oder andere Tatsachen betreffen, die für die Schuldfrage von Bedeutung sein können. Fragen nach Religion, Abstammung und politischer Gesinnung dürfen nur gestellt werden, wenn dies der Sachverhalt erfordert. Sofern nicht schon geschehen, sollen bei der ersten Vernehmung die persönlichen Verhältnisse des Beschuldigten ermittelt werden (Abs. 3). Vorstrafen werden nur erörtert, wenn sie für die Sache von Bedeutung sind (KK-Boujong § 136 Rdn. 22).

5　**Die Eröffnung des Tatvorwurfs (Abs. 1 S. 1)** erfolgt nach der Feststellung der Identität und vor der Belehrung nach Abs. 1 S. 2 (SK-Rogall § 136 Rdn. 27). Dabei genügen schlagwortartige Angaben nicht; der Sachverhalt muss so weit bekannt gegeben werden, dass der Beschuldigte sich auch verteidigen kann (Meyer-Goßner § 136 Rdn. 6). Die Strafvorschriften werden nur zu Beginn der Vernehmung angegeben.

6　Durch die **Belehrung über die Aussagefreiheit** (Abs. 1 S. 2) soll der Beschuldigte eindeutig erfahren, dass es ihm freisteht, zu schweigen, obwohl ihn ein Richter (Staatsanwalt oder Polizeibeamter) in amtlicher Eigenschaft befragt (BGHSt 42, 139, 147; Meyer-Goßner § 136 Rdn. 7). Abs. 1 S. 2 begründet die Aussagefreiheit nicht, sondern setzt sie voraus (vgl. Fezer JuS 1978, 106; Rogall S. 104 ff).

7　Der Hinweis ist **vor jeder ersten richterlichen Vernehmung** zu erteilen, auch wenn er schon bei früheren Vernehmungen durch StA oder Polizei erfolgt war. Liegt die erste richterliche Vernehmung schon Jahre zurück, muss ggf. der Hinweis wiederholt werden (BGHSt 47, 172), und zwar jeweils unabhängig davon, ob der Beschuldigte seine Rechte kennt oder nicht (Meyer-Goßner § 136 Rdn. 8). In der Regel werden die Worte des Gesetzes benutzt; eine andere Fassung ist unschädlich, wenn sie nicht Zweifel an der Aussagefreiheit lässt (BGH NJW 1966, 1718; Meyer-Goßner § 136 Rdn. 8). Der Richter ist aber nicht daran gehindert, im Rahmen seiner richterlichen Fürsorgepflicht dem Beschuldigten zu empfehlen, zur Sache auszusagen (Kleinknecht JZ 1965, 156; Meyer-Goßner § 136 Rdn. 8).

10. Abschnitt. Vernehmung des Beschuldigten § 136

Wird der Hinweis nach Abs. 1 S. 2 versehentlich unterlassen, kann dies durch erneute Vernehmung nach nachgeholter Belehrung geheilt werden (BGHSt 22, 129; BGHSt 27, 355, 359). Die neue Belehrung sollte den Hinweis auf die Unverwertbarkeit der früheren Aussage enthalten (**qualifizierte Belehrung;** Meyer-Goßner § 136 Rdn. 9). In der Literatur wird diese zum Teil als zwingend angesehen (Neuhaus NStZ 1997, 312, 315 m. w. N.). 8

Auch über das Recht zur **Hinzuziehung eines Verteidigers** (Abs. 1 S. 2) ist zugleich mit der Belehrung über die Aussagefreiheit zu unterrichten. Das Recht auf Verteidigerkonsultation steht selbstständig neben dem Schweigerecht. Wird es verwehrt, liegt darin ein Verstoß gegen Art. 6 Abs. 1, Abs. 3 c MRK (EGMR EuGRZ 1996, 587, 592). Erklärt der Beschuldigte, dass er erst mit einem Verteidiger sprechen wolle, darf er nicht zu weiteren Angaben gedrängt werden (BGH NStZ 2004, 450). Da es fast überall „Strafverteidigernotdienste" gibt, ist in der Regel ein Verteidiger zu erreichen (vgl. auch BGHSt 47, 233; BGH NStZ 2006, 114). 9

Der Hinweis auf das Beweisantragsrecht (Abs. 1 S. 3) steht im Zusammenhang mit § 163 a Abs. 2, § 166 Abs. 1. Er folgt im Anschluss an die Belehrung über die Aussagefreiheit, kann aber auch im Laufe der Vernehmung nachgeholt werden. Der Hinweis ist auch dann erforderlich, wenn der Beschuldigte erklärt, sich nicht zur Sache äußern zu wollen (Meyer-Goßner § 136 Rdn. 11). 10

Über die **Möglichkeit einer schriftlichen Äußerung** ist der Beschuldigte vor Beginn der Vernehmung zu belehren, wenn es sich um einen für schriftliche Äußerungen geeigneten Fall handelt (KK-Boujong § 136 Rdn. 16; Meyer-Goßner § 136 Rdn. 12). Geeignet sind solche Fälle, in denen der Beschuldigte voraussichtlich bereit und hinreichend in der Lage ist, eine sachgerechte schriftliche Äußerung abzugeben (LR-Hanack § 136 Rdn. 33). In geeigneten Fällen ist auch auf die Möglichkeit des Täter-Opfer-Ausgleichs hinzuweisen (Abs. 1 S. 4). 11

Die Mitteilung der Verdachtsgründe (Abs. 2) ist erforderlich, um dem Beschuldigten Gelegenheit zu geben, sie zu beseitigen. Diese Mitteilung wird nicht überflüssig, wenn der Beschuldigte erklärt, er wolle nicht aussagen. Möglich ist immerhin, dass er sich anders besinnt, wenn er erfahren hat, was ihm vorgeworfen wird. Die Mitteilung der Verdachtsgründe unterbleibt, soweit dies im Interesse der Sachaufklärung verheimlicht werden muss (LR-Hanack § 136 Rdn. 34). 12

Die Vernehmung zur Sache ist **Gewährung rechtlichen Gehörs** (BGHSt 25, 325, 332). Die Verlesung von Niederschriften ist keine persönliche Äußerung des Beschuldigten, ebenso wenig wie eine solche durch seinen Verteidiger (LR-Hanack § 136 Rdn. 36; BGHSt 3, 368). 13

Die Art der Vernehmung steht im Ermessen des Richters. Anders als der Zeuge (§ 69 Abs. 1 S. 1) muss der Beschuldigte nicht zwingend Gelegenheit zu einer zusammenhängenden Äußerung haben (Meyer-Goßner § 136 Rdn. 17). Eine Vernehmung kann auch von vornherein in Form von Fragen und Antworten erfolgen (KK-Boujong § 136 Rdn. 19; a. M. SK-Rogall § 136 Rdn. 21). 14

Der Beschuldigte unterliegt keiner Wahrheitspflicht (BGHSt 3, 149, 152; Rieß JA 1980, 296), soll aber auch kein Recht zur Lüge haben (LR-Hanack § 136 Rdn. 41). Es ist daher zulässig, ihn zur Wahrheit zu ermahnen, wenn er die Unwahrheit sagt, oder ihn in Widersprüche zu verwickeln (Meyer-Goßner § 136 Rdn. 18). Zu Anwesenheitsrechten vgl. § 168 c, zum Protokoll §§ 168, 168 a. 15

III. Folgen einer unterlassenen Belehrung

Der Verstoß gegen die Belehrungspflicht nach Abs. 1 S. 2 begründet grundsätzlich ein Verwertungsverbot. Gleiches gilt für Verstöße gegen § 243 Abs. 4 S. 1. Dieser in der Literatur einhellig vertretenen Auffassung hat sich der BGH erst relativ spät angeschlossen (BGHSt 38, 214). Zu Grunde lag ein Vorlagebeschluss des OLG 16

§ 136 1. Buch. Allgemeine Vorschriften

Celle (StV 1991, 249), der zur Abkehr von der früheren Rechtsprechung führte. Allerdings verneint der BGH ein Verwertungsverbot, wenn feststeht, dass der Beschuldigte sein Schweigerecht auch ohne Belehrung kannte oder wenn der verteidigte Angeklagte in der Hauptverhandlung der Verwertung zustimmt oder ihr auch nur nicht widerspricht (unten Rdn. 24). Ob diese Grundsätze **auch im OWi-Verfahren** uneingeschränkt gelten, ist umstritten (dafür z. B. Hecker NJW 1997, 1833; dagegen Göhler NStZ 1994, 71, 72).

17   Wie sich **Zweifel über eine Belehrung** auswirken, ist umstritten. Teilweise nimmt man auch dann ein Verwertungsverbot an (Meyer-Goßner § 136 Rdn. 20), der BGH (BGHSt 38, 214, 224; BGH StV 1999, 354) lehnt dies ab. Ein Verwertungsverbot kommt in Betracht, wenn der Beschuldigte die Belehrung in Folge seines geistig-seelischen Zustandes nicht verstanden hat (BGHSt 39, 349).

18   Da die unterlassene Belehrung bei Vernehmungen zu einem Verwertungsverbot führt, ist die Abgrenzung zu anderen Situationen, die eine Belehrung nicht erfordern, besonders bedeutsam und zweifelhaft. Siehe zur vernehmungsähnlichen Situation und zu Spontanäußerungen Rdn. 3.

19   Die **Rechtskreistheorie** ist zu beachten. Dass ein Mitbeschuldigter nicht belehrt worden ist, hindert die Verwertung gegen einen anderen Beschuldigten nicht (BGH wistra 2000, 311, 313).

20   Die unterlassene oder unzureichende Belehrung über das **Recht der Verteidigerkonsultation** führt zu einem Verwertungsverbot (BGHSt 47, 172), ebenso der Fall, dass ihm nach Belehrung über dieses Recht trotz einer entsprechenden Bitte eine Rücksprache mit seinem Verteidiger verweigert wurde und er zur Sache vernommen worden ist (BGHSt 38, 372).

21   Ob das Verwertungsverbot auch eine **Fernwirkung** entfalten und damit zur Unverwertbarkeit eines nach der Aussage gewonnenen weiteren Ermittlungsergebnisses führen kann, ist zweifelhaft (bejaht von OLG Oldenburg, NStZ 1995, 412).

22   Das Vorliegen der Voraussetzungen eines Verwertungsverbots prüft das Gericht im **Freibeweisverfahren** (BGH NStZ 1997, 609, 610; Meyer-Goßner § 136 Rdn. 23; a. M. Kaufmann NStZ 1998, 474).

23   Das Unterlassen der nach Abs. 1 S. 2 **erforderlichen Belehrungen** über die Aussagefreiheit oder über die Möglichkeit der Verteidigerkonsultation kann ebenso wie die Verweigerung der Rücksprache mit einem Verteidiger die Revision begründen.

24   **Nach der vom BGH vertretenen Widerspruchslösung** muss aber der verteidigte Angeklagte der Verwertung der Aussage in der Hauptverhandlung rechtzeitig widersprochen haben (BGHSt 42, 15, 22). Dem verteidigten Angeklagten soll der Angeklagte gleichgestellt sein, der vom Gericht über die Möglichkeit des Widerspruchs unterrichtet worden ist (Meyer-Goßner § 136 Rdn. 25). Möglich ist der Widerspruch bis zu dem in § 257 genannten Zeitpunkt. Ein Widerspruch vor der Hauptverhandlung soll nicht genügen (BGH NStZ 1997, 502). Wird der Widerspruch erhoben und die Hauptverhandlung ausgesetzt, wirkt er fort und muss nicht wiederholt werden (OLG Stuttgart StV 2001, 388). Wurde gegen die Verwertung in erster Instanz kein Widerspruch erhoben, kann er auch im Rechtsmittelverfahren nicht mehr geltend gemacht werden (vgl. OLG Stuttgart NStZ 1997, 405; OLG Celle StV 1997, 68).

25   Diese Widerspruchslösung des BGH wird in der **Literatur** heftig kritisiert (Nachw. bei Meyer-Goßner § 136 Rdn. 25). Insbesondere besteht die Gefahr, dass diese ohne weiteres auf andere Fälle als die Verletzung von Belehrungs- und Benachrichtigungspflichten ausgeweitet wird.

26   Das Urteil **beruht** auf einem Verstoß gegen die Belehrungspflichten, wenn in der Hauptverhandlung nach § 254 ein Geständnis oder nach § 251 die Aussage eines Mitbeschuldigten verlesen und auch hierüber ein Zeuge gehört worden ist. Ist die Aussage

10. Abschnitt. Vernehmung des Beschuldigten § 136a

im Urteil nicht verwertet worden oder steht fest, dass der Beschuldigte seine Aussagefreiheit oder das Recht auf Beiziehung des Verteidigers auch ohne die Belehrung zweifelsfrei gekannt hat, ist ein Beruhen ausgeschlossen (BGHSt 47, 172, 173). Gleiches gilt, wenn der Beschuldigte der Verwertung der Angaben zugestimmt oder ihr nach Belehrung nicht widersprochen hat (Meyer-Goßner § 136 Rdn. 26).

In der Revisionsbegründung muss dargelegt werden, dass die Belehrung unterblieben ist und dass der Verwertung nicht zugestimmt bzw. ihr widersprochen worden ist (BGHSt 38, 214, 226f). Der Inhalt der angeblich zu Unrecht verwerteten Aussage und die Umstände, aus denen sich die Verwertung und die Rechtzeitigkeit des Widerspruchs ergeben, sind anzuführen (BGH NJW 1993, 2125, 2127; NStZ 1997, 614). Insofern sind an die Revisionsrüge erhebliche Anforderungen gestellt. 27

§ 136a [Verbotene Vernehmungsmethoden]

(1) ¹Die Freiheit der Willensentschließung und der Willensbetätigung des Beschuldigten darf nicht beeinträchtigt werden durch Mißhandlung, durch Ermüdung, durch körperlichen Eingriff, durch Verabreichung von Mitteln, durch Quälerei, durch Täuschung oder durch Hypnose. ²Zwang darf nur angewandt werden, soweit das Strafverfahrensrecht dies zuläßt. ³Die Drohung mit einer nach seinen Vorschriften unzulässigen Maßnahme und das Versprechen eines gesetzlich nicht vorgesehenen Vorteils sind verboten.

(2) Maßnahmen, die das Erinnerungsvermögen oder die Einsichtsfähigkeit des Beschuldigten beeinträchtigen, sind nicht gestattet.

(3) ¹Das Verbot der Absätze 1 und 2 gilt ohne Rücksicht auf die Einwilligung des Beschuldigten. ²Aussagen, die unter Verletzung dieses Verbots zustande gekommen sind, dürfen auch dann nicht verwertet werden, wenn der Beschuldigte der Verwertung zustimmt.

I. Überblick

Der Beschuldigte ist Beteiligter, nicht Gegenstand des Verfahrens (BGHSt 5, 332) und verliert den Anspruch auf Achtung seiner Menschenwürde nicht, weil er einer Straftat verdächtig ist (BGHSt 14, 358, 364). In einem Rechtsstaat findet die Erforschung der Wahrheit im Strafverfahren nicht um jeden Preis statt (BVerfG NJW 1984, 428). Insofern enthält § 136a eine Ausprägung des Art. 1 Abs. 1 GG (Meyer-Goßner § 136a Rdn. 1; Jahn JuS 2005, 1057). Daneben mag sie auch der Wahrheitsfindung und dem Schutz vor der massiven Beeinträchtigung der Vernehmungsatmosphäre dienen (Krack NStZ 2002, 120). 1

Adressaten der Vorschrift sind primär die mit der Strafverfolgung beauftragten Staatsorgane. Sie dürfen die nach Abs. 1 und 2 verbotenen Vernehmungsmethoden weder selbst anwenden noch durch andere anwenden lassen (SK-Rogall § 136a Rdn. 7; Meyer-Goßner § 136a Rdn. 2). Bedienen sich die Ermittlungsbehörden einer Privatperson, die – selbst Untersuchungsgefangener – den Beschuldigten aushorchen soll, findet § 136a (entsprechende) Anwendung (Einl. Rdn. 223; BGHSt 44, 129; Meyer-Goßner § 136a Rdn. 2; Pfeiffer § 136a Rdn. 2). 2

Eine Drittwirkung hat die Vorschrift grundsätzlich nicht (BGHSt 27, 355, 357). Auf den eigenmächtig handelnden Dolmetscher oder Privatpersonen, die Straftaten ohne amtlichen Auftrag erforschen, findet § 136a keine Anwendung (Meyer-Goßner § 136a Rdn. 3). Grenzen will man ziehen, wo Privatpersonen unter besonders krassem Verstoß gegen die Menschenwürde Erkenntnisse zu Tage gefördert haben (Folter, Einkerkerung; Meyer-Goßner § 136a Rdn. 3). 3

Unzulässig ist es allerdings, wenn Strafverfolgungsbehörden solche **Einwirkungen Dritter,** auch von Behörden fremder Staaten, ausnutzen, um von dem Beschuldigten 4

299

§ 136a

Erklärungen zu erlangen (KK-Boujong § 136a Rdn. 4; Meyer-Goßner § 136a Rdn. 3; einschränkend SK-Rogall § 136a Rdn. 16).

5   Allerdings ist der BGH teilweise großzügig. Setzt die Polizei zur Aufklärung eines Mordes einen **V-Mann im Umfeld des Angeklagten** ein, kann dieser über Äußerungen von Angehörigen des Angeklagten eine verwertbare Aussage machen, auch wenn diese in der Hauptverhandlung von ihrem Zeugnisverweigerungsrecht Gebrauch machen (BGHSt 40, 211). Zum Teil wird darauf abgestellt, dass jedenfalls dann eine Verwertung zulässig ist, wenn es um die Aufklärung einer Straftat von erheblicher Bedeutung geht und die Erforschung des Sachverhalts unter der Einsatz anderer Ermittlungsmethoden erheblich weniger erfolgversprechend oder wesentlich erschwert gewesen wäre (BGHSt 42, 139).

6   Geschützt ist nicht nur der in § 136a genannte Beschuldigte. **Die Vorschrift gilt auch für Zeugen** (§ 69 Abs. 3) und Sachverständige (§§ 72, 69 Abs. 3). Sie ist in ihrem Anwendungsbereich aber auf Vernehmungen beschränkt. Eine Vernehmung liegt vor, wenn der Vernehmende dem Beschuldigten in amtlicher Funktion gegenübertritt und in dieser Eigenschaft von ihm Auskunft verlangt (BGHSt 42, 139, 145). Dieser Begriff ist formal; einen „funktionalen Vernehmungsbegriff" in dem Sinne, dass hierzu alle Äußerungen des Beschuldigten gehören, welche ein Strafverfolgungsorgan direkt oder indirekt herbeigeführt hat, lehnt die Rechtsprechung ab (BGHSt 42, 139, 145). Daher sollen Äußerungen des Beschuldigten vor Begründung der Beschuldigteneigenschaft oder außerhalb von Vernehmungen (BGHSt 34, 365, 369) ebenso wenig geschützt werden wie prozessuale Willenserklärungen (LR-Hanack § 136a Rdn. 14). Die Vorschrift findet auch keine Anwendung, wenn ein Beschuldigter über einen nach § 100a überwachten Anschluss selbstbelastende Telefongespräche führt (BGHSt 33, 217; SK-Rogall § 136a Rdn. 19). Zu Selbstgesprächen im Krankenzimmer vgl. Einl. Rdn. 220.

7   Heftig umstritten ist die **Beurteilung einer so genannten „Hörfalle"**. Gemeint ist eine Konstellation, in der eine Privatperson auf Veranlassung eines Ermittlungsbeamten mit dem Tatverdächtigen spricht oder telefoniert, um Angaben zum Untersuchungsgegenstand ohne Aufdeckung der Ermittlungsabsicht zu erlangen. Der Große Senat des BGH (BGHSt 42, 139) will den Inhalt des Gesprächs im Zeugenbeweis jedenfalls dann verwerten, wenn es um die Aufklärung einer Straftat von erheblicher Bedeutung geht und die Erforschung des Sachverhalts unter Einsatz anderer Ermittlungsmethoden erheblich weniger erfolgversprechend oder wesentlich erschwert gewesen wäre. Eine Straftat von erheblicher Bedeutung will man dann aus der nicht abschließenden Aufzählung in §§ 98a, 100c, 110a entnehmen. Die Literatur hat dies zum Teil einer heftigen Kritik unterzogen, aber auch zum Teil zugestimmt (Einl. Rdn. 226).

8   Immerhin will man ein Verwertungsverbot annehmen, wenn der Beschuldigte zunächst jede Angabe zur Sache verweigert hat und dann mittels einer **Täuschung durch die Ermittlungsbeamten** eine Gesprächssituation herbeigeführt wird (vgl. EGMR StV 2003, 257; BGHSt 39, 335, 348; BGHSt 40, 66, 72; Beulke StV 1990, 184; Meyer-Goßner § 136a Rdn. 4a).

9   Auf den Einsatz eines V-Mannes oder eines agent provocateur soll § 136a nicht anwendbar sein (BGH GA 1975, 333; SK-Rogall § 136a Rdn. 19; a.M. LR-Hanack § 136a Rdn. 4), anders soll es beim verdeckten Ermittler liegen (§ 110c Rdn. 2). Für § 81a soll die Vorschrift keine Bedeutung haben (BGHSt 24, 125, 129).

II. Verbotene Vernehmungsmethoden

10 **Die bei der Vernehmung verbotenen Mittel** werden in Abs. 1 nicht abschließend aufgezählt. Verboten sind alle Methoden, mit denen derselbe Zweck verfolgt wird wie mit den dort ausdrücklich genannten Mitteln (Meyer-Goßner § 136a Rdn. 6).

10. Abschnitt. Vernehmung des Beschuldigten § 136a

Die Misshandlung entspricht der in § 223 StGB. Die in Kriminalfilmen gern 11
gezeigte grelle Beleuchtung bei Vernehmungen kann ebenso ausreichen wie ein
ständiges Stören im Schlaf (LR-Hanack § 136a Rdn. 18; Meyer-Goßner § 136a
Rdn. 7). Die oft im Fernsehen zu hörende Angabe über Dauerverhöre von 30
Stunden betrifft einen Fall der „Ermüdung". Zwar sind ermüdende Vernehmungen zulässig und oft unvermeidbar (BGH NStZ 1999, 630), auch sind sachlich gerechtfertigte nächtliche Vernehmungen durch § 136a nicht ausgeschlossen. Eine
Vernehmung bis zur Erschöpfung der Willenskraft oder unter Ausnutzung eines solchen Zustandes ist aber verboten (BGHSt 38, 291, 293). Ob der Vernehmende den
Zustand herbeigeführt hat oder nur ausnutzt oder auch nur erkannt hat, soll gleichgültig sein (BGHSt 12, 332; Meyer-Goßner § 136a Rdn. 18; a.M. SK-Rogall
§ 136a Rdn. 33).

Körperliche Eingriffe sind solche, die sich unmittelbar auf den Körper auswirken. 12
Meist werden sie schon als Misshandlung erfasst sein; untersagt sind aber auch
schmerz- und folgenlose Eingriffe (Meyer-Goßner § 136a Rdn. 9).

Verabreichung von Mitteln ist jede Einführung von festen, flüssigen oder gas- 13
förmigen Stoffen in den Körper. Ob dies durch Einspritzen oder Einatmen oder das
Beimischen in Speisen und Getränken geschieht, ist gleichgültig (Meyer-Goßner
§ 136a Rdn. 10). In Betracht kommen Alkohol, Rauschgift, einschläfernde Mittel
sowie Weckmittel (BGHSt 11, 211: Pervetin). Hemmungslösende Mittel, wie sie bei
der Narko-Analyse verabreicht werden (so genanntes Wahrheitsserum), sind ausnahmslos verboten (Meyer-Goßner § 136a Rdn. 10). Zulässig ist im Rahmen des
§ 81a Abs. 1 S. 1 das Verabreichen von Brechmitteln bei Verdacht des Drogenschmuggels (Kokainkügelchen im Magen) oder die Verabreichung von Mitteln, die
nur der Stärkung oder Erfrischung dienen (Traubenzucker, Schokolade, Kaffee, Tee,
Zigaretten; vgl. BGHSt 5, 290). Beschuldigte unter Alkoholeinwirkung dürfen vernommen werden, solange sie verhandlungsfähig sind und ihre Willensfreiheit nicht
ernsthaft beeinträchtigt ist. Die Grenzen werden unterschiedlich gezogen. Der BGH
nahm bei 2,0 Promille BAK Verhandlungsfähigkeit an, das OLG Köln (StV 1989, 520)
hat sie bei 4,0 Promille verneint. Zur Vernehmung einer unter Entzugserscheinungen
leidenden Person siehe OLG Hamm StV 1999, 360.

Quälerei ist eine körperliche oder seelische Misshandlung. Sie kann vorliegen, 14
wenn der Täter zur Leiche des Opfers mit dem Ziel geführt wird, von ihm Erklärungen wegen der Beschuldigung zu erlangen (BGHSt 15, 187). Im Hinblick auf § 88
S. 2 wird allerdings in solchen Fällen nur unter besonderen Umständen eine Quälerei
vorliegen (Meyer-Goßner § 136a Rdn. 11).

Eine Täuschung ist untersagt, sie ist eines Rechtsstaates unwürdig (Meyer- 15
Goßner § 136a Rdn. 12). Da der Begriff als solcher sehr weit ist, muss er einschränkend ausgelegt werden (BGHSt 42, 139, 149; Meyer-Goßner § 136a Rdn. 12).
Ausgeschlossen ist nicht jede List, wohl aber eine Lüge, durch die der Beschuldigte
bewusst irregeführt und seine Aussagefreiheit beeinträchtigt wird (BGHSt 35, 329).
Unbeabsichtigte Irreführungen sollen nicht erfasst sein (BGHSt 35, 328, 329; zum
Streitstand siehe noch Achenbach StV 1989, 516). Dies soll aber nur für fahrlässige
Fehlinformationen zu tatsächlichen Fragen gelten. Unrichtige rechtliche Erklärungen
des Vernehmenden sollen Täuschungen stets gleichstehen (OLG Bremen NJW 1967,
2022; LR-Hanack § 136a Rdn. 42; Meyer-Goßner § 136a Rdn. 13; a.M. wohl SK-
Rogall § 136a Rdn. 48; BGH StV 1989, 515).

Täuscht der Ermittlungsbeamte vor, dass **eine erdrückende Beweiskette** vorliege 16
(BGHSt 35, 328) oder ein Mittäter schon gestanden habe (vgl. LG Freiburg StV 2004,
647), kann ein Fall des § 136a vorliegen (Meyer-Goßner § 136a Rdn. 14). **Kriminalistische List** ist aber ebenso wenig verboten wie das Stellen von Fangfragen oder das
Bemühen, den Beschuldigten in Widersprüche zu verwickeln (KK-Boujong § 136a
Rdn. 20; Pfeiffer § 136a Rdn. 8). Erkennt der Vernehmungsbeamte, dass sich der

§ 136a   1. Buch. Allgemeine Vorschriften

Beschuldigte in einem Irrtum befindet, darf er ihn ausnutzen, aber nicht aufrechterhalten oder verstärken (BGHSt 39, 348; KK-Boujong § 136a Rdn. 20). Irrt der Beschuldigte erkennbar über seine Aussagefreiheit, muss dieser Irrtum beseitigt werden (Pfeiffer § 136a Rdn. 8).

17 Das **Verschweigen von Rechten und Tatsachen** erfüllt nicht den Täuschungsbegriff. Wird eine gesetzlich vorgeschriebene Belehrung (z.B. § 136 Abs. 1 S. 2) unterlassen, beurteilen sich die Rechtsfolgen nach diesen Vorschriften (KK-Boujong § 136a Rdn. 21; Meyer-Goßner § 136a Rdn. 16). Wird aber suggeriert, der Beschuldigte sei zur Aussage verpflichtet, dürfte ein Fall des § 136a vorliegen.

18 **Soweit Zwang zugelassen ist** (vgl. §§ 51, 70, 77, 112ff, 134, 163a Abs. 3), darf dieser nur für die dort vorgesehenen Zwecke angewendet werden; darüber hinaus ist er verboten (Meyer-Goßner § 136a Rdn. 20; Pfeiffer § 136a Rdn. 9).

19 Droht der Vernehmungsbeamte mit einer **verfahrensrechtlich unzulässigen Maßnahme,** kann § 136a erfüllt sein. So ist es verboten, einem leugnenden Beschuldigten mit der Festnahme oder Verhaftung zu drohen, wenn die Voraussetzungen dafür im konkreten Fall nicht vorliegen (BGH MDR 1971, 18).

20 **Mit zulässigen Maßnahmen darf gedroht werden,** solange klargestellt wird, dass die Entschließung nur von sachlichen Notwendigkeiten abhängig gemacht wird (Meyer-Goßner § 136a Rdn. 22). Insofern ist die Androhung einer gerechtfertigten vorläufigen Festnahme, der Abschiebung ins Ausland oder eines Strafverfahrens zulässig, nicht jedoch die Androhung der grundlosen Invollzugsetzung des Haftbefehls, falls kein Geständnis abgelegt wird (BGH StV 2004, 636) oder eine sachlich nicht gerechtfertigte Bloßstellung homosexueller Neigungen des Beschuldigten (OLG Naumburg StV 2004, 529; Meyer-Goßner § 136a Rdn. 22).

21 **Das Versprechen gesetzlich nicht vorgesehener Vorteile ist verboten.** Dabei geht es um die Abgabe einer bindenden Zusage, auf deren Einhaltung der Empfänger vertrauen kann (BGHSt 14, 189; OLG Hamm StV 1984, 456). Bei Bagatell„vorteilen" soll es anders sein (BGHSt 5, 290: Raucherlaubnis). Die Haftentlassung bei Ablegung eines Geständnisses darf zugesagt werden, wenn die Haft sich nur auf Verdunkelungsgefahr gründet (BGH MDR 1952, 532; a.M. LG Aachen NJW 1978, 2256). Bei Fluchtgefahr gilt dies nicht (BGHSt 20, 268). Die Zusage der Einstellung nach § 154 (BGH NStZ 1987, 217) oder die Erklärung, der Beschuldigte werde bei Geständnis nicht ins Ausland abgeschoben (BGH MDR 1979, 637) ist ebenso zulässig wie der Hinweis auf die nach einem Geständnis eintretenden Möglichkeiten einer Strafmilderung (BGHSt 20, 268; vgl. auch BGH NJW 1990, 1921). Zulässig ist es, einem aussagebereiten Zeugen die Übernahme der durch einen anwaltlichen Beistand entstehenden Kosten zu versprechen (BVerfG NJW 1984, 428).

22 **Mittel, mit denen das Unterbewusstsein des Beschuldigten geprüft wird,** sind unzulässig. Dies gilt für die Hypnose, das heißt die Einwirkung auf einen anderen, durch die unter Ausschaltung des bewussten Willens eine Einengung des Bewusstseins auf die von dem Hypnotisierenden gewünschte Vorstellungsrichtung erreicht wird (KK-Boujong § 136a Rdn. 28). Gleiches gilt für die Anwendung eines Polygraphen (Lügendetektor). Dessen Einsatz kommt auch nicht mit Einwilligung des Beschuldigten, der damit seine Unschuld beweisen will, in Betracht (Meyer-Goßner § 136a Rdn. 24). Möglich ist allerdings die freiwillige Mitwirkung des Beschuldigten (vgl. BGHSt 44, 308). Allerdings soll die polygraphische Untersuchung mittels Kontrollfragentests und Tatwissenstests zu einem völlig ungeeigneten Beweismittel im Sinne des § 244 Abs. 3 S. 2 führen, da es nicht möglich sei, eine gemessene körperliche Reaktion auf eine bestimmte Ursache zurückzuführen. Letztlich geht es um die Aussagekraft solcher Tests. Dementsprechend wird in der Literatur zum Teil gefordert, das Verfahren zumindest im Ermittlungsverfahren oder zur Entlastung des Beschuldigten einzusetzen (vgl. zur gesamten Problematik Kargel/Kirsch JuS 2000, 537; Karow, Der Experimentalbeweis im Strafverfahren, S. 93ff).

Erinnerungsvermögen (Abs. 2) ist die Fähigkeit, vergangene Tatsachen mittels 23
Nachdenkens zu vergegenwärtigen. **Einsichtsvermögen** ist die Fähigkeit, die inhaltliche und wertmäßige Bedeutung seiner Aussage zu erkennen und sich seiner Verantwortung bewusst zu bleiben (Erbs NJW 1951, 386, 389). Im Prinzip sind die Konstellationen wie die Gabe von Pervetin bereits von Abs. 1 erfasst.

Die Einwilligung des Beschuldigten oder Zeugen setzt die Verbote des Abs. 1 24
und 2 nicht außer Kraft (Abs. 3 S. 1). Dies betrifft insbesondere die Anwendung des Lügendetektors, der Narko-Analyse und der Hypnose (Meyer-Goßner § 136a Rdn. 26).

III. Rechtsfolgen

Das Verwertungsverbot (Abs. 3 S. 2) besteht jedenfalls bei belastenden Aussagen. 25
Überwiegend wird es auch bei entlastenden Aussagen bejaht (KK-Boujong § 136a Rdn. 37; LR-Hanack § 136a Rdn. 63; Meyer-Goßner § 136a Rdn. 27). Andere wollen es bei entlastenden Aussagen entfallen lassen (Dencker S. 73 ff; Erbs NJW 1951, 389). Auch die nachträgliche Einwilligung des Beschuldigten in die Benutzung seiner Aussage ist unbeachtlich (Meyer-Goßner § 136a Rdn. 27).

Das Verwertungsverbot setzt einen **ursächlichen Zusammenhang** zwischen Verstoß 26
und Aussage voraus. Daran fehlt es, wenn der Beschuldigte ausgesagt hat, obwohl er die Täuschung durch den Vernehmungsbeamten erkannt hatte (vgl. auch BGHSt 22, 170, 175). Der Ursachenzusammenhang muss nicht erwiesen sein, es genügt, wenn er nicht auszuschließen ist (BGHSt 34, 365, 369; LR-Hanack § 136a Rdn. 62; a. M. SK-Rogall § 136a Rdn. 84). Bezieht sich der Zusammenhang nur auf einen abtrennbaren Teil der Aussage, so besteht ein Verwertungsverbot auch nur in diesem Umfang (Meyer-Goßner § 136a Rdn. 28).

Verboten ist nicht nur die unmittelbare, sondern auch die **mittelbare Verwertung** 27
der Aussage (Rogall JZ 1996, 950). Dies soll selbst für die strafmildernde Beachtung eines unverwertbaren Geständnisses gelten. Unzulässig sind die Verlesung der Niederschrift über die Vernehmung, das Abspielen von Tonbandaufnahmen von der Vernehmung, die Anhörung der Vernehmungsperson oder eines bei der Vernehmung anwesenden Dritten, ja sogar das Machen von Vorhalten aus der Vernehmung (vgl. Meyer-Goßner § 136a Rdn. 29 m. w. N.).

Eine spätere Aussage des Beschuldigten, bei der seine Willensfreiheit nicht 28
mehr beeinträchtigt war, ist regelmäßig verwertbar (Pfeiffer § 136a Rdn. 14). Das Schrifttum fordert in diesem Kontext überwiegend eine „qualifizierte Belehrung" dahin, dass die vorangegangenen Angaben nicht verwertet werden dürfen (Neuhaus NStZ 1997, 312, 315; LG Frankfurt am Main StV 2003, 325; Weigend StV 2003, 438). Zum Teil will man von fehlender Fortwirkung des Verwertungsverbotes ausgehen, wenn die unverwertbare Aussage schon länger zurückliegt und die Beeinträchtigung der Willensfreiheit nicht allzu schwerwiegend war (Meyer-Goßner § 136a Rdn. 30). Wird aber die frühere Aussage nur pauschal bestätigt oder auf sie lediglich Bezug genommen, spricht dies für eine Fortwirkung (BGH NJW 1995, 2047). Überdies nimmt der BGH eine Fortwirkung für Aussagen an, die unter Drohung und Quälerei erzielt wurden (BGHSt 15, 187; 17, 364; zw. 22, 129, 134).

Eine Fernwirkung in der Weise, dass auch die mit der Aussage bekannt geworde- 29
nen Beweismittel nicht benutzt werden dürfen, lehnt die Rechtsprechung grundsätzlich ab (OLG Hamburg MDR 1976, 601; OLG Stuttgart NJW 1973, 1941). Die Frage ist aber äußerst umstritten (vgl. SK-Rogall § 136a Rdn. 90 ff). So meint Beulke (ZStW 103 [1991], 669), man müsse zwar von einer Fernwirkung ausgehen, aber entsprechend dem amerikanischen Strafprozess eine Verwertung des Beweismittels zulassen, das im konkreten Fall sowieso auch „auf sauberem Weg" hätte gefunden werden können. Herrschend ist die Abwägungslehre, die zwischen der Bedeutung des

Tatvorwurfs einerseits und der Schwere der begangenen Rechtsverletzung andererseits entscheidet (Meyer-Goßner § 136a Rdn. 31).

30 **Der Beweis des Verfahrensverstoßes** muss von Amts wegen geführt werden. Es gilt Freibeweis (BGHSt 16, 164, 166; BGH NJW 1994, 2904, 2905; SK-Rogall § 136a Rdn. 83). Auch hier ist manches umstritten (vgl. Fezer JZ 1989, 349; LR-Hanack § 136a Rdn. 68). Der Grundsatz in dubio pro reo soll nicht gelten, ist der Verstoß nicht erwiesen, ist die Aussage verwertbar (BGH aaO.; SK-Rogall § 136a Rdn. 83; Meyer-Goßner § 136a Rdn. 32; a. M. LR-Hanack § 136a Rdn. 69).

31 Der Verfahrensverstoß wird nur auf eine **zulässige Verfahrensrüge** hin berücksichtigt (BGHSt 1, 376; BGH wistra 1988, 70; BGH StV 1994, 62). Ein Verfahrenshindernis soll dadurch nicht begründet werden (LG Frankfurt am Main StV 2003, 327; Meyer-Goßner § 136a Rdn. 33). Die Verfahrensrüge muss in der Regel den vollständigen Inhalt der Sitzungsniederschriften (BGH NStZ-RR 2003, 144), die den Verstoß gegen § 136a enthaltenden Tatsachen und diejenigen Tatsachen mitteilen, aus denen sich die Möglichkeit eines Ursachenzusammenhanges mit der Aussage ergibt (BVerfG NStZ 2002, 487). Ggf. muss auch dargelegt werden, wieso der Verstoß fortgewirkt hat (BGH NJW 1995, 2047; BGH NStZ 2001, 551). Wurde die Aussage im Ermittlungsverfahren gewonnen, muss auch hinsichtlich der Entstehung und Verwertung vorgetragen werden (BVerfG NStZ 2002, 487). Dass der Verwertung in der Hauptverhandlung widersprochen worden ist, muss nicht dargetan werden, weil ein solcher Widerspruch nicht erforderlich ist.

32 Zulässig ist auch die Rüge, dass **Aussagen von Zeugen** und Sachverständigen bzw. das Geständnis von Mitangeklagten auf einem Verstoß gegen § 136a beruhe. Insofern gilt die Rechtskreistheorie (Einl. Rdn. 193) nicht.

33 Ist der Revisionsführer der Auffassung, das Gericht sei zu Unrecht von einem Verwertungsverbot ausgegangen, muss er die **Verletzung der Aufklärungspflicht** (§ 244 Abs. 2, § 245) rügen. Ggf. muss er auch darlegen, dass ein Verstoß gegen § 136a nicht fortgewirkt hat (BGH NJW 1995, 2047).

Elfter Abschnitt. Verteidigung

Vor § 137

1 **Das Recht auf Verteidigung** gehört zu den Essentialia eines rechtsstaatlichen Verfahrens. Dem Angeklagten muss die Möglichkeit gegeben werden, zur Wahrung seiner Rechte auf den Gang und das Ergebnis des Verfahrens Einfluss zu nehmen (BVerfGE 66, 319). Daher darf er sich in jeder Lage des Verfahrens des Beistandes eines Verteidigers bedienen (§ 137 Abs. 1 S. 1; vgl. auch Art. 6 Abs. 3c MRK). Dabei steht der Rechtsanwalt nicht gegen StA und Gericht, sondern neben ihnen. Er ist kraft seiner Stellung Beistand und kann als solcher aus eigenem Recht und im eigenen Namen in das Verfahren eingreifen, auch wenn der Beschuldigte nicht unterrichtet ist (BGHSt 26, 291). Er darf eigene Ermittlungen anstellen (OLG Frankfurt StV 1981, 30) und Zeugen, Sachverständige sowie Mitbeschuldigte in und außerhalb der Hauptverhandlung befragen (BGHSt 46, 4).

2 **Der Verteidiger ist nicht Vertreter, sondern Beistand des Beschuldigten** (Meyer-Goßner vor § 137 Rdn. 1). Seine Aufgabe ist es, die Rechte des Beschuldigten umfassend zu wahren und zur Beachtung aller ihm günstigen rechtlichen und tatsächlichen Umstände beizutragen. Zugleich ist es auch seine Aufgabe, auf eine strenge Justizförmigkeit des Verfahrens hinzuwirken (BGHSt 12, 367, 369; BGHSt 15, 326, 327; KK-Laufhütte vor § 137 Rdn. 5). Dabei ist er nicht unparteilich, sondern zur Einseitigkeit zu Gunsten des Beschuldigten gegenüber StA und Justiz verpflichtet (Krekeler NStZ 1989, 146).

Zur Rolle des Verteidigers werden **verschiedene Theorien** vertreten. Das Vor- 3
verständnis zeigt sich z. B. dann, wenn es darum geht, ob er eine Pflicht hat, an der
Rekonstruktion verschwundener Akten mitzuwirken (vgl. Rösmann NStZ 1983, 446
einerseits, Waldowski NStZ 1984, 448 andererseits).

Die h. M. geht davon aus, dass der Verteidiger nicht nur Interessenvertreter/ 4
Beistand des Beschuldigten sei, sondern darüber hinaus auch öffentliche (nicht: staatliche!) Funktionen wahrnehme. Verkürzt wird dies mit der dem § 1 BRAO entlehnten
Formel vom **„Organ der Rechtspflege"** umschrieben (seit RG JW 1926, 2756; vgl.
BVerfG NJW 1998, 296; Roxin § 19 Rdn. 2; Beulke Rdn. 150). Da daraus die Gefahr resultieren könnte, dass im Hinblick auf die „öffentliche" Tätigkeit Befugnisse des
Beschuldigten und seines Beistands beschnitten werden könnten, wird überwiegend
die so genannte eingeschränkte Organtheorie vertreten: Die Ausrichtung auf öffentliche Interessen ist von vornherein begrenzt, und zwar zum einen über die Effektivität
der Verteidigung und zum anderen im Hinblick auf die Effektivität der Rechtspflege
in ihrem „Kernbereich" (Beulke Rdn. 150; Hellmann II § 6 Rdn. 6).

Ein Teil der Literatur lehnt die Organeigenschaft des Verteidigers gänzlich ab und 5
betrachtet diesen als **reinen Parteiinteressenvertreter** (Ostendorf NJW 1978, 1345,
1349; Wolf S. 426). Er habe seine Interessen autonom zu definieren. Schließlich wird
als gemäßigte Form der Interessenvertretertheorie die so genannte Vertragstheorie
vertreten (LR-Lüderssen vor § 137 Rdn. 33 ff; Lüderssen StV 1999, 537). Danach
muss sich der Verteidiger grundsätzlich nach dem Willen seines Mandanten richten.
Die Ansicht ist jedoch mit dem derzeitigen Recht, das einen Pflichtverteidiger notfalls
auch gegen den Willen des Beschuldigten bestellen lässt, unvereinbar (Beulke
Rdn. 151 a). Folgt man der herrschenden Meinung, ergibt sich daraus ein Rahmen für
die Tätigkeit des Verteidigers.

- **Der Grundsatz der Effektivität der Verteidigung** erlaubt ihm eine möglichst intensive Gegenwehr gegen die Strafverfolgungsorgane.
- **Der Kernbereich der Effektivität der Rechtspflege** bewirkt, dass er seine Rechte nicht „missbrauchen" darf, z. B. nicht lügen.

Ob ihn darüber hinaus eine allgemeine **Pflicht der Gewährleistung** eines „sach- 6
dienlichen" und „in prozessualen Bahnen" verlaufenden Verfahrens trifft, ist heftig in
der Diskussion (vgl. Beulke Rdn. 150). Dabei geht es auch um die Frage, inwiefern
bestimmte Rechte des Beschuldigten bzw. deren Verletzung von einer Rüge durch
den Verteidiger abhängen, wie weit richterliche Aufklärungspflichten auf den Verteidiger übertragen werden dürfen und ob der Verteidiger gegenüber anderen Verfahrensbeteiligten, z. B. einem neu bestellten Pflichtverteidiger, Informationspflichten hat.
Einzelheiten finden sich bei den jeweiligen Vorschriften.

Die StPO enthält nur wenige **Vorschriften über die Rechte des Verteidigers** 7
(vgl. §§ 147, 148, 163 a Abs. 3 S. 2, §§ 239, 240 Abs. 2, § 249 Abs. 2 S. 2, § 251
Abs. 1 Nr. 1, 2 Nr. 3, § 297). Im Übrigen ergeben sie sich aus seiner gesetzlichen
Aufgabe. So ist der Verteidiger zu allen Handlungen berechtigt, die dem Schutz und
der Verteidigung des Beschuldigten dienen; ihre Grenzen findet seine Tätigkeit an den
Vorschriften des StGB (BGH NJW 2002, 2115). Wenn insofern auch auf § 258 StGB
verwiesen wird (vgl. Schnarr Schäfer-SH S. 64), ist dies wenig hilfreich, da die strafrechtlichen Grenzen des § 258 StGB auch im Lichte des Rechts der Verteidigung gesehen werden müssen. Immerhin hat das Bundesverfassungsgericht den Anwendungsbereich des Tatbestands der Geldwäsche für Strafverteidiger auf wissentliches Handeln
reduziert (vgl. BGHSt 47, 68; BVerfG NJW 2004, 1305). Hieraus resultiert auch, dass
für strafprozessuale Eingriffe ein erhöhter Verdachtsgrad vorauszusetzen ist. Im Übrigen muss der Rechtsanwalt auch das anwaltliche Standesrecht beachten (Meyer-Goßner vor § 137 Rdn. 2).

Verletzt der Verteidiger seine Rechtspflichten, kann dies im Verfahren gegen 8
den von ihm verteidigten Beschuldigten nicht geahndet werden. Allerdings kann der

Vor § 137 1. Buch. Allgemeine Vorschriften

Verteidiger unter bestimmten (engen) Voraussetzungen aus dem Verfahren ausgeschlossen werden (§ 138a ff). Dies gilt z.B. auch für den Ausschluss von der Teilnahme an der Sitzung, wenn sich der Verteidiger weigert, die vorgeschriebene Robe zu tragen (Meyer-Goßner vor § 137 Rdn. 3). Die Ungehorsamsfolgen des § 177 GVG gelten für ihn nicht, Ordnungsmittel nach § 178 GVG sind unzulässig (Meyer-Goßner vor § 137 Rdn. 3). Zu zivilrechtlichen Fragen vgl. Slobodenyuk NJW 2006, 113.

9 Der Vertrag zwischen Rechtsanwalt und Beschuldigtem ist **Geschäftsbesorgungsvertrag** im Sinne des § 675 BGB (BGH NJW 1964, 2402), bei unentgeltlicher Übernahme ein Auftragsverhältnis nach § 662 BGB (Weiß NJW 1983, 89, 90). Die Ausstellung einer Vollmachtsurkunde genügt noch nicht, sondern erst, dass der gewählte Verteidiger gegenüber dem Beschuldigten die Wahl annimmt (§ 151 BGB; vgl. OLG Stuttgart Justiz 2001, 194). In der Regel erfolgt die Annahme spätestens dadurch, dass der Verteidiger sich beim Gericht als solcher meldet (vgl. BVerfGE 43, 79, 94). Wer nicht gewählt ist, wird vom Vorsitzenden bestellt (§ 141).

10 Das Verteidigerverhältnis erstreckt sich auf alle in dem Verfahren gegen den Beschuldigten erhobenen Vorwürfe (BGHSt 27, 148, 150) und, wenn es nicht auf bestimmte Prozesshandlungen oder Verfahrensabschnitte (z.B. das Revisionsverfahren) beschränkt ist, auf **das gesamte Verfahren** bis zu dessen rechtskräftigem Abschluss und darüber hinaus bis zum Vollstreckungsverfahren oder zum Wiederaufnahmeverfahren nach § 370 Abs. 2. Nicht einbezogen ist das Kostenfestsetzungsverfahren nach § 464b und das Verfahren nach dem Strafrechtsentschädigungsgesetz (Meyer-Goßner vor § 137 Rdn. 5).

11 **Das Verhältnis zum Wahlverteidiger** kann von dem Beschuldigten jederzeit durch Kündigung beendet werden; der Verteidiger selbst kann ebenfalls das Mandat niederlegen, aus standesrechtlichen Gründen aber nicht zur Unzeit (§ 34 Abs. 4 der Richtlinien für Rechtsanwälte). Wird der Verteidiger zum Pflichtverteidiger bestellt, endet damit die Wahlverteidigung.

12 **Der Tod des Beschuldigten** beendet das Verteidigungsverhältnis nach § 672 S. 1 BGB im Zweifel nicht (OLG Celle NJW 2002, 3720). Die früher vertretene Gegenauffassung ist durch BGHSt 45, 108 überholt. Dies gilt auch im Fall der Pflichtverteidigung (OLG Karlsruhe NStZ-RR 2003, 286).

13 **Für die Vollmacht des Wahlverteidigers** ist eine besondere Form nicht vorgeschrieben. Die Wirksamkeit der Bestellung hängt von der Vorlage einer Vollmachtsurkunde nicht ab (Meyer-Goßner vor § 137 Rdn. 9). Für den Nachweis genügt die Anzeige des Verteidigers oder des Beschuldigten oder ein gemeinsames Auftreten in der Hauptverhandlung (BGH NStZ-RR 1998, 18). Nur wenn im Einzelfall Zweifel an der Bevollmächtigung bestehen, kann die Vorlage einer Vollmachtsurkunde verlangt werden (OLG Hamm Anwaltsblatt 1981, 31).

14 Das Verteidigungsrecht umfasst grundsätzlich nicht die Vollmacht, den Angeklagten **in der Hauptverhandlung zu vertreten.** Der Verteidiger kann aber hierzu durch besondere Vollmacht ermächtigt werden (vgl. § 234 Rdn. 3 sowie §§ 329 Abs. 1, 350 Abs. 2, § 387 Abs. 1, § 411 Abs. 2 S. 1).

15 Der Wahlverteidiger kann – anders als der Pflichtverteidiger! – einen **unterbevollmächtigten Verteidiger** auswählen, wenn ihn der Beschuldigte zu einem solchen Vorgehen ermächtigt hat (Meyer-Goßner vor § 137 Rdn. 11). Die in der Praxis standardmäßig vorgesehenen Verteidigervollmachten umfassen eine solche Befugnis zur Unterbevollmächtigung. Der Unbevollmächtigte wird zusätzlicher Verteidiger (vgl. § 137 Abs. 1 S. 2), wenn er neben dem bevollmächtigten Wahlverteidiger, nicht aber, wenn er nur an dessen Stelle tätig wird. Mit dem Erlöschen der Hauptbevollmächtigung erlischt auch die Untervollmacht (vgl. BGH MDR 1978, 111).

16 **Sonstige Bevollmächtigte** können eingesetzt werden, soweit gesetzlich nichts anderes bestimmt ist. Sie können insbesondere für den Beschuldigten Anträge stellen und Rechtsmittel einlegen (Meyer-Goßner vor § 137 Rdn. 12). Geschäftsfähig nach bür-

11. Abschnitt. Verteidigung   § 137

gerlichem Recht müssen sie nicht sein, wohl aber verhandlungsfähig (Meyer-Goßner vor § 137 Rdn. 12). Die Vollmacht, die schriftlich, mündlich oder durch schlüssige Handlung erteilt werden kann (RGSt 66, 209, 212), muss bei der Vornahme der Prozesshandlung bestehen, kann aber später nachgewiesen werden (OLG Bremen NJW 1954, 46).

§ 137 [Wahl eines Verteidigers]

(1) ¹Der Beschuldigte kann sich in jeder Lage des Verfahrens des Beistandes eines Verteidigers bedienen. ²Die Zahl der gewählten Verteidiger darf drei nicht übersteigen.

(2) ¹Hat der Beschuldigte einen gesetzlichen Vertreter, so kann auch dieser selbständig einen Verteidiger wählen. ²Absatz 1 Satz 2 gilt entsprechend.

Die Vorschrift regelt das Recht auf Wahlverteidigung und ist **Ausprägung des** 1 **Rechtsstaatsprinzips** (BVerfGE 66, 319). Es handelt sich um einen Ausdruck des Rechts auf faires Verfahren (BVerfGE 68, 237, 255). In Fällen nicht notwendiger Verteidigung wird dieses Recht durch § 228 Abs. 2 eingeschränkt (Meyer-Goßner § 137 Rdn. 2). § 137 gilt auch im Ermittlungsverfahren und nach Rechtskraft des Urteils, also in jeder Lage des Verfahrens.

Die Beschränkung der Zahl der Wahlverteidiger (Abs. 1 S. 2) soll verhindern, 2 dass das Verfahren durch die Mitwirkung einer Vielzahl von Verteidigern verschleppt oder gar vereitelt wird (BGHSt 27, 124, 128).

Bei der Berechnung zählen Unterbevollmächtigte nur mit, wenn sie neben dem 3 Hauptbevollmächtigten tätig sind, nicht aber, wenn sie an dessen Stelle tätig werden (KK-Laufhütte vor § 137 Rdn. 14; Meyer-Goßner § 137 Rdn. 5).

Bei einer Anwaltssozietät sind deren Mitglieder Verteidiger (BVerfGE 43, 79, 4 91). Dies kann Probleme bringen zum einen im Hinblick auf die Höchstzahl nach § 137 Abs. 1 S. 2, zum anderen aber auch im Hinblick auf die Tätigkeit in einem anderen Verfahren (Parteiverrat; § 356 StGB). Ggf. muss durch Streichung von Namen auf der Vollmacht oder auf andere Weise klargestellt werden, auf welche Mitglieder der Sozietät das Mandatsverhältnis beschränkt ist (Meyer-Goßner § 137 Rdn. 6).

Ein unter Verstoß gegen § 137 Abs. 1 S. 2 gewählter Verteidiger ist nach § 146a 5 Abs. 1 **zurückzuweisen**. Seine Prozesshandlungen bleiben jedoch wirksam (§ 146a Abs. 2).

Der gesetzliche Vertreter hat ein eigenständiges Recht, einen Verteidiger für den 6 Beschuldigten zu wählen (Abs. 2 S. 1). Nämliches gilt im Jugendstrafverfahren für den Erziehungsberechtigten (§ 67 Abs. 3 JGG).

Auch bei einer Verteidigerwahl durch den gesetzlichen Vertreter gilt die Beschrän- 7 kung der **Zahl der Verteidiger** (Abs. 2 S. 2). Bei wörtlicher Auslegung dürften also der Beschuldigte und sein gesetzlicher Vertreter jeweils drei Verteidiger wählen. Die Literatur geht teilweise davon aus, dass auch in diesen Fällen insgesamt nur drei Verteidiger gewählt werden dürfen (KK-Laufhütte § 137 Rdn. 5; Meyer-Goßner § 137 Rdn. 10). Andere hingegen wollen eine solche große Zahl zulassen (KMR-Hiebl § 137 Rdn. 44; LR-Lüderssen § 137 Rdn. 77). Argument der einschränkenden Auffassung ist, dass dies nicht dem Zweck der zahlenmäßigen Beschränkung der Wahlverteidiger entspreche. Gegen diese Auffassung spricht nichts, aber der Wortlaut des § 137 ist eindeutig. Überdies ist unklar, wie zu entscheiden ist, wenn Beschuldigter und gesetzlicher Vertreter unterschiedliche Auffassungen haben – muss dann ausgelost werden, wer wie viel Verteidiger bestellt? Schließlich ist zu bedenken, dass in der Praxis wohl noch kein Fall vorgekommen ist, wo ein Beschuldigter, der einen gesetzlichen Vertreter hat, im Verein mit diesem sechs Verteidiger (die selbst zu bezahlen sind) gewählt hat. Außerdem ist zu berücksichtigen, dass der Beschuldigte zwar auch

§ 138   1. Buch. Allgemeine Vorschriften

gegen seinen gesetzlichen Vertreter einen Verteidiger wählen kann, aber nicht in der Lage ist, einen Honorarvertrag abzuschließen.

8   **Die Sockelverteidigung** ist grundsätzlich zulässig. Gemeint ist eine Koordinierung des Verteidigungsverhaltens mehrerer in der gleichen Sache Beschuldigter durch Zusammenarbeit zwischen den Verteidigern. Siehe zu den Grenzen und den Problemen eingehend Müller StV 2001, 649).

9   Auf der Mitwirkung von mehr als drei Verteidigern kann das Urteil **nicht beruhen** (Meyer-Goßner § 137 Rdn. 12).

§ 138 [Wahlverteidiger]

(1) **Zu Verteidigern können die bei einem deutschen Gericht zugelassenen Rechtsanwälte sowie die Rechtslehrer an deutschen Hochschulen im Sinne des Hochschulrahmengesetzes mit Befähigung zum Richteramt gewählt werden.**

(2) **Andere Personen können nur mit Genehmigung des Gerichts und, wenn der Fall einer notwendigen Verteidigung vorliegt und der Gewählte nicht zu den Personen gehört, die zu Verteidigern bestellt werden dürfen, nur in Gemeinschaft mit einer solchen als Wahlverteidiger zugelassen werden.**

1   Grundsätzlich ist die Tätigkeit als Strafverteidiger für bei einem deutschen Gericht **zugelassene Rechtsanwälte** unbeschränkt. Ausnahmen gibt es nur für die beim BGH zugelassenen Rechtsanwälte (§ 172 BRAO). Ist gegen einen zugelassenen Rechtsanwalt ein Berufs- oder Vertretungsverbot verhängt worden, weist ihn das Gericht entsprechend § 146a Abs. 1 zurück (KK-Laufhütte § 138 Rdn. 4). Ist der Rechtsanwalt in dem Verfahren Beschuldigter, kann er sich nicht selbst zum Verteidiger bestellen (Pfeiffer § 138 Rdn. 1).

2   **Rechtsanwälte eines europäischen Mitgliedsstaates** können grundsätzlich ebenso wie andere ausländische Rechtsanwälte nur unter den Voraussetzungen des § 138 Abs. 2 als Verteidiger zugelassen werden. Etwas anderes gilt für Rechtsanwälte, die als europäische Rechtsanwälte in eine deutsche Rechtsanwaltskammer aufgenommen sind; diese stehen den deutschen Rechtsanwälten gleich (Pfeiffer § 138 Rdn. 1). Nur vorübergehend in Deutschland tätige dienstleistende europäische Rechtsanwälte dürfen nur im Einvernehmen mit einem Rechtsanwalt handeln (**„Einvernehmensanwalt"**).

3   **Rechtslehrer an deutschen Hochschulen** (Abs. 1) sind alle hauptberuflich tätigen Professoren, Honorarprofessoren und Privatdozenten, die an einer Universität der Bundesrepublik Deutschland oder einer gleichrangigen wissenschaftlichen Hochschule dem juristischen Fachbereich angehören und rechtswissenschaftliche Vorlesungen halten oder halten dürfen. Dies bedeutet zum einen, dass auch der zur Lehre berechtigte emeritierte Professor Rechtslehrer ist, zum anderen, dass auch ein Ordinarius für Zivilrecht als Strafverteidiger tätig werden darf (vgl. Meyer-Goßner § 138 Rdn. 4). Mittlerweile ist auch anerkannt, dass Fachhochschullehrer, die die Befähigung zum Richteramt haben, Rechtslehrer sind (vgl. auch BGH NJW 2003, 3573). Keine Rechtslehrer sind Lehrbeauftragte und wissenschaftliche Assistenten, auch wenn sie ein zweites Staatsexamen haben. Sie können nur nach Abs. 2 zugelassen werden.

4   **Steuerberater und Wirtschaftsprüfer** können im Ermittlungsverfahren wegen Steuerstraftaten abweichend von Abs. 1 zu Verteidigern gewählt werden, soweit und solange die Finanzbehörde das Verfahren nach § 386 Abs. 2 AO selbstständig führt. Im Übrigen können sie die Verteidigung nur in Gemeinschaft mit einem Rechtsanwalt oder Hochschullehrer führen (§ 392 Abs. 1 AO).

5   **Andere Personen** können nach Abs. 2 mit Genehmigung des Gerichts als Verteidiger zugelassen werden. Es muss um natürliche Personen gehen, die geschäftsfähig sind. Zu denken ist insbesondere an ausländische Rechtsanwälte, Rechtsbeistände, ei-

11. Abschnitt. Verteidigung § 138

nen Assessor, Angehörige der steuerberatenden Berufe im Steuerstrafverfahren oder Familienangehörige, Freunde und Bekannte. Mitangeklagte sind ausgeschlossen (Meyer-Goßner § 138 Rdn. 8).

Die Genehmigung des Gerichts wird nur für den Einzelfall und nur auf Antrag 6 erteilt. Der Antrag kann auch stillschweigend gestellt werden, z.B. durch Einlegung eines Rechtsmittels (RGSt 55, 213). Das Gericht entscheidet über die Genehmigung nach Anhörung der StA durch Beschluss, der nach § 34 mit Gründen zu versehen ist, wenn er abgelehnt wird. In der Entgegennahme von Verfahrenshandlungen und der Gewährung von Akteneinsicht kann die stillschweigende Erteilung der Genehmigung liegen (Meyer-Goßner § 138 Rdn. 12).

Die Entscheidung steht **im pflichtgemäßen Ermessen des Gerichts.** Abzuwä- 7 gen sind das Interesse des Beschuldigten an der Zulassung einer Person seines Vertrauens und die Bedürfnisse der Rechtspflege (OLG Düsseldorf NStZ 1999, 586). Erscheint der Gewählte genügend sachkundig und vertrauenswürdig und gibt es auch sonst keine Bedenken gegen sein Auftreten, ist die Genehmigung zu erteilen (Meyer-Goßner § 138 Rdn. 13). Die Genehmigung erstreckt sich, wenn sie nicht entsprechend dem Antrag beschränkt wird, auf das gesamte Verfahren. Wird der Antrag fristgerecht gestellt, aber verspätet genehmigt, wirkt die Genehmigung auf zuvor vorgenommene Prozesshandlungen zurück mit der Folge, dass sie als von Anfang an formgerecht zu behandeln sind (Meyer-Goßner § 138 Rdn. 15).

Zuständig für die Entscheidung ist das mit der Sache befasste Gericht, ggf. das 8 Kollegium. Mit dieser Einschränkung ist im Ermittlungsverfahren § 141 Abs. 4 entsprechend anwendbar (Meyer-Goßner § 138 Rdn. 16). Der Ermittlungsrichter ist zuständig, wenn die Zulassung auf die Mitwirkung bei einer Untersuchungshandlung nach § 162 beschränkt ist (Meyer-Goßner § 138 Rdn. 16).

Eine Rücknahme der Genehmigung ist zulässig, wenn sich später herausstellt, 9 dass diese fehlerhaft war (BayObLG NJW 1953, 755) oder die Genehmigungsvoraussetzungen nachträglich entfallen (Meyer-Goßner § 138 Rdn. 17).

Bei notwendiger Verteidigung (§§ 140, 231 Abs. 4) dürfen so zugelassene Per- 10 sonen nur gemeinschaftlich mit einem Verteidiger im Sinne des Abs. 1 zugelassen werden (KG JR 1988, 391; Meyer-Goßner § 138 Rdn. 18).

Die Rechte des zugelassenen Beistands sind **eingeschränkt.** Bei widersprüchlichen 11 Erklärungen ist nur die des Rechtsanwalts oder Hochschullehrers maßgebend. Auch Rechtsmittel können die nach Abs. 2 zugelassenen Verteidiger nur gemeinschaftlich mit dem Rechtsanwalt oder Hochschullehrer einlegen (Meyer-Goßner § 138 Rdn. 20). Bei einer Rechtsmittelerklärung nach § 345 Abs. 2 bedarf es der Unterzeichnung des mitverteidigenden Rechtsanwalts oder Hochschullehrers, und zwar ohne Zusätze, mit denen dieser sich von der Prozesshandlung distanziert (BGHSt 32, 326). Bei der Urteilsverkündung soll die Anwesenheit des nach Abs. 2 zugelassenen Verteidigers genügen (OLG Bremen VRS 65, 36; Meyer-Goßner § 138 Rdn. 20).

Wird der Verteidiger mit der Begründung **zurückgewiesen,** er könne nicht nach 12 Abs. 1 gewählt werden, ist Beschwerde gegen den Beschluss nach § 304 zulässig. Beschwerdeberechtigt ist auch der Verteidiger (BGHSt 8, 194). Entscheidungen des OLG und des Ermittlungsrichters am BGH sind nach § 304 Abs. 2 S. 2, Abs. 5 unanfechtbar.

Gegen die Versagung oder Rücknahme der **Genehmigung nach Abs. 2** können 13 der Beschuldigte und der zum Verteidiger Gewählte Beschwerde einlegen (OLG Düsseldorf NStZ 1988, 91). Gegen die Erteilung der Genehmigung nach Abs. 2 steht der StA die Beschwerde zu. Das Beschwerdegericht prüft nicht nur auf Rechtsfehler, sondern in vollem Umfang (streitig; so Meyer-Goßner § 138 Rdn. 23; a.M. OLG Düsseldorf NStZ 1999, 586).

§ 138a [Ausschließung des Verteidigers]

(1) Ein Verteidiger ist von der Mitwirkung in einem Verfahren auszuschließen, wenn er dringend oder in einem die Eröffnung des Hauptverfahrens rechtfertigenden Grade verdächtig ist, daß er
1. an der Tat, die den Gegenstand der Untersuchung bildet, beteiligt ist,
2. den Verkehr mit dem nicht auf freiem Fuß befindlichen Beschuldigten dazu mißbraucht, Straftaten zu begehen oder die Sicherheit einer Vollzugsanstalt erheblich zu gefährden, oder
3. eine Handlung begangen hat, die für den Fall der Verurteilung des Beschuldigten Begünstigung, Strafvereitelung oder Hehlerei wäre.

(2) Von der Mitwirkung in einem Verfahren, das eine Straftat nach § 129a, auch in Verbindung mit § 129b Abs. 1, des Strafgesetzbuches zum Gegenstand hat, ist ein Verteidiger auch auszuschließen, wenn bestimmte Tatsachen den Verdacht begründen, daß er eine der in Absatz 1 Nr. 1 und 2 bezeichneten Handlungen begangen hat oder begeht.

(3) ¹Die Ausschließung ist aufzuheben,
1. sobald ihre Voraussetzungen nicht mehr vorliegen, jedoch nicht allein deshalb, weil der Beschuldigte auf freien Fuß gesetzt worden ist,
2. wenn der Verteidiger in einem wegen des Sachverhalts, der zur Ausschließung geführt hat, eröffneten Hauptverfahren freigesprochen oder wenn in einem Urteil des Ehren- oder Berufsgerichts eine schuldhafte Verletzung der Berufspflichten im Hinblick auf diesen Sachverhalt nicht festgestellt wird,
3. wenn nicht spätestens ein Jahr nach der Ausschließung wegen des Sachverhalts, der zur Ausschließung geführt hat, das Hauptverfahren im Strafverfahren oder im ehren- oder berufsgerichtlichen Verfahren eröffnet oder ein Strafbefehl erlassen worden ist.

²Eine Ausschließung, die nach Nummer 3 aufzuheben ist, kann befristet, längstens jedoch insgesamt für die Dauer eines weiteren Jahres, aufrechterhalten werden, wenn die besondere Schwierigkeit oder der besondere Umfang der Sache oder ein anderer wichtiger Grund die Entscheidung über die Eröffnung des Hauptverfahrens noch nicht zuläßt.

(4) ¹Solange ein Verteidiger ausgeschlossen ist, kann er den Beschuldigten auch in anderen gesetzlich geordneten Verfahren nicht verteidigen. ²In sonstigen Angelegenheiten darf er den Beschuldigten, der sich nicht auf freiem Fuß befindet, nicht aufsuchen.

(5) ¹Andere Beschuldigte kann ein Verteidiger, solange er ausgeschlossen ist, in demselben Verfahren nicht verteidigen, in anderen Verfahren dann nicht, wenn diese eine Straftat nach § 129a, auch in Verbindung mit § 129b Abs. 1, des Strafgesetzbuches zum Gegenstand haben und die Ausschließung in einem Verfahren erfolgt ist, das ebenfalls eine solche Straftat zum Gegenstand hat. ²Absatz 4 gilt entsprechend.

1 Die Vorschrift enthält eine **abschließende Regelung von Ausschließungsgründen,** die zwingend (BGHSt 37, 395) und mit dem Grundgesetz vereinbar sind (BVerfG NJW 1975, 2341). Hinzu tritt § 138b. Andere Verfehlungen des Verteidigers, auch wenn sie rechtswidrig oder gar strafbar sind, rechtfertigen die Ausschließung nicht (Meyer-Goßner § 138a Rdn. 1).

2 **Die Vorschrift betrifft alle Verteidiger,** also auch die nach § 141, 142 Abs. 2 bestellten Pflichtverteidiger (BGHSt 42, 94). Dem ausgeschlossenen Verteidiger ist jede Mitwirkung im Verfahren untersagt, Prozeßhandlungen sind unwirksam (Pfeiffer § 138a Rdn. 1). Die Ausschließungsgründe gelten in jeder Lage des Verfahrens, also auch nach Rechtskraft des Urteils im Vollstreckungs- und Gnadenverfahren (Pfeiffer § 138a Rdn. 1).

Wird **nach Eröffnung des Hauptverfahrens** ein mitangeklagter Rechtsanwalt als 3 Verteidiger gewählt, ist er durch Beschluss des erkennenden Gerichts zurückzuweisen. §§ 138a ff finden keine Anwendung (BGH StV 1996, 469). Dies gilt wohl auch für den im Ermittlungsverfahren mitbeschuldigten Rechtsanwalt (OLG Celle NJW 2001, 3564). Im Übrigen ist es letztlich verantwortungslos, in einer solchen Konstellation als Verteidiger aufzutreten. Da die Beschlagnahmeverbote des § 97 nicht gelten, kann ohne Schwierigkeiten auf Verteidigerunterlagen zurückgegriffen werden.

Die Ausschließungsgründe regeln Abs. 1 und 2. Nötig ist der hinreichende 4 Tatverdacht, dass einer der in Abs. 1 Nr. 1 bis 3 genannten Sachverhalte vorliegt. Bei Terrorismus-Verfahren erweitert Abs. 2 die Ausschließungsmöglichkeiten, wenn „bestimmte Tatsachen" den Verdacht begründen.

Das Tatgeschehen muss als Straftat zu qualifizieren sein und die Beteiligung an 5 der Tat dem Verteidiger vorzuwerfen (BGH NStZ 1986, 37). Die Art der Beteiligung ist gleichgültig (Meyer-Goßner § 138a Rdn. 5). Ist die Tat nur auf Antrag zu verfolgen, ist nicht vorausgesetzt, dass auch gegen den Verteidiger Strafantrag gestellt worden ist (OLG Hamburg NStZ 1983, 426). Eine Ahndbarkeit im anwaltsgerichtlichen Verfahren soll ausreichen (BGH wistra 2000, 311, 314). Bei Dauerdelikten kann auch eine Beteiligung nach Anklageerhebung zur Ausschließung führen (OLG Stuttgart AnwBl 1975, 213).

Der Missbrauch des ungehinderten Verkehrs mit dem Beschuldigten (Nr. 2) 6 kann nur eingreifen, wenn der Beschuldigte nicht auf freiem Fuß ist. Bei Missbrauch zur Begehung von Straftaten muss sich der Verdacht darauf beziehen, dass eine Straftat vorwerfbar begangen oder jedenfalls mit ihrer Begehung begonnen worden ist (KK-Laufhütte § 138a Rdn. 11; Meyer-Goßner § 138a Rdn. 7). Der Verdacht, dass der Verteidiger erst künftig Straftaten begehen werde, reicht nicht aus. Bei Antragsdelikten ist die Ablösung unverhältnismäßig, wenn mit der Stellung eines Strafantrags nicht gerechnet werden kann.

Die Sicherheit einer Vollzugsanstalt wird gefährdet, wenn konkrete Gefahren 7 für Personen und Sachen in der Anstalt oder für den durch den Freiheitsentzug begründeten Gewahrsam drohen (Meyer-Goßner § 138a Rdn. 8).

Beispiel: Einbringung von Waffen, Sprengstoff oder Ausbruchsmaterial (KK-Laufhütte § 138a Rdn. 12).

Es genügt die naheliegende Möglichkeit, dass eine Störung der Sicherheit eintreten 8 wird. Der **dringende Verdacht** (unten Rdn. 12) muss sich aber auch darauf beziehen, dass die Handlung, die diese Gefährdung herbeiführen wird, bereits begonnen hat (Meyer-Goßner § 138a Rdn. 8).

Die Straftaten in Nr. 3 richten sich nach den §§ 257 bis 260 StGB. Diese An- 9 schlussdelikte müssen sich auf die Tat beziehen, die im Sinne des § 264 Gegenstand des Verfahrens ist (Meyer-Goßner § 138a Rdn. 9).

Eine versuchte Strafvereitelung nach § 258 StGB genügt (KG NStZ 1983, 556; 10 Beulke NStZ 1983, 504). Die Frage ist aber immer, inwiefern sich ein Verhalten im Prozess überhaupt als Straftat darstellen kann (vgl. Krekeler NStZ 1989, 146, 152; OLG Düsseldorf JZ 1986, 408: verspätete Stellung eines Beweisantrags ist nicht strafbar). In der Benennung eines Zeugen, auf den der Verteidiger zuvor mit dem Ziel eingewirkt hat, ihn zu einer Falschaussage zu veranlassen, kann der Versuch der Strafvereitelung liegen (BGH NJW 1983, 2712; siehe aber auch BGHSt 31, 10).

Der Verdacht muss in einem die Eröffnung des Hauptverfahrens rechtfertigenden 11 Grade vorhanden sein. Der dringende Verdacht genügt aber auch immer. Er liegt vor, wenn der Ausschließungsgrund mit großer Wahrscheinlichkeit gegeben ist (Meyer-Goßner § 138a Rdn. 13). Der hinreichende Verdacht setzt nicht voraus, dass bereits ein Ermittlungsverfahren eingeleitet und bis zur Anklagereife gediehen ist (BGHSt 36, 133; BGH StV 1996, 470).

12 Bei Verfahren wegen **Straftaten nach § 129 a StGB** setzt die Ausschließung weder dringenden noch hinreichenden Tatverdacht voraus. Wie bei § 100 a genügt der auf bestimmte Tatsachen gestützte Verdacht für ein rechtlich zu missbilligendes Verteidigerverhalten (KG NJW 1978, 1538; Meyer-Goßner § 138 a Rdn. 15). Nicht erforderlich ist, dass der Haftbefehl auf § 129 a StGB gestützt wird. Wird aber das Verfahren z. B. nach Teilrechtskraft nicht mehr wegen der Tat nach § 129 a StGB betrieben, kommt die Anwendung des Abs. 2 nicht mehr in Betracht (KK-Laufhütte § 138 a Rdn. 16).

13 **Die Ausschließung bewirkt,** dass der Strafverteidiger in dem Strafverfahren vollständig ausgeschlossen ist. Er darf auch nicht mit einer Untervollmacht für einen anderen Rechtsanwalt auftreten und auch nicht bei einer bestimmten Prozesshandlung, z. B. bei der Rechtsmitteleinlegung, auf Grund einer besonderen Vollmacht vertreten (OLG Karlsruhe Justiz 1981, 446). Prozesshandlungen eines ausgeschlossenen Verteidigers sind unwirksam. Der Verteidiger, der sich nicht an die Ausschließung hält, wird förmlich zurückgewiesen. Im Ermittlungsverfahren weist die StA den Verteidiger zurück.

14 **Wirksam** wird der Ausschluss mit der Rechtskraft (Meyer-Goßner § 138 a Rdn. 23; a. M. KMR-Müller § 138 a Rdn. 21: mit Zustellung des Ausschließungsbeschlusses). Allerdings kann nach § 138 c Abs. 3 angeordnet werden, dass die Rechte des Verteidigers ruhen.

15 Das Verbot der **Verteidigung in anderen gerichtlichen Verfahren** (Abs. 4) soll verhindern, dass die Ausschließung umgangen wird. Gleiches gilt für das Verbot, den Mandanten in einer JVA aufzusuchen, um zu verhindern, dass einfach eine Zivil- oder Verwaltungsrechtsangelegenheit übernommen wird, um weiter Kontakt halten zu können. Andere gesetzliche Verfahren im Sinne des Abs. 4 S. 1 sind Bußgeld-, Ehren- und Berufsgerichtsverfahren sowie sonstige rechtlich geregelte Disziplinarverfahren. Abs. 4 S. 1 soll auch gelten, wenn die Ausschließung auf Abs. 1 Nr. 2 beruht, der Beschuldigte aber nicht mehr in Haft ist.

16 Die Unzulässigkeit der Verteidigung anderer Beschuldigter (Abs. 5) folgt eigentlich schon aus dem Verbot der Mehrfachverteidigung. Insofern hat Abs. 5 letztlich nur deklaratorische Bedeutung.

17 **Die Aufhebung der Ausschließung** ist zwingend vorgeschrieben, wenn die Voraussetzungen des Abs. 3 Nr. 1 oder 2 vorliegen. Bei einem Freispruch des Verteidigers (Nr. 2) ist eine Rechtskraft der Entscheidung nicht erforderlich (OLG Stuttgart Justiz 1987, 80). Wird bereits die Eröffnung des Hauptverfahrens abgelehnt: oder das Verfahren nach § 170 Abs. 2 eingestellt, soll nur die Aufhebung nach Abs. 3 S. 1 Nr. 1 in Betracht kommen; dann soll die Rechtskraft der Entscheidung abgewartet werden müssen (KMR-Müller § 138 a Rdn. 18; Meyer-Goßner § 138 a Rdn. 18). Überzeugend scheint dies nicht.

18 **Verzögerungen im Verfahren** gegen den Verteidiger (Nr. 3) sind in beschränktem Umfang Anlass zur Aufhebung der Ausschließung. Die Frist beginnt mit dem Wirksamwerden der Ausschließung und endet mit dem Erlass des Eröffnungsbeschlusses oder Strafbefehls. Die Ausschließung kann nach Abs. 3 S. 2 unter bestimmten Voraussetzungen für ein Jahr verlängert werden; die Voraussetzungen hierfür ähneln denen für die Verlängerung der Untersuchungshaft nach § 121.

19 Die Aufhebung erfolgt **durch Beschluss** des in diesem Zeitpunkt nach Abs. 1 zuständigen Gerichts (Meyer-Goßner § 138 a Rdn. 20). Der Antrag kann entsprechend § 138 c Abs. 1 S. 1, 2 von der StA oder dem Gericht ebenso gestellt werden wie von dem ausgeschlossenen Verteidiger oder dem Beschuldigten. Ein Antrag der StA und der Vorlegungsbeschluss des Gerichts sind zu begründen. BGH und OLG entscheiden in der Regel schriftlich, können aber (entsprechend § 138 d Abs. 1) auch eine mündliche Verhandlung anberaumen (Meyer-Goßner § 138 a Rdn. 20).

11. Abschnitt. Verteidigung §§ 138b, 138c

§ 138b [Ausschluß wegen Gefährdung der Staatssicherheit]

¹Von der Mitwirkung in einem Verfahren, das eine der in § 74a Abs. 1 Nr. 3 und § 120 Abs. 1 Nr. 3 des Gerichtsverfassungsgesetzes genannten Straftaten oder die Nichterfüllung der Pflichten nach § 138 des Strafgesetzbuches hinsichtlich der Straftaten des Landesverrates oder einer Gefährdung der äußeren Sicherheit nach den §§ 94 bis 96, 97a und 100 des Strafgesetzbuches zum Gegenstand hat, ist ein Verteidiger auch dann auszuschließen, wenn auf Grund bestimmter Tatsachen die Annahme begründet ist, daß seine Mitwirkung eine Gefahr für die Sicherheit der Bundesrepublik Deutschland herbeiführen würde. ²§ 138a Abs. 3 Satz 1 Nr. 1 gilt entsprechend.

Die Vorschrift enthält einen weiteren **Ausschließungsgrund in Staatsschutzsachen** (§ 74a Abs. 1 Nr. 3, § 120 Abs. 1 Nr. 3, 7 GVG). Die Ausschließung setzt den auf bestimmte Tatsachen gestützten Verdacht voraus, dass die Mitwirkung des Verteidigers eine Gefahr für die Sicherheit der Bundesrepublik herbeiführen würde. 1

Die **Aufhebung der Ausschließung** (S. 2) ist zwingend vorgeschrieben, wenn das Gericht davon überzeugt ist, dass die Tatsachengrundlage des Beschlusses nachträglich wegfällt (Meyer-Goßner § 138b Rdn. 3). 2

§ 138c [Verfahrensregelung für Verteidigerausschluß]

(1) ¹Die Entscheidungen nach den §§ 138a und 138b trifft das Oberlandesgericht. ²Werden im vorbereitenden Verfahren die Ermittlungen vom Generalbundesanwalt geführt oder ist das Verfahren vor dem Bundesgerichtshof anhängig, so entscheidet der Bundesgerichtshof. ³Ist das Verfahren vor einem Senat eines Oberlandesgerichtes oder des Bundesgerichtshofes anhängig, so entscheidet ein anderer Senat.

(2) ¹Das nach Absatz 1 zuständige Gericht entscheidet nach Erhebung der öffentlichen Klage bis zum rechtskräftigen Abschluß des Verfahrens auf Vorlage des Gerichts, bei dem das Verfahren anhängig ist, sonst auf Antrag der Staatsanwaltschaft. ²Die Vorlage erfolgt auf Antrag der Staatsanwaltschaft oder von Amts wegen durch Vermittlung der Staatsanwaltschaft. ³Soll ein Verteidiger ausgeschlossen werden, der Mitglied einer Rechtsanwaltskammer ist, so ist eine Abschrift des Antrages der Staatsanwaltschaft nach Satz 1 oder die Vorlage des Gerichts dem Vorstand der zuständigen Rechtsanwaltskammer mitzuteilen. ⁴Dieser kann sich im Verfahren äußern.

(3) ¹Das Gericht, bei dem das Verfahren anhängig ist, kann anordnen, daß die Rechte des Verteidigers aus den §§ 147 und 148 bis zur Entscheidung des nach Absatz 1 zuständigen Gerichts über die Ausschließung ruhen; es kann das Ruhen dieser Rechte auch für die in § 138a Abs. 4 und 5 bezeichneten Fälle anordnen. ²Vor Erhebung der öffentlichen Klage und nach rechtskräftigem Abschluß des Verfahrens trifft die Anordnung nach Satz 1 das Gericht, das über die Ausschließung der Verteidigers zu entscheiden hat. ³Die Anordnung ergeht durch unanfechtbaren Beschluß. ⁴Für die Dauer der Anordnung hat das Gericht zur Wahrnehmung der Rechte aus den §§ 147 und 148 einen anderen Verteidiger zu bestellen. ⁵§ 142 gilt entsprechend.

(4) ¹Legt das Gericht, bei dem das Verfahren anhängig ist, gemäß Absatz 2 während der Hauptverhandlung vor, so hat es zugleich mit der Vorlage die Hauptverhandlung bis zur Entscheidung durch das nach Absatz 1 zuständige Gericht zu unterbrechen oder auszusetzen. ²Die Hauptverhandlung kann bis zu dreißig Tagen unterbrochen werden.

§ 138c   1. Buch. Allgemeine Vorschriften

(5) ¹Scheidet der Verteidiger aus eigenem Entschluß oder auf Veranlassung des Beschuldigten von der Mitwirkung in einem Verfahren aus, nachdem gemäß Absatz 2 der Antrag auf Ausschließung gegen ihn gestellt oder die Sache dem zur Entscheidung zuständigen Gericht vorgelegt worden ist, so kann dieses Gericht das Ausschließungsverfahren weiterführen mit dem Ziel der Feststellung, ob die Mitwirkung des ausgeschiedenen Verteidigers in dem Verfahren zulässig ist. ²Die Feststellung der Unzulässigkeit steht im Sinne der §§ 138a, 138b, 138d der Ausschließung gleich.

(6) ¹Ist der Verteidiger von der Mitwirkung in dem Verfahren ausgeschlossen worden, so können ihm die durch die Aussetzung verursachten Kosten auferlegt werden. ²Die Entscheidung hierüber trifft das Gericht, bei dem das Verfahren anhängig ist.

1   Die Vorschrift regelt die **Zuständigkeit** für die Entscheidung über die Ausschließung und das Verfahren. Ausschließlich **sachlich** zuständig ist das OLG, selten der BGH (Abs. 1 S. 1). **Örtlich** zuständig ist im Ermittlungsverfahren das dem Gericht, das für das Hauptverfahren zuständig ist, übergeordnete OLG, bei Vorlegung durch den Tatrichter das diesem übergeordnete OLG. Dieses entscheidet in der Besetzung mit drei, der BGH mit fünf Richtern (Meyer-Goßner § 138c Rdn. 1).

2   Die Ausschließung setzt ein **Vorlegungsverfahren** voraus (Abs. 2 S. 1, 2). Im Ermittlungsverfahren stellt den Antrag die StA, im Fall des § 386 Abs. 2 AO die Finanzbehörde (Meyer-Goßner § 138c Rdn. 5). Auch im Vollstreckungsverfahren ist die StA zuständig. Die StA beim LG legt die Akten der StA beim OLG vor, die sie mit ihrer Stellungnahme an das OLG weiterleitet; sie kann den Antrag zurücknehmen (§ 145 GVG).

3   Im gerichtlichen Verfahren erlässt **das mit der Sache befasste Gericht** auf Antrag der StA oder von Amts wegen einen Vorlegungsbeschluss, den es durch Vermittlung der StA (Rdn. 2) an das nach Abs. 1 zuständige Gericht weiterleitet. Eine Rücknahme des Beschlusses ist zulässig, solange noch nicht über die Ausschließung entschieden worden ist. Ist der Beschluss auf Antrag der StA ergangen, bedarf die Rücknahme deren Zustimmung (Meyer-Goßner § 138c Rdn. 6). Mit der Vorlage muss die Hauptverhandlung unterbrochen oder ausgesetzt werden (Abs. 4 S. 1). Eine Unterbrechung ist bis zu 30 Tagen zulässig (Abs. 4 S. 2).

4   Der Antrag der StA oder der Vorlegungsbeschluss müssen entsprechend § 172 dem **OLG die Tatsachen vermitteln,** aus denen sich im Fall ihres Nachweises das die Ausschließung des Verteidigers rechtfertigende Verhalten ergeben soll; weiterhin sind die Beweismittel anzugeben (OLG Düsseldorf wistra 1997, 359; OLG Jena NStZ 2005, 49). Ist die Begründung nicht ausreichend, kann der Ausschließungsantrag vom OLG zur Nachbesserung zurückgegeben oder als unzulässig abgelehnt werden (Meyer-Goßner § 138c Rdn. 9).

5   Neben dem betroffenen Verteidiger und dem Beschuldigten ist der Antrag ggf. dem Vorstand der **Rechtsanwaltskammer** mitzuteilen (Abs. 2 S. 3).

6   Das Gericht kann ein **Ruhen der Verteidigerrechte** aus den §§ 147, 148 anordnen. Der Beschluss ist unanfechtbar (Abs. 3 S. 3). Konsequenz ist unter anderem, dass dem Verteidiger mit sofortiger Wirkung der Zugang zu dem in Untersuchungshaft befindlichen Angeklagten verwehrt wird und Briefe des Verteidigers nicht ausgehändigt, Briefe des Angeklagten an den Verteidiger nicht befördert, sondern zurückgegeben werden (Meyer-Goßner § 138c Rdn. 12). Zugleich ist ein Pflichtverteidiger für die Dauer der Anordnung zu bestellen (Abs. 3 S. 4, 5). Dies gilt auch dann, wenn der Beschuldigte noch andere Verteidiger hat (Lampe MDR 1975, 530).

7   **Das Feststellungsverfahren nach Abs. 5** soll dem Verteidiger die Möglichkeit nehmen, durch Niederlegung des Mandats die Einstellung des Verfahrens zu erreichen, und dann erneut die Verteidigung des Beschuldigten zu übernehmen. Eine

Umgehung der Ausschließungsfolgen des § 138a Abs. 4, 5 soll verhindert werden (BGH NStZ 1994, 23). Insofern steht dann die Feststellung der Unzulässigkeit im Sinne der §§ 138, 138b, 138d der Ausschließung gleich (Abs. 5 S. 2). Die Überlagerung der Kosten – eine dem § 145 Abs. 4 angeglichene Regelung – gilt nur für das Ausschließungsverfahren, nicht für das Feststellungsverfahren nach Abs. 5 (KK-Laufhütte § 138c Rdn. 33).

Die **Ablehnung des Antrags** der StA auf Erlass eines Vorlegungsbeschlusses kann 8 mit der Beschwerde angefochten werden (OLG Karlsruhe NStZ 1983, 281). Gegen die Kostenentscheidung nach Abs. 6 können sich StA und Verteidiger wenden, der Angeklagte nur, wenn dem Verteidiger Kosten nicht auferlegt worden sind (Meyer-Goßner § 138c Rdn. 19).

§ 138d [Mündliche Verhandlung; sofortige Beschwerde]

(1) **Über die Ausschließung des Verteidigers wird nach mündlicher Verhandlung entschieden.**

(2) ¹**Der Verteidiger ist zu dem Termin der mündlichen Verhandlung zu laden.** ²**Die Ladungsfrist beträgt eine Woche; sie kann auf drei Tage verkürzt werden.** ³**Die Staatsanwaltschaft, der Beschuldigte und in den Fällen des § 138c Abs. 2 Satz 3 der Vorstand der Rechtsanwaltskammer sind von dem Termin zur mündlichen Verhandlung zu benachrichtigen.**

(3) **Die mündliche Verhandlung kann ohne den Verteidiger durchgeführt werden, wenn er ordnungsgemäß geladen und in der Ladung darauf hingewiesen worden ist, daß in seiner Abwesenheit verhandelt werden kann.**

(4) ¹**In der mündlichen Verhandlung sind die anwesenden Beteiligten zu hören.** ²**Den Umfang der Beweisaufnahme bestimmt das Gericht nach pflichtgemäßem Ermessen.** ³**Über die Verhandlung ist eine Niederschrift aufzunehmen; die §§ 271 bis 273 gelten entsprechend.**

(5) ¹**Die Entscheidung ist am Schluß der mündlichen Verhandlung zu verkünden.** ²**Ist dies nicht möglich, so ist die Entscheidung spätestens binnen einer Woche zu erlassen.**

(6) ¹**Gegen die Entscheidung, durch die ein Verteidiger aus den in § 138a genannten Gründen ausgeschlossen wird oder die einen Fall des § 138b betrifft, ist sofortige Beschwerde zulässig.** ²**Dem Vorstand der Rechtsanwaltskammer steht ein Beschwerderecht nicht zu.** ³**Eine die Ausschließung des Verteidigers nach § 138a ablehnende Entscheidung ist nicht anfechtbar.**

Die mündliche Verhandlung ist **keine Hauptverhandlung** und daher nicht öf- 1 fentlich (BGH NStZ 1981, 95). Sie ist nicht erforderlich, wenn der Antrag oder der Vorlegungsbeschluss unzulässig ist (vgl. BGHSt 38, 52) oder eine Begründung fehlt. In der Beweisaufnahme, die nach pflichtgemäßem Ermessen bestimmt wird, gilt der Freibeweis. Der Akteninhalt sowie dienstliche und schriftliche Äußerungen ermöglichen dann ggf. die Feststellungen.

Kommt es zu einer mündlichen Verhandlung, sind **alle anwesenden Beteiligten** 2 **zu hören.** Eine Niederschrift ist auch dann aufzunehmen, wenn keiner der Beteiligten erschienen ist. Ergeht die Entscheidung schriftlich (binnen einer Woche, Abs. 5), so ist sie dem Beschuldigten und dem Verteidiger mit Rechtsmittelbelehrung zuzustellen. Die Entscheidung trifft das OLG in der Besetzung mit drei, der BGH mit fünf Richtern (Pfeiffer § 138d Rdn. 1).

Eine **Vertretung des Verteidigers** durch einen anderen Rechtsanwalt ist ausge- 3 schlossen (Meyer-Goßner § 138d Rdn. 5). Der Verteidiger kann aber in der Verhandlung in Anwesenheit eines Rechtsanwalts erscheinen, der wie ein Zeugenbeistand

§ 139 1. Buch. Allgemeine Vorschriften

kein Verfahrensbeteiligter ist und kein Antragsrecht hat (KK-Laufhütte § 138 d Rdn. 6).

4 **Eine sofortige Beschwerde** (Abs. 6 S. 1) gegen den Ausschließungsbeschluss des OLG (nicht des BGH!) steht dem Verteidiger, dem Beschuldigten und der StA zu. Nicht anfechtbar ist der Beschluss des OLG, durch den die Ausschließung des Verteidigers abgelehnt worden ist. Dies gilt allerdings nur für die Ausschließung nach § 138 a; in den Fällen des § 138 b kann die StA sofortige Beschwerde einlegen, wenn das OLG die Ausschließung abgelehnt hat (Meyer-Goßner § 139 Rdn. 12). Der BGH entscheidet dann ohne mündliche Verhandlung. Eine Revisionsrüge ist nach § 336 S. 2 ausgeschlossen.

5 Die Ausschließung wird mit Rechtskraft des Beschlusses **wirksam.** Dem Beschuldigten muss ein Pflichtverteidiger bestellt werden (§ 140 Abs. 1 Nr. 8). Die Rechtskraft steht einer Aufhebung der Ausschließung nicht entgegen. Auch eine Wiederholung des Ausschließungsverfahrens ist zulässig, wenn neue Tatsachen oder Beweismittel vorliegen (OLG Düsseldorf StraFo 1998, 305; Meyer-Goßner § 138 d Rdn. 15).

§ 139 [Übertragung auf Referendar]

Der als Verteidiger gewählte Rechtsanwalt kann mit Zustimmung dessen, der ihn gewählt hat, die Verteidigung einem Rechtskundigen, der die erste Prüfung für den Justizdienst bestanden hat und darin seit mindestens einem Jahr und drei Monaten beschäftigt ist, übertragen.

1 **Die Übertragung der Verteidigung auf einen Referendar** ist nur zulässig, wenn es sich um einen Fall der Wahlverteidigung handelt. Pflichtverteidiger oder Hochschullehrer können keine Übertragung vornehmen (vgl. BGH StV 1989, 465).

2 **Die Übertragung erfolgt durch Untervollmacht** und bedarf nicht der Genehmigung des Gerichts, aber der Zustimmung des Angeklagten, die auch schon in der allgemeinen Vollmachtsurkunde erteilt werden kann (KK-Laufhütte § 139 Rdn. 2; LR-Lüderssen § 139 Rdn. 10). Allerdings muss die entsprechende Klausel auch verständlich sein (vgl. KG JR 1972, 206). Hat der gesetzliche Vertreter den Verteidiger gewählt, muss dieser zustimmen, bei Wahl durch den Erziehungsberechtigten ist dessen Zustimmung erforderlich (Meyer-Goßner § 139 Rdn. 2).

3 Der Referendar muss sich **seit mindestens 15 Monaten im Vorbereitungsdienst** befinden, aber auch noch im Vorbereitungsdienst sein. Die Übertragung der Verteidigung auf einen Assessor oder andere Rechtskundige, die nicht mehr im Justizdienst sind, lässt § 139 nicht zu (BGHSt 26, 319).

4 Die Übertragung ist schon **vor Eröffnung** des Hauptverfahrens zulässig. Eine früher vertretene Gegenansicht ist durch die Neufassung der Vorschrift überholt (Meyer-Goßner § 139 Rdn. 5).

5 Der Referendar hat **alle Verteidigerrechte,** darf also insbesondere an Stelle des Rechtsanwalts in der Hauptverhandlung auftreten. Seine Prozesshandlungen sind ohne weiteres wirksam. Der Rechtsanwalt ist zur Überwachung der Verteidigertätigkeit des Referendars verpflichtet (Meyer-Goßner § 139 Rdn. 6).

6 Auch außerhalb des § 139 kann sich der Verteidiger eines Referendars bedienen. So kann er ihn z. B. in einem **früheren Ausbildungsstadium** in die Hauptverhandlung mitnehmen. Soll der Referendar selbstständig Fragen stellen und Erklärungen abgeben, ist die Zustimmung des Gerichts entsprechend § 138 Abs. 2 erforderlich.

7 Ist ein Rechtsreferendar als **amtlich bestellter Vertreter** (§ 53 BRAO) eines Offizialverteidigers bestellt worden, kann er auch in Vertretung eines Pflichtverteidigers vor Gericht als Strafverteidiger agieren. Der Rechtsanwalt muss für eine Vertretung sorgen, wenn er länger als eine Woche gehindert ist, seinen Beruf auszuüben oder sich

11. Abschnitt. Verteidigung § 140

länger als eine Woche von seiner Kanzlei entfernen will. Nach § 53 Abs. 4 S. 2 BRAO können durch die Landesjustizverwaltung auch Referendare, die seit mindestens zwölf Monaten im Vorbereitungsdienst beschäftigt sind, zu Vertretern bestellt werden.

§ 140 [Notwendige Verteidigung]

(1) Die Mitwirkung eines Verteidigers ist notwendig, wenn
1. die Hauptverhandlung im ersten Rechtszug vor dem Oberlandesgericht oder dem Landgericht stattfindet;
2. dem Beschuldigten ein Verbrechen zur Last gelegt wird;
3. das Verfahren zu einem Berufsverbot führen kann;
4. *(aufgehoben)*
5. der Beschuldigte sich mindestens drei Monate auf Grund richterlicher Anordnung oder mit richterlicher Genehmigung in einer Anstalt befunden hat und nicht mindestens zwei Wochen vor Beginn der Hauptverhandlung entlassen wird;
6. zur Vorbereitung eines Gutachtens über den psychischen Zustand des Beschuldigten seine Unterbringung nach § 81 in Frage kommt;
7. ein Sicherungsverfahren durchgeführt wird;
8. der bisherige Verteidiger durch eine Entscheidung von der Mitwirkung in dem Verfahren ausgeschlossen ist.

(2) ¹In anderen Fällen bestellt der Vorsitzende auf Antrag oder von Amts wegen einen Verteidiger, wenn wegen der Schwere der Tat oder wegen der Schwierigkeit der Sach- oder Rechtslage die Mitwirkung eines Verteidigers geboten erscheint oder wenn ersichtlich ist, daß sich der Beschuldigte nicht selbst verteidigen kann, namentlich, weil dem Verletzten nach den §§ 397a und 406g Abs. 3 und 4 ein Rechtsanwalt beigeordnet worden ist. ²Dem Antrag eines hör- oder sprachbehinderten Beschuldigten ist zu entsprechen.

(3) ¹Die Bestellung eines Verteidigers nach Absatz 1 Nr. 5 kann aufgehoben werden, wenn der Beschuldigte mindestens zwei Wochen vor Beginn der Hauptverhandlung aus der Anstalt entlassen wird. ²Die Bestellung des Verteidigers nach § 117 Abs. 4 bleibt unter den in Absatz 1 Nr. 5 bezeichneten Voraussetzungen für das weitere Verfahren wirksam, wenn nicht ein anderer Verteidiger bestellt wird.

I. Überblick

Die Vorschrift enthält eine **Konkretisierung des Rechtsstaatsprinzips** und des 1 daraus folgenden Gebots eines fairen Verfahrens (BVerfGE 63, 390; BVerfG NJW 1986, 771; KK-Laufhütte § 140 Rdn. 1; Pfeiffer § 140 Rdn. 1). Das Institut der notwendigen Verteidigung sichert i.V.m. der Bestellung eines Verteidigers ohne Rücksicht auf die Einkommens- und Vermögensverhältnisse des Angeklagten das Interesse des Rechtsstaates an einem prozessordnungsgemäßen Strafverfahren und zu diesem Zweck nicht zuletzt an einer wirksamen Verteidigung des Beschuldigten (BVerfGE 39, 238; BVerfGE 68, 237, 254). Die Vorschrift gilt auch im Privatklageverfahren, für das Jugendstrafverfahren wird sie durch § 68 JGG ergänzt.

Aus § 140 Abs. 1 i.V.m. § 141, 142 ergibt sich, in welchen Fällen die **Mitwirkung** 2 **eines Verteidigers notwendig** ist. Ergänzt wird dies durch die Generalklausel des Abs. 2. Diese ermöglicht die Bestellung eines Pflichtverteidigers, wenn sie unter Abwägung der Besonderheiten des Einzelfalls erforderlich erscheint. Während in den Fällen des Abs. 1 selbst einem Rechtskundigen ein Verteidiger zu bestellen ist, weil er

§ 140   1. Buch. Allgemeine Vorschriften

sich als Beschuldigter nicht selbst zum Verteidiger bestellen kann, mag es in Abs. 2 auch auf die persönlichen Fähigkeiten und Fertigkeiten des Angeklagten ankommen. Sonderfälle einer auf das Strafbefehlsverfahren beschränkten Verteidigerbestellung regelt § 408 b, für das beschleunigte Verfahren § 418 Abs. 4. Für das Vollstreckungsverfahren ist § 463 Abs. 3 S. 5 zu beachten.

3   Die Bestellung erfolgt **von Amts wegen** durch den zuständigen Vorsitzenden (§ 141 Abs. 4). Anders als in den Fällen des § 117 Abs. 4, § 350 Abs. 3 ist ein Antrag des Beschuldigten oder der StA nicht erforderlich (Meyer-Goßner § 140 Rdn. 4).

4   **Ist die Mitwirkung nach Abs. 1 notwendig,** gilt dies für das gesamte Verfahren einschließlich des Verfahrens vor dem beauftragten oder ersuchten Richter (BGH NJW 1952, 1426) und des Adhäsionsverfahrens (OLG Schleswig NStZ 1998, 101). Dies gilt auch dann, wenn sich etwa im Berufungsverfahren (OLG Stuttgart StV 2001, 329) herausstellt, dass die Voraussetzungen nicht mehr vorliegen (RGSt 70, 317, 320).

5   **In den Fällen des Abs. 2** kann die Bestellung beschränkt werden, z.B. auf den ersten Rechtszug (Meyer-Goßner § 140 Rdn. 6; a.M. SK-Wohlers § 140 Rdn. 31). Die tatrichterliche Bestellung eines Verteidigers gilt bis zur Urteilsrechtskraft. Sie erstreckt sich daher, wenn sie nicht ausdrücklich beschränkt wird, auch auf die Einlegung und Begründung der Revision (BGH wistra 1988, 233) und das Revisionsverfahren. Auf die Mitwirkung an der Revisionsverhandlung soll sich die Beiordnung nicht erstrecken (BGH NJW 1984, 2480, 2481). In diesen Fällen muss der Vorsitzende des Revisionsgerichts dem Angeklagten einen Verteidiger bestellen, wenn dazu Anlass besteht (OLG Oldenburg StV 1992, 558).

6   Fällt der bisherige Wahl- oder Pflichtverteidiger weg, darf die **Bestellung eines neuen Pflichtverteidigers** nicht mit der Begründung abgelehnt werden, der Angeklagte könne das Rechtsmittel ja zu Protokoll der Geschäftsstelle begründen (OLG Düsseldorf StV 1986, 143). Lehnt der Pflichtverteidiger aber die vom Angeklagten gewünschte Revisionsbegründung wegen Aussichtslosigkeit ab, hat der Angeklagte keinen Anspruch auf Beiordnung eines anderen Verteidigers (OLG Stuttgart NJW 1979, 1373).

7   Abs. 1 enthält einen Katalog von Fällen, in denen eine Verteidigung notwendig ist. In diesem Zusammenhang sind auch § 231 a Abs. 4 und § 34 Abs. 3 Nr. 1 EGGVG zu beachten.

II. Notwendige Verteidigung

8   **Die Mitwirkung eines Verteidigers ist notwendig,** wenn die Hauptverhandlung im ersten Rechtszug vor dem OLG oder LG stattfindet **(Nr. 1)** oder dem Beschuldigten ein Verbrechen zur Last gelegt wird **(Nr. 2),** das Verfahren also vor dem Schöffengericht durchgeführt werden soll. Entscheidend ist, ob in der Anklageschrift ein Verbrechen im Sinne des § 200 Abs. 1 StGB angeklagt wird. Ist die Verteidigung nach Nr. 2 notwendig, bleibt sie es auch dann, wenn in dem Verfahren durch das Gericht der rechtliche Hinweis ergeht, dass doch nur ein Vergehen in Betracht kommen könnte (vgl. OLG Oldenburg StV 1995, 345). Erst dann, wenn wegen Rechtskraft des Schuldspruchs eine Verurteilung wegen eines Verbrechens im Berufungsrechtszug ausgeschlossen ist, ist die Verteidigung nicht mehr notwendig (vgl. LR-Lüderssen § 140 Rdn. 25; Meyer-Goßner § 140 Rdn. 12).

Die Anordnung eines Berufsverbots (Nr. 3) ist möglich, wenn bereits in der Anklageschrift § 70 StGB aufgeführt ist oder das Gericht auf die Vorschrift nach § 265 Abs. 2 hinweist oder die StA die Anordnung beantragt. Dann muss die Hauptverhandlung nach diesem Antrag unterbrochen werden. Geht allerdings das Gericht bereits zu Beginn des zur Urteilsverkündung anberaumten Termins sicher davon aus, dass das Berufsverbot nicht angeordnet wird, muss an diesem Termin kein Verteidiger mitwirken (BGH MDR 1957, 141).

11. Abschnitt. Verteidigung   § 140

Befindet sich der Beschuldigte seit mindestens drei Monaten in amtlicher 9
Verwahrung (Nr. 5) und wird er nicht mindestens zwei Wochen vor Beginn der
Hauptverhandlung entlassen, besteht die Gefahr, dass seine Verteidigung in Folge der
Unterbringung behindert wird. Umstritten ist, ob es sich um eine ununterbrochene
Unterbringung handeln muss oder die Gesamtdauer entscheidend ist (vgl. Meyer-
Goßner § 140 Rdn. 15). Überwiegend verlangt man eine ununterbrochene Unterbringung.

Formen der Unterbringung sind insbesondere Straf- und Untersuchungshaft, 10
auch im Ausland, Strafarrest, Auslieferungshaft und die Unterbringung nach §§ 63ff
StGB oder den Unterbringungsgesetzen der Länder. Auch Freigänger (§ 11 Abs. 1
Nr. 1 StVollzG) befinden sich im Sinne der Nr. 5 in einer Anstalt.

Wird der Angeklagte spätestens zwei Wochen **vor der Hauptverhandlung ent-** 11
lassen, entfällt eine notwendige Verteidigung nach Nr. 5 grundsätzlich. Im Strafbefehlsverfahren gilt Nr. 5 erst nach Einlegung des Einspruchs (vgl. aber § 408b). Im Sicherungsverfahren nach §§ 413ff (Nr. 7) ist die Verteidigung immer notwendig. Sie
ist es aber auch dann schon, wenn eine Unterbringung nach § 81 im Raum steht
(Nr. 6), also über einen ernst gemeinten Antrag auf Unterbringung zur Beobachtung
zu entscheiden ist (RGSt 67, 259). Die Verteidigung bleibt dann für das weitere Verfahren notwendig, auch wenn es nicht zur Anstaltsunterbringung kommt (BGH NJW
1952, 797).

Schließlich ist die Verteidigung notwendig, wenn ein Wahlverteidiger nach den 12
§§ 138a ff **ausgeschlossen worden ist (Nr. 8).** Ist noch ein anderer Wahlverteidiger vorhanden, gilt Nr. 8 nicht (Meyer-Goßner § 140 Rdn. 20).

Für die Bestellung eines Verteidigers vor dem AG (außer bei Verbrechen) 13
und dem Berufungsgericht **gilt die Generalklausel des Abs. 2.** In diesen Fällen
entscheidet der Vorsitzende über die Verteidigerbestellung nach pflichtgemäßem Ermessen, er hat einen Beurteilungsspielraum, dem allerdings durch den Rechtsbegriff
der Schwere der Tat Grenzen gesetzt sind (OLG Celle StV 1988, 379; Meyer-Goßner
§ 140 Rdn. 22). Eine dem Abs. 2 entsprechende Regelung enthalten § 434 Abs. 2,
§§ 442, 444 Abs. 1 für den Verfall- und Einziehungsbeteiligten sowie für juristische
Personen und Personenvereinigungen, deren Verfahrensbeteiligung angeordnet ist.

Die Schwere der Tat beurteilt sich vor allem nach der zu erwartenden Rechtsfol- 14
genentscheidung (BGHSt 6, 199; OLG Düsseldorf wistra 1994, 317; Meyer-Goßner
§ 140 Rdn. 23; Pfeiffer § 140 Rdn. 5). Jedenfalls eine Straferwartung von einem Jahr
Freiheitsstrafe soll in der Regel Anlass zur Beiordnung eines Verteidigers geben
(BayObLG NStZ 1990, 142; OLG München wistra 1992, 237; OLG Hamm NStZ-
RR 2001, 107; Meyer-Goßner § 140 Rdn. 23). Ob dies auch gilt, wenn eine Bewährungsstrafe zu erwarten ist, ist zweifelhaft (vgl. KK-Laufhütte § 140 Rdn. 21;
Pfeiffer § 140 Rdn. 5 sowie OLG Karlsruhe NStZ 1991, 505). Bei einer zu erwartenden Freiheitsentziehung von mehr als zwei Jahren ist die Verteidigung in jedem Fall
notwendig (BGHSt 6, 199; Meyer-Goßner § 140 Rdn. 23). Sind mehrere Taten angeklagt, kommt es nicht auf die Einzelstrafen, sondern auf die zu erwartende Gesamtstrafe an (OLG Hamm NStZ-RR 2001, 108). Dabei gibt es keine starren Grenzen; es
kommt auch darauf an, wie schwierig die Verteidigung ist.

Hinzu tritt nämlich der Beiordnungsgrund der **Schwierigkeit der Sach- und** 15
Rechtslage. Eine Sachlage ist schwierig, wenn die Feststellungen zur Täterschaft oder
Schuld eine umfangreiche, voraussichtlich länger dauernde Beweisaufnahme erfordern
(KK-Laufhütte § 140 Rdn. 22), so bei besonderen Problemen der Beurteilung der
Glaubwürdigkeit eines Zeugen (OLG Koblenz MDR 1976, 776) oder bei einer Fülle
angeklagter Taten (BGHSt 15, 306). Gleiches soll gelten bei der Notwendigkeit einer
Auseinandersetzung mit einem Sachverständigengutachten (OLG Hamm StV 1987,
192) und bei Berufung der StA gegen einen Freispruch erster Instanz und möglichen
erheblichen haftungsrechtlichen Konsequenzen bei einer Verurteilung (Pfeiffer § 140

§ 140   1. Buch. Allgemeine Vorschriften

Rdn. 6). Es hat sich hier eine umfängliche Kasuistik entwickelt, die in den einzelnen OLG-Bezirken unterschiedliche Ausformungen erfahren hat. Jedenfalls dann, wenn z. B. eine Akteneinsicht für eine sachgerechte Verteidigung erforderlich ist, kommt eine Schwierigkeit der Sach- und Rechtslage und damit die Notwendigkeit der Beiordnung eines Pflichtverteidigers in Betracht (OLG Koblenz NStZ-RR 2000, 176; Meyer-Goßner § 140 Rdn. 27). Regel: Gehört es zur sachdienlichen Verteidigung, dass einem Verteidiger der Akteninhalt bekannt ist, ist die Verteidigung auch notwendig (vgl. OLG Jena StV 2004, 585).

16   **Eine schwierige Rechtslage** ist gegeben, wenn es bei der Anwendung des materiellen oder formellen Rechts auf noch nicht abschließend geklärte oder schwer zu beantwortende Fragen ankommt und es um schwierige Abgrenzungsfragen geht (BayObLG StV 1991, 294; Pfeiffer § 140 Rdn. 6). Immer dann, wenn es noch keine gefestigte Rechtsprechung gibt, muss also ggf. ein Verteidiger mitwirken (vgl. OLG Stuttgart StV 2002, 298).

17   **Wird Anklage vor dem erweiterten Schöffengericht erhoben,** wird in der Regel davon auszugehen sein, dass die Sachlage schwierig ist, so dass praktisch im Regelfall ein Verteidiger bestellt werden muss. Soweit eine Ausnahme für den Fall gemacht werden soll, dass nur wegen der Vielzahl von Angeklagten ein zweiter Richter zugezogen wird, überzeugt dies nicht: Auch in einem solchen Fall ist der Angeklagte im Regelfall auf sich allein gestellt überfordert. In der Berufungshauptverhandlung vor einer Wirtschaftsstrafkammer ist Abs. 2 regelmäßig anzuwenden (vgl. Molketin wistra 1986, 99, 235).

18   **Die Verteidigerbestellung für die Revisionsbegründung** kann verlangt werden, wenn diese besondere Schwierigkeiten macht (OLG Koblenz RPfl 1984, 366; Meyer-Goßner § 140 Rdn. 29). Ob die Verteidigerbestellung auch zum Aufspüren bislang nicht erkannter Verfahrensfehler möglich ist (Dahs NStZ 1982, 345), ist umstritten (dagegen Meyer-Goßner 3140 Rdn. 29). Das gleiche Problem stellt sich im Hinblick auf die Begründung einer Annahmeberufung (vgl. Rieß AnwBl 1993, 56).

19   **Ob der Angeklagte sich nicht selbst verteidigen kann (Abs. 2, 3. Alt.),** richtet sich nach seinen geistigen Fähigkeiten, seinem Gesundheitszustand und den sonstigen Umständen des Falles (OLG Hamm NJW 2003, 3286: 80jähriger, unter Betreuung stehender Angeklagter; OLG Celle StV 1991, 151: jugendliches Alter; OLG Düsseldorf NJW 1964, 877: fortgeschrittene Schwangerschaft). Abs. 2 ist schon anwendbar, wenn an der Fähigkeit auch nur erhebliche Zweifel bestehen (OLG Frankfurt StV 1984, 370). Dies muss der Fall sein, wenn der Angeklagte Analphabet ist (OLG Celle StV 1994, 8) oder er die prozessuale Situation verkennt (OLG Celle StV 1997, 624). Ist der Angeklagte Ausländer und hat Verständigungsschwierigkeiten, ist Abs. 2 zu prüfen (OLG Köln wistra 1989, 157; OLG Schleswig StV 1990, 12). Dies gilt jedenfalls dann, wenn die zu erwartenden Schwierigkeiten nicht schon durch die Bestellung eines Dolmetschers ausgeräumt werden können (OLG Frankfurt StV 1997, 573; Meyer-Goßner § 140 Rdn. 30a).

20   **Ist dem Verletzten ein Rechtsanwalt beigeordnet worden,** hebt Abs. 2 die Notwendigkeit der Bestellung eines Verteidigers ausdrücklich hervor. Damit ist die Bestellung eines Verteidigers zwar nicht zwingend, aber im Regelfall geboten (OLG Hamm StV 1999, 11; Meyer-Goßner § 140 Rdn. 31). Überwiegend wird davon ausgegangen, dass nicht nur in solchen Fällen, in denen der Rechtsanwalt dem Verletzten beigeordnet worden ist, Abs. 2 eingreifen kann, sondern auch dann, wenn sich der Verletzte auf eigene Kosten eines Rechtsanwalts als Beistand bedient (vgl. OLG Hamm StraFo 2004, 242). Bei hör- oder sprachbehinderten Beschuldigten ist dem Antrag stets zu entsprechen (Abs. 2 S. 2). Dieser Satz ersetzt die früher in Abs. 1 Nr. 4 enthaltene Regelung für „taube und stumme Beschuldigte".

21   Aus verfassungsrechtlichen Gründen ist über den Wortlaut des Abs. 2 hinaus die Bestellung eines Verteidigers auf Antrag stets erforderlich, wenn die Ablehnung der

Beiordnung aus anderen Gründen den Anspruch des Angeklagten auf **ein faires Verfahren** verletzen würde (BVerfGE 63, 380, 391; siehe § 350 Rdn. 4).

Die Verteidigerbestellung **endet mit der Rechtskraft des Urteils** (BGH NJW 1952, 797). Fort wirkt sie nur für Nachtragsentscheidungen (vgl. § 460) und für das Wiederaufnahmeverfahren. Für das Vollstreckungsverfahren muss ggf. eine Bestellung eines Verteidigers erfolgen (§ 463 Abs. 3 S. 5). Zulässig ist die Verteidigerbestellung im Verfahren mit dem Ziel des Widerrufs der Strafaussetzung nach § 56f StGB oder nach § 57 Abs. 3 S. 1 i.V.m. § 56f StGB (Meyer-Goßner § 140 Rdn. 33a), aber auch bei der Entscheidung über die bedingte Entlassung nach § 57 StGB (OLG Hamm StV 2002, 320). Auch in weiteren Fällen soll die Verteidigerbestellung unverzichtbar sein (Meyer-Goßner § 140 Rdn. 33a). 22

Mit der Bestellung wird für den Angeklagten sein Recht auf Verteidigung **konkretisiert**. Der Vorsitzende darf daher die Bestellung nicht schon deshalb zurücknehmen, weil er seine Ansicht über die Schwierigkeit der Sach- oder Rechtslage geändert hat (BGHSt 7, 69). Erforderlich ist insofern, dass sich die Umstände wesentlich verändert haben (OLG Düsseldorf StV 1995, 117; Meyer-Goßner § 140 Rdn. 34). 23

Erleichtert ist die Aufhebung der Bestellung in den Fällen des Abs. 1 Nr. 5. Vor einer Aufhebung muss das Gericht aber stets prüfen, ob die Beiordnung aufrechtzuerhalten ist, weil die auf der Freiheitsentziehung beruhende Behinderung trotz der Freilassung nachwirkt; regelmäßig wird dies der Fall sein (OLG Bremen StraFo 2002, 231; OLG Frankfurt StV 1997, 573, 574; Meyer-Goßner § 140 Rdn. 36). 24

Ist dem länger als drei Monate inhaftierten Beschuldigten nach § 117 Abs. 4 im Vorverfahren ein Verteidiger **beigeordnet worden,** wirkt diese Bestellung fort, wenn nicht ein anderer Verteidiger bestellt wird (Abs. 3 S. 2). Eine solche neue Bestellung wird regelmäßig nur dann in Betracht kommen, wenn die Anklage in einem anderen Gerichtsbezirk erhoben wird (KK-Laufhütte § 140 Rdn. 16; Meyer-Goßner § 140 Rdn. 37). 25

§ 141 [Bestellung eines Verteidigers]

(1) **In den Fällen des § 140 Abs. 1 und 2 wird dem Angeschuldigten, der noch keinen Verteidiger hat, ein Verteidiger bestellt, sobald er gemäß § 201 zur Erklärung über die Anklageschrift aufgefordert worden ist.**

(2) **Ergibt sich erst später, daß ein Verteidiger notwendig ist, so wird er sofort bestellt.**

(3) ¹**Der Verteidiger kann auch schon während des Vorverfahrens bestellt werden.** ²**Die Staatsanwaltschaft beantragt dies, wenn nach ihrer Auffassung in dem gerichtlichen Verfahren die Mitwirkung eines Verteidigers nach § 140 Abs. 1 oder 2 notwendig sein wird.** ³**Nach dem Abschluß der Ermittlungen (§ 169a) ist er auf Antrag der Staatsanwaltschaft zu bestellen.**

(4) **Über die Bestellung entscheidet der Vorsitzende des Gerichts, das für das Hauptverfahren zuständig oder bei dem das Verfahren anhängig ist.**

Die Vorschrift regelt die **Bestellung des Verteidigers** für einen bislang unverteidigten Angeklagten. Im Regelfall wird neben einem Wahlverteidiger kein Pflichtverteidiger bestellt. Zulässig ist es und im Einzelfall geboten, wenn der zügige Fortgang des Verfahrens und vor allem der Hauptverhandlung sonst nicht gesichert werden kann. 1

Beispiel: Der Wahlverteidiger kann sein Mandat niederlegen oder wegen anderwärtiger Verpflichtungen nicht ständig anwesend sein.

Die Bestellung eines weiteren Pflichtverteidigers oder eines Pflichtverteidigers neben einem Wahlverteidiger kann auch sonst in besonders schwierigen und umfang- 2

§ 141　　　　　　　　　　　　　　　　　　　1. Buch. Allgemeine Vorschriften

reichen Sachen geboten sein (OLG Frankfurt StV 1993, 348). In anderen Fällen kommt sie in Betracht, wenn es zur Sicherung des weiteren Verfahrens erforderlich scheint (OLG Hamburg StV 2000, 409; OLG Karlsruhe StV 2001, 557). Erfolgt sie gegen den Willen des Angeklagten und des Wahlverteidigers (so genannter **„Zwangsverteidiger"**), wird dies zwar zum Wegfall einer Einheitlichkeit der Verteidigung führen; dies soll aber im Interesse einer wirkungsvollen staatlichen Strafrechtspflege in Kauf genommen werden müssen (Meyer-Goßner § 141 Rdn. 1).

3　　Vor Rechtskraft des Urteils darf die Beiordnung des **Pflichtverteidigers nur zurückgenommen werden,** wenn sie gegen den Willen des Angeklagten erfolgt ist (OLG Jena StV 1995, 346) oder der Anlass hierfür weggefallen ist (OLG Düsseldorf StV 1990, 348).

4　　Auch wenn das Gesetz davon spricht, dass „ein" Verteidiger bestellt wird, ist unstreitig, dass auch ein **weiterer Pflichtverteidiger** bestellt werden kann, wenn dies zur Durchführung eines Großverfahrens geboten ist (vgl. OLG Celle StV 1988, 379; OLG Karlsruhe wistra 1993, 279). Auch die Beiordnung des zweiten Verteidigers darf vor Rechtskraft des Urteils nicht zurückgenommen werden, wenn keine wesentliche Änderung des Verfahrens eintritt (OLG Frankfurt StV 1984, 502).

5　　Die Verteidigerbestellung muss schon **bei Anklagezustellung** (§ 201 Abs. 1) erfolgen **(Abs. 1),** weil nur so der Angeschuldigte schon im Hinblick auf die Erklärung nach § 201 beraten werden kann. Damit der Angeschuldigte die Erklärungsfrist auch voll nutzen kann, ist empfehlenswert, zunächst dem Angeschuldigten nur die Anklageschrift mit der durch § 142 Abs. 1 S. 2 vorgeschriebenen Aufforderung zuzustellen, innerhalb der Frist einen Rechtsanwalt seines Vertrauens zu bezeichnen (Meyer-Goßner § 141 Rdn. 3).

6　　**Die spätere Bestellung (Abs. 2)** ist geboten, wenn sich die Notwendigkeit der Verteidigung erst später ergibt.

Beispiel: Nachtragsanklage wegen eines Verbrechens (BGHSt 9, 243).

7　　**Die Bestellung während des Vorverfahrens** ist zulässig (Abs. 3 S. 1). Den Antrag stellt der Staatsanwalt, wenn er meint, dass im gerichtlichen Verfahren die Mitwirkung eines Verteidigers im Sinne des § 140 Abs. 1, 2 notwendig sein wird. Ist der Antrag der StA nach Abschluss der Ermittlungen gestellt worden, kann er nicht mehr abgelehnt werden (Abs. 3 S. 3).

8　　**Zuständig für die Entscheidung** ist der Vorsitzende des Gerichts, bei dem das Verfahren anhängig oder das für das Hauptverfahren zuständig ist (Abs. 4). Die Bestellung erfolgt durch ausdrückliche Verfügung (Meyer-Goßner § 141 Rdn. 7). In der Aufforderung, für den Angeklagten als Verteidiger tätig zu werden, kann auch eine Bestellung gesehen werden (OLG Hamburg NJW 1998, 621). Eine rückwirkende Bestellung ist nach h. M. unzulässig und schlechthin unwirksam (OLG Düsseldorf NStZ 1984, 43; Meyer-Goßner § 141 Rdn. 8). Das LG Bremen (StV 2004, 126) hat im Hinblick auf die andere Regelung in § 397a (§ 397a Rdn. 6) zutreffend eingewandt, dass dies nicht richtig sei. Nicht überzeugend ist es, dass eine rückwirkende Bestellung auch dann nicht zulässig sein soll, wenn der Antrag rechtzeitig gestellt, aber versehentlich nicht über ihn entschieden worden ist (dagegen zu Recht OLG Koblenz StV 1995, 537; LG Hamburg StV 2000, 16). Teilweise behilft man sich mit der Prüfung der Frage, ob nicht bereits zuvor eine stillschweigende Beiordnung erfolgt ist (vgl. OLG Oldenburg StV 2004, 587; LG Koblenz NJW 2004, 962; Meyer-Goßner § 141 Rdn. 8).

9　　Die Beiordnung eines Verteidigers kann der Angeklagte regelmäßig **mangels Beschwer** nicht anfechten (Meyer-Goßner § 141 Rdn. 9). Er hat aber gegen die Bestellung eines Pflichtverteidigers neben einem Wahlverteidiger die Beschwerde nach § 304 (OLG Frankfurt StV 2001, 610; Meyer-Goßner § 141 Rdn. 9). Die Ablehnung der Beiordnung eines zweiten Pflichtverteidigers soll nicht anfechtbar sein (OLG Celle

11. Abschnitt. Verteidigung § 142

NStZ 1998, 637). Die StA kann Beschwerde gegen eine nach ihrer Auffassung gesetzwidrige Beiordnung eines Verteidigers erheben (Meyer-Goßner § 141 Rdn. 9). Das Beschwerdegericht prüft nur, ob der Vorsitzende die Grenzen seines Beurteilungsspielraums eingehalten und im Übrigen die Person des Pflichtverteidigers ohne Ermessensfehler ausgewählt hat (OLG Düsseldorf StV 2004, 62).

Wird die Bestellung abgelehnt, steht dem Angeklagten die Beschwerde nach 10 § 304 Abs. 1 zu (OLG Köln MDR 1990, 462), jedoch nicht dem nicht beigeordneten Rechtsanwalt (OLG Koblenz wistra 1986, 118; Meyer-Goßner § 141 Rdn. 10). Inwiefern auch Beschwerde gegen Entscheidungen des Vorsitzenden des erkennenden Gerichts zulässig ist, ist zweifelhaft. Die h. M. nimmt an, die Entscheidungen seien beschwerdefähig (KG StV 1986, 239; OLG Celle NStZ 1985, 519; OLG Frankfurt StV 1997, 573; Meyer-Goßner § 141 Rdn. 10). Nur eine Mindermeinung hält das Rechtsmittel nach § 305 S. 1 für unzulässig (OLG Naumburg NStZ-RR 1996, 41). Entscheidungen des Vorsitzenden des Strafsenats eines OLG sind jedoch nach § 304 Abs. 4 S. 2 unanfechtbar. Nach rechtskräftigem Abschluss des Verfahrens soll die Beschwerde allgemein unzulässig sein (OLG Düsseldorf wistra 1992, 320; Meyer-Goßner § 141 Rdn. 10).

In der Revision unterliegen Entscheidungen über die Bestellung des Verteidigers 11 nach § 336 S. 1 der Prüfung des Revisionsgerichts auf Rechtsfehler (BGHSt 39, 310, 311; BGH NStZ 1992, 292). Nach Auffassung des BGH (BGHSt 47, 172, 180) kommt es im Hinblick auf Abs. 3 S. 2 darauf an, ob ein schwerwiegender Rechtsverstoß vorliegt und der Beschuldigte in der gegebenen Situation im besonderen Maße schutzbedürftig war (abl. Sowada NStZ 2005, 1, 6).

§ 142 [Auswahl des Verteidigers]

(1) ¹Der zu bestellende Verteidiger wird durch den Vorsitzenden des Gerichts möglichst aus der Zahl der bei einem Gericht des Gerichtsbezirks zugelassenen Rechtsanwälte ausgewählt. ²Dem Beschuldigten soll Gelegenheit gegeben werden, innerhalb einer zu bestimmenden Frist einen Rechtsanwalt zu bezeichnen. ³Der Vorsitzende bestellt den vom Beschuldigten bezeichneten Verteidiger, wenn nicht wichtige Gründe entgegenstehen.

(2) In den Fällen des § 140 Abs. 1 Nr. 2 und 5 sowie des § 140 Abs. 2 können auch Rechtskundige, welche die vorgeschriebene erste Prüfung für den Justizdienst bestanden haben und darin seit mindestens einem Jahr und drei Monaten beschäftigt sind, für den ersten Rechtszug als Verteidiger bestellt werden, jedoch nicht bei dem Gericht, dessen Richter sie zur Ausbildung überwiesen sind.

Die Vorschrift regelt die **Auswahl des Verteidigers** durch den Vorsitzenden des 1 Gerichts. Er ist zuständig für die Bestellung (§ 141 Abs. 4), das Beschwerdegericht kann aber einen bestimmten Verteidiger bestellen, wenn sich das Rechtsmittel dagegen richtet, dass der Vorsitzende dessen Beiordnung abgelehnt hat (KG StV 1985, 448; OLG Düsseldorf StV 1986, 239).

Grundsätze für die Auswahl stellt das Gesetz nicht auf. Immerhin soll der vom 2 Beschuldigten bezeichnete Verteidiger bestellt werden, wenn nicht wichtige Gründe entgegenstehen (Abs. 1 S. 3; Rdn. 10). Insofern ist dem Beschuldigten Gelegenheit zu geben, einen Rechtsanwalt vorzuschlagen (Abs. 1 S. 2).

Wichtige Gründe können entgegenstehen, wenn der Rechtsanwalt keine Ge- 3 währ für eine sachgerechte und ordnungsgemäße Verteidigung des Angeklagten bietet (KG JR 1987, 524). Dass Rechtsanwalt und Beschuldigter verwandt sind, steht der Beiordnung nicht entgegen (OLG Düsseldorf NJW 1990, 528). Das Verbot der Mehrfachverteidigung nach § 146 gilt. Auch wenn die Voraussetzungen des § 146 nicht vorliegen, aber dennoch ein Interessenwiderstreit besteht, ist die Beiordnung unzu-

§ 142   1. Buch. Allgemeine Vorschriften

lässig (BGH StV 1992, 406). Bei mehreren Anwälten einer Sozietät darf davon aber nicht ohne weiteres ausgegangen werden (OLG Rostock StV 2003, 373).

4   Die Wahl soll möglichst auf einen **am Gerichtsort niedergelassenen Rechtsanwalt** fallen (Abs. 1 S. 1). Die Aussage, dies sei eine wesentliche Voraussetzung für eine sachdienliche Verteidigung (OLG Düsseldorf JZ 1985, 100; OLG München StV 1984, 67; Meyer-Goßner § 142 Rdn. 5), mag im Einzelfall zutreffen, insbesondere wenn der Beschuldigte in Untersuchungshaft sitzt (OLG Oldenburg NStZ-RR 2004, 115). Es geht aber auch nicht zuletzt um die Reisekostenerstattungen, die auf die Staatskasse zukommen.

5   Immerhin ist die Beiordnung unter Beschränkung auf die **Vergütung eines ortsansässigen Rechtsanwalts** unzulässig (OLG Frankfurt StV 1989, 241; Meyer-Goßner § 142 Rdn. 6). Dass dies anders sein soll, wenn sich der Rechtsanwalt damit ausdrücklich einverstanden erklärt hat (LG Duisburg MDR 1990, 76; OLG Koblenz MDR 1979, 427), überzeugt nicht.

6   Legt der bisherige Wahlverteidiger **das Mandat nieder,** kann er als Pflichtverteidiger beigeordnet werden. Mit dem Antrag, ihn zum Pflichtverteidiger zu bestellen, ist die Erklärung verbunden, die Wahlverteidigung mit der Beiordnung zu beenden (BGH StV 1981, 12; OLG München wistra 1992, 237). Die Bestellung des bisherigen Wahlverteidigers ist i. d. R. sachgerecht, wenn er für den Beschuldigten tätig war, dessen Vertrauen genießt (OLG Frankfurt StV 1985, 315), und die Akten kennt. Seine Bestellung soll auch dann zulässig sein, wenn der Beschuldigte ihm aus irrationalen Gründen das Mandat entzogen hat (BGHSt 39, 310). Ob diese Gründe irrational sind, muss das Gericht jedoch aufklären (BGH NStZ 2000, 326).

7   **Das Auswahlrecht des Beschuldigten (Abs. 1 S. 2, 3)** begründet keinen Rechtsanspruch auf Beiordnung des gewünschten Rechtsanwalts (BVerfGE 39, 238, 243). Da jedoch das Vertrauensverhältnis zwischen Verteidiger und Beschuldigtem eine wesentliche Voraussetzung für eine sachgerechte Verteidigung ist, muss dem Beschuldigten ein Rechtsanwalt seines Vertrauens beigeordnet werden, wenn nicht wichtige Gründe entgegenstehen (Grundsatz des fairen Verfahrens; BVerfGE 68, 237, 256).

8   **Die Gelegenheit zur Bezeichnung eines Rechtsanwalts (Abs. 1 S. 2)** soll dem Beschuldigten auch gegeben werden, wenn es um die Bestellung eines weiteren Pflichtverteidigers geht (KG wistra 2005, 444). Auf Grund dieser faktischen Anhörungspflicht muss dem Beschuldigten unmissverständlich mitgeteilt werden, dass er einen Verteidiger benennen kann (Meyer-Goßner § 142 Rdn. 10). In allen Fällen genügt eine telefonische Anhörung (BayObLG StV 1988, 97). Die Anhörung unterbleibt, wenn die Verfahrenslage die sofortige Bestellung eines Pflichtverteidigers ohne Rücksprache geboten erscheinen lässt (BGH JR 1998, 251; OLG Düsseldorf StV 2001, 606) oder wenn erkennbar ist, dass der Beschuldigte keinen Vorschlag machen wird (Meyer-Goßner § 142 Rdn. 10).

9   Sind Gerichtsort und Sitz des Rechtsanwalts nicht allzu weit entfernt, hat die Rücksicht auf das Vertrauensverhältnis den **Vorrang vor der Ortsnähe** (BGHSt 43, 153; nicht bei 238 Kilometern – OLG Zweibrücken StV 2002, 238). Dies gilt auch bei der Beiordnung eines zweiten Verteidigers zur Sicherung der Hauptverhandlung (BVerfG NJW 2001, 3695, 3696). Wohnt auch der Angeklagte nicht am Gerichtsort, sondern in der Nähe des Rechtsanwalts, ist trotz großer Entfernung des Sitzes des Rechtsanwalts vom Gerichtsort dem Vertrauensverhältnis der Vorrang zu geben (OLG München StV 1993, 180; Meyer-Goßner § 142 Rdn. 12).

10 Dass eine Bestellung unterbleibt, wenn dem **wichtige Gründe** entgegenstehen, ist eine zulässige Einschränkung (EGMR EuGRZ 1992, 542). Neben dem Verbot der Mehrfachverteidigung und der Weigerung des Rechtsanwalts, die Verteidigung zu übernehmen, kann insbesondere das Fehlen der für die Verteidigung erforderlichen Spezialkenntnisse Relevanz erlangen (OLG Schleswig StV 1987, 478, 479). Die dem Gericht bekannte Unfähigkeit des Rechtsanwalts, einen Angeklagten sachgerecht zu

11. Abschnitt. Verteidigung   § 143

verteidigen, steht seiner Bestellung ebenfalls entgegen (Meyer-Goßner § 142 Rdn. 13). Die für die Abberufung eines bestellten Verteidigers geltenden Grundsätze finden auch hier entsprechende Anwendung (§ 143 Rdn. 3; OLG Köln NStZ 1991, 248). Dass der Verteidiger „schwierig" ist, genügt nicht, insbesondere nicht ein objektiv unzweckmäßiges und prozessordnungswidriges Verhalten. Es muss sich um ein Fehlverhalten von besonderem Gewicht handeln und eine dahingehende Wiederholungsgefahr bestehen (KG StV 1993, 236; siehe auch BGH NStZ 2003, 378).

Die Beiordnung bewirkt die **Begründung einer öffentlich rechtlichen Pflicht** 11 des Verteidigers, bei der ordnungsgemäßen Durchführung des Strafverfahrens und insbesondere in der Hauptverhandlung durch sachdienliche Verteidigung mitzuwirken (OLG Frankfurt NJW 1972, 1964; Meyer-Goßner § 142 Rdn. 14; Pfeiffer § 142 Rdn. 3). Der Rechtsanwalt ist zur Übernahme der Pflichtverteidigung verpflichtet; nur aus wichtigem Grund (§ 48 Abs. 2, § 49 BRAO) kann er Befreiung verlangen (vgl. LR-Lüderssen § 142 Rdn. 30 ff). Ein Hochschullehrer darf nur mit seinem Einverständnis zum Pflichtverteidiger bestellt werden (KK-Laufhütte § 142 Rdn. 3; Meyer-Goßner § 142 Rdn. 4).

Die Bestellung ist auf seine Person beschränkt, eine **Unterbevollmächtigung** 12 **nicht zulässig** (BGH NStZ 1983, 208; BGH NStZ 1995, 356, 357; Meyer-Goßner § 142 Rdn. 15). Bei vorübergehender Verhinderung wird aber eine Vertretung mit Zustimmung des Vorsitzenden für zulässig gehalten (OLG Frankfurt NJW 1980, 1703). Fälle der amtlich bestellten Vertretung bleiben unberührt. In diesen Fällen kann befristet auch der Rechtsanwalt unmittelbar einen örtlich ansässigen Rechtsanwalt zum Vertreter bestellen.

Einem Referendar darf die Verteidigung nicht übertragen werden, wenn er nicht 13 zum **amtlich bestellten Vertreter** (§ 139 Rdn. 7) ernannt worden ist. Erscheint der so benannte Rechtsanwalt oder ein Referendar nicht geeignet, muss der Vorsitzende notfalls die gesamte Beiordnung zurücknehmen (Meyer-Goßner § 142 Rdn. 17).

Nach Abs. 2 ist die **Bestellung eines Rechtsreferendars** zum Pflichtverteidiger 14 nur in den Fällen des § 140 Abs. 1 Nr. 2 und 5 und des § 140 Abs. 2 und nur für den ersten Rechtszug (also nur vor dem AG) zulässig. Bei der Abteilung des AG, der der Richter angehört, dem er zur Ausbildung zugewiesen ist, soll der Referendar nicht verteidigen dürfen (Meyer-Goßner § 142 Rdn. 18).

Gegen die Auswahl des Pflichtverteidigers hat der Beschuldigte ein **Beschwerde-** 15 **recht,** auch wenn der Vorsitzende des erkennenden Gerichts die Auswahl getroffen hat (Meyer-Goßner § 142 Rdn. 19; Pfeiffer § 142 Rdn. 5). Entscheidungen des OLG sind nicht anfechtbar (Pfeiffer § 142 Rdn. 5).

Die Verletzung des § 142 Abs. 1 kann mit der **Revision** gerügt werden, auch wenn 16 beim Tatgericht ein Antrag auf Aussetzung der Hauptverhandlung nicht gestellt worden ist (BGH NJW 1992, 850). Ein Urteil kann aber auf einer Verletzung nur beruhen, wenn gegen den Wunsch des Angeklagten ohne wichtigen Grund ein Verteidiger bestellt wurde, der nicht bereit oder nicht in der Lage war, den Angeklagten zu verteidigen (BGH NJW 1992, 850). Eine Ausnahme wird gemacht, wenn die Bestellung eines anderen als des vom Angeklagten bezeichneten Verteidigers nicht in Betracht kam, weil dieser zeitgerecht dessen Beiordnung beantragt hatte (BGH NJW 2001, 237) oder es besondere Umstände des Falles gibt (BGHSt 43, 153).

§ 143 [Zurücknahme der Bestellung]

Die Bestellung ist zurückzunehmen, wenn demnächst ein anderer Verteidiger gewählt wird und dieser die Wahl annimmt.

Der Vorsitzende entscheidet ebenso wie über die Bestellung, die Auswahl und 1 den Widerruf auch über die Zurücknahme der Bestellung. Die Zurücknahme ist zu begründen und nach § 35 bekannt zu machen.

§ 143 1. Buch. Allgemeine Vorschriften

2   **Die Beauftragung eines Wahlverteidigers,** der sich zur Übernahme des Mandates sich bereit erklärt hat, führt zwar nicht zur Beendigung der Pflichtverteidigung, aber zwingend zur Zurücknahme der Beiordnung. Eine Ausnahme ist zu machen, wenn eine Pflichtverteidigung neben dem Wahlverteidiger sinnvoll ist, also ansonsten schon nach § 141 die Beiordnung eines Pflichtverteidigers neben dem Wahlverteidiger geboten erscheint (vgl. § 141 Rdn. 2).

3   Über § 143 hinaus geht die h. M. davon aus, dass ein Widerruf der Bestellung **aus wichtigem Grund** möglich ist. Trotz fehlender gesetzlicher Regelung soll dieser zulässig sein, wenn Umstände vorliegen, die den Zweck der Pflichtverteidigung, dem Beschuldigten einen geeigneten Beistand zu sichern und den ordnungsgemäßen Verfahrensablauf zu gewährleisten, ernsthaft gefährden (BVerfGE 39, 238, 244; vgl. auch Seier FS Hirsch S. 977). Hierzu gehören Krankheit oder sonstige Verhinderungen des Verteidigers (OLG Karlsruhe Justiz 1980, 338). Unvorschriftsmäßige Kleidung reicht nicht aus (BGH NStZ 1988, 510). Bei der Beurteilung der wichtigen Gründe für den Widerruf ist auch zu beachten, dass Fehlverhalten des Rechtsanwalts im Prinzip in den §§ 138 a, 138 b geregelt ist.

4   **Insbesondere grobe Pflichtverletzungen** (OLG Frankfurt StV 1985, 225; OLG Frankfurt StV 1985, 450) können den Widerruf gestatten. Da nicht der Eindruck erweckt werden darf, der Vorsitzende würde die Arbeit des Verteidigers „zensieren", kann irgendein unzweckmäßiges oder prozessordnungswidriges Verhalten nicht ausreichen (KG JR 1982, 349; OLG Nürnberg StV 1995, 287). Allerdings kann es die Fürsorgepflicht gebieten, ihn abzulösen, wenn klar erkennbar ist, dass er unfähig ist, den Angeklagten sachgemäß zu verteidigen (vgl. auch BVerfG StV 1998, 356). Die definitive und ernsthafte Weigerung des Verteidigers, den Angeklagten zu verteidigen, kann als grobe Pflichtverletzung zum Widerruf führen (OLG Frankfurt NStZ-RR 1997, 77; Meyer-Goßner § 143 Rdn. 4).

5   Ist das **Vertrauensverhältnis zwischen Angeklagtem und Verteidiger** endgültig und nachhaltig erschüttert, ist die Beiordnung aufzuheben (BGHSt 39, 310, 314 f; BGH NStZ 2004, 632). Wie bei der Ablehnung wegen Besorgnis der Befangenheit ist Maßstab der vernünftige und verständige Beschuldigte (Meyer-Goßner § 143 Rdn. 5). Großzügiger ist man dann, wenn der Wechsel zwischen der ersten und zweiten Instanz ohne Verfahrensverzögerung stattfindet, weil dann eine Belastung der Staatskasse mit Mehrkosten nicht eintritt (KG NStZ 1993, 201; OLG Hamburg StraFo 1998, 307; siehe auch OLG Brandenburg StV 2001, 442). Unüberbrückbare Auffassungsgegensätze ideologischer oder politischer Art genügen nicht (OLG Karlsruhe NJW 1978, 1172). Ebenso wenig wie eine Ablehnung wegen Besorgnis der Befangenheit provoziert werden kann, kann der Angeklagte den Widerruf der Bestellung nicht dadurch erreichen, dass er den Verteidiger beschimpft oder bedroht oder gar tätlich angreift (BGH NStZ 1998, 267; KG Anwaltsblatt 1978, 241). Hat jedoch der Anwalt deswegen Strafanzeige erstattet, ist seinem Entpflichtungsantrag regelmäßig stattzugeben (BGHSt 39, 310).

6   Die Zurücknahme und der Widerruf sowie dessen Ablehnung kann der Angeklagte mit der **Beschwerde** (§ 304 Abs. 1) anfechten. Dies gilt auch bei einer Entscheidung des Vorsitzenden des erkennenden Gerichts. Der Pflichtverteidiger hat kein eigenes Beschwerderecht (Meyer-Goßner § 143 Rdn. 7). Eine Ausnahme wird teilweise bei Willkür gemacht (OLG Köln NStZ 1982, 129).

7   Ist dem Angeklagten ein anderer Pflichtverteidiger bestellt worden, kann die **Revision** auf die Zurücknahme oder den Widerruf regelmäßig nicht gestützt werden. Wird die Aufhebung der Beiordnung des Pflichtverteidigers abgelehnt, unterliegt die Verfügung des Vorsitzenden unmittelbar gemäß § 336 S. 1 der Überprüfung durch das Revisionsgericht. Nicht nötig ist, dass der Angeklagte zuvor eine Entscheidung des Gerichts herbeigeführt hat (BGH NStZ 1995, 296; BGHSt 39, 310). In der Revisionsbegründung sind erhöhte Anforderungen zu beachten (BGH NStZ 2004, 632, 633).

§ 144 (weggefallen)

§ 145 [Ausbleiben des Verteidigers]

(1) ¹Wenn in einem Falle, in dem die Verteidigung notwendig ist, der Verteidiger in der Hauptverhandlung ausbleibt, sich unzeitig entfernt oder sich weigert, die Verteidigung zu führen, so hat der Vorsitzende dem Angeklagten sogleich einen anderen Verteidiger zu bestellen. ²Das Gericht kann jedoch auch eine Aussetzung der Verhandlung beschließen.

(2) Wird der notwendige Verteidiger gemäß § 141 Abs. 2 erst im Laufe der Hauptverhandlung bestellt, so kann das Gericht eine Aussetzung der Verhandlung beschließen.

(3) Erklärt der neu bestellte Verteidiger, daß ihm die zur Vorbereitung der Verteidigung erforderliche Zeit nicht verbleiben würde, so ist die Verhandlung zu unterbrechen oder auszusetzen.

(4) Wird durch die Schuld des Verteidigers eine Aussetzung erforderlich, so sind ihm die hierdurch verursachten Kosten aufzuerlegen.

Die Vorschrift ergänzt die Regelungen über die Pflichtverteidigung (§ 140 Abs. 1, 2, § 231 a Abs. 4). Sie soll sicherstellen, dass bei notwendiger Verteidigung auch ein Verteidiger vorhanden ist, der die Verteidigung in der Hauptverhandlung führt. 1

Ausbleiben in der Hauptverhandlung meint das Ausbleiben trotz ordnungsgemäßer Ladung (RGSt 53, 264) und ohne Befreiung nach § 231 c. Der Grund des Ausbleibens ist gleichgültig; mangelnde Verhandlungsfähigkeit (Volltrunkenheit) des Verteidigers steht seiner Abwesenheit gleich (LR-Lüderssen § 145 Rdn. 14). Ein Ausbleiben im Rechtssinne liegt nicht vor, wenn von mehreren Verteidigern wenigstens einer anwesend ist (BGH MDR 1966, 201; Pfeiffer § 145 Rdn. 1). 2

Ein Sichentfernen zur Unzeit ist das Weggehen während der Hauptverhandlung oder das Ausbleiben nach einer Unterbrechung (Meyer-Goßner § 145 Rdn. 6). Die Weigerung, die Verteidigung zu führen, kann sich auch aus einem schlüssigen Untätigbleiben ergeben (BGH StV 1993, 566). Eine dauernde Ungebühr genügt nicht (LR-Lüderssen § 145 Rdn. 18). 3

Der Vorsitzende hat dem Angeklagten sogleich, das heißt ohne weitere Verhandlung in der Sache (RGSt 44, 16) einen anderen Verteidiger zu bestellen. Da nicht stets derselbe Verteidiger anwesend sein muss, kann mit dem neu bestellten Pflichtverteidiger die Verhandlung grundsätzlich ohne Wiederholung einzelner Teile fortgeführt werden (BGHSt 13, 337, 340; BGH NStZ 1981, 231; krit. SK-Wohlers § 145 Rdn. 15; siehe aber Abs. 3). 4

Alternativ kann das Gericht eine **Aussetzung der Verhandlung** beschließen (Abs. 1 S. 2). Möglich ist aber auch eine Verlängerung einer Unterbrechung (OLG Schleswig SchlHA 1996, 94). Eine Aussetzung ist regelmäßig geboten, wenn der Verteidiger z.B. wegen Erkrankung nur kurzfristig ausfällt und dem Angeklagten ein Verteidigerwechsel erspart werden soll (Meyer-Goßner § 145 Rdn. 9). 5

Eine Aussetzung der Verhandlung kann beschlossen werden, wenn der Verteidiger erst **im Laufe der Hauptverhandlung bestellt** wird (Abs. 2). In Betracht kommt dies insbesondere dann, wenn der Verteidiger sich während der laufenden Verhandlung nicht genügend auf seine Tätigkeit vorbereiten kann. Fraglich ist ohnehin, ob in Fällen notwendiger Verteidigung nicht die Hauptverhandlung in Anwesenheit des neu bestellten Verteidigers in ihren wesentlichen Teilen wiederholt werden muss (vgl. Meyer-Goßner § 145 Rdn. 10). 6

Verlangt der neu bestellte Verteidiger eine **Unterbrechung oder Aussetzung,** muss diesem Antrag stattgegeben werden (Abs. 3; BGH NStZ 2000, 212). Der Antrag 7

§ 145

ist nur bei Übernahme der Verteidigung möglich, der Verteidiger kann die Unterbrechung oder Aussetzung nicht etwa zu einem beliebigen späteren Zeitpunkt erzwingen (BGHSt 13, 337, 339; BGH NJW 1973, 1985).

8 Die Entscheidung des Gerichts erfolgt **nach pflichtgemäßem Ermessen** (h. M.; BGHSt 13, 337, 343; Meyer-Goßner § 145 Rdn. 12; a. M. LR-Lüderssen § 145 Rdn. 26; SK-Wohlers § 145 Rdn. 19: Wahlrecht des Verteidigers). Eine Unterbrechung kommt nur in Betracht, wenn der durch § 229 begrenzte Zeitraum für die Vorbereitung der Verteidigung ausreicht (BGHSt 13, 337, 344). Nur dann hat die Unterbrechung den Vorrang vor der Aussetzung (KK-Laufhütte § 145 Rdn. 10). Im Übrigen kann sich eine Pflicht zur Aussetzung unabhängig von dem Verlangen des Verteidigers aus § 265 Abs. 4 ergeben (BGH NJW 1965, 2164).

9 **Abs. 3 gilt entsprechend,** wenn ein Pflichtverteidiger nicht bestellt werden muss, weil der Angeklagte sogleich einen anderen Wahlverteidiger gefunden hat (OLG Karlsruhe StV 1991, 199).

10 **Die Auferlegung der Kosten (Abs. 4)** kommt nur bei einer Aussetzung der Verhandlung nach Abs. 1 S. 2 oder Abs. 3 in Betracht, nicht bei Aufhebung des Hauptverhandlungstermins oder bloßer Unterbrechung nach § 229 (Meyer-Goßner § 145 Rdn. 17). Überdies ist die Vorschrift nur bei notwendiger Verteidigung nach § 140 Abs. 1, 2, § 231a Abs. 4 anwendbar, dann aber sowohl auf den Pflichtverteidiger als auch auf den Wahlverteidiger (OLG München MDR 1979, 779; Meyer-Goßner § 145 Rdn. 17).

11 Die Aussetzung muss aus einem der **Gründe des Abs. 1 S. 1** erfolgt sein. Auf andere Fälle kann Abs. 4 nicht entsprechend angewendet werden (KG NStZ-RR 2000, 189). Verzögerungen durch einen verspäteten Beweisantrag (OLG Frankfurt JR 1950, 570) oder die verschuldete Herbeiführung der Verhandlungsunfähigkeit des Angeklagten (so aber OLG Hamburg NStZ 1982, 171) reichen nicht aus (Meyer-Goßner § 145 Rdn. 18).

12 Eine **Schuld des Verteidigers** setzt voraus, dass er insbesondere die Notwendigkeit der Verteidigung kannte. Ein Pflichtverteidiger hat diese Kenntnis stets, der Wahlverteidiger mag sie in den Fällen des § 140 Abs. 1 ohne weiteres aus der Anklageschrift oder dem Eröffnungsbeschluss gewinnen. In den Fällen des § 140 Abs. 2 muss in der Regel eine Feststellung des Vorsitzenden vorliegen, dass die Verteidigung notwendig ist (OLG Hamm NJW 1974, 328; LG Berlin StV 1995, 295). Ansonsten handelt der Verteidiger ohne eine solche Feststellung nur dann schuldhaft, wenn die Voraussetzungen des § 140 Abs. 2 offensichtlich vorliegen.

Beispiel: Verhandlung über die Berufung eines zu einer vierjährigen Freiheitsstrafe verurteilten Angeklagten.

13 Im Einzelnen hat sich eine umfängliche Kasuistik ergeben; vgl. Meyer-Goßner § 145 Rdn. 21; Pfeiffer § 145 Rdn. 5. Kurzfristige Verspätungen reichen jedenfalls nicht aus; die Wahrnehmung prozessualer Rechte, die eine Aussetzung zur Folge haben, führt niemals zur Kostenfolge des Abs. 4 (KK-Laufhütte § 145 Rdn. 11).

14 **Die Entscheidung nach Abs. 4 wird sofort getroffen** und nicht bis zur Kostenentscheidung nach den §§ 464ff aufgeschoben. Zuständig ist das Gericht, nicht der Vorsitzende allein (OLG Hamm StV 1995, 514). Ein anwesender Verteidiger erhält zuvor rechtliches Gehör; beim ausgebliebenen Verteidiger soll rechtliches Gehör nachträglich im Rahmen des Beschwerdeverfahrens gewährt werden können (Meyer-Goßner § 145 Rdn. 23). Letztlich gilt hier § 51 Abs. 2 S. 3 entsprechend: So kann der Verteidiger sein Ausbleiben nachträglich entschuldigen (OLG Düsseldorf StV 1984, 8).

15 Die Höhe des damit begründeten **Schadenersatzanspruches der Staatskasse** (OLG Stuttgart NStZ 1982, 130) wird nicht in dem Beschluss nach Abs. 4, sondern erst in dem Verfahren nach § 464b festgesetzt. Zu erstatten sind die Kosten in dem Umfang, in dem der Angeklagte sie nach § 465 Abs. 1 S. 1 bei Verurteilung oder die

11. Abschnitt. Verteidigung § 145a

Staatskasse bei einem Freispruch nach § 467 Abs. 1 zu tragen hätte (OLG Karlsruhe NJW 1980, 951).

Zur **Anfechtung** der Verteidigerbestellung vgl. § 141 Rdn. 9, § 142 Rdn. 15. Ob Entscheidungen über Unterbrechung oder Aussetzung anfechtbar sind, ist umstritten (dafür SK-Wohlers § 145 Rdn. 21; dagegen LR-Lüderssen § 145 Rdn. 39; Meyer-Goßner § 145 Rdn. 25). Der Beschluss nach Abs. 4 ist mit der einfachen Beschwerde nach § 304 Abs. 2 anfechtbar; die Wertgrenze des § 304 Abs. 3 findet Anwendung (Meyer-Goßner § 145 Rdn. 25). 16

Eine Weiterverhandlung ohne Verteidiger kann nach § 338 Nr. 5 die **Revision** begründen (BGH NJW 1993, 340). Auf einen Verstoß gegen Abs. 3 findet § 337 Anwendung, in der Regel wird das Urteil auf dem Verstoß beruhen (vgl. aber BGH NStZ 2000, 212). 17

§ 145 a [Zustellungen an Verteidiger]

(1) **Der gewählte Verteidiger, dessen Vollmacht sich bei den Akten befindet, sowie der bestellte Verteidiger gelten als ermächtigt, Zustellungen und sonstige Mitteilungen für den Beschuldigten in Empfang zu nehmen.**

(2) ¹**Eine Ladung des Beschuldigten darf an den Verteidiger nur zugestellt werden, wenn er in einer bei den Akten befindlichen Vollmacht ausdrücklich zur Empfangnahme von Ladungen ermächtigt ist.** ² **§ 116a Abs. 3 bleibt unberührt.**

(3) ¹**Wird eine Entscheidung dem Verteidiger nach Absatz 1 zugestellt, so wird der Beschuldigte hiervon unterrichtet; zugleich erhält er formlos eine Abschrift der Entscheidung.** ²**Wird eine Entscheidung dem Beschuldigten zugestellt, so wird der Verteidiger hiervon zugleich unterrichtet, auch wenn eine schriftliche Vollmacht bei den Akten nicht vorliegt; dabei erhält er formlos eine Abschrift der Entscheidung.**

Die Vorschrift begründet eine **gesetzliche Zustellungsvollmacht,** um eine ordnungsgemäße Zustellung von Entscheidungen und sonstigen Schriftstücken sicherzustellen (Pfeiffer § 145a Rdn. 1). Die Zustellungsvollmacht gilt auch gegen den Willen des Beschuldigten (Meyer-Goßner § 145a Rdn. 2) und kann nicht im Rahmen einer Verteidigervollmacht ausgeschlossen werden (OLG Jena NJW 2001, 3204; OLG Köln NJW 2004, 3196; a.M. OLG Hamm NJW 1991, 1317). Das Verteidigungsverhältnis muss wirksam sein. Fehlt die nach § 138 Abs. 2 erforderliche Genehmigung oder ist der Verteidiger nach § 146a zurückgewiesen worden, darf an ihn nicht zugestellt werden. 1

Neben dieser gesetzlichen gibt es eine **rechtsgeschäftliche Zustellungsvollmacht** (BGH NStZ 1997, 293; OLG Stuttgart Justiz 2003, 300), die nicht auf einen Wahlverteidiger beschränkt ist und die auch später (z.B. durch unterschriebene Empfangsbestätigungen) nachgewiesen werden kann (BayObLG NJW 2004, 1263). Hat der Beschuldigte mehrere Verteidiger, gilt Abs. 1 für jeden von ihnen. Wird nur einem von ihnen zugestellt (BVerfG NJW 2001, 2532), ist die Zustellung wirksam (BVerfG NJW 2002, 1640). Die gesetzliche Zustellungsvollmacht währt fort, bis ihr Widerruf aktenkundig geworden ist (Meyer-Goßner § 145a Rdn. 2). 2

Die Vorschrift gilt für jede Art von Zustellungen. Die Zustellungsvollmacht ermächtigt auch zum Empfang sonstiger Mitteilungen in Strafsachen, selbst wenn sie nicht förmlich zugestellt werden müssen (BGHSt 26, 379, 381). 3

§ 145a begründet keine Rechtspflicht, Zustellungen für den Beschuldigten an den Verteidiger zu bewirken. Auch Zustellungen an den Beschuldigten sind wirksam und setzen die Rechtsmittelfristen in Lauf (BVerfG NJW 2001, 2532; siehe aber unten Rdn. 10). Wird sowohl dem Verteidiger als auch dem Beschuldigten zugestellt, gilt § 37 Abs. 2. 4

§ 146

5   Die **Verteidigerstellung** muss sich aus einer bei den Akten befindlichen Vollmacht ergeben (Abs. 2). Die Einreichung einer unbeglaubigten Abschrift oder Ablichtung reicht aus (BayObLG DAR 1983, 252). Gelangt die Vollmachtsurkunde vor der Zustellung an den Verteidiger zu den Akten, genügt dies, nicht jedoch, wenn dies erst nach der Zustellung der Fall ist (Meyer-Goßner § 145a Rdn. 8). Die Bestellung des Pflichtverteidigers ergibt sich stets aus den Akten (Meyer-Goßner § 145a Rdn. 7).

6   Da das Gesetz für die **Wahlverteidigung** eine schriftliche Bevollmächtigung nicht verlangt, ist Abs. 1 auch dann anwendbar, wenn die Vollmacht in der Hauptverhandlung mündlich erteilt und im Sitzungsprotokoll beurkundet worden ist (OLG Celle NJW 1984, 444). Unterbleibt die Protokollierung, genügt das allein aus der Sitzungsniederschrift ersichtliche Auftreten des Verteidigers in Anwesenheit des Angeklagten nicht (BGHSt 41, 303, 304).

7   **Der allgemeine Vertreter des Rechtsanwalts** (§ 53 Abs. 1 BRAO) kann Zustellungen für den Beschuldigten auch ohne Untervollmacht entgegennehmen. Ein Pflichtverteidiger darf keine Untervollmacht erteilen (§ 142 Rdn. 12).

8   **Nach Beendigung des Mandats** besteht die Zustellungsvollmacht nach Abs. 1 so lange fort, bis die Anzeige des Beschuldigten oder des Verteidigers über das Erlöschen des Verteidigerverhältnisses zu den Akten gelangt ist (Meyer-Goßner § 145a Rdn. 11). Beim Pflichtverteidiger endet die Zustellungsvollmacht mit der Aufhebung der Beiordnung. Erfolgt eine solche nicht, gilt die Zustellungsvollmacht auch noch im Wiederaufnahmeverfahren (OLG Düsseldorf MDR 1994, 936).

9   **Eine Ladung des Beschuldigten** darf dem Verteidiger nur zugestellt werden, wenn sich dies auf Grund einer ausdrücklichen Vollmacht oder sonst aus den Akten ergibt (Abs. 2; Meyer-Goßner § 145a Rdn. 12). Die allgemeine Vollmacht zur Entgegennahme von „Zustellungen aller Art", wie sie in allgemeinen Vollmachtsurkunden enthalten ist, soll nicht genügen (OLG Köln NStZ-RR 1998, 240). Eine besondere Vollmacht zur Entgegennahme von Ladungen kann auch dem Pflichtverteidiger erteilt werden, aber nicht durch das Gericht, sondern nur vom Beschuldigten (OLG Köln NStZ-RR 1999, 334). Wird der Wahlverteidiger zum Pflichtverteidiger bestellt, ist eine erneute ausdrückliche Bevollmächtigung erforderlich (Meyer-Goßner § 145a Rdn. 12). Ansonsten ist die Zustellung der Ladung an den Verteidiger wirkungslos (BayObLG NJW 2004, 532).

10 **Die Pflicht zur Benachrichtigung von der Zustellung (Abs. 3)** soll sicherstellen, dass der Beschuldigte bei Zustellung an den Verteidiger und der Verteidiger bei Zustellung an den Beschuldigten jeweils von der zugestellten Entscheidung Kenntnis erlangt (Meyer-Goßner § 145a Rdn. 13). Dem Verteidiger ist nach Abs. 3 S. 2 formlos eine Abschrift der Entscheidung zu überlassen, auch wenn seine Vollmacht nicht bei den Akten ist, das Vertretungsverhältnis aber auf andere Weise dem Gericht bekannt geworden ist.

11 **Abs. 3 ist bloße Ordnungsvorschrift.** Eine Zustellung ohne gleichzeitige Benachrichtigung bleibt wirksam, für den Fristenablauf ist nur die Zustellung entscheidend (BGH NJW 1977, 640). Allerdings kann das Fehlen der Benachrichtigung einen Wiedereinsetzungsgrund nach § 44 begründen (Meyer-Goßner § 145a Rdn. 14). Abs. 3 gilt nicht für die Ladung des Beschuldigten und für Mitteilungen der StA.

§ 146 [Gemeinschaftlicher Verteidiger]

[1]**Ein Verteidiger kann nicht gleichzeitig mehrere derselben Tat Beschuldigte verteidigen.** [2]**In einem Verfahren kann er auch nicht gleichzeitig mehrere verschiedener Taten Beschuldigte verteidigen.**

1   Die Vorschrift regelt das **Verbot der Mehrfachverteidigung.** Ziel ist es, Interessenkollision zu vermeiden, um die Beistandsfunktion des Verteidigers, die auch im

11. Abschnitt. Verteidigung § 146

öffentlichen Interesse besteht, nicht zu beeinträchtigen (BVerfGE 45, 354; Pfeiffer § 146 Rdn. 1). Das Verbot der Mehrfachverteidigung betrifft Fälle der Tatidentität (S. 1) und der Verfahrensidentität (S. 2). Eine sukzessive Mehrfachverteidigung (Rdn. 9) ist nicht (mehr) verboten (BGH NStZ 1994, 500). Auf andere Fälle des Interessenkonflikts ist die Vorschrift nicht anwendbar (vgl. BT-Drucks. 10/1313 S. 22). Hier ist Grenze für den Anwalt § 356 StGB (Parteiverrat).

Verteidiger ist nicht nur der Wahlverteidiger, sondern auch der Pflichtverteidiger 2 (BGHSt 27, 22). Ob er als Hauptverteidiger oder nur als Unterbevollmächtigter oder allgemeiner Vertreter (§ 53 BRAO) auftritt, ist gleichgültig (BGHSt 27, 158). Der Umfang der Tätigkeit ist gleichgültig, auch Kontaktgespräche mit dem Beschuldigten oder die Vertretung im Haftprüfungstermin reichen aus (BGH NStZ 1984, 15; Meyer-Goßner § 146 Rdn. 7). Die Anbahnung des Mandats ist noch nicht Verteidigung im Sinne des § 146 (OLG Düsseldorf StV 1984, 106; KK-Laufhütte § 146 Rdn. 3; a. M. KG StV 1985, 405; Meyer-Goßner § 146 Rdn. 4).

Mitglieder einer Anwaltssozietät dürfen nicht mehrere Beschuldigte verteidigen. 3 Dies gilt aber nur, wenn alle Sozietätsanwälte zum Verteidiger bestellt wurden (BGH NStZ 1983, 228). § 146 ist nicht anwendbar, wenn auch nur nachträglich die Verteidigung auf jeweils einen Beschuldigten beschränkt wird. So ist es zulässig, dass von den in der Sozietät zusammengeschlossenen Rechtsanwälten auf Grund entsprechender Einzelvollmachten jeweils jeder einen anderen Mitbeschuldigten verteidigt (BVerfGE 43, 79; BVerfGE 45, 272, 295 ff). Eine Pflichtverteidigerbestellung kommt aber in der Regel bei einer Anwaltssozietät als solcher nicht in Betracht (OLG Frankfurt NStZ-RR 1999, 333; vgl. auch OLG Hamm StV 2004, 641). Bei einer gleichwohl erfolgten Bestellung führt jedoch nur ein konkret erkennbarer Interessenwiderstreit zur Zurücknahme (OLG Stuttgart StV 2000, 656).

Bei Mehrfachverteidigung wird der **Interessenwiderstreit unwiderleglich ver-** 4 **mutet;** dass es bei gleichzeitiger Verteidigung mehrerer Beschuldigter durch denselben Rechtsanwalt zu Interessenkonflikten kommen kann, lässt sich in keinem Fall ausschließen (vgl. BVerfGE 39, 156). Ob tatsächlich ein Interessenwiderstreit besteht, hat das Gericht daher nicht zu prüfen (BGHSt 27, 22, 24; BGHSt 27, 148, 151).

Das Verbot gilt in allen Verfahrensabschnitten, also schon im Ermittlungs- 5 verfahren, soweit die Beschuldigteneigenschaft bereits begründet ist, und wirkt im Vollstreckungsverfahren fort (Meyer-Goßner § 146 Rdn. 10). Die Bestimmung gilt auch für die Vertretung mehrerer Strafgefangener in den Verfahren nach den §§ 23 ff EGGVG und §§ 109 ff StVollzG (OLG München NStZ 1985, 383).

Verboten ist die Mehrfachverteidigung bei derselben Tat (S. 1). Nicht erfasst ist der 6 Fall, dass dem Beschuldigten in verschiedenen Verfahren verschiedene verfahrensrechtlich unabhängige Straffälle zur Last gelegt werden (BayObLG NJW 1977, 820; OLG Stuttgart NStZ 1985, 326).

Ob dieselbe Tat im Sinne des S. 1 vorliegt, richtet sich nicht nach einer et- 7 waigen Verfahrensidentität, sondern nach dem strafprozessualen Tatbegriff des § 264 (§ 264 Rdn. 2). Bei Tatidentität ist die Mehrfachverteidigung auch dann verboten, wenn gegen die mehreren Beschuldigten getrennte Verfahren geführt werden und der Verteidiger in jedem dieser Verfahren einen von ihnen verteidigen will (BGHSt 26, 291, 296; BGHSt 27, 148, 150; BGHSt 27, 154, 155).

Auf die Verfahrensidentität (S. 2) kommt es an, wenn Verfahren gegen 8 mehrere Beschuldigte miteinander verbunden worden sind. Ihre gleichzeitige Verteidigung ist dann immer unzulässig, auch schon im Ermittlungsverfahren (Meyer-Goßner § 146 Rdn. 17). Die Unzulässigkeit der Verteidigung nach S. 2 beginnt mit der Verbindung der Verfahren und endet von selbst, wenn die Verfahren wieder getrennt werden. Eine Verbindung nach § 237 ohne Schaffung einer Verfahrensidentität genügt nicht (vgl. BGHSt 36, 348; OLG Stuttgart NStZ 1985, 326; a. M. KK-

§ 146a　　　　　　　　　　　　　　　　　　　　1. Buch. Allgemeine Vorschriften

Laufhütte § 146 Rdn. 8). Liegt zugleich Tatidentität vor, ergibt sich das Verbot schon aus S. 1; auf die Verfahrensverbindung kommt es dann nicht mehr an.

9　**Die sukzessive Mehrfachverteidigung,** das heißt die Übernahme oder Fortführung der Verteidigung eines Beschuldigten, nachdem die des Mitbeschuldigten erledigt ist, wird durch die Vorschrift nicht verboten. Nicht mehr gleichzeitig im Sinne des § 146 ist die Verteidigung aber nur dann, wenn der Verteidiger auch rechtlich nicht in der Lage ist, für seinen früheren Mandanten weiterhin als Verteidiger tätig zu werden (OLG Karlsruhe NStZ 1988, 567). Da selbst nach Rechtskraft des Verfahrens eine Verteidigung noch möglich ist, fehlt es an der Gleichzeitigkeit nur dann, wenn die Verteidigerbeziehung zu dem früheren Mandanten auch rechtlich beendet ist.

Beispiel: Der Beschuldigte ist verstorben, er hat dem Verteidiger das Mandat entzogen oder dieser hat es niedergelegt.

10　**Fehlt es an der rechtlichen Beendigung der früheren Tätigkeit,** gilt § 146 ohne Rücksicht auf den Umfang der früheren Tätigkeit des Verteidigers (BGHSt 28, 67). Die sukzessive Mehrfachverteidigung ist auch dann unzulässig, wenn sich die frühere auf unwesentliche Prozesshandlungen beschränkt hat (OLG Düsseldorf NStZ 1983, 471; Meyer-Goßner § 146 Rdn. 20). Ist jedoch der Verteidiger für den früheren Mandanten überhaupt nicht tätig geworden, greift § 146 nicht ein (OLG Karlsruhe MDR 1977, 777; Rebmann NStZ 1981, 41, 45).

11　Wird der Verteidiger **von mehreren Personen gleichzeitig beauftragt,** sind sämtliche Verteidigungen unzulässig (OLG Celle StV 1986, 108). Beim Fehlen sonstiger Anhaltspunkte ist das Datum der Vollmachtsurkunde entscheidend (Meyer-Goßner § 146 Rdn. 22). Lassen sich die Daten nicht feststellen, bleibt es bei der Unzulässigkeit beider Verteidigungen (OLG Koblenz MDR 1980, 514). Erfolgt die Beauftragung nicht gleichzeitig, ist die Verteidigung unzulässig, durch deren Übernahme der Verteidiger gegen das Verbot des § 146 verstößt, also die später übernommene (BGHSt 27, 148, 150).

12　Bereits der Verstoß gegen das Verbot der Mehrfachverteidigung **hindert das Entstehen eines Vergütungsanspruchs.** Auf die förmliche Zurückweisung der Verteidigung kommt es insofern nicht an (LG Koblenz NStZ-RR 1998, 96; Pfeiffer § 146 Rdn. 4).

§ 146a [Zurückweisung eines Wahlverteidigers]

(1) ¹Ist jemand als Verteidiger gewählt worden, obwohl die Voraussetzungen des § 137 Abs. 1 Satz 2 oder des § 146 vorliegen, so ist er als Verteidiger zurückzuweisen, sobald dies erkennbar wird; gleiches gilt, wenn die Voraussetzungen des § 146 nach der Wahl eintreten. ²Zeigen in den Fällen des § 137 Abs. 1 Satz 2 mehrere Verteidiger gleichzeitig ihre Wahl an und wird dadurch die Höchstzahl der wählbaren Verteidiger überschritten, so sind sie alle zurückzuweisen. ³Über die Zurückweisung entscheidet das Gericht, bei dem das Verfahren anhängig ist oder das für das Hauptverfahren zuständig wäre.

(2) Handlungen, die ein Verteidiger vor der Zurückweisung vorgenommen hat, sind nicht deshalb unwirksam, weil die Voraussetzungen des § 137 Abs. 1 Satz 2 oder des § 146 vorlagen.

1　Das Gericht weist **in den Fällen des § 146** den Verteidiger durch einen mit Gründen zu versehenden Beschluss zurück. StA und der betroffene Verteidiger sind zuvor zu hören (§ 33 Abs. 2, 3). Zuständig ist das Gericht, nicht allein der Vorsitzende, bei dem das Verfahren anhängig ist. Im Vorverfahren entscheidet das Gericht, das für das Hauptverfahren zuständig wäre (Meyer-Goßner § 146a Rdn. 5). Die Vorschrift stellt zugleich klar, dass die Folgen des Verstoßes gegen § 137 Abs. 1 S. 2, § 146 nicht kraft Gesetzes eintreten.

11. Abschnitt. Verteidigung § 147

Die **Zurückweisung** steht nicht im Ermessen des Gerichts und **muss erfolgen**, 2
sobald die Unzulässigkeit der Verteidigung erkennbar ist. Dies gilt auch im Fall des
§ 146 S. 2, bei dem die Voraussetzungen erst dadurch eintreten, dass das Verfahren
gegen mehrere Beschuldigte miteinander verbunden wird (Abs. 1 S. 1, 2. Hs.). Die
Zurückweisung, die dann beide Verteidigungen betrifft, kann der Verteidiger vermeiden, wenn er die Verteidigung eines der Beschuldigten rechtzeitig beendet.

Ein **Pflichtverteidiger** wird nicht zurückgewiesen, sondern seine Beiordnung auf- 3
gehoben und ein anderer Pflichtverteidiger bestellt (Meyer-Goßner § 146a Rdn. 3).

Im Fall des § 137 Abs. 1 S. 2 wird zurückgewiesen, wer zum Verteidiger oder 4
zum Unterbevollmächtigten bestellt wird, obwohl bereits drei Verteidiger tätig sind
(vgl. KG NJW 1977, 912). Sämtliche Verteidiger werden zurückgewiesen, wenn mehr
als drei Verteidiger gleichzeitig ihre Wahl anzeigen (Abs. 1 S. 2). Die Zurückweisung
gilt nur für die Zukunft (Abs. 2). Daher stehen dem Verteidiger die Gebühren bis zur
Zurückweisung zu (LG Bamberg NStZ 1989, 387).

Wird der Antrag der StA auf Zurückweisung eines Verteidigers abgelehnt, steht der 5
StA die **Beschwerde** zu. Gleiche Rechtsmittel haben im Fall der Zurückweisung jeder davon betroffene Beschuldigte und der zurückgewiesene Verteidiger im eigenen
Namen (BGHSt 26, 291). § 305 S. 1 steht nicht entgegen (Meyer-Goßner § 146a
Rdn. 8). Der Zurückweisungsbeschluss des OLG ist jedoch nach § 304 Abs. 4 S. 2
unanfechtbar (BGH NJW 1977, 156).

Die **Revision** kann auf das Unterlassen der Zurückweisung nach § 146a gestützt 6
werden, wenn die Verteidigung mehrerer Angeklagter tatsächlich zu einem Interessenkonflikt führte und der Beschwerdeführer die Tatsachen darlegt, aus denen sich
dies ergibt (BGHSt 27, 154, 159; BGH NStZ 1986, 513, 514). Ob dem Tatrichter der
Verstoß gegen § 146 bewusst gewesen sein muss, ist zweifelhaft (dagegen OLG Koblenz NJW 1980, 1058; dafür BGHSt 27, 22, 24). Im Lichte der Rechtskreistheorie
kann nicht gerügt werden, dass der Verteidiger eines Mitangeklagten nach § 146 hätte
zurückgewiesen werden müssen (BGH NStZ 1985, 205). Wurde ein Verteidiger zu
Unrecht zurückgewiesen, begründet das die Revision nicht, wenn der Angeklagte anderweitig ordnungsgemäß verteidigt worden ist (BGHSt 27, 154, 159).

§ 147 [Akteneinsicht des Verteidigers]

(1) **Der Verteidiger ist befugt, die Akten, die dem Gericht vorliegen oder diesem im Falle der Erhebung der Anklage vorzulegen wären, einzusehen sowie amtlich verwahrte Beweisstücke zu besichtigen.**

(2) **Ist der Abschluß der Ermittlungen noch nicht in den Akten vermerkt, so kann dem Verteidiger die Einsicht in die Akten oder einzelne Aktenstücke sowie die Besichtigung der amtlich verwahrten Beweisstücke versagt werden, wenn sie den Untersuchungszweck gefährden kann.**

(3) **Die Einsicht in die Niederschriften über die Vernehmung des Beschuldigten und über solche richterlichen Untersuchungshandlungen, bei denen dem Verteidiger die Anwesenheit gestattet worden ist oder hätte gestattet werden müssen, sowie in die Gutachten von Sachverständigen darf dem Verteidiger in keiner Lage des Verfahrens versagt werden.**

(4) [1] **Auf Antrag sollen dem Verteidiger, soweit nicht wichtige Gründe entgegenstehen, die Akten mit Ausnahme der Beweisstücke zur Einsichtnahme in seine Geschäftsräume oder in seine Wohnung mitgegeben werden.** [2] **Die Entscheidung ist nicht anfechtbar.**

(5) [1] **Über die Gewährung der Akteneinsicht entscheidet im vorbereitenden Verfahren und nach rechtskräftigem Abschluss des Verfahrens die Staatsanwaltschaft, im Übrigen der Vorsitzende des mit der Sache befassten Gerichts.**

§ 147

²Versagt die Staatsanwaltschaft die Akteneinsicht, nachdem sie den Abschluss der Ermittlungen in den Akten vermerkt hat, versagt sie die Einsicht nach Absatz 3 oder befindet sich der Beschuldigte nicht auf freiem Fuß, so kann gerichtliche Entscheidung nach Maßgabe des § 161a Abs. 3 Satz 2 bis 4 beantragt werden. ³Diese Entscheidungen werden nicht mit Gründen versehen, soweit durch deren Offenlegung der Untersuchungszweck gefährdet werden könnte.

(6) ¹Ist der Grund für die Versagung der Akteneinsicht nicht vorher entfallen, so hebt die Staatsanwaltschaft die Anordnung spätestens mit dem Abschluß der Ermittlungen auf. ²Dem Verteidiger ist Mitteilung zu machen, sobald das Recht zur Akteneinsicht wieder uneingeschränkt besteht.

(7) ¹Dem Beschuldigten, der keinen Verteidiger hat, können Auskünfte und Abschriften aus den Akten erteilt werden, soweit nicht der Untersuchungszweck gefährdet werden könnte und nicht überwiegende schutzwürdige Interessen Dritter entgegenstehen. ²Absatz 5 und § 477 Abs. 5 gelten entsprechend.

I. Überblick

1 Das Akteneinsichtsrecht ist neben dem Beweisantrags- und Fragerecht ein **Kernelement der Verteidigung** (LR-Lüderssen § 147 Rdn. 1; Pfeiffer § 147 Rdn. 1). Eine sachgerechte Verteidigung ist nicht möglich, wenn man nicht weiß, worauf sich der Vorwurf stützt (BGHSt 29, 102).

2 **Ein Akteneinsichtsrecht** haben neben dem Verteidiger (§ 147) auch die Prozessbevollmächtigten des Privatklägers, des Nebenklägers, des Einziehungs- oder Verfallsbeteiligten sowie einer bußgeldbeteiligten juristischen Person oder Personenvereinigung. Ein Akteneinsichtsrecht haben ferner der Bevollmächtigte des Verletzten und des Antragstellers in dem Verfahren nach den §§ 23ff EGGVG, §§ 109ff StVollzG.

3 **Der Beschuldigte selbst** hat keinen Anspruch auf Akteneinsicht (BVerfGE 53, 207, 214), selbst wenn er Rechtsanwalt ist (vgl. LG Mainz NJW 1999, 1271; Meyer-Goßner § 147 Rdn. 2). Anders ist es nach § 185 StVollzG (BVerfG StraFo 2002, 207) und unter Umständen ausnahmsweise im Bußgeldverfahren (LG Hamburg NZV 1993, 495). Hat der Beschuldigte keinen Verteidiger, können ihm jedoch Abschriften bzw. Auskünfte aus den Akten erteilt werden (Abs. 7).

4 **Schutzwürdige Interessen Dritter** sind insbesondere solche, die die Intimsphäre betreffen oder aber den Schutz von Geschäfts- und Betriebsgeheimnissen (BT-Drucks. 14/1484 S. 22). Kann sich der Beschuldigte ohne vollständige Aktenkenntnis nicht hinreichend verteidigen, ist ihm ein Pflichtverteidiger beizuordnen. Ist dies wegen des geringfügigen Vorwurfs nicht opportun, muss ihm Akteneinsicht gewährt werden (EGMR NStZ 1998, 429; Meyer-Goßner § 147 Rdn. 4).

5 Die Akteneinsicht für **an dem Verfahren nicht Beteiligte** regeln §§ 474 ff, die durch das StrVerfÄndG 1999 eingefügt worden sind. Die Übermittlung personenbezogener Daten aus Dateien oder Akten an öffentliche Stellen des Bundes oder eines Landes für andere Zwecke als die des Verfahrens, für die die Daten erhoben worden sind, regelt sich nach den §§ 12ff EGGVG, wenn nicht bereichsspezifische Normen bestehen (Meyer-Goßner § 147 Rdn. 5).

6 **Die Erteilung von Abschriften und Ablichtungen** aus den Akten ist ein Unterfall der Akteneinsicht (Meyer-Goßner § 147 Rdn. 6). Der Verteidiger hat aber keinen Anspruch darauf, dass ihm Abschriften oder Ablichtungen ausgehändigt werden (BGH MDR 1973, 371). Etwas anderes gilt für die Erteilung einer Abschrift der Sitzungsniederschrift (vgl. § 35 Rdn. 3). Unberührt bleibt das Recht des Verteidigers, sich Abschriften oder Ablichtungen selbst anzufertigen oder auf seine Kosten anfertigen zu lassen (BGHSt 18, 369, 371).

> **Beispiel:** In Großverfahren ist es nicht unüblich, notfalls einen Kopierer mit zur StA zu bringen und dort die Unterlagen einmal durchzukopieren.

11. Abschnitt. Verteidigung § 147

Das Akteneinsichtsrecht steht dem Verteidiger zu (Abs. 1), sobald er gewählt oder 7
bestellt ist. Im **Anbahnungsfall** – der Rechtsanwalt will prüfen, ob er das Mandat
übernehmen will – ist Akteneinsicht ebenfalls zu gestatten (Danckert StV 1986, 171).
Der Anwalt muss dann aber nachweisen, dass der Beschuldigte ihn zur Übernahme der
Vertretung aufgefordert hat (KMR-Müller § 147 Rdn. 1). Ein Wahlverteidiger kann
die Akteneinsicht einem Unterbevollmächtigten oder einem juristischen Mitarbeiter
oder Sachverständigen übertragen (OLG Brandenburg NJW 1996, 67) und ggf. auch
den Beschuldigten hinzuziehen (OLG Köln StV 1999, 12).

Das Akteneinsichtsrecht endet mit dem Erlöschen der Vollmacht, einem Wi- 8
derruf der Bestellung (§ 143), der Zurückweisung nach § 146a, der Anordnung des
Ruhens der Rechte nach § 138c Abs. 3 S. 1 und der Rechtskraft des Beschlusses über
die Ausschließung nach §§ 138a ff.

Das Recht besteht über das gesamte Verfahren, kann im Vorverfahren aber nach 9
Abs. 2 beschränkt werden. Während der laufenden Hauptverhandlung kann die Einsicht nicht verlangt werden (Meyer-Goßner § 147 Rdn. 10; a.M. LR-Lüderssen
§ 147 Rdn. 100), es sei denn, der Verteidiger ist erst in ihrem Verlauf gewählt oder
bestellt worden (OLG Stuttgart NJW 1979, 559, 560) oder er hat zuvor keine ausreichende Akteneinsicht erhalten (OLG Hamm NJW 2004, 381).

Ist das Verfahren rechtskräftig abgeschlossen, muss Akteneinsicht gewährt werden, 10
wenn sie der **Vorbereitung von Prozesshandlungen**, etwa der Vorbereitung einer
Wiederaufnahme nach §§ 359ff dienen soll (Meyer-Goßner § 147 Rdn. 11).

Die Akteneinsicht muss **ausreichend und in zumutbarer Weise**, ggf. auch mehr- 11
fach, gewährt werden. Für welche Zeit die Akten und Unterlagen überlassen werden,
richtet sich nach den Umständen des Einzelfalls (Meyer-Goßner § 147 Rdn. 12).

> **Beispiel:** In Großverfahren ist ohnehin ggf. eine Doppelakte zu führen. Die Verteidiger werden in solchen Fällen sukzessive auch über die „gewachsenen" Aktenteile unterrichtet.

II. Umfang des Akteneinsichtsrechts

Das Einsichtsrecht bezieht sich auf die Akten, **die dem Gericht vorliegen** oder 12
bei Anklageerhebung vorzulegen wären (BGH StV 1988, 193, 194). Die Handakten
der StA und andere innerdienstliche Vorgänge oder die vom Gericht in der Hauptverhandlung angefertigten Notizen sind vom Akteneinsichtsrecht nicht umfasst (Meyer-Goßner § 147 Rdn. 13). Es gilt der **Grundsatz der Aktenvollständigkeit;** Nebenakten dürfen grundsätzlich nicht geführt werden, weil durch das Akteneinsichtsrecht
eine lückenlose Information über die im Verfahren angefallenen schriftlichen Unterlagen ermöglicht werden soll (BGHSt 37, 205). Was für das Verfahren geschaffen worden ist, darf der Akteneinsicht nicht entzogen werden (Meyer-Goßner § 147 Rdn. 14),
andernfalls wäre der Anspruch auf rechtliches Gehör verletzt (BVerfGE 18, 405).
Grenzen gelten nur für die nach § 96 gesperrten Akten oder Aktenteile (OLG Celle
StV 1982, 264).

Die Akten umfassen daher alle vom ersten Zugriff der Polizei gesammelten be- 13
und entlastenden Schriftstücke, etwaige Bildaufnahmen (OLG Schleswig NJW 1980,
352, 353), Tonaufnahmen (Schäfer NStZ 1984, 203, 205), Fahndungsnachweise (OLG
Hamburg NStZ 1992, 50), Strafregisterauszüge (BVerfGE 62, 338) und die nach
Anklageerhebung entstandenen Aktenteile sowie vom Gericht herangezogene oder
nachgereichte Beiakten (BGHSt 30, 131, 138). Sind ohne Veranlassung des Gerichts
verfahrenserhebliche Urkunden oder andere Beweismittel zu den Akten gelangt, ist
dies mitzuteilen (BGH StV 2001, 4). Wurden Akten anderer Behörden überlassen, ist
auch insofern Einsicht zu gewähren, auch wenn sie mit der Bitte um Vertraulichkeit überlassen wurden (BGHSt 42, 71; a.M. Meyer-Goßner § 147 Rdn. 16, der die
Vertraulichkeitsbitte beachten will. Dann wäre aber eine Sperre nach § 96 erforderlich).

§ 147   1. Buch. Allgemeine Vorschriften

14   Aktenbestandteil sind auch **Beweismittelordner,** die nur Ablichtungen von sichergestellten Urkunden enthalten und die vorläufigen Aufzeichnungen der Protokolle nach § 168a Abs. 2 (Meyer-Goßner § 147 Rdn. 17).

15   **Von der Polizei angelegte Spurenakten,** die in der Regel Tausende von Fingerabdrücken, Autonummern, Hinweise aus der Bevölkerung und ähnliches enthalten, unterliegen dem Akteneinsichtsrecht, wenn solches Material in die Ermittlungsakten der StA integriert worden ist. Dabei ist im Interesse der Verteidigung eine großzügige Handhabung angebracht (BGH NStZ 1983, 228; Pfeiffer § 147 Rdn. 3). Computerausdrucke, die von der StA erstellt wurden, sind zu den Akten zu nehmen. Dateien (§§ 483ff) als interne Hilfs- und Arbeitsmittel der Strafverfolgungsbehörden unterliegen grundsätzlich nicht der Akteneinsicht (Meyer-Goßner § 147 Rdn. 18a), können aber als Ausdrucke den Akten beigefügt und damit zu Aktenbestandteilen werden (Schäfer wistra 1989, 8). Zur Dateneinsicht siehe § 487 Abs. 2.

16   Das Recht auf **Besichtigung amtlich verwahrter Beweisstücke** ist nicht Teil des Akteneinsichtsrechts, sondern seine Ergänzung (Rieß FG Peters S. 120; Meyer-Goßner § 147 Rdn. 19). Beweisstücke sind Gegenstände, die nach den §§ 94ff durch Beschlagnahme oder durch Sicherstellung in anderer Weise in amtlichen Gewahrsam gelangt sind und die nach §§ 111b ff sichergestellten Gegenstände, soweit sie zugleich als Beweismittel dienen können (Meyer-Goßner § 147 Rdn. 19). In Betracht kommen Urkunden und Urkundensammlungen, Augenscheinsgegenstände und Gegenstände, die Grundlage für einen Sachverständigenbeweis sein oder für Vorhalte bei Zeugen- oder Beschuldigtenvernehmungen verwendet werden können. Der Verteidiger darf die Beweisstücke an ihrem Verwahrungsort besichtigen; hierzu ist ihm rechtzeitig vor der Hauptverhandlung Gelegenheit zu geben (KG StV 1989, 9; Meyer-Goßner § 147 Rdn. 19). Sind die Gegenstände auf andere Weise als durch amtliche Verwahrung sichergestellt, muss dem Verteidiger der Zugang ermöglicht werden. Bei der Besichtigung darf der Verteidiger Aufzeichnungen machen, Lichtbilder herstellen und Sachverständige hinzuziehen (Rieß FG Peters S. 124).

17   **Die „Besichtigung" von Tonbandaufnahmen** (Telefonüberwachung) und Videoaufzeichnungen erfolgt durch Vorspielen in der Geschäftsstelle, ggf. kann der Verteidiger sich auch eine Kopie fertigen lassen (OLG Frankfurt StV 2001, 611). Einen Anspruch auf Übersetzung eines in fremder Sprache geführten Telefongespräches (§ 100a, 100b) gibt die Vorschrift nicht (OLG Koblenz NStZ 1995, 611). Sind Tonbandaufnahmen für den Verteidiger ohne Erklärungen des Angeklagten oder eines Dolmetschers unverständlich, ist deren Anwesenheit beim Abhören zu gestatten (OLG Frankfurt StV 2001, 611).

18   Der Verteidiger darf und muss ggf. die durch die Akteneinsicht erlangten Kenntnisse **an den Beschuldigten weitergeben** (BGHSt 29, 99, 102; Krekeler wistra 1983, 47; Meyer-Goßner § 147 Rdn. 20). Er ist auch berechtigt, dem Beschuldigten Abschriften oder Ablichtungen des Akteninhalts auszuhändigen, auch das Aushändigen einer vollständigen Aktenkopie ist grundsätzlich zulässig (Meyer-Goßner § 147 Rdn. 20).

19   Ob dies auch gilt, wenn durch die Aushändigung eine **Gefährdung des Untersuchungszwecks** eintreten würde, ist umstritten. Der Untersuchungszweck soll z.B. gefährdet sein, wenn der Beschuldigte aus einem Aktenauszug erfährt, dass eine Durchsuchung seiner Wohnung bevorsteht (BGHSt 29, 99, 103; KK-Laufhütte § 147 Rdn. 12). An der Richtigkeit dieser Auffassung sind jedoch Zweifel anzumelden (Dahs S. 253; Krekeler wistra 1983, 47; Welp FG Peters S. 316ff). Es ist Sache der Justiz, die Akte so dem Verteidiger zu überlassen, dass solche Probleme nicht auftreten können. Immerhin dient das Akteneinsichtsrecht über den Verteidiger letztlich nur dazu, dem Beschuldigten keine Gelegenheit zu ermöglichen, Aktenteile zu vernichten oder unbrauchbar zu machen.

20   **Beschränkungen** werden auch erwogen, wenn zu befürchten ist, dass die Ablichtungen oder Abschriften zu verfahrensfremden Zwecken, z.B. für eine private Veröf-

fentlichung, missbraucht werden können (BGHSt 29, 99, 103). Das Informationsrecht soll auch nicht in Angelegenheiten bestehen, die nicht mehr im Rahmen der Verteidigung liegen, z. B. nur Mitbeschuldigte betreffen oder persönliche Kontroversen zwischen Justizangehörigen (Lüttger NJW 1951, 744, 746).

Beschränkungen des Akteneinsichtsrechts des Verteidigers sind nur zulässig, 21 wenn die Gewährung der Akteneinsicht den Untersuchungszweck gefährden würde. Einzelheiten regeln Abs. 2, 3 und 6.

Solange der **Abschluss der Ermittlungen** noch nicht nach § 169a in den Akten 22 vermerkt ist und eine Gefährdung des Untersuchungszweckes eintreten könnte, kann die Akteneinsicht von der StA verwehrt werden. Eine konkrete Gefahr für den Untersuchungszweck wird dabei nicht vorausgesetzt (Pfeiffer FS Odersky S. 459; Meyer-Goßner § 147 Rdn. 25). Eine nur vage und entfernte Möglichkeit der Gefährdung genügt nicht (Schlothauer StV 2001, 195). Werden bestimmte Untersuchungshandlungen vorbereitet, die nur überraschend erfolgreich sein können (vgl. § 33 Abs. 4), kann die Akteneinsicht immer versagt werden (Meyer-Goßner § 147 Rdn. 25).

Restriktionen wurden bis vor kurzer Zeit auch akzeptiert, wenn der Beschuldigte 23 in Untersuchungshaft saß; allerdings wurden an eine Beschränkung des Einsichtsrechts dann besonders strenge Anforderungen gestellt, wenn es um die **tatsächlichen Grundlagen des Haftbefehls** ging (vgl. BVerfG NStZ-RR 1998, 108; BVerfG NJW 1994, 573; BGH NJW 1996, 734). Der EGMR hat in solchen Beschränkungen jeweils eine Verletzung des Art. 5 Abs. 4 MRK darin gesehen, dass dem Verteidiger des inhaftierten Beschuldigten Einsicht in die Beweismittel vorenthalten wurde und eine mündliche Information und Zusammenfassung der Tatsachen durch den Richter nicht ausreichen lassen (EGMR NJW 2002, 2013 ff). Gewährt die StA dem Beschuldigten damit nicht eine vollständige Akteneinsicht – bezogen auf die für die Haftentscheidung bedeutsamen Aktenbestandteile (vgl. OLG Köln NStZ 2002, 659) –, muss der Haftbefehl aufgehoben werden (BVerfG NStZ 1994, 551). Zuvor muss sich allerdings der Beschuldigte erfolglos um Rechtsschutz nach Abs. 5 S. 2 bemüht haben (Meyer-Goßner § 147 Rdn. 25; a. M. Schlothauer StV 2001, 196).

Nicht beschränkbar ist die Einsicht in die in Abs. 3 bezeichneten Niederschriften und Gutachten. Kein Gutachten im Sinne des Abs. 3 ist eine in den Akten befindliche Übersetzung fremdsprachiger Urkunden (OLG Hamburg StV 1986, 422). Wer die Beschuldigtenvernehmung durchgeführt hat, ist gleichgültig. Abs. 3 gilt entsprechend für schriftliche Äußerungen des Beschuldigten nach § 136 Abs. 1 S. 4, § 163a Abs. 1 S. 2, Abs. 4 S. 2 und für Vernehmungen, bei denen der nunmehr Beschuldigte noch als Zeuge vernommen worden ist (OLG Hamm StV 1995, 571). War bei richterlichen Untersuchungshandlungen dem Verteidiger (zu Recht oder zu Unrecht) die Anwesenheit gestattet worden, gilt Abs. 3 für Niederschriften auch dann, wenn sie Vernehmungen von Mitbeschuldigten, Zeugen oder Sachverständigen oder den richterlichen Augenschein betreffen. Eine Ausnahme von Abs. 3 regelt § 34 Abs. 3 Nr. 2 S. 3 EGGVG. Die Vorschrift betrifft die Kontaktsperre.

Das volle Akteneinsichtsrecht erlangt der Verteidiger mit dem Vermerk nach 25 § 169a, dass die **Ermittlungen abgeschlossen sind.** Dieses Recht darf später nicht mehr eingeschränkt werden, auch nicht bei Wiederaufnahme der Ermittlungen (Meyer-Goßner § 147 Rdn. 27). Der Verteidiger ist entsprechend zu unterrichten (Abs. 6 S. 2).

Die Akteneinsicht wird entweder **in der Geschäftsstelle der StA** oder des Ge- 26 richts gewährt oder die Akten werden ihm auf seinen Antrag zur Einsichtnahme mitgegeben (Abs. 4 S. 1). Einen entsprechenden Rechtsanspruch auf Aushändigung hat der Verteidiger nicht (BGH NStZ 1985, 13; Meyer-Goßner § 147 Rdn. 28). Wenn keine wichtigen Gründe entgegenstehen, sollte einem Antrag jedoch stattgegeben werden (vgl. Rieß FG Peters S. 127). Soweit die Mitgabe nach S. 1 geboten ist, schließt dies nicht die Pflicht zur Übersendung ein (KG NZV 2002, 334; OLG

§ 147

Frankfurt NStZ 1981, 191). Werden die Akten dem Verteidiger übersandt, wird hierfür eine Gebühr von 12 Euro erhoben (Nr. 9003 KVGKG), für die auch der (Pflicht-)Verteidiger haftet (LG Frankenthal NJW 1995, 2801; LG Frankenthal MDR 1996, 104).

27 **Ein wichtiger Grund,** der der Mitgabe entgegensteht, kann sich aus dem Charakter der Akten als Verschlusssache ergeben (vgl. aber KG StV 1997, 624). Möglich ist auch, dass die Akten für die beschleunigte Durchführung des Verfahrens benötigt werden. Bei umfänglichen Akten muss in solchen Fällen aber ggf. eine Doppelakte angelegt werden.

28 **Die Mitgabe von Beweisstücken aus dem amtlichen Gewahrsam ist unzulässig** (BGH NStZ 1981, 95; KK-Laufhütte § 147 Rdn. 9). Dies gilt auch für Beweisstücke mit Urkundenqualität (Rieß FG Peters S. 125 ff). Ggf. hat der Verteidiger aber einen Anspruch darauf, Ablichtungen herzustellen, nicht jedoch darauf, dass ihm das Gericht Ablichtungen zur Verfügung stellt (Meyer-Goßner § 147 Rdn. 30; a. M. Krekeler wistra 1983, 47). Zulässig ist es, die Beweisstücke an das AG des Kanzleisitzes des Verteidigers zu übersenden (LG Heilbronn StV 1988, 293).

29 Die Akten werden dem Verteidiger **zu treuen Händen** zugänglich gemacht. Er darf sie weder dem Beschuldigten noch dritten Personen überlassen. Will er dies tun, muss er Ablichtungen oder Abschriften fertigen und diese zur Verfügung stellen.

III. Zuständigkeit für die Gewährung; Rechtsschutz

30 **Zuständig für die Gewährung der Akteneinsicht** ist im vorbereitenden Verfahren die StA. Die Polizei darf keine Akteneinsicht gewähren (Welp FG Peters S. 324; Meyer-Goßner § 147 Rdn. 34). Das Gericht ist zur Entscheidung im Ermittlungsverfahren selbst dann nicht zuständig, wenn sich die Akten bei ihm zur Vornahme einer richterlichen Handlung (z. B. Erlass des Haftbefehls) befinden (OLG Hamm NStZ 1982, 348; Pfeiffer FS Odersky S. 451).

31 Vom Eingang der Anklage bei Gericht bis zur rechtskräftigen Entscheidung ist der **Vorsitzende** des jeweils mit der Sache befassten Gerichts zuständig (Meyer-Goßner § 147 Rdn. 35). Nach rechtskräftigem Abschluss des Verfahrens ist wiederum die StA zuständig (Meyer-Goßner § 147 Rdn. 36 gegen RiStBV Nr. 183 Buchst. c).

32 **Die Versagung der Akteneinsicht** erfordert einen Bescheid mit kurzer Begründung. Hiervon kann sowohl in der Entscheidung der StA als auch des (entsprechend § 161 a angerufenen) Gerichts abgesehen werden, wenn durch Offenlegung der Gründe der Untersuchungszweck gefährdet werden könnte (Abs. 5 S. 3).

33 **Entscheidungen der StA sind nur begrenzt anfechtbar.** Erfolgt die Versagung wegen Gefährdung des Untersuchungszwecks, nachdem bereits der Abschluss der Ermittlungen in den Akten vermerkt worden ist, wird die Einsicht in die in Abs. 3 bezeichneten Niederschriften versagt oder befindet sich der Beschuldigte nicht auf freiem Fuß, wird – ebenso wie in § 406 e Abs. 2 S. 2, § 478 Abs. 3 – der Antrag auf gerichtliche Entscheidung zugelassen (Abs. 5 S. 2 i. V. m. § 161 a Abs. 3 S. 2 bis 4). Die gerichtliche Entscheidung ihrerseits ist unanfechtbar (§ 161 a Abs. 3 S. 4).

34 Im Übrigen ist auch die **Dienstaufsichtsbeschwerde** möglich (Meyer-Goßner § 147 Rdn. 40; a. M. SK-Wohlers § 147 Rdn. 112, der Abs. 5 S. 2 entsprechend anwenden will). Aus der Regelung des Abs. 5 S. 2 folgt, dass der Antrag nach §§ 23 ff EGGVG nicht zulässig ist (vgl. auch OLG Hamm wistra 2003, 317). Zulässig soll der Antrag nach § 23 EGGVG bleiben, wenn es um die Erzwingung der Einsicht in die den Ermittlungsakten nicht beigefügten Spurenakten geht (BVerfGE 63, 45; Meyer-Goßner § 148 Rdn. 40; a. M. KK-Laufhütte § 147 Rdn. 25).

35 **Richterliche Entscheidungen** (nicht aber solche nach § 161 a Abs. 3) über die Akteneinsicht nach § 147 können mit der einfachen Beschwerde angefochten werden (OLG Hamburg NJW 1963, 1024; OLG Karlsruhe Justiz 1984, 108). § 305 S. 1 steht

11. Abschnitt. Verteidigung § 148

auch der Anfechtung von Entscheidungen des erkennenden Gerichts nicht entgegen (OLG Brandenburg NJW 1996, 67; a.M. OLG Frankfurt NStZ-RR 2001, 374; OLG Frankfurt StV 2004, 362).

Die **Revision** kann auf die Verweigerung der Akteneinsicht nicht gestützt werden (vgl. OLG Hamm NJW 1972, 1096). Wurde in der Hauptverhandlung ein Antrag auf Unterbrechung oder Aussetzung der Hauptverhandlung gestellt und durch Gerichtsbeschluss (!) abgelehnt, kann der Revisionsgrund des § 338 Nr. 8 geltend gemacht werden (vgl. BGH NStZ 1985, 87; BGH StV 1988, 193; zum notwendigen Revisionsvorbringen vgl. BGH NStZ-RR 2004, 50). 36

§ 148 [Verkehr mit dem Beschuldigten]

(1) Dem Beschuldigten ist, auch wenn er sich nicht auf freiem Fuß befindet, schriftlicher und mündlicher Verkehr mit dem Verteidiger gestattet.

(2) ¹Befindet sich der Beschuldigte nicht auf freiem Fuß und ist Gegenstand der Untersuchung eine Straftat nach § 129a, auch in Verbindung mit § 129b Abs. 1, des Strafgesetzbuches, so sind Schriftstücke und andere Gegenstände zurückzuweisen, sofern sich der Absender nicht damit einverstanden erklärt, daß sie zunächst einem Richter vorgelegt werden. ²Das gleiche gilt unter den Voraussetzungen des Satzes 1 für den schriftlichen Verkehr zwischen dem Beschuldigten und einem Verteidiger in einem anderen gesetzlich geordneten Verfahren. ³Ist der schriftliche Verkehr nach Satz 1 oder 2 zu überwachen, so sind für das Gespräch zwischen dem Beschuldigten und dem Verteidiger Vorrichtungen vorzusehen, die die Übergabe von Schriftstücken und anderen Gegenständen ausschließen.

Die Vorschrift stellt den Grundsatz auf, dass **Verteidiger und Beschuldigter ungehindert miteinander verkehren können** (Abs. 1). Restriktionen regelt Abs. 2 für den Verkehr mit dem einer Straftat nach §§ 129a, 129b StGB Beschuldigten. Ergänzend hinzu tritt die Regelung über die Kontaktsperre in §§ 31 bis 38 EGGVG. 1

Grundsätzlich ist der Verkehr zwischen Verteidiger und Beschuldigtem **ungehindert zu gewährleisten** (BGHSt 27, 260, 262; BGH NJW 1973, 2035, 2036). Dabei kommt es nicht darauf an, ob der Beschuldigte inhaftiert oder auf freiem Fuß ist (BGHSt 33, 347, 349; Meyer-Goßner § 148 Rdn. 2). Dieser unbeschränkte Verkehr ist dem Verteidiger nur zum Zweck der Verteidigung gestattet (BVerfGE 46, 1, 12; BVerfGE 49, 24, 48). 2

Verteidiger ist neben dem Wahlverteidiger der Pflichtverteidiger und auch der nach § 138 Abs. 2 zugelassene Beistand (KG JR 1988, 391), nicht aber der Beistand nach § 149 (Pfeiffer § 148 Rdn. 1). Ein Rechtsanwalt, der sich außerhalb eines Strafverfahrens mit einem Gefangenen in Verbindung setzen will, unterliegt den üblichen Beschränkungen (OLG Bremen NJW 1963, 1465) ebenso wie der Strafverteidiger, der zugleich als Zivilanwalt tätig wird (BGHSt 26, 304). Regelmäßig wird in diesen Fällen aber von der Überwachung des Besuches abgesehen (Meyer-Goßner § 148 Rdn. 3). 3

Die Rechte aus Abs. 1 setzen ein bereits durch gerichtliche Beiordnung oder durch Annahme des Verteidigungsauftrags **bestehendes Verteidigungsverhältnis** voraus (OLG Hamm NJW 1971, 1852). Wer seine Dienste lediglich anbieten will, darf sich nicht als Verteidiger und seine Post nicht als Verteidigerpost bezeichnen (Meyer-Goßner § 148 Rdn. 4). Auch im so genannten Anbahnungsfall, in dem der Beschuldigte den Rechtsanwalt zu einem Besuch auffordert, um die Übernahme der Verteidigung zu besprechen, besteht noch kein Verteidigungsverhältnis (KG StV 1985, 405; KK-Laufhütte § 148 Rdn. 5; Meyer-Goßner § 148 Rdn. 4; a.M. OLG Düsseldorf StV 1984, 106; Danckert StV 1986, 171). Gegen die Gegenmeinung spricht, dass sonst die JVA verpflichtet wäre, für jeden Gefangenen eine Vielzahl von „Anbahnungsge- 4

§ 148 1. Buch. Allgemeine Vorschriften

sprächen" unbeaufsichtigt zuzulassen und insbesondere so das Verbot des § 146 umgangen werden könnte. Ist ein Missbrauch im Einzelfall auszuschließen, wird der Richter dem Rechtsanwalt aber ein unbewachtes Gespräch mit dem Beschuldigten gestatten (KG StV 1991, 307; KG StV 1991, 524; Krey 1/652; Meyer-Goßner § 148 Rdn. 4).

5   Wo der nicht auf freiem Fuß befindliche Beschuldigte verwahrt wird, ist gleichgültig. Abs. 1 gilt auch für den **Verkehr mit Strafgefangenen,** sofern und solange eine Verteidigungstätigkeit ausgeübt wird (SK-Wohlers § 148 Rdn. 5). Diese umfasst auch die Vertretung in einer Strafvollstreckungssache, in einer Gnadensache und in einem Wiederaufnahmeverfahren (Meyer-Goßner § 148 Rdn. 5).

6   **Der Schriftverkehr des Beschuldigten mit dem Verteidiger** darf nicht beschränkt und inhaltlich nicht überwacht werden. Die Erstreckung einer Postsperre nach § 99 Abs. 1 InsO auf die Verteidigerpost ist aber zulässig. Der Einsitzende der JVA seine Schreiben an den Verteidiger verschlossen zur Beförderung übergeben, die als Verteidigerpost bezeichneten Schreiben des Verteidigers werden ihm ungeöffnet ausgehändigt. Sind sie nicht als solche gekennzeichnet, werden sie im Zweifel geöffnet. Pakete werden überprüft, nicht aber die einliegenden Briefe (Nr. 39 Untersuchungshaftvollzugsordnung; Meyer-Goßner § 148 Rdn. 6).

7   **Die Briefkontrolle** muss sich auf die Prüfung beschränken, ob es sich nach den äußeren Merkmalen wirklich um einen Schriftwechsel mit dem Verteidiger handelt (OLG Düsseldorf NJW 1983, 186). Regelmäßig wird mit dieser Prüfung die JVA beauftragt (Meyer-Goßner § 148 Rdn. 7). Auch im Beisein des Gefangenen darf die Post nicht zur Feststellung der Absenderidentität und zur Überprüfung auf unzulässige Inhalte geöffnet werden.

8   **Eine Beschlagnahme** der vom Verteidiger herrührenden Schriftstücke, die sich in der Hand des Beschuldigten befinden, ist durch Abs. 1 grundsätzlich verboten. Nur dann, wenn gewichtige Anhaltspunkte vorliegen, dass der Verteidiger sich an der Straftat des Beschuldigten beteiligt hat, hindert § 148 die Beschlagnahme nicht. Die Post kommt dann als Beweismittel für das Verfahren gegen den Beschuldigten, für ein Strafverfahren gegen den Verteidiger oder für eine Ausschließung nach den §§ 138a ff in Betracht.

9   Der Verteidiger darf seinen Mandanten in der Haftanstalt grundsätzlich ohne Einschränkung in Bezug auf Zeit und Häufigkeit **unüberwacht besuchen.** Dabei ist er aber an die anstaltsüblichen Besuchszeiten gebunden (Meyer-Goßner § 148 Rdn. 10). Die Festsetzung von Besuchszeiten verstößt nur dann gegen § 148 Abs. 1, wenn sie den Verkehr mit dem Verteidiger nicht mehr regelt, sondern nur wesentlich erschwert (OLG Stuttgart NStZ 1998, 212; KG JR 1977, 213).

10 Den **Nachweis der Verteidigerstellung** in der JVA erbringt der Verteidiger durch Vorlage der Vollmacht des Gefangenen oder der Bestellungsanordnung des Gerichts. Eine besondere Sprecherlaubnis darf von der JVA nur gefordert werden, wenn Zweifel am Verteidigerverhältnis bestehen (Meyer-Goßner § 148 Rdn. 11).

11 **Durchsuchungen des Verteidigers sind unzulässig,** weil sie den freien Verkehr mit dem Mandanten einschränken und den Beschuldigten möglicherweise in seiner Verteidigung beeinträchtigen (Callies StV 2002, 676). Nur aus Sicherheitsgründen, insbesondere bei erhöhter Fluchtgefahr, darf der Haftrichter, bei Strafhaft der Leiter der JVA (vgl. aber § 122 StVollzG) den Besuch des Verteidigers davon abhängig machen, dass er sich und die mitgeführten Behältnisse nach Waffen und anderen gefährlichen Gegenständen durchsuchen lässt (BVerfGE 38, 26, 30; BGH NJW 1973, 1656). Von dem Inhalt der Verteidigerakten darf bei einer solchen Durchsuchung nicht Kenntnis genommen werden (BGH NJW 1973, 1656).

12 Erlaubt ist das **Mitführen eines Notebooks** oder eines Diktiergeräts (vgl. BGH NJW 2004, 16), weder eine Schreibkraft noch ein Dolmetscher seiner Wahl dürfen mitgebracht werden (LG Köln NStZ 1983, 237; Meyer-Goßner § 148 Rdn. 13).

11. Abschnitt. Verteidigung § 148

Der mündliche Verkehr zwischen Verteidiger und dem Mandanten darf weder 13
beim Untersuchungsgefangenen noch beim Strafgefangenen überwacht werden
(Pfeiffer § 148 Rdn. 3). Für das mündliche Gespräch wird den Beteiligten regelmäßig
ein Raum zur Verfügung gestellt, in dem Gespräche mit gewöhnlicher Lautstärke geführt werden können, ohne dass unter normalen Bedingungen ein Mithören möglich
ist (OLG Hamm StV 1985, 241). Zum mündlichen Verkehr gehört auch der fernmündliche Verkehr (BGHSt 33, 350). Telefoniert der Gefangene von einem Geschäftszimmer der JVA aus, kann er nicht verlangen, während des Gesprächs allein gelassen zu werden (BGH NStZ 1999, 471).

Die Übergabe von Verteidigungsunterlagen an den Mandanten ist gestattet. Dabei 14
darf aber die richterliche Briefkontrolle nicht umgangen werden; Schreiben Dritter,
die an den Beschuldigten gerichtet sind, darf er ihm ohne besondere Erlaubnis selbst
dann nicht übergeben, wenn dies der Verteidigung dienlich ist (BGHSt 26, 304, 308).

Werden Verteidigergespräche auf Grund einer **Telefonüberwachung** aufgezeich- 15
net, so sind sie weder im Verfahren gegen den Verdächtigen noch im Verfahren gegen
den Verteidiger verwertbar (BGH NStZ 1988, 562). Führt aber der Verteidiger ein
zulässigerweise überwachtes Telefongespräch mit einem Dritten, steht § 148 einer
Verwertung nicht entgegen (BGH NStZ 1988, 562; KK-Laufhütte § 148 Rdn. 7).

Die in Abs. 2 erlaubte besondere Überwachung soll verhindern, dass der einer 16
Straftat **nach § 129 a StGB verdächtige Gefangene** sich aus der JVA heraus weiterhin für den Fortbestand der terroristischen Vereinigung einsetzt (BGH NStZ 1984,
177). Die Regelung ist als Ausnahme von dem Grundsatz des Abs. 1 abschließend und
auf andere Konstellationen nicht entsprechend anwendbar (BGHSt 30, 38, 41). Weitere Restriktionen ergeben sich aus §§ 31 ff EGGVG. Überdies darf ein Trennscheibeneinsatz auf § 4 Abs. 2 S. 2 StVollzG gestützt werden, um der konkreten Gefahr zu
begegnen, dass ein Gefangener seinen Verteidiger zur Freipressung als Geisel nimmt
(BGHSt 49, 61).

Gegen den Beschuldigten muss ein Verfahren wegen Verdachts der Straftat nach 17
§ 129 a geführt werden. Nicht nötig ist, dass er sich deswegen in Untersuchungshaft
befindet (Meyer-Goßner § 148 Rdn. 18). Die Beschränkungen sind daher auch dann
zulässig, wenn sich der Mandant in Strafhaft befindet (OLG Celle NJW 1980, 1118;
OLG Stuttgart Justiz 1996, 25). In diesen Fällen muss aber der dringende Tatverdacht
einer Straftat nach § 129 a StGB vorliegen (BGHSt 36, 205).

Die Überwachung wird richterlich angeordnet (BGHSt 36, 205), es sei denn, 18
der Beschuldigte befindet sich wegen einer Straftat nach § 129 a in Untersuchungshaft
(BGHSt 36, 205; KK-Laufhütte § 148 Rdn. 18).

Abs. 2 sieht drei Restriktionen vor. So wird **Verteidigerpost** dem Mandanten 19
nicht ohne weiteres ausgeliefert. Der Schriftverkehr unterliegt einer richterlichen
Kontrolle, aber nur, wenn der Absender damit einverstanden ist. Andernfalls wird das
Schriftstück an den Verteidiger zurückgesandt. Liegt ein solches Einverständnis vor,
wird die Sendung unmittelbar an den **Überwachungsrichter** weitergeleitet (vgl.
§ 148 a). Anderes gesetzlich geordnetes Verfahren (Abs. 2 S. 2) ist jedes Verfahren, in
dem es einen Beschuldigten und einen Verteidiger gibt. Damit soll eine Umgehung
der Kontrolle nach Abs. 2 S. 1 verhindert werden. Der Einsatz von **Trennvorrichtungen** beim Verteidigerbesuch (Abs. 2 S. 3) will verhindern, dass es zur Übergabe von Gegenständen kommt (vgl. KG JR 1979, 519). Eine zusätzliche optische
Überwachung ist unzulässig (KMR-Müller § 148 Rdn. 12; LR-Lüderssen § 148
Rdn. 43).

Greifen Maßnahmen der JVA in die Rechte nach Abs. 1 ein, können der Gefange- 20
ne und der Verteidiger die **Entscheidung des Haftrichters** herbeiführen (§ 119
Abs. 3, 6, § 126). Allgemeine Restriktionen der JVA können nur mit einem Antrag
auf gerichtliche Entscheidung nach § 23 EGGVG angefochten werden. Im Strafvollzug gilt § 109 StVollzG. Ist die Maßnahme vom Haftrichter angeordnet worden, ist

§ 148a   1. Buch. Allgemeine Vorschriften

Beschwerde nach § 304 Abs. 1 zulässig. Diese kann der Verteidiger im eigenen Namen einlegen (BGHSt 29, 135, 137; BGH NJW 1973, 1656, 1657).

21 Über die **Rechtmäßigkeit von Maßnahmen** nach Abs. 2 entscheidet der Ermittlungsrichter des BGH oder des OLG (BGH NStZ 1984, 177). Dies gilt auch, wenn der Beschuldigte sich in Strafhaft befindet (OLG Hamm NStZ 1984, 284; Meyer-Goßner § 148 Rdn. 25), wobei zum Teil der Rechtsweg nach § 109 StVollzG für zutreffender gehalten wird (OLG Celle NStZ 1982, 527). Wird die Art der Ausgestaltung der Sprechzellen beanstandet, ist der Antrag nach § 23 EGGVG zulässig (KG JR 1979, 519; Meyer-Goßner § 148 Rdn. 25; demgegenüber hält KK-Laufhütte § 148 a Rdn. 3 die Zuständigkeit des Überwachungsrichters für gegeben).

§ 148 a [Durchführung von Überwachungsmaßnahmen]

(1) ¹Für die Durchführung von Überwachungsmaßnahmen nach § 148 Abs. 2 ist der Richter bei dem Amtsgericht zuständig, in dessen Bezirk die Vollzugsanstalt liegt. ²Ist eine Anzeige nach § 138 des Strafgesetzbuches zu erstatten, so sind Schriftstücke oder andere Gegenstände, aus denen sich die Verpflichtung zur Anzeige ergibt, vorläufig in Verwahrung zu nehmen; die Vorschriften über die Beschlagnahme bleiben unberührt.

(2) ¹Der Richter, der mit Überwachungsmaßnahmen betraut ist, darf mit dem Gegenstand der Untersuchung weder befaßt sein noch befaßt werden. ²Der Richter hat über Kenntnisse, die er bei der Überwachung erlangt, Verschwiegenheit zu bewahren; § 138 des Strafgesetzbuches bleibt unberührt.

1 Die Vorschrift regelt die **Durchführung der Verteidigerpostkontrolle** nach § 148 Abs. 2. Der Überwachungsrichter (Abs. 1 S. 1) überprüft die ihm nach § 148 Abs. 2 vorgelegten Schriftstücke und sonstige Gegenstände inhaltlich. Ergibt sich aus dem Schriftverkehr die Kenntnis von dem Vorhaben oder der Ausführung einer in § 138 StGB genannten Straftaten, muss er eine Strafanzeige erstatten (Abs. 1 S. 2). Die den Verdacht begründenden Schriftstücke muss er vorläufig in Verwahrung nehmen, bis über ihre Beschlagnahme entschieden wird; § 97 gilt hier nicht (BGH NStZ 1990, 93). Die Beschlagnahme kann auch in einem wegen einer Straftat nach § 129 a StGB bereits anhängigen Ermittlungsverfahren erfolgen (BGH StV 1990, 146; Pfeiffer § 148 a Rdn. 1). Da es nur um die Überwachung schwerwiegender Straftaten nach § 138 StGB geht, wird den Überwachungsrichter der bloße Missbrauch des Verkehrsrechts grundsätzlich nichts angehen (LR-Lüderssen § 148 a Rdn. 5).

2 Ein Überwachungsrichter darf mit dem Gegenstand der Untersuchung nicht mehr befasst werden (Abs. 2 S. 1). **Befassung** bedeutet jede richterliche Mitwirkung, also auch als Ergänzungsrichter. Die Vorbefassung kann auch bei der StA erfolgt sein. Ein erneuter Einsatz als Überwachungsrichter ist jedoch zulässig (vgl. Pfeiffer § 148 a Rdn. 2).

3 Die **Verschwiegenheitspflicht nach Abs. 2 S. 2** besteht auch gegenüber dem mit der Sache befassten Gericht und der StA, wenn nicht die Voraussetzungen des § 138 StGB vorliegen. Die Verschwiegenheitspflicht soll sich aber auf den Inhalt der Schriftstücke und Gegenstände beschränken und nicht auch auf Zeit, Art und sonstige Umstände des technischen Vorgangs der Vorlegung oder die Zahl der Gegenstände beziehen (Meyer-Goßner § 148 a Rdn. 10). Die Zuziehung eines Dolmetschers als geringerer Eingriff als die Sperre jeglichen Schriftverkehrs eines Ausländers führt dazu, dass auch er entsprechend zur Verschwiegenheit verpflichtet ist (vgl. Meyer-Goßner § 148 a Rdn. 11).

4 Maßnahmen des Richters können vom Beschuldigten und dem Verteidiger mit der **Beschwerde** nach § 304 Abs. 1 angefochten werden, über die das LG entscheidet (BGHSt 29, 196), ohne dass die StA gehört wird (Meyer-Goßner § 148 a Rdn. 12).

Die Mitwirkung eines nach Abs. 2 S. 1 ausgeschlossenen Richters in der Strafsache ist zwingender Aufhebungsgrund nach § 338 Nr. 2. Die Verwertung von Kenntnissen, die unter Verletzung der Schweigepflicht erlangt wurden, kann mit der Revision nach § 337 gerügt werden (Meyer-Goßner § 148a Rdn. 12).

§ 149 [Zulassung von Beiständen]

(1) ¹Der Ehegatte oder Lebenspartner eines Angeklagten ist in der Hauptverhandlung als Beistand zuzulassen und auf sein Verlangen zu hören. ²Zeit und Ort der Hauptverhandlung sollen ihm rechtzeitig mitgeteilt werden.

(2) **Dasselbe gilt von dem gesetzlichen Vertreter eines Angeklagten.**

(3) **Im Vorverfahren unterliegt die Zulassung solcher Beistände dem richterlichen Ermessen.**

Bestimmte in Abs. 1 und 2 genannte Personen **können** in der Hauptverhandlung 1
als Beistand zugelassen und gehört werden. Im Ermittlungsverfahren unterliegt die Zulassung solcher Beistände dem richterlichen Ermessen (Abs. 3). Voraussetzung ist ein Antrag der betreffenden Person; der Antrag des Beschuldigten genügt nicht, seine Zustimmung soll nicht erforderlich sein (RGSt 38, 106; KK-Laufhütte § 149 Rdn. 1; a. M. LR-Lüderssen § 149 Rdn. 4).

Der Beistand kann zugleich Zeuge sein (BGHSt 4, 205), muss dann aber der 2
Hauptverhandlung zeitweise fernbleiben (§ 58 Abs. 1, § 243 Abs. 2 bis 4). Wie ein Zeuge kann er einen Rechtsanwalt als Beistand hinzuziehen. Prozessuale Rechte des Angeklagten kann er, anders als der Beistand im Jugendstrafverfahren (§ 69 JGG) nicht wahrnehmen (BGHSt 47, 62, 66). Ein Recht auf einen ungehinderten Verkehr mit dem Beschuldigten hat der Beistand nicht; der Grundsatz des fairen Verfahrens kann aber eine Überwachung der Gespräche verbieten (BGHSt 44, 82).

Der Beistand muss von der Hauptverhandlung so rechtzeitig **benachrichtigt** wer- 3
den, dass er auch in ihr erscheinen kann (BGHSt 47, 62, 64). Eine förmliche Ladung ist nicht vorgesehen (Meyer-Goßner § 149 Rdn. 4).

Gegen die Ablehnung und den Widerruf der Zulassung könnten Antragsteller und 4
Beschuldigter **Beschwerde** nach § 304 Abs. 1 einlegen. Der StA und dem Beschuldigten steht auch gegen die Zulassung die Beschwerde zu; § 305 S. 1 findet keine Anwendung. Die Ablehnung des Zulassungsantrags und eine verspätete Zulassung können nach § 337 die Revision nur begründen, wenn das Urteil darauf beruht (BGHSt 4, 205). Gleiches gilt für das Unterlassen der Benachrichtigung oder eine zu weit gehende Einschränkung der Beistandsrechte (BGHSt 44, 82).

§ 150 (weggefallen)

Zweites Buch. Verfahren im ersten Rechtszug

Erster Abschnitt. Öffentliche Klage

§ 151 [Anklagegrundsatz]

Die Eröffnung einer gerichtlichen Untersuchung ist durch die Erhebung einer Klage bedingt.

1 Nach dem **Akkusationsprinzip** (Anklagegrundsatz) kann es nur auf Anklage zur gerichtlichen Untersuchung eines Falles kommen. Allerdings führt die Erhebung der öffentlichen Klage (§ 170 Abs. 1, § 199 Abs. 2, § 200) nicht automatisch zur gerichtlichen Untersuchung, sondern erst der förmliche Eröffnungsbeschluss (§ 203; vgl. auch § 156). Daher kann die StA die Klage bis zum Eröffnungsbeschluss noch zurücknehmen (§ 156).

2 **Die Klageerhebung ist Prozessvoraussetzung** und in jedem Stadium des Verfahrens von Amts wegen zu prüfen (Pfeiffer § 151 Rdn. 2). Die Rechtshängigkeit bei Gericht wird erst durch den Eröffnungsbeschluss oder einen ihm gleichstehenden Akt des Gerichts begründet (BGHSt 14, 17). Mit der Rechtshängigkeit entsteht ein Verfahrenshindernis (vgl. § 156 Rdn. 1).

3 Eine Anklage kann auch in Form der Nachtragsanklage in der Hauptverhandlung mündlich erhoben werden. Weitere **Formen der Klageerhebung** sind der Antrag auf Erlass eines Strafbefehls (§ 407), Anträge auf Anordnung von Maßregeln der Besserung und Sicherung (§§ 413f) und nach § 440 im objektiven Verfahren. Im beschleunigten Verfahren (§§ 417ff) kann die öffentliche Klage durch die Einrichtung einer Anklageschrift, aber auch mündlich in der Hauptverhandlung erhoben werden (§ 212a). Weitere Form der Klageerhebung ist die Privatklage (§ 374).

§ 152 [Anklagebehörde, Legalitätsgrundsatz]

(1) Zur Erhebung der öffentlichen Klage ist die Staatsanwaltschaft berufen.

(2) Sie ist, soweit nicht gesetzlich ein anderes bestimmt ist, verpflichtet, wegen aller verfolgbaren Straftaten einzuschreiten, sofern zureichende tatsächliche Anhaltspunkte vorliegen.

1 Das in Abs. 1 geregelte **Offizialprinzip** bedeutet, dass die Strafverfolgung dem Staat obliegt und nicht dem einzelnen Bürger. Es gibt relativ wenige Ausnahmen, in denen es zur gerichtlichen Untersuchung ohne Mitwirkung der StA kommen kann. So kann eine Finanzbehörde in Steuerstrafverfahren ggf. auch einen Strafbefehl beantragen (§ 400 AO).

2 **Die StA ist** ein gegenüber dem Gericht selbstständiges, der rechtsprechenden Gewalt zugeordnetes **Organ der Strafrechtspflege** (BGHSt 24, 171; Pfeiffer § 152 Rdn. 1).

3 Das **Legalitätsprinzip** (Abs. 2) bedeutet einen Verfolgungszwang, und zwar gegen jeden Verdächtigen (BVerfG NStZ 1982, 430). Sind die Voraussetzungen dafür gegeben, ergibt sich aus § 152 Abs. 2 auch ein Zwang zur Anklage (BGHSt 15, 155); dies korrespondiert mit dem Anklagemonopol (Abs. 1) der StA. Abs. 2 wird durch § 170 Abs. 1 ergänzt.

4 Die weitere Beteiligung der StA im gerichtlichen Verfahren nach der Klageerhebung ist eine **prozessuale Aufgabe eigener Art,** nicht mehr Teil des Legalitätsprinzips (Meyer-Goßner § 152 Rdn. 2; str.). Ob angesichts der vielen Durchbrechungen

1. Abschnitt. Öffentliche Klage § 152

(vgl. §§ 153 ff) das Strafverfahren wirklich noch vom Legalitätsprinzip beherrscht wird, ist zweifelhaft (vgl. Meyer-Goßner § 152 Rdn. 2).

Ob sich aus § 152 Abs. 2 auch die Verpflichtung ergibt, von Zwangsbefugnissen 5 Gebrauch zu machen und sich daraus die Eigenschaft des Abs. 2 als **Kompetenznorm** ergibt (so Meyer-Goßner § 152 Rdn. 3), ist zweifelhaft.

Ein Anfangsverdacht muss gegeben sein. Dieser muss schon in konkreten 6 Tatsachen bestehen. Ob zureichende tatsächliche Anhaltspunkte vorliegen (Abs. 2), ist keine Frage des Ermessens, sondern allenfalls eine solche eines Beurteilungsspielraums (vgl. BGH NStZ 1988, 510; Meyer-Goßner § 152 Rdn. 4). Der Anfangsverdacht muss es nach den kriminalistischen Erfahrungen als möglich erscheinen lassen, dass eine verfolgbare Straftat vorliegt (Meyer-Goßner § 152 Rdn. 4; Pfeiffer § 152 Rdn. 1 a). Dazu genügen auch entfernte Indizien, nicht jedoch bloße Vermutungen (LR-Beulke § 152 Rdn. 22).

Zur Klärung der Frage, ob wirklich die Einleitung eines Ermittlungsverfahrens nötig 7 ist, sind **Vorermittlungen** zulässig (BGHSt 38, 227; LG Offenburg NStZ 1993, 506; KK-Wache § 158 Rdn. 1, § 163 Rdn. 8; Lange DRiZ 2002, 264) und in der Praxis häufig (Meyer-Goßner § 152 Rdn. 4 a). Da kein Ermittlungsverfahren vorliegt, wird der Vorgang in das AR-Register eingetragen. Ergibt sich dann der Anfangsverdacht, wird die Sache gegen einen Tatverdächtigen (Js-Sache) oder gegen Unbekannt (UJs-Sache) umgetragen (Hellebrand Rdn. 187).

Der im Vorermittlungsstadium Betroffene hat nicht die Stellung eines Be- 8 schuldigten, Zwangs- und Eingriffsmaßnahmen dürfen nicht vorgenommen werden (Lange DRiZ 2002, 268 ff). Ob im Hinblick auf Eingriffe in das Recht auf informationelle Selbstbestimmung eine Ausnahme zu machen ist (so Meyer-Goßner § 152 Rdn. 4 a), ist zweifelhaft. Ebenso unklar ist, ob die bei Vorfeldermittlungen gewonnenen Erkenntnisse im Strafverfahren als Beweismittel verwertet werden dürfen.

Hiervon zu trennen sind so genannte **Vorfeldermittlungen,** die erst dazu dienen, 9 solche Anhaltspunkte zu gewinnen. Sie sind in strafprozessualer Hinsicht unzulässig, weil insoweit keinerlei Anfangsverdacht besteht (Meyer-Goßner § 152 Rdn. 4 a). Bei Steuerstrafsachen regelt jedoch § 208 Abs. 1 Nr. 3 AO eine entsprechende Kompetenz der Steuerfahndung.

Für die Feststellung des Anfangsverdachts tritt zur Prüfung des Sachverhalts 10 eine rechtliche Prüfung. Schon zur Vermeidung von Staatshaftung (BGHZ 20, 178; BGH NStZ 1988, 510) muss untersucht werden, ob der angezeigte oder sonst bekannt gewordene Sachverhalt überhaupt unter ein Strafgesetz fällt.

Umstritten ist, ob Tatsachen, die unter Verstoß gegen ein Beweisverwertungs- 11 verbot erlangt worden sind, zur Bejahung eines Anfangsverdachts verwertet werden dürfen (vgl. dazu LR-Beulke § 152 Rdn. 26; Einl. Rdn. 229). Die wohl h. M. will eine Abwägung zwischen dem Gewicht des Verfahrensverstoßes und der Schwere der aufzuklärenden Straftat vornehmen (Meyer-Goßner § 152 Rdn. 4 b). Unstreitig dürfte jedoch sein, dass das unzulässig gewordene Beweismittel nicht im Ermittlungsverfahren verwendet werden darf. Insofern darf es dem Beschuldigten weder vorgehalten noch darf darauf die Anwendung strafprozessualer Maßnahmen gestützt werden (BGHSt 27, 355; LR-Beulke § 152 Rdn. 27). Besteht ein Beweisverwendungsverbot, darf darauf noch nicht einmal ein Ermittlungsansatz gestützt werden (vgl. Hefendehl wistra 2003, 1).

Richtet sich der Verdacht noch nicht gegen eine bestimmte Person, wird das Er- 12 mittlungsverfahren zunächst **gegen Unbekannt** geführt (Meyer-Goßner § 152 Rdn. 5). Dass dieses zulässig ist, ergibt sich z.B. aus § 69 Abs. 1 S. 2.

Welche Bedeutung das Übermaßverbot hat, ist zweifelhaft. Überwiegend wird 13 angenommen, das Übermaßverbot könne die StA nicht vom Einschreiten abhalten, um dem Beschuldigten vermeintlich unverhältnismäßig schweren Nachteil zu ersparen (Meyer-Goßner § 152 Rdn. 6).

§ 152a	2. Buch. Verfahren im ersten Rechtszug

14   Das so genannte **Opportunitätsprinzip,** das eine Ausnahme vom Verfolgungszwang trotz an sich bestehender Verfolgungsvoraussetzungen enthält, ist nur die negative Seite des Legalitätsgrundsatzes. Die StPO macht in den §§ 153 ff die Entscheidung über eine Nichtverfolgung von einer Vielzahl unbestimmter Rechtsbegriffe abhängig, nicht etwa von Ermessen im Sinne eines echten Wahlrechts zwischen Verfolgung oder Nichtverfolgung (vgl. KK-Schoreit § 152 Rdn. 25; Meyer-Goßner § 152 Rdn. 7). **Echte Ermessensentscheidungen** eröffnen jedoch z. B. § 153c Abs. 1 S. 1 Nr. 1, 2; § 45 Abs. 1 S. 1 JGG. Zum Ordnungswidrigkeitenrecht siehe § 47 Abs. 1 OWiG.

15   Zur Verfolgungspflicht kann es gehören, **behebbare Verfahrenshindernisse** zu beseitigen, wenn dies im öffentlichen Interesse liegt (LR-Beulke § 152 Rdn. 30). Hierzu gehört beispielsweise der Versuch, eine Immunität des Beschuldigten aufheben zu lassen (Meyer-Goßner § 152 Rdn. 10).

16   Ob die StA bei der rechtlichen Prüfung des Sachverhalts an Rechtsprechung des BGH usw. gebunden ist, ist zweifelhaft. In der Literatur wird eine solche **Bindung an gerichtliche Präjudizien** teilweise verneint (vgl. LR-Graalmann-Scheerer vor § 141 GVG Rdn. 25f; Roxin DRiZ 1997, 115). Demgegenüber bejahen der BGH (BGHSt 15, 155) und ein Teil der Literatur (Krey JA 1985, 64; Woesner NJW 1961, 533, 535) eine solche rechtliche Bindung. Überwiegend wird jedoch differenziert: Meint die StA, ein Verhalten sei entgegen der bisherigen höchstrichterlichen Rechtsprechung strafbar, muss sie zwar nicht anklagen, ist aber an einer Anklage nicht gehindert. Hält die StA im Gegensatz zur höchstrichterlichen Rechtsprechung ein Verhalten für straflos, muss sie anklagen und versuchen, im Rahmen des Strafverfahrens eine Änderung der Rechtsprechung herbeizuführen. Dies gebietet schon die der StA obliegende Pflicht, auf einheitliche Rechtsanwendung zu achten (Ranft 242; Meyer-Goßner vor § 141 GVG Rdn. 11). Innerhalb der StA geht bei zweifelhaften Rechtsfragen die Auffassung des Dienstvorgesetzten vor (Meyer-Goßner vor § 141 Rdn. 11).

§ 152 a [Strafverfolgung von Abgeordneten]

Landesgesetzliche Vorschriften über die Voraussetzungen, unter denen gegen Mitglieder eines Organs der Gesetzgebung eine Strafverfolgung eingeleitet oder fortgesetzt werden kann, sind auch für die anderen Länder der Bundesrepublik Deutschland und den Bund wirksam.

1   Die Vorschrift enthält eine **Ergänzung des Art. 46 GG.** Die dort geregelte Indemnität und Immunität erfassen nur Abgeordnete des Bundestages. Landesrechtliche Vorschriften treten hinzu. § 152a ergänzt die in Art. 46 Abs. 2 GG enthaltene Immunität insofern, als die Gleichstellung von Mitgliedern der Landesparlamente mit den Abgeordneten des Bundestages zu einer bundesweiten Wirkung führt.

Beispiel: Ein Mitglied der Hamburger Bürgerschaft wird bei einer Straftat in Schleswig-Holstein ertappt. Die in Hamburg angeordnete Immunität wirkt auch für ein von einer StA in Schleswig-Holstein geführtes Strafverfahren.

2   Für die Frage, ob einem Abgeordneten eines Landesparlaments Immunität zusteht, ist nicht auf Art. 46 GG, sondern auf **das jeweilige Landesrecht** zurückzugreifen. Auch über die Genehmigung zur Strafverfolgung hat das jeweilige Landesparlament zu entscheiden (Pfeiffer § 152a Rdn. 3; LR-Rieß § 152a Rdn. 4).

3   **Die Immunität ist Verfahrenshindernis.** Es beginnt in der Regel mit der Annahme der Wahl beim Wahlleiter und entfällt mit Ende des Mandats oder mit einer Genehmigung zur Strafverfolgung (BGH NStZ 1992, 94). Bei so genannten mitgebrachten Straftaten, die bereits vor Übernahme des Mandats anhängig waren, wird das Verfahren bis zur Beendigung der Immunität ausgesetzt (KK-Schoreit § 152a Rdn. 15; Pfeiffer § 152a Rdn. 5).

1. Abschnitt. Öffentliche Klage § 153

Die Immunität schließt nicht aus, die Einleitung eines Verfahrens abzulehnen oder 4
dieses nach § 170 Abs. 2 oder § 153 Abs. 1 einzustellen, wenn dies **ohne weitere Beweiserhebung** zur Sache möglich ist. Eine solche Verfügung soll nicht bedeuten, dass der Abgeordnete zur Verantwortung gezogen wird (Meyer-Goßner § 152a Rdn. 5; a.M. Brocker GA 2002, 46). Zur Klärung der Frage, ob es sich um eine querulatorische oder absolut unbegründete Anzeige handelt, können gewisse Ermittlungen über die Persönlichkeit des Anzeigenden vorgenommen werden (Meyer-Goßner § 152a Rdn. 5).

Gegen mit der Immunität ausgestattete Personen ist eine **vorläufige Festnahme** 5
nur „bei Begehung der Tat" zulässig (Art. 46 Abs. 2 Hs. 2 GG). Dies entspricht dem „auf frischer Tat betroffen" in § 127 (LR-Beulke § 152a Rdn. 25). Gegen andere Tatbeteiligte (einschließlich Hehler und Begünstiger) darf ein Strafverfahren eingeleitet und durchgeführt werden, wenn sie nicht selbst auch Immunität genießen. Der Abgeordnete darf insofern als Zeuge vernommen werden, wobei insbesondere § 55 zu beachten ist. Unter Beachtung des § 97 Abs. 3, 4 darf bei ihm auch nach §§ 103, 104 durchsucht werden.

Die Entscheidung des zuständigen (Landes-)**Parlaments** führt die StA oder das 6
Gericht auf dem Dienstweg herbei. Inhalt und Umfang der Genehmigung des Parlaments ergeben sich aus dem von der StA gestellten Antrag und der Entscheidung des zuständigen Gremiums. Das Gericht ist an die rechtliche Beurteilung, die die StA bei ihrem Antrag an das Parlament zu Grunde gelegt hat, nicht gebunden (BGHSt 15, 274). Die Immunität von Mitgliedern des Europäischen Parlaments richtet sich nach Art. 9, 10 des Protokolls über die Vorrechte und Befreiungen der EG (vgl. Kreicker GA 2004, 643).

Ob bei einem unter Verstoß gegen die Immunität erlangten Beweismittel ein **Verwertungsverbot** eingreift, ist umstritten. Regelmäßig wird dies abgelehnt (LR-Beulke § 152a Rdn. 52; Meyer-Goßner § 152a Rdn. 13; a.M. Brocker GA 2002, 52), jedenfalls dann, wenn das Abgeordnetenmandat inzwischen erloschen ist (BGH NStZ 1992, 94). 7

§ 153 [Nichtverfolgung von Bagatellsachen]

(1) ¹Hat das Verfahren ein Vergehen zum Gegenstand, so kann die Staatsanwaltschaft mit Zustimmung des für die Eröffnung des Hauptverfahrens zuständigen Gerichts von der Verfolgung absehen, wenn die Schuld des Täters als gering anzusehen wäre und kein öffentliches Interesse an der Verfolgung besteht. ²Der Zustimmung des Gerichts bedarf es nicht bei einem Vergehen, das nicht mit einer im Mindestmaß erhöhten Strafe bedroht ist und bei dem die durch die Tat verursachten Folgen gering sind.

(2) ¹Ist die Klage bereits erhoben, so kann das Gericht in jeder Lage des Verfahrens unter den Voraussetzungen des Absatzes 1 mit Zustimmung der Staatsanwaltschaft und des Angeschuldigten das Verfahren einstellen. ²Der Zustimmung des Angeschuldigten bedarf es nicht, wenn die Hauptverhandlung aus den in § 205 angeführten Gründen nicht durchgeführt werden kann oder in den Fällen des § 231 Abs. 2 und der §§ 232 und 233 in seiner Abwesenheit durchgeführt wird. ³Die Entscheidung ergeht durch Beschluß. ⁴Der Beschluß ist nicht anfechtbar.

I. Überblick

Die Vorschrift regelt die Nichtverfolgung von Bagatellsachen bzw. die so genannte 1
„Einstellung wegen Geringfügigkeit". Sie erlaubt die Nichtverfolgung bei Vergehen, nicht jedoch bei Verbrechen (§ 12 Abs. 1 StGB). Dabei setzt die Einstellung im Grundsatz eine Übereinstimmung zwischen StA und Gericht voraus. In Fällen gerin-

347

§ 153   2. Buch. Verfahren im ersten Rechtszug

gerer Kriminalität kann aber auch die StA allein über die Einstellung entscheiden (vgl. Abs. 1 S. 2), solange die Sache nicht bei Gericht anhängig ist (Abs. 2).

II. Voraussetzungen

2   Die Einstellung setzt voraus, dass die Schuld des Täters als gering anzusehen wäre und an einer Verfolgung kein öffentliches Interesse besteht. Ist die Tat **nicht strafbar** oder schon nicht verfolgbar, scheidet eine Anwendung des § 153 von vornherein aus (Meyer-Goßner § 153 Rdn. 3).

3   Die Schuld ist gering (Abs. 1 S. 1), wenn sie im Vergleich mit Vergehen gleicher Art nicht unerheblich unter dem Durchschnitt liegt (LR-Beulke § 153 Rdn. 24; Meyer-Goßner § 153 Rdn. 3; Pfeiffer § 153 Rdn. 2). Gefordert ist allein eine **hypothetische Schuldbeurteilung** (BVerfGE 82, 106). Es muss mit Wahrscheinlichkeit anzunehmen sein, dass die Schuld des Täters als gering anzusehen wäre. Die Strafsache muss dann nicht weiter aufgeklärt werden, als es für diese Prognose notwendig ist (LR-Beulke § 153 Rdn. 35 ff), falls nicht das öffentliche Interesse an der Strafverfolgung die Durchführung des Verfahrens gebietet. Weitere Ermittlungen sind auch dann nicht geboten, wenn möglich ist, dass dann eine dem Beschuldigten günstigere Erledigungsart, z.B. die Einstellung nach § 170 Abs. 2, in Betracht kommt (LR-Beulke § 153 Rdn. 3; Meyer-Goßner § 153 Rdn. 3).

4   Das Maß der Schuld muss zu einer Strafe **im untersten Bereich** des in Betracht kommenden Strafrahmens führen können (Rieß NStZ 1981, 2, 8; Meyer-Goßner § 153 Rdn. 4). Die auch sonst für die Strafzumessung maßgeblichen Gesichtspunkte (§ 46 Abs. 2 StGB) sind zu berücksichtigen (Meyer-Goßner § 153 Rdn. 4).

5   **Treffen ein Offizial- und Privatklagedelikt zusammen,** darf die StA nur dann auf den Privatklageweg verweisen, wenn hinsichtlich des Offizialdelikts die Voraussetzungen des § 170 Abs. 2 vorliegen. Unzulässig ist es, das Offizialdelikt nach § 153 einzustellen und wegen der damit zusammentreffenden Straftat auf den Privatklageweg zu verweisen (KK-Schoreit § 153 Rdn. 5). Bei einem Zusammentreffen von Straftat und Ordnungswidrigkeit kann die Einstellung auf die Straftat beschränkt werden. Damit wird der Weg für die Anwendbarkeit der Ordnungswidrigkeit frei (§ 21 Abs. 2 OWiG). Ggf. gibt die StA dann die Sache insoweit an die Verwaltungsbehörde ab (BGHSt 41, 385, 390).

6   **Ein öffentliches Verfolgungsinteresse** darf der Einstellung nicht entgegenstehen. Das Interesse kann sich aus Gründen der Spezial- und der Generalprävention ergeben, aber auch wegen des Interesses der Allgemeinheit an der konkreten Straftat (vgl. Meyer-Goßner § 153 Rdn. 7). Der Zeitablauf zwischen Tat und ihrer Entdeckung kann das öffentliche Interesse verringern (BGH NStZ 1997, 543). Auch eine völlig unangemessene Verzögerung des Verfahrens kann im Sinne des § 153 das Verfolgungsinteresse so reduzieren, dass eine Einstellung möglich ist.

7   Das Absehen von der Verfolgung erfolgt **durch Entscheidung der StA (Abs. 1).** Die Polizei kann nicht in eigener Zuständigkeit von der Verfolgung absehen, sondern muss die Akten zunächst der StA vorlegen (§ 163 Abs. 2 S. 1). Im Steuerstrafverfahren kann ggf. die Finanzbehörde die Entscheidung treffen (vgl. § 398 AO).

8   Die Einstellung bedarf grundsätzlich der **Zustimmung des Gerichts** (Abs. 1 S. 1). Hierzu besteht insbesondere deshalb Anlass, weil dem Verletzten bei einer Einstellung des Verfahrens nach § 153 Abs. 1 anders als bei Einstellung nach § 170 Abs. 2 das Klageerzwingungsverfahren nicht zur Verfügung steht (§ 172 Abs. 2 S. 3). Die Erteilung oder Versagung der Zustimmung ist keine Entscheidung, sondern nur eine Prozesserklärung, die in ihrer Vorbereitung nicht des rechtlichen Gehörs bedarf. Die Erklärung ist nicht mit der Beschwerde anfechtbar (BGHSt 38, 381, 382). Im Verfahren gegen einen Jugendlichen gelten die §§ 45, 47 JGG und verdrängen § 153 (h.M.; vgl. LR-Beulke § 153 Rdn. 14; Meyer-Goßner § 153 Rdn. 12).

1. Abschnitt. Öffentliche Klage § 153

Einer **Zustimmung des Beschuldigten** bedarf es bei der Anwendung des Abs. 1 9
nicht, noch nicht einmal seiner Anhörung, wenn die Schuldfrage ohne sie beurteilt
werden kann (Meyer-Goßner § 153 Rdn. 13).
Bei geringfügigen Vergehen bedarf es einer gerichtlichen Zustimmung 10
nicht (Abs. 1 S. 2). Dabei darf die Straftat nicht mit einer im Mindestmaß erhöhten
Strafe bedroht sein. Insofern bedarf z. B. eine Einstellung in den Fällen des § 244 StGB
der richterlichen Zustimmung. Beim besonders schweren Fall des Diebstahls handelt es
sich nur um eine Strafzumessungsregel, so dass nicht ein Vergehen vorliegt, das mit einer im Mindestmaß erhöhten Strafdrohung versehen ist (KK-Schoreit § 153 Rdn. 41;
Meyer-Goßner § 153 Rdn. 15).
Die verursachten Folgen der Tat müssen gering sein. Bei Vermögensdelikten 11
richtet sich dies vornehmlich nach dem entstandenen Schaden. Die Wertgrenze dürfte
etwa bei 50 Euro liegen (Meyer-Goßner § 153 Rdn. 17; Pfeiffer § 153 Rdn. 5:
100 DM). Das Affektionsinteresse des Geschädigten wird nicht berücksichtigt (Meyer-
Goßner § 153 Rdn. 17). Auch in Grenzfällen ist die Mitwirkung des Gerichts nicht
erforderlich, wenn die StA der vertretbaren Auffassung ist, die Voraussetzungen für eine Einstellung nach Abs. 1 S. 2 seien gegeben; eine Einschaltung des Gerichts ist aber
natürlich möglich (Pfeiffer § 153 Rdn. 5).
Bei Steuerstrafsachen (Zollstrafsachen) tritt ergänzend § 398 AO hinzu. Dort 12
werden regelmäßig höhere Schadenssummen zum Anlass genommen, das Verfahren
einzustellen (vgl. Franzen/Gast/Joecks § 398 AO Rdn. 16). Bei Betäubungsmittelstrafsachen lässt § 31 a BtMG das Absehen von der Verfolgung ohne Zustimmung des
Gerichts zu, wenn bei bestimmten Straftaten der Täter das Betäubungsmittel lediglich
zum Eigenverbrauch in geringer Menge anbaut, besitzt usw. (Meyer-Goßner § 153
Rdn. 20 a). Nach Auffassung des Bundesverfassungsgerichts (BVerfGE 90, 145) ist in
diesen Fällen grundsätzlich von der Verfolgung abzusehen.
Die Einstellung nach Abs. 1 führt nicht zum Strafklageverbrauch. So bleibt 13
z. B. ein Privatklageverfahren möglich. Ein Klageerzwingungsverfahren (§§ 172 ff) ist
unzulässig (vgl. OLG Frankfurt NStZ-RR 2001, 20).
Ist die öffentliche Klage bereits erhoben, geht die Zuständigkeit für die Ein- 14
stellung auf das Gericht über. Nimmt die StA aber die Klage (§ 156), den Strafbefehlsantrag oder nach Erlass des Strafbefehls die Klage nach § 411 Abs. 3 zurück, wird sie
wieder zuständig (Pfeiffer § 153 Rdn. 7). Zuständig ist zunächst das Eröffnungsgericht,
im Hauptverfahren das erkennende Gericht und nach Einlegung eines Rechtsmittels
das Rechtsmittelgericht (Meyer-Goßner § 153 Rdn. 21).
Die Einstellung erfolgt durch Beschluss (Abs. 2 S. 3), der nach § 464 Abs. 1, 15
2 mit einer Entscheidung über die Verfahrenskosten und ggf. mit einer solchen über
die Entschädigung für Strafverfolgungsmaßnahmen zu versehen ist (Pfeiffer § 153
Rdn. 9). Einer Begründung bedarf der Beschluss nicht, sie ist aber empfehlenswert
(vgl. KK-Schoreit § 153 Rdn. 56).
Die Einstellung ist **in jeder Lage des Verfahrens** zulässig (Abs. 2). Die Vorschrift 16
gilt bis zum rechtskräftigen Abschluss des Erkenntnisverfahrens, auch für das Revisionsgericht (Meyer-Goßner § 153 Rdn. 25).
Mit dem Erfordernis der **Zustimmung der StA** wird deren Anklagemonopol 17
Rechnung getragen (BGHZ 64, 347, 350). Die Zustimmung des Nebenklägers ist
nicht erforderlich (BGH NStZ 1999, 312). Gegen die Verweigerung der Zustimmung
der StA gibt es kein Rechtsmittel (SK-Weßlau § 153 Rdn. 26).
Die **Zustimmung des Angeschuldigten** ist nötig, damit er selbst entscheiden 18
kann, ob er zum Zweck einer ihm günstigen Entscheidung (Freispruch) weitermacht
und dabei das Risiko der Verurteilung in Kauf nimmt (Meyer-Goßner § 153
Rdn. 27). Die Erklärung soll bedingungsfeindlich sein (KK-Schoreit § 153 Rdn. 53;
Meyer-Goßner § 153 Rdn. 27; a. M. LR-Beulke § 153 Rdn. 70). Erweitert wird das
Zustimmungserfordernis durch Abs. 2 S. 2, der auch dann gilt, wenn der anwesende

§ 153a 2. Buch. Verfahren im ersten Rechtszug

Verteidiger des ausgebliebenen Angeklagten der Einstellung widerspricht (OLG Düsseldorf MDR 1992, 1174). Der Zustimmung des Angeklagten bedarf es auch bei einer Einstellung wegen überlanger Verfahrensdauer (OLG Frankfurt NStZ-RR 1998, 52).

III. Rechtsschutz, Rechtsfolgen

19 Die gerichtliche Einstellung ist für StA und Angeschuldigten **nicht anfechtbar**, auch nicht für den Nebenkläger (§ 400 Abs. 2). Die Beschwerde steht der StA und dem Angeschuldigten jedoch zu, wenn eine prozessuale Voraussetzung fehlte, z. B. das Verfahren ein Verbrechen zum Gegenstand hatte (vgl. OLG Hamm NStZ-RR 2004, 144) oder die erforderliche Zustimmung nicht wirksam erklärt worden ist (LR-Beulke § 153 Rdn. 82). Zwar mag die Einstellung den Angeschuldigten als solchen nicht beschweren, aber es ist sein verfahrensrechtliches Mitspracherecht verletzt (Meyer-Goßner § 153 Rdn. 34). Ein Beschluss des Beschwerdegerichts, mit dem fehlerhaft eine Einstellung nach Abs. 2 aufgehoben wird, ist wirksam, steht aber einer erneuten Einstellung nach Abs. 2 nicht entgegen (BGH NJW 2002, 2401).

20 Gegen die **Ablehnung** der beantragten Einstellung haben die Beteiligten nicht das Recht der Beschwerde (LR-Beulke § 153 Rdn. 81). Die Nebenentscheidungen sind grundsätzlich unanfechtbar. Anderes gilt für die Entscheidung über die Entschädigung (§ 8 Abs. 3 S. 1 StrEG).

21 Inwiefern der Einstellungsbeschluss des Gerichts nach Abs. 2 zu einem **(beschränkten) Strafklageverbrauch** führt, ist zweifelhaft und umstritten. Nach Auffassung des BGH (BGH NJW 2004, 375) genügen neue Tatsachen und Beweismittel, die eine schärfere rechtliche Beurteilung ermöglichen, nicht, um das Verfahren wiederaufzunehmen. Dabei ist zweifelhaft, ob der BGH die unterschiedliche Regelung in § 153 einerseits und § 153a Abs. 1 S. 5 andererseits hinreichend berücksichtigt hat (krit. Meyer-Goßner § 153 Rdn. 38). Eine Wiederaufnahme soll möglich sein, wenn bei einer Einstellung verkannt wurde, dass es sich um einen Teilakt einer Dauerstraftat oder einer Bewertungseinheit gehandelt hat.

22 Mit der **Revision** kann nicht gerügt werden, dass § 153 Abs. 2 nicht angewendet wurde. Jedoch kann das Revisionsgericht das Verfahren bei zulässiger Revision mit Zustimmung der bei ihnen bestehenden StA und des Angeklagten selbst einstellen.

23 Die Einstellung des Verfahrens nach Abs. 1 oder 2 lässt die Möglichkeit unberührt, nachträglich ein **objektives Verfahren** zu betreiben, z.B. mit dem Ziel der Einziehung.

Beispiel: Einstellung des Verfahrens wegen Besitzes von Betäubungsmitteln nach § 153, objektives Verfahren wegen der Einziehung der Hanfpflanzen.

§ 153 a [Vorläufiges Absehen von Klage; vorläufige Einstellung]

(1) ¹Mit Zustimmung des für die Eröffnung des Hauptverfahrens zuständigen Gerichts und des Beschuldigten kann die Staatsanwaltschaft bei einem Vergehen vorläufig von der Erhebung der öffentlichen Klage absehen und zugleich dem Beschuldigten Auflagen und Weisungen erteilen, wenn diese geeignet sind, das öffentliche Interesse an der Strafverfolgung zu beseitigen, und die Schwere der Schuld nicht entgegensteht. ²Als Auflagen oder Weisungen kommen insbesondere in Betracht,
1. zur Wiedergutmachung des durch die Tat verursachten Schadens eine bestimmte Leistung zu erbringen,
2. einen Geldbetrag zugunsten einer gemeinnützigen Einrichtung oder der Staatskasse zu zahlen,

3. sonst gemeinnützige Leistungen zu erbringen,
4. Unterhaltspflichten in einer bestimmten Höhe nachzukommen,
5. sich ernsthaft zu bemühen, einen Ausgleich mit dem Verletzten zu erreichen (Täter-Opfer-Ausgleich) und dabei seine Tat ganz oder zum überwiegenden Teil wieder gut zu machen oder deren Wiedergutmachung zu erstreben, oder
6. an einem Aufbauseminar nach § 2b Abs. 2 Satz 2 oder § 4 Abs. 8 Satz 4 des Straßenverkehrsgesetzes teilzunehmen.

³Zur Erfüllung der Auflagen und Weisungen setzt die Staatsanwaltschaft dem Beschuldigten eine Frist, die in den Fällen des Satzes 2 Nr. 1 bis 3, 5 und 6 höchstens sechs Monate, in den Fällen des Satzes 2 Nr. 4 höchstens ein Jahr beträgt. ⁴Die Staatsanwaltschaft kann Auflagen und Weisungen nachträglich aufheben und die Frist einmal für die Dauer von drei Monaten verlängern; mit Zustimmung des Beschuldigten kann sie auch Auflagen und Weisungen nachträglich auferlegen und ändern. ⁵Erfüllt der Beschuldigte die Auflagen und Weisungen, so kann die Tat nicht mehr als Vergehen verfolgt werden. ⁶Erfüllt der Beschuldigte die Auflagen und Weisungen nicht, so werden Leistungen, die er zu ihrer Erfüllung erbracht hat, nicht erstattet. ⁷§ 153 Abs. 1 Satz 2 gilt in den Fällen des Satzes 2 Nr. 1 bis 5 entsprechend.

(2) ¹Ist die Klage bereits erhoben, so kann das Gericht mit Zustimmung der Staatsanwaltschaft und des Angeschuldigten das Verfahren bis zum Ende der Hauptverhandlung, in der die tatsächlichen Feststellungen letztmals geprüft werden können, vorläufig einstellen und zugleich dem Angeschuldigten die in Absatz 1 Satz 1 und 2 bezeichneten Auflagen und Weisungen erteilen. ²Absatz 1 Satz 3 bis 6 gilt entsprechend. ³Die Entscheidung nach Satz 1 ergeht durch Beschluß. ⁴Der Beschluß ist nicht anfechtbar. ⁵Satz 4 gilt auch für eine Feststellung, daß gemäß Satz 1 erteilte Auflagen und Weisungen erfüllt worden sind.

(3) Während des Laufes der für die Erfüllung der Auflagen und Weisungen gesetzten Frist ruht die Verjährung.

I. Überblick

Die Vorschrift ist die erste, mit der Mitte der 70er Jahre der Versuch unternommen wurde, das Strafen im Bereich der kleineren Kriminalität zurückzudrängen. In der Praxis wurde der Anwendungsbereich der Vorschrift immer mehr auch in den **Bereich der mittleren Kriminalität** hinein ausgedehnt. Der Gesetzgeber ist dem insofern gefolgt, als er die ursprüngliche Voraussetzung, dass die Schuld gering sein müsse, durch die Formulierung ersetzt hat, dass die Schwere der Schuld dem Absehen der Erhebung von der öffentlichen Klage nicht entgegenstehen dürfe (vgl. Meyer-Goßner § 153a Rdn. 1). Die Vorschrift findet insbesondere bei Ersttätern Anwendung (Meyer-Goßner § 153a Rdn. 7). 1

Zweck des § 153a ist es ein vereinfachtes Erledigungsverfahren im Bereich der kleinen und mittleren Kriminalität mit entsprechendem Beschleunigungs- und Entlastungseffekt zur Verfügung zu stellen (LR-Beulke § 153a Rdn. 3; Meyer-Goßner § 153a Rdn. 2). Im bösen Sinne geht es um eine Art Freikauf vom Verfolgungsrisiko (vgl. Schmidhäuser JZ 1973, 529). Dabei ist nicht zu leugnen, dass die Vorschrift in der Praxis nicht selten missbraucht wird: Der Beschuldigte wird vor die Wahl gestellt, einer Einstellung des Verfahrens nach § 153a zuzustimmen oder aber eine ggf. publizitätsträchtige längere Hauptverhandlung über sich ergehen zu lassen. In solchen Fällen wird mancher das Licht der Öffentlichkeit scheuen und lieber einer Einstellung zustimmen, als bis zu einem etwaigen Freispruch zu kämpfen. Naturgemäß ist die Anwendung des § 153a gegenüber einem möglicherweise Unschuldigen un- 2

§ 153a   2. Buch. Verfahren im ersten Rechtszug

tersagt (Meyer-Goßner § 153a Rdn. 2), die Praxis ist aber in diesem Zusammenhang nicht unbedingt zimperlich.

3   Die Einstellung des Verfahrens erfolgt **in zwei Schritten.** Unter den Voraussetzungen des § 153a Abs. 1 erfolgt eine Einstellung des Verfahrens zunächst vorläufig. Sind die entsprechenden Auflagen und Weisungen erfüllt, wird das Verfahren endgültig eingestellt.

II. Voraussetzungen

4   Die vorläufige Einstellung ist zulässig, wenn die Voraussetzungen für die sofortige Einstellung nach § 153 deshalb nicht gegeben sind, weil ein **öffentliches Interesse an der Strafverfolgung** besteht (vgl. § 153 Rdn. 6). Dieses Interesse darf aber nur so stark sein, dass es durch die Anordnung von Auflagen und Weisungen und deren Erfüllung wiederum beseitigt werden kann (Meyer-Goßner § 153a Rdn. 3).

5   **Die Schwere der Schuld** darf einer Einstellung nicht entgegenstehen. Während § 153 darauf abstellt, dass die Schuld des Täters als gering anzusehen wäre, kann eine Einstellung nach § 153a auch bei einer Schuld im mittleren Bereich erfolgen (Meyer-Goßner § 153a Rdn. 7). Es muss hinreichender Tatverdacht bestehen.

6   **Typische Anwendungsfälle** sind Eigentums- und Vermögensdelikte oberhalb der Antragsgrenze, leichte und mittlere Verkehrsstraftaten und die Verletzung der Unterhaltspflicht. Bei fahrlässiger Tötung kommt § 153a nur in besonders gelagerten Fällen in Betracht (Meyer-Goßner § 153a Rdn. 8). Bei Wirtschafts- und Steuerstraftaten soll von der Verfolgung abgesehen werden können, wenn der Schaden nicht zu erheblich ist und es sich um ein einmaliges Fehlverhalten handelt (Meyer-Goßner § 153a Rdn. 8). Tatsächlich wird § 153a auch bei hohen Schäden angewendet, freilich dann, wenn der Schaden (im Wesentlichen) wiedergutgemacht ist und der Täter an der Aufklärung mitwirkt.

7   Die **Zustimmung des Gerichts** ist bei geringfügigen Vergehen nicht notwendig (Abs. 1 S. 7 i.V.m. § 153 Abs. 1 S. 2). Dies gilt nicht für den Fall des Abs. 1 Nr. 6. Werden die Auflagen und Weisungen erfüllt, führt die Einstellung auch dann zu einem Verfahrenshindernis, wenn es an der erforderlichen Zustimmung des Gerichts fehlt (Karl NStZ 1995, 535; Meyer-Goßner § 153a Rdn. 9). Eine kurze Begründung des Gerichts sollte nur bei Ablehnung der Zustimmung erfolgen, bei Zustimmung ist sie überflüssig (R. Hamm NJW 2001, 1694, 1695; Meyer-Goßner § 153a Rdn. 9; a.M. offenbar LG Bonn NJW 2001, 1736).

8   Die **Zustimmung des Beschuldigten** (Abs. 1 S. 1) ist schon deshalb erforderlich, weil er bereit sein muss, die Auflagen und Weisungen zu akzeptieren und zu erfüllen. Die Zustimmung bezieht sich auch auf die Auflagen und Weisungen, zu deren Konkretisierung die Fristen gehören (LR-Beulke § 153a Rdn. 41).

II. Auflagen und Weisungen

9   Die in Abs. 1 S. 2 vorgesehenen **Auflagen und Weisungen** sollen das öffentliche Interesse an der Strafverfolgung kompensieren, haben aber keinen Strafcharakter. Es handelt sich hier um ein **Beendigungsverfahren mit Selbstunterwerfung,** die Auflagen haben den Charakter besonderer nichtstrafrechtlicher Sanktionen (LR-Beulke § 153a Rdn. 9; Meyer-Goßner § 153a Rdn. 12). Die Kompensation des Verfolgungsinteresses wird regelmäßig bei erschwerenden Umständen, bei Vorstrafen oder bei einer nicht weit zurückliegenden Behandlung eines Verfahrens nach § 153a unmöglich sein (Meyer-Goßner § 153a Rdn. 13). Anderes gilt bei lange zurückliegender Tatzeit und überlanger Dauer des Strafverfahrens (vgl. LG Frankfurt am Main NJW 1997, 1994).

10 **Abs. 1 S. 2** enthält in den Nr. 1 bis 3 einen **Katalog von Auflagen,** in den Nr. 4 bis 6 einen **Katalog von Weisungen.** Es können mehrere Pflichten in verschiedener

1. Abschnitt. Öffentliche Klage § 153a

Kombination auferlegt werden. Der Katalog ist nicht mehr abschließend („insbesondere"), sondern lässt auch andere Auflagen und Weisungen zu, etwa die Weisung, an Beratungsstunden in einer sozialen Betreuungsstelle teilzunehmen oder aber auf sichergestellte oder beschlagnahmte Gegenstände zu verzichten (Meyer-Goßner § 153a Rdn. 14). Schranken ergeben sich aus verfassungsrechtlichen und spezialgesetzlichen Regelungen (vgl. LR-Beulke § 153a Rdn. 70ff mit vielen Beispielen für unzulässige Auflagen und Weisungen). Im Katalog nicht genannte Auflagen und Weisungen bedürfen aber in jedem Fall der Zustimmung des Gerichts (BT-Drucks. 14/1928 S. 8).

Die Weisung zur Wiedergutmachung (Nr. 1) muss konkret sein; die Wiedergutmachung „nach Kräften" darf nicht auferlegt werden (Meyer-Goßner § 153a Rdn. 15). Dass der Beschuldigte trotz hinreichenden Verdachts die strafrechtliche Schuld bestreitet, soll die Wiedergutmachungsauflage nicht unzulässig machen (Meyer-Goßner § 153a Rdn. 15; a.M. Tröndle/Fischer § 248a StGB Rdn. 8). Welcher Schaden zu ersetzen ist, richtet sich nach den bürgerlich-rechtlichen Vorschriften. Der Schaden kann ggf. geschätzt werden, darf aber jedenfalls die Schadenersatzpflicht nach Zivilrecht nicht übersteigen (Lackner/Kühl § 56b StGB Rdn. 3a). Die Auflage ist auch bei Verjährung des Anspruchs möglich (LR-Beulke § 153a Rdn. 52). Auch der Ersatz eines immateriellen Schadens gegenüber dem Verletzten kann auferlegt werden (Meyer-Goßner § 153a Rdn. 17). § 254 BGB ist zu berücksichtigen. 11

Die Geldzahlung an eine gemeinnützige Einrichtung oder die Staatskasse ist nach Nr. 2 als Weisung zulässig. Einen Höchstbetrag gibt es insofern nicht (vgl. aber Fünfsinn NStZ 1987, 97). Grenze ist die Unzumutbarkeit bei offensichtlichem Missverhältnis zur Tatschuld oder zu den wirtschaftlichen Verhältnissen des Beschuldigten. Während früher vielfach Geldzahlungen zu Gunsten einer gemeinnützigen Einrichtung auferlegt wurden, wird in Zeiten knapper Kassen die Zahlung an die Staatskasse immer mehr üblich. Handelt es sich nicht um eine einmalige Leistung, ist in den Fällen der Nr. 1 und 2 ein **Tilgungsplan** (mit Raten und Fristen) angebracht (Meyer-Goßner § 153a Rdn. 20). 12

Sonstige gemeinnützige Leistungen (Nr. 3) sind beispielsweise Hilfsdienste beim Krankenhaus, Pflegeheim oder im Umweltschutz nach einem Leistungsplan unter Berücksichtigung der Zumutbarkeit (Meyer-Goßner § 153a Rdn. 21). 13

Die Weisung, Unterhaltszahlungen zu leisten (Nr. 4), kommt insbesondere bei Verfahren nach § 170 StGB wegen Verletzung der Unterhaltspflicht in Betracht. Regelmäßig wird eine Geldzahlung auferlegt, es können aber auch Naturalleistungen in Betracht kommen (LR-Beulke § 153a Rdn. 59; Meyer-Goßner § 153a Rdn. 22). 14

Das Bemühen um einen Täter-Opfer-Ausgleich (Nr. 5) schafft die verfahrensrechtliche Möglichkeit, zu einer Einstellung des Verfahrens zu gelangen. Wegen § 155a Abs. 1 S. 3 kann die Weisung nach Nr. 5 nicht gegen den Willen des Verletzten erteilt werden (LR-Beulke § 153a Rdn. 62). Überdies wird sie nur bei einem geständigen Beschuldigten in Betracht kommen (KK-Schoreit § 153a Rdn. 22e). Während bei den Auflagen und Weisungen sonst ein klares „Ziel" definiert ist, steht die Einschätzung des Erfolgs der Weisung wenn nicht im Ermessen, so doch in der Beurteilung der StA, die ggf. feststellen muss, dass das vom Beschuldigten gezeigte Bemühen als ausreichend anzusehen ist. In Betracht wird dies kommen, wenn dem Beschuldigten z.B. das Misslingen des Ausgleichs nicht anzulasten ist (vgl. Tolmein ZRP 1999, 410; Meyer-Goßner § 153a Rdn. 22a). 15

Die Teilnahme an einem Aufbauseminar (Nr. 6), früher „Nachschulung" genannt, wird nur in seltenen Fällen in Betracht kommen. Aus § 69 Abs. 2 StGB ergibt sich, dass allein die Teilnahme an einem Aufbauseminar in den dort genannten Fällen für eine Einstellung nicht ausreicht (BT-Drucks. 13/6914 S. 94), so dass Nr. 6 nur in Ausnahmefällen anwendbar sein wird (LR-Beulke § 153a Rdn. 66; Meyer-Goßner § 153a Rdn. 22b). 16

§ 153a 2. Buch. Verfahren im ersten Rechtszug

17   Die **Bestimmung einer Frist** zur Erfüllung der Auflagen und Weisungen (Abs. 1 S. 3) ist nur wirksam, wenn der Beschuldigte der Einstellung zugestimmt hatte (Meyer-Goßner § 153a Rdn. 23). Die dort genannten Zeiträume sind Höchstfristen, im Regelfall soll die gesetzte Frist unter dem Höchstmaß liegen und möglichst drei Monate nicht übersteigen (Meyer-Goßner § 153a Rdn. 23).

18   Eine **nachträgliche Korrektur** der Auflagen und Weisungen erlaubt Abs. 1 S. 4 in engen Grenzen. Die Aufhebung bedarf nicht der Zustimmung des Beschuldigten, wohl aber eine Änderung. Die gesetzten Fristen können aus wichtigem Grund einmal verlängert werden. Für die nachträgliche Änderung bedarf es keiner Zustimmung des Gerichts, auch dann nicht, wenn die vorläufige Einstellung durch Zustimmung gebilligt wurde. Eine nachträgliche Änderung der Pflichten und Auflagen ist nur insofern zulässig, als diese noch geeignet sind, das öffentliche Interesse an der Strafverfolgung zu beseitigen (Pfeiffer § 153a Rdn. 5).

IV. Verfahren

19   **Zuständig** für die Einstellung ist bis zur Erhebung der öffentlichen Klage allein die StA (nicht die Polizei). Die Einstellungsverfügung hat alle Bedingungen einschließlich der festgesetzten Fristen für die Erfüllung der Auflagen und Weisungen zu bezeichnen. Dem Anzeigeerstatter wird die vorläufige Einstellung formlos (mit Gründen) ohne die erteilten Auflagen und Weisungen mitgeteilt (Pfeiffer § 153a Rdn. 6). Die Leistungsempfänger sind ebenfalls zu unterrichten und werden aufgefordert, den Empfang der Zahlungen oder sonstigen Leistungen mitzuteilen (KK-Schoreit § 153a Rdn. 31). In den Fällen des Abs. 1 ist die StA für die Überwachung zuständig (Meyer-Goßner § 153a Rdn. 26).

20   Die vorläufige Einstellung **während des laufenden gerichtlichen Verfahrens** (Abs. 2) ist unter den Voraussetzungen des Abs. 1 zulässig. Förmlich vorausgesetzt sind die Erhebung der öffentlichen Klage, die Zustimmung der StA – auch im Hinblick auf die Auflagen – und die Zustimmung des Angeschuldigten (Meyer-Goßner § 153a Rdn. 47). Allein das Tatgericht hat die Möglichkeit der Einstellung, wie sich aus Abs. 2 S. 1 ergibt. Nach Zurückverweisung der Sache durch das Revisionsgericht entsteht die Einstellungsmöglichkeit nach Abs. 2 von neuem; dies soll auch dann gelten, wenn das Urteil teilweise rechtskräftig ist (LR-Beulke § 153a Rdn. 121; Meyer-Goßner § 153a Rdn. 47).

21   Da die Möglichkeit der Einstellung **in jeder Phase des Verfahrens** zu prüfen war, wird sich eine Einstellung erst in der Hauptverhandlung nur aufdrängen, wenn sich die Beurteilungsgrundlage nach dem Ergebnis der Beweisaufnahme entscheidend geändert hat (Meyer-Goßner § 153a Rdn. 48; SK-Weßlau § 153a Rdn. 73).

22   Nach der Konkretisierung der beabsichtigten Auflagen und Weisungen befragt der Vorsitzende des Gerichts den Staatsanwalt, ob er zustimme. Konkrete Anträge, die der StA mit seiner Zustimmungserklärung stellt, bedeuten eine **Einschränkung der Zustimmung.** Insoweit wird sie das Gericht, wenn es nach Abs. 2 verfahren will, bei deren Gestaltung als Mindestgrundlage berücksichtigen (Meyer-Goßner § 153a Rdn. 49). Ist der Staatsanwalt einverstanden, wird der Angeschuldigte befragt; der Nebenkläger erhält das rechtliche Gehör, seine Zustimmung ist aber nicht erforderlich (BVerfG wistra 2003, 419). Bei einer Weigerung der Zustimmung der StA oder des Angeschuldigten kann das Gericht ggf. nach § 59 StGB auf Verwarnung mit Strafvorbehalt erkennen, jedoch nicht schon deshalb, weil der Richter über die Verweigerung der Zustimmung der StA verärgert ist (OLG Düsseldorf NStZ 1985, 362, 364).

23   **Die Einstellung erfolgt durch Beschluss** (Abs. 2 S. 3) auch dann, wenn die vorläufige Einstellung in einer laufenden Hauptverhandlung erfolgt (Meyer-Goßner § 153a Rdn. 50). Eine Entscheidung über Kosten und Auslagen usw. wird erst mit dem endgültigen Einstellungsbeschluss getroffen.

1. Abschnitt. Öffentliche Klage § 153a

Die **nachträgliche Änderung** des Beschlusses (Abs. 2 S. 2 i.V.m. Abs. 1 S. 4) bedarf der Zustimmung des Angeschuldigten, nicht aber der des Staatsanwalts (Meyer-Goßner § 153a Rdn. 51). Von der nachträglichen Änderung ist eine ebenfalls zulässige neue Einstellung zu unterscheiden, die nur in seltenen Ausnahmefällen in Betracht kommen wird und der Angeschuldigter und StA in allen Punkten zustimmen müssen. 24

V. Rechtsschutz, Rechtsfolgen

Der Einstellungsbeschluss begründet bis zur Erfüllung der Auflagen und Weisungen ein **bedingtes Verfahrenshindernis** (Abs. 2 S. 2 i.V.m. Abs. 1 S. 5). Bei Nichterfüllung wird das Verfahren fortgesetzt; dem geht ggf. ein förmlicher, mit Begründung versehener Wiederaufnahmebeschluss voraus. Das endgültige Verfahrenshindernis entsteht ganz von selbst mit der Erfüllung der Auflagen und Weisungen (OLG Düsseldorf MDR 1976, 423). Der endgültige Einstellungsbeschluss (§ 467 Abs. 5) stellt das endgültige Verfahrenshindernis deklaratorisch fest. Mit dem Beschluss wird die Nebenentscheidung verbunden, dass die Kosten des Verfahrens der Staatskasse zur Last fallen (§ 467 Abs. 1). 25

Die notwendigen Auslagen des Angeschuldigten dürfen grundsätzlich nicht der Staatskasse auferlegt werden (§ 467 Abs. 5). Allerdings hält man teilweise auch hier § 465 Abs. 2 für anwendbar (Meyer-Goßner § 153a Rdn. 55; a.M. OLG Zweibrücken StV 2004, 30). Die notwendigen Auslagen des Nebenklägers hat in der Regel der Angeschuldigte zu tragen (§ 472 Abs. 2 S. 2). 26

Verfolgbar ist die Tat dann **nur noch als Verbrechen** (§ 12 Abs. 1 StGB). Im Übrigen gilt das Verfahrenshindernis für die gesamte Tat, also auch für eine in ihr enthaltene Ordnungswidrigkeit. Dies gilt auch dann, wenn sich später herausstellt, dass der Schuldumfang größer war als ursprünglich angenommen oder sich die vermeintliche Einzeltat als Teil einer Dauerstraftat erweist (vgl. OLG Düsseldorf NStZ-RR 1997, 123). 27

Abs. 3 ordnet an, dass während der für die Erfüllung der Auflagen und Weisungen gesetzten Frist **die Verjährung ruht.** Insofern ergänzt die Bestimmung § 78b Abs. 1 StGB. Das Ruhen beginnt mit dem aktenmäßigen Erlass der Einstellungsverfügung nach Abs. 1 oder des Beschlusses nach Abs. 2. 28

Die vorläufige Einstellung nach Abs. 2 ist **nicht anfechtbar** (Abs. 2 S. 4). Dies gilt auch für den Nebenkläger, der allenfalls einen Antrag nach § 33a stellen kann, wenn er kein rechtliches Gehör erhalten hatte. StA und Angeschuldigter haben das Recht zur einfachen Beschwerde (§ 304), wenn sie nicht, nicht wirksam oder nicht hinsichtlich aller Auflagen und Weisungen zugestimmt haben (Meyer-Goßner § 153a Rdn. 57). Auch sonst ist der Einstellungsbeschluss mit der Beschwerde anfechtbar, wenn ihm unverzichtbare prozessuale Voraussetzungen (rechtliches Gehör; OLG Frankfurt NStZ-RR 2000, 256) oder erforderliche Zustimmungen fehlen oder die angeordneten Maßnahmen jeder rechtlichen Grundlage entbehren (LG Koblenz NJW 1983, 2458). Die Feststellung, dass die erteilten Auflagen und Weisungen erfüllt sind, ist nicht anfechtbar (Abs. 2 S. 5). Die Anfechtung des Wiederaufnahmebeschlusses ist über § 305 S. 1 ausgeschlossen. Ggf. ist mit dem Rechtsmittel gegen eine Entscheidung in dem dann durchgeführten Hauptverfahren zu klären, ob der Einstellungsbeschluss ein Prozesshindernis geschaffen hatte oder nicht. 29

Die **Entscheidung über die Kosten und Auflagen** ist unanfechtbar, nicht aber die über die Entschädigung nach dem Strafrechtsentschädigungsgesetz StrEG (Meyer-Goßner § 153a Rdn. 58). Ein nachträgliches objektives Verfahren bleibt zulässig (vgl. § 153 Rdn. 23). 30

Entscheidungen nach § 153a werden nicht in das Bundeszentralregister eingetragen, sind aber befristet im länderübergreifenden **staatsanwaltschaftlichen Verfahrensregister** nach den §§ 492ff enthalten (Rdn. 3 zu §§ 492ff). 31

§§ 153b, 153c

§ 153b [Absehen von Klage; Einstellung]

(1) Liegen die Voraussetzungen vor, unter denen das Gericht von Strafe absehen könnte, so kann die Staatsanwaltschaft mit Zustimmung des Gerichts, das für die Hauptverhandlung zuständig wäre, von der Erhebung der öffentlichen Klage absehen.

(2) Ist die Klage bereits erhoben, so kann das Gericht bis zum Beginn der Hauptverhandlung mit Zustimmung der Staatsanwaltschaft und des Angeschuldigten das Verfahren einstellen.

1 Die Vorschrift schafft die **prozessualen Voraussetzungen** für die Anwendung einiger materiell-rechtlicher Vorschriften, die ein Absehen von Strafe ermöglichen (vgl. z. B. § 113 Abs. 4, § 139 Abs. 1, §§ 157, 218a Abs. 4 S. 2 StGB). § 153b ist auch in den Fällen der §§ 46a, 60 StGB anwendbar (Meyer-Goßner § 153b Rdn. 1).

2 **Die Entscheidung trifft** im Ermittlungsverfahren die StA mit Zustimmung des Gerichts, das für die Eröffnung des Hauptverfahrens zuständig wäre. Nach Klageerhebung kann das Gericht bis zum Beginn der Hauptverhandlung (§ 243 Abs. 1 S. 1) mit Zustimmung von StA und Angeschuldigtem das Verfahren einstellen (Abs. 2).

3 Die Einstellung durch die StA hat keine **Rechtskraftwirkung,** die durch das Gericht führt zu einem beschränkten Verbrauch der Strafklage, ähnlich der nach § 153 Abs. 2 (Meyer-Goßner § 153b Rdn. 2f).

4 Im **Jugendstrafverfahren** ist die Vorschrift nur anwendbar, wenn Jugendstrafe in Betracht kommt (Meyer-Goßner § 153b Rdn. 5; a. M. Eisenberg § 45 JGG Rdn. 13). Im Zweifel werden aber vorrangig die §§ 45, 47, 109 Abs. 2 JGG angewendet (vgl. KK-Schoreit § 153b Rdn. 13).

§ 153c [Nichtverfolgung von Auslandstaten]

(1) ¹Die Staatsanwaltschaft kann von der Verfolgung von Straftaten absehen,
1. die außerhalb des räumlichen Geltungsbereichs dieses Gesetzes begangen sind oder die ein Teilnehmer an einer außerhalb des räumlichen Geltungsbereichs dieses Gesetzes begangenen Handlung in diesem Bereich begangen hat,
2. die ein Ausländer im Inland auf einem ausländischen Schiff oder Luftfahrzeug begangen hat,
3. wenn in den Fällen der §§ 129 und 129a, jeweils auch in Verbindung mit § 129b Abs. 1, des Strafgesetzbuches die Vereinigung nicht oder nicht überwiegend im Inland besteht und die im Inland begangenen Beteiligungshandlungen von untergeordneter Bedeutung sind oder sich auf die bloße Mitgliedschaft beschränken.

²Für Taten, die nach dem Völkerstrafgesetzbuch strafbar sind, gilt § 153f.

(2) Die Staatsanwaltschaft kann von der Verfolgung einer Tat absehen, wenn wegen der Tat im Ausland schon eine Strafe gegen den Beschuldigten vollstreckt worden ist und die im Inland zu erwartende Strafe nach Anrechnung der ausländischen nicht ins Gewicht fiele oder der Beschuldigte wegen der Tat im Ausland rechtskräftig freigesprochen worden ist.

(3) Die Staatsanwaltschaft kann auch von der Verfolgung von Straftaten absehen, die im räumlichen Geltungsbereich dieses Gesetzes durch eine außerhalb dieses Bereichs ausgeübte Tätigkeit begangen sind, wenn die Durchführung des Verfahrens die Gefahr eines schweren Nachteils für die Bundesrepublik Deutschland herbeiführen würde oder wenn der Verfolgung sonstige überwiegende öffentliche Interessen entgegenstehen.

1. Abschnitt. Öffentliche Klage § 153c

(4) Ist die Klage bereits erhoben, so kann die Staatsanwaltschaft in den Fällen des Absatzes 1 Nr. 1, 2 und des Absatzes 3 die Klage in jeder Lage des Verfahrens zurücknehmen und das Verfahren einstellen, **wenn die Durchführung des Verfahrens die Gefahr eines schweren Nachteils für die Bundesrepublik Deutschland herbeiführen würde oder wenn der Verfolgung sonstige überwiegende öffentliche Interessen entgegenstehen.**

(5) **Hat das Verfahren Straftaten der in § 74a Abs. 1 Nr. 2 bis 6 und § 120 Abs. 1 Nr. 2 bis 7 des Gerichtsverfassungsgesetzes bezeichneten Art zum Gegenstand, so stehen diese Befugnisse dem Generalbundesanwalt zu.**

Das StGB ordnet in den §§ 3ff vielfach die Anwendbarkeit des deutschen Strafrechts auch auf Auslandssachverhalte an. § 153c gibt der StA die Möglichkeit, in solchen Fällen **von einer Strafverfolgung abzusehen.** Dazu bedarf es keiner Mitwirkung des Gerichts, weil vielfach politische Gesichtspunkte eine Rolle spielen. Eine Rechtskraftwirkung hat die Entscheidung der StA, von einer Verfolgung abzusehen, nicht (LG Gießen StV 1984, 327; Meyer-Goßner § 153c Rdn. 1). 1

Das Absehen ist bereits zulässig, bevor ein Ermittlungsverfahren gegen einen bestimmten Beschuldigten geführt oder überhaupt Ermittlungen eingeleitet worden sind (Meyer-Goßner § 153c Rdn. 2); die StA unterrichtet die Polizei unverzüglich, wenn die Absicht des Absehens besteht. 2

Ein Absehen von der Verfolgung ist zulässig, wenn der **Tatort außerhalb der Bundesrepublik Deutschland** liegt (Abs. 1 S. 1 Nr. 1). Dabei müssen sowohl der Tätigkeitsort als auch der Erfolgsort außerhalb des Bereiches liegen. Die Vorschrift findet auch auf Straftaten an Bord eines deutschen Schiffes oder Luftfahrzeugs außerhalb des Geltungsbereichs der StPO Anwendung (Meyer-Goßner § 153c Rdn. 4). 3

Ausländertaten im Inland auf ausländischen Schiffen oder Luftfahrzeugen regelt Abs. 1 S. 1 Nr. 2. Kriminelle und terroristische Vereinigungen im In- und Ausland müssen unter den Voraussetzungen des Abs. 1 S. 1 Nr. 3 nicht verfolgt werden. Für Taten nach dem Völkerstrafgesetzbuch gilt § 153f. 4

Ist im Ausland bereits wegen der Tat eine **Strafe vollstreckt** worden und fiele die im Inland zu erwartende Strafe nach Anrechnung der ausländischen nicht ins Gewicht, kann die StA von der Verfolgung einer Tat absehen. Gleiches gilt, wenn der Beschuldigte wegen der Tat im Ausland rechtskräftig freigesprochen worden ist. Da der rechtskräftige ausländische Freispruch grundsätzlich kein Verfahrenshindernis begründet, lässt Nr. 3 hier das Opportunitätsprinzip zu. Ob ein Strafklageverbrauch durch den ausländischen Freispruch eintritt, hängt von der völkerrechtlichen Situation ab; vgl. Art. 54 SDÜ. 5

Das **Absehen bei Distanztaten** (Abs. 3) ist unter den dort genannten Voraussetzungen zulässig. Auch diese Regelung zeigt deutlich, dass politische Aspekte bedeutsam sind. 6

Die Rücknahme einer Klage ist unter den Voraussetzungen des **Abs. 4** zulässig. Die Einstellung verbraucht nicht die Strafklage, selbst wenn schon ein horizontal teilrechtskräftiges Urteil vorlag. Ein Klageerzwingungsverfahren ist in diesem Kontext unzulässig (§ 172 Abs. 2 S. 2 Hs. 2). 7

In Staatsschutzsachen (Abs. 5; §§ 74a, 120 GVG) stehen die Befugnisse dem GBA zu, und zwar auch dann, wenn er für das Verfahren im staatsanwaltschaftlichen und gerichtlichen Bereich sonst nicht zuständig ist. Die Zuständigkeitskonzentration ist nötig, weil die §§ 153d, 153e mit dem § 153c konkurrieren können und eine gleichmäßige Anwendung des Opportunitätsprinzips im Staatsschutzbereich sichergestellt werden soll (§ 153e Rdn. 2; Meyer-Goßner § 153c Rdn. 19). 8

§ 153 d [Absehen von der Verfolgung aus politischen Gründen]

(1) Der Generalbundesanwalt kann von der Verfolgung von Straftaten der in § 74 a Abs. 1 Nr. 2 bis 6 und in § 120 Abs. 1 Nr. 2 bis 7 des Gerichtsverfassungsgesetzes bezeichneten Art absehen, wenn die Durchführung des Verfahrens die Gefahr eines schweren Nachteils für die Bundesrepublik Deutschland herbeiführen würde oder wenn der Verfolgung sonstige überwiegende öffentliche Interessen entgegenstehen.

(2) Ist die Klage bereits erhoben, so kann der Generalbundesanwalt unter den in Absatz 1 bezeichneten Voraussetzungen die Klage in jeder Lage des Verfahrens zurücknehmen und das Verfahren einstellen.

1 Die Vorschrift erweitert über § 153 c Abs. 5 hinaus das **Opportunitätsprinzip** im Staatsschutz. Anders als in den Fällen des § 153 c Abs. 5 ist nicht nötig, dass der Tätigkeitsort außerhalb des Geltungsbereiches des Gesetzes liegt.

2 In der Praxis wird die Vorschrift insbesondere im **Austausch von Spionen** sowie dann angewandt, wenn ein früherer Spion inzwischen in seinem Land eine hohe öffentliche Stellung einnimmt (vgl. Müller/Wache FS Rebmann S. 340).

§ 153 e [Absehen von Klage bei tätiger Reue]

(1) ¹Hat das Verfahren Straftaten der in § 74 a Abs. 1 Nr. 2 bis 4 und in § 120 Abs. 1 Nr. 2 bis 7 des Gerichtsverfassungsgesetzes bezeichneten Art zum Gegenstand, so kann der Generalbundesanwalt mit Zustimmung des nach § 120 des Gerichtsverfassungsgesetzes zuständigen Oberlandesgerichts von der Verfolgung einer solchen Tat absehen, wenn der Täter nach der Tat, bevor ihm deren Entdeckung bekanntgeworden ist, dazu beigetragen hat, eine Gefahr für den Bestand oder die Sicherheit der Bundesrepublik Deutschland oder die verfassungsmäßige Ordnung abzuwenden. ²Dasselbe gilt, wenn der Täter einen solchen Beitrag dadurch geleistet hat, daß er nach der Tat sein mit ihr zusammenhängendes Wissen über Bestrebungen des Hochverrats, der Gefährdung des demokratischen Rechtsstaates oder des Landesverrats und der Gefährdung der äußeren Sicherheit einer Dienststelle offenbart hat.

(2) Ist die Klage bereits erhoben, so kann das nach § 120 des Gerichtsverfassungsgesetzes zuständige Oberlandesgericht mit Zustimmung des Generalbundesanwalts das Verfahren unter den in Absatz 1 bezeichneten Voraussetzungen einstellen.

1 Die Vorschrift erlaubt **in Fällen tätiger Reue** über die strafrechtlichen Strafaufhebungsgründe (§§ 24, 31 StGB) hinaus im Rahmen einer prozessualen Vergünstigung von der Strafverfolgung abzusehen. Die Mitwirkung des Gerichts ist notwendig, weil hier nicht allein das politische Interesse mit Strafverfolgungsinteressen abgewogen wird, sondern die Ausnahme von gesetzlich umschriebenen Voraussetzungen abhängt, die im Verhalten des Beschuldigten liegen (Meyer-Goßner § 153 e Rdn. 2).

2 **Der GBA und das OLG** sind auch dann zuständig, wenn das Verfahren von einer Landes-StA betrieben wird oder bei einem anderen Gericht anhängig ist. Die Einstellung des Verfahrens ist eine justizinterne Angelegenheit, so dass dem Beschuldigten das rechtliche Gehör nicht gewährt werden muss (LR-Beulke § 153 e Rdn. 16; Meyer-Goßner § 153 e Rdn. 3).

3 Der Beitrag des Täters setzt ein **aktives Handeln** voraus. Bei einer Aktivität vor der Entdeckung der Tat genügt jegliches Handeln, nach Entdeckung der Tat nur das Offenbaren gegenüber einer Dienststelle.

1. Abschnitt. Öffentliche Klage § 153f

Die Einstellung kann auf Straftaten ausgedehnt werden, für die § 153e an sich nicht 4
gilt, die aber in **Idealkonkurrenz** mit dem Staatsschutzdelikt stehen (KK-Schoreit
§ 153e Rdn. 11).

Der **Gerichtsbeschluss** kann jederzeit, auch noch in der Revisionsinstanz durch 5
den BGH, ergehen. Im Gegensatz zur Einstellungsverfügung des GBA hat er als gerichtliche Sachentscheidung eine beschränkte materielle Rechtskraft (vgl. § 153
Rdn. 21).

§ 153f [Absehen von der Verfolgung einer nach §§ 6–14 Völkerstrafgesetzbuch strafbaren Tat]

(1) ¹Die Staatsanwaltschaft kann von der Verfolgung einer Tat, die nach den §§ 6 bis 14 des Völkerstrafgesetzbuches strafbar ist, in den Fällen des § 153c Abs. 1 Nr. 1 und 2 absehen, wenn sich der Beschuldigte nicht im Inland aufhält und ein solcher Aufenthalt auch nicht zu erwarten ist. ²Ist in den Fällen des § 153c Abs. 1 Nr. 1 der Beschuldigte Deutscher, so gilt dies jedoch nur dann, wenn die Tat vor einem internationalen Gerichtshof oder durch einen Staat, auf dessen Gebiet die Tat begangen oder dessen Angehöriger durch die Tat verletzt wurde, verfolgt wird.

(2) ¹Die Staatsanwaltschaft kann insbesondere von der Verfolgung einer Tat, die nach den §§ 6 bis 14 des Völkerstrafgesetzbuches strafbar ist, in den Fällen des § 153c Abs. 1 Nr. 1 und 2 absehen, wenn

1. kein Tatverdacht gegen einen Deutschen besteht,
2. die Tat nicht gegen einen Deutschen begangen wurde,
3. kein Tatverdächtiger sich im Inland aufhält und ein solcher Aufenthalt auch nicht zu erwarten ist und
4. die Tat vor einem internationalen Gerichtshof oder durch einen Staat, auf dessen Gebiet die Tat begangen wurde, dessen Angehöriger der Tat verdächtig ist oder dessen Angehöriger durch die Tat verletzt wurde, verfolgt wird.

²Dasselbe gilt, wenn sich ein wegen einer im Ausland begangenen Tat beschuldigter Ausländer im Inland aufhält, aber die Voraussetzungen nach Satz 1 Nr. 2 und 4 erfüllt sind und die Überstellung an einen internationalen Gerichtshof oder die Auslieferung an den verfolgenden Staat zulässig und beabsichtigt ist.

(3) Ist in den Fällen des Absatzes 1 oder 2 die öffentliche Klage bereits erhoben, so kann die Staatsanwaltschaft die Klage in jeder Lage des Verfahrens zurücknehmen und das Verfahren einstellen.

Mit der Vorschrift wird das in § 1 VStGB verankerte **Weltrechtsprinzip** im Ver- 1
fahrensrecht umgesetzt. Das sonst nach § 153c bei Auslandstaten bestehende Verfolgungsermessen der StA wird für Straftaten, die unter das VStGB fallen, eingeschränkt.
Geht es um Fälle mit Inlandsbezug, findet das Legalitätsprinzip ohnehin uneingeschränkte Anwendung, während die StA im Übrigen unter den in § 153f aufgestellten
Voraussetzungen von ihrer Verfolgungsmöglichkeit keinen Gebrauch machen muss,
sondern den ausländischen oder internationalen Strafverfolgungsbehörden den Vortritt
lassen darf.

Die **Voraussetzungen** für das Absehen von der Verfolgung ergeben sich aus Abs. 1 2
und 2. Für Deutsche ist ein Absehen von der Verfolgung nur möglich, wenn die Tat
bereits vor einem internationalen Gerichtshof oder durch einen Staat, auf dessen Gebiet die Tat begangen worden ist usw. verfolgt wird (Abs. 1 S. 2).

Das Absehen von der Verfolgung ist des Weiteren unter den in Abs. 2 genannten 3
Voraussetzungen zulässig. Die StA kann dabei in den Fällen des Abs. 1 oder 2 **nach**

§ 154   2. Buch. Verfahren im ersten Rechtszug

Anklageerhebung die Klage in jeder Lage des Verfahrens zurücknehmen und das Verfahren einstellen. Insofern wird § 156 ergänzt bzw. überspielt.

§ 154 [Unwesentliche Nebenstrafen]

(1) Die Staatsanwaltschaft kann von der Verfolgung einer Tat absehen,

1. wenn die Strafe oder die Maßregel der Besserung und Sicherung, zu der die Verfolgung führen kann, neben einer Strafe oder Maßregel der Besserung und Sicherung, die gegen den Beschuldigten wegen einer anderen Tat rechtskräftig verhängt worden ist oder die er wegen einer anderen Tat zu erwarten hat, nicht beträchtlich ins Gewicht fällt oder
2. darüber hinaus, wenn ein Urteil wegen dieser Tat in angemessener Frist nicht zu erwarten ist und wenn eine Strafe oder Maßregel der Besserung und Sicherung, die gegen den Beschuldigten rechtskräftig verhängt worden ist oder die er wegen einer anderen Tat zu erwarten hat, zur Einwirkung auf den Täter und zur Verteidigung der Rechtsordnung ausreichend erscheint.

(2) Ist die öffentliche Klage bereits erhoben, so kann das Gericht auf Antrag der Staatsanwaltschaft das Verfahren in jeder Lage vorläufig einstellen.

(3) Ist das Verfahren mit Rücksicht auf eine wegen einer anderen Tat bereits rechtskräftig erkannten Strafe oder Maßregel der Besserung und Sicherung vorläufig eingestellt worden, so kann es, falls nicht inzwischen Verjährung eingetreten ist, wieder aufgenommen werden, wenn die rechtskräftig erkannte Strafe oder Maßregel der Besserung und Sicherung nachträglich wegfällt.

(4) Ist das Verfahren mit Rücksicht auf eine wegen einer anderen Tat zu erwartende Strafe oder Maßregel der Besserung und Sicherung vorläufig eingestellt worden, so kann es, falls nicht inzwischen Verjährung eingetreten ist, binnen drei Monaten nach Rechtskraft des wegen der anderen Tat ergehenden Urteils wieder aufgenommen werden.

(5) Hat das Gericht das Verfahren vorläufig eingestellt, so bedarf es zur Wiederaufnahme eines Gerichtsbeschlusses.

1   Die Vorschrift betrifft **Mehrfachtäter** und ermöglicht eine Verfahrensbeschleunigung durch den Teilverzicht auf eine Strafverfolgung. Ergänzt wird die Bestimmung durch § 154a, der eine Verfahrensbeschränkung in Fällen der Tatidentität zulässt.

2   Die StA soll bereits **in einem möglichst frühen Verfahrensstadium** von Abs. 1 Gebrauch machen und bedarf für eine Beschränkung nicht der Zustimmung des Gerichts. Der Verzicht auf die Strafverfolgung wegen der einen Tat ist auch nicht im Klageerzwingungsverfahren nachprüfbar (§ 172 Abs. 2 S. 3). Im gerichtlichen Verfahren kann das Gericht die andere Tat nicht einbeziehen, weil es insofern an der Prozessvoraussetzung der Anklageerhebung fehlt (Meyer-Goßner § 154 Rdn. 6).

3   Ob die Strafe nicht beträchtlich ins Gewicht fällt, ergibt sich **aus einem Vergleich der zu erwartenden Konsequenzen**. Dabei ist zu bedenken, dass es im Regelfall zur Bildung einer Gesamtstrafe kommt, so dass bei der Abwägung nur das Rechtsfolgenminus relevant ist, das durch den Wegfall der auszuscheidenden Tat entsteht (LR-Beulke § 154 Rdn. 20; Meyer-Goßner § 154 Rdn. 8).

> **Beispiel:** Gegen den Täter besteht der Verdacht von fünf bewaffneten Raubüberfällen. Bei zweien ist die Beweislage kritisch. Da die Verurteilung zu weiteren zwei Einzelstrafen wegen Raubes die Gesamtstrafe nicht merklich erhöhen dürfte, ist eine Beschränkung der Strafverfolgung nach § 154 zulässig.

4   Fällt das Rechtsfolgenminus beträchtlich ins Gewicht, kann nach Nr. 2 eine Beschränkung erfolgen, wenn es **unangemessen lange** dauern würde, bis ein Urteil in dieser Sache zu erwarten ist (vgl. Kurth NJW 1978, 2481, 2482). Ist das andere Ver-

1. Abschnitt. Öffentliche Klage § 154

fahren bereits rechtskräftig abgeschlossen, ist die Dauer des Verfahrens wegen der einzustellenden anderen Tat schon dann unangemessen, wenn die aus ihm zu erwartende Erhöhung der Strafe unter Berücksichtigung des Aufwandes unverhältnismäßig gering einzuschätzen ist (vgl. Meyer-Goßner § 154 Rdn. 10).

Die **Verfahrenstrennung nach** § 4 hat Vorrang vor Abs. 1 Nr. 2, auch wenn wegen des abgetrennten Verfahrensteils voraussichtlich eingestellt werden muss (vgl. LR-Beulke § 154 Rdn. 12). Ausgeschlossen ist das Absehen von der Verfolgung, wenn die Durchführung des Verfahrens zur Einwirkung auf den Täter oder zur Verteidigung der Rechtsordnung erforderlich ist. Dies gilt auch, wenn durch die Nichtverfolgung der Tat die Bevölkerung in ihrem Vertrauen auf das Funktionieren der Rechtspflege erschüttert würde (vgl. BGHSt 24, 63). 5

Das Absehen nach Abs. 1 ist **vorläufig,** weil die StA die Ermittlungen jederzeit wiederaufnehmen kann, wenn es ihr geboten erscheint. 6

Beispiel: Die Prognose über Ablauf und Ergebnis des anderen Verfahrens erweisen sich als unrichtig.

Nach Erhebung der öffentlichen Klage (Abs. 2), das heißt im Zwischenverfahren und im Hauptverfahren, kann das Gericht (auch das Revisionsgericht) auf Antrag der StA, also nicht von Amts wegen einstellen (Meyer-Goßner § 154 Rdn. 16). Der Angeschuldigte muss nicht angehört werden (BGH NStZ 1995, 18). 7

Die vorläufige Einstellung durch **Gerichtsbeschluss** beendet die gerichtliche Anhängigkeit (BGHSt 30, 197), auch im Sinne des § 154e, und hat beschränkte materielle Rechtskraft (BGHSt 10, 88, 94). Der wirksame Einstellungsbeschluss schafft ein Verfahrenshindernis (BGHSt 30, 197, 198). Beweissicherungen (für den Fall der Verfahrensfortsetzung) sind trotz der Rechtskraft des Beschlusses zulässig (LR-Beulke § 154 Rdn. 52; Meyer-Goßner § 154 Rdn. 17). Auch die Verfolgung als Ordnungswidrigkeit bleibt zulässig (BGHSt 41, 385; BayObLG NZV 2004, 269; Göhler wistra 1996, 132; a.M. Schmidt wistra 1998, 211). 8

Die Vorschrift gilt **in jeder Lage des Verfahrens,** also auch im Berufungs- und im Revisionsrechtszug. Die Beschwerde gegen einen nach Abs. 2 ordnungsgemäß ergangenen Beschluss ist nicht zulässig (BGHSt 10, 88; SK-Weßlau § 154 Rdn. 50). Wird das Verfahren ohne Antrag der StA eingestellt, kann diese sich beschweren. Der Beschuldigte ist nie beschwerdebefugt, weil ihn die Einstellung nicht belastet, die Ablehnung befugt ihn nicht, weil § 154 nicht seinem Schutz dient. 9

Eine **Wiederaufnahme des Verfahrens** ist jederzeit – bis zur Grenze der Verjährung – zulässig (vgl. Abs. 3, 4). Hierfür wird lediglich ein „sachlich einleuchtender Grund" verlangt (vgl. LR-Beulke § 154 Rdn. 35; BGH NJW 1984, 2169). 10

Bei Einstellung durch Gerichtsbeschluss muss das Gericht (Spruchkörper) den **Wiederaufnahmebeschluss** erlassen, und zwar das Gericht, dessen Einstellungsbeschluss rückgängig gemacht werden soll (BGH GA 1981, 36; Meyer-Goßner § 154 Rdn. 22). Der Beschluss darf auch noch nach Ablauf der in Abs. 4 geregelten Frist ergehen, wenn sich herausstellt, dass das eingestellte Verfahren kein Vergehen, sondern ein Verbrechen zum Gegenstand hat (BGH NStZ 1986, 36; LR-Beulke § 154 Rdn. 63; Meyer-Goßner § 154 Rdn. 22; weitergehend KK-Schoreit § 154 Rdn. 47). Die Wiederaufnahme bedarf nicht der Zustimmung der StA (BGHSt 30, 197), deren Anhörung ist jedoch nötig (§ 33 Abs. 2). 11

Die Drei-Monats-Frist (Abs. 4) ist eine Ausschlussfrist zu Gunsten des Angeklagten und beginnt mit dem rechtskräftigen Abschluss des anderen Verfahrens. Wie und mit welcher Folge dieses abgeschlossen wurde, ist gleichgültig (Meyer-Goßner § 154 Rdn. 23). Ist die Einstellung im Hinblick auf mehrere anhängige Verfahren erfolgt, beginnt die Frist mit dem rechtskräftigen Abschluss des letzten der Verfahren. Eine Wiederaufnahme ist aber schon vor dem rechtskräftigen Abschluss des anderen Verfahrens zulässig (OLG Celle NStZ 1985, 218). 12

§ 154a   2. Buch. Verfahren im ersten Rechtszug

13   Der Angeschuldigte hat **kein Beschwerderecht** gegen die Wiederaufnahme
(Meyer-Goßner § 154 Rdn. 24). Gleiches gilt für die StA. Zum Teil wird eine einge-
schränkte Prüfungsbefugnis auf Ermessensmissbrauch für möglich gehalten (vgl. OLG
Bamberg NStZ-RR 1997, 44; LR-Beulke § 154 Rdn. 79).

14   Die fehlende, aber gebotene Auseinandersetzung mit eingestellten Taten kann in
der Revision nur mit einer Verfahrensrüge geltend gemacht werden (BGH NStZ-RR
2001, 174). Aus dieser muss sich insbesondere ergeben, in welchem Verfahrensabschnitt die Einstellung erfolgte, um prüfen zu können, ob ein Vertrauenstatbestand
geschaffen worden ist (OLG Hamm NStZ-RR 2003, 368).

15   Ggf. muss die in dem nach § 154 eingestellten Verfahren erlittene Untersuchungshaft auf eine in einem anderen Verfahren verhängte Strafe angerechnet werden (vgl.
BVerfG NStZ 1999, 125; BVerfG NStZ 1999, 477; BGHSt 43, 112). Der rechtskräftigen Verurteilung wegen einer anderen Tat steht die Einstellung nach § 153a nicht
gleich (Cramer wistra 1999, 291; Meyer-Goßner § 154 Rdn. 2).

§ 154a [Beschränkung der Strafverfolgung]

(1) ¹**Fallen einzelne abtrennbare Teile einer Tat oder einzelne von mehreren Gesetzesverletzungen, die durch dieselbe Tat begangen worden sind,**

1. **für die zu erwartende Strafe oder Maßregel der Besserung und Sicherung oder**
2. **neben einer Strafe oder Maßregel der Besserung und Sicherung, die gegen den Beschuldigten wegen einer anderen Tat rechtskräftig verhängt worden ist oder die er wegen einer anderen Tat zu erwarten hat,**

nicht beträchtlich ins Gewicht, so kann die Verfolgung auf die übrigen Teile der Tat oder die übrigen Gesetzesverletzungen beschränkt werden. ²§ 154 Abs. 1 Nr. 2 gilt entsprechend. ³Die Beschränkung ist aktenkundig zu machen.

(2) **Nach Einreichung der Anklageschrift kann das Gericht in jeder Lage des Verfahrens mit Zustimmung der Staatsanwaltschaft die Beschränkung vornehmen.**

(3) ¹**Das Gericht kann in jeder Lage des Verfahrens ausgeschiedene Teile einer Tat oder Gesetzesverletzungen in das Verfahren wieder einbeziehen.** ²**Einem Antrag der Staatsanwaltschaft auf Einbeziehung ist zu entsprechen.** ³**Werden ausgeschiedene Teile einer Tat wieder einbezogen, so ist § 265 Abs. 4 entsprechend anzuwenden.**

1   Die Vorschrift ergänzt § 154 und betrifft Fälle, bei denen mehrere Straftaten sich als
eine Tat im prozessualen Sinn (§ 264) darstellen. Grenzen setzt § 154a dem par-
tiellen Verzicht auf eine Strafverfolgung durch die **Beträchtlichkeitsklausel** (Abs. 1
S. 1) bzw. durch das Gebot, eine hinreichende Einwirkung auf den Täter vorzunehmen und die Verteidigung der Rechtsordnung zu bedenken (Abs. 1 S. 2 i. V. m. § 154
Abs. 1 Nr. 2).

2   Ausgeschiedene Verfahrensteile können **bei der Strafzumessung** berücksichtigt
werden, wenn das Gericht diese prozessordnungsgemäß festgestellt und den Angeklagten zuvor auf diese Möglichkeit hingewiesen hat (BGHSt 30, 147, 148; BGHSt
30, 197, 198; Sander StraFo 2004, 47; Meyer-Goßner § 154a Rdn. 2; a.M. AK-
Schöch § 154a Rdn. 30). Dabei ist allerdings Vorsicht geboten: Es geht um die Beru-
henprüfung für die Strafzumessung, wenn ausgeschiedene Tatteile mit abgeurteilt
wurden, obwohl sie nicht wieder einbezogen worden waren. Mit dieser Lösung kann
das Revisionsgericht dann den Schuldspruch berichtigen und annehmen, dass sich der
Fehler auf die Zumessung der Strafe nicht ausgewirkt hat. Ein ausdrücklicher Hinweis
auf die geplante Berücksichtigung soll sogar entbehrlich sein, wenn der Angeklagte

1. Abschnitt. Öffentliche Klage   § 154a

durch den Ablauf der Hauptverhandlung auf die beabsichtigte Berücksichtigung aufmerksam geworden sein muss (vgl. BVerfG NStZ 1995, 76; BGH NStZ 2004, 277) oder das Verteidigungsverhalten insofern nicht beeinflusst worden sein kann (BGH NStZ 1992, 225).

Es geht um abtrennbare Teile der Tat. Abtrennbar sind solche, die aus einem   3
einheitlichen historischen Vorgang im Sinne des § 264 herausgelöst werden können, ohne dass ein auch strafrechtlich untrennbar zusammengehöriger Gesamttatbestand zerrissen würde (Pfeiffer § 154a Rdn. 2). Abtrennbar sind z.B. Teile einer falschen Zeugenaussage oder Teile einer Dauerstraftat (LR-Beulke § 154a Rdn. 6; Meyer-Goßner § 154a Rdn. 5). Nicht abtrennbar sind Tatumstände, die Bedeutung für ein einzelnes strafrechtliches Tatbestandsmerkmal haben, z.B. die Gewaltanwendung beim Raub (KK-Schoreit § 154a Rdn. 5; vgl. auch BGH MDR 1980, 985). Es wird insbesondere um solche Tatteile gehen, die von vornherein aus tatsächlichen oder rechtlichen Gründen besondere Beweisschwierigkeiten bereiten würden, oder um Tatteile, die erst sehr spät, etwa in der Hauptverhandlung, bekannt werden (vgl. Meyer-Goßner § 264 Rdn. 9). Die Abtrennung ändert nichts daran, dass mit Anklageerhebung die gesamte Tat anhängig wird, nur dass die **Kognitionspflicht des Gerichts** (§ 260 Rdn. 9) sich so lange beschränkt, bis die jederzeit zulässige Wiedereinbeziehung des abgetrennten Tatteils vorgenommen worden ist (vgl. Meyer-Goßner § 154a Rdn. 5).

Ausscheidbar sind insbesondere einzelne von mehreren in Tateinheit zusammen-   4
treffenden Gesetzesverletzungen (§ 52 StGB). Möglich ist sogar, die Verletzung auszuscheiden, die einen höheren Strafrahmen enthält. Auch Straferhöhungstatbestände können ausgeschieden werden (Meyer-Goßner § 265 Rdn. 6, 18).

> **Beispiel:** Der BGH hat in einem Fall das Strafverfahren wegen schwerer Steuerhinterziehung (§ 370a AO) beschränkt, weil er erhebliche verfassungsrechtliche Bedenken gegen die Bestimmung hatte (BGH wistra 2004, 393).

Mit dem Ausscheiden eines Tatteils muss keine Ausscheidung einer Gesetzesverlet-   5
zung verbunden sein. Beim Ausscheiden einer Gesetzesverletzung muss zugleich ein bestimmter Sachverhalt entfallen, sonst führt sie nicht zu der durch § 154a bezweckten **Verfahrensvereinfachung** und -beschleunigung (Meyer-Goßner § 154a Rdn. 8). Beide Ausscheidungsmöglichkeiten stehen aber nebeneinander zur Verfügung.

Das zu erwartende Rechtsfolgenminus darf bei der Verurteilung wegen der Tat   6
nicht beträchtlich ins Gewicht fallen. § 154a geht von einem hypothetischen Vergleich zwischen der Sanktion mit und der ohne Verfolgungsbeschränkung aus (Pfeiffer § 154a Rdn. 3). Nach Nr. 1 ist die Beschränkung zulässig, wenn das zu erwartende Rechtsfolgenminus nicht beträchtlich ist. Nr. 2 dehnt den Grundgedanken des § 154 auf den Fall aus, in dem die Verfolgung wegen einer von mehreren Taten lediglich beschränkt wird. Über § 154a Abs. 1 S. 2 findet § 154 Abs. 1 Nr. 2 entsprechende Anwendung. Daher ist die Einstellung auch dann möglich, wenn wegen einzelner Tatteile oder einzelner Gesetzesverletzungen ein Urteil in angemessener Frist nicht zu erwarten ist (Kurth NJW 1978, 2481, 2483). Bei Verbindung mehrerer Strafsachen gegen denselben Beschuldigten ist die Einstellung der Verfolgung auch dann zulässig, wenn das zu erwartende Rechtsfolgenminus im Verhältnis zu der wegen der anderen Tat bzw. Taten zu erwartenden Strafen nicht beträchtlich ist. Bei getrennten Strafverfahren gegen denselben Beschuldigten wegen mehrerer Taten kann sich die Nichtbeträchtlichkeit aus dem Vergleich mit dem in den anderen Verfahren erwarteten Strafausspruch ergeben (Meyer-Goßner § 154a Rdn. 12 f).

Wie bei § 154 ist die Strafverfolgungsbeschränkung **absolut ausgeschlossen,**   7
wenn die Einwirkung auf den Täter oder die Verteidigung der Rechtsordnung die Verhängung einer Sanktion bedürfen.

Die Verfahrensbeschränkung kann zu einer **Änderung der gerichtlichen Zu-**   8
ständigkeit führen. Beschränkt das OLG die Untersuchung mit der Zulassung der

§ 154a · · · 2. Buch. Verfahren im ersten Rechtszug

Anklage auf Gesetzesverletzungen, die seine erstinstanzliche Zuständigkeit nicht begründen (§ 129a StGB), so eröffnet es das Hauptverfahren vor dem zuständigen Gericht niederer Ordnung (BGHSt 41, 385, 392; Meyer-Goßner § 154a Rdn. 17).

9 Die StA soll **möglichst früh** im Ermittlungsverfahren von der Verfolgungsbeschränkung Gebrauch machen. Der entsprechende Aktenvermerk (Abs. 1 S. 3) soll die entsprechenden Ermittlungsorgane und den Verteidiger unterrichten.

10 Da die Maßnahme bis zur Anklageerhebung jederzeit wieder aufgehoben werden kann, ist sie eine **vorläufige.** In der Anklageschrift (im Strafbefehlsantrag) weist die StA auf die von ihr angeordnete Beschränkung hin (Meyer-Goßner § 154a Rdn. 20).

11 **Das Gericht (Abs. 2)** kann die Beschränkung nur auf Antrag oder mit Zustimmung der StA vornehmen (Meyer-Goßner § 154a Rdn. 21). Die Beschränkung ist dann in jeder Lage des Verfahrens, nicht nur mit dem Eröffnungsbeschluss zulässig. Möglich ist sogar eine Beschränkung erst mit dem Urteil (BGH NStZ 1996, 324). Im Revisionsverfahren kommt es auf die Zustimmung der StA bei dem Revisionsgericht an. Von der Beschränkung wird insbesondere Gebrauch gemacht, wenn damit eine Zurückverweisung der Sache im Schuldspruch überflüssig wird (vgl. auch § 354 Rdn. 5). Vorbehaltlich des Abs. 3 scheidet der abgetrennte Verfahrensteil aus dem weiteren Verfahren aus. Eine Beschwerde ist für den Angeklagten wie für die StA nicht zulässig (Meyer-Goßner § 154a Rdn. 23).

12 Die **Wiedereinbeziehung des Ausgeschiedenen** ist im gerichtlichen Verfahren in jeder Lage des Verfahrens zulässig (Abs. 3 S. 1). Kann die Gesetzesverletzung, auf die die Verfolgung beschränkt ist, dem Angeklagten nicht nachgewiesen werden, so muss das Gericht wegen seiner Kognitionspflicht (§ 264) den ausgeschiedenen Teil auch ohne Antrag wieder einbeziehen (BGHSt 32, 84; BGH NStZ 1995, 540; Meyer-Goßner § 154a Rdn. 24). Die Erstreckung eines Freispruchs bei gleicher Sach- und Rechtslage ist auch ohne förmliche Wiedereinbeziehung möglich (BGH StV 1997, 566).

13 Unklar ist, ob eine **Verpflichtung** zur Wiedereinbeziehung auch besteht, wenn in der Hauptverhandlung erkennbar wird, dass die ausgeschiedenen Gesetzesverletzungen doch beträchtlich ins Gewicht fallen (dafür LR-Beulke § 154a Rdn. 35; offengelassen von BGH NStZ 2002, 489).

14 Im Eröffnungsverfahren ist für die Wiedereinbeziehung ein **Beschluss** notwendig (§ 207 Abs. 2 Nr. 2, 4), im Übrigen ist ein Beschluss zu empfehlen (KK-Schoreit § 154a Rdn. 22). Die Zustimmung der StA ist für die Wiedereinbeziehung nicht notwendig (Meyer-Goßner § 154a Rdn. 24).

15 Stellt die StA einen **Antrag auf Wiedereinbeziehung,** muss das Gericht dem entsprechen (Abs. 3 S. 2). Zulässig ist ein bedingter Antrag, etwa für den Fall des Freispruchs oder des Unterschreitens einer bestimmten Strafhöhe (BGHSt 29, 396).

16 Im Rahmen der Revision liegt ein **Verstoß gegen die Kognitionspflicht** vor, wenn die Strafverfolgung in Folge falscher Anwendung der Rechtsbegriffe des Abs. 1 zu Unrecht beschränkt worden ist (Meyer-Goßner § 154a Rdn. 27). Hat der Tatrichter den Angeklagten freigesprochen und dabei eine Wiedereinbeziehung ausgeschiedener Tatteile unterlassen, muss die StA dies im Rahmen einer ordnungsgemäßen Verfahrensrüge geltend machen (BGH NStZ 1996, 241; LR-Beulke § 154a Rdn. 47; a. M. noch BGH NStZ 1995, 540, 541). Das Revisionsgericht weist dann die Sache zur Einbeziehung und neuen Verhandlung an das Tatgericht zurück (BGH NStZ-RR 2001, 263), falls es nicht die ausgeschiedenen Tatteile gleich selbst wieder einbezieht (Meyer-Goßner § 154a Rdn. 27).

17 **Der Strafklageverbrauch** durch eine rechtskräftige gerichtliche Sachentscheidung erstreckt sich auch auf die ausgeschiedenen Teile der Tat und Rechtsverletzungen (KK-Schoreit § 154a Rdn. 17). Wird die Strafverfolgung auf einen Teilakt einer Bewertungseinheit (vgl. § 260 Rdn. 10) beschränkt, verbraucht die Verurteilung wegen dieses Teilakts die Strafklage insgesamt. Inwiefern dies auch bei Freispruch so ist, ist

umstritten (dafür LR-Beulke § 154a Rdn. 43; dagegen Meyer-Goßner § 154a Rdn. 28).

§ 154b [Auslieferung und Landesverweisung]

(1) Von der Erhebung der öffentlichen Klage kann abgesehen werden, wenn der Beschuldigte wegen der Tat einer ausländischen Regierung ausgeliefert wird.

(2) Dasselbe gilt, wenn er wegen einer anderen Tat einer ausländischen Regierung ausgeliefert oder an einen internationalen Strafgerichtshof überstellt wird und die Strafe oder die Maßregel der Besserung und Sicherung, zu der die inländische Verfolgung führen kann, neben der Strafe oder der Maßregel der Besserung und Sicherung, die gegen ihn im Ausland rechtskräftig verhängt worden ist oder die er im Ausland zu erwarten hat, nicht ins Gewicht fällt.

(3) Von der Erhebung der öffentlichen Klage kann auch abgesehen werden, wenn der Beschuldigte aus dem Geltungsbereich dieses Bundesgesetzes ausgewiesen wird.

(4) ¹Ist in den Fällen der Absätze 1 bis 3 die öffentliche Klage bereits erhoben, so stellt das Gericht auf Antrag der Staatsanwaltschaft das Verfahren vorläufig ein. ²§ 154 Abs. 3 bis 5 gilt mit der Maßgabe entsprechend, daß die Frist in Absatz 4 ein Jahr beträgt.

Die Vorschrift ermöglicht eine **unkomplizierte Verfahrenserledigung,** wenn ohnehin eine Auslieferung oder Ausweisung des Beschuldigten im Raum steht (Pfeiffer § 154b Rdn. 1). Die Bestimmung ergänzt § 153c Abs. 1 Nr. 3 und findet sich in ähnlicher Form in § 456a und in § 17 VollstrO. Die Ausweisung ist der Auslieferung gleichgestellt (Abs. 3). 1

Die **Entscheidung** trifft die StA, nach Erhebung der öffentlichen Klage das mit der Sache befasste Gericht. Dieses ist an einen Antrag der StA gebunden (OLG Düsseldorf MDR 1990, 568). Entfallen die Voraussetzungen der gerichtlichen Einstellung, ist eine Wiederaufnahme nach Abs. 4 S. 2 binnen eines Jahres zulässig. 2

Der Einstellungsbeschluss ist unanfechtbar und genießt beschränkte materielle **Rechtskraft** (Pfeiffer § 154b Rdn. 4). 3

§ 154c [Opfer einer Nötigung oder Erpressung]

(1) Ist eine Nötigung oder Erpressung (§§ 240, 253 des Strafgesetzbuches) durch die Drohung begangen worden, eine Straftat zu offenbaren, so kann die Staatsanwaltschaft von der Verfolgung der Tat, deren Offenbarung angedroht worden ist, absehen, wenn nicht wegen der Schwere der Tat eine Sühne unerläßlich ist.

(2) Zeigt das Opfer einer Nötigung oder Erpressung (§§ 240, 253 des Strafgesetzbuches) diese an (§ 158) und wird hierdurch bedingt ein vom Opfer begangenes Vergehen bekannt, so kann die Staatsanwaltschaft von der Verfolgung des Vergehens absehen, wenn nicht wegen der Schwere der Tat eine Sühne unerlässlich ist.

Die Vorschrift als Ausnahme vom Legalitätsprinzip ist eine **Kann-Bestimmung.** Zuständig für die Entscheidung ist allein die StA (nicht die Polizei), die ohne Zustimmung des Gerichts nach pflichtgemäßem Ermessen von der Verfolgung absehen und das Verfahren einstellen kann (Pfeiffer § 154c Rdn. 1). Das Gericht kann allein auf 1

§ 154d 2. Buch. Verfahren im ersten Rechtszug

§ 153 Abs. 2, § 153a Abs. 2 zurückgreifen (Meyer-Goßner § 154c Rdn. 4). Für die Begehung durch Drohung genügt eine versuchte Erpressung oder Nötigung (Meyer-Goßner § 154c Rdn. 1).

2   Abs. 2 ist durch Gesetz vom 11. 2. 2005 **neu eingefügt** worden und will ebenfalls der Zwangslage eines Opfers einer Nötigung oder Erpressung Rechnung tragen (Meyer-Goßner § 154c Rdn. 2). Erfasst ist der Fall, dass die Nötigung (Erpressung) nicht durch die Drohung der Offenbarung einer Straftat begangen worden ist. Gedacht ist insbesondere an den Fall, dass Frauen zur Ausübung der Prostitution genötigt werden (Menschenhandel; §§ 232ff StGB) und bei einer Strafanzeige gegen den Zuhälter mit einem Strafverfahren wegen illegalen Aufenthalts in der Bundesrepublik Deutschland rechnen müssen. Vorausgesetzt ist, dass die Straftat erst durch die Anzeige des Opfers bekannt wird und – wie in Abs. 1 – eine Sühne wegen der Schwere der Tat nicht unerlässlich ist.

3   Die **Wiederaufnahme** eines so eingestellten Ermittlungsverfahrens ist zulässig, da es nicht zu einem Strafklageverbrauch kommt. In Betracht kommen wird sie aber nur ausnahmsweise bei veränderter Sachlage (KK-Schoreit § 154c Rdn. 5; LR-Beulke § 154c Rdn. 12).

§ 154d [Entscheidung einer zivil- oder verwaltungsrechtlichen Vorfrage]

¹**Hängt die Erhebung der öffentlichen Klage wegen eines Vergehens von der Beurteilung einer Frage ab, die nach bürgerlichem Recht oder nach Verwaltungsrecht zu beurteilen ist, so kann die Staatsanwaltschaft zur Austragung der Frage im bürgerlichen Streitverfahren oder im Verwaltungsstreitverfahren eine Frist bestimmen.** ²**Hiervon ist der Anzeigende zu benachrichtigen.** ³**Nach fruchtlosem Ablauf der Frist kann die Staatsanwaltschaft das Verfahren einstellen.**

1   Zweck der Bestimmung ist eine **Entlastung der StA**. Diese soll nicht durch eine Strafanzeige gezwungen werden können, über komplizierte rechtliche Vorgänge (z.B. Urheberrechtsverletzungen) schwierige Beweiserhebungen durchzuführen, wenn es dem Anzeigenden darauf ankommt, das Strafverfahren als Druckmittel auf den Gegner oder zur Vorbereitung eines anderen Verfahrens zu benutzen (Meyer-Goßner § 154d Rdn. 1). Rechtliche Schwierigkeiten allein reichen für die Anwendung nicht aus. Die Bestimmung gilt nur für Vergehen (§ 12 Abs. 2 StGB).

2   Die **zivil- oder verwaltungsrechtliche Vorfrage** ist eine solche materiellrechtlicher Art, die vorab geklärt werden müsste. Nicht ausreichend ist die Aufklärung von Tatsachen, die auch für ein Strafverfahren von Bedeutung wären, nötig ist eine präjudizielle Vorfrage. Für arbeits- und sozialgerichtliche Verfahren gilt § 154d entsprechend (KK-Schoreit § 154d Rdn. 4). Im Steuerstrafrecht trifft § 396 AO eine Sonderregelung. Im Verfahren wegen einer Unterhaltspflichtverletzung (§ 170 StGB) kommt § 154d in Betracht, wenn der Beschuldigte eine negative Abstammungsklage (§ 640 ZPO) erheben will (Meyer-Goßner § 154d Rdn. 3). Z.T. wird hier auch § 262 Abs. 2 entsprechend angewendet (SK-Weßlau § 154d Rdn. 6).

3   Die **Bemessung der Frist** richtet sich nach den Umständen des Einzelfalls; sie kann verlängert werden. Es bedarf weder einer Zustimmung des Gerichts noch eines Betroffenen. Der Beschuldigte (§ 270 Abs. 2 S. 2) und der Anzeigende (§ 171) sind zu unterrichten.

4   Die Fristsetzung ist **nicht anfechtbar** (Ausnahme: Dienstaufsichtsbeschwerde; KG JR 1959, 29). Das Klageerzwingungsverfahren ist erst zulässig, wenn nach S. 3 endgültig eingestellt worden ist.

§ 154e [Straf- oder Disziplinarverfahren bei falscher Verdächtigung oder Beleidigung]

(1) Von der Erhebung der öffentlichen Klage wegen einer falschen Verdächtigung oder Beleidigung (§§ 164, 185 bis 188 des Strafgesetzbuches) soll abgesehen werden, solange wegen der angezeigten oder behaupteten Handlung ein Straf- oder Disziplinarverfahren anhängig ist.

(2) Ist die öffentliche Klage oder eine Privatklage bereits erhoben, so stellt das Gericht das Verfahren bis zum Abschluß des Straf- oder Disziplinarverfahrens wegen der angezeigten oder behaupteten Handlung ein.

(3) Bis zum Abschluß des Straf- oder Disziplinarverfahrens wegen der angezeigten oder behaupteten Handlung ruht die Verjährung der Verfolgung der falschen Verdächtigung oder Beleidigung.

Der Zweck der Vorschrift ist ein doppelter: Zum einen sollen widersprechende Entscheidungen über denselben Sachverhalt möglichst ausgeschlossen werden (BGHSt 8, 133, 135; BGHSt 10, 88, 89), zum anderen soll das für die Strafbarkeit wegen falscher Verdächtigung oder Beleidigung präjudizielle Verfahren den Vorrang haben (Meyer-Goßner § 154e Rdn. 1). 1

Die **Ausgangssituation** ist in der Praxis häufig: Jemand zeigt einen anderen wegen einer Straftat an und dieser „revanchiert" sich mit einer Gegenanzeige wegen Beleidigung oder falscher Verdächtigung. 2

Nach dem Sinn der Bestimmung soll das **Nebeneinander** zweier paralleler Ahndungsverfahren möglichst **vermieden werden.** Daher soll die StA das Parallelverfahren zum Ruhen bringen. Damit ist aber nicht ausgeschlossen, dass die StA – z.B. wegen drohenden Beweisverlustes – im Einzelfall ihre Ermittlungen doch zu Ende führt (Meyer-Goßner § 154e Rdn. 5). Im Übrigen ist eine förmliche Verfügung geboten, um die Wirkung des § 154e Abs. 3 (Ruhen der Verjährung) herbeizuführen. 3

Entscheidungsbefugt ist die StA. Der Ermittlungsrichter ist nicht berechtigt, einen Antrag der StA (§ 162) mit der Begründung abzulehnen, dieser sei nach § 154e Abs. 1 unzulässig (Meyer-Goßner § 154e Rdn. 6). 4

Ist das Ermittlungsverfahren noch nicht abgeschlossen, stellt die StA das Verfahren **vorübergehend** für die Dauer der Anhängigkeit des anderen Verfahrens ein. Die Verfügung wird dem Anzeigenden mitgeteilt (RiStBV Nr. 103). 5

Stehen weitere Straftaten im Raum, muss ggf. eine **Abtrennung der Taten** im Sinne des § 154e Abs. 1 erfolgen. Ansonsten wird das Verfahren insgesamt fortgeführt. Allerdings kann auch eine Ausscheidung der falschen Verdächtigung oder der Beleidigung nach § 154a erfolgen (vgl. LR-Beulke § 154e Rdn. 4). 6

Die **Einstellungsverfügung** der StA führt nicht zu einem Verfahrenshindernis für das Ermittlungsverfahren, insofern ist ein Widerruf der Einstellung möglich, z.B. wegen drohenden Beweisverlustes (KK-Schoreit § 154e Rdn. 12). 7

Im gerichtlichen Verfahren führt die Anhängigkeit des anderen Verfahrens zu einem vorübergehenden Verfahrenshindernis, das nach h.M. von Amts wegen zu beachten ist (OLG Bremen StV 1991, 252). Es führt aber nur zu einem Beschluss, mit dem das Verfahren bis zum Abschluss des anderen Verfahrens eingestellt wird. § 260 Abs. 3 findet keine Anwendung (BGH GA 1979, 223, 224; Meyer-Goßner § 154e Rdn. 11). Das zeitweilige Verfahrenshindernis verbietet nicht gerichtliche Entscheidungen, die die Sachentscheidung nur vorbereiten (LR-Beulke § 154e Rdn. 15). 8

Auch das **Berufungsgericht** verfährt nach Abs. 2, wenn dessen Voraussetzungen vorliegen. Das Revisionsgericht verweist die Sache an den Tatrichter zurück (§ 354 Abs. 2), wenn Abs. 2 nicht beachtet worden ist (BGHSt 8, 151). 9

Für das **Ruhen der Verjährung** kommt es auf den Zeitpunkt des aktenmäßigen Erlasses der Entscheidung an. Das Ruhen endet mit dem aktenmäßigen Erlass der das 10

§§ 155, 155a   2. Buch. Verfahren im ersten Rechtszug

andere Verfahren abschließenden Entscheidung, falls diese anfechtbar ist, mit deren Rechtskraft. Widerruft die StA ihre Einstellungsverfügung, ist die verjährungshemmende Wirkung ebenfalls beendet (Meyer-Goßner § 154e Rdn. 14).

11   Die vorübergehende Einstellung oder deren Unterlassung ist (nur) mit der **Dienstaufsichtsbeschwerde** anfechtbar. Eine gerichtliche Entscheidung nach Abs. 2 ist in den Grenzen des § 305 mit einer Beschwerde nach § 304 anfechtbar. Die Verletzung des Abs. 2 durch den Tatrichter ist Revisionsgrund nach § 337 (BGHSt 8, 151).

§ 155 [Umfang der Untersuchung]

(1) **Die Untersuchung und Entscheidung erstreckt sich nur auf die in der Klage bezeichnete Tat und auf die durch die Klage beschuldigten Personen.**

(2) **Innerhalb dieser Grenzen sind die Gerichte zu einer selbständigen Tätigkeit berechtigt und verpflichtet; insbesondere sind sie bei Anwendung des Strafgesetzes an die gestellten Anträge nicht gebunden.**

1   Die Vorschrift ergänzt das Akkusations- und das Inquisitionsprinzip. Mit dem Anklageprinzip (§ 152 Rdn. 1) korrespondiert die Pflicht des Gerichts, die Anklage erschöpfend zu behandeln („Kognitionspflicht"). Der Begriff der „Tat" entspricht dem in § 264 (LR-Beulke § 155 Rdn. 3).

2   Abs. 2 S. 1 regelt i.V.m. § 244 Abs. 2, § 384 Abs. 3 das **Prinzip der materiellen Wahrheitserforschung.** Hierzu gehören Begriffe wie der Ermittlungs- und Untersuchungsgrundsatz. Das Prinzip wird auch als Instruktions- oder Inquisitionsprinzip bezeichnet (Meyer-Goßner § 155 Rdn. 2). Für die StA und ihre Ermittlungspersonen ergibt sich diese Pflicht insbesondere aus § 152 Abs. 2, §§ 160, 163.

3   Bei der Anwendung des Strafgesetzes ist das Gericht **nicht an Anträge der StA** oder anderer Prozessbeteiligter **gebunden** (Abs. 2, 2. Hs.). Andererseits ist das Gericht regelmäßig verpflichtet, über Anträge zu entscheiden (Meyer-Goßner § 155 Rdn. 4).

§ 155a [Hinwirkung auf Ausgleich]

¹**Die Staatsanwaltschaft und das Gericht sollen in jedem Stadium des Verfahrens die Möglichkeiten prüfen, einen Ausgleich zwischen Beschuldigtem und Verletztem zu erreichen.** ²**In geeigneten Fällen sollen sie darauf hinwirken.** ³**Gegen den ausdrücklichen Willen des Verletzten darf die Eignung nicht angenommen werden.**

1   Die Vorschrift regelt i.V.m. § 155b den zuvor nur in § 46a StGB enthaltenen **Täter-Opfer-Ausgleich** (TOA). Sie stellt klar, dass schon vor der Hauptverhandlung (BGHSt 48, 134), also von der StA im Ermittlungsverfahren, vom Gericht im Zwischen- und Hauptverfahren, die Anwendbarkeit des TOA zu prüfen ist.

2   Ungeeignet ist das Verfahren jedenfalls dann, wenn der Verletzte ihm ausdrücklich widerspricht (S. 3).

3   **Die Initiative** muss nicht von der StA oder dem Gericht ausgehen, der TOA kann auch vom Beschuldigten, seinem Verteidiger oder vom Verletzten oder dessen Vertreter angeregt werden. Möglich erscheint er nach der Rechtsprechung bei schwerer räuberischer Erpressung (BGH NJW 2001, 2557), bei einer Vergewaltigung mit späterer Versöhnung (BGH StV 2001, 457) oder bei Untreue (BGH StV 2001, 110). Bei Gewaltdelikten verlangt die Rechtsprechung für eine Anwendung des Strafmilderungsgrundes nach § 46a regelmäßig ein Geständnis (BGH NJW 2003, 1466). Das einseitige Wiedergutmachungsbestreben des Täters genügt nicht, ist aber naturgemäß Strafzumessungsgrund.

4   Erfolgt der TOA **erst in der Hauptverhandlung,** muss in den Urteilsgründen so viel dargestellt werden, dass das Revisionsgericht prüfen kann, ob von der eröffneten

1. Abschnitt. Öffentliche Klage § 155b

Milderungsmöglichkeit nach §§ 46a, 49 StGB zu Recht oder zu Unrecht (nicht) Gebrauch gemacht worden ist (BGHSt 48, 134).

Die **Revision** kann darauf gestützt werden, dass die Voraussetzungen des § 46a 5 StGB zu Unrecht angenommen worden sind (BGH NJW 2003, 1466; vgl. auch LR-Beulke § 155a Rdn. 15).

§ 155b [Täter-Opfer-Ausgleich]

(1) ¹Die Staatsanwaltschaft und das Gericht können zum Zweck des Täter-Opfer-Ausgleichs oder der Schadenswiedergutmachung einer von ihnen mit der Durchführung beauftragten Stelle von Amts wegen oder auf deren Antrag die hierfür erforderlichen personenbezogenen Informationen übermitteln. ²Die Akten können der beauftragten Stelle zur Einsichtnahme auch übersandt werden, soweit die Erteilung von Auskünften einen unverhältnismäßigen Aufwand erfordern würde. ³Eine nicht-öffentliche Stelle ist darauf hinzuweisen, dass sie die übermittelten Informationen nur für Zwecke des Täter-Opfer-Ausgleichs oder der Schadenswiedergutmachung verwenden darf.

(2) ¹Die beauftragte Stelle darf die nach Absatz 1 übermittelten personenbezogenen Informationen nur verarbeiten und nutzen, soweit dies für die Durchführung des Täter-Opfer-Ausgleichs oder der Schadenswiedergutmachung erforderlich ist und schutzwürdige Interessen des Betroffenen nicht entgegenstehen. ²Sie darf personenbezogene Informationen nur erheben sowie die erhobenen Informationen verarbeiten und nutzen, soweit der Betroffene eingewilligt hat und dies für die Durchführung des Täter-Opfer-Ausgleichs oder der Schadenswiedergutmachung erforderlich ist. ³Nach Abschluss ihrer Tätigkeit berichtet sie in dem erforderlichen Umfang der Staatsanwaltschaft oder dem Gericht.

(3) Ist die beauftragte Stelle eine nicht-öffentliche Stelle, finden die Vorschriften des Dritten Abschnitts des Bundesdatenschutzgesetzes auch Anwendung, wenn die Informationen nicht in oder aus Dateien verarbeitet werden.

(4) ¹Die Unterlagen mit den in Absatz 2 Satz 1 und 2 bezeichneten personenbezogenen Informationen sind von der beauftragten Stelle nach Ablauf eines Jahres seit Abschluss des Strafverfahrens zu vernichten. ²Die Staatsanwaltschaft oder das Gericht teilt der beauftragten Stelle unverzüglich von Amts wegen den Zeitpunkt des Verfahrensabschlusses mit.

Die Vorschrift enthält eine **bereichsspezifische gesetzliche Grundlage** für die 1 Übermittlung und Erhebung personenbezogener Informationen durch die Ausgleichsstelle sowie deren Verarbeitung und Nutzung (BT-Drucks. 14/1928 S. 6). Ausgleichsstellen können auf TOA oder Konfliktschlichtung spezialisierte private Vereine oder Einrichtungen sein, aber auch die Gerichtshilfe, die sozialen Dienste des Strafvollzugs sowie Schiedsleute (Meyer-Goßner § 155b Rdn. 1a).

Die **Übermittlung** der erforderlichen Informationen (Abs. 1 S. 1) erfolgt von 2 Amts wegen oder auf Antrag der Ausgleichsstelle (Meyer-Goßner § 155b Rdn. 3; Pfeiffer § 155b Rdn. 1; a.M. KK-Schoreit § 155b Rdn. 2). Einer Einwilligung des Betroffenen bedarf es nicht.

Abs. 2 enthält eine **Zweckbindung,** über die die nicht-öffentliche Ausgleichsstelle 3 nach Abs. 1 S. 2 zu informieren ist (Meyer-Goßner § 155b Rdn. 4). Zur Verarbeitung und Nutzung der erhobenen Informationen ist die Zustimmung jedes Betroffenen – also auch des Beschuldigten – erforderlich (vgl. Busch NJW 2002, 1326, 1327). Der staatlich beauftragte Kontaktvermittler muss den Beschuldigten entsprechend § 136 Abs. 1 S. 2 belehren (Meyer-Goßner § 155b Rdn. 4). Die Ausgleichsstelle hat der StA oder dem Gericht über das Ergebnis des Verfahrens zu berichten. Die Be-

§§ 156, 157

richtspflicht wird durch den Umfang der von dem Betroffenen erteilten Einwilligung begrenzt (LR-Beulke § 155b Rdn. 13 ff). Abs. 3 enthält eine **übliche Datenschutzklausel** und verhindert damit eine zweckändernde Verwendung (§ 28 BDSG). Abs. 4 regelt die Vernichtung der Unterlagen binnen Jahresfrist.

§ 156 [Keine Rücknahme der Anklage]

Die öffentliche Klage kann nach Eröffnung des Hauptverfahrens nicht zurückgenommen werden.

1 Die **Rechtshängigkeit der Anklage** tritt mit der Eröffnung des Hauptverfahrens (§ 203) oder einem ihr gleichstehenden Akt ein (BGHSt 14, 17). Erst mit ihr verliert die StA – von Ausnahmen abgesehen (Rdn. 2) – die Dispositionsmacht über die Klage (BGHSt 29, 229). Mit der Rechtshängigkeit ist auch eine Änderung der in der Anklageschrift angegebenen Tatzeiten unzulässig (BGHSt 46, 130). Ebenfalls ausgeschlossen ist die Zurücknahme der Anklage nach Erlass eines Beschlusses über die Nichteröffnung des Hauptverfahrens (OLG Frankfurt JR 1986, 470; LR-Beulke § 156 Rdn. 7; Sowada S. 700). Zugleich entsteht ein Verfahrenshindernis für ein anderes Verfahren gegen denselben Beschuldigten wegen derselben.

2 **Eine zulässige Zurücknahme** lässt das Legalitätsprinzip unberührt. Beruht sie darauf, dass die Klage nachträglich als unbegründet erscheint, muss die StA das Verfahren nach § 170 Abs. 2 einstellen. Anderenfalls muss sie die Klage unter Beachtung der Formvorschriften des § 200 neu erheben (vgl. OLG Karlsruhe Justiz 1982, 438). Ggf. kann auch nach den §§ 153 ff das Verfahren eingestellt oder die Strafsache vom unzuständigen Gericht an das zuständige gebracht werden (vgl. BayObLG NJW 1973, 2312; BGH NStZ 1984, 132).

3 **Im Strafbefehlsverfahren** kann der Antrag erst dann nicht mehr zurückgenommen werden, wenn der Strafbefehl rechtskräftig ist (§ 410 Abs. 3). Bei einem rechtzeitigen Einspruch ist der die Klage ersetzende Strafbefehl bis zu Beginn der Hauptverhandlung zur Sache, danach noch bis zur Urteilsverkündung mit Zustimmung des Angeklagten zurücknehmbar (§ 411 Abs. 3 S. 1).

4 **Sonderregelungen** enthalten § 153c Abs. 4, § 153d Abs. 2, § 153f Abs. 3, § 411 Abs. 3. Auch mit dem Ziel einer Einstellung nach § 153 Abs. 1, § 153a Abs. 1 soll eine Zurücknahme der Klage zulässig sein (LR-Beulke § 156 Rdn. 8).

§ 157 [Begriff des „Angeschuldigten" und „Angeklagten"]

Im Sinne dieses Gesetzes ist
Angeschuldigter der Beschuldigte, gegen den die öffentliche Klage erhoben ist,
Angeklagter der Beschuldigte oder Angeschuldigte, gegen den die Eröffnung des Hauptverfahrens beschlossen ist.

1 Die Vorschrift gibt dem Beschuldigten in den verschiedenen Verfahrensstadien **unterschiedliche Bezeichnungen.** Dabei wird der Begriff des „Beschuldigten" hier nicht definiert (vgl. Einl. Rdn. 78; Vor § 48 Rdn. 12).

2 **Der Begriff „Beschuldigter"** wird in der StPO als Oberbegriff verwendet, wenn z.B. eine Vorschrift alle Stadien des Verfahrens umfassen soll (Pfeiffer § 157 Rdn. 2; vgl. §§ 81, 112).

3 **Der Begriff „Verurteilter"** wird für einen Beschuldigten verwendet, wenn das verurteilende Erkenntnis rechtskräftig geworden ist (vgl. §§ 449 ff). Die StPO ist aber uneinheitlich. So sprechen die Regelungen über die Wiederaufnahme zum Teil vom Verurteilten (vgl. § 359), zum Teil aber auch vom Angeklagten (vgl. § 362).

Zweiter Abschnitt. Vorbereitung der öffentlichen Klage

§ 158 [Strafanzeigen; Strafanträge]

(1) ¹Die Anzeige einer Straftat und der Strafantrag können bei der Staatsanwaltschaft, den Behörden und Beamten des Polizeidienstes und den Amtsgerichten mündlich oder schriftlich angebracht werden. ²Die mündliche Anzeige ist zu beurkunden.

(2) Bei Straftaten, deren Verfolgung nur auf Antrag eintritt, muß der Antrag bei einem Gericht oder der Staatsanwaltschaft schriftlich oder zu Protokoll, bei einer anderen Behörde schriftlich angebracht werden.

Strafanzeige (Abs. 1) ist die Mitteilung eines Sachverhalts, der nach Meinung des 1 Anzeigenden Anlass für eine Strafverfolgung bietet (Meyer-Goßner § 158 Rdn. 2). Sie ist eine bloße Anregung, es möge geprüft werden, ob Anlass zur Einleitung eines Ermittlungsverfahrens besteht (BayObLG NJW 1986, 441; Meyer-Goßner § 158 Rdn. 2) und verpflichtet zur Prüfung (§ 152 Abs. 2, § 160 Abs. 1, § 163). Eine Beschränkung der Anzeige ist zwar zulässig, rechtlich aber ohne jede Bedeutung. Sie kann mit einem Antrag auf Strafverfolgung verbunden sein. Eine Strafanzeige kann auch noch während eines laufenden Verfahrens gestellt werden und setzt nicht voraus, dass der Täter bereits bekannt ist.

Strafantrag (Abs. 2, §§ 77 bis 77 d StGB) ist die ausdrückliche oder durch Ausle- 2 gung zu ermittelnde Erklärung des nach dem Gesetz zum Strafantrag Befugten, dass er die Strafverfolgung wünscht (BGH MDR 1974, 13; OLG Düsseldorf MDR 1986, 165; Meyer-Goßner § 158 Rdn. 4). Der Strafantrag ist Prozessvoraussetzung, deren Fehlen zu einem Bestrafungsverbot führt (Meyer-Goßner § 158 Rdn. 4). Allerdings ist in vielen Fällen trotz fehlenden Strafantrags eine Verfolgung möglich, wenn dies im öffentlichen Interesse liegt. Eine Ausnahme enthält z. B. § 247 StGB für Vermögensdelikte gegen Angehörige oder Mitglieder der Wohngemeinschaft. Auch in Fällen, in denen er unbedingt erforderlich ist, bedeutet das Fehlen des Strafantrags noch kein absolutes Verbot des strafrechtlichen Vorgehens, da immerhin auch eine vorläufige Festnahme möglich ist, bevor der Strafantrag gestellt ist (vgl. § 127 Abs. 3).

Der Strafantrag kann mit einer Strafanzeige verbunden sein und umge- 3 **kehrt** (Meyer-Goßner § 158 Rdn. 4). So kann in einer Anzeige wegen Einbruchsdiebstahl zugleich ein Strafantrag wegen Hausfriedensbruchs liegen (BGH GA 1957, 17). Wichtig ist der Strafantrag, wo es um ein Delikt geht, dass nur auf Antrag verfolgt wird. Möglich ist er auch sonst. Konsequenzen ergeben sich, wenn das initiierte Verfahren eingestellt wird: Nur der Antragsteller ist zu unterrichten, nicht der Anzeigeerstatter (§ 171 Rdn. 2).

Beispiel: „Ich erstatte Strafantrag. Auf eine Einstellungsnachricht wird nicht verzichtet."

Die Antragsfrist nach § 77 b StGB beginnt, wenn dem Antragsberechtigten Tat 4 und Täter bekannt geworden sind. Sind beide Elternteile antragsberechtigt, beginnt die Frist, sobald eines von ihnen die Kenntnis erlangt (BGHSt 22, 103). Die Frist wird nur durch rechtzeitigen Eingang bei einer deutschen Behörde gewahrt (BayObLG NJW 1972, 1631). Der Strafantrag eines Minderjährigen soll nicht schon deshalb wirksam sein, weil er noch vor Ablauf der Antragsfrist volljährig geworden ist (BGH NJW 1994, 1165).

Querulatorische, anonyme oder pseudonyme Anzeigen sind jedenfalls dahin 5 zu prüfen, ob sie einen Anfangsverdacht begründen können (Pfeiffer § 158 Rdn. 3). Entbehrt der geäußerte Verdacht offensichtlich jeder Grundlage oder handelt es sich

§ 158

um die Wiederholung eines früheren als haltlos erwiesenen Vorwurfs, wird die Anzeige durch interne Verfügung abgelehnt (KK-Wache § 158 Rdn. 7).

6 **Die Adressaten der Anzeige** ergeben sich aus Abs. 1, die des Strafantrags aus Abs. 2. „Andere Behörde" (Abs. 2) ist im Sinne der Behörde des Polizeidienstes nach Abs. 1 zu verstehen (RGSt 67, 125, 128; Meyer-Goßner § 158 Rdn. 7). Während für die Anzeige nach Abs. 1 auf Gerichtsebene allein die Amtsgerichte zuständig sind, ergibt sich diese Beschränkung in Abs. 2 nicht. Daher kann der Strafantrag sogar beim Revisionsgericht angebracht werden (vgl. Meyer-Goßner § 158 Rdn. 7).

7 **Die Anzeige (Abs. 1) ist formlos möglich,** kann also mündlich oder telefonisch angebracht werden. Dann wird sie in ihrem wesentlichen Inhalt beurkundet (KK-Wache § 158 Rdn. 17).

8 **Der Strafantrag (Abs. 2) ist schriftlich zu stellen,** auch telegrafisch oder durch Fernschreiben oder Telefax (Meyer-Goßner § 158 Rdn. 11). Bei der StA oder dem Gericht kann er auch zu Protokoll angebracht werden. Eine telefonische Antragstellung ist unwirksam (BGH NJW 1971, 903). Die Schriftform verlangt die (lesbare) Unterschrift des Antragstellers (KG NStZ 1990, 144; OLG Hamm NJW 1986, 734; Meyer-Goßner § 158 Rdn. 11). Ausreichend ist, wenn eine vorgesetzte Behörde einen bei ihr eingegangenen Strafantrag in beglaubigter Form weiterleitet (BayObLG NJW 1957, 919). Gleiches gilt, wenn die Behörde selbst den Strafantrag stellt (RGSt 72, 388). Sonst muss grundsätzlich die Urschrift an das zuständige Organ gelangen (Meyer-Goßner § 158 Rdn. 11).

9 Während Anzeigen eines Handlungsfähigen nach Abs. 1 nicht gegenstandslos sind, falls sie einen Verdacht begründen, macht die **Antragsunmündigkeit** (§ 77 Abs. 3 S. 1 StGB) den Strafantrag wirkungslos (Meyer-Goßner § 158 Rdn. 13). Eine Vertretung des Anzeigenden ist zulässig, und zwar sowohl in der Erklärung als auch im Willen. Die Vollmacht bedarf keiner bestimmten Form. Ihr Nachweis ist nur nötig, wenn die Anzeige ein Antrag nach § 171 sein soll. Auch die Vertretung des Strafantragstellers ist zulässig. Dabei muss sich für den Lauf der Strafantragsfrist der Dienstvorgesetzte die Kenntnis seines ständigen Vertreters zurechnen lassen (BGHSt 44, 209).

10 **Eine vertrauliche Anzeige ist zulässig.** Im Allgemeinen bezweckt ein solcher Wunsch lediglich, dass der Name dessen, der die Hinweise gibt, dem Betroffenen nicht bekannt gegeben werden soll. Wenn andere Umstände auf den Mitteilenden als Zeugen hinweisen, darf er vernommen werden (Meyer-Goßner § 158 Rdn. 16). Eine Zusicherung der Vertraulichkeit durch die Polizei ist in der Regel nur nach vorheriger Einwilligung der StA als Herrin des Ermittlungsverfahrens zulässig (Meyer-Goßner § 158 Rdn. 17). Inwiefern dann § 96 es erlaubt, den Namen des Gewährsmannes im gesamten Verfahren geheim zu halten, ist eine andere Frage. Eine Vertraulichkeitszusage ist jedenfalls hinfällig, wenn der entsprechende Zeuge sich als einer der Tatbeteiligten entpuppt (OLG Hamm wistra 2005, 318).

11 **Die Rücknahme eines Strafantrags** (§ 77 d StGB) bedarf keiner bestimmten Form. Mit der Rücknahme ist zugleich ein Verzicht auf den Strafantrag verbunden, er darf nicht wiederholt werden.

12 Zur Anzeige oder einem Strafantrag ist jedermann berechtigt. **Der Strafantrag ist beschränkbar,** sei es auf einzelne Personen, sei es aber auch sachlich und rechtlich auf einzelne abtrennbare Teile einer Tat oder einzelne von mehreren Gesetzesverletzungen. Kriterium ist die Beschränkbarkeit der Untersuchung im Sinne des § 154 a (Meyer-Goßner § 158 Rdn. 19). Ist eine Beschränkung nicht ersichtlich, bezieht sich der Antrag auf die gesamte Tat im Sinne des § 264 (BGHSt 33, 114, 116) und auf alle in Betracht kommenden Tatbeteiligten. Der Strafantrag ist auslegungs- und ergänzungsfähig (Meyer-Goßner § 158 Rdn. 23).

13 Inwiefern Behörden oder Dienststellen eine **Anzeigepflicht** haben, ist eine Frage des ihnen zugeordneten Rechtskreises. Wer Polizeibeamter ist, muss polizeilich be-

2. Abschnitt. Vorbereitung der öffentlichen Klage §§ 159, 160

handeln, was ihm dienstlich zur Kenntnis gelangt (BGHSt 38, 388, 391). Zur Anzeigepflicht bei privat erlangten Erkenntnissen vgl. § 160 Rdn. 4.

Wer **im guten Glauben** eine Strafanzeige erstattet, macht sich nicht schadenersatzpflichtig, wenn sich die Behauptung als unrichtig oder unaufklärbar erweist. Eine etwaige Beeinträchtigung der Ehre des Angezeigten ist über § 193 StGB gerechtfertigt (vgl. auch BVerfGE 74, 257; Meyer-Goßner § 158 Rdn. 25). 14

§ 159 [Unnatürlicher Tod; Leichenfund]

(1) Sind Anhaltspunkte dafür vorhanden, daß jemand eines nicht natürlichen Todes gestorben ist, oder wird der Leichnam eines Unbekannten gefunden, so sind die Polizei- und Gemeindebehörden zur sofortigen Anzeige an die Staatsanwaltschaft oder an das Amtsgericht verpflichtet.

(2) Zur Bestattung ist die schriftliche Genehmigung der Staatsanwaltschaft erforderlich.

Die Vorschrift bezweckt die Beweissicherung in so genannten **„Leichensachen"**. 1
Diese ist noch kein Ermittlungsverfahren im Sinne des § 160 (BGHSt 49, 29).

Nicht natürlich ist ein Tod durch Selbstmord, Unfall oder durch eine rechtswidrige Tat oder sonst durch Einwirkung von außen (Meyer-Goßner § 159 Rdn. 2). **Unbekannt ist ein Toter,** der nicht sofort identifiziert werden kann. Stirbt eine nicht identifizierte Person nach (längerer) Behandlung im Krankenhaus, wird ihr Leichnam nicht „gefunden" (Meyer-Goßner § 159 Rdn. 3). 2

Die Sicherung der Ermittlungen erfolgt durch die Polizei. Sie sorgt dafür, dass die Leiche geborgen und bewacht oder sicher untergebracht wird. Bis zum Eintreffen des Arztes, der zur Leichenschau hinzugezogen wird, dürfen Veränderungen nur aus Gründen der öffentlichen Sicherheit vorgenommen werden (Meyer-Goßner § 159 Rdn. 4). 3

Auf den unnatürlichen Tod müssen **konkrete Anhaltspunkte** hindeuten. Dies kann sich aus Spuren ergeben, die auf Gewaltanwendung hindeuten, aus dem Ort des Auffindens der Leiche (Wald), bei jüngeren Menschen sogar aus dem Fehlen von Anhaltspunkten für einen natürlichen Tod (LR-Rieß § 159 Rdn. 3; Meyer-Goßner § 159 Rdn. 5). 4

Für Polizei- und Gemeindebehörden, jeweils vertreten durch ihren Leiter, besteht eine unbedingte Pflicht, die StA oder das AG zu unterrichten. Adressat der „sofortigen Anzeige" ist die StA oder das AG des Ortes, wo sich die Leiche befindet. Zur Zuständigkeit für die Anordnung der Sektion siehe § 162 Rdn. 5. Zur Identifizierung der Leiche siehe § 88, zur Ermittlungspflicht in Todesfällen vgl. Maiwald NJW 1978, 561. 5

Der **Bestattungsschein** (Abs. 2), das heißt die schriftliche Genehmigung, muss dem Standesbeamten auf schnellstem Wege zugeleitet werden. Aus dem Bestattungsschein muss sich ergeben, ob auch die Feuerbestattung genehmigt wird (Meyer-Goßner § 159 Rdn. 9). 6

In der Praxis erfolgt die Überführung der Leiche von der Fundstelle an einen anderen Ort regelmäßig erst dann, wenn vor Ort die Maßnahmen durchgeführt wurden, die zur Identifizierung des Toten oder zur Aufklärung einer Straftat nötig sind. Hierzu gehören Lichtbilder von der Unfallstelle/dem Fundort oder die Einnahme eines Augenscheins durch die StA oder den Richter bzw. die Polizei. Zur Vermeidung einer Erschwerung der Leichenschau kann die Leiche beschlagnahmt werden (§ 94; Meyer-Goßner § 159 Rdn. 8). 7

§ 160 [Ermittlungsverfahren]

(1) Sobald die Staatsanwaltschaft durch eine Anzeige oder auf anderem Wege von dem Verdacht einer Straftat Kenntnis erhält, hat sie zu ihrer Entschließung

§ 160

2. Buch. Verfahren im ersten Rechtszug

darüber, ob die öffentliche Klage zu erheben ist, den Sachverhalt zu erforschen.

(2) Die Staatsanwaltschaft hat nicht nur die zur Belastung, sondern auch die zur Entlastung dienenden Umstände zu ermitteln und für die Erhebung der Beweise Sorge zu tragen, deren Verlust zu besorgen ist.

(3) ¹Die Ermittlungen der Staatsanwaltschaft sollen sich auch auf die Umstände erstrecken, die für die Bestimmung der Rechtsfolgen der Tat von Bedeutung sind. ²Dazu kann sie sich der Gerichtshilfe bedienen.

(4) Eine Maßnahme ist unzulässig, soweit besondere bundesgesetzliche oder entsprechende landesgesetzliche Verwendungsregelungen entgegenstehen.

1   **§ 160 Abs. 1 ergänzt den Verfolgungszwang,** der sich bereits aus § 152 Abs. 2 ergibt, und begründet für die StA die Pflicht, von Amts wegen die materielle Wahrheit zu erforschen (Pfeiffer § 160 Rdn. 1). Als Herrin des Ermittlungsverfahrens (BVerfG NJW 1976, 231) hat die StA darauf zu achten, dass das Verfahren rechtmäßig und ordnungsgemäß, gründlich und zuverlässig geführt wird und mit der gebotenen Beschleunigung (Meyer-Goßner § 160 Rdn. 1; Pfeiffer § 160 Rdn. 2). Hierzu kann gehören, dass mehrere Ermittlungen gleichzeitig vorgenommen werden und Hilfs- und Doppelakten anzulegen sind. Ggf. müssen mehrere Sachbearbeiter unter einheitlicher Leitung beauftragt werden (BVerfGE 20, 45, 50; siehe auch BVerfGE 36, 264, 272).

2   **Die StA bestimmt** Voraussetzungen, Beginn, Gegenstand und Ziel ihrer Ermittlungstätigkeit. Welche StA sachlich und örtlich zuständig ist, ergibt sich aus den §§ 142 ff GVG.

3   **Die Erforschungspflicht der StA** beginnt, wenn sie von dem Verdacht einer Straftat Kenntnis erhält (Abs. 1). Die Anzeige oder der Strafantrag (§ 158) begründet die Erforschungspflicht, wenn sich aus ihnen der Verdacht einer Straftat schlüssig ergibt. Zu den „anderen Wegen" gehören die Erlangung der Kenntnis aus Akten oder Schriftstücken anderer Behörden, aus Nachrichten von Presse oder Rundfunk oder aus Mitteilungen von Personen (vgl. Meyer-Goßner § 160 Rdn. 9).

4   **Außerdienstlich erlangtes Wissen des Staatsanwalts** verpflichtet nur dann zur dienstlichen Strafverfolgung, wenn es sich um Straftaten handelt, die nach Art oder Umfang die Belange der Öffentlichkeit und der Volksgesamtheit in besonderem Maße berühren (so BGHSt 12, 277, 281). Überwiegend geht man von einer Verfolgungspflicht aus, wenn die Tat ein Verbrechen ist oder es sich um ein schwerwiegendes Vergehen handelt, bei dem die Gefahr der Fortsetzung bzw. Wiederholung der Straftaten im Raum steht (vgl. Joecks § 258 StGB Rdn. 15).

5   **Ziel der Ermittlungen** ist die Entscheidung darüber, ob, wie weit und nach welcher Strafbestimmung die öffentliche Klage geboten erscheint oder ob das Verfahren einzustellen ist (§ 170 Abs. 1, 2; Meyer-Goßner § 160 Rdn. 11).

6   Die StA hat gleichermaßen **belastende und entlastende Umstände** zu ermitteln (Abs. 2; Heghmanns GA 2003, 448; Meyer-Goßner § 160 Rdn. 14). Dies entspricht ihrer Stellung als ein zu Gerechtigkeit und Objektivität verpflichtetes Organ der Rechtspflege und der Justiz und ist Bestandteil eines fairen Verfahrens (Meyer-Goßner § 160 Rdn. 14).

7   **Die Beweissicherung (Abs. 2)** betrifft in erster Linie die Sicherung der Beweise, deren Verlust zu befürchten ist. Dabei kommt es nicht darauf an, ob es sich um persönliche Beweismittel oder Urkunden oder andere Schriftstücke bzw. Augenscheinsobjekte handelt. Ist ein Zeuge lebensgefährlich erkrankt, muss ggf. eine richterliche Vernehmung für eine verlesbare Äußerung sorgen (Meyer-Goßner § 160 Rdn. 15). Sachliche Beweismittel werden vor allem durch Beschlagnahme gesichert (KK-Wache § 160 Rdn. 25). Der Grad der Trunkenheit des Beschuldigten (§ 81 a) muss immer sofort festgestellt werden.

2. Abschnitt. Vorbereitung der öffentlichen Klage § 161

Die Ermittlungen erstrecken sich auch auf die Umstände, die für die **Bestimmung** 8
der Rechtsfolgen der Tat von Bedeutung sind (Abs. 3 S. 1). Was erforderlich ist, ergibt sich insbesondere aus §§ 46, 47 Abs. 1 § 56 Abs. 1, 2 StGB (Sozialprognose). Ermittlungen im Sinne des Abs. 3 S. 1 werden regelmäßig erst dann durchgeführt, wenn sich abzeichnet, dass es zu einer Anklage (und Verurteilung) kommen wird, ansonsten beschränken sich die Ermittlungen auf das Wesentliche (vgl. Meyer-Goßner § 160 Rdn. 11).

Die StA kann Vernehmungen durchführen, Sachverständige einschalten oder auch 9
einen Augenscheinsgehilfen nutzen. Grenzen für Ermittlungen setzen neben dem Verhältnismäßigkeitsgrundsatz i. V. m. der Bedeutung der Sache auch die Verwertungsverbote nach §§ 51, 66 BZRG (Meyer-Goßner § 160 Rdn. 21).

Die Beauftragung der Gerichtshilfe (Abs. 3 S. 2) steht im Ermessen der StA und 10
nach Anklageerhebung im Ermessen des Gerichts. Anders ist es bei der obligatorischen Beteiligung der Jugendgerichtshilfe (§ 38 Abs. 3 S. 1 JGG).

Die Datenschutzregelung (Abs. 4) entspricht in ihrer Regelungssystematik dem 11
Üblichen. Grundsätzlich hat die bereichsspezifische Regelung (über die Verwendung der Daten) in dem Gesetz, das die Erhebung der Daten regelt, den Vorrang vor der Regelung im „Empfängergesetz", also der StPO (LR-Rieß § 160 Rdn. 9d). Insofern haben Amts- und Berufsgeheimnisse, das Steuer- und das Sozialgeheimnis Vorrang (Meyer-Goßner § 160 Rdn. 28). Dass eine Maßnahme nach Wegfall ihrer Voraussetzungen oder nach Zweckerreichung unverzüglich zu beenden ist, ist nicht ausdrücklich geregelt, ergibt sich aber bereits aus allgemeinen Grundsätzen (Meyer-Goßner § 160 Rdn. 28).

§ 161 [Ermittlungen; Verwendung von Informationen aus verdeckten Ermittlungen]

(1) ¹Zu dem in § 160 Abs. 1 bis 3 bezeichneten Zweck ist die Staatsanwaltschaft befugt, von allen Behörden Auskunft zu verlangen und Ermittlungen jeder Art entweder selbst vorzunehmen oder durch die Behörden und Beamten des Polizeidienstes vornehmen zu lassen, soweit nicht andere gesetzliche Vorschriften ihre Befugnisse besonders regeln. ²Die Behörden und Beamten des Polizeidienstes sind verpflichtet, dem Ersuchen oder Auftrag der Staatsanwaltschaft zu genügen, und in diesem Falle befugt, von allen Behörden Auskunft zu verlangen.

(2) In oder aus einer Wohnung erlangte personenbezogene Informationen aus einem Einsatz technischer Mittel zur Eigensicherung im Zuge nicht offener Ermittlungen auf polizeirechtlicher Grundlage dürfen unter Beachtung des Grundsatzes der Verhältnismäßigkeit zu Beweiszwecken nur verwendet werden (Artikel 13 Abs. 5 des Grundgesetzes), wenn das Amtsgericht (§ 162 Abs. 1), in dessen Bezirk die anordnende Stelle ihren Sitz hat, die Rechtmäßigkeit der Maßnahme festgestellt hat; bei Gefahr im Verzug ist die richterliche Entscheidung unverzüglich nachzuholen.

Die Vorschrift enthält eine **Ermittlungsgeneralklausel;** sie ist durch das Strafver- 1
fahrensänderungsgesetz 1999 vom 2. 8. 2000 neu gefasst worden (vgl. Pfeiffer § 161 Rdn. 1). Die Vorschrift soll die gesetzliche Ermächtigungsgrundlage für Ermittlungen jeder Art sein und auch solche mit einem Grundrechtseingriff verbundenen Ermittlungshandlungen erlauben, die weniger intensiv eingreifen und deshalb nicht von einer speziellen Eingriffsermächtigung erfasst werden.

Beispiel: Kurzfristige Observationen, Erkundigungen in der Nachbarschaft, einfache Fahndungsmaßnahmen (Hilger NStZ 2000, 561, 564; Soiné Kriminalistik 2001, 246).

§ 161   2. Buch. Verfahren im ersten Rechtszug

2   **Zu den Ermittlungshandlungen** jeder Art (BVerfG NStZ 1996, 45) gehören die im Beispiel erwähnten Maßnahmen. Dabei steht Abs. 1 S. 1 unter dem Vorbehalt, dass nicht andere gesetzliche Vorschriften die Befugnisse besonders regeln. Bestehen besondere Voraussetzungen (z. B. Rasterfahndung, polizeiliche Beobachtung) und sind diese im Einzelfall nicht erfüllt, ist die Maßnahme unzulässig, ein Rückgriff auf die Generalklausel ist dann nicht erlaubt (Pfeiffer § 161 Rdn. 1).

3   **Die behördliche Auskunft (Abs. 1 S. 2)** kann unmittelbar eingeholt werden, auch wenn die geforderten Nachrichten erst noch durch (zumutbare) Beobachtung oder Materialsammlung gewonnen werden müssen (BGHSt 29, 109, 112). Behörden sind der StA gegenüber zur Auskunft rechtlich verpflichtet (OLG Karlsruhe NJW 1986, 145; Meyer-Goßner § 161 Rdn. 1 a). Umstritten ist in diesem Zusammenhang, ob das beim Passregister gespeicherte Lichtbild eines Betroffenen durch die Bußgeldstelle angefordert werden kann (einschränkend OLG Stuttgart StraFo 2003, 16 gegen BayObLG NJW 2004, 241). Steht nicht eine ausdrückliche gesetzliche Vorschrift der Auskunftspflicht entgegen, darf die Auskunft nicht verweigert werden, es sei denn, die oberste Dienstbehörde gibt eine Sperrerklärung ab (vgl. § 96 Rdn. 8). Auskunftsverlangen der StA und der ermittelnden Polizeibehörden sind in § 161 S. 1 nicht gemeint; insoweit gilt § 152 Abs. 1 GVG (Meyer-Goßner § 161 Rdn. 1 a).

> **§ 152 GVG**
> (1) Die Ermittlungspersonen der Staatsanwaltschaft sind in dieser Eigenschaft verpflichtet, den Anordnungen der Staatsanwaltschaft ihres Bezirks und der dieser vorgesetzten Beamten Folge zu leisten.
> (2) Die Landesregierungen werden ermächtigt, durch Rechtsverordnung diejenigen Beamten- und Angestelltengruppen zu bezeichnen, auf die diese Vorschrift anzuwenden ist. ...

4   **Diese Vorschrift ergänzt § 161 Abs. 1 S. 2** und verpflichtet die Beamten und Behörden des Polizeidienstes, dem Ersuchen der StA Folge zu leisten. Diese Pflicht gilt nicht nur im Ermittlungsverfahren, sondern im gesamten Strafverfahren. Durch Länderregelungen wird klargestellt, wer Ermittlungsperson der StA ist (Abs. 2). Fundstellen zu den Rechtsverordnungen der Länder finden sich bei Meyer-Goßner § 152 GVG Rdn. 6.

5   **Der Auftrag der StA** richtet sich im Regelfall an eine Polizeidienststelle, der spezielle Auftrag an einen bestimmten Beamten spielt insbesondere in Eilfällen sowie am Tatort eine Rolle (Meyer-Goßner § 152 GVG Rdn. 3).

6   **Der Zuständigkeitsbereich** der Ermittlungsperson richtet sich nach ihrem allgemein- oder spezialpolizeilichen Hauptamt (RGSt 66, 339). Keine Rolle spielt es dabei, ob die Person auf Anordnung oder aus eigener Entschließung tätig wird (Meyer-Goßner § 152 GVG Rdn. 5).

7   **Auskünfte anderer Stellen** können verlangt werden, dann handelt es sich um eine formlose Art der Zeugenvernehmung. Bei Verweigerung können die förmliche Vernehmung erzwungen (§§ 161a, 51) oder die Herausgabe verlangt oder die Durchsuchung oder Beschlagnahme angeordnet werden (Meyer-Goßner § 161 Rdn. 2). Für Auskünfte von Unternehmen der Post/Telekommunikation gelten § 99 und § 100g.

8   **Ein Bank-„Geheimnis"** steht dem Auskunftsverlangen nicht entgegen (Meyer-Goßner § 161 Rdn. 2). Auch die bei der Deutschen Postbank AG befindlichen Unterlagen fallen nicht unter ein Postgeheimnis, sondern unter das nicht existierende Bankgeheimnis (Meyer-Goßner § 161 Rdn. 3). Das Steuergeheimnis (§ 30 AO) steht der Auskunftserteilung regelmäßig entgegen (vgl. Blesinger wistra 1991, 239, 294). Das Sozialgeheimnis (§ 35 SGB I) untersagt ebenfalls regelmäßig Auskünfte (vgl. Kunkel StV 2002, 333; Meyer-Goßner § 161 Rdn. 6). Bei Verbrechensverdacht dürfen alle Daten (vgl. jedoch § 76 SGB X) offenbart werden, bei Vergehensverdacht nur die Angaben über Vor- und Familiennamen, Geburtsdatum, Geburtsort usw. Die Angaben unterliegen einer Verwendungsbeschränkung für die Tat, für die sie offenbart

2. Abschnitt. Vorbereitung der öffentlichen Klage § 161

werden (§ 78 SGB X). Sollen sie zur Verfolgung einer anderen Tat genutzt werden, bedarf es einer erneuten richterlichen Anordnung nach § 73 SGB X (LR-Rieß § 161 Rdn. 22ff; Pfeiffer § 161 Rdn. 5). Das Meldegeheimnis (§ 5 MRRG) steht der Übermittlung der meisten im Melderegister gespeicherten Daten an die Justizbehörden nicht entgegen (Pfeiffer § 161 Rdn. 6). Landesrechtliche Geheimhaltungsvorschriften können wegen des Vorrangs des Bundesrechts die Auskunftsbefugnis der StA nicht beschränken (LR-Rieß § 161 Rdn. 26).

Der Grundsatz der freien Gestaltung des Ermittlungsverfahrens, der sich 9 aus § 161 ergibt, erlaubt alle zulässigen Maßnahmen zu ergreifen, die geeignet und erforderlich sind, zur Aufklärung der Straftat beizutragen (BVerfG NStZ 1996, 45). Die Heimlichkeit des Vorgehens begründet für sich allein nicht schon die Unzulässigkeit der ergriffenen Maßnahmen (BGHSt 42, 139, 150). Zum Teil sind aber sondergesetzliche Regelungen vorhanden, so über die Anlegung von Karteien und Dateien (§§ 483ff). Auch kriminaltaktische Gesichtspunkte können es gebieten, zunächst einmal Ermittlungen durchzuführen, ohne dass der Beschuldigte davon erfährt (Meyer-Goßner § 161 Rdn. 8).

Das BKA kann für alle Staatsanwaltschaften Ermittlungen durchführen, soweit es 10 nach § 4 Abs. 1 BKAG zuständig oder ihm die Zuständigkeit nach § 4 Abs. 2 Nr. 1, 2 BKAG übertragen worden ist (Meyer-Goßner § 161 Rdn. 12).

Keine Weisungsbefugnis hat die StA im Hinblick auf **präventiv-polizeiliche** 11 **Maßnahmen.** Daher soll der Staatsanwalt nicht befugt sein, die Anordnung zum Gebrauch der Schusswaffe zum Zweck der Befreiung von Geiseln zu erteilen (Meyer-Goßner § 161 Rdn. 13). Dies gilt auch sonst für die Anwendung unmittelbaren Zwangs durch Polizeibeamte (anders offenbar RiStBV Anlage A: danach soll die Beurteilung der Zweck- und Verhältnismäßigkeit durch die StA für die Polizei bindend sein. Dies kann aber eigentlich nur den repressiv-polizeilichen Bereich betreffen). Zweifelhaft ist in diesem Zusammenhang auch, welcher Rechtsweg dem Betroffenen zur Verfügung steht, wenn Anordnungen im Grenzbereich zwischen repressiv- und präventivpolizeilicher Tätigkeit im Raum stehen. Bei solchen doppelfunktionellen Maßnahmen wird überwiegend die Auffassung vertreten, es komme darauf an, wo bei einer objektiven ex ante-Betrachtung der Schwerpunkt der Maßnahme liege. Gehe es um die Verhinderung zukünftiger schwerwiegender Straftaten, liege der Schwerpunkt im Bereich der Gefahrenabwehr und damit des Polizeirechts. Damit ist die Verwaltungsgerichtsbarkeit zuständig. In allen anderen Fällen wären die Rechtsmittel der StPO einschlägig (vgl. die Nachweise bei Rössner S. 55).

Zur Tätigkeit der StA gehört auch der **Kontakt mit Presse und Rundfunk.** Aller- 12 dings findet die Unterrichtung eine Schranke im Ermittlungsgeheimnis (Meyer-Goßner § 161 Rdn. 16). Damit ist Grenze, dass die Aufklärung der Straftat durch die Unterrichtung der Organe beeinträchtigt werden könnte. Mit dieser Einschränkung hat die aktuelle Berichterstattung über schwere Straftaten regelmäßig den Vorrang vor dem Persönlichkeitsschutz des Beschuldigten. Eine Namensnennung, Abbildung oder sonstige Identifikation des Täters ist jedoch nicht immer zulässig (Meyer-Goßner § 161 Rdn. 16). Die Veröffentlichung des Lichtbilds des Verdächtigen in der Presse ist regelmäßig nur bei schwerwiegenden Straftaten zulässig (OLG Hamm NStZ 1982, 82).

Abs. 2 begrenzt die Verwendung personenbezogener Informationen, die 13 durch eine Wohnraumüberwachung auf polizeirechtlicher Grundlage gewonnen wurden. Abs. 2 begrenzt die Verwertung zu Beweiszwecken, indem er die Erkenntnisse (materiell) dem Verhältnismäßigkeitsgrundsatz unterwirft und (formell) an die Feststellung der Rechtmäßigkeit der Maßnahme durch das zuständige AG knüpft (Meyer-Goßner § 161 Rdn. 19). Abs. 2 ist damit eine Ausführungsregelung zu Art. 13 Abs. 5 GG. Sonstige Verwendungsbeschränkungen für rechtmäßig erlangte präventivpolizeilich erhobene Daten sollen grundsätzlich nicht bestehen (vgl. Brodersen NJW 2000, 2536, 2538, 2539; a.M. Hefendehl StV 2001, 705).

§ 161a 2. Buch. Verfahren im ersten Rechtszug

Beispiel: Zur Eigensicherung der eingesetzten Beamten wurden bei einer Wohnraumüberwachung Aufzeichnungen gemacht, die als Beweismittel in Betracht kommen.

14 Nicht zu Unrecht wird kritisiert, dass die **weitgehende Verwendungsfreigabe** des Abs. 2 einen systematischen Bruch zu den begrenzenden Regeln in § 98b Abs. 3 S. 3, § 100d Abs. 5 S. 1, § 110e darstellt (Hilger NStZ 2000, 561, 564; Meyer-Goßner § 161 Rdn. 19). Den umgekehrten Fall der Verwendung strafprozessual erhobener Daten für präventiv-polizeiliche Zwecke regelt § 481.

15 Die richterliche Entscheidung ist **Rechtmäßigkeitsprüfung,** in die die Prüfung der Verhältnismäßigkeit einzubeziehen ist. Ob die polizeiliche Maßnahme und die Art der Eigensicherung sachgerecht waren, soll nicht zu prüfen sein (LR-Rieß § 161 Rdn. 76). Zuständig ist das Gericht am Sitz der Polizeibehörde als der „anordnenden Stelle", die die zur Eigensicherung führende Maßnahme veranlasst hat (Meyer-Goßner § 161 Rdn. 20). Die Entscheidung des AG ist mit der Beschwerde nach § 304 anfechtbar.

§ 161a [Zeugen und Sachverständige vor der Staatsanwaltschaft]

(1) ¹Zeugen und Sachverständige sind verpflichtet, auf Ladung vor der Staatsanwaltschaft zu erscheinen und zur Sache auszusagen oder ihr Gutachten zu erstatten. ²Soweit nichts anderes bestimmt ist, gelten die Vorschriften des sechsten und siebenten Abschnitts des ersten Buches über Zeugen und Sachverständige entsprechend. ³Die eidliche Vernehmung bleibt dem Richter vorbehalten.

(2) ¹Bei unberechtigtem Ausbleiben oder unberechtigter Weigerung eines Zeugen oder Sachverständigen steht die Befugnis zu den in den §§ 51, 70 und 77 vorgesehenen Maßregeln der Staatsanwaltschaft zu. ²Jedoch bleibt die Festsetzung der Haft dem Richter vorbehalten; zuständig ist das Amtsgericht, in dessen Bezirk die Staatsanwaltschaft ihren Sitz hat, welche die Festsetzung beantragt.

(3) ¹Gegen die Entscheidung der Staatsanwaltschaft nach Absatz 2 Satz 1 kann gerichtliche Entscheidung beantragt werden. ²Über den Antrag entscheidet, soweit nicht in § 120 Abs. 3 Satz 1 und § 135 Abs. 2 des Gerichtsverfassungsgesetzes etwas anderes bestimmt ist, das Landgericht, in dessen Bezirk die Staatsanwaltschaft ihren Sitz hat. ³Die §§ 297 bis 300, 302, 306 bis 309, 311a sowie die Vorschriften über die Auferlegung der Kosten des Beschwerdeverfahrens gelten entsprechend. ⁴Die Entscheidung des Gerichts ist nicht anfechtbar.

(4) Ersucht eine Staatsanwaltschaft eine andere Staatsanwaltschaft um die Vernehmung eines Zeugen oder Sachverständigen, so stehen die Befugnisse nach Absatz 2 Satz 1 auch der ersuchten Staatsanwaltschaft zu.

1 Die Vorschrift dient der **Konzentration des Ermittlungsverfahrens** in der Hand der StA, der Beschleunigung des Ermittlungsverfahrens sowie der optimalen Aufklärung des Sachverhalts (Meyer-Goßner § 161a Rdn. 1). Mit dem Recht korrespondiert die Pflicht, von den entsprechenden Befugnissen auch Gebrauch zu machen. Die Vorschrift gilt nicht im Hauptverfahren (Pfeiffer § 161a Rdn. 1).

2 **Der Zeuge muss „auf Ladung" erscheinen**; zur Aussage ist er auch verpflichtet, wenn er vom Staatsanwalt zur Vernehmung aufgesucht wird (Meyer-Goßner § 161a Rdn. 17). Die §§ 48 bis 71 gelten, sofern nichts anderes bestimmt ist. Es kommt also darauf an, ob ihre Anwendung mit den Besonderheiten des Ermittlungsverfahrens vereinbar ist. Die Bestimmungen, die sich auf die Vereidigung beziehen (Abs. 1 S. 3), scheiden aus.

2. Abschnitt. Vorbereitung der öffentlichen Klage   **§ 162**

Die Ladung (Abs. 1 S. 2 i. V. m. § 48) führt die StA selbst aus. Sie muss die 3
Strafsache, ggf. mit kurzer Bezeichnung der Tat, deutlich machen und zum Ausdruck
bringen, dass der Empfänger der Ladung als Zeuge vernommen werden soll. Verspricht eine formlose Ladung keinen Erfolg, wird der Zeuge unter Hinweis auf die
gesetzlichen Folgen seines Ausbleibens gegen Nachweis (§ 37) geladen. Befindet sich
der Zeuge in Straf- oder Untersuchungshaft, wird er nicht geladen, sondern seine
Vorführung aus der JVA angeordnet (Meyer-Goßner § 161 a Rdn. 3).

Der Hinweis auf Kostenfolge und Ordnungsgeld ist ebenso nötig wie der auf 4
die Möglichkeit der zwangsweisen Vorführung. Im Ermittlungsverfahren ist die
zwangsweise Vorführung (§ 51 Abs. 1 S. 3 Hs. 1) ggf. entbehrlich, da der StA auf die
Vernehmung des Zeugen verzichten und von anderen Beweismitteln Gebrauch machen kann (Meyer-Goßner § 161 a Rdn. 5). Insofern ist die Androhung der Vorführung nicht obligatorisch, sondern der Entscheidung im Einzelfall vorbehalten. Die
Maßregelung des Zeugen oder Sachverständigen ergibt sich aus Abs. 2 S. 1. Die Festsetzung der Haft bleibt dem Richter vorbehalten (Abs. 2 S. 2).

Die Zeugenvernehmung beginnt mit der Anhörung zur Person und Generalfra- 5
gen (§ 68). Zur Vernehmung zur Sache vgl. § 69.

Die Einschaltung eines Sachverständigen im Vorverfahren erfolgt durch die 6
StA, ggf. in der Phase des § 163 auch durch die Polizei. Wie auch sonst muss der Auftrag genau umgrenzt sein. Er kann schriftlich oder mündlich erteilt werden (§ 82). Die
StA wird sich häufig mit einem mündlichen Gutachten begnügen können, das dann
ggf. für die Gerichtsverhandlung in Schriftform abzufassen ist. Soweit Anordnungen
durch die StA erfolgen dürfen, hat der Betroffene die Möglichkeit, einen Antrag auf
gerichtliche Entscheidung zu stellen (Abs. 3). Zuständig für die Entscheidung ist das
LG auch dann, wenn für das Hauptverfahren das AG zuständig wäre (Abs. 3 S. 2).
Ggf. greifen auch die Sonderzuständigkeiten der Strafkammern ein (Meyer-Goßner
§ 161 a Rdn. 19).

Nicht anfechtbar ist die Entscheidung des LG nach Abs. 3 S. 4. Der Ausschluss 7
der Beschwerde bezieht sich auch auf die Entscheidung über die Kosten des Antrags,
über deren entsprechende Anwendung des § 473 das LG mitentscheidet. Damit ist
auch die sofortige Beschwerde gegen die Kostenentscheidung ausgeschlossen (LR-
Rieß § 161 a Rdn. 66).

Abs. 4 regelt einen Fall der **Amtshilfe durch eine andere StA.** Mit der Vorschrift 8
wird klargestellt, dass die ersuchte StA die bezeichneten Befugnisse erhält, obwohl sie
das Ermittlungsverfahren nicht selbst führt (Meyer-Goßner § 161 a Rdn. 23). Ob dem
Ersuchen die Akten beigefügt werden müssen, ist eine Frage des Einzelfalls.

§ 162 [Richterliche Untersuchungshandlungen]

(1) ¹Erachtet die Staatsanwaltschaft die Vornahme einer richterlichen Untersuchungshandlung für erforderlich, so stellt sie ihre Anträge bei dem Amtsgericht,
in dessen Bezirk diese Handlung vorzunehmen ist. ²Hält sie richterliche Anordnungen für die Vornahme von Untersuchungshandlungen in mehr als einem
Bezirk für erforderlich, so stellt sie ihre Anträge bei dem Amtsgericht, in dessen
Bezirk sie ihren Sitz hat. ³Satz 2 gilt nicht für richterliche Vernehmungen sowie
dann, wenn die Staatsanwaltschaft den Untersuchungserfolg durch eine Verzögerung für gefährdet erachtet, die durch einen Antrag bei dem nach Satz 2 zuständigen Amtsgericht eintreten würde.

(2) **Die Zuständigkeit des Amtsgerichts wird durch eine nach der Antragstellung eintretende Veränderung der sie begründenden Umstände nicht berührt.**

(3) **Der Richter hat zu prüfen, ob die beantragte Handlung nach den Umständen des Falles gesetzlich zulässig ist.**

§ 162

2. Buch. Verfahren im ersten Rechtszug

1 Die Vorschrift räumt der StA die Möglichkeit ein, **bei jedem nach § 162 zuständigen Ermittlungsrichter** (§ 169, § 21e Abs. 1 S. 1 GVG) die Vornahme richterlicher Untersuchungshandlungen zu beantragen. Erfasst sind zwei Fallgruppen: Zum einen geht es um bloße Amtshilfe, zum anderen um Akte, die funktionell der Rechtsprechung zuzuordnen sind (vgl. Meyer-Goßner § 162 Rdn. 1; Pfeiffer § 162 Rdn. 1). So gibt es verschiedene Zwangsmaßnahmen, die die StPO dem Richter vorbehält (präventive richterliche Rechtskontrolle von Zwangsmaßnahmen).

2 **Anlass des Antrags** kann eine Beweissicherung sein, auch die bessere Aufklärung, insbesondere im Hinblick auf die richterliche Vernehmung eines Zeugen. Wo der Antrag vermeidbar ist, sollte die StA jedoch andere Mittel anwenden (Meyer-Goßner § 162 Rdn. 3). So ist ein Antrag auf richterliche Vernehmung eines Zeugen regelmäßig nur noch dann erforderlich, wenn dieser vereidigt werden soll (§ 62), was die Ausnahme ist, oder wenn es darum geht, zur Beweissicherung eine verlesbare Vernehmungsniederschrift zu erhalten (vgl. § 160 Rdn. 7). Die richterliche Vernehmung des Beschuldigten kann beantragt werden, um ein zum Zweck der Beweisaufnahme verlesbares Geständnisprotokoll zu erlangen (vgl. § 254). Im Übrigen wird die Einschaltung des AG unter Nutzung der §§ 161a, 163a Abs. 3 entbehrlich sein (Meyer-Goßner § 162 Rdn. 3).

3 **Untersuchungshandlung** (Abs. 1) ist jede im Zusammenhang mit einem Strafverfahren (vor Anklageerhebung) anfallende zulässige Handlung zur Förderung des Verfahrens oder zur Sicherung der Vorwegnahme einer im Straferkenntnis zu erwartenden Maßnahme. Der Richter beim AG darf Ermittlungshandlungen nicht vornehmen, die die StA nicht beantragt hat; eine Ausnahme enthält § 165.

4 Zuständig ist der so genannte **Ermittlungsrichter,** das heißt der für diese Aufgabe nach § 21e GVG bestellte Richter beim AG. Wer im konkreten Gericht Ermittlungsrichter ist, wird durch den Geschäftsverteilungsplan bestimmt. Sonderregelungen kann es z. B. für den Haft- und Unterbringungsbefehl (§ 125 Abs. 1, § 126a Abs. 2) und für den Unterbringungsbeschluss (§ 81 Abs. 1 S. 2) geben.

5 Grundsätzlich ist das AG **örtlich zuständig,** in dessen Bezirk die „Handlung" vorzunehmen ist. Ist die Anordnung schon ihrem Inhalt nach in mehreren Amtsgerichtsbezirken durchzuführen, ist an sich jedes dieser Amtsgerichte örtlich zuständig. Abs. 1 S. 2, 3 regelt eine Zuständigkeitskonzentration, bei der Vernehmungen außer Acht zu lassen sind (S. 3). Überwiegend geht es um Fälle der überörtlichen Kriminalität. Die Konzentration tritt ein, wenn mehrere richterliche Anordnungen erforderlich werden, die in mehreren Amtsgerichtsbezirken durchgeführt werden müssten. Dabei ist nicht vorausgesetzt, dass die Anträge für mindestens zwei solcher Anordnungen gleichzeitig gestellt werden (BGHSt 48, 23).

6 Die einmal **eingetretene Zuständigkeitskonzentration** bleibt für weitere Anträge in diesem Verfahren auch dann erhalten, wenn ein Ermittlungsverfahren zwischenzeitlich nach § 170 Abs. 2 eingestellt wurde (BGH NStZ-RR 2004, 269). Abs. 1 S. 3 lässt es zu, dass der Staatsanwalt einen Antrag bei dem AG stellt, in dessen Bezirk die Untersuchungshandlung vorzunehmen ist. Entscheidend ist, ob die Befassung des an sich nach S. 2 zuständigen AG zu einer Gefährdung des Untersuchungszwecks führen könnte, weil es zu Verzögerungen kommt. Der Ermittlungsrichter verliert seine Zuständigkeit nicht dadurch, dass die Anordnung auf Grund der Änderung jetzt in einem anderen AG-Bezirk durchgeführt wird (Abs. 2).

7 **Nach Erhebung der öffentlichen Klage** ist § 162 grundsätzlich unanwendbar. Die Zuständigkeit des Ermittlungsrichters geht mit der Anklageerhebung auf das mit der Sache befasste Gericht über (BGHSt 27, 253). Hält also die StA eine richterliche Untersuchungshandlung für geboten, wendet sie sich an das mit der Sache befasste Gericht (Meyer-Goßner § 162 Rdn. 16). Gegen dessen Willen kann sie Untersuchungshandlungen nicht erzwingen (OLG Stuttgart MDR 1983, 955). Unberührt bleibt ihr die Möglichkeit, belastende und entlastende Spuren zu ver-

2. Abschnitt. Vorbereitung der öffentlichen Klage **§ 163**

folgen, ohne die gerichtliche Untersuchung zu stören (Meyer-Goßner § 162 Rdn. 16).

Ein Antrag setzt voraus, dass die StA die Befassung des Gerichts für erforderlich 8 hält. Da mittlerweile in den §§ 161 a, 163 a Abs. 3 hinreichende Ermächtigungsgrundlagen geschaffen wurden, wird der Antrag nach Abs. 1 regelmäßig nur noch gestellt, wenn z. B. ein Zeuge vereidigt werden soll (Rdn. 2). Allerdings soll über die Erforderlichkeit der richterlichen Untersuchungshandlung allein die StA entscheiden (LG Saarbrücken wistra 1993, 280; Rieß NStZ 1991, 513, 516). Teilweise wird in der Literatur für willkürliche oder aus sachfremden Erwägungen gestellte Vernehmungsanträge eine Ausnahme gemacht (Schellenberg NStZ 1991, 72).

Die Prüfung des Richters (Abs. 3) ist zunächst einmal eine Zulässigkeitsprü- 9 fung. Der Ermittlungsrichter prüft seine Zuständigkeit und die rechtliche Zulässigkeit der Untersuchungshandlung. Zweckmäßigkeit und Notwendigkeit der Maßnahme sollen nicht Gegenstand der Prüfung sein (Meyer-Goßner § 162 Rdn. 14). Durchgehalten wird diese These jedoch nicht: So fehlt es an der Zulässigkeit, wenn die Maßnahme völlig ungeeignet oder ihr Zweck bereits erreicht ist oder sie unverhältnismäßig wäre (vgl. LG Saarbrücken NStZ 1989, 132). Abzulehnen sein soll sie auch dann, wenn ein Antrag auf Vernehmung des Beschuldigten nur zu dem Zwecke gestellt wurde, die Verjährung zu unterbrechen, also rechtsmissbräuchlich ist (Meyer-Goßner § 162 Rdn. 17).

Bei Handlungen, deren Anordnung ohnehin **dem Richter vorbehalten** sind, ist 10 das richterliche Ermessen nicht beschränkt (OLG Düsseldorf NStZ 1990, 145; Meyer-Goßner § 162 Rdn. 14).

Wird gegen eine Entscheidung des Ermittlungsrichters **Beschwerde** eingelegt, so 11 ist für deren Bescheidung das ihm übergeordnete Beschwerdegericht zuständig. Die sachbearbeitende StA wird dann ggf. ihre Anträge und Stellungnahmen ohne Einschaltung der dem Beschwerdegericht zugeordneten örtlichen StA unmittelbar an das Beschwerdegericht leiten (KK-Wache § 162 Rdn. 20). § 143 Abs. 1 GVG gilt hier nicht (vgl. BVerfGE 31, 43; Meyer-Goßner § 162 Rdn. 18).

§ 163 [Aufgaben der Polizei]

(1) ¹**Die Behörden und Beamten des Polizeidienstes haben Straftaten zu erforschen und alle keinen Aufschub gestattenden Anordnungen zu treffen, um die Verdunkelung der Sache zu verhüten.** ²**Zu diesem Zweck sind sie befugt, alle Behörden um Auskunft zu ersuchen, bei Gefahr im Verzug auch, die Auskunft zu verlangen, sowie Ermittlungen jeder Art vorzunehmen, soweit nicht andere gesetzliche Vorschriften ihre Befugnisse besonders regeln.**

(2) ¹**Die Behörden und Beamten des Polizeidienstes übersenden ihre Verhandlungen ohne Verzug der Staatsanwaltschaft.** ²**Erscheint die schleunige Vornahme richterlicher Untersuchungshandlungen erforderlich, so kann die Übersendung unmittelbar an das Amtsgericht erfolgen.**

Die Vorschrift regelt die **Erforschungspflicht und den ersten Zugriff der Po-** 1 **lizei** (vgl. Pfeiffer § 163 Rdn. 1). Die (Kriminal-)Polizei wird im Rahmen ihres gesetzlichen Auftrags auch dann tätig, wenn keine konkreten Aufträge der StA vorliegen. Damit entspricht ihre Tätigkeit der der StA (§ 160 Abs. 1, § 161 Abs. 1). Insofern sind die Behörden und Beamten bei ihren Ermittlungen nach § 163 „verlängerter Arm der Staatsanwaltschaft" (BGH NJW 2003, 3142).

Die Kompetenzen der Polizei sind regelmäßig abhängig davon, welche Eile in- 2 sofern geboten ist. Eine Reihe von Maßnahmen ist nur bei Gefahr im Verzug ohne Einschaltung der StA zulässig (Abs. 1 S. 2). Eine solche Differenzierung findet sich auch in einer Reihe weiterer Eingriffsermächtigungen (Einl. Rdn. 97 ff).

§ 163
2. Buch. Verfahren im ersten Rechtszug

3 Im gesamten Ermittlungsverfahren ist zu bedenken, inwiefern Straftaten im Raum stehen, die ggf. nach den §§ 154, 154a von der Verfolgung auszunehmen sind. **Gilt das Opportunitätsprinzip,** ermittelt die Polizei nur bei Bestehen von Anhaltspunkten dafür, dass die StA ein öffentliches Interesse bejahen könnte. In Fällen, in denen allein die StA darüber befinden kann, ob die Strafverfolgung durchzuführen ist (§ 152 Rdn. 3), ermittelt die Polizei so weit, dass die StA ihre Entscheidung treffen kann. Insofern wird sie regelmäßig von vornherein im Kontakt mit dem Staatsanwalt vorgehen (Meyer-Goßner § 163 Rdn. 4).

4 **Die StA bleibt Herrin des Ermittlungsverfahrens** auch in diesem Stadium. Die (Kriminal-)Polizei ist ihr Ermittlungsorgan, die StA ist grundsätzlich zur justizgemäßen Sachleitung der polizeilichen Ermittlungen verpflichtet (KK-Wache § 163 Rdn. 2) und hat die Rechtskontrolle (BGHSt 34, 214, 216). So dürfen einem Zeugen außer in besonderen Eilfällen Vertraulichkeitszusagen nur mit Zustimmung der StA gemacht werden (Meyer-Goßner § 163 Rdn. 3).

5 Die StA hat das **Recht auf Teilnahme** an polizeilichen Ermittlungshandlungen (Meyer-Goßner § 163 Rdn. 5). Anderes gilt nur dann, wenn die Polizei in Ausführung einer richterlichen Anordnung nach Erhebung der Klage tätig wird (vgl. Meyer-Goßner § 163 Rdn. 5).

6 Einem Verteidiger, der um Auskunft ersucht, muss die Polizei mitteilen, was sie dem Beschuldigten bei Beginn der Vernehmung über den Vorwurf sagen müsste (§ 163a Abs. 4). Akteneinsicht kann nur die StA gewähren (§ 147 Rdn. 30).

7 Die Zuständigkeit der Behörden und Beamten des Polizeidienstes richtet sich zunächst einmal nach der **Zugehörigkeit zu einem bestimmten Bundesland.** Daneben gibt es das Recht zur Nacheile (§ 167 GVG), das durch ein Abkommen über die erweiterte Zuständigkeit der Polizei der Länder bei der Strafverfolgung vom 8. 11. 1991 deutlich erweitert worden ist. So dürfen Beamte Amtshandlungen auch in anderen Bundesländern vornehmen, wenn einheitliche Ermittlungen notwendig erscheinen, sei es wegen der räumlichen Ausdehnung der Tat, sei es wegen der in der Person des Täters oder in der Tatausführung liegenden Umstände (Meyer-Goßner § 163 Rdn. 8).

8 **Zu besonderen Zuständigkeiten** und zu sonstigen Trägern von Polizeiaufgaben siehe Meyer-Goßner § 163 Rdn. 14. In der Praxis besonders wichtig ist die Tätigkeit der Steuerfahndung in Steuerstrafsachen (§§ 369, 404 AO), und der Hauptzollämter und der Zollfahndungsämter, die z.B. auch im Betäubungsmittelbereich tätig sein dürfen (vgl. auch Meyer-Goßner § 163 Rdn. 14).

9 **Über die Grenzen der BRD hinaus** dürfen Beamte der Polizeidienste des Bundes und der Länder nach Art. 40 Abs. 1 SDÜ bei auslieferungsfähigen Straftaten die Observation eines Verdächtigen auf dem Hoheitsgebiet einer anderen Vertragspartei grundsätzlich nur fortsetzen, wenn diese einem zuvor gestellten Rechtshilfeersuchen zugestimmt hat. Bei besonders schweren Straftaten (Art. 40 Abs. 7) darf die Observation auch ohne vorherige Zustimmung fortgesetzt werden, eine Nacheile ist in den Grenzen des Art. 41 zulässig (vgl. Meyer-Goßner § 163 Rdn. 8a). Neuere Abkommen mit Österreich und den Niederlanden erlauben der Polizei aber z.T., auch außerhalb solcher Grenzen das andere Hoheitsgebiet zu benutzen.

> **Beispiel:** Die Polizei in Nordrhein-Westfalen darf bei einer Einsatzfahrt vom inländischen Ort A zum inländischen Ort B ggf. auch mit Blaulicht niederländisches Staatsgebiet durchqueren.

10 **Ein erster Zugriff ist erlaubt,** wenn zureichende tatsächliche Anhaltspunkte bestehen, die den Verdacht einer Straftat begründen. Insofern unterscheidet die Polizei nichts von der StA (vgl. § 160 Rdn. 3). Für außerdienstlich erlangte Kenntnisse gilt das zur StA Ausgeführte (§ 160 Rdn. 4).

11 **Beweiserhebungen** und alle relevanten Beobachtungen der Ermittlungsbeamten müssen in irgendeiner Form aktenkundig gemacht werden, da das Ermittlungsverfah-

2. Abschnitt. Vorbereitung der öffentlichen Klage § 163

ren ein schriftliches Verfahren ist (Meyer-Goßner § 163 Rdn. 18). Mündliche Vernehmungen von Zeugen und Beschuldigten werden grundsätzlich protokolliert, ggf. auch nur in Teilen.

Die Erforschungspflicht beginnt für die Polizei wie für die StA, wenn sie 12 Kenntnis von dem Verdacht erhält. Der Polizei obliegt ebenso wie der StA die Beweissicherung und die Unterbrechung der Verfolgungsverjährung.

Zu den allgemeinen Ermittlungen bzw. Ermittlungsbefugnissen der Polizei 13 gehören die Vernehmung des Beschuldigten (§ 163a Abs. 1, 2, 4) und von Zeugen (§ 163a Abs. 5), das Herausgabeverlangen nach § 95 Abs. 1, die Heranziehung eines Sachverständigen und die vorläufige Festnahme (§ 127 Abs. 2, § 127b Abs. 1). Möglich ist die Anfertigung von Lichtbildern vom Tat- und vom Auffindungsort und der Art der Gegenstände, die bei der Tat eine Rolle gespielt haben können (Hefendehl StV 2001, 704). Für die Übermittlung personenbezogener Informationen gelten § 474 Abs. 1, § 478 Abs. 1 S. 5).

Inwiefern den Strafverfolgungsbeamten auch das **Notwehr- und Notstandsrecht** 14 nach den §§ 32, 34 StGB zustehen, ist zweifelhaft. In der strafprozessualen Literatur wird zum Teil ausdrücklich angenommen, § 34 StGB sei ebenfalls öffentlich-rechtliche Eingriffsnorm (BGHSt 27, 260; Meyer-Goßner § 163 Rdn. 30).

Die Eingriffskompetenz steht – oft auch nur bei Gefahr im Verzuge – regelmäßig 15 nur **Ermittlungspersonen der StA** im Sinne des § 152 GVG zu. Dies gilt für die Beschlagnahme, die Durchsuchung, die körperliche Untersuchung des Beschuldigten oder von Zeugen sowie die Anordnung einer Sicherheitsleistung (§ 132 Abs. 2). Ausgegrenzt werden damit aber regelmäßig nur wenige (relativ junge) Beamte.

Ein Recht zur Ausübung körperlichen Zwangs gibt § 163 Abs. 1 nicht. 16 Hierfür gelten Spezialermächtigungen, so §§ 163b, 163c für den Zwang zur Identitätsfeststellung. Eine Rechtsgrundlage für die Durchführung einer Razzia ergibt sich aus §§ 163b, 94, 95, 102, 103, 111b (Meyer-Goßner § 163 Rdn. 33). Das Recht zu umfassenden Fahndungsmaßnahmen ergibt sich aus §§ 98a, b, 100c, 110a ff, 131 ff, 163e, 163f (Meyer-Goßner § 163 Rdn. 34). Die Einschaltung von Kontaktpersonen oder Lockspitzeln mit dem Ziel, stärkere Beweise zu gewinnen, soll zulässig sein (Meyer-Goßner § 163 Rdn. 34a; a.M. Hefendehl StV 2001, 704).

Die Polizei darf Beschuldigte oder Zeugen zwar **vorladen,** eine zwangsweise Vor- 17 führung ist aber nur im Zusammenhang mit erkennungsdienstlichen Maßnahmen (§ 81b) zulässig. So ist der Zeuge zwar im Prinzip zum Zeugnis verpflichtet, sein Erscheinen kann aber nicht erzwungen werden. Anders ist es nur bei Ladung zur Vernehmung durch die StA. Der Beschuldigte muss bei Ladung durch die StA zwar erscheinen, aber nicht zur Sache aussagen.

Der Verteidiger hat kein Recht auf Anwesenheit bei den polizeilichen Verneh- 18 mungen, auch nicht bei der des Beschuldigten (LR-Rieß § 163a Rdn. 95, 95a; Meyer-Goßner § 163 Rdn. 16). Eine andere Frage ist, ob der Beschuldigte ohne seinen Verteidiger aussagen wird.

Das Betreten von Wohnungen ist regelmäßig nur mit Gestattung des Woh- 19 nungsinhabers zulässig. Ein Betreten aus polizeilichen Gründen nach den Landespolizeigesetzen ist allerdings denkbar (Meyer-Goßner § 163 Rdn. 38).

Ton- und Bildaufnahmen als Ermittlungshandlungen gestattet § 100f Abs. 1 20 Nr. 1a, die Aufzeichnung des nicht öffentlich gesprochenen Wortes erlaubt § 100c Abs. 1 100f Abs. 2. Ob die Aufzeichnung von Erklärungen gegenüber der Strafverfolgungsbehörde erlaubt ist, ist umstritten. Teilweise hält man solche Aufnahmen jedenfalls dann für zulässig, wenn besondere Umstände sie rechtfertigen. Auch die Videoaufzeichnung nach § 58a bedürfe keiner Einwilligung (Meyer-Goßner § 163 Rdn. 42). Die heimliche Aufnahme eines Privatgesprächs außerhalb der Strafverfolgungsmaßnahmen soll nicht nur in den Fällen der §§ 100a, 100c zulässig sein, sondern auch bei einer Rechtfertigung nach den §§ 32, 34 StGB (Meyer-Goßner § 163 Rdn. 43).

§ 163   2. Buch. Verfahren im ersten Rechtszug

21   Die **Verwertung durch Dritte hergestellter heimlicher Aufnahmen** soll zulässig sein, wenn sie nach §§ 100c 100f gestattet wäre (Meyer-Goßner § 163 Rdn. 46). In den übrigen Fällen soll sie nur dann in Betracht kommen, wenn überwiegende Interessen der Allgemeinheit dies zwingend gebieten und demgegenüber das schutzwürdige Interesse des Sprechenden einer Nichtverwertung zurücktreten muss (BVerfGE 34, 238). Zulässig sein soll dies insbesondere bei Beweisbeschaffung, wenn darin bei Güter- und Pflichtenabwägung ein überwiegendes Interesse besteht (Tröndle/Fischer § 201 StGB Rdn. 7; vgl. auch BGHSt 14, 358; OLG Frankfurt NJW 1967, 1047).

22   Im Rahmen der Verfassung und der Gesetze – vor allem des § 136a – gilt auch für die Polizei der **Grundsatz der freien Gestaltung des Ermittlungsverfahrens** (Meyer-Goßner § 163 Rdn. 47; Pfeiffer § 163 Rdn. 8).

23   Am Ende der Ermittlungen steht jedenfalls bei umfangreicheren und unübersichtlichen Fällen ein **Schlussbericht** in Form einer knappen Übersicht über die Ermittlungen, der auch zur Selbstkontrolle des Beamten und zur Erleichterung der Aufsicht durch den Vorgesetzten dient (Meyer-Goßner § 163 Rdn. 48). Regelmäßig enthält der Schlussbericht keine rechtliche Würdigung und auch keine Stellungnahme zur Schuldfrage (KK-Wache § 163 Rdn. 11; Pfeiffer § 163 Rdn. 11).

24   **Die Mitteilung der Ergebnisse der polizeilichen Untersuchungen** (Vorlage der Verhandlungen, Abs. 2 S. 1) muss ohne Verzug an die zuständige StA erfolgen. Die von der Polizei über den Fall für den eigenen Gebrauch angelegten Kriminalakten darf der Beschuldigte nur mit Genehmigung der StA einsehen (Schoreit NJW 1985, 169; Meyer-Goßner § 163 Rdn. 23; a.M. VGH München NJW 1984, 2235: Rechtsweg zu den Verwaltungsgerichten).

25   Die Polizei darf Spuren der StA nicht vorenthalten, auch wenn sie diese nicht weiter verfolgen will. **Sämtliche Spurenakten** sind daher der StA vorzulegen, soweit sie irgendeinen Bezug zu Tat und Täter haben (können). Ist dies nicht der Fall, verbleiben sie als verfahrensfremde Vorgänge bei der Polizei und werden ggf. der StA auf deren Anforderung hin vorgelegt (vgl. § 147 Rdn. 15).

26   **Eine Ermittlungssache ist vorzulegen,** gleichgültig, ob sie auf Strafanzeige oder auf Strafantrag oder von Amts wegen begonnen worden ist. Eine Zuleitung der Akten an das AG (Abs. 2 S. 2) kann erfolgen, wenn die Polizei eine besonders eilige Untersuchungshandlung für geboten hält. Einen entsprechenden Antrag kann an sich nur die StA stellen, die Polizei kann aber eine Anregung geben und der Richter dann nach § 165 (Notstaatsanwalt) tätig werden. § 33 Abs. 2 wird also durch Abs. 2 S. 2 in § 165 überspielt, wenn die StA nicht rasch genug erreichbar ist.

27   Gegen Strafverfolgungsmaßnahmen der Polizei nach § 163 bzw. § 161 S. 2 ist lediglich die Aufsichtsbeschwerde zulässig. Richtet sie sich gegen die Strafverfolgungsmaßnahme als solche, spricht man von einer **Sachaufsichtsbeschwerde,** soll das Verhalten des Beamten als solches gerügt werden, spricht man von einer **Dienstaufsichtsbeschwerde** (vgl. LR-Rieß § 163 Rdn. 107; Pfeiffer § 163 Rdn. 13). Über Dienstaufsichtsbeschwerden entscheidet der Dienstvorgesetzte des Beamten. Sachaufsichtsbeschwerden werden ebenfalls vom Dienstvorgesetzten beschieden, wenn ein Polizeibeamter, der keine Ermittlungsperson der StA ist, ohne einen Auftrag tätig geworden ist. Über die Sachaufsichtsbeschwerde gegen eine Maßnahme einer Ermittlungsperson der StA, entscheidet die StA, für die der Beamte tätig geworden ist (Pfeiffer § 163 Rdn. 13).

28   Maßnahmen der Polizei nach den §§ 161, 163 können als strafprozessuale Maßnahmen nicht vor dem VG angefochten werden (BVerfGE 47, 255; Einl. Rdn. 51; § 161 Rdn. 11). Zum Antrag auf gerichtliche Entscheidung gegen eine polizeiliche Maßnahme vgl. § 98 Rdn. 16ff.

2. Abschnitt. Vorbereitung der öffentlichen Klage § 163a

§ 163a [Vernehmung des Beschuldigten]

(1) ¹Der Beschuldigte ist spätestens vor dem Abschluß der Ermittlungen zu vernehmen, es sei denn, daß das Verfahren zur Einstellung führt. ²In einfachen Sachen genügt es, daß ihm Gelegenheit gegeben wird, sich schriftlich zu äußern.

(2) Beantragt der Beschuldigte zu seiner Entlastung die Aufnahme von Beweisen, so sind sie zu erheben, wenn sie von Bedeutung sind.

(3) ¹Der Beschuldigte ist verpflichtet, auf Ladung vor der Staatsanwaltschaft zu erscheinen. ²Die §§ 133 bis 136a und 168c Abs. 1 und 5 gelten entsprechend. ³Über die Rechtmäßigkeit der Vorführung entscheidet auf Antrag des Beschuldigten das Gericht; § 161a Abs. 3 Satz 2 bis 4 ist anzuwenden.

(4) ¹Bei der ersten Vernehmung des Beschuldigten durch Beamte des Polizeidienstes ist dem Beschuldigten zu eröffnen, welche Tat ihm zur Last gelegt wird. ²Im übrigen sind bei der Vernehmung des Beschuldigten durch Beamte des Polizeidienstes § 136 Abs. 1 Satz 2 bis 4, Abs. 2, 3 und § 136a anzuwenden.

(5) Bei der Vernehmung eines Zeugen oder Sachverständigen durch Beamte des Polizeidienstes sind § 52 Abs. 3, § 55 Abs. 2 und § 81c Abs. 3 Satz 2 in Verbindung mit § 52 Abs. 3 und § 136a entsprechend anzuwenden.

Die Vorschrift sichert den **Anspruch des Beschuldigten auf rechtliches Gehör** 1 und gibt ihm zugleich einen Anspruch auf Information über das gegen ihn betriebene Ermittlungsverfahren (Pfeiffer § 163a Rdn. 1).

Die Vernehmung des Beschuldigten im Ermittlungsverfahren ist **obligatorisch.** 2 Die Beschuldigteneigenschaft muss spätestens mit dem Beginn dieser Vernehmung begründet sein, das heißt der Verdacht einer Straftat muss sich spätestens von diesem Zeitpunkt an so konkret gegen ihn richten, dass nunmehr erkennbar gegen ihn als Beschuldigten ermittelt wird (BGHSt 37, 51; Pfeiffer § 163a Rdn. 1).

Die Vernehmung erfolgt in der Regel **durch die Polizei** im Rahmen des ersten 3 Zugriffs (§ 163). Leitet die StA selbst das Ermittlungsverfahren ein, vernimmt sie den Beschuldigten oder ersucht die Polizei (§ 161 S. 1) oder ausnahmsweise den Ermittlungsrichter (§ 162 Abs. 1) um Vernehmung (Meyer-Goßner § 163a Rdn. 2). Keiner Beschuldigtenvernehmung bedarf es, wenn die Sache einstellungsreif ist, gleichviel, auf Grund welcher Bestimmung (§ 170 Abs. 2 S. 1, §§ 153ff; Meyer-Goßner § 163a Rdn. 3).

Abs. 4 tritt für die polizeiliche Vernehmung an die Stelle des § 136 Abs. 1 S. 1. 4 Dass der Beschuldigte als solcher zu einem Vorwurf vernommen werden soll, muss ihm schon bei der Vorladung oder spätestens am Beginn der Vernehmung eröffnet werden (Meyer-Goßner § 163a Rdn. 4). Die **Belehrungspflicht** im Hinblick auf die Aussagefreiheit (§ 136 Abs. 1 S. 2) gilt im Grunde nur für Vernehmungen, wird aber auch auf Tests angewendet, an denen der Beschuldigte nicht mitzuwirken verpflichtet ist. Das Recht, keine Angaben zu machen, bezieht sich nicht auf die Personalien (§ 111 OWiG). Der Hinweis auf das Recht der Konsultation eines Verteidigers (§ 136 Abs. 1 S. 2) muss auch nach einer vorläufigen Festnahme oder Verhaftung gegeben werden. Der Verteidiger hat bei einer polizeilichen Beschuldigtenvernehmung jedoch kein Anwesenheitsrecht (Meyer-Goßner § 163 Rdn. 16).

Der Beschuldigte ist auf sein **Recht zur Stellung von Beweisanträgen** zu seiner 5 Entlastung (§ 136 Abs. 1 S. 3) und auf die Möglichkeit der schriftlichen Äußerung (§ 136 Abs. 1 S. 4) hinzuweisen.

Beweisanträgen des Beschuldigten ist nachzugehen, „**wenn sie von Bedeutung** 6 **sind**" (Abs. 2). § 244 Abs. 3, 4 gilt nicht (Meyer-Goßner § 163a Rdn. 15). Zum Teil wird die Auffassung vertreten, die Beweiserheblichkeit beurteile die StA bzw. Polizei nach pflichtgemäßem Ermessen (KK-Wache § 163a Rdn. 8; Meyer-Goßner § 163a

§ 163b   2. Buch. Verfahren im ersten Rechtszug

Rdn. 15). Andere verstehen das Merkmal „von Bedeutung" als unbestimmten Rechtsbegriff (LR-Rieß § 163a Rdn. 107, 112; Nelles StV 1986, 77).

7 Vor der StA muss der Beschuldigte nach Ladung erscheinen (Abs. 3 S. 1). Wer sich nicht auf freiem Fuß befindet, wird vorgeführt (vgl. § 36 Abs. 2 S. 2 StVollzG).

8 **Die Ladung des Beschuldigten** darf nicht öffentlich erfolgen (Abs. 3 S. 2 i. V. m. § 133). Allerdings genügt auch eine formlose Aufforderung, z. B. telefonisch oder mündlich durch einen beauftragten Polizeibeamten (Meyer-Goßner § 163a Rdn. 18). Ein Vorführungsbefehl gegen den auf freiem Fuß befindlichen Beschuldigten ist nur nach Androhung der Vorführung in der Ladung zulässig (Abs. 3 S. 2 i. V. m. § 133 Abs. 2, 134 Abs. 2). Sonst kommt ein Vorführungsbefehl nur in Betracht, wenn die Voraussetzungen für einen Haftbefehl vorliegen (§ 134 Abs. 1). Auch ein Beschuldigter, der Angaben zur Sache verweigert, darf vorgeführt werden, um ihn Zeugen gegenüberzustellen (BGHSt 39, 96).

9 Bei einer **Vernehmung des Beschuldigten durch die StA** ist dem Verteidiger die Anwesenheit gestattet (Abs. 3 S. 2 i. V. m. § 168c Abs. 1). Die Benachrichtigung des Verteidigers bedarf keiner bestimmten Form. Ist er verhindert, hat er regelmäßig keinen Anspruch auf Verlegung des Termins (Abs. 3 S. 2 iVm. § 168c Abs. 5 S. 3).

10 Über den Antrag des Beschuldigten auf gerichtliche Entscheidung über die **Rechtmäßigkeit der Vorführung** entscheidet das Gericht (Abs. 3 S. 3). Da der Vorführungsbefehl regelmäßig nicht vor der Vollstreckung mitgeteilt wird und der Antrag auf gerichtliche Entscheidung keine aufschiebende Wirkung hat (Abs. 3 S. 3 i. V. m. § 161a Abs. 3 S. 3, § 307), muss der Beschuldigte bereits gegen die Androhung in der Ladung vorgehen können (LR-Rieß § 163a Rdn. 67). Der Beschuldigte ist bereits dadurch beschwert, da er jederzeit mit der Vorführung rechnen muss, wenn er ohne oder mit vielleicht nicht ausreichender Entschuldigung nicht zum Vernehmungstermin erscheint (Meyer-Goßner § 163a Rdn. 22).

11 Für die Vernehmung von Zeugen oder Sachverständigen durch die Polizei ordnet Abs. 5 die **Anwendbarkeit einer Reihe von Vorschriften** an. Die Belehrungspflichten gelten auch, wenn die Polizei auf Ersuchen der StA oder des Gerichts tätig wird. Auch die prozessuale Fürsorgepflicht trifft die Polizei. Die Aufnahme der in § 68 Abs. 1 bezeichneten Angaben zur Person ist nicht in jedem Fall geboten, insbesondere dann nicht, wenn der Zeuge vor Leibes- oder Lebensgefahr geschützt werden muss (BGHSt 33, 83, 86; Meyer-Goßner § 163a Rdn. 23).

12 Die **Niederschrift über die Untersuchungshandlungen** richtet sich für die StA nach § 168b; die Vorschrift gilt für die Polizei entsprechend (BGH NStZ 1997, 611). Wesentlich ist, dass die gesetzlich vorgeschriebenen Belehrungen vermerkt werden, der Mitwirkung eines Protokollführers bedarf es nicht (Meyer-Goßner § 163a Rdn. 31). Bei unwichtigen Vernehmungen kann ein Aktenvermerk genügen.

13 Dem Beschuldigten ist auf sein ausdrückliches Verlangen und auf seine Kosten **eine Abschrift** auszuhändigen, wenn der Untersuchungszweck dadurch nicht gefährdet wird. Dies gilt jedoch nicht für Zeugen, weil es bei ihnen auf die (spätere) Feststellung der aktuellen Erinnerung ankommen kann (Meyer-Goßner § 163a Rdn. 32).

§ 163 b [Feststellung der Identität]

(1) ¹Ist jemand einer Straftat verdächtig, so können die Staatsanwaltschaft und die Beamten des Polizeidienstes die zur Feststellung seiner Identität erforderlichen Maßnahmen treffen; § 163a Abs. 4 Satz 1 gilt entsprechend. ²Der Verdächtige darf festgehalten werden, wenn die Identität sonst nicht oder nur unter erheblichen Schwierigkeiten festgestellt werden kann. ³Unter den Voraussetzungen von Satz 2 sind auch die Durchsuchung der Person des Verdächtigen und der von ihm mitgeführten Sachen sowie die Durchführung erkennungsdienstlicher Maßnahmen zulässig.

2. Abschnitt. Vorbereitung der öffentlichen Klage § 163b

(2) ¹Wenn und soweit dies zur Aufklärung einer Straftat geboten ist, kann auch die Identität einer Person festgestellt werden, die einer Straftat nicht verdächtig ist; § 69 Abs. 1 Satz 2 gilt entsprechend. ²Maßnahmen der in Absatz 1 Satz 2 bezeichneten Art dürfen nicht getroffen werden, wenn sie zur Bedeutung der Sache außer Verhältnis stehen; Maßnahmen der in Absatz 1 Satz 3 bezeichneten Art dürfen nicht gegen den Willen der betroffenen Person getroffen werden.

Die Vorschrift enthält i. V. m. § 127 Abs. 1 S. 2 und § 81b eine **abschließende Regelung der Identitätsfeststellung** durch die Strafverfolgungsbehörden zum Zwecke der Verfolgung des Verdachts konkreter Straftaten und der dabei zulässigen Maßnahmen. Abs. 1 betrifft den Verdächtigen, Abs. 2 den Unverdächtigen. Polizeirechtliche Regelungen bleiben unberührt (Meyer-Goßner § 163b Rdn. 1). 1

Die Vorschrift ist **in jedem Stadium des Strafverfahrens anwendbar**. Die Anwendung des Abs. 2 ist aber nicht mehr möglich, wenn es in dem Verfahren nicht mehr um die Aufklärung der Straftat geht (Meyer-Goßner § 163b Rdn. 2). 2

Dem Verdächtigen wird vor Beginn der ersten Maßnahme eröffnet, welcher Straftat er verdächtig ist (Abs. 1 S. 1 Hs. 2 i. V. m. § 163a Abs. 4 S. 1). **Der Unverdächtige ist** darüber zu unterrichten, welche Straftat durch seine Identifizierung aufgeklärt werden soll (Abs. 2 S. 1 Hs. 2 i. V. m. § 69 Abs. 1 S. 2). Der Name des Beschuldigten muss nicht bekannt gemacht werden (Meyer-Goßner § 163b Rdn. 3). Das Fehlen der erforderlichen Belehrung macht die Maßnahme regelmäßig rechtswidrig (vgl. KG StV 2001, 260; KG NJW 2002, 3789). 3

Der von einer Maßnahme nach Abs. 1 S. 1 Betroffene muss **noch nicht die Stellung eines Beschuldigten** erlangt haben. Ein Verdacht besteht schon, wenn der Schluss auf die Begehung einer Straftat gerechtfertigt ist und Anhaltspunkte vorliegen, die die Täterschaft oder Teilnahme des Betroffenen als möglich erscheinen lassen (BVerfGE 92, 191; KK-Wache § 163b Rdn. 9; Meyer-Goßner § 163b Rdn. 4). Auch Schuldunfähige können tatverdächtig sein, **nicht aber Strafunmündige.** Ein Kind, dem man sofort ansieht, dass es noch im Kindesalter steht, zählt daher nicht zu den Verdächtigen (LR-Rieß § 163b Rdn. 11a; Meyer-Goßner § 163b Rdn. 4). Maßnahmen zur Identifizierung können aber nach Abs. 2 geboten sein, sofern nicht nur das Kind tatverdächtig ist, also etwa der Verdacht im Raum steht, das Kind sei von einer Bande gezielt für Diebstähle eingesetzt worden. Polizeirechtliche Ermächtigungsgrundlagen der Länder bleiben ohnehin unberührt. 4

Für die erforderlichen Maßnahmen gegen einen Verdächtigen wird die Generalklausel des S. 1 in S. 2 und 3 für schwerwiegendere Eingriffe ergänzt und eingeschränkt. **Das Festhalten (Abs. 1 S. 2)** ist Freiheitsentziehung, aber noch keine vorläufige Festnahme. Bei einem **Anhalten** zwecks Überprüfung der Ausweispapiere liegt noch keine Freiheitsentziehung vor, solange nicht die Person gehindert wird, sich zu entfernen (KK-Wache § 163b Rdn. 16). **Das Verbringen zur Dienststelle** ist eine weitere Stufe der Kontrollmaßnahmen (Riegel ZRP 1978, 16). Voraussetzung für die Festhaltung ist, dass die Identität sonst nicht oder nur unter erheblichen Schwierigkeiten festgestellt werden kann (BVerfG StV 1992, 210). 5

Auch die **Durchsuchung der Person und der mitgeführten Sachen** ist subsidiär. Das Durchsuchen der Person besteht in dem Suchen in der Kleidung, auf der Körperoberfläche nach Gegenständen oder Zeichen, die zur Identifikation beitragen können (Tätowierungen). Zu den mitgeführten Sachen gehört neben einem Koffer auch ein Fahrzeug, in dem sich der Verdächtige befindet (LR-Rieß § 163b Rdn. 40). Allerdings muss der Verdächtige daran (scheinbar) Gewahrsam haben, was nicht der Fall ist, wenn er von dem Inhaber des Fahrzeugs lediglich mitgenommen worden ist. In diesem Fall gilt für die Durchsuchung § 103 oder eine Ermächtigungsgrundlage des Polizeirechts (Meyer-Goßner § 163b Rdn. 11). 6

§ 163 c

7   **Erkennungsdienstliche Maßnahmen (Abs. 1 S. 3)** sind zulässig, wenn die Identität sonst nicht oder nur unter erheblichen Schwierigkeiten festgestellt werden kann. Wird aber ohnehin schon ein Strafverfahren geführt, ergibt sich bereits aus § 81 b 1. Alt. das Recht, erkennungsdienstliche Maßnahmen durchzuführen.

8   **Die Duldungspflicht des Unverdächtigen (Abs. 2)** ähnelt der in § 81 c und gehört im weiteren Sinne zur Zeugenpflicht (Meyer-Goßner § 163 b Rdn. 14). Die Maßnahme ist zur Aufklärung einer Straftat geboten (Abs. 2 S. 1), wenn im Zeitpunkt der beabsichtigten Identitätsfeststellung konkrete Anhaltspunkte dafür bestehen, dass die Person als Zeuge oder als Augenscheinsobjekt benötigt wird.

> **Beispiel:** Ein Unverdächtiger, der als Zeuge in Betracht kommt, will sich gerade vom Tatort entfernen (Meyer-Goßner § 163 b Rdn. 15).

9   Das Festhalten darf nur unter den Voraussetzungen des Abs. 1 S. 2 erfolgen und **nicht außer Verhältnis** zur Bedeutung der Sache stehen (Meyer-Goßner § 163 b Rdn. 17). Entscheidend ist nicht die Bedeutung der zu erwartenden Aussage, sondern die Bedeutung der Strafsache im Ganzen. So darf ein Fußgänger, der einen Verkehrsunfall ohne gravierende Folgen beobachtet hat, nicht nach Abs. 2 festgehalten werden (Kurth NJW 1979, 1377, 1379). Eine andere Frage ist, ob er nicht auch als Unfallbeteiligter in Betracht kommt.

> **Beispiel:** Der Fußgänger hat die Straße betreten, als es zu dem Verkehrsunfall kam; er mag Verursacher des Auffahrunfalls gewesen sein.

10 **Die Durchsuchung des Unverdächtigen** und seiner Sachen ist gegen den Willen des Betroffenen auch dann nicht zulässig, wenn und soweit sie zu seiner Identifizierung erforderlich ist (Meyer-Goßner § 163 b Rdn. 18). Der Polizei bleibt unbenommen, an den „guten Willen" des Unverdächtigen zu appellieren. Auch **die erkennungsdienstliche Behandlung** darf nur mit seinem Willen durchgeführt werden (KK-Wache § 163 b Rdn. 31). Ob eine Einwilligung im engeren Sinne nötig ist (SK-Wolter § 163 b Rdn. 53), ist umstritten.

11 Ergibt sich gegen den Unverdächtigen während des Identifizierungsvorgangs der **Verdacht einer Straftat,** gilt in der Folge Abs. 1. Dann dürfen Durchsuchungen und erkennungsdienstliche Maßnahmen auch gegen den Willen der Person und unter Anwendung von Zwang durchgeführt werden.

12 **Zur Durchführung der Maßnahmen befugt** sind die StA und die Beamten des Polizeidienstes (Abs. 1 S. 1), und zwar auch im Fall des Abs. 2 (Meyer-Goßner § 163 b Rdn. 21).

13 Werden bei der Durchsuchung **Beweismittel gefunden,** die für die Aufklärung einer Strafsache von Bedeutung sind, werden sie nach § 94 sichergestellt. Deuten sie auf die Begehung einer anderen Straftat hin, werden sie einstweilen in Beschlag genommen und die StA hiervon unterrichtet (§ 108 Abs. 1 S. 1, 2). Dabei ist umstritten, ob man insofern auf § 111 Abs. 3 zurückgreifen kann (Meyer-Goßner § 163 b Rdn. 22 gegen SK-Wolter § 163 b Rdn. 8).

§ 163 c [Dauer des Festhaltens. Richterliche Überprüfung]

(1) ¹**Eine von einer Maßnahme nach § 163 b betroffene Person darf in keinem Fall länger als zur Feststellung ihrer Identität unerläßlich festgehalten werden.** ²**Die festgehaltene Person ist unverzüglich dem Richter bei dem Amtsgericht, in dessen Bezirk sie ergriffen worden ist, zum Zwecke der Entscheidung über Zulässigkeit und Fortdauer der Freiheitsentziehung vorzuführen, es sei denn, daß die Herbeiführung der richterlichen Entscheidung voraussichtlich längere Zeit in Anspruch nehmen würde, als zur Feststellung der Identität notwendig wäre.**

2. Abschnitt. Vorbereitung der öffentlichen Klage § 163c

(2) ¹Die festgehaltene Person hat ein Recht darauf, daß ein Angehöriger oder eine Person ihres Vertrauens unverzüglich benachrichtigt wird. ²Ihr ist Gelegenheit zu geben, einen Angehörigen oder eine Person ihres Vertrauens zu benachrichtigen, es sei denn, daß sie einer Straftat verdächtig ist und der Zweck der Untersuchung durch die Benachrichtigung gefährdet würde.

(3) Eine Freiheitsentziehung zum Zwecke der Feststellung der Identität darf die Dauer von insgesamt zwölf Stunden nicht überschreiten.

(4) Ist die Identität festgestellt, so sind in den Fällen des § 163 b Abs. 2 die im Zusammenhang mit der Feststellung angefallenen Unterlagen zu vernichten.

Die Vorschrift ergänzt § 163b und erlaubt ein Festhalten zur Durchführung der Identitätsfeststellung nach § 163b. Bis zur in Abs. 3 festgelegten Höchstdauer von 12 Stunden darf der Betroffene nur festgehalten werden, wenn dies unerlässlich ist. Dabei führt eine Unterbrechung der Festhaltung nicht zu einem Neubeginn (Pfeiffer § 163c Rdn. 1). Ein Überschreiten der Frist verstößt gegen Art. 5 Abs. 1c MRK (EGMR NJW 1999, 775). 1

Die richterliche Entscheidung muss **ohne jede Verzögerung** („unverzüglich") herbeigeführt werden. Da im Hinblick auf die neue Rechtsprechung des Bundesverfassungsgerichts (BVerfGE 103, 142; BVerfGE 105, 239) regelmäßig ein richterlicher Notdienst (Bereitschaftsdienst) besteht, ist auch außerhalb der allgemeinen Dienststunden eine Vorführung möglich. Die Vorführung ist entbehrlich, wenn der Betroffene freiwillig in der Dienststelle wartet (Meyer-Goßner § 163c Rdn. 5). 2

Dauert das Herbeiführen der richterlichen Entscheidung voraussichtlich länger als die Zeit, die zur Feststellung der Identität nötig ist, sieht Abs. 1 S. 2 Hs. 2 eine **Ausnahme von der Vorführungspflicht** vor. Wo die Anrufung des Richters zu einer sachlich nicht mehr gebotenen Verlängerung der Festhaltung führen würde, ist also die Vorführung entbehrlich. 3

Funktionell zuständig bei Gericht ist der Richter, der über die Festhaltung zu entscheiden hat, wenn diese präventiv-polizeilichen Zwecken dient. Wenn es an einer solchen Regelung im Geschäftsverteilungsplan fehlt, gilt § 162. Sachlich zuständig ist immer das AG, örtlich das AG des Ergreifungsortes. Hier steht der Begriff für den Entschluss zur Festhaltung (Meyer-Goßner § 163c Rdn. 10). Der Richter ordnet entweder an, den Festgehaltenen alsbald auf freien Fuß zu setzen, oder er lässt die weitere Festhaltung für eine bestimmte Zeit oder bis zur Höchstdauer des Abs. 3 zu (Meyer-Goßner § 163c Rdn. 12). 4

Nach Abs. 2 S. 1 hat die festgehaltene Person ein Recht darauf, dass eine Person ihres Vertrauens usw. unverzüglich benachrichtigt wird. Diese **Angehörigenverständigung** ist anders als bei Anordnung der Untersuchungshaft verzichtbar (KK-Wache § 163c Rdn. 14). Der Festgehaltene darf selbst benachrichtigen, wenn nicht einer der Ausschlussgründe des Abs. 2 S. 2 vorliegt. 5

Das Schicksal der erstellten Unterlagen hängt davon ab, ob die Festhaltung eines Verdächtigen oder eines Unverdächtigen erfolgte. **Bei der Verdächtigtenüberprüfung** werden die Identifizierungsunterlagen zu den Strafakten genommen. Ob sie auch in die polizeilichen Unterlagen aufgenommen werden dürfen, ist umstritten (Meyer-Goßner § 163c Rdn. 17 einerseits, SK-Wolter § 163c Rdn. 29 andererseits). Für einen Anspruch des Verdächtigen auf Entfernung der Unterlagen gelten die gleichen Kriterien wie bei § 81b. Die bei einer **Überprüfung eines Unverdächtigen** angefallenen Unterlagen werden durch die Ermittlungsbehörde vernichtet, dürfen also nicht zu den polizeilichen Sammlungen genommen werden. Dies gilt nicht für die Ergebnisse der Identifizierung (z.B. die Personalien; Achenbach JA 1981, 664; Meyer-Goßner § 163c Rdn. 18). 6

Der Weg zum VG ist eröffnet, wenn das Verlangen auf Vernichtung abgelehnt wird (Meyer-Goßner § 163c Rdn. 19). Fordert der Betroffene von der StA, die bei 7

§ 163 d 2. Buch. Verfahren im ersten Rechtszug

den Ermittlungsakten befindlichen, nach § 163 b Abs. 2 gewonnenen Unterlagen zu vernichten, ist ein Antrag nach § 23 EGGVG möglich (KK-Wache § 163 c Rdn. 19).

§ 163 d [Schleppnetzfahndung]

(1) ¹Begründen bestimmte Tatsachen den Verdacht, daß
1. eine der in § 111 bezeichneten Straftaten
oder
2. eine der in § 100 a Satz 1 Nr. 3 und 4 bezeichneten Straftaten

begangen worden ist, so dürfen die anläßlich einer grenzpolizeilichen Kontrolle, im Falle der Nummer 1 auch die bei einer Personenkontrolle nach § 111 anfallenden Daten über die Identität von Personen sowie Umstände, die für die Aufklärung der Straftat oder für die Ergreifung des Täters von Bedeutung sein können, in einer Datei gespeichert werden, wenn Tatsachen die Annahme rechtfertigen, daß die Auswertung der Daten zur Ergreifung des Täters oder zur Aufklärung der Straftat führen kann und die Maßnahme nicht außer Verhältnis zur Bedeutung der Sache steht. ²Dies gilt auch, wenn im Falle des Satzes 1 Pässe und Personalausweise automatisch gelesen werden. ³Die Übermittlung der Daten ist nur an Strafverfolgungsbehörden zulässig.

(2) ¹Maßnahmen der in Absatz 1 bezeichneten Art dürfen nur durch den Richter, bei Gefahr im Verzug auch durch die Staatsanwaltschaft und ihre Ermittlungspersonen (§ 152 des Gerichtsverfassungsgesetzes) angeordnet werden. ²Hat die Staatsanwaltschaft oder eine ihrer Ermittlungspersonen die Anordnung getroffen, so beantragt die Staatsanwaltschaft unverzüglich die richterliche Bestätigung der Anordnung. ³Die Anordnung tritt außer Kraft, wenn sie nicht binnen drei Tagen von dem Richter bestätigt wird.

(3) ¹Die Anordnung ergeht schriftlich. ²Sie muß die Personen, deren Daten gespeichert werden sollen, nach bestimmten Merkmalen oder Eigenschaften so genau bezeichnen, wie dies nach der zur Zeit der Anordnung vorhandenen Kenntnis von dem oder den Tatverdächtigen möglich ist. ³Art und Dauer der Maßnahmen sind festzulegen. ⁴Die Anordnung ist räumlich zu begrenzen und auf höchstens drei Monate zu befristen. ⁵Eine einmalige Verlängerung um nicht mehr als drei weitere Monate ist zulässig, soweit die in Absatz 1 bezeichneten Voraussetzungen fortbestehen.

(4) ¹Liegen die Voraussetzungen für den Erlaß der Anordnung nicht mehr vor oder ist der Zweck der sich aus der Anordnung ergebenden Maßnahmen erreicht, so sind diese unverzüglich zu beenden. ²Die durch die Maßnahmen erlangten personenbezogenen Daten sind unverzüglich zu löschen, sobald sie für das Strafverfahren nicht oder nicht mehr benötigt werden; eine Speicherung, die die Laufzeit der Maßnahmen (Absatz 3) um mehr als drei Monate überschreitet, ist unzulässig. ³Über die Löschung ist die Staatsanwaltschaft zu unterrichten. ⁴Die gespeicherten personenbezogenen Daten dürfen nur für das Strafverfahren genutzt werden. ⁵Ihre Verwendung zu anderen Zwecken ist nur zulässig, soweit sich bei Gelegenheit der Auswertung durch die speichernde Stelle Erkenntnisse ergeben, die zur Aufklärung einer anderen Straftat oder zur Ermittlung einer Person benötigt werden, die zur Fahndung oder Aufenthaltsfeststellung aus Gründen der Strafverfolgung oder Strafvollstreckung ausgeschrieben ist.

(5) Von den in Absatz 1 bezeichneten Maßnahmen sind die Personen, gegen die nach Auswertung der Daten weitere Ermittlungen geführt worden sind, zu benachrichtigen, es sei denn, daß eine Gefährdung des Untersuchungszwecks oder der öffentlichen Sicherheit zu besorgen ist.

2. Abschnitt. Vorbereitung der öffentlichen Klage §163d

Die Vorschrift ermöglicht die **Errichtung von Kurzzeit-Dateien** für die auto- 1
matische Speicherung und Verarbeitung von Daten, die bei bestimmten Massenpersonenkontrollen an der Grenze oder an Kontrollstellen anfallen, wenn und soweit die erschöpfende Auswertung an Ort und Stelle nicht möglich ist (Pfeiffer §163d Rdn. 1). Die umfängliche Regelung ergibt sich aus den Anforderungen des Bundesverfassungsgerichts im Volkszählungsurteil (BVerfGE 65, 1), da hierbei auch Datenmassen verarbeitet werden müssen, die in weitem Umfang unbescholtene Bürger betreffen (Meyer-Goßner §163d Rdn. 1).

Voraussetzung der Maßnahme ist der Verdacht, dass ein noch nicht ermittelter 2
Straftäter, dessen Beschreibung aber möglich ist, eine der **in Abs. 1 S. 1 bezeichneten Taten** begangen hat. Dieser Verdacht muss sich aus bestimmten Tatsachen ergeben. Teilnahme und Versuch genügen, die (strafbare) versuchte Beteiligung hingegen nicht (Meyer-Goßner §163d Rdn. 9). Weiterhin müssen die Tatsachen die Annahme rechtfertigen, die Auswertung der Daten könne zur Ergreifung des Täters oder zur Aufklärung der Straftat führen (Pfeiffer §163d Rdn. 2). Trotz des Verdachts der Straftaten müssen nach dem Verhältnismäßigkeitsgrundsatz Tatschwere und Ausmaß der Belastung der Betroffenen ins Verhältnis zueinander gesetzt werden (Rogall NStZ 1986, 385, 389).

Auch bei automatischer Ablesung von Pässen und Personalausweisen (Abs. 1 S. 2) 3
ist eine Übermittlung der Daten nur an Strafverfolgungsbehörden zulässig (Abs. 1 S. 3), also nicht an die Nachrichtendienste. Ein allgemeiner Datentransfer wird durch Abs. 1 S. 1 ohnehin nicht erlaubt (KK-Schoreit §163d Rdn. 27).

Zuständig für die Anordnung der Maßnahme ist grundsätzlich der Ermittlungs- 4
richter auf Antrag der StA (§§162, 169). Bei Gefahr im Verzug kann auch der Staatsanwalt oder aber eine Ermittlungsperson der StA die Anordnung treffen. Gefahr im Verzug liegt vor, wenn die richterliche Anordnung nicht eingeholt werden kann, ohne dass der mit der Datenspeicherung und -verarbeitung verfolgte Zweck gefährdet würde (Meyer-Goßner §163d Rdn. 14).

> **Beispiel:** Die Polizei errichtet unmittelbar nach einem terroristischen Anschlag wegen Gefahr im Verzug Kontrollstellen nach §111, die unverzüglich durch die Netzfahndung nach §163d ergänzt werden sollen.

Bei einer Anordnung durch StA oder Ermittlungspersonen muss die StA ohne ver- 5
meidbare Verzögerung die **richterliche Bestätigung der Anordnung** beantragen (Abs. 2 S. 2). Ohne richterliche Bestätigung tritt sie ohne weiteres nach drei Tagen außer Kraft (Abs. 2 S. 3). Die bis dahin gespeicherten Daten müssen dann unverzüglich gelöscht oder vernichtet werden; auch Zufallsfunde dürfen dann nicht mehr verwertet werden (Rogall NStZ 1986, 385, 391).

Zweifelhaft ist, wie zu verfahren ist, wenn die StA die Anordnung vor Ablauf der 6
Drei-Tages-Frist **aufhebt.** Ein Teil der Literatur nimmt an, dann entfalle die richterliche Kontrolle (KK-Schoreit §163d Rdn. 30; LR-Rieß §163d Rdn. 48; Rogall NStZ 1986, 385, 391), andere lehnen dies ab (SK-Wolter §163d Rdn. 59). Zudem soll der StA nicht verboten sein, vor der Aufhebung der Anordnung gespeicherte Daten nach Abs. 4 S. 2 bis 5 ohne richterliche Prüfung auszuwerten (vgl. Riegel CR 1986, 145; Meyer-Goßner §163d Rdn. 15).

Die Anordnung der Maßnahme muss **schriftlich** ergehen (Abs. 3 S. 1; KK-Schoreit 7
§163d Rdn. 16). Die Anforderungen ergeben sich aus Abs. 3 S. 2. Art und Dauer der Maßnahme müssen festgelegt werden (Abs. 3 S. 3).

Abs. 4 enthält mehrere Bestimmungen für die **Beendigung der Maßnahme** und 8
die Löschung der Datenbestände. Die Bestimmung bezieht sich nur auf Anordnungen, die rechtmäßig sind oder rechtmäßig waren (Rogall NStZ 1986, 385, 391). War die Kontrollfahndung schon rechtswidrig, besteht ein Verwertungsverbot, für das auf die bei rechtswidrigen Fernmeldeüberwachungen entwickelten Grundsätze zurückgegrif-

§ 163e 2. Buch. Verfahren im ersten Rechtszug

fen werden kann (LR-Rieß § 163d Rdn. 75; vgl. § 100a Rdn. 26f). Die Behandlung von „Zufallsfunden" ergibt sich aus Abs. 4 S. 5. Die Verwertung ist für die Aufklärung jeder Straftat oder zur Ermittlung von Personen zulässig, die zur Fahndung oder Aufenthaltsfeststellung aus Gründen der Strafverfolgung oder Strafvollstreckung ausgeschrieben sind (Rogall NStZ 1986, 385, 392).

9 Abs. 5 enthält eine so genannte **Transparenzvorschrift**. Mit ihr soll sichergestellt werden, dass Betroffene zu benachrichtigen sind. Wie üblich entfällt die Benachrichtigungspflicht, wenn eine Gefährdung des Untersuchungszwecks oder der öffentlichen Sicherheit zu besorgen ist.

10 Gegen richterliche Anordnungen ist die **Beschwerde** zulässig (Meyer-Goßner 163d Rdn. 26). Bei erledigten Maßnahmen kommt die Feststellung der Rechtswidrigkeit in Betracht (vgl. Einl. Rdn. 107ff). Die Rechtswidrigkeit von Anordnungen der StA und ihrer Ermittlungspersonen ist entsprechend § 98 Abs. 2 S. 2 geltend zu machen (LR-Rieß § 163d Rdn. 84).

§ 163e [Ausschreibung zur polizeilichen Beobachtung]

(1) ¹Die Ausschreibung zur Beobachtung anläßlich von polizeilichen Kontrollen, die die Feststellung der Personalien zulassen, kann angeordnet werden, wenn zureichende tatsächliche Anhaltspunkte dafür vorliegen, daß eine Straftat von erheblicher Bedeutung begangen wurde. ²Die Anordnung darf sich nur gegen den Beschuldigten richten und nur dann getroffen werden, wenn die Erforschung des Sachverhalts oder die Ermittlung des Aufenthaltsortes des Täters auf andere Weise erheblich weniger erfolgversprechend oder wesentlich erschwert wäre. ³Gegen andere Personen ist die Maßnahme zulässig, wenn auf Grund bestimmter Tatsachen anzunehmen ist, daß sie mit dem Täter in Verbindung stehen oder eine solche Verbindung hergestellt wird, daß die Maßnahme zur Erforschung des Sachverhalts oder zur Ermittlung des Aufenthaltsortes des Täters führen wird und dies auf andere Weise erheblich weniger erfolgversprechend oder wesentlich erschwert wäre.

(2) Das Kennzeichen eines Kraftfahrzeugs kann ausgeschrieben werden, wenn das Fahrzeug für eine nach Absatz 1 ausgeschriebene Person zugelassen ist oder von ihr oder einer bisher namentlich nicht bekannten Person benutzt wird, die einer Straftat mit erheblicher Bedeutung verdächtig ist.

(3) Im Falle eines Antreffens können auch personenbezogene Informationen eines Begleiters der ausgeschriebenen Person oder des Führers eines ausgeschriebenen Kraftfahrzeugs gemeldet werden.

(4) ¹Die Ausschreibung zur polizeilichen Beobachtung darf nur durch den Richter angeordnet werden. ²Bei Gefahr im Verzug kann die Anordnung auch durch die Staatsanwaltschaft getroffen werden. ³Hat die Staatsanwaltschaft die Anordnung getroffen, so beantragt sie unverzüglich die richterliche Bestätigung der Anordnung. ⁴Die Anordnung tritt außer Kraft, wenn sie nicht binnen drei Tagen von dem Richter bestätigt wird. ⁵Die Anordnung ist auf höchstens ein Jahr zu befristen. ⁶§ 100b Abs. 2 Satz 5 gilt entsprechend.

1 **Die Vorschrift regelt die polizeiliche Beobachtung** und dient der unauffälligen Ermittlung und Sammlung von Erkenntnissen zur Herstellung eines (punktuellen) **„Bewegungsbildes"** einer Person oder eines Objekts der zur Beobachtung ausgeschriebenen Person (Pfeiffer § 163e Rdn. 1). Ziel ist es insbesondere, Zusammenhänge und Querverbindungen zwischen verdächtigen Personen zu ermitteln (vgl. BT-Drucks. 12/913; Hilger NStZ 1992, 523, 525). Die Maßnahme ist nicht mit der (nicht ausdrücklich geregelten) kurzfristigen oder der in § 163f geregelten längerfristigen

2. Abschnitt. Vorbereitung der öffentlichen Klage **§ 163f**

Observation einer Person durch die Polizei zu verwechseln (Meyer-Goßner § 163e Rdn. 1). Bislang wurde die polizeiliche Beobachtung als gewohnheitsrechtlich zulässig erachtet (vgl. Krey 1/481 ff). Da Zweifel bestanden, ob der Eingriff in die durch Art. 2 Abs. 1 GG garantierte Freiheit des Beobachteten hinreichend legitimiert ist, hielt man die Schaffung einer ausdrücklichen gesetzlichen Ermächtigungsgrundlage für erforderlich (LR-Rieß § 163e Rdn. 1).

Die Ausschreibung ist **nur im Ermittlungsverfahren** zulässig. Sie setzt einen Tatverdacht im Sinne des § 152 voraus. Es muss sich um eine Straftat von erheblicher Bedeutung (§ 81g Rdn. 6) handeln. Die Anordnung darf sich nur gegen den Beschuldigten richten und ist mit einer Subsidiaritätsklausel versehen (Abs. 1 S. 2 Hs. 2), die der in § 98a Abs. 1 S. 2 entspricht. Gegen Kontaktpersonen (Abs. 1 S. 3) ist sie nur unter den eingeschränkten Voraussetzungen, die denen in § 100c Abs. 3 entsprechen, zulässig (Pfeiffer § 163e Rdn. 2). 2

Die Ausschreibung eines Kfz-Kennzeichens, das auf den Beschuldigten oder eine Kontaktperson zugelassen ist oder von diesem benutzt wird, regelt Abs. 2. Sie ist auch dann zulässig, wenn bisher keine Person bekannt ist und außer dem Kfz-Kennzeichen kein Ansatz für Ermittlungen gegeben ist (Hilger NStZ 1992, 523, 525 Fn. 172; Meyer-Goßner § 163e Rdn. 9). Für einen unter Führungsaufsicht stehenden Verurteilten kann die Ausschreibung zur polizeilichen Beobachtung nach § 463a Abs. 2 angeordnet werden. Auch der Begleiter der ausgeschriebenen Person oder der Führer eines ausgeschriebenen Kraftfahrzeugs kann gemeldet werden (Abs. 3). 3

Durchgeführt wird die polizeiliche Beobachtung unter **Nutzung bereits bestehender Kontrollstellen** nach §§ 111, 163b, aber auch nach den Polizeigesetzen der Länder und der Grenzkontrollstellen. Diese Stellen sammeln die Informationen und melden sie der ausschreibenden Behörde, die diese auswertet, speichert und ggf. an zur Erfassung solcher Daten errichtete Zentralbehörden weitermeldet (Meyer-Goßner § 163e Rdn. 4). 4

Zuständig für die Anordnung ist der Ermittlungsrichter (§§ 162, 169), bei Gefahr im Verzug die StA. Eine Erweiterung auf Ermittlungspersonen der StA hielt der Gesetzgeber nicht für erforderlich (vgl. BT-Drucks. 12/2720 S. 48). Die Anordnung der StA muss wie in anderen Fällen üblich unverzüglich richterlich bestätigt werden und tritt außer Kraft, wenn diese nicht binnen dreier Tage erfolgt. Zwischenzeitlich erlangte Erkenntnisse sollen grundsätzlich verwertet werden dürfen (Rieß NJ 1992, 497; Meyer-Goßner § 163e Rdn. 13). 5

Die Anordnung wird in der Regel **schriftlich** erteilt (LR-Rieß § 163e Rdn. 42: stets), soll aber auch mündlich ergehen dürfen (Meyer-Goßner § 163e Rdn. 14). Die Beschränkung auf bestimmte Kontrollstellen oder bestimmte Zeiten ist möglich. Die richterliche Bestätigung bedarf der Schriftform (Meyer-Goßner § 163e Rdn. 14). 6

Da die Maßnahme regelmäßig nur sinnvoll ist, wenn sie über einen längeren Zeitraum erfolgt, sieht Abs. 4 S. 5 eine **Befristung auf höchstens ein Jahr** vor. Die mehrmalige Verlängerung um jeweils nicht mehr als drei Monate ist zulässig (Abs. 4 S. 6 i. V. m. § 100b Abs. 2 S. 5; LR-Rieß § 163e Rdn. 40). Wird die Anordnung nicht verlängert, tritt sie ohne weiteres außer Kraft. Zur Beschwerde s. § 163d Rdn. 10. 7

§ 163f [Längerfristige Observation]

(1) ¹Liegen zureichende tatsächliche Anhaltspunkte dafür vor, dass eine Straftat von erheblicher Bedeutung begangen worden ist, so darf eine planmäßig angelegte Beobachtung des Beschuldigten angeordnet werden, die
1. durchgehend länger als 24 Stunden dauern oder
2. an mehr als zwei Tagen stattfinden

soll (längerfristige Observation).

393

§ 163f

²Die Maßnahme darf nur angeordnet werden, wenn die Erforschung des Sachverhalts oder die Ermittlung des Aufenthaltsortes des Täters auf andere Weise erheblich weniger Erfolg versprechend oder wesentlich erschwert wäre. ³Gegen andere Personen ist die Maßnahme zulässig, wenn auf Grund bestimmter Tatsachen anzunehmen ist, dass sie mit dem Täter in Verbindung stehen oder eine solche Verbindung hergestellt wird, dass die Maßnahme zur Erforschung des Sachverhalts oder zur Ermittlung des Aufenthaltsortes des Täters führen wird und dies auf andere Weise erheblich weniger Erfolg versprechend oder wesentlich erschwert wäre.

(2) Die Maßnahme darf auch durchgeführt werden, wenn Dritte unvermeidbar betroffen werden.

(3) ¹Die Maßnahme bedarf der Anordnung durch die Staatsanwaltschaft; bei Gefahr im Verzug darf sie auch durch ihre Ermittlungspersonen (§ 152 des Gerichtsverfassungsgesetzes) angeordnet werden. ²Hat eine der Ermittlungspersonen der Staatsanwaltschaft die Anordnung getroffen, so ist unverzüglich die staatsanwaltschaftliche Bestätigung der Anordnung zu beantragen. ³Die Anordnung tritt außer Kraft, wenn sie nicht binnen drei Tagen von der Staatsanwaltschaft bestätigt wird.

(4) ¹Die Anordnung ist unter Angabe der maßgeblichen Gründe aktenkundig zu machen und auf höchstens einen Monat zu befristen. ²Die Verlängerung der Maßnahme bedarf einer neuen Anordnung, die nur durch den Richter getroffen werden darf.

1 Die Vorschrift regelt die **längerfristige Observation** des Beschuldigten, die durchgehend länger als 24 Stunden (reine Beobachtungszeit) dauern oder an mehr als zwei Tagen stattfinden soll. Kurzfristige Observationen sollen durch die §§ 161, 163 erlaubt sein (Pfeiffer § 163f Rdn. 1). Ergänzend gibt es präventiv-polizeiliche Ermächtigungsgrundlagen im BKAG und im BGSG sowie in den Polizeigesetzen der Länder. Die gesetzliche Regelung sanktioniert die bisherige Rechtsprechung (BGHSt 44, 13) und erfüllt eine seit langem erhobene Forderung nach einer klaren gesetzlichen Regelung (Meyer-Goßner § 163f Rdn. 1).

2 Soll die längerfristige Observation **mit anderen Eingriffen verbunden werden,** z.B. mit dem Einsatz technischer Mittel nach § 100c, müssen naturgemäß auch die dafür erforderlichen Voraussetzungen erfüllt werden (Demko NStZ 2004, 57, 62). Der Verhältnismäßigkeitsgrundsatz ist zu beachten (BGHSt 46, 266). Insbesondere ist zu berücksichtigen, dass eine Mehrfachüberwachung verschiedener Institutionen zu einer „Totalüberwachung" führen kann. So hat das BVerfG im Zusammenhang mit einer Observation unter Einsatz des GPS darauf hingewiesen, dass beim Einsatz moderner, insbesondere dem Betroffenen verborgener Ermittlungsmethoden die Strafverfolgungsbehörden mit Rücksicht auf das dem „additiven" Grundrechtseingriff innewohnende Gefährdungspotenzial besondere Anforderungen an das Verfahren zu beachten haben (BVerfG wistra 2005, 255). Die Koalitionsvereinbarung zwischen CDU/CSU und SPD sieht in diesem Zusammenhang ohnehin vor, die heimlichen Ermittlungsmaßnahmen der StPO grundlegend zu reformieren.

3 Die Maßnahme ist nur bei **Straftaten von erheblicher Bedeutung** zulässig. Auf einen einschränkenden Deliktskatalog (vgl. § 100a S. 1) hat der Gesetzgeber verzichtet. So soll die längerfristige Observation auch beim Verdacht geringfügigerer Straftaten zulässig sein, weil auch deren Beobachtung bei der Bekämpfung der schwereren Kriminalität von großer praktischer Bedeutung ist (Hilger NStZ 2000, 561, 564).

4 Die Maßnahme richtet sich **gegen den Beschuldigten** (Abs. 1 S. 1, 2) oder gegen eine so genannte Kontaktperson (Abs. 1 S. 3). Sie ist auch gegen Personen zulässig, denen nach §§ 52ff ein Zeugnisverweigerungsrecht zusteht. Ob sie auch bei Abgeordneten und Journalisten zulässig ist, ist zweifelhaft (Paeffgen FS Rieß S. 435).

2. Abschnitt. Vorbereitung der öffentlichen Klage § 164

Die Vorschrift enthält die **üblichen Subsidiaritätsklauseln** (Abs. 1 S. 2, 3), die in 5
der Praxis wenig Bedeutung haben (SK-Wolter § 163f Rdn. 7). Die Regelung ist
§ 163e Abs. 1 S. 2, 3 nachgebildet. Wieso auch Begleiter des Beschuldigten nach
§ 163e Abs. 3 gemeldet werden dürfen (Meyer-Goßner § 163f Rdn. 5), ist unklar.

Angeordnet wird die Maßnahme durch die StA, bei Gefahr im Verzug auch 6
durch ihre Ermittlungspersonen. In diesem Fall ist die staatsanwaltschaftliche Bestätigung der Anordnung unverzüglich zu beantragen. Die Anordnung tritt nach drei Tagen außer Kraft, wenn die Bestätigung der StA fehlt. Die Frist beginnt mit dem Erlass der Anordnung, nicht erst mit der Observation (vgl. BGHSt 44, 243, 246).

Soll die Maßnahme über einen Monat hinaus andauern, bedarf es einer **neuen An-** 7
ordnung durch einen Richter (Abs. 4 S. 2). Dass die maßgeblichen Gründe für die
Anordnung aktenkundig zu machen sind, soll eine spätere Überprüfung der Rechtmäßigkeit im Haupt- und Rechtsmittelverfahren erleichtern; die Vorschrift entspricht
§ 23 Abs. 3 BKAG (Meyer-Goßner § 163f Rdn. 8).

Gegen die von der StA angeordnete oder bestätigte Observation kann der Beschul- 8
digte entsprechend § 98 Abs. 2 S. 2 eine **gerichtliche Entscheidung** beantragen
(KK-Schoreit § 163f Rdn. 34). Da die Observation eine heimliche Maßnahme ist und
eine Mitteilungspflicht wie in § 101 nicht vorgesehen ist, wird der Betroffene regelmäßig erst nach Beendigung der Maßnahme davon erfahren (krit. Wollweber NJW
2000, 3623). Dann bleibt der Antrag nach § 98 Abs. 2 S. 2 möglich. Gegen eine richterliche Anordnung (Abs. 4 S. 2) ist die Beschwerde nach § 304 Abs. 1 gegeben. Die
nämlichen Rechte sollen einem sonst durch die Observation Betroffenen zustehen
(Meyer-Goßner § 163f Rdn. 9).

Eine Observation ohne erforderliche Anordnung oder über die zulässige Dauer hin- 9
aus führte zu einem **Verwertungsverbot** hinsichtlich der dabei gewonnenen Erkenntnisse (Meyer-Goßner § 163f Rdn. 10). Der Verstoß gegen die Pflicht zur Aktenkundigkeit soll irrelevant sein. Das Revisionsgericht kann nur eingeschränkt
überprüfen, ob die Anordnung notwendig war und der Subsidiaritätsgrundsatz beachtet wurde. Grenze ist hier die (objektive) Willkür (LR-Rieß § 163f Rdn. 23).

Die wegen irgendeiner anderen Straftat erlangten **Zufallserkenntnisse** sollen un- 10
eingeschränkt verwertbar sein, soweit sich nicht aus § 100c etwas anderes ergibt (LR-
Rieß § 163f Rdn. 18; Meyer-Goßner § 163f Rdn. 11; a.M. SK-Wolter § 163f
Rdn. 17). Die Verwertung für polizeiliche Zwecke regelt § 481.

§ 164 [Festnahme von Störern]

**Bei Amtshandlungen an Ort und Stelle ist der Beamte, der sie leitet, befugt,
Personen, die seine amtliche Tätigkeit vorsätzlich stören oder sich den von ihm
innerhalb seiner Zuständigkeit getroffenen Anordnungen widersetzen, festnehmen und bis zur Beendigung seiner Amtsverrichtungen, jedoch nicht über den
nächstfolgenden Tag hinaus, festhalten zu lassen.**

Die Vorschrift (früher § 162) gilt seit Inkrafttreten der Reichsstrafprozessordnung 1
1877 unverändert und regelt das so genannte **„amtliche Selbsthilferecht"** (Meyer-
Goßner § 164 Rdn. 1). Sie sichert zulässige Amtshandlungen strafprozessualer Art in
allen Verfahrensstadien für alle im Strafprozess amtlich Handelnden (insbesondere die
Polizei, die StA und das Gericht) gegen Störungen, das heißt strafprozessual rechtswidriges Verhalten (vgl. Baufeld GA 2004, 178).

Nach heute h.M. ist es gleichgültig, ob die **Amtshandlung innerhalb oder au-** 2
ßerhalb der Diensträume stattfindet (KK-Wache § 164 Rdn. 3; Pfeiffer § 164
Rdn. 3). Betroffen sein können **„Neugierige"**, die polizeiliche Maßnahmen stören.
Ein bestehendes Anwesenheitsrecht geht für die Dauer der Festnahme unter (LR-Rieß
§ 164 Rdn. 14). Für Richter gilt § 180 GVG. Ob daneben § 164 Anwendung findet,

§§ 165, 166 2. Buch. Verfahren im ersten Rechtszug

ist umstritten (dafür Meyer-Goßner § 164 Rdn. 1; dagegen Pfeiffer § 164 Rdn. 5; SK-Wolter § 164 Rdn. 3). Das Recht der Polizei zur Platzverweisung zwecks Gefahrenabwehr bleibt unberührt (Meyer-Goßner § 165 Rdn. 1).

3   Genügen weniger einschneidende Mittel des Hausrechts, sind diese nach dem **Verhältnismäßigkeitsgrundsatz** anzuwenden, bevor von dem Festnahme- und Festhalterecht nach § 164 Gebrauch gemacht wird (Meyer-Goßner § 165 Rdn. 3). Die Anordnung der Festnahme trifft der die Amtshandlung leitende Beamte. Er muss nicht Ermittlungsperson der StA sein (KK-Wache § 164 Rdn. 10; anders bei § 127).

4   **Vollzogen** wird die Anordnung in einer möglichst wenig belastenden Weise, z. B. durch Absonderung in einem Raum des durchsuchten Hauses oder bewachte Absonderung in einem Kraftwagen (Meyer-Goßner § 164 Rdn. 5). Die Unterbringung in einem Arrestraum kommt nur in Betracht, wenn die Amtshandlung länger andauert. Während einer Unterbrechung der Amtshandlung muss der Störer in der Regel freigelassen werden (Meyer-Goßner § 164 Rdn. 5).

Beispiel: Der Betreffende stört eine Durchsuchungsmaßnahme. Er darf festgenommen werden.

5   Die StPO sieht gegen die Ausübung des Selbsthilferechts durch Polizei oder StA keinen Rechtsbehelf vor. Daher gilt **§ 23 EGGVG** (Amelung NJW 1979, 1687, 1688). Ein Beschwer durch die Anwendung des § 164 ist mit dem Ende der Festhaltung überholt. Da es sich aber in der Regel um einen gravierenden Grundrechtseingriff handelt, bleibt eine Anfechtung möglich (vgl. Einl. Rdn. 107 ff).

§ 165 [Richterliche Nothandlungen]

Bei Gefahr im Verzug kann der Richter die erforderlichen Untersuchungshandlungen auch ohne Antrag vornehmen, wenn ein Staatsanwalt nicht erreichbar ist.

1   Grundsätzlich wird der Ermittlungsrichter nur vorübergehend und auf Antrag der StA tätig. § 165 regelt die Pflicht und Befugnis des Richters beim Amtsgericht, bei Gefahr im Verzug und Nichterreichbarkeit eines Staatsanwalts von sich aus vorübergehend (§ 167) als „**Notstaatsanwalt**" tätig zu werden. Der Richter darf selbst dann tätig werden, wenn die StA schon Ermittlungen eingeleitet hat. Eine Tätigkeit ist aber unzulässig, wenn dem Richter bekannt ist, dass die StA nicht handeln will (LR-Rieß § 165 Rdn. 8).

2   **Zuständig ist jedes Amtsgericht,** in dessen Bezirk die Amtshandlung nötig wird. Nach außen kommt es hierbei auf den Geschäftsverteilungsplan nicht an (§ 22d GVG). Das LG ist nicht zuständig (OLG Köln StV 2004, 417). Zur Nichterreichbarkeit des Staatsanwalts siehe auch § 128.

3   Hat eine **unzuständige Behörde** die Untersuchungshandlung veranlasst, ist diese zwar rechtswidrig, aber nicht unwirksam (LG Freiburg StV 2001, 268; Meyer-Goßner § 165 Rdn. 5; a. M. LG Frankfurt/Main NJW 1968, 118). Beschwerdebefugt sind StA und Beschuldigter (LG Freiburg StV 2001, 268).

§ 166 [Beweisanträge des Beschuldigten]

(1) **Wird der Beschuldigte von dem Richter vernommen und beantragt er bei dieser Vernehmung zu seiner Entlastung einzelne Beweiserhebungen, so hat der Richter diese, soweit er sie für erheblich erachtet, vorzunehmen, wenn der Verlust der Beweise zu besorgen ist oder die Beweiserhebung die Freilassung des Beschuldigten begründen kann.**

(2) **Der Richter kann, wenn die Beweiserhebung in einem anderen Amtsbezirk vorzunehmen ist, den Richter des letzteren um ihre Vornahme ersuchen.**

Die Vorschrift regelt die **Notbeweisaufnahme** zu Gunsten des Beschuldigten bei 1 richterlichen Vernehmungen. Der Anlass der richterlichen Vernehmung ist ohne Bedeutung. Die Vorschrift gilt nur für das Ermittlungsverfahren und nur für einzelne Beweiserhebungen. Erforderlich ist ein Beweisantrag in der Vernehmung.

Eine Pflicht zur Beweiserhebung besteht bei **drohendem Beweisverlust** oder 2 wenn die Beweise die Freilassung des Beschuldigten begründen könnten. Dies betrifft z. B. den Alibi-Beweis oder die persönlichen Verhältnisse, die das Fehlen einer Fluchtgefahr darlegen können (LR-Rieß § 166 Rdn. 7). Dabei ist die Aufhebung des Haftbefehls Sache des Richters, der ihn erlassen hat. § 166 selbst gibt kein Freilassungsrecht, wohl aber § 120 Abs. 3 S. 2 für die zuständige StA (§ 167). Bei vorläufiger Festnahme richtet sich die Freilassung nach § 128 Abs. 2, § 129 (Meyer-Goßner § 166 Rdn. 4).

Wegen § 167 kommt eine **Beschwerde** gegen die Ablehnung der beantragten Be- 3 weiserhebung nicht in Betracht (LR-Rieß § 166 Rdn. 13; Meyer-Goßner § 166 Rdn. 5; a.M. SK-Wohlers § 166 Rdn. 20). Eine abgelehnte Beweiserhebung kann bei der StA erneut beantragt werden (§ 163a Abs. 2), gegen eine Haftentscheidung sind die Rechtsbehelfe nach § 117 Abs. 1, 2 gegeben (Meyer-Goßner § 166 Rdn. 5).

§ 167 [Weitere Verfügung der Staatsanwaltschaft]

In den Fällen der §§ 165 und 166 gebührt der Staatsanwaltschaft die weitere Verfügung.

Trotz der vom Richter durchgeführten Untersuchungshandlungen bleibt die StA 1 alleinige **Herrscherin** des Ermittlungsverfahrens (KK-Wache § 167 Rdn. 1). Der Richter hat nur als Vertreter der StA gehandelt (vgl. Schnarr NStZ 1991, 209, 211) und hat seine Verhandlungen unverzüglich der StA zu übersenden.

Die StA hat die Ergebnisse **eigenverantwortlich** zu beurteilen und die entspre- 2 chenden Entscheidungen zu treffen (Pfeiffer § 167 Rdn. 1).

§ 168 [Protokollführer]

¹Über jede richterliche Untersuchungshandlung ist ein Protokoll aufzunehmen. ²Für die Protokollführung ist ein Urkundsbeamter der Geschäftsstelle zuzuziehen; hiervon kann der Richter absehen, wenn er die Zuziehung eines Protokollführers nicht für erforderlich hält. ³In dringenden Fällen kann der Richter eine von ihm zu vereidigende Person als Protokollführer zuziehen.

Die Vorschrift regelt die **Protokollführung bei richterlichen Untersuchungs-** 1 **handlungen**. Der Begriff ist hier identisch mit dem Begriff der Verhandlung in § 168a Abs. 1. Dazu gehören – anders als im Fall des § 162 – nicht Beschlüsse nach Aktenlage und Anordnungen, die ohne Verhandlung getroffen werden. Nicht ausreichend ist es, dass das Ergebnis aktenkundig gemacht wird, da dann dieser Vermerk nur wie eine Aktennotiz eines anderen Ermittlungsorgans über ein Untersuchungsergebnis in der Hauptverhandlung gewertet werden dürfte (vgl. BGHSt 27, 339). Das Protokoll über die Hauptverhandlung richtet sich nach den §§ 271 bis 274.

Regelmäßig wird ein **Urkundsbeamter** (§ 153 GVG) hinzugezogen. Demselben 2 Gericht muss er nicht angehören (BGH NJW 1986, 390, 391). Der Richter kann aber auch auf einen Protokollführer **verzichten** (S. 2, 2. Hs.).

Die Hinzuziehung einer dritten, von ihm zu vereidigenden Person sieht S. 3 vor. 3 Zu denken ist z.B. an einen **Referendar.** Dringend ist der Fall, wenn die Untersuchungshandlung bei ordnungsgemäßer Erledigung keinen Aufschub verträgt und dem Richter ein Urkundsbeamter nicht zur Verfügung steht (§ 168 Rdn. 5). Die andere

§ 168a 2. Buch. Verfahren im ersten Rechtszug

Person ist für die Wahrnehmung der Protokollführung **zu vereidigen**. Die Eidesformel ist nicht vorgeschrieben (Pfeiffer § 168 Rdn. 3).

4 **Die Revision** kann auf Fehler im Rahmen des § 168 regelmäßig nicht gestützt werden, weil das Urteil darauf nicht beruhen wird. Wird ein Protokoll über eine Vernehmung in der Hauptverhandlung verlesen, das von einer nicht befugten Person protokolliert wurde, die vom Richter nicht vereidigt wurde, kann ein Verstoß gegen das Verlesungsverbot vorliegen (vgl. BGHSt 27, 339; BGH NStZ 1981, 95).

§ 168a [Protokollierung richterlicher Untersuchungshandlungen]

(1) ¹Das Protokoll muß Ort und Tag der Verhandlung sowie die Namen der mitwirkenden und beteiligten Personen angeben und ersehen lassen, ob die wesentlichen Förmlichkeiten des Verfahrens beachtet sind. ²§ 68 Abs. 2, 3 bleibt unberührt.

(2) ¹Der Inhalt des Protokolls kann in einer gebräuchlichen Kurzschrift, mit einer Kurzschriftmaschine, mit einem Tonaufnahmegerät oder durch verständliche Abkürzungen vorläufig aufgezeichnet werden. ²Das Protokoll ist in diesem Fall unverzüglich nach Beendigung der Verhandlung herzustellen. ³Die vorläufigen Aufzeichnungen sind zu den Akten zu nehmen oder, wenn sie sich nicht dazu eignen, bei der Geschäftsstelle mit den Akten aufzubewahren. ⁴Tonaufzeichnungen können gelöscht werden, wenn das Verfahren rechtskräftig abgeschlossen oder sonst beendet ist.

(3) ¹Das Protokoll ist den bei der Verhandlung beteiligten Personen, soweit es sie betrifft, zur Genehmigung vorzulesen oder zur Durchsicht vorzulegen. ²Die Genehmigung ist zu vermerken. ³Das Protokoll ist von den Beteiligten zu unterschreiben oder es ist darin anzugeben, weshalb die Unterschrift unterblieben ist. ⁴Ist der Inhalt des Protokolls nur vorläufig aufgezeichnet worden, so genügt es, wenn die Aufzeichnungen vorgelesen oder abgespielt werden. ⁵In dem Protokoll ist zu vermerken, daß dies geschehen und die Genehmigung erteilt ist oder welche Einwendungen erhoben worden sind. ⁶Das Vorlesen oder die Vorlage zur Durchsicht oder das Abspielen kann unterbleiben, wenn die beteiligten Personen, soweit es sie betrifft, nach der Aufzeichnung darauf verzichten; in dem Protokoll ist zu vermerken, daß der Verzicht ausgesprochen worden ist.

(4) ¹Das Protokoll ist von dem Richter sowie dem Protokollführer zu unterschreiben. ²Ist der Inhalt des Protokolls ohne Zuziehung eines Protokollführers ganz oder teilweise mit einem Tonaufnahmegerät vorläufig aufgezeichnet worden, so unterschreiben der Richter und derjenige, der das Protokoll hergestellt hat. ³Letzterer versieht seine Unterschrift mit dem Zusatz, daß er die Richtigkeit der Übertragung bestätigt. ⁴Der Nachweis der Unrichtigkeit der Übertragung ist zulässig.

1 Die Vorschrift regelt die **Protokollierung richterlicher Untersuchungshandlungen** im Einzelnen. Die nach Abs. 1 festzuhaltenden mitwirkenden und beteiligten Personen sind der Richter, der StA, die Verfahrensbeteiligten, die ein Anwesenheits- und Mitwirkungsrecht haben, der Protokollführer und der Dolmetscher. Wie im Protokoll über die Hauptverhandlung (§ 272 Nr. 2) gehört zur Nennung der Namen auch die Angabe ihrer prozessualen Funktion. Zu Einschränkungen aus Gründen des Zeugenschutzes vgl. § 68 Rdn. 8 ff.

2 **Die wesentlichen Förmlichkeiten müssen festgehalten werden.** Wesentlich sind die Förmlichkeiten, die für die Verhandlung vorgeschrieben sind, z.B. bei Vernehmungen die erforderlichen Hinweise und Belehrungen, die Aufteilung der Vernehmung in eine solche zur Person und eine solche zur Sache, die Frage der Vereidigung. Ersichtlich muss sein, ob ein Protokollführer zugezogen wurde oder nicht.

2. Abschnitt. Vorbereitung der öffentlichen Klage **§§ 168b, 168c**

Den sachlichen **Inhalt des Protokolls** bezeichnet § 168a nicht näher. Er ergibt 3
sich aus der Art der Untersuchungshandlung (Meyer-Goßner § 168a Rdn. 3). Anlagen können zum Bestandteil des Protokolls gemacht werden, z. B. schriftliche Gutachten, die der Sachverständige mündlich vorträgt.

Abs. 2 erlaubt **vorläufige Aufzeichnungen** und beschreibt deren Einzelheiten 4
(Abs. 2 S. 1). Die Verwendung eines Tonbands soll der Zustimmung der zu vernehmenden Person nicht bedürfen (BGHSt 34, 39, 52; a. M. Kühne StV 1991, 103).
Diese vorläufigen Aufzeichnungen sind noch nicht in das Protokoll, aber dessen verbindliche Grundlage. In diesen Fällen ist das Protokoll unverzüglich nach Beendigung
der Verhandlung herzustellen (Abs. 2 S. 2), die vorläufigen Aufzeichnungen werden
aber aufbewahrt (Abs. 2 S. 3), weil der Nachweis der Unrichtigkeit der Übertragung
zulässig ist (Abs. 4 S. 4).

Die Genehmigung des Protokolls durch die Beteiligten regelt Abs. 3. Bei einem 5
hergestellten Protokoll wird es den Betroffenen vorgelesen oder zur Durchsicht vorgelegt (Abs. 3 S. 1). Gibt es nur vorläufige Aufzeichnungen, werden diese vorgelesen oder
abgespielt. Die Erteilung der Genehmigung oder ihre Verweigerung ist im Protokoll zu
vermerken (Abs. 3 S. 2, 4). Hat der Betroffene **Einwendungen** gegen Formulierungen,
werden diese, wenn sie berechtigt sind, berücksichtigt und führen noch bei Bekanntgabe des bisher für das Protokoll Vorgesehenen zu einer Änderung der Fassung. Gibt es einen Dissens, werden die Einwendungen im Protokoll vermerkt (Meyer-Goßner § 168a
Rdn. 9). Der **Verzicht** auf die Mitteilung des Inhalts des Protokolls oder der vorläufigen Aufzeichnungen ist zulässig. Die Unterschriften regelt Abs. 4 S. 1 bis 3.

Das Protokoll hat **nicht die Beweiskraft des § 274** (Abs. 4 S. 4; BGHSt 26, 281; 6
BGHSt 32, 25, 30). So kann dessen Unrichtigkeit eingewendet und der Einwand im
Freibeweisverfahren geprüft werden (Meyer-Goßner § 168a Rdn. 12).

§ 168b [Protokollierung staatsanwaltschaftlicher Untersuchungshandlungen]

(1) **Das Ergebnis staatsanwaltschaftlicher Untersuchungshandlungen ist aktenkundig zu machen.**

(2) **Über die Vernehmung des Beschuldigten, der Zeugen und Sachverständigen soll ein Protokoll nach den §§ 168 und 168a aufgenommen werden, soweit dies ohne erhebliche Verzögerung der Ermittlungen geschehen kann.**

Die **Aufnahme in die Akten (Abs. 1)** ist erforderlich, damit weitere mit der Sa- 1
che befasste Ermittlungsorgane, aber auch der Verteidiger die Entwicklung und das
bisherige Ergebnis des Verfahrens ersehen können (OLG Karlsruhe NStZ 1991, 50;
Pfeiffer § 168b Rdn. 1). Für polizeiliche Protokolle gilt § 168b entsprechend.

Im Hinblick auf Vernehmungen kann das Protokoll (Abs. 2) auch **vorläufig auf-** 2
gezeichnet werden (§ 168a Abs. 2), zumal vom Einsatz technischer Hilfsmittel nach
RiStBV Nr. 5a möglichst weitgehend Gebrauch gemacht werden soll. Die Aushändigung von Protokollabschriften ist im Gesetz nicht vorgeschrieben, aber grundsätzlich
zulässig (Pfeiffer § 168b Rdn. 2).

Der Verstoß gegen § 168b begründet **kein Verwertungsverbot**. 3

§ 168c [Anwesenheit bei richterlicher Vernehmung]

(1) **Bei der richterlichen Vernehmung des Beschuldigten ist der Staatsanwaltschaft und dem Verteidiger die Anwesenheit gestattet.**

(2) **Bei der richterlichen Vernehmung eines Zeugen oder Sachverständigen ist der Staatsanwaltschaft, dem Beschuldigten und dem Verteidiger die Anwesenheit gestattet.**

§ 168c

(3) ¹Der Richter kann einen Beschuldigten von der Anwesenheit bei der Verhandlung ausschließen, wenn dessen Anwesenheit den Untersuchungszweck gefährden würde. ²Dies gilt namentlich dann, wenn zu befürchten ist, daß ein Zeuge in Gegenwart des Beschuldigten nicht die Wahrheit sagen werde.

(4) Hat ein nicht in Freiheit befindlicher Beschuldigter einen Verteidiger, so steht ihm ein Anspruch auf Anwesenheit nur bei solchen Terminen zu, die an der Gerichtsstelle des Ortes abgehalten werden, wo er in Haft ist.

(5) ¹Von den Terminen sind die zur Anwesenheit Berechtigten vorher zu benachrichtigen. ²Die Benachrichtigung unterbleibt, wenn sie den Untersuchungserfolg gefährden würde. ³Auf die Verlegung eines Termins wegen Verhinderung haben die zur Anwesenheit Berechtigten keinen Anspruch.

1 Die Vorschrift regelt **Anwesenheitsrechte** bei richterlichen Vernehmungen. Sie gilt für das Bußgeldverfahren entsprechend (§ 46 Abs. 1 OWiG).

2 Das uneingeschränkte Recht auf Anwesenheit hat die **StA** bei der richterlichen Vernehmung des Beschuldigten (Abs. 1) und von Zeugen sowie Sachverständigen (Abs. 2). Dem **Verteidiger** ist wie bei der staatsanwaltschaftlichen Vernehmung die Anwesenheit auch bei einer richterlichen Vernehmung des Beschuldigten gestattet. Ebenso hat er ein Anwesenheitsrecht bei der richterlichen Vernehmung von Zeugen und Sachverständigen, nicht jedoch bei einer Vernehmung durch den Staatsanwalt (§ 161 a).

3 **Das Anwesenheitsrecht des Beschuldigten** bei Zeugen- und Sachverständigenvernehmungen (Abs. 2) gilt nicht für Vernehmungen durch die StA (§ 161 a). Beschränkungen des Anwesenheitsrechts sind zulässig (Abs. 3). Der Verteidiger darf nie nach Abs. 3 ausgeschlossen werden. Hat der inhaftierte Beschuldigte keinen Verteidiger, steht ihm ein Anspruch auf Anwesenheit zu, wenn nicht die Restriktionen des Abs. 3 greifen. Hat der Beschuldigte einen Verteidiger, ist sein Anwesenheitsrecht nach Abs. 4 auf die Teilnahme an solchen Terminen beschränkt, die an der Gerichtsstelle des Haftortes abgehalten werden (Abs. 4). Das Anwesenheitsrecht des Erziehungsberechtigten oder des gesetzlichen Vertreters bei Jugendlichen ergibt sich aus § 67 Abs. 1 JGG.

4 Keine Anwendung findet Abs. 2 bei der **Vernehmung eines Mitbeschuldigten** im Ermittlungsverfahren insofern, als der Beschuldigte nicht zur Anwesenheit berechtigt ist (BGHSt 42, 391).

5 Abs. 5 schreibt vor, dass alle Anwesenheitsberechtigten von den Vernehmungsterminen **so früh wie möglich zu benachrichtigen** sind. Die Benachrichtigung darf nicht schon dann unterbleiben, wenn sie zu einer Verzögerung des Verfahrens führen würde (KK-Wache § 168c Rdn. 17), sondern erst dann, wenn die Gefahr besteht, dass der Untersuchungserfolg verschlechtert oder gar vereitelt würde. Wird der Verteidiger versehentlich nicht benachrichtigt, hindert dies seine Anwesenheit nicht, wenn er auf andere Weise von der Vernehmung Kenntnis erlangt hat. Der Verteidiger kann nicht verpflichtet werden, dem Beschuldigten eine bevorstehende richterliche Vernehmung zu verschweigen (LG Hamburg StraFo 2003, 131).

6 **Wird die Benachrichtigungspflicht verletzt,** bestehen also keine Anhaltspunkte für die Ausnahme nach Abs. 5 S. 2, darf die Niederschrift ohne Einverständnis des Angeklagten und des Verteidigers nicht als richterliches Protokoll nach § 251 Abs. 2 in der Hauptverhandlung verlesen werden. Ausgeschlossen ist dann auch die Vernehmung des Ermittlungsrichters (BGHSt 26, 332, 335; BGH NStZ 1986, 207). Zulässig soll es sein, die Niederschrift nach Maßgabe des § 251 Abs. 1 als schriftliche Äußerung oder als Niederschrift über eine „andere" Vernehmung zu verlesen (BGH NStZ 1998, 312; Meyer-Goßner § 168c Rdn. 6; a.M. SK-Wohlers § 168c Rdn. 45). Erlaubt sein soll auch, aus der Niederschrift Vorhalte zu machen (BGHSt 34, 231).

2. Abschnitt. Vorbereitung der öffentlichen Klage § 168d

Wird ein notwendiger **Dolmetscher** zugezogen, aber **nicht vereidigt,** soll die 7
Verlesung des richterlichen Protokolls nach § 251 Abs. 2 nicht zulässig sein, wohl aber
die nach § 251 Abs. 1 (Meyer-Goßner § 168c Rdn. 7). Zu einer Rechtshilfevernehmung im Bereich einer fremden Rechtsordnung vgl. BGHSt 42, 86, 91.

Will der Betreffende einen Verstoß gegen § 168c mit der Revision rügen, muss der 8
Verwertung der Niederschrift **in der Hauptverhandlung widersprochen** worden
sein (BGH NJW 1996, 2239, 2241; BGH NStZ-RR 2002, 110). Wird gerügt, der
Tatrichter habe die Vernehmungsniederschrift durch Verlesung nach § 251 Abs. 2
verwertet, weil er das Unterlassen der Benachrichtigung für gerechtfertigt hielt, prüft
das Revisionsgericht nur, ob die dem tatrichterlichen Ermessen gesetzten Schranken
überschritten worden sind (BGH NStZ 1999, 417; a.M. Wohlers GA 2003, 895,
898). Hat der Richter schon die Prüfung der Zulässigkeit unterlassen, darf das Revisionsgericht selbst nicht prüfen, ob die Voraussetzungen des Abs. 5 S. 2 vorlagen
(BGHSt 31, 140; BGH NJW 2003, 3142).

Wurde dem inhaftierten Beschuldigten bei einer Vernehmung außerhalb des Haft- 9
ortes **kein Verteidiger bestellt,** soll dies nach Auffassung des BGH kein Verwertungsverbot für die Aussage nach sich ziehen (BGHSt 46, 93). Allerdings will der
BGH eine Feststellung nur dann auf die Angaben des Vernehmungsrichters stützen
lassen, wenn dessen Bekundungen durch andere wichtige Gesichtspunkte außerhalb
der Aussage bestätigt würden. Die h.M. im Schrifttum nimmt hingegen zutreffend ein
Verwertungsverbot an (vgl. Ambos NStZ 2003, 14, 17; Kunert NStZ 2001, 217;
Schlothauer StV 2001, 127, 130).

§ 168d [Anwesenheit bei Augenschein]

(1) ¹**Bei der Einnahme eines richterlichen Augenscheins ist der Staatsanwaltschaft, dem Beschuldigten und dem Verteidiger die Anwesenheit bei der Verhandlung gestattet.** ²**§ 168c Abs. 3 Satz 1, Abs. 4 und 5 gilt entsprechend.**

(2) ¹**Werden bei der Einnahme eines richterlichen Augenscheins Sachverständige zugezogen, so kann der Beschuldigte beantragen, daß die von ihm für die Hauptverhandlung vorzuschlagenden Sachverständigen zu dem Termin geladen werden, und, wenn der Richter den Antrag ablehnt, sie selbst laden lassen.**
²**Den vom Beschuldigten benannten Sachverständigen ist die Teilnahme am Augenschein und an den erforderlichen Untersuchungen insoweit gestattet, als dadurch die Tätigkeit der vom Richter bestellten Sachverständigen nicht behindert wird.**

Bei **richterlichen Augenscheinseinnahmen** gelten die Anwesenheitsrechte und 1
die Benachrichtigungspflichten des § 168c entsprechend. Für eine Leichenöffnung im
Beisein eines Richters soll § 168d nicht Anwendung finden (Meyer-Goßner § 168d
Rdn. 1; a.M. SK-Wohlers § 168d Rdn. 3).

Bei einer Augenscheinseinnahme unter **Zuziehung eines Sachverständigen** 2
(Abs. 2) muss dem Beschuldigten mit der Benachrichtigung vom Termin mitgeteilt
werden, dass von dem Richter ein Sachverständiger zugezogen wird. Sonst hat er
schon nicht die Möglichkeit, von seinem Recht nach Abs. 2 Gebrauch zu machen.
Grenze für die Zulassung des vom Beschuldigten benannten Sachverständigen ist
die Behinderung der Tätigkeit des vom Richter bestellten Sachverständigen (Abs. 2
S. 2).

Die **Beschwerde** ist zulässig, wenn der Richter einen vom Beschuldigten benann- 3
ten oder geladenen Sachverständigen von der Teilnahme am Augenschein ausschließt
(SK-Wohlers § 168d Rdn. 15). Ob die Beschwerde gegenstandslos ist, wenn der Augenschein durchgeführt wurde, ist umstritten (dafür LR-Rieß § 168d Rdn. 20; dagegen SK-Wohlers § 168d Rdn. 15; siehe auch vor § 296 Rdn. 24).

§ 168 e [Getrennte Vernehmung]

¹Besteht die dringende Gefahr eines schwerwiegenden Nachteils für das Wohl des Zeugen, wenn er in Gegenwart der Anwesenheitsberechtigten vernommen wird, und kann sie nicht in anderer Weise abgewendet werden, so soll der Richter die Vernehmung von den Anwesenheitsberechtigten getrennt durchführen. ²Die Vernehmung wird diesen zeitgleich in Bild und Ton übertragen. ³Die Mitwirkungsbefugnisse der Anwesenheitsberechtigten bleiben im übrigen unberührt. ⁴Die §§ 58a und 241a finden entsprechende Anwendung. ⁵Die Entscheidung nach Satz 1 ist unanfechtbar.

1   Im Interesse gefährdeter Zeugen enthält § 168 e Beschränkungen für die Anwesenheitsrechte der Beteiligten. Die Bestimmung gilt für alle richterlichen Vernehmungen außerhalb der Hauptverhandlung. Einer Ausdehnung auf Vernehmungen der Polizei oder StA bedarf es in der Vorschrift schon deshalb nicht, weil insofern zwingende Anwesenheitsrechte anderer Prozessbeteiligter regelmäßig nicht bestehen (Rieß NJW 1998, 3240, 3242). Die Vorschrift steht im Zusammenhang mit den gleichzeitig durch das **Zeugenschutzgesetz** vom 30. 4. 1998 eingeführten § 58a, 257a, 255a. Für die Hauptverhandlung gilt § 247a.

2   Erlaubt ist unter den Voraussetzungen des S. 1 eine **Videosimultanübertragung** bei einer richterlichen Zeugenvernehmung. Nur der Richter hält sich mit dem Zeugen im Vernehmungszimmer auf, die übrigen Anwesenheitsberechtigten (StA, Verteidiger, Beschuldigter) sehen die Vernehmung in Bild und Ton in einem anderen Raum zeitgleich (KK-Wache § 168 e Rdn. 1). Wegen der Verweisung in S. 4 auf §§ 58a, 241a kann die Aufzeichnung unter den dort genannten Voraussetzungen in einem anderen Verfahrensabschnitt, z. B. in der Hauptverhandlung, vorgeführt und verwertet werden.

3   Die **Mitwirkungsrechte der Beteiligten** (S. 3) dürfen nicht mehr in Mitleidenschaft gezogen werden, als dies durch die technischen Gegebenheiten bedingt ist. Insbesondere bleibt ihnen ihr Fragerecht (BGHSt 46, 93, 100). Der Verweis auf § 241a bedeutet, dass bei einer Vernehmung von Zeugen unter 16 Jahren die Befragung grundsätzlich vom Richter allein durchgeführt wird. Wird den Mitwirkungsberechtigten die unmittelbare Befragung nach § 241a Abs. 2 S. 2 nicht gestattet, genügt eine so genannte **Ohrknopfverbindung** zum Richter, anderenfalls wird eine unmittelbare Sprechverbindung zum Vernehmungszimmer hergestellt (vgl. Janovsky Kriminalistik 1999, 455).

4   Von der Vernehmung ist ein **Protokoll** nach den §§ 168, 168a zu erstellen (Meyer-Goßner § 168e Rdn. 8). Für die Aufzeichnung gilt § 58a entsprechend. Es soll also aufgezeichnet werden, um dem Zeugen Mehrfachvernehmungen zu ersparen.

5   **Die Entscheidung des Ermittlungsrichters** über die getrennte Durchführung der Vernehmung ist unanfechtbar und damit gemäß § 336 S. 2 einer revisionsgerichtlichen Nachprüfung entzogen (LR-Hanack § 336 Rdn. 6f; Meyer-Goßner § 168e Rdn. 10). Auch die Ablehnung eines Antrags auf Videovernehmung soll nicht anfechtbar sein (LR-Rieß § 168e Rdn. 31; SK-Wolter § 168e Rdn. 60). Zur Zulassung oder Nichtzulassung einer (mittelbaren) Frage vgl. § 241a Rdn. 4.

§ 169 [Ermittlungsrichter des OLG und BGH]

(1) ¹In Sachen, die nach § 120 des Gerichtsverfassungsgesetzes zur Zuständigkeit des Oberlandesgerichts im ersten Rechtszug gehören, können die im vorbereitenden Verfahren dem Richter beim Amtsgericht obliegenden Geschäfte auch durch Ermittlungsrichter dieses Oberlandesgerichts wahrgenommen werden. ²Führt der Generalbundesanwalt die Ermittlungen, so sind an deren Stelle Ermittlungsrichter des Bundesgerichtshofes zuständig.

2. Abschnitt. Vorbereitung der öffentlichen Klage §§ 169a, 170

(2) **Der für eine Sache zuständige Ermittlungsrichter des Oberlandesgerichts kann Untersuchungshandlungen auch dann anordnen, wenn sie nicht im Bezirk dieses Gerichts vorzunehmen sind.**

Die Vorschrift begründet in **Staatsschutzstrafsachen,** die in die Zuständigkeit des OLG als Gericht des ersten Rechtszuges gehören (§ 120 Abs. 1, 2 GVG), für richterliche Maßnahmen im Ermittlungsverfahren eine zusätzliche Zuständigkeit besonderer Ermittlungsrichter des OLG oder des BGH. Diese Zuständigkeit tritt neben die des Ermittlungsrichters beim AG (§ 162). 1

Der **Ermittlungsrichter des BGH (Abs. 1 S. 2)** ist zuständig, wenn und solange der Generalbundesanwalt die Ermittlungen führt (§ 142a GVG). Sie endet mit der Abgabe der Sachen an die Landes-StA nach § 142a Abs. 2 oder Abs. 4 GVG (BGH NJW 1973, 475). 2

Der **Ermittlungsrichter des OLG (Abs. 1 S. 2)** ist zuständig, wenn der GBA die Sache gemäß § 142 Abs. 2 GVG an die Landes-StA abgegeben hat. Die vom Ermittlungsrichter des BGH getroffenen Maßnahmen bleiben so lange wirksam, bis er sie ändert oder aufhebt (KK-Wache § 169 Rdn. 3). Abs. 2 erweitert die Kompetenz des OLG-Ermittlungsrichters auf andere Bezirke. Über einen Zuständigkeitsstreit entscheidet der BGH (§ 14; BGH NJW 1973, 475; BGHSt 18, 381). 3

Über **Beschwerden** gegen Verfügungen und Beschlüsse des Ermittlungsrichters beim OLG oder beim AG (§ 304 Abs. 5) entscheidet in Sachen, die zur Zuständigkeit des OLG im ersten Rechtszug gehören, das betreffende OLG (§ 120 Abs. 3 S. 1 i.V.m. § 73 Abs. 1 GVG). Über angefochtene Maßnahmen des Ermittlungsrichters des BGH entscheidet der Senat (§ 135 Abs. 2 GVG). 4

§ 169a [Abschluß der Ermittlungen]

Erwägt die Staatsanwaltschaft, die öffentliche Klage zu erheben, so vermerkt sie den Abschluß der Ermittlungen in den Akten.

Eine Form für den **Abschlussvermerk der StA** ist nicht vorgeschrieben. Es genügt jeder datierte vom StA oder Amtsanwalt unterschriebene Vermerk in den Akten. 1

Beispiel: „Die Ermittlungen sind abgeschlossen".

War bislang **Akteneinsicht** versagt worden, ist nunmehr der Verteidiger nach § 147 Abs. 6 S. 2 zu unterrichten.

Mit dem Abschlussvermerk muss dem Beschuldigten ggf. nach § 141 ein Verteidiger bestellt und diesem unbeschränkte Akteneinsicht (§ 147 Abs. 1) gewährt werden. Der Vermerk selbst ist keine Prozessvoraussetzung. Wird die Anklage ohne Abschlussvermerk erhoben, ist dies irrelevant, denn das Urteil beruht ausschließlich auf der Hauptverhandlung (vgl. BGH NJW 1967, 1869). 2

§ 170 [Abschluß des Ermittlungsverfahrens]

(1) **Bieten die Ermittlungen genügenden Anlaß zur Erhebung der öffentlichen Klage, so erhebt die Staatsanwaltschaft sie durch Einreichung einer Anklageschrift bei dem zuständigen Gericht.**

(2) ¹**Andernfalls stellt die Staatsanwaltschaft das Verfahren ein.** ²**Hiervon setzt sie den Beschuldigten in Kenntnis, wenn er als solcher vernommen worden ist oder ein Haftbefehl gegen ihn erlassen war; dasselbe gilt, wenn er um einen Bescheid gebeten hat oder wenn ein besonderes Interesse an der Bekanntgabe ersichtlich ist.**

§ 170   2. Buch. Verfahren im ersten Rechtszug

1   Die Vorschrift regelt die von der StA zu treffende **Abschlussentscheidung über das Ermittlungsverfahren.** Genügender Anlass zur Erhebung der öffentlichen Klage liegt vor, wenn die Beweisfähigkeit des Tatvorwurfs den Grad der Wahrscheinlichkeit erreicht hat (Pfeiffer § 170 Rdn. 1) und „mit Verurteilung zu rechnen ist" (BGHSt 15, 158). Der „hinreichende Tatverdacht" ist ein unbestimmter Rechtsbegriff, der der StA einen nicht unerheblichen Beurteilungsspielraum lässt (BVerfG NStZ 2002, 606; Meyer-Goßner § 170 Rdn. 1).

    Bei der Entscheidung handelt es sich um eine **vorläufige Tatbewertung** (BGHSt 23, 306), bei der der Grundsatz „im Zweifel für den Angeklagten" keine unmittelbare Anwendung findet, sondern nur mittelbar eine Rolle spielt (OLG Bamberg NStZ 1991, 252). So bleibt die Aufklärung von Widersprüchen zwischen Angaben des Beschuldigten und vorhandenen Beweisergebnissen der Hauptverhandlung überlassen (BGH NJW 1970, 1543; OLG Dresden StV 2001, 581). Nach dem gesamten Akteninhalt muss bei vorläufiger Tatbewertung (BGHSt 23, 304, 306) die Verurteilung des Beschuldigten wahrscheinlich sein (BGH StV 2001, 579).

2   **Besondere Arten der Klage** sind der Strafbefehlsantrag (§ 407), die mündliche Klageerhebung im beschleunigten Verfahren (§ 418 Abs. 3 S. 2) und die mündliche Nachtragsanklage (§ 266 Abs. 2 S. 1).

3   **Die Erhebung der öffentlichen Klage** ist Prozessvoraussetzung für die gerichtliche Untersuchung (§ 151). Mit ihr wird das Gericht mit der Sache befasst, auch wenn es nicht zuständig ist (OLG Düsseldorf MDR 1981, 691). Hält es sich für unzuständig, bringt es die Sache an das nach seiner Auffassung sachlich zuständige Gericht (§§ 209, 209 a). Die Rechtshängigkeit tritt erst mit der Eröffnung der gerichtlichen Untersuchung ein (§ 156 Rdn. 1).

4   **Die Einstellung des Verfahrens (Abs. 2 S. 1)** kann sachliche oder rechtliche Gründe haben (Meyer-Goßner § 170 Rdn. 6). Neben dem Fehlen eines hinreichenden Tatverdachts kann die Einstellung auch wegen eines Verfahrenshindernisses nötig sein. Weitere Einstellungsmöglichkeiten ergeben sich aus den §§ 153 ff. Eine Einstellung ist ohne Verzögerung zu verfügen, sie darf nicht in der Schwebe gehalten werden (Hilger JR 1985, 93; Meyer-Goßner § 170 Rdn. 6).

5   Verweist der Staatsanwalt den Betroffenen auf den **Privatklageweg,** weil er ein öffentliches Interesse an der Strafverfolgung verneint (vgl. § 176), begründet dies ein Verfahrenshindernis für das Offizialverfahren (Miehe FS Grünwald S. 383). In diesem Fall ist das Klageerzwingungsverfahren ebenso wenig zulässig wie bei einer Verneinung des hinreichenden Tatverdachts wegen des Privatklagedelikts (§ 172 Abs. 2 S. 3).

6   Einen **Strafklageverbrauch** bewirkt die Einstellung nach Abs. 2 S. 1 nicht. Das Ermittlungsverfahren kann jederzeit wieder aufgenommen werden, wenn Anlass hierzu besteht (RGSt 67, 315; Meyer-Goßner § 170 Rdn. 9). Insbesondere gibt es keinen Vertrauensschutz in den Bestand der Einstellungsverfügung (Loos JZ 1978, 594).

7   **Der Beschuldigte ist zu unterrichten (Abs. 2 S. 2),** wenn er in das Verfahren bereits in der in Abs. 2 S. 2 genannten Weise involviert war. In geeigneten Fällen ist er auch über den Entschädigungsanspruch nach § 9 Abs. 1 S. 4 StrEG zu belehren (vgl. Meyer-Goßner § 170 Rdn. 10).

8   Ggf. muss vor der Einstellung eine **Anhörung einer Behörde** oder Körperschaft des öffentlichen Rechts erfolgen, die die Strafanzeige erstattet hat oder sonst am Ausgang des Strafverfahrens interessiert ist (RiStBV Nr. 90; siehe auch Nr. 211 Abs. 1, 3, § 403 AO). Im Übrigen sind von Amts wegen zu beachtende Mitteilungspflichten zu erfüllen (vgl. Meyer-Goßner § 170 Rdn. 12).

9   Die Einstellung erfolgt durch eine **Verfügung,** die zu begründen und zu unterschreiben ist. Die Gründe sind im Einzelnen anzugeben (RiStBV Nr. 88, 89 Abs. 2). Eine Anfechtung der Einstellung ist nur unter den Voraussetzungen des § 172 denkbar, sonst nicht, insbesondere nicht nach § 23 EGGVG (Meyer-Goßner § 170 Rdn. 13).

2. Abschnitt. Vorbereitung der öffentlichen Klage **§ 171**

§ 171 [Bescheidung des Antragstellers]

¹Gibt die Staatsanwaltschaft einem Antrag auf Erhebung der öffentlichen Klage keine Folge oder verfügt sie nach dem Abschluß der Ermittlungen die Einstellung des Verfahrens, so hat sie den Antragsteller unter Angabe der Gründe zu bescheiden. ²In dem Bescheid ist der Antragsteller, der zugleich der Verletzte ist, über die Möglichkeit der Anfechtung und die dafür vorgesehene Frist (§ 172 Abs. 1) zu belehren.

Wer einen „Antrag auf Erhebung der öffentlichen Klage" gestellt hat, ist unter den Voraussetzungen des § 171 zu bescheiden. Gemeint sind **Personen, die einen Strafantrag,** eine Ermächtigung zur Strafverfolgung oder ein Strafverlangen gestellt haben (§§ 77, 77e StGB). Es genügt, dass der Antragsteller handlungsfähig ist. Keinen Bescheid erhalten aber regelmäßig uneinsichtige Querulanten (Kockel/Vossen-Kempkens NStZ 2001, 178, 180). 1

Eine **Teileinstellung** löst die Benachrichtigungspflicht nicht aus, wenn sie eine selbstständige Tat im prozessualen Sinn (§§ 155, 264) betrifft. Wird ein Verfahren vorläufig nach § 154e oder § 205 eingestellt, wird dies dem Antragsteller ohne Gründe mitgeteilt; dies gilt auch für die Abgabe an eine andere StA (Pfeiffer § 171 Rdn. 2). Bei einer Einstellung nach § 154 Abs. 1 ist ein begründeter Bescheid zu erteilen (RiStBV Nr. 101 Abs. 2, 89). 2

Der Bescheid ist obligatorisch (Solbach NStZ 1987, 350, 352), es sei denn, dass der Anzeigende erkennbar auf die Nachricht verzichtet hat oder ein Fall hartnäckiger und uneinsichtiger Querulanz vorliegt (SK-Wohlers § 171 Rdn. 8; Meyer-Goßner § 171 Rdn. 2). 3

Der Inhalt des Bescheids hängt davon ab, inwiefern Ermittlungen durchgeführt worden sind oder nicht. Im ersten Fall teilt die StA mit, dass sie das Verfahren eingestellt hat. Im zweiten Fall wird der Antragsteller unterrichtet, dass die StA dem Antrag auf Durchführung eines Verfahrens nicht folgt oder es ablehnt, Ermittlungen durchzuführen bzw. in Ermittlungen einzutreten (Meyer-Goßner § 171 Rdn. 3). Die Begründung muss in einer für den Antragsteller verständlichen Weise die tatsächlichen und rechtlichen Gründe angeben, auf denen der Bescheid beruht (Hellebrand 296ff; vgl. auch BVerfG NStZ 2002, 370, 371). 4

Verneint die StA das **öffentliche Interesse** an der Verfolgung eines Privatklagedelikts (nach oder ohne Ermittlungen), verbindet sie die Einstellungsverfügung mit der Verweisung des Antragstellers auf den Privatklageweg, falls dieser zur Erhebung der Privatklage befugt ist (Meyer-Goßner § 171 Rdn. 4). 5

Der Antragsteller erhält die Verfügung formlos, wenn er nicht Verletzter ist (vgl. § 158 Rdn. 3). Ist er Verletzter, wird er zugleich über sein Recht zur förmlichen Einstellungsbeschwerde (S. 2) belehrt. Eine förmliche Zustellung ist gesetzlich nicht vorgeschrieben (Meyer-Goßner § 171 Rdn. 5; a.M. OLG Celle NStZ 1990, 505). Eine förmliche Zustellung empfiehlt sich aber, wenn mit einem späteren Antrag zum OLG zu rechnen ist, da insofern die Frist des § 172 Abs. 1 Bedeutung erlangt. Die Beschwerdebelehrung erfolgt nur, wenn das Klageerzwingungsverfahren zulässig ist, also nicht in den Fällen des § 172 Abs. 2 S. 3 (Meyer-Goßner § 171 Rdn. 7). Über den Antrag an das Gericht nach § 172 Abs. 2 wird nicht schon jetzt belehrt, sondern erst mit der Entscheidung des Generalstaatsanwalts auf die Vorschaltbeschwerde nach § 172 Abs. 1. 6

Unterbleibt die Belehrung zu Unrecht oder ist sie in einem wesentlichen Punkt mangelhaft bzw. nicht hinreichend verständlich, läuft die Beschwerdefrist nicht (§ 172 Abs. 1 S. 2). 7

§ 172   2. Buch. Verfahren im ersten Rechtszug

§ 172 [Klageerzwingungsverfahren]

(1) ¹Ist der Antragsteller zugleich der Verletzte, so steht ihm gegen den Bescheid nach § 171 binnen zwei Wochen nach der Bekanntmachung die Beschwerde an den vorgesetzten Beamten der Staatsanwaltschaft zu. ²Durch die Einlegung der Beschwerde bei der Staatsanwaltschaft wird die Frist gewahrt. ³Sie läuft nicht, wenn die Belehrung nach § 171 Satz 2 unterblieben ist.

(2) ¹Gegen den ablehnenden Bescheid des vorgesetzten Beamten der Staatsanwaltschaft kann der Antragsteller binnen einem Monat nach der Bekanntmachung gerichtliche Entscheidung beantragen. ²Hierüber und über die dafür vorgesehene Form ist er zu belehren; die Frist läuft nicht, wenn die Belehrung unterblieben ist. ³Der Antrag ist nicht zulässig, wenn das Verfahren ausschließlich eine Straftat zum Gegenstand hat, die vom Verletzten im Wege der Privatklage verfolgt werden kann, oder wenn die Staatsanwaltschaft nach § 153 Abs. 1, § 153 a Abs. 1 Satz 1, 7 oder § 153 b Abs. 1 von der Verfolgung der Tat abgesehen hat; dasselbe gilt in den Fällen der §§ 153 c bis 154 Abs. 1 sowie der §§ 154 b und 154 c.

(3) ¹Der Antrag auf gerichtliche Entscheidung muß die Tatsachen, welche die Erhebung der öffentlichen Klage begründen sollen, und die Beweismittel angeben. ²Er muß von einem Rechtsanwalt unterzeichnet sein; für die Prozeßkostenhilfe gelten dieselben Vorschriften wie in bürgerlichen Rechtsstreitigkeiten. ³Der Antrag ist bei dem für die Entscheidung zuständigen Gericht einzureichen.

(4) Zur Entscheidung über den Antrag ist das Oberlandesgericht zuständig. § 120 des Gerichtsverfassungsgesetzes ist sinngemäß anzuwenden.

1   **Das Klageerzwingungsverfahren (§§ 172 bis 177)** ermöglicht dem Verletzten, die Einstellungsentscheidung der StA durch ein unabhängiges Gericht nachprüfen zu lassen (KG NJW 1969, 108). Über § 172 hinaus gibt es keinen verfassungsrechtlich verbürgten Anspruch auf Strafverfolgung eines anderen (BVerfG NStZ 2002, 606). Insbesondere ist nicht zu beanstanden, dass die Einstellung nach § 153 nicht im Klageerzwingungsverfahren angegriffen werden kann.

2   **Das Verfahren ist dreistufig aufgebaut.** In einem ersten Prüfungsschritt ist zu untersuchen, ob derjenige das Verfahren betreibt, der als Antragsteller (§ 171) das Verfahren initiiert hat und ob diesem Antrag die StA keine Folge gegeben oder das Ermittlungsverfahren eingestellt hat (Stufe 1). Ein solcher Antragsteller kann sich beim vorgesetzten Beamten förmlich beschweren (Abs. 1), dieser muss ihm einen Bescheid erteilen (2. Stufe). Gegen diesen Vorschaltbescheid des GenStA ist der Antrag auf gerichtliche Entscheidung durch das OLG (3. Stufe) gegeben, allerdings nur für den, der zugleich Verletzter ist (Abs. 1 S. 1).

3   **Antragsbefugt** ist nur der Antragsteller, also der, der sich schon bei der StA mit dem Antrag nach § 171 eingeschaltet hat (OLG Karlsruhe Justiz 1992, 187). Handelt es sich um ein Antragsdelikt, muss ein förmlicher Strafantrag (§ 158 Abs. 2) gestellt worden sein. Ein erst mit der Beschwerde nach Abs. 1 oder dem Antrag nach Abs. 2 gestellter Strafantrag genügt nicht (Meyer-Goßner § 172 Rdn. 5a), zumal im Regelfall die Strafantragsfrist abgelaufen sein wird. Der Antragsteller muss zugleich Verletzter der Tat sein; sein Antragsrecht geht nicht auf Angehörige oder Erben über (OLG Düsseldorf NJW 1992, 2370; Pfeiffer § 172 Rdn. 2).

4   **Verletzter** ist, wer durch die behauptete Tat unmittelbar in seinen Rechten, Rechtsgütern oder rechtlich anerkannten Interessen beeinträchtigt ist (OLG Celle NStZ 1988, 568; Meyer-Goßner § 172 Rdn. 9; Pfeiffer § 172 Rdn. 3). Der Begriff des Verletzten wird hier weit ausgelegt, weil der Schutz des Legalitätsprinzips im Rahmen des 172 umfassend sein soll (Meyer-Goßner § 172 Rdn. 10). Der Begriff reicht

2. Abschnitt. Vorbereitung der öffentlichen Klage § 172

aber nicht so weit, dass ein Antragsteller quasi eine Popularklage betreiben kann, wenn er nicht mehr als jeder andere Staatsbürger betroffen ist. Verletzt sein kann auch eine juristische Person oder eine Personenvereinigung (vgl. § 374 Abs. 3), eine Behörde oder sonstige Stelle, die Aufgaben der öffentlichen Verwaltung wahrnimmt (§ 194 Abs. 3 S. 2 StGB) und eine Kirche (vgl. § 194 Abs. 3 S. 3 StGB; zur Regierung vgl. §§ 90 b, 102 ff, 105 ff StGB).

Wer **im Einzelfall** Verletzter ist, richtet sich nach dem betreffenden Straftatbestand. Durch eine falsche Zeugenaussage verletzt ist eine Person, die dadurch in ihrer Stellung im Prozess benachteiligt worden ist (OLG Düsseldorf JZ 1989, 404), nicht aber schon ein anderer Zeuge (OLG Düsseldorf StraFo 2000, 21). Durch eine Urkundenfälschung wird verletzt, zu wessen Nachteil die gefälschte Urkunde im Rechtsverkehr gebraucht wird oder werden soll (OLG Karlsruhe Justiz 2003, 271), der in Not Geratene bei § 323 c StGB (vgl. aber OLG Düsseldorf NJW 1992, 2370), das Kind eines getöteten Elternteils (KG JR 1957, 71) oder die Eltern eines Kindes (OLG Frankfurt NJW 1963, 1368). Geschwister sind nicht ohne weiteres als Verletzte anzusehen (OLG Koblenz MDR 1977, 950). 5

Nicht zu den Verletzten gehören Tatbeteiligte (OLG Hamburg NJW 1980, 848), bei einer Strafvereitelung nicht das Opfer der Vortat (OLG Stuttgart Justiz 2002, 414). Behörden gehören regelmäßig nicht zu den Verletzten, so die Ärztekammer (OLG Stuttgart NJW 1969, 569) oder Ausländerbehörden bei Verstößen gegen das Ausländerrecht (OLG Karlsruhe NJW 1987, 1835), der Dienstherr eines bestochenen Amtsträgers (OLG Nürnberg NJW 1997, 1320) oder die durch ein Bestechungsdelikt betroffenen Bürger (OLG Koblenz wistra 1985, 83; siehe auch OLG Dresden NStZ-RR 1998, 338). Der durch eine Straßenverkehrsgefährdung konkret Gefährdete soll nicht Verletzter sein (OLG Stuttgart NJW 1997, 1320), wenn nicht ein tödlicher Unfall nahe gelegen hat (OLG Celle NStZ-RR 2004, 369). Die Gesellschafter einer GmbH (OLG Stuttgart wistra 2001, 198) sind im Hinblick auf Straftaten zu Lasten der Gesellschaft ebenso wenig Verletzte wie die einzelnen Aktionäre einer AG (OLG Braunschweig wistra 1993, 31). 6

Auf die Beschwerde kann die StA durch **Aufhebung des Bescheids** nach § 171 abhelfen und diese gegenstandslos machen. Hilft die StA nicht ab, legt sie die Sache dem GenStA vor. Nimmt dieser die Ermittlungen wieder auf und stellt sie das Verfahren dann erneut ein, finden die §§ 171, 172 wiederum Anwendung. 7

Der GenStA entscheidet, wenn und soweit die StA nicht abhilft. War die Beschwerde nicht fristgemäß, verwirft sie der Generalstaatsanwalt als unzulässig, ebenfalls dann, wenn sie nicht vom Antragsteller usw. eingelegt worden ist, und in den Fällen des Abs. 2 S. 3. Zugleich trifft er eine Sachentscheidung, da auch die unzulässige Beschwerde subsidiär eine Dienstaufsichtsbeschwerde darstellt, die zu bescheiden ist, es sei denn, der Beschwerdeführer wäre nicht handlungsfähig. 8

Die Beschwerdefrist beginnt mit der Bekanntmachung des Bescheids, falls eine richtige und vollständige Beschwerdebelehrung erteilt worden ist (Meyer-Goßner § 172 Rdn. 15). Die Frist beginnt mit dem Zugehen der Zustellung oder der formlosen Mitteilung. Bei wiederholter Einstellung nach Aufhebung der ersten Einstellungsverfügung und Wiedereintritt in das Ermittlungsverfahren ist das erste Beschwerdeverfahren überholt. Dann kommt es nur noch darauf an, ob die formellen Voraussetzungen für die Beschwerde gegen die letzte Einstellungsverfügung erfüllt sind (LR-Graalmann-Scheerer § 172 Rdn. 130; Meyer-Goßner § 172 Rdn. 16; a.M. OLG Düsseldorf NStZ 1989, 193). 9

Bei Verfristung kann analog §§ 44 ff **Wiedereinsetzung in den vorigen Stand** gewährt werden. Wer hierfür zuständig ist, ist umstritten. Teilweise meint man, der GenStA könne so entscheiden (OLG Hamm NJW 1973, 1055; OLG München NJW 1977, 2365), andere halten das OLG für zuständig (KG JR 1982, 209; OLG Hamm NStZ 1990, 450; LR-Graalmann-Scheerer § 172 Rdn. 133 ff). 10

§ 172

11 Bei einem ablehnenden Beschwerdebescheid nach Abs. 1 wird der Beschwerdeführer nach Abs. 2 S. 1 über das **Recht zum Antrag nach Abs. 2,** die dafür vorgesehene Form (Abs. 3) und die zu beachtende Frist (Abs. 2 S. 1) belehrt. Eine Belehrung über die Notwendigkeit, die antragsbegründenden Tatsachen und Beweismittel anzugeben, ist nicht nötig (OLG Nürnberg NStZ-RR 1998, 143). Fehlt die Belehrung oder ist sie in wesentlichen Punkten unvollständig, läuft die Frist nicht (Meyer-Goßner § 172 Rdn. 19). Bei Verweisung auf den Privatklageweg entfällt die Belehrung (Abs. 2 S. 3).

12 Wird die Einstellungsbeschwerde **aus formellen Gründen verworfen,** prüft das OLG, ob die formellen Voraussetzungen, die zu dem ablehnenden Beschwerdebescheid geführt haben, zutreffen. Insofern muss der Antragsteller über die Zulässigkeit des Antrags an das Gericht auch dann belehrt werden, wenn seine förmliche Einstellungsbeschwerde als unzulässig verworfen wird (OLG Hamm NStZ 1990, 450; OLG Stuttgart Justiz 1996, 347).

13 Ein **Antrag auf Prozesskostenhilfe** (Abs. 3 S. 2 2. Hs.; vgl. Stackmann JuS 2006, 233) muss vor Ablauf der Frist nach Abs. 2 S. 1 gestellt werden (Meyer-Goßner § 172 Rdn. 21a). Innerhalb der Frist muss der Antragsteller die Erklärung über seine persönlichen und wirtschaftlichen Verhältnisse auf dem vorgeschriebenen Vordruck einreichen (OLG Stuttgart Justiz 1984, 368), es gelten sinngemäß die §§ 114ff ZPO, jedoch nur soweit, wie sie die Voraussetzungen und Wirkungen der PKH sowie das Bewilligungsverfahren betreffen (Meyer-Goßner § 172 Rdn. 21a). Vor einer Entscheidung ist die StA zu hören. Die Bewilligung der PKH umfasst außer den Kosten des Verfahrens die Beiordnung eines Rechtsanwalts. Ggf. wird ihm dieser in entsprechender Anwendung des § 78b ZPO beigeordnet (vgl. OLG Koblenz NJW 1982, 61; Meyer-Goßner § 172 Rdn. 23; a.M. u.a. OLG Hamm NJW 2003, 3286). Kann der Antragsteller aus seinem Einkommen zu den Prozesskosten beitragen, setzt das Gericht Monatsraten usw. fest (§ 115 Abs. 1, 2, § 120 Abs. 1 ZPO).

14 Die **Antragsfrist** von einem Monat (Abs. 2 S. 1) beginnt mit der Bekanntmachung der Beschwerdeentscheidung nach Abs. 1, wenn mit ihr eine ordnungsgemäße Belehrung nach Abs. 2 S. 2 verbunden ist. Gewahrt wird sie durch rechtzeitigen Eingang der Antragsschrift bei dem zuständigen OLG (Abs. 3 S. 2). Die Frist kann nicht verlängert werden (OLG Düsseldorf NJW 1987, 2453), Wiedereinsetzung in den vorigen Stand ist zulässig. Allerdings soll das Verschulden des Rechtsanwalts, der den Antrag stellen sollte, dem Antragsteller zuzurechnen sein (§ 44 Rdn. 25). Wurde die PKH rechtzeitig beantragt, aber vom OLG erst spät beschieden, so dass der Antrag erst nach Ablauf der Monatsfrist gestellt wird, ist Wiedereinsetzung zu gewähren (BVerfG NJW 1993, 720).

15 An den **Inhalt des Antrages** nach Abs. 3 S. 1 werden relativ hohe Anforderungen gestellt. Notwendig ist eine aus sich heraus verständliche Schilderung des Sachverhalts, der – bei Unterstellung eines hinreichenden Tatverdachts – die Erhebung der öffentlichen Klage in materieller und formeller Hinsicht rechtfertigen würde. Die Sachdarstellung muss auch in groben Zügen den Gang des Ermittlungsverfahrens, den Inhalt der angegriffenen Bescheide und die Gründe für deren behauptete Unrichtigkeit mitteilen (KG JR 1983, 345; OLG Koblenz wistra 1985, 83; OLG Stuttgart NStZ-RR 2003, 331; Meyer-Goßner § 172 Rdn. 27). Eine wörtliche Wiedergabe der Bescheide ist aber nicht erforderlich, wenn sich deren Inhalt aus dem Klageerzwingungsantrag erschließt (BVerfG NJW 1993, 382). Diese hohen Anforderungen werden vom BVerfG gedeckt (BVerfG NJW 1979, 364).

16 Sinn der Anforderungen an den Inhalt ist, dass das OLG dadurch eher in die Lage versetzt werden soll, ohne Rückgriff auf Ermittlungsakten und Beiakten **eine Schlüssigkeitsprüfung vorzunehmen** (OLG Düsseldorf StV 1983, 498; OLG Koblenz MDR 1977, 950). Ist z.B. der Erlass eines Strafbefehls abgelehnt worden, müssen die tragenden Gründe der Entscheidung mitgeteilt werden (OLG Frankfurt NStZ-RR

2002, 78). Die Darstellung eines über den Gegenstand anhängigen oder anhängig gewesenen Zivil- oder Verwaltungsgerichtsverfahrens kann erforderlich sein (OLG Stuttgart Justiz 2004, 128). Weiterhin muss der Antragsschrift die Wahrung der Frist des Abs. 1 zu entnehmen sein (KG JR 1989, 260; Meyer-Goßner § 172 Rdn. 27). Verletzteneigenschaft und Antragsbefugnis müssen, sofern sie nicht ohne weiteres ersichtlich sind, begründet werden (OLG Stuttgart Justiz 2004, 213).

Soweit Gerichte vereinzelt **großzügiger** sind (vgl. OLG Celle NJW 1990, 60), sollte dies nicht dazu verleiten, beim Klageerzwingungsantrag nachlässig zu sein. Maßstab muss sein, selbst den höchsten (vielleicht überzogenen) Ansprüchen zu genügen. 17

Bei Antragsdelikten muss dargelegt werden, dass der Antrag innerhalb der Frist des § 77b gestellt worden ist (OLG Karlsruhe wistra 1995, 154). Dazu gehört auch die Angabe des Zeitpunkts, in dem der Antragsteller von der Tat und der Person des Täters Kenntnis erlangt hat (OLG Celle GA 1962, 152). 18

Stützt die StA ihre Einstellungsentscheidung darauf, dass **Strafverfolgungsverjährung** eingetreten sei, muss dargelegt werden, aus welchen Gründen die Tat dennoch verfolgbar sein soll (Meyer-Goßner § 172 Rdn. 29). 19

Der Antrag muss **aus sich heraus verständlich** sein. Eine Bezugnahme auf Akten, frühere Eingaben oder andere Schriftstücke genügt weder zur Darlegung der Verletzteneigenschaft noch zur Darstellung des Sachverhalts (OLG Koblenz NJW 1977, 1461; Meyer-Goßner § 172 Rdn. 30). Selbst auf Anlagen zum Klageerzwingungsantrag darf nicht Bezug genommen werden, wenn erst durch die Kenntnisnahme vom Inhalt dieser Anlagen die erforderliche geschlossene Sachdarstellung erreicht wird (OLG Saarbrücken wistra 1995, 36; Meyer-Goßner § 172 Rdn. 30). 20

Schließlich müssen die **Beweismittel** angegeben werden, mit denen nach Auffassung des Antragstellers der hinreichende Tatverdacht bewiesen wird (OLG Celle NStZ 1988, 568). In dem Antrag können auch neue Tatsachen oder Beweismittel vorgebracht werden (Meyer-Goßner § 172 Rdn. 31). 21

Der Antrag muss **von einem Rechtsanwalt unterzeichnet** sein (Abs. 3 S. 2); die Unterzeichnung durch einen Hochschullehrer genügt nicht. Ein Antrag zu Protokoll der Geschäftsstelle ist nicht möglich. Eine Unterzeichnung liegt nur vor, wenn der Rechtsanwalt die Verantwortung für den gesamten Antrag einschließlich der Anlagen übernimmt (OLG Hamm NStZ-RR 2001, 300). Stempelt der Rechtsanwalt lediglich den vom Antragsteller selbst verfassten Schriftsatz ab (OLG Düsseldorf NJW 1990, 1002), ist der Antrag unzulässig (OLG Frankfurt NStZ-RR 2002, 15). Ein Mangel kann nach Ablauf der Frist des Abs. 2 S. 1 nicht mehr geheilt werden (OLG München NStZ 1984, 281). 22

Regel: Letztlich sind die Anforderungen so wie im Revisionsverfahren (vgl. § 344 Rdn. 11 ff).

Der Antrag ist unzulässig, wenn eine förmliche Voraussetzung fehlt, insbesondere wenn die Fristen nach Abs. 1 oder 2 oder die Form nach Abs. 3 nicht eingehalten worden ist oder nur ein Antrag gestellt wurde, der aber nicht fristgerecht eine Begründung erhielt (OLG Hamm DAR 2003, 87). Unzulässig ist der Antrag auch, wenn eine Entscheidung im Rahmen des Opportunitätsprinzips (§§ 153 ff) getroffen wurde. Gleiches gilt, wenn der Antragsteller unter keinem rechtlichen Gesichtspunkt Verletzter sein kann, wenn der Verletzte die Beschwerde nach Abs. 1 zurückgenommen hatte oder wenn Antragsteller und Beschuldigter über den vermögensrechtlichen Verfahrensgegenstand im Zivilprozess einen Vergleich mit Abgeltungsklausel abgeschlossen haben (OLG Stuttgart NJW 2002, 2191). Nach Auffassung des OLG Stuttgart gilt eine Ausnahme nur für unwirksame oder wegen arglistiger Täuschung angefochtene Vergleiche (vgl. auch Meyer-Goßner § 172 Rdn. 34). 23

Die **Wiederaufnahme der Ermittlungen** durch die StA auf Grund des Antragsvorbringens ist zulässig, erledigt den Antrag aber nicht. Wird jedoch Anklage erhoben, ist der Antrag gegenstandslos (Meyer-Goßner § 173 Rdn. 36). 24

§§ 173, 174

25 Die **Wiederholung** des gesamten Klageerzwingungsverfahrens ist unter Umständen zulässig, wenn nach der Verwerfung des Antrags auf gerichtliche Entscheidung die StA das Ermittlungsverfahren wiederaufgenommen und dann erneut eingestellt hat, nicht aber schon, wenn die StA die Wiederaufnahme von Ermittlungen abgelehnt hat. Ohne weiteres zulässig ist die Wiederaufnahme, wenn der Antrag vom OLG als unzulässig verworfen worden ist (OLG Köln NStZ 2003, 682).

26 Für einen Teil der Tat im Sinne des **§ 264** ist der Antrag nicht zulässig (OLG Frankfurt NStZ-RR 2001, 20; Solbach DRiZ 1984, 476; Meyer-Goßner § 172 Rdn. 38).

§ 173 [Verfahren des Gerichts]

(1) **Auf Verlangen des Gerichts hat ihm die Staatsanwaltschaft die bisher von ihr geführten Verhandlungen vorzulegen.**

(2) **Das Gericht kann den Antrag unter Bestimmung einer Frist dem Beschuldigten zur Erklärung mitteilen.**

(3) **Das Gericht kann zur Vorbereitung seiner Entscheidung Ermittlungen anordnen und mit ihrer Vornahme einen beauftragten oder ersuchten Richter betrauen.**

1 Das OLG bestimmt das Verfahren **nach pflichtgemäßem Ermessen**. Der GenStA ist stets vor der Entscheidung zu hören (§ 33 Abs. 2).

2 Die **Anhörung des Beschuldigten** ist nicht erforderlich, wenn der Antrag unzulässig ist. Er muss aber rechtliches Gehör erhalten, bevor nach § 175 S. 1 die Klageerhebung gegen ihn beschlossen wird (BVerfGE 42, 175). Ist das rechtliche Gehör zu Unrecht unterblieben, kann der Mangel in dem auf die Anklage eingeleiteten gerichtlichen Verfahren nicht mehr geheilt werden (BVerfGE 42, 172).

3 **Das OLG** kann nach Abs. 3 ergänzende Ermittlungen anordnen. In der Praxis kommt der Generalstaatsanwalt einer entsprechenden prozessleitenden Bitte des Senatsvorsitzenden nach und bedient sich ggf. der Hilfe der Polizei (§ 161 S. 2).

§ 174 [Verwerfung des Antrags]

(1) **Ergibt sich kein genügender Anlaß zur Erhebung der öffentlichen Klage, so verwirft das Gericht den Antrag und setzt den Antragsteller, die Staatsanwaltschaft und den Beschuldigten von der Verwerfung in Kenntnis.**

(2) **Ist der Antrag verworfen, so kann die öffentliche Klage nur auf Grund neuer Tatsachen oder Beweismittel erhoben werden.**

1 Die Vorschrift regelt in Abs. 1 nur die **Verwerfung des unbegründeten Antrags**. Verwirft das OLG den Antrag als unzulässig, gilt die Vorschrift und insbesondere die beschränkte Rechtskraftwirkung nach Abs. 2 nicht. Kein genügender Anlass besteht, wenn es an einem hinreichenden Tatverdacht fehlt (vgl. OLG Rostock NStZ-RR 1996, 272).

2 Eine Einstellung des Verfahrens in entsprechender Anwendung des **§ 153 Abs. 2 ist nicht zulässig** (KK-Schmid § 174 Rdn. 4; Meyer-Goßner § 174 Rdn. 3; a.M. z.B. OLG Celle MDR 1985, 249). Ob § 153a Abs. 2 angewendet werden kann, ist umstritten (dafür OLG Stuttgart NJW 1997, 3103). Die Entscheidung ergeht **durch unanfechtbaren Beschluss**.

3 Bei Verwerfung aus sachlichen Gründen kann die StA die Klage nur auf Grund neuer Tatsachen und Beweismittel erheben. Dieser **beschränkte Strafklageverbrauch** tritt nur im Hinblick auf Offizialdelikte ein, nicht hinsichtlich der Privatklagedelikte (Meyer-Goßner § 174 Rdn. 6).

2. Abschnitt. Vorbereitung der öffentlichen Klage   §§ 175–177

§ 175 [Beschluß auf Anklageerhebung]

¹Erachtet das Gericht nach Anhörung des Beschuldigten den Antrag für begründet, so beschließt es die Erhebung der öffentlichen Klage. ²Die Durchführung dieses Beschlusses liegt der Staatsanwaltschaft ob.

Hält das OLG den Antrag für **begründet,** beschließt es die Erhebung der öffentlichen Klage. Die Anhörung des Beschuldigten ist zwingend, eine Heilung nicht möglich (siehe § 173 Rdn. 2). 1

Die **Ausführung des Beschlusses** obliegt der StA, insbesondere auch die Auswahl des Gerichts nach den §§ 24 ff GVG. An den Beschluss ist sie in tatsächlicher und rechtlicher Hinsicht gebunden, das Verfahren kann nun nicht mehr nach §§ 153 Abs. 1, 153a Abs. 1 eingestellt werden. Eine Anwendung des § 153 Abs. 2, § 153a Abs. 2 ist jedoch möglich (Meyer-Goßner § 175 Rdn. 3). 2

Nach Erhebung der Klage entfällt die Bindungswirkung des Beschlusses für die StA und für das angegangene Gericht (OLG Karlsruhe NJW 1977, 62). 3

§ 176 [Sicherheitsleistung]

(1) ¹Durch Beschluß des Gerichts kann dem Antragsteller vor der Entscheidung über den Antrag die Leistung einer Sicherheit für die Kosten auferlegt werden, die durch das Verfahren über den Antrag voraussichtlich der Staatskasse und dem Beschuldigten erwachsen. ²Die Sicherheitsleistung ist durch Hinterlegung in barem Geld oder in Wertpapieren zu bewirken. ³Die Höhe der zu leistenden Sicherheit wird vom Gericht nach freiem Ermessen festgesetzt. ⁴Es hat zugleich eine Frist zu bestimmen, binnen welcher die Sicherheit zu leisten ist.

(2) Wird die Sicherheit in der bestimmten Frist nicht geleistet, so hat das Gericht den Antrag für zurückgenommen zu erklären.

Der **Beschluss über die Sicherheitsleistung** ist unanfechtbar und förmlich zuzustellen, da seine Bekanntmachung die Frist nach Abs. 1 S. 4 in Lauf setzt (Pfeiffer § 176 Rdn. 1). Wird die Frist versäumt, muss das Gericht den Antrag für zurückgenommen erklären (Abs. 2). 1

Ist dem Antragsteller **Prozesskostenhilfe** bewilligt worden, so darf ihm keine Sicherheitsleistung abverlangt werden (§ 172 Abs. 3 in Verbindung mit § 122 Abs. 1 Nr. 2 ZPO). Die Sicherheitsleistung kann insbesondere die Kosten weiterer Ermittlungshandlungen (Einschaltung eines Sachverständigen usw.) betreffen. 2

§ 177 [Kosten]

Die durch das Verfahren über den Antrag veranlaßten Kosten sind in den Fällen der §§ 174 und 176 Abs. 2 dem Antragsteller aufzuerlegen.

Eine **Kostenentscheidung** ergeht, wenn der Antrag als unbegründet verworfen oder nach § 176 Abs. 2 für zurückgenommen erklärt wird. Wird der Antrag aus formellen Gründen als unzulässig verworfen, werden dem Antragsteller keine Kosten auferlegt (Meyer-Goßner § 177 Rdn. 1). Stirbt der Antragsteller vor der Entscheidung des OLG, ist das Verfahren einzustellen; eine Kostenentscheidung ergeht nicht (OLG Düsseldorf GA 1984, 129). 1

Veranlasste Kosten sind die Kosten etwaiger Ermittlungen (§ 173 Abs. 3), die notwendigen Auslagen des Beschuldigten im OLG-Verfahren sowie die Gebühr nach Nr. 3200 KVGKG (Meyer-Goßner § 177 Rdn. 2). Zum Ansatz von Verteidigungskosten vgl. Rieß NStZ 1990, 6, 8. 2

3   Hat der Antrag Erfolg, ergeht keine Entscheidung über die durch das Verfahren beim OLG veranlassten Kosten. Der Antragsteller kann sich aber als **Nebenkläger** dem gerichtlichen Verfahren anschließen (§ 395 Abs. 1 Nr. 3). Dann fallen bei einer Verurteilung in der Regel dem Angeklagten seine notwendigen Auslagen zur Last (§ 472 Abs. 1).

§§ 178 –197 (weggefallen)

Die §§ 178 bis 197 enthielten die gerichtliche Voruntersuchung.

Vierter Abschnitt. Entscheidung über die Eröffnung des Hauptverfahrens

§ 198 (weggefallen)

Vorbemerkungen

1   Der Abschnitt regelt das **Eröffnungsverfahren** (Zwischenverfahren). In diesem prüft das Gericht, welche Verfahren auf Grund der Anklage durchgeführt und welche zur Vermeidung unnötiger Hauptverhandlungen schon vorher beendet werden sollen. Insofern hat das Zwischenverfahren eine „Filterfunktion". Mit der Zulassung der Anklage (§ 207) wird der Verfahrensstoff bestimmt und die Rechtshängigkeit herbeigeführt.

§ 199 [Entscheidung über Eröffnung des Hauptverfahrens]

(1) **Das für die Hauptverhandlung zuständige Gericht entscheidet darüber, ob das Hauptverfahren zu eröffnen oder das Verfahren vorläufig einzustellen ist.**

(2) **Die Anklageschrift enthält den Antrag, das Hauptverfahren zu eröffnen. Mit ihr werden die Akten dem Gericht vorgelegt.**

1   Die Vorschrift enthält die **Grundnorm für das Eröffnungsverfahren** (Zwischenverfahren). Ein förmliches Zwischenverfahren ist der Regelfall. Es findet nicht statt im beschleunigten Verfahren, im Strafbefehlsverfahren, im vereinfachten Jugendverfahren und im objektiven Einziehungsverfahren.

2   Die **Eröffnungsentscheidung** trifft das für das Hauptverfahren zuständige Gericht (Abs. 1). Einen besonderen „Eröffnungsrichter" gibt es nicht (LR-Rieß § 199 Rdn. 1). Die **Entscheidungsmöglichkeiten** des Gerichtes ergeben sich aus den §§ 203, 204.

3   Die **Anklageschrift** wird mit den Akten dem Gericht vorgelegt (Abs. 2 S. 2). Damit wird die Sache beim Gericht anhängig; der Staatsanwalt kann aber noch nach § 156 diese Verfahrensherrschaft entziehen. Auf das Gericht geht die Zuständigkeit für Haftentscheidungen und einzelne Haftmaßnahmen über.

4   Vorzulegen sind **alle Akten,** die die Polizei nach § 163 Abs. 2 S. 1 übersandt hat und auch die bei der StA entstandenen Vorgänge mit Ausnahme der Handakte (Pfeiffer § 199 Rdn. 2). Beiakten sind nur beizufügen, wenn ihr Inhalt von Bedeutung für die Schuld- und Rechtsfolgenfrage sein kann (BGHSt 30, 131, 139; OLG Frankfurt NJW 1982, 1408). Die Herausgabe von Akten oder Aktenteilen kann unter den Voraussetzungen des § 96 verweigert werden (OLG Frankfurt NJW 1982, 1408; Meyer-Goßner § 199 Rdn. 2; a.M. SK-Rudolphi § 96 Rdn. 4; LR-Lüderssen § 147 Rdn. 54ff). Zu den Spurenakten vgl. § 147 Rdn. 15.

4. Abschnitt. Entscheidung über die Eröffnung des Hauptverfahrens § 200

§ 200 [Inhalt der Anklageschrift]

(1) ¹Die Anklageschrift hat den Angeschuldigten, die Tat, die ihm zur Last gelegt wird, Zeit und Ort ihrer Begehung, die gesetzlichen Merkmale der Straftat und die anzuwendenden Strafvorschriften zu bezeichnen (Anklagesatz). ²In ihr sind ferner die Beweismittel, das Gericht, vor dem die Hauptverhandlung stattfinden soll, und der Verteidiger anzugeben. ³Bei der Benennung von Zeugen genügt in den Fällen des § 68 Abs. 1 Satz 2, Abs. 2 Satz 1 die Angabe der ladungsfähigen Anschrift. ⁴Wird ein Zeuge benannt, dessen Identität ganz oder teilweise nicht offenbart werden soll, so ist dies anzugeben; für die Geheimhaltung des Wohn- oder Aufenthaltsortes des Zeugen gilt dies entsprechend.

(2) ¹In der Anklageschrift wird auch das wesentliche Ergebnis der Ermittlungen dargestellt. ²Davon kann abgesehen werden, wenn Anklage beim Strafrichter erhoben wird.

Die Vorschrift beschreibt **Funktion und Aufbau der Anklageschrift.** Sie hat unter anderem auch die Aufgabe, den Angeschuldigten über den gegen ihn erhobenen Vorwurf zu unterrichten **(Informationsfunktion)** und soll zugleich in persönlicher und sachlicher Hinsicht den Gegenstand der gerichtlichen Entscheidung beschreiben **(Umgrenzungsfunktion;** BGHSt 40, 390, 392; BayObLG wistra 1991, 195). Wird die Anklage zugelassen (§ 207), bezeichnet sie in persönlicher und sachlicher Hinsicht den Gegenstand des Hauptverfahrens (§§ 207, 243 Abs. 3, § 264). 1

Adressiert wird die Anklageschrift an das AG – Strafrichter – im Falle des § 25 GVG, sonst an den Vorsitzenden des für die Entscheidung über die Eröffnung des Hauptverfahrens zuständigen Gerichts. Auch der Spruchkörper (z.B. Wirtschaftsstrafkammer) ist zu bezeichnen. 2

Inhalt der Anklageschrift sind der Anklagesatz (Abs. 1 S. 1), die Angabe der Beweismittel (Abs. 1 S. 2) und ein zweiter Teil, zu dem das wesentliche Ergebnis der Ermittlungen gehört (Abs. 2 S. 1). Am Ende enthält die Anklageschrift die Anträge der StA auf Eröffnung des Hauptverfahrens (§ 199 Abs. 2 S. 1) und ggf. auf Erlass oder Aufrechterhaltung eines Haft- oder Unterbringungsbefehls (§ 207 Abs. 4). 3

Der so genannte **Anklagesatz** (Abs. 1 S. 1) ist der wesentliche Inhalt der Anklageschrift, was sich vor allem an § 243 Abs. 3 zeigt (Meyer-Goßner § 200 Rdn. 5). Er wird durch die Zulassung notwendiger Bestandteil des Eröffnungsbeschlusses, so dass das Fehlen oder Mängel des Anklagesatzes zugleich Mängel des Eröffnungsbeschlusses bewirken (BGH NStZ 1982, 189). 4

Die Angaben zur Person umfassen den Familiennamen und die Vornamen (Rufname), den Geburtsnamen, Beruf, Anschrift, Familienstand, Geburtstag und Geburtsort (Kreis, Bezirk) des Angeschuldigten und seine Staatsangehörigkeit, bei Minderjährigen auch Namen und Anschriften der gesetzlichen Vertreter (RiStBV Nr. 110 Abs. 2a). Aufzuführen ist auch der Verteidiger (RiStBV Nr. 110 Abs. 2b). 5

Der Anklagesatz als solcher umfasst die **Tat im prozessualen Sinn** (die dem Angeschuldigten zur Last gelegt wird) mit Zeit und Ort ihrer Begehung. Dies muss so geschildert werden, dass die Identität des gemeinten geschichtlichen Vorgangs klargestellt wird (BGHSt 29, 124). Die Tat muss sich von anderen gleichartigen strafbaren Handlungen desselben Täters unterscheiden lassen (Meyer-Goßner § 200 Rdn. 7). Je größer die Wahrscheinlichkeit ist, dass der Angeschuldigte weitere verwechselbare Straftaten gleicher Art verübt hat, desto konkreter muss die Schilderung sein. 6

Enthalten sind weiterhin **die gesetzlichen Merkmale der Straftat.** Jedes gesetzliche Merkmal des objektiven und subjektiven Tatbestandes wird mit dem entsprechenden Vorgang oder Zustand belegt. Die Darstellung der Tat wird gestrafft, da sie nur das Thema der Hauptverhandlung beschreiben soll, Einzelheiten des Tatgeschehens 7

§ 200　　　　　　　　　　　　　　2. Buch. Verfahren im ersten Rechtszug

gehören in das wesentliche Ergebnis der Ermittlungen. Eine Anklageschrift, die im Anklagesatz eine unzulässig lange, weil Beweiswürdigung enthaltende Beschreibung enthält, ist zurückzuweisen (BGH JZ 1987, 316).

8　　Ggf. können die gesetzlichen Merkmale der Straftat **in vereinfachter Form,** z. B. beim Versuch, dargestellt werden (RiStBV Nr. 110 Abs. 2 c). Bei einer Vielzahl von Handlungen gegenüber demselben Geschädigten müssen die einzelnen Taten deutlich **voneinander abgegrenzt** werden (BGH NStZ 1997, 331). Handelt es sich um eine Serie von Straftaten, muss daher zunächst versucht werden, die einzelnen Taten nach konkreten Tatbildern zu beschreiben (BGH NStZ 1994, 352). Andernfalls muss eine zeitliche Eingrenzung vorgenommen werden (Meyer-Goßner § 200 Rdn. 9). Lassen sich auch insoweit keine genauen Feststellungen mehr treffen, ist nach dem Grundsatz in dubio pro reo von Mindestzahlen auszugehen.

> **Beispiel:** Bei einem sexuellen Missbrauch von Schutzbefohlenen ist nur der Zeitraum und die Häufigkeit der Taten klar: „mindestens zehn Mal von Mai bis Juli 2004"; siehe auch BGHSt 40, 44: Höchstzahl angeben).

9　　**Rechtsfolgenrelevante Tatsachen** gehören eigentlich nicht zur Schilderung der Tat im Sinne der RiStBV Nr. 110 Abs. 2 c. In der Praxis werden sie aber auch mit aufgenommen, um z. B. die Voraussetzungen des § 21 oder in Betracht kommender Maßregeln der Besserung und Sicherung oder eines besonders schweren oder minderschweren Falls darzulegen (LR-Rieß § 200 Rdn. 20).

10　　Bei der Angabe der gesetzlichen Merkmale der Straftat sind auch die Bestimmungen zu berücksichtigen, die nach der Erwartung der StA **den Schuldspruch qualifizieren** (Versuch, Beteiligungsform, Konkurrenzen). Da in der Praxis auch die Tatsachen aufgenommen werden, die die Rechtsfolgen betreffen, sind etwa die Merkmale des § 21 StGB oder des § 243 StGB anzuführen (KK-Tolksdorf § 200 Rdn. 16).

11　　**Zu den anzuwendenden Strafvorschriften** gehört zunächst die rechtliche Bezeichnung der Straftat, wie sie in der Urteilsformel zur Bezeichnung des Schuldspruchs nach § 260 Abs. 4 S. 1, 2 enthalten sein muss (Meyer-Goßner § 200 Rdn. 13). Hat ein Tatbestand mehrere Begehungsformen, muss angegeben werden, welche Tatbestandsalternative gemeint ist (BGH NStZ 1984, 133; BGH NStZ 1985, 464, 465). Zu den anzuwendenden Strafvorschriften gehört auch die gesetzliche Bezeichnung der Straftat, wie beim Urteil (§ 260 Abs. 5) und beim Strafbefehl (§ 409 Abs. 1 S. 1 Nr. 4). Die gesonderte Zusammenstellung der anzuwendenden Strafbestimmungen in einer Liste ist für die Anklageschrift nicht vorgeschrieben, aber zu empfehlen (Meyer-Goßner § 200 Rdn. 14). Rechtsfolgen, die außer der Tat besondere tatsächliche Umstände voraussetzen (etwa § 243 StGB) sind entsprechend § 265 Abs. 2 mit der Gesetzesbezeichnung anzuführen (Meyer-Goßner § 200 Rdn. 14). Die Liste steht am besten am Ende des Anklagesatzes und wird in der Verlesung des Anklagesatzes mit einbezogen (§ 243 Abs. 3 S. 1). Sind einzelne Gesetzesverletzungen nach § 154a Abs. 1 ausgeschieden worden, weist der StA in der Anklageschrift darauf hin (RiStBV Nr. 101a Abs. 3 Hs. 2).

12　　Die **Nebenbeteiligten** sind mit identifizierenden Angaben zur Person aufzuführen (Meyer-Goßner § 200 Rdn. 15).

13　　**Die Beweismittel sind aufzulisten** (Abs. 1 S. 2 bis 4). Die Aufstellung umfasst die wesentlichen persönlichen und sachlichen Beweismittel. Bei Zeugen und Sachverständigen sind die Namen und Anschriften anzugeben, wie sich aus § 68 ergibt (KMR-Seidl § 200 Rdn. 33); dabei trifft die StA eine Vorauswahl: aufgeführt werden nur die Beweismittel, die nach Auffassung der StA notwendig sind. Geht etwa der StA davon aus, dass statt einer Zeugenvernehmung die Verlesung einer Niederschrift durchgeführt werden sollte, wird nur das Schriftstück unter den Urkunden als Beweismittel aufgeführt (Pfeiffer § 200 Rdn. 7). Aus Gründen des Zeugenschutzes kann statt des Wohnortes eine ladungsfähige Anschrift angegeben werden (vgl. § 68 Rdn. 4),

4. Abschnitt. Entscheidung über die Eröffnung des Hauptverfahrens § 200

soll die Identität ganz geheim gehalten werden, ist dies anzugeben. Damit werden Angeklagter und Gericht schon mit der Anklage unterrichtet, dass auch Aussagen geschützter Zeugen in die Hauptverhandlung eingeführt werden sollen (Hilger NStZ 1992, 457, 459).

Der zweite Teil der Anklageschrift enthält **das wesentliche Ergebnis der Er-** 14 **mittlungen** (vgl. § 200 Abs. 2) und die täterbezogenen Rechtsfolgentatsachen. Gewählt wird die Reihenfolge, die auch bei der Beweisaufnahme einzuhalten ist. Ob ein wesentliches Ergebnis nötig ist, hängt davon ab, an welches Gericht die Anklage gerichtet wird. So ist die Mitteilung bei Anklagen zum Strafrichter und zum Jugendrichter (§ 39 JGG) fakultativ (Pfeiffer § 200 Rdn. 8). Die Darstellung soll den Angeschuldigten, den Verteidiger, das Gericht und den Sitzungsvertreter der StA in gedrängter Form über den Sachstand, die Beweiswürdigung und alle sonstigen für die Entscheidung relevanten Umstände unterrichten. Eine Unvollständigkeit des wesentlichen Ergebnisses führt aber nicht regelmäßig schon zur Unwirksamkeit der Anklage und des sie zur Hauptverhandlung zulassenden Eröffnungsbeschlusses (BGHSt 40, 392). Mängel, die nicht die **Umgrenzungsfunktion** der Anklage betreffen, sondern die Informationsfunktion, berechtigen das Gericht grundsätzlich nicht zur Ablehnung der Eröffnung des Hauptverfahrens (Rdn. 20; Pfeiffer § 200 Rdn. 8).

Anzuführen sind die **Tatsachen und Beweismittel,** aus denen sich der hinrei- 15 chende Tatverdacht ergibt. Nebenumstände der Tat, ihre Vorgeschichte und Daten aus der Lebensgeschichte des Beschuldigten können angeführt werden, soweit sie von Bedeutung sind. Nicht ausreichend sind formelhafte Wendungen wie: „Der Angeschuldigte leugnet zwar, wird aber durch die Beweismittel überführt werden."

Persönlichkeitsbezogene Rechtsfolgenumstände sind aufzunehmen. Hierzu 16 gehört auch in geeigneten Fällen die Mitteilung der Grundlagen für die Bestimmung der Höhe des Tagessatzes bei einer Geldstrafe (§ 40 Abs. 2 StGB). Verwertbare Vorstrafen oder sonstige Erkenntnisse aus dem Zentralregister und dem Erziehungsregister sind anzugeben.

Für die Schöffen ist der zweite Teil der Anklageschrift nicht bestimmt (BGHSt 17 13, 73). Soll ihnen zur Orientierung der Anklagesatz überlassen werden, muss dieser zweite Teil der Anklageschrift abgetrennt werden (Meyer-Goßner § 200 Rdn. 22).

Die Angaben über eine **Untersuchungshaft** werden in der Praxis in der Regel im 18 Kopf der Anklageschrift an auffälliger Stelle vermerkt, um die Eilbedürftigkeit des Verfahrens zu kennzeichnen. Ein Antrag zur Frage der Fortdauer einer gegenwärtig vollzogenen Untersuchungshaft (§ 207 Abs. 4) wird mit dem Antrag auf Eröffnung des Hauptverfahrens verbunden. Die Anklageschrift wird vom Staatsanwalt unterschrieben (Meyer-Goßner § 200 Rdn. 23).

Funktionelle Mängel der Anklageschrift führen dazu, dass das Gericht diese an 19 die StA zurückgibt. Dies betrifft eine nicht hinreichende Identifizierung des Angeschuldigten wie eine solche der Tat, die auch nicht durch Auslegung des wesentlichen Ermittlungsergebnisses beseitigt werden kann, (Meyer-Goßner § 200 Rdn. 26). Ist eine „Nachbesserung" unzureichend, wird erneut zurückgegeben (LG Potsdam NStZ-RR 1999, 55). Weigert sich die StA, eine „Nachbesserung" vorzunehmen, lehnt das Gericht die Eröffnung des Hauptverfahrens ab (OLG Karlsruhe wistra 2004, 276, 279; LR-Rieß § 200 Rdn. 56).

Werden Mängel weder im Eröffnungsverfahren noch in der Hauptverhandlung 20 durch entsprechende Klarstellung behoben, sind Anklageschrift und Eröffnungsbeschluss unwirksam. Das Verfahren ist dann einzustellen (BGH NJW 1991, 2716). **Sonstige Mängel** der Anklageschrift, etwa Teile, die nicht in sie hinein gehören, können für den Sitzungsstaatsanwalt Anlass sein, sie bei der Verlesung wegzulassen. Ansonsten sind Mängel, die nur die Informationsfunktion der Anklage betreffen, oder im Aufbau der Darstellung des wesentlichen Ergebnisses der Ermittlungen nicht solche, die die Anklageschrift unwirksam machen.

§ 201

Beispiel: Unterlassene Angabe der gesetzlichen Merkmale der Straftat oder der anzuwendenden Strafvorschrift, Mängel im Aufbau der Anklageschrift.

21 Solche Mängel können weder die Ablehnung der Eröffnung des Hauptverfahrens noch die Revision begründen. Der Vorsitzende sollte aber die Anklage zur **Mängelbeseitigung** an die StA zurückgeben und wird ggf. bei einer Weigerung der StA die Mitteilung der Anklageschrift (§ 201 Abs. 1) ablehnen. Der StA steht dagegen die Beschwerde zu (OLG Karlsruhe Justiz 1998, 535; Meyer-Goßner § 200 Rdn. 27). Eine Erstreckung der Anklageschrift auf eine Ordnungswidrigkeit kommt nach Maßgabe der §§ 42, 64 OWiG in Betracht. Trifft die Ordnungswidrigkeit mit einer Straftat zusammen, wird die Ordnungswidrigkeit nur dann in den Anklagesatz mit aufgenommen, wenn deren Nebenfolgen angestrebt werden (§ 21 Abs. 1 S. 1 OWiG).

22 Die Anklage führt zu einer Vielzahl von **Mitteilungspflichten** (vgl. Meyer-Goßner § 200 Rdn. 29).

§ 201 [Mitteilung der Anklageschrift]

(1) **Der Vorsitzende des Gerichts teilt die Anklageschrift dem Angeschuldigten mit und fordert ihn zugleich auf, innerhalb einer zu bestimmenden Frist zu erklären, ob er die Vornahme einzelner Beweiserhebungen vor der Entscheidung über die Eröffnung des Hauptverfahrens beantragen oder Einwendungen gegen die Eröffnung des Hauptverfahrens vorbringen wolle.**

(2) ¹Über Anträge und Einwendungen beschließt das Gericht. ²**Die Entscheidung ist unanfechtbar.**

1 Die Vorschrift stellt die **Unterrichtung des Beschuldigten** über den gegen ihn erhobenen Vorwurf sicher und damit die Gewährung des rechtlichen Gehörs (Pfeiffer § 201 Rdn. 1). Ggf. muss einem Ausländer eine fremdsprachige Übersetzung zugeleitet werden (vgl. Meyer-Goßner Art. 6 MRK Rdn. 18). Ein Verzicht auf die Mitteilung ist unbeachtlich (OLG Hamburg NStZ 1993, 53). Die Mitteilung erfolgt auch dann, wenn die Eröffnung des Hauptverfahrens voraussichtlich abgelehnt wird, weil der Angeschuldigte nicht über den Vorgang der Anklageerhebung im Dunkeln gelassen werden darf. In Staatsschutzsachen kann entsprechend § 174 Abs. 3 GVG ein Schweigegebot verhängt werden (KK-Tolksdorf § 200 Rdn. 5, 24).

2 **Hat der Angeschuldigte einen Verteidiger,** gilt § 145a Abs. 1, 3. Im Verfahren gegen Jugendliche erfolgt die Mitteilung auch an die Erziehungsberechtigten und gesetzlichen Vertreter (§ 67 Abs. 2 JGG). Andere Verfahrensbeteiligte erhalten die Anklageschrift erst mit der Terminsnachricht (Meyer-Goßner § 201 Rdn. 2).

3 Die Anordnung trifft der **Vorsitzende,** bewirkt wird sie durch den Urkundsbeamten. Eine förmliche Zustellung ist erforderlich, da die Fristbestimmung nach Abs. 1 eine richterliche Entscheidung im Sinne des § 35 ist (OLG Celle StV 1998, 531).

4 Die gesetzte Erklärungsfrist muss **angemessen** sein. Maßgeblich sind insofern Umfang und Schwierigkeit der Sache (Krekeler wistra 1985, 56). Allgemein wird eine Wochenfrist als Mindestfrist angesehen (Meyer-Goßner § 201 Rdn. 4). Eine Verlängerung der Frist ist zulässig. Ohnehin können Einwendungen und Anträge auch berücksichtigt werden, die nach dem Ablauf, aber vor Erlass der Entscheidung eingehen. Solche nach der Frist eingegangenen Einwendungen müssen aber nicht mehr nach Abs. 2 S. 1 beschieden werden (str.; vgl. Meyer-Goßner § 201 Rdn. 4).

5 Der Angeschuldigte soll ggf. **Beweiserhebungen beantragen** oder Einwendungen vorbringen können. Einwendungen können sich etwa daraus ergeben, dass der Angeschuldigte das Fehlen des Tatverdachts aus tatsächlichen oder rechtlichen Gründen geltend machen will oder etwa das Bestehen von Verfahrenshindernissen (Verjährung). Zudem kann der Zuständigkeitseinwand nach §§ 6a, 16 erhoben werden. Bei Beweis-

4. Abschnitt. Entscheidung über die Eröffnung des Hauptverfahrens § 202

anträgen müssen entsprechend § 219 Abs. 1 S. 1 bestimmte Tatsachen und Beweismittel angegeben werden. Ihr Zweck kann nur sein, die Entscheidung des Gerichts nach den §§ 203, 204 vorzubereiten (vgl. § 202 S. 1).

Der Beschluss des Gerichts (Abs. 2 S. 1) in der Besetzung mit allen Berufsrichtern erfolgt nach Anhörung der StA (§ 33 Abs. 2). Der Beschluss, mit dem die beantragten Beweiserhebungen abgelehnt werden, kann mit dem über die Eröffnung des Hauptverfahrens verbunden werden (Meyer-Goßner § 201 Rdn. 7). Beweisanträge müssen förmlich beschieden werden, Einwendungen gegen die Annahme des hinreichenden Tatverdachts können auch stillschweigend durch den Erlass des Eröffnungsbeschlusses zurückgewiesen werden (RGSt 44, 380; LR-Rieß § 201 Rdn. 32).   6

Die Ablehnung von Beweisanträgen ist nicht nur unter den Voraussetzungen des § 244 Abs. 3, 4 möglich, sondern schon dann, wenn die Beurteilung des hinreichenden Tatverdachts keine weiteren Beweiserhebungen erfordert. Eine Ablehnung mit dieser Begründung genügt (Meyer-Goßner § 201 Rdn. 8). Unzulässig ist sie mit der Begründung, die Beweise würden ohnehin in der Hauptverhandlung erhoben bzw. die Entscheidung wäre dem Vorsitzenden nach § 219 vorbehalten (RGSt 72, 231). Ggf. muss der Angeschuldigte darauf hingewiesen werden, dass entsprechende Anträge in der Hauptverhandlung wiederholt werden müssen (RGSt 72, 231, 233).   7

Die Entscheidung des Gerichts ist unanfechtbar (Abs. 2 S. 2). Dies betrifft auch Einwände gegen die Zuständigkeit des Gerichts nach §§ 6a, 16. Die Einwände sind aber nicht präkludiert und können bzw. müssen in der Hauptverhandlung wiederholt werden. Unanfechtbar ist auch die Ablehnung eines Antrags auf Verlängerung der Erklärungsfrist (OLG Hamm NJW 1977, 210). Für die Entscheidung über die Eröffnung des Hauptverfahrens gilt § 210.

Mängel der Mitteilung der Anklageschrift berechtigen den Angeklagten, die **Aussetzung der Hauptverhandlung** und die Nachholung der unterlassenen Mitteilung zu verlangen. Wird dies abgelehnt, begründet dies die Revision (OLG Celle StV 1998, 531). Wird ein Antrag nicht gestellt, nimmt man einen Verzicht auf die Geltendmachung an (BGH NStZ 1982, 125), wenn der Angeklagte einen Verteidiger hat (vgl. OLG Stuttgart StV 2003, 490). Die unzulässige Ablehnung von Beweisanträgen kann mit der Revision nicht gerügt werden, da das Urteil darauf nicht beruhen kann. Eine Verletzung von Hinweispflichten kann aber die Aufklärungsrüge (§ 244 Abs. 2) begründen (Meyer-Goßner § 201 Rdn. 10).   8

§ 202 [Ergänzende Ermittlungen]

¹Bevor das Gericht über die Eröffnung des Hauptverfahrens entscheidet, kann es zur besseren Aufklärung der Sache einzelne Beweiserhebungen anordnen. ²Der Beschluß ist nicht anfechtbar.

Die Vorschrift stellt klar, dass in dieser Phase des Verfahrens **die Aufklärungspflicht des Gerichts bereits einsetzt.** Daher kann es (auch auf Antrag des Beschuldigten) einzelne Beweiserhebungen anordnen (Pfeiffer § 202 Rdn. 1). Bei wesentlichen Lücken in der Anklage wird bereits der Vorsitzende die StA zur Rücknahme der Klage auffordern oder auf Nachbesserung hinwirken, notfalls wird das Gericht die Eröffnung des Hauptverfahrens ablehnen.   1

Eine **Nachholung wesentlicher Teile** des Ermittlungsverfahrens kommt nicht in Betracht (OLG Karlsruhe wistra 2004, 276, 279). Möglich ist aber z. B. die Heranziehung von Beiakten anderer Behörden, Einholung von Auskünften oder die Anregung ergänzender Ermittlungen durch die StA und die Polizei. Die StA selbst bleibt auch im Zwischenverfahren zu weiteren eigenen Ermittlungen befugt, darf aber die gerichtliche Tätigkeit nicht stören (Pfeiffer § 202 Rdn. 1).   2

§ 203　　　　　　　　　　　　　　2. Buch. Verfahren im ersten Rechtszug

3　　Die **Anordnung einzelner Beweiserhebungen** ergeht **durch Gerichtsbeschluss** und bezeichnet die Zeugen und Sachverständigen, die zu hören sind, und das Beweisthema (Pfeiffer § 202 Rdn. 2). Es gilt Freibeweis, die strengen Regeln der §§ 244 ff müssen nicht eingehalten werden. Ausgeführt wird die Anordnung durch Beweiserhebung in entsprechender Anwendung der §§ 223 ff. Das Gericht kann auch die StA bitten, selbst oder durch Ermittlungspersonen die erforderlichen Ermittlungen vorzunehmen. Die StA ist hierzu aber nicht verpflichtet (KG JR 1966, 230; Meyer-Goßner § 202 Rdn. 3). Ergeben sich im Zwischenverfahren nach § 202 neue Tatsachen und Beweismittel, so ist den Beteiligten rechtliches Gehör zu gewähren.

4　　Eine **kommissarische Vernehmung** nach §§ 223, 224 ist schon im Eröffnungsverfahren zulässig. Nach Eröffnung des Hauptverfahrens gelten die §§ 219 bis 221. Zu weiteren Beweiserhebungen zur Vorbereitung der Hauptverhandlung vgl. § 221.

5　　Die **Unanfechtbarkeit der Anordnung (S. 2)** erfasst auch die in einer solchen Anordnung ggf. enthaltene Auswahl eines Sachverständigen (Meyer-Goßner § 202 Rdn. 6). Die Revision kann nicht darauf gestützt werden, dass das Gericht im Zwischenverfahren Beweis hätte erheben müssen (KK-Tolksdorf § 202 Rdn. 9).

§ 203 [Voraussetzung der Eröffnung]

Das Gericht beschließt die Eröffnung des Hauptverfahrens, wenn nach den Ergebnissen des vorbereitenden Verfahrens der Angeschuldigte einer Straftat hinreichend verdächtig erscheint.

1　　Die Vorschrift beschreibt die **Voraussetzungen eines Eröffnungsbeschlusses**, während seine Notwendigkeit in § 199 und sein Inhalt in § 207 geregelt sind (Pfeiffer § 203 Rdn. 1). Der Eröffnungsbeschluss ist Prozessvoraussetzung und bestimmt, zusammen mit der zugelassenen Anklage, Art und Umfang des Schuldvorwurfs, der Gegenstand des Verfahrens ist. Zugleich fixiert er die Zuständigkeit des Gerichts (Pfeiffer § 203 Rdn. 1).

2　　**Hinreichender Tatverdacht** besteht bei vorläufiger Tatbewertung in der Wahrscheinlichkeit der späteren Verurteilung (Meyer-Goßner § 203 Rdn. 2). Eine so hohe Wahrscheinlichkeit wie beim dringenden Tatverdacht wird nicht vorausgesetzt (KK-Tolksdorf § 203 Rdn. 4). Für eine Straftat des Angeschuldigten muss einschließlich der Rechtswidrigkeit und der Schuld wahrscheinlich genügender Beweis vorliegen, ohne dass zugleich ein persönlicher Strafausschließungs- oder -aufhebungsgrund gegeben ist. Beweisverwertungsverbote sind zu berücksichtigen (Meyer-Goßner § 203 Rdn. 2). Dabei besteht ein gewisser Beurteilungsspielraum (BGH NJW 1970, 1543). Der Grundsatz „in dubio pro reo" gilt nicht. Jedoch kann ein hinreichender Verdacht mit der Begründung verneint werden, dass nach der Aktenlage bei den gegebenen Beweismöglichkeiten am Ende des Verfahrens ein Freispruch stehen wird (BayObLG NStZ 1983, 123).

3　　Entfällt der hinreichende Tatverdacht **nach Eröffnung** des Hauptverfahrens, hat der Angeklagte einen Anspruch auf ein freisprechendes Urteil. Eine Aufhebung des Eröffnungsbeschlusses ist nicht zulässig (KK-Tolksdorf § 207 Rdn. 19; LR-Rieß § 207 Rdn. 34). Teilweise will man eine Rücknahme des Eröffnungsbeschlusses bis zum Beginn der Hauptverhandlung jedoch zulassen (Meyer-Goßner § 203 Rdn. 3 m. w. N.).

4　　Ist ein Eröffnungsbeschluss überhaupt nicht erlassen worden, kann er nach neuerer Rechtsprechung in der Hauptverhandlung **nachgeholt werden** (BGHSt 29, 224; abl. Meyer-Goßner § 203 Rdn. 4). Ist er verloren gegangen, wird er durch einen seinen Inhalt feststellenden neuen Gerichtsbeschluss ersetzt (RGSt 55, 160). In der Berufungshauptverhandlung kann der Eröffnungsbeschluss nicht mehr nachgeholt werden (BGHSt 33, 167). Bemerkt man erst in der Revision das Fehlen des Eröffnungsbeschlusses, führt dies zur Einstellung des Verfahrens. Eine Zurückverweisung kommt nicht in Betracht (BGH NStZ 1994, 227; a.M. BGHSt 29, 224, 228; vgl. auch Meyer-Goßner § 203 Rdn. 4).

§ 204 [Ablehnung der Eröffnung]

(1) Beschließt das Gericht, das Hauptverfahren nicht zu eröffnen, so muß aus dem Beschluß hervorgehen, ob er auf tatsächlichen oder auf Rechtsgründen beruht.

(2) Der Beschluß ist dem Angeschuldigten bekanntzumachen.

Die Vorschrift betrifft nur die **Ablehnung der Eröffnung,** nicht den Fall, dass das 1 Gericht lediglich seine Unzuständigkeit wegen fehlender örtlicher Zuständigkeit (§ 16) erklärt oder ein Gericht höherer Ordnung oder höheren Ranges für zuständig hält (§ 209 Abs. 2, § 209 a).

Die Eröffnung ist **aus rechtlichen Gründen** abzulehnen, wenn die Anklage funk- 2 tionelle Mängel enthält, ein Verfahrenshindernis vorliegt oder der Sachverhalt schon keinen Straftatbestand erfüllt.

Beispiel: Anklage wegen versuchten Betrugs; aus der Darstellung ergibt sich ohne weiteres, dass ein strafbefreiender Rücktritt vom Versuch vorliegt.

Aus tatsächlichen Gründen wird das Hauptverfahren nicht eröffnet, wenn die 3 Beweise keinen hinreichenden Tatverdacht gegen den Angeschuldigten zu begründen vermögen (vgl. § 203 Rdn. 8).

Unzulässig ist eine Doppelbegründung, mit der sowohl aus tatsächlichen als 4 auch aus rechtlichen Gründen die Eröffnung des Hauptverfahrens abgelehnt wird (Meyer-Goßner § 204 Rdn. 4; h.M.). Wegen der beschränkten Sperrwirkung für eine neue Strafverfolgung (§ 211) muss klargestellt sein, worauf die Ablehnung beruht.

Auch **andere Entscheidungen** kommen in Betracht, wenn das Hauptverfahren 5 nicht eröffnet wird, insbesondere bei einer Einstellung nach Opportunitätsvorschriften (Meyer-Goßner § 204 Rdn. 5).

Der **Ablehnungsbeschluss** ist zu begründen und muss den Anklagestoff erschöp- 6 fend und gleichzeitig behandeln (OLG Düsseldorf GA 1986, 37; OLG Köln StraFo 1995, 55). Der Beschluss muss in einer Verwechslungen ausschließenden Weise erkennen lassen, welche Tat betroffen ist, damit keine Zweifel über den Verbrauch der Strafklage (§ 211) entstehen. Die Ablehnungsgründe müssen angegeben werden (§ 210 Abs. 2, § 34). Als **Nebenentscheidungen** kommt die Aufhebung des Haftbefehls oder die einer Beschlagnahme in Betracht. Zu Kosten und Entschädigung vgl. §§ 464, 467, 469, 470; § 8 StrEG.

Der Beschluss wird der StA zugestellt (Meyer-Goßner § 204 Rdn. 12), da 7 dadurch die Frist des § 210 Abs. 2 anläuft. Die Bekanntmachung an den Angeschuldigten nach Abs. 2 geschieht formlos, es sei denn, der Beschluss enthält selbstständig anfechtbare Nebenentscheidungen (z.B. Entschädigung für Strafverfolgungsmaßnahmen). Die Benachrichtigung des Verletzten erfolgt nach § 406 d Abs. 1.

§ 205 [Vorläufige Einstellung]

¹Steht der Hauptverhandlung für längere Zeit die Abwesenheit des Angeschuldigten oder ein anderes in seiner Person liegendes Hindernis entgegen, so kann das Gericht das Verfahren durch Beschluß vorläufig einstellen. ²Der Vorsitzende sichert, soweit nötig, die Beweise.

Die Vorschrift enthält einen **allgemeinen Grundsatz,** der für alle Verfahrensab- 1 schnitte gilt, wenn ein Hindernis einer notwendigen Verfahrenshandlung nur vorü-

§ 206   2. Buch. Verfahren im ersten Rechtszug

bergehend entgegensteht (Pfeiffer § 205 Rdn. 1). Bei endgültigen Hindernissen ist bereits die Eröffnung des Hauptverfahrens abzulehnen oder das Verfahren nach § 206 a einzustellen.

2   Von der **Kann-Bestimmung** wird nur Gebrauch gemacht, wenn das Hindernis zwar behebbar ist, aber für längere Zeit besteht. Sonst genügt es, abzuwarten oder eine Entscheidung nach §§ 228, 229 zu treffen (Meyer-Goßner § 205 Rdn. 3). Zu prüfen ist jeweils auch, ob z. B. trotz Abwesenheit des Angeschuldigten das Verfahren fortgesetzt werden kann (vgl. § 231 a). Die Möglichkeit, ein Berufungsverfahren nach § 40 Abs. 3, § 329 Abs. 1 abzuschließen, geht der Einstellung nach § 205 vor (OLG Stuttgart MDR 1982, 775).

3   Hindernisse in der **Person** des Angeschuldigten sind z. B. Immunität, Verhandlungsunfähigkeit, die Verschollenheit eines zentralen Zeugen und ähnliches.

4   Die Entscheidung ergeht im Ermittlungsverfahren durch **Verfügung** der StA, im gerichtlichen Verfahren durch Beschluss. Die gerichtliche Entscheidung ist für den Staatsanwalt und den Angeschuldigten mit der einfachen Beschwerde anfechtbar, auch wenn er im Hauptverfahren ergeht (OLG Düsseldorf StV 1996, 84). Ergeht ein ablehnender Beschluss im Eröffnungsverfahren, gilt Nämliches. Wird erst im Hauptverfahren ein entsprechender Beschluss erlassen, steht der Beschwerde § 305 S. 1 entgegen (OLG Frankfurt NJW 1969, 570). Ggf. kann dann die Revision auf § 338 Nr. 8 gegründet werden (LR-Rieß § 205 Rdn. 34).

5   Die **Fortsetzung des Verfahrens** ist jederzeit von Amts wegen oder auf Antrag der StA möglich, auch ohne besonderen Aufhebungsbeschluss (LR-Rieß § 205 Rdn. 28). In der Zwischenzeit wird jeweils geprüft, ob der Einstellungsgrund noch vorliegt. Ggf. muss die Verjährung unterbrochen werden (Meyer-Goßner § 205 Rdn. 5).

6   Nach S. 2 muss der Vorsitzende ggf. die **Beweise sichern.** Dies kann er, indem er selbst Beweise erhebt oder eine entsprechende Anordnung trifft. Die Beweissicherung kann ihre Schranken in anderen Verfahrenshindernissen finden, z. B. in der Immunität (Meyer-Goßner § 205 Rdn. 6).

7   Ist bei mehreren Beschuldigten § 205 nur für einen von ihnen einschlägig, ist die vorläufige Einstellung hinsichtlich der anderen nicht zulässig. Insofern erfolgt dann eine **Trennung** der verbundenen Strafsachen (§ 2 Abs. 2, § 4). Liegen die Hindernisse bzw. Verfahrenshemmnisse nicht in der Person des Beschuldigten, ist § 205 entsprechend anwendbar (LR-Rieß § 205 Rdn. 22; Meyer-Goßner § 205 Rdn. 8).

   Beispiel: Unauffindbarkeit oder Vernehmungsunfähigkeit eines wesentlichen Zeugen.

8   Die entgegenstehende **Rechtsprechung der OLGe** (vgl. nur OLG Stuttgart Justiz 2001, 552) unterscheidet nicht zwischen der sachlichen Berechtigung, das heißt der Frage, ob das Verfahren fortgeführt werden muss, und der prozessualen Befugnis, das Verfahren fortzuführen (Meyer-Goßner a. a. O.). Steht ein Zeuge in absehbarer Zeit nicht zur Verfügung, kommt die prozessual grundsätzlich zulässige Einstellung aus sachlichen Gründen nicht in Betracht; dann ist nämlich die frühere Aussage des Zeugen nach § 251 zu verlesen (BGH NStZ 1985, 230) bzw. das Verfahren ohne die Zeugenaussage fortzusetzen (OLG Hamm NJW 1998, 1088). Nur wenn insofern keine Möglichkeit der Fortführung des Verfahrens gegeben ist, wird es nach § 205 vorläufig eingestellt (KK-Tolksdorf § 205 Rdn. 13).

§ 206 [Keine Bindung an Anträge]

Das Gericht ist bei der Beschlußfassung an die Anträge der Staatsanwaltschaft nicht gebunden.

1   Die Vorschrift wiederholt den **Grundsatz des § 155 Abs. 2** für das Eröffnungsverfahren. Die Entscheidungsfreiheit des Gerichts gegenüber Anträgen der StA gilt nur

4. Abschnitt. Entscheidung über die Eröffnung des Hauptverfahrens § 206a

innerhalb der angeklagten prozessualen Tat und gegenüber den durch die Klage beschuldigten Personen (Pfeiffer § 206 Rdn. 1).

Das Gericht ist weder an die Beweiswürdigung noch an die rechtliche Beurteilung 2
der StA gebunden (vgl. § 264 Abs. 2). Eine **Bindung** besteht aber im Hinblick auf die Bejahung des öffentlichen Interesses an der Strafverfolgung nach § 376 oder des den fehlenden Strafantrag ersetzenden besonderen öffentlichen Interesses nach den Vorschriften des StGB (vgl. nur § 248a StGB).

§ 206a [Einstellung bei Verfahrenshindernis]

(1) Stellt sich nach Eröffnung des Hauptverfahrens ein Verfahrenshindernis heraus, so kann das Gericht außerhalb der Hauptverhandlung das Verfahren durch Beschluß einstellen.

(2) Der Beschluß ist mit sofortiger Beschwerde anfechtbar.

Die Vorschrift ist **Ersatz für ein Einstellungsurteil** (§ 260 Abs. 3) und will eine 1
überflüssige Hauptverhandlung vermeiden (vgl. BGHSt 24, 212).

Im Ermittlungsverfahren stellt die StA das Verfahren nach § 170 Abs. 2 ein, 2
wenn ein nicht behebbares Prozesshindernis vorliegt. Im Zwischenverfahren lehnt das Gericht die Eröffnung des Hauptverfahrens ab, wenn nicht die Anklage ohnehin zurückgenommen wird. § 206a gilt daher erst nach Eröffnung des Hauptverfahrens und zwar für eine Einstellung außerhalb der Hauptverhandlung. In der Hauptverhandlung wird das Verfahren gemäß § 260 Abs. 3 durch Urteil eingestellt (KK-Tolksdorf § 206a Rdn. 2f; Pfeiffer § 206a Rdn. 1).

Die Vorschrift **gilt in jeder Lage des Verfahrens** (BGHSt 24, 208, 212), auch im 3
Revisionsverfahren (BayObLG NJW 1987, 1711). Im Rechtsmittelverfahren gilt die Vorschrift allerdings nur, wenn das Verfahrenshindernis erst dort eintritt, z.B. durch Rücknahme eines Strafantrags oder durch ein neues Gesetz (BGHSt 21, 369). Hat der Vorderrichter das Verfahrenshindernis übersehen, kann bei zulässigem Rechtsmittel das Rechtsmittelgericht neben der möglichen Einstellung durch Urteil oder Beschluss nach § 349 Abs. 4 auch nach § 206a außerhalb der Hauptverhandlung einstellen (BGHSt 24, 212). Ist das Rechtsmittel unzulässig, ohne dass dies bereits eine Rechtskraft herbeigeführt hätte, kann die Einstellung nach § 206a nur erfolgen, wenn das Verfahrenshindernis erst nach Erlass des angefochtenen Urteils eingetreten ist. Ist es bereits vor Erlass des angefochtenen Urteils eingetreten, ist die Revision ohne Beachtung des Verfahrenshindernisses zu verwerfen (LR-Rieß § 206a Rdn. 17; Pfeiffer § 206a Rdn. 3).

Die Einstellung nach § 206a erstreckt sich ggf. gemäß § 357 **auch auf Mitange-** 4
klagte (BGHSt 24, 208). Für das Berufungsverfahren gilt dies nicht, da eine entsprechende Vorschrift fehlt (KK-Tolksdorf § 206a Rdn. 5).

Die Begriffe Verfahrenshindernis und Verfahrensvoraussetzung sind Syno- 5
nyme und in der StPO nicht definiert (BGHSt 26, 88). Zum Inhalt gehört, dass es sich um einen Umstand handelt, der nach dem ausdrücklich erklärten und aus dem Zusammenhang ersichtlichen Willen des Gesetzgebers für das Strafverfahren so schwer wiegt, dass von seinem Vorhandensein oder Nichtvorhandensein die Zulässigkeit des Verfahrens im Ganzen abhängig gemacht werden muss (BGHSt 32, 350).

Die Liste denkbarer Prozesshindernisse ist lang (vgl. Meyer-Goßner Einl. 6
Rdn. 145 ff). Nicht alle sind gesetzlich bestimmt. Prozesshindernisse sind z.B. der Eintritt der Strafverfolgungsverjährung nach § 78 Abs. 1 S. 1 StGB, das Fehlen eines wirksamen Strafantrags oder seine Rücknahme bei so genannten absoluten Antragsdelikten, das Verbot der Doppelbestrafung (Art. 103 Abs. 3 GG) einschließlich der doppelten Anhängigkeit ein und derselben Sache bei verschiedenen Gerichten (Meyer-Goßner Einleitung Rdn. 145), das Fehlen einer wirksamen Anklageschrift oder eines

§ 206b 2. Buch. Verfahren im ersten Rechtszug

wirksamen Eröffnungsbeschlusses, das Fehlen der sachlichen und örtlichen Zuständigkeit und das Innehaltungsgebot des § 154e Abs. 2.

7 **Schwerwiegende Mängel** des Verfahrens führen nur dann zur Urteilsaufhebung, wenn das Urteil auf ihnen beruht; sie vermögen Prozesshindernisse regelmäßig nicht auszulösen. Eine Ausnahme wird gemacht, wenn der Verstoß so schwer wiegt, dass von dem Fehlen oder dem Fehler die Zulässigkeit des Verfahrens im Ganzen abhängig gemacht werden muss (Nachweise bei Meyer-Goßner Einleitung Rdn. 146).

8 **Das Grundgesetz** selbst begründet Prozesshindernisse grundsätzlich nicht. Dies gilt insbesondere für Verstöße gegen das Rechtsstaatsprinzip nach Art. 20 Abs. 3 GG. Diskutiert wird die Überschreitung der Grenzen des erlaubten tatprovozierenden Verhaltens eines polizeilichen V-Manns oder die Folge einer überlangen Verfahrensdauer, Verstöße gegen die allgemeinen Regeln des Völkerrechts (Art. 25 GG) und ähnliches (zu allem Meyer-Goßner Einleitung Rdn. 145 ff).

9 Können **tatsächliche Zweifel** an dem Vorliegen eines Verfahrenshindernisses nicht beseitigt werden, auch nicht durch eine Hauptverhandlung, muss das Verfahren eingestellt werden. Dies folgt aus der Funktion der Prozessvoraussetzung als Bedingung für die Zulässigkeit eines Sachurteils (Meyer-Goßner § 206a Rdn. 7). Teilweise wird auf den Grundsatz in dubio pro reo abgestellt (vgl. BGH NJW 1995, 1297, 1299).

10 **Der Tod des Beschuldigten** schließt eine Sachentscheidung aus und führt zur Einstellung nach § 206a (so jetzt BGHSt 45, 108; OLG Stuttgart NStZ 2004, 407). Ein Ermittlungsverfahren wird nach § 170 Abs. 2 eingestellt. In Unkenntnis des Todes ergangene abschließende Sachentscheidungen werden gegenstandslos (Meyer-Goßner § 206a Rdn. 8).

11 **Die sofortige Beschwerde** (§ 206a Abs. 2, § 311) ist nur gegen den Einstellungsbeschluss zulässig, nicht gegen den die beantragte Einstellung ablehnenden, auch nicht nach § 304 (allg. M.; Meyer-Goßner § 206a Rdn. 10). Anfechtungsberechtigt sind neben der StA der Nebenkläger, nicht jedoch (keine Beschwer) der Angeschuldigte oder der Anzeigeerstatter (weil nicht am Hauptverfahren beteiligt). Eine Beschwer des Angeklagten kann sich nur dann ergeben, wenn der Vorrang des § 206b nicht beachtet worden ist (Meyer-Goßner § 206a Rdn. 10). Wird der Beschluss des AG vom LG aufgehoben und zugleich das Verfahren nach § 205 vorläufig eingestellt, ist hiergegen die Beschwerde nach § 304 zulässig.

12 Ist der Beschluss formell rechtskräftig, enthält er die bindende Feststellung des Verfahrenshindernisses. Seine Aufhebung ist **unzulässig.** Wird das festgestellte Verfahrenshindernis später beseitigt, kann das Verfahren aber fortgesetzt bzw. ein neues Verfahren eingeleitet werden.

Beispiel: Der einzige Tatzeuge erwacht aus dem Koma.

Ansonsten entfaltet der Beschluss die gleichen **Bindungswirkungen** wie ein Einstellungsurteil nach § 260 Abs. 3 (vgl. § 260 Rdn. 33).

§ 206b [Einstellung bei Gesetzesänderung]

[1]Wird ein Strafgesetz, das bei Beendigung der Tat gilt, vor der Entscheidung geändert und hat ein gerichtlich anhängiges Strafverfahren eine Tat zum Gegenstand, die nach dem bisherigen Recht strafbar war, nach dem neuen Recht aber nicht mehr strafbar ist, so stellt das Gericht außerhalb der Hauptverhandlung das Verfahren durch Beschluß ein. [2]Der Beschluß ist mit sofortiger Beschwerde anfechtbar.

1 Die Vorschrift dient der **Vereinfachung des Verfahrens** und erspart dem Angeklagten und dem Gericht die Hauptverhandlung. Sie ermöglicht eine sachlich-

rechtliche Entscheidung durch Beschluss, wenn die Tat nach § 2 Abs. 3 StGB rückwirkend nicht mehr strafbar ist. Im Ermittlungsverfahren stellt die StA das Verfahren bereits nach § 170 Abs. 2 ein, in der Hauptverhandlung erfolgt ein Freispruch. Die Vorschrift gilt also – wie § 206a – erst nach Eröffnung des Hauptverfahrens und außerhalb der Hauptverhandlung (Pfeiffer § 206b Rdn. 1).

Im Berufungsrechtszug ist die Vorschrift anwendbar, auch wenn schon Teilrechtskraft eingetreten ist (LR-Rieß § 206b Rdn. 9). Vorausgesetzt ist allerdings, dass die Strafbarkeit erst hier entfallen ist, denn ebenso wie bei § 206a ist ansonsten eine Entscheidung durch Urteil (Aufhebung oder Freispruch) zu treffen (Meyer-Goßner § 206b Rdn. 5). Im Revisionsrechtszug gilt § 354a. Teilweise wird ein Wahlrecht zwischen § 206b und § 354a angenommen (vgl. Meyer-Goßner § 206b Rdn. 6). 2

Die Strafbarkeit der Tat ist entfallen, wenn sie nach der Gesetzesänderung unter keinem rechtlichen Gesichtspunkt mehr verfolgt werden kann. Wurde eine Straftat zu einer Ordnungswidrigkeit heruntergestuft, gilt § 206b nicht. Vielmehr geht das Verfahren entsprechend § 82 OWiG in ein Bußgeldverfahren über (KK-Tolksdorf § 206b Rdn. 8).

Die Entscheidung ergeht **nach Anhörung der StA** (§ 33 Abs. 2) durch einen nach 3 § 34 mit Gründen zu versehenden Beschluss in der für Entscheidungen außerhalb der Hauptverhandlung vorgeschriebenen Gerichtsbesetzung.

Eine sofortige Beschwerde (S. 2) gegen den Einstellungsbeschluss steht der StA, 4 dem Privatkläger und dem zugelassenen Nebenkläger zu. Der Angeklagte ist mangels Beschwer nicht beschwerdeberechtigt. Beschlüsse des OLG im ersten Rechtszug sind entsprechend § 304 Abs. 4 S. 2 Nr. 2 unanfechtbar. Eine Beschwerde gegen den die Einstellung ablehnenden Beschluss ist nach § 305 S. 1 ausgeschlossen.

Die Rechtskraft des Beschlusses führt zum **Verbrauch der Strafklage** (KK-Tolks- 5 dorf § 206b Rdn. 12; a.M. nur AK-Loos § 206b Rdn. 9: Anwendung des § 211).

§ 207 [Eröffnungsbeschluß]

(1) In dem Beschluß, durch den das Hauptverfahren eröffnet wird, läßt das Gericht die Anklage zur Hauptverhandlung zu und bezeichnet das Gericht, vor dem die Hauptverhandlung stattfinden soll.

(2) Das Gericht legt in dem Beschluß dar, mit welchen Änderungen es die Anklage zur Hauptverhandlung zuläßt, wenn

1. wegen mehrerer Taten Anklage erhoben ist und wegen einzelner von ihnen die Eröffnung des Hauptverfahrens abgelehnt wird,
2. die Verfolgung nach § 154a auf einzelne abtrennbare Teile einer Tat beschränkt wird oder solche Teile in das Verfahren wieder einbezogen werden,
3. die Tat rechtlich abweichend von der Anklageschrift gewürdigt wird oder
4. die Verfolgung nach § 154a auf einzelne von mehreren Gesetzesverletzungen, die durch dieselbe Straftat begangen worden sind, beschränkt wird oder solche Gesetzesverletzungen in das Verfahren wieder einbezogen werden.

(3) ¹In den Fällen des Absatzes 2 Nr. 1 und 2 reicht die Staatsanwaltschaft eine dem Beschluß entsprechende neue Anklageschrift ein. ²Von der Darstellung des wesentlichen Ergebnisses der Ermittlungen kann abgesehen werden.

(4) Das Gericht beschließt zugleich von Amts wegen über die Anordnung oder Fortdauer der Untersuchungshaft oder der einstweiligen Unterbringung.

Die Vorschrift regelt den näheren **Inhalt** einer positiven Entscheidung über die Er- 1 öffnung des Hauptverfahrens und deren Form, während § 203 die materiellen Voraussetzungen festlegt (vgl. Pfeiffer § 207 Rdn. 1). Es geht um die (auch schlüssige) Willenserklärung des Gerichts, die Anklage nach Prüfung und Bejahung der Eröff-

§ 207　　　　　　　　　　　　　2. Buch. Verfahren im ersten Rechtszug

nungsvoraussetzungen zur Hauptverhandlung zuzulassen (BGH NStZ 2000, 442). Bejaht das Gericht den hinreichenden Tatverdacht (§ 203), lässt es die Anklage zur Hauptverhandlung zu (Abs. 1) und eröffnet damit das Hauptverfahren. Zugleich wird in dem Beschluss das Gericht bezeichnet, vor dem die Hauptverhandlung stattfindet, bei mehreren Spruchkörpern gleicher Art auch den nach der Geschäftsverteilung zur Entscheidung berufenen Spruchkörper (Meyer-Goßner § 207 Rdn. 1).

2　　Das Gericht kann die Anklage **unverändert oder mit Änderungen** zulassen (Abs. 2). Die Anklageschrift begrenzt aber den Gegenstand der Entscheidungsfindung. So kann weder eine neue Tat (§ 264) in die Anklage einbezogen werden noch ein weiterer Angeklagter (Meyer-Goßner § 207 Rdn. 2). Insofern sind gegenüber der StA nur Anregungen denkbar.

3　　Sind **mehrere Strafsachen (Abs. 2 Nr. 1)** in einem Verfahren verbunden und angeklagt, kann in dem einen Fall eröffnet und in dem anderen die Eröffnung abgelehnt werden. Ggf. kann auch eine Tat durch vorläufige Einstellung nach § 154 Abs. 2 ausgeschieden werden.

4　　Geht es um **abtrennbare Teile einer Tat (Abs. 2 Nr. 2)** und ist die Beschränkung nach § 154 a noch nicht durch die StA erfolgt, kann dies im Rahmen des Eröffnungsbeschlusses geschehen. Umgekehrt ist denkbar, dass ein von der StA nach § 154 a ausgeschiedener Teil der Tat in das Verfahren wieder einbezogen wird.

5　　**Eine andere rechtliche Würdigung der Tat ist zulässig (Abs. 2 Nr. 3).** So mag bei einer Anklage nach § 129 StGB der Tatverdacht hinsichtlich eines in Tateinheit dazu stehenden Vergehens verneint werden (BGH NStZ 1989, 190). Der Beschluss muss zusammen mit der Anklageschrift erkennen lassen, welche Tatsachen nach Auffassung des Gerichts die anderweitige rechtliche Beurteilung rechtfertigen (BGHSt 23, 304). Ggf. kann sich aus der anderen rechtlichen Beurteilung auch eine andere sachliche Zuständigkeit für das Hauptverfahren ergeben (§§ 209, 209 a).

　　Beispiel: Das Entreißen einer Umhängetasche durch den Täter würdigt die Anklageschrift als Raub. Das Schöffengericht meint, es handele sich um einen Diebstahl (vgl. Joecks StGB § 249 Rdn. 27).

6　　Meint das Gericht, es bestünde hinreichender Tatverdacht nur hinsichtlich einer **Ordnungswidrigkeit,** wird das Verfahren für diese eröffnet (vgl. §§ 82, 47 Abs. 2 OWiG). Die Strafsache wird damit in ein Bußgeldverfahren übergeleitet. Ein Beschwerderecht hat die StA insofern nicht. Sie kann aber ggf. den Übergang zum Strafverfahren nach § 81 Abs. 2 S. 1 OWiG erzwingen.

7　　Eine **Beschränkung** auf einzelne Gesetzesverletzungen nach § 154 a ist zulässig (Abs. 2 Nr. 4). Der Begriff Straftat ist hier im Sinne von Tat im prozessualen Sinne (§ 264) zu verstehen (Meyer-Goßner § 207 Rdn. 7).

8　　**Der Eröffnungsbeschluss ergeht schriftlich.** Fehlt es daran, besteht ein Verfahrenshindernis, das durch die nachträgliche Erklärung des Richters, die Eröffnung des Hauptverfahrens beschlossen zu haben, nicht ersetzt wird (BGH DRiZ 1981, 343). Auch eine mündlich verkündete und protokollierte Entscheidung kann ausreichen (BGH NStZ-RR 2002, 68). Denkbar ist dies zum Beispiel, wenn das Gericht eine neue Strafsache mit einer bereits anhängigen verbindet und gleichzeitig Termin zur Hauptverhandlung bestimmt (BGH NStZ-RR 2002, 68) oder den Besetzungsbeschluss nach § 76 Abs. 2 GVG in Verbindung mit einem gleichzeitig ergangenen Haftbefehl erlässt (Meyer-Goßner § 207 Rdn. 8). Die Termins- und Ladungsverfügung allein genügt aber in der Regel nicht (BayObLG NStZ-RR 2001, 139), es sei denn, aus den Akten ergibt sich eindeutig, dass der Richter die Eröffnung tatsächlich beschlossen hat (OLG Düsseldorf NStZ-RR 2000, 114). Ein Verbindungs- und ein Verweisungsbeschluss nach § 270 können den Eröffnungsbeschluss nur ersetzen, wenn das verbindende bzw. das verweisende Gericht die Eröffnungsvoraussetzungen geprüft hat (BGH NStZ 1994, 24; OLG Köln NStZ-RR 2004, 48).

4. Abschnitt. Entscheidung über die Eröffnung des Hauptverfahrens   §§ 208, 209

Wird mit dem Eröffnungsbeschluss **der sachliche Gegenstand des Verfahrens** 9 **geändert (Abs. 2 Nr. 1, 2),** reicht die StA eine neue Anklageschrift ein, die dem Beschluss entspricht (Abs. 3). Diese Anklageschrift soll nur dem Angeklagten klarmachen, welche tatsächlichen Vorgänge Gegenstand der Hauptverhandlung sind und unterliegt nicht mehr der Behandlung nach § 201 (Meyer-Goßner § 207 Rdn. 9). Die neue Anklageschrift ist dem Angeklagten zuzustellen (§ 215 S. 2). Zugleich muss ein Anklagesatz geschaffen werden, der sich zur Verlesung in der Hauptverhandlung eignet (§ 243 Abs. 3 S. 1).

Eine Entscheidung über die Untersuchungshaft usw. (Abs. 4) ist nur nötig, 10 wenn ein Haft- oder Unterbringungsbefehl besteht (Meyer-Goßner § 207 Rdn. 10). Der Umfang der Prüfung entspricht dem bei der Haftprüfung nach § 117.

Mängel des Eröffnungsbeschlusses können diesen **unwirksam** machen (BGH NStZ 11 1984, 133). Mängel des Anklagesatzes werden zu solchen des Eröffnungsbeschlusses, wenn sie nicht in ihm behoben worden sind (vgl. BGH NStZ 1993, 147). Da aber nicht jeder Mangel der Anklage zu einem Verfahrenshindernis führt, muss es sich auch bei dem Eröffnungsbeschluss um einen wesentlichen Mangel handeln. Ein solcher Fehler liegt vor, wenn z. B. der Eröffnungsbeschluss einer Strafkammer nicht von allen Richtern unterzeichnet worden ist (Meyer-Goßner § 207 Rdn. 11). Wie auch sonst wird deutlich, dass man über viele Mängel hinweggehen will, so, wenn ein Eröffnungsbeschluss des AG trotz fehlender Unterschrift gültig sein soll, falls er tatsächlich gefasst worden ist und nicht bloß ein Entwurf war (BayObLG StV 1990, 395). Die unrichtige Besetzung des Gerichts soll den Beschluss nicht unwirksam machen, selbst nicht die Mitwirkung eines nach §§ 22, 23 ausgeschlossenen Richters (BGHSt 29, 351; a. M. LR-Rieß § 207 Rdn. 51).

Überdies ist eine **Heilung des Mangels** möglich. So können Unklarheiten des 12 Anklagesatzes durch eine zusätzliche Erklärung der StA beseitigt werden. Auch sonstige Mängel, die nicht schwer wiegen, können behoben werden (BGH MDR 1980, 107). Geschieht dies in der Hauptverhandlung, handelt es sich um eine wesentliche Förmlichkeit, die im Protokoll zu beurkunden ist (BGH NStZ 1984, 133). Kommt es nicht zur Heilung des Mangels, muss das Verfahren wegen Fehlens einer Prozessvoraussetzung eingestellt werden (§§ 206a, 260 Abs. 3).

Zur Anfechtung vgl. § 210. Mit der Revision kann die Fehlerhaftigkeit des Er- 13 öffnungsbeschlusses wegen § 336 S. 2 vom Angeklagten nicht gerügt werden (BGH NStZ 1985, 464, 465), von der StA nur, soweit ihr eine einfache Beschwerde gegen den Eröffnungsbeschluss zustand. Die Unwirksamkeit des Eröffnungsbeschlusses ist als Mangel einer Prozessvoraussetzung von Amts wegen zu beachten (Meyer-Goßner § 207 Rdn. 14).

§ 208 (weggefallen)

§ 209 [Eröffnungszuständigkeit]

(1) **Hält das Gericht, bei dem die Anklage eingereicht ist, die Zuständigkeit eines Gerichts niedrigerer Ordnung in seinem Bezirk für begründet, so eröffnet es das Hauptverfahren vor diesem Gericht.**

(2) **Hält das Gericht, bei dem die Anklage eingereicht ist, die Zuständigkeit eines Gerichts höherer Ordnung, zu dessen Bezirk es gehört, für begründet, so legt es die Akten durch Vermittlung der Staatsanwaltschaft diesem zur Entscheidung vor.**

Die Vorschrift regelt die **Prüfung der erstinstanzlichen sachlichen Zuständig-** 1 **keit** im Eröffnungsverfahren; entsprechend gilt sie bei gerichtlichen Entscheidungen

§ 209a   2. Buch. Verfahren im ersten Rechtszug

im Ermittlungsverfahren (Pfeiffer § 209 Rdn. 1). Über § 209a wird die Regelung auf Kompetenzkonflikte zwischen allgemeiner und besonderer Strafkammer erstreckt (KK-Tolksdorf § 209 Rdn. 8). Nach Eröffnung des Hauptverfahrens gilt § 225a, in der Hauptverhandlung § 270. Die sachliche Zuständigkeit ergibt sich aus den Regelungen des GVG (§§ 22 ff, §§ 73 ff, § 120) und ist von Amts wegen zu prüfen (§ 6).

2 Für die Zuständigkeit eines Gerichts niederer Ordnung (Abs. 1) gilt die Rangfolge OLG – Strafkammer – Schöffengericht – Strafrichter. Das Schöffengericht steht über dem Strafrichter auch dann, wenn das höhere Gericht die Anklage insgesamt abweichend von der StA beurteilt oder bei beschränkter Zulassung (§ 207 Abs. 2; vgl. BGHSt 29, 341). Das gemeinsame Schöffengericht (§ 58 Abs. 2 GVG) kann daher das Verfahren nicht nur bei einem Strafrichter desselben AG, sondern auch bei einem Strafrichter eines anderen AG, das zu seinem Bezirk gehört, eröffnen (LR-Rieß § 209 Rdn. 6).

3 **Der Eröffnungsbeschluss nach Abs. 1 ist zuzustellen** und bindet, auch wenn die Anklage im Übrigen unverändert zugelassen ist (Pfeiffer § 209 Rdn. 3). Zu denken ist etwa an den Fall, dass das Landgericht die „besondere Bedeutung des Falls" nach § 24 Abs. 1 Nr. 3 GVG anders beurteilt als die StA (vgl. OLG Düsseldorf NStZ-RR 1997, 115; KK-Tolksdorf § 209 Rdn. 5). Das Schöffengericht mag z. B. die konkrete Straferwartung der StA nicht teilen (vgl. Pfeiffer § 209 Rdn. 2).

4 **Die Bekanntmachung** des Beschlusses erfolgt durch Zustellung an den Angeklagten und die StA (KK-Tolksdorf § 209 Rdn. 11). Mit dem Beschluss nach Abs. 1 wird die Sache bei dem Gericht rechtshängig. Der StA steht die sofortige Beschwerde zu (§ 210 Abs. 2), der Angeschuldigte hat kein Beschwerderecht (§ 210 Abs. 1).

5 Steht die **Zuständigkeit eines Gerichts höherer Ordnung** im Raum (Abs. 2), legt das niedere Gericht die Akten durch Beschluss ohne Bindungswirkung dem höheren Gericht vor. Dieses kann dann vor sich oder einem niedrigeren eröffnen oder seinerseits nach Abs. 2 vorlegen.

Beispiel: In einer Staatsschutzsache legt das AG der Staatsschutzkammer vor, diese hält die Zuständigkeit des OLG für gegeben.

6 § 209 gilt grundsätzlich nur **innerhalb desselben Gerichtsbezirks**. Bei Zuständigkeitskonzentrationen wird der örtliche Anwendungsbereich erweitert. Meint das Gericht, ein Gericht außerhalb seines Bezirks sei zuständig, gilt § 16. Abgaben zwischen gleichrangigen Spruchkörpern desselben Gerichts sind zulässig und erfolgen durch formlose Verfügung (BGHSt 27, 99).

7 Die Revision ist nur denkbar, wenn es um **objektiv willkürliche Entscheidungen** geht (vgl. BGHSt 38, 212). Die Verletzung der Prüfungspflicht aus § 6 kann gerügt werden (Pfeiffer § 209 Rdn. 6).

§ 209a [Besondere funktionelle Zuständigkeiten]

Im Sinne des § 4 Abs. 2, des § 209 sowie des § 210 Abs. 2 stehen
1. die besonderen Strafkammern nach § 74 Abs. 2 sowie den §§ 74a und 74c des Gerichtsverfassungsgesetzes für ihren Bezirk gegenüber den allgemeinen Strafkammern und untereinander in der in § 74e des Gerichtsverfassungsgesetzes bezeichneten Rangfolge und
2. die Jugendgerichte für die Entscheidung, ob Sachen
   a) nach § 33 Abs. 1, § 103 Abs. 2 Satz 1 und § 107 des Jugendgerichtsgesetzes oder
   b) als Jugendschutzsachen (§ 26 Abs. 1 Satz 1, § 74b Satz 1 des Gerichtsverfassungsgesetzes)

vor die Jugendgerichte gehören, gegenüber den für allgemeine Strafsachen zuständigen Gerichten gleicher Ordnung Gerichten höherer Ordnung gleich.

4. Abschnitt. Entscheidung über die Eröffnung des Hauptverfahrens **§ 210**

Die Vorschrift regelt die **Rangfolge an sich gleichgeordneter Spruchkörper** 1
im Hinblick auf besondere funktionelle Zuständigkeiten. Die Spruchkörper mit besonderen Zuständigkeiten haben im Eröffnungsverfahren den Vorrang. So kann das Schwurgericht (§ 74 Abs. 2 GVG) das Hauptverfahren auch vor der Wirtschaftsstrafkammer, vor der Staatsschutzstrafkammer oder vor der allgemeinen Strafkammer eröffnen. Die Wirtschaftsstrafkammer kann wiederum auch vor der Staatsschutzstrafkammer oder allgemeinen Strafkammer eröffnen. Welche allgemeine Strafkammer zuständig ist, richtet sich nach dem jeweiligen Geschäftsverteilungsplan (LR-Rieß § 209a Rdn. 12).

In den Fällen des § 209 Abs. 2 kann innerhalb des LG das Schwurgericht über 2
die StA an eine andere Strafkammer vorlegen, die Wirtschaftsstrafkammer an das Schwurgericht (Meyer-Goßner § 209a Rdn. 6).

Jugendgerichte haben Vorrang vor den Erwachsenengerichten (Nr. 2). So ist das 3
Jugendgericht im Verhältnis zu einem gleichrangigen Erwachsenengericht ein Gericht höherer Ordnung. Dies gilt nicht nur bei einem Verfahren gegen Jugendliche oder Heranwachsende, sondern auch in einer Jugendschutzsache (Nr. 2b). Dies soll selbst dann so sein, wenn es sich dabei um eine Schwurgerichtssache handelt (BGHSt 42, 39). In den Fällen des § 209 Abs. 1 kann so der Jugendrichter das Verfahren vor dem Strafrichter eröffnen, die Jugendschutzkammer vor dem Schöffengericht, die Jugendkammer vor einer anderen Strafkammer und zwar in der Reihenfolge des § 74e GVG.

In den Fällen des § 209 Abs. 2 erfolgt dann jeweils eine **Vorlage** etwa des Straf- 4
richters an den Jugendrichter, des Schöffengerichts an das Jugendschöffengericht, der allgemeinen oder besonderen Strafkammer an die Jugendkammer.

Werden Sachen des Jugendgerichts und des Erwachsenengerichts miteinander **ver-** 5
bunden, sind sie beim Jugendgericht anhängig zu machen. Dieses hat die Kompetenz-Kompetenz (vgl. Meyer-Goßner § 209a Rdn. 10).

Eine **Ausnahme für Heranwachsende** enthält § 103 Abs. 2 S. 2, 3 JGG. Danach 6
hat eine Wirtschaftsstrafkammer oder Staatsschutzstrafkammer Vorrang vor der Jugendkammer (LR-Rieß § 209a Rdn. 37). Wenn für eine Erwachsenenstrafsache das Schwurgericht zuständig wäre, hat bei einer Verbindung die Jugendkammer den Vorrang (Meyer-Goßner NStZ 1989, 297, 303).

§ 210 [Rechtsmittel]

(1) **Der Beschluß, durch den das Hauptverfahren eröffnet worden ist, kann von dem Angeklagten nicht angefochten werden.**

(2) **Gegen den Beschluß, durch den die Eröffnung des Hauptverfahrens abgelehnt oder abweichend von dem Antrag der Staatsanwaltschaft die Verweisung an ein Gericht niederer Ordnung ausgesprochen worden ist, steht der Staatsanwaltschaft sofortige Beschwerde zu.**

(3) ¹**Gibt das Beschwerdegericht der Beschwerde statt, so kann es zugleich bestimmen, daß die Hauptverhandlung vor einer anderen Kammer des Gerichts, das den Beschluß nach Absatz 2 erlassen hat, oder vor einem zu demselben Land gehörenden benachbarten Gericht gleicher Ordnung stattzufinden hat.** ²**In Verfahren, in denen ein Oberlandesgericht im ersten Rechtszug entschieden hat, kann der Bundesgerichtshof bestimmen, daß die Hauptverhandlung vor einem anderen Senat dieses Gerichts stattzufinden hat.**

Der **Eröffnungsbeschluss** ist für den Angeklagten stets unanfechtbar (Abs. 1), al- 1
lein der Antrag nach § 33a (Nachholung rechtlichen Gehörs) ist denkbar. Getroffene Nebenentscheidungen, etwa die Anordnung der Untersuchungshaft, sind mit einfa-

§ 210　　　　　　　　　　　　　　　2. Buch. Verfahren im ersten Rechtszug

cher Beschwerde anfechtbar. Die StA soll unwirksame oder mit schweren Fehlern behaftete Eröffnungsbeschlüsse mit der einfachen Beschwerde anfechten dürfen (vgl. KK-Tolksdorf § 210 Rdn. 4; Pfeiffer § 210 Rdn. 1).

2　Eine **sofortige Beschwerde** durch die StA ist in den Fällen des Abs. 2 zulässig. Bei Teileröffnung richtet sie sich allein gegen den ablehnenden Teil des Eröffnungsbeschlusses.

3　Inwiefern auch eine Beschwerde gegen die Nichtbehandlung der Anklageschrift **(Untätigkeitsbeschwerde)** zulässig ist, ist zweifelhaft. Überwiegend wird angenommen, dass eine Nichtentscheidung der ablehnenden Entscheidung über die Eröffnung des Hauptverfahrens dann gleich steht, wenn Verjährung der Straftaten droht (vgl. OLG Frankfurt NJW 2002, 454). Ist eine Reihe von Straftaten angeklagt, soll eine Untätigkeitsbeschwerde erst dann zulässig sein, wenn so viele Tatteile zu verjähren drohen, dass dies Konsequenzen auch für eine Gesamtstrafenbildung hat (OLG Dresden wistra 2005, 478; § 304 Rdn. 6).

4　**Abs. 2 soll entsprechend anwendbar sein,** wenn die Wirtschaftsstrafkammer in der Berufungsinstanz eine Sache an die allgemeine Strafkammer verweist (OLG Stuttgart MDR 1982, 252). Im Rahmen des Beschwerdeverfahrens darf das Beschwerdegericht das Verfahren nicht vor sich eröffnen oder an ein noch höheres Gericht weiterreichen (Meyer-Goßner § 210 Rdn. 2; a.M. LR-Rieß § 210 Rdn. 21a).

5　Bei Abs. 2 gelten die **Gleichstellungsklauseln des § 209a Nr. 1, 2.** Eine Beschwerdemöglichkeit hat die StA also auch dann, wenn das Schwurgericht das Verfahren vor einer Wirtschaftsstrafkammer eröffnet hat (Meyer-Goßner § 210 Rdn. 3).

6　Die **einfache Beschwerde** der StA ist nach § 304 zulässig, wenn z.B. die Jugendkammer das Verfahren an eine allgemeine Strafkammer formlos abgibt (OLG Koblenz JR 1982, 479) oder das Gericht sich für sachlich unzuständig erklärt, statt nach § 209 Abs. 2 zu verfahren (LR-Rieß § 210 Rdn. 32).

7　Unzulässig ist die Beschwerde, wenn das Gericht die Tat nur **rechtlich** anders qualifiziert. Hier muss die StA ihren abweichenden Rechtsstandpunkt in der Hauptverhandlung oder mit der Revision geltend machen (OLG München NStZ 1986, 183).

8　**Der Nebenkläger** kann sofortige Beschwerde einlegen, wenn die Eröffnung des Hauptverfahrens abgelehnt worden ist (§ 400 Abs. 2 S. 1), aber nur wegen des Nebenklagedelikts (Meyer-Goßner § 210 Rdn. 6).

9　**Abs. 3 gibt dem Beschwerdegericht ein Wahlrecht.** Es kann das Verfahren vor einer anderen (Abteilung oder) Kammer (§ 354 Abs. 3) eröffnen. Da damit die Garantie des gesetzlichen Richters berührt ist, müssen besondere Gründe für die Anwendung des Abs. 3 bestehen (vgl. BVerfG StV 2000, 537; teilweise hält man die Vorschrift für verfassungswidrig: Sowada S. 805). Zu denken ist an den Fall, dass nur an einem anderen Gerichtsort eine objektive Verhandlung erwartet werden kann oder dass von dem Vorderrichter nach der Art seiner Meinungsäußerungen nicht erwartet werden kann, dass er sich die Auffassung des Beschwerdegerichts wirklich voll zu Eigen machen wird (vgl. OLG Hamburg JR 1979, 384). Eine Bindung wie im Fall des § 358 Abs. 1 im Revisionsverfahren besteht aber nicht.

10　Die Vorschrift kann **nicht analog** auf andere Beschlussentscheidungen angewendet werden (Meyer-Goßner § 210 Rdn. 10; a.M. OLG Hamburg JR 1979, 383 zu § 206a Abs. 2). Im Wiederaufnahmeverfahren soll Abs. 3 jedoch entsprechend angewendet werden können (vgl. § 370).

11　In der **Geschäftsverteilung** des Gerichts müssen die verschiedenen Möglichkeiten des Abs. 3 berücksichtigt werden (OLG Düsseldorf StV 1985, 407). Insofern entspricht die Situation der nach einer Zurückverweisung durch das Revisionsgericht (vgl. § 354 Rdn. 23).

5. Abschnitt. Vorbereitung der Hauptverhandlung §§ 211–212b, Vor § 213

§ 211 [Wirkung des Ablehnungsbeschlusses]

Ist die Eröffnung des Hauptverfahrens durch einen nicht mehr anfechtbaren Beschluß abgelehnt, so kann die Klage nur auf Grund neuer Tatsachen oder Beweismittel wieder aufgenommen werden.

Die Ablehnung der Eröffnung des Hauptverfahrens führt zu einer **beschränkten** 1
Sperrwirkung für eine neue Strafverfolgung. Sie reicht aber nicht so weit wie die eines rechtskräftigen Urteils (Pfeiffer § 211 Rdn. 1). Die Sperrwirkung gilt für alle Fälle der Nichteröffnung, nicht aber bei bloßer Unzuständigkeitserklärung oder bei unwirksamen Beschlüssen (vgl. KK-Tolksdorf § 211 Rdn. 3). Sie umfasst auch die Verfolgung als Ordnungswidrigkeit oder im Privatklageverfahren (Pfeiffer § 211 Rdn. 1).

Die **neuen Tatsachen oder Beweismittel** rechtfertigen die Wiederaufnahme 2
nur, wenn sie den Umstand betreffen, auf welchem die Ablehnung der Eröffnung beruhte. Entscheidend ist der Standpunkt des früheren Richters (BGHSt 18, 225; BGH StV 1990, 7). Neu sind Tatsachen und Beweismittel, die das Beschlussgericht nicht kannte, unabhängig davon, ob es sie hätte kennen können (BGHSt 7, 64).

Beim Wegfall der Sperre wird eine neue Anklage erhoben (Meyer-Goßner 3
§ 211 Rdn. 5). Es gilt das Legalitätsprinzip, die neue Klage kann zurückgenommen werden, solange kein neuer Eröffnungsbeschluss erlassen ist (OLG Frankfurt NStZ-RR 2003, 81). Bei einer Einstellung gilt § 172, ein Klageerzwingungsverfahren ist also möglich (KK-Tolksdorf § 211 Rdn. 8).

Ein **neuer Eröffnungsbeschluss** kann nur erlassen werden, wenn die neuen Tat- 4
sachen oder Beweismittel so erheblich sind, dass sie dem früheren Ablehnungsbeschluss die Grundlage entziehen (Meyer-Goßner § 211 Rdn. 7).

Entgegen § 210 Abs. 2 ist hier von Verfassungs wegen auch eine Beschwerde ge- 5
gen die neue Eröffnungsentscheidung möglich (Meyer-Goßner § 211 Rdn. 7). Das Sicherungsverfahren nach §§ 413 ff kann trotz der Ablehnung nach § 211 durchgeführt werden (RGSt 72, 145).

§§ 212–212b *(aufgehoben)*

Fünfter Abschnitt. Vorbereitung der Hauptverhandlung

Vor § 213

Der fünfte Abschnitt regelt die **Vorbereitung der Hauptverhandlung.** Diese ob- 1
liegt im Wesentlichen dem Vorsitzenden. Das Gericht wirkt nur in den ausdrücklich gesetzlich vorgeschriebenen Fällen mit (vgl. §§ 223, 225, 233). Der Vorsitzende bestimmt den Termin (§ 213), lädt den Angeklagten und Beweispersonen zur Hauptverhandlung (§ 214 Abs. 1 S. 1) und veranlasst, dass im Freibeweis nach Zeugen ermittelt wird und weitere sachliche Beweismittel herbeigeschafft werden.

Der Vorsitzende muss sich bis zur Hauptverhandlung eine noch gründlichere 2
Aktenkenntnis verschaffen, als sie für die Mitwirkung bei der Entscheidung über die Eröffnung des Hauptverfahrens nötig war (Meyer-Goßner vor § 213 Rdn. 2).

Die in den §§ 213 ff getroffenen Regelungen zur Vorbereitung der Hauptverhand- 3
lung sind **nicht erschöpfend.** Zu beachten sind auch §§ 205, 230 Abs. 2, §§ 231 a, 232 Abs. 1 und § 233.

Der Vorsitzende muss zur Vorbereitung der Hauptverhandlung die **Zahlung von** 4
Reisekostenvorschüssen an mittellose Zeugen, Sachverständige und Angeklagte veranlassen (Meyer-Goßner vor § 213 Rdn. 4).

Hält die StA noch **vorbereitende Untersuchungshandlungen** für erforderlich, so 5
ist hierfür das erkennende Gericht zuständig.

§§ 213, 214   2. Buch. Verfahren im ersten Rechtszug

§ 213 [Terminbestimmung]

Der Termin zur Hauptverhandlung wird von dem Vorsitzenden des Gerichts anberaumt.

1   **Terminsanberaumung** ist die Festsetzung von Ort, Tag und Stunde der Hauptverhandlung. Zur Ortsangabe gehört auch die Bezeichnung des Gerichtssaals (Meyer-Goßner § 213 Rdn. 1).

2   **Verhandlungsort** ist in der Regel ein Raum im Gerichtsgebäude. Aus triftigen Gründen kann aber ein Teil der Hauptverhandlung auch am Tatort, am Aufenthaltsort eines reiseunfähigen Angeklagten oder Zeugen oder in einem Krankenhaus stattfinden (vgl. Meyer-Goßner § 213 Rdn. 2).

3   Der **Terminstag** kann notfalls ein Sonn- oder Feiertag sein. Auf die konfessionellen Verhältnisse ist Rücksicht zu nehmen (RiStBV Nr. 116 Abs. 2). Die Terminsstunde ist so festzusetzen, dass ein reibungsloser Ablauf der Hauptverhandlung gesichert ist und den Beteiligten ein vermeidbarer Zeitverlust erspart bleibt (Meyer-Goßner § 213 Rdn. 4). An die Dienstzeiten des Gerichts ist der Vorsitzende nicht gebunden.

4   Die Terminsanberaumung steht im **Ermessen des Vorsitzenden.** Wenn keine besonderen Gründe entgegenstehen, muss sie alsbald nach Eröffnung des Hauptverfahrens bzw. Vorlage der Akten im Berufungsrechtszug stattfinden. Das Prinzip der Verfahrensbeschleunigung ist zu beachten. Bei der Ermessensausübung müssen außer der Belastung des Gerichts und der Reihenfolge des Eintritts der Rechtshängigkeit auch berechtigte Wünsche der Prozessbeteiligten berücksichtigt werden (BGH NStZ 1998, 311, 312). Eine Terminsabsprache ist nicht geboten, die Absprache mit dem Verteidiger aber zumindest zweckmäßig (Meyer-Goßner § 213 Rdn. 6).

5   Über **Anträge auf Terminsverlegung** entscheidet der Vorsitzende nach pflichtgemäßem Ermessen unter Berücksichtigung der Interessen der Beteiligten, des Gebots der Verfahrensbeschleunigung und der Terminsplanung des Gerichts (OLG Hamm StV 2004, 642).

6   Eine **Beschwerde** gegen die Terminsbestimmung oder Aufhebung eines Termins ist grundsätzlich nach § 305 S. 1 ausgeschlossen. Sie wird ausnahmsweise für zulässig gehalten, wenn sie darauf gestützt ist, dass die Entscheidung des Vorsitzenden rechtswidrig ist. Die Beurteilung der Zweckmäßigkeit der Entscheidung ist jedenfalls dem Beschwerdegericht entzogen (OLG Dresden NJW 2004, 3196). Die Frage ist höchst umstritten; vgl. die Nachw. bei Meyer-Goßner § 213 Rdn. 8.

7   Das Beschwerdegericht kann den Termin nicht an Stelle des Vorsitzenden festsetzen, aber ggf. den Hauptverhandlungstermin **aufheben** (Meyer-Goßner § 213 Rdn. 8).

8   Die **Revision** kann die Ablehnung der Terminsverlegung nicht begründen. Gerügt werden kann aber ggf. die Ablehnung eines deswegen in der Hauptverhandlung gestellten Aussetzungsantrags (Meyer-Goßner § 213 Rdn. 9). Im Einzelfall kann auch eine Verletzung des Anwesenheitsrechts gerügt werden (OLG Hamm JR 1971, 471). Die ermessensfehlerhafte Ablehnung eines Verlegungsantrags wegen Verhinderung des Verteidigers kann die Revision begründen (OLG Braunschweig StV 2004, 366).

§ 214 [Ladungen]

(1) ¹Die zur Hauptverhandlung erforderlichen Ladungen ordnet der Vorsitzende an. ²Zugleich ordnet er an, dass Verletzte, die nach § 395 Abs. 1 und 2 Nr. 1 zur Nebenklage berechtigt sind, Mitteilung vom Termin erhalten, wenn aktenkundig ist, dass sie dies beantragt haben. ³Sonstige Verletzte, die gemäß § 406 g Abs. 1 zur Anwesenheit in der Hauptverhandlung berechtigt sind, sollen Mitteilungen erhalten, wenn aktenkundig ist, dass sie dies beantragt haben.

5. Abschnitt. Vorbereitung der Hauptverhandlung § 215

⁴§ 406 d Abs. 3 gilt entsprechend. ⁵Die Geschäftsstelle sorgt dafür, dass die Ladungen bewirkt und die Mitteilungen versandt werden.

(2) Ist anzunehmen, daß sich die Hauptverhandlung auf längere Zeit erstreckt, so soll der Vorsitzende die Ladung sämtlicher oder einzelner Zeugen und Sachverständigen zu einem späteren Zeitpunkt als dem Beginn der Hauptverhandlung anordnen.

(3) Der Staatsanwaltschaft steht das Recht der unmittelbaren Ladung weiterer Personen zu.

(4) ¹Die Staatsanwaltschaft bewirkt die Herbeischaffung der als Beweismittel dienenden Gegenstände. ²Diese kann auch vom Gericht bewirkt werden.

Ladung ist die Aufforderung, in der Hauptverhandlung zu erscheinen. Die Ladung 1 aller Beteiligten richtet sich nach Abs. 1. StA und beteiligte Behörden sowie der als Beistand zugelassene Ehegatte oder gesetzliche Vertreter erhalten Benachrichtigungen vom Termin.

Die Ladung bedarf **keiner bestimmten Form,** wenn dies nicht ausdrücklich gesetzlich vorgeschrieben ist. Insbesondere die Ladung von Zeugen und Sachverständigen ist auch mündlich möglich (BGH NStZ 1990, 226). Mitzuteilen sind das Gericht, der Sitzungssaal oder ein anderer Verhandlungsort, der Zeitpunkt der Verhandlung, die Strafsache, in der verhandelt werden soll und die Eigenschaft, in der die betreffende Person geladen wird (OLG Hamm NStZ-RR 1998, 183). 2

Die **Anordnung der Ladung** erfolgt durch den Vorsitzenden (Abs. 1 S. 1). Ausgeführt wird die Anordnung durch die Geschäftsstelle (Abs. 1 S. 4). Die StA ordnet die unmittelbare Ladung weiterer Personen an (Abs. 3), wenn sie dies für sachdienlich hält. Auch die Vorführung nicht auf freiem Fuß befindlicher Personen erfolgt auf Anordnung der StA (Pfeiffer § 214 Rdn. 7). 3

Die **Herbeischaffung** der als Beweismittel dienenden Gegenstände obliegt der StA 4 (Abs. 4 S. 1), kann aber auch vom Gericht bewirkt werden (Abs. 4 S. 2). Zuständig ist dann dort die Geschäftsstelle (Pfeiffer § 214 Rdn. 8).

Bei einer länger dauernden Hauptverhandlung wird ein **Ladungsplan** erstellt 5 (Abs. 2), um rechtzeitig der Ladung von Zeugen Rechnung zu tragen (vgl. Meyer-Goßner § 214 Rdn. 12).

Eine **Beschwerde** gegen die Ladungsanordnung ist nach § 305 S. 1 ausgeschlossen 6 (Meyer-Goßner § 214 Rdn. 15).

§ 215 [Zustellung des Eröffnungsbeschlusses]

¹Der Beschluß über die Eröffnung des Hauptverfahrens ist dem Angeklagten spätestens mit der Ladung zuzustellen. ²Entsprechendes gilt in den Fällen des § 207 Abs. 3 für die nachgereichte Anklageschrift.

In der Praxis wird der Eröffnungsbeschluss zusammen mit der Ladung zugestellt. 1 Die Zustellung ist vom Vorsitzenden gesondert anzuordnen und muss ausdrücklich erfolgen. Die Anordnung der Ladung nach § 214 Abs. 1 S. 1 ersetzt sie nicht (KK-Tolksdorf § 215 Rdn. 1). Nach § 35 Abs. 2 S. 1 muss förmlich zugestellt werden.

Ein Mangel der Zustellung ist **kein Verfahrenshindernis** (BGHSt 33, 183, 186). 2 Eine Heilung kann durch Bekanntmachung in der Hauptverhandlung erfolgen (Meyer-Goßner § 215 Rdn. 5). Ein Verzicht auf die Zustellung ist möglich, wenn der Beschluss in der Hauptverhandlung bekannt gegeben wird (Pfeiffer § 215 Rdn. 2).

Die **nachgereichte Anklageschrift** (S. 2) gemäß § 207 Abs. 3 muss ebenfalls zugestellt werden. Die Revision kann nicht auf ein Unterbleiben der Zustellung, sondern nur darauf gestützt werden, dass ein deswegen gestellter Aussetzungsantrag zu Unrecht zurückgewiesen worden ist (RGSt 55, 159). 3

§§ 216, 217   2. Buch. Verfahren im ersten Rechtszug

§ 216 [Ladung des Angeklagten]

(1) ¹Die Ladung eines auf freiem Fuß befindlichen Angeklagten geschieht schriftlich unter der Warnung, daß im Falle seines unentschuldigten Ausbleibens seine Verhaftung oder Vorführung erfolgen werde. ²Die Warnung kann in den Fällen des § 232 unterbleiben.

(2) ¹Der nicht auf freiem Fuß befindliche Angeklagte wird durch Bekanntmachung des Termins zur Hauptverhandlung gemäß § 35 geladen. ²Dabei ist der Angeklagte zu befragen, ob und welche Anträge er zu seiner Verteidigung für die Hauptverhandlung zu stellen habe.

1   Die Vorschrift regelt die **Ladung des Angeklagten zur Hauptverhandlung.** Ist er auf freiem Fuß, gelten Abs. 1 sowie § 145 a Abs. 2. Die Ladung erfolgt regelmäßig durch förmliche Zustellung (§ 35 Abs. 2 S. 1, § 37). Ersatzzustellung und Ladung durch Niederlegung sind zulässig (Pfeiffer § 216 Rdn. 1). Auf Fortsetzungstermine findet § 216 keine Anwendung.

2   **Unterbleiben die Hinweise nach Abs. 1 S. 1,** können bei Ausbleiben keine Zwangsmittel nach § 230 Abs. 2 angewendet werden. Anwendbar bleiben die §§ 112 ff. Der Hinweis unterbleibt, wenn auch ohne den Angeklagten verhandelt werden kann (Abs. 1 S. 2). Zur Hinweispflicht im Berufungsverfahren vgl. § 323 Abs. 1 S. 2, zum Strafbefehlsverfahren § 412 S. 1.

3   **Ist der Angeklagte nicht auf freiem Fuß,** wird er gemäß § 35 geladen. Ersatzzustellung und Ladung durch Niederlegung sind unzulässig, da dann die Befragung (Abs. 2 S. 2) nicht möglich ist. Diese nimmt ein Beamter der JVA vor. Sie ist zu protokollieren. Wird über den Verteidiger geladen (§ 145 a Abs. 2), entfällt die Befragung (Pfeiffer § 216 Rdn. 3).

4   **Ladungsmängel** hindern alle Säumnisfolgen (§ 230 Abs. 2, § 231 Abs. 2, § 232 Abs. 1, § 329 Abs. 1), wenn sie dafür ursächlich waren, dass der zum Erscheinen entschlossene Angeklagte an der Verhandlung nicht hat teilnehmen können (KK-Tolksdorf § 216 Rdn. 10). Die Revision kann nur darauf gestützt werden, ein auf Ladungsmängel gestützter Aussetzungsantrag sei fehlerhaft abgelehnt worden (Pfeiffer § 216 Rdn. 4).

§ 217 [Ladungsfrist]

(1) **Zwischen der Zustellung der Ladung (§ 216) und dem Tag der Hauptverhandlung muß eine Frist von mindestens einer Woche liegen.**

(2) **Ist die Frist nicht eingehalten worden, so kann der Angeklagte bis zum Beginn seiner Vernehmung zur Sache die Aussetzung der Verhandlung verlangen.**

(3) **Der Angeklagte kann auf die Einhaltung der Frist verzichten.**

1   Die Ladungsfrist (Abs. 1) gilt **nur für den Angeklagten und den Verteidiger** (§ 218 S. 2). Die anderen Prozessbeteiligten haben keinen Anspruch auf Einhaltung einer Ladungsfrist (Meyer-Goßner § 217 Rdn. 1).

2   Die Ladungsfrist **gilt nicht für Fortsetzungstermine** (BGH NJW 1982, 248), wenn der Angeklagte vom ersten Termin Kenntnis hatte (BGHSt 24, 143) und in der Revisionsinstanz (OLG Braunschweig GA 1955, 219). Bei der Berechnung der Wochenfrist sind der Zustellungstag und der für die Hauptverhandlung vorgesehene Tag nicht mitzurechnen; § 43 Abs. 2 findet keine Anwendung (Meyer-Goßner § 217 Rdn. 2).

3   Der Angeklagte ist über sein Recht nach Abs. 2 regelmäßig **zu belehren** (§ 228 Abs. 3). Der Verzicht des Verteidigers ersetzt den des Angeklagten (Abs. 3) nur bei ausdrücklicher Ermächtigung. Einem rechtzeitig gestellten Aussetzungsantrag wegen

5. Abschnitt. Vorbereitung der Hauptverhandlung **§§ 218, 219**

Nichteinhaltung der Ladungsfrist muss das Gericht stattgeben (KG NZV 2003, 586). Stellen kann ihn nur der Angeklagte persönlich oder für ihn der dazu bevollmächtigte Verteidiger. Der Verteidiger ist aus eigenem Recht nicht antragsberechtigt (Meyer-Goßner § 217 Rdn. 7). Der Antrag kann auch schon vor Beginn der Hauptverhandlung schriftlich angebracht werden (BGHSt 24, 143, 151).

Der Angeklagte ist zum Erscheinen verpflichtet, auch wenn er vor Beginn 4 der Hauptverhandlung rechtzeitig einen schriftlichen Aussetzungsantrag gestellt hat, über den noch nicht entschieden worden ist (BGHSt 24, 143, 150 ff). Ob in diesem Zusammenhang Maßnahmen (vgl. § 230 Abs. 2, § 232) möglich sind, ist umstritten (vgl. Meyer-Goßner § 217 Rdn. 11).

Die **Revision** kann nicht darauf gestützt werden, die Ladungsfrist sei nicht ein- 5 gehalten worden. Dagegen ist die unrichtige Ablehnung des rechtzeitig gestellten Aussetzungsantrags nach Abs. 2 ein Revisionsgrund, auf dem das Urteil meist beruhen wird (vgl. BayObLG NStZ 1982, 172).

§ 218 [Ladung des Verteidigers]

¹**Neben dem Angeklagten ist der bestellte Verteidiger stets, der gewählte Verteidiger dann zu laden, wenn die Wahl dem Gericht angezeigt worden ist.** ²**§ 217 gilt entsprechend.**

Der Verteidiger ist von Amts wegen zu laden. Bei mehreren Wahlverteidi- 1 gern geht die Ladung an alle (BGH NStZ 1995, 298). Sozien können gemeinsam geladen werden (BGHSt 36, 260). § 218 gilt entsprechend für den Vertreter des Nebenklägers und des Privatklägers sowie anderer Verfahrensbeteiligter.

Die Ladung erfolgt durch **förmliche Zustellung,** in der Regel gegen Empfangs- 2 bekenntnis (§ 212a ZPO). Auf die förmliche Zustellung verzichten kann auch der Angeklagte, wenn er vom Fehler der Ladung seines Verteidigers und von seinem Recht weiß, Aussetzung zu verlangen (BGHSt 36, 259). Wird das Mandat erst kurz vor der Hauptverhandlung angezeigt, ist eine formlose Ladung per Telefax oder Telefon anzuordnen.

Die Ladungsfrist des § 217 gilt (S. 2). Sie muss und kann nicht eingehalten wer- 3 den, wenn die Bestellung oder Mandatsanzeige erst während des Laufs der Wochenfrist erfolgen (BGH NStZ 1983, 209) und dies nicht auf einem Verschulden des Gerichts beruht (vgl. BGH StV 1995, 57). Der erschienene Verteidiger kann den Aussetzungsantrag nach S. 2 in Verbindung mit § 217 Abs. 2, 3 bis zum Beginn der Sachvernehmung seines Mandanten stellen. Erscheint er erst später, ist der Antrag unverzüglich zu stellen (Pfeiffer § 218 Rdn. 5). Solange der Angeklagte allein in der Hauptverhandlung erschienen ist, geht das Antragsrecht auf ihn über (OLG Celle NJW 1974, 1258). Auf dieses Recht muss der rechtsunkundige Angeklagte entsprechend § 228 Abs. 3 hingewiesen werden (Meyer-Goßner § 218 Rdn. 13).

Unterbleibt die Ladung, wird der Verstoß nicht (durch Verzicht) geheilt und er- 4 scheint der Verteidiger in der Hauptverhandlung nicht, wird das Urteil in der Regel auf diesem Mangel beruhen (BGHSt 36, 259). Soll mit der Revision die unterbliebene Ladung gerügt werden, handelt es sich um eine Verfahrensrüge, zu deren Zulässigkeit auch dargelegt werden muss, dass die Wahl des Verteidigers dem Gericht rechtzeitig mitgeteilt worden ist (OLG Hamm wistra 1998, 238). Ist der Verteidiger erschienen, kann die Revision nur auf die fehlerhafte Ablehnung eines Aussetzungsantrags gestützt werden (Pfeiffer § 218 Rdn. 6). Zur Verwirkung vgl. BGH NStZ 2005, 646.

§ 219 [Beweisanträge des Angeklagten]

(1) ¹**Verlangt der Angeklagte die Ladung von Zeugen oder Sachverständigen oder die Herbeischaffung anderer Beweismittel zur Hauptverhandlung, so hat er**

§ 220   2. Buch. Verfahren im ersten Rechtszug

unter Angabe der Tatsachen, über die der Beweis erhoben werden soll, seine Anträge bei dem Vorsitzenden des Gerichts zu stellen. ²Die hierauf ergehende Verfügung ist ihm bekanntzumachen.

(2) Beweisanträge des Angeklagten sind, soweit ihnen stattgegeben ist, der Staatsanwaltschaft mitzuteilen.

1 Die Vorschrift regelt **Beweisanträge zur Vorbereitung der Hauptverhandlung** (vgl. auch §§ 201, 244). Antragsberechtigt sind neben dem Angeklagten und seinem Verteidiger auch der Erziehungsberechtigte, der gesetzliche Vertreter und Nebenbeteiligte mit denselben Rechten wie ein Angeklagter (Pfeiffer § 219 Rdn. 1).

2 Der Antrag muss **schriftlich oder zu Protokoll der Geschäftsstelle** gestellt werden und das Beweismittel und das Beweisthema hinreichend genau bezeichnen. Beweisantrag im Sinne des § 219 ist nur das Verlangen, ein entsprechendes Beweismittel in der Hauptverhandlung zur Verfügung zu haben. Der Antrag auf die Vernehmung eines Zeugen durch die Polizei ist daher kein Beweisantrag nach § 219 (KK-Tolksdorf § 219 Rdn. 2).

3 Über den Antrag **entscheidet der Vorsitzende** durch Verfügung. Ein Gerichtsbeschluss ist nur beim Augenschein statthaft (§ 225). Eine Anhörung der StA und des Nebenklägers vor der Entscheidung ist üblich.

4 Eine **stattgebende Verfügung** muss nicht begründet, aber dem Angeklagten (Abs. 1 S. 2) und der StA (Abs. 2) mitgeteilt werden. Ein unzulässiger Antrag ist unter Bezeichnung der Mängel zurückzuweisen und bekannt zu machen (Abs. 1 S. 2). Im Übrigen orientiert sich die Ablehnung an § 244 Abs. 3, 4. Nach h.M. soll auch die Mitteilung ausreichen, die Beweiserhebung erscheine entbehrlich (krit. Pfeiffer § 219 Rdn. 4).

5 **Wurde die Entscheidung unterlassen oder war sie unzulässig**, hat der Vorsitzende in der Hauptverhandlung Fürsorgepflichten gegenüber dem Antragsteller (Meyer-Goßner § 219 Rdn. 5). So muss er ihn bei unterlassener Bescheidung befragen, ob er den Antrag aufrechterhalten wolle und ggf. darauf hinweisen, dass der Antrag wiederholt werden muss. Wurde der Antrag mit der unzulässigen Begründung abgelehnt, der behauptete Sachverhalt könnte als wahr unterstellt werden, muss der Vorsitzende dem Gericht den Inhalt seiner Verfügung bekannt machen und dem Antragsteller eine abweichende Ansicht des Gerichts mitteilen (BGHSt 1, 51).

6 Eine Anfechtung mit der **Beschwerde** ist nach § 305 S. 1 **unzulässig**. Die Revision kann die Verletzung des § 219 regelmäßig nicht begründen, da das Urteil darauf nicht beruhen kann (KK-Tolksdorf § 219 Rdn. 12). Die Verletzung der Fürsorgepflichten des Vorsitzenden kann nach § 244 Abs. 2 gerügt werden (OLG Köln NJW 1954, 46), insbesondere bei Nichteinhaltung einer zugesagten Wahrunterstellung (Meyer-Goßner § 219 Rdn. 7; siehe aber auch BGHSt 32, 44, 47). Allerdings soll in der Nichtwiederholung des Antrags in der Hauptverhandlung ein Verzicht auf weitere Aufklärung liegen (OLG Hamm NZV 1998, 425).

§ 220 [Ladung durch den Angeklagten]

(1) ¹Lehnt der Vorsitzende den Antrag auf Ladung einer Person ab, so kann der Angeklagte sie unmittelbar laden lassen. ²Hierzu ist er auch ohne vorgängigen Antrag befugt.

(2) Eine unmittelbar geladene Person ist nur dann zum Erscheinen verpflichtet, wenn ihr bei der Ladung die gesetzliche Entschädigung für Reisekosten und Versäumnis bar dargeboten oder deren Hinterlegung bei der Geschäftsstelle nachgewiesen wird.

(3) Ergibt sich in der Hauptverhandlung, daß die Vernehmung einer unmittelbar geladenen Person zur Aufklärung der Sache dienlich war, so hat das Ge-

5. Abschnitt. Vorbereitung der Hauptverhandlung § 221

richt auf Antrag anzuordnen, daß ihr die gesetzliche Entschädigung aus der Staatskasse zu gewähren ist.

Die Vorschrift gilt für die Ladung von Zeugen und Sachverständigen (vgl. BGHSt 43, 171) **durch den Angeklagten.** Konsequenz ist, dass das Gericht die Vernehmung der unmittelbar geladenen Beweispersonen nur unter den engen Voraussetzungen des § 245 Abs. 2 S. 2, 3 ablehnen kann (Pfeiffer § 220 Rdn. 1). Das Ladungsrecht haben auch die Verfahrensbeteiligten, die ein Antragsrecht nach § 219 haben. Nicht geladene Beweispersonen und sonstige Beweismittel können auch im Termin gestellt werden; für ihre Ablehnung gilt dann aber nicht § 245 Abs. 2, sondern § 244 Abs. 3 und 4. Für die Ladung gilt § 38. Die Hinweise auf §§ 51, 77 sind nach § 48 zu erteilen (Pfeiffer § 220 Rdn. 2). 1

Die Beweisperson ist **nur dann zum Erscheinen verpflichtet,** wenn die Voraussetzungen des Abs. 2 nachgewiesen sind. Erzwingbar ist die Pflicht nur, wenn auch die Hinweise nach § 48 (Folgen des Ausbleibens) erfolgt sind. Die Höhe der Entschädigung muss der Angeklagte nach dem JVEG selbst berechnen (KK-Tolksdorf § 220 Rdn. 9; Meyer-Goßner § 220 Rdn. 7; a. M. offenbar Pfeiffer § 220 Rdn. 3: der zustellende Beamte). Ist die Entschädigung zu niedrig berechnet, muss der Zeuge oder Sachverständige nicht erscheinen, wenn er das Angebot zurückgewiesen hat. Ansonsten berührt dies seine Erscheinungspflicht nicht. Ist der angebotene Betrag zutreffend, muss das Gericht das Erscheinen nach §§ 51, 77 unabhängig von § 245 erzwingen (Pfeiffer § 220 Rdn. 3). 2

Eine Entschädigung aus der Staatskasse (Abs. 3) wird nur auf Antrag der Beweisperson, des Angeklagten oder der StA angeordnet. Der Antrag kann auch noch nach dem Ende der Hauptverhandlung gestellt werden (OLG Köln MDR 1958, 622). Für Zeugen gilt grundsätzlich die Drei-Monats-Frist des § 2 Abs. 1 S. 1 JVEG. 3

Die Sachdienlichkeit der Vernehmung beurteilt sich nach einem objektiven Maßstab; es genügt, dass sie das Verfahren gefördert hat (Pfeiffer § 220 Rdn. 5). Bei der Anhörung eines Sachverständigen ist es für die Sachdienlichkeit ausreichend, dass dessen Ausführungen die Diskussionsbasis verbreitern, auch wenn die gutachterlichen Feststellungen letztlich die des gerichtlich bestellten Sachverständigen bestätigt haben (KG NStZ 1999, 476). 4

Gegen die Ablehnung eines Antrags nach Abs. 3 ist die **Beschwerde** des Angeklagten, der StA oder der Beweisperson zulässig. Bei rechtskräftiger Verurteilung in die gesamten Verfahrenskosten fehlt für den Angeklagten die Beschwer (OLG Karlsruhe MDR 1985, 694). 5

§ 221 [Herbeischaffung von Amts wegen]

Der Vorsitzende des Gerichts kann auch von Amts wegen die Herbeischaffung weiterer als Beweismittel dienender Gegenstände anordnen.

Die Vorschrift ergänzt § 214 Abs. 4 S. 2. Sie erlaubt dem Vorsitzenden, auch solche Beweisgegenstände herbeischaffen zu lassen, die in der Anklageschrift nicht aufgeführt sind. Die Bestimmung gilt vor und in der Hauptverhandlung. 1

Der Vorsitzende beauftragt in der Regel die StA mit der Ausführung der Anordnung, kann sie aber auch der Geschäftsstelle des Gerichts übertragen (Meyer-Goßner § 221 Rdn. 2). Die StA darf ein Ersuchen nicht schon dann ablehnen, wenn sie es für unzweckmäßig hält, sondern nur, wenn die Anordnung unzulässig ist (OLG Frankfurt NJW 1982, 1408). 2

Die Prozessbeteiligten sollten von der Herbeiziehung neuer sachlicher Beweismittel unterrichtet werden (Meyer-Goßner § 221 Rdn. 3). Eine Anfechtung der Anordnung ist nach § 305 S. 1 ausgeschlossen. Die Revision kann auf die Verletzung des § 221 nicht gestützt werden (KK-Tolksdorf § 221 Rdn. 5). 3

§§ 222, 222a

§ 222 [Namhaftmachung der Zeugen]

(1) ¹Das Gericht hat die geladenen Zeugen und Sachverständigen der Staatsanwaltschaft und dem Angeklagten rechtzeitig namhaft zu machen und ihren Wohn- oder Aufenthaltsort anzugeben. ²Macht die Staatsanwaltschaft von ihrem Recht nach § 214 Abs. 3 Gebrauch, so hat sie die geladenen Zeugen und Sachverständigen dem Gericht und dem Angeklagten rechtzeitig namhaft zu machen und deren Wohn- oder Aufenthaltsort anzugeben. ³§ 200 Abs. 1 Satz 3 und 4 gilt sinngemäß.

(2) Der Angeklagte hat die von ihm unmittelbar geladenen oder zur Hauptverhandlung zu stellenden Zeugen und Sachverständigen rechtzeitig dem Gericht und der Staatsanwaltschaft namhaft zu machen und ihren Wohn- oder Aufenthaltsort anzugeben.

1 § 222 will sicherstellen, dass die Verfahrensbeteiligten rechtzeitig in die Lage versetzt werden, **Erkundigungen über Beweispersonen** einzuholen (BGHSt 23, 244). Die Bestimmung gilt nicht für Urkunden und Augenscheinsgegenstände. Um eine spätere Unterbrechung der Hauptverhandlung zu vermeiden, sollen dem Angeklagten aber mit der Ladung auch die als Beweismittel dienenden Gegenstände bezeichnet werden, wenn sie nicht schon in der Anklageschrift bezeichnet sind (RiStBV Nr. 118 Abs. 3).

2 **Das Gericht** unterrichtet die StA, den Angeklagten und andere Prozessbeteiligte. Die Mitteilung an den Verteidiger ist nicht vorgeschrieben, erfolgt aber regelmäßig und kann die Mitteilung an den Angeklagten ersetzen, wenn der Verteidiger zum Empfang bevollmächtigt ist (OLG Hamm NZV 2004, 595). Die StA hat das Gericht und den Angeklagten zu benachrichtigen (Abs. 1 S. 2), der Angeklagte das Gericht und die StA (Abs. 2). Mitangeklagte muss er nicht unterrichten (Meyer-Goßner § 222 Rdn. 6).

3 Die Benachrichtigung ist an **keine bestimmte Form** gebunden, muss aber rechtzeitig erfolgen. Die Verfahrensbeteiligten müssen hinreichend Zeit haben, Erkundigungen einzuziehen (vgl. § 246 Abs. 2) und Gegenzeugen zu laden oder ihre Ladung nach § 219 zu beantragen (KK-Tolksdorf § 222 Rdn. 5). Die notwendige Zeit richtet sich nach dem Umständen des Einzelfalls (Meyer-Goßner § 222 Rdn. 7).

4 **Inhaltlich** muss die Benachrichtigung den Vor- und Nachnamen, Wohn- oder Aufenthaltsort der Beweisperson enthalten. Der Verweis auf § 200 Abs. 1 S. 3 und 4 (Abs. 1 S. 3) stellt klar, dass aus Gründen des Zeugenschutzes von der Angabe des Wohnorts eines Zeugen abgesehen werden kann (Meyer-Goßner § 222 Rdn. 9). Für Polizeibeamte reicht die Angabe der ladungsfähigen Anschrift (Dienststelle) aus.

5 Bei unterlassener oder verspäteter Mitteilung kann diese Verletzung des § 222 die **Revision** nicht begründen, sondern allenfalls die rechtsfehlerhafte Ablehnung eines Aussetzungsantrags nach § 246 Abs. 2 (BGH NJW 1990, 1124). Revisibel ist § 222, wenn die Verhandlung in Abwesenheit des Angeklagten und des Verteidigers durchgeführt wird (OLG Hamm NJW 1996, 534; Pfeiffer § 222 Rdn. 5).

§ 222a [Mitteilung der Gerichtsbesetzung]

(1) ¹Findet die Hauptverhandlung im ersten Rechtszug vor dem Landgericht oder dem Oberlandesgericht statt, so ist spätestens zu Beginn der Hauptverhandlung die Besetzung des Gerichts unter Hervorhebung des Vorsitzenden und hinzugezogener Ergänzungsrichter und Ergänzungsschöffen mitzuteilen. ²Die Besetzung kann auf Anordnung des Vorsitzenden schon vor der Hauptverhandlung mitgeteilt werden; für den Angeklagten ist die Mitteilung an seinen Verteidiger zu richten. ³Ändert sich die mitgeteilte Besetzung, so ist dies spätestens zu Beginn der Hauptverhandlung mitzuteilen.

5. Abschnitt. Vorbereitung der Hauptverhandlung § 222a

(2) **Ist die Mitteilung der Besetzung oder einer Besetzungsänderung später als eine Woche vor Beginn der Hauptverhandlung zugegangen, so kann das Gericht auf Antrag des Angeklagten, des Verteidigers oder der Staatsanwaltschaft die Hauptverhandlung zur Prüfung der Besetzung unterbrechen, wenn dies spätestens bis zum Beginn der Vernehmung des ersten Angeklagten zur Sache verlangt wird.**

(3) **In die für die Besetzung maßgebenden Unterlagen kann für den Angeklagten nur sein Verteidiger oder ein Rechtsanwalt, für den Nebenkläger nur ein Rechtsanwalt Einsicht nehmen.**

Die Regelung beschränkt sich auf erstinstanzliche Verfahren vor dem Landgericht 1 und dem Oberlandesgericht. **Sie hängt unmittelbar mit § 338 Nr. 1 zusammen.** Ist die Richterbank unrichtig besetzt, verletzt dies das Recht des Angeklagten auf seinen gesetzlichen Richter und begründet nach § 338 Nr. 1 die Revision. Mit § 222a wird die Geltendmachung einer Besetzungsrüge nicht in das Belieben der Verfahrensbeteiligten gestellt, sondern an den Anfang der Hauptverhandlung. Nicht erst in der Revision, sondern schon vor dem Tatrichter muss die unrichtige Gerichtsbesetzung beanstandet werden. Wer dort keinen Einwand erhebt, verwirkt die Revisionsrüge (§ 338 Nr. 1 Hs. 2). Das Recht auf den gesetzlichen Richter (Art. 101 Abs. 1 S. 2 GG) wird durch diese Vorverlagerung nicht angetastet (BVerfG NStZ 1984, 370; BGHSt 33, 126, 129; KK-Tolksdorf § 222a Rdn. 2; Meyer-Goßner § 222a Rdn. 1).

Die Mitteilung erfolgt in der Hauptverhandlung (Abs. 1) mündlich (BGHSt 29, 2 162) und ist zu protokollieren (§ 273 Abs. 1). Die Besetzung muss spätestens vor Beginn der Vernehmung des ersten Angeklagten zur Sache mitgeteilt werden (BGH NJW 2001, 3062). Die Heilung einer Verspätung durch Wiederholung der Hauptverhandlung soll nicht möglich sein (vgl. KK-Tolksdorf § 222a Rdn. 6).

Die Mitteilung vor der Hauptverhandlung ist zulässig (Abs. 1 S. 2) und 3 wird vom Vorsitzenden regelmäßig zugleich mit der Ladung angeordnet. Sie ergeht an diejenigen Verfahrensbeteiligten, die eine fehlerhafte Besetzung rügen können (Pfeiffer § 222a Rdn. 3). Eine Zustellung an den Verteidiger reicht aus. Bei einer Änderung der mitgeteilten Besetzung (Abs. 1 S. 3) wird die Mitteilung berichtigt.

Die Berechnung der Wochenfrist nach Abs. 2 ergibt sich aus § 43 Abs. 1. Die 4 in Abs. 2 genannten Personen können dann eine Unterbrechung der Hauptverhandlung verlangen, auch dann, wenn während der Wochenfrist die Besetzungsunterlagen (Abs. 3) nicht zur Verfügung standen. Antragsberechtigt sind auch der Nebenkläger und Verfalls- und Einziehungsbeteiligte (Pfeiffer § 222a Rdn. 4). Scheint ein Besetzungsmangel ausgeschlossen, ist der Antrag abzulehnen. Ansonsten ist die Dauer der Unterbrechung so zu bemessen, dass die umfassende Prüfung der Besetzung möglich ist (BGH NStZ 1988, 36). Die Unterbrechung um eine Woche ist in der Praxis wohl ein Regelfall (BGHSt 29, 283).

Die für die Besetzung maßgebenden Unterlagen (Abs. 3) sind insbesondere der 5 **Geschäftsverteilungsplan** (§ 21e GVG), die Geschäftsverteilung innerhalb des Spruchkörpers (§ 21g GVG), die Schöffenliste (§§ 44, 45 Abs. 2 S. 4 GVG) sowie die Protokolle des Schöffenwahlausschusses (BGHSt 33, 126) und der Schöffenauslosung (§ 45 Abs. 2 S. 1, Abs. 4 S. 2 GVG). Hinzu treten die Unterlagen über die Verhinderung von Richtern und Schöffen.

Da ein Besetzungseinwand nicht einfach ins Blaue hinein erhoben werden kann 6 (§ 222b Abs. 1 S. 2), gehört zur Zulässigkeit die **Angabe der Tatsachen,** aus denen sich die vorschriftswidrige Besetzung ergeben soll. Wer den Einwand erheben will, muss sich daher regelmäßig erst informieren, auf welche Weise es zu der Gerichtsbesetzung gekommen ist und kann zu diesem Zweck beim Vorsitzenden mündlich oder schriftlich Auskunft einholen. Hält er das nicht für zweckmäßig oder ausreichend, kann er Einsicht in die Besetzungsunterlagen nehmen (BGHSt 48, 290; Meyer-Goßner § 222a Rdn. 23).

7 Die Beteiligten müssen sich unmittelbar an die **Justizverwaltung** wenden. Deren Weigerung, die Unterlagen offen zu legen, ist nicht anfechtbar (auch nicht nach § 23 EGGVG; OLG Hamm NJW 1980, 1009), sondern erhält den Beteiligten die Besetzungsrüge nach § 338 Nr. 1. Gleiches gilt, wenn die Unterlagen nur unvollständig oder für zu kurze Zeit zur Verfügung gestellt werden (vgl. § 338 Rdn. 11).

8 Eine Anfechtung von Maßnahmen durch die **Beschwerde ist ausgeschlossen** (Meyer-Goßner § 222a Rdn. 25). Mit der Revision kann nach § 338 Nr. 1 nur die unrichtige Besetzung des Gerichts, nicht aber das Unterlassen der Mitteilung über die Besetzung oder die Fehlerhaftigkeit von Maßnahmen und Entscheidungen nach § 222a gerügt werden (Meyer-Goßner § 222a Rdn. 25).

§ 222 b [Besetzungseinwand]

(1) ¹Ist die Besetzung des Gerichts nach § 222a mitgeteilt worden, so kann der Einwand, daß das Gericht vorschriftswidrig besetzt sei, nur bis zum Beginn der Vernehmung des ersten Angeklagten zur Sache in der Hauptverhandlung geltend gemacht werden. ²Die Tatsachen, aus denen sich die vorschriftswidrige Besetzung ergeben soll, sind dabei anzugeben. ³Alle Beanstandungen sind gleichzeitig vorzubringen. ⁴Außerhalb der Hauptverhandlung ist der Einwand schriftlich geltend zu machen; § 345 Abs. 2 und für den Nebenkläger § 390 Abs. 2 gelten entsprechend.

(2) ¹Über den Einwand entscheidet das Gericht in der für Entscheidungen außerhalb der Hauptverhandlung vorgeschriebenen Besetzung. ²Hält es den Einwand für begründet, so stellt es fest, daß es nicht vorschriftsmäßig besetzt ist. ³Führt ein Einwand zu einer Änderung der Besetzung, so ist auf die neue Besetzung § 222a nicht anzuwenden.

1 Die Vorschrift regelt in Abs. 1 die **Voraussetzungen,** unter denen nach einer dem § 222a entsprechenden Mitteilung die Besetzung des Gerichts gerügt werden kann. Abs. 2 normiert die Entscheidungsmöglichkeiten des Gerichts und regelt die Folgen einer berechtigten Rüge. Die Vorschrift gilt auch für den Fall einer unwirksamen Bestellung von Schöffen (BGHSt 33, 126) und für den Einwand, dass das Gericht unter Verstoß gegen § 76 Abs. 2 GVG nur mit zwei statt mit drei Berufsrichtern besetzt ist (BGHSt 44, 161; KK-Tolksdorf § 222b Rdn. 1).

2 Unberührt bleibt die Verpflichtung des Gerichts, die Rechtmäßigkeit seiner Zusammensetzung **in jeder Lage des Verfahrens** zu prüfen (Pfeiffer § 222b Rdn. 1). Insofern dient der Besetzungseinwand dem Zweck, die Rüge nach § 338 Nr. 1 zu erhalten.

3 Der Einwand muss **bis zum Beginn der Vernehmung des ersten Angeklagten zur Sache** erhoben werden. Wird ohne den Angeklagten verhandelt, kann der Einwand bis zum Beginn der Verlesung der die Vernehmung zur Sache ersetzenden Äußerung des Angeklagten erhoben werden (Meyer-Goßner § 222b Rdn. 4). Wiedereinsetzung gegen die Versäumung der Frist ist nicht möglich (KK-Tolksdorf § 222b Rdn. 5).

4 **Außerhalb der Hauptverhandlung** ist der Einwand gem. § 222b Abs. 1 S. 4 in der gleichen Form geltend zu machen wie die Besetzungsrüge in der Revision, also schriftlich (§ 345 Abs. 2, § 390 Abs. 2). In der Hauptverhandlung wird er mündlich erhoben, begründet und dabei protokolliert (§ 273 Abs. 1). Der Einwand kann auch dergestalt erhoben werden, dass sich ein Beteiligter den Einwendungen eines anderen anschließt (Meyer-Goßner § 222b Rdn. 5). Die Begründung entspricht der nach § 344 Abs. 2 S. 2 für die Besetzungsrüge der Revision (BGHSt 44, 161). Fehlt eine

5. Abschnitt. Vorbereitung der Hauptverhandlung   § 223

Begründung, ist der Einwand nicht zulässig erhoben. Unberührt bleibt die Pflicht des Gerichts, die Vorschriftswidrigkeit der Besetzung von Amts wegen zu prüfen.

Alle Beanstandungen sind gleichzeitig geltend zu machen (Abs. 1 S. 3), auch 5 wenn sie Ergänzungsrichter und -schöffen betreffen (BVerfG NJW 2003, 3545). Ein Nachschieben von Gründen soll auch dann nicht zulässig sein, wenn die Vernehmung des ersten Angeklagten zur Sache noch gar nicht begonnen hat (Meyer-Goßner § 222b Rdn. 7). Allerdings kann der Einwand innerhalb der Frist des Abs. 1 S. 1 wiederholt werden, wenn er – etwa wegen Formmangels – unzulässig zurückgewiesen worden war (Meyer-Goßner § 222b Rdn. 7).

Das Gericht entscheidet in der **Besetzung außerhalb der Hauptverhandlung** 6 (Abs. 2 S. 1), also ohne Schöffen, das OLG mit drei Richtern (§ 122 Abs. 1 GVG). Der Richter, gegen dessen Mitwirkung sich der Besetzungseinwand richtet, wirkt bei der Entscheidung mit (Meyer-Goßner § 222b Rdn. 9).

Die Entscheidung ergeht **nach Anhörung der Prozessbeteiligten** möglichst 7 noch vor Beginn der Vernehmung des ersten Angeklagten zur Sache. In entsprechender Anwendung des § 29 Abs. 2 darf das Gericht aber mit der Entscheidung so lange warten, bis diese ohne Verzögerung des Fortgangs der Hauptverhandlung möglich ist (LR-Gollwitzer § 222b Rdn. 31).

Ist der Einwand zulässig erhoben und begründet, beschränkt sich der Be- 8 schluss auf die Feststellung, dass das Gericht nicht vorschriftsmäßig besetzt ist und begründet dies. Es ist dann Sache der zuständigen Organe (Vorsitzender, Präsidium), die weiteren erforderlichen Maßnahmen herbeizuführen oder zu treffen. Ist der Mangel unschwer zu beheben, wird alsbald die ordnungsmäßige Besetzung herbeigeführt und unmittelbar nach der Entscheidung über den Einwand mit der Hauptverhandlung in richtiger Besetzung oder erneuter Ladung von neuem begonnen (Meyer-Goßner § 222b Rdn. 12).

Beispiel: Es wirkt ein Schöffe mit, der bislang nicht vereidigt ist. Die Vereidigung in einer öffentlichen Hauptverhandlung wird nachgeholt, sodann kann das Verfahren erneut begonnen werden.

Ist eine zeitnahe Beseitigung des Mangels nicht möglich, muss die Hauptverhand- 9 lung **ausgesetzt** werden (Meyer-Goßner § 222b Rdn. 12), wenn man nicht ohnehin annimmt, sie sei ohne weiteres beendet (so KK-Tolksdorf § 222b Rdn. 16; LR-Gollwitzer § 222b Rdn. 34). Für die neue Hauptverhandlung gilt § 222a nicht (Abs. 2 S. 3).

Ist der Einwand zulässig, aber unbegründet, wird er durch mit Gründen ver- 10 sehenen Beschluss zurückgewiesen und die Hauptverhandlung fortgesetzt, es sei denn, § 229 Abs. 1 schließt dies aus. Das Gericht ist an den Beschluss aber nicht gebunden und kann bei besserer Erkenntnis zu der Auffassung kommen, dass es doch vorschriftswidrig besetzt ist (KG MDR 1980, 688; KK-Tolksdorf § 222b Rdn. 14).

Der Beschluss wird allen Prozessbeteiligten **bekannt gegeben** und zwar schriftlich, 11 wenn die Hauptverhandlung noch unterbrochen ist (§ 35 Abs. 2 S. 2), sonst durch Verkündung in der Hauptverhandlung (§ 35 Abs. 1 S. 1).

Der Beschluss ist unanfechtbar (§ 305 S. 1), außer bei einer von Amts wegen 12 festgestellten fehlerhaften Besetzung (OLG Celle NdsRpfl 1991, 150). Die Revision kann nicht die Verletzung des § 222 rügen, sondern nur die allgemeine Besetzungsrüge erheben (vgl. § 338 Rdn. 5 ff). Da § 222a für die neue Besetzung nicht gilt (Abs. 2 S. 3), findet auch § 338 Nr. 1 Hs. 2 keine Anwendung (R. Hamm NJW 1979, 135, 137).

§ 223 [Kommissarische Zeugenvernehmung]

(1) Wenn dem Erscheinen eines Zeugen oder Sachverständigen in der Hauptverhandlung für eine längere oder ungewisse Zeit Krankheit oder Gebrechlich-

§ 223

keit oder andere nicht zu beseitigende Hindernisse entgegenstehen, so kann das Gericht seine Vernehmung durch einen beauftragten oder ersuchten Richter anordnen.

(2) Dasselbe gilt, wenn einem Zeugen oder Sachverständigen das Erscheinen wegen großer Entfernung nicht zugemutet werden kann.

1   Die Vorschrift ermöglicht in Verbindung mit § 251 Abs. 1 eine **Vorwegnahme** eines Teils der Hauptverhandlung und dient zugleich der Sicherung der Beweise (vgl. Meyer-Goßner § 223 Rdn. 1; Pfeiffer § 223 Rdn. 1). Ziel ist es, eine Niederschrift über die kommissarische Vernehmung zu erhalten, deren Verlesung dann einen Teil der Hauptverhandlung darstellt (BGHSt 9, 27; KK-Tolksdorf § 223 Rdn. 1). Ob die Verlesung zulässig ist, entscheidet das Gericht endgültig aber erst in der Hauptverhandlung (vgl. § 251 Rdn. 11 ff). Seit Inkrafttreten des Zeugenschutzgesetzes kommt als weiterer Zweck die Erstellung einer Bild-Ton-Aufzeichnung hinzu, die nach § 255a in die Hauptverhandlung eingeführt werden kann (Meyer-Goßner § 223 Rdn. 1).

2   Die **Voraussetzungen der kommissarischen Vernehmung** entsprechen der einer Verlesung nach § 251 Abs. 1 Nr. 2, 3. Krankheit liegt auch dann vor, wenn ein Erscheinen in der Hauptverhandlung nicht auszuschließen ist; es genügt, dass die Gefahr einer erheblichen Verschlechterung des Gesundheitszustandes besteht (BGHSt 9, 297). Andere nicht zu beseitigende Hindernisse können etwa unaufschiebbare längere Reisen, die Weigerung eines im Ausland lebenden Zeugen zur Anreise oder nicht durch Schutzmaßnahmen zu beseitigende Gefahren für Leib oder Leben der Beweisperson sein (vgl. BGHSt 22, 311). Allerdings muss das Gericht alle gebotenen Bemühungen unternehmen, um eine Vernehmung in der Hauptverhandlung zu ermöglichen (BGHSt 36, 159). Eine mit zumutbaren Mitteln auszuräumende berufliche oder private Inanspruchnahme ist ebenso kein Hindernis wie ein Aufenthalt im Ausland (vgl. BGHSt 7, 15). Maßstab ist insofern die Unerreichbarkeit im Sinne des § 244 Abs. 3 S. 2 (Pfeiffer § 223 Rdn. 4). Wo die Grenze zur längeren Zeit (Abs. 1) liegt, hängt auch von der Bedeutung der Aussage ab.

3   **Die Unzumutbarkeit des Erscheinens wegen großer Entfernung (Abs. 2)** hängt nicht von der absoluten Entfernung ab, sondern auch von den persönlichen Verhältnissen der Beweisperson, der Bedeutung ihrer Aussage und dem Grundsatz der Verfahrensbeschleunigung (BGH NJW 1986, 1999). Auch die geographische Lage und die Verkehrsverhältnisse sind einzubeziehen (Meyer-Goßner § 223 Rdn. 8). Je größer der Aufklärungswert der Aussage oder eines Gutachtens ist, desto weniger kann es auf die Entfernung ankommen. Notfalls muss der einzige Belastungszeuge sogar aus Übersee anreisen oder das Gericht die Hauptverhandlung um ein oder zwei Sitzungstage verlängern (vgl. BGH StV 1983, 444; Meyer-Goßner § 223 Rdn. 8).

4   Die Anordnung der kommissarischen Vernehmung erfolgt durch **Beschluss des Gerichts** von Amts wegen oder auf Antrag eines Verfahrensbeteiligten oder auch der geladenen Beweisperson selbst. Der Beschluss kann schon im Eröffnungsverfahren und noch in der Hauptverhandlung ergehen. Er muss die Beweisperson mit Namen und Anschrift bezeichnen und angeben, welcher Hinderungsgrund nach Abs. 1 oder 2 vorliegt (Meyer-Goßner § 223 Rdn. 12; Pfeiffer § 223 Rdn. 7).

5   Die **Durchführung der Vernehmung** obliegt dem beauftragten oder ersuchten Richter. Der beauftragte Richter gehört dem zur Entscheidung berufenen Spruchkörper an, muss aber an der späteren Hauptverhandlung nicht mitwirken (BGHSt 2, 1). Die Vernehmung durch mehrere Berufsrichter ist zulässig (BGH NStZ 1983, 182), nicht aber die durch den ganzen Spruchkörper (BGHSt 31, 236). Die die Schuldfrage betreffenden Wahrnehmungen des beauftragten Richters dürfen nicht im Wege der dienstlichen Erklärung in die Hauptverhandlung eingeführt werden (BGHSt 45, 354).

5. Abschnitt. Vorbereitung der Hauptverhandlung § 224

Ersuchter Richter ist der durch die Geschäftsverteilung bestimmte Richter des ersuchten auswärtigen AG (§ 157 GVG). Die Vernehmung erfolgt in nicht öffentlicher Sitzung. Eine Vereidigung ist nach Streichung des § 223 Abs. 3 nicht mehr vorgesehen. Die Verfahrensbeteiligten sind mit den in § 224 geregelten Einschränkungen zur Teilnahme berechtigt, der Verteidiger auch, wenn eine Benachrichtigung nach § 224 Abs. 1 S. 1 (versehentlich) unterblieben ist (BGHSt 32, 115, 129). Der Verteidiger darf auch nicht wegen Gefährdung des Zeugen ausgeschlossen werden (BGHSt 32, 115); dies gilt auch für die Vernehmung inländischer oder ausländischer Polizeibeamter (BGH NStZ 1984, 178; Meyer-Goßner § 223 Rdn. 19). Die zeitweilige Entfernung des Angeklagten nach § 247 ist zulässig (BGHSt 32, 32), eine Unterrichtungspflicht nach § 247 S. 4 besteht in diesen Fällen nicht (Meyer-Goßner § 223 Rdn. 20). 6

Der Zeuge kann unter **Einsatz von Videotechnik** vernommen werden, dabei richtet sich das Verfahren nach § 247a, nicht nach § 168e (Meyer-Goßner § 223 Rdn. 20; a.M. LR-Rieß § 168e Rdn. 6). Inwiefern eine Direktübertragung einer unter den Voraussetzungen der §§ 223, 247a durchgeführten kommissarischen Vernehmung in die Hauptverhandlung zulässig ist, ist umstritten (vgl. die Nachw. bei Meyer-Goßner § 223 Rdn. 20). 7

Bei der Vernehmung gilt § 68. Über die Zulassung von Fragen entscheidet der vernehmende Richter, der auch entsprechend § 242 die Entscheidung des erkennenden Gerichts herbeiführen kann (BGH NStZ 1983, 421). Die Vernehmungsniederschrift richtet sich nach den §§ 168, 168a. Zulässig ist es, Feststellungen aufzunehmen, die die Verhörsperson im Hinblick auf den Zeugen gemacht hat; sogar Wertungen, die sich für den vernehmenden Richter aus solchen Feststellungen ergeben, dürfen im Protokoll vermerkt werden (BGHSt 45, 354). Das Gericht darf den persönlichen Eindruck, den der beauftragte Richter von dem Vernommenen gewonnen hat und im Protokoll festhielt, auf Grund der Verlesung der Sitzungsniederschrift bei der Beweiswürdigung berücksichtigen (Meyer-Goßner § 223 Rdn. 24). 8

Eine **Beschwerde** gegen Anordnung oder Ablehnung der Vernehmung ist ausgeschlossen (§ 305 S. 1). Die **Revision** kann nur auf Verletzung des § 251 bei der Verlesung der Vernehmungsniederschrift gestützt werden (Meyer-Goßner § 223 Rdn. 26). 9

§ 224 [Benachrichtigung der Beteiligten]

(1) ¹**Von den zum Zweck dieser Vernehmung anberaumten Terminen sind die Staatsanwaltschaft, der Angeklagte und der Verteidiger vorher zu benachrichtigen; ihrer Anwesenheit bei der Vernehmung bedarf es nicht.** ²**Die Benachrichtigung unterbleibt, wenn sie den Untersuchungserfolg gefährden würde.** ³**Das aufgenommene Protokoll ist der Staatsanwaltschaft und dem Verteidiger vorzulegen.**

(2) **Hat ein nicht in Freiheit befindlicher Angeklagter einen Verteidiger, so steht ihm ein Anspruch auf Anwesenheit nur bei solchen Terminen zu, die an der Gerichtsstelle des Ortes abgehalten werden, wo er in Haft ist.**

Die Vorschrift ergänzt § 223 und gilt für alle Vernehmungen, die nach dieser Vorschrift angeordnet worden sind, auch wenn sie im Ausland durchgeführt werden (BGHSt 35, 82). Bei konsularischen Vernehmungen gilt sie entsprechend (KK-Tolksdorf § 224 Rdn. 1). Zu benachrichtigen sind Staatsanwalt, Angeklagter und Verteidiger. Die Benachrichtigung obliegt dem beauftragten oder ersuchten Richter. Stehen Zeit und Ort der Vernehmung durch den beauftragten Richter fest, so können diese Angaben schon in den Beschluss nach § 223 aufgenommen werden (Meyer-Goßner § 224 Rdn. 3). Weitere Verfahrensbeteiligte (Privatkläger, Nebenkläger, Nebenbeteiligte, gesetzliche Vertreter, Erziehungsberechtigte) sind ebenfalls zu be- 1

§§ 225, 225a

nachrichtigen. Die Unterrichtung muss so rechtzeitig erfolgen, dass den Beteiligten die Anwesenheit oder die Regelung einer Vertretung bei der Vernehmung möglich ist (BGH GA 1976, 242, 244). In Eilfällen muss telefonisch benachrichtigt werden.

2   **Die Benachrichtigungspflicht entfällt,** wenn der Prozessbeteiligte auf sie verzichtet (OLG Bremen StV 1992, 59) oder wenn eine Gefährdung des Untersuchungserfolgs zu befürchten ist (Abs. 1 S. 2). Diese Gefahr besteht nur, wenn die mit der Benachrichtigung verbundene Verzögerung zum Verlust oder zur Minderung des Wertes des Beweismittels führen würde (BGH NJW 1980, 2088) oder wenn Anhaltspunkte dafür bestehen, dass der Angeklagte oder sein Verteidiger die Benachrichtigung zur Vornahme von Verdunkelungsmaßnahmen ausnutzen könnten (BGHSt 32, 115, 122). Da die Prozessbeteiligten zwar ein Anwesenheitsrecht, nicht jedoch eine Anwesenheitspflicht haben, haben sie auch **keinen Anspruch auf Terminsverlegung** (BGHSt 1, 284).

3   Eingeschränkt ist das **Anwesenheitsrecht eines inhaftierten Angeklagten,** soweit er einen Verteidiger hat (Abs. 2). Die Benachrichtigungspflicht nach Abs. 1 S. 1 bleibt aber unberührt (Meyer-Goßner § 224 Rdn. 10). Der Vorsitzende hat der StA und dem Verteidiger das aufgenommene Protokoll zu übermitteln (Abs. 1 S. 3). Dies gilt auch für eine etwaige Bild-Ton-Aufzeichnung.

4   Die **Revision** kann auf einen Verstoß gegen § 224 nur gestützt werden, wenn der Beschwerdeführer in der Hauptverhandlung der Verlesung des Protokolls ausdrücklich widersprochen hat (BGHSt 25, 357, 359); ein **Widerspruch** in der Berufungsinstanz genügt (OLG Bremen StV 1992, 59). Etwas anderes gilt nur, wenn der Angeklagte keinen Verteidiger hat und seine Rechte nicht kannte (Meyer-Goßner § 224 Rdn. 12). Vor dem Hintergrund der Rechtskreistheorie ist ein Verstoß gegen § 224 in einem anderen Verfahren, das gegen einen anderen Angeklagten wegen Beteiligung an der Tat geführt wird, kein Revisionsgrund (BGH NJW 1986, 1999).

§ 225 [Kommissarischer Augenschein]

Ist zur Vorbereitung der Hauptverhandlung noch ein richterlicher Augenschein einzunehmen, so sind die Vorschriften des § 224 anzuwenden.

1   Die **Anordnung** einer Augenscheinseinnahme durch einen beauftragten oder ersuchten Richter trifft das Gericht durch Beschluss vor oder in der Hauptverhandlung; § 219 gilt nicht (Pfeiffer § 225 Rdn. 1).

2   Es handelt sich um einen **vorweggenommenen Teil der Hauptverhandlung.** Daher gelten die Vorschriften über die Benachrichtigungspflicht nach § 224 Abs. 1 S. 1. Die Anwesenheitsrechte ergeben sich aus den §§ 168 d, 224 Abs. 2.

3   Eine **Beschwerde** gegen die Augenscheinseinnahme ist nach § 305 S. 1 ausgeschlossen. Zur Revision vgl. § 224 Rdn. 4.

§ 225 a [Zuständigkeitsänderung vor der Hauptverhandlung]

(1) ¹Hält ein Gericht vor Beginn einer Hauptverhandlung die sachliche Zuständigkeit eines Gerichts höherer Ordnung für begründet, so legt es die Akten durch Vermittlung der Staatsanwaltschaft diesem vor; § 209a Nr. 2 Buchstabe a gilt entsprechend. ²Das Gericht, dem die Sache vorgelegt worden ist, entscheidet durch Beschluß darüber, ob es die Sache übernimmt.

(2) ¹Werden die Akten von einem Strafrichter oder einem Schöffengericht einem Gericht höherer Ordnung vorgelegt, so kann der Angeklagte innerhalb einer bei der Vorlage zu bestimmenden Frist die Vornahme einzelner Beweiser-

5. Abschnitt. Vorbereitung der Hauptverhandlung § 225a

hebungen beantragen. ²Über den Antrag entscheidet der Vorsitzende des Gerichts, dem die Sache vorgelegt worden ist.

(3) ¹In dem Übernahmebeschluß sind der Angeklagte und das Gericht, vor dem die Hauptverhandlung stattfinden soll, zu bezeichnen. ²§ 207 Abs. 2 Nr. 2 bis 4, Abs. 3 und 4 gilt entsprechend. ³Die Anfechtbarkeit des Beschlusses bestimmt sich nach § 210.

(4) ¹Nach den Absätzen 1 bis 3 ist auch zu verfahren, wenn das Gericht vor Beginn der Hauptverhandlung einen Einwand des Angeklagten nach § 6a für begründet hält und eine besondere Strafkammer zuständig wäre, der nach § 74e des Gerichtsverfassungsgesetzes der Vorrang zukommt. ²Kommt dem Gericht, das die Zuständigkeit einer anderen Strafkammer für begründet hält, vor dieser nach § 74e des Gerichtsverfassungsgesetzes der Vorrang zu, so verweist es die Sache an diese mit bindender Wirkung; die Anfechtbarkeit des Verweisungsbeschlusses bestimmt sich nach § 210.

Die Bestimmung ergänzt § 209 Abs. 2, § 270 für Zuständigkeitsverschiebungen zwischen Eröffnung des Hauptverfahrens und Beginn der Hauptverhandlung (Pfeiffer § 225a Rdn. 1). Abs. 1 bis 3 finden im Berufungsverfahren entsprechende Anwendung (BGH NJW 2003, 1404). 1

Die Vorlegung ist – abgesehen von der Ausnahme in Abs. 4 S. 2 – nur an ein **Gericht höherer Ordnung** möglich. Gerichte höherer Ordnung sind über den Verweis in Abs. 1 S. 1 Hs. 2 auf den § 209a Nr. 2a auch die Jugendgerichte, nicht aber die Jugendschutzgerichte, da ein Verweis auf § 209a Nr. 2b fehlt (BGHSt 42, 39). Für die Jugendgerichtsbarkeit gelten §§ 47a, 103 Abs. 2 S. 2, 3 JGG. Die Abgabe an eine Strafkammer mit besonderer Zuständigkeit regelt Abs. 4. Ob die Vorschrift im Berufungsverfahren anwendbar ist, ist umstritten (vgl. Meyer-Goßner § 225a Rdn. 2). Für die geschäftsplanmäßige Zuständigkeit und die örtliche Zuständigkeit gilt § 225a nicht (vgl. § 270 Rdn. 6). 2

Der Vorlegungsbeschluss ergeht von Amts wegen oder auf Antrag vor Beginn „einer" Hauptverhandlung, also ggf. auch, wenn schon eine Hauptverhandlung stattgefunden hat und ausgesetzt worden ist (Hohendorf NStZ 1987, 389, 393) oder nach Zurückverweisung der Sache an das AG durch das Revisionsgericht. Während der Hauptverhandlung wird nach § 270 verfahren (Meyer-Goßner § 225a Rdn. 4). 3

Eine Vorlegung ist **bei sachlicher Unzuständigkeit zwingend (§ 6)**. Merkmale der sachlichen Zuständigkeit, die mit der Eröffnung des Hauptverfahrens endgültig geprüft sind, wie etwa die Rechtsfolgenerwartung nach § 25 Nr. 2 GVG, bleiben dabei außer Betracht. Insofern soll eine Vorlegung der Sache durch den Strafrichter an das Schöffengericht unzulässig sein (OLG Düsseldorf NStZ-RR 2001, 222; Meyer-Goßner § 225a Rdn. 5; a.M. Paeffgen NStZ 2002, 195). 4

Den Vorlegungsbeschluss erlässt das Gericht in der Besetzung, die für Entscheidungen außerhalb der Hauptverhandlung vorgeschrieben ist. Inhaltlich muss er das Gericht bezeichnen, dem die Sache vorgelegt wird. Da dieses Gericht wissen muss, warum das untere Gericht sich für sachlich unzuständig hält, muss der Beschluss begründet werden. Der Beschluss wird den Verfahrensbeteiligten formlos bekannt gemacht und die Akten mit dem Beschluss der StA übersandt. Diese leitet sie mit ihrer Stellungnahme an das in dem Beschluss bezeichnete höhere Gericht weiter (Abs. 1 S. 1 Hs. 1). Das abgebende Gericht bleibt für Haft- und andere Nebenentscheidungen so lange zuständig, bis das höhere Gericht den Übernahmebeschluss erlassen hat. 5

Ist für dieses Gericht **eine andere StA zuständig**, legt sie dieser lediglich die Akten vor. Die zuständige StA leitet sie dann mit ihrer Stellungnahme an das in dem Beschluss bezeichnete Gericht weiter. In der Praxis wird die übersendende StA jedoch ihre eigene Stellungnahme der neuen StA zur Kenntnis geben. 6

§ 225a   2. Buch. Verfahren im ersten Rechtszug

7   **Das Beweisantragsrecht nach Abs. 2 S. 1** soll dem Umstand Rechnung tragen, dass zu der Abgabe vor allem ein neuer rechtlicher Gesichtspunkt oder ein in der Anklageschrift nicht besonders erwähntes, nach § 264 aber zur Aburteilung stehendes Tatgeschehen führen kann, zu dem der Angeklagte sich noch nicht hat äußern können und zu dessen tatsächlicher Beurteilung er noch keine Beweisanträge nach § 201 Abs. 1 hat stellen können (Meyer-Goßner § 225a Rdn. 9). In welchem Rahmen dieses Recht gilt, ist umstritten. Ein Teil der Literatur meint, die Vorschrift finde bei Abgabe an die Jugendkammer oder das Jugendschöffengericht oder im Fall des Abs. 4 S. 1 keine Anwendung (Meyer-Goßner § 225a Rdn. 9). Demgegenüber will ein anderer Teil der Literatur Abs. 2 auch in diesen Fällen anwenden (KK-Tolksdorf § 225a Rdn. 20; LR-Gollwitzer § 225a Rdn. 35).

8   Zweckmäßigerweise wird in den Vorlegungsbeschluss **die Frist aufgenommen**, innerhalb derer der Angeklagte Beweiserhebungen beantragen kann (Meyer-Goßner § 225a Rdn. 10). Zu stellen ist der Beweisantrag bei dem Vorsitzenden des höheren Gerichts, dem die Sache vorgelegt wird. Die Entscheidung trifft der Vorsitzende des Gerichts nach Anhörung der StA (Abs. 2 S. 2), sofern nicht das Gericht eine kommissarische Vernehmung nach § 223 oder eine Augenscheinseinnahme nach § 225 beschließen muss (Meyer-Goßner § 225a Rdn. 12). Eine Wahrunterstellung ist ebenso unzulässig wie im Fall des § 219.

9   Die Entscheidung muss **so rechtzeitig** getroffen werden, dass der Angeklagte sein Prozessverhalten darauf z.B. durch einen Antrag nach § 219 einrichten oder eine Selbstladung nach § 220 vornehmen kann. Die Entscheidung darf nicht vor Erlass des Übernahmebeschlusses getroffen werden und erübrigt sich, wenn das Gericht die Übernahme der Sache nach Abs. 1 S. 2 ablehnt (LR-Gollwitzer § 225a Rdn. 49).

10   **Die Entscheidung** über die Übernahme ergeht durch Beschluss (Abs. 1 S. 2) nach Anhörung der Verfahrensbeteiligten (§ 33 Abs. 2, 3) in der für Entscheidungen außerhalb der Hauptverhandlung vorgeschriebenen Besetzung. Mit dem Beschluss wird die Sache beim übernehmenden Gericht rechtshängig (BGHSt 44, 121). Die Sache wird übernommen, wenn das höhere Gericht den hinreichenden Tatverdacht wegen der seine Zuständigkeit begründenden Gesetzesverletzung bejaht (BGHSt 29, 341, 348).

11   Den **Inhalt** des Übernahmebeschlusses beschreibt Abs. 3. Über Abs. 3 S. 2 ist § 207 Abs. 2 Nr. 2 bis 4 anwendbar. So kann das Gericht die StA zur Einreichung einer neuen Anklageschrift auffordern (Meyer-Goßner § 225a Rdn. 16). Eine Verfolgungsbeschränkung nach § 154a darf das Gericht erst nach Übernahme verfügen, die Übergabe kann also nicht dadurch verhindert werden, dass es nach § 154a verfährt (Meyer-Goßner § 225a Rdn. 20).

12   **Bei Ablehnung der Übernahme** muss die Beschlussbegründung ergeben, aus welchen tatsächlichen oder rechtlichen Erwägungen sich das höhere Gericht nicht für zuständig hält (LR-Gollwitzer § 225a Rdn. 25). Es bleibt dann bei der Rechtshängigkeit vor dem unteren Gericht, die Akten werden an dieses zurückgeleitet (Meyer-Goßner § 225a Rdn. 19). Abs. 4 regelt das Verfahren der allgemeinen Strafkammer, wenn der Angeklagte zutreffend den Einwand nach § 206a geltend gemacht hat und damit eine Verweisung an eine besondere Strafkammer (§ 74 Abs. 2, §§ 74a oder 74c GVG) zulässig ist. Das Beweisantragsrecht nach Abs. 2 entfällt, weil es sich nur um die Einhaltung von besonderen Bestimmungen über die gesetzliche Zuständigkeitsverteilung bei den Landgerichten handelt. Der Verweis auf Abs. 2 in Abs. 4 S. 1 soll nur ein Redaktionsversehen sein (Meyer-Goßner § 225a Rdn. 22; a.M. KK-Tolksdorf § 225a Rdn. 20; LR-Gollwitzer § 225a Rdn. 51).

13   **Die Verweisung hat bindende Wirkung (Abs. 4 S. 2).** Vor dem Verweisungsbeschluss sind StA und die anderen Verfahrensbeteiligten zu hören. Er muss den Anforderungen des Abs. 3 S. 1 entsprechen. Anders als bei der Übernahme nach Abs. 1 bis 3 kann das Gericht im Fall des Abs. 4 S. 2 die Gesetzesverletzung, die seine Zuständigkeit begründet, nach § 154a ausscheiden (Meyer-Goßner § 225a Rdn. 23).

6. Abschnitt. Hauptverhandlung Vor § 226, § 226

Der Übernahmebeschluss kann in den Grenzen des § 210 mit der **Beschwerde** an- 14
gefochten werden (Abs. 3 S. 3, Abs. 4 S. 1). Für den Angeklagten ist er daher nach
§ 210 Abs. 1 unanfechtbar, die StA kann nach § 210 Abs. 2 nur Beschwerde einlegen,
wenn ihrem Antrag nicht entsprochen wurde. Ob die StA ein Beschwerderecht hat,
wenn die Übernahme abgelehnt wird und sie sich für die Zuständigkeit des höheren
Gerichts ausgesprochen hatte, ist umstritten (dagegen OLG Zweibrücken NStZ 1998,
211; Meyer-Goßner § 225a Rdn. 24; dafür KK-Tolksdorf § 225a Rdn. 40; LR-
Gollwitzer § 225a Rdn. 64). Gegen den Verweisungsbeschluss nach Abs. 4 S. 2 steht
der StA die sofortige Beschwerde zu, wenn er entgegen ihrem Antrag erlassen worden
ist (LR-Gollwitzer § 225a Rdn. 63).

Das Fehlen eines Übernahmebeschlusses begründet die **Revision** (BGHSt 44, 121). 15
Im Übrigen sind Fehler bei der Anwendung des § 225a wegen § 336 S. 2 nicht revisibel.

Sechster Abschnitt. Hauptverhandlung

Vor § 226

Die Hauptverhandlung wird oft als **Kernstück des Strafprozesses** bezeichnet 1
(vgl. Meyer-Goßner vor § 226 Rdn. 1; Pfeiffer § 226 Rdn. 1). Dies ist insofern unzutreffend, als in den meisten Fällen schon im Ermittlungsverfahren entscheidende Weichen gestellt werden und nicht der große Teil der Ermittlungsverfahren wirklich in einer Hauptverhandlung endet. Immerhin wird in der Hauptverhandlung der Sachverhalt endgültig aufgeklärt und festgestellt und dies in einer Weise, die die größte Gewähr für die Erforschung der Wahrheit und zugleich für die bestmögliche Verteidigung des Angeklagten und damit für ein gerechtes Urteil bietet (vgl. BVerfGE 74, 358, 372; Meyer-Goßner vor § 226 Rdn. 1).

Wesentliche Verfahrensgrundsätze für die Hauptverhandlung sind der Grund- 2
satz der Öffentlichkeit (§ 169 GVG), der Grundsatz der Mündlichkeit (§ 261 Rdn. 7)
und der Grundsatz der Unmittelbarkeit bei der Vernehmung von Zeugen und Sachverständigen (vgl. § 250 Rdn. 1 ff). Der **Beschleunigungsgrundsatz** gilt für das gesamte Strafverfahren, nicht nur für die Hauptverhandlung (Meyer-Goßner vor § 226
Rdn. 3). Zur Sachaufklärungspflicht des Gerichts vgl. § 244 Abs. 2.

§ 226 [Ununterbrochene Gegenwart]

(1) **Die Hauptverhandlung erfolgt in ununterbrochener Gegenwart der zur Urteilsfindung berufenen Personen sowie der Staatsanwaltschaft und eines Urkundsbeamten der Geschäftsstelle.**

(2) ¹**Der Strafrichter kann in der Hauptverhandlung von der Hinzuziehung eines Urkundsbeamten der Geschäftsstelle absehen.** ²**Die Entscheidung ist unanfechtbar.**

Die Vorschrift stellt in Abs. 1 als Ausfluss des Mündlichkeitsgrundsatzes den 1
Grundsatz der Verhandlungseinheit auf. Alle Verfahrensbeteiligten sollen ohne
Unterbrechung an der Hauptverhandlung teilnehmen.

Die Hauptverhandlung beginnt mit dem Aufruf der Sache (§ 243 Abs. 1 2
S. 1) und endet mit der Urteilsverkündung (§ 268 Abs. 2). Die Anwesenheitspflicht gilt auch für unwesentliche Teile. Gegenwart erfordert auch geistige Gegenwart; wer schläft, ist abwesend (Meyer-Goßner § 226 Rdn. 3).

Eine Anwesenheitspflicht besteht zunächst für den Richter, auch die Schöffen, 3
die bis zur Urteilsverkündung nicht wechseln dürfen. Andernfalls muss die gesamte

§§ 227, 228 2. Buch. Verfahren im ersten Rechtszug

Hauptverhandlung wiederholt werden. Ein Ergänzungsrichter (§ 192 GVG) kann für einen ausgefallenen Richter eintreten, aber nur, wenn er an der Hauptverhandlung von Anfang an teilgenommen hatte (BGH NJW 2001, 3062). Gleiches gilt für Ergänzungsschöffen (§§ 48, 192 Abs. 2, 3 GVG).

4 **Ein Vertreter der StA** muss bis zum Schluss der Hauptverhandlung und auch bei der Urteilsverkündung anwesend sein. Identität der Personen ist nicht erforderlich; mehrere Staatsanwälte können im Laufe der Verhandlung nicht nur nebeneinander (§ 227), sondern auch nacheinander tätig werden (BGHSt 21, 85, 89). Zum Referendar als Sitzungsvertreter der StA vgl. § 142 Abs. 3 GVG, zur Vernehmung des Staatsanwalts als Zeugen vgl. Rdn. 10 vor § 48.

5 **Ein Urkundsbeamter der Geschäftsstelle** (§ 153 GVG) muss grundsätzlich während der ganzen Hauptverhandlung anwesend sein. Entsprechend § 227 können auch mehrere nebeneinander tätig werden oder sich gegenseitig ablösen (BGHSt 21, 85, 89). Ein Absehen von der Hinzuziehung des Urkundsbeamten ist nur im Rahmen des Abs. 2 S. 1 möglich. Dieser ist allerdings nur bei einfachen und nicht umfangreichen Sachen einschlägig, weil sonst der Richter über Gebühr belastet würde (Meyer-Goßner § 226 Rdn. 7 a). Stellt sich erst während der Hauptverhandlung heraus, dass die Hinzuziehung eines Protokollführers nötig ist, ist der Strafrichter nicht gehindert, nachträglich einen solchen hinzuzuziehen.

6 Keine Anwesenheitspflicht haben Nebenkläger und Nebenbeteiligte. Die **ununterbrochene Anwesenheit des Verteidigers** ist bei notwendiger Verteidigung (§§ 140, 231 a Abs. 4) erforderlich (vgl. § 145 Abs. 1 S. 1). Während des Verlaufes der Hauptverhandlung ist Personenidentität nicht vorausgesetzt, das heißt mehrere Verteidiger können einander im Laufe der Hauptverhandlung ablösen und nacheinander tätig werden (BGHSt 13, 337, 341). Zur Vernehmung des Verteidigers als Zeugen vgl. Rdn 11 vor § 48, zur Beurlaubung § 231 c. Der Sachverständige muss nicht ständig in der Hauptverhandlung anwesend sein (Meyer-Goßner § 80 Rdn. 5). Für die Anwesenheit eines Dolmetschers kommt es darauf an, ob die Zuziehung dauernd notwendig oder nicht zwingend war (vgl. Meyer-Goßner § 185 GVG Rdn. 10).

7 Im Rahmen der **Revision** wird die Anwesenheit der zur Urteilsfindung berufenen Personen durch das Hauptverhandlungsprotokoll bewiesen. Vgl. im Übrigen § 338 Rdn. 9, 24 ff. Die Zuziehung oder Nichtzuziehung eines Urkundsbeamten durch den Strafrichter ist wegen Abs. 2 S. 2 in der Revision nicht überprüfbar (§ 336 S. 2).

§ 227 [Mehrere Staatsanwälte und Verteidiger]

Es können mehrere Beamte der Staatsanwaltschaft und mehrere Verteidiger in der Hauptverhandlung mitwirken und ihre Verrichtungen unter sich teilen.

1 Die Vorschrift stellt klar, dass **mehrere Staatsanwälte und Verteidiger** nebeneinander, nacheinander oder abwechselnd mitwirken können. Auch bei notwendiger Verteidigung zwingt ein Verteidigerwechsel nicht zur Wiederholung der Hauptverhandlung (BGHSt 13, 337). Allerdings kann ein Verteidigerwechsel die Aussetzung des Verfahrens erforderlich machen (vgl. Pfeiffer § 145 Rdn. 3).

2 Sind mehrere Staatsanwälte vorhanden, stehen diese dem Gericht als Einheit gegenüber. Bei widersprüchlichen Erklärungen – einer stimmt zu, der andere widerspricht – gilt der Widerspruch (KK-Tolksdorf § 227 Rdn. 3).

§ 228 [Aussetzung und Unterbrechung]

(1) ¹Über die Aussetzung einer Hauptverhandlung oder deren Unterbrechung nach § 229 Abs. 2 entscheidet das Gericht. ²Kürzere Unterbrechungen ordnet der Vorsitzende an.

6. Abschnitt. Hauptverhandlung **§ 228**

(2) **Eine Verhinderung des Verteidigers gibt, unbeschadet der Vorschrift des § 145, dem Angeklagten kein Recht, die Aussetzung der Verhandlung zu verlangen.**

(3) **Ist die Frist des § 217 Abs. 1 nicht eingehalten worden, so soll der Vorsitzende den Angeklagten mit der Befugnis, Aussetzung der Verhandlung zu verlangen, bekanntmachen.**

Die **Abgrenzung zwischen Aussetzung und Unterbrechung** der Hauptverhandlung richtet sich nach der tatsächlichen Dauer der Unterbrechung; auf die Bezeichnung durch das Gericht oder dessen Absichten kommt es nicht an (BGH NJW 1982, 248; Meyer-Goßner § 228 Rdn. 2). **Aussetzung** ist jedes Abbrechen der Hauptverhandlung über einen Zeitraum hinaus, der nach § 229 Abs. 1 oder 2 zulässig ist. **Unterbrechung** ist daher der verhandlungsfreie Zeitraum, der diese zeitlichen Grenzen nicht überschreitet. 1

Die Aussetzung hat zur Folge, dass später eine **neue selbstständige Verhandlung** stattfinden muss. Zum Teil ist sie gesetzlich vorgeschrieben (vgl. § 138c Abs. 4, § 145 Abs. 3, § 217 Abs. 2, § 265 Abs. 3, 4). Im Übrigen kann die Fürsorgepflicht des Gerichts eine Aussetzung gebieten (OLG Celle NJW 1961, 1319) oder diese sich aus der Sachaufklärungspflicht ergeben (Meyer-Goßner § 228 Rdn. 3). Da das Beschleunigungsgebot zu beachten ist, muss stets geprüft werden, ob eine Unterbrechung nach § 229 ausreicht (OLG Düsseldorf StV 1997, 282). Sind mehrere Taten im Sinne des § 264 Gegenstand des Verfahrens, kann es unter Umständen ausreichen, das Verfahren nur teilweise auszusetzen (BGH MDR 1975, 23). 2

Die Entscheidung des Gerichts ergeht von Amts wegen oder auf Antrag durch Beschluss. Aussetzungsanträge können vor oder in der Hauptverhandlung gestellt werden. Ausdrücklich als Aussetzungsantrag muss der Antrag nicht bezeichnet sein (Meyer-Goßner § 228 Rdn. 5). 3

Die Entscheidung muss vor Urteilsverkündung getroffen werden, nur hilfsweise gestellte Anträge können in den Urteilsgründen abgelehnt werden (LR-Gollwitzer § 228 Rdn. 15). Der **Ablehnungsbeschluss** bedarf in der Regel der Begründung (§ 34) und muss erkennen lassen, dass das Gericht die vorgetragenen oder von Amts wegen zu beachtenden Tatsachen zutreffend gewürdigt und sein Ermessen fehlerfrei ausgeübt hat. Bei reinen Ermessensentscheidungen soll die Begründung entbehrlich sein (OLG Celle NJW 1961, 1319; Meyer-Goßner § 228 Rdn. 7). 4

Die **Entscheidung über die Aussetzung** der Hauptverhandlung oder deren Unterbrechung nach § 229 Abs. 2 trifft das Gericht (Abs. 1 S. 1). Kürzere Unterbrechungen, das heißt kurze Pausen oder Unterbrechungen bis zur Höchstgrenze von drei Wochen nach § 229 Abs. 1 ordnet der Vorsitzende an (Abs. 1 S. 2). Die Unterbrechungsverfügung ergeht in der Hauptverhandlung. Außerhalb der Hauptverhandlung besteht sie in einer Verlegung des Fortsetzungstermins, über den die Beteiligten unterrichtet werden. Hat der Vorsitzende entgegen Abs. 1 in Verbindung mit § 229 Abs. 1 eine Unterbrechung von mehr als drei Wochen angeordnet, wird dieser Mangel dadurch geheilt, dass das Gericht einen entsprechenden Unterbrechungsbeschluss erlässt oder der Vorsitzende rechtzeitig einen Fortsetzungstermin im Rahmen des § 229 Abs. 1 bestimmt (Meyer-Goßner § 228 Rdn. 9). Im Übrigen entscheidet das Gericht entweder in der Hauptverhandlung oder aber außerhalb der Hauptverhandlung in der dafür vorgeschriebenen Besetzung (BGHSt 34, 154; siehe § 229 Rdn. 6). 5

Bei einer Verhinderung des Verteidigers (Abs. 2) soll der Angeklagte kein Recht haben, die Aussetzung zu verlangen. Dies betrifft aber nicht die Fälle des § 145, also der notwendigen Verteidigung (§§ 140, 231 Abs. 4). Grenzen findet Abs. 2 im Prinzip des fairen Verfahrens (BGH NStZ 1999, 527; Meyer-Goßner § 228 Rdn. 10). 6

7 **Bei einer Verspätung des Verteidigers** muss das Gericht eine angemessene Zeit warten (vgl. § 329 Rdn. 10, § 412 Rdn. 5). Regelmäßig wird eine Wartezeit von 15 Minuten angezeigt sein (BayObLG AnwBl 1978, 154), bei einem auswärtigen Verteidiger kann eine längere Wartezeit erforderlich sein (Meyer-Goßner § 228 Rdn. 11; vgl. auch OLG Düsseldorf StV 1995, 454).

8 **Die Belehrungspflicht nach Abs. 3** ergänzt den § 217 Abs. 2 über den Anspruch des Angeklagten auf Aussetzung bei Nichteinhaltung der Ladungsfrist. Die Belehrungspflicht entfällt, wenn der Angeklagte schon vorher auf die Einhaltung der Frist verzichtet hat (§ 217 Abs. 3).

9 Gegen die Anordnung des Vorsitzenden auf Unterbrechung des Verfahrens ist kein Rechtsbehelf statthaft. Gegen die Ablehnung eines Antrags auf Unterbrechung kann das Gericht nach **§ 238 Abs. 2** angerufen werden.

10 Der die Aussetzung ablehnende Gerichtsbeschluss ist **unanfechtbar** (§ 305 S. 1). Wird ausgesetzt, ist Beschwerde nach § 304 zulässig, wenn der Beschluss mit der Urteilsfindung in keinem inneren Zusammenhang steht, sondern das Verfahren nur hemmt und verzögert (OLG Düsseldorf NStZ-RR 1996, 142; OLG Stuttgart Justiz 2000, 91; Meyer-Goßner § 229 Rdn. 16). Unanfechtbar soll der Beschluss sein, mit dem das Verfahren zwecks Durchführung weiterer Ermittlungen ausgesetzt wird (OLG Düsseldorf MDR 1993, 461; OLG Köln StV 1991, 551), ebenso ein Beschluss nach § 265 Abs. 4 (Meyer-Goßner § 228 Rdn. 16).

11 Die **Revision** kann nur darauf gestützt werden, dass die Ablehnung der Aussetzung eine unzulässige Beschränkung der Verteidigung (§ 338 Nr. 8) dargestellt hat (vgl. KG StV 1982, 10). Zu den Anforderungen an die Revisionsrüge vgl. BGH NJW 1996, 2383). Bei Abs. 3 handelt es sich nur um eine Ordnungsvorschrift, auf deren Verletzung die Revision nicht gestützt werden kann (BGHSt 24, 143, 146).

§ 229 [Höchstdauer der Unterbrechung]

(1) Eine Hauptverhandlung darf bis zu drei Wochen unterbrochen werden.

(2) Eine Hauptverhandlung darf auch bis zu einem Monat unterbrochen werden, wenn sie davor jeweils an mindestens zehn Tagen stattgefunden hat.

(3) ¹Kann ein Angeklagter oder eine zur Urteilsfindung berufene Person zu einer Hauptverhandlung, die bereits an mindestens zehn Tagen stattgefunden hat, wegen Krankheit nicht erscheinen, so ist der Lauf der in den Absätzen 1 und 2 genannten Fristen während der Dauer der Verhinderung, längstens jedoch für sechs Wochen, gehemmt; diese Fristen enden frühestens zehn Tage nach Ablauf der Hemmung. ²Beginn und Ende der Hemmung stellt das Gericht durch unanfechtbaren Beschluß fest.

(4) ¹Wird die Hauptverhandlung nicht spätestens am Tage nach Ablauf der in den vorstehenden Absätzen bezeichneten Frist fortgesetzt, so ist mit ihr von neuem zu beginnen. ²Ist der Tag nach Ablauf der Frist ein Sonntag, ein allgemeiner Feiertag oder ein Sonnabend, so kann die Hauptverhandlung am nächsten Werktag fortgesetzt werden.

1 Das 1. JuMoG hat die **Möglichkeiten für eine Unterbrechung der Hauptverhandlung deutlich erweitert.** War bislang eine Unterbrechung bis zu zehn Tagen der Normalfall, ist es jetzt ein Zeitraum von drei Wochen (Abs. 1). Damit soll dem Gericht erlaubt werden, flexibler zu terminieren. Die alte Rechtslage hatte in der Praxis zu Schwierigkeiten und zu so genannten „Schieseterminen" geführt (vgl. Rdn. 8 und Bertram NJW 1994, 2187). Nach Auffassung des Gesetzgebers ist auch bei einer Drei-Wochen-Frist immer noch die Einheitlichkeit und Unmittelbarkeit der Hauptverhandlung gewahrt. Andererseits sollte im Hinblick auf das Beschleunigungsgebot

6. Abschnitt. Hauptverhandlung § 229

von einer derart langen Unterbrechung nur in Ausnahmefällen Gebrauch gemacht werden (Pfeiffer § 229 Rdn. 2).

Bis zu drei Wochen darf jede Hauptverhandlung unterbrochen werden (Abs. 1). 2
Wiederholte Unterbrechungen sind zulässig. Theoretisch kann daher das Verfahren, obwohl es nur 17 Verhandlungstage umfasst, mehr als ein Jahr dauern (vgl. Neuhaus StV 2005, 51).

Nach zehn Hauptverhandlungstagen darf die Hauptverhandlung überdies **bis zu** 3
einem Monat unterbrochen werden (Abs. 2). Das Wort „jeweils" bedeutet, dass nach jedem Block von zehn Verhandlungstagen – über die „normale" Unterbrechung nach Abs. 1 hinaus – längere Unterbrechungen bis zu einem Monat möglich sind. Schließt sich die Unterbrechung nach Abs. 2 einer Unterbrechung nach Abs. 1 an, ohne dass es dazwischen zu einer Sachverhandlung kommt, läuft die Frist des Abs. 2 aber vom Beginn der ersten Unterbrechung an. Eine zuvor kürzer bemessene Unterbrechung kann auf einen Monat verlängert werden (BGHSt 34, 154, 156). Für die Urteilsabsetzung gilt nicht Abs. 2, sondern § 268 Abs. 3 S. 2 (BGH NStZ 2004, 52).

Abs. 3 dehnt die Anwendung der Vorschrift durch eine **Hemmungsregelung** aus, 4
die nicht nur für eine Erkrankung des Angeklagten gilt, sondern auch für die Mitglieder des Spruchkörpers. Im Hinblick auf das Gericht sind insbesondere solche Fälle erfasst, in denen Schöffen wegen Erkrankung ausfallen, aber keine Ergänzungsschöffen bestellt worden sind. Dann würde der Ausfall einzelner Mitglieder des Gerichts zu einer Neuverhandlung des gesamten Prozesses führen. Die Hemmung beschränkt sich auf insgesamt sechs Wochen, unabhängig davon, wie viele zur Urteilsfindung berufene Personen erkranken (Pfeiffer § 229 Rdn. 4).

Die Fristhemmung tritt **kraft Gesetzes** ein. Hat etwa das Gericht eine Unterbre- 5
chung von einem Monat angeordnet, und erkrankt der Angeklagte nach drei Wochen, läuft die Monatsfrist nicht weiter, bis der Angeklagte wieder verhandlungsfähig ist. Dann laufen die letzten Tage der Monatsfrist von selbst an (vgl. Meyer-Goßner § 229 Rdn. 7). Wegen Abs. 3 S. 1 letzter Hs. endet die Frist jedoch frühestens zehn Tage nach Ablauf der Hemmung.

> **Beispiel:** Unterbrechung für drei Wochen. Am vorletzten Tag dieser Frist erkrankt der Angeklagte. Wird er innerhalb der sechs Wochen wieder verhandlungsfähig, läuft die ursprüngliche Monatsfrist erst zehn Tage nach der Wiedergenesung ab.

Beginn und Ende der Hemmung werden durch einen unanfechtbaren Ge- 6
richtsbeschluss, der nur deklaratorische Bedeutung hat (BGH NStZ 1992, 550, 551), festgestellt (Abs. 2 S. 2). Betrifft die Verhinderung einen Berufsrichter, muss sein geschäftsplanmäßig bestellter Vertreter mitwirken (Meyer-Goßner § 229 Rdn. 8). Zur Feststellung von Beginn und Ende der Hemmung muss das Gericht im Freibeweisverfahren prüfen, wie die Sachlage ist. Entscheidet das Gericht außerhalb der Hauptverhandlung, wirken die Schöffen nicht mit, sonst schon.

Da die Fristen des § 229 **keine Fristen im Sinne des § 43** sind, wird ausdrücklich 7
bestimmt, dass die Hauptverhandlung am nächsten Werktag fortgesetzt werden kann, wenn der Tag nach Fristablauf ein Sonntag, allgemeiner Feiertag oder Sonnabend ist (Abs. 4 S. 2; vgl. § 43 Rdn. 2).

Die Hauptverhandlung muss spätestens drei Wochen bzw. einen Monat nach Be- 8
ginn der Unterbrechung in derselben Gerichtsbesetzung fortgesetzt werden. Nötig ist eine **Verhandlung zur Sache,** die Erörterung von Verfahrensfragen oder Prozesshindernissen kann allerdings genügen, nicht dagegen die Prüfung, ob und wann weiter verhandelt werden kann (Meyer-Goßner § 229 Rdn. 11). Während man bisher in der Rechtsprechung relativ großzügig so genannte „Schiebetermine" akzeptierte, ist nach Erweiterung der Frist auf drei Wochen fraglich, ob etwa die Erörterung der Verhandlungsfähigkeit des Angeklagten oder eines Ablehnungsgesuchs bereits eine Fortsetzung der Hauptverhandlung darstellt (Meyer-Goßner § 229 Rdn. 11). Die Verlesung eines

§ 230　　　　　　　　　　　　　　　2. Buch. Verfahren im ersten Rechtszug

Bundeszentralregister-Auszugs oder einer sonstigen Urkunde reicht jedenfalls dann nicht aus, wenn sie über mehrere Verhandlungstage absatzweise verlesen wird (vgl. BGH NStZ 1999, 521; OLG Koblenz StV 1997, 288).

9　Wird die Frist der Absätze 1 bis 3 **nicht gewahrt,** ist eine Wiederholung der Hauptverhandlung erforderlich (Abs. 4 S. 1). Es handelt sich dann um eine völlig neue Hauptverhandlung, zu der der Angeklagte und der Verteidiger schriftlich zu laden sind (Meyer-Goßner § 229 Rdn. 14).

10　Eine Fristüberschreitung führt nicht zwingend zur Aufhebung des Urteils, in der Regel beruht es aber auf dem Verfahrensmangel (BGHSt 23, 224; Meyer-Goßner § 229 Rdn. 15). Insofern ist ein Verstoß gegen § 229 nur in besonderen Ausnahmefällen für die Revision ohne Bedeutung. Die fehlerhafte Feststellung des Beginns und des Endes der Fristhemmung nach Abs. 3 ist nicht revisibel (§ 336 S. 2). Die Revision kann aber rügen, dass die Voraussetzungen für eine Hemmung überhaupt nicht vorgelegen haben (vgl. Rieß/Hilger NStZ 1987, 145, 149).

§ 230 [Ausbleiben des Angeklagten]

(1) Gegen einen ausgebliebenen Angeklagten findet eine Hauptverhandlung nicht statt.

(2) Ist das Ausbleiben des Angeklagten nicht genügend entschuldigt, so ist die Vorführung anzuordnen oder ein Haftbefehl zu erlassen.

1　Die Vorschrift statuiert eine **unbedingte Anwesenheitspflicht für den Angeklagten** in der Hauptverhandlung (Abs. 1). Allerdings lässt das Gesetz Ausnahmen zu, z. B. in § 231 Abs. 2, §§ 231a bis 233, 247, 329 Abs. 2, § 350 Abs. 2, § 387 Abs. 1, § 411 Abs. 2 S. 1. Im Übrigen kann der Angeklagte nicht wirksam auf seine Anwesenheit verzichten (BGHSt 25, 317, 318; BGH NJW 1976, 1108). Ein in Haft befindlicher Angeklagter muss ggf. zwangsweise vorgeführt werden (LR-Gollwitzer § 230 Rdn. 10). Außerhalb der gesetzlich vorgesehenen Ausnahmen kann das Gericht den Angeklagten von seiner Anwesenheitspflicht auch nicht entbinden (BGHSt 25, 317, 318; BGH NJW 1973, 522; Meyer-Goßner § 230 Rdn. 2).

2　Die Vorschrift soll das **rechtliche Gehör** für den Angeklagten sicherstellen und dient zugleich der Wahrheitsermittlung (BGH NJW 1991, 1364, 1365). Selbst in den gesetzlich vorgesehenen Ausnahmefällen kann das Gericht das persönliche Erscheinen anordnen und erzwingen (Ausnahmen: §§ 329, 412).

3　Mit der Anwesenheitspflicht korrespondiert ein **Anwesenheitsrecht des Angeklagten** (BGHSt 26, 84, 90). Dieses hat der Angeklagte auch dann, wenn ausnahmsweise keine Anwesenheitspflicht besteht (BGHSt 28, 35, 37; BGH StV 1981, 510).

4　§ 230 verlangt die **ununterbrochene Anwesenheit** des Angeklagten während der gesamten Hauptverhandlung (Meyer-Goßner § 230 Rdn. 5). Dies gilt auch für Ortsbesichtigungen (BGHSt 25, 317, 318; Meyer-Goßner § 230 Rdn. 6). Ist eine Ortsbesichtigung durch das Gericht in Anwesenheit des Angeklagten nicht möglich,

Beispiel: Der Hauseigentümer weigert sich, dem Angeklagten Zutritt zu gewähren.

kann die Hauptverhandlung nicht durchgeführt werden. Das Gericht muss dann in der Regel einen Augenscheinsgehilfen (§ 86 Rdn. 4) beauftragen (vgl. Foth JR 1987, 79). Zur Hauptverhandlung gehört auch die Urteilsverkündung nach § 268 (RGSt 42, 244, 246; LR-Gollwitzer § 230 Rdn. 7).

5　**Ausgeblieben ist der Angeklagte** nicht nur, wenn er körperlich abwesend ist, sondern auch dann, wenn er verhandlungsunfähig (BGHSt 23, 331) oder aus sonstigen Gründen (Krankheit, Schwerhörigkeit) nicht in der Lage ist, der Verhandlung zu folgen. Bei Zweifeln darf nicht verhandelt werden (BGH NStZ 1984, 520; Pfeiffer

6. Abschnitt. Hauptverhandlung **§ 230**

§ 230 Rdn. 3). Hat der Angeklagte seine Verhandlungsunfähigkeit selbst herbeigeführt, kann nach Abs. 2 oder nach § 231a verfahren werden (OLG Düsseldorf NStZ 1990, 295).

Die Erkrankung des Angeklagten zwingt grundsätzlich nur dazu, Ort, Zeit und 6 Dauer der Hauptverhandlung so einzurichten, dass er ihr (noch) folgen kann (Meyer-Goßner § 230 Rdn. 9). Selbst eine Verhandlung am Krankenbett ist nicht ausgeschlossen (LR-Gollwitzer § 230 Rdn. 9). Angesichts der Regelung in § 229 Abs. 1 und 3 wird ein solcher Fall aber selten in Betracht kommen.

Bei einer Hauptverhandlung gegen mehrere Angeklagte müssen grundsätz- 7 lich (vgl. aber § 231c) alle anwesend sein, selbst wenn ausschließlich über die Tat eines Mitangeklagten verhandelt wird, an der sie nicht beteiligt waren und die sie auch sonst nicht betrifft (BGH StV 1987, 189). In einem solchen Fall verstößt aber die vorübergehende Abtrennung des Verfahrens gegen einen von ihnen nach § 4 und die Weiterverhandlung gegen die Mitangeklagten in seiner Abwesenheit nicht gegen § 230 Abs. 1. Entscheidend ist, dass in der so weitergeführten Hauptverhandlung ausschließlich Vorgänge erörtert werden, die mit dem abgetrennten Verfahren in keinem Zusammenhang stehen (BGHSt 24, 257; Meyer-Goßner § 230 Rdn. 11). § 231c verbietet ein solches Vorgehen nicht.

Ein Problem für das Gericht ist darauf zu achten, dass nicht doch in Abwesenheit 8 des Angeklagten **Vorgänge erörtert werden,** die die gegen ihn erhobenen Vorwürfe berühren (BGHSt 30, 74; 32, 270, 273; Meyer-Goßner § 230 Rdn. 11). Wird das Verfahren gegen einen Mitangeklagten abgetrennt, um es durch Urteil zu beenden, ist dies keine vorübergehende Abtrennung in diesem Sinn, auch wenn die Verfahren wieder verbunden werden, weil entgegen der Erwartung das Verfahren gegen den Mitangeklagten nicht beendet werden konnte (BGHSt 33, 119).

Eine **Heilung des Verstoßes** ist in der Form möglich, dass wesentliche Teile der 9 Hauptverhandlung wiederholt werden (vgl. § 337 Rdn. 57).

Bei einem Ausbleiben des Angeklagten sind die in Abs. 2 vorgesehenen 10 Zwangsmittel durch Beschluss des erkennenden Gerichts zwingend anzuordnen, wenn der Angeklagte ordnungsgemäß geladen wurde (§ 216) und seine Abwesenheit nicht entschuldigt ist (Pfeiffer § 230 Rdn. 4). Die Warnung nach § 216 Abs. 1 S. 1 muss in jeder neuen Ladung enthalten sein (OLG Zweibrücken StV 1992, 101).

Ausgeblieben ist der Angeklagte, wenn er beim Aufruf der Sache nicht im Ge- 11 richtssaal ist oder nicht alsbald eintrifft (KG StV 2002, 607; Meyer-Goßner § 230 Rdn. 14) oder sich auch nur im Sitzungssaal nicht zu erkennen gibt (LR-Gollwitzer § 230 Rdn. 9). Weigert er sich, den Gerichtssaal zu betreten, lässt ihn der Vorsitzende entsprechend § 231 Abs. 1 S. 2 hereinbringen (Meyer-Goßner § 230 Rdn. 14). Gelingt selbst dies nicht, ist Abs. 2 anwendbar (Lemke NJW 1980, 1494).

Nicht entschuldigt ist der Angeklagte, wenn er weder selbst noch ein anderer für 12 ihn eine genügende Entschuldigung vorbringt und auch sonst keine Entschuldigungsgründe bekannt geworden sind. Wie bei § 329 kommt es nicht darauf an, ob sich der Angeklagte entschuldigt hat, sondern darauf, ob er entschuldigt ist (LR-Gollwitzer § 230 Rdn. 16). Vgl. hierzu im Einzelnen § 329 Rdn. 15 ff. Bei nachträglicher genügender Entschuldigung gilt § 51 Abs. 2 S. 2 entsprechend; bereits beschlossene Zwangsmaßnahmen müssen umgehend, auch außerhalb der Hauptverhandlung, aufgehoben werden (Meyer-Goßner § 230 Rdn. 16).

Der Grundsatz der Verhältnismäßigkeit muss gewahrt sein (vgl. Welp JR 13 1991, 269). Wenn das Erscheinen des Angeklagten schon mit einfacheren Mitteln sicher erreichbar ist, dürfen die Zwangsmittel des Abs. 2 nicht angewendet werden. Der Vorführungsbefehl hat als weniger einschneidende Maßnahme den Vorrang vor dem Haftbefehl, so er denn (sicher) ausreicht (BVerfGE 32, 87; LG Zweibrücken NJW 1996, 737). Stellt sich dies erst nach Erlass des Haftbefehls heraus, ist er in einen Vorführungsbefehl umzuwandeln (Meyer-Goßner § 230 Rdn. 19). Der Verhältnismäßig-

§ 230　　　　　　　　　　2. Buch. Verfahren im ersten Rechtszug

keitsgrundsatz schließt aber die Anwendung des Abs. 2 nicht schon deshalb aus, weil ein Freispruch sicher zu erwarten ist; in diesen Fällen kommt aber in der Regel nur ein Vorführungsbefehl in Betracht (vgl. KMR-Paulus § 230 Rdn. 15).

14　　**Der Vorführungsbefehl,** der zugleich eine neue Ladung überflüssig macht, bedarf der Schriftform und muss die in § 134 Abs. 2 bezeichneten Angaben enthalten. Er setzt nicht voraus, dass die Hauptverhandlung ausgesetzt wird, sondern kann auch erlassen werden, um das Erscheinen des Angeklagten in derselben Sitzung zu erzwingen (Meyer-Goßner § 230 Rdn. 20). Für die Vollstreckung gilt § 36 Abs. 2 S. 1. Der Befehl darf nicht früher vollstreckt werden als es notwendig ist, um den Angeklagten rechtzeitig zur Hauptverhandlung zu bringen. § 135 S. 2 ist zu beachten (Welp JR 1991, 270). Bekannt gegeben wird der Beschluss dem Angeklagten erst bei dem Vollzug (vgl. § 134 Rdn. 1). Der Befehl wird gegenstandslos, wenn der Angeklagte in den Sitzungssaal geführt worden ist. Von da an besteht das Festhalterecht nach § 231 Abs. 1 S. 2.

15　　Der Haftbefehl nach Abs. 2 dient nur der **Sicherung der Weiterführung und Beendigung des Strafverfahrens** und kann auch gegen einen schuldunfähigen Angeklagten erlassen werden (OLG Hamm NJW 1958, 2125). Er setzt keinen Haftgrund nach §§ 112ff voraus. Es genügt die Feststellung, dass der Angeklagte nicht erschienen und sein Ausbleiben nicht genügend entschuldigt ist (OLG Karlsruhe MDR 1980, 868; Meyer-Goßner § 230 Rdn. 21). Für die Vollstreckung gilt § 36 Abs. 2 S. 1. Die inhaltlichen Anforderungen des Haftbefehls entsprechen § 114 Abs. 2 (OLG Frankfurt StV 1995, 237). Dem Angeklagten wird er mit der Verhaftung bekannt gemacht. Für die Vorführung vor das Gericht gelten §§ 115, 115a entsprechend (OLG Stuttgart MDR 1990, 75).

16　　Das Gericht kann entsprechend § 116 die **Aussetzung des Vollzugs** beschließen, wenn eine weniger einschneidende Maßnahme hinreichende Gewähr dafür bietet, dass der Angeklagte an der Hauptverhandlung teilnehmen wird (KG GA 1972, 127). Eine Sicherheitsleistung im Sinne des § 116 Abs. 1 Nr. 4 verfällt mit der Nichtbefolgung der Ladung, die dem Sichentziehen im Sinne des § 124 Abs. 1 gleichsteht (Meyer-Goßner § 230 Rdn. 22).

17　　**Zeitliche Beschränkungen** für den Haftbefehl ergeben sich nur aus dem Übermaßverbot (BVerfGE 32, 87, 94). Da die Hauptverhandlung aber in angemessener Frist durchzuführen ist, wird entweder erst kurz vor dem Termin vollstreckt (vgl. Pfeiffer § 230 Rdn. 5) oder aber die Hauptverhandlung in angemessener Frist durchgeführt (vgl. LG Saarbrücken StV 2001, 344). Wirksam bleibt der Haftbefehl bis zum Ende der Hauptverhandlung (Meyer-Goßner § 230 Rdn. 23), mit ihrem Abschluss wird er gegenstandslos (OLG Karlsruhe MDR 1980, 868). Eine Aufhebung durch Gerichtsbeschluss hat insofern nur deklaratorische Bedeutung. Die Freiheitsentziehung auf Grund eines Haftbefehls nach Abs. 2 ist – anders als die Freiheitsbeschränkung auf Grund eines Vorführungsbefehls – nach § 51 StGB auf die Strafe anzurechnen (LR-Gollwitzer § 230 Rdn. 48; Meyer-Goßner § 230 Rdn. 23).

18　　**Der Beschluss** über die Anordnung der Vorführung oder der Verhaftung ergeht durch das Gericht. Grundsätzlich wirken die Schöffen nach § 30 Abs. 1 GVG mit (OLG Bremen MDR 1960, 244). Soll allerdings der Eingang eines glaubhaft angekündigten Nachweises abgewartet oder die vorgebrachte Entschuldigung geprüft werden, kann die Entscheidung auch außerhalb der Hauptverhandlung (ohne Schöffen) vorbehalten bleiben (Meyer-Goßner § 230 Rdn. 24; zum Teil streitig: LG Gera NStZ-RR 1996, 239).

19　　**Die Beschwerde** ist gegen den Vorführungs- und Haftbefehl zulässig. Der Haftbefehl kann mit der weiteren Beschwerde nach § 310 Abs. 1 angefochten werden, der Vorführungsbefehl nicht (Meyer-Goßner § 230 Rdn. 25). Das Beschwerdegericht kann den Haftbefehl in einen Vorführungsbefehl umwandeln, aber nicht als Haftbefehl nach §§ 112, 112a aufrechterhalten (OLG Karlsruhe MDR 1980, 868; KK-Tolksdorf

6. Abschnitt. Hauptverhandlung § 231

§ 230 Rdn. 18). Zur Anfechtung nach Durchführung der Maßnahme vgl. Einl. Rdn. 107 ff.

Bei einer Verletzung des Abs. 1 gilt § 338 Nr. 5, sofern der Angeklagte in einem wesentlichen Teil der Hauptverhandlung abwesend war (§ 338 Rdn. 30 ff). Die vorschriftswidrige Abwesenheit muss im Rahmen einer Verfahrensrüge geltend gemacht werden; sie ist kein von Amts wegen zu beachtendes Prozesshindernis (§ 344 Abs. 2; BGHSt 26, 84). Zum Vorbringen gehört die Angabe des Verhandlungsteils, bei dem der Angeklagte gefehlt hat (BGHSt 26, 84, 91; BGH NStZ 1983, 36). 20

§ 231 [Anwesenheitspflicht des Angeklagten]

(1) ¹Der erschienene Angeklagte darf sich aus der Verhandlung nicht entfernen. ²Der Vorsitzende kann die geeigneten Maßregeln treffen, um die Entfernung zu verhindern; auch kann er den Angeklagten während einer Unterbrechung der Verhandlung in Gewahrsam halten lassen.

(2) Entfernt der Angeklagte sich dennoch oder bleibt er bei der Fortsetzung einer unterbrochenen Hauptverhandlung aus, so kann diese in seiner Abwesenheit zu Ende geführt werden, wenn er über die Anklage schon vernommen war und das Gericht seine fernere Anwesenheit nicht für erforderlich erachtet.

Die Vorschrift regelt das so genannte **Festhalterecht während einer Hauptverhandlung** und ersetzt § 230 für den Fall, dass der Angeklagte immerhin zur Hauptverhandlung erschienen ist. Die Anwesenheitspflicht des Angeklagten während der gesamten Hauptverhandlung schließt das Verbot ein, sich aus der Hauptverhandlung zu entfernen, wie Abs. 1 S. 1 ausdrücklich klarstellt. 1

Der Vorsitzende kann **geeignete Maßnahmen** treffen, um ein Sichentfernen des Angeklagten zu verhindern (Abs. 1 S. 2 Hs. 1). Er kann ihn z. B. in die umfriedete Anklagebank verweisen oder durch Justiz- oder Polizeibeamte ständig bewachen lassen. Notfalls soll auch eine Fesselung zulässig sein (BGH NJW 1957, 271). Soweit hier § 119 Abs. 5 für entsprechend anwendbar gehalten wird (Meyer-Goßner § 231 Rdn. 2), überzeugt dies nicht, da die Fesselung in der Hauptverhandlung gerade unterbleiben soll (§ 119 Abs. 5 S. 2). 2

Während einer Unterbrechung der Hauptverhandlung kann der Angeklagte **in Gewahrsam genommen werden (Abs. 1 S. 2 Hs. 2).** Voraussetzung ist die begründete Annahme, der Angeklagte wolle sich der weiteren Verhandlung entziehen. Die Dauer der Unterbrechung spielt grundsätzlich keine Rolle; auch bei einer solchen über die Nachtstunden und bei einer wiederholten Unterbrechung ist die Maßnahme zulässig; eine feste Höchstdauer soll es nicht geben (Meyer-Goßner § 231 Rdn. 3). Teilweise hält man die Frist des § 128 Abs. 1 S. 1 für die zeitliche Grenze (HK-Julius § 231 Rdn. 3). Bei einer mehrtägigen Unterbrechung wird aber ein Haftbefehl nach §§ 112 ff erlassen werden müssen (OLG Frankfurt NStZ-RR 2003, 329). 3

Die Vollstreckung der Anordnung ist Sache des Vorsitzenden, der Vollzug obliegt dem Justizwachtmeister, der Polizei nur, wenn sie zur Wahrung der öffentlichen Sicherheit und Ordnung hinzugezogen worden und anwesend ist (Meyer-Goßner § 231 Rdn. 3). 4

Die Fortsetzung der Hauptverhandlung ohne den Angeklagten (Abs. 2) soll es für den Angeklagten unattraktiv machen, eine begonnene Hauptverhandlung dadurch hinfällig zu machen, dass er sich entfernt oder bei ihrer Fortsetzung ausbleibt (vgl. BGHSt 25, 317, 319). Als Ausnahmevorschrift ist Abs. 2 eng auszulegen (BGHSt 25, 317, 320; BGH NJW 1977, 1928). Die Anwendung hängt aber nicht davon ab, dass der Vorsitzende zuvor nach Abs. 1 versucht hat, die Anwesenheit des Angeklagten zu erzwingen (Meyer-Goßner § 231 Rdn. 6). Abs. 2 gilt auch im Berufungsverfahren (OLG Düsseldorf NJW 1970, 1889). 5

§ 231　　　　　　　　　　　　　　　　　2. Buch. Verfahren im ersten Rechtszug

6　　Abs. 2 erfasst nur **das eigenmächtige Sichentfernen** aus der Hauptverhandlung (BGHSt 25, 317, 319; BGH NStZ 1984, 41). Eigenmächtig handelt der Angeklagte, wenn er ohne Rechtfertigungs- oder Entschuldigungsgründe wissentlich seiner Anwesenheitspflicht nicht genügt (BGHSt 37, 249; BGH NStZ 1998, 476). Dabei muss nicht der Angeklagte den Verdacht der Eigenmächtigkeit ausräumen, sie muss vielmehr – auch noch im Zeitpunkt der Revisionsverhandlung – zur Überzeugung des Gerichts nachgewiesen sein (BGHSt 16, 178, 180; BGH NJW 1987, 2592).

7　　Die Eigenmächtigkeit fehlt, wenn der Angeklagte sich **mit Billigung des Gerichts entfernt** (BGH NJW 1973, 522; BGH StV 1993, 285) oder er weggeht, ohne dass das Gericht ihn entsprechend der Aufforderung der StA auf seine Anwesenheitspflicht hinweist (KG StV 1985, 52). Nicht eigenmächtig handelt auch der in Haft einsitzende Angeklagte, der sich weigert, an einer Ortsbesichtigung gefesselt teilzunehmen, da das Gericht die Macht hat, seine Teilnahme zu erzwingen (BGHSt 25, 317; BGH NStZ 1993, 446).

8　　**Bei einem Ausbleiben in der Fortsetzungsverhandlung** (Abs. 2, 2. Alt.) liegt Eigenmächtigkeit vor, wenn der nachweislich ordnungsgemäß geladene Angeklagte (BGHSt 38, 271, 273) den Termin vorsätzlich nicht wahrnimmt (Meyer-Goßner § 231 Rdn. 13). Wer nicht wirksam geladen worden ist, muss auch nicht erscheinen (BGH NStZ 1984, 41). War der Angeklagte an einem Verhandlungstag eigenmächtig ausgeblieben, ist die weitere Fortsetzung der Verhandlung ohne ihn aber nicht erlaubt, wenn er an einem späteren Verhandlungstag unverschuldet nicht erschienen ist (BGH NStZ 1986, 422). Die ordnungsgemäße Ladung zum Fortsetzungstermin setzt nicht voraus, dass der Angeklagte über die möglichen Konsequenzen seines Ausbleibens belehrt ist (BGHSt 46, 81; Pfeiffer § 231 Rdn. 2).

9　　An der Eigenmächtigkeit fehlt es, wenn ihm das Gericht **gesetzeswidrig freigestellt** hat, ob er zur Fortsetzungsverhandlung erscheinen wolle (BGH StV 1987, 189) oder in der Ladung schon gleich erklärt, man werde bei seinem Nichterscheinen ohne ihn verhandeln (OLG Köln StV 1985, 50). Bloßes Verschlafen (BGH NJW 1991, 1367) oder Nichterscheinen wegen einer Zugverspätung (BGH NStZ 2003, 561) ist ebenso wenig Eigenmacht, wie wenn der Angeklagte in anderer Sache in U-Haft genommen worden ist (Meyer-Goßner § 231 Rdn. 15).

10　　Dem eigenmächtigen Ausbleiben steht es gleich, dass der Angeklagte sich nach seiner Vernehmung zur Sache **in einen seine Verhandlungsunfähigkeit herbeiführenden Zustand versetzt** (BGH NJW 1981, 1052). Dies betrifft Verhandlungsunfähigkeit in Folge Alkoholgenusses (BGH NStZ 1986, 372) oder Selbstmordversuchs (BGHSt 16, 178), aber auch den Fall, dass sich der Angeklagte bewusst in eine krankhafte seelische Erregung hineinsteigert (BGHSt 2, 300, 304; siehe auch § 213a). Die vorübergehende Verhandlungsunfähigkeit kann genügen, wenn sie die Beendigung des Verfahrens in vernünftiger Frist hindert (BGH NJW 1981, 1052). Eine Pflicht des Angeklagten, die Verhandlung am Krankenbett zu dulden, begründet Abs. 1 nicht (Meyer-Goßner § 231 Rdn. 18).

11　　Ein Weiterverhandeln ohne den Angeklagten ist nur zulässig, wenn dieser über den zugelassenen Anklagesatz schon **abschließend vernommen** worden ist. Nicht notwendig ist, dass er Angaben zur Sache gemacht hat; es muss in der Hauptverhandlung der Stand des § 243 Abs. 4 S. 2 erreicht worden sein (BGHSt 27, 216). Erklärt der Angeklagte, er werde in einem späteren Zeitpunkt Angaben machen, schränkt dies die Anwendbarkeit des § 231 Abs. 2 nicht ein (BGH NJW 1987, 2592).

12　　Das Gericht entscheidet **nach pflichtgemäßem Ermessen,** ob die weitere Anwesenheit des Angeklagten entbehrlich ist. Maßgeblich sind die Umstände des Einzelfalls. Es kommt immer auf die Prozesslage nach dem Ausbleiben des Angeklagten an; im Voraus kann die Entbehrlichkeit nicht beurteilt werden (RGSt 58, 149, 153).

13　　**Notwendig ist die Mitwirkung des Angeklagten,** wenn etwa rechtliche Hinweise nach § 265 Abs. 1, 2 gegeben werden müssen, da solche Hinweise in seiner

6. Abschnitt. Hauptverhandlung   § 231a

Abwesenheit unwirksam sind (BGH MDR 1969, 360). Etwas anderes gilt nur, wenn ein Verteidiger mitwirkt (§ 234a Hs. 1). Wo das Gesetz Einverständniserklärungen des Angeklagten verlangt (vgl. § 251 Abs. 1 Nr. 1), ist die Fortsetzung der Verhandlung ohne ihn zulässig. Durch sein Ausbleiben hat der Angeklagte das Recht verwirkt, in dieser Weise gestaltend auf das Verfahren einzuwirken (allg. M.; Meyer-Goßner § 231 Rdn. 21). § 243a Hs. 2 soll daran nichts ändern (Meyer-Goßner a.a.O.).

Die Fortsetzung des Verfahrens bedarf keines gesonderten Beschlusses des Gerichts, **14** es genügt, dass **schlüssig** zum Ausdruck gebracht wird, dass die Hauptverhandlung auch ohne den Angeklagten fortgesetzt werden soll (BGH NStZ 1981, 95; KK-Tolksdorf § 231 Rdn. 11). Selbst im Urteil muss nach überwiegender Auffassung die Anwendung des Abs. 2 nicht gerechtfertigt werden (OLG Köln StV 1985, 50; KK-Tolksdorf § 231 Rdn. 13; a.M. LR-Gollwitzer § 231 Rdn. 31).

Kehrt der Angeklagte in die Verhandlung zurück oder erscheint er verspätet **15** in der Fortsetzungsverhandlung, nimmt er seine Stellung mit allen Rechten und Pflichten wieder ein (BGH NStZ 1986, 372). Die Zulässigkeit der in seiner Abwesenheit durchgeführten Teile der Hauptverhandlung wird durch die Rückkehr nicht berührt, diese Teile müssen nicht wiederholt werden. Überdies muss der Angeklagte nicht über den wesentlichen Inhalt des in seiner Abwesenheit Verhandelten unterrichtet werden (BGHSt 3, 187, 189; zweifelnd BGH NStZ 1999, 256). Allerdings kann ggf. die prozessuale Fürsorgepflicht oder die gerichtliche Aufklärungspflicht eine solche Mitteilung gebieten (vgl. BGH NStZ-RR 2003, 2).

Gegen die Anordnung des Vorsitzenden ist die **Anrufung des Gerichts nach** **16** **§ 238 Abs. 2** zulässig (Meyer-Goßner § 231 Rdn. 24; a.M. BGH NJW 1957, 271). Die Beschwerde gegen solche Maßnahmen ist zulässig (OLG Frankfurt NStZ-RR 2003, 329). Eine weitere Beschwerde gegen die Ingewahrsamnahme nach Abs. 1 S. 2 Hs. 2 soll nicht stattfinden (Meyer-Goßner § 231 Rdn. 24).

Mit der Revision können Maßnahmen nach Abs. 1 S. 2 grundsätzlich nicht ange- **17** griffen werden. Allenfalls ist eine unzulässige Beschränkung der Verteidigung denkbar (BGH NJW 1957, 271: Fesselung). Ein Verstoß gegen Abs. 2 ist ein zwingender Grund für die Aufhebung des Urteils nach § 338 Nr. 5. Zum Inhalt der Revisionsrüge vgl. § 230 Rdn. 20. Die Eigenmächtigkeit muss (noch) im Zeitpunkt der Revisionsentscheidung nachgewiesen sein (BGH NStZ-RR 2001, 333). Dies wird vom Revisionsgericht im Freibeweis selbstständig geprüft (BGH NStZ 1999, 418), die Revisionsrechtfertigung muss dem Revisionsgericht aber eine erste Nachprüfung ermöglichen (BGH MDR 1984, 628). Ist eine weitere Klärung nicht möglich, legt das Revisionsgericht seiner Entscheidung die nicht zu erschütternde Überzeugung des Tatrichters zu Grunde (BGH MDR 1979, 281).

§ 231a [Abwesenheit des Angeklagten wegen Herbeiführung der Verhandlungsunfähigkeit]

(1) ¹**Hat sich der Angeklagte vorsätzlich und schuldhaft in einen seine Verhandlungsfähigkeit ausschließenden Zustand versetzt und verhindert er dadurch wissentlich die ordnungsmäßige Durchführung oder Fortsetzung der Hauptverhandlung in seiner Gegenwart, so wird die Hauptverhandlung, wenn er noch nicht über die Anklage vernommen war, in seiner Abwesenheit durchgeführt oder fortgesetzt, soweit das Gericht seine Anwesenheit nicht für unerläßlich hält.** ²**Nach Satz 1 ist nur zu verfahren, wenn der Angeklagte nach Eröffnung des Hauptverfahrens Gelegenheit gehabt hat, sich vor dem Gericht oder einem beauftragten Richter zur Anklage zu äußern.**

(2) **Sobald der Angeklagte wieder verhandlungsfähig ist, hat ihn der Vorsitzende, solange mit der Verkündung des Urteils noch nicht begonnen worden**

§ 231a

2. Buch. Verfahren im ersten Rechtszug

ist, von dem wesentlichen Inhalt dessen zu unterrichten, was in seiner Abwesenheit verhandelt worden ist.

(3) ¹Die Verhandlung in Abwesenheit des Angeklagten nach Absatz 1 beschließt das Gericht nach Anhörung eines Arztes als Sachverständigen. ²Der Beschluß kann bereits vor Beginn der Hauptverhandlung gefaßt werden. ³Gegen den Beschluß ist sofortige Beschwerde zulässig; sie hat aufschiebende Wirkung. ⁴Eine bereits begonnene Hauptverhandlung ist bis zur Entscheidung über die sofortige Beschwerde zu unterbrechen; die Unterbrechung darf, auch wenn die Voraussetzungen des § 229 Abs. 2 nicht vorliegen, bis zu dreißig Tagen dauern.

(4) Dem Angeklagten, der keinen Verteidiger hat, ist ein Verteidiger zu bestellen, sobald eine Verhandlung ohne den Angeklagten nach Absatz 1 in Betracht kommt.

1   Die Vorschrift regelt den Fall, dass der Angeklagte **noch nicht zur Sache vernommen** worden ist und ergänzt insofern § 231 Abs. 2. Sie ist also nur für solche Fälle gedacht, in denen die Verhandlungsunfähigkeit vor Abschluss der Sachvernehmung herbeigeführt wird (vgl. BGH NJW 1981, 1052). § 231a ist eine Muss-Vorschrift (BGHSt 26, 228, 234), die aber nur in Ausnahmefällen (BGHSt 26, 228, 241) in Betracht kommt. Ist die Verhandlungsunfähigkeit leicht behebbar und nur vorübergehender Art, kommt sie nicht in Betracht (Meyer-Goßner § 231a Rdn. 2).

2   **Die Abwesenheitsverhandlung** setzt voraus, dass der Angeklagte vorsätzlich und schuldhaft die Verhandlungsunfähigkeit herbeigeführt hat (Abs. 1 S. 1). Die Verhandlungsunfähigkeit muss auf Grund eines ärztlichen Gutachtens und im Freibeweis festgestellt werden (Abs. 3 S. 1). Verhandlungsunfähig im Sinne des Abs. 1 kann der Angeklagte auch sein, wenn er nur für kürzere Zeitspannen, die zur Erledigung des Verfahrens in vernünftiger Frist nicht ausreichen, an der Verhandlung teilnehmen kann (BVerfG 41, 246); eine absolute Verhandlungsunfähigkeit ist also nicht vorausgesetzt (vgl. BGHSt 26, 228; Meyer-Goßner § 231a Rdn. 5).

3   Die Verhandlungsunfähigkeit muss **vor Abschluss der Vernehmung zur Sache** eingetreten sein (Abs. 1 S. 1). Wie sich der Angeklagte in diesen Zustand versetzt hat, ist gleichgültig (vgl. § 231 Rdn. 8). Ob wie im Fall des § 231 Abs. 2 auch ein ernst gemeinter Selbstmordversuch ausreicht, ist zweifelhaft (dafür Meyer-Goßner § 231a Rdn. 7; abl. KK-Tolksdorf § 231a Rdn. 9). Der Angeklagte muss sich aber nicht ärztlich behandeln lassen, um die volle Verhandlungsfähigkeit wiederherzustellen (BGHSt 26, 228, 234; Meyer-Goßner § 231a Rdn. 7; a.M. OLG Nürnberg NJW 2000, 1804). War der Angeklagte i.S.d. § 20 StGB nicht schuldfähig, wird man ihm das Verhalten nicht vorwerfen können. Im Übrigen genügt bedingter Vorsatz (BGHSt 26, 228, 239; KK-Tolksdorf § 231a Rdn. 8).

4   **Für die wissentliche Verhinderung** der Durch- oder Fortführung der Hauptverhandlung genügt es, dass der Angeklagte eine nach dem Beschleunigungsgebot nicht vertretbare langfristige Verzögerung verursacht (BGHSt 26, 228, 232). Bloß kurzfristige Verzögerungen rechtfertigen die Anwendung des § 231a nicht. Wissentlich verhindert der Angeklagte, wenn er bei der Herbeiführung der Verhandlungsunfähigkeit weiß oder als sicher voraussieht, dass dieser Effekt eintreten wird; insofern genügt bedingter Vorsatz nicht (LR-Gollwitzer § 231a Rdn. 8).

5   **Die Abwesenheitsverhandlung ist unzulässig,** wenn der Angeklagte noch keine Gelegenheit hatte, sich nach Zulassung der Anklage zu dieser vor Gericht oder einem beauftragten Richter zu äußern. Die Gelegenheit wird dem Angeklagten gegeben, bevor der Beschluss nach Abs. 3 S. 1 ergeht (LR-Gollwitzer § 231a Rdn. 13). Gelegenheit zur Äußerung wird vor dem Gericht in der Besetzung außerhalb der Hauptverhandlung gegeben oder aber es wird eines seiner Mitglieder als beauftragter Richter die Vernehmung durchführen.

6. Abschnitt. Hauptverhandlung § 231a

Verlangt wird eine **Vernehmung zu der zugelassenen Anklage.** Der Angeklagte muss daher trotz seiner Verhandlungsunfähigkeit vernehmungsfähig sein, sich also entscheiden, ob er sich äußern will, Fragen und Vorhalte geistig verarbeiten können und den Inhalt seiner Aussage überblicken (Meyer-Goßner § 231a Rdn. 12). Dass der Angeklagte sich äußert, verlangt Abs. 1 S. 2 nicht. 6

Bei der Vernehmung haben StA und Verteidiger ein **Anwesenheitsrecht;** § 168c Abs. 1, 5 gilt entsprechend (LR-Gollwitzer § 231a Rdn. 17). Die Verlesung der nach §§ 168, 168a hergestellten Vernehmungsniederschrift ist zwar nicht gesetzlich vorgeschrieben, ergibt sich aber aus dem Sinn der gesetzlichen Regelungen (Meyer-Goßner § 231a Rdn. 13). 7

Bei Unerlässlichkeit der Anwesenheit des Angeklagten scheidet die Abwesenheitsverhandlung aus. Ob diese (ausnahmsweise) vorliegt, entscheidet das Gericht nach pflichtgemäßem Ermessen, wobei das Anwesenheitserfordernis nur in begrenztem Maß mit dem Interesse an der Sachaufklärung gerechtfertigt werden kann (Rieß JZ 1975, 270). In der Regel ist es Pflicht, ohne den Angeklagten zu verhandeln. Anders kann es sein, wenn sich das Gericht z.B. ohne eine Gegenüberstellung des Angeklagten mit Zeugen kein richtiges Bild vom Angeklagten machen kann und kein richtiges Urteil finden zu können glaubt (Meyer-Goßner § 231a Rdn. 14). 8

Bleiben Zweifel an der Verhandlungsfähigkeit des Angeklagten und liegen die in den §§ 231 Abs. 2, 231a bezeichneten Voraussetzungen nicht vor, darf gegen den Angeklagten keine Hauptverhandlung geführt werden (BGH NStZ 1984, 520; Pfeiffer § 231a Rdn. 2). 9

Abs. 4 regelt einen besonderen Fall der Pflichtverteidigung, der neben § 140 tritt. Der Vorsitzende (§ 141 Abs. 4) bestellt einen Verteidiger, wenn eine Verhandlung nach Abs. 1 in Betracht kommt, und zwar vor der Vernehmung des Angeklagten (Abs. 1 S. 2) und vor der Anhörung des Sachverständigen (Abs. 3 S. 1). Tritt Verhandlungsfähigkeit wieder ein, gilt die Bestellung fort (Pfeiffer § 231a Rdn. 3). 10

Nach dem Beschluss gemäß Abs. 3 S. 1 ist die Durchführung der gesamten Hauptverhandlung ohne den Angeklagten zulässig, bis er wieder im Stande ist, der Hauptverhandlung uneingeschränkt zu folgen (BGHSt 26, 228, 233). Hinweise über eine Veränderung des rechtlichen Gesichtspunkts nach § 265 Abs. 1, 2 werden dem Verteidiger erteilt (§ 234a Hs. 1). Das Recht, ohne den Angeklagten zu verhandeln, schließt nicht das Recht ein, ihn gegen seinen Willen von der Verhandlung fernzuhalten (BGHSt 26, 228, 234; vgl. auch BVerfGE 41, 246). 11

Wird der Angeklagte wieder verhandlungsfähig, muss er zur Hauptverhandlung wieder zugezogen werden und wird vom Vorsitzenden über den wesentlichen Inhalt des in seiner Abwesenheit Verhandelten unterrichtet (Abs. 2). 12

Gegen den Beschluss, der den Antrag auf Verhandlung ohne den Angeklagten ablehnt, ist die **einfache Beschwerde** nach § 304 Abs. 1 zulässig (OLG Nürnberg NJW 2000, 1804; KK-Tolksdorf § 231a Rdn. 27). 13

Ein Beschluss, der die Abwesenheitsverhandlung anordnet, ist mit der **sofortigen Beschwerde** anfechtbar (Abs. 3 S. 3). Beschwerdeberechtigt sind StA, Angeklagter, Verteidiger und gesetzlicher Vertreter, nicht aber Mitangeklagte. Die sofortige Beschwerde hat in Abweichung von § 307 Abs. 1 aufschiebende Wirkung (Abs. 3 S. 3 Hs. 2). Die noch nicht begonnene Hauptverhandlung ist also hinauszuschieben, eine schon begonnene Hauptverhandlung muss bis zur Entscheidung über die sofortige Beschwerde unterbrochen werden (Abs. 3 S. 4). Die Unterbrechung, die nach § 228 Abs. 1 S. 2 vom Gericht zu beschließen ist, darf bis zu 30 Tagen dauern, auch wenn die Voraussetzungen des § 229 Abs. 2 nicht vorliegen (Abs. 3 S. 4 Hs. 2). 14

Die Anfechtbarkeit des Beschlusses nach Abs. 3 S. 1 schließt die Revisionsrüge aus, das Gericht habe die Voraussetzungen des Abs. 1 zu Unrecht angenommen (§ 336 S. 2). Wurde ein Beschluss nach Abs. 3 S. 1 erst verspätet bekannt gemacht, kann dies 15

§ 231b   2. Buch. Verfahren im ersten Rechtszug

unter Umständen die **Revision** begründen (vgl. BGHSt 39, 110; Meyer-Goßner § 231a Rdn. 25).

§ 231b [Abwesenheit des Angeklagten wegen ordnungswidrigen Benehmens]

(1) ¹**Wird der Angeklagte wegen ordnungswidrigen Benehmens aus dem Sitzungszimmer entfernt oder zur Haft abgeführt (§ 177 des Gerichtsverfassungsgesetzes), so kann in seiner Abwesenheit verhandelt werden, wenn das Gericht seine fernere Anwesenheit nicht für unerläßlich hält und solange zu befürchten ist, daß die Anwesenheit des Angeklagten den Ablauf der Hauptverhandlung in schwerwiegender Weise beeinträchtigen würde.** ²**Dem Angeklagten ist in jedem Fall Gelegenheit zu geben, sich zur Anklage zu äußern.**

(2) **Sobald der Angeklagte wieder vorgelassen ist, ist nach § 231a Abs. 2 zu verfahren.**

1   § 177 GVG regelt **Ungehorsamsfolgen bei ordnungswidrigem Benehmen.** § 231b ermöglicht die Fortsetzung der Hauptverhandlung in Abwesenheit des so „aus dem Sitzungszimmer" Entfernten. Die Bestimmung dient dabei nicht der Sanktionierung des Ordnungsverstoßes, sondern der Sicherung des Ablaufs der Hauptverhandlung (Meyer-Goßner § 231b Rdn. 1).

2   **Die Fortsetzung der Verhandlung ist möglich,** wenn die weitere Anwesenheit des Angeklagten nicht unerlässlich ist. Über § 231a ist die Erschwerung der Sachaufklärung kein hinreichender Grund (Meyer-Goßner § 231b Rdn. 5).

3   Es muss zu befürchten sein, dass es in Anwesenheit des Angeklagten zu einer **schwerwiegenden Beeinträchtigung** des Ablaufs der Hauptverhandlung kommen wird. Dies betrifft die Besorgnis einer Störung als solcher, aber auch von Beeinträchtigungen von erheblichem Gewicht (LR-Gollwitzer § 231b Rdn. 7). Auf ein Verschulden kommt es nicht an. Der Umstand, dass ein angeklagter Rechtsanwalt sich selbst verteidigt, steht der Anwendung der Bestimmung nicht entgegen (BVerfGE 53, 215).

4   **Die Dauer der Abwesenheitsverhandlung** ist nicht begrenzt. Bei längeren Hauptverhandlungen wird aber in der Regel ein Versuch zu unternehmen sein, den Angeklagten wieder zuzulassen. Im Hinblick auf das letzte Wort kann hiervon ohnehin nur in eindeutig aussichtslosen Fällen abgesehen werden (BGHSt 9, 79). Wie in den Fällen des § 231a ist dem Angeklagten Gelegenheit zur Äußerung zur Anklage zu geben (Abs. 1 S. 2).

5   **Der Erlass eines Beschlusses** ist anders als bei § 231a nicht vorgeschrieben. Dies ist auch entbehrlich, weil ohnehin schon ein Beschluss nach § 177 GVG ergangen ist und das Gericht durch die Fortsetzung der Hauptverhandlung nach diesem Beschluss hinreichend deutlich macht, dass es für die weitere Hauptverhandlung die Anwesenheit des Angeklagten nicht für unerlässlich hält (BGHSt 39, 72, 73).

6   Der wieder vorgelassene Angeklagte ist **alsbald zu unterrichten** (Abs. 2 in Verbindung mit § 231a Abs. 2). Bei erneuten schwerwiegenden Störungen wird die Unterrichtung abgebrochen (Meyer-Goßner § 231b Rdn. 10).

7   Die **Beschwerde** gegen einen Beschluss, dass nach § 231b verhandelt werden soll, ist nach § 305 S. 1 ausgeschlossen (LR-Gollwitzer § 231b Rdn. 22). Mit der **Revision** können Verstöße gegen die Anhörungspflicht (Abs. 1 S. 2) oder die Unterrichtungspflicht (Abs. 2) nur nach Maßgabe des § 337 gerügt werden (Pfeiffer § 231b Rdn. 3). Über § 338 Nr. 5 kann die fehlerhafte Annahme der Voraussetzungen des Abs. 1 angegriffen werden. Dabei beschränkt sich das Revisionsgericht auf die Prüfung von Ermessensfehlern und die Verkennung von Rechtsbegriffen, soweit es die Beurteilung der Unerlässlichkeit der Anwesenheit und der Dauer der Befürchtung weiterer schwerwiegender Störungen betrifft (BGHSt 39, 72).

§ 231 c [Abwesenheit des Angeklagten während einzelner Verhandlungsteile]

¹Findet die Hauptverhandlung gegen mehrere Angeklagte statt, so kann durch Gerichtsbeschluß einzelnen Angeklagten, im Falle der notwendigen Verteidigung auch ihren Verteidigern, auf Antrag gestattet werden, sich während einzelner Teile der Verhandlung zu entfernen, wenn sie von diesen Verhandlungsteilen nicht betroffen sind. ²In dem Beschluß sind die Verhandlungsteile zu bezeichnen, für die die Erlaubnis gilt. ³Die Erlaubnis kann jederzeit widerrufen werden.

Die Vorschrift erlaubt die **Beurlaubung des Angeklagten** für einen Teil der Hauptverhandlung. In Betracht kommt die Anwendung insbesondere in umfangreichen Hauptverfahren gegen mehrere Angeklagte. Dann kann die Pflicht zur ständigen Anwesenheit solche Mitangeklagte unnötig belasten, die in einzelnen längeren Abschnitten von der Verhandlung überhaupt nicht betroffen sind. Auch der Zeitaufwand des Verteidigers und die damit verbundenen Kosten sind nutzlos bzw. überflüssig (Meyer-Goßner § 231 c Rdn. 1). Eine Alternative bestünde in der vorläufigen Abtrennung des Verfahrens. Im Gegensatz zur Abtrennung macht aber die Beurlaubung nach § 231 c den Angeklagten nicht zum Zeugen (Meyer-Goßner § 231 c Rdn. 3). In der Praxis der Gerichte wird die Vorschrift mit großer Vorsicht angewendet, weil sie leicht Revisionsgründe schafft (vgl. BGH NStZ 1989, 219). Die Gefahr, dass auch Gegenstände behandelt werden, die den beurlaubten Mitangeklagten betreffen, ist oftmals nicht von der Hand zu weisen. 1

Die Freistellung erfolgt nur auf Antrag, der i. d. R. in der Hauptverhandlung mündlich gestellt wird, aber auch schon vor deren Beginn schriftlich eingereicht werden kann (LR-Gollwitzer § 231 c Rdn. 9). Antragsberechtigt sind der Angeklagte und sein Verteidiger, der den Antrag für den Angeklagten – aber nicht gegen dessen Widerspruch – oder im eigenen Namen stellen kann (Meyer-Goßner § 231 c Rdn. 7). Wer eine versehentlich bewilligte Freistellung nutzt, holt mit dem Gebrauchmachen davon den Antrag nach (BGHSt 31, 323). Bereits der Antrag muss den betreffenden Verhandlungsteil bezeichnen. 2

Der Antragsteller darf von dem Verhandlungsteil **nicht betroffen sein.** Dies kommt namentlich dann in Betracht, wenn der zu beurlaubende Angeklagte an einzelnen Taten von Mitangeklagten nicht beteiligt war (BGHSt 32, 100). Bereits ein mittelbarer Zusammenhang (BGH NStZ 1985, 205) schließt die Beurlaubung aus (Pfeiffer § 231 c Rdn. 2). Da es sich hier nicht um eine Unterbrechung der Verhandlung handelt, ist die Dauer der Freistellung grundsätzlich zeitlich nicht begrenzt und an die Fristen des § 229 nicht gebunden (BGH NJW 2003, 452). 3

Der Beschluss ergeht nach Anhörung der StA durch das erkennende Gericht (BGH NStZ 1985, 375). Eine Beurlaubung allein durch den Vorsitzenden ist wirkungslos (BGH NStZ 1985, 375). Die Entscheidung steht im Ermessen des Gerichts, das einerseits den Zweck der Regelung und andererseits die Gefahr zu berücksichtigen hat, dass während der Verfahrensteile doch Umstände zur Sprache kommen können, die den Antragsteller – wenn auch nur mittelbar – betreffen (LR-Gollwitzer § 231 c Rdn. 11; Meyer-Goßner § 231 c Rdn. 14). 4

Inwiefern eine **stillschweigende Befreiung** durch schlüssige Handlung in Betracht kommt, ist umstritten (vgl. BGH NStZ 1995, 27, 28 f; Meyer-Goßner § 231 c Rdn. 13). 5

Der Beschluss muss die betroffenen Verhandlungsteile genau bezeichnen (S. 2). So müssen etwa die zu vernehmenden Zeugen oder Sachverständige aufgeführt werden. Einer Begründung bedarf der Freistellungsbeschluss nicht. Wird der Antrag abgelehnt, muss hingegen deutlich gemacht werden, ob die Voraussetzungen des § 231 c nicht 6

§ 232　　　　　　　　　　　　　　　2. Buch. Verfahren im ersten Rechtszug

vorliegen oder das Gericht die Freistellung nach seinem Ermessen nicht für angebracht hält (Meyer-Goßner § 231 c Rdn. 16).

7　　Der Beurlaubte muss **nicht** an der Verhandlung während des Beurlaubungszeitraums **teilnehmen**. Sein Anwesenheitsrecht bleibt aber unberührt, selbst wenn die Verhandlung unter Ausschluss der Öffentlichkeit stattfindet (KMR-Paulus § 231 c Rdn. 14). Eine Verhandlung gegen den beurlaubten Angeklagten ist aber trotz dessen Anwesenheit erst nach Widerruf des Freistellungsbeschlusses zulässig (LR-Gollwitzer § 231 c Rdn. 17).

8　　**Der Widerruf der Freistellung (S. 3)** ist jederzeit möglich. Die Verhandlung darf dann ohne den bisher beurlaubten Angeklagten oder Verteidiger nicht fortgesetzt werden (Rieß NJW 1978, 2265, 2270). Er erfolgt durch Gerichtsbeschluss, vor dessen Erlass die Verfahrensbeteiligten zu hören sind (Meyer-Goßner § 231 c Rdn. 21). Der Beschluss wird in der Hauptverhandlung verkündet und soll dann dem beurlaubten Angeklagten und Verteidiger durch Zustellung bekannt gemacht werden (LR-Gollwitzer § 231 c Rdn. 15). Der Fortsetzungstermin wird mitgeteilt, eine förmliche Ladung ist nicht erforderlich. Auch die Ladungsfristen des § 217 Abs. 1, § 218 S. 2 gelten nicht (KMR-Paulus § 231 c Rdn. 12).

9　　Die **Beschwerde** gegen den die Freistellung gewährenden oder ablehnenden Beschluss und den Widerrufsbeschluss ist nach § 305 S. 1 ausgeschlossen (Meyer-Goßner § 231 c Rdn. 23). Mit der Revision (§ 338 Nr. 5) kann gerügt werden, dass in Abwesenheit des Angeklagten oder des notwendigen Verteidigers Umstände erörtert wurden, die den Angeklagten mittelbar betrafen (BGH NStZ 1992, 27). Dieser Revisionsgrund ist auch einschlägig, wenn die Verhandlung in Abwesenheit des Angeklagten/Verteidigers ohne entsprechenden Gerichtsbeschluss durchgeführt wurde oder sich die Verhandlung auf einen im Beschluss nach § 231 c nicht bezeichneten Verfahrensteil erstreckt hat (BGH StV 1988, 370; Pfeiffer § 231 c Rdn. 4).

§ 232 [Hauptverhandlung trotz Ausbleibens]

(1) ¹**Die Hauptverhandlung kann ohne den Angeklagten durchgeführt werden, wenn er ordnungsgemäß geladen und in der Ladung darauf hingewiesen worden ist, daß in seiner Abwesenheit verhandelt werden kann, und wenn nur Geldstrafe bis zu einhundertachtzig Tagessätzen, Verwarnung mit Strafvorbehalt, Fahrverbot, Verfall, Einziehung, Vernichtung oder Unbrauchbarmachung, allein oder nebeneinander, zu erwarten ist.** ²**Eine höhere Strafe oder eine Maßregel der Besserung und Sicherung darf in diesem Verfahren nicht verhängt werden.** ³**Die Entziehung der Fahrerlaubnis ist zulässig, wenn der Angeklagte in der Ladung auf diese Möglichkeit hingewiesen worden ist.**

(2) **Auf Grund einer Ladung durch öffentliche Bekanntmachung findet die Hauptverhandlung ohne den Angeklagten nicht statt.**

(3) **Die Niederschrift über eine richterliche Vernehmung des Angeklagten wird in der Hauptverhandlung verlesen.**

(4) **Das in Abwesenheit des Angeklagten ergehende Urteil muß ihm mit den Urteilsgründen durch Übergabe zugestellt werden, wenn es nicht nach § 145 a Abs. 1 dem Verteidiger zugestellt wird.**

1　　Die Vorschrift bezweckt eine **Vereinfachung des Verfahrens** in Strafsachen von geringer Bedeutung. Sie führt nicht etwa zu einem Abwesenheitsrecht des Angeklagten (BGHSt 25, 165), sondern erlaubt lediglich dem Gericht, von der Erzwingung der Anwesenheit abzusehen, um eine schnelle Erledigung von Strafsachen geringer Bedeutung zu ermöglichen. Sie gilt auch im Berufungs- und Jugendstrafverfahren (§ 50 Abs. 1 JGG), im Revisionsverfahren ist sie überflüssig.

6. Abschnitt. Hauptverhandlung § 232

Der Angeklagte muss **ordnungsgemäß** und nicht öffentlich (Abs. 2) geladen worden sein. Mit der Ladung muss der Hinweis nach Abs. 1 S. 1, 3 erfolgt sein. Fehlt der Hinweis, ist der Angeklagte zum Erscheinen verpflichtet und seine Vertretung nach § 234 unzulässig (BGHSt 25, 165). Im Berufungsverfahren ist zusätzlich nach § 323 Abs. 1 S. 2 zu verfahren. 2

Die **Rechtsfolgenerwartung** (Abs. 1) bestimmt sich nach den konkreten Umständen des Einzelfalls, bei Tatmehrheit kommt es auf die zu erwartende Gesamtstrafe an (OLG Düsseldorf NJW 1991, 2781). Wie bei § 231 muss der Angeklagte eigenmächtig fernbleiben oder sich entfernen (vgl. § 231 Rdn. 2; OLG Karlsruhe NStZ 1990, 505). 3

Ein förmlicher Beschluss ist nicht erforderlich. Das Gericht verhandelt – wenn nicht die Aufklärungspflicht (§ 244 Abs. 2) entgegensteht, ohne weiteres in Abwesenheit des Angeklagten. Verlesen werden müssen Protokolle richterlicher Vernehmungen des Angeklagten (Abs. 3), wenn nicht der Verteidiger als Vertreter (§ 234) dessen Einlassung vorträgt (Pfeiffer § 232 Rdn. 3). Bei nichtrichterlichen Vernehmungen kommt zwar eine Verlesung nicht in Betracht, jedoch darf aus solchen Niederschriften die Art der Einlassung des Angeklagten zur Sache festgestellt werden (LR-Gollwitzer § 232 Rdn. 29; a. M. SK-Schlüchter § 232 Rdn. 21). 4

Für in der Einlassung des Angeklagten enthaltene Beweisanträge gilt § 244 Abs. 2, **Hinweise nach § 265 Abs. 1 und 2** werden dem Verteidiger gegeben. Ist ein Verteidiger nicht vorhanden, muss die Hauptverhandlung unterbrochen und nach Zustellung des schriftlichen Hinweises an den Angeklagten fortgesetzt werden. Zustimmungsrechte übt der Verteidiger aus, fehlt ein solcher, ist die Zustimmung des Angeklagten entbehrlich (Pfeiffer § 232 Rdn. 3). 5

Erscheint der Angeklagte noch vor der Urteilsverkündung, ist er zu vernehmen und über den wesentlichen Inhalt der Verhandlung zu unterrichten. Entsprechend § 235 kann ihm auf seinen Antrag schon vor der Urteilsverkündung Wiedereinsetzung gewährt werden, wenn er genügend entschuldigt ist. Dann kann die Hauptverhandlung sofort wiederholt werden (Pfeiffer § 232 Rdn. 4). 6

Im Urteil darf nur eine Strafe oder Nebenfolge verhängt werden, die dem Katalog des Abs. 1 S. 1 entspricht. Im Urteil muss dargelegt werden, dass und weshalb die Voraussetzungen des § 232 vorgelegen haben. 7

Die Zustellung des vollständigen Urteils (Abs. 4) erfolgt an den Pflicht- oder Wahlverteidiger, sonst an den Angeklagten (Meyer-Goßner § 232 Rdn. 24). Wenn nicht an den Verteidiger zugestellt wird, ist die Zustellung durch Übergabe erforderlich. Eine Zustellung durch Niederlegung (§ 181 Abs. 1 ZPO) und eine öffentliche Zustellung nach § 40 Abs. 2 sind ausgeschlossen (Meyer-Goßner § 232 Rdn. 25). Die mit dem Urteil zuzustellende Rechtsmittelbelehrung (§ 35a) muss auch den Hinweis auf die Möglichkeit einer Wiedereinsetzung enthalten (§ 235 S. 2). 8

Eine Beschwerde ist gegen die gerichtlichen Maßnahmen nach § 305 S. 1 ausgeschlossen, eine Berufung wie auch sonst zulässig. Die **Revision** kann nach § 338 Nr. 5 darauf gestützt werden, dass die Voraussetzungen des § 232 nicht vorgelegen haben. Eine Rüge, das Gericht habe zu Unrecht eigenmächtiges Ausbleiben angenommen, kann sich nur auf den Inhalt des Urteils stützen. Dem Gericht unbekannte Gründe können nur mit dem Antrag auf Wiedereinsetzung nach § 235 geltend gemacht werden (OLG Düsseldorf NJW 1962, 2022; KK-Tolksdorf § 232 Rdn. 24). Dass eine Niederschrift entgegen Abs. 3 nicht verlesen worden ist, kann nur über § 337 gerügt werden. Mängel der Urteilszustellung können nur mit der Verfahrensrüge geltend gemacht werden (BayObLG MDR 1995, 1252). 9

Ein **Antrag auf Wiedereinsetzung** (§ 235) kann unabhängig von der Anfechtung des Urteils mit einer Berufung oder einer Revision gestellt werden. Treffen das Rechtsmittel und der Antrag auf Wiedereinsetzung zusammen, ist das Rechtsmittel unter der Rechtsbedingung der Verwerfung des Wiedereinsetzungsantrags eingelegt (§ 315 Abs. 2, § 342 Abs. 2; Meyer-Goßner § 232 Rdn. 30). 10

§ 233 [Entbindung des Angeklagten von der Pflicht zum Erscheinen]

(1) ¹Der Angeklagte kann auf seinen Antrag von der Verpflichtung zum Erscheinen in der Hauptverhandlung entbunden werden, wenn nur Freiheitsstrafe bis zu sechs Monaten, Geldstrafe bis zu einhundertachtzig Tagessätzen, Verwarnung mit Strafvorbehalt, Fahrverbot, Verfall, Einziehung, Vernichtung oder Unbrauchbarmachung, allein oder nebeneinander, zu erwarten ist. ²Eine höhere Strafe oder eine Maßregel der Besserung und Sicherung darf in seiner Abwesenheit nicht verhängt werden. ³Die Entziehung der Fahrerlaubnis ist zulässig.

(2) ¹Wird der Angeklagte von der Verpflichtung zum Erscheinen in der Hauptverhandlung entbunden, so muß er durch einen beauftragten oder ersuchten Richter über die Anklage vernommen werden. ²Dabei wird er über die bei Verhandlung in seiner Abwesenheit zulässigen Rechtsfolgen belehrt sowie befragt, ob er seinen Antrag auf Befreiung vom Erscheinen in der Hauptverhandlung aufrechterhalte.

(3) ¹Von dem zum Zweck der Vernehmung anberaumten Termin sind die Staatsanwaltschaft und der Verteidiger zu benachrichtigen; ihrer Anwesenheit bei der Vernehmung bedarf es nicht. ²Das Protokoll über die Vernehmung ist in der Hauptverhandlung zu verlesen.

1   Eine **Entbindung vom Erscheinen** in der Hauptverhandlung kommt in Betracht, wenn der Angeklagte weit vom Gerichtsort entfernt wohnt oder aus persönlichen Gründen nicht oder nur unter Schwierigkeiten vor Gericht erscheinen kann (Meyer-Goßner § 233 Rdn. 1). Die Vorschrift gilt auch im Verfahren nach Einspruch gegen einen Strafbefehl und im Berufungsverfahren (Pfeiffer § 233 Rdn. 1). Zum Jugendstrafverfahren vgl. § 50 Abs. 1 JGG.

2   Voraussetzung ist zunächst ein **Antrag des Angeklagten** oder seines Verteidigers als dessen Vertreter (BGHSt 12, 367). Dieser kann den Antrag auch noch zu Beginn der (Berufungs-)Hauptverhandlung (BGHSt 25, 281) stellen. Lehnt allerdings das Berufungsgericht den Antrag ab, kann es sofort nach § 329 Abs. 1 verfahren (Meyer-Goßner § 233 Rdn. 6). Weitere Voraussetzung ist die **begrenzte Straferwartung** (Abs. 1 S. 1, 3). Über § 232 kommt es nicht auf die abstrakte Strafandrohung, sondern auf die im Einzelfall zu erwartende Strafe an.

3   Die Entscheidung ergeht durch Beschluss und steht **im pflichtgemäßen Ermessen** des Gerichts. Sie bedarf keiner Begründung (LR-Gollwitzer § 233 Rdn. 11). Die Entbindung gilt grundsätzlich für die ganze Verhandlung, kann sich aber auch auf einen Teil der Hauptverhandlung beschränken. Der Widerruf ist jederzeit möglich, wenn die Anwesenheit des Angeklagten später doch notwendig erscheint (Meyer-Goßner § 233 Rdn. 12). Bekannt gemacht wird die Entscheidung nach § 35 Abs. 2 S. 1 durch Verkündung in der Hauptverhandlung, wenn der Angeklagte anwesend ist oder wenn der Verteidiger den Antrag erst in der Hauptverhandlung gestellt hat. Ein außerhalb der Hauptverhandlung ergangener Beschluss muss dem Angeklagten förmlich zugestellt werden (§ 145a Abs. 1 gilt; KK-Tolksdorf § 233 Rdn. 9).

4   Ohne den Angeklagten kann nur verhandelt werden, wenn er bereits **im Ermittlungsverfahren richterlich vernommen** worden ist (OLG Schleswig NJW 1966, 67). Im Berufungsverfahren muss eine Vernehmung auch dann stattfinden, wenn er schon im ersten Rechtszug nach Abs. 2 vernommen worden war (OLG Schleswig a.a.O.; Meyer-Goßner § 233 Rdn. 14).

5   Ergeben sich in der Vernehmung **neue Tatsachen oder Beweismittel** zum Nachteil des Angeklagten, bedarf es einer Wiederholung der Vernehmung, soweit er sich zu den neuen Tatsachen noch nicht hat äußern können (Meyer-Goßner § 233 Rdn. 16).

6. Abschnitt. Hauptverhandlung § 233

Die Vernehmung erfolgt durch einen **beauftragten oder ersuchten Richter** 6
(Abs. 2 S. 1) und ist vorweggenommener Teil der Hauptverhandlung (BGHSt 25, 42;
OLG Hamburg NJW 1972, 2322). Im Rahmen der Belehrung wird er über die Gegenstände des Abs. 2 S. 2 informiert Das Vernehmungsersuchen nach Abs. 2 ist schon zulässig, bevor der Antrag gestellt wird. Der ersuchte Richter kann dann den Angeklagten über seine Antragsbefugnis belehren (BGHSt 25, 42). Dann sind aber Zwangsmittel nach § 230 Abs. 2, die der ersuchte Richter sonst anwenden darf (OLG Hamburg GA 1968, 375), (noch) nicht zulässig (BGHSt 25, 42).

Eine Benachrichtigung von dem Vernehmungstermin erhalten über den StA 7
und den Verteidiger (Abs. 3 S. 1 Hs. 1) hinaus alle Prozessbeteiligten, auch Mitangeklagte, gegen die die Aussage verwendet werden soll (RGSt 57, 271, 272). Ihre Anwesenheit bei der Vernehmung ist nicht erforderlich (Abs. 3 S. 1 Hs. 2). Das Fehlen einer Benachrichtigung macht die Vernehmungsniederschrift unverlesbar, wenn der nicht verständigte Prozessbeteiligte ihr widerspricht (OLG Braunschweig DAR 1992, 392).

Der Angeklagte wird dennoch zur Hauptverhandlung – ohne die Warnung nach 8
§ 216 Abs. 1 – **geladen** (LR-Gollwitzer § 233 Rdn. 29; Meyer-Goßner § 233 Rdn. 19); er hat ein Anwesenheitsrecht (BGHSt 12, 367, 371).

In der Hauptverhandlung ist die **Vernehmungsniederschrift** zwingend zu verle- 9
sen (Abs. 3 S. 2). Davon darf auch nicht abgesehen werden, wenn der vertretungsberechtigte Verteidiger in der Hauptverhandlung die Einlassung des Angeklagten vorträgt (anders bei § 232; Meyer-Goßner § 233 Rdn. 20).

Hat der Angeklagte bei der Vernehmung Beweisanträge gestellt oder deutlich ge- 10
macht, dass er bestimmte Fragen an Zeugen, Sachverständige oder Mitangeklagte gestellt wissen will (Gollwitzer GS Meyer S. 161), gelten (anders als bei § 232) diese **als in der Hauptverhandlung selbst gestellt.** Dem Angeklagten muss die Entscheidung vor der Urteilsfällung nicht bekannt gegeben werden (Meyer-Goßner § 233 Rdn. 22). Stellt der Angeklagte außerhalb der Vernehmung nach Abs. 2 schriftliche Beweisanträge, so wird über sie nur nach § 219 entschieden (BayObLG NJW 1956, 1042). Anders als bei § 232 sind Zustimmungen des Angeklagten (§ 61 Nr. 5, § 245 Abs. 1 S. 2, § 251 Abs. 1 Nr. 4, Abs. 2 S. 1) erforderlich; wenn er nicht vertreten ist, sind sie ggf. nachzuholen (LR-Gollwitzer § 233 Rdn. 35).

Das Urteil darf keine höheren oder anderen als die in Abs. 1 S. 1, 3 bezeichneten 11
Rechtsfolgen verhängen. Zugestellt wird es an den Verteidiger (§ 145a Abs. 1) oder an den Angeklagten (OLG Frankfurt NJW 1982, 1297); § 232 Abs. 4 gilt nicht.

Der Beschluss über die Entbindung oder deren Ablehnung kann wegen § 305 S. 1 12
nicht mit der Beschwerde angefochten werden. Das Gleiche gilt für einen Widerrufsbeschluss (OLG Hamburg MDR 1968, 344). Ausnahmsweise ist die Anfechtung möglich, wenn der Tatrichter den Entbindungsantrag als unzulässig abgelehnt hat (OLG Köln NJW 1957, 153).

Mit der Revision (§ 338 Nr. 5) kann gerügt werden, dass die Abwesenheitsver- 13
handlung unzulässig war, insbesondere weil kein wirksamer Entbindungsantrag gestellt worden ist (RGSt 62, 259) oder dass die durch Abs. 1 S. 1, 3 gezogenen Grenzen der zulässigen Rechtsfolgen überschritten worden sind. Ob Letzteres von Amts wegen geprüft wird, ist umstritten (dafür OLG Hamm JR 1978, 120; OLG Köln GA 1971, 27; dagegen KK-Tolksdorf § 233 Rdn. 22; LR-Gollwitzer § 233 Rdn. 40). Das Unterlassen einer Vernehmung nach Abs. 2 S. 1 oder der Belehrung über die zulässigen Rechtsfolgen nach Abs. 2 S. 2 kann über § 337 gerügt werden. Gleiches gilt, wenn das Vernehmungsprotokoll in der Hauptverhandlung nicht verlesen worden ist (Meyer-Goßner § 233 Rdn. 28).

§§ 234, 234a   2. Buch. Verfahren im ersten Rechtszug

§ 234 [Vertretung des abwesenden Angeklagten]

Soweit die Hauptverhandlung ohne Anwesenheit des Angeklagten stattfinden kann, ist er befugt, sich durch einen mit schriftlicher Vollmacht versehenen Verteidiger vertreten zu lassen.

1   Die Vorschrift erlaubt die **Vertretung des abwesenden Angeklagten** durch einen Verteidiger. Zulässig ist die Vertretung in den Fällen des § 231 Abs. 2, §§ 231a, 231b, 232, 233. Sonderregelungen enthalten § 329 Abs. 1, § 350 Abs. 2, § 411 Abs. 2, § 434 Abs. 1 S. 1, § 444 Abs. 2 S. 2 sowie § 74 Abs. 1 OWiG (Pfeiffer § 234 Rdn. 1).

2   In den Fällen des § 234 ist der Verteidiger **nicht mehr nur Beistand** des Angeklagten, sondern zur Vertretung in der Erklärung und im Willen berechtigt (BGHSt 9, 356). Unzulässig ist die Vertretung, wenn der Angeklagte anwesend ist (Meyer-Goßner § 234 Rdn. 4).

3   Die wirksame Vertretung setzt eine **schriftliche Vertretungsvollmacht** voraus, die aber nach mündlicher Ermächtigung auch von einem Dritten oder von dem Bevollmächtigten selbst unterzeichnet werden kann und die dem Gericht schon bei Beginn der Hauptverhandlung vorliegen muss (Meyer-Goßner § 234 Rdn. 5). Die gewöhnliche Verteidigervollmacht reicht nicht aus (OLG Köln StV 1981, 119). Zulässig ist es aber, die Vertretungsvollmacht zugleich in oder mit der Verteidigervollmacht zu erteilen (BGHSt 9, 356). Einer schriftlichen Vollmacht bedarf es nicht, wenn der Angeklagte die Vollmacht bei einer kommissarischen Vernehmung vor der Hauptverhandlung zu Protokoll erklärt (KK-Tolksdorf § 234 Rdn. 5). Erteilt der vertretungsberechtigte Verteidiger einem anderen Rechtsanwalt Untervollmacht, bedarf diese nicht der Schriftform (OLG Hamm MDR 1985, 957).

4   **Der Vertreter darf** alle zum Verfahren gehörenden Erklärungen abgeben und entgegennehmen (BGHSt 9, 356). Gibt er für den Angeklagten Erklärungen zur Sache ab, sind diese in gleicher Weise wie die Einlassung oder das Geständnis des Angeklagten als Urteilsgrundlage verwertbar (Meyer-Goßner § 234 Rdn. 10; krit. SK-Schlüchter § 234 Rdn. 10).

5   **Der Hinweis nach § 265 Abs. 1, 2** kann dem Verteidiger auch dann erteilt werden, wenn er keine Vertretungsvollmacht hat (§ 234a Hs. 1). Eine Ausnahme besteht für die Abwesenheitsverhandlung nach § 233. Da der Angeklagte zur Anklage vernommen worden sein muss (§ 233 Abs. 2 S. 1), ist eine erneute Vernehmung erforderlich, wenn die Anklage umgestaltet wird (LR-Gollwitzer § 234 Rdn. 15).

6   Die **Revision** kann rügen, dass eine wirksame Vertretungsvollmacht nicht bestand, der Vertreter nicht zur Hauptverhandlung geladen worden ist (OLG Köln NJW 1960, 736) oder das Gericht unter Verletzung seiner Aufklärungspflicht (§ 244 Abs. 2) nicht darauf bestanden hat, den Angeklagten selbst zu hören (Meyer-Goßner § 234 Rdn. 13).

§ 234a [Informations- und Zustimmungsbefugnisse des Verteidigers]

Findet die Hauptverhandlung ohne Anwesenheit des Angeklagten statt, so genügt es, wenn die nach § 265 Abs. 1 und 2 erforderlichen Hinweise dem Verteidiger gegeben werden; das Einverständnis des Angeklagten nach § 245 Abs. 1 Satz 2 und nach § 251 Abs. 1 Nr. 1, Abs. 2 Nr. 3 ist nicht erforderlich, wenn ein Verteidiger an der Hauptverhandlung teilnimmt.

1   **Die Vorschrift** gilt in den Fällen des § 231 Abs. 1, §§ 231a, 231b, 232, 233, 329 Abs. 2, 387 Abs. 1, § 411 Abs. 2 (Pfeiffer § 234a Rdn. 1). Sie will das Verfahren dadurch vereinfachen, dass der anwesende Verteidiger allgemein zur Wahrnehmung der

6. Abschnitt. Hauptverhandlung **§§ 235, 236**

Informations- und Zustimmungsbefugnis des Angeklagten ermächtigt wird (Meyer-Goßner § 234 a Rdn. 1).

Für § 231 c gilt die Vorschrift nicht, weil während der Beurlaubung nicht über 2 Dinge verhandelt werden darf, durch die der Angeklagte betroffen ist (§ 231 c Rdn. 3). Wird der Angeklagte nach § 247 zeitweilig aus dem Sitzungszimmer entfernt, gilt § 234 a nicht, weil die Hauptverhandlung in diesem Fall nicht ohne Anwesenheit des Angeklagten stattfindet (Meyer-Goßner § 234 a Rdn. 1).

Für die Abwesenheitsverhandlung nach § 233 gilt Hs. 1 nicht, da der Ange- 3 klagte bei Umgestaltung der Hauptverhandlung erneut vernommen werden muss. Ein Hinweis an den Verteidiger genügt daher nicht (KK-Tolksdorf § 234 a Rdn. 4; Meyer-Goßner § 234 a Rdn. 3; a. M. Gollwitzer FS Tröndle S. 470).

Hs. 2 schließt nicht aus, dass die Zustimmungserklärung des Angeklagten aus ande- 4 ren Gründen entbehrlich ist. So hat der Angeklagte in den Fällen des § 231 Abs. 2 und des § 232 sein Zustimmungsrecht verwirkt (KK-Tolksdorf § 234 a Rdn. 6).

§ 235 [Wiedereinsetzung in den vorigen Stand]

¹**Hat die Hauptverhandlung gemäß § 232 ohne den Angeklagten stattgefunden, so kann er gegen das Urteil binnen einer Woche nach seiner Zustellung die Wiedereinsetzung in den vorigen Stand unter den gleichen Voraussetzungen wie gegen die Versäumung einer Frist nachsuchen; hat er von der Ladung zur Hauptverhandlung keine Kenntnis erlangt, so kann er stets die Wiedereinsetzung in den vorigen Stand beanspruchen.** ²**Hierüber ist der Angeklagte bei der Zustellung des Urteils zu belehren.**

Die Vorschrift betrifft nur den Fall des § 232, nicht § 231 Abs. 2, §§ 231 a, 231 b 1 und 233. Sie ist weder im Revisionsverfahren noch auf den Fall entsprechend anwendbar, dass der nach § 233 entbundene Angeklagte einen Verteidiger benannt hat, der zur Hauptverhandlung nicht geladen worden ist (Meyer-Goßner § 235 Rdn. 1).

Erforderlich ist eine **Versäumung des Termins** und das fehlende Verschulden des 2 Angeklagten an der Säumnis (S. 1 i. V. m. § 44). Bei Unkenntnis von der Ladung kommt es auf ein Verschulden nicht an (S. 1 Hs. 2). Kenntnis von der Ladung hat der Angeklagte erst, wenn er von ihrem Inhalt erfährt (KK-Tolksdorf § 235 Rdn. 4). Die fehlende Kenntnis muss aber wie bei § 44 S. 2 für die Säumnis ursächlich geworden sein (Meyer-Goßner § 235 Rdn. 4). Ansonsten ist das Verschulden eine Frage des Einzelfalls. Bei Versäumung des Termins in Folge falscher Auskunft des Verteidigers über eine Verlegung wird Wiedereinsetzung regelmäßig zu bewilligen sein (Meyer-Goßner § 235 Rdn. 3; a. M. LG Köln MDR 1982, 73).

Die Wiedereinsetzung wird **nur auf Antrag gewährt** („nachsuchen"). Die Wie- 3 dereinsetzung von Amts wegen nach § 45 Abs. 2 S. 3 ist daher ausgeschlossen. Immerhin muss der Angeklagte mit der Zustellung des Urteils nach § 232 Abs. 4, § 235 S. 2 belehrt werden. Zuständig für die Entscheidung ist das Gericht, das das Abwesenheitsurteil erlassen hat. Die Entscheidung ergeht durch Beschluss, der bei Gewährung der Wiedereinsetzung das Abwesenheitsurteil ohne weiteres beseitigt (Meyer-Goßner § 235 Rdn. 8). Zur sofortigen Beschwerde vgl. § 46 Abs. 2, 3.

§ 236 [Anordnung des persönlichen Erscheinens]

Das Gericht ist stets befugt, das persönliche Erscheinen des Angeklagten anzuordnen und durch einen Vorführungsbefehl oder Haftbefehl zu erzwingen.

Die Vorschrift verwirklicht die **gerichtliche Aufklärungspflicht** und gilt nur, 1 wenn eine Verhandlung in Abwesenheit gesetzlich zulässig wäre; im Übrigen gilt

§ 237

§ 230 (Pfeiffer § 236 Rdn. 1). § 236 ist auch im Berufungs- und Revisionsverfahren anwendbar. Dennoch kann eine Berufung bei unentschuldigtem Ausbleiben verworfen werden (§ 329 Rdn. 4). Im Strafbefehlsverfahren hindert § 411 Abs. 2 S. 1 die Anwendung des § 236 nicht (§ 411 Rdn. 5). Die Anordnung nach § 236 lässt die gesetzlich vorgesehene Befugnis des Angeklagten, sich in der Hauptverhandlung vertreten zu lassen, unberührt (§§ 234, 329 Abs. 1, § 411 Abs. 2 S. 1; Meyer-Goßner § 236 Rdn. 1).

2   **Die Entscheidung trifft das Gericht** (nicht der Vorsitzende allein) durch Beschluss. Sie setzt voraus, dass die Anwesenheit des Angeklagten in der Hauptverhandlung einen Beitrag zur Aufklärung des Sachverhalts erwarten lässt (BGHSt 30, 172, 175). Ist dies der Fall, steht die Entscheidung im Ermessen des Gerichts. Nötig ist eine umfassende Würdigung aller für und gegen die Anordnung sprechenden Gesichtspunkte; die berechtigten Interessen des Angeklagten und das Interesse an möglichst vollständiger Sachaufklärung sind gegeneinander abzuwägen (BGHSt 30, 172, 175). Die Zustellung des Beschlusses an den Angeklagten erfolgt regelmäßig mit der Terminsladung (LR-Gollwitzer § 236 Rdn. 14). Die Zwangsmittel des § 236 müssen in der Ladung angedroht werden (§ 216 Abs. 1). Der Beschluss kann jederzeit von Amts wegen oder auf Antrag aufgehoben werden (Meyer-Goßner § 236 Rdn. 6).

3   Das Gericht ist **nicht verpflichtet,** Zwangsmittel anzuordnen, wenn der Angeklagte trotz Anordnung nach § 236 nicht erscheint, es kann vielmehr auch ohne den Angeklagten verhandeln, wenn es jetzt meint, die Anwesenheit sei zur Sachaufklärung doch nicht erforderlich (LR-Gollwitzer § 236 Rdn. 12; a.M. BayObLG NJW 1970, 1055). Zu dieser Auffassung kann das Gericht selbst dann noch gelangen, wenn der Versuch einer Vorführung erfolglos geblieben ist (OLG Celle NJW 1970, 906).

4   Die **Beschwerde** gegen die Anordnung ist nach § 305 S. 1 ausgeschlossen, eine Beschwerde gegen die Verhängung von Zwangsmitteln jedoch zulässig (§ 305 S. 2). Gegen einen Haftbefehl ist auch die weitere Beschwerde nach § 310 Abs. 1 statthaft.

5   Die **Revision** kann rügen, dass das Unterlassen der Anordnung nach § 236 die Sachaufklärungspflicht (§ 244 Abs. 2) verletzt habe. Zu den Anforderungen an die Rüge vgl. Meyer-Goßner § 236 Rdn. 10.

§ 237 [Verbindung mehrerer Strafsachen]

Das Gericht kann im Falle eines Zusammenhangs zwischen mehreren bei ihm anhängigen Strafsachen ihre Verbindung zum Zwecke gleichzeitiger Verhandlung anordnen, auch wenn dieser Zusammenhang nicht der in § 3 bezeichnete ist.

1   **Die Vorschrift dient der Verfahrensvereinfachung.** Dabei werden (anders als nach §§ 2, 4, 13 Abs. 2) die verbundenen Strafsachen nicht zu einem einzigen Verfahren verschmolzen; die Verbindung soll die gleichzeitige Verhandlung ermöglichen, aber jede der verbundenen Sachen folgt weiterhin ihren eigenen Gesetzen (unten Rdn. 5).

Die Sachen müssen **bei demselben Gericht** anhängig sein. Zum Teil versteht man dabei das Gericht als administrative Einheit im Sinne einer Zusammenfassung aller bei ihm errichteten Spruchkörper (KK-Tolksdorf § 237 Rdn. 2; Meyer-Goßner § 237 Rdn. 3; Sowada S. 721), zum Teil jedoch den einzelnen Spruchkörper (BGHSt 26, 271, 273; Pfeiffer § 237 Rdn. 1). Allerdings soll auch eine Verbindung bei verschiedenen Spruchkörpern desselben Gerichts anhängiger Verfahren nur nach § 4 in Betracht kommen (Meyer-Goßner NStZ 2004, 353, 354).

2   **Die Sachen müssen sich nicht im selben Verfahrensstadium befinden.** Eine im ersten Rechtszug anhängige Sache vor dem Landgericht kann mit einer Sache, die im Revisionsrechtszug zurückverwiesen worden ist, verbunden werden. Eine große

6. Abschnitt. Hauptverhandlung   § 238

Jugendkammer kann eine erstinstanzliche Sache auch mit einem bei ihr anhängigen Berufungsverfahren verbinden (Meyer-Goßner § 237 Rdn. 4).

Zwischen den Strafsachen muss **ein Zusammenhang** bestehen, der allerdings nicht 3 so eng sein muss, wie es § 3 für die Verbindung nach §§ 2, 4, 13 vorschreibt. Es soll ausreichen, dass eine gleichzeitige Verhandlung unter irgendeinem Gesichtspunkt zweckmäßig erscheint. In Betracht kommt dies, wenn z. B. derselbe Personenkreis als Täter oder Verletzte beteiligt ist, weil die Beweismittel übereinstimmen oder weil gleichartige Vorwürfe oder gleichartige Rechtsfragen zu klären sind (Meyer-Goßner § 237 Rdn. 6; Roxin § 20 B III).

Die Verbindung erfolgt durch Beschluss von Amts wegen oder auf Antrag. 4 Der Beschluss bedarf keiner Begründung und wird formlos bekannt gemacht. Eine stillschweigende Verbindung durch gemeinsame Terminsanberaumung soll wirksam sein (KMR-Paulus § 237 Rdn. 28; a. M. LR-Gollwitzer § 237 Rdn. 8). Sie bewirkt lediglich für die Dauer der Hauptverhandlung (KGJR 1969, 349) eine **lose Verfahrensverbindung,** durch die die Selbstständigkeit der verbundenen Sachen nicht berührt wird (BGHSt 19, 177, 182; BGHSt 36, 348, 351). Eine Berufungssache bei der Großen Jugendkammer bleibt eine Berufungssache, gegen die eine Revision zum OLG zulässig ist. Im Erwachsenenstrafrecht ist eine Kombination aus erstinstanzlicher Verhandlung und Berufungsverhandlung vor dem Landgericht nach den Änderungen durch das RpflEntlG nicht mehr möglich.

Angeklagte werden zu Mitangeklagten, als Zeugen dürfen sie nicht vernom- 5 men werden. Der Ausschluss der Öffentlichkeit in einem Verfahren erstreckt sich auf das verbundene (Pfeiffer § 237 Rdn. 4).

Die entsprechende Anwendung des § 5 ist ausgeschlossen. Daher wird der 6 BGH nicht zur Entscheidung über die Revision einer nach § 237 verbundenen Berufungssache zuständig. Dies gilt in jedem Falle (BGHSt 36, 348, 351; BGHSt 37, 42, 43).

Die Trennung der verbundenen Sachen kann das Gericht nach freiem Ermessen 7 vornehmen. Nach Urteilserlass ist die Trennung zwingend. Da sie kraft Gesetzes eintritt (KG JR 1969, 349), ist ein entsprechender Gerichtsbeschluss nicht erforderlich. Zur Anfechtung vgl. § 4 Rdn. 8.

§ 238 [Verhandlungsleitung]

(1) Die Leitung der Verhandlung, die Vernehmung des Angeklagten und die Aufnahme des Beweises erfolgt durch den Vorsitzenden.

(2) Wird eine auf die Sachleitung bezügliche Anordnung des Vorsitzenden von einer bei der Verhandlung beteiligten Person als unzulässig beanstandet, so entscheidet das Gericht.

Abs. 1 enthält eine allgemeine Aufgabenzuweisung an den Vorsitzenden. 1 Er hat die gesamte Prozessleitung in seinen Händen. Einzelheiten sind zum Teil in gesetzlichen Einzelregelungen bestimmt (vgl. § 228 Abs. 1 S. 2, 3, § 231 Abs. 1 S. 2, § 231a Abs. 2, § 231b Abs. 2, §§ 239, 240, 241, 241a, 243 Abs. 1 S. 2, Abs. 2 S. 2, § 247 S. 4, §§ 248, 249 Abs. 2, § 266 Abs. 3). Verschiedene Anordnungen sind jedoch dem Gericht vorbehalten (vgl. § 4 Abs. 2, § 6a S. 2, § 27 Abs. 1, §§ 51, 70, 77, 228 Abs. 1 S. 1, § 230 Abs. 2, § 231 Abs. 2, § 231a Abs. 3, § 231b Abs. 1, §§ 231c, 233, 236, 237, 244 Abs. 6, §§ 247, 251 Abs. 4, § 265 Abs. 4, §§ 266, 270).

Dem Vorsitzenden sind die Verhandlungsleitung (Abs. 1) und die Sachleitung (Abs. 2) zugewiesen; beide Bereiche lassen sich nicht zuverlässig trennen (vgl. Pfeiffer § 238 Rdn. 2). Gemeinsam ist beiden, dass es um Anordnungen geht, die in formeller oder materieller Hinsicht Einfluss auf die Entscheidung haben können.

§ 238 2. Buch. Verfahren im ersten Rechtszug

2   **Zur Verhandlungsleitung** gehören alle Maßnahmen zur Durchführung der Hauptverhandlung, insbesondere die Eröffnung, Durchführung, Unterbrechung und Schließung der Verhandlung und die Bestimmung des Verfahrensgangs, soweit er nicht durch § 243 festgelegt ist (vgl. BGH MDR 1975, 24). Der Vorsitzende bestimmt, in welcher Reihenfolge die Prozessbeteiligten gehört werden (BGH MDR 1957, 53), erteilt das Wort und entzieht es, wenn es missbraucht wird. Er bestimmt auch den Zeitpunkt, zu dem den Antragstellern Gelegenheit zur Anbringung und Begründung ihrer Anträge gegeben wird (Meyer-Goßner § 238 Rdn. 5). Zur Verhandlungsleitung gehört auch die Sitzungspolizei nach § 176 GVG (dazu Milger NStZ 2006, 121).

3   **Die Vernehmung des Angeklagten und die Aufnahme der Beweise (Abs. 1)** umfasst zunächst die Vernehmung des Angeklagten zu seinen persönlichen Verhältnissen und die Vernehmung zur Sache. Vom Vorsitzenden werden die Beweiserhebungen angeordnet (BGH NStZ 1982, 432) und durchgeführt. Er sorgt für eine sachgerechte Ausübung des Fragerechts durch die Verfahrensbeteiligten und entlässt die Zeugen nach § 248.

4   Der Vorsitzende muss die Verhandlung **persönlich leiten.** Die Verlesung von Urkunden darf er delegieren (vgl. § 249 Rdn. 11). Ist der Vorsitzende wegen einer Erkältung „sprachlos", liegt ein Fall der Verhinderung am Vorsitz vor (§ 21f GVG). Er kann aber als Beisitzer an der Verhandlung mitwirken (Kissel/Mayer § 21f GVG Rdn. 14; zur Vertretung bei Heiserkeit BGH NStZ 1995, 19).

5   **Anordnungen des Vorsitzenden** können ausdrücklich oder schlüssig, auch durch Unterlassen, nicht aber durch schlichte Untätigkeit ergehen. Auch Fragen, Vorhalte und Belehrungen zählen dazu (Pfeiffer § 238 Rdn. 3).

6   **Die Anrufung des Gerichts** bzw. die Beanstandung nach Abs. 2 ist ein besonderer Zwischenrechtsbehelf, den jeder Prozessbeteiligte einlegen kann. Hierzu gehören auch die Mitglieder des Gerichts (Pfeiffer § 238 Rdn. 4; KK-Tolksdorf § 238 Rdn. 11; a.M. SK-Schlüchter § 238 Rdn. 13). Auch Zeugen und Sachverständige können wegen der an sie gerichteten Fragen das Gericht anrufen, nicht aber Zuhörer (Meyer-Goßner § 238 Rdn. 14). Die Beanstandung ist nach § 273 Abs. 1 zu beurkunden (vgl. BGH NStZ-RR 2003, 5) und an eine bestimmte Form nicht gebunden. Es genügt, dass (ausdrücklich oder konkludent) das Verlangen nach einer Gerichtsentscheidung geäußert und die Unzulässigkeit der Maßnahme sowie die Beschwer des Antragstellers behauptet werden (Meyer-Goßner § 238 Rdn. 16).

7   **Zulässig ist allein die Beanstandung der Maßnahme als unzulässig.** Dass sie unzweckmäßig oder unangebracht ist, kann mit dem Antrag nicht geltend gemacht werden. Unzulässig sind Maßnahmen des Vorsitzenden, wenn sie gegen gesetzliche Vorschriften oder ungeschriebene Verfahrensgrundsätze verstoßen oder ein Ermessensmissbrauch vorliegt.

8   **Auch Anordnungen des Strafrichters (§ 25 GVG)** können und müssen zum Erhalt der Revisionsrüge nach Abs. 2 beanstandet werden, obwohl hier der Vorsitzende und das Gericht identisch sind (OLG Düsseldorf StV 1996, 252; Meyer-Goßner § 238 Rdn. 18; a.M. Ebert StV 1997, 269 und NStZ 1997, 565).

9   **Die Entscheidung des Gerichts** ergeht nach Anhörung der Prozessbeteiligten durch Beschluss, der nach § 273 Abs. 1 in das Protokoll aufzunehmen und in der Hauptverhandlung unverzüglich, spätestens vor Beginn der Urteilsverkündung bekannt zu machen ist. Ob schlüssiges Verhalten des Gerichts den Beschluss ersetzen kann, ist umstritten (dafür KMR-Paulus § 238 Rdn. 50; dagegen LR-Gollwitzer § 238 Rdn. 34; Meyer-Goßner § 238 Rdn. 19). Eine Begründung ist nur erforderlich, wenn der Antrag (als unzulässig oder unbegründet) abgelehnt wird (KK-Tolksdorf § 238 Rdn. 13; Meyer-Goßner § 238 Rdn. 19; a.M. KMR-Paulus § 238 Rdn. 50: auch bei stattgebender Entscheidung). Der Beschluss ist änderbar, wenn sich das Gericht anders besinnt oder die Sachlage sich geändert hat. Werden Fragen zu einem sachfremden Thema insgesamt zurückgewiesen, und werden dennoch weitere Fragen

zu diesem Thema gestellt, umfassen die erstmalige Zurückweisung und der erstmalige Beschluss nach Abs. 2 auch deren Zurückweisung (BGH NJW 2004, 239).

Eine Beschwerde gegen die Anordnung des Vorsitzenden nach § 304 ist **unzulässig,** der Zwischenrechtsbehelf des Abs. 2 schließt sie aus (Meyer-Goßner § 238 Rdn. 21) bzw. es ist § 305 S. 1 einschlägig (KK-Tolksdorf § 238 Rdn. 15; KMR-Paulus § 238 Rdn. 55). Nur Entscheidungen, durch die dritte Personen betroffen sind, können angefochten werden (§ 305 S. 2). 10

Die Herbeiführung der gerichtlichen Entscheidung ist **Voraussetzung für die Geltendmachung von Verfahrensfehlern in der Revision.** Wer von dem Herbeiführen des Gerichtsbeschlusses nach Abs. 2 absieht, verwirkt insoweit das Recht (vgl. BGHSt 1, 322, 325; BGH NStZ-RR 2003, 2; Meyer-Goßner § 238 Rdn. 22). Die Verwirkung der Verfahrensrüge gilt nicht für einen Angeklagten, der ohne Verteidiger ist und die Beanstandungsmöglichkeiten nicht kennt (OLG Koblenz StV 1992, 263; OLG Köln NStZ-RR 1997, 366). 11

Hat der Vorsitzende eine von Amts wegen vorzunehmende **unverzichtbare Handlung unterlassen,** soll der Revisionsangriff auch sonst ohne vorherige Anrufung des Gerichts zulässig sein (BGHSt 38, 260). Gleiches soll gelten, wenn er sich über Verfahrensvorschriften hinwegsetzt, die keinerlei Entscheidungsspielraum zulassen (BGHSt 42, 73, 77) und sich der Fehler bei der Urteilsfindung niedergeschlagen hat (BGHSt 20, 98). Ist eine Entscheidung nach Abs. 2 unterblieben, beruht das Urteil also nur dann auf dem Mangel, wenn die Maßnahme des Vorsitzenden unzulässig war (BGHSt 44, 82, 91; Meyer-Goßner § 238 Rdn. 23). 12

§ 239 [Kreuzverhör]

(1) ¹**Die Vernehmung der von der Staatsanwaltschaft und dem Angeklagten benannten Zeugen und Sachverständigen ist der Staatsanwaltschaft und dem Verteidiger auf deren übereinstimmenden Antrag von dem Vorsitzenden zu überlassen.** ²**Bei den von der Staatsanwaltschaft benannten Zeugen und Sachverständigen hat diese, bei den von dem Angeklagten benannten der Verteidiger in erster Reihe das Recht zur Vernehmung.**

(2) **Der Vorsitzende hat auch nach dieser Vernehmung die ihm zur weiteren Aufklärung der Sache erforderlich scheinenden Fragen an die Zeugen und Sachverständigen zu richten.**

Das in der Vorschrift geregelte **Kreuzverhör,** das an den angloamerikanischen Strafprozess anknüpft, findet in Deutschland so gut wie nicht statt (Meyer-Goßner § 239 Rdn. 1). Die Bestimmung enthält eine Ausnahme von der Regel, dass der Vorsitzende die Verhandlungsleitung übernimmt. Neben dem formellen Kreuzverhör ist auch denkbar, dass der Vorsitzende alsbald nach Entgegennahme des Berichts des Zeugen (§ 69 Abs. 1 S. 1) zunächst den StA und den Verteidiger Fragen stellen lässt und seinerseits erst anschließend nochmals fragt, falls dies erforderlich ist (vgl. KK-Tolksdorf § 239 Rdn. 2; Meyer-Goßner § 239 Rdn. 2). 1

Das Kreuzverhör setzt einen **übereinstimmenden Antrag von StA und Verteidiger** voraus, dem das Gericht selbst dann stattgeben muss, wenn der Angeklagte widerspricht (KMR-Paulus § 239 Rdn. 10). Anwendbar ist das Kreuzverhör nur auf die von der StA und dem Angeklagten benannten Beweispersonen. Wer vom Privatkläger usw. benannt ist, kann dem Kreuzverhör nicht unterliegen. Bei Jugendlichen unter 16 Jahren ist das Kreuzverhör nach § 241a ausgeschlossen, bei der kommissarischen Vernehmung ist es zulässig (KK-Tolksdorf § 239 Rdn. 6). 2

Mit dem Verhör beginnt, wer die Beweisperson benannt hat (Abs. 1 S. 2). Dann setzt der Prozessgegner die Vernehmung fort. Die anderen Prozessbeteiligten haben das Fragerecht nach § 240 Abs. 2. Nach Beendigung des Kreuzverhörs richtet 3

§ 240　　　　　　　　　　　　　　2. Buch. Verfahren im ersten Rechtszug

der Vorsitzende die zur Sachaufklärung erforderlichen weiteren Fragen an die Beweispersonen (Abs. 2). Für den Missbrauch des Fragerechts gilt § 241 Abs. 1, für die Zurückweisung einzelner Fragen § 241 Abs. 2. Einen Antrag auf Zurückweisung der Frage kann auch der betroffene Zeuge oder Sachverständige stellen; wird er abgelehnt, kann er nach § 238 Abs. 2 eine gerichtliche Entscheidung beantragen. Zur Beschwerde vgl. § 241 Rdn. 11.

§ 240 [Fragerecht]

(1) **Der Vorsitzende hat den beisitzenden Richtern auf Verlangen zu gestatten, Fragen an den Angeklagten, die Zeugen und die Sachverständigen zu stellen.**

(2) ¹**Dasselbe hat der Vorsitzende der Staatsanwaltschaft, dem Angeklagten und dem Verteidiger sowie den Schöffen zu gestatten.** ²**Die unmittelbare Befragung eines Angeklagten durch einen Mitangeklagten ist unzulässig.**

1　**Die Vorschrift dient der Sachaufklärung** und soll den Prozessbeteiligten ermöglichen, auf die vollständige Erörterung des Prozessstoffs und auf die Ausschöpfung der persönlichen Beweismittel hinzuwirken (LR-Gollwitzer § 240 Rdn. 1; Meyer-Goßner § 240 Rdn. 1). Sie gilt auch für kommissarische Vernehmungen; für die Vernehmung von Zeugen unter 16 Jahren hat § 241a Vorrang.

2　Die Aufzählung der **frageberechtigten Prozessbeteiligten** (Abs. 1, Abs. 2 S. 1) ist nicht abschließend (BGH NJW 1969, 437, 438). Zu ihnen gehören auch Ergänzungsrichter und Ergänzungsschöffen (vgl. RGSt 67, 276, 277), Privatkläger, der Nebenkläger und ihre Rechtsbeistände oder Vertreter, Erziehungsberechtigte und gesetzliche Vertreter eines Jugendlichen (§ 67 JGG), der Beistand eines nebenklageberechtigten Verletzten nach § 406g sowie der Beistand nach § 149 (BGHSt 47, 62, 64). Zu weiteren Beteiligten vgl. Meyer-Goßner § 240 Rdn. 3.

3　**Die Befragung** muss sich nicht unbedingt in der äußeren Form von Einzelfragen vollziehen, auch kurze Vorhalte sind zulässig (KK-Tolksdorf § 240 Rdn. 5). Da die Befragung keine Vernehmung ist, können zusammenhängende Erklärungen über einen Tatsachenkomplex nicht verlangt werden (Meyer-Goßner § 240 Rdn. 5).

4　**Wann das Fragerecht ausgeübt werden darf,** bestimmt der Vorsitzende im Rahmen seiner Verhandlungsleitung (BGHSt 16, 67, 70; BGH NJW 1969, 437, 438). Ob er Zwischenfragen zulässt, solange er seine eigene Vernehmung nicht beendet hat, steht in seinem Ermessen (Meyer-Goßner § 240 Rdn. 6). In welcher Reihenfolge mehrere Prozessbeteiligte ihre Fragen an den Angeklagten oder eine Beweisperson stellen dürfen, entscheidet ebenfalls der Vorsitzende. Regelmäßig wird er zunächst den Richtern, dann dem Staatsanwalt und dem Verteidiger oder dem Prozessbeteiligten das Wort erteilen, der die Beweisperson benannt hat. Rechtlich ist die Reihenfolge nicht bestimmt (BGH NJW 1969, 437).

5　**Das Fragerecht endet** mit der Entlassung des Zeugen oder Sachverständigen nach § 248. Soll dann nochmals befragt werden, kann ein Beweisantrag nach § 244 Abs. 3 vorliegen (BGHSt 15, 161).

6　**Das Recht auf unmittelbare Befragung** ermöglicht, dass Fragen ohne Vermittlung des Vorsitzenden an den Angeklagten oder die Beweisperson gestellt werden dürfen. Der Vorsitzende darf zwar Fragen beanstanden (§ 241 Abs. 2), aber nicht die Fragen an sich ziehen und in einer ihm als richtig erscheinenden Form stellen (vgl. OLG Hamm StV 1993, 462). **Eine Zensur findet nicht statt:** Der Vorsitzende darf also nicht verlangen, dass ihm der Inhalt der Fragen vorher mitgeteilt oder das Schriftstück, aus dem dem Zeugen Vorhalte gemacht werden sollen, vor der Befragung vorgelegt wird (BGHSt 16, 67). Etwas anderes kommt nur in Betracht, wenn der Fragen-

6. Abschnitt. Hauptverhandlung § 241

de schon zuvor sein Fragerecht missbraucht hat (vgl. BGH NStZ 1982, 158). Zur Befragung von Zeugen durch den Angeklagten vgl. § 247 Rdn. 14.

Die unmittelbare Befragung eines Angeklagten **durch einen Mitangeklagten** ist 7 unzulässig (Abs. 2 S. 2). Dies soll verfassungsrechtlich unbedenklich sein (BVerfG NJW 1996, 3408). Erfolgt die Befragung des Mitangeklagten nicht schon durch den Verteidiger, muss sich der Angeklagte an den Vorsitzenden wenden, der die Frage an den Mitangeklagten richtet. Weigert sich dieser, kann nach § 238 Abs. 2 das Gericht angerufen werden. Der Verteidiger unterliegt der Einschränkung des Abs. 2 S. 2 nicht (BGHSt 16, 67, 68), auch wenn der Angeklagte die Fragen für ihn vorformuliert (Meyer-Goßner § 240 Rdn. 10).

§ 241 [Zurückweisung von Fragen]

(1) **Dem, welcher im Falle des § 239 Abs. 1 die Befugnis der Vernehmung mißbraucht, kann sie von dem Vorsitzenden entzogen werden.**

(2) **In den Fällen des § 239 Abs. 1 und des § 240 Abs. 2 kann der Vorsitzende ungeeignete oder nicht zur Sache gehörende Fragen zurückweisen.**

Abs. 1 betrifft die Entziehung des Fragerechts beim Kreuzverhör (§ 239 Abs. 1), 1 Abs. 2 das Recht (und die Pflicht) des Vorsitzenden, bestimmte **Fragen zurückzuweisen.**

Ein Missbrauch der Vernehmungsbefugnis (Abs. 1) liegt vor, wenn durch In- 2 halt oder Form der Befragung überwiegende schutzwürdige Interessen des Vernommenen verletzt oder wenn allein sachfremde Zwecke ohne Förderung der Sachaufklärung verfolgt werden (Pfeiffer § 241 Rdn. 1). Dabei kommt eine vollständige Entziehung des Fragerechts erst dann in Betracht, wenn sicher scheint, dass zulässige Fragen nicht mehr zu erwarten sind. Im Vorfeld muss der Vorsitzende Fragen beanstanden oder aber nach Abs. 2 verfahren.

Die Zurückweisung von Fragen (Abs. 2) ist in allen Fällen der Vernehmung 3 denkbar, kann aber nicht dazu führen, dass das Fragerecht als Ganzes entzogen wird (Meyer-Goßner § 241 Rdn. 6). Werden aber fortgesetzt missbräuchliche Fragen gestellt, kann der Vorsitzende als letztes Mittel auch das Stellen weiterer Fragen für bestimmte Abschnitte der Beweisaufnahme ganz unterbinden (BGH MDR 1973, 371; KK-Tolksdorf § 241 Rdn. 1; Meyer-Goßner § 241 Rdn. 6). Wie bei der Ablehnung eines Beweisantrags muss dann aber aus einem ausführlich begründeten Beschluss hervorgehen, auf welche Umstände sich der weitere Fragen ausschließende Beschluss stützt (BGH MDR 1973, 371; OLG Karlsruhe NJW 1978, 436).

Bei einer **Befragung durch einen der Berufsrichter** ist die Zurückweisung aus- 4 geschlossen, da Abs. 2 nicht auf § 240 Abs. 1 verweist. Hält der Vorsitzende die Frage für bedenklich, muss er einen Gerichtsbeschluss nach § 242 herbeiführen (KK-Tolksdorf § 241 Rdn. 9; anders noch RGSt 42, 157).

Nicht zur Sache gehörig sind Fragen, die sich nicht einmal mittelbar auf die zur 5 Verhandlung anstehende Tat und ihre Rechtsfolgen beziehen (BGH NStZ 1985, 183, 184; Meyer-Goßner § 241 Rdn. 12). Ungeeignet sind regelmäßig Suggestivfragen, Fragen, die von der Beweisperson bereits beantwortet sind (BGHSt 2, 284), solche, die nach den §§ 68a, 136a nicht gestellt werden dürfen und solche nach Werturteilen eines Zeugen oder nach der rechtlichen Beurteilung durch einen Sachverständigen (BGH NStZ 1984, 16). Ebenfalls ungeeignet sind Fragen, die entehrend sind oder den privaten Lebensbereich betreffen (vgl. BGH NStZ 1982, 170).

Aspekte, die bei einem Beweisantrag nach § 244 Abs. 3 S. 2 zur Ablehnung wegen 6 Bedeutungslosigkeit führen können, rechtfertigen die Zurückweisung nach Abs. 2 noch nicht (BGH NStZ 1985, 183).

7   Die Beschränkung des Fragerechts wird durch **prozessleitende Verfügung** des Vorsitzenden auf Antrag oder von Amts wegen angeordnet, er kann aber auch in den Fällen des Abs. 2 sogleich die Entscheidung des Gerichts nach § 242 herbeiführen (LR-Gollwitzer § 241 Rdn. 18). Die Verfügung bedarf einer kurzen Begründung, damit der Fragesteller sein weiteres Verhalten auf die Auffassung des Vorsitzenden einstellen kann. Ausführlich zu begründen ist erst der nach § 238 Abs. 2 ergehende Gerichtsbeschluss (Rdn. 10).

8   Die Zurückweisung einer Frage und andere Beschränkungen sind **im Protokoll zu beurkunden**. Wird jedoch die Zurückweisung nicht beanstandet, kann von der Protokollierung abgesehen werden (KK-Tolksdorf § 241 Rdn. 5).

9   Gegen eine Beschränkung des Fragerechts oder den Entzug des Rechts zum Kreuzverhör ist **Antrag auf gerichtliche Entscheidung nach § 238 Abs. 2** möglich (Meyer-Goßner § 241 Rdn. 20). Zum Teil wird § 242 als Sondervorschrift angesehen (Erker S. 115). Der Antrag kann auch von dem betroffenen Zeugen oder Sachverständigen gestellt werden (Granderath MDR 1983, 799).

10 **Die Entscheidung des Gerichts** ergeht durch Beschluss, der ausführlich zu begründen ist, wenn er die Verfügung des Vorsitzenden bestätigt. Das Gericht muss darlegen, ob es eine Frage als ungeeignet oder nicht zur Sache gehörig ansieht und warum (BGH NStZ-RR 2001, 138), damit der Antragsteller sein weiteres Prozessverhalten einrichten kann. Zugleich soll dem Revisionsgericht dadurch die Prüfung ermöglicht werden, ob der Beschluss gesetzmäßig ist (BGH StV 1990, 199). Letztlich sind die Grundsätze heranzuziehen, die für die Begründung eines einen Beweisantrag ablehnenden Beschlusses gelten (Meyer-Goßner § 241 Rdn. 21).

11 Ein Beschwerderecht haben wegen § 305 S. 1 lediglich Zeugen und Sachverständige (§ 305 S. 2). Die Beschwerdeentscheidung bindet das erkennende Gericht, nicht jedoch das Revisionsgericht (LR-Gollwitzer § 241 Rdn. 28). Liegt ein Gerichtsbeschluss nach § 238 Abs. 2 vor, kann die **Revision** rügen, dass das Fragerecht fehlerhaft entzogen oder beschränkt oder eine Einzelfrage unberechtigt oder mit unzureichender Begründung zurückgewiesen worden ist (Meyer-Goßner § 241 Rdn. 23). Der Angeklagte kann auch durch die Zurückweisung der Frage eines Mitangeklagten beschwert sein (BGH StV 1982, 204; zweifelnd BGH NStZ 1991, 228).

§ 241a [Vernehmung von Zeugen unter sechzehn Jahren]

(1) **Die Vernehmung von Zeugen unter sechzehn Jahren wird allein von dem Vorsitzenden durchgeführt.**

(2) ¹**Die in § 240 Abs. 1 und Abs. 2 Satz 1 bezeichneten Personen können verlangen, daß der Vorsitzende den Zeugen weitere Fragen stellt.** ²**Der Vorsitzende kann diesen Personen eine unmittelbare Befragung der Zeugen gestatten, wenn nach pflichtgemäßem Ermessen ein Nachteil für das Wohl der Zeugen nicht zu befürchten ist.**

(3) **§ 241 Abs. 2 gilt entsprechend.**

1   Die Vorschrift dient dem größtmöglichen **Schutz kindlicher und jugendlicher Zeugen** vor den mit einer Vernehmung verbundenen psychischen Belastungen. Sie findet Anwendung, wenn der Ermittlungsrichter eine Zeugenvernehmung getrennt durchführt (§ 168e S. 4) und findet auch im Fall des § 247a Anwendung.

2   Kindliche und jugendliche Zeugen unter 16 Jahren sollen **aus vernehmungspsychologischen Gründen** grundsätzlich nur einem Gesprächspartner gegenüberstehen. Dies ist der Vorsitzende, der allein den Zeugen vernehmen darf. Eine Übertragung dieser Befugnis auf einen anderen Prozessbeteiligten sieht das Gesetz nicht vor (Meyer-Goßner § 241a Rdn. 2).

6. Abschnitt. Hauptverhandlung §§ 242, 243

Das Recht auf mittelbare Befragung (Abs. 2 S. 1) haben die in § 240 ge- 3
nannten Richter und Prozessbeteiligten. Der Vorsitzende darf die ihm angedienten
Fragen in der ihm angemessen erscheinenden Form stellen, inhaltlich aber nicht verändern (KMR-Paulus § 241a Rdn. 7).

Die unmittelbare Befragung (Abs. 2 S. 2) kann vom Vorsitzenden jemandem 4
gestattet werden, der nach § 240 frageberechtigt ist, anderen Personen jedoch nicht
(KK-Tolksdorf § 241a Rdn. 7; a.M. LR-Gollwitzer § 241a Rdn. 9). Vorausgesetzt
ist, dass kein Nachteil für das Wohl des Zeugen zu befürchten ist. Im Rahmen seiner
Prozessleitung kann der Vorsitzende die Erlaubnis jederzeit wieder entziehen.

Die Zurückweisung von Fragen (Abs. 3) ist unter den Voraussetzungen des 5
§ 241 Abs. 2 sowohl bei der mittelbaren als auch bei der unmittelbaren Befragung zulässig. Gegen die Zurückweisung von Fragen und die Ablehnung einer mittelbaren
oder unmittelbaren Befragung kann das Gericht nach § 238 Abs. 2 angerufen werden.
Stellt ein beisitzender Richter eine Frage und hat der Vorsitzende Zweifel an ihrer
Zulässigkeit, gilt § 242 (LR-Gollwitzer § 241a Rdn. 11). Zu Rechtsmitteln vgl. § 241
Rdn. 11.

§ 242 [Zweifel über Zulässigkeit von Fragen]

Zweifel über die Zulässigkeit einer Frage entscheidet in allen Fällen das Gericht.

Der Anwendungsbereich erschöpft sich auf Fälle, in denen das Gericht **nicht schon** 1
nach § 238 Abs. 2 entscheiden kann. Insofern gilt § 242 bei Fragen eines beisitzenden Richters oder bei Zweifeln eines Verfahrensbeteiligten an der Zulässigkeit einer
Frage des Vorsitzenden (LR-Gollwitzer § 242 Rdn. 1; Meyer-Goßner § 242 Rdn. 1).

Die Vorschrift ist auch anwendbar, wenn der Vorsitzende **nicht selbst nach § 241** 2
Abs. 2 entscheiden will (Pfeiffer § 242 Rdn. 1). Zur Zulässigkeit von Fragen vgl.
§ 241. Das Gericht entscheidet durch begründeten Beschluss nach Anhörung der Beteiligten. Wegen der Rechtsbehelfe vgl. § 241 Rdn. 11 ff.

§ 243 [Gang der Hauptverhandlung]

(1) ¹Die Hauptverhandlung beginnt mit dem Aufruf der Sache. ²Der Vorsitzende stellt fest, ob der Angeklagte und der Verteidiger anwesend und die Beweismittel herbeigeschafft, insbesondere die geladenen Zeugen und Sachverständigen erschienen sind.

(2) ¹Die Zeugen verlassen den Sitzungssaal. ²§ 406g Abs. 1 Satz 1 bleibt unberührt. ³Der Vorsitzende vernimmt den Angeklagten über seine persönlichen
Verhältnisse.

(3) ¹Darauf verliest der Staatsanwalt den Anklagesatz. ²Dabei legt er in den
Fällen des § 207 Abs. 3 die neue Anklageschrift zugrunde. ³In den Fällen des
§ 207 Abs. 2 Nr. 3 trägt der Staatsanwalt den Anklagesatz mit der dem Eröff-
nungsbeschluß zugrunde liegenden rechtlichen Würdigung vor; außerdem kann
er seine abweichende Rechtsauffassung äußern. ⁴In den Fällen des § 207 Abs. 2
Nr. 4 berücksichtigt er die Änderungen, die das Gericht bei der Zulassung der
Anklage zur Hauptverhandlung beschlossen hat.

(4) ¹Sodann wird der Angeklagte darauf hingewiesen, daß es ihm freistehe,
sich zu der Anklage zu äußern oder nicht zur Sache auszusagen. ²Ist der Angeklagte zur Äußerung bereit, so wird er nach Maßgabe des § 136 Abs. 2 zur Sache vernommen. ³Vorstrafen des Angeklagten sollen nur insoweit festgestellt
werden, als sie für die Entscheidung von Bedeutung sind. ⁴Wann sie festgestellt
werden, bestimmt der Vorsitzende.

§ 243　　　　　　　　　　　　　　　　2. Buch. Verfahren im ersten Rechtszug

I. Überblick

1　Die Vorschrift bestimmt den regelmäßigen **Ablauf der Hauptverhandlung** bis zum Beginn der Beweisaufnahme (siehe schon Einl. Rdn. 128). Alle erwähnten Verhandlungsteile sind durchzuführen (BGHSt 8, 283), von der Reihenfolge der Absätze 1 bis 4 kann jedoch im Einzelfall abgewichen werden, wenn dies zweckmäßig ist und kein Verfahrensbeteiligter widerspricht (BGHSt 19, 96). Wesentliche Abweichungen von § 243 sind zu protokollieren (BGHSt 10, 343).

2　Keiner Zustimmung bedarf die Abweichung von der Reihenfolge nach § 243, wenn eine **Vielzahl von Einzeltaten** zu verhandeln ist (so genannte **Punktesache**). Dann kann der Angeklagte z. B. zu jedem der einzelnen Teilkomplexe gehört und eine entsprechende Beweiserhebung durchgeführt werden (BGHSt 19, 93, 96).

II. Aufruf und Präsenzfeststellung

3　**Die Hauptverhandlung beginnt mit dem Aufruf der Sache (Abs. 1 S. 1).** Unterbleibt der Aufruf durch den Vorsitzenden, den Gerichtswachtmeister oder den Protokollführer, gilt als Beginn der Hauptverhandlung diejenige Handlung des Gerichts oder des Vorsitzenden, die den Beteiligten als erste erkennbar macht, dass die Sache verhandelt wird (Pfeiffer § 243 Rdn. 2).

4　**Die Präsenzfeststellung (Abs. 1 S. 2)** bezieht sich auf diejenigen Personen und sachlichen Beweismittel, deren Anwesenheit bereits zu Beginn der Verhandlung erforderlich oder angeordnet ist (Pfeiffer § 243 Rdn. 3). Dass der Staatsanwalt anwesend ist, wird von Abs. 1 S. 2 unterstellt. Geprüft wird, ob der Angeklagte, der Verteidiger und die anderen Verfahrensbeteiligten (Nebenkläger, Nebenbeteiligte) erschienen sind. Der Aufruf der Zeugen und Sachverständigen beschränkt sich auf diejenigen, die bereits für den Beginn der Hauptverhandlung geladen sind (Meyer-Goßner § 243 Rdn. 5). Ihr Aufruf mit den Namen (BGHSt 24, 280, 282) soll klären, ob die Hauptverhandlung durchgeführt werden kann. Die Präsenzfeststellung erstreckt sich ferner auf die **herbeigeschafften sachlichen Beweismittel,** für die § 245 Abs. 1 gilt.

5　Weder der Aufruf der Sache noch die Präsenzfeststellung sind eine wesentliche Förmlichkeit der Hauptverhandlung im Sinne des § 273 Abs. 1 (KK-Tolksdorf § 243 Rdn. 13; Meyer-Goßner § 243 Rdn. 5; a.M. KMR-Paulus § 243 Rdn. 8; offengelassen von BGHSt 24, 280). In der Praxis wird dennoch in der Sitzungsniederschrift festgehalten, wer erschienen ist (LR-Gollwitzer § 243 Rdn. 22).

6　**Die Zeugen werden regelmäßig gemeinschaftlich nach § 57 ermahnt** und belehrt. Danach verlassen sie den Sitzungssaal (Abs. 2 S. 1), weil die Beweisaufnahme erst nach der Vernehmung des Angeklagten beginnt (§ 244 Abs. 1) und jeder Zeuge einzeln vernommen werden muss (§ 58 Abs. 1). Hinausgehen müssen auch Erziehungsberechtigte und gesetzliche Vertreter als Begleitpersonen kindlicher Zeugen, der Rechtsanwalt als Zeugenbeistand und der Beistand des Angeklagten nach § 149 (Meyer-Goßner § 243 Rdn. 7).

7　Soweit Verfahrensbeteiligte als Zeugen in Betracht kommen, verbleibt es bei ihrem **Anwesenheitsrecht.** Die Regelung in § 51 Abs. 2 JGG, der die Ausschließung von Personen erlaubt, die elterliche Verantwortung tragen, ist verfassungswidrig (BVerfGE 107, 104). Wie weit ein Sachverständiger, der zugleich Zeuge ist, an der Hauptverhandlung teilnehmen darf, bestimmt der Vorsitzende (BGH NJW 1998, 2458, 2460). Er kann einem Zeugen die Anwesenheit gestatten (RGSt 54, 297).

8　**Sodann wird der Angeklagte über seine persönlichen Verhältnisse vernommen (Abs. 2 S. 2).** Die Vernehmung dient zum einen der Identitätsfeststellung (vgl. § 111 Abs. 1 OWiG), zum anderen der Prüfung von Prozessvoraussetzungen, die sich auf die Person des Angeklagten beziehen. Sie ist als wesentliche Förmlichkeit (§ 273 Abs. 1) zu protokollieren (Meyer-Goßner § 243 Rdn. 5). Prozessvoraussetzun-

6. Abschnitt. Hauptverhandlung § 243

gen in diesem Zusammenhang sind die Verhandlungsfähigkeit des Angeklagten und das Vorliegen einer gegen ihn gerichteten Anklage. Hinzu kommt die Vergewisserung, dass der Angeklagte nach dem Eindruck, den er bei der Befragung macht, sich auch selbst verteidigen kann (LR-Gollwitzer § 243 Rdn. 35). Verweigert der Angeklagte die Angaben zur Person, kann das Gericht auf Grund freibeweislicher Würdigung des Akteninhalts von den im Vorverfahren festgestellten Personalien ausgehen (LR-Gollwitzer § 243 Rdn. 47).

Nicht mehr zur Identitätsfeststellung gehört die **Ermittlung der persönlichen** 9 **Verhältnisse des Angeklagten,** insbesondere sein Werdegang und seine berufliche Tätigkeit. Dies gehört zur Vernehmung zur Sache nach Abs. 4 S. 2, und insofern ist der Angeklagte nicht zur Aussage verpflichtet (Meyer-Goßner § 243 Rdn. 12).

> **Beispiel:** Der Angeklagte steht wegen Insolvenzverschleppung vor Gericht. Welche Berufsausbildung er hat, kann für die Frage eines vorsätzlichen Verhaltens entscheidend sein.

III. Verlesung des Anklagesatzes

Die Verlesung des Anklagesatzes **(Abs. 3 S. 1),** auf die nicht verzichtet werden 10 kann (OLG Hamm NStZ-RR 1999, 276), soll dem Angeklagten nochmals die gegen ihn erhobenen Vorwürfe zur Kenntnis bringen und die Richter über den Gegenstand der Verhandlung unterrichten. Insbesondere für die Schöffen erfolgt dadurch die erstmalige Befassung mit den gegen den Angeklagten erhobenen Vorwürfen. In umfänglichen Verfahren wird diesen eine Abschrift des Anklagesatzes (nicht des wesentlichen Ergebnisses der Ermittlungen!) ausgehändigt.

Die Verlesung erfolgt in einem Stück; auch in Punktesachen ist eine stück- 11 weise Verlesung unzulässig (KK-Tolksdorf § 243 Rdn. 4; LR-Gollwitzer § 243 Rdn. 5). Sind mehrere Strafsachen verbunden, werden alle Anklagesätze verlesen (Meyer-Goßner § 243 Rdn. 13). Wird der Anklagesatz versehentlich erst nach der Vernehmung des Angeklagten zur Sache verlesen, muss diese in ausführlicher Form wiederholt werden (RGSt 23, 310). Im Sicherungsverfahren tritt an die Stelle des Anklagesatzes der zur Hauptverhandlung zugelassene Antrag (§ 414 Abs. 3). Wird gegen einen Strafbefehl Einspruch eingelegt (§ 441 Abs. 1), wird der sich aus Strafbefehlsantrag und Strafbefehl ergebende Vorwurf unter Weglassung der beantragten und festgesetzten Rechtsfolgen vorgetragen (vgl. Meyer-Goßner § 243 Rdn. 14). Bei der erneuten Hauptverhandlung nach Urteilsaufhebung oder im Wiederaufnahmeverfahren wird der Anklagesatz erneut vorgetragen und zwar mit den Einschränkungen oder Erweiterungen, von denen in der neuen Verhandlung auszugehen ist.

> **Beispiel:** Im Revisionsverfahren kam es zu einer Teilrechtskraft, und es wurden neue rechtliche Gesichtspunkte eingebracht.

Ist die Sache nur noch im Rechtsfolgenausspruch anhängig, wird statt des Anklage- 12 satzes **die zurückverweisende Entscheidung verlesen** (vgl. Meyer-Goßner § 243 Rdn. 14).

Bei der Verlesung ersetzt der Staatsanwalt das Wort „Angeschuldigter" durch „An- 13 geklagter". Die im Anklagesatz aufgeführten Personalien werden weggelassen, da sie bereits nach Abs. 2 S. 2 festgestellt worden sind (KMR-Paulus § 243 Rdn. 48). Angaben über die Untersuchungshaft des Angeklagten und die Sicherstellung des Führerscheins dürfen nicht verlesen werden (LR-Gollwitzer § 243 Rdn. 51).

Wurde die Anklage mit Änderungen zugelassen, verliest der Staatsanwalt im 14 Fall des § 207 Abs. 2 Nr. 1 und 2 den Anklagesatz aus der nach § 207 Abs. 3 eingereichten neuen Anklageschrift. Im Fall des § 207 Abs. 2 Nr. 3 wird der Anklagesatz mit der rechtlichen Würdigung des Eröffnungsbeschlusses vorgelesen; seine abweichende Rechtsauffassung darf er äußern (Abs. 3 S. 3). In den Fällen des § 207 Abs. 2 Nr. 4 lässt er im Anklagesatz den ausgeschiedenen rechtlichen Gesichtspunkt und die

§ 243

dazu gehörenden Tatsachen weg oder ergänzt den Anklagesatz in rechtlicher, ggf. auch in tatsächlicher Hinsicht (Meyer-Goßner § 243 Rdn. 17).

15   **Als wesentliche Förmlichkeit** der Hauptverhandlung muss die Verlesung nach § 273 Abs. 1 in die Sitzungsniederschrift aufgenommen werden (BGH NStZ 1986, 374). Gleiches gilt für Hinweise des Staatsanwalts oder des Vorsitzenden zur Klarstellung oder Behebung eines Mangels des Anklagesatzes (BGH NStZ 1984, 133).

IV. Vernehmung des Angeklagten

16   Vor Beginn der Vernehmung des Angeklagten erfolgt der **Hinweis auf die Aussagefreiheit (Abs. 4 S. 1).** Diese Belehrung kann mehreren Angeklagten gleichzeitig erteilt werden (LR-Gollwitzer § 243 Rdn. 68). Den Hinweis muss der Vorsitzende selbst erteilen (KMR-Paulus § 243 Rdn. 25). Wird der abwesende Angeklagte nach § 234 durch einen Verteidiger vertreten, wird diesem der Hinweis gegeben. Organe einer juristischen Person oder Personenvereinigung als Verfalls- und Einziehungsbeteiligte werden ebenfalls belehrt (vgl. Meyer-Goßner § 243 Rdn. 20).

17   **Der Hinweis muss in der Hauptverhandlung wiederholt werden,** auch wenn im Vorfeld schon im Haftbefehlsverfahren oder bei Vernehmungen entsprechende Belehrungen erfolgt waren, selbst in der Berufungshauptverhandlung und in einer neuen Hauptverhandlung nach Zurückverweisung der Sache durch das Revisionsgericht (Meyer-Goßner § 243 Rdn. 21). Wurde die Belehrung zunächst versehentlich unterlassen, muss sie nachgeholt werden; dabei muss darauf hingewiesen werden, dass die bisherigen Angaben unverwertbar sind. Der Hinweis, der auch vom Wortlaut des Abs. 4 S. 1 abweichen kann, ist als wesentliche Förmlichkeit der Hauptverhandlung im Sinne des § 273 Abs. 1 zu beurkunden. Der Wortlaut wird jedoch nicht mit aufgenommen.

18   **Die Vernehmung des Angeklagten zur Sache (Abs. 4 S. 2)** muss stets vor der Beweisaufnahme stattfinden (KG StV 1982, 10). Mit Zustimmung des Angeklagten kann aber während seiner Vernehmung ein Teil der Beweisaufnahme vorweggenommen werden, insbesondere durch die Verlesung von Vernehmungsprotokollen (OLG Neustadt NJW 1964, 313) und anderer Urkunden oder eine Augenscheinseinnahme (BGHSt 19, 93, 97). Hat der Angeklagte zunächst geschwiegen und ist dann zur Einlassung bereit, muss das Gericht ihn in Unterbrechung der nicht unaufschiebbaren weiteren Beweisaufnahmen vernehmen (BGH NStZ 1986, 370).

19   Im Rahmen des § 234 ist eine **Vertretung des abwesenden Angeklagten** auch bei der Einlassung möglich. Dagegen kann der in der Hauptverhandlung anwesende Angeklagte sich bei seiner Einlassung nicht durch einen Verteidiger vertreten lassen (BGHSt 39, 305; Meyer-Goßner § 243 Rdn. 27).

20   **Die Sachvernehmung führt der Vorsitzende durch (§ 238 Abs. 1).** Dem Angeklagten ist Gelegenheit zu geben, seine Verteidigung zunächst im Zusammenhang vorzutragen (Abs. 4 S. 2 i.V.m. mit § 136 Abs. 2; Pfeiffer § 243 Rdn. 10). Bei dieser Einlassung soll der Angeklagte möglichst nicht unterbrochen werden, der Vorsitzende kann aber erkennbar bedeutungslose Weitschweifigkeiten unterbinden. Eine Befragung im Einzelnen erfolgt erst, wenn der Angeklagte zu erkennen gegeben hat, dass er von sich aus im Zusammenhang nichts mehr sagen will (BGH StV 2001, 548).

21   Gegenstand der Vernehmung sind auch die **Lebensumstände des Angeklagten,** soweit sie für die Rechtsfolgenfrage von Bedeutung sein können. Die Erforschung der persönlichen Verhältnisse kann bis nach der Beweisaufnahme zurückgestellt werden (BGH NStZ 1985, 561).

22   **Die Vernehmung erfolgt mündlich** und kann nicht durch die Verlesung einer Erklärung des Angeklagten durch das Gericht ersetzt werden (BGH NStZ 2000, 439). Allerdings kann sich der Angeklagte auf schriftliche Aufzeichnungen stützen und diese ggf. verlesen (Pfeiffer § 243 Rdn. 10). Macht der Angeklagte in der Hauptverhandlung

6. Abschnitt. Hauptverhandlung § 244

Angaben zur Sache, ist das Gericht nur unter dem Gesichtspunkt der Aufklärungspflicht nach § 244 Abs. 2 verpflichtet, eine vom Angeklagten in der Hauptverhandlung übergebene schriftliche Erklärung zu verlesen. Angaben des Verteidigers in Anwesenheit des Angeklagten können u. U. Regel als Einlassung des Angeklagten verwertet werden (Schmehl/Vollmer S. 110).

Die Feststellung von Vorstrafen (Abs. 4 S. 3, 4) umfasst nicht nur frühere 23 Verurteilungen, sondern auch andere Entscheidungen, die im Bundeszentralregister, im Erziehungsregister oder im Verkehrszentralregister eingetragen sind. Ihre Feststellung gehört nicht zur Vernehmung des Angeklagten zur Person (Meyer-Goßner § 243 Rdn. 32). Für die Entscheidung von Bedeutung sein können die Eintragungen nur, wenn sie auch noch verwertbar sind (vgl. §§ 51, 66 BZRG). Frühester Zeitpunkt der Feststellung ist die Vernehmung des Angeklagten zur Sache (Meyer-Goßner § 243 Rdn. 34). Im Übrigen wird der Zeitpunkt vom Vorsitzenden bestimmt (Abs. 4 S. 4). Sind z. B. Vorverurteilungen nur für den Rechtsfolgenausspruch bedeutsam, wird man ihre Feststellung so lange zurückstellen, bis abzusehen ist, dass eine Einstellung des Verfahrens oder ein Freispruch nicht in Betracht kommt (Meyer-Goßner § 243 Rdn. 34).

Die **Revision** kann auf Verstöße gegen Abs. 1 und Abs. 2 S. 1 nicht gestützt wer- 24 den. Auf der unterlassenen oder unvollständigen Befragung zur Person nach Abs. 2 S. 2 wird das Urteil regelmäßig nicht beruhen (OLG Köln NStZ 1989, 44). Das Unterlassen der Verlesung des Anklagesatzes oder des an seine Stelle tretenden Strafbefehls begründet dagegen regelmäßig die Revision (BGH NStZ 2000, 214). Gleiches gilt für die unterlassene Übersetzung bei einem der deutschen Sprache nicht mächtigen Angeklagten (BGH StV 1993, 2). Nur ausnahmsweise kann bei einer einfachen Sach- und Rechtslage ein Beruhen ausgeschlossen werden, wenn während der Hauptverhandlung das Urteil irgendwie von diesem Verfahrensmangel berührt worden ist (BGH NStZ 1991, 28; BGH NStZ 1995, 200). Wird der Anklagesatz in einer nicht dem Gesetz entsprechenden Weise verlesen, ist dies ein Verfahrensverstoß, auf dem das Urteil regelmäßig nicht beruht (BGH NJW 1987, 1209).

Wird der Hinweis nach Abs. 4 S. 1 unterlassen, kann die Revision darauf ge- 25 stützt werden (Meyer-Goßner § 243 Rdn. 39). Das Urteil beruht aber nicht auf diesem Verstoß, wenn der Angeklagte seine Aussagefreiheit gekannt hat (BGH NStZ 1983, 210; LR-Gollwitzer § 243 Rdn. 110). Ob deswegen im Rahmen der Revisionsrüge eine erweiterte Darlegungspflicht des Angeklagten besteht (so BGHSt 25, 325, 333), ist zweifelhaft und umstritten (Meyer-Goßner § 243 Rdn. 39; vgl. auch BGHSt 38, 214, 227 und § 344 Rdn. 20).

Die **unzulängliche Vernehmung** des Angeklagten zur Sache nach Abs. 4 S. 2 26 kann regelmäßig ebenso wenig gerügt werden, wie die unvollständige Befragung eines Zeugen; jedenfalls muss gegen die Anordnung des Vorsitzenden nach § 238 Abs. 2 das Gericht angerufen worden sein (Meyer-Goßner § 243 Rdn. 40; BGH NStZ 1997, 198).

Macht der Angeklagte keine Angaben zur Sache, können seine früheren, 27 ordnungsgemäß zu Stande gekommenen Aussagen regelmäßig durch Verlesung nach § 254 oder durch die Vernehmung der Verhörsperson eingeführt und verwertet werden (Pfeiffer § 243 Rdn. 13). Siehe hierzu § 254 Rdn. 2 ff.

§ 244 [Beweisaufnahme]

(1) **Nach der Vernehmung des Angeklagten folgt die Beweisaufnahme.**

(2) **Das Gericht hat zur Erforschung der Wahrheit die Beweisaufnahme von Amts wegen auf alle Tatsachen und Beweismittel zu erstrecken, die für die Entscheidung von Bedeutung sind.**

§ 244   2. Buch. Verfahren im ersten Rechtszug

(3) ¹Ein Beweisantrag ist abzulehnen, wenn die Erhebung des Beweises unzulässig ist. ²Im übrigen darf ein Beweisantrag nur abgelehnt werden, wenn eine Beweiserhebung wegen Offenkundigkeit überflüssig ist, wenn die Tatsache, die bewiesen werden soll, für die Entscheidung ohne Bedeutung oder schon erwiesen ist, wenn das Beweismittel völlig ungeeignet oder wenn es unerreichbar ist, wenn der Antrag zum Zweck der Prozeßverschleppung gestellt ist oder wenn eine erhebliche Behauptung, die zur Entlastung des Angeklagten bewiesen werden soll, so behandelt werden kann, als wäre die behauptete Tatsache wahr.

(4) ¹Ein Beweisantrag auf Vernehmung eines Sachverständigen kann, soweit nichts anderes bestimmt ist, auch abgelehnt werden, wenn das Gericht selbst die erforderliche Sachkunde besitzt. ²Die Anhörung eines weiteren Sachverständigen kann auch dann abgelehnt werden, wenn durch das frühere Gutachten das Gegenteil der behaupteten Tatsache bereits erwiesen ist; dies gilt nicht, wenn die Sachkunde des früheren Gutachters zweifelhaft ist, wenn sein Gutachten von unzutreffenden tatsächlichen Voraussetzungen ausgeht, wenn das Gutachten Widersprüche enthält oder wenn der neue Sachverständige über Forschungsmittel verfügt, die denen eines früheren Gutachters überlegen erscheinen.

(5) ¹Ein Beweisantrag auf Einnahme eines Augenscheins kann abgelehnt werden, wenn der Augenschein nach dem pflichtgemäßen Ermessen des Gerichts zur Erforschung der Wahrheit nicht erforderlich ist. ²Unter derselben Voraussetzung kann auch ein Beweisantrag auf Vernehmung eines Zeugen abgelehnt werden, dessen Ladung im Ausland zu bewirken wäre.

(6) **Die Ablehnung eines Beweisantrages bedarf eines Gerichtsbeschlusses.**

Übersicht

I. Überblick **1**	4. Ungeeignetheit **65**
II. Streng- und Freibeweis **4**	5. Auslandszeugen **72**
III. Gerichtliche Aufklärungspflicht **9**	6. Unerreichbarkeit **76**
IV. Beweisanträge **16**	7. Verschleppungsabsicht **79**
V. Ablehnung von Beweisanträgen **44**	8. Wahrunterstellung **83**
1. Unzulässige Beweiserhebung **55**	9. Sachverständigenbeweis **87**
2. Offenkundige Beweistatsache **57**	10. Augenscheinsbeweis **97**
3. Bedeutungslosigkeit **60**	VI. Revision **100**

I. Überblick

1   Die Vorschrift enthält die grundlegende Regelung für die Beweisaufnahme in einer Hauptverhandlung. Insbesondere ergeben sich aus ihr Anforderungen an Beweisanträge und die Art ihrer Umsetzung bzw. Bescheidung.

2   Beweisaufnahme ist die **förmliche Einführung von Tatsachenstoff** in die Hauptverhandlung (Pfeiffer § 244 Rdn. 1). Mit den gesetzlich zugelassenen Beweismitteln werden von Amts wegen oder auf Antrag eines Prozeßbeteiligten vergangene oder gegenwärtige Tatsachen und Erfahrungssätze aufgeklärt (Meyer-Goßner § 244 Rdn. 2). Die Vernehmung des Angeklagten gehört nicht zur Beweisaufnahme (Abs. 1), er ist aber Beweismittel im weiteren Sinn, wenn er aussagt, in Augenschein genommen wird (KG NJW 1979, 1668) oder sonst ein Bild von dem Geschehensablauf abgibt.

Beispiel: In einer Verkehrssache führt der Angeklagte seine Fahrweise am Tatort vor (Meyer-Goßner § 244 Rdn. 2).

3   Beweis muss erhoben werden über **beweisbedürftige Tatsachen.** Dabei geht es um entscheidungserhebliche Umstände, die der Angeklagte nicht glaubhaft eingesteht,

6. Abschnitt. Hauptverhandlung § 244

und um Erfahrungssätze, die nicht allgemeingültig sind. Die Tatsachen können unmittelbar beweiserheblich oder als Indiztatsachen nur mittelbar von Bedeutung sein (vgl. § 261 Rdn. 22). Privates Wissen darf ein Richter als Beweismittel nur verwenden, wenn es sich um offenkundige Tatsachen oder Erfahrungssätze handelt. Ansonsten darf er auf Grund seines privaten Wissens Vorhalte machen (Meyer-Goßner § 244 Rdn. 3). Inländisches Recht kann nicht Gegenstand der Beweisaufnahme sein, wohl aber können im Freibeweis ausländisches Recht und inländisches Gewohnheitsrecht aufgeklärt werden (BGH NJW 1994, 3364, 3366; vgl. Rdn. 55).

II. Streng- und Freibeweis

Im Rahmen der Beweisaufnahme sind Streng- und Freibeweis auseinander zu halten: Der **Freibeweis** gilt für alle Beweiserhebungen außerhalb der Hauptverhandlung und in der Hauptverhandlung für die Feststellung von Prozessvoraussetzungen und sonstigen prozesserheblichen Tatsachen. 4

Der **Strengbeweis** ist das Beweisverfahren nach den §§ 244 bis 256 unter Beachtung des Grundsatzes der Mündlichkeit (§ 261) und der Öffentlichkeit der Verhandlung (§ 169 GVG). Den Strengbeweis verlangt das Gesetz nur für die Feststellung der Schuld- und Rechtsfolgentatsachen in der Hauptverhandlung (KK-Herdegen § 244 Rdn. 6), sonst gilt Freibeweis, auch wenn es um die Schuldfrage geht. 5

> Beispiel: Im Haftprüfungsverfahren geht es auch um die Frage, ob der Angeklagte schuldig ist. Dennoch gilt das Freibeweisverfahren.

Da das vorgeschriebene Strengbeweisverfahren nicht durch ein Freibeweisverfahren ersetzt werden darf, kann auch ein **Beweisantrag** nicht mit der Begründung abgelehnt werden, die Beweisfrage sei bereits im Freibeweisverfahren geklärt (BGH StV 1995, 339; Meyer-Goßner § 244 Rdn. 6). 6

Doppelrelevante Tatsachen, das heißt solche, die sowohl für die Schuld- oder Rechtsfolgenfrage einerseits, als auch für Prozessentscheidungen andererseits erheblich sind, müssen an sich im Strengbeweis festgestellt werden (BGH StV 1982, 101; BGH NStZ-RR 2003, 290). Dient aber die Beweisaufnahme zunächst nur der Entscheidung über Prozesstatsachen, ist Freibeweis zulässig. Später im Strengbeweis getroffene abweichende Feststellungen gehen vor (Pfeiffer § 244 Rdn. 5). 7

Im Freibeweisverfahren gelten die Grundsätze der **Mündlichkeit, Unmittelbarkeit und Öffentlichkeit nicht** (BGHSt 16, 164). Es handelt sich aber nicht um ein Verfahren nach Gutdünken (KK-Herdegen § 244 Rdn. 12). Die Aufklärungspflicht, der Grundsatz des rechtlichen Gehörs, Beweisverbote, Zeugnisverweigerungsrechte, Vereidigungsverbote und die Aussagefreiheit des Angeklagten sind zu beachten (Meyer-Goßner § 244 Rdn. 9). Für die Beweiswürdigung gelten keine Besonderheiten; das Gericht hat auch die Glaubwürdigkeit eingeholter dienstlicher Erklärungen und Angaben von Zeugen zu prüfen (BayObLG JR 2001, 256). Wie der Staatsanwalt im Ermittlungsverfahren kann das Gericht alle ihm zugänglichen Erkenntnisquellen benutzen, insbesondere schriftliche und telefonische Auskünfte einholen (BGH NStZ 1984, 134). Beweisanträge der Prozessbeteiligten sind nur Anregungen, über die ohne Bindung an § 244 Abs. 3, 4 und § 245 Abs. 2 im Rahmen der Aufklärungspflicht entschieden werden kann (BGHSt 16, 164, 166). Auch Abs. 6 gilt nicht, die Mitteilung der Ablehnungsgründe durch den Vorsitzenden genügt (BGH NStZ 1984, 18). Die im Freibeweis gewonnenen Erkenntnisse müssen aber zum Gegenstand der mündlichen Verhandlung gemacht werden (Meyer-Goßner § 244 Rdn. 9). 8

III. Gerichtliche Aufklärungspflicht

Die Ermittlung des wahren Sachverhaltes ist das zentrale Anliegen des Strafprozesses (BVerfGE 57, 250, 275; BVerfGE 63, 45, 61; Meyer-Goßner § 244 9

§ 244

Rdn. 11). Insofern begründet die Amtsaufklärungspflicht (Abs. 2) für alle Prozessbeteiligten einen unverzichtbaren Anspruch darauf, dass die Beweisaufnahme auf alle Tatsachen und alle tauglichen und rechtlich zulässigen Beweismittel erstreckt wird, die für die Entscheidung von Bedeutung sind (BGHSt 32, 115, 124). Diese gerichtliche Aufklärungspflicht ist unabhängig von Anträgen und Wünschen der Beteiligten (BGH StV 1983, 495) und gilt auch gegenüber der StA (Meyer-Goßner § 244 Rdn. 11). Zu einer überschießenden Aufklärung ist der Richter aber nicht verpflichtet (BGHSt 40, 3; Pfeiffer § 244 Rdn. 8).

10 **Die Aufklärungspflicht** reicht so weit, wie die dem Gericht oder wenigstens dem Vorsitzenden aus den Akten (vgl. BGH StV 2002, 350), durch Anträge oder Anregungen oder sonst durch den Verfahrensablauf bekannt gewordenen Tatsachen zur Nutzung als Beweismittel drängen oder diese Nutzung nahe legen (vgl. nur BGHSt 30, 131, 140; BGH StV 1991, 337). Ob das Gericht alle Beweismittel erschöpfen muss, wenn auch nur die entfernte Möglichkeit einer Änderung der bisher begründeten Vorstellung von dem zu beurteilenden Sachverhalt besteht (BGHSt 30, 131, 143), ist für den Normalfall zweifelhaft (vgl. Widmaier NStZ 1994, 248). Regelmäßig ist eine „verständige Würdigung der Sachlage" vorzunehmen (BGH NStZ 1998, 50, 51; offengelassen von BGHSt 40, 3). Je weniger gesichert ein Beweisergebnis ist, desto größer ist der Anlass, weitere Beweismöglichkeiten zu nutzen (BGH StV 1996, 249; BGH NStZ-RR 2003, 205).

11 Über Abs. 2 muss das Gericht sich um den **bestmöglichen Beweis** bemühen, kann aber auch auf mittelbare Beweise zurückgreifen. So kann ein Urkundenbeweis nach § 253 bei einem Erinnerungsverlust des Zeugen nötig sein (BGH NJW 1993, 803, 804). Die Aufklärungspflicht reicht nicht so weit wie die Pflicht, Beweise auf Antrag zu erheben (Meyer-Goßner § 244 Rdn. 12). Eine Beweisantizipation ist in engen Grenzen zulässig (SK-Paeffgen § 420 Rdn. 13 ff).

12 **Eingeschränkt ist die Aufklärungspflicht** durch bindende Feststellungen eines anderen Gerichts, etwa nach Zurückverweisung oder durch Beweisverbote. Schätzklauseln begrenzen ebenfalls die Aufklärungspflicht. Sie bedeuten, dass das Gericht nicht alle für die Berechnung von Rechtsfolgen notwendigen Einzelheiten zu klären hat, sondern sich mit der Feststellung von Anhaltspunkten begnügen darf, die nach der Lebenserfahrung eine hinreichend sichere Beurteilung erlauben (BGH NJW 1998, 1723, 1727). Im StGB finden sich solche Regelungen etwa in § 40 Abs. 3 für die Festsetzung der Tagessatzhöhe und in §§ 73 b, 73 d Abs. 2 für die Bemessung von Verfallsbeträgen (vgl. Meyer-Goßner § 244 Rdn. 15).

13 Im Übrigen kann von weiteren Ermittlungen abgesehen werden, wenn der damit verbundene Aufwand, die eintretenden Verfahrensverzögerungen oder die Belastung für den Angeklagten **unangemessen erscheinen** (OLG Celle NJW 1984, 185; Meyer-Goßner § 244 Rdn. 15 a). So wird bei Serienstraftaten eine Schätzung insbesondere dann unverzichtbar sein, wenn Belege über kriminelle Geschäfte abhanden gekommen sind oder von vornherein fehlten (BGHSt 40, 374, 376; krit. Bohnert NStZ 1995, 460; Geppert NStZ 1996, 57, 63). Präsente und leicht erreichbare Beweise müssen jedoch erhoben werden (LR-Gollwitzer § 244 Rdn. 24, 32).

14 Das Gericht weist die Prozessbeteiligten auf die **Absicht der Schätzung** hin und gibt ihnen Gelegenheit zur Stellungnahme (KMR-Paulus § 244 Rdn. 232). Beweisanträge zu den Schätzungsgrundlagen können nur aus den Gründen des Abs. 3, 4 abgelehnt werden (Meyer-Goßner § 244 Rdn. 15 a).

15 Die Aufklärungspflicht erstreckt sich auch auf einen **Entschädigungsanspruch** im Verfahren nach den §§ 403 ff. Ggf. kann das Gericht aber die Schadenshöhe entsprechend § 287 ZPO nach freiem Ermessen schätzen (§ 404 Rdn. 3). Beweisanträgen zur Höhe des Schadens muss nicht entsprochen werden, wenn es für die Entscheidung nach Schätzungsgrundlagen darauf nicht ankommt (vgl. RGSt 44, 294; Meyer-Goßner § 244 Rdn. 16).

IV. Beweisanträge

Der Beweisantrag ist zentrales Mittel der Verfahrensbeteiligten, um die Beweisaufnahme zu beeinflussen. Beweisantrag ist das ernsthafte, unbedingte oder an eine Bedingung geknüpfte Verlangen eines Prozessbeteiligten, über eine die Schuld- oder Rechtsfolgenfrage betreffende Behauptung durch bestimmte nach der StPO zulässige Beweismittel Beweis zu erheben (vgl. nur BGHSt 6, 128, 129; vgl. auch § 219 Abs. 1 S. 1). Ein pauschaler Hinweis auf Beweismöglichkeiten genügt nicht; der Antragsteller muss deutlich machen, dass er eine Beweiserhebung verlangt und nicht etwa in das gerichtliche Ermessen stellt (Meyer-Goßner § 244 Rdn. 19; siehe auch Schmehl/Vollmer S. 136).

Der Antrag muss eine **konkrete Beweistatsache** bezeichnen (BGHSt 39, 251). Die Beweistatsache kann sich dabei schon aus den Umständen ergeben, unter denen der Beweisantrag gestellt ist (OLG Köln StV 1995, 293). So kann man auch verkürzende Begrifflichkeiten (Glaubwürdigkeit) und einfache Rechtsbegriffe (Kauf, Anstiftung) benutzen (BGHSt 1, 137). Jedoch kann das Gericht verlangen, dass der Antragsteller die einer Wertung zu Grunde liegenden Tatsachen darlegt (BGHSt 37, 162; BGH NStZ 1991, 547). Für den Urkundenbeweis kommen immer nur einzelne Schriftstücke in Betracht, nicht eine Sammlung von Urkunden (vgl. BGH NStZ 1997, 562; Schmehl/Vollmer S. 136).

Beweistatsachen sind **nur solche Tatsachen,** die mit dem Beweismittel unmittelbar bewiesen werden sollen. Wird also ein Zeuge als Beweismittel benannt, müssen die im Beweisantrag benannten Beweistatsachen auch dem Zeugenbeweis zugänglich sein und mit ihm unmittelbar bewiesen werden können (Schmehl/Vollmer S. 136). Dabei ist die Angabe unverzichtbar, was der Zeuge im Kern bekunden wird (BGH StV 1993, 454). Nicht ausreichend wäre es also, den Zeugen A für die Unglaubwürdigkeit des Zeugen B zu benennen.

Wird keine konkrete Tatsache behauptet, sondern lediglich eine Vermutung geäußert, eine Bewertung unter Beweis gestellt oder gar kein konkretes Beweismittel benannt, handelt es sich lediglich um einen **Beweisermittlungsantrag,** für den nicht die eingeschränkten Ablehnungsmöglichkeiten nach § 244 Abs. 3, 4 gelten, sondern allein die gerichtliche Aufklärungspflicht nach § 244 Abs. 2 StPO Maßstab ist. Eine Zurückweisung eines solchen Antrages kann daher nicht nach § 338 Nr. 8, sondern nur mit der Aufklärungsrüge angegriffen werden. Dies schließt nicht aus, dass der Antragsteller Beweis über Tatsachen verlangen kann, die er nur vermutet oder für möglich hält (BGHSt 21, 118; BGH StV 2003, 369). Die Grenze ist dann erreicht, wenn selbst eine solche Vermutung offensichtlich fehlt und die Beweistatsache lediglich aufs Geratewohl behauptet wird (BGH NStZ 1993, 293; Meyer-Goßner § 244 Rdn. 20).

Zu beachten ist, dass als **„Behauptung aufs Geratewohl"** ein Beweisantrag nur abgelehnt werden kann, wenn der Antragsteller bei einer solchen Sachlage auf Befragen keine plausible Antwort über seine Wissensquellen oder die Gründe für seine Vermutung geben kann (vgl. BGH StV 1985, 311; siehe auch BGH NStZ 2004, 51). Wenn es also auch für den Antragsteller zweifelhaft ist, ob sich die benannten Zeugen an eine Beweistatsache erinnern, macht dies den Beweisantrag noch nicht zum Beweisermittlungsantrag (BGH NStZ 1993, 247). Gleiches gilt, wenn es keine Anhaltspunkte für die Richtigkeit der Beweistatsache gibt (BGH NStZ 2002, 383) oder die Behauptung dem bisherigen Beweisergebnis widerspricht (BGH StV 1993, 3; siehe noch OLG Hamburg StV 1999, 81).

Beispiel: Bei einem Beweisantrag auf Vernehmung eines Zeugen muss neben der konkreten Tatsache auch die Behauptung aufgestellt werden, dass der Zeuge diese Tatsache aus eigener Wahrnehmung bekunden kann. Ferner muss deutlich werden, weshalb der Zeuge überhaupt et-

§ 244　　　　　　　　　　　　　　2. Buch. Verfahren im ersten Rechtszug

was zu dem Beweisthema bekunden können soll. Soweit sich dies nicht ohnehin aus dem Vortrag ergibt, muss die Verbindung zwischen Beweistatsache und Beweismittel näher dargelegt werden (BGH NStZ 2002, 383; Schmehl/Vollmer S. 136 f).

21　Wird behauptet, ein bestimmtes Geschehen habe **nicht stattgefunden,** liegt in der Regel keine konkrete Beweistatsache vor. Die Behauptung, der Zeuge werde aussagen, das Opfer sei nicht geschlagen worden, ist ungeeignet. Die Behauptung muss dann lauten: Der Zeuge habe nicht wahrgenommen, dass das Opfer geschlagen worden ist. Dann muss aber auch klargestellt werden, dass z. B. der Zeuge das Geschehen lückenlos beobachtet hatte (vgl. Schmehl/Vollmer S. 137; BGH NStZ 2000, 267).

22　**Der Antrag,** eine Beweisaufnahme oder einen Teil von ihr zu wiederholen, ist grundsätzlich ein Beweisermittlungsantrag (Schmehl/Vollmer S. 137). Wird also beantragt, einen in der Hauptverhandlung bereits vernommenen Zeugen erneut zu laden, ist dies nur dann ein Beweisantrag, wenn der Zeuge zum Beweis einer neuen Behauptung benannt ist, zu der er bei der ersten Vernehmung noch gar nicht gehört werden konnte (BGH StV 1995, 566; Schmehl/Vollmer S. 137).

23　Ein Beweisantrag kann auch vorliegen, wenn der Antragsteller noch **nicht sicher weiß,** was die Zeugen aussagen werden.

Beispiel: Es waren sieben Personen in der Gaststätte anwesend. Zum Beweis der Tatsache, dass der Angeklagte auch dort war, werden diese sieben Personen benannt, obgleich noch nicht sicher ist, ob und welcher der Zeugen den Angeklagten bemerkt hat. Dies ist ausreichend (BGH NJW 1988, 1859).

Wird aber ins Blaue hinein behauptet, die betreffenden Personen seien in der Gaststätte gewesen, **fehlt es an einer bestimmten Tatsachenbehauptung.** Ggf. muss der Inhalt des Antrags durch Auslegung ermittelt werden (vgl. BGH NStZ 1993, 247, 248; zum Schein-Beweisantrag siehe auch BGH NStZ 2003, 497).

24　**Hilfsbeweisanträge (Eventualbeweisanträge)** sind zulässig. Ein solcher liegt vor, wenn ein Verfahrensbeteiligter – z. B. der Verteidiger – einen Beweisantrag für den Fall stellt, dass eine bestimmte Bedingung nicht eintritt.

Beispiel: Beweisantrag für den Fall, dass der Angeklagte nicht freigesprochen wird.

25　Solche Anträge muss das Gericht nicht notwendigerweise in der Hauptverhandlung bescheiden, sondern kann sie auch **in den Urteilsgründen ablehnen.** Hilfsbeweisanträge können auch noch nach dem letzten Wort des Angeklagten entgegengenommen werden, ohne dass dies einen Wiedereintritt in die Verhandlung darstellen würde (BGH NStZ-RR 1999, 14).

26　Unzulässig ist ein Hilfsbeweisantrag, der sich nach der zu beweisenden Behauptung gegen den Schuldspruch richtet, aber nur für den Fall einer bestimmten Rechtsfolgenentscheidung als gestellt gelten soll. Letztlich handelt es sich hier um ein **Angebot auf eine Verfahrensabsprache** (BGH NStZ 1995, 246). Überdies ist der Antrag in sich widersprüchlich (vgl. BGH NStZ 1995, 144).

27　Zu einem eine **Negativtatsache** betreffenden Beweisantrag siehe noch Burgard/Fresemann wistra 2000, 88. Die Behauptung muss so bestimmt sein wie die spiegelbildliche Positivbehauptung (Niemöller StV 2003, 687, 696).

28　Von der Beweistatsache wird herkömmlich das **Beweisziel** unterschieden. Dies ist das Beweisergebnis, das sich der Antragsteller aus dem begehrten Beweis erhofft (BGH NStZ 1995, 96, 97; Meyer-Goßner § 244 Rdn. 20 a).

29　Für die zu beweisende Tatsache muss ein **bestimmtes Beweismittel** angegeben werden, wobei nach der Rechtsprechung des BGH ein Konnex, also ein verbindender Zusammenhang, zwischen Beweisziel und Beweismittel erforderlich ist (BGH NStZ 1999, 522; BGH NStZ 2000, 436; Meyer-Goßner § 244 Rdn. 21).

6. Abschnitt. Hauptverhandlung § 244

Bei der Benennung eines Zeugen genügt der Vortrag derjenigen Tatsachen, die 30
es dem Gericht ermöglichen, ihn zu identifizieren und zu ermitteln (BGH NStZ 1999,
152; OLG Köln StV 2002, 355). Ein Zeuge, der erst aus einem Personenkreis herausgefunden werden soll, ist aber noch nicht individualisiert (BGHSt 40, 3). Klargestellt
werden muss, weshalb der Zeuge etwas zu dem Beweisthema bekunden können soll
(BGH NStZ-RR 2001, 43).

Bei der Terminologie ist zu unterscheiden zwischen bedingten Beweisanträgen, 31
Hilfsbeweisanträgen und Eventualbeweisanträgen. Teilweise werden sich fälschlicherweise als Synonyme behandelt. Möglich ist ein Beweisantrag unter einer Bedingung,
dass eine bestimmte Prozesslage eintritt (Schlothauer StV 1988, 548), z. B., dass das
Gericht einen Zeugen für glaubwürdig hält (BGH NStZ 1989, 191) oder eine bestimmte Entscheidung trifft (BGHSt 29, 396). Über einen solchen Antrag ist nur zu
entscheiden, wenn die Bedingung eintritt (Meyer-Goßner § 244 Rdn. 22).

Ein Hilfsbeweisantrag wird von der Entscheidung über einen unbedingt gestell- 32
ten verfahrensabschließenden Hauptantrag abhängig gemacht. Dies ist der bereits erwähnte Fall eines Beweisantrags nur für den Fall, dass der Angeklagte nicht freigesprochen wird. Diese Hilfsbeweisanträge werden grundsätzlich erst in den Urteilsgründen
beschieden (Meyer-Goßner § 244 Rdn. 22 a).

Beim Eventualbeweisantrag handelt es sich um eine Kombination von beding- 33
tem Beweisantrag und Hilfsbeweisantrag, nämlich um einen bedingten Beweisantrag,
der im Schlussvortrag als Hilfsantrag gestellt wird (BGH StV 1990, 149; ähnlich Niemöller JZ 1982, 885).

Bei Beweisanregungen handelt es sich nicht um Beweisanträge, sondern um die 34
Anregung, das Gericht möge nach seinem Ermessen entsprechende Beweise erheben.
Anträge auf Gegenüberstellungen, auf Wiederholung einer Beweiserhebung zu derselben Beweisfrage oder auf die Vornahme von Versuchen und Experimenten sind Beweisanregungen im engeren Sinne. Hier entscheidet das Gericht nur im Rahmen seiner Aufklärungspflicht nach § 244 Abs. 2 (BGHSt 30, 131; BGH NStZ 1981, 309,
310). Beweisanregungen sind – mit Ausnahme der Beweiserbieten – in das Sitzungsprotokoll aufzunehmen. Die Ablehnung des Antrags erfordert keinen Gerichtsbeschluss, sondern nur eine Bescheidung durch den Vorsitzenden. Die Anrufung des
Gerichts nach § 238 Abs. 2 ist zulässig (Meyer-Goßner § 244 Rdn. 27).

Beweisermittlungsanträge dienen der Vorbereitung von Beweisanträgen, die der 35
Antragsteller noch nicht stellen kann, weil er die Beweistatsache nicht kennt oder das
Beweismittel nicht hinreichend konkret bezeichnen kann (vgl. BGHSt 30, 131, 142).
Ein solcher Antrag ist z. B. der auf eine Sachverständigenuntersuchung auf den Geisteszustand und auf Augenscheinseinnahmen, deren Ergebnis ungewiss ist (Meyer-Goßner § 244 Rdn. 25). Auch die unbestimmte Benennung eines Zeugen, der erst
ermittelt werden müsste, fällt hierunter. Beweisermittlungsanträge im weiteren Sinne
sind Anträge, mit denen das Gericht zu Maßnahmen veranlasst werden soll, die der
Antragsteller zur Gewinnung von Beweismaterial benutzen will (BGH NStZ 1997,
562: Beiziehung von „Krankenunterlagen"; beim Urkundsbeweis kann immer nur der
Antrag gestellt werden, einzelne Urkunden zu verlesen, der Antrag auf Beiziehung eines Urkundenkonvoluts ist Beweisermittlungsantrag).

Das Beweisantragsrecht folgt aus dem Anspruch auf rechtliches Gehör 36
nach Art. 103 Abs. 1 GG (BVerfGE 65, 305). Berechtigt zur Antragstellung sind
der Staatsanwalt – Anträge zur Be- und Entlastung des Angeklagten – und der Angeklagte sowie weitere Verfahrensbeteiligte (vgl. Meyer-Goßner § 244 Rdn. 30). Angeklagte können Beweisanträge stellen, die im Widerspruch zu ihrer bisherigen Einlassung stehen (BGH MDR 1977, 461). Der Verteidiger hat ein selbstständiges Antragsrecht, das vom Willen des Angeklagten unabhängig ist (BGH NJW 1953, 1314). Die
Beweisanträge können selbst im Widerspruch zu einem Geständnis des Mandanten
stehen (Meyer-Goßner § 244 Rdn. 30).

§ 244   2. Buch. Verfahren im ersten Rechtszug

37   **Mehrere Berechtigte** können gemeinsam Beweisanträge stellen, sofern sie mit der Beweisführung nicht entgegengesetzte Interessen verfolgen (RGSt 17, 375). Üblich ist auch der Anschluss an den Antrag eines anderen Beteiligten, der auch stillschweigend erfolgen kann (RGSt 58, 141; RGSt 64, 30, 32).

38   **Beweisanträge müssen in der Hauptverhandlung und mündlich gestellt werden.** Die Vorlegung schriftlicher Anträge kann den mündlichen Vortrag nicht ersetzen. Der Vorsitzende muss daher ggf. auf die Verlesung hinwirken (so RGSt 59, 420, 422; a. M. BGH NJW 1953, 35; LR-Gollwitzer § 244 Rdn. 103). Üblich ist, dass der Antragsteller von sich aus einen Schriftsatz verliest und anschließend zu Protokoll gibt. Die Beteiligten haben keinen Anspruch darauf, einen Beweisantrag in das Sitzungsprotokoll zu diktieren (Meyer-Goßner § 244 Rdn. 32).

39   **Zulässig sind Beweisanträge bis zum Beginn der Urteilsverkündung** (BGHSt 21, 118, 124), selbst noch in einem reinen Verkündungstermin (BGH NStZ 1981, 311). Lehnt der Vorsitzende die Entgegennahme des Antrags ab, ist eine Anrufung des Gerichts nach § 238 Abs. 2 nötig (BGH NStZ 1992, 346), wenn nicht der Vorsitzende den Antragsteller überhaupt nicht zu Wort kommen lässt (BGH NStZ 1992, 248). Nach Beginn der Urteilsverkündung und bis zum Schluss der mündlichen Verhandlung steht es im Ermessen des Vorsitzenden, ob er einen weiteren Antrag entgegennimmt (BGH NStZ 1986, 182). Die Anrufung des Gerichts ist jetzt ausgeschlossen. Maßstab ist nunmehr die Aufklärungspflicht nach Abs. 2. Wird aber die Urteilsbegründung zur Entgegennahme des Antrags unterbrochen, findet § 244 Abs. 3 bis 5 Anwendung (BGH StV 1985, 398).

40   Wurden Beweisanträge bereits vor der Hauptverhandlung gestellt, müssen sie in der Hauptverhandlung **wiederholt** werden (RGSt 73, 193; Meyer-Goßner § 244 Rdn. 34).

41   Aus Abs. 2 folgt die Pflicht des Gerichts, die Prozessbeteiligten **zur Stellung sachdienlicher Anträge zu veranlassen** und bei der Stellung ihrer Beweisanträge zu unterstützen (BGHSt 22, 118, 122; Meyer-Goßner § 244 Rdn. 35). Diese prozessuale Fürsorgepflicht gebietet, erkennbare Missverständnisse durch entsprechende Hinweise auszuräumen (BGH NStZ 1994, 483). Eine Pflicht zur Nachfrage besteht vor allem dann, wenn der Sachverhalt nahe liegt, dass der Antragsteller den Antrag aus Ungeschicklichkeit, in Folge eines Versehens oder aus ähnlichen Gründen nicht so genau und unvollständig gefasst hat, wie er dazu an sich in der Lage wäre (BGH NStZ 1995, 356), insbesondere, wenn er die Beweistatsachen nicht oder nicht deutlich genug angibt (vgl. BGHSt 19, 24, 25; Meyer-Goßner § 244 Rdn. 35). Solche Pflichten bestehen auch gegenüber dem Staatsanwalt, dem Verteidiger und anderen Prozessbeteiligten (vgl. LR-Gollwitzer § 244 Rdn. 114; BGHSt 22, 118, 122).

42   Ein Beweisantrag (auch der Hilfsantrag – BGH MDR 1975, 468) muss **protokolliert werden** (§ 273 Abs. 1). Der Antragsteller und der Inhalt des Antrags müssen ausgewiesen sein (BGH GA 1960, 315). Wurde der Antrag dem Gericht schriftlich überreicht, genügt in der Sitzungsniederschrift die Bezugnahme auf das als Anlage zum Protokoll genommene Schriftstück (Meyer-Goßner § 244 Rdn. 36).

43   Solange das Beweismittel nicht im Sitzungssaal präsent ist (§ 245 Abs. 1 S. 2), ist eine **Zurücknahme des Beweisantrags** unter Verzicht auf eine bereits beschlossene Beweiserhebung zulässig (Meyer-Goßner § 244 Rdn. 37). Allerdings ist eine Erklärung nötig, schlüssige Handlungen können genügen. Wer mit dem Schluss der Beweisaufnahme einverstanden ist, verzichtet auf die bereits beschlossenen Beweiserhebungen bzw. die gestellten Beweisanträge (BGH StV 2003, 318). Die Zurücknahme, die auf einen Teil des Antrags beschränkt werden kann, wirkt nur gegen den Beteiligten, der sie erklärt, nicht für andere, die sich dem Antrag angeschlossen hatten (Meyer-Goßner § 244 Rdn. 37).

V. Ablehnung von Beweisanträgen

Die Ablehnung von Beweisanträgen bzw. die Gründe hierfür sind in § 244 44
Abs. 3 bis 5 abschließend aufgezählt (BGHSt 29, 151; Pfeiffer § 244 Rdn. 23). Dabei
ist die Ablehnung eines Beweisantrags auf Einnahme eines Augenscheins ebenso wie
die eines Antrags auf Vernehmung eines Auslandszeugen unter erleichterten Voraussetzungen zulässig (Abs. 5). Auch die erneute Vernehmung eines Sachverständigen
(Abs. 4) unterliegt nicht so strengen Voraussetzungen wie die Ablehnung im Übrigen
(Abs. 3).

Vor einer Bescheidung ist der Beweisantrag wie jede strafprozessuale Willenserklä- 45
rung **auszulegen** (vgl. BGH JR 1951, 509), auch wenn er vom Staatsanwalt (BGH
MDR 1976, 815) oder vom Verteidiger stammt (Arndt DRiZ 1956, 31). Ist eine Befragung des Antragstellers nicht möglich, muss durch Auslegung versucht werden, den
Sinn und Inhalt eines unklaren Antrags zu ermitteln. Dies gilt gleichermaßen für Beweistatsachen wie für Beweismittel (Meyer-Goßner § 244 Rdn. 39). Bei mehreren
Auslegungsmöglichkeiten muss die dem Antragsteller günstigere gewählt werden (KK-
Herdegen § 244 Rdn. 47).

Eine beantragte Beweisaufnahme kann **vom Vorsitzenden** nach § 238 Abs. 1 an- 46
geordnet werden (BGH NStZ 1982, 432), sofern nicht wegen einer nötigen Aussetzung oder Unterbrechung der Verhandlung ein Gerichtsbeschluss erforderlich ist
(§ 228 Abs. 1 S. 1). Eine Anrufung des Gerichts nach § 238 Abs. 2 ist bei einer entsprechenden Anordnung des Vorsitzenden dann möglich, wenn nur die Notwendigkeit und Sachdienlichkeit der Beweiserhebung bestritten wird (KK-Herdegen § 244
Rdn. 56; Meyer-Goßner § 244 Rdn. 40).

Die Ablehnung des Antrags erfordert einen **Gerichtsbeschluss (Abs. 6),** der mit 47
Gründen zu versehen ist (§ 34). Nicht ausreichend ist der Hinweis des Vorsitzenden,
die Strafkammer halte einen Zeugen für unerreichbar (BGH NStZ 1983, 568). Auch
wenn die Prozessbeteiligten einverstanden sind, darf der Vorsitzende nicht an Stelle
des Gerichts entscheiden (BGH wistra 1994, 66).

Die Begründung des Ablehnungsbeschlusses soll den Antragsteller in die Lage 48
versetzen, sich und seine Verteidiger auf die Verfahrenslage einzustellen, die durch die
Antragsablehnung entstanden ist, ihn also informieren, wie das Gericht den Antrag beurteilt (BGHSt 19, 24; BGH NStZ 1983, 568). Zugleich geht es darum, dem Revisionsgericht die rechtliche Prüfung der Ablehnung zu ermöglichen (BGH NJW 1994,
1484).

Der Beschluss muss den Antrag **umfassend,** unter jedem in Betracht kommenden 49
Gesichtspunkt würdigen (OLG Hamm NJW 1963, 602, 603; Meyer-Goßner § 244
Rdn. 42). Die Beschlussbegründung muss den Antrag ohne Umdeutung oder Verkürzung in seiner vollen Tragweite erledigen (BGH StV 1983, 90). Bei mehreren Anträgen müssen die Ablehnungsgründe für jeden Antrag dargelegt werden (BGHSt 22,
124, 126).

Der Beschluss ist auslegungsfähig (BGH NJW 2003, 2761, 2762; Meyer-Goß- 50
ner § 244 Rdn. 42), aber nicht aus den Urteilsgründen. Ein mangelhaft begründeter
Beschluss kann auch nicht in den Urteilsgründen ergänzt oder geändert werden
(BGHSt 29, 149, 152). Kann aber der Antragsteller aus der Begründung des Ablehnungsbeschlusses entnehmen, dass das Gericht seinen Antrag missverstanden hat, muss
er dies sogleich rügen, nicht erst mit der Revision (BGH StV 2001, 436; BGH StV
2001, 504; vgl. auch BGH NStZ 2003, 381).

Die konkreten Anforderungen an die Begründung des Ablehnungsbeschlusses 51
ergeben sich aus der Grundlage für die Ablehnung des Beweisantrages. Siehe dazu
unten jeweils bei den einzelnen Ablehnungsgründen.

Die zulässigen Ablehnungsgründe sind in Abs. 3 und 4 erschöpfend auf- 52
gezählt (BGHSt 29, 149, 151). Ob es daneben auch eine Ablehnung wegen groben

§ 244 2. Buch. Verfahren im ersten Rechtszug

Missbrauchs des Antragsrechts geben kann (vgl. BGH NStZ 1986, 371), ist fraglich (vgl. Meyer-Goßner § 244 Rdn. 46). Bedeutsam ist das **Verbot der Beweisantizipation**. Es bedeutet, dass eine Vorwegnahme der Beweiswürdigung verboten ist. Dieses Verbot bezieht sich auf Beweismittel und Beweistatsachen (Meyer-Goßner § 244 Rdn. 46). Das Gericht darf weder davon ausgehen, dass das Beweismittel die Beweisbehauptung nicht bestätigen werde, etwa weil die Angaben des Zeugen nur auf Schätzungen beruhen (BGH NStZ 1983, 468) noch – von dem Fall der völligen Ungeeignetheit abgesehen – davon, dass es wertlos sei (BGH NStZ 1984, 42). Ebenso unzulässig ist die Annahme, die Beweistatsache sei nicht beweisbar oder durch die bisherige Beweisaufnahme schon widerlegt (vgl. BGH StV 2001, 95).

53 **Ein Austausch des benannten Beweismittels** ist beim Antrag auf Beweis durch Sachverständige und Augenschein (Abs. 5) zulässig. So mag der Augenschein durch den Urkundenbeweis ersetzt werden (vgl. BGHSt 27, 135). Ansonsten darf das Gericht stets ein besseres oder gleichwertiges Beweismittel benutzen (BGHSt 22, 347; LR-Gollwitzer § 244 Rdn. 157 ff). Ein Austausch eines Zeugen ist nur zulässig, wenn der Zeuge nicht über sein eigenes Erleben, sondern über Feststellungen Auskunft geben soll, die von subjektiven Vorstellungen und der eigenen Beobachtungsgabe unabhängig sind (BGHSt 22, 347; Meyer-Goßner § 244 Rdn. 47).

54 **Bei der Unzulässigkeit der Beweiserhebung ist zu differenzieren.** Anträge sind unzulässig, wenn sie von nicht antragsberechtigten Antragstellern stammen (Meyer-Goßner § 244 Rdn. 48). Der zwingende Ablehnungsgrund des Abs. 3 S. 1 betrifft nur Anträge auf unzulässige Beweiserhebungen (Meyer-Goßner § 244 Rdn. 49).

1. Unzulässige Beweiserhebung

55 Unzulässig ist die Beweiserhebung mit in der StPO **nicht zugelassenen Beweismitteln** (Mitangeklagter, erfolgreich abgelehnter Sachverständiger) und über Themen, die nicht Gegenstand einer Beweisaufnahme sein können, wie z.B. die Wahrnehmungen der erkennenden Richter in der laufenden Verhandlung (BGH StV 2004, 355). Auch die Beweiserhebung über Bestand und Auslegung des inländischen Rechts und seiner Anwendung ist unzulässig (BGH NJW 1968, 1293; KK-Herdegen § 244 Rdn. 3).

56 **Überwiegend kommt die Ablehnung nach Abs. 3 S. 1 in Betracht, wenn ein Beweisthema- oder Beweismittelverbot besteht** (Einl. Rdn. 190 ff). Beweismittelverbote ergeben sich aus §§ 52, 53, 53a, 54, 81c, 96, 250 und 252. Unzulässig ist die Beweiserhebung auch, wenn der Beweis durch verbotene Methoden (§§ 136a, 69 Abs. 3) oder durch andere Verstöße gegen gesetzliche Vorschriften erlangt worden ist. Ist der Schuldspruch bereits rechtskräftig geworden, sind Beweisanträge, die auf die Feststellung der Unschuld oder der Schuldunfähigkeit des Angeklagten gerichtet sind, unzulässig (BGHSt 44, 119).

2. Offenkundige Beweistatsache

57 **Die Offenkundigkeit der Beweistatsache oder ihres Gegenteils (Abs. 3 S. 2, 1. Alternative)** umfasst die Allgemeinkundigkeit und die Gerichtskundigkeit (BGHSt 6, 293). In diesen Fällen ist die Beweiserhebung überflüssig.

58 **Allgemeinkundig** sind Tatsachen und Erfahrungssätze, von denen verständige und erfahrene Menschen regelmäßig ohne weiteres Kenntnis haben oder über die sie sich aus allgemein zugänglichen Quellen unschwer unterrichten können (BVerfGE 10, 177, 183), auch wenn sie keine besonderen Fachkenntnisse haben (BGHSt 26, 56, 59).

Beispiel: Geographische Gegebenheiten, geschichtlich erwiesene Tatsachen, Natur- oder gesellschaftliche Ereignisse (Pfeiffer § 244 Rdn. 27).

59 **Gerichtskundig sind Tatsachen** und Erfahrungssätze, die der Richter im Zusammenhang mit seiner dienstlichen Tätigkeit zuverlässig in Erfahrung gebracht hat

(BGHSt 45, 354, 357 f). Gleichgültig ist, ob er diese Kenntnisse im laufenden oder in einem anderen Verfahren oder sonst auf dienstlichem Weg erlangt hat. Bei Kollegialgerichten soll die Kenntnis eines Richters ausreichen, der sie den anderen Mitgliedern des Spruchkörpers vermitteln muss (BGHSt 34, 210). Gerichtskundige Tatsachen müssen in der Regel im Rahmen der Verhandlung erörtert werden. Da dies nicht zu den wesentlichen Förmlichkeiten gehört, besteht kein Protokollierungszwang. Wird die Nichterörterung gerügt, kann die Richtigkeit des Revisionsvorbringens im Freibeweisverfahren geprüft werden (BGHSt 36, 354).

3. Bedeutungslosigkeit der Beweistatsache

Bei einer Ablehnung wegen Bedeutungslosigkeit muss in der Begründung angegeben werden, ob sie auf tatsächlichen oder rechtlichen Gründen beruht und auf welchen (BGH NStZ 2000, 267; Meyer-Goßner § 244 Rdn. 43a). Wird die Unerheblichkeit aus tatsächlichen Umständen gefolgert, müssen diese mitgeteilt werden (BGH wistra 1995, 30). Nur so kann sich der Antragsteller auf die dadurch geschaffene Verfahrenslage einstellen (BGH StV 1993, 3). Daher wird ein Mangel der Beschlussbegründung nicht durch nähere Ausführungen in den Urteilsgründen beseitigt (BGH NStZ 2003, 380). 60

Die Bedeutungslosigkeit der Beweistatsache ist gegeben, **wenn ein Zusammenhang zwischen ihr und der abzuurteilenden Tat nicht besteht.** Der Umfang der Aufklärungsbemühungen des Gerichts ist insofern auch an seiner Pflicht zur Beschleunigung und Konzentration der Hauptverhandlung zu messen (BGH NStZ-RR 1996, 334). Bedeutungslos ist eine Beweistatsache auch dann, wenn sie trotz eines bestehenden Zusammenhangs nicht geeignet ist, die Entscheidung in irgendeiner Form zu beeinflussen (BGH NJW 1961, 2069, 2070). 61

Die Bedeutungslosigkeit kann sich **aus rechtlichen oder tatsächlichen Gründen** ergeben. Aus Rechtsgründen ist die Tatsache bedeutungslos, wenn eine Verurteilung schon aus anderen Gründen nicht möglich ist. Aus tatsächlichen Gründen bedeutungslos sind Indiztatsachen, wenn zwischen ihnen und dem Gegenstand der Urteilsfindung kein Sachzusammenhang besteht oder wenn sie trotz eines Zusammenhangs selbst im Fall ihres Beweises die Entscheidung nicht beeinflussen könnten, weil sie zwar mögliche, nicht aber zwingende Schlüsse zulassen und das Gericht den möglichen Schluss nicht ziehen will (BGH NJW 1988, 501; Meyer-Goßner § 244 Rdn. 56). 62

Geht es um die **Glaubwürdigkeit eines Zeugen,** ist zu begründen, warum die zu beweisende Tatsache das Gericht auch im Falle ihres Nachweises unbeeinflusst lassen würde (BGH StV 1990, 340). 63

Ist das Gericht von dem Erwiesensein der Beweistatsache überzeugt, muss kein Beweis erhoben werden. Wird ein Beweisantrag deshalb abgelehnt, dürfen sich die Urteilsfeststellungen dazu nicht in Widerspruch setzen. Unerheblich ist, ob die Tatsache zu Gunsten oder zu Lasten des Angeklagten wirkt (BGH StV 1983, 319; Meyer-Goßner § 244 Rdn. 57). 64

4. Ungeeignetheit des Beweismittels

Die völlige Ungeeignetheit des Beweismittels macht eine Beweiserhebung entbehrlich. Völlig ungeeignet sind Beweismittel, deren Verwendung einen Erfolg der Beweiserhebung als von vornherein ausgeschlossen erscheinen lässt und zur Sachaufklärung nicht beizutragen vermag, so dass die Beweiserhebung auf eine bloße Verzögerung des Verfahrens hinausliefe (Pfeiffer § 244 Rdn. 30). Dies muss nach sicherer Lebenserfahrung feststehen (BGH NStZ 1995, 45). Da das Beweismittel „völlig ungeeignet" sein muss, muss es um ein Beweismittel gehen, dessen Inanspruchnahme die Hauptverhandlung von vornherein nur verzögern würde. Die völlige Ungeeignetheit muss sich aus den Beweismitteln im Zusammenhang mit der Beweisbehauptung selbst 65

§ 244　　　　　　　　　　　　　　　　　　2. Buch. Verfahren im ersten Rechtszug

ergeben (vgl. BGH NStZ 2004, 508). Das Gericht muss ohne Rücksicht auf das bisher gewonnene Beweisergebnis (BGH StV 2002, 352) im Freibeweis (Meyer-Goßner § 244 Rdn. 58) feststellen können, dass mit dem angebotenen Beweismittel das in dem Beweisantrag in Aussicht gestellte Ergebnis nach sicherer Lebenserfahrung nicht erzielt werden kann.

66　**Nicht ausreichend ist eine Beweisantizipation** der Art, dass der Zeuge die Beweisbehauptung nicht bestätigen werde (BGH NStZ-RR 1997, 302). Eine „relative" Ungeeignetheit genügt nicht, so dass auch ein geringer oder zweifelhafter Beweiswert nicht zu einer völligen Ungeeignetheit führt (BGH StV 1993, 508; Meyer-Goßner § 244 Rdn. 58).

67　**Sachverständige sind ungeeignet,** wenn sie zu Vorgängen gehört werden sollen, die ohne besondere Sachkunde wahrnehmbar sind (Meyer-Goßner § 244 Rdn. 59a) oder das Gutachten auf unausgereiften Untersuchungsmethoden beruhen würde (BGH NStZ 1985, 515). Ungeeignet ist ein Sachverständiger auch, wenn die tatsächlichen Grundlagen für das Gutachten nicht beschafft werden können (BGH NStZ 2003, 611), wobei sich das Gericht ggf. im Freibeweis Sachkundigenrat einholen muss (BGH NJW 1983, 404). Ist aber nur zweifelhaft, ob das Gutachten sichere Schlüsse auf die Richtigkeit der Beweistatsache zulässt, liegt keine völlige Ungeeignetheit vor.

68　**Der Augenschein ist ungeeignet,** wenn er nicht rekonstruierbare örtliche Verhältnisse zur Tatzeit beweisen soll (Meyer-Goßner § 244 Rdn. 59c). Niederschriften über Telefongespräche bei der Überwachung nach § 100a sind als Beweismittel völlig ungeeignet, wenn die Originaltonbänder abhanden gekommen sind und daher die Übereinstimmung zwischen Urkundeninhalt und Tonband nicht festgestellt werden kann (so LG Frankfurt am Main StV 1987, 144; Meyer-Goßner § 244 Rdn. 59d). Diese Aussage ist allerdings zu relativieren, da es darauf ankommt, wie (un)wahrscheinlich es ist, dass die Niederschrift unrichtig ist.

69　**Ein Zeuge ist völlig ungeeignet,** wenn er wegen körperlicher oder geistiger Gebrechen die in sein Wissen gestellte Wahrnehmung gar nicht machen konnte (Meyer-Goßner § 244 Rdn. 59). Ob auch bei ständiger Zeugnisverweigerung eine völlige Ungeeignetheit anzunehmen ist (BGH NStZ 1999, 46), ist sehr zweifelhaft (vgl. Hecker JR 1999, 428).

70　Werden Zeugen für **länger zurückliegende Vorgänge** benannt, sind sie erst dann ungeeignet, wenn es unmöglich ist, dass sie die Geschehnisse zuverlässig in ihrem Gedächtnis behalten haben können (BGH NStZ 1993, 295). Entscheidend sind insofern der Gegenstand der Beweisbehauptung, die Persönlichkeit des Zeugen, die Bedeutung des Vorgangs für ihn und die Länge des Zeitablaufs (Meyer-Goßner § 244 Rdn. 60).

> **Beispiel:** Ein Vorgang, der fünf Jahre zurückliegt, ist für den die Anzeige aufnehmenden Polizeibeamten schneller vergessen als für das Opfer der Straftat.

71　**Die persönlichen Verhältnisse des Zeugen** machen ihn nur in besonderen Ausnahmefällen zu einem völlig ungeeigneten Beweismittel. Der Verdacht der Tatbeteiligung oder freundschaftliche oder verwandtschaftliche Beziehungen zu dem Angeklagten machen ihn ebenso wenig ungeeignet wie der Umstand, dass er nach § 55 die Auskunft verweigern darf. Anders mag es sein, wenn er sich zweifelsfrei auf § 55 berufen hat. Ob es schon genügt, dass er mit dem Angeklagten verfeindet oder von ihm wirtschaftlich abhängig ist (Meyer-Goßner § 244 Rdn. 61), ist zweifelhaft. Immerhin ist das Gericht verpflichtet, ggf. den Zeugen zur Aussage zu zwingen.

5. Auslandszeugen

72　**Für Zeugen im Ausland gilt zusätzlich Abs. 5 S. 2.** Erscheint dem Gericht die Vernehmung zur Erforschung der Wahrheit erforderlich, hat es zu prüfen, ob der Zeuge erreichbar ist. Von **Unerreichbarkeit** ist auszugehen, wenn bisherige Bemühungen, den Zeugen zum Erscheinen zu veranlassen, erfolglos geblieben sind und auch in Zukunft nicht zu erwarten ist, dass er erscheinen wird (BGH NJW 2000, 443, 447; Meyer-Goßner § 244 Rdn. 63). Nicht genügen soll es, dass der Zeuge mitteilt, dass er nicht erscheinen werde (BGH StV 2001, 664). Ggf. nimmt das Gericht mit dem Zeugen unmittelbar Kontakt auf, um seine Aussagebereitschaft festzustellen (vgl. Rose wistra 1998, 12f). Denkbar ist auch die Vernehmung des Zeugen durch ein deutsches grenznahes Gericht, wenn er damit einverstanden ist (Meyer-Goßner § 244 Rdn. 63). Im Übrigen muss versucht werden, den Zeugen über den Auslandsstaat zu laden (vgl. BGH NStZ 1984, 375), was auch bei Fehlen eines Rechtshilfeabkommens nicht ausgeschlossen ist (BGH NStZ 1990, 27). Einfach ist die Ladung über die deutschen Konsularvertretungen (vgl. die Nachweise bei Julius StV 1990, 484). Dass die Ladung das Verfahren verzögert, begründet eine Unerreichbarkeit nicht (BGH NJW 1985, 391, 392).

Bei „gefährdeten" Zeugen ist auf die Möglichkeit des sicheren Geleits (Art. 12 EuRhÜbK) hinzuweisen (BGHSt 32, 68, 74; BGH StV 1984, 408, 409; § 295 Rdn. 12ff.). Erscheint möglich, einen Zeugen grenzüberschreitend unter Inanspruchnahme audiovisueller Verfahren gemäß § 247a zu vernehmen, ist der Zeuge erreichbar, wenn der Tatrichter diese Art der Vernehmung nicht für die Wahrheitsfindung wertlos erachtet (BGHSt 45, 188, 190, 197; Meyer-Goßner § 244 Rdn. 63). 73

Das Gericht kann auch **ohne Ladungsversuch** die Überzeugung gewinnen, dass der Zeuge nicht zum Erscheinen bewogen werden kann (BGH NStZ 1991, 143; BGH StV 1992, 216; Meyer-Goßner § 244 Rdn. 64) oder unergiebig sein wird (BGH NStZ 2005, 701, 703). 74

Dass der Zeuge kommissarisch vernommen werden kann, macht den Zeugen nicht immer erreichbar. Das Gericht muss prüfen, ob eine solche Vernehmung möglich und sinnvoll ist (BGH NJW 2000, 443, 447). Berücksichtigt werden darf, dass diese Form der Vernehmung den Beweiswert herabsetzt (BGHSt 22, 118, 122). Dies ist namentlich dann der Fall, wenn eine Gegenüberstellung oder der persönliche Eindruck von dem Zeugen erforderlich ist (Meyer-Goßner § 244 Rdn. 65). Diesbezügliche Entscheidungen trifft der Tatrichter nach pflichtgemäßem Ermessen, daher ist die Entscheidung nur eingeschränkt in der Revision überprüfbar (BGH StV 2004, 465). Das Gericht ist zu einer Beweisaufnahme im Ausland oder zur Teilnahme an ihr nicht verpflichtet (BGH NStZ 1985, 14). 75

6. Unerreichbarkeit des Beweismittels

Ein Beweismittel ist unerreichbar, wenn alle Bemühungen des Gerichts, die der Bedeutung und dem Wert des Beweismittels entsprechen, erfolglos geblieben sind und keine begründete Aussicht besteht, das entsprechende Beweismittel in absehbarer Zeit beizubringen (BGHSt 29, 390; BGH StV 1986, 418, 419; Meyer-Goßner § 244 Rdn. 62a). Dass ein Zeuge unbekannt verzogen ist, macht ihn noch nicht ohne weiteres unerreichbar (KG StV 2005, 13). Gleiches gilt, wenn er auf Ladung nicht erschienen ist oder Polizeibeamte ihn über das Wochenende nicht angetroffen haben (vgl. BGH StV 1984, 5). Entscheidend ist auch nicht, ob ein Zeuge am Terminstag verfügbar ist, sondern ob er in absehbarer Zeit vernommen werden kann (BGH NStZ 1983, 180). Das Maß der erforderlichen Nachforschungen richtet sich immer nach der Bedeutung des Beweismittels für die Wahrheitsfindung (BGHSt 22, 118, 120). 76

> **Beispiel:** Ein Alibizeuge ist ungleich wichtiger als ein Leumundszeuge.

Eine nur vorübergehende Unerreichbarkeit berechtigt nicht zur Ablehnung des Beweisantrags (OLG Celle NJW 1961, 1490; Meyer-Goßner § 244 Rdn. 62a).

Rechtliche Hinderungsgründe machen die Beweiserhebung unzulässig, nicht das Beweismittel unerreichbar (str.; Meyer-Goßner § 244 Rdn. 66). 77

> **Beispiel:** Zeugnisverweigerungsrechte nach §§ 52ff, Nichterteilung der Aussagegenehmigung nach § 54.

§ 244 2. Buch. Verfahren im ersten Rechtszug

78   Das Gericht muss aber zunächst versuchen, die **zuständige Behörde** zu einer substantiierten Äußerung über ihre Sicherheitsbedenken zu veranlassen (BVerfGE 57, 250, 287; BGH NStZ 2001, 333). Ist ein Informant gesperrt, müssen ggf. Vernehmungsbeamte über frühere Vernehmungen gehört werden (BGHSt 36, 159).

7. Verschleppungsabsicht

79   **Unter den Begriff der Verschleppungsabsicht fallen alle Scheinbeweisanträge.** Dazu gehören auch diejenigen, mit denen der Antragsteller sein Antragsrecht zu dem Zweck missbraucht, Propaganda zu machen (RGSt 65, 304, 306), Zeugen bloßzustellen oder Richter dadurch auszuschalten, dass er sie als Zeugen benennt (BGH NStZ 2003, 558). In solchen Fällen kann der Beweisantrag unter Beteiligung des als Zeugen benannten Richters abgelehnt werden (BGHSt 11, 206; Meyer-Goßner § 244 Rdn. 67). In Extremfällen kann das Gericht dem Verfahrensbeteiligten auch eine Frist setzen und nach deren Ablauf gestellte Beweisanträge erst in den Urteilsgründen bescheiden (BGH NStZ 2005, 648).

80   Verschleppungsabsicht im engeren Sinne liegt vor, wenn der Antragsteller nicht die Erforschung des Beweises, sondern eine **Verzögerung des Verfahrens** erstrebt (Meyer-Goßner § 244 Rdn. 67). Es muss dann aber um eine nicht nur unerhebliche Verfahrensverzögerung gehen (BGH NStZ 1984, 230; Meyer-Goßner § 244 Rdn. 67; a. M. KK-Herdegen § 244 Rdn. 87: jede Verzögerung genügt). Ob eine Verzögerung auf unbestimmte Zeit erwartet sein muss (so BGHSt 22, 124, 126), ist zweifelhaft. Ausreichen dürfte, dass eine Aussetzung im Sinne des § 228 Abs. 1 (BGH GA 1968, 19) oder eine Unterbrechung nach § 229 Abs. 2 nicht zu vermeiden wäre (vgl. OLG Schleswig StV 1985, 225). Nicht nötig ist, dass die Hauptverhandlung schon längere Zeit angedauert hat (BGH NJW 1992, 2711).

81   Die Ablehnung des Antrags setzt voraus, dass das Gericht **im Wege der Beweisantizipation** der Überzeugung ist, dass die Beweiserhebung nichts zu Gunsten des Antragstellers ergeben wird und dass auch der Antragsteller sich dessen bewusst ist und den Antrag ausschließlich zur Verfahrensverzögerung gestellt hat (BGHSt 29, 149, 151; BGH NStZ 1998, 207; BGH NJW 2001, 1956). Für die gerichtliche Überzeugung von der Verschleppungsabsicht ist insbesondere das bisherige Prozessverhalten des Antragstellers von Bedeutung (BGH NStZ 1986, 519). Indizien sind z. B. die Verweigerung einer Begründung zum Beweisantrag (Meyer-Goßner § 244 Rdn. 68), die Wiederholung eines zurückgenommenen Antrags oder ein sonst nicht erklärlicher Wechsel des Verteidigungsvorbringens (vgl. Meyer-Goßner § 244 Rdn. 68). Eine verspätete Antragstellung allein genügt nicht (BGHSt 21, 118, 123); siehe aber auch BGH NStZ 1986, 519.

82   **Entscheidend ist die Absicht des Antragstellers.** Wird der Antrag vom Verteidiger gestellt, kommt es also auf diesen an (BGHSt 21, 118, 121), wenn er sich nicht von dem Angeklagten ersichtlich als Werkzeug missbrauchen lässt (BGH NStZ 1993, 229). Siehe hierzu noch Schweckendieck NStZ 1991, 109; ter Veen, Beweisumfang und Verfahrensökonomie im Strafprozess, 1995, S. 235 ff. Missbraucht der Angeklagte selbst das Recht zur Stellung von Beweisanträgen, kann das Gericht ausnahmsweise (BayObLG NStZ 2004, 647) anordnen, dass er in Zukunft Beweisanträge nur noch über seinen Verteidiger stellen darf (BGHSt 38, 111).

8. Wahrunterstellung

83   Eine Beweiserhebung ist überflüssig, wenn das Gericht die Beweistatsache als wahr unterstellen kann, sie also **so behandelt, als wäre sie wahr.** Da nur entlastende Tatsachen in Betracht kommen, muss es sich um einen Beweisantrag handeln, der zu Gunsten des Angeklagten gestellt worden ist (Meyer-Goßner § 244 Rdn. 70). Tatsachen, aus denen Schlüsse zu Lasten des Angeklagten gezogen werden können, dürfen nicht als wahr unterstellt werden. Ebenso dürfen aus wahr unterstellten Tatsachen kei-

6. Abschnitt. Hauptverhandlung § 244

ne Schlüsse zu Lasten des Angeklagten gezogen werden (BGHSt 1, 137; LR-Gollwitzer § 244 Rdn. 242). Auch Indiztatsachen können als wahr unterstellt werden, nicht jedoch Rechtsfragen (BGH StV 1993, 241).

Das Gesetz sieht die **Wahrunterstellung nur für erhebliche Beweistatsachen** 84 vor. Bedeutungslosigkeit und Wahrunterstellung schließen einander als Ablehnungsgründe aus (BGH NStZ-RR 2003, 268). Maßgeblich für die Beurteilung der Erheblichkeit ist der Zeitpunkt der Bescheidung des Beweisantrags (BGH NJW 1961, 2069, 2070). Das Gericht ist aber wegen der Wahrunterstellung nicht gezwungen, die Tatsache auch im Urteil als erheblich zu behandeln. Eine entsprechende Unterrichtung des Angeklagten vor Urteilsverkündung ist nicht erforderlich (BGH NStZ 1981, 96; Meyer-Goßner § 244 Rdn. 70; a. M. Schweckendieck NStZ 1997, 257, 260). Allerdings macht der BGH (BGHSt 30, 383) dann eine Ausnahme, wenn es nahe liegt, dass der Angeklagte wegen der Wahrunterstellung weitere Beweisanträge unterlässt (ablehnend Meyer-Goßner § 244 Rdn. 70).

Die Wahrunterstellung bezieht sich auf die Beweistatsache selbst, nicht nur 85 darauf, dass das Beweismittel sie bekunden oder sonst ergeben werde (BGH StV 1995, 5). Daher darf dem als Beweismittel benannten Zeugen nicht im Wege einer vorweggenommenen Beweiswürdigung die Glaubwürdigkeit abgesprochen werden (OLG Hamburg StV 2001, 332). Die Wahrunterstellung darf also nicht relativiert werden: Die behaupteten Tatsachen müssen ohne jede Einengung, Verschiebung und sonstige Änderung als wahr behandelt werden (BGH NStZ 1989, 129; BGH wistra 1990, 196). Maßgebend ist nicht allein der Wortlaut, sondern auch der Sinn und Zweck des Antrags, wie er nach dem Gesamtvorbringen des Antragstellers in der Hauptverhandlung zu beurteilen ist (BGH GA 1984, 21).

Die Urteilsfeststellungen und die Beweiswürdigung dürfen der Wahrunterstellung 86 **nicht widersprechen** (BGH NStZ 2003, 101), die Tatsache untersteht aber der freien Beweiswürdigung wie alle anderen Tatsachen. Daher muss das Gericht aus der als wahr unterstellten Indiztatsache nicht die Schlussfolgerung ziehen, die der Antragsteller gezogen wissen will (vgl. BGH StV 1986, 467; Meyer-Goßner § 244 Rdn. 71). Die Auseinandersetzung mit der als wahr unterstellten Tatsache in den Urteilsgründen ist aber nur dann geboten, wenn die übrigen Feststellungen dazu drängen (BGH wistra 2001, 150; BGH NStZ-RR 2003, 268; Meyer-Goßner § 244 Rdn. 71). Erörterungsbedarf besteht insbesondere dann, wenn sonst kaum nachvollziehbar ist, wie Beweiswürdigung und Wahrunterstellung in Einklang gebracht werden können (BayObLG StV 2005, 14).

9. Anträge auf Sachverständigenbeweis

Anträge auf Sachverständigenbeweis kann das Gericht auch wegen eigener Sach- 87 kunde ablehnen (Abs. 4 S. 1), soweit nicht gesetzlich etwas anderes bestimmt ist (vgl. §§ 80a, 81, 246a, § 73 JGG). In erster Linie gelten aber die Ablehnungsgründe des Abs. 3.

Woher der Richter die eigene Sachkunde hat, ist gleichgültig. 88

Beispiel: Beruflich oder außerberuflich erworbene Spezialkenntnisse, Kenntnisse auf Grund von Gutachten, die in gerichtlichen Verfahren erstattet worden sind, Gutachten aus dem Ermittlungsverfahren.

Nicht zulässig ist es, sich das Spezialwissen durch Befragung eines Sachverständigen außerhalb der Hauptverhandlung anzueignen, wenn dessen förmliche Vernehmung auf Grund eines Beweisantrags geboten wäre (KK-Herdegen § 244 Rdn. 27).

Bei Kollegialgerichten soll es genügen, wenn einer der mitwirkenden Richter 89 seine Sachkunde den anderen vermittelt (BGHSt 12, 18; BGH NStZ 1983, 325). Eine Beweisaufnahme über die Sachkunde des Gerichts findet nicht statt (BGH NStZ 2000, 156). Auch muss im Ablehnungsbeschluss nicht dargelegt werden, aus welchen Gründen sich das Gericht die erforderliche Sachkunde zutraut. Eine Darlegung im Urteil ist

§ 244 2. Buch. Verfahren im ersten Rechtszug

erforderlich, wenn es sich um Fachwissen handelt, das in der Regel nicht Allgemeingut aller Richter ist (BGH StV 2001, 665). Besonderer Erörterungsbedarf besteht, wenn ein Sachverständiger bestellt war und sich das Gericht erst nach dessen erfolgreicher Ablehnung oder Nichterscheinen auf die eigene Sachkunde besonnen hat oder das Gericht im Widerspruch zum Gutachten des Sachverständigen entschieden hat (BGH NStZ-RR 2002, 259; BGH NStZ 2000, 437).

90   Geht es um die Beurteilung **der Glaubwürdigkeit von Zeugen,** kann sich das Gericht regelmäßig auf eigene Sachkunde zurückziehen (BVerfG NJW 2004, 209, 211), sofern nicht besondere Umstände vorliegen.

Beispiel: Beim Zeugen liegt eine Psychose oder hochgradige Medikamentenabhängigkeit vor.

91   Zu den wissenschaftlichen **Anforderungen an ein Glaubwürdigkeitsgutachten** (Nullhypothese, Inhaltsanalyse, Aussagegenese, Sexualanamnese) vgl. BGHSt 45, 164. Der BGH hat damit klargestellt, dass die Gutachten nicht einheitlich einer bestimmten Prüfstrategie folgen müssen (BGH NStZ 2001, 45). Die Glaubwürdigkeitsbeurteilung kann die Beweiswürdigung aber nicht ersetzen (BGH NStZ 2003, 276). Das Gericht wird in der Regel einen Psychologen mit der Glaubwürdigkeitsuntersuchung beauftragen; die Einschaltung eines Psychiaters ist regelmäßig nur erforderlich, wenn es Hinweise auf eine geistige Erkrankung des Zeugen oder auf Beeinträchtigungen durch psychopathologische Ursachen gibt (BGH NJW 2002, 1813).

92   **Die Frage der Schuldfähigkeit** kann das Gericht aus eigener Sachkunde beurteilen, wenn es darum geht, dass der Angeklagte *nicht* von der Norm abweicht. Sonst bedarf es zur Beurteilung des Geisteszustandes regelmäßig eines Sachverständigen (vgl. BGH NStZ 1983, 357; BGH NStZ-RR 2003, 19). Namentlich, wenn der Angeklagte einmal schwere Hirnverletzungen erlitten hat, muss ein Sachverständiger eingeschaltet werden, wenn nicht gänzlich Anhaltspunkte für eine bleibende Gehirnschädigung fehlen (OLG Frankfurt NStZ-RR 1997, 366).

93   **Die Spielsucht des Angeklagten (§ 21)** kann das Gericht regelmäßig selbst beurteilen. Hat der Angeklagte seine Straftat zwecks Fortsetzung des Spiels begangen, mag die Einschaltung eines Sachverständigen erforderlich sein (vgl. BGH NJW 2005, 230).

94   Wird die **Anhörung eines weiteren Sachverständigen** beantragt, kann der Antrag auch abgelehnt werden, wenn bereits nach den Gutachten anderer Sachverständiger das Gegenteil der behaupteten Tatsache erwiesen ist. Die damit verbundene Beweisantizipation darf sich aber allein auf das frühere Gutachten stützen, nicht auf andere Beweismittel (BGH StV 2005, 6; Meyer-Goßner § 244 Rdn. 75). „Weiterer" Gutachter kann unter Umständen auch der Angehörige einer anderen Fachrichtung sein (BGHSt 34, 355; BGH NJW 1990, 2944, 2945; BGH NStZ 1999, 630). Das Gericht kann aber schon aus dem ersten Gutachten so viel Sachkunde gewonnen haben, dass es die Beweisfrage beurteilen kann. Dann müssen aber die Ausführungen des Sachverständigen im Einzelnen wiedergegeben und seine Gegenansicht und Auseinandersetzung mit ihnen näher begründet werden (vgl. § 267 Rdn. 15).

95   Bestehen **Zweifel an der Sachkunde des ersten Gutachters,** muss dem Beweisantrag stattgegeben werden (Abs. 4 S. 2 Hs. 2). Geht es etwa um die Frage, ob eine Erkrankung Auswirkungen auf die Aussagetüchtigkeit eines Zeugen hat, darf sich das Gericht nicht mit einem psychologischen Gutachten begnügen, sondern muss zusätzlich einen Psychiater heranziehen (BGH NStZ 1997, 199). Steht das mündliche Gutachten im Widerspruch zu den schriftlich erstatteten, muss ggf. ein weiterer Gutachter bestellt werden (vgl. BGH NStZ 1990, 244; BGH NStZ 1991, 448). Auch Widersprüche innerhalb des mündlichen Gutachtens zwingen zur Anhörung eines weiteren Sachverständigen, wenn diese nicht in der Verhandlung geklärt werden können (BGHSt 23, 176, 185).

96   Ein Sachverständiger verfügt aber nicht schon deshalb über überlegene Forschungsmittel, weil sich der Angeklagte nur von ihm explorieren lassen will. Mit einer

6. Abschnitt. Hauptverhandlung §244

Untersuchungsverweigerung gegenüber anderen Sachverständigen kann daher die Begutachtung durch einen bestimmten Sachverständigen nicht erzwungen werden (BGHSt 44, 26; Meyer-Goßner § 244 Rdn. 76).

Bei besonderen Schwierigkeiten der Beweisfrage kann die Aufklärungspflicht 97 gebieten, weitere Sachverständige auch dann anzuhören, wenn ein darauf gerichteter Antrag nach Abs. 4 S. 2 abgelehnt werden könnte (BGHSt 23, 176, 187: extremer Fall der Sexualpathologie).

10. Augenscheinsbeweis

Für die Ablehnung von Anträgen auf **Augenscheinsbeweis** ist allein die Sachauf- 98 klärungspflicht Maßstab (BGH NStZ 1988, 88). Drängt sich die Einnahme des Augenscheins nicht auf, kann die Benutzung anderer Beweismittel genügen.

Beispiel: Besichtigung von Lichtbildern der Örtlichkeit (Meyer-Goßner § 244 Rdn. 78).

Das Verbot der Beweisantizipation gilt für den Antrag auf Augenscheinsein- 99 nahme nicht. Daher kann der Antrag auch mit der Begründung abgelehnt werden, dass die Beschaffenheit des Augenscheinsgegenstandes schon auf Grund der in der Hauptverhandlung erhobenen Beweise feststeht (BGHSt 8, 177, 180; BGH NStZ 1985, 206). Auch die Berufung auf eine Zeugenaussage kann genügen. Wenn aber der Augenschein gerade zu dem Zweck beantragt ist, die Aussage des Zeugen zu widerlegen, muss er regelmäßig durchgeführt werden (BGHSt 8, 177, 181).

VI. Revision

Die Revision kann mit der **Aufklärungsrüge** Erfolg haben, wenn das Gericht Er- 100 mittlungen unterlassen hat, zu denen es sich auf Grund seiner Sachaufklärungspflicht nach Abs. 2 gedrängt sehen musste. Wurde ein Beweisantrag gestellt und abgelehnt, ist statt der Erhebung einer Aufklärungsrüge die Verletzung der Absätze 3 bis 6 zu beanstanden. Die Aufklärungsrüge kommt daher in Betracht, wenn ein Beweisantrag nicht gestellt oder als unzulässig abgelehnt worden ist (oder nach Beweisantragsgrundsätzen beschieden worden war) (Meyer-Goßner § 244 Rdn. 80).

Die Aufklärungsrüge ist nur dann in zulässiger Form erhoben, wenn die Revision 101 die Tatsache, die das Gericht zu ermitteln unterlassen hat, und das Beweismittel bezeichnet, dessen sich der Tatrichter hätte bedienen sollen (BGHSt 2, 168). Ferner muss dargelegt werden, auf Grund welcher Umstände das Gericht weitere Ermittlungen hätte anstellen müssen (BGH NStZ 1999, 45) und welches Ergebnis von der unterbliebenen Beweiserhebung zu erwarten gewesen wäre (OLG Hamm NZV 2002, 139). Ein solches Aufdrängen weiterer Beweiserhebungen kann sich etwa aus Beweisanregungen (Beweisbieten, Beweisermittlungsanträgen), schriftlichen Hinweisen auf Beweisquellen oder anderen Hinweisen in den Akten ergeben. Diese Aktenstellen müssen dann in der Revisionsbegründung genau bezeichnet werden (BGH VRS 32, 205).

Die formalen Anforderungen sind sehr hoch: Wird etwa beanstandet, dass das 102 Gericht einen Zeugen nach Ablehnung eines Beweisantrags nicht vernommen hat, muss die Revision hierzu den Beweisantrag und die Begründung des ablehnenden Gerichtsbeschlusses vortragen; an die Aufklärungsrüge sollen nicht geringere Anforderungen gestellt werden als an die Rüge fehlerhafter Ablehnung eines Beweisantrages. Eine Aufklärungsrüge, die eine Feststellung verlangt, „ob" etwas geschehen ist oder die ein günstiges Ergebnis nur für „möglich" hält, ist unzulässig – es muss konkret dargetan werden, dass die nicht aufgeklärten Tatsachen sich zu Gunsten des Beschwerdeführers ausgewirkt hätten (Meyer-Goßner § 244 Rdn. 81).

Die Aufklärungsrüge kann nicht darauf gestützt werden, dass es **Widersprüche** 103 **zwischen Urteilsfeststellung und Sitzungsniederschrift** gibt oder dass der Tatrichter ein benutztes Beweismittel nicht voll ausgeschöpft hat.

§ 244　　2. Buch. Verfahren im ersten Rechtszug

Beispiel: Nach Auffassung des Revisionsführers wurden einem Zeugen bestimmte Fragen nicht gestellt oder bestimmte Vorhalte nicht gemacht (BGH NStZ 2000, 156). Eine Ausnahme gilt, wenn das Unterlassen der Befragung oder des Vorhalts sich aus dem Urteil (BGH NStZ 1985, 13, 14) oder die Nichtbefragung aus dem Protokoll ergibt (vgl. Pelz NStZ 1993, 361, 364).

104　Wurde ein **Beweisantrag rechtsfehlerhaft behandelt,** kann in dem Unterlassen der Bescheidung, in der Nichtausführung einer auf den Antrag beschlossenen Beweiserhebung oder in der mangelhaften Ablehnung des Antrags die Revision begründet sein (Meyer-Goßner § 244 Rdn. 83). In solchen Fällen ist die Rüge der Verletzung von Abs. 3 bis 5 oder Abs. 6 zu erheben. Die Rüge des Verstoßes gegen § 338 Nr. 8 bringt keine Vorteile.

105　Ein **Widerspruch zwischen Urteilsgründen und Ablehnungsbeschluss** kann die Revision begründen (BGHSt 19, 24, 26), so bei einer Abweichung von einer Wahrunterstellung oder bei einer Abweichung von der Ablehnung wegen Bedeutungslosigkeit (BGH StV 1993, 173). Wird eine zugesagte Wahrunterstellung nicht eingehalten, handelt es sich zunächst um eine Verletzung des Abs. 3 S. 2. Ob stattdessen eine Verletzung des fair trail-Grundsatzes gerügt werden kann, ist umstritten (vgl. BGHSt 32, 44 einerseits, Meyer-Goßner § 244 Rdn. 83 andererseits).

106　**Rügeberechtigt** sind außer dem Antragsteller auch solche Prozessbeteiligte, die mit dessen Interessen so erkennbar übereinstimmen, dass das Gericht auch ihnen gegenüber zur rechtlich einwandfreien Behandlung des Antrags verpflichtet war (BGH StV 1987, 189; BGH StV 1998, 523; Meyer-Goßner § 244 Rdn. 84).

107　Wird die Nichtbescheidung des Antrags gerügt, gehört zum **notwendigen Revisionsvorbringen** die inhaltliche Mitteilung des Beweisantrags. Wird die fehlerhafte Ablehnung gerügt, müssen außer dem Inhalt des Antrags auch der Inhalt des gerichtlichen Ablehnungsbeschlusses und die die Fehlerhaftigkeit des Beschlusses ergebenden Tatsachen mitgeteilt werden (BGHSt 3, 213; BGH NStZ 1986, 209; siehe auch BGH NStZ 1993, 50). Eine wörtliche Wiedergabe ist nicht erforderlich, aber der Vortrag muss inhaltlich vollständig sein (Meyer-Goßner § 244 Rdn. 85).

108　**Ist gleichzeitig die Sachrüge erhoben,** genügt eine auch stillschweigende Bezugnahme auf die Urteilsgründe, wenn dort der Inhalt des Antrags oder des Ablehnungsbeschlusses wiedergegeben sind, insbesondere dann, wenn ein Hilfsbeweisantrag in den Urteilsgründen abgelehnt wurde (BGH StV 1982, 55). Die Darlegung des Inhalts des Beweisantrages und der Beweistatsachen ist auch dann erforderlich, wenn die Ablehnung wegen Prozessverschleppung, Unerreichbarkeit oder Ungeeignetheit des Beweismittels erfolgt ist (zum Teil streitig; vgl. KK-Herdegen § 244 Rdn. 108; Meyer-Goßner § 244 Rdn. 85; SK-Schlüchter § 244 Rdn. 182).

109　Die **tatsächlichen Umstände,** auf denen der Ablehnungsbeschluss beruht, prüft das Revisionsgericht nicht nach (BGH NStZ 1984, 466; anders noch BGHSt 21, 118, 123). Eine Auswechslung der Ablehnungsgründe durch das Revisionsgericht kommt regelmäßig nicht in Betracht (NStZ 2000, 434). Wird ein Hilfsbeweisantrag in zulässiger Weise erst in den Urteilsgründen beschieden, kann ein Beruhen eines Verstoßes gegen § 244 Abs. 3, 4 vom Revisionsgericht nur mit der Begründung verneint werden, dass der Tatrichter den Antrag mit anderer Begründung rechtsfehlerfrei hätte ablehnen können (BGH StV 1998, 248; Meyer-Goßner § 244 Rdn. 86).

110　Mit der **Sachrüge** kann nicht geltend gemacht werden, ein am Verfahren nicht beteiligter Sachverständiger vertrete andere Auffassungen als der vom Gericht gehörte Sachverständige (BGH NJW 1998, 3654). Die fehlerhafte Annahme eigener Sachkunde des Gerichts kann nur mit einer Verfahrensbeschwerde beanstandet werden, wenn sich nicht die fehlende Sachkunde unmittelbar aus den Urteilsausführungen ergibt (Meyer-Goßner § 244 Rdn. 87).

6. Abschnitt. Hauptverhandlung § 245

§ 245 [Umfang der Beweisaufnahme]

(1) ¹Die Beweisaufnahme ist auf alle vom Gericht vorgeladenen und auch erschienenen Zeugen und Sachverständigen sowie auf die sonstigen nach § 214 Abs. 4 vom Gericht oder der Staatsanwaltschaft herbeigeschafften Beweismittel zu erstrecken, es sei denn, daß die Beweiserhebung unzulässig ist. ²Von der Erhebung einzelner Beweise kann abgesehen werden, wenn die Staatsanwaltschaft, der Verteidiger und der Angeklagte damit einverstanden sind.

(2) ¹Zu einer Erstreckung der Beweisaufnahme auf die vom Angeklagten oder der Staatsanwaltschaft vorgeladenen und auch erschienenen Zeugen und Sachverständigen sowie auf die sonstigen herbeigeschafften Beweismittel ist das Gericht nur verpflichtet, wenn ein Beweisantrag gestellt wird. ²Der Antrag ist abzulehnen, wenn die Beweiserhebung unzulässig ist. ³Im übrigen darf er nur abgelehnt werden, wenn die Tatsache, die bewiesen werden soll, schon erwiesen oder offenkundig ist, wenn zwischen ihr und dem Gegenstand der Urteilsfindung kein Zusammenhang besteht, wenn das Beweismittel völlig ungeeignet ist oder wenn der Antrag zum Zwecke der Prozeßverschleppung gestellt ist.

Die Vorschrift ergänzt § 244 und regelt die Behandlung der an Gerichtsstelle 1 präsenten persönlichen und sachlichen Beweismittel. In Abs. 1 geht es um vom Gericht oder der StA herbeigeschaffte Beweismittel, in Abs. 2 um die vom Angeklagten oder der StA herbeigeschafften Beweismittel. In beiden Fällen ist die Möglichkeit, eine Beweiserhebung abzulehnen, gegenüber § 244 eingeschränkt.

Unter den Voraussetzungen des Abs. 1 besteht eine **Pflicht zur Beweiserhebung.** 2 Gerichtlich geladene Zeugen und Sachverständige müssen auch ohne Antrag eines Verfahrensbeteiligten vernommen werden. Die Beweiserhebungspflicht setzt nur voraus, dass die Beweisperson vor Schluss der Beweisaufnahme erschienen ist und nicht wieder abbestellt wurde (Meyer-Goßner § 245 Rdn. 3). Beruft sich der Zeuge auf sein Verweigerungsrecht nach §§ 52ff, ist eine Vernehmung nicht möglich. Tut er dies in Folge einer unrichtigen Belehrung durch das Gericht, ist § 245 verletzt (BGH MDR 1974, 16). Dem Nichterschienenen steht gleich, wer vernehmungsunfähig ist. Ein Sachverständiger, der ohne weitere Vorbereitung sein Gutachten nicht erstatten kann, ist ebenfalls kein präsentes Beweismittel (BGHSt 6, 289, 291).

Sonstige herbeigeschaffte Beweismittel i. S. d. Abs. 1 S. 1 sind Augenscheins- 3 gegenstände und Urkunden; für mitgebrachte schriftliche Zeugenaussagen und Sachverständigengutachten gelten § 251 Abs. 1, § 256 (Meyer-Goßner § 245 Rdn. 4). Daneben fallen unter Abs. 1 diejenigen Urkunden und Augenscheinsgegenstände, die das Gericht bis zum Schluss der Beweisaufnahme und die StA vor der Hauptverhandlung herbeizieht. Zum Teil wird das von der StA von sich aus herbeigeschaffte Beweismittel anders behandelt (Fezer JR 1992, 36). Ob sachliche Beweismittel, die die StA erst in der Hauptverhandlung vorlegt, unter Abs. 2 fallen, ist umstritten (dafür LR-Gollwitzer § 245 Rdn. 24 Fn. 60; a. M. SK-Schlüchter § 245 Rdn. 10).

Das bloße Vorhandensein der Beweisgegenstände an der Gerichtsstelle macht 4 sie noch nicht zu Beweismitteln im Sinne des Abs. 1. Dazu werden sie erst, wenn das Gericht zu erkennen gegeben hat, dass von ihnen in der Beweisaufnahme Gebrauch gemacht werden soll (BGHSt 27, 168). Ohne besonderen Antrag werden die sachlichen Beweismittel nur benutzt, wenn das Gericht nach § 243 Abs. 1 S. 2 ihre Präsenz festgestellt hat oder wenn es sie selbst zu Beweiszwecken heranzieht (vgl. BGH MDR 1954, 151). Im Übrigen hängt die Beweiserhebungspflicht von einem Antrag eines Prozessbeteiligten ab. Es handelt sich dann um einen „normalen" Beweisantrag, der nicht nur die Urkunde in den Akten oder anderen Urkunden-

§ 245

sammlungen genau bezeichnen muss, sondern auch das Beweisthema (Meyer-Goßner § 245 Rdn. 5).

5   **Bei persönlichen Beweismitteln** wird der Umfang der Beweiserhebungspflicht durch die Ladung bestimmt. Als Zeuge Geladene müssen nicht als Sachverständige vernommen werden (OLG Stuttgart Justiz 1971, 312), wer sowohl als Zeuge als auch als Sachverständiger geladen worden ist, muss in beiden Eigenschaften vernommen werden (Meyer-Goßner § 245 Rdn. 6).

6   **Die Beweiserhebungspflicht entfällt,** wenn die Erhebung des Beweises unzulässig ist (Abs. 1 S. 1 am Ende). Unzulässig ist sie dann, wenn auch ein Beweisantrag nach Abs. 2 S. 2 oder nach § 244 Abs. 3 S. 1 als unzulässig abgelehnt werden müsste (vgl. § 244 Rdn. 55). Eine Bedeutungslosigkeit der Beweistatsache genügt nicht; nötig ist also auch die Erhebung von Beweisen, die aus rechtlichen oder tatsächlichen Gründen für die Entscheidung ohne Bedeutung sind (BGH NStZ 1997, 610; Meyer-Goßner § 245 Rdn. 7). Gegen die Entscheidung des Vorsitzenden, ein Beweismittel wegen Unzulässigkeit nicht zu verwenden oder es entgegen einem Beweisverbot zu benutzen, ist die Anrufung des Gerichts nach § 238 Abs. 2 zulässig.

7   Wenn alle Prozessbeteiligten verzichten, entfällt die Beweiserhebungspflicht ebenfalls (Abs. 1 S. 2). Nötig ist ein Verzicht der StA, des Angeklagten und etwaiger ihm gleichstehender Nebenbeteiligter (§§ 434, 442, 444) sowie des Verteidigers, nicht aber des Nebenklägers (Meyer-Goßner § 245 Rdn. 9). Hat der Angeklagte mehrere Verteidiger, müssen alle zustimmen (vgl. LR-Gollwitzer § 227 Rdn. 11), im Jugendstrafverfahren auch der Beistand nach § 69 JGG. Die Zustimmung von Mitangeklagten ist entbehrlich, wenn die Beweiserhebung für ihre Verteidigung bedeutungslos ist (Meyer-Goßner § 245 Rdn. 9).

8   Ist der Angeklagte **nach § 233 abwesend,** darf ohne dessen Zustimmung von der Beweiserhebung nicht abgesehen werden (BayObLG NJW 1963, 2239). Nicht nötig ist eine Zustimmung, wenn er sein Mitwirkungsrecht in den Fällen des § 231 Abs. 2, § 329 Abs. 2 S. 1 verwirkt hat (LR-Gollwitzer § 245 Rdn. 35). Wirkt in der Abwesenheitsverhandlung ein Verteidiger mit, ist der Verzicht des Angeklagten durchweg entbehrlich (§ 234a Hs. 2).

9   Der Verzicht kann auch durch eine **schlüssige Handlung** erklärt werden (vgl. BGH NJW 1978, 1815). Schweigen ist kein Verzicht (OLG Köln StV 2004, 311). Im Schweigen des Angeklagten zu dem vom Verteidiger erklärten Verzicht liegt aber die eigene Zustimmung (BayObLG NJW 1978, 1817; Beulke Rdn. 136).

10 Der Verzicht ist **ganz oder teilweise** möglich, z.B. im Hinblick auf einzelne Urkunden oder – bei Zeugenbeweis – wenn der Zeuge zu mehreren Tatkomplexen aussagen müsste. Geben die Prozessbeteiligten unterschiedliche Erklärungen ab, ist die stärkste Beschränkung maßgebend (KK-Herdegen § 245 Rdn. 10).

11 **Die Erklärung ist bedingungsfeindlich,** kann also nicht davon abhängen, ob das Gericht freispricht oder ein bestimmtes Strafmaß nicht überschreitet. Sie kann weder zurückgenommen noch widerrufen werden (Meyer-Goßner § 245 Rdn. 14), ist also endgültig. Nicht ausgeschlossen ist, in der Folge nach § 244 Abs. 3 Beweisanträge zu stellen (Meyer-Goßner § 245 Rdn. 14).

12 **Die Beweiserhebungspflicht auf Antrag (Abs. 2)** bezieht sich auf präsente Beweispersonen, die von der StA nach § 214 Abs. 3 oder von anderen Prozessbeteiligten nach § 220 geladen wurden und erschienen sind. Betroffen sind also Zeugen und Sachverständige. Die StA kann formlos (auch mündlich und telefonisch) laden, andere Beteiligte müssen die Form des § 38 wahren (BGH NStZ 1981, 401). Sind Personen ohne Ladung erschienen, ist ein Beweisantrag nach § 244 Abs. 3 erforderlich (Meyer-Goßner § 245 Rdn. 16).

13 **Sonstige herbeigeschaffte Beweismittel (Abs. 2 S. 1)** sind die von der StA (erst) in der Hauptverhandlung vorgelegten und die von anderen Prozessbeteiligten vor oder in der Hauptverhandlung eingereichten sächlichen Beweismittel, also Ur-

6. Abschnitt. Hauptverhandlung **§ 245**

kunden. Ablichtungen sollen nicht genügen (BGH NStZ 1994, 593). Hinzu kommen Augenscheinsgegenstände. Die Vorlegung erfolgt formlos, es genügt die Überreichung an das Gericht (BGH NStZ 1993, 28).

Das Beweisantragserfordernis nach Abs. 2 S. 1 schließt die **Beweisbenutzung ohne Antrag** nicht aus (LR-Gollwitzer § 245 Rdn. 5). Antragsberechtigt ist außer dem Beteiligten, der das Beweismittel vorlegt, jeder andere Verfahrensbeteiligte im Rahmen seiner Beteiligung (Meyer-Goßner § 245 Rdn. 19). 14

Form und Inhalt des Antrags entsprechen dem des Beweisantrags nach § 244 Abs. 3 (§ 244 Rdn. 16 ff). Hilfsbeweisanträge sind zulässig (LR-Gollwitzer § 245 Rdn. 60). Die Beweistatsachen müssen bestimmt behauptet werden. Ob dies auch für persönliche Beweismittel gilt, ist umstritten (dagegen KK-Herdegen § 245 Rdn. 13). Wird eine Urkunde ohne Beweisantrag überreicht, muss das Gericht ggf. auf die Antragstellung hinwirken (Meyer-Goßner § 245 Rdn. 20). 15

Die sachlichen Ablehnungsgründe (Abs. 2 S. 2, 3) sind enger als die des § 244 Abs. 3 bis 5. Unzulässig ist die Ablehnung wegen Unerreichbarkeit, die angesichts der Präsenz des Beweismittels sinnlos wäre, ebenso wie die Ablehnung unter Wahrunterstellung. Der Ablehnungsgrund der Unerheblichkeit gilt nur in begrenztem Umfang. Ausgeschlossen ist die Ablehnung des Antrags auf Anhörung eines Sachverständigen wegen eigener Sachkunde des Gerichts (BGH NStZ 1994, 400). 16

Ist die **Beweiserhebung unzulässig** (Abs. 2 S. 2), ist die Ablehnung zwingend. Zur Unzulässigkeit vgl. § 244 Rdn. 55. 17

Offenkundige und **schon erwiesene Tatsachen** müssen nicht mehr aufgeklärt werden. Die Offenkundigkeit des Gegenteils der behaupteten Beweistatsache ist aber anders als bei § 244 Abs. 3 S. 2 kein zulässiger Ablehnungsgrund (LR-Gollwitzer § 245 Rdn. 69). § 245 Abs. 2 soll in Verbindung mit § 220 den Prozessbeteiligten gerade die Möglichkeit geben, das Gegenteil der vom Gericht für offenkundig gehaltenen Tatsachen zu beweisen (Meyer-Goßner § 245 Rdn. 24). 18

Der fehlende Sachzusammenhang ist wesentlich enger auszulegen als der der Bedeutungslosigkeit in § 244 Abs. 3 S. 2 (vgl. § 244 Rdn. 61). Eine Ablehnung des Antrags ist nur zulässig, wenn hier jeder Zusammenhang zwischen Beweistatsache und Gegenstand der Urteilsfindung fehlt; nicht ausreichend ist eine bloße Unerheblichkeit aus rechtlichen oder tatsächlichen Gründen (LR-Gollwitzer § 245 Rdn. 72). 19

Die völlige Ungeeignetheit ist wie bei § 244 Abs. 3 S. 2 (§ 244 Rdn. 65) ohne jeden Rückgriff auf das Ergebnis der bisherigen Beweisaufnahme zu beurteilen. Es ist ein strenger Maßstab anzulegen. Daher wird die Ablehnung nur in Betracht kommen, wenn Prozessbeteiligte versuchen, dem Gericht einen offensichtlich völlig ungeeigneten Sachverständigen aufzudrängen (LR-Gollwitzer § 245 Rdn. 75). 20

Eine **Ablehnung wegen Prozessverschleppung** ist trotz Präsenz der Beweismittel möglich, wenn z. B. der Antragsteller ein ganzes Heer von Zeugen lädt oder ein Übermaß von Urkunden zum Beweis vorlegt (Meyer-Goßner § 245 Rdn. 27). Für Abs. 2 S. 3 gelten dann die Voraussetzungen des § 244 Abs. 3 S. 2. Oftmals fehlt es in diesen Fällen auch an einem Sachzusammenhang (Meyer-Goßner § 245 Rdn. 27). 21

Der Vorsitzende kann die Beweise ohne weiteres erheben. Die Ablehnung bedarf – wie bei § 244 Abs. 6 – eines mit Gründen versehenen Gerichtsbeschlusses, der in der Hauptverhandlung vor Schluss der Beweisaufnahme bekannt gemacht werden muss (Rieß NJW 1978, 2265, 2270). Ein stattgebender Beschluss führt zur Beweiserhebung nur über die in dem Antrag behauptete Beweistatsache. Der Antragsteller kann auf die Erhebung trotz des stattgebenden Beschlusses verzichten. Das Einverständnis anderer Prozessbeteiligter ist nicht nötig, diese können aber ihrerseits die Beweiserhebung beantragen (Meyer-Goßner § 245 Rdn. 29). 22

Die Revision kann begründet sein, wenn die Benutzung eines präsenten Beweismittels im Fall des Abs. 1 unberechtigt unterlassen wurde. In der Revision ist darzulegen, dass es sich um herbeigeschaffte Beweismittel gehandelt hat (siehe auch OLG 23

§ 246 2. Buch. Verfahren im ersten Rechtszug

Celle StV 1989, 243). Bei der unterlassenen Vernehmung eines Zeugen muss auch vorgetragen werden, zu welchen Beweisthemen der Zeuge im Ermittlungsverfahren bisher vernommen wurde und zu welchen Tatsachen er nach Aktenlage bei seiner Vernehmung in der Hauptverhandlung Angaben machen sollte (BGH NJW 1996, 1685).

24 Entsprechendes gilt im Fall das Abs. 2, wenn ein **Beweisantrag übergangen** oder in unzulässiger Weise oder mit rechtsfehlerhafter Begründung abgelehnt worden ist (Meyer-Goßner § 245 Rdn. 30). Ein Beruhen wird in diesen Fällen nur dann zu verneinen sein, wenn mit Sicherheit auszuschließen ist, dass die unterlassene Beweiserhebung die Entscheidung beeinflusst haben könnte (BGH NJW 1996, 1685).

Beispiel: Es steht fest, dass der Zeuge von seinem Aussageverweigerungsrecht Gebrauch gemacht hätte (BGH MDR 1978, 459).

§ 246 [Verspätete Beweisanträge]

(1) **Eine Beweiserhebung darf nicht deshalb abgelehnt werden, weil das Beweismittel oder die zu beweisende Tatsache zu spät vorgebracht worden sei.**

(2) **Ist jedoch ein zu vernehmender Zeuge oder Sachverständiger dem Gegner des Antragstellers so spät namhaft gemacht oder eine zu beweisende Tatsache so spät vorgebracht worden, daß es dem Gegner an der zur Einziehung von Erkundigungen erforderlichen Zeit gefehlt hat, so kann er bis zum Schluß der Beweisaufnahme die Aussetzung der Hauptverhandlung zum Zweck der Erkundigung beantragen.**

(3) **Dieselbe Befugnis haben die Staatsanwaltschaft und der Angeklagte bei den auf Anordnung des Vorsitzenden oder des Gerichts geladenen Zeugen oder Sachverständigen.**

(4) **Über die Anträge entscheidet das Gericht nach freiem Ermessen.**

1 **Abs. 1 ergänzt § 244 Abs. 3.** Beweisanträge können bis zum Beginn der Urteilsverkündung gestellt werden (§ 244 Rdn. 39). Dass sie erst spät gestellt werden, ist kein Ablehnungsgrund (vgl. BGH NStZ 1986, 371; BGH wistra 2005, 231). Im Einzelfall kann allerdings eine Verschleppungsabsicht in Betracht kommen, wenn der Antrag schon lange vor der Hauptverhandlung hätte gestellt werden können (vgl. BGH NStZ 1990, 350).

2 Führt die **verspätete Namhaftmachung** eines Zeugen usw. dazu, dass den Prozessbeteiligten die Möglichkeit genommen wird, deren Glaubwürdigkeit und sachliche Zuverlässigkeit zu prüfen, ist ein Antrag auf Aussetzung der Hauptverhandlung statthaft (Abs. 2, 3). Die Vorschrift gilt entsprechend für sachliche Beweismittel, deren Vorhandensein den Beteiligten nicht rechtzeitig bekannt wurde (OLG Hamm VRS 49, 113). Keine Anwendung findet die Vorschrift bei der Vernehmung von Zeugen an hierfür nicht vorgesehenen Terminstagen (Meyer-Goßner § 246 Rdn. 2).

3 **Eine Belehrung** über das Antragsrecht ist gesetzlich nicht vorgeschrieben, wird sich aber regelmäßig auf Grund der Fürsorgepflicht aufdrängen, wenn nicht der Angeklagte einen Verteidiger hat (LR-Gollwitzer § 246 Rdn. 12).

4 **Antragsberechtigt** ist der Gegner des Antragstellers (nicht der Nebenkläger), im Fall des Abs. 3 jeder betroffene Verfahrensbeteiligte (Meyer-Goßner § 246 Rdn. 4).

5 Über den Antrag entscheidet **das Gericht,** nicht der Vorsitzende, nach pflichtgemäßem Ermessen (BGH MDR 1984, 278) unter Beachtung der Aufklärungspflicht (§ 244 Abs. 2) und der berechtigten Interessen der Prozessbeteiligten. Die Ablehnung ist berechtigt, wenn es nicht um Umstände von verfahrenserheblicher Bedeutung geht (vgl. BGH NJW 1990, 1124), die Beweisperson bereits bekannt war oder Nachforschungen nach ihr offensichtlich nicht nötig sind oder allgemein keine Umstände er-

6. Abschnitt. Hauptverhandlung **§§ 246a, 247**

kennbar sind, die ein solches Aussetzungsverlangen als begründet erscheinen lassen (Meyer-Goßner § 246 Rdn. 5).

Die Aussetzung kann auch **von Amts wegen** angeordnet werden. Die kürzere 6 Unterbrechung durch Anordnung des Vorsitzenden (§ 228 Abs. 1 S. 2) hat den Vorrang, wenn sie ausreicht und der Antragsteller sich mit ihr zufrieden gibt (KMR-Paulus § 246 Rdn. 10).

Die Entscheidung nach Abs. 4 ist **nicht anfechtbar** (§ 305 S. 1). Ein Missbrauch 7 des Ermessens bei der Ablehnung eines Aussetzungsantrags begründet die Revision (BGH NJW 1990, 1124; LR-Gollwitzer § 246 Rdn. 23).

§ 246 a [Ärztlicher Sachverständiger]

¹Ist damit zu rechnen, daß die Unterbringung des Angeklagten in einem psychiatrischen Krankenhaus, einer Entziehungsanstalt oder in der Sicherungsverwahrung angeordnet oder vorbehalten werden wird, so ist in der Hauptverhandlung ein Sachverständiger über den Zustand des Angeklagten und die Behandlungsaussichten zu vernehmen. ²Hat der Sachverständige den Angeklagten nicht schon früher untersucht, so soll ihm dazu vor der Hauptverhandlung Gelegenheit gegeben werden.

Steht die **Anordnung von Maßregeln** (§§ 63, 64, 66, 66a StGB) im Raum, ist 1 zwingend ein Sachverständiger zuzuziehen. Eine eigene Sachkunde des Gerichts kann die Zuziehung in diesem Fall nicht ersetzen (BGH NStZ-RR 2000, 36). § 246a stellt dabei nur Mindestanforderungen auf; die gerichtliche Aufklärungspflicht (§ 244 Abs. 2) kann die Zuziehung mehrerer Sachverständiger gebieten (BGHSt 18, 374).

Der Sachverständige muss **in der Hauptverhandlung** vernommen werden (S. 1). 2 Seine Anwesenheit während der gesamten Hauptverhandlung ist nicht erforderlich (BGHSt 27, 166, 167). Ergibt sich erst während der laufenden Hauptverhandlung, dass eine Maßregel in Betracht kommt, muss der bereits durchgeführte Teil nicht wiederholt werden (BGH NStZ 1987, 219).

Der Vernehmung des Sachverständigen soll eine **Untersuchung des Angeklagten** 3 vorausgehen (S. 2). Verweigert der Angeklagte die Mitwirkung, ist sie nach §§ 81, 81a anzuordnen (BGH NJW 1972, 348), es sei denn, die zwangsweise Vornahme kann keine verwertbaren Ergebnisse erbringen, weil die verweigerte Untersuchung ihrer Art nach die freiwillige Mitwirkung voraussetzt. Aber auch in diesen Fällen kann nicht auf die Einholung des Gutachtens verzichtet werden (BGH NStZ 2004, 263).

Eine frühere Untersuchung – z.B. im Ermittlungsverfahren – ist ausreichend. 4 Eine Untersuchung in einem anderen Strafverfahren wird, wenn sie länger zurückliegt, in der Regel nicht ausreichen (vgl. BGHSt 18, 374). Die Maßnahme muss „maßnahmespezifisch" sein, so dass eine allgemeine psychiatrische Untersuchung regelmäßig nicht genügt (BVerfG NJW 1995, 3047).

Der Verstoß gegen S. 1 ist **Revisionsgrund** nach § 337 (BGHSt 27, 166, 168; 5 Meyer-Goßner § 246a Rdn. 4). Das unterlassene Untersuchen (S. 2) kann mit der Aufklärungsrüge die Revision begründen (Meyer-Goßner § 246a Rdn. 4). Mit ihr kann auch die fehlende Anwesenheit des Sachverständigen während eines wesentlichen Teils der Verhandlung gerügt werden. Ein Revisionsgrund nach § 337 kommt ebenfalls in Betracht, wenn der Sachverständige nicht ausreichend über den für sein Gutachten erheblichen Sachverhalt unterrichtet worden ist (BGHSt 27, 166).

§ 247 [Entfernung des Angeklagten]

¹Das Gericht kann anordnen, daß sich der Angeklagte während einer Vernehmung aus dem Sitzungszimmer entfernt, wenn zu befürchten ist, ein Mit-

§ 247

angeklagter oder ein Zeuge werde bei seiner Vernehmung in Gegenwart des Angeklagten die Wahrheit nicht sagen. ²Das gleiche gilt, wenn bei der Vernehmung einer Person unter sechzehn Jahren als Zeuge in Gegenwart des Angeklagten ein erheblicher Nachteil für das Wohl des Zeugen zu befürchten ist oder wenn bei einer Vernehmung einer anderen Person als Zeuge in Gegenwart des Angeklagten die dringende Gefahr eines schwerwiegenden Nachteils für ihre Gesundheit besteht. ³Die Entfernung des Angeklagten kann für die Dauer von Erörterungen über den Zustand des Angeklagten und die Behandlungsaussichten angeordnet werden, wenn ein erheblicher Nachteil für seine Gesundheit zu befürchten ist. ⁴Der Vorsitzende hat den Angeklagten, sobald dieser wieder anwesend ist, von dem wesentlichen Inhalt dessen zu unterrichten, was während seiner Abwesenheit ausgesagt oder sonst verhandelt worden ist.

1 Für vier Fälle erlaubt § 247 eine **Ausnahme vom Anwesenheitsrecht** und der Anwesenheitspflicht des Angeklagten in der Hauptverhandlung. Als Ausnahmevorschrift ist die Bestimmung eng auszulegen und sein Anwendungsbereich streng auf den Wortlaut des Gesetzes zu beschränken (Pfeiffer § 247 Rdn. 1).

2 **Die Entfernung des Angeklagten** ist zulässig bei einer Wahrheitsgefährdung (S. 1), im Interesse des Schutzes kindlicher und jugendlicher Zeugen und erwachsener Zeugen (S. 2) sowie bei einer Gefährdung des Wohls des Angeklagten (S. 3). Die Vorschrift gilt auch bei Vernehmungen nach §§ 223, 224 (BGHSt 32, 32).

3 **Im Interesse der Sachaufklärung** ist eine Entfernung des Angeklagten zulässig, wenn die konkrete Gefahr besteht, ein Mitangeklagter oder Zeuge werde bei einer Vernehmung in Gegenwart des Angeklagten nicht die Wahrheit sagen (S. 1). Entscheidend ist die dem Gericht bekannte Sachlage bei der Fassung des Beschlusses; spätere Erkenntnisse, die zu einer abweichenden Beurteilung führen, zwingen nicht zu einer Wiederholung der Vernehmung (KK-Diemer § 247 Rdn. 5).

4 **Zulässig ist die Entfernung** z. B., wenn ein Zeuge oder ein Mitangeklagter (BGH NStZ-RR 2002, 69) ankündigt, er werde in Gegenwart des Angeklagten von seinem Zeugnisverweigerungsrecht Gebrauch machen (BGHSt 22, 18; BGH NStZ 2001, 608). Gleiches gilt, wenn die oberste Dienstbehörde den Zeugen bei einer Vernehmung in Gegenwart des Angeklagten sperren will (vgl. BGHSt 42, 175, 176; Meyer-Goßner § 247 Rdn. 4).

5 **Nicht ausreichend** ist die Befürchtung, mehrere Mitangeklagte würden ihre Aussagen aufeinander anpassen (BGHSt 15, 194) oder der bloße Wunsch des Zeugen, in Abwesenheit des Angeklagten auszusagen (BGH NStZ 1999, 419). Auch der Widerspruch eines nach § 1897 BGB bestellten Betreuers genügt nicht (BGHSt 46, 142).

6 **Die Ausschließung des Angeklagten** betrifft die gesamte oder auch nur einen Teil der Vernehmung (BGH MDR 1975, 544). Nach Auffassung des BGH (BGH NJW 1979, 276; BGH StV 1995, 250) kann sogar die Verhandlung über den Ausschluss der Öffentlichkeit in Abwesenheit des Angeklagten gestattet sein (kritisch Meyer-Goßner § 247 Rdn. 6). Vom Ausschluss umfasst sind immer auch die Vernehmung zur Person, die Belehrung nach § 52 Abs. 3 S. 1, der Vorhalt von Urkunden oder die Verwendung von Augenscheinsobjekten als Vernehmungshilfe (vgl. BGH NStZ 2003, 320; Meyer-Goßner § 247 Rdn. 6).

7 **Andere Beweisvorgänge** sind während der Vernehmung des Angeklagten unzulässig. Finden sie trotzdem statt, müssen sie nach Wiedereintritt des Angeklagten wiederholt werden. Dies betrifft die Vernehmung weiterer Zeugen (BGH NStZ 1993, 350) und die Verlesung von Urkunden (BGH NStZ 2001, 262). Zur Verhandlung über die Vereidigung des Zeugen muss der Angeklagte stets hinzugezogen werden. Da die Vereidigung mittlerweile die Ausnahme ist, werden sich hier in der Zukunft kaum noch Probleme ergeben. Der Angeklagte muss bei der Verhandlung über die Entlassung des Zeugen anwesend sein (BGH NStZ 1997, 402).

6. Abschnitt. Hauptverhandlung § 247

Eine Entfernung des Angeklagten ist auch bei **Vernehmung von Kindern** oder jugendlichen Zeugen zulässig (S. 2). Der Begriff „Wohl des Kindes" umfasst physische und psychische Aspekte. Der Nachteil ist erheblich, wenn er über die Vernehmung hinaus noch eine gewisse Zeit andauert (Meyer-Goßner § 247 Rdn. 11). Konkrete Umstände müssen die Befürchtung begründen, z.B. Anhaltspunkte für ein Abhängigkeitsverhältnis zwischen dem Zeugen und dem Angeklagten oder für eine Furcht des Zeugen vor Nachteilen. Das Gericht entscheidet hierüber nach pflichtgemäßem Ermessen (KK-Diemer § 247 Rdn. 10). Auf die Gefährdung der Wahrheitsfindung kommt es bei S. 2 nicht an (Meyer-Goßner § 247 Rdn. 11). Siehe zum Schutz kindlicher und jugendlicher Zeugen auch § 241a und § 172 Nr. 4 GVG. 8

Bei einer **Vernehmung erwachsener Zeugen** (S. 2) ist eine Entfernung des Angeklagten zulässig, wenn seine Gegenwart bei dem Zeugen zu einer erheblichen Gesundheitsgefährdung mit der Folge der Vernehmungsunfähigkeit führen kann (BGHSt 22, 289). Im Wesentlichen kommen schwere psychische Beeinträchtigungen in Betracht. Eine geringfügige und daher noch akzeptable Beeinträchtigung des Wohlbefindens dürfte nicht ausreichen (vgl. Hanack JR 1989, 255). Erforderlich ist eine dringende Gefahr, die auf tatsächliche Umstände gestützt ist. Ist dies der Fall, muss ggf. auch die Vereidigung in Abwesenheit des Angeklagten erfolgen (BGHSt 37, 48, 49). Bei V-Leuten kann eine Gefahr auch dadurch entstehen, dass der Angeklagte von ihrem Aussehen Kenntnis erlangt (vgl. Meyer-Goßner § 247 Rdn. 12). 9

Zum eigenen Schutz des Angeklagten (S. 3) ist eine Entfernung zulässig, wenn es um Erörterungen über seinen Zustand und die Behandlungsaussichten geht. Dabei ist irrelevant, ob es um die Beweisaufnahme oder um die Schlussvorträge geht (LR-Gollwitzer § 247 Rdn. 27). Voraussetzung ist die Befürchtung, dass sonst ein erheblicher Nachteil für die Gesundheit eintreten kann. Hierzu kann im Freibeweis ein Sachverständiger gehört werden (LR-Gollwitzer § 247 Rdn. 26). Der Wunsch des Angeklagten, ein Gutachten nicht mit anhören zu müssen, genügt nicht (BGH StV 1993, 285). Beruht die in S. 3 bezeichnete Sorge auf der Anwesenheit der Öffentlichkeit, kann diese nach § 171b GVG ausgeschlossen werden (Meyer-Goßner § 247 Rdn. 13). 10

Die Anordnung trifft das Gericht, nicht der Vorsitzende (BGH StV 1993, 285; vgl. aber BGH NStZ 2002, 46). Die Prozessbeteiligten sind zu hören (§ 33 Abs. 1). Aus dem Beschluss muss hervorgehen, für welchen Teil der Hauptverhandlung der Angeklagte ausgeschlossen wird, welchen Fall des § 247 das Gericht angenommen hat und welche konkreten Anhaltspunkte für eine entsprechende Befürchtung bestehen (BGH NStZ 1999, 419). Beschlussfassung und Begründungspflicht bleiben auch dann bestehen, wenn die Beteiligten mit einer anderen Vorgehensweise einverstanden sind (BGH NStZ 2002, 44). Die Bekanntgabe des Beschlusses in Anwesenheit des Angeklagten (BGH StV 2000, 120) und seine Entfernung sind nach § 273 Abs. 1 im Protokoll zu beurkunden (Meyer-Goßner § 247 Rdn. 14). 11

Soweit dies vertretbar ist, darf der ausgeschlossene Angeklagte die Vernehmung durch **Videoübertragung** mit verfolgen (Meyer-Goßner § 247 Rdn. 14a; offengelassen von BGH NStZ 2001, 608). Vielfach wird in der Praxis so verfahren (vgl. Schöch FS Meyer-Goßner S. 383). 12

Nach Wiederzulassung des Angeklagten ist er über den entsprechenden Teil der Hauptverhandlung **zu unterrichten** (S. 4), und zwar vor jeder weiteren Verfahrenshandlung (BGH NStZ 1998, 263). Die Unterrichtung beschränkt sich auf den wesentlichen Inhalt der Aussagen. Was wesentlich ist, bestimmt der Vorsitzende nach pflichtgemäßem Ermessen (Meyer-Goßner § 247 Rdn. 16). Entscheidend ist, was der Angeklagte wissen muss, um sich sachgerecht verteidigen zu können (BGH NStZ 1983, 181). Die Unterrichtung erstreckt sich auch auf sonstige wesentliche Prozesshandlungen, z.B. auf die Ablehnung einer Frage nach § 242 (Gollwitzer JR 1979, 435). Die Unterrichtung, nicht aber ihr Inhalt, muss in der Sitzungsniederschrift beurkundet werden (BGH MDR 1957, 267). 13

§ 247a

14 Will der Angeklagte den Zeugen **ergänzend befragen,** wird regelmäßig eine unmittelbare Befragung nicht möglich sein. Ggf. kann er zwar Fragen stellen, muss aber wieder den Sitzungssaal verlassen, bevor der Zeuge sie beantwortet (BGHSt 22, 289). Dies gilt namentlich dann, wenn es darum geht, eine Gefährdung oder Enttarnung des Zeugen zu verhindern (BGH NJW 1985, 1478).

15 **Die Revision** ist begründet (§ 338 Nr. 5), wenn ein Beschluss über den zeitweiligen Ausschluss des Angeklagten fehlt (BGHSt 4, 364). Ist der Beschluss nicht ausreichend begründet, ist ein Aufhebungsgrund nur dann gegeben, wenn die sachlichen Voraussetzungen des § 247 nicht vorliegen oder zweifelhaft bleibt, ob das Gericht von zulässigen Erwägungen ausgegangen ist (BGH StV 2004, 305). Ebenfalls begründet ist die Revision, wenn in Abwesenheit des Angeklagten Verfahrensvorgänge stattgefunden haben, die nicht zur Vernehmung gehören, z.B. eine Augenscheinseinnahme (BGHSt 21, 332, 333; BGH NStZ 2001, 262), oder die Verhandlung über die Entlassung des Zeugen (BGH NStZ 2000, 440). Zum notwendigen Revisionsvorbringen vgl. BGH NStZ 2000, 328.

16 Das Urteil ist nicht aufzuheben, wenn ein Beruhen auf dem Verfahrensfehler **denkgesetzlich ausgeschlossen** ist (BGH NStZ-RR 2002, 102) oder wenn der Fehler in Anwesenheit des Angeklagten geheilt wird (BGHSt 48, 221).

Beispiel: Die Verhandlung und Entscheidung über die Entlassung des Zeugen wird wiederholt (vgl. auch BGH StV 2004, 305).

17 **Ein relativer Revisionsgrund** nach § 337 liegt vor, wenn die Unterrichtung nach S. 4 unterlassen wurde oder zu spät erfolgte (BVerfG NJW 2002, 814). Ob die Begründetheit der Rüge im Freibeweis zu prüfen ist (vgl. BGH MDR 1957, 267) oder nicht (BGH NStZ-RR 2001, 133) und ggf. sogar ein Gerichtsbeschluss nach § 238 Abs. 2 herbeizuführen ist, ist zweifelhaft (Meyer-Goßner § 247a Rdn. 22).

§ 247a [Zeugenvernehmung an einem anderen Ort]

¹Besteht die dringende Gefahr eines schwerwiegenden Nachteils für das Wohl des Zeugen, wenn er in Gegenwart der in der Hauptverhandlung Anwesenden vernommen wird, so kann das Gericht anordnen, daß der Zeuge sich während der Vernehmung an einem anderen Ort aufhält; eine solche Anordnung ist auch unter den Voraussetzungen des § 251 Abs. 2 zulässig, soweit dies zur Erforschung der Wahrheit erforderlich ist. ²Die Entscheidung ist unanfechtbar. ³Die Aussage wird zeitgleich in Bild und Ton in das Sitzungszimmer übertragen. ⁴Sie soll aufgezeichnet werden, wenn zu besorgen ist, daß der Zeuge in einer weiteren Hauptverhandlung nicht vernommen werden kann und die Aufzeichnung zur Erforschung der Wahrheit erforderlich ist. ⁵§ 58a Abs. 2 findet entsprechende Anwendung.

1 Die Regelung dient der Wahrheitsfindung insofern, als sie der **schonenden Vernehmung** besonders schutzbedürftiger Zeugen Rechnung tragen will. Solche Zeugen werden von der Pflicht, in der Hauptverhandlung zu erscheinen, entbunden. Als Ausnahmebestimmung zu § 250 S. 1 ist die Vorschrift eng auszulegen (Meyer-Goßner § 247a Rdn. 1a).

2 **Die audiovisuelle Vernehmung (S. 1 Hs. 1)** setzt voraus, dass die dringende Gefahr eines schwerwiegenden Nachteils für das körperliche oder seelische Wohl des Zeugen besteht. Auf eine Gefährdung der Wahrheitsfindung kommt es insofern nicht an (Meyer-Goßner § 247a Rdn. 3). Anders als bei § 247 S. 2 muss die Gefahr nicht allein von der Gegenwart des Angeklagten ausgehen, sondern von der Präsenz der in der Hauptverhandlung Anwesenden. Eine Urkundenverlesung gemäß § 251 Abs. 1 oder 2, sowie insbesondere die Vorführung einer Bild-Ton-Aufzeichnung nach

6. Abschnitt. Hauptverhandlung **§ 247a**

§ 255 a können ggf. eine erneute Vernehmung ohnehin überflüssig machen (Meyer-Goßner § 247 a Rdn. 3). Die Maßnahme ist nicht (mehr) subsidiär. So wird man die Videovernehmung ggf. auch anordnen, um den Ausschluss des Angeklagten nach § 247 S. 2 zu vermeiden (Meyer-Goßner § 247 a Rdn. 4).

Erlaubt ist die **Bild-Ton-Direktübertragung** während der Vernehmung des Zeugen in der Hauptverhandlung. Weitergehend als bei § 247 umfasst der Begriff alle Verfahrensvorgänge, die mit der Vernehmung in enger Verbindung stehen oder sich aus ihr entwickeln. Auch die Verhandlung und Entscheidung über eine Vereidigung oder die Entlassung des Zeugen sind erfasst, weil es darum geht, die Konfrontation des besonders schutzbedürftigen Zeugen mit den in der Hauptverhandlung Anwesenden zu vermeiden (Meyer-Goßner § 247 a Rdn. 5). 3

Die Anordnung ist auch unter den **Voraussetzungen des § 251 Abs. 2** zulässig, also auch zur Beschleunigung des Verfahrens. In Einzelfällen ist die audiovisuelle Vernehmung besonders gefährdeter Zeugen, die ansonsten wegen konkreter Leibes- oder Lebensgefahr für eine unmittelbare Anhörung in der Hauptverhandlung gesperrt sind, erlaubt, wenn dem nicht die Videosimultanübertragung nach S. 3 entgegensteht (Meyer-Goßner § 247 a Rdn. 6). Dabei muss die Videosimultanübertragung erforderlich sein, das heißt, von ihr muss eine weitergehende oder bessere Aufklärung zu erwarten sein als durch das Verlesen eines richterlichen Vernehmungsprotokolls (BGHSt 46, 73), das ein Richter nach einer Vernehmung des Zeugen erstellt hat. Im Einzelfall kann auch die Vorführung einer vorhandenen Bild-Ton-Aufzeichnung oder die Verlesung nichtrichterlicher Vernehmungsprotokolle genügen. 4

Das Gericht entscheidet **nach pflichtgemäßem Ermessen** über das Vorliegen der Voraussetzungen des S. 1 (vgl. BGH NStZ 1987, 84, 85) und über die Anordnung der Videovernehmung („kann"). Bei der Entscheidung ist zu berücksichtigen, dass die berechtigten Interessen des Zeugen dem Recht des Angeklagten auf ein faires Verfahren gegenüberstehen. Insbesondere sein Anspruch auf rechtliches Gehör und sein Fragerecht werden durch den Verzicht auf die körperliche Anwesenheit des Zeugen beeinträchtigt (vgl. Fischer JZ 1998, 820). Auch Gesichtspunkte der Prozessökonomie und der Verfahrensbeschleunigung können eine Rolle spielen (Meyer-Goßner § 247 a Rdn. 7). Im Einzelfall kann das Gericht zum Ergebnis kommen, dass die Videovernehmung für die Wahrheitsfindung wertlos und der Zeuge daher ein ungeeignetes Beweismittel ist (BGHSt 45, 188, 197). 5

Die Videovernehmung wird **durch Gerichtsbeschluss** angeordnet, nicht durch Verfügung des Vorsitzenden (Meyer-Goßner § 247 a Rdn. 8). Die Beteiligten sind zu hören (§ 33 Abs. 1), ihr Einverständnis entbindet nicht von der Beschlussfassung. Der Beschluss muss nach § 273 Abs. 1 im Sitzungsprotokoll beurkundet werden. Aus der Begründung muss hervorgehen, welchen Fall des S. 1 das Gericht für gegeben hält. Eine Entscheidung, mit der das Gericht einen Antrag auf Videovernehmung ablehnt, bedarf keiner Begründung. 6

Die **Bestimmung des genauen Vernehmungsortes** wird das Gericht dem Vorsitzenden überlassen. Es kann sich um einen beliebigen – ggf. kindgerecht hergerichteten – Raum in einem anderen Gebäude außerhalb des Gerichtsortes handeln. Ist ein Zeuge in ein Zeugenschutzprogramm aufgenommen, kommt auch ein dem Gericht unbekannter Ort im In- oder Ausland in Betracht (Caesar NJW 1998, 2313, 2315). 7

Die **Durchführung der Vernehmung** als Teil der Hauptverhandlung wird im Gesetz in den technischen Einzelheiten nicht geregelt. § 247 a fordert lediglich, dass die Aussage zeitgleich in Bild und Ton in das Sitzungszimmer übertragen wird (S. 3). Die Simultanübertragung soll allen Verfahrensbeteiligten eine möglichst umfassende Wahrnehmung der verbalen und körperlichen Äußerungen der Zeugen und eine unbeeinträchtigte Ausübung ihrer prozessualen Rechte erlauben (Meyer-Goßner § 247 a Rdn. 10). Ob der Zeuge die Vorgänge im Gerichtssaal über einen Monitor sieht oder 8

§ 248

nur die an ihn gestellten Fragen über Kopfhörer oder Telefon hört, ist eine Frage der technischen Möglichkeiten.

9 Der Zeuge kann am Vernehmungsort **von seinem Beistand** oder einer zugelassenen Vertrauensperson nach § 406f Abs. 3 begleitet werden (Rieß NJW 1998, 3240, 3241). Die allgemeinen Bestimmungen über die Zeugenvernehmung bleiben anwendbar, insbesondere §§ 238, 241a, 247. So kann der Angeklagte ergänzend aus dem Sitzungszimmer entfernt werden, wenn zu befürchten ist, dass der Zeuge nicht die Wahrheit sagen wird, wenn er weiß, dass der Angeklagte seine Aussage vor dem Bildschirm mit verfolgt. Insoweit gilt der engere Vernehmungsbegriff des § 247 (Meyer-Goßner § 247a Rdn. 10).

10 **Die Öffentlichkeit** kann auch von einer audiovisuellen Zeugenvernehmung nach §§ 171b, 172 GVG ausgeschlossen werden (Meyer-Goßner § 247a Rdn. 10).

11 Nach S. 4 kann die **Aufzeichnung der Aussage** angeordnet werden. Die Voraussetzungen sind enger als die nach § 58a Abs. 1, der in der Hauptverhandlung nicht anwendbar ist. Andererseits stellt der Verweis auf § 58a Abs. 2 sicher, dass die Verwendung der Aufzeichnungen nur für Zwecke der Strafverfolgung und nur insoweit zulässig ist, als dies zur Erforschung der Wahrheit erforderlich ist (vgl. Pfeiffer § 247a Rdn. 7).

12 **Die Besorgnis,** der Zeuge könne in einer erneuten Hauptverhandlung nicht zur Verfügung stehen, setzt konkrete Anhaltspunkte voraus, die die Vermutung rechtfertigen, einer weiteren Anhörung des Zeugen könnten Hindernisse tatsächlicher oder rechtlicher Art entgegenstehen (Meyer-Goßner § 247a Rdn. 11).

13 Wer für die Entscheidung **zuständig** ist, ist zweifelhaft. Das Gesetz schweigt, der enge sachliche Zusammenhang zwischen den Entscheidungskriterien nach S. 1 und nach S. 4 spricht für eine Zuständigkeit des Gerichts, nicht allein des Vorsitzenden (vgl. KK-Diemer § 247a Rdn. 20). Siehe auch Rdn. 6.

14 Die Entscheidung nach S. 1 ist für alle Beteiligten **unanfechtbar** (S. 2). Dies gilt auch für den Fall, dass eine ablehnende Entscheidung des Gerichts ergangen ist (LR-Gollwitzer § 247a Rdn. 7, 30). Gegen die Auswahl des Vernehmungsortes kann zwar nach § 238 Abs. 2 das Gericht angerufen werden, dessen Beschluss ist aber nach S. 2 unanfechtbar. Damit ist zugleich die Entscheidung nach S. 1 gemäß § 336 S. 2 der revisionsgerichtlichen Kontrolle entzogen. Auch eine Aufklärungsrüge soll dann nicht greifen können (Meyer-Goßner § 247a Rdn. 13).

15 **Revisibel** ist das Fehlen eines die audiovisuelle Zeugenvernehmung anordnenden Beschlusses. In einer unzulänglichen Simultanübertragung liegt ein Verstoß gegen S. 3, der über § 244 Abs. 2 die Verfahrensrüge begründen kann (Meyer-Goßner § 247a Rdn. 13). Der Zeuge hat das Beschwerderecht, wenn die Aufzeichnung angeordnet wird, nicht aber beim Absehen von einer Aufnahme. Für alle anderen Beteiligten schließt § 305 S. 1 die Beschwerde aus.

16 Die Beanstandung der Nichtdurchführung einer audiovisuellen Vernehmung bedarf einer zulässig erhobenen **Verfahrensrüge** (BGH NStZ-RR 2003, 290). Auf einer (unzulässigen) Entscheidung über die Aufzeichnung der Aussage kann das Urteil grundsätzlich nicht beruhen (Meyer-Goßner § 247a Rdn. 13).

§ 248 [Entlassung der Zeugen und Sachverständigen]

¹**Die vernommenen Zeugen und Sachverständigen dürfen sich nur mit Genehmigung oder auf Anweisung des Vorsitzenden von der Gerichtsstelle entfernen.** ²**Die Staatsanwaltschaft und der Angeklagte sind vorher zu hören.**

1 **Der Vorsitzende entscheidet,** ob und wann sich vernommene oder noch nicht vernommene Beweispersonen aus dem Gerichtssaal entfernen dürfen oder müssen. Eigenmächtigkeit führt zu Ordnungsmitteln nach §§ 51, 77. Vor der Entlassung sind die Prozessbeteiligten anzuhören (S. 2).

6. Abschnitt. Hauptverhandlung **§ 249**

Eine Revision kann nur auf § 248 gestützt werden, wenn das Gericht erfolglos 2
nach § 238 Abs. 2 angerufen worden war (BGH StV 1996, 248). Ein Beruhen im Sinne des § 337 ist nur denkbar, wenn dadurch die Stellung von Fragen oder der Vorhalt bestimmter Umstände verhindert worden ist. Dies muss der Revisionsführer im Einzelnen vortragen (OLG Stuttgart NStZ 1994, 600).

§ 249 [Verlesung von Schriftstücken]

(1) ¹Urkunden und andere als Beweismittel dienende Schriftstücke werden in der Hauptverhandlung verlesen. ²Dies gilt insbesondere von früher ergangenen Strafurteilen, von Straflisten und von Auszügen aus Kirchenbüchern und Personenstandsregistern und findet auch Anwendung auf Protokolle über die Einnahme des richterlichen Augenscheins.

(2) ¹Von der Verlesung kann, außer in den Fällen der §§ 253 und 254, abgesehen werden, wenn die Richter und Schöffen vom Wortlaut der Urkunde oder des Schriftstücks Kenntnis genommen haben und die übrigen Beteiligten hierzu Gelegenheit hatten. ²Widerspricht der Staatsanwalt, der Angeklagte oder der Verteidiger unverzüglich der Anordnung des Vorsitzenden, nach Satz 1 zu verfahren, so entscheidet das Gericht. ⁴Die Anordnung des Vorsitzenden, die Feststellungen über die Kenntnisnahme und die Gelegenheit hierzu und der Widerspruch sind in das Protokoll aufzunehmen.

I. Überblick

Die Vorschrift ist Teil der in den §§ 249 bis 256 enthaltenen **Regelungen über** 1
den Urkundenbeweis. Urkundenbeweis ist die Ermittlung des gedanklichen Inhalts eines Schriftstücks durch Verlesung (Abs. 1), im Selbstleseverfahren (Abs. 2) oder durch Bericht des Vorsitzenden (Rdn. 17). Allerdings kann der Inhalt von Schriftstücken auch durch Zeugenaussagen oder Sachverständigengutachten bewiesen werden (vgl. BGHSt 11, 160). Grenzen für die Verlesung oder Verwertung von Urkunden ergeben sich unter anderen aus § 250 S. 2.

II. Urkunden

Urkunden im Sinne des § 249 sind Schriftstücke jeder Art, die geeignet sind, 2
durch ihren gedanklichen Inhalt Beweis zu erbringen (BGHSt 27, 136). Andere „als Beweismittel dienende Schriftstücke" meint nichts anderes (Meyer-Goßner § 249 Rdn. 3). Mittels Verlesung müssen die Schriftzeichen unmittelbar in sinnvolle Worte umgesetzt werden. Hingegen sind Beweiszeichen Augenscheinsobjekte.

Beispiel: Das bei einer Geschwindigkeitsmessung erstellte Lichtbild ist als Augenscheinsobjekt durch Besichtigung, und nicht als Urkunde durch Verlesung in die Hauptverhandlung einzuführen (BayObLG NStZ 2002, 388).

Anders als bei § 267 StGB kommt es auf die Erkennbarkeit des Ausstellers und die Echtheit nicht an.

Fremdsprachige Urkunden sind zu übersetzen, eine schriftliche Übersetzung 3
kann verlesen werden (BGHSt 27, 137). Bei einer Übersetzung in der Hauptverhandlung ist der Übersetzer als Sachverständiger zu vernehmen (BGHSt 1, 7). Bei einer Übersetzung vor der Hauptverhandlung bedarf es der Sachverständigenvernehmung dann nicht, wenn sich das Gericht von der Richtigkeit der Übersetzung überzeugt hat (BGH NJW 1993, 3337). Bei in Geheim- oder Kurzschrift abgefassten Texten soll der Urkundenbeweis ausscheiden (Meyer-Goßner § 249 Rdn. 4). Auch hier kommt ein Sachverständigenbeweis in Betracht, wobei bei Kurzschrift ggf. eigene Sachkunde des Gerichts vorliegen mag (vgl. KK-Diemer § 249 Rdn. 8).

§ 249

4   **Abschriften,** Durchschläge, Ablichtungen und Mikrofilme dürfen statt des Originals als Beweismittel verwendet werden (BGHSt 33, 196, 210; BGH NStZ 1986, 519). Einen Ersatz für die Urschrift stellen sie aber nur dar, wenn ihre Übereinstimmung mit dem Original feststeht (BGH NStZ 1994, 593). Wird dies im Strengbeweisverfahren festgestellt (BGH NStZ 1994, 227), kommt es auch auf eine Beglaubigung nicht an (Meyer-Goßner § 249 Rdn. 6).

5   Kommt es nicht auf den Inhalt, sondern auf die **äußere Beschaffenheit** der Urkunde an, ist sie nicht mehr Gegenstand des Urkundsbeweises, sondern des Augenscheinsbeweises.

Beispiel: Feststellung von Verfälschungsmerkmalen (OLG Hamm NJW 1953, 839).

III. Verlesung

6   Der Urkundsbeweis ist zulässig, wenn er vom Gesetz **nicht ausdrücklich untersagt** ist (BGHSt 27, 136). Verbote des Urkundenbeweises ergeben sich insbesondere aus den §§ 250ff. Daneben finden die allgemeinen Erhebungs- und Verwertungsverbote Anwendung. So sind die sich aus Art. 1 Abs. 1, Art. 2 Abs. 1 GG ergebenden Grenzen für Aufzeichnungen mit höchstpersönlichem Inhalt zu beachten (Tagebucheintragungen; Einl. Rdn. 216ff).

7   **Beispiele verlesbarer Urkunden** werden von Abs. 1 S. 2 aufgeführt. Verlesbar sind Urteile aller Art, die gegen den Angeklagten oder gegen Dritte (BGHSt 1, 337, 341) ergangen sind. Ob sie rechtskräftig sind und in welchem Verfahren sie ergangen sind, ist gleichgültig (Meyer-Goßner § 249 Rdn. 9). So kann die Verlesung eines Strafurteils darauf abzielen, Beweis darüber zu erheben, was der Angeklagte oder ein Zeuge in einem früheren Verfahren oder Verfahrensstadium gesagt hat (BGHSt 6, 141). § 250 S. 1 soll dem nicht entgegenstehen (BGHSt 31, 323, 332; KK-Diemer § 249 Rdn. 17). Ggf. können aber die gerichtliche Aufklärungspflicht oder entsprechende Beweisanträge andere Beweiserhebungen gebieten (BGHSt 43, 106).

8   **Auskünfte aus dem Bundeszentralregister** über Vorstrafen und Vorbelastungen des Angeklagten und der Zeugen dürfen aus Auszügen nach §§ 41, 61 BZRG und § 30 StVG verlesen werden. Die Grenzen des § 51 Abs. 1 BZRG (Tilgungsreife) sind zu beachten. Zu Personenstandsregistern vgl. § 61 a Personenstandsgesetz.

9   **Augenscheinsprotokolle** sind verlesbar, wenn es sich um richterliche Protokolle handelt, die unter Beachtung des § 168 d Abs. 1 S. 2, § 168 c Abs. 5, §§ 224, 225 zu Stande gekommen sind. Handelt es sich um Protokolle von Augenscheinseinnahmen durch StA oder Ermittlungspersonen, müssen diese grundsätzlich über ihre Wahrnehmungen als Zeugen vernommen werden. Eine Ausnahme bildet § 256 Abs. 1 Nr. 5. Ob die richterlichen Protokolle aus dem anhängigen Verfahren stammen müssen (so LR-Gollwitzer § 249 Rdn. 24), ist zweifelhaft (dagegen KK-Diemer § 249 Rdn. 20). Augenscheinsprotokolle sind auch Protokolle über die Leichenschau nach § 87 Abs. 1, wenn an ihr ein Richter mitgewirkt hat (RGSt 53, 348), nicht aber das Protokoll über die Leichenöffnung nach § 87 Abs. 2 (Meyer-Goßner § 249 Rdn. 12).

10 **Andere Urkunden** sind z.B. Protokolle über nach §§ 153ff StGB strafbare Aussagen, Schriftstücke mit strafbarem Inhalt, Briefe, andere vom Angeklagten herrührende Schriftstücke, auch wenn sie ein Geständnis enthalten, Eingaben an Gerichte, Polizeibehörden oder Verwaltungsbehörden, Gerichtsbeschlüsse und Einstellungsbescheide der StA (Meyer-Goßner § 249 Rdn. 13). Nicht verlesbar sind schriftliche Äußerungen des Angeklagten nach § 236 Abs. 1 S. 4, § 163 a Abs. 1 S. 2 sowie Schriftsätze des Verteidigers, die eine Sachdarstellung enthalten (BGHSt 39, 305; Meyer-Goßner § 249 Rdn. 13). Dies soll auch gelten, wenn die gedankliche Urheberschaft des Angeklagten feststeht (Meyer-Goßner § 249 Rdn. 13; SK-Schlüchter § 249 Rdn. 30; a.M. LR-Gollwitzer § 249 Rdn. 13). Für schriftliche Äußerungen von Zeugen, Mitbe-

6. Abschnitt. Hauptverhandlung § 249

schuldigten und Sachverständigen gilt § 251 Abs. 1, 2. Für schriftliche Gutachten ist auch § 256 Abs. 1 zu beachten.

Die Einführung in die Hauptverhandlung (in Form des Urkundenbeweises) 11 erfolgt regelmäßig durch Verlesung (Abs. 1; BGH NStZ-RR 2002, 70). Üblicherweise wird sie im Rahmen der Sachleitungsbefugnis durch den Vorsitzenden angeordnet, es ist aber auch möglich, dass das Gericht von vornherein einen Beschluss nach § 238 Abs. 2 fasst (BGH NJW 1985, 1848; Meyer-Goßner § 249 Rdn. 15). Der Vorsitzende verliest die Urkunde, kann dies aber auch einem anderen Mitglied des Gerichts – auch einem Ergänzungsrichter (RGSt 27, 172) – oder dem Protokollführer überlassen (Meyer-Goßner § 249 Rdn. 13). In welchem Umfang die Urkunde verlesen wird, wird von der Aufklärungspflicht des Gerichts bestimmt. Soll nicht der gesamte Urkundeninhalt verwertet werden, reicht eine auszugsweise Verlesung (BGH NStZ 2004, 279). Geht es um mehrere gleichartige Urkunden, genügt die Verlesung einer repräsentativen Auswahl (Meyer-Goßner § 249 Rdn. 15). Die Verlesung muss als wesentliche Förmlichkeit nach § 273 Abs. 1 im Protokoll beurkundet werden; ein Vermerk, dass die Urkunde zum Gegenstand der Verhandlung gemacht wurde, reicht zum Nachweis der Verlesung nicht aus (vgl. § 273 Rdn. 7).

IV. Selbstleseverfahren (Abs. 2)

Das Selbstleseverfahren (Abs. 2) dient der **Verfahrensvereinfachung** und gibt prak- 12 tisch den Mündlichkeitsgrundsatz für den Urkundenbeweis auf (Meyer-Goßner § 249 Rdn. 17). Es kommt insbesondere in Betracht, wenn es von umfangreichen Schriften oder ganzen Druckwerken (vgl. BGH NStZ 2000, 307, 309) nicht nur der Inhalt, sondern der genaue Wortlaut festgestellt werden muss (BGHSt 30, 10, 14). Kommt es nur auf den Inhalt als solchen an, ist ein Bericht des Vorsitzenden vorzuziehen (Rdn. 17). Das Gesetz nimmt im Übrigen in Kauf, dass Zuschauer in der Hauptverhandlung von den solchermaßen eingeführten Beweismitteln keine Kenntnis erlangen.

Die Anordnung für das Selbstleseverfahren trifft der Vorsitzende (Abs. 2 S. 2). 13 Entgegen dem üblichen Verfahren kommt hier dann nicht sogleich die Anrufung des Gerichts nach § 238 Abs. 2 in Betracht, sondern nur ein unverzüglicher Widerspruch des Angeklagten, des StA oder des Verteidigers (Abs. 2 S. 2). Das Gericht entscheidet dann nach seinem Ermessen durch einen nicht anfechtbaren Beschluss. Die Anordnung des Vorsitzenden zur Durchführung des Selbstleseverfahrens einschließlich der Feststellung nach Abs. 2 S. 3 können gemäß § 238 Abs. 2 beanstandet werden (Meyer-Goßner § 249 Rdn. 21).

Erforderlich ist eine **Selbstlesung des Gerichts** (Abs. 2 S. 1). Die Berufs- und Lai- 14 enrichter (einschließlich etwaiger Ergänzungsrichter und Ergänzungsschöffen) müssen die Urkunde vor Schluss der Beweisaufnahme (BGHSt 30, 10, 11) gelesen haben. Ob dies tatsächlich der Fall war, wird vom Vorsitzenden nicht überprüft. Es genügt die Erklärung, dass die Urkunden gelesen worden seien. Hat jedoch der Vorsitzende begründete Zweifel an der Richtigkeit dieser Erklärung, muss er die Verlesung nach Abs. 1 anordnen (KK-Diemer § 249 Rdn. 39; Meyer-Goßner § 249 Rdn. 22a). Inwiefern Kontrollfragen der Prozessbeteiligten an die Richter zulässig sind, ist zweifelhaft (vgl. SK-Schlüchter § 249 Rdn. 51).

Die anderen Prozessbeteiligten sind **nicht verpflichtet,** die Urkunden zu lesen. 15 Das Gericht muss ihnen aber dazu Gelegenheit geben, sofern sie nicht ausdrücklich darauf verzichten (Meyer-Goßner § 249 Rdn. 23). Für die Selbstlesung ist den Beteiligten die Schrift für eine angemessene Zeit im Original, in Abschrift oder Ablichtung zur Verfügung zu stellen; wer nach § 147 zur Akteneinsicht berechtigt ist, kann auch ggf. die Akten erhalten. In der Praxis wird von den Urkunden eine entsprechende Zahl von Kopien erstellt, so dass das Selbstlesen unproblematisch zwischen den Sitzungstagen möglich sein sollte.

16 Eine Urkunde, die Gegenstand des Selbstleseverfahrens gewesen ist, muss nach § 273 Abs. 1 **im Protokoll festgehalten** werden. Nach Abs. 2 S. 3 ist auch zu beurkunden, dass der Vorsitzende die Selbstlesung angeordnet und (später) in der Hauptverhandlung ausdrücklich festgestellt hat, dass die Richter und Schöffen die Schrift gelesen haben und den übrigen Prozessbeteiligten Gelegenheit gegeben worden ist, vom Wortlaut (BGH NStZ-RR 2004, 237) der Urkunden Kenntnis zu nehmen (BGH StV 2000, 655). Erhebt ein Prozessbeteiligter Widerspruch nach Abs. 2 S. 2, ist auch dies im Protokoll zu beurkunden. Auch der darauf ergehende Gerichtsbeschluss ist in die Sitzungsniederschrift aufzunehmen (§ 273 Abs. 1).

V. Bericht des Vorsitzenden

17 In allseitigem Einverständnis kann eine Verlesung von Urkunden durch einen **Bericht des Vorsitzenden** über den Urkundeninhalt ersetzt werden (Meyer-Goßner § 249 Rdn. 26). Diese ständige Rechtsprechung behält auch nach Einführung des Selbstleseverfahrens ihre Gültigkeit. Grenze für diese Form des Berichts durch den Vorsitzenden ist die Aufklärungspflicht (vgl. BGHSt 30, 10; Meyer-Goßner § 249 Rdn. 26; Pfeiffer § 249 Rdn. 9). Während das Selbstleseverfahren die Beweisaufnahme für Fälle vereinfachen will, in denen es auf den konkreten Wortlaut umfangreicher Schriften ankommt, bleibt der Bericht des Vorsitzenden als noch einfacheres Beweisverfahren für den Fall denkbar, dass nur der Inhalt beweiserheblich ist und der genaue Wortlaut nicht Urteilsgrundlage werden soll. In der Literatur wird diese Rechtsprechung z. T. abgelehnt (Hellmann StV 1995, 123; Wagner StV 1981, 219).

18 Voraussetzung der **Ersetzung der Verlesung** durch den Bericht ist, dass es nur um einzelne Urkunden geht, deren Verlesung nicht nach §§ 250, 256 ausgeschlossen wäre und deren Inhalt nicht unmittelbar die dem Angeklagten vorgeworfene Straftat wiedergibt (BGHSt 11, 29). Alle Prozessbeteiligten müssen sich ausdrücklich oder stillschweigend (z. B. durch Unterlassen eines Widerspruchs) mit dem Berichtsverfahren einverstanden erklären. Da es sich um einen Akt der Beweisaufnahme handelt, muss der Bericht des Vorsitzenden im Sitzungsprotokoll beurkundet werden (Meyer-Goßner § 249 Rdn. 27).

VI. Vorhalt von Schriftstücken

19 Der Vorhalt von Schriftstücken oder von Teilen daraus ist **nicht Urkundenbeweis,** sondern Vernehmungshilfe im Rahmen der Vernehmung einer Auskunftsperson (BGHSt 34, 235; BGHSt 14, 310, 312; Meyer-Goßner § 249 Rdn. 28). Zum Zweck des Vorhalts dürfen Urkunden auch verlesen werden (BGHSt 21, 285). Unterliegen sie jedoch einem Verwertungsverbot, ist auch ein entsprechender Vorhalt ausgeschlossen (§ 252 Rdn. 10).

20 Beweisgrundlage ist **nur die Erklärung** dessen, dem der Vorhalt gemacht wird (KK-Diemer § 249 Rdn. 28), nur diese ist für die Entscheidung verwertbar (BGH StV 1990, 485). Erinnert sich die Beweisperson an die Urkunde, kann deren Inhalt mittelbar in die Hauptverhandlung eingeführt sein. Hat die Beweisperson trotz des Vorhalts keine Erinnerung an den Inhalt der früheren Erklärung, bleibt diese unverwertbar (OLG Hamm StV 2004, 643).

21 **Unzulässig ist es,** längere, sprachlich schwierige oder inhaltlich schwer verständliche Urkunden durch einen Vorhalt in die Hauptverhandlung einzuführen (BGH NStZ 2000, 427; BGH StV 2002, 542). Dass der Urkundenbeweis nach §§ 251, 254 unzulässig ist, macht den Vorhalt selbst nicht ohne weiteres unzulässig (BGHSt 34, 231, 235), er kann auch einer nicht verlesbaren Urkunde entnommen werden Der Vorhalt wird nicht in die Sitzungsniederschrift aufgenommen; ein Vermerk im Protokoll, etwas sei „erörtert" worden, spricht aber dafür, dass ein Vorhalt gemacht wurde (OLG Stuttgart NStZ-RR 2003, 270; Meyer-Goßner § 249 Rdn. 28).

6. Abschnitt. Hauptverhandlung § 250

VII. Rechtsmittel

Im Rahmen der **Revision** kann gerügt werden, dass der Inhalt einer Urkunde 22 wörtlich in das Urteil aufgenommen wurde, ohne im Urkundenbeweis in die Hauptverhandlung eingeführt worden zu sein. Verletzt ist dann nicht § 249, sondern § 261 (BGH StV 2000, 655). Ob ein Vorhalt erfolgt ist, wird vom Revisionsgericht ggf. im Freibeweis festgestellt (BGHSt 22, 26). Die Rechtsprechung verlangt für die Revisionsrüge die Behauptung, die Urkunde sei weder auf andere Weise (z.B. durch Vorhalt) oder durch eine Zeugenvernehmung in die Hauptverhandlung eingeführt worden noch habe man von ihr nach Abs. 2 S. 1 Kenntnis nehmen können (BGH wistra 1992, 30; OLG Koblenz NStZ 2004, 396; Meyer-Goßner § 249 Rdn. 30).

Die Anordnung des Selbstleseverfahrens kann nur nach rechtzeitigem Widerspruch (Abs. 2 S. 2) zum Gegenstand einer zulässigen Verfahrensrüge gemacht werden 23 (Kindhäuser NStZ 1987, 529, 531). Ein Beruhen des Urteils auf einer fehlerhaften Anordnung wird man regelmäßig nur annehmen können, wenn die Verlesung nach Abs. 1 einen größeren Beweiswert hätte erbringen können (SK-Schlüchter § 249 Rdn. 70). Wird gerügt, Berufsrichter oder Schöffen hätten die Urkunde nicht gelesen, ist umstritten, welche Aussagekraft es hat, wenn die Feststellung über die Kenntnisnahme nach Abs. 2 S. 3 nicht protokolliert wurde. Der BGH (wistra 2004, 429) und ein Teil der Literatur (Meyer-Goßner § 249 Rdn. 31) halten dies als Beweis für ausreichend. Andere (LR-Gollwitzer § 249 Rdn. 111; KK-Diemer § 249 Rdn. 39) halten es für zulässig, dass das Revisionsgericht im Freibeweisverfahren überprüft, ob die Kenntnisnahme tatsächlich unterblieben ist. Die Umdeutung eines fehlerhaften Verfahrens nach Abs. 2 in einen Bericht des Vorsitzenden wird in der Regel am Fehlen entsprechender, zu protokollierender Ausführungen des Vorsitzenden scheitern (Meyer-Goßner § 249 Rdn. 31).

§ 250 [Grundsatz der persönlichen Vernehmung]

¹**Beruht der Beweis einer Tatsache auf der Wahrnehmung einer Person, so ist diese in der Hauptverhandlung zu vernehmen.** ²**Die Vernehmung darf nicht durch Verlesung des über eine frühere Vernehmung aufgenommenen Protokolls oder einer schriftlichen Erklärung ersetzt werden.**

Die Vorschrift regelt den **Kernbereich des Unmittelbarkeitsgrundsatzes** als 1 Vorrang des Personalbeweises vor dem Urkundenbeweis (Pfeiffer § 250 Rdn. 1). Sie verbietet nicht die Ergänzung, sondern nur die Ersetzung der Zeugenvernehmung durch den Urkundenbeweis (BGHSt 20, 100). Der Grundsatz gilt für Wahrnehmungen von Zeugen und Sachverständigen und nur im Strengbeweisverfahren, dort aber grundsätzlich auch in solchen Fällen, in denen (vgl. § 384 Abs. 3) der Umfang der Beweisaufnahme im Ermessen des Gerichts steht (Meyer-Goßner § 250 Rdn. 1). Eingeschränkt wird der Grundsatz im beschleunigten Verfahren (§ 420 Abs. 1) und im Verfahren über den Einspruch gegen einen Strafbefehl (§ 411 Abs. 2 S. 2). Die Bestimmung schafft ein Beweismittelverbot, auf das die Prozessbeteiligten nur in den Fällen des § 251 Abs. 1 Nr. 1, 2 Nr. 3 und § 255a Abs. 1 verzichten können (OLG Stuttgart NJW 1976, 1852).

Der Personalbeweis hat Vorrang vor dem Urkundenbeweis (BGHSt 15, 253) 2 und vor dem Augenscheinsbeweis (Meyer-Goßner § 250 Rdn. 2; a.M. KMR-Paulus § 250 Rdn. 7). Zur Durchbrechung des Unmittelbarkeitsprinzips durch Vorführung einer Bild-Ton-Aufzeichnung vgl. § 255a.

Dem § 250 lässt sich nicht entnehmen, dass bei der Beweisnahme immer **das sach-** 3 **nächste Beweismittel** zwingend benutzt werden muss (vgl. LR-Gollwitzer § 250 Rdn. 22; Pfeiffer § 250 Rdn. 3). Soweit nicht § 252 die Ersetzung der Verlesung durch

§ 250 2. Buch. Verfahren im ersten Rechtszug

die Vernehmung einer Person verbietet, kann durchaus eine Person über das gehört werden, was ein jetzt nicht aussagender Zeuge ihm gegenüber bekundet hat. Die Problematik liegt dann lediglich in der gerichtlichen Aufklärungspflicht, die ggf. gebieten kann, sich um sachnähere Beweise zu bemühen und in der richterlichen Beweiswürdigung (Unsicherheiten im Beweiswert; BVerfG StV 1997, 1; BGHSt 42, 15, 25).

4 Die Vernehmung eines **Zeugen vom Hörensagen** ist nach der Rechtsprechung schon zulässig, wenn die Mitteilung von Tatsachen als Beweisanzeichen für die Richtigkeit mitgeteilter Tatsachen dienen soll (BGH NStZ 1999, 578; vgl. auch BVerfGE 57, 250, 292 ff; Detter NStZ 2003, 1). Ob der Zeuge seine Wahrnehmungen zufällig, im Auftrag der Polizei oder als „gerufener Zeuge" im Auftrag des Gerichts gemacht hat, ist gleichgültig (BGHSt 33, 178, 181).

5 Das Gericht soll sich mit der Vernehmung des Zeugen vom Hörensagen selbst dann begnügen dürfen, wenn es möglich wäre, daneben den Gewährsmann zu hören (KK-Diemer § 250 Rdn. 11; Meyer-Goßner § 250 Rdn. 4; a. M. KK-Herdegen § 244 Rdn. 25 a). Es ist dann eine Frage der Aufklärungspflicht, ob der Tatrichter die mittelbare Beweisführung für ausreichend hält bzw. halten darf (vgl. BGHSt 32, 115, 123) oder ob entsprechende Beweisanträge gestellt werden. Eigentlich müsste in einem abgestuften Verfahren versucht werden, das sachnächste Beweismittel zu erlangen. Gelingt also die Vernehmung des Gewährsmannes nicht, ist zu fragen, ob eine Videosimultanvernehmung möglich ist, in der Folge kann man dann über die Vernehmung des Zeugen vom Hörensagen nachdenken (vgl. auch BGH NJW 2004, 1259, 1261: sorgfältigste Überprüfung des Wertes der Aussagen des Zeugen vom Hörensagen).

6 Wird das Wissen eines V-Mannes der Polizei **mangels Aussagegenehmigung** nicht durch dessen Vernehmung in die Hauptverhandlung eingeführt, kann ggf. ein Beamter der Polizei oder des Verfassungsschutzamtes das Wissen des V-Mannes in die Hauptverhandlung einführen (BVerfG NJW 1992, 168; BGHSt 32, 115, 122; Meyer-Goßner § 250 Rdn. 5). Grundsätzlich darf ein Zeuge, der von einem anderen etwas erfahren hat, selbst dann vernommen werden, wenn er den anderen noch nicht einmal kennt. Wie auch sonst dürfen die Urteilsfeststellungen dann aber in der Regel nur darauf gestützt werden, wenn diese Bekundungen durch andere wichtige Beweisanzeichen bestätigt worden sind (BVerfG StV 1997, 1; NJW 2001, 2245; BGH NStZ-RR 2002, 176). Mit der Zahl der Zwischenstationen wächst die Vorsicht bei der Beweiswürdigung (vgl. BGHSt 34, 15, 18). Welche Anstrengungen das Gericht unternehmen muss, um die Vernehmung des sachnächsten Zeugen zu ermöglichen, ergibt sich nicht aus § 250, sondern ist eine Frage der Aufklärungspflicht nach § 244 Abs. 2 und – wenn ein entsprechender Beweisantrag gestellt ist – eine Frage des Vorliegens eines Ablehnungsgrundes der Unerreichbarkeit (§ 244 Rdn. 76).

7 Dem Beweisverbot unterfallen **Vernehmungsprotokolle** und andere schriftliche Erklärungen. Wer das Protokoll aufgenommen hat, ist gleichgültig (Meyer-Goßner § 250 Rdn. 7). Ausnahmen vom Verlesungsverbot ergeben sich unter anderem aus § 251.

8 **Schriftliche Erklärungen i. S. d. S. 2** sind nur solche, die von vornherein zu Beweiszwecken verfasst worden sind (BGHSt 20, 160, 161). Eine schriftliche Erklärung des die Auskunft nach § 55 Verweigernden ist verlesbar (BGH NStZ 1988, 36; Meyer-Goßner § 250 Rdn. 8). Ob Zweckbestimmung der Urkunde gerade die Vorlage in dem vorliegenden Strafverfahren gewesen sein muss, ist umstritten (dafür BGH NStZ 82, 79; a. M. LR-Gollwitzer § 250 Rdn. 7). Schriftstücke, die nicht zu Beweiszwecken angefertigt worden sind, wie etwa Briefe, fallen nicht unter das Beweisverbot. Zweck des § 250 ist es nicht, aus dem Urkundenbeweis alles auszuscheiden, was Gegenstand des Zeugenbeweises sein könnte, sondern nur, den Vorrang des Zeugenbeweises sicherzustellen.

9 **Die Wahrnehmungen einer Beweisperson** dürfen durch die Verlesung nicht in den Prozess eingeführt werden. Dabei geht es um den Bericht über einen Vorgang,

6. Abschnitt. Hauptverhandlung § 251

dessen wahrheitsgemäße Wiedergabe nur durch eine Person möglich ist, die ihn mit einem oder mehreren ihrer fünf Sinne wahrgenommen hat (BGHSt 27, 135) oder um innere Empfindungen des Zeugen, die unmittelbar durch sinnlich wahrgenommene Vorgänge ausgelöst worden sind (KK-Diemer § 250 Rdn. 5).

Eine Ausnahme von dem Beweisverbot besteht für sinnliche Wahrnehmungen bei **Verrichtungen mechanischer Art,** die erfahrungsgemäß keinen bleibenden Eindruck in der Erinnerung der damit befassten Person hinterlassen (Meyer-Goßner § 250 Rdn. 10). Dies gilt etwa für Schreibkräfte, die eine Tonbandaufzeichnung in Maschinenschrift übertragen (BGHSt 27, 135) und für das von einem Testgerät ausgedruckte Protokoll über das Ergebnis einer Atemalkoholmessung (BGH StraFo 2004, 382). Hier ist unmittelbar der Urkunden- oder Augenscheinsbeweis zulässig, da nicht zu erwarten ist, dass die Beweisperson sich an irgendetwas erinnern wird und ohnehin nur über einen Vorhalt als Vernehmungshilfe so etwas Ähnliches wie eine Zeugenaussage erreicht werden kann. 10

Sachverständigengutachten unterfallen dem Verlesungsverbot (BGHSt 22, 268, 270; Meyer-Goßner § 250 Rdn. 11). Ein Sachverständiger darf daher auch keine Untersuchungsergebnisse vortragen, die ein anderer Sachverständiger gefunden hat, wenn nicht die Voraussetzungen für die Vernehmung eines Zeugen vom Hörensagen vorliegen (vgl. Meyer-Goßner § 250 Rdn. 11). 11

Verboten ist nur die Ersetzung, **nicht die Ergänzung** der Äußerungen einer Beweisperson. Wird der Zeuge oder Sachverständige in der Hauptverhandlung vernommen, ist die Verlesung daher zulässig, wenn sie weder ganz noch teilweise an die Stelle der Vernehmung treten soll (BGHSt 20, 160, 162; Meyer-Goßner § 250 Rdn. 12; a. M. noch RGSt 22, 51). Nach Auffassung des BGH gilt dies auch, wenn der Zeuge eine Aussage teilweise nach § 55 verweigert hat (BGH JZ 1987, 315). 12

Der Beweis der **Existenz der Urkunde** kann durch ihre Verlesung geführt werden. Ferner ist eine Verlesung zulässig, wenn ihr strafbarer Inhalt festgestellt werden soll (RGSt 22, 51). 13

Vorhalte an den Angeklagten oder einen Zeugen aus einer Vernehmungsniederschrift oder schriftlichen Erklärung schließt § 250 nicht aus (h. M.; kritisch Schünemann FS Meyer-Goßner S. 404). Bestätigt der Angeklagte oder die Beweisperson die dort enthaltenen Tatsachen, können sie im Urteil als Teil der Einlassung oder Zeugenaussage zu Grunde gelegt werden (vgl. BGH StV 1991, 197; s. auch § 249 Rdn. 19). 14

Soll mit der **Revision** gerügt werden, der Tatrichter habe einen sachferneren statt des sachnäheren Zeugen vernommen, muss in der Revisionsbegründung dargelegt werden, wieso sich dem Tatrichter die Vernehmung des sachnäheren Zeugen hätte aufdrängen müssen und was dieser gesagt hätte (BGH StV 1988, 91). In der Literatur wird teilweise gefordert, dies als einen schon auf die allgemeine Sachrüge hin zu prüfenden „Darlegungsmangel" zu behandeln (Strate StV 1988, 92). Wird die unzulässige Verwertung einer Urkunde gerügt, muss unter anderem der Inhalt des Schriftstücks mitgeteilt werden, damit das Revisionsgericht prüfen kann, ob eine Verlesung nicht nach §§ 249, 256 zulässig war (BGH MDR 1978, 989). 15

§ 251 [Ersetzung der Vernehmung durch Verlesung]

(1) Die Vernehmung eines Zeugen, Sachverständigen oder Mitbeschuldigten kann durch die Verlesung einer Niederschrift über eine Vernehmung oder einer Urkunde, die eine von ihm stammende schriftliche Erklärung enthält, ersetzt werden,

1. wenn der Angeklagte einen Verteidiger hat und der Staatsanwalt, der Verteidiger und der Angeklagte damit einverstanden sind;

2. wenn der Zeuge, Sachverständige oder Mitbeschuldigte verstorben ist oder aus einem anderen Grunde in absehbarer Zeit gerichtlich nicht vernommen werden kann;
3. soweit die Niederschrift oder Urkunde das Vorliegen oder die Höhe eines Vermögensschadens betrifft.

(2) Die Vernehmung eines Zeugen, Sachverständigen oder Mitbeschuldigten darf durch die Verlesung der Niederschrift über seine frühere richterliche Vernehmung auch ersetzt werden, wenn
1. dem Erscheinen des Zeugen, Sachverständigen oder Mitbeschuldigten in der Hauptverhandlung für eine längere oder ungewisse Zeit Krankheit, Gebrechlichkeit oder andere nicht zu beseitigende Hindernisse entgegenstehen;
2. dem Zeugen oder Sachverständigen das Erscheinen in der Hauptverhandlung wegen großer Entfernung unter Berücksichtigung der Bedeutung seiner Aussage nicht zugemutet werden kann;
3. der Staatsanwalt, der Verteidiger und der Angeklagte mit der Verlesung einverstanden sind.

(3) Soll die Verlesung anderen Zwecken als unmittelbar der Urteilsfindung, insbesondere zur Vorbereitung der Entscheidung darüber dienen, ob die Ladung und Vernehmung einer Person erfolgen sollen, so dürfen Vernehmungsniederschriften, Urkunden und andere als Beweismittel dienende Schriftstücke auch sonst verlesen werden.

(4) [1]In den Fällen der Absätze 1 und 2 beschließt das Gericht, ob die Verlesung angeordnet wird. [2]Der Grund der Verlesung wird bekanntgegeben. [3]Wird die Niederschrift über eine richterliche Vernehmung verlesen, so wird festgestellt, ob der Vernommene vereidigt worden ist. [4]Die Vereidigung wird nachgeholt, wenn sie dem Gericht notwendig erscheint und noch ausführbar ist.

I. Überblick

1 Die Vorschrift erlaubt als **Ausnahme vom Unmittelbarkeitsgrundsatz** die Ersetzung der Vernehmung von Zeugen usw. durch eine Verlesung. Mit dem 1. JuMoG wurde § 251 neu gefasst und neu gegliedert. Die Verlesung von Niederschriften über frühere Vernehmungen des Angeklagten richtet sich nicht nach § 251, sondern nach § 231a Abs. 1 S. 2, § 233 Abs. 3 S. 2 und § 254 (OLG Köln StV 1983, 97).

2 Für das **Abspielen von Aufnahmen** auf Tonträgern gilt § 251 entsprechend. Für die Vorführung von Videoaufnahmen verweist § 255a Abs. 1 auf § 251. Wenn schon eine „blutleere" Vernehmungsniederschrift verlesen werden darf, muss „erst recht" das Abspielen einer Tonbandaufnahme erlaubt sein (Meyer-Goßner § 251 Rdn. 2). Abs. 1 gilt für alle Vernehmungsniederschriften und schriftlichen Erklärungen, Abs. 2 enthält zusätzliche Bestimmungen für richterliche Vernehmungsniederschriften. Neu hinzugekommen ist die Verlesungsmöglichkeit nach Abs. 1 Nr. 3.

3 Dabei kommt es für die Zulässigkeit der Verlesung auf die Rolle an, die die Person bei einer Vernehmung im gegenwärtigen Verfahren einnimmt (BGHSt 10, 186).

Beispiel: Die Niederschrift über eine Zeugenaussage darf nicht verlesen werden, wenn der damalige Zeuge jetzt der Angeklagte ist.

II. Verlesung nichtrichterlicher Protokolle (Abs. 1)

4 Zulässig ist die Verlesung (Nr. 1), wenn die Verfahrensbeteiligten damit **einverstanden** sind und der Angeklagte einen Verteidiger hat. Das Einverständnis muss in der Sitzungsniederschrift beurkundet werden (§ 273 Abs. 1). Hat der Angeklagte mehrere Verteidiger, müssen alle zustimmen (Meyer-Goßner § 251 Rdn. 7). Mitan-

geklagte müssen ihr Einverständnis nur erklären, wenn die Verlesung die Tat betrifft, an der sie beteiligt waren.

Die **Aufklärungspflicht** nach § 244 Abs. 2 bleibt unberührt. Sie kann dazu zwingen, die Beweisperson selbst dann persönlich zu hören, wenn die Prozessbeteiligten mit der Verlesung von Protokollen oder Schriftstücken einverstanden sind (BGH NStZ 1988, 37). 5

Zulässig ist die Verlesung ebenfalls, wenn eine **Vernehmung unmöglich** ist (Nr. 2). Etwa erforderliche Ermittlungen werden im Freibeweis angestellt (Meyer-Goßner § 251 Rdn. 9). Die Unerreichbarkeit kann sich auch daraus ergeben, dass die oberste Dienstbehörde sich weigert, Namen und Aufenthalt eines V-Mannes mitzuteilen und eine entsprechende Aussagegenehmigung zu erteilen (BGHSt 33, 83; Meyer-Goßner § 251 Rdn. 9). In absehbarer Zeit kann die Beweisperson nicht vernommen werden, wenn es um eine nicht zu kurze Zeitspanne geht, um die die Hauptverhandlung bei Abwägung aller Umstände nicht mehr aufgeschoben werden kann (BGH NStZ 1993, 144). Die bloße Hoffnung, der Zeuge werde irgendwann einmal doch noch erscheinen und aussagen, steht der Verlesung nicht entgegen (BGH NStZ 2003, 562). 6

Hat ein Zeuge nach dem Zustandekommen des Protokolls oder der schriftlichen Erklärung befugt das **Zeugnis nach §§ 52 ff verweigert,** gilt Abs. 1 nicht. Eine Verlesung soll jedoch zulässig sein, wenn das Gericht von der Vernehmung absehen muss, weil dem Zeugen oder seiner Familie bei wahrheitsgemäßen Aussagen Gefahren für das Leben drohen (vgl. BGH NStZ 1993, 350). Dabei muss allerdings auch bedacht werden, dass es Möglichkeiten gibt, den Zeugen entsprechend zu schützen. 7

Im Hinblick auf einen **Vermögensschaden** (Nr. 3) ist eine Verlesung möglich. Dies betrifft den Schaden dem Grunde nach als auch die Höhe des entsprechenden Schadens. Entbehrlich wird damit die Vernehmung von Zeugen, die außer Angaben über diese Tatsache nichts zur Aufklärung der Straftat beitragen können (Meyer-Goßner § 251 Rdn. 12). 8

Beispiel: Auskunft eines Werkstattunternehmens zur Höhe der Reparaturrechnung; Mitteilung der Reparaturkosten nach Vandalismus.

Auch eine teilweise Verlesung einer Niederschrift oder Urkunde ist zulässig („soweit"; Meyer-Goßner § 251 Rdn. 12).

Fehlerhaft zu Stande gekommene **richterliche Protokolle,** deren Verwertung Abs. 2 entgegensteht, dürfen als nichtrichterliche Vernehmungsniederschriften verlesen werden. 9

Beispiel: Die Benachrichtigung nach § 168 c Abs. 5 wurde unterlassen.

Schriftstücke sind Urkunden und schriftliche Äußerungen, die unter das Beweisverbot des § 250 fallen (Meyer-Goßner § 251 Rdn. 16). Auch die vom Gericht erst eingeholten schriftlichen Äußerungen eines Zeugen sind verlesbar, insbesondere von nach § 96 gesperrten Zeugen oder von V-Leuten der Polizei, die für eine Vernehmung nicht zur Verfügung stehen (BGH NStZ 1981, 270). Die Frage ist heftig umstritten; vgl. die Nachweise bei Meyer-Goßner § 251 Rdn. 17. 10

III. Verlesung richterlicher Protokolle (Abs. 2)

Die Begriffe Krankheit usw. (Abs. 2 Nr. 1) stimmen mit denen des § 223 Abs. 1 überein. Die Vorschrift ist entsprechend anwendbar, wenn der erschienene Zeuge ohne Gefahr für seinen Gesundheitszustand nicht vernommen werden kann (BGHSt 9, 297). Die Möglichkeit einer Videovernehmung (§ 247 a) soll einer Verlesung nach Nr. 1 nicht entgegenstehen, da es auf die körperliche Anwesenheit des Zeugen in der Hauptverhandlung ankomme (BGHSt 46, 73, 76). 11

12 **Welche Verzögerung akzeptabel ist,** hängt davon ab, wann die betreffende Person vor Gericht erscheinen, nicht davon, wann eine Entscheidung getroffen werden kann. Wenn eine neue Verhandlung wegen der Geschäftslage des Gerichts vorerst nicht stattfinden könnte, ist die Verlesung immer noch nicht erlaubt (LR-Gollwitzer § 223 Rdn. 14). Maßgeblich ist neben dem Beschleunigungsgebot die Bedeutung der Sache und die Wichtigkeit der Aussage (BGHSt 32, 68, 73).

13 Die **Unzumutbarkeit des Erscheinens (Nr. 2)** stimmt mit der des § 223 Abs. 2 überein (§ 223 Rdn. 3).

14 **Das Einverständnis der Prozessbeteiligten (Nr. 3),** das nach § 273 Abs. 1 im Protokoll beurkundet werden muss, gestattet die Verlesung nur, wenn die gerichtliche Aufklärungspflicht (§ 244 Abs. 2) nicht entgegensteht und keine Beweisverbote bestehen (BGHSt 42, 73). Unzulässig ist daher die Verlesung, wenn der erschienene Zeuge erstmals in der Hauptverhandlung von seinem Zeugnisverweigerungsrecht Gebrauch gemacht hat oder aber der Zeuge bei der Vernehmung nicht nach § 52 Abs. 3 S. 1 belehrt worden war (Meyer-Goßner § 251 Rdn. 24).

15 Das Einverständnis muss durch alle Prozessbeteiligten erteilt werden; dies kann auch **schon vor der Hauptverhandlung** geschehen. Hat der Angeklagte einen Verteidiger, muss auch dieser zustimmen (Meyer-Goßner § 251 Rdn. 26). Es kann stillschweigend erklärt werden (BGH StV 1983, 319), auch dadurch, dass der Verlesung nicht widersprochen wird (BGH NStZ 1985, 376). Der Tatrichter muss dann aber vorher klargestellt haben, dass nach Abs. 2 Nr. 3 verfahren werden soll (BGH NStZ 1986, 207). Der Widerruf der Einverständniserklärung ist nach Verlesung des Protokolls unwirksam. Das fehlende Einverständnis kann durch nachträgliche Einholung geheilt werden (Meyer-Goßner § 251 Rdn. 28).

16 Die verlesbaren Protokolle beschränken sich primär auf **richterliche Vernehmungsprotokolle** aller Art. Protokolle der StA oder ihrer Ermittlungspersonen können nur nach Abs. 1 verlesen werden. An der Verlesbarkeit ändert es nichts, wenn sich der Vernehmungsgrund geändert hat (Meyer-Goßner § 251 Rdn. 30). Die Vernehmung kann auch in einem anderen Strafverfahren oder in einem Zivil- oder Verwaltungsgerichtsverfahren stattgefunden haben (vgl. BGH StV 1981, 12; RGSt 56, 257). Dann ist entscheidend, ob die für dieses Verfahren geltenden Förmlichkeiten eingehalten worden sind (Meyer-Goßner § 251 Rdn. 30).

17 Wird in dem Protokoll auf **andere Schriftstücke** und polizeiliche Protokolle Bezug genommen, dürfen diese mit verlesen werden. Ausgenommen sind Niederschriften über die Aussagen von Angeklagten oder Zeugen, auf die sich die Vernehmungsperson bezogen hat (Meyer-Goßner § 251 Rdn. 31). Unzulässig ist es, die Schuldfrage betreffende Wahrnehmungen des beauftragten Richters im Wege dienstlicher Erklärungen in die Hauptverhandlung einzuführen (BGHSt 45, 354). Auch dürfen Beobachtungen, die er nicht schon bei der Vernehmung in der Niederschrift selbst festgehalten hat, den anderen Gerichtsmitgliedern bei der Beratung *nicht* vermittelt werden (BGH NStZ 1989, 382; Verstoß gegen § 261).

18 Verlesen werden dürfen **nur ordnungsgemäß errichtete Protokolle** (BGH GA 1976, 218, 220), sonst dürfen sie nur nach Abs. 1 verlesen werden (oben Rdn. 9). Unzulässig ist die Verlesung z.B. bei einem Verstoß gegen §§ 22, 68, bei Mitwirkung eines nicht nach § 168 S. 3 vereidigten Protokollführers (BGHSt 27, 339) und bei Mitwirkung eines Dolmetschers, dessen erforderliche Vereidigung (§ 189 GVG) unterblieben ist (BGHSt 22, 118).

19 **Konsularische Vernehmungen** stehen der eines inländischen Gerichts gleich (§ 15 Abs. 4 Konsulargesetz). Auf Vernehmungen im Ausland durch ein Mitglied des Gerichts findet die StPO unmittelbar Anwendung (BGH NStZ 1996, 609), dabei genügt die Einhaltung der vor Ort bestehenden Zuständigkeits- und Verfahrensvorschriften (BGHSt 42, 86, 90). Daher dürfen auch Vernehmungsprotokolle z.B. der Polizei verlesen werden, wenn diese nach dem ausländischen Recht zur Vernehmung er-

6. Abschnitt. Hauptverhandlung § 252

mächtigt ist (BGH NStZ 1985, 376). Ist nach dem dortigen Recht eine Benachrichtigung der Prozessbeteiligten vorgesehen, aber nicht erfolgt, steht dies einer Verlesung entgegen (OLG Celle StV 1995, 179), ist die Benachrichtigung im ausländischen Recht nicht vorgesehen, bleibt das Protokoll verlesbar (Meyer-Goßner § 251 Rdn. 35).

Unterbleibt eine Belehrung über ein Zeugnisverweigerungsrecht, die nach deutschem Recht erforderlich gewesen wäre, steht dies der Verlesung allerdings auch entgegen, wenn das ausländische Recht eine solche Belehrung nicht vorsieht (BGH NStZ 1992, 394). Gleiches sollte bei einer fehlenden Beschuldigtenbelehrung gelten (offen gelassen von BGH NStZ 1994, 595). 20

IV. Urkundenverlesung im Freibeweis (Abs. 3)

Für die Urkundenverlesung im Freibeweis (Abs. 3) gelten die Einschränkungen des Abs. 1, 2 **nicht**. Die Verlesung ordnet der Vorsitzende im Rahmen der Sachleitung an, ein Gerichtsbeschluss kann nach § 238 Abs. 2 eingefordert werden. 21

V. Verfahren (Abs. 4)

Das Protokoll oder die Urkunde muss **in vollem Umfang** verlesen werden, eine Teilverlesung ist nur mit Zustimmung der Prozessbeteiligten zulässig (BGH NStZ 1988, 283). Ein Bericht des Vorsitzenden (§ 249 Rdn. 17) kann die Verlesung nicht ersetzen (LR-Gollwitzer § 251 Rdn. 76). Zuständig für die Anordnung der Verlesung ist das Gericht; der Vorsitzende allein darf nur das Absehen von der Verlesung anordnen. Der im Sitzungsprotokoll zu beurkundende Beschluss ist auch erforderlich, wenn alle Beteiligten mit der Verlesung einverstanden sind (BGH NStZ 1988, 283). Er muss die tatsächlichen Gründe so genau angeben, dass sie auch revisionsgerichtlich nachprüfbar sind (BGH StV 1993, 144). 22

Die **Vereidigung von Beweispersonen** richtet sich nach den §§ 59 ff. Nachdem die Vereidigung mittlerweile die Ausnahme ist, wird die Vorschrift kaum noch Bedeutung haben. 23

VI. Revision

In der Revision wird auf **entsprechende Rüge** geprüft, ob die Gründe des Verlesungsbeschlusses Rechtsfehler aufweisen. Fehlt ein Beschluss nach Abs. 4 S. 1, begründet dies die Revision ebenso wie das Fehlen oder ein Mangel in der Begründung nach Abs. 4 S. 2 (vgl. BGH NStZ 1993, 144; BGH NStZ 1983, 569). Ein Widerspruch von Angeklagtem und Verteidiger spielt hier keine Rolle (BGH NStZ 1986, 325). Ein allseitiges Einverständnis schließt ein Beruhen nicht aus (BGH NStZ 1988, 283), wohl aber der Umstand, dass allen Beteiligten der Grund der Verlesung klar war (BGH NStZ-RR 2001, 261). Sollen Mängel in der kommissarischen Vernehmung geltend gemacht werden, muss der Verlesung des Protokolls in der Hauptverhandlung widersprochen werden (BGH NJW 1984, 65, 66). 24

Die Revisionsrüge muss Angaben über den Inhalt der Niederschrift oder der Urkunde (BGH NStZ 2000, 215), über den Aussteller einer nach Abs. 1 Nr. 1 verlesenen Urkunde, eine etwaige Möglichkeit der Vernehmung der Beweisperson in der Hauptverhandlung und über die Verwertung der Niederschrift oder der Urkunde im Urteil enthalten (Meyer-Goßner § 251 Rdn. 46). 25

§ 252 [Unstatthafte Protokollverlesung]

Die Aussage eines vor der Hauptverhandlung vernommenen Zeugen, der erst in der Hauptverhandlung von seinem Recht, das Zeugnis zu verweigern, Gebrauch macht, darf nicht verlesen werden.

§ 252

I. Überblick

1 Die Vorschrift ergänzt die §§ 52 ff für den Fall einer **nachträglichen Zeugnisverweigerung**. Eine Verlesung ist generell unzulässig, auch wenn es sich um eine richterliche Vernehmungsniederschrift handelt. Gleichgültig ist, ob die Aussage für den Angeklagten günstig oder ungünstig war (BVerfG NStZ-RR 2004, 18). Der Aussageverweigerung in der Hauptverhandlung steht gleich, dass der Zeuge schon vorher mitteilt, er werde nicht aussagen. Ob die Voraussetzungen des § 252 vorliegen, wird im Freibeweisverfahren geklärt (BGH NStZ 1996, 293).

2 Die Verhörsperson muss **zum Zeitpunkt der Hauptverhandlung** ein Zeugnisverweigerungsrecht haben. Wird z.B. ein Berufsgeheimnisträger von der Schweigepflicht entbunden, ist § 252 nicht anwendbar (BGHSt 18, 146; Meyer-Goßner § 252 Rdn. 3).

3 Ob das Zeugnisverweigerungsrecht **auch schon zum Zeitpunkt der früheren Vernehmung** bestanden haben muss, ist zweifelhaft. Im Fall der §§ 53, 53a ist § 252 nur anwendbar, wenn schon bei/vor der früheren Vernehmung ein Zeugnisverweigerungsrecht bestand (OLG Dresden NStZ-RR 1997, 238), da nur dann Äußerungen im Rahmen eines Vertrauensverhältnisses gemacht worden sind. Zweifelhaft ist aber, ob bei § 52 das Angehörigenverhältnis schon vor der früheren Vernehmung bestanden haben muss. Grundsätzlich soll es darauf nicht ankommen (BGHSt 27, 231). Der BGH (BGHSt 45, 342, 347) hat jedoch die Anwendung des § 252 verneint, wenn eine Heirat ausschließlich zur Erlangung des Zeugnisverweigerungsrechts erfolgte.

4 Das Verwertungsverbot wirkt **gegenüber allen Angeklagten,** auch wenn das Angehörigenverhältnis nur zu einem von ihnen besteht, wenn und soweit gegen sie ein sachlich nicht trennbarer Vorwurf erhoben worden ist (BGHSt 27, 139, 141; Meyer-Goßner § 252 Rdn. 2).

5 **§ 252 gilt entsprechend** im Fall des § 76 (Meyer-Goßner § 252 Rdn. 6; a.M. KMR-Paulus § 72 Rdn. 1), nicht jedoch im Fall des § 81c (Meyer-Goßner § 252 Rdn. 6; a.M. Geppert Jura 1988, 365) und auch nicht, wenn der Angehörige eines Mitangeklagten als früherer Beschuldigter Angaben gemacht hat, und als Angeklagter in der Hauptverhandlung die Aussage insoweit verweigert (BGHSt 45, 342, 350). Unzulässig wäre es aber, durch eine Verfahrensverbindung die Angeklagtenstellung herbeizuführen, um das Zeugnisverweigerungsrecht zu umgehen (BGHSt 45, 342, 351).

II. Aussagen „vor der Hauptverhandlung"

6 Die Vorschrift bezieht sich **generell** auf Aussagen „vor der Hauptverhandlung". Ob sie in einer früheren Hauptverhandlung oder in einem anderen Strafverfahren erfolgten, ist gleichgültig (BGHSt 20, 384; BGH MDR 1969, 18). Auch eine Aussage in einem Zivilprozess genügt (BGHSt 17, 324; Meyer-Goßner § 252 Rdn. 7; a.M. KMR-Paulus § 252 Rdn. 23). Erfasst sind nicht nur förmlich protokollierte Vernehmungen, sondern auch Angaben in einem von der Polizei zugesandten Fragebogen, unprotokolliert gebliebene Auskünfte gegenüber einem Polizeibeamten und Angaben bei einer telefonischen Befragung. Die informatorische Anhörung steht insoweit der förmlichen Vernehmung gleich (BGHSt 29, 230; Meyer-Goßner § 252 Rdn. 7).

7 Nicht erfasst sind Äußerungen, die ein Zeuge vor oder außerhalb der Vernehmung **aus freien Stücken** getan hat, so in einer Strafanzeige, mit der keine Vernehmung verbunden ist (BGH NStZ 1989, 15) oder bei spontanen Äußerungen im Anschluss an eine Vernehmung (Meyer-Goßner § 252 Rdn. 8). Wird ein V-Mann gezielt gegenüber einem Zeugnisverweigerungsberechtigten eingesetzt, verstößt dies nach Auffassung des BVerfG – jedenfalls wegen Fehlens einer gesetzlichen Grundlage – gegen das Gebot des fairen Verfahrens (BVerfG NStZ 2000, 489; siehe § 110 Rdn. 9). Ob dies ein Verwertungsverbot zur Folge hat, ist unklar (vgl. BVerfG NStZ 2000, 489; BGHSt 40, 211).

6. Abschnitt. Hauptverhandlung § 252

Nicht unter § 252 fallen **schriftliche Mitteilungen** und Erklärungen des Zeugen 8
in dem anhängigen oder in einem anderen Verfahren (BGH NStZ 1998, 26), ebenso
wenig Briefe des Zeugen an den Angeklagten und Äußerungen gegenüber Dritten
(Meyer-Goßner § 252 Rdn. 9). Bei Äußerungen gegenüber Sachverständigen gilt
§ 252 nur für Mitteilungen über Zusatztatsachen, nicht für Befundtatsachen (BGHSt
11, 97, 99; Meyer-Goßner § 252 Rdn. 10; a.M. HK-Julius § 252 Rdn. 13).

Äußerungen eines Zeugen, die er als früher Beschuldigter in demselben oder ei- 9
nem anderen Verfahren gemacht hat, sind unverwertbar, soweit er jetzt als Zeuge die
Aussage befugt nach § 52 verweigert oder verweigern könnte (BGHSt 42, 391). Auch
die bei einer „Vernehmung" durch den Verteidiger gemachten Angaben dürfen nicht
verwertet werden (BGHSt 46, 1; Meyer-Goßner § 252 Rdn. 13; a.M. Roxin FS
Rieß S. 459).

§ 252 schafft ein Beweisverbot, auf das die Beteiligten **nicht verzichten** können 10
(BGH NStZ 1997, 95). Dabei bezieht sich dieses Verbot nicht nur auf die Verlesung,
sondern umfasst auch jede andere Verwertung in der Hauptverhandlung (BGHSt 32,
25, 29; OLG Hamm NStZ 2003, 107; Meyer-Goßner § 252 Rdn. 12). Eines Widerspruchs des Angeklagten oder Verteidigers gegen die Verwertung bedarf es in diesen
Fällen – anders als bei § 136 – nicht (BGH StV 1998, 470; OLG Hamm a.a.O.). So
darf der Inhalt der Aussage weder durch Verlesung eines früheren Urteils (BGHSt 20,
384; BGH NStZ 2003, 217) noch durch Vorhalt an den Angeklagten oder Zeugen
(BGH NJW 1980, 67, 68) ersetzt werden. Auch eine entsprechende Tonbandaufnahme oder Videoaufzeichnung darf nicht zu Beweiszwecken abgespielt werden (Meyer-
Goßner § 252 Rdn. 12).

III. Anhörung von Verhörspersonen

Die **Anhörung von Verhörspersonen** oder anderer Personen, die bei der Ver- 11
nehmung anwesend waren, darf die Wertung des § 252 grundsätzlich nicht überspielen.

Die **Rechtsprechung** (seit BGHSt 2, 99, 106ff; vgl. nur BGHSt 45, 342, 345;
BGHSt 46, 189, 195) und ein Teil der Literatur machen jedoch eine Ausnahme und
erlauben die Vernehmung der bei der seinerzeitigen Vernehmung mitwirkenden
Richter (einschließlich der Schöffen; BGHSt 13, 394, 398) gemacht. Voraussetzung
ist, dass der Zeuge seinerzeit von einem Straf- oder Zivilrichter vernommen worden
ist, der ihn nach § 52 Abs. 3 S. 1 oder der sonst einschlägigen Verfahrensvorschrift
ordnungsgemäß belehrt hat oder nur deshalb nicht belehrt hat, weil der Zeuge das
Angehörigenverhältnis verschwiegen hat (BGHSt 48, 294; Meyer-Goßner § 252
Rdn. 13). Dann soll nach Auffassung der Rechtsprechung die Vernehmung der Verhörsperson über den Inhalt der Aussage zulässig sein. Früher war die Vernehmungsmöglichkeit mit der Erwägung begründet worden, allein beim Richter erfolge eine
entsprechende Belehrung über Zeugnisverweigerungsrechte. Dieses Argument ist
überholt und wird nun dadurch ersetzt, dass man als Zeuge wegen der Strafbarkeit
unrichtiger Angaben nach den §§ 153 ff StGB sich der besonderen Bedeutung bewusst
sein könne (vgl. BGH NJW 2004, 1605, 1607; Meyer-Goßner § 252 Rdn. 14). Die
gleichen Regeln wendet die Rechtsprechung an, wenn ein Sachverständiger als Zeuge
vernommen werden soll, der zuvor mit dem Angehörigen zu tun gehabt hat (BGH
StV 1995, 564).

Demgegenüber lehnt die **Literatur** die Differenzierung zwischen richterlicher und 12
nichtrichterlicher Vernehmung überwiegend ab (vgl. Roxin § 44 Rdn. 21; Geppert
Jura 1988, 306; Fezer JZ 1990, 876; Welp JR 1996, 78). Einige halten ein solches
Vorgehen jedenfalls bei zivilrichterlichen Vernehmungen für unzulässig (SK-
Schlüchter § 252 Rdn. 32; Ranft StV 2000, 525). Dass richterliche Vernehmungen
mit der vorherigen Belehrung mehr Gewähr für die Aussagerichtigkeit bieten, ist

letztlich eine bloße Behauptung. Überdies geht es um den Schutz der Beziehung zwischen dem Angehörigen und dem Angeklagten, so dass eine Differenzierung zwischen Richtern und Sachverständigen einerseits, Polizisten und Staatsanwälten andererseits nicht nachvollziehbar ist. Der Meinung der Literatur ist daher zu folgen.

13 Da dem Richter aus der Vernehmungsniederschrift **Vorhalte** zur Auffrischung des Gedächtnisses gemacht werden dürfen und zu diesem Zweck auch die Niederschrift und in Bezug genommene Protokolle verlesen werden können (BGHSt 11, 338, 341; BGHSt 21, 149), kommt es nach der Lösung der Rechtsprechung letztlich doch zu einer Einführung der Niederschrift in die Hauptverhandlung. Ein Teil der Literatur will eine solche Verlesung nicht zulassen (KMR-Paulus § 252 Rdn. 33). Immerhin akzeptiert die Rechtsprechung, dass in Fällen, in denen die Vernehmungsperson sich trotz des Vorhalts und der Verlesung nicht an die Aussage erinnert und nicht bestätigen kann, dass er die Aussage seinerzeit richtig und vollständig aufgenommen hat, der Inhalt nicht verwertet werden darf (BGH StV 1994, 413; BGH StV 2001, 386).

14 **Verzichtet der Berechtigte** auf das Zeugnisverweigerungsrecht, sind Beweiserhebungen über den Inhalt der früheren Aussage zulässig. Solange dies nicht klar ist, ist die Vernehmung anderer Verhörspersonen als der eines Richters auch nach Auffassung der Rechtsprechung unzulässig (vgl. BGH StV 2000, 236). Der Zeuge kann trotz Geltendmachung des Zeugnisverweigerungsrechts in der Hauptverhandlung die Verwertung der bei einer nichtrichterlichen Vernehmung gemachten Aussage gestatten (BGHSt 45, 203; Meyer-Goßner § 252 Rdn. 16a; a.M. Roxin FS Rieß S. 451; Wollweber NJW 2001, 3760). Zu einer Befragung, ob er der Verwertung zustimmt (BGH StraFo 2003, 170), soll das Gericht regelmäßig nicht verpflichtet sein (BGH NStZ 2003, 498); die gerichtliche Aufklärungspflicht (§ 244 Abs. 2) mag jedoch zu einem anderen Ergebnis führen.

15 **Bei der Beweiswürdigung** ist zu bedenken, dass der Beweiswert erheblich geringer ist (BGHSt 45, 203, 208), so dass eine Verurteilung auf eine solche mittelbar eingeführte Aussage allein regelmäßig nicht gestützt werden kann (Vogel StV 2003, 601; Meyer-Goßner § 252 Rdn. 16a).

16 Wurde ein zeugnisverweigerungsberechtigter Zeuge vor der Hauptverhandlung vernommen und ist er in ihr **unerreichbar,** darf die Niederschrift verlesen werden, wenn er damals ordnungsgemäß belehrt worden ist. Nicht vorgesehen ist, dass der Zeuge befragt werden muss, ob er jetzt von seinem Zeugnisverweigerungsrecht Gebrauch machen will (vgl. Meyer-Goßner § 253 Rdn. 17).

IV. Revision

17 Die **Revision** ist begründet, wenn im Urteil bei einer Vernehmung des Richters nicht ausdrücklich festgestellt wird, ob und wie sich das Gericht von der ordnungsgemäßen Belehrung des Zeugen überzeugt hat (BGH NJW 1979, 1722; Meyer-Goßner § 252 Rdn. 18; a.M. KK-Diemer § 252 Rdn. 32). Gleichfalls begründet ist die Revision, wenn in unzulässiger Weise nichtrichterliche Verhörspersonen vernommen worden sind und das Urteil auf deren Angaben beruht.

18 Ein **Widerspruch** gegen die Verwertung der Aussage in der Hauptverhandlung ist nicht erforderlich; auch eine Beanstandung nach § 238 Abs. 2 ist für die Revision nicht vorausgesetzt (vgl. Ranft NJW 2001, 1306).

§ 253 [Protokollverlesung zur Gedächtnisunterstützung]

(1) **Erklärt ein Zeuge oder Sachverständiger, daß er sich einer Tatsache nicht mehr erinnere, so kann der hierauf bezügliche Teil des Protokolls über seine frühere Vernehmung zur Unterstützung seines Gedächtnisses verlesen werden.**

6. Abschnitt. Hauptverhandlung § 254

(2) **Dasselbe kann geschehen, wenn ein in der Vernehmung hervortretender Widerspruch mit der früheren Aussage nicht auf andere Weise ohne Unterbrechung der Hauptverhandlung festgestellt oder behoben werden kann.**

Die Bestimmung regelt nicht nur den Vorhalt, sondern einen speziellen **Fall des** 1
Urkundenbeweises (BGHSt 20, 160, 162; Pfeiffer § 253 Rdn. 1; vgl. aber KK-Diemer § 253 Rdn. 1). Praktisch ersetzt der Urkundenbeweis die Vernehmung der Verhörsperson, nicht die der Beweisperson. Die Vorschrift gilt nur innerhalb der Hauptverhandlung und in Anwesenheit des Zeugen. Zur Vorführung von Bild-Ton-Aufzeichnungen vgl. § 255a Rdn. 2.

Voraussetzung der Verlesung ist die Anwesenheit des Zeugen oder Sachverständigen in der Hauptverhandlung. Dabei muss der Zeuge zunächst vollständig vernommen werden, erforderlichenfalls wird damit ein Vorhalt als Vernehmungshilfe verbunden (Meyer-Goßner § 253 Rdn. 3). Erst wenn dies nicht zum Erfolg führt, darf nach § 253 verfahren werden (BGH NStZ 2002, 46). 2

Die Beweisperson muss erklären, sich nicht erinnern zu können (Abs. 1). Die Erklärung ist nicht protokollierungspflichtig und muss auch nicht ausdrücklich abgegeben werden (BGHSt 3, 281, 285). Entbehrlich ist sie, wenn die Erinnerungslücken sich schon in der Vernehmung deutlich ergeben (KK-Diemer § 253 Rdn. 5). 3

Möglich ist die Protokollverlesung auch **bei einem Widerspruch** zwischen jetziger und früherer Aussage (Abs. 2), der erst in der Hauptverhandlung aufgetreten ist und ohne deren Unterbrechung nicht anders als durch die Verlesung behoben werden kann (Meyer-Goßner § 253 Rdn. 6). Dabei ist man insofern großzügig, dass sogar im Falle einer Anwesenheit der Verhörsperson die Verlesung zulässig sein soll (RGSt 34, 48; siehe auch RGSt 55, 223). Bestreitet allerdings der Zeuge die Richtigkeit des Protokolls, kann die Aufklärungspflicht (§ 244 Abs. 2) die Vernehmung der Verhörsperson erfordern (Meyer-Goßner § 253 Rdn. 6). 4

Verlesbar sind alle Protokolle oder Protokollabschriften von richterlichen oder nichtrichterlichen Vernehmungen des Zeugen, die unter Einhaltung der Formvorschriften zu Stande gekommen sind (Meyer-Goßner § 253 Rdn. 7). In welcher Verfahrensart dies geschah, ist gleichgültig. Mit verlesen werden können die bei der Aussage in Bezug genommenen schriftlichen Erklärungen der Beweispersonen, auch schriftliche Gutachten des Sachverständigen. 5

Die Entscheidung über die Anwendung der Vorschrift trifft der Vorsitzende, das Gericht nur auf Beanstandung nach § 238 Abs. 2. Der Umfang der Verlesung wird durch ihren Zweck bestimmt. Das ganze Protokoll muss verlesen werden, wenn die Beschränkung auf einen Teil unmöglich erscheint (RGSt 57, 377). 6

Eine **nochmalige Verlesung** ist auch dann erforderlich, wenn das Protokoll bereits zum Zweck des Vorhalts verlesen worden war (OLG Köln NJW 1965, 830). 7

§ 254 [Verlesung von Geständnissen und bei Widersprüchen]

(1) **Erklärungen des Angeklagten, die in einem richterlichen Protokoll enthalten sind, können zum Zweck der Beweisaufnahme über ein Geständnis verlesen werden.**

(2) **Dasselbe kann geschehen, wenn ein in der Vernehmung hervortretender Widerspruch mit der früheren Aussage nicht auf andere Weise ohne Unterbrechung der Hauptverhandlung festgestellt oder behoben werden kann.**

Die Vorschrift regelt wie § 253 eine **Form des Urkundenbeweises.** Dabei geht es 1
zum einen um die Verlesung von Geständnisprotokollen (Abs. 1), zum anderen um die Klärung von Widersprüchen in den Angaben des Angeklagten (Abs. 2).

Die Verlesung des richterlichen Protokolls ist zur **Beweisaufnahme über ein** 2
Geständnis zulässig (Abs. 1). Damit kann das Gericht feststellen, dass der Angeklagte

§ 255   2. Buch. Verfahren im ersten Rechtszug

in der vorliegenden Strafsache (nicht in einer anderen; KG StV 1999, 197) ein Geständnis mit einem bestimmten Inhalt abgelegt hat (Meyer-Goßner § 254 Rdn. 2). Geständnis ist das Zugestehen der Tat oder einzelner Tatsachen, die für die Entscheidung zur Schuld- oder Rechtsfolgenfrage erheblich sein können, gleichgültig, ob es sich um belastende oder entlastende, um unmittelbar beweiserhebliche oder um Indiztatsachen handelt (Meyer-Goßner § 254 Rdn. 2). Widerruft der Angeklagte das Geständnis in der Hauptverhandlung, ist die Verlesung zwar nicht unzulässig, aber überflüssig, weil dann der Vorhalt (Abs. 2) genügt (RGSt 52, 243).

3   Die Verlesung zur **Aufklärung von Widersprüchen** ist unter den gleichen Voraussetzungen zulässig wie im Fall des § 253 Abs. 2 (§ 253 Rdn. 2).

4   Nur **ordnungsgemäß zu Stande gekommene Protokolle** sind verlesbar (vgl. BGH StV 1985, 314). Zu Mängeln siehe § 251 Rdn. 18. Ob der Angeklagte die Erklärung als Beschuldigter oder als Zeuge abgegeben hat, soll irrelevant sein (KMR-Paulus § 254 Rdn. 4; Meyer-Goßner § 254 Rdn. 4; a.M. KK-Diemer § 254 Rdn. 3). Auch ist gleichgültig, vor welchem Gericht und in welcher Verfahrensart die Angaben gemacht wurden (§ 253 Rdn. 5).

5   Das verlesene Protokoll ist auch **gegen einen Mitangeklagten** verwertbar, sofern das Geständnis zwar die dem geständigen Angeklagten vorgeworfene Tat betrifft, sich aber auch auf tatsächliche Vorgänge bezieht, mit denen der Anklagevorwurf gegen den Mitangeklagten in einem inneren Zusammenhang steht (BGHSt 3, 149, 153; KK-Diemer § 254 Rdn. 8; a.M. Roxin § 44 B I 2 d).

6   Die **Verlesung polizeilicher Protokolle** wird durch § 254 verboten (BGHSt 14, 310, 311; OLG Frankfurt StV 1996, 202). Verlesbar sind sie zum Beweis dafür, dass eine solche Urkunde vorhanden ist; Vorhalte aus polizeilichen Protokollen werden durch § 254 nicht untersagt (BGHSt 21, 285; Meyer-Goßner § 254 Rdn. 7).

7   Äußert sich der Angeklagte nicht zur Sache oder bestreitet er die Richtigkeit der Niederschrift, muss der **Vernehmungsbeamte als Zeuge** gehört werden (BGHSt 22, 170, 171). Das Protokoll darf ihm dann vorgehalten und zu diesem Zweck auch verlesen werden (BGHSt 14, 310, 312; Meyer-Goßner § 254 Rdn. 8; a.M. Hanack JZ 1972, 274). Verwertbar ist aber nur das, was der Vernehmungsbeamte selbst noch in Erinnerung hatte (BGHSt 14, 310, 312). Seine bloße Angabe, er habe seinerzeit richtig protokolliert, macht den Protokollinhalt nicht verwertbar (BGH NStZ 1995, 47).

8   **Die Revision** kann die Zulässigkeit der Verlesung nur sehr begrenzt angreifen. Gerügt werden kann, dass die Voraussetzungen des Abs. 1 oder 2 fehlerhaft bejaht worden sind (SK-Schlüchter § 254 Rdn. 22). Weichen die Urteilsfeststellungen vom Inhalt des verlesenen Protokolls ab, muss dargelegt werden, dass die verlesene Niederschrift zum Zeitpunkt der Urteilsberatung noch beweiserheblich war, also der Widerspruch in der Hauptverhandlung nicht aufgeklärt worden ist (BGHSt 48, 34). Die unterbliebene Verlesung kann die Aufklärungsrüge begründen, ebenso das Unterlassen der Erhebung weiterer Beweise, die sich aus dem Inhalt der Niederschrift aufdrängten (LR-Gollwitzer § 254 Rdn. 31).

§ 255 [Protokollierung der Verlesung]

In den Fällen der §§ 253 und 254 ist die Verlesung und ihr Grund auf Antrag der Staatsanwaltschaft oder des Angeklagten im Protokoll zu erwähnen.

1   Die Urkundenverlesung ist schon nach § 273 Abs. 1 **zu beurkunden** (BGH NJW 1986, 2063). § 255 erweitert dies dahin, dass auf Antrag auch der Grund der Verlesung vermerkt werden muss.

2   **Antragsberechtigt** sind außer StA und Angeklagtem der Verteidiger und Nebenbeteiligte im Rahmen ihrer Beteiligung, sowie der Privatkläger, nicht jedoch der Ne-

benkläger. Mangels Beruhens kann die Revision nicht auf eine fehlende Protokollierung gestützt werden. Ob die Voraussetzungen der §§ 253, 254 vorgelegen haben, klärt das Revisionsgericht ggf. im Freibeweis (Meyer-Goßner § 255 Rdn. 3).

§ 255a [Vorführung der Bild-Ton-Aufzeichnung]

(1) **Für die Vorführung der Bild-Ton-Aufzeichnung einer Zeugenvernehmung gelten die Vorschriften zur Verlesung einer Niederschrift über eine Vernehmung gemäß §§ 251, 252, 253 und 255 entsprechend.**

(2) ¹**In Verfahren wegen Straftaten gegen die sexuelle Selbstbestimmung (§§ 174 bis 184f des Strafgesetzbuches) oder gegen das Leben (§§ 211 bis 222 des Strafgesetzbuches), wegen Misshandlung von Schutzbefohlenen (§ 225 des Strafgesetzbuches) oder wegen Straftaten gegen die persönliche Freiheit nach den §§ 232 bis 233a des Strafgesetzbuches kann die Vernehmung eines Zeugen unter sechzehn Jahren durch die Vorführung der Bild-Ton-Aufzeichnung seiner früheren richterlichen Vernehmung ersetzt werden, wenn der Angeklagte und sein Verteidiger Gelegenheit hatten, an dieser mitzuwirken.** ²**Eine ergänzende Vernehmung des Zeugen ist zulässig.**

Die Vorschrift ist durch das **Zeugenschutzgesetz** 1998 in die StPO eingefügt worden. Sie ist eine Ausnahme vom Unmittelbarkeitsgrundsatz (§ 250). In Abs. 1 werden Bild-Ton-Aufzeichnungen mit Protokollen im Ermittlungsverfahren gleichgestellt und die §§ 251 bis 253, 255 für entsprechend anwendbar erklärt. Abs. 2 stellt den Opfer- und Zeugenschutz in den Vordergrund und erlaubt die Video-Aufzeichnung als Ersatz für eine an sich gebotene unmittelbare Vernehmung des Zeugen. Dabei geht es insbesondere um die Vermeidung von Mehrfachvernehmungen, die für kindliche und jugendliche Zeugen sehr belastend sind (Pfeiffer § 255a Rdn. 1). 1

In den Fällen des § 251 ersetzt die Vorführung der Aufzeichnung der richterlichen oder nichtrichterlichen Vernehmung die gerichtliche Einvernahme des Zeugen oder über seine Wahrnehmungen. Das Einverständnis der Verfahrensbeteiligten nach § 251 Abs. 1 Nr. 1, Abs. 2 Nr. 3 muss sich speziell auf das Abspielen beziehen (Meyer-Goßner § 255a Rdn. 2). In Fällen, in denen ein fehlerhaft zu Stande gekommenes richterliches Protokoll nicht nach § 251 Abs. 2 verlesen werden darf, kann auch die Aufnahme der Zeugenaussage nur entsprechend § 251 Abs. 1 verwendet werden. Ist der Zeuge anwesend, wird die Aufzeichnung ggf. entsprechend § 253 zur Gedächtnisstützung abgespielt. 2

In den Fällen des § 252 ist die Vorführung ebenso wie eine Verlesung einer Niederschrift stets unzulässig. Hat der Zeuge jedoch nur ein Auskunftsverweigerungsrecht nach § 55, hindert dies nicht die Vorführung seiner Aussage als früheren Mitbeschuldigten, es sei denn, er ist damals nicht nach § 236 Abs. 1 S. 2 als Beschuldigter belehrt worden (vgl. § 251 Rdn. 20). Die Zulässigkeit eines Vorhaltes bzw. der Vernehmung einer Verhörsperson entspricht den Regeln für die Verwertung von Niederschriften (vgl. § 252 Rdn. 11ff; Meyer-Goßner § 255a Rdn. 3). 3

Abs. 1 stellt Bild-Ton-Aufzeichnungen und Vernehmungsniederschriften **nicht uneingeschränkt gleich** (Meyer-Goßner § 255a Rdn. 5; a.M. KK-Diemer § 255a Rdn. 2, 4). Dabei geht es um die Frage, ob § 58a Abs. 2 S. 1 anwendbar ist, also die Verwendung der Aufnahme davon abhängt, dass dies zur Erforschung der Wahrheit erforderlich ist (vgl. § 58a Rdn. 6). So will Meyer-Goßner stets prüfen, ob die Vorführung der Aufzeichnung ergiebiger sein wird als die Verlesung der Vernehmungsniederschrift und ob es im konkreten Verfahren auf diesen erhöhten Beweiswert ankommt (ebenso Schöch FS Meyer-Goßner S. 373). 4

Bei einer Vernehmung eines **Zeugen unter 16 Jahren** kann der Unmittelbarkeitsgrundsatz weitergehend durchbrochen werden (Abs. 2). Voraussetzung ist zunächst, 5

§ 255a   2. Buch. Verfahren im ersten Rechtszug

dass Gegenstand der Hauptverhandlung eine Straftat ist, die in dem eigenständigen Katalog des § 255a Abs. 2 aufgeführt ist. Da es auf das „Verfahren" ankommt, ist die prozessuale Tatidentität entscheidend. Stehen weitere Straftaten hierzu in Tateinheit, hindert dies die Vorführung der Aufzeichnung nicht (BGH NJW 2004, 1605, 1607).

6 Der Zeuge darf **im Zeitpunkt der Vorführung** noch nicht 16 Jahre alt sein. Da es um Aufzeichnungen bei einer richterlichen Vernehmung geht, müssen auch die Anwesenheitsrechte der Beteiligten gewahrt sein (Meyer-Goßner § 255a Rdn. 8). Nur die Aufnahme einer ordnungsgemäßen richterlichen Vernehmung, die die wesentlichen Verfahrensvorschriften gewahrt hat (vgl. § 251 Rdn. 18), kann nach Abs. 2 S. 1 vorgeführt werden. Zweifelhaft ist, ob ein Zeuge durch nachträgliche Ausübung seines Zeugnisverweigerungsrechts die Verwertung der Aufzeichnung seiner früheren richterlichen Vernehmung verhindern kann. Der BGH (NJW 2004, 1605, 1608) bejaht dies zu Recht; die h. M. im Schrifttum lehnt dies ab (vgl. KK-Diemer § 255a Rdn. 11; LR-Gollwitzer § 255a Rdn. 20; vgl. auch Meyer-Goßner § 255a Rdn. 8).

7 **Angeklagter und Verteidiger** müssen Gelegenheit gehabt haben, an der Vernehmung mitzuwirken, insbesondere durch Ausübung ihres Fragerechts (vgl. OLG München StV 2000, 352); dies gilt auch für Vernehmungen im Wege der Rechtshilfe (Meyer-Goßner § 255a Rdn. 8a). Nicht schädlich ist die fehlende Mitwirkung des Verteidigers, wenn dieser zu dem damaligen Zeitpunkt noch nicht Beistand des Angeklagten war. Bestand keine hinreichende Gelegenheit zur Mitwirkung, darf die Aufzeichnung nur abgespielt werden, wenn sich der Angeklagte bzw. sein Verteidiger damit einverstanden erklären (SK-Schlüchter § 255a Rdn. 14, 18).

8 Liegen die Voraussetzungen des Satzes 1 vor, kann die Vernehmung des jungen Zeugen **nach pflichtgemäßem Ermessen** des Gerichts durch die Vorführung ersetzt werden. Geschieht dies, ist die durch Vorspielen der Aufzeichnung eingeführte Vernehmung so zu behandeln, als sei der Zeuge in der Hauptverhandlung selbst vernommen worden (BGHSt 49, 68). Bei der gebotenen Abwägung sind einerseits der Schutz des Zeugen, andererseits das Aufklärungsgebot und das Verteidigungsinteresse des Angeklagten zu berücksichtigen (Meyer-Goßner § 255a Rdn. 9).

9 Regelmäßig wird die Vorführung einer früheren richterlichen Vernehmung nur genügen, wenn der **Verteidiger** nach vollständiger Akteneinsicht gleichberechtigt an der Vernehmung mitwirken konnte (Schünemann StV 1998, 400), wenngleich die Zulässigkeit der Vorführung als solche hiervon nicht abhängt (BGHSt 48, 268; Meyer-Goßner § 255a Rdn. 9; abl. SK-Schlüchter § 255a Rdn. 14).

10 Die **ergänzende Vernehmung** des Zeugen ist nach S. 2 zulässig; ihre Notwendigkeit kann sich aus der gerichtlichen Aufklärungspflicht ergeben (vgl. BGHSt 48, 268). Die Vernehmung des Zeugen erfolgt dann in der Regel in der Hauptverhandlung unter Anwendung zeugenschonender Maßnahmen, ggf. auch in der Form des § 247a. Notfalls kommt auch eine kommissarische Vernehmung in Betracht (vgl. § 223). Wird der Zeuge dennoch persönlich vernommen, kann ihm die Aufzeichnung vorgehalten werden. Dies ist dann aber kein Fall des § 255a (BGHSt 49, 68).

11 **Das Verfahren** zur Anordnung der Vorführung der Aufzeichnung ergibt sich für Abs. 1 aus den dort erwähnten Vorschriften. Die Entscheidung über eine Ersetzung der Vernehmung nach Abs. 2 S. 1 trifft der Vorsitzende (§ 238 Abs. 1; SK-Schlüchter § 255a Rdn. 19; a. M. KK-Diemer § 255a Rdn. 14), hiergegen kann das Gericht angerufen werden (§ 238 Abs. 2). Da Abs. 2 S. 1 nicht auf § 255 verweist, gilt für die Protokollierung § 273 Abs. 1.

12 Gegen die Anordnung der Vorführung steht dem Zeugen die **Beschwerde** nach § 304 Abs. 2, § 305 S. 2 zu. Für alle anderen Verfahrensbeteiligten schließt § 305 S. 1 die Beschwerde aus. Mit der Revision kann gerügt werden, dass die gerichtliche Aufklärungspflicht verletzt worden ist, weil sich das Gericht mit der Vorführung der Aufzeichnung begnügte (Meyer-Goßner § 255a Rdn. 13). Das Unterlassen der Vorführung kann ebenfalls (nur) mit der Aufklärungsrüge angegriffen werden. Da die

6. Abschnitt. Hauptverhandlung § 256

Videoaufzeichnung Aktenbestandteil ist, kann über § 261 gerügt werden, das Beweisergebnis der Vorführung sei im Urteil unrichtig wiedergegeben (vgl. OLG Stuttgart NStZ 1986, 41, 42; Meyer-Goßner § 255a Rdn. 13).

§ 256 [Verlesung von Behörden- und Ärzteerklärungen]

(1) Verlesen werden können
1. die ein Zeugnis oder ein Gutachten enthaltenden Erklärungen
   a) öffentlicher Behörden,
   b) der Sachverständigen, die für die Erstellung von Gutachten der betreffenden Art allgemein vereidigt sind, sowie
   c) der Ärzte eines gerichtsärztlichen Dienstes mit Ausschluss von Leumundszeugnissen,
2. ärztliche Atteste über Körperverletzungen, die nicht zu den schweren gehören,
3. ärztliche Berichte zur Entnahme von Blutproben,
4. Gutachten über die Auswertung eines Fahrtschreibers, die Bestimmung der Blutgruppe oder des Blutalkoholgehalts einschließlich seiner Rückrechnung und
5. Protokolle sowie in einer Urkunde enthaltene Erklärungen der Strafverfolgungsbehörden über Ermittlungshandlungen, soweit diese nicht eine Vernehmung zum Gegenstand haben.

(2) Ist das Gutachten einer kollegialen Fachbehörde eingeholt worden, so kann das Gericht die Behörde ersuchen, eines ihrer Mitglieder mit der Vertretung des Gutachtens in der Hauptverhandlung zu beauftragen und dem Gericht zu bezeichnen.

Die Vorschrift ist mit dem 1. JuMoG neu gefasst worden und enthält weitere Fälle einer **Durchbrechung des Unmittelbarkeitsgrundsatzes.** Dabei wurde nicht nur die Möglichkeit geschaffen, auch Gutachten Privater zu verlesen, sondern auch die der Verlesung von Erklärungen von Strafverfolgungsbehörden über Ermittlungshandlungen (Nr. 5). Diese Erweiterung wird allgemein als problematisch empfunden (vgl. Knauer/Wolf NJW 2004, 2936; Neuhaus StV 2005, 52; Meyer-Goßner § 256 Rdn. 1). 1

§ 256 lässt die **gerichtliche Aufklärungspflicht** (§ 244 Abs. 2) unberührt. Allerdings können Anträge der Prozessbeteiligten auf Beweiserhebung abgelehnt werden, wenn die Aufklärungspflicht nicht zur persönlichen Anhörung der Beweisperson drängt (BGH NStZ 1981, 95). Mit §§ 411 Abs. 2 S. 2, § 420 Abs. 2 bestehen erweiterte Verlesungsmöglichkeiten im Strafbefehls- bzw. beschleunigten Verfahren. 2

Öffentliche Behörden (Nr. 1a) sind nach öffentlichem Recht eingerichtete, mit der Erfüllung öffentlicher Aufgaben betraute Stellen des Staates oder eines anderen Trägers der öffentlichen Verwaltung, die in ihrem Bestand von dem sie leitenden Beamten unabhängig sind (BVerwGE 10, 20, 48; Pfeiffer § 256 Rdn. 2). Auch ausländische Behörden sind erfasst (BGH NJW 1992, 58). Dazu zählen öffentliche Kliniken und Krankenhäuser (BGH NStZ 1984, 231), ein Universitätsinstitut für Rechtsmedizin (BGH NStZ-RR 1991, 262), das BKA und die Landeskriminalämter (BGH NJW 1968, 206), die Deutsche Bundesbank und die Landeszentralbanken und Gerichtsvollzieher (BayObLG StV 2002, 646). Keine Behörden sind in privater Rechtsform betriebene Krankenhäuser und technische Überwachungsvereine (BayObLG VRS 8, 467), Berufsgenossenschaften (RGSt 34, 367) und Notare (ausgenommen die staatlichen Notare in Baden-Württemberg; Meyer-Goßner § 256 Rdn. 14). 3

Die **von der Behörde stammenden Erklärungen** können verlesen werden. Die Erklärung muss von dem Behördenleiter oder in dessen Vertretung unterschrieben 4

523

§ 256   2. Buch. Verfahren im ersten Rechtszug

sein. Fehlt ein Vertretungszusatz, spricht dies dagegen, dass das Gutachten im Namen der Behörde erstattet worden ist (BGH NStZ 1988, 283). Ggf. verschafft sich das Revisionsgericht die Sicherheit im Freibeweis (Meyer-Goßner § 256 Rdn. 15). Das Fehlen eines Dienstsiegels oder des amtlichen Siegels schadet nicht (vgl. RGSt 43, 405).

5   Im gleichen Rahmen dürfen Gutachten allgemein **vereidigter Sachverständiger (Abs. 1 Nr. 1 b)** verlesen werden. In der Praxis gehören hierzu insbesondere Gutachter im Kfz-Gewerbe, im Versicherungswesen und in der Schriftkunde (Meyer-Goßner § 256 Rdn. 16). Nur noch in Zweifelsfällen ist bei solchen Sachverständigengutachten die persönliche Vernehmung erforderlich.

6   **Ärzte eines gerichtsärztlichen Dienstes (Abs. 1 Nr. 1 c)** sind insbesondere die bayrischen Landgerichts-Ärzte (Meyer-Goßner § 256 Rdn. 17). Eigentlich unterfallen deren Gutachten bereits den Behördengutachten nach Abs. 1 Nr. 1 a.

7   **Ärztliche Atteste (Nr. 2)** sind schriftliche Bestätigungen approbierter Ärzte (Pfeiffer § 256 Rdn. 2). Ausgenommen sind Atteste zu Straftaten nach den §§ 226, 227 StGB. § 340 Abs. 1 StGB ist hingegen erfasst (OLG Oldenburg MDR 1990, 1135). Verlesbar ist nicht nur der eigentliche Befund, sondern – wenn ausgeführt – auch eine gutachterliche Äußerung über Schwere und Folgen der Verletzung, Minderung der Erwerbsfähigkeit und voraussichtliche Heilungsmöglichkeiten (LR-Gollwitzer § 256 Rdn. 43). Nicht verlesbar ist die Feststellung von Tatsachen, die keiner besonderen Sachkunde bedurften, z. B. der Zustand der Kleidung, Alkoholgeruch beim Verletzten oder ähnliches (BGHSt 4, 155; Meyer-Goßner § 256 Rdn. 19). Kommt es nicht nur auf das Vorhandensein der Körperverletzung, sondern auf die Art der Verletzung an, muss der Arzt als Zeuge vernommen werden (BGH NStZ 1984, 211).

8   **Ist das Attest nicht verlesbar,** weil eine schwere Körperverletzung im Raum steht oder eine andere Straftat Gegenstand des Verfahrens ist, kann es immerhin noch zum Vorhalt genutzt werden. Zum Beweis dient dann aber nur die auf den Vorhalt hin abgegebene Erklärung (Meyer-Goßner § 256 Rdn. 21). Unberührt bleibt die Möglichkeit, mit Zustimmung der Prozessbeteiligten das Attest nach § 251 Abs. 1 Nr. 1 zu verlesen.

9   Ärztliche **Berichte über Blutprobenentnahmen (Abs. 1 Nr. 3)** betreffen Ort und Zeit der Entnahme, das Erscheinungsbild des Betroffenen und die Ergebnisses des Tests (Pfeiffer § 256 Rdn. 2). Sie können verlesen oder durch Vernehmung des Sachverständigen in die Hauptverhandlung eingeführt werden.

10   **Sonstige Gutachten und Berichte (Nr. 4)** meint solche, die nicht von einer öffentlichen Behörde oder einem Arzt herrühren. Mit Fahrtschreiber (Nr. 4) ist die Auswertung eines Fahrtschreiberdiagramms gemeint. Eine Auswertung einer Blutprobe darf auch bei privaten Gutachten im Hinblick auf die Blutgruppenbestimmung und zur Berechnung des Blutalkoholgehalts verlesen werden. Nur bei Problemen mit der Rückrechnung drängt sich die Vernehmung des Sachverständigen auf (vgl. Meyer-Goßner § 256 Rdn. 25).

11   **Erklärungen** der Strafverfolgungsbehörden **über Ermittlungshandlungen (Abs. 1 Nr. 5)** dürfen nach der Änderung des § 256 ebenfalls verlesen werden (oben Rdn. 1). Hintergrund ist die Erwägung, die Hauptverhandlung von Vernehmungen solcher Zeugen zu entlasten, die im Zweifel sich nicht mehr erinnern können und erst auf Vorhalt des Protokolls oder der Urkunde „bezeugen" könnten. Gedacht ist insbesondere an Protokolle und Vermerke über Routinevorgänge, wie Beschlagnahmen, Spurensicherungen, Hausdurchsuchungen usw. (BR-Drucks. 378/03 S. 61). In diesem Zusammenhang wird in besonderem Maße auf die Einhaltung der Aufklärungspflicht nach § 244 Abs. 2 zu achten sein (oben Rdn. 1; Meyer-Goßner § 256 Rdn. 26). Ggf. müssen die Verfahrensbeteiligten durch Stellung von Beweisanträgen auf eine weitere Aufklärung drängen (Neuhaus StV 2005, 52).

12   Ausgeschlossen sind Erklärungen, die sich auf eine **„Vernehmung"** beziehen (Abs. 1 Nr. 5 am Ende). Der Begriff der Vernehmung ist weit zu fassen (Meyer-

6. Abschnitt. Hauptverhandlung   § 257

Goßner § 256 Rdn. 27). Hierzu gehören auch Notizen über eine informatorische Befragung (Knauer/Wolf NJW 2004, 2936) oder polizeiliche Schlussberichte, in denen die Vernehmungsergebnisse wiedergegeben werden.

Abs. 2 enthält eine **Ergänzung des § 83 Abs. 3.** Gemeint ist eine Behörde, die **13** nicht durch ihren Leiter, dessen Stellvertreter oder einen Beauftragten handelt, sondern als Kollegialorgan. Das erkennende Gericht kann dann entweder sämtliche Mitglieder des Kollegiums laden oder aber ersuchen, eines der Mitglieder zur Vertretung in die Hauptverhandlung zu entsenden. Die Fachbehörde muss dem nicht entsprechen. Ein Beauftragter hat in der Hauptverhandlung die Stellung eines Sachverständigen (Meyer-Goßner § 256 Rdn. 28; anders Rogall S. 522, der meint, Urteilsgrundlage sei und bleibe allein das verlesene behördliche Gutachten).

Die Anordnung der Verlesung trifft der Vorsitzende (§ 238 Abs. 1), nur auf Beanstandung entscheidet nach § 238 Abs. 2 das Gericht. **14**

Mit der **Revision** kann gerügt werden, ob eine nach Abs. 1 Nr. 1 a verlesene Erklärung für eine Behörde abgegeben worden ist. Das Revisionsgericht prüft dies im Freibeweis (Meyer-Goßner § 256 Rdn. 30). Über die Aufklärungsrüge kann angegriffen werden, dass sich das Gericht mit der Verlesung begnügt hat, obwohl die Umstände zu einer persönlichen Vernehmung des Zeugen oder Gutachters drängten (vgl. BGH NStZ 1993, 397). War die Verlesung unzulässig, ist § 250 verletzt (BGH NJW 1980, 651). Dies kann auch dann gerügt werden, wenn nicht nach § 238 Abs. 2 das Gericht angerufen worden ist (KK-Diemer § 256 Rdn. 13). **15**

§ 257 [Befragung des Angeklagten, des Staatsanwalts und des Verteidigers]

(1) **Nach der Vernehmung eines jeden Mitangeklagten und nach jeder einzelnen Beweiserhebung soll der Angeklagte befragt werden, ob er dazu etwas zu erklären habe.**

(2) **Auf Verlangen ist auch dem Staatsanwalt und dem Verteidiger nach der Vernehmung des Angeklagten und nach jeder einzelnen Beweiserhebung Gelegenheit zu geben, sich dazu zu erklären.**

(3) **Die Erklärungen dürfen den Schlußvortrag nicht vorwegnehmen.**

Die Befragung des Angeklagten (Abs. 1) ergänzt die Sachvernehmung und **1** verschafft diesem das rechtliche Gehör. Die Befragung ist Aufgabe des Vorsitzenden. Es handelt sich zwar um eine Sollvorschrift, der Vorsitzende wird aber im Regelfall nicht ohne besonderen Grund von einer Befragung absehen (Meyer-Goßner § 257 Rdn. 2). Abs. 1 gilt auch für Nebenbeteiligte, denen die Befugnisse des Angeklagten zustehen, im Rahmen ihrer Beteiligung (Meyer-Goßner § 257 Rdn. 3). In der Sitzungsniederschrift muss die Befragung nach jedem einzelnen Beweiserhebungsakt nicht festgehalten werden (BGH StV 1994, 468).

StA und Verteidiger (Abs. 2) müssen nicht besonders befragt werden, sondern **2** äußern sich auf ihr Verlangen hin. Die Vorschrift gilt auch für Privatkläger und Nebenkläger (Meyer-Goßner § 257 Rdn. 6). Die Abgabe einer Erklärung nach Abs. 2 ist in der Sitzungsniederschrift zu beurkunden (vgl. Burkhard StV 2004, 397).

Die Erklärungen müssen sich immer auf die unmittelbar **vorangegangene Be- 3 weiserhebung** beziehen, dürfen also nicht zu einem „allgemeinen Plädoyer" auswachsen (vgl. Rieß NJW 1975, 81, 94; LR-Gollwitzer § 257 Rdn. 7, 11, 18). Insbesondere geht es darum, zum Beweiswert des Beweismittels kritisch Stellung zu nehmen, Widersprüche aufzuzeigen und auf Zusammenhänge mit anderen Beweismitteln hinzuweisen. Die Gesamtwürdigung der bisherigen Verhandlungsergebnisse ist unzulässig (Meyer-Goßner § 257 Rdn. 8). Überschreitet ein Verfahrensbeteiligter den

§ 257a 2. Buch. Verfahren im ersten Rechtszug

Rahmen des Abs. 3, entzieht ihm der Vorsitzende das Wort (§ 238 Abs. 1; Anrufung des Gerichts nach § 238 Abs. 2 möglich).

4 § 257 enthält eine **nichtrevisible Ordnungsvorschrift,** wenn jedenfalls das rechtliche Gehör ansonsten gewährt worden ist (BGH MDR 1967, 175; Meyer-Goßner § 257 Rdn. 9; a. M. Burkhard StV 2004, 397; vgl. auch § 337 Rdn. 6).

§ 257a [Schriftform]

¹**Das Gericht kann den Verfahrensbeteiligten aufgeben, Anträge und Anregungen zu Verfahrensfragen schriftlich zu stellen.** ²**Dies gilt nicht für die in § 258 bezeichneten Anträge.** ³**§ 249 findet entsprechende Anwendung.**

1 Die 1994 eingeführte Vorschrift soll eine **straffere Durchführung von Großverfahren** ermöglichen (BT-Drucks. 12/6853 S. 34). Da mit ihr der Öffentlichkeits- und Mündlichkeitsgrundsatz eingeschränkt sind und die Einschränkung von Verteidigungsrechten zu besorgen ist, wird allgemein eine restriktive Auslegung der Vorschrift gefordert: Nur wenn durch eine Vielzahl von Anträgen oder Anregungen zu Verfahrensfragen oder durch mehrere Anträge außerordentlichen Umfangs der Verfahrensablauf bei mündlichem Vortrag erheblich – um Stunden oder gar Tage – verzögert werden würde, kann eine Anordnung nach § 257a in Betracht kommen (vgl. Meyer-Goßner § 257a Rdn. 2; R. Hamm StV 1994, 459). Ein Missbrauch des Beweisantragsrechts ist nicht erforderlich, da es nicht um eine Sanktion für prozessuales Fehlverhalten geht, sondern – bei restriktiver Anwendung – auch um das wohlverstandene Interesse der Verfahrensbeteiligten (Pfeiffer § 257a Rdn. 2).

2 Die Anordnung kann sich auf **alle Arten von Anträgen** oder Anregungen beziehen, auch auf Beweisanträge. Ausgeschlossen ist sie für die Schlussvorträge und Anträge nach § 258 sowie für Ablehnungsanträge gegen Mitglieder des Gerichts (§ 26 Abs. 1 S. 2) und für sonstige Erklärungen zur Sache oder Äußerungen zu Rechtsfragen (Meyer-Goßner § 257a Rdn. 8).

3 Die Anordnung steht im pflichtgemäßen **Ermessen des Gerichts.** Eine Entscheidung des Vorsitzenden genügt nicht (§ 257a Rdn. 5). Sie kann gegenüber allen Verfahrensbeteiligten ergehen. Der entsprechende Beschluss ist zu begründen, um eine Nachprüfung durch das Revisionsgericht zu ermöglichen (Pfeiffer § 257a Rdn. 4).

4 **Rechtsfolge der Anordnung** ist, dass die von dem Beschluss umfassten Anträge und Anregungen nur noch in schriftlicher, nicht notwendig maschinenschriftlicher, Form überreicht werden dürfen. Notfalls muss die Hauptverhandlung unterbrochen werden, um den Verfahrensbeteiligten Gelegenheit zur schriftlichen Abfassung zu geben (Dahs NJW 1995, 553, 556). Die Einreichung muss als wesentliche Förmlichkeit im Hauptverhandlungsprotokoll vermerkt werden (Meyer-Goßner § 257a Rdn. 9). Werden dennoch mündlich Anträge oder Anregungen gestellt, muss das Gericht sie nicht entgegennehmen, ist aber daran auch nicht gehindert (Meyer-Goßner § 257a Rdn. 9).

5 Der Verweis auf § 249 (§ 257a S. 2) soll dem Gericht ermöglichen, von den schriftlich gestellten Anträgen und Anregungen im **Selbstleseverfahren** Kenntnis zu nehmen. Regelmäßig ist ein zusammenfassender Bericht des Vorsitzenden empfehlenswert, um den Inhalt des Schriftsatzes in der Hauptverhandlung bekannt zu machen.

6 Eine Anfechtung der Anordnung mit der Beschwerde ist wegen § 305 S. 1 nicht zulässig. Mit der **Revision** kann gerügt werden, dass die Anordnung unzulässig war. Insofern gilt § 337, für die Verteidigung § 338 Nr. 8. Konnte wegen der Beschränkung ein verfahrenserheblicher Beweisantrag nicht gestellt werden, kann auch eine Aufklärungsrüge in Betracht kommen (Meyer-Goßner § 257a Rdn. 13).

6. Abschnitt. Hauptverhandlung § 258

§ 258 [Schlußvorträge]

(1) Nach dem Schluß der Beweisaufnahme erhalten der Staatsanwalt und sodann der Angeklagte zu ihren Ausführungen und Anträgen das Wort.

(2) Dem Staatsanwalt steht das Recht der Erwiderung zu; dem Angeklagten gebührt das letzte Wort.

(3) Der Angeklagte ist, auch wenn ein Verteidiger für ihn gesprochen hat, zu befragen, ob er selbst noch etwas zu seiner Verteidigung anzuführen habe.

Der Schluss der Beweisaufnahme wird regelmäßig vom Vorsitzenden festgestellt und im Protokoll vermerkt (Pfeiffer § 258 Rdn. 1). Danach werden die Schlussvorträge gehalten, der Angeklagte erhält das letzte Wort. Damit wird den Verfahrensbeteiligten rechtliches Gehör gewährt. 1

Das **Recht zum Schlussvortrag** haben StA, Nebenkläger (§ 397 Abs. 1 S. 3), Privatkläger (§ 385 Abs. 1 S. 1), für die auch Vertreter sprechen dürfen, der Angeklagte und sein Verteidiger. Dieser ist zwar in Abs. 1 nicht genannt, seine Stellung ergibt sich aber aus Abs. 3 (KG NStZ 1984, 523). Der Verteidiger muss den Schlussvortrag auch nicht besonders beantragen, er wird ihm, wie den anderen Verfahrensbeteiligten, von Amts wegen gewährt (LR-Gollwitzer § 258 Rdn. 12; a. M. KK-Engelhardt § 258 Rdn. 5). Dem Nebenkläger wird das Wort vor dem Verteidiger gewährt (Meyer-Goßner § 258 Rdn. 8). 2

Bei mehreren Angeklagten bestimmt der Vorsitzende die Reihenfolge, in der sie und ihre Verteidiger zu Wort kommen (KK-Engelhardt § 258 Rdn. 6). Sind mehrere Staatsanwälte oder Verteidiger vorhanden, müssen sie intern die Reihenfolge der Schlussvorträge aufteilen (LR-Gollwitzer § 258 Rdn. 13). Zur Berufungsverhandlung siehe § 326 S. 1, zur Revisionsverhandlung siehe § 351 Abs. 2 S. 1. 3

Eine Pflicht zum Schlussvortrag begründet Abs. 1 nicht. Der StA ist aber auf Grund seiner prozessualen Stellung im Offizialverfahren nicht nur innerdienstlich verpflichtet, einen Schlussvortrag zu halten (Nehm FS Geiß S. 115; Meyer-Goßner § 258 Rdn. 10; a. M. Pfeiffer § 258 Rdn. 4). 4

Der Staatsanwalt würdigt das Verhandlungsergebnis in tatsächlicher und rechtlicher Hinsicht zusammenfassend und stellt bestimmte Anträge (vgl. Hellebrandt 380ff; BGH NStZ 1984, 468). Ob eine Fortsetzung der Verhandlung ohne Schlussvortrag der StA zulässig ist, ist umstritten (vgl. Meyer-Goßner § 258 Rdn. 10; KK-Schoreit § 258 Rdn. 8). Teilweise wird die Auffassung vertreten, bei einer Weigerung des Vertreters der StA, einen Schlussvortrag zu halten, sei ggf. die Verhandlung zu unterbrechen und eine Anordnung des Dienstvorgesetzten herbeizuführen (vgl. OLG Stuttgart NStZ 1992, 98; Pfeiffer § 258 Rdn. 4). Verbleibt es bei der Weigerung der StA, soll das Gericht das Verfahren fortführen können (OLG Stuttgart NStZ 1992, 98). 5

Die StA kann nicht nur einen Antrag auf Freisprechung oder Verurteilung stellen, sondern auch ggf. einen solchen auf **weitere Beweiserhebung**. Auch auf den Antrag, das Verfahren nach § 154 einzustellen, kann das Gericht ein Sachurteil erlassen (Meyer-Goßner § 258 Rdn. 10; siehe aber BGH NStZ 1984, 468). 6

Der Verteidiger nimmt in seinem Schlussvortrag seinerseits zum Verhandlungsergebnis in tatsächlicher und rechtlicher Hinsicht Stellung und geht dabei auch auf die Anträge der StA ein. Verweigert er dies, kann er dazu nicht gezwungen werden (LR-Gollwitzer § 258 Rdn. 17). Zweifelhaft ist, ob in einem Fall notwendiger Verteidigung § 145 anzuwenden ist (vgl. Nehm FS Geiß S. 126). Das Verfahren ist auch dann fortzusetzen, wenn der Verteidiger den Schlussvortrag verweigert (BGH NStZ 1981, 295; Pfeiffer § 258 Rdn. 4). 7

Eine **bestimmte Form** ist für den Schlussvortrag nicht vorgeschrieben, die Benutzung schriftlicher Aufzeichnungen zulässig (BGHSt 3, 368). Eine Beschränkung der Redezeit ist unzulässig (BGH MDR 1953, 598). Bei offensichtlichem Missbrauch 8

§ 258   2. Buch. Verfahren im ersten Rechtszug

kann der Vorsitzende nach § 238 Abs. 1 einschreiten (BGH MDR 1964, 72) und notfalls das Wort entziehen (Pfeiffer § 258 Rdn. 5). Das Beweisantragsrecht darf in keinem Fall beeinträchtigt werden.

9   Inhaltlich dürfen sich die Schlussvorträge nur auf Tatsachen und Beweismittel beziehen, die auch **Gegenstand der Hauptverhandlung** waren. Privates Wissen dürfen weder StA noch Verteidiger verwerten (LR-Gollwitzer § 258 Rdn. 18).

10 **Das Erwiderungsrecht (Abs. 2, 1. Hs.)** steht nicht nur dem StA, sondern auch den anderen zum Schlussvortrag Berechtigten (Rdn. 2) zu (BGHSt 28, 272, 274). § 67 Abs. 1 JGG ist aber im Verfahren gegen jugendliche Angeklagte zu beachten (BGH NStZ 2000, 435). Für den Angeklagten und den Verteidiger ergibt sich das Erwiderungsrecht aus Abs. 2, 2. Hs., Abs. 3. Mehr als zwei Worterteilungen sieht das Gesetz nicht vor, hierüber entscheidet der Vorsitzende und ggf. auf Anrufung das Gericht (KK-Engelhardt § 258 Rdn. 13; Pfeiffer § 258 Rdn. 6).

11 Die Aufteilung der Schlussvorträge **(Schuldinterlokut)** ist im Gesetz nicht vorgesehen und auch nicht üblich. In Absprache zwischen StA und Verteidiger ist aber möglich, dass zunächst nur zur Schuldfrage gesprochen und erst in einer „zweiten Runde" die Rechtsfolgenfrage behandelt wird (Meyer-Goßner § 258 Rdn. 17).

12 Dass **der Angeklagte** immer das Recht hat, auf die Äußerungen anderer Verfahrensbeteiligter zu erwidern, folgt schon aus seinem Recht auf das letzte Wort nach Abs. 2 Hs. 2, Abs. 3 (vgl. BGH NJW 1976, 1951). Über das Verlangen nach Erwiderung entscheidet der Vorsitzende (§ 238 Abs. 1), lehnt er sie ab, kann das Gericht nach § 238 Abs. 2 angerufen werden.

13 Das letzte Wort des Angeklagten (Abs. 3) ist ein **höchstpersönliches Recht,** das nicht übertragbar ist (BGH wistra 2000, 270). Dem Verteidiger steht es auch dann nicht neben dem Recht zum Schlussvortrag zu, wenn er den Angeklagten in Abwesenheit vertritt (BGH MDR 1978, 460). Der Angeklagte hat immer das letzte Wort, auch wenn er schon zuvor nach Abs. 1 einen Schlussvortrag gehalten hat oder sonst zu Wort gekommen ist (BGH StV 1999, 5). Bei einer Fortsetzung der Hauptverhandlung nach § 231 Abs. 2 in Abwesenheit des Angeklagten ist ihm auch dann das letzte Wort zu erteilen, wenn er kurz vor der Urteilsverkündung in die Hauptverhandlung zurückkehrt und nur noch die Urteilsverkündung ansteht (BGH NStZ 1990, 291).

14 Sprechen nach dem letzten Wort des Angeklagten andere Verfahrensbeteiligte für ihn, muss ihm **erneut das letzte Wort** erteilt werden (BGHSt 48, 181; Rübenstahl GA 2004, 33). Die Reihenfolge, in der mehrere Angeklagte das letzte Wort haben, bestimmt der Vorsitzende (RGSt 57, 265).

15 Neben dem Angeklagten haben auch **Nebenbeteiligte** sowie Erziehungsberechtigte und gesetzliche Vertreter im Jugendverfahren (§ 67 Abs. 1 JGG) einen Anspruch auf das letzte Wort (vgl. auch BGHSt 21, 288).

16 **Inhaltlich** ist der Angeklagte frei. Seinen Schlussvortrag kann er bis zur Grenze offenkundigen Missbrauchs gestalten, eine Entziehung des Wortes kommt nur als letztes Mittel in Betracht (Pfeiffer § 258 Rdn. 8). Anders als der Verteidiger ist er nicht gehalten, nur über Umstände zu sprechen, die auch Gegenstand der Verhandlung waren. Auf eine bestimmte Redezeit darf er ebenso wenig beschränkt werden wie der Verteidiger (RGSt 64, 57). Alibibehauptungen im letzten Wort muss das Gericht nach Maßgabe des § 244 Abs. 2 nachgehen (BGH NStZ 2001, 160).

17 Bei einem **Wiedereintritt in die Verhandlung** muss das Gericht nach erneuter Schließung der Beweisaufnahme den Prozessbeteiligten nochmals Gelegenheit zum Schlusswort geben und dem Angeklagten nochmals das letzte Wort erteilen. Dabei kommt es nicht darauf an, welchen Umfang und Bedeutung die Verhandlung hatte (Meyer-Goßner § 258 Rdn. 27). Nehmen StA oder Verteidiger ihr Recht nicht wahr, ist dies eine stillschweigende Bezugnahme auf den zuvor gehaltenen Schlussvortrag (BayObLG NJW 1957, 1289). Der Angeklagte muss jedoch ausdrücklich auf sein Recht hingewiesen werden, nochmals als Letzter zu sprechen (BGHSt 22, 278; BGH

6. Abschnitt. Hauptverhandlung § 259

NStZ 1987, 36). Auch wenn nur einer von mehreren Anklagevorwürfen Gegenstand der erneuten Beweisaufnahme war, muss das letzte Wort in vollem Umfang erteilt werden (BGHSt 20, 273, 275; Meyer-Goßner § 258 Rdn. 27).

Ein Wiedereintritt liegt in jeder Handlung, in der der **Wille des Gerichts zum** 18 **Weiterverhandeln** in der Sache in Erscheinung tritt, insbesondere in jeder Prozesshandlung, die ihrer Natur nach in den Bereich der Beweisaufnahme fällt (Meyer-Goßner § 258 Rdn. 28). Ein Wiedereintritt liegt z. B. vor, wenn nach dem letzten Wort des Angeklagten auch nur ein Antrag, die Beweisaufnahme wieder zu eröffnen oder ein Beweisantrag abgelehnt wird (vgl. BGH NStZ 1982, 190; OLG Celle StV 1985, 7). Gleiches gilt, wenn eine Urkunde verlesen wird, mag dies auch nicht zu Beweiszwecken geschehen (BGH NStZ 1983, 357). Auch Haftentscheidungen bedeuten einen Wiedereintritt in die Verhandlung (vgl. Meyer-Goßner § 258 Rdn. 29).

Kein Wiedereintritt ist die Verwerfung eines unzulässigen Ablehnungsantrags 19 nach § 24 (KK-Engelhardt § 258 Rdn. 25), eine Erörterung der Verhandlungsfähigkeit des Angeklagten (BGH NStZ 1990, 228) oder die bloße Entgegennahme eines Hilfsbeweisantrags (BGH NStZ 2004, 505).

Die Erteilung des Worts zum Schlussvortrag bzw. die Gewährung des letzten Wor- 20 tes gehört zu den **wesentlichen Förmlichkeiten** der Hauptverhandlung im Sinne des § 273 Abs. 1 (BGH StV 2002, 530). Auch die Verweigerung des Schlussvortrags und die Entziehung des Worts sind im Sitzungsprotokoll zu beurkunden (LR-Gollwitzer § 258 Rdn. 52). Die Einhaltung dieser Förmlichkeiten kann nach § 274 nur durch das Sitzungsprotokoll bewiesen werden (BGHSt 22, 278; Meyer-Goßner § 258 Rdn. 31). Zur Auslegung des Protokolls vgl. Meyer-Goßner § 258 Rdn. 32.

Die **Revision** kann mit der Verfahrensrüge darauf gestützt werden, dass es keine 21 Gelegenheit zum Schlussvortrag gab oder zu wenig Zeit für die Vorbereitung gegeben war (KG NStZ 1984, 523). Gerügt werden kann auch, dass das letzte Wort nicht erteilt oder in unzulässiger Weise beschränkt worden ist (BGHSt 3, 368, 370; BGH NStZ 1999, 426). Die Revisionsbegründung muss den Verfahrensgang genau darlegen (BGH NStZ 1995, 19). Andere Anordnungen des Vorsitzenden können nur gerügt werden, wenn eine Entscheidung des Gerichts nach § 238 Abs. 2 beantragt wurde (BGHSt 3, 368, 369).

Auf einem Verstoß gegen § 258 Abs. 2 Hs. 2, Abs. 3 wird das Urteil regelmäßig 22 **beruhen** (vgl. BGHSt 21, 288, 290; Meyer-Goßner § 258 Rdn. 34). Hat der Angeklagte ein Geständnis abgelegt, wird der Schuldspruch aber in der Regel aufrechterhalten werden können (BGH NStZ 1999, 426). Bei Verstößen zu Lasten des Nebenklägers wird das Beruhen leichter auszuschließen sein (BGH NJW 2001, 3137).

§ 259 [Dolmetscher]

(1) **Einem der Gerichtssprache nicht mächtigen Angeklagten müssen aus den Schlußvorträgen mindestens die Anträge des Staatsanwalts und des Verteidigers durch den Dolmetscher bekanntgemacht werden.**

(2) **Dasselbe gilt nach Maßgabe des § 186 des Gerichtsverfassungsgesetzes für einen hör- oder sprachbehinderten Angeklagten.**

Die Vorschrift enthält eine **Beschränkung der §§ 185, 186 GVG**. Sie gilt nur für 1 die Schlussvorträge nach § 258 und ist auf sonstige Teile der Hauptverhandlung nicht entsprechend anwendbar (RGSt 36, 355; Pfeiffer § 259 Rdn. 1). Ob mehr als die Anträge übersetzt werden, entscheidet der Vorsitzende nach pflichtgemäßem Ermessen (Meyer-Goßner § 259 Rdn. 1).

Die Beachtung der Mindestanforderungen des § 259 ist nicht protokollierungs- 2 pflichtig. Die **Revision** kann darauf gestützt werden, dass die Mindestanforderungen nicht beachtet worden sind; dann gilt Freibeweis (Meyer-Goßner § 259 Rdn. 3).

§ 260 [Urteil]

(1) Die Hauptverhandlung schließt mit der auf die Beratung folgenden Verkündung des Urteils.

(2) Wird ein Berufsverbot angeordnet, so ist im Urteil der Beruf, der Berufszweig, das Gewerbe oder der Gewerbezweig, dessen Ausübung verboten wird, genau zu bezeichnen.

(3) Die Einstellung des Verfahrens ist im Urteil auszusprechen, wenn ein Verfahrenshindernis besteht.

(4) [1]Die Urteilsformel gibt die rechtliche Bezeichnung der Tat an, deren der Angeklagte schuldig gesprochen wird. [2]Hat ein Straftatbestand eine gesetzliche Überschrift, so soll diese zur rechtlichen Bezeichnung der Tat verwendet werden. [3]Wird eine Geldstrafe verhängt, so sind Zahl und Höhe der Tagessätze in die Urteilsformel aufzunehmen. [4]Wird die Entscheidung über die Sicherungsverwahrung vorbehalten, die Strafe oder Maßregel der Besserung und Sicherung zur Bewährung ausgesetzt, der Angeklagte mit Strafvorbehalt verwarnt oder von Strafe abgesehen, so ist dies in der Urteilsformel zum Ausdruck zu bringen. [5]Im übrigen unterliegt die Fassung der Urteilsformel dem Ermessen des Gerichts.

(5) [1]Nach der Urteilsformel werden die angewendeten Vorschriften nach Paragraph, Absatz, Nummer, Buchstabe und mit der Bezeichnung des Gesetzes aufgeführt. [2]Ist bei einer Verurteilung, durch die auf Freiheitsstrafe oder Gesamtfreiheitsstrafe von nicht mehr als zwei Jahren erkannt wird, die Tat oder der ihrer Bedeutung nach überwiegende Teil der Taten auf Grund einer Betäubungsmittelabhängigkeit begangen worden, so ist außerdem § 17 Abs. 2 des Bundeszentralregistergesetzes anzuführen.

I. Überblick

1 Die Vorschrift beschreibt das **Verfahren des Gerichts** nach Schlussvorträgen und Erteilung des letzten Wortes und regelt formale Anforderungen an das Urteil.

2 **Die Beratung** schließt sich an die Schlussvorträge und das letzte Wort des Angeklagten an. Vor- und Zwischenberatungen sind zulässig (BGHSt 17, 340), können aber die Schlussberatung in keinem Fall ersetzen (vgl. BGH NStZ 1988, 470). Eine Nachberatung im Sitzungssaal ist zulässig, wenn eine rasche Verständigung der erkennenden Richter möglich ist (BGH NJW 1992, 3181).

> **Beispiel:** Wegen eines Beweisantrags unmittelbar vor der Urteilsverkündung ist das Gericht nochmals in die Verhandlung eingetreten. Nach Rücknahme des Beweisantrages, Wiederholung von Schlussvorträgen und Erteilung des letzten Wortes verständigt sich das Gericht durch Blickkontakt auf das bereits beratene Ergebnis.

Die Beratung ist **nicht Teil der Hauptverhandlung**; die Tatsache, dass eine Beratung stattgefunden hat, ist nur dann zu protokollieren, wenn es eine Kurzberatung im Sitzungssaal gab (BGH NJW 1992, 3182), im Übrigen wird nur die Unterbrechung der Hauptverhandlung zum Zweck der Beratung protokolliert (BGHSt 5, 294).

3 Die Beratung und Abstimmung (vgl. §§ 192 bis 197 GVG, § 263) ist **geheim** (§§ 43, 45 Abs. 1 S. 2 DRiG). Berechtigt zur Teilnahme sind nur die erkennenden Richter, ggf. auch beim Gericht auszubildende Personen (§ 193 GVG). Ergänzungsrichter nehmen an der Urteilsberatung nicht teil.

4 **Der Vorsitzende** leitet die Beratung (§ 194 Abs. 1 GVG). Grundsätzlich entscheidet das Gericht mit der absoluten Mehrheit der Stimmen (§ 196 Abs. 1 GVG). Für die Schuld- und Straffrage ergibt sich aus § 263 ein qualifiziertes Stimmenverhältnis. Bei einem „Patt" in dem mit zwei Richtern und zwei Schöffen besetzten Gericht gibt die

6. Abschnitt. Hauptverhandlung § 260

Stimme des Vorsitzenden den Ausschlag (§ 196 Abs. 4 GVG). Die **Reihenfolge der Stimmenabgabe** ergibt sich aus § 197 GVG. Danach stimmen zuerst die Schöffen nach dem Lebensalter ab, der jüngere stimmt vor dem älteren. Dann stimmen die Berufsrichter nach dem Dienstalter, bei gleichem Dienstalter nach dem Lebensalter, wiederum der jüngere vor dem älteren, ab (§ 197 GVG).

Die Urteilsverkündung als Teil der Hauptverhandlung ist im Einzelnen in § 268 geregelt. Wesentlicher Verhandlungsteil ist hier nur die mündliche Verkündung der Urteilsformel (BGHSt 15, 263). Ohne sie liegt ein Urteil im Rechtssinne nicht vor (Pfeiffer § 260 Rdn. 2). Bei der Urteilsverkündung gelten die Anwesenheitserfordernisse der §§ 26, 230 ff sowie das Öffentlichkeitserfordernis des § 173 GVG (vgl. § 338 Nr. 5, 6). Die mündliche Eröffnung der Urteilsgründe ist nur eine vorläufige Unterrichtung, auf der Abwesenheit von Prozessbeteiligten kann das Urteil nicht beruhen (vgl. BGHSt 15, 263).   5

II. Arten des Urteils

Ob eine Entscheidung **Urteil oder Beschluss** ist, hängt nicht von der Bezeichnung, sondern allein vom Inhalt ab (BGHSt 25, 242). Urteil ist jede Entscheidung nach vollständig durchgeführter Hauptverhandlung, die das Verfahren endgültig abschließen und den Prozessgegenstand erledigen soll (BGHSt 18, 381, 384).   6

Wird das Verfahren ohne Sachentscheidung beendet, spricht man von einem **Prozessurteil**. Bloße prozessuale Entscheidungen, die ohne sachliche Prüfung des Anklagevorwurfs ergehen, sind im ersten Rechtszug die Einstellungsurteile nach Abs. 3 und § 389 Abs. 1, im Strafbefehlsverfahren das Verwerfungsurteil nach § 412. Den gleichen Charakter haben Berufungsentscheidungen nach § 322 Abs. 1 S. 2, § 329, Verweisungsurteile nach § 328 Abs. 2 und im Revisionsverfahren ein Verwerfungsurteil nach § 349 Abs. 1, 5 sowie das Verweisungsurteil nach § 355 (Meyer-Goßner § 260 Rdn. 7).   7

Sachurteile entscheiden hingegen über die materielle Rechtslage, führen zum Strafklageverbrauch und sind der materiellen Rechtskraft fähig. Teil- und Zwischenurteile gibt es nur im Adhäsionsverfahren (§ 406 Abs. 1 S. 2). Im Revisionsverfahren lässt die Rechtsprechung Teilentscheidungen zu, wenn dies wegen des Beschleunigungsgrundsatzes geboten ist. So soll hinsichtlich einzelner von mehreren Straftaten („vertikal") vorab entschieden werden können (BGH wistra 2000, 219, 226), aber auch („horizontal") über einen Teil des Prozessgegenstandes (BGH NJW 2004, 2686).   8

III. Kognitionspflicht des Gerichts

Grundsatz ist, dass der Prozessgegenstand durch die in dem Eröffnungsbeschluss zugelassene Anklage bestimmt wird, ggf. auch durch eine nach § 266 Abs. 1 einbezogene Nachtragsanklage (Meyer-Goßner § 260 Rdn. 10). Mit dem Urteil muss der Eröffnungsbeschluss erschöpfend erledigt sein. Diese **Kognitionspflicht** gebietet, dass der Urteilsspruch diesen Prozessgegenstand erschöpfend erledigt (BGH NStZ 1984, 212). Ob dies der Fall ist, ergibt sich aus einem Vergleich der Urteilsformel mit der zugelassenen Anklage (BGH NStZ 1993, 551, 552). Wird die Tat rechtlich anders gewürdigt, wird im Zweifel ein Hinweis nach § 265 Abs. 1 ergangen sein, ansonsten muss, wenn die Verurteilung nicht ausgeschöpft wird, ein Teilfreispruch erfolgen (Meyer-Goßner § 260 Rdn. 10).   9

Inwiefern ein **Teilfreispruch** im Einzelfall erforderlich ist, hängt davon ab, wie weit das Urteil von der rechtlichen Würdigung in der mit dem Eröffnungsbeschluss zugelassenen Anklage abweicht. Nimmt der Eröffnungsbeschluss **Tateinheit** an, wird aber nicht wegen aller Taten verurteilt, so erfolgt kein Teilfreispruch (BGH NJW 1984, 135, 136), da das Urteil wegen ein und derselben Tat nur einheitlich auf Ver-   10

§ 260

urteilung oder Freispruch lauten kann (BGH NStZ 1985, 15). Aus Billigkeitsgründen verlangt die Rechtsprechung aber dann einen Teilfreispruch, wenn die Annahme von Tateinheit offensichtlich fehlerhaft war und eine der Taten nicht erwiesen ist (BGH NJW 1993, 2125; Meyer-Goßner § 260 Rdn. 12).

11 Wird **nicht wegen aller Delikte verurteilt,** die nach der Anklage in Tatmehrheit begangen worden sein sollen, so muss insoweit freigesprochen werden, auch bei einer einheitlichen Tat im Sinne des § 264 (BGHSt 44, 196, 202). Dies gilt auch dann, wenn das Gericht der Meinung ist, dass bei einer zutreffenden rechtlichen Würdigung nur eine einzige Tat im Sinne des § 52 vorliege (BGH NJW 1992, 989, 991). Ein Teilfreispruch unterbleibt, wenn das gesamte Geschehen als eine einzige Tat (BGHSt 44, 196: Totschlag durch Tun statt durch Unterlassen) oder als eine einheitliche Rauschtat nach § 323a StGB abgeurteilt wird (BGHSt 13, 223). Unzulässig ist ein Teilfreispruch, wenn mehrere Einzeltaten zu einer Bewertungseinheit zusammengefasst werden (BGH NStZ-RR 2003, 98).

12 Nach Abschaffung der Fortsetzungstat durch den Großen Senat (BGHSt 40, 138) sind die bisherigen Diskussionen um das Ausurteilen bei **Wegfall von Einzelakten** überholt (vgl. aber Meyer-Goßner § 260 Rdn. 14f; Pfeiffer § 260 Rdn. 6). Vorhanden sind sie noch bei Dauerstraftaten. Ein Teilfreispruch ist bei einer geringeren als im Eröffnungsbeschluss angenommenen Dauer nur erforderlich, wenn die zeitliche Beschränkung den Wegfall tateinheitlichen Zusammenhangs mit einer jetzt selbstständigen und nicht erwiesenen Tat zur Folge hat (BGHSt 19, 280, 285).

13 **Beispiel:** Angeklagt ist Freiheitsberaubung vom 1. bis zum 15. Es stellt sich heraus, dass eine behauptete Körperverletzung am 15. nicht erweislich ist. Zugleich endete die Freiheitsberaubung am 12. Siehe noch BGH wistra 1992, 184.

14 Ging der Eröffnungsbeschluss von einer **Wahlfeststellung** aus und kam das Gericht zu einer eindeutigen Verurteilung, ist ein Teilfreispruch nur erforderlich, wenn es sich bei den beiden alternativ angeklagten Taten um selbstständige im Sinne des § 264 gehandelt hat (BGH NStZ 1998, 635; siehe § 264 Rdn. 4).

IV. Urteilsformel

15 Die **Urteilsformel bei Teilfreispruch** lautet auf Verurteilung, „im Übrigen wird der Angeklagte freigesprochen". Bei Freispruch lautet die Urteilsformel: „Der Angeklagte wird freigesprochen". Zusätze wie „mangels Beweises" oder „wegen erwiesener Unschuld" sind unzulässig (KK-Engelhardt § 260 Rdn. 25). Neben einem Freispruch ist die Anordnung von Sicherungsmaßregeln (§ 71 StGB) und von Nebenfolgen (§ 76a StGB) zulässig. Auch in diesen Fällen kommt in der Urteilsformel jedoch zum Ausdruck, dass der Angeklagte freigesprochen wird (BGH NStZ-RR 1998, 142).

16 Die **Urteilsformel bei einer Verurteilung** (Abs. 2, 4) muss in möglichst knapper und eindeutiger Form, aus sich selbst heraus verständlich, die Entscheidung des Gerichts vollständig darlegen; Überflüssiges ist zu vermeiden (vgl. BGHSt 27, 287, 289; Pfeiffer § 260 Rdn. 10).

17 **Der Schuldspruch (Abs. 4 S. 1, 2)** enthält zunächst die rechtliche Bezeichnung der Tat. Gemeint sind nicht die tatsächlichen Merkmale, sondern die rechtliche Bezeichnung, wobei die gesetzliche Überschrift des Straftatbestandes (Abs. 4 S. 2) verwendet werden soll.

Beispiel: Verurteilt wird nicht, weil eine fremde bewegliche Sache in der Absicht weggenommen wurde, sich dieselbe rechtswidrig zuzueignen, sondern „wegen Diebstahls".

18 **„Passt" die gesetzliche Überschrift nicht,** oder fehlt eine solche – wie häufig im Nebenstrafrecht –, wird die übliche Bezeichnung der Tat gebraucht (vgl. BGH NStZ-RR 2004, 35; Meyer-Goßner § 260 Rdn. 23). Notfalls können auch die Para-

6. Abschnitt. Hauptverhandlung § 260

graphen der verletzten Bestimmungen genannt werden (LR-Gollwitzer § 260 Rdn. 55).

Bei einer **Verurteilung nach § 30 StGB** wird die rechtliche Bezeichnung der geplanten Tat in die Urteilsformel aufgenommen (BGH MDR 1986, 271), nicht jedoch die Rauschtat bei einer Verurteilung wegen Vollrausches (RGSt 69, 187; Meyer-Goßner § 260 Rdn. 24). 19

Nicht in die Urteilsformel aufgenommen werden gesetzliche Überschriften von Bestimmungen, die nur **Strafzumessungsregelungen** enthalten wie bei § 21 StGB (BGHSt 27, 287, 289) sowie die Anwendung unbenannter Strafschärfungs- und -milderungsvorschriften. Das Vorliegen gesetzlicher Regelbeispiele für besonders schwere oder minderschwere Fälle wird nicht in die Urteilsformel aufgenommen (BGHSt 27, 287, 289). Anders ist es nur, wenn es sich um eine Qualifikation handelt (Meyer-Goßner § 260 Rdn. 25). 20

Beispiel: Verurteilung wegen Diebstahls oder wegen schweren Diebstahls, nicht aber wegen Diebstahls im besonders schweren Fall.

Das Konkurrenzverhältnis wird bei mehreren Straftatbeständen kenntlich gemacht durch die Worte „in Tateinheit mit" oder „in Tatmehrheit mit" oder „und" oder „sowie" (BGH NJW 1986, 1116). Bei Gesetzeskonkurrenz wird allein die angewendete Strafvorschrift bezeichnet und dies auch dann, wenn sich aus der verdrängten Bestimmung Nebenfolgen ergeben (Roxin § 47 B I 1 c). 21

Bei wahlweiser Anwendung mehrerer Strafgesetze (Diebstahl oder Hehlerei usw.) muss sich die **Wahlfeststellung** aus der Urteilsformel ergeben. Die Fassung unterliegt hier dem Ermessen des Gerichts (Abs. 4 S. 5). In der Praxis werden hier beide wahlweise angewendeten Vorschriften unter Verbindung mit dem Wort „oder" in die Urteilsformel aufgenommen (vgl. KK-Engelhardt § 260 Rdn. 35). Bei einer Postpendenzfeststellung (BGHSt 35, 86, 89) wird nur das angewendete Strafgesetz (regelmäßig § 259 StGB) im Urteilsspruch erwähnt (Meyer-Goßner § 260 Rdn. 27). 22

In den Schuldspruch aufzunehmen sind stets **Teilnahmeformen** (nicht die nähere Bezeichnung der Form der Täterschaft; BGHSt 27, 289), die Kennzeichnung der Tat als Versuch und bei Taten, die vorsätzlich oder fahrlässig begangen werden können, die Schuldform (vgl. z. B. §§ 316, 323 a StGB). 23

Beispiel: Verurteilung wegen „fahrlässiger Trunkenheit im Straßenverkehr".

Der Rechtsfolgenausspruch (Abs. 2, Abs. 4 S. 3, 4) umfasst alle Rechtsfolgen, auch solche, die nebeneinander nicht vollstreckt werden können. 24

Beispiel: Sicherungsverwahrung neben lebenslanger Freiheitsstrafe (BGH MDR 1986, 104).

Die **Bemessung der Freiheitsstrafe** ergibt sich aus § 39 StGB. Bei Strafen von einem Jahr und mehr darf nicht nach Tagen bemessen werden, im Übrigen ist eine Umrechnung auf die jeweils größere Zeiteinheit üblich, aber nicht zwingend. 25

Beispiel: Ein Urteil auf über ein Jahr und drei Monate ist ebenso zulässig wie ein Urteil über 15 Monate Freiheitsstrafe (Pfeiffer § 260 Rdn. 15). Bei Verhängung von lebenslanger Freiheitsstrafe gehört ein Ausspruch über eine besonders schwere Schuld in die Urteilsformel (BGHSt 39, 121), deren Verneinung jedoch nicht (BGH NJW 1993, 2001).

Bei Geldstrafe werden nur die Zahl der Tagessätze und die Höhe eines Tagessatzes in die Urteilsformel aufgenommen (Abs. 4 S. 3), nicht der Gesamtbetrag (Meyer-Goßner § 260 Rdn. 34). Zahlungserleichterungen nach § 42 StGB sind anzugeben. 26

Die **Anrechnung von Freiheitsentzug** erfolgt von Amts wegen im Vollstreckungsverfahren, daher ist sie regelmäßig überflüssig (BGHSt 27, 287, 290). Erforderlich ist die Aufnahme, wenn es um eine vom Gesetz abweichende Anordnung z. B. nach § 51 Abs. 1 S. 2 StGB, § 52a Abs. 1 S. 2 JGG geht (Pfeiffer § 260 Rdn. 18). Bei 27

§ 260　　　　　　　　　　　　　　2. Buch. Verfahren im ersten Rechtszug

Freiheitsentziehung im Ausland ist der Umrechnungsmaßstab aufzunehmen (§ 51 Abs. 4 S. 2 StGB).

28　Bei einer **Gesamtstrafe** (§§ 53, 54 StGB) wird nur diese in die Urteilsformel aufgenommen, die Einzelstrafen werden nur in den Urteilsgründen festgesetzt (OLG Hamm JR 1979, 74). Auf welche von mehreren Gesamtstrafen die erlittene Untersuchungshaft angerechnet wird, wird nicht im Urteilsspruch festgelegt, sondern durch die Vollstreckungsbehörde (Meyer-Goßner § 260 Rdn. 36).

29　Die **Strafaussetzung zur Bewährung** muss ebenso wie die Verwarnung mit Strafvorbehalt (§ 59 StGB) und ein Absehen von Strafe (§ 60 StGB) nach Abs. 4 S. 4 in die Urteilsformel aufgenommen werden. Maßregeln der Besserung und Sicherung werden im Urteilstenor angeordnet, eine Ablehnung der Anordnung erfolgt nur in den Urteilsgründen (BGH MDR 1952, 530). Ggf. muss auch die Reihenfolge der Vollstreckung festgelegt werden. Für ein Berufsverbot siehe Abs. 2.

30　Bei **Verfall und Einziehung** (§§ 73 ff StGB) sind die Gegenstände bzw. Werte so genau zu bezeichnen, dass eine Vollstreckung ohne weiteres möglich ist. Entsprechend müssen die Gegenstände in der Urteilsformel oder in einer besonderen Anlage dazu aufgeführt werden (BGHSt 9, 88). Eine Bezugnahme auf die Anklageschrift genügt nicht (BGH NStZ 1981, 295; siehe auch BGH NStZ-RR 2004, 227). Die Bekanntmachung der Entscheidung (vgl. § 200 StGB) muss unter Nennung des Namens des Verletzten so ausgesprochen werden, dass die Vollstreckung ohne Schwierigkeit betrieben werden kann. Dazu gehört auch die Angabe der Zeitung oder Zeitschrift, in der veröffentlicht werden soll (Meyer-Goßner § 260 Rdn. 40). Die Kosten- und Auslagenentscheidung richtet sich nach den §§ 464 ff.

31　Eine **Einstellung des Verfahrens** erfolgt durch ein Prozessurteil (Abs. 3), wenn ein nicht kurzfristig behebbares Prozesshindernis besteht und nicht eine Verweisung vorgeschrieben ist oder der Freispruch Vorrang hat (Pfeiffer § 260 Rdn. 20). Bei kurzfristig behebbaren Prozesshindernissen wird man ggf. das Verfahren unterbrechen oder aussetzen (vgl. BGH StV 2000, 347, 348).

32　**Der Freispruch hat Vorrang,** wenn in der Hauptverhandlung bereits feststeht, dass dem Angeklagten keine Straftat nachzuweisen ist. Dann wird nicht eingestellt, sondern freigesprochen. Anders ist es, wenn noch eingehende Erörterungen zur Schuldfrage erforderlich sind (BGHSt 44, 209, 218). Ein Freispruch scheidet aus, wenn die Tat gar nicht angeklagt oder das Hauptverfahren nicht eröffnet worden war; dann ist die Einstellung zwingend (BGHSt 46, 130; ebenso bei sonstigen Befassungsverboten; Meyer-Goßner § 260 Rdn. 45).

33　Das Einstellungsurteil stellt lediglich das **Bestehen eines Prozesshindernisses** fest, dessen Art sich aus den Urteilsgründen ergibt (Meyer-Goßner § 260 Rdn. 47). Einen Verbrauch der Strafklage hat das Einstellungsurteil grundsätzlich nicht zur Folge. Nach Behebung des Prozesshindernisses kann die StA eine neue Anklage erheben (BGH wistra 1986, 69). Bei einem unbehebbaren Prozesshindernis (Ablauf der Strafantragsfrist) hat das Einstellungsurteil allerdings, soweit es den Einstellungsgrund betrifft, die gleiche Wirkung wie ein die Strafklage verbrauchendes Sachurteil (vgl. Meyer-Goßner § 260 Rdn. 48).

34　**Die Liste der angewendeten Strafvorschriften** ist in die Urteilsformel aufzunehmen (Abs. 5). Diese ist kein Teil der Urteilsformel, daher wird sie weder bei der Urteilsverkündung nach § 268 Abs. 2 verlesen noch sonst in der Hauptverhandlung bekannt gegeben (BGH NStZ-RR 1997, 166; Meyer-Goßner § 260 Rdn. 51). Üblicherweise wird die Liste aber auf Grund der Urteilsberatung schon in die Sitzungsniederschrift aufgenommen. In der Urteilsausfertigung wird die Liste nach der Urteilsformel aufgeführt. Anzugeben sind die angewendeten Rechtsvorschriften nach Gesetz, Paragraph, Abs., Nummer, Buchstabe oder sonstigen Bezeichnungen (Meyer-Goßner NStZ 1988, 530). Bei mehreren Angeklagten wird für jeden von ihnen gesondert eine entsprechende Liste aufgestellt. Eine Zusammenfassung ist nur zulässig, wenn die an-

6. Abschnitt. Hauptverhandlung § 261

gewendeten Vorschriften für alle Angeklagten völlig übereinstimmen, so etwa bei einer mittäterschaftlichen Tatbegehung (vgl. LR-Gollwitzer § 260 Rdn. 119). In der Liste werden zunächst die Straftatbestände aufgeführt, die der rechtlichen Beurteilung der Tat zu Grunde liegen. Danach folgen qualifizierende Bestimmungen und die Vorschriften, die die Art des Verschuldens, der Beteiligung und besonderer Arten der Tatbestandsverwirklichung (z. B. Versuch) kennzeichnen, sodann die Angabe des Konkurrenzverhältnisses. Ist auf Grund eines Blankettgesetzes verurteilt worden, ist auch die ausfüllende Norm anzugeben (Meyer-Goßner § 260 Rdn. 57).

Nicht angegeben werden die Grundbestimmungen der Rechtsfolgen (§§ 38 ff StGB), wohl hingegen, falls angewendet, die §§ 41, 42 StGB sowie Strafschärfungs- und -milderungsvorschriften (z. B. § 243 Abs. 1 StGB), bei Strafaussetzung auch § 56 StGB (siehe auch oben Rdn. 29). 35

Bei einem Freispruch werden die dem Anklagevorwurf zu Grunde liegenden Vorschriften nicht „angewendet" und daher nicht in die Liste aufgenommen. Nur bei einem Freispruch wegen Schuldunfähigkeit sind die zu Grunde liegenden Vorschriften anzugeben (Meyer-Goßner § 260 Rdn. 60). Abs. 5 gilt auch für ein Einstellungsurteil. 36

Die **Berichtigung der Liste** ist bis zur Absendung der Mitteilung an das Bundeszentralregister möglich. Verwirft das Rechtsmittelgericht die Berufung oder die Revision, kann es die Liste berichtigen, um eine Übereinstimmung mit der Formel und den Gründen des angefochtenen Urteils herzustellen (Meyer-Goßner NStZ 1988, 529, 531). Bei Abänderung des Urteils kann das Rechtsmittelgericht eine berichtigte Fassung der Liste beifügen. 37

§ 261 [Freie Beweiswürdigung]

Über das Ergebnis der Beweisaufnahme entscheidet das Gericht nach seiner freien, aus dem Inbegriff der Verhandlung geschöpften Überzeugung.

I. Überblick

Der Strafprozess kennt **keine Beweisregeln**, sondern gründet auf dem Grundsatz der freien richterlichen Beweiswürdigung. Dem Richter ist nicht vorgeschrieben, unter welchen Voraussetzungen er eine Tatsache für bewiesen oder nicht bewiesen halten soll (BGHSt 29, 18, 20). Entscheidend ist vielmehr seine Überzeugung. 1

Überzeugung ist die **subjektive Gewissheit** über das Vorhandensein entscheidungserheblicher Tatsachen (Pfeiffer § 261 Rdn. 1). Es genügt ein nach der Lebenserfahrung ausreichendes Maß an Sicherheit; vernünftige Zweifel dürfen nicht mehr aufkommen (BGH NStZ 1988, 236, 237). Dabei darf das Gericht an die zur Verurteilung erforderliche Gewissheit keine überspannten Anforderungen stellen (BGH NStZ-RR 2003, 240). Ein bloß theoretischer Zweifel an der Schuld bleibt unberücksichtigt (BGH NStZ 1990, 28), eine mathematische Gewissheit wird nicht verlangt (Meyer-Goßner § 261 Rdn. 2). Sicheres Wissen gibt es ohnehin nicht (BGHSt 41, 214). 2

Freie Beweiswürdigung darf aber nicht dahingehend missverstanden werden, dass die richterliche Überzeugungsbildung keine **rational-objektive Grundlage** verlange (Fezer StV 1995, 99), vielmehr folgt erst aus dieser die zur Überzeugung erforderliche persönliche Gewissheit (BGH NJW 1999, 1562, 1564). Der Beweis muss daher mit lückenlosen nachvollziehbaren logischen Argumenten geführt sein. Die Beweiswürdigung ist nur fehlerfrei, wenn sie auf einer tragfähigen, verstandesmäßig einsichtigen Tatsachengrundlage beruht und die vom Gericht gezogene Schlussfolgerung sich nicht nur als bloße Vermutung erweist, die nicht mehr als einen Verdacht zu begründen vermag (Meyer-Goßner § 261 Rdn. 2). 3

Die Beweiswürdigung als **ureigene Aufgabe des Tatrichters** stützt sich auf den „Inbegriff der Verhandlung". Ohne gesetzliche Beweisregeln und nur seinem Gewis- 4

§ 261   2. Buch. Verfahren im ersten Rechtszug

sen verantwortlich hat der Richter ohne Willkür zu prüfen, ob er von einem Sachverhalt überzeugt ist oder nicht. Auch ein Geständnis oder der Widerruf eines Geständnisses sind auf die Richtigkeit zu überprüfen (BGH wistra 2003, 351).

II. Inbegriff der Verhandlungen

5   **Mittel für die Gewinnung der Überzeugung** ist das, was (zulässigerweise) zum Gegenstand der Verhandlung gemacht wurde. Hierzu gehören auch Schlussvorträge und letztes Wort (BVerfG DAR 92, 253). Inhaltlich dürfen nur Beweiserhebungen einschließlich der Einlassung des Angeklagten zur Urteilsgrundlage gemacht werden (Meyer-Goßner § 261 Rdn. 5).

6   § 261 verpflichtet das Gericht, alle in der Hauptverhandlung **erhobenen Beweise** zu würdigen und im Urteil zu Grunde zu legen, sofern nicht im Einzelfall ausnahmsweise ein Beweisverwertungsverbot entgegensteht (BGHSt 29, 109, 110). Äußerungen des Angeklagten sind zu würdigen, auch die beim letzten Wort nach § 258 Abs. 3 (Meyer-Goßner § 261 Rdn. 6). Der Richter ist aber nicht verpflichtet, Angaben des Angeklagten als unwiderlegt hinzunehmen, wenn dies nicht mit Beweisen belegt ist. Insbesondere erfordert die Zurückweisung einer Einlassung nicht, dass sich das Gegenteil positiv feststellen lässt (BGH NStZ 1986, 208).

Wichtig ist, dass die gewonnenen Erkenntnisse auch **prozessordnungsgemäß** in die Hauptverhandlung eingeführt wurden. Die Beobachtung von Zuhörern im Gerichtssaal mag zu Erkenntnissen führen, muss aber den anderen Verfahrensbeteiligten zur Stellungnahme mitgeteilt werden (BGH NStZ 1995, 609). Gilt Strengbeweis, muss der Richter ohnehin sonstiges Wissen „ausblenden" (Arzt FS Peters S. 223).

7   Im Hinblick auf den **Grundsatz der Mündlichkeit** können nur solche Umstände dem Urteil zu Grunde gelegt werden, die mit den Beteiligten auch erörtert wurden. Daher müssen auch allgemein- oder gerichtsbekannte Tatsachen erkennbar in die Hauptverhandlung eingeführt werden, um verwertbar zu sein (vgl. BGHSt 36, 354, 359; BGH NStZ 1998, 98).

8   Beim **Sachverständigenbeweis** können die Befundtatsachen auf Grund des Sachverständigengutachtens verwertet werden.

> **Beispiel:** Buchführungsunterlagen, die der Gutachter verwertet hat.

Zusatztatsachen, die der Sachverständige durch Befragung einer Auskunftsperson ermittelt hat, werden durch Vernehmung des Dritten oder durch die Vernehmung des Sachverständigen in die Hauptverhandlung eingeführt (Meyer-Goßner § 261 Rdn. 9).

9   Steht **Aussage gegen Aussage** und hängt die Entscheidung allein davon ab, welchen Angaben das Gericht folgt, werden besonders strenge Anforderungen an die Beweiswürdigung gestellt (BGH StV 1998, 116; BGH NStZ-RR 2003, 333; Meyer-Goßner § 261 Rdn. 11a). Bedeutsam kann sein, dass ein Zeuge sich durch die den anderen belastende Aussage selbst entlasten will (BGH StV 2002, 467), den Angeklagten teilweise zu Unrecht belastet oder in einem wesentlichen Punkt von einer früheren Tatschilderung abweicht (BGHSt 44, 256). Letztlich kann aber auch eine Häufung von jeweils für sich erklärbaren Fragwürdigkeiten bei einer Gesamtschau zu durchgreifenden Zweifeln an der Richtigkeit eines Tatvorwurfs führen (Meyer-Goßner § 261 Rdn. 11a). Eine wechselnde Einlassung des Beschuldigten im Laufe des Verfahrens kann ein Indiz für die Unrichtigkeit der Einlassung in der Hauptverhandlung sein (vgl. BGH NStZ-RR 2004, 88).

10   Besondere Vorsicht gebietet die Rechtsprechung beim **Wiedererkennen einer Person** durch einen Zeugen (BGHSt 28, 310; BVerfG NJW 2003, 2444). Bei der Aussage kindlicher Zeugen kommt der Entstehungsgeschichte der Beschuldigung besondere Bedeutung zu (BGH NStZ 2002, 656).

6. Abschnitt. Hauptverhandlung § 261

Ist ein Beweismittel unerreichbar (§ 244 Rdn. 76 ff), wird dies in einem gewissen Grad in die Würdigung der erreichbaren Beweismittel einbezogen (BGH GA 1971, 85). Dabei ist zweifelhaft, welche Bedeutung die Nichterreichbarkeit wegen einer Sperrerklärung hat (vgl. § 96 Rdn. 7). 11

Beweisverbote bzw. Beweisverwertungsverbote bedeuten einen Ausschluss aus der Beweiswürdigung. So dürfen frühere Verurteilungen nur in den Grenzen des BZRG berücksichtigt werden (vgl. §§ 51, 66 BZRG). 12

Das Schweigen des Angeklagten darf nur in engen Grenzen gewürdigt werden. Verweigert der Angeklagte in vollem Umfang die Einlassung in der Hauptverhandlung, dürfen daraus keine für ihn nachteiligen Schlüsse gezogen werden (BVerfG NStZ 1995, 555; BGHSt 34, 324, 326; Meyer-Goßner § 261 Rdn. 16). Ein Schweigen liegt auch vor, wenn der Angeklagte sich z. B. als unschuldig bezeichnet (OLG Celle NJW 1974, 202) oder die Beweisaufnahme „mit lebhafter Mimik und Gestik" begleitet (BGH StV 1993, 458). Ein belastendes Indiz darf auch nicht daraus abgeleitet werden, dass ein Entlastungsbeweis erst sehr spät angeboten wurde (BGH NStZ 2002, 161) oder der Angeklagte die Entbindung eines Zeugen von der Schweigepflicht verweigert (BGHSt 45, 363). 13

Aus der **Stellung von Beweisanträgen** durch den Verteidiger darf keine Einlassung des schweigenden Angeklagten konstruiert werden (BGH NStZ 2000, 495). Werden tatsächliche Erklärungen durch den Verteidiger abgegeben, sind diese so lange nicht Einlassung des Angeklagten, wie dieser nicht ausdrücklich erklärt, dass er sie bestätigen wolle (BGHSt 39, 305; siehe auch BGHSt 45, 367). Gibt jedoch der Verteidiger für den Angeklagten Erklärungen zur Sache ab, liegt kein Fall des Schweigens (mehr) vor (BGH StV 1998, 59; siehe auch Dahs NStZ 2004, 451; Meyer-Goßner § 261 Rdn. 16). 14

Schweigt der Angeklagte nur teilweise, darf dies nach überwiegender Auffassung als Beweisanzeichen verwertet werden (BGHSt 20, 298; BGHSt 32, 140, 145; Hanack JZ 1971, 169; Meyer-Goßner § 261 Rdn. 17; a. M. Park StV 2001, 591; Rogall S. 250 ff). Voraussetzung ist aber, dass der Beschuldigte an einigen Punkten des Sachverhalts zur Aufklärung mitwirkt, dann aber einzelne Tat- oder Begleitumstände verschweigt oder auf einzelne Fragen oder Vorhalte keine oder lückenhafte Antworten gibt (OLG Celle NJW 1974, 202; OLG Hamm NJW 1974, 1880). Andere mögliche Ursachen des Verschweigens müssen ausgeschlossen werden können (BGH NJW 2002, 2260). Teilschweigen in diesem Sinn ist die Einlassung nur zu einem von mehreren Tatvorwürfen (BGH NStZ 2000, 494). 15

Aus dem **unterschiedlichen Aussageverhalten** des Beschuldigten in mehreren Verfahrensabschnitten oder bei mehreren Vernehmungen dürfen keine nachteiligen Schlüsse gezogen werden. 16

Hat der Angeklagte **im Vorverfahren geschwiegen** und lässt er sich erst in der Hauptverhandlung ein, darf dies nicht als Beweisanzeichen verwertet werden (BGHSt 38, 302, 305). Dass er früher ausgesagt und in der Hauptverhandlung die Aussage verweigert hat, spricht ebenfalls nicht gegen ihn (Meyer-Goßner § 261 Rdn. 18). Jedoch darf dann der Inhalt einer früheren Aussage nach § 254 oder durch Vernehmung der Verhörsperson in die Hauptverhandlung eingeführt werden; § 252 gilt nicht entsprechend (BGHSt 1, 337; BGH MDR 1976, 988; Kühl JuS 1986, 120). 17

Das **Aussageverhalten eines Zeugen** darf nur in Grenzen zur Überzeugungsbildung verwertet werden. Schweigt dieser unberechtigterweise, muss der Tatrichter zuerst versuchen, ihn nach § 70 zu einer Aussage zu veranlassen. Dann darf er diesen Umstand mit der gebotenen Vorsicht zur Überzeugungsbildung nutzen (BGH NJW 1966, 211). Schweigt der Zeuge befugt auf Grund eines Zeugnisverweigerungsrechts nach § 52, ist dies nicht als belastendes Indiz verwertbar (BGHSt 32, 140, 141), auch wenn er zuvor ausgesagt hat und erst in der Hauptverhandlung schweigt (BGH StV 1991, 450). In die Beweiswürdigung darf aber einbezogen werden, dass der zur Aussa- 18

§ 261 2. Buch. Verfahren im ersten Rechtszug

ge bereite Zeuge nicht schon im Ermittlungsverfahren auf das angebliche Alibi des Angeklagten hingewiesen hat (BGHSt 34, 324, 327).

19 Beantwortet der Zeuge **einzelne Fragen** nicht, ist dies in allen Fällen, in denen er die Wahl zwischen Schweigen und Aussage hat, der Beweiswürdigung zugänglich (BGHSt 32, 140, 142; Meyer-Goßner § 261 Rdn. 21; a. M. Kühl JuS 1986, 121).

20 Äußerungen des Beschuldigten **außerhalb des Verfahrens** sind nach ordnungsgemäßer Einführung in die Hauptverhandlung verwertbar, auch wenn er im Strafverfahren Angaben zur Sache nicht macht (Miebach NStZ 2000, 234, 235). So darf ein beschlagnahmter Unfallbericht an eine Haftpflichtversicherung durch Verlesung in die Hauptverhandlung eingeführt werden (vgl. KG NZV 1994, 403).

21 **Eigenes Wissen** über die zu beweisenden Tatsachen darf der Richter nicht verwenden, aber zum Vorhalt benutzen. Erkenntnisse aus anderen Hauptverhandlungen dürfen nicht verwertet werden (Meyer-Goßner § 261 Rdn. 24), es sei denn, es handelt sich um allgemein- oder gerichtskundige Tatsachen; dann müssen aber auch diese erst zum Gegenstand der Verhandlung gemacht werden (BGH NStZ 1995, 246; OLG Frankfurt StV 1999, 138; vgl. § 244 Rdn. 59).

22 **Der Indizien- oder Anzeichenbeweis** ist ein Beweis, bei dem von einer mittelbar bedeutsamen Tatsache (Indizien, Beweisanzeichen) auf eine unmittelbar entscheidungserhebliche Tatsache (Haupttatsache) geschlossen wird (Meyer-Goßner § 261 Rdn. 25; Pfeiffer § 261 Rdn. 15). Hilfstatsachen, die einen Schluss auf den Wert des Beweismittels zulassen (z. B. eine frühere Verurteilung des Zeugen wegen falscher Aussage) bilden eine Untergruppe der Indizien (Meyer-Goßner § 261 Rdn. 25). Ein Indiz darf nur verwertet werden, wenn es in ordnungsgemäßer Weise in die Hauptverhandlung eingeführt worden ist (BGH NStZ 1988, 212).

23 **Der Alibibeweis** als Verteidigungsmöglichkeit ist nicht Pflicht; sein Scheitern ist für sich daher kein Indiz für Täterschaft (BGH NStZ 2004, 392, 394). Die Widerlegung einer bewusst wahrheitswidrigen Einlassung hat nur einen begrenzten Beweiswert für eine Täterschaft, weil auch ein Unschuldiger ggf. in seiner Not lügt (BGH NStZ 2000, 549). Eine nachweisbar erlogene Alibibehauptung kann aber belastendes Indiz sein, wenn sich der Angeklagte mit Täterwissen vorweg verteidigt hat (BGH NStZ 1999, 423) oder besondere Umstände hinzutreten (BGH NStZ 2004, 392, 394; Meyer-Goßner § 261 Rdn. 25). Bei der Indizienkette wird von einem Indiz auf ein zweites und drittes usw. geschlossen, bis am Ende die beweiserhebliche Tatsache feststeht. Die Kette dieser Schlussfolgerungen muss lückenlos sein (BGH NStZ 1991, 596). Der Wert der Indizienkette hängt vom schwächsten Glied ab (Meyer-Goßner § 261 Rdn. 25).

III. „in dubio pro reo"

24 **Der Grundsatz in dubio pro reo** ist keine Beweis-, sondern eine Entscheidungsregel (Pfeiffer § 261 Rdn. 16), er gehört dem sachlichen Strafrecht an (Krey I/22; Meyer-Goßner § 261 Rdn. 26). Er schreibt dem Tatrichter nicht vor, wie er Beweise zu würdigen hat, sondern greift erst nach abgeschlossener Beweiswürdigung ein (BGH NStZ 2001, 609; BGH NStZ 2002, 656, 658). Entscheidend ist, ob der Richter Zweifel gehabt hat, was sich aus den Urteilsgründen ergibt, nicht entscheidend sind Zweifel, die er nach Meinung des Angeklagten hätte haben müssen. Der Zweifelssatz bedeutet nicht, dass das Gericht immer von der für den Angeklagten günstigsten Fallgestaltung ausgehen muss (BGH NStZ 2002, 48). Insbesondere kann beim Indizienbeweis nicht für jedes einzelne Indiz der Zweifelssatz angewendet werden, sondern erst auf das Ergebnis der Indizienkette.

25 **Bei unmittelbar entscheidungserheblichen Tatsachen** findet der Grundsatz Anwendung, und zwar auch, soweit es um die Straffestsetzung oder um die Voraussetzungen für eine Maßregel der Besserung und Sicherung geht (Meyer-Goßner § 261

Rdn. 29). Ob es um eine Tatsache geht, die zum Tatbestand gehört oder zum Bereich des allgemeinen Teils des StGB, ist gleichgültig. Der Zweifelsatz gilt nicht für entlastende Indizien, aus denen lediglich ein Schluss auf eine unmittelbar entscheidungsrelevante Tatsache gezogen werden kann (BGH NStZ 2001, 609). Das bedeutet jedoch nicht, dass das Urteil auf unbewiesene Indiztatsachen gestützt werden darf (BGH NStZ 1981, 33). Nur festgestellte Tatsachen können die richterliche Überzeugung begründen, nicht jedoch bloße Möglichkeiten, Wahrscheinlichkeiten oder Vermutungen (Meyer-Goßner § 261 Rdn. 29). Ob die Zweifel Fragen des allgemeinen Teils oder des Tatbestands des besonderen Teils betreffen, ist gleichgültig. So findet der Grundsatz auf den Tatbestandsirrtum nach § 16 StGB (RGSt 64, 26) und auf die tatsächlichen Voraussetzungen des Verbotsirrtums (BayObLG NJW 1954, 811) ebenso Anwendung wie auf den Rücktritt vom Versuch (BGH StV 1995, 509), die Notwehr (BGH StraFo 2004, 423) und die Schuldfähigkeit (BGHSt 8, 113; siehe aber BGHSt 36, 286, 290). Ist zweifelhaft, ob Tateinheit oder Tatmehrheit vorliegt, ist Tateinheit anzunehmen (BGH StV 1992, 54).

Sind **mehrere Angeklagte** betroffen, kann der Zweifelsgrundsatz dazu führen, dass jeweils Entlastungen des Einzelnen dazu führen, dass die Gesamtbewertung der Tat sich ändert. 26

> **Beispiel:** A und B haben auf X geschossen; dieser ist tot. Es ist nicht feststellbar, wer von beiden Erfolg hatte. Beide werden wegen Versuchs bestraft, wenn nicht ein Fall der Mittäterschaft vorliegt (vgl. BGH GA 1992, 470).

Inwiefern der Grundsatz **bei verfahrensrechtlich erheblichen Tatsachen** Anwendung findet, ist zweifelhaft. Sicher ist zunächst, dass solche im Freibeweisverfahren festgestellt werden. Im Hinblick auf Verfahrenshindernisse differenziert die Rechtsprechung und will die Anwendbarkeit des Grundsatzes nicht für alle Verfahrensvoraussetzungen einheitlich bestimmen (BGHSt 18, 274, 277). Im Regelfall ist aus der in Betracht kommenden Verfahrensvorschrift zu entnehmen, welche prozessualen Tatsachen festzustellen sind. Ist z.B. zweifelhaft, ob eine Rechtsmittelfrist gewahrt wurde, ist zu Gunsten des Angeklagten zu entscheiden. War der Rechtsbehelf zu seinen Lasten eingelegt worden, ist er als unzulässig zu verwerfen (BGH StV 1995, 454; SK-Frisch vor § 296 Rdn. 187; Meyer-Goßner § 261 Rdn. 35). Für die Verjährung findet der Zweifelssatz ebenso Anwendung wie bei der Frage des Strafklageverbrauchs durch eine frühere Verurteilung (BayObLG NJW 1968, 2118) und für die Rechtzeitigkeit eines Strafantrags (RGSt 47, 238). 27

In dubio pro reo soll insbesondere dort nicht eingreifen, wo es sich um eine **prozessuale Ausnahmeregelung** handelt, z.B. ein Zeugnisverweigerungsrecht oder ein Beweisverbot. 28

Bei Zweifeln im Tatsächlichen kann auch eine Verurteilung nach einem leichteren Gesetz in Betracht kommen, wenn die mehreren möglichen Verhaltensweisen zueinander in einem Stufenverhältnis stehen. Dies gilt etwa für das Verhältnis Meineid – fahrlässiger Falscheid, Vollendung oder Versuch, Vorsatz oder Fahrlässigkeit, Tun oder Unterlassen, Täterschaft oder Beihilfe (Meyer-Goßner § 261 Rdn. 36). 29

Fehlt es an einem solchen Stufenverhältnis, kommt **Wahlfeststellung** in Betracht. Die echte Wahlfeststellung (Gesetzesalternativität) setzt voraus, dass die mehreren möglichen Verhaltensweisen des Täters rechtsethisch und psychologisch vergleichbar sind (BGHSt 1, 275; Pfeiffer § 261 Rdn. 19).

IV. Revision

Die Revision kann die Beweiswürdigung nur in engen Grenzen angreifen. Beweiswürdigung ist vor allem Aufgabe des Tatrichters, das Revisionsgericht kann auf die Sachbeschwerde nur bei Rechtsfehlern eingreifen, wenn also die Beweiswürdi- 30 gung widersprüchlich, unklar oder nicht erschöpfend ist, wenn sie gegen wissenschaftliche Erkenntnisse, Denkgesetze oder Erfahrungssätze verstößt oder an die zur Verurteilung erforderliche Gewissheit zu hohe Anforderungen gestellt worden sind (vgl. BGH NStZ 1984, 17; KK-Schoreit § 261 Rdn. 51; Pfeiffer § 261 Rdn. 20). Mit der Sachrüge kann zudem beanstandet werden, dass aus dem unterschiedlichen Aussageverhalten des Beschuldigten oder aus einer befugten Zeugnisverweigerung Schlüsse gezogen worden sind (vgl. BGH NStZ 1986, 325; BGH JR 1981, 432; Meyer-Goßner § 261 Rdn. 38; siehe aber auch BGHSt 38, 302).

31 Eine Rüge der **Verletzung des § 261** ist nur aussichtsreich, wenn ohne eine Rekonstruktion der Beweisaufnahme der Nachweis geführt werden kann, dass die im Urteil getroffenen Feststellungen nicht durch die in der Hauptverhandlung verwendeten Beweismittel und nicht durch Vorgänge gewonnen worden sind, die zum Inbegriff der Hauptverhandlung gehören (BGH NStZ-RR 1998, 17; Meyer-Goßner § 261 Rdn. 38a). Regelmäßig hat die Revision keinen Erfolg mit der Behauptung, ein Zeuge habe anders ausgesagt oder gar die Aussage sei anders zu verstehen (vgl. BGHSt 43, 212). Anders ist es, wenn gerügt wird, der Wortlaut einer verlesenen Urkunde sei falsch wiedergegeben (BGH NStZ 1987, 18; BGH StV 1993, 115). Dabei lässt die neuere Rechtsprechung des BGH gelegentlich die Rüge zu, ein Urteil habe sich nicht hinreichend mit einer verlesenen Aussage auseinandergesetzt (vgl. BGH StV 1991, 548; Meyer-Goßner § 261 Rdn. 38a: bedenklich). Die Rüge des § 261 muss über eine Verfahrensrüge erfolgen.

32 Kommt eine Verletzung des § 261 oder des § 244 Abs. 2 in Betracht, muss eine alternative Rüge vorgebracht werden (vgl. BGH NJW 1992, 2840; Pfeiffer § 261 Rdn. 21). Die Aufklärungsrüge nach § 244 Abs. 2 muss mit der Verfahrensrüge der Verletzung des § 261 kombiniert werden.

Beispiel: Das Urteil sagt nichts zu früheren schriftlich dokumentierten Aussagen oder sonstigen Bekundungen des Angeklagten, Zeugen oder Sachverständigen. Entweder hat es dann der Tatrichter unterlassen, nach dem Akteninhalt sich aufdrängende Fragen zu stellen oder Vorhalte zu machen (Verletzung der Aufklärungspflicht) oder aber er hat im Rahmen seiner Aufklärungspflicht die entsprechenden Bekundungen vorgehalten und die Betroffenen befragt; dann geht der Vorwurf dahin, dass das Urteil sich dazu nicht äußert und dadurch lückenhaft ist oder seine Feststellungen in einem nicht diskutierten Widerspruch zum Ergebnis der Beweisaufnahme stehen (Schlothauer StV 1992, 134, 139; BGH StV 1992, 2).

33 Die Rüge der Verletzung des Grundsatzes „in dubio pro reo" ist nur möglich, wenn sich **aus den Urteilsgründen** selbst ergibt, dass das Gericht seine Zweifel nicht überwunden hat (BVerfG MDR 1975, 468; Meyer-Goßner § 261 Rdn. 39).

34 Wird gerügt, **ein Schöffe** habe Einsicht in das wesentliche Ergebnis der Ermittlungen genommen (§ 200 Rdn. 17), hat dies nur dann Erfolg, wenn besondere Umstände vorliegen, die eine Beeinflussung des Schöffen befürchten lassen (BGHSt 43, 360).

§ 262 [Zivilrechtliche Vorfragen]

(1) Hängt die Strafbarkeit einer Handlung von der Beurteilung eines bürgerlichen Rechtsverhältnisses ab, so entscheidet das Strafgericht auch über dieses nach den für das Verfahren und den Beweis in Strafsachen geltenden Vorschriften.

(2) Das Gericht ist jedoch befugt, die Untersuchung auszusetzen und einem der Beteiligten zur Erhebung der Zivilklage eine Frist zu bestimmen oder das Urteil des Zivilgerichts abzuwarten.

1 Abs. 1 gilt nicht nur für zivilrechtliche Vorfragen, sondern grundsätzlich auch für solche **aus anderen Rechtsgebieten** (BayObLG NJW 1960, 1534; Meyer-Goßner § 262 Rdn. 1; Pfeiffer § 262 Rdn. 1).

6. Abschnitt. Hauptverhandlung § 263

Das Strafgericht ist grundsätzlich nicht an rechtskräftige Entscheidungen anderer 2
Gerichte gebunden. Eine Ausnahme besteht außer nach § 30 BVerfGG bei **Gestaltungsurteilen des Zivilrechts** (z. B. Ehescheidungsurteil) oder anderen Urteilen, die für und gegen alle wirken, etwa eine Vaterschaftsfeststellung (BGHSt 26, 111). Keine bindende Wirkung haben gestaltende Urteile, die die Rechtslage rückwirkend ändern (Meyer-Goßner § 262 Rdn. 4). So muss in einem Strafverfahren wegen Verletzung der Unterhaltspflicht (§ 170 StGB) diese selbstständig beurteilt werden, auch wenn ein zivilrechtliches Urteil vor der Tat rechtskräftig geworden ist (BGHSt 5, 106). Auch die Eigentumsfrage muss der Tatrichter selbstständig prüfen, wenn darüber schon ein Zivilgericht entschieden hat (Meyer-Goßner § 262 Rdn. 4).

Haben Verwaltungsakte im materiellen Strafrecht eine **Tatbestandswirkung,** steht 3
die Bindung an den Verwaltungsakt außer Frage.

Beispiel: Bedeutung eines Vereinsverbots nach § 3 VereinsG für eine Strafbarkeit nach § 85 Abs. 1 Nr. 2 StGB.

An **rechtsgestaltende Verwaltungsakte** ist der Strafrichter gebunden, sofern sie 4
nicht im Sinne des § 44 Abs. 1 VwVfG nichtig sind (Meyer-Goßner § 262 Rdn. 8).

Beispiel: Verleihung der Beamteneigenschaft und der deutschen Staatsangehörigkeit (KK-Engelhardt § 262 Rdn. 6), Erteilung von Patenten (RGSt 14, 262).

Zweifelhaft ist die **rückwirkende Aufhebung** eines Verwaltungsaktes, wenn der 5
Angeklagte vor der Entscheidung gegen eine darin enthaltene Weisung verstoßen hat. Überwiegend geht man davon aus, dass die rückwirkende Aufhebung die Strafbarkeit einer bereits vorher begangenen Zuwiderhandlung unberührt lässt (BGHSt 23, 86, 91; BGH NJW 1982, 189; Meyer-Goßner § 262 Rdn. 8; a.M. Gerhards NJW 1978, 86).

Die Aussetzung des Verfahrens (Abs. 2) ist schon vor Erlass des Eröffnungs- 6
beschlusses und auch noch im Berufungsrechtszug zulässig, nach heute h. M. auch im Revisionsverfahren (BayObLG NJW 1994, 2104; Meyer-Goßner § 262 Rdn. 9). Im Ermittlungsverfahren gilt § 154d, für das Steuerstrafverfahren § 396 AO.

Die Strafbarkeit einer Handlung muss von der Beurteilung einer außerstrafrecht- 7
lichen Vorfrage abhängen. Unzulässig wäre es, die Beweisaufnahme in dem anderen Verfahren abzuwarten (KK-Engelhardt § 262 Rdn. 7). Gleiches gilt für das Abwarten einer Grundsatzentscheidung des Revisionsgerichts.

Die Aussetzung erfolgt durch **Beschluss des Gerichts** und steht im pflichtge- 8
mäßen Ermessen, sofern nicht zwingende Sonderregelungen (z. B. Art. 100 Abs. 1 GG) die Aussetzung vorschreiben.

Eine Frist zur Erhebung der Klage kann nicht nur dem Beschuldigten, sondern je- 9
dem Verfahrensbeteiligten gesetzt werden, auch dem am Verfahren beteiligten Verletzten (LR-Gollwitzer § 262 Rdn. 38). Nach fruchtlosem Ablauf der Klagefrist ist das Verfahren fortzusetzen. Im Übrigen ist die Wiederaufnahme von Amts wegen jederzeit möglich. Eine Bindung des Gerichts an die vorgreifliche Entscheidung besteht nur, wenn die oben Rdn. 2ff aufgeführten Voraussetzungen erfüllt sind.

Der Aussetzungsbeschluss kann nur dann mit der **Beschwerde** (§ 304) angefochten 10
werden, wenn gerügt wird, die rechtlichen und tatsächlichen Voraussetzungen des Abs. 2 lägen nicht vor (vgl. OLG Düsseldorf MDR 1992, 989). Die Anfechtung der Fristsetzung ist ausgeschlossen.

Die **Revision** kann nur darauf gestützt werden, dass das Gericht irrig von einer 11
Bindungswirkung ausgegangen ist (Meyer-Goßner § 262 Rdn. 17).

§ 263 [Abstimmung]

(1) **Zu jeder dem Angeklagten nachteiligen Entscheidung über die Schuldfrage und die Rechtsfolgen der Tat ist eine Mehrheit von zwei Dritteln der Stimmen erforderlich.**

§ 264   2. Buch. Verfahren im ersten Rechtszug

(2) **Die Schuldfrage umfaßt auch solche vom Strafgesetz besonders vorgesehene Umstände, welche die Strafbarkeit ausschließen, vermindern oder erhöhen.**

(3) **Die Schuldfrage umfaßt nicht die Voraussetzungen der Verjährung.**

1   Die Vorschrift regelt in **Abweichung von § 196 Abs. 1 GVG** Entscheidungen eines Kollegialgerichts. Während sonst mit einfacher Stimmenmehrheit entschieden wird (§ 196 Abs. 1 GVG), ist bei einer für den Angeklagten nachteiligen Entscheidung i. S. d. § 263 eine Zweidrittelmehrheit erforderlich. Im Übrigen genügt die einfache Stimmenmehrheit nach § 196 Abs. 1 GVG. Im Revisionsgericht ist eine Zweidrittelmehrheit nur erforderlich, wenn es ausnahmsweise in der Sache selbst zum Nachteil des Angeklagten entscheidet; sonst genügt (von den Fällen des § 349 abgesehen) die einfache Mehrheit (KK-Engelhardt § 263 Rdn. 2; Pfeiffer § 263 Rdn. 1).

2   **Die Schuldfrage** betrifft die Entscheidung, ob der Angeklagte einer bestimmten Straftat schuldig ist. Eine Teilabstimmung, z. B. über eine bestimmte Subsumtion oder einen Rechtfertigungsgrund, ist zulässig, die abschließende Gesamtabstimmung wird dadurch aber nicht gebunden (BGH DRiZ 1976, 319). Zur Schuldfrage (Abs. 2) gehört auch, was die Strafe ausschließt, mindert oder schärft.

3   **Die Rechtsfolgenfrage** betrifft die Festsetzung der in dem konkreten Strafverfahren möglichen Rechtsfolgen und die Feststellung ihrer Voraussetzungen. Dazu gehört unter anderem die Entscheidung über die Anwendbarkeit von Jugendstrafrecht (§ 105 JGG; BGHSt 5, 207) oder eines nicht tatbestandlich vertypten minderschweren oder besonders schweren Falles und die Strafaussetzung zur Bewährung. Insofern sind Teilabstimmungen zulässig (Meyer-Goßner § 263 Rdn. 8).

4   Das Offenlegen des Abstimmungsergebnisses im Urteil oder in sonstiger Weise verstößt regelmäßig gegen das **Beratungsgeheimnis** (§ 43 DRiG) und ist unzulässig (BGH DRiZ 1976, 319; Meyer-Goßner § 263 Rdn. 9). Ausnahmsweise kann eine Offenlegung geboten sein, wenn das Tatgericht selbst einen Abstimmungsfehler entdeckt (KK-Engelhardt § 263 Rdn. 9) oder es über die Art der Abstimmung Meinungsverschiedenheiten unter den erkennenden Richtern gibt (BGH DRiZ 1976, 319; RGSt 60, 295, 296).

5   **Die Revision** kann darauf gestützt werden, dass eine Beratung und Abstimmung nicht stattgefunden hat (BGHSt 19, 156; BGH NJW 1987, 3210). Fehler beim Abstimmungsverfahren sind regelmäßig tatsächlich nur dann zu rügen, wenn das Gericht sie in den Entscheidungsgründen offen legt (BGH MDR 1976, 989).

§ 264 [Gegenstand des Urteils]

(1) **Gegenstand der Urteilsfindung ist die in der Anklage bezeichnete Tat, wie sie sich nach dem Ergebnis der Verhandlung darstellt.**

(2) **Das Gericht ist an die Beurteilung der Tat, die dem Beschluß über die Eröffnung des Hauptverfahrens zugrunde liegt, nicht gebunden.**

1   Gegenstand des Strafverfahrens ist eine **Tat im prozessualen Sinn.** Der Tatbegriff des § 264 entspricht im Wesentlichen dem in Art. 103 Abs. 3 GG (BVerfGE 45, 434; BGHSt 32, 146, 150).

2   Tat im prozessualen Sinn ist im engeren Sinne **„ein konkretes Vorkommnis"**, ein einheitlicher geschichtlicher Lebensvorgang, der nach allgemeiner Lebensauffassung als einheitlich erscheint und sich von anderen ähnlichen oder gleichartigen unterscheidet (vgl. BGHSt 22, 375, 385; BGHSt 29, 341, 342; BGHSt 32, 215). Die Tat erfasst im weiteren Sinne auch die Vorgänge, die den Tatbestand einer Ordnungswidrigkeit erfüllen können (Meyer-Goßner § 264 Rdn. 4).

3   Da über den Tatbegriff auch der **Strafklageverbrauch** beschrieben wird, kann eine nach Ort und Zeit völlig unbestimmte und auch im Übrigen nicht ausreichend

konkretisierte Handlung nicht Grundlage für einen Schuldspruch sein (BGH StV 1994, 114). Dabei ist klar, dass mit der herkömmlichen Definition als dem gesamten Verhalten des Täters, das nach natürlicher Auffassung einen einheitlichen Lebensvorgang darstellt, nicht viel Präzision gewonnen wird. Daher versucht man, die Definition letztlich zu beschreiben. So liegt eine Tat vor, wenn der Täter bei einer Trunkenheitsfahrt sich unerlaubt vom Unfallort entfernt (BGHSt 25, 72) oder ein Kraftfahrer vor der Polizei flieht und nach erzwungenem Anhalten alsbald Widerstand leistet (OLG Stuttgart MDR 1975, 423). Eine Brandstiftung und der darauf folgende Betrug zum Nachteil der Versicherung soll eine Tat darstellen (BGHSt 45, 211). Hat der Angeklagte entweder einen Diebstahl oder eine Hehlerei begangen, kommt es darauf an, ob die beiden Taten nach Tatzeit, Tatort, Tatobjekt und Tatbild einen einheitlichen geschichtlichen Vorgang bilden (BGH NStZ 1999, 363; Meyer-Goßner § 264 Rdn. 2a).

Liegen **mehrere selbstständige Taten** im Sinne des § 264 StPO vor, so kann eine 4 (auch wahldeutige) Verurteilung z. B. wegen Diebstahls oder Hehlerei nur erfolgen, wenn beide Taten angeklagt worden sind (Meyer-Goßner § 264 Rdn. 2b). So kann ggf. für die „andere" Tat eine Nachtragsanklage erfolgen.

> **Beispiel:** Anklage wegen einer Falschaussage am 1. 10. Möglich ist auch, dass eine andere Aussage am 1. 7. falsch war. Dann muss ggf. eine Nachtragsanklage für die Tat vom 1. 7. erfolgen, damit eine Wahlfeststellung möglich ist.

Gleiches gilt z. B. bei Anklage wegen Diebstahls und Verurteilung wegen Begünstigung (vgl. BGHSt 35, 80). Ist Betrug angeklagt, kann nicht nach § 145 d StGB verurteilt werden (Meyer-Goßner § 264 Rdn. 2b). Strafbares Tun und Unterlassen können zusammengehören (BGH NStZ 1984, 469, 470), z. B. Körperverletzung und unterlassene Hilfeleistung oder der Vorwurf, eine Katalogtat entweder begangen oder jedenfalls nicht im Sinne des § 138 StGB angezeigt zu haben (BGH NStZ 1993, 50).

Die **innere Verknüpfung** mehrerer Vorgänge muss so beschaffen sein, dass ihre 5 getrennte Aburteilung in verschiedenen erstinstanzlichen Verfahren einen einheitlichen Lebensvorgang unnatürlich aufspalten würde (BVerwGE 45, 434; BGH NStZ-RR 2003, 82; Meyer-Goßner § 264 Rdn. 3).

Im **Verhältnis zum materiellen Recht** ist der prozessuale Tatbegriff selbstständig. 6 Andererseits ist regelmäßig eine einheitliche Tat im Sinne des § 264 gegeben, wenn auch materiell-rechtlich (§ 52 StGB) eine Tat vorliegt (vgl. BGHSt 26, 284, 285; Pfeiffer § 264 Rdn. 3). Dies gilt nicht nur für Fälle der natürlichen Handlungseinheit (vgl. BGHSt 22, 67, 76), sondern grundsätzlich auch in allen Fällen der rechtlichen Handlungseinheit (BGHSt 8, 92, 94 f; BGH NStZ 1984, 171, 172). Eine Ausnahme soll für die so genannten Organisationsdelikte gelten (BGHSt 29, 288; BGHSt 46, 349).

> **Beispiel:** Straftaten, die während der Mitgliedschaft in einer kriminellen Vereinigung begangen wurden.

Auch bei Dauerdelikten sollen Ausnahmen denkbar sein (vgl. Meyer-Goßner § 264 7 Rdn. 6 b; BVerfGE 45, 434; BGH NStZ 2004, 694). Dies hält man insbesondere dann für gerechtfertigt, wenn die anderen Straftaten das strafrechtliche Gewicht der Dauerstraftat erheblich übersteigen (BGHSt 36, 151).

> **Beispiel:** Treffen unerlaubter Besitz von Betäubungsmitteln und Führen eines Kfz unter Wirkung von berauschenden Mitteln zusammen, liegen zwei Taten vor. Waffenbesitz und schwere räuberische Erpressung stellen ebenfalls zwei Taten dar.

Ob eine Dauerstraftat zwei sonst selbstständige Taten verfahrensrechtlich zu einer verbinden kann, entscheidet sich im Einzelfall nach natürlicher Betrachtung (vgl. BGHSt 6, 92, 96, 97; Meyer-Goßner § 264 Rdn. 6).

8 **Gegenstand der Urteilsfindung** ist die in der Anklage bezeichnete Tat, wie sie sich nach dem Ergebnis der Hauptverhandlung darstellt. Die Anklage ist maßgebend dafür, was dem Gericht zur Untersuchung und Entscheidung vorliegt (BGHSt 43, 96). Sie muss daher die strafbare Handlung nach Ort, Zeit oder sonst in konkretisierbarer Weise schildern (BGH wistra 2003, 111). Bei angeklagter Mittäterschaft und ausgeurteilter Anstiftung soll in der Regel Tatidentität bestehen (BGHSt 48, 183).

9 Geht es um eine **Mehrzahl** gleichgelagerter oder **ähnlicher Straftaten,** müssen sich diejenigen, die Grund der Verurteilung sind, von anderen gleichartigen Taten, die der Angeklagte begangen haben kann, hinreichend unterscheiden lassen (BGH NStZ 1992, 602). Sind die Feststellungen insofern schwierig, muss eine Mindestzahl ihrer Begehung nach konkretisierbarer Einzeltaten innerhalb eines bestimmten Zeitraums festgestellt werden (BGHSt 40, 138). Ist selbst dies nicht möglich, ist lediglich von einer Tat auszugehen (BGH StV 2000, 600; Meyer-Goßner § 264 Rdn. 7).

10 Das Gericht ist an die Beurteilung der Tat im Eröffnungsbeschluss **nicht gebunden (Abs. 2).** Diese Aussage trifft die Problematik aber nur begrenzt: Kommt es zu einer anderen rechtlichen Beurteilung, ist der Angeklagte darauf nach § 265 hinzuweisen (vgl. § 265 Rdn. 2). Geht es um eine andere Tat, fehlt eine entsprechende Prozessvoraussetzung, so dass eine Nachtragsanklage nötig ist (§ 266) oder aber die gesamte Sache neu angeklagt werden muss.

11 **In tatsächlicher Hinsicht** hat das Gericht aber in seine Untersuchung auch die Teile einer Tat einzubeziehen, die erst in der Hauptverhandlung bekannt werden.

Beispiel: Mehrere weitere Diebstähle, die eine Tat im Sinne des § 264 darstellen.

12 Geht es um Geschehensabläufe, die sich überschneiden und **ineinander übergehen,** soll es unschädlich sein, wenn ein Teil des Geschehens in der Anklage (noch) nicht erwähnt war (BGH NStZ 1996, 243). Handelt es sich um voneinander trennbare Geschehen (BGH NStZ-RR 2002, 98: Anklage wegen versuchter räuberischer Erpressung, Verurteilung wegen Steuerhehlerei), ist eine Einbeziehung nicht mehr möglich, es handelt sich um eine andere Tat.

13 Bei einer **Dauerstraftat** sind Gegenstand der Untersuchung alle Einzelhandlungen, selbst wenn nur eine von ihnen Gegenstand der Anklage war (BGHSt 27, 115). Vorausgesetzt ist aber immer, dass die Tat schon vor dem Eröffnungsbeschluss begonnen worden ist (BGHSt 27, 115, 116). Eine Strafbarkeit nach § 138 StGB ist durch den Vorwurf der Beteiligung an einer dort bezeichneten Tat erfasst und umgekehrt (BGHSt 48, 183; Mitsch NStZ 2004, 395).

14 In rechtlicher Hinsicht gilt die **umfassende Kognitionspflicht** des Gerichts, die durch § 154a und durch §§ 81, 82 OWiG modifiziert wird (Meyer-Goßner § 264 Rdn. 10). Der Unrechtsgehalt der Tat muss ohne Rücksicht auf die dem Eröffnungsbeschluss zu Grunde liegende Bewertung, ausgeschöpft werden, soweit keine rechtlichen Gründe – wie etwa Verjährung – entgegenstehen (BGHSt 25, 72, 75; siehe aber Rdn. 10).

15 **Überschießende Feststellungen** sind zulässig, wenn es um Vorgänge geht, die wenigstens mittelbar für die Beurteilung der Tat oder des Täters von Bedeutung sind (Meyer-Goßner § 264 Rdn. 11). So kann eine Straftat, die nicht Gegenstand des Verfahrens ist, festgestellt und als Indiz verwertet werden (vgl. BGHSt 34, 209, 210; Meyer-Goßner § 264 Rdn. 11).

16 **Mit der Revision** kann gerügt werden, dass wegen einer Tat verurteilt worden ist, auf die sich die zugelassene Anklage nicht erstreckte. Ist nur wegen einer solchen nicht angeklagten Tat verurteilt worden, spricht das Rechtsmittelgericht den Angeklagten ggf. frei; zugleich wird das (gerichtliche) Verfahren eingestellt (BGH NJW 2000, 3293). War auch wegen einer solchen Tat verurteilt worden, wird das Urteil nur im Schuldspruch geändert. Da die Tat schon nicht angeklagt war, ist ein Freispruch nicht erforderlich (vgl. OLG Koblenz VRS 71, 43).

6. Abschnitt. Hauptverhandlung § 265

Die StA kann mit der Sachrüge (BGH StV 1981, 127, 128) beanstanden, dass die 17
Tat im Urteil nicht unter allen tatsächlichen und rechtlichen Gesichtspunkten erschöpfend gewürdigt worden ist (Meyer-Goßner JR 1985, 452). Nur mit der Verfahrensrüge kann geltend gemacht werden, dass ohne Zustimmung der StA ein Tatteil nach § 154a ausgeschieden worden oder trotz Freispruchs ein ausgeschiedener Teil nicht wieder einbezogen worden ist (BGH NStZ 1996, 241; Meyer-Goßner § 264 Rdn. 12).

Fraglich ist, wie zu verfahren ist, wenn der Angeklagte zunächst rechtskräftig wegen 18
Hehlerei verurteilt worden ist und nunmehr wegen eines eine andere Tat im Sinne des § 264 darstellenden räuberischen Diebstahls derselben Sache verurteilt wird. Der BGH (BGHSt 35, 60) rechnet in solchen Fällen die wegen Hehlerei erkannte Strafe auf die neue Strafe an und verweist ansonsten auf das Wiederaufnahmeverfahren. Ein Teil der Literatur will dem wegen Raubes verurteilenden Gericht die Befugnis zur Aufhebung des wegen Hehlerei ergangenen Urteils zugestehen (Meyer-Goßner FS Salger S. 353). Das LG Saarbrücken (NStZ 1989, 546) will die Entscheidung insgesamt dem Wiederaufnahmeverfahren vorbehalten lassen, also noch nicht einmal die wegen Hehlerei verhängte Strafe anrechnen.

§ 265 [Veränderung des rechtlichen Gesichtspunktes]

(1) **Der Angeklagte darf nicht auf Grund eines anderen als des in der gerichtlich zugelassenen Anklage angeführten Strafgesetzes verurteilt werden, ohne daß er zuvor auf die Veränderung des rechtlichen Gesichtspunktes besonders hingewiesen und ihm Gelegenheit zur Verteidigung gegeben worden ist.**

(2) **Ebenso ist zu verfahren, wenn sich erst in der Verhandlung vom Strafgesetz besonders vorgesehene Umstände ergeben, welche die Strafbarkeit erhöhen oder die Anordnung einer Maßregel der Besserung und Sicherung rechtfertigen.**

(3) **Bestreitet der Angeklagte unter der Behauptung, auf die Verteidigung nicht genügend vorbereitet zu sein, neu hervorgetretene Umstände, welche die Anwendung eines schwereren Strafgesetzes gegen den Angeklagten zulassen als des in der gerichtlich zugelassenen Anklage angeführten oder die zu den im zweiten Absatz bezeichneten gehören, so ist auf seinen Antrag die Hauptverhandlung auszusetzen.**

(4) **Auch sonst hat das Gericht auf Antrag oder von Amts wegen die Hauptverhandlung auszusetzen, falls dies infolge der veränderten Sachlage zur genügenden Vorbereitung der Anklage oder der Verteidigung angemessen erscheint.**

I. Überblick

Die Vorschrift gehört in einen **Kontext mit § 264**: Die Kognitionspflicht bewirkt, 1
dass die angeklagte Tat umfassend zu beurteilen ist (§ 264 Abs. 2), die Fürsorgepflicht gebietet, den Angeklagten darauf hinzuweisen, dass eine andere rechtliche Bewertung als die im Eröffnungsbeschluss für die angeklagte Tat denkbar ist. Insofern ist die Vorschrift auch Ausdruck des Rechts auf ein faires Verfahren (vgl. BGHSt 29, 274, 278) und dient der Gewährung rechtlichen Gehörs (BGHSt 22, 336, 339).

II. Veränderte Rechtslage

Ob eine **veränderte Rechtslage** (Abs. 1 und 2) vorliegt, bestimmt sich nach der 2
Anklage in der Fassung, die sie durch den Eröffnungsbeschluss erhalten hat. Der zugelassenen Anklage gleichgestellt sind der Strafbefehl nach Einspruch, die Anklage im beschleunigten Verfahren, der Einbeziehungsbeschluss bei Nachtragsanklage sowie der Verweisungsbeschluss nach § 270.

§ 265　　　　　　　　　　　　　　　2. Buch. Verfahren im ersten Rechtszug

3　　Erforderlich ist der Hinweis **nur bei einer Verurteilung.** Ein Rechtsgespräch des Gerichts mit den Verfahrensbeteiligten ist zulässig und oftmals sinnvoll; eine Verpflichtung dazu besteht jedoch nicht (Meyer-Goßner § 265 Rdn. 7a).

4　　Erforderlich ist der Hinweis, wenn bei gleichbleibendem Sachverhalt oder wegen in der Hauptverhandlung neu hervorgetretener Tatsachen eine andere rechtliche Beurteilung in der Form nötig ist, dass auf Grund eines **anderen Strafgesetzes** verurteilt werden soll. Dies umfasst eine Verurteilung wegen § 323a statt § 316 StGB (OLG Köln NStZ-RR 1998, 370), wegen Vollendung statt Versuchs, nicht aber bei einer Verurteilung auf Grund einer actio libera in causa (BayObLG MDR 1993, 567; zw.).

5　　Auch ein **milderes Strafgesetz** ist in der Regel ein anderes Gesetz im Sinne des Abs. 1, z.B. § 212 statt § 211, fahrlässige Tötung statt Aussetzung mit Todesfolge (BGH NStZ 1983, 424), Versuch statt Vollendung (BGHSt 2, 250). Der Hinweis soll entbehrlich sein, wenn nur ein erschwerender Umstand wegfällt, wie etwa ein qualifizierender Umstand im Sinne des § 244 Abs. 1 StGB bei einer Verurteilung wegen einfachen Diebstahls (BGH NJW 1970, 904).

6　　Erforderlich ist der Hinweis auch dann, wenn eine in ihrem Wesen **unterschiedliche Begehungsform** derselben Straftat in Betracht kommt, z.B. statt Tun ein Unterlassen oder umgekehrt (BGH StV 1984, 367), eine andere Mordalternative (BGHSt 23, 95), beim Übergang vom Missbrauchs- zum Treubruchstatbestand (BGH NJW 1984, 2539). Keines Hinweises soll es bei gleichartigen Begehungsformen bedürfen, so wenn statt wegen Körperverletzung mittels einer Waffe wegen einer solchen mittels gefährlichen Werkzeugs verurteilt wird (vgl. RGSt 30, 176; zw.).

7　　Abs. 1 gilt auch, wenn eine **andere Teilnahmeform** in Betracht kommt, z.B. Mittäterschaft statt Alleintäterschaft (BGHSt 11, 18) oder Alleintäterschaft statt Mittäterschaft (BGH a.a.O.; BGH wistra 1996, 69). Die Hinweispflicht besteht auch bei einer anderen Beurteilung des Konkurrenzverhältnisses (BGH StV 1991, 102). Ob auf die Möglichkeit der Bejahung besonderer Schuldschwere nach § 57a StGB hingewiesen werden muss, wenn die Anklageschrift einen solchen Hinweis nicht enthält, ist zweifelhaft (dafür Wollweber NJW 1998, 121, 122; dagegen BGH NJW 1996, 3285; zweifelnd BGH NStZ-RR 2003, 291).

8　　**Straferhöhende Umstände (Abs. 2)** sind solche, für die § 263 Abs. 2 bei einer Abstimmung eine Zwei-Drittel-Mehrheit verlangt (dort Rdn. 3). Ein entsprechender Hinweis ist nur erforderlich, wenn sie sich erst in der Hauptverhandlung ergeben haben, der Angeklagte sie also nicht bereits der Anklageschrift entnehmen und seine Verteidigung darauf einrichten konnte (KK-Engelhardt § 265 Rdn. 13).

9　　Die straferhöhenden Umstände müssen an **gesetzlich bestimmte Tatsachen** anknüpfen, also an Tatbestandsmerkmale. An dieser Voraussetzung fehlt es bei den unbenannten besonders schweren Fällen (vgl. BGHSt 29, 274). Gibt das Gesetz Regelbeispiele vor, muss ein Hinweis erfolgen, wenn sich erst in der Hauptverhandlung ergibt, dass dessen Merkmale verwirklicht sein können (BGH NJW 1988, 501).

10　　Der Hinweis auf die mögliche **Anordnung einer Sicherungsmaßregel** ist stets erforderlich, wenn er nicht bereits in der zugelassenen Anklage vorhanden war. So ist bei der Entziehung der Fahrerlaubnis auch dann ein Hinweis geboten, wenn zuvor im Strafbefehl ein Fahrverbot verhängt worden war (BayObLG NZV 2004, 425; vgl. auch BGHSt 18, 288).

11　　Eine **entsprechende Anwendung** der Vorschrift kommt in Betracht, wenn sich die gesamte Tatrichtung ändert.

Beispiel: Es ändern sich die tatsächlichen Grundlagen des Schuldvorwurfs (BGH StV 1990, 249) oder das Gericht will an Stelle nicht näher konkretisierter Taten von nun nach Zeit, Ort und Tatbegehung bestimmten Taten ausgehen (BGHSt 44, 153; siehe auch BGHSt 48, 221).

12　　Da es um das **Fairnessgebot** geht und darum, dass der Angeklagte sich mit seiner Verteidigung auf die Situation einrichten können soll, muss er auf die Feststellung einer erheblichen Tatsache hingewiesen werden, die weder in der Anklage noch im Eröffnungsbeschluss so dargestellt worden ist, dass er sich äußern konnte (BGHSt 11, 88, 91; BGH NStZ 1994, 46). Dies gilt beispielsweise für die Feststellung einer anderen Tatzeit (BGHSt 19, 88; BGH NStZ 1984, 422), für die der Täter sich um einen neuen Alibibeweis kümmern könnte. Erfasst sein sollen nicht Feststellungen, die sich nur auf die Tatplanung und -vorbereitung beziehen (BGH NStZ 2000, 48). Auch innerhalb der Grenzen des § 264 gebietet die gerichtliche Fürsorgepflicht, den Angeklagten entsprechend hinzuweisen und ihm damit die Gelegenheit zu geben, sich zu neuen, möglicherweise entscheidungserheblichen Tatsachen zu äußern und Beweisanträge zu stellen (Pfeiffer § 265 Rdn. 8). Ein förmlicher Hinweis entsprechend Abs. 1 und 2 ist erforderlich, wenn das Gericht Tatsachen auswechseln oder neu einführen will, in denen die Merkmale des gesetzlichen Tatbestandes gefunden werden (Tatopfer: BGH NStZ 1989, 220). Im Übrigen soll es ausreichen, wenn der Angeklagte die Möglichkeit einer abweichenden Tatsachengrundlage hinreichend deutlich aus dem Gang der Hauptverhandlung erfährt (BGH NStZ 1981, 190; Pfeiffer § 265 Rdn. 8).

Regelmäßig muss der Angeklagte vom Gericht selbst **ausdrücklich befragt** werden (BGH NJW 1988, 571); die Urteilsgründe müssen das erkennen lassen (Pfeiffer § 265 Rdn. 8). Von Bedeutung ist die Unterscheidung deshalb, weil das Unterlassen eines förmlichen Hinweises nur durch das Hauptverhandlungsprotokoll bewiesen werden kann (§ 274); im Übrigen ist eine ausreichende Unterrichtung des Angeklagten vom Revisionsgericht im Freibeweis aufzuklären (BGH StV 1991, 502). 13

III. Form und Inhalt des Hinweises

Der förmliche Hinweis nach Abs. 1 oder 2 erfolgt **durch den Vorsitzenden.** Nur wenn dieser den Hinweis ablehnt, gilt § 238 Abs. 2 (LR-Gollwitzer § 265 Rdn. 50; Meyer-Goßner § 265 Rdn. 28). Der Hinweis kann nicht durch eine Erörterung in der Hauptverhandlung (BGHSt 19, 141; vgl. auch BGH StV 1988, 329) ersetzt werden und ist dem Angeklagten selbst zu erteilen (BGH NStZ 1993, 200). Allerdings genügt bei mehreren Angeklagten nach Auffassung des BGH, wenn sich der Hinweis aus dem Zusammenhang ergibt (BGH NStZ 1983, 569; abl. Pfeiffer § 265 Rdn. 9). 14

Inhaltlich muss der Hinweis den Angeklagten (und seinen Verteidiger) in die Lage versetzen, die Verteidigung auf den neuen rechtlichen Gesichtspunkt einzurichten (BGHSt 18, 56; BGH StV 1985, 489). Der bloße Hinweis auf einen Paragraphen des StGB reicht nur in einfachen Fällen aus. Die tatsächlichen Grundlagen einer abweichenden rechtlichen Beurteilung sind eindeutig zu bezeichnen (BGH NStZ 1993, 200). Für den Angeklagten und den Verteidiger muss aus dem Hinweis – allein oder in Verbindung mit der zugelassenen Anklage – erkennbar sein, welches Strafgesetz nach Auffassung des Gerichts in Betracht kommt und in welchen Tatsachen das Gericht die gesetzlichen Merkmale möglicherweise als erfüllt ansieht (BGHSt 13, 320, 324; BGH StV 2004, 522; Meyer-Goßner § 265 Rdn. 31). 15

> **Beispiel:** Nach einer Anklage wegen Mittäterschaft wird einer der Beteiligten darauf hingewiesen, dass er wegen Beihilfe verurteilt werden könnte. Damit ist für den anderen klar, dass für ihn Alleintäterschaft in Betracht kommt (BGH NStZ 1983, 569). Umgekehrt deckt ein Hinweis auf den Schuldspruch wegen Mittäterschaft nicht die Verurteilung wegen Beihilfe ab (BGH NJW 1985, 2488).

Enthält ein Strafgesetz mehrere gleichwertig nebeneinander stehende Begehungsformen, muss das Gericht darauf hinweisen, welche von ihnen nach Ansicht des Gerichts in Betracht kommt (BGHSt 25, 287, 288; Meyer-Goßner § 265 Rdn. 31). 16

> **Beispiel:** Anklage wegen Diebstahls nach § 242. Will das Gericht auf einen besonders schweren Fall hinweisen, muss die genaue Alternative angegeben werden.

§ 265

17 Der Hinweis ist zu erteilen, wenn sich erstmals die Möglichkeit einer anderen rechtlichen Beurteilung ergibt, also **frühzeitig.** Als wesentliche Förmlichkeit ist der Hinweis zu beurkunden. Nach § 274 wird er nur durch das Sitzungsprotokoll bewiesen (BGHSt 19, 141). Auch der wesentliche Inhalt sollte im Protokoll beurkundet werden (BGHSt 2, 371). Fehlt ein solcher Vermerk, kann das Revisionsgericht den Inhalt im Freibeweis feststellen (BGHSt 19, 141, 143). Besinnt sich das Gericht später anders, ist eine Rücknahme des Hinweises nicht erforderlich. Der Gesichtspunkt des fairen Verfahrens mag anderes bewirken (vgl. Meyer-Goßner § 265 Rdn. 33a).

IV. Aussetzung der Hauptverhandlung

18 Eine Aussetzung der Hauptverhandlung **(Abs. 3)** ist erforderlich, wenn im Offizialverfahren (vgl. § 84 Abs. 4) in der Hauptverhandlung neue Tatsachen (nicht: neue Beweismittel!) bekannt werden, die die Anwendung eines abstrakt schwereren Strafgesetzes zulassen oder im Sinne des Abs. 2 zu einer Straferhöhung oder zur Anordnung einer anderen Maßregel führen können (Pfeiffer § 265 Rdn. 13). Es muss um Umstände gehen, die dem Angeklagten nicht durch Anklageschrift, Eröffnungsbeschluss oder eine frühere Verhandlung bekannt werden konnten (RGSt 52, 249).

19 Der Angeklagte muss die neu hervorgetretenen Umstände **bestreiten,** d. h. ihre Richtigkeit in Abrede stellen (LR-Gollwitzer § 265 Rdn. 91) und zugleich behaupten, auf die Verteidigung nicht genügend vorbereitet zu sein.

20 Eine **Unterbrechung** der Hauptverhandlung nach § 229 ist nach neuerer Rechtsprechung nicht ausreichend, vielmehr ist auf den Antrag des Angeklagten die Hauptverhandlung nach § 228 auszusetzen und danach neu zu beginnen (BGHSt 48, 183). Die Entscheidung ergeht durch Beschluss (Meyer-Goßner § 265 Rdn. 37).

21 Die **Aussetzung bei veränderter Sachlage (Abs. 4)** erfolgt auf Antrag oder von Amts wegen, wenn dies zur besseren Vorbereitung der Anklage oder Verteidigung geboten erscheint (vgl. auch BGHSt 36, 210). Bei einer veränderten Sachlage kann es sich um eine Veränderung des Sachverhalts oder der Verfahrenslage handeln.

22 **Der Sachverhalt ist verändert,** wenn eine in der Anklage nicht erwähnte Handlung oder sonstige Tatsache nach § 264 zum Gegenstand des Urteils gemacht werden soll (BGH StV 1992, 452). Die Tatsachen müssen entscheidungserheblich sein, ansonsten kommt es nicht darauf an, ob sie den Schuldumfang oder den Strafausspruch betreffen.

23 **Eine Veränderung der Verfahrenslage** kann sich z. B. aus dem Nachschieben von Beweismitteln, die bislang von der Verfolgungsbehörde zurückgehalten wurden, ergeben (vgl. LG Duisburg StV 1984, 19: Akten und Beweisstücke). Hauptfall ist der, dass der Verteidiger wegen plötzlicher Erkrankung, Niederlegung des Mandats oder gar Tod ausbleibt (vgl. BGH NJW 2000, 1350; BayObLG StV 1983, 270). Voraussetzung ist dann, dass die Durchführung der Hauptverhandlung dadurch für den Angeklagten unzumutbar wird (Meyer-Goßner § 265 Rdn. 42).

24 **Das Gericht** muss dabei die Bedeutung der Sache, die Schwierigkeit der Rechtslage, die Lage des Verfahrens bei Eintritt des Verhinderungsfalls, den Anlass, die Vorhersehbarkeit und die voraussichtliche Dauer der Verhinderung sowie die Fähigkeit des Angeklagten, sich selbst zu verteidigen, berücksichtigen und miteinander abwägen (KG NZV 1993, 411; OLG Düsseldorf wistra 1993, 352; Meyer-Goßner § 265 Rdn. 43).

25 Abs. 4 gilt insbesondere bei einer zu Unrecht **verweigerten Akteneinsicht** oder der Unmöglichkeit, rechtzeitig einen anderen Verteidiger zu beauftragen (Meyer-Goßner § 265 Rdn. 44).

Beispiel: Der Antrag auf Bestellung eines Verteidigers ist unerwartet erst kurz vor der Hauptverhandlung abgelehnt worden (RGSt 57, 147).

6. Abschnitt. Hauptverhandlung § 265a

Anders als in den Fällen des Abs. 3 kann auch eine bloße **Unterbrechung** der Verhandlung genügen (BGHSt 48, 183). Der Antrag muss noch in der Hauptverhandlung beschieden werden; bis zur Urteilsverkündung darf die Bekanntgabe der Entscheidung nicht hinausgeschoben werden (Meyer-Goßner § 265 Rdn. 45). 26

V. Revision

Die **Revision** kann auf Verletzung von Abs. 1 bis 3 gestützt werden. Eine Verletzung von Abs. 4 kann nur in der Form geltend gemacht werden, dass das Gericht die Rechtsbegriffe verkannt oder sein Ermessen fehlerhaft ausgeübt habe (BGHSt 8, 92, 96; BGH StV 1998, 252). Das Urteil beruht in der Regel auf dem Verstoß gegen Abs. 1 und 2. Es genügt, dass eine andere Verteidigung nicht ausgeschlossen werden kann, nahe zu liegen braucht sie nicht (BGH NJW 1985, 2488). Ein Beruhen kann ausgeschlossen werden, wenn nicht ersichtlich ist, dass der Angeklagte eine andere Verteidigungsmöglichkeit gehabt hat (BGH NStZ 1995, 247) oder wenn sonst sicher festgestellt werden kann, dass sich der Angeklagte auch bei einem entsprechenden Hinweis nicht anders hätte verteidigen können (BGH StV 1988, 329). 27

Die **Revisionsbegründung** muss die Verfahrenstatsachen vollständig enthalten, das heißt im Fall des Abs. 1 und 2 den Inhalt der zugelassenen Anklage, das Unterlassen des Hinweises und die abweichende Verurteilung, im Fall des Abs. 3 und 4 den Inhalt des Antrags und der ablehnenden Entscheidung. In der Regel sollte auch auf das Beruhen konkret eingegangen werden, um Überraschungsentscheidungen des Revisionsgerichts zu vermeiden. Bei der Rüge des Abs. 4 sind Angaben notwendig, warum die verbliebene Zeit unzureichend war (vgl. BGH NStZ 99). Wird gerügt, dem Urteil liege eine veränderte Sachlage zu Grunde, ist ein entsprechender Tatsachenvortrag erforderlich (BayObLG MDR 1993, 567; Meyer-Goßner § 265 Rdn. 47). 28

§ 265a [Auflagen. Weisungen]

¹Kommen Auflagen oder Weisungen (§§ 56b, 56c, 59a Abs. 2 des Strafgesetzbuches) in Betracht, so ist der Angeklagte in geeigneten Fällen zu befragen, ob er sich zu Leistungen erbietet, die der Genugtuung für das begangene Unrecht dienen, oder Zusagen für seine künftige Lebensführung macht. ²Kommt die Weisung in Betracht, sich einer Heilbehandlung oder einer Entziehungskur zu unterziehen oder in einem geeigneten Heim oder einer geeigneten Anstalt Aufenthalt zu nehmen, so ist er zu befragen, ob er hierzu seine Einwilligung gibt.

Die **Befragung** erfolgt erst, wenn mit hinreichender Wahrscheinlichkeit mit der Verurteilung des Angeklagten und mit einer Aussetzung der Strafvollstreckung zur Bewährung zu rechnen ist, das heißt die Anordnung von Auflagen oder Weisungen muss nahe liegen (Pfeiffer § 265a Rdn. 2). Ist der Angeklagte nicht geständig, wird die Befragung regelmäßig erst am Schluss der Beweisaufnahme erfolgen. 1

Die Befragung erfolgt **durch den Vorsitzenden**. Ob ihre Voraussetzungen vorliegen, ist ggf. durch eine Zwischenberatung zu klären. Ergibt sich erst in der Beratung des Urteils, dass ein Fall des § 265a vorliegt, ist erneut in die Verhandlung einzutreten. Denkbar ist aber auch eine Befragung erst nach Urteilsverkündung und Vorberatung und Verkündung des Beschlusses nach § 268a (Meyer-Goßner § 265a Rdn. 10). 2

Als **wesentliche Förmlichkeiten** im Sinne des § 273 Abs. 1 sind die Befragung durch den Vorsitzenden und die darauf abgegebenen Erklärungen des Angeklagten in das Sitzungsprotokoll aufzunehmen (Meyer-Goßner § 265a Rdn. 11). 3

Die Revision ist ausgeschlossen, weil die Auflagen und Weisungen nicht Teil des Urteils sind (LR-Gollwitzer § 265a Rdn. 17). Werden sie versehentlich in das Urteil 4

§ 266　　　　　　　　　　　　　2. Buch. Verfahren im ersten Rechtszug

selbst aufgenommen, wird dieser Teil des Urteils als Beschluss nach § 268a behandelt, eine dagegen eingelegte Revision also als Beschwerde (vgl. § 296 Rdn. 3).

§ 266 [Nachtragsanklage]

(1) **Erstreckt der Staatsanwalt in der Hauptverhandlung die Anklage auf wietere Straftaten des Angeklagten, so kann das Gericht sie durch Beschluß in das Verfahren einbeziehen, wenn es für sie zuständig ist und der Angeklagte zustimmt.**

(2) ¹**Die Nachtragsanklage kann mündlich erhoben werden.** ²**Ihr Inhalt entspricht dem § 200 Abs. 1.** ³**Sie wird in die Sitzungsniederschrift aufgenommen.** ⁴**Der Vorsitzende gibt dem Angeklagten Gelegenheit, sich zu verteidigen.**

(3) ¹**Die Verhandlung wird unterbrochen, wenn es der Vorsitzende für erforderlich hält oder wenn der Angeklagte es beantragt und sein Antrag nicht offenbar mutwillig oder nur zur Verzögerung des Verfahrens gestellt ist.** ²**Auf das Recht, die Unterbrechung zu beantragen, wird der Angeklagte hingewiesen.**

1　　Die Vorschrift steht im **Kontext mit §§ 264, 265**. „Weitere Straftaten des Angeklagten" im Sinne des § 266 Abs. 1 können nur solche sein, die nicht bereits Teil der angeklagten Tat (§ 264) sind und nicht schon deshalb der Kognitionspflicht des Gerichts unterliegen. Ein Sachzusammenhang i.S.d. des § 3 ist nicht erforderlich, auf die Möglichkeit einer Gesamtstrafenbildung kommt es nicht an (Pfeiffer § 266 Rdn. 1).

2　　**Voraussetzung** einer Erweiterung des Prozessstoffes ist die Erhebung einer Nachtragsanklage, deren Einbeziehung durch Beschluss des Gerichts und die Zustimmung des Angeklagten.

3　　**Die Nachtragsanklage** wird in der Hauptverhandlung (Abs. 1) und mündlich (Abs. 2 S. 1) erhoben. Hat der StA die Anklage schriftlich abgefasst, ist sie in jedem Fall vollständig in das Protokoll der Hauptverhandlung aufzunehmen (Abs. 2 S. 3). Die Nachtragsanklage muss den Erfordernissen des § 200 Abs. 1 S. 1 entsprechen. Die Einhaltung der Mindestanforderungen gehört zu den von Amts wegen zu beachtenden Prozessvoraussetzungen (Meyer-Goßner § 266 Rdn. 6).

4　　Eine Einbeziehung setzt voraus, dass das Gericht **sachlich zuständig** ist. Die örtliche Zuständigkeit ist wegen § 13 stets gegeben (Meyer-Goßner § 266 Rdn. 9). Dass ein Gericht niederer Ordnung zuständig wäre, ist wegen § 269 unschädlich. Ist ein Gericht höherer Ordnung zuständig, ist die Einbeziehung abzulehnen, eine Einbeziehung mit dem Ziel einer anschließenden (gemeinsamen) Verweisung an das höhere Gericht nach § 270 unzulässig (KK-Engelhardt § 266 Rdn. 6).

Die Nachtragsanklage kann bis zum **Beginn der Urteilsverkündung** erhoben werden (BGH MDR 1955, 397; KK-Engelhardt § 266 Rdn. 4). Teilweise wird auch eine Erhebung bis zum Schluss der Hauptverhandlung für zulässig erachtet (KMR-Paulus § 266 Rdn. 9; LR-Gollwitzer § 266 Rdn. 9). In der Berufungshauptverhandlung kann § 266 nicht angewendet werden (Meyer-Goßner § 266 Rdn. 10).

5　　Die Einbeziehung setzt die **Zustimmung des Angeklagten** voraus (BGH NStZ-RR 1999, 303). Sie muss ausdrücklich und eindeutig erklärt werden (BGH NJW 1984, 2172). Das Unterlassen eines Widerspruchs oder die Einlassung auf die Nachtragsanklage genügt nicht (Meyer-Goßner § 266 Rdn. 11). Die Erklärung muss durch den Angeklagten persönlich erfolgen. Erteilt der Verteidiger in seiner Gegenwart die Zustimmung, ist diese wirksam, wenn der Angeklagte nicht widerspricht. Der Widerspruch des Verteidigers gegen die Zustimmungserklärung des Angeklagten ist unbeachtlich (KK-Engelhardt § 266 Rdn. 7; LR-Gollwitzer § 266 Rdn. 16; a.M. Rieß NJW 1977, 881, 883).

6　　Die Zustimmung kann **nicht widerrufen** werden und gehört zu den wesentlichen Förmlichkeiten der Verhandlung (BGH NJW 1984, 2172). Das Fehlen der Zustim-

6. Abschnitt. Hauptverhandlung § 267

mung soll jedoch kein in jeder Lage des Verfahrens zu beachtendes Prozesshindernis sein (BGH NStZ-RR 1999, 303; OLG Karlsruhe StV 2002, 184). Daher kann sie im Rechtsmittelzug nur auf Rüge berücksichtigt werden, die dann aber zur Einstellung des Verfahrens führt (Meyer-Goßner § 266 Rdn. 14).

Auf die **Bedeutung der Zustimmung** ist insbesondere ein nicht verteidigter Angeklagter im Zusammenhang mit der Belehrung nach Abs. 3 S. 2 hinzuweisen (Pfeiffer § 266 Rdn. 3). 7

Die **Entscheidung** über die Einbeziehung erfolgt durch Beschluss und liegt im pflichtgemäßen Ermessen des Gerichts. Eine Begründung ist nicht erforderlich. Ist die Nachtragsanklage nicht zulässig erhoben, wird sie als unzulässig zurückgewiesen, ist sie im Hinblick auf § 264 überflüssig, wird sie vom Vorsitzenden für gegenstandslos erklärt. Eine Entscheidung durch Beschluss ist in solchen Fällen nur nötig, wenn über die Reichweite des § 264 Zweifel bestehen (vgl. aber BGH NJW 1970, 904). 8

> **Beispiel:** Der Vorsitzende meint, dass die in der Nachtragsanklage aufgeführte Tat bereits Gegenstand der zugelassenen Anklage ist.

Das Fehlen des Einbeziehungsbeschlusses ist wie das Fehlen eines Eröffnungsbeschlusses ein von Amts wegen zu beachtendes **Prozesshindernis,** das regelmäßig zur Einstellung des Verfahrens führt (BGH StV 2002, 183). 9

Durch den Einbeziehungsbeschluss wird die einbezogene Tat **Gegenstand der Untersuchung** und Entscheidung des Gerichts und rechtshängig. Der Verfahrensgang nach §§ 243, 244 Abs. 1 kann regelmäßig nicht eingehalten werden. Jedenfalls muss der Angeklagte nach § 243 Abs. 4 S. 2 zu der Nachtragsanklage vernommen werden (vgl. auch Abs. 2 S. 4). 10

Eine **Unterbrechung der Verhandlung** (Abs. 3) kann auf Antrag des Angeklagten angeordnet werden. Da die Höchstdauer der Unterbrechung nach § 229 mittlerweile drei Wochen beträgt, wird regelmäßig nicht zu untersuchen sein, ob der Antrag des Angeklagten mutwillig oder nur zur Verzögerung des Verfahrens gestellt ist. Gegen die entsprechende Entscheidung des Vorsitzenden kann gemäß § 238 Abs. 2 gerichtliche Entscheidung beantragt werden. 11

Die Entscheidungen im Sinne des § 266 sind nicht anfechtbar (Meyer-Goßner § 266 Rdn. 24). Mit der **Revision** kann geprüft werden, ob die nach Abs. 1 erforderliche Zustimmung des Angeklagten erteilt worden ist (BGH NStZ-RR 1999, 303). 12

§ 267 [Urteilsgründe]

(1) ¹Wird der Angeklagte verurteilt, so müssen die Urteilsgründe die für erwiesen erachteten Tatsachen angeben, in denen die gesetzlichen Merkmale der Straftat gefunden werden. ²Soweit der Beweis aus anderen Tatsachen gefolgert wird, sollen auch diese Tatsachen angegeben werden. ³Auf Abbildungen, die sich bei den Akten befinden, kann hierbei wegen der Einzelheiten verwiesen werden.

(2) Waren in der Verhandlung vom Strafgesetz besonders vorgesehene Umstände behauptet worden, welche die Strafbarkeit ausschließen, vermindern oder erhöhen, so müssen die Urteilsgründe sich darüber aussprechen, ob diese Umstände für festgestellt oder für nicht festgestellt erachtet werden.

(3) ¹Die Gründe des Strafurteils müssen ferner das zur Anwendung gebrachte Strafgesetz bezeichnen und die Umstände anführen, die für die Zumessung der Strafe bestimmend gewesen sind. ²Macht das Strafgesetz Milderungen von dem Vorliegen minder schwerer Fälle abhängig, so müssen die Urteilsgründe ergeben, weshalb diese Umstände angenommen oder einem in der Verhandlung gestellten Antrag entgegen verneint werden; dies gilt entsprechend für die Ver-

§ 267   2. Buch. Verfahren im ersten Rechtszug

hängung einer Freiheitsstrafe in den Fällen des § 47 des Strafgesetzbuches. ³Die Urteilsgründe müssen auch ergeben, weshalb ein besonders schwerer Fall nicht angenommen wird, wenn die Voraussetzungen erfüllt sind, unter denen nach dem Strafgesetz in der Regel ein solcher Fall vorliegt; liegen diese Voraussetzungen nicht vor, wird aber gleichwohl ein besonders schwerer Fall angenommen, so gilt Satz 2 entsprechend. ⁴Die Urteilsgründe müssen ferner ergeben, weshalb die Strafe zur Bewährung ausgesetzt oder einem in der Verhandlung gestellten Antrag entgegen nicht ausgesetzt worden ist; dies gilt entsprechend für die Verwarnung mit Strafvorbehalt und das Absehen von Strafe.

(4) ¹Verzichten alle zur Anfechtung Berechtigten auf Rechtsmittel oder wird innerhalb der Frist kein Rechtsmittel eingelegt, so müssen die erwiesenen Tatsachen, in denen die gesetzlichen Merkmale der Straftat gefunden werden, und das angewendete Strafgesetz angegeben werden; bei Urteilen, die nur auf Geldstrafe lauten oder neben einer Geldstrafe ein Fahrverbot oder die Entziehung der Fahrerlaubnis und damit zusammen die Einziehung des Führerscheins anordnen, kann hierbei auf den zugelassenen Anklagesatz, auf die Anklage gemäß § 418 Abs. 3 Satz 2 oder den Strafbefehl sowie den Strafbefehlsantrag verwiesen werden. ²Den weiteren Inhalt der Urteilsgründe bestimmt das Gericht unter Berücksichtigung der Umstände des Einzelfalls nach seinem Ermessen. ³Die Urteilsgründe können innerhalb der in § 275 Abs. 1 Satz 2 vorgesehenen Frist ergänzt werden, wenn gegen die Versäumung der Frist zur Einlegung des Rechtsmittels Wiedereinsetzung in den vorigen Stand gewährt wird.

(5) ¹Wird der Angeklagte freigesprochen, so müssen die Urteilsgründe ergeben, ob der Angeklagte für nicht überführt oder ob und aus welchen Gründen die für erwiesen angenommene Tat für nicht strafbar erachtet worden ist. ²Verzichten alle zur Anfechtung Berechtigten auf Rechtsmittel oder wird innerhalb der Frist kein Rechtsmittel eingelegt, so braucht nur angegeben zu werden, ob die dem Angeklagten zur Last gelegte Straftat aus tatsächlichen oder rechtlichen Gründen nicht festgestellt worden ist. ³Absatz 4 Satz 3 ist anzuwenden.

(6) ¹Die Urteilsgründe müssen auch ergeben, weshalb eine Maßregel der Besserung und Sicherung angeordnet, eine Entscheidung über die Sicherungsverwahrung vorbehalten oder einem in der Verhandlung gestellten Antrag entgegen nicht angeordnet oder nicht vorbehalten worden ist. ²Ist die Fahrerlaubnis nicht entzogen oder eine Sperre nach § 69a Abs. 1 Satz 3 des Strafgesetzbuches nicht angeordnet worden, obwohl dies nach der Art der Straftat in Betracht kam, so müssen die Urteilsgründe stets ergeben, weshalb die Maßregel nicht angeordnet worden ist.

I. Überblick

1   Die Vorschrift regelt die **Anforderungen an die schriftlichen Urteilsgründe**. Ihre Funktion ist es, Auskunft über den Inhalt des Urteils zu geben. Sie haben daher das Ergebnis der Beratung vollständig und in sich geschlossen darzulegen, damit der Umfang der Rechtskraft bestimmt und das Urteil durch das obere Gericht auf seine Richtigkeit hin überprüft werden kann (BGH StV 1984, 198; vgl. Rdn. 12). Die Bestimmung betrifft vordringlich erstinstanzliche Entscheidungen. Zu Berufungsentscheidungen vgl. ergänzend Rdn. 36.

2   Das Strafurteil beruht nicht auf der Darstellung seiner Gründe, sondern auf dem **Inbegriff der Hauptverhandlung**. Daher ist es nicht Aufgabe der Urteilsgründe, diesen Inbegriff umfassend darzustellen, und noch weniger, Auskunft über den Gang der Verhandlung, der Entscheidungsfindung des Gerichts und der Beratung zu geben (vgl.

Pfeiffer § 267 Rdn. 1). Die Urteilsgründe dienen also nicht der Dokumentation dessen, was in der Hauptverhandlung ausgesagt oder verlesen wurde.

Beispiel: Insbesondere bei längeren Hauptverhandlungen vor dem LG finden sich Urteile, in denen offenbar der Berichterstatter minutiös Tag für Tag die einzelnen Aussagen der Zeugen dokumentiert hat. Der BGH weist in diesen Fällen immer darauf hin, dass eine solche Dokumentation nicht vorgeschrieben ist (und überdies die Arbeit des Revisionsgerichts vermehrt).

Das schriftliche Urteil, das von den beteiligten Berufsrichtern zu unterschreiben ist (§ 275 Abs. 2), muss eine in sich geschlossene, **aus sich verständliche Darstellung** der aus dem Inbegriff der Verhandlung getroffenen Feststellungen, ihrer Würdigung und ihrer rechtlichen Subsumtion geben (vgl. BGHSt 33, 59, 60; BGH NStZ 1992, 49; Pfeiffer § 267 Rdn. 2). Bezugnahmen auf Aktenteile sind unzulässig, lediglich Anlagen zum Urteil sind erlaubt, wenn sie mit diesem eine Einheit bilden (vgl. BGH NStZ 1987, 374; BGH StV 2004, 4; Meyer-Goßner § 267 Rdn. 2). Auch darf bei der Bildung einer Gesamtstrafe nach § 55 StGB nicht auf die Strafzumessungsgründe des einbezogenen Urteils Bezug genommen werden (BGH NStZ-RR 2003, 5). Lediglich in einem Berufungsurteil kann auf das Urteil der ersten Instanz Bezug genommen werden, sofern dadurch die Gesamtdarstellung nicht unklar wird (BGHSt 33, 59; Meyer-Goßner § 267 Rdn. 2a). Welchen Umfang dann die Urteilsgründe haben, hängt nicht zuletzt von dem Gegenstand des Verfahrens ab. 3

Beispiel: Einzeltat oder Punktesache, einer oder mehrere Angeklagte.

Regelmäßig ist den Feststellungen zur Person, den Feststellungen zur Sache, der Beweiswürdigung, der Findung der Sanktionen und den Nebenentscheidungen ein eigener, durch die Gliederung der Urteilsgründe jeweils **erkennbarer Abschnitt** zu widmen (BGH NStZ 1994, 400; Pfeiffer § 267 Rdn. 2). Erreicht das Urteil einen gewissen Umfang, ist ihm ggf. ein Inhaltsverzeichnis voranzustellen, das die Gliederung des Urteils nebst Zwischenüberschriften und die entsprechenden Seitenzahlen wiedergibt. Da eine solche Übersicht nicht gesetzlich vorgeschrieben ist, kann sie auch noch nach Ablauf der sich aus § 275 Abs. 1 ergebenden Frist erstellt werden (BGH NStZ-RR 2001, 109). In Punktesachen sind ggf. Ordnungszahlen zu verwenden (vgl. BGH NStZ-RR 1999, 139), wenn man nicht sogar eine Tabellenform wählt. Die Sachdarstellung darf nicht durch eine bloße Tabelle mit pauschalen Angaben zu den einzelnen Taten ersetzt werden (BGH NJW 1992, 1709; vgl. BGH wistra 1996, 62). 4

II. Aufbau der Gründe

Die persönlichen Verhältnisse des Angeklagten, sein Werdegang und die für seine Tat wesentlichen Anlagen und Umwelteinflüsse werden üblicherweise an den Beginn der Urteilsgründe gestellt (Meyer-Goßner NStZ 1988, 529, 531). Regelmäßig genügt ein relativ kurzer Lebenslauf (BGH NStZ-RR 2004, 66). 5

Sodann folgen die **Feststellungen zur Sache,** das heißt die für erwiesen erachteten äußeren Tatsachen einschließlich der Angabe von Ort und Zeit der Tat, soweit dies zur Identifizierung der Tat notwendig ist (Meyer-Goßner § 267 Rdn. 5). Die in sich geschlossene Darstellung muss dem Rechtskundigen ermöglichen, bereits den entsprechenden abstrakten Tatbestand zu erkennen. Ist der Angeklagte einer Vielzahl von in Tatmehrheit stehenden gleichartigen Vorfällen schuldig, müssen die Taten nach Zeit, Ort und ungefährer Begehungsweise zusammengestellt werden (BGH NStZ 1992, 602; BGH NStZ 2000, 607, 608). 6

Bei Serienstraftaten ist die größtmögliche Individualisierung und Konkretisierung der Einzeltaten statt einer Schätzung der Anzahl der Taten erforderlich (BGHSt 42, 107; BGH StV 2002, 523; Meyer-Goßner § 267 Rdn. 6a). Lassen sich hinreichende Feststellungen nicht treffen, ist es zulässig, einen rechnerisch bestimmten Teil des Ge- 7

§ 267　　　　　　　　　　　　　　2. Buch. Verfahren im ersten Rechtszug

samtgeschehens bestimmten strafrechtlich erheblichen Verhaltensweisen im Wege der Schätzung zuzuordnen. Dabei erfolgen die Feststellung der Zahl der Einzelakte und die Verteilung des Gesamtschadens auf diese Einzelakte nach dem Grundsatz in dubio pro reo (BGHSt 40, 374, 377).

> **Beispiel:** Es lässt sich nicht mehr feststellen, wen der Angeklagte wann betrogen hat. Klar ist aber der Zeitraum und die Art der Begehungsweise. Eine Schätzung ist in diesen Fällen möglich (BGHSt 40, 374), notfalls ist von einer einzigen Tat auszugehen (BGHSt 40, 374, 377).

8　Der **„innere Tatbestand"** (Vorsatz, Fahrlässigkeit) wird zweckmäßigerweise jeweils bei den einzelnen Punkten des äußeren Sachverhalts mit dargestellt, soweit er sich nicht von selbst aus der Schilderung des objektiven Sachverhalts ergibt (Meyer-Goßner § 267 Rdn. 7). Dabei müssen die Rechtsbegriffe (Vorsatz, Fahrlässigkeit) bei der Darstellung in die entsprechenden tatsächlichen Bestandteile aufgelöst werden, dies gilt auch für die Irrtumsfrage (§§ 15, 16 StGB; Meyer-Goßner § 267 Rdn. 7).

> **Beispiel:** „Dieses Geschehen hielt der Angeklagte für möglich und nahm es billigend in Kauf".

9　Eine **Verweisung** auf Abbildungen (Abs. 1 S. 3) ist zulässig, das Urteil muss aber die Bezugnahme deutlich und zweifelsfrei zum Ausdruck bringen. Die bloße Mitteilung der Fundstelle in den Akten genügt nicht (OLG Köln NJW 2004, 3274). Die Erklärung muss so deutlich sein, dass jeder Zweifel am Vorliegen und am Gegenstand der Verweisung ausgeschlossen ist (OLG Brandenburg NStZ-RR 1998, 240).

10　**Abbildungen** sind vor allem Fotos (z. B. Radarfotos), Abzüge von anderen Bildträgern wie etwa Videoaufzeichnungen sowie Zeichnungen. Die Bezugnahme ist aber nur wegen der Einzelheiten erlaubt. Im Urteil wird also der „Aussagegehalt" der Abbildung beschrieben, nur wegen der Details darf auf eine Abbildung verwiesen werden, die dann aber auch Bestandteil der Akten sein muss (Meyer-Goßner § 267 Rdn. 10). Wird das Foto selbst oder eine Ablichtung davon in die Urteilsgründe aufgenommen, ist dessen Beschreibung naturgemäß entbehrlich (BayObLG NStZ-RR 1996, 211). Durch Beschreibung und ergänzende Verweisung wird die Abbildung als Ganzes Bestandteil der Urteilsgründe. Das Revisionsgericht kann daher die bei den Akten befindliche Abbildung aus eigener Anschauung würdigen. Insbesondere geht es um Radarfotos, die im Bußgeldverfahren der Identifizierung des Betroffenen dienen (Pfeiffer § 267 Rdn. 4).

11　Die Urteilsgründe sollen die **Indizien** (Abs. 1 S. 2) – die Beweisanzeichen oder „Untertatsachen" – angeben. In diesem Rahmen muss sich das Gericht bei der Beweiswürdigung mit allen für den Tathergang wesentlichen Umständen einzeln und insgesamt befassen und auseinandersetzen (BGHSt 14, 165). Auch in diesem Zusammenhang darf auf Abbildungen in den Akten verwiesen werden (Rdn. 10).

12　Abs. 1 S. 1 verlangt eine zusammenfassende und **in sich geschlossene Darstellung** des für die Entscheidung erheblichen Beweisergebnisses. Liegen mehrere Beweisanzeichen vor, dürfen sie nicht nur einzeln abgehandelt werden, sondern müssen auch in eine Gesamtwürdigung einbezogen werden (Pfeiffer § 267 Rdn. 6). Klar werden muss, welche Tatsachen das Gericht festgestellt und dem Urteil zu Grunde gelegt hat; eine Aneinanderreihung von Inhalten der Aussagen reicht nicht aus (BGH NStZ 1995, 220). Im Urteil ist zwischen Tatsachenfeststellungen, Beweiswürdigung und rechtlicher Würdigung klar zu trennen (BGH StV 1984, 64). Die Aneinanderreihung von Zeugenaussagen kann ggf. den Bestand des Urteils gefährden, weil dies eine Beweisdokumentation, aber keine Beweiswürdigung ist (BGH wistra 2004, 150). Gleiches gilt für die Erörterung überflüssiger Beweiserhebungen (BGH NStZ-RR 2003, 49).

Die **Einlassung des Angeklagten** muss mitgeteilt und unter Berücksichtigung der erhobenen Beweise gewürdigt werden (vgl. BGH StV 1984, 64; Meyer-Goßner § 267 Rdn. 12). Weichen die Einlassung des Angeklagten und die Angaben von Zeugen

6. Abschnitt. Hauptverhandlung § 267

voneinander ab, muss dargelegt werden, warum man dem Zeugen und nicht dem Angeklagten geglaubt hat oder warum einem Zeugen nur teilweise geglaubt wurde (BGH MDR 1978, 988). Weicht die Aussage des Zeugen gegenüber einer Darstellung im Vorverfahren ab, muss sich das Urteil damit auseinandersetzen.

Bleibt ein Beweismittel unerwähnt, so ist daraus nicht zu schließen, dass es 13 übersehen worden ist (BGH NStZ-RR 2001, 174). Haben sich in der Hauptverhandlung wesentliche neue tatsächliche Gesichtspunkte ergeben, muss das Urteil dokumentieren, dass der Angeklagte hierzu gehört worden ist (BGHSt 28, 196). Vermieden werden müssen alle Formulierungen, die den Eindruck eines verbleibenden Zweifels in einer wesentlichen Tatfrage hervorrufen könnten (Meyer-Goßner § 267 Rdn. 12).

Knüpft das Gericht an das **Gutachten eines Sachverständigen** an, darf es diesem 14 nicht einfach folgen (BGHSt 8, 113, 118). Zumindest die wesentlichen Anknüpfungstatsachen und Darlegungen des Sachverständigen müssen wiedergegeben werden, wenn sich das Gericht ihm anschließen will (BGH NStZ 1991, 596). Bei standardisierten Verfahren kann es aber genügen, dass das Ergebnis mitgeteilt wird.

Beispiel: Ermittlung des Mittelwerts der Blutalkoholkonzentration (BGHSt 28, 235).

Ansonsten muss der Tatrichter das Revisionsgericht durch seine Darstellung in die Lage versetzen zu prüfen, ob die Abwägung der für oder gegen die verwandte Methode sprechenden Umstände stattgefunden hat (BGH NStZ 2000, 106).

Beispiel: Schriftsachverständigengutachten (OLG Frankfurt StV 1994, 9), anthropologisches Gutachten (OLG Braunschweig StV 2000, 546).

Folgt der Tatrichter dem Gutachten nicht, muss er die Ausführungen des 15 Sachverständigen nachprüfbar wiedergeben, sich mit diesen auseinandersetzen und seine abweichende Auffassung begründen (BGH NStZ 2000, 550). Im Fall des § 244 Abs. 4 S. 1 muss ggf. die Grundlage der eigenen Sachkunde des Gerichts angegeben werden (BGHSt 12, 18, 20; § 244 Rdn. 89).

Die **Ablehnung eines Hilfsbeweisantrags,** die nicht mehr in der Hauptverhandlung 16 mitgeteilt worden ist, muss in der schriftlichen Urteilsbegründung gerechtfertigt werden (§ 244 Rdn. 25).

Besondere Umstände im Sinne des Abs. 2 sind alle Rechtfertigungs-, Schuld- 17 und Strafausschließungsgründe sowie Strafaufhebungsgründe (Meyer-Goßner § 267 Rdn. 15). Abs. 2 erfasst nur Fälle, die gesetzlich nach Art der Tatbestandsschilderung konkretisiert sind, „unbenannte" Rechtsfolgenänderungen unterfallen dem Abs. 3 S. 2.

Besondere Umstände sind z.B. die **verminderte Schuldfähigkeit** nach § 21 18 StGB, aber auch die Tatbestandsmerkmale des § 224 StGB. Überdies geht es regelmäßig um solche Fälle, in denen ein Gesetz auf § 49 StGB verweist (vgl. z.B. § 23 Abs. 2 StGB; siehe auch §§ 41, 60 StGB; Meyer-Goßner § 267 Rdn. 15).

Das vom Gericht zu Grunde gelegte **Strafgesetz** muss bezeichnet werden (Abs. 3 19 S. 1). Die Liste der angewendeten Strafvorschriften (§ 260 Abs. 5) ersetzt die Angabe der Vorschriften in der Begründung des Urteils nicht.

Im Rahmen der **Begründung der Rechtsfolgenentscheidung** sind die für die 20 Strafe bestimmenden Gründe anzugeben, nicht etwa sämtliche Strafzumessungsgründe (Meyer-Goßner § 267 Rdn. 18). Darzulegen sind die Gründe für die Wahl der einen oder anderen Strafart, aber auch, warum nicht auf eine andere Rechtsfolge erkannt worden ist (vgl. BGH NJW 1976, 2220). Werden Vorstrafen verwertet, sind die Zeit der Verurteilung, Art und Höhe der erkannten Rechtsfolge sowie deren Vollstreckung und der Gegenstand der früheren Verurteilung anzugeben. Die wörtliche Wiedergabe des früheren Urteils ist überflüssig (vgl. BGH NJW 1999, 2533, 2535).

Bei lange Zeit zurückliegenden Taten oder bei einer vom Angeklagten nicht zu 21 vertretenden Verfahrensdauer/Verfahrensverzögerung müssen die Gründe ergeben, dass das Gericht diese Umstände bei der Strafzumessung berücksichtigt hat (vgl. BGH NStZ 1986, 217). Ggf. muss das Gericht darlegen, welche Strafe es ohne die Verfahrensverzögerung verhängt hätte, damit das Revisionsgericht überprüfen kann, ob bei der Strafzumessung das Ausmaß der Verzögerung hinreichend berücksichtigt worden ist. Nachdem die Rechtsprechung zunächst nur verhalten auf solche Konstellationen reagierte, gibt es mittlerweile klare „Segelanweisungen" für die Tatgerichte. Ggf. muss eine konkrete Strafe ausgewiesen werden, wie sie ohne Verfahrensverzögerung verhängt worden wäre, damit hinreichend deutlich wird, in welchem Umfang der Tatrichter diese Verzögerungen zu Gunsten des Angeklagten berücksichtigt hat (vgl. auch Beulke Rdn. 26).

22 Die Begründung muss **umso umfänglicher** sein, je mehr sich die Strafe oder andere Rechtsfolge der oberen oder unteren Grenze des zulässigen Rahmens nähert (OLG Karlsruhe NJW 1980, 133, 134). Dies gilt auch, wenn das Berufungsgericht dieselbe Strafe wie der Vorrichter verhängt, obwohl es Umstände festgestellt hat, auf Grund derer ein wesentlich niedrigerer Strafrahmen vorgeschrieben ist (OLG Köln NJW 1986, 2328). Bei Verurteilungen zu lebenslanger Freiheitsstrafe muss sich das Gericht mit der Frage auseinandersetzen, ob ein Fall der besonderen Schwere der Schuld im Sinne des § 57a StGB gegeben ist (vgl. BGHSt 40, 360). Unbenannte Rechtsfolgeänderungen (Abs. 3 S. 2) müssen dargelegt werden. Die Annahme des minderschweren Falls muss als Ausnahme von der Regel begründet werden; gleiches gilt für die Verhängung einer kurzen Freiheitsstrafe nach § 47 Abs. 1 StGB. Wird entgegen dem Regelbeispiel ein besonders schwerer Fall nicht angenommen, muss diese Abweichung „von der Regel" ebenfalls begründet werden (Meyer-Goßner § 267 Rdn. 21). Bei Jugendlichen und Heranwachsenden, auf die Jugendstrafrecht angewandt wird (§ 105 JGG), gilt § 54 Abs. 1 JGG.

23 Werden **Erleichterungen** der in Abs. 3 S. 4 genannten Art gewährt, muss dies ebenso begründet werden wie eine Nichtgewährung, wenn damit ein auch nur hilfsweise gestellter Antrag abgelehnt worden ist (Meyer-Goßner § 267 Rdn. 23). Ein Verfahrensfehler liegt vor, wenn trotz Antrags eine Begründung für die Ablehnung ganz fehlt (OLG Celle StV 2001, 159). Sachlich rechtlich ist die Entscheidung stets so zu begründen, dass eine Nachprüfung durch das Revisionsgericht möglich ist (Pfeiffer § 267 Rdn. 19). Die bloße Wiederholung des Gesetzeswortlauts genügt regelmäßig nicht (BGH NJW 1983, 1624).

24 Im Hinblick auf die **Anordnung einer Maßregel** der Besserung und Sicherung (Abs. 6) muss das Urteil die tragenden für erwiesen erachteten Tatsachen angeben. Das Fehlen der notwendigen Nachprüfungsgrundlage ist schon auf die Sachrüge hin zu beachten (Meyer-Goßner § 267 Rdn. 37). Wo sich die Anordnung aufdrängt, muss die Ablehnung der Anordnung hinreichend begründet werden (BGH NJW 1999, 2606). Der Begründungszwang nach **S. 2** soll sicherstellen, dass die Entziehung der Fahrerlaubnis im Urteil den Vorrang gegenüber einem Entziehungsverfahren der Verwaltungsbehörde hat, die an den Inhalt des Urteils gebunden ist (§ 4 Abs. 3 StVG; Meyer-Goßner § 267 Rdn. 37).

25 Für **andere Nebenentscheidungen** (Verfall usw.) gelten Abs. 2 und 3 nicht; ihre tatsächlichen und rechtlichen Voraussetzungen sind unter sachlich rechtlichen Gesichtspunkten anzugeben und zu erörtern (vgl. KK-Engelhardt § 267 Rdn. 36).

III. Abgekürztes Urteil (Abs. 4)

26 Wird ein **abgekürztes Urteil** (Abs. 4) begründet, findet sich regelmäßig nach dem Wort „Gründe" in Klammern der Zusatz „abgekürzt gemäß § 267 Abs. 4 StPO". Ein abgekürztes Urteil ist zulässig, wenn alle Anfechtungsberechtigten auf das zulässige Rechtsmittel gegen das Urteil vollständig verzichtet haben. Dass noch eine Beschwerde, z.B. nach § 464 Abs. 3 möglich ist, schadet nicht. Eine Abkürzung ist auch zuläs-

6. Abschnitt. Hauptverhandlung § 267

sig, wenn das Urteil durch Nichtanfechtung rechtskräftig geworden ist (Meyer-Goßner § 267 Rdn. 24). Gemeint ist nur ein verurteilendes Erkenntnis; bei Freispruch gilt Abs. 5 S. 2, 3. Ist die Verurteilung hinsichtlich einzelner Taten rechtskräftig, können die Gründe insoweit abgekürzt werden.

Für abgekürzte Urteile gelten **Abs. 1 S. 2, Abs. 2 und 3** nicht. Dies führt zu einer deutlichen Entlastung der Urteilsgründe. Anzugeben sind die erwiesenen Tatsachen, die den gesetzlichen Tatbestand abdecken, wie es durch Abs. 1 S. 1 vorgeschrieben ist. Die Rechtsfolgen und die sie tragenden Bestimmungen müssen angeführt werden. 27

Wird die Vereinfachungsmöglichkeit ausgeschöpft, kann bei einer Übereinstimmung des Urteils im Schuldspruch mit der Anklage praktisch ein **vollständiger Verzicht** auf die Abfassung der Urteilsgründe möglich sein. Durch die Bezugnahme wird die Anklage Bestandteil der Urteilsgründe (Abs. 4 S. 1 Hs. 2). So wird auch eine Aufnahme des Urteils mit seiner Begründung in das Protokoll (§ 275 Abs. 1 S. 1) erleichtert (Rieß NJW 1978, 2265, 2271). 28

Das Urteil verweist im Regelfall auf den **Anklagesatz** der zugelassenen Anklage, wie er zu Beginn der Hauptverhandlung vorgetragen wird (§ 243 Abs. 3 S. 2). Ebenso möglich ist eine Bezugnahme auf einen Strafbefehl oder einen Strafbefehlsantrag, dabei beschränkt sich die Bezugnahme auf den Teil, der dem Anklagesatz entspricht (Meyer-Goßner § 267 Rdn. 27). Zum weiteren Inhalt gehören die Umstände, die für künftige Entscheidungen, z.B. einen Widerruf der Strafaussetzung oder die Aussetzung des Strafrestes von Bedeutung sein können. 29

IV. Einstellungsurteil

Bei einem Einstellungsurteil (§ 260 Abs. 3) muss an Tatsachen nur das angegeben werden, was zur tatsächlichen und rechtlichen Kennzeichnung des Verfahrenshindernisses notwendig ist. Ansonsten enthält § 267 für die Begründung des Einstellungsurteils oder einer sonstigen Nichtverurteilung, mit der keine Sachentscheidung verbunden ist, keine Regelung. Allerdings ergibt sich aus § 34, dass die Voraussetzungen für die prozessuale Entscheidung dargelegt werden müssen (OGL Hamm MDR 1986, 778; Meyer-Goßner § 267 Rdn. 29). 30

Wird im Hinblick auf die Anfechtung des Urteils **Wiedereinsetzung** gewährt, muss das Urteil nachträglich begründet werden (Abs. 4 S. 3). Die dann eingreifende Absetzungsfrist beginnt nicht schon mit dem Erlass des die Wiedereinsetzung gewährenden Beschlusses, sondern erst, wenn die Akten bei dem für die Urteilsergänzung zuständigen Gericht eingehen (Meyer-Goßner § 267 Rdn. 30; siehe auch BGH NStZ 2004, 508). Die Dauer der Frist richtet sich dann nach § 275 Abs. 1. 31

Hat das Gericht nur irrtümlich angenommen, das Urteil sei rechtskräftig, ist eine Urteilsergänzung in entsprechender Anwendung des Abs. 4 S. 3 **unzulässig** (BGH MDR 1990, 490; BayObLG NStZ 1991, 342; a.M. offenbar LR-Gollwitzer § 267 Rdn. 145). Vgl. für das Bußgeldverfahren BGHSt 43, 22. 32

V. Freispruch

Bei einem freisprechenden Urteil (Abs. 5) ist nicht vorgeschrieben, dass bestimmte Vorschriften in der Urteilsformel aufzuführen sind. Es heißt nur „Der Angeklagte wird freigesprochen" (Pfeiffer § 267 Rdn. 24). In der Begründung muss zunächst der Anklagevorwurf aufgezeigt (BGHSt 37, 21, 22) und sodann der festgestellte Sachverhalt (vgl. Abs. 1) dargelegt werden (BGH wistra 1996, 70). Im Anschluss daran folgt die entscheidende Beweiswürdigung (BGH MDR 1980, 108; Meyer-Goßner § 267 Rdn. 33). Dabei müssen nicht alle Umstände lückenlos angeführt werden, wohl aber die gegen den Angeklagten sprechenden Umstände (BGH NStZ-RR 2002, 338). 33

557

§ 267

Liegen mehrere Beweisanzeichen für seine Verantwortung vor, genügt es nicht, sie einzeln abzuhandeln; vielmehr ist eine Gesamtwürdigung erforderlich (BGH NJW 2002, 1811). Dabei sind die Anforderungen an eine umfassende Würdigung der festgestellten Tatsachen nicht geringer als im Fall der Verurteilung (BGH NStZ 2002, 446). Insofern muss die Begründung dem Revisionsgericht die Prüfung ermöglichen, ob dem Tatrichter Rechtsfehler unterlaufen sind.

34 Wird der Angeklagte **aus rechtlichen Gründen** freigesprochen, müssen die Urteilsgründe eine erschöpfende Würdigung der dem Angeklagten zur Last gelegten Tat enthalten und zwar aus allen in Betracht kommenden rechtlichen Gesichtspunkten (KK-Engelhardt § 267 Rdn. 42). Wird wegen Notwehr freigesprochen, sind deren tatsächliche Voraussetzungen in revisionsrechtlich nachprüfbarer Weise darzulegen (KK-Engelhardt § 267 Rdn. 42). Bei einem Freispruch **aus subjektiven Gründen** muss zunächst der äußere Tathergang dargestellt werden; darauf kann nur ausnahmsweise verzichtet werden (BGH NJW 1980, 2423).

35 Eine **abgekürzte Urteilsbegründung** bei Freispruch (Abs. 5 S. 2, 3) macht eine Darstellung der dem Angeklagten zur Last gelegten Tat entbehrlich, da sie sich aus der zugelassenen Anklage ergibt (Meyer-Goßner § 267 Rdn. 36). Wird einem Anfechtungsberechtigten Wiedereinsetzung in den vorigen Stand gewährt, besteht die Ergänzungsmöglichkeit des Abs. 5 S. 3 in Verbindung mit Abs. 4 S. 3.

VI. Besonderheiten bei Berufungsurteilen

36 Bei Berufungsurteilen ist die Bezugnahme auf die angefochtene Entscheidung in dem Maße zulässig, wie das Berufungsgericht Feststellungen trifft, die mit denen des AG-Urteils übereinstimmen (Meyer-Goßner § 267 Rdn. 2a; Pfeiffer § 267 Rdn. 3). Unzulässig ist es, pauschal auf das Urteil zu verweisen, soweit „hier nicht anderweitige Feststellungen erwähnt sind"; der Umfang der Bezugnahme ist genau zu bezeichnen (BGHSt 33, 59). Bezugnahmen bei den persönlichen Verhältnissen des Angeklagten und bei der Strafzumessung sind regelmäßig unzulässig (§ 332 Rdn. 3). Im Übrigen hat die Verständlichkeit des Urteils Vorrang vor der mit einer Bezugnahme zu erreichenden Arbeitserleichterung (vgl. KK-Engelhardt § 267 Rdn. 5).

VII. Berichtigung der Urteilsgründe

37 Die **Berichtigung der Urteilsgründe** ist bis zu dem Zeitpunkt, in dem das unterschriebene schriftliche Urteil zur Geschäftsstelle gelangt, ohne Einschränkung zulässig (vgl. BGHSt 33, 230, 232; KK-Fischer § 409 Rdn. 21; Pfeiffer § 267 Rdn. 27; Meyer-Goßner § 267 Rdn. 39 will auf die Herausgabe aus dem inneren Geschäftsbetrieb abstellen). Letzte Frist ist im Übrigen der Ablauf nach § 275 Abs. 1 S. 3. Danach sind nur noch Berichtigungen zulässig, die offensichtliche Schreib- und Verständnisfehler betreffen. Diese müssen aus sich selbst heraus erkennbar sein, jede sachliche Änderung ist unzulässig (BGH NJW 1991, 1900). Inhaltliche Widersprüche zwischen Urteilsformel und -gründen können nicht berücksichtigt werden (Meyer-Goßner § 267 Rdn. 39). Ein echter Widerspruch zwischen Urteilstenor und -gründen kann nicht berichtigt werden, er führt zu einem materiell-rechtlichen Verstoß und in der Regel bei Revision auf Sachrüge zur Aufhebung des Urteils (RGSt 46, 326). Beruht aber die abweichende Angabe in den Urteilsgründen zur Überzeugung des Revisionsgerichts auf einem Schreibversehen und liegt damit lediglich ein scheinbarer Widerspruch vor, kann dieser berichtigt werden und das Urteil Bestand haben (BGH JZ 1952, 282).

38 Die Berichtigung erfolgt **durch Beschluss** derjenigen Richter, die die Urteilsurkunde unterschrieben haben, bei Verhinderung gilt § 275 Abs. 3 S. 2 (KK-Engelhardt § 267 Rdn. 46). Die Zustellung des Berichtigungsbeschlusses setzt eine neue Revisionsbegründungsfrist in Gang (BGHSt 12, 374).

6. Abschnitt. Hauptverhandlung § 268

VIII. Revision

Zur **Verfahrensrüge** vgl. § 338 Nr. 7. Auf eine allgemeine oder ausgeführte 39
Sachrüge wird das ganze Urteil in materiell-rechtlicher Hinsicht nachgeprüft, auch im
Rechtsfolgenausspruch. Lückenhafte Urteilsgründe führen zur Aufhebung des Urteils
(BGH NStZ-RR 1999, 45), fehlende Ausführungen zu den persönlichen Verhältnissen des Angeklagten können zur Aufhebung des Strafausspruches führen (BGH NStZ-RR 1999, 46). Die Zulässigkeit einer nachträglichen Änderung oder Ergänzung der
schriftlichen Urteilsgründe wird auf die Sachrüge hin geprüft (Meyer-Goßner § 267
Rdn. 42). Die Verletzung des Abs. 3 S. 1 kann ebenso die Revision begründen wie
ein Verstoß gegen Abs. 3 S. 2 (vgl. BGH StV 1999, 137; Meyer-Goßner § 267
Rdn. 43). Zur Rüge der fehlerhaften Beweiswürdigung vgl. oben Rdn. 13 sowie
§ 261 Rdn. 30.

§ 268 [Urteilsverkündung]

(1) Das Urteil ergeht im Namen des Volkes.

(2) ¹Das Urteil wird durch Verlesung der Urteilsformel und Eröffnung der
Urteilsgründe verkündet. ²Die Eröffnung der Urteilsgründe geschieht durch
Verlesung oder durch mündliche Mitteilung ihres wesentlichen Inhalts. ³Die
Verlesung der Urteilsformel hat in jedem Falle der Mitteilung der Urteilsgründe
voranzugehen.

(3) ¹Das Urteil soll am Schluß der Verhandlung verkündet werden. ²Es muß
spätestens am elften Tage danach verkündet werden, andernfalls mit der Hauptverhandlung von neuem zu beginnen ist. ³§ 229 Abs. 3 und Abs. 4 Satz 2 gilt
entsprechend.

(4) War die Verkündung des Urteils ausgesetzt, so sind die Urteilsgründe tunlichst vorher schriftlich festzustellen.

Das Urteil ergeht **„im Namen des Volkes"** (Abs. 1). Die Nichtbeachtung dieser 1
Sollvorschrift gefährdet den Bestand des Urteils nicht (Meyer-Goßner § 268 Rdn. 1).

Der Vorsitzende verliest die **Urteilsformel** (Abs. 2) und eröffnet die Urteilsgründe. 2
Da die Urteilsformel verlesen wird, muss sie bereits schriftlich vorliegen, während die
Urteilsgründe ggf. auch mündlich ihrem wesentlichen Inhalt nach mitgeteilt werden
können. Bei der schriftlichen Urteilsformel handelt es sich um einen Entwurf, der
noch geändert werden kann und nach Verlesung in das Sitzungsprotokoll integriert
werden sollte (BGH NStZ-RR 2002, 100). Die Verlesung ist wesentlicher Teil der
Urteilsverkündung, fehlt sie, liegt kein Urteil im Rechtssinne vor (BGHSt 15, 263,
264; Meyer-Goßner § 268 Rdn. 5).

Die **Bekanntgabe der Gründe,** die auch durch Verlesung erfolgen kann (vgl. 3
BGH wistra 2005, 110), ist keine Wirksamkeitsvoraussetzung für das Urteil. Das Urteil
ist daher wirksam, wenn der Vorsitzende nach Verlesung der Urteilsformel erkrankt
oder stirbt (BGHSt 8, 41) oder der Angeklagte ins Krankenhaus gebracht werden muss
und die Urteilsbegründung in seiner Abwesenheit zu Ende geführt wird (BGHSt 15,
263).

Die **Reihenfolge** schreibt S. 3 zwingend vor. Abgeschlossen ist die Urteilsverkün- 4
dung mit dem letzten Wort der mündlichen Bekanntgabe der Urteilsgründe (BGHSt
25, 333, 335). Die Bekanntgabe der Beschlüsse nach § 268a oder die Rechtsmittelbelehrung nicht mehr zur Urteilsverkündung (Meyer-Goßner § 268 Rdn. 8).

Bis zum Abschluss der Urteilsverkündung ist eine **Berichtigung der Urteilsfor-** 5
mel möglich (BGHSt 25, 336, 336). Die Verkündung wird dann abgebrochen und
mit der Verlesung der neu gefassten Urteilsformel und der erneuten Bekanntgabe der

§ 268a 2. Buch. Verfahren im ersten Rechtszug

Gründe wiederholt (Meyer-Goßner § 268 Rdn. 9). Danach dürfen nur noch offensichtliche Schreibversehen und offensichtliche Unrichtigkeiten berichtigt werden (vgl. § 267 Rdn. 36). Unzulässig ist die Verkündung eines „Nachtragsurteils" über einen versehentlich nicht mitverkündeten Urteilsteil (BGH NStZ 1984, 279), ein Auswechseln der in der Urteilsformel angeführten Strafgesetze (BGH NStZ 1983, 212), eine Herabsetzung der Freiheitsstrafe auf das in den Gründen bezeichnete Maß oder die Änderung der falsch berechneten Geldstrafe oder Geldbuße (BGH NJW 1953, 155).

6 Eine zulässige Berichtigung der Urteilsformel erfolgt **außerhalb der Hauptverhandlung** durch Gerichtsbeschluss, der mit der einfachen Beschwerde angefochten werden kann, sofern nicht das Urteil mit einem Rechtsmittel angefochten worden ist; dann wird auch der Teil, der Bestandteil des Berichtigungsbeschlusses ist, Gegenstand der Anfechtung (vgl. Meyer-Goßner § 268 Rdn. 12). Ein unzulässiger Berichtigungsbeschluss ist unbeachtlich (BGH NJW 1991, 1900).

7 Die Urteilsverkündung erfolgt am **Schluss der Hauptverhandlung** (Abs. 3 S. 1). Da sie Bestandteil der Hauptverhandlung ist, müssen die in § 226 bezeichneten Personen anwesend sein.

8 Wird das Urteil nicht **im Anschluss an die Beratung** verkündet, muss der Vorsitzende einen besonderen Verkündungstermin anberaumen, der noch Teil der Hauptverhandlung ist. Dann darf das Urteil nicht später als am 11. Tag nach dem Schluss der Verhandlung verkündet werden, anderenfalls muss mit der Hauptverhandlung von neuem begonnen werden (BGH wistra 2006, 70). Eine weitere Fristverlängerung nach § 229 Abs. 2 kommt nicht in Betracht (vgl. § 229 Rdn. 8).

9 Ein **Wiedereintritt in die Verhandlung** ist bis zum Abschluss der Urteilsverkündung zulässig. Wird mit der Urteilsverkündung begonnen, haben die Verfahrensbeteiligten keinen Anspruch mehr darauf, dass ihnen Gelegenheit zur Antragstellung gegeben wird oder neue Anträge sachlich beschieden werden (BGHSt 15, 263, 264). Der Vorsitzende kann aber selbst dann, wenn die Urteilsformel bereits vollständig verlesen worden ist (BGHSt 25, 333), die Verkündung unterbrechen und die Verhandlung wieder eröffnen, um eine Antragstellung zu ermöglichen (Meyer-Goßner § 268 Rdn. 15). Ob wieder in die Verhandlung eingetreten wird, ist eine Frage der Aufklärungspflicht nach § 244 Abs. 2. Die Entgegennahme eines Antrags ist noch keine Wiedereröffnung der Verhandlung (BGH NStZ 1986, 182).

10 Für die **Hemmung bei Erkrankung** von Verfahrensbeteiligten gilt § 229 Abs. 3 entsprechend (S. 3). Wird die Urteilsverkündung ausgesetzt (Abs. 4), sollen die Urteilsgründe vorher schriftlich niedergelegt werden, soweit dies möglich ist.

11 **Bei Widersprüchen** zwischen der Urteilsformel in der Sitzungsniederschrift und in der Urteilsausfertigung ist die Formel im Protokoll maßgebend, da sie nach § 274 als verkündet gilt (BGHSt 34, 11, 12). Zur Revision vgl. § 267 Rdn. 39.

12 War der Angeklagte bei der Verkündung nicht anwesend oder hat er sich vor ihrem Abschluss entfernt, ist ihm das Urteil **zuzustellen,** auch wenn er bei der Verlesung der Urteilsformel noch anwesend war (Meyer-Goßner § 268 Rdn. 19).

13 Auf Verstöße gegen § 268 kann die **Revision** nicht gestützt werden, da es regelmäßig an einem Beruhen fehlt. Widersprüche zwischen mündlich verkündeter Urteilsformel und der Urteilsurkunde sind sachlich rechtliche Mängel § 337). Wird die Frist des Abs. 3 S. 2 überschritten, beruht das Urteil i.d.R. darauf (BGH StV 1982, 4).

§ 268a [Strafaussetzung zur Bewährung; Verwarnung mit Strafvorbehalt]

(1) **Wird in dem Urteil die Strafe zur Bewährung ausgesetzt oder der Angeklagte mit Strafvorbehalt verwarnt, so trifft das Gericht die in den §§ 56a bis 56d und 59a des Strafgesetzbuches bezeichneten Entscheidungen durch Beschluß; dieser ist mit dem Urteil zu verkünden.**

6. Abschnitt. Hauptverhandlung § 268b

(2) Absatz 1 gilt entsprechend, wenn in dem Urteil eine Maßregel der Besserung und Sicherung zur Bewährung ausgesetzt oder neben der Strafe Führungsaufsicht angeordnet wird und das Gericht Entscheidungen nach den §§ 68a bis 68c des Strafgesetzbuches trifft.

(3) ¹Der Vorsitzende belehrt den Angeklagten über die Bedeutung der Aussetzung der Strafe oder Maßregel zur Bewährung, der Verwarnung mit Strafvorbehalt oder der Führungsaufsicht, über die Dauer der Bewährungszeit oder der Führungsaufsicht, über die Auflagen und Weisungen sowie über die Möglichkeit des Widerrufs der Aussetzung oder der Verurteilung zu der vorbehaltenen Strafe (§ 56f Abs. 1, §§ 59b, 67g Abs. 1 des Strafgesetzbuches). ²Erteilt das Gericht dem Angeklagten Weisungen nach § 68b Abs. 1 des Strafgesetzbuches, so belehrt der Vorsitzende ihn auch über die Möglichkeit einer Bestrafung nach § 145a des Strafgesetzbuches. ³Die Belehrung ist in der Regel im Anschluß an die Verkündung des Beschlusses nach den Absätzen 1 oder 2 zu erteilen. ⁴Wird die Unterbringung in einem psychiatrischen Krankenhaus zur Bewährung ausgesetzt, so kann der Vorsitzende von der Belehrung über die Möglichkeit des Widerrufs der Aussetzung absehen.

Die Beschlüsse dürfen nicht erst im **Nachtragsverfahren** nach § 453 ergehen, sondern sind zusammen mit dem Urteil zu erlassen und zu verkünden. Für das Berufungsgericht gilt § 332. 1

Unterbleibt versehentlich der Bewährungsbeschluss in der Hauptverhandlung, kann nachträglich nur die gesetzlich vorgesehene Mindestdauer der Bewährung festgesetzt werden (vgl. § 56a Abs. 1 S. 2 StGB). Die Auferlegung weiterer Weisungen oder Auflagen ist nicht mehr zulässig (OLG Hamm NStZ-RR 2000, 126). 2

Der Beschluss ist in das **Hauptverhandlungsprotokoll** aufzunehmen. Dem abwesenden Angeklagten wird er zugestellt (§ 35 Abs. 2), der anwesende erhält eine Abschrift (Pfeiffer § 268 Rdn. 1). Eine Begründung ist nur erforderlich, wenn auf Angebote und Zusagen des Angeklagten (§ 265a) nicht eingegangen wurde (Meyer-Goßner § 268a Rdn. 7; str.). 3

Die Belehrung (Abs. 3) wird nach der Hauptverhandlung nach Verkündung des Beschlusses mündlich erteilt. Die zusätzliche Aushändigung eines Merkblattes ist zweckmäßig. Im Strafbefehlsverfahren gilt § 409 Abs. 1 S. 2. Unterbleibt die Belehrung versehentlich, wird sie nach § 453a nachgeholt. Die Belehrung ist wesentliche Förmlichkeit im Sinne des § 273 Abs. 1. 4

Gegen den Beschluss ist **Beschwerde** nach § 304 Abs. 1 zulässig. Sinnvoll ist sie nur, wenn das Urteil nicht oder nur in einem geringeren Umfange angefochten wird, da das Rechtsmittelgericht bei Abänderung des Urteils ohnehin neu entscheidet, wenn dazu noch Anlass besteht (Meyer-Goßner § 268a Rdn. 10). 5

§ 268b [Fortdauer der Untersuchungshaft]

¹**Bei der Urteilsfällung ist zugleich von Amts wegen über die Fortdauer der Untersuchungshaft oder einstweiligen Unterbringung zu entscheiden.** ²**Der Beschluß ist mit dem Urteil zu verkünden.**

Mit dem Urteil wird ein Beschluss über eine etwaige **Haftfortdauer** verkündet. Schon zuvor muss das Gericht ständig von Amts wegen die Voraussetzungen der Untersuchungshaft prüfen und ggf. die Anordnung aufheben (vgl. § 120 Abs. 1 S. 1, § 126a Abs. 3 S. 1). Wird der Angeklagte freigesprochen, ist ein Haftbefehl ohnehin schon nach § 120 Abs. 1 S. 2, § 126a Abs. 3 S. 1 aufzuheben. 1

Der Beschluss ist nach § 273 Abs. 1 zu protokollieren. Weicht die Verurteilung von dem Tatvorwurf des bestehenden Haftbefehls ab, ist der Haftbefehl anzupassen 2

§§ 268c–269 2. Buch. Verfahren im ersten Rechtszug

(OLG Karlsruhe wistra 1991, 277). Der Haftgrund der Verdunklungsgefahr wird mit der Verurteilung regelmäßig entfallen (Pfeiffer § 268b Rdn. 2). Der Beschluss ergeht unter Mitwirkung der Schöffen und ist nach § 34 zu begründen. Der dringende Tatverdacht bedarf keiner besonderen Erläuterung, weil er in der Regel durch das Urteil hinreichend belegt ist (BGH NStZ 2004, 276).

3   Wird die Beschlussfassung unterlassen, kann sie bis zur Rechtskraft des Urteils **nachgeholt werden.** Sie hat ohnehin keinen Einfluss auf den Fortbestand des Haft- oder Unterbringungsbefehls (LR-Gollwitzer § 268b Rdn. 8). Rechtsmittelbelehrung wird nicht erteilt (Meyer-Goßner § 268b Rdn. 5).

§ 268c [Belehrung bei Fahrverbot]

¹Wird in dem Urteil ein Fahrverbot angeordnet, so belehrt der Vorsitzende den Angeklagten über den Beginn der Verbotsfrist (§ 44 Abs. 3 Satz 1 des Strafgesetzbuches). ²Die Belehrung wird im Anschluß an die Urteilsverkündung erteilt. ³Ergeht das Urteil in Abwesenheit des Angeklagten, so ist er schriftlich zu belehren.

1   Die Belehrung liegt im **Interesse des Angeklagten,** der mit dem Abliefern des Führerscheins verhindert, dass sich das Fahrverbot verlängert. Für den Berufungsrechtszug gilt § 332, für das Strafbefehlsverfahren § 409 Abs. 1 S. 2, wobei man sich ergänzend eines Merkblattes bedienen kann. Inhaltlich bezieht sich die Belehrung nicht nur auf den Beginn der Verbotsfrist, sondern auch auf den Zeitpunkt des Wirksamwerdens des Fahrverbots (Meyer-Goßner § 268c Rdn. 3).

2   Wird die Belehrung versehentlich unterlassen, wird sie von der Vollstreckungsbehörde nachgeholt (§ 59a Abs. 4 S. 1 StrVollstrO).

§ 268d [Belehrung bei vorbehaltener Sicherungsverwahrung]

Wird in dem Urteil die Entscheidung über die Anordnung der Sicherungsverwahrung nach § 66a Abs. 1 des Strafgesetzbuches einer weiteren gerichtlichen Entscheidung vorbehalten, so belehrt der Vorsitzende den Angeklagten über den Gegenstand der weiteren Entscheidungen sowie über den Zeitraum, auf den sich der Vorbehalt erstreckt.

1   Die Belehrung ist keine wesentliche Förmlichkeit, wird aber regelmäßig im Protokoll beurkundet (Pfeiffer § 268d Rdn. 1). Ist die Belehrung versehentlich unterlassen worden, hindert dies grundsätzlich eine nachträgliche Anordnung der Sicherungsverwahrung nicht; zur nachträglichen Anordnung vgl. § 275a Abs. 1. Die Belehrung kann entsprechend § 453a nachgeholt werden (Meyer-Goßner § 268d Rdn. 3).

§ 269 [Sachliche Unzuständigkeit]

Das Gericht darf sich nicht für unzuständig erklären, weil die Sache vor ein Gericht niederer Ordnung gehöre.

1   Aus Gründen der Prozesswirtschaftlichkeit und zur Verfahrensbeschleunigung enthält die Bestimmung eine **Abweichung von § 6** (BGHSt 46, 238, 240). Die größere sachliche Zuständigkeit des Gerichts höherer Ordnung schließt die geringere ein und benachteiligt den Angeklagten nicht (Meyer-Goßner § 269 Rdn. 1). Die Bestimmung erlaubt aber dem höheren Gericht nicht, sich für zuständig zu erklären, wenn die Sache schon bei einem Gericht niederer Ordnung anhängig ist (BGHSt 44, 121).

2   Die Vorschrift gilt auch, wenn sich die Zuständigkeit eines Gerichts niederer Ordnung schon aus dem **Eröffnungsbeschluss** ergibt oder die Sache durch einen sachlich

6. Abschnitt. Hauptverhandlung　　　　　　　　　　　　　　　　§ 270

zu Unrecht erlassenen, aber bindenden Verweisungsbeschluss nach § 270 an das Gericht gelangt war (RGSt 62, 265, 271; Meyer-Goßner § 269 Rdn. 3).

Zum „Gericht niederer Ordnung" vgl. 209 Rdn. 2 und Meyer-Goßner § 269 Rdn. 5. Einer Abgabe zwischen gleichrangigen Spruchkörpern steht § 269 nicht entgegen (BGHSt 27, 99, 102), selbst wenn zwischen ihnen etwa nach § 74e GVG eine Reihenfolge festgesetzt ist. Die Abgabe an ein Gericht höherer Ordnung hindert die Vorschrift ebenfalls nicht (vgl. § 225a). § 269 gilt auch nach einer Trennung verbundener Sachen gemäß § 4 (BGHSt 47, 116; Pfeiffer § 269 Rdn. 3). 　3

Mit der Revision kann grundsätzlich nicht gerügt werden, ein Gericht niedrigerer Ordnung sei zuständig gewesen (BGHSt 21, 354, 358). Eine Ausnahme wird dann gemacht, wenn durch die Anklage z.B. zum Landgericht der Angeklagte **willkürlich seinem gesetzlichen Richter entzogen** worden ist (BGHSt 38, 172, 176; BGH wistra 1999, 428). Da § 6 gilt, ist der Fehler von Amts wegen zu beachten und führt zur Verweisung der Sache an das zuständige Gericht (BGHSt 40, 120). In der Rechtsprechung einiger Oberlandesgerichte wurde dies auf das Verhältnis zwischen Schöffengericht und Strafrichter ausgedehnt und die willkürliche Annahme der Zuständigkeit des Schöffengerichts von Amts wegen beanstandet (vgl. OLG Düsseldorf JMBl 1986, 8; OLG Hamm StV 1995, 182; OLG Köln StraFo 1996, 85; OLG Oldenburg NStZ 1994, 449). Mittlerweile hat der BGH (BGHSt 42, 205) entscheiden, dass ein Verstoß gegen § 328 Abs. 2 (also die unterlassene Zurückverweisung der Sache im Berufungsverfahren an den Strafrichter) nur auf Rüge zu beachten ist. Wie bei einer Sprungrevision zu entscheiden ist, hat der BGH offengelassen (vgl. Meyer-Goßner § 269 Rdn. 8). Meyer-Goßner hat dem BGH vorgeworfen, er verkenne, dass das Fehlen der sachlichen Zuständigkeit nach § 328 Abs. 2 vom Berufungsgericht von Amts wegen zu beachten sei. Dann könne aber für das Revisionsgericht nichts anderes gelten (Meyer-Goßner § 269 Rdn. 8). 　4

§ 270 [Verweisung an das höhere zuständige Gericht]

(1) ¹**Hält ein Gericht nach Beginn einer Hauptverhandlung die sachliche Zuständigkeit eines Gerichts höherer Ordnung für begründet, so verweist es die Sache durch Beschluß an das zuständige Gericht; § 209a Nr. 2 Buchstabe a gilt entsprechend.** ²Ebenso ist zu verfahren, wenn das Gericht einen rechtzeitig geltend gemachten Einwand des Angeklagten nach § 6a für begründet hält.

(2) **In dem Beschluß bezeichnet das Gericht den Angeklagten und die Tat gemäß § 200 Abs. 1 Satz 1.**

(3) ¹**Der Beschluß hat die Wirkung eines das Hauptverfahren eröffnenden Beschlusses.** ²Seine Anfechtbarkeit bestimmt sich nach § 210.

(4) ¹**Ist der Verweisungsbeschluß von einem Strafrichter oder einem Schöffengericht ergangen, so kann der Angeklagte innerhalb einer bei der Bekanntmachung des Beschlusses zu bestimmenden Frist die Vornahme einzelner Beweiserhebungen vor der Hauptverhandlung beantragen.** ²Über den Antrag entscheidet der Vorsitzende des Gerichts, an das die Sache verwiesen worden ist.

Die **sachliche Zuständigkeit** ist in jeder Lage des Verfahrens von Amts wegen zu prüfen (§ 6). Ergibt sich in der Hauptverhandlung, dass das niedrigere Gericht seine Kompetenzen für überschritten hält, kann es mit bindender Wirkung ohne eine neue Anklage bzw. Eröffnungsbeschluss die Sache an das höhere Gericht bringen. 　1

Die Vorschrift gilt entsprechend, wenn bei der Eröffnung des Hauptverfahrens das die Zuständigkeit des höheren Gerichts begründende Delikt nach § 154a Abs. 1 ausgeschieden wurde, von dem niederen Gericht, vor dem das Verfahren eröffnet wurde, dann aber nach § 154a Abs. 3 wieder einbezogen wird (BGHSt 29, 341). 　2

§ 270 2. Buch. Verfahren im ersten Rechtszug

3   In der **Hauptverhandlung des ersten Rechtszugs** muss sich ergeben, dass ein Gericht höherer Ordnung sachlich zuständig ist. Gleichgültig ist, ob sich die rechtliche Einordnung im Eröffnungsbeschluss als falsch erweist oder er sich durch die Beweisaufnahme verändert hat (Pfeiffer § 270 Rdn. 3).

> **Beispiel:** Eröffnet wurde wegen Diebstahls in Tateinheit mit Nötigung; nachdem sich der Verdacht des schweren Raubes ergeben hat, verweist das Schöffengericht an die Große Strafkammer beim Landgericht.

4   Eine Verweisung wegen jetzt erst erkannter Umstände setzt voraus, dass insofern **hinreichender Tatverdacht** vorliegt (BGHSt 29, 216, 219). Soll eine Verweisung durch das Amtsgericht erfolgen, weil die Strafgewalt nicht ausreichend ist (§ 24 Abs. 2 GVG), muss der Schuldspruch feststehen und eine Rechtsfolge im Bereich der eigenen Strafgewalt nach eigener Beurteilung des Gerichts ausscheiden; eine entsprechende Vermutung genügt nicht (OLG Düsseldorf NStZ 1986, 426).

5   Die entsprechende Anwendung des **§ 200a Nr. 2 Buchst. a** (S. 1 Hs. 2) bedeutet, dass die Jugendgerichte bei der Verweisungsfrage allgemeinen Gerichten höherer Ordnung gleichgestellt sind. Die Verweisung an das zuständige Jugendgericht ist daher auch erforderlich, wenn es nur gleichrangig ist (Meyer-Goßner § 270 Rdn. 11).

6   Soll eine Verweisung von einer oder an eine **Strafkammer mit besonderer Zuständigkeit** (Abs. 1 S. 2) erfolgen, muss der Angeklagte rechtzeitig den Einwand nach § 6a erhoben haben. Der Verweisungsbeschluss (Abs. 2) wird in der für die Hauptverhandlung vorgeschriebenen Gerichtsbesetzung einschließlich der Laienrichter nach Anhörung der Verfahrensbeteiligten erlassen (Meyer-Goßner § 270 Rdn. 14). Er muss das Gericht bezeichnen, an das die Sache verwiesen wird. Zudem muss er die für den Anklagesatz in § 200 Abs. 1 S. 1 vorgeschriebenen Angaben enthalten, jedoch mit den Veränderungen, aus denen sich die Zuständigkeit des höheren Gerichts ergibt. Bei einer Verweisung wegen nicht ausreichender Rechtsfolgenkompetenz des AG ist dies nicht erforderlich, ebenso nicht, wenn der Verweisungsbeschluss lediglich die Zuständigkeitsentscheidung des Eröffnungsbeschlusses korrigiert (LR-Gollwitzer § 270 Rdn. 25). Der Beschluss muss nicht begründet werden, der die Verweisung ablehnende Beschluss mit Gründen versehen sein (§ 34).

7   **Die Wirkung des Verweisungsbeschlusses** (Abs. 3 S. 1) entspricht der eines Eröffnungsbeschlusses, kann dessen Fehlen aber nicht kompensieren (BGH NStZ 1988, 236). Mit dem Erlass des Beschlusses wird die Strafsache bei dem Gericht, an das verwiesen wird, unmittelbar rechtshängig (Meyer-Goßner § 270 Rdn. 18; a.M. LR-Gollwitzer § 270 Rdn. 33: erst mit dem Eingang der Akten bei diesem Gericht).

8   Das Gericht ist an den Verweisungsbeschluss **gebunden** (BGHSt 29, 216; BGH NStZ 1988, 236), auch wenn er fehlerhaft ist (BGHSt 29, 216). Eine Grenze soll erreicht sein, wenn der Beschluss mit den Grundsätzen einer rechtsstaatlichen Ordnung in einem offensichtlichen Widerspruch steht. Dies ist der Fall, wenn er auf Willkür beruht (BGHSt 29, 216, 219) bzw. offensichtlich gesetzeswidrig ist (OLG Düsseldorf NStZ 1986, 426; Meyer-Goßner § 270 Rdn. 20). In einem solchen Fall wird die Sache dann an das abgebende Gericht zurückverwiesen (BGHSt 45, 58). Anders soll es nur sein, wenn die Sache trotz willkürlicher Verweisung in die sachliche Zuständigkeit des höheren Gerichts fällt (BGH a.a.O.).

9   Der Angeklagte kann den Beschluss **nicht anfechten** (Abs. 3 S. 2; § 210 Abs. 1), die StA (entsprechend § 210 Abs. 2) nur, wenn sie die Verweisung an ein noch höheres Gericht beantragt hatte (KK-Engelhardt § 270 Rdn. 25). Ansonsten ist eine Beschwerde ausgeschlossen (BGHSt 45, 26).

10 Die Möglichkeit der **Stellung von Beweisanträgen** (Abs. 4) berücksichtigt, dass die Sache bei Verweisung vom AG an das LG mitunter noch nicht genügend geklärt ist. Das Recht dient nur der Vorbereitung der neuen Hauptverhandlung. Die Fristsetzung erfolgt durch den Vorsitzenden des verweisenden Gerichts. Der Beweisantrag

6. Abschnitt. Hauptverhandlung					§ 271

bedarf keiner besonderen Form, muss aber die Beweismittel und Beweistatsachen bezeichnen. Die Entscheidung über den Antrag trifft der Vorsitzende des Gerichts, an das die Sache verwiesen worden ist (S. 2). Scheint dem nun zuständigen Gericht eine weitere Sachaufklärung nicht erforderlich, können die Anträge ohne die Beschränkungen des § 244 Abs. 3 bis 5 abgelehnt werden. Eine Wiederholung der Anträge in der Hauptverhandlung ist naturgemäß zulässig.

Die **Revision** ist begründet, wenn eine Verweisung nach Abs. 1 zu Unrecht unterblieben ist und der Tatrichter auch bei Erlass des Urteils nicht zuständig war (sachliche Unzuständigkeit; vgl. § 338 Rdn. 19). Eine unterlassene Verweisung an das Jugendgericht muss nach § 338 Nr. 4 gerügt werden. Ist eine Fristsetzung nach Abs. 4 S. 1 unterblieben, muss der Fehler bereits in der Hauptverhandlung gerügt worden sein (RGSt 62, 265, 272; LR-Gollwitzer § 270 Rdn. 55).				11

§ 271 [Sitzungsprotokoll]

(1) ¹Über die Hauptverhandlung ist ein Protokoll aufzunehmen und von dem Vorsitzenden und dem Urkundsbeamten der Geschäftsstelle, soweit dieser in der Hauptverhandlung anwesend war, zu unterschreiben. ²Der Tag der Fertigstellung ist darin anzugeben.

(2) ¹Ist der Vorsitzende verhindert, so unterschreibt für ihn der älteste beisitzende Richter. ²Ist der Vorsitzende das einzige richterliche Mitglied des Gerichts, so genügt bei seiner Verhinderung die Unterschrift des Urkundsbeamten der Geschäftsstelle.

Die **Niederschrift** über den Verlauf der Hauptverhandlung bildet eine Einheit (BVerfG StV 2002, 521), so dass das Protokoll auch mehrere Tage umfassen kann und nicht täglich abgeschlossen werden muss, selbst wenn der Urkundsbeamte gewechselt hat (Meyer-Goßner § 271 Rdn. 2).				1

Urkundsbeamte sind der Vorsitzende und – soweit nicht der Strafrichter von dessen Zuziehung abgesehen hat (§ 226 Abs. 2) – der Urkundsbeamte der Geschäftsstelle. Der Urkundsbeamte nimmt das Protokoll auf, der Vorsitzende überwacht die ordnungsgemäße Beurkundung, prüft das Protokoll auf Richtigkeit und Vollständigkeit und veranlasst notwendige Abänderungen und Ergänzungen oder nimmt diese selbst vor (Meyer-Goßner § 271 Rdn. 3). Gibt es Meinungsverschiedenheiten über tatsächliche Vorgänge, muss ggf. durch Befragung anderer Prozessbeteiligter eine Klärung erreicht werden. Führt dies zu keiner Lösung, muss dies im Protokoll vermerkt werden; insofern entfällt dann die Beweiskraft nach § 274. Geht es um Meinungsverschiedenheiten über eine Rechtsfrage, ob der Vorgang nach § 273 protokollierungsbedürftig ist, soll der Vorsitzende den Urkundsbeamten zur Protokollierung anweisen können (KK-Engelhardt § 271 Rdn. 7). Eine Anrufung des Gerichts ist ausgeschlossen (OLG Köln NJW 1955, 843).				2

Das Protokoll wird **schriftlich** (handschriftlich oder in Maschinenschrift) aufgenommen. Mitlaufende Tonbänder sind keine Protokolle, sondern Hilfsmittel für ihre Fertigung. Eine Führung des Protokolls in Kurzschrift soll unzulässig sein (RGSt 55, 1; LR-Gollwitzer § 271 Rdn. 2). Insofern gilt § 168a Abs. 3 für die Hauptverhandlung nicht. Als Hilfsmittel verwendete Tonbandaufnahmen und vorläufige Aufzeichnungen (auch in Kurzschrift) werden nicht Bestandteil der Akten und müssen daher den Verfahrensbeteiligten nicht zugänglich gemacht werden (BGHSt 29, 394). Der Inhalt des Protokolls richtet sich nach § 272. Wegen der Beweiskraft des Protokolls sind Überklebungen und Radierungen unzulässig, Durchstreichungen möglichst zu vermeiden (Meyer-Goßner § 271 Rdn. 11). Wird hiergegen verstoßen, kann die Beweiskraft des betreffenden Teils des Protokolls in Frage gestellt sein (LR-Gollwitzer § 271 Rdn. 4).				3

4 Das Protokoll wird von dem Vorsitzenden und dem Urkundsbeamten **unterzeichnet** (Abs. 1 S. 1). Beim Wechsel des Urkundsbeamten unterschreibt jeder den von ihm beurkundeten Teil (BGH wistra 1991, 272). Abänderungen durch den Vorsitzenden müssen durch den Urkundsbeamten genehmigt werden. Im Voraus erklärte Zustimmungen des Urkundsbeamten mit Abänderungen sind wirkungslos (Meyer-Goßner § 271 Rdn. 14). Die Nachholung der versehentlich unterbliebenen Unterschrift ist jederzeit zulässig, selbst wenn bereits ein Rechtsmittel eingelegt ist, das ihr Fehlen rügt (BGHSt 10, 145) und dadurch der Revisionsrüge der Boden entzogen wird (BGHSt 12, 270).

5 **Ist der Vorsitzende verhindert,** unterschreibt für ihn der dienstälteste Beisitzer (Abs. 2 S. 1). Zur Verhinderung vgl. Meyer-Goßner § 21 f GVG Rdn. 4 ff. Ist der Urkundsbeamte verhindert, unterschreibt der Vorsitzende allein, wenn auch er verhindert ist, der dienstälteste Beisitzer (Meyer-Goßner § 271 Rdn. 17). Der Verhinderungsgrund muss angegeben werden (Boertzler MDR 1972, 187).

6 Im Protokoll ist der **Tag der Fertigstellung** zu vermerken (Abs. 1 S. 2). Dies ist der Tag, an dem das Protokoll mit der letzten Unterschrift der Urkundsperson abgeschlossen wird (BGHSt 23, 115). Vor Fertigstellung des Protokolls kann das Urteil nicht wirksam zugestellt werden (vgl. § 273 Rdn. 22). Den Vermerk nach Abs. 1 S. 2 bringt der zuletzt Unterzeichnende an, in der Regel also der Vorsitzende (vgl. LR-Gollwitzer § 271 Rdn. 36). Der Vermerk ist nicht Bestandteil des Protokolls, sein Fehlen beweist nicht, dass das Protokoll noch nicht fertig gestellt ist (BGHSt 23, 115).

7 Eine Änderung und **Berichtigung des Protokolls** ist zulässig, solange es noch nicht fertig gestellt ist und wenn beide Urkundspersonen dies für erforderlich halten (vgl. BGH GA 1992, 319). Ist das Protokoll bereits fertig gestellt, ist selbst nach Urteilsrechtskraft eine Korrektur nicht nur zulässig, sondern geboten, wenn beide Urkundspersonen darin übereinstimmen, dass das Protokoll unrichtig ist (BGH JZ 1952, 281). Besteht insofern keine Übereinstimmung oder erinnert sich eine der Urkundspersonen nicht mehr an die Vorgänge, ist die Berichtigung ausgeschlossen (OLG Nürnberg MDR 1984, 74; KK-Engelhardt § 271 Rdn. 17). Die Berichtigung wird regelmäßig nicht im Protokoll vermerkt, sondern auf einer besonderen Erklärung, die von beiden Urkundspersonen zu unterzeichnen und dem Protokoll anzuheften ist.

8 Einen **Antrag auf Protokollberichtigung** kann der Vorsitzende allein ablehnen (OLG Düsseldorf StV 1985, 359). Betrifft die Berichtigung eine wesentliche Förmlichkeit im Sinne des § 273 Abs. 1, darf sie erst erfolgen, wenn eine schriftliche Äußerung des Urkundsbeamten vorliegt (OLG Düsseldorf NStZ 1998, 477).

9 Wirkt sich die Berichtigung **zu Gunsten des Beschwerdeführers** aus, ist sie auch im Revisionsverfahren zu beachten (Meyer-Goßner § 271 Rdn. 26). Für den umgekehrten Fall, dass durch eine Protokollberichtigung einer zulässigen (BGHSt 34, 11, 12) Verfahrensrüge der Boden entzogen wird, hat der Beschwerdeführer ein Recht auf unveränderten Bestand der Grundlagen seiner Rüge. Nach der bisherigen Rechtsprechung darf die Protokollberichtigung daher bei der Revisionsentscheidung nicht berücksichtigt werden (vgl. BGHSt 34, 11, 12; Meyer-Goßner § 271 Rdn. 26; BGH StV 2004, 638). Entscheidend ist insofern der Eingang der Revisionsbegründung bei Gericht. Insofern deutet sich allerdings offenbar ein Umdenken in der Rechtsprechung an. So tendiert der 1. Strafsenat (BGH NStZ 2006, 181; siehe auch Mosbacher JuS 2006, 39, 42) zu der Auffassung, dass die Berichtigung des Hauptverhandlungsprotokolls auch dann zulässig sein kann, wenn damit einer bereits erhobenen Verfahrensrüge der Boden entzogen wird. Zwischenzeitlich hat er bei den anderen Senaten angefragt, ob an entgegenstehender Rechtsprechung fest gehalten wird (Beschluss vom 12. 1. 2006 – 1 StR 466/05). Dahinter steht die Überlegung, dass die Aufhebung eines Urteils und die damit verbundene Zurückverweisung regelmäßig zu erheblichen Kosten und Verfahrensverzögerungen führen kann. Es gehe hier schließlich um formale Fehler, die man als Gericht fingieren müsse, obwohl sie in Wahrheit

6. Abschnitt. Hauptverhandlung § 272

nicht vorlägen. In dem entschiedenen Fall kam es allerdings auf diese Rechtsauffassung nicht an, da das Protokoll ohnehin Fehler aufwies und damit seine Beweiskraft erschüttert war. Daher konnte im Freibeweis geklärt werden, dass es sich im Protokoll um einen Schreibfehler handelte.

Die **Wiederherstellung** einer verloren gegangenen Sitzungsniederschrift steht der 10 Berichtigung gleich (vgl. KG NStZ 1990, 405). Nicht anfechtbar ist eine Berichtigung vor Fertigstellung des Protokolls oder eine Ablehnung der Protokollberichtigung (OLG Brandenburg NStZ-RR 1998, 308). Ansonsten gilt § 304 Abs. 1.

Die **Beschwerde** kann nur auf Rechtsfehler im Verfahren und auf rechtsfehlerhafte 11 Erwägungen in dem Ablehnungsbeschluss gestützt werden, da das Beschwerdegericht nicht die Richtigkeit der beurkundeten Vorgänge prüfen kann (Meyer-Goßner § 271 Rdn. 29). Gerügt werden kann auch, dass der Vorsitzende ohne Anhörung des Urkundsbeamten entschieden hat oder dass er den Antrag ohne Prüfung abgelehnt hat, weil er meinte, es handele sich nicht um eine wesentliche Förmlichkeit im Sinne des § 273 Abs. 1 (OLG Schleswig NJW 1959, 162). Mit der Revision können Fehler nicht gerügt werden (vgl. Meyer-Goßner § 271 Rdn. 30).

§ 272 [Inhalt des Protokolls]

Das Protokoll über die Hauptverhandlung enthält
1. den Ort und den Tag der Verhandlung;
2. die Namen der Richter und Schöffen, des Beamten der Staatsanwaltschaft, des Urkundsbeamten der Geschäftsstelle und des zugezogenen Dolmetschers;
3. die Bezeichnung der Straftat nach der Anklage;
4. die Namen der Angeklagten, ihrer Verteidiger, der Privatkläger, Nebenkläger, Verletzten, die Ansprüche aus der Straftat geltend machen, der sonstigen Nebenbeteiligten, gesetzlichen Vertreter, Bevollmächtigten und Beistände;
5. die Angabe, daß öffentlich verhandelt oder die Öffentlichkeit ausgeschlossen ist.

Der **Kopf des Hauptverhandlungsprotokolls** muss die in Nr. 1 bis 5 aufgeführ- 1 ten Angaben enthalten. Ergeben sich später Änderungen, sind sie an der Stelle zu protokollieren, an der sie im Verfahrensgang eingetreten sind (Pfeiffer § 272 Rdn. 1).

Beispiel: Wechsel des Urkundsbeamten der Geschäftsstelle oder des Dolmetschers.

Die genaue Bezeichnung des erkennenden Gerichts ist nicht aufgeführt, aber stets erforderlich (Pfeiffer § 272 Rdn. 1).

Der **Verhandlungstag** ist kalendermäßig zu bezeichnen, außerdem die Uhrzeit 2 nach Stunde und Minute von Beginn und Ende der Sitzung. Unterbrechungen sind mit genauem Beginn und Ende zu bezeichnen. Finden Teile der Hauptverhandlung in einem anderen Ort als dem Sitz des Gerichts statt, ist dies im Verfahrensablauf zu protokollieren.

Aufzuführen (Nr. 2) sind auch die **Ergänzungsrichter** oder -schöffen. Die Richter 3 werden mit ihren Dienstbezeichnungen und Funktionen bezeichnet. Bei den Schöffen sind Angaben über Beruf und Wohnort entbehrlich, auf ihre Vereidigung wird nicht hingewiesen (Meyer-Goßner § 273 Rdn. 4).

Die Bezeichnung der Straftat (Nr. 3) wird der zugelassenen Anklage entnommen, 4 nicht dem späteren Urteil. Kurzbezeichnungen sind zulässig.

Beispiel: „Wegen Raubes u. a.".

Gleiches gilt für Straftaten mehrerer Angeklagter.

Der **Angeklagte (Nr. 4)** wird auch dann mit Namen, Vornamen, Geburtstag und 5 -ort sowie Anschrift bezeichnet, wenn er nicht erschienen ist. Nur wenn das vollständige Urteil in das Protokoll aufgenommen wird (§ 275 Abs. 1 S. 1) muss das Protokoll

§ 273

auch die anderen für den Urteilskopf erforderlichen Angaben enthalten (LR-Gollwitzer § 273 Rdn. 16). Sonstige Verfahrensbeteiligten und ihre Bevollmächtigten oder Vertreter werden nur aufgeführt, wenn sie in der Hauptverhandlung anwesend sind (Meyer-Goßner § 273 Rdn. 6; a. M. KK-Engelhardt § 273 Rdn. 7).

6 Wird die **Öffentlichkeit** im Laufe der Verhandlung ausgeschlossen (Nr. 5), muss der Verfahrensabschnitt genau bezeichnet werden, in dem nichtöffentlich verhandelt wurde (BGH StV 1994, 471).

§ 273 [Beurkundung der Hauptverhandlung]

(1) Das Protokoll muß den Gang und die Ergebnisse der Hauptverhandlung im wesentlichen wiedergeben und die Beobachtung aller wesentlichen Förmlichkeiten ersichtlich machen, auch die Bezeichnung der verlesenen Schriftstücke oder derjenigen, von deren Verlesung nach § 249 Abs. 2 abgesehen worden ist, sowie die im Laufe der Verhandlung gestellten Anträge, die ergangenen Entscheidungen und die Urteilsformel enthalten.

(2) ¹Aus der Hauptverhandlung vor dem Strafrichter und dem Schöffengericht sind außerdem die wesentlichen Ergebnisse der Vernehmungen in das Protokoll aufzunehmen; dies gilt nicht, wenn alle zur Anfechtung Berechtigten auf Rechtsmittel verzichten oder innerhalb der Frist kein Rechtsmittel eingelegt wird. ²Der Vorsitzende kann anordnen, dass anstelle der Aufnahme der wesentlichen Vernehmungsergebnisse in das Protokoll einzelne Vernehmungen im Zusammenhang auf Tonträger aufgezeichnet werden. ³Der Tonträger ist zu den Akten zu nehmen oder bei der Geschäftsstelle mit den Akten aufzubewahren. ⁴§ 58a Abs. 2 Satz 1 und 3 bis 6 gilt entsprechend.

(3) ¹Kommt es auf die Feststellung eines Vorgangs in der Hauptverhandlung oder des Wortlauts einer Aussage oder einer Äußerung an, so hat der Vorsitzende von Amts wegen oder auf Antrag einer an der Verhandlung beteiligten Person die vollständige Niederschreibung und Verlesung anzuordnen. ²Lehnt der Vorsitzende die Anordnung ab, so entscheidet auf Antrag einer an der Verhandlung beteiligten Person das Gericht. ³In dem Protokoll ist zu vermerken, daß die Verlesung geschehen und die Genehmigung erfolgt ist oder welche Einwendungen erhoben worden sind.

(4) Bevor das Protokoll fertiggestellt ist, darf das Urteil nicht zugestellt werden.

1 **Der Inhalt des Hauptverhandlungsprotokolls** (Abs. 1) dient der Nachprüfung der Gesetzmäßigkeit der Hauptverhandlung durch das Rechtsmittelgericht. Teilweise kann es auch in anderen Verfahren, z. B. einem Disziplinarverfahren, Bedeutung erlangen (Meyer-Goßner § 273 Rdn. 23).

2 **Die §§ 271 bis 273 gelten auch** für die mündliche Haftprüfung und die Verhandlung über die Ausschließung eines Verteidigers. Ergänzt werden sie durch die §§ 64, 86, 249 Abs. 2 S. 2, § 255 sowie §§ 182, 183, 185 Abs. 1 S. 2 GVG. Für Vorgänge außerhalb der Hauptverhandlung kommen hinzu die §§ 168 bis 168b.

3 **Gang der Hauptverhandlung (Abs. 1)** ist der tatsächliche Verfahrensablauf in der Reihenfolge ihrer Ereignisse (Einl. Rdn. 128). Ergebnisse der Hauptverhandlung im Sinne des Abs. 1 sind nicht die Beweisergebnisse (für diese gilt Abs. 2), sondern die Inhalte der im Verhandlungsablauf ergehenden Entscheidungen.

4 Das Protokoll muss die „**Beobachtung aller wesentlichen Förmlichkeiten** ersichtlich machen". Wesentliche Förmlichkeiten sind Vorgänge, die für die Gesetzmäßigkeit des Verfahrensgangs von Bedeutung sind. Es geht um die „gesetzlich vorgeschriebenen Verlaufsstrukturen der Hauptverhandlung, die deren Fortgang eine den Grundsätzen eines rechtsstaatlichen Strafverfahrens entsprechende Form geben und es

6. Abschnitt. Hauptverhandlung § 273

dem Angeklagten ermöglichen, diesem Gang bei verständiger Würdigung zuzustimmen" (Kahlo FS Meyer-Goßner S. 466).

Ob es sich um eine **wesentliche Förmlichkeit** handelt, richtet sich nach der entsprechenden Einzelvorschrift der StPO oder des GVG. Betroffen sind namentlich Vorschriften über die Öffentlichkeit der Verhandlung, die Anwesenheit von Personen, deren ununterbrochene Gegenwart in der Hauptverhandlung zwingend vorgeschrieben ist (§ 226), die hinreichende Verfahrensbeteiligung des Angeklagten, gesetzlich vorgeschriebene Belehrungen, z. B. nach § 52 Abs. 3 S. 1, eine Rechtsmittelbelehrung, aber auch der Widerspruch gegen die Verwertung einer Aussage. Protokollierungspflichtig sind auch getroffene Absprachen (Einl. Rdn. 185; BGHSt 43, 195) und der Hinweis des Gerichts, dass es sich wegen sich neu ergebender Umstände nicht mehr zu Lasten des Angeklagten hieran gebunden fühlt (BGH NJW 2003, 1404). 5

Verhandlungspausen und kurze Unterbrechungen (OLG Köln StraFo 2002, 325) gehören ebenso wenig zu den wesentlichen Förmlichkeiten wie die Verwendung von Augenscheinsobjekten als Vernehmungsbehelf (BGH NStZ 2003, 320). 6

Verlesene Schriftstücke werden nur mit ihrer Bezeichnung, nicht mit ihrem Inhalt in das Protokoll aufgenommen. Wird eine Urkunde nur teilweise verlesen, sind die verlesenen Teile genau zu bezeichnen (BGH NStZ 2004, 279). Festgehalten worden sein muss aber auch, dass die Anordnung der Verlesung ausgeführt wurde (BGH NStZ 1999, 424). Die Kenntnisnahme im Selbstleseverfahren ist zu protokollieren (§ 249 Rdn. 16; BGH NStZ 2000, 47). 7

Im Verlauf der Verhandlung **gestellte Anträge** sind nach Antragsteller und Antragsinhalt im Protokoll zu beurkunden, dies gilt auch für Hilfsanträge (BGH MDR 1975, 368). Die Begründung der Anträge ist nicht zwingend zu protokollieren. Zur Beweisanregung vgl. § 244 Rdn. 34, zu Beweisanträgen § 244 Rdn. 16 ff. 8

Ergangene Gerichtsbeschlüsse und Verfügungen des Vorsitzenden müssen in ihrem vollen Wortlaut und, wenn sie eine Begründung enthalten, mit den Gründen protokolliert werden. Ist der Beschluss schriftlich abgefasst worden, genügt, dass die mündliche Bekanntmachung im Protokoll vermerkt und auf den Beschluss, der dem Protokoll als Anlage beigefügt wird, Bezug genommen wird (BGH MDR 1991, 297). Das Urteil wird mit der in der Verhandlung verkündeten Formel beurkundet; wegen der Urteilsgründe genügt der Vermerk, dass sie eröffnet worden sind. 9

Die Protokollierung wesentlicher **Ergebnisse einer Vernehmung** ist nur für die Verhandlung vor dem Strafrichter und dem Schöffengericht vorgeschrieben (Abs. 2; Änderungen werden erwogen) und gilt nur für Vernehmungen des Angeklagten, eines Zeugen oder des Sachverständigen. Keine Bedeutung hat die Bestimmung für den Augenscheins- und Urkundenbeweis. 10

Die Protokollierung ist **Aufgabe des Urkundsbeamten,** dem der Vorsitzende Weisungen erteilen kann. Die Prozessbeteiligten haben insofern keinen Einfluss, sie können nur Anregungen geben oder einen Antrag nach Abs. 3 stellen. 11

Zur **Aufnahme auf Tonträger** vgl. Abs. 2 S. 2, 3. Da die Einschränkungen nach § 58a Abs. 3 nicht gelten, darf der Verteidigung eine Kopie der Aufzeichnung überlassen werden (Neuhaus StV 2004, 624). 12

Ein knappes **Inhaltsprotokoll** genügt; ein Wortprotokoll ist nur im Fall des Abs. 3 vorgesehen. Auf Niederschriften über frühere Vernehmungen darf verwiesen werden, wenn die Aussage in der Hauptverhandlung von ihnen nicht oder nur unwesentlich abweicht (Meyer-Goßner § 273 Rdn. 15). Das Inhaltsprotokoll ist entbehrlich, wenn allseitig Rechtsmittelverzicht erklärt wird oder das Urteil in der Rechtsmittelfrist nicht angefochten worden ist (Abs. 2 Hs. 2); ebenso verfährt man bei Rücknahme des Einspruchs gegen einen Strafbefehl (Meyer-Goßner § 273 Rdn. 16). 13

Die Beweiskraft des Protokolls beschränkt sich auf die Feststellung, dass die betreffende Person vernommen worden ist; sie hat keine Beweiskraft für den Inhalt der Aussage (vgl. § 274 Rdn. 5). 14

§ 273　　2. Buch. Verfahren im ersten Rechtszug

15　**Eine vollständige Niederschreibung (Abs. 3)** hat zu erfolgen, wenn ein Vorgang für das laufende oder ein anderes Verfahren von Bedeutung sein kann. Hierzu gehören insbesondere Handlungen von Verfahrensbeteiligten (Lachen, Mimik, schlafen), die für die Entscheidung, für den Nachweis von Verfahrensfehlern oder als Grundlage für die Stellung von Anträgen Bedeutung haben können (Pfeiffer § 273 Rdn. 6). Die Beurkundung des Wortlauts einer Aussage oder Äußerung von Angeklagten, Zeugen und Sachverständigen ist nur nötig, wenn es auf die entsprechende Feststellung ankommt. Keinesfalls darf damit vor dem LG praktisch eine Protokollierung wie vor dem AG (Abs. 2) erzwungen werden. Insofern gibt es ein Protokollierungsbedürfnis nicht schon dann, wenn es auf den Inhalt, sondern erst, wenn es auf den genauen Wortlaut der Aussage ankommt (Roxin § 49 I 2; Meyer-Goßner § 273 Rdn. 22).

16　**Für andere Verfahren** kommt es auf die Feststellung an, wenn sie die Grundlage für eine strafgerichtliche Verurteilung oder ähnliches bilden kann.

　　Beispiel: Falschaussage des Zeugen.

17　**Die Niederschreibung** wird von Amts wegen oder auf Antrag angeordnet. Antragsberechtigt sind die Prozessbeteiligten mit Ausnahmen des Nebenklägers und der Berufsrichter und Schöffen (Meyer-Goßner § 273 Rdn. 26).

18　Der zu protokollierende Vorgang muss **genau bezeichnet** werden und dargelegt sein, worin das rechtliche Interesse an der Beurkundung besteht (OLG Bremen NStZ 1986, 183). Unzulässig ist ein Antrag, alle Wahrnehmungen des Gerichts bei einer Augenscheinseinnahme zu protokollieren. Unbenommen bleibt das Recht von Prozessbeteiligten, selbst oder durch eine Hilfsperson Aussagen im Stenogramm festzuhalten (BGHSt 18, 179, 181).

19　**Ein Antrag nach Abs. 3 S. 1** ist im Sitzungsprotokoll zu beurkunden (LR-Gollwitzer § 273 Rdn. 54). Gleiches gilt für die Anordnung des Vorsitzenden, mit der ihm entsprochen wird. Lehnt dieser die Niederschrift ab, sind der Inhalt des Antrags, seine Ablehnung und ihre Begründung im Protokoll festzuhalten (Meyer-Goßner § 273 Rdn. 28).

20　**Die Entscheidung** trifft der Vorsitzende. Er – im Fall des S. 2 das Gericht – entscheidet nach pflichtgemäßem Ermessen. Allerdings hält die h. M. die Frage, ob es auf die Feststellung ankommt, für eine Rechtsfrage, die keinen Raum für Ermessensentscheidungen lässt (vgl. OLG Bremen NJW 81, 2827; KK-Engelhardt § 273 Rdn. 25). Die Streitfrage ist praktisch von geringer Bedeutung, da das Revisionsgericht die Ablehnung einer vollständigen Niederschreibung ohnehin nicht prüft (Rdn. 24). Bei Anrufung des Gerichts entscheidet dieses durch Beschluss (vgl. S. 2).

21　Die vollständige Niederschrift ordnet **der Vorsitzende** an. Sie muss in der Verhandlung vorgelesen und genehmigt werden. Die Verlesung muss im Sitzungsprotokoll vermerkt (S. 3) und angegeben werden, ob die Genehmigung erteilt oder ob Einwendungen erhoben worden sind.

22　**Die Fertigstellung des Protokolls (Abs. 4)** ist Voraussetzung für die Zustellung des Urteils. Eine vorherige Zustellung ist unwirksam und setzt die von der Urteilszustellung abhängigen Fristen, insbesondere die Revisionsbegründungsfrist (§ 345 Abs. 1 S. 2) nicht in Lauf (BGHSt 27, 80; Meyer-Goßner § 273 Rdn. 34). Anders als die Unleserlichkeit oder Unvollständigkeit der Urteilsausfertigung machen Mängel des Protokolls die Urteilszustellung nicht unwirksam (Meyer-Goßner § 274 Rdn. 34).

23　Ein **Rechtsmittel** gegen den Gerichtsbeschluss, mit dem die vollständige Niederschreibung nach Abs. 3 S. 1 abgelehnt worden ist, ist nur denkbar, wenn ein außerhalb des Verfahrens liegender Zweck verfolgt wird, sonst schließt § 305 S. 1 die Beschwerde aus (vgl. KK-Engelhardt § 273 Rdn. 36).

24　Die **Revision** kann auf Mängel des Protokolls nicht gestützt werden (§ 344 Rdn. 22). Mit einer Tonträgeraufnahme (Neuhaus StV 2004, 625) oder der Niederschrift nach Abs. 3 lässt sich aber u. U. der Gegenbeweis gegen Urteilsfeststellungen führen.

§ 274 [Beweiskraft des Protokolls]

¹ Die Beobachtung der für die Hauptverhandlung vorgeschriebenen Förmlichkeiten kann nur durch das Protokoll bewiesen werden. ²Gegen den diese Förmlichkeiten betreffenden Inhalt des Protokolls ist nur der Nachweis der Fälschung zulässig.

Die Vorschrift enthält eine **gesetzliche Beweisregel** für das anhängige Verfahren, bewirkt also nicht öffentlichen Glauben für oder gegen jedermann außerhalb des Prozesses (vgl. BGHSt 26, 281, 282; Pfeiffer § 274 Rdn. 1). Sie dient der Vereinfachung des Revisionsverfahrens und will dem Revisionsgericht die Prüfung von Verfahrensrügen erleichtern (BGH NJW 1976, 977). Grundsatz: „Was nicht im Protokoll ist, das ist nicht geschehen" (OLG Hamburg DAR 1997, 161). Durch die Bindung an das Protokoll wird dem Revisionsgericht die Feststellung erleichtert, ob bei der Verfahrensrüge die „den Mangel enthaltenen Tatsachen" (§ 344 Abs. 2 S. 2) gegeben sind. 1

Das Sitzungsprotokoll kann durch andere Beweise grundsätzlich **nicht ergänzt, ersetzt oder widerlegt werden** (BGHSt 2, 125, 126; BGH NStZ 1993, 51), insbesondere nicht durch die Urteilsgründe oder durch dienstliche Äußerungen von Mitgliedern des Gerichts oder anderer Prozessbeteiligter (BGHSt 22, 278, 280). Selbst ein Einverständnis aller Prozessbeteiligten darüber, dass das Protokoll unrichtig ist, kann die Beweiskraft nicht beseitigen (LR-Gollwitzer § 274 Rdn. 22). 2

Nicht ausgeschlossen ist die **Auslegung von Protokolleintragungen** (BGHSt 31, 39). Das Revisionsgericht kann insofern im Freibeweis dienstliche Äußerungen der Gerichtsmitglieder oder den Akteninhalt heranziehen. Bleibt das Protokoll trotz einer solchen versuchten Auslegung mehrdeutig, entfällt insofern seine Beweiskraft (BGHSt 31, 39; Meyer-Goßner § 274 Rdn. 5). 3

Die Beweiskraft besteht nur im anhängigen Verfahren für das Gericht höherer Instanz, das die Gesetzmäßigkeit des Verfahrens zu prüfen hat. Bewiesen werden nur die für die Hauptverhandlung vorgeschriebenen wesentlichen Förmlichkeiten im Sinne des § 273 Abs. 1 (RGSt 53, 176; LR-Gollwitzer § 274 Rdn. 10). Andere Verfahrensvorgänge müssen im Freibeweis geklärt werden (BGHSt 22, 26). 4

Die Beweiskraft betrifft nur **Vorgänge in der Hauptverhandlung**, nicht solche vor oder nach der Verhandlung oder außerhalb der Hauptverhandlung, etwa in einer Sitzungspause (vgl. BGHSt 5, 294; Meyer-Goßner § 274 Rdn. 9). Sie erstreckt sich nicht auf den Inhalt der nach § 273 Abs. 2 protokollierten Aussagen. 5

Ein im Anschluss an die Urteilsverkündung erklärter **Rechtsmittelverzicht** wird von der Beweiskraft des § 274 erfasst, wenn er nach § 273 Abs. 3 S. 3 beurkundet worden ist (vgl. BGHSt 18, 257). Wird jedoch nur die Abgabe der Erklärung im Protokoll *vermerkt*, ist die Richtigkeit des Vermerks im Freibeweis zu klären; das Protokoll ist dann nur ein Beweisanzeichen (BGHSt 19, 101, 105; Meyer-Goßner § 274 Rdn. 11). 6

Das Protokoll hat eine **positive Beweiskraft** insofern, als die im Protokoll beurkundeten wesentlichen Förmlichkeiten der Hauptverhandlung als so geschehen gelten, selbst wenn sie nicht stattgefunden haben (BGH JR 1961, 508). Der Vermerk „Rechtsmittelbelehrung wurde erteilt" beweist die Belehrung (OLG Düsseldorf NStZ 1986, 233) einschließlich seiner Richtigkeit und Vollständigkeit (Meyer-Goßner § 274 Rdn. 13). Hat der Angeklagte zunächst geschwiegen und sich später doch noch geäußert, beweist dies ein späterer Protokollvermerk (BGH NStZ 1992, 49). 7

Die **negative Beweiskraft** des Protokolls bedeutet, dass als nicht geschehen gilt, was im Protokoll nicht beurkundet worden ist (BGH NStZ 1993, 51; OLG Hamburg 8

§ 275

MDR 1973, 156). So gilt ein Beweisantrag als nicht gestellt oder aber der Anklagesatz als nicht verlesen, wenn dies nicht im Protokoll festgehalten ist (Meyer-Goßner § 274 Rdn. 14). Wird zwar protokolliert, dass die Öffentlichkeit wiederhergestellt werden soll, aber nicht, dass sie hergestellt wurde, ist sie nicht wiederhergestellt worden (BGH StV 1989, 384). Ebenso gilt ein nicht protokolliertes letztes Wort als nicht erteilt (BGHSt 22, 278, 280).

9 **Die Beweiskraft entfällt,** wenn es Meinungsverschiedenheiten zwischen den Urkundspersonen gibt, soweit es an der erforderlichen Übereinstimmung fehlt (RGSt 57, 394). Enthält das Protokoll selbst erkennbare Fehler wie Unklarheiten oder Widersprüche, entfällt die Beweiskraft ebenfalls (Meyer-Goßner § 274 Rdn. 17). Wird etwa die Wiederherstellung der Öffentlichkeit, nicht aber ihr Ausschluss protokolliert (BGHSt 17, 220), liegt offensichtlich eine Lücke vor (vgl. auch BGH NStZ 2006, 116).

10 Der **Wegfall der Beweiskraft** bedeutet nicht, dass damit Verfahrensverstöße bewiesen wären oder das Vorbringen des Beschwerdeführers als wahr unterstellt würde (BGHSt 17, 220, 222). Der Beschwerdeführer hat aber die Möglichkeit, den Nachweis zu führen, dass ein bestimmter Vorgang geschehen oder nicht geschehen ist. Das Rechtsmittelgericht klärt dann im Freibeweis und in freier Beweiswürdigung, wie der Verfahrensablauf wirklich war (BVerfG StV 2002, 521; BGHSt 31, 39, 41). Insbesondere wird dann auf dienstliche Äußerungen der Gerichtsmitglieder bzw. Erklärungen der Prozessbeteiligten und des Protokollführers zurückgegriffen (Meyer-Goßner § 274 Rdn. 18).

11 **Der Einwand der Fälschung (S. 2)** hebt die Beweiskraft auf, soweit bewiesen ist, dass das Protokoll entweder eine unechte oder verfälschte Urkunde ist, weil es ganz oder teilweise von einem Unbefugten hergestellt worden ist oder aber die Urkundsperson bewusst mit falschem Inhalt protokolliert hat. Bloße Nachlässigkeiten bei der Protokollierung genügen nicht (BGH StV 1997, 455; OLG Düsseldorf NJW 1997, 1718). Den Nachweis muss führen, wer sich auf diese beruft. Es genügt, wenn dem Gericht die Beweismittel für die konkret behauptete Fälschung genannt werden, es stellt dann Ermittlungen im Freibeweis (§ 244 Rdn. 4) an.

12 **Der Verteidiger** soll sich grundsätzlich auch dann auf das Protokoll berufen dürfen, wenn er selbst meint, der Vorgang könne unrichtig beurkundet sein (Beulke FS Roxin S. 1193; Tepperwien FS Meyer-Goßner S. 595). Er soll rechtsmissbräuchlich handeln, wenn er genau weiß, dass ordnungsgemäß verfahren worden ist (Meyer-Goßner § 274 Rdn. 21). In solchen Fällen wird man ggf. einen anderen Verteidiger die entsprechende Rüge erheben lassen. Dass dies nicht gerade auf Begeisterung bei den Revisionsgerichten stößt, zeigt die jüngere Rechtsprechung des 1. Strafsenats (vgl. § 271 Rdn. 9).

§ 275 [Frist und Form der Urteilsniederschrift; Ausfertigungen]

(1) ¹**Ist das Urteil mit den Gründen nicht bereits vollständig in das Protokoll aufgenommen worden, so ist es unverzüglich zu den Akten zu bringen.** ²**Dies muß spätestens fünf Wochen nach der Verkündung geschehen; diese Frist verlängert sich, wenn die Hauptverhandlung länger als drei Tage gedauert hat, um zwei Wochen, und wenn die Hauptverhandlung länger als zehn Tage gedauert hat, für jeden begonnenen Abschnitt von zehn Hauptverhandlungstagen um weitere zwei Wochen.** ³**Nach Ablauf der Frist dürfen die Urteilsgründe nicht mehr geändert werden.** ⁴**Die Frist darf nur überschritten werden, wenn und solange das Gericht durch einen im Einzelfall nicht voraussehbaren unabwendbaren Umstand an ihrer Einhaltung gehindert worden ist.** ⁵**Der Zeitpunkt des Eingangs und einer Änderung der Gründe ist von der Geschäftsstelle zu vermerken.**

6. Abschnitt. Hauptverhandlung § 275

(2) ¹Das Urteil ist von den Richtern, die bei der Entscheidung mitgewirkt haben, zu unterschreiben. ²Ist ein Richter verhindert, seine Unterschrift beizufügen, so wird dies unter der Angabe des Verhinderungsgrundes von dem Vorsitzenden und bei dessen Verhinderung von dem ältesten beisitzenden Richter unter dem Urteil vermerkt. ³Der Unterschrift der Schöffen bedarf es nicht.

(3) Die Bezeichnung des Tages der Sitzung sowie die Namen der Richter, der Schöffen, des Beamten der Staatsanwaltschaft, des Verteidigers und des Urkundsbeamten der Geschäftsstelle, die an der Sitzung teilgenommen haben, sind in das Urteil aufzunehmen.

(4) Die Ausfertigungen und Auszüge der Urteile sind von dem Urkundsbeamten der Geschäftsstelle zu unterschreiben und mit dem Gerichtssiegel zu versehen.

Die Aufnahme des Urteils in das Sitzungsprotokoll steht im Ermessen des Vorsitzenden. Wird es in das Protokoll aufgenommen, unterliegt es den Anforderungen wie jedes andere. Überdies müssen die Urteilsformel und die Gründe im Protokoll von sämtlichen mitwirkenden Richtern unterschrieben werden. Danach müssen Vorsitzender und Protokollführer das Protokoll unterzeichnen (RGSt 64, 214; LR-Gollwitzer § 275 Rdn. 22). In der Praxis geschieht dies allerdings ausgesprochen selten. 1

Regelfall ist, dass das Urteil **erst später** mit den Gründen zu den Akten gebracht wird. Höchstfristen ergeben sich aus Abs. 1, entscheidend ist die Zahl der Hauptverhandlungstage (vgl. BGHSt 25, 259), also der Kalendertage, an denen die Sache zur Verhandlung aufgerufen worden ist (§ 243 Abs. 1 S. 1). Der Tag der Urteilsverkündung zählt mit. 2

Die Mindestfrist beträgt fünf Wochen. Wurde mehr als drei Tage verhandelt, beträgt sie sieben Wochen. Für je zehn Verhandlungstage verlängert sich die Frist um weitere zwei Wochen, so dass bei einer fünftägigen Hauptverhandlung sieben Wochen zur Verfügung stehen, bei einer Hauptverhandlung, die über 21 Tage währte, sind es elf Wochen. Dass das Gericht die vorgesehenen gestaffelten Fristen ausschöpft, kann nicht beanstandet werden (BGHSt 29, 43). 3

Eine Überschreitung der Frist ist (nur) zulässig, wenn im Einzelfall das Gericht an der Einhaltung gehindert ist (Abs. 1 S. 4). Dabei kann es nur um unvorhersehbare und unabwendbare Umstände gehen (vgl. Rieß NStZ 1982, 441, 444). Unvorhersehbar ist z.B. die Erkrankung des Richters bei Gerichten, die mit einem einzigen Berufsrichter besetzt sind, nicht aber der schlechte Gesundheitszustand eines überlasteten Richters (OLG Hamburg MDR 1977, 1039) oder der Antritt eines geplanten Urlaubs (Meyer-Goßner § 275 Rdn. 13) oder ein Irrtum bei der Fristberechnung (BGH StV 1997, 204). Umstände, die die Organisation des Gerichts betreffen, rechtfertigen die Fristüberschreitung regelmäßig nicht. Ggf. muss durch das Präsidium Abhilfe geschaffen werden, wenn einzelne gerichtliche Spruchkörper permanent überlastet sind. 4

Beim Ausfall des Berichterstatters eines Kollegialgerichts ist die Fristüberschreitung (nur) gerechtfertigt, wenn er erst wenige Tage vor Ablauf der Frist an der Abfassung des Urteils gehindert ist (BGH NStZ 1986, 564), nicht aber, wenn bereits ein Entwurf vorliegt, der von den anderen Richtern ohne besondere Mühe fertig gestellt werden kann (BGHSt 26, 247). Ansonsten ist die Frage, ob der Vorsitzende oder der andere Beisitzer das Urteil abfassen könnten (BGH NStZ 1999, 474). Fällt das Hindernis weg, muss das Urteil mit größtmöglicher Beschleunigung zu den Akten gebracht werden (BGH StV 1995, 514). 5

Die Urteilsgründe sind **schon dann unabänderlich,** wenn der Fristablauf eintritt, auch wenn die Urkunde noch nicht nach außen bekannt gemacht worden, sondern erst bei der Geschäftsstelle eingegangen ist (vgl. Abs. 1 S. 3). Solange die Frist des Abs. 1 S. 2 noch nicht abgelaufen und das Urteil noch nicht zugestellt worden ist, darf 6

§ 275a 2. Buch. Verfahren im ersten Rechtszug

es allerdings berichtigt und geändert werden. Später sind nur noch solche Berichtigungen zulässig, die keine sachlichen Änderungen enthalten (Meyer-Goßner § 275 Rdn. 11).

7 Zur vollständigen Fertigstellung des Urteils gehört auch die **Unterschrift der beteiligten Berufsrichter** (Abs. 2 S. 1). Ist ein Richter verhindert (Abs. 2 S. 2), wird die Tatsache der Verhinderung oder ihr Grund zu bezeugen (BGHSt 31, 212, 214) sein. Der Richter unterschreibt dann zweimal, nämlich Urteil und Vermerk (BGH NStZ 1990, 229). Die Verhinderung kann nur ein Richter feststellen, der an der Hauptverhandlung mitgewirkt hat (BGH NStZ 1993, 448). Als Verhinderungsgründe kommen Urlaub (BGH StV 1998, 477), Krankheit oder sogar die Teilnahme an einem Betriebsausflug in Betracht (Meyer-Goßner § 275 Rdn. 22). Die Nichterreichbarkeit im Gerichtsgebäude am letzten Tag der Frist genügt nicht (BGHSt 28, 194).

8 Ist ein Richter aus dem Spruchkörper **zwischenzeitlich ausgeschieden,** aber weiterhin als Richter tätig, ist er regelmäßig nicht verhindert. Im Einzelfall kann dies aber der Unterzeichnung entgegenstehen (BGH NJW 2003, 836). Ist der Richter aus dem Justizdienst ausgeschieden oder nunmehr bei der StA als Beamter beschäftigt, ist er verhindert (BGH MDR 1994, 1072).

9 **Einzelheiten des Urteilskopfes** regelt Abs. 3. Die Namen der Mitwirkenden müssen stets angegeben werden. Urteilsausfertigungen (Abs. 4) kann *jeder* Urkundsbeamte des erkennenden Gerichts herstellen.

10 **Der Vermerk der Geschäftsstelle (Abs. 1 S. 5)** über den Zeitpunkt des Eingangs und die Änderung der Urteilsgründe ist zwingend. Der Vermerk kann auch noch nach Ablauf der Frist des Abs. 1 S. 2 auf der Urschrift des Urteils oder auf einem besonderen Blatt angebracht werden (Rieß NStZ 1982, 441, 443). Die Beweiskraft des § 274 hat er nicht; er hindert also nicht den anderweitigen Nachweis, dass das fertig gestellte Urteil rechtzeitig zu den Akten gebracht worden ist (Meyer-Goßner NZV 2002, 470). Der tatsächliche Zeitpunkt ist notfalls im Freibeweis festzustellen.

11 Die **Revision** kann einen Verstoß gegen das Unverzüglichkeitsgebot (Abs. 1 S. 2) nicht rügen, weil das Urteil darauf nicht beruhen kann (Rieß NStZ 1982, 441, 442). Wird gerügt, das Urteil sei nicht rechtzeitig zu den Akten gebracht worden, ist der Revisionsgrund nach **§ 338 Nr. 7** einschlägig. Gelangen nur Tenor oder Rubrum verspätet zu den Akten, kommt ein Revisionsgrund nach § 337 in Betracht; das Urteil wird aber in der Regel auf dem Mangel nicht beruhen (Meyer-Goßner § 275 Rdn. 28).

Siebenter Abschnitt. Entscheidung über die im Urteil vorbehaltene oder die nachträgliche Anordnung der Sicherungsverwahrung

§ 275a [Entscheidung über Sicherungsverwahrung; Hauptverhandlung; Sachverständigengutachten; Unterbringungsbefehl]

1 Vom Abdruck des Gesetzestextes wurde abgesehen. Die Vorschrift enthält die prozessuale Seite der Entscheidung über eine vorbehaltene oder nachträgliche Anordnung der Sicherungsverwahrung (§§ 66a, 66b StGB, § 106 Abs. 3, 5, 6 JGG).

2 Abs. 1 regelt **in Anlehnung an § 321** das einleitende Verfahren. Abs. 2 ordnet für die Hauptverhandlung vor dem Landgericht (§ 74f) oder OLG (§ 120a GVG) die entsprechende Anwendung der §§ 213 bis 275 an. Abs. 3 modifiziert diesen Verweis für den Gang der Hauptverhandlung. Nach Abs. 4 ist ein Sachverständigengutachten einzuholen, bei der nachträglichen Anordnung das Gutachten zweier Sachverständiger (Abs. 4 S. 2).

Nach Abs. 5 ist bis zur Rechtskraft des Urteils ein **Unterbringungsbefehl** zulässig, 3
wenn dringende Gründe für die Annahme vorhanden sind, dass die nachträgliche Sicherungsverwahrung angeordnet wird. Da vielfach Straftäter wegen mehrerer Delikte einsitzen, die von verschiedenen Gerichten abgeurteilt worden sind, ordnet Abs. 5 S. 2 die Zuständigkeit des Gerichts an, das nach § 67d Abs. 6 StGB zuständig ist. Dieser Unterbringungsbefehl betrifft nur Fälle der nachträglichen Sicherungsverwahrung.

Achter Abschnitt. Verfahren gegen Abwesende

§ 276 [Begriff]

Ein Beschuldigter gilt als abwesend, wenn sein Aufenthalt unbekannt ist oder wenn er sich im Ausland aufhält und seine Gestellung vor das zuständige Gericht nicht ausführbar oder nicht angemessen erscheint.

Die StPO kennt grundsätzlich **kein Verfahren gegen Abwesende**. Die §§ 285 1
bis 295 regeln insofern auch nur die Sicherung der Beweise und die Erzwingung oder Sicherung der Gestellung des Beschuldigten. Die Möglichkeit, ggf. in Abwesenheit des Angeklagten zu verhandeln (vgl. § 231 Abs. 2, §§ 232, 233, 329 Abs. 1, §§ 350, 412, §§ 73, 74 OWiG), wird durch die Vorschriften nicht eingeschränkt.

§ 276 enthält eine **gesetzliche Fiktion** der Abwesenheit. Liegen die Voraussetzungen vor, gilt der Beschuldigte selbst dann als abwesend, wenn er in Wahrheit anwesend ist (LR-Gollwitzer § 276 Rdn. 1). 2

Der Aufenthalt ist unbekannt, wenn die Strafverfolgungsbehörden und das Gericht den Aufenthaltsort weder kennen noch mit einem der Bedeutung der Sache entsprechenden Aufwand ermitteln können und auch keine begründete Aussicht besteht, dass der Aufenthaltsort demnächst bekannt wird (Meyer-Goßner § 276 Rdn. 2). 3

Gestellung ist die Bewirkung des Erscheinens durch Ladung. Diese ist nicht ausführbar, wenn sicher zu erwarten ist, dass der Angeklagte trotz Ladung zur Hauptverhandlung nicht erscheinen wird und ein Auslieferungsverfahren nicht möglich ist oder keinen Erfolg verspricht (Pfeiffer § 276 Rdn. 2). Unangemessen ist die Gestellung, wenn der mit einem Auslieferungsverfahren verbundene Aufwand oder die für den Beschuldigten dadurch entstehenden Nachteile außer jedem Verhältnis zur Bedeutung der Sache stehen (vgl. RiVASt Nr. 88 Abs. 1 Buchst. c). Ausland ist jedes nicht zur Bundesrepublik gehörende Gebiet (LR-Gollwitzer § 276 Rdn. 12). 4

§§ 277–284 (weggefallen)

§ 285 [Beweissicherungszweck]

(1) ¹Gegen einen Abwesenden findet keine Hauptverhandlung statt. ²Das gegen einen Abwesenden eingeleitete Verfahren hat die Aufgabe, für den Fall seiner künftigen Gestellung die Beweise zu sichern.

(2) Für dieses Verfahren gelten die Vorschriften der §§ 286 bis 294.

Gegen einen Abwesenden findet zwar keine Hauptverhandlung statt, die Abwesenheit schafft aber **kein Prozesshindernis** (vgl. Einl. 65f; KK-Engelhardt § 285 Rdn. 7). Nicht eingeschränkt wird die Möglichkeit einer Verhandlung gegen einen ausgebliebenen Angeklagten (vgl. § 276 Rdn. 1). 1

Ein gerichtliches Verfahren darf nur zum **Zweck der Beweissicherung** eingeleitet 2
werden (Abs. 1 S. 2). Das Ermittlungsverfahren ist auch bei Abwesenheit des Beschuldigten ohne weiteres zulässig. Ist die Sicherung von Beweisen zweckmäßig, trifft die StA die erforderlichen Anordnungen. Ist sie dafür selbst nicht zuständig, beantragt

§§ 286–288　　　　　　　　　　　　　　2. Buch. Verfahren im ersten Rechtszug

sie entsprechende richterliche Maßnahmen oder Untersuchungshandlungen. Wird das Verfahren nicht nach § 170 Abs. 2 oder aus Opportunitätsgründen (§§ 153ff) eingestellt, erfolgt eine vorläufige Einstellung nach § 205 S. 1 (vgl. Pfeiffer § 285 Rdn. 1).

3　　Eine **Anklageschrift** reicht die StA nur ein, wenn die Vermögensbeschlagnahme nach § 290 angeordnet werden soll. Erscheint eine Zustellung im Ausland durchführbar, kann auch ein Strafbefehlsantrag gestellt werden (Meyer-Goßner § 285 Rdn. 2).

4　　**War Anklage bereits erhoben,** bevor sich die Abwesenheit des Angeschuldigten herausstellte, führt das Gericht – wenn die StA die Anklage nicht zurücknimmt – das erforderliche Beweissicherungsverfahren durch, bevor es das Verfahren nach § 205 einstellt. War das Hauptverfahren bereits eröffnet, gilt § 289.

§ 286 [Verteidiger]

¹Für den Angeklagten kann ein Verteidiger auftreten. ²Auch Angehörige des Angeklagten sind, auch ohne Vollmacht, als Vertreter zuzulassen.

1　　Die Bestimmung gilt auch **im Vor- und Zwischenverfahren.** Ein Fall notwendiger Verteidigung liegt grundsätzlich nicht vor; es kann aber § 140 Abs. 2 nahe liegen. Die §§ 137ff gelten entsprechend, auch § 145a (LR-Gollwitzer § 286 Rdn. 3).

2　　**Angehörige** müssen als Vertreter zugelassen werden (S. 2), auch wenn sie keine Vollmacht des Beschuldigten nachweisen können. Melden sich mehrere Angehörige, kann das Gericht die Zahl der Vertretungsberechtigten entsprechend § 137 Abs. 1 S. 2 auf höchstens drei beschränken (vgl. Meyer-Goßner § 286 Rdn. 2).

3　　**Der Begriff „Angehöriger"** ist weit auszulegen. Er umfasst mindestens alle in § 52 Abs. 1 Nr. 1 und 3 genannten Personen und Ehegatten (KK-Engelhardt § 286 Rdn. 3). Dazu sollen auch entfernte Verwandte und Stiefeltern gehören, nicht aber geschiedene Ehegatten (Meyer-Goßner § 286 Rdn. 3).

4　　Die Vertretungsbefugnis ist nicht eine solche nach § 234 und auch keine rechtsgeschäftliche Vertretung, sondern nur eine **Interessenwahrnehmung** nach Art der Verteidigung (Meyer-Goßner § 286 Rdn. 4).

§ 287 [Benachrichtigung des Abwesenden]

(1) Dem abwesenden Beschuldigten steht ein Anspruch auf Benachrichtigung über den Fortgang des Verfahrens nicht zu.

(2) **Der Richter ist jedoch befugt, einem Abwesenden, dessen Aufenthalt bekannt ist, Benachrichtigungen zugehen zu lassen.**

1　　Einen **Anspruch auf Benachrichtigung** hat der Abwesende auch dann nicht, wenn eine Zustellungsvollmacht vorliegt. Die Benachrichtigung steht im Ermessen des Gerichts (Pfeiffer § 287 Rdn. 1). Für die Mitteilungen an den Verteidiger und den als Vertreter zugelassenen Angehörigen gelten die allgemeinen Vorschriften (KK-Engelhardt § 287 Rdn. 2).

§ 288 [Aufforderung zum Erscheinen]

Der Abwesende, dessen Aufenthalt unbekannt ist, kann in einem oder mehreren öffentlichen Blättern zum Erscheinen vor Gericht oder zur Anzeige seines Aufenthaltsortes aufgefordert werden.

1　　Die Aufforderung steht im Ermessen des Gerichts. Über die **„öffentlichen Blätter"** hinaus ist auch eine Aufforderung durch Radio oder Fernsehen möglich. Ebenso ist denkbar, mit dem Abwesenden durch andere geeignete Mittel Verbindung aufzunehmen (Meyer-Goßner § 288 Rdn. 1).

8. Abschnitt. Verfahren gegen Abwesende §§ 289, 290

Wird der Abwesende zum Erscheinen vor Gericht **aufgefordert,** müssen Ort und 2
Zeit eines geforderten Erscheinens genau angegeben werden (Pfeiffer § 288 Rdn. 2).
Die Aufforderung wirkt aber weder als öffentliche Zustellung noch als Ladung und hat
daher keine Rechtswirkungen (KK-Engelhardt § 288 Rdn. 1).

§ 289 [Kommissarische Beweisaufnahme]

Stellt sich erst nach Eröffnung des Hauptverfahrens die Abwesenheit des Angeklagten heraus, so erfolgen die noch erforderlichen Beweisaufnahmen durch einen beauftragten oder ersuchten Richter.

Die **Zuständigkeit** für die Beweissicherung nach § 285 Abs. 1 S. 2 richtet sich 1
nach allgemeinen Regeln. § 289 betrifft nur die Beweissicherung nach Eröffnung des
Hauptverfahrens. Die erforderlichen Anordnungen trifft das Gericht, den Beweis erhebt ein beauftragter oder ersuchter Richter (Meyer-Goßner § 289 Rdn. 1).

Für die **Durchführung der Beweiserhebung** gelten die §§ 223 ff. Verteidiger 2
und nach § 286 Abs. 1 S. 2 als Vertreter zugelassene Angehörige werden nach § 224
benachrichtigt. Die Benachrichtigung des Abwesenden kann unterbleiben (§ 287). StA
und Verteidiger haben ein Anwesenheitsrecht, Angehörige in dem Rahmen, wie es
auch der Beschuldigte hätte (Meyer-Goßner § 289 Rdn. 2).

§ 290 [Beschlagnahme statt Haftbefehl]

(1) Liegen gegen den Abwesenden, gegen den die öffentliche Klage erhoben ist, Verdachtsgründe vor, die den Erlaß eines Haftbefehls rechtfertigen würden, so kann sein im Geltungsbereich dieses Bundesgesetzes befindliches Vermögen durch Beschluß des Gerichts mit Beschlag belegt werden.

(2) Wegen Straftaten, die nur mit Freiheitsstrafe bis zu sechs Monaten oder mit Geldstrafe bis zu einhundertachtzig Tagessätzen bedroht sind, findet keine Vermögensbeschlagnahme statt.

Zweck der Vermögensbeschlagnahme ist es, den Abwesenden zur Gestellung zu 1
zwingen und dadurch die Durchführung der Hauptverhandlung zu ermöglichen.

Voraussetzung ist, dass die öffentliche Klage schon erhoben ist. Zudem müssen 2
Verdachtsgründe vorliegen, die den Erlass eines Haftbefehls rechtfertigen würden. Ein
Haftbefehl muss noch nicht erlassen sein, auch muss ein Haftgrund nach § 112 Abs. 2,
§ 112a nicht vorliegen (KK-Engelhardt § 290 Rdn. 4; Meyer-Goßner § 290 Rdn. 2;
a. M. KMR-Haizmann § 290 Rdn. 6; LR-Gollwitzer § 290 Rdn. 8; Hilger NStZ
1982, 375).

Der **Verhältnismäßigkeitsgrundsatz** muss gewahrt sein. Bei Straftaten von gerin- 3
gem Gewicht ist eine Vermögensbeschlagnahme unzulässig (Abs. 2). Eine Vermögensbeschlagnahme darf auch nicht angeordnet werden, wenn feststeht, dass ihr
Zweck nicht erreichbar ist.

Beispiel: Der Abwesende ist nicht reisefähig oder wird im Ausland gegen seinen Willen festgehalten (Meyer-Goßner § 290 Rdn. 1).

Der Anordnung steht nicht entgegen, dass eine **Auslieferung** des Abwesenden 4
nicht verlangt werden kann oder dieser erklärt, er werde in die Bundesrepublik trotz
Verlustes seines Vermögens nicht zurückkehren (Pfeiffer § 290 Rdn. 1).

Die Anordnung der Beschlagnahme ergeht durch **Beschluss des Gerichts** auf An- 5
trag der StA oder von Amts wegen nach pflichtgemäßem Ermessen. Der Beschluss ist
zu begründen (§ 34), die Bekanntmachung regelt § 291.

§§ 291–293   2. Buch. Verfahren im ersten Rechtszug

6   **Im Beschluss** wird nur der Beschuldigte genau bezeichnet. Im Hinblick auf die Vermögensbeschlagnahme genügt eine abstrakte Anordnung ohne Bezeichnung der einzelnen Vermögensgegenstände (Meyer-Goßner § 290 Rdn. 4). Zuständig ist das Gericht, bei dem die Sache anhängig ist, ggf. auch das Berufungsgericht, das das Verfahren nach § 205 eingestellt hat (LR-Gollwitzer § 290 Rdn. 13). Gegen die Anordnung/Ablehnung eines entsprechenden Antrags ist die Beschwerde zulässig (§ 304).

§ 291 [Bekanntmachung der Beschlagnahme]

Der die Beschlagnahme verhängende Beschluß ist durch den Bundesanzeiger bekanntzumachen und kann nach dem Ermessen des Gerichts auch durch andere Blätter veröffentlicht werden.

1   Die Wirksamkeit der Vermögensbeschlagnahme setzt eine **Bekanntmachung** des Beschlusses voraus (§ 292 Abs. 1). Sie muss stets im Bundesanzeiger, kann aber nach dem Ermessen des Gerichts auch in anderen Blättern (vgl. § 288 Rdn. 1) erfolgen. Die Art der Bekanntmachung wird bereits in dem Beschlagnahmebeschluss festgelegt (LR-Gollwitzer § 291 Rdn. 2; Meyer-Goßner § 291 Rdn. 1; a. M. SK-Schlüchter § 291 Rdn. 3: nur die Bekanntmachung in anderen Blättern).

2   Da die Ausführung der Veröffentlichung **keine Vollstreckung** im Sinne des § 36 Abs. 2 ist, ist sie Sache des Gerichts (Pfeiffer § 291 Rdn. 2).

§ 292 [Wirkung der Bekanntmachung]

(1) Mit dem Zeitpunkt der ersten Bekanntmachung im Bundesanzeiger verliert der Angeschuldigte das Recht, über das in Beschlag genommene Vermögen unter Lebenden zu verfügen.

(2) ¹Der die Beschlagnahme verhängende Beschluß ist der Behörde mitzuteilen, die für die Einleitung einer Pflegschaft über Abwesende zuständig ist. ²Diese Behörde hat eine Pflegschaft einzuleiten.

1   Mit der Bekanntmachung tritt ein **absolutes Verfügungsverbot** ein; eine etwaige frühere Bekanntmachung in anderen Blättern ist ohne Bedeutung (Meyer-Goßner § 292 Rdn. 1). Verfügungen des Beschuldigten sind nach § 134 BGB nichtig (LR-Gollwitzer § 292 Rdn. 2; Pfeiffer § 292 Rdn. 1). Ausgenommen sind Verfügungen von Todes wegen. Bestehende Rechte Dritter an den beschlagnahmten Vermögensgegenständen bleiben unberührt.

2   **Die Abwesenheitspflegschaft** (Abs. 2 i. V. m. § 1911 BGB) dient der Fürsorge für das beschlagnahmte Vermögen. Die Interessen des Beschuldigten dürfen nicht stärker beeinträchtigt werden, als es der Zweck der Beschlagnahme erfordert (BayObLG NJW 1964, 301). Der Pfleger soll das Vermögen des Beschuldigten sicherstellen und verwalten (vgl. LR-Gollwitzer § 292 Rdn. 5 ff). Er darf Verfügungen treffen, soweit der Zweck der Beschlagnahme nicht entgegensteht, z. B. Ansprüche des durch die Straftat Geschädigten erfüllen (vgl. Hilger NStZ 1982, 374). Gesetzlicher Vertreter im Sinne des § 298 Abs. 1 ist der Pfleger nicht (OLG Karlsruhe Justiz 1984, 291).

3   **Zuständig** für die Anordnung ist das Amtsgericht (§§ 35 ff FGG). Gegen die Anordnung oder die Ablehnung eines Antrags auf Anordnung der Vermögenspflegschaft ist die Beschwerde zulässig (§ 304).

§ 293 [Aufhebung der Beschlagnahme]

(1) Die Beschlagnahme ist aufzuheben, wenn ihre Gründe weggefallen sind.

(2) Die Aufhebung der Beschlagnahme ist durch dieselben Blätter bekanntzumachen, durch welche die Beschlagnahme selbst veröffentlicht worden war.

8. Abschnitt. Verfahren gegen Abwesende   §§ 294, 295

Sind ihre Voraussetzungen (vgl. § 290 Rdn. 1) **weggefallen,** ist die Beschlagnahme 1
zwingend aufzuheben (Abs. 1). Dies hat das Gericht von Amts wegen in angemessenen Zeiträumen zu prüfen (vgl. LR-Gollwitzer § 293 Rdn. 5).

Die **Bekanntmachung** des Aufhebungsbeschlusses erfolgt auf dieselbe Weise wie 2
die Bekanntmachung der Anordnung (§ 291). Ob erst die Bekanntmachung das absolute Verfügungsverbot entfallen lässt, ist zwischenzeitlich umstritten. So meint Just (FS Meyer-Goßner S. 180), dass die Parallele zum Grundstücks- und Grundbuchrecht gegen die Publizitätsbedürftigkeit spricht.

Der Beschluss wird **dem Vormundschaftsgericht mitgeteilt,** damit die Abwesenheitspflegschaft aufgehoben wird. Gegen den Aufhebungsbeschluss kann die StA 3
Beschwerde einlegen (vgl. Pfeiffer § 293 Rdn. 3).

§ 294 [Verfahren nach Anklageerhebung]

(1) **Für das nach Erhebung der öffentlichen Klage eintretende Verfahren gelten im übrigen die Vorschriften über die Eröffnung des Hauptverfahrens entsprechend.**

(2) **In dem nach Beendigung dieses Verfahrens ergehenden Beschluß (§ 199) ist zugleich über die Fortdauer oder Aufhebung der Beschlagnahme zu entscheiden.**

Die Vorschrift gilt für den **Zeitraum** zwischen Erhebung der Anklage und Eröffnung des Hauptverfahrens. Für diesen Fall verweist Abs. 1 auf § 199 Abs. 1, §§ 201, 1
202, 204 bis 206, 209 bis 211. Die nach §§ 201, 204 Abs. 2 vorgeschriebenen Mitteilungen entfallen (§ 287).

Lehnt das Gericht die Eröffnung des Hauptverfahrens ab (§ 204), wird es auch die 2
Beschlagnahme aufheben. Stellt es das Verfahren nach § 205 S. 1 vorläufig ein, wird es zugleich über die Fortdauer oder Aufhebung der Beschlagnahme entscheiden (Abs. 2). Die Eröffnung des Hauptverfahrens (§ 207) ist unzulässig (KK-Engelhardt § 294 Rdn. 1). Wird die Beschlagnahme aufgehoben, ist dieser Teil des Beschlusses zu veröffentlichen (§ 293 Abs. 2).

§ 295 [Sicheres Geleit]

(1) **Das Gericht kann einem abwesenden Beschuldigten sicheres Geleit erteilen; es kann diese Erteilung an Bedingungen knüpfen.**

(2) **Das sichere Geleit gewährt Befreiung von der Untersuchungshaft, jedoch nur wegen der Straftat, für die es erteilt ist.**

(3) **Es erlischt, wenn ein auf Freiheitsstrafe lautendes Urteil ergeht oder wenn der Beschuldigte Anstalten zur Flucht trifft oder wenn er die Bedingungen nicht erfüllt, unter denen ihm das sichere Geleit erteilt worden ist.**

Das sichere Geleit dient dem Interesse des Staates an der Durchführung eines Straf- 1
verfahrens (OLG Hamburg JR 1979, 174). Inhalt des sicheren Geleits ist die **Verschonung von der Untersuchungshaft** oder einer Haft nach § 230 Abs. 2, § 236. Dies kann das Gericht nach seinem pflichtgemäßen Ermessen (OLG Düsseldorf NStZ-RR 1999, 245) bindend zusichern. Ein Haftbefehl darf zwar ergehen, jedoch nicht vollstreckt werden. Voraussetzung ist zudem, dass der Beschuldigte zum Zeitpunkt der Anordnung abwesend (§ 276) ist. Dass er später erscheint, schadet nicht (OLG Köln NJW 1954, 1856).

Einem Zeugen kann sicheres Geleit nach § 295 nicht erteilt werden (siehe aber 2
Rdn. 13); ist er in einer anderen Sache Beschuldigter, kann in diesem Verfahren § 295

579

§ 295

2. Buch. Verfahren im ersten Rechtszug

angewendet werden (BGHSt 35, 216; siehe aber Lagodny StV 1989, 92). Siehe auch Meyer-Goßner § 295 Rdn. 1 und hier § 244 Rdn. 73.

3 Die Vorschrift ist **in jedem Verfahrensabschnitt** anwendbar. Das sichere Geleit kann also z. B. auch für eine Vernehmung durch die StA oder den Ermittlungsrichter gewährt werden. Sicheres Geleit ist auch noch im Berufungs- oder Revisionsverfahren zulässig.

4 Das sichere Geleit kann an **Bedingungen** geknüpft werden (Abs. 1 S. 1 Hs. 2). Diese sind nur zulässig, soweit sie mit dem Zweck des sicheren Geleits im Zusammenhang stehen. In Betracht kommen Anweisungen über eine Sicherheitsleistung, die Abgabe des Reisepasses oder den Aufenthaltsort (Meyer-Goßner § 295 Rdn. 3). Da § 124 nicht gilt, muss das Gericht bestimmen, unter welchen Voraussetzungen die Sicherheit verfällt (LR-Gollwitzer § 295 Rdn. 10). Unzulässig ist die Bedingung, nicht öffentlich aufzutreten oder an Versammlungen teilzunehmen (BGH MDR 1992, 549).

5 **Der Widerruf** des sicheren Geleits ist so lange zulässig, wie der Beschuldigte von ihm noch keinen Gebrauch gemacht hat und den damit verfolgten Zweck vereitelt (KK-Engelhardt § 295 Rdn. 9).

6 **Die Befreiung von der Untersuchungshaft** (Abs. 2) setzt nicht voraus, dass bereits ein Haftbefehl besteht. Für andere freiheitsentziehende Zwangsmaßnahmen (Haft nach § 230 Abs. 2, § 236) gilt Abs. 2 entsprechend (Meyer-Goßner § 295 Rdn. 5). Straftat (Abs. 2) ist die Tat im Sinne des § 264 (LR-Gollwitzer § 295 Rdn. 6).

7 Das sichere Geleit erstreckt sich, wenn es nicht zeitlich befristet oder auf bestimmte Ermittlungshandlungen beschränkt ist, **auf das gesamte Strafverfahren** bis zum Erlass eines auf Freiheitsstrafe lautenden Urteils. Es erlischt, wenn einer der Gründe des Abs. 3 vorliegt ohne weiteres. Ein Gerichtsbeschluss hat nur deklaratorische Bedeutung (vgl. KK-Engelhardt § 295 Rdn. 10; Meyer-Goßner § 295 Rdn. 8).

8 Insofern ist das sichere Geleit für den betreffenden Beschuldigten regelmäßig eine **zweifelhafte Wohltat.** Ist nicht zu erwarten, dass es zu einer Freiheitsstrafe kommt, mag es ihn motivieren, den Schwebezustand, der ihm ggf. auch die Rückkehr in die Bundesrepublik verwehrt, zu beenden. Ansonsten ist mit seiner Anwesenheit in der Bundesrepublik auch letztlich sein Dableiben gesichert, da mit der Urteilsverkündung und Verurteilung zu Freiheitsstrafe im Regelfall eine Verhaftung erfolgt und immer dann, wenn er rechtzeitig vor Verkündung des Urteils sich abzusetzen versucht, ein Erlöschensgrund des Treffens von Anstalten zur Flucht gegeben ist.

9 Die Erteilung des sicheren Geleits erfolgt durch Beschluss des Gerichts **(Geleitbrief).** Der Geleitbrief enthält die Straftat, auf die er sich bezieht und gibt das Gericht an, vor dem die Prozesshandlung stattfinden soll. Ggf. sind auch die Bedingungen zu beschreiben, an die das sichere Geleit geknüpft ist (Meyer-Goßner § 295 Rdn. 5).

10 **Zuständig** ist im Ermittlungsverfahren der Ermittlungsrichter (§§ 162, 169). Soll das sichere Geleit auch über das Ermittlungsverfahren hinaus wirken, entscheidet das Gericht, vor dem die Hauptverhandlung stattfinden soll (OLG Hamburg JR 1979, 174; KK-Engelhardt § 295 Rdn. 7). Das von einem unzuständigen Gericht erteilte sichere Geleit ist aber wirksam (vgl. LR-Gollwitzer § 295 Rdn. 16).

11 Gegen Versagung und Widerruf des sicheren Geleits ist **Beschwerde** zulässig (§ 304 Abs. 1). Die StA kann auch die Erteilung anfechten, der Beschuldigte nur, wenn er durch Bedingungen beschwert ist (Meyer-Goßner § 295 Rdn. 11). Die wietere Beschwerde (§ 310) ist ausgeschlossen (OLG Köln MDR 1958, 941). Wird der Beschuldigte wegen Verletzung des sicheren Geleits verhaftet, stehen ihm die Rechtsbehelfe des Antrags auf Haftprüfung (§ 117) und die Haftbeschwerde zu.

12 Neben § 295 können **völkerrechtliche Regelungen** eingreifen (vgl. KK-Engelhardt § 295 Rdn. 12). Dabei ist umstritten, ob nicht schon allgemeine Regeln des Völkerrechts zu Gunsten von Zeugen eingreifen (vgl. BGHSt 25, 216, 218; SK-StPO-Schlüchter/Frister § 295 Rdn. 21).

8. Abschnitt. Verfahren gegen Abwesende § 295

Nach dem europäischen **Übereinkommen über die Rechtshilfe in Strafsachen** 13
vom 20. 4. 1959 **(EuRHÜbK)** ergeben sich Restriktionen für den Zugriff auf Zeugen
und Beschuldigte (Art. 12). Wer als Zeuge oder Sachverständiger auf eine ihm von einem Vertragsstaat zugestellte Vorladung vor einer deutschen Justizbehörde erscheint
(Abs. 1) oder als Beschuldigter vor eine deutsche Justizbehörde geladen ist, um sich
wegen einer ihm zur Last gelegten Handlung strafrechtlich zu verantworten (Abs. 2),
darf wegen einer Handlung oder Verurteilung aus der Zeit vor seiner Abreise aus dem
anderen Vertragsstaat weder verhaftet noch sonst in seiner persönlichen Freiheit beschränkt werden. Das sichere Geleit entsteht in diesem Fall schon durch die Zustellung
der Ladung, ohne dass es einer besonderen Zusicherung bedarf (Hartwig StV 1996,
626, 631). Anders als nach § 295 endet das sichere Geleit erst 15 Tage nachdem die
deutschen Justizbehörden seine Anwesenheit nicht mehr fordern (KK-Engelhardt
§ 295 Rdn. 12; SK-StPO-Schlüchter/Frister § 295 Rdn. 22). Dieser Schutz verbietet
nicht die Verfolgung von Straftaten, die nach der Einreise begangen wurden, also insbesondere nicht die Verhaftung wegen einer uneidlichen Falschaussage vor dem ersuchenden Gericht (LR-Gollwitzer § 295 Rdn. 32).

Die Möglichkeit einer Anordnung nach § 295 bleibt unberührt. Allerdings können 14
die in § 295 Abs. 3 genannten Erlöschensgründe den völkerrechtlichen Verfolgungsschutz **nicht aufheben;** dieser besteht auch bei einer Verurteilung zu Freiheitsstrafe
und dem Erlöschen des freien Geleits nach § 295 Abs. 3 weiter. Deshalb ist auf ein
freies Geleit nach Art. 12 EuRHÜbK ausdrücklich hinzuweisen (vgl. nur BGHSt 32,
68, 74; SK-StPO-Schlüchter/Frister § 295 Rdn. 23).

Drittes Buch. Rechtsmittel

Erster Abschnitt. Allgemeine Vorschriften

Vor §§ 296 ff

I. Überblick

1 **Der Begriff des Rechtsmittels betrifft die Anfechtung gerichtlicher Entscheidungen.** Der Strafprozess kennt die einfache (§ 304), die sofortige (§ 311) und die weitere (§ 310) Beschwerde, die sich gegen Beschlüsse wendet. Rechtsmittel gegen Urteile sind die Berufung (§§ 312 ff) und die Revision (§§ 333 ff). Der **Einspruch gegen den Strafbefehl** ist kein Rechtsmittel, sondern ein Rechtsbehelf (§ 410). Außerordentliche Rechtsbehelfe sind die Wiedereinsetzung in den vorigen Stand (§§ 44 bis 47), die Wiederaufnahme des Verfahrens (§§ 359 bis 373 a) und die Verfassungsbeschwerde gemäß Art. 93 Abs. 1 Nr. 4 a GG, §§ 90 ff BVerfGG. Hinzu kommt die Individualbeschwerde nach Art. 34 f EMRK. Über § 33 a wird die Nachholung des rechtlichen Gehörs gesichert und vermieden, dass bei dessen Verletzung unmittelbar der Weg zum BVerfG beschritten werden muss.

2 Herkömmlich wird gesagt, Rechtsmittel seien im Gegensatz zu Rechtsbehelfen dadurch gekennzeichnet, dass sie einen Devolutiveffekt und einen **Suspensiveffekt** haben. Dies stimmt nur begrenzt. Die Beschwerde hat keinen Suspensiveffekt (§ 307 Abs. 1). Berufung und Revision hindern zwar den Eintritt der Rechtskraft des Urteils, haben aber nicht in jedem Fall einen Devolutiveffekt, weil teilweise auch dem Richter, dessen Entscheidung angefochten wird (judex a quo) eine Teilentscheidungsbefugnis zukommt.

3 **Mit der Berufung** werden erstinstanzliche Urteile in tatsächlicher und rechtlicher Hinsicht überprüft. Die Berufungsinstanz ist also eine zweite Tatsacheninstanz, in der auch neue Tatsachen und Beweismittel angeführt werden können (Beulke Rdn. 535).

4 **Mit der Revision** wendet man sich gegen erst- und zweitinstanzliche Urteile. Neue Tatsachen sind irrelevant, die Revision kann nur darauf gestützt werden, dass das angefochtene Urteil in rechtlicher Hinsicht fehlerhaft ist.

5 **Mit der Beschwerde** werden Beschlüsse und Verfügungen in rechtlicher und tatsächlicher Hinsicht überprüft. Die Beschwerde hat zwar keinen Suspensiveffekt, jedoch kann im Einzelfall die Vollzugshemmung auch vom judex a quo angeordnet werden (§ 307 Abs. 2), wenn dies nicht wiederum im Einzelfall durch das Gesetz, etwa im Haftbefehlsverfahren (vgl. § 120 Abs. 2) verboten ist.

6 Gemeinsamer Nenner ist damit, dass Rechtsmittel auf die Änderung nicht rechtskräftiger Entscheidungen durch ein **übergeordnetes Gericht** angelegt sind (Bloy JuS 1986, 585). Dies unterscheidet sie von anderen Rechtsbehelfen wie etwa dem Einspruch gegen den Strafbefehl, und die Wiederaufnahme des Verfahrens (Schmehl/Vollmer S. 207).

II. Statthaftigkeit

7 **Ein Rechtsmittel ist statthaft,** wenn das Gesetz es zur Verfügung stellt (Meyer-Goßner vor § 296 Rdn. 3). Ein Rechtsmittel kann erst nach Erlass der angefochtenen Entscheidung eingelegt werden (BGHSt 25, 187; Meyer-Goßner vor § 296 Rdn. 4). Die bedingte Einlegung von Rechtsmitteln ist unzulässig (BGHSt 5, 183; BGHSt 25, 187).

1. Abschnitt. Allgemeine Vorschriften **Vor §§ 296ff**

Beispiel: Eine Revision kann nicht unter der Bedingung eingelegt werden, dass auch der Staatsanwalt eine Revision einlegt. Unschädlich ist aber z. B. die Bedingung, dass der Rechtsmittelverzicht unwirksam ist (BayObLG wistra 1997, 359) oder ein gleichzeitig gestellter Wiedereinsetzungsantrag unbegründet ist (Meyer-Goßner vor § 296 Rdn. 5).

Die Verwirkung eines unbefristeten Rechtsbehelfs ist möglich, wenn der Berechtigte längere Zeit hindurch untätig bleibt, obwohl er die Rechtslage kannte oder hätte kennen müssen (BVerfGE 32, 305; Meyer-Goßner vor § 296 Rdn. 6). 8

Beispiel: Der Berechtigte stellt einen Antrag nach § 33 a erst nach zwei Jahren und drei Monaten (OLG Koblenz wistra 1987, 357).

Unzulässig ist eine Rechtsmittelschrift, deren Inhalt sich in groben Verunglimpfungen des Antragsgegners, des angerufenen Gerichts oder anderer mit der Sache befasster Justizorgane erschöpft (OLG Hamm NJW 1976, 978; Meyer-Goßner vor § 33 Rdn. 12). 9

Wird eine **Eingabe wiederholt,** die bereits ordnungsgemäß beschieden ist, hat der Betreffende grundsätzlich keinen Anspruch auf einen erneuten Bescheid (BVerfG NStZ 2001, 616). 10

III. Beschwer

Weitere Zulässigkeitsvoraussetzung ist die **Beschwer des Rechtsmittelführers.** Die Zulässigkeit eines jeden Rechtsmittels setzt voraus, dass ein Rechtsschutzinteresse besteht (BGHSt 16, 374; BGHSt 28, 327, 330; Beulke Rdn. 537; Roxin § 51 B II 2 a). Ein besonderes Rechtsschutzbedürfnis ist daneben nicht erforderlich (Stephan NJW 1966, 2394; Meyer-Goßner vor § 296 Rdn. 8). 11

Die Beschwer ist nur gegeben, wenn der Betroffene **unmittelbar** in seinen Rechten oder schutzwürdigen Interessen berührt ist. Die Beschwer kann auch in der Unterlassung einer rechtlich möglichen oder gebotenen Entscheidung bestehen, die für den Betroffenen eine günstigere Rechtslage geschaffen hätte (BGHSt 28, 327, 330; KK-Ruß vor § 296 Rdn. 5). Auf wessen Einschätzung es dabei ankommt, ist zweifelhaft. Überwiegend geht man davon aus, dass die objektive Rechtslage entscheidend ist (BGHSt 28, 327, 330; Meyer-Goßner Vor § 296 Rdn. 10). Demgegenüber geht ein Teil der Literatur davon aus, dass eine Beschwer für den Angeklagten auch darin bestehen kann, dass das Urteil nicht die Anordnung einer Maßregel der Besserung und Sicherung enthält, die seiner Heilung dienen könnte (Loos JR 1996, 81; Tolksdorf FS Stree/Wessels S. 759). 12

Die Beschwer kann sich nur aus dem **Ausspruch der Entscheidung,** nicht etwa aus den Gründen des Beschlusses oder Urteils ergeben (BGHSt 7, 153; OLG Karlsruhe NJW 1984, 1975, 1976). 13

Der Beschuldigte (Angeschuldigte, Angeklagte) und mit ihm sein gesetzlicher Vertreter sowie der Verteidiger ist immer dann beschwert, wenn die **Entscheidung zu seinem Nachteil** ergangen ist, also er z. B. verurteilt worden ist (Beulke Rdn. 537). Eine freisprechende Entscheidung kann der dann nur durch die Gründe beschwerte Angeklagte nicht anfechten (BGHSt 7, 153). Dies gilt auch bei einem Freispruch wegen Schuldunfähigkeit nach § 20 StGB (BGHSt 5, 267; Meyer-Goßner vor § 296 Rdn. 13). Ein Teil der Literatur will für solche Fälle eine Anfechtung zulassen (Bloy JuS 1986, 587; SK-Frisch vor § 296 Rdn. 160). Die h. M., die einen solchen Freispruch selbst dann nicht für anfechtbar hält, wenn das Gericht offen lässt, ob überhaupt eine tatbestandsmäßige und rechtswidrige Tat vorliegt (BGHSt 16, 374; LR-Hanack vor § 296 Rdn. 75), überzeugt jedoch nicht. 14

Eine „**Beschwer**" der Staatsanwaltschaft ist mit jeder unrichtigen Entscheidung gegeben. Sie kann daher von den Rechtsmitteln sowohl zu Gunsten als auch zu Un- 15

Vor §§ 296ff

gunsten des Beschuldigten Gebrauch machen (vgl. § 296 Abs. 2; Beulke Rdn. 537). So kann die StA Revision auch dann einlegen, wenn sie das erste Urteil nicht oder nur zugunsten des Angeklagten angefochten oder wenn sie sich im Gegensatz zu dem Angeklagten mit einer Strafmaßberufung begnügt hatte (OLG Koblenz NJW 1982, 1770). Privat- und Nebenkläger können ein Rechtsmittel nur zu Lasten des Beschuldigten einlegen.

16   **Fehlt die Beschwer,** ist das Rechtsmittel als unzulässig, nicht als unbegründet zu verwerfen (BGHSt 28, 327, 330; Beulke Rdn. 537; z.T. abw. KMR-Plöd vor § 296 Rdn. 13).

17   **Anfechtungsberechtigt** sind die StA (auch zugunsten des Beschuldigten), der Beschuldigte (§ 296 Abs. 1), der Verteidiger (nicht gegen den ausdrücklichen Willen des Beschuldigten, § 297), der gesetzliche Vertreter (auch gegen den Willen des Beschuldigten, § 298), der Privatkläger (anstelle der StA), wenn im Privatklageweg vorgegangen wird (§ 390 Abs. 1), der Nebenkläger, soweit er durch die Entscheidung in seiner Stellung als Nebenkläger beschwert ist (§ 395 Abs. 4 S. 2, §§ 400, 401 Abs. 1 S. 1). Dabei sind Nebenkläger und Privatkläger nicht berechtigt, ein Rechtsmittel zugunsten des Beschuldigten einzulegen.

IV. Einlegung

18   Rechtsmittel müssen im Regelfall binnen einer **Frist von einer Woche** eingelegt werden. Dies betrifft die sofortige Beschwerde (§ 311 Abs. 2), die Berufung (§ 314) und die Revision (§ 341). Die einfache Beschwerde ist unbefristet. Ein **Einspruch** gegen einen Strafbefehl, der zwar Rechtsbehelf, nicht aber Rechtsmittel ist, muss binnen einer Frist von zwei Wochen eingelegt werden.

19   Rechtsmittel werden bei dem Gericht, dessen Entscheidung angefochten werden soll **(judex a quo)** eingelegt, nicht beim Rechtsmittelgericht (judex ad quem). Die Einlegung erfolgt zu Protokoll der Geschäftsstelle oder schriftlich (§ 306 Abs. 1, §§ 314, 341). **Begründungspflichtig** ist allein die Revision (§ 344), die Berufung kann „gerechtfertigt" werden (§ 317), die Beschwerde kennt keine Begründungspflicht (Beulke Rdn. 539).

20   Zum **Verbot der reformatio in peius** siehe Beulke Rdn. 540 und § 331 (Berufung), § 358 (Revision). Im Haftbefehlsverfahren hat sich das BVerfG für eine begrenzte Berücksichtigung des Verbots der Schlechterstellung ausgesprochen (§ 116 Rdn. 13).

V. Teilanfechtung

21   Eine **Teilanfechtung der Entscheidung** ist sowohl bei der Berufung (vgl. § 318) als auch bei der Revision (vgl. § 344) möglich, gleiches gilt für den Einspruch gegen einen Strafbefehl (vgl. § 410 Rdn. 7). Zulässig ist dies aber nur dann, wenn „Gegenstand der Anfechtung ein solcher Teil der Entscheidung ist, der losgelöst und getrennt von dem nicht angefochtenen Teil des Urteils eine in sich selbständige Prüfung und Beurteilung zulässt" (BGHSt 10, 100, 101; so genannte **Trennbarkeitsformel:** Beulke Rdn. 542; vgl. auch Wankel JA 1998, 65; Werkmüller JA 2000, 55).

22   Zulässig ist z.B. die Beschränkung des Rechtsmittels auf einzelne Taten im prozessualen Sinn (so genannte **vertikale Beschränkung**) und die Beschränkung auf das Strafmaß (Strafmaßberufung, Strafmaßrevision; so genannte **horizontale Beschränkung**). Auch innerhalb des Rechtsfolgenausspruchs kann eine Teilanfechtung etwa in der Form zulässig sein, dass der Rechtsmittelführer das Rechtsmittel auf die Strafaussetzung zur Bewährung beschränkt (BGHSt 47, 32, 35).

Ist die Beschränkung unwirksam, wird im Rahmen der Berufung nach § 318 S. 2 der gesamte Inhalt des Urteils überprüft. Für die Revision sowie den Einspruch gegen einen Strafbefehl gilt § 318 S. 2 entsprechend (Beulke Rdn. 542).

1. Abschnitt. Allgemeine Vorschriften § 296

Ist die Teilanfechtung wirksam, ist der nicht angefochtene Teil des Urteils in Teilrechtskraft erwachsen. 23

Beispiel: Wird lediglich gegen das Strafmaß Berufung eingelegt, wird der Angeklagte in der Hauptverhandlung nicht mit dem Argument gehört, er habe die Tat schon nicht begangen (vgl. Beulke Rdn. 543).

VI. Prozessuale Überholung

Grundsätzlich muss die Beschwer noch **zum Zeitpunkt der gerichtlichen Entscheidung** über das Rechtsmittel vorhanden sein, denn der StPO ist eine Entscheidung fremd, die sich bereits erledigt hat („überholt" ist). 24

Beispiel: Bei A wurde eine Durchsuchung nach § 102 durchgeführt. Beweismittel wurden nicht gefunden. Als er Beschwerde gegen die gerichtliche Anordnung der Durchsuchung einlegt, ist damit die Beschwer schon entfallen.

Hauptproblemfälle liegen hier insbesondere **bei prozessualen Grundrechtseingriffen im Ermittlungsverfahren.** Während man zunächst für solche Fälle nur dann eine Beschwer annehmen wollte, wenn der Betreffende ein Rehabilitationsinteresse hatte, Amtshaftungsansprüche im Raum standen oder aber Wiederholungsgefahr bestand, ist nach der jüngeren Rechtsprechung des Bundesverfassungsgerichts eine Entscheidung in solchen Fällen dann geboten, wenn gravierende Grundrechtsverstöße im Raum stehen (Einl. Rdn. 107 ff; Meyer-Goßner vor § 296 Rdn. 18 a).

VII. Formlose Rechtsbehelfe

Formlose Rechtsbehelfe sind die Dienstaufsichtsbeschwerde und die Gegenvorstellung. Die **Dienstaufsichtsbeschwerde** gehört zu den Petitionen im Sinne des Art. 17 GG (BVerwG NJW 1977, 118) und wendet sich an den die Dienstaufsicht führenden Vorgesetzten. Richterliche Entscheidungen unterliegen der Dienstaufsicht nicht (§ 26 Abs. 1 DRiG; Meyer-Goßner vor § 296 Rdn. 22). 25

Gegenvorstellungen sind auch gegen richterliche Entscheidungen möglich und sind ebenfalls eine Erscheinungsform des Petitionsrechts nach Art. 17 GG (BVerfGE 9, 89, 107; Meyer-Goßner vor § 296 Rdn. 23). Die Gegenvorstellung ist weder formgebunden noch fristgebunden, sie setzt auch keine persönliche Beschwer voraus. Möglich ist damit praktisch für jeden Beteiligten die Aufforderung an das Gericht, die eigene Entscheidung aus nachträglich besserer Einsicht von Amts wegen aufzuheben oder abzuändern (Hohmann JR 1991, 10; Meyer-Goßner vor § 296 Rdn. 23). Zulässig ist eine Gegenvorstellung aber nur dann, wenn das Gericht seine Entscheidung **selbst wieder aufheben darf.** Im Übrigen muss in diesem Kontext auch § 33a (nachträgliche Anhörung) beachtet werden. 26

§ 296 [Rechtsmittelberechtigte]

(1) Die zulässigen Rechtsmittel gegen gerichtliche Entscheidungen stehen sowohl der Staatsanwaltschaft als dem Beschuldigten zu.

(2) Die Staatsanwaltschaft kann von ihnen auch zugunsten des Beschuldigten Gebrauch machen.

Zu den Anfechtungsberechtigten siehe Vor § 296 Rdn. 17. Zeugen, Sachverständige und andere von einer Entscheidung betroffene Personen können nach § 304 Abs. 2 Beschwerde einlegen, andere Rechtsmittel stehen ihnen nicht zur Verfügung. 1

Das zulässige Rechtsmittel bestimmt sich nach dem sachlichen Inhalt der angefochtenen Entscheidung, nicht nach seiner Bezeichnung (BGHSt 25, 242; Meyer-Goßner § 296 Rdn. 11). Ob dies unbeschränkt gilt, ist zweifelhaft. 2

585

§§ 297, 298　　　　　　　　　　　　　　　　　　　　　　3. Buch. Rechtsmittel

Beispiel: Das Gericht erlässt ein Urteil statt eines Beschlusses oder einen Beschluss statt eines Urteils.

3　Überwiegend geht man davon aus, dass die **irrtümliche Bezeichnung** der erlassenen Entscheidung ebenso wie beim Rechtsmittel (§ 300) unschädlich ist, die Vorschrift also auch für das Gericht gilt. Es wird dann so behandelt, als habe es in der richtigen Form entschieden. Den Rechtsmittelberechtigten soll also das Rechtsmittel zur Verfügung stehen, das für die ordnungsgemäße Entscheidung gegeben ist (BGHSt 25, 242).

4　Demgegenüber will ein Teil der Literatur dem Rechtsmittelberechtigten die **Wahl** lassen, welches Rechtsmittel er einlegen möchte. Nur im Zweifel soll für ihn das Rechtsmittel gelten, das für die Entscheidung zur Verfügung steht, die an und für sich hätte getroffen werden müssen (Beulke Rdn. 536).

§ 297 [Verteidiger]

Für den Beschuldigten kann der Verteidiger, jedoch nicht gegen dessen ausdrücklichen Willen, Rechtsmittel einlegen.

1　**Die Vorschrift betrifft nur Rechtsmittel,** nicht andere Rechtsbehelfe. Allerdings wird die entsprechende Anwendung der Vorschrift in § 118b (Antrag auf Haftprwüfung), § 365 (Antrag auf Wiederaufnahme des Verfahrens) und § 410 Abs. 1 S. 2 (Einspruch gegen den Strafbefehl) angeordnet.

2　**Der bisherige Verteidiger** ist berechtigt, ohne dass es einer weiteren Vollmacht bedarf (BGHSt 12, 367, 370). Rechtsmittel einlegen kann aber auch, wer erst später zum Verteidiger bestellt worden ist. Dann muss die Vollmacht vor der Rechtsmitteleinlegung erteilt sein, kann aber später nachgewiesen werden (BGHSt 36, 259, 260). Die nachträgliche Genehmigung der Rechtsmitteleinlegung durch den Beschuldigten innerhalb oder außerhalb der Rechtsmittelfrist soll hingegen nicht genügen (RGSt 66, 265, 267; Meyer-Goßner § 297 Rdn. 2).

3　Der Verteidiger handelt zwar aus eigenem Recht und im eigenen Namen, darf dieses aber **nicht gegen den Willen des Beschuldigten** ausüben (BGHSt 12, 367, 370). Legt der Angeklagte Berufung, der Verteidiger Revision ein, ist der Wille des Angeklagten maßgebend (OLG Düsseldorf, NStZ-RR 2000, 148), wenn denn sein Wille noch verfahrensmäßig beachtet werden kann.

Beispiel: Der Angeklagte legt Revision, der Verteidiger Berufung ein. Die Revisionsbegründungsfrist ist abgelaufen. Dann bleibt es bei der wirksamen weil nicht begründungspflichtigen Berufung.

4　Ist das Urteil bereits durch Rechtsmittelverzicht des Angeklagten rechtskräftig geworden, ist das Rechtsmittel des Verteidigers unwirksam. Zur Rechtsmitteleinlegung durch einen Vertreter vgl. Meyer-Goßner § 297 Rdn. 7.

§ 298 [Gesetzlicher Vertreter]

(1) Der gesetzliche Vertreter eines Beschuldigten kann binnen der für den Beschuldigten laufenden Frist selbständig von den zulässigen Rechtsmitteln Gebrauch machen.

(2) Auf ein solches Rechtsmittel und auf das Verfahren sind die für die Rechtsmittel des Beschuldigten geltenden Vorschriften entsprechend anzuwenden.

1　**Der gesetzliche Vertreter** hat ein eigenes Recht auf Rechtsmitteleinlegung. Dabei gilt die für den Beschuldigten laufende Frist (Meyer-Goßner § 298 Rdn. 1). Ein

1. Abschnitt. Allgemeine Vorschriften **§ 299**

Widerspruch des Beschuldigten ist irrelevant, ebenso der Rechtsmittelverzicht des Beschuldigten oder seines Verteidigers (Meyer-Goßner § 298 Rdn. 2). Eine Rücknahme oder nachträgliche Beschränkung des Rechtsmittels ist dem gesetzlichen Vertreter entsprechend § 302 Abs. 1 S. 2 nur mit Zustimmung des Beschuldigten möglich. Dies gilt selbst dann, wenn der Beschuldigte bereits auf Rechtsmittel verzichtet hatte (OLG Celle NJW 1964, 417).

Abs. 2 ordnet die **entsprechende Anwendung** der für die Rechtsmittel des Beschuldigten geltenden Vorschriften an. Ort und Zeit der Hauptverhandlung sollen dem gesetzlichen Vertreter bereits nach § 149 Abs. 2 rechtzeitig mitgeteilt werden. War er aber in der Hauptverhandlung nicht anwesend, so muss ihm das Urteil nicht zugestellt werden (vgl. aber § 67 Abs. 2 JGG); wird ihm der Ausgang der Hauptverhandlung nicht mitgeteilt, hat er keinen Anspruch auf Wiedereinsetzung (BGHSt 18, 22). Da im Regelfall ohnehin das JGG Anwendung findet, beschränkt sich der Anwendungsbereich des § 298 nach Herabsenkung des Volljährigkeitsalters von 21 auf 18 Jahre auf Ausnahmefälle, in denen heranwachsende oder erwachsene Beschuldigte einen gesetzlichen Vertreter haben. 2

Endet die gesetzliche Vertretung, weil z. B. der Beschuldigte volljährig geworden ist, wird das Rechtsmittel nicht unzulässig, verliert aber seine Selbstständigkeit (BGHSt 10, 174; Meyer-Goßner § 298 Rdn. 6). Die Dispositionsbefugnis geht auf den Angeklagten selbst dann über, wenn er zuvor auf ein eigenes Rechtsmittel verzichtet hatte (SK-Frisch § 298 Rdn. 18). Wechselt der gesetzliche Vertreter, tritt der neue in das Verfahren ein (LR-Hanack § 298 Rdn. 17). 3

Im Jugendstrafverfahren stehen die Rechte des gesetzlichen Vertreters nach § 298 auch dem Erziehungsberechtigten zu (§ 67 Abs. 3 JGG). Bei mehreren Erziehungsberechtigten kann jeder von ihnen diese Rechte ausüben (§ 67 Abs. 5 S. 1 JGG). 4

§ 299 [Verhafteter Beschuldigter]

(1) Der nicht auf freiem Fuß befindliche Beschuldigte kann die Erklärungen, die sich auf Rechtsmittel beziehen, zu Protokoll der Geschäftsstelle des Amtsgerichts geben, in dessen Bezirk die Anstalt liegt, wo er auf behördliche Anordnung verwahrt wird.

(2) Zur Wahrung einer Frist genügt es, wenn innerhalb der Frist das Protokoll aufgenommen wird.

Grundsätzlich wird eine Verfahrenserklärung erst wirksam, wenn sie bei dem zuständigen Gericht eingeht. Gäbe es die Bestimmung nicht, müsste der nicht auf freiem Fuß befindliche Beschuldigte entweder dem zuständigen Gericht, das möglicherweise weit entfernt ist, zugeführt werden, oder der Urkundsbeamte dieses Gerichts die Vollzugsanstalt aufsuchen, um eine entsprechende Niederschrift aufzunehmen (vgl. Meyer-Goßner § 299 Rdn. 2). § 299 Abs. 1 schafft die Möglichkeit, das Rechtsmittel zu Protokoll der Geschäftsstelle des AG zu erklären, in dessen Bezirk die Anstalt liegt. Befindet sich das eigentlich zuständige AG vor Ort, soll der Beschuldigte nach h. M. die Vorführung nicht verlangen können. Dies soll insbesondere dann gelten, wenn sich in der Haftanstalt eine Geschäftsstelle des örtlich zuständigen AG befindet (Meyer-Goßner § 299 Rdn. 6). 1

Nicht auf freiem Fuß sind Beschuldigten, die auf behördliche Anordnung verwahrt werden, auch wenn sie sich in einer Haftanstalt des Ortes befinden, in dem das zuständige Gericht seinen Sitz hat. 2

Die Erklärung wird bereits dann **wirksam,** wenn die Beurkundung derselben abgeschlossen ist. Dies gilt grundsätzlich auch für Erklärungen nach § 302 Abs. 1. Allerdings soll die Rücknahmeerklärung erst wirksam werden, wenn sie beim Rechtsmit- 3

§§ 300, 301

telgericht eingeht, soweit die Sache dort schon anhängig ist (Meyer-Goßner § 299 Rdn. 7).

4   **Erklärungen, die sich auf Rechtsmittel beziehen,** sind die Einlegung und Begründung von Rechtsmitteln, der Verzicht auf sie, ihre Zurücknahme, Wiedereinsetzungsanträge und Gegenerklärungen (Meyer-Goßner § 299 Rdn. 3). Die Bestimmung findet keine Anwendung auf die schriftliche Einlegung von Rechtsmitteln (BGH NStZ 1997, 560) und für Anträge anderer Art, etwa nach § 172.

5   **Entsprechend anwendbar** ist die Vorschrift in den Fällen der §§ 118b, 298 Abs. 2, §§ 365, 410 Abs. 1 S. 2. Vgl. auch § 29 Abs. 2 EGGVG und § 120 Abs. 1 StVollzG.

§ 300 [Falsche Bezeichnung]

Ein Irrtum in der Bezeichnung des zulässigen Rechtsmittels ist unschädlich.

1   Die fehlende oder auch aus Irrtum über die Zulässigkeit des Rechtsmittels falsche Bezeichnung desselben ist grundsätzlich unschädlich. Vorausgesetzt ist allerdings, dass ein **bestimmtes Rechtsmittel statthaft** ist und die Einlegung des zulässigen Rechtsmittels offensichtlich bezweckt wurde (Meyer-Goßner § 300 Rdn. 2). So kann eine unzulässige sofortige Beschwerde gegen ein Einstellungsurteil als Berufung (OLG Celle NJW 1960, 114). eine Berufung unter Beschränkung auf die Bewährungsauflage als Beschwerde nach § 305a behandelt werden. Ebenso möglich ist es, einen unzulässigen Wiedereinsetzungsantrag gegen ein Berufungsurteil als Revision zu behandeln (Meyer-Goßner § 300 Rdn. 2). Ist im konkreten Fall nur ein Antrag nach § 33a zulässig, wird die Eingabe als ein solcher Antrag behandelt. Beharrt allerdings der Beschwerdeführer auf der Durchführung des unzulässigen Rechtsmittels, muss es verworfen werden (SK-Frisch § 300 Rdn. 5). Gleiches gilt, wenn das an sich statthafte Rechtsmittel unzulässig ist, weil das Rechtsmittelvorbringen nicht der erforderlichen Form entspricht.

> **Beispiel:** Der Angeklagte legt gegen ein Berufungsurteil Berufung ein. Das Rechtsmittel ist als Revision zu behandeln. Wird die Revisionsbegründungsfrist versäumt, führt dies zur Unzulässigkeit des Rechtsmittels.

2   Wenn mehrere Rechtsmittel zulässig sind und unklar bleibt, welches eingelegt werden soll, ist die Erklärung auszulegen. Das Rechtsmittel ist so zu deuten, dass der erstrebte Erfolg möglichst erreichbar ist (BGH NJW 1956, 756; Meyer-Goßner § 300 Rdn. 3). Im Zweifel gilt das Rechtsmittel als eingelegt, das die umfassendere Nachprüfung erlaubt (Meyer-Goßner § 300 Rdn. 3). So ist eine „Revision", mit der die erneute Prüfung des Sachverhalts erreicht werden soll, als Berufung zu behandeln, eine unzulässige Rechtsbeschwerde als Berufung.

§ 301 [Rechtsmittel der Staatsanwaltschaft]

Jedes von der Staatsanwaltschaft eingelegte Rechtsmittel hat die Wirkung, daß die angefochtene Entscheidung auch zugunsten des Beschuldigten abgeändert oder aufgehoben werden kann.

1   Rechtsmittel der StA haben zur Folge, dass die angefochtene Entscheidung **auch zugunsten des Beschuldigten** abgeändert oder aufgehoben werden kann. Dies gilt – naturgemäß – auch für den Fall, dass die Einlegung des Rechtsmittels zu Lasten des Beschuldigten erfolgte. Das Rechtsmittel muss aber zulässig sein (RGSt 63, 184, 186).

2   Wird ein Urteil auf die Berufung der StA nach § 301 abgeändert, so kann der Angeklagte dagegen auch dann **Revision** einlegen, wenn er das amtsgerichtliche Urteil nicht angefochten hatte (Meyer-Goßner § 301 Rdn. 1).

1. Abschnitt. Allgemeine Vorschriften **§ 302**

Die Vorschrift findet **entsprechende Anwendung** zugunsten der Verfalls- oder 3
Einziehungsbeteiligten, beteiligter juristischer Personen oder Personenvereinigungen.
Dies gilt auch für Rechtsmittel des Privatklägers und des Nebenklägers (Meyer-Goßner
§ 301 Rdn. 2). Hat die StA zu Lasten des Angeklagten Rechtsmittel eingelegt, und will
das Gericht zugunsten des Angeklagten die Entscheidung aufheben oder den Ausspruch
reduzieren, ist zweifelhaft, ob das Rechtsmittel der StA verworfen werden muss (so SK-
Frisch § 301 Rdn. 6) oder aber mit einer schlichten Entscheidung auf Aufhebung sein
Bewenden hat (Meyer-Goßner § 301 Rdn. 3). In der Praxis beschränkt sich die
Rechtsprechung darauf, das zuungunsten des Angeklagten eingelegte Rechtsmittel der
StA oder des Privat- oder Nebenklägers zu verwerfen (Meyer-Goßner § 301 Rdn. 3).
Jedenfalls im Revisionsverfahren ist dies vertretbar, inwiefern dies auch im Berufungs-
verfahren gilt, ist zweifelhaft (vgl. Meyer-Goßner § 301 Rdn. 3).

§ 302 [Zurücknahme; Verzicht]

(1) ¹**Die Zurücknahme eines Rechtsmittels sowie der Verzicht auf die Einlegung eines Rechtsmittels kann auch vor Ablauf der Frist zu seiner Einlegung
wirksam erfolgen.** ²**Ein von der Staatsanwaltschaft zugunsten des Beschuldigten
eingelegtes Rechtsmittel kann jedoch ohne dessen Zustimmung nicht zurückgenommen werden.**

(2) **Der Verteidiger bedarf zur Zurücknahme einer ausdrücklichen Ermächtigung.**

Die **Möglichkeit der Rechtsmittelrücknahme** betrifft auch unzulässige Rechts- 1
mittel (BGH NStZ 1995, 356). Die Teilrücknahme ist unter den gleichen Voraussetzungen zulässig wie die von vornherein erklärte Beschränkung des Rechtsmittels
(BGHSt 33, 59; vgl. §§ 318, 344 Abs. 1).

Rücknahmeberechtigt ist, wer das Rechtsmittel eingelegt hat. Die Rücknah- 2
meerklärung des Angeklagten erstreckt sich stets auch auf das Rechtsmittel des Verteidigers (Meyer-Goßner § 302 Rdn. 4). Dies gilt auch, wenn der Angeklagte mehrere
Verteidiger hat, die Rechtsmittel eingelegt haben, und einer von ihnen im Auftrag des
Angeklagten die Zurücknahme erklärt (BGH NStZ 1996, 202).

Die Rücknahme ist möglich, bis über das Rechtsmittel **rechtskräftig entschieden** 3
ist (vgl. aber § 303). Wird ein Berufungsurteil vom Revisionsgericht aufgehoben, ist
also auch nach Zurückverweisung noch eine Rücknahme möglich.

Die Zurücknahme unterliegt der **Form,** die für die Einlegung des Rechtsmittels 4
vorgeschrieben ist (OLG Düsseldorf JZ 1985, 300). Daher genügt ebenso wie bei der
Einlegung nicht etwa ein Telefonanruf (Meyer-Goßner § 302 Rdn. 7).

Die Erklärung wird **wirksam,** wenn sie dem mit der Sache befassten Gericht zu- 5
geht. Bei inhaftierten Angeklagten ist § 299 zu beachten.

Der Angeklagte muss bei Abgabe der Erklärung **verhandlungsfähig** sein. Bleiben 6
Zweifel, ist von Verhandlungsfähigkeit auszugehen (BGH NStZ 1984, 329).

Wie die Einlegung des Rechtsmittels ist die Rücknahme bedingungsfeindlich. Sie 7
ist **unwiderruflich und unanfechtbar.** Die dabei vorhandenen Probleme entsprechen denen bei einem Rechtsmittelverzicht (vgl. Rdn. 9). Zum Verzicht auf die Wiederholung des Rechtsmittels vgl. Meyer-Goßner § 302 Rdn. 12.

Wird die Wirksamkeit der Rücknahmeerklärung zu Unrecht bestritten, spricht das 8
Gericht durch **Beschluss** aus, dass das Rechtsmittel durch Zurücknahme erledigt ist
(BGH NStZ-RR 2000, 294). Zuständig ist der judex a quo. Das Rechtsmittelgericht
ist zuständig, wenn ihm die Akten bereits zur Entscheidung vorgelegt worden sind
(Meyer-Goßner § 302 Rdn. 11a). Gegen den Beschluss ist entsprechend § 322 Abs. 2
die sofortige Beschwerde zulässig (OLG Frankfurt NStZ 1988, 328; a.M. LR-
Gollwitzer § 303 Rdn. 18: einfache Beschwerde).

§ 302   3. Buch. Rechtsmittel

9   **Der Verzicht auf ein Rechtsmittel** ist zulässig, sobald und solange ein Rechtsmittel eingelegt werden kann (Meyer-Goßner § 302 Rdn. 14). Ebenso wenig wie ein Angeklagter vor Erlass der Entscheidung Berufung oder Revision einlegen kann, kann er vor Urteilsverkündung auf Rechtsmittel verzichten (BGHSt 43, 195). Wirksam wird die Verzichtserklärung mit ihrem Eingang bei Gericht, früher eingelegte Rechtsmittel sind damit erledigt, später eingehende Anfechtungserklärungen sind wegen Eintritts der Rechtskraft unwirksam und damit unzulässig (KK-Ruß § 302 Rdn. 16). Gehen Anfechtungserklärung und Verzicht gleichzeitig bei Gericht ein oder ist nicht aufklärbar, welche der beiden Erklärungen früher eingegangen ist, ist der Verzicht unbeachtlich (vgl. BGH NStZ 1992, 29). Stammt der Verzicht vom Angeklagten und die Anfechtungserklärung vom Verteidiger, geht der Wille des Angeklagten vor (Meyer-Goßner § 302 Rdn. 15).

10 Ein Teilverzicht ist ebenso zulässig wie eine Teilrücknahme (oben Rdn. 1).

11 **Die Form des Verzichts** richtet sich wie die der Rücknahme nach der Form für die Rechtsmitteleinlegung (Rdn. 4). Der Verzicht kann in der Hauptverhandlung unmittelbar nach der Urteilsverkündung erklärt und im Protokoll beurkundet werden (Meyer-Goßner § 302 Rdn. 19). Der Verzicht setzt eine eindeutige vorbehaltlose und ausdrückliche Erklärung voraus. Das Kopfnicken auf Befragen durch das Gericht genügt nicht (vgl. Meyer-Goßner § 302 Rdn. 20). Widerruf und Anfechtung des Verzichts sind grundsätzlich ebenso unzulässig wie bei der Rechtsmittelrücknahme (BGH NJW 1984, 1974).

12 **Im Fall der notwendigen Verteidigung** ist der vom Angeklagten ohne Mitwirkung eines Verteidigers ausgesprochene Rechtsmittelverzicht unwirksam (OLG Köln StV 2003, 65; Beulke Rdn. 544). Gleiches gilt bei Mitwirkung eines Anwalts, dem die Zulassung entzogen war (so genannter Scheinverteidiger; BGHSt 47, 238, 240).

13 Zum **Rechtsmittelverzicht nach einer verfahrensbeendenden Absprache** vgl. schon Einl. Rdn. 184 ff. Die insofern in der Literatur präferierte Rechtsprechung ist durch die Entscheidung des Großen Senats des BGH vom 3. 3. 2005 (NJW 2005, 1440; vgl. Daliger JuS 2006, 8) teilweise überholt. Nach dieser darf das Gericht im Rahmen einer Urteilsabsprache an der Erörterung eines Rechtsmittelverzichts nicht mitwirken und auf einen solchen Verzicht auch nicht hinwirken. Liegt dem Urteil eine Urteilsabsprache zugrunde, ist der Rechtsmittelberechtigte auch darüber zu belehren, dass er ungeachtet der Absprache in seiner Entscheidung frei ist, Rechtsmittel einzulegen **(qualifizierte Belehrung)**. Dies soll auch dann gelten, wenn die Absprache einen Rechtsmittelverzicht nicht zum Gegenstand hatte. Der nach einer Urteilsabsprache erklärte Verzicht auf die Einlegung eines Rechtsmittels ist unwirksam, wenn der ihn erklärende Rechtsmittelberechtigte nicht qualifiziert belehrt worden ist. Der Große Senat geht von der Grundaussage ab, auch solche Prozesshandlungen blieben grundsätzlich wirksam (vgl. BGHSt 45, 51, 53; BGH StV 2001, 557; Beulke Rdn. 396 a) und bestätigt die Tendenz neuerer Rechtsprechung der Senate (vgl. BGH NJW 2003, 3426; BGH StV 2004, 4; zur qualifizierten Belehrung vgl. noch Erb GA 2000, 511).

14 Ein **sofort nach Urteilsverkündung** erklärter Rechtsmittelverzicht des Angeklagten kann unwirksam sein, wenn der Staatsanwalt angekündigt hat, er werde im Weigerungsfall einen Antrag auf Wiederinvollzugsetzung des Haftbefehls stellen (BGH wistra 2004, 274, 275).

15 Für die Rücknahme des Rechtsmittels durch den **Verteidiger** gilt Abs. 2. Die Ermächtigung kann nur ein verhandlungsfähiger Angeklagter erteilen (BGH NStZ 1983, 280; Meyer-Goßner § 302 Rdn. 29). Da der Verteidiger auch ohne besondere Ermächtigung die Rechtsmitteleinlegung insgesamt unterlassen kann, ist er auch befugt, ein beschränktes Rechtsmittel ohne eine Ermächtigung im Sinne des Abs. 2 einzulegen (BGHSt 38, 4). Wird vom Verteidiger aber ohne die nach Abs. 2 erforderliche Ermächtigung ein Teilverzicht und eine Teilrücknahme erklärt, hat die Unwirksamkeit dieser Erklärung zur Folge, dass das Urteil insgesamt angefochten bleibt

1. Abschnitt. Allgemeine Vorschriften   § 303

(a. M. noch BGHSt 3, 46; BGHSt 10, 320, 321; zutreffend Meyer-Goßner § 302 Rdn. 31 a).

Für die Ermächtigung ist eine **bestimmte Form** nicht vorgeschrieben. Sie kann 16 schriftlich, mündlich, auch telefonisch erteilt werden (BGH NStZ 1995, 356). Der Nachweis der Ermächtigung kann noch nach Abgabe der Erklärung geführt werden (BGHSt 36, 259, 260). Die anwaltliche Versicherung des Verteidigers kann als Nachweis genügen (Meyer-Goßner § 302 Rdn. 33).

Der Widerruf der Ermächtigung ist zulässig und formlos möglich. Allerdings ist 17 er nur wirksam, wenn die Rücknahme- oder Verzichtserklärung noch nicht bei Gericht eingegangen ist (BGH NStZ 1983, 469). Der Widerruf kann mündlich oder fernmündlich gegenüber dem Gericht oder dem Verteidiger erklärt werden. Dieser muss dann unverzüglich das Gericht benachrichtigen, wenn er eine Verzichts- oder Rücknahmeerklärung bereits abgegeben hat (Meyer-Goßner § 302 Rdn. 34). Steht fest, dass eine Ermächtigung erteilt worden war, lässt sich aber nicht feststellen, ob sie rechtzeitig zurückgenommen wurde, soll es bei der Zurücknahme des Rechtsmittels oder dem Verzicht bleiben (Meyer-Goßner § 302 Rdn. 35).

§ 303 [Zustimmung des Gegners]

¹**Wenn die Entscheidung über das Rechtsmittel auf Grund mündlicher Verhandlung stattzufinden hat, so kann die Zurücknahme nach Beginn der Hauptverhandlung nur mit Zustimmung des Gegners erfolgen.** ²**Die Zurücknahme eines Rechtsmittels des Angeklagten bedarf jedoch nicht der Zustimmung des Nebenklägers.**

Die Vorschrift gilt auch für **nachträgliche Beschränkungen** des Rechtsmittels 1 (Teilrücknahme). Anwendbar ist sie nur, wo es eine mündliche Verhandlung gibt, also nicht im Beschwerdeverfahren.

Beginn der Hauptverhandlung ist der Aufruf der Sache (§ 243 Abs. 1 S. 2, 2 §§ 324, 351). Wird vom Revisionsgericht ein Berufungsurteil aufgehoben und die Sache zurückverwiesen, kann das Rücknahmerecht auch vor Beginn der neuen Verhandlung nur mit Zustimmung des Gegners ausgeübt werden (SK-Frisch § 303 Rdn. 6).

Gegner sind auf der einen Seite der Angeklagte, sein Verteidiger, gesetzliche Ver- 3 treter und Nebenbeteiligte, auf der anderen Seite der Staatsanwalt, der Privatkläger und der Nebenkläger, dessen Zustimmung nach S. 2 aber nicht erforderlich ist. Die Zustimmung zur Rücknahme eines Rechtsmittels dieser Gegner ist eine dem Angeklagten selbst vorbehaltene Entscheidung (Meyer-Goßner § 303 Rdn. 3), nicht eine des Verteidigers. Dessen Zustimmung genügt nur im Falle des § 234 (allg. M.). Ist der Angeklagte anwesend, soll sein Schweigen zur Zustimmung des Verteidigers in der Regel als seine eigene zu werten sein (BayObLG NJW 1985, 754).

Die Zustimmung ist unwiderruflich und unanfechtbar und muss innerhalb 4 einer angemessenen Überlegungsfrist dem Gericht gegenüber erklärt werden. Bei einer mehrtägigen Hauptverhandlung genügt ohne Rücksicht auf die Dauer der Unterbrechung die Zustimmung zu Beginn des nächsten Verhandlungstages (OLG Düsseldorf MDR 1983, 1045). Erklärt die Staatsanwaltschaft eine Beschränkung der Berufung auf das Strafmaß und gibt der Angeklagte die nämliche Erklärung ab, liegt darin eine schlüssige Zustimmung (Meyer-Goßner § 303 Rdn. 5). Auch ein bloßes Schweigen soll als Zustimmung gewertet werden können, sofern dem Rechtsmittelgegner durch die Rücknahme nur Vorteile erwachsen (OLG Düsseldorf MDR 1976, 1040). Die negative Beweiskraft des Protokolls nach § 274 gilt in beiden Fällen nicht (BayObLG NJW 1985, 754), das Vorliegen der Zustimmung muss im Freibeweis festgestellt werden (OLG Hamm NJW 1969, 151; KK-Ruß § 303 Rdn. 4).

§ 304

5   Bei einem **Streit über die Wirksamkeit** der Rücknahme erlässt das Gericht, wenn es die Wirksamkeit verneint, das Sachurteil. Wird die Wirksamkeit bejaht, lautet das Urteil dahin, dass das Rechtsmittel durch Zurücknahme erledigt ist (vgl. RGSt 67, 281; Meyer-Goßner § 303 Rdn. 7).

Zweiter Abschnitt. Beschwerde

§ 304 [Zulässigkeit]

(1) Die Beschwerde ist gegen alle von den Gerichten im ersten Rechtszug oder im Berufungsverfahren erlassenen Beschlüsse und gegen die Verfügungen des Vorsitzenden, des Richters im Vorverfahren und eines beauftragten oder ersuchten Richters zulässig, soweit das Gesetz sie nicht ausdrücklich einer Anfechtung entzieht.

(2) Auch Zeugen, Sachverständige und andere Personen können gegen Beschlüsse und Verfügungen, durch die sie betroffen werden, Beschwerde erheben.

(3) Gegen Entscheidungen über Kosten oder notwendige Auslagen ist die Beschwerde nur zulässig, wenn der Wert des Beschwerdegegenstands 200 Euro übersteigt.

(4) [1]Gegen Beschlüsse und Verfügungen des Bundesgerichtshofes ist keine Beschwerde zulässig. [2]Dasselbe gilt für Beschlüsse und Verfügungen der Oberlandesgerichte; in Sachen, in denen die Oberlandesgerichte im ersten Rechtszug zuständig sind, ist jedoch die Beschwerde zulässig gegen Beschlüsse und Verfügungen, welche

1. die Verhaftung, einstweilige Unterbringung, Unterbringung zur Beobachtung, Beschlagnahme oder Durchsuchung betreffen,
2. die Eröffnung des Hauptverfahrens ablehnen oder das Verfahren wegen eines Verfahrenshindernisses einstellen,
3. die Hauptverhandlung in Abwesenheit des Angeklagten (§ 231a) anordnen oder die Verweisung an ein Gericht niederer Ordnung aussprechen,
4. die Akteneinsicht betreffen oder
5. den Widerruf der Strafaussetzung, den Widerruf des Straferlasses und die Verurteilung zu der vorbehaltenen Strafe (§ 453 Abs. 2 Satz 3), die Anordnung vorläufiger Maßnahmen zur Sicherung des Widerrufs (§ 453c), die Aussetzung des Strafrestes und deren Widerruf (§ 454 Abs. 3 und 4), die Wiederaufnahme des Verfahrens (§ 372 Satz 1) oder den Verfall, die Einziehung oder die Unbrauchbarmachung nach den §§ 440, 441 Abs. 2 und § 442 betreffen;

[3]§ 138d Abs. 6 bleibt unberührt.

(5) Gegen Verfügungen des Ermittlungsrichters des Bundesgerichtshofes und des Oberlandesgerichts (§ 169 Abs. 1) ist die Beschwerde nur zulässig, wenn sie die Verhaftung, einstweilige Unterbringung, Beschlagnahme oder Durchsuchung betreffen.

1   **Die Beschwerde ist statthaft** gegen alle Beschlüsse, die von den Gerichten im ersten Rechtszug oder im Berufungsverfahren erlassen wurden, und gegen alle Verfügungen des Vorsitzenden, des Richters im Vorverfahren und eines beauftragten oder ersuchten Richters. Dies gilt allerdings nur, soweit das Gesetz diese Beschlüsse oder Verfügungen nicht ausdrücklich einer Anfechtung entzieht (§ 304 Abs. 1 a.E.). Die Zulässigkeit der Beschwerde ist nicht nur in den §§ 304ff geregelt, sondern auch in zahlreichen Einzelvorschriften der StPO und anderer Gesetze (vgl. etwa § 56 Abs. 2

2. Abschnitt. Beschwerde § 304

S. 3, § 159 Abs. 1 S. 2, § 181 GVG). Entsprechendes gilt für den Ausschluss der Beschwerde, der sich nicht nur aus § 305 S. 1, § 310 Abs. 2, sondern aus vielen Vorschriften der StPO und anderer Gesetze ergibt.

Arten der Beschwerde sind die (unbefristete) einfache Beschwerde und die 2 (befristete) sofortige Beschwerde (§ 311), die vom Gesetz für die Fälle vorgesehen ist, dass aus Gründen der Rechtssicherheit eine schnelle und endgültige Klärung erforderlich scheint. Eine weitere Beschwerde ist nur in den Fällen des § 310 Abs. 1 zulässig. Eine „außerordentliche Beschwerde wegen greifbarer Gesetzeswidrigkeit" gibt es im Strafverfahren nicht (BGHSt 45, 37; Meyer-Goßner vor § 304 Rdn. 2).

Die Beschwerde ist eine Tatsachen- und Rechtsbeschwerde, so dass sowohl 3 die tatsächlichen Grundlagen als auch die Rechtsanwendung vom Beschwerdegericht nachgeprüft werden. Neue Tatsachen können vorgebracht und berücksichtigt werden.

Die Schlechterstellung des Beschwerdeführers durch die Beschwerdeentschei- 4 dung ist nach h.M. grundsätzlich nicht verboten (KG JR 1981, 391, 392; Bloy JuS 1986, 589; Meyer-Goßner vor § 304 Rdn. 5). Eine Ausnahme soll für Beschlüsse gelten, die Rechtsfolgen endgültig festsetzen und der materiellen Rechtskraft fähig sind, z.B. Beschlüsse nach § 51 und nach § 460 (vgl. Meyer-Goßner vor § 304 Rdn. 5). Im Hinblick auf die Aufhebung eines Haftverschonungsbeschlusses im Beschwerdeverfahren ist mittelbar das Verböserungsverbot zu beachten (vgl. § 116 Rdn. 15).

Sind die Entscheidungen im ersten Rechts- oder im Berufungsverfahren auf Be- 5 schwerde hin erlassen worden, wird ihre Anfechtbarkeit durch **§ 310 Abs. 2** eingeschränkt. Entscheidungen im ersten Rechtszug sind auch Beschlüsse im Wiederaufnahmeverfahren, nicht aber nach den §§ 12 bis 15.

Die Unterlassung einer rechtlich gebotenen Entscheidung kann ebenso an- 6 gefochten werden wie eine für den Beschwerdeführer ungünstige Entscheidung (BGH NJW 1993, 1279 m.w.N.). Eine reine Untätigkeitsbeschwerde ist der StPO jedoch fremd (BGH NJW 1993, 1279; Meyer-Goßner § 304 Rdn. 3). Ausnahmsweise ist eine Untätigkeitsbeschwerde denkbar, wenn das Gericht die Entscheidung über die Eröffnung des Hauptverfahrens so lange hinauszögert, dass zum einen eine wesentliche Anzahl der angeklagten Taten zeitnah zu verjähren droht und zum anderen das Unterlassen der Gerichtsentscheidung auf grober Pflichtwidrigkeit beruht (OLG Dresden wistra 2005, 478).

Für die **Teilanfechtung von Beschlüssen** gelten die allgemeinen Grundsätze über 7 die Beschränkung eines Rechtsmittels. Der angefochtene Teil der Entscheidung muss daher gegenüber dem nicht angefochtenen derart selbstständig sein, dass eine gesonderte Prüfung und Beurteilung möglich ist (KG JR 1982, 114; OLG Frankfurt NJW 1980, 2535). Eine unwirksame Beschränkung ist unbeachtlich, der Beschluss wird dann in vollem Umfang geprüft (Meyer-Goßner § 304 Rdn. 4).

Der Ausschluss der Beschwerde ist außer in Abs. 4 und 5 in einer Reihe weite- 8 rer Vorschriften ausdrücklich vorgesehen (vgl. Meyer-Goßner § 304 Rdn. 5).

Beschwerdeberechtigt ist, wer durch die Maßnahme in seinen Rechten verletzt 9 ist, d.h. in Freiheit, Vermögen oder einem sonstigen Recht in sachlich-rechtlicher oder verfahrensrechtlicher Art beeinträchtigt ist (BayObLG NJW 1953, 714; zu Beschwer vgl. Rdn. 12 vor § 296). Dies sind in erster Hinsicht die Verfahrensbeteiligten (OLG Hamm wistra 1998, 38). Nach Maßgabe des Abs. 2 sind auch Zeugen usw. beschwerdeberechtigt.

Zu den **Beschwerdegerichten** vgl. §§ 73, 74a Abs. 3, §§ 74b, 121 Abs. 1 Nr. 2, 10 § 135 Abs. 2 GVG und Meyer-Goßner § 304 Rdn. 8.

Soweit es um **betragsmäßige Entscheidungen** geht, hängt die Zulässigkeit der 11 Beschwerde vom Wert des Beschwerdegegenstandes ab (Abs. 3). Dieser bemisst sich nach dem Unterschiedsbetrag zwischen dem in der angefochtenen Entscheidung zugebilligten und dem mit der Beschwerde verlangten Betrag (Meyer-Goßner § 304 Rdn. 9). Entscheidet der angefochtene Beschluss nur über den Grund des Anspruchs,

§ 305

kommt es darauf an, ob seine Höhe den Betrag voraussichtlich übersteigen wird. Die Mehrwertsteuer ist mitzurechnen (KG AnwBl 1980, 467).

12 **BGH-Entscheidungen** sind nicht mit der Beschwerde anfechtbar, da es kein übergeordnetes Gericht gibt (Abs. 4 S. 1). Diese Beschränkung gilt auch für Entscheidungen des Senatsvorsitzenden (BGH NStZ 2001, 551). Ausnahmen gibt es für bestimmte Verfügungen des Ermittlungsrichters (Abs. 5). **Beschlüsse und Verfügungen der Oberlandesgerichte** sind ebenfalls nicht beschwerdefähig (§ 304 Abs. 4 S. 2 am Anfang). Eine Ausnahme macht das Gesetz in Sachen, in denen das OLG im ersten Rechtszug zuständig ist, für die in Nr. 1 bis 5 aufgeführten Gegenstände. § 138 Abs. 6 bleibt unberührt, d. h. die dort vorgesehene sofortige Beschwerde bei Ausschließung eines Verteidigers ist möglich.

§ 305 [Ausschluss der Beschwerde]

¹Entscheidungen der erkennenden Gerichte, die der Urteilsfällung vorausgehen, unterliegen nicht der Beschwerde. ²Ausgenommen sind Entscheidungen über Verhaftungen, die einstweilige Unterbringung, Beschlagnahmen, die vorläufige Entziehung der Fahrerlaubnis, das vorläufige Berufsverbot oder die Festsetzung von Ordnungs- oder Zwangsmitteln sowie alle Entscheidungen, durch die dritte Personen betroffen werden.

1 § 305 regelt – ähnlich dem § 304 Abs. 4 für das OLG – allgemein, in welchem Umfange **Beschwerdemöglichkeiten** bestehen. Grundsatz ist, dass alle der Urteilsfällung vorhergehenden Entscheidungen des erkennenden Gerichts der Beschwerde entzogen sind und dahingehende materielle Fehler erst mit dem entsprechenden Rechtsmittel (Berufung, Revision) gerügt werden sollen. Eine Ausnahme macht § 305 S. 2 für eine Reihe von Maßnahmen, die entweder **Dritte** betreffen – diese können entsprechende Mängel nicht später mit Berufung oder Revision rügen – oder aber Grundrechtseingriffe darstellen, die erst mit dem entsprechenden Rechtsmittel zu „reparieren" dem Betroffenen nicht zugemutet werden kann.

2 Da die Vorschrift **Verfahrensverzögerungen** verhindern soll, wenn Entscheidungen des erkennenden Gerichts sowohl auf eine Beschwerde hin als auch auf das Rechtsmittel gegen das Urteil überprüft werden müssten (LR-Gollwitzer § 305 Rdn. 2), gilt der Ausschluss der Beschwerde nur, wenn das Urteil auch anfechtbar ist (OLG Hamm NStZ 1986, 328) und nur für solche Entscheidungen, die im inneren Zusammenhang mit der Urteilsfällung stehen, ausschließlich ihrer Vorbereitung dienen, bei der Urteilsfällung selbst der nochmaligen Prüfung des Gerichts unterliegen und keine weiteren Verfahrenswirkungen haben. Die Vorschrift steht jedoch einer Verfassungsbeschwerde nicht entgegen (BVerfG NJW 1952, 60).

3 **Erkennendes Gericht** ist das Gericht, bei dem das Hauptverfahren anhängig ist (BGHSt 2, 1, 2). S. 1 gilt für Entscheidungen dieses Gerichts von der Eröffnung des Hauptverfahrens bis zur Urteilsfällung, also auch für gleichzeitig mit dem Eröffnungsbeschluss erlassene Entscheidungen, selbst bei Eröffnung vor einem anderen Gericht. Das Berufungsgericht wird erkennendes Gericht, wenn ihm die Akten nach § 321 S. 2 vorgelegt sind (Meyer-Goßner § 305 Rdn. 2).

4 **Entscheidungen des Vorsitzenden** des erkennenden Gerichts sind unter den entsprechenden Voraussetzungen ebenfalls von der Anfechtung ausgenommen (OLG Düsseldorf NStZ 1986, 138; a. M. OLG Koblenz wistra 1983, 122; vgl. Meyer-Goßner § 305 Rdn. 3).

5 Die Beschwerde ist unzulässig gegen **Entscheidungen, die dem Urteil zeitlich und sachlich vorausgehen.** Nötig ist ein innerer Zusammenhang. Der Fall ist dies etwa bei Entscheidungen, die die Beweisaufnahme vorbereiten. Der Beschwerde entzogen sind weiter Entscheidungen, die den Fortgang und die Gestaltung des Verfahrens

2. Abschnitt. Beschwerde § 305a

betreffen, z. B. die Verbindung verschiedener Strafsachen oder die Abtrennung eines Verfahrensteils (OLG Hamm wistra 1999, 235; abl. Weidemann wistra 1999, 399).

Die Ausnahmen nach S. 2 betreffen Maßnahmen, die bei der Urteilsfällung nicht 6 Prüfungsgegenstand sind, weil sie weder rückwirkend beseitigt noch nachgeholt werden können. Da es sich insofern auch nicht um Entscheidungen handelt, „die der Urteilsfällung vorausgehen", ergibt sich die Zulässigkeit der Beschwerde eigentlich schon aus S. 1. S. 2 verdeutlicht das nur für einige Beispielsfälle, bei denen es sich überwiegend um (gravierende) Grundrechtseingriffe handelt (vgl. Meyer-Goßner § 305 Rdn. 6). Insofern enthält S. 2 keine abschließende Aufzählung (OLG Koblenz NStZ 1994, 355, 356; Amelung 20 ff; Bloy JuS 1986, 588). Über die in S. 2 genannten Maßnahmen hinaus sind also auch die Durchsuchungsanordnung und ihre Ablehnung anfechtbar (§ 105 Rdn. 18).

Nicht beschwerdefähig sein soll die Anordnung der psychiatrischen Untersu- 7 chung des Angeklagten ohne seine Unterbringung (Meyer-Goßner § 305 Rdn. 7). Anders als bei § 304 Abs. 4 S. 2 Nr. 2, § 310 Abs. 1 ist der Begriff Verhaftung nicht einschränkend auszulegen. Beschwerdefähig sind alle Entscheidungen im Zusammenhang mit der U-Haft (OLG Karlsruhe StV 1997, 312; Meyer-Goßner § 305 Rdn. 7; a. M. KK-Engelhardt § 305 Rdn. 10). Zu den Ordnungs- und Zwangsmitteln gehört auch die Vorführung des Beschuldigten (vgl. §§ 134, 230 Abs. 2).

§ 305 a [Beschwerde gegen Strafaussetzungsbeschluss]

(1) ¹Gegen den Beschluß nach § 268a Abs. 1, 2 ist Beschwerde zulässig. ²Sie kann nur darauf gestützt werden, daß eine getroffene Anordnung gesetzwidrig ist.

(2) **Wird gegen den Beschluß Beschwerde und gegen das Urteil eine zulässige Revision eingelegt, so ist das Revisionsgericht auch zur Entscheidung über die Beschwerde zuständig.**

Die Anfechtung des Urteils mit einer Berufung oder einer Revision erstreckt sich 1 nicht auf den **Strafaussetzungsbeschluss nach § 268 a**. Gegen ihn muss ausdrücklich die Beschwerde nach § 304 Abs. 1 eingelegt werden. Insofern hat § 305 a Abs. 1 S. 1 nur klarstellende Bedeutung. Nach Abs. 1 S. 2 führt die Beschwerde nur zu einer eingeschränkten Prüfung (vgl. § 453 Abs. 2 S. 2 für nachträgliche Entscheidungen). Das Beschwerdegericht prüft also nicht die Ermessensausübung durch das untere Gericht (OLG Hamburg MDR 1971, 66). Gesetzwidrig ist aber auch ein Beschluss, der auf Ermessensüberschreitung oder -missbrauch beruht, so, wenn die Anordnung einen unzumutbaren Eingriff in die Lebensführung des Verurteilten enthält (BGH StV 1998, 658).

Beschwerdeberechtigt sind – auch nach Rechtskraft des Urteils (KG NJW 1957, 2 275) –, der Angeklagte (sein Verteidiger, gesetzlicher Vertreter) und die StA, auch zu seinen ungunsten (LR-Gollwitzer § 305 a Rdn. 8; a. M. OLG Hamm NJW 1969, 890). Der Nebenkläger ist zur Anfechtung nicht berechtigt (§ 400 Abs. 1), erst recht nicht der sonst Geschädigte (OLG Düsseldorf StV 2001, 228). Eine Begründung der Beschwerde ist nicht erforderlich (Meyer-Goßner § 305 a Rdn. 3).

Die Entscheidung des Beschwerdegerichts ergeht stets durch gesonderten Be- 3 schluss und in der Sache selbst (Meyer-Goßner § 305 a Rdn. 4). Ist der Beschluss nicht gesetzwidrig, wird die Beschwerde als unbegründet (nicht als unzulässig!) verworfen (OLG Nürnberg NJW 1959, 1451).

Inwiefern eine **Schlechterstellung** des Beschwerdeführers denkbar ist, ist zweifel- 4 haft und teilweise umstritten. Angesichts der eingeschränkten Prüfungsbefugnis des Beschwerdegerichtes wird zum Teil die Auffassung vertreten, sie komme praktisch nicht in Betracht (vgl. Meyer JR 1982, 338). Überwiegend wird jedenfalls die Auffassung vertreten, eine Schlechterstellung sei nicht unzulässig (LR-Gollwitzer § 305 a

§ 306

3. Buch. Rechtsmittel

Rdn. 12; Meyer-Goßner § 305 a Rdn. 4). Andere wollen). (KK-Engelhardt § 305 a Rdn. 12; S/S-Stree § 56 e StGB Rdn. 5) eine Schlechterstellung zumindest unter den Voraussetzungen des § 56 e StGB zulassen. Vgl. auch § 268 a Rdn. 5 und § 116 Rdn. 15.

5   **Zuständig** ist bei Berufung das Berufungsgericht, bei Urteilsrechtskraft das Beschwerdegericht. Wird gegen das Urteil Revision eingelegt, entscheidet aus Gründen der Verfahrensvereinfachung das Revisionsgericht (vgl. auch § 464 Abs. 3 S. 3). Es bleibt nach Abschluss des Revisionsverfahrens zuständig, wenn über die Beschwerde versehentlich nicht mit entschieden wurde (BGH NStZ 1986, 423). Ist die Revision unzulässig oder bereits durch eine Entscheidung oder Zurücknahme erledigt, ist das Beschwerdegericht zuständig, wenn die Beschwerde dem Revisionsgericht erst nach Erlass der Revisionsentscheidung zur Kenntnis gelangt oder wenn sie bei Erlass der Revisionsentscheidung noch nicht entscheidungsreif ist, weil es z. B. an der erforderlichen Abhilfeentscheidung nach § 306 Abs. 2 mangelt (Meyer-Goßner § 305 a Rdn. 5).

§ 306 [Einlegung; Abhilfe oder Vorlegung]

(1) **Die Beschwerde wird bei dem Gericht, von dem oder von dessen Vorsitzenden die angefochtene Entscheidung erlassen ist, zu Protokoll der Geschäftsstelle oder schriftlich eingelegt.**

(2) **Erachtet das Gericht oder der Vorsitzende, dessen Entscheidung angefochten wird, die Beschwerde für begründet, so haben sie ihr abzuhelfen; andernfalls ist die Beschwerde sofort, spätestens vor Ablauf von drei Tagen, dem Beschwerdegericht vorzulegen.**

(3) **Diese Vorschriften gelten auch für die Entscheidungen des Richters im Vorverfahren und des beauftragten oder ersuchten Richters.**

1   Die Beschwerde ist bei dem Gericht einzulegen, das die Entscheidung erlassen hat (**judex a quo**). Die Einlegung kann in deutscher Sprache schriftlich, telegrafisch oder durch Fernschreiber oder zu Protokoll der Geschäftsstelle erfolgen. Die telefonische Einlegung ist unzulässig. Schriftform dürfte auch die Übermittlung per Telefax umfassen.

2   Die einfache Beschwerde ist **an keine Frist gebunden** (zur sofortigen Beschwerde vgl. § 311 Abs. 2). Mittelbar kann sich eine Frist dadurch ergeben, dass die Beschwerde durch den Fortgang des Verfahrens gegenstandslos werden kann (prozessuale Überholung; vgl. Einl Rdn. 107 ff. Die Beschwerde kann erst mit bzw. nach Erlass der Entscheidung eingelegt werden (Rdn. 7 vor § 296).

3   Eine **Begründung der Beschwerde** ist nicht erforderlich, aber zulässig und in der Praxis zu empfehlen. Wird die Beschwerde ohne Begründung eingelegt und vom Beschwerdeführer eine nachträgliche Begründung angekündigt, so muss das Beschwerdegericht wegen Art. 103 Abs. 1 GG (rechtliches Gehör) angemessene Zeit mit der Entscheidung warten bzw. für die Anbringung der Begründung ggf. eine Frist setzen (BVerfGE 24, 23, 25). Die Frist bestimmt sich nach den Umständen, insbesondere unter Berücksichtigung der Schwierigkeit und des Umfangs des Entscheidungsstoffes, der Notwendigkeit etwaiger Besprechungen oder der Beschaffung von Unterlagen (BVerfGE 4, 190, 192 = NJW 1955, 1145). Das Beschleunigungsgebot ist aber zu beachten. Setzt das Gericht eine Frist, muss diese angemessen sein und vor der Entscheidung abgewartet werden (BVerfGE 46, 313). Art. 103 Abs. 1 GG wird verletzt, wenn ein bei einem unteren Gericht eingereichter Schriftsatz nicht rechtzeitig an das Beschwerdegericht weitergeleitet und daher nicht berücksichtigt wird (BVerfGE 62, 347; vgl. auch § 33 a).

4   **Das Abhilfeverfahren nach Abs. 2 S. 1** gilt nur für die einfache Beschwerde (vgl. § 311 Abs. 3 S. 1) und soll dem Gericht, dem Vorsitzenden oder den in Abs. 3

erwähnten Richtern die Möglichkeit geben, ihre Entscheidung zu berichtigen und dem Beschwerdegericht die Befassung mit der Sache zu ersparen (BGH NJW 1992, 2169; Meyer-Goßner § 306 Rdn. 7).

Die Abhilfeentscheidung, zu der der Richter bei begründeter Beschwerde verpflichtet ist, ergeht in derselben Form wie die durch sie berichtigte Entscheidung (Gollwitzer JR 1974, 206). Teilabhilfe ist möglich, soweit Teilbeschwerde hätte erhoben werden können (§ 304 Rdn. 7). Vor einer Abhilfeentscheidung muss der Beschwerdegegner gehört werden, wenn neue Tatsachen oder Beweisergebnisse berücksichtigt werden sollen (streitig: Meyer-Goßner § 306 Rdn. 8; anders LR-Gollwitzer § 306 Rdn. 24). Bei Nichtabhilfe muss nur das Ergebnis der Prüfung in den Akten vermerkt werden. Bei Kollegialgerichten genügt eine Unterzeichnung durch den Vorsitzenden. 5

Eine **Begründung** ist möglich, aber nicht erforderlich. Nötig ist sie dann, wenn der angefochtene Beschluss nicht begründet worden war und das Beschwerdevorbringen erhebliche Tatsachenbehauptungen enthält (BGHSt 34, 392). In diesem Fall ist der – förmliche oder formlose, nicht anfechtbare – Beschluss dem Beschwerdeführer mitzuteilen (LR-Gollwitzer § 306 Rdn. 22). 6

Die Vorlage an das Beschwerdegericht (Abs. 1 Hs. 2) findet statt, wenn die Abhilfe nicht erfolgt, über die StA (vgl. aber § 148a Rdn. 22 für die Ausschließung des Verteidigers). Die Frist ist eine Soll-Vorschrift. Sie beginnt mit dem Eingang der Beschwerde beim judex a quo. Da die Akten dem Beschwerdegericht zeitnah zuzuleiten sind, darf das untere Gericht nicht abwarten, bis eine angekündigte Beschwerdebegründung vorliegt. Eine entsprechende Fristsetzung kann auch nur durch das Beschwerdegericht erfolgen. 7

Das Beschwerdegericht verweist an den judex a quo zurück, wenn dieser das **Abhilfeverfahren** nicht betrieben hat. Dies gilt aber nur, wenn dadurch das Verfahren beschleunigt wird oder das Beschwerdegericht an einer eigenen Sachentscheidung gehindert ist (Meyer-Goßner § 306 Rdn. 10; a.M. LR-Gollwitzer § 306 Rdn. 27: immer zulässig). Das Abhilfeverfahren ist keine Verfahrensvoraussetzung für eine Entscheidung des Beschwerdegerichts (h.M.; Meyer-Goßner § 306 Rdn. 10). 8

Ist die Beschwerde unzulässig, darf der erste Richter diese nicht selbst verwerfen (RGSt 43, 179). Er muss sie **als Gegenvorstellung** behandeln und prüfen, ob es einen Anlass zur Änderung der Entscheidung gibt (KK-Engelhardt § 306 Rdn. 12). Ändert er die Entscheidung nicht, so legt er die Beschwerde dem Beschwerdegericht vor. Die prozessuale Fürsorgepflicht soll es gelegentlich gebieten, den Beschwerdeführer auf die Unzulässigkeit hinzuweisen. Ihm soll dann auch angekündigt werden können, dass von der Vorlage an das Beschwerdegericht abgesehen wird, wenn er nicht ausdrücklich auf ihr besteht (LR-Gollwitzer § 306 Rdn. 28). 9

§ 307 [Keine Vollzugshemmung]

(1) Durch Einlegung der Beschwerde wird der Vollzug der angefochtenen Entscheidung nicht gehemmt.

(2) Jedoch kann das Gericht, der Vorsitzende oder der Richter, dessen Entscheidung angefochten wird, sowie auch das Beschwerdegericht anordnen, daß die Vollziehung der angefochtenen Entscheidung auszusetzen ist.

Die Beschwerde hat keinen Suspensiveffekt (Abs. 1), dieser kann aber durch das Gericht angeordnet werden (Abs. 2). Der mangelnde Suspensiveffekt der Beschwerde wird aber wiederum durch einige Vorschriften überspielt. So ist in einigen Vorschriften die aufschiebende Wirkung ausdrücklich angeordnet vgl. § 81 Abs. 4 S. 2, § 231a Abs. 3 S. 3, § 454 Abs. 3 S. 2, § 462 Abs. 3 S. 2, § 181 Abs. 2 GVG, § 65 Abs. 2 S. 3 JGG). 1

§ 308   3. Buch. Rechtsmittel

2   Hängt die Vollstreckbarkeit oder weitere Vollstreckung eines Urteils oder einer abschließenden Beschlussentscheidung von dem Ergebnis einer Beschwerde ab, ist entsprechend § 449 diese **Entscheidung abzuwarten.** Dann hat die Beschwerde ebenfalls aufschiebende Wirkung. Dies gilt für die Fälle des § 453 Abs. 2 S. 3, § 462 Abs. 3, § 464 Abs. 3.

3   **Eine Aussetzung der Vollziehung (§ 307 Abs. 2)** kann von Amts wegen oder auf Antrag erfolgen. Der Antrag kann nicht vor Einlegung der Beschwerde gestellt werden (Meyer-Goßner § 307 Abs. 2; a.M. KK-Engelhardt § 307 Rdn. 8). Es handelt sich um eine Ermessensentscheidung, bei der das öffentliche Interesse an einer sofortigen Vollziehung gegen die dem Beschwerdeführer drohenden Nachteile abgewogen werden muss (OLG Frankfurt NJW 1976, 303; Meyer-Goßner § 307 Rdn. 2). Zieht man die Parallelen zur Aussetzung der Vollziehung im Besteuerungsverfahren (§ 361 Abs. 2 AO), kommt eine Aussetzung der Vollziehung insbesondere dann in Betracht, wenn ernstliche Zweifel an der Richtigkeit der angefochtenen Entscheidung bestehen, also die Aussichten des Rechtsmittels positiv sind. So ist die Aussetzung anzuordnen, wenn der Richter die Unrichtigkeit seiner Entscheidung nachträglich erkennt, der Beschwerde aber nach § 311 Abs. 3 S. 1 nicht abhelfen kann (Meyer-Goßner § 307 Rdn. 2). Denkbar ist eine Aussetzung weiterhin, wenn der Vollzug der angefochtenen Entscheidung den Betroffenen besonders hart trifft und ein Zuwarten das Verfahren nicht gefährdet. Ist die Aussetzung nicht befristet, entfällt sie automatisch mit der Entscheidung über die Beschwerde.

4   **Die Aussetzung ist unzulässig,** wenn das Gesetz die sofortige Vollziehung einer Maßnahme gesetzlich bestimmt, wie es etwa beim Haftbefehl der Fall ist (vgl. § 120 Abs. 2).

5   **Zuständig für die Aussetzung** sind sowohl der judex a quo als auch das Beschwerdegericht, bei einem Kollegialgericht des ersten Rechtszugs auch der Vorsitzende allein. Ist die Sache an das Beschwerdegericht abgegeben, so ist nach überwiegender Auffassung nur dieses zuständig (LR-Gollwitzer § 307 Rdn. 9; Meyer-Goßner § 307 Rdn. 3; a.M. KK-Engelhardt § 307 Rdn. 4).

6   **Gegen einen Ablehnungsbeschluss** des judex a quo ist Beschwerde nach § 304 Abs. 1 zulässig, solange nicht über die Beschwerde selbst entschieden worden ist (LR-Gollwitzer § 307 Rdn. 11). Lehnt das Beschwerdegericht eine Anordnung nach § 307 Abs. 2 ab, so ist hiergegen Beschwerde nur in Haft- und Unterbringungssachen zulässig (§ 310 Abs. 1).

§ 308 [Befugnisse des Beschwerdegerichts]

(1) ¹**Das Beschwerdegericht darf die angefochtene Entscheidung nicht zum Nachteil des Gegners des Beschwerdeführers ändern, ohne daß diesem die Beschwerde zur Gegenerklärung mitgeteilt worden ist.** ²**Dies gilt nicht in den Fällen des § 33 Abs. 4 Satz 1.**

(2) **Das Beschwerdegericht kann Ermittlungen anordnen oder selbst vornehmen.**

1   § 308 sichert, dass der Anspruch des Gegners des Beschwerdeführers auf **rechtliches Gehör** gewahrt wird. Dabei geht es nicht nur um Tatsachen und Beweisergebnisse, sondern um das gesamte Beschwerdevorbringen (Meyer-Goßner § 308 Rdn. 1).

2   **Gegner** des Beschwerdeführers sind die durch die erstrebte Entscheidung in ihren rechtlichen Interessen beeinträchtigten Verfahrensbeteiligten. Entscheidend ist, wessen Interessen in diesem Zusammenhang unmittelbar berührt sind. Dabei ist die Anhörung nur erforderlich, wenn eine Abänderung der Entscheidung zum Nachteil des Gegners im Raum steht, nicht bei selbstständiger Verwerfung der Beschwerde.

598

2. Abschnitt. Beschwerde
§ 309

Ein Nachteil liegt in jeder Beeinträchtigung der rechtlichen Interessen des Gegners, auch durch Änderung der Beschlussbegründung (KK-Engelhardt § 308 Rdn. 4 ff). Die StA ist durch jede Entscheidung benachteiligt, die die Entscheidung und ihre Begründung ganz oder teilweise zugunsten des Beschwerdeführers ändert. Die Eröffnung der Hauptverhandlung vor dem LG statt vor dem Schöffengericht benachteiligt den Angeklagten nicht (vgl. § 269). **3**

Beispiel: Zu Beschwerden der StA sind der Angeklagte, der Verteidiger, der gesetzliche Vertreter zu hören. Zu Beschwerden Drittbeteiligter ist die StA zu hören, der Beschuldigte nur, wenn – wie etwa bei einer Beschwerde gegen eine Kostenentscheidung – seine Interessen unmittelbar berührt sind.

Zu Gegenerklärungen mitzuteilen sind Einlegung und Begründung der Beschwerde (BVerfGE 17, 188) und ggf. spätere Ergänzungen. Dem Gegner ist für die Abgabe einer Gegenerklärung eine angemessene Frist zu setzen (Meyer-Goßner § 308 Rdn. 4). Unterbleibt eine solche Fristsetzung, muss mit der Entscheidung eine angemessene Zeit gewartet werden (BVerfGE 24, 23). **4**

Die Gegenerklärung ist an **keine Form** gebunden. Dem Beschwerdeführer ist sie zur Kenntnis zu bringen, wenn sie neue Tatsachen oder Beweisergebnisse enthält, die das Beschwerdegericht ohne weiteres verwerten will (§ 33 Abs. 3). Die Anhörung unterbleibt bei notwendig überraschenden Maßnahmen (Abs. 1 S. 2). Legt zum Beispiel die StA Beschwerde gegen einen Beschluss ein, mit dem der Haftbefehlsantrag abgelehnt wurde, erhält der Beschwerdegegner naturgemäß hiervon keine Kenntnis. **5**

Ergänzende Ermittlungen (Abs. 2) können nötig sein, da das Beschwerdegericht die Entscheidung des unteren Gerichts auch in tatsächlicher Hinsicht überprüft (§ 309 Rdn. 9). Im Hinblick auf das Ergebnis der Ermittlungen ist ggf. den Verfahrensbeteiligten wiederum nach § 33 Abs. 3 rechtliches Gehör zu gewähren, wenn sie zu ihrem Nachteil verwertet werden sollen. **6**

Die **Aufklärungsbefugnis** des Gerichts ist im Ermittlungsverfahren eingeschränkt; sie erstreckt sich nur auf solche Umstände, die die Ermittlungsbehörde zur Grundlage einer beantragten gerichtlichen Entscheidung gemacht wissen will (KK-Engelhardt § 308 Rdn. 18). **7**

§ 309 [Entscheidung]

(1) Die Entscheidung über die Beschwerde ergeht ohne mündliche Verhandlung, in geeigneten Fällen nach Anhörung der Staatsanwaltschaft.

(2) Wird die Beschwerde für begründet erachtet, so erläßt das Beschwerdegericht zugleich die in der Sache erforderliche Entscheidung.

Die Beschwerdeentscheidung erfolgt in der Regel **nach Aktenlage** (BGHSt 13, 102, 108) durch Beschluss, der nach § 34 zu begründen ist. Eine mündliche Verhandlung ist unzulässig, wenn dies nicht gesondert angeordnet ist (vgl. § 118 Abs. 2 für den Haftbefehl, § 124 Abs. 2 S. 3). Zulässig ist es aber, dass das Beschwerdegericht aus besonderen Gründen mündliche Erklärungen entgegennimmt oder herbeiführt (LR-Matt § 309 Rdn. 2). Die Anhörung der StA ist erforderlich, soweit diese beim Zustandekommen der angefochtenen Entscheidung mitgewirkt hat. Die Anhörung ist Ermessensentscheidung des Gerichts, allerdings wird von der Anhörung nur abgesehen, wenn die Beschwerde eines anderen Verfahrensbeteiligten verworfen wird oder der Beschwerde der StA stattgegeben wird. **1**

Die Beschwerde wird **als unzulässig verworfen,** wenn sie gesetzlich ausgeschlossen, mangels Beschwer nicht statthaft, verspätet oder nicht formgerecht eingelegt ist. Ist die Beschwerde zulässig, muss das Gericht bei der sachlichen Überprüfung alle für die Entscheidung wesentlichen Tatsachen prüfen und aufklären, auch ggf. über das hinaus, was bisher durchgeführt wurde. Durch das Beschwerdevorbringen wird die **2**

§ 310

sachliche Prüfung nur beschränkt, wenn die Beschwerde selbst in zulässiger Weise beschränkt worden ist (Meyer-Goßner § 309 Rdn. 3). Ergibt die Prüfung, dass der angefochtene Beschluss gesetzesgemäß ist, wird die Beschwerde **als unbegründet verworfen.**

3   Ist die Beschwerde begründet, muss das Beschwerdegericht **eine eigene Sachentscheidung** treffen, auch in Ermessensfragen. Damit wird wiederum der Streit relevant, in welchem Umfange Ermessensentscheidungen überprüft werden können. So kann z.B. das Landgericht, wenn das AG aus falscher Sicht heraus die Zulassung einer Anklage abgelehnt hat, den entsprechenden Eröffnungsbeschluss erlassen.

4   Richtet sich die **Beschwerde gegen eine Unterlassung** und ist die Sache entscheidungsreif, spricht das Gericht die Verpflichtung des für die unterlassene Entscheidung zuständigen Richters aus, in der Sache zu entscheiden.

5   War das untere Gericht **örtlich unzuständig,** muss das Beschwerdegericht den Beschluss aufheben und eine Entscheidung über den gestellten Antrag ablehnen. Eine Verweisung an das örtlich zuständige Gericht ist nach überwiegender Auffassung ausgeschlossen (KG StV 1998, 384; Meyer-Goßner § 309 Rdn. 6; a.M. Fröhlich NStZ 1999, 585). Liegt das zuständige Gericht ebenfalls im Bezirk des Beschwerdegerichts, kann allerdings in der Sache selbst entschieden werden (OLG Nürnberg StraFo 2000, 280, 281).

6   War das Gericht **sachlich unzuständig** – das LG hat statt des sachlich zuständigen AG im ersten Rechtszug entschieden – verweist das OLG die Sache an das AG zurück (OLG Saarbrücken NStZ-RR 2004, 112, 113).

7   War das Beschwerdegericht bereits **im ersten Rechtszug zuständig,** so hebt es den angefochtenen Beschluss auf und entscheidet selbst als Gericht des ersten Rechtszugs.

8   Eine **Zurückverweisung der Sache** an das untere Gericht ist nur in eng begrenzten Ausnahmefällen zulässig (OLG Düsseldorf NJW 2002, 2963). Sie kommt in Betracht, wenn ein Verfahrensmangel vorliegt, den das Beschwerdegericht nicht beheben kann (KK-Engelhardt § 309 Rdn. 11; Roxin § 54 C III), wie etwa beim Unterlassen einer zwingend vorgeschriebenen mündlichen Anhörung (OLG Düsseldorf StV 1987, 257) oder einer unzulässigen Teilentscheidung über die Eröffnung des Hauptverfahrens (OLG Düsseldorf GA 1986, 37). Ein weiterer Fall ist die Mitwirkung eines nach § 22 ausgeschlossenen Richters (KG JR 1967, 266).

9   Dass das untere Gericht Tatsachen oder Beweismittel **nicht berücksichtigt** hat und das Beschwerdegericht nach eigener Sachaufklärung daher praktisch über einen anderen Sachverhalt zu entscheiden hat, genügt als Grund für eine Zurückverweisung nicht (OLG Karlsruhe NJW 1974, 709, 712; Meyer-Goßner § 309 Rdn. 9). Dabei entsteht das Problem, dass dem Beschwerten praktisch eine Instanz verloren geht. Daher will man eine Zurückverweisung dann zulassen, wenn der untere Richter sich für örtlich unzuständig hielt und deshalb eine sachliche Entscheidung völlig fehlt (OLG Frankfurt NStZ 1983, 426).

10 Das untere Gericht ist an die Auffassung des Beschwerdegerichts **nicht gebunden.** Die für die Revision geltende Bestimmung des § 358 Abs. 1 gilt hier nicht (Meyer-Goßner § 309 Rdn. 10). Das OLG Düsseldorf (NJW 2002, 2963) will eine Ausnahme dann machen, wenn dem Beschwerdegericht aus zwingenden Sacherwägungen eine eigene abschließende Sachentscheidung schon nicht möglich ist.

§ 310 [Weitere Beschwerde]

(1) **Beschlüsse, die von dem Landgericht oder von dem nach § 120 Abs. 3 des Gerichtsverfassungsgesetzes zuständigen Oberlandesgericht auf die Beschwerde hin erlassen worden sind, können, sofern sie Verhaftungen oder die einstweilige Unterbringung betreffen, durch weitere Beschwerde angefochten werden.**

2. Abschnitt. Beschwerde § 311

(2) **Im Übrigen findet eine weitere Anfechtung der auf eine Beschwerde ergangenen Entscheidungen nicht statt.**

§ 310 regelt die „**Beschwerde gegen die Beschwerdeentscheidung**" (weitere Beschwerde). Eine solche ist grundsätzlich unzulässig. Dies betrifft den Beschwerdeführer, dessen Beschwerde erfolglos war, ebenso wie den Gegner des Beschwerdeführers, gegen den eine ihm ungünstige Beschwerdeentscheidung ergangen ist (Meyer-Goßner § 310 Rdn. 1). 1

Der Ausschluss nach Abs. 1 gilt nur für Beschlüsse, die auf Beschwerde hin erlassen sind. Sie müssen **denselben Verfahrensgegenstand** betreffen wie die erste Entscheidung (Meyer-Goßner § 310 Rdn. 2). An einer Beschwerdeentscheidung fehlt es, wenn gar keine Beschwerde eingelegt war oder wenn das Beschwerdegericht im ersten Rechtszug zuständig gewesen wäre (OLG Düsseldorf NStZ-RR 2001, 111). 2

Geht es um **Verhaftung und einstweilige Unterbringung,** kann die Beschwerdeentscheidung mit der weiteren Beschwerde angefochten werden. Es handelt sich um eine eng auszulegende Ausnahmevorschrift, die auch durch Landesrecht nicht erweitert werden kann (BVerfGE 48, 367, 376). Verhaftung meint den Haftbefehl nach den §§ 112 ff, 230 Abs. 2, §§ 236, 329 Abs. 4 S. 1. Andere Fälle (§ 453 c, § 231 Abs. 1 S. 2, § 51) sind nicht erfasst. Die einstweilige Unterbringung ist die nach § 126a, nicht nach § 81. Zuständig für die Entscheidung ist in der Regel das OLG. Über Beschwerdebeschlüsse des OLG nach § 120 Abs. 3 GVG entscheidet der BGH (§ 135 Abs. 2 GVG). 3

Die Abhilfeentscheidung nach § 306 Abs. 2 trifft das Beschwerdegericht (KK-Engelhardt § 310 Rdn. 13), gegen sie ist weitere Beschwerde zulässig. 4

Anfechtbar sind Entscheidungen, die außerhalb oder neben der eigentlichen Beschwerde ergangen sind. 5

Beispiel: Im Rahmen der Beschwerde gegen einen Durchsuchungsbeschluss beantragt der Beschuldigte die Beiordnung eines Verteidigers (vgl. OLG Bamberg NStZ 1985, 39).

§ 311 [Sofortige Beschwerde]

(1) **Für die Fälle der sofortigen Beschwerde gelten die nachfolgenden besonderen Vorschriften.**

(2) **Die Beschwerde ist binnen einer Woche einzulegen; die Frist beginnt mit der Bekanntmachung (§ 35) der Entscheidung.**

(3) [1]**Das Gericht ist zu einer Abänderung seiner durch Beschwerde angefochtenen Entscheidung nicht befugt.** [2]**Es hilft jedoch der Beschwerde ab, wenn es zum Nachteil des Beschwerdeführers Tatsachen oder Beweisergebnisse verwertet hat, zu denen dieser noch nicht gehört worden ist, und es auf Grund des nachträglichen Vorbringens die Beschwerde für begründet erachtet.**

Die sofortige Beschwerde ist anders als die einfache Beschwerde fristgebunden und kennt keine Abhilfebefugnis (Abs. 3 S. 1; vgl. § 306 Rdn. 4f). Eine sofortige Beschwerde liegt nur dort vor, wo dies gesetzlich ausdrücklich bestimmt ist. 1

Für das Verfahren gelten außer § 311 die §§ 304 ff, soweit sie nicht dem § 311 widersprechen. Die **Beschwerdefrist** von einer Woche beginnt mit der Bekanntmachung (Verkündung oder förmlichen Zustellung) der angefochtenen Entscheidung. Bei formloser oder unterlassener Bekanntmachung wird sie nicht in Lauf gesetzt (vgl. § 35 Rdn. 5). 2

Die Beschwerde muss **schriftlich oder zu Protokoll der Geschäftsstelle** angebracht werden. Zuständig ist das Gericht, dessen Richter die angefochtene Entscheidung erlassen hat (judex a quo). Eine Begründung des Rechtsmittels ist möglich (vgl. § 306). 3

§§ 311a, 312

4 **Abs. 3 S. 1** verbietet eine Abhilfeentscheidung durch das untere Gericht. Eine Ausnahme gilt, wenn die Verletzung rechtlichen Gehörs im Raum steht (§ 311 Abs. 3 S. 2). Dabei ist umstritten, wie zu verfahren ist, wenn die Beschwerde wegen Verspätung unzulässig ist. Ein Teil der Literatur will auch bei Verspätung eine Abänderung der Entscheidung für zulässig halten (KMR-Plöd § 311 Rdn. 6; LR-Matt § 311 Rdn. 12). Ein Teil der Rechtsprechung und ein anderer Teil der Literatur hält hingegen auch die Wahrung der Beschwerdefrist für eine Entscheidungsvoraussetzung (OLG Düsseldorf MDR 1986, 341; KK-Engelhardt § 311 Rdn. 7; Katzenstein StV 2003, 361; Meyer-Goßner § 311 Rdn. 6).

5 **Die Abänderung** erfolgt durch einen neuen Beschluss, der den Beteiligten nach § 35 Abs. 2 bekannt zu machen ist und erneut mit der sofortigen Beschwerde angefochten werden kann. Liegen die Voraussetzungen des Abs. 3 S. 2 nicht vor, ist ein Nichtabhilfebeschluss überflüssig.

6 Die sofortige Beschwerde hat **aufschiebende Wirkung,** wenn dies besonders bestimmt ist. Die aufschiebende Wirkung nach § 307 Abs. 2 kann angeordnet werden. Die Rechtskraft des angefochtenen Beschlusses ist bis zum Ablauf der Wochenfrist nach Abs. 2 gehemmt, wenn nicht zuvor ein Verzicht (§ 302) erklärt worden ist.

§ 311a [Nachträgliche Anhörung des Gegners]

(1) ¹Hat das Beschwerdegericht einer Beschwerde ohne Anhörung des Gegners des Beschwerdeführers stattgegeben und kann seine Entscheidung nicht angefochten werden, so hat es diesen, sofern der ihm dadurch entstandene Nachteil noch besteht, von Amts wegen oder auf Antrag nachträglich zu hören und auf einen Antrag zu entscheiden. ²Das Beschwerdegericht kann seine Entscheidung auch ohne Antrag ändern.

(2) **Für das Verfahren gelten die §§ 307, 308 Abs. 2 und § 309 Abs. 2 entsprechend.**

1 § 311a ist lex specialis zu § 33a. Sie ermöglicht stets die Nachholung des Gehörs zu Rechtsfragen. Im Revisionsverfahren findet sich eine Parallele in § 356a. Die Vorschrift soll nicht anwendbar sein, wenn die StA der Beschwerdegegner ist (Meyer-Goßner § 311a Rdn. 1; anders LR-Matt § 311a Rdn. 5).

2 Das Nachverfahren ist nur durchzuführen, wenn die Entscheidung nach § 310 **nicht weiter anfechtbar** ist und der dem Beschwerdeführer entstandene Nachteil noch besteht; es erspart eine Verfassungsbeschwerde (vgl. § 33a Rdn. 2).

3 Wird der Antrag auf Durchführung des Nachverfahrens abgelehnt, so ist gegen diesen Beschluss die **Beschwerde nach § 304** zulässig (KG NJW 1966, 991). Das Gleiche gilt für die Entscheidung über die Aussetzung der Vollziehung nach § 307 (KK-Engelhardt § 311a Rdn. 14; Meyer-Goßner § 311a Rdn. 3; a.M. OLG Celle MDR 1996, 1284; SK-Frisch § 311a Rdn. 23).

Dritter Abschnitt. Berufung

§ 312 [Zulässigkeit]

Gegen die Urteile des Strafrichters und des Schöffengerichts ist Berufung zulässig.

1 **Die zulässige Berufung** führt im Umfang der Anfechtung zu einer völligen Neuverhandlung der Sache. Es findet eine neue Hauptverhandlung statt, in der auf der Grundlage des Eröffnungsbeschlusses über alle Tat- und Rechtsfragen nach dem Ergebnis der Berufungsverhandlung neu entschieden wird. Es wird also nicht le-

3. Abschnitt. Berufung § 313

diglich das angefochtene Urteil geprüft (vgl. OLG Düsseldorf NJW 1983, 767, 768; Bloy JuS 1986, 591; Meyer-Goßner vor § 312 Rdn. 1). Der Berufungsrechtszug ist insofern „eine zweite Erstinstanz" (Roxin § 52 E III).

Zulässig ist die Berufung gegen Urteile des Strafrichters (§ 25 GVG) und des Schöffengerichts (§ 24 GVG). Ob die Verurteilung wegen einer Straftat oder einer Ordnungswidrigkeit erfolgte, ist gleichgültig (vgl. § 313 Abs. 1 S. 1; BGHSt 35, 290; zum Jugendstrafverfahren vgl. §§ 39, 40 JGG). 2

Enthält das Urteil **Nebenentscheidungen,** ist statt der Berufung die sofortige Beschwerde zulässig. Die Anfechtungsberechtigung richtet sich nach den allgemeinen Vorschriften. Zur Beschwer vgl. vor § 296 Rdn. 11 ff. 3

Beim LG als Berufungsinstanz ist gegen Urteile des Strafrichters und gegen Urteile des Schöffengerichts die Kleine Strafkammer allein zuständig (§ 74 Abs. 3 GVG). Damit ist die Zuständigkeit der Großen Strafkammer für Berufungen gegen Urteile des Schöffengerichts entfallen. Lediglich über Berufungen gegen Urteile des Jugendschöffengerichts entscheidet noch eine Große Jugendkammer in der Besetzung mit drei Richtern und zwei (Jugend-) Schöffen (§ 33b Abs. 1 JGG). 4

Gegen Berufungsurteile ist die Revision nach § 333 zulässig. 5

§ 313 [Annahmeberufung]

(1) ¹Ist der Angeklagte zu einer Geldstrafe von nicht mehr als fünfzehn Tagessätzen verurteilt worden, beträgt im Falle einer Verwarnung die vorbehaltene Strafe nicht mehr als fünfzehn Tagessätze oder ist eine Verurteilung zu einer Geldbuße erfolgt, so ist die Berufung nur zulässig, wenn sie angenommen wird. ²Das gleiche gilt, wenn der Angeklagte freigesprochen oder das Verfahren eingestellt worden ist und die Staatsanwaltschaft eine Geldstrafe von nicht mehr als dreißig Tagessätzen beantragt hatte.

(2) ¹Die Berufung wird angenommen, wenn sie nicht offensichtlich unbegründet ist. ²Andernfalls wird die Berufung als unzulässig verworfen.

(3) ¹Die Berufung gegen ein auf Geldbuße, Freispruch oder Einstellung wegen einer Ordnungswidrigkeit lautendes Urteil ist stets anzunehmen, wenn die Rechtsbeschwerde nach § 79 Abs. 1 des Gesetzes über Ordnungswidrigkeiten zulässig oder nach § 80 Abs. 1 und 2 des Gesetzes über Ordnungswidrigkeiten zuzulassen wäre. ²Im übrigen findet Absatz 2 Anwendung.

In Fällen der **Bagatellkriminalität** ist eine Berufung nur möglich, wenn sie vom LG angenommen wird. Die Bestimmung ist nicht unbedenklich, weil der Richter am AG durch die Strafhöhe Einfluss auf die Zulässigkeit des Rechtsmittels nehmen kann (Verle JZ 1991, 792). Gegenüber dem normalen Berufungsverfahren, das auf Neuverhandlung, nicht auf Überprüfung der erstinstanzlichen Entscheidung gerichtet ist, stellt die Neuregelung insofern einen Fremdkörper dar (vgl. Frister StV 1997, 155). Die Vorschrift soll auch für das Privatklageverfahren gelten, während sie in Jugendsachen für unanwendbar gehalten wird (vgl. BT-Drucks. 12/1217 S. 40; Schäfer NStZ 1998, 334). 1

Die Notwendigkeit der Annahme bei einer **Verurteilung zu nicht mehr als fünfzehn Tagessätzen** usw. gilt gleichermaßen für den Angeklagten, die StA, den Nebenkläger oder Nebenbeteiligte. Für die StA gilt die Beschränkung auch dann, wenn sie eine Geldstrafe von mehr als fünfzehn Tagessätzen beantragt hatte (KK-Ruß § 313 Rdn. 2; a.M. Tolksdorf FS Salger S. 393 ff). Beim Absehen von Strafe nach § 60 StGB gilt § 313 nicht. Anders soll es sein beim Absehen von Strafe nach § 158 Abs. 1 StGB (LG Bad Kreuznach NStZ-RR 2002, 217). 2

Wird der Angeklagte freigesprochen und das Verfahren eingestellt, kann dieser ohnehin mangels Beschwer keine zulässige Berufung einlegen. Eine Berufung der StA ist 3

§ 313

in den in § 313 Abs. 1 S. 1 genannten Fällen nur zulässig, wenn die StA eine Geldstrafe von mehr als 30 Tagessätzen beantragt hatte. Fraglich ist, was gilt, wenn die StA nach einem Strafbefehlsantrag nach Einspruch in der Hauptverhandlung selbst Freispruch beantragt hatte.

> **Beispiel:** Mit dem Strafbefehl hatte die StA eine Geldstrafe von vierzig Tagessätzen beantragt. Nach Einspruch und Durchführung der Hauptverhandlung hat sie Freispruch beantragt. Sie erwägt nunmehr, dennoch Berufung gegen das Urteil einzulegen, weil neue Erkenntnisse nahe legen, dass die erstinstanzliche Entscheidung unrichtig ist.

(1) Nach einer Meinung ist in einem solchen Fall § 313 Abs. 1 S. 2 **nicht anwendbar.** Die Berufung bedürfe dann der Annahme nicht (OLG Celle NdsRpfl 1995, 358; OLG Jena StraFo 2000, 92; Feuerhelm StV 1997, 101; Tolksdorf FS Salger S. 401).

(2) Nach anderer Meinung kommt es darauf an, ob die StA für den Fall der Verurteilung eine höhere Strafe als Geldstrafe von dreißig Tagessätzen beantragt hätte und demgemäß im Berufungsverfahren beantragen will. Dies sei jedenfalls dann leicht feststellbar, wenn – wie im Beispiel – zuvor im Strafbefehl eine Strafe beantragt worden ist (OLG Hamm NStZ 1996, 455; OLG Koblenz NStZ-RR 2000, 306; OLG Schleswig SchlHA 2000, 256; Meyer-Goßner § 313 Rdn. 4a).

4 (3) Gegen die h.M. ist einzuwenden, dass sie die Entscheidung des Gesetzgebers, in Bagatellfällen auch der StA kein uneingeschränktes Recht zur Berufung zuzugestehen, leer laufen lässt. Insbesondere in solchen Fällen, in denen etwa ein Strafbefehl mit dreißig Tagessätzen beantragt worden war und zum Gegenstand der Hauptverhandlung wurde, ist nicht einzusehen, warum die StA ein unbeschränktes Recht zur Berufung haben soll.

5 **Bei einer Gesamtgeldstrafe** kommt es auf deren Höhe an. Die Summe der einbezogenen Einzelgeldstrafen ist unbeachtlich (Meyer-Goßner § 313 Rdn. 5). Sind Einzelgeldstrafen verhängt, die untereinander nicht gesamtstrafenfähig sind, sind die verhängten (oder bei Freispruch beantragten) Strafen zusammenzurechnen. Wurde eine **Maßregel der Besserung und Sicherung** verhängt, ist die Berufung stets ohne Ausnahme zulässig (OLG Hamburg JR 1999, 479).

6 Wurde lediglich wegen einer **Ordnungswidrigkeit** verurteilt oder freigesprochen, bedarf die Berufung stets der Annahme (§ 313 Abs. 3). Ist der Angeklagte zu einer Geldstrafe von nicht mehr als 15 Tagessätzen und zu einer Geldbuße wegen einer Ordnungswidrigkeit verurteilt worden, sind für Geldstrafe und Geldbuße die Annahmevoraussetzungen getrennt zu prüfen (Göhler JR 1995, 524). Dabei kann es wegen § 21 OWiG immer nur um Fälle gehen, in denen die Ordnungswidrigkeit gegenüber der Straftat eine prozessual selbstständige Tat darstellt.

7 Wird die die Straftat betreffende Berufung angenommen, wird eine ggf. zulässige Anfechtung der **Verurteilung wegen einer Ordnungswidrigkeit** über § 83 Abs. 2 OWiG als Berufung behandelt. Wird die Berufung hinsichtlich der Straftat nicht angenommen, kann die Verurteilung wegen der Ordnungswidrigkeit nur mit der Rechtsbeschwerde angefochten werden (vgl. Göhler § 83 OWiG Rdn. 10ff).

8 Handelt es sich um eine Tat im Sinne des § 264, muss die Annahme der Berufung wegen der Geldstrafe oder die Annahme wegen der Geldbuße zur **Zulässigkeit der Berufung insgesamt** führen, weil dann eine getrennte Aburteilung in zwei verschiedenen Verfahrensarten und Verfahrensstufen nicht möglich ist (vgl. BGHSt 35, 290). Die Frage ist im Übrigen umstritten (vgl. OLG Celle StV 1995, 179).

9 Die Berufung ist nach Abs. 2 anzunehmen, wenn sie **nicht offensichtlich unbegründet** ist. Das Gesetz knüpft hier an die Begrifflichkeiten des Revisionsrechts (§ 349 Abs. 2) an. Soweit das Verfahren eine Ordnungswidrigkeit betrifft, ist die Berufung nach Abs. 3 darüber hinaus dann anzunehmen, wenn eine Rechtsbeschwerde zulässig oder die Rechtsbeschwerde zuzulassen wäre. Damit findet § 79 Abs. 1 Nr. 1 bis 3 OWiG entsprechende Anwendung.

3. Abschnitt. Berufung § 314

Die Berufung ist nur **dann offensichtlich unbegründet,** wenn es für jeden Sach- 10
kundigen an Hand der Urteilsgründe und einer evtl. vorliegenden Berufungsbegründung und des Protokolls der Hauptverhandlung ohne längere Prüfung erkennbar ist, dass das Urteil sachlich-rechtlich nicht zu beanstanden ist und dass keine Verfahrensfehler begangen wurden, die die Revision begründen würden (Meyer-Goßner § 313 Rdn. 9).

Im Hinblick auf Verfahrensfehler ist zu bedenken, dass das Berufungsgericht bis 11
1987 die Sache an das AG zurückverweisen konnte, wenn ein Mangel vorlag, der – wie etwa Verfahrensfehler – die Revision begründen würde. Eine solche Zurückverweisung ist zwar mittlerweile ausgeschlossen, gerade deshalb wird in Fällen des absoluten Revisionsgrundes nach § 338 eine Berufungsverhandlung möglich sein. Dies gilt insbesondere auch vor dem Hintergrund, dass eine Sprungrevision nach § 335 möglich (gewesen) wäre.

Wird mit der Berufungsbegründung die **Vorlage neuer Beweismittel** angekün- 12
digt, darf die Annahme der Berufung nur abgelehnt werden, wenn an der Richtigkeit der bisherigen Feststellungen vernünftigerweise keine Zweifel bestehen können (BVerfG NStZ 2002, 43, 44; Meyer-Goßner § 313 Rdn. 9). Eine Ermittlung neuer Tatsachen findet im Annahmeverfahren jedoch nicht statt.

Anders als im Revisionsverfahren darf das Berufungsgericht bei der Prüfung der 13
Annahme auf den **gesamten Akteninhalt** zurückgreifen. Dementsprechend ist die Prüfung von Verfahrensfehlern auch nicht von einer ordnungsgemäßen Rüge (vgl. § 344 Abs. 2 S. 2) abhängig.

Wie bei jeder Berufung prüft das AG die **fristgerechte Einlegung** und verwirft 14
eine verspätete Berufung nach § 319 Abs. 1 als unzulässig. Andernfalls legt es die Berufung dem Landgericht vor. Zur Sprungrevision vgl. § 335 Rdn. 10.

§ 314 [Form und Frist]

(1) Die Berufung muß bei dem Gericht des ersten Rechtszuges binnen einer Woche nach Verkündung des Urteils zu Protokoll der Geschäftsstelle oder schriftlich eingelegt werden.

(2) Hat die Verkündung des Urteils nicht in Anwesenheit des Angeklagten stattgefunden, so beginnt für diesen die Frist mit der Zustellung, sofern nicht in den Fällen der §§ 234, 387 Abs. 1, § 411 Abs. 2 und § 434 Abs. 1 Satz 1 die Verkündung in Anwesenheit des mit schriftlicher Vollmacht versehenen Verteidigers stattgefunden hat.

Die Berufung muss bei dem Gericht eingereicht werden, **dessen Urteil ange-** 1
fochten wird. Sie erfolgt in deutscher Sprache schriftlich, auch telegrafisch, durch Fernschreiber oder durch Telekopie oder zu Protokoll der Geschäftsstelle. Für inhaftierte Angeklagte gilt § 299 (AG des Verwahrungsortes).

Das Wort Berufung muss nicht verwendet werden. Es genügt jede Erklärung, die 2
deutlich erkennen lässt, dass der Beschwerdeführer das erste Urteil anfechten will.

War der Angeklagte bei der Verkündung des Urteils **nicht anwesend,** beginnt für 3
ihn die Frist (grundsätzlich) mit der Zustellung des vollständigen Urteils mit Gründen (BGHSt 15, 263). Die Zustellung der Urteilsformel allein reicht nicht aus. War bei der Verkündung ein vertretungsberechtigter Verteidiger anwesend, kommt es auf die Abwesenheit des Angeklagten nicht an. Ihm soll zuzumuten sein, ggf. mit seinem Verteidiger die Rechtsmitteleinlegung abzuklären (BT-Drucks. 15/3482 S. 21).

Die Berufung kann schon vor Urteilszustellung wirksam eingelegt werden. 4

§ 315 [Berufung und Antrag auf Wiedereinsetzung]

(1) Der Beginn der Frist zur Einlegung der Berufung wird dadurch nicht ausgeschlossen, daß gegen ein auf Ausbleiben des Angeklagten ergangenes Urteil eine Wiedereinsetzung in den vorigen Stand nachgesucht werden kann.

(2) ¹Stellt der Angeklagte einen Antrag auf Wiedereinsetzung in den vorigen Stand, so wird die Berufung dadurch gewahrt, daß sie sofort für den Fall der Verwerfung jenes Antrags rechtzeitig eingelegt wird. ²Die weitere Verfügung in bezug auf die Berufung bleibt dann bis zur Erledigung des Antrags auf Wiedereinsetzung in den vorigen Stand ausgesetzt.

(3) Die Einlegung der Berufung ohne Verbindung mit dem Antrag auf Wiedereinsetzung in den vorigen Stand gilt als Verzicht auf die letztere.

1 Die Vorschrift regelt auf wenig verständliche Weise das **Nebeneinander** von Berufung und Antrag auf Wiedereinsetzung in den vorigen Stand, das sich dann ergeben kann, wenn ein auf Ausbleiben des Angeklagten ergangenes Urteil angefochten werden soll. Gemeint ist etwa der Fall, dass der Einspruch gegen einen Strafbefehl nach § 412 S. 1 verworfen wird. Wenn der Angeklagte nun Wiedereinsetzung in den vorigen Stand mit der Begründung beantragt, sein Ausbleiben sei hinreichend entschuldigt gewesen, sollte er gleichzeitig Berufung einlegen.

2 **Der Beginn der Wochenfrist** zur Einlegung der Berufung wird durch den Wiedereinsetzungsantrag nicht berührt. Er muss also gleichzeitig Berufung einlegen. Das Verfahren wird aber erst dann fortgesetzt, wenn die Wiedereinsetzung rechtskräftig abgelehnt ist. Wird die Wiedereinsetzung bewilligt, ist die Berufung hinfällig.

3 Legt der Angeklagte die Berufung ein, ohne gleichzeitig einen Antrag auf Wiedereinsetzung in den vorigen Stand zu stellen, wird der Verzicht auf die Wiedereinsetzung **unwiderlegbar** vermutet (Abs. 3).

4 Erfolgt der Antrag gleichzeitig oder wird die Berufung erst nach Stellung des Wiedereinsetzungsantrags eingelegt, wird nach § 315 Abs. 2 S. 2 die Berufung als vorsorglich für den Fall der Verwerfung des Wiedereinsetzungsantrages eingelegt betrachtet. Da der Wiedereinsetzungsantrag vom judex a quo beschieden wird, findet eine **erneute Hauptverhandlung vor dem AG** statt, wenn dem Wiedereinsetzungsantrag stattgegeben wird. Damit ist die eingelegte Berufung gegenstandslos.

5 Wird der Wiedereinsetzungsantrag verworfen und bleibt ggf. auch die dagegen eingelegte sofortige Beschwerde erfolglos, so dass die Entscheidung insofern rechtskräftig wird, nimmt das „ausgesetzte" **Berufungsverfahren seinen Fortgang**. Die Frist nach § 317 für die nicht vorgeschriebene Berufungsbegründung beginnt zu laufen (HK-Rautenberg § 315 Rdn. 5).

§ 316 [Hemmung der Rechtskraft]

(1) Durch rechtzeitige Einlegung der Berufung wird die Rechtskraft des Urteils, soweit es angefochten ist, gehemmt.

(2) Dem Beschwerdeführer, dem das Urteil mit den Gründen noch nicht zugestellt war, ist es nach Einlegung der Berufung sofort zuzustellen.

1 **Die rechtzeitige Berufung hemmt die Rechtskraft.** Die Hemmung bewirkt, dass das Urteil noch nicht vollstreckbar ist und das Verfahren rechtshängig bleibt. Die Rechtskrafthemmung soll sich auch auf Mitangeklagte erstrecken, die keine Berufung eingelegt haben, aber von der Entscheidung mit betroffen sind (OLG Celle NJW 1960, 1873).

2 **Die Hemmung endet** mit der endgültigen Entscheidung nach § 322 oder mit der Sachentscheidung des Berufungsgerichts (Meyer-Goßner § 316 Rdn. 1). Bei wirksam

beschränkter Berufung erstreckt sich die Hemmung der Rechtskraft nur auf die angefochtenen Urteilsteile.

Nach Abs. 2 ist das Urteil an den Beschwerdeführer zuzustellen, falls dies nicht 3
bereits geschehen ist (§ 314 Abs. 2). Die Anordnung der Zustellung trifft der Vorsitzende, die Geschäftsstelle führt sie aus (§ 36 Abs. 1). Wird versehentlich nicht eine Urteilsausfertigung, sondern eine beglaubigte Abschrift zugestellt, macht dies die Zustellung nicht unwirksam. Unterbleibt die Urteilszustellung, hindert dies nicht die Durchführung des Berufungsverfahrens (kein Prozesshindernis; BGHSt 33, 183). Der Beschwerdeführer hat dann aber einen Anspruch darauf, dass ggf. die Berufungsverhandlung ausgesetzt wird (Köln NStZ 1984, 475), damit er Zeit zur Vorbereitung hat.

Ist das Urteil verloren gegangen, ist es möglichst mit den Gründen wiederherzustel- 4
len, mindestens jedoch die Urteilsformel. Das Vorhandensein der Akten soll nicht Voraussetzung für die Durchführung des Berufungsverfahrens sein (vgl. LR-Gössel § 316 Rdn. 16 ff).

§ 317 [Berufungsbegründung]

Die Berufung kann binnen einer weiteren Woche nach Ablauf der Frist zur Einlegung des Rechtsmittels oder, wenn zu dieser Zeit das Urteil noch nicht zugestellt war, nach dessen Zustellung bei dem Gericht des ersten Rechtszuges zu Protokoll der Geschäftsstelle oder in einer Beschwerdeschrift gerechtfertigt werden.

Die Vorschrift regelt das Recht – nicht jedoch die Pflicht –, die Berufung binnen 1
einer weiteren Woche **zu begründen.** War zu dieser Zeit das Urteil noch nicht zugestellt, hat die Berufungsbegründung binnen einer Woche nach der Zustellung zu erfolgen. Die Begründung ist an das Gericht des ersten Rechtszuges zu richten.

Die Berufungsbegründung ist zwar nur fakultativ, **in der Praxis aber wichtig,** um 2
dem Berufungsgericht die entscheidenden Punkte offen zu legen und ggf. auch klarzustellen, dass die Berufung nicht offensichtlich unbegründet ist (Siegesmund/Wickern wistra 1993, 88).

§ 318 [Beschränkung der Berufung]

¹Die Berufung kann auf bestimmte Beschwerdepunkte beschränkt werden.
²Ist dies nicht geschehen oder eine Rechtfertigung überhaupt nicht erfolgt, so gilt der ganze Inhalt des Urteils als angefochten.

Die Beschränkung der Berufung ist zulässig. Fehlt eine entsprechende Erklä- 1
rung, so gilt der gesamte Urteilsinhalt als angefochten (S. 2). Allerdings kann sich die Beschränkung jedenfalls auch aus Wortlaut und Sinn der Berufungsbegründung ergeben.

Beispiel: In der Berufungsbegründung wendet sich der Beschwerdeführer allein gegen die Höhe der zu Grunde gelegten Tagessatzzahl und Tagessatzhöhe. – Der Angeklagte erstrebt die Annahme eines minderschweren Falls. Dies enthält im Regelfall die Beschränkung der Berufung auf das Strafmaß (OLG Köln NStZ 1989, 339).

Allerdings bedeuten Ausführungen in der nicht vorgeschriebenen Berufungsbe- 2
gründungsschrift anders als im Revisionsverfahren nicht zwingend eine Beschränkung (Meyer-Goßner § 318 Rdn. 2). In **Zweifelsfällen** ist beim Beschwerdeführer nachzufragen. Bei Unklarheiten verbleibt es bei einer umfassenden Anfechtung

Ob eine Beschränkung der Berufung zulässig ist, beurteilt sich nach der so genann- 3
ten **Trennbarkeitsformel** (Rdn. 21 ff vor § 296). Die Beschränkung ist also nur möglich, wenn sie sich auf Beschwerdepunkte bezieht, die nach dem inneren Zusam-

§ 318

menhang des Urteils losgelöst von seinem nicht angegriffenen Teil rechtlich und tatsächlich selbstständig beurteilt werden können, ohne eine Prüfung der Entscheidung im Übrigen erforderlich zu machen (BGHSt 29, 359, 364 m. w. N.; Meyer-Goßner § 318 Rdn. 6).

4   **Weiterhin muss das Urteil widerspruchsfrei bleiben.** Eine Berufungsbeschränkung ist unwirksam, wenn sie zu Widersprüchen zwischen den nicht angefochtenen Teilen des Urteils und der Entscheidung des Rechtsmittelgerichts führen kann (BGHSt 29, 359, 365; OLG Düsseldorf wistra 1988, 118). Ob dies der Fall ist, prüft das Rechtsmittelgericht von Amts wegen (BGH NJW 1980, 1807), wobei die Sicht das Ergebnis der Beratung über die zu treffende Entscheidung ist (BGHSt 27, 70, 72).

5   In diesem Zusammenhang sind mehrere Konstellationen zu unterscheiden: **Bei mehreren Angeklagten** kann jeder von ihnen unabhängig von den Mitangeklagten selbstständig Berufung einlegen.

6   Ist der Angeklagte **wegen mehrerer Taten im Sinne des § 264** verurteilt worden, so kann er die Berufung auf die Verurteilung wegen eines oder mehrerer von ihnen beschränken. Insofern kommt es auch auf Widerspruchsfreiheit nicht an (BayObLG NJW 1966, 2369). Eine Ausnahme ist zu machen, wenn diese Taten im Verhältnis der Alternativität stehen.

Beispiel: Der Täter hat entweder Beihilfe zur Tat oder Begünstigung zu der Tat geleistet (BGHSt 32, 146; vgl. auch OLG Karlsruhe JR 1989, 82; Schmehl/Vollmer S. 220).

7   Ist Gegenstand der Verurteilung ein Fall der **Wahlfeststellung,** kann die Berufung nicht auf die Verurteilung wegen eines der wahlweise begangenen Delikte beschränkt werden (OLG Karlsruhe JR 1989, 82).

8   **Bei sachlich-rechtlich selbstständigen Straftaten** (§ 53 StGB), die verfahrensrechtlich eine einheitliche Tat bilden (§ 264), ist die Berufungsbeschränkung wirksam (BGHSt 24, 185). Der Richter ist in dem weiteren Verfahren an die Feststellungen zu dem nicht angefochtenen Urteilsteil gebunden (BGHSt 24, 185; Meyer-Goßner § 318 Rdn. 10; a. M. LR-Hanack § 344 Rdn. 22 zum Revisionsrecht).

9   Stehen die tatmehrheitlich realisierten Taten ihrerseits in Tateinheit mit demselben leichteren Delikt, soll eine Berufungsbeschränkung **nicht wirksam** sein (BGHSt 25, 72; anders noch BGHSt 23, 141, 150).

10 Ergibt sich erst durch die Überprüfung des Rechtsmittels, ob überhaupt **mehrere Straftaten** im Sinne des § 53 StGB vorliegen, kann die Berufung nicht beschränkt werden, z. B. wenn die mehreren Straftaten eine einheitliche Tat des Vollrausches nach § 323a StGB bilden könnten oder wenn eine einheitliche Trunkenheitsfahrt vorliegt, die nur durch die Straftat nach § 142 StGB sachlich-rechtlich in zwei Teile aufgespalten wird, aber eine einheitliche Tat ist, wenn kein Verstoß gegen § 142 StGB anzunehmen ist (BGHSt 25, 72; Meyer-Goßner § 318 Rdn. 11).

11 **Eine Beschränkung der Berufung auf einzelne rechtliche Gesichtspunkte des Schuldspruchs ist nicht möglich.** Dies gilt in Fällen der Tateinheit auch dann, wenn das AG irrtümlich Tatmehrheit angenommen hat (vgl. Schmehl/Vollmer S. 220; BGHSt 21, 256, 258; BGH NStZ 2003, 264; Meyer-Goßner § 318 Rdn. 13). Eine Ausnahme für Fälle der Tateinheit wird gemacht, wenn es um Tateinheit eines Dauerdelikts mit einem anderen Delikt geht.

Beispiel: Freiheitsberaubung, während der es zu einer Körperverletzung gekommen sein soll. Eine Beschränkung der Berufung auf die Verurteilung wegen Körperverletzung ist zulässig. Der BGH (BGHSt 39, 390) hat eine Beschränkung bei einer Verurteilung wegen Zuhälterei in Tateinheit mit Vergewaltigung im Hinblick auf die Tat nach § 177 zugelassen.

Wird der Schuldspruch angefochten, sind alle weiteren Urteilsteile mit erfasst. Zur Schuldfrage gehören die Voraussetzungen eines minderschweren oder besonders

3. Abschnitt. Berufung **§ 318**

schweren Falls, wenn sie mit der Schuldfeststellung untrennbar verknüpft sind. Gleiches gilt für die Regelbeispiele des § 243 Abs. 1 S. 2 Nr. 1, 2 und 4 StGB (BGHSt 29, 359). Zum Schuldspruch soll auch die Gewerbsmäßigkeit bei der Hehlerei nach § 260 StGB gehören (BGH NStZ 1982, 29). Kein Teil der Schuldfrage ist eine verminderte Schuldfähigkeit nach § 21 StGB, die Anwendung des § 157 StGB oder der §§ 158, 163 Abs. 2, § 213 StGB (Meyer-Goßner § 318 Rdn. 15).

Eine **Beschränkung auf den Rechtsfolgenausspruch** oder Strafausspruch kommt in der Praxis häufig vor und ist grundsätzlich zulässig. Voraussetzung ist, dass das angefochtene Urteil eine entsprechende Prüfung ermöglicht. Enthält das Urteil keine Gründe oder sind die Feststellungen zur Tat, sei es auch nur zur inneren Tatseite, so knapp, unvollständig, unklar oder widersprüchlich, dass sie keine hinreichende Grundlage für die Prüfung der Rechtsfolgenentscheidung bilden, ist die Beschränkung unwirksam (vgl. BGHSt 33, 59; BayObLG wistra 1999, 119; BayObLG wistra 2001, 79; Meyer-Goßner § 318 Rdn. 16; Schmehl/Vollmer S. 221). **12**

> **Beispiel:** Das Urteil wegen vorsätzlicher Körperverletzung teilt lediglich mit, das Tatopfer habe „erhebliche Verletzungen" erlitten. Hieraus lässt sich nicht genug ableiten, um die Strafzumessung entsprechend überprüfen zu können (Schmehl/Vollmer S. 221).

> **Beispiel:** Unwirksamkeit der Beschränkung bei Verurteilung wegen einer Trunkenheitsfahrt, weil keine Feststellungen zu den Umständen der Alkoholaufnahme getroffen wurden (BayObLG NStZ 1997, 359; krit. Meyer-Goßner § 318 Rdn. 16).

Hinweis: Wenn in der Klausur eine Beschränkung des Rechtsmittels auf den Rechtsfolgenausspruch zu prüfen ist, erläutern Sie stets, ob die Feststellungen des angefochtenen Urteils eine Beschränkung überhaupt zulassen. (Beispiele zur Unwirksamkeit der Beschränkung bei Meyer-Goßner § 318 Rdn. 17).

Innerhalb des Rechtsfolgenausspruches sind Beschränkungen möglich. Bei der Geldstrafe ist häufig die Beschränkung auf die Zahl der Tagessätze (KK-Ruß § 318 Rdn. 8a; Schall JuS 1977, 309; Meyer-Goßner § 318 Rdn. 19) oder auf die Höhe des Tagessatzes (BGHSt 27, 70). Auch kann eine Beschränkung auf die Entscheidung über Zahlungserleichterungen nach § 42 StGB erfolgen (Meyer-Goßner § 318 Rdn. 19). Zweifelhaft ist, ob eine Beschränkung auf die Verhängung der Geldstrafe neben einer Freiheitsstrafe nach § 41 StGB möglich ist (abl. OLG Düsseldorf JMBlNW 1999, 41). **13**

Wird die Berufung auf die **Bemessung der Gesamtstrafe** beschränkt, ist die Beschränkung auch dann wirksam, wenn es bei der Bemessung der Einzelstrafen Fehler gab (Meyer-Goßner § 318 Rdn. 20). Eine Beschränkung auf die Strafaussetzung zur Bewährung ist zulässig, sofern nicht eine innere Abhängigkeit von der gesamten Straffrage besteht (BGHSt 24, 164). Eine Beschränkung auf Nebenstrafen und Nebenfolgen hängt davon ab, ob diese Rechtsfolge mit der Hauptstrafe untrennbar verknüpft ist. Zu bejahen ist dies etwa bei der Verhängung eines Fahrverbots (§ 44 StGB; OLG Schleswig NStZ 1984, 90). **14**

Die Bemessung der **Sperre für die Wiedererteilung der Fahrerlaubnis** (§ 69a StGB) kann gesondert angefochten werden. Gleiches gilt für die Anordnung des Berufsverbotes nach § 70 StGB (BGHSt 17, 38; Meyer-Goßner § 318 Rdn. 30; a.M. LR-Gössel § 318 Rdn. 115). **15**

Die wirksame Berufungsbeschränkung führt zur Rechtskraft des Urteils im Übrigen, auch wenn Tatidentität im Sinne des § 264 vorliegt. Bei Berufungsbeschränkung innerhalb einer einheitlichen Tat tritt die so genannte horizontale Teilrechtskraft ein, die in Wahrheit nur eine **innerprozessuale Bindungswirkung** hat (Meyer-Goßner § 318 Rdn. 31). Bei einer Beschränkung auf den Rechtsfolgenausspruch dürfen die Feststellungen des Berufungsgerichts zum Schuldumfang nicht in Widerspruch zu den diesbezüglichen Feststellungen des AG stehen (BayObLG NStZ 2000, 275). Ist die **16**

§ 319 3. Buch. Rechtsmittel

Berufungsbeschränkung unwirksam, gilt das Rechtsmittel als in vollem Umfang eingelegt (BGHSt 6, 229, 230; BGHSt 21, 256, 258).

17 Das Revisionsgericht prüft die Wirksamkeit der Berufungsbeschränkung von Amts wegen (§ 352 Rdn. 4), da es um die Frage der Rechtskraft der angefochtenen Entscheidung, also eines von Amts wegen zu prüfenden Prozesshindernisses geht.

§ 319 [Verspätete Einlegung]

(1) **Ist die Berufung verspätet eingelegt, so hat das Gericht des ersten Rechtszuges das Rechtsmittel als unzulässig zu verwerfen.**

(2) [1]**Der Beschwerdeführer kann binnen einer Woche nach Zustellung des Beschlusses auf die Entscheidung des Berufungsgerichts antragen.** [2]**In diesem Falle sind die Akten an das Berufungsgericht einzusenden; die Vollstreckung des Urteils wird jedoch hierdurch nicht gehemmt.** [3]**Die Vorschrift des § 35a gilt entsprechend.**

1 Wird die Berufung verspätet eingelegt, d. h. die Frist des § 314 nicht gewahrt, muss das Gericht des ersten Rechtszuges die Berufung **als unzulässig verwerfen** (Abs. 1). Dies gilt auch in den Fällen der Annahmeberufung (Meyer-Goßner § 319 Rdn. 1).

2 Der Verwerfungsbeschluss hat nur deklaratorische Bedeutung und ergeht von Amts wegen nach Anhörung der StA (§ 33 Abs. 2). Er ist zu begründen und wird dem Beschwerdeführer bzw. demjenigen, der die Berufung eingelegt hat, mit einer Belehrung über sein Anfechtungsrecht nach Abs. 2 S. 3 zugestellt.

3 Der Beschwerdeführer kann eine Entscheidung des Berufungsgerichts beantragen. Hierbei handelt es sich um einen **Rechtsbehelf eigener Art,** nicht um eine sofortige Beschwerde. Das Recht hat der, der die Berufung eingelegt hat, der Angeklagte aber auch dann, wenn die Berufung des gesetzlichen Vertreters oder Erziehungsberechtigten verworfen worden ist. § 319 Abs. 2 schließt die Beschwerde nach § 304 Abs. 1 aus (Meyer-Goßner § 319 Rdn. 2).

4 Entsprechend § 306 Abs. 1 ist der **Antrag bei dem judex a quo** (Amtsgericht) anzubringen, der es ohne weitere Prüfung die Berufung bzw. die Akten an das Berufungsgericht weiterzuleiten hat. Wird versehentlich der Antrag beim Berufungsgericht angebracht, leitet dieses den Antrag an das AG zurück. Für die Fristwahrung ist dann entscheidend, wann die Sache beim AG eingeht.

5 Der Antrag muss **schriftlich** gestellt werden, bedarf aber sonst keiner besonderen Form. Beantragt der Angeklagte Wiedereinsetzung in den vorigen Stand, enthält dies in der Regel auch den Antrag nach Abs. 2 (OLG Bremen GA 1954, 279).

6 **Das Berufungsgericht prüft** nicht nur den angefochtenen Beschluss, sondern die Zulässigkeit der Berufung insgesamt. Eine Anfechtung des Beschlusses ist nur möglich, wenn das AG zur Verwerfung nicht befugt war, denn dann ist der Beschluss des LG der Sache nach eine Entscheidung nach § 322 Abs. 1 (§ 322 Abs. 2; OLG Koblenz NZV 2001, 314).

7 Der Antrag hat **keinen Suspensiveffekt** (Abs. 2 S. 2 2. Hs.). Eine Aussetzung des Vollzugs nach § 307 Abs. 2 soll nicht zulässig sein, weil es sich nicht um eine Beschwerde handelt. Die Vollstreckung wird in der Praxis aber möglichst bis zum Beschluss des Berufungsgerichts aufgeschoben (Meyer-Goßner § 319 Rdn. 6).

8 Gibt es Zweifel an der Einhaltung der Frist, ist dem Angeklagten nach Auffassung des OLG Brandenburg (wistra 2006, 76) von Amts wegen Wiedereinsetzung in den vorigen Stand zu gewähren. In dem konkreten Fall war der Briefumschlag, mit dem die Berufungsschrift befördert wurde, nicht zu den Akten genommen worden, deshalb blieb ungewiss, ob die Fristversäumung auf einer überlangen Postlaufzeit beruhte.

§ 320 [Aktenvorlage an Staatsanwaltschaft]

¹Ist die Berufung rechtzeitig eingelegt, so hat nach Ablauf der Frist zur Rechtfertigung die Geschäftsstelle ohne Rücksicht darauf, ob eine Rechtfertigung stattgefunden hat oder nicht, die Akten der Staatsanwaltschaft vorzulegen. ²Diese stellt, wenn die Berufung von ihr eingelegt ist, dem Angeklagten die Schriftstücke über Einlegung und Rechtfertigung der Berufung zu.

Unabhängig vom Vorliegen einer Berufungsbegründung sind die **Akten nach Ablauf der Begründungsfrist** (§ 317) an die StA abzugeben. Ist das Rechtsmittel nicht vom Angeklagten eingelegt worden, übermittelt die StA dem Angeklagten die Schriftstücke über Einlegung und Begründung der Berufung (§ 320 S. 2). Inwiefern eine formlose Mitteilung genügt, ist zweifelhaft (Meyer-Goßner § 320 Rdn. 2 gegen SK-Frisch § 320 Rdn. 6). Wird die Zustellung der Berufungsbegründungsschrift unterlassen, begründet dies zwar nicht die Revision, berechtigt den Angeklagten jedoch, die Aussetzung der Verhandlung zu verlangen (OLG Köln NStZ 1984, 475). 1

Eine **Berufungsgegenerklärung** ist vom Gesetz nicht vorgesehen, für die Praxis aber dem Berufungsgegner zu empfehlen (vgl. Meyer-Goßner § 320 Rdn. 3). 2

§ 321 [Aktenweitergabe ans Berufungsgericht]

¹Die Staatsanwaltschaft übersendet die Akten an die Staatsanwaltschaft bei dem Berufungsgericht. ²Diese übergibt die Akten binnen einer Woche dem Vorsitzenden des Gerichts.

Die **Aktenübersendung** an die StA beim LG (§ 321 S. 1) ist praktisch nur dann von Bedeutung, wenn das entsprechende Bundesland eine selbständige Amtsanwaltschaft kennt. Sonst handelt es sich um ein und dieselbe Behörde (KK-Ruß § 321 Rdn. 1). 1

Die StA übermittelt die Akten dem **Vorsitzenden der Strafkammer.** Hierbei kann es sich um die allgemeine Strafkammer oder eine besondere Strafkammer nach § 74c GVG handeln. Nach RiStBV Nr. 158 soll die StA bei der Aktenvorlage Zeugen und Sachverständige benennen, deren Vernehmung sie für erforderlich hält. Die Vorlage binnen einer Woche ist bloße Ordnungsvorschrift. 2

Mit dem Eingang der Akten zur Durchführung des Berufungsverfahrens wird die Sache beim Berufungsgericht anhängig und der Berufungsrichter zum erkennenden Richter. Zugleich geht die Zuständigkeit für weitere Entscheidungen auf dieses Gericht über (vgl. auch § 347 Rdn. 6). 3

§ 322 [Verwerfung ohne Hauptverhandlung]

(1) ¹Erachtet das Berufungsgericht die Vorschriften über die Einlegung der Berufung nicht für beobachtet, so kann es das Rechtsmittel durch Beschluß als unzulässig verwerfen. ²Andernfalls entscheidet es darüber durch Urteil; § 322a bleibt unberührt.

(2) Der Beschluß kann mit sofortiger Beschwerde angefochten werden.

Das Berufungsgericht kann eine unzulässige Berufung **durch Beschluss verwerfen** (Abs. 1 S. 1). Die dort angesprochenen „Vorschriften über die Einlegung der Berufung" meinen Fälle, in denen die Berufung nicht innerhalb der Frist des § 314 eingelegt und versehentlich vom AG nicht nach § 319 verworfen worden ist. Weiterhin geht es um Fälle, in denen die Form des § 314 nicht gewahrt, der Beschwerdeführer nicht beschwert oder aus anderen Gründen zur Anfechtung nicht befugt ist. Ebenfalls erfasst sind Fälle des Rechtsmittelverzichts. Zweifelhaft ist, ob schon das alleinige Ziel 1

§ 322a 3. Buch. Rechtsmittel

schadet, den Führerschein wegen Zeitablaufs zurückzuerhalten. Überwiegend hält man die Berufung für zulässig (Meyer-Goßner § 322 Rdn. 1). Lediglich das Landgericht Berlin (VRS 49, 276) hält eine solche Berufung für unzulässig, da rechtsmissbräuchlich. Hiergegen spricht aber schon § 473 Abs. 5.

2   **Der Verwerfungsbeschluss ist zu begründen** und dem Beschwerdeführer mit Rechtsmittelbelehrung zuzustellen. Dagegen ist sofortige Beschwerde möglich, für den Angeklagten auch dann, wenn die Berufung des gesetzlichen Vertreters oder Erziehungsberechtigten verworfen worden ist, selbst wenn er selbst nach Erlass des Urteils auf Rechtsmittel verzichtet hatte (Meyer-Goßner § 322a Rdn. 6).

3   Ist die Berufung verspätet eingelegt worden, hat die Verwerfung hinsichtlich Rechtskraft und Vollstreckbarkeit nur **deklaratorische Bedeutung**. Wird die rechtzeitige Berufung als unzulässig verworfen, so wird das Urteil erst mit der Rechtskraft des Beschlusses rechtskräftig (KK-Ruß § 322 Rdn. 3).

4   Erfolgt eine **anderweitige Verfahrensbeendigung** (etwa Einstellung außerhalb der Hauptverhandlung), muss in der Hauptverhandlung durch Urteil entschieden werden (§ 322 Abs. 1 S. 2). Dies gilt auch bei Unzulässigkeit der Berufung, über die nicht bereits nach Abs. 1 entschieden worden ist, weil z.B. Zweifel an der Zulässigkeit der Berufung erst in der Hauptverhandlung geklärt werden konnten (OLG Celle GA 1963, 380).

§ 322a [Beschluß des Berufungsgerichts]

[1]Über die Annahme einer Berufung (§ 313) entscheidet das Berufungsgericht durch Beschluß. [2]Die Entscheidung ist unanfechtbar. [3]Der Beschluß, mit dem die Berufung angenommen wird, bedarf keiner Begründung.

1   **Die Entscheidung über die Annahmeberufung (§ 313)** trifft das Berufungsgericht durch unanfechtbaren Beschluss. Soweit die Berufung angenommen wird, bedarf der Beschluss keiner Begründung (§ 322a S. 3). Der Nichtannahmebeschluss ist als unanfechtbarer Beschluss eigentlich nach § 34 nicht zu begründen, aus S. 3 ergibt sich aber, dass hier eine Begründungspflicht besteht (Feuerhelm StV 1997, 104). In der Praxis wird man sich aber regelmäßig entsprechend der Übung zu § 349 Abs. 2 für die Begründung auf den Hinweis auf die „offensichtliche Unbegründetheit" beschränken oder kurz auf die Ausführungen der Berufungsbegründung eingehen (OLG Stuttgart Justiz 1999, 494, 495; Meyer-Goßner § 322a Rdn. 7).

2   Das Berufungsgericht (Kleine Strafkammer) entscheidet außerhalb der Hauptverhandlung **ohne Mitwirkung der Schöffen** (§ 76 Abs. 1 S. 2 GVG). Bei Annahme der Berufung erfolgt der Beschluss zweckmäßigerweise zusammen mit der Terminsbestimmung (§§ 332, 213) unter Anordnung der Ladung (§ 323 Abs. 1 S. 1). Wird die Terminsbestimmung ohne Erlass des Annahmebeschlusses durchgeführt, kann darin die stillschweigende Annahme der Berufung liegen (OLG Zweibrücken NStZ-RR 2002, 245). Bei Annahme ist eine Begründung nicht erforderlich, aber in der Regel empfehlenswert, um dem Beschwerdeführer zu zeigen, worin ein Schwerpunkt der Berufungsverhandlung liegen könnte (Meyer-Goßner § 322a Rdn. 3).

3   **Die Teilannahme einer Berufung**, z.B. hinsichtlich einer von mehreren Taten oder nur hinsichtlich des Strafausspruchs, ist zulässig (LG Stuttgart NStZ 1995, 301; Meyer-Goßner § 322a Rdn. 3; a.M. Rieß FS Kaiser S. 1475). Hält das LG die Berufung wegen eines Verfahrensfehlers für nicht offensichtlich unbegründet, sollte es dies darlegen, um dem Beschwerdeführer einen Übergang zur Revision zu ermöglichen (Meyer-Goßner § 322a Rdn. 3; dort auch § 335 Rdn. 21).

4   **Die Annahmeentscheidung ist nicht fristgebunden.** Die Begründungsfrist von einer Woche muss in jedem Fall abgewartet werden, um dem Beschwerdeführer Gelegenheit zur Berufungsbegründung zu geben. Allerdings sollte das LG noch vor Ab-

lauf eines Monates nach Zustellung des amtsgerichtlichen Urteils mit Gründen entscheiden (vgl. Rdn. 3). Da die Annahmeentscheidung unanfechtbar ist, ist sie auch nicht zurücknehmbar (OLG Zweibrücken NStZ-RR 2002, 245).

Die Nichtannahme ist zwar grundsätzlich unanfechtbar, aber nur dann, wenn es sich tatsächlich um einen Fall des § 313 Abs. 1 gehandelt hat. Hat die Kammer irrig dessen Voraussetzungen angenommen, obwohl die Berufung der Annahme nicht bedurfte, ist gegen den Nichtannahmebeschluss **entsprechend § 322 Abs. 2 sofortige Beschwerde** zulässig (OLG Hamburg JR 1999, 479; Feuerhelm StV 1997, 104). Gleiches gilt bei unzulässiger Rücknahme der Annahme der Berufung (OLG Zweibrücken NStZ-RR 2002, 245).

Bei Nichtannahme der Berufung ergeht eine **Kostenentscheidung** nach § 464 Abs. 1, § 473 Abs. 1, 2. Bei Annahme der Berufung ist eine Kostenentscheidung nicht nötig, da die entstandenen Kosten zu denen des Berufungsverfahrens gehören.

§ 323 [Vorbereitung der Hauptverhandlung]

(1) ¹**Für die Vorbereitung der Hauptverhandlung gelten die Vorschriften der §§ 214 und 216 bis 225.** ²**In der Ladung ist der Angeklagte auf die Folgen des Ausbleibens ausdrücklich hinzuweisen.**

(2) ¹**Die Ladung der im ersten Rechtszug vernommenen Zeugen und Sachverständigen kann nur dann unterbleiben, wenn ihre wiederholte Vernehmung zur Aufklärung der Sache nicht erforderlich erscheint.** ²**Sofern es erforderlich erscheint, ordnet das Berufungsgericht die Übertragung eines Tonbandmitschnitts einer Vernehmung gemäß § 273 Abs. 2 Satz 2 in ein schriftliches Protokoll an.** ³**Wer die Übertragung hergestellt hat, versieht die eigene Unterschrift mit dem Zusatz, dass die Richtigkeit der Übertragung bestätigt wird.** ⁴**Der Staatsanwaltschaft, dem Verteidiger und dem Angeklagten ist eine Abschrift des schriftlichen Protokolls zu erteilen.** ⁵**Der Nachweis der Unrichtigkeit der Übertragung ist zulässig.** ⁶**Das schriftliche Protokoll kann nach Maßgabe des § 325 verlesen werden.**

(3) **Neue Beweismittel sind zulässig.**

(4) **Bei der Auswahl der zu ladenden Zeugen und Sachverständigen ist auf die von dem Angeklagten zur Rechtfertigung der Berufung benannten Personen Rücksicht zu nehmen.**

Die Vorbereitung der Hauptverhandlung richtet sich nach den Bestimmungen für die Hauptverhandlung im ersten Rechtszug (§ 323 Abs. 1 S. 1). **Im Umfang der Anfechtung wird die Sache völlig neu verhandelt.** Daher müssen alle Zeugen und Sachverständige geladen werden, deren Aussage für die Entscheidung von Bedeutung sein kann. Die Ladung neuer Zeugen ist zulässig (Abs. 3). Bei der Ladung ist außer dem Vorschlag in der Stellungnahme der StA (§ 321 Rdn. 2) die Berufungsbegründung des Angeklagten zu beachten (§ 323 Abs. 4). Die Ladung der im ersten Rechtszug vernommenen Zeugen und Sachverständigen darf nur dann unterbleiben, wenn sie als Beweismittel überflüssig sind oder es nach Einschätzung des Gerichts ausreicht, die Niederschrift über ihre Aussage im ersten Rechtszug zu verlesen (§ 323 Abs. 2; vgl. § 325 Abs. 1).

Mit der Ladung ist der Angeklagte darauf hinzuweisen, dass bei seinem **Ausbleiben** seine Berufung nach § 329 Abs. 1 verworfen werden kann (§ 323 Abs. 1 S. 2). Der Hinweis muss schriftlich erteilt werden (OLG Düsseldorf MDR 1987, 868) und vollständig sowie eindeutig sein (OLG Zweibrücken StV 1981, 539). Bei Berufung durch die StA ist ein Hinweis darauf nötig, dass eine Berufungshauptverhandlung auch in

§ 324 3. Buch. Rechtsmittel

Abwesenheit des Angeklagten stattfinden kann (§ 329 Abs. 2 S. 1, Abs. 4 S. 1). Ist eine Vertretung des Angeklagten in der Berufungshauptverhandlung zulässig, muss er in der Ladung auch hierauf eindeutig hingewiesen werden (OLG Bremen StV 1989, 54).

3   Wurde die Hauptverhandlung vor dem AG auf Tonträger aufgenommen, ordnet der Vorsitzende die **Anfertigung einer Abschrift** des bei den Akten befindlichen Tonbandmitschnittes an, soweit die Aussagen bzw. einzelne Vernehmungen für das Berufungsverfahren von Bedeutung sind. Bei unbeschränkt eingelegter Berufung wird dies in der Regel ohne weiteres der Fall sein. Die entsprechende Abschrift ist von der Person, die sie gefertigt hat, zu unterschreiben und die Richtigkeit der Übertragung zu bestätigen.

4   Die Abschrift hat **nicht die Beweiskraft des Protokolls** nach § 274; vielmehr bleibt der Nachweis der Unrichtigkeit der Übertragung zulässig (vgl. § 168a Abs. 4 S. 3, 4). Die Abschrift ist den Verfahrensbeteiligten mitzuteilen; hierzu gehören auch der Nebenkläger oder ein Nebenbeteiligter (Meyer-Goßner § 323 Rdn. 4).

5   Das so hergestellte Protokoll ist in der Berufungsverhandlung nach Maßgabe des § 325 **zu verlesen.** Davon wird abgesehen, wenn es auf den Inhalt der Aussage nach dem Gang des Berufungsverfahrens nicht mehr ankommt oder die erneute persönliche Vernehmung der Aussageperson nach § 244 Abs. 2 erforderlich erscheint, sei es auch erst auf Antrag eines Verfahrensbeteiligten (vgl. Meyer-Goßner § 323 Rdn. 4).

§ 324 [Gang der Hauptverhandlung]

(1) ¹Nachdem die Hauptverhandlung nach Vorschrift des § 243 Abs. 1 begonnen hat, hält ein Berichterstatter in Abwesenheit der Zeugen einen Vortrag über die Ergebnisse des bisherigen Verfahrens. ²Das Urteil des ersten Rechtszuges ist zu verlesen, soweit es für die Berufung von Bedeutung ist; von der Verlesung der Urteilsgründe kann abgesehen werden, soweit die Staatsanwaltschaft, der Verteidiger und der Angeklagte darauf verzichten.

(2) **Sodann erfolgt die Vernehmung des Angeklagten und die Beweisaufnahme.**

1   Grundsätzlich gelten für das Berufungsverfahren die für die Hauptverhandlung vorhandenen Vorschriften (§ 323). **§ 324 regelt gewisse Abweichungen,** die sich aus der Natur der Sache ergeben.

2   Wie im ersten Rechtszug beginnt die Verhandlung mit dem Aufruf der Sache und der Feststellung der vorhandenen Personen usw. (§ 243 Abs. 1). Ggf. werden Zeugen belehrt (§ 57), danach, wenn sie den Gerichtssaal verlassen haben, erfolgt die Vernehmung des Angeklagten zur Person (§ 243 Abs. 2) und ggf. auch eine Klärung der mit der Berufung verfolgten Ziele (Meyer-Goßner § 324 Rdn. 1). An die Stelle der Verlesung des Anklagesatzes (§ 243 Abs. 3) tritt dann der **Vortrag des Berichterstatters** über die Ergebnisse des bisherigen Verfahrens. Da es sich durchweg um Verfahren vor der Kleinen Strafkammer handelt, ist es der Vorsitzende selbst, der diesen Bericht gibt. Nur bei der als Berufungskammer tätig werdenden Großen Jugendkammer (und im Fall des § 76 Abs. 3 GVG) kann es einen davon abweichenden Berichterstatter geben. Die Verlesung des Urteils kann jedem Mitglied des Gerichts, auch dem Protokollführer, übertragen werden (KK-Ruß § 324 Rdn. 4).

3   Zu den Ergebnissen des bisherigen Verfahrens gehört auch das **Ermittlungsverfahren** (Meyer-Goßner § 324 Rdn. 4). Allerdings bezieht sich sowohl die Verlesung als auch der Bericht über das Ermittlungsverfahren nur auf die Einzelheiten, die für die Berufung von Relevanz sind. Zu dem Bericht kann auch gehören, auszugsweise auf die Anklage oder eine Nachtragsanklage zurückzugreifen, über die Ausscheidung von Verfahrensteilen nach § 154a oder ihre Wiedereinbeziehung zu informieren sowie über vorangegangene Urteilsanfechtungen und Zuständigkeitsverschiebungen (Meyer-

3. Abschnitt. Berufung **§ 325**

Goßner § 324 Rdn. 4). Nach der Urteilsverlesung sind die Berufungsbegründung, insbesondere soweit sie Beschränkungen enthält, und ggf. die Bedenken gegen die Zulässigkeit der Berufung oder ihrer Beschränkung und sonstige Anträge vorzutragen. Berufungsbegründungen auch der StA dürfen verlesen werden (OLG Köln NJW 1961, 1127). Hat die StA nach Einlegung der Berufung weitere Ermittlungen durchgeführt, muss darauf hingewiesen werden (OLG Köln MDR 1974, 950).

Urteilsausspruch und Gründe des angefochtenen Urteils müssen verlesen werden, sofern es für die Berufung von Bedeutung ist und die Verfahrensbeteiligten auf die Verlesung nicht verzichten. Inwiefern von der Verlesung der angefochtenen Urteilsteile die Beweiswürdigung und die Strafzumessungsgründe möglicherweise auszunehmen sind, ist umstritten (Meyer-Goßner § 324 Rdn. 5 gegen SK-Frisch § 324 Rdn. 14). Dass die Schöffen durch die Verlesung beeinflusst werden können, hat der Gesetzgeber bewusst in Kauf genommen. Eine bloße teilweise Verlesung wird vom Vorsitzenden angeordnet. Hiergegen kann nach § 238 Abs. 2 Antrag auf gerichtliche Entscheidung (Kammerentscheidung) angetragen werden. Die Verlesung ist nicht Teil der Beweisaufnahme (OLG Stuttgart NStZ-RR 2003, 270), sie kann daher nicht die Beweiserhebung des Berufungsgerichts darüber ersetzen, was Angeklagte oder Zeugen vor dem unteren Gericht ausgesagt haben (Meyer-Goßner § 324 Rdn. 5). 4

Der Verzicht der Beteiligten auf die Verlesung umfasst nur die Urteilsgründe, nicht den Urteilsausspruch, der in der Berufungshauptverhandlung die Funktion des Anklagesatzes übernimmt. Der Verzicht hindert nicht die Verlesung, insbesondere nicht bezüglich der Urteilsfeststellungen, die für das Gericht bindend sind. Im Privatklageverfahren ist der Verzicht des Privatklägers erforderlich. Verzicht und Ausmaß des Verzichts sind nach § 273 Abs. 1 im Sitzungsprotokoll zu beurkunden. 5

Findet eine Berufungsverhandlung **nach Aufhebung des ersten Berufungsurteils** durch das Revisionsgericht und Zurückverweisung statt, ist auch die Verlesung des aufgehobenen Urteils zulässig (BGH GA 1976, 368) und, soweit es für die neue Verhandlung bindende Feststellungen enthält, zwingend erforderlich (BayObLG MDR 1982, 249). 6

Die Vernehmung des Angeklagten und die Beweisaufnahme richten sich nach den Grundsätzen des ersten Rechtszuges (vgl. die Ausführungen zu § 243). Die Vernehmung des Angeklagten zur Sache ist zwingend vorgeschrieben (RGSt 65, 373), auch bei einer Strafmaßberufung. Erleichtert wird die Beweisaufnahme durch § 325. 7

Die angebliche Unvollständigkeit des Berichts kann die **Revision** nicht begründen (KK-Ruß § 324 Rdn. 10), wohl aber das Unterlassen des Vortrags und der Verlesung des Urteils (OLG Hamburg NStZ 1985, 379). Die Revision mag begründet sein, wenn Teile des Berichts wie Beweisergebnisse verwertet worden sind, ohne dass sie Gegenstand der Beweisaufnahme waren. Eine unterlassene Vernehmung des Angeklagten zur Sache zwingt in der Regel zur Aufhebung des Urteils (OLG Köln NJW 1955, 1333). 8

§ 325 [Verlesung von Schriftstücken]

Bei der Berichterstattung und der Beweisaufnahme können Schriftstücke verlesen werden; Protokolle über Aussagen der in der Hauptverhandlung des ersten Rechtszuges vernommenen Zeugen und Sachverständigen dürfen, abgesehen von den Fällen der §§ 251 und 253, ohne die Zustimmung der Staatsanwaltschaft und des Angeklagten nicht verlesen werden, wenn die wiederholte Vorladung der Zeugen oder Sachverständigen erfolgt ist oder von dem Angeklagten rechtzeitig vor der Hauptverhandlung beantragt worden war.

Die Verlesung von Schriftstücken richtet sich grundsätzlich nach den §§ 249 bis 256. § 325 1. Hs. erweitert diese Voraussetzungen nicht, sondern stellt nur klar, dass 1

§ 325 3. Buch. Rechtsmittel

auch beim Bericht nach § 324 Schriftstücke verlesen werden dürfen. Bei der Verlesung von Vernehmungsniederschriften (Hs. 2) durchbricht § 325 das Unmittelbarkeitsprinzip des § 250 unter bestimmten Voraussetzungen. Die Verlesung von Niederschriften über die Vernehmung von Beweispersonen im ersten Rechtszug ist auch dann möglich, wenn sie nach den §§ 251, 253 unzulässig wäre. Unproblematisch ist dies nicht, weil die Niederschriften von den Vernommenen nicht gegengelesen und von ihnen auch nicht genehmigt worden sind (vgl. Meyer-Goßner NJW 1987, 1161, 1165). Daher sollte im Interesse der Sachaufklärung von dieser Befugnis nur zurückhaltend Gebrauch gemacht werden (Meyer-Goßner § 325 Rdn. 2).

2   Stimmen die Prozessbeteiligten (alle) zu, ist die Verlesung stets zulässig. Grenzen ergeben sich allein aus § 244 Abs. 2. **Alle Prozessbeteiligten** meint neben StA und dem Angeklagten sämtliche Prozessbeteiligte, die eigene prozessuale Rechte haben, also auch Nebenbeteiligte, den Verteidiger usw. (teilweise umstritten; Meyer-Goßner § 325 Rdn. 4).

3   Diese Zustimmung muss grundsätzlich **ausdrücklich** erklärt werden, kann aber auch in schlüssigem Verhalten liegen (SK-Frisch § 325 Rdn. 22). Die ausdrückliche Zustimmung muss nach § 273 Abs. 1 protokolliert werden, die stillschweigende nicht. Kennt ein Prozessbeteiligter sein Recht zum Widerspruch nicht, muss er darüber belehrt werden, dass er nicht zustimmen muss. Die nachträgliche Einholung der Zustimmung ist zulässig (Meyer-Goßner § 325 Rdn. 5).

4   **Ohne Zustimmung der Prozessbeteiligten** darf die Niederschrift nur verlesen werden, wenn weitere Voraussetzungen erfüllt sind. Der Zeuge oder Sachverständige darf zur Berufungsverhandlung nicht geladen worden sein. Wer die Ladung veranlasst hat, ist gleichgültig, auch, ob die Ladung die Beweisperson erreicht hat (OLG Celle NJW 1961, 1490, 1491). Die Gestellung des Zeugen oder Sachverständigen in der Hauptverhandlung steht der Ladung gleich (J. Meyer MDR 1962, 540). Wird ein von Amts wegen geladener Zeuge abbestellt, steht dies der Nichtladung gleich, aber nur, wenn der Angeklagte davon benachrichtigt worden ist, und damit die Möglichkeit hatte, selbst die Ladung vorzunehmen oder zu beantragen (OLG Stuttgart JR 1977, 343).

5   **Die Verlesung ist unzulässig,** wenn der Angeklagte die Ladung der Beweisperson beantragt hatte. Antrag im Sinne des Hs. 2 ist jede Eingabe, die das Verlangen auf Vorladung der Auskunftsperson erkennen lässt und nicht nur hilfsweise gestellt ist (OLG Hamburg NJW 1962, 880; Meyer-Goßner § 325 Rdn. 9). Anträge der Beteiligten, die die gleichen Rechte wie der Angeklagte haben, sind gleich zu behandeln, auch Anträge des Verteidigers, nicht aber der StA oder des Privat- oder Nebenklägers, der Erziehungsberechtigten usw. (Meyer-Goßner § 325 Rdn. 9).

6   Der entsprechende Ladungsantrag muss **rechtzeitig** vor der Hauptverhandlung gestellt sein. Rechtzeitig ist er, wenn das Gericht die Ladung – sei es auch telefonisch – ohne Verschiebung der Hauptverhandlung veranlassen kann (Meyer-Goßner § 325 Rdn. 10; KK-Ruß § 325 Rdn. 5 zweifelt, dass eine telefonische Ladung ausreicht).

7   Verlesbar sind nur **Vernehmungsprotokolle im Sinne des § 273 Abs. 2 und 3** aus der Hauptverhandlung des ersten Rechtszugs, in der das Urteil ergangen ist (KK-Ruß § 325 Rdn. 4, 8). Protokolle aus einer ausgesetzten Hauptverhandlung oder einer kommissarischen Vernehmung sind nicht erfasst. Hat sich der Zeuge bei seiner Vernehmung auf Schriftstücke bezogen, dürfen diese mitverlesen werden, nicht aber ihm vorgehaltene Protokolle über frühere Vernehmungen im Ermittlungsverfahren (SK-Frisch § 325 Rdn. 9). Wurden wesentliche Förmlichkeiten nicht beachtet, ist die Sitzungsniederschrift unverwertbar (OLG Stuttgart NJW 1970, 343). Hat der Zeuge ein Zeugnisverweigerungsrecht nach den §§ 52 ff, von dem er im ersten Rechtszug keinen Gebrauch gemacht hatte, steht dies der Verlesung nicht entgegen. Ist das Zeugnisverweigerungsrecht erst nach der Vernehmung entstanden oder teilt der Zeuge dem Berufungsgericht mit, dass er nunmehr die Aussage verweigern wolle, darf die Niederschrift nicht verlesen werden (Meyer-Goßner § 325 Rdn. 11).

3. Abschnitt. Berufung §§ 326, 327

Die Möglichkeit der Verlesung wird durch die **Sachaufklärungspflicht des Ge- 8 richts** (§ 244 Abs. 2) begrenzt. Ggf. muss von der Urkundenverlesung abgesehen werden und eine persönliche Anhörung der Beweisperson erfolgen (OLG Koblenz StV 1982, 65, 66). Aussagen von prozessentscheidender Bedeutung dürfen nicht durch eine Verlesung ersetzt werden (OLG Celle StV 1994, 474; Meyer-Goßner § 325 Rdn. 12). Gleiches gilt, wenn Zweifel daran bestehen, dass die Aussage auch richtig protokolliert wurde, wenn es widersprechende Zeugenaussagen gibt oder wenn das Berufungsgericht die Glaubwürdigkeit des Zeugen anders beurteilen will als der erste Richter (BayObLG JR 1973, 467; BayObLG StV 1992, 152

Nach der Verlesung muss das Berufungsgericht ggf. über die Frage der **Vereidi- 9 gung** neu entscheiden. Dabei ist zu beachten, dass die ältere Rechtsprechung (OLG Hamm NJW 1965, 1344) zum Teil durch die Neuregelungen bei der Vereidigung überholt ist. Wurde der Zeuge im ersten Rechtszug rechtswidrig vereidigt, darf die verlesene Aussage nach entsprechendem Hinweis an die Beteiligten als uneidliche Aussage gewertet werden.

Eine Verlesung einer Sitzungsniederschrift unter Verstoß gegen Hs. 2 kann die **Re- 10 vision** begründen. Mit der Aufklärungsrüge kann geltend gemacht werden, dass statt der Verlesung die persönliche Anhörung der Beweisperson hätte erfolgen müssen (SK-Frisch § 325 Rdn. 34).

§ 326 [Schlußvorträge]

¹**Nach dem Schluß der Beweisaufnahme werden die Staatsanwaltschaft sowie der Angeklagte und sein Verteidiger mit ihren Ausführungen und Anträgen, und zwar der Beschwerdeführer zuerst, gehört.** ²**Dem Angeklagten gebührt das letzte Wort.**

Abweichend von § 258 Abs. 1 regelt § 326 die **Reihenfolge der Schlussvorträ- 1 ge**. Der Beschwerdeführer wird zuerst gehört, von mehreren Beschwerdeführern derjenige, der das Urteil am weitestgehenden angefochten hat; bei gleichartiger Anfechtung gilt § 258 Abs. 1.

Beispiel: Bei einer Berufung durch die StA plädiert diese zuerst, bei einer Berufung des Angeklagten der Verteidiger. Hat einer der Angeklagten nur die Strafzumessung angegriffen, der andere schon den Schuldspruch, plädiert zunächst der Verteidiger des Angeklagten, der auch den Schuldspruch angefochten hat, sodann der des Angeklagten, der sich nur gegen die Strafzumessung wendet. Staatsanwalt und Nebenkläger (§ 397 Abs. 1 S. 2) haben dann das Recht zur Erwiderung (§ 258 Abs. 2 Hs. 1 i. V. m. § 332).

Auch bei Berufung durch den Angeklagten gebührt diesem – so er anwesend ist – 2 **das letzte Wort** (§ 326 S. 2). Anwesende Nebenbeteiligte erhalten das letzte Wort vor dem Angeklagten.

§ 326 S. 1 ist eine **nichtrevisible Ordnungsvorschrift** (RGSt 64, 133). Ein Ver- 3 stoß gegen S. 2 kann die Revision begründen (BayObLG wistra 2002, 39). Es kommt darauf an, ob ein Beruhen des Urteils auf diesem Verfahrensmangel auszuschließen ist, was in der Regel nicht der Fall sein wird (Meyer-Goßner § 326 Rdn. 3).

§ 327 [Umfang der Urteilsprüfung]

Der Prüfung des Gerichts unterliegt das Urteil nur, soweit es angefochten ist.

Das Berufungsgericht prüft zunächst die Zulässigkeit des Rechtsmittels und das 1 Vorliegen der Prozessvoraussetzungen (Meyer-Goßner § 327 Rdn. 1). Ist die Berufung unbeschränkt eingelegt, wird die gesamte Tat im Sinne des § 264 Gegenstand des Berufungsverfahrens. Hatte das amtsgerichtliche Urteil unter Verstoß gegen § 264

§ 328

Tatteile nicht abgeurteilt, muss das Berufungsgericht sie dennoch in das Urteil einbeziehen, da das Ersturteil den Prozessstoff als solches nicht begrenzt.

2   Das Berufungsgericht entscheidet **ohne Bindung an die Berufungsbegründung,** aber in den durch das Verschlechterungsverbot des § 331 gezogenen Grenzen, über alle Tat- und Rechtsfragen als eine zweite Tatsacheninstanz. Die tatsächlichen Feststellungen des ersten Urteils dürfen auch dann nicht übernommen werden, wenn der Beschwerdeführer sie nicht explizit angegriffen hat oder (bei einer Berufung durch die StA) der Angeklagte sie durch Rechtsmittelverzicht letztlich akzeptiert zu haben scheint (BayObLG MDR 1974, 250). Bemerkt das Berufungsgericht, dass eine **verfahrensrechtlich selbstständige Straftat,** die Gegenstand des Eröffnungsbeschlusses ist, vom AG nicht mit abgeurteilt wurde, fehlt es an einer erstinstanzlichen Entscheidung. Das Berufungsgericht darf sie nicht nachholen, die Sache ist in diesem Umfang noch beim AG anhängig (BGHSt 46, 130; SK-Frisch § 327 Rdn. 5).

3   **Ist die Berufung wirksam beschränkt worden** (§ 318), hat das Berufungsgericht die eingetretene Teilrechtskraft oder (horizontale Teilanfechtung) die Bindungswirkung der nicht angefochtenen Feststellungen zu beachten. Das Verbot der Prüfung gilt dann auch für die so genannten **doppelrelevanten Tatsachen,** die sowohl dem angefochtenen als auch dem nicht angefochtenen Teil des Urteils zu Grunde liegen (BGHSt 24, 274, 275), auch z. B. für solche, aus denen sich das Vorliegen eines Regelbeispiels nach § 243 Abs. 1 S. 2 Nr. 1, 2 und 4 StGB ergibt (BGHSt 29, 359; Meyer-Goßner § 327 Rdn. 5).

4   Ist die Berufung auf den **Rechtsfolgenausspruch** beschränkt, darf das Berufungsgericht zwar zur Schuldfrage zusätzliche, aber keine abweichenden Feststellungen treffen (BGHSt 10, 71).

> **Beispiel:** Erstinstanzliche Verurteilung wegen fahrlässiger Trunkenheitsfahrt nach § 316 Abs. 2 StGB. Das Berufungsgericht darf nicht von bedingt vorsätzlichem Verhalten (§ 316 Abs. 1) StGB ausgehen (vgl. BGHSt 30, 340, 343). Ebenso wenig, wie das Berufungsgericht eine actio libera in causa annehmen kann, wo das Ersturteil sie nicht vorgesehen hat (BayObLG NJW 1994, 1358), darf es auch von den Feststellungen zur Frage der vorverlagerten Schuld nicht abweichen (BayObLG NJW 1968, 2299; Meyer-Goßner § 327 Rdn. 6).

5   Ist der Angeklagte wegen Schuldunfähigkeit (§ 20 StGB) **freigesprochen** und eine Sicherungsmaßregel nach § 64 oder § 69 StGB angeordnet worden, muss das Berufungsgericht ohne Bindung an die Feststellungen des ersten Urteils das Vorliegen einer rechtswidrigen Tat und die Schuldunfähigkeit des Angeklagten selbstständig nachprüfen (vgl. Meyer-Goßner § 327 Rdn. 8; SK-Frisch § 327 Rdn. 21).

6   In der **Revision** prüft das Gericht von Amts wegen, ob das Berufungsgericht über alle Bestandteile des ersten Urteils entschieden hat, die von der Berufung erfasst waren. Hat das Berufungsgericht über die Schuldfrage neu entschieden und dabei die Berufungsbeschränkung oder die Bindungswirkung nicht angefochtener Urteilsfeststellungen verkannt, ist das Urteil auch ohne ausdrückliche Rüge auf die Revision hin aufzuheben (OLG Hamm NJW 1968, 998; Meyer-Goßner § 327 Rdn. 9).

§ 328 [Inhalt des Berufungsurteils]

(1) **Soweit die Berufung für begründet befunden wird, hat das Berufungsgericht unter Aufhebung des Urteils in der Sache selbst zu erkennen.**

(2) **Hat das Gericht des ersten Rechtszuges mit Unrecht seine Zuständigkeit angenommen, so hat das Berufungsgericht unter Aufhebung des Urteils die Sache an das zuständige Gericht zu verweisen.**

1   Die Vorschrift regelt die **Entscheidungsmöglichkeiten des Berufungsgerichts** bei einer zulässigen Berufung. Unzulässige Berufungen werden ohnehin nach §§ 319,

3. Abschnitt. Berufung **§ 328**

322, in der Hauptverhandlung durch Urteil nach § 260 Abs. 1 verworfen. Weiterhin ist das Fehlen von Prozesshindernissen vorausgesetzt, das in der Hauptverhandlung in der Regel zum Einstellungsurteil nach § 260 Abs. 3 führt. Die Bestimmung lässt die Möglichkeit der Verfahrenseinstellung nach §§ 153 ff unberührt. Ergänzt wird sie durch § 329 Abs. 1 (Ausbleiben des Angeklagten).

Das Berufungsgericht muss eine **eigene Sachentscheidung** treffen. Ergibt die 2 Berufungsverhandlung nach Auffassung des Gerichts dasselbe Ergebnis wie die Verhandlung im ersten Rechtszug, wird die Berufung mit der Kostenentscheidung nach § 473 Abs. 1 als unbegründet verworfen. Die bloße Wiederholung des ersten Urteils genügt nicht.

Gelangt das Berufungsgericht zu einer **abweichenden Entscheidung,** die durch 3 bloße Änderung des Urteilsausspruchs nicht klargestellt werden kann, hebt es das Urteil auf und erlässt ein eigenes Urteil. Die Kosten- und Auslagenentscheidung bezieht sich dann auf das gesamte bisherige Verfahren im ersten und zweiten Rechtszug (OLG Hamburg NJW 1971, 2183, 2185; Meyer-Goßner § 328 Rdn. 2). Hat die Berufung einen Teilerfolg, ist es im Regelfall zur Klarstellung zweckmäßig, das Urteil in vollem Umfang aufzuheben und neu zu fassen (vgl. § 329 Abs. 1 S. 3 Hs. 1). Eine Ergänzung des Urteils ist zulässig und verstößt nicht gegen § 331, wenn z. B. der erste Richter bei tatmehrheitlicher Verurteilung keine Einzelstrafe festgesetzt oder vergessen hat, die Tagessatzhöhe einer einzigen Strafe festzusetzen (Meyer-Goßner § 328 Rdn. 3).

Hat das AG die angeklagte Tat für nicht erwiesen erachtet und wegen einer nicht 4 angeklagten Tat verurteilt, ist der Angeklagte unter Aufhebung des Ersturteils freizusprechen; daneben ist das beim AG (ohne Anklage) geführte Verfahren einzustellen (BGHSt 46, 130).

Für die Abfassung der Urteilsgründe gilt § 267; Bezugnahmen auf das erste Urteil 5 sind in gewissem Umfang zulässig (vgl. § 267 Rdn. 36).

Eine **Zurückverweisung** der Sache an das AG lässt das Gesetz seit 1987 nicht 6 mehr zu. Das Berufungsgericht muss auch dann in der Sache selbst entscheiden, wenn grobe Verfahrensfehler die Verteidigungsmöglichkeiten des Angeklagten in erheblichem Umfang eingeschränkt haben und sonst absolute Revisionsgründe vorliegen würden (LG Zweibrücken MDR 1991, 894). Dies soll nicht gelten, wenn das AG aus Rechtsirrtum etwa in der irrtümlichen Annahme, der Angeklagte sei unentschuldigt ausgeblieben, schon keine Sachentscheidung getroffen hat (vgl. OLG Koblenz NStZ 1990, 296; OLG Stuttgart NStZ 1995, 301).

Die Verweisung an ein AG ist aber möglich, wenn das erste Gericht irrtümlich sei- 7 ne Zuständigkeit angenommen hat (Abs. 2). Allerdings ist erforderlich, dass der Angeklagte immerhin in der Berufungshauptverhandlung erscheint (Meyer-Goßner § 328 Rdn. 5). **Unzuständigkeit** meint hier die örtliche oder sachliche Unzuständigkeit. Die bloße Unzuständigkeit nach dem Geschäftsverteilungsplan des AG ist nach allgemeiner Meinung unbeachtlich.

Die örtliche Unzuständigkeit des ersten Gerichts berücksichtigt das Berufungsge- 8 richt ohne besonderen Einwand (BayObLG NJW 1987, 3091), falls der Angeklagte sie im ersten Rechtszug rechtzeitig (§ 16 S. 3) geltend gemacht hatte. Bleibt der Einwand des Angeklagten aufrechterhalten, verweist das Berufungsgericht die Sache an das örtlich zuständige Gericht, auch wenn es nicht zu seinem Gerichtsbezirk gehört (Meyer-Goßner § 328 Rdn. 6; SK-Frisch § 328 Rdn. 18).

Die sachliche Unzuständigkeit ist vom Berufungsgericht **von Amts wegen** zu be- 9 achten, zwingt aber nur dann zur Zurückverweisung, wenn der Strafrichter seine Kompetenz überschritten hat (Hegmann NStZ 2000, 574, 577). Eine Unterschreitung der sachlichen Zuständigkeit ist kein Grund zur Zurückverweisung (§ 269), es sei denn, die Annahme der Zuständigkeit war willkürlich (OLG Koblenz StV 1996, 588).

Erfasst ist also insbesondere der Fall, dass die Sache vor dem Strafrichter verhandelt 10 wurde, obwohl sie vor das Schöffengericht gehörte.

619

§ 329   3. Buch. Rechtsmittel

Beispiel: Der Strafrichter verurteilt wegen Raubes. Er ist aber nur zuständig für die Verurteilung wegen Vergehen (vgl. auch OLG Naumburg NStZ 1996, 248).

Ergibt sich erst aufgrund der Beweisaufnahme in der Berufungsverhandlung, dass der Strafrichter unzuständig war, gilt Abs. 2 ebenfalls.

Beispiel: Vom Strafrichter wurde der Angeklagte wegen Diebstahls in Tateinheit mit Nötigung verurteilt. Das Berufungsgericht kommt zu dem (Zwischen-)Ergebnis, dass ein Raub begangen war. Damit ist das Schöffengericht zuständig und entsprechend zurückzuverweisen.

11   Ist der Angeklagte vom Schöffengericht wegen Raubes verurteilt worden, hat die StA zu Lasten des Angeklagten Berufung eingelegt und kommt dann das Berufungsgericht zu dem Ergebnis, dass die Strafgewalt des Schöffengerichts (4 Jahre) nicht ausreicht, erfolgt ggf. die Verweisung der Sache an die Große Strafkammer zur erstinstanzlichen Verhandlung (BayObLG StraFo 2000, 230; Meyer-Goßner § 328 Rdn. 9).

12   Die **Zuständigkeit der Jugendgerichte** steht der sachlichen Zuständigkeit gleich. Hätte die Sache vor dem Jugendgericht verhandelt werden müssen, hat aber der allgemeine Strafrichter entschieden, erfolgt also eine Aufhebung und Zurückverweisung an das zuständige Jugendgericht (vgl. OLG Oldenburg NJW 1981, 1384).

13   Eine eigene Entscheidung der Berufungskammer als Gericht des ersten Rechtszuges ist nicht mehr möglich, da auch bei einem Urteil des Schöffengerichts nicht mehr die Große, sondern stets nur die Kleine Strafkammer entschieden. Das Problem stellt sich insofern nur noch bei einer **Großen Jugendkammer,** die als Berufungsgericht (§ 33b Abs. 1 JGG) für Berufungen gegen Entscheidungen des Jugendschöffengerichts beispielsweise zu dem Ergebnis kommt, dass es sich um eine Schwurgerichtssache handelt. Denkbar ist auch der Fall, dass gegen Jugendliche und Erwachsene gemeinsam verhandelt wird und damit auch die für den Erwachsenen zuständige Große Strafkammer zuständig wäre. In der Praxis geht man davon aus, dass auch in solchen Fällen von einer Überleitung eines Berufungs- in ein erstinstanzliches Verfahren abgesehen werden sollte (Meyer-Goßner § 328 Rdn. 11; SK-Frisch § 328 Rdn. 30; vgl. auch OLG Jena NStZ-RR 2003, 139).

14   Hat die Kleine Strafkammer die Beschränkung der Rechtsfolgenkompetenz nicht beachtet, so hebt das OLG auf Revision das Urteil mangels Zuständigkeit der Kleinen Strafkammer auf.

Beispiel: Bestätigung einer Verurteilung zu mehr als vier Jahren.

15   Mit der Verweisung geht die **Rechtshängigkeit** auf das Gericht über, an das verwiesen wird. Soweit durch eine Beschränkung der Berufung keine Teilrechtskraft eingetreten ist, wird die Beschränkung gegenstandslos, weil sie im ersten Rechtszug keine Bedeutung hat (Meyer-Goßner § 328 Rdn. 13). Auch ist eine Rücknahme der Berufung in diesen Fällen ausgeschlossen (BGHSt 34, 204). Das Verschlechterungsverbot (§ 331) gilt dann aber auch für die Wiederholung der erstinstanzlichen Entscheidung (Meyer-Goßner § 328 Rdn. 13).

16   Der Verstoß gegen Abs. 2 ist im **Revisionsverfahren** v. A. w. zu beachten und führt zur Verweisung an das zuständige Gericht (OLG Brandenburg NStZ 2001, 611).

§ 329 [Ausbleiben des Angeklagten]

(1) ¹Ist bei Beginn einer Hauptverhandlung weder der Angeklagte noch in den Fällen, in denen dies zulässig ist, ein Vertreter des Angeklagten erschienen und das Ausbleiben nicht genügend entschuldigt, so hat das Gericht eine Berufung des Angeklagten ohne Verhandlung zur Sache zu verwerfen. ²Dies gilt nicht, wenn das Berufungsgericht erneut verhandelt, nachdem die Sache vom Revisionsgericht zurückverwiesen worden ist. ³Ist die Verurteilung wegen einzelner von mehreren Taten weggefallen, so ist bei der Verwerfung der Berufung

der Inhalt des aufrechterhaltenen Urteils klarzustellen; die erkannten Strafen können vom Berufungsgericht auf eine neue Gesamtstrafe zurückgeführt werden.

(2) ¹Unter den Voraussetzungen des Absatzes 1 Satz 1 kann auf eine Berufung der Staatsanwaltschaft auch ohne den Angeklagten verhandelt werden. ²Eine Berufung der Staatsanwaltschaft kann in diesen Fällen auch ohne Zustimmung des Angeklagten zurückgenommen werden, es sei denn, daß die Voraussetzungen des Absatzes 1 Satz 2 vorliegen.

(3) Der Angeklagte kann binnen einer Woche nach der Zustellung des Urteils die Wiedereinsetzung in den vorigen Stand unter den in den §§ 44 und 45 bezeichneten Voraussetzungen beanspruchen.

(4) ¹Sofern nicht nach Absatz 1 oder 2 verfahren wird, ist die Vorführung oder Verhaftung des Angeklagten anzuordnen. ²Hiervon ist abzusehen, wenn zu erwarten ist, daß er in der neu anzuberaumenden Hauptverhandlung ohne Zwangsmaßnahmen erscheinen wird.

I. Überblick

Die Vorschrift regelt die Entscheidungsfindung, wenn der Angeklagte **nicht genügend entschuldigt** der Hauptverhandlung **fernbleibt** und auch nicht in den gesetzlich zugelassenen Fällen ein Vertreter für ihn erschienen ist. Die Bestimmung ist nicht nur in der ersten Berufungshauptverhandlung anwendbar, sondern auch, wenn eine Verhandlung ausgesetzt war und dann eine neue Berufungsverhandlung beginnt (BGHSt 27, 236, 239) oder wenn eine neue Verhandlung stattfindet, nachdem gegen ein Verwerfungsurteil Wiedereinsetzung nach § 329 Abs. 3 bewilligt worden war. Ebenfalls anwendbar ist die Vorschrift, wenn das Verfahren zunächst nach § 153a eingestellt wurde und mangels Erfüllung der Auflagen und Weisungen die Hauptverhandlung nunmehr durchgeführt wird (OLG Düsseldorf MDR 1987, 517). 1

Nicht anwendbar ist Abs. 1, wenn die Hauptverhandlung nur unterbrochen wurde (§ 229) und der Angeklagte im Fortsetzungstermin nicht erscheint bzw. nicht zulässig vertreten ist (Bloy JuS 1986, 592; Meyer-Goßner § 329 Rdn. 3). In diesen Fällen kann nur nach § 231 Abs. 2, § 332 verfahren werden. 2

Findet die Berufungshauptverhandlung **nach Zurückverweisung** durch das Revisionsgericht statt, ist eine Verwerfung unzulässig (§ 329 Abs. 1 S. 2). Allerdings kann nach § 329 Abs. 1 verfahren werden, wenn die Berufung schon durch das aufgehobene Urteil nach Abs. 1 verworfen worden war (BGHSt 27, 236; Meyer-Goßner § 329 Rdn. 4). 3

Die Verwerfung wird nicht dadurch gehindert, dass das persönliche Erscheinen des Angeklagten angeordnet worden (§ 236) oder ein Verteidiger abwesend ist, dessen Mitwirkung nach § 140 notwendig ist (BayObLGSt 1999, 69). 4

Voraussetzung des Verwerfungsurteils ist eine **zulässige Berufung**. Ist sie unzulässig, muss sie bereits nach § 322 Abs. 1 S. 2 verworfen werden (BGHSt 30, 98, 100). 5

Fehlt es an einer Prozessvoraussetzung, hindert dies die Verwerfung nur dann, wenn das betreffende Verfahrenshindernis erst in der Berufungsinstanz eingetreten ist. In diesem Fall ist eine Erstentscheidung zu treffen und daher das Verfahren nach § 206a bzw. § 260 Abs. 3 einzustellen. Hatte das AG das Fehlen einer Prozessvoraussetzung übersehen, muss dies das Berufungsgericht unberücksichtigt lassen, da es nur bei Erscheinen des Angeklagten die Richtigkeit des amtsgerichtlichen Urteils überprüfen darf (h.M.; KK-Ruß § 329 Rdn. 13; Meyer-Goßner § 329 Rdn. 8; SK-Frisch § 329 Rdn. 39). Eine Gegenmeinung will offenbar in diesem Fall ebenfalls § 206a anwenden (OLG Karlsruhe NJW 1978, 840; LR Rieß § 206a Rdn. 14; Paulus NStZ 2001, 445; der BGH – BGH NStZ 2001, 440, 441 – hat dies offengelassen). Überwie- 6

§ 329

gend hält man auch die Unzuständigkeit des ersten Richters für einen Umstand, der nur bei Erscheinen des Angeklagten in der Hauptverhandlung von Amts wegen zu berücksichtigen ist (HK-Rautenberg § 329 Rdn. 6; Meyer-Goßner § 329 Rdn. 8; SK-Frisch § 328 Rdn. 16, 39). Demgegenüber wollen andere auch in solchen Fällen von Amts wegen entscheiden (OLG Celle NStZ 1994, 298).

II. Ausbleiben des Angeklagten

7 Der Angeklagte muss **ordnungsgemäß geladen** sein. Die Form der §§ 216, 323 Abs. 1 S. 1 muss gewahrt sein. Die Ladung muss den Hinweis auf die Folgen des Ausbleibens enthalten. Fehlt dieser, ist § 329 Abs. 1 nicht anwendbar (OLG Düsseldorf MDR 1987, 868), sofern der Angeklagte nicht bereits durch einen Hinweis nach § 35a S. 2 über die Folgen seines Nichterscheinens ausführlich genug unterrichtet worden ist (Meyer-Goßner § 329 Rdn. 10). Wurde der Verteidiger unter Verstoß gegen § 218 nicht geladen, ist der Erlass eines Verwerfungsurteils unzulässig (BayObLG StV 2002, 356).

8 Ob die **Nichteinhaltung der Ladungsfrist** des § 217 Abs. 1 die Verwerfung hindert, ist umstritten. Überwiegend wird dies abgelehnt (vgl. BGHSt 24, 143), eine Mindermeinung bejaht dies (SK-Schlüchter § 217 Rdn. 12; offen geblieben bei OLG Frankfurt NStZ-RR 1999, 18).

9 Der Angeklagte muss **bei Beginn der Berufungsverhandlung** ausgeblieben sein. Verlässt er kurz nach Beginn der Verhandlung unerlaubt den Sitzungssaal, ist Abs. 1 nicht anwendbar (BGHSt 23, 331, 332).

10 **Erscheint der Angeklagte verspätet,** steht dies dem Verwerfungsurteil entgegen, wenn es bis zu dem Eintreffen des Angeklagten noch nicht ergangen ist (Meyer-Goßner § 329 Rdn. 13). Wie auch sonst (vgl. §§ 228, 412) ist angemessene Zeit – in der Regel 15 Minuten – zu warten. Hatte der Angeklagte zwischenzeitlich erklärt, dass er sich unverschuldet verspäten werde, muss ggf. auch länger gewartet werden (vgl. KG NStZ-RR 2002, 218; OLG Köln StraFo 2004, 143). Dabei soll es auf die angesetzte Terminstunde, nicht auf den Aufruf der Sache ankommen (OLG Düsseldorf NStZ-RR 2001, 303; anders OLG Frankfurt NStZ-RR 2001, 85). Ob der Angeklagte auch erschienen ist, wenn er neben der Einlassung zur Sache auch Angaben zur Person verweigert, ist zweifelhaft (dagegen LG Berlin NStZ-RR 1997, 338).

11 Ist der Angeklagte zwar körperlich anwesend, wegen verschuldeter Trunkenheit aber **verhandlungsunfähig,** soll er ebenfalls nicht erschienen sein (BGHSt 23, 331; Bloy JuS 1986, 592). Andere sehen dies kritisch (einschränkend OLG Karlsruhe NStZ 1990, 297; Eberhard Schmidt JR 1969, 270). Gleiches gilt, wenn durch die Einnahme von Rauschmitteln Verhandlungsunfähigkeit gegeben ist. Abs. 1 ist jedoch nicht anwendbar, wenn sich erst im Laufe der Beweisaufnahme die Verhandlungsunfähigkeit herausstellt (OLG Celle StV 1994, 365).

> **Beispiel:** Erst bei der Anhörung des Angeklagten zur Sache bemerkt das Gericht, dass dieser sinnlos betrunken ist.

12 **Ist Grundlage des Verfahrens ein Strafbefehl,** so kann sich der Angeklagte nach § 411 Abs. 2 S. 1 auch in der Berufungshauptverhandlung vertreten lassen. Dies gilt selbst dann, wenn nach § 236 sein persönliches Erscheinen angeordnet wurde (OLG Düsseldorf StV 1985, 52). Die Verwerfung der Berufung nach Abs. 1 ist in einem solchen Fall ausgeschlossen. Anders ist es, wenn die Vertretung durch den erschienenen Verteidiger nicht zulässig ist (OLG Oldenburg NStZ 1999, 156).

13 **Bei einer Bagatellsache (§ 232)** ist die Vertretung nach § 234 nicht zulässig, wenn der Hinweis an den Angeklagten, dass ohne ihn verhandelt werden könne, nicht erfolgt oder sogar sein persönliches Erscheinen angeordnet worden ist (BayObLG NJW 1970, 1055; Meyer-Goßner § 329 Rdn. 15; a.M. Küper NJW 1970, 1562).

Bleibt er dann ohne genügende Entschuldigung aus, wird seine Berufung verworfen (BGHSt 25, 165; a. M. Küper NJW 1973, 1334).

Als Vertreter ist der Verteidiger nur erschienen, wenn er den Mandanten auch 14 vertreten will. Die Vertretungsvollmacht genügt nicht. Dies ist etwa dann der Fall, wenn der Verteidiger nur zu dem Zweck erscheint, einen auf Verhandlungsunfähigkeit des Mandanten gestützten Aussetzungsantrag zu stellen (KG JR 1985, 343), nicht aber, wenn er bereit ist, bei Ablehnung des Aussetzungsantrages auch ohne den Angeklagten zu verhandeln (OLG Köln StV 1992, 567).

III. Mangelnde Entschuldigung

Der Angeklagte muss **ohne ausreichende Entschuldigung** ausgeblieben sein. 15 Dabei kommt es nicht darauf an, ob der Angeklagte Entschuldigungsgründe geltend gemacht hat, sondern ob Entschuldigungsgründe vorliegen. Dies hat das Berufungsgericht von Amts wegen zu prüfen. Bleibt zweifelhaft, ob es genügend Entschuldigungsgründe gibt, darf das Gericht nicht nach Abs. 1 S. 1 verfahren (vgl. BGH NJW 1962, 2020; OLG Düsseldorf StV 1987, 9; HK-Rautenberg § 329 Rdn. 20).

Die Beurteilung der genügenden Entschuldigung ist eine **Rechtsfrage,** dem Beru- 16 fungsgericht steht insofern weder ein Ermessens- noch ein Beurteilungsspielraum zu (vgl. BGH NJW 1986, 1946).

Die Vorschrift des Abs. 1 S. 1 ist eng und dementsprechend der **Begriff der genü-** 17 **genden Entschuldigung** weit auszulegen. Insofern ist der Angeklagte als entschuldigt anzusehen, wenn ihm nach Abwägung aller Umstände des Einzelfalls aus seinem Ausbleiben billigerweise kein Vorwurf gemacht werden kann. Als Entschuldigungsgründe kommen alle Umstände in Betracht, die den Angeklagten am Erscheinen hinderten und die es bei Abwägung der widerstreitenden Interessen oder Pflichten als unzumutbar erscheinen lassen (LR-Gollwitzer § 329 Rdn. 35; HK-Rautenberg § 329 Rdn. 21). Zweifeln muss das Gericht im Freibeweisverfahren (§ 244 Rdn. 4) nachgehen (BayObLG NStZ-RR 1999, 143; BayObLG StV 2001, 338; Meyer-Goßner § 329 Rdn. 19). Eine Mitwirkungspflicht trifft den Angeklagten nicht. Dass er der Auflage nicht nachkommt, ein amtsärztliches Zeugnis beizubringen, rechtfertigt die Anwendung von § 329 Abs. 1 nicht. Wer eine ärztliche Arbeitsunfähigkeitsbescheinigung vorlegt, erklärt damit angeblich konkludent die Entbindung des Arztes von der Schweigepflicht (BayObLG NStZ-RR 1999, 143).

Das Freibeweisverfahren darf sich nur auf solche Beweise beziehen, die sofort zur 18 Verfügung stehen, also nur eine Unterbrechung, nicht aber eine Aussetzung der Hauptverhandlung erfordern (BayObLG NStZ-RR 2003, 87; Meyer-Goßner § 329 Rdn. 20).

Das Ausbleiben ist nur dann genügend entschuldigt, wenn es glaubhaft erscheint, 19 dass den Angeklagten kein Verschulden trifft. Ist der **Angeklagte in Haft,** ist sein Ausbleiben in der Regel entschuldigt. Ist er in der nämlichen Sache inhaftiert, hat der Vorsitzende die Vorführung anzuordnen. Der Angeklagte muss sie nicht selbst betreiben (OLG Stuttgart StV 1988, 72). Nach nunmehr h. M. muss der in einer anderen Sache in Haft befindliche Angeklagte nicht in der JVA auf die Notwendigkeit seiner Vorführung (rechtzeitig) hinweisen (OLG Braunschweig NStZ 2002, 163).

Krankheit entschuldigt, wenn sie nach Art und Auswirkungen die Teilnahme an 20 der Hauptverhandlung unzumutbar macht (Beispiele bei Meyer-Goßner § 329 Rdn. 26). Eine aufschiebbare Operation ist kein Entschuldigungsgrund, ein Suizidversuch dann nicht, wenn er nur die Verzögerung des Verfahrens bezweckt (OLG Koblenz NJW 1975, 322). Die in der Praxis häufig auftretende Konstellation, dass in ärztlichen Attesten die Formulierung „arbeitsunfähig erkrankt" enthalten ist, genügt für einen Entschuldigungsgrund nicht, führt aber zur gerichtlichen Erkundigungspflicht (Schmehl/Vollmer S. 239). Eine Heilbehandlung zur Beseitigung bestehender

§ 329

Verhandlungsunfähigkeit kann dem Angeklagten nicht ohne weiteres abgefordert werden (BayObLG NJW 1999, 3424; BayObLG StV 2001, 336).

21 **Nicht genügend entschuldigt** ist, wer wegen der Wahl des falschen Verkehrsmittels und der zu knapp bemessenen Reisezeit nicht erscheint (OLG Bamberg NJW 1995, 740). Eine Kraftfahrzeugpanne ist aber in der Regel nicht voraussehbar und kann entsprechend entschuldigen (OLG Karlsruhe NJW 1973, 1515). Die üblicherweise zu erwartenden Verkehrsstaus oder Schwierigkeiten beim Finden eines Parkplatzes entschuldigen regelmäßig nicht (vgl. auch BVerfG StV 1994, 113).

22 **Berufliche oder private Angelegenheiten** entschuldigen das Ausbleiben nur, wenn sie unaufschiebbar und von solcher Bedeutung sind, dass dem Angeklagten das Erscheinen nicht zugemutet werden kann (vgl. OLG Saarbrücken StraFo 1997, 175). So ist die Verschiebung oder Unterbrechung einer Dienst- oder Urlaubsreise ins Ausland regelmäßig zumutbar (außer bei Bagatellsachen und einer nicht mehr stornierbaren teuren Reise; OLG Düsseldorf NJW 1973, 109).

IV. Entscheidung

23 **Die Berufung wird verworfen,** sobald festgestellt ist, dass das Ausbleiben des Angeklagten nicht genügend entschuldigt wurde. Hat auch die StA Berufung eingelegt, so ist zunächst das Verwerfungsurteil zu erlassen und sodann über das Rechtsmittel der StA zu verhandeln und zu entscheiden (OLG Stuttgart NJW 1961, 1687). Beide Urteile müssen dann auf dieselbe Weise zugestellt werden (OLG Karlsruhe NJW 1972, 1871). Die Entscheidungen können aber auch in einem Urteil getroffen werden (OLG Karlsruhe a. a. O.; RGSt 65, 231).

24 Bei der **Verwerfung durch Urteil** muss ein etwaiges Korrekturbedürfnis nach § 329 Abs. 1 S. 3 beachtet werden. Grundsätzlich darf das Berufungsgericht, das verwirft, keine Änderung des angefochtenen Urteils vornehmen, selbst wenn es auf einem ungültigen Gesetz beruht (OLG Frankfurt NJW 1963, 460).

25 Abs. 1 S. 3 ermöglicht jedoch eine Klarstellung und eine Gesamtstrafenbildung. Der Wegfall der Verurteilung wegen einzelner Straftaten kann darauf beruhen, dass das Verfahren wegen eines Verfahrenshindernisses eingestellt oder nach den §§ 153 ff verfahren worden ist.

> **Beispiel** für S. 3: Der Angeklagte ist wegen eines Diebstahls zum Nachteil seines Vaters angeklagt. Nach Erlass des erstinstanzlichen Urteils nimmt der Vater den Strafantrag nach § 247 StGB zurück. Übrig bleibt die weitere Tat eines Fahrens in fahruntüchtigem Zustand nach § 316. Vgl. SK-Frisch § 329 Rdn. 44.

26 Hingegen soll eine vor der Berufungshauptverhandlung erfolgte **Verfahrensbeschränkung** nach § 154a die Verwerfung nicht hindern (a. M. OLG Rostock NStZ 1994, 401; dagegen Meyer-Goßner § 329 Rdn. 32). Zweifelhaft ist, ob Abs. 1 S. 3 auf den Fall entsprechend Anwendung findet, dass die Sperrfrist für die Erteilung der Fahrerlaubnis (§ 69a) vor Beginn der Berufungshauptverhandlung abgelaufen ist. Überwiegend geht man davon aus, dass das Berufungsgericht nicht im Verwerfungsurteil aussprechen darf, dass die Entziehung der Fahrerlaubnis und die Einziehung des Führerscheins entfallen (HK-Rautenberg § 329 Rdn. 29; Meyer-Goßner § 329 Rdn. 32; SK-Frisch § 329 Rdn. 45; a. M. LG Kiel NJW 1976, 1326).

27 **Die Begründung des Verwerfungsurteils** muss so gestaltet werden, dass der Angeklagte die maßgeblichen Erwägungen erkennen und das Revisionsgericht sie überprüfen kann (KG StV 1987, 11; OLG Hamm NStZ-RR 2000, 84). Sind Entschuldigungsgründe nicht ersichtlich und auch nicht vorgebracht, genügt eine pauschale Verwerfung ohne nähere Begründung (Meyer-Goßner § 329 Rdn. 33). Ansonsten muss sich das Urteil mit allen geltend gemachten und sonst als Entschuldigung in Betracht kommenden Tatsachen auseinandersetzen (KG StV 1987, 11; KG StV 1995,

3. Abschnitt. Berufung **§ 329**

575; OLG Hamm NStZ–RR 2003, 86). Hält das Gericht ein Attest nicht für eine genügende Entschuldigung, muss es seinen wesentlichen Inhalt mitteilen (OLG Frankfurt StV 1988, 100).

Die **Zustellung** des Verwerfungsurteils richtet sich nach den allgemeinen Vorschriften. Auch eine Ersatzzustellung ist zulässig; § 232 Abs. 4 gilt nicht (Meyer-Goßner § 329 Rdn. 34). 28

Hat (nur oder auch) die StA Berufung eingelegt, so wird in den Fällen des Abs. 1 S. 1 ohne den Angeklagten verhandelt, da dieser es nicht in der Hand haben soll, den weiteren Verlauf des Verfahrens aufzuhalten (BGHSt 17, 391, 395). Ob das Gericht von dieser Befugnis Gebrauch macht oder die Anwesenheit des Angeklagten nach § 329 Abs. 4 S. 1 erzwingt, hängt von den Umständen des Einzelfalls ab. So kann die Aufklärungspflicht (§ 244 Abs. 2) zu einer erneuten Anhörung des Angeklagten drängen (vgl. BGHSt 17, 391, 398), insbesondere bei einer Strafmaßberufung der StA (OLG Hamburg StV 1982, 558) oder in einem Jugendstrafverfahren (Eisenberg NStZ 1999, 286). Auch die Notwendigkeit einer Gegenüberstellung kann sein Erscheinen gebieten (Schmehl/Vollmer S. 240). Das Gericht ist zwar nicht gehindert, die Strafe zu verschärfen, eine deutliche Erhöhung mag aber seine nochmalige Anhörung gebieten (BGHSt 17, 391, 399). 29

Die **Rücknahme bzw. Beschränkung** (Teilrücknahme) der Berufung der StA in der Hauptverhandlung ist abweichend von § 303 S. 1 in diesen Fällen auch ohne Zustimmung des nicht erschienenen Angeklagten möglich. Dies gilt nicht, wenn die Sache nach Zurückverweisung durch das Revisionsgericht erneut verhandelt wird (HK-Rautenberg § 329 Rdn. 34). Eine Teilrücknahme wird die StA im Interesse der Verfahrensbeschleunigung insbesondere erwägen, wenn sonst eine Aussetzung der Hauptverhandlung notwendig wäre (HK-Rautenberg § 329 Rdn. 35). 30

In Betracht kommt sie nur, wenn einerseits der Angeklagte nicht genügend entschuldigt ist, andererseits aber eine Verwerfung nach Abs. 1 S. 1 unzulässig ist. Dies ist der Fall, wenn die Sache von dem Revisionsgericht zurückverwiesen worden war oder wenn der Angeklagte zwar in zulässiger Weise vertreten wird, seine persönliche Anhörung aber geboten erscheint (OLG Stuttgart NStZ 1982, 217; KG JR 1977, 34; Meyer-Goßner § 329 Rdn. 45). Bei Berufung der StA darf das Erscheinen nur erzwungen werden, wenn die Aufklärungspflicht oder andere zwingende Gründe dies gebieten (Michel MDR 1991, 933). Die Verfahren nach Abs. 1 und 2 haben also Vorrang vor denen nach Abs. 4 (SK-Frisch § 329 Rdn. 55). Der Grundsatz der Verhältnismäßigkeit kann eine Verhaftung verbieten, wenn der unentschuldigt ferngebliebene Angeklagte sehr wahrscheinlich zu einem nächsten Termin erscheinen wird (BVerfG NJW 2001, 1341) oder in einer nächsten Hauptverhandlung bei unentschuldigtem Fernbleiben ein Urteil nach Abs. 1, 2 ergehen könnte. 31

Beispiel: Der Angeklagte ist wegen Urlaubs nicht zur Berufungshauptverhandlung erschienen. Die Kammer hält dies nicht für eine hinreichende Entschuldigung. Nach Beendigung des Urlaubs wird der Angeklagte aber zu einer neuen Hauptverhandlung erscheinen.

Die Beschränkungen der §§ 121, 122 gelten für die Haft nach Abs. 4 S. 1 nicht (Meyer-Goßner § 329 Rdn. 45).

Nach Abs. 3 kann der Angeklagte gegen Urteile nach Abs. 1 S. 1 und Abs. 2 S. 1 unter den Voraussetzungen der §§ 44, 45 **Wiedereinsetzung in den vorigen Stand** beantragen. Eine Wiedereinsetzung von Amts wegen nach § 45 Abs. 2 S. 3 ist ausgeschlossen (Meyer-Goßner § 329 Rdn. 40). Erscheint der Angeklagte verspätet in der Hauptverhandlung mit einer genügenden Entschuldigung, kann auf seinen Antrag, über dessen Möglichkeit er ggf. zu belehren ist, gegen das soeben ergangene Verwerfungsurteil sofort in einem nicht zur Hauptverhandlung gehörenden Beschluss Wiedereinsetzung gewährt werden, wenn die Hauptverhandlung noch alsbald durchgeführt werden kann bzw. im Fall des Abs. 2 von neuem beginnt (LR-Gössel § 329 Rdn. 121). 32

Beispiel: Wegen Nichterscheinens des Angeklagten hat die Kammer seine Berufung verworfen. Während sie noch zur Berufung der StA verhandelt, erscheint der Angeklagte mit einer genügenden Entschuldigung. Die Kammer kann die Verhandlung abbrechen, Wiedereinsetzung gewähren und sodann neu in eine Hauptverhandlung über die Berufung des Angeklagten wie die der StA eintreten.

33 **Wird dem Antrag stattgegeben,** wird ein Urteil nach Abs. 1 S. 1 oder nach Abs. 2 S. 1 gegenstandslos. Eine förmliche Aufhebung ist nicht erforderlich (OLG Stuttgart NJW 1961, 1687; OLG Karlsruhe NJW 1972, 1871; HK-Rautenberg § 329 Rdn. 48). Bleibt der Angeklagte dem neu anberaumten Hauptverhandlungstermin (unentschuldigt) fern, kann bei vorliegender Voraussetzung wiederum nach Abs. 1 S. 1 oder Abs. 2 S. 1 verfahren werden (Küper JZ 1978, 207).

34 **Wird der Antrag verworfen,** ist hiergegen gemäß § 46 Abs. 3 die sofortige Beschwerde (§ 311) zum OLG zulässig. Gibt der Strafsenat des OLG dieser statt, bewilligt er zugleich gemäß § 309 Abs. 2 die Wiedereinsetzung in den vorigen Stand.

35 **Beachte:** Hat nur die StA Berufung eingelegt und trifft der Angeklagte während der laufenden Hauptverhandlung gemäß Abs. 2 S. 1 ein, kann das Berufungsgericht ohne förmliche Entscheidung über den Wiedereinsetzungsantrag von neuem mit der Verhandlung beginnen, wenn es den Angeklagten für genügend entschuldigt hält (so HK-Rautenberg § 329 Rdn. 49). Ist das nicht der Fall, wird es mit der Verhandlung fortfahren und den Wiedereinsetzungsantrag alsbald verwerfen (LR-Gollwitzer § 309 Rdn. 121). Dabei geht die Kammer allerdings das Risiko ein, dass auf die sofortige Beschwerde hin das OLG Wiedereinsetzung gewährt mit der Folge, dass das Urteil nach Abs. 2 S. 1 hinfällig wird und eine vollständige neue Hauptverhandlung durchgeführt werden muss. Daher wird der Vorsitzende der Kammer zu erwägen haben, ob die Wiederholung bereits durchgeführter Teile der Hauptverhandlung oder aber eine komplette Wiederholung das größere Übel ist.

36 Gegen ein nach § 329 Abs. 1 ergangenes Urteil kann in der **Revision** mit der Verfahrensrüge nur geltend gemacht werden, das Berufungsgericht habe seine Aufklärungspflicht verletzt und daher seiner Entscheidung nicht alle in diesem Zeitpunkt erkennbaren Entschuldigungsgründe zu Grunde gelegt (Schmehl/Vollmer S. 240). Denkbar ist auch die Rüge, das Gericht habe die Rechtsbegriffe des Ausbleibens oder der genügenden Entschuldigung verkannt. Dabei ist das Revisionsgericht an die tatsächlichen Feststellungen gebunden. Allerdings prüft das Revisionsgericht auf die Rüge, das Berufungsgericht habe seine Ermittlungspflicht verletzt, **im Wege des Freibeweises** das Vorliegen einer genügenden Entschuldigung (Meyer-Goßner § 320 Rdn. 48). Die Verfahrensrüge unterliegt erleichterten Voraussetzungen, wenn das angefochtene Urteil eine Erörterung der Entschuldigung und des Entschuldigungsvorbringens enthält (BayObLG NJW 1999, 3424; Schmehl/Vollmer S. 240). Behauptet der Angeklagte, er sei nicht ordnungsgemäß geladen sein, müssen gemäß § 344 Abs. 2 S. 2 alle hierfür maßgeblichen Umstände vorgetragen werden (vgl. BayObLG NStZ-RR 2001, 374).

37 Erhebt der Angeklagte lediglich die **allgemeine Sachrüge,** führt dies nur zur Prüfung, ob Verfahrenshindernisse vorliegen (BGH NJW 2001, 1509; Schmehl/Vollmer S. 240).

§ 330 [Berufung durch gesetzlichen Vertreter]

(1) **Ist von dem gesetzlichen Vertreter die Berufung eingelegt worden, so hat das Gericht auch den Angeklagten zu der Hauptverhandlung vorzuladen und kann ihn bei seinem Ausbleiben zwangsweise vorführen lassen.**

(2) ¹**Bleibt allein der gesetzliche Vertreter in der Hauptverhandlung aus, so ist ohne ihn zu verhandeln.** ²Ist weder der gesetzliche Vertreter noch der Ange-

3. Abschnitt. Berufung   § 331

klagte bei Beginn einer Hauptverhandlung erschienen, so gilt § 329 Abs. 1 entsprechend; ist lediglich der Angeklagte nicht erschienen, so gilt § 329 Abs. 2 Satz 1 entsprechend.

In den Fällen des Abs. 1 hat das Gericht auch den Angeklagten **vorzuladen** und kann ihn bei seinem Ausbleiben zwangsweise vorführen lassen (§ 330 Abs. 1). 1

Abs. 2 ergänzt § 329 und behandelt (S. 1) den Fall, dass der gesetzliche Vertreter ausbleibt. Dann ist ohne ihn zu verhandeln. Ist weder der gesetzliche Vertreter noch der Angeklagte bei Beginn der Hauptverhandlung erschienen (S. 2), gilt § 329 Abs. 1 entsprechend. Ist nur der Angeklagte nicht erschienen, gilt § 329 Abs. 2 S. 1: Es kann ohne ihn über die Berufung verhandelt werden. Die Verhaftung ist unzulässig, da Abs. 1 nur die Vorführung vorsieht (SK-Frisch § 330 Rdn. 5). 2

Das Urteil ist dem Angeklagten stets zuzustellen, dem gesetzlichen Vertreter nur, wenn es in seiner Abwesenheit verkündet wurde. Für die Anfechtung gilt die Fristenregelung des § 298 Abs. 1 nicht (Meyer-Goßner § 330 Rdn. 3). 3

§ 331 [Verbot der reformatio in peius]

(1) **Das Urteil darf in Art und Höhe der Rechtsfolgen der Tat nicht zum Nachteil des Angeklagten geändert werden, wenn lediglich der Angeklagte, zu seinen Gunsten die Staatsanwaltschaft oder sein gesetzlicher Vertreter Berufung eingelegt hat.**

(2) **Diese Vorschrift steht der Anordnung der Unterbringung in einem psychiatrischen Krankenhaus oder einer Entziehungsanstalt nicht entgegen.**

Das Verschlechterungsverbot (Verbot der reformatio in peius) gilt im Berufungs- und Revisionsverfahren, nicht jedoch im Beschlussverfahren (vgl. aber § 116 Rdn. 13; Rdn. 20 vor § 296). Auch auf das Strafbefehlsverfahren findet das Prinzip keine Anwendung. 1

Hintergrund ist der Gedanke, dass der Angeklagte (sein gesetzlicher Vertreter, der Erziehungsberechtigte) von der Einlegung eines Rechtsmittels gegen Urteile nicht durch die Besorgnis abgehalten werden soll, es könne ihm durch das Rechtsmittel ein Nachteil entstehen (BGHSt 27, 176, 178; BGHSt 29, 269, 270; SK-Frisch § 331 Rdn. 3; Meyer-Goßner § 331 Rdn. 1). Dem Angeklagten sollen daher die durch das erste Urteil erlangten Vorteile selbst dann belassen werden, wenn sie (eklatant) gegen das Gesetz verstoßen. 2

Beispiel: Das AG verhängt eine Geldstrafe von weniger als 5 Tagessätzen (vgl. BGHSt 27, 176).

Das Verbot der Schlechterstellung betrifft nur solche Fälle, in denen allein eine Berufung **zugunsten des Angeklagten** – sei es auch durch die StA oder den gesetzlichen Vertreter – im Raum steht. Legt die StA zu Lasten des Angeklagten Berufung ein, kann das Urteil naturgemäß zu seinem Nachteil auch geändert werden. 3

Das Verschlechterungsverbot erfasst zunächst das Urteil, das mit der Berufung konkret angefochten wird. Darüber hinaus gilt es **im gesamten weiteren Verfahren.** Verweist das Berufungsgericht nach § 328 Abs. 2 an das zuständige Gericht, ist auch dieses an den Ausspruch des unzuständigen Gerichtes nach Maßgabe des § 331 gebunden (LR-Gössel § 331 Rdn. 17; Meyer-Goßner § 331 Rdn. 4). Stellt das Berufungsgericht das Verfahren ein und kommt es zu einer erneuten Anklageerhebung, ist die Anwendbarkeit des § 331 umstritten. 4

Der BGH und ein Teil der Literatur halten § 331 in diesem Fall nicht für anwendbar (BGHSt 20, 77, 80; KK-Ruß § 331 Rdn. 9; Meyer-Goßner § 331 Rdn. 4). Demgegenüber halten andere die Bestimmung weiterhin für einschlägig (BayObLG NJW 1961, 1487; OLG Hamburg NJW 1975, 1473, 1475; LG Zweibrücken StV 1997, 13; LR-Gössel § 331 Rdn. 18; Drees StV 1995, 669).

§ 331

Das Verschlechterungsverbot soll dem Berufungsführer die Sorge nehmen, ein von ihm betriebenes Rechtsmittel könne letztlich zu seinen Lasten ausgehen. Diese Gefahr besteht aber auch, wenn nach Einstellung wegen eines behebbaren Verfahrenshindernisses in der Berufungsinstanz das Verfahren erneut betrieben werden kann und der Strafausspruch im erstinstanzlichen Urteil nicht mehr die Obergrenze der gegen den Berufungsführer zulässigen Sanktion darstellt. Namentlich vor dem Hintergrund der aktuellen Rechtsprechung des BVerfG (vgl. § 116 Rdn. 15) ist daher der zweiten Auffassung zu folgen.

5 Das Verbot der Schlechterstellung bewirkt, dass „das Urteil ... in Art und Höhe der Rechtsfolgen der Tat nicht zum Nachteil des Angeklagten geändert werden" darf. **Rechtsfolgen** sind nur diejenigen, die im Urteil angeordnet sind, also nicht die mit der Strafaussetzung zur Bewährung verbundenen Auflagen und Weisungen nach § 56a ff StGB (Meyer-Goßner § 331 Rdn. 6). Zahlungserleichterungen nach § 42 StGB dürfen zum Nachteil des Angeklagten geändert werden (Meyer-Goßner § 331 Rdn. 6), wobei zweifelhaft ist, ob es insofern auf neue Tatsachen und Beweismittel ankommt (OLG Schleswig NJW 1980, 1535). Auch die Entscheidungen über Kosten und Auslagen und über die Entschädigung für Strafverfolgungsmaßnahmen unterliegen nicht dem Verschlechterungsverbot.

6 Die in einem ersten Urteil unterlassenen Rechtsfolgenfestsetzungen darf das Berufungsgericht vornehmen (BGHSt 35, 208, 212).

> **Beispiel:** Das AG hat bei tatmehrheitlicher Verurteilung versehentlich nicht Einzelstrafen verhängt oder die Tagessatzhöhe von Einzelstrafen nicht festgesetzt. Dies darf die Kammer nachholen.

7 Nach Auffassung des BGH darf das Berufungsgericht eine **Gesamtstrafenbildung** auch dann nachholen, wenn dies zum Verlust einer bewilligten Strafaussetzung zur Bewährung führt (BGH NStZ 1997, 73). Dieses Ergebnis mag zunächst befremden, es relativiert sich aber, wenn man sich klarmacht, dass ansonsten im Beschlussverfahren eine nachträgliche Gesamtstrafenbildung (§ 460) erfolgen würde, es also nur um die „Abkürzung" des Verfahrens geht.

8 **Änderungen des Schuldspruchs** sind zu Lasten des Angeklagten nach h. M. zulässig (BGHSt 14, 5, 7; BGH NJW 1986, 332; Meyer-Goßner § 331 Rdn. 8). Begründet wird dies mit der Erwägung, wer sein Rechtsmittel nicht auf den Rechtsfolgenausspruch beschränke, müsse dies in Kauf nehmen. Eine Verschärfung der Rechtsfolgen ist aber selbst dann nicht möglich, wenn das Berufungsgericht statt einer Ordnungswidrigkeit eine Straftat annimmt. Dann verbleibt es wegen einer Straftat bei einer Verurteilung zu einer Geldbuße.

> **Beispiel:** Angeklagt ist eine Trunkenheitsfahrt, verurteilt wird wegen einer Ordnungswidrigkeit. Das Berufungsgericht kommt zu dem Ergebnis, dass § 316 doch erfüllt ist. Es kommt zu einer Verurteilung wegen eines Fahrens im fahruntüchtigen Zustand, die mit einer Geldbuße nach § 24a StVG sanktioniert ist.

9 Die kraft Gesetzes eintretenden **Rechtsfolgen des § 45 StGB** werden bei Änderung des Schuldspruchs durch das Schlechterstellungsverbot nicht ausgeschlossen (Meyer-Goßner § 331 Rdn. 8). Legt die StA eine Strafmaßberufung ein, kann trotz des Verschlechterungsverbots die Strafe erhöht werden, wenn der Schuldspruch zu Lasten des Angeklagten auf dessen Berufung hin geändert wird. Dabei geht die h. M. davon aus, dass auch für den geänderten Schuldspruch keine höhere Strafe in Betracht kommt als bis zur Obergrenze der im ersten Urteil angewendeten Strafvorschrift (BGH NJW 1986, 332; BayObLG NStZ-RR 2000, 379; LR-Gössel § 331 Rdn. 27; Meyer-Goßner § 331 Rdn. 9). Cierniak (NStZ 2001, 399) will gar keine Begrenzung annehmen. Meyer-Goßner (§ 331 Rdn. 9) will in diesen Fällen nach wie vor von dem nicht angefochtenen Schuldspruch ausgehen, den erhöhten Schuldumfang allerdings schärfend berücksichtigen.

3. Abschnitt. Berufung § 331

Beispiel: Der Angeklagte ist vom Schöffengericht wegen Diebstahls in Tateinheit mit Nötigung zu einer Geldstrafe von 90 Tagessätzen verurteilt worden. Er legt gegen die Entscheidung unbegrenzte Berufung ein, die StA beschränkt die Berufung auf das Strafmaß. In der Berufungshauptverhandlung ergibt sich, dass der Angeklagte tatsächlich einen Raub begangen hat, bei dem er eine Waffe verwendete (§ 250 Abs. 2 Nr. 1: Mindeststrafe fünf Jahre).

Nach h. M. kann das Berufungsgericht zunächst einmal den Schuldspruch auf einen schweren Raub ändern (§§ 249, 250 Abs. 2 Nr. 1). Im Hinblick auf die Strafmaßberufung darf eine Verschärfung der Strafe stattfinden. Jedoch gilt nicht der Strafrahmen der §§ 249, 250, sondern der des § 242. Das Berufungsgericht darf also auf eine Höchststrafe von fünf Jahren erkennen. Da die Strafgewalt des AG auf vier Jahre begrenzt ist, dürfte aber diese Grenze nicht überschritten werden. Die Berufungskammer muss dann wohl an die Große Strafkammer verweisen (vgl. Rdn. 21). **10**

Bei **Dauerstraftaten** gilt das Verschlechterungsverbot nicht für solche Tatteile, die erst nach dem ersten Urteil realisiert wurden. **11**

Verringert sich der Schuldumfang oder beurteilt das Berufungsgericht die Tat rechtlich milder, zwingt dies nicht automatisch zur Herabsetzung der Strafe, auch nicht bei Annahme eines minder schweren Falls (BGH MDR 1974, 16) oder bei Wegfall eines Straferhöhungsgrundes (Bloy JuS 1986, 590). Ist wegen Tatmehrheit verurteilt worden, zwingt der Wegfall von Einzelstrafen ebenfalls nicht zur Herabsetzung der Gesamtstrafe. Entscheidend ist, ob diese durch die übrig bleibenden Einzelstrafen gerechtfertigt ist (BGHSt 14, 5, 8). Bleibt nur eine Einzelstrafe übrig, so darf diese nicht überschritten werden (OLG Düsseldorf StV 1986, 146). **12**

Verbindet das Berufungsgericht die Verschärfung einer Rechtsfolge mit der Milderung anderer Rechtsfolgen, ist die Einhaltung des Verschlechterungsverbots in „ganzheitlicher Betrachtungsweise" auf Grund eines Gesamtvergleichs des früheren und des neuen Rechtsfolgenausspruchs zu beurteilen (BGHSt 29, 269, 270; BGH NStZ 1983, 168). **13**

Beispiel: Das AG hat den Angeklagten zu einer Freiheitsstrafe verurteilt. Das Berufungsgericht ersetzt diese durch eine Geldstrafe und verhängt gleichzeitig ein Fahrverbot nach § 44 StGB.

Beispiel: Das AG hat den Angeklagten zu einer Geldstrafe von 90 Tagessätzen á 100 Euro verurteilt. Das Landgericht verhängt 45 Tagessätze á 200 Euro (vgl. auch SK-Frisch § 331 Rdn. 70; OLG Schleswig NStZ 1984, 90). Die Bemessung der Tagessatzhöhe darf erhöht werden, wenn gleichzeitig ein Fahrverbot entfällt und der Angeklagte wirtschaftlich nicht schlechter gestellt wird als bei Bestehen bleiben dieser Nebenstrafe (BayObLG NJW 1980, 849; Meyer-Goßner § 331 Rdn. 12). Denkbar ist auch der Fall, dass eine Geldbuße verhängt wird, statt einen Gegenstand einzuziehen (vgl. BayObLG NJW 1998, 3287).

Unzulässig ist die Verschlechterung der Strafart. So darf eine Geldstrafe nicht durch eine Freiheitsstrafe ersetzt werden, auch wenn die Vollstreckung zur Bewährung ausgesetzt wird (OLG Hamburg MDR 1982, 776). An die Stelle – auch einer zur Bewährung ausgesetzten – Freiheitsstrafe soll aber eine Geldstrafe in beliebiger Höhe treten dürfen (LR-Gössel § 331 Rdn. 44). Allerdings darf die Zahl der Tagessätze nicht die frühere Freiheitsstrafe übersteigen (OLG Düsseldorf NJW 1994, 1016; Meyer-Goßner § 331 Rdn. 13; Vollmer/Schmehl). **14**

Beispiel: Das AG hat den Angeklagten – einen Milliardär – wegen Körperverletzung zum Nachteil eines Fotografen zu zwölf Monaten Freiheitsstrafe auf Bewährung verurteilt. Das Berufungsgericht ändert den Strafausspruch auf 360 Tagessätze á 5000 Euro. Nur die Zahl der Tagessätze wird durch § 331 beschränkt, der Rest ergibt sich aus der Einkommenssituation des Angeklagten.

Die Freiheitsstrafe darf nicht erhöht, deren Aussetzung zur Bewährung nicht gestrichen werden. Bei der **Gesamtstrafe** umfasst das Verschlechterungsverbot Einzelstrafen wie die Gesamtstrafe. Wird Tateinheit statt Tatmehrheit angenommen, darf auf eine Strafe in Höhe der bisherigen Gesamtstrafe erkannt werden, das Fahrverbot kann die Entziehung der Fahrerlaubnis ersetzen. **15**

§ 332   3. Buch. Rechtsmittel

16   Bei der **Kumulation mehrerer Rechtsfolgen** (Strafe, Nebenstrafe, Nebenfolgen) ist der bereits angesprochene Gesamtvergleich in ganzheitlicher Betrachtungsweise erforderlich (vgl. Bloy JuS 1986, 590; Schmehl/Vollmer S. 228).

17   Bei einer **Geldstrafe** darf weder die Zahl der Tagessätze noch die Endsumme erhöht werden. Die Tagessatzhöhe kann zum Nachteil des Angeklagten verschlechtert werden, wenn zugleich die Zahl der Tagessätze herabgesetzt und die Endsumme nicht erhöht wird (OLG Celle NJW 1976, 121; OLG Köln VRS 60, 46; Meyer-Goßner § 331 Rdn. 16).

18   **Die Erhöhung einer Freiheitsstrafe** ist auch dann nicht zulässig, wenn eine daneben verhängte Freiheitsstrafe wegfällt oder die höhere Freiheitsstrafe im Gegensatz zu der im ersten Urteil verhängten zur Bewährung ausgesetzt wird (Meyer-Goßner § 331 Rdn. 17). Bei einer Einbeziehung von Vorverurteilungen nach § 55 StGB und nachträglicher Gesamtstrafenbildung entfällt ggf. die in dem ersten Urteil gewährte Strafaussetzung, wenn sie nicht auch für die neue Gesamtstrafe zu bewilligen ist (Meyer-Goßner § 331 Rdn. 19; BGHSt 7, 180). Das OLG Hamburg (StraFo 1999, 351) sieht dies zu Recht dann anders, wenn nur die Berufung des Angeklagten überhaupt eine Gesamtstrafenbildung ermöglicht hat, also auch nach § 460 keine Gesamtstrafenbildung möglich war.

19   **Für Maßregeln der Besserung und Sicherung** gilt grundsätzlich das Verschlechterungsverbot. Eine Ausnahme macht Abs. 2 nur für die Unterbringung in einem psychiatrischen Krankenhaus oder einer Entziehungsanstalt. Dabei ist umstritten, ob Abs. 2 auch dann eingreift, wenn die Berufung auf das Strafmaß beschränkt ist. Das BayObLG (JR 1996, 79) nimmt dies an, der BGH (NStZ 1992, 539; ebenso Tolksdorf FS Stree/Wessels S. 766) lehnt dies ab.

20   Eine weitere Frage ist, ob Abs. 2 Anwendung findet, wenn die Berufung gerade auf die **Strafaussetzung zur Bewährung** beschränkt ist. Für die Anwendbarkeit des Abs. 2 ist ein Teil der Literatur (KK-Ruß § 331 Rdn. 7; SK-Frisch § 327 Rdn. 18); a. M. ist das BayObLG (JR 1987, 172; vgl. auch BGHSt 38, 362; BGH NStZ-RR 2003, 18). Unzulässig ist ein Austausch der Maßregeln nach den §§ 63, 64 gegen Sicherungsverwahrung (§ 66 StGB; BGHSt 25, 38). Auch für die nachträgliche Sicherungsverwahrung (§ 66 b StGB) gilt das Verschlechterungsverbot uneingeschränkt (Peglau NJW 2004, 3599).

21   Da auch für das Berufungsgericht die **Rechtsfolgenkompetenz** entsprechend der des AG begrenzt ist (§ 24 Abs. 2 GVG), muss die Kleine Strafkammer, wenn sie die Unterbringung nach § 63 StGB für erforderlich hält, die Sache an eine Große Strafkammer zwecks Verhandlung erster Instanz entsprechend § 328 Abs. 2 verweisen (Meyer-Goßner § 331 Rdn. 22; SK-Frisch § 331 Rdn. 63; a. M. HK-Rautenberg § 331 Rdn. 23: Abs. 2 erweitert die Rechtsfolgenkompetenz dahingehend, dass die Kleine Strafkammer selbst die Unterbringung in einem psychiatrischen Krankenhaus anordnen kann).

22   Ein Verstoß gegen das Verschlechterungsverbot ist vom **Revisionsgericht** auf allgemeine Sachrüge hin von Amts wegen zu prüfen (BGH NJW 1980, 1967; OLG Düsseldorf StV 1986, 10; Meyer-Goßner § 331 Rdn. 24; KK-Ruß § 331 Rdn. 10).

§ 332 [Verfahrensvorschriften]

Im übrigen gelten die im sechsten Abschnitt des zweiten Buches über die Hauptverhandlung gegebenen Vorschriften.

1   Die Bestimmung ordnet die Anwendbarkeit der üblichen für die Hauptverhandlung geltenden Vorschriften auch für das **Berufungsverfahren** an. Ausnahmen ergeben sich aus § 323 Abs. 1 S. 1 insbesondere für §§ 231 bis 232 Abs. 2, soweit § 329 nicht anwendbar ist (BGHSt 15, 287, 291), § 233, §§ 263 bis 265 und §§ 271 bis 274. Die

4. Abschnitt. Revision **§ 332**

Vorschriften für das Strafbefehlsverfahren/beschleunigte Verfahren gehen auch im Berufungsverfahren vor (Meyer-Goßner § 332 Rdn. 1).

Für das **Urteil** gelten die §§ 260, 267, 268, 275, aber auch § 268a. Der Aufbau des Berufungsurteils entspricht im Wesentlichen dem eines erstinstanzlichen Urteils. Vorab wird jedoch festgehalten, weswegen und mit welchen Folgen das Amtsgericht den Angeklagten verurteilt und/oder von welchem Vorwurf es ihn freigesprochen hat. Sodann wird dargestellt, wer hiergegen mit welchem Ziel Berufung eingelegt hat. Eine Berufungsbeschränkung ist festzuhalten. Hält das Berufungsgericht die Beschränkung für wirksam, stellt es fest, dass die Berufung „wirksam auf den Rechtsfolgenausspruch beschränkt" ist. Sonst wird dargelegt, dass und warum die Beschränkung unwirksam ist und die Berufung als unbeschränkt eingelegt gilt. 2

Das Berufungsurteil darf auf das erstinstanzliche Urteil **Bezug nehmen** (vgl. § 267 Rdn. 36). Dies betrifft die tatsächlichen und rechtlichen Ausführungen, sofern die dortigen Schuldfeststellungen so klar und eindeutig sind, dass sie eine sichere Urteilsgrundlage für das Berufungsgericht ergeben (Schmehl/Vollmer S. 246). Unzulässig ist eine pauschale Bezugnahme auf die Strafzumessung des angefochtenen Urteils. Diese hat das Berufungsgericht in eigener Verantwortung vorzunehmen (OLG München wistra 2006, 157). 3

Vierter Abschnitt. Revision

Die Revision ist – wie Beschwerde und Berufung – ein **Rechtsmittel** (§ 296), das sich gegen eine noch nicht rechtskräftige gerichtliche Entscheidung wendet und (Devolutiveffekt) zur Nachprüfung der angefochtenen Entscheidung durch ein Gericht höherer Ordnung führt (HK-Temming vor §§ 333ff Rdn. 1). Mit der Berufung hat die Revision gemein, dass sie sich **gegen Urteile** richtet. Während aber die Berufung zu einer Neuverhandlung auch im Rahmen der Tatsachengrundlagen führt, beschränkt sich die Revision auf die **rechtliche Überprüfung** des angefochtenen Urteils (§ 337). Eine Revision kann nur erfolgreich sein, wenn das Urteil darauf beruht, dass eine Rechtsnorm nicht oder nicht richtig angewendet worden ist (§ 337). 1

Zweck der Revision ist die Wahrung der Rechtseinheit und die Herbeiführung einer gerechten Entscheidung im Einzelfall (LR-Hanack vor § 333 Rdn. 7ff; Meyer-Goßner vor § 333 Rdn. 4). Es geht um „die richtige Gesetzesanwendung als Weg zur Wahrung der Rechtseinheit und zur Gewährleistung der Einzelfallgerechtigkeit" (Langer FS Meyer-Goßner S. 497, 521). Die Einheitlichkeit der Rechtsprechung wird auch dadurch gesichert, dass bei Divergenzen ein OLG ggf. die Sache dem BGH vorlegen und ein Senat des BGH ggf. den Großen Senat für Strafsachen bemühen muss (Einl. Rdn. 33 f). 2

Im Rahmen der Überprüfung ist das Revisionsgericht **an die tatsächlichen Feststellungen** des angefochtenen Urteils grundsätzlich **gebunden**. Da überdies die Strafzumessung eine ureigene Domäne des Tatrichters ist und der Grundsatz der freien Beweiswürdigung (§ 261) das Tatgericht beherrscht, bleibt eigentlich nicht mehr viel übrig, das Gegenstand der rechtlichen Überprüfung sein kann. Nimmt man alle diese Prinzipien ernst, kann nur noch die korrekte juristische Subsumtion unter dem bindend festgestellten Sachverhalt gerügt werden (vgl. Schmehl/Vollmer S. 249). 3

Die **beschränkte Überprüfungsmöglichkeit** in der Revisionsinstanz, die soeben beschrieben wurde, wird erst durch entsprechende Rügen eröffnet. Ist es Aufgabe des Revisionsverfahrens, das angefochtene Urteil auf Richtigkeit zu überprüfen, kann sich dies einmal auf die Wahrung der Verfahrensvorschriften, zum anderen auf die Einhaltung des materiellen Rechts an sich beziehen. Ist die Angriffsrichtung der Revision die Beanstandung des Verfahrens, setzt die Überprüfung eine ordnungsgemäß erhobene Verfahrensrüge voraus. Hier sind hohe Hürden zu beachten. Wird gerügt, das mate- 4

§ 333

rielle Recht sei nicht richtig angewendet worden, spricht man von einer Sachrüge. Für diesen Bereich genügt es schlicht und einfach, wenn der Beschwerdeführer rügt, dieses sei unrichtig angewendet worden.

Beispiel: „Ich rüge die Verletzung materiellen Rechts. Das Gericht hat dieses unter anderem in folgenden Fällen nicht korrekt angewendet ..."

5   Wie weit nun die Beschränkungen der revisionsgerichtlichen Überprüfung reichen, hängt unter anderem davon ab, was man im Sinne des § 337 unter der **Verletzung eines Gesetzes** versteht und was eine **Rechtsnorm** ist. Es besteht Einigkeit, dass die in § 344 Abs. 2 angesprochenen „anderen Rechtsnormen" nicht nur das materielle Recht im engeren Sinne meinen, sondern auch Grundregeln der Rechtsanwendung. Danach sind kraft Gewohnheitsrechts revisibel auch Verstöße gegen Denkgesetze, die Gesetze der Logik, gegen Erfahrungssätze sowie die Missachtung offenkundiger Tatsachen (Schmehl/Vollmer S. 250). Zu den anderen Rechtsnormen gehört auch das Gebot klarer, widerspruchsfreier, lückenloser und in sich geschlossener Darstellungen der festgestellten Tatsachen, der Beweiswürdigung und der Strafzumessung (Schmehl/Vollmer S. 250).

Beispiel: Die Feststellung des Tatgerichts, es habe an einem Novemberabend um 24.00 Uhr geregnet, ist nicht zu erschüttern. Die Aussage des Tatgerichts, es habe an einem Novemberabend um 24.00 Uhr die Sonne geschienen, verstößt hingegen gegen Denkgesetze, also gegen eine „andere Rechtsnorm". Zu den Einzelheiten vgl. § 337.

6   In vielen Fällen hängt der Erfolg der Revision auch davon ab, ob das Urteil tatsächlich auf der vom Revisionsgericht festgestellten Gesetzesverletzung **„beruht"**. In zahlreichen Fällen stellt der BGH zwar fest, dass das Landgericht eine Norm nicht korrekt angewendet hat, konstatiert aber gleichzeitig, dass sich dieser Fehler auf das Urteil ausgewirkt hat, das Urteil also nicht auf diesem Rechtsverstoß „beruht". Vgl. hierzu ebenfalls die Ausführungen zu § 337.

7   Schließlich ist noch darauf hinzuweisen, dass dem Angeklagten im Revisionsverfahren nur eine **Statistenrolle** zusteht. Ist er in Haft, wird er für die etwaige Revisionshauptverhandlung nicht zugeführt. Da er nur am Rande eine Rolle spielt, haben BGH und Bundesverfassungsgericht (vgl. NStZ 1995, 390 ff) im Strafverfahren gegen Erich Mielke immerhin entschieden, dass eine eingeschränkte Verhandlungsfähigkeit die Durchführung einer Revisionsverhandlung nicht hindert (vgl. Schmehl/Vollmer S. 251).

§ 333 [Zulässigkeit]

Gegen die Urteile der Strafkammern und der Schwurgerichte sowie gegen die im ersten Rechtszug ergangenen Urteile der Oberlandesgerichte ist Revision zulässig.

1   Die Revision ist **zulässig gegen Urteile.** Dies umfasst auch Berufungsurteile, mit denen die Sache nach § 328 Abs. 2 zurückverwiesen worden ist (BGHSt 26, 106). Eine entgegenstehende Entscheidung des KG (JR 1972, 255) ist überholt (Meyer-Goßner § 333 Rdn. 1). Für Urteile des AG wird § 333 durch § 335 (Sprungrevision) ergänzt. Ausgeschlossen ist die Revision nach § 441 Abs. 3 S. 2, § 55 Abs. 2 JGG und § 10 BinSchVfG (Meyer-Goßner § 333 Rdn. 2).

2   Die Revision wird durch die sofortige Beschwerde ersetzt, soweit es um im Urteil zu treffende **Nebenentscheidungen** geht. Dies betrifft etwa die über die Kosten nach § 464 Abs. 3 S. 1, die Entschädigung für Strafverfolgungsmaßnahmen (§ 8 Abs. 3 StrEG) und die Aussetzung der Jugendstrafe zur Bewährung (§ 59 Abs. 1 JGG). Sind im Urteil Nebenentscheidungen enthalten, die durch besonderen Beschluss hätten ge-

4. Abschnitt. Revision §§ 334, 335

fällt werden müssen, ist gleichfalls nur die Beschwerde anwendbar, so im Hinblick auf die DNA-Identitätsfeststellung nach § 81 g (BGH NStZ-RR 2002, 67) und über die Aussetzung der Strafvollstreckung nach § 57 StGB (BGH GA 1982, 219).

Die **Anfechtungsberechtigung** richtet sich nach den allgemeinen Vorschriften 3 (§§ 296 ff).
- **Form**: Schriftform oder zu Protokoll der Geschäftsstelle
- **Frist**: binnen einer Woche nach Verkündung des Urteils (§ 341 Abs. 1)
- **Begründung**: anders als bei Berufung erforderlich; binnen eines Monats nach Zustellung des Urteils (§ 345)

§ 334 (weggefallen)

§ 335 [Sprungrevision]

(1) Ein Urteil, gegen das Berufung zulässig ist, kann statt mit Berufung mit Revision angefochten werden.

(2) Über die Revision entscheidet das Gericht, das zur Entscheidung berufen wäre, wenn die Revision nach durchgeführter Berufung eingelegt worden wäre.

(3) ¹Legt gegen das Urteil ein Beteiligter Revision und ein anderer Berufung ein, so wird, solange die Berufung nicht zurückgenommen oder als unzulässig verworfen ist, die rechtzeitig und in der vorgeschriebenen Form eingelegte Revision als Berufung behandelt. ²Die Revisionsanträge und deren Begründung sind gleichwohl in der vorgeschriebenen Form und Frist anzubringen und dem Gegner zuzustellen (§§ 344 bis 347). ³Gegen das Berufungsurteil ist Revision nach den allgemein geltenden Vorschriften zulässig.

Gegen Urteile des AG steht alternativ zur Berufung die **Sprungrevision** zum OLG 1 zur Verfügung (§ 335 Abs. 1). Die Verfahrensbeteiligten haben insofern eine Wahlmöglichkeit. Wenn es dem Beschwerdeführer nur auf die Klärung von Rechtsfragen ankommt, soll er eine zweite Tatsacheninstanz sparen können (vgl. BGHSt 5, 338, 339). Verfahrensrechtliche Besonderheiten bestehen insofern, als § 335 Abs. 3 den Fall regelt, dass ein Beteiligter Revision und ein anderer Berufung einlegt. Überdies ist fraglich, inwiefern in Fällen der Annahmeberufung (§ 313) entsprechende Hürden auch für die Sprungrevision nach § 335 gelten (unten Rdn. 110 f).

Die **Rügemöglichkeiten** sind nicht eingeschränkt. So ist § 357 ebenso anwendbar 2 wie § 121 Abs. 2 GVG (BGHSt 29, 305, 307). Wird das Urteil auf Revision aufgehoben und an das AG zurückverwiesen, kann das neue Urteil auch nach § 312 mit der Berufung angefochten werden (Meyer-Goßner § 335 Rdn. 1).

Der Beschwerdeführer kann das Urteil **unbestimmt anfechten** und die Wahl 3 zwischen Berufung und Revision zunächst offenlassen. Dies ist deshalb sinnvoll, weil er die Entscheidung über das geeignete Rechtsmittel regelmäßig erst nach Kenntnis der schriftlichen Urteilsgründe treffen kann (BGHSt 2, 63; BGHSt 6, 206). Die endgültige Wahl kann dann bis zum Ablauf der Revisionsbegründungsfrist (§ 345 Abs. 1) getroffen werden (BGHSt 25, 321, 324). Wird die Wahl sogleich getroffen, ist sie endgültig. Allerdings ist ein späterer Übergang zu dem anderen Rechtsmittel noch bis zum Beginn der Revisionsbegründungsfrist möglich (Meyer-Goßner § 335 Rdn. 3). Wird keine Wahl getroffen, wird das Rechtsmittel als Berufung durchgeführt (BGHSt 2, 63; BGHSt 33, 183, 189), selbst wenn nach Ablauf der Revisionsbegründungsfrist (§ 345 Abs. 1) die Revision explizit gewählt wird (BayObLG JR 1971, 120; Meyer-Goßner § 335 Rdn. 4). Ist die Erklärung nicht eindeutig, wird das Rechtsmittel ebenfalls als Berufung behandelt (OLG Hamm NJW 2003, 1469; anders noch OLG Düsseldorf MDR 1972, 343).

§ 335   3. Buch. Rechtsmittel

4   **Wird Revision gewählt,** wird das Rechtsmittel so behandelt, als sei von vornherein Revision eingelegt worden. Wird sie nicht rechtzeitig oder in nicht zulässiger Weise begründet, wird sie als unzulässig verworfen, nicht etwa als Berufung behandelt (LR-Hanack § 335 Rdn. 12; Meyer-Goßner § 335 Rdn. 6). Nur bei unwirksamer Wahl schon der Revision wird das Rechtsmittel als Berufung behandelt (BayObLG MDR 1983, 1045).

5   Während eine **Wiedereinsetzung in den vorigen Stand** möglich ist, wenn die Anfechtungsfrist versäumt wurde (§ 44 Rdn. 7), gibt es keine Wiedereinsetzung, wenn der Beschwerdeführer sich nach rechtzeitiger Rechtsmitteleinlegung nicht innerhalb der Frist des § 345 Abs. 1 entscheidet. Die Wahl der Revision ist dann endgültig nicht mehr möglich (BayObLG wistra 2001, 279; Meyer-Goßner § 335 Rdn. 8).

6   Da der Beschwerdeführer erst **nach Zustellung des Urteils** und innerhalb der dadurch in Lauf gesetzten Revisionsbegründungsfrist seine Wahl zu treffen hat, kann er auch zu einem anderen Rechtsmittel übergehen, solange diese Frist nicht abgelaufen ist. Ein nochmaliger Wechsel des Rechtsmittels ist dann aber ausgeschlossen (Meyer-Goßner § 335 Rdn. 12). Zum Übergang zur Berufung vgl. zuletzt BGH NJW 2004, 789. Eine Wiedereinsetzung in den vorigen Stand soll zulässig sein, um den Übergang zur Berufung zu ermöglichen (OLG Köln NStZ 1994, 199), nicht jedoch für den Übergang zur Revision nach Ablauf der Frist des § 345 Abs. 1 (OLG Hamm NStZ 1991, 601).

7   **Abs. 2** regelt die Zuständigkeit des OLG für die Entscheidung über die Revision. Hiervon losgelöst ist die Frage zu beurteilen, welches Gericht darüber entscheidet, ob das Rechtsmittel **Berufung oder Revision** ist. Hierüber entscheidet zunächst das AG als judex a quo, bei dem das Rechtsmittel eingelegt worden ist (Meyer-Goßner § 335 Rdn. 20). Hält das AG das Rechtsmittel für eine Berufung, legt es die Akten dem Berufungsgericht vor. Hält dieses das Rechtsmittel für eine Revision, gibt es die Akten dem AG zurück, um das Verfahren nach § 347 einzuhalten (HK-Temming § 335 Rdn. 5). Hält das AG das Rechtsmittel für eine Revision, legt es die Akten dem Revisionsgericht vor. Geht dieses von einem Rechtsmittel der Berufung aus, wird die Sache entsprechend § 348 bindend an das Berufungsgericht abgegeben (Meyer-Goßner § 335 Rdn. 20; HK-Temming § 335 Rdn. 5).

8   **Abs. 3 will verhindern,** dass verschiedene Rechtsmittelgerichte mit derselben Sache gleichzeitig befasst werden. Insofern hat bei divergierenden Rechtsmitteln verschiedener Beschwerdeführer die Berufung als das umfassende Rechtsmittel auch dann Vorrang, wenn sie nicht in vollem Umfang eingelegt worden ist. Die Revision bleibt solange bedingt bestehen, bis das Berufungsgericht sachlich entschieden hat (BayObLG StV 1994, 238) oder die Berufung nicht mehr zurückgenommen werden kann. Ist die Berufung zurückgenommen oder als unzulässig verworfen worden, so wird das Verfahren mit der Revision fortgesetzt, wenn sie rechtzeitig und formgerecht begründet worden ist, andernfalls wird sie dann als unzulässig verworfen (LR-Hanack § 335 Rdn. 23; Meyer-Goßner § 335 Rdn. 17).

   Beispiel: Die StA hat Strafmaßberufung eingelegt, der Angeklagte Revision. Nach Rücknahme der Berufung durch die StA ist das Verfahren als Revisionsverfahren fortzusetzen.

9   Trifft das Berufungsgericht entgegen Abs. 3 keine Entscheidung über die Revision, bleibt das Verfahren insoweit bei ihm anhängig. Ggf. muss das Revisionsgericht die Sache an das Berufungsgericht zurückverweisen (RGSt 63, 194).

10 Ist der Angeklagte zu einer Geldstrafe von nicht mehr als 15 Tagessätzen verurteilt worden, bedarf es für die Berufung der Annahme durch die Kleine Strafkammer (§ 313 Abs. 1). Zweifelhaft ist, ob auch der Zugang zum Revisionsgericht in solchen Fällen geringfügiger Sanktionierung (aber auch in den Fällen des § 313 Abs. 1 S. 2) der **Annahme durch das (Revisions-)Gericht** bedarf.

4. Abschnitt. Revision § 336

(1) Zum Teil wird die Auffassung vertreten, die Einschränkung der Berufungsmöglichkeit in § 313 habe Einfluss auch auf die Wahlmöglichkeit zwischen Berufung und Revision (Meyer-Goßner § 335 Rdn. 21; Ostendorf ZRP 1994, 538). Danach muss in den Fällen des § 313 zunächst Berufung eingelegt werden, denn nur, wenn diese angenommen werde, sei sie zulässig. Andernfalls liege eine unzulässige Berufung vor, die nach § 313 Abs. 1 auch die Revision ausschließe (ebenso KK-Ruß § 313 Rdn. 4; Ostendorf ZRP 1994, 338; Scheffler GA 1995, 455, 458).

(2) Demgegenüber geht ein großer Teil der Rechtsprechung einschließlich des BGH und ein Teil der Literatur davon aus, die Sprungrevision sei auch in den Fällen des § 313 stets zulässig (OLG Hamm NJW 2003, 3286, 3287; OLG Karlsruhe NStZ 1995, 562; SK-Frisch § 335 Rdn. 27; Feuerhelm StV 1997, 102; Rieß FS Kaiser S. 1476; Tolksdorf FS Salger S. 402). Der BGH (BGHSt 40, 395, 397) hat einer Entscheidung des BayObLG (StV 1993, 572) dahingehend zugestimmt, dass es für die rechtliche Zulässigkeit der Sprungrevision nicht darauf ankommt, ob der Angeklagte zulässigerweise eine Berufung durchführen könnte.

(3) Bedenkt man, dass gegen die die Zulassung der Berufung ablehnende Entscheidung immerhin sofortige Beschwerde möglich ist, mit der das OLG ohnehin mit der Angelegenheit befasst wird, gibt es keinen Grund, die Zulässigkeit der Sprungrevision von einer Einlegung und Annahme der Berufung abhängig zu machen. Der insofern erhobene Vorwurf, die auch vom BGH geteilte Ansicht laufe dem Zweck des RPflEntlG zuwider (Meyer-Goßner § 335 Rdn. 22; Pfeiffer § 335 Rdn. 5), überzeugt insofern nicht. Hätte der Gesetzgeber auch die Sprungrevision solchermaßen beschränken wollen, hätte er auch § 335 ändern müssen (OLG Karlsruhe StV 1994, 292; OLG Düsseldorf StV 1995, 70; HK-Temming § 335 Rdn. 2). 11

Zu beachten ist, dass die Revision **nicht unter dem Vorbehalt** eingelegt werden kann, dass die Berufung nicht angenommen werde (OLG Frankfurt NStZ-RR 1996, 174). 12

Umstritten ist schließlich, ob noch von der Berufung zur Revision übergegangen werden kann, wenn die Berufung innerhalb der Revisionsbegründungsfrist nach § 322a nicht angenommen worden ist. Gegen einen Übergang ist das BayObLG (StV 1994, 364) und ein Teil der Literatur (Rieß FS Kaiser S. 1477; Tolksdorf FS Salger S. 405). Großzügiger ist demgegenüber das OLG Frankfurt (NStZ-RR 2003, 53; ebenso AK-Maiwald § 335 Rdn. 2; Feuerhelm StV 1997, 102). 13

§ 336 [Vorentscheidungen der Vorinstanz]

¹Der Beurteilung des Revisionsgerichts unterliegen auch die Entscheidungen, die dem Urteil vorausgegangen sind, sofern es auf ihnen beruht. ²Dies gilt nicht für Entscheidungen, die ausdrücklich für unanfechtbar erklärt oder mit der sofortigen Beschwerde anfechtbar sind.

§ 336 S. 1 ergänzt § 305 S. 1, wonach die der Urteilsfällung vorausgehenden Entscheidungen des erkennenden Gerichts im Regelfall nicht der Beschwerde unterliegen. Entscheidungen im Sinne des § 336 sind verfahrensrechtliche Entscheidungen in dem Verfahren, in dem das angefochtene Urteil ergangen ist, auch Anordnungen des Vorsitzenden (BGHSt 7, 281, 282; Meyer-Goßner § 336 Rdn. 1). 1

Gemeint sind **nur gerichtliche Entscheidungen;** fehlerhafte Verfahrenshandlungen der StA sind nicht erfasst, da darauf das Urteil nicht beruhen kann (BGHSt 6, 326, 328). Ein Beruhen des Urteils auf gerichtlichen Entscheidungen vor Erlass des Eröffnungsbeschlusses ist regelmäßig auszuschließen. Eine Ausnahme gilt, wenn die Entscheidung möglicherweise bis zum Urteil fortgewirkt hat, z.B. bei unzulässiger Ablehnung des Antrags auf Verteidigerbestellung (Meyer-Goßner § 336 Rdn. 3). 2

§ 337 3. Buch. Rechtsmittel

3   **Entscheidungen aus früheren Hauptverhandlungen** werden grundsätzlich nicht geprüft (Hilger NStZ 1983, 428).

   Beispiel: In einer ersten, dann ausgesetzten Hauptverhandlung ist ein Beweisantrag zu Unrecht abgelehnt worden.

4   Anders ist es, wenn die Entscheidung in der späteren Verhandlung weiter wirkt.

   Beispiel: In einer ersten, dann ausgesetzten Verhandlung wird der Vorsitzende wegen Besorgnis der Befangenheit abgelehnt und das Ablehnungsgesuch zu Unrecht zurückgewiesen. Dieser Mangel wirkt fort, wenn die erneute Hauptverhandlung wieder unter dem Vorsitz des an sich abgelehnten Richters durchgeführt wird (BGHSt 31, 15; Meyer-Goßner § 336 Rdn. 4).

5   **Einstellungsbeschlüsse** nach § 153 Abs. 2 oder § 153a Abs. 2 sind mit der Revision nicht angreifbar (Meyer-Goßner § 336 Rdn. 5).

6   **§ 336 S. 2** bezieht sich auf unanfechtbare oder mit sofortiger Beschwerde anfechtbare Entscheidungen. Sie werden vom Revisionsgericht nicht mehr geprüft, auch nicht nach § 338 (LR-Hanack § 336 Rdn. 13; Meyer-Goßner § 336 Rdn. 6). Ob in einem solchen Fall eine sofortige Beschwerde eingelegt worden war, ist gleichgültig. Die Anfechtbarkeit mit der einfachen Beschwerde schließt eine Revision nicht aus (Rieß NStZ 1981, 447).

7   Unter S. 2 fallen insbesondere **Entscheidungen nach § 28** (begründete Ablehnung eines Richters), § 46 (Entscheidung über Wiedereinsetzungsantrag), § 81 (Unterbringung zur Beobachtung des Beschuldigten), § 138d (Ausschließung des Verteidigers), § 201 (Mitteilung der Anklageschrift), § 210 (Rechtsmittel gegen Eröffnungsbeschluss), § 225a (Zuständigkeitsänderung vor der Hauptverhandlung), § 231a (Hauptverhandlung bei vorsätzlich herbeigeführter Verhandlungsunfähigkeit) und § 304 Abs. 4 S. 2 (Beschwerde gegen Beschlüsse des OLG), § 304 Abs. 5 (Verfügungen des Ermittlungsrichters beim BGH; BGH NJW 2002, 2401) und §§ 52, 54 GVG (Entbindung von Schöffen), nicht relevant ist die Unanfechtbarkeit nach § 305 S. 1, da diese Bestimmung gerade darauf beruht, dass etwaige Fehler im späteren Berufungs- oder Revisionsverfahren geprüft werden können.

8   Wird der Angeklagte dem Gericht dem **gesetzlichen Richter** entzogen, kann dies auch dann mit der Revision gerügt werden, wenn gegen die Entscheidung sonst keine Rüge zulässig ist (BGHSt 46, 238; SK-Frisch § 336 Rdn. 20).

§ 337 [Revisionsgründe]

(1) **Die Revision kann nur darauf gestützt werden, daß das Urteil auf einer Verletzung des Gesetzes beruhe.**

(2) **Das Gesetz ist verletzt, wenn eine Rechtsnorm nicht oder nicht richtig angewendet worden ist.**

I. Überblick

1   **§ 337 ist die zentrale Bestimmung für das Revisionsverfahren.** Die Revision kann nur darauf gestützt werden, dass das Urteil auf einer Verletzung des Gesetzes beruhe (Abs. 1). Das Gesetz ist verletzt, wenn eine Rechtsnorm nicht oder nicht richtig angewendet worden ist (Abs. 2).

2   Die Vorschrift beschreibt damit die durch die Revision eröffneten **Prüfungsmöglichkeiten** – es findet keine Wiederholung der Beweisaufnahme statt, noch nicht einmal eine neue Würdigung der vom Tatgericht erhobenen Beweise (HK-Temming § 337 Rdn. 1). Das Revisionsgericht ist **an die tatrichterlichen Feststellungen gebunden** und kann nur überprüfen, ob diese rechtlich einwandfrei zustande gekommen sind und ob die Würdigung der erhobenen Beweise frei von Rechtsfehlern ist.

4. Abschnitt. Revision §337

Beweise zur Schuldfrage werden im Revisionsverfahren nicht erhoben; behauptet der Beschwerdeführer, ein Zeuge habe in der Hauptverhandlung anders ausgesagt als in den Urteilsgründen wiedergegeben, wird er damit nicht gehört (BGHSt 21, 149), unabhängig von Abweichungen vom Akteninhalt (BGH NStZ 1992, 506) oder anders lautenden Aufzeichnungen von Prozessbeteiligten (BGHSt 15, 347).

Diese Grundaussage **relativiert sich** dadurch, dass die Trennung zwischen einer (revisionsrichterlich überprüfbaren) Rechtsfrage und der (nicht überprüfbaren) Tatfrage nicht ohne weiteres möglich ist; vgl. die Darstellung bei SK-Frisch § 337 Rdn. 10ff und unten Rdn. 17ff. 3

II. Verletzung des Gesetzes

Gesetz im Sinne des Abs. 1 ist jede Rechtsnorm, dazu gehören neben formellen und materiellen Gesetzen des Bundes und der Länder auch das Gewohnheitsrecht, allgemeine Regeln des Völkerrechts (Art. 25 GG), ausländische Rechtsvorschriften (LR-Hanack § 337 Rdn. 7ff) und wohl auch das Europarecht (überprüfen). 4

Verwaltungsanordnungen sind keine Rechtsnormen. Gleiches gilt für Dienstvorschriften der Bundesbahn, Unfallverhütungsvorschriften der Berufsgenossenschaften, wenn diese nicht auf konkreten Verordnungsermächtigungen beruhen, auch nicht die Geschäftsverteilungspläne der Gerichte (RGSt 76, 233; Meyer-Goßner § 337 Rdn. 3). 5

Soll- oder Ordnungsvorschriften mögen zwar Rechtsnormen im Sinne des § 337 sein, jedoch ist bei solchen Vorschriften regelmäßig ein Beruhen des Urteils auf der Gesetzesverletzung ausgeschlossen (vgl. BGHSt 30, 255, 257; Bohnert NStZ 1983, 344; Meyer-Goßner § 337 Rdn. 4). 6

Die Gesetzesverletzungen lassen sich in drei Gruppen unterscheiden: 7
– die Nichtbeachtung von Verfahrensvoraussetzungen und Verfahrenshindernissen
– mit der Verfahrensrüge zu beanstandende Verfahrensverstöße
– sachlich-rechtliche Mängel.

Die Differenzierung ist wichtig, weil sie zugleich die Grenzen der revisionsgerichtlichen Nachprüfung, aber auch die Art der Geltendmachung der Rüge beschreibt. So sind sachlich-rechtliche Mängel mit der **Sachrüge** geltend zu machen, an die keine erhöhten Anforderungen zu stellen sind, während Verfahrensmängel nur auf eine ordnungsgemäße **Verfahrensrüge** geprüft werden (vgl. Rdn. 17ff). Verfahrensvoraussetzungen und -hindernisse werden **von Amts wegen** geprüft, wenn der Revisionsführer entweder wirksam die Sachrüge erhoben hat oder wenigstens eine Verfahrensbeschwerde in gesetzlich erforderter Form angebracht hatte (Schmehl/Vollmer S. 253). 8

Beispiel: Die Formulierung „Ich rüge die Verletzung sachlichen Rechts" eröffnet dem Revisionsgericht die Überprüfung des sachlichen Rechts sowie der Verfahrensvoraussetzungen und -hindernisse.

Zu Verwertungsverboten siehe zunächst Einl. Rdn. 190ff.

III. Verfahrenshindernisse

Fehlende Prozessvoraussetzungen oder vorhandene Verfahrenshindernisse verpflichten den Tatrichter, das Verfahren durch Beschluss nach § 206a oder (in der Hauptverhandlung) durch Urteil nach § 260 Abs. 3 einzustellen. Stellt das Revisionsgericht ein vom Tatrichter nicht beachtetes Verfahrenshindernis fest, so hat es dieses seinerseits zu beachten und das Verfahren einzustellen, soweit dieses von dem Hindernis beeinflusst ist (Schmehl/Vollmer S. 253). Die Prüfung erfolgt von Amts wegen. Vorausgesetzt ist aber, dass die Revision in jeder Hinsicht zulässig ist, also neben den allgemeinen Form- und Fristerfordernissen auch im Sinne des § 344 Abs. 2 zulässig begründet wurde. 9

§ 337

10 Ist der Sachverhalt unklar, kann eine **Klärung im Freibeweis** erfolgen (BGHSt 16, 164, 166; BGH NStZ 1993, 349; HK-Temming § 337 Rdn. 7). Bleiben Zweifel, kommt es darauf an, ob auf das jeweilige Verfahrenshindernis der Grundsatz „in dubio pro reo" anwendbar ist (vgl. BGHSt 18, 227; BGH NStZ 1984, 520; zum Streitstand vgl. HK-Temming § 337 Rdn. 7; LR-Hanack Rdn. 34).

11 **Zu den Verfahrensvoraussetzungen** in diesem Sinne zählen das erforderliche behördliche Strafverlangen und die Ermächtigung, der Strafantrag und die Anklage (bzw. Privatklage) sowie der Eröffnungsbeschluss.

12 **Zu den Verfahrenshindernissen** (§ 206a Rdn. 6; Einl. Rdn. 67) zählen die Verjährung, die Immunität von Abgeordneten sowie die fehlende Gerichtsbarkeit bei Exterritorialen (RGSt 69, 156), die Einhaltung von Auslieferungsbedingungen (BGHSt 22, 307), die dauernde Verhandlungsunfähigkeit (LR-Hanack § 337 Rdn. 39 ff), die Rechtskraft im anhängigen Verfahren sowie die anderweitige Rechtshängigkeit. Auch der Strafklageverbrauch bzw. das Verbot der Doppelbestrafung gehören hierher (HK-Temming § 337 Rdn. 7).

Beispiel: Der Angeklagte ist erstinstanzlich wegen Untreue zum Nachteil einer GmbH verurteilt worden, an der er neben seiner Ehefrau zu 50% beteiligt ist. Ob die Ehefrau seinem Verhalten zugestimmt hatte, ist nicht aufgeklärt. Jedenfalls hat sie (§ 247) keinen Strafantrag gestellt. Der BGH nimmt in einem solchen Fall Nichtverfolgbarkeit an (BGH wistra 2003, 344).

13 Verfahrenshindernisse sind **in der Klausur** nur zu prüfen, wenn sie ernsthaft in Betracht kommen (Schmehl/Vollmer S. 254). Wichtig ist dabei, dass Verfahrenshindernisse auch dann noch „durchschlagen", wenn das Rechtsmittel beschränkt wurde. Auch wenn schon horizontale Teilrechtskraft eingetreten ist, zwingen fehlende Verfahrensvoraussetzungen oder Verfahrenshindernisse zur Einstellung des Verfahrens (BGH NJW 1958, 1307). So stellt das Revisionsgericht das Verfahren wegen eines Verfahrenshindernisses ein, wenn der Angeklagte während des Revisionsverfahrens verstorben ist. Für die dann nach § 467 Abs. 3 S. 2 Nr. 2 zu treffende Entscheidung über die Auslagen fragt der BGH (NStZ-RR 2002, 262), ob die Revision erfolgreich oder erfolglos geblieben wäre.

14 Ist das Prozesshindernis erst **nach Erlass des erstinstanzlichen Urteils** eingetreten,

Beispiel: Die geschädigte Angehörige nimmt den Strafantrag nach dem erstinstanzlichen Urteil zurück.

ist das Prozesshindernis vom Revisionsgericht schon dann zu beachten, wenn die Revision form- und fristgerecht eingelegt wurde. Auf eine hinreichende Revisionsbegründung im Sinne des § 344 Abs. 2 kommt es dann nicht an (BGH NJW 1968, 2253). Es genügt, dass der Eintritt der Rechtskraft durch wirksame Einlegung des Rechtsmittels gehemmt worden ist (Schmehl/Vollmer S. 254).

15 Zur Bedeutung der Verletzung des Beschleunigungsgebots vgl. Einl. Rdn. 56, zum Einsatz verdeckter Ermittler vgl. § 110b Rdn. 9 ff. Zur Nichteinhaltung einer Absprache im Strafprozess vgl. BGHSt 37, 10 und Einl. Rdn. 185.

16 Das Revisionsgericht prüft die Prozessvoraussetzungen selbstständig und unter Benutzung aller verfügbaren Erkenntnisquellen im Freibeweisverfahren (Meyer-Goßner § 337 Rdn. 6). Eine Ausnahme gilt für so genannte **doppelrelevante Tatsachen.** Was der Tatrichter zum Schuldspruch im Strengbeweis festgestellt hat, bindet das Revisionsgericht (BGH MDR 1956, 272). Eine Ausnahme macht der BGH für die Tatzeit, wenn ihre datenmäßige Festlegung für den Schuldspruch nicht unerlässlich ist.

Beispiel: Auf den Tattag kommt es für die Rechtzeitigkeit des Strafantrags an (BGHSt 22, 90).

Ist die Nachholung von Feststellungen durch den Tatrichter erforderlich, kann das Revisionsgericht das Urteil aufheben und die Sache zurückverweisen (BGHSt 16, 399, 403).

IV. Verfahrensrüge

Eine Verletzung des Verfahrensrechts liegt vor, wenn eine für die Entscheidungsfindung prozessual vorgeschriebene Handlung fehlerhaft vorgenommen oder unterblieben ist oder eine hierfür vorgenommene Handlung unzulässig war (BGH MDR 1981, 157; LR-Hanack § 337 Rdn. 69; HK-Temming § 337 Rdn. 8). Bei der Abgrenzung des Verfahrensrechts vom sachlichen Recht (Sachrüge!) kommt es nicht darauf an, ob die Vorschrift in der StPO oder in einem anderen Gesetz geregelt ist, sondern ob sie den Weg bestimmt, auf dem der Richter zur Urteilsfindung berufen und gelangt ist. Hilfreich ist insoweit die Subtraktionsklausel (Schmehl/Vollmer S. 255): Dem Verfahrensrecht gehört die verletzte Vorschrift an, wenn sie den Weg bestimmt, auf dem der Richter zur Entscheidungsfindung berufen und gelangt ist. Alle anderen Vorschriften sind dem sachlichen Recht zuzuordnen (vgl. BGHSt 19, 273, 275; BGHSt 25, 100; SK-Frisch § 337 Rdn. 22 ff). 17

Nicht zum Verfahrensrecht gehören und auf die allgemeine Sachrüge hin zu prüfen sind daher 18
– eine **Verletzung der Denkgesetze** (BGHSt 3, 213, 215; streitig),
– der **Grundsatz in dubio pro reo** (SK-Frisch § 337 Rdn. 66),
– die **Zeugnisverweigerung eines Angehörigen** (BGH JR 1981, 432),
– die **Auskunftsverweigerung nach § 55** im Strafverfahren gegen den Zeugen (OLG Stuttgart NStZ 1981, 272),
– die **Verwertung von Vorstrafen** unter Verstoß gegen § 51 BZRG (BGHSt 27, 108).

Nur auf eine Verfahrensrüge hin werden geprüft 19
– ein Verstoß gegen das **Erörterungsverbot des § 51 BZRG** (OLG Karlsruhe NJW 1973, 291),
– die Verwertung des nach §§ 154, 154a ausgeschiedenen Prozessstoffes ohne Hinweis an den Angeklagten,
– **Rechtsfehler bei Absprachen** (KK-Kuckein § 337 Rdn. 9, § 344 Rdn. 59a).

Manche Rechtsverstöße verletzen zugleich das Verfahrensrecht und das sachliche Strafrecht (BGHSt StV 1981, 127). Teilweise ist die Einordnung umstritten, so bei der unzulässigen **Verwertung des Schweigens des Angeklagten** (vgl. BGHSt 32, 140; LR-Hanack § 337 Rdn. 67; Meyer-Goßner § 337 Rdn. 8). 20

Das **Verfahrensrecht ist verletzt,** wenn eine gesetzlich vorgeschriebene Handlung unterblieben, wenn sie fehlerhaft vorgenommen worden ist oder wenn sie überhaupt unzulässig war (BGH MDR 1981, 157; LR-Hanack § 337 Rdn. 69). Entscheidend ist die wirkliche Sachlage, nicht die, die der Tatrichter gekannt und beurteilt hat. Neuere Erkenntnisse des Revisionsgerichts schlagen also durch (BGHSt 10, 304; BGHSt 16, 178, 180). Gleichgültig ist also, ob dem Beschwerdeführer oder dem Tatrichter die den Mangel begründende Tatsachen bekannt waren (BGHSt 22, 266; BGH StV 1988, 89; a. M. BGHSt 27, 22, 24; wie die h. M. KK-Kuckein § 337 Rdn. 23; Meyer-Goßner § 337 Rdn. 9). Allerdings ist der seinerzeitige Verfahrensstand maßgeblich, wenn die Verfahrenshandlung sich nach ihm zu richten hatte. 21

Beispiel: Die Nichtvereidigung eines Zeugen wegen eines gegen ihn bestehenden Tatverdachts bestimmt sich nach dem Wissensstand in der Hauptverhandlung (BGHSt 10, 358, 365).

Nachträgliche Ereignisse können einer begründeten Verfahrensrüge regelmäßig nicht den Boden entziehen (Widmaier FS Hanack S. 387, 396; Meyer-Goßner § 337 Rdn. 9; siehe aber § 271 Rdn. 9).

§ 337 meint Verfahrensmängel, die nur zu einem **relativen Revisionsgrund** führen: Es muss explizit festgestellt werden, dass das Urteil auf diesem Mangel beruht. Die absoluten Revisionsgründe sind in § 338 geregelt. Während die dortige Aufzählung abschließend ist (vgl. die Erläuterungen zu § 338), kommt im Rahmen des § 337 22

§ 337   3. Buch. Rechtsmittel

praktisch jeder Fehler im vorherigen Verfahren in Betracht. Damit ist die Zahl denkbarer Verfahrensfehler immens (HK-Temming § 337 Rdn. 8; Schmehl/Vollmer S. 258) und eine vollständige oder auch nur annähernd vollständige Darstellung insofern ausgeschlossen. Üblicherweise werden bei Kommentierungen der StPO die revisionsrechtlichen Aspekte jeweils am Ende der Erläuterungen zu einzelnen Bestimmungen angesprochen. Immerhin lassen sich bestimmte Bereiche feststellen, die häufig vorkommen, sei es auch nur im Staatsexamen, das vielfach Revisionsklausuren enthält, bei denen es darum geht, eine Revisionsbegründung gutachterlich vorzubereiten und/oder abzufassen (Schmehl/Vollmer S. 258, dort auch zum Vorgehen in der Klausur).

23 **Häufig vorkommende Verfahrensfehler** (wobei jede Rüge vollständig nach Zulässigkeit, Begründetheit und Beruhensfrage zu behandeln ist):
– **Verfahrensfehler im Hinblick auf die Vorschriften über die Beweisaufnahme** (§§ 244 bis 246). Welche Beweisanträge sind gestellt worden, passt der vom Gericht angeführte Ablehnungsgrund? Bei Bescheidung von Hilfsbeweisanträgen müssen ggf. die Urteilsgründe herangezogen werden.
– Legen die Urteilsgründe eine **Verletzung der Aufklärungspflicht** nahe (§ 244 Abs. 2)?
– Ist der **Unmittelbarkeitsgrundsatz** gewahrt (§§ 250 bis 256)? Aufmerksamkeit ist vor allem bei § 256 Abs. 1 Nr. 2 (Verlesung für andere Delikte als Körperverletzungen) geboten (Schmehl/Vollmer S. 259). Umstände, die der attestierende Arzt nicht auf Grund seiner besonderen Sachkunde, sondern anderweitig wahrgenommen hat, müssen durch seine Vernehmung in die Hauptverhandlung eingeführt werden (vgl. OLG Hamburg StV 2000, 9).
– **Beschränkungen des Fragerechts** (§§ 240, 241; § 238 Abs. 2 beachten)
– **Verletzung von Belehrungspflichten** (§§ 52 ff, 136, 243 Abs. 4)
– **Verletzung von Vereidigungsvorschriften** (§§ 59, 60; § 189 GVG; hier muss ggf. das Urteil mit berücksichtigt werden)

24 – **Ist das letzte Wort gewährt worden** (§ 258 Abs. 3)?
Tritt das Gericht nach Gewährung des letzten Wortes nochmals in die Verhandlung ein, etwa zur Verkündung eines Haftbefehls (BGH NStZ-RR 2001, 372), muss das Protokoll die notwendige erneute Gewährung des letzten Wortes ausweisen. Eine Ausnahme wird gemacht, wenn es letztlich nicht um Dinge geht, die für die Verhandlung wichtig sind, etwa die bloße Entgegennahme eines Hilfsbeweisantrags (BGH NStZ-RR 1999, 14) oder die Verkündung eines Teileinstellungsbeschlusses nach § 154 Abs. 2 (BGH NStZ-RR 2001, 218).

25 – **Ist die Hinweispflicht nach § 265 beachtet worden?** Stimmt die zugelassene Anklage mit der Verurteilung überein?
– Enthält das Urteil Feststellungen, die nicht Gegenstand der Hauptverhandlung waren (§ 261; so genannte **Nicht-Inbegriffs-Rüge**, Schmehl/Vollmer S. 260)? Zu beachten ist, dass eine auf § 261 gestützte Rüge nur dann begründet ist, wenn ohne Rekonstruktion der Beweisaufnahme der Nachweis geführt werden kann, dass eine im Urteil getroffene Feststellung nicht durch die in der Hauptverhandlung verwendeten Beweismittel und auch sonst nicht aus den zum Inbegriff der Hauptverhandlung gehörenden Vorgängen gewonnen worden sein kann (BGH NStZ 1988, 212; BGH NStZ-RR 1998, 17; siehe § 261 Rdn. 31).

26 Der Verfahrensmangel muss nach h. M. **bewiesen sein** (BGHSt 16, 164; KK-Pikart § 337 Rdn. 10; Meyer-Goßner § 337 Rdn. 10; abl. LR-Hanack § 337 Rdn. 76). Ist dieser Beweis unmöglich – etwa, wenn es um das Beratungsgeheimnis geht –, ist die Rüge unzulässig (RGSt 61, 217; RGSt 67, 279; HK-Temming § 337 Rdn. 12).

27 **Grundlage für den Beweis** ist in erster Hinsicht die Sitzungsniederschrift (§ 274). Nur wenn sie im Einzelfall ihre Beweiskraft verloren hat (§ 274 Rdn. 10) oder verloren gegangen ist, kommt Freibeweis (§ 244 Rdn. 4) in Frage (BGH NJW 1976, 977).

4. Abschnitt. Revision § 337

An die Würdigung des Tatrichters ist das Revisionsgericht dann nicht gebunden (BGH NJW 1978, 1390; Meyer-Goßner § 337 Rdn. 11).

Handelt es sich nicht um Verfahrensvorgänge, die nur durch die Sitzungsniederschrift bewiesen werden können, kommen vor allem die Urteilsgründe als Beweisgrundlage in Betracht (HK-Temming § 337 Rdn. 12). 28

Beispiel: Aus dem Protokoll ergibt sich die Vereidigung eines Zeugen, aus dem Urteil, dass er der Teilnahme an der Tat verdächtig ist.

Im Übrigen kann das Revisionsgericht im Wege des Freibeweises eine Aufklärung behaupteter Verstöße herbeiführen, wenn z.B. gerügt wird, dass der Angeklagte während eines Teils der Hauptverhandlung abwesend war oder er über sachliche Veränderungen des Anklagevorwurfs nicht ausreichend unterrichtet worden ist (vgl. BGHSt 19, 141, 143). Gleiches gilt wegen Art. 103 Abs. 1 GG, wenn der Angeklagte die Versagung des rechtlichen Gehörs durch das Unterlassen einer bestimmten Verfahrenshandlung rügt (BGHSt 22, 26; Hanack JR 1973, 729). 29

Zweifel an dem Verfahrensverstoß wirken sich nicht zugunsten des Beschwerdeführers aus; lässt sich das Gegenteil nicht beweisen, wird davon ausgegangen, dass das Verfahren rechtmäßig war (BGHSt 16, 164, 167; krit. LR-Hanack § 337 Rdn. 76; Klemke StV 2004, 589). In der Literatur wird zum Teil allerdings die Auffassung vertreten, dass bei wesentlichen Verfahrensverstößen (jedenfalls solchen gegen Art. 3, 6 MRK) durchgreifende Zweifel an der Ordnungsmäßigkeit des Verfahrens der Verfahrensrüge zum Erfolg verhelfen müssen (LR-Hanack § 337 Rdn. 82; HK-Temming § 337 Rdn. 12; a.M. BGHSt 16, 164). Eine Ausnahme wird für den Fall gemacht, dass der Nachweis infolge eines Verschuldens der Justizbehörden nicht zu führen ist (OLG Celle StV 1998, 531). 30

Beispiel: Zustellung der Anklageschrift, Ladung zur Hauptverhandlung.

Eine Wiederholung oder Ergänzung der **Beweisaufnahme** durch das Revisionsgericht ist ausgeschlossen (BGHSt 31, 139, 140; BGH NJW 1984, 1245, 1246). Die Urteilsfeststellungen über die Beweisaufnahme können mit Verfahrensrügen grundsätzlich nicht bekämpft werden (Meyer-Goßner § 337 Rdn. 13). Der Gegenbeweis gegen die Urteilsfeststellungen lässt sich nur führen, wenn er ohne Rekonstruktion der Hauptverhandlung erbracht werden kann (BGH NStZ 1997, 296). 31

Eine **eigene Bewertung** des Beweisergebnisses ist dem Revisionsgericht verwehrt. Es darf nicht prüfen, ob eine Urkunde richtig ausgelegt wurde oder der Inhalt einer Zeugenaussage richtig gewürdigt worden ist. Andererseits soll geprüft werden können, ob ein Lichtbild für Beweiszwecke überhaupt „ergiebig" ist (BGHSt 41, 376). Nicht beachtlich ist die Rüge, das Gericht habe sich mit einer bestimmten Aussage einer Beweisperson oder einer Einlassung des Angeklagten nicht auseinandergesetzt (vgl. BGH NStZ 2004, 392). Eine Ausnahme wird gemacht, wenn die Aussage oder die Einlassung in der Hauptverhandlung verlesen worden ist (vgl. auch OLG Oldenburg StV 2002, 524) oder sich aus dem Urteil selbst ergibt (BGH NJW 1992, 2840). 32

Die Aktenwidrigkeit der Urteilsfeststellungen kann mit einer Verfahrensbeschwerde nicht beanstandet werden. „Es ist nicht Aufgabe des Revisionsgerichts, Urteil und Akteninhalt zu vergleichen" (Foth NStZ 1992, 446). Die **Aufklärungsrüge** ist regelmäßig schwierig bzw. erfolglos. Vgl. die Erläuterungen zu § 261. 33

Ermessensentscheidungen des Tatrichters prüft das Revisionsgericht nur auf Ermessensnicht- bzw. -fehlgebrauch. Es darf nicht sein eigenes Ermessen an die Stelle des tatrichterlichen Ermessens setzen (BGHSt 15, 390, 393; KG StV 1983, 186; LR-Hanack § 337 Rdn. 87; Meyer-Goßner § 337 Rdn. 16. Als Grenze wird oftmals der Aspekt der objektiven Willkür" bemüht (Einl. Rdn. 16). 34

Ist dem Tatrichter ein Beurteilungsspielraum eingeräumt, ist das Revisionsgericht an die der Entscheidung zu Grunde liegenden tatsächlichen Feststellungen ge- 35

§ 337

bunden. Geprüft wird nur, ob der Tatrichter die anzuwendenden Rechtsbegriffe verkannt hat (Meyer-Goßner § 337 Rdn. 17; vgl. auch OLG Köln NJW 1986, 2896). Dies betrifft z. B. die Feststellung eines Verlöbnisses des Angeklagten (§ 52), den Teilnahmeverdacht gegen einen Zeugen (§ 60), die Befangenheit eines Sachverständigen (§ 74), die Voraussetzungen für eine Verlesung nach § 251 und die Frage, ob der Angeklagte sein Ausbleiben genügend entschuldigt hat (§ 329).

36 Eine Berufung auf Verfahrensfehler ist nur dem möglich, der durch ihn **selbst beschwert** ist (BGHSt 12, 1, 2). Sind nur andere Beteiligte betroffen, kann er die Revision darauf nicht stützen (BGHSt 10, 119, 121; Meyer-Goßner § 337 Rdn. 18). Ausreichend ist aber eine mittelbare Beschwer.

Beispiel: Der hiervon betroffene Angeklagte rügt, dass die Ehefrau eines Mitangeklagten nicht nach § 52 Abs. 3 S. 1 belehrt worden ist (BGH MDR 1973, 902) oder ein Geständnis des Mitangeklagten nach § 136 a nicht hätte verwertet werden dürfen (BGH MDR 1971, 18).

37 **Werden Beweisanträge anderer Prozessbeteiligter fehlerhaft abgelehnt,** ergibt sich ein Rügerecht schon dann, wenn er sich ihnen angeschlossen hat. Ist dies nicht der Fall, kann er sich dennoch darauf berufen, wenn das Gericht wegen gleichartiger Interessenlage auch ihm gegenüber zur rechtlich einwandfreien Behandlung verpflichtet war (§ 244 Rdn. 41; Meyer-Goßner § 337 Rdn. 18). Bei einem Beweisantrag der StA soll dies nur der Fall sein, wenn er zugunsten des Angeklagten oder zur objektiven Wahrheitserforschung gestellt war (Meyer-Goßner § 337 Rdn. 18).

38 Keinen Erfolg hat die Revision bei Verfahrensverstößen, die **kein Verwertungsverbot** nach sich ziehen. Unter welchen Voraussetzungen allerdings Beweisergebnisse trotz Missachtung der gesetzlichen Beweismethoden und -verbote verwertet werden dürfen, ist heftig umstritten. Der BGH hat für den Fall, dass ein Verstoß nur die Interessen dritter Personen berührt, die **so genannte Rechtskreistheorie** entwickelt (BGHSt 11, 213 – Großer Strafsenat; BGHSt 17, 245, 247). Sie bedeutet, dass der Angeklagte den Verstoß gegen nur die Interessen von Zeugen oder des Staates schützenden Vorschriften nicht rügen kann. Vgl. hierzu Einl. Rdn. 193.

V. Sachrüge

39 Die Verletzung sachlichen Rechts **(Sachrüge)** prüft das Revisionsgericht nicht nur dahin, ob das Recht auf den festgestellten Sachverhalt richtig angewendet worden ist, sondern auch dahin, ob die Urteilsfeststellungen überhaupt eine tragfähige Grundlage für diese Prüfung bieten.

40 **Grundlage der Prüfung** ist nur die Urteilsurkunde und die Abbildungen, auf die nach § 267 Abs. 1 S. 3 verwiesen worden ist (Rieß NJW 1978, 2270). Alle anderen Erkenntnisquellen sind dem Revisionsgericht verschlossen (BGHSt 35, 238, 241; BGH NJW 1998, 3654). Ausgenommen sind offenkundige Tatsachen (vgl. auch Rdn. 44 ff). Insbesondere darf der Akteninhalt nicht berücksichtigt werden (oben Rdn. 33).

41 **Ein Hauptbereich der Sachrüge** ist die herkömmliche Prüfung, ob der festgestellte Sachverhalt nach der äußeren und inneren Tatseite geeignet ist, seine Anwendung auf die herangezogene Strafnorm zu rechtfertigen (Schmehl/Vollmer S. 255). Der Fehler kann insbesondere in der falschen Auslegung der Norm oder in der falschen Subsumtion liegen (Meyer-Goßner § 337 Rdn. 33). Bei unbestimmten Rechtsbegriffen ist das Revisionsgericht zwar an die dazu festgestellten Tatsachen, nicht aber an die (Rechts-)Ansicht des Tatrichters gebunden (Meyer-Goßner § 337 Rdn. 33).

42 Darüber hinaus prüft das Revisionsgericht, ob die Urteilsdarstellung **frei von Lücken, Widersprüchen und Verstößen gegen Denkgesetze** und Erfahrungssätze ist. Diese Überprüfung wird im Schrifttum unter dem Begriff „Darstellungsrüge" zusammengefasst (vgl. Meyer-Goßner § 337 Rdn. 21).

4. Abschnitt. Revision § 337

Die Beweiswürdigung unterliegt insofern einer eingeschränkten Prüfung des Revisionsgerichts (vgl. Nack StV 2002, 510, 558). Das Revisionsgericht darf die Beweiswürdigung nicht durch seine eigene ersetzen, sondern lediglich auf rechtliche Fehler prüfen (BGHSt 29, 18, 20). Nicht die nach Auffassung des Beschwerdeführers falsche Würdigung der Beweise kann gerügt werden, sondern nur der Weg dorthin (Jähnke FS Hanack S. 356). Hintergrund ist, dass die Revisionsgerichte in jüngerer Zeit ihre Prüfungsbefugnis dahingehend ausgeweitet haben, dass sie überprüfen, ob die Beweiswürdigung des Tatrichters plausibel, d.h. für das Revisionsgericht nachvollziehbar ist. Gerechtfertigt wird dies nicht zuletzt mit der Erwägung, dass es um Einzelfallgerechtigkeit geht und die Revision das einzige Rechtsmittel im Bereich der schweren Kriminalität ist (Rieß FS Hanack S. 406). Damit ist **mangelnde Plausibilität** der Tatsachenfeststellungen ein revisibler Rechtsfehler (Meyer-Goßner § 337 Rdn. 26). 43

Die rechtliche Prüfung ist dem Revisionsgericht auch nicht möglich, wenn die Beweiswürdigung **Lücken** aufweist, so, wenn nicht alle aus dem Urteil ersichtlichen Umstände gewürdigt sind, die Schlüsse zugunsten oder zu Lasten des Angeklagten zulassen (BGHSt 25, 285). Beim Indizienbeweis muss sich der Tatrichter mit allen festgestellten Beweisanzeichen auseinandersetzen (BGHSt 12, 311, 315). 44

Die Rüge eines **Verstoßes gegen Denkgesetze** ist in der Regel nicht von Erfolg gekrönt. Insbesondere wäre es falsch zu glauben, ein Denkfehler liege bereits dann vor, wenn eine vom Tatrichter gezogene Schlussfolgerung nicht zwingend ist (Schmehl/Vollmer S. 256). Das Revisionsgericht muss die Folgerung bereits dann hinnehmen, wenn sie möglich ist, vorausgesetzt, der Tatrichter hat alle aus dem Urteil ersichtlichen Umstände gewürdigt, die entsprechende Schlüsse zugunsten oder zu Lasten des Angeklagten zulassen. In Betracht kommt ein Verstoß gegen die Denkgesetze bei Kreis- oder Zirkelschlüssen (BVerfG NJW 2003, 2444, 2446; BGH StV 1996, 366), Rechenfehlern (OLG Bremen VRS 54, 65, 68), bei der irrtümlichen Annahme, eine Schlussfolgerung sei zwingend oder bei der Verwendung von nicht Bewiesenem als Beweisanzeichen (BGH NJW 1980, 2423). 45

Werden **Erfahrungssätze** nicht beachtet, ist die Beweiswürdigung fehlerhaft. Erfahrungssätze sind die aufgrund allgemeiner Lebenserfahrung oder aufgrund wissenschaftlicher Erkenntnisse gewonnenen Regeln, die keine Ausnahme zulassen und eine an Sicherheit grenzende Wahrscheinlichkeit zum Inhalt haben (BGHSt 31, 86, 89; BGH NStZ-RR 2002, 39). Sie binden den Tatrichter genauso wie Denkgesetze (Meyer-Goßner § 337 Rdn. 31). 46

Die **Auslegung von Verträgen** ist Tatfrage und damit im Grundsatz nicht revisibel. Der Revisionsrichter beschränkt seine Prüfung darauf, ob die tatrichterliche Auslegung lückenhaft oder rechtsirrtümlich ist, ob sie gegen Sprach- und Denkgesetze, Erfahrungssätze oder allgemeine Auslegungsregeln verstößt (OLG Köln JuS 1989, 331). Dasselbe gilt für andere Individualerklärungen sowie Verwaltungsakte, Urkunden und bildliche Darstellungen (Schmehl/Vollmer S. 256). Eine allgemeine Auslegungsregel ist z.B. der Grundsatz, dass der nicht eindeutige Sinn der Gedankenerklärung aus dem Zusammenhang und Zweck zu erforschen ist (BGH MDR 1977, 281; Meyer-Goßner § 337 Rdn. 32). 47

Die Rüge, das Tatgericht habe den Grundsatz **„in dubio pro reo"** verletzt, ist selten begründet (Schmehl/Vollmer S. 256). Der Grundsatz kann nur dann verletzt sein, wenn der Richter Zweifel an der Schuld des Angeklagten hatte und sich diese Zweifel auch aus dem Urteil selbst ergeben. Zweifel des Angeklagten oder seines Verteidigers genügen nicht. In Betracht kommt eine Verletzung des Grundsatzes, wenn z.B. ungeklärt ist, ob die tatsächlichen Voraussetzungen von Tateinheit oder Tatmehrheit vorlagen (BGH StV 1992, 54) oder wenn die Notwendigkeit einer doppelten Anwendung verkannt wird, etwa im Rahmen der doppelten Alkoholwertberechnung für § 316 StGB einerseits und § 21 StGB andererseits. Steht fest, dass an der Tat mehrere beteiligt waren, ist aber nicht sicher, in welcher Form, kann dies dazu 48

643

§ 337

führen, dass im selben Urteil von einander ausschließenden Fallgestaltungen ausgegangen werden muss (BGH StV 1992, 260).

Beispiel: Beide Angeklagte werden wegen Beihilfe zum Mord verurteilt, obwohl denknotwendig zumindest einer von beiden Täter gewesen sein muss. Wer es war, steht nicht fest. Im Regelfall wird hier die Rechtsprechung allerdings auf die „weiche" Lösung zur Mittäterschaft zurückgreifen, um ein solches Ergebnis zu vermeiden.

49 In vielen Fällen, in denen die Verletzung des Grundsatzes „in dubio pro reo" gerügt wird, geht es dem Beschwerdeführer letztlich darum, dass er **Darstellungsmängel** des Urteils rügt. Eine solche Darlegungsrüge ist zulässig und führt relativ häufig zum Erfolg. Auch kann in einer solchen Rüge der Einwand liegen, vom Tatrichter gezogene Schlussfolgerungen entfernten sich so sehr von seiner Tatsachengrundlage, dass sie letztlich eine bloße Vermutung darstellten, die nicht mehr als einen (wenn auch schwerwiegenden) Verdacht begründeten (BGH NStZ 1986, 373; Schmehl/Vollmer S. 257).

50 Zu beachten ist schließlich, dass der Grundsatz „in dubio pro reo" keine Beweisregel ist, sondern eine **Entscheidungsregel** (§ 261 Rdn. 24 ff). Der Grundsatz findet also nicht schon auf ein einzelnes Stück der Indizienkette Anwendung, sondern erst dann, wenn das Gericht nach abgeschlossener Beweiswürdigung insgesamt nicht die volle Überzeugung vom Vorliegen einer für den Schuld- oder Rechtsfolgenausspruch unmittelbar entscheidungserheblichen Tatsache gewinnen kann (Schmehl/Vollmer S. 257). Gibt es im Hinblick auf eine einzelne entlastende Indiztatsache Zweifel, bedeutet dies nicht, dass diese Tatsache zugunsten des Angeklagten als bewiesen anzusehen wäre, sondern die ihr zukommende Ungewissheit ist in der Gesamtwürdigung des Beweisergebnisses zu berücksichtigen (BGH NStZ 2001, 609; BGH NStZ-RR 2004, 238).

VI. Strafmaßrevision

51 **Die Strafzumessung kann Gegenstand der Revision sein.** So ist sie unrichtig, wenn der Tatrichter von einem falschen Strafrahmen ausgegangen ist (BGH wistra 1982, 225), der Strafzumessung ein nicht eindeutig geklärter Sachverhalt zu Grunde liegt (BGHSt 1, 51), wenn die Strafzumessungserwägungen widersprüchlich sind (BGHSt 16, 360, 364) oder gegen Denkgesetze oder Erfahrungssätze verstoßen (Meyer-Goßner § 337 Rdn. 35).

52 Typische Fehler bei der Strafzumessung (dazu Schmehl/Vollmer S. 188 ff):
- **unzulässige Doppelverwertung** von Merkmalen des gesetzlichen Tatbestandes oder von Gründen, die den Gesetzgeber zu der Strafdrohung erst veranlasst haben (vgl. § 46 Abs. 3 StGB),
- **schärfende Berücksichtigung fehlender Milderungsgründe** oder mildernde Berücksichtigung fehlender Strafschärfungsgründe,
- unzulässige Berücksichtigung erlaubten **Verteidigungsverhaltens,**
- **Nichtberücksichtigung** anerkannter Milderungsgründe,
- **sonstige Darlegungsmängel,**
- Strafzumessung außerhalb des eingeräumten Ermessensspielraums/Entfernung von **gerechtem Schuldausgleich** („Vergreifen in der Oktave").

53 Ob der Tatrichter die Tat zu Recht **als besonders schwer** eingestuft hat oder nicht, unterliegt der revisionsgerichtlichen Kontrolle (BGHSt 39, 121), und zwar sowohl hinsichtlich der Gewichtung als auch der dieser zu Grunde liegenden Feststellungen (Stree JR 1994, 166; Meyer-Goßner § 337 Rdn. 35a; zweifelnd BGHSt 39, 208, 210). Die Überprüfung darf aber nicht dazu führen, dass das Revisionsgericht seine Wertung an die Stelle derjenigen des Tatrichters setzt (BGH StV 1993, 420), sie beschränkt sich also darauf, ob der Tatrichter die maßgeblichen Umstände bedacht hat.

VII. Beruhensprüfung

Der Feststellung des Verstoßes folgt die Beruhensprüfung. In einem letzten Schritt ist zu prüfen, ob der Verstoß auch Einfluss auf das Urteil gehabt hat, das Urteil auf diesem Fehler „beruht". 54

Bei sachlich-rechtlichen Fehlern ergibt sich das Beruhen aus dem Urteil. Zu fragen ist, ob das Urteil bei richtiger Anwendung des Gesetzes anders ausgefallen wäre (Meyer-Goßner § 337 Rdn. 37). Wie dies zu ermitteln ist, ist zweifelhaft. Die Rechtsprechung fragt nach einem ursächlichen Zusammenhang, andere fordern eine normative Sichtweise (vgl. SK-Schlüchter vor §§ 213 Rdn. 64ff). Frisch (FS Rudolphi S. 609ff, 625) fordert einen normativen Zusammenhang insofern, als zu fragen ist, ob bei Zugrundelegung eines rechtlich fehlerfreien Verfahrens oder Vorgehens eine andere als die getroffene und angefochtene Entscheidung möglich erscheint. Letztlich kommt auch die Rechtsprechung zum nämlichen Ergebnis, weil der ursächliche Zusammenhang zwischen Gesetzesverstoß und Urteil nicht erwiesen zu sein braucht. Die bloße Möglichkeit, dass das Urteil auf dem Fehler beruht, reicht also aus (BGHSt 22, 278, 280). Nur wenn sie ausgeschlossen ist oder rein theoretisch bleibt, fehlt es an dem ursächlichen Zusammenhang (BGHSt 14, 265, 268; BGH NJW 1988, 1223, 1224). Herdegen (NStZ 1990, 513, 516) spricht anschaulich davon, dass das Revisionsgericht insofern eine „Beweislast" hat. 55

Beachte: Bei den zwingenden Aufhebungsgründen des § 338 wird das Beruhen des Urteils auf dem Verfahrensverstoß unwiderlegbar vermutet (§ 338 Rdn. 1).

Auch **bei der Verfahrensrüge** muss die Möglichkeit des Beruhens im Einzelfall festgestellt werden. Hier ist im Zweifel davon auszugehen, dass der Einfluss besteht (Meyer-Goßner § 337 Rdn. 38; Schmehl/Vollmer S. 281). Verfahrensverstöße im Vorverfahren wirken sich in der Regel auf das Urteil nicht aus, ebenso Verfahrensverstöße nach Urteilserlass (BGH NJW 1951, 970). Ist das Verfahren nach einer anderen Vorschrift rechtmäßig, schadet es nicht, wenn eine andere Verfahrensvorschrift fehlerhaft angewendet worden ist (BGHSt 30, 10, 14). 56

Eine rechtzeitige Heilung des Verstoßes kann das Beruhen ausschließen (vgl. W. Schmid JZ 1969, 757; Frisch FS Rudolphi S. 637). Die Heilung erfolgt bei fehlerhaft unterlassenen Verfahrenshandlungen durch deren Nachholung, z.B. durch Erlass des Eröffnungsbeschlusses vor oder nach Beginn der Hauptverhandlung (BGHSt 29, 224), durch Bekanntgabe des bislang nicht zugestellten Eröffnungsbeschlusses in der Hauptverhandlung (OLG Karlsruhe MDR 1970, 438) oder durch nachträgliche Gewährung des letzten Wortes (Meyer-Goßner § 337 Rdn. 39). Letztlich kann jeder fehlerhafte Verfahrensvorgang durch Wiederholung in einwandfreier Form geheilt werden (BGHSt 30, 74, 76). 57

Die Heilung einer gesetzwidrigen Entscheidung erfolgt durch deren **Rücknahme** oder, wenn dies nicht möglich ist, dadurch, dass sie nach entsprechendem Hinweis an die Prozessbeteiligten unberücksichtigt bleibt (W. Schmid JZ 1969, 758). Ausgeschlossen ist die Heilung von Verfahrensfehlern nach der Urteilsverkündung (Meyer-Goßner § 337 Rdn. 39). 58

VIII. Verzicht und Verwirkung

Ein Verlust von Verfahrensrügen ist durch Zeitablauf, Verzicht und Verwirkung möglich. 59

Der Zeitablauf führt zu einem Verlust, wenn die Geltendmachung von Verfahrenseinreden schon im laufenden Verfahren an bestimmte Fristen gebunden ist (vgl. die Nachweise bei Meyer-Goßner § 337 Rdn. 42). 60

Der Verzicht auf Verfahrensrügen und in diesem Sinne die Einhaltung des Verfahrens ist nur in engen Grenzen wirksam (BGH GA 1986, 372). Gerichte und Prozess- 61 beteiligte sollen nicht die Macht haben, die gesetzliche Verfahrensordnung für den Einzelfall abzuändern. Unverzichtbar sind daher nicht nur die Verfahrensvoraussetzungen und die Beachtung von Bestimmungen, deren Verletzung zwingende Aufhebungsgründe nach § 338 Nr. 1 bis 6 sind, sondern auch die Einhaltung anderer Verfahrensbestimmungen, die allgemein der rechtstaatlichen Ausgestaltung des Strafverfahrens dienen (Meyer-Goßner § 337 Rdn. 44).

62 **Verzichtbar** sind aber die Rechtsmittelbelehrung nach § 35a, die Zustellung der Anklageschrift und des Eröffnungsbeschlusses, die Namhaftmachung nach § 222 und die Benachrichtigung nach § 224 sowie die Urteilszustellung nach § 316 Abs. 2 (Meyer-Goßner § 337 Rdn. 45 m. w. N.).

63 Eine Verzichtserklärung kann **nur nachträglich** erfolgen (Bohnert NStZ 1983, 348). Sie kann aber auch in einer schlüssigen Handlung liegen (RGSt 58, 125, 127). Das bloße Unterlassen eines Widerspruchs ohne Gegenantrag ist regelmäßig kein Verzicht (vgl. aber Herdegen NStZ 2000, 5). Ein **Rügeverlust** tritt auch ein, wenn der Angeklagte es, wo notwendig, unterlassen hat, einen Gerichtsbeschluss nach § 238 Abs. 2 herbeizuführen (vgl. § 338 Nr. 8).

64 **Eine Verwirkung von Verfahrensrügen** ist nur im Einzelfall zulässig, da nicht die Prozessbeteiligten, sondern die Gerichte die Verantwortung für ein einwandfreies Verfahren tragen (Meyer-Goßner § 337 Rdn. 47).

65 Die Tendenz des BGH geht deutlich dahin, „**unredliche Revidenden**" mit einer Rügeverwirkung zu „bestrafen" (Schmehl/Vollmer S. 275). Während zunächst davon ausgegangen wurde, ein Rügeverlust wegen arglistigen Verhaltens setze voraus, dass der Prozessbeteiligte selbst den Verfahrensfehler in der Absicht herbeigeführt hat, ihn ggf. mit der Revision zu rügen (OLG Hamm NJW 1960, 1361; LR-Hanack § 337 Rdn. 282), nimmt die Rechtsprechung immer mehr den Verteidiger in die Pflicht. So, wenn der Beschwerdeführer ein Missverstehen seines Beweisantrags geltend macht, obwohl er durch den ablehnenden Beschluss in der Hauptverhandlung erfahren hatte, wie das Gericht den Antrag verstand, ohne das Missverständnis rechtzeitig aufzuklären (vgl. BGH NStZ 2003, 381). Auch widersprüchliches Revisionsverhalten missbilligt der BGH. Ist der Angeklagte nach Aufhebung und Zurückverweisung der Sache durch das Revisionsgericht so verurteilt worden, wie er es im ersten Verfahren vor dem Landgericht und im ersten Revisionsverfahren begehrt hat, ist eine erneute Revision unzulässig (BGH StV 2001, 100). Wer dem Gericht eine schriftliche Erklärung zum Anklagevorwurf übergibt, damit diese im Urteil verwertet wird, kann nicht rügen, die Erklärung sei nicht prozessordnungsgemäß in die Hauptverhandlung eingeführt worden (BGH NStZ-RR 2001, 133). Rügt der Beschwerdeführer eine Verletzung des § 229, weil in einem „Schiebetermin" nicht verfahrensfördernd verhandelt worden sei, wird er nicht erfolgreich sein, wenn die beanstandete Verfahrensweise gerade auf dem Wunsch des Verteidigers beruhte (BGH NStZ 2000, 606).

66 Zur Verwirkung durch Nichtbeanstanden von Anordnungen des Vorsitzenden nach § 238 Abs. 2 vgl. 238 Rdn. 11.

§ 338 [Absolute Revisionsgründe]

Ein Urteil ist stets als auf einer Verletzung des Gesetzes beruhend anzusehen,
1. wenn das erkennende Gericht nicht vorschriftsmäßig besetzt war; war nach § 222a die Mitteilung der Besetzung vorgeschrieben, so kann die Revision auf die vorschriftswidrige Besetzung nur gestützt werden, soweit
    a) die Vorschriften über die Mitteilung verletzt worden sind,
    b) der rechtzeitig und in der vorgeschriebenen Form geltend gemachte Einwand der vorschriftswidrigen Besetzung übergangen oder zurückgewiesen worden ist,

4. Abschnitt. Revision § 338

c) die Hauptverhandlung nicht nach § 222a Abs. 2 zur Prüfung der Besetzung unterbrochen worden ist oder
d) das Gericht in einer Besetzung entschieden hat, deren Vorschriftswidrigkeit es nach § 222b Abs. 2 Satz 2 festgestellt hat;
2. wenn bei dem Urteil ein Richter oder Schöffe mitgewirkt hat, der von der Ausübung des Richteramtes kraft Gesetzes ausgeschlossen war;
3. wenn bei dem Urteil ein Richter oder Schöffe mitgewirkt hat, nachdem er wegen Besorgnis der Befangenheit abgelehnt war und das Ablehnungsgesuch entweder für begründet erklärt war oder mit Unrecht verworfen worden ist;
4. wenn das Gericht seine Zuständigkeit mit Unrecht angenommen hat;
5. wenn die Hauptverhandlung in Abwesenheit der Staatsanwaltschaft oder einer Person, deren Anwesenheit das Gesetz vorschreibt, stattgefunden hat;
6. wenn das Urteil auf Grund einer mündlichen Verhandlung ergangen ist, bei der die Vorschriften über die Öffentlichkeit des Verfahrens verletzt sind;
7. wenn das Urteil keine Entscheidungsgründe enthält oder diese nicht innerhalb des sich aus § 275 Abs. 1 Satz 2 und 4 ergebenden Zeitraums zu den Akten gebracht worden sind;
8. wenn die Verteidigung in einem für die Entscheidung wesentlichen Punkt durch einen Beschluß des Gerichts unzulässig beschränkt worden ist.

I. Überblick

Die Vorschrift regelt die so genannten **absoluten Revisionsgründe**, d.h. solche 1 Gründe, die zwingend zur Aufhebung des Urteils führen (müssen). Ist die entsprechende Rüge zulässig erhoben und begründet, stellt § 338 die unwiderlegliche Vermutung auf, dass das Urteil auf einer Verletzung der entsprechenden Verfahrensbestimmung beruht. Diese Vermutung gilt aber nur für § 338 Nr. 1 bis 7, nicht ohne weiteres für Fälle der Beschränkung der Verteidigung (§ 338 Nr. 8).

Trotz der Grundregelung des § 338 geht die Rechtsprechung davon aus, dass von 2 der Urteilsaufhebung abgesehen werden kann, wenn ausnahmsweise **das Beruhen ausgeschlossen ist** (BGH NJW 1977, 443; BGH StV 2003, 271). Im Übrigen muss das angefochtene Urteil nicht immer in vollem Umfang aufgehoben werden. Zu fragen ist, ob sich der Verfahrensmangel auf einen abtrennbaren Teil ausgewirkt hat, dann hat das Urteil ansonsten Bestand (BGH NJW 2003, 597; LR-Hanack § 338 Rdn. 4; Meyer-Goßner § 338 Rdn. 2).

Kein absoluter Revisionsgrund liegt vor, wenn der Tatrichter **den entsprechen-** 3 **den Verstoß geheilt hat** (vgl. § 337 Rdn. 57). So müssen ggf. wesentliche Teile der Hauptverhandlung wiederholt werden, wenn ihnen zuvor ein Fehler zu Grunde lag. Auch die Wiederholung der Urteilsverkündung ist zulässig, wenn etwa das Gericht erst im Rahmen der Urteilsverkündung feststellt, dass versehentlich dem Angeklagten nicht das letzte Wort gewährt worden ist (vgl. Meyer-Goßner § 338 Rdn. 3).

Rügeberechtigt sind nur die durch den Verfahrensfehler unmittelbar betroffenen 4 Beteiligten, der Angeklagte daher nicht wegen der unzulässigen Abwesenheit eines Mitangeklagten (BGHSt 31, 323) oder wegen einer nichtöffentlichen Zeugenaussage, die ihn selbst nicht betrifft (BGH NJW 1962, 261).

II. Vorschriftswidrige Besetzung (Nr. 1)

Nr. 1 sichert das **Recht auf den gesetzlichen Richter** (Art. 101 Abs. 1 S. 2 GG). 5 Dass sie nicht jede Verletzung der Vorschriften über den mitwirkenden Richter erfasst, ergibt sich schon aus der Nr. 4 (Fehler bei der Gerichtszuständigkeit) und aus Nr. 2 und 3, die die Beteiligung ausgeschlossener oder zu Unrecht abgelehnter Richter regeln.

§ 338

6   **Erfasst sind durch die Nr. 1 nur Besetzungsmängel,** und zwar Fehler in der Auswahl des Richters als auch Mängel in der Person des an sich richtig ausgewählten Richters, nicht dagegen die Rüge, dass das erkennende Gericht im Ganzen oder der eingesetzte Spruchkörper aufgrund von Vorschriften über eine besondere Zuständigkeit nicht zuständig gewesen sei (HK-Temming § 338 Rdn. 2; LR-Hanack § 338 Rdn. 6). Das erkennende Gericht, d. h. das Gericht, das in der Hauptverhandlung das Urteil fällt (BGHSt 47, 220), kann zunächst infolge Verletzung einer die die Gerichtsbesetzung ausdrücklich regelnden Vorschrift (§§ 21a ff, 59, 70, 76 Abs. 2, §§ 78 Abs. 2, 122 GVG, §§ 18, 19, 28, 29, 37 DRiG) unrichtig besetzt sein. Unabhängig davon kann auch gerügt werden, dass Art. 101 Abs. 1 S. 2 GG, § 16 GVG anderweitig verletzt worden sind.

7   Dies kann dann aber die Rüge nur begründen, **wenn die Fehlbesetzung auf Willkür beruht** (BVerfG NJW 1992, 2075). Der BGH macht diese Einschränkung auch sonst und sieht daher von der Urteilsaufhebung ab, wenn ein ausdrückliches gesetzliches Gebot oder Verbot zwar rechtsirrig, aber „vertretbar" ausgelegt worden ist (BGHSt 27, 105, 107; BGH NStZ 1982, 476). Manche sehen hierin einen Verstoß gegen § 337 (vgl. die Nachweise bei Meyer-Goßner § 338 Rdn. 6).

8   **In der Klausurpraxis** spielt Nr. 1 keine allzu große Rolle, weil ihre Grundlagen in der Aufgabenstellung nicht leicht und organisch unterzubringen sind. So kann man Mängel der Geschäftsverteilung, bei einem Geschäftsverteilungsplan ohne abstrakte Maßstäbe, das Vorliegen eines Verhinderungsfalles, die unrichtige Schöffenbestellung kaum abprüfen. „Klassisch" ist der Fall, dass eine Hauptverhandlung über mehrere Wochen unterbrochen wird (vgl. § 229 Abs. 1) und die anwesenden Schöffen „hiermit" geladen werden und auch nach der Aussetzung anwesend sind. Da es eine „neue" Hauptverhandlung war, hätten nach der Schöffenliste ggf. auch neue Schöffen hinzugezogen werden müssen (vgl. Schmehl/Vollmer S. 263).

9   Klausurrelevant sind auch **„schlafende Schöffen",** blinde oder stumme Richter. So ist die Unaufmerksamkeit des Richters nur dann ein Revisionsgrund, wenn sie sich über einen erheblichen Zeitraum erstreckt, z.B. bei Übermüdung oder Ablenkung durch Aktenstudium (vgl. BGHSt 11, 74, 77; BGH NJW 1962, 2212). Inwiefern ein blinder Richter in der Tatsacheninstanz mitwirken kann, ist zweifelhaft (BVerfG NJW 2004, 2150; BGHSt 34, 236). Als Vorsitzender einer Strafkammer darf er jedenfalls nicht fungieren (BGHSt 35, 164). Aus dem Grundsatz der Mündlichkeit soll folgen, dass ein stummer Richter nicht mitwirken darf (KK-Kuckein § 338 Rdn. 50). Gleiches gilt für die Mitwirkung eines tauben Richters (BGHSt 4, 191, 193). Zur Streichung von der Schöffenliste wegen unzureichender Deutschkenntnisse vgl. LG Bochum NJW 2005, 3227.

10 Nur in seltensten Fällen kann gerügt werden, dass die Strafkammer unter Verletzung des § 76 Abs. 2 S. 2 GVG und Überschreitung des ihr eingeräumten Beurteilungsspielraums **keinen dritten Richter** zugezogen hat (BGH NStZ 2004, 56).

11 Der Revisionsgrund nach § 338 Nr. 1 unterliegt einer **Rügepräklusion.** Im erstinstanzlichen Verfahren vor dem LG und OLG ist nach § 222a vorgeschrieben, rechtzeitig die Gerichtsbesetzung mitzuteilen. In solchen Fällen hängt die Zulässigkeit der Besetzungsrüge davon ab, dass eine der Voraussetzungen der Buchstaben a bis d vorliegt (vgl. Ranft NJW 1981, 1473). Der Einwand muss grundsätzlich sowohl bei einem Besetzungsfehler als auch bei einem Anwesenheitsverstoß erhoben werden. Das gilt z.B. bei fehlender Vereidigung eines Schöffen (BGHSt 48, 290), aber auch dann, wenn es sich um Mängel des gesamten Schöffenwahlverfahrens des ganzen Gerichtsbezirks handelt (BGHSt 33, 126). Das Gesetz hat den Beteiligten eine „prozessuale Prüfungslast" auferlegt (Roxin § 41 C 1), und selbst wenn der Mangel objektiv nicht erkennbar war, kann der Revisionsführer die unrichtige Besetzung nicht rügen, wenn er keinen Besetzungseinwand erhoben oder von einer Überprüfung abgesehen hatte (Meyer-Goßner § 338 Rdn. 16).

4. Abschnitt. Revision § 338

Der Rügeausschluss gilt nicht, wenn der Mangel erst entstanden oder erkennbar 12
geworden ist, nachdem er nicht mehr beanstandet werden konnte, so bei einem Eintritt des Mangels nach dem Zeitpunkt des § 222 b Abs. 1 S. 1 (LR-Hanack § 338
Rdn. 50; Meyer-Goßner § 338 Rdn. 16 a). Für Mängel in der Person des Richters
(Blindheit) soll die Rügepräklusion ohnehin nicht gelten (BGHSt 34, 236; BGHSt 35,
164), sie gilt auch dann nicht, wenn der Richter erst während des Verfahrens verhandlungsunfähig wird.

Die **Anforderungen an das notwendige Revisionsvorbringen** sind für diesen 13
Fall hoch. So muss die Revision darlegen, dass der Einwand der vorschriftswidrigen
Besetzung vor dem LG rechtzeitig geltend gemacht worden ist und den Beschluss,
durch den der Besetzungseinwand zurückgewiesen wurde, wiedergeben (BGH NJW
2001, 3062). Wer die Mitwirkung eines eingeschlafenen Richters rügt, muss den in
Betracht kommenden Verhandlungsabschnitt genau bezeichnen (BGH MDR 1974,
725; zum Ganzen Meyer-Goßner § 338 Rdn. 21).

III. Mitwirkung eines ausgeschlossenen Richters

Die Mitwirkung eines ausgeschlossenen Richters **(Nr. 2)** begründet die Revi- 14
sion, wenn der ausgeschlossene Richter an dem Urteil mitgewirkt hat, nicht schon,
wenn er Verfügungen zur Vorbereitung der Hauptverhandlung getroffen hatte. Der
Revisionsgrund hängt nicht davon ab, ob der Richter nach § 24 abgelehnt worden ist
(LR-Hanack § 338 Rdn. 61). In der Revisionsbegründungsschrift muss der ausgeschlossene Richter namentlich bezeichnet werden (BGH NJW 1962, 500). Im Übrigen wird auf die Erläuterungen zu den §§ 22, 23, 31 Abs. 1, § 148 a Abs. 2 S. 1 verwiesen.

IV. Mitwirkung eines abgelehnten Richters

Die Vorschrift über die **Mitwirkung eines abgelehnten Richters (Nr. 3)** hat 15
hohe Klausurbedeutung, weil sich die zur Ablehnung führenden Vorgänge gut in ein
Protokoll einbauen lassen (Schmehl/Vollmer S. 264). Vorausgesetzt ist, dass der abgelehnte Richter an dem angefochtenen Urteil (nicht nur an Entscheidungen vor der
Hauptverhandlung) mitgewirkt hat (BGH JZ 1956, 409) und dass er (auch in einer
ausgesetzten) Hauptverhandlung (BGHSt 31, 15) wegen Befangenheit abgelehnt worden ist oder trotz Ablehnung weiter mitgewirkt hat. Die Ablehnung vor Eröffnung
des Hauptverfahrens oder in der Vorinstanz genügt nicht (Meyer-Goßner § 338
Rdn. 24). Zur Rüge berechtigt ist nur der Angeklagte, der den Richter abgelehnt hat,
nicht ein Mitangeklagter, der dies nicht getan hat (BGH MDR 1985, 981).

Nr. 3 enthält eigentlich eine sofortige Beschwerde nach § 28 Abs. 2, die das Gesetz 16
aus Zweckmäßigkeitsgründen dem Revisionsverfahren zugeordnet hat (BGHSt 27, 96,
98). Immerhin **prüft der Senat nach Beschwerdegrundsätzen** (Schmehl/Vollmer
S. 264). Das Revisionsgericht behandelt die Ablehnung nach sachlichen Gesichtspunkten und übt ein eigenes Ermessen aus (vgl. BGHSt 21, 334, 338; BGH StV 1988,
417; zur Ermessensseite BGHSt 25, 122, 126). Neue, bei der tatrichterlichen Entscheidung noch nicht vorhandene Tatsachen und Beweismittel werden jedoch nicht
berücksichtigt (BGHSt 21, 85, 88), auch nicht die Aussage eines Zeugen, der seinerzeit die Aussage verweigert hat (OLG Bremen JZ 1977, 442). Ggf. muss das Revisionsgericht im Freibeweisverfahren Ermittlungen anstellen (Meyer-Goßner § 338
Rdn. 27). Der BGH hält in solchen Fällen eine Aufhebung und Zurückverweisung für
sachgerechter (BGHSt 23, 200, 203; BGHSt 23, 265, 267).

Zu Unrecht verworfen ist ein als unbegründet oder unzulässig verworfenes Ab- 17
lehnungsgesuch, wenn es sachlich begründet war. Dies richtet sich nach den Vorschriften über die Ablehnung wegen Besorgnis der Befangenheit. In der Klausur geht

§ 338

es nicht zuletzt darum, zu zeigen, was in den Augen eines „besonnenen Angeklagten" den Argwohn der Voreingenommenheit des Richters rechtfertigt und was nicht (Schmehl/Vollmer S. 264; siehe auch §§ 24 Rdn. 5 ff).

18 **Für die Revisionsbegründung** ist die Formvorschrift des § 344 Abs. 2 zu beachten (BGHSt 27, 96, 98). Der Beschwerdeführer muss daher in der Regel wörtlich (BGH StV 1996, 2), zumindest aber dem gesamten Inhalt nach das Ablehnungsgesuch und den ablehnenden Gerichtsbeschluss mitteilen (BGH NJW 1979, 2160), ferner den Inhalt der dienstlichen Erklärung nach § 26 Abs. 3 (BGH StV 1996, 2). Hinzu tritt sonstiges zum Verständnis der Rüge erforderliches Vorbringen (BGH NStZ-RR 2001, 134; Meyer-Goßner § 338 Rdn. 29). Zum Sachverständigen siehe § 74 Rdn. 4 ff und Schmehl/Vollmer S. 264.

V. Mangel der Zuständigkeit

19 Hat das Gericht seine Zuständigkeit mit Unrecht angenommen **(Nr. 4)**, geht es nur um die örtliche, sachliche und die besondere Zuständigkeit gleichrangiger Gerichte. Für die Verteilung der Geschäfte und der Spruchkörper desselben Gerichts nach dem Geschäftsverteilungsplan hat sie keine Bedeutung (BGHSt 31, 389, 390; Meyer-Goßner § 338 Rdn. 30); insofern gilt die Nr. 1 (BGHSt 3, 353, 355).

20 Die Revision kann grundsätzlich nicht auf die Behauptung gestützt werden, **ein Gericht niederer Ordnung** sei zuständig gewesen. Anders ist es nur, wenn (objektive) Willkür vorliegt (BGHSt 38, 172, 176).

21 **Dabei ist die Linie des BGH nicht völlig klar** (Schmehl/Vollmer S. 264). Der 4. Senat prüft von Amts wegen und nicht nur auf eine entsprechende Verfahrensrüge, ob das Landgericht sich anstelle des AG (objektiv) willkürlich für sachlich zuständig erklärt und somit gegen den Grundsatz des gesetzlichen Richters verstoßen hat (BGH NStZ 1994, 399; BGH NStZ 1999, 578). Nach Auffassung des 1. Strafsenats handelt es sich nicht um ein von Amts wegen zu berücksichtigendes Verfahrenshindernis, er prüft solche willkürliche Zuständigkeitsverschiebung nur auf eine entsprechende Verfahrensrüge hin (BGH NJW 1997, 2689). Auch Meyer-Goßner geht davon aus, dass wegen § 6 die Nr. 4 im Hinblick auf die sachliche Zuständigkeit keine Bedeutung mehr hat (Meyer-Goßner § 338 Rdn. 32).

22 **Zum notwendigen Revisionsvorbringen** gehört bei der Rüge der örtlichen Unzuständigkeit, dass diese rechtzeitig erhoben wurde (§ 16) und wie der Einwand vom Gericht beschieden worden ist (OLG Köln StV 2004, 314). Der Wiedergabe der für den Einwand gegebenen Begründung bedarf es hingegen nicht, da eine Amtsprüfung stattfindet. Kann eine abgetrennte Strafsache die Zuständigkeit begründet haben, müssen die Abtrennung und die für die Zuständigkeit relevanten Umstände mitgeteilt werden (BGH NJW 1993, 2819).

23 **Klausurträchtig** ist im Rahmen des § 338 Nr. 4 die Verbindung von Strafsachen gegen Erwachsene und Jugendliche bzw. Heranwachsende (Schmehl/Vollmer S. 265). Findet ein Strafverfahren in einer Mordsache gegen einen zur Tatzeit Heranwachsenden und einen Erwachsenen gemeinsam statt, ist die Jugendkammer zuständig, nicht die Schwurgerichtskammer (Schmehl/Vollmer S. 265). Dass statt eines allgemeinen Gerichts das Jugendgericht entschieden hat, kann wegen § 47a JGG nicht gerügt werden (BGH StraFo 2004, 103). Dagegen kann die Unzuständigkeit des allgemeinen Gerichts auch der Erwachsene rügen, obwohl ohne die Verbindung mit dem Verfahren gegen einen Heranwachsenden dieses Gericht für seine Aburteilung zuständig gewesen wäre (BGHSt 30, 260). Die Rüge ist nicht abhängig von einem Besetzungseinwand in der Hauptverhandlung. Eine den §§ 6a, 16 oder 222a entsprechende Regelung sieht die StPO im Verhältnis Erwachsenengericht/Jugendgericht nicht vor (BGHSt 30, 260; Meyer-Goßner § 338 Rdn. 34).

VI. Vorschriftswidrige Abwesenheit

Die vorschriftswidrige Abwesenheit (**Nr. 5**) ist besonders klausurrelevant und betrifft die Verletzung von Anwesenheitspflichten. Eine etwaige Abwesenheit des Angeklagten ergibt sich aus dem Sitzungsprotokoll, das insofern durchzusehen ist. Dabei kommt es darauf an, ob der Angeklagte bei einem **wesentlichen Teil der Hauptverhandlung** abwesend war (BGHSt 26, 84, 91; Meyer-Goßner § 338 Rdn. 36). Wesentlich sind die Vernehmung des Angeklagten zur Person und Sache, die Verlesung des Anklagesatzes und des Urteils erster Instanz im Berufungsverfahren, der Vortrag nach § 324, die Beweisaufnahme einschließlich der Vernehmung der Mitangeklagten (BGH StV 1986, 288), die Vernehmung von Zeugen (OLG Hamm NJW 1992, 3252) und die Ortsbesichtigung (BGHSt 25, 317, 318). Ferner gehört hierzu der Verzicht auf präsente Zeugen, die Erörterung über Beweisanträge von Mitangeklagten und über die Zeugenvereidigung, die Feststellung der Vorstrafen (nicht, wenn daraus keine Folgerungen zu Lasten des Angeklagten gezogen wurden), die Schlussvorträge auch des Verteidigers des Mitangeklagten und des Nebenklägervertreters sowie die Verlesung der Urteilsformel nach § 268 Abs. 2 (vgl. Meyer-Goßner § 338 Rdn. 37). 24

Nicht wesentlich ist der Aufruf der Zeugen und Sachverständigen, die Belehrung nach § 57, die Feststellung der Identität des Angeklagten und seiner Verhandlungsfähigkeit, die mündliche Eröffnung der Urteilsgründe und die Verkündung von Beschlüssen nach § 268a (BGHSt 25, 333; zum Ganzen Meyer-Goßner § 338 Rdn. 38). 25

Ein Staatsanwalt muss ständig anwesend sein (§ 226 Rdn. 4). Wurde der Staatsanwalt in dem Verfahren als Zeuge vernommen, muss er für diese Zeit durch einen anderen ersetzt werden. Vertritt er nach der Vernehmung die Anklage weiter, begründet dies die Revision nur im Rahmen des § 337 (BGHSt 14, 265). Weigert sich der Staatsanwalt, einen Schlussvortrag zu halten, handelt er zwar pflichtwidrig, ist aber nicht abwesend (Schmehl/Vollmer S. 268). 26

Ein Urkundsbeamter der Geschäftsstelle muss ebenfalls ständig anwesend sein (BayObLG NStZ-RR 2002, 16). Ein **Dolmetscher** muss nach § 185 GVG grundsätzlich während der ganzen Verhandlung zugegen sein (BGHSt 3, 285). Dass er zeitweilig als Zeuge oder Sachverständiger vernommen worden ist, schadet nicht. Kann der Angeklagte sich in der Gerichtssprache „Deutsch" verständigen, ist die zeitweilige Abwesenheit des Dolmetschers nicht schädlich (BGH NStZ 2002, 275, 276). 27

Die Anwesenheit des Verteidigers ist nur dann zwingend, wenn es sich um einen Fall notwendiger Verteidigung nach § 140 handelt (BGHSt 15, 306). Nicht schädlich ist es, wenn sich die Abwesenheit auf einen Zeitraum bezieht, in dem nur über die Tat eines Mitangeklagten verhandelt wurde (BGHSt 21, 180). Weigert sich der Verteidiger, den Schlussvortrag zu halten, ist er nicht abwesend, es sei denn, mit der Weigerung wäre die Erklärung verbunden, zur weiteren Verteidigung außerstande zu sein (BGH NStZ 1992, 503; Schmehl/Vollmer S. 268). 28

Hat der Verteidiger gar **keine Zulassung** (mehr), ist er ebenso wenig anwesend wie ein Verteidiger, der wegen Trunkenheit nicht verhandlungsfähig ist (vgl. Meyer-Goßner § 338 Rdn. 41). 29

Probleme bereitet die Abwesenheit des Angeklagten: Nr. 5 ist anzuwenden, wenn das Gericht gegen § 230, § 231, § 231c oder § 247 verstoßen hat (Meyer-Goßner § 338 Rdn. 40). 30

Grundsätzlich muss der Angeklagte (verhandlungsfähig) in der Hauptverhandlung anwesend sein, zumindest bei wesentlichen Teilen (Rdn. 24). In einigen Fällen kennt das Gesetz die Möglichkeit, auch **in Abwesenheit des Angeklagten** zu verhandeln, so, wenn er eigenmächtig der Hauptverhandlung fernbleibt (vgl. § 231 Rdn. 5ff). Nimmt das Gericht (einschließlich der Schöffen) in Anwesenheit des Staatsanwalts und des Verteidigers beschlussgemäß „außerhalb der Hauptverhandlung" einen Augenschein in Abwesenheit des inhaftierten Angeklagten ein, ist § 230 Abs. 1 verletzt. 31

§ 338

Zwar könnte die Kammer einen Richter beauftragen, für den Spruchkörper Augenschein einzunehmen. Das zur Entscheidung berufene Gericht kann sich aber nicht selbst in voller Besetzung mit einer solchen Beweisaufnahme beauftragen (BGH NStZ 1989, 218). Ebenfalls unzulässig ist es, den Augenschein ohne den Angeklagten einzunehmen, weil z.B. der Eigentümer des Augenscheinsorts diesem den Zutritt nicht gestatten will (Schmehl/Vollmer S. 266).

32 § 231c erlaubt die vorübergehende Abtrennung und Beurlaubung eines Angeklagten. Dabei dürfen die in seiner Abwesenheit erörterten Vorgänge mit dem abgetrennten Verfahrensteil in keinem inneren Zusammenhang stehen (BGH NStZ 1987, 16). Während seiner erlaubten Abwesenheit dürfen auch seine Beweisanträge selbst dann nicht abgelehnt werden, wenn dies rechtsfehlerfrei geschah (BGH wistra 1990, 155). Wegen dieser Probleme machen erfahrene Strafrichter um § 231c einen „weiten Bogen" (Schmehl/Vollmer S. 266).

33 Nach § 247 S. 1 ist die **Entfernung des Angeklagten** für die Dauer der Vernehmung eines Zeugen gestattet. Die Verhandlung über die Vereidigung des Zeugen und die Vereidigung selbst müssen jedoch in Anwesenheit des Angeklagten geschehen, nachdem dieser zuvor über den wesentlichen Inhalt der Aussage unterrichtet worden war und Gelegenheit hatte, an den Zeugen Fragen zu stellen (vgl. § 247 Rdn. 17). Wird während der Zeugenvernehmung ein Augenschein durchgeführt, muss dieser in Anwesenheit des Angeklagten wiederholt werden (BGH NStZ 2001, 262), ebenso müssen zwischenzeitlich verlesene Briefe und andere Urkunden nochmals verlesen werden (BGH StV 2002, 408).

34 **Beachte:** Der bloße Wunsch eines Zeugen, in Abwesenheit des Angeklagten aussagen zu dürfen, reicht als Begründung für dessen Entfernung nicht aus (BGH NStZ 1999, 420; BGH NStZ-RR 2002, 217). Erklärt aber ein Zeuge, er werde bei Anwesenheit des Angeklagten von seinem Zeugnisverweigerungsrecht oder seinem Schweigerecht nach § 55 Gebrauch machen, kann die Pflicht zur umfassenden Sachaufklärung die Entfernung des Angeklagten rechtfertigen oder gar gebieten (BGHSt 22, 18; BGH NStZ-RR 2004, 116, 117f).

VII. Verletzung des Öffentlichkeitsgrundsatzes

35 **Die ungesetzliche Beschränkung der Öffentlichkeit (Nr. 6)** sanktioniert einen Verstoß gegen den Öffentlichkeitsgrundsatz und birgt zwei Problembereiche: die Beschränkung des Zugangs zur Hauptverhandlung und die Ausschließung durch Gerichtsbeschluss (Schmehl/Vollmer S. 268).

36 **Die Öffentlichkeit der Gerichtsverhandlung** ist eine grundlegende Einrichtung des Rechtsstaats (Meyer-Goßner § 338 Rdn. 46). Der Angeklagte kann die Rüge sogar dann erheben, wenn er selbst die Ausschließung verlangt hatte (BGH NJW 1967, 687). Andererseits hat der Angeklagte keinen Anspruch auf Ausschluss der Öffentlichkeit. Nr. 6 ist bei unzulässiger Erweiterung der Öffentlichkeit nicht anwendbar (BGHSt 23, 176, 178). So kann die öffentliche Verhandlung unter Verstoß gegen § 48 Abs. 1 JGG nur nach § 337 gerügt werden (BGHSt 23, 176).

37 Eine **Verletzung des Öffentlichkeitsgrundsatzes** ist möglich durch die unberechtigte Ausschließung oder aber dadurch, dass der Zugang zur Hauptverhandlung versperrt ist und dies vom Gericht zu vertreten ist. Schließt der Gerichtswachtmeister ohne Kenntnis des Gerichts das Gebäude ab, ist dies in der Regel vom Gericht nicht zu vertreten (Schmehl/Vollmer S. 269). Vorsitzender und Gericht haben aber eine Aufsichtspflicht über untergeordnete Beamte. Das (gröbliche) Vernachlässigen dieser Pflicht ist ihnen als eigenes Verschulden zuzurechnen (BGHSt 22, 292, 301). Wer als Vorsitzender des Schöffengerichts von dem Schild an der Tür des AG („Das Gericht ist ab 14:00 Uhr geschlossen") weiß, muss bei Fortsetzung der Sitzung über diesen Zeitpunkt hinaus sicherstellen, dass das Schild entfernt wird oder entsprechende ander-

4. Abschnitt. Revision   § 338

weitige Hinweise gegeben werden (vgl. OLG Zweibrücken NJW 1995, 3333; Meyer-Goßner § 338 Rdn. 50). Wird die Verhandlung außerhalb des Saales durchgeführt, ist ein Sitzungsaushang erforderlich.

Beispiel: Fortsetzung der Verhandlung auf einem privaten oder öffentlichen Grundstück, danach Weiterverhandlung in einem Sitzungssaal des AG des Augenscheinsorts (vgl. BGH StV 2002, 474; Schmehl/Vollmer S. 269).

Gibt es **Zugangskontrollen,** muss so lange gewartet werden, bis Personen, die sich 38 zum vorgesehenen Sitzungsbeginn an der Kontrollstelle eingefunden hatten, auch im Saale sind. Dies gilt nicht für die Fortsetzung einer unterbrochenen Hauptverhandlung, wenn die Zugangskontrollen hinlänglich bekannt sind (BGHSt 29, 258).

Beachte: Bei einer Ortsbesichtigung schränkt das Hausrecht des Betroffenen die 39 Öffentlichkeit des Verfahrens ein (BGH NStZ 1994, 498), es bedarf hier keines Beschlusses über den Ausschluss der Öffentlichkeit, ebenso wenig einer Unterrichtung der Zuhörer über den Inhalt der nicht öffentlichen durchgeführten Verhandlungsteile (BGH NStZ-RR 2000, 366; vgl. auch BGH v. 10. 1. 2006 – 1 StR 527/05).

Zum notwendigen Revisionsvorbringen gehört die Angabe der Umstände, aus 40 denen sich ergibt, dass das Gericht den Verfahrensverstoß zu vertreten hat. War das Gericht tatsächlich offen, jedoch ein entsprechendes Schild über die Öffnungszeiten am Gericht angebracht, muss dargelegt werden, dass sich dadurch tatsächlich jemand von der Teilnahme an der Sitzung hat abhalten lassen (Meyer-Goßner § 338 Rdn. 50a; a.M. OLG Zweibrücken NJW 1995, 33).

Ausgeschlossen ist die Revision nach § 338 Nr. 6, wenn das Beruhen des Urteils auf 41 dem Fehler **denkgesetzlich unmöglich** ist. Dies soll der Fall sein, wenn das Gericht während des Ausschlusses der Öffentlichkeit einen Hinweis nach § 265 gibt und der entsprechende Tatteil später nach § 154a ausgeschieden wurde (BGH NJW 1996, 138; vgl. auch BGH NStZ-RR 2002, 261; BGH NJW 2003, 2761; BGH NJW 2004, 865, 867: Anordnung der Unterbrechung der Hauptverhandlung).

Eine zweite Problemgruppe betrifft den **Ausschließungsbeschluss.** Die Ausschlie- 42 ßung erfordert einen Gerichtsbeschluss, wobei eine Blickverständigung genügt, die Anordnung des Vorsitzenden hingegen nicht. Der Beschluss ist zu begründen, die Begründung darf sich nicht im Gesetzeswortlaut erschöpfen.

Der Beschluss ist von der Revision im Wortlaut mitzuteilen. Nach der neueren 43 Rechtsprechung schadet eine fehlende Begründung des Beschlusses dann nicht, wenn den Verfahrensbeteiligten (und den Zuhörern) der Grund zweifelsfrei erkennbar war, etwa durch den Inhalt einer vorangegangenen Antragstellung (BGH NStZ 1999, 92; BGH NStZ-RR 2004, 236).

Zweifelhaft ist, inwiefern eine Verletzung des Öffentlichkeitsgrundsatzes vorliegt, 44 wenn nach der nicht öffentlichen Vernehmung eines Zeugen die Öffentlichkeit nicht wieder hergestellt wird oder ein entsprechender Beschluss laut Protokoll nicht ausgeführt worden ist.

Die Urteilsverkündung in nicht öffentlicher Sitzung ist ein absoluter Revisi- 45 onsgrund (Schmehl/Vollmer S. 269). Der grundlose Ausschluss eines einzelnen Zuhörers verletzt den Öffentlichkeitsgrundsatz, der Saalverweis gegen einen Zuhörer, von dem ein Druck auf das Aussageverhalten von Zeugen zu besorgen ist, ist unproblematisch (BGH NStZ 2004, 220). Zuhörer, die als Zeugen in Betracht kommen, darf der Vorsitzende aus dem Saal weisen. Ihm steht insofern ein Beurteilungsspielraum zu (BGH StV 2002, 5, 6). Allerdings muss das Gericht tatsächliche Anhaltspunkte dafür haben (BGH NStZ 2004, 453).

Absprachen außerhalb der Hauptverhandlung verstoßen gegen den Grund- 46 satz der Öffentlichkeit. Damit sind Vorgespräche in der Hauptverhandlung nicht ausgeschlossen (BGH NStZ 2004, 342; Schmehl/Vollmer S. 270; vgl. auch Einl. Rdn. 184ff).

§ 338

VIII. Mangelnde Urteilsbegründung

47 Bei fehlender oder verspäteter Urteilsbegründung (**Nr. 7**) ist der Grund hierfür unbedeutend. Es kommt nicht darauf an, ob der Richter verstorben oder aus dem Richterdienst ausgeschieden ist (BGH NStZ 1993, 30) oder ob die Richter sich nicht darüber einigen können, was das Ergebnis der Beratungen war (BGH MDR 1954, 337). Bei einer Fristüberschreitung will das Gesetz Diskussionen darüber verhindern, ob die verspätete Urteilsabsetzung die Richtigkeit der Gründe beeinflusst hat. Daher besteht, auch auf Revision der StA, ein zwingender Aufhebungsgrund ohne Rücksicht darauf, ob das Urteil solche Mängel aufweist (BGH NStZ-RR 2003, 6) oder die Frist nur ganz geringfügig überschritten wurde (BGH StV 1998, 477).

48 Das Urteil ist **nicht rechtzeitig** zu den Akten gebracht, wenn sich der Nachweis der Wahrung der Frist des § 275 Abs. 1 S. 2 weder durch den Eingangsvermerk der Geschäftsstelle noch auf andere Weise mit hinreichender Gewissheit erbringen lässt (vgl. § 275 Rdn. 10) und eine Fristüberschreitung (§ 275 Abs. 1 S. 4) nicht zulässig war. Ob die Voraussetzungen des § 275 Abs. 1 S. 4 vorliegen, beurteilt allein das Revisionsgericht (BGHSt 26, 247).

49 **Nachträgliche Ergänzungen des Urteils** sind unzulässig und werden vom Revisionsgericht nicht zur Kenntnis genommen. Dies betrifft auch die Nachholung der richterlichen Unterschriften. Das Fehlen einer Unterschrift wird aber nur auf eine entsprechende Verfahrensrüge hin beachtet (BGHSt 46, 204), das Fehlen sämtlicher Unterschriften auch auf die Sachrüge hin (OLG Schleswig SchlHA 2002, 172). Unvollständige oder sonst mangelhafte Entscheidungsgründe fallen zwar nicht unter Nr. 7; sind aber die Gründe nur zum Schuldspruch fertig gestellt, gilt Nr. 7, falls der Grund für die Fristüberschreitung nicht anerkannt wird, nicht nur für den Rechtsfolgenausspruch, dessen Begründung nachgeliefert wird (Rieß NStZ 1982, 441, 445).

Beachte: Eine strukturelle Überlastung der Justiz entschuldigt nicht die verspätete Urteilsabsetzung wegen Überlastung.

50 **In der Revisionsbegründung** muss ausgeführt werden, wann das Urteil verkündet und wann es zu den Akten gebracht wurde (BGHSt 29, 203).

IX. Beschränkung der Verteidigung

51 Die Beschränkung der Verteidigung (**Nr. 8**) ist eine Auffangvorschrift, in der sich relative und absolute Revisionsgründe berühren (Schmehl/Vollmer S. 271). Die Rüge kann nur greifen, wenn die behauptete Beschränkung in einem in der Hauptverhandlung ergangenen Gerichtsbeschluss enthalten ist; dies muss auch die Revisionsbegründung angeben (BGH NJW 1996, 2383). Ein Beschluss vor oder außerhalb der Hauptverhandlung genügt ebenso wenig wie eine Anordnung des Vorsitzenden (vgl. BGHSt 21, 334, 359; OLG Stuttgart StV 1988, 145). Das Unterlassen des Gerichts, einen Antrag zu bescheiden, steht dem gleich (Meyer-Goßner § 338 Rdn. 60).

52 Die Verteidigungsbeschränkung ist nur unzulässig, wenn sie eine **besondere Verfahrensvorschrift verletzt** (h. M.; BGHSt 21, 334, 360; BGHSt 30, 131, 137; Meyer-Goßner § 338 Rdn. 59) und zwischen dem Verfahrensfehler und dem Urteil eine konkret-kausale Beziehung besteht (BGHSt 30, 133, 135; BGHSt 44, 82, 90; BGH NStZ 2000, 212). Ebenfalls ausreichen kann ein Verstoß gegen das fair-trial-Prinzip oder die Verletzung der gesetzlichen Fürsorgepflicht.

53 **Welche Verstöße** im Ergebnis ausreichen, ist eine Frage der einzelnen Verfahrensvorschriften. Die wichtigsten Fälle (Schmehl/Vollmer S. 271):
– **Zurückweisung von Beweisanträgen** ohne inhaltliche Prüfung wegen (angeblichen) Missbrauchs prozessualer Rechte (BGHSt 29, 149);
– ein **gerichtliches Äußerungsverbot** für den Angeklagten vor Eintritt in die Beweisaufnahme (BGH NStZ 1981, 111);

– **rechtsfehlerhafte Unterbindung des Fragerechts** nach §§ 240, 241 (BGH NStZ 1982, 158 f);
– unzulässige **Beschränkung der Akteneinsicht** (BGH NStZ 1985, 87);
– Weigerung, dem Angeklagten/dem Verteidiger einen **angemessenen Sitzplatz** zuzuweisen (OLG Köln NJW 1980, 302).

Ob auch ein Beschluss, **keine Anträge der Verteidigung mehr entgegenzunehmen**, dem § 338 Nr. 8 unterfällt, ist zweifelhaft. Wird dies schlechthin so beschlossen, dürfte die Nr. 8 erfüllt sein (BGH JR 1980, 219; Schmehl/Vollmer S. 271). In einer neueren Entscheidung macht der BGH aber eine Ausnahme für den Fall, dass Beweisanträge eindeutig rechtsmissbräuchlich gestellt wurden und die Kammer für einen solchen Fall ankündigt, sie werde nach einem bestimmten Zeitpunkt gestellte Beweisanträge ggf. erst in den Urteilsgründen bescheiden (BGH NStZ 2005, 648). 54

§ 339 [Rechtsnormen zugunsten des Angeklagten]

Die Verletzung von Rechtsnormen, die lediglich zugunsten des Angeklagten gegeben sind, kann von der Staatsanwaltschaft nicht zu dem Zweck geltend gemacht werden, um eine Aufhebung des Urteils zum Nachteil des Angeklagten herbeizuführen.

Die Vorschrift schränkt § 337 ein. Ihre Bedeutung ist begrenzt. Beruft sich die StA auf die Verletzung einer Norm, die zugunsten des Angeklagten „gegeben" ist, wird das Urteil regelmäßig nicht auf der Gesetzesverletzung im Sinne des § 337 beruhen (Meyer-Goßner § 339 Rdn. 1). § 339 erspart dem Revisionsgericht dann die Beruhensprüfung. Die Vorschrift gilt für Privat- und Nebenkläger entsprechend (BGH MDR 1968, 18; RGSt 59, 100; Krekeler NStZ 1984, 183). 1

Rechtsnormen im Sinne des § 339 sind nur Verfahrensvorschriften (LR-Hanack § 339 Rdn. 2; Meyer-Goßner § 339 Rdn. 3). Ob eine Vorschrift nur **zugunsten des Angeklagten gegeben** ist, entscheidet sich nach der jeweiligen Bestimmung. Hierzu gehören §§ 140, 145, 217, § 244 Abs. 3 S. 2 (Verbot der Wahrunterstellung zu Lasten des Angeklagten, BGH DAR 1994, 189; OLG Stuttgart NJW 1967, 1627; vgl. auch BGH NStZ 1984, 564), § 247 S. 4, § 257, § 258 Abs. 2, 3, § 265 sowie die Vorschriften, die wie § 136 Abs. 1 S. 2, § 228 Abs. 3, § 243 Abs. 4 S. 1 Belehrungen und Hinweise vorsehen (KK-Kuckein § 339 Rdn. 2). 2

Vorschriften, auf deren Einhaltung der Angeklagte **nicht verzichten** kann, weil sie zugleich dem öffentlichen Interesse dienen, sind nicht nur „zugunsten des Angeklagten" geschaffen. Dies betrifft etwa die §§ 22, 23, 136a, 230 Abs. 1, § 231 Abs. 1, § 246a, §§ 264, 275 und die Vorschriften über die Gerichtsbesetzung (Meyer-Goßner § 339 Rdn. 5). 3

Über den Wortlaut hinaus wird § 339 der allgemeine Grundsatz entnommen, dass ein Rechtsmittel zu Lasten des Prozessgegners nicht auf die Verletzung von Verfahrensvorschriften gestützt werden kann, wenn deren rechtsfehlerfreie Anwendung dem anderen **nur einen Vorteil** hätte bringen können (KK-Kuckein § 339 Rdn. 1; Meyer-Goßner § 339 Rdn. 6). Dies gilt auch für Rechtsmittel der StA zu Lasten des Angeklagten (OLG Bremen NJW 1947/48, 312). 4

§ 340 (weggefallen)

§ 341 [Form und Frist]

(1) **Die Revision muß bei dem Gericht, dessen Urteil angefochten wird, binnen einer Woche nach Verkündung des Urteils zu Protokoll der Geschäftsstelle oder schriftlich eingelegt werden.**

§ 342

(2) Hat die Verkündung des Urteils nicht in Anwesenheit des Angeklagten stattgefunden, so beginnt für diesen die Frist mit der Zustellung, sofern nicht in den Fällen der §§ 234, 387 Abs. 1, § 411 Abs. 2 und § 434 Abs. 1 Satz 1 die Verkündung in Anwesenheit des mit schriftlicher Vollmacht versehenen Verteidigers stattgefunden hat.

1   **Revisionseinlegung** ist jede Erklärung, die den Anfechtungswillen des Beschwerdeführers erkennen lässt (OLG Hamburg NJW 1965, 1147; Meyer-Goßner § 341 Rdn. 1). Wie auch sonst wird das Rechtsmittel bei dem die Entscheidung erlassenen Gericht schriftlich oder zu Protokoll der Geschäftsstelle eingelegt (vgl. § 314). Es gilt die Wochenfrist, die mit der Verkündung des Urteils beginnt. Bei Verkündung des Urteils in Abwesenheit des Angeklagten beginnt die Frist für diesen mit der Zustellung (Abs. 2 Hs. 1). Eine Ausnahme gilt für den Fall, dass die Verkündung in Anwesenheit eines mit schriftlicher Vollmacht versehenen Verteidigers stattgefunden hat.

2   Die Revision muss **in deutscher Sprache** schriftlich, auch telegrafisch oder durch Fernschreiben oder zu Protokoll der Geschäftsstelle eingelegt werden. Die telefonische Einlegung ist wirkungslos. Für inhaftierte Angeklagte gilt § 299 (dort Rdn. 3). Im Gericht ist der Rechtspfleger zuständig (§ 24 Abs. 1 Nr. 1 b RPflG). Wird die Revisionserklärung von einem unzuständigen Beamten aufgenommen, kann sie als schriftliche Revisionseinlegung wirksam sein, wenn sie vom Beschwerdeführer unterschrieben worden ist (Meyer-Goßner § 341 Rdn. 7).

3   **Für die StA gilt Abs. 2 entsprechend** (Meyer-Goßner § 341 Rdn. 10; a. M. KK-Kuckein § 341 Rdn. 20), für den Privatkläger nur, wenn ihm der Verkündungstermin nicht bekannt gemacht wurde (LR Hanack § 341 Rdn. 22).

4   Die Frist des Abs. 2 wird nur in Lauf gesetzt, wenn das Urteil auch **vollständig mit Gründen zugestellt** wird; die Zustellung der Urteilsformel genügt – anders als im Bußgeldverfahren (BGHSt 43, 22; BGH NJW 2004, 3643) – nicht (Meyer-Goßner § 341 Rdn. 11). § 37 Abs. 2 und § 145 a sind anwendbar. Die Revision kann auch eingelegt werden, wenn das Urteil noch nicht zugestellt ist, wenn es denn jedenfalls erlassen wurde (BGHSt 25, 187, 189).

5   **Die Vertretung bei der Revisionseinlegung** durch einen Bevollmächtigten ist sowohl bei der Erklärung als auch im Willen zulässig (RGSt 66, 211), überwiegend wird auch angenommen, dies sei auch durch eine juristische Person möglich (OLG Hamm NJW 1952, 1150; Meyer-Goßner § 341 Rdn. 3). Die Vollmacht muss bei der Erklärung vorhanden sein, kann aber später nachgereicht werden (Meyer-Goßner § 341 Rdn. 3).

§ 342 [Revision und Antrag auf Wiedereinsetzung]

(1) **Der Beginn der Frist zur Einlegung der Revision wird dadurch nicht ausgeschlossen, daß gegen ein auf Ausbleiben des Angeklagten ergangenes Urteil eine Wiedereinsetzung in den vorigen Stand nachgesucht werden kann.**

(2) ¹**Stellt der Angeklagte einen Antrag auf Wiedereinsetzung in den vorigen Stand, so wird die Revision dadurch gewahrt, daß sie sofort für den Fall der Verwerfung jenes Antrags rechtzeitig eingelegt und begründet wird.** ²**Die weitere Verfügung in bezug auf die Revision bleibt dann bis zur Erledigung des Antrags auf Wiedereinsetzung in den vorigen Stand ausgesetzt.**

(3) **Die Einlegung der Revision ohne Verbindung mit dem Antrag auf Wiedereinsetzung in den vorigen Stand gilt als Verzicht auf die letztere.**

1   **Wie in § 315** wird das Zusammentreffen des Rechtsmittels mit einem Wiedereinsetzungsantrag geregelt. Vgl. daher zunächst die Erläuterungen zu § 315.

4. Abschnitt. Revision §§ 343, 344

Die Vermutung des Abs. 3 gilt ausnahmslos, auch wenn die Revision unzulässig ist (vgl. OLG Stuttgart Justiz 1976, 265) oder wenn sie schon vor Beginn der Frist des § 341 eingelegt ist (OLG Düsseldorf VRS 1989, 132) oder wenn sie zurückgenommen wurde (OLG Zweibrücken MDR 1965, 1033). Inwiefern die Vermutung auch die Wiedereinsetzung von Amts wegen ausschließt, ist umstritten (dafür KK-Kuckein § 342 Rdn. 7; dagegen OLG Düsseldorf NJW 1980, 1704). Meyer-Goßner will im Fall unterbliebener Ladung anders entscheiden (Meyer-Goßner § 342 Rdn. 4; vgl. auch OLG Hamburg StV 2001, 339). 2

§ 343 [Hemmung der Rechtskraft]

(1) **Durch rechtzeitige Einlegung der Revision wird die Rechtskraft des Urteils, soweit es angefochten ist, gehemmt.**

(2) **Dem Beschwerdeführer, dem das Urteil mit den Gründen noch nicht zugestellt war, ist es nach Einlegung der Revision zuzustellen.**

Wie auch sonst bei Rechtsmitteln wird durch die rechtzeitige Einlegung der Revision die **Rechtskraft gehemmt** (vgl. die Erläuterungen zu § 316). Nicht gehemmt werden soll die Rechtskraft, wenn die Revision von vornherein nicht statthaft ist, so z.B. in den Fällen des § 441 Abs. 3 S. 2 oder des § 55 Abs. 2 JGG (Meyer-Goßner § 343 Rdn. 1; a.M. OLG Stuttgart MDR 1980, 518) oder allseits auf Rechtsmittel verzichtet worden war (OLG Karlsruhe NStZ 1997, 301). Bei wirksam beschränkter Revision erstreckt sich die Hemmung nur auf die angefochtenen Teile des Urteils (Meyer-Goßner § 343 Rdn. 1). 1

Zur **Zustellung nach Einlegung der Revision** vgl. § 316 Rdn. 3. Von der Zustellung ist abzusehen, wenn die Revision nicht statthaft ist (oben Rdn. 1). Die nachträgliche Zustellung ist erforderlich, wenn das Revisionsgericht einem Antrag nach § 346 Abs. 2 stattgibt oder dem Beschwerdeführer Wiedereinsetzung gegen die Versäumung der Einlegungsfrist gewährt (RGSt 52, 76; Meyer-Goßner § 343 Rdn. 3). Ggf. müssen auch die nach § 267 Abs. 4 S. 3 ergänzten Urteilsgründe zugestellt werden, auch wenn das Urteil schon vorher als solches mit abgekürzten Gründen zugestellt worden war (OLG Düsseldorf JMBlNW 1982, 139; Meyer-Goßner § 343 Rdn. 3). 2

Die Zustellung wird **durch den Vorsitzenden angeordnet,** die Geschäftsstelle führt sie aus (§ 36 Abs. 1). Zuzustellen ist eine Urteilsausfertigung. Wird versehentlich eine beglaubigte Abschrift zugestellt, macht dies die Zustellung nicht unwirksam (BGHSt 26, 140, 141). 3

§ 344 [Revisionsbegründung]

(1) **Der Beschwerdeführer hat die Erklärung abzugeben, inwieweit er das Urteil anfechte und dessen Aufhebung beantrage (Revisionsanträge), und die Anträge zu begründen.**

(2) ¹**Aus der Begründung muß hervorgehen, ob das Urteil wegen Verletzung einer Rechtsnorm über das Verfahren oder wegen Verletzung einer anderen Rechtsnorm angefochten wird.** ²**Ersterenfalls müssen die den Mangel enthaltenden Tatsachen angegeben werden.**

I. Überblick

Die Vorschrift regelt die **Revisionsbegründung.** Ergänzt wird sie durch § 345, der die Anforderungen an die (Frist und) Form aufstellt. 1

Das Urteil wird auf die Revision nur geprüft, **soweit es angefochten ist** (§ 352 Abs. 1). Der Umfang der Anfechtung muss daher durch die **Revisionsanträge** (§ 344 2

§ 344

Abs. 1) genau bezeichnet werden. Diese Bezeichnung darf nicht erst in einer Revisionshauptverhandlung, deren Durchführung ohnehin ungewiss ist, gestellt werden, sondern muss mit der Begründungsschrift erfolgen. Fehlt der Antrag, ist dies dann unschädlich, wenn das Ziel der Revision aus dem Inhalt der Revisionsschrift und aus dem Gang des Verfahrens eindeutig hervorgeht (BGH NStZ-RR 2000, 38; Gribbohm NStZ 1983, 97, 98; Meyer-Goßner § 344 Rdn. 2). Bleiben Zweifel, ist von einer Anfechtung in vollem Umfang auszugehen, wenn Gegenstand des Urteils eine einzige Straftat ist (BGH StV 1981, 393). Jedenfalls in Fällen, in denen die allgemeine Sachrüge erhoben wird, ist regelmäßig auf eine umfassende Urteilsanfechtung zu schließen (BGH NStZ 1990, 96; BGH NStZ-RR 2000, 38). Der BGH ist insofern großzügig (vgl. Gribbohm NStZ 1983, 97, 98), während in der Rechtsprechung der Oberlandesgerichte eher die Unzulässigkeit der Revision angenommen wird (vgl. Meyer-Goßner § 344 Rdn. 3).

3   **Eine Beschränkung der Revision** ist analog den Grenzen bei der Berufung (vgl. § 318 Rdn. 3 ff) möglich. Sie kann sich auch ohne ausdrückliche Erklärung aus der Begründungsschrift ergeben, z. B. wenn die Sachrüge nur Ausführungen zum Rechtsfolgenausspruch enthält (BGH NJW 1956, 757). Im Zweifel sollte man aber mit einer solchen „schlüssigen" Beschränkung vorsichtig sein.

II. Revisionsbegründung

4   Der notwendige Umfang **der Revisionsbegründung** (§ 344 Abs. 2) hängt davon ab, ob eine Sach- oder eine Verfahrensrüge im Raum steht. Dabei ist zweifelhaft, inwiefern für die Geltendmachung von Verfahrenshindernissen die Erhebung einer Verfahrensrüge verlangt werden kann (so Weiler FS Meyer-Goßner S. 576, a. M. Meyer-Goßner § 344 Rdn. 9).

5   **Die Revisionsbegründung ist auslegungsfähig** (BGHSt 25, 272, 275), auch zum Nachteil des Beschwerdeführers, aber nur aufgrund ihres eigenen Inhalts, nicht aufgrund der Revisionsbegründung anderer Beschwerdeführer (Meyer-Goßner § 344 Rdn. 11). Nicht auf den Wortlaut, sondern auf den Sinn der Rüge soll es ankommen (BGHSt 19, 273, 275).

6   **Bedingte Revisionsrügen sind unzulässig** (RGSt 53, 50; LR-Hanack § 344 Rdn. 69). Insbesondere kann man eine Rüge nicht nur für den Fall erheben, dass andere Rügen erfolglos bleiben (BGHSt 17, 253; Meyer-Goßner § 344 Rdn. 12).

1. Sachrüge

7   **Die Bezeichnung der Rüge als Sachrüge ist nicht unbedingt erforderlich,** das Revisionsvorbringen muss aber eindeutig ergeben, dass die Nachprüfung in sachlich-rechtlicher Hinsicht begehrt wird (BGH NStZ 1991, 597; BGH NStZ-RR 2000, 294; OLG Hamm wistra 2000, 39; Meyer-Goßner § 344 Rdn. 14). Wer rügt, der Angeklagte sei zu Unrecht bestraft worden, erhebt bereits die allgemeine Sachrüge (OLG Hamm NJW 1964, 1736), ebenso der, der den Antrag auf Freispruch vor dem Revisionsgericht stellt (Meyer-Goßner § 344 Rdn. 14).

8   **Inhalt der Sachrüge** ist vor allem die Rüge, dass das Recht auf den im Urteil festgestellten Sachverhalt nicht richtig angewendet worden sei. Gerügt werden kann aber auch, dass die Feststellungen des Urteils keine geeignete Grundlage für die Rechtsanwendung darstellen, weil sie gegen Denkgesetze oder Erfahrungssätze verstoßen, lückenhaft oder widersprüchlich sind oder dem Satz „in dubio pro reo" widersprechen (vgl. § 337 Rdn. 42 ff).

9   Eine **Begründung der Sachrüge** ist vom Gesetz nicht vorgeschrieben. Es genügt ein Satz wie „Gerügt wird die Verletzung sachlichen Rechts". Bereits dies führt zur Prüfung des Urteils in sachlich-rechtlicher Hinsicht. Um Zweifel über eine Beschränkung der Sachrüge auszuräumen, empfiehlt sich – wenn eine Einzelbegründung er-

folgt – die Formulierung: „Gerügt wird die Verletzung sachlichen Rechts. Das Gericht hat das sachliche Recht insbesondere in folgenden Fällen verletzt ...".

Einzelausführungen zur Sachrüge dienen nur dem Zweck, beim Revisionsgericht die **Prüfung bestimmter Fragen** anzuregen (Gribbohm NStZ 1983, 97, 98) und dem Revisionsgericht die Rechtsauffassung des Beschwerdeführers mitzuteilen (Meyer-Goßner § 344 Rdn. 19). Da eine Revisionsbegründung bezüglich der Sachrüge nicht vorgeschrieben ist, können z.B. die Rechtsausführungen des Beschwerdeführers dem Revisionsgericht auch nach Ablauf der Revisionsbegründungsfrist noch mitgeteilt werden. Allerdings ist darauf zu achten, dass Einzelausführungen zur Sachrüge die Revision andererseits insgesamt unzulässig machen können, wenn nämlich diese ergeben, dass der Beschwerdeführer in Wahrheit nicht die Rechtsanwendung beanstandet, sondern lediglich die Beweiswürdigung oder die Richtigkeit der Urteilsfeststellungen angreifen will (BGHSt 25, 272, 275; OLG Hamm NStZ-RR 2001, 117; Gribbohm NStZ 1983, 97, 99). Nicht schädlich ist es, wenn der Beschwerdeführer sich auf einzelne Ausführungen im Urteil bezieht, durch die er gar nicht beschwert sein kann (BGH NJW 1970, 205; Meyer-Goßner § 344 Rdn. 19).

2. Verfahrensrüge

Viel strenger sind die Anforderungen an die (zulässige) Begründung von Verfahrensrügen (§ 344 Abs. 2 S. 2). Hilfreich ist die Überlegung, dass das Revisionsgericht nicht von sich aus die Ordnungsmäßigkeit des gesamten Verfahrens prüfen kann und insbesondere nicht die Akten auf irgendwelche Fehler durchsehen wird. Daher muss der Beschwerdeführer die den Verfahrensmangel bezeichnenden Tatsachen in einer Form angeben, die dem Revisionsgericht ohne Rückgriff auf die Akten die Beurteilung der Fehlerhaftigkeit des Vorgehens ermöglichen. Kommen nach den vorgetragenen Tatsachen mehrere Verfahrensmängel in Betracht, muss dargetan werden, welcher von ihnen geltend gemacht werden soll (BGH NStZ 1998, 636; BGH NStZ 1999, 94).

Zwar ist dem Revisionsgericht **der Blick in die Akten nicht verwehrt** (BGH NStZ 1996, 145; Wohlers StV 1996, 192), die Verfahrensrüge ist aber nur zulässig, wenn sie ohne Rückgriff auf den Akteninhalt überprüft werden kann. Daher (§ 344 Abs. 2 S. 2) muss die Verfahrensrüge aus sich heraus verständlich sein, die den Mangel begründenden Tatsachen bezeichnen und insbesondere ohne Bezugnahmen und Verweisungen auskommen.

Beispiel: Ergeben sich Mängel aus dem Protokoll, darf nicht einfach auf den Protokollband bzw. die entsprechenden Seiten der Akte verwiesen werden, sondern es muss der entsprechende Protokollinhalt „referiert" werden. Dies erfolgt in der Praxis ggf. durch das Hineinkopieren von Ablichtungen der entsprechenden Protokollteile.

Die Bezugnahme auf Anlagen zur Revisionsbegründungsschrift oder auf die Akten, das Sitzungsprotokoll oder andere Schriftstücke **ist unzureichend** und macht die Verfahrensrüge (insoweit) unzulässig (vgl. die zahlreichen Nachweise bei Meyer-Goßner § 344 Rdn. 21). Die Fundstellen müssen in ihrem Wortlaut oder ihrem wesentlichen Inhalt nach wiedergegeben werden.

Das Revisionsgericht muss allein **aufgrund der Begründungsschrift** in der Lage sein zu prüfen, ob ein Verfahrensfehler vorliegt, falls das tatsächliche Vorbringen der Revision zutrifft (BGH NJW 1982, 1655; BGH NJW 1995, 2047). Bezugnahmen behandelt das Revisionsgericht als nicht geschrieben. Auch eine zusammenhanglos in die Revisionsbegründung eingefügte Ablichtung eines Teils eines Schriftstückes oder der Sitzungsniederschrift genügt dem Abs. 2 nicht, da es nicht Aufgabe des Revisionsgerichts ist, den Revisionsvortrag aus anderen Unterlagen jeweils an passender Stelle zu ergänzen (BGH NStZ 1987, 36; Meyer-Goßner § 344 Rdn. 21). Beim Hineinkopieren handgeschriebener Texte ist darauf zu achten, dass diese auch wirklich lesbar sind (BGHSt 33, 44).

§ 344

15 **Wird ein Hilfsbeweisantrag abgelehnt,** darf die Verfahrensrüge auf die in den Urteilsgründen enthaltene Begründung für die Ablehnung des Beweisantrages verweisen, wenn durch die allgemeine Sachrüge ohnehin Einblick in die Urteilsgründe erforderlich ist (BayObLG NJW 1987, 3091; siehe auch KG StV 1988, 518; Meyer-Goßner § 344 Rdn. 21). Nur bei einer zulässig erhobenen Sachrüge sind Urteilsausführungen zur Ergänzung der Verfahrensrüge heranzuziehen (BGH NStZ 1997, 378), einer ausdrücklichen Verweisung auf die Urteilsgründe bedarf es dann nicht (BGHSt 36, 384, 385; Meyer-Goßner § 344 Rdn. 21).

16 Der Beschwerdeführer muss die den Mangel begründenden Tatsachen angeben. Schriftstücke, Aktenteile und Tonbandaufnahmen, auf die die Verfahrensrüge gestützt wird, müssen im Einzelnen bezeichnet und wörtlich oder wenigstens inhaltlich wiedergegeben werden (BGH NStZ 1992, 29).

Hinweis: Lesbares Hineinkopieren ist immer besser als eine zusammenfassende Wiedergabe, bei der man etwas übersehen kann.

17 Wird gerügt, ein **Lichtbild** sei fehlerhaft nicht in Augenschein genommen worden, muss das Lichtbild in die Revisionsbegründung aufgenommen werden (BGH StV 2004, 304).

18 **Grenzen** findet diese Vortragspflicht bei Tatsachen bzw. Unterlagen, die dem Beschwerdeführer nicht zugänglich sind, wie etwa präsidiumsinterne Vorgänge (vgl. BGHSt 28, 290, 291) oder kammerinterne Vorgänge (BGHSt 29, 162, 164).

19 Die Revisionsbegründung muss **bestimmte Tatsachen** angeben. Es muss genau ersichtlich sein, durch welche Handlungen oder Unterlassungen das Gericht die Vorschriften des Verfahrens verletzt haben soll (BGHSt 2, 168) und inwiefern gegen welches Gesetz verstoßen worden ist (BGH NStZ-RR 1997, 304). Nicht ausreichend sind unbestimmte Tatsachenbehauptungen („Nichtvereidigung verschiedener Zeugen", Unfähigkeit „eines Teils der Schöffen", „erheblicher Druck" auf die Schöffen; Meyer-Goßner § 344 Rdn. 24).

20 Die Mitteilung der den Verfahrensverstoß begründenden Tatsachen **muss so vollständig und genau** sein, dass das Revisionsgericht aufgrund der Revisionsrechtfertigungsschrift prüfen kann, ob ein Verfahrensfehler vorliegt, wenn die behaupteten Tatsachen bewiesen werden sollten (BGHSt 29, 203; BGH StV 1984, 454). Hierzu kann notfalls auch die Angabe gehören, dass bestimmte Tatsachen nicht geschehen sind **(Negativtatsache)** und eine Heilung eines behaupteten Mangels auch später nicht erfolgt ist (BGH StV 2004, 30). Wird gerügt, dass eine wörtlich protokollierte Aussage im Widerspruch zu den Urteilsgründen steht, muss dargelegt werden, dass sich durch den weiteren Gang der Hauptverhandlung die Beweiserheblichkeit des Beweismittels und des entsprechenden Aussageteils nicht verändert hat (BGH StV 2002, 354).

21 Der Beschwerdeführer muss die Tatsachen **„bestimmt behaupten"**. Es genügt also nicht, wenn der Verfahrensverstoß nur als möglich bezeichnet wird oder die Vermutung oder die Form eines Zweifels geäußert werden (BGHSt 19, 273, 276). Insofern genügt anders als bei der Sachrüge auch nicht die bloße Bitte um Nachprüfung der Rechtmäßigkeit des Verfahrens (BGHSt 19, 273, 276; Gribbohm NStZ 1983, 101).

22 **Protokollrügen sind unzulässig.** Nicht die Fehlerhaftigkeit der Niederschrift, sondern Mängel des Verfahrens begründen die Revision. Auf einem Mangel des Protokolls kann das Urteil daher nie beruhen (BGHSt 7, 162; Meyer-Goßner § 344 Rdn. 26), ebenfalls nicht auf dem Fehlen des Protokolls (BGH NStZ 1991, 502).

23 **Zur Beruhensfrage** (§ 337 Rdn. 54ff) muss der Beschwerdeführer keine Ausführungen machen (Meyer-Goßner § 344 Rdn. 27). Aus praktischen Gründen sind sie allerdings sinnvoll, wenn sich ein Beruhen des Urteils auf dem Verfahrensfehler nicht eben aufdrängt.

24 Im Übrigen richtet sich das **notwendige Revisionsvorbringen** nach dem entsprechenden Verfahrensfehler, d. h. nach den das Verfahren regelnden Vorschriften.

4. Abschnitt. Revision § 345

Bei fehlender Sachrüge führt die Unzulässigkeit der Verfahrensrüge zur Unzulässigkeit der Revision insgesamt (BGH NJW 1995, 2047; BGH NStZ-RR 2000, 294). 25

§ 345 [Revisionsbegründungsfrist]

(1) ¹Die Revisionsanträge und ihre Begründung sind spätestens binnen eines Monats nach Ablauf der Frist zur Einlegung des Rechtsmittels bei dem Gericht, dessen Urteil angefochten wird, anzubringen. ²War zu dieser Zeit das Urteil noch nicht zugestellt, so beginnt die Frist mit der Zustellung.

(2) Seitens des Angeklagten kann dies nur in einer von dem Verteidiger oder einem Rechtsanwalt unterzeichneten Schrift oder zu Protokoll der Geschäftsstelle geschehen.

Die Monatsfrist für die Revisionsbegründung wird nach § 43 Abs. 1, 2 berechnet; 1 eine Verlängerung ist unzulässig (BGH NStZ 1988, 20; OLG Düsseldorf NStZ 1984, 91; Meyer-Goßner § 345 Rdn. 2). Hieraus ergeben sich zum Teil massive Schwierigkeiten, wenn es sich um ein Großverfahren handelt, bei dem zum Teil über Monate oder gar Jahre verhandelt wurde und das Gericht auch ebenfalls Monate Zeit für die Absetzung des Urteils hat, und der Verteidiger dann binnen Monatsfrist die Revisionsbegründung einreichen muss. Ein Problem ist es naturgemäß nur für Verfahrensrügen, die fristgebunden sind, während Ausführungen zur allgemeinen Sachrüge noch nachgeschoben werden können (§ 344 Rdn. 10). Für Verfahrensrügen sind Rechtsausführungen auch noch nach Ablauf der Frist möglich, nicht aber die Ergänzung des die Verfahrensrüge begründenden Tatsachenvorbringens (vgl. § 352 Rdn. 4).

War das Urteil schon vor der Einlegung der Revision **zugestellt,** so schließt sich 2 die Frist des Abs. 1 S. 1 an die des § 341 Abs. 1 an (BGHSt 36, 241).

Beispiel: Einlegung der Revision im Anschluss an die Hauptverhandlung, Zustellung des Urteils nach zwei Tagen. Die Begründungsfrist beginnt erst mit Ablauf der Einlegungsfrist, also nach einer Woche.

Erfolgt die **Zustellung nach Ablauf** der Revisionseinlegungsfrist, ist der Zeit- 3 punkt der Urteilszustellung maßgeblich (§ 345 Abs. 1 S. 2). Gibt es mehrere Verteidiger, kommt es auf die Zustellung an einen der Verteidiger an (BGHSt 34, 371). Dabei muss das Urteil vollständig sein, d.h. eine vollständige Urteilsformel (BGH NJW 1978, 60), vollständige Urteilsgründe und die durch § 275 Abs. 2 S. 1 vorgeschriebenen Unterschriften bzw. der Verhinderungsvermerk nach § 275 Abs. 2 S. 2 enthalten (BGHSt 26, 247, 248). Die Unvollständigkeit des Rubrums schadet nicht, ebenso die unvollständige Wiedergabe des verkündeten Tenors im Original und in der Ausfertigung (BGH NJW 1999, 800).

Beispiel: Verteidiger V merkt kurz vor Ablauf der Revisionsbegründungsfrist, dass in dem umfänglichen Urteil drei Seiten fehlen. Selbst wenn es auf diese Seiten für die Begründung der Verfahrensrügen nicht ankommt, ist mangels hinreichender Zustellung die Revisionsbegründungsfrist noch gar nicht in Gang gesetzt worden.

Achtung: Das zugestellte Urteil muss der Urschrift entsprechen. Ist diese unvoll- 4 ständig (fehlt z.B. eine Unterschrift oder ein Verhinderungsvermerk), handelt es sich um einen Mangel des Urteils, nicht um eine fehlerhafte Zustellung (BGHSt 46, 204; BGH NStZ-RR 2003, 85).

Wird das Urteil **vor Fertigstellung des Sitzungsprotokolls** zugestellt, beginnt 5 die Frist nicht (Meyer-Goßner § 345 Rdn. 5).

Ergeht ein **Berichtigungsbeschluss,** tritt an die Stelle der Urteilszustellung die 6 Zustellung des Beschlusses (BGHSt 12, 374; Meyer-Goßner § 345 Rdn. 6).

Die Vorschrift zur Form der Revisionsbegründung (Abs. 2) will gewähr- 7 leisten, dass der Inhalt der Begründung von sachkundiger Seite stammt und daher ge-

§ 345   3. Buch. Rechtsmittel

setzmäßig und sachgerecht ist (BGHSt 25, 272, 273; Meyer-Goßner § 345 Rdn. 10). Die Revisionsgerichte sollen dadurch vor einer Belastung durch laienhafte Ausführungen bewahrt werden. Dies gilt auch für nachgeschobenes Vorbringen zur Sachrüge (Meyer-Goßner § 345 Rdn. 10). Erfolgt die Begründung nicht zu Protokoll der Geschäftsstelle, muss sie von einem Verteidiger oder Rechtsanwalt unterzeichnet sein (vgl. § 138 Abs. 2). Die Vollmacht muss vor Ablauf der Revisionsbegründungsfrist vorhanden sein, kann aber später nachgewiesen werden.

8   Der Rechtsanwalt muss **als Rechtsanwalt unterzeichnen.** Ein Syndikusanwalt, der mit einem Hinweis auf seine Prokura unterschreibt, bewirkt keine wirksame Begründungsschrift (OLG Stuttgart Justiz 1977, 245; Meyer-Goßner § 345 Rdn. 12). Ist der Angeklagte Rechtsanwalt, kann er die Begründungsschrift selber unterzeichnen, sofern er noch zugelassen ist und nicht ein Berufsverbot gegen ihn verhängt wurde (Meyer-Goßner § 345 Rdn. 13).

9   **Schriftform** meint, dass der Inhalt der Erklärung dem Revisionsgericht eine zuverlässige Grundlage für die weitere Behandlung der einzelnen Rügen bietet. Daher genügen Ausführungen in einer nicht lesbaren Handschrift ebenso wenig wie stichwortartige schriftliche Erklärungen, die keinen Sinn ergeben (Meyer-Goßner § 345 Rdn. 14).

10 Eine gemeinsame Revisionsbegründung von Verteidigern für mehrere Mitangeklagte ist nicht unzulässig (BGH NStZ 1998, 99).

11 Der Verteidiger muss die **volle Verantwortung** für den Inhalt der Schrift übernehmen, bestehen daran auch nur Zweifel, ist die Revisionsbegründung unzulässig (BGHSt 25, 272, 273; BGH NJW 1997, 45; Meyer-Goßner § 345 Rdn. 16). Verfasst der Angeklagte selbst ein Schriftstück, das vom Verteidiger lediglich mit einem Einführungssatz versehen und dann unterschrieben worden ist, genügt dies ebenso wenig wie eine Sammlung von 3000 Blättern oder ein Schriftstück des Angeklagten, auf das der Verteidiger nur Bezug nimmt (Meyer-Goßner § 345 Rdn. 14 m.w.N.). Gleiches gilt, wenn der Revisionsbegründungsschrift Ausführungen des Angeklagten beigefügt sind, von denen sich der Verteidiger distanziert (BGHSt 25, 272, 274ff; BGH NStZ-RR 2002, 309).

Beispiel: Der Verteidiger hat auf zwanzig Seiten eine Verfahrensrüge ausgeführt und Bemerkungen zur Sachrüge gemacht. Auf S. 21 findet sich der Hinweis: „Auf Anweisung des Mandanten trage ich schließlich noch folgendes vor:". Dem folgen weitere zahlreiche Seiten, die von dem Angeklagten stammen. Bei einem solchen Fall wird die Nichtübernahme der Verantwortung deutlich, die entsprechenden Ausführungen sind also „gar nicht vorhanden" (vgl. etwa BGH NStZ 2004, 166; RGSt 54, 282; BGH NStZ-RR 2003, 292; BGH MDR 1970, 15; Meyer-Goßner § 345 Rdn. 16). Solche Zusätze können auch bei der unausgeführten allgemeinen Sachrüge zur Unzulässigkeit der Revisionsbegründung führen (BGHSt 25, 272; LR-Hanack § 345 Rdn. 29).

12 **Bei einer Erklärung zu Protokoll der Geschäftsstelle** ist der Rechtspfleger des Gerichts zuständig, dessen Urteil angefochten wird (Meyer-Goßner § 345 Rdn. 19). Der Rechtspfleger muss nicht in gleichem Maße Verantwortung für den Inhalt der Begründung übernehmen wie der Verteidiger. Er ist aber **weder bloße Schreibkraft noch Briefannahmestelle.** So ist das Protokoll unwirksam, wenn er sich seinen Inhalt einfach von dem Angeklagten diktieren lässt oder einen Schriftsatz des Angeklagten nur abschreibt (Meyer-Goßner § 345 Rdn. 21). Eine Ausnahme wird für den Fall gemacht, dass der Angeklagte Jurist ist (OLG Köln JR 1957, 308). Unzulässig ist auch die bloße Entgegennahme einer Schrift des Angeklagten (BGH NStZ-RR 1999, 110) oder die bloße Bezugnahme auf sie als Anlage zum Protokoll (Meyer-Goßner § 345 Rdn. 21).

13 **Eine Wiedereinsetzung in den vorigen Stand** findet statt, wenn der Rechtspfleger die Aufnahme der Erklärung zu Unrecht abgelehnt hat oder er die Unwirksamkeit der Revisionsbegründung verschuldet hatte (§ 44 Rdn. 23f; BGH NJW 1952, 1386; BVerfG wistra 2006, 16).

4. Abschnitt. Revision § 346

Für **Revisionsbegründungen der StA** genügt einfache Schriftform. Es reicht aus, 14
dass der in Maschinenschrift wiedergegebene Name des Verfassers mit einem Beglaubigungsvermerk versehen wird (GemSenOGB, NJW 1980, 172) oder beglaubigte Abschriften eingereicht werden (BGHSt 2, 77). Eine Abzeichnung mit dem Anfangsbuchstaben genügt aber nicht (OLG Karlsruhe HRR 1933, 88).

§ 346 [Verspätete und formwidrige Einlegung]

(1) Ist die Revision verspätet eingelegt oder sind die Revisionsanträge nicht rechtzeitig oder nicht in der in § 345 Abs. 2 vorgeschriebenen Form angebracht worden, so hat das Gericht, dessen Urteil angefochten wird, das Rechtsmittel durch Beschluß als unzulässig zu verwerfen.

(2) ¹Der Beschwerdeführer kann binnen einer Woche nach Zustellung des Beschlusses auf die Entscheidung des Revisionsgerichts antragen. ²In diesem Falle sind die Akten an das Revisionsgericht einzusenden; die Vollstreckung des Urteils wird jedoch hierdurch nicht gehemmt. ³Die Vorschrift des § 35a gilt entsprechend.

Die Verwerfungsbefugnis des Tatrichters beschränkt sich auf die in Abs. 1 bezeichneten Fälle, also auf die verspätete Revisionseinlegung, auf die Versäumung der Revisionsbegründungsfrist und auf die Nichteinhaltung der Formvorschriften des § 345 Abs. 2 (vgl. auch § 390 Abs. 2 für Nebenkläger und Privatkläger). Jede andere Prüfung der Zulässigkeit ist dem Tatrichter untersagt (BGH MDR 1959, 507). Zweifel an der Einhaltung der Schriftform oder an der Übernahme der Verantwortung durch den Verteidiger fallen nicht in seinen Zuständigkeitsbereich (Meyer-Goßner § 346 Rdn. 2). Ein dennoch ergangener Verwerfungsbeschluss erwächst in Rechtskraft, wenn er nicht angefochten wird (BGH NStZ-RR 1999, 33). 1

Auch wenn ein formfehlerhafter Schriftsatz eingegangen ist, darf der Verwerfungsbeschluss **erst nach Fristablauf** ergehen, da noch eine Nachbesserung denkbar ist (OLG Frankfurt NStZ-RR 2003, 204, 205). Ein Verwerfungsbeschluss wird zurückgestellt, wenn Wiedereinsetzung beantragt wird oder von Amts wegen in Erwägung zu ziehen ist. Auch in diesen Fällen sind die Akten dem zuständigen Revisionsgericht vorzulegen. Der mit Gründen zu versehene Beschluss enthält eine Kostenentscheidung und ergeht von Amts wegen ohne vorherige Anhörung des Beschwerdeführers, die StA wird ggf. nach § 33 Abs. 2 gehört (Meyer-Goßner § 346 Rdn. 4). Der Beschluss wird dem Beschwerdeführer und den anderen Verfahrensbeteiligten – dem Beschwerdeführer mit der Belehrung nach Abs. 2 S. 3 – förmlich zugestellt, den übrigen Beteiligten formlos bekannt gegeben. 2

Wirkungen auf die Rechtskraft hat der Verwerfungsbeschluss nicht, er hat nur 3
deklaratorische Bedeutung. Ggf. fallen Rechtskraft des Urteils und der Beschluss zusammen. Insofern tritt Rechtskraft erst nach ungenutztem Ablauf der Frist des Abs. 2 S. 1 oder mit dem Erlass des Verwerfungsbeschlusses des Revisionsgerichts ein (Meyer-Goßner § 346 Rdn. 5).

Erkennt der Tatrichter, dass sein Beschluss fehlerhaft ist, darf er ihn dennoch nicht 4
aufheben. Ein trotzdem erlassener **Aufhebungsbeschluss** ist wirkungslos (Meyer-Goßner § 346 Rdn. 6). Ggf. kann aber Wiedereinsetzung in den vorherigen Stand gewährt werden (Meyer-Goßner § 346 Rdn. 6).

Der Antrag auf Entscheidung des Revisionsgerichts (Abs. 2) ist ein befristeter 5
Rechtsbehelf eigener Art (BGHSt 16, 111, 118). Zwar handelt es sich nicht um eine sofortige Beschwerde, die dafür geltenden Vorschriften finden aber entsprechende Anwendung (Meyer-Goßner § 346 Rdn. 8). Der Antrag muss schriftlich gestellt werden, bedarf aber sonst keiner besonderen Form (BGHSt 11, 152, 154). Er kann erst nach Erlass, aber schon vor Bekanntgabe des Beschlusses beim Tatrichter angebracht

§ 347   3. Buch. Rechtsmittel

werden (entsprechend § 306 Abs. 1). Dieser kann dem Rechtsbehelf nicht abhelfen, sondern legt dem Revisionsgericht die Akten vor (Meyer-Goßner § 346 Rdn. 9, 7).

6   **Antragsberechtigt** ist der Beschwerdeführer, dessen Revision verworfen worden ist. Wird die Revision des gesetzlichen Vertreters oder des Erziehungsberechtigten verworfen, kann nur der Angeklagte diesen Antrag stellen (OLG Celle NJW 1964, 417; OLG Hamm NJW 1973, 1850). Bei einer Revision des Angeklagten ist die StA nicht antragsberechtigt (RGSt 38, 9; LR-Hanack § 346 Rdn. 28).

7   Das **Revisionsgericht** verwirft einen verspäteten Antrag als unzulässig. Sonst prüft es die Zulässigkeit der Revision umfassend (BGHSt 16, 115, 118), und zwar so, als hätte es nach § 349 Abs. 1 über die Zulässigkeit der Revision zu entscheiden (Meyer-Goßner § 346 Rdn. 10). Geprüft wird auch, ob das Rechtsmittel überhaupt Revision oder als Berufung anzusehen ist (OLG Hamm NJW 2003, 1469). Ist die Revision unzulässig, wird nicht etwa der angefochtene Beschluss bestätigt, sondern der Antrag als unbegründet verworfen (Meyer-Goßner § 346 Rdn. 10). Durfte der Tatrichter die Gründe, die die Revision unzulässig machen, gar nicht prüfen, wird der Beschluss aufgehoben und durch einen Verwerfungsbeschluss nach § 349 Abs. 1 ersetzt (BGHSt 16, 115, 118; BGH NStZ 1997, 148). Durfte der angefochtene Beschluss wegen Rücknahme der Revision nicht mehr ergehen, wird er aufgehoben und die Revision für erledigt erklärt (RGSt 55, 213).

8   Vor Urteilserlass **eingetretene Verfahrenshindernisse** werden bei Unzulässigkeit der Revision nicht berücksichtigt, nach Urteilserlass eingetretene Verfahrenshindernisse sind auch dann zu berücksichtigen, wenn die Revision nicht oder verspätet oder nicht in der richtigen Form begründet und daher unzulässig ist (BGHSt 22, 213).

9   Der Beschluss wird mit seinem Erlass **rechtskräftig**. Beruht er auf einem Irrtum über Tatsachen, kann er abgeändert oder aufgehoben werden (BGH NJW 1951, 771).

10   Die **Beschwerde** nach § 304 Abs. 1 wird durch § 346 Abs. 2 ausgeschlossen (BGHSt 10, 88, 91), selbst wenn das Rechtsmittel keine Revision nach § 335 Abs. 1, sondern eine Berufung ist (OLG Hamm NJW 1969, 1821).

11   Zur Vollstreckbarkeit vgl. Meyer-Goßner § 346 Rdn. 15. Über den **Wiedereinsetzungsantrag** gegen die Versäumung der Frist für Einlegung und Begründung der Revision entscheidet das Revisionsgericht (§ 46 Abs. 1). Ob der Tatrichter die Revision bei Vorliegen eines Wiedereinsetzungsantrags noch nach Abs. 1 verwerfen darf, ist umstritten (dafür OLG Frankfurt NStZ-RR 2003, 47, 48, dagegen Meyer-Goßner § 346 Rdn. 16).

12   Hat der **unzuständige Tatrichter** den Wiedereinsetzungsantrag abgelehnt, kann das Revisionsgericht diesen Beschluss trotz seiner Rechtskraft aufheben und Wiedereinsetzung gewähren. An die Gewährung der Wiedereinsetzung durch den Tatrichter ist es gebunden (KK-Kuckein § 346 Rdn. 32). Ansonsten entscheidet das Revisionsgericht zunächst über den Wiedereinsetzungsantrag, weil sich bei dessen Begründetheit der Antrag nach § 346 Abs. 2 erledigt (Meyer-Goßner § 346 Rdn. 17). Ist noch kein Beschluss nach Abs. 1 ergangen und der Wiedereinsetzungsantrag unbegründet, entscheidet das Revisionsgericht über das Rechtsmittel nach § 349 Abs. 1 (Meyer-Goßner § 346 Rdn. 17; BayObLG MDR 1975, 71).

13   **Bei verspäteter Revision** soll trotz Rechtskraft die Vollstreckung bis zum Erlass des Verwerfungsbeschlusses nach Abs. 1 ausgesetzt werden; dies soll aus Abs. 2 S. 2, Hs. 2 folgen (Meyer-Goßner § 346 Rdn. 15). In der Praxis wird mit der Vollstreckung – abgesehen vom Fall des Übergangs von Untersuchungshaft in Strafhaft – bis zur Erledigung des Antrages nach Abs. 2 gewartet (LR-Hanack § 346 Rdn. 37).

§ 347 [Zustellung; Gegenerklärung; Aktenvorlage]

(1) ¹Ist die Revision rechtzeitig eingelegt und sind die Revisionsanträge rechtzeitig und in der vorgeschriebenen Form angebracht, so ist die Revisionsschrift

4. Abschnitt. Revision § 347

dem Gegner des Beschwerdeführers zuzustellen. ²Diesem steht frei, binnen einer Woche eine schriftliche Gegenerklärung einzureichen. ³Der Angeklagte kann letztere auch zu Protokoll der Geschäftsstelle abgeben.

(2) Nach Eingang der Gegenerklärung oder nach Ablauf der Frist sendet die Staatsanwaltschaft die Akten an das Revisionsgericht.

Die Vorschrift regelt **drei weitere bedeutsame Schritte des Revisionsverfahrens.** Die Revisionsschrift ist an den Beschwerdegegner zuzustellen (Abs. 1 S. 1), die Bestimmung regelt Fragen der Gegenerklärung des Beschwerdegegners (Abs. 1 S. 2) sowie die Übersendung der Akten an das Revisionsgericht (Abs. 2). Diese weiteren Schritte ergeben sich nur nach der entsprechenden tatrichterlichen Vorprüfung (§ 346), wenn also rechtzeitig Revision eingelegt wurde und Frist und Form der Revisionsbegründung gewahrt wurden. 1

Revisionsschrift sind die Revisionsanträge und ihre Begründung, nicht jedoch vom Angeklagten selbst verfasste Erklärungen (HK-Temming § 347 Rdn. 2; Meyer-Goßner § 347 Rdn. 1). **Gegner** ist bei einer Revision der StA, des Privatklägers oder des Nebenklägers der Angeklagte. Bei einer Revision des Angeklagten (seines gesetzlichen Vertreters usw.) sind Gegner die StA und der Privat- oder Nebenkläger. Dem Angeklagten wird aber auch die zu seinen Gunsten eingelegte Revision der StA zugestellt (KK-Kuckein § 347 Rdn. 4). Die Zustellung erfolgt durch das Gericht. Eine förmliche Zustellungsanordnung des Vorsitzenden ist üblich, aber entbehrlich, weil § 36 Abs. 1 S. 1 nur für Entscheidungen gilt (Meyer-Goßner § 347 Rdn. 1). 2

Die Gegenerklärung nach Abs. 1 S. 2 kann, muss aber nicht abgegeben werden. Eine Ausnahme besteht für die StA (RiStBV 162 II). Diese Gegenerklärung kann sich allerdings auf den Hinweis beschränken, dass der Revisionsführer den Sachverhalt vollständig und richtig dargestellt hat. Sind Fehler enthalten oder betrifft das Revisionsvorbringen nicht protokollierungspflichtig Vorgänge, sollte sich die Gegenerklärung damit auseinandersetzen (vgl. Drescher NStZ 2003, 296, 298). Die StA holt etwa erforderliche dienstliche Erklärungen (z.B. bei Befangenheitsanträgen) ein und nimmt sie in die Gegenerklärung auf, auch wenn dadurch die Wochenfrist nicht eingehalten werden kann. Diese Frist ist keine Ausschlussfrist (Meyer-Goßner § 347 Rdn. 2). Einfache Schriftform genügt, der Angeklagte kann die Erklärung auch zu Protokoll der Geschäftsstelle abgeben (Abs. 1 S. 3). 3

Eine Mitteilung an den Beschwerdeführer sieht § 347 nicht vor, sie wird aber regelmäßig geboten sein (Art. 103 Abs. 1 GG). Eine Verletzung des rechtlichen Gehörs liegt vor, wenn in der Gegenerklärung der StA neue Tatsachen oder Beweisergebnisse bzw. dienstliche Äußerungen enthalten sind und die Mitteilung unterbleibt (Meyer-Goßner § 347 Rdn. 3). In der Praxis ist die Bekanntgabe der Gegenerklärung der StA an den Beschwerdeführer üblich. 4

Nach Eingang der Gegenerklärung oder nach Ablauf der Frist übermittelt die StA die **Akten an das Revisionsgericht** (Abs. 2). Dies setzt voraus, dass der Vorsitzende des Gerichts der angefochtenen Entscheidung die Akten der StA zur weiteren Verfügung zuleitet (RiStBV Nr. 162 IV). Ist der BGH zuständig und betreibt die StA allein oder neben einem anderen Beteiligten die Revision, werden die Akten über den Generalstaatsanwalt geleitet, es sei denn, dass das Amt der StA bei dem OLG vom Generalbundesanwalt ausgeübt wird (§ 142a GVG). Das Beschleunigungsgebot ist zu beachten (BGHSt 35, 137). Zum Revisionsübersendungsbericht vgl. RiStBV Nr. 164, 165, zur Übersendung von Überführungsstücken und Beiakten RiStBV Nr. 166. 5

Die Sache wird beim Revisionsgericht **erst anhängig,** wenn die Akten nach § 347 vorgelegt werden (BGHSt 12, 217), dann aber auch ohne Rücksicht auf die Zuständigkeit des Revisionsgerichts (LR-Hanack § 347 Rdn. 9; Meyer-Goßner § 347 Rdn. 5). Stellt das Revisionsgericht fest, dass mangels wirksamer Urteilszustellung die Revisionsbegründungsfrist nach § 345 Abs. 1 noch nicht in Lauf gesetzt worden ist, 6

§ 348

gibt es die Akten dem Tatrichter zurück, der die Zustellung nachzuholen und die Akten sodann erneut nach § 347 dem Revisionsgericht vorzulegen hat (BayObLG NJW 1976, 157; HK-Temming § 347 Rdn. 11).

7 Mit der Anhängigkeit wird das Revisionsgericht auch für **alle weiteren Entscheidungen** zuständig, die mit dem Revisionsverfahren zusammenhängen, etwa für die Zurückweisung von Verteidigern nach § 146a (OLG Stuttgart NStZ 1985, 39), für die Zulassung des Nebenklägers (RGSt 76, 178) oder über die Beschränkung und Rücknahme der Revision und die daraus entstehenden Kosten (BGH NJW 1957, 1040; BGH NJW 1959, 348). Gleiches gilt für Prozesskostenhilfeanträge von Privat- oder Nebenklägern. Aufgabe des Tatrichters bleibt es, über in der Tatsacheninstanz noch nicht entschiedene Anträge auf Wiedereinsetzung gegen die Versäumung der Hauptverhandlung zu entscheiden (BGH NJW 1968, 557), über die Untersuchungshaft (§ 126 Abs. 2 S. 2), über Beschlagnahmen, über die vorläufige Entziehung der Fahrerlaubnis und über das vorläufige Berufsverbot (HK-Temming § 347 Rdn. 13).

§ 348 [Unzuständigkeit des Gerichts]

(1) **Findet das Gericht, an das die Akten gesandt sind, daß die Verhandlung und Entscheidung über das Rechtsmittel zur Zuständigkeit eines anderen Gerichts gehört, so hat es durch Beschluß seine Unzuständigkeit auszusprechen.**

(2) **Dieser Beschluß, in dem das zuständige Revisionsgericht zu bezeichnen ist, unterliegt keiner Anfechtung und ist für das in ihm bezeichnete Gericht bindend.**

(3) **Die Abgabe der Akten erfolgt durch die Staatsanwaltschaft.**

1 Die Vorschrift will die **schnelle Klärung der sachlichen Zuständigkeit** des Revisionsgerichts ermöglichen. Damit die sachliche Zuständigkeit des Revisionsgerichts (BGH nach § 135 GVG, OLG nach § 121 GVG) nicht Gegenstand eines Zuständigkeitsstreits wird, entscheidet das Revisionsgericht, dem die Akten zuerst nach § 347 Abs. 2 vorgelegt werden, endgültig über die Zuständigkeitsfrage, wenn es sich sachlich für unzuständig hält (HK-Temming § 348 Rdn. 1). Es spricht seine sachliche Unzuständigkeit durch Beschluss aus (Abs. 1) und bezeichnet gleichzeitig das zuständige Gericht (Abs. 2). Diese Befugnis kann auch ein OLG haben, das den BGH für zuständig hält.

Beispiel: Die Kleine Strafkammer als Berufungsgericht hat auf Berufung der StA den Angeklagten zu einer Freiheitsstrafe von fünf Jahren verurteilt und damit die Entscheidungsgewalt des AG überschritten. Das OLG verweist an den BGH. Der Grundsatz, dass stets das höhere Gericht die Zuständigkeit bestimmt, gilt hier nicht (Meyer JR 1983, 344).

2 Hat die Strafkammer ihre Strafgewalt als Berufungsgericht **überschritten** (BGH NJW 1970, 1614), kann das Urteil allerdings dann nicht als erstinstanzliches behandelt werden, wenn der Überschreitung das Verbot der Schlechterstellung entgegenstand (BGH NJW 1982, 2674; HK-Temming § 348 Rdn. 1).

Beispiel: Die Kleine Strafkammer als Berufungsgericht hat auf Berufung des Angeklagten, der in 1. Instanz vier Jahre bekommen hatte, diesen zu einer Freiheitsstrafe von fünf Jahren verurteilt.

3 Das in dem Beschluss bezeichnete Revisionsgericht ist an den Beschluss auch dann gebunden, wenn er falsch ist. Die Bindung betrifft aber **nur die Zuständigkeitsfrage,** indem eine Rück- und Weiterverweisung ausgeschlossen ist (KK-Kuckein § 348 Rdn. 3; Meyer-Goßner § 348 Rdn. 3). In der sonstigen rechtlichen Beurteilung ist das Revisionsgericht frei, insbesondere auch im Hinblick auf eine Entscheidung nach § 355 (BGHR Zuständigkeit 3; Meyer-Goßner § 348 Rdn. 3).

4 Die Vorschrift wird **entsprechend angewendet,** wenn das angerufene Revisionsgericht das Rechtsmittel als Berufung auslegt, etwa dann, wenn das Revisionsge-

4. Abschnitt. Revision § 349

richt eine ihm vorgelegte Sprungrevision (§ 347 Abs. 2) als Berufung ansieht oder der Tatrichter ein Rechtsmittel wegen Nichtbeachtung von Begründungserfordernissen nach § 346 Abs. 1 verworfen hat, das sich bei der vom Revisionsgericht nach § 346 Abs. 2 vorgenommenen Prüfung als Berufung herausstellt (HK-Temming § 348 Rdn. 4).

§ 348 gilt auch bei einem Streit darüber, ob gegen eine Entscheidung des AG die **5** Rechtsbeschwerde oder die sofortige Beschwerde gegeben ist; das OLG entscheidet dann mit bindender Wirkung (BGHSt 39, 162; Meyer-Goßner § 348 Rdn. 5). Hält sich das sachlich unzuständige Revisionsgericht nicht an § 348 Abs. 1 und entscheidet in der Sache, ist diese Entscheidung unanfechtbar und endgültig (KK-Kuckein § 348 Rdn. 5; Meyer-Goßner § 348 Rdn. 4; a.M. OLG Hamm, NJW 1971, 1623). Der BGH kann Urteile oder Beschlüsse eines unzuständigen OLG nicht aufheben (vgl. RGSt 22, 113; RGSt 32, 89; Meyer-Goßner § 348 Rdn. 4). Ein solcher Beschluss ist nicht nur Prozesshandlung ohne prozessuale Wirkung, sondern revisionsgerichtliche Entscheidung. Eine andere Frage ist, ob im Hinblick auf den gesetzlichen Richter eine Verfassungsbeschwerde Aussicht auf Erfolg hat.

§ 349 [Verwerfung ohne Hauptverhandlung]

(1) **Erachtet das Revisionsgericht die Vorschriften über die Einlegung der Revision oder die über die Anbringung der Revisionsanträge nicht für beobachtet, so kann es das Rechtsmittel durch Beschluß als unzulässig verwerfen.**

(2) **Das Revisionsgericht kann auf einen Antrag der Staatsanwaltschaft, der zu begründen ist, auch dann durch Beschluß entscheiden, wenn es die Revision einstimmig für offensichtlich unbegründet erachtet.**

(3) **¹Die Staatsanwaltschaft teilt den Antrag nach Absatz 2 mit den Gründen dem Beschwerdeführer mit. ²Der Beschwerdeführer kann binnen zwei Wochen eine schriftliche Gegenerklärung beim Revisionsgericht einreichen.**

(4) **Erachtet das Revisionsgericht die zugunsten des Angeklagten eingelegte Revision einstimmig für begründet, so kann es das angefochtene Urteil durch Beschluß aufheben.**

(5) **Wendet das Revisionsgericht Absatz 1, 2 oder 4 nicht an, so entscheidet es über das Rechtsmittel durch Urteil.**

Die StPO sah zunächst ein **vereinfachtes Beschlussverfahren** nur für die Ver- **1** werfung unzulässiger Revisionen vor. Durch ein Gesetz vom 8. 7. 1922 (RGBl I S. 569 ff) ist mit Abs. 2 die Verwerfung offensichtlich unbegründeter Revisionen möglich geworden. Das Strafprozessänderungsgesetz 1964 erweiterte dies um einen Abs. 4 mit der Möglichkeit der Urteilsaufhebung durch Beschluss. Zweck ist die Entlastung der Revisionsgerichte durch eine schnelle Entscheidung aussichtsloser (Abs. 2) oder offensichtlich begründeter (Abs. 4) Revisionen.

Das Revisionsgericht entscheidet außerhalb der Hauptverhandlung durch Beschluss (§ 349 Abs. 1 bis 4), in der Hauptverhandlung durch Urteil (§ 353). In der Hauptverhandlung ist eine Entscheidung durch Beschluss ausnahmsweise dann möglich, wenn das Verfahren gemäß §§ 153 ff eingestellt wird (vgl. Schmehl/Vollmer S. 282).

Unzulässige Revisionen können nach § 349 Abs. 1 im Beschlusswege verworfen **2** werden. Die Entscheidung kann aber auch durch Urteil ergehen (KK-Pikart § 349 Rdn. 12; HK-Temming § 349 Rdn. 2).

> **Beispiel:** Der Tatrichter hat übersehen, dass die Revision unzulässig ist. Das Revisionsgericht darf die bei ihm anhängige Sache nicht wieder zurückgeben, sondern muss selber entscheiden (Meyer-Goßner § 349 Rdn. 1). Zur Verwerfung als unzulässig vgl. § 346 Rdn. 7.

§ 349   3. Buch. Rechtsmittel

3   Der **Verwerfungsbeschluss** ergeht mit einfacher Mehrheit (§ 196 Abs. 1 GVG). Er darf nur außerhalb der Hauptverhandlung ergehen, in der Hauptverhandlung selbst wird durch Urteil entschieden (RGSt 59, 241; BayObLG NJW 1962, 118).

4   Eine **offensichtlich unbegründete Revision** kann im Beschlusswege verworfen werden (Abs. 2, 3). Voraussetzung ist ein entsprechender begründeter Antrag auf Verwerfung der Revision durch die StA sowie der Umstand, dass das Revisionsgericht einstimmig zu dem Ergebnis gelangt, dass die Revision offensichtlich unbegründet ist. Das Revisionsgericht kann auch aus nichtsachbezogenen Gründen statt im Beschlusswege aufgrund einer Hauptverhandlung durch Urteil entscheiden (vgl. BGHSt 38, 177; Meyer-Goßner § 349 Rdn. 7). Die Regelung gilt für jede Revision, auch für die Revision der StA (BGH GA 1975, 333; HK-Temming § 349 Rdn. 3).

> **Beispiel:** Der Vertreter der Bundesanwaltschaft beim BGH hält die Revision der StA für „misslungen". Er kann insofern zum einen erklären, dass die Revision nicht von der Bundesanwaltschaft vertreten wird. Dann verbleibt es beim üblichen Verfahren. Er kann aber – was sicherlich Kollegenschelte bedeutet – auch den Antrag nach § 349 Abs. 2 stellen. In der Regel wird die StA beim Revisionsgericht aber die beschwerdeführende StA darauf hinweisen, dass die Revision aussichtslos erscheint und die Rücknahme anheim stellen, sofern sie nicht selbst das Rücknahmerecht hat (Meyer-Goßner § 349 Rdn. 8). Bei einer Revision zum OLG wird also ggf. der Generalstaatsanwalt selbst die Revision zurücknehmen, bei einer Revision zum BGH wird die Bundesanwaltschaft die lokale StA entsprechend unterrichten.

5   Bei einer Revision des Nebenklägers und des Privatklägers ist die Beschlussverwerfung ebenfalls zulässig (vgl. OLG Stuttgart NJW 1967, 792; Meyer-Goßner § 349 Rdn. 9).

6   Die Revision muss **offensichtlich** unbegründet sein. Nach h. M. ist dies der Fall, wenn für jeden Sachkundigen ohne längere Prüfung erkennbar ist, dass das Urteil in sachlich-rechtlicher Hinsicht keine Fehler aufweist und die Revisionsrügen des Beschwerdeführers dem Rechtsmittel nicht zum Erfolg verhelfen können (HK-Temming § 349 Rdn. 5; KK-Pikart § 349 Rdn. 23; LR-Hanack § 349 Rdn. 8; vgl. auch BVerfG NStZ 2002, 487). Nach einer Änderung des § 354 durch das 1. JuMoG gilt die Revision auch dann als offensichtlich unbegründet, wenn die Rechtsfolgenzumessung zwar fehlerhaft ist, das Revisionsgericht die verhängte Rechtsfolge aber für angemessen erachtet (§ 354 Abs. 1a S. 1). Hat allerdings die StA gemäß § 354 Abs. 1a S. 2 eine angemessene Herabsetzung der Rechtsfolgen beantragt und will das Revisionsgericht dem nicht folgen, ist eine Entscheidung durch Verwerfungsbeschluss ausgeschlossen (Meyer-Goßner § 349 Rdn. 10).

7   **Die Einstimmigkeit des Beschlusses** muss sich sowohl auf die Unbegründetheit als auch auf deren Offensichtlichkeit beziehen (HK-Temming § 349 Rdn. 5; LR-Hanack § 349 Rdn. 12). Zweifelhaft ist, ob der Zeitaufwand bei der Klärung der einschlägigen Rechtsfragen, das präsente Wissen der Revisionsrichter, der Umfang der Revisionsbegründung oder die Entbehrlichkeit der Hauptverhandlung zur Klärung der Rechtsfragen ausschlaggebende Kriterien darstellen (dagegen HK-Temming § 349 Rdn. 5; LR-Hanack § 349 Rdn. 9; Meyer-Goßner § 349 Rdn. 10; a. M. von Stackelberg NJW 1960, 505; Römer MDR 1984, 356). Bedeutsam ist insofern die Antragsschrift der StA: Wurde dort das Revisionsvorbringen des Beschwerdeführers in der gebotenen Form umfassend und richtig beurteilt, besteht zu weiterer Erörterung und einer der Antragsschrift entsprechenden Begründung der Revisionsentscheidung kein Anlass mehr (HK-Temming § 349 Rdn. 5).

8   **Die Unterscheidung** zwischen „einfacher" und „offensichtlicher" Unbegründetheit ist praktisch kaum durchführbar; das Bundesverfassungsgericht (NStZ 2002, 487) räumt dem Revisionsgericht bei der Beurteilung der Frage der Offensichtlichkeit einen Spielraum ein (Ermessensspielraum?; Meyer-Goßner § 349 Rdn. 11).

9   Verwirft das Revisionsgericht die Revision ohne einen Antrag der StA, liegt ein **Verstoß gegen das Willkürverbot** des Art. 3 Abs. 1 GG vor (BVerfGE 59, 98). Ei-

4. Abschnitt. Revision § 349

ne erneute Antragstellung ist auch nach Gewährung der Wiedereinsetzung in den vorigen Stand zur Nachholung von Verfahrensrügen nicht erforderlich (so OLG Stuttgart Justiz 1997, 456). Zweifelhaft ist, ob das Revisionsgericht vor Antragstellung seine Rechtsansicht darlegen und damit einen bestimmten Antrag „bestellen" darf (abl. BVerfG StV 2001, 151; dafür Friemel NStZ 2002, 72).

Die Begründung des Antrags kann sich in einer kurzen Auseinandersetzung mit 10 dem Revisionsvorbringen erschöpfen (Meyer-Goßner § 349 Rdn. 13). Sie muss nicht auf alle nicht ganz abwegigen Verfahrensrügen eingehen (a.M. SK-Frisch § 349 Rdn. 29). Eine Bindung des Revisionsgerichts an die Begründung besteht ohnehin nicht (Meyer-Goßner § 349 Rdn. 14). Es darf die Revision auch dann verwerfen, wenn sie die Ausführungen der StA nur im Ergebnis für zutreffend hält (Gribbohm NStZ 1983, 97; KK-Kuckein § 349 Rdn. 16, 25).

Um den Beschwerdeführer nicht zu überraschen, ist ihm der Antrag der StA mit- 11 zuteilen; damit wird ihm **rechtliches Gehör** gewährt. Er kann binnen einer Zweiwochenfrist eine schriftliche Gegenerklärung abgeben. Das förmliche Revisionsvorbringen nach § 344 Abs. 2 (Verfahrensrüge) kann in diesem Zusammenhang zwar nicht ergänzt, aber näher erläutert werden.

Aus der Beschlussformulierung müssen die Rechtsgrundlage (§ 349 Abs. 2) und 12 die offensichtliche Unbegründetheit hervorgehen (HK-Temming § 349 Rdn. 7; LR-Hanack § 349 Rdn. 22). Demgegenüber stellt der BGH (NStZ 1994, 353) und ein Teil der Literatur (Meyer-Goßner § 349 Rdn. 19; KK-Pikart § 349 Rdn. 27) geringere Anforderungen. Nicht untersagt ist es, den Verwerfungsbeschluss mit Gründen zu versehen. In der Praxis geschieht dies nicht selten (Meyer-Goßner § 349 Rdn. 20). Verfassungsrechtlich erforderlich ist dies jedoch nicht (BVerfG NStZ 2002, 487). Eine umfängliche Begründung ist verfehlt, weil Offensichtliches nicht begründet werden muss (HK-Temming § 349 Rdn. 7).

Eine Begründung liegt nahe, wenn der Senat der Antragsschrift der StA zwar im 13 Ergebnis, nicht jedoch in der Begründung folgt; dies ist allgemeine Übung der BGH-Senate (Meyer-Goßner § 349 Rdn. 20).

Da über ein Rechtsmittel nur einheitlich nach Abs. 2, 4 oder 5 entschieden werden 14 kann, ist eine **Teilentscheidung grundsätzlich unzulässig.** Bei mehreren Revisionen, die mehrere Angeklagte betreffen, kann aber teils nach Abs. 1, 2, 4 oder 5 entschieden werden (vgl. BGH GA 1977, 145).

Eine Abänderung des Urteils ist i.V.m. dem Verwerfungsbeschluss nicht 15 grundsätzlich unzulässig. So kann eine Schuldspruchänderung vorgenommen werden (BGH NStZ 1994, 25; BGH NStZ-RR 2004, 67) oder eine Alternative der angemeldeten Vorschrift durch eine andere ersetzt werden (BGH NJW 1982, 190).

Beispiel: „Die Revision des Angeklagten wird mit der Maßgabe verworfen, dass er nicht des Diebstahls, sondern der Unterschlagung schuldig ist" (Schmehl/Vollmer S. 285).

Der nach Abs. 1 ergehende Verwerfungsbeschluss hat im Hinblick auf die **Rechts-** 16 **kraft** nur deklaratorische Bedeutung, wenn die Revision wegen verspäteter Einlegung verworfen wird. Ansonsten tritt die Rechtskraft nach § 34a mit Ablauf des Tages der Beschlussfassung ein. Eine Aufhebung des Beschlusses wegen eines Irrtums über Tatsachen ist wie bei § 346 Abs. 2 zulässig (OLG Jena NStZ-RR 1997, 10).

Geht nach Beschlussfassung ein weiterer Schriftsatz des Beschwerdeführers ein, so 17 kann jeder Richter, der an dem Beschluss mitgewirkt hat, eine **neue Beratung** verlangen (Meyer-Goßner § 349 Rdn. 24). Der BGH lehnt dies ab, wenn der Beschluss mit Unterschriften versehen bereits in den Geschäftsgang gegeben ist (BGH NStZ 1994, 96). Nach Erlass mit Außenwirkung kann der Beschluss auch dann nicht zurückgenommen werden, wenn er auf unrichtigen Tatsachen beruht (BGHSt 17, 94, 96). Ausnahmen macht die Rechtsprechung, wenn die Revision vor Erlass des Verwerfungsbeschlusses wirksam zurückgenommen worden war (BGH NStZ 1992, 225) oder der Angeklagte nach Rechtsmitteleinlegung verstorben ist (OLG Schleswig NJW 1978, 1016).

18   Die **Wiedereinsetzung in den vorigen Stand** ist im Falle des Abs. 1 möglich, nicht aber nach Verwerfung der Revision im Falle des Abs. 2 (BGHSt 17, 94; BGHSt 23, 102; BGH NStZ 1999, 41; Meyer-Goßner § 349 Rdn. 25).

19   Auf Revision des Angeklagten kann nach Abs. 4 zu seinen Gunsten auf die Hauptverhandlung verzichtet werden, wenn das Revisionsgericht das Rechtsmittel **einstimmig für begründet** hält; offensichtlich begründet muss es nicht sein (Meyer-Goßner § 349 Rdn. 28). Ein Antrag der StA ist nicht nötig, der Beschluss kann sogar gegen deren Antrag ergehen. Hat jedoch die StA Terminsanberaumung beantragt, muss ihr Gelegenheit zu einer sachlichen Stellungnahme gegeben werden (§ 33 Abs. 2; HK-Temming § 349 Rdn. 8). In der Praxis des BGH erfolgt in solchen Fällen immer eine Hauptverhandlung.

20   Entschieden werden darf nur **zugunsten des Angeklagten.** Der Umfang der Urteilsaufhebung richtet sich nach den Grundsätzen des § 353 und kann auch in ihrem Umfang die dem Urteil zu Grunde liegenden Feststellungen erfassen (§ 353 Abs. 2).

Das Revisionsgericht kann nach § 354 Abs. 1 entscheiden, insbesondere den Angeklagten freisprechen (Meyer-Goßner § 349 Rdn. 29), den Schuldspruch berichtigen, wenn nur dies das Ziel der Revision war und das Urteil aufheben und die Sache nach § 354 Abs. 2, 3, § 355 zurückverweisen (Meyer-Goßner § 349 Rdn. 29).

Beispiel: Auf die Revision des Angeklagten wird das Urteil des Landgerichts... vom... mit den Feststellungen aufgehoben. Die Sache wird zu neuer Verhandlung und Entscheidung an eine andere Strafkammer des Landgerichts... zurückverwiesen.

21   Zweifelhaft ist die Revisionsentscheidung, wenn ein **Prozesshindernis** im Raum steht. Hat der Tatrichter dies übersehen, ist nach § 349 Abs. 4 zu verfahren. Ist das Prozesshindernis erst im Revisionsverfahren eingetreten, ist die Rechtslage zweifelhaft.

Beispiel: Der Ehemann hat den Strafantrag gegen seine Ehefrau zwischenzeitlich zurückgenommen (§ 247 StGB).

22   In diesem Fall ist nach einhelliger Auffassung § 206 a anzuwenden. Das Problem besteht darin, dass bei § 349 Abs. 4 **Einstimmigkeit** erforderlich ist, während bei § 206 a Stimmenmehrheit genügen würde (vgl. Meyer-Goßner § 349 Rdn. 29).

23   **Die Begründung des Beschlusses** unterscheidet sich grundsätzlich nicht von der eines Revisionsurteils. Wird die Sache zur erneuten Verhandlung zurückverwiesen, muss die dem Urteil zu Grunde liegende Rechtsauffassung wegen § 358 Abs. 1 klargestellt werden.

24   Eine Verbindung mit der Entscheidung nach Abs. 2 ist zulässig (BGHSt 43, 31) und üblich (SK-Frisch § 349 Rdn. 81).

Beispiel: „Auf die Revision des Angeklagten wird das Urteil aufgehoben, soweit er wegen Diebstahls verurteilt worden ist. Insofern wird der Angeklagte freigesprochen.
Die weitergehende Revision wird als offensichtlich unbegründet verworfen."

25   Der Beschluss wird den Beteiligten **formlos bekannt gemacht** (§ 35 Abs. 2 S. 2). Er kann ebenso wenig wie ein Revisionsurteil zurückgenommen oder widerrufen werden (BGH NStZ 1997, 379). Hat das Revisionsgericht irrig zu Lasten des Angeklagten nach Abs. 4 entschieden, hebt es den Beschluss auf (BGH NStZ 1995, 18). Auch Verkündungsversehen (§ 268 Rdn. 5) können berichtigt werden (BGH NStZ-RR 2000, 39).

§ 350 [Hauptverhandlung]

(1) ¹**Dem Angeklagten und dem Verteidiger sind Ort und Zeit der Hauptverhandlung mitzuteilen.** ²**Ist die Mitteilung an den Angeklagten nicht ausführbar, so genügt die Benachrichtigung des Verteidigers.**

(2) ¹Der Angeklagte kann in der Hauptverhandlung erscheinen oder sich durch einen mit schriftlicher Vollmacht versehenen Verteidiger vertreten lassen. ²Der Angeklagte, der nicht auf freiem Fuße ist, hat keinen Anspruch auf Anwesenheit.

(3) ¹Hat der Angeklagte, der nicht auf freiem Fuße ist, keinen Verteidiger gewählt, so wird ihm, falls er zu der Hauptverhandlung nicht vorgeführt wird, auf seinen Antrag vom Vorsitzenden ein Verteidiger für die Hauptverhandlung bestellt. ²Der Antrag ist binnen einer Woche zu stellen, nachdem dem Angeklagten der Termin für die Hauptverhandlung unter Hinweis auf sein Recht, die Bestellung eines Verteidigers zu beantragen, mitgeteilt worden ist.

Die Nachricht vom Termin der Revisionshauptverhandlung (Abs. 1 S. 1) ist keine Ladung im Sinne der §§ 217, 218, § 145a Abs. 2, wenngleich den Beteiligten ausreichend Zeit zur Vorbereitung zu geben ist (HK-Temming § 350 Rdn. 2). 1

Die Terminsmitteilung ist grundsätzlich **an alle Verfahrensbeteiligten** zu richten, also auch an den gesetzlichen Vertreter, die StA, an Nebenkläger und Nebenbeteiligte (HK-Temming § 350 Rdn. 3). 2

Ist der Angeklagte nicht auf freiem Fuß, hat er keinen Anspruch auf Anwesenheit (Abs. 2 S. 2). Ist er nicht verteidigt, wird er entweder zu der Hauptverhandlung vorgeführt oder auf seinen Antrag (Frist: eine Woche; Abs. 3 S. 2) vom Vorsitzenden ein Verteidiger für die Hauptverhandlung bestellt (Abs. 3 S. 1). Die Vorführung des Angeklagten bzw. die Anordnung des persönlichen Erscheinens (§ 236) kommen insbesondere in Betracht, wenn er im Freibeweis zu Verfahrensfragen vernommen werden soll (LR-Hanack § 350 Rdn. 6). Nicht auf freiem Fuß befindet sich der Angeklagte, wenn er sich in Haft befindet oder aus sonstigen Gründen untergebracht ist. Die Anwesenheit des Verteidigers ist selbst dann nicht erforderlich, wenn es sich um einen Fall der notwendigen Verteidigung (§ 140) handelt. Hat er aber sein Erscheinen angekündigt, darf ohne ihn nicht verhandelt werden, wenn der Angeklagte nicht auf freiem Fuß ist oder nicht aus der Haft vorgeführt wurde (BVerfGE 65, 171). 3

Eine zeitweilige Verhandlungsunfähigkeit des Angeklagten soll der Revisionsverhandlung nicht entgegenstehen (Meyer-Goßner § 350 Rdn. 3a). Erforderlich soll sein, dass er jedenfalls die Fähigkeit hatte, über die Einlegung des Rechtsmittels verantwortlich zu entscheiden und während der Dauer des Revisionsverfahrens wenigstens zeitweilig mit seinem Verteidiger über Fortführung oder Rücknahme der Revision kommunizieren konnte (BVerfG NJW 1995, 1951; BGHSt 41, 16; Meyer-Goßner § 350 Rdn. 3a). 4

Ein dem Angeklagten für die Revisionshauptverhandlung nach § 140 Abs. 2 oder § 350 Abs. 3 bestellter **Pflichtverteidiger** muss an der Verhandlung teilnehmen. Bleibt er aus, muss die Verhandlung ausgesetzt und notfalls ein anderer Verteidiger beigeordnet werden (BVerfGE 65, 171). Ein Angeklagter kann den Pflichtverteidiger nicht etwa vom Erscheinen „entbinden" (Meyer-Goßner § 350 Rdn. 5). 5

Die Verhinderung des Angeklagten ist im Allgemeinen selbst dann ohne Bedeutung, wenn er nicht auf sein Recht nach Abs. 3 hingewiesen worden ist (HK-Temming § 350 Rdn. 12). Liegen Hinderungsgründe vor, hat er keinen Anspruch auf Verlegung der Hauptverhandlung. 6

Zuständig für die Verteidigerbestellung ist der **Vorsitzende** des Revisionsgerichts. Die gleichzeitige Bestellung mehrerer Pflichtverteidiger nach Abs. 3 S. 1 ist grundsätzlich unzulässig, es sei denn, der besondere Umfang oder die außerordentliche Schwierigkeit der Sache lässt sie erforderlich erscheinen (HK-Temming § 350 Rdn. 17). 7

Gelangt der Angeklagte vor der Revisionsverhandlung **auf freien Fuß,** ist die Beiordnung zurückzunehmen, wenn sie nicht nach § 140 Abs. 2 aufrechterhalten werden muss (Meyer-Goßner § 350 Rdn. 10). 8

§ 351 [Gang der Hauptverhandlung]

(1) **Die Hauptverhandlung beginnt mit dem Vortrag eines Berichterstatters.**

(2) ¹Hierauf werden die Staatsanwaltschaft sowie der Angeklagte und sein Verteidiger mit ihren Ausführungen und Anträgen, und zwar der Beschwerdeführer zuerst, gehört. ²Dem Angeklagten gebührt das letzte Wort.

1 **Der Gang der Hauptverhandlung ähnelt dem im Berufungsverfahren.** Die Hauptverhandlung beginnt mit dem Vortrag des Berichterstatters (Abs. 1). Wie im Berufungsverfahren werden dann Staatsanwalt, Angeklagter und Verteidiger gehört, und zwar der Beschwerdeführer zuerst. Wie gehabt gebührt dem Angeklagten das letzte Wort (Abs. 2 S. 2).

2 **Der Vortrag des Berichterstatters** fasst die Ergebnisse des bisherigen Verfahrens zusammen, soweit sie für das Revisionsgericht von Bedeutung sind, und behandelt die Revisionsanträge sowie deren Gegenstand. Er bildet die Beratungsgrundlage (HK-Temming § 351 Rdn. 2). In komplexen Verfahren kann der Berichterstatter auch zunächst einzelne Verfahrensrügen oder den Sachverhalt zu einzelnen Taten vortragen und sodann hierzu Ausführungen der Verfahrensbeteiligten erbitten.

3 **Zu Rechtsgesprächen** ist das Revisionsgericht grundsätzlich nicht verpflichtet (BVerfG NJW 1967, 30; BGH NJW 1969, 941), und zwar auch dann nicht, wenn erwogen wird, von der bisherigen Rechtsprechung abzuweichen (HK-Temming § 351 Rdn. 5).

4 **Eine Beweisaufnahme über die Tat findet nicht statt.** Zur Aufklärung tatsächlicher Umstände kann aber im Freibeweis Beweis jeder Art erhoben werden, wenn es um Prozessvoraussetzungen geht oder die Verfahrensrügen hiervon abhängen (vgl. BGH NStZ 1993, 349; KG StV 2002, 123). Das Ergebnis der erhobenen Beweise ist den Verfahrensbeteiligten bekannt zu geben. Zur Sachrüge ist eine Beweisaufnahme zulässig, wenn ein Erfahrungssatz oder der Inhalt ausländischen Rechts festgestellt werden muss, sonst nicht (§ 244 Rdn. 3).

5 Ergibt die Beweisaufnahme ein **non liquet,** gilt der Zweifelssatz nicht (BGH NJW 1966, 603). Die dem Angeklagten günstigste Lösung ist aber zu wählen, wenn Prozessvoraussetzungen zu klären sind, die die Schuldfrage betreffen. Ist also nicht feststellbar, wann eine Tat begangen ist, so ist im Zweifel von Verjährung auszugehen (BGH NJW 1963, 1209; HK-Temming § 351 Rdn. 10).

6 **Das letzte Wort** gebührt auch hier dem Angeklagten (Abs. 2 S. 2). Ist er abwesend, steht es als höchstpersönliches Recht dem Verteidiger aber nicht zu (SK-Frisch § 351 Rdn. 15). Ein Verstoß gegen diese Vorschriften wird den Bestand des Urteils nicht gefährden, weil sogar in Abwesenheit des Angeklagten verhandelt werden könnte (krit. HK-Temming § 351 Rdn. 10).

7 **Die Beratung und Abstimmung** findet nach der Revisionsverhandlung statt. Eine Vorberatung über Rechtsfragen ist zulässig (HK-Temming § 351 Rdn. 11). Die Abstimmung erfolgt stufenweise: Zunächst wird über die Zulässigkeit der Revision, sodann über die Prozessvoraussetzungen, dann über die Verfahrensrügen und zum Schluss über die Sachrüge entschieden (Meyer-Goßner § 351 Rdn. 7).

8 Das Revisionsgericht entscheidet mit **Zwei-Drittel-Mehrheit,** soweit es nach § 354 Abs. 1 eine dem Angeklagten ungünstige Entscheidung in der Schuld- oder Rechtsfolgenfrage trifft. Sonst entscheidet es nach § 196 GVG mit einfacher Mehrheit. Da die Revisionssenate des OLG mit drei Richtern besetzt sind, ist diese Differenzierung für dieses Gericht irrelevant. Beim BGH in einer Besetzung mit fünf Richtern ist es schon ein Unterschied, ob drei oder vier Richter der nämlichen Meinung sein müssen.

4. Abschnitt. Revision § 352

§ 352 [Umfang der Urteilsprüfung]

(1) **Der Prüfung des Revisionsgerichts unterliegen nur die gestellten Revisionsanträge und, soweit die Revision auf Mängel des Verfahrens gestützt wird, nur die Tatsachen, die bei Anbringung der Revisionsanträge bezeichnet worden sind.**
(2) **Eine weitere Begründung der Revisionsanträge als die in § 344 Abs. 2 vorgeschriebene ist nicht erforderlich und, wenn sie unrichtig ist, unschädlich.**

Die Vorschrift regelt im Zusammenhang mit § 344 – nicht erschöpfend – den **Umfang** der revisionsgerichtlichen Prüfung. Während § 344 die Anforderungen an das Revisionsvorbringen definiert, besagt § 352, dass das Revisionsgericht weitere als die in der Revisionsbegründung vorgetragene Tatsachen nicht berücksichtigen darf. 1

Über den Wortlaut des § 352 hinaus prüft das Revisionsgericht zunächst von Amts wegen die **Zulässigkeit der Revision.** Eine Entscheidung ist im Beschlussverfahren (§ 349 Abs. 1), aber auch zu Beginn der Hauptverhandlung möglich (HK-Temming § 352 Rdn. 2). Ebenfalls geprüft wird das **Fehlen von Verfahrenshindernissen.** Hierzu gehören etwa das Vorliegen eines Strafantrags, das Bestehen einer ordnungsgemäßen, die gesamte abgeurteilte Tat umfassenden Anklage sowie der Eröffnungsbeschluss. Die Prüfung von **Verfahrensvoraussetzungen** und -hindernissen setzt das Vorliegen einer ordnungsgemäßen Revisionsbegründung voraus (BGHSt 22, 213; anders HK-Temming § 352 Rdn. 3). 2

Bei der **Anfechtung von Berufungsurteilen** prüft das Revisionsgericht von Amts wegen unabhängig von der sachlichen Beschwerde des Angeklagten, ob das Berufungsgericht das gesamte erstinstanzliche Urteil im Umfang der Anfechtung überprüft hat (HK-Temming § 352 Rdn. 3). 3

Auf die unbeschränkt eingelegte Sachrüge hin wird das Urteil in sachlich-rechtlicher Hinsicht **in vollem Umfang geprüft.** Unrichtige Rechtsausführungen sind unschädlich (Abs. 2). Sie können ohnehin bis zur Entscheidung ergänzt werden (BGHSt NStZ 1988, 20; Meyer-Goßner § 352 Rdn. 8). 4

Ausschließliche **Grundlage der Prüfung** sind die Urteilsgründe; andere Aktenbestandteile dürfen bei der sachlich-rechtlichen Nachprüfung nicht herangezogen werden. Dies gilt auch für das Hauptverhandlungsprotokoll oder polizeiliche oder richterliche Vernehmungsniederschriften, die Anklageschrift und den Eröffnungsbeschluss (HK-Temming § 352 Rdn. 5; z. T. a. M. KK-Pikart § 352 Rdn. 16). 5

Verfahrensrügen, die ordnungsgemäß erhoben wurden, werden vom Revisionsgericht ebenfalls geprüft. Dabei werden nur die Tatsachen zu Grunde gelegt, die der Revisionsführer in seiner Revisionsbegründung behauptet hat. Allerdings ist das Revisionsgericht nicht gehindert, das tatsächliche Vorbringen auch unter dem Gesichtspunkt eines anderen Verfahrensverstoßes rechtlich zu würdigen (HK-Temming § 352 Rdn. 4; Meyer-Goßner § 352 Rdn. 5). Die Richtigkeit von Tatsachen prüft das Revisionsgericht, soweit nicht die Beweiskraft des Protokolls (§ 274) gilt, im Freibeweis. Den Beschwerdeführer trifft keine Beweislast. Verbleibende Zweifel gehen grundsätzlich zu Lasten des Angeklagten (vgl. BGHSt 19, 143; BGH NJW 1978, 1390; Meyer-Goßner § 352 Rdn. 6). Zu Ausnahmen vgl. § 337 Rdn. 10, 30. 6

Die Reihenfolge der Prüfung ist vom Gesetz nicht vorgeschrieben. Hält das Gericht die Sachrüge umfassend für begründet, hat der Beschwerdeführer keinen Anspruch auf umfassende Prüfung weiterer Rügen. Gleiches gilt, wenn eine Verfahrensrüge bereits zur Aufhebung und Zurückverweisung führt. Allerdings muss sich das Revisionsgericht mit der Sachrüge auseinandersetzen, wenn hierbei eine Freisprechung in Betracht käme, während die Verfahrensrüge nur zur Aufhebung führen würde (HK-Temming § 352 Rdn. 6; KK-Pikart § 352 Rdn. 19). 7

Das Revisionsgericht kann also von der Entscheidung über die Sachrüge absehen, wenn bereits eine Verfahrensrüge durchgreift. Dies ist problematisch, weil damit die 8

§ 353   3. Buch. Rechtsmittel

Rechtsfolge des § 357 nicht eintritt und überdies die Rechtswirkung des § 358 Abs. 1 entfällt. Ggf. wird das Revisionsgericht in einem obiter dictum (nicht bindende) Ausführungen zu seiner Einschätzung der Rechtslage machen (**„Segelanweisung"**).

§ 353 [Inhalt des Revisionsurteils]

(1) Soweit die Revision für begründet erachtet wird, ist das angefochtene Urteil aufzuheben.

(2) Gleichzeitig sind die dem Urteil zugrunde liegenden Feststellungen aufzuheben, sofern sie durch die Gesetzesverletzung betroffen werden, wegen deren das Urteil aufgehoben wird.

1   Das angefochtene Urteil wird in dem Umfang aufgehoben, in dem die Revision begründet ist (zu einem Ausnahmefall vgl. BGHSt 41, 72, 94). Hat der Tatrichter rechtsirrig oder versehentlich von einer Entscheidung über eine angeklagte Tat abgesehen, kommt eine Aufhebung nicht in Betracht, denn dann ist das Verfahren in diesem Umfang weiterhin bei ihm anhängig (BGHSt 46, 130; BGH NStZ-RR 2002, 98; Meyer-Goßner § 353 Rdn. 4).

2   **Bei Verfahren vor dem OLG** muss neben dem Berufungsurteil auch das erste Urteil aufgehoben werden, wenn das Berufungsgericht gegen § 328 Abs. 2 verstoßen hat, trotz bereits eingetretener Rechtskraft des Strafbefehls entschied oder ein Verwerfungsurteil nach § 412 zu Unrecht bestätigt hat (Meyer-Goßner § 353 Rdn. 5).

3   **Eine Teilaufhebung ist möglich** und erfolgt, wenn von den Revisionen mehrerer Beschwerdeführer nur einzelne begründet sind oder bei Revisionen eines einzigen Beschwerdeführers, wenn die begründete Revision nur beschränkt eingelegt war oder wenn die Revision nur teilweise begründet ist. Dann wird die weitergehende Revision verworfen. Wird ein Freispruch aufgehoben, kann auch die Aufhebung einer nicht angefochtenen Verurteilung wegen einer anderen Tat notwendig sein, wenn die Möglichkeit besteht, dass beide Taten zu einer Bewertungseinheit zusammenzufassen sind (BGH NStZ-RR 2003, 292; Meyer-Goßner § 353 Rdn. 6).

4   Umstände, die nicht die Merkmale des Straftatbestandes betreffen, sondern nur das Maß der Schuld bestimmen, führen nur zur **Aufhebung des Strafausspruchs**. In solchen Fällen kann sogar ein fehlerhafter Schuldspruch bestehen bleiben, z.B. wenn der Tatrichter bei einheitlicher Tat nur den Schuldumfang zu hoch angesetzt hat (BGH wistra 1983, 257; KK-Kuckein § 353 Rdn. 7; Meyer-Goßner § 353 Rdn. 7). Dies betrifft auch fehlerhafte Feststellungen über Art und Umfang des angerichteten Schadens, Größe und Wert der Beute sowie Qualität und Menge des Tatgegenstands, etwa bei Betäubungsmitteln. In der Regel genügt in solchen Fällen eine Aufhebung des Rechtsfolgenausspruchs, wenn nicht der maßgebliche Tatbestand seine Tatsachengrundlage verliert.

> **Beispiel:** Der Angeklagte ist wegen Einbruchsdiebstahls nach §§ 242, 243 Abs. 1 Nr. 1 StGB verurteilt worden. Der Wert des Tatgegenstandes ist unzulänglich festgestellt worden. Da ggf. wegen § 243 Abs. 2 StGB ein besonders schwerer Fall entfallen kann, muss auch der Schuldspruch aufgehoben werden.

5   **Der BGH ist relativ großzügig,** wenn er den Schuldspruch für den Fall aufrechterhält, dass zwar der von dem Tatrichter herangezogene Strafschärfungsgrund nach § 243 oder § 250 StGB nicht vorliegt, aber ein anderer (BGH MDR 1968, 201) oder der Schuldspruch wegen Mordes auch dann bestehen bleiben kann, wenn eines von mehreren vorliegenden Mordmerkmalen fehlerhaft bejaht wurde und insoweit weitere Feststellungen erforderlich sind (BGHSt 41, 222). Entsprechendes soll bei Verurteilungen nach § 323a StGB gelten, wenn eine von mehreren Rauschtaten entfällt (BGH VRS 36, 36; Meyer-Goßner § 353 Rdn. 7). Dies wird aber nicht bei

rechtsfehlerhafter Beurteilung der einzigen Rauschtat möglich sein (BGHSt 14, 114; anders RGSt 69, 189; Meyer-Goßner § 353 Rdn. 7).

Mängel im Rechtsfolgenausspruch führen regelmäßig auch zur Aufhebung von 6 Nebenstrafen, Maßregeln der Besserung und Sicherung nach §§ 63 ff StGB und einer Einziehungsanordnung (vgl. BGHSt 14, 381, 383; HK-Temming § 353 Rdn. 7). Bei Teilaufhebung wird die Aufhebung auf die Gesamtstrafe erstreckt; insofern gelten die für die Rechtsmittelbeschränkung erheblichen Grundsätze (BGH NJW 1984, 622, 623; BGH NStZ 1982, 483; Meyer-Goßner § 353 Rdn. 8).

Geht es um **doppelrelevante Tatsachen,** kann eine Mitaufhebung des Schuld- 7 spruches erforderlich sein, z. B. bei Feststellungen über wesentliche Umstände des Tathergangs (BGH StV 1983, 140; BGH StV 1984, 188) sowie allgemein zur Vermeidung widersprüchlicher Feststellungen im neuen Urteil (BGHR Aufhebung 2).

Mit der Aufhebung des Urteils ist die **Aufhebung der Urteilsfeststellungen** nicht 8 notwendig verbunden (Abs. 2). Die Feststellungen werden nur aufgehoben, soweit sie von der Gesetzesverletzung beeinflusst sind („beruhen"; HK-Temming § 353 Rdn. 8). Fehlt ein Ausspruch, sind die Urteilsfeststellungen in vollem Umfange aufgehoben (LR-Hanack § 353 Rdn. 18; Meyer-Goßner § 353 Rdn. 12).

Das Revisionsgericht prüft zunächst, ob und **in welcher Hinsicht** sich der Rechts- 9 verstoß auf die Feststellungen ausgewirkt hat. In diesem Fall werden nur diejenigen aufgehoben, die aus dem Gesamtzusammenhang der Feststellungen herausgelöst werden können, ohne dass damit die verbleibenden in Frage gestellt werden.

Beispiel: Das Revisionsgericht lässt die Feststellungen zum äußeren Geschehensablauf aufrechterhalten, wenn sich das Tatgericht nicht hinreichend mit der Schuldfähigkeit des Angeklagten beschäftigt hat (BGHSt 33, 378, 382). Die Grundsätze zur Teilanfechtung und -aufhebung können insofern auf die Frage der Teilaufhebung von Feststellungen nicht übertragen werden (HK-Temming § 353 Rdn. 8). So kann die Teilaufhebung eines Urteils mit den Feststellungen auch solche Feststellungen erfassen, die mit den noch zu treffenden Feststellungen in Widerspruch geraten können (vgl. LR-Hanack Rdn. 17).

Hat der Tatrichter vor einem Freispruch unterlassen, nach § 154 **ausgeschiedene** 10 **Tatteile** wieder in das Verfahren einzubeziehen, können die getroffenen tatsächlichen Feststellungen insofern aufrechterhalten werden (BGHSt 32, 86). Wurden Verfahrenshindernisse übersehen, können die Feststellungen in der Regel aufrechterhalten bleiben (BGHSt 4, 287; Meyer-Goßner § 353 Rdn. 13).

Verfahrensfehler erfordern regelmäßig die Aufhebung des Urteils mit allen Fest- 11 stellungen (KK-Kuckein § 353 Rdn. 28; Meyer-Goßner § 353 Rdn. 14). Bei der Aufhebung wegen sachlich-rechtlicher Mängel gilt der Grundsatz tunlichster Aufrechterhaltung der von der Gesetzesverletzung nicht berührten Feststellungen (BGHSt 14, 30, 35; Meyer-Goßner § 353 Rdn. 15; krit. LR-Hanack § 353 Rdn. 21).

Beispiel: Bei unterlassener oder fehlerhafter Prüfung der Schuldfähigkeit werden die Feststellungen zur äußeren Tatseite aufrechterhalten (BGHSt 14, 30, 34). Gleiches gilt bei fehlerhafter Erörterung eines Verbotsirrtums oder fehlerhafter Beurteilung der Frage des bedingten Vorsatzes (BGH StV 1983, 360).

Üblich ist die ausdrückliche **Aufhebung** der Feststellungen zum Strafausspruch (vgl. 12 BGH NJW 1984, 622, 623).

Bei **Aufhebung des gesamten Urteils** ist der Tatrichter in der Beurteilung frei. 13 Er muss die Sache neu verhandeln. Allerdings ist er ggf. an die Aufhebungsansicht des Revisionsgerichts nach § 358 Abs. 1 gebunden (Meyer-Goßner § 353 Rdn. 18).

Bei teilweiser Urteilsaufhebung wegen einer von mehreren in Tatmehrheit ste- 14 henden Taten besteht keine Bindung des neuen Tatrichters an die Tatsachenfeststellungen, die dem in Rechtskraft erwachsenen Urteilsteil zu Grunde liegen (Meyer-Goßner § 353 Rdn. 19), anders wenn Tatidentität im Sinne des § 264 vorliegt (BGHSt 28, 119; abl. LR-Hanack § 353 Rdn. 27).

§ 354   3. Buch. Rechtsmittel

15   **Bei Teilaufhebung im Rechtsfolgenausspruch** ist begrifflich keine Rechtskraft der Feststellungen zum Schuldspruch möglich (OLG Koblenz NJW 1983, 1921; Bruns NStZ 1984, 130, 131). Dennoch sind diese Feststellungen für das weitere Verfahren bindend (BGHSt 30, 340; BGH NStZ 1982, 483). Dies gilt auch für **doppelrelevante Tatsachen** (BGHSt 24, 274; Meyer-Goßner § 353 Rdn. 20; siehe auch § 327 Rdn. 3). Über die bindend gewordenen Feststellungen wird kein Beweis erhoben. Hierzu gehören etwa Feststellungen zum Lebensalter (BGH NStZ 2000, 388), zu den Tatzeiten (BGH StraFo 2004, 279). Feststellungen zur erheblichen Verminderung der Schuldfähigkeit des Angeklagten gehören zum Rechtsfolgenausspruch (BGH NStZ-RR 1997, 237; Meyer-Goßner § 353 Rdn. 20; abl. Ernemann FS Meyer-Goßner S. 624).

16   **Werden Feststellungen aufrechterhalten,** tritt eine innerprozessuale Bindungswirkung ein. In diesem Umfang darf keine neue Beweisaufnahme stattfinden (BGHSt 14, 30, 38). Werden Tatsachen neu festgestellt, die den aufrechterhaltenen widersprechen, dürfen sie nicht berücksichtigt werden, selbst wenn die neue Verhandlung ihre Unrichtigkeit ergeben hat (BGHSt 14, 30, 36). Dies soll sogar gelten, wenn sich in der Hauptverhandlung die Schuldunfähigkeit des Angeklagten (KK-Kuckein § 353 Rdn. 33; vgl. BGH StraFo 1998, 163) oder gar die Unschuld des Angeklagten ergibt (KK-Kuckein § 353 Rdn. 33: Meyer-Goßner § 353 Rdn. 21; offen gelassen von BGH NJW 1982, 1295). Ggf. kommt eine entsprechende Anwendung der §§ 359 ff in Betracht (Gössel FS Rieß S. 119).

§ 354 [Eigene Sachentscheidung; Zurückverweisung]

(1) Erfolgt die Aufhebung des Urteils nur wegen Gesetzesverletzung bei Anwendung des Gesetzes auf die dem Urteil zugrunde liegenden Feststellungen, so hat das Revisionsgericht in der Sache selbst zu entscheiden, sofern ohne weitere tatsächliche Erörterungen nur auf Freisprechung oder auf Einstellung oder auf eine absolut bestimmte Strafe zu erkennen ist oder das Revisionsgericht in Übereinstimmung mit dem Antrag der Staatsanwaltschaft die gesetzlich niedrigste Strafe oder das Absehen von Strafe für angemessen erachtet.

(1 a) ¹Wegen einer Gesetzesverletzung nur bei Zumessung der Rechtsfolgen kann das Revisionsgericht von der Aufhebung des angefochtenen Urteils absehen, sofern die verhängte Rechtsfolge angemessen ist. ²Auf Antrag der Staatsanwaltschaft kann es die Rechtsfolgen angemessen herabsetzen.

(1 b) ¹Hebt das Revisionsgericht das Urteil nur wegen Gesetzesverletzung bei Bildung einer Gesamtstrafe (§§ 53, 54, 55 des Strafgesetzbuches) auf, kann dies mit der Maßgabe geschehen, dass eine nachträgliche gerichtliche Entscheidung über die Gesamtstrafe nach den §§ 460, 462 zu treffen ist. ²Entscheidet das Revisionsgericht nach Absatz 1 oder Absatz 1 a hinsichtlich einer Einzelstrafe selbst, gilt Satz 1 entsprechend. ³Die Absätze 1 und 1 a bleiben im Übrigen unberührt.

(2) ¹In anderen Fällen ist die Sache an eine andere Abteilung oder Kammer des Gerichtes, dessen Urteil aufgehoben wird, oder an ein zu demselben Land gehörendes anderes Gericht gleicher Ordnung zurückzuverweisen. ²In Verfahren, in denen ein Oberlandesgericht im ersten Rechtszug entschieden hat, ist die Sache an einen anderen Senat dieses Gerichts zurückzuverweisen.

(3) Die Zurückverweisung kann an ein Gericht niederer Ordnung erfolgen, wenn die noch in Frage kommende strafbare Handlung zu dessen Zuständigkeit gehört.

1   **Die Vorschrift ergänzt § 353 und bestimmt für das Revisionsgericht bestimmte Grenzen der Entscheidungsbefugnis.** Dabei unterscheidet die Vorschrift

4. Abschnitt. Revision § 354

zwischen der Entscheidung des Revisionsgerichts in der Sache (Abs. 1–1 b), die nur bei Aufrechterhaltung der Feststellungen und der isolierten Aufhebung des Urteilsausspruchs nach § 353 Abs. 1 möglich ist, und der Zurückverweisung der Sache im Falle der Aufhebung des Urteilsspruches mit den Feststellungen (§ 353 Abs. 2).

Abs. 1 regelt die **eigene Sachentscheidung des Revisionsgerichts.** Diese ist 2 durch das Opferrechtsreformgesetz um Abs. 1 a und 1 b erweitert worden. Voraussetzung für eine eigene Sachentscheidung ist zunächst, dass ein Fehler „bei Anwendung des Gesetzes" auf den „dem Urteil zu Grunde liegenden Feststellungen" beruht und dass die Feststellungen von dem Mangel nicht betroffen sind, so dass sie aufrechterhalten werden können (Abs. 1). Eine eigene Sachentscheidung setzt eine Urteilsaufhebung wegen sachlich-rechtlicher Mängel voraus, nur das Vorliegen von Prozesshindernissen steht dem gleich (Meyer-Goßner § 354 Rdn. 2).

In diesem Fall hat das Revisionsgericht **in der Sache selbst zu entscheiden,** 3 wenn nur Freispruch oder Einstellung (wegen Verfahrenshindernissen) in Betracht kommt (BGHSt 13, 268, 274) oder das Gesetz eine bestimmte Strafe (z. B. lebenslang) zwingend vorsieht. Ebenfalls möglich ist, dass auf Antrag der StA die gesetzlich niedrigste Strafe verhängt oder von Strafe abgesehen wird.

Ein Freispruch ist nur möglich, wenn die Feststellungen vollständig und fehlerfrei 4 sind sowie weitere Feststellungen nicht zu erwarten sind (BGHSt 28, 162, 164). Das Revisionsgericht muss ausschließen können, dass eine neue Hauptverhandlung noch Aufschlüsse zu erbringen vermag (BGH NStZ-RR 2004, 270; BGH NJW 1999, 1562; BGH NJW 1993, 2451), auch soweit andere rechtliche Gesichtspunkte eine Rolle spielen könnten, oder dass das festgestellte Handeln nicht auch als Ordnungswidrigkeit zu ahnden wäre (HK-Temming § 354 Rdn. 3). Allein wegen der Vermutung, es könnten sich neue, eine Verurteilung ermöglichende Tatsachen ergeben, darf aber nicht zurückverwiesen werden (Meyer-Goßner § 354 Rdn. 3).

Ist im Vorfeld die **Verfolgung nach § 154a beschränkt** worden, so muss das 5 Revisionsgericht die ausgeschiedenen Teile wieder einbeziehen und die Sache zurückverweisen, wenn nunmehr im Hinblick auf die Freisprechung insoweit eine Verurteilung geboten und möglich ist (BGHSt 21, 326, 328; BGH NJW 1988, 2483, 2485; Meyer-Goßner § 354 Rdn. 3). Es kann sich aber auch auf die Zurückverweisung beschränken und die Wiedereinbeziehung dem Tatrichter überlassen (BGH NJW 1984, 1469, 1471 a. E.).

Abs. 1 erlaubt auch eine Teilfreisprechung; es muss sich dann aber um einen 6 selbstständigen, einer getrennten Beurteilung zugänglichen Schuldvorwurf handeln (KK-Pikart § 354 Rdn. 4; HK-Temming § 354 Rdn. 3). In Fällen von Tatmehrheit muss die Sache dann in der Regel zur Bildung einer neuen Gesamtstrafe zurückverwiesen werden. Davon sieht die Rechtsprechung aber ab, wenn die weggefallene Einzelstrafe die Gesamtstrafe nicht beeinflusst haben kann, also nicht auf dem materiellen Fehler beruht (vgl. Meyer-Goßner § 354 Rdn. 4). Mit der Freisprechung muss das Revisionsgericht die notwendigen Nebenentscheidungen treffen, etwa über die Kostenhöhe oder über etwaige Entschädigungen für Strafverfolgungsmaßnahmen.

Die Einstellung des Verfahrens (Abs. 1) meint nur Fälle des Vorliegens von 7 Prozesshindernissen, z. B. wegen Fehlens oder Unwirksamkeit des Eröffnungsbeschlusses. Nicht gemeint sind solche nach den §§ 153 ff. Kann die fehlende Prozessvoraussetzung noch geschaffen werden, wird nicht eingestellt, sondern zurückverwiesen (BGHSt 8, 151, 154; vgl. aber BGH NJW 1983, 2270). Ist der Angeklagte nur vorübergehend verhandlungsunfähig, kann das Revisionsgericht das Verfahren selbst nach § 205 vorläufig einstellen (BGH NStZ 1996, 242). Ist das Verfahrenshindernis nicht behebbar, wendet das Revisionsgericht, wenn es nicht nach § 349 Abs. 4 verfährt, § 354 Abs. 1 an (vgl. wegen § 206a noch § 349 Rdn. 21 f).

Das angefochtene Urteil ist aufzuheben, wenn nur ein **Bestrafungsverbot** – z. B. 8 Verjährung – vorliegt und der Sachverhalt ohne weiteres die Freisprechung rechtfer-

§ 354 3. Buch. Rechtsmittel

tigt (vgl. BGHSt 46, 130, 135). Eine Teileinstellung ist zulässig, wenn das Prozesshindernis nur einen abtrennbaren Urteilsteil betrifft (BGH NJW 1970, 904; Meyer-Goßner § 354 Rdn. 7).

9 **Eine absolute Strafe** kennen nur noch § 211 StGB sowie einige Vorschriften des VStGB. Es soll verfassungsrechtlich unbedenklich sein, wenn auf Revision der StA das Revisionsgericht ggf. eine lebenslange Freiheitsstrafe festsetzt (BVerfGE 54, 100, 115; Meyer-Goßner § 354 Rdn. 9). Die zwingend vorgeschriebene Einziehung steht einer absolut bestimmten Strafe gleich (RGSt 53, 428; RGSt 57, 424, 429). Über den Wortlaut hinaus wird § 354 **entsprechend angewendet** bei der Änderung des Schuldspruchs und auch des Rechtsfolgenausspruchs. Dies soll verfassungsrechtlich unbedenklich sein (BVerfG wistra 2000, 216).

10 Eine **Schuldspruchberichtigung** hat mehrere Voraussetzungen:
– Es muss eine **zulässige Sachrüge** erhoben sein; auf die Revision gegen ein Verwerfungsurteil nach § 329 Abs. 1 kann der Schuldspruch nicht geändert werden (OLG Frankfurt NJW 1963, 460; Meyer-Goßner § 354 Rdn. 14).
– Die Urteilsfeststellungen müssen **vollständig und tragfähig** sein. Das Revisionsgericht muss die Möglichkeit ihrer Ergänzung in einer neuen Verhandlung ausschließen können (Meyer-Goßner § 354 Rdn. 15).
– Der Angeklagte muss **beschwert** sein. Ein zu milder Schuldspruch bleibt grundsätzlich bestehen, wenn nicht auch zu Lasten des Angeklagten Revision eingelegt ist (BGHSt 10, 358, 362). Eine Ausnahme gilt nur, wenn das von dem Tatrichter angewendete Strafgesetz völlig verschieden ist von dem, was der Angeklagte in Wahrheit begangen hat (BGHSt 8, 34, 37) oder wenn das Urteil auch im Rechtsfolgenausspruch fehlerhaft ist und die Sache in diesem Umfange zurückverwiesen werden muss (BayObLG VRS 1959, 195, 196).

11 **Eine Schuldspruchberichtigung ist ausgeschlossen,** wenn der rechtliche Hinweis nach § 265 Abs. 1 nachgeholt werden muss, damit sich der Angeklagte in tatsächlicher Hinsicht anders verteidigen kann (BGH NJW 1981, 1744). Allerdings kann das Revisionsgericht selbst beurteilen, ob dem Angeklagten eine andere Verteidigung überhaupt möglich ist (BGHSt 33, 44, 49; BGH NJW 1987, 2384). Zu Einzelheiten der Schuldspruchberichtigung siehe Meyer-Goßner § 354 Rdn. 19 ff.

12 **Die Korrektur des Rechtsfolgenausspruchs** soll nach der Rechtsprechung gemäß § 354 Abs. 1 ebenfalls möglich sein (vgl. BGH NJW 1991, 1763). Dabei wurde durch die Einfügung der Absätze 1a und 1b durch das 1. JuMoG eine Reihe weiterer Möglichkeiten geschaffen, die über das bisher für zulässig Erachtete hinausgehen (vgl. dazu etwa BayObLG NStZ-RR 2004, 22).

13 Hat der Tatrichter **das gesetzliche Höchstmaß der Strafe überschritten,** darf das Revisionsgericht diese auf das zulässige Maß herabsetzen (BGH NStZ-RR 2000, 39; BayObLG NStZ-RR 2004, 22). Weiterhin darf es den fehlenden Ausspruch der lebenslangen Freiheitsstrafe „als Gesamtstrafe" bei mehreren Einzelstrafen nachholen (Meyer-Goßner § 354 Rdn. 25a). Umgekehrt kann die Tagessatzzahl oder -höhe auf das gesetzliche Mindestmaß erhöht (BGHSt 27, 359, 366) oder die Tagessatzhöhe rein rechnerisch korrigiert werden (BayObLG StV 1988, 389).

14 Das Revisionsgericht kann die rechtsirrig **unter Vorbehalt bestimmte Strafe** (§ 59 StGB) mit der Maßgabe aufrechterhalten, dass der Angeklagte vorbehaltlos verurteilt wird (BGH NJW 1978, 503, 504; Meyer-Goßner § 354 Rdn. 26a) oder umgekehrt deren Vorbehalt aussprechen (OLG Celle StV 1988, 109). Die unterlassene Anordnung von Zahlungserleichterungen nach § 42 StGB darf das Revisionsgericht selbst treffen (BGH JR 1979, 73). Ebenfalls zulässig sind die Anrechnung der Untersuchungshaft, von der der Tatrichter aus Rechtsirrtum abgesehen hat (BGH StV 1999, 312), die Bestimmung des Umrechnungsmaßstabs bei ausländischer Freiheitsentziehung (§ 51 Abs. 4 S. 2 StGB; BGH NJW 1986, 1555, 1557) und die Entscheidung, auf welche Strafe die Untersuchungshaft anzurechnen ist (BGH NJW 1992, 123, 125).

Eine Strafaussetzung zur Bewährung kann nur bewilligt werden, wenn ihre Voraussetzungen eindeutig vorliegen (BGH wistra 1992, 22).

§ 354 Abs. 1 wird **entsprechend angewendet,** wenn die Verfahrenslage jedes Ermessen über Art und Höhe der Rechtsfolge ausschließt (vgl. etwa BGH NStZ-RR 2002, 103, Nr. 48, 49 und 50).   15

Nach der **Änderung der Vorschrift** durch das 1. JuMoG ist die Aufrechterhaltung der Rechtsfolgen durch das Revisionsgericht auch bei fehlerhafter Begründung durch das Tatgericht gestattet, wenn die angeordnete Rechtsfolge angemessen ist (Abs. 1a S. 1). Die Vorschrift gilt auch bei einer Schuldspruchänderung (BGHSt 49, 371).   16

Bei fehlerhafter Strafzumessung ist dem Revisionsgericht eine angemessene Herabsetzung der Rechtsfolgen gestattet (Abs. 1a S. 2). Insofern kommt es auf die hypothetische Frage, wie der Tatrichter bei zutreffender rechtlicher oder tatsächlicher Bewertung entschieden hätte, nicht mehr an (BT-Drucks. 15/3482 S. 22). Die Entscheidung setzt einen Antrag der StA voraus. Im Maß der Herabsetzung ist das Revisionsgericht aber nicht an den Vorschlag der StA gebunden (OLG Karlsruhe NJW 2004, 3724). Nach der amtlichen Begründung muss die Entscheidung durch Urteil ergehen (BT-Drucks. 15/3482 S. 22), ist also im Beschlussverfahren offenbar nicht anwendbar (Meyer-Goßner § 354 Rdn. 29).   17

Will das Revisionsgericht dem Antrag der StA auf Herabsetzung der Strafe deswegen **nicht folgen,** weil es die Revision für unbegründet hält, bedarf es einer Entscheidung durch Urteil (Meyer-Goßner § 354 Rdn. 29).   18

Ist über eine Gesamtstrafe zu entscheiden, kann das Revisionsgericht die Entscheidung dem **Beschlussverfahren nach §§ 460, 462** überlassen (Abs. 1b S. 1), statt sie zur neuen Verhandlung in einer Hauptverhandlung zurückzuverweisen. Voraussetzung ist, dass es lediglich um die Bildung einer erstmalig festzusetzenden oder wegen Fehlerhaftigkeit der alten neu zu bestimmenden Gesamtstrafe geht oder wenn im Revisionsverfahren eine Teilentscheidung nach § 154 Abs. 2 erfolgt und deshalb über die Gesamtstrafe neu zu befinden ist (BGH wistra 2005, 34). Einer ausdrücklichen Zurückverweisung an das nach § 462a zuständige Gericht bedarf es nicht (BGH NJW 2004, 3788). Die Entscheidung kann nach Maßgabe des § 349 Abs. 4 durch Beschluss ergehen. Das Verschlechterungsverbot ist zu beachten (Meyer-Goßner § 354 Rdn. 31).   19

Unbenommen bleibt dem Revisionsgericht, über die Gesamtstrafe im Rahmen des Abs. 1a **selbst zu entscheiden** und etwa eine gebildete Gesamtstrafe auf Antrag der StA angemessen herabzusetzen (Meyer-Goßner § 354 Rdn. 32).   20

§ 354 hindert nicht, offensichtliche Unrichtigkeiten des angefochtenen Urteils zu berichtigen (HK-Temming § 354 Rdn. 10; Meyer-Goßner § 354 Rdn. 33). Möglich ist dies, wenn die sich aus den Urteilsgründen eindeutig ergebende Verurteilung in der Urteilsformel keinen vollständigen und klaren Ausdruck gefunden hat (RGSt 54, 203; Meyer-Goßner § 354 Rdn. 33). Dies gilt insbesondere für selbstverständliche Ergänzungen wie einen in der Urteilsformel unterlassenen Teilfreispruch oder eine unterbliebene Verurteilung wegen eines tateinheitlich verwirklichten Straftatbestandes. Für das Revisionsgericht ist hier Zurückhaltung geboten. Immerhin darf die Zulässigkeit der Berichtigung des angefochtenen Urteils nicht die Möglichkeit eröffnen, offensichtliche Mängel des angefochtenen Urteils unter Umgehung der in § 354 zwingend vorgeschriebenen Rechtsfolge der Urteilsaufhebung selbst zu korrigieren (HK-Temming § 354 Rdn. 10).   21

Kann das Revisionsgericht nicht selbst in der Sache entscheiden, muss **das Urteil aufgehoben** und zur neuen Verhandlung und Entscheidung zurückverwiesen werden. Eine Ausnahme macht der BGH für den Fall, dass das mit dem Ziel einer höheren Bestrafung eingelegte Rechtsmittel der StA aus Verfahrensgründen nicht zum erstrebten Erfolg führen kann, weil wegen Verhandlungsunfähigkeit des Angeklagten ein   22

§ 354

neues Urteil nicht mehr ergehen wird; hier hat die Rechtskraft Vorrang (BGHSt 40, 218; BGHSt 41, 73, 93). Regelmäßig wird zurückverwiesen an das Gericht, dessen Spruchkörper das angefochtene Urteil erlassen hat. Dies ist – außer in Fällen der Sprungrevision – das Landgericht, ausnahmsweise aber auch das OLG in Staatsschutzsachen. Wird auch das erstinstanzliche Urteil aufgehoben, wird an das erstinstanzliche Gericht zurückverwiesen (HK-Temming § 354 Rdn. 11).

23 **Die Zurückverweisung erfolgt an eine andere Abteilung,** Kammer oder an einen anderen Senat des Gerichts, dessen Urteil aufgehoben wird. Der andere Spruchkörper muss in der aufhebenden Entscheidung nicht bezeichnet werden (Meyer-Goßner § 354 Rdn. 37). Das Revisionsgericht kann aber auch an ein anderes Gericht gleicher Ordnung die Sache zurückverweisen (Abs. 2). Es bestimmt dann das zuständige Gericht (verfassungsrechtlich unbedenklich, BVerfGE 20, 336; zweifelnd Sowada S. 760 ff). Dieses Gericht muss nicht benachbart sein, aber zu demselben Bundesland gehören (BGHSt 21, 191, 192). Das OLG kann nur an ein Gericht in seinem eigenen Bezirk zurückverweisen (OLG Braunschweig JZ 1951, 235).

24 **Fehlt ein anderer Spruchkörper,** muss das Revisionsgericht darauf keine Rücksicht nehmen. Ggf. müssen die Gerichtspräsidien den Geschäftsverteilungsplan entsprechend § 21e GVG ergänzen (BGH NStZ 1981, 489) und für den Rest des Geschäftsjahres einen Auffangspruchkörper einrichten, so etwa bei wiederholter Zurückverweisung (vgl. BGH NStZ 1981, 489). Äußerstenfalls wird das zuständige Gericht nach § 15 bestimmt (LR-Hanack § 354 Rdn. 55).

25 **Die Mitwirkung des früheren Richters** an der neuen Entscheidung ist nicht ausgeschlossen (BVerfG DRiZ 1968, 141; Meyer-Goßner § 354 Rdn. 39). Allerdings bleibt die Möglichkeit, den früheren Richter wegen der Besorgnis der Befangenheit abzulehnen, insbesondere dann, wenn in dem aufgehobenen Urteil abträgliche Bewertungen enthalten sind (BGHSt 24, 338).

26 Das Revisionsgericht kann auch an ein Gericht niederer Ordnung zurückverweisen.

Beispiel: Der BGH hebt das Urteil des Landgerichts auf. Nach seiner Rechtsauffassung reicht die Strafgewalt des Strafrichters völlig aus. Es verweist an das zuständige Amtsgericht. Solche Fälle sind insbesondere dann denkbar, wenn ein Teilfreispruch erfolgte oder nach der Rechtsauffassung des Gerichts nur noch Taten übrig bleiben, deren Aburteilung zur Zuständigkeit eines niedrigeren Gerichts gehört – der BGH meint, es läge nicht Raub, sondern Diebstahl in Tateinheit mit Nötigung vor.

27 **Werden die Feststellungen in Gänze aufgehoben (§ 353 Abs. 2),** ist der Tatrichter in tatsächlicher Hinsicht frei und nur an die zur Aufhebung führende Rechtsauffassung des Revisionsgerichts (§ 358 Abs. 1) gebunden. Die Sache muss vollständig neu verhandelt werden, eine Bezugnahme auf aufgehobene Feststellungen ist unzulässig und begründet die Revision (BGHSt 24, 274).

28 Das Ausmaß der Beweisaufnahme wird durch § 244 Abs. 2 bestimmt, nicht etwa durch das Maß der Beweiserhebung in einer früheren Hauptverhandlung (BGH MDR 1974, 547). Allerdings darf über die Ergebnisse der früheren Beweisaufnahme Beweis erhoben werden (BGH MDR 1952, 18). Das aufgehobene Urteil darf im Urkundsbeweis zum Beweis darüber verlesen werden, wie das Gericht seinerzeit die Aussagen verstanden hat. Dass dann bei der Beweiswürdigung Vorsicht walten muss, wenn es gerade um Mängel in diesem Bereich ging, liegt auf der Hand.

29 Das **Verbot der Bezugnahme auf die aufgehobene Entscheidung** führt nicht dazu, dass nicht auf das Urteil zurückgegriffen werden dürfte. Der neue Tatrichter darf sich an die Inhalte des aufgehobenen Urteils anlehnen und den Text sogar wörtlich wiederholen. Eine Bezugnahme nur ist zulässig, wenn bestimmte Feststellungen durch die Entscheidung des Revisionsgerichts bindend geworden sind (BGHSt 30, 225; BGHSt 33, 59). Selbst für die Feststellungen zum Lebenslauf des Angeklagten darf nicht auf das aufgehobene Urteil verwiesen werden (BGH NStZ 1985, 309).

4. Abschnitt. Revision § 354a

Die Urteilsformel des neuen Urteils hat im Falle der erneuten Verurteilung 30
einen selbstständigen und aus sich heraus verständlichen Schuld- und Rechtsfolgenausspruch zu enthalten (HK-Temming § 354 Rdn. 18). Eine Aufrechterhaltung des
aufgehobenen Urteils ist ebenso unmöglich wie eine „Wiederherstellung". Bei Teilaufhebung des angefochtenen Urteils ist wegen der Verständlichkeit auch der aufrechterhaltene Teil des angefochtenen Urteils zu wiederholen. Überdies muss das neue
Tatgericht über die Kosten des Gesamtverfahrens entscheiden.

§ 354a [Entscheidung bei Gesetzesänderung]

*Das Revisionsgericht hat auch dann nach § 354 zu verfahren, wenn es das
Urteil aufhebt, weil zur Zeit der Entscheidung des Revisionsgerichts ein anderes
Gesetz gilt als zur Zeit des Erlasses der angefochtenen Entscheidung.*

Das Gebot des § 2 Abs. 3 StGB, das für den Angeklagten günstigere Gesetz anzuwenden, wird über § 354a in das Revisionsverfahren transformiert. Das Gericht muss auch die in der Zeit vom Erlass des tatrichterlichen Urteils bis zur Revisionsentscheidung eingetretenen Milderungen des Gesetzes berücksichtigen. Dies gilt auch für Änderungen, die nur den Rechtsfolgenausspruch betreffen (Meyer-Goßner § 354a Rdn. 1). 1

Zweifelhaft ist, ob eine **zulässige Sachrüge** Voraussetzung für die Anwendung des § 354a ist. Der BGH setzt diese voraus (BGHSt 26, 94; ebenso KK-Kuckein § 354a Rdn. 9; Meyer-Goßner § 354a Rdn. 2), andere lassen es genügen, dass die Sache „irgendwie" beim Revisionsgericht anhängig ist (LR-Hanack § 354a Rdn. 8; SK-Frisch § 354a Rdn. 12). 2

Anderes Gesetz ist nicht nur ein Strafgesetz, sondern jedes materiell-rechtliche Gesetz, das Voraussetzungen und Umfang einer strafrechtlichen Verurteilung betrifft (HK-Temming § 354a Rdn. 3). Deshalb kommen auch Rechtsänderungen in Betracht, die nur für die Rechtsfolgen der Tat Bedeutung haben und deshalb ungeachtet der Rechtskraft des Schuldspruchs zu berücksichtigen sind, wie eine Milderung der Strafdrohung (BGH NJW 1965, 453) oder erweiterte Möglichkeiten für die Aussetzung der Strafvollstreckung (BGH NJW 1975, 63). 3

Nachträgliche Milderungen der Rechtsfolgen sind auch bei Teilrechtskraft (Rechtskraft des Schuldspruchs) zu berücksichtigen (BGHSt 20, 116). Gleiches gilt, wenn nur noch über die Aussetzung der Strafe zur Bewährung oder über eine Einziehung zu entscheiden ist (BGHSt 26, 1; OLG Frankfurt NJW 1973, 1514). Anders ist dies, wenn nach Zurückverweisung durch das Revisionsgericht nur noch die Gesamtstrafenbildung aussteht (OLG Stuttgart NJW 1970, 820; Meyer-Goßner § 354a Rdn. 5; a.M. SK-Frisch § 354a Rdn. 14). Andererseits soll die Rechtskraft des Schuldspruchs nicht die Beachtung einer Gesetzesänderung hindern, durch die die Strafbarkeit ganz entfällt (BGHSt 20, 116; BayObLG NJW 1961, 688). 4

Das Verfahren des Gerichts richtet sich nach § 354. Es kann also den Angeklagten freisprechen, den Schuldspruch berichtigen (BayObLG NJW 1998, 3366, 3367) oder die Sache unter Aufhebung des Urteils zurückverweisen, wenn weitere Feststellungen erforderlich sind. Hat das neue Recht die Höchststrafe herabgesetzt, ist in der Regel die Aufhebung des Strafausspruchs geboten (LR-Hanack § 354a Rdn. 11). 5

Bei Änderungen des Verfahrensrechts werden anhängige Verfahren nach den neuen Vorschriften fortgeführt (BGHSt 22, 321, 325; BGHSt 26, 288, 289; Meyer-Goßner § 354a Rdn. 4). Verfahrensfehler führen insofern nicht zur Urteilsaufhebung, wenn das tatsächliche Verfahren des Instanzgerichts den Anforderungen des aktuellen Rechts entspricht (BayObLG wistra 2005, 280; BGH wistra 2005, 468; Meyer-Goßner § 354a Rdn. 4. 6

§ 355 [Verweisung an das zuständige Gericht]

Wird ein Urteil aufgehoben, weil das Gericht des vorangehenden Rechtszuges sich mit Unrecht für zuständig erachtet hat, so verweist das Revisionsgericht gleichzeitig die Sache an das zuständige Gericht.

1 Die Vorschrift zieht als **Sonderregelung gegenüber** § 354 Abs. 2 die Konsequenz aus dem absoluten Revisionsgrund des § 338 Nr. 4. Das Revisionsgericht verschafft dem Angeklagten seinen gesetzlichen Richter, indem die Sache mit der Urteilsaufhebung an das zuständige Gericht zurückverwiesen wird. Das Revisionsgericht holt also nach, wozu schon das Tatgericht nach § 270 Veranlassung gehabt hätte (HK-Temming § 355 Rdn. 1).

2 **Zu Unrecht für zuständig erachtet** hat sich der Tatrichter nur, wenn er bei objektiver Beurteilung nicht zuständig war (RGSt 74, 139, 140; SK-Frisch § 355 Rdn. 7).

3 Die Vorschrift wird **entsprechend angewendet,** wenn das Urteil wegen eines anderen Verfahrensverstoßes oder wegen eines sachlich-rechtlichen Mangels aufgehoben wird, die Sache aber vor ein Gericht höherer Ordnung (BGH NJW 1960, 493) oder vor ein ihm nach § 209a gleichstehendes Gericht gehört (HK-Temming § 355 Rdn. 2). Zweifelhaft ist, ob dies auch gilt, wenn der Tatrichter das Verfahren zu Recht wegen sachlicher Unzuständigkeit eingestellt hat (so BGH NJW 1975, 2304; KK-Pikart § 355 Rdn. 4; a.M. Meyer-Goßner NJW 1976, 977).

4 Hat der unzuständige Strafrichter statt des Schöffengerichts entschieden und dies die Kleine Strafkammer im Berufungsverfahren nicht bemerkt, ist auf Revision die **Verweisung an das Schöffengericht** nachzuholen (Meyer-Goßner § 355 Rdn. 5). Dies ist auf die Revision von Amts wegen zu prüfen (BGH NJW 1963, 61). Die Prüfung sonstiger Zuständigkeitsmängel setzt formgerechte Verfahrensrügen voraus (HK-Temming § 355 Rdn. 3, dort auch zur Bedeutung der Einwände nach §§ 6a, 16).

5 **Die Verweisung an das zuständige Gericht** ist Teil des Revisionsurteils, sofern sie nicht in einem Beschluss nach § 349 Abs. 4 erfolgt (Meyer-Goßner § 355 Rdn. 4). Eine Zurückverweisung an den vorher unzuständigen Richter ist möglich. In Betracht kommt sie, wenn mit der Revisionsentscheidung z.B. wesentliche Vorwürfe entfallen und damit statt des Jugendschöffengerichts der Jugendrichter zuständig wird (BayObLG St 1962, 85; LR-Hanack § 355 Rdn. 9).

6 Hat auf Grund einer **unwirksamen Verbindung** ein unzuständiges Gericht entschieden, verweist das Revisionsgericht die Sache in entsprechender Anwendung des § 355 an das zuständige Gericht (BGH NStZ 1996, 47; Meyer-Goßner § 355 Rdn. 9). Zur Bindungswirkung der Revisionsentscheidung vgl. § 358 Rdn. 3.

§ 356 [Urteilsverkündung]

Die Verkündung des Urteils erfolgt nach Maßgabe des § 268.

1 Die Urteilsverkündung richtet sich nach § 268 und § 173 GVG. Umstritten, ob § 268 Abs. 3 S. 3 anwendbar ist, wenn ein besonderer Verkündungstermin angesetzt wird (dagegen KK-Kuckein § 356 Rdn. 2; dafür KK-Engelhardt § 268 Rdn. 10).

2 **War die Rechtskraft nach § 343 Abs. 1 nicht gehemmt,** hat das Urteil nur feststellende Wirkung. Sonst tritt Rechtskraft mit der Beendigung der Verkündung ein, wenn die Revision als unzulässig oder unbegründet verworfen oder nach § 354 Abs. 1 entschieden wird (Meyer-Goßner § 356 Rdn. 2; SK-Frisch § 356 Rdn. 4).

3 Die Urteilsurkunde ist alsbald zu den Akten zu bringen, die **Fristen** des § 275 Abs. 1 S. 2 bis 5 gelten aber nicht. Eine förmliche Zustellung ist nach dem Wegfall des § 35 Abs. 2 S. 2 Hs. 2 nicht mehr nötig. Sie wird aber durchgeführt, wenn der Zugang des Urteils nachgewiesen werden muss, weil sich z.B. an die Rechtskraft sank-

4. Abschnitt. Revision § 356a

tionsbewehrte Pflichten wie etwa ein Berufsverbot knüpfen (Rieß/Hilger NStZ 1987, 145, 153). § 145a Abs. 1, 2 ist anwendbar (KMR-Paulus § 356 Rdn. 4).

§ 356a [Verletzung des Anspruches auf rechtliches Gehör]

¹Hat das Gericht bei einer Revisionsentscheidung den Anspruch eines Beteiligten auf rechtliches Gehör in entscheidungserheblicher Weise verletzt, versetzt es insoweit auf Antrag das Verfahren durch Beschluss in die Lage zurück, die vor dem Erlass der Entscheidung bestand. ²Der Antrag ist binnen einer Woche nach Kenntnis von der Verletzung des rechtlichen Gehörs schriftlich oder zu Protokoll der Geschäftsstelle beim Revisionsgericht zu stellen und zu begründen. ³Der Zeitpunkt der Kenntniserlangung ist glaubhaft zu machen. ⁴§ 47 gilt entsprechend.

Während ansonsten § 33a die Nachholung des rechtlichen Gehörs regelt, enthält § 356a eine **spezielle Regelung.** Sie unterscheidet sich von der allgemeinen Bestimmung in § 33a durch das Antragserfordernis, die Form- und Fristgebundenheit des Antrags und eine teilweise notwendige Glaubhaftmachung (Meyer-Goßner § 356a Rdn. 1). Im Verfahren gegen Jugendliche ist die Vorschrift entsprechend anwendbar (§ 55 Abs. 4 JGG). Für das Berufungsverfahren gilt § 311a. 1

Bis zur Einführung des § 356a durch das **Anhörungsrügengesetz** wurde die Verletzung rechtlichen Gehörs im Revisionsverfahren nach § 33a behandelt (BVerfGE 42, 243; BGH MDR 1979, 108), so, wenn z.B. die Frist zur Gegenerklärung nach § 349 Abs. 3 auf einen Antrag der StA noch nicht abgelaufen oder dem Angeklagten diese Erklärung nicht mitgeteilt worden war (Meyer-Goßner § 356a Rdn. 1). 2

Das rechtliche Gehör muss **bei der Revisionsentscheidung** verletzt worden sein. § 356a ist also nicht anwendbar, wenn ein nach Ablauf der Revisionsbegründungsfrist eingereichter Schriftsatz erst nach der Entscheidung des Revisionsgerichts bei diesem eingeht (BGH NStZ 1993, 552). Regelmäßig erfolgen solche Verstöße im Beschlussverfahren nach § 349, in der Hauptverhandlung wird rechtliches Gehör gewährt worden sein (Meyer-Goßner § 356a Rdn. 2). 3

Das rechtliche Gehör muss **in entscheidungserheblicher Weise** verletzt worden sein. Das ist nur der Fall, wenn sich die unterbliebene Anhörung auf das Ergebnis der Revisionsentscheidung ausgewirkt hat. Dies scheidet aus, wenn der Betroffene sich nicht anders als tatsächlich geschehen hätte verteidigen können oder wenn sonst ausgeschlossen ist, dass das Revisionsgericht bei ordnungsgemäßer Anhörung anders entschieden hätte (BT-Drucks. 15/3706 S. 18). 4

Die Nachholung erfolgt **nur auf Antrag** (anders als bei §§ 33a, 311a) eines Verfahrensbeteiligten. Der Antrag ist wie der auf Wiedereinsetzung gegen die Versäumung einer Frist befristet. Die **Wochenfrist** läuft ab Kenntniserlangung von der Verletzung des rechtlichen Gehörs; dieser Zeitpunkt muss im Antrag glaubhaft gemacht werden (Meyer-Goßner § 356a Rdn. 6). 5

Die Form entspricht der für die Einlegung der Revision; das Erfordernis der Begründung durch den Verteidiger oder einen Rechtsanwalt besteht hier anders als für die Revisionsbegründung nach § 345 Abs. 2 nicht. Allerdings muss der Antrag eine (wenn auch kurze) Begründung enthalten, also darlegen, worin die Verletzung des rechtlichen Gehörs gesehen wird. 6

Die Entscheidung des Revisionsgerichts muss nicht zwingend durch dieselben Richter erfolgen, die die beanstandete Entscheidung erlassen haben (BGH NStZ-RR 2002, 100). 7

Der Antrag wird durch Beschluss verworfen, wenn er **unzulässig** ist, weil die Frist oder die Form nicht gewahrt sind oder es an der erforderlichen Glaubhaftmachung der Kenntniserlangung oder an der vorgeschriebenen Begründung fehlt. Er wird ebenfalls 8

§ 357

verworfen, wenn der Antrag **unbegründet** ist, weil der Anspruch auf rechtliches Gehör nicht in entscheidungserheblicher Weise (Rdn. 4) verletzt worden ist.

9 **Ist der Antrag zulässig und begründet,** versetzt das Revisionsgericht den Betroffenen wieder in die Lage vor Erlass der beanstandeten Entscheidung zurück. Er wird also so behandelt wie bei einer Wiedereinsetzung in den vorigen Stand. Mit der Versetzung in die vorige Lage entfällt die Rechtskraft der Entscheidung, damit ist diese auch nicht mehr vollstreckbar. Im Zweifel wird das Revisionsgericht aber schon vorher nach Satz 4 i.V.m. § 47 Abs. 2 einen Aufschub der Vollstreckung anordnen (Meyer-Goßner § 356a Rdn. 10).

10 **Das Revisionsgericht muss neu über die Revision befinden.** Dies kann entweder zugleich mit dem die frühere Lage wiederherstellenden Beschluss oder später nach Anhörung der übrigen Beteiligten erfolgen. Die frühere Entscheidung kann inhaltlich ganz oder teilweise aufrechterhalten oder abgeändert werden. § 357 gilt (Meyer-Goßner § 356 Rdn. 11; zweifelnd Treber NJW 2005, 100). Diese Entscheidungen sind unanfechtbar; ein erneuter Antrag nach § 356a ist jedoch nicht ausgeschlossen, wenn das rechtliche Gehör erneut verletzt wird (Meyer-Goßner § 356a Rdn. 11).

§ 357 [Revisionserstreckung auf Mitverurteilte]

Erfolgt zugunsten eines Angeklagten die Aufhebung des Urteils wegen Gesetzesverletzung bei Anwendung des Strafgesetzes und erstreckt sich das Urteil, soweit es aufgehoben wird, noch auf andere Angeklagte, die nicht Revision eingelegt haben, so ist zu erkennen, als ob sie gleichfalls Revision eingelegt hätten.

1 **Die Vorschrift enthält eine Durchbrechung der Rechtskraft.** Zweck ist es, Ungleichheiten bei der Aburteilung mehrerer Angeklagter zu vermeiden, die zum Teil keine Revision eingelegt haben. Insofern soll die Bestimmung der materiellen Gerechtigkeit dienen (BGH NJW 1959, 894). Auf das Einverständnis des Nichtrevidenten kommt es nicht an (krit. SK-Frisch § 357 Rdn. 7 ff). Die Urteilsaufhebung erfolgt dann „über den Kopf des Mittäters" hinweg (BGHSt 20, 77, 80). Sein entgegenstehender Wille soll unbeachtlich sein. Notfalls muss er gegen seinen Willen eine neue Hauptverhandlung mit Kosten und Belastungen auf sich nehmen, ohne dass sich seine Position verbessert. Insofern ist die Wohltat von zweifelhafter Art und die Vorschrift einschränkend auszulegen (BGH JR 1964, 271).

2 Zu den Angeklagten, die **nicht Revision eingelegt** haben, gehören auch Mitangeklagte, die ihre Revision zurückgenommen (BGH NJW 1958, 560), auf sie wirksam verzichtet oder sie nur beschränkt oder nicht form- und fristgerecht mit der Folge der Verwerfung der Rechtsmittel begründet haben (HK-Temming § 357 Rdn. 17). Ob § 357 Abs. 2 für Mitangeklagte gilt, denen das Rechtsmittel nach § 55 Abs. 2 JGG versagt war, ist umstritten. Ein Teil der Literatur nimmt dies an (KK-Pikart § 357 Rdn. 12; LR-Hanack § 357 Rdn. 11; HK-Temming § 357 Rdn. 17; a.M. Diemer/Schoreit/Sonnen § 55 JGG Rdn. 49). Bedenkt man den Normzweck, ist der bejahenden Auffassung der Vorzug zu geben.

3 **Umstritten ist,** ob die Vorschrift anwendbar ist, wenn die Revision eines Mitangeklagten vorweg durch Beschluss gemäß § 349 Abs. 2 entschieden worden ist.

Beispiel: Beide Angeklagte legen Revision ein. Hinsichtlich des A wird eine Hauptverhandlung anberaumt, die Revision des B wird durch Beschluss als offensichtlich unbegründet verworfen. In der Hauptverhandlung ergibt sich ein materieller Fehler, der auch das Urteil gegen B beeinflusst hat.

Überwiegend nimmt man an, dass in diesen Fällen die Rechtskraft Vorrang vor einer nach Erkennen neuer rechtlicher Gesichtspunkte in Betracht kommenden nachträglichen Erstreckung der Entscheidung habe (HK-Temming § 357 Rdn. 18).

4. Abschnitt. Revision § 357

Die Vorschrift gilt nur im Revisionsverfahren. Eine entsprechende Anwendung des § 357 kommt weder im Berufungsverfahren (OLG Hamm NJW 1957, 392; OLG Stuttgart NJW 1970, 66) noch im Beschwerdeverfahren in Betracht (OLG Hamm MDR 1973, 1042; a. M. OLG Bremen NJW 1958, 432). Die Vorschrift wird aber auch angewendet auf Einziehungsbeteiligte (BGH NStZ 1981, 298) und auf tatunbeteiligte Dritte, die nicht als Einziehungsbeteiligte zugelassen sind (BGHSt 21, 66, 69). Eine Entscheidung über das vom Angeklagten eingelegte Rechtsmittel hat Vorrang gegenüber § 357 (BGH NJW 1996, 2663, 2665). 4

Das Urteil muss auf eine Revision gemäß §§ 333, 335 aufgehoben worden sein. Eine Aufhebung im Privatklageverfahren oder im selbstständigen Verfahren reicht aus. Irrelevant ist, ob die Aufhebung durch Urteil oder durch Beschluss nach § 349 Abs. 4 erfolgt (BGH NJW 1971, 2272). Gleichgültig ist auch, ob das Revisionsgericht selbst in der Sache entschieden hat oder das Urteil auf Aufhebung und Zurückverweisung lautet (HK-Temming § 357 Rdn. 3). Auch eine Teilaufhebung kann Anknüpfungspunkt für § 357 sein. Wer die Revision eingelegt hat, ist ebenso egal wie die Frage, ob die StA Rechtsmittel zugunsten oder zu Lasten eines Angeklagten eingelegt hatte. Entscheidend ist vielmehr, ob die Revision sich im Ergebnis, wenn auch vielleicht nur vorläufig, ganz oder überwiegend zugunsten des vom Rechtsmittel betroffenen Angeklagten ausgewirkt hat (HK-Temming § 357 Rdn. 5; KK-Pikart § 357 Rdn. 3). 5

Die Erstreckung ist nur möglich, wenn die **Aufhebung wegen einer Gesetzesverletzung** erfolgte. Anknüpfungspunkt können daher nur materiell-rechtliche Aspekte sein, nicht die Verletzung von Verfahrensrechten (BGH NJW 1962, 1167). Gesetzesänderungen nach Erlass des angefochtenen Urteils sollen nicht berücksichtigt werden, § 354a nicht gelten (BGHSt 20, 77, 78; abl. Hanack JZ 1973, 779; Roxin § 53 K 2c). 6

Gesetzesverletzung ist nach allg. M. auch die **fehlerhafte Beurteilung der Verfahrensvoraussetzungen** (BGHSt 24, 208, 210; Meyer-Goßner § 357 Rdn. 10). Dabei kommt es nicht darauf an, ob sie von Amts wegen zu prüfen sind, sondern darauf, ob sie auch für den Nichtrevidenten Bedeutung haben können (BayObLG wistra 1998, 275). Dies betrifft die Voraussetzungen des Strafverfahrens als solches (BGH StV 2004, 61), z. B. die Anklage oder den Eröffnungsbeschluss. Erst nach Erlass des angefochtenen Urteils entstandene Verfahrenshindernisse sollen nicht zu berücksichtigen sein (BGH NJW 1952, 274; KK-Kuckein § 357 Rdn. 7; a. M. LR-Hanack § 357 Rdn. 14). 7

Sonstiges Verfahrensrecht ist für die Anwendung des § 357 ohne Bedeutung, auch wenn seine Verletzung einen absoluten Revisionsgrund bildet (BGHSt 17, 176, 179; LR-Hanack § 357 Rdn. 15; Meyer-Goßner § 357 Rdn. 11). Dies soll verfassungsrechtlich unbedenklich sein (BVerfG NJW 1985, 125). 8

Beschwerdeführer und Nichtrevident müssen durch dasselbe Urteil verurteilt worden sein (HK-Temming § 357 Rdn. 12; Meyer-Goßner § 357 Rdn. 12). Wird Revision gegen ein Berufungsurteil eingelegt, erfolgt daher keine Aufhebungserstreckung zugunsten von früheren Mitangeklagten, die keine Berufung eingelegt haben oder deren Berufung nach § 329 Abs. 1 verworfen worden ist (Meyer-Goßner § 357 Rdn. 12). Anders ist es, wenn das Berufungsurteil gegen beide erging und der eine von ihnen keine Revision eingelegt hat. 9

Das Urteil muss dieselbe Tat betreffen. Der Tatbegriff entspricht dem des § 264. Insofern ist § 357 auch anwendbar bei wechselseitigen Beleidigungen (LR-Hanack § 357 Rdn. 18; a. M. OLG Hamm NJW 1957, 392), bei vorsätzlich handelnden Tätern, denen der gemeinsame Tatentschluss fehlt und deren Tathandlungen sich gegen verschiedene Betroffene richten, und bei Nebentätern (Haase GA 1956, 282). Die Grenze ist erreicht, wenn bei dem Handeln mehrerer auch mehrere prozessual selbstständige Taten vorliegen (BGH NStZ 1996, 327) oder bei fahrlässiger strafbarer 10

§ 358

Beteiligung an demselben Verkehrsunfall als Unfallgegner (BGHSt 12, 335, 342; Meyer-Goßner § 357 Rdn. 13; a. M. Hanack JZ 1973, 779). Tatidentität besteht auch bei Verurteilung nach den §§ 332 und 333 StGB, bei Mord und Nichtanzeige des Verbrechens sowie bei Annahme von Mittäterschaft statt Beihilfe, selbst wenn der Nichtrevident als Alleintäter in Betracht kommt (BGHSt 11, 18; Meyer-Goßner § 357 Rdn. 13; a. M. Hanack JZ 1973, 780).

11   Die Erstreckung der Urteilsaufhebung auf Mitverurteilte setzt voraus, dass ein **gemeinsamer Revisionsgrund** vorliegt. Es muss eine gleichartige Rechtsverletzung erfolgt sein. Nötig ist, dass sachlich-rechtliche Erwägungen, die zur Aufhebung zugunsten des Beschwerdeführers zwingen, zur gleichen Entscheidung zugunsten des Nichtrevidenten geführt hätten (OLG Düsseldorf NJW 1986, 2266; HK-Temming § 357 Rdn. 19; Meyer-Goßner § 357 Rdn. 14). Wird das Urteil aufgehoben, weil der als Mittäter verurteilte Beschwerdeführer nur Gehilfe ist, so soll sich die Aufhebung auch auf andere Angeklagte erstrecken, die nunmehr als Alleintäter angesehen werden müssen (BGHSt 11, 18; KK-Kuckein § 357 Rdn. 15; Meyer-Goßner § 357 Rdn. 14; abl. Hanack JZ 1973, 780). Das Fehlen der Urteilsgründe ist ebenfalls ein gleichartiger Revisionsgrund (OLG Celle NJW 1959, 1647). Dies gilt nicht bei einem nach § 267 Abs. 4 S. 3 ergänzungsbedürftigen Urteil (KG NStZ 1998, 55).

12   **Rechtsfehler bei der Rechtsfolgenentscheidung genügen,** und zwar auch im Hinblick auf die Frage der Strafaussetzung zur Bewährung (BGH StV 1992, 417) oder im Hinblick auf die Einziehungsentscheidung (BGH NStZ 1981, 298), sofern die Aufhebungsgründe nicht nur in der Person des Beschwerdeführers liegen (vgl. § 67 Abs. 2 StGB; HK-Temming § 357 Rdn. 21).

13   Die Entscheidung des Revisionsgerichts ergeht von Amts wegen (HK-Temming § 357 Rdn. 22).

14   Da nach h. M. die Entscheidung ohne Rücksicht auf den **Willen des Nichtrevidenten** ergeht, muss er nach ihrer Auffassung auch nicht angehört werden (HK-Temming § 357 Rdn. 22; abl. LR-Hanack § 357 Rdn. 24). Die Erstreckung ist zwingend (BGH NJW 1965, 52). Sie darf nicht etwa unterbleiben, weil ungewiss ist, ob die neue Verhandlung zu einem für den Nichtrevidenten günstigeren Ergebnis führt. Eine Ausnahme wird zum Teil gemacht, wenn bereits bei der revisionsgerichtlichen Entscheidung auszuschließen ist, dass dies der Fall sein wird (so KK-Pikart § 357 Rdn. 17; HK-Temming § 357 Rdn. 22; abl. Haase GA 1956, 288). Diese Auffassung nimmt in solchen Konstellationen eine Ermessensentscheidung des Gerichts an.

15   Die **Nachholung** der im Urteil unterlassenen Entscheidung ist unzulässig (BGH StV 2002, 12). Das Revisionsgericht ist aber nicht gehindert, unter Anwendung der §§ 154, 154a von einer Zurückverweisung abzusehen (Meyer-Goßner § 357 Rdn. 16).

16   Im weiteren Verfahren wird der Nichtrevident so behandelt, als habe er selbst erfolgreich Revision eingelegt. Er muss also an der erneuten Verhandlung teilnehmen. Das Verschlechterungsverbot des § 358 Abs. 2 gilt auch für ihn. Wird er erneut verurteilt, so muss er auch insoweit nach § 465 Abs. 1 die Verfahrenskosten tragen (KK-Pikart § 357 Rdn. 19). Gegen das neue Urteil kann er (erneut) Revision einlegen.

§ 358 [Bindung des Untergerichts; Verbot der reformatio in peius]

(1) **Das Gericht, an das die Sache zur anderweiten Verhandlung und Entscheidung verwiesen ist, hat die rechtliche Beurteilung, die der Aufhebung des Urteils zugrunde gelegt ist, auch seiner Entscheidung zugrunde zu legen.**

(2) ¹**Das angefochtene Urteil darf in Art und Höhe der Rechtsfolgen der Tat nicht zum Nachteil des Angeklagten geändert werden, wenn lediglich der Angeklagte, zu seinen Gunsten die Staatsanwaltschaft oder sein gesetzlicher Vertreter Revision eingelegt hat.** ²Diese Vorschrift steht der Anordnung der Unter-

bringung in einem psychiatrischen Krankenhaus oder einer Entziehungsanstalt nicht entgegen.

Während Abs. 2 einem **allgemeinen Rechtsgrundsatz** Geltung verhilft, der auch im Berufungs- und Wiederaufnahmeverfahren gilt, ergibt sich Abs. 1 aus der Besonderheit des auf die Prüfung von Rechtsfragen beschränkten Rechtsmittelverfahrens (HK-Temming § 358 Rdn. 1). 1

Die Bindung des neuen Tatrichters (Abs. 1) an die Aufhebungsansicht des Revisionsgerichts soll sicherstellen, dass der neue Richter nicht die Rechtsfehler wiederholt, die aus Sicht des Revisionsgerichts beim ersten Urteil unterlaufen sind und zu dessen Aufhebung geführt haben (HK-Temming § 358 Rdn. 2). Die Aufhebungsansicht bindet ohne Rücksicht darauf, ob sie sich auf das materielle Recht oder auf das Verfahrensrecht bezieht und ob das Revisionsgericht die Vorlagepflicht nach §§ 121 Abs. 2, 132 Abs. 2, 3 GVG verletzt hat (KG JR 1958, 269; Meyer-Goßner § 358 Rdn. 3; abl. Becker NJW 1955, 1262). Hat das Revisionsgericht ein Verfahrenshindernis verneint, kann der neue Tatrichter nicht deshalb das Verfahren einstellen (HK-Temming § 358 Rdn. 2). Hält das Revisionsgericht das angewendete Strafgesetz für verfassungsgemäß, kann das Tatgericht nicht mehr an das Bundesverfassungsgericht gemäß Art. 100 Abs. 1 GG vorlegen (BVerfGE 6, 222, 242; Meyer-Goßner § 358 Rdn. 4; krit. Mohrbotter ZStW 84, 634). 2

Wird aus sachlich-rechtlichen Gründen aufgehoben, ergibt das Revisionsurteil, wie weit die Aufhebungsansicht reicht (vgl. BGH NStZ 1999, 154; BGH NStZ 1999, 259). Keine Bindungswirkung haben bloße Ratschläge und Empfehlungen für die neue Entscheidung (BGHSt 3, 234; so genannte „**Segelanweisung**") oder Hinweise auf die Rechtsprechung zu anderen Vorschriften (BGH NJW 1997, 1455). Wird das Urteil aus mehreren Gründen aufgehoben, etwa auf die Sachrüge und eine erfolgreiche Verfahrensrüge hin, bindet die Aufhebungsansicht in beiderlei Hinsicht (BGHSt 37, 350, 352). 3

Regel: Jeder der Aufhebungsgründe bindet.

Die Bindungswirkung entfällt, wenn der Gesetzgeber die entschiedene Rechtsfrage zwischenzeitlich anders geregelt hat, das BVerfG die angewendete Vorschrift für verfassungswidrig erklärt oder wenn die Bindung dem Tatrichter einen offensichtlichen Verstoß gegen das Grundgesetz zumuten würde (KK-Kuckein § 358 Rdn. 17; Meyer-Goßner § 358 Rdn. 8). 4

Zweifelhaft ist die Bindungswirkung, wenn das Revisionsgericht zwischenzeitlich seine eigene Rechtsauffassung geändert hat bzw. ändern musste. 5

Beispiel: Nach der Revisionsentscheidung kommt es anderweitig zu einer Entscheidung des Großen Senats, der die Rechtsfrage anders löst. Nach überwiegender Auffassung soll auch in diesem Fall eine Bindung an die Rechtsauffassung des Revisionsgerichts bestehen. An der Sinnhaftigkeit dieser Lösung mag man zweifeln, weil naturgemäß bei einer erneuten Revision gegen das Urteil des Untergerichts wiederum eine Bindung an die Entscheidung des Großen Senats besteht. Vgl. hierzu einerseits BGHSt 33, 358, 362; andererseits BGHZ 60, 392, 397, GemSOGB.

Die Bindung setzt im Übrigen eine **gleichbleibende Verfahrens- und Sachlage** voraus (Meyer-Goßner § 358 Rdn. 9). Neue tatrichterliche Feststellungen, die für die Aufhebungsansicht des Revisionsgerichts keine Bedeutung hatten, schließt Abs. 1 nicht aus (BGHSt 9, 324, 329). 6

Bei erneuter Revision prüft das Revisionsgericht bei Erhebung der Sachrüge, ob der Tatrichter die **Bindungswirkung** in sachlich-rechtlicher Hinsicht beachtet hat (BGH NStZ 2000, 551; Meyer-Goßner § 358 Rdn. 10). Die Nichtbeachtung der Bindung an verfahrensrechtliche Aufhebungsansichten wird nur geprüft, wenn sie ausdrücklich in der Form des § 344 Abs. 2 gerügt ist. 7

§ 358

8 Das neue Revisionsgericht ist an die **Aufhebungsansicht** des ersten Revisionsurteils gebunden (BVerfGE 4, 1, 5; GemSen NJW 1973, 1273; BGHSt 33, 356, 360 ff – GrSen). Dies gilt selbst für den BGH, wenn zunächst ein OLG entschieden hatte (BGH NJW 1953, 1880; KK-Kuckein § 358 Rdn. 13; krit. Mohrbotter ZStW 84, 630 ff). Hintergrund ist, dass Revisionsgrund nur eine Verletzung des Gesetzes sein kann. Von einer kann keine Rede mehr sein, wenn der Tatrichter den Abs. 1 beachtet hat (Meyer-Goßner § 358 Rdn. 10).

9 **Das Verbot der Schlechterstellung** in § 358 Abs. 2 entspricht dem des § 331 (vgl. dort). Die Bestimmung richtet sich gleichermaßen an das Revisionsgericht, das nach § 354 Abs. 1 und an den Tatrichter, der nach Zurückverweisung entscheidet. Es gilt auch, wenn eine zu Lasten des Angeklagten eingelegte Revision der StA nach § 301 nur zu dessen Gunsten erfolgreich war (BGHSt 38, 66, 67).

10 Das Revisionsgericht prüft einen **Verstoß gegen Abs. 2** auch ohne entsprechende Verfahrensrüge (BGHSt 14, 5, 7). Nach Auffassung des BGH begründet § 358 Abs. 2 eine einseitige, nur zugunsten des Angeklagten wirksame Rechtskraft, die als Verfahrenshindernis von Amts wegen zu berücksichtigen ist (BGHSt 11, 319, 322; BGH NJW 1979, 936; BGH wistra 2000, 475).

Viertes Buch. Wiederaufnahme eines durch rechtskräftiges Urteil abgeschlossenen Verfahrens

Vorbemerkungen

Die Vorschriften über die Wiederaufnahme versuchen, einen **Zielkonflikt zu lösen**. Auf der einen Seite steht der Rechtsfrieden mit seinem Interesse an einem rechtskräftigen Urteil, auf der anderen Seite stehen die Ziele der Wahrheit und Gerechtigkeit. Rechtsfrieden kann aber nicht eintreten, wenn ein Urteil unwahr ist (vgl. Volk § 38 Rdn. 1). Im Wiederaufnahmeverfahren wird geklärt, ob die Rechtskraft des alten Urteils durchbrochen und die Sache wieder in das Hauptverfahren zurückversetzt werden muss. Dies geschieht nie von Amts wegen, sondern nur auf Antrag.

Wieder aufgenommen werden können solche Verfahren, die durch ein **rechtskräftiges Sachurteil** (nicht: Einstellungsurteil) oder einen **Strafbefehl** (§ 373 a) abgeschlossen worden sind. Nicht zulässig soll es bei horizontaler Rechtskraft (§ 327 Rdn. 3) sein, gegen den Schuldspruch ein Wiederaufnahmeverfahren und parallel dazu gegen den Strafausspruch ein Rechtsmittel zu betreiben (vgl. BGH NStZ 1994, 25). Treten Beschlüsse an die Stelle eines Urteils (vgl. § 349 Abs. 2, 4), ist eine Wiederaufnahme ebenfalls möglich. Zum Teil gibt es weitere Bestimmungen, die flexiblere Regelungen zur Verfügung stellen (vgl. § 462 und HK-Krehl vor § 359 Rdn. 3).

Die **Wiederaufnahmegründe** sind in den §§ 359, 362, 373a abschließend geregelt. Ein weiterer Wiederaufnahmegrund ergibt sich aus **§ 79 Abs. 1 BVerfGG**, wenn ein Strafgesetz vom Bundesverfassungsgericht für verfassungswidrig erklärt worden ist.

Wiederaufnahme setzt **Beschwer** voraus. Die StA kann die Wiederaufnahme stets beantragen, der Verurteilte nur, wenn er durch einen Schuldspruch beschwert ist. Eine Korrektur lediglich des Strafausspruches ist ebenso unzulässig wie die eines Freispruchs, dessen Begründung nach Einschätzung des Verurteilten belastend wirkt. In den Fällen des § 79 Abs. 1 BVerfGG ist eine Korrektur jedoch auch im Hinblick auf den Strafausspruch möglich.

§ 359 Nr. 5 knüpft die Zulässigkeit des Antrags an die **weitere Bedingung**, dass eine günstigere Rechtsfolgenentscheidung möglich ist (Volk § 38 Rdn. 4).

Das Wiederaufnahmeverfahren ist mehrstufig.

- Im **Aditionsverfahren (§ 368)** wird unterstellt, dass die vorgebrachten Gründe der Wahrheit entsprechen und geprüft, ob sie geeignet sind, die Feststellungen des Urteils zu erschüttern (Schlüssigkeitsprüfung).
- Ist das Vorbringen schlüssig, folgt im **Probationsverfahren (§§ 369, 370)** die Beweisaufnahme über dieses Vorbringen. Wird es bestätigt, werden die Wiederaufnahme des Verfahrens und die Erneuerung der Hauptverhandlung angeordnet (§ 370 Abs. 2).
- In der **neuen Verhandlung (§ 373)** wird über die Sache ohne Bindung an das frühere Urteil neu und selbstständig verhandelt (BGHSt 14, 64, 66); daher wird die neue Verhandlung teilweise und missverständlich als dritte Stufe des Wiederaufnahmeverfahrens eingeordnet.

§ 359 [Wiederaufnahme zugunsten des Verurteilten]

Die Wiederaufnahme eines durch rechtskräftiges Urteil abgeschlossenen Verfahrens zugunsten des Verurteilten ist zulässig,

1. wenn eine in der Hauptverhandlung zu seinen Ungunsten als echt vorgebrachte Urkunde unecht oder verfälscht war;

§ 359

2. wenn der Zeuge oder Sachverständige sich bei einem zuungunsten des Verurteilten abgelegten Zeugnis oder abgegebenen Gutachten einer vorsätzlichen oder fahrlässigen Verletzung der Eidespflicht oder einer vorsätzlichen falschen uneidlichen Aussage schuldig gemacht hat;
3. wenn bei dem Urteil ein Richter oder Schöffe mitgewirkt hat, der sich in Beziehung auf die Sache einer strafbaren Verletzung seiner Amtspflichten schuldig gemacht hat, sofern die Verletzung nicht vom Verurteilten selbst veranlaßt ist;
4. wenn ein zivilgerichtliches Urteil, auf welches das Strafurteil gegründet ist, durch ein anderes rechtskräftig gewordenes Urteil aufgehoben ist;
5. wenn neue Tatsachen oder Beweismittel beigebracht sind, die allein oder in Verbindung mit den früher erhobenen Beweisen die Freisprechung des Angeklagten oder in Anwendung eines milderen Strafgesetzes eine geringere Bestrafung oder eine wesentlich andere Entscheidung über eine Maßregel der Besserung und Sicherung zu begründen geeignet sind,
6. wenn der Europäische Gerichtshof für Menschenrechte eine Verletzung der Europäischen Konvention zum Schutze der Menschenrechte und Grundfreiheiten oder ihrer Protokolle festgestellt hat und das Urteil auf dieser Verletzung beruht.

1 **§ 359 regelt abschließend** (HK-Krehl § 359 Rdn. 1) die Konstellationen, die die Wiederaufnahme zugunsten des Verurteilten ermöglichen. Neben der Nr. 5 haben die übrigen Gründe wenig praktische Bedeutung.

2 **Der Begriff der Urkunde (Nr. 1)** wird wie in § 267 StGB bestimmt. Ausreichend ist, wenn sie – auch nur versehentlich – vorgebracht und im Prozess zum Beweis verwendet worden ist (Volk § 38 Rdn. 6). Technische Aufzeichnungen sollen ebenfalls ausreichen (Meyer-Goßner § 359 Rdn. 5). Ein strafbares Gebrauchmachen im Sinne des § 267 Abs. 1 3. Alt. StGB ist nicht erforderlich.

3 **Wegen einer Falschaussage (Nr. 2)** muss eine Verurteilung erfolgt sein (§ 364). Fehlt es daran, ist nicht ausgeschlossen, den Umstand, dass die Aussage falsch war, als neue Tatsache vorzubringen (Nr. 5).

4 **Strafbare Amtspflichtverletzungen (Nr. 3)** sind z. B. solche nach §§ 239, 240, 257, 267, 311, 332, 336, 343, 344 StGB (Volk § 38 Rdn. 8). In den Fällen der Nr. 3 ist der konkrete Nachweis, dass das angefochtene Urteil auf der strafbaren Pflichtverletzung beruht, nicht erforderlich. Der Zusammenhang wird unwiderleglich vermutet (BGH NStZ 1983, 424; 425; „absoluter Wiederaufnahmegrund").

5 **Zu den Urteilen (Nr. 4)** gehören alle Urteile außer den Strafurteilen, z. B. ein Zivilurteil, das dem Strafurteil zu Grunde gelegt wurde. „Gegründet" ist ein Strafurteil auf solche Urteile nur, wenn sie bei der Beweiswürdigung verwendet wurden oder wenn es sich um Gestaltungsurteile handelte (Volk § 38 Rdn. 9).

6 **Die Wiederaufnahme wegen neuer Tatsachen oder Beweismittel (Nr. 5)** ist die praktisch wichtigste Regelung (Beulke Rdn. 586; HK-Krehl § 359 Rdn. 15).

7 Die Tatsachen müssen sich nicht auf die **materiell-rechtliche Tat** beziehen. Es genügen alle Umstände, auf denen das Urteil unmittelbar oder mittelbar beruht. Tatsachen, die den Strafantrag, die Verjährung oder andere Prozessvoraussetzungen betreffen, genügen ebenso wie solche, die sich auf Rechtfertigungs-, Strafausschließungs- oder Schuldausschließungsgründe beziehen (Meyer-Goßner § 359 Rdn. 22).

Beispiel: Jahre nach dem Urteil stellt sich heraus, dass die Angeklagte, die ihr Kind getötet hat, an einer Geisteskrankheit leidet, die schon zum Zeitpunkt der Tat ihre Schuldunfähigkeit ausschloss.

Auf **Rechtstatsachen** kann die Wiederaufnahme nicht gestützt werden (BGH NJW 1993, 1482).

Die Tatsachen und Beweismittel müssen neu sein. **Tatsachen sind neu,** wenn sie 8
dem Gericht zuvor nicht bekannt waren oder ihm zwar bekannt waren, aber bei der
Entscheidung nicht berücksichtigt worden sind (OLG Frankfurt NJW 1978, 841).
Beweismittel sind neu, wenn sie bei der Entscheidung vom Gericht nicht berücksichtigt worden sind. Warum dies nicht der Fall war, ist gleichgültig (HK-Krehl § 359
Rdn. 19). Neue Tatsache ist z.B. ein neuer Entlastungszeuge, dessen Existenz dem
Beschuldigten auch schon während der Hauptverhandlung bekannt gewesen sein kann
(OLG Düsseldorf NStZ 1993, 504), ein Geständnis der Tat durch einen Dritten oder
ein neues Sachverständigengutachten mit neuen Befundtatsachen (OLG Hamm StV
2003, 231).

Die Beweismittel und Tatsachen müssen auch **geeignet** sein, die in Nr. 5 genannten Antragsziele zu erreichen. Das Ziel einer milderen Bestrafung genügt nicht (§ 363 9
Abs. 1; anders in den Fällen des § 79 Abs. 1 BVerfGG).

Tatsachen und Beweismittel müssen **beigebracht** werden. Tatsachen werden bei- 10
gebracht, indem ihr Vorliegen mit Bestimmtheit behauptet wird. Dies setzt nicht nur
die schlichte Mitteilung der neuen Tatsachen und Beweismittel voraus, sondern ihre
genaue Bezeichnung sowie regelmäßig auch Ausführungen darüber, in welcher Hinsicht sie neu und zur Erreichung des Wiederaufnahmeziels geeignet sind (HK-Krehl
§ 359 Rdn. 28). **Neue Beweismittel** müssen so genau bezeichnet werden, dass das
Gericht sie beiziehen und benutzen kann.

Abweichende Angaben eines Zeugen sind keine neuen Beweismittel, sondern al- 11
lenfalls neue Tatsachen (Meyer-Goßner § 359 Rdn. 26). Auch **der Widerruf eines
früheren Geständnisses** kann neue Tatsache sein. Dann muss der Verurteilte ernsthafte Anhaltspunkte für die Unrichtigkeit des Geständnisses, insbesondere ein Motiv
für die unwahre Einräumung des Tatvorwurfes und den jetzigen Widerruf beibringen
(BGH NJW 1977, 59; HK-Krehl § 359 Rdn. 31).

Bei einem Verstoß gegen die EMRK (Nr. 6) wird die Möglichkeit der Wie- 12
deraufnahme ergänzend geregelt. Die Regelung ist Konsequenz aus einer Entscheidung des BVerfG (NJW 1986, 1425), das meinte, dass Strafurteile eines deutschen
Gerichts nicht analog § 359 Nr. 5 oder § 79 Abs. 1 BVerfGG aufgehoben werden
können, wenn der EGMR einen Verstoß gegen die EMRK festgestellt hat.

§ 360 [Keine Hemmung der Vollstreckung]

(1) **Durch den Antrag auf Wiederaufnahme des Verfahrens wird die Vollstreckung des Urteils nicht gehemmt.**

(2) **Das Gericht kann jedoch einen Aufschub sowie eine Unterbrechung der
Vollstreckung anordnen.**

Die Bestimmung stellt klar, dass der Wiederaufnahmeantrag **die Vollstreckung** 1
des Urteils nicht hemmt. Der einsitzende Verurteilte ist also nicht etwa aus der
Haft zu entlassen. Das Gericht kann jedoch einen Aufschub oder eine Unterbrechung
der Vollstreckung anordnen (Abs. 2). Dies wird es naturgemäß nur dann tun, wenn
ein begründeter Anlass zu der Annahme besteht, dass der Wiederaufnahmeantrag Erfolg haben wird (HK-Krehl § 360 Rdn. 3).

Die Entscheidung ergeht durch Beschluss des nach § 140a GVG zuständigen 2
Gerichts. Sie ist von der StA stets, vom Verurteilten im Fall der Ablehnung mit der
sofortigen Beschwerde (§ 372) anfechtbar (BGH NJW 1976, 431).

§ 361 [Vollstreckung und Tod keine Ausschlußgründe]

(1) **Der Antrag auf Wiederaufnahme des Verfahrens wird weder durch die
erfolgte Strafvollstreckung noch durch den Tod des Verurteilten ausgeschlossen.**

§ 362   4. Buch. Wiederaufnahme eines durch rechtskräftiges

(2) **Im Falle des Todes sind der Ehegatte, der Lebenspartner, die Verwandten auf- und absteigender Linie sowie die Geschwister des Verstorbenen zu dem Antrag befugt.**

1   Auch nach der Vollstreckung des Urteils oder dem Tod des Verurteilten ist die Wiederaufnahme möglich, um einem **berechtigten Rehabilitierungsinteresse** eines Verurteilten gerecht werden zu können. Antragsberechtigt sind außer der StA die in Abs. 2 genannten Personen. Für das Verfahren gilt § 371, der eine Hauptverhandlung gegen einen verstorbenen Verurteilten ausschließt.

2   Zweifelhaft ist, ob § 361 entsprechende Anwendung findet, wenn der Verurteilte **vor der Erledigung eines Rechtsmittels stirbt** (dafür LR-Gössel § 361 Rdn. 9; HK-Krehl § 361 Rdn. 5; a.M. BGH NStZ 1983, 179; Meyer-Goßner § 361 Rdn. 3).

§ 362 [Wiederaufnahme zuungunsten des Angeklagten]

Die Wiederaufnahme eines durch rechtskräftiges Urteil abgeschlossenen Verfahrens zuungunsten des Angeklagten ist zulässig,

1. **wenn eine in der Hauptverhandlung zu seinen Gunsten als echt vorgebrachte Urkunde unecht oder verfälscht war;**
2. **wenn der Zeuge oder Sachverständige sich bei einem zugunsten des Angeklagten abgelegten Zeugnis oder abgegebenen Gutachten einer vorsätzlichen oder fahrlässigen Verletzung der Eidespflicht oder einer vorsätzlichen falschen uneidlichen Aussage schuldig gemacht hat;**
3. **wenn bei dem Urteil ein Richter oder Schöffe mitgewirkt hat, der sich in Beziehung auf die Sache einer strafbaren Verletzung seiner Amtspflichten schuldig gemacht hat;**
4. **wenn von dem Freigesprochenen vor Gericht oder außergerichtlich ein glaubwürdiges Geständnis der Straftat abgelegt wird.**

1   Die Vorschrift regelt die **Wiederaufnahme zu Lasten des Angeklagten.** Da hiermit das verfassungsrechtliche Verbot der Doppelbestrafung (Art. 103 Abs. 3 GG) berührt wird, ist die Vorschrift grundsätzlich restriktiv auszulegen (HK-Krehl § 362 Rdn. 1; KK-Schmidt § 362 Rdn. 4).

2   **Antragsberechtigt** ist neben der StA auch der Privatkläger, nicht aber der Nebenkläger (Rieß NStZ 1988, 15). Der Antrag ist sinnlos, wenn die Strafverfolgungsverjährung eine Verurteilung letztlich unmöglich macht (HK-Krehl § 362 Rdn. 2).

3   Die Wiederaufnahmegründe entsprechen im Wesentlichen – **mit umgekehrten Vorzeichen** – denen des § 359. Eine Lücke ergibt sich im Hinblick auf den Wiederaufnahmegrund des § 362 Nr. 2. Da bei einer vorsätzlich falschen Aussage die Wiederaufnahme nach § 364 S. 1 nur zulässig ist, wenn wegen dieser Tat eine rechtskräftige Verurteilung ergangen ist, wird der begünstigt, der auf einen Zeugen so viel Druck ausübt, dass dieser seinerseits nach § 35 Abs. 1 S. 1 StGB im entschuldigenden Notstand handelt und folglich nicht bestraft werden kann. Eine analoge Anwendung der Vorschrift scheidet aus, insofern kann dem Missstand nur durch eine Gesetzesänderung begegnet werden (KG JZ 1997, 629; Beulke Rdn. 586).

4   **Praktisch wichtigster Fall ist der der Nr. 4** (Volk § 38 Rdn. 16). Erfasst sind nur Fälle des Freispruchs. Der Freigesprochene muss nach der Freisprechung durch das letzte tatrichterliche Urteil, wenn auch vor dessen Rechtskraft ein Geständnis ablegen. Nicht erforderlich ist, dass er seine Schuld einräumt. Es genügt, wenn der äußere Tatbestand einer Straftat eingeräumt wird. Dass einzelne Tatbestandsmerkmale zugegeben werden, genügt nicht (LR-Gössel § 362 Rdn. 15). Das gleichzeitige Bestreiten der Rechtswidrigkeit oder Schuld beseitigt das Geständnis nicht (LR-Gössel § 362 Rdn. 14). War der Angeklagte mangels Rechtswidrigkeit der Tat freigesprochen wor-

Urteil abgeschlossenen Verfahrens §§ 363, 364

den, muss das Geständnis allerdings die Rechtswidrigkeit der Tat dokumentieren (Meyer-Goßner § 362 Rdn. 5).

Wem gegenüber das Geständnis abgelegt wird, ist gleichgültig. Es kann vor jedem Straf- oder Zivilgericht erfolgen, auch außergerichtlich, selbst gegenüber Privatpersonen, die zur Verschwiegenheit verpflichtet sind (LR-Gössel § 362 Rdn. 18). **5**

Das Geständnis muss glaubhaft sein. Dies beurteilt das Gericht nach pflichtgemäßem Ermessen. Ein Widerruf beseitigt die Glaubhaftigkeit des Geständnisses nicht ohne weiteres (OLG Hamm GA 1957, 123). **6**

§ 363 [Unzulässigkeit]

(1) **Eine Wiederaufnahme des Verfahrens zu dem Zweck, eine andere Strafbemessung auf Grund desselben Strafgesetzes herbeizuführen, ist nicht zulässig.**

(2) **Eine Wiederaufnahme des Verfahrens zu dem Zweck, eine Milderung der Strafe wegen verminderter Schuldfähigkeit (§ 21 des Strafgesetzbuches) herbeizuführen, ist gleichfalls ausgeschlossen.**

Die Einschränkung des § 363 gilt für die Wiederaufnahme zugunsten wie zuungunsten des Verurteilten, allerdings nur im Hinblick auf die **Prüfung der Zulässigkeit und Begründetheit** des Antrags, nicht in einer eventuellen neuen Hauptverhandlung (HK-Krehl § 363 Rdn. 1). Die Restriktion bezieht sich auf die Strafzumessung im engeren Sinne und findet auf Entscheidungen über Maßregeln keine Anwendung (LR-Gössel § 363 Rdn. 4). Ob dasselbe Strafgesetz vorliegt, bestimmt sich nach dem materiellen Strafrecht. Unbenannte Strafmilderungs- oder Strafschärfungsgründe sind kein anderes Strafgesetz. Inwiefern Regelbeispiele einem anderen Gesetz gleichstehen, ist zweifelhaft. Überwiegend wird dies abgelehnt (Düsseldorf NStZ 1984, 571; LR-Gössel § 363 Rdn. 13; Meyer-Goßner § 363 Rdn. 5). Einige nehmen aber ein anderes Strafgesetz an (AK-Loos § 363 Rdn. 9; HK-Krehl § 363 Rdn. 2). **1**

§ 21 StGB ist zwar ein benannter Strafmilderungsgrund, dessen Anwendung wird aber durch **Abs. 2** explizit ausgeschlossen, weil man offenbar eine Flut von Anträgen befürchtet (vgl. BVerfG NJW 1956, 1026). **2**

§ 364 [Behauptung einer Straftat]

¹**Ein Antrag auf Wiederaufnahme des Verfahrens, der auf die Behauptung einer Straftat gegründet werden soll, ist nur dann zulässig, wenn wegen dieser Tat eine rechtskräftige Verurteilung ergangen ist oder wenn die Einleitung oder Durchführung eines Strafverfahrens aus anderen Gründen als wegen Mangels an Beweis nicht erfolgen kann.** ²**Dies gilt nicht im Falle des § 359 Nr. 5.**

Soll es im Zusammenhang mit der Verurteilung zu einer Straftat gekommen sein, ist ein Rückgriff auf diese im Regelfall zur zulässig, wenn wegen der Tat eine **rechtskräftige Verurteilung** erfolgt ist. Dies betrifft Wiederaufnahmeanträge zugunsten des Verurteilten nach § 359 Nr. 1 bis 3 und zuungunsten des Verurteilten nach § 362 Nr. 1 bis 3. Allerdings gilt dies nicht in den Fällen des § 359 Nr. 5 (§ 364 S. 2). Insofern kann immer noch eine „neue Tatsache" vorliegen, wenn es z.B. wegen der Verwendung einer gefälschten Urkunde nicht zur Verurteilung kam (§ 359 Nr. 5). **1**

Der Antragsteller hat nicht nur ein **Wahlrecht** zwischen den verschiedenen Wiederaufnahmegründen, er kann außerdem auf die nach § 359 Nr. 1 bis 3 notwendige Strafverfolgung hinwirken, andererseits seinen Antrag aber auch auf neue Tatsachen oder Beweismittel nach § 359 Nr. 5 stützen (HK-Krehl § 364 Rdn. 3). **2**

Bei der **Begründung eines Antrags** genügt der Verweis auf ein bereits ergangenes Strafurteil. Fehlt es an der rechtskräftigen Verurteilung, sind die Umstände darzulegen, **3**

693

aus denen sich der jeweilige Verdacht der Straftat ergibt sowie die Gründe, die der Einleitung oder Durchführung eines Strafverfahrens entgegenstehen (LR-Gössel § 364 Rdn. 4).

§ 364a [Bestellung eines Verteidigers]

Das für die Entscheidungen im Wiederaufnahmeverfahren zuständige Gericht bestellt dem Verurteilten, der keinen Verteidiger hat, auf Antrag einen Verteidiger für das Wiederaufnahmeverfahren, wenn wegen der Schwierigkeit der Sach- oder Rechtslage die Mitwirkung eines Verteidigers geboten erscheint.

1 Wie § 364b hat die Vorschrift nur einen begrenzten Anwendungsbereich, da sie voraussetzt, dass der Verurteilte keinen Verteidiger hat. Dies wird nur selten der Fall sein, da eine im früheren Verfahren erteilte Vollmacht bis zur Rechtskraft des Beschlusses nach § 370 Abs. 2 fort gilt (OLG Düsseldorf NStZ 1983, 235; HK-Krehl § 364a Rdn. 1).

2 Das Recht des Verurteilten auf Bestellung eines Verteidigers gilt schon für das **Verfahrensstadium der Antragstellung,** nicht erst, wenn die Wiederaufnahme beantragt worden ist (Meyer-Goßner § 364a Rdn. 3).

3 Voraussetzung ist, dass wegen der **Schwierigkeit der Sach- oder Rechtslage** die Mitwirkung eines Verteidigers geboten erscheint. Über den Antrag entscheidet das nach § 140a GVG zuständige Gericht (HK-Krehl § 364a Rdn. 7). Gegen einen ablehnenden Beschluss ist einfache Beschwerde zulässig; § 372 S. 1 gilt nicht (vgl. BGH NJW 1976, 431).

§ 364b [Bestellung eines Verteidigers zur Vorbereitung]

(1) ¹*Das für die Entscheidungen im Wiederaufnahmeverfahren zuständige Gericht bestellt dem Verurteilten, der keinen Verteidiger hat, auf Antrag einen Verteidiger schon für die Vorbereitung eines Wiederaufnahmeverfahrens, wenn*
1. *hinreichende tatsächliche Anhaltspunkte dafür vorliegen, daß bestimmte Nachforschungen zu Tatsachen oder Beweismitteln führen, welche die Zulässigkeit eines Antrags auf Wiederaufnahme des Verfahrens begründen können,*
2. *wegen der Schwierigkeit der Sach- oder Rechtslage die Mitwirkung eines Verteidigers geboten erscheint und*
3. *der Verurteilte außerstande ist, ohne Beeinträchtigung des für ihn und seine Familie notwendigen Unterhalts auf eigene Kosten einen Verteidiger zu beauftragen.*

²*Ist dem Verurteilten bereits ein Verteidiger bestellt, so stellt das Gericht auf Antrag durch Beschluß fest, daß die Voraussetzungen der Nummern 1 bis 3 des Satzes 1 vorliegen.*

(2) *Für das Verfahren zur Feststellung der Voraussetzungen des Absatzes 1 Satz 1 Nr. 3 gelten § 117 Abs. 2 bis 4 und § 118 Abs. 2 Satz 1, 2 und 4 der Zivilprozeßordnung entsprechend.*

1 **§ 364b ergänzt § 364a.** Im Hinblick auf die Bestellung des Pflichtverteidigers ist allerdings eine Prüfung der Erfolgsaussichten des Wiederaufnahmeantrags nötig (Abs. 1 Nr. 1). Aufgabe des Verteidigers ist in erster Linie, Nachforschungen zur Vorbereitung eines auf § 359 Nr. 5 gestützten Antrags anzustellen (LR-Gössel § 364b Rdn. 5).

2 Die Bestellung setzt einen **Antrag** des Verurteilten oder der StA voraus. An das Antragsvorbringen dürfen keine überzogenen Voraussetzungen gestellt werden (OLG

Düsseldorf MDR 1987, 606). Gegen die Entscheidung ist einfache Beschwerde gegeben (vgl. § 364a Rdn. 3).

§ 365 [Allgemeine Vorschriften für den Antrag]

Die allgemeinen Vorschriften über Rechtsmittel gelten auch für den Antrag auf Wiederaufnahme des Verfahrens.

Die Vorschrift ordnet die **Geltung der allgemeinen Vorschriften** über Rechtsmittel auch für den Antrag auf Wiederaufnahme des Verfahrens an. Dies gilt bis zur Entscheidung nach § 370 und für die Anfechtung dieser Entscheidung, nicht mehr jedoch für das wiederaufgenommene Verfahren. Anwendbar sind die §§ 296 bis 303, die Rechtsmittelbeschränkungen (§§ 318, 327, 344 Abs. 1, 352 Abs. 1) gelten entsprechend (HK-Krehl § 365 Rdn. 1). 1

Zur Geltung der allgemeinen Regeln gehört, dass der Antragsteller auch **beschwert** ist. Die Verweisung auf allgemeine Vorschriften impliziert, dass ggf. geschaut werden muss, ob mit Rücksicht auf das Wiederaufnahmeverfahren Modifizierungen nötig sind. Vgl. hierzu HK-Krehl § 365 Rdn. 3 ff; Meyer-Goßner § 365 Rdn. 2 ff. 2

§ 366 [Inhalt und Form des Antrages]

(1) In dem Antrag müssen der gesetzliche Grund der Wiederaufnahme des Verfahrens sowie die Beweismittel angegeben werden.

(2) Von dem Angeklagten und den in § 361 Abs. 2 bezeichneten Personen kann der Antrag nur mittels einer von dem Verteidiger oder einem Rechtsanwalt unterzeichneten Schrift oder zu Protokoll der Geschäftsstelle angebracht werden.

Wie bei § 172 Abs. 3 ist eine **auf Tatsachen gegründete, in sich geschlossene und aus sich heraus verständliche Sachdarstellung** nötig, die bis zur Entscheidung ergänzt werden kann (OLG Düsseldorf wistra 1993, 159; HK-Krehl § 366 Rdn. 2). Bezugnahmen und Verweisungen sind unzulässig. 1

Regel: Man sollte den Antrag so angehen, wie die Begründung einer Verfahrensrüge nach § 344 Abs. 2.

Welche **Antragsbegründung** im Einzelnen erforderlich ist, hängt von dem gesetzlichen Wiederaufnahmegrund ab (vgl. Meyer-Goßner § 366 Rdn. 1). Abs. 2 entspricht dem § 345 Abs. 2; vgl. § 345 Rdn. 11. 2

§ 367 [Gerichtszuständigkeit; Verfahren]

(1) ¹Die Zuständigkeit des Gerichts für die Entscheidungen im Wiederaufnahmeverfahren und über den Antrag zur Vorbereitung eines Wiederaufnahmeverfahrens richtet sich nach den besonderen Vorschriften des Gerichtsverfassungsgesetzes. ²Der Verurteilte kann Anträge nach den §§ 364a und 364b oder einen Antrag auf Zulassung der Wiederaufnahme des Verfahrens auch bei dem Gericht einreichen, dessen Urteil angefochten wird; dieses leitet den Antrag dem zuständigen Gericht zu.

(2) Die Entscheidungen über Anträge nach den §§ 364a und 364b und den Antrag auf Zulassung der Wiederaufnahme des Verfahrens ergehen ohne mündliche Verhandlung.

§§ 368, 369   4. Buch. Wiederaufnahme eines durch rechtskräftiges

1   Die Bestimmung verweist für die **Zuständigkeit** auf das GVG. Das Wiederaufnahmegericht muss ein anderes Gericht mit gleicher sachlicher Zuständigkeit sein wie das Gericht, dessen Entscheidung angefochten wird (vgl. auch § 23 Abs. 2).

2   Richtet sich der Antrag gegen ein im Revisionsverfahren erlassenes Urteil, entscheidet ein **Gericht gleicher Ordnung** wie das Gericht, dessen Urteil mit der Revision angefochten war (§ 140a Abs. 1 S. 2 GVG). Dies gilt auch dann, wenn nur ein Mangel des revisionsgerichtlichen Verfahrens gerügt wird (BGH GA 1985, 419). Das LG entscheidet bei einer Wiederaufnahme gegen Berufungsurteile, falls das Berufungsgericht sachlich in der Schuldfrage entschieden hat oder der Wiederaufnahmeantrag auf einen nur innerhalb des Berufungsverfahrens liegenden Wiederaufnahmegrund gestützt ist. Ansonsten entscheidet das Amtsgericht.

3   **Das OLG** ist als Wiederaufnahmegericht zuständig für Urteile, die vom RG in 1. Instanz erlassen worden sind (BGH NStZ 1983, 424). Dies betrifft Fälle nationalsozialistischen Unrechts, wobei zu bedenken ist, dass die Wiederaufnahme auch nach dem Tod des Verurteilten möglich ist (§ 361 Abs. 1).

4   Der Verurteilte kann Anträge auch bei dem Gericht einreichen, **dessen Urteil angefochten wird** (§ 367 Abs. 1 S. 2). Damit wird ihm die Mühe erspart herauszufinden, welches Gericht nach der Entscheidung des Präsidiums des OLG örtlich zuständig sein soll.

5   Die Entscheidung eines sachlich oder örtlich unzuständigen Gerichts soll grundsätzlich **wirksam** sein (HK-Krehl § 367 Rdn. 8 f).

§ 368 [Verwerfung wegen Unzulässigkeit]

(1) Ist der Antrag nicht in der vorgeschriebenen Form angebracht oder ist darin kein gesetzlicher Grund der Wiederaufnahme geltend gemacht oder kein geeignetes Beweismittel angeführt, so ist der Antrag als unzulässig zu verwerfen.

(2) Andernfalls ist er dem Gegner des Antragstellers unter Bestimmung einer Frist zur Erklärung zuzustellen.

1   Die Vorschrift betrifft die Prüfung der **Zulässigkeit des Wiederaufnahmeantrags (Aditionsverfahren).** Ist er unzulässig, wird er verworfen. Andernfalls ist er dem Gegner zur Erklärung zuzustellen (Abs. 2).

2   Das Gericht prüft die **Schlüssigkeit des Vorbringens.** Zu beurteilen ist, ob dieses – als richtig unterstellt – die Urteilsgrundlage erschüttert und es wahrscheinlich macht, dass das Ziel der Wiederaufnahme erreicht wird (Volk § 38 Rdn. 19). Dabei ist sehr umstritten, welcher Grad an Wahrscheinlichkeit erforderlich ist. Bei der Prüfung des Wiederaufnahmeantrags müssen sich die Richter in die Rolle des anderen Gerichts hineinversetzen, also dessen Rechtsauffassung und dessen Konstruktion des Beweisgebäudes zu Grunde legen. Da es sich nicht von dem neuen Vorbringen überzeugen und Tatsachen nicht feststellen muss, sondern nur eine Prognoseentscheidung trifft, gilt in dubio pro reo nicht (sehr umstritten; Volk § 38 Rdn. 19; KK-Schmidt § 368 Rdn. 10ff). Zulassungs- und Verwerfungsbeschluss sind mit der **sofortigen Beschwerde** anfechtbar (§ 372 S. 1).

§ 369 [Beweisaufnahme über das Begründetsein]

(1) Wird der Antrag für zulässig befunden, so beauftragt das Gericht mit der Aufnahme der angetretenen Beweise, soweit dies erforderlich ist, einen Richter.

(2) Dem Ermessen des Gerichts bleibt es überlassen, ob die Zeugen und Sachverständigen eidlich vernommen werden sollen.

Urteil abgeschlossenen Verfahrens § 370

(3) ¹Bei der Vernehmung eines Zeugen oder Sachverständigen und bei der Einnahme eines richterlichen Augenscheins ist der Staatsanwaltschaft, dem Angeklagten und dem Verteidiger die Anwesenheit zu gestatten. ²§ 168c Abs. 3, § 224 Abs. 1 und § 225 gelten entsprechend. ³Befindet sich der Angeklagte nicht auf freiem Fuß, so hat er keinen Anspruch auf Anwesenheit, wenn der Termin nicht an der Gerichtsstelle des Ortes abgehalten wird, wo er sich in Haft befindet, und seine Mitwirkung der mit der Beweiserhebung bezweckten Klärung nicht dienlich ist.

(4) Nach Schluß der Beweisaufnahme sind die Staatsanwaltschaft und der Angeklagte unter Bestimmung einer Frist zu weiterer Erklärung aufzufordern.

In dieser zweiten Stufe (Probationsverfahren) wird über das Wiederaufnahmevorbringen Beweis erhoben. Ziel ist die „genügende Bestätigung" (§ 370). Ein voller Beweis ist nicht erforderlich, es genügt, wenn es hinreichend wahrscheinlich ist, dass in der neuen Hauptverhandlung eine dem Verurteilten günstige Entscheidung ergeht (OLG Frankfurt StV 1996, 138), in den Fällen des § 362 eine für ihn ungünstige Entscheidung. 1

Die **Beweisaufnahme** kann durch einen beauftragten Richter erfolgen, der bei der späteren Beschlussfassung auch nicht mitwirken muss (OLG Jena NStZ-RR 1997, 47). Das Kollegialgericht – etwa die Große Strafkammer – kann die Beweiserhebung aber auch in voller Besetzung vornehmen. Ähnlich der Revisionshauptverhandlung hat ein Angeklagter, der nicht auf freiem Fuß ist, keinen Anspruch auf Anwesenheit, es sei denn, dass seine Mitwirkung der mit der Beweiserhebung bezweckten Klärung dienlich ist (vgl. § 369 Abs. 3 a. E.). 2

Nach der Beweisaufnahme haben die Verfahrensbeteiligten Gelegenheit zur Stellungnahme. Gegen Art und Umfang der Beweisaufnahme ist die Beschwerde nicht zulässig, wohl aber gegen die Ausschließung des Verurteilten bzw. die Ablehnung seines Vorführungsantrags (HK-Krehl § 369 Rdn. 9). Mit Abschluss der Beweiserhebung gibt es nur noch die **sofortige Beschwerde** gegen die Entscheidung nach § 370 Abs. 1 (LR-Gössel § 369 Rdn. 9). 3

§ 370 [Entscheidung über das Begründetsein]

(1) Der Antrag auf Wiederaufnahme des Verfahrens wird ohne mündliche Verhandlung als unbegründet verworfen, wenn die darin aufgestellten Behauptungen keine genügende Bestätigung gefunden haben oder wenn in den Fällen des § 359 Nr. 1 und 2 oder des § 362 Nr. 1 und 2 nach Lage der Sache die Annahme ausgeschlossen ist, daß die in diesen Vorschriften bezeichnete Handlung auf die Entscheidung Einfluß gehabt hat.

(2) Andernfalls ordnet das Gericht die Wiederaufnahme des Verfahrens und die Erneuerung der Hauptverhandlung an.

Das Probationsverfahren endet **ohne mündliche Verhandlung** durch zu begründenden Beschluss. In diesem wird entweder der Wiederaufnahmeantrag (ganz oder teilweise) verworfen oder die Wiederaufnahme angeordnet. In welchem Umfang das Gericht prüft, richtet sich nach dem geltend gemachten Wiederaufnahmegrund (vgl. HK-Krehl § 370 Rdn. 2). 1

Die im Wiederaufnahmeantrag aufgestellten Behauptungen sind **genügend bestätigt,** wenn auf Grund der Beweisaufnahme ihre Richtigkeit hinreichend wahrscheinlich ist. Ein jeden Zweifel ausschließender Beweis ist nicht erforderlich (BVerfG NStZ 1990, 499). 2

Mit der **Anordnung der Wiederaufnahme** wird die weitere Strafvollstreckung aus dem angefochtenen Urteil unzulässig. Eine Fahrerlaubnis wird rückwirkend wie- 3

§§ 371, 372   4. Buch. Wiederaufnahme eines durch rechtskräftiges

dererlangt mit der Konsequenz, dass eine rechtskräftige Verurteilung wegen Fahrens ohne Fahrerlaubnis wieder entfallen soll (BayObLG NJW 1992, 1120). Bei teilweise Wiederaufnahme in Tatmehrheit stehender Straftaten entfällt auch die Gesamtstrafe. Zwangsmaßnahmen zur Sicherung des weiteren Verfahrens, wie z. B. Haftbefehle, sind zulässig, müssen aber neu angeordnet werden (HK-Krehl § 370 Rdn. 5; vgl. auch BVerfG StV 2005, 613).

4   Der **Verwerfungsbeschluss** ist mit der sofortigen Beschwerde anfechtbar. Die Anordnung der Wiederaufnahme ist unanfechtbar (§ 372 S. 2) und kann selbst dann nicht zurückgenommen werden, wenn sie erschlichen wurde (OLG Köln NJW 1955, 314).

§ 371 [Freisprechung ohne Hauptverhandlung]

(1) Ist der Verurteilte bereits verstorben, so hat ohne Erneuerung der Hauptverhandlung das Gericht nach Aufnahme des etwa noch erforderlichen Beweises entweder auf Freisprechung zu erkennen oder den Antrag auf Wiederaufnahme abzulehnen.

(2) Auch in anderen Fällen kann das Gericht, bei öffentlichen Klagen jedoch nur mit Zustimmung der Staatsanwaltschaft, den Verurteilten sofort freisprechen, wenn dazu genügende Beweise bereits vorliegen.

(3) ¹Mit der Freisprechung ist die Aufhebung des früheren Urteils zu verbinden. ²War lediglich auf eine Maßregel der Besserung und Sicherung erkannt, so tritt an die Stelle der Freisprechung die Aufhebung des früheren Urteils.

(4) Die Aufhebung ist auf Verlangen des Antragstellers durch den Bundesanzeiger bekanntzumachen und kann nach dem Ermessen des Gerichts auch durch andere Blätter veröffentlicht werden.

1   Eine **Freisprechung ohne Hauptverhandlung** kann erfolgen, wenn der Verurteilte bereits verstorben ist (Abs. 1). Auch in anderen Fällen ist eine Freisprechung ohne Hauptverhandlung möglich, im Regelfall jedoch nur mit Zustimmung der StA. Voraussetzung ist, dass das Probationsverfahren bereits genügend Beweise erbracht hat. Mit der Freisprechung ist die Aufhebung des früheren Urteils zu verfügen. Der Freispruch erfolgt durch Beschluss (BGH NJW 1956, 478), der auch eine Entscheidung über die Kosten des Verfahrens und ggf. über eine Entschädigung enthält.
2   Die **öffentliche Bekanntmachung** nach Abs. 4 ersetzt die Rehabilitierung des Verurteilten durch die Urteilsverkündung in einer Hauptverhandlung. Sie setzt ein nicht fristgebundenes Verlangen des Antragstellers voraus (HK-Krehl § 371 Rdn. 7).
3   Gegen den ablehnenden/freisprechenden Beschluss gibt es die **sofortige Beschwerde** nach § 372 S. 2.

§ 372 [Sofortige Beschwerde]

¹Alle Entscheidungen, die aus Anlaß eines Antrags auf Wiederaufnahme des Verfahrens von dem Gericht im ersten Rechtszug erlassen werden, können mit sofortiger Beschwerde angefochten werden. ²Der Beschluß, durch den das Gericht die Wiederaufnahme des Verfahrens und die Erneuerung der Hauptverhandlung anordnet, kann von der Staatsanwaltschaft nicht angefochten werden.

1   **Bestimmte Entscheidungen** im Wiederaufnahmeverfahren unterliegen der sofortigen Beschwerde. Dies gilt auch dann, wenn die Beschwerde sich gegen eine erstinstanzliche Entscheidung eines OLG richtet (§ 304 Abs. 4 S. 2 Nr. 5). Alle anderen Beschlüsse sind mit der einfachen Beschwerde anfechtbar, hiervon ausgenommen sind die Entscheidungen des OLG. § 305 Abs. 1 gilt sinngemäß (OLG Frankfurt NJW 1965, 314).

Urteil abgeschlossenen Verfahrens **§§ 373, 373a**

Für die Form gilt nicht § 366 Abs. 2, sondern **§ 306 Abs. 1** (HK-Krehl § 372 **2**
Rdn. 4). Beschwerdegericht ist das dem Wiederaufnahmegericht nach § 140a GVG
übergeordnete Gericht. Mit der Rechtskraft von in der Sache ergangenen Beschwerdeentscheidungen ist die Wiederholung eines auf dieselben Tatsachen und Beweismittel gestützten Antrags ausgeschlossen (HK-Krehl § 373 Rdn. 7). Ist der die
Wiederaufnahme anordnende Beschluss rechtskräftig, steht die Rechtmäßigkeit der
Wiederaufnahme fest. In der erneuten Hauptverhandlung ist daher die Rechtmäßigkeit nicht mehr zu prüfen. Dies gilt auch für das Revisionsgericht (siehe aber BGH
NJW 1963, 1364).

§ 373 [Urteil nach erneuter Hauptverhandlung; Verbot der reformatio in peius]

(1) In der erneuten Hauptverhandlung ist entweder das frühere Urteil aufrechtzuerhalten oder unter seiner Aufhebung anderweit in der Sache zu erkennen.

(2) ¹Das frühere Urteil darf in Art und Höhe der Rechtsfolgen der Tat nicht
zum Nachteil des Verurteilten geändert werden, wenn lediglich der Verurteilte,
zu seinen Gunsten die Staatsanwaltschaft oder sein gesetzlicher Vertreter die
Wiederaufnahme des Verfahrens beantragt hat. ²Diese Vorschrift steht der Anordnung der Unterbringung in einem psychiatrischen Krankenhaus oder einer
Entziehungsanstalt nicht entgegen.

Die neue Hauptverhandlung vor dem nach § 140a GVG zuständigen Gericht **1**
wird entweder das frühere Urteil bestätigen und aufrechterhalten; andernfalls wird es
aufgehoben und vom neuen Gericht in der Sache entschieden. Die Hauptverhandlung
ist vollständig neu durchzuführen, irgendwelche Verweisungen auf bereits geleistete
Eide usw. sind unzulässig. Die Verlesung früherer Vernehmungsniederschriften ist nur
unter den Voraussetzungen des § 251 zulässig.

Das **Verschlechterungsverbot** nach Abs. 2 entspricht den Regeln des § 331, **2**
§ 358 Abs. 2. Das Verbot der reformatio in peius steht aber einer Unterbringung in
einem psychiatrischen Krankenhaus usw. nicht entgegen (§ 373 Abs. 2 S. 2).

§ 373a [Wiederaufnahme bei Strafbefehlen]

(1) Die Wiederaufnahme eines durch rechtskräftigen Strafbefehl abgeschlossenen Verfahrens zuungunsten des Verurteilten ist auch zulässig, wenn neue Tatsachen oder Beweismittel beigebracht sind, die allein oder in Verbindung mit
den früheren Beweisen geeignet sind, die Verurteilung wegen eines Verbrechens
zu begründen.

(2) Im übrigen gelten für die Wiederaufnahme eines durch rechtskräftigen
Strafbefehl abgeschlossenen Verfahrens die §§ 359 bis 373 entsprechend.

Die Vorschrift enthält eine abschließende Regelung für die Wiederaufnahme bei **1**
Strafbefehlen. Hintergrund ist eine jahrelange Diskussion um die **beschränkte
Rechtskraft des Strafbefehls**. § 373a stellt klar, dass eine Durchbrechung der
Rechtskraft des Strafbefehls (auch) zulässig ist, wenn es darum geht, die Verurteilung
wegen eines Verbrechens zu erreichen.

Für die Prüfung der **Zulässigkeit der Wiederaufnahme** usw. gelten die §§ 359 **2**
bis 373 entsprechend. Im Hinblick auf die Zulässigkeit (§ 368) ist hinsichtlich des
Vorliegens neuer Tatsachen oder Beweismittel auf die Aktenlage abzustellen (BVerfG
NJW 1993, 2735, 2736). Über den zulässigen Antrag wird gemäß § 369 Beweis erhoben und über die Begründetheit entschieden. Sodann erfolgt nach einem Beschluss

§ 373a   4. Buch. Wiederaufnahme eines durch rechtskräftiges

gemäß § 370 Abs. 2 im Regelfall ein normales Wiederaufnahmeverfahren mit Hauptverhandlung.

3   **Die Entscheidung** nach §§ 368 ff trifft das nach § 140a GVG zuständige Amtsgericht. Nach Beschlussfassung gemäß § 370 Abs. 2 legt der Amtsrichter die Sache nach § 225a Abs. 1 an das zur Aburteilung des Verbrechens zuständige Gericht vor.

Fünftes Buch.
Beteiligung des Verletzten am Verfahren

Das Opferschutzgesetz vom 18. 12. 1986 hat im Verein mit weiteren Änderungen 1
(vgl. Vor § 395 Rdn. 1) die Rolle des **Verletzten im Strafprozess** gestärkt. Dieser
ist Verfahrensbeteiligter und kann Privatklage erheben (§§ 374ff), sich im Verfahren
als Nebenkläger beteiligen (§§ 395ff), im Adhäsionsverfahren einen vermögensrechtlichen Anspruch durchsetzen (§§ 403ff) und Akteneinsicht nehmen (§ 406e). Die
Möglichkeiten sind unterschiedlich bedeutsam. So ist der Weg über die Privatklage
regelmäßig nicht zu empfehlen, Adhäsionsanträge sind selten erfolgreich. Häufig sind
die Nebenklage und die Nutzung des Akteneinsichtsrechts.

Der **Begriff des Verletzten** entspricht dabei dem in § 172 (§ 172 Rdn. 4). 2

Erster Abschnitt. Privatklage

§ 374 [Zulässigkeit; Klageberechtigte]

(1) Im Wege der Privatklage können vom Verletzten verfolgt werden, ohne
daß es einer vorgängigen Anrufung der Staatsanwaltschaft bedarf,
1. ein Hausfriedensbruch (§ 123 des Strafgesetzbuches),
2. eine Beleidigung (§§ 185 bis 189 des Strafgesetzbuches), wenn sie nicht gegen
   eine der in § 194 Abs. 4 des Strafgesetzbuches genannten politischen Körperschaften gerichtet ist,
3. eine Verletzung des Briefgeheimnisses (§ 202 des Strafgesetzbuches),
4. eine Körperverletzung (§§ 223 und 229 des Strafgesetzbuches),
5. eine Bedrohung (§ 241 des Strafgesetzbuches),
5a. eine Bestechlichkeit oder Bestechung im geschäftlichen Verkehr (§ 299 des
   Strafgesetzbuches),
6. eine Sachbeschädigung (§ 303 des Strafgesetzbuches),
6a. eine Straftat nach § 323a des Strafgesetzbuches, wenn die im Rausch begangene Tat ein in den Nummern 1 bis 6 genannten Vergehen ist,
7. eine Straftat nach den §§ 16 bis 19 des Gesetzes gegen den unlauteren Wettbewerb,
8. eine Straftat nach § 142 Abs. 1 des Patentgesetzes, § 25 Abs. 1 des Gebrauchsmustergesetzes, § 10 Abs. 1 des Halbleiterschutzgesetzes, § 39 Abs. 1 des Sortenschutzgesetzes, § 143 Abs. 1, § 143a Abs. 1 und § 144 Abs. 1 und 2 des Markengesetzes, § 51 Abs. 1 und § 65 Abs. 1 des Geschmacksmustergesetzes, den §§ 106 bis 108 sowie § 108b Abs. 1 und 2 des Urheberrechtsgesetzes und § 33 des Gesetzes betreffend das Urheberrecht an Werken der bildenden Künste und der Photographie.

(2) ¹Die Privatklage kann auch erheben, wer neben dem Verletzten oder an
seiner Stelle berechtigt ist, Strafantrag zu stellen. ²Die in § 77 Abs. 2 des Strafgesetzbuches genannten Personen können die Privatklage auch dann erheben,
wenn der vor ihnen Berechtigte den Strafantrag gestellt hat.

(3) Hat der Verletzte einen gesetzlichen Vertreter, so wird die Befugnis zur
Erhebung der Privatklage durch diesen und, wenn Körperschaften, Gesellschaften
und andere Personenvereine, die als solche in bürgerlichen Rechtsstreitigkeiten

klagen können, die Verletzten sind, durch dieselben Personen wahrgenommen, durch die sie in bürgerlichen Rechtsstreitigkeiten vertreten werden.

1   Bei bestimmten nicht schwerwiegenden Vergehen wird das **Offizialprinzip aufgeweicht.** Geht es um die in § 374 aufgeführten Straftaten, die zwar den Lebenskreis des Verletzten berühren, die Allgemeinheit hingegen weniger, wird das Verfahren von der StA nur dann betrieben, wenn ein öffentliches Interesse an der Verfolgung von Amts wegen besteht (§ 376). Der Verletzte im Sinne des § 374 hat aber das Recht, das Verfahren im Wege der Privatklage zu betreiben.

2   § 374 Abs. 1 listet die **Straftatbestände** auf, die im Wege der Privatklage verfolgt werden können. Trifft das Privatklagedelikt mit einem Offizialdelikt zusammen, ist die Privatklage ausgeschlossen (Beulke Rdn. 591).

3   Soweit es sich um ein Antragsdelikt handelt, setzt die Verfolgung im Privatklagewege zunächst voraus, dass ein **Strafantrag gestellt** ist. Der Strafantrag muss von dem Privatkläger oder einem für diesen Befugten gestellt worden sein, der Strafantrag eines anderen Verletzten genügt nicht (BayObLG JZ 1965, 371; HK-Kurth § 374 Rdn. 11). Der Kreis der zur Privatklage Berechtigten wird durch Abs. 2 erweitert.

4   Der Privatkläger übernimmt weitgehend die **Stellung der Staatsanwaltschaft,** die allerdings bis zum Eintritt der Rechtskraft des Urteils durch eine ausdrückliche Erklärung die Verfolgung übernehmen kann (§ 377 Abs. 2 S. 1 StPO).

5   In den Fällen des § 380 Abs. 1 kann der Privatklageweg erst beschritten werden, wenn ein Sühneversuch erfolglos geblieben ist (Volk § 32 Rdn. 592).

6   **Der Verletzte muss prozessfähig sein.** Dies beurteilt sich nach den Vorschriften des Bürgerlichen Rechts (§§ 51, 52 ZPO). Entscheidend ist, ob der Privatkläger voll geschäftsfähig ist. Sonst muss der gesetzliche Vertreter die Privatklage erheben, wenngleich der Verletzte auch in diesem Fall allein Privatkläger bleibt. **Juristische Personen** sowie Vereine können als Verletzte ebenfalls Privatklage erheben. Die Befugnis wird durch die Personen ausgeübt, die sie in bürgerlichen Rechtsstreitigkeiten vertreten (Meyer-Goßner § 374 Rdn. 10).

7   Die Privatklage gegen einen zur Tatzeit **Jugendlichen** ist unzulässig (§ 80 Abs. 1 S. 1 JGG); damit ist auch ein Sühneversuch nach § 380 ausgeschlossen (HK-Kurth § 374 Rdn. 22).

8   Für Privatklagen ist der **Strafrichter sachlich ausschließlich zuständig** (§ 25 Nr. 1 GVG), bei Heranwachsenden der Jugendrichter (§ 108 Abs. 2 JGG).

§ 375 [Mehrere Klageberechtigte]

(1) **Sind wegen derselben Straftat mehrere Personen zur Privatklage berechtigt, so ist bei Ausübung dieses Rechts ein jeder von dem anderen unabhängig.**

(2) **Hat jedoch einer der Berechtigten die Privatklage erhoben, so steht den übrigen nur der Beitritt zu dem eingeleiteten Verfahren, und zwar in der Lage zu, in der es sich zur Zeit der Beitrittserklärung befindet.**

(3) **Jede in der Sache selbst ergangene Entscheidung äußert zugunsten des Beschuldigten ihre Wirkung auch gegenüber solchen Berechtigten, welche die Privatklage nicht erhoben haben.**

1   Die Vorschrift stellt klar, dass bei Privatklagen mehrerer jeder **unabhängig** von dem anderen sein Recht ausüben kann. In solchen Fällen sind die Prozessvoraussetzungen einschließlich Strafantrag für jeden Privatkläger gesondert zu prüfen.

2   Da wegen derselben Tat **nur ein Privatklageverfahren** durchgeführt werden darf, können weitere Berechtigte dem bereits eingeleiteten Verfahren lediglich beitreten

1. Abschnitt. Privatklage §§ 376, 377

(Abs. 2). Ein solcher Beitritt ist nur zulässig, wenn der Beitretende auch selbst zur Erhebung der Privatklage befugt ist. Daher muss er beim Antragsdelikt einen wirksamen Strafantrag gestellt haben. Wird die Beitrittserklärung innerhalb der Strafantragsfrist abgegeben, liegt hierin zugleich ein Strafantrag (HK-Kurth § 375 Rdn. 4).

Ein Beitritt ist in jeder Lage des Verfahrens möglich, also auch noch in der Rechtsmittelinstanz. Eine besondere Form ist nicht vorgeschrieben. Die in § 381 S. 2 für die Klageschrift aufgestellten Erfordernisse gelten nicht. 3

Abs. 3 stellt klar, dass durch die **Rechtskraft einer Entscheidung** die Strafklage wegen derselben Tat in der Person aller potentiellen Privatkläger verbraucht ist. Irrelevant ist, ob die rechtskräftige Entscheidung im Privatklage- oder im Offizialverfahren ergangen ist (HK-Kurth § 375 Rdn. 10). Sachentscheidungen im Sinne des Abs. 3 sind nicht nur Freispruch oder Bestrafung, sondern auch ein Zurückweisungsbeschluss nach § 383 Abs. 1, wenn dieser auf sachlich-rechtlichen Gründen oder dem Fehlen hinreichenden Tatverdachts beruht, sowie der Einstellungsbeschluss nach § 383 Abs. 2. 4

§ 376 [Erhebung der öffentlichen Klage]

Die öffentliche Klage wird wegen der in § 374 bezeichneten Straftaten von der Staatsanwaltschaft nur dann erhoben, wenn dies im öffentlichen Interesse liegt.

Die Vorschrift enthält eine **Einschränkung des Legalitätsprinzips.** Für Privatklagedelikte ist das besondere öffentliche Interesse eine Prozessvoraussetzung (HK-Kurth § 376 Rdn. 1; Meyer-Goßner § 170 Rdn. 7), bei dessen Verneinung besteht für das Offizialverfahren ein Verfahrenshindernis. 1

Der Begriff des öffentlichen Interesses findet sich zum Teil im materiellen Recht in Gestalt des „besonderen öffentlichen Interesses" (vgl. etwa § 248a StGB für Vermögensstraftaten mit geringem Schaden). Das öffentliche Interesse in § 376 ist ein unbestimmter Rechtsbegriff, für die Beantwortung der Frage steht der StA ein recht weiter Beurteilungsspielraum zur Verfügung (HK-Kurth § 376 Rdn. 2). Ausgefüllt wird er durch RiStBV Nr. 86 Abs. 2 S. 1. Danach liegt ein öffentliches Interesse regelmäßig dann vor, wenn der Rechtsfrieden über den Lebenskreis des Verletzten hinaus gestört und die Strafverfolgung, etwa wegen des Ausmaßes der Rechtsverletzung, der Rohheit oder Gefährlichkeit der Tat, der niedrigen Beweggründe des Täters oder der Stellung des Verletzten im öffentlichen Leben ein gegenwärtiges Anliegen der Allgemeinheit ist. Zu berücksichtigen ist auch, ob dem Verletzten wegen seiner persönlichen Beziehung zum Täter nicht zugemutet werden kann, die Privatklage zu erheben. Die RiStBV enthalten noch einzelne Regelungen zu verschiedenen Delikten, insbesondere zu Privatklagedelikten des Nebenstrafrechts (vgl. HK-Kurth § 376 Rdn. 2). 2

Verneint die StA das öffentliche Interesse, beschränkt sich die StA auf diese Feststellung und verweist den Verletzten auf den **Weg der Privatklage** (§ 171). Bejaht die StA das öffentliche Interesse, so betreibt sie das Offizialverfahren. Stellt die StA das Verfahren mangels hinreichenden Tatverdachts ein (§ 170 Abs. 2 S. 1), bleibt der Privatklageweg zulässig (Solbach DRiZ 1977, 182). Ändert die StA ihre Auffassung und verneint das zunächst angenommene öffentliche Interesse, stellt sie das Verfahren ein und verweist den Verletzten wiederum auf den Privatklageweg. 3

§ 377 [Mitwirkung des Staatsanwalts; Übernahme]

(1) ¹**Im Privatklageverfahren ist der Staatsanwalt zu einer Mitwirkung nicht verpflichtet.** ²**Das Gericht legt ihm die Akten vor, wenn es die Übernahme der Verfolgung durch ihn für geboten hält.**

§§ 378, 379   5. Buch. Beteiligung des Verletzten am Verfahren

(2) ¹Auch kann die Staatsanwaltschaft in jeder Lage der Sache bis zum Eintritt der Rechtskraft des Urteils durch eine ausdrückliche Erklärung die Verfolgung übernehmen. ²In der Einlegung eines Rechtsmittels ist die Übernahme der Verfolgung enthalten.

1   Nach Abs. 1 muss die StA im Privatklageverfahren nicht mitwirken. Sie wird daher weder zur Hauptverhandlung geladen noch werden ihr Entscheidungen zugestellt. Für das Rechtsmittelverfahren vgl. § 390 Abs. 3 S. 1. Allerdings kann die StA Akteneinsicht verlangen und als Beobachter an der Hauptverhandlung teilnehmen, wenn es um die Prüfung geht, ob das Verfahren nach Abs. 2 S. 1 übernommen werden soll. Geht das Gericht davon aus, dass die Verfolgung im öffentlichen Interesse liegt, legt es der StA die Akten vor (Abs. 1 S. 2).

2   Die zuständige StA kann die Verfolgung „in jeder Lage der Sache" von sich aus an sich ziehen (Abs. 2; **Evokationsrecht**). Zweifelhaft ist, ob die StA noch nach Rechtskraft die Verfolgung übernehmen kann, um eine Wiederaufnahme des Verfahrens zu beantragen (vgl. HK-Kurth § 377 Rdn. 5).

3   Die Übernahme erfolgt durch eine **ausdrückliche Erklärung** gegenüber dem mit der Sache befassten Gericht (Abs. 2 S. 1). Legt die StA (irgend-)ein Rechtsmittel ein, bedarf es keiner zusätzlichen Übernahmeerklärung. Die StA unterrichtet ferner den Privatkläger und weist diesen auf eine etwa bestehende Nebenklagebefugnis und die Kostenfolge des § 472 Abs. 3 S. 2 hin (RiStBV Nr. 172 II).

4   **Die Übernahme der Verfolgung** führt nicht zu einer Beendigung des Privatklageverfahrens. Es ist in der Lage, in der es sich zur Zeit der Übernahme befindet, nach den allgemeinen Vorschriften fortzusetzen. Zuständig bleibt der Strafrichter (BGH NJW 1958, 229). Der Privatkläger scheidet als solcher aus dem Verfahren aus, er kann sich aber ggf. nach § 395 als Nebenkläger dem Verfahren anschließen.

5   **Das weitere Verfahren** der StA hängt davon ab, welchen Stand das Privatklageverfahren erreicht hat. Ist die Privatklage eingereicht, ohne dass das Verfahren bereits eröffnet wäre, bedarf es keiner erneuten Anklageerhebung, sondern lediglich des Antrags auf Eröffnung des Hauptverfahrens (§ 199 Abs. 2).

6   **Eine Rücknahme der Klage** durch die StA ohne Zustimmung des bisherigen Privatklägers ist ausgeschlossen (HK-Kurth § 377 Rdn. 9; Meyer-Goßner § 377 Rdn. 7; a.A. LR-Wendisch § 377 Rdn. 24). Die Übernahmeerklärung ist als Prozesshandlung unwiderruflich und bindend, eine Rücknahme der Übernahme scheidet daher ebenfalls aus (HK-Kurth § 377 Rdn. 9; a.A. KK-Pelchen § 377 Rdn. 11).

§ 378 [Beistand und Vertreter des Klägers]

¹Der Privatkläger kann im Beistand eines Rechtsanwalts erscheinen oder sich durch einen mit schriftlicher Vollmacht versehenen Rechtsanwalt vertreten lassen. ²Im letzteren Falle können die Zustellungen an den Privatkläger mit rechtlicher Wirkung an den Anwalt erfolgen.

1   Der Privatkläger kann das Verfahren in eigener Person betreiben. Er kann sich aber auch des **Beistandes eines Anwalts** bedienen oder sich durch einen mit schriftlicher Vollmacht versehenen Rechtsanwalt vertreten lassen, muss dies aber nicht.

2   Liegt eine **schriftliche Vollmacht** vor, kann die Zustellung an den Rechtsanwalt bewirkt werden (S. 2). Eine Zustellung an den Privatkläger bleibt zulässig (HK-Kurth § 378 Rdn. 6).

§ 379 [Sicherheitsleistung; Prozeßkostenhilfe]

(1) **Der Privatkläger hat für die dem Beschuldigten voraussichtlich erwachsenden Kosten unter denselben Voraussetzungen Sicherheit zu leisten, unter de-**

nen in bürgerlichen Rechtsstreitigkeiten der Kläger auf Verlangen des Beklagten Sicherheit wegen der Prozeßkosten zu leisten hat.

(2) **Die Sicherheitsleistung ist durch Hinterlegung in barem Geld oder in Wertpapieren zu bewirken.**

(3) **Für die Höhe der Sicherheit und die Frist zu ihrer Leistung sowie für die Prozeßkostenhilfe gelten dieselben Vorschriften wie in bürgerlichen Rechtsstreitigkeiten.**

Die Vorschrift enthält eine **Zugangsvoraussetzung** für das Privatklageverfahren, die dieses **teilweise unattraktiv** macht und erklärt, warum der Bürger in vielen Fällen sein Recht auf dem zivilrechtlichen Weg sucht. Der Privatkläger muss durch Hinterlegung in barem Geld oder in Wertpapieren (Abs. 2) dem Beschuldigten Sicherheit leisten (Abs. 1). Bezug genommen wird auf die §§ 110 bis 113 ZPO. 1

Der Beschuldigte muss das Verlangen gegenüber dem Gericht ausdrücklich erklären (vgl. § 111 ZPO). Die Höhe der Sicherheit wird vom Gericht nach freiem Ermessen festgesetzt. Der Privatkläger ist von der Verpflichtung zur Sicherheitsleistung befreit, wenn ihm Prozesskostenhilfe bewilligt wird (§ 122 Abs. 1 Nr. 2 ZPO). 2

Gegen Entscheidungen, die die Sicherheitsleistung betreffen, steht dem Privatkläger die **Beschwerde** nach Maßgabe des § 304 Abs. 1 zu. Gleiches gilt für die Ablehnung der Bewilligung von Prozesskostenhilfe (OLG Düsseldorf MDR 1987, 79). Wird Prozesskostenhilfe bewilligt, ist der Beschuldigte nicht anfechtungsberechtigt, da er durch die dem Kläger bewilligte Prozesskostenhilfe nicht beschwert ist (Meyer-Goßner § 379 Rdn. 18; a. A. LR-Wendisch § 379 Rdn. 30). 3

§ 379a [Gebührenvorschuß]

(1) **Zur Zahlung des Gebührenvorschusses nach § 16 Abs. 1 des Gerichtskostengesetzes soll, sofern nicht dem Privatkläger die Prozeßkostenhilfe bewilligt ist oder Gebührenfreiheit zusteht, vom Gericht eine Frist bestimmt werden; hierbei soll auf die nach Absatz 3 eintretenden Folgen hingewiesen werden.**

(2) **Vor Zahlung des Vorschusses soll keine gerichtliche Handlung vorgenommen werden, es sei denn, daß glaubhaft gemacht wird, daß die Verzögerung dem Privatkläger einen nicht oder nur schwer zu ersetzenden Nachteil bringen würde.**

(3) ¹**Nach fruchtlosem Ablauf der nach Absatz 1 gestellten Frist wird die Privatklage zurückgewiesen.** ²**Der Beschluß kann mit sofortiger Beschwerde angefochten werden.** ³**Er ist von dem Gericht, das ihn erlassen hat, von Amts wegen aufzuheben, wenn sich herausstellt, daß die Zahlung innerhalb der gesetzten Frist eingegangen ist.**

Der Privatkläger hat nach § 67 Abs. 1 S. 1 GKG einen **Vorschuss auf die Gerichtsgebühren** in Höhe der Hälfte der bei Freispruch oder Straffreierklärung des Beschuldigten zu erhebenden Gebühr für die Instanz zu zahlen. Das Gericht setzt dem Privatkläger insoweit eine unter Berücksichtigung der Umstände des Einzelfalls angemessene Frist (HK-Kurth § 379a Rdn. 2 f). Wird vor Ablauf der Frist ein Antrag auf Bewilligung von PKH gestellt, ist die Fristsetzung gegenstandslos. Wird die PKH bewilligt, so entfällt die Verpflichtung zur Zahlung eines Gebührenvorschusses, wird sie versagt, setzt das Gericht eine neue Frist (HK-Kurth § 379a Rdn. 4). 1

Vor Zahlung des Vorschusses soll das Gericht **keine Handlungen** vornehmen (Abs. 2). Ein Verstoß hiergegen bleibt ohne verfahrensrechtliche Folgen, auch wenn der Ausnahmefall des Hs. 2 nicht vorlag. 2

Hat der Kläger **die Frist** zur Zahlung des Vorschusses verschuldet oder unverschuldet (Meyer-Goßner § 379a Rdn. 8) **versäumt,** wird die Privatklage durch einen be- 3

§ 380   5. Buch. Beteiligung des Verletzten am Verfahren

gründeten Gerichtsbeschluss (§ 34) zurückgewiesen. Wiedereinsetzung in den vorigen Stand kann gewährt werden. Die Zurückweisung der Privatklage führt lediglich dazu, dass der säumige Privatkläger insoweit mit den Kosten belastet wird. Es bleibt ihm unbenommen, erneut Privatklage zu erheben (OLG Hamburg NStZ 1989, 244; HK-Kurth § 379a Rdn. 8; LR-Wendisch § 379a Rdn. 14 ff).

4   Der Privatkläger kann den die Privatklage zurückweisenden Beschluss mit der **sofortigen Beschwerde** anfechten (Abs. 3 S. 2). Der Beschluss ist abweichend von § 311 Abs. 3 S. 1 bereits von Amts wegen aufzuheben, wenn sich nachträglich herausstellt, dass die Zahlung innerhalb der gesetzten Frist eingegangen war. Der Beschluss über die Zahlungsaufforderung mit Fristsetzung nach Abs. 1 unterliegt der einfachen Beschwerde (BayObLG NJW 1955, 1199).

5   **Auf den Auslagenvorschuss** nach § 68 GKG findet § 379a keine Anwendung (HK-Kurth § 379a Rdn. 10).

§ 380 [Sühneversuch]

(1) ¹Wegen Hausfriedensbruchs, Beleidigung, Verletzung des Briefgeheimnisses, Körperverletzung (§§ 223 und 229 des Strafgesetzbuches), Bedrohung und Sachbeschädigung ist die Erhebung der Klage erst zulässig, nachdem von einer durch die Landesjustizverwaltung zu bezeichnenden Vergleichsbehörde die Sühne erfolglos versucht worden ist. ²Gleiches gilt wegen einer Straftat nach § 323a des Strafgesetzbuches, wenn die im Rausch begangene Tat ein in Satz 1 genanntes Vergehen ist. ³Der Kläger hat die Bescheinigung hierüber mit der Klage einzureichen.

(2) **Die Landesjustizverwaltung kann bestimmen, daß die Vergleichsbehörde ihre Tätigkeit von der Einzahlung eines angemessenen Kostenvorschusses abhängig machen darf.**

(3) **Die Vorschriften der Absätze 1 und 2 gelten nicht, wenn der amtliche Vorgesetzte nach § 194 Abs. 3 oder § 230 Abs. 2 des Strafgesetzbuches befugt ist, Strafantrag zu stellen.**

(4) **Wohnen die Parteien nicht in demselben Gemeindebezirk, so kann nach näherer Anordnung der Landesjustizverwaltung von einem Sühneversuch abgesehen werden.**

1   Der erfolglose Sühneversuch bei den in Abs. 1 erwähnten Privatklagedelikten ist nicht Prozess-, sondern bloße Klagevoraussetzung, deren Vorliegen von Amts wegen zwar bis zum Eröffnungsbeschluss zu prüfen ist, deren Fehlen danach aber unberücksichtigt bleibt (OLG Hamburg NJW 1956, 522). Wird also die Klage erhoben, bevor der Sühneversuch durchgeführt wurde, ist sie unzulässig (Abs. 1 S. 1). Stellt sich erst nach Eröffnung des Hauptverfahrens das Fehlen des Sühneversuchs heraus, ist das Verfahren fortzuführen, weil der Zweck des Sühneversuchs – eine Klage zu vermeiden – nicht mehr erreichbar ist (OLG Hamburg NJW 1956, 522).

2   Mit der Klage muss der Privatkläger eine **Bescheinigung der Vergleichsbehörde** einreichen. Vor Eingang der Bescheinigung darf die Klage dem Beschuldigten nicht mitgeteilt werden.

3   Wird vor Eröffnung des Hauptverfahrens festgestellt, dass ein Sühneversuch **nicht stattgefunden hat,** weist das Gericht die Klage wegen Fehlens der Klagevoraussetzung auf Kosten des Privatklägers als unzulässig zurück (LG Hamburg NJW 1973, 382). Der Privatkläger kann dann immer noch den Sühneversuch durchführen und bei dessen Scheitern erneut Privatklage erheben (OLG Hamm NJW 1984, 249).

4   **War der Sühneversuch erfolgreich,** so liegt in dem im Vergleich enthaltenen Klageverzicht ein Verfahrenshindernis, das in jeder Lage des Verfahrens v. A. w. zu

1. Abschnitt. Privatklage **§§ 381, 382**

berücksichtigen ist. Stellt sich das Verfahrenshindernis erst nach dem Eröffnungsbeschluss heraus, ist das Verfahren einzustellen (HK-Kurth § 380 Rdn. 6).

Ein Sühneversuch ist entbehrlich, wenn die Tat im prozessualen Sinn, die Gegenstand des Verfahrens ist, ein weiteres Privatklagedelikt enthält, für das ein erfolgloser Sühneversuch nicht vorgeschrieben ist. Ein Sühneverfahren entfällt ferner dann, wenn der amtliche Vorgesetzte nach § 194 Abs. 3 oder § 230 Abs. 2 StGB befugt ist, einen Strafantrag zu stellen (Abs. 3). Die tatsächliche Ausübung des Strafantragsrechts ist nicht erforderlich. Auch der Verletzte ist in diesen Fällen vom Sühneversuch befreit (LR-Wendisch § 380 Rdn. 52). Wenn die Parteien in verschiedenen Gemeindebezirken wohnen, kann ebenfalls von einem Sühneversuch abgesehen werden, wenn dies die landesrechtliche Regelung vorsieht (Abs. 4). Fehlt eine solche, kann das Gericht auf Antrag des Privatklägers von der Durchführung des Sühneversuchs absehen (LG Hamburg NJW 1973, 382). Gibt es in einem Bundesland keine Schiedsstellen, entfällt die Notwendigkeit des Sühneversuchs (Meyer-Goßner § 380 Rdn. 16; a.M. LG Neubrandenburg NStZ 1995, 149; Kurth NStZ 1997, 1). 5

Nachweise zu den **landesrechtlichen Regelungen** finden sich bei HK-Kurth § 380 Rdn. 11ff. 6

§ 381 [Klageerhebung]

¹Die Erhebung der Klage geschieht zu Protokoll der Geschäftsstelle oder durch Einreichung einer Anklageschrift. ²Die Klage muß den in § 200 Abs. 1 bezeichneten Erfordernissen entsprechen. ³Mit der Anklageschrift sind zwei Abschriften einzureichen.

Die Privatklage muss den in § 200 Abs. 1 bezeichneten Erfordernissen entsprechen. Die Notwendigkeit der Beifügung von zwei Abschriften umfasst auch Schriftstücke, auf die Bezug genommen wird. Wird die Anklage zu Protokoll der Geschäftsstelle erhoben, werden die erforderlichen Abschriften vom Gericht hergestellt. Eine Abschrift ist für die Mitteilung an den Beschuldigten (§ 382) bestimmt, die weitere übersendet das Gericht der StA, wenn es eine Übernahme der Verfolgung gemäß § 377 Abs. 1 S. 2 für geboten hält (HK-Kurth § 381 Rdn. 6). 1

Da die Anforderungen des § 200 Abs. 1 für Laien nicht ohne weiteres einsichtig sind, muss das Gericht wegen **Art. 103 Abs. 1 GG** den Privatkläger auf die einzelnen Voraussetzungen oder zumindest auf die Inanspruchnahme von PKH, Beratungshilfe oder die Rechtsantragstelle des AG hinweisen. 2

§ 382 [Mitteilung der Klage]

Ist die Klage vorschriftsmäßig erhoben, so teilt das Gericht sie dem Beschuldigten unter Bestimmung einer Frist zur Erklärung mit.

Das Gericht prüft zunächst, ob die erhobene Klage den formalen Erfordernissen der §§ 379 bis 381 genügt, ob insbesondere der Gebührenvorschuss (§ 379a) eingezahlt ist und die Bescheinigung über einen erfolglosen Sühneversuch (§ 380 Abs. 1 S. 2) vorliegt. Weiterhin ist zu prüfen, ob die Anklageschrift den inhaltlichen Mindestanforderungen entspricht. Ist all dies der Fall, wird die Klage dem Beschuldigten unter Bestimmung einer Frist zur Erklärung mitgeteilt. 1

Entspricht die Klage nicht den Anforderungen, wird das Gericht den Privatkläger auffordern, den Mangel binnen einer bestimmten Frist zu beheben. Wird der Mangel nicht behoben, wird die Privatklage durch Beschluss zurückgewiesen. Der Beschuldigte wird insofern über den Vorgang gar nicht erst unterrichtet. 2

§ 383   5. Buch. Beteiligung des Verletzten am Verfahren

3   Die Privatklage wird auch dann **ohne Mitteilung** an den Beschuldigten zurückgewiesen, wenn ihrer Zulässigkeit oder Begründetheit ein anderer, nicht behebbarer Grund entgegensteht.

Beispiel: Klage gegen den falschen Beschuldigten oder einen Jugendlichen, fehlende Strafbarkeit der behaupteten Tat, endgültiges Fehlen eines Strafantrags (HK-Kurth § 382 Rdn. 3). In solchen Fällen ist die erneute Erhebung der Privatklage nur unter den Voraussetzungen des § 211 zulässig.

4   Mit der Mitteilung der zulässigen Anklageschrift erhält der Beschuldigte **rechtliches Gehör** (vgl. § 201). Eine Unterbrechung der Verjährung bewirkt die Mitteilung der Anklageschrift, anders als eine solche der StA (vgl. § 78c Abs. 1 Nr. 1), nicht (BayObLG MDR 1978, 72).

§ 383 [Eröffnungsbeschluss; Zurückweisung; Einstellung]

(1) ¹Nach Eingang der Erklärung des Beschuldigten oder Ablauf der Frist entscheidet das Gericht darüber, ob das Hauptverfahren zu eröffnen oder die Klage zurückzuweisen ist, nach Maßgabe der Vorschriften, die bei einer von der Staatsanwaltschaft unmittelbar erhobenen Anklage anzuwenden sind. ²In dem Beschluß, durch den das Hauptverfahren eröffnet wird, bezeichnet das Gericht den Angeklagten und die Tat gemäß § 200 Abs. 1 Satz 1.

(2) ¹Ist die Schuld des Täters gering, so kann das Gericht das Verfahren einstellen. ²Die Einstellung ist auch noch in der Hauptverhandlung zulässig. ³Der Beschluß kann mit sofortiger Beschwerde angefochten werden.

1   **Die Vorschrift knüpft an § 382 an** und verweist im Übrigen auf die §§ 199 bis 211. Anwendbar sind vor dem Hintergrund der speziellen Regelungen des Privatklagerechts die §§ 202 bis 206b, § 210 Abs. 1 und 2 sowie § 211. §§ 199, 201 treten hinter §§ 383 und 382 zurück (HK-Kurth § 383 Rdn. 2). § 381 verweist auf § 200. Für den Inhalt des Eröffnungsbeschlusses (§ 207) enthält § 383 Abs. 1 S. 2 die speziellere Vorschrift. §§ 209, 209a sind für das Privatklageverfahren ohne Bedeutung (KMR-Fezer § 383 Rdn. 2).

2   **Das Gericht prüft** die allgemeinen Prozessvoraussetzungen, die besonderen Voraussetzungen des Privatklageverfahrens und das Vorliegen eines hinreichenden Tatverdachts. Zu achten ist darauf, dass ein „reines" Privatklagedelikt vorliegt: ein Privatklageverfahren ist unzulässig, wenn das Privatklagedelikt mit einem Offizialdelikt eine Tat in verfahrensrechtlichem Sinne bildet (vgl. § 374 Rdn. 2). Wird vom Gericht die Erhebung einzelner Beweise angeordnet (§ 202) und will das Gericht bei einer Entscheidung so ermittelte Tatsachen verwerten, ist den Beteiligten zunächst Gelegenheit zur Äußerung zu geben. Dies kann nur dann unterbleiben, wenn durch Akteneinsicht Gelegenheit geschaffen wurde, von den Tatsachen Kenntnis zu erlangen und Stellung zu nehmen (BVerfG NJW 1958, 1723).

3   **Weist das Gericht die Privatklage zurück**, erlässt es einen entsprechenden Beschluss, der entsprechend § 204 Abs. 1 zu begründen und mit einer Kostenentscheidung (§ 471 Abs. 2) zu versehen ist. Dem Privatkläger werden die Kosten des Verfahrens und die dem Beschuldigten erwachsenen notwendigen Auslagen auferlegt. Hält das Gericht den Verdacht eines Offizialdelikts für gegeben, leitet es die Akten der StA zu (HK-Kurth § 383 Rdn. 11). Der Eröffnungsbeschluss ist auch hier nicht anfechtbar (§ 210 Abs. 1). Bei Zurückweisung der Privatklage kann der Privatkläger wegen § 390 Abs. 1 S. 1 sofortige Beschwerde (§ 311) einlegen.

4   **Eine Einstellung wegen geringer Schuld** (Abs. 2) als Sachentscheidung ist nur möglich, wenn alle Voraussetzungen vorliegen, die an sich eine Eröffnung des Hauptverfahrens erlaubten (HK-Kurth § 383 Rdn. 14). Die Vorschrift ist gegenüber § 153 Abs. 2, § 153a Abs. 2 die speziellere. Die Kriterien sind allerdings die nämlichen wie

1. Abschnitt. Privatklage   §§ 384, 385

dort. Die Einstellung des Verfahrens ist in jeder Lage des Verfahrens möglich, auch noch in der Hauptverhandlung. Für das Berufungsverfahren gilt § 390 Abs. 5 S. 1. Nach h. M. ist eine Einstellung selbst noch im Revisionsverfahren möglich (HK-Kurth § 383 Rdn. 19).

Vor der Einstellung hat das Gericht **den Privatkläger anzuhören** (§ 385 Abs. 1 S. 1 i. V. m. § 33 Abs. 3). Der Beschuldigte muss jedenfalls dann gehört werden, wenn er im Ergebnis mit Kosten und Auslagen belastet wird (BVerfGE 25, 40). Einer Zustimmung des Privatklägers oder des Beschuldigten bedarf es hier in keinem Fall. 5

Die Einstellung erfolgt durch Beschluss auch dann, wenn das Verfahren in der Hauptverhandlung beendet wird (KG JR 1956, 351). Der Beschluss muss eine Kostenentscheidung enthalten (§ 464 Abs. 1). Der Privatkläger kann gegen den Einstellungsbeschluss sofortige Beschwerde nach § 311 einlegen (Abs. 2 S. 3), die Kostenentscheidung ist nach § 464 Abs. 3 S. 1 – auch isoliert – anfechtbar. Im Berufungsverfahren ist die Anfechtung gemäß § 390 Abs. 5 S. 2 ausgeschlossen. Geht die StA gegen die Einstellung mit der sofortigen Beschwerde vor, liegt darin eine Übernahme des Verfahrens im Sinne des § 377 Abs. 2 S. 2. 6

Abs. 2 gilt auch für die **Widerklage** (HK-Kurth § 383 Rdn. 29). 7

§ 384 [Weiteres Verfahren]

(1) ¹Das weitere Verfahren richtet sich nach den Vorschriften, die für das Verfahren auf erhobene öffentliche Klage gegeben sind. ²Jedoch dürfen Maßregeln der Besserung und Sicherung nicht angeordnet werden.

(2) § 243 ist mit der Maßgabe anzuwenden, daß der Vorsitzende den Beschluß über die Eröffnung des Hauptverfahrens verliest.

(3) **Das Gericht bestimmt unbeschadet des § 244 Abs. 2 den Umfang der Beweisaufnahme.**

(4) **Die Vorschrift des § 265 Abs. 3 über das Recht, die Aussetzung der Hauptverhandlung zu verlangen, ist nicht anzuwenden.**

(5) **Vor dem Schwurgericht kann eine Privatklagesache nicht gleichzeitig mit einer auf öffentliche Klage anhängig gemachten Sache verhandelt werden.**

Die Bestimmung verweist für das **weitere Verfahren** auf die für das Offizialverfahren geltenden Vorschriften. Es sind also die entsprechenden Bestimmungen der StPO und des GVG heranzuziehen, soweit nicht die §§ 384 ff spezielle Regelungen enthalten oder sich aus dem besonderen Charakter des Privatklageverfahrens Abweichungen ergeben (HK-Kurth § 384 Rdn. 1). 1

Zu beachten ist, dass der **Privatkläger nicht Zeuge** sein kann (HK-Kurth § 384 Rdn. 2). In der Hauptverhandlung ist § 243 mit der Maßgabe anzuwenden, dass mangels Beteiligung eines Staatsanwalts der Vorsitzende den Eröffnungsbeschluss (§ 383 S. 2) verliest (Abs. 2). § 265 Abs. 3 ist aus Gründen der Prozessökonomie nicht anwendbar (Abs. 4). Zulässig ist auch eine Nachtragsanklage (§ 266), wenn der Angeklagte ihr zustimmt. Dann bedarf es keines erfolglosen Sühneversuchs (LR-Wendisch § 384 Rdn. 17). Dem Abs. 5 kommt keine praktische Bedeutung zu. 2

Der Umfang der Beweisaufnahme (Abs. 3) wird vom Gericht bestimmt, wobei die Verpflichtung bleibt, die Wahrheit von Amts wegen zu erforschen. Diese Beschränkung entspricht der in § 420 Abs. 4 für das beschleunigte Verfahren (vgl. § 420 Rdn. 5 f). 3

§ 385 [Stellung des Privatklägers; Ladungen; Akteneinsicht]

(1) ¹Soweit in dem Verfahren auf erhobene öffentliche Klage die Staatsanwaltschaft zuzuziehen und zu hören ist, wird in dem Verfahren auf erhobene

§§ 386, 387   5. Buch. Beteiligung des Verletzten am Verfahren

Privatklage der Privatkläger zugezogen und gehört. ²Alle Entscheidungen, die dort der Staatsanwaltschaft bekanntgemacht werden, sind hier dem Privatkläger bekanntzugeben.

(2) Zwischen der Zustellung der Ladung des Privatklägers zur Hauptverhandlung und dem Tag der letzteren muß eine Frist von mindestens einer Woche liegen.

(3) ¹Das Recht der Akteneinsicht kann der Privatkläger nur durch einen Anwalt ausüben. ²§ 147 Abs. 4 und 7 sowie § 477 Abs. 5 gelten entsprechend.

(4) In den Fällen der §§ 154a und 430 ist deren Absatz 3 Satz 2 nicht anzuwenden.

(5) ¹Im Revisionsverfahren ist ein Antrag des Privatklägers nach § 349 Abs. 2 nicht erforderlich. ²§ 349 Abs. 3 ist nicht anzuwenden.

1 Der Privatkläger nimmt im Privatklageverfahren die **Funktion des Staatsanwalts** insofern wahr, als er dieselben Rechte und Pflichten hat und entsprechend zugezogen und gehört werden muss. Entscheidungen sind ihm bekannt zu machen (Abs. 1 S. 2). In der Hauptverhandlung hat er das Beweisantragsrecht, hält einen Schlussvortrag und kann diesen mit einem Antrag verbinden (§ 258 Abs. 1, 2).

2 **Die Ladungsfrist (Abs. 2)** entspricht der des § 217 Abs. 1 für den Angeklagten; sie gilt auch in der Berufungsinstanz (HK-Kurth § 385 Rdn. 7). Wie der Angeklagte hat der Privatkläger ein Recht auf Akteneinsicht. Ob er dieses Recht nur durch einen Rechtsanwalt wahrnehmen kann, wenn er selbst Rechtsanwalt ist, ist zweifelhaft. Eine Beschränkung der Strafverfolgung nach den §§ 154a, 430 bedarf der Zustimmung des Privatklägers (HK-Kurth § 385 Rdn. 9). Eine Wiedereinbeziehung ausgeschiedener Tatteile kann der Privatkläger nur anregen, nicht erzwingen (Abs. 4).

3 Für die Rolle des Privatklägers im **Revisionsverfahren** gelten die allgemeinen Bestimmungen des Offizialverfahrens, soweit in § 390 nichts anderes bestimmt ist.

§ 386 [Ladung von Zeugen und Sachverständigen]

(1) Der Vorsitzende des Gerichts bestimmt, welche Personen als Zeugen oder Sachverständige zur Hauptverhandlung geladen werden sollen.

(2) Dem Privatkläger wie dem Angeklagten steht das Recht der unmittelbaren Ladung zu.

1 Dem Privatkläger steht wie dem Angeklagten das **Recht auf unmittelbare Ladung** von Zeugen und Sachverständigen zu (Abs. 2). Ansonsten bestimmt der Vorsitzende (Strafrichter), welche Personen geladen werden sollen. Die Regelung ist Konsequenz des Umstandes, dass das Gericht zwar dem Grundsatz der Amtsaufklärung verpflichtet bleibt (§ 244 Abs. 2), an die Regeln des § 244 Abs. 3 bis 5 aber nicht gebunden ist (§ 384 Rdn. 3).

2 Im Berufungsverfahren gilt **§ 325 entsprechend**. Werden Protokolle verlesen, bedarf es also der Zustimmung des Privatklägers (OLG Königsberg JW 1928, 2293).

§ 387 [Vertretung in der Hauptverhandlung]

(1) In der Hauptverhandlung kann auch der Angeklagte im Beistand eines Rechtsanwalts erscheinen oder sich auf Grund einer schriftlichen Vollmacht durch einen solchen vertreten lassen.

(2) Die Vorschrift des § 139 gilt für den Anwalt des Klägers und für den des Angeklagten.

(3) Das Gericht ist befugt, das persönliche Erscheinen des Klägers sowie des Angeklagten anzuordnen, auch den Angeklagten vorführen zu lassen.

1. Abschnitt. Privatklage § 388

In Anknüpfung an § 378 S. 1 kann der Angeklagte wie der Privatkläger in der Hauptverhandlung entweder selbst (auch im Beistand eines Rechtsanwalts) erscheinen oder sich durch einen mit einer besonderen schriftlichen Vollmacht versehenen Rechtsanwalt vertreten lassen. Eine Anwesenheitspflicht besteht nur, wenn das Gericht das persönliche Erscheinen des Klägers oder des Angeklagten anordnet (Abs. 3). Die Bestellung eines Pflichtverteidigers ist auch im Privatklageverfahren möglich (BVerfG NJW 1983, 1599; OLG Düsseldorf NStZ 1989, 92). Unter den Voraussetzungen des § 139 darf auch ein Referendar als Verteidiger des Angeklagten oder als Vertreter des Privatklägers auftreten. 1

Erscheint der Privatkläger trotz Anordnung des persönlichen Erscheinens nicht, gilt die Privatklage **als zurückgenommen** (§ 391 Abs. 2); im Berufungsrechtszug ist die Berufung des Privatklägers sofort zu verwerfen (§ 391 Abs. 3). Zwangsmaßnahmen sind ausgeschlossen (HK-Kurth § 387 Rdn. 6). 2

Der Angeklagte kann ggf. vorgeführt werden. Der Erlass eines Haftbefehls ist unzulässig und wäre auch im Regelfall unverhältnismäßig. Maßnahmen nach § 231 Abs. 1 S. 2 sollen zulässig sein (KMR-Fezer § 387 Rdn. 8). 3

§ 388 [Widerklage]

(1) **Hat der Verletzte die Privatklage erhoben, so kann der Beschuldigte bis zur Beendigung des letzten Wortes (§ 258 Abs. 2 Halbsatz 2) im ersten Rechtszug mittels einer Widerklage die Bestrafung des Klägers beantragen, wenn er von diesem gleichfalls durch eine Straftat verletzt worden ist, die im Wege der Privatklage verfolgt werden kann und mit der den Gegenstand der Klage bildenden Straftat in Zusammenhang steht.**

(2) ¹**Ist der Kläger nicht der Verletzte (§ 374 Abs. 2), so kann der Beschuldigte die Widerklage gegen den Verletzten erheben.** ²**In diesem Falle bedarf es der Zustellung der Widerklage an den Verletzten und dessen Ladung zur Hauptverhandlung, sofern die Widerklage nicht in der Hauptverhandlung in Anwesenheit des Verletzten erhoben wird.**

(3) **Über Klage und Widerklage ist gleichzeitig zu erkennen.**

(4) **Die Zurücknahme der Klage ist auf das Verfahren über die Widerklage ohne Einfluß.**

Für den Strafprozess eher ungewöhnlich regelt § 388 die **Möglichkeit der Widerklage.** Sie ist ebenfalls eine Privatklage, die den nämlichen Vorschriften unterliegt. § 379 (Sicherheitsleistung, Prozesskostenhilfe), § 379a (Gebührenvorschuss) und § 380 (Sühneversuch) gelten jedoch nicht (OLG Hamburg NJW 1956, 1890). Die Widerklage ist auch gegen einen jugendlichen Privatkläger zulässig (§ 80 Abs. 2 S. 1 JGG). Gegen ihn dürfen jedoch nur Zuchtmittel verhängt werden, keine Jugendstrafe (§ 80 Abs. 2 S. 2 JGG). Der Beschuldigte kann auch eine selbstständige Privatklage erheben, die nicht in eine Widerklage umgedeutet werden darf (OLG Düsseldorf NJW 1954, 123). Im Regelfall werden dann beide Privatklageverfahren nach § 237 miteinander verbunden (vgl. HK-Kurth § 388 Rdn. 3). 1

Die Widerklage ist nur zulässig, wenn eine zulässige Privatklage erhoben worden ist. Die Widerklagetat muss ebenfalls ein (reines) Privatklagedelikt sein. Handelt es sich um ein Antragsdelikt, erfordert die Zulässigkeit einen rechtzeitig gestellten Strafantrag. § 77c StGB ist zu beachten; danach kann ggf. der Strafantrag noch nach Ablauf der Antragsfrist gestellt werden. Überdies muss zwischen der Privatklagetat und der Widerklagetat ein Zusammenhang bestehen. Der BGH lässt einen losen Zusammenhang ausreichen (BGH NJW 1962, 1069). 2

Spätester Zeitpunkt für die Erhebung der Widerklage ist die Beendigung des letzten Wortes im ersten Rechtszug (Abs. 1). Privatklagetat und Widerklagetat müssen 3

§§ 389, 390   5. Buch. Beteiligung des Verletzten am Verfahren

sich zwischen denselben Personen ereignet haben. Für die Fälle des § 374 Abs. 2 bestimmt deshalb Abs. 2 S. 1, dass die Widerklage gegen den Verletzten zu erheben ist.

4   **Für das Verfahren** gilt § 382 entsprechend. Über Klage und Widerklage ist gleichzeitig zu erkennen (Abs. 3). Diese Verpflichtung kann naturgemäß nur erfüllt werden, wenn beide Klagen anhängig geworden und geblieben sind.

5   **Wird die Privatklage zurückgenommen,** bleibt die Widerklage als selbstständige Privatklage anhängig. Entsprechendes gilt bei einer Einstellung des Privatklageverfahrens nach § 383 Abs. 2 (Parsch NJW 1958, 1548).

§ 389 [Einstellungsurteil]

(1) Findet das Gericht nach verhandelter Sache, daß die für festgestellt zu erachtenden Tatsachen eine Straftat darstellen, auf die das in diesem Abschnitt vorgeschriebene Verfahren nicht anzuwenden ist, so hat es durch Urteil, das diese Tatsachen hervorheben muß, die Einstellung des Verfahrens auszusprechen.

(2) Die Verhandlungen sind in diesem Falle der Staatsanwaltschaft mitzuteilen.

1   Ergibt sich in der Hauptverhandlung der **Verdacht eines Offizialdelikts,** spricht das Gericht durch Urteil die Einstellung des Verfahrens aus (Abs. 1) und teilt die Verhandlungen der StA mit (Abs. 2). Das Urteil können Privatkläger, Angeklagte und StA mit den gewöhnlichen Rechtsmitteln anfechten. Der Angeklagte ist insofern beschwert, als eine Verurteilung im Offizialverfahren möglich bleibt und im Zweifel unangenehmer für ihn ist. In dem Rechtsmittel der StA liegt eine Übernahme der Verfolgung (§ 377 Abs. 2 S. 2).

2   **Die Rechtskraft des Einstellungsurteils** steht einer erneuten Privatklage wegen desselben Sachverhalts entgegen. Die StA entscheidet aber über das weitere Vorgehen, insbesondere über das Vorliegen eines Offizialdelikts, in eigener Verantwortung (BayObLG NJW 1959, 2274).

3   Wird der Angeklagte durch das Privatklagegericht zu Strafe verurteilt und gelangt das Gericht im zweiten Rechtszug zu einer Einstellung nach § 389 Abs. 1, ist im folgenden Offizialverfahren das **Verschlechterungsverbot** zu beachten (KK-Pelchen § 389 Rdn. 8; a. M. Meyer-Goßner § 389 Rdn. 6).

§ 390 [Rechtsmittel des Privatklägers]

(1) [1]Dem Privatkläger stehen die Rechtsmittel zu, die in dem Verfahren auf erhobene öffentliche Klage der Staatsanwaltschaft zustehen. [2]Dasselbe gilt von dem Antrag auf Wiederaufnahme des Verfahrens in den Fällen des § 362. [3]Die Vorschrift des § 301 ist auf das Rechtsmittel des Privatklägers anzuwenden.

(2) Revisionsanträge und Anträge auf Wiederaufnahme des durch ein rechtskräftiges Urteil abgeschlossenen Verfahrens kann der Privatkläger nur mittels einer von einem Rechtsanwalt unterzeichneten Schrift anbringen.

(3) [1]Die in den §§ 320, 321 und 347 angeordnete Vorlage und Einsendung der Akten erfolgt wie im Verfahren auf erhobene öffentliche Klage an und durch die Staatsanwaltschaft. [2]Die Zustellung der Berufungs- und Revisionsschriften an den Gegner des Beschwerdeführers wird durch die Geschäftsstelle bewirkt.

(4) Die Vorschrift des § 379 a über die Zahlung des Gebührenvorschusses und die Folgen nicht rechtzeitiger Zahlung gilt entsprechend.

(5) [1]Die Vorschrift des § 383 Abs. 2 Satz 1 und 2 über die Einstellung wegen Geringfügigkeit gilt auch im Berufungsverfahren. [2]Der Beschluß ist nicht anfechtbar.

1. Abschnitt. Privatklage § 391

Die Vorschrift regelt die Anforderungen an die **Rechtsmittel des Privatklägers** 1
und die Verfahrensabläufe und ist aus sich heraus verständlich. Besonderheit ist, dass
die Regelung über die Einstellung wegen Geringfügigkeit (§ 383 Abs. 2 S. 1 und 2)
nicht nur auch im Berufungsverfahren gilt, sondern der entsprechende Beschluss nicht
anfechtbar ist (Abs. 5).

Die StA wirkt bei der Vorlage der Akten an das Rechtsmittelgericht wie im Offizi- 2
alverfahren mit (Abs. 3 S. 1). S. 2 entspricht der Regelung in § 36 Abs. 1 S. 2.

Der Gebührenvorschuss (Abs. 4) ist nur vom Privatkläger, nicht vom Widerklä- 3
ger zu leisten, wenn er in dieser Eigenschaft (also nicht als Widerbeklagter) ein
Rechtsmittel einlegt. Die Zahlungsfrist darf erst bestimmt werden, wenn die Frist des
§ 317 abgelaufen ist. Nach fruchtlosem Ablauf wird das Rechtsmittel als unzulässig
verworfen. Der Beschluss ist mit der sofortigen Beschwerde anfechtbar (§ 379a Abs. 3
S. 2; Ausnahme: § 304 Abs. 4 S. 2 Hs. 1).

§ 391 [Klagerücknahme; Wiedereinsetzung]

(1) ¹Die Privatklage kann in jeder Lage des Verfahrens zurückgenommen
werden. ²Nach Beginn der Vernehmung des Angeklagten zur Sache in der
Hauptverhandlung des ersten Rechtszuges bedarf die Zurücknahme der Zustimmung des Angeklagten.

(2) Als Zurücknahme gilt es im Verfahren des ersten Rechtszuges und, soweit
der Angeklagte die Berufung eingelegt hat, im Verfahren des zweiten Rechtszuges, wenn der Privatkläger in der Hauptverhandlung weder erscheint noch
durch einen Rechtsanwalt vertreten wird oder in der Hauptverhandlung oder
einem anderen Termin ausbleibt, obwohl das Gericht sein persönliches Erscheinen angeordnet hatte, oder eine Frist nicht einhält, die ihm unter Androhung
der Einstellung des Verfahrens gesetzt war.

(3) Soweit der Privatkläger die Berufung eingelegt hat, ist sie im Falle der
vorbezeichneten Versäumungen unbeschadet der Vorschrift des § 301 sofort zu
verwerfen.

(4) Der Privatkläger kann binnen einer Woche nach der Versäumung die
Wiedereinsetzung in den vorigen Stand unter den in den §§ 44 und 45 bezeichneten Voraussetzungen beanspruchen.

Abs. 1 entspricht der in § 77d Abs. 1 S. 2 StGB für den Strafantrag ge- 1
troffenen Regelung. Ob die Rücknahme der Privatklage auch die Rücknahme des
Strafantrags bedeutet, ist durch Auslegung der Erklärungen des Privatklägers zu ermitteln. Ggf. kann er ein Interesse daran haben, durch bloße Rücknahme der Privatklage
ein Kostenrisiko zu vermeiden, aber die Möglichkeit der Durchführung eines Offizialverfahrens zu erhalten (HK-Kurth § 391 Rdn. 1).

Erscheint der Privatkläger nicht in der Hauptverhandlung und wird er auch 2
nicht durch einen Rechtsanwalt vertreten, obwohl das Gericht sein persönliches Erscheinen angeordnet hat, oder hält er eine nach Abs. 2 gesetzte Frist nicht ein, wird
eine Rücknahme fingiert (Abs. 2). Ein Antrag auf Wiedereinsetzung ist möglich
(Abs. 4).

Die Parteien können einen **gerichtlichen Vergleich** abschließen, um das Privat- 3
klageverfahren zu beenden (KK-Pelchen § 391 Rdn. 3; Meyer-Goßner vor § 374
Rdn. 8 ff). Regelmäßig enthält dieser die Rücknahme der Privatklage einerseits und
eine Vereinbarung über eine Ehrenerklärung oder die Schadensregulierung andererseits. Zugleich erfolgt eine Absprache über die Verteilung der Kosten. Die Erklärungen sind gegenüber dem Gericht abzugeben und in der Sitzungsniederschrift zu beurkunden (HK-Kurth § 391 Rdn. 6).

4 Die in dem Vergleich enthaltene **Rücknahmeerklärung** führt zu einer Einstellungsentscheidung des Gerichts. Der Vergleich ist unanfechtbar und Vollstreckungstitel im Sinne des § 794 Abs. 1 Nr. 1 ZPO. Die StA kann dennoch das Verfahren fortsetzen, wenn nicht durch die Rücknahme auch des Strafantrags ein umfassendes Verfahrenshindernis geschaffen worden ist (OLG Stuttgart JR 1953, 349).

5 Wird in den Fällen des Abs. 1, 2 das Verfahren durch Beschluss eingestellt, haben die Verfahrensbeteiligten entsprechend § 206a Abs. 2 das Recht der **sofortigen Beschwerde** (§ 311; Meyer-Goßner § 391 Rdn. 19). Gegen ein Einstellungsurteil ist Berufung oder Revision gegeben, gegen eine Verwerfung der Berufung im Fall des Abs. 3 lediglich die Revision (vgl. § 329; HK-Kurth § 391 Rdn. 18).

6 Ein Beschluss, durch den die Einstellung des Verfahrens **abgelehnt** wird, ist mit der einfachen Beschwerde nach § 304 Abs. 1 anfechtbar (LR-Wendisch § 391 Rdn. 45).

§ 392 [Wirkung der Rücknahme]

Die zurückgenommene Privatklage kann nicht von neuem erhoben werden.

1 Die Regelung gilt auch für den Fall der **fingierten Rücknahme** nach § 391 Abs. 2. Die zurückgenommene Privatklage darf auch nicht als Widerklage, eine zurückgenommene Widerklage nicht als Privatklage erhoben werden (HK-Kurth § 392 Rdn. 1), soweit die Privatklage zulässig war.

2 Die Rücknahme der Privatklage bleibt auf eine bereits erhobene **Widerklage** ohne Einfluss. Sie wird als Privatklage fortgeführt (§ 388 Rdn. 5).

§ 393 [Tod des Privatklägers]

(1) Der Tod des Privatklägers hat die Einstellung des Verfahrens zur Folge.

(2) Die Privatklage kann jedoch nach dem Tode des Klägers von den nach § 374 Abs. 2 zur Erhebung der Privatklage Berechtigten fortgesetzt werden.

(3) Die Fortsetzung ist von dem Berechtigten bei Verlust des Rechts binnen zwei Monaten, vom Tode des Privatklägers an gerechnet, bei Gericht zu erklären.

1 **Stirbt der Privatkläger,** so wird das Verfahren durch eine gerichtliche Einstellungsentscheidung beendet. Die Form der Entscheidung richtet sich nach dem Verfahrensstadium (HK-Kurth § 393 Rdn. 2). Der Tod des Angeklagten beendet das Verfahren, ob ein entsprechender Beschluss konstitutive Bedeutung hat, ist zweifelhaft (Meyer-Goßner § 399 Rdn. 1; SK-Velten § 399 Rdn. 2).

2 Die Privatklage kann von dem in § 374 Abs. 2 bezeichneten Personenkreis fortgesetzt werden. Eine bestimmte Form ist nicht vorgesehen, die Frist zur Erklärung der Fortsetzung beginnt mit dem Tod des Privatklägers (Abs. 3). Eine Wiedereinsetzung ist ausgeschlossen („Verlust des Rechts"; HK-Kurth § 393 Rdn. 5).

3 Bleibt der **Umfang der Berechtigung** zur Fortsetzung des Privatklageverfahrens hinter dem Gegenstand des ursprünglichen Verfahrens zurück, so wird bei Tatmehrheit das Verfahren im Hinblick auf die nicht fortsetzungsfähigen Straftaten eingestellt. Bei Tateinheit werden in der Endentscheidung nur die fortsetzungsfähigen Taten berücksichtigt (HK-Kurth § 393 Rdn. 7; KMR-Fezer § 393 Rdn. 7).

4 **Rechtsmittel** gegen die Ablehnung einer Fortsetzung ist die einfache Beschwerde nach § 304 Abs. 1 (HK-Kurth § 393 Rdn. 9; a.M. Meyer-Goßner § 393 Rdn. 5: sofortige Beschwerde). Die Fortsetzung selbst wird durch § 305 S. 1 einer Anfechtung entzogen.

§ 394 [Bekanntmachung an den Beschuldigten]

Die Zurücknahme der Privatklage und der Tod des Privatklägers sowie die Fortsetzung der Privatklage sind dem Beschuldigten bekanntzumachen.

Es genügt eine **formlose Mitteilung**. Hängt die Wirksamkeit der Klagerücknahme 1 von der Zustimmung des Angeklagten ab, liegt jedoch eine Zustellung nahe (vgl. HK-Kurth § 394 Rdn. 2).

Zweiter Abschnitt. Nebenklage

Die Nebenklage (§§ 395 bis 402) gibt dem durch eine der in § 395 genannten 1 Straftaten Verletzten die Möglichkeit, sich einer von der StA erhobenen öffentlichen Klage anzuschließen (Beulke Rdn. 593). Anders als der Privatkläger kann er kein Verfahren initiieren, seine Beteiligung ist akzessorisch zur öffentlichen Klage (vgl. Gollwitzer FS Schäfer S. 65).

Die Nebenklage dient dem persönlichen Genugtuungs- und Restitutions- 2 **interesse des Verletzten** (Beulke Rdn. 593). Ihm werden erhebliche Mitwirkungsrechte (Teilnahme-, Frage-, Beweisantragsrecht) zugestanden, wenn es um eine ihn persönlich besonders intensiv berührende Tat geht. Insofern besteht ein erheblicher Unterschied zur Privatklage, in der es nicht zuletzt um die Entlastung der Justiz geht. Zudem hat das Institut der Nebenklage ähnlich wie das Klageerzwingungsverfahren eine Kontroll- und Aufklärungsfunktion (Beulke Rdn. 593). Schließlich tritt in jüngerer Zeit der Gedanke der Schutzfunktion im Hinblick auf den Verletzten immer mehr in den Vordergrund (Schünemann NStZ 1986, 193). Hintergrund sind nicht zuletzt das Opferschutzgesetz vom 18. 12. 1986, das die Ausgestaltung der Nebenklage geändert hat, sowie das OpferRRG vom 24. 6. 2004, (Inkraft getreten am 1. 9. 2004).

§ 395 [Befugnis zum Anschluss als Nebenkläger]

(1) Der erhobenen öffentlichen Klage oder dem Antrag im Sicherungsverfahren kann sich mit der Nebenklage anschließen, wer
1. durch eine rechtswidrige Tat
   a) nach den §§ 174 bis 174c, 176 bis 181a und 182 des Strafgesetzbuches,
   b) nach den §§ 185 bis 189 des Strafgesetzbuches,
   c) nach den §§ 221, 223 bis 226 und 340 des Strafgesetzbuches,
   d) nach den §§ 232 bis 233a, 234 bis 235 und 239 Abs. 3 und den §§ 239a und 239b des Strafgesetzbuches,
   e) nach § 4 des Gewaltschutzgesetzes,
2. durch eine versuchte rechtswidrige Tat nach den §§ 211 und 212 des Strafgesetzbuches verletzt ist oder
3. durch einen Antrag auf gerichtliche Entscheidung (§ 172) die Erhebung der öffentlichen Klage herbeigeführt hat.

(2) Die gleiche Befugnis steht zu
1. den Eltern, Kindern, Geschwistern und dem Ehegatten oder Lebenspartner eines durch eine rechtswidrige Tat Getöteten,
2. demjenigen, der nach Maßgabe des § 374 in den in § 374 Abs. 1 Nr. 7 und 8 genannten Fällen als Privatkläger aufzutreten berechtigt ist, und dem durch eine rechtswidrige Tat nach § 142 Abs. 2 des Patentgesetzes, § 25 Abs. 2 des Gebrauchsmustergesetzes, § 10 Abs. 2 des Halbleiterschutzgesetzes, § 39 Abs. 2 des Sortenschutzgesetzes, § 143 Abs. 2 des Markengesetzes, § 51 Abs. 2 und § 65 Abs. 2 des Geschmacksmustergesetzes und den §§ 108a und 108b Abs. 3 des Urheberrechtsgesetzes Verletzten.

§ 395   5. Buch. Beteiligung des Verletzten am Verfahren

(3) **Wer durch eine rechtswidrige Tat nach § 229 des Strafgesetzbuches verletzt ist, kann sich der erhobenen öffentlichen Klage als Nebenkläger anschließen, wenn dies aus besonderen Gründen, namentlich wegen der schweren Folgen der Tat, zur Wahrnehmung seiner Interessen geboten erscheint.**

(4) **Der Anschluß ist in jeder Lage des Verfahrens zulässig. Er kann nach ergangenem Urteil auch zur Einlegung von Rechtsmitteln geschehen.**

1   **§ 395 regelt, wer sich der öffentlichen Klage mit der Nebenklage anschließen kann.** Dieses Recht besteht nur dann, wenn die Betreffenden die Verurteilung des Beschuldigten erstreben (OLG Schleswig NStZ-RR 2000, 270; Meyer-Goßner § 395 Rdn. 1). Der Verletzte ist nach § 406h auf sein Recht zum Anschluss als Nebenkläger hinzuweisen. Eine Ergänzung des Nebenklagerechts enthält § 406g.

2   Die Nebenklage gewinnt in jüngerer Zeit immer mehr Bedeutung. Dies beruht zum einen auf der Erweiterung der Taten, die nebenklagefähig sind, zum anderen wohl auch darauf, dass sich immer mehr Rechtsanwälte in diesem Bereich engagieren, weil er relativ lukrativ ist.

3   **Die Nebenklageberechtigten werden in Abs. 1 bis 3 bestimmt.** Es geht um Personen, die durch bestimmte rechtswidrige Taten verletzt wurden oder Ziel einer Straftat waren (vgl. Nr. 2). Nebenklageberechtigt sind nur die unmittelbar Verletzten (RGSt 62, 209; Meyer-Goßner § 395 Rdn. 3). Der Tatvollendung steht auch in den Fällen der Nr. 1 der Versuch gleich, der Täterschaft die Tatbeteiligung nach den §§ 26f StGB. Eine nach § 30 StGB strafbare Vorbereitungshandlung genügt nicht (OLG Stuttgart NStZ 1990, 298; Meyer-Goßner § 395 Rdn. 3; str.). Eine Rauschtat, innerhalb der eine der aufgelisteten Straftaten begangen wurde, kann ebenfalls zur Nebenklage berechtigen (BGH NStZ-RR 1998, 305).

4   Steht das nebenklagefähige Delikt **in Tateinheit** zu einem anderen, welches zur Nebenklage nicht berechtigt, verbleibt es bei der Nebenklagebefugnis (BGHSt 33, 114, 115). Dabei ist es ohne Bedeutung, wenn die StA die rechtliche Beurteilung nicht auf das Nebenklagedelikt stützt (BGHSt 29, 216, 218). Wird die nebenklagefähige Tat nach § 154a ausgeschieden, berührt dies die Stellung des Nebenklägers nicht (§ 397 Abs. 2).

5   **Der Anschluss als Nebenkläger** setzt einen Strafantrag nicht voraus, wenn der Dienstvorgesetzte den Strafantrag gestellt hat (vgl. § 194 Abs. 3, § 230 Abs. 2 StGB) oder wenn die StA das besondere öffentliche Interesse an der Strafverfolgung bejaht (BGH NStZ 1992, 452). Kann die Tat hingegen nur auf Strafantrag verfolgt werden, ist auch bei gleichartiger Idealkonkurrenz und trotz Stellung eines Strafantrags durch einen anderen Verletzten ein Strafantrag erforderlich (OLG Frankfurt NJW 1991, 2036; zweifelnd Altenhain JZ 2001, 800).

Beispiel: T schlägt A und B. B stellt einen Strafantrag, A nicht. Nach h.M. kann A sich dem Verfahren nicht mehr als Nebenkläger anschließen.

6   **Die Nebenklagebefugnis kann sich auch daraus ergeben (Nr. 3),** dass der Verletzte die Erhebung der öffentlichen Klage erst durch einen Antrag auf gerichtliche Entscheidung nach § 172 erreicht hat. Ob die Anordnung des OLG zu Recht getroffen wurde, spielt keine Rolle (RGSt 44, 6). Hintergrund der Regelung ist, dass man die Sorge ausräumen möchte, der unwillige Staatsanwalt würde die Sache nunmehr nur lässig betreiben wollen. Daher gilt Nr. 3 nicht, wenn bereits der Generalstaatsanwalt den Klageerzwingungsantrag zum Anlass genommen hat, selbst die Erhebung der Anklage anzuordnen (OLG Frankfurt NJW 1979, 994; LG Waldshut-Tiengen StraFo 2004, 99; a.M. OLG München NStZ 1986, 376; Rieß NStZ 1990, 6, 10).

7   **Nahe Angehörige eines Getöteten** sind nach Abs. 2 Nr. 1 ebenfalls zur Nebenklage berechtigt. Gemeint sind nicht nur die §§ 211 bis 222 StGB, sondern auch alle durch den Tötungserfolg qualifizierten Straftaten (BGHSt 44, 97, 99). Die Nebenkla-

2. Abschnitt. Nebenklage §396

geberechtigung besteht unabhängig voneinander. **Die Aufzählung ist abschließend.** Halbgeschwister sind anschlussberechtigt (OLG Düsseldorf NJW 1958, 394), nicht aber der geschiedene Ehegatte oder Onkel und Tante (vgl. Meyer-Goßner § 395 Rdn. 8).

Nebenklageberechtigt sind auch einige **zur Privatklage berechtigte Personen** 8 (Abs. 2 Nr. 2). Vorausgesetzt sind Straftaten im Sinne des § 374 Abs. 1 Nr. 7 und 8 sowie die in Abs. 2 Nr. 2 aufgeführten sonstigen Verstöße gegen das Nebenstrafrecht.

Ist der Verletzte **Opfer einer fahrlässigen Körperverletzung,** kann er sich der 9 Anklage nur ausnahmsweise als Nebenkläger anschließen (Abs. 3). Erforderlich ist, dass seine Beteiligung aus besonderen Gründen zur Wahrnehmung seiner Interessen geboten erscheint (vgl. Beulke DAR 1988, 114). Dadurch sollen insbesondere Nebenklagen nach Straßenverkehrsunfällen eingeschränkt werden (vgl. BT-Drucks. 10/5305 S. 12). Besondere Gründe können sich z.B. aus schweren Folgen/schweren Verletzungen ergeben oder wenn das Mitverschulden des Verletzten nicht nur bei der Schadenersatzfrage, sondern auch strafrechtlich von erheblicher Bedeutung ist (Rieß/Hilger 1987, 154). Mittlere Verletzungen begründen keine Anschlussbefugnis, wenn der Schaden bereits reguliert ist. Das Gericht entscheidet nach Anhörung der StA und des Angeschuldigten im Rahmen des § 396 Abs. 2 unter Berücksichtigung der Umstände des Einzelfalls. Die Entscheidung ist für das weitere Verfahren bindend (OLG Stuttgart Justiz 2000, 149) und unanfechtbar (§ 396 Abs. 2).

Den Anschlusszeitpunkt regelt Abs. 4. Danach kann der Anschluss in jeder La- 10 ge des Verfahrens, selbst noch nach ergangenem Urteil und zur Einlegung von Rechtsmitteln geschehen. In den Fällen des § 229 bzw. des § 395 Abs. 3 kann nach Ablehnung des Anschlusses ggf. das Rechtsmittelgericht eine andere Entscheidung treffen.

War der Beschuldigte zur Tatzeit **Jugendlicher,** ist die Nebenklage unzulässig 11 (§ 80 Abs. 3 JGG). Inwiefern dies auch gilt, wenn neben dem Jugendlichen Heranwachsende oder Erwachsene angeklagt sind, ist umstritten (vgl. HK-Kurth § 395 Rdn. 24).

§ 396 [Anschlusserklärung]

(1) ¹**Die Anschlußerklärung ist bei dem Gericht schriftlich einzureichen.** ²Eine vor Erhebung der öffentlichen Klage bei der Staatsanwaltschaft oder dem Gericht eingegangene Anschlußerklärung wird mit der Erhebung der öffentlichen Klage wirksam. ³Im Verfahren bei Strafbefehlen wird der Anschluß wirksam, wenn Termin zur Hauptverhandlung anberaumt (§ 408 Abs. 3 Satz 2, § 411 Abs. 1) oder der Antrag auf Erlaß eines Strafbefehls abgelehnt worden ist.

(2) ¹**Das Gericht entscheidet über die Berechtigung zum Anschluß als Nebenkläger nach Anhörung der Staatsanwaltschaft.** ²In den Fällen des § 395 Abs. 3 entscheidet es nach Anhörung auch des Angeschuldigten darüber, ob der Anschluß aus den dort genannten Gründen geboten ist; diese Entscheidung ist unanfechtbar.

(3) Erwägt das Gericht, das Verfahren nach § 153 Abs. 2, § 153a Abs. 2, § 153b Abs. 2 oder § 154 Abs. 2 einzustellen, so entscheidet es zunächst über die Berechtigung zum Anschluß.

§ 396 Abs. 1 regelt **Einzelheiten der Anschlusserklärung.** S. 1 beschreibt die 1 nötige Form, S. 2 definiert den Zeitpunkt der Wirksamkeit. Im Strafbefehlsverfahren (Abs. 1 S. 3) wird der Anschluss erst wirksam, wenn Termin zur Hauptverhandlung anberaumt oder der Antrag auf Erlass des Strafbefehls abgelehnt worden ist.

Zuständig für die Entscheidung über die Anschlussbefugnis ist das Gericht, bei 2 dem das Verfahren anhängig ist (Abs. 2). Die Entscheidung über den Anschluss in

§ 397 5. Buch. Beteiligung des Verletzten am Verfahren

Fällen der fahrlässigen Körperverletzung (§ 395 Abs. 3) ist unanfechtbar (Abs. 2 S. 2 a. E.). Im Rahmen der Prüfung ist zunächst zu untersuchen, ob der den Anschluss Erklärende zu dem Personenkreis des § 395 gehört und prozessfähig ist. Ist dies der Fall, entscheidet das Gericht über die Begründetheit der Anschlusserklärung. Dies soll schon dann der Fall sein, wenn nach der Sachlage oder aufgrund des tatsächlichen Vorbringens die Verurteilung des Angeschuldigten wegen einer Nebenklagestraftat wenigstens rechtlich möglich erscheint (BGH NStZ-RR 2002, 340 m. w. N.).

3 **Entschieden wird nach Anhörung der StA.** In den Fällen des § 395 Abs. 3 muss auch der Angeschuldigte gehört werden. Die Bestellung wirkt nur deklaratorisch, nicht konstitutiv. Wer zu Unrecht zugelassen wurde, ist nicht Nebenkläger (BGH NStZ-RR 2001, 135). Umgekehrt kann der Zulassungsbeschluss selbst nach rechtskräftigem Abschluss des Verfahrens ergehen, wenn die Anschlusserklärung schon vorher eingegangen war (RGSt 66, 393).

4 **Der Widerruf des Beschlusses** ist in jeder Lage des Verfahrens zulässig, wenn sich ergibt, dass ihm von vornherein die rechtlichen Grundlagen gefehlt haben. Unzulässig ist ein Widerruf mit der Begründung, das Nebenklagedelikt sei nicht nachweisbar (OLG Düsseldorf NStZ 1997, 204). Die Anschlusserklärung kann jederzeit mit neuem Vorbringen wiederholt werden (Meyer-Goßner § 396 Rdn. 17), etwa auch durch ein Rechtsmittel. In ihm liegt eine zulässige neue Anschlusserklärung, über die das Rechtsmittelgericht zu befinden hat (BGH MDR 1970, 732).

5 **Eine Einstellung nach den §§ 153 ff** (Abs. 3) erfordert zwar nicht die Zustimmung des Nebenklägers, ist aber erst zulässig, wenn über die Anschlussberechtigung entschieden worden ist (KK-Senge § 396 Rdn. 10). Anderes gilt im Strafbefehlsverfahren, wenn das Gericht das Verfahren ohne Terminanberaumung einstellt, da dann die Anschlusserklärung noch nicht wirksam geworden ist (KK-Senge § 396 Rdn. 3; a. M. LG Köln MDR 1984, 776). Rechtsbehelf gegen den Nichtzulassungsbeschluss ist die einfache Beschwerde nach § 304 Abs. 1.

6 **In der Revision** wird, wenn der Nebenkläger selbst Beschwerdeführer ist, seine Anschlussbefugnis von Amts wegen geprüft (BGHSt 29, 216, 217). Legt der Angeklagte Revision ein, wird die Anschlussbefugnis nur auf entsprechende Rüge hin geprüft (BGH MDR 1969, 360). Regelmäßig wird das Urteil auf dem Fehlen einer Anschlussbefugnis nicht beruhen (BGH NStZ 1994, 26).

7 Rügt der Nebenkläger mit der Revision, dass der Tatrichter ihn zu Unrecht **nicht zugelassen** hat, prüft das Revisionsgericht die Anschlussbefugnis ebenfalls. Das Urteil wird aber auf der fehlerhaften Nichtzulassung regelmäßig nur beruhen, wenn der Nebenkläger Tatsachen hätte vorbringen und/oder Beweismittel hätte benennen können, die für den Schuldspruch (§ 400) wesentlich gewesen sein könnten (BGH NStZ 1997, 97; BGH NStZ 1999, 259). Da der Nebenkläger in dem Verfahren im Regelfall auch als Zeuge vernommen worden ist, wird ein Beruhen oft fehlen.

8 In den nach Abs. 2 S. 2 Hs. 2 **unanfechtbaren Entscheidungen** nach § 395 Abs. 3 prüft das Revisionsgericht nicht nach. Ein erneuter Antrag auf Zulassung der Nebenklage in der Rechtsmittelinstanz ist unzulässig (OLG Düsseldorf NStZ 1994, 49; Meyer-Goßner § 396 Rdn. 23; a. M. SK-Velten § 396 Rdn. 20).

§ 397 [Rechte des Nebenklägers]

(1) ¹Der Nebenkläger ist nach erfolgtem Anschluß, auch wenn er als Zeuge vernommen werden soll, zur Anwesenheit in der Hauptverhandlung berechtigt. ²Im übrigen gelten die §§ 378 und 385 Abs. 1 bis 3 entsprechend. ³Die Befugnis zur Ablehnung eines Richters (§§ 24, 31) oder Sachverständigen (§ 74), das Fragerecht (§ 240 Abs. 2), das Recht zur Beanstandung von Anordnungen des Vorsitzenden (§ 238 Abs. 2) und von Fragen (§ 242), das Beweisantragsrecht

2. Abschnitt. Nebenklage § 397a

(§ 244 Abs. 3 bis 6) sowie das Recht zur Abgabe von Erklärungen (§§ 257, 258) steht auch dem Nebenkläger zu.

(2) ¹Wird die Verfolgung nach § 154a beschränkt, so berührt dies nicht das Recht, sich der erhobenen öffentlichen Klage als Nebenkläger anzuschließen. ²Wird der Nebenkläger zum Verfahren zugelassen, so entfällt eine Beschränkung nach § 154a Abs. 1 oder 2, soweit sie die Nebenklage betrifft.

Der Nebenkläger hat ein **Recht auf Anwesenheit in der Hauptverhandlung** 9 auch dann, wenn er in dem Verfahren (noch) als Zeuge vernommen werden soll (Abs. 1 S. 1). Dieses Anwesenheitsrecht erstreckt sich auch auf vorweggenommene Teile der Hauptverhandlung, z. B. die kommissarische Vernehmung (§ 223). Die das Anwesenheitsrecht des Zeugen beschränkenden Vorschriften (§ 58 Abs. 1, § 243 Abs. 2 S. 1) gelten für ihn nicht (Meyer-Goßner § 397 Rdn. 2).

Eine Anwesenheitspflicht hat der Nebenkläger grundsätzlich nicht. Sein persön- 10 liches Erscheinen kann letztlich nur mittelbar erzwungen werden, wenn er nämlich als Zeuge geladen ist. Vgl. auch § 401 Abs. 3.

Für die **weiteren Rechte** verweist Abs. 1 S. 2 auf die entsprechende Anwendung 11 der §§ 378, 385 Abs. 1 bis 3. So hat der Nebenkläger das Recht, mit einem Rechtsanwalt als Beistand zu erscheinen oder sich durch einen schriftlich bevollmächtigten Rechtsanwalt vertreten zu lassen (§ 378). Er kann über einen Rechtsanwalt Akteneinsicht nehmen (§ 385 Abs. 3).

Abs. 1 S. 3 bestimmt die Rechte in der Hauptverhandlung (vgl. dazu Goll- 12 witzer FS Schäfer S. 65). So kann der Nebenkläger einen Richter oder Sachverständigen ablehnen, er hat ein Fragerecht, das Recht zur Beanstandung von Anordnungen des Vorsitzenden und von Fragen. Ihm steht ein Beweisantragsrecht zu sowie das Recht zur Abgabe von Erklärungen. Zudem ist der Nebenkläger berechtigt, Anträge zu stellen und dadurch auf einen sachgerechten Verfahrensablauf und auf sachgerechte Ausübung der dem Gericht nach § 244 Abs. 2 obliegenden Aufklärungspflicht hinzuwirken (Meyer-Goßner § 397 Rdn. 11). Weitergehende Rechte, etwa einen Anspruch auf Protokollierung einer Urkundenverlesung usw., hat er jedoch nicht.

Soweit das Gesetz in der Hauptverhandlung **bestimmte Prozesshandlungen** 13 (oder ihr Unterlassen) von der Zustimmung oder dem Verzicht des Angeklagten und der StA abhängig macht, gilt dies nicht für den Nebenkläger (Meyer-Goßner § 397 Rdn. 12). Bedeutsam ist dies etwa für die Fälle des § 245 Abs. 1 S. 2, § 251 Abs. 2 Nr. 3, § 324 Abs. 1 S. 2 und § 325 S. 2 (Meyer-Goßner § 397 Rdn. 12). Nach § 222a Abs. 3 S. 2 und § 222b Abs. 1 S. 4 steht dem Nebenkläger der Besetzungseinwand zu (HK-Kurth § 397 Rdn. 15).

Die Verfolgungsbeschränkung nach § 154a berührt nicht das Recht zur Nebenklage 14 (Abs. 2). Lässt das Gericht den Nebenkläger zum Verfahren zu, entfällt die Verfahrensbeschränkung, soweit es die nebenklagefähige Tat betrifft.

Beispiel: Beschränkung durch Einstellung der Taten A und B. Die Tat A ist nebenklagefähig. Damit entfällt die Beschränkung. Im Hinblick auf die Tat B verbleibt es bei ihr.

Ist der Nebenkläger bereits zugelassen, bedarf eine Verfolgungsbeschränkung nach 15 § 154a seiner Zustimmung (BGHR § 400 Abs. 1 S. 1 Zulässigkeit 1). Zur Verfahrenseinstellung nach § 154 vgl. § 396 Rdn. 5.

§ 397a [Bestellung eines Rechtsanwalts als Beistand]

(1) ¹Auf Antrag des Nebenklägers ist diesem ein Rechtsanwalt als Beistand zu bestellen, wenn die Berechtigung zum Anschluß als Nebenkläger auf § 395 Abs. 1 Nr. 1 Buchstabe a, Nr. 2 oder Abs. 2 Nr. 1 beruht oder er durch eine rechtswidrige Tat nach den §§ 232 bis 233a des Strafgesetzbuches verletzt ist

719

§ 397a 5. Buch. Beteiligung des Verletzten am Verfahren

und die zum Anschluß berechtigende Tat ein Verbrechen ist. ²Hat der Nebenkläger bei Antragstellung das sechzehnte Lebensjahr noch nicht vollendet oder kann er seine Interessen ersichtlich nicht selbst ausreichend wahrnehmen, so ist ihm ein Rechtsanwalt als Beistand auch dann zu bestellen, wenn die Tat im Sinne des Satzes 1 ein Vergehen ist oder er durch eine rechtswidrige Tat nach § 225 des Strafgesetzbuches verletzt ist. ³Der Antrag kann schon vor der Erklärung des Anschlusses gestellt werden. ⁴Für die Bestellung des Rechtsanwalts gilt § 142 Abs. 1 entsprechend.

(2) ¹Liegen die Voraussetzungen für eine Bestellung nach Absatz 1 nicht vor, so ist dem Nebenkläger für die Hinzuziehung eines Rechtsanwalts auf Antrag Prozeßkostenhilfe nach denselben Vorschriften wie in bürgerlichen Rechtsstreitigkeiten zu bewilligen, wenn die Sach- oder Rechtslage schwierig ist, der Verletzte seine Interessen selbst nicht ausreichend wahrnehmen kann oder ihm dies nicht zuzumuten ist. ²Absatz 1 Satz 3 und 4 gilt entsprechend. ³§ 114 zweiter Halbsatz und § 121 Abs. 1 bis 3 der Zivilprozeßordnung sind nicht anzuwenden.

(3) ¹Über die Bestellung des Rechtsanwalts und die Bewilligung der Prozeßkostenhilfe entscheidet das mit der Sache befaßte Gericht. ²In den Fällen des Absatzes 2 ist die Entscheidung unanfechtbar.

1 Die Vorschrift regelt die **Bestellung eines Rechtsanwalts zum Opferanwalt** und die dafür gewährte Prozeßkostenhilfe und erklärt, warum für die Anwaltschaft die Vertretung der Nebenklage auch finanziell attraktiv sein kann. Bei den in § 395 genannten Taten, die Verbrechen sind, ist dem Nebenkläger auf seinen Antrag ein Rechtsanwalt als Beistand zu bestellen. Dieses Recht besteht unabhängig davon, ob der Nebenkläger prozeßkostenhilfeberechtigt ist. Damit entfällt auch das Risiko des Nebenklägers, seinen Kostenerstattungsanspruch gegen den Angeklagten wirtschaftlich nicht realisieren zu können oder einen solchen wegen eines Freispruchs gar nicht erst zu erlangen (vgl. auch § 472 Abs. 1 S. 2). Das Kostenrisiko trägt der Staat.

2 Insgesamt sieht Abs. 1 mehrere Konstellationen vor, in denen ein Anspruch auf den Opferanwalt besteht. Für **Nebenkläger, die bei Antragstellung das 16. Lebensjahr noch nicht vollendet haben** oder die ihre Interessen ersichtlich nicht selbst ausreichend wahrnehmen können, ist ein Opferanwalt auch zu bestellen, wenn die rechtswidrige Tat im Sinne des Abs. 1 nur **Vergehen** ist oder aber eine Tat nach § 225 StGB im Raum steht. Der Verweis in S. 3 auf § 142 Abs. 1 bedeutet, dass ein entsprechender Antrag bei dem Gericht gestellt werden muss, das für die Entscheidung über die Anschlussbefugnis zuständig ist.

3 Über Abs. 1 hinaus ist die Hinzuziehung eines Rechtsanwalts dem Nebenkläger dann zu bewilligen, wenn die **Bedingungen für die PKH** im bürgerlich-rechtlichen Sinne bestehen und die Sach- oder Rechtslage schwierig ist sowie der Verletzte seine Interessen selbst nicht ausreichend wahrnehmen kann oder ihm dies nicht zuzumuten ist. Auch hier kann der Antrag schon vor der Erklärung des Anschlusses gestellt werden, ist aber nötig (§ 397a Abs. 1 S. 3 und 4). Maßgeblich für die Bewilligung sind die §§ 114 ff ZPO mit den Modifikationen, die sich aus § 397a Abs. 2, 3 ergeben (Meyer-Goßner § 397a Rdn. 6).

4 Vorausgesetzt ist zunächst, dass der Nebenkläger **wirtschaftlich unvermögend** ist. Vgl. hierzu §§ 114, 115 ZPO. Anders als im Zivilprozess kommt es nicht auf hinreichende Erfolgsaussichten an, sondern auf die Unfähigkeit zur Wahrnehmung der Interessen. Insofern schließt Abs. 2 S. 3 die Anwendung des § 114 Hs. 2 ZPO aus. Zur Unfähigkeit vgl. § 140 Rdn. 19. Die Unzumutbarkeit trotz der vorhandenen Fähigkeit kann insbesondere auf der psychischen Betroffenheit des Nebenklägers durch die Tat beruhen (Meyer-Goßner § 397a Rdn. 9). Ist das Rechtsmittel unzulässig, wird keine Prozeßkostenhilfe gewährt (Meyer-Goßner § 397a Rdn. 9).

2. Abschnitt. Nebenklage **§ 398**

Der Antrag (Abs. 2 S. 2 i.V.m. Abs. 1 S. 3) muss auf amtlichem Vordruck erfolgen und den üblichen Voraussetzungen entsprechen (§ 117 Abs. 2, 4 ZPO). **5**

Die Entscheidung trifft das mit der Sache befasste Gericht (Abs. 3 S. 1), also ggf. **6** nach dem Tatrichter das Berufungs- oder Revisionsgericht, wenn dort die Akten eingegangen sind (BGH NJW 1999, 2380). Die StA ist zuvor anzuhören (§ 33 Abs. 2). Bestehen Zweifel an der Richtigkeit der Angaben, ist ggf. auch vor einer negativen Entscheidung dem Antragsteller rechtliches Gehör zu gewähren (BVerfG NStZ 1999, 469). Für die Bestellung gilt nach Abs. 1 S. 4 und Abs. 2 S. 2 § 142 Abs. 1 entsprechend. Für die Wirksamkeit der Bestellung kommt es auf den Zugang des dem Antrag stattgebenden Beschlusses an (vgl. BGH NJW 1985, 921).

Eine auf den Zeitpunkt der Antragstellung **rückwirkende Entscheidung** ist zulässig, wenn der Antrag nicht rechtzeitig beschieden worden ist und der Antragsteller mit **7** seinem Antrag bereits alles für die Bestellung des Beistands oder die Bewilligung der PKH Erforderliche getan hat (Meyer-Goßner § 397a Rdn. 15). Ist PKH bewilligt, ist die Aufhebung des Beschlusses nur unter der Voraussetzung des § 124 ZPO zulässig. Die Bestellung nach Abs. 1 kann entsprechend § 143 zurückgenommen werden (BGH NStZ-RR 2002, 104).

Die Bestellung als Beistand erfolgt für das gesamte Verfahren, also nicht beschränkt auf die jeweilige Instanz (vgl. auch BGH NStZ-RR 2003, 293). Umfasst ist **8** anders als bei § 140 auch die Revisionshauptverhandlung (BGH NStZ 2000, 552). Nicht umfasst ist das Adhäsionsverfahren, insofern kommt nur die Gewährung von PKH nach § 404 Abs. 5 in Betracht (BGH NJW 2001, 2486). Hat der Angeklagte ein Rechtsmittel eingelegt, sind wirtschaftliches Unvermögen und Unfähigkeit des Nebenklägers erneut zu prüfen. § 119 Abs. 1 S. 2 ZPO ist nicht entsprechend anzuwenden (Meyer-Goßner § 397a Rdn. 17).

Die Entscheidung über die Bestellung eines Rechtsanwalts als Beistand nach Abs. 1 kann mit der einfachen **Beschwerde** angefochten werden. Ob auch der Angeschul- **9** digte unmittelbar beschwert ist, ist zweifelhaft (vgl. Meyer-Goßner § 397a Rdn. 19). Die Ablehnung eines Antrags auf Bestellung eines Rechtsanwalts kann mit der Revision gerügt werden. Im Regelfall wird das Urteil aber darauf nicht beruhen (Meyer-Goßner § 397a Rdn. 20).

Die Entscheidungen über die PKH sind **unanfechtbar** (Abs. 3 S. 2; OLG Düssel- **10** dorf NStZ-RR 1999, 21). Dies gilt selbst dann, wenn ein unzuständiges Gericht die Prozesskostenhilfe bewilligt hat (BGH NJW 1990, 460), anders bei Ablehnung durch dieses (Meyer-Goßner § 397a Rdn. 21; a.M. OLG Düsseldorf NStE Nr. 5).

§ 398 [Verfahren]

(1) **Der Fortgang des Verfahrens wird durch den Anschluß nicht aufgehalten.**

(2) **Die bereits anberaumte Hauptverhandlung sowie andere Termine finden an den bestimmten Tagen statt, auch wenn der Nebenkläger wegen Kürze der Zeit nicht mehr geladen oder benachrichtigt werden konnte.**

Der Nebenkläger tritt in das Verfahren **in dem Stadium ein,** in dem es sich bei **1** seinem Anschluss befindet. Die Wiederholung prozessualer Maßnahmen oder die Aussetzung der Hauptverhandlung ist nicht nötig (Meyer-Goßner § 398 Rdn. 1).

Die **Verlegung von Gerichtsterminen** ist ebenfalls ausgeschlossen (Abs. 2). Selbst **2** wenn der Nebenkläger geladen wurde, aber er oder sein Verfahrensbevollmächtigter (OLG Stuttgart Justiz 2004, 127) aus guten Gründen verhindert sind, kann die Hauptverhandlung ohne ihn durchgeführt werden (BGHSt 28, 272, 273).

Auf zulässige Revision des Nebenklägers wird das Urteil in der Regel aufzuheben **3** sein, wenn seine **Ladung unterlassen** worden ist, obwohl die Voraussetzungen des Abs. 2 nicht vorlagen (OLG Düsseldorf wistra 2001, 187).

§ 399 [Bekanntmachung früherer Entscheidungen]

(1) Entscheidungen, die schon vor dem Anschluß ergangen und der Staatsanwaltschaft bekanntgemacht waren, bedürfen außer in den Fällen des § 401 Abs. 1 Satz 2 keiner Bekanntmachung an den Nebenkläger.

(2) Die Anfechtung solcher Entscheidungen steht auch dem Nebenkläger nicht mehr zu, wenn für die Staatsanwaltschaft die Frist zur Anfechtung abgelaufen ist.

1 Gerichtliche Entscheidungen **vor der Anschlusserklärung** werden dem Nebenkläger nicht bekannt gegeben, wenn sie bereits der StA bekannt gemacht waren (Abs. 1). Nach der Abschlusserklärung müssen alle Entscheidungen bekannt gemacht werden, auch wenn der Zulassungsbeschluss nach § 396 noch nicht vorliegt (KK-Senge § 399 Rdn. 1).

2 Erklärt der Nebenkläger nach Erlass des Urteils zur Einlegung eines Rechtsmittels seinen Anschluss, läuft für ihn **keine besondere Rechtsmittelfrist** (BGH NStZ 1988, 214). Auch für den Nebenkläger gilt die für die StA laufende Anfechtungsfrist (BGH NStZ 1984, 18). Ein Anschluss bleibt dennoch möglich. Allerdings kann der Nebenkläger dann nicht mehr verhindern, dass dieses Rechtsmittel durch einen anderen Verfahrensbeteiligten zurückgenommen und die Rechtskraft der Entscheidung herbeigeführt wird (Meyer-Goßner § 399 Rdn. 2).

3 Da gegen den Nebenkläger **keine eigene Frist** im Sinne des § 44 lief, kann er auch nicht bei verspäteter Anfechtung im Fall des Abs. 2 Wiedereinsetzung verlangen (BGH NStZ 1988, 214). Anders soll zu entscheiden sein, wenn der Anschluss innerhalb der Anfechtungsfrist für die StA erklärt und nur die Anfechtung verspätet vorgenommen worden ist (RGSt 76, 178).

§ 400 [Rechtsmittelbefugnis des Nebenklägers]

(1) Der Nebenkläger kann das Urteil nicht mit dem Ziel anfechten, daß eine andere Rechtsfolge der Tat verhängt wird oder daß der Angeklagte wegen einer Gesetzesverletzung verurteilt wird, die nicht zum Anschluß des Nebenklägers berechtigt.

(2) ¹Dem Nebenkläger steht die sofortige Beschwerde gegen den Beschluß zu, durch den die Eröffnung des Hauptverfahrens abgelehnt oder das Verfahren nach den §§ 206a und 206b eingestellt wird, soweit er die Tat betrifft, auf Grund deren der Nebenkläger zum Anschluß befugt ist. ²Im übrigen ist der Beschluß, durch den das Verfahren eingestellt wird, für den Nebenkläger unanfechtbar.

1 **Die Vorschrift beschränkt das Anfechtungsrecht des Nebenklägers.** Sie hat in der Praxis namentlich des BGH erhebliche Bedeutung. Relativ viele Fälle der Revision durch den Nebenkläger sind wegen § 400 unzulässig.

2 Der Nebenkläger ist zwar zur Einlegung von Rechtsmitteln berechtigt, aber nur, soweit er durch die Entscheidung in seiner Stellung **als Nebenkläger beschwert** ist (BGHSt 33, 114 ff; BGH NJW 1970, 205). So berühren Entscheidungen über die Untersuchungshaft seine Rechtsstellung nicht (OLG Düsseldorf NJW 1998, 395).

3 **Der Rechtsfolgenausspruch (Abs. 1)** kann vom Nebenkläger nur in sehr engem Rahmen angegriffen werden. Unzulässig ist die auf eine „andere Rechtsfolge" gerichtete Anfechtung (HK-Kurth § 400 Rdn. 5). Betrifft die Entscheidung ein Strafgesetz, das nicht zum Anschluss als Nebenkläger berechtigt, fehlt bereits die Beschwer (§ 400 Abs. 1; BGH NStZ 1987, 221). Daher muss ausnahmsweise die Berufung begründet und die Sachrüge in der Revision näher ausgeführt werden (BGH NStZ 1988, 565; Volk § 39 Rdn. 25; siehe auch BGH NStZ-RR 2002, 261; Meyer-Goßner § 400

Rdn. 6). Mit einer aus seiner Sicht zu niedrigen Bestrafung mag der Nebenkläger zwar an sich beschwert sein, ist aber wegen § 400 Abs. 1 gehindert, sein Rechtsmittel darauf zu stützen. Zugunsten des Angeklagten kann er anders als die StA (§ 296 Abs. 2) Rechtsmittel nicht einlegen (Volk § 39 Rdn. 25).

Das Rechtsmittelgericht prüft bei zulässiger Berufung oder Revision lediglich, 4 ob die Vorschriften über das Nebenklagedelikt richtig angewendet wurden (BGHSt 41, 140, 144). Dies gilt auch bei Tat- oder Gesetzeseinheit mit einem Offizialdelikt (KK-Kuckein § 352 Rdn. 10; Meyer-Goßner § 400 Rdn. 7).

Geprüft wird nur, ob Nebenklagedelikte nicht, nicht zutreffend oder unvollstän- 5 dig gewürdigt worden sind (BGHSt 43, 15). So kann eine zulässige Revision, die bei Verurteilung wegen Totschlags zu Unrecht die Nichtanwendung des § 211 StGB rügt, nicht dazu führen, Fehler bei der Strafzumessung des Totschlags zu korrigieren (BGH NStZ-RR 2003, 102). Ergibt die Prüfung, dass der Angeklagte sich gar nicht strafbar gemacht hat

Beispiel: Er ist vom versuchten Totschlag oder vom versuchten Mord zurückgetreten

ist er freizusprechen.

Der Tatrichter hat allerdings nach Aufhebung des Urteils und Zurückverweisung 6 der Sache alle in Tateinheit mit dem Nebenklagedelikt stehenden Delikte wiederum zu prüfen (BGHSt 39, 390, 391; Meyer-Goßner § 400 Rdn. 7a).

Wird das Hauptverfahren nicht eröffnet oder der Erlass eines Strafbefehls abgelehnt 7 (vgl. § 408 Abs. 2 S. 2), hat der Nebenkläger das Recht zur **sofortigen Beschwerde**. Dies gilt nicht bei Eröffnung vor einem niedrigeren Gericht nach § 209 Abs. 1 (OLG Karlsruhe NStZ 1989, 442).

Im nämlichen Umfang kann der Nebenkläger **Einstellungsbeschlüsse** nach 8 §§ 206a, 206b und Einstellungsurteile nach § 260 Abs. 3 anfechten. Gegen Einstellungsbeschlüsse nach §§ 153ff hat er kein Rechtsmittel, auch wenn sie verfahrensrechtlich fehlerhaft ergangen sind (BGH NJW 2002, 2401, insofern in BGHSt 47, 270 nicht abgedruckt).

§ 401 [Rechtsmittel des Nebenklägers]

(1) ¹Der Rechtsmittel kann sich der Nebenkläger unabhängig von der Staatsanwaltschaft bedienen. ²Geschieht der Anschluß nach ergangenem Urteil zur Einlegung eines Rechtsmittels, so ist dem Nebenkläger das angefochtene Urteil sofort zuzustellen. ³Die Frist zur Begründung des Rechtsmittels beginnt mit Ablauf der für die Staatsanwaltschaft laufenden Frist zur Einlegung des Rechtsmittels oder, wenn das Urteil dem Nebenkläger noch nicht zugestellt war, mit der Zustellung des Urteils an ihn auch dann, wenn eine Entscheidung über die Berechtigung des Nebenklägers zum Anschluß noch nicht ergangen ist.

(2) ¹War der Nebenkläger in der Hauptverhandlung anwesend oder durch einen Anwalt vertreten, so beginnt für ihn die Frist zur Einlegung des Rechtsmittels auch dann mit der Verkündung des Urteils, wenn er bei dieser nicht mehr zugegen oder vertreten war; er kann die Wiedereinsetzung in den vorigen Stand gegen die Versäumung der Frist nicht wegen fehlender Rechtsmittelbelehrung beanspruchen. ²Ist der Nebenkläger in der Hauptverhandlung überhaupt nicht anwesend oder vertreten gewesen, so beginnt die Frist mit der Zustellung der Urteilsformel an ihn.

(3) ¹Hat allein der Nebenkläger Berufung eingelegt, so ist diese, wenn bei Beginn einer Hauptverhandlung weder der Nebenkläger noch für ihn ein Rechtsanwalt erschienen ist, unbeschadet der Vorschrift des § 301 sofort zu verwerfen. ²Der Nebenkläger kann binnen einer Woche nach der Versäumung unter den

§ 401　　　5. Buch. Beteiligung des Verletzten am Verfahren

Voraussetzungen der §§ 44 und 45 die Wiedereinsetzung in den vorigen Stand beanspruchen.

(4) **Wird auf ein nur von dem Nebenkläger eingelegtes Rechtsmittel die angefochtene Entscheidung aufgehoben, so liegt der Betrieb der Sache wiederum der Staatsanwaltschaft ob.**

1　**Der prozessfähige Nebenkläger,** der zum Anschluss befugt ist oder bereits mit Recht zugelassen ist, kann Rechtsmittel in der gesetzlich vorgeschriebenen Form einlegen (zur Wiederaufnahme vgl. § 365 Rdn. 2). Diese Rechtsmittel müssen jeweils zulässig und er durch die angefochtene Entscheidung in seiner Stellung als Nebenkläger beschwert sein (vgl. § 400). Nach h. M. sind Rechtsmittel zugunsten des Angeklagten nicht zulässig (BGHSt 37, 136; Meyer-Goßner § 401 Rdn. 1).

2　**Die Revisionsanträge** kann der Nebenkläger nur mittels einer von einem Rechtsanwalt unterzeichneten Schrift anbringen (BGH NJW 1992, 1398). Zwar ist durch die Neufassung des § 397 Abs. 1 eine entsprechende Gesetzeslücke entstanden, diese wird aber nach h. M. durch die entsprechende Anwendung des § 390 Abs. 2 geschlossen (Meyer-Goßner § 401 Rdn. 2). Zweifelhaft ist, wie zu verfahren ist, wenn der Nebenkläger selbst Rechtsanwalt ist (vgl. Hilger NStZ 1988, 441).

3　**Das Recht zur Führung von Rechtsmitteln** hat der Nebenkläger unabhängig von der StA (Abs. 1 S. 1). Den Fall, dass StA und Nebenkläger unterschiedliche Rechtsmittel einlegen, regelt § 335 Abs. 3. Legt allein der Nebenkläger Rechtsmittel ein, muss das Verfahren dennoch von der StA betrieben werden. Insbesondere muss der Staatsanwalt an der Hauptverhandlung teilnehmen und seinen Schlussvortrag halten (RGSt 63, 53, 55; Meyer-Goßner § 401 Rdn. 3).

4　Erfolgt der **Anschluss des Nebenklägers** zur Einlegung eines Rechtsmittels, regelt Abs. 1 in den Sätzen 2 und 3 die dafür geltenden Fristen. Dem Nebenkläger ist das Urteil sofort zuzustellen (Abs. 1 S. 2). Die Frist zur Begründung des Rechtsmittels beginnt mit Ablauf der Frist, die der StA zur Einlegung des Rechtsmittels zur Verfügung steht oder, wenn das Urteil später zugestellt wird, mit der Zustellung des Urteils an ihn. Dies gilt auch dann, wenn eine Entscheidung über die Berechtigung des Nebenklägers zum Anschluss noch nicht ergangen ist (Abs. 1 S. 3 a. E.).

5　**Abs. 2** regelt den Fall, dass der Nebenkläger (irgendwann) in der Hauptverhandlung anwesend oder vertreten war. Die Frist beginnt für ihn in diesen Fällen auch dann mit der Verkündung des Urteils, wenn er zu diesem Zeitpunkt nicht anwesend oder vertreten war. Eine Wiedereinsetzung in den vorigen Stand wegen fehlender Rechtsmittelbelehrung ist ausgeschlossen (Abs. 2 S. 1 a. E.). Hat der Nebenkläger an keiner Sitzung in der Hauptverhandlung teilgenommen, beginnt die Frist, wenn ihm die Urteilsformel zugestellt worden ist (Abs. 2 S. 2). S. 2 gilt entsprechend, wenn der Nebenkläger nur als Zeuge geladen und nach seiner Vernehmung entlassen worden war (OLG Karlsruhe NStZ-RR 2000, 16).

6　**Die Berufung des Nebenklägers** ist zu verwerfen, wenn nur er dieses Rechtsmittel eingelegt hat und bei Beginn der Hauptverhandlung weder ein Rechtsanwalt für ihn erschienen noch er selbst anwesend ist. Die Vorschrift wird aber dahingehend ausgelegt, dass anders als nach § 329 Abs. 1 S. 1 eine Verhandlung zur Sache nicht gänzlich ausgeschlossen ist. § 301 bleibt zu beachten, und das Gericht muss die Verhandlung ohne den Nebenkläger durchführen, wenn nach Aktenlage eine günstige Entscheidung für den Angeklagten zu erwarten ist (Rieß NStZ 2000, 122). Ergibt die Verhandlung eine solche positive Entscheidung nicht, wird die Berufung auch dann verworfen, wenn der Nebenkläger nachträglich erschienen ist (KMR-Stöckel § 401 Rdn. 8; Meyer-Goßner § 401 Rdn. 6). Die Regelung über die Wiedereinsetzung in Abs. 3 S. 2 entspricht der des § 329 Abs. 3 (vgl. dort).

7　Haben auch **andere Verfahrensbeteiligte** (Angeklagter, StA) Berufung eingelegt, gilt Abs. 3 nicht. Dann wird auch über die Berufung des abwesenden Nebenklägers

3. Abschnitt. Entschädigung des Verletzten   § 402

verhandelt und entschieden (KK-Senge § 401 Rdn. 11). Anders ist dies nur – die Berufung wird nach S. 1 verworfen –, wenn sachlich über sie allein zu entscheiden wäre, weil z.B. die übrigen Beschwerdeführer ihre Berufung zurückgenommen haben (Meyer-Goßner § 401 Rdn. 7).

Abs. 4 ordnet an, dass das Verfahren von der StA zu betreiben ist, wenn nur der Nebenkläger ein Rechtsmittel eingelegt hatte.   8

§ 402 [Widerruf; Tod des Nebenklägers]

Die Anschlußerklärung verliert durch Widerruf sowie durch den Tod des Nebenklägers ihre Wirkung.

Der Nebenkläger kann die Anschlusserklärung ohne Zustimmung der anderen Prozessbeteiligten bis zum rechtskräftigen Abschluss des Verfahrens widerrufen, auch noch im Revisionsrechtszug (RGSt 67, 322). Eine **formlose Erklärung** gegenüber dem Gericht genügt (OLG Hamm NJW 1971, 394; KK-Senge § 402 Rdn. 1). Zweifelhaft ist, ob ein Widerruf auch darin liegen kann, dass der Nebenkläger seine Rechte längere Zeit bewusst nicht ausübt (OLG Hamm NJW 1971, 394).   1

Der Widerruf erstreckt sich **nur auf die Zukunft.** Bereits ergangene Entscheidungen bleiben bestandskräftig, noch nicht beschiedene Anträge und Rechtsmittel werden gegenstandslos. Der Nebenkläger verliert den Anspruch auf Erstattung seiner notwendigen Auslagen nach § 472 Abs. 1 (Meyer-Goßner § 402 Rdn. 2). Einer neuen Anschlusserklärung steht der Widerruf nicht entgegen, wenn in ihm nicht der Verzicht auf das Nebenklagerecht zu sehen ist.   2

Der Tod des Nebenklägers beendet zwar die Nebenklage. Zweifelhaft ist aber, ob nicht seine Angehörigen entsprechend § 393 Abs. 2 berechtigt sind, in das Verfahren einzutreten. Dies wird teilweise verneint (OLG Düsseldorf MDR 1986, 76; KK-Senge § 402 Rdn. 5; Meyer-Goßner § 402 Rdn. 4). Ein Teil der Rechtsprechung will eine Ausnahme machen, wenn die Tat ein Privatklagedelikt ist oder der Tod des Nebenklägers die Folge der zur Nebenklage berechtigenden Tat ist (vgl. OLG Nürnberg NJW 1978, 1017; OLG Zweibrücken NJW 1966, 2076; vgl. auch BGH NStZ 1997, 200). Hierfür spricht in den Fällen des § 395 Abs. 2 viel.   3

Der Tod hat **Folgen nur für offene Entscheidungen.** Ein noch nicht beschiedenes Rechtsmittel des Nebenklägers wird mit dessen Tod hinfällig (BGH NStZ 1997, 49). Das Tatgericht hat sodann nach § 302, § 473 Abs. 1 S. 3 eine Kostenentscheidung zu treffen, wenn der Nebenkläger bereits vor Aktenvorlage an das Revisionsgericht nach § 347 Abs. 2 verstorben ist, sonst entscheidet das Revisionsgericht. Anders als der Widerruf lässt der Tod des Nebenklägers den in einem Urteil zuerkannten und bei dessen Rechtskraft endgültig entstandenen Anspruch auf Erstattung der notwendigen Auslagen nicht entfallen (OLG Karlsruhe MDR 1984, 250).   4

Dritter Abschnitt. Entschädigung des Verletzten

Das Adhäsionsverfahren (§§ 403–406c) will dem Verletzten die Möglichkeit geben, seine zivilrechtlichen Ansprüche gegen den Täter unkompliziert im Strafverfahren geltend zu machen (vgl. Köckerbauer NStZ 1994, 305). Es vermeidet einen zweiten Zivilprozess. In der Praxis der Justiz ist das Verfahren nicht sonderlich beliebt: Dem Strafrichter macht es mehr Arbeit, den Anwälten ebenfalls, ohne dass sie davon in einem Maße profitieren würden wie wenn sie den Verletzten auch noch in einem Zivilprozess vertreten. Letztlich hat auch der Verteidiger des Angeklagten ggf. ein Interesse daran, neben der Strafverteidigung noch einen Zivilprozess auf der Beklagtenseite zu führen (vgl. Volk § 39 Rdn. 30).   1

§ 403   5. Buch. Beteiligung des Verletzten am Verfahren

2   Der Gesetzgeber hat durch **mehrere Gesetzesänderungen** versucht, das Adhäsionsverfahren stärker nutzbar zu machen. Schon 1996 wurde die Zuständigkeit im amtsgerichtlichen Verfahren erweitert und die Möglichkeit der PKH und von Grund- und Teilurteilen geschaffen. 2004 sind die Grenzen für eine Ablehnung des Adhäsionsverfahrens erschwert worden. Zugleich wurden Anerkenntnis und Vergleich zugelassen. Erreichen will man, dass die Entscheidung über den Antrag die Regel und nicht mehr die Ausnahme ist (Meyer-Goßner vor § 403 Rdn. 3).

§ 403 [Voraussetzungen]

Der Verletzte oder sein Erbe kann gegen den Beschuldigten einen aus der Straftat erwachsenen vermögensrechtlichen Anspruch, der zur Zuständigkeit der ordentlichen Gerichte gehört und noch nicht anderweit gerichtlich anhängig gemacht ist, im Strafverfahren geltend machen, im Verfahren vor dem Amtsgericht ohne Rücksicht auf den Wert des Streitgegenstandes.

1   § 403 beschreibt die **Voraussetzungen für das Adhäsionsverfahren.** Antragsberechtigt ist zunächst der Verletzte. Dies gilt auch dann, wenn er Mitangeklagter ist oder wenn er wegen der Tat keinen Strafantrag gestellt hat (Meyer-Goßner § 403 Rdn. 2). Ist der Antragsteller nicht prozessfähig, muss der gesetzliche Vertreter den Antrag stellen. Der Erbe ist antragsberechtigt, wenn er einen Erbschein vorlegen kann (SK-Velten § 403 Rdn. 3). Über den Wortlaut der Vorschrift hinaus wird auch noch der Erbe des Erben erfasst (KK-Engelhardt § 403 Rdn. 3). Gibt es eine Mehrheit von Erben, kann jeder Miterbe den Antrag stellen, Leistung aber nur an alle verlangen (§ 2039 S. 1 BGB).

2   **Andere Rechtsnachfolger haben kein Antragsrecht,** da ihr Anspruch nicht unmittelbar aus der Straftat entstanden ist. Dies gilt etwa für private Haftpflichtversicherer (Köckerbauer NStZ 1994, 305, 306) und den Sozialversicherungsträger, auf den der Schadensersatzanspruch übergegangen ist (KK-Engelhardt § 403 Rdn. 4; Meyer-Goßner § 403 Rdn. 4). Begründet wird dies mit der Erwägung, die mitunter schwierige Feststellung der Einzelrechtsnachfolge könne nicht Sache des Strafrichters sein (Meyer-Goßner § 403 Rdn. 4). Der Insolvenzverwalter hat ein Antragsrecht nur, wenn der Gemeinschuldner erst nach der Insolvenzeröffnung geschädigt worden ist, sonst nicht (LG Stuttgart NJW 1998, 322; a. M. Kuhn JR 2004, 399).

3   Der Antrag muss sich **gegen den Beschuldigten** richten. Gegen Jugendliche findet das Adhäsionsverfahren nicht statt (§ 81 JGG), gegen Heranwachsende nur, wenn das Gericht allgemeines Strafrecht anwendet (§ 109 Abs. 2 i. V. m. § 81 JGG; BGH StV 2003, 458).

4   Der Beschuldigte muss **verhandlungsfähig** sein. Geschäftsfähig sein muss er nur, wenn es um einen Vergleich nach § 405 geht.

5   **Vermögensrechtlich sind alle Ansprüche,** die aus Vermögensrechten abgeleitet oder auf vermögenswerte Leistungen gerichtet sind (Granderath NStZ 1984, 399, 400). Dies betrifft Ansprüche auf Schadenersatz und Schmerzensgeld (BGH NStZ 1993, 145), Ansprüche auf Herausgabe widerrechtlich erlangter Sachen (HK-Temming § 403 Rdn. 10), den Ausgleich einer ungerechtfertigten Bereicherung (Jescheck JZ 1958, 292), aber auch der Widerruf einer Behauptung oder die Unterlassung künftiger Rechtsverletzungen können vermögensrechtlichen Charakter haben (vgl. BGH NJW 1981, 2062). Eine strafrechtliche Verurteilung oder die Verbüßung einer verhängten Freiheitsstrafe wirken sich auf die Bemessung des Schmerzensgeldes nicht aus (BGH NStZ-RR 2004, 68).

6   Die Sache muss zur **Zuständigkeit der ordentlichen Gerichte** gehören. Ansprüche, für die ausschließlich die Arbeitsgerichtsbarkeit zuständig ist, sind daher ausgeschlossen (BGHSt 3, 210). Dies ist von Amts wegen auch noch im Rechtsmittelver-

3. Abschnitt. Entschädigung des Verletzten § 404

fahren zu beachten (Meyer-Goßner § 403 Rdn. 11). Ist die Strafsache vor dem AG anhängig, ist dieses an Zuständigkeitsgrenzen nach § 23 Nr. 1 GVG nicht gebunden, der Wert des Streitgegenstandes kann also auch (deutlich) höher sein. Das AG wird aber von einer Entscheidung absehen, wenn es um außergewöhnlich hohe Ansprüche geht oder der Beschuldigte beachtliche Gründe gegen die Überschreitung des Streitwertes vorbringt (LG Mainz StV 1997, 627; Meyer-Goßner § 403 Rdn. 11).

Der Anspruch kann **auch im Privatklageverfahren** geltend gemacht werden, im 7 Strafbefehlsverfahren erst, wenn es zur Hauptverhandlung kommt (Meyer-Goßner § 403 Rdn. 12; a. M. Kuhn JR 2004, 400).

§ 404 [Antrag des Verletzten]

(1) ¹Der Antrag, durch den der Anspruch geltend gemacht wird, kann schriftlich oder mündlich zur Niederschrift des Urkundsbeamten, in der Hauptverhandlung auch mündlich bis zum Beginn der Schlußvorträge gestellt werden. ²Er muß den Gegenstand und Grund des Anspruchs bestimmt bezeichnen und soll die Beweismittel enthalten. ³Ist der Antrag außerhalb der Hauptverhandlung gestellt, so wird er dem Beschuldigten zugestellt.

(2) ¹Die Antragstellung hat dieselben Wirkungen wie die Erhebung der Klage im bürgerlichen Rechtsstreit. ²Sie treten mit Eingang des Antrages bei Gericht ein.

(3) ¹Ist der Antrag vor Beginn der Hauptverhandlung gestellt, so wird der Antragsteller von Ort und Zeit der Hauptverhandlung benachrichtigt. ²Der Antragsteller, sein gesetzlicher Vertreter und der Ehegatte oder Lebenspartner des Antragsberechtigten können an der Hauptverhandlung teilnehmen.

(4) Der Antrag kann bis zur Verkündung des Urteils zurückgenommen werden.

(5) ¹Dem Antragsteller und dem Angeschuldigten ist auf Antrag Prozeßkostenhilfe nach denselben Vorschriften wie in bürgerlichen Rechtsstreitigkeiten zu bewilligen, sobald die Klage erhoben ist. ²§ 121 Abs. 2 der Zivilprozeßordnung gilt mit der Maßgabe, daß dem Angeschuldigten, der einen Verteidiger hat, dieser beigeordnet werden soll; dem Antragsteller, der sich im Hauptverfahren des Beistandes eines Rechtsanwalts bedient, soll dieser beigeordnet werden. ³Zuständig für die Entscheidung ist das mit der Sache befaßte Gericht; die Entscheidung ist nicht anfechtbar.

Der Antrag (Abs. 1) ist eine vom Gericht von Amts wegen zu prüfende **Verfah-** 1 **rensvoraussetzung** (BGH MDR 1988, 875). Er kann schriftlich oder zu Protokoll des Urkundsbeamten gestellt werden. In der Hauptverhandlung ist die mündliche Antragstellung zulässig und in der Sitzungsniederschrift zu beurkunden (§ 273 Abs. 1). Der Antrag muss den Gegenstand und Grund des Anspruchs bestimmt bezeichnen und soll die Beweismittel enthalten (Abs. 1 S. 2).

Ein bestimmter Antrag ist erforderlich (OLG Stuttgart NJW 1978, 2209). Die 2 Bezeichnung eines konkreten Geldbetrages ist entbehrlich, wenn die Höhe erst durch einen Sachverständigen festgestellt werden muss oder – etwa bei Schmerzensgeldforderungen – die Höhe des Betrags in das Ermessen des Gerichts gestellt wird (Meyer-Goßner § 404 Rdn. 3). Zinsen werden nur auf Antrag zugesprochen (BGHR § 404 Antragstellung 2). Zum Grund des Anspruchs gehören alle Tatsachen, die den Antrag schlüssig machen. Ggf. muss das Gericht entsprechend § 139 ZPO auf eine Ergänzung hinwirken (KK-Engelhardt § 404 Rdn. 5). Erfolgt eine Ergänzung nicht, ist der Antrag unzulässig (§ 406 Rdn. 8). Das Fehlen der Beweismittel ist unschädlich, weil § 244 Abs. 2 gilt (Scholz JZ 1972, 727).

§§ 405, 406 5. Buch. Beteiligung des Verletzten am Verfahren

3   Der Antrag hat dieselbe **Wirkung wie eine Klageerhebung** im Zivilprozess (Abs. 2). Rechtshängig wird die Sache nicht erst mit Zustellung des Antrags, sondern mit Eingang bei Gericht (Abs. 2 S. 2; Meyer-Goßner § 404 Rdn. 6).

4   Der Antragsteller muss über **Ort und Zeit der Hauptverhandlung** nur dann benachrichtigt werden, wenn er den Antrag vor Beginn der Hauptverhandlung gestellt hat (Abs. 3). Teilnahmerechte regelt Abs. 3 S. 2. Die Rücknahme ist bis zur Verkündung des Urteils möglich (Abs. 4). Der Antragsteller kann im Beistand eines Rechtsanwalts erscheinen. Anwaltszwang besteht aber selbst nicht vor dem LG oder OLG. Zur PKH siehe Rdn. 6.

5   **Wann der Antragsteller gehört wird,** bestimmt der Vorsitzende unter Beachtung der §§ 243, 258 Abs. 2. Das weitere Verfahren richtet sich grundsätzlich nach der StPO (BGHSt 37, 260, 261). Eine Widerklage ist ausgeschlossen (Meyer-Goßner § 404 Rdn. 10). Zu Teil- und Grundurteilen siehe § 406 Rdn. 10.

6   **Prozesskostenhilfe (Abs. 5)** kann auf Antrag sowohl dem Antragsteller als auch dem Angeschuldigten bewilligt werden, sobald die Anklageschrift eingereicht ist (Abs. 5 S. 1). Im Strafbefehlsverfahren kommt es auf die Anberaumung der Hauptverhandlung an. Für die Bewilligung gelten die §§ 114ff ZPO.

§ 405 [Aufnahme eines Vergleichs in das Protokoll]

(1) ¹Auf Antrag des Verletzten oder seines Erben und des Angeklagten nimmt das Gericht einen Vergleich über die aus der Straftat erwachsenen Ansprüche in das Protokoll auf. ²Es soll auf übereinstimmenden Antrag der in Satz 1 Genannten einen Vergleichsvorschlag unterbreiten.

(2) Für die Entscheidung über Einwendungen gegen die Rechtswirksamkeit des Vergleichs ist das Gericht der bürgerlichen Rechtspflege zuständig, in dessen Bezirk das Strafgericht des ersten Rechtszuges seinen Sitz hat.

1   Teilweise war umstritten, ob im Adhäsionsverfahren ein Vergleich abgeschlossen werden kann (vgl. BGHSt 37, 263, 264). Mit dem Opferrechtsreformgesetz ist nun im dritten Abschnitt das **Institut des Vergleichs** ausdrücklich vorgesehen. Abgelehnt wurde der Vorschlag, einen gerichtlichen Vergleich auch schon vor Eröffnung des Hauptverfahrens abschließen zu können (vgl. Ferber NJW 2004, 2564).

2   Den Vergleich abschließen können die **Parteien des Adhäsionsverfahrens** (§ 403). Vergleichsgegenstand ist die Straftat im Sinne des § 264. Beschränkungen der Strafverfolgung nach §§ 154, 154a sind irrelevant. Der Vergleich kann sich auch auf nicht-vermögensrechtliche Ansprüche beziehen, etwa auf die Abgabe einer Ehrenerklärung (BT-Drucks. 15/1976 S. 13). Der Vergleich ist Vollstreckungsgrundlage und Titel nach § 794 Abs. 1 Nr. 1 ZPO.

3   Das Gericht macht auf übereinstimmenden Antrag der Parteien einen **Vergleichsvorschlag** (Abs. 1 S. 2). Ohne Übereinstimmung wird man davon absehen, um nicht die Besorgnis der Befangenheit des Richters (§ 24) zu begründen.

4   Entscheidungen über Einwendungen gegen die Wirksamkeit des Vergleichs trifft „das **Gericht der bürgerlichrechtlichen Rechtspflege**" (Abs. 2). Dabei geht es regelmäßig um Einwendungen gegen die Vollstreckung und damit um das Vollstreckungsgericht. Vgl. auch § 406 b S. 2.

§ 406 [Entscheidung]

(1) ¹Das Gericht gibt dem Antrag in dem Urteil statt, mit dem der Angeklagte wegen einer Straftat schuldig gesprochen oder gegen ihn eine Maßregel der Besserung und Sicherung angeordnet wird, soweit der Antrag wegen dieser Straftat begründet ist. ²Die Entscheidung kann sich auf den Grund oder einen

3. Abschnitt. Entschädigung des Verletzten　　　　　　　　　　　　　　§ 406

Teil des geltend gemachten Anspruchs beschränken; § 318 der Zivilprozessordnung gilt entsprechend. ³Das Gericht sieht von einer Entscheidung ab, wenn der Antrag unzulässig ist oder soweit er unbegründet erscheint. ⁴Im Übrigen kann das Gericht von einer Entscheidung nur absehen, wenn sich der Antrag auch unter Berücksichtigung der berechtigten Belange des Antragstellers zur Erledigung im Strafverfahren nicht eignet. ⁵Der Antrag ist insbesondere dann zur Erledigung im Strafverfahren nicht geeignet, wenn seine weitere Prüfung, auch soweit eine Entscheidung nur über den Grund oder einen Teil des Anspruchs in Betracht kommt, das Verfahren erheblich verzögern würde. ⁶Soweit der Antragsteller den Anspruch auf Zuerkennung eines Schmerzensgeldes (§ 253 Abs. 2 des Bürgerlichen Gesetzbuches) geltend macht, ist das Absehen von einer Entscheidung nur nach Satz 3 zulässig.

(2) Erkennt der Angeklagte den vom Antragsteller gegen ihn geltend gemachten Anspruch ganz oder teilweise an, ist er gemäß dem Anerkenntnis zu verurteilen.

(3) ¹Die Entscheidung über den Antrag steht einem im bürgerlichen Rechtsstreit ergangenen Urteil gleich. ²Das Gericht erklärt die Entscheidung für vorläufig vollstreckbar; die §§ 708 bis 712 sowie die §§ 714 und 716 der Zivilprozessordnung gelten entsprechend. ³Soweit der Anspruch nicht zuerkannt ist, kann er anderweit geltend gemacht werden. ⁴Ist über den Grund des Anspruchs rechtskräftig entschieden, so findet die Verhandlung über den Betrag nach § 304 Abs. 2 der Zivilprozeßordnung vor dem zuständigen Zivilgericht statt.

(4) Der Antragsteller erhält eine Abschrift des Urteils mit Gründen oder einen Auszug daraus.

(5) ¹Erwägt das Gericht, von einer Entscheidung über den Antrag abzusehen, weist es die Verfahrensbeteiligten so früh wie möglich darauf hin. ²Sobald das Gericht nach Anhörung des Antragstellers die Voraussetzungen für eine Entscheidung über den Antrag für nicht gegeben erachtet, sieht es durch Beschluss von einer Entscheidung über den Antrag ab.

Die Vorschrift (früher § 405) ist mit dem Opferrechtsreformgesetz deutlich umgestellt worden, um den Richtern bewusst zu machen, dass die Entscheidung im Adhäsionsverfahren den Regelfall und nicht – wie bislang – die Ausnahme darstellt. 1

Die gerichtliche Entscheidung erfolgt in dem Strafurteil, in dem der Angeklagte wegen einer Straftat schuldig gesprochen oder eine Sicherungsmaßregel gegen ihn angeordnet wird (Abs. 1 S. 1 und 2). In einem Strafbefehl kann nach h. M. so nicht entschieden werden (BGH NJW 1982, 1047, 1048; Meyer-Goßner § 406 Rdn. 1; a. M. Sommerfeld/Guhra NStZ 2004, 420). 2

Die Entscheidung ist **zu begründen.** Bei einer Verurteilung zu Schmerzensgeld verlangt der BGH (NJW 1995, 1438) nicht unbedingt die ausdrückliche Erörterung der wirtschaftlichen Verhältnisse von Schädiger und Geschädigtem. Das Urteil muss aber die in § 313 Abs. 1 Nr. 1 ZPO benannten Angaben im Rubrum oder in der Urteilsformel enthalten, damit aus ihm vollstreckt werden kann (Meyer-Goßner § 406 Rdn. 2). 3

Ein Grund- oder Teilurteil (§§ 301, 304 ZPO) ist zulässig (Abs. 1 S. 2). So kann der Strafrichter sich darauf beschränken, die Ersatzpflicht des Angeklagten festzustellen und die Schadensberechnung dem Betragsverfahren vor dem Zivilgericht überlassen (vgl. § 318 ZPO). Ein Feststellungsurteil ist vom Gesetz zwar nicht ausdrücklich vorgesehen, wird aber wegen der Ähnlichkeit mit einem Grundurteil für zulässig gehalten (BGHSt 47, 378; Meyer-Goßner § 406 Rdn. 3). 4

Ein Anerkenntnisurteil ist nach Abs. 2 möglich. Dabei ist das Verhältnis von Abs. 1 S. 1 und 3 zu Abs. 2 unklar. Offenbar muss die strafrechtliche Verurteilung 5

§ 406   5. Buch. Beteiligung des Verletzten am Verfahren

dem Anerkenntnis mit Anerkenntnisurteil vorgehen (Meyer-Goßner § 406 Rdn. 4; Neuhaus StV 2004, 626; vgl. auch Hilger GA 2004, 485 Fn. 80). Die Kosten der Entscheidung richten sich nach § 472a Abs. 1.

6   **Die Entscheidung steht einem Urteil im Zivilrechtsstreit gleich** (Abs. 3 S. 1) und wird für vorläufig vollstreckbar erklärt (S. 2). Die Rechtskraft tritt nach den Regeln der Strafprozessordnung ein, aber nicht vor Rechtskraft des Schuldspruchs (Meyer-Goßner § 406 Rdn. 6; a.M. LR-Hilger § 406a Rdn. 7). Wird der Anspruch abgelehnt oder nur teilweise zuerkannt, kann er insoweit vor einem Zivilgericht oder erneut nach den §§ 403ff geltend gemacht werden (Abs. 3 S. 3). Da insofern keine Rechtskraft zu Lasten des Antragstellers eintritt, ist auch eine Anfechtung des Urteils insoweit ausgeschlossen (§ 406a Abs. 1 S. 2). Wird vom Strafgericht nur ein Grundurteil erlassen, entscheidet über den Betrag nach § 304 Abs. 2 ZPO das zuständige Zivilgericht (S. 4), vor dem insoweit Klage nach den allgemeinen zivilprozessualen Vorschriften erhoben werden muss (Meyer-Goßner § 406 Rdn. 6).

7   Für ein **Absehen von einer Entscheidung** kommen nach der Änderung des § 406 durch das Opferrechtsreformgesetz nur noch drei Gründe in Betracht (Abs. 1 S. 3 bis 6).

8   Von einer Entscheidung ist abzusehen, wenn der **Antrag unzulässig** ist (S. 3; Fehlen der Antragsberechtigung – § 403; verspätete Antragstellung, mangelhafte Begründung – § 404 Abs. 1 S. 1, 2; Fehlen zivilrechtlicher Verfahrensvoraussetzungen; Meyer-Goßner § 406 Rdn. 10) oder **unbegründet erscheint**. Er ist unbegründet, wenn der Angeklagte wegen der Straftat nicht schuldig gesprochen wird (BGH NStZ 2003, 321) und gegen ihn auch keine Sicherungsmaßregeln angeordnet werden. Dabei muss das Strafgericht sich nicht definitiv die Überzeugung verschaffen. Es genügt, dass nicht ohne weiteres die Möglichkeit der Unbegründetheit auszuschließen ist, das Bestehen des geltend gemachten Anspruchs also nicht oder jedenfalls nicht mit der erforderlichen Sicherheit ohne weiteres festgestellt werden kann (LR-Hilger § 405 Rdn. 5; Meyer-Goßner § 406 Rdn. 11).

9   **Die Nichteignung zu einer Entscheidung (Abs. 1 S. 4–6)** überschneidet sich teilweise mit dem Absehen bei unbegründetem Antrag. Dabei wird die Nichteignung unter Berücksichtigung der berechtigten Belange des Antragstellers betrachtet. Das Gesetz sieht mangelnde Eignung dann, wenn auch eine Entscheidung nur über den Grund oder einen Teil des Anspruchs das Verfahren erheblich verzögern würde (S. 5). Nach altem Recht genügte eine auch nur geringe Verzögerung, jetzt muss sie erheblich sein. Kurzfristige Unterbrechungen der Hauptverhandlung legitimieren also noch nicht zu einem Absehen von der Entscheidung, wohl aber die Notwendigkeit einer Aussetzung des Verfahrens.

10   Das Gericht muss stets prüfen, ob nicht zumindest die **Möglichkeit des Erlasses eines Grund- oder Teilurteils** besteht (Meyer-Goßner § 406 Rdn. 12). Dass bei schwierigen bürgerlich-rechtlichen Rechtsfragen von der Entscheidung abgesehen werden darf (BGH DAR 2004, 256) berührt merkwürdig. Auch Rechtsfragen, die das internationale Privatrecht betreffen, sollen eine Nichteignung begründen (BGH StV 2004, 61). Überprüfbar ist die Entscheidung ohnehin kaum: Über die Geeignetheit entscheidet der Richter nach pflichtgemäßem Ermessen (BGH NStZ 2003, 46, 47; KK-Engelhardt § 406 Rdn. 1; Meyer-Goßner § 406 Rdn. 12).

11   **Bei Schmerzensgeldansprüchen** darf von einer Entscheidung nicht schon wegen Ungeeignetheit abgesehen werden (S. 6). Nur Unzulässigkeit oder Unbegründetheit erlauben die Abstandnahme von einer Entscheidung. Allerdings kann das Strafgericht sich hier auf ein Grundurteil beschränken, wenn zur Höhe des Schmerzensgelds weitere Feststellungen notwendig sind (Meyer-Goßner § 406 Rdn. 13).

12   Will das Gericht von einer Entscheidung über den Antrag absehen, muss es nach Abs. 5 S. 1 die Verfahrensbeteiligten „**so früh wie möglich**" darauf hinweisen. Vor der Entscheidung muss der Antragsteller gehört werden. Der Hinweis ist nur erforder-

3. Abschnitt. Entschädigung des Verletzten § 406a

lich, wenn der Antrag insgesamt abgelehnt wird, nicht hingegen bei einer Teilablehnung oder dem Erlass eines Grund-/Teilurteils (Meyer-Goßner § 406 Rdn. 14).

Die Entscheidung über das vollständige Absehen ergeht **durch Beschluss** (Abs. 5 S. 2). Wurde bis zum Urteil keine Entscheidung über das Absehen getroffen oder teilweise abgesehen, wird über den Antrag im Urteil befunden (vgl. BGH NStZ 2003, 565; Meyer-Goßner § 406 Rdn. 15). Der Beschluss ist nach § 34 zu begründen und mit einer Kostenentscheidung nach § 472a Abs. 2 zu versehen. **13**

In der Praxis der Gerichte wird insofern § 406a Abs. 1 S. 1 zu beachten sein: Ergeht die Entscheidung durch Beschluss, nachdem der Antrag vor Beginn der Hauptverhandlung gestellt und in dieser noch keine abschließende Entscheidung ergangen ist, hat der Antragsteller die **Möglichkeit der sofortigen Beschwerde,** die allerdings (erst) unzulässig wird, wenn das Urteil oder eine sonstige den Rechtszug abschließende Entscheidung ergeht (vgl. § 406a Rdn. 1). Daher werden sich die Richter ggf. mit der Beschlussentscheidung Zeit lassen, um Beschwerdeentscheidungen zu umgehen (Hilger GA 2004, 485; Meyer-Goßner § 406 Rdn. 15). **14**

§ 406a [Rechtsmittel]

(1) ¹**Gegen den Beschluss, mit dem nach § 406 Abs. 5 Satz 2 von einer Entscheidung über den Antrag abgesehen wird, ist sofortige Beschwerde zulässig, wenn der Antrag vor Beginn der Hauptverhandlung gestellt worden und solange keine den Rechtszug abschließende Entscheidung ergangen ist.** ²**Im Übrigen steht dem Antragsteller ein Rechtsmittel nicht zu.**

(2) ¹**Soweit das Gericht dem Antrag stattgibt, kann der Angeklagte die Entscheidung auch ohne den strafrechtlichen Teil des Urteils mit dem sonst zulässigen Rechtsmittel anfechten.** ²**In diesem Falle kann über das Rechtsmittel durch Beschluss in nichtöffentlicher Sitzung entschieden werden.** ³**Ist das zulässige Rechtsmittel die Berufung, findet auf Antrag des Angeklagten oder des Antragstellers eine mündliche Anhörung der Beteiligten statt.**

(3) ¹**Die dem Antrag stattgebende Entscheidung ist aufzuheben, wenn der Angeklagte unter Aufhebung der Verurteilung wegen der Straftat, auf welche die Entscheidung über den Antrag gestützt worden ist, weder schuldig gesprochen noch gegen ihn eine Maßregel der Besserung und Sicherung angeordnet wird.** ²**Dies gilt auch, wenn das Urteil insoweit nicht angefochten ist.**

Gegen die strafgerichtliche Entscheidung steht dem Antragsteller **grundsätzlich kein Rechtsmittel** zu (Abs. 1 S. 2). Eine Ausnahme macht das Gesetz nur für den Fall, dass ein Antrag vor Beginn der Hauptverhandlung gestellt wurde, von einer Entscheidung in einem Beschluss nach § 406 Abs. 5 S. 2 abgesehen wird und noch keine den Rechtszug abschließende Entscheidung ergangen ist (vgl. § 406 Rdn. 14). **1**

Wird dem Antrag stattgegeben, kann der Angeklagte dies nur mit den Rechtsmitteln der StPO anfechten (Meyer-Goßner § 406a Rdn. 5). Abs. 2 S. 1 stellt klar, dass z.B. die Berufung gegen ein amtsgerichtliches Urteil auch insofern möglich ist, als nur die Entscheidung im Adhäsionsverfahren angefochten werden kann, der strafrechtliche Teil des Urteils also rechtskräftig wird. Bei einer Revision sind auch bei Anfechtung nur des bürgerlich-rechtlichen Teils der Entscheidung die Formvorschriften der StPO zu beachten (BGH NStZ 2000, 388). Die Berufungssumme muss in diesem Fall nicht erreicht sein (Meyer-Goßner § 406a Rdn. 5). Eine Zurückverweisung durch das Revisionsgericht allein wegen des bürgerlich-rechtlichen Teils der Entscheidung erfolgt nicht, anders, wenn auch der strafrechtliche Teil teilweise mit aufgehoben wird (Meyer-Goßner § 406a Rdn. 5). **2**

Richtet sich das Rechtsmittel nur gegen den zivilrechtlichen Teil des Urteils und ist dessen strafrechtlicher Teil auch nicht von anderen Prozessbeteiligten angefochten **3**

§§ 406b, 406c   5. Buch. Beteiligung des Verletzten am Verfahren

worden, kann durch **Beschluss ohne Hauptverhandlung** – auch ohne Anhörung der StA – entschieden werden (Abs. 2 S. 2). Während sonst im Berufungsverfahren eine Verwerfung als unbegründet möglich ist, ohne zuvor den Beschwerdeführer zu hören, findet in diesen Fällen auf Antrag des Angeklagten oder des Antragstellers eine mündliche Anhörung der Beteiligten statt (Abs. 2 S. 3; krit. Meyer-Goßner § 406a Rdn. 6).

4   Wird auf Berufung oder Revision der strafrechtliche Teil des Urteils aufgehoben und der Angeklagte freigesprochen bzw. keine Sicherungsmaßregel gegen ihn angeordnet, muss auch der zivilrechtliche Teil des Urteils aufgehoben werden. Dabei kommt es nicht darauf an, ob die dem Antrag stattgebende Entscheidung angefochten worden ist. Die Änderung des Schuld- und Strafausspruches berührt den bürgerlich-rechtlichen Teil des Urteils dagegen nicht (Meyer-Goßner § 406a Rdn. 8).

§ 406b [Vollstreckung]

¹**Die Vollstreckung richtet sich nach den Vorschriften, die für die Vollstreckung von Urteilen und Prozessvergleichen in bürgerlichen Rechtsstreitigkeiten gelten.** ²**Für das Verfahren nach den §§ 323, 731, 767, 768, 887 bis 890 der Zivilprozeßordnung ist das Gericht der bürgerlichen Rechtspflege zuständig, in dessen Bezirk das Strafgericht des ersten Rechtszuges seinen Sitz hat.** ³**Einwendungen, die den im Urteil festgestellten Anspruch selbst betreffen, sind nur insoweit zulässig, als die Gründe, auf denen sie beruhen, nach Schluß der Hauptverhandlung des ersten Rechtszuges und, wenn das Berufungsgericht entschieden hat, nach Schluß der Hauptverhandlung im Berufungsrechtszug entstanden sind.**

1   **Die Vollstreckung** richtet nach den Vorschriften in bürgerlich-rechtlichen Rechtsangelegenheiten. Zuständig ist das für die Vollstreckung zuständige Zivilgericht, in dessen Bezirk das Strafgericht des ersten Rechtszuges seinen Sitz hat (S. 2). Wie auch sonst kann eine Vollstreckungsgegenklage nur auf Gründe gestützt werden, die erst *nach* der letzten Tatsachenverhandlung entstanden sind (S. 3; § 767 Abs. 2 ZPO).

2   Ist ein Rechtsmittel nach § 406a Abs. 2 **durch Beschluss verworfen** worden, können alle Einwendungen geltend gemacht werden, die auf Gründe gestützt sind, die seit der Verhandlung vor dem ersten Richter entstanden sind (KK-Engelhardt § 406b Rdn. 3; Meyer-Goßner § 406b Rdn. 3).

§ 406c [Wiederaufnahme des Verfahrens]

(1) ¹**Den Antrag auf Wiederaufnahme des Verfahrens kann der Angeklagte darauf beschränken, eine wesentlich andere Entscheidung über den Anspruch herbeizuführen.** ²**Das Gericht entscheidet dann ohne Erneuerung der Hauptverhandlung durch Beschluß.**

(2) **Richtet sich der Antrag auf Wiederaufnahme des Verfahrens nur gegen den strafrechtlichen Teil des Urteils, so gilt § 406a Abs. 3 entsprechend.**

1   Für die Wiederaufnahme des Verfahrens nach § 406c gelten die §§ 359ff. Ausreichend ist das Ziel, eine **wesentlich andere Entscheidung über den Anspruch** herbeizuführen. Dies ist der Fall, wenn die Verurteilung gänzlich entfällt oder der zugesprochene Anspruch wesentlich herabgesetzt wird. Dies kann auch die Höhe des Schmerzensgeldes betreffen (Meyer-Goßner § 406c Rdn. 2).

2   Ergibt sich im Wiederaufnahmeverfahren die Unschuld des Angeklagten, ist der Wiederaufnahmeantrag also **erfolgreich,** gilt § 406a Abs. 3 entsprechend: Dann muss auch der bürgerlich-rechtliche Teil der Entscheidung aufgehoben werden.

Vierter Abschnitt. Sonstige Befugnisse des Verletzten

Der 4. Abschnitt regelt die sonstigen Befugnisse des Verletzten. Seit 1986 ist der Verletzte als **selbständiger Prozessbeteiligter** in der StPO geregelt (§§ 406 d bis 406 h). Die Rolle des Nebenklägers ist nicht mehr Voraussetzung für seine Beteiligung am Verfahren, sondern wirkt sich nur noch auf den Umfang seiner Befugnisse aus (Meyer-Goßner vor § 406 d Rdn. 1). 1

Wer Verletzter ist, sagt das Gesetz nicht. Der Verletztenbegriff des § 172 (§ 172 Rdn. 4) ist Leitbild, ansonsten kommt es auf den jeweiligen Funktionszusammenhang an (OLG Koblenz NStZ 1988, 89). Überwiegend geht man davon aus, dass für die §§ 406 d ff derselbe Verletztenbegriff gilt wie bei der Anwendung des § 172 (vgl. OLG Koblenz StV 1988, 332; Meyer-Goßner vor § 406 d Rdn. 2; a. M. LG Stade StV 2001, 159; siehe auch OLG Karlsruhe NStZ 1994, 50; Riedel/Wallau NStZ 2003, 394). 2

Voraussetzung für eine Ausübung der Rechte nach §§ 406 d ff ist eine **unmittelbare Rechtsverletzung** durch die Straftat; eine mittelbare Rechtsbeeinträchtigung reicht nicht aus. Ein Insolvenzverwalter ist nicht Verletzter (OLG Frankfurt NJW 1996, 1484; OLG Hamm NStZ-RR 1996, 11). 3

Verletztenbefugnisse, die an die Befugnis zum Anschluss als Nebenkläger anknüpfen, finden im **Jugendstrafverfahren** keine Anwendung. Daher gelten § 406 e Abs. 1 S. 2, § 406 g nicht. 4

§ 406 d [Mitteilungen an den Verletzten]

(1) Dem Verletzten sind auf Antrag die Einstellung des Verfahrens und der Ausgang des gerichtlichen Verfahrens mitzuteilen, soweit es ihn betrifft.

(2) ¹Dem Verletzten ist auf Antrag mitzuteilen, ob freiheitsentziehende Maßnahmen gegen den Beschuldigten oder Verurteilten angeordnet oder beendet oder ob erstmalig Vollzugslockerungen oder Urlaub gewährt werden, wenn er ein berechtigtes Interesse darlegt und kein überwiegendes schutzwürdiges Interesse des Betroffenen am Ausschluss der Mitteilung vorliegt. ²In den in § 395 Abs. 1 Nr. 1 Buchstabe a, c und d und Nr. 2 genannten Fällen bedarf es der Darlegung eines berechtigten Interesses nicht.

(3) ¹Mitteilungen können unterbleiben, sofern sie nicht unter einer Anschrift möglich sind, die der Verletzte angegeben hat. ²Hat der Verletzte einen Rechtsanwalt als Beistand gewählt, ist ihm ein solcher beigeordnet worden oder wird er durch einen solchen vertreten, so gilt § 145 a entsprechend.

Die Vorschrift regelt **Mitteilungspflichten der Justiz** gegenüber dem Verletzten und damit letztlich dessen Informationsrechte. 1

Stellt der Verletzte einen entsprechenden Antrag, sei es bei der Anzeigeerstattung, sei es bei anderer Gelegenheit, muss die Einstellung des staatsanwaltschaftlichen Verfahrens bzw. der Ausgang des gerichtlich anhängigen Verfahrens mitgeteilt werden, soweit es ihn betrifft (Abs. 1). Stellt die StA das Verfahren nach § 170 Abs. 2 ein, ist er zu unterrichten. Falls er Antragsteller war, folgt die Mitteilungspflicht bereits aus § 171. Er muss aber auch über Einstellungen nach §§ 153 ff sowie über die gerichtliche Entscheidung der Nichteröffnung des Hauptverfahrens oder der Einstellung nach §§ 153 ff, 206 a, 206 b unterrichtet werden (Meyer-Goßner § 406 d Rdn. 1). Schließlich muss ihm ein verfahrensabschließendes Urteil mitgeteilt werden. Weitergehende Mitteilungen, etwa regelmäßige Mitteilungen über den Verfahrensstand, sind durch Abs. 1 nicht ausgeschlossen (vgl. BT-Drucks. 15/1976 S. 18). 2

Die Art der Unterrichtung ergibt sich aus dem Gesetz nicht. Regelmäßig wird man ihm in einer für ihn verständlichen Weise mitteilen, mit welchem Ergebnis das 3

§ 406e 5. Buch. Beteiligung des Verletzten am Verfahren

Verfahren gegen den Beschuldigten beendet worden ist (KK-Engelhardt § 406 d Rdn. 1). Mit der bloßen Übersendung der Urteilsformel wird der Verletzte im Regelfall nichts anfangen können (Meyer-Goßner § 406 d Rdn. 2).

4 **Zuständig** für die Unterrichtung ist die StA oder das Gericht, das die Entscheidung erlassen hat, von der der Verletzte unterrichtet werden muss (Meyer-Goßner § 406 d Rdn. 3). Geht ein Antrag erst nach Abschluss des Verfahrens ein, ist die aktenführende Stelle zuständig (RiStBV 140 II).

5 Nach dem durch das Opferrechtsreformgesetz neu eingefügten Abs. 2 ergeben sich weitergehende Mitteilungspflichten **bei freiheitsentziehenden Maßnahmen** gegen den Beschuldigten oder Verurteilten. Vorausgegangen war ein Rahmenbeschluss der EU vom 15. 3. 2001 (vgl. Ferber NJW 2004, 2563). Vorausgesetzt ist, dass der Verletzte ein berechtigtes Interesse darlegt und kein überwiegendes schutzwürdiges Interesse des Betroffenen am Ausschluss der Mitteilung vorliegt. Dies wird nicht zuletzt von der Art der Straftat abhängen. Durch den Verweis in S. 2 auf § 395 ergibt sich, dass bei Sexualdelikten, Körperverletzungsdelikten und Freiheitsdelikten sowie bei versuchten Tötungsdelikten ein berechtigtes Interesse nicht dargelegt werden muss (vgl. § 395 Abs. 1).

6 **Nachforschungen nach der Anschrift** des Verletzten sind nicht geboten (Abs. 3 S. 1). Der Verweis in Abs. 3 S. 2 bedeutet, dass der als Beistand gewählte Rechtsanwalt bevollmächtigt ist, die Mitteilung nach Abs. 1 und 2 entgegenzunehmen.

§ 406 e [Akteneinsicht]

(1) ¹Für den Verletzten kann ein Rechtsanwalt die Akten, die dem Gericht vorliegen oder diesem im Falle der Erhebung der öffentlichen Klage vorzulegen wären, einsehen sowie amtlich verwahrte Beweisstücke besichtigen, soweit er hierfür ein berechtigtes Interesse darlegt. ²In den in § 395 genannten Fällen bedarf es der Darlegung eines berechtigten Interesses nicht.

(2) ¹Die Einsicht in die Akten ist zu versagen, soweit überwiegende schutzwürdige Interessen des Beschuldigten oder anderer Personen entgegenstehen. ²Sie kann versagt werden, soweit der Untersuchungszweck gefährdet erscheint oder durch sie das Verfahren erheblich verzögert würde.

(3) ¹Auf Antrag können dem Rechtsanwalt, soweit nicht wichtige Gründe entgegenstehen, die Akten mit Ausnahme der Beweisstücke in seine Geschäftsräume oder seine Wohnung mitgegeben werden. ²Die Entscheidung ist nicht anfechtbar.

(4) ¹Über die Gewährung der Akteneinsicht entscheidet im vorbereitenden Verfahren und nach rechtskräftigem Abschluß des Verfahrens die Staatsanwaltschaft, im übrigen der Vorsitzende des mit der Sache befaßten Gerichts. ²Gegen die Entscheidung der Staatsanwaltschaft nach Satz 1 kann gerichtliche Entscheidung nach Maßgabe des § 161 a Abs. 3 Satz 2 bis 4 beantragt werden. ³Die Entscheidung des Vorsitzenden ist unanfechtbar. ⁴Diese Entscheidungen werden nicht mit Gründen versehen, soweit durch deren Offenlegung der Untersuchungszweck gefährdet werden könnte.

(5) Unter den Voraussetzungen des Absatzes 1 können dem Verletzten Auskünfte und Abschriften aus den Akten erteilt werden; die Absätze 2 und 4 sowie § 478 Abs. 1 Satz 3 und 4 gelten entsprechend.

(6) § 477 Abs. 5 gilt entsprechend.

1 Dem Akteneinsichtsrecht des Verletzten kommt insbesondere dann besondere Bedeutung zu, wenn es darum geht, für die **Geltendmachung zivilrechtlicher Ansprüche** (auch außerhalb des Adhäsionsverfahrens) Erkenntnisse aus dem straf-

4. Abschnitt. Sonstige Befugnisse des Verletzten § 406e

rechtlichen Ermittlungsverfahren zu erlangen. Wie bei der Übermittlung von Verfahrensergebnissen (§ 406 d) kommt es dabei zu einer Kollision zwischen dem Informationsinteresse des Verletzten einerseits und schutzwürdigen Interessen des Beschuldigten oder anderer Personen andererseits (vgl. Abs. 2 S. 1).

Das Akteneinsichtsrecht des Verletzten ist **nicht so umfangreich** wie das des Beschuldigten nach § 147, weil es sich zwar um ein wichtiges Informationsmittel handeln mag, aber für den Verletzten nicht die gleiche Bedeutung hat wie für den Beschuldigten, für dessen Verteidigung sie regelmäßig unerlässlich ist (Meyer-Goßner § 406 e Rdn. 1). 2

Die Akteneinsicht, die auch im Vorverfahren möglich ist, kann nur **durch einen Rechtsanwalt** erfolgen. Dies gilt auch, wenn der Verletzte selbst Rechtsanwalt ist (vgl. Hilger NStZ 1988, 441; Meyer-Goßner § 406 e Rdn. 2). 3

Der durch einen Rechtsanwalt vertretene Verletzte muss ein **berechtigtes Interesse** darlegen. Eine Glaubhaftmachung verlangt das Gesetz nicht (Meyer-Goßner § 406 e Rdn. 3). Allerdings ist § 16 Abs. 1 Nr. 2 BDSG zu beachten (vgl. Riedel/Wallau NStZ 2003, 393, 395). Ist der Verletzte zum Anschluss als Nebenkläger berechtigt, bedarf es dieser Darlegung nicht (Abs. 1 S. 2). 4

Ein berechtigtes Interesse an der Akteneinsicht besteht insbesondere dann, wenn festgestellt werden soll, ob und in welchem Umfang der Verletzte gegen den Beschuldigten **zivilrechtliche Ansprüche** geltend machen kann (vgl. RiStBV 185 III). Anders soll es sein, wenn die Einsichtnahme nur zur „Ausforschung" des Beschuldigten oder einer nach materiellem Zivilrecht unzulässigen Beweisgewinnung dienen soll (Otto GA 1989, 301 ff; ähnlich Riedel/Wallau NStZ 2003, 393, 395; Meyer-Goßner § 406 e Rdn. 3). Dabei sind die Grenzen zwischen zivilrechtlicher Beweissicherung und Prüfung der zivilrechtlichen Ansprüche sicherlich fließend (vgl. etwa LG Bielefeld wistra 1995, 118). Auch das Abwehren solcher Ansprüche kann ein berechtigtes Interesse begründen (OLG Koblenz StV 1988, 332). 5

Das Recht auf Akteneinsicht erstreckt sich grundsätzlich auf den **gesamten Akteninhalt.** Dies gilt auch für Geschäftsunterlagen, die Teil der Akten geworden sind (OLG Hamm NJW 1985, 2040). Die Akten können dem Rechtsanwalt auf Antrag mitgegeben werden (Abs. 3 S. 1). Auf die Mitgabe hat der Rechtsanwalt keinen Anspruch. Die Gestattung bzw. Ablehnung ist nicht anfechtbar (Abs. 3 S. 2). 6

Die Versagung der Akteneinsicht (Abs. 2) ist zwingend vorgeschrieben, soweit schutzwürdige Interessen des Beschuldigten oder anderer Personen entgegenstehen und diese das Interesse des Verletzten überwiegen. Dies gilt auch für den Nebenklageberechtigten (vgl. Abs. 1 S. 2; Meyer-Goßner § 406 e Rdn. 6). Das Interesse des Beschuldigten oder anderer Personen an der Geheimhaltung ihrer in den Akten enthaltenen persönlichen Daten muss größer sein als das berechtigte Interesse des Verletzten, den Akteninhalt kennen zu lernen. Dies kann z. B. auch bei der Wahrung des Steuergeheimnisses in Betracht kommen (v. Briel wistra 2002, 213). „Andere Personen" können auch andere Verletzte sein. Unzulässig ist es, die Akteneinsicht deshalb zu versagen, weil sie nur allen Verletzten zeitgleich gewährt werden soll (LG Düsseldorf wistra 2003, 239). Ob ein überwiegendes Interesse vorhanden ist, prüfen der über die Akteneinsicht entscheidende Staatsanwalt und der Richter von Amts wegen. 7

Die Akteneinsicht kann versagt werden, soweit durch sie das Verfahren **erheblich verzögert** würde. Eine Verzögerung von wenigen Tagen reicht in der Regel nicht aus (Meyer-Goßner § 406 e Rdn. 6). 8

Die Versagung der Akteneinsicht ist weiterhin möglich, „soweit **der Untersuchungszweck gefährdet erscheint**". Der Fall ist dies, wenn z. B. die Kenntnis des Verletzten vom Akteninhalt die Zuverlässigkeit und den Wahrheitsgehalt einer von ihm noch zu erwartenden Zeugenaussage beeinträchtigen könnte (OLG Düsseldorf StV 1991, 202). Anders als nach § 147 Abs. 2 kann aus diesen Gründen die Akteneinsicht auch noch nach Erhebung der öffentlichen Klage versagt werden (Meyer-Goß- 9

735

§ 406 f   5. Buch. Beteiligung des Verletzten am Verfahren

ner § 406 e Rdn. 6). Vor der Versagung muss geprüft werden, ob eine teilweise Akteneinsicht gewährt werden kann, da nur „soweit" versagt werden kann.

10   **Die Zuständigkeit für die Entscheidung** über die Gewährung der Akteneinsicht richtet sich nach dem Verfahrensstand. Im Vorverfahren und nach rechtskräftigem Abschluss des Verfahrens ist die StA zuständig (niemals die Polizei), sonst der Vorsitzende des mit der Sache befassten Gerichts. Vor der Entscheidung ist dem Beschuldigten entsprechend § 33 rechtliches Gehör zu gewähren (Riedel/Wallau NStZ 2003, 393, 398; Meyer-Goßner § 406 e Rdn. 9; a. M. AK-Schöch § 406 e Rdn. 22). Die Anhörung Dritter, die personenbezogene Daten in das Verfahren gegeben haben, soll nicht nötig sein (Schäfer wistra 1988, 219).

11   Die **gerichtliche Entscheidung,** die in den Grenzen des Abs. 4 S. 3 zu begründen ist, ist **unanfechtbar** (Abs. 4 S. 2). Dies gilt für die Ablehnung wie für die Gewährung der Akteneinsicht (vgl. BGH NStZ 1991, 95). Allerdings kann gegen die Versagung der Akteneinsicht **durch die StA** entsprechend § 161 a Abs. 3 S. 2 bis 4 auf gerichtliche Entscheidung angetragen werden. Hat die StA die Akteneinsicht bewilligt, kann der Beschuldigte dies ebenfalls anfechten (Meyer-Goßner § 406 e Rdn. 11). Die Anfechtungsbeschränkung gilt also nur für Gerichte.

12   Ggf. kann sich der Verletzte auf das **Begehren nach Auskünften** und Abschriften beschränken (Abs. 5). Die StA kann die Polizei zur Auskunftserteilung ermächtigen, wogegen die Entscheidung der StA eingeholt werden kann (Abs. 5 i. V. m. § 478 Abs. 1 S. 3 und 4; Meyer-Goßner § 406 e Rdn. 12). Die Gewährung und Ablehnung der Auskunfts- und Abschriftserteilung ist in den Grenzen des Abs. 4 anfechtbar.

13   Der Verweis auf § 477 Abs. 5 (Abs. 6) ordnet an, dass die datenschutzrechtliche **Zweckbindung** der Akteneinsicht oder Auskunftserteilung zu beachten ist.

§ 406 f [Beistand und Vertreter des Verletzten]

(1) **Der Verletzte kann sich im Strafverfahren des Beistands eines Rechtsanwalts bedienen oder sich durch einen solchen vertreten lassen.**

(2) [1] **Bei der Vernehmung des Verletzten durch das Gericht oder die Staatsanwaltschaft ist dem Rechtsanwalt die Anwesenheit gestattet.** [2] **Er kann für den Verletzten dessen Recht zur Beanstandung von Fragen (§ 238 Abs. 2, § 242) ausüben und den Antrag auf Ausschluß der Öffentlichkeit nach § 171 b des Gerichtsverfassungsgesetzes stellen, nicht jedoch, wenn der Verletzte widerspricht.**

(3) [1] **Wird der Verletzte als Zeuge vernommen, so ist, wenn er dies beantragt, einer Person seines Vertrauens die Anwesenheit zu gestatten, es sei denn, die Anwesenheit könnte den Untersuchungszweck gefährden.** [2] **Die Entscheidung trifft derjenige, der die Vernehmung leitet; sie ist nicht anfechtbar.** [3] **Die Gründe einer Ablehnung sind aktenkundig zu machen.**

1   Die Vorschrift ist **nur für solche Verletzte** relevant, die nicht schon nebenklageberechtigt sind; für diese gilt § 406 g. Die Kosten des Beistands trägt der Verletzte selbst; auch ein verurteilter Angeklagter ist rechtlich nicht verpflichtet, die Kosten für den Beistand zu erstatten (Meyer-Goßner § 406 f Rdn. 1).

2   **Die Befugnisse des Verletztenbeistands** beschränken sich im Wesentlichen auf das Recht auf Anwesenheit bei Vernehmung des Verletzten durch die StA (nicht durch die Polizei) im Vorverfahren oder durch das Gericht, auch in der Hauptverhandlung (Abs. 2 S. 1). Die Rechte von nebenklageberechtigten Verletzten gehen deutlich weiter (vgl. § 406 g).

3   Die **schwache Rolle des Beistands** wird dadurch deutlich, dass er von der Vernehmung nicht benachrichtigt wird und zur Hauptverhandlung nicht geladen. Der Verletzte darf auch die Aussage nicht verweigern, weil der bereits gewählte Beistand am Erscheinen verhindert ist (Meyer-Goßner § 406 f Rdn. 3). Er hat das Recht, bei

4. Abschnitt. Sonstige Befugnisse des Verletzten § 406g

der Befragung des Verletzten Fragen zu beanstanden und – nicht gegen den Willen des Verletzten – den Antrag auf Ausschluss der Öffentlichkeit zu stellen (Abs. 2).

Die Hinzuziehung einer Vertrauensperson bei der Vernehmung des Verletzten 4 als Zeugen (Abs. 3) soll im Wesentlichen dessen psychologische Betreuung ermöglichen (Meyer-Goßner § 406f Rdn. 4). Dies gilt auch für polizeiliche Vernehmungen, da es darum geht, Verletzten die Anwesenheit einer Vertrauensperson zu ermöglichen (vgl. LR-Hilger § 406f Rdn. 6). Mit dem Opferrechtsreformgesetz ist diese Praxis zu einem Rechtsanspruch des Verletzten geworden.

Die Entscheidung über die Zulassung trifft der Vernehmungsleiter. Da oh- 5 nehin nur noch die Gefährdung des Untersuchungszwecks erlaubt, die Gestattung abzulehnen, wird dem Wunsch regelmäßig entsprochen werden müssen. Stört die Vertrauensperson die Verhandlung, kann sie ausgeschlossen werden (vgl. § 164, § 177 GVG). Dass die Ablehnungsgründe aktenkundig zu machen sind (Abs. 3 S. 3), ist eigentlich überflüssig, da die Entscheidung nicht anfechtbar und damit gemäß § 336 S. 2 auch nicht revisibel ist (Meyer-Goßner § 406f Rdn. 6).

§ 406g [Beistand des nebenklageberechtigten Verletzten]

(1) ¹Wer nach § 395 zum Anschluss als Nebenkläger befugt ist, ist zur Anwesenheit in der Hauptverhandlung berechtigt. ²Er kann sich auch vor der Erhebung der öffentlichen Klage des Beistands eines Rechtsanwalts bedienen oder sich durch einen solchen vertreten lassen, auch wenn ein Anschluss als Nebenkläger nicht erklärt wird. ³Ist zweifelhaft, ob eine Person nach Satz 1 zur Anwesenheit berechtigt ist, entscheidet das Gericht nach Anhörung der Person und der Staatsanwaltschaft über die Berechtigung zur Anwesenheit; die Entscheidung ist unanfechtbar.

(2) ¹Der Rechtsanwalt ist über die in § 406f Abs. 2 bezeichneten Befugnisse hinaus zur Anwesenheit in der Hauptverhandlung berechtigt, auch soweit diese nicht öffentlich ist. ²Ihm ist bei richterlichen Vernehmungen und bei der Einnahme eines richterlichen Augenscheins die Anwesenheit zu gestatten, wenn dadurch nicht der Untersuchungszweck gefährdet wird; die Entscheidung ist unanfechtbar. ³Für die Benachrichtigung gelten § 168c Abs. 5 und § 224 Abs. 1 entsprechend.

(3) ¹§ 397a gilt entsprechend für
1. die Bestellung eines Rechtsanwalts und
2. die Bewilligung von Prozeßkostenhilfe für die Hinzuziehung eines Rechtsanwalts.

²Im vorbereitenden Verfahren entscheidet das Gericht, das für die Eröffnung des Hauptverfahrens zuständig wäre.

(4) ¹Auf Antrag dessen, der zum Anschluß als Nebenkläger berechtigt ist, kann in den Fällen des § 397a Abs. 2 einstweilen ein Rechtsanwalt als Beistand bestellt werden, wenn
1. dies aus besonderen Gründen geboten ist,
2. die Mitwirkung eines Beistands eilbedürftig ist und
3. die Bewilligung von Prozeßkostenhilfe möglich erscheint, eine rechtzeitige Entscheidung hierüber aber nicht zu erwarten ist.

²Für die Bestellung gelten § 142 Abs. 1 und § 162 entsprechend. ³Die Bestellung endet, wenn nicht innerhalb einer vom Richter zu bestimmenden Frist ein Antrag auf Bewilligung von Prozeßkostenhilfe gestellt oder wenn die Bewilligung von Prozeßkostenhilfe abgelehnt wird.

§ 406g   5. Buch. Beteiligung des Verletzten am Verfahren

1   Die Vorschrift erweitert die in § 406f eingeräumten Rechte für solche **Verletzte, die zur Nebenklage berechtigt sind**. Aus dem Anschluss als Nebenkläger hätten sich schon erhebliche Befugnisse ergeben. 406g regelt nun den Fall, dass der Verletzte sich (noch nicht) als Nebenkläger angeschlossen hat.

2   Die Rechte nach Abs. 1 **ähneln denen nach** § 397 Abs. 1 für den Nebenkläger. Seit dem Opferrechtsreformgesetz muss man sich nicht mehr pro forma als Nebenkläger zulassen lassen, um die Verhandlungen bei Ausschluss der Öffentlichkeit verfolgen zu können. Da Zweifel bestehen können, ob eine nebenklageberechtigte Person auch Verletzter ist, wird nach Abs. 1 S. 3 unanfechtbar – nach Gewährung rechtlichen Gehörs für die Person und die StA, nicht den Angeklagten und seinen Verteidiger – entschieden, ob das Anwesenheitsrecht besteht. Wird es zu Unrecht verneint, kann dies wegen § 336 S. 2 die Revision nicht begründen (Meyer-Goßner § 406g Rdn. 1).

3   Ob die **Anschlussvoraussetzungen** nach § 395 vorliegen, entscheiden der StA oder Richter, der den Termin leitet, in der Hauptverhandlung das Gericht. Für das Vorverfahren ist entscheidend, ob ein Anfangsverdacht eines Nebenklagedelikts gegeben ist, die Tat muss noch nicht ermittelt sein (LG Baden-Baden NStZ-RR 2000, 52). Eine Bindung für die spätere Zulassung des Verletzten als Nebenkläger tritt dadurch nicht ein (Meyer-Goßner § 406g Rdn. 3).

4   **Die Befugnisse des Beistands** (Abs. 2) gehen über die nach § 406f erheblich hinaus. Letztlich hat er die gleichen Funktionen wie der Vertreter des Nebenklägers, ohne dass sich der Verletzte nach § 396 anschließen müsste. Er ist zur Anwesenheit in der gesamten Hauptverhandlung berechtigt, hat ein uneingeschränktes Anwesenheitsrecht, auch wenn sie nicht öffentlich ist (S. 1). Seine Anwesenheit ist bei richterlichen Handlungen zu gestatten, wenn dadurch nicht der Untersuchungszweck gefährdet wird. Entsprechende Entscheidungen sind unanfechtbar. Antragsbefugt – insofern ist eine Abweichung von der Nebenklage gegeben – ist der Beistand nur im Rahmen des § 406f Abs. 2 S. 2. Da der Beistand ein Recht auf Anwesenheit bei der Einnahme des richterlichen Augenscheins oder der richterlichen Vernehmung von Zeugen und Sachverständigen hat, ist er wie der Verteidiger des Beschuldigten von dem Termin zu benachrichtigen.

5   Der Verletzte kann als Zeuge die Auskunft über den **Inhalt der Beratungsgespräche** mit seinem Beistand verweigern (OLG Düsseldorf NStZ 1991, 504; Meyer-Goßner § 406g Rdn. 4; a.M. SK-Weßlau § 406g Rdn. 5), für den Beistand selbst gilt das Zeugnisverweigerungsrecht nach § 53 Abs. 1 Nr. 3.

6   **Die Kosten des Beistands** werden wie Nebenklagekosten behandelt (vgl. § 472 Abs. 3 S. 1, § 473 Abs. 1 S. 2), sind also in der Regel von dem verurteilten Angeklagten zu erstatten.

7   **Für die Bestellung des Beistands** oder die Bewilligung von PKH gilt § 397a. Die Entscheidung trifft im Vorverfahren das Gericht, das für die Eröffnung des Hauptverfahrens zuständig ist, danach das mit der Sache befasste Gericht (Abs. 3 S. 2).

8   **Im Jugendstrafverfahren** findet die Vorschrift keine Anwendung (Meyer-Goßner § 406h Rdn. 7). Nach Abs. 4 kann ein einstweiliger Verletztenbeistand bestellt werden. Auch insofern wird auf § 397a (Abs. 2) verwiesen. Gemeint sind solche Verletzte, die zwar zum Anschluss als Nebenkläger berechtigt sind, aber kein Recht auf Beiordnung eines Beistands nach § 397a Abs. 1 i.V.m. § 406g Abs. 3 S. 1 Nr. 1 haben. Ihnen kann einstweilen ein Rechtsanwalt als Beistand bestellt werden, wenn ein besonderes Bedürfnis dafür besteht, zeitnah rechtlichen Beistand zu erhalten und wenn die Entscheidung über das PKH-Verfahren nicht schnell genug herbeigeführt werden kann (S. 1). In Frage kommt dies insbesondere, wenn es um Ermittlungshandlungen im frühen Ermittlungsverfahren (zur Beweissicherung) geht.

9   **Voraussetzung ist,** dass der Antragsteller nicht schon zu den nach § 397a Abs. 1 i.V.m. § 406g Abs. 3 S. 1 Nr. 1 privilegierten Nebenklagebefugten gehört, dass die Beiordnung aus besonderen Gründen geboten ist, die Mitwirkung des Beistands eilbe-

4. Abschnitt. Sonstige Befugnisse des Verletzten § 406h

dürftig ist und dass die Bewilligung von Prozesskostenhilfe zumindest möglich erscheint. Dass der Antragsteller bereits einen Strafantrag oder einen Antrag auf PKH gestellt hat, ist nicht vorausgesetzt (Meyer-Goßner § 406h Rdn. 10). Allerdings mag das Fehlen des Strafantrags relevant sein, wenn die Antragsfrist (§ 77b StGB) abgelaufen ist (vgl. Rieß NStZ 1989, 102, 105 f).

Zuständig für die Bestellung ist im Vorverfahren der Ermittlungsrichter (§ 162), danach der Vorsitzende des mit der Sache befassten Gerichts. Die Entscheidung ist unanfechtbar. Hat der Verletzte noch keinen PKH-Antrag gestellt, wird ihm bei der Bestellung des einstweiligen Beistands eine Frist gesetzt, innerhalb derer er dies nachzuholen hat (Meyer-Goßner § 406g Rdn. 11). Wird die Frist versäumt, endet die Bestellung (Abs. 4 S. 3).   10

§ 406h [Hinweis auf Befugnisse]

(1) **Der Verletzte ist auf seine Befugnisse nach den §§ 406d, 406e, 406f und 406g sowie auf seine Befugnis, sich der erhobenen öffentlichen Klage als Nebenkläger anzuschließen (§ 395) und die Bestellung oder Hinzuziehung eines Rechtsanwalts als Beistand zu beantragen (§ 397a), hinzuweisen.**

(2) **Der Verletzte oder sein Erbe ist in der Regel und so früh wie möglich darauf hinzuweisen, dass und in welcher Weise er einen aus der Straftat erwachsenen vermögensrechtlichen Anspruch nach den Vorschriften des Dritten Abschnitts geltend machen kann.**

(3) **Der Verletzte soll auf die Möglichkeit, Unterstützung und Hilfe auch durch Opferhilfeeinrichtungen zu erhalten, hingewiesen werden.**

(4) **§ 406d Abs. 3 Satz 1 gilt jeweils entsprechend.**

Zur Stärkung des Opferschutzes sieht § 406h **verschiedene Hinweispflichten** vor. So ist der Verletzte auf die im 4. Abschnitt geregelten Befugnisse und das Recht zur Nebenklage ebenso hinzuweisen wie auf die Möglichkeit, die Bestellung oder Hinzuziehung eines Rechtsanwalts als Beistand zu beantragen. Wann die Belehrung erfolgen muss, ist mit Abs. 1 nicht bestimmt. Zuständig ist die mit dem Verfahren befasste Stelle, im Ermittlungsverfahren also die StA, danach das Gericht. Nachforschungen nach unbekannten Verletzten werden nicht angestellt (Meyer-Goßner § 406h Rdn. 6). Da das Verfahren nicht durch den Verletzten aufgehalten werden soll, kann Wiedereinsetzung in den vorigen Stand nach § 44 nicht bewilligt werden, wenn die Unterrichtung unterblieben ist und der Verletzte deshalb eine Frist oder einen Termin versäumt hat.   1

Eine Pflicht zum **Hinweis auf das Adhäsionsverfahren** ergibt sich aus Abs. 2. Der Hinweis kann unterbleiben, wenn ein Antrag nach den §§ 403 ff offensichtlich nicht in Betracht kommt (Meyer-Goßner § 406a Rdn. 10). In der Praxis werden Formulare verwendet, die auch den Hinweis auf Opferhilfeeinrichtungen (Abs. 3) enthalten. Die Mitteilungen unterbleiben, wenn sie nicht unter einer vom Verletzten angegebenen Anschrift oder an seinen Rechtsanwalt möglich sind. Dies ergibt sich aus dem Verweis des Abs. 4 auf § 406d Abs. 3 S. 1.   2

Sechstes Buch. Besondere Arten des Verfahrens

1   Die StPO stellt im 6. Buch einige besondere Verfahrensarten zur Verfügung. Hierzu gehört zunächst das in der Praxis eminent wichtige **Strafbefehlsverfahren** (§§ 407–412), das Sicherungsverfahren (§§ 413–416) **und das beschleunigte Verfahren** (§§ 417–420). Der 3. Abschnitt betrifft das Verfahren bei Einziehungen und Vermögensbeschlagnahmen (§§ 430–434), der 4. Abschnitt regelt das Verfahren bei Festsetzung von Geldbußen gegen juristische Personen und Personenvereinigungen (§ 444).

2   **Für die Praxis,** aber auch für die Zweite Juristische Staatsprüfung von herausragender Relevanz sind das Strafbefehlsverfahren und das beschleunigte Verfahren.

Erster Abschnitt. Verfahren bei Strafbefehlen

§ 407 [Zulässigkeit]

(1) [1] Im Verfahren vor dem Strafrichter und im Verfahren, das zur Zuständigkeit des Schöffengerichts gehört, können bei Vergehen auf schriftlichen Antrag der Staatsanwaltschaft die Rechtsfolgen der Tat durch schriftlichen Strafbefehl ohne Hauptverhandlung festgesetzt werden. [2] Die Staatsanwaltschaft stellt diesen Antrag, wenn sie nach dem Ergebnis der Ermittlungen eine Hauptverhandlung nicht für erforderlich erachtet. [3] Der Antrag ist auf bestimmte Rechtsfolgen zu richten. [4] Durch ihn wird die öffentliche Klage erhoben.

(2) [1] Durch Strafbefehl dürfen nur die folgenden Rechtsfolgen der Tat, allein oder nebeneinander, festgesetzt werden:
1. Geldstrafe, Verwarnung mit Strafvorbehalt, Fahrverbot, Verfall, Einziehung, Vernichtung, Unbrauchbarmachung, Bekanntgabe der Verurteilung und Geldbuße gegen eine juristische Person oder Personenvereinigung,
2. Entziehung der Fahrerlaubnis, bei der die Sperre nicht mehr als zwei Jahre beträgt, sowie
3. Absehen von Strafe.

[2] Hat der Angeschuldigte einen Verteidiger, so kann auch Freiheitsstrafe bis zu einem Jahr festgesetzt werden, wenn deren Vollstreckung zur Bewährung ausgesetzt wird.

(3) Der vorherigen Anhörung des Angeschuldigten durch das Gericht (§ 33 Abs. 3) bedarf es nicht.

1   Das Strafbefehlsverfahren ist ein summarisches Strafverfahren, das eine einseitige Straffestsetzung ohne Hauptverhandlung und Urteil ermöglicht (Meyer-Goßner vor § 407 Rdn. 1). Der Abschluss des Strafverfahrens mittels Strafbefehls ist neben der Möglichkeit der Einstellung gegen Auflagen und Weisungen nach § 153a das wichtigste strafprozessuale Rechtsinstitut zur ökonomischen Verfahrenserledigung (HK-Kurth § 407 Rdn. 1). In vielen Fällen geht dem Erlass eine Absprache mit dem Beschuldigten voraus, dem ggf. auch an einer „geräuschlosen" Erledigung des Verfahrens ohne Hauptverhandlung gelegen ist.

2   § 407 regelt die Zulässigkeit des Strafbefehlsantrags, § 408 die Entscheidungsmöglichkeiten des Richters. § 408a lässt einen Strafbefehlsantrag auch nach Eröffnung des Hauptverfahrens zu. Der Inhalt des Strafbefehls wird in § 409, der dagegen zulässige Rechtsbehelf in § 410 beschrieben. §§ 411 und 412 regeln weitere Entscheidungsmöglichkeiten. Die Wiederaufnahme richtet sich u. a. nach § 373a.

1. Abschnitt. Verfahren bei Strafbefehlen **§ 407**

Die Zulässigkeit des Strafbefehls setzt voraus, dass hinreichender Tatverdacht 3 im Sinne von Anklagereife gegeben ist (Meyer-Goßner a.a.O.; a.M. KK-Fischer § 408 Rdn. 15 jeweils m.w.N.). D. Der Verdacht muss sich auf ein Vergehen im Sinne des § 12 Abs. 2 StGB beziehen; bei Verbrechen ist der Strafbefehlsantrag auch dann ausgeschlossen, wenn offenbar ein minderschwerer Fall vorliegt, der die Strafrahmenuntergrenze verschiebt (HK-Kurth § 407 Rdn. 5).

Die Strafsache muss in die **Zuständigkeit des AG** fallen. Dies ergibt sich letztlich 4 schon aus den nach § 407 Abs. 2 zulässigen Rechtsfolgen. Meint der Staatsanwalt, die Sache gehöre ob ihrer Bedeutung vor das LG, kann er nur über eine Anklageschrift vorgehen.

Wer **Amtsgericht im Sinne des § 407 Abs. 1** ist, ist zweifelhaft. Überwiegend 5 geht man davon aus, dass seit der Neufassung des § 25 Nr. 2 GVG durch das Rechtspflegentlastungsgesetz für den Erlass eines Strafbefehls ohne Rücksicht auf Umfang und/oder Bedeutung der Sache allein der Strafrichter zuständig ist. Eine Zuständigkeit des Schöffengerichts sei nur noch im Falle des § 408a (Strafbefehlsantrag in der Hauptverhandlung) denkbar (LG Koblenz MDR 1996, 1172; LG Stuttgart wistra 1994, 40; Meyer-Goßner § 408 Rdn. 5; Rieß NStZ 1995, 376, 377; HK-Kurth § 407 Rdn. 6). Wenige meinen, auch ein Strafbefehlsantrag zum Schöffengericht sei möglich (AG Höxter MDR 1994, 1139; Hohendorf wistra 1994, 294; Hohendorf NJW 1995, 1457; Fuhse NStZ 1995, 165, 166). Da nach § 25 GVG der Strafrichter immer zuständig ist, wenn eine höhere Freiheitsstrafe als 2 Jahre nicht zu erwarten und die Bedeutung der Sache irrelevant ist, ist nicht ersichtlich, wieso das Schöffengericht in diesem Zusammenhang zuständig sein soll. Der Strafbefehlsantrag ist immer an den Strafrichter zu richten.

Die StA darf den Strafbefehlsantrag nur stellen, wenn nach dem Ergebnis der Er- 6 mittlungen eine **Hauptverhandlung nicht erforderlich erscheint** (S. 2). Daran fehlt es, wenn Gründe vorliegen, die den Richter veranlassen können, auf den Antrag keinen Strafbefehl zu erlassen, sondern eine Hauptverhandlung anzuberaumen (Meyer-Goßner § 407 Rdn. 9). Nach RiStBV 175 III S. 1 soll von der Antragstellung nur abgesehen werden, wenn die vollständige Aufklärung aller für die Rechtsfolgenbestimmung wesentlichen Umstände oder Gründe der Spezial- oder Generalprävention die Durchführung einer Hauptverhandlung geboten erscheinen lässt. Auf den Strafbefehlsantrag darf die StA nicht schon deswegen verzichten, weil ein Einspruch des Angeschuldigten zu erwarten ist (RiStBV 175 III S. 2; Franzheim JR 1991, 390). Einen Rechtsanspruch auf Erledigung im Strafbefehlsverfahren hat der Beschuldigte nicht (Meyer-Goßner § 407 Rdn. 9; AM Freund GA 1995, 18).

Ist der Beschuldigte abwesend (§ 276), wird grundsätzlich kein Strafbefehl er- 7 lassen (RiStBV 175 II S. 1), da die öffentliche Zustellung des Strafbefehls unzulässig wäre (§ 409 Rdn. 13). Eine Ausnahme ist für den Fall zu machen, dass der Beschuldigte einen Zustellungsbevollmächtigten bestellt hat (§ 116a Abs. 3, § 127a Abs. 2, § 132 Abs. 1 Nr. 2). Ist der Beschuldigte im Ausland, kann dennoch ein Strafbefehl beantragt und erlassen werden, wenn die Zustellung dort durchführbar erscheint (LG Verden NJW 1974, 2194; LR-Gössel vor § 407 Rdn. 46).

Gegen einen Jugendlichen ist ein Strafbefehl unzulässig (§ 79 Abs. 1 JGG). 8 Maßgeblich ist das Alter zur Zeit der Tat (§ 1 Abs. 2 JGG). Gegen einen Heranwachsenden ist er zulässig, wenn Staatsanwalt und Richter davon ausgehen, dass er nach Erwachsenenstrafrecht zu behandeln ist. Allerdings ist auch in solchen Fällen nach § 109 Abs. 3 JGG die Verhängung von Freiheitsstrafe ausgeschlossen (Rieß AnwBl 1993, 54; Meyer-Goßner § 407 Rdn. 10). Ist ein Strafbefehl versehentlich gegen einen Jugendlichen oder einen Heranwachsenden, auf den Jugendstrafrecht anzuwenden ist, erlassen worden, soll er deshalb nicht unwirksam werden (KK-Fischer § 407 Rdn. 26). Eine Heilung soll dadurch erfolgen, dass nach zulässigem Einspruch das Jugendgericht einen Termin zur Hauptverhandlung bestimmt. Wird der Strafbefehl

§ 407   6. Buch. Besondere Arten des Verfahrens

rechtskräftig, bildet er dennoch eine wirksame Vollstreckungsgrundlage (HK-Kurth § 407 Rdn. 29). Einwendungen gegen die Vollstreckung (§ 458 Abs. 1) sollen nur dann erhoben werden können, wenn eine im Strafbefehlsverfahren unzulässige Rechtsfolge festgesetzt worden ist (KMR-Fezer vor § 407 Rdn. 27).

9   Durch den Strafbefehlsantrag wird die **öffentliche Klage erhoben.** Damit wird nach § 78c Abs. 1 Nr. 6 StGB zugleich die Verjährung unterbrochen; der Erlass des Strafbefehls hat die nämliche Wirkung (§ 78c Abs. 1 Nr. 9 StGB).

10   Der Einspruch gegen den Strafbefehl ist nicht Rechtsmittel, sondern **ordentlicher Rechtsbehelf,** da er normaler Bestandteil des üblichen Strafbefehlsverfahrens ist (Rössner S. 120).

11   **Die zulässigen Rechtsfolgen werden in Abs. 2 abschließend aufgezählt.** Nach einer Änderung durch das RpflEntlG darf nunmehr auch Freiheitsstrafe bis zu einem Jahr mit Strafaussetzung zur Bewährung festgesetzt werden (krit. SK-Weßlau § 407 Rdn. 22ff), falls der Angeschuldigte einen Verteidiger hat (§ 407 Abs. 2 S. 2).

12   **Die Festsetzung einer Geldstrafe** (§ 40 StGB) ist auch dann möglich, wenn sie in dem Strafgesetz nicht explizit aufgeführt ist, sondern auf sie nur nach den §§ 47 Abs. 2, 49 Abs. 2 erkannt werden darf (Meyer-Goßner § 407 Rdn. 11).

13   Bei einer Verhängung von Geldstrafe werden nur die **Zahl und Höhe der Tagessätze** angegeben, nicht der Gesamtbetrag, der sich aber aus der in dem Strafbefehlsvordruck enthaltenen Rechnung der Gesamtsumme ergibt. Der Hinweis, dass nach § 43 StGB bei Uneinbringlichkeit der Geldstrafe an deren Stelle die Ersatzfreiheitsstrafe in Höhe der Zahl der Tagessätze tritt, ist empfehlenswert, sein Fehlen hat aber keine rechtlichen Folgen (vgl. OLG Bremen NJW 1975, 1524; Meyer-Goßner § 407 Rdn. 12). Stehen Zahlungserleichterungen (§ 42 StGB) im Raum, muss der Staatsanwalt sie schon bei Antragstellung prüfen, der Richter darf keine Zahlungserleichterung anordnen, die die StA nicht beantragt hat (Meyer-Goßner § 407 Rdn. 13).

14   **Erlittene U-Haft** und andere Freiheitsentziehungen werden nach § 51 Abs. 1 S. 1 StGB angerechnet. Einer besonderen Festsetzung im Strafbefehl bedarf es nicht. Hingegen muss der Umrechnungsmaßstab für ausländische Freiheitsentziehungen bereits im Strafbefehlsantrag beantragt werden (Meyer-Goßner § 407 Rdn. 14).

Bei allen Sanktionen ist zunächst zu bedenken, dass die entsprechenden Maßnahmen nur verhängt werden dürfen – dies gilt auch für Erleichterungen –, wenn sie vom Staatsanwalt beantragt worden sind.

15   Die **Verwarnung mit Strafvorbehalt** ist möglich.

> **Ausspruch:** „Nach den vorliegenden schriftlichen Unterlagen haben Sie ... Es wird Ihnen eine Verwarnung erteilt. Die Festsetzung einer Geldstrafe von 10 Tagessätzen zu je 50 Euro bleibt für den Fall vorbehalten, dass Sie sich nicht bewähren".

Zugleich ergeht ein Beschluss über die Bewährungszeit und Auflagen nach § 268a Abs. 1 i.V.m. § 59a StGB. Insofern ist der Richter an den Antrag der StA nicht gebunden. Zur Belehrung nach § 268a Abs. 3 S. 1 vgl. § 409 Abs. 1 S. 2.

16   **Nach Maßgabe des § 44 StGB** kann neben einer Geld- oder Freiheitsstrafe (nicht neben einer Verwarnung mit Strafvorbehalt; BayObLG NStZ 1982, 258) ein Fahrverbot als Nebenstrafe verhängt werden. Die Dauer des Verbots muss im Strafbefehlsantrag bezeichnet werden, der Richter darf hiervon nicht abweichen (Meyer-Goßner § 407 Rdn. 16).

17   **Die Entziehung der Fahrerlaubnis (§§ 69–69b StGB)** ist zulässig, wenn die Sperre nicht mehr als zwei Jahre beträgt. Die Dauer der Sperre muss im Strafbefehlsantrag bezeichnet werden, der Strafbefehl darf davon nicht abweichen. Im Rahmen des § 69a Abs. 5 S. 2 StGB steht nicht erst die Zustellung, sondern bereits der Erlass des Strafbefehls in der Verkündung des Urteils gleich (Meyer-Goßner § 407 Rdn. 20).

18   **Verfall, Einziehung, Vernichtung und Unbrauchbarmachung** (§§ 73ff StGB) können im Strafbefehlswege angeordnet werden. Dies gilt auch für den Verfall und

1. Abschnitt. Verfahren bei Strafbefehlen §408

die Einziehung von Wertersatz (§§ 73 a, 74 c StGB). Richtet sich der Verfall bzw. die Einziehung gegen einen Dritten, so ist dessen Beteiligung nach § 431 Abs. 1, § 442 Abs. 2 im Strafbefehlsantrag aufzuführen und wird im Strafbefehlswege angeordnet. Der Strafbefehl ergeht in diesem Fall auch gegen den Nebenbeteiligten und muss ihm daher zugestellt werden (vgl. § 409 Rdn. 13; Meyer-Goßner § 407 Rdn. 17).

Die Bekanntgabe der Verurteilung kann ebenfalls beantragt werden, wenn die 19 nach materiellem Recht erforderlichen Voraussetzungen vorliegen, insbesondere der regelmäßig notwendige Antrag des Verletzten (vgl. z. B. § 165 StGB). Die Art der Bekanntmachung ist bereits in dem Antrag auf Erlass eines Strafbefehls aufzuführen; der Richter darf hiervon nicht abweichen (HK-Kurth § 407 Rdn. 19).

Eine Geldbuße gegen eine juristische Person oder Personenvereinigung ist 20 möglich, wenn im Strafbefehlsantrag neben dem Antrag auf Bestrafung der natürlichen Person als Täter ein Antrag auf Anordnung der Beteiligung der juristischen Person (§ 444 Abs. 1) und auf Festsetzung einer genau bezifferten Geldbuße (§ 30 OWiG) enthalten ist. Der Richter darf, will er einen Strafbefehl erlassen, von diesem Antrag nicht abweichen (Meyer-Goßner § 407 Rdn. 19; HK-Kurth § 407 Rdn. 20).

Ob Sanktionen **nebeneinander** festgesetzt werden, entscheidet sich nach dem ma- 21 teriellen Recht (HK-Kurth § 407 Rdn. 26).

Rechtliches Gehör wird dem Beschuldigten im Vorverfahren nach § 163 a Abs. 1 22 gewährt. § 407 Abs. 3 enthält insofern keine Ausnahmevorschrift (LR-Gössel § 407 Rdn. 61). Vor Stellung des Strafbefehlsantrags und vor Erlass des Strafbefehls wird der Beschuldigte nicht nochmals gehört; sein Anspruch auf rechtliches Gehör ist dadurch gesichert, dass er gegen den Strafbefehl Einspruch einlegen und dadurch eine Hauptverhandlung erzwingen kann (BVerfGE 25, 158, 165 ff; a. M. SK-Weßlau vor § 407 Rdn. 19). Ist die Vernehmung des Beschuldigten im Ermittlungsverfahren versehentlich unterblieben, soll dies den Strafbefehl nicht unwirksam machen (Meyer-Goßner § 407 Rdn. 24).

Hat der **Nebenklageberechtigte** vorzeitig seinen Anschluss erklärt (§ 396 Abs. 1 23 S. 3), wird dieser erst wirksam, wenn Termin zur Hauptverhandlung anberaumt (§ 408 Abs. 3 S. 2, § 411 Abs. 1) oder der Strafbefehlsantrag abgelehnt wird (§ 408 Abs. 2 S. 1).

Trifft die Straftat mit einer Ordnungswidrigkeit zusammen, wird nach § 21 24 Abs. 1 S. 1 OWiG nur das Strafgesetz angewendet. Die Nebenfolgeregelungen des subsidiären Gesetzes bleiben jedoch anwendbar (§ 21 Abs. 1 S. 2 OWiG).

Besteht zwischen Straftat und Ordnungswidrigkeit Tatmehrheit, kann der 25 Strafbefehl auf die Ordnungswidrigkeit erstreckt werden (§ 64 OWiG), wenn der in § 42 Abs. 1 OWiG vorausgesetzte Zusammenhang vorliegt (HK-Kurth § 407 Rdn. 32; vgl. auch RiStBV Nr. 280).

§ 408 [Entscheidungsmöglichkeiten des Richters]

(1) ¹**Hält der Vorsitzende des Schöffengerichts die Zuständigkeit des Strafrichters für begründet, so gibt er die Sache durch Vermittlung der Staatsanwaltschaft an diesen ab; der Beschluß ist für den Strafrichter bindend, der Staatsanwaltschaft steht sofortige Beschwerde zu.** ²**Hält der Strafrichter die Zuständigkeit des Schöffengerichts für begründet, so legt er die Akten durch Vermittlung der Staatsanwaltschaft dessen Vorsitzenden zur Entscheidung vor.**

(2) ¹**Erachtet der Richter den Angeschuldigten nicht für hinreichend verdächtig, so lehnt er den Erlaß eines Strafbefehls ab.** ²**Die Entscheidung steht dem Beschluß gleich, durch den die Eröffnung des Hauptverfahrens abgelehnt worden ist (§§ 204, 210 Abs. 2, § 211).**

§ 408　　　　　　　　　　　　　　6. Buch. Besondere Arten des Verfahrens

(3) ¹Der Richter hat dem Antrag der Staatsanwaltschaft zu entsprechen, wenn dem Erlaß des Strafbefehls keine Bedenken entgegenstehen. ²Er beraumt Hauptverhandlung an, wenn er Bedenken hat, ohne eine solche zu entscheiden, oder wenn er von der rechtlichen Beurteilung im Strafbefehlsantrag abweichen oder eine andere als die beantragte Rechtsfolge festsetzen will und die Staatsanwaltschaft bei ihrem Antrag beharrt. ³Mit der Ladung ist dem Angeklagten eine Abschrift des Strafbefehlsantrags ohne die beantragte Rechtsfolge mitzuteilen.

1　　Die Entscheidung des Richters setzt zunächst seine **Zuständigkeit** voraus. Ist das Gericht **nicht örtlich zuständig,** wird es bei der StA die Rücknahme des Antrags anregen. Eine Verweisung an das örtlich zuständige Gericht ist unzulässig (BGH NJW 1959, 1695; HK-Kurth § 408 Rdn. 2). Wird der Antrag nicht zurückgenommen, erklärt sich das Gericht für unzuständig. Der StA steht gegen diesen Beschluss das Rechtsmittel der einfachen Beschwerde nach § 304 zu (Meyer-Goßner § 408 Rdn. 2; a. M. LR-Gössel § 408 Rdn. 8: sofortige Beschwerde nach § 210 Abs. 2).

2　　Die in § 408 Abs. 1 enthaltene Regelung über die **sachliche Zuständigkeit** im Verhältnis zwischen Strafrecht und Schöffengericht hat keine praktische Bedeutung mehr, da seit der Änderung des § 25 GVG für den Rechtsfolgenkatalog des § 407 Abs. 2 nur noch der Strafrichter zuständig ist (§ 407 Rdn. 5). Hält das AG die Zuständigkeit des LG oder OLG für gegeben, so erklärt es sich durch Beschluss für sachlich unzuständig (Meyer-Goßner § 408 Rdn. 4; KMR-Metzger § 408 Rdn. 7 will hier § 209 Abs. 2 anwenden). Den Beschluss kann die StA mit der Beschwerde nach § 304 Abs. 1 anfechten. Ist sie begründet, verweist das LG die Sache an das zuständige Gericht (Meyer-Goßner § 408 Rdn. 5).

3　　Ist die Zuständigkeit gegeben, sind **drei Entscheidungsalternativen** denkbar: Der Richter erlässt den Strafbefehl wie beantragt, der Richter lehnt den Strafbefehlsantrag ab oder der Richter beraumt den Termin zur Hauptverhandlung an.

4　　Der Strafrichter lehnt den Strafbefehlsantrag ab, wenn er den Angeschuldigten der Straftat **nicht für hinreichend verdächtig** hält (S. 1). Zum hinreichenden Tatverdacht vgl. § 203 Rdn. 2.

5　　Am hinreichenden Tatverdacht fehlt es nicht nur, wenn der Sachverhalt die Strafbarkeit nicht trägt, sondern auch dann, wenn der Beschuldigte aus Rechtsgründen nicht strafbar ist oder ein **Prozesshindernis** besteht (Meyer-Goßner § 408 Rdn. 7). Lässt sich der Mangel nach Auffassung des Gerichts durch weitere Ermittlungen beheben, gibt das Gericht die Sache der StA mit der Anregung zurück, den Sachverhalt weiter aufzuklären. Das Gericht ist befugt, aber nicht verpflichtet, ggf. einzelne Beweise zu erheben (§ 202; HK-Kurth § 408 Rdn. 6). Ob eine Teilablehnung möglich ist, ist zweifelhaft.

Beispiel: Im Strafbefehl werden eine Trunkenheitsfahrt vom 15. 5. und ein Diebstahl vom 20. 6. aufgeführt. Der Strafrichter ist der Auffassung, dass es im Hinblick auf den Diebstahl an einem hinreichenden Tatverdacht fehlt.

Nach überwiegender Auffassung ist eine Teilablehnung bezüglich einzelner Taten im prozessualen Sinne zulässig, da diese auch Gegenstand mehrerer Strafbefehlsanträge hätten sein können (LG München II NStZ 1990, 452; Meyer-Goßner § 408 Rdn. 8; HK-Kurth § 408 Rdn. 7; a.M. KMR-Fezer § 408 Rdn. 20).

6　　Zweifelhaft ist, ob in solchen Fällen der Teilablehnung der Strafbefehl wegen der anderen Tat(en) zeitgleich erlassen werden darf. So meint das LG München II (NStZ 1990, 452; ebenso HK-Kurth § 408 Rdn. 7), das Gericht müsse die weitere Entscheidung bis zur Rechtskraft der Teilablehnung zurückstellen. Erst wenn diese eintrete, werde ein Termin zur Hauptverhandlung wegen der anderen Taten bestimmt bzw. nach Zurückverweisung der beantragte Strafbefehl erlassen.

1. Abschnitt. Verfahren bei Strafbefehlen § 408

Die **Entscheidung** über die Ablehnung des Strafbefehlsantrags ergeht **durch Beschluss**. Dieser steht dem Beschluss über die Nichteröffnung des Hauptverfahrens gleich (S. 2). Der Beschluss muss mit einer Begründung versehen sein; aus dieser muss hervorgehen, ob die Ablehnung auf tatsächlichen oder auf rechtlichen Gründen beruht (§ 204 Abs. 1). 7

Die StA kann **entsprechend** § 210 Abs. 2 die Entscheidung mit der sofortigen Beschwerde anfechten, ebenso der Nebenkläger, dessen Anschluss nach § 396 Abs. 1 S. 2 mit dem Beschluss über die Ablehnung des Strafbefehlserlasses wirksam geworden ist. Ein Erlass des Strafbefehls ist nicht mehr möglich, auch wenn eine überzeugende Gegenvorstellung der StA erfolgt. Auch hier gilt der Grundsatz, dass Entscheidungen, die der sofortigen Beschwerde unterliegen, einer Änderung durch das Gericht, das sie erlassen hat, grundsätzlich entzogen sind (HK-Kurth § 408 Rdn. 8). 8

Das Beschwerdegericht kann nicht nach § 309 Abs. 2 in der Sache selbst entscheiden, einen Strafbefehl kann das LG nicht erlassen. Hält es den Ablehnungsbeschluss für unrichtig, so verweist es die Sache daher an das AG zurück. Dieses hat die Wahl, den Strafbefehl zu erlassen oder nach Abs. 3 S. 2 eine Hauptverhandlung anzuberaumen (Meyer-Goßner § 408 Rdn. 9). Entsprechende Weisungen kann das Beschwerdegericht nicht erteilen (KMR-Metzger § 408 Rdn. 18). Bleibt es bei dem Ablehnungsbeschluss oder wird er nicht angefochten, so tritt die beschränkte Rechtskraftwirkung nach § 211 ein (Meyer-Goßner § 408 Rdn. 10). Der Ablehnungsbeschluss wird dem Beschuldigten formlos mitgeteilt (§ 204 Abs. 2, RiStBV Nr. 178 Abs. 4). Der StA ist der Beschluss zuzustellen (§ 35 Abs. 2 S. 1, § 41). Gleiches gilt, wenn der Nebenklageberechtigte seinen Anschluss bereits erklärt hat (vgl. § 396 Abs. 1 S. 3). Ein Verletzter, der zur Nebenklage nicht befugt ist, erhält Mitteilung nach Maßgabe des § 406 d. 9

Hat der Strafrichter Bedenken gegen eine Entscheidung ohne Hauptverhandlung, beraumt er einen Hauptverhandlungstermin an. Bedenken können sich daraus ergeben, dass nach Auffassung des Strafrichters eine Entscheidung ohne die sich in der Hauptverhandlung ergebenden Möglichkeiten der Wahrheitsfindung nicht ergehen kann. So kann es sein, dass der Strafrichter zwar einen hinreichenden Tatverdacht annehmen mag, sich aber nicht in der Lage sieht, allein auf Grund der ihm vorliegenden Akten eine Überzeugung von Täterschaft und Schuld zu gewinnen. Dies kann auch dann der Fall sein, wenn die Erfordernisse eines fairen Verfahrens es gebieten, dem Beschuldigten die Möglichkeiten des formellen Beweisantragsrechts zu erhalten, etwa dann, wenn die Beweislage unklar ist (HK-Kurth § 408 Rdn. 13). Dagegen können die Bedeutung der Sache oder aber Aspekte der Spezial- oder Generalprävention hingegen keine „Bedenken" begründen (KMR-Fezer Rdn. 33 f; HK-Kurth § 408 Rdn. 13). Ebenso wenig ist die Erwartung, der Beschuldigte werde gegen den Strafbefehl Einspruch einlegen, ein hinreichender Grund, vom Erlass des Strafbefehls abzusehen. 10

Zweifelhaft ist, ob die Anberaumung einer Hauptverhandlung deshalb erfolgen kann, weil abgewartet werden soll, **ob es noch zu schweren Folgen der Tat kommt**. Überwiegend wird dies abgelehnt (LR-Gössel § 408 Rdn. 46; Meyer-Goßner § 408 Rdn. 12). Demgegenüber meint das LG Saarbrücken (JR 1969, 430; ebenso Schaal GS Meyer), ein solches Zuwarten sei möglich.

Ergeben sich die Bedenken daraus, dass der Strafrichter eine **andere Rechtsauffassung** vertritt oder einen anderen Rechtsfolgenausspruch für angemessen hält, versucht der Richter zunächst eine Einigung mit der StA (Meurer JuS 1987, 885; RiStBV Nr. 178 I). Hält die StA die Änderungsvorschläge für berechtigt, stellt sie einen neuen, abgeänderten Strafbefehlsantrag. Lehnt sie es ab, beraumt der Richter Termin für eine Hauptverhandlung an. 11

Die Vorbereitung der Hauptverhandlung richtet sich nach den §§ 213 ff. Da es an einem Eröffnungsbeschluss fehlt, erhält der Angeklagte mit der Ladung nach § 214 12

§ 408a

eine Abschrift des Strafbefehlsantrags, die allerdings die beantragte Rechtsfolge nicht enthält (§ 408 Abs. 3 S. 3).

§ 408a [Strafbefehlsantrag nach Eröffnung des Hauptverfahrens]

(1) ¹Ist das Hauptverfahren bereits eröffnet, so kann im Verfahren vor dem Strafrichter und dem Schöffengericht die Staatsanwaltschaft einen Strafbefehlsantrag stellen, wenn die Voraussetzungen des § 407 Abs. 1 Satz 1 und 2 vorliegen und wenn der Durchführung einer Hauptverhandlung das Ausbleiben oder die Abwesenheit des Angeklagten oder ein anderer wichtiger Grund entgegensteht. ²In der Hauptverhandlung kann der Staatsanwalt den Antrag mündlich stellen; der wesentliche Inhalt des Strafbefehlsantrages ist in das Sitzungsprotokoll aufzunehmen. ³§ 407 Abs. 1 Satz 4, § 408 finden keine Anwendung.

(2) ¹Der Richter hat dem Antrag zu entsprechen, wenn die Voraussetzungen des § 408 Abs. 3 Satz 1 vorliegen. ²Andernfalls lehnt er den Antrag durch unanfechtbaren Beschluß ab und setzt das Hauptverfahren fort.

1   Die Vorschrift will sicherstellen, dass in geeigneten Fällen **stecken gebliebene Verfahren** schnell und ohne großen Aufwand erledigt werden können (Meyer-Goßner § 408a Rdn. 1). Ausgangslage ist der Fall, dass die StA eine Anklage eingereicht und das Gericht das Hauptverfahren bereits eröffnet hat.

2   **Der Übergang ins Strafbefehlsverfahren** kommt vor allem in Betracht, wenn der Beschuldigte mit bekanntem Aufenthalt im Ausland wohnt, seine Einlieferung zur Durchführung der Hauptverhandlung aber nicht möglich oder nicht angemessen wäre. Weiterhin geht es um Fälle, in denen die Vorführung des möglicherweise weiter entfernt wohnenden Angeklagten mit Rücksicht auf die Strafewartung unverhältnismäßig wäre oder wenn der unmittelbaren Beweisaufnahme in der Hauptverhandlung erhebliche, die Voraussetzungen des § 251 Abs. 1 Nr. 2 aber nicht erfüllende Hinderungsgründe entgegenstehen und der Sachverhalt nach dem Akteninhalt hinreichend geklärt ist (Meyer-Goßner § 408a Rdn. 1; RiStBV Nr. 175a).

3   Keine Anwendung findet § 408a, wenn bereits nach § 408 Abs. 3 S. 2 eine **Hauptverhandlung anberaumt** wurde (Meyer-Goßner § 408a Rdn. 3, krit. Zähres NStZ 2002, 296). Vor Eröffnung des Hauptverfahrens macht die Umstellung insofern keinen Sinn, als der Staatsanwalt die Klage ohnehin nach § 156 zurücknehmen und durch einen Strafbefehlsantrag nach § 407 ersetzen kann.

4   Ob die beabsichtigte Verfahrensweise sinnvoll ist, hängt letztlich davon ab, ob der Angeklagte gegen den Strafbefehl **Einspruch** einlegen würde oder aber der Strafbefehl rechtskräftig wird. Daraus wird geschlossen, dass man in der Regel vor Stellung eines Strafbefehlsantrags bei dem Angeklagten oder dem Verteidiger nachfragen sollte (Meyer-Goßner NJW 1987, 1166). Insofern wird in der Praxis von der Möglichkeit Gebrauch gemacht, wenn der Angeklagte in der Hauptverhandlung nicht erscheint, für ihn aber ein Verteidiger auftritt und eine Verfahrenserledigung durch Strafbefehl möglich erscheint. Ansonsten erzeugt der Erlass eines Strafbefehls insofern „Druck" auf den Angeklagten, als er nach einem Einspruch definitiv zur Hauptverhandlung erscheinen oder aber einen Verteidiger entsenden muss, um eine Verwerfung des Einspruches nach § 412 S. 1 zu vermeiden.

5   Durch den Antrag der StA wird das Verfahren **in das Strafbefehlsverfahren übergeleitet.** Dieser Antrag musste bislang bei dem erkennenden Gericht schriftlich eingehen, wobei auch der in der Hauptverhandlung gefertigte handschriftliche Antrag ausreichen sollte (vgl. Rieß JR 1988, 136). Nach der Einfügung eines neuen § 408a Abs. 1 S. 2 mit Wirkung vom 1. 9. 2004 kann der Staatsanwalt nunmehr den Antrag auch in der Hauptverhandlung mündlich stellen; der wesentliche Inhalt des Strafbefehlsantrages ist in das Sitzungsprotokoll aufzunehmen.

1. Abschnitt. Verfahren bei Strafbefehlen **§ 408b**

Zulässig ist der Antrag, wenn die Voraussetzungen des § 407 Abs. 1 S. 1 und 2 6
vorliegen. Dementsprechend muss das Verfahren vor dem Strafrichter oder dem
Schöffengericht anhängig sein. Zudem muss das Hauptverfahren wegen eines Vergehens eröffnet worden sein (streitig: KMR-Metzger Rdn. 11, Rieß JR 1988, 135).

Da § 407 Abs. 1 S. 2 Anwendung findet, kann der Strafbefehlsantrag nur ge- 7
stellt werden, wenn die StA nach dem Ergebnis der Ermittlungen eine Hauptverhandlung oder eine weitere Hauptverhandlung nach einer ausgesetzten Hauptverhandlung nicht für erforderlich hält. Von einer ordnungsgemäßen Ladung zur
Hauptverhandlung hängt die Wirksamkeit des Strafbefehls nicht ab (Köln VRS 1999,
431, 436).

Das Gericht entscheidet **ohne Anhörung des Angeklagten.** Hat das Gericht Be- 8
denken gegen den Strafbefehlserlass, so muss es den Antrag, anders als nach § 408
Abs. 3 S. 2, ausdrücklich durch Beschluss ablehnen und das Hauptverfahren fortsetzen
(§ 408a Abs. 2 S. 2). Der Beschluss ist nicht anfechtbar. Er hat aber keine Bindungswirkung. Wenn sich später die Sach- oder Rechtslage verändert, kann die StA den
Strafbefehlsantrag wiederholen (Meurer JuS 1987, 887; Meyer-Goßner § 408a
Rdn. 5). Das weitere Verfahren richtet sich nach den §§ 409–412 (Meyer-Goßner
§ 408a Rdn. 6).

Inhaltlich muss der Strafbefehlsantrag den üblichen Anforderungen entsprechen. 9
Dabei soll hinsichtlich der Angaben nach § 409 Abs. 1 Nr. 1–5 bei unveränderter
Sach- und Rechtslage eine bloße Bezugnahme auf die zugelassene Anklage, ggf. auch
der Protokollierung genügen (vgl. zum alten Recht OLG Hamburg NStZ 1988, 522;
Rieß JR 1988, 136).

§ 408b [Bestellung eines Verteidigers]

¹**Erwägt der Richter, dem Antrag der Staatsanwaltschaft auf Erlaß eines
Strafbefehls mit der in § 407 Abs. 2 Satz 2 genannten Rechtsfolge zu entsprechen, so bestellt er dem Angeschuldigten, der noch keinen Verteidiger hat, einen Verteidiger.** ²**§ 141 Abs. 3 findet entsprechende Anwendung.**

In der Regel beantragt die StA **mit dem Antrag auf Erlass des Strafbefehls,** 1
mit dem Freiheitsstrafe verhängt werden soll, auch die Bestellung eines Verteidigers
(vgl. Meyer-Goßner § 408b Rdn. 2). Ob der Antrag der StA erst mit dem Strafbefehlsantrag gestellt wird oder aber bereits im Vorverfahren, hängt davon ab, ob man
im Hinblick auf eine einvernehmliche Beendigung des Verfahrens die Mitwirkung eines Strafverteidigers für förderlich hält (HK-Kurth § 408b Rdn. 3).

Der Richter hat dem Antrag zu entsprechen, wenn er im Strafbefehlswege die 2
entsprechende Sanktion verhängen will. Will er den Erlass des Strafbefehls ablehnen
oder Hauptverhandlung anberaumen, bedarf es der Bestellung eines Verteidigers nicht
(Rieß AnwBl 1993, 55).

Inwiefern eine **vorherige Befragung des Beschuldigten** nach § 142 Abs. 1 S. 2 3
nötig ist, ist zweifelhaft (so Siegesmund/Wickern wistra 1993, 91. a.M. Meyer-
Goßner § 408b Rdn. 4).

Der Verteidiger ist **nur für das Strafbefehlsverfahren** bestellt. Er kann zwar für 4
den Angeklagten wirksam Einspruch einlegen (§ 410 Abs. 1, 2), seine Bestellung wirkt
aber nicht für die Hauptverhandlung. Aus dem Umstand, dass die Regelung sich nicht
in den §§ 140 ff, sondern nur im Strafbefehlsverfahren findet, wird man schließen
müssen, dass die Verteidigerbestellung nur für das schriftliche Verfahren gilt (OLG
Düsseldorf NStZ 2002, 390; Hohendorf MDR 1993, 598; Lutz NStZ 1998, 395, 396;
a.M. Böttcher-Mayer NStZ 1993, 153, 156; Siegesmund/Wickern wistra 1993, 91).
Ob für die Hauptverhandlung ein Pflichtverteidiger zu bestellen ist, bestimmt sich
dann nach den üblichen Vorschriften.

§ 409   6. Buch. Besondere Arten des Verfahrens

5   Wird ein Strafbefehl mit Freiheitsstrafe erlassen, **ohne dass ein Verteidiger bestellt worden wäre,** soll die Wirksamkeit des Strafbefehls nicht berührt werden. Dem Angeklagten bleibt nur die Möglichkeit des Einspruchs. Eine Wiedereinsetzung in den vorigen Stand soll es insoweit nicht geben (Meyer-Goßner § 408b Rdn. 7).

§ 409 [Inhalt des Strafbefehls]

(1) ¹Der Strafbefehl enthält
1. die Angaben zur Person des Angeklagten und etwaiger Nebenbeteiligter,
2. den Namen des Verteidigers,
2. den Namen des Verteidigers,
3. die Bezeichnung der Tat, die dem Angeklagten zur Last gelegt wird, Zeit und Ort ihrer Begehung und die Bezeichnung der gesetzlichen Merkmale der Straftat,
4. die angewendeten Vorschriften nach Paragraph, Absatz, Nummer, Buchstabe und mit der Bezeichnung des Gesetzes,
5. die Beweismittel,
6. die Festsetzung der Rechtsfolgen,
7. die Belehrung über die Möglichkeit des Einspruchs und die dafür vorgeschriebene Frist und Form sowie den Hinweis, daß der Strafbefehl rechtskräftig und vollstreckbar wird, soweit gegen ihn kein Einspruch nach § 410 eingelegt wird.

²Wird gegen den Angeklagten eine Freiheitsstrafe verhängt, wird er mit Strafvorbehalt verwarnt oder wird gegen ihn ein Fahrverbot angeordnet, so ist er zugleich nach § 268a Abs. 3 oder § 268c Satz 1 zu belehren. ³§ 267 Abs. 6 Satz 2 gilt entsprechend.

(2) **Der Strafbefehl wird auch dem gesetzlichen Vertreter des Angeklagten mitgeteilt.**

1   § 409 Abs. 1 beschreibt den notwendigen Inhalt des Strafbefehls. In Nr. 1–5 entspricht er dem Inhalt einer Anklageschrift (§ 200 Abs. 1). Nach Nr. 176 RiStBV fertigt die StA zur Vereinfachung des Geschäftsgangs einen Strafbefehlsentwurf und beantragt, einen Strafbefehl dieses Inhalts zu erlassen. Der Richter muss den Entwurf, wenn er mit dem Antrag übereinstimmt, nur noch unterschreiben.

2   **Die Angaben zur Person (S. 1 Nr. 1)** müssen so konkret sein, dass der Beschuldigte und ein etwaiger Nebenbeteiligter zweifelsfrei identifiziert werden können. Es soll genügen, wenn die Angaben (nur) in das Anschriftenfeld des Strafbefehls eingetragen werden (HK-Kurth § 409 Rdn. 2). Die Angaben zur Person erfassen Vor- und Familienname, Geburtstag und -ort, Wohnort und Beruf – sowie bei Ausländern – die Staatsangehörigkeit.

3   **Der Name des Verteidigers (S. 1 Nr. 2)** ist aufzuführen; sein Fehlen lässt die Wirksamkeit des Strafbefehls unberührt. Der Strafbefehlsantrag ist insoweit der Anklageschrift (§ 200 Abs. 1 S. 2), der Strafbefehl der Urteilsurkunde (§ 275 Abs. 3) angeglichen.

4   **Die Bezeichnung der Tat (S. 1 Nr. 3)** muss den Anforderungen einer Anklageschrift genügen, damit der Strafbefehl im Falle des Einspruchs die Funktion des Eröffnungsbeschlusses einnehmen kann (BGH NJW 1970, 1694; OLG Düsseldorf NStZ 1991, 99; Meyer-Goßner § 409 Rdn. 4). Allerdings ist ein Strafbefehl, der entgegen S. 1 Nr. 3 die Tat nicht ausreichend beschreibt, insbesondere die Tatzeit mangelhaft oder fehlerhaft angibt, grundsätzlich wirksam. Wird aber Einspruch eingelegt, fehlt es an einer ausreichenden Verfahrensgrundlage; das Verfahren ist dann wegen Fehlens einer Prozessvoraussetzung einzustellen (vgl. BGHSt 23, 336, 340; OLG Düsseldorf NStZ 1991, 99; Meyer-Goßner § 409 Rdn. 4).

1. Abschnitt. Verfahren bei Strafbefehlen **§ 409**

Die angewendeten Vorschriften (S. 1 Nr. 4) müssen wie bei einem Urteil 5
(§ 260 Abs. 5 S. 1) angegeben werden. Dazu gehört auch die (in S. 1 Nr. 4 nicht genannte) rechtliche Bezeichnung der Tat, da der Strafbefehl einem Urteil gleichsteht, ist auch § 260 Abs. 4 S. 1 anzuwenden. Das Fehlen der durch S. 1 Nr. 4 vorgeschriebenen Angaben gefährdet den Bestand des Strafbefehls nicht.

Die Beweismittel (S. 1 Nr. 5) müssen so genau bezeichnet werden, dass der An- 6
geschuldigte prüfen kann, ob die Tat beweisbar oder ein Einspruch aussichtsreich ist. Die Bezugnahme auf eine polizeiliche Anzeige reicht nicht aus, es müssen bei Zeugen Name und Anschrift aufgeführt werden. Fehlende Angaben gefährden das weitere Verfahren jedoch nicht (Meyer-Goßner § 409 Rdn. 6).

Die Festsetzung der Rechtsfolgen (S. 1 Nr. 6) muss so genau erfolgen, dass aus 7
dem Strafbefehl vollstreckt werden kann. Eine Begründung ist, außer im Fall des Abs. 1 S. 3 (Rdn. 10) nicht nötig, aber zulässig. Bei der Anordnung eines Fahrverbots muss deren Dauer, bei der Entziehung der Fahrerlaubnis die Sperrfrist festgesetzt werden. Fehlt es hieran, ist die Anordnung unwirksam, eine nachträgliche Ergänzung ist ausgeschlossen (HK-Kurth § 409 Rdn. 10; KK-Fischer § 409 Rdn. 26 f).

Fehlt die Festsetzung von Rechtsfolgen ganz oder wird eine unzulässige 8
Rechtsfolge festgesetzt (vgl. § 407 Abs. 2), ist zu unterscheiden.

– **Legt der Angeklagte Einspruch ein,** kann der Strafbefehl immerhin die ihm für diesen Fall zugedachte Funktion als Eröffnungsbeschluss erfüllen. Der Strafbefehl ist dann taugliche Grundlage für das weitere Verfahren im Rahmen einer Hauptverhandlung (BayObLG NJW 1966, 947; HK-Kurth § 409 Rdn. 9; KMR-Fezer § 409 Rdn. 9).

– **Wird kein Einspruch eingelegt,** kann der Strafbefehl mangels Vollstreckungsmöglichkeit keine Wirksamkeit entfalten. Überwiegend meint man, der Strafbefehl sei damit unbeachtlich, er stünde mangels Verbrauchs der Strafklage dem Erlass eines neuen Strafbefehls nicht entgegen (OLG Düsseldorf wistra 1984, 200; HK-Kurth § 409 Rdn. 9). Dagegen hält Meyer-Goßner es für unzulässig, zu demselben Tatvorwurf einen neuen Strafbefehl zu erlassen (Meyer-Goßner § 409 Rdn. 7).

Die Belehrung über die Möglichkeit des Einspruchs (S. 1 Nr. 7) wird dem 9
Angeklagten und dem Nebenbeteiligten erteilt. Das Fehlen der Belehrung führt zu einer entsprechenden Anwendung des § 44 S. 2, das heißt im Rahmen einer Wiedereinsetzung in den vorigen Stand gilt die Versäumung der Frist als nicht verschuldet.

Bei Verhängung einer Freiheitsstrafe mit Strafaussetzung und bei einer Ver- 10
warnung mit Strafvorbehalt ist nach § 268a Abs. 3 S. 1 zu belehren. Ggf. ist die Belehrung nach § 453a nachzuholen. Bei Fahrverbot erfolgt die Belehrung nach § 268c S. 1. Der Verweis auf § 267 Abs. 6 S. 2 (in § 409 S. 3) bedeutet, dass das Absehen von der Fahrerlaubnisentziehung nach § 69 StGB oder von der Verhängung einer isolierten Sperre nach § 69a Abs. 1 S. 3 StGB zu begründen ist, weil die Verwaltungsbehörde nach § 4 Abs. 3 S. 1 StVG an die Entscheidung im Strafverfahren gebunden ist. Eine formelhafte Begründung soll ausreichen (Meyer-Goßner § 409 Rdn. 11).

Der Strafbefehl muss eine Kostenentscheidung enthalten (§ 464 Abs. 1). In 11
der Regel geht sie dahin, dass der Angeklagte die Verfahrenskosten zu tragen hat (§ 465 Abs. 1). Eine Belehrung über die sofortige Beschwerde nach § 464 Abs. 3 S. 1 ist nur bei Anwendung des § 465 Abs. 2 erforderlich (Meyer-Goßner § 409 Rdn. 8; a. M. LR-Gössel § 409 Rdn. 34).

Der Strafbefehl ist erlassen und damit einspruchsfähig, wenn er vollständig 12
niedergelegt und von dem zuständigen Richter unterschrieben ist. Ein Hand- oder Faksimile-Zeichen genügt, wenn daraus die Person des Richters zweifelsfrei festgestellt werden kann (Meyer-Goßner § 409 Rdn. 13). Mit Außenwirkung erlassen ist er erst an dem Tag, an dem die Geschäftsstelle ihn an eine Person außerhalb des Gerichts herausgibt.

§ 410　　　　　　　　　　　　　　　　　6. Buch. Besondere Arten des Verfahrens

13　　S. 1 Nr. 7 geht davon aus, dass der Strafbefehl nach § 35 Abs. 2 S. 1 **förmlich zugestellt** wird. Neben dem Angeklagten kann auch an den Zustellungsbevollmächtigten oder den Verteidiger zugestellt werden, ebenso an den Nebenbeteiligten, gegen den eine Rechtsfolge festgesetzt wurde oder an seinen bevollmächtigten Vertreter. Die mündliche Bekanntmachung durch den Richter genügt entgegen RiStBV Nr. 179 Abs. 1 S. 1 nicht (SK-Weßlau § 409 Rdn. 30). Nicht zugestellt wird der Strafbefehl denjenigen, die ohnehin kein Einspruchsrecht haben (StA, Nebenklageberechtigter). Für die Zustellung gilt § 36 Abs. 1, nicht § 36 Abs. 2. Die Ersatzzustellung ist unbedenklich, die öffentliche Zustellung hingegen unzulässig (Meyer-Goßner § 410 Rdn. 20 f). Unwirksam ist die Zustellung, wenn die zugestellte Ausfertigung von der Urschrift wesentlich abweicht. Die Zustellung muss dann wiederholt werden. Erst durch die korrekte Zustellung wird die Einspruchsfrist nach § 410 Abs. 1 S. 1 in Gang gesetzt (Meyer-Goßner § 410 Rdn. 22).

§ 410 [Einspruchsfrist; Rechtskraft]

(1) ¹Der Angeklagte kann gegen den Strafbefehl innerhalb von zwei Wochen nach Zustellung bei dem Gericht, das den Strafbefehl erlassen hat, schriftlich oder zu Protokoll der Geschäftsstelle Einspruch einlegen. ²Die §§ 297 bis 300 und § 302 Abs. 1 Satz 1, Abs. 2 gelten entsprechend.

(2) **Der Einspruch kann auf bestimmte Beschwerdepunkte beschränkt werden.**

(3) **Soweit gegen einen Strafbefehl nicht rechtzeitig Einspruch erhoben worden ist, steht er einem rechtskräftigen Urteil gleich.**

1　　Der Einspruch gegen den Strafbefehl ist kein Rechtsmittel (§§ 296 ff), sondern ein **Rechtsbehelf ohne Devolutiveffekt.** Ist er zulässig, hat er lediglich die Wirkung, dass eine Hauptverhandlung anzuberaumen ist (§ 411 Abs. 1 S. 2). Durch § 410 Abs. 1 S. 2 werden allerdings die für Rechtsmittel geltenden allgemeinen Vorschriften für anwendbar erklärt, soweit sich aus den Eigenarten des Strafbefehlsverfahrens nichts anderes ergibt (vgl. § 411 Abs. 3 S. 2; HK-Kurth § 410 Rdn. 1).

2　　**Einspruchsberechtigt** sind die durch den Strafbefehl Beschwerten (Angeklagter, Nebenbeteiligte), der Verteidiger darf für den Angeklagten Einspruch einlegen (vgl. § 297).

3　　**Die Einspruchsfrist beträgt zwei Wochen** seit Zustellung des Strafbefehls (vgl. § 43). Wird die Frist versäumt, kommt Wiedereinsetzung in den vorigen Stand in Betracht. Insofern dürfen keine zu hohen Anforderungen an eine entsprechende Begründung des Angeklagten gestellt werden (BVerfGE 38, 38; zur Bedeutung unzureichender Sprachkenntnisse eines Ausländers vgl. BVerfG NJW 1991, 2208).

4　　Der Einspruch muss **schriftlich oder zu Protokoll der Geschäftsstelle** eingelegt werden, bei dem nicht auf freiem Fuß befindlichen Angeklagten auch zu Protokoll des AG des Verfahrensortes (Abs. 1 S. 2 i.V.m. § 299 Abs. 1). Ein telefonischer Einspruch ist nach h.M. unwirksam (Meyer-Goßner § 410 Rdn. 1). Eine Begründung ist nicht erforderlich.

5　　Wird der Einspruch schon **vor der Zustellung des Strafbefehls eingelegt,** ist er wirksam, wenn der Strafbefehl immerhin schon erlassen worden ist (§ 409 Rdn. 12). War er zu diesem Zeitpunkt noch nicht erlassen, wird der Einspruch nicht mit dem nachträglichen Erlass des Strafbefehls wirksam (HK-Kurth § 410 Rdn. 4).

6　　**Für die Rücknahme des Einspruchs** gelten die gleichen Formerfordernisse wie für dessen Einlegung (OLG Düsseldorf NJW 1986, 1505). Die Zurücknahme kann schon vor Ablauf der Einspruchsfrist wirksam erfolgen und bleibt bis zur Urteilsverkündung im ersten Rechtszug möglich (§ 411 Abs. 3). Erfolgt die Rücknahme in der Hauptverhandlung, genügt eine mündliche Erklärung, die protokolliert wird.

1. Abschnitt. Verfahren bei Strafbefehlen § 411

Die Rücknahme kann auf bestimmte Punkte des Strafbefehls beschränkt werden. 7
Ebenso wie beim Teilverzicht wird damit eine teilweise Rechtskraftwirkung herbeigeführt. Auch eine **Beschränkung des Einspruchs auf bestimmte Beschwerdepunkte** ist nach § 410 Abs. 2 zulässig. Dies ist bis zur Verkündung des Urteils im ersten Rechtszug möglich und im gleichen Umfange wie die Beschränkung der Rechtsmittel gegen Urteile nach den §§ 318, 344 Abs. 1. So kann der Einspruch beschränkt werden
– auf eine von mehreren selbstständigen Straftaten
– auf Teile des Strafbefehlsausspruches für eine einheitliche Tat
– insbesondere auf die Höhe der Freiheits- oder der Geldstrafe
– oder auf die Höhe des Tagessatzes.

Die Beschränkung des Einspruchs auf den Rechtsfolgenausspruch ist **unwirksam,** 8
wenn die Feststellungen zum Schuldspruch so knapp und unzulänglich sind, dass sie keine ausreichende Grundlage für die Prüfung des Rechtsfolgenausspruchs bieten (Meurer JuS 1987, 886; Rieß/Hilger NStZ 1987, 204, 205; Meyer-Goßner § 410 Rdn. 5).

Ein vor Erlass des Strafbefehls geäußerter Verzicht auf einen Einspruch ist 9
ebenso wenig wirksam wie der Rechtsmittelverzicht vor Ergehen der Entscheidung (Meyer-Goßner § 408b Rdn. 5; § 302 Rdn. 9).

Rechtskraft tritt ein mit Ablauf der Einspruchsfrist, wenn ein Einspruch nicht 10
oder verspätet eingelegt wurde. Verzichtet der Beschuldigte auf die Einlegung des Einspruchs, ist mit diesem Verzicht der Strafbefehl rechtskräftig. Soweit von mehreren beteiligten Einspruchsberechtigten nur einer Einspruch einlegt, wird der Strafbefehl gegenüber den anderen rechtskräftig.

Die Rechtskraftwirkung steht der eines rechtskräftigen Urteils gleich. Äl- 11
tere Rechtsprechung, die nur eine beschränkte Rechtskraft annehmen wollte (vgl. BGHSt 28, 69), ist durch eine entsprechende Ergänzung des § 410 Abs. 3 hinfällig geworden. Freilich unterliegt der Strafbefehl einer erleichterten Wiederaufnahme nach § 373a. Abweichend von den üblichen Regeln ist die Wiederaufnahme zuungunsten des Angeklagten auch dann möglich, wenn neue Tatsachen oder Beweise vorliegen, die geeignet sind, die Verurteilung wegen eines Verbrechens zu begründen. Die Rechtskraft des Strafbefehls schließt also – ebenso wie die Einstellung nach § 153a nach Erfüllung der Auflagen und Weisungen – die (weitere) Verfolgung wegen eines Vergehens aus, hindert aber nicht unbedingt die Verfolgung einer Tat als Verbrechen.

Beispiel: Der Strafbefehl lautete auf Nötigung in Tateinheit mit Diebstahl. Stellt sich später heraus, dass es um einen Raub ging, könnte dieser noch verfolgt werden.

§ 411 [Verwerfung wegen Unzulässigkeit; Termin zur Hauptverhandlung]

(1) ¹Ist der Einspruch verspätet eingelegt oder sonst unzulässig, so wird er ohne Hauptverhandlung durch Beschluß verworfen; gegen den Beschluß ist sofortige Beschwerde zulässig. ²Andernfalls wird Termin zur Hauptverhandlung anberaumt. ³Hat der Angeklagte seinen Einspruch auf die Höhe der Tagessätze einer festgesetzten Geldstrafe beschränkt, kann das Gericht mit Zustimmung des Angeklagten, des Verteidigers und der Staatsanwaltschaft ohne Hauptverhandlung durch Beschluss entscheiden; von der Festsetzung im Strafbefehl darf nicht zum Nachteil des Angeklagten abgewichen werden; gegen den Beschluss ist sofortige Beschwerde zulässig.

(2) ¹Der Angeklagte kann sich in der Hauptverhandlung durch einen mit schriftlicher Vollmacht versehenen Verteidiger vertreten lassen. ²§ 420 ist anzuwenden.

§ 411   6. Buch. Besondere Arten des Verfahrens

(3) ¹Die Klage und der Einspruch können bis zur Verkündung des Urteils im ersten Rechtszug zurückgenommen werden. ²§ 303 gilt entsprechend. ³Ist der Strafbefehl im Verfahren nach § 408a erlassen worden, so kann die Klage nicht zurückgenommen werden.

(4) Bei der Urteilsfällung ist das Gericht an den im Strafbefehl enthaltenen Ausspruch nicht gebunden, soweit Einspruch eingelegt ist.

1   § 411 regelt die Frage, wie über den Einspruch zu entscheiden ist. Zugleich ist abweichend vom Üblichen eine besondere Bestimmung über die **Bindungswirkung der angefochtenen Entscheidung** enthalten (§ 411 Abs. 4). Mit Wirkung vom 1. 9. 2004 ist in Abs. 1 ein neuer S. 3 eingefügt worden, der das Vorgehen bei einer Einspruchsbeschränkung auf die Tagessatzhöhe betrifft.

2   **Ein verspäteter oder sonst unzulässiger Einspruch (Abs. 1 S. 1)** wird vom AG nach Anhörung der StA (§ 33 Abs. 2) ohne Hauptverhandlung durch Beschluss verworfen. Bleiben Zweifel, ob der Einspruch rechtzeitig war, wird er als zulässig behandelt (BayObLG NJW 1966, 947). Gegen den Beschluss ist sofortige Beschwerde nach § 311 zulässig (S. 1 Hs. 2). Bei unverschuldeter Säumnis kann Wiedereinsetzung nach § 44 auf Antrag oder von Amts wegen (§ 45 Abs. 2 S. 2) bewilligt werden. Wird die Unzulässigkeit des Einspruchs versehentlich übersehen und eine Hauptverhandlung durchgeführt, so muss das AG durch Urteil entscheiden (Meyer-Goßner § 411 Rdn. 1).

3   **Wurde der Einspruch rechtzeitig eingelegt** (oder aber Wiedereinsetzung in den vorigen Stand gewährt), wird Termin zur Hauptverhandlung anberaumt (Abs. 1 S. 2). Für die Hauptverhandlung gelten die allgemeinen Vorschriften der §§ 213ff. Der Strafbefehlsantrag ersetzt insoweit die Anklage, der Strafbefehl den Eröffnungsbeschluss (BGHSt 23, 280). Ist er mangelhaft, so kann er ebenso wenig wie ein entsprechender mit Mängeln behafteter Eröffnungsbeschluss Grundlage des weiteren Verfahrens sein (vgl. BGHSt 23, 336 und § 207 Rdn. 11). Statt des Anklagesatzes wird die sich aus Strafbefehlsantrag und Strafbefehl ergebende Beschuldigung vom Staatsanwalt vorgelesen (Meyer-Goßner § 411 Rdn. 3).

4   **Ist der Einspruch beschränkt auf die Höhe des Tagessatzes** einer festgesetzten Geldstrafe, ist nach § 411 Abs. 1 S. 3 eine Entscheidung auch ohne Hauptverhandlung im Beschlusswege möglich. Vorausgesetzt ist, dass der Angeklagte, ein etwaiger Verteidiger und der Staatsanwalt diesem Verfahren zustimmen. Entgegen § 411 Abs. 4 darf in solchen Fällen von der Festsetzung im Strafbefehl nicht zum Nachteil des Angeklagten abgewichen werden.

Beispiel: Gegen den Angeklagten wurde ein Strafbefehl über 30 Tagessätze á 50 Euro erlassen. Der Angeklagte wendet sich gegen die Tagessatzhöhe und meint, es dürften höchstens 30 Euro pro Tagessatz sein. Das AG darf nicht einen höheren Betrag als 50 Euro zu Grunde legen.

Gegen den so ergangenen Beschluss des AG ist sofortige Beschwerde zulässig (Abs. 1 S. 3 a. E.).

5   Der Angeklagte kann sich in der Hauptverhandlung durch einen mit schriftlicher Vollmacht versehenen Verteidiger **vertreten lassen** (Abs. 2 S. 1). Die Vertretungsmöglichkeit gilt auch im Berufungsrechtszug (OLG Düsseldorf NStZ 1984, 524; Meyer-Goßner § 411 Rdn. 4) und im gesamten folgenden Verfahren, auch nach Urteilsaufhebung und Zurückverweisung der Sache durch das Revisionsgericht. Dieses Recht auf Vertretenlassen ist auch nicht dann aufgehoben, wenn das persönliche Erscheinen des Angeklagten nach § 236 angeordnet wird (OLG Düsseldorf StV 1985, 52; Meyer-Goßner § 411 Rdn. 4). Das Schriftformerfordernis für die Vollmacht gilt nicht, wenn der an sich vertretungsberechtigte Verteidiger einem anderen Rechtsanwalt Untervollmacht erteilt.

6   **Bei einer wirksam erteilten Vertretungsvollmacht** tritt der Verteidiger an die Stelle des Angeklagten und kann mit Wirkung für und gegen diesen Erklärungen ab-

1. Abschnitt. Verfahren bei Strafbefehlen **§ 411**

geben und entgegennehmen (BGH NJW 1956, 1727; vgl. § 234 Rdn. 4 und Meyer-Goßner § 411 Rdn. 6). Hat der Angeklagte deutlich gemacht, dass er an der Hauptverhandlung teilnehmen will, ermöglicht das Erscheinen des Vertreters nicht die Verhandlung in Abwesenheit des Angeklagten (OLG Karlsruhe StV 1986, 289).

Nach § 411 Abs. 2 S. 2 findet § 420 Anwendung. Damit gilt ein vereinfachtes 7 Beweisaufnahmeverfahren, das Unmittelbarkeitsprinzip wird hintangestellt, wenn der Angeklagte, der Verteidiger und der Staatsanwalt – soweit sie in der Hauptverhandlung anwesend sind – zustimmen (§ 420 Abs. 3). Der Umfang der Beweisaufnahme wird unbeschadet des § 244 Abs. 2 vom Strafrichter bestimmt (vgl. § 420 Rdn. 5).

Bis zur Verkündung des Urteils im ersten Rechtszug kann die Klage zurückgenommen werden. § 303 gilt entsprechend. Daher ist eine Rücknahme der Klage ohne Beschränkungen möglich, solange der Strafbefehl noch nicht erlassen ist. Kommt es zur Hauptverhandlung, ist die Rücknahme der Klage nur noch mit Zustimmung des Angeklagten möglich. Dies gilt allerdings nicht, wenn wegen der Beschränkung des Einspruchs auf den Rechtsfolgenausspruch der Schuldspruch bereits rechtskräftig geworden ist (vgl. Meyer-Goßner § 411 Rdn. 8). Der Zustimmung des Nebenklägers bedarf es nicht. Mit der Rücknahme der Klage wird das Verfahren wieder in den Stand des Ermittlungsverfahrens versetzt, der Strafbefehl verliert seine Wirkung. Ein gerichtlicher Einstellungsbeschluss ist – auch in der Hauptverhandlung – nicht erforderlich. Die Kostenentscheidung ergeht nach § 467a. Die Rücknahme der Klage ist nicht möglich, wenn der Strafbefehl im Verfahren nach § 408a erlassen worden ist (§ 411 Abs. 3 S. 3). 8

Die Rücknahme des Einspruchs, aber auch die Teilrücknahme durch nachträgliche Beschränkung (§ 410 Rdn. 7) ist ebenfalls bis zur Verkündung des Urteils im ersten Rechtszug zulässig, nach Beginn der Hauptverhandlung aber nur mit Zustimmung der StA (§ 411 Abs. 3 S. 2 i.V.m. § 303 S. 1). Gleiches gilt, wenn es nach einer Zurückverweisung der Sache durch das Revisionsgericht zu einer neuen Hauptverhandlung im ersten Rechtszug kommt (OLG Hamm MDR 1980, 161; vgl. auch Meyer-Goßner § 411 Rdn. 9). Die wirksame Zurücknahme erledigt den Einspruch, der Strafbefehl lebt wieder auf und erlangt Rechtskraft. 9

Die Tenorierung des Urteils hängt davon ab, in welchem Umfang von dem Angeklagten Einspruch eingelegt worden ist. Hat der Angeklagte in vollem Umfang Einspruch eingelegt, wird er mit dem Urteil entweder freigesprochen oder verurteilt oder das Verfahren eingestellt; der Strafbefehl wird nicht erwähnt. Der Tenor entspricht also dem Üblichen für ein Urteil des Strafrichters. 10

Hat der Angeklagte den Einspruch **auf den Rechtsfolgenausspruch beschränkt,** ist der Richter an den Schuldspruch des Strafbefehls gebunden. Dementsprechend muss er ihn für sein Urteil voraussetzen, nicht etwa durch Aufnahme in den Urteilsausspruch bestätigen. Der Schuldspruch wird also in dem Urteil nicht wiederholt, sondern in Bezug genommen. 11

„Der Angeklagte wird wegen des in dem Strafbefehl vom ... bezeichneten Fahrens ohne Fahrerlaubnis zu einer Geldstrafe von ... verurteilt."

Hat der Angeklagte seinen Anspruch **auf die Tagessatzhöhe beschränkt** und kommt es nicht zu einer Entscheidung im Beschlusswege (§ 411 Abs. 1 S. 3), wird auch im Hinblick auf die Zahl der Tagessätze Bezug genommen. 12

„Der Angeklagte wird wegen des in dem Strafbefehl vom ... bezeichneten Fahrens ohne Fahrerlaubnis zu einer Geldstrafe von 10 Tagessätzen verurteilt, die Höhe des Tagessatzes beträgt 30 Euro."

Das Verbot der reformatio in peius (vgl. §§ 331, 358 Abs. 2) ist grundsätzlich suspendiert. Bei der Entscheidung über den Einspruch ist das AG nicht an den im Strafbefehl enthaltenen Ausspruch gebunden, soweit der Einspruch reicht (§ 411 13

§ 411 6. Buch. Besondere Arten des Verfahrens

Abs. 4). Das im Anschluss an die Hauptverhandlung ergehende Urteil kann daher stets im Strafmaß höher ausfallen als der Strafbefehl (KG VRS 17, 285, 289; OLG Hamm VRS 41, 302; OLG Zweibrücken MDR 1967, 236; HK-Kurth § 411 Rdn. 23; KMR-Metzger § 411 Rdn. 31). Begründet wird dies mit der Erwägung, dass der Einspruch gerade nicht ein ordentlicher Rechtsbehelf ist und überdies § 411 Abs. 4 ausdrücklich sagt, dass das Gericht an den Ausspruch im Strafbefehl nicht gebunden ist. In welchem Umfang dies der Fall ist, ist zweifelhaft.

14 Ein Teil der Literatur will eine **Ausnahme** aber dann machen, wenn nicht der Angeklagte selbst, sondern nach § 410 Abs. 1 S. 2, § 298 Abs. 1 StPO sein **gesetzlicher Vertreter** Einspruch eingelegt hat (Beulke Rdn. 528; KK-Fischer § 411 Rdn. 34; LR-Gössel § 411 Rdn. 59, § 410 Rdn. 4). Begründet wird dies mit der Erwägung, die ausnahmsweise Geltung des Verbots der reformatio in peius schütze den Angeklagten vor einem ihm übel wollenden gesetzlichen Vertreter, überdies lasse der Verweis in § 410 Abs. 1 S. 2 auf den § 298 Abs. 1 erkennen, dass der Einspruch des gesetzlichen Vertreters beim Strafbefehl im vollen Umfange wie ein Rechtsmittel behandelt werden solle. Praktisch wird diese Lösung kaum, denn Fälle, in denen der Angeklagte einen gesetzlichen Vertreter hat – gegen Jugendliche ist immerhin ein Strafbefehl ohnehin nicht zulässig –, werden ausgesprochen selten sein.

15 Schließlich vertritt ein Teil der Literatur die Auffassung, dass der Grundsatz des Verbots der reformatio in peius im Prinzip gelte. Eine **ausnahmsweise Erhöhung der Strafe** sei möglich, wenn sich in der Hauptverhandlung im Vergleich zu dem im Strafbefehl angenommenen Sachverhalt eine erhebliche materielle Unrechts- oder Schuldsteigerung ergebe (Ostler NJW 1968, 468 f; Roxin § 66 Rdn. 12). Diese Auffassung versteht den Einspruch als einen ordentlichen Rechtsbehelf; wurde dem Strafbefehl der richtige Sachverhalt zu Grunde gelegt, solle nach Sinn und Zweck des § 411 Abs. 4 das Verbot der reformatio in peius gelten. Andernfalls bestünde der Eindruck, dass der Strafrichter, der den ursprünglichen Strafbefehl erlassen hat, bei gleicher Tatsachengrundlage eine unterschiedliche Rechtsfolge festsetzt, um den Angeklagten für die mit der Einspruchseinlegung verbundene Arbeit zu „bestrafen". Dem mag aber schon das Berufungsverfahren entgegensteuern.

16 Zweifelhaft ist, ob die Suspendierung des Verbots der reformatio in peius auch dann gilt, wenn **nach Beschränkung des Einspruchs auf die Strafzumessung** das Gericht feststellt, dass die Feststellungen zum Schuldumfang so dürftig sind, dass die Beschränkung des Einspruches nicht möglich ist. Versteht man § 411 Abs. 4 weit, wäre es dem Strafrichter dann auch möglich, statt der eigentlich in Rechtskraft erwachsenen Verurteilung wegen Nötigung nunmehr wegen Erpressung zu verurteilen. § 411 Abs. 4 stellt aber nicht auf die Rechtskraft des Strafbefehlsausspruchs ab, sondern darauf, wie weit Einspruch eingelegt ist. Daher ist eine Verschärfung der Bestrafung dem Grunde nach auch dann nicht möglich, wenn die Beschränkung auf den Rechtsfolgenausspruch wegen der insuffizienten tatsächlichen Feststellungen zum Schuldumfang nicht wirksam ist.

17 **Gegen das Urteil ist Berufung oder Revision möglich.** Wird ein Sachurteil erlassen, obwohl der Einspruch unzulässig war, hebt das Rechtsmittelgericht auf Berufung oder Revision eines Prozessbeteiligten das Urteil von Amts wegen auf und verwirft gleichzeitig den Einspruch als unzulässig (BGHSt 13, 306; BGHSt 26, 183). Insofern kann das Verbot der Schlechterstellung eingreifen (BGHSt 18, 127).

Beispiel: Das AG hat auf den unzulässigen Einspruch hin die Strafe herabgesetzt. Der Strafbefehl wird mit der Maßgabe aufrechterhalten, dass die ermäßigte Strafe festgesetzt ist (BGH a. a. O.).

Dies gilt naturgemäß nicht, wenn die Berufung durch die StA eingelegt worden ist. Betroffen sein kann also nur der Fall, dass der Angeklagte trotz der mit dem Urteil gewährten Erleichterungen Berufung einlegt und erst im Berufungsrechtszug die Fehler bei der Einspruchseinlegung bemerkt werden.

1. Abschnitt. Verfahren bei Strafbefehlen   § 412

Erlangt ein trotz des rechtskräftigen Strafbefehls ergangenes Urteil **Rechtskraft**, so 18
ist es wirksam (BGHSt 13, 306, 309). Ergeht trotz Rücknahme des Einspruchs ein
Sach- oder Verwerfungsurteil, muss es auf ein Rechtsmittel des Angeklagten hin aufgehoben werden (Meyer-Goßner § 412 Rdn. 13).

Wurde der Einspruch in der Hauptverhandlung **fehlerhaft als unzulässig ver-** 19
worfen, so wird das Urteil aufgehoben und die Sache an das AG zurückverwiesen
(Meyer-Goßner NJW 1987, 1161, 1163). Gleiches gilt, wenn keine wirksame Vertretungsvollmacht (Abs. 2 S. 1) bestanden hat (OLG Saarbrücken NStZ 1999, 265).

§ 412 [Ausbleiben des Angeklagten]

¹Ist bei Beginn einer Hauptverhandlung der Angeklagte weder erschienen noch durch einen Verteidiger vertreten und ist das Ausbleiben nicht genügend entschuldigt, so ist § 329 Abs. 1, 3 und 4 entsprechend anzuwenden. ²Hat der gesetzliche Vertreter Einspruch eingelegt, so ist auch § 330 entsprechend anzuwenden.

§ 412 ermöglicht die **Verwerfung des Einspruchs bei unentschuldigtem Aus-** 1
bleiben des Angeklagten. Vorausgesetzt ist zunächst, dass die Anberaumung der
Hauptverhandlung auf seinem Einspruch beruht. Hat der Strafrichter die Hauptverhandlung anberaumt, weil er Bedenken hatte, im summarischen Verfahren zu entscheiden, gilt § 412 nicht. Dies ergibt sich aus dem Verweis auf § 329 (vgl. Meyer-Goßner § 412 Rdn. 1).

Der Einspruch muss zulässig sein. Ist er unzulässig, ist die Verwerfung nach 2
§ 411 Abs. 1 S. 1 vorrangig (Meyer-Goßner § 412 Rdn. 2).

Der Strafbefehl muss wirksam sein, der Angeklagte ordnungsgemäß geladen und 3
zwar mit einer Belehrung über die Rechtsfolge des § 412, die bei jeder neuen Ladung
wiederholt werden muss (OLG Bremen MDR 1968, 1031).

Welche Bedeutung **Verfahrenshindernisse** haben, ist zweifelhaft. 4

Beispiel: Der Strafbefehl sanktioniert einen Betrug, den der Angeklagte zum Nachteil seiner Mutter begangen haben soll. Es wird festgestellt, dass es an dem nach § 247 StGB erforderlichen Strafantrag mangelt.

Ein Teil der Literatur will in solchen Fällen das Verfahren nach § 206a oder § 260 Abs. 3 einstellen (OLG Stuttgart DAR 1964, 46; OLG Karlsruhe NJW 1978, 840; HK-Kurth § 412 Rdn. 3). Demgegenüber will Meyer-Goßner (§ 412 Rdn. 2) eine solche Einstellung nur dann akzeptieren, wenn das Verfahrenshindernis erst nach Erlass des Strafbefehls eingetreten ist.

Beispiel: Die Mutter hat den Strafantrag zurückgenommen, nachdem ihr Sohn ihr den Strafbefehl gezeigt hat.

Der Angeklagte muss **bei Beginn der Hauptverhandlung** ausgeblieben sein. Wie 5
in der Berufungshauptverhandlung wird üblicherweise fünfzehn Minuten abgewartet.
Die Verwerfung ist auch zulässig, wenn gegen ein erstes Verwerfungsurteil entsprechend § 329 Abs. 3 Wiedereinsetzung bewilligt worden war. § 412 ist nicht anwendbar, wenn die Verhandlung nach § 229 lediglich unterbrochen worden ist. Wird nach
Zurückverweisung der Sache durch das Revisionsgericht neu verhandelt, ist § 412 nur
anwendbar, wenn bereits das aufgehobene Urteil den Einspruch nach § 412 verworfen
hatte (OLG Zweibrücken VRS 51, 365). Ob das Ausbleiben des Angeklagten genügend entschuldigt ist, bestimmt sich nach den üblichen Grundsätzen (vgl. § 329
Rdn. 17).

Ist ein Vertreter des Angeklagten erschienen, ist ein Verwerfungsurteil auch 6
dann nicht möglich, wenn das persönliche Erscheinen des Angeklagten angeordnet

755

§ 412   6. Buch. Besondere Arten des Verfahrens

worden war. Das Gericht kann in einem solchen Fall entweder ohne den Angeklagten verhandeln oder aber sein Erscheinen entsprechend § 329 Abs. 4 erzwingen (OLG Celle NJW 1970, 906; OLG Hamburg NJW 1968, 1687).

7 **Rechtsmittel gegen das Verwerfungsurteil** ist die Berufung oder Revision. Die Berufung bedarf auch dann nicht der Annahme nach § 313, wenn im Strafbefehl nur eine Geldstrafe von nicht mehr als 15 Tagessätzen vorbehalten oder verhängt ist (Meyer-Goßner § 412 Rdn. 10), da § 313 eine Verhandlung zur Sache voraussetzt. In der Berufungsinstanz wird geprüft, ob die Voraussetzungen für die Verwerfung vorgelegen haben. Neues Tatsachenvorbringen des Beschwerdeführers muss berücksichtigt werden (BayObLG NJW 2001, 1438), dabei gilt das Strengbeweisverfahren (OLG Naumburg NStZ-RR 2001, 87).

8 **Hat das AG entgegen § 412 ein Sachurteil erlassen,** ist zweifelhaft, wie das LG zu entscheiden hat. Teilweise wird die Auffassung vertreten, das LG habe auf Berufung das Urteil aufzuheben und die Sache zur Einspruchsverwerfung an das AG zurückzuverweisen (LG München I NStZ 1983, 427; Meyer-Goßner § 413 Rdn. 11). Demgegenüber vertreten andere zutreffend die Auffassung, das LG selbst habe unter Aufhebung des nach § 412 ergangenen Urteils den Einspruch zu verwerfen (KK-Fischer § 411 Rdn. 17; KMR-Metzger § 412 Rdn. 30; Meyer-Goßner § 413 Rdn. 11; Gössel JR 1990, 303). Für die Revisionsentscheidung in solchen Verfahren gelten die Strukturen, die auch für die Anfechtung einer Berufungsentscheidung gelten (vgl. § 329 Rdn. 36 und Meyer-Goßner § 412 Rdn. 11).

Zweiter Abschnitt. Sicherungsverfahren

Zu §§ 413 bis 416

1 Die §§ 413–416 regeln das so genannte Sicherungsverfahren. Es betrifft Fälle, in denen ein Strafverfahren gegen den Beschuldigten nicht möglich ist, sei es, dass er für die Tat nicht verantwortlich war (**Schuldunfähigkeit**), sei es, dass er nicht in der Lage ist, eine Hauptverhandlung durchzustehen (**Verhandlungsunfähigkeit**). In solchen Fällen können Maßregeln der Besserung und Sicherung selbstständig angeordnet werden (§ 413). § 414 regelt das Verfahren, § 415 eine Hauptverhandlung ohne den Beschuldigten. § 416 regelt die Überleitung in das Strafverfahren.

2 **Rechtliche Grundlage für das Sicherungsverfahren ist § 71 StGB.** Die §§ 413–416 enthalten dazu die verfahrensrechtliche Ergänzung (BGHSt 31, 132, 134). Die Vorschriften sind im Wesentlichen aus sich heraus verständlich. Hervorzuheben sind folgende Aspekte:
 – Die Verhandlungsunfähigkeit darf nicht nur vorübergehend sein.
 – Andere Hinderungsgründe für das Strafverfahren, etwa ein strafbefreiender Rücktritt vom Versuch, dürfen nicht bestehen.
 – Für das Sicherungsverfahren gilt das Legalitätsprinzip nicht; die Antragstellung steht daher im pflichtgemäßen Ermessen der StA.
 – Im Vorverfahren soll ein Sachverständiger beteiligt werden (§ 414 Abs. 3).
 Die Hauptverhandlung kann nach Maßgabe des § 415 Abs. 1 ohne den Beschuldigten durchgeführt werden. Wurde in Abwesenheit des Beschuldigten verhandelt, ohne dass die Voraussetzungen des § 415 Abs. 1 oder 3 vorlagen, ist der zwingende **Revisionsgrund** des § 338 Nr. 5 erfüllt.

3 Ein rechtskräftiges, auf Anordnung der Maßregel oder Ablehnung des Antrags der StA lautendes Urteil **verbraucht die Strafklage** sowohl für den Strafanspruch als auch für den Sicherungsanspruch (BGHSt 16, 198, 199). Der Verbrauch der Strafklage tritt auch ein, wenn das rechtskräftige Urteil wegen Verhandlungsunfähigkeit ergangen ist.

2a. Abschnitt. Beschleunigtes Verfahren

Vor § 417

Das beschleunigte Verfahren, das durch das Verbrechensbekämpfungsgesetz in das 6. Buch eingestellt worden ist, ist ebenso eine **besondere Verfahrensart** wie das Strafbefehlsverfahren und das Sicherungsverfahren. Der Gesetzgeber erhoffte sich eine breitere Anwendung der Regelungen und wollte diese Veränderungen in Verbindung sehen mit „flankierenden organisatorischen Maßnahmen", z.B. Bereitschaftsdiensten bei StA und Gericht, Schreibkräften und Dolmetschern (vgl. BT-Drucks. 12/6853 S. 36). 1

Ziel dieser Verfahrensart ist insbesondere, „die Strafe der Tat auf den Fuße folgen" zu lassen, manche sprechen auch davon, dass es bei dieser Abweichung vom Normalverfahren um einen **„kurzen Prozess"** gehe. Dabei müssen die §§ 417ff i.V.m. § 127b gesehen werden. 2

> **Beispiel:** Bei einem Fußballländerspiel kommt es zu erheblichen Ausschreitungen durch so genannte „Fans". Einer der Hooligans wird von der Polizei bei massiven Körperverletzungen zum Nachteil anderer beobachtet und festgesetzt. Nach § 127b ist es möglich, einen Haftbefehl zu erwirken mit dem Ziel, ein kurzfristiges Verfahren gegen diesen Täter durchzuführen. Das normale Anklageverfahren oder auch nur Strafbefehlsverfahren würde auf Schwierigkeiten stoßen, da es um eine Zustellung ins Ausland geht und überdies im Zweifel der Betreffende nicht zur Hauptverhandlung erscheinen wird. Andererseits wäre eine normale Haft auf Grund von Fluchtgefahr im Zweifel angesichts der zu erwartenden Sanktion unverhältnismäßig.

Gegen Jugendliche ist das beschleunigte Verfahren unzulässig.
In diesem Kontext – aber nicht nur in diesem – ermöglichen die §§ 417ff eine sehr **zeitnahe Abarbeitung des Strafverfahrens.** Dabei weist das beschleunigte Verfahren gegenüber dem „normalen" Verfahren mehrere Besonderheiten auf: 3
- Die Anklage kann mündlich erhoben werden (§ 418 Abs. 3).
- Eine Ladung des Beschuldigten erfolgt nur, wenn er sich nicht freiwillig zur Hauptverhandlung stellt oder nicht dem Gericht vorgeführt wird (§ 418 Abs. 2 S. 1).
- Die Ladungsfrist ist auf 24 Stunden verkürzt (§ 418 Abs. 2 S. 3).
- Ein Eröffnungsbeschluss wird nicht erlassen (§ 418 Abs. 1).
- Das Beweisantragsrecht wird eingeschränkt, die Verlesung der Äußerungen von Zeugen, Sachverständigen und Mitbeschuldigten ist in erheblich größerem Umfange als sonst möglich (§ 420).

Eine Besonderheit ist auch die vorläufige Festnahme und die Anordnung der (befristeten) **Haft** zur Sicherstellung der Durchführung des beschleunigten Verfahrens nach § 127b. 4

§ 417 [Antrag der Staatsanwaltschaft]

Im Verfahren vor dem Strafrichter und dem Schöffengericht stellt die Staatsanwaltschaft schriftlich oder mündlich den Antrag auf Entscheidung im beschleunigten Verfahren, wenn die Sache auf Grund des einfachen Sachverhalts oder der klaren Beweislage zur sofortigen Verhandlung geeignet ist.

Das Verfahren bedarf eines Antrags des StA, der verpflichtet ist, den Antrag zu stellen, wenn die Voraussetzungen des § 417 gegeben sind und § 419 Abs. 1 S. 2 (Höhe der Sanktion) nicht entgegensteht (Meyer-Goßner § 417 Rdn. 10). Der Beschuldigte hat weder ein Antrags- noch ein Widerspruchsrecht. Der Antrag kann schriftlich oder mündlich gestellt werden, der Einreichung einer Anklageschrift bedarf es nicht (§ 418 Abs. 3 S. 1). 1

§ 418   6. Buch. Besondere Arten des Verfahrens

2   Die Antragstellung ist **frühestens nach Abschluss der Ermittlungen** möglich, die Rücknahme des Antrags bis zum Beginn der Vernehmung des Beschuldigten zur Sache in der Hauptverhandlung (Meyer-Goßner § 417 Rdn. 13).

3   Das beschleunigte Verfahren kommt nur in Betracht, wenn es um einen **einfachen Sachverhalt oder eine klare Beweislage** geht. Ein einfacher Sachverhalt liegt vor, wenn dieser für alle Verfahrensbeteiligten leicht überschaubar ist. Rechtliche Schwierigkeiten berühren die Einfachheit des Verfahrens im Allgemeinen nicht (Meyer-Goßner § 417 Rdn. 15; krit. Loos/Radtke NStZ 1995, 572).

4   Eine **klare Beweislage** ist gegeben, wenn der Beschuldigte geständig ist oder hinreichende und sichere Beweismittel zur Verfügung stehen. Dass der Beschuldigte die Tat bestreitet, macht die Beweislage somit noch nicht ohne weiteres schwierig. Die Notwendigkeit einer umfangreichen Beweisaufnahme stünde dem Verfahren nach §§ 417 ff aber entgegen.

Beispiel: Hooligan H ist bei den Ausschreitungen im Fußballstadion von drei Polizisten gesehen und mit einer Videokamera aufgezeichnet worden. Auch das Opfer steht als Zeuge zur Verfügung.

5   Es muss die **Möglichkeit einer sofortigen Verhandlung** bestehen. Dies ist der Fall, wenn die Hauptverhandlung in erheblich kürzerer Zeit als im gewöhnlichen Verfahren durchgeführt werden kann (OLG Düsseldorf NStZ 1997, 613). Die Beweismittel müssen daher sofort verfügbar sein (Meyer-Goßner § 417 Rdn. 17). In der Praxis werden solche Verfahren nur durchgeführt werden, wenn – etwa im Zusammenhang mit Großereignissen – entsprechende organisatorische Maßnahmen bei Gericht getroffen wurden (vgl. Vor § 417 Rdn. 1).

Beispiel: Eine Großdemonstration mit einer Vielzahl ausländischer Teilnehmer, Sportgroßereignisse.

§ 418 [Hauptverhandlung]

(1) ¹**Stellt die Staatsanwaltschaft den Antrag, so wird die Hauptverhandlung sofort oder in kurzer Frist durchgeführt, ohne daß es einer Entscheidung über die Eröffnung des Hauptverfahrens bedarf.** ²Zwischen dem Eingang des Antrags bei Gericht und dem Beginn der Hauptverhandlung sollen nicht mehr als sechs Wochen liegen.

(2) ¹Der Beschuldigte wird nur dann geladen, wenn er sich nicht freiwillig zur Hauptverhandlung stellt oder nicht dem Gericht vorgeführt wird. ²Mit der Ladung wird ihm mitgeteilt, was ihm zur Last gelegt wird. ³Die Ladungsfrist beträgt vierundzwanzig Stunden.

(3) ¹Der Einreichung einer Anklageschrift bedarf es nicht. ²Wird eine solche nicht eingereicht, so wird die Anklage bei Beginn der Hauptverhandlung mündlich erhoben und ihr wesentlicher Inhalt in das Sitzungsprotokoll aufgenommen. ³§ 408 a gilt entsprechend.

(4) Ist eine Freiheitsstrafe von mindestens sechs Monaten zu erwarten, so wird dem Beschuldigten, der noch keinen Verteidiger hat, für das beschleunigte Verfahren vor dem Amtsgericht ein Verteidiger bestellt.

1   **Das Gericht prüft von Amts wegen das Vorliegen der Prozessvoraussetzungen und entscheidet dann über den Antrag der StA** ohne förmlich über die Eröffnung des Hauptverfahrens zu entscheiden (Abs. 1). Fehlt es an einer Prozessvoraussetzung oder ist das Gericht örtlich unzuständig, wird die Entscheidung im beschleunigten Verfahren nach § 419 Abs. 1 S. 1 abgelehnt. Das Gericht prüft anhand der Akten, ob hinreichender Tatverdacht besteht (Loos/Radtke NStZ 1995, 569, 574;

2a. Abschnitt. Beschleunigtes Verfahren   § 418

Meyer-Goßner § 418 Rdn. 3). Fehlt ein hinreichender Tatverdacht, führt dies ebenfalls zu einer ablehnenden Entscheidung nach § 419 Abs. 1 S. 1.

Rechtshängig wird die Sache mit dem Beginn der Vernehmung des Angeklagten 2 zur Sache (BayObLG MDR 1988, 77).

Die Hauptverhandlung wird sofort durchgeführt oder mit kurzer Frist anberaumt. Dabei ist an eine Zeitspanne von ein bis zwei Wochen zu denken (OLG Düsseldorf StV 1999, 268; OLG Stuttgart NJW 1998, 3134). Einzelheiten der Ladung des Beschuldigten ergeben sich aus § 418 Abs. 2. Wird er geladen, müssen die §§ 214 ff beachtet werden. Die 24stündige Frist beginnt mit der Zustellung.

Die Durchführung der Hauptverhandlung erfolgt nach den **allgemeinen Vorschriften.** Liegt eine schriftliche Anklage vor, so wird nach § 243 Abs. 3 S. 1 der Anklagesatz verlesen, andernfalls tritt an die Stelle der Verlesung die mögliche Erhebung der Anklage, die ebenso wie ihr wesentlicher Inhalt in das Sitzungsprotokoll aufzunehmen ist. § 274 ist anwendbar. Bleibt der Angeklagte aus, kann er nach § 230 Abs. 2 vorgeführt werden. Ergibt die Hauptverhandlung, dass die Sache zur Verhandlung im beschleunigten Verfahren nicht geeignet ist, wird nach § 419 Abs. 2 S. 1 verfahren.

Ist eine Freiheitsstrafe von mindestens sechs Monaten zu erwarten, muss 5 dem Beschuldigten ein Verteidiger bestellt werden. Dabei ist es gleichgültig, ob die Freiheitsstrafe zur Bewährung ausgesetzt werden wird oder als Gesamtstrafe im Raum steht (OLG Bremen StraFo 1998, 124). Ergibt sich erst im laufenden Verfahren, dass eine Freiheitsstrafe von mindestens sechs Monaten erforderlich ist, muss der Richter entweder die Entscheidung im beschleunigten Verfahren ablehnen oder nachträglich einen Verteidiger bestellen und in dessen Anwesenheit die wesentlichen Teile der Verhandlung wiederholen (BayObLG NStZ 1998, 372; OLG Karlsruhe NJW 1999, 3061). Ist eine Verteidigung nach § 140 notwendig, erfolgt die Bestellung nach § 141 Abs. 1; diese geht der nach § 418 Abs. 4 vor. In der Literatur wird teilweise die Verteidigung auch für notwendig gehalten, wenn eine Verhandlung am Tattag erfolgen soll oder nach § 127 b der Beschuldigte festgenommen worden ist (Ernst StV 2001, 369).

Die Bestellung erfolgt nur für die Verhandlung im beschleunigten Ver- 6 **fahren vor dem AG.** Da auch das Berufungsverfahren den Regeln über das beschleunigte Verfahren unterliegt (§ 420 Rdn. 7), will man zum Teil entgegen dem Wortlaut des Abs. 4 annehmen, dass die Verteidigerbestellung für das Berufungsverfahren fort gilt (Meyer-Goßner § 418 Rdn. 15; a. M. Loos/Radtke NStZ 1996, 11).

Ob dem Beschuldigten eine **Beschwerde** gegen die Bestellung des Verteidigers zusteht, ist zweifelhaft. Überwiegend wird dies abgelehnt (Meyer-Goßner § 418 Rdn. 16; KK-Tolksdorf § 418 Rdn. 17), andere halten eine solche Beschwerde für zulässig (Ernst StV 2001, 370).

Endet das Verfahren mit einer Freiheitsstrafe von mindestens sechs Monaten, **ohne** 8 **dass ein Verteidiger mitgewirkt hat,** begründet dies die Revision ebenso wie die Abwesenheit eines nach Abs. 4 notwendigen Verteidigers während eines wesentlichen Teils der Hauptverhandlung (§ 338 Nr. 5; OLG Düsseldorf StV 2000, 588; Meyer-Goßner § 418 Rdn. 18). Das Urteil kann gleichwohl rechtskräftig und vollstreckbar werden. Wird Sprungrevision eingelegt, muss das Urteil aufgehoben und die Sache an das AG zurückverwiesen werden (§ 354 Abs. 2). Dieses muss dann entscheiden, ob es erneut im beschleunigten Verfahren vorgeht oder aber nach Erlass eines Eröffnungsbeschlusses im gewöhnlichen Verfahren verhandeln will.

Wird Berufung eingelegt, bestellt das LG dem Angeklagten einen Verteidiger 9 und verhandelt die Sache neu; eine Zurückverweisung der Sache an das AG ist ausgeschlossen (§ 328).

§ 419 [Höchststrafe; Entscheidung]

(1) ¹Der Strafrichter oder das Schöffengericht hat dem Antrag zu entsprechen, wenn sich die Sache zur Verhandlung in diesem Verfahren eignet. ²Eine höhere Freiheitsstrafe als Freiheitsstrafe von einem Jahr oder eine Maßregel der Besserung und Sicherung darf in diesem Verfahren nicht verhängt werden. ³Die Entziehung der Fahrerlaubnis ist zulässig.

(2) ¹Die Entscheidung im beschleunigten Verfahren kann auch in der Hauptverhandlung bis zur Verkündung des Urteils abgelehnt werden. ²Der Beschluß ist nicht anfechtbar.

(3) Wird die Entscheidung im beschleunigten Verfahren abgelehnt, so beschließt das Gericht die Eröffnung des Hauptverfahrens, wenn der Angeschuldigte einer Straftat hinreichend verdächtig erscheint (§ 203); wird nicht eröffnet und die Entscheidung im beschleunigten Verfahren abgelehnt, so kann von der Einreichung einer neuen Anklageschrift abgesehen werden.

1 **Im beschleunigten Verfahren darf keine Freiheitsstrafe von mehr als einem Jahr verhängt werden.** Dies gilt auch, wenn nach § 55 StGB eine Gesamtfreiheitsstrafe gebildet wird, bei der die in dem Verfahren nach §§ 417 ff verhängte Einzelstrafe geringer ist als ein Jahr (OLG Celle NStZ 1983, 233; Meyer-Goßner § 419 Rdn. 1; vgl. auch BGHSt 35, 251, 254). Die Entziehung der Fahrerlaubnis nach § 69 StGB kann ohne zeitliche Begrenzung ausgesprochen werden, andere Sicherungsmaßregeln sind unzulässig.

2 **Die Sache ist zur Verhandlung im beschleunigten Verfahren ungeeignet,** wenn ein Prozesshindernis vorliegt, wenn es an einem hinreichenden Tatverdacht fehlt oder wenn die Rechtsfolgenkompetenz nach Abs. 1 S. 2, 3 nicht ausreicht. Überdies gelten die Kriterien des § 417 Abs. 1, das heißt, die Sache ist nicht geeignet, wenn der Sachverhalt nicht einfach liegt oder die Beweislage unklar ist bzw. keine Möglichkeit zur sofortigen Verhandlung besteht. Ist eine Unterbrechung oder Aussetzung der Verhandlung notwendig, kann dies die Eignung der Sache beseitigen, wenn die Hindernisse sich gerade aus der Eigenart dieses Verfahrens ergeben (Meyer-Goßner § 419 Rdn. 4). Muss das Verfahren ausgesetzt werden, weil die Einlassung des Angeklagten die Ladung weiterer Zeugen erforderlich macht, hindert dies nicht, in der neuen Verhandlung auf Grund eines neuen Antrags der StA abermals nach §§ 417 ff zu verfahren (OLG Hamburg NJW 1966, 1278; Meyer-Goßner § 419 Rdn. 4).

3 **Der Ablehnungsbeschluss** kann bei Eingang des Antrags oder aber erst in der Hauptverhandlung bis zum Beginn der Urteilsverkündung erlassen werden (SK-Paeffgen § 419 Rdn. 7). Der Beschluss bedarf einer Begründung (§ 34) und der Bekanntmachung (§ 35). Bei einer Entscheidung vor der Hauptverhandlung bedarf es keiner förmlichen Zustellung.

4 **Lehnt das Gericht die Entscheidung im beschleunigten Verfahren ab,** muss es weiter entscheiden, ob es das Hauptverfahren eröffnen will oder nicht. Es darf jedoch nicht einfach im Regelverfahren weiter verhandeln (Radtke JR 2001, 135).

5 **Erlässt das AG einen Eröffnungsbeschluss** (§ 207), wird das Verfahren so fortgesetzt, wie nach Anklage und Zulassung der Anklage im gewöhnlichen Verfahren (Loos/Radtke NStZ 1995, 569, 572). Praktikabel ist dies freilich nur, wenn der Richter nach dem Geschäftsverteilungsplan auch für die Verhandlung im Normalverfahren zuständig ist (vgl. Sprenger NStZ 1997, 574, 576).

6 **Will die StA das Verfahren fortgesetzt wissen,** muss sie eine bislang nur mündlich erhobene Anklage in Schriftform einreichen (Abs. 3, Hs. 2). Lag die Anklageschrift bereits vor, legt die StA die Akten mit dem Antrag, das Hauptverfahren zu eröffnen, dem Gericht vor (§ 199 Abs. 2). Das Gericht muss dann über die Eröffnung beschließen (§ 203).

2a. Abschnitt. Beschleunigtes Verfahren § 420

Eine **Beschwerde** gegen den Ablehnungsbeschluss gibt es nicht (Abs. 2 S. 2). Dies ist heute h. M. (Meyer-Goßner § 419 Rdn. 11). 7

Berufung und Revision sind gegen das im Verfahren nach den §§ 417 ff ergangene Urteil zulässig. Ob das Rechtsmittelgericht zu prüfen hat, inwiefern der erste Richter die Eignungsfrage zutreffend beurteilt hat (so KK-Tolksdorf § 419 Rdn. 18; Herzler NJ 2000, 404; Radtke JR 2001, 138), ist zweifelhaft (abl. AK-Loos § 419 Rdn. 16; Meyer-Goßner § 419 Rdn. 12; Schröer NStZ 1999, 213, 214). 8

Ob die Hauptverhandlung wirklich in kurzer Frist durchgeführt worden ist, wird nur auf **Verfahrensrüge** hin überprüft (BayObLG StV 2000, 302; OLG Hamburg NStZ 1999, 266; Meyer-Goßner § 419 Rdn. 12); andere Meinungen vertreten: OLG Düsseldorf NStZ 1997, 613; OLG Düsseldorf StV 1999, 202; Müller NStZ 2000, 108; Radtke JR 2001, 139. 9

Wurde vom AG das beschleunigte Verfahren fehlerhaft **ohne Erlass eines Eröffnungsbeschlusses** als Regelverfahren fortgeführt, ist das Urteil aufzuheben und die Sache zur Entscheidung nach Abs. 3 zurückzuverweisen (OLG Düsseldorf StV 1999, 202). Radtke (JR 2001, 135) favorisiert die Einstellung des Verfahrens. 10

Von Amts wegen wird geprüft, ob der nach § 417 erforderliche Antrag der StA vor dem AG gestellt worden ist; fehlt er oder ist er unzureichend, ist das Verfahren einzustellen (RGSt 67, 59, 60; OLG Frankfurt StV 2000, 299). 11

Wird die Rechtsfolgenkompetenz nach Abs. 1 S. 2 (Freiheitsstrafe bis zu einem Jahr) überschritten, ist zunächst zu prüfen, ob das Gericht sich immerhin innerhalb der Rechtsfolgenkompetenz für das AG nach § 24 Abs. 2 GVG (höchstens vier Jahre) gehalten hat. Ist dies der Fall, stellt sich die Frage, ob das LG das Verfahren einstellen oder an das AG zurückverweisen muss oder selbst die denkbare Höchststrafe festsetzen darf. 12

Beispiel: Das AG verhängt drei Einzelstrafen jeweils von weniger als einem Jahr und bildet daraus eine Gesamtstrafe von einem Jahr und neun Monaten (BGHSt 35, 251).

Nach Auffassung des BGH (BGHSt 35, 251, 254 f; ebenso KK-Tolksdorf § 419 Rdn. 6) ist das Berufungsgericht nicht gehindert, die Strafe auf das nach Abs. 1 S. 2 erlaubte Maß herabzusetzen. Eine andere Lösung ergibt sich, wenn man Abs. 1 S. 2 als besondere Verfahrensvoraussetzung für das beschleunigte Verfahren begreift (so Meyer-Goßner § 419 Rdn. 16).

Ein Verstoß gegen Abs. 1 S. 2 wird im Revisionsverfahren von Amts wegen geprüft, also nicht nur auf eine zulässige Verfahrensrüge hin beachtet (Meyer-Goßner § 420 Rdn. 15; a. M. etwa KK-Tolksdorf § 419 Rdn. 15; Treier NStZ 1983, 234). Der Fehler führt wegen Abs. 3 zur Zurückverweisung nach § 354 Abs. 2 an das AG (OLG Stuttgart NJW 1998, 3134, 3135; HK-Krehl § 419 Rdn. 15). 13

§ 420 [Beweisaufnahme]

(1) **Die Vernehmung eines Zeugen, Sachverständigen oder Mitbeschuldigten darf durch Verlesung von Niederschriften über eine frühere Vernehmung sowie von Urkunden, die eine von ihnen stammende schriftliche Äußerung enthalten, ersetzt werden.**

(2) **Erklärungen von Behörden und sonstigen Stellen über ihre dienstlichen Wahrnehmungen, Untersuchungen und Erkenntnisse sowie über diejenigen ihrer Angehörigen dürfen auch dann verlesen werden, wenn die Voraussetzungen des § 256 nicht vorliegen.**

(3) **Das Verfahren nach den Absätzen 1 und 2 bedarf der Zustimmung des Angeklagten, des Verteidigers und der Staatsanwaltschaft, soweit sie in der Hauptverhandlung anwesend sind.**

§ 420　　　　　　　　　　　6. Buch. Besondere Arten des Verfahrens

(4) **Im Verfahren vor dem Strafrichter bestimmt dieser unbeschadet des § 244 Abs. 2 den Umfang der Beweisaufnahme.**

1　§ 420 enthält für die **Hauptverhandlung im beschleunigten Verfahren** eine Reihe von Regelungen, mit denen von den üblichen Bestimmungen über die Durchführung der Hauptverhandlung in Strafsachen abgewichen wird. Abs. 1 und 3 betreffen Strafrichter und Schöffengericht, Abs. 4 allein den Strafrichter. Dabei werden die Verfahrensvorschriften teilweise denen des Ordnungswidrigkeitenverfahrens bzw. privaten Klageverfahrens (§ 384 Abs. 3) angenähert. Zum erforderlichen Einverständnis der Verfahrensbeteiligten (Abs. 3) vgl. § 251 Rdn. 4.

2　**Abs. 1 erlaubt die Ersetzung einer Vernehmung** durch die Verlesung von Niederschriften sowie von Urkunden. Die Bestimmung entspricht wörtlich § 77a Abs. 1 OWiG. Damit werden die Möglichkeiten nach § 251 deutlich erweitert, allerdings setzt ein solches Vorgehen nach Abs. 3 das Einverständnis der Verfahrensbeteiligten voraus. Entgegen § 251 Abs. 2 S. 1 kann die Verlesung auch erfolgen, wenn der unverteidigte Angeklagte zustimmt. Allerdings kann der Angeklagte nur dann ohne Verteidiger sein, wenn keine Freiheitsstrafe von sechs Monaten oder mehr zu erwarten ist (§ 418 Abs. 4). § 251 Abs. 1 Nr. 1 bis 3, Abs. 2 S. 2, Abs. 3, Abs. 4, § 252, § 253 bleiben unberührt (Meyer-Goßner § 420 Rdn. 5). Die Aufklärungspflicht nach § 244 Abs. 2 wird durch § 420 Abs. 1 nicht eingeschränkt. So kann es trotz Zustimmung der Prozessbeteiligten erforderlich sein, die entsprechende Beweisperson zu hören, insbesondere, wenn diese das einzige Beweismittel ist.

3　Zweifelhaft ist, ob eine Verlesung stattfinden kann, wenn dem Zeugen ein **Zeugnisverweigerungsrecht** zusteht. Allgemein wird angenommen, dass vor der Verlesung einer nichtrichterlichen Aussage geklärt werden muss, ob der Zeuge mit der Verwertung einverstanden ist. Umstritten ist, ob eine solche Rückfrage auch bei richterlichen Vernehmungsniederschriften erforderlich ist (dafür KK-Tolksdorf § 420 Rdn. 4, dagegen Meyer-Goßner § 420 Rdn. 5; KK/OWiG-Senge § 77a Rdn. 6 ff).

4　**Erklärungen von Behörden** dürfen nach Abs. 2 über § 256 hinaus mit dem Einverständnis der Verfahrensbeteiligten verlesen werden. Die Bestimmung entspricht § 77a Abs. 2 OWiG. Anders als nach § 256 dürfen nicht nur Zeugnisse und Gutachten, sondern sämtliche Erklärungen über dienstliche (nicht: private) Wahrnehmungen, Untersuchungen und Erkenntnisse verlesen werden, also etwa auch Aktenvermerke der Polizei.

5　**Bei Durchführung der Verhandlung vor dem Strafrichter** ist das Beweisantragsrecht zwar nicht eingeschränkt (Scheffler NJW 1994, 2191, 2194), die Ablehnung solcher Anträge ist aber – anders beim Schöffengericht – ohne die Einschränkungen des § 244 Abs. 3 bis 5 möglich (Meyer-Goßner § 420 Rdn. 10). Die Rechtslage entspricht damit der im Privatklageverfahren (§ 384 Abs. 3) und im Ordnungswidrigkeitenverfahren (§ 77 Abs. 1, Abs. 2 Nr. 1 OWiG). Das Gericht darf daher die Erhebung des angebotenen Beweises ablehnen, wenn es diese zur Erforschung der Wahrheit nicht für erforderlich hält. Dem Beweisantrag ist allerdings nachzugehen, wenn sich die Erhebung des Beweises aufdrängt oder sie zumindest nahe liegt (Meyer-Goßner § 420 Rdn. 10). Eine Beweisantizipation ist damit zulässig: Meint der Strafrichter, der Sachverhalt sei hinreichend geklärt und ist er der Auffassung, dass die angebotene Beweiserhebung daran nichts mehr ändern kann, lehnt er den Beweisantrag ab (Dahs NJW 1995, 553, 556; König/Seitz NStZ 1995, 1, 5).

6　**Die Ablehnung der Beweisanträge** erfolgt durch Beschluss (§ 244 Abs. 6), der ebenso wie der Antrag in das Protokoll aufzunehmen ist. Die Anforderungen an die Begründung des Beschlusses sind umstritten. Überwiegend hält man es für ausreichend, dass das Gericht erklärt, die Beweiserhebung sei zur Erforschung der Wahrheit nicht erforderlich (KK-Tolksdorf § 420 Rdn. 8; Meyer-Goßner § 420 Rdn. 11). Stützt der Strafrichter die Ablehnung nicht auf § 420 Abs. 4, sondern auf einen der

3. Abschn. Verfahren bei Einziehungen u. Vermögensbeschlagnahmen §§ 421–429

Gründe des § 244 Abs. 3–5 bzw. auf § 245 Abs. 2 S. 2, 3, muss die Beschlussbegründung den dort bezeichneten Voraussetzungen genügen.

Ob die Erleichterungen des § 420 Abs. 1–3 auch im Berufungsverfahren gelten, ist zweifelhaft. Teilweise wird davon ausgegangen, dass § 420 Abs. 1–3 wie die sonstigen Vorschriften des beschleunigten Verfahrens auch im Berufungsverfahren gegen ein entsprechendes amtsrichterliches Urteil Anwendung findet (vgl. KK-Fischer § 411 Rdn. 21; Meyer-Goßner § 420 Rdn. 12). Begründet wird dies mit der Erwägung, dass Abs. 4 eine Beschränkung ausdrücklich nur für das Verfahren *vor dem Strafrichter* enthalte. Das 6. Buch der StPO regle „besondere Arten des Verfahrens" schlechthin und modifiziere nicht nur das (erstinstanzliche) amtsgerichtliche Verfahren. Dagegen spricht, das es im Gesetzgebungsverfahren immer nur um die Entlastung der Amtsgerichte ging und angesichts der Parallelen zu § 384 Abs. 3 dann eine ausdrückliche gesetzliche Anordnung hätte erfolgen müssen (SK-Paeffgen § 420 Rdn. 31; Loos/Radtke NStZ 1996, 9; Schlothauer StV 1995, 46). 7

Ist unter Verletzung der Aufklärungspflicht nach Abs. 1 und 2 verfahren worden oder wurde ein Beweisantrag nach Abs. 4 vom Strafrichter abgelehnt, begründet die ordnungsgemäße **Aufklärungsrüge** die Revision. Dies ist auch dann der Fall, wenn die erforderliche Zustimmung der Verfahrensbeteiligten nach Abs. 3 zu dem vereinfachten Beweisverfahren gefehlt hat (Meyer-Goßner § 420 Rdn. 13). 8

§§ 421–429 (weggefallen)

Dritter Abschnitt. Verfahren bei Einziehungen und Vermögensbeschlagnahmen

Zu § 430 ff.

Der Abschnitt regelt das **Verfahren** bei Einziehungen (§§ 74 bis 74f, 76a StGB) und beim Verfall (§§ 73 bis 73e, 76a StGB). Hinzu kommen weitere, dem nach § 442 Abs. 1 gleichstehende Nebenfolgen. Im Regelfall geht es um Gegenstände oder Werte, die bereits nach § 111b dem staatlichen Zugriff unterliegen (vgl. § 111b Rdn. 2ff). Die §§ 430 ff regeln verschiedene prozessuale Fragen bzw. Rechtsfolgen. 1

Nach § 430 können ähnlich § 154a die Einziehung oder der Verfall als Gegenstand der Untersuchung und Entscheidung ausgeklammert werden, um das Verfahren zu vereinfachen und zu beschleunigen. 2

§ 431 regelt die **Beteiligung Dritter** am Verfahren. Steht die Einziehung eines Gegenstandes im Raum, der (sehr wahrscheinlich) einem anderen als dem Angeschuldigten gehört oder steht einem Dritten ein Recht an dem Gegenstand zu, wird seine Beteiligung angeordnet. Nach § 442 Abs. 2 gilt nämliches für den Verfall. 3

§ 432 regelt die **Anhörung** des Einziehungsbeteiligten, § 433 dessen Rechte und Pflichten. Der Einziehungsbeteiligte kann sich durch einen Verteidiger vertreten lassen (§ 434), und wird zur Hauptverhandlung geladen (§ 435), wobei auch ohne ihn verhandelt werden kann (§ 436). § 437 regelt die begrenzte Nachprüfung des Schuldspruchs im vom Einziehungsbeteiligten betriebenen Rechtsmittelverfahren, § 438 schreibt die Zustellung eines Strafbefehls an den Einziehungsbeteiligten vor. 4

Nach § 439 kann ein Einziehungs- oder Verfallsbeteiligter (§ 442 Abs. 2 S. 2) ein **Nachverfahren** betreiben, wenn er die Rechtmäßigkeit der Einziehung oder des Verfalls bestreitet und an dem Verfahren ohne sein Verschulden nicht beteiligt war. 5

Nach § 440 kann ein **objektives Verfahren** durchgeführt werden. Dies ist ein selbstständiges Einziehungs-, Verfalls- oder Unbrauchbarmachungsverfahren außerhalb des subjektiven Strafverfahrens. Es befasst sich mit der Tat- und Schuldfrage nur, so- 6

§ 444   6. Buch. Besondere Arten des Verfahrens

weit dies erforderlich ist, in der Form einer Inzidententscheidung (Meyer-Goßner § 440 Rdn. 2). Das Verfahren ist nicht gegen einen bestimmten Beschuldigten gerichtet, sondern hat die selbstständige Anordnung der Einziehung oder einer ihr gleichstehenden Nebenfolge (§ 442 Abs. 1) zum Gegenstand. Im Ordnungswidrigkeitenverfahren gelten die §§ 27, 87 Abs. 3 OWiG sowie § 440 entsprechend.

7   § 441 regelt die **Zuständigkeit** im Nachverfahren und im objektiven Verfahren. § 442 ordnet an, dass die §§ 430 bis 441 auch für weitere Nebenfolgen gelten (Abs. 1). Gleichzeitig erstreckt die Vorschrift (Abs. 2) die Bestimmungen auch auf den Verfall. Die Anordnung der Verfahrensbeteiligung eines Dritten, gegen den sich der Verfall richtet, ist zwingend vorgeschrieben und nicht von einem Antrag der StA abhängig (Pfeiffer § 442 Rdn. 2).

8   § 443 regelt die **Vermögensbeschlagnahme** und gehört eigentlich eher in das Ermittlungsverfahren (vgl. § 111 b ff). Vgl. hierzu auch §§ 290 ff.

Vierter Abschnitt. Verfahren bei Festsetzung von Geldbuße gegen juristische Personen und Personenvereinigungen

§ 444 (1) ¹Ist im Strafverfahren über die Festsetzung einer Geldbuße gegen eine juristische Person oder eine Personenvereinigung zu entscheiden (§ 30 des Gesetzes über Ordnungswidrigkeiten), so ordnet das Gericht deren Beteiligung an dem Verfahren an, soweit es die Tat betrifft. ²§ 431 Abs. 4, 5 gilt entsprechend.

(2) ¹Die juristische Person oder die Personenvereinigung wird zur Hauptverhandlung geladen; bleibt ihr Vertreter ohne genügende Entschuldigung aus, so kann ohne sie verhandelt werden. ²Für ihre Verfahrensbeteiligung gelten im übrigen die §§ 432 bis 434, 435 Abs. 2 und 3 Nr. 1, § 436 Abs. 2 und 4, § 437 Abs. 1 bis 3, § 438 Abs. 1 und, soweit nur über ihren Einspruch zu entscheiden ist, § 441 Abs. 2 und 3 sinngemäß.

(3) ¹Für das selbständige Verfahren gelten die §§ 440 und 441 Abs. 1 bis 3 sinngemäß. ²Örtlich zuständig ist auch das Gericht, in dessen Bezirk die juristische Person oder die Personenvereinigung ihren Sitz oder eine Zweigniederlassung hat.

1   Die Vorschrift enthält eine **verfahrensrechtliche Ergänzung zu § 30 OWiG**. Nach § 30 OWiG kann gegen eine juristische Person oder eine Personenvereinigung eine Geldbuße festgesetzt werden. § 444 regelt die Beteiligung der JP/PV. Ergeben sich schon im Vorverfahren Anhaltspunkte dafür, dass die Festsetzung einer Geldbuße in Betracht kommt, so wird die JP oder PV gehört (Abs. 2 S. 2 i.V.m. § 432 Abs. 1 S. 1). Vernommen werden die vertretungsberechtigten Personen nach den Regeln der Beschuldigtenvernehmung (Abs. 2 S. 2 i.V.m. § 432 Abs. 2).

2   In der Anklage ist die JP oder PV, wenn die StA die Festsetzung einer Geldbuße anstrebt, **als Nebenbeteiligter anzuführen** und zu bezeichnen (Abs. 1 S. 1). Die Anordnung der Beteiligung ist erst im Strafverfahren, das heißt nach Erhebung der öffentlichen Klage, zulässig (Meyer-Goßner § 444 Rdn. 6). Sie ist notwendig, wenn über die Festsetzung der Geldbuße zu entscheiden ist, das heißt wenn die Voraussetzungen des § 30 Abs. 1 OWiG wahrscheinlich vorliegen und die Festsetzung einer Geldbuße zu erwarten ist. Die Vertreter der JP oder PV werden zur Hauptverhandlung geladen (Abs. 2 S. 1; § 217 ist entsprechend anzuwenden). Die Anklageschrift und ein evtl. abweichender Eröffnungsbeschluss werden mitgeteilt (Abs. 2 S. 2 i.V.m. § 435 Abs. 2).

3   **Im Urteilstenor** wird die JP oder PV mit Name und Anschrift, möglichst auch mit Bezeichnung des vertretungsberechtigten Organs und eines etwaigen Prozessbevollmächtigten (§ 434) als Nebenbeteiligte bezeichnet. Der Urteilsspruch muss zu einer

geeigneten Grundlage für die Urteilsanfechtung und bei Rechtskraft für die Vollstreckung werden (§ 449; §§ 89, 91 OWiG). Ggf. muss das Urteil nach § 436 Abs. 4 zugestellt werden.

Der JP oder PV stehen die **üblichen Rechtsbehelfe** bzw. Rechtsmittel zur Verfügung. So kann die JP oder PV Einspruch gegen einen Strafbefehl einlegen. Legt nur sie Einspruch ein, wendet das AG das Beschlussverfahren an (Abs. 2 i.V.m. § 441 Abs. 2). Das Urteil ist nach Maßgabe des entsprechend anwendbaren § 437 Abs. 1 bis 3 anfechtbar. 4

Eine **Festsetzung** im selbstständigen Verfahren (Abs. 3) ist möglich. Für diesen Fall steht ein weiterer Gerichtsstand zur Verfügung (Abs. 3 S. 2). 5

Die **Vollstreckung** einer im Strafverfahren festgesetzten Geldbuße gegen eine JP oder PV richtet sich nach §§ 89, 91 ff, 99 OWiG, da es sich um eine Bußgeldentscheidung handelt (Pfeiffer § 444 Rdn. 5). 6

§§ 445–448 (weggefallen)

Siebentes Buch.
Strafvollstreckung und Kosten des Verfahrens

Erster Abschnitt. Strafvollstreckung

1 **Zur Strafvollstreckung** gehören im engeren Sinne alle Maßnahmen und Anordnungen, die auf Verwirklichung einer von einem Strafgericht erlassenen Entscheidung gerichtet sind. Hinzu kommen aber auch Möglichkeiten der Abänderung oder endgültigen Aufhebung (vgl. Meyer-Goßner vor § 449 Rdn. 1).

2 **Rechtsgrundlagen der Strafvollstreckung** sind neben den §§ 449 ff die StrVollstrO, bei Geldstrafen auch die Justizbeitreibungsordnung und die EBAO. Bei Freiheitsstrafen gehört im weiteren Sinne hierzu auch der Strafvollzug, dessen Einzelheiten im StVollzG geregelt sind.

3 **Bei Jugendlichen** und nach Jugendstrafrecht verurteilten Heranwachsenden gelten die §§ 82 ff JGG. Gegen Soldaten werden ggf. (§ 451 Abs. 1) kurze Freiheitsstrafen sowie Jugendarrest von Bundeswehrbehörden vollstreckt (Art. 5 Abs. 2 EGWStG).

4 Eine **Strafvollstreckung im engeren Sinne** ist nur notwendig, wo die Wirkung einer strafrechtlichen Sanktion sich nicht schon unmittelbar aus der Rechtskraft der Entscheidung ergibt, wie etwa beim Fahrverbot (§ 44 Abs. 2 StGB) oder bei der Entziehung der Fahrerlaubnis (§ 69 Abs. 3 S. 1 StGB).

§ 449 [Vollstreckbarkeit]

Strafurteile sind nicht vollstreckbar, bevor sie rechtskräftig geworden sind.

1 **Dem Strafurteil gleichgestellt** sind vollstreckungsfähige Erkenntnisse, die an die Stelle von Urteilen treten, also insbesondere Strafbefehle. Einschlägig sind auch Gesamtstrafenbeschlüsse (§ 460), Beschlüsse, mit denen die Vollstreckbarkeit einer Entscheidung hergestellt wird (vgl. §§ 56 ff StGB) sowie Beschlussentscheidungen über Nebenfolgen (vgl. §§ 437 ff).

2 Es besteht eine **Vollstreckungspflicht.** Ein Ermessen der Vollstreckungsbehörde gibt es nur in den Fällen des § 455 Abs. 3, §§ 456, 456a, 456c Abs. 2, § 459a (Meyer-Goßner § 449 Rdn. 3).

3 **Vollstreckungshindernisse** machen die Vollstreckung unzulässig; sie sind von Amts wegen zu beachten (Pfeiffer § 449 Rdn. 7). Sie können sich aus dem Eintritt der Vollstreckungsverjährung (§§ 79 bis 79b StGB), einer Begnadigung (§ 452), aber auch aus der Immunität von Abgeordneten ergeben.

4 Erst nach Eintritt der formellen (absoluten) Rechtskraft darf ein Strafurteil vollstreckt werden. **Rechtskraft** tritt ein, wenn ein Rechtsmittel gegen das Strafurteil nicht statthaft oder nicht rechtzeitig eingelegt ist, ferner bei einem allseitigen Verzicht auf Rechtsmittel (OLG Karlsruhe NStZ 1997, 301) oder bei dessen Rücknahme (§§ 302, 303). Unanfechtbare Entscheidungen werden mit Erlass rechtskräftig.

Beispiel: Sachentscheidung des Revisionsgerichts nach § 354 Abs. 1.

5 **Bei Teilrechtskraft** kann eine Teilvollstreckbarkeit eintreten, nämlich dann, wenn bei mehreren Angeklagten oder einer Mehrzahl von Taten ein Teil der Urteilsformel rechtskräftig wird (vertikale Rechtskraft) oder Rechtskraft nur einzelner Teile der Entscheidung wegen einer Tat (horizontale Teilrechtskraft) eingetreten ist. Zum Teil bestehen Bedenken, weil das Rechtsmittelgericht die Entscheidung insgesamt aufheben könnte (vgl. Meyer-Goßner § 449 Rdn. 11). Dem Angeklagten darf jedenfalls durch die Teilvollstreckung kein Nachteil entstehen.

1. Abschnitt. Strafvollstreckung   §§ 450, 450a

Die Vollstreckung darf daher nur bis zur Höhe der geringst zulässigen späteren Ge- 6
samtstrafe durchgeführt werden (vgl. OLG Oldenburg NJW 1960, 62). Problematisch
ist dies insbesondere dann, wenn die Einzelstrafe selbst zur Bewährung ausgesetzt werden könnte. Insofern wird eine **Teilvollstreckung,** die im Ermessen der Vollstreckungsbehörde steht, nur angeordnet, wenn dafür ein echtes und unabwendbares Bedürfnis besteht.

> Beispiel: Die Einsatzstrafe von zwei Jahren und drei Monaten ist rechtskräftig. Angefochten ist
> die Verurteilung zu einer Einzelstrafe von vier Monaten.

§ 450 [Anrechnung von Untersuchungshaft und Führerscheinentziehung]

(1) **Auf die zu vollstreckende Freiheitsstrafe ist unverkürzt die Untersuchungshaft anzurechnen, die der Angeklagte erlitten hat, seit er auf Einlegung eines Rechtsmittels verzichtet oder das eingelegte Rechtsmittel zurückgenommen hat oder seitdem die Einlegungsfrist abgelaufen ist, ohne daß er eine Erklärung abgegeben hat.**

(2) **Hat nach dem Urteil eine Verwahrung, Sicherstellung oder Beschlagnahme des Führerscheins auf Grund des § 111a Abs. 5 Satz 2 fortgedauert, so ist diese Zeit unverkürzt auf das Fahrverbot (§ 44 des Strafgesetzbuches) anzurechnen.**

Untersuchungshaft wird kraft Gesetzes **auf die Strafe angerechnet,** wenn nicht 1
das Gericht nach § 51 Abs. 1 S. 2 StGB anordnet, dass die Anrechnung ganz oder
teilweise unterbleibt. Da die Anrechnung der Regelfall ist, ist sie in die Urteilsformel
nicht aufzunehmen, wohl aber die völlige oder teilweise Nichtanrechnung (BGHSt
37, 75). In den Gründen ist auszuführen, weshalb die Anrechnung unterblieben ist
(Pfeiffer § 450 Rdn. 1).

Abs. 1 betrifft **Fälle relativer Rechtskraft,** in denen zwar das Urteil noch nicht 2
rechtskräftig ist, aber für den Angeklagten unanfechtbar.

> Beispiel: Der Angeklagte hat auf die Revision verzichtet, die StA hat sie eingelegt.

Bei relativer Teilrechtskraft gilt Abs. 1 bei der Vollstreckung der Einzelstrafe ebenfalls (BGH NJW 1955, 1488; Meyer-Goßner § 450 Rdn. 8; zur Berechnung vgl. § 39
Abs. 4 StrVollstrO).

Bei einem Fahrverbot (Abs. 2) gibt § 111a Abs. 5 S. 2 die Möglichkeit, die 3
Rückgabe eines bereits im amtlichen Gewahrsam befindlichen Führerscheins aufzu-
schieben. Die Zeit nach der Verkündung des Urteils wird dann unverkürzt auf das
Fahrverbot angerechnet.

§ 450a [Anrechnung von Auslieferungshaft]

(1) ¹**Auf die zu vollstreckende Freiheitsstrafe ist auch die im Ausland erlittene Freiheitsentziehung anzurechnen, die der Verurteilte in einem Auslieferungsverfahren zum Zwecke der Strafvollstreckung erlitten hat.** ²**Dies gilt auch dann, wenn der Verurteilte zugleich zum Zwecke der Strafverfolgung ausgeliefert worden ist.**

(2) **Bei Auslieferung zum Zwecke der Vollstreckung mehrerer Strafen ist die im Ausland erlittene Freiheitsentziehung auf die höchste Strafe, bei Strafen gleicher Höhe auf die Strafe anzurechnen, die nach der Einlieferung des Verurteilten zuerst vollstreckt wird.**

(3) ¹**Das Gericht kann auf Antrag der Staatsanwaltschaft anordnen, daß die Anrechnung ganz oder zum Teil unterbleibt, wenn sie im Hinblick auf das**

§ 451　　　　　　　7. Buch. Strafvollstreckung und Kosten des Verfahrens

Verhalten des Verurteilten nach dem Erlaß des Urteils, in dem die dem Urteil zugrunde liegenden tatsächlichen Feststellungen letztmalig geprüft werden konnten, nicht gerechtfertigt ist. ²Trifft das Gericht eine solche Anordnung, so wird die im Ausland erlittene Freiheitsentziehung, soweit ihre Dauer die Strafe nicht überschreitet, auch in einem anderen Verfahren auf die Strafe nicht angerechnet.

1　Die Vorschrift **entspricht** § 450 für die Anrechnung von Auslandshaft (Abs. 1). Angerechnet wird die Haft in einem Auslieferungsverfahren. Der Begriff ist weit auszulegen, ob es tatsächlich zur Auslieferung kommt, ist unerheblich. Abschiebehaft soll aber nicht angerechnet werden (OLG Hamm NJW 1979, 2484).

2　Die Anrechnung gehört zur **Strafzeitberechnung** und ist daher Sache der Vollstreckungsbehörde (§ 451 Abs. 1). Entsprechend § 51 Abs. 4 S. 2 StGB ist der Umrechnungsmaßstab zu bestimmen (OLG Düsseldorf wistra 1991, 320).

3　Eine **Nichtanrechnung** (Abs. 3) setzt gewichtige Gründe voraus, die nach Erlass des letzten tatrichterlichen Urteils eingetreten sind (OLG Zweibrücken GA 1983, 82). Die Flucht ins Ausland allein genügt nicht, auch nicht die während eines Hafturlaubs (OLG Karlsruhe MDR 1984, 165; Meyer-Goßner § 450a Rdn. 6).

§ 451 [Vollstreckungsbehörden]

(1) **Die Strafvollstreckung erfolgt durch die Staatsanwaltschaft als Vollstreckungsbehörde auf Grund einer von dem Urkundsbeamten der Geschäftsstelle zu erteilenden, mit der Bescheinigung der Vollstreckbarkeit versehenen, beglaubigten Abschrift der Urteilsformel.**

(2) **Den Amtsanwälten steht die Strafvollstreckung nur insoweit zu, als die Landesjustizverwaltung sie ihnen übertragen hat.**

(3) ¹**Die Staatsanwaltschaft, die Vollstreckungsbehörde ist, nimmt auch gegenüber der Strafvollstreckungskammer bei einem anderen Landgericht die staatsanwaltschaftlichen Aufgaben wahr.** ²**Sie kann ihre Aufgaben der für dieses Gericht zuständigen Staatsanwaltschaft übertragen, wenn dies im Interesse des Verurteilten geboten erscheint und die Staatsanwaltschaft am Ort der Strafvollstreckungskammer zustimmt.**

1　**Zuständig für die Strafvollstreckung** (Abs. 1) ist grundsätzlich die StA. Dort sind die Geschäfte gem. § 31 Abs. 2 S. 1 RPflG grundsätzlich dem Rechtspfleger übertragen. Stellungnahmen gegenüber dem Gericht gibt die StA als Strafverfolgungsbehörde ab (KK-Fischer § 451 Rdn. 8). Die Vollstreckung von Geldstrafen und Geldbußen (nicht von Ersatzfreiheitsstrafen) kann durch Rechtsverordnung der Länder ganz oder teilweise dem Urkundsbeamten der Geschäftsstelle übertragen werden (§ 36b Abs. 1 Nr. 5 RPflG).

2　**Bei Jugendlichen** und Heranwachsenden, die nach Jugendstrafrecht verurteilt wurden, ist Vollstreckungsbehörde der Jugendrichter als Vollstreckungsleiter (§ 82 Abs. 1 S. 1, § 110 Abs. 1 JGG).

3　**Sachlich zuständig** ist grundsätzlich die StA beim LG (§ 4 StrVollstrO), die beim OLG nur, wenn dieses in erster Instanz entschieden hat (Pfeiffer § 451 Rdn. 3). **Örtlich zuständig** ist die StA des ersten Rechtszugs, nach Zurückverweisung durch das Revisionsgericht an ein anderes Gericht dieses Gericht (§ 462 Abs. 6).

4　**Die Vollstreckbarkeitsbescheinigung** (Abs. 1) ist eine mit der Bescheinigung der Vollstreckbarkeit versehene beglaubigte Abschrift der Urteilsformel (§ 268 Abs. 2). In der Regel ist sie zugleich Rechtskraftbescheinigung und urkundliche Grundlage der Vollstreckung (OLG Hamburg StV 2000, 518). Abs. 1 gilt auch für den Strafbefehl, einen Gesamtstrafenbeschluss nach § 460 und andere urteilsvertretende Beschlüsse, die

1. Abschnitt. Strafvollstreckung   §§ 452, 453

Nebenfolgen betreffen (Meyer-Goßner § 452 Rdn. 13). Bei Teilrechtskraft ist eine
eingeschränkte Bescheinigung zu erteilen (Meyer-Goßner § 451 Rdn. 14).

Rechtsmittel gegen die Erteilung der Vollstreckbarkeitsbescheinigung gibt es 5
nicht. Der Verurteilte kann aber die Entscheidung des Gerichts beantragen. Gegen die
gerichtliche Entscheidung ist Beschwerde nach § 304 Abs. 1 zulässig (Meyer-Goßner
§ 451 Rdn. 17). Die Übertragung der Strafvollstreckung auf Amtsanwälte regelt
Abs. 2, die Übertragung auf die StA eines anderen Bezirks Abs. 3.

§ 452 [Begnadigungsrecht]

¹In Sachen, in denen im ersten Rechtszug in Ausübung von Gerichtsbarkeit
des Bundes entschieden worden ist, steht das Begnadigungsrecht dem Bund zu.
²In allen anderen Sachen steht es den Ländern zu.

Begnadigung ist der vollständige oder teilweise Erlass rechtskräftig ausgesproche- 1
ner Strafen nach Rechtskraft des Strafurteils. Im Regelfall steht das Begnadigungsrecht
den Ländern zu, da nur wenige Fälle von der Gerichtsbarkeit des Bundes entschieden
wurden. Gemeint sind erstinstanzliche Entscheidungen der Oberlandesgerichte auf
Anklage des GBA (§ 142a GVG). Wird eine Gesamtstrafe aus den Urteilen von Gerichten festgesetzt, die in verschiedenen Bundesländern sitzen, steht das Gnadenrecht
dem Land zu, dessen Gerichtsbarkeit die Entscheidung über die Gesamtstrafe getroffen
hat (Meyer-Goßner § 452 Rdn. 5).

§ 453 [Nachträgliche Entscheidung über Strafaussetzung zur Bewährung oder Verwarnung mit Strafvorbehalt]

(1) ¹Die nachträglichen Entscheidungen, die sich auf eine Strafaussetzung zur
Bewährung oder eine Verwarnung mit Strafvorbehalt beziehen (§§ 56a bis 56g,
58, 59a, 59b des Strafgesetzbuches), trifft das Gericht ohne mündliche Verhandlung durch Beschluß. ²Die Staatsanwaltschaft und der Angeklagte sind zu
hören. ³Hat das Gericht über einen Widerruf der Strafaussetzung wegen Verstoßes gegen Auflagen oder Weisungen zu entscheiden, so soll es dem Verurteilten Gelegenheit zur mündlichen Anhörung geben. ⁴Ist ein Bewährungshelfer
bestellt, so unterrichtet ihn das Gericht, wenn eine Entscheidung über den Widerruf der Strafaussetzung oder den Straferlaß in Betracht kommt; über Erkenntnisse, die dem Gericht aus anderen Strafverfahren bekannt geworden sind,
soll es ihn unterrichten, wenn der Zweck der Bewährungsaufsicht dies angezeigt
erscheinen läßt.

(2) ¹Gegen die Entscheidungen nach Absatz 1 ist Beschwerde zulässig. ²Sie
kann nur darauf gestützt werden, daß eine getroffene Anordnung gesetzwidrig
ist oder daß die Bewährungszeit nachträglich verlängert worden ist. ³Der Widerruf der Aussetzung, der Erlaß der Strafe, der Widerruf des Erlasses, die Verurteilung zu der vorbehaltenen Strafe und die Feststellung, daß es bei der Verwarnung sein Bewenden hat (§§ 56f, 56g, 59b des Strafgesetzbuches), können
mit sofortiger Beschwerde angefochten werden.

Die **Nachtragsentscheidungen** nach Abs. 1 betreffen Fälle, in denen Entschei- 1
dungen wegen nachträglich hervorgetretener Umstände geändert werden müssen, den
Widerruf der Strafaussetzung nach § 56f StGB, den Straferlass oder dessen Widerruf
nach § 56g StGB oder aber eine Änderung von Auflagen bei einer Verwarnung mit
Strafvorbehalt nach § 59a Abs. 2 StGB bzw. Fälle des § 59b Abs. 2 StGB.

Abs. 1 regelt das **Verfahren,** das bei nach Rechtskraft des Urteils zu treffenden 2
Entscheidungen einzuhalten ist. § 453 gilt entsprechend, wenn die Entscheidung nach

769

§ 453a 7. Buch. Strafvollstreckung und Kosten des Verfahrens

§ 268a unterblieben ist, sowie bei der Vollstreckung von Maßregeln (§ 463 Abs. 2). **Zuständig** ist das in § 462a bezeichnete Gericht, die Strafvollstreckungskammer nur, wenn sich der Verurteilte in Strafhaft befindet (Pfeiffer § 453 Rdn. 2).

3 Die **Entscheidung** ergeht ohne mündliche Verhandlung durch Beschluss (Abs. 1 S. 1). Eine mündliche Anhörung des Verurteilten ist zulässig, aber nur bei Widerrufsentscheidungen (Abs. 1 S. 3) vorgeschrieben. Anhörungspflichten ergeben sich aus Abs. 1 S. 2 bis 4. Die Anhörung des Verurteilten ist zwingend, wenn sie eine weitere Aufklärung verspricht (OLG Jena NStZ 1998, 216). Sie kann unterbleiben, wenn sie unmöglich ist, weil er untergetaucht ist (OLG Köln NJW 1963, 875). Der Widerrufsbeschluss kann dann nach § 40 öffentlich zugestellt werden, das rechtliche Gehör wird später nachgeholt (BGHSt 26, 127, 129; Meyer-Goßner § 453 Rdn. 6). Rechtsmittel (Abs. 2) ist im Regelfall die Beschwerde nach § 304. Eine Einschränkung enthält S. 2, der im Wesentlichen dem § 305a entspricht. Für die Abhilfe nach § 306 Abs. 2 gilt die Einschränkung nicht (Meyer-Goßner § 453 Rdn. 11).

4 Eine **sofortige Beschwerde** (S. 3) ist in den dort bezeichneten Fällen zulässig, nicht aber gegen die Entscheidung des Beschwerdegerichts (OLG Bremen NStZ 1986, 524). Das Beschwerdegericht prüft die Entscheidung in vollem Umfang, auch soweit sie im Ermessen des Gerichts steht (OLG Stuttgart NStZ 1995, 53, 54; Meyer-Goßner § 453 Rdn. 14; a.M. OLG Köln NStZ 1995, 151, 152). Wird ein Widerrufsgrund nach § 56f StGB ausgetauscht, muss dem Verurteilten vorher rechtliches Gehör gewährt werden (OLG Düsseldorf MDR 1983, 68).

5 Das Beschwerdegericht **entscheidet in der Sache** selbst (§ 309 Abs. 2). Ist die mündliche Anhörung des Verurteilten nach Abs. 1 S. 3 ohne hinreichenden Grund unterblieben, hebt das Beschwerdegericht den angefochtenen Beschluss auf und verweist die Sache zurück (OLG Düsseldorf StV 1987, 257).

6 **Die Rechtskraft des Widerrufsbeschlusses** ist Voraussetzung für die Strafvollstreckung (OLG Hamm NStZ 1983, 459). Die Rücknahme des rechtskräftigen Widerrufsbeschlusses ist zulässig, wenn ihm durch nachträglich bekannt gewordene Tatsachen der Boden völlig entzogen worden ist und der Mangel nicht anders geheilt werden kann; zum Teil wird hier § 359 Nr. 5 entsprechend angewendet (OLG Oldenburg NJW 1962, 1169; Meyer-Goßner § 453 Rdn. 17).

§ 453a [Belehrung bei Strafaussetzung oder Verwarnung mit Strafvorbehalt]

(1) ¹Ist der Angeklagte nicht nach § 268a Abs. 3 belehrt worden, so wird die Belehrung durch das für die Entscheidungen nach § 453 zuständige Gericht erteilt. ²Der Vorsitzende kann mit der Belehrung einen beauftragten oder ersuchten Richter betrauen.

(2) Die Belehrung soll außer in Fällen von geringer Bedeutung mündlich erteilt werden.

(3) ¹Der Angeklagte soll auch über die nachträglichen Entscheidungen belehrt werden. ²Absatz 1 gilt entsprechend.

1 Die **Belehrung** nach § 453a holt die nach § 268a Abs. 3 nach. Durchgeführt wird sie durch das Gericht des ersten Rechtszugs, die Strafvollstreckungskammer ist nur zuständig, wenn der Verurteilte sich in anderer Sache in Strafhaft befindet (§ 462a Abs. 4 S. 3).

2 Die Belehrung wird grundsätzlich **mündlich** erteilt (Abs. 2). Der Verurteilte wird daher vorgeladen, sein Erscheinen kann aber nicht durch Vorführung erzwungen werden (OLG Celle MDR 1963, 523).

3 Eine Belehrung über nachträgliche Entscheidungen (Abs. 3) ist nur **erforderlich,** wenn es bedeutsam erscheint, den Verurteilten über die Tragweite der neuen Anord-

nungen zu unterrichten. Dies kann insbesondere bei einer Verlängerung der Bewährungszeit der Fall sein (Meyer-Goßner § 453a Rdn. 3).

§ 453b [Überwachung des Verurteilten]

(1) **Das Gericht überwacht während der Bewährungszeit die Lebensführung des Verurteilten, namentlich die Erfüllung von Auflagen und Weisungen sowie von Anerbieten und Zusagen.**

(2) **Die Überwachung obliegt dem für die Entscheidungen nach § 453 zuständigen Gericht.**

§ 453b enthält **keine Ermächtigungsgrundlage** für Eingriffe, sondern regelt die 1 Überwachungszuständigkeit (BVerfG NJW 1995, 2279, 2280).

Die Vorschrift gilt entsprechend bei **Aussetzung des Strafrestes** (§§ 57, 57a 2 StGB) und von Sicherungsmaßregeln (§§ 67b, 67c Abs. 2 S. 4, § 70a StGB). Bei Strafaussetzung im Gnadenwege ist die Gnadenbehörde zuständig (Pfeiffer § 453b Rdn. 1).

Die Überwachungspflicht besteht während der gesamten Bewährungszeit und beginnt mit der Rechtskraft der Entscheidungen. Überwacht wird die Lebensführung, das heißt das gesamte Verhalten des Verurteilten, soweit es geeignet ist, den Widerruf der Bewährung usw. zu rechtfertigen. Zur Mitwirkung des Bewährungshelfers vgl. § 56d Abs. 3 StGB, zur Gerichtshilfe § 463d.

§ 453c [Haftbefehl bei Widerruf]

(1) **Sind hinreichende Gründe für die Annahme vorhanden, daß die Aussetzung widerrufen wird, so kann das Gericht bis zur Rechtskraft des Widerrufsbeschlusses, um sich der Person des Verurteilten zu versichern, vorläufige Maßnahmen treffen, notfalls, unter den Voraussetzungen des § 112 Abs. 2 Nr. 1 oder 2, oder, wenn bestimmte Tatsachen die Gefahr begründen, daß der Verurteilte erhebliche Straftaten begehen werde, einen Haftbefehl erlassen.**

(2) ¹**Die auf Grund eines Haftbefehls nach Absatz 1 erlittene Haft wird auf die zu vollstreckende Freiheitsstrafe angerechnet.** ²**§ 33 Abs. 4 Satz 1 sowie die §§ 114 bis 115a und § 119 gelten entsprechend.**

Die Vorschrift erlaubt bestimmte Maßnahmen bei einem drohenden **Widerruf der** 1 **Strafaussetzung** (Abs. 1). „Aussetzung" sind neben der Strafaussetzung zur Bewährung nach § 56 StGB, §§ 20ff JGG auch die Strafrestaussetzung nach §§ 57, 57a StGB, § 454 Abs. 3 und die Aussetzung freiheitsentziehender Maßregeln nach §§ 67b, 67c (Pfeiffer § 453c Rdn. 1).

Der Widerruf muss nach den dem Gericht vorliegenden Erkenntnissen **mit hoher** 2 **Wahrscheinlichkeit drohen** (LR-Wendisch § 453c Rdn. 5). Ein Widerruf wegen einer neuen Straftat (§ 56f Abs. 1 Nr. 1 StGB) ist in der Regel unzulässig, wenn insoweit noch kein rechtskräftiges Urteil vorliegt (Pfeiffer § 453c Rdn. 2). Nach der Rechtsprechung des EGMR (NJW 2004, 43) kann dies dann anders sein, wenn ein vor Gericht abgegebenes Geständnis des Angeklagten wegen der neuen Tat vorliegt oder wenn das Widerrufsgericht auch für die Aburteilung der neuen Tat zuständig ist und der Widerruf nach durchgeführter Beweisaufnahme in der neuen Hauptverhandlung erfolgt (Meyer-Goßner § 453c Rdn. 4).

Vorläufige Maßnahmen (Abs. 1) sind solche, die milder sind als ein Haftbefehl. 3 In Betracht kommt etwa die Auferlegung einer Meldepflicht (§ 56c Abs. 2 Nr. 2 StGB). Ein Sicherungshaftbefehl ergeht (nur), wenn vorläufige Maßnahmen nicht ausreichen. Dies ist der Fall, wenn der Verurteilte flüchtig ist, Fluchtgefahr vorliegt

§ 454 7. Buch. Strafvollstreckung und Kosten des Verfahrens

oder die Gefahr besteht, dass er neue erhebliche Straftaten begehen werde (Meyer-Goßner § 453c Rdn. 10). Die Haftgründe nach § 112 Abs. 2 Nr. 1 oder 2 gelten.

4 Die Vollstreckung des **Sicherungshaftbefehls** ist noch nicht Vollstreckung im Sinne des § 451 Abs. 1, sondern eine solche nach § 36 Abs. 2 (Meyer-Goßner § 453c Rdn. 13). Die Maßnahmen gelten bis zur Rechtskraft des Widerrufsbeschlusses. Die Anrechnung der Sicherungshaft ist zwingend vorgeschrieben (Abs. 2 S. 1). Auf die Sicherungshaft finden die Vorschriften über die Untersuchungshaft Anwendung (§§ 114 bis 115a, 119, 33 Abs. 4 S. 1).

5 Gegen den Sicherungshaftbefehl ist **einfache Beschwerde** zulässig, die weitere Beschwerde nach § 310 Abs. 1 ist ausgeschlossen (OLG Frankfurt NStZ-RR 2002, 15).

§ 454 [Aussetzung des Strafrestes]

(1) ¹Die Entscheidung, ob die Vollstreckung des Restes einer Freiheitsstrafe zur Bewährung ausgesetzt werden soll (§§ 57 bis 58 des Strafgesetzbuches) sowie die Entscheidung, daß vor Ablauf einer bestimmten Frist ein solcher Antrag des Verurteilten unzulässig ist, trifft das Gericht ohne mündliche Verhandlung durch Beschluß. ²Die Staatsanwaltschaft, der Verurteilte und die Vollzugsanstalt sind zu hören. ³Der Verurteilte ist mündlich zu hören. ⁴Von der mündlichen Anhörung des Verurteilten kann abgesehen werden, wenn
1. die Staatsanwaltschaft und die Vollzugsanstalt die Aussetzung einer zeitigen Freiheitsstrafe befürworten und das Gericht die Aussetzung beabsichtigt,
2. der Verurteilte die Aussetzung beantragt hat, zur Zeit der Antragstellung
   a) bei zeitiger Freiheitsstrafe noch nicht die Hälfte oder weniger als zwei Monate,
   b) bei lebenslanger Freiheitsstrafe weniger als dreizehn Jahre
   der Strafe verbüßt hat und das Gericht den Antrag wegen verfrühter Antragstellung ablehnt oder
3. der Antrag des Verurteilten unzulässig ist (§ 57 Abs. 6, § 57a Abs. 4 des Strafgesetzbuches).
⁵Das Gericht entscheidet zugleich, ob eine Anrechnung nach § 43 Abs. 10 Nr. 3 des Strafvollzugsgesetzes ausgeschlossen wird.

(2) ¹Das Gericht holt das Gutachten eines Sachverständigen über den Verurteilten ein, wenn es erwägt, die Vollstreckung des Restes
1. der lebenslangen Freiheitsstrafe auszusetzen oder
2. einer zeitigen Freiheitsstrafe von mehr als zwei Jahren wegen einer Straftat der in § 66 Abs. 3 Satz 1 des Strafgesetzbuches bezeichneten Art auszusetzen und nicht auszuschließen ist, daß Gründe der öffentlichen Sicherheit einer vorzeitigen Entlassung des Verurteilten entgegenstehen.
²Das Gutachten hat sich namentlich zu der Frage zu äußern, ob bei dem Verurteilten keine Gefahr mehr besteht, daß dessen durch die Tat zutage getretene Gefährlichkeit fortbesteht. ³Der Sachverständige ist mündlich zu hören, wobei der Staatsanwaltschaft, dem Verurteilten, seinem Verteidiger und der Vollzugsanstalt Gelegenheit zur Mitwirkung zu geben ist. ⁴Das Gericht kann von der mündlichen Anhörung des Sachverständigen absehen, wenn der Verurteilte, sein Verteidiger und die Staatsanwaltschaft darauf verzichten.

(3) ¹Gegen die Entscheidungen nach Absatz 1 ist sofortige Beschwerde zulässig. ²Die Beschwerde der Staatsanwaltschaft gegen den Beschluß, der die Aussetzung des Strafrestes anordnet, hat aufschiebende Wirkung.

(4) ¹Im übrigen gelten die Vorschriften der §§ 453, 453a Abs. 1 und 3 sowie der §§ 453b, 453c und 268a Abs. 3 entsprechend. ²Die Belehrung über die

1. Abschnitt. Strafvollstreckung § 454

Aussetzung des Strafrestes wird mündlich erteilt; die Belehrung kann auch der Vollzugsanstalt übertragen werden. ³Die Belehrung soll unmittelbar vor der Entlassung erteilt werden.

Die Vorschrift regelt das Verfahren bei der **Aussetzung der Reststrafe** nach 1
§§ 57, 57a StGB und ist nach § 463 Abs. 3 auf freiheitsentziehende Sicherungsmaßregeln und auf die Führungsaufsicht sinngemäß anzuwenden.

Ob die **Voraussetzungen** für eine Reststrafenaussetzung gegeben sind, bestimmt 2
sich zunächst einmal nach dem materiellen Recht. Die Entscheidung erfolgt auf Antrag oder von Amts wegen. Von Amts wegen ist zu entscheiden, wenn der Verurteilte demnächst zwei Drittel einer zeitigen oder 15 Jahre einer lebenslangen Freiheitsstrafe verbüßt haben wird (BGHSt 27, 302, 304), bei Erstverbüßern die Hälfte der Strafe (Halbstrafenaussetzung; § 57 Abs. 2 Nr. 1 StGB; vgl. § 454b Abs. 2 Nr. 1). Die anzuhörenden Beteiligten ergeben sich aus Abs. 1 S. 2. Von der regelmäßig mündlichen Anhörung des Verurteilten (Abs. 1 S. 3) kann außer in den in Abs. 1 S. 4 genannten Fällen abgesehen werden, wenn der Verurteilte ausdrücklich erklärt hat, er wolle nicht angehört werden (BGH NStZ 2000, 279). Ist der Verurteilte aus Deutschland ausgewiesen, kann die mündliche Anhörung auch aus tatsächlichen Gründen unterbleiben (OLG Düsseldorf NStZ 2000, 333).

Die **Anhörung** erfolgt durch das Gericht, nicht durch die JVA (OLG Düsseldorf 3
MDR 1975, 597). In Ausnahmefällen kann die Übertragung auf einen beauftragten oder ersuchten Richter erfolgen (OLG Rostock NStZ 2002, 109).

In den Fällen des Abs. 2 muss zwingend ein **Sachverständiger** eingeschaltet wer- 4
den, auch wenn der Verurteilte bei Tatbegehung psychisch gesund war und im Strafvollzug keine psychischen Auffälligkeiten gezeigt hat (BGH StV 1994, 252; Pfeiffer § 454 Rdn. 9). Die Pflicht zur Einschaltung besteht nicht immer. Ist das Gericht – etwa bei lebenslanger Freiheitsstrafe wegen der besonderen Schwere der Schuld – der Auffassung, dass die Aussetzung abzulehnen ist, ist die Sachverständigenanhörung (verfassungsrechtlich unbedenklich; BVerfG NJW 2002, 2773) nicht erforderlich (vgl. OLG Jena StV 2001, 26; OLG Rostock NJW 2003, 1334). Bei Aussetzung der zeitigen Freiheitsstrafe ist die Anhörung nur erforderlich, wenn nicht auszuschließen ist, dass Gründe der öffentlichen Sicherheit einer vorzeitigen Entlassung entgegenstehen (Abs. 2 S. 2; Meyer-Goßner § 454 Rdn. 37).

Ob bei **beabsichtigter Aussetzung** immer ein Sachverständigengutachten einge- 5
holt werden muss, ist zweifelhaft (vgl. OLG Frankfurt NStZ 1998, 639; Meyer-Goßner § 454 Rdn. 37). Jedenfalls soll nach der Rechtsprechung die Anhörung des Anstaltspsychologen als Sachverständigen genügen (KG NStZ 1999, 319; OLG Karlsruhe StV 1999, 385). Das zu beachtende Verfahren regelt Abs. 2 S. 3, 4. Der Beschluss darf nicht durch einen Aktenvermerk ersetzt werden, auch dann nicht, wenn die Prüfung von Amts wegen erfolgt ist (KG JR 1973, 120; Meyer-Goßner § 454 Rdn. 39; a.M. OLG Celle NJW 1972, 2054). Ein Aktenvermerk reicht jedoch aus, wenn der Verurteilte erklärt hat, dass er mit seiner vorzeitigen Entlassung nicht einverstanden ist (OLG Düsseldorf NStZ 1994, 454).

Zuständig ist die Strafvollstreckungskammer, in deren Bezirk der Verurteilte die 6
Strafe verbüßt (§ 462a Abs. 1 S. 1). Das erkennende Gericht setzt den Strafrest aus, wenn der Verurteilte den nach § 57 Abs. 1, 2 StGB maßgebenden Zeitpunkt durch Anrechnung der Untersuchungshaft erreicht hat und sich bei Urteilsrechtskraft auf freiem Fuß befindet (OLG Hamm NStZ 2002, 223).

Gegen die Entscheidung ist **sofortige Beschwerde** statthaft (Abs. 3). Die Ableh- 7
nung einer Entscheidung nach Abs. 1 kann mit einfacher Beschwerde angefochten werden. Vorbereitende Entscheidungen sind entsprechend § 305 S. 1 unanfechtbar (Meyer-Goßner § 454 Rdn. 43). Die sofortige Beschwerde der StA hat aufschiebende Wirkung, der Verurteilte darf grundsätzlich nicht vor Rechtskraft des Beschlusses ent-

§ 454a 7. Buch. Strafvollstreckung und Kosten des Verfahrens

lassen werden (S. 2). Vor Rechtskraft des Beschlusses ist die Entlassung nur zulässig, wenn die StA eindeutig erklärt hat, dass sie keine sofortige Beschwerde einlegen werde (OLG Karlsruhe NJW 1976, 814).

8 Die **Belehrung** über die Aussetzung des Strafrestes (Abs. 4 S. 1, 2) richtet sich nach § 268a Abs. 3. Für Nachtragsentscheidungen (Abs. 4 S. 1) sind die §§ 453, 453a Abs. 1, 3, §§ 453b, 453c entsprechend anwendbar.

9 Die **Rechtskraft** des die Aussetzung ablehnenden Beschlusses steht einer wiederholten Prüfung der Aussetzungsfrage nicht entgegen. Der Verurteilte kann angemessene Zeit nach der rechtskräftigen Ablehnung seines Antrags einen neuen Antrag stellen, wenn dem nicht eine befristete Ausschlussanordnung nach § 57 Abs. 6, § 57a Abs. 4 StGB entgegensteht (OLG Karlsruhe NStZ 1982, 396). War die Aussetzung nach §§ 57, 57a StGB widerrufen worden, steht dies einer erneuten Aussetzung der dann noch zu verbüßenden Reststrafe nicht entgegen (KK-Fischer § 454 Rdn. 40).

§ 454a [Verlängerung der Bewährungszeit; Aufhebung der Aussetzung des Strafrestes]

(1) Beschließt das Gericht die Aussetzung der Vollstreckung des Restes einer Freiheitsstrafe mindestens drei Monate vor dem Zeitpunkt der Entlassung, so verlängert sich die Bewährungszeit um die Zeit von der Rechtskraft der Aussetzungsentscheidung bis zur Entlassung.

(2) ¹Das Gericht kann die Aussetzung der Vollstreckung des Restes einer Freiheitsstrafe bis zur Entlassung des Verurteilten wieder aufheben, wenn die Aussetzung aufgrund neu eingetretener oder bekanntgewordener Tatsachen unter Berücksichtigung des Sicherheitsinteresses der Allgemeinheit nicht mehr verantwortet werden kann; § 454 Abs. 1 Satz 1 und 2 sowie Abs. 3 Satz 1 gilt entsprechend. ² § 57 Abs. 3 Satz 1 in Verbindung mit § 56f des Strafgesetzbuches bleibt unberührt.

1 Über die **Aussetzung der Vollstreckung** eines Strafrestes (§§ 57, 57a StGB, § 454) soll frühzeitig entschieden werden, um genügend Zeit für die Entlassungsvorbereitungen zu schaffen (OLG Zweibrücken NStZ 1992, 148). Die Entscheidung kann auch wesentlich früher als drei Monate vor dem Entlassungszeitpunkt getroffen werden (OLG Karlsruhe NStZ 1991, 207). Nötig ist allerdings, dass bereits zu einem früheren Zeitpunkt eine günstige Sozialprognose des Verurteilten sicher ist (OLG Frankfurt NStZ-RR 2001, 311).

2 Da die **Bewährungszeit** mit der Rechtskraft des Aussetzungsbeschlusses zu laufen beginnt, auch wenn der Verurteilte noch nicht entlassen ist, verlängert Abs. 1 diese Frist, wenn die Entscheidung mindestens drei Monate vor dem Zeitpunkt der Entlassung getroffen wurde.

3 Eine **Aufhebung** des rechtskräftigen Aussetzungsbeschlusses (Abs. 2) ist bis zur Entlassung des Verurteilten auch dann zulässig, wenn Widerrufsgründe nach § 57 Abs. 3 S. 1 i. V. m. § 56f StGB nicht vorliegen. Damit soll das Risiko gemindert werden, das sich aus einer frühzeitig bejahten positiven Sozialprognose ergibt (Pfeiffer § 454a Rdn. 3). Neu bekannt gewordene Tatsachen sind solche, die schon vor Erlass des Aussetzungsbeschlusses eingetreten waren, dem Gericht aber damals nicht bekannt waren (Meyer-Goßner § 454a Rdn. 4). Die Berücksichtigung einer neuen, noch nicht abgeurteilten Straftat ist durch die Unschuldsvermutung nicht verboten (BVerfG NJW 1994, 377).

4 Gegen den Beschluss ist **sofortige Beschwerde** zulässig. Ist über diese zum ursprünglich in Aussicht genommenen Entlassungszeitpunkt noch nicht entschieden, unterbleibt die Entlassung des Verurteilten aus der Strafhaft (§ 307 Abs. 1). Möglich

774

1. Abschnitt. Strafvollstreckung §§ 454b, 455

sein soll, die Haftentlassung aufzuschieben, wenn eine endgültige Entscheidung über den Widerruf nach Abs. 2 noch nicht ergangen ist (OLG Hamburg NStZ 1999, 55).

§ 454b [Vollstreckung von Freiheitsstrafen und Ersatzfreiheitsstrafen]

(1) Freiheitsstrafen und Ersatzfreiheitsstrafen sollen unmittelbar nacheinander vollstreckt werden.

(2) ¹Sind mehrere Freiheitsstrafen oder Freiheitsstrafen und Ersatzfreiheitsstrafen nacheinander zu vollstrecken, so unterbricht die Vollstreckungsbehörde die Vollstreckung der zunächst zu vollstreckenden Freiheitsstrafe, wenn
1. unter den Voraussetzungen des § 57 Abs. 2 Nr. 1 des Strafgesetzbuches die Hälfte, mindestens jedoch sechs Monate,
2. im übrigen bei zeitiger Freiheitsstrafe zwei Drittel, mindestens jedoch zwei Monate, oder
3. bei lebenslanger Freiheitsstrafe fünfzehn Jahre

der Strafe verbüßt sind. ²Dies gilt nicht für Strafreste, die auf Grund Widerrufs ihrer Aussetzung vollstreckt werden.

(3) Hat die Vollstreckungsbehörde die Vollstreckung nach Absatz 2 unterbrochen, so trifft das Gericht die Entscheidungen nach den §§ 57 und 57a des Strafgesetzbuches erst, wenn über die Aussetzung der Vollstreckung der Reste aller Strafen gleichzeitig entschieden werden kann.

Werden **mehrere Freiheitsstrafen** oder Ersatzfreiheitsstrafen vollstreckt, ist eine 1
Sozialprognose über das künftige Verhalten des Verurteilten nur einheitlich möglich. Damit daraus für den Verurteilten kein Nachteil im Hinblick auf eine Aussetzung der Reststrafe entsteht, wird jeweils die Vollstreckung einer Strafe zu dem in Abs. 2 Nr. 1 bis 3 genannten Zeitpunkt unterbrochen und die Strafvollstreckung mit der nächsten Strafe fortgesetzt. So wird es möglich, wenn für die jeweiligen Strafen die Voraussetzungen des Abs. 2 erreicht sind, einheitlich über die Aussetzung der Reststrafen für alle Freiheits- und Ersatzfreiheitsstrafen zu entscheiden. Dabei findet eine Unterbrechung bei einer Ersatzfreiheitsstrafe deshalb nicht statt, weil deren Rest nicht zur Bewährung ausgesetzt werden kann. Keine Unterbrechung gibt es für Strafreste, die auf Grund Widerrufs ihrer Aussetzung vollstreckt werden (Abs. 2 S. 2).

Zuständig für die Anordnung der Unterbrechung ist die Vollstreckungsbehörde 2
(§ 451). Eine Entscheidung über die Reststrafenaussetzung (Abs. 3) trifft die Strafvollstreckungskammer gleichzeitig, das heißt erst vor dem Ende der letzten Anschlussvollstreckung (Pfeiffer § 454b Rdn. 7). Die Voraussetzungen der §§ 57, 57a StGB sind für jede Freiheitsstrafe gesondert, jedoch im Rahmen einer Gesamtschau zu prüfen; eine unterschiedliche Entscheidung ist nicht ausgeschlossen (Meyer-Goßner § 454b Rdn. 11).

§ 455 [Aufschub der Vollstreckung einer Freiheitsstrafe]

(1) Die Vollstreckung einer Freiheitsstrafe ist aufzuschieben, wenn der Verurteilte in Geisteskrankheit verfällt.

(2) Dasselbe gilt bei anderen Krankheiten, wenn von der Vollstreckung eine nahe Lebensgefahr für den Verurteilten zu besorgen ist.

(3) Die Strafvollstreckung kann auch dann aufgeschoben werden, wenn sich der Verurteilte in einem körperlichen Zustand befindet, bei dem eine sofortige Vollstreckung mit der Einrichtung der Strafanstalt unverträglich ist.

§ 455a   7. Buch. Strafvollstreckung und Kosten des Verfahrens

(4) ¹Die Vollstreckungsbehörde kann die Vollstreckung einer Freiheitsstrafe unterbrechen, wenn
1. der Verurteilte in Geisteskrankheit verfällt,
2. wegen einer Krankheit von der Vollstreckung eine nahe Lebensgefahr für den Verurteilten zu besorgen ist oder
3. der Verurteilte sonst schwer erkrankt und die Krankheit in einer Vollzugsanstalt oder einem Anstaltskrankenhaus nicht erkannt oder behandelt werden kann

und zu erwarten ist, daß die Krankheit voraussichtlich für eine erhebliche Zeit fortbestehen wird. ²Die Vollstreckung darf nicht unterbrochen werden, wenn überwiegende Gründe, namentlich der öffentlichen Sicherheit, entgegenstehen.

1   Die Vorschrift regelt den **Vollstreckungsaufschub** und die Unterbrechung einer Strafvollstreckung. Vorausgesetzt ist eine Vollzugsuntauglichkeit, die sich aus einem der in Abs. 1 bis 3 oder Abs. 4 genannten Gründe ergibt. Der Aufschub ist in den Fällen des Abs. 1 und 2 zwingend, bei Abs. 3 steht die Anordnung im pflichtgemäßen Ermessen der Vollstreckungsbehörde. Eine Unverträglichkeit der sofortigen Vollstreckung liegt insbesondere vor, wenn die Behandlung oder Pflege des Verurteilten im Vollzug nicht möglich wäre (BGHSt 19, 148).

2   Die **Unterbrechung** steht ebenfalls im pflichtgemäßen Ermessen der Vollstreckungsbehörde (Abs. 4). Sie ist ausgeschlossen, wenn überwiegende Gründe dagegen stehen (Abs. 4 S. 2), insbesondere wenn der Verurteilte trotz oder gerade wegen einer Erkrankung eine erhebliche Gefahr für die öffentliche Sicherheit darstellt.

3   Während des Strafaufschubs ruht die **Vollstreckungsverjährung** (§ 79a Nr. 2a StGB). Die Dauer der Unterbrechung ist eine Frage des Einzelfalls. Entscheidend ist, wann die Vollzugstauglichkeit voraussichtlich wiederhergestellt werden kann.

4   Über **Einwendungen** gegen Entscheidungen der Vollstreckungsbehörde entscheidet nach § 458 Abs. 2 das Gericht (OLG Karlsruhe NStZ 1988, 525). Dagegen ist sofortige Beschwerde zulässig (§ 462 Abs. 3).

§ 455a [Aufschub oder Unterbrechung aus Gründen der Vollzugsorganisation]

(1) Die Vollstreckungsbehörde kann die Vollstreckung einer Freiheitsstrafe oder einer freiheitsentziehenden Maßregel der Besserung und Sicherung aufschieben oder ohne Einwilligung des Gefangenen unterbrechen, wenn dies aus Gründen der Vollzugsorganisation erforderlich ist und überwiegende Gründe der öffentlichen Sicherheit nicht entgegenstehen.

(2) Kann die Entscheidung der Vollstreckungsbehörde nicht rechtzeitig eingeholt werden, so kann der Anstaltsleiter die Vollstreckung unter den Voraussetzungen des Absatzes 1 ohne Einwilligung des Gefangenen vorläufig unterbrechen.

1   Aus Gründen der **Vollzugsorganisation** darf ein Strafausstand angeordnet werden. Es geht insbesondere um Überbelegung oder zum Beispiel einen Brand in einer JVA, der eine Zusammenlegung von Gefangenen erfordert. § 455a enthält keine abschließende Regelung (LR-Wendisch § 455a Rdn. 6).

2   **Zuständig** ist die Vollstreckungsbehörde (§ 451 Abs. 1), in Eilfällen (Abs. 2) der Anstaltsleiter. Einer Zustimmung des Gefangenen bedarf es nicht. Die Anordnung ist unanfechtbar, bei Wiederaufnahme der Vollstreckung sind §§ 456, 458 Abs. 2 anwendbar (Pfeiffer § 455a Rdn. 3).

§ 456 [Vorübergehender Aufschub]

(1) Auf Antrag des Verurteilten kann die Vollstreckung aufgeschoben werden, sofern durch die sofortige Vollstreckung dem Verurteilten oder seiner Familie erhebliche, außerhalb des Strafzwecks liegende Nachteile erwachsen.

(2) Der Strafaufschub darf den Zeitraum von vier Monaten nicht übersteigen.

(3) Die Bewilligung kann an eine Sicherheitsleistung oder andere Bedingungen geknüpft werden.

In Härtefällen ist ein **Vollstreckungsaufschub** zulässig (Abs. 1). Vorausgesetzt sind 1 erhebliche Nachteile für den Verurteilten oder seine Familie, die außerhalb des eigentlichen Strafzwecks liegen (Meyer-Goßner § 456 Rdn. 3).

Beispiel: Der Verurteilte leitet einen Betrieb und muss noch einen Vertreter einarbeiten (vgl. OLG Frankfurt NStZ 1989, 93). – Der Verurteilte steht kurz vor dem Abschluss seiner Berufsausbildung (Meyer-Goßner § 456 Rdn. 3).

Der Strafaufschub setzt einen **Antrag** voraus. Die Entscheidung wird nach pflicht- 2 gemäßem Ermessen getroffen. Die Vier-Monats-Frist (Abs. 2) beginnt an dem Tag, zu dem der Verurteilte zum Strafantritt geladen worden ist (OLG Düsseldorf JR 1992, 435). Ein Strafaufschub über vier Monate hinaus kann nur im Gnadenweg bewilligt werden (OLG Stuttgart MDR 1982, 601).

Die Bewilligung kann an eine **Sicherheitsleistung** (Abs. 3) geknüpft werden. Den 3 Verfall einer angeordneten Sicherheit (vgl. § 124) darf nur das Gericht anordnen.

Gerichtliche Entscheidungen sind nach § 462 Abs. 3 mit der sofortigen Beschwerde 4 anfechtbar. Ist die Beschwerde begründet, kann das Beschwerdegericht den Aufschub selbst bewilligen (OLG Karlsruhe StV 2000, 213).

§ 456a [Absehen von Vollstreckung bei Auslieferung oder Landesverweisung]

(1) Die Vollstreckungsbehörde kann von der Vollstreckung einer Freiheitsstrafe, einer Ersatzfreiheitsstrafe oder einer Maßregel der Besserung und Sicherung absehen, wenn der Verurteilte wegen einer anderen Tat einer ausländischen Regierung ausgeliefert, an einen internationalen Strafgerichtshof überstellt oder wenn er aus dem Geltungsbereich dieses Bundesgesetzes ausgewiesen wird.

(2) ¹Kehrt der Ausgelieferte, der Überstellte oder der Ausgewiesene zurück, so kann die Vollstreckung nachgeholt werden. ²Für die Nachholung einer Maßregel der Besserung und Sicherung gilt § 67c Abs. 2 des Strafgesetzbuches entsprechend. ³Die Vollstreckungsbehörde kann zugleich mit dem Absehen von der Vollstreckung die Nachholung für den Fall anordnen, dass der Ausgelieferte, der Überstellte oder Ausgewiesene zurückkehrt, und hierzu einen Haftbefehl oder einen Unterbringungsbefehl erlassen sowie die erforderlichen Fahndungsmaßnahmen, insbesondere die Ausschreibung zur Festnahme, veranlassen; § 131 Abs. 4 sowie § 131a Abs. 3 gelten entsprechend. ⁴Der Verurteilte ist zu belehren.

Die Vorschrift **ergänzt § 154b** Abs. 2 und 3. Sie dient der Entlastung des Vollzugs 1 (Pfeiffer § 456a Rdn. 1). Zudem ist die Vollstreckung gegen Ausländer, die demnächst ausgeliefert oder ausgewiesen werden sollen, unter dem Zweck der Resozialisierung und der Sicherung vor gefährlichen Straftätern ohnehin wenig sinnvoll (Meyer-Goßner § 456a Rdn. 1).

Die Auslieferung richtet sich nach **§§ 2ff IRG**, die Überstellung nach §§ 2ff des 2 IStGHG vom 21. 6. 2002, die Ausweisung nach §§ 53, 54 AufenthG (Meyer-Goßner

§§ 456b–457   7. Buch. Strafvollstreckung und Kosten des Verfahrens

§ 456a Rdn. 3). Die Anwendung des Abs. 1 steht im Ermessen der Vollstreckungsbehörde.

3   Die **Nachholung der Vollstreckung** (Abs. 2) ist zulässig, wenn der Verurteilte freiwillig in die Bundesrepublik zurückkehrt und noch keine Vollstreckungsverjährung (§ 79 StGB) eingetreten ist. Ob die Sicherungsmaßnahmen nach Abs. 2 S. 3 ergriffen werden, steht im Ermessen der Vollstreckungsbehörde (KG JR 1995, 78). Der Verurteilte ist über die Konsequenzen seiner Rückkehr eindeutig zu belehren (S. 4). Die Belehrung kann der JVA übertragen werden (§ 17 Abs. 2 S. 3 StrVollstrO).

4   Gegen den ablehnenden Bescheid der Vollstreckungsbehörde nach Abs. 1 ist nach durchgeführtem Beschwerdeverfahren nach § 21 StrVollstrO der **Antrag nach § 23 EGGVG** zulässig (OLG Celle StV 2000, 380). Beim Absehen von der Vollstreckung ist der Verurteilte nicht beschwert; gegen die Anordnung nach Abs. 2 kann er Einwendungen erheben, über die das nach § 462a zuständige Gericht entscheidet (Meyer-Goßner § 456a Rdn. 9).

§ 456b (weggefallen)

§ 456c [Aufschub und Aussetzung des Berufsverbotes]

(1) ¹Das Gericht kann bei Erlaß des Urteils auf Antrag oder mit Einwilligung des Verurteilten das Wirksamwerden des Berufsverbots durch Beschluß aufschieben, wenn das sofortige Wirksamwerden des Verbots für den Verurteilten oder seine Angehörigen eine erhebliche, außerhalb seines Zweckes liegende, durch späteres Wirksamwerden vermeidbare Härte bedeuten würde. ²Hat der Verurteilte einen gesetzlichen Vertreter, so ist dessen Einwilligung erforderlich. ³§ 462 Abs. 3 gilt entsprechend.

(2) Die Vollstreckungsbehörde kann unter denselben Voraussetzungen das **Berufsverbot aussetzen.**

(3) ¹Der Aufschub und die Aussetzung können an die Leistung einer Sicherheit oder an andere Bedingungen geknüpft werden. ²Aufschub und Aussetzung dürfen den Zeitraum von sechs Monaten nicht übersteigen.

(4) Die Zeit des Aufschubs und der Aussetzung wird auf die für das Berufsverbot festgesetzte Frist nicht angerechnet.

1   Ein Berufsverbot (§ 70 Abs. 1 StGB) wird **mit Rechtskraft** des Urteils wirksam (§ 70 Abs. 4 S. 1 StGB). Unter den Voraussetzungen des § 456 kann das erkennende Gericht (Abs. 1) bei Erlass des Urteils oder die Vollstreckungsbehörde (Abs. 2) nach Urteilsrechtskraft unter den in Abs. 1 genannten Voraussetzungen das Wirksamwerden des Verbots hinausschieben. Aufschub und Aussetzung dürfen die Dauer von sechs Monaten nicht überschreiten (Abs. 3 S. 2).

2   Gegen die Anordnung nach Abs. 1 hat die StA die **sofortige Beschwerde,** gegen die Ablehnung eines Antrags und die Auferlegung von Bedingungen der Verurteilte. Über Einwendungen gegen Entscheidungen der Strafvollstreckungsbehörde (Abs. 2) entscheidet das Gericht nach § 456 Abs. 2; hiergegen ist die sofortige Beschwerde (§ 462 Abs. 3) statthaft (KK-Fischer § 456c Rdn. 9).

§ 457 [Haftbefehl]

(1) § 161 gilt sinngemäß für die in diesem Abschnitt bezeichneten Zwecke.

(2) ¹Die Vollstreckungsbehörde ist befugt, zur Vollstreckung einer Freiheitsstrafe einen Vorführungs- oder Haftbefehl zu erlassen, wenn der Verurteilte auf

1. Abschnitt. Strafvollstreckung § 458

die an ihn ergangene Ladung zum Antritt der Strafe sich nicht gestellt hat oder der Flucht verdächtig ist. ²Sie kann einen Vorführungs- oder Haftbefehl auch erlassen, wenn ein Strafgefangener entweicht oder sich sonst dem Vollzug entzieht.

(3) ¹Im übrigen hat in den Fällen des Absatzes 2 die Vollstreckungsbehörde die gleichen Befugnisse wie die Strafverfolgungsbehörde, soweit die Maßnahmen bestimmt und geeignet sind, den Verurteilten festzunehmen. ²Bei der Prüfung der Verhältnismäßigkeit ist auf die Dauer der noch zu vollstreckenden Freiheitsstrafe besonders Bedacht zu nehmen. ³Die notwendig werdenden gerichtlichen Entscheidungen trifft das Gericht des ersten Rechtszuges.

Die Bestimmung erlaubt **Zwangsmaßnahmen der Vollstreckungsbehörde,** um 1 den Vollzug einer Freiheitsstrafe oder Ersatzfreiheitsstrafe sicherzustellen (Pfeiffer § 457 Rdn. 1). Sie gilt für die Vollstreckung weiterer Maßnahmen entsprechend (vgl. § 463 Abs. 1; §§ 96, 97 OWiG).

Maßnahmen, die im Erkenntnisverfahren zur Ergreifung des Beschuldigten zulässig 2 sind, dürfen auch **gegen den Verurteilten** benutzt werden (Abs. 1). § 96 OWiG (Erzwingungshaft) gilt entsprechend (Meyer-Goßner § 457 Rdn. 1).

Zwangsmaßnahmen sind zulässig, wenn eine Ladung zum Strafantritt nicht be- 3 achtet wurde (Abs. 2 S. 1) oder der Verurteilte der Flucht verdächtig ist. Gleiches gilt, wenn ein Strafgefangener entweicht oder sich sonst dem Vollzug entzieht.

Ein **Vollstreckungsvorführungsbefehl** wird regelmäßig nur in Betracht kom- 4 men, wenn der Verurteilte am Ort oder nah bei der JVA wohnt. Ansonsten wird ein Vollstreckungshaftbefehl erlassen. Zuständig ist die Vollstreckungsbehörde. Ein Verstoß gegen Art. 104 Abs. 2 S. 1 GG soll nicht vorliegen, da es sich bereits um die Durchführung einer vom Gericht angeordneten Freiheitsentziehung handelt (BGHSt 23, 380, 386). Die §§ 112 ff finden keine Anwendung (KK-Fischer § 457 Rdn. 2).

Eine **Ausschreibung** zur Festnahme nach § 131 Abs. 1 ist zulässig (Meyer-Goßner 5 § 457 Rdn. 12). Sonstige Maßnahmen ergeben sich aus Abs. 3. Hierzu können sogar die Überwachung der Telekommunikation (§ 100a) oder der Einsatz verdeckter Ermittler (§§ 110a ff) unter den dort aufgestellten Voraussetzungen gehören. Ob auch eine Vermögensbeschlagnahme nach § 290 zulässig ist, ist zweifelhaft (Meyer-Goßner § 457 Rdn. 13).

Als **Rechtsbehelf** ist nur die Beschwerde nach § 21 StrVollstrO und danach der 6 Rechtsweg nach §§ 23 ff EGGVG denkbar (Meyer-Goßner § 457 Rdn. 16).

§ 458 [Gerichtliche Entscheidungen bei Strafvollstreckung]

(1) Wenn über die Auslegung eines Strafurteils oder über die Berechnung der erkannten Strafe Zweifel entstehen oder wenn Einwendungen gegen die Zulässigkeit der Strafvollstreckung erhoben werden, so ist die Entscheidung des Gerichts herbeizuführen.

(2) Das Gericht entscheidet ferner, wenn in den Fällen des § 454b Abs. 1 und 2 sowie der §§ 455, 456 und 456c Abs. 2 Einwendungen gegen die Entscheidung der Vollstreckungsbehörde erhoben werden oder wenn die Vollstreckungsbehörde anordnet, daß an einem Ausgelieferten oder Ausgewiesenen die Vollstreckung einer Strafe oder einer Maßregel der Besserung und Sicherung nachgeholt werden soll, und Einwendungen gegen diese Anordnung erhoben werden.

(3) ¹Der Fortgang der Vollstreckung wird hierdurch nicht gehemmt; das Gericht kann jedoch einen Aufschub oder eine Unterbrechung der Vollstreckung anordnen. ²In den Fällen des § 456c Abs. 2 kann das Gericht eine einstweilige Anordnung treffen.

§§ 459, 459a   7. Buch. Strafvollstreckung und Kosten des Verfahrens

1   Die Vorschrift regelt **gerichtliche Entscheidungen** im Rahmen der Strafvollstreckung. Abs. 1 eröffnet den Rechtsweg für Einwendungen grundsätzlicher Art gegen Entscheidungen der Vollstreckungsbehörde. Zweifel über die Auslegung eines Strafurteils können sich auf den gesamten Strafausspruch, aber auch auf Nebenstrafen und Nebenfolgen beziehen (BGHSt 8, 66). Nach Abs. 1 sind auch Widersprüche zwischen Urteilsausspruch und Gründen zu klären (Meyer-Goßner § 458 Rdn. 2). Zweifel über die Strafberechnung können sich insbesondere im Hinblick auf die Anrechnung von Freiheitsentziehungen ergeben. Es geht immer um Einwendungen gegen das „Ob" der Vollstreckung. Für Entscheidungen über das „Wie" der Vollstreckung greifen §§ 109 ff StVollzG oder §§ 23 ff EGGVG (vgl. BGHSt 19, 240).

2   **Bestand und Rechtmäßigkeit des Urteils** dürfen grundsätzlich nicht in Frage gestellt werden (Meyer-Goßner § 458 Rdn. 9). Zu den Vollstreckungshindernissen nach Abs. 1 gehört die fehlende Identität des Betroffenen mit dem Verurteilten (KG NStZ-RR 2004, 240), eine bereits erfolgte Vollstreckung oder z. B. Verjährung (Meyer-Goßner § 458 Rdn. 10).

3   **Einwendungen nach Abs. 2** betreffen einzelne Anordnungen der Vollstreckungsbehörde nach § 454b Abs. 1, §§ 455, 456, 456a, 457c Abs. 2. Nach Abs. 3 kann der mangelnde Suspensiveffekt durch eine vorläufige Anordnung ersetzt werden. Erneute Einwendungen nach rechtskräftiger Verwerfung früherer Einwendungen sind zulässig, wenn der Betroffene sie auf neue Tatsachen oder Beweismittel stützt (OLG Düsseldorf MDR 1993, 67).

4   **Rechtsmittel** gegen gerichtliche Entscheidungen ist die sofortige Beschwerde nach § 462 Abs. 3. Die Ablehnung einer vorläufigen Maßnahme nach Abs. 3 ist nicht anfechtbar (OLG Nürnberg NStZ 2003, 390), bei Unterbrechung der Vollstreckung hat die sofortige Beschwerde der StA aufschiebende Wirkung (§ 462 Abs. 3 S. 2).

§ 459 [Vollstreckung der Geldstrafe]

Für die Vollstreckung der Geldstrafe gelten die Vorschriften der Justizbeitreibungsordnung, soweit dieses Gesetz nichts anderes bestimmt.

1   Für die Vollstreckung der Geldstrafe gilt die **Justizbeitreibungsordnung**. Ergänzt wird diese durch die §§ 458, 459 h. Über § 459 g Abs. 2 gilt die Bestimmung entsprechend für die Vollstreckung von Nebenfolgen, die zu einer Geldzahlung verpflichten. Vollstreckungsbehörde ist die StA, die Geschäfte sind dem Rechtspfleger übertragen (§ 31 Abs. 2 S. 1 RPflG).

§ 459a [Zahlungserleichterungen]

(1) ¹Nach Rechtskraft des Urteils entscheidet über die Bewilligung von Zahlungserleichterungen bei Geldstrafen (§ 42 des Strafgesetzbuches) die Vollstreckungsbehörde. ²Sie kann Zahlungserleichterungen auch gewähren, wenn ohne die Bewilligung die Wiedergutmachung des durch die Straftat verursachten Schadens durch den Verurteilten erheblich gefährdet wäre; dabei kann dem Verurteilten der Nachweis der Wiedergutmachung auferlegt werden.

(2) ¹Die Vollstreckungsbehörde kann eine Entscheidung über Zahlungserleichterungen nach Absatz 1 oder nach § 42 des Strafgesetzbuches nachträglich ändern oder aufheben. ²Dabei darf sie von einer vorausgegangenen Entscheidung zum Nachteil des Verurteilten nur auf Grund neuer Tatsachen oder Beweismittel abweichen.

(3) ¹Entfällt die Vergünstigung nach § 42 Satz 2 des Strafgesetzbuches, die Geldstrafe in bestimmten Teilbeträgen zu zahlen, so wird dies in den Akten

1. Abschnitt. Strafvollstreckung §§ 459b, 459c

vermerkt. ²Die Vollstreckungsbehörde kann erneut eine Zahlungserleichterung bewilligen.

(4) ¹Die Entscheidung über Zahlungserleichterungen erstreckt sich auch auf die Kosten des Verfahrens. ²Sie kann auch allein hinsichtlich der Kosten getroffen werden.

Die Bestimmung ergänzt § 42 StGB und gilt entsprechend für Nebenfolgen, die zu einer Geldleistung verpflichten (§ 459g Abs. 2). Grund für Zahlungserleichterungen können die persönlichen oder wirtschaftlichen Verhältnisse des Verurteilten sein, aber auch (S. 2) die Rücksichtnahme auf die Ersatzansprüche des Verletzten (Meyer-Goßner § 459a Rdn. 3). 1

Auf Grund neuer Tatsachen oder Beweismittel kann die Vollstreckungsbehörde ihre Entscheidungen nachträglich ändern oder aufheben (Abs. 2). Die Entscheidung über Zahlungserleichterungen kann auch wegen der Kosten getroffen werden (Abs. 4). 2

§ 459b [Verrechnung von Teilbeträgen]

Teilbeträge werden, wenn der Verurteilte bei der Zahlung keine Bestimmung trifft, zunächst auf die Geldstrafe, dann auf die etwa angeordneten Nebenfolgen, die zu einer Geldzahlung verpflichten, und zuletzt auf die Kosten des Verfahrens angerechnet.

In welcher Weise **Teilzahlungen** verrechnet werden, ergibt sich in erster Linie aus der Bestimmung durch den Verurteilten. Im Übrigen regelt § 459b die Anrechnung nach dem so genannten „Lästigkeitsprinzip". 1

Die Vorschrift gilt bei der Vollstreckung **mehrerer strafrechtlicher Entscheidungen** entsprechend (Meyer-Goßner § 459b Rdn. 3). Die Vorschrift gilt auch bei der zwangsweisen Beitreibung, so dass bei mehreren Strafen zunächst die Geldstrafen angerechnet werden müssen, damit nicht eine Verbüßung von Ersatzfreiheitsstrafe notwendig wird. 2

Zulässiger **Rechtsbehelf** ist der Antrag auf gerichtliche Entscheidung nach § 23 EGGVG (KMR-Paulus § 459b Rdn. 7; LR-Wendisch § 459h Rdn. 7 will § 459h entsprechend anwenden). 3

§ 459c [Beitreibung der Geldstrafe]

(1) Die Geldstrafe oder der Teilbetrag der Geldstrafe wird vor Ablauf von zwei Wochen nach Eintritt der Fälligkeit nur beigetrieben, wenn auf Grund bestimmter Tatsachen erkennbar ist, daß sich der Verurteilte der Zahlung entziehen will.

(2) Die Vollstreckung kann unterbleiben, wenn zu erwarten ist, daß sie in absehbarer Zeit zu keinem Erfolg führen wird.

(3) In den Nachlaß des Verurteilten darf die Geldstrafe nicht vollstreckt werden.

Geldstrafe und Kosten werden grundsätzlich mit **Rechtskraft** des Urteils fällig, bei Gewährung von Zahlungserleichterungen zu den festgesetzten Terminen (Pfeiffer § 459c Rdn. 1). 1

Die **Beitreibung** richtet sich nach §§ 6ff BeitrO. Über Einwendungen gegen Entscheidungen des Rechtspflegers nach Abs. 1 entscheidet die StA, gegen deren Entscheidung ist der Rechtsbehelf des § 459h zulässig (Pfeiffer § 459c Rdn. 5). 2

§ 459d [Unterbleiben der Vollstreckung]

(1) **Das Gericht kann anordnen, daß die Vollstreckung der Geldstrafe ganz oder zum Teil unterbleibt, wenn**
1. **in demselben Verfahren Freiheitsstrafe vollstreckt oder zur Bewährung ausgesetzt worden ist oder**
2. **in einem anderen Verfahren Freiheitsstrafe verhängt ist und die Voraussetzungen des § 55 des Strafgesetzbuches nicht vorliegen**

und die Vollstreckung der Geldstrafe die Wiedereingliederung des Verurteilten erschweren kann.

(2) **Das Gericht kann eine Entscheidung nach Absatz 1 auch hinsichtlich der Kosten des Verfahrens treffen.**

1 Die Vorschrift will die **Wiedereingliederung des Verurteilten** erleichtern. Wurde Geldstrafe neben Freiheitsstrafe im selben Verfahren verhängt (Abs. 1 Nr. 1), muss das Gericht prüfen, ob die zusätzliche Strafe die Resozialisierung des Täters erschwert. Dass das Gericht die Wiedereingliederungsfrage anders beurteilt als der Tatrichter, rechtfertigt die Anordnung nicht (KK-Fischer § 459d Rdn. 3). Es müssen also nachträglich eingetretene oder bekannt gewordene Umstände im Raum stehen (Meyer-Goßner § 459d Rdn. 4).

2 Ergibt sich das **Nebeneinander von Geldstrafe und Freiheitsstrafe** aus verschiedenen Verfahren (Abs. 1 Nr. 2), ist für die Anordnung Voraussetzung, dass eine nachträgliche Gesamtstrafenbildung nach § 55 Abs. 1 S. 1 StGB rechtlich nicht möglich ist. Bei der Ermessensentscheidung nach Abs. 1 Nr. 1 ist der **Ausnahmecharakter** der Anordnung zu berücksichtigen (Meyer-Goßner § 459d Rdn. 6).

3 Ein Absehen von der **Beitreibung der Kosten** (Abs. 2) setzt voraus, dass der Angeklagte auch zu Geldstrafe verurteilt ist (BGHSt 31, 244, 246). Die Entscheidung ist nur zulässig, wenn überwiegende Gründe der Resozialisierung für das Entfallen der Kostenschuld sprechen (LG Mainz NStZ 1982, 47). Zum zuständigen Gericht vgl. §§ 462, 462a, zur Beschwerde vgl. § 462 Abs. 3 S. 1.

§ 459e [Vollstreckung der Ersatzfreiheitsstrafe]

(1) **Die Ersatzfreiheitsstrafe wird auf Anordnung der Vollstreckungsbehörde vollstreckt.**

(2) **Die Anordnung setzt voraus, daß die Geldstrafe nicht eingebracht werden kann oder die Vollstreckung nach § 459c Abs. 2 unterbleibt.**

(3) **Wegen eines Teilbetrages, der keinem vollen Tage Freiheitsstrafe entspricht, darf die Vollstreckung der Ersatzfreiheitsstrafe nicht angeordnet werden.**

(4) [1]**Die Ersatzfreiheitsstrafe wird nicht vollstreckt, soweit die Geldstrafe entrichtet oder beigetrieben wird oder die Vollstreckung nach § 459d unterbleibt.** [2]**Absatz 3 gilt entsprechend.**

1 Die Anordnung der **Vollstreckung der Ersatzfreiheitsstrafe** setzt voraus, dass angemessene Versuche, die Geldstrafe beizutreiben, erfolglos geblieben sind oder eine Anordnung nach § 459c Abs. 2 getroffen wurde. Das Mindestmaß der Ersatzfreiheitsstrafe (Abs. 3) ist ein voller Tag. Geht die Geldstrafe nach Anordnung der Vollstreckung noch ein, entsteht ein Vollstreckungshindernis (OLG Zweibrücken MDR 1987, 782). Ist der Verurteilte bereits im Vollzug, muss er sofort entlassen werden (Meyer-Goßner § 459e Rdn. 5).

2 In der **Praxis** der Justiz wird oftmals die Vollstreckung der Ersatzfreiheitsstrafe durch freie Arbeit abgewendet (vgl. Art. 293 EGStGB; Meyer-Goßner § 459e Rdn. 7). Zu landesrechtlichen Regelungen vgl. LK-Häger § 43 StGB Rdn. 12).

§ 459f [Absehen von Vollstreckung der Ersatzfreiheitsstrafe]

Das Gericht ordnet an, daß die Vollstreckung der Ersatzfreiheitsstrafe unterbleibt, wenn die Vollstreckung für den Verurteilten eine unbillige Härte wäre.

Eine **unbillige Härte** liegt nicht schon bei Mittellosigkeit des Verurteilten vor, selbst wenn diese unverschuldet ist (OLG Düsseldorf MDR 1985, 76). Die Vollstreckung der Ersatzfreiheitsstrafe muss eine außerhalb des Strafzwecks liegende Härte bedeuten (BGHSt 27, 90, 93). 1

Die **Entscheidung** trifft das Gericht auf Antrag oder von Amts wegen (§§ 462, 462a). Die Wirkung beschränkt sich auf den Aufschub der Vollstreckung, sie besteht nicht etwa im Erlass der Strafe. Ein Widerruf ist bei nachträglichem Wegfall der unbilligen Härte jederzeit möglich (Pfeiffer § 459f Rdn. 3). Rechtsmittel ist die sofortige Beschwerde (§ 463 Abs. 3 S. 1). 2

§ 459g [Vollstreckung von Nebenfolgen]

(1) ¹Ist der Verfall, die Einziehung oder die Unbrauchbarmachung einer Sache angeordnet worden, so wird die Anordnung dadurch vollstreckt, daß die Sache dem Verurteilten oder dem Verfalls- oder Einziehungsbeteiligten weggenommen wird. ²Für die Vollstreckung gelten die Vorschriften der Justizbeitreibungsordnung.

(2) Für die Vollstreckung von Nebenfolgen, die zu einer Geldzahlung verpflichten, gelten die §§ 459, 459a, 459c Abs. 1 und 2 und § 459d entsprechend.

Die Vorschrift betrifft **Nebenfolgen**, die eine Besitzergreifung durch den Staat voraussetzen. Das Eigentum an dem Gegenstand ist bereits mit Rechtskraft der Anordnung der Einziehung oder des Verfalls auf den Landesfiskus übergegangen (vgl. Pfeiffer § 459g Rdn. 1). 1

Abs. 2 betrifft die Verpflichtung zur **Leistung von Geldzahlungen.** Abs. 2 verweist auf die Vorschriften, die für die Vollstreckung entsprechend anwendbar sind. Da § 459c Abs. 3 nicht aufgeführt ist, kann in einem solchen Fall in den Nachlass vollstreckt werden. In den Fällen des Abs. 1 kommt es auf den Todeszeitpunkt an: Stirbt der Verpflichtete nach Rechtskraft, verbleibt es beim Eigentumsübergang, stirbt er davor, geht das Eigentum nicht mehr über. 2

§ 459h [Rechtsbehelf]

Über Einwendungen gegen die Entscheidungen der Vollstreckungsbehörde nach den §§ 459a, 459c, 459e und 459g entscheidet das Gericht.

Entscheidungen der Vollstreckungsbehörde im Sinne des § 459h sind alle tatsächlichen Maßnahmen und Anordnungen. Ob die Strafvollstreckungsbehörde einen Ermessensspielraum hat oder nicht, ist gleichgültig (LR-Wendisch § 459h Rdn. 5). Innerdienstliche Verfügungen sind ebenso wenig erfasst wie Einwendungen, die sich allein gegen die Art und Weise der Vollstreckung richten. Über letztere entscheidet das Zivilvollstreckungsgericht (vgl. KK-Fischer § 459h Rdn. 3). 1

§ 459h schließt in seinem Anwendungsbereich § 458 und §§ 23ff EGGVG aus. Zuständig für Entscheidungen ist grundsätzlich der **Rechtspfleger;** hiergegen kann das Gericht angerufen werden. Gegen dessen Beschluss ist die sofortige Beschwerde (§ 462 Abs. 3) statthaft. 2

Zuständig ist regelmäßig das **Gericht des ersten Rechtszugs.** Die Strafvollstreckungskammer entscheidet nur, wenn über Einwendungen zu befinden ist, die während des Vollzugs einer Freiheitsstrafe erhoben werden, auch wenn es sich dabei um eine Ersatzfreiheitsstrafe handelt (Meyer-Goßner § 459h Rdn. 4). 3

§ 459i [Vollstreckung der Vermögensstrafe]

Nachdem das BVerfG § 43a StGB für verfassungswidrig erklärt hat (NJW 2002, 1779), hat die Vorschrift keinen Anwendungsbereich mehr.

§ 460 [Nachträgliche Gesamtstrafenbildung]

¹Ist jemand durch verschiedene rechtskräftige Urteile zu Strafen verurteilt worden und sind dabei die Vorschriften über die Zuerkennung einer Gesamtstrafe (§ 55 des Strafgesetzbuches) außer Betracht geblieben, so sind die erkannten Strafen durch eine nachträgliche gerichtliche Entscheidung auf eine Gesamtstrafe zurückzuführen. ²Werden mehrere Vermögensstrafen auf eine Gesamtvermögensstrafe zurückgeführt, so darf diese die Höhe der verwirkten höchsten Strafe auch dann nicht unterschreiten, wenn deren Höhe den Wert des Vermögens des Verurteilten zum Zeitpunkt der nachträglichen gerichtlichen Entscheidung übersteigt.

1 Die Vorschrift ermöglicht die **Nachholung einer Gesamtstrafenbildung,** die im Erkenntnisverfahren „außer Betracht" geblieben ist. S. 2 betrifft die mittlerweile für verfassungswidrig erklärte Vermögensstrafe (s. § 459i) und ist insofern unbedeutend.

2 Warum im Erkenntnisverfahren die **Gesamtstrafenbildung unterblieben** ist, ist gleichgültig. Dem Richter mag die frühere Verurteilung nicht bekannt (BayObLG JR 1980, 378) oder eine Gesamtstrafenbildung wegen fehlender Rechtskraft der Vorverurteilung noch nicht zulässig gewesen sein (BGHSt 20, 292, 294). Möglich ist auch, dass die Strafgewalt des Gerichts für die Gesamtstrafe nicht ausreiche (BGHSt 34, 204, 208 ff). § 460 gilt auch, wenn der letzte Tatrichter aus Rechtsirrtum nicht erkannt hat, dass eine Gesamtstrafenbildung möglich ist (BGHSt 35, 208, 214; Meyer-Goßner § 460 Rdn. 3). Letztlich geht es darum, das materielle Recht ohne Rücksicht auf die Rechtskraft der Urteile durchzusetzen. Nicht anwendbar soll § 460 allerdings dann sein, wenn der Tatrichter nach ausdrücklicher Prüfung die Bildung einer Gesamtstrafe – wenn auch rechtsfehlerhaft – abgelehnt hat (OLG Hamburg NStZ 1992, 607).

3 **§ 460 ist entsprechend anwendbar,** wenn bei Wegfall einer Gesamtstrafe versehentlich nicht über die Frage der Strafaussetzung zur Bewährung hinsichtlich einer bestehen gebliebenen Strafe entschieden worden ist (OLG Zweibrücken NStZ 1996, 303) oder bei unterbliebener Anrechnung erbrachter Leistungen (Meyer-Goßner § 460 Rdn. 4). Im Jugendstrafverfahren gilt § 66 JGG.

4 Einbezogen werden nicht Urteile, sondern **Einzelstrafen** der früheren Urteile (BGH MDR 1979, 280). Die Entscheidungen müssen rechtskräftig sein (S. 1). Einzubeziehen sind auch Strafen aus Strafbefehlen (BGH GA 1956, 50, 52), wobei Zeitpunkt der früheren Verurteilung der Erlass des Strafbefehls, nicht erst seine Zustellung ist (BGHSt 33, 230). Für Geldstrafen gilt § 53 Abs. 2 S. 2 Hs. 1 StGB. Sieht das Gericht insofern von der Einbeziehung der Geldstrafe in die Gesamtstrafe ab, äußert es sich hierzu nur in der Beschlussbegründung (Meyer-Goßner § 460 Rdn. 9).

5 **Gesamtstrafen** aus früheren Urteilen und Strafbefehlen werden aufgelöst; insofern erlaubt § 460 einen Eingriff in die Rechtskraft früherer gerichtlicher Entscheidungen (BGHSt 35, 208, 214). Für die Gesamtstrafenbildung gelten die Grundsätze des § 55 StGB (vgl. Tröndle/Fischer § 55 StGB Rdn. 8).

6 **Ist die frühere Verurteilung erledigt** und war sie bereits zum Zeitpunkt des Erlasses der letzten tatrichterlichen Entscheidung verbüßt, verjährt oder erlassen, lagen die Voraussetzungen für die Bildung einer Gesamtstrafe schon nicht vor. § 460 ist dann nicht anwendbar (KK-Fischer § 460 Rdn. 9). Ist die Erledigung erst nach Erlass des letzten Urteils eingetreten, steht dies der neuen Gesamtstrafenbildung grundsätzlich nicht entgegen, da der Verurteilte so gestellt werden muss, als sei zu diesem Zeitpunkt

1. Abschnitt. Strafvollstreckung § 460

bereits eine Gesamtstrafe gebildet worden. Eine Ausnahme gilt nur dann, wenn sämtliche Einzelstrafen schon erledigt sind. Die Gesamtstrafe ist dann um die anteilsmäßige Höhe der verjährten oder erlassenen Strafe zu mindern (KK-Fischer § 460 Rdn. 15, 26). Nicht einbezogen werden Strafen, für die die Bewährungszeit bereits abgelaufen ist (KG JR 1976, 202).

> **Beispiel:** Jeweils Verurteilungen zu 1 Jahr Freiheitsstrafe sind rechtskräftig geworden. Von der ersten Freiheitsstrafe sind zwei Drittel verbüßt worden. Das Gericht bildet aus beiden eine Gesamtstrafe von 1 Jahr und 3 Monaten und rechnet die verbüßten 8 Monate an.

Die **Bemessung der Gesamtstrafe** dient weder der Urteilskorrektur noch einem Härteausgleich. War bereits eine Gesamtstrafe gebildet worden, ist deren Höhe die unterste Grenze der neuen Gesamtstrafe (BGHSt 7, 180, 183; Meyer-Goßner § 460 Rdn. 15). Dass in einem oder mehreren der früheren Urteile Strafaussetzung zur Bewährung bewilligt worden war, steht einer Gesamtstrafenbildung nicht entgegen. In dem Verfahren nach § 460 ist dann über die Aussetzung der Gesamtstrafe unter Beachtung der zeitlichen Schranken des StGB (§§ 56, 58 Abs. 1) neu und ohne Bindung an die Vorentscheidungen zu entscheiden (vgl. BGH NJW 2003, 2841; BGHSt 30, 168, 170). Daher kann es bei der Gesamtstrafenbildung zu einer Versagung der Strafaussetzung auch dann kommen, wenn alle einbezogenen Einzelstrafen zur Bewährung ausgesetzt waren (OLG Hamm MDR 1975, 948). 7

Das **Verbot der Schlechterstellung** (§ 331 Abs. 1) gilt mit Einschränkungen auch im Verfahren nach § 460. Grenze ist das Prinzip, dass der Verurteilte durch die nachträgliche Gesamtstrafenbildung nicht schlechter, aber auch nicht besser gestellt werden soll als bei einer ursprünglichen. Die neue Gesamtstrafe darf daher die Summe der einbezogenen Einzelstrafen nicht erreichen und muss höher sein als die Einsatzstrafe (§ 54 StGB). War bereits früher eine Gesamtstrafe gebildet worden, die nun wieder aufgelöst wird, wirkt dennoch die frühere Gesamtstrafe insofern weiter, als die neue Gesamtstrafe die Summe der früheren und der neu einzubeziehenden Einzelstrafen nicht erreichen darf (BGHSt 15, 164, 166), zugleich ist die Höhe der alten Gesamtstrafe die unterste Grenze der neu zu bildenden Gesamtstrafe (BGHSt 7, 180, 183; Pfeiffer § 460 Rdn. 7). 8

Hat der letzte Tatrichter beim **Zusammentreffen von Freiheits- und Geldstrafe** davon abgesehen, eine Gesamtfreiheitsstrafe zu bilden, darf dieser Vorteil dem Verurteilten auch nicht in dem Verfahren nach § 460 genommen werden (OLG Düsseldorf StV 1993, 31; Meyer-Goßner § 460 Rdn. 20). Beim Zusammentreffen einer lebenslangen Freiheitsstrafe mit anderen Freiheitsstrafen darf das Schwurgericht nach § 57b StGB nachträglich die besondere Schwere der Schuld bejahen (OLG Hamm NStZ 1996, 301). 9

Die **Entscheidung des Gerichts** ergeht auf Antrag des Verurteilten oder der StA oder von Amts wegen. Sie ergeht durch das nach § 462a Abs. 3 zuständige Gericht ohne mündliche Verhandlung (§ 462 Abs. 1 S. 1) und muss nach § 34 begründet werden. 10

Das **Rechtsmittel** ergibt sich aus § 462 Abs. 3 S. 1. Im Anfechtungsverfahren gilt das Verbot der Schlechterstellung. Das Beschwerdegericht entscheidet nach § 309 Abs. 2 in der Sache selbst. 11

Die **Rechtskraft** des Beschlusses bewirkt, dass die Gesamtstrafe ebenso unabänderlich festgesetzt ist wie in einem Urteil nach § 55 StGB. Mit der Rechtskraft wird eine neue Bewährungszeit in Kraft gesetzt. Die Vollstreckung der rechtskräftig festgesetzten Einzelstrafen bleibt bis zur vollständigen Rechtskraft des Gesamtstrafenbeschlusses zulässig (KG NStZ-RR 2004, 286; Meyer-Goßner § 460 Rdn. 27). Die Vollstreckung der neu gebildeten Gesamtstrafe erfordert wiederum eine Rechtskraftbescheinigung (LG Bochum NJW 1957, 194). 12

§ 461 [Anrechnung von Krankenhausaufenthalt]

(1) Ist der Verurteilte nach Beginn der Strafvollstreckung wegen Krankheit in eine von der Strafanstalt getrennte Krankenanstalt gebracht worden, so ist die Dauer des Aufenthalts in der Krankenanstalt in die Strafzeit einzurechnen, wenn nicht der Verurteilte mit der Absicht, die Strafvollstreckung zu unterbrechen, die Krankheit herbeigeführt hat.

(2) Die Staatsanwaltschaft hat im letzteren Falle eine Entscheidung des Gerichts herbeizuführen.

1   Erfasst ist die Unterbringung in einer von der JVA getrennten **Krankenanstalt,** das heißt außerhalb des Vollzugs. Dem gleich steht der Fall, dass der Verurteilte während eines Hafturlaubs sich selbst in eine stationäre Krankenhausbehandlung begibt (OLG Hamm NStZ 1983, 287).

2   **Ausnahmsweise** unterbleibt die Anrechnung, wenn das Ziel des Verurteilten war, die Strafvollstreckung zu unterbrechen. In diesem Fall hat die StA eine gerichtliche Entscheidung herbeizuführen (Abs. 2), gegen die entsprechende Entscheidung ist sofortige Beschwerde nach § 462 Abs. 3 S. 1 statthaft. Gegen die Weigerung der StA, den Krankenhausaufenthalt einzurechnen, sind Einwendungen nach § 458 Abs. 1 zulässig (Meyer-Goßner § 461 Rdn. 7).

§ 462 [Verfahren bei gerichtlicher Entscheidung]

(1) ¹Die nach § 450a Abs. 3 Satz 1 und den §§ 458 bis 461 notwendig werdenden gerichtlichen Entscheidungen trifft das Gericht ohne mündliche Verhandlung durch Beschluß. ²Dies gilt auch für die Wiederverleihung verlorener Fähigkeiten und Rechte (§ 45b des Strafgesetzbuches), die Aufhebung des Vorbehalts der Einziehung und die nachträgliche Anordnung der Einziehung eines Gegenstandes (§ 74b Abs. 2 Satz 3 des Strafgesetzbuches), die nachträgliche Anordnung von Verfall oder Einziehung des Wertersatzes (§ 76 des Strafgesetzbuches) sowie für die Verlängerung der Verjährungsfrist (§ 79b des Strafgesetzbuches).

(2) ¹Vor der Entscheidung sind die Staatsanwaltschaft und der Verurteilte zu hören. ²Das Gericht kann von der Anhörung des Verurteilten in den Fällen einer Entscheidung nach § 79b des Strafgesetzbuches absehen, wenn infolge bestimmter Tatsachen anzunehmen ist, daß die Anhörung nicht ausführbar ist.

(3) ¹Der Beschluß ist mit sofortiger Beschwerde anfechtbar. ²Die sofortige Beschwerde der Staatsanwaltschaft gegen den Beschluß, der die Unterbrechung der Vollstreckung anordnet, hat aufschiebende Wirkung.

1   Gerichtliche Entscheidungen in diesem Zusammenhang trifft das Gericht **nach Aktenlage** ohne mündliche Verhandlung durch Beschluss. Eine mündliche Verhandlung ist nicht zulässig, das Gericht kann aber aus besonderen Gründen mündliche Erklärungen entgegennehmen. Beweiserhebungen können vor der Entscheidung im Freibeweisverfahren angestellt werden, auch die Inanspruchnahme der StA oder der Polizei ist denkbar (vgl. Meyer-Goßner § 462 Rdn. 1).

2   Vor der Entscheidung ist **rechtliches Gehör** zu gewähren (Abs. 2 S. 1). Eine mündliche Anhörung des Verurteilten ist jedenfalls nicht unzulässig und teilweise auch sinnvoll (vgl. OLG Frankfurt NStZ-RR 2001, 348). Die Anhörung ist nach S. 2 entbehrlich, weil zum Beispiel die Anhörung eines Verurteilten, der sich ins Ausland begeben hat, nicht durchführbar ist. Nötig ist aber, dass die Unausführbarkeit sich aus bestimmten Tatsachen ergibt; bloße Vermutungen genügen nicht. In solchen Fällen kann der Beschluss auch öffentlich zugestellt werden (§ 40).

1. Abschnitt. Strafvollstreckung § 462a

Die **sofortige Beschwerde** (Abs. 3) ist gegen den Beschluss zulässig, wenn nicht 3
das OLG entschieden hat (vgl. Meyer-Goßner § 462 Rdn. 5). Die sofortige Beschwerde wendet sich aber nur gegen Entscheidungen in der Sache selbst. Beschlüsse, die nur Verfahrensvoraussetzungen betreffen, sind mit einfacher Beschwerde anfechtbar (OLG Düsseldorf NStZ 1981, 366). Im Fall des § 455 Abs. 4 hat die sofortige Beschwerde der StA aufschiebende Wirkung (Abs. 3 S. 2).

§ 462a [Gerichtliche Zuständigkeit]

(1) ¹Wird gegen den Verurteilten eine Freiheitsstrafe vollstreckt, so ist für die nach den §§ 453, 454, 454a und 462 zu treffenden Entscheidungen die Strafvollstreckungskammer zuständig, in deren Bezirk die Strafanstalt liegt, in die der Verurteilte zu dem Zeitpunkt, in dem das Gericht mit der Sache befaßt wird, aufgenommen ist. ²Diese Strafvollstreckungskammer bleibt auch zuständig für Entscheidungen, die zu treffen sind, nachdem die Vollstreckung einer Freiheitsstrafe unterbrochen oder die Vollstreckung des Restes der Freiheitsstrafe zur Bewährung ausgesetzt wurde. ³Die Strafvollstreckungskammer kann einzelne Entscheidungen nach § 462 in Verbindung mit § 458 Abs. 1 an das Gericht des ersten Rechtszuges abgeben; die Abgabe ist bindend.

(2) ¹In anderen als den in Absatz 1 bezeichneten Fällen ist das Gericht des ersten Rechtszuges zuständig. ²Das Gericht kann die nach § 453 zu treffenden Entscheidungen ganz oder zum Teil an das Amtsgericht abgeben, in dessen Bezirk der Verurteilte seinen Wohnsitz oder in Ermangelung eines Wohnsitzes seinen gewöhnlichen Aufenthaltsort hat; die Abgabe ist bindend.

(3) ¹In den Fällen des § 460 entscheidet das Gericht des ersten Rechtszuges. ²Waren die verschiedenen Urteile von verschiedenen Gerichten erlassen, so steht die Entscheidung dem Gericht zu, das auf die schwerste Strafart oder bei Strafen gleicher Art auf die höchste Strafe erkannt hat, und falls hiernach mehrere Gerichte zuständig sein würden, dem Gericht, dessen Urteil zuletzt ergangen ist. ³War das hiernach maßgebende Urteil von einem Gericht eines höheren Rechtszuges erlassen, so setzt das Gericht des ersten Rechtszuges die Gesamtstrafe fest; war eines der Urteile von einem Oberlandesgericht im ersten Rechtszuge erlassen, so setzt das Oberlandesgericht die Gesamtstrafe fest. ⁴Wäre ein Amtsgericht zur Bildung der Gesamtstrafe zuständig und reicht seine Strafgewalt nicht aus, so entscheidet die Strafkammer des ihm übergeordneten Landgerichts.

(4) ¹Haben verschiedene Gerichte den Verurteilten in anderen als den in § 460 bezeichneten Fällen rechtskräftig zu Strafe verurteilt oder unter Strafvorbehalt verwarnt, so ist nur eines von ihnen für die nach den §§ 453, 454, 454a und 462 zu treffenden Entscheidungen zuständig. ²Absatz 3 Satz 2 und 3 gilt entsprechend. ³In den Fällen des Absatzes 1 entscheidet die Strafvollstreckungskammer; Absatz 1 Satz 3 bleibt unberührt.

(5) ¹An Stelle der Strafvollstreckungskammer entscheidet das Gericht des ersten Rechtszuges, wenn das Urteil von einem Oberlandesgericht im ersten Rechtszuge erlassen ist. ²Das Oberlandesgericht kann die nach den Absätzen 1 und 3 zu treffenden Entscheidungen ganz oder zum Teil an die Strafvollstreckungskammer abgeben. ³Die Abgabe ist bindend; sie kann jedoch vom Oberlandesgericht widerrufen werden.

(6) Gericht des ersten Rechtszuges ist in den Fällen des § 354 Abs. 2 und des § 355 das Gericht, an das die Sache zurückverwiesen worden ist, und in den Fällen, in denen im Wiederaufnahmeverfahren eine Entscheidung nach § 373 ergangen ist, das Gericht, das diese Entscheidung getroffen hat.

§ 462a 7. Buch. Strafvollstreckung und Kosten des Verfahrens

1 Die Vorschrift ist die zentrale Bestimmung für die (sachliche und örtliche) **Zuständigkeit der Strafvollstreckungskammer** (StrVollstrK). Für Nachtragsentscheidungen grenzt sie von der des Gerichts des ersten Rechtszugs ab. Die Einrichtung solcher Kammern dient der Zuständigkeitskonzentration bei Strafvollstreckungssachen bei besonders erfahrenen entscheidungsnahen Gerichten, denen insbesondere eine mündliche Anhörung nach § 454 Abs. 1 S. 3 unschwer möglich ist.

2 **Die StrVollstrK ist sachlich zuständig** (Abs. 1 S. 1) für Entscheidungen in den Fällen der §§ 453, 454, 454a und 462; damit umfasst sind also auch die Fälle des § 450a Abs. 3 S. 1, §§ 458 bis 461 mit Ausnahme des § 460. Vorausgesetzt ist, dass der Verurteilte sich im Zeitpunkt der Befassung des Gerichts in einer JVA zur Vollstreckung einer Freiheitsstrafe befindet. Die Zuständigkeit endet nicht schon bei Strafunterbrechung und Strafaussetzungen (Abs. 1 S. 2), sondern erst mit der vollständigen Erledigung der Strafvollstreckung.

3 **Freiheitsstrafen** sind Freiheitsstrafen nach § 38 StGB und Eratzfreiheitsstrafen nach § 43 StGB (BGHSt 30, 223), nicht aber die Jugendstrafe. Für freiheitsentziehende Sicherungsmaßregeln gilt § 462a entsprechend (§ 463 Abs. 1).

4 **Die Zuständigkeit beginnt** mit der Aufnahme zum Zweck der Vollstreckung, auch nach Strafunterbrechung oder Widerruf nach Strafaussetzung sowie nach Verlegung in eine andere JVA (BGHSt 26, 165, 166; Meyer-Goßner § 462a Rdn. 5). Vorausgesetzt ist regelmäßig der Beginn des Strafvollzugs in einer JVA (vgl. BGH NStZ 2000, 111; Meyer-Goßner § 462a Rdn. 5). Bei Übergang von Untersuchungshaft in Strafhaft ist der Tag der Rechtskraft des Urteils maßgebend (BGHSt 27, 302, 304), auch wenn eine Verlegung in die nach dem Vollstreckungsplan zuständige JVA zu erwarten ist (BGH NStZ 1999, 638).

5 **Die örtliche Zuständigkeit** (Abs. 1 S. 1) richtet sich nach dem öffentlichrechtlichen Sitz der JVA. Auf ihn kommt es auch an, wenn die Strafe in einer Außenstelle der JVA vollstreckt wird, die im Bezirk eines anderen Landgerichts liegt (BGHSt 28, 135).

6 Wird die Strafe **nacheinander** in mehreren Justizvollzugsanstalten verschiedener LG-Bezirke **vollstreckt,** ist die StrVollstrK zuständig, in deren Bezirk sich der Verurteilte dann befindet, wenn das Gericht „mit der Sache befasst wird". Entscheidend ist der Zeitpunkt, in dem ein Antrag, der eine Entscheidung erfordert, bei Gericht eingeht (BGH NStZ 1996, 23). Der Eingang bei einem unzuständigen Gericht soll nur maßgebend sein, wenn dessen Zuständigkeit nicht von vornherein ausgeschlossen erscheint (BGHSt 26, 214). Muss das Gericht von Amts wegen entscheiden, ist der Zeitpunkt maßgebend, in dem es tätig werden musste, zum Beispiel der Tag, an dem Tatsachen aktenkundig werden, die den Widerruf der Strafaussetzung rechtfertigen (BGHSt 30, 189, 191). Auf eine tatsächliche Tätigkeit kommt es nicht an (BGHSt 26, 278, 280).

7 **Das Befasstsein endet,** wenn in der Sache abschließend entschieden worden ist (BGH NStZ 1984, 380), zum Beispiel durch Ablehnung des Antrags auf Aussetzung des Strafrestes (KK-Fischer § 462a Rdn. 23). Eine Beendigung tritt auch ein durch Rücknahme des Antrags (BGHSt 26, 278) oder Zurückstellung eines verfrühten Antrags mit Zustimmung des Verurteilten (OLG Düsseldorf MDR 1982, 429). Ggf. macht die StrVollstrK einen entsprechenden Aktenvermerk, um das Ende des Befasstseins zu dokumentieren (vgl. BGH NStZ-RR 2003, 7).

8 Bis zum Ende des Befasstseins tritt ein **Wechsel der örtlichen Zuständigkeit** auch dann nicht ein, wenn der Verurteilte in eine zum Bezirk einer anderen StrVollstrK gehörende JVA verlegt worden ist (BGHSt 30, 189) oder dort der Vollzug nach der Flucht aus der bisherigen JVA fortgesetzt wird (OLG Düsseldorf MDR 1983, 155). Wird aber das Gericht nach der Aufnahme des Verurteilten in die neue JVA erneut mit einer Strafvollstreckungssache befasst, ist die „neue" StrVollstrK zuständig (BGHSt 26, 278, 279; BGHSt 36, 229). Auf diese Kammer gehen dann auch die

1. Abschnitt. Strafvollstreckung   § 462a

Überwachung des Verurteilten in der Bewährungszeit nach § 463b oder die Führungsaufsicht über (Meyer-Goßner § 462a Rdn. 14).

Ein Fortwirken der Zuständigkeit (Abs. 1 S. 2) ist gegeben, wenn der Verurteilte auf freien Fuß gelangt. Ob dies durch Flucht, Unterbrechung der Strafvollstreckung oder durch Strafaussetzung geschieht, ist gleichgültig (vgl. Meyer-Goßner § 462a Rdn. 15). Die Fortwirkungszuständigkeit endet, wenn sie nicht mit einer konkreten Sache befasst ist und der Verurteilte in die JVA eines anderen Bezirks aufgenommen wird; entscheidend ist der tatsächliche Aufenthalt eines Verurteilten in der Vollzugsanstalt (BGHSt 36, 229; Pfeiffer § 462a Rdn. 8).   9

Eine Abgabe an das Gericht des ersten Rechtszugs (Abs. 1 S. 3) ist zulässig.   10
Zweckmäßig ist dies insbesondere dann, wenn es um die Auslegung des Urteils, die Strafzeitberechnung und die Zulässigkeit der Strafvollstreckung geht (Meyer-Goßner § 462a Rdn. 16). Die entsprechende Anwendung auf Entscheidungen nach §§ 453, 454 ist ausgeschlossen (BGHSt 26, 352).

Das Gericht des ersten Rechtszugs (Abs. 2) ist **subsidiär zuständig** und grundsätz-   11
lich (vgl. aber Abs. 5 S. 1) nur dann, wenn die Strafvollstreckung noch nicht begonnen hat (BGH NStZ 1995, 221). Eine primäre Zuständigkeit besteht regelmäßig nur, wenn ausschließlich Geldstrafe zu vollstrecken oder eine zur Bewährung ausgesetzte Strafe zu überwachen ist (Pfeiffer § 462a Rdn. 9). Sind zum Zeitpunkt der Verurteilung bereits zwei Drittel der verhängten Strafe durch Anrechnung von Untersuchungshaft verbüßt, bleibt das Gericht des ersten Rechtszuges zuständig (OLG Düsseldorf StV 1989, 216). Gericht des ersten Rechtszugs ist das Gericht, das in erster Tatsacheninstanz mit der Sache befasst war, das AG auch dann, wenn erst das Berufungsgericht verurteilt hat (Pfeiffer § 462a Rdn. 10).

Für **nachträgliche Bewährungsentscheidungen** nach § 453 kann das Gericht des   12
ersten Rechtszuges bindend die Sache an das Wohnsitzgericht abgeben (Abs. 2 S. 2). Die Abgabe erfolgt ganz oder teilweise; die Entscheidungen, die von der Abgabe erfasst sind, sind in dem Beschluss genau zu bezeichnen (Pfeiffer § 462a Rdn. 11). Das abgebende Gericht kann die Sache wieder an sich ziehen (vgl. BGHSt 11, 80). Ändert sich der Wohnsitz oder Aufenthaltsort des Verurteilten, kann das Wohnsitzgericht die Sache nur zurückgeben und nicht an das dann zuständige Gericht weiter verweisen (vgl. BGHSt 26, 204). Die örtliche Zuständigkeit der Vollstreckungsbehörde soll von Abs. 2 S. 2 unberührt bleiben (vgl. Meyer-Goßner § 462a Rdn. 24).

Für **Gesamtstrafenentscheidungen** (Abs. 3) ist immer das Gericht des ersten   13
Rechtszugs zuständig, auch wenn sich der Verurteilte in Strafhaft befindet (BGH MDR 1976, 680). Bei verschiedenen Urteilen verschiedener Gerichte gilt die Reihenfolge des S. 2. Die Zuständigkeit richtet sich also nach Strafart und Strafhöhe, bei gleicher Strafhöhe nach dem Tag der Urteilsfällung, wobei das Gericht des ersten Rechtszugs auch dann entscheidet, wenn das Urteil in einem höheren Rechtszug erlassen worden ist (S. 3 Hs. 1). Allein die Zuständigkeit des OLG geht vor (S. 3 Hs. 2). Für die Strafhöhe kommt es nur auf die Hauptstrafe, nicht auf Nebenstrafen an (BGHSt 11, 293). Bei der Höhe der Geldstrafe ist die Anzahl der Tagessätze, nicht das Produkt entscheidend. Abzustellen ist nicht auf die Gesamtstrafe, sondern immer auf die höchste Einzelstrafe, auch wenn sie schon in einer Gesamtstrafe enthalten war (BGH NJW 1986, 1117). Würde jedoch ein AG mit einer neuen Gesamtstrafe seine Strafgewalt nach § 24 Abs. 2 GVG überschreiten, ist das ihm übergeordnete LG zuständig (Abs. 3 S. 4). Ist dies schon deshalb sicher, weil die höchste Einzelstrafe bereits vier Jahre beträgt, gibt das AG die Sache formlos an das LG ab (Meyer-Goßner § 462a Rdn. 28).

Abs. 4 regelt auf eine nicht eben verständliche Weise eine **Zuständigkeitskon-**   14
zentration. Die Vorschrift erfasst den Fall, dass gegen den Verurteilten mehrere rechtskräftige und noch nicht erledigte Verurteilungen ergangen sind, aber die Voraussetzungen einer Gesamtstrafenbildung nach § 55 StGB nicht vorliegen. In solchen

§ 463

7. Buch. Strafvollstreckung und Kosten des Verfahrens

Fällen besteht die Gefahr, dass unterschiedliche Entscheidungen ergehen und insbesondere eine für die Strafaussetzungsfrage maßgebliche Sozialprognose widersprüchlich behandelt wird (vgl. Meyer-Goßner § 462a Rdn. 30). Daher soll nur eines der erkennenden Gerichte für die Nachtragsentscheidungen zuständig sein (S. 1). S. 1 gilt nicht, wenn bei einer von zwei Verurteilungen eine Nachtragsentscheidung rechtlich gar nicht in Betracht kommt (BGH NStZ 1999, 215).

15 **Die Verweisung des S. 2** auf Abs. 3 S. 2, 3 bewirkt, dass die Zuständigkeit bei dem Gericht liegt, das die höchste Strafart, bei gleicher Strafart die höchste Strafe usw. angeordnet hat (oben Rdn. 13). Anders als im Fall des Abs. 3 S. 2 kommt es bei dem Strafhöhenvergleich nicht darauf an, ob die höchste Strafe eine Einzelstrafe oder eine Gesamtstrafe ist (BGHSt 27, 68).

16 **Die StrVollStrK bleibt zuständig** (S. 3), wenn der Verurteilte auch nur in einer der Sachen in Strafhaft genommen wird (BGH NStZ 2000, 446; zur Zuständigkeit im Btm-Bereich vgl. BGHSt 48, 252; BGHSt 48, 275). S. 3 ist entsprechend anwendbar, wenn dasselbe Gericht gegen den Verurteilten in mehreren Urteilen Strafen verhängt hat, die nicht nach § 55 StGB zu einer Gesamtstrafe zusammengefasst werden können (vgl. BGH NStZ 2001, 222).

17 **Örtlich zuständig** ist die StrVollstrK, in deren Bezirk der Verurteilte nach Eintritt der Zuständigkeitskonzentration zur Strafvollstreckung in eine JVA aufgenommen worden ist. Eine Befassung mit einer bestimmten Entscheidung ist nicht erforderlich (BGH NStZ 1996, 23). Die Fortwirkungszuständigkeit nach Abs. 1 S. 2 tritt zurück (OLG Hamburg NStZ 1987, 92). Da jedoch der Vorrang aus S. 3 das Verhältnis zwischen erkennendem Gericht und StrVollstrK betrifft, kann eine mit einer Strafvollstreckungssache befasste StrVollstrK noch eine abschließende Entscheidung treffen, nachdem der Verurteilte in die JVA eines anderen LG-Bezirks aufgenommen worden ist (vgl. BGHSt 30, 189, 192). Die Zuständigkeit der StA als Vollstreckungsbehörde wird durch den Zuständigkeitswechsel nach Abs. 4 nicht berührt (Meyer-Goßner § 462a Rdn. 35).

18 Hat im ersten Rechtszug ein **OLG** entschieden, entfällt die Zuständigkeit der StrVollstrK nach Abs. 1 und 4 S. 3, die Nachtragsentscheidung trifft das OLG selbst, es kann allerdings die Entscheidung an die StrVollstrK abgeben (S. 2).

19 Zur Zuständigkeit bei **wiederholter erstinstanzlicher Entscheidung** nach Aufhebung und Zurückverweisung bzw. Wiederaufnahme des Verfahrens vgl. Abs. 6. Im Jugendstrafrecht übernimmt die Aufgaben nach § 462a der Jugendrichter als Vollstreckungsleiter (§ 82 Abs. 1, § 110 Abs. 1 JGG).

§ 463 [Vollstreckung von Maßregeln der Besserung und Sicherung]

(1) **Die Vorschriften über die Strafvollstreckung gelten für die Vollstreckung von Maßregeln der Besserung und Sicherung sinngemäß, soweit nichts anderes bestimmt ist.**

(2) **§ 453 gilt auch für die nach den §§ 68a bis 68d des Strafgesetzbuches zu treffenden Entscheidungen.**

(3) ¹**§ 454 Abs. 1, 3 und 4 gilt auch für die nach § 67c Abs. 1, § 67d Abs. 2 und 3, § 67e Abs. 3, den §§ 68e, 68f Abs. 2 und § 72 Abs. 3 des Strafgesetzbuches zu treffenden Entscheidungen.** ²**In den Fällen des § 68e des Strafgesetzbuches bedarf es einer mündlichen Anhörung des Verurteilten nicht.** ³**§ 454 Abs. 2 findet unabhängig von den dort genannten Straftaten in den Fällen des § 67d Abs. 2 und 3, des § 67c Abs. 1 und des § 72 Abs. 3 des Strafgesetzbuches entsprechende Anwendung.** ⁴**Zur Vorbereitung der Entscheidung nach § 67d Abs. 3 des Strafgesetzbuches sowie der nachfolgenden Entscheidungen nach § 67d**

1. Abschnitt. Strafvollstreckung § 463a

Abs. 2 des Strafgesetzbuches hat das Gericht das Gutachten eines Sachverständigen namentlich zu der Frage einzuholen, ob von dem Verurteilten aufgrund seines Hanges weiterhin erhebliche rechtswidrige Taten zu erwarten sind. ⁵Dem Verurteilten, der keinen Verteidiger hat, bestellt das Gericht für das Verfahren nach Satz 4 einen Verteidiger.

(4) ¹§ 455 Abs. 1 ist nicht anzuwenden, wenn die Unterbringung in einem psychiatrischen Krankenhaus angeordnet ist. ²Ist die Unterbringung in einer Entziehungsanstalt oder in der Sicherungsverwahrung angeordnet worden und verfällt der Verurteilte in Geisteskrankheit, so kann die Vollstreckung der Maßregel aufgeschoben werden. ³§ 456 ist nicht anzuwenden, wenn die Unterbringung des Verurteilten in der Sicherungsverwahrung angeordnet ist.

(5) § 462 gilt auch für die nach § 67 Abs. 3 und Abs. 5 Satz 2, den §§ 67a und 67c Abs. 2, § 67d Abs. 5 und 6, den §§ 67g und 69a Abs. 7 sowie den §§ 70a und 70b des Strafgesetzbuches zu treffenden Entscheidungen.

(6) Für die Anwendung des § 462a Abs. 1 steht die Führungsaufsicht in den Fällen des § 67c Abs. 1, des § 67d Abs. 2, 4 und des § 68f des Strafgesetzbuches der Aussetzung eines Strafrestes gleich.

Die Vorschriften über die Strafvollstreckung finden bei der Vollstreckung von **1** Maßregeln der Besserung und Sicherung sinngemäße Anwendung (Abs. 1). In Abs. 2 bis 6 werden die Detailregelungen bzw. abweichende Regelungen getroffen. Auch die Zuständigkeitsvorschriften des § 462a sind entsprechend anwendbar (Meyer-Goßner § 463 Rdn. 3).

Nachtragsentscheidungen im Jugendstrafrecht trifft der Jugendrichter als Voll- **2** streckungsleiter (§ 82 Abs. 1, § 84 JGG), auch wenn der Verurteilte zwischenzeitlich erwachsen ist (OLG Celle NJW 1975, 2253). Zur Einholung eines Sachverständigengutachtens (Abs. 3 S. 3 i. V. m. § 454 Abs. 2) vgl. OLG Hamm StV 2004, 273.

§ 463a [Befugnisse und Zuständigkeit der Aufsichtsstellen]

(1) Die Aufsichtsstellen (§ 68a des Strafgesetzbuches) können zur Überwachung des Verhaltens des Verurteilten und der Erfüllung von Weisungen von allen öffentlichen Behörden Auskunft verlangen und Ermittlungen jeder Art, mit Ausschluß eidlicher Vernehmungen, entweder selbst vornehmen oder durch andere Behörden im Rahmen ihrer Zuständigkeit vornehmen lassen.

(2) ¹Die Aufsichtsstelle kann für die Dauer der Führungsaufsicht oder für eine kürzere Zeit anordnen, daß der Verurteilte zur Beobachtung anläßlich von polizeilichen Kontrollen, die die Feststellung der Personalien zulassen, ausgeschrieben wird. ²§ 163e Abs. 2 gilt entsprechend. ³Die Anordnung trifft der Leiter der Führungsaufsichtsstelle. ⁴Die Erforderlichkeit der Fortdauer der Maßnahme ist mindestens jährlich zu überprüfen.

(3) ¹Örtlich zuständig ist die Aufsichtsstelle, in deren Bezirk der Verurteilte seinen Wohnsitz hat. ²Hat der Verurteilte keinen Wohnsitz im Geltungsbereich dieses Gesetzes, so ist die Aufsichtsstelle örtlich zuständig, in deren Bezirk er seinen gewöhnlichen Aufenthaltsort hat und, wenn ein solcher nicht bekannt ist, seinen letzten Wohnsitz oder gewöhnlichen Aufenthaltsort hatte.

Die Vorschrift betrifft Aufsichtsstellen nach § 68a StGB. Die Befugnisse ergeben **1** sich aus Abs. 1. Die polizeiliche Beobachtung regelt Abs. 2. Die örtliche Zuständigkeit ergibt sich aus Abs. 3.

§§ 463b–463d 7. Buch. Strafvollstreckung und Kosten des Verfahrens

§ 463b [Beschlagnahme von Führerscheinen]

(1) Ist ein Führerschein nach § 44 Abs. 2 Satz 2 und 3 des Strafgesetzbuches amtlich zu verwahren und wird er nicht freiwillig herausgegeben, so ist er zu beschlagnahmen.

(2) Ausländische Führerscheine können zur Eintragung eines Vermerks über das Fahrverbot oder über die Entziehung der Fahrerlaubnis und die Sperre (§ 44 Abs. 2 Satz 4, § 69b Abs. 2 des Strafgesetzbuches) beschlagnahmt werden.

(3) ¹Der Verurteilte hat, wenn der Führerschein bei ihm nicht vorgefunden wird, auf Antrag der Vollstreckungsbehörde bei dem Amtsgericht eine eidesstattliche Versicherung über den Verbleib abzugeben. ²§ 883 Abs. 2 bis 4, die §§ 899, 900 Abs. 1 und 4 sowie die §§ 901, 902, 904 bis 910 und 913 der Zivilprozeßordnung gelten entsprechend.

1 Geregelt wird die **Vollstreckung des Fahrverbots** nach § 44 StGB (Abs. 1). Ausländische Führerscheine sind nur beschränkt beschlagnahmefähig (Abs. 2). Entziehung und Sperre werden im vorübergehend beschlagnahmten Führerschein vermerkt (§ 69b Abs. 2 S. 2 StGB). Abs. 3 schafft die Möglichkeit, den Verurteilten zu einer eidesstattlichen Versicherung über den Verbleib des Führerscheins zu zwingen.

§ 463c [Vollzug der öffentlichen Bekanntmachung]

(1) Ist die öffentliche Bekanntmachung der Verurteilung angeordnet worden, so wird die Entscheidung dem Berechtigten zugestellt.

(2) Die Anordnung nach Absatz 1 wird nur vollzogen, wenn der Antragsteller oder ein an seiner Stelle Antragsberechtigter es innerhalb eines Monats nach Zustellung der rechtskräftigen Entscheidung verlangt.

(3) ¹Kommt der Verleger oder der verantwortliche Redakteur einer periodischen Druckschrift seiner Verpflichtung nicht nach, eine solche Bekanntmachung in das Druckwerk aufzunehmen, so hält ihn das Gericht auf Antrag der Vollstreckungsbehörde durch Festsetzung eines Zwangsgeldes bis zu fünfundzwanzigtausend Euro oder von Zwangshaft bis zu sechs Wochen dazu an. ²Zwangsgeld kann wiederholt festgesetzt werden. ³§ 462 gilt entsprechend.

(4) Für die Bekanntmachung im Rundfunk gilt Absatz 3 entsprechend, wenn der für die Programmgestaltung Verantwortliche seiner Verpflichtung nicht nachkommt.

1 Die **öffentliche Bekanntmachung** der Verurteilung etwa nach § 200 Abs. 1 StGB wird in § 463c prozessual umgesetzt. Soweit die Presse betroffen ist, kann über Abs. 3 bzw. Abs. 4 der Verleger oder Redakteur bzw. für die Programmgestaltung Verantwortliche durch Zwangsgeld oder Zwangshaft gezwungen werden, der Pflicht zur Bekanntmachung nachzukommen.

§ 463d [Gerichtshilfe]

Zur Vorbereitung der nach den §§ 453 bis 461 zu treffenden Entscheidungen kann sich das Gericht oder die Vollstreckungsbehörde der Gerichtshilfe bedienen; dies kommt insbesondere vor einer Entscheidung über den Widerruf der Strafaussetzung oder der Aussetzung des Strafrestes in Betracht, sofern nicht ein Bewährungshelfer bestellt ist.

1 Die **Gerichtshilfe** kann zur Vorbereitung von Entscheidungen im Vollstreckungsverfahren eingeschaltet werden. Ihr schriftlicher Bericht wird Bestandteil der Akten

2. Abschnitt. Kosten des Verfahrens §464

(§ 147; Pfeiffer § 463d Rdn. 2). Da nach Aktenlage entschieden wird, ist der Bericht ohne weiteres verwertbar. Vorher muss dem Betroffenen rechtliches Gehör nach § 33 Abs. 3 gewährt werden (Meyer-Goßner § 463d Rdn. 3).

Zweiter Abschnitt. Kosten des Verfahrens

§ 464 [Kostenentscheidung]

(1) Jedes Urteil, jeder Strafbefehl und jede eine Untersuchung einstellende Entscheidung muß darüber Bestimmung treffen, von wem die Kosten des Verfahrens zu tragen sind.

(2) Die Entscheidung darüber, wer die notwendigen Auslagen trägt, trifft das Gericht in dem Urteil oder in dem Beschluß, der das Verfahren abschließt.

(3) [1] Gegen die Entscheidung über die Kosten und die notwendigen Auslagen ist die sofortige Beschwerde zulässig; sie ist unzulässig, wenn eine Anfechtung der in Absatz 1 genannten Hauptentscheidung durch den Beschwerdeführer nicht statthaft ist. [2] Das Beschwerdegericht ist an die tatsächlichen Feststellungen, auf denen die Entscheidung beruht, gebunden. [3] Wird gegen das Urteil, soweit es die Entscheidung über die Kosten und die notwendigen Auslagen betrifft, sofortige Beschwerde und im übrigen Berufung oder Revision eingelegt, so ist das Berufungs- oder Revisionsgericht, solange es mit der Berufung oder Revision befaßt ist, auch für die Entscheidung über die sofortige Beschwerde zuständig.

§ 464 enthält i.V.m. den §§ 465 bis 473 verfahrensrechtliche und materiell-recht- 1
liche Vorschriften über die **Kosten des Verfahrens** i.w.S., also über die Gebühren und Auslagen der Staatskasse (§ 464a Abs. 1), die notwendigen Auslagen von Verfahrensbeteiligten (§ 464a Abs. 2) und Regelungen der Auslagenerstattung. Ergänzt werden die Bestimmungen durch §§ 74, 109 Abs. 2 JGG.

Leitgedanke der Kostenverteilung ist das **Veranlassungsprinzip** (OLG München 2
NJW 1983, 1688), das insbesondere in § 465 zum Ausdruck kommt (vgl. BGHSt 25, 109, 118). Einige Vorschriften knüpfen an Verschulden an (vgl. § 467 Abs. 2, 3), andere an den Gesichtspunkt der Billigkeit (vgl. § 467 Abs. 4).

Nach allg. M. sind die Kostenvorschriften **keine abschließende Regelung**, das 3
heißt sie können auf rechtsähnliche Fälle entsprechend angewendet werden (BGHSt 17, 376, 381). § 464 gilt nach Anklageerhebung. Sonderregelungen enthalten § 467a Abs. 2, § 469 Abs. 2, § 470.

Die **Kostenentscheidung** (Abs. 1) entscheidet über die Pflicht, die Kosten zu tra- 4
gen, nicht jedoch über deren Höhe (vgl. § 464b). Wo ein Kostenpflichtiger fehlt, sind die Kosten der Staatskasse aufzuerlegen (BGHSt 14, 391, 393).

Urteile, Strafbefehle und Beschlüsse müssen nur dann eine Kostenentscheidung ent- 5
halten, wenn sie **verfahrensabschließend** wirken. So überlässt das Revisionsgericht, wenn es eine Sache zur erneuten Verhandlung zurückverweist, die Kostenentscheidung dem neuen Tatgericht. Urteilsvertretende Beschlüsse finden sich in §§ 206a, 206b, 319 Abs. 1, § 322 Abs. 1, § 346 Abs. 1, § 349 Abs. 1, 2, 4, § 441 Abs. 2. Andere Einstellungsbeschlüsse sind zum Beispiel die nach § 153 Abs. 2, § 153b Abs. 2, § 154 Abs. 2 (vgl. Pfeiffer § 464 Rdn. 2 f). Bei einer vorläufigen Einstellung nach § 153a Abs. 2 gilt Abs. 1 nicht.

Wann eine **Auslagenentscheidung** (Abs. 2) zu treffen ist, gibt das Gesetz nicht 6
vor. Eine Auslagenentscheidung ist aber überflüssig, wenn nach dem Gesetz klar ist, wer die Auslagen zu tragen hat. Wird die Revision des Angeklagten verworfen, ist nicht mehr festzulegen, dass er seine notwendigen Auslagen selbst zu tragen hat, dies

§ 464   7. Buch. Strafvollstreckung und Kosten des Verfahrens

ergibt sich aus dem Gesetz (vgl. BGHSt 36, 27, 28). Beim Fehlen einer ausdrücklichen Auslagenentscheidung verbleiben die notwendigen Auslagen bei demjenigen, dem sie entstanden sind (Meyer-Goßner § 464 Rdn. 12).

7   **Selbstständige** Kosten- und Auslagenentscheidungen sehen §§ 467a, 469 vor. Auch sonst sind sie zulässig, wenn das Verfahren ohne eine gerichtliche Entscheidung abgeschlossen wird und eine Kosten- und Auslagenentscheidung als Festsetzungsgrundlage geboten erscheint (LR-Hilger § 464 Rdn. 13). Der Fall ist dies zum Beispiel bei Rücknahme des Rechtsmittels (OLG Hamm NJW 1973, 772) oder des Einspruchs gegen einen Strafbefehl im Hinblick auf notwendige Auslagen des Nebenklägers (LG Rottweil Justiz 1988, 172).

8   **Stirbt der Angeklagte** vor Rechtskraft, wird das Verfahren nach § 206a eingestellt. Der Einstellungsbeschluss ist mit einer Kosten- und Auslagenentscheidung zu versehen. Die Kosten des Verfahrens trägt die Staatskasse (§ 467 Abs. 1), für die Auslagenentscheidung gilt § 467 Abs. 3 S. 2 Nr. 2 (BGHSt 45, 108, 116). Der Nachlass haftet nicht für die Kosten (§ 465 Abs. 3).

9   Die Kosten- und Auslagenentscheidungen können nach Abs. 3 S. 1 mit der **sofortigen Beschwerde** (§ 311) angefochten werden. Zulässig ist sie auch gegen die Unterlassung einer Entscheidung nach Abs. 1 und 2 (OLG Düsseldorf MDR 1988, 164).

10   **Einschränkungen der Zulässigkeit** ergeben sich aus Abs. 3 S. 1 Hs. 2 sowie aus § 304 Abs. 3 (Wertgrenze) und § 304 Abs. 4 S. 1 (Entscheidungen des BGH und des OLG). Die Kostenentscheidung ist nicht weiter anfechtbar als die Hauptentscheidung (Abs. 3 S. 1 Hs. 2). Ist also die Hauptentscheidung ausdrücklich unanfechtbar (vgl. § 153 Abs. 2 S. 4, § 161a Abs. 3 S. 4; Pfeiffer § 464 Rdn. 7), ist auch die Kostenbeschwerde stets ausgeschlossen. Anders ist es, wenn ein Rechtsmittel des Beschwerdeführers gegen die Hauptentscheidung nur mangels Beschwer unzulässig ist (§§ 209, 260 Abs. 3, § 383 Abs. 2).

11   Die sofortige Beschwerde ist das einzige Rechtsmittel auch dann, wenn ein Urteil mit Revision oder Berufung angefochten wird (BGHSt 25, 77). Sinnvoll ist sie aber nur dann, wenn eine **Änderung der Nebenentscheidungen** auch bei Verwerfung des Hauptrechtsmittels erstrebt wird (Meyer-Goßner § 464 Rdn. 20). Möglich ist, auf die Anfechtung der Hauptentscheidung zu verzichten und nur Kostenbeschwerde einzulegen. Die sofortige Beschwerde muss neben Berufung oder Revision stets ausdrücklich erklärt werden (Meyer-Goßner § 464 Rdn. 21). Beschwerdeberechtigt ist jeder Verfahrensbeteiligte oder Dritte, der durch die Entscheidung oder ihr Unterlassen beschwert ist. Nach dem Tod des Angeklagten sind sein Verteidiger und seine Erben anfechtungsberechtigt (vgl. BGHSt 45, 108; Meyer-Goßner § 464 Rdn. 22). Das Beschwerdegericht ist an die tatsächlichen Feststellungen gebunden (Abs. 3 S. 2), auf denen die Entscheidung beruht, nicht jedoch an die Rechtsauffassung des ersten Richters (OLG Stuttgart Justiz 1987, 160). Hintergrund der Beschränkung ist, dass die tatsächlichen Grundlagen einer Entscheidung nicht allein wegen der Kosten oder Auslagen überprüft und dadurch möglicherweise in Frage gestellt werden (OLG Karlsruhe MDR 1974, 690).

12   **Zuständig** ist grundsätzlich das übergeordnete Beschwerdegericht (Abs. 3 S. 3), nur bei gleichzeitig eingelegter Berufung oder Revision entscheidet das Rechtsmittelgericht durch besonderen Beschluss, solange es mit diesem Rechtsmittel befasst ist, auch wenn es als unzulässig verworfen wird (Meyer-Goßner § 464 Rdn. 25). Das Rechtsmittelgericht kann von einer Entscheidung über die Kostenbeschwerde absehen, wenn diese anders als das Rechtsmittel in der Hauptsache nicht entscheidungsreif ist (BGHSt 29, 168, 173). Die Befassung endet mit Rücknahme des Rechtsmittels oder mit der Entscheidung, damit fällt die Zuständigkeit an das Beschwerdegericht zurück.

13   Das **Verbot der Schlechterstellung** gilt nach h. M. für die Entscheidung des Rechtsmittelgerichts nicht (BGHSt 5, 52; Pfeiffer § 464 Rdn. 11).

2. Abschnitt. Kosten des Verfahrens § 464a

§ 464 a [Begriff der Kosten]

(1) ¹Kosten des Verfahrens sind die Gebühren und Auslagen der Staatskasse. ²Zu den Kosten gehören auch die durch die Vorbereitung der öffentlichen Klage entstandenen sowie die Kosten der Vollstreckung einer Rechtsfolge der Tat. ³Zu den Kosten eines Antrags auf Wiederaufnahme des durch ein rechtskräftiges Urteil abgeschlossenen Verfahrens gehören auch die zur Vorbereitung eines Wiederaufnahmeverfahrens (§§ 364 a und 364 b) entstandenen Kosten, soweit sie durch einen Antrag des Verurteilten verursacht sind.

(2) Zu den notwendigen Auslagen eines Beteiligten gehören auch
1. die Entschädigung für eine notwendige Zeitversäumnis nach den Vorschriften, die für die Entschädigung von Zeugen gelten, und
2. die Gebühren und Auslagen eines Rechtsanwalts, soweit sie nach § 91 Abs. 2 der Zivilprozeßordnung zu erstatten sind.

Kosten des Verfahrens (Abs. 1 S. 1) sind zunächst Gebühren (§§ 40 bis 47 GKG, KVGKG Nummern 6110ff) und Auslagen (KVGKG Nummern 9000ff) der Staatskasse. Hierzu gehören auch die Vergütungen der Pflichtverteidiger (Pfeiffer § 464a Rdn. 1). Dolmetscher- und Übersetzerkosten werden in der Regel (Ausnahme: § 464 c) nicht berechnet. **1**

Zu den Verfahrenskosten (S. 2) gehören **alle Auslagen,** die zur Aufklärung der Tatbeteiligung des Angeklagten, auch durch Ermittlungen in einer sich nicht bestätigenden Verdachtsrichtung und zur Täterergreifung aufgewendet worden sind, einschließlich der Kosten, die der Polizei, der Finanzbehörde und anderen Verwaltungsbehörden entstanden sind (KVGKG Nummern 9015, 9016 i. V. m. Nr. 9013; Meyer-Goßner § 464 a Rdn. 2). **2**

Beispiel: Kosten der Blutalkoholbestimmung, der Telefonüberwachung, Reisekosten, Kosten der Untersuchungshaft.

Vollstreckungskosten (Abs. 1 S. 2) sind nur die wegen der Rechtsfolgen der Tat nach Urteilsrechtskraft entstandenen Kosten, zum Beispiel für ein nach § 454 Abs. 2 eingeholtes Gutachten (BGH NJW 2000, 1128). **3**

Kosten zur **Vorbereitung eines Wiederaufnahmeantrags** (Abs. 1 S. 3) werden von der Entscheidung nach § 473 Abs. 6 Nr. 1 erfasst, um den Verurteilten von der Stellung aussichtsloser Anträge abzuhalten (Krägeloh NJW 1975, 139). **4**

Die notwendigen **Auslagen eines Beteiligten** (Abs. 2) gehören nicht zu den Verfahrenskosten und meint solche Auslagen, die durch Verteidigungsmaßnahmen entstanden sind, wobei es keinen Grundsatz gibt, dass einem nicht verurteilten Angeklagten unter allen Umständen sämtliche Auslagen erstattet werden müssten (BVerfG NJW 1985, 727). **5**

Die Entschädigung für notwendige **Zeitversäumnis** (Abs. 2 Nr. 1) enthält eine Verweisung auf die Entschädigung nach dem JVEG. Erstattungsfähig ist zum Beispiel auch der Verdienstausfall in Folge richterlicher Vorladungen, polizeilicher Vernehmungen oder ähnlichem. **6**

Gebühren und Auslagen eines Rechtsanwalts (Abs. 2 Nr. 2) sind notwendige Auslagen, soweit sie nach § 91 Abs. 2 ZPO zu erstatten sind. Dies gilt für den Rechtsanwalt als Verteidiger (§ 137), aber auch zum Beispiel für Vertreter eines Nebenbeteiligten oder den Beistand eines Nebenklägers (Meyer-Goßner § 464a Rdn. 7). Dem Rechtsanwalt stehen der Hochschullehrer und der nach § 138 Abs. 2 zugelassene Rechtsbeistand gleich (OLG Düsseldorf NStZ 1996, 99). Hat der Betroffene eine Rechtsschutzversicherung, beeinflusst dies weder die Erstattungsfähigkeit noch die Höhe der Vergütung (OLG Frankfurt NJW 1970, 1695). Dies gilt auch für die Kostenübernahme durch einen Berufsverband, eine Gewerkschaft oder den Arbeitgeber (Meyer-Goßner § 464 a Rdn. 8). **7**

§ 464b   7. Buch. Strafvollstreckung und Kosten des Verfahrens

8   Ob die Mitwirkung des Verteidigers **notwendig** war, ist gleichgültig. Entscheidend ist nur, dass er in der Sache zulässigerweise tätig war. War aber seine Tätigkeit zwecklos, löst diese keinen Erstattungsanspruch wegen der dadurch entstandenen Gebühr aus.

   Beispiel: Der Verteidiger erscheint in einer wegen schuldhafter Abwesenheit des Angeklagten ausgesetzten Hauptverhandlung (Meyer-Goßner § 464 a Rdn. 10).

9   Erstattet werden nur die **gesetzlichen Gebühren** (Abs. 2 Nr. 2 i.V.m. § 91 Abs. 2 S. 1 ZPO). Entscheidend sind die in § 14 RVG aufgeführten Umstände. Die Angemessenheit der von dem Rechtsanwalt bestimmten Gebühr wird im Kostenfestsetzungsverfahren geprüft (§ 464 b Rdn. 2). Wird im Rahmen einer Honorarvereinbarung die gesetzliche Gebühr überschritten, besteht keine Erstattungspflicht; Ausnahmen sind bei einem besonderen Schwierigkeitsgrad oder einem besonderen Umfang denkbar (Meyer-Goßner § 464 a Rdn. 11). In solchen Fällen wird aber auch ggf. die Pauschalvergütung entsprechend erhöht. Auslagen des Verteidigers werden erstattet, soweit sie im Einzelfall notwendig waren. In Betracht kommen insbesondere Schreibgebühren, die für die sachgerechte Verteidigung erforderlichen Fotokopien, Reisekosten (Meyer-Goßner § 464 a Rdn. 11). Mehrkosten eines auswärtigen Verteidigers werden nur erstattet, wenn die Zuziehung des nicht am Prozessort wohnenden Verteidigers notwendig war (vgl. LG Koblenz NStZ 2003, 619), etwa wegen seiner besonderen Fachkenntnisse auf einem Spezialgebiet. Hat das Gericht die Bestellung eines auswärtigen Verteidigers beschlossen, sind grundsätzlich auch diejenigen Mehrkosten erstattungsfähig, die dadurch entstehen, dass er nicht am Gerichtsort wohnt (BVerfG NJW 2001, 1269, 1270).

10   **Die Kosten mehrerer Anwälte** werden nur insoweit erstattet, als sie die Kosten eines Rechtsanwalts nicht übersteigen (vgl. § 91 Abs. 2 S. 3 ZPO). Eine Ausnahme wird dann gemacht, wenn ein Verteidigerwechsel nötig war, ohne dass dies vom Angeklagten zu vertreten ist. Hat der Angeklagte neben einem gerichtlich bestellten Pflichtverteidiger einen Wahlverteidiger, sind die gesamten Wahlverteidigerkosten erstattungsfähig, wenn das Gericht die Bestellung des Pflichtverteidigers entgegen § 143 nicht zurückgenommen hat oder zur Sicherung des Verfahrensfortgangs neben dem Wahlverteidiger einen Pflichtverteidiger beigeordnet hat (BVerfGE 66, 313). In eigener Sache erhält der Rechtsanwalt als Angeklagter keine Gebühren erstattet. § 91 Abs. 2 S. 4 ZPO ist im Strafverfahren nicht anwendbar (Meyer-Goßner § 464 a Rdn. 14). Als Privat- und Nebenkläger kann der Rechtsanwalt Gebühren und Auslagen in dem in § 91 Abs. 2 S. 4 ZPO bestimmten Umfang erstattet verlangen (OLG Hamm RPfl 1999, 565; Pfeiffer § 464 a Rdn. 10).

§ 464 b [Kostenfestsetzung]

¹**Die Höhe der Kosten und Auslagen, die ein Beteiligter einem anderen Beteiligten zu erstatten hat, wird auf Antrag eines Beteiligten durch das Gericht des ersten Rechtszuges festgesetzt.** ²**Auf Antrag ist auszusprechen, dass die festgesetzten Kosten und Auslagen von der Anbringung des Festsetzungsantrags an zu verzinsen sind.** ³**Auf die Höhe des Zinssatzes, das Verfahren und auf die Vollstreckung der Entscheidung sind die Vorschriften der Zivilprozessordnung entsprechend anzuwenden.**

1   Das Gericht entscheidet über die Kosten und Auslagen **dem Grunde nach** (§ 464), im Kostenfestsetzungsverfahren (§ 464 b) wird über die Höhe der zu erstattenden Kosten und Auslagen entschieden.

2   Die Kostenfestsetzung erfolgt nur auf **Antrag eines Beteiligten.** Dies sind der Erstattungsverpflichtete und der Erstattungsberechtigte sowie ihre Rechtsnachfolger

2. Abschnitt. Kosten des Verfahrens §§ 464c–465

(Pfeiffer § 464b Rdn. 2). Für das Verfahren gelten die Vorschriften der ZPO, für die Festsetzung also §§ 103ff ZPO, für die Vollstreckung § 794 Abs. 1 Nr. 3, § 795 ZPO. Zuständig ist der Rechtspfleger des Gerichts des ersten Rechtszugs. Dieser prüft die Notwendigkeit der geltend gemachten Auslagen und die Gebührenbestimmung durch den Rechtsanwalt (vgl. KK-Franke § 464b Rdn. 3). Die Entscheidung ergeht durch einen zu begründenden Beschluss, der mit einer Rechtsbehelfsbelehrung zuzustellen ist. Der rechtskräftige Beschluss ist Vollstreckungstitel im Sinne des § 794 Abs. 1 Nr. 2 ZPO (Pfeiffer § 464b Rdn. 3). Gegen die Entscheidung des Rechtspflegers ist sofortige Beschwerde zulässig. Nach herrschender Meinung richtet sich das Verfahren nach StPO-Grundsätzen (Meyer-Goßner § 464b Rdn. 6). Ein Verbot der Schlechterstellung besteht nicht.

§ 464c [Kosten für Dolmetscher]

Ist für einen Angeschuldigten, der der deutschen Sprache nicht mächtig, hör- oder sprachbehindert ist, ein Dolmetscher oder Übersetzer herangezogen worden, so werden die dadurch entstandenen Auslagen dem Angeschuldigten auferlegt, soweit er diese durch schuldhafte Säumnis oder in sonstiger Weise schuldhaft unnötig verursacht hat; dies ist außer im Falle des § 467 Abs. 2 ausdrücklich auszusprechen.

Nach **Art. 6 Abs. 3e MRK** dürfen dem Beschuldigten, der der deutschen Sprache 1 nicht mächtig ist, die durch die Heranziehung eines Dolmetschers oder Übersetzers entstandenen Kosten nicht weiterbelastet werden; diese trägt daher grundsätzlich die Staatskasse.

Waren die Kosten **überflüssig** und ist dies dem Beschuldigten zuzurechnen, werden ihm jedoch die entsprechenden Kosten auferlegt. 2

Beispiel: Der Beschuldigte hat vorgespiegelt, einen Dolmetscher zu benötigen; wegen seines Ausbleibens konnte ein Hauptverhandlungstermin nicht durchgeführt werden (vgl. BT-Drucks. 11/4394 S. 12).

§ 464d [Verteilung der Auslagen]

Die Auslagen der Staatskasse und die notwendigen Auslagen der Beteiligten können nach Bruchteilen verteilt werden.

Erlaubt ist eine Aufstellung der Auslagen **nach Bruchteilen.** Diese Bruchteilsent- 1 scheidung ist auch im Kostenfestsetzungsverfahren nach § 464b zulässig (Pfeiffer § 464d Rdn. 1).

Eine Quotelung ist auch bei einem **Teilfreispruch** zulässig, jedoch ist die Diffe- 2 renztheorie (§ 465 Rdn. 7) weiterhin anwendbar (OLG Karlsruhe NStZ 1998, 317; Meyer-Goßner § 464d Rdn. 2).

§ 465 [Kostenpflicht des Verurteilten]

(1) ¹Die Kosten des Verfahrens hat der Angeklagte insoweit zu tragen, als sie durch das Verfahren wegen einer Tat entstanden sind, wegen derer er verurteilt oder eine Maßregel der Besserung und Sicherung gegen ihn angeordnet wird. ²Eine Verurteilung im Sinne dieser Vorschrift liegt auch dann vor, wenn der Angeklagte mit Strafvorbehalt verwarnt wird oder das Gericht von Strafe absieht.

(2) ¹Sind durch Untersuchungen zur Aufklärung bestimmter belastender oder entlastender Umstände besondere Auslagen entstanden und sind diese Untersu-

§ 465   7. Buch. Strafvollstreckung und Kosten des Verfahrens

chungen zugunsten des Angeklagten ausgegangen, so hat das Gericht die entstandenen Auslagen teilweise oder auch ganz der Staatskasse aufzuerlegen, wenn es unbillig wäre, den Angeklagten damit zu belasten. ²Dies gilt namentlich dann, wenn der Angeklagte wegen einzelner abtrennbarer Teile einer Tat oder wegen einzelner von mehreren Gesetzesverletzungen nicht verurteilt wird. ³Die Sätze 1 und 2 gelten entsprechend für die notwendigen Auslagen des Angeklagten.

(3) Stirbt ein Verurteilter vor eingetretener Rechtskraft des Urteils, so haftet sein Nachlaß nicht für die Kosten.

1   Nach dem **Veranlassungsprinzip** trägt der Verurteilte die Kosten des Verfahrens (Abs. 1). Für Nebenbeteiligte gilt § 462b, im Jugendstrafrecht kann von der Auferlegung von Kosten und Auslagen anderer Beteiligter abgesehen werden (§§ 74, 109 Abs. 2 JGG).

2   **Eine Verurteilung** (Abs. 1 S. 1) liegt vor, wenn eine gerichtliche Entscheidung eine Schuldfeststellung trifft und eine Rechtsfolge anordnet (BGHSt 14, 391, 393). Nicht von Abs. 1 erfasst ist die Anordnung von Nebenfolgen neben einem Freispruch oder im objektiven Verfahren nach §§ 440, 442 (BGHSt 21, 367, 371).

3   Der Angeklagte trägt die **wegen der Tat** entstandenen Kosten. Es gilt der prozessuale Tatbegriff (§ 264). Die Pflicht zur Kostentragung wird eingeschränkt, wenn Dritte nach § 51 oder einer anderen Vorschrift mit den Kosten belastet worden sind (vgl. auch BGHSt 43, 146).

4   Dass der Angeklagte die eigenen Auslagen zu tragen hat, ist selbstverständlich und bedarf keines besonderen Ausspruchs (Pfeiffer § 465 Rdn. 3). Eine **Freistellung von besonderen Auslagen** (Abs. 2) erfolgt von allen Mehrkosten (BGHSt 25, 109, 116), die sich aus der Aufklärung von Umständen ergaben, die zu Gunsten des Angeklagten ausgegangen sind. Erfasst sind insbesondere Ermittlungshandlungen zu einzelnen tateinheitlichen Taten, wegen derer eine Verurteilung nicht erfolgt (so genannter fiktiver Teilfreispruch; vgl. OLG Düsseldorf StV 1985, 142). Nicht ausreichend ist, dass die Verurteilung weniger schwer wiegt als der Anklagevorwurf (BGH NStZ 1982, 80).

5   **Die Auslagenteilung** kann schon im Urteil nach Bruchteilen erfolgen (§ 464 d). Das Gericht kann die besonderen Auslagen aber auch der Sache nach bezeichnen (vgl. Meyer-Goßner § 465 Rdn. 8).

6   Wird der Angeklagte **teilweise freigesprochen** und teilweise verurteilt oder das Verfahren nur teilweise eingestellt, wird über die Kosten und Auslagen nach § 467 Abs. 1 entschieden.

Beispiel: „Der Angeklagte hat die Kosten zu tragen, soweit er verurteilt ist; soweit er freigesprochen/das Verfahren eingestellt worden ist, trägt die Staatskasse die Verfahrenskosten und die notwendigen Auslagen des Angeklagten."

7   Eine **Bruchteilsentscheidung** ist nach § 464 d zulässig. Die nämlichen Grundsätze gelten bei teilweiser Eröffnung des Hauptverfahrens und bei Teileinstellung im Zwischenverfahren. Möglich ist auch, die von der Staatskasse zu tragenden Auslagen nach der Differenztheorie erst im Kostenfestsetzungsverfahren festzustellen. Dann wird dort geprüft, welche Verteidigergebühren entstanden wären, wenn die Untersuchungen nicht stattgefunden hätten oder die Anklage von vornherein so gelautet hätte wie das Urteil (OLG Köln NStZ 1990, 423).

8   Verfahrenskosten, die sich aus einer **unrichtigen Behandlung der Sache** ergeben haben, werden nach § 21 Abs. 1 S. 1 GKG in der Kostenentscheidung oder im Kostenansatzverfahren ggf. herausgerechnet (Meyer-Goßner § 465 Rdn. 11). Zum Tod des Verurteilten vgl. Abs. 3.

2. Abschnitt. Kosten des Verfahrens §§ 466, 467

§ 466 [Haftung Mitverurteilter]

¹Mitangeklagte, gegen die in bezug auf dieselbe Tat auf Strafe erkannt oder eine Maßregel der Besserung und Sicherung angeordnet wird, haften für die Auslagen als Gesamtschuldner. ²Dies gilt nicht für die durch die Tätigkeit eines bestellten Verteidigers oder eines Dolmetschers und die durch die Vollstreckung, die einstweilige Unterbringung oder die Untersuchungshaft entstandenen Kosten sowie für Auslagen, die durch Untersuchungshandlungen, die ausschließlich gegen einen Mitangeklagten gerichtet waren, entstanden sind.

Werden **mehrere Angeklagte** wegen derselben Tat (§ 264), wenn auch nicht notwendig im selben Urteil (vgl. OLG Hamm NJW 1962, 2120), verurteilt, haften sie als Gesamtschuldner. Erfasst sind auch Fälle von Bestechlichkeit und Bestechung (KMR-Paulus § 466 Rdn. 8), oder einer Strafvereitelung nach einer entsprechenden Vortat (Meyer-Goßner § 466 Rdn. 1). 1

Die **Haftung** bezieht sich nur auf die Auslagen der Staatskasse im ersten Rechtszug, nicht aber auf Gerichtsgebühren (Meyer-Goßner § 466 Rdn. 2). Ausgenommen sind auch die Pflichtverteidigergebühren usw. (S. 2). 2

§ 467 [Kosten bei Freispruch]

(1) Soweit der Angeschuldigte freigesprochen, die Eröffnung des Hauptverfahrens gegen ihn abgelehnt oder das Verfahren gegen ihn eingestellt wird, fallen die Auslagen der Staatskasse und die notwendigen Auslagen des Angeschuldigten der Staatskasse zur Last.

(2) ¹Die Kosten des Verfahrens, die der Angeschuldigte durch eine schuldhafte Säumnis verursacht hat, werden ihm auferlegt. ²Die ihm insoweit entstandenen Auslagen werden der Staatskasse nicht auferlegt.

(3) ¹Die notwendigen Auslagen des Angeschuldigten werden der Staatskasse nicht auferlegt, wenn der Angeschuldigte die Erhebung der öffentlichen Klage dadurch veranlaßt hat, daß er in einer Selbstanzeige vorgetäuscht hat, die ihm zur Last gelegte Tat begangen zu haben. ²Das Gericht kann davon absehen, die notwendigen Auslagen des Angeschuldigten der Staatskasse aufzuerlegen, wenn er
1. die Erhebung der öffentlichen Klage dadurch veranlaßt hat, daß er sich selbst in wesentlichen Punkten wahrheitswidrig oder im Widerspruch zu seinen späteren Erklärungen belastet oder wesentliche entlastende Umstände verschwiegen hat, obwohl er sich zur Beschuldigung geäußert hat, oder
2. wegen einer Straftat nur deshalb nicht verurteilt wird, weil ein Verfahrenshindernis besteht.

(4) Stellt das Gericht das Verfahren nach einer Vorschrift ein, die dies nach seinem Ermessen zuläßt, so kann es davon absehen, die notwendigen Auslagen des Angeschuldigten der Staatskasse aufzuerlegen.

(5) Die notwendigen Auslagen des Angeschuldigten werden der Staatskasse nicht auferlegt, wenn das Verfahren nach vorangegangener vorläufiger Einstellung (§ 153 a) endgültig eingestellt wird.

Die Staatskasse trägt die Kosten, soweit der Angeklagte nicht verurteilt wird (Abs. 1). Dann fallen die Auslagen, auch die notwendigen Auslagen des Angeklagten, der Staatskasse zur Last. Hiervon machen Abs. 2, Abs. 3 S. 1 und Abs. 5 Ausnahmen, die im Freibeweis (Meyer-Goßner § 467 Rdn. 3) festgestellt werden. 1

Hat der Beschuldigte einen Termin oder eine Frist **schuldhaft versäumt,** müssen die entsprechenden Kosten ihm zwingend auferlegt werden (Abs. 2 S. 1). Hatte sich 2

§ 467a   7. Buch. Strafvollstreckung und Kosten des Verfahrens

der Beschuldigte **selbst angezeigt,** sind die notwendigen Auslagen nicht zu erstatten (Abs. 3 S. 1). Auch diese Rechtsfolge ist zwingend.

3   Abs. 3 S. 2 Nr. 1 Nr. 1 erfasst Fälle, in denen der Verdacht nicht schon durch den Beschuldigten hervorgerufen wurde, dieser ihn aber in einem für die Entschließung der StA entscheidenden Punkt so **verstärkt** hat, dass dadurch die Anklageerhebung (mit-)verursacht worden ist (Meyer-Goßner § 467 Rdn. 10). Das Verschweigen wesentlicher entlastender Umstände (Nr. 1) setzt voraus, dass der Beschuldigte sich überhaupt zur Sache eingelassen hat. Wesentliche Umstände sind zum Beispiel das Alibi oder Tatsachen, die einen Rechtfertigungsgrund begründen, bei den Straftaten nach §§ 315c, 316 StGB die Nachtrunkeinrede (Meyer-Goßner § 467 Rdn. 14). Nr. 2 meint namentlich den Fall, dass wegen Verjährung nicht verurteilt worden ist.

4   Die Entscheidungen des Gerichts nach Abs. 3 S. 2 stehen jeweils in dessen **Ermessen.** In den Fällen der Nr. 1 kommt es darauf an, ob der Beschuldigte die Klageerhebung missbräuchlich oder sonst in unlauterer Weise, ohne vernünftigen oder billigenswerten Grund veranlasst hat (vgl. LR-Hilger § 467 Rdn. 48). In den Fällen der Nr. 2 kommt es darauf an, ob das Verfahrenshindernis vor oder nach Klageerhebung eingetreten ist. War die Tat bereits zum Zeitpunkt der Anklage verjährt, hat in der Regel die Staatskasse die notwendigen Auslagen des Angeschuldigten zu tragen (KG StV 1991, 479; Meyer-Goßner § 467 Rdn. 18).

5   Wird das Verfahren nach einer Ermessensvorschrift **eingestellt** (Abs. 4), kann das Gericht davon absehen, die notwendigen Auslagen des Angeschuldigten der Staatskasse aufzuerlegen. Zu denken ist insbesondere an eine Einstellung nach §§ 153, 153b.

6   Bei einer **Einstellung nach** § 153a hat der Beschuldigte zwingend seine eigenen Auslagen selbst zu tragen (Abs. 5).

§ 467a [Klagerücknahme oder Einstellung durch Staatsanwaltschaft]

(1) ¹Nimmt die Staatsanwaltschaft die öffentliche Klage zurück und stellt sie das Verfahren ein, so hat das Gericht, bei dem die öffentliche Klage erhoben war, auf Antrag der Staatsanwaltschaft oder des Angeschuldigten die diesem erwachsenen notwendigen Auslagen der Staatskasse aufzuerlegen. ²§ 467 Abs. 2 bis 5 gilt sinngemäß.

(2) **Die einem Nebenbeteiligten** (§ 431 Abs. 1 Satz 1, §§ 442, 444 Abs. 1 Satz 1) erwachsenen notwendigen Auslagen kann das Gericht in den Fällen des Absatzes 1 Satz 1 auf Antrag der Staatsanwaltschaft oder des Nebenbeteiligten der Staatskasse oder einem anderen Beteiligten auferlegen.

(3) **Die Entscheidung nach den Absätzen 1 und 2 ist unanfechtbar.**

1   Die Vorschrift regelt abschließend den Fall der Verfahrenseinstellung durch die StA **nach Rücknahme der Klage.** Zur Zurücknahme der Klage vgl. §§ 156, 153c Abs. 4, § 153d Abs. 2, § 153f Abs. 3, § 411 Abs. 3. Gleichgestellt ist die Rücknahme des Antrags auf Entscheidung im beschleunigten Verfahren nach § 417 oder die Rücknahme des Strafbefehlsantrags vor dessen Erlass oder vor Anberaumung einer Hauptverhandlung nach § 408 Abs. 3 S. 2 (Meyer-Goßner § 467a Rdn. 3).

2   Die Einstellung des Ermittlungsverfahrens muss **endgültig** sein. Dabei geht es nicht nur um § 170 Abs. 2 S. 1, sondern z.B. auch um § 153 Abs. 1. Da nach Abs. 1 S. 2 § 467 Abs. 2 bis 5 sinngemäß gilt, ist eine Aufteilung der notwendigen Auslagen zwischen Staatskasse und Beschuldigtem zulässig (vgl. § 467 Rdn. 2).

3   Die Kostenerstattung bei **Nebenbeteiligten** regelt Abs. 2. Der Verweis stellt klar, dass nur Verfalls- und Einziehungsbeteiligte sowie juristische Personen oder Personenvereinigungen erfasst sind. Für andere Nebenbeteiligte gilt Abs. 2 nicht.

2. Abschnitt. Kosten des Verfahrens §§ 468–470

Die gerichtliche Entscheidung setzt einen **Antrag** voraus. Zuständig ist grundsätzlich das Gericht, bei dem Anklage erhoben wurde oder der Antrag nach § 407 Abs. 1, § 417 gestellt war. Das Gericht prüft die Berechtigung der Einstellung nicht nach. Nur über die besonderen Voraussetzungen der Auslagenentscheidung, zum Beispiel über eine schuldhafte Säumnis, kann im Freibeweis ermittelt werden. Die Entscheidungen sind unanfechtbar (vgl. auch § 464 Abs. 3 S. 1 Hs. 2). 4

§ 468 [Straffreierklärung]

Bei wechselseitigen Beleidigungen wird die Verurteilung eines oder beider Teile in die Kosten dadurch nicht ausgeschlossen, daß einer oder beide für straffrei erklärt werden.

Die Vorschrift betrifft die Straffreierklärung nach **§ 199 StGB**. Ist nur ein Beteiligter angeklagt, so kann er ganz oder teilweise von den Kosten befreit werden; insoweit wird die Staatskasse oder der Privatkläger belastet (SK-Degner § 468 Rdn. 5). 1

§ 469 [Kostenpflicht des Anzeigeerstatters]

(1) ¹**Ist ein, wenn auch nur außergerichtliches Verfahren durch eine vorsätzlich oder leichtfertig erstattete unwahre Anzeige veranlaßt worden, so hat das Gericht dem Anzeigenden, nachdem er gehört worden ist, die Kosten des Verfahrens und die dem Beschuldigten erwachsenen notwendigen Auslagen aufzuerlegen.** ²**Die einem Nebenbeteiligten (§ 431 Abs. 1 Satz 1, §§ 442, 444 Abs. 1 Satz 1) erwachsenen notwendigen Auslagen kann das Gericht dem Anzeigenden auferlegen.**

(2) **War noch kein Gericht mit der Sache befaßt, so ergeht die Entscheidung auf Antrag der Staatsanwaltschaft durch das Gericht, das für die Eröffnung des Hauptverfahrens zuständig gewesen wäre.**

(3) **Die Entscheidung nach den Absätzen 1 und 2 ist unanfechtbar.**

Für Personen, die **amtlich zur Anzeige verpflichtet** sind (vgl. § 158 Rdn. 3), gilt die Vorschrift nur bei strafrechtlich oder disziplinarrechtlich zu ahnender Pflichtwidrigkeit (LR-Hilger § 469 Rdn. 9), für einen Rechtsanwalt, der eine Anzeige für seinen Mandanten erstattet, gilt sie unbeschränkt (Meyer-Goßner § 469 Rdn. 1). Im Privatklageverfahren findet § 471 Abs. 2 Anwendung. 1

Auch wenn die notwendigen Auslagen des Beschuldigten vom Anzeigenden zu tragen sind, werden sie zunächst der Staatskasse nach § 467 Abs. 1 überbürdet, so dass er nicht das **Ausfallrisiko** trägt, wenn der Anzeigende nicht zahlungsfähig ist. 2

§ 470 [Kosten bei Zurücknahme des Strafantrags]

¹**Wird das Verfahren wegen Zurücknahme des Antrags, durch den es bedingt war, eingestellt, so hat der Antragsteller die Kosten sowie die dem Beschuldigten und einem Nebenbeteiligten (§ 431 Abs. 1 Satz 1, §§ 442, 444 Abs. 1 Satz 1) erwachsenen notwendigen Auslagen zu tragen.** ²**Sie können dem Angeklagten oder einem Nebenbeteiligten auferlegt werden, soweit er sich zur Übernahme bereit erklärt, der Staatskasse, soweit es unbillig wäre, die Beteiligten damit zu belasten.**

Erfasst sind nur Fälle, in denen der Antrag **unbedingte Voraussetzung** für das Verfahren ist. Hat die StA das besondere öffentliche Interesse an der Strafverfolgung (vgl. § 248a StGB) bejaht, findet § 470 keine Anwendung. 1

§§ 471, 472   7. Buch. Strafvollstreckung und Kosten des Verfahrens

2   Eine **Kostenverteilung nach Ermessen** (S. 2) ist zulässig. Da die Vorschrift von einem Angeklagten spricht, ist sie erst nach Eröffnung des Hauptverfahrens zulässig (LR-Hilger § 470 Rdn. 8). Da die Anfechtung nicht ausgeschlossen ist, ist sofortige Beschwerde nach § 464 Abs. 3 zulässig, auch wenn durch Urteil entschieden wurde (Meyer-Goßner § 470 Rdn. 8).

§ 471 [Privatklagekosten]

(1) In einem Verfahren auf erhobene Privatklage hat der Verurteilte auch die dem Privatkläger erwachsenen notwendigen Auslagen zu erstatten.

(2) Wird die Klage gegen den Beschuldigten zurückgewiesen oder wird dieser freigesprochen oder wird das Verfahren eingestellt, so fallen dem Privatkläger die Kosten des Verfahrens sowie die dem Beschuldigten erwachsenen notwendigen Auslagen zur Last.

(3) Das Gericht kann die Kosten des Verfahrens und die notwendigen Auslagen der Beteiligten angemessen verteilen oder nach pflichtgemäßem Ermessen einem der Beteiligten auferlegen, wenn
1. es den Anträgen des Privatklägers nur zum Teil entsprochen hat;
2. es das Verfahren nach § 383 Abs. 2 (§ 390 Abs. 5) wegen Geringfügigkeit eingestellt hat;
3. Widerklage erhoben worden ist.

(4) ¹Mehrere Privatkläger haften als Gesamtschuldner. ²Das gleiche gilt hinsichtlich der Haftung mehrerer Beschuldigter für die dem Privatkläger erwachsenen notwendigen Auslagen.

1   Die §§ 464 ff finden auch im Privatklageverfahren Anwendung, soweit § 471 nichts anderes bestimmt. Der Privatkläger tritt an die Stelle der StA und der Staatskasse (BGHSt 17, 376, 380; Abs. 2 S. 2 i. V. m. § 435 Abs. 2).

§ 472 [Nebenklagekosten]

(1) ¹Die dem Nebenkläger erwachsenen notwendigen Auslagen sind dem Angeklagten aufzuerlegen, wenn er wegen einer Tat verurteilt wird, die den Nebenkläger betrifft. ²Hiervon kann ganz oder teilweise abgesehen werden, soweit es unbillig wäre, den Angeklagten damit zu belasten.

(2) ¹Stellt das Gericht das Verfahren nach einer Vorschrift, die dies nach seinem Ermessen zuläßt, ein, so kann es die in Absatz 1 genannten notwendigen Auslagen ganz oder teilweise dem Angeschuldigten auferlegen, soweit dies aus besonderen Gründen der Billigkeit entspricht. ²Stellt das Gericht das Verfahren nach vorangegangener vorläufiger Einstellung (§ 153a) endgültig ein, gilt Absatz 1 entsprechend.

(3) ¹Die Absätze 1 und 2 gelten entsprechend für die notwendigen Auslagen, die einem zum Anschluß als Nebenkläger Berechtigten in Wahrnehmung seiner Befugnisse nach § 406g erwachsen sind. ²Gleiches gilt für die notwendigen Auslagen eines Privatklägers, wenn die Staatsanwaltschaft nach § 377 Abs. 2 die Verfolgung übernommen hat.

(4) § 471 Abs. 4 Satz 2 gilt entsprechend.

1   Die **Kosten der Beteiligung des Nebenklägers** sind von dem Angeklagten zu tragen, wenn er wegen der betreffenden Tat verurteilt wird (Abs. 1). Wird das Verfahren nach einer Ermessensvorschrift eingestellt, verbleiben die Kosten bei dem Nebenkläger (Abs. 2). In beiden Fällen kann das Gericht aus Gründen der Billigkeit eine abweichende Entscheidung treffen.

2. Abschnitt. Kosten des Verfahrens   § 472a

Wird der Angeklagte freigesprochen oder das Verfahren schon nicht eröffnet 2
oder nach §§ 206a, 206b, 260 Abs. 3 eingestellt, trägt der Nebenkläger stets seine
Kosten selbst (vgl. BGH wistra 1999, 426). Dies gilt selbst für Kosten, die durch die
Säumnis des Beschuldigten entstanden sind, da Abs. 1 S. 1 dem § 467 Abs. 2 vorgeht
(LR-Hilger § 472 Rdn. 2, 4; a. M. OLG Saarbrücken NStZ-RR 1997, 158). Die
Geltendmachung ist auch nicht auf dem Zivilrechtswege möglich (BGHZ 24, 263).

Eine Verurteilung wegen einer den Nebenkläger betreffenden Tat (S. 1) liegt 3
auch dann vor, wenn es nicht zur Verurteilung wegen des Nebenklagedelikts gekommen ist, aber immerhin die Tat im Sinne des § 264, die gegen ihn gerichtet war, abgeurteilt wurde (vgl. Meyer-Goßner § 472 Rdn. 6). Hier geht es insbesondere um die
Fälle des § 395 Abs. 1, 3 und des § 395 Abs. 2 Nr. 1. Die Kostentragungspflicht umfasst die notwendigen Auslagen des zu Recht wirksam zugelassenen Nebenklägers.
Von der Kostenentscheidung kann im Rahmen der Billigkeit (S. 2) abgesehen werden.
Entscheidend sind die Umstände des Einzelfalls (BGH NStZ 1999, 261). Einfließen
dürfen insofern auch die finanzielle Lage des Beteiligten und der Umstand, dass der
Nebenkläger durch sein Prozessverhalten schuldhaft vermeidbare Auslagen verursacht
hat (KG NStZ-RR 1999, 223). Hat der Angeklagte erfolglos Rechtsmittel eingelegt,
geht insofern § 473 Abs. 1 S. 2 vor (Meyer-Goßner § 472 Rdn. 9).

Wird das Verfahren eingestellt (Abs. 2), hat der Nebenkläger grundsätzlich seine 4
notwendigen Auslagen selbst zu tragen (S. 1). Wird das Verfahren nach § 153a endgültig eingestellt (S. 2), sind entspr. Abs. 1 S. 1 die notwendigen Auslagen grundsätzlich dem Beschuldigten aufzuerlegen. Nach Anhörung des Nebenklägers kann aus Billigkeitsgründen hiervon abgesehen werden (Meyer-Goßner § 472 Rdn. 13).

Nach Abs. 3 sind die Absätze 1 und 2 entsprechend anwendbar bei denjenigen 5
Verletzten, die zwar nicht den Anschluss als Nebenkläger beantragt, aber immerhin einen Rechtsanwalt nach **§ 406g** hinzugezogen haben. S. 2 stellt sicher, dass dem früheren Privatkläger durch die Übernahme des Verfahrens durch die StA nach § 377
keine kostenmäßigen Nachteile erwachsen. – Mehrere Angeschuldigte haften als Gesamtschuldner (Abs. 4).

§ 472a [Adhäsionsverfahren]

(1) Soweit dem Antrag auf Zuerkennung eines aus der Straftat erwachsenen
Anspruchs stattgegeben wird, hat der Angeklagte auch die dadurch entstandenen besonderen Kosten und die notwendigen Auslagen des Verletzten zu tragen.

(2) ¹Sieht das Gericht von der Entscheidung über den Antrag ab, wird ein
Teil des Anspruchs dem Verletzten nicht zuerkannt oder nimmt der Verletzte
den Antrag zurück, so entscheidet das Gericht nach pflichtgemäßem Ermessen,
wer die insoweit entstandenen gerichtlichen Auslagen und die insoweit den Beteiligten erwachsenen notwendigen Auslagen trägt. ²Die gerichtlichen Auslagen
können der Staatskasse auferlegt werden, soweit es unbillig wäre, die Beteiligten
damit zu belasten.

Bei vollem Erfolg des Antragstellers (Abs. 1) im Adhäsionsverfahren nach 1
§§ 403ff hat der Angeklagte die dadurch entstandenen besonderen (Mehr-)Kosten und
die notwendigen Auslagen des Antragstellers zu tragen. Dies wird im Urteil oder Beschluss besonders ausgesprochen.

Bei Erfolglosigkeit oder Zurücknahme (Abs. 2) entscheidet das Gericht nach 2
pflichtgemäßem Ermessen über die gerichtlichen Auslagen, nicht jedoch über die
notwendigen Auslagen der Beteiligten.

§ 472b [Kosten der Nebenbeteiligten]

(1) ¹Wird der Verfall, die Einziehung, der Vorbehalt der Einziehung, die Vernichtung, Unbrauchbarmachung oder Beseitigung eines gesetzwidrigen Zustandes angeordnet, so können dem Nebenbeteiligten die durch seine Beteiligung erwachsenen besonderen Kosten auferlegt werden. ²Die dem Nebenbeteiligten erwachsenen notwendigen Auslagen können, soweit es der Billigkeit entspricht, dem Angeklagten, im selbständigen Verfahren auch einem anderen Nebenbeteiligten auferlegt werden.

(2) Wird eine Geldbuße gegen eine juristische Person oder eine Personenvereinigung festgesetzt, so hat diese die Kosten des Verfahrens entsprechend den §§ 465, 466 zu tragen.

(3) Wird von der Anordnung einer der in Absatz 1 Satz 1 bezeichneten Nebenfolgen oder der Festsetzung einer Geldbuße gegen eine juristische Person oder eine Personenvereinigung abgesehen, so können die dem Nebenbeteiligten erwachsenen notwendigen Auslagen der Staatskasse oder einem anderen Beteiligten auferlegt werden.

1 Dem Nebenbeteiligten werden die **besonderen Kosten** (Abs. 1 S. 1) auferlegt, die aus seiner Beteiligung am Verfahren erwachsen sind. Die notwendigen Auslagen trägt der Nebenbeteiligte selbst (Abs. 1 S. 2), eine abweichende Entscheidung aus Billigkeitsgründen ist möglich.

2 **Eine JP oder PV,** die zur Geldbuße verurteilt wird, wird kostenmäßig wie ein verurteilter Angeklagter nach § 465 Abs. 1 behandelt (Abs. 2). Das Absehen von der Anordnung der Festsetzung regelt Abs. 3.

§ 473 [Erfolglose Rechtsmittel]

(1) ¹Die Kosten eines zurückgenommenen oder erfolglos eingelegten Rechtsmittels treffen den, der es eingelegt hat. ²Hat der Beschuldigte das Rechtsmittel erfolglos eingelegt oder zurückgenommen, so sind ihm die dadurch dem Nebenkläger oder dem zum Anschluß als Nebenkläger Berechtigten in Wahrnehmung seiner Befugnisse nach § 406g erwachsenen notwendigen Auslagen aufzuerlegen. ³Hat im Falle des Satzes 1 allein der Nebenkläger ein Rechtsmittel eingelegt oder durchgeführt, so sind ihm die dadurch erwachsenen notwendigen Auslagen des Beschuldigten aufzuerlegen. ⁴Für die Kosten des Rechtsmittels und die notwendigen Auslagen der Beteiligten gilt § 472a Abs. 2 entsprechend, wenn eine zulässig erhobene sofortige Beschwerde nach § 406a Abs. 1 Satz 1 durch eine den Rechtszug abschließende Entscheidung unzulässig geworden ist.

(2) ¹Hat im Falle des Absatzes 1 die Staatsanwaltschaft das Rechtsmittel zuungunsten des Beschuldigten oder eines Nebenbeteiligten (§ 431 Abs. 1 Satz 1, §§ 442, 444 Abs. 1 Satz 1) eingelegt, so sind die ihm erwachsenen notwendigen Auslagen der Staatskasse aufzuerlegen. ²Dasselbe gilt, wenn das von der Staatsanwaltschaft zugunsten des Beschuldigten oder eines Nebenbeteiligten eingelegte Rechtsmittel Erfolg hat.

(3) Hat der Beschuldigte oder ein anderer Beteiligter das Rechtsmittel auf bestimmte Beschwerdepunkte beschränkt und hat ein solches Rechtsmittel Erfolg, so sind die notwendigen Auslagen des Beteiligten der Staatskasse aufzuerlegen.

(4) ¹Hat das Rechtsmittel teilweise Erfolg, so hat das Gericht die Gebühr zu ermäßigen und die entstandenen Auslagen teilweise oder auch ganz der Staatskasse aufzuerlegen, soweit es unbillig wäre, die Beteiligten damit zu belasten. ²Dies gilt entsprechend für die notwendigen Auslagen der Beteiligten.

2. Abschnitt. Kosten des Verfahrens **§ 473**

(5) **Ein Rechtsmittel gilt als erfolglos, soweit eine Anordnung nach § 69 Abs. 1 oder § 69 b Abs. 1 des Strafgesetzbuches nur deshalb nicht aufrechterhalten wird, weil ihre Voraussetzungen wegen der Dauer einer vorläufigen Entziehung der Fahrerlaubnis (§ 111a Abs. 1) oder einer Verwahrung, Sicherstellung oder Beschlagnahme des Führerscheins (§ 69a Abs. 6 des Strafgesetzbuches) nicht mehr vorliegen.**

(6) **Die Absätze 1 bis 4 gelten entsprechend für die Kosten und die notwendigen Auslagen, die durch einen Antrag**
1. **auf Wiederaufnahme des durch ein rechtskräftiges Urteil abgeschlossenen Verfahrens oder**
2. **auf ein Nachverfahren (§ 439)**
verursacht worden sind.

(7) **Die Kosten der Wiedereinsetzung in den vorigen Stand fallen dem Antragsteller zur Last, soweit sie nicht durch einen unbegründeten Widerspruch des Gegners entstanden sind.**

Rechtsmittel sind Beschwerde, Berufung und Revision, nicht der Einspruch gegen den Strafbefehl (OLG Stuttgart NStZ 1989, 589). § 161a Abs. 3 erklärt § 473 für entsprechend anwendbar. 1

Erfolglos ist ein Rechtsmittel (Abs. 1), wenn es als unzulässig oder unbegründet verworfen wird oder nur einen ganz geringen Teilerfolg hat (unten Rdn. 8). Die Zurückverweisung der Sache nach § 328 Abs. 2, § 354 Abs. 2, § 355 ist nur ein vorläufiger Erfolg, bei dem eine Kostenentscheidung nicht ergeht. Maßgeblich ist allein die abschließende Sachentscheidung (BGH GA 1979, 27; LR-Hilger § 473 Rdn. 27). Bleibt es bei einer im Wesentlichen gleichen Verurteilung, wenn auch aus einem anderen Rechtsgrund, wird der Verurteilte auch mit den Rechtsmittelkosten belastet (Meyer-Goßner § 473 Rdn. 7). Eine Ausnahme macht man für die Erstreckung auf Mitangeklagte nach § 357 (OLG Oldenburg NdsRpfl 1949, 184). Wird nach Zurückverweisung der Angeklagte freigesprochen oder das Verfahren eingestellt, gilt § 467, bei Teilerfolg Abs. 4. 2

Sind **mehrere Beschwerdeführer** vorhanden, trägt jeder die Kosten seines Rechtsmittels (Abs. 1 S. 1). Er trägt dann auch die dem Nebenkläger durch das Rechtsmittel entstandenen notwendigen Auslagen (S. 2). Sind sowohl das Rechtsmittel des Angeklagten als auch das des Nebenklägers erfolglos, trägt jeder seine notwendigen Auslagen selbst (BGH NStZ 1994, 229). Hat allein der Nebenkläger ein Rechtsmittel eingelegt und war dieses erfolglos, muss er seinerseits die dadurch erwachsenen notwendigen Auslagen des Beschuldigten tragen (S. 3). S. 4 regelt die Kostentragungspflicht bei einer überholten Beschwerde nach § 406a Abs. 1 S. 1. 3

Bei einem **Rechtsmittel der StA** (Abs. 2) zu Lasten des Beschuldigten oder Nebenbeteiligten (S. 1) wird die Staatskasse mit den Kosten des Rechtsmittels (Abs. 1) und den dem Beschwerdegegner entstandenen notwendigen Auslagen (Abs. 2 S. 1) belastet. Ob es solche Auslagen gab, wird erst in dem Verfahren nach § 464b geprüft. Hat die StA das Rechtsmittel zu Gunsten des Beschuldigten oder Nebenbeteiligten eingelegt (Abs. 2 S. 2), wird bei einem Erfolg der Beschuldigte so gestellt, als habe er das Rechtsmittel selbst eingelegt. Die Kosten fallen der Staatskasse zur Last (BGHSt 19, 226), für die notwendigen Auslagen gilt Abs. 2 S. 2. 4

Treffen Rechtsmittel der StA und des Angeklagten zusammen, werden diese kostenrechtlich getrennt behandelt (BGHSt 19, 226). Sind beide erfolglos, werden die ausscheidbaren notwendigen Auslagen des Angeklagten der Staatskasse auferlegt, soweit das Rechtsmittel der StA sie verursacht hat (Meyer-Goßner § 473 Rdn. 18; zum Teil anders LR-Hilger § 473 Rdn. 60). 5

§ 473   7. Buch. Strafvollstreckung und Kosten des Verfahrens

6   Bei einem **beschränkten Rechtsmittel** (Abs. 3) kommt es darauf an, ob es einen vollen Erfolg hatte. Dies ist der Fall, wenn der Beschwerdeführer sein erklärtes Ziel im Wesentlichen erreicht (OLG Düsseldorf NStZ 1985, 380). Bei einer Strafmaßberufung ist die in der Vorinstanz erkannte Strafe mit der in der Rechtsmittelinstanz erreichten Milderung zu vergleichen (OLG Köln StV 1993, 649). Ist eine Beschränkung erst im Rechtsmittelverfahren erfolgt, handelt es sich um eine Teilrücknahme, für die Abs. 1 gilt. In einem solchen Fall werden dem Angeklagten solche Auslagen und Kosten auferlegt, die bei einer alsbald nach Urteilszustellung erklärten Rechtsmittelbeschränkung vermeidbar gewesen wären (vgl. OLG Hamm NStZ-RR 1998, 221; Meyer-Goßner § 473 Rdn. 20).

7   Ist eine **Rechtsmittelbeschränkung** aus Rechtsgründen schon nicht möglich, hat der Beschwerdeführer im Sinne des Abs. 3 vollen Erfolg, wenn er das von vornherein erklärte Ziel im Ergebnis erreicht hat (BGHSt 19, 226, 229).

> **Beispiel:** Der Angeklagte erstrebt mit seiner Berufung eine Verurteilung wegen fahrlässiger Körperverletzung statt wegen fahrlässiger Tötung (OLG Düsseldorf JR 1991, 120).

8   **Bei einem Teilerfolg** (Abs. 4) hinsichtlich einer und derselben Tat (LR-Hilger § 473 Rdn. 52) kommt es zu einer Billigkeitsentscheidung. Ein Teilerfolg liegt bei einem unbeschränkten Rechtsmittel zum Beispiel in einer nicht unwesentlichen Strafmilderung (OLG Hamm MDR 1973, 1041: Ermäßigung um ein Viertel) oder in der Bewilligung von Strafaussetzung, nicht aber in einer bloßen Schuldspruchänderung (Meyer-Goßner § 473 Rdn. 25). Die Billigkeitsentscheidung erfolgt aber nur dann, wenn anzunehmen ist, der Beschwerdeführer hätte sein Rechtsmittel schon nicht eingelegt, wenn schon in der ersten Instanz die Entscheidung wie die des Rechtsmittelgerichts ausgegangen wäre (Meyer-Goßner § 473 Rdn. 26).

9   Bei einem **Erfolg wegen Zeitablaufs** (Abs. 5) gilt das Rechtsmittel als erfolglos.

> **Beispiel:** Im Berufungsverfahren fällt die Entziehung der Fahrerlaubnis nach § 69 StGB nur deshalb weg, weil wegen der inzwischen verstrichenen Zeit die Ungeeignetheit des Angeklagten zum Führen von Kraftfahrzeugen nicht mehr festgestellt werden kann (Meyer-Goßner § 473 Rdn. 30).

10 Die Kosten bei **Wiederaufnahme und Nachverfahren** regelt Abs. 6, die der Wiedereinsetzung Abs. 7. Hat ein Wiedereinsetzungsantrag Erfolg oder wird von Amts wegen Wiedereinsetzung gewährt, hat der Angeklagte die gerichtlichen Auslagen und seine notwendigen Auslagen auch zu tragen, wenn er freigesprochen wird.

Achtes Buch. Erteilung von Auskünften und Akteneinsicht, sonstige Verwendung von Informationen für verfahrensübergreifende Zwecke, Dateiregelungen, länderübergreifendes staatsanwaltschaftliches Verfahrensregister

Erster Abschnitt. Erteilung von Auskünften und Akteneinsicht, sonstige Verwendung von Informationen für verfahrensübergreifende Zwecke

Zu § 474 ff

Die §§ 474 bis 491 wurden durch das **StVÄG 1999** (BGBl. 2000 I, 1253) eingefügt. Regelungen über das länderübergreifende staatsanwaltschaftliche Verfahrensregister waren bereits im Jahre 1994 in die StPO aufgenommen worden; das StVBG 1999 hat lediglich ihren Standort verschoben. 1

Bei den Regelungen im ersten Abschnitt über die Erteilung von Auskünften und Akteneinsicht und die sonstige Verwendung von Informationen für verfahrensübergreifende Zwecke steht das **Volkszählungsurteil** und damit das aus dem allgemeinen Persönlichkeitsrecht abgeleitete Recht auf informationelle Selbstbestimmung (BVerfGE 65, 1) im Hintergrund. Mit den §§ 474 bis 480 wurden Regelungen Gesetz, die bis dahin in den Richtlinien für das Straf- und Bußgeldverfahren (Nr. 182 ff) enthalten waren. Dementsprechend regelt § 474 die Zulässigkeit von Auskünften und Akteneinsicht für Justizbehörden und andere öffentliche Stellen, § 475 nämliches für Privatpersonen, § 476 für Forschungszwecke. In welcher Form die Informationsübermittlung erfolgt, ergibt sich aus § 477. Weitere Einzelheiten regeln §§ 478 bis 480. § 480 stellt klar, dass besondere gesetzliche Regelungen unberührt bleiben, die die Übermittlung personenbezogener Informationen aus Strafverfahren zulassen. Hierzu gehört etwa § 117b BRAO. Für die Geheimdienste gilt § 474 Abs. 2 S. 2. 2

§ 481 [Verwendung personenbezogener Informationen durch die Polizeibehörden]

(1) ¹Die Polizeibehörden dürfen nach Maßgabe der Polizeigesetze personenbezogene Informationen aus Strafverfahren verwenden. ²Zu den dort genannten Zwecken dürfen Strafverfolgungsbehörden an Polizeibehörden personenbezogene Informationen aus Strafverfahren übermitteln. ³Die Sätze 1 und 2 gelten nicht in den Fällen, in denen die Polizei ausschließlich zum Schutz privater Rechte tätig wird.

(2) **Die Verwendung ist unzulässig, soweit besondere bundesgesetzliche oder entsprechende landesgesetzliche Verwendungsregelungen entgegenstehen.**

Die Vorschrift erlaubt im Rahmen einer Generalklausel die **Zweckumwandlung von personenbezogenen Informationen,** die (zunächst) für ein Strafverfahren erhoben wurden und nun für polizeiliche Zwecke genutzt werden sollen. Da diese Zweckumwandlung ein erneuter Eingriff in das Grundrecht auf informationelle Selbstbestimmung ist, bedarf es im Hinblick auf die Rechtsprechung des Bundesverfassungsgerichts einer entsprechenden Befugnisnorm (SK-Weßlau § 481 Rdn. 1). 1

§ 482　　　8. Buch. Erteilung von Auskünften und Akteneinsicht

Letztlich wird mit der Regelung der jahrelange Streit über die „Datenherrschaft" über Repressivdaten zu Gunsten der Polizeibehörden entschieden (SK-Weßlau § 481 Rdn. 3). Die Unterscheidung zwischen Repression und Prävention wird zu Gunsten einer operativen Dimension überwunden (vgl. SK-Weßlau § 481 Rdn. 3 m. w. N.).

2　Abs. 1 S. 1 erlaubt eine nahezu umfassende **Umwidmung** personenbezogener Informationen aus Strafverfahren für die Verwendung zu präventiv-polizeilichen Zwecken. Erfasst sind nicht nur Informationen über den Beschuldigten, sondern auch solche über unverdächtige Dritte. Der am Sprachgebrauch des Bundesdatenschutzgesetzes ausgerichtete Begriff des Verwendens umfasst wie dort das Verarbeiten und Nutzen der Daten.

3　Die in Abs. 2 erwähnten **Verwendungsregelungen** schließen die Zweckänderung aus. In solchen Fällen ist auch die Übermittlung unzulässig. Erfasst sind hier besondere Amts- und Berufsgeheimnisse sowie das Steuergeheimnis (§ 30 Abs. 1, 4 AO) und das Sozialgeheimnis (§ 35 SGB I, §§ 67 ff SGB X). Landesrechtliche Geheimhaltungspflichten finden sich etwa in den Landesstatistik- und Kommunalabgabengesetzen (vgl. Meyer-Goßner § 12 EGGVG Rdn. 6).

§ 482 [Information der befassten Polizeibehörde durch die Staatsanwaltschaft]

(1) **Die Staatsanwaltschaft teilt der Polizeibehörde, die mit der Angelegenheit befasst war, ihr Aktenzeichen mit.**

(2) **¹Sie unterrichtet die Polizeibehörde in den Fällen des Absatzes 1 über den Ausgang des Verfahrens durch Mitteilung der Entscheidungsformel, der entscheidenden Stelle sowie des Datums und der Art der Entscheidung. ²Die Übersendung eines Abdrucks der Mitteilung zum Bundeszentralregister ist zulässig, im Falle des Erforderns auch des Urteils oder einer mit Gründen versehenen Einstellungsentscheidung.**

(3) **In Verfahren gegen Unbekannt sowie bei Verkehrsstrafsachen, soweit sie nicht unter die §§ 142, 315 bis 315 c des Strafgesetzbuches fallen, wird der Ausgang des Verfahrens nach Absatz 2 von Amts wegen nicht mitgeteilt.**

(4) **Wird ein Urteil übersandt, das angefochten worden ist, so ist anzugeben, wer Rechtsmittel eingelegt hat.**

1　Die Bestimmung ersetzt die als Übergangsregelung konzipierte gleichlautende Vorschrift des Art. 32 des Justizmitteilungsgesetzes. **Polizeibehörden** im Sinne der Vorschrift sind auch Finanzbehörden (§§ 402, 404), Zollfahndungsämter und die mit der Steuerfahndung betrauten Dienststellen der Landesfinanzbehörden.

Zweiter Abschnitt. Dateiregelungen

1　Der zweite Abschnitt enthält Dateiregelungen, insbesondere über die Datenverarbeitung für Zwecke des Strafverfahrens (§ 483), aber auch für die Zwecke künftiger Strafverfahren (§ 484). §§ 485 bis 491 regeln die Übermittlung, Berichtigung, Löschung, Sperrung von Dateien sowie die Auskünfte an Betroffene (§ 491). Bedeutsam ist insbesondere § 489 über die Berichtigung, Löschung und Sperrung gespeicherter Daten.

Dritter Abschnitt. Länderübergreifendes staatsanwaltschaftliches Verfahrensregister

Zu §§ 492 ff.

Ist ein Angeklagter verurteilt worden, wird die Verurteilung im BZR vermerkt. **1** Kommt es zu einer Einstellung, geschieht dies nicht. Mit dem zentralen Verfahrensregister (§ 492) werden alle staatsanwaltschaftlichen Ermittlungsverfahren erfasst (Abs. 2 S. 1), die gegen einen bestimmten, bekannten Täter gerichtet sind. Eine Beschränkung auf Straftaten von erheblicher Bedeutung findet insofern nicht statt.

Nach Abs. 3 S. 1 muss die StA die **Einleitung eines Verfahrens** sowie die Art der **2** Erledigung mitteilen. Entsprechende Auskünfte erhalten auch die Geheimdienste (Abs. 4). In dem Register ist also auch erfasst, wer unschuldig verfolgt wird. Die Daten werden in einem automatisierten Verfahren genutzt (§ 493).

Die **Berichtigung und Löschung der Daten** regelt § 494. Wird der Beschul- **3** digte rechtskräftig freigesprochen, die Eröffnung des Hauptverfahrens gegen ihn unanfechtbar abgelehnt und das Verfahren nicht nur vorläufig eingestellt (Abs. 2 S. 2), sind die Daten zwei Jahre nach der Erledigung des Verfahrens zu löschen. Damit werden auch Einstellungen nach § 153a Abs. 1 S. 4 sowie andere Fälle der Einstellung aus Opportunitätsgründen (§§ 153 ff) erst, aber immerhin nach zwei Jahren gelöscht. Problematisch ist jedoch, dass selbst bei einem Freispruch oder der Ablehnung der Eröffnung des Hauptverfahrens noch zwei Jahre lang das Verfahren für den automatisierten Abruf vorgehalten wird. Begründet wird dies mit der Erwägung, es bestünde insofern ein „unverzichtbares Informationsbedürfnis der StA". Tatsächlich dürfte die Unschuldsvermutung eher für den Betroffenen und damit für eine zeitnahe Löschung sprechen (Meyer-Goßner § 494 Rdn. 9). Man wird ein weiteres Vorhalten der Daten nur dann akzeptieren können, wenn trotz Freispruchs die Verdachtsmomente nicht ausgeräumt worden sind (vgl. BVerfG NJW 2002, 3231) und insofern die Möglichkeit einer Wiederaufnahme des Verfahrens nicht nur theoretisch im Raum steht.

Sachregister

Sachverzeichnis

Die fett gedruckten Zahlen bezeichnen den jeweiligen Paragraphen der StPO,
die mageren Zahlen die dazugehörige Randnummer.

Abbildung 267 10
  Veröffentlichung **131 b** 1
Abgeordneter Strafverfolgung **152 a** 1
  Vernehmung **50** 1
Abhilfebefugnis sofortige Beschwerde **311** 1
Abhilfeentscheidung 310 4
Abhörmaßnahme in Wohnungen **100 c** 1
  außerhalb von Wohnungen **100 f** 5
Ablauf der Hauptverhandlung **243** 1
Ablehnung Ablehnungsverfahren **26** 1
  Amtsrichter **27** 5
  Besorgnis der Befangenheit **24** 4
  der Eröffnung **204** 1
  Entscheidung **27** 1
  letzter Zeitpunkt **25** 2
  Richter **Einl.** 35; **24** 1
  Sachverständiger **74** 1
  sämtliche Richter **27** 4
  Schöffe **31** 1
  unzulässige **26 a** 1
  Urkundsbeamter **31** 1
Ablehnungsbeschluss Begründung **244** 48
  Wirkung **211** 1
Ablehnungsgesuch 26 2
  Amtshandlung **29** 1
  Amtsrichter **27** 5
  Bescheidung **28** 2
  Glaubhaftmachung **26** 3
  Revision **336** 7
  Unverzüglichkeit **25** 4
Ablehnungsgrund 24 4
Ablehnungsverfahren 27 3
Ablichtung 249 4
Abschluss der Ermittlungen **169 a** 1
Abschlussvermerk der Staatsanwaltschaft **169 a** 1
Abschrift 35 3; **249** 4
Absehen von Klage **153 b** 1
  von Verfolgung **153 f** 1
  von Vollstreckung **459 f** 1
Abspielen von Aufnahmen **251** 2
Absprache Hauptverhandlung **Einl.** 184; **302** 13; **338** 46
  Rechtsfehler **337** 19
Abstimmung 260 3
  Reihenfolge der Stimmabgabe **260** 4
  Schuldfrage **263** 2
  Urteil **263** 1
Abwägungslehre Einl. 195

Abwesender Benachrichtigung **287** 1
Abwesenheit des Angeklagten **245** 8
  vorschriftswidrige **338** 24
Abwesenheitspflegschaft 292 2
Abwesenheitsverhandlung 231 a 2
  Dauer **231 b** 4
Adhäsionsverfahren Einl. 300; vor **403** 1
  Antrag **404** 1
  Entscheidung **406** 1
  Kosten **472 a** 1
  Nichteignung **406** 9
  Rechtsmittel **406 a** 1
  sofortige Beschwerde **406** 14
  Vergleich **405** 1
  Vollstreckung **406 b** 1
  Voraussetzungen **403** 1
  Wiederaufnahme **406 c** 1
Additionsverfahren 368 1
Adressat der Zustellung **37** 3
Akkusationsprinzip Einl. 66; **151** 1
Akten 147 13
Akteneinsicht Durchführung **147** 26
  Rechtsschutz **147** 33
  Verletzter **406 e** 1
  Vernehmungsniederschrift **147** 24
  Zuständigkeit **147** 30
Akteneinsichtsrecht Einl. 90
  Anbahnungsfall **147** 7
  Beschränkungen **147** 20 f
  Beschuldigter **147** 3
  Bild-Ton-Aufzeichnung **58 a** 7
  Ende **147** 8
  Umfang **147** 12 ff
  Verteidiger **147** 1
Aktenführung verdeckter Ermittler **110 d** 2
Aktenübersendung an LG **321** 1
Aktenvorlage an StA **320** 1
Aktenwidrigkeit Urteilsfeststellung **337** 33
Alibibeweis 261 23
Amtsaufklärungspflicht 244 9
Amtsgericht Rechtsfolgenkompetenz **1** 11, 14
  Spruchkörper **Einl.** 21
  Strafgewalt **1** 3
  Zuständigkeit **Einl.** 20; **1** 1
Amtshandlung unaufschiebbare **29** 3
Amtshilfe StA **161 a** 8
Amtshilfepflicht 96 1
Amtspflichtverletzung strafbare **359** 4
Anbahnungsfall 148 4

Sachregister

Akteneinsichtsrecht **147** 7
Änderung des Haftbefehls **114** 7
Anfangsverdacht 55 4; **81 h** 3; **152** 6
  bei Beweisverwertungsverbot **152** 11
Anfechtung unbestimmte **335** 3
Anfechtungsberechtigung Revision **333** 3
Angaben zur Person **68** 3
Angehöriger 52 8; **97** 13
  Benachrichtigung **163 c** 5
  Nichtbelehrung **Einl.** 202
Angeklagter 157 1
  Abwesenheit **245** 8
  Anwesenheit **338** 30
  Anwesenheitspflicht **230** 1; **231** 1
  Anwesenheitsrecht **230** 3
  Ausbleiben **230** 1, 11; **329** 7; **412** 1
  Ausschließung **247** 6
  Befragung **257** 1
  Belehrung **243** 16
  Beurlaubung **231 c** 1
  Beweisantragsrecht **219** 1
  Entbindung vom Erscheinen **233** 1
  Entfernung **338** 33
  Erkrankung **230** 6
  inhaftierter **224** 3
  Ladung von Zeugen **220** 1
  Ladung zur Hauptverhandlung **216** 1
  letztes Wort **258** 13
  ordnungswidriges Benehmen **231 b** 1
  persönliche Verhältnisse **243** 9
  Schutz **247** 10
  Schweigen **261** 13; **337** 20
  Tod **464** 8
  Unterrichtung **247** 13
  Verhandlungsunfähigkeit **329** 11
  Vernehmung **243** 16
  vernünftiger **24** 5
  verspätetes Erscheinen **329** 10
  Vertretung **234** 1
Angeschuldigter Einl. 119; **157** 1
Anhalten 163 b 5
Anhörung der Beteiligten **33** 1
  der StA **33** 6
Anhörung nachträgliche 33 13; **33 a** 1;
  vor 296 26; **311 a** 1
  von Verhörspersonen **252** 11
Anhörungsrüge 356 a 2
Anklage Formen **151** 3
  Rechtshängigkeit **156** 1
Anklagegrundsatz 151 1
Anklagepflicht außerdienstliche Kenntnis-
  erlangung **Einl.** 65
Anklagesatz 200 4
Anklageschrift Angaben zur Person **200** 5
  Auflistung der Beweismittel **200** 13
  Erklärungsfrist **201** 4
  funktionelle Mängel **200** 19
  Informationsfunktion **200** 1

Inhalt **200** 1
Mitteilung **201** 1
nachgereichte **215** 3
Umgrenzungsfunktion **200** 1
Anknüpfungstatsache Einl. 149
Annahmeberufung 313 1
  Beschluss **322 a** 1
  Gesamtgeldstrafe **313** 5
  Ordnungswidrigkeit **313** 7
  StA **313** 3
  und Sprungrevision **335** 10
Anordnung der Beschlagnahme **98** 1
  Durchführung **98** 19
  Durchsuchung **105** 1
  Fahndungsmaßnahmen **131 c** 1
  Funkzellenabfrage **100 h** 2
  Maßregel **246 a** 1; **267** 24
  persönliches Erscheinen **236** 1
  Wiederaufnahme **370** 3
Anrechnung von Auslieferungshaft 450 a
  1
  von Krankenhausaufenthalt **461** 1
Anrufung des Gerichts **Einl.** 130; **238** 6
Anschluss als Nebenkläger **395** 5
  Anschlusserklärung **396** 1
  Widerruf **402** 1
Anspruch vermögensrechtlicher **403** 5
  zivilrechtlicher **406 e** 5
Anstaltsordnung Verstoß **119** 16
Antrag beschleunigtes Verfahren **417** 1
  Schriftform **257 a** 1
  auf Terminsverlegung **213** 5
  des Verletzten **404** 1
Antragsdelikt Haftbefehl **127** 15; **130** 1
Antragsschrift grobe Verunglimpfung **vor**
  33 6
Anwaltsgebühren 464 a 7
Anwesenheit Unerlässlichkeit **231 a** 8
Anwesenheitspflicht des Angeklagten **247**
  1
  Nebenkläger **226** 6
Anwesenheitsrecht des Angeklagten **247** 1
  Nebenkläger **397** 1
Anzeichenbeweis 261 22
Anzeige Adressat **158** 6
  querulatorische **158** 5
Anzeigeerstatter Kostenpflicht **469** 1
Arbeit freie **459 e** 2
Arrest 111 d 3
  Vollziehung **111 g** 1
Arrestanordnung 111 d 6
  Beschlagnahme **111 e** 9
  Zuständigkeit **111 e** 1
Arzt 53 9
Ärzteerklärung Verlesung **256** 1
Atemalkoholmessung 250 10
Attest ärztliches **256** 7
Audiovisuelle Vernehmung 247 a 2

Sachregister

Aufbau des Urteils **Einl.** 236
Aufbauseminar Teilnahme **153 a** 16
Aufenthalt 276 3
Aufenthaltsbeschränkung Haftbefehl **116** 4
Aufenthaltsermittlung Ausschreibung **131 a** 1
Aufforderung zum Erscheinen **288** 1
Aufgaben der Polizei **163** 1
Aufhebung der Beschlagnahme **293** 1
   der Verbindung **13** 5
Aufhebung des Haftbefehls **120** 1
   von Ersatzmaßnahmen **123** 1
Aufklärung von Widersprüchen **254** 3
Aufklärungsfahndung 131 b 1
Aufklärungspflicht Einl. 188; **136 a** 33; **251** 5
   des Gerichts **202** 1; **256** 2
   Einschränkungen **244** 12
Aufklärungsrüge 244 100; **337** 33
   formale Anforderungen **244** 102
Auflagen 153 a 10; **265 a** 1
Aufrechterhaltung der Beschlagnahme **111 i** 1
Aufruf der Sache **243** 3
Aufschub des Berufsverbotes **456 c** 1
   der Vollstreckung **33 a** 10; **47** 2; **455** 1
   vorübergehender **456** 1
Aufsichtsstelle 463 a 1
Aufzeichnung 97 11
   einer Aussage **247 a** 11
   Zeugenvernehmung **58 a** 1
Augenschein Einl. 154, 182
   gemischter **86** 5
   kommissarischer **225** 1
   richterlicher **86** 1
   ungeeignet **244** 68
   Urkunde **86** 9
   zusammengesetzter **86** 5
Augenscheinsbeweis 244 98
Augenscheinseinnahme Anwesenheitsrecht **168 d** 1
   richterliche **168 d** 1
Augenscheinsgegenstand 86 6
Augenscheinsgehilfe Einl. 155
Augenscheinsprotokoll 249 9
Ausbleiben des Angeklagten **329** 1, 7; **412** 1
   bei Fortsetzungsverhandlung **231** 8
   des Sachverständigen **77** 1
   des Verteidigers **145** 1
   wiederholtes **51** 11
   des Zeugen **51** 1
Ausführung Durchsuchung **105** 1
   Untersuchungshaft **119** 18
Aushorchen in Untersuchungshaft **Einl.** 206, 224
Auskunft behördliche **161** 3

Bundeszentralregister 249 8
   über Postsendungen **99** 10
   über Telekommunikationsverbindungen **100 g** 1
Auskunftsersuchen 100 6
Auskunftserteilung Anordnung **100 h** 1
Auskunftsverlangen 96 8
Auskunftsverweigerung 337 18
Auskunftsverweigerungsrecht 55 2
Auslagen 464 a 2
Auslagenentscheidung 464 6
   selbstständige **464** 7
Auslagenteilung 464 d 1; **465** 5
Auslandstat Nichtverfolgung **153 c** 1
   Staatsschutzsache **153 c** 8
Auslandszeuge 244 72
Auslegung von Verträgen **337** 47
Auslieferung 290 4; **456 a** 1
   Einstellung **154 b** 1
Auslieferungshaft Anrechnung **450 a** 1
Aussage Aufzeichnung **247 a** 11
   gegen Aussage **261** 9
   vor der Hauptverhandlung **252** 6
Aussagegenehmigung Einl. 144
   Beamter **54** 1
   Richter **54** 1
Aussageverhalten eines Zeugen **261** 18
Ausscheidung von Tatteilen **154 a** 12
Ausschließung des Angeklagten **247** 6
Ausschließung des Richters **Einl.** 35; **22** 1; **23** 1
   des Verteidigers **138 a** 1
Ausschluss der Beschwerde 304 8; **305** 1
   der Öffentlichkeit **Einl.** 133
Ausschreibung Festnahme **131** 1; **457** 5
   Kfz-Kennzeichen **163 e** 3
   polizeiliche Beobachtung **163 e** 1
   Aufenthaltsermittlung **131 a** 1
Äußerung dienstliche **26** 6
Außervollzugsetzung des Haftbefehls **116** 1; **123** 1
Aussetzung des Berufsverbotes **456 c** 1
   der Hauptverhandlung **228** 1; **265** 18
   des Strafrestes **454** 1
   des Verfahrens **262** 6
   der Vollziehung **307** 3; **319** 7
Vollzug des Haftbefehls **116** 1
Austausch von Spionen **153 d** 2
Auswahl Sachverständiger **73** 1
   des Verteidigers **142** 1

Bankgeheimnis 161 8
Beamter 11 1
   Aussagegenehmigung **54** 1; **250** 6
Bedeutung ausschlaggebende **59** 2
   erhebliche **81 g** 6
Bedeutungslosigkeit Einl. 181
   der Beweistatsache **244** 60

813

Sachregister

Befangenheit des Staatsanwalts **Einl.** 44; vor 22 3
Befragung des Angeklagten 257 1
  durch Mitangeklagten 240 7
  informatorische **Einl.** 199; 136 3
  mittelbare **241 a** 3
  unmittelbare 240 6
Befugnisse des Beschwerdegerichts 308 1
  des Verletzten **Einl.** 301
Begnadigungsrecht 452 1
Begründung Berufung 317 1
Behauptung einer Straftat 364 1
Behörde Durchsuchung 103 3
Behördenerklärung Verlesung 256 1
Beibringung Tatsache 359 10
Beistand Zulassung 149 1
Beitreibung Geldstrafe 459 c 1
  der Kosten 459 d 3
Bekanntgabe des Haftbefehls 114 a 1
  der Urteilsgründe 268 3
Bekanntmachung an Beschuldigten 394 1
  der Beschlagnahme 291 1
  gerichtliche Entscheidung 35 1
  öffentliche 463 c 1
  Wirkung 292 1
Bekräftigung eidesgleiche 65 1
Belehrung 453 a 1
  Eidesverweigerung 61 1
  bei Fahrverbot 268 c 1
  fehlerhafte 35 a 9
  mündliche 35 a 4
  qualifizierte **Einl.** 186; 302 13
  unterlassene **Einl.** 197; 35 a 7
  vorbehaltene Sicherungsverwahrung 268 d 1
  Zeuge 57 1
Belehrungspflicht Widerspruchslösung 136 24
Beleidigung 154 e 1
Bemessung der Freiheitsstrafe 260 25
Benachrichtigung des Abwesenden 287 1
  der Beteiligten 224 1
  des Beschuldigten 110 d 1
  über Maßnahmen 101 1
  nach Rasterfahndung 98 b 5
Benachrichtigungspflicht 224 1
Benehmen ordnungswidriges 231 b 1
Benennung eines Zeugen 244 30
Beobachtungsunterbringung 81 1
Beratung des Urteils **Einl.** 235; 260 2
  Leitung 260 4
Beratungsgeheimnis 263 4
Bericht des Vorsitzenden 249 17
Berichterstatter Vortrag 324 2
Berichtigung des Protokolls 271 7
  der Urteilsgründe 267 37
Berufsgeheimnisträger 97 14
  Wohnraumüberwachung 100 c 8

Berufshelfer Zeugnisverweigerungsrecht 53 a 1
Berufsverbot Aufschub 456 c 1
  Aussetzung 456 c 1
  vorläufiges 132 a 1
Berufung Einl. 261; vor 296 3
  Anfechtung des Schuldspruchs 318 11
  Annahmeberufung 313 1
  auf früheren Eid 67 1
  Begründung 317 1
  Beschränkung 318 1
  Form 314 1
  Frist 314 1
  gesetzlicher Vertreter 330 1
  oder Revision 335 7
  Suspensiveffekt 316 1
  Teilannahme 322 a 3
  Verfahrensvorschriften 332 1
  verspätete Einlegung 319 1
  Verwerfung 322 1
  Verwerfungsurteil 329 1
  Vorbereitung der Hauptverhandlung 323 1
  Zulässigkeit 312 1
Berufungsbeschränkung Bemessung der Gesamtstrafe 318 14
  Gegenerklärung 320 2
  mehrere Angeklagte 318 5
  Rechtsfolgenausspruch 318 12
  Wahlfeststellung 318 7
  Widerspruchsfreiheit 318 4
Berufungsgericht 1 20
  Entscheidung 329 23
Berufungshauptverhandlung Ausbleiben 329 1
  Gang 324 1
  Schlussvortrag 326 1
  Umfang der Überprüfung 327 1
  Verlesung von Schriftstücken 325 1
  Vortrag des Berichterstatters 324 2
Berufungsurteil Besonderheiten 267 36
  Inhalt 328 1
  Zurückverweisung 328 6
Beruhensprüfung Revision 337 54 ff; 338 2
Bescheidung des Antragstellers 171 1
Beschlagnahme Anordnung 98 1
  Aufhebung 293 1
  Aufrechterhaltung 111 i 1
  Bekanntmachung 291 1
  Datenträger 94 7
  Druckwerk 111 m 1
  durch Pfändung 111 c 4
  Durchführung 111 f 1
  einstweilige 108 5
  Führerscheine 463 b 1
  Gegenstand 94 1
  Grundstücke 111 c 3
  inländischer Führerschein 111 a 11
  statt Haftbefehl 290 1

Sachregister

Veräußerungsverbot **111 c** 6
Verzeichnis **109** 1
  von Zufallsfunden **108** 1
  zu anderen Zwecken **111 b** 1
  zur Sicherstellung **111 c** 1
Beschlagnahmebeschluss richterlicher **Einl.** 110
Beschlagnahmefreiheit 97 1 ff
  Grenzen **97** 20
Beschlagnahmeverbot Verwertungsverbot **97** 26
Beschleunigtes Verfahren Einl. 294; **vor** 417 1
  Beweisaufnahme **420** 1
  Eröffnungsbeschluss **419** 5
  Hauptverhandlung **418** 1
  Hauptverhandlungshaft **127 b** 1
  Höchststrafe **419** 1
  Überleitung **419** 2
  Verteidiger **418** 5
Beschleunigungsgebot Verstoß **Einl.** 56
Beschluss Teilanfechtung **304** 7
  Unanfechtbarkeit **33 a** 5
Beschlussverfahren vereinfachtes **349** 1
Beschränkung Berufung **318** 1
  horizontale **vor 296** 22
  nachträgliche **303** 1
  der Strafverfolgung **154 a** 1
  der Verteidigung **338** 51 ff
  vertikale **vor 296** 22
Beschuldigtenbelehrung Unterlassung **136** 16
Beschuldigtenvernehmung 133 1
  Ablauf **136** 4
  Anwesenheitsrecht des Verteidigers **163 a** 9
  Belehrungspflicht **163 a** 4
  erste Vernehmung **136** 1
  Ladung **163 a** 8
  Niederschrift **163 a** 12
  Polizei **163 a** 3
  sofortige Vernehmung **135** 1
  Verstoß gegen Belehrungspflicht **136** 16
  Vorführung **134** 1
  Widerspruchslösung **136** 24
Beschuldigter Einl. 78 ff, **157** 2
  Abwesenheit **276** 1
  Auswahlrecht bezüglich Verteidiger **141** 7
  Begriff **Einl.** 79, **vor 48** 13, **136** 3
  Beweisantrag **166** 1
  Blutprobe **81 a** 7
  Fingerabdrücke **81 b** 1
  informatorische Befragung **136** 3
  körperliche Untersuchung **81 a** 1
  Ladung **133** 2
  Lichtbilder **81 b** 1
  Missachtung **Einl.** 205
  Rechtsmittel **299** 1
  Schriftverkehr **148** 6

Spontanäußerung **136** 3
Unterbringung zur Beobachtung **81** 1
Vernehmung **Einl.** 80; **133** 1; **163 a** 1
Vorführung **115** 1; **134** 1; **163 a** 10
Wahrheitspflicht **136** 15
Beschwer 33 a 6; **vor 296** 11
  der Staatsanwaltschaft **Einl.** 255; **vor 296** 15
Beschwerde Einl. 32, 273; **vor 296** 5
  Abhilfeverfahren **306** 4
  Arten **304** 2
  Ausschluss **304** 8; **305** 1
  Begründung **306** 3
  einfache **306** 2
  sofortige **206 a** 11; **311** 1; **372** 1; **453** 4; **462** 3
  Suspensiveffekt **307** 1
  Vorlage an Beschwerdegericht **306** 7
  weitere **310** 1
  Zulässigkeit **304** 1
Beschwerdeberechtigung 304 9
Beschwerdegericht Aufklärungsbefugnis **308** 7
  Befugnisse **308** 1
  eigene Sachentscheidung **309** 3
  Entscheidungsmöglichkeiten **308** 1
  Zurückverweisung **309** 8
Beschwerdeverfahren Schlechterstellung **304** 4
Besetzung des Gerichts Revision **1** 29
  Spruchkörper **1** 23
  vorschriftswidrige **338** 5
Besetzungseinwand 6 a 2; **222 a** 6; **222 b** 1
  Verfristung **222 b** 3
Besetzungsmangel 338 6
Bestätigung richterliche **98** 11
  von Fahndungsmaßnahmen **131 c** 1
Bestattungsschein 159 6
Beteiligter 33 3
Betreten einer Wohnung **110 b** 3
Betroffener 98 13
Beugehaft 70 7
Beurkundung der Hauptverhandlung **273** 1
Beurlaubung des Angeklagten **231 c** 1
Beurteilungsspielraum Tatrichter **337** 35
Bewährungsentscheidung nachträgliche **462 a** 12
Bewährungszeit Verlängerung **454 a** 1
Bewegungsbild 163 e 1
Beweis bestmöglicher **244** 11
Beweisanregung Einl. 178; **244** 34
Beweisantizipation 244 52, 66, 81
Beweisantrag 244 16
  Ablehnung **Einl.** 181; **201** 7; **244** 44 ff
  des Angeklagten **219** 1
  bedingter **244** 31
  Behauptung aufs Geratewohl **244** 20
  bestimmtes Beweismittel **244** 29

815

Sachregister

des Beschuldigten **166** 1
Protokollierung **244** 42
Rücknahme **244** 43
verspäteter **246** 1
Beweisantragsrecht Einl. 176
Beweisaufnahme Einl. 138; **244** 2
Berufungshauptverhandlung **324** 7
beschleunigtes Verfahren **420** 1
kommissarische **289** 1
Prinzipien **Einl.** 157
Schluss **258** 1
über Geständnis **Einl.** 172
Umfang **245** 1
Beweiserhebung Unzulässigkeit **244** 54
Beweiserhebungspflicht 245 6
auf Antrag **245** 12
Verzicht **245** 7
Beweiserhebungsverbote Einl. 189
Beweisermittlungsantrag 244 19, 35
Beweiskraft negative **274** 8
positive **274** 7
Wegfall **274** 10
Beweislage klare **417** 4
Beweismittel 94 2
bestimmtes **Einl.** 180
Erwähnung **267** 13
herbeigeschafftes **245** 3, 13
neues **359** 6
sachnächstes **250** 3
Unerreichbarkeit **244** 76
Ungeeignetheit **244** 65
Beweismittelordner 147 14
Beweismittelverbot 244 56
Beweisregel 261 1
gesetzliche **274** 1
Beweissicherung 160 7; **162** 2; **285** 1
Beweissicherungsverfahren 81 b 9
Beweistatsache Allgemeinkundigkeit **244** 58
Bedeutungslosigkeit **244** 60
Gerichtskundigkeit **244** 59
konkrete **244** 17
Offenkundigkeit **244** 57
Beweisthemaverbot 244 56
Beweisverbot 252 10; **261** 12
Beweisverbot Fernwirkung **Einl.** 227 ff
Beweisverlust drohender **166** 2
Beweisverwertungsverbot Einl. 190 ff; **261** 12
Beweiswürdigung 337 43
Beweiswürdigung freie **261** 1
Lücken **337** 44
Revision **261** 31
Beweisziel 244 28
Bezeichnung irrtümliche **296** 3; **300** 1
BGH Zuständigkeit **Einl.** 31
Bildaufnahme 100 f 2
Bild-Ton-Aufzeichnung 255 a 1

Bild-Ton-Direktübertragung 247 a 3
Bild-Ton-Träger 58 a 1
Bindungswirkung innerprozessuale **318** 16
Blätter öffentliche **288** 1
Blutentnahme unzulässige **Einl.** 204
Blutprobe 81 a 7
Blutprobenentnahme Bericht **256** 9
Brechmittel Gabe **102** 7
Brief Verlesung **249** 10
Briefkontrolle 148 7
Bruchteilsentscheidung 465 7
Bundeskriminalamt 161 10
Bundespräsident Vernehmung **49** 1

Checkliste Ermittlungsmaßnahmen **Einl.** 96

Darstellungsmangel 337 49
Daten Umwidmung **481** 2
Datenabgleich 98 c 1
automatisierter **98 a** 6
justizinterner **98 c** 1
Datenspeicher 110 2
Datenträger Beschlagnahme **94** 7
Dauerdelikt 264 7, 13
Deal Einl. 184; **302** 13; **338** 46
Denkgesetze 337 18, 42, 45
Devolutiveffekt Einl. 251
Dienstaufsichtsbeschwerde 147 34; **163** 27; **vor 296** 26
Dienstliche Äußerung 26 6
Disziplinarverfahren 154 e 1
Divergenzverfahren 33
DNA-Analyse 81 e 2; **81 g** 1
Anordnung **81 f** 1
DNA-Analyse-Datei 81 g 1
DNA-Identifizierungsmuster 81 g 10
Dokument elektronisches **41 a** 1
Dolmetscher 259 1
Kosten **464 c** 1
Doppelverwertung unzulässige **337** 52
Doppelzustellung 37 8
Druckwerk Beschlagnahme **111 m** 1; **111 n** 1
Duldungspflicht Unverdächtiger **163 b** 8
Durchbrechung Rechtskraft **357** 1
Durchsicht von Papieren **110** 1
Zuständigkeit **110** 6
Durchsuchung Anordnung **102** 11; **105** 1
Art und Weise **105** 17
Ausführung **105** 1
Behörde **103** 3
bei Zeugen **103** 1
beim Verdächtigen **102** 1
beim Zeugnisverweigerungsberechtigten **103** 6
der Person **102** 7
des Verteidigers **148** 11
EDV-Anlage **102** 9

Sachregister

Mitteilung **107** 2
Sache **102** 8
Unverdächtiger **163 b** 10
Verhältnismäßigkeit **102** 12
Verwertungsverbot **102** 14
Wohnung **102** 5
Zufallsfund **102** 12
Zuziehung des Inhabers **106** 1
Zwangsmaßnahmen **105** 14
Durchsuchungsanordnung richterliche **Einl.** 110
Verbrauch **105** 15
Durchsuchungsbescheinigung 107 2
Durchsuchungszeuge 105 11

EDV-Anlage Durchsuchung **102** 9
Ehegatte 52 5
Eid früherer **67** 1
Eidesformel 64 1
Eidesleistung hörbehinderte Person **66** 1
Eidesleistung sprachbehinderte Person **66** 3
Eidesunfähigkeit 60 3
Eidesunmündigkeit 60 2
Einbeziehung Nachtragsanklage **266** 4
Eingangsstempel des Gerichts **44** 11
Eingriff körperlicher **136 a** 12
Eingriffsbefugnisse allgemeine **Einl.** 97
Einlegung verspätete **319** 1
Einrichtung von Kontrollstellen **111** 1
Einspruch Beschränkung **410** 7
Form **410** 4
Rücknahme **410** 6
Unzulässigkeit **411** 1
Einspruchsfrist Strafbefehl **410** 3
Einspruchsrücknahme 411 9
Einstellung bei Auslieferung **154 b** 1
bei Gesetzesänderung **206 b** 1
bei Verfahrenshindernis **206 a** 1
des Verfahrens **170** 4
gegen Auflagen **153 a** 1
gegen Weisungen **153 a** 9
mangels Tatverdachts **Einl.** 115
nach Erpressung **154 c** 1
notwendige Auslagen **467** 6
Opportunitätsprinzip **396** 5
Rechtsschutz **153** 19
Strafklageverbrauch **153** 13
Vermögensdelikt **153** 11
vorläufige **205** 1
wegen Geringfügigkeit **153** 1
durch Gericht **153** 14
Rechtsfolgen **153 a** 25
Rechtsschutz **153 a** 25
Zustimmung des Gerichts **153** 8
Einstellungsbeschluss sofortige Beschwerde **206 a** 11
Einstellungsbeschwerde 172 12
Einstellungsurteil 267 30

Einwand der Unzuständigkeit **16** 1
Einzelakt Wegfall **260** 12
Einziehung 111 b 2
Einziehung 430 1
Entbindung vom Erscheinen **233** 1
Entfernung des Angeklagten **247** 2
Entlassung des Sachverständigen **248** 1
des Zeugen **248** 1
Entnahme von Körperzellen **81 g** 3
Entschädigung des Verletzten **vor 403** 1
Zeuge **71** 1
Entscheidung Begründung **34** 1
bei Gesetzesänderung **354 a** 1
Bekanntmachung **35** 1
Entscheidung gerichtliche **98** 16, **105** 16; **238** 11; **458** 1; **462** 1
nachträgliche **453** 1
Entschuldigung genügende **51** 5
mangelnde **329** 15
Entziehung der Fahrerlaubnis **407** 17
Erfahrungssatz 337 46
Erforderlichkeit qualifizierte **Einl.** 100
Ergänzungsrichter Einl. 137; **226** 3
Ergänzungsschöffe Einl. 137; **226** 3
Ergreifen des Verdächtigen **102** 10
Ergreifung 115 3
Ergreifungsdurchsuchung 102 10
Ergreifungsort 9 3
Erhebung der öffentlichen Klage **170** 3
Erkennungsdienst Maßnahme **163 b** 7
Erklärung schriftliche **250** 8
Erkundigungen über Beweispersonen **222** 1
Erlass eines Haftbefehls **125** 1
Ermächtigung Widerruf **302** 17
Ermahnung der Zeugen **243** 6
Ermessensentscheidung 34 6
Tatrichter **337** 34
Ermittler verdeckter **110 a** 1
Ermittlungen durch Private **Einl.** 221
ergänzende **202** 1; **308** 6
Ermittlungsdurchsuchung 102 10
Ermittlungsgeneralklausel 161 1
Ermittlungsgrundsatz Einl. 160
Ermittlungshandlungen 161 2
Erklärung **256** 11
Ermittlungsmaßnahmen Checkliste **Einl.** 96
verdeckte **100 f** 1
Ermittlungsmöglichkeiten Einl. 95
Ermittlungsperson der Staatsanwaltschaft **Einl.** 45
Zuständigkeit **161** 6
Ermittlungsrichter 162 1
des BGH **169** 2
des OLG **169** 3
Ermittlungsverfahren 160 1
Ermittlungsverfahren Abschluss **Einl.** 114
Ermittlungsverfahren Einl. 94 ff

817

Sachregister

Ermittlungsverfahren Rechtsschutz **Einl.** 105
 Technisierung **vor 94** 3
Ermittlungsverlauf hypothetischer **Einl.** 196
Ermüdung 136 a 11
Eröffnung Ablehnung **Einl.** 123
 des Hauptverfahrens **Einl.** 121
 der Untersuchung **12** 3
 vor anderem Gericht **209** 1
Eröffnungsbeschluss beschleunigtes Verfahren **419** 5
 einfache Beschwerde **210** 6
 Entscheidung über U-Haft **207** 10
 Form **207** 8
 Inhalt **207** 1
 Mängel **207** 11
 Nachholung **203** 4
 Rechtsmittel **210** 1
 sofortige Beschwerde **210** 2
 Untätigkeitsbeschwerde **210** 3
 Voraussetzungen **203** 1
 Wirkung des Ablehnungsbeschlusses **211** 1
 Zustellung **215** 1
Eröffnungsverfahren 199 1
Eröffnungszuständigkeit 209 1
Erörterungsverbot 337 19
error in procedendo Einl. 15
Ersatzfreiheitsstrafe Vollstreckung **459 e** 1
Ersatzmaßnahme Aufhebung **123** 1
Erscheinen persönliches **236** 1
Erschwerung wesentliche **100 a** 14
Ersetzung der Vernehmung **251** 1
Erstreckung auf Nichtrevidenten **357** 9
Erteilung von Auskünften **Einl.** 304
Erwiderungsrecht Schlussvortrag **258** 10
EU-Bürger 111 a 15
Eventualbeweisantrag 244 24, 33
Evokationsrecht StA **377** 2

Fahndungsmaßnahme Anordnung **131 c** 1
 Bestätigung **131 c** 1
Fahrerlaubnis vorläufige Entziehung **111 a** 1
Fahrverbot 450 3
Fahrverbot Belehrung **268 c** 1
fair trial Einl. 59; **265** 12
Falschaussage 359 3
Fälschung 274 11
Fehlbesetzung Willkür **338** 7
Fehlen der Begründung **34** 8
Feiertag allgemeiner **43** 3
Fernmeldegeheimnis 100 a 4
Fernschreiber 44 14
Fernwirkung 136 21; **136 a** 29
 Verwertungsverbot **Einl.** 227 ff; **100 a** 29
Fesselung Untersuchungshaft **119** 19
Festhalterecht Hauptverhandlung **231** 1

Festnahme Absehen von **127 a** 1
 von Störern **164** 1
 vorläufige **127** 1
Feststellung von Vorstrafen **243** 23
Feststellungen überschießende **264** 15
Filmaufnahmen Einl. 134
Fingerabdrücke 81 b 1
Flucht Haftgrund **112** 9
Fluchtgefahr Haftgrund **112** 14
Fluchtverdacht 127 7
Folge geringe **153** 11
Förmlichkeit wesentliche **33** 5; **168 a** 2; **243** 15; **258** 20; **273** 4
Fortsetzungstermin 217 2
Fotokopie 249 4
Fragen Zulässigkeit **242** 1
 Zurückweisung **241** 1
Fragerecht 255 a 7
 Prozessbeteiligter **240** 2
Freibeweis Einl. 94; **244** 3; **329** 18; **337** 10
Freie Beweiswürdigung 261 1
Freiheitsentzug Anrechnung **260** 27
Freiheitsstrafen mehrere **454 b** 1
Freilassung des Beschuldigten **120** 4
 gegen Sicherheit **127 a** 1
Freispruch 267 33
 ohne Hauptverhandlung **371** 1
 Kosten **467** 1
 Vorrang **260** 32
Freistellung Widerruf **231 c** 8
Fristversäumnis 44 3 ff
Frucht des verbotenen Baumes **Einl.** 229
Führerschein 94 11
Führerschein Beschlagnahme **463 b** 1
 Rückgabe **111 a** 16
Fürsorgepflicht prozessuale **Einl.** 58

Gabe von Brechmitteln **102** 7
Gang der Berufungshauptverhandlung **324** 1
 der Hauptverhandlung **Einl.** 128; **243** 1; **273** 3
Gebührenvorschuss Privatkläger **379 a** 1
Gedächtnisunterstützung 253 1
Gefahr im Verzug **Einl.** 108; **21** 1; **98** 6; **105** 5; **110 b** 2; **127** 13
Gefährdung des Anordnungszwecks **33** 12
Gefährdung des Untersuchungszwecks **406 e** 9
Gefährdung öffentliche Sicherheit **15** 3
Gegenerklärung 308 4
 Revision **347** 3
Gegenstand anderer **97** 12
 beschlagnahmefreier **97** 1
Gegenstand der Urteilsfindung **264** 8
Gegenüberstellung Zeugen **58** 4
Gegenvorstellung vor **296** 26; **306** 9
Gegenwart ununterbrochene **226** 1
Geheimhaltung der Personalien **68** 6

Sachregister

Geheimschrift 249 3
Gehör rechtliches **Einl.** 53; 33 4; 163 a 1;
 230 2; 306 3; 311 a 1; 356 a 1; 407 22;
 462 2
Geistlicher 53 7
Geldstrafe 260 26
Geldstrafe Beitreibung 459 c 1
 Verrechnung von Teilbeträgen 459 b 1
 Vollstreckung 459 1
 Zahlungserleichterung 459 a 1
Geldzahlung gemeinnützige Einrichtung
 153 a 12
Geldzeichenfälschung Gutachten 92 1
Geleit sicheres 295 1
Gemeinschaft eheähnliche 52 6
Generalstaatsanwalt Einl. 40
Gericht Entscheidungsfreiheit 206 1
Gericht Anrufung **Einl.** 130; 238 6
 erkennendes 305 3
 höherer Ordnung 225 a 2
 Kognitionspflicht 260 9
 niederer Ordnung 269 3; 338 20
 Überlastung 121 7
 Unzuständigkeit 20 1; 348 1
Gerichtsbesetzung Mitteilung 222 a 1
Gerichtshilfe 160 10; 463 d 1
Gerichtskundigkeit 244 59
Gerichtsperson vor 22 2
Gerichtsstand vor 7 1
 Umweltdelikt 10 a 1
 Wohnsitz 8 1
 des Zusammenhangs 13 2
Gerichtsverhandlung Öffentlichkeit 338 36
Gerichtsvollzieher 38 2
Gesamtstrafe 260 28
Gesamtstrafenbildung nachträgliche 460 1
Gesamtstrafenentscheidung 462 a 12
Geschäftsbesorgungsvertrag vor 137 9
Geschäftsverteilungsplan 222 a 5
Gesetzesänderung Einstellung 206 b 1
Gesetzesverletzung 357 7
Gesetzlicher Richter Einl. 14 ff, 41; **vor** 1
 10; 26 a 6; 338 5
Gestaltungsurteil 262 2
Geständnis Beweisaufnahme über **Einl.** 172
 Verlesung 254 2
 Widerruf 359 11
 Wiederaufnahme 362 4
Gewahrsam des Zeugnisverweigerungsberechtigten 97 6
Gewahrsamsinhaber letzter 111 k 1
Gewährsperson 110 a 2
Gewissheit subjektive 261 2
Glaube öffentlicher 274 1
Glaubhaftmachung Mittel 26 5; 45 7
 Zeitpunkt 45 6
 Zeugnisverweigerung 56 1
Glaubwürdigkeit eines Zeugen 244 63

Glaubwürdigkeitsgutachten 244 91
Glücksspiel Schlupfwinkel 104 4
GPS-Überwachung 100 f 3
Großer Lauschangriff 100 c 1
Großverfahren Durchführung 257 a 1
Grundrechtseingriff fortwirkender **Einl.**
 109; 305 6
Grundurteil 406 4, 10
Gutachten neues 83 1
 Sachverständiger 267 14
 ungenügendes 83 1
 im Vorverfahren 82 1
Gutachtenverweigerungsrecht 76 1

Haartracht Veränderung 81 a 13
Haftbefehl 457 1
 Änderung 114 7
 Antragsdelikt 127 15; 130 1
 Aufhebung 120 1
 Aufhebung von Ersatzmaßnahmen 123 1
 Auslieferungsverfahren **vor** 112 7
 Aussetzung des Vollzugs 116 1
 Aussetzung gegen Sicherheitsleistung 116 a
 1
 Bekanntgabe 114 a 1
 Erlass 114 1
 Haftbeschwerde 117 7
 Haftprüfung 117 1
 Immunität 114 12
 Inhalt 114 2
 leichtere Taten 113 1
 mehrere **vor** 112 9
 Privatklagedelikt 127 16
 Verböserungsverbot 116 15
 Verhältnismäßigkeitsgrundsatz 112 5
 Vollstreckung 114 10
 Vorführung 115 1
 weitere Entscheidungen 126 1
 bei Widerruf 453 c 1
 Wiederinvollzugsetzung 116 12
 Zuständigkeit 125 1
Haftbeschwerde 117 7
Haftfortdauer 268 b 1
Haftgrund Flucht 112 9
 Fluchtgefahr 112 14
 schwere Kriminalität 112 28
 Verdunkelungsgefahr 112 21
 Wiederholungsgefahr 112 a 1
Haftprüfung 117 1
 besondere 122 1
 mündliche Verhandlung 118 1; 118 a 1
Haftung Mitverurteilter 466 1
Handlungen unzuständiges Gericht 20 1
Härte unbillige 459 f 1
Hauptverfahren Einl. 10, 126
Hauptverhandlung Aussetzung 228 1; 265
 18
 Beginn 226 2; 303 2

Sachregister

beschleunigtes Verfahren **418** 1
Beurkundung **273** 1
Beweisanträge **Einl.** 176
Ende **226** 2
Festhalterecht **231** 1
Fristhemmung **229** 4
Gang **Einl.** 128
Grundsätze **vor 226** 2
Inbegriff der **Einl.** 156; **267** 2
Leitung **Einl.** 129
Revision **350** 1
Terminsmitteilung **350** 2
trotz Ausbleibens **232** 1
Unterbrechung **228** 1; **265** 20
Weiterführung **29** 9
wesentlicher Teil **338** 24
Hauptverhandlungshaft Einl. 296; **127 b** 1; **vor 417** 2
Vorführung vor den Richter **127 b** 6
Haussuchung nächtliche **104** 1
Heilberuf 97 9
Hemmung bei Erkrankung **268** 10
der Vollstreckung **47** 1; **360** 1
Hauptverhandlung **229** 4
Herausgabe an den Verletzten 111 k 1
Herausgabepflicht 95 1
Zeugnisverweigerungsberechtigter **95** 3
Herausgabeverlangen Zuständigkeit **95** 4
Herbeischaffung von Beweismitteln **221** 1
Hilfsbeweisantrag 244 24, 32
Ablehnung **267** 16
Hinweis rechtlicher **265** 14
Hinweispflicht 337 25
Verletzter **406 h** 1
Höchstdauer Untersuchungshaft **122 a** 1
Höchststrafe Überschreitung **419** 12
Höchstzahl der Verteidiger **137** 3
Hörfalle Einl. 207, 226; **136 a** 7
Hypnose 136 a 22

Identifizierung des Verstorbenen **88** 1
Identifizierungsgegenüberstellung 58 6
Identitätsfeststellung 9 4; **163 b** 1; **243** 8
Festhaltung **163 b** 5; **163 c** 1
Immunität 152 a 3
IMSI-Catcher 100 i 1
in dubio pro reo Einl. 232; **261** 24; **337** 18, 48
Inbegriff der Hauptverhandlung **Einl.** 156; **261** 5 ff; **267** 2
„**in camera"-Verfahren 96** 2; **101** 4
Indizienbeweis 261 22
Information personenbezogene **155 b** 1; **161** 13; **481** 1
Informationsbefugnis des Verteidigers **234 a** 1
Informationsfunktion der Anklageschrift **200** 1

Inhalt Berufungsurteil **328** 1
Haftbefehl **114** 2
Strafbefehl **409** 1 ff
Revisionsurteil **353** 1
Inhaltsprotokoll 273 13
Insolvenzbeschlagnahme 111 c 7
Instruktionsprinzip Einl. 62
Interesse berechtigtes **406 e** 4
öffentliches **376** 2
Interessenvertretertheorie vor 137 5
Internet 100 a 6
Intimsphäre Einl. 213

Jedermann-Paragraph 127 1
Judex a quo 306 1; **319** 4
Bindung an Beschwerdegericht **309** 10
Jugendgericht vor 1 6
Jugendkammer Einl. 23
Jugendlicher Strafbefehl **407** 8
Jugendschutzkammer Einl. 23; **1** 18
JuMoG 229 1
Justizverwaltungsakt Einl. 111

Katalogtat Einl. 210; **98 a** 4; **100 a** 10 ff
Kenntniserlangung außerdienstliche **Einl.** 65
Kennzeichnung beschlagnahmte Gegenstände **109** 1
Kernbereich private Lebensgestaltung **100 c** 6
Kind neugeborenes **90** 1
Klage Rücknahme **377** 6
Klageberechtigte mehrere **375** 1
Klageerhebung Privatklage **381** 1
Klageerzwingungsverfahren Einl. 116; **172** 1
Antragsbefugnis **172** 3
Beschluss der Anklageerhebung **175** 1
Beteiligung eines Rechtsanwalts **172** 22
Entscheidung der GenStA **172** 8
Inhalt des Antrags **172** 15
Kosten **177** 1
Sicherheitsleistung **176** 1
Verfahren bei OLG **173** 1
Verletzter **172** 4
Verwerfung des Antrags **174** 1
Wiedereinsetzung **172** 10
Klagerücknahme Kosten **467 a** 1
Kognitionspflicht des Gerichts **154 a** 3; **155** 1; **260** 9; **264** 14
Kompetenz-Kompetenz vor 1 6
Kompetenzkonflikt vor 1 7; **14** 1
Kontounterlagen 97 7
Kontrollfunktion des Richters 105 4
Kontrollstelle 163 e 4
Einrichtung **111** 1
Identitätsfeststellung **111** 6
Konzentrationsmaxime Einl. 55

Sachregister

Körperliche Untersuchung 81 a 1
Körperverletzung fahrlässige 395 9
Kosten Adhäsionsverfahren 472 a 1
  bei Freispruch 467 1
  erfolgloses Rechtsmittel 473 1
  Nebenklage 472 1
  Nebenbeteiligte 472 b 1
  Privatklage 471 1
  Strafantrag 470 1
  Teilerfolg 473 8
  des Verfahrens 464 1
Kostenentscheidung 464 1, 4; 464 b 1
Kostenpflicht des Anzeigeerstatters 469 1
Kostenpflicht Verurteilter 465 1
Kostenrecht Einl. 303
Krankenhausaufenthalt Anrechnung 461 1
Krankenzimmer Selbstgespräch **Einl.** 220
Krankheit 251 11
Kreuzverhör 239 1
Kurzschrift 249 3
Kurzzeit-Datei 163 c 1

Ladung des Angeklagten 216 1
  durch den Angeklagten 220 1
  Ladungsfrist 218 3
  unmittelbare 38 1
  Verteidiger 218 1
  Zeuge 48 1
  zur Hauptverhandlung 214 1
Ladungsfrist 217 1
Ladungsmängel 216 4
Landesverweisung 456 a 1
Landgericht Besetzung 1 23
  sachliche Zuständigkeit 1 16
  Zuständigkeit **Einl.** 22
Lauschangriff großer 100 c 1
Legalitätsprinzip Einl. 48, 63; **152** 3
Legende 110 a 3
Leichenfund 159 1
Leichenöffnung 87 2
  Umfang 89 1
Leichenschau 87 2
  Anordnung 87 3
Letztes Wort des Angeklagten 258 13; 337 24
Lichtbilder 81 b 1
List kriminalistische 136 a 16
Lockspitzeleinsatz Einl. 60
Lokalisierung Mobiltelefon 100 i 4
Luftfahrzeug Tatort 10 1
Lügendetektor 136 a 22

Mailbox 100 a 6
Mängel der Zuständigkeit 338 19
Massenscreening 81 e 6; 81 h 1
Maßnahme erkennungsdienstliche 163 b 7
  präventiv-polizeiliche 161 11
  überraschende 33 10

Maßregel 111 a 3
  Vollstreckung 463 1
Mediziner approbierter 81 a 10
Mehrfachtäter 154 1
Mehrfachverteidigung Anwaltssozietät 146 3
  Verbot 146 1
Meldepflicht Haftbefehl 116 3
Menschenwürde Einl. 53
Merkblatt Rechtsmittelbelehrung 35 a 3
Minister Vernehmung 50 1
Missbrauch des Ablehnungsrechts 26 a 3
  der Vernehmungsbefugnis 241 2
Misshandlung 136 a 11
  des Beschuldigten **Einl.** 205
Mitbeschuldigter als Zeuge **Einl.** 143
  verstorbener **Einl.** 169
Mitteilung an Verletzten 406 d 1
  der Gerichtsbesetzung 222 a 1
  formlose 35 5
  schriftliche 97 10; 252 8
Mittel der Glaubhaftmachung 26 5
  technische 100 f 3
Mitverurteilter Haftung 466 1
Mitwirkung an Vorentscheidungen 23 1
  an Zwischenentscheidungen 24 10
Mobilfunk Endgerät 100 i 1
Mobiltelefon Lokalisierung 100 i 4
  Verbindungsdaten 100 h 3
Molekulargenetische Untersuchung 81 e 2
Monatsfrist 43 1
Mündlichkeit Grenzen **Einl.** 161
Mündlichkeitsgrundsatz 261 7
  und Urkundenbeweis 249 12

Nachholung der Vollstreckung 456 a 3
  von Verfahrensrügen 44 16
Nachrichtenmittler 100 a 16
Nachschulung 153 a 16
Nachtbriefkasten 44 10
Nachtragsanklage 266 1
  Einbeziehung 266 4
Nachtragsentscheidung 453 1
Nachtragsverfahren 33 a 8; 268 a 1
Nachverfahren 311 a 2; 430 5; 453 1
Namhaftmachung der Zeugen 222 1
Nebenbeteiligte 444 2
  Kosten 472 b 1
Nebenentscheidung Änderung 464 11
  Urteil 267 25
  Vollstreckung 459 g 1
Nebengerichtsstand 8 3
Nebenklage Einl. 299; vor 395 2
  Anschlusserklärung 396 1
  Kosten 472 1
  Verfahren 398 1
  Verletztenbeistand 406 g 1

821

Sachregister

Nebenklagebefugnis 395 1
Nebenkläger Anschluss 395 5
   Anwaltsbeistand 397 a 1
   Berufung 401 6
   Rechte 397 1
   Rechtsmittel 400 1; 401 1
   Rechtsmittelfrist 399 2
   Tod 402 1
Nebenstrafe unwesentliche 154 1
Negativtatsache 244 27
   Verfahrensrüge 344 20
nemo tenetur Einl. 83
Nichteinhaltung der Ladungsfrist 329 8
Nicht-Inbegriff-Rüge 337 25
Nichtrevident Erstreckung 357 9
Nichtverfolgung von Auslandstaten 153 c 1
Niederschreibung vollständige 273 15
Notar 97 16
Notbeweisaufnahme 166 1
Nothandlung richterliche 165 1
Nötigung Einstellung 154 c 1
Notstaatsanwalt 98 5; 165 1
Notveräußerung 1111 1
   Durchführung 1111 5
Notwendige Verteidigung 140 1
   Anordnung eines Berufsverbots 140 8
   Ausschluss des Wahlverteidigers 140 12
   Begriff 140 8
   Schwierigkeit der Rechtslage 140 15
   Schwierigkeit der Sachlage 140 15

Oberlandesgericht Zuständigkeit **Einl.** 25, 30; 1 30
   besondere Haftprüfung 122 1
   erstinstanzliche Zuständigkeit 1 30
Objektive Willkür Einl. 16; 1 10; 26 a 5; 30 6; 110 b 10; 269 4; 338 7; 349 9
Observation 100 f 2
   längerfristige 163 f 1
   Verwertungsverbot 163 f 9
Offenkundigkeit Tatsache **Einl.** 159
Öffentliche Zustellung 40 1
Öffentlichkeit Ausschluss **Einl.** 133; 247 a 10
   der Hauptverhandlung **Einl.** 131; 338 36
   Zugangskontrolle 338 38
Öffentlichkeitsfahndung 131 4
Öffentlichkeitsgrundsatz Verletzung 338 35
Offizialprinzip Einl. 61; 152 1; 374 1
Opportunitätsprinzip Einl. 117; 163 3; 152 14
Ordnung in Vollzugsanstalt 119 6
Ordnungsmittelbeschluss 36 5
Ordnungsvorschriften 337 6
Organisationshaft vor 112 6
Organtheorie vor 137 4
OrgKG vor 94 7
Ortsbesichtigung Öffentlichkeit 338 39

Papier Begriff 110 2
   Versiegelung 110 8
Person Durchsuchung 102 7
   untersuchende 81 d 1
Personalbeweis 250 1
   Vorrang 250 1
Pflicht Schlussvortrag 258 4
Pflichtverteidiger 141 1 ff
Polizei Einl. 45 ff
   Aufgaben 163 1
   Erforschungspflicht 163 12
   Ermittlungsbefugnisse 163 13
   Ladung von Zeugen 163 17
   Präventivfunktion **Einl.** 46
   Rechtsschutz **Einl.** 51
   Ton- und Bildaufnahme 163 20
   Weisungsbefugnisse **Einl.** 46
   Zuständigkeit 163 7
Postbeschlagnahme 99 1
   Zuständigkeit 100 1
Präjudiz Bindung der StA **Einl.** 64; 152 16
Präsentes Beweismittel Ablehnungsgründe 245 16
Präsenzfeststellung 243 4
Presse 97 19
   Zeugnisverweigerungsrecht 53 15
Presseinhaltsdelikt 7 2
Prinzip der Wiederholbarkeit Einl. 208; 100 a 23; 110 e 1; 100 f 6
Private Ermittlungen **Einl.** 221
Privatklage Einl. 298; 374 1 ff
   Beitritt 375 3
   Einstellung wegen geringer Schuld 383 4
   Einstellungsurteil 389 1
   Erhebung der öffentlichen Klage 376 1
   Eröffnungsbeschluss 383 1
   Gebührenvorschuss 379 a 1
   Klageerhebung 381 1
   Kosten 471 1
   Ladung von Zeugen 386 1
   Mitteilung der Klage 382 1
   Prozesskostenhilfe 379 2
   Rücknahme 377 6; 391 1
   Sühneversuch 380 1
   Verfahren 384 1
   Verweisung auf 170 5
   Widerklage 388 1
Privatklagedelikt 153 5
   Haftbefehl 127 16
Privatkläger Beistand 378 1
   Rechtsmittel 390 1
   Sicherheitsleistung 379 1
   Stellung 374 4; 385 1
   Tod 393 1
   Vertretung 387 1
   Zeuge vor 48 14
Privatklageverfahren Evokationsrecht 377 2
   Mitwirkung des Staatsanwalts 377 1

Sachregister

Privatsphäre Einl. 213
Probationsverfahren 369 1
Prognose 81 g 9
Protokoll Einl. 167
  Berichtigung **271** 7
  Beweiskraft **274** 1
  Fertigstellung **271** 6; **273** 22
  Inhalt **272** 1
  nichtrichterliche Vernehmung **Einl.** 168
  polizeiliches **254** 6
  Rechtsmittelverzicht **274** 6
Protokolleintragung Auslegung **274** 3
Protokollführung 168 1
Protokollierung richterliche Untersuchungshandlung **168 a** 1
Protokollierung staatsanwaltschaftliche Untersuchungshandlung **168 b** 1
Protokollrüge 344 22
Protokollverlesung Entscheidung **253** 6
  Gedächtnisunterstützung **253** 1
  unstatthafte **252** 1
Prozessbeteiligter Fragerecht **240** 2
Prozessentscheidung vor 33 1
Prozesshandlung Einl. 71
  Form **Einl.** 75
  Inhalt **Einl.** 73
  Willensmängel **Einl.** 76
  Wirksamkeit **Einl.** 72
Prozesshandlungsvoraussetzung Einl. 67
Prozesshindernis 206 a 6; **260** 33
Prozesskostenhilfe 172 13; **379** 2; **397 a** 3; **404** 5; **406 g** 7
Prozessuale Überholung Einl. 108; **vor 296** 24
Prozessurteil 260 7
Prozessverschleppung 245 21
Prozessvoraussetzung Einl. 67 ff; **6** 1
Prüfungsumfang Revision **352** 1
  Verfahrensrüge **352** 6
Punktesache 243 2, 11

Quälerei 136 a 14
Qualifizierte Belehrung Einl. 186; **302** 13
Querulant 171 1

Rangfolge gleichgeordnete Spruchkörper **209 a** 1
Rasterfahndung 98 a 1
  Verwertungsverbot **98 a** 8
  Zuständigkeit **98 b** 1
Recht zum Schlussvortrag **258** 2
Rechte des Nebenklägers **397** 1
Rechtliches Gehör Einl. 53; **33** 4; **163 a** 1; **230** 2; **306** 3; **311 a** 1; **356 a** 1; **407** 22; **462** 2
Rechtsanwalt 53 9
Rechtsanwalt ausländischer **138** 2
  Beistand **397 a** 1
  Verletztenbeistand **406 f** 1

Rechtsanwalts-Anderkonto 97 7
Rechtsbehelf formloser **vor 296** 25
  Vollstreckungsentscheidung **459 h** 1
  ordentlicher **Einl.** 249
Rechtsfehler Absprache **337** 19
Rechtsfolgenausspruch 260 24
  Mängel **353** 6
Rechtsfolgenentscheidung Begründung **267** 20
Rechtsfolgenminus 154 3; **154 a** 6
Rechtsfrieden Einl. 5
Rechtshängigkeit Anklage **156** 1
  mehrfache **vor 1** 8
Rechtskraft Beseitigung **Einl.** 239
  durch Beschluss **34 a** 1
  Durchbrechung **357** 1
  formelle **Einl.** 237
  Hemmung **316** 1; **343** 1
  horizontale **vor 359** 2
  materielle **Einl.** 237
  relative **450** 2
  Widerrufsbeschluss **453** 6
Rechtskreistheorie Einl. 146, 193; **337** 38
Rechtslage veränderte **265** 2
Rechtslehrer 138 3
Rechtsmittel Einl. 252; **vor 296** 1 ff
  Ablehnungsgesuch **28** 1
  befristetes **35 a** 1
  Einlegung **vor 296** 18
  erfolgloses **473** 1
  irrtümliche Bezeichnung **300** 1
  Nebenkläger **401** 1
  reformatio in peius **vor 296** 20
  Rücknahme **302** 1, 15
  Staatsanwaltschaft **301** 1
  Statthaftigkeit **vor 296** 7
  Teilanfechtung **vor 296** 21
  Verwirkung **vor 296** 8
  Verzicht **302** 9
Rechtsmittelbefugnis Nebenkläger **400** 1
Rechtsmittelbelehrung 35 a 1
  Verzicht **337** 62
Rechtsmittelberechtigter 296 1
Rechtsmitteleinlegung verspätete **34 a** 4
  Verteidiger **297** 1
Rechtsmittelfrist Einl. 257
Rechtsmittelgericht Zuständigkeit **vor 1** 5
Rechtsmittelschrift grobe Verunglimpfung **vor 33** 6
  Unzulässigkeit **vor 296** 9
Rechtsmittelverzicht 297 4
  nach Absprache **Einl.** 186
  Protokoll **274** 6
  Wirksamkeit **Einl.** 186
Rechtsnorm zu Gunsten des Angeklagten **339** 1
Rechtsreferendar amtlich bestellter Vertreter **139** 7

823

Sachregister

Rechtsschutz im Ermittlungsverfahren **Einl.** 105
  polizeiliche Maßnahme **Einl.** 51
Rechtsschutzinteresse Einl. 254
Referendar als Protokollführer 168 3
  als Verteidiger 139 1
Reformatio in peius vgl. Verschlechterungsverbot
Regelung völkerrechtliche 295 12
Reihen-Gentest 81 h 1
Reisekostenvorschuss vor 213 4; **220** 2
Reststrafenaussetzung 454 2
Reue tätige 153 e 1
Revident unredlicher 337 65
Revision Einl. 266; **vor** 296 4; **vor** 333 1 ff
  Anfechtungsberechtigung 333 3
  Anhängigkeit 347 6
  oder Berufung 335 7
  und Berufung 348 4
  Beruhen **vor** 333 6; 337 54 ff
  Beschluss 349 12
  Beschränkung 344 3
  Besetzung des Gerichts 1 29
  Bindung an Aufhebungsansicht 358 2
  Einstellungsbeschluss 336 5
  Form 341 1
  formwidrige 346 1
  Frist 341 1
  Hauptverhandlung 350 1
  Hemmung der Rechtskraft 343 1
  offensichtlich unbegründete 349 4
  Prozesshindernis 349 21
  Revisionsgründe 337 1 ff
  Sachrüge 244 108; 337 39 ff; 344 7 ff
  Sprungrevision 335 1
  Umfang der Prüfung **vor** 333 4; 352 1
  unzulässige 349 2
  Verfahrensrüge 344 11 ff
  verspätete 346 1
  Verwerfung 349 1
  Vorentscheidung 336 1
  Wiedereinsetzungsantrag 342 1
  Zulässigkeit 333 1
  Zweck **vor** 333 2
Revisionsantrag 344 2
Revisionsbegründung 344 1 ff
  abgelehnter Richter 338 18
  Auslegung 344 5
  Geschäftsstelle 345 12
  notwendiger Umfang 344 4
  Rechtsanwalt 345 8
  Schriftform 345 9
  Staatsanwaltschaft 345 14
Revisionsbegründungsfrist 345 1
  Beginn 345 3
Revisionseinlegung Vertretung 341 5
Revisionsentscheidung Bindung des Untergerichts 358 1

Revisionserstreckung auf Mitverurteilte 357 1
Revisionsgericht Aktenvorlage 347 5
  Beschwerdegrundsätze 338 16
  eigene Sachentscheidung 354 1
  Einstellung des Verfahrens 354 7
  Entscheidung 346 5
  Entscheidung bei Gesetzesänderung 354 a 1
  Gesamtstrafenbildung 354 20
  Korrektur des Rechtsfolgenausspruchs 354 12
  nachträgliche Anhörung 356 a 3
  Schuldspruchberichtigung 354 10
  Teilfreisprechung 354 6
  Verweisung 355 1
  Zurückverweisung 354 23
Revisionsgrund 337 1 ff, 22; 338 1 ff
  absoluter 338 1 ff
  gemeinsamer 357 11
  relativer 337 22
Revisionshauptverhandlung Gang 351 1
  letztes Wort 351 6
  Verhandlungsunfähigkeit 350 4
Revisionsrüge bedingte 344 6
Revisionsschrift Begriff 347 2
  Gegenerklärung 347 3
  Zustellung 347 1
Revisionsurteil Aufhebung der Urteilsfeststellungen 353 8
  Aufhebung des Strafausspruchs 353 4
  Inhalt 353 1
  Teilaufhebung 353 3; 15
  Verkündung 356 1
Revisionsverwerfung Einstimmigkeit 349 7
Revisionsvorbringen notwendiges 244 107
Richter abgelehnter 338 15
  Ablehnung **Einl.** 35; 24 1
  ausgeschlossener 338 14
  Aussagegenehmigung 54 1
  Ausschließung **Einl.** 35
  eigenes Wissen 261 21
  ersuchter 223 6
  gesetzlicher **Einl.** 14 ff; 41; **vor** 1 10; 26 a 6; 338 5
  Kontrollfunktion 105 4
  Zeugenvernehmung 22 8
Rückgabe beschlagnahmte Gegenstände 94 15
  des Führerscheins 111 a 16
Rückgewinnungshilfe 111 b 6
Rücknahme der Klage 467 a 1
  Kosten 470 1
  Privatklage 391 1, 392 1
  Rechtsmittel 302 1, 15
  Verteidigerbestellung 143 1
Rügepräklusion 338 11

Sachregister

Sachaufsichtsbeschwerde 163 27
Sachdienlichkeit der Vernehmung 220 4
Sache Durchsuchung 102 8
Sachentscheidung vor 33 1; 34 3
Sachkunde des Gerichts Einl. 182; 244 87
Sachlage veränderte 265 21
Sachrüge 244 108; 337 39 ff; 344 7 ff
  Begründung 344 9
  Inhalt 344 8
Sachurteil 260 8
Sachvernehmung Vorsitzender 243 20
Sachverständigenbeweis 244 87; 261 7
Sachverständigeneid 79 1
Sachverständigengutachten Verlesungsverbot 250 11
Sachverständiger Einl. 148 ff; vor 72 1; 161 a 6; 454 5
  Ablehnung 74 1
  ärztlicher 246 a 1
  Aufgaben vor 72 3
  Ausbleiben 77 1
  Auswahl 73 1
  Entlassung 248 1
  Gutachten 267 14
  Gutachtenverweigerungsrecht 76 1
  im Vorverfahren 80 a 1
  Pflichten 75 1
  Sachkunde 244 95
  ungeeignet 244 67
  vereidigter 256 5
  Vergütung 84 1
  Vorbereitung des Gutachtens 80 1
  weiterer Einl. 182; 244 94
  Zeuge 85 1
Sachzusammenhang fehlender 245 19
Säumnisfolgen 216 4
Schamgefühl 81 d 2
Schätzung 244 14
Scheinbeweisantrag 244 79
Schiebetermin 229 1
Schiff Tatort 10 1
Schlechterstellungsverbot siehe Verschlechterungsverbot
Schleppnetzfahndung 163 d 1
Schluss der Beweisaufnahme 258 1
Schlussvortrag 258 1; 326 1
  Erwiderungsrecht 258 10
  Pflicht 258 4
  Recht 258 2
Schmerzensgeldanspruch 406 11
Schöffe Ablehnung 31 1
  schlafender 338 9
Schöffengericht Einl. 21
Schreibkraft 250 10
Schriftform Anordnung 257 a 4
Schriftgutachten 93 1
Schriftstück 251 10

amtliches 96 1 ff
Verlesung 325 1
Schuldbeurteilung hypothetische 153 3
Schuldfähigkeit Klärung 81 2
Schuldfrage Abstimmung 263 2
Schuldinterlokut 258 11
Schuldspruch 260 17
  Teilnahmeform 260 23
Schwangerschaftsberater 53 12
Schweigen des Angeklagten 261 13
Schwere der Schuld 153 a 5
Schwurgericht Einl. 23; 1 17
Schwurgerichtssache 1 2
„Segelanweisung" 267 21
Sektion Teilnahmerecht 87 8
Selbstablehnung 30 1
Selbstanzeige 30 1
Selbstbestimmung informationelle 98 a 2; 100 g 1
Selbstgespräch im Krankenzimmer Einl. 220
Selbsthilferecht amtliches 164 1
Selbstleseverfahren 249 12
  Anordnung 249 13
  Protokoll 249 16
  Revision 249 23
Serienstraftat 267 7
Sichentfernen eigenmächtiges 231 6
  zur Unzeit 145 3
Sichentziehen 124 2
Sicheres Geleit 295 1
  völkerrechtliche Regelungen 295 12
  Widerruf 295 5
Sicherheit angemessene 127 a 5
  Verfall 124 1
Sicherheitsleistung bei Ausländern 132 1
  Haftbefehl 116 5; 116 a 1
Sicherstellung in anderer Weise 94 6
Sicherstellungsbedürfnis 111 b 10
Sicherung von Zahlungsansprüchen 111 d 1
Sicherungshaft 112 a 1
Sicherungshaftbefehl 453 c 4
Sicherungsverfahren 413 1 ff
Sicherungsverwahrung nachträgliche 1 22; 275 a 1
  vorbehaltene 268 d 1
Sitzungsniederschrift Einl. 246; 271 1; 337 27
  Wiederherstellung 271 10
Sockelverteidigung 137 8
Sofortige Beschwerde 311 1
  Frist 311 2
Sozialbereich Einl. 213
Speichelprobe 81 e 3
Sperrerklärung 96 4
  Anfechtung 96 11
  der Polizei 96 9
Sphärentheorie Einl. 222

Sachregister

Spielsucht 244 93
Spontanäußerung 136 3
Sprungrevision 335 1; 348 4
   Annahmeberufung 335 10
Spurenakte 147 15; 163 25
Staatsanwalt Anwesenheit 338 26
   außerdienstliches Wissen 160 4
   Befangenheit **Einl.** 44; **vor 22** 3
   als Zeuge **vor 48** 10; **226** 4
Staatsanwälte mehrere 227 1
Staatsanwaltschaft Abschlussentscheidung 170 1
   Aufgaben **Einl.** 43
   Beurteilungsspielraum **Einl.** 26
   Bindung an Präjudizien 152 16
   Erforschungspflicht 160 3
   Organisation **Einl.** 39 ff
   Rechtsmittel 301 1
   Verfahrensregister 492 1
   Weisungsbefugnis 161 11
Staatsschutz Einstellung 153 d 1; 153 e 1
Staatsschutzstrafsache 169 1
Statthaftigkeit Beschwerde 304 1
Steuerberater Verteidiger 138 4
Störer Einl. 132
   Festnahme 164 1
Strafantrag 158 2
   Antragsfrist 158 4
   Form 158 8
   Kosten 470 1
   Rücknahme 158 11
Strafanzeige 158 1
Strafaussetzung zur Bewährung 268 a 1; 453 1
Strafaussetzungsbeschluss Beschwerde 305 a 1
Strafausstand 455 a 1
Strafbefehl Einl. 187, 284
   Anberaumung der Hauptverhandlung 408 10
   Ausbleiben des Angeklagten 412 1
   Bestellung eines Verteidigers 408 b 1
   Beweisaufnahmeverfahren 411 7
   Einspruchsfrist 410 1
   Entscheidung des Richters 408 1
   Entziehung der Fahrerlaubnis 407 17
   fehlende Rechtsfolge 409 8
   förmliche Zustellung 409 13
   Hauptverhandlung 411 3
   Inhalt 409 1 ff
   Jugendlicher 407 8
   nach Verfahrenseröffnung 408 a 1
   Prozesshindernis 408 5
   Rechtsfolgen 407 11
   Rechtskraft 410 10; 411 18
   Teilablehnung 408 6
   unzulässiger Einspruch 411 1
   Verwerfungsurteil 412 7
   Vorbereitung der Hauptverhandlung 408 12
   Wiederaufnahme 373 a 1
   Zulässigkeit 407 3
   Zuständigkeit 407 4
Strafbefehlsverfahren Einl. 187, 284; **12** 7; 407 1
   Überleitung 408 a 5
Straffreierklärung 468 1
Strafgerichtsverfassungsrecht Einl. 14 ff
Strafgesetz anderes 265 4
   milderes 265 5
Strafkammer Besetzung **Einl.** 24
   besondere **vor 1** 2; **26 a** 1
   besondere Zuständigkeit 270 6
Strafklageverbrauch 154 a 17; 264 3
   beschränkter 153 21
Strafmaßrevision 337 51
Strafprozess Aufgabe **Einl.** 4
Strafrest Aussetzung 454 1
Strafrichter Einl. 21
Straftat erhebliche Bedeutung 81 g 6
   milieubedingte 110 c 4
   auf Schiffen 10 1
Strafurteil Verlesung 249 7
   Vollstreckbarkeit 449 1
   Vollstreckungspflicht 449 2
Strafverfahren Rechtsgrundlagen **Einl.** 1
   Wirtschaftlichkeit **Einl.** 57
Strafverfahrensrecht Einl. 2
Strafverfolgung von Abgeordneten 152 a 1
   Beschränkung 154 a 1
Strafvollstreckung Einl. 10; **vor 449** 1
   gerichtliche Entscheidung 458 1
Strafvollstreckungskammer 454 6
   Zuständigkeit 462 a 1
Strafvorschrift angewandte 260 34
Strafzumessung Fehler 337 52
Straßenkontrolle 111 1
Streit innergerichtlicher **vor 1** 9
Strengbeweis Einl. 94, 140, 158; **244** 9
Subsidiaritätsgrundsatz 100 a 27
Suchtberatungsstelle 53 13
Sühneversuch Privatklage 380 1
Suspensiveffekt vor 296 2
   Beschwerde 307 1
   sofortige Beschwerde 311 6

Tagebuchaufzeichnung Einl. 195, 217
Tagesfrist 42 1
Tarnpapiere 110 a 4
Tatbegriff Einl. 241; **200** 6
   Bedeutung **Einl.** 242
   prozessualer 264 2
Tatbeteiligung 97 21
Täter-Opfer-Ausgleich 153 a 15; **155 a** 1; **155 b** 1

Sachregister

Tatort 7 1
  Schiff **10** 1
Tatrichter Beurteilungsspielraum **337** 35
  Ermessensentscheidung **337** 34
Tatsache Beibringung 350 10
  beweisbedürftige **244** 3
  doppelrelevante **327** 3; **353** 7
  entscheidungserhebliche **261** 25
  offenkundige **Einl.** 159
  neue **359** 6
Tatverdacht 60 4
  dringender **112** 3
  hinreichender **Einl.** 114; **203** 2; **408** 5
Täuschung 136 a 15
  durch Ermittlungsbeamten **136 a** 8
Teilanfechtung vor 296 21
  von Beschlüssen **304** 7
Teileinstellung 171 2
Teilfreispruch 260 10
Teilnahme Aufbauseminar **153 a** 16
Teilnahmeverdacht 60 4
Teilrechtskraft Einl. 238; **449** 5
  horizontale **4** 4; **318** 16
Teilrücknahme 329 30
Teilurteil 406 10
Teilzahlung Geldstrafe **459 b** 1
Telefax 44 13
Telefonanschluss des Verteidigers **100 a** 18
Telefonüberwachung 100 a 1
  Anordnung **100 b** 1
  bei Nichtverdächtigen **100 a** 16
  Verwertbarkeit **100 a** 21
  Zufallserkenntnisse **100 a** 23
  Zuständigkeit **100 b** 1
Telekommunikation 100 a 5
Telekommunikationsdiensteanbieter
  Entschädigung **100 b** 10
Telekommunikationsüberwachung siehe
  Telefonüberwachung
Telekommunikationsverbindungsdaten
  100 g 4
Terminsanberaumung 213 1
Terminstag 213 3
Terminsverlegung Antrag **213** 5
Terminversäumung 44 17
Terroristische Vereinigung 148 16
Tod des Angeklagten **464** 8
  des Beschuldigten **206 a** 10
  des Nebenklägers **402** 1
  des Privatklägers **393** 1
  unnatürlicher **159** 2
Tonaufnahmen Einl. 134
Tonbandaufnahme Einl. 135; **86** 8
  Besichtigung **147** 17
Totalverweigerung 55 2
Transparenzvorschrift 163 c 5
Trennbarkeitsformel vor 296 21; **318** 3
Trennung von Strafsachen **2** 6

Überholung prozessuale **Einl.** 108; **vor 296** 24
Überlastung des Gerichts **121** 7
  strukturelle **338** 49
Überleitung Strafbefehlsverfahren **408 a** 5
Übernahmebeschluss 225 a 10
Überprüfung gerichtliche **98** 18
Überwachung des Fernmeldeverkehrs **100 a** 1
  des Verurteilten **453 b** 1
Überwachungsrichter 148 a 1
  Verschwiegenheitspflicht **148 a** 3
Umgrenzungsfunktion der Anklageschrift **200** 1
Umstände besondere **267** 17
Umweltstraftat Gerichtsstand **10 a** 1
Umwidmung von Daten **481** 2
Unaufschiebbarkeit Amtshandlung **29** 3
Unerreichbarkeit des Beweismittels **Einl.** 181; **244** 76
Ungeeignetheit des Beweismittels **244** 65
  völlige **245** 20
Ungehorsamsfolgen 51 7; **231 b** 1
Unmittelbarkeitsgrundsatz Einl. 164; **256** 1; **420** 2
Unschuldsvermutung 119 2
Untätigkeitsbeschwerde 304 6
Unterbleiben der Vollstreckung **459 d** 1
Unterbrechung der Hauptverhandlung **228** 1; **265** 20
Unterbringung einstweilige **126 a** 1
Unterbringungsbefehl 126 a 5
Unterhaltszahlungen Weisung **153 a** 14
Unterrichtung des Angeklagten **247** 13
  des Beschuldigten **201** 1
Untersuchung des Angeklagten **246 a** 3
  molekulargenetische **81 e** 2
  psychiatrische **305** 7
Untersuchungsgrundsatz Einl. 160
Untersuchungshaft vor 112 1
  Anrechnung **450** 1
  Arten **vor 112** 4
  Ausführung **119** 18
  Aushorchen **Einl.** 206, 224
  Ausländer **119** 12
  Befreiung **295** 6
  Bequemlichkeit **119** 17
  Beschränkungen **119** 4 ff
  Besuche **119** 7
  Briefverkehr **119** 10
  Dauerbesuchserlaubnis **119** 9
  Fesselung **119** 19
  Fortdauer **268 b** 1
  Rechtsschutz **119** 20 ff
  Rundfunkempfang **119** 14
  über 6 Monate **121** 1
  Übergang in Strafhaft **120** 8
  Unterbrechung **vor 112** 10

827

Sachregister

Vollzug **119** 1
Voraussetzungen **112** 1
Zweck **119** 5
Untersuchungshandlung 162 3
richterliche **162** 1
Untersuchungsverweigerungsrecht 81 b 7
Unverdächtiger Durchsuchung **103** 2
Unverzüglichkeitsgebot Revision **275** 11
Unvoreingenommenheit des Richters **vor 22** 1
Unzulässigkeit Wiederaufnahme **363** 1
Unzumutbarkeit des Erscheinens **223** 3
Unzuständigkeit des Gerichts **348** 1
Unzuständigkeit Einwand **16** 1
sachliche **269** 1
Urkunde Einl. 150; **249** 2; **359** 2
Augenschein **86** 9; **249** 5
Einführung durch Vorhalt **249** 21
fremdsprachige **249** 3
Urkundenbeweis Einl. 151; **249** 1
Bericht des Vorsitzenden **249** 17
Protokollverlesung **253** 1
Revision **249** 22
Vorhalt von Schriftstücken **249** 19
Urkundenverlesung Freibeweis **251** 21
Protokollierung **255** 1
Urkundsbeamter 168 2; **226** 5; **271** 2; **273** 11
Ablehnung **31** 1
Anwesenheit **338** 27
Urteil Einl. 231; **260** 1
abgekürztes **267** 26
Abstimmung **260** 3
Arten **260** 6
Aufbau **Einl.** 236
Freispruch **267** 33
Gegenstand **264** 1
nichtiges **Einl.** 240
verständliche Darstellung **267** 3
Zustellung **232** 8
Urteilsabsetzung Frist **275** 3
rechtzeitige **338** 48
Urteilsausspruch Verlesung **324** 4
Urteilsbegründung abgekürzte **267** 35
mangelnde **338** 47
Urteilsberatung Einl. 235; **260** 2
Urteilsergänzung 338 49
Urteilsfeststellung Aktenwidrigkeit **337** 33
Urteilsformel Einl. 236; **268** 2
Strafzumessungsregelungen **260** 20
Teilfreispruch **260** 15
Verurteilung **260** 16
Urteilsgründe 267 1
Bekanntgabe **268** 3
Berichtigung **267** 37
Urteilskopf 275 9
Urteilsniederschrift Form **275** 1
Frist **275** 1

Urteilsverkündung 260 5; **268** 1
ohne Öffentlichkeit **338** 45
Verabreichung von Mitteln **136 a** 13
Veränderung des rechtlichen Gesichtspunkts **265** 1
Veranlassungsprinzip 464 2
Verbindung mehrere Strafsachen **2** 1; **237** 1
rechtshängige Sachen **4** 2
Verbindungsbeschluss 237 4
Verböserungsverbot siehe Verschlechterungsverbot
Verbot der Beweisantizipation **244** 52
Mehrfachverteidigung **146** 1
Verbotene Vernehmungsmethode 136 a 1
Verbringen zur Dienststelle **163 b** 5
Verdacht 163 b 4
der Vergiftung **91** 1
Verdächtiger Durchsuchung **102** 1
Verdächtigtenüberprüfung 163 c 6
Verdächtigung falsche **154 e** 1
Verdachtslage konkretisierte **100 c** 3
Verdeckter Ermittler 68 7; **110 a** 1
Betreten einer Wohnung **110 c** 1
Legende **110 a** 3
sonstige Befugnisse **110 c** 3
Verwendung erlangter Informationen **110 e** 1
Verwertungsverbote **110 b** 9
Zustimmung der StA **110 b** 1
Verdunkelungsgefahr Beweisanzeichen **112** 23
Haftgrund **112** 21
Vereidigung 59 1
beauftragter Richter **63** 1
Sachverständiger **79** 1
Verbot **60** 1
vorbereitendes Verfahren **62** 1
Vereinigung terroristische **103** 7
Verfahren beschleunigtes **Einl.** 294; **vor 417** 1
gegen Unbekannt **152** 12
selbstständiges **Einl.** 302
Verfahrensarten besondere **Einl.** 284 ff
Verfahrensbeschleunigung Einl. 118
Verfahrensbeteiligter 33 3
Verfahrenseinstellung Erstreckung auf Mitangeklagte **206 a** 4
Verfahrensfehler häufig vorkommende **337** 23 ff
Verfahrensgang Einl. 7 ff
Verfahrenshindernis 337 9 ff
Begriff **206 a** 3
behebbares **152** 15
Folgen **Einl.** 69
Verfahrenskosten Begriff **464 a** 1
Verfahrenslage veränderte **265** 23

828

Sachregister

Verfahrensprinzipien Einl. 52
Verfahrensregister staatsanwaltschaftliches Einl. 305; 492 1
Verfahrensrüge 344 11 ff
  Bezugnahme auf Anlagen 344 13
  Hilfsbeweisantrag 344 15
  Lichtbild 344 17
  Negativtatsache 344 20
  Protokollrüge 344 22
  Verletzung des Verfahrensrechts 337 17
  Verlust 337 59
  Verständlichkeit 344 12
  Verwirkung 337 64
  Verzicht 337 59
Verfahrensteil ausgeschiedener 154 a 2
Verfahrenstrennung 154 5
Verfahrensverstoß Zweifel 337 30
Verfahrensvoraussetzung 337 11
Verfall 111 b 3; 260 30
  Bruttoprinzip 111 b 4
  einer Sicherheit 124 1
Verfassungsrecht Einl. 12
Verfolgungsinteresse öffentliches 153 6
Verfolgungspflicht außerdienstliche Kenntniserlangung Einl. 65
Verfügungsverbot absolutes 292 1
Vergiftung Verdacht 91 1
Vergleich im Adhäsionsverfahren 405 1
Vergreifen in der Oktave 337 52
Vergütung des Sachverständigen 84 1
Verhaftung Benachrichtigung von Angehörigen 114 b 1
  Beschuldigter 299 1
Verhältnismäßigkeitsgrundsatz 81 a 9; 99 8; 111 b 11; 116 1; 290 3
Verhandlung Inbegriff 261 5 ff
  Wiedereintritt 258 17; 268 9
  zur Sache 229 8
Verhandlungsführung unsachliche 24 12
Verhandlungsleitung Vorsitzender 238 1
Verhandlungsort 213 2
Verhandlungspause 273 6
Verhandlungsunfähigkeit 231 10
  Herbeiführung 231 a 1
  Zweifel an 231 a 9
Verhinderung des Gerichts 15 2
  unvorhersehbare 51 6
Verhinderung wissentliche 231 a 4
Verhörsperson als Zeuge Einl. 173
Verkündung Revisionsurteil 356 1
Verkündungstermin 268 8
Verlängerung der Bewährungszeit 454 a 1
Verlesung Ärzteerklärung 256 1
  Anklagesatz 243 10
  Durchführung 249 11
  Einverständnis 251 14
  Ersetzung durch Bericht 249 18

  frühere Aussage Einl. 175
  Geständnis 254 2
  nichtrichterliches Protokoll 251 4 ff
  öffentliche Erklärung 256 1
  richterliches Protokoll 251 11 ff
  Schriftstücke 325 1
Verletztenbeistand 406 f 1
  Nebenklage 406 g 1
Verletzter 22 4; **vor** 374 1; **vor** 406 d 2
  Akteneinsicht Einl. 301; 406 e 1
  Befugnisse Einl. 301
  Belehrung 406 h 1
  Entschädigung **vor** 403 1
  Herausgabe 111 k 1
  Klageerzwingungsverfahren 172 4
  Mitteilung 406 d 1
  vorrangige Befriedigung 111 h 1
Verletzung des Gesetzes 337 4
Verlobter 52 2
Verlust von Verfahrensrügen 337 59
Vermögensbeschlagnahme 290 1
  statt Haftbefehl 290 1
Vermögensschaden 251 8
Vernehmung 256 12
  Abgeordneter 50 1
  Angeklagter 243 16
  Anwesenheitsrecht des Beschuldigten 168 c 3
  Beschuldigter Einl. 80; 133 1; 163 a 1
  Bundespräsident 49 1
  durch StA **vor** 48 15
  Durchführung 247 a 8
  ergänzende 255 a 10
  Ersetzung durch Verlesung 251 1
  getrennte 168 e 1
  kommissarische 202 4; 244 75
  konsularische 251 19
  Minister 50 1
  Mitbeschuldigter 168 c 4
  Muster Einl. 81
  nichtrichterliche Einl. 166; 252 12
  persönliche Einl. 165; 250 1
  richterliche Einl. 166; 115 6; 168 c 1; 252 12
  zur Person 68 1
  zur Sache 69 1
Vernehmungsbeamter als Zeuge 254 7
Vernehmungsgegenüberstellung 58 5
Vernehmungshilfe 69 6; 249 19
Vernehmungsmethode verbotene 136 a 1, 10
Vernehmungsort 247 a 7
Vernehmungsprotokoll 250 7; 325 7
  richterliches 251 16
Vernichtung polizeiliche Unterlagen 163 c 7
Veröffentlichung von Abbildungen 131 b 1
Versäumung der Form 44 15

Sachregister

der Rechtsmittelfrist **44** 20
des Termins **235** 2
Verschlechterungsverbot Einl. 259; **304** 4; **331** 1; **358** 1; **373** 2; **411** 13; **460** 8; **464** 13
   Änderung des Schuldspruchs **331** 8
   Reichweite **331** 4
   Strafart **331** 14
Verschleppungsabsicht Einl. 181; **244** 79
Verschmelzung verfahrensrechtliche **5** 1
Verschulden Amtsstelle **44** 23
   des Verteidigers **44** 22
   Zurechnung **44** 25
Verschwiegenheitspflicht 53 3
   Entbindung **53** 21
   des Überwachungsrichters **148 a** 3
Verstandesreife 52 13
Verstorbener Identifizierung **88** 1
Verstoß Heilung **338** 3
Verstrickungsbruch 94 8
Verteidiger Einl. 86; **53** 8; **297** 1
   Akteneinsichtsrecht **147** 1
   Anwesenheitsrecht **163** 18; **168 c** 1
   Auferlegung der Kosten **145** 10
   Ausbleiben **145** 1
   Ausschließung **138 a** 1
   Auswahl **142** 1
   Bestellung **141** 1
   Durchsuchung **148** 11
   Geschäftsbesorgungsvertrag **vor 137** 9
   grobe Pflichtverletzung **143** 4
   Informationsbefugnis **234 a** 1
   mehrere **227** 1
   Rechte **Einl.** 88 ff; **vor 137** 7
   Stellung **Einl.** 87; **vor 137** 2
   Steuerberater **138** 4
   Strafbefehlsverfahren **408 b** 1
   Strafvereitelung **Einl.** 93
   Telefonüberwachung **100 a** 18
   Unterbleiben einer Ladung **218** 4
   Verantwortung **345** 11
   Verkehr mit dem Beschuldigten **148** 1
   als Vertreter **vor 137** 14; **286** 1
   Wiederaufnahmeverfahren **364 a** 1; **364 b** 1
   als Zeuge **vor 48** 11
   Zustellung **145 a** 1
   Zustellungsvollmacht **145** 1
   Zustimmungsbefugnis **234 a** 1
Verteidigerausschluss Ausschließungsgründe **138 a** 1
   Gefährdung der Staatssicherheit **138 b** 1
   mündliche Verhandlung **138 d** 1
   sofortige Beschwerde **138 d** 4
   Verfahren **138 c** 1
   Vorlegungsverfahren **138 c** 2
Verteidigerbestellung Anfechtung **145** 16
   Beschwerde **142** 15

   Rücknahme **143** 1
Verteidigerkonsultation Recht 136 20
Verteidigerpost 99 9
Verteidigerunterlagen 97 15
Verteidigung vor 137 1
   Begriff **140** 8
   Beschränkung **338** 51 ff
   gemeinschaftliche **Einl.** 92
   notwendige **140** 1; **302** 12
   Tod des Beschuldigten **vor 137** 12
   Übertragung auf Referendar **139** 1
Vertrag Auslegung 337 47
Vertreter gesetzlicher **298** 1
   Verteidiger **286** 1
Vertretung des Angeklagten **234** 1; **411** 6
Vertretungsvollmacht schriftliche **234** 3
Verunglimpfung grobe **vor 33** 6
Verurteilter 157 3
   Kostenpflicht **465** 1
   Überwachung **453 b** 1
Verurteilung wiederholte **264** 18
Verwahrungsverhältnis öffentlich-rechtliches **94** 13
Verwaltungsakt rechtsgestaltender **262** 4
Verwaltungsrechtsweg Aussagegenehmigung **54** 10
Verwarnung mit Strafvorbehalt **407** 15
Verweigerungsgrund Glaubhaftmachung **56** 2
Verweisung 270 1
   auf Abbildungen **267** 9
   auf Privatklageweg **153** 5; **170** 5; **376** 3
Verweisungsbeschluss 270 7
Verwerfung Begründung **349** 13
   ohne Hauptverhandlung **322** 1
Verwerfungsbeschluss 349 3
Verwerfungsurteil 329 1
   Begründung **329** 27
Verwertung mittelbare **136 a** 27
Verwertungsverbot 136 a 25
   Belehrung **136** 16
   Beschlagnahme **97** 26
   Fernwirkung **100 a** 29
   Telekommunikationsverbindungsdaten **100 h** 4
Verzicht Form **302** 11
   Rechtsmittel **302** 9
   schlüssige Handlung **245** 9
Videosimultanübertragung 168 e 2; **247** 12
Videotechnik 223 7
V-Mann Einl. 225; **110 a** 2
Völkerstrafgesetzbuch 153 f 1
Volkszählungsurteil 474 2
Vollstreckbarkeit Strafurteil **449** 1
Vollstreckbarkeitsbescheinigung 451 4
Vollstreckung 36 4
   Ersatzfreiheitsstrafe **454 b** 1; **459 e** 1

Sachregister

Freiheitsstrafe **454 b** 1
Geldstrafe **459** 1
des Haftbefehls **114** 10
Nachholung **456 a** 3
von Nebenfolgen **459 g** 1
von Ordnungsmitteln **70** 9
Vollstreckungsaufschub 47 2; **455** 1; **456** 1
Vollstreckungsbehörde 451 1
Zwangsmaßnahmen **457** 1
Vollstreckungshemmung 47 1
Vollstreckungshindernis 449 3
Vollstreckungskosten 464 a 3
Vollstreckungsvorführungsbefehl 457 4
Vollziehung Aussetzung **307** 3
Vollzug der Untersuchungshaft **119** 1
Vollzugsanstalt Ordnung **119** 6
Vollzugsorganisation 455 a 1
Vorbereitung Berufungshauptverhandlung **323** 1
Vorentscheidung und Revision **336** 1
Vorermittlungen 152 7
Vorfeldermittlungen 152 9
Vorfrage verwaltungsrechtliche **154 d** 1
zivilrechtliche **154 d** 1; **262** 1
Vorführung 115 3
Bild-Ton-Aufzeichnung **255 a** 1
des Beschuldigten **134** 1
nach Klageerhebung **129** 1
nächstes AG **115 a** 1
vor den Richter **128** 1
Vorführungsbefehl 51 12; **230** 14
Aussetzung des Vollzugs **230** 16
Vorhalt Einl. 171; **250** 14; **252** 13
von Schriftstücken **249** 19
Vorlage Ermittlungssache **163** 26
Vorläufige Festnahme **127** 1
Anwendung von Zwang **127** 9
Übermaßverbot **127** 11
Vorführung **128** 3
Vorläufiges Berufsverbot 132 a 1
Vorlegungsbeschluss 225 a 3
Vorrangprinzip 1 21
Vorsitzender Anordnung **238** 5
Bericht über Urkundeninhalt **249** 17
Verhandlungsleitung **238** 1
Vorstrafen Zeuge **68 a** 3
Vorverfahren Einl. 8

Wahlfeststellung Einl. 233; **260** 14, 22; **261** 29; **264** 4
Beschränkung der Berufung **318** 7
Wahlverteidiger vor 137 11; **138** 1
Zahl **137** 2
Zurückweisung **146 a** 1
Wahrheit Einl. 4
Wahrheitserforschung materielle **155** 2
Wahrunterstellung Einl. 181; **244** 83

Wegfall der Beweiskraft **274** 10
Weisung 153 a 10; **265 a** 1
zur Wiedergutmachung **153 a** 11
Weisungsbefugnis Staatsanwaltschaft **161** 11
Weitere Beschwerde 310 1
Wertzeichenfälschung Gutachten **92** 1
Widerklage 383 7; **388** 1
Widerruf Anschlusserklärung **402** 1
Widerrufsbeschluss Rechtskraft **453** 6
Widerspruchslösung Beschuldigtenbelehrung **136** 24
Wiederaufnahme des Verfahrens **Einl.** 297
Anordnung **370** 3
Begründetsein **370** 1
Behauptung einer Straftat **364** 1
bei Strafbefehl **373 a** 1
Bestellung eines Verteidigers **364 a** 1
Beweisaufnahme **369** 2
des Verfahrens **vor 359** 1 ff
Entscheidung **370** 1
Form des Antrags **366** 1
Freisprechung ohne Hauptverhandlung **371** 1
Inhalt des Antrags **366** 1
nach Geständnis **362** 4
sofortige Beschwerde **372** 1
Tod des Verurteilten **361** 1
Unzulässigkeit **363** 1
Verfahrensregeln **365** 1
Verschlechterungsverbot **373** 2
Vorbereitung **364 b** 1
zu Gunsten **359** 1 ff
Zuständigkeit **367** 1
Wiederaufnahmeantrag Verwerfung **368** 1
Wiederaufnahmegründe vor 359 3
Wiederaufnahmeverfahren Mehrstufigkeit **vor 359** 6
Wiedereinsetzung in den vorigen Stand **Einl.** 281; **44** 1, 18; **329** 32; **235** 1; **335** 5; **349** 18
Berufung **315** 1
Wirkung **44** 27
Wiedereinsetzungsantrag 45 1; **346** 11
Begründung **45** 4
Entscheidung **46** 1
Frist **45** 2
Glaubhaftmachung **45** 5
Rechtsmittel **46** 7
übergangener **46** 2
Zuständigkeit **45** 3
Wiedereintritt in die Verhandlung **258** 17; **268** 9
Wiedergutmachung 153 a 11
Wiederherstellung Sitzungsniederschrift **271** 10
Wiederholbarkeit Prinzip **Einl.** 208
Wiederholungsgefahr 81 g 8

831

Sachregister

Haftdauer **122 a** 1
Haftgrund **112 a** 1
Wiederinvollzugsetzung Haftbefehl **116** 12
Willensmängel Einl. 76
Willkür objektive Einl. 16; **1** 10; **26 a** 5; **30** 6; **110 b** 10; **269** 4; **338** 7; **349** 9
Wirtschaftlichkeit des Strafverfahrens **Einl.** 57
Wirtschaftsprüfer Verteidiger **138** 4
Wirtschaftsreferent 74 2
Wirtschaftsstrafkammer Einl. 23; **1** 19
Wochenfrist 43 1
Wohnraumüberwachung akustische **Einl.** 103; **100 c** 1
  Ausführung **100 d** 1
  Berichtspflicht **100 e** 1
  Zufallserkenntnisse **100 d** 8
  Zuständigkeit **100 d** 1
Wohnung Durchsuchung **102** 5

Zählervergleichseinrichtung 100 a 9
Zeuge vor **48** 1 ff; **161 a** 2
  Ausbleiben **51** 1
  Aussageverhalten **261** 18
  Beistand **vor 48** 7; **68 b** 1; **247 a** 9
  Belehrung **57** 1
  Entlassung **248** 1
  Entschädigung **71** 1
  ergänzende Befragung **247** 14
  Frage nach Vorstrafen **68 a** 3
  frühere Äußerungen **252** 9
  gefährdeter **Einl.** 147; **244** 73
  Gegenüberstellung **58** 4
  Glaubwürdigkeit **244** 63
  kindlicher **241 a** 1
  kommissarische Vernehmung **223** 1; **244** 75
  Ladung **48** 1; **161 a** 3
  Ladung **zur Polizei 163** 17
  minderjähriger **255 a** 5
  Personalien **68** 6
  Pflicht zum Erscheinen **161 a** 2
  präsenter **52** 22
  sachverständiger **85** 1
  Tatbeteiligter **vor 48** 12
  unwilliger **70** 1
  Vereidigung **59** 1
  Verfahrenssubjekt **vor 48** 5
  Vernehmung **58** 1; **247** 9
  Vernehmung zur Sache **69** 1
  Vernehmungsbeamter **254** 7
  vom Hörensagen **250** 4
  Wahrheitspflicht **Einl.** 145
Zeugenbeistand vor 48 7; **68 b** 1; **247 a** 9
Zeugenbeweis Einl. 141 ff
  Gegenstand **vor 48** 2
Zeugenschutzgesetz vor 48 6

Zeugenvernehmung 247 9
  kommissarische **223** 1; **244** 75
Zeugnis behördliches **Einl.** 174
Zeugnisunfähigkeit vor 48 8
Zeugnisverweigerung 52 11; **337** 18
  Konsequenzen **52** 17
  nachträgliche **252** 1
Zeugnisverweigerungsrecht 52 1; **420** 3
  Arzt **53** 9
  Belehrung **52** 18; **53** 4
  Berufshelfer **53 a** 1
  Berufsträger **53** 1
  der Presse **53** 15 ff
  Geistlicher **53** 7
  Herausgabepflicht **95** 3
  Rechtsanwalt **53** 9
  Schwangerschaftsberater **53** 12
  Suchtberatungsstelle **53** 13
  Umfang **53** 5
  Verteidiger **53** 8
  Verzicht **252** 14
Zielwahlsuche 100 g 3
ZPO 37 4
Zufallserkenntnisse Telefonüberwachung **100 a** 23
  Wohnraumüberwachung **100 d** 8
Zufallsfund 102 12; **108** 1
Zulässigkeit von Fragen 242 1
  Revision **333** 1
Zulassung von Beiständen 149 1
zunächst oberes Gericht 27 6
Zurechnung von Verschulden **44** 25
Zurückweisung von Fragen **241** 1; **241 a** 5
  eines Wahlverteidigers **146 a** 1
Zusammenhang Begriff **3** 2
Zusammentreffen mehrerer Gerichtsstände **12** 1
Zusatztatsache Einl. 149; **261** 8
Zuständigkeit Anordnung der Wohnraumüberwachung **100 d** 1
  Arten **Einl.** 17
  besondere funktionelle **209 a** 1
  der Gerichte **vor 1** 1; **462 a** 1
  der Rechtsmittelgerichte **vor 1** 5
  funktionelle **Einl.** 27; **vor 1** 4
  geschäftsplanmäßige **vor 1** 3
  Landgericht **Einl.** 22
  Oberlandesgericht **Einl.** 25
  örtliche **Einl.** 18
  Rechtsmittelsachen **Einl.** 29 ff
  sachliche **Einl.** 19 ff; **6** 1; **270** 1
  Wiederaufnahme **367** 1
Zuständigkeitsänderung vor Hauptverhandlung **225 a** 1
Zuständigkeitsbestimmung durch BGH **13 a** 1
Zuständigkeitskonzentration vor 7 4; **162** 6

Sachregister

Zuständigkeitsmängel 338 19
Zuständigkeitsregelung bewegliche **1** 4
Zuständigkeitsstreit Einl. 28; **14** 1
  negativer **19** 1
Zustellung 35 4; **36** 1
  Adressat **37** 3
  des Eröffnungsbeschlusses **215** 1
  öffentliche **40** 1
  Revisionsschrift **347** 1
  an StA **41** 1
  an Verteidiger **145 a** 1
Zustellungsmangel 37 6

Zustellungsurkunde Beweiskraft **37** 7
Zustellungsverfahren 37 1
Zustimmung 303 4
  der Verfahrensbeteiligten **Einl.** 170
Zwangsmaßnahmen vor 94 1 ff
Zwangsmittel im Ermittlungsverfahren
  Einl. 95
Zwangsverteidiger 141 2
Zwangsvollstreckung 111 g 1
Zweifel Zulässigkeit von Fragen **242** 1
Zwischenverfahren Einl. 9, 119

Buchanzeigen

Rolfs
Studienkommentar Arbeitsrecht
2005.
ISBN 3-406-53352-3
Kartoniert € 32,–

Der neue Kommentar
behandelt den Stoff im Pflichtfach und in den Schwerpunktbereichen. Er erläutert prüfungsrelevante Regelungen aus rund 30 Gesetzen, wobei zahlreiche Aufbauschemata das effektive Lernen unterstützen. Inhaltlich orientiert sich die Kommentierung primär an der höchstrichterlichen Rechtsprechung.

Das Werk eignet sich auch für Referendare, für die zentrale Bestimmungen des Verfahrensrechts kommentiert wurden.

Kommentiert sind die prüfungsrelevanten Themen folgender Gesetze:

- Grundgesetz
- EG-Vertrag
- Bürgerliches Gesetzbuch
- EGBGB
- Handelsgesetzbuch
- Gewerbeordnung
- Nachweisgesetz
- Teilzeit- und Befristungsgesetz
- Entgeltfortzahlungsgesetz
- Bundesurlaubsgesetz
- Kündigungsschutzgesetz
- SGB III (Arbeitsförderung)
- SGB IX (Rehabilitation und Teilhabe behinderter Menschen)
- Arbeitszeitgesetz
- Mutterschutzgesetz
- Berufsbildungsgesetz
- Tarifvertragsgesetz
- Betriebsverfassungsgesetz
- Drittelbeteiligungsgesetz
- Arbeitsgerichtsgesetz
- Zivilprozessordnung
- Gerichtsverfassungsgesetz

Der Autor
Dr. Christian Rolfs ist ordentlicher Professor an der Universität Bielefeld und Mitautor vieler arbeitsrechtlicher Werke, u. a. des Erfurter Kommentars zum Arbeitsrecht.

Verlag C. H. Beck · 80791 München

Joecks
Studienkommentar StGB
6. Auflage. 2005.
ISBN 3-406-53845-2
Kartoniert € 29,50

Die einzigartige Kombination
aus Lehrbuch, Kommentar und Repetitorium bereitet Sie optimal auf die strafrechtlichen Klausuren und die mündliche Prüfung im ersten Staatsexamen vor. Mit dem »Joecks« kommen Sie dem Prädikatsexamen Punkt für Punkt näher.

Der erfolgreiche Studienkommentar
zum Allgemeinen und Besonderen Teil des Strafrechts
- behandelt die spezifischen prüfungsrelevanten Streitfragen
- verfährt dabei im Gutachtenstil – wie im Examen verlangt
- bringt in der Kommentierung besonders examensrelevanter Vorschriften Aufbauschemata, die den Prüfungsaufbau der jeweiligen Norm enthalten
- berücksichtigt die Unterschiede in den einzelnen Bundesländern

Die Neuauflage
berücksichtigt insbesondere das 37. Strafrechtsänderungsgesetz, u. a. mit der Einfügung der neuen §§ 232 (Menschenhandel zum Zweck der sexuellen Ausbeutung), 233 (Menschenhandel zum Zweck der Ausbeutung der Arbeitskraft) und 233 a (Förderung des Menschenhandels). Eingearbeitet ist außerdem die neueste Entwicklung in der Rechtsprechung zum Betrugstatbestand und zu den Mordmerkmalen.

Verlag C. H. Beck · 80791 München

Wolff/Decker
Studienkommentar VwGO/VwVfG

2005.
ISBN 3-406-51675-0
Kartoniert € 39,–

Das Werk

orientiert sich an dem bewährten Konzept des Studienkommentars StGB von Joecks. Die Darstellung **konzentriert** sich ausschließlich an dem in der **ersten und zweiten juristischen Staatsprüfung** geprüften Wissen. Verzichtet wurde insofern auf Vorschriften, die keine Examensrelevanz haben oder die nur in ganz seltenen Fällen geprüft werden. Weiterhin enthalten die Kommentierungen jeweils einen **Hinweis,** ob die Norm **zum Pflichtstoff** im jeweiligen Bundesland gehört.

Durchblick im öffentlichen Verfahrensrecht

Ausgehend vom jeweiligen Gesetzestext werden die prüfungsrelevanten Vorschriften der VwGO und des VwVfG vorgestellt und erläutert. Der Benutzer lernt die Regelungen auf diese Weise unmittelbar am Gesetzestext kennen und anzuwenden und kann **Parallelen zwischen VwGO und VwVfG** ziehen.

**Grundstrukturen, Zusammenhänge,
neue Rechtsentwicklungen**

Die Erläuterungen werden durch **Prüfungsschemata, Beispiele und Grafiken** ergänzt. »Standardprobleme« des öffentlichen Verfahrensrechts, die in Klausuren regelmäßig zu behandeln sind, werden genauso hervorgehoben, wie neue Rechtsentwicklungen. Die Autoren behandeln die examensrelevanten Streitfragen so, wie es auch im Examen verlangt wird, nämlich im Gutachtenstil.

Studenten und Referendare

unterstützt die maßgeschneiderte Kommentierung optimal bei ihrer Prüfungsvorbereitung.

Verlag C. H. Beck · 80791 München